Wichtige Steuergesetze

 **Buchinhalt gratis in der App „NWB Gesetze"**
So leicht ist das Arbeiten mit Gesetzestexten heute!

▶ Ob am Arbeitsplatz, zu Hause oder unterwegs – mit der App „NWB Gesetze" stehen Ihnen die Normen aus diesem Buch in der jeweils aktuellen Fassung auch digital (online und offline) zur Verfügung. Die Aktualisierungsfunktion erlischt mit Erscheinen der nächsten bzw. ein Jahr nach Erscheinen dieser gedruckten Auflage.

▶ Text markieren, Notizen hinzufügen, blitzschnell suchen und navigieren, mehrere Gesetze nebeneinander öffnen: das alles und mehr ist mit „NWB Gesetze" ein Leichtes!

▶ Die kostenlose App „NWB Gesetze" enthält das Bürgerliche Gesetzbuch (BGB), das Strafgesetzbuch (StGB) und das Grundgesetz (GG). Mit Freischaltcode oder per In-App-Kauf können Sie weitere Gesetze in der App nutzen.

**So einfach geht's:**

1. Scannen Sie den QR-Code oder suchen Sie die App **„NWB Gesetze"** auf Ihrer App-Plattform.
2. Installieren Sie die App.
3. Geben Sie auf der Startseite den Freischaltcode aus diesem Buch ein und schalten Sie sich damit Ihre Gesetzessammlung frei.

**Ihr Freischaltcode:**

## QD6Q7C5CY2H1J3Q

4. Nun nur noch die von Ihnen gewünschten Gesetze herunterladen und los geht's!

**Die Anforderungen**

▶ Optimiert für Tablets, auch für Smartphones verfügbar
▶ Erfordert Android 4.4 oder aufwärts bzw. iOS 9 oder neuer
▶ Für Displaygrößen ab ca. 4,7"

**Übrigens: Sie können die Gesetze auch in der NWB Datenbank kostenlos nutzen!**
Rufen Sie dazu einfach die Datenbank-Startseite unter datenbank.nwb.de auf und klicken Sie auf das Icon „Gesetze".

# Wichtige Steuergesetze

mit Durchführungsverordnungen

65. Auflage

Stand: 1. Januar 2016

Bearbeitet von der NWB Gesetzesredaktion

▶ **nwb** TEXTAUSGABE

ISBN 978-3-482-**60457**-7 – 65. Auflage 2016

© NWB Verlag GmbH & Co. KG, Herne 1959
www.nwb.de

Alle Rechte vorbehalten.

Dieses Buch und alle in ihm enthaltenen Beiträge und Abbildungen sind urheberrechtlich geschützt. Mit Ausnahme der gesetzlich zugelassenen Fälle ist eine Verwertung ohne Einwilligung des Verlages unzulässig.

Satz: Griebsch & Rochol Druck GmbH, Hamm
Druck: CPI books, Ulm

# Vorwort

Die Textausgabe „Wichtige Steuergesetze" stellt jene Steuergesetze und die zugehörigen Durchführungsverordnungen nach dem neuesten Stand zusammen, die in der praktischen Arbeit besonders häufig gebraucht werden. Gleichzeitig ist die „Textausgabe" als Lehrausgabe für Studienzwecke bestimmt.

Die 65. Auflage befindet sich auf dem Stand vom 1. Januar 2016. Sämtliche bis zu diesem Zeitpunkt ergangenen Rechtsänderungen sind berücksichtigt. Das gilt insbesondere für die Änderungen aufgrund des Steueränderungsgesetzes 2015, des Gesetzes zur Entlastung insbesondere der mittelständischen Wirtschaft von Bürokratie (Bürokratieentlastungsgesetz), des Gesetzes zur Anhebung des Grundfreibetrags, des Kinderfreibetrags, des Kindergeldes und des Kinderzuschlags, des Gesetzes zur Modernisierung der Finanzaufsicht über Versicherungen und des Gesetzes zur Neuordnung des Rechts der Syndikusanwälte und zur Änderung der Finanzgerichtsordnung.

**Neu** aufgenommen wurden neben **Fünftem Vermögensbildungsgesetz** und **Wohnungsbau-Prämiengesetz**, jeweils mit Durchführungsverordnung, Auszüge aus dem **Handelsgesetzbuch**.

Soweit nach der letzten amtlichen Neufassung eines Gesetzes amtliche Änderungen oder Ergänzungen dieses Gesetzes vorgenommen worden sind, wurden diese in die letzte amtliche Fassung eingearbeitet; der Text erhielt in diesem Fall die Bezeichnung „Nichtamtliche Fassung" und den Vermerk „mit späteren Änderungen".

Zum leichteren Auffinden eines bestimmten Gesetzes enthält die Sammlung auf der vorderen Umschlagseite eine Griffleiste mit den Abkürzungen der abgedruckten Texte in fortlaufender Reihenfolge; durch einfaches Aufblättern des Buchblocks ergibt sich mittels der schwarzen Randmarkierungen ein direkter Zugriff.

Um die inhaltlichen Änderungen oder Ergänzungen gegenüber der Vorauflage schneller erfassen zu können, wurden die geänderten bzw. ergänzten Textteile eines Gesetzes durch einen senkrechten Strich am Seitenrand hervorgehoben.

Die Zusammenstellung der Texte hat die Redaktion des Verlages vorgenommen.

Im Rahmen der „NWB Textausgaben" sind folgende Ausgaben erschienen:

1. Deutsche Steuergesetze (Verlags-Nr. 6340);
2. Deutsche Steuerrichtlinien (Verlags-Nr. 5994);
3. Wichtige Steuerrichtlinien (Verlags-Nr. 6514);
4. Wichtige Steuererlasse und Steuerrichtlinien – Kanzlei-Edition (Verlags-Nr. 6331);
5. Wichtige Wirtschaftsgesetze (Verlags-Nr. 5875);
6. Wichtige Gesetze des Wirtschaftsprivatrechts (Verlags-Nr. 6046);
7. Wichtige Wirtschaftsgesetze für Bachelor/Master, Band 1 (Verlags-Nr. 5959);
8. Wichtige Wirtschaftsgesetze für Bachelor/Master, Band 2 (Verlags-Nr. 5960);
9. Wirtschaftsgesetze für Wirtschaftsschulen und die kaufmännische Ausbildung (Verlags-Nr. 6509);
10. Wichtige Arbeitsgesetze (Verlags-Nr. 6523);
11. Wichtige Gesetze für Wirtschaftsverwaltung und die Öffentliche Wirtschaft (Verlags-Nr. 5952);
12. IAS/IFRS-Texte 2015/2016 (Verlags-Nr. 5862);
13. Textausgabe Umsatzsteuer (Verlags-Nr. 6468).

Wir hoffen, dass die Sammlung den Wünschen der Praxis entspricht. Anregungen und Hinweise sind uns jederzeit willkommen.

Herne, im Januar 2016            Redaktion und Verlag

# Inhaltsverzeichnis

| | | Seite |
|---|---|---|
| I. | Abgabenordnung (AO) | 1 |
| II. | Finanzgerichtsordnung (FGO) | 161 |
| III. | Gesetz über die Finanzverwaltung (Finanzverwaltungsgesetz – FVG) | 205 |
| IV. | Grundgesetz für die Bundesrepublik Deutschland (GG) – Auszug | 221 |
| V. | Vertrag über die Arbeitsweise der Europäischen Union (AEUV) – Auszug | 239 |
| VI. | Handelsgesetzbuch (HGB) – Auszug | 259 |
| VII. | Einkommensteuergesetz (EStG) | 327 |
| VIII. | (1) Einkommensteuer-Grundtabelle 2015 | 583 |
| | (2) Einkommensteuer-Splittingtabelle 2015 | 592 |
| IX. | (1) Einkommensteuer-Grundtabelle 2016 | 601 |
| | (2) Einkommensteuer-Splittingtabelle 2016 | 610 |
| X. | Einkommensteuer-Durchführungsverordnung (EStDV) | 619 |
| XI. | Lohnsteuer-Durchführungsverordnung (LStDV) | 647 |
| XII. | Verordnung über die sozialversicherungsrechtliche Beurteilung von Zuwendungen des Arbeitgebers als Arbeitsentgelt (Sozialversicherungsentgeltverordnung – SvEV) | 653 |
| XIII. | Solidaritätszuschlaggesetz (SolZG) | 657 |
| XIV. | Fünftes Gesetz zur Förderung der Vermögensbildung der Arbeitnehmer (Fünftes Vermögensbildungsgesetz – 5. VermBG) | 661 |
| XV. | Verordnung zur Durchführung des Fünften Vermögensbildungsgesetzes (Vermögensbildungs-Durchführungsverordnung – VermBDV) | 679 |
| XVI. | Wohnungsbau-Prämiengesetz (WoPG) | 687 |
| XVII. | Verordnung zur Durchführung des Wohnungsbau-Prämiengesetzes (WoPDV) | 695 |
| XVIII. | Gesetz über die Besteuerung bei Auslandsbeziehungen (Außensteuergesetz – AStG) | 703 |
| XIX. | Verordnung zur Anwendung des Fremdvergleichsgrundsatzes nach § 1 Abs. 1 des Außensteuergesetzes in Fällen grenzüberschreitender Funktionsverlagerungen (Funktionsverlagerungsverordnung – FVerlV) | 725 |
| XX. | Investmentsteuergesetz (InvStG) | 731 |
| XXI. | Umwandlungssteuergesetz (UmwStG) | 765 |
| XXII. | Körperschaftsteuergesetz (KStG) | 785 |
| XXIII. | Körperschaftsteuer-Durchführungsverordnung (KStDV) | 831 |
| XXIV. | Gewerbesteuergesetz (GewStG) | 833 |
| XXV. | Gewerbesteuer-Durchführungsverordnung (GewStDV) | 855 |
| XXVI. | Umsatzsteuergesetz (UStG) | 861 |
| XXVII. | Umsatzsteuer-Durchführungsverordnung (UStDV) | 947 |
| XXVIII. | Bewertungsgesetz (BewG) | 977 |

| XXIX. | Erbschaftsteuer- und Schenkungsteuergesetz (ErbStG) | 1101 |
| XXX. | Erbschaftsteuer-Durchführungsverordnung (ErbStDV) | 1135 |
| XXXI. | Grundsteuergesetz (GrStG) | 1153 |
| XXXII. | Grunderwerbsteuergesetz (GrEStG) | 1167 |

Stichwortverzeichnis ... 1183

## Alphabetisches Inhaltsverzeichnis

| | Seite |
|---|---|
| Abgabenordnung (AO) | 1 |
| Außensteuergesetz (AStG) | 703 |
| Bewertungsgesetz (BewG) | 977 |
| Einkommensteuergesetz (EStG) | 327 |
| Einkommensteuer-Durchführungsverordnung (EStDV) | 619 |
| Einkommensteuer-Grundtabelle 2015 | 583 |
| Einkommensteuer-Grundtabelle 2016 | 601 |
| Einkommensteuer-Splittingtabelle 2015 | 592 |
| Einkommensteuer-Splittingtabelle 2016 | 610 |
| Erbschaftsteuer- und Schenkungsteuergesetz (ErbStG) | 1101 |
| Erbschaftsteuer-Durchführungsverordnung (ErbStDV) | 1135 |
| Finanzgerichtsordnung (FGO) | 161 |
| Finanzverwaltungsgesetz (FVG) | 205 |
| Fünftes Vermögensbildungsgesetz (5. VermBG) | 661 |
| Funktionsverlagerungsverordnung (FVerlV) | 725 |
| Gewerbesteuergesetz (GewStG) | 833 |
| Gewerbesteuer-Durchführungsverordnung (GewStDV) | 855 |
| Grunderwerbsteuergesetz (GrEStG) | 1167 |
| Grundgesetz (GG) – Auszug | 221 |
| Grundsteuergesetz (GrStG) | 1153 |
| Handelsgesetzbuch (HGB) – Auszug | 259 |
| Investmentsteuergesetz (InvStG) | 731 |
| Körperschaftsteuergesetz (KStG) | 785 |
| Körperschaftsteuer-Durchführungsverordnung (KStDV) | 831 |
| Lohnsteuer-Durchführungsverordnung (LStDV) | 647 |
| Solidaritätszuschlaggesetz (SolZG) | 657 |
| Sozialversicherungsentgeltverordnung (SvEV) | 653 |
| Umsatzsteuergesetz (UStG) | 861 |
| Umsatzsteuer-Durchführungsverordnung (UStDV) | 947 |
| Umwandlungssteuergesetz (UmwStG) | 765 |
| Vermögensbildungs-Durchführungsverordnung (VermBDV) | 679 |
| Verordnung zur Durchführung des Wohnungsbau-Prämiengesetzes (WoPDV) | 695 |
| Vertrag über die Arbeitsweise der Europäischen Union (AEUV) – Auszug | 239 |
| Wohnungsbau-Prämiengesetz (WoPG) | 687 |

# Gesetzesänderungsübersicht

Stand: 1. 1. 2016

| Lfd. Nr. | Änderndes Gesetz | Datum | Fundstelle BGBl I Seite | Betroffene Paragrafen |
|---|---|---|---|---|
| 1 | Gesetz zur Modernisierung der Finanzaufsicht über Versicherungen | 1. 4. 2015 | 434 | **EStG:** §§ 4c, 4e, 10, 19, 43<br>**KStG:** §§ 5, 20, 21a, 33, 34<br>**KStDV:** §§ 4, 6<br>**GewStG:** §§ 35c, 36<br>**GewStDV:** §§ 12a, 36 |
| 2 | Fünftes Gesetz zur Änderung des Vierten Buches Sozialgesetzbuch und anderer Gesetze (5. SGB IV-ÄndG) | 15. 4. 2015 | 583 | **SvEV:** § 1 |
| 3 | Gesetz zum Internationalen Erbrecht und zur Änderung von Vorschriften zum Erbschein sowie zur Änderung sonstiger Vorschriften | 29. 6. 2015 | 1042 | **ErbStG:** §§ 34, 37<br>**ErbStDV:** §§ 7, 12<br>Muster 5 |
| 4 | Gesetz zur Neuregelung der Unterhaltssicherung sowie zur Änderung soldatenrechtlicher Vorschriften | 29. 6. 2015 | 1061 | **EStG:** §§ 3, 32b |
| 5 | Gesetz zur Anhebung des Grundfreibetrags, des Kinderfreibetrags, des Kindergeldes und des Kinderzuschlags | 16. 7. 2015 | 1202 | **EStG:** §§ 24b, 32, 32a, 33, 39a, 39b, 46, 51a, 52, 66<br>**SolZG:** §§ 3, 6 |
| 6 | Gesetz zur Entlastung insbesondere der mittelständischen Wirtschaft von Bürokratie (Bürokratieentlastungsgesetz) | 28. 7. 2015 | 1400 | **AO:** § 141<br>**EGAO:** Art. 97 § 19<br>**EStG:** §§ 39a, 39f, 40a, 51a, 52 |

| Lfd. Nr. | Änderndes Gesetz | Datum | Fundstelle BGBl I Seite | Betroffene Paragrafen |
|---|---|---|---|---|
| 7 | Zehnte Zuständigkeitsanpassungsverordnung | 31. 8. 2015 | 1474 | **FGO:**<br>§ 52c<br>**BewG:**<br>§ 64<br>**EStG:**<br>§§ 49, 51, 92a<br>**EStDV:**<br>§ 81 |
| 8 | Steueränderungsgesetz 2015 | 2. 11. 2015 | 1834 | **EStG:**<br>§§ 1, 3, 6, 6b, 7g, 10, 39e, 43b, 44, 44a, 50, 52<br>Anlage 2<br>**KStG:**<br>Inhaltsübersicht<br>§§ 1, 5, 6, 6a, 8b, 8c, 20, 34<br>**GewStG:**<br>§§ 2, 4, 36<br>**UmwStG:**<br>§§ 20, 21, 22, 24, 27<br>**AO:**<br>§§ 6, 123, 139c, 249<br>**GrEStG:**<br>§§ 1, 8, 17, 21, 23<br>**BewG:**<br>§§ 97, 154, 190, 195, 205<br>Anlagen 22, 24, 25<br>**ErbStG:**<br>§§ 13, 30, 37<br>**UStG:**<br>Inhaltsübersicht<br>§§ 2, 2b, 4, 4a, 13, 13b, 27<br>Anlage 4<br>**FVG:**<br>§ 17 |
| 9 | Achte Verordnung zur Änderung der Sozialversicherungsentgeltverordnung | 18. 11. 2015 | 2075 | **SvEV:**<br>§ 2 |
| 10 | Gesetz zur Bekämpfung der Korruption | 20. 11. 2015 | 2025 | **AO:**<br>§ 370 |

## Gesetzesänderungsübersicht

| Lfd. Nr. | Änderndes Gesetz | Datum | Fundstelle BGBl I Seite | Betroffene Paragrafen |
|---|---|---|---|---|
| 11 | Gesetz zur Neuorganisation der Zollverwaltung | 3. 12. 2015 | 2178 | **FVG:**<br>§§ 1, 2a, 4, 5a, 5b, 7, 8, 9, 10, 12, 18a, 23, 24, 25, 26, 27<br>**AO:**<br>§§ 6, 244, 387 |
| 12 | Gesetz zur Neuordnung des Rechts der Syndikusanwälte und zur Änderung der Finanzgerichtsordnung | 21. 12. 2015 | 2517 | **FGO:**<br>§ 38 |
| 13 | Gesetz zum automatischen Austausch von Informationen über Finanzkonten in Steuersachen und zur Änderung weiterer Gesetze | 21. 12. 2015 | 2531 | **FVG:**<br>§ 5 |
| 14 | Gesetz zur Umsetzung der EU-Mobilitäts-Richtlinie | 21. 12. 2015 | 2553 | **EStG:**<br>§§ 4d, 6a, 52 |

## I. Abgabenordnung (AO)

v. 1. 10. 2002 (BGBl I S. 3869, ber. 2003 I S. 61) mit späteren Änderungen

Die Abgabenordnung (AO) v. 1. 10. 2002 (BGBl I S. 3869, ber. 2003 I S. 61) wurde geändert durch Art. 8c Zweites Gesetz für moderne Dienstleistungen am Arbeitsmarkt v. 23. 12. 2002 (BGBl I S. 4621); Art. 9 Gesetz zum Abbau von Steuervergünstigungen und Ausnahmeregelungen (Steuervergünstigungsabbaugesetz – StVergAbG) v. 16. 5. 2003 (BGBl I S. 660); Art. 6 Gesetz zur Förderung von Kleinunternehmern und zur Verbesserung der Unternehmensfinanzierung (Kleinunternehmerförderungsgesetz) v. 31. 7. 2003 (BGBl I S. 1550); Art. 8 Zweites Gesetz zur Änderung steuerlicher Vorschriften (Steueränderungsgesetz 2003 – StÄndG 2003) v. 15. 12. 2003 (BGBl I S. 2645); Art. 57 Drittes Gesetz für moderne Dienstleistungen am Arbeitsmarkt v. 23. 12. 2003 (BGBl I S. 2848); Art. 2 Gesetz zur Förderung der Steuerehrlichkeit v. 23. 12. 2003 (BGBl I S. 2928); Art. 31 Viertes Gesetz für moderne Dienstleistungen am Arbeitsmarkt v. 24. 12. 2003 (BGBl I S. 2954); Art. 47 Gesetz zur Einordnung des Sozialhilferechts in das Sozialgesetzbuch v. 27. 12. 2003 (BGBl I S. 3022); Art. 1a Gesetz zur Förderung der Ausbildung und Beschäftigung schwerbehinderter Menschen v. 23. 4. 2004 (BGBl I S. 606); Art. 4 Abs. 57 Gesetz zur Modernisierung des Kostenrechts (Kostenrechtsmodernisierungsgesetz – KostRMoG) v. 5. 5. 2004 (BGBl I S. 718); Art. 1 Gesetz zur Änderung der Abgabenordnung und weiterer Gesetze v. 21. 7. 2004 (BGBl I S. 1753); Art. 12g Abs. 11 Erstes Gesetz zur Modernisierung der Justiz (1. Justizmodernisierungsgesetz) v. 24. 8. 2004 (BGBl I S. 2198, ber. S. 2300); Art. 28 Gesetz zur Organisationsreform in der gesetzlichen Rentenversicherung (RVOrgG) v. 9. 12. 2004 (BGBl I S. 3242); Art. 8 Gesetz zur Umsetzung von EU-Richtlinien in nationales Steuerrecht und zur Änderung weiterer Vorschriften (Richtlinien-Umsetzungsgesetz – EURLUmsG) v. 9. 12. 2004 (BGBl I S. 3310, ber. S. 3843); Art. 13 Gesetz über die Verwendung elektronischer Kommunikationsformen in der Justiz (Justizkommunikationsgesetz – JKomG) v. 22. 3. 2005 (BGBl I S. 837, ber. S. 2022); Art. 27 Gesetz zur Umbenennung des Bundesgrenzschutzes in Bundespolizei v. 21. 6. 2005 (BGBl I S. 1818); Art. 2 Abs. 13 Gesetz zur Novellierung des Verwaltungszustellungsrechts v. 12. 8. 2005 (BGBl I S. 2354); Art. 4 Abs. 22 Gesetz zur Neuorganisation der Bundesfinanzverwaltung und zur Schaffung eines Refinanzierungsregisters v. 22. 9. 2005 (BGBl I S. 2809); Art. 3 Gesetz zur Eindämmung missbräuchlicher Steuergestaltungen v. 28. 4. 2006 (BGBl I S. 1095); Art. 9 Steueränderungsgesetz 2007 (StÄndG 2007) v. 19. 7. 2006 (BGBl I S. 1652); Art. 6 Erstes Gesetz zum Abbau bürokratischer Hemmnisse insbesondere in der mittelständischen Wirtschaft v. 22. 8. 2006 (BGBl I S. 1970); Art. 18 Föderalismusreform-Begleitgesetz v. 5. 9. 2006 (BGBl I S. 2098); Art. 10 Jahressteuergesetz 2007 (JStG 2007) v. 13. 12. 2006 (BGBl I S. 2878); Art. 3 Gesetz zur Änderung des Passgesetzes und weiterer Vorschriften v. 20. 7. 2007 (BGBl I S. 1566); Art. 6 Unternehmensteuerreformgesetz 2008 v. 14. 8. 2007 (BGBl I S. 1912); Art. 5 Zweites Gesetz zum Abbau bürokratischer Hemmnisse insbesondere in der mittelständischen Wirtschaft v. 7. 9. 2007 (BGBl I S. 2246); Art. 5 Gesetz zur weiteren Stärkung des bürgerschaftlichen Engagements v. 10. 10. 2007 (BGBl I S. 2332); Art. 5 Zweites Gesetz zur Änderung des Finanzverwaltungsgesetzes und anderer Gesetze v. 13. 12. 2007 (BGBl I S. 2897); Art. 14 Jahressteuergesetz 2008 (JStG 2008) v. 20. 12. 2007 (BGBl I S. 3150); Art. 3 Gesetz zur Neuregelung der Telekommunikationsüberwachung und anderer verdeckter Ermittlungsmaßnahmen sowie zur Umsetzung der Richtlinie 2006/24/EG v. 21. 12. 2007 (BGBl I S. 3198); Art. 4 Achtes Gesetz zur Änderung des Steuerberatungsgesetzes v. 8. 4. 2008 (BGBl I S. 666); Art. 7a Gesetz zur Ergänzung der Bekämpfung der Geldwäsche und der Terrorismusfinanzierung (Geldwäschebekämpfungsergänzungsgesetz – GwBekErgG) v. 13. 8. 2008 (BGBl I S. 1690, ber. 2009 I S. 816); Art. 23 Gesetz zur Modernisierung des GmbH-Rechts und zur Bekämpfung von Missbräuchen (MoMiG) v. 23. 10. 2008 (BGBl I S. 2026); Art. 89 Gesetz zur Reform des Verfahrens in Familiensachen und in den Angelegenheiten der freiwilligen Gerichtsbarkeit (FGG-Reformgesetz – FGG-RG) v. 17. 12. 2008 (BGBl I S. 2586); Art. 10 Jahressteuergesetz 2009 (JStG 2009) v. 19. 12. 2008 (BGBl I S. 2794); Art. 10 Gesetz zur Modernisierung und Entbürokratisierung des Steuerverfahrens (Steuerbürokratieabbaugesetz) v. 20. 12. 2008 (BGBl I S. 2850); Art. 3 Gesetz zur Fortführung der Gesetzeslage 2006 bei der Entfernungspauschale v. 20. 4. 2009 (BGBl I S. 774); Art. 13 Abs. 9 Gesetz zur Modernisierung des Bilanzrechts (Bilanzrechtsmodernisierungsgesetz – BilMoG) v. 25. 5. 2009 (BGBl I S. 1102); Art. 4 und Art. 7 Abs. 3 Gesetz zur Reform des Kontopfändungsschutzes v. 7. 7. 2009 (BGBl I S. 1707); Art. 2 Gesetz zur Reform der Sachaufklärung in der Zwangsvollstreckung v. 29. 7. 2009 (BGBl I S. 2258); Art. 3 Gesetz zur Bekämpfung der Steuerhinterziehung (Steuerhinterziehungsbekämpfungsgesetz) v. 29. 7. 2009 (BGBl I S. 2302); Art. 2 Gesetz über die Internetversteigerung in der Zwangsvollstreckung und zur Änderung anderer Gesetze v. 30. 7. 2009 (BGBl I S. 2474); Art. 9 Jahressteuergesetz 2010 (JStG 2010) v. 8. 12. 2010 (BGBl I S. 1768); Art. 4 Zweites Gesetz zur erbrechtlichen Gleichstellung nichtehelicher Kinder, zur Änderung der Zivilprozessordnung und der Abgabenordnung v. 12. 4. 2011 (BGBl I S. 615); Art. 2 Gesetz zur Verbesserung der Bekämpfung der Geldwäsche und Steuerhinterziehung (Schwarzgeldbekämpfungsgesetz) v. 28. 4. 2011 (BGBl I S. 676); Art. 3 Steuervereinfachungsgesetz 2011 v. 1. 11. 2011 (BGBl I S. 2131); Art. 12 Gesetz zur Umsetzung der Beitreibungsrichtlinie sowie zur Änderung steuerlicher Vorschriften (Beitreibungsrichtlinie-Umsetzungsgesetz – BeitrRLUmsG) v. 7. 12. 2011 (BGBl I S. 2592); Art. 5 Gesetz zur Optimierung der Geldwäscheprävention v. 22. 12. 2011 (BGBl I S. 2959); Art. 2 Abs. 54 und Art. 5 Gesetz zur Änderung von Vorschriften über Verkündung und Bekanntmachungen sowie der Zivilprozessordnung, des Gesetzes betreffend die Einführung der Zivilpro-

# I. Abgabenordnung

zessordnung und der Abgabenordnung v. 22.12.2011 (BGBl I S. 3044); Art. 9 Gesetz über die Vereinfachung des Austauschs von Informationen und Erkenntnissen zwischen den Strafverfolgungsbehörden der Mitgliedstaaten der Europäischen Union v. 21.7.2012 (BGBl I S. 1566); Art. 1 Gesetz zur Stärkung des Ehrenamtes (Ehrenamtsstärkungsgesetz) v. 21.3.2013 (BGBl I S. 556); Art. 2 Abs. 10 Gesetz zur Fortentwicklung des Meldewesens (MeldFortG) v. 3.5.2013 (BGBl I S. 1084), i.d.F. des Art. 1 Nr. 2 Buchstabe b und Nr. 3 Gesetz zur Änderung des Gesetzes zur Fortentwicklung des Meldewesens v. 20.11.2014 (BGBl I S. 1738); Art. 11 Gesetz zur Umsetzung der Amtshilferichtlinie sowie zur Änderung steuerlicher Vorschriften (Amtshilferichtlinie-Umsetzungsgesetz – AmtshilfeRLUmsG) v. 26.6.2013 (BGBl I S. 1809); Art. 7 Gesetz zur Förderung der elektronischen Verwaltung sowie zur Änderung weiterer Vorschriften v. 25.7.2013 (BGBl I S. 2749); Art. 2 Abs. 71 Gesetz zur Strukturreform des Gebührenrechts des Bundes v. 7.8.2013 (BGBl I S. 3154); Art. 13 Gesetz zur Anpassung des Investmentsteuergesetzes und anderer Gesetze an das AIFM-Umsetzungsgesetz (AIFM-Steuer-Anpassungsgesetz – AIFM-StAnpG) v. 18.12.2013 (BGBl I S. 4318); Art. 3 Gesetz zur Anpassung steuerlicher Regelungen an die Rechtsprechung des Bundesverfassungsgerichts v. 18.7.2014 (BGBl I S. 1042); Art. 16 Gesetz zur Anpassung des nationalen Steuerrechts an den Beitritt Kroatiens zur EU und zur Änderung weiterer steuerlicher Vorschriften v. 25.7.2014 (BGBl I S. 1266); Art. 1 Gesetz zur Änderung der Abgabenordnung und des Einführungsgesetzes zur Abgabenordnung v. 22.12.2014 (BGBl I S. 2415); Art. 1, 2 Gesetz zur Anpassung der Abgabenordnung an den Zollkodex der Union und zur Änderung weiterer steuerlicher Vorschriften v. 22.12.2014 (BGBl I S. 2417), Änderungen durch vorgenanntes Gesetz treten teilweise erst am 1.5.2016 in Kraft und sind in Fußnoten ausgewiesen; Art. 3 Gesetz zur Entlastung insbesondere der mittelständischen Wirtschaft von Bürokratie (Bürokratieentlastungsgesetz) v. 28.7.2015 (BGBl I S. 1400); Art. 7 Steueränderungsgesetz 2015 v. 2.11.2015 (BGBl I S. 1834); Art. 6 Gesetz zur Bekämpfung der Korruption v. 20.11.2015 (BGBl I S. 2025); Art. 5 Gesetz zur Neuorganisation der Zollverwaltung v. 3.12.2015 (BGBl I S. 2178).

## Nichtamtliche Fassung

### Inhaltsübersicht

**Erster Teil:**
**Einleitende Vorschriften**

**Erster Abschnitt:**
**Anwendungsbereich**

§ 1 Anwendungsbereich
§ 2 Vorrang völkerrechtlicher Vereinbarungen

**Zweiter Abschnitt:**
**Steuerliche Begriffsbestimmungen**

§ 3 Steuern, steuerliche Nebenleistungen
§ 4 Gesetz
§ 5 Ermessen
§ 6 Behörden, Finanzbehörden
§ 7 Amtsträger
§ 8 Wohnsitz
§ 9 Gewöhnlicher Aufenthalt
§ 10 Geschäftsleitung
§ 11 Sitz
§ 12 Betriebstätte
§ 13 Ständiger Vertreter
§ 14 Wirtschaftlicher Geschäftsbetrieb
§ 15 Angehörige

**Dritter Abschnitt:**
**Zuständigkeit der Finanzbehörden**

§ 16 Sachliche Zuständigkeit
§ 17 Örtliche Zuständigkeit
§ 18 Gesonderte Feststellungen
§ 19 Steuern vom Einkommen und Vermögen natürlicher Personen

§ 20 Steuern vom Einkommen und Vermögen der Körperschaften, Personenvereinigungen, Vermögensmassen
§ 20a Steuern vom Einkommen bei Bauleistungen
§ 21 Umsatzsteuer
§ 22 Realsteuern
§ 22a Zuständigkeit auf dem Festlandsockel oder an der ausschließlichen Wirtschaftszone
§ 23 Einfuhr- und Ausfuhrabgaben und Verbrauchsteuern
§ 24 Ersatzzuständigkeit
§ 25 Mehrfache örtliche Zuständigkeit
§ 26 Zuständigkeitswechsel
§ 27 Zuständigkeitsvereinbarung
§ 28 Zuständigkeitsstreit
§ 29 Gefahr im Verzug

**Vierter Abschnitt:**
**Steuergeheimnis**

§ 30 Steuergeheimnis
§ 30a Schutz von Bankkunden
§ 31 Mitteilung von Besteuerungsgrundlagen
§ 31a Mitteilungen zur Bekämpfung der illegalen Beschäftigung und des Leistungsmissbrauchs
§ 31b Mitteilungen zur Bekämpfung der Geldwäsche und der Terrorismusfinanzierung

**Fünfter Abschnitt:**
**Haftungsbeschränkung für Amtsträger**

§ 32 Haftungsbeschränkung für Amtsträger

## Zweiter Teil:
## Steuerschuldrecht

### Erster Abschnitt:
### Steuerpflichtiger

§ 33 Steuerpflichtiger
§ 34 Pflichten der gesetzlichen Vertreter und der Vermögensverwalter
§ 35 Pflichten des Verfügungsberechtigten
§ 36 Erlöschen der Vertretungsmacht

### Zweiter Abschnitt:
### Steuerschuldverhältnis

§ 37 Ansprüche aus dem Steuerschuldverhältnis
§ 38 Entstehung der Ansprüche aus dem Steuerschuldverhältnis
§ 39 Zurechnung
§ 40 Gesetz- oder sittenwidriges Handeln
§ 41 Unwirksame Rechtsgeschäfte
§ 42 Missbrauch von rechtlichen Gestaltungsmöglichkeiten
§ 43 Steuerschuldner, Steuervergütungsgläubiger
§ 44 Gesamtschuldner
§ 45 Gesamtrechtsnachfolge
§ 46 Abtretung, Verpfändung, Pfändung
§ 47 Erlöschen
§ 48 Leistung durch Dritte, Haftung Dritter
§ 49 Verschollenheit
§ 50 Erlöschen und Unbedingtwerden der Verbrauchsteuer, Übergang der bedingten Verbrauchsteuerschuld

### Dritter Abschnitt:
### Steuerbegünstigte Zwecke

§ 51 Allgemeines
§ 52 Gemeinnützige Zwecke
§ 53 Mildtätige Zwecke
§ 54 Kirchliche Zwecke
§ 55 Selbstlosigkeit
§ 56 Ausschließlichkeit
§ 57 Unmittelbarkeit
§ 58 Steuerlich unschädliche Betätigungen
§ 59 Voraussetzung der Steuervergünstigung
§ 60 Anforderungen an die Satzung
§ 60a Feststellung der satzungsmäßigen Voraussetzungen
§ 61 Satzungsmäßige Vermögensbindung
§ 62 Rücklagen und Vermögensbildung
§ 63 Anforderungen an die tatsächliche Geschäftsführung
§ 64 Steuerpflichtige wirtschaftliche Geschäftsbetriebe
§ 65 Zweckbetrieb
§ 66 Wohlfahrtspflege
§ 67 Krankenhäuser
§ 67a Sportliche Veranstaltungen
§ 68 Einzelne Zweckbetriebe

### Vierter Abschnitt:
### Haftung

§ 69 Haftung der Vertreter
§ 70 Haftung des Vertretenen
§ 71 Haftung des Steuerhinterziehers und des Steuerhehlers
§ 72 Haftung bei Verletzung der Pflicht zur Kontenwahrheit
§ 73 Haftung bei Organschaft
§ 74 Haftung des Eigentümers von Gegenständen
§ 75 Haftung des Betriebsübernehmers
§ 76 Sachhaftung
§ 77 Duldungspflicht

## Dritter Teil:
## Allgemeine Verfahrensvorschriften

### Erster Abschnitt:
### Verfahrensgrundsätze

#### 1. Unterabschnitt:
#### Beteiligung am Verfahren

§ 78 Beteiligte
§ 79 Handlungsfähigkeit
§ 80 Bevollmächtigte und Beistände
§ 81 Bestellung eines Vertreters von Amts wegen

#### 2. Unterabschnitt:
#### Ausschließung und Ablehnung von Amtsträgern und anderen Personen

§ 82 Ausgeschlossene Personen
§ 83 Besorgnis der Befangenheit
§ 84 Ablehnung von Mitgliedern eines Ausschusses

#### 3. Unterabschnitt:
#### Besteuerungsgrundsätze, Beweismittel

I. Allgemeines

§ 85 Besteuerungsgrundsätze
§ 86 Beginn des Verfahrens
§ 87 Amtssprache
§ 87a Elektronische Kommunikation
§ 88 Untersuchungsgrundsatz
§ 88a Sammlung von geschützten Daten
§ 89 Beratung, Auskunft
§ 90 Mitwirkungspflichten der Beteiligten
§ 91 Anhörung Beteiligter
§ 92 Beweismittel

II. Beweis durch Auskünfte und Sachverständigengutachten

§ 93 Auskunftspflicht der Beteiligten und anderer Personen
§ 93a Allgemeine Mitteilungspflichten
§ 93b Automatisierter Abruf von Kontoinformationen
§ 94 Eidliche Vernehmung
§ 95 Versicherung an Eides statt
§ 96 Hinzuziehung von Sachverständigen

## III. Beweis durch Urkunden und Augenschein

§ 97 Vorlage von Urkunden
§ 98 Einnahme des Augenscheins
§ 99 Betreten von Grundstücken und Räumen
§ 100 Vorlage von Wertsachen

## IV. Auskunfts- und Vorlageverweigerungsrechte

§ 101 Auskunfts- und Eidesverweigerungsrecht der Angehörigen
§ 102 Auskunftsverweigerungsrecht zum Schutz bestimmter Berufsgeheimnisse
§ 103 Auskunftsverweigerungsrecht bei Gefahr der Verfolgung wegen einer Straftat oder einer Ordnungswidrigkeit
§ 104 Verweigerung der Erstattung eines Gutachtens und der Vorlage von Urkunden
§ 105 Verhältnis der Auskunfts- und Vorlagepflicht zur Schweigepflicht öffentlicher Stellen
§ 106 Beschränkung der Auskunfts- und Vorlagepflicht bei Beeinträchtigung des staatlichen Wohls

## V. Entschädigung der Auskunftspflichtigen und der Sachverständigen

§ 107 Entschädigung der Auskunftspflichtigen und der Sachverständigen

## 4. Unterabschnitt: Fristen, Termine, Wiedereinsetzung

§ 108 Fristen und Termine
§ 109 Verlängerung von Fristen
§ 110 Wiedereinsetzung in den vorigen Stand

## 5. Unterabschnitt: Rechts- und Amtshilfe

§ 111 Amtshilfepflicht
§ 112 Voraussetzungen und Grenzen der Amtshilfe
§ 113 Auswahl der Behörde
§ 114 Durchführung der Amtshilfe
§ 115 Kosten der Amtshilfe
§ 116 Anzeige von Steuerstraftaten
§ 117 Zwischenstaatliche Rechts- und Amtshilfe in Steuersachen
§ 117a Übermittlung personenbezogener Daten an Mitgliedstaaten der Europäischen Union
§ 117b Verwendung von den nach dem Rahmenbeschluss 2006/960/JI des Rates übermittelten Daten
§ 117c Umsetzung innerstaatlich anwendbarer völkerrechtlicher Vereinbarungen zur Förderung der Steuerehrlichkeit bei internationalen Sachverhalten

## Zweiter Abschnitt: Verwaltungsakte

§ 118 Begriff des Verwaltungsakts

§ 119 Bestimmtheit und Form des Verwaltungsakts
§ 120 Nebenbestimmungen zum Verwaltungsakt
§ 121 Begründung des Verwaltungsakts
§ 122 Bekanntgabe des Verwaltungsakts
§ 123 Bestellung eines Empfangsbevollmächtigten
§ 124 Wirksamkeit des Verwaltungsakts
§ 125 Nichtigkeit des Verwaltungsakts
§ 126 Heilung von Verfahrens- und Formfehlern
§ 127 Folgen von Verfahrens- und Formfehlern
§ 128 Umdeutung eines fehlerhaften Verwaltungsakts
§ 129 Offenbare Unrichtigkeiten beim Erlass eines Verwaltungsakts
§ 130 Rücknahme eines rechtswidrigen Verwaltungsakts
§ 131 Widerruf eines rechtmäßigen Verwaltungsakts
§ 132 Rücknahme, Widerruf, Aufhebung und Änderung im Rechtsbehelfsverfahren
§ 133 Rückgabe von Urkunden und Sachen

## Vierter Teil: Durchführung der Besteuerung

## Erster Abschnitt: Erfassung der Steuerpflichtigen

## 1. Unterabschnitt: Personenstands- und Betriebsaufnahme

§ 134 Personenstands- und Betriebsaufnahme
§ 135 Mitwirkungspflicht bei der Personenstands- und Betriebsaufnahme
§ 136 Änderungsmitteilungen für die Personenstandsaufnahme

## 2. Unterabschnitt: Anzeigepflichten

§ 137 Steuerliche Erfassung von Körperschaften, Vereinigungen und Vermögensmassen
§ 138 Anzeigen über die Erwerbstätigkeit
§ 139 Anmeldung von Betrieben in besonderen Fällen

## 3. Unterabschnitt: Identifikationsmerkmal

§ 139a Identifikationsmerkmal
§ 139b Identifikationsnummer
§ 139c Wirtschafts-Identifikationsnummer
§ 139d Verordnungsermächtigung

## Zweiter Abschnitt: Mitwirkungspflichten

## 1. Unterabschnitt: Führung von Büchern und Aufzeichnungen

§ 140 Buchführungs- und Aufzeichnungspflichten nach anderen Gesetzen
§ 141 Buchführungspflicht bestimmter Steuerpflichtiger

§ 142 Ergänzende Vorschriften für Land- und Forstwirte
§ 143 Aufzeichnung des Wareneingangs
§ 144 Aufzeichnung des Warenausgangs
§ 145 Allgemeine Anforderungen an Buchführung und Aufzeichnungen
§ 146 Ordnungsvorschriften für die Buchführung und für Aufzeichnungen
§ 147 Ordnungsvorschriften für die Aufbewahrung von Unterlagen
§ 147a Vorschriften für die Aufbewahrung von Aufzeichnungen und Unterlagen bestimmter Steuerpflichtiger
§ 148 Bewilligung von Erleichterungen

## 2. Unterabschnitt:
**Steuererklärungen**

§ 149 Abgabe der Steuererklärungen
§ 150 Form und Inhalt der Steuererklärungen
§ 151 Aufnahme der Steuererklärung an Amtsstelle
§ 152 Verspätungszuschlag
§ 153 Berichtigung von Erklärungen

## 3. Unterabschnitt:
**Kontenwahrheit**

§ 154 Kontenwahrheit

## Dritter Abschnitt:
**Festsetzungs- und Feststellungsverfahren**

## 1. Unterabschnitt:
**Steuerfestsetzung**

### I. Allgemeine Vorschriften

§ 155 Steuerfestsetzung
§ 156 Absehen von Steuerfestsetzung
§ 157 Form und Inhalt der Steuerbescheide
§ 158 Beweiskraft der Buchführung
§ 159 Nachweis der Treuhänderschaft
§ 160 Benennung von Gläubigern und Zahlungsempfängern
§ 161 Fehlmengen bei Bestandsaufnahmen
§ 162 Schätzung von Besteuerungsgrundlagen
§ 163 Abweichende Festsetzung von Steuern aus Billigkeitsgründen
§ 164 Steuerfestsetzung unter Vorbehalt der Nachprüfung
§ 165 Vorläufige Steuerfestsetzung, Aussetzung der Steuerfestsetzung
§ 166 Drittwirkung der Steuerfestsetzung
§ 167 Steueranmeldung, Verwendung von Steuerzeichen oder Steuerstemplern
§ 168 Wirkung einer Steueranmeldung

### II. Festsetzungsverjährung

§ 169 Festsetzungsfrist
§ 170 Beginn der Festsetzungsfrist
§ 171 Ablaufhemmung

### III. Bestandskraft

§ 172 Aufhebung und Änderung von Steuerbescheiden
§ 173 Aufhebung oder Änderung von Steuerbescheiden wegen neuer Tatsachen oder Beweismittel
§ 174 Widerstreitende Steuerfestsetzungen
§ 175 Aufhebung oder Änderung von Steuerbescheiden in sonstigen Fällen
§ 175a Umsetzung von Verständigungsvereinbarungen
§ 176 Vertrauensschutz bei der Aufhebung und Änderung von Steuerbescheiden
§ 177 Berichtigung von materiellen Fehlern

### IV. Kosten

§ 178 Kosten bei besonderer Inanspruchnahme der Zollbehörden
§ 178a Kosten bei besonderer Inanspruchnahme der Finanzbehörden

## 2. Unterabschnitt:
**Gesonderte Feststellung von Besteuerungsgrundlagen, Festsetzung von Steuermessbeträgen**

### I. Gesonderte Feststellungen

§ 179 Feststellung von Besteuerungsgrundlagen
§ 180 Gesonderte Feststellung von Besteuerungsgrundlagen
§ 181 Verfahrensvorschriften für die gesonderte Feststellung, Feststellungsfrist, Erklärungspflicht
§ 182 Wirkungen der gesonderten Feststellung
§ 183 Empfangsbevollmächtigte bei der einheitlichen Feststellung

### II. Festsetzung von Steuermessbeträgen

§ 184 Festsetzung von Steuermessbeträgen

## 3. Unterabschnitt:
**Zerlegung und Zuteilung**

§ 185 Geltung der allgemeinen Vorschriften
§ 186 Beteiligte
§ 187 Akteneinsicht
§ 188 Zerlegungsbescheid
§ 189 Änderung der Zerlegung
§ 190 Zuteilungsverfahren

## 4. Unterabschnitt:
**Haftung**

§ 191 Haftungsbescheide, Duldungsbescheide
§ 192 Vertragliche Haftung

I. Abgabenordnung

**Vierter Abschnitt:**
**Außenprüfung**

**1. Unterabschnitt:**
**Allgemeine Vorschriften**

§ 193 Zulässigkeit einer Außenprüfung
§ 194 Sachlicher Umfang einer Außenprüfung
§ 195 Zuständigkeit
§ 196 Prüfungsanordnung
§ 197 Bekanntgabe der Prüfungsanordnung
§ 198 Ausweispflicht, Beginn der Außenprüfung
§ 199 Prüfungsgrundsätze
§ 200 Mitwirkungspflichten des Steuerpflichtigen
§ 201 Schlussbesprechung
§ 202 Inhalt und Bekanntgabe des Prüfungsberichts
§ 203 Abgekürzte Außenprüfung

**2. Unterabschnitt:**
**Verbindliche Zusagen auf Grund einer Außenprüfung**

§ 204 Voraussetzung der verbindlichen Zusage
§ 205 Form der verbindlichen Zusage
§ 206 Bindungswirkung
§ 207 Außerkrafttreten, Aufhebung und Änderung der verbindlichen Zusage

**Fünfter Abschnitt:**
**Steuerfahndung (Zollfahndung)**

§ 208 Steuerfahndung (Zollfahndung)

**Sechster Abschnitt:**
**Steueraufsicht in besonderen Fällen**

§ 209 Gegenstand der Steueraufsicht
§ 210 Befugnisse der Finanzbehörde
§ 211 Pflichten des Betroffenen
§ 212 Durchführungsvorschriften
§ 213 Besondere Aufsichtsmaßnahmen
§ 214 Beauftragte
§ 215 Sicherstellung im Aufsichtsweg
§ 216 Überführung in das Eigentum des Bundes
§ 217 Steuerhilfspersonen

**Fünfter Teil:**
**Erhebungsverfahren**

**Erster Abschnitt:**
**Verwirklichung, Fälligkeit und Erlöschen von Ansprüchen aus dem Steuerschuldverhältnis**

**1. Unterabschnitt:**
**Verwirklichung und Fälligkeit von Ansprüchen aus dem Steuerschuldverhältnis**

§ 218 Verwirklichung von Ansprüchen aus dem Steuerschuldverhältnis

§ 219 Zahlungsaufforderung bei Haftungsbescheiden
§ 220 Fälligkeit
§ 221 Abweichende Fälligkeitsbestimmung
§ 222 Stundung
§ 223 (weggefallen)

**2. Unterabschnitt:**
**Zahlung, Aufrechnung, Erlass**

§ 224 Leistungsort, Tag der Zahlung
§ 224a Hingabe von Kunstgegenständen an Zahlungs statt
§ 225 Reihenfolge der Tilgung
§ 226 Aufrechnung
§ 227 Erlass

**3. Unterabschnitt:**
**Zahlungsverjährung**

§ 228 Gegenstand der Verjährung, Verjährungsfrist
§ 229 Beginn der Verjährung
§ 230 Hemmung der Verjährung
§ 231 Unterbrechung der Verjährung
§ 232 Wirkung der Verjährung

**Zweiter Abschnitt:**
**Verzinsung, Säumniszuschläge**

**1. Unterabschnitt:**
**Verzinsung**

§ 233 Grundsatz
§ 233a Verzinsung von Steuernachforderungen und Steuererstattungen
§ 234 Stundungszinsen
§ 235 Verzinsung von hinterzogenen Steuern
§ 236 Prozesszinsen auf Erstattungsbeträge
§ 237 Zinsen bei Aussetzung der Vollziehung
§ 238 Höhe und Berechnung der Zinsen
§ 239 Festsetzung der Zinsen

**2. Unterabschnitt:**
**Säumniszuschläge**

§ 240 Säumniszuschläge

**Dritter Abschnitt:**
**Sicherheitsleistung**

§ 241 Art der Sicherheitsleistung
§ 242 Wirkung der Hinterlegung von Zahlungsmitteln
§ 243 Verpfändung von Wertpapieren
§ 244 Taugliche Steuerbürgen
§ 245 Sicherheitsleistung durch andere Werte
§ 246 Annahmewerte
§ 247 Austausch von Sicherheiten
§ 248 Nachschusspflicht

# Sechster Teil:
# Vollstreckung

## Erster Abschnitt:
## Allgemeine Vorschriften

- § 249 Vollstreckungsbehörden
- § 250 Vollstreckungsersuchen
- § 251 Vollstreckbare Verwaltungsakte
- § 252 Vollstreckungsgläubiger
- § 253 Vollstreckungsschuldner
- § 254 Voraussetzungen für den Beginn der Vollstreckung
- § 255 Vollstreckung gegen juristische Personen des öffentlichen Rechts
- § 256 Einwendungen gegen die Vollstreckung
- § 257 Einstellung und Beschränkung der Vollstreckung
- § 258 Einstweilige Einstellung oder Beschränkung der Vollstreckung

## Zweiter Abschnitt:
## Vollstreckung wegen Geldforderungen

### 1. Unterabschnitt:
### Allgemeine Vorschriften

- § 259 Mahnung
- § 260 Angabe des Schuldgrundes
- § 261 Niederschlagung
- § 262 Rechte Dritter
- § 263 Vollstreckung gegen Ehegatten oder Lebenspartner
- § 264 Vollstreckung gegen Nießbraucher
- § 265 Vollstreckung gegen Erben
- § 266 Sonstige Fälle beschränkter Haftung
- § 267 Vollstreckungsverfahren gegen nicht rechtsfähige Personenvereinigungen

### 2. Unterabschnitt:
### Aufteilung einer Gesamtschuld

- § 268 Grundsatz
- § 269 Antrag
- § 270 Allgemeiner Aufteilungsmaßstab
- § 271 Aufteilungsmaßstab für die Vermögensteuer
- § 272 Aufteilungsmaßstab für Vorauszahlungen
- § 273 Aufteilungsmaßstab für Steuernachforderungen
- § 274 Besonderer Aufteilungsmaßstab
- § 275 (weggefallen)
- § 276 Rückständige Steuer, Einleitung der Vollstreckung
- § 277 Vollstreckung
- § 278 Beschränkung der Vollstreckung
- § 279 Form und Inhalt des Aufteilungsbescheids
- § 280 Änderung des Aufteilungsbescheids

### 3. Unterabschnitt:
### Vollstreckung in das bewegliche Vermögen

#### I. Allgemeines

- § 281 Pfändung
- § 282 Wirkung der Pfändung
- § 283 Ausschluss von Gewährleistungsansprüchen
- § 284 Vermögensauskunft des Vollstreckungsschuldners

#### II. Vollstreckung in Sachen

- § 285 Vollziehungsbeamte
- § 286 Vollstreckung in Sachen
- § 287 Befugnisse des Vollziehungsbeamten
- § 288 Zuziehung von Zeugen
- § 289 Zeit der Vollstreckung
- § 290 Aufforderungen und Mitteilungen des Vollziehungsbeamten
- § 291 Niederschrift
- § 292 Abwendung der Pfändung
- § 293 Pfand- und Vorzugsrechte Dritter
- § 294 Ungetrennte Früchte
- § 295 Unpfändbarkeit von Sachen
- § 296 Verwertung
- § 297 Aussetzung der Verwertung
- § 298 Versteigerung
- § 299 Zuschlag
- § 300 Mindestgebot
- § 301 Einstellung der Versteigerung
- § 302 Wertpapiere
- § 303 Namenspapiere
- § 304 Versteigerung ungetrennter Früchte
- § 305 Besondere Verwertung
- § 306 Vollstreckung in Ersatzteile von Luftfahrzeugen
- § 307 Anschlusspfändung
- § 308 Verwertung bei mehrfacher Pfändung

#### III. Vollstreckung in Forderungen und andere Vermögensrechte

- § 309 Pfändung einer Geldforderung
- § 310 Pfändung einer durch Hypothek gesicherten Forderung
- § 311 Pfändung einer durch Schiffshypothek oder Registerpfandrecht an einem Luftfahrzeug gesicherten Forderung
- § 312 Pfändung einer Forderung aus indossablen Papieren
- § 313 Pfändung fortlaufender Bezüge
- § 314 Einziehungsverfügung
- § 315 Wirkung der Einziehungsverfügung
- § 316 Erklärungspflicht des Drittschuldners
- § 317 Andere Art der Verwertung
- § 318 Ansprüche auf Herausgabe oder Leistung von Sachen
- § 319 Unpfändbarkeit von Forderungen
- § 320 Mehrfache Pfändung einer Forderung
- § 321 Vollstreckung in andere Vermögensrechte

## I. Abgabenordnung

**4. Unterabschnitt:**
**Vollstreckung in das unbewegliche Vermögen**

§ 322 Verfahren
§ 323 Vollstreckung gegen den Rechtsnachfolger

**5. Unterabschnitt:**
**Arrest**

§ 324 Dinglicher Arrest
§ 325 Aufhebung des dinglichen Arrestes
§ 326 Persönlicher Sicherheitsarrest

**6. Unterabschnitt:**
**Verwertung von Sicherheiten**

§ 327 Verwertung von Sicherheiten

**Dritter Abschnitt:**
**Vollstreckung wegen anderer Leistungen als Geldforderungen**

**1. Unterabschnitt:**
**Vollstreckung wegen Handlungen, Duldungen oder Unterlassungen**

§ 328 Zwangsmittel
§ 329 Zwangsgeld
§ 330 Ersatzvornahme
§ 331 Unmittelbarer Zwang
§ 332 Androhung der Zwangsmittel
§ 333 Festsetzung der Zwangsmittel
§ 334 Ersatzzwangshaft
§ 335 Beendigung des Zwangsverfahrens

**2. Unterabschnitt:**
**Erzwingung von Sicherheiten**

§ 336 Erzwingung von Sicherheiten

**Vierter Abschnitt:**
**Kosten**

§ 337 Kosten der Vollstreckung
§ 338 Gebührenarten
§ 339 Pfändungsgebühr
§ 340 Wegnahmegebühr
§ 341 Verwertungsgebühr
§ 342 Mehrheit von Schuldnern
§ 343 (weggefallen)
§ 344 Auslagen
§ 345 Reisekosten und Aufwandsentschädigungen
§ 346 Unrichtige Sachbehandlung, Festsetzungsfrist

**Siebenter Teil:**
**Außergerichtliches Rechtsbehelfsverfahren**

**Erster Abschnitt:**
**Zulässigkeit**

§ 347 Statthaftigkeit des Einspruchs

§ 348 Ausschluss des Einspruchs
§ 349 (weggefallen)
§ 350 Beschwer
§ 351 Bindungswirkung anderer Verwaltungsakte
§ 352 Einspruchsbefugnis bei der einheitlichen Feststellung
§ 353 Einspruchsbefugnis des Rechtsnachfolgers
§ 354 Einspruchsverzicht

**Zweiter Abschnitt:**
**Verfahrensvorschriften**

§ 355 Einspruchsfrist
§ 356 Rechtsbehelfsbelehrung
§ 357 Einlegung des Einspruchs
§ 358 Prüfung der Zulässigkeitsvoraussetzungen
§ 359 Beteiligte
§ 360 Hinzuziehung zum Verfahren
§ 361 Aussetzung der Vollziehung
§ 362 Rücknahme des Einspruchs
§ 363 Aussetzung und Ruhen des Verfahrens
§ 364 Mitteilung der Besteuerungsunterlagen
§ 364a Erörterung des Sach- und Rechtsstands
§ 364b Fristsetzung
§ 365 Anwendung von Verfahrensvorschriften
§ 366 Form, Inhalt und Bekanntgabe der Einspruchsentscheidung
§ 367 Entscheidung über den Einspruch
§ 368 (weggefallen)

**Achter Teil:**
**Straf- und Bußgeldvorschriften, Straf- und Bußgeldverfahren**

**Erster Abschnitt:**
**Strafvorschriften**

§ 369 Steuerstraftaten
§ 370 Steuerhinterziehung
§ 370a (weggefallen)
§ 371 Selbstanzeige bei Steuerhinterziehung
§ 372 Bannbruch
§ 373 Gewerbsmäßiger, gewaltsamer und bandenmäßiger Schmuggel
§ 374 Steuerhehlerei
§ 375 Nebenfolgen
§ 376 Verfolgungsverjährung

**Zweiter Abschnitt:**
**Bußgeldvorschriften**

§ 377 Steuerordnungswidrigkeiten
§ 378 Leichtfertige Steuerverkürzung
§ 379 Steuergefährdung
§ 380 Gefährdung der Abzugsteuern
§ 381 Verbrauchsteuergefährdung
§ 382 Gefährdung der Einfuhr- und Ausfuhrabgaben
§ 383 Unzulässiger Erwerb von Steuererstattungs- und Vergütungsansprüchen
§ 383a Zweckwidrige Verwendung des Identifikationsmerkmals nach § 139a
§ 384 Verfolgungsverjährung

## I. Abgabenordnung

**Dritter Abschnitt:**
**Strafverfahren**

**1. Unterabschnitt:**
**Allgemeine Vorschriften**

- § 385 Geltung von Verfahrensvorschriften
- § 386 Zuständigkeit der Finanzbehörde bei Steuerstraftaten
- § 387 Sachlich zuständige Finanzbehörde
- § 388 Örtlich zuständige Finanzbehörde
- § 389 Zusammenhängende Strafsachen
- § 390 Mehrfache Zuständigkeit
- § 391 Zuständiges Gericht
- § 392 Verteidigung
- § 393 Verhältnis des Strafverfahrens zum Besteuerungsverfahren
- § 394 Übergang des Eigentums
- § 395 Akteneinsicht der Finanzbehörde
- § 396 Aussetzung des Verfahrens

**2. Unterabschnitt:**
**Ermittlungsverfahren**

I. Allgemeines

- § 397 Einleitung des Strafverfahrens
- § 398 Einstellung wegen Geringfügigkeit
- § 398a Absehen von Verfolgung in besonderen Fällen

II. Verfahren der Finanzbehörde bei Steuerstraftaten

- § 399 Rechte und Pflichten der Finanzbehörde
- § 400 Antrag auf Erlass eines Strafbefehls
- § 401 Antrag auf Anordnung von Nebenfolgen im selbständigen Verfahren

III. Stellung der Finanzbehörde im Verfahren der Staatsanwaltschaft

- § 402 Allgemeine Rechte und Pflichten der Finanzbehörde
- § 403 Beteiligung der Finanzbehörde

IV. Steuer- und Zollfahndung

- § 404 Steuer- und Zollfahndung

V. Entschädigung der Zeugen und der Sachverständigen

- § 405 Entschädigung der Zeugen und der Sachverständigen

**3. Unterabschnitt:**
**Gerichtliches Verfahren**

- § 406 Mitwirkung der Finanzbehörde im Strafbefehlsverfahren und im selbständigen Verfahren
- § 407 Beteiligung der Finanzbehörde in sonstigen Fällen

**4. Unterabschnitt:**
**Kosten des Verfahrens**

- § 408 Kosten des Verfahrens

**Vierter Abschnitt:**
**Bußgeldverfahren**

- § 409 Zuständige Verwaltungsbehörde
- § 410 Ergänzende Vorschriften für das Bußgeldverfahren
- § 411 Bußgeldverfahren gegen Rechtsanwälte, Steuerberater, Steuerbevollmächtigte, Wirtschaftsprüfer oder vereidigte Buchprüfer
- § 412 Zustellung, Vollstreckung, Kosten

**Neunter Teil:**
**Schlussvorschriften**

- § 413 Einschränkung von Grundrechten
- § 414 (gegenstandslos)
- § 415 (Inkrafttreten)

**Anlage 1** (zu § 60)
Mustersatzung
für Vereine, Stiftungen, Betriebe gewerblicher Art von juristischen Personen des öffentlichen Rechts, geistliche Genossenschaften und Kapitalgesellschaften

# Erster Teil: Einleitende Vorschriften
## Erster Abschnitt: Anwendungsbereich
### § 1 Anwendungsbereich[1)]

(1) ¹Dieses Gesetz gilt für alle Steuern einschließlich der Steuervergütungen, die durch Bundesrecht oder Recht der Europäischen Union geregelt sind, soweit sie durch Bundesfinanzbehörden oder durch Landesfinanzbehörden verwaltet werden. ²Es ist nur vorbehaltlich des Rechts der Europäischen Union anwendbar.

(2) Für die Realsteuern gelten, soweit ihre Verwaltung den Gemeinden übertragen worden ist, die folgenden Vorschriften dieses Gesetzes entsprechend:
1. die Vorschriften des Ersten, Zweiten und Vierten Abschnitts des Ersten Teils (Anwendungsbereich, Steuerliche Begriffsbestimmungen, Steuergeheimnis),
2. die Vorschriften des Zweiten Teils (Steuerschuldrecht),
3. die Vorschriften des Dritten Teils mit Ausnahme der §§ 82 bis 84 (Allgemeine Verfahrensvorschriften),
4. die Vorschriften des Vierten Teils (Durchführung der Besteuerung),
5. die Vorschriften des Fünften Teils (Erhebungsverfahren),
6. die §§ 351 und 361 Abs. 1 Satz 2 und Abs. 3,
7. die Vorschriften des Achten Teils (Straf- und Bußgeldvorschriften, Straf- und Bußgeldverfahren).

(3) ¹Auf steuerliche Nebenleistungen sind die Vorschriften dieses Gesetzes vorbehaltlich des Rechts der Europäischen Union sinngemäß anwendbar. ²Der Dritte bis Sechste Abschnitt des Vierten Teils gilt jedoch nur, soweit dies besonders bestimmt wird.

### § 2 Vorrang völkerrechtlicher Vereinbarungen[2)]

(1) Verträge mit anderen Staaten im Sinne des Artikels 59 Abs. 2 Satz 1 des Grundgesetzes über die Besteuerung gehen, soweit sie unmittelbar anwendbares innerstaatliches Recht geworden sind, den Steuergesetzen vor.

(2) ¹Das Bundesministerium der Finanzen wird ermächtigt, zur Sicherung der Gleichmäßigkeit der Besteuerung und zur Vermeidung einer Doppelbesteuerung oder doppelten Nichtbesteuerung mit Zustimmung des Bundesrates Rechtsverordnungen zur Umsetzung von Konsultationsvereinbarungen zu erlassen. ²Konsultationsvereinbarungen nach Satz 1 sind einvernehmliche Vereinbarungen der zuständigen Behörden der Vertragsstaaten eines Doppelbesteuerungsabkommens mit dem Ziel, Einzelheiten der Durchführung eines solchen Abkommens zu regeln, insbesondere Schwierigkeiten oder Zweifel, die bei der Auslegung oder Anwendung des jeweiligen Abkommens bestehen, zu beseitigen.

---

1) **Anm. d. Red.:** § 1 Abs. 1 und 3 i. d. F. des Gesetzes v. 26. 6. 2013 (BGBl I S. 1809) mit Wirkung v. 30. 6. 2013.
2) **Anm. d. Red.:** § 2 i. d. F. des Gesetzes v. 8. 12. 2010 (BGBl I S. 1768) mit Wirkung v. 14. 12. 2010.

## Zweiter Abschnitt: Steuerliche Begriffsbestimmungen
### § 3 Steuern, steuerliche Nebenleistungen[1)2)]

(1) Steuern sind Geldleistungen, die nicht eine Gegenleistung für eine besondere Leistung darstellen und von einem öffentlich-rechtlichen Gemeinwesen zur Erzielung von Einnahmen allen auferlegt werden, bei denen der Tatbestand zutrifft, an den das Gesetz die Leistungspflicht knüpft; die Erzielung von Einnahmen kann Nebenzweck sein.

(2) Realsteuern sind die Grundsteuer und die Gewerbesteuer.

(3) Einfuhr- und Ausfuhrabgaben nach Artikel 4 Nr. 10 und 11 des Zollkodexes sind Steuern im Sinne dieses Gesetzes.

(4) Steuerliche Nebenleistungen sind Verzögerungsgelder (§ 146 Abs. 2b), Verspätungszuschläge (§ 152), Zuschläge gemäß § 162 Abs. 4, Zinsen (§§ 233 bis 237), Säumniszuschläge (§ 240), Zwangsgelder (§ 329) und Kosten (§§ 89, 178, 178a und §§ 337 bis 345) sowie Zinsen im Sinne des Zollkodexes und Verspätungsgelder nach § 22a Absatz 5 des Einkommensteuergesetzes.

(5) [1]Das Aufkommen der Zinsen auf Einfuhr- und Ausfuhrabgaben im Sinne des Artikels 4 Nr. 10 und 11 des Zollkodexes steht dem Bund zu. [2]Das Aufkommen der übrigen Zinsen steht den jeweils steuerberechtigten Körperschaften zu. [3]Das Aufkommen der Kosten im Sinne des § 89 steht jeweils der Körperschaft zu, deren Behörde für die Erteilung der verbindlichen Auskunft zuständig ist. [4]Das Aufkommen der Kosten im Sinne des § 178a steht dem Bund und den jeweils verwaltenden Körperschaften je zur Hälfte zu. [5]Die übrigen steuerlichen Nebenleistungen fließen den verwaltenden Körperschaften zu.

### § 4 Gesetz
Gesetz ist jede Rechtsnorm.

### § 5 Ermessen
Ist die Finanzbehörde ermächtigt, nach ihrem Ermessen zu handeln, hat sie ihr Ermessen entsprechend dem Zweck der Ermächtigung auszuüben und die gesetzlichen Grenzen des Ermessens einzuhalten.

### § 6 Behörden, Finanzbehörden[3)]
(1) Behörde ist jede Stelle, die Aufgaben der öffentlichen Verwaltung wahrnimmt.

(2) Finanzbehörden im Sinne dieses Gesetzes sind die folgenden im Gesetz über die Finanzverwaltung genannten Bundes- und Landesfinanzbehörden:

1. das Bundesministerium der Finanzen und die für die Finanzverwaltung zuständigen obersten Landesbehörden als oberste Behörden,

---

1) **Anm. d. Red.:** § 3 Abs. 4 i. d. F. des Gesetzes v. 8. 12. 2010 (BGBl I S. 1768) mit Wirkung v. 14. 12. 2010; Abs. 5 i. d. F. des Gesetzes v. 13. 12. 2006 (BGBl I S. 2878) mit Wirkung v. 19. 12. 2006.

2) **Anm. d. Red.:** Gem. Art. 2 Nr. 1 i.V. mit Art. 16 Abs. 4 Gesetz v. 22. 12. 2014 (BGBl I S. 2417) wird § 3 mit Wirkung v. 1. 5. 2016 wie folgt geändert:
a) Absatz 3 wird wie folgt gefasst:
„(3) [1]Einfuhr- und Ausfuhrabgaben nach Artikel 5 Nummer 20 und 21 des Zollkodex der Union sind Steuern im Sinne dieses Gesetzes. [2]Zollkodex der Union bezeichnet die Verordnung (EU) Nr. 952/2013 des Europäischen Parlaments und des Rates vom 9. Oktober 2013 zur Festlegung des Zollkodex der Union (ABl L 269 vom 10. 10. 2013, S. 1, L 287, S. 90) in der jeweils geltenden Fassung."
b) In Absatz 4 werden die Wörter „sowie Zinsen im Sinne des Zollkodexes" durch die Wörter „sowie Zinsen im Sinne des Zollkodex der Union" ersetzt.
c) In Absatz 5 Satz 1 werden die Wörter „im Sinne des Artikels 4 Nr. 10 und 11 des Zollkodexes" durch die Wörter „nach Artikel 5 Nummer 20 und 21 des Zollkodex der Union" ersetzt.

3) **Anm. d. Red.:** § 6 Abs. 2 i. d. F. des Gesetzes v. 3. 12. 2015 (BGBl I S. 2178) mit Wirkung v. 1. 1. 2016.

2. die Bundesmonopolverwaltung für Branntwein, das Bundeszentralamt für Steuern und die Generalzolldirektion als Bundesoberbehörden,
3. Rechenzentren sowie Landesfinanzbehörden, denen durch eine Rechtsverordnung nach § 17 Absatz 2 Satz 3 Nummer 3 des Finanzverwaltungsgesetzes die landesweite Zuständigkeit für Kassengeschäfte und das Erhebungsverfahren einschließlich der Vollstreckung übertragen worden ist, als Landesoberbehörden,
4. die Oberfinanzdirektionen als Mittelbehörden,
4a. die nach dem Finanzverwaltungsgesetz oder nach Landesrecht an Stelle einer Oberfinanzdirektion eingerichteten Landesfinanzbehörden,
5. die Hauptzollämter einschließlich ihrer Dienststellen, die Zollfahndungsämter, die Finanzämter und die besonderen Landesfinanzbehörden als örtliche Behörden,
6. Familienkassen,
7. die zentrale Stelle im Sinne des § 81 des Einkommensteuergesetzes und
8. die Deutsche Rentenversicherung Knappschaft-Bahn-See (§ 40a Abs. 6 des Einkommensteuergesetzes).

## § 7 Amtsträger

Amtsträger ist, wer nach deutschem Recht
1. Beamter oder Richter (§ 11 Abs. 1 Nr. 3 des Strafgesetzbuchs) ist,
2. in einem sonstigen öffentlich-rechtlichen Amtsverhältnis steht oder
3. sonst dazu bestellt ist, bei einer Behörde oder bei einer sonstigen Stelle oder in deren Auftrag Aufgaben der öffentlichen Verwaltung wahrzunehmen.

## § 8 Wohnsitz

Einen Wohnsitz hat jemand dort, wo er eine Wohnung unter Umständen innehat, die darauf schließen lassen, dass er die Wohnung beibehalten und benutzen wird.

## § 9 Gewöhnlicher Aufenthalt

¹Den gewöhnlichen Aufenthalt hat jemand dort, wo er sich unter Umständen aufhält, die erkennen lassen, dass er an diesem Ort oder in diesem Gebiet nicht nur vorübergehend verweilt. ²Als gewöhnlicher Aufenthalt im Geltungsbereich dieses Gesetzes ist stets und von Beginn an ein zeitlich zusammenhängender Aufenthalt von mehr als sechs Monaten Dauer anzusehen; kurzfristige Unterbrechungen bleiben unberücksichtigt. ³Satz 2 gilt nicht, wenn der Aufenthalt ausschließlich zu Besuchs-, Erholungs-, Kur- oder ähnlichen privaten Zwecken genommen wird und nicht länger als ein Jahr dauert.

## § 10 Geschäftsleitung

Geschäftsleitung ist der Mittelpunkt der geschäftlichen Oberleitung.

## § 11 Sitz

Den Sitz hat eine Körperschaft, Personenvereinigung oder Vermögensmasse an dem Ort, der durch Gesetz, Gesellschaftsvertrag, Satzung, Stiftungsgeschäft oder dergleichen bestimmt ist.

## § 12 Betriebstätte

¹Betriebstätte ist jede feste Geschäftseinrichtung oder Anlage, die der Tätigkeit eines Unternehmens dient. ²Als Betriebstätten sind insbesondere anzusehen:
1. die Stätte der Geschäftsleitung,
2. Zweigniederlassungen,
3. Geschäftsstellen,

4. Fabrikations- oder Werkstätten,
5. Warenlager,
6. Ein- oder Verkaufsstellen,
7. Bergwerke, Steinbrüche oder andere stehende, örtlich fortschreitende oder schwimmende Stätten der Gewinnung von Bodenschätzen,
8. Bauausführungen oder Montagen, auch örtlich fortschreitende oder schwimmende, wenn
    a) die einzelne Bauausführung oder Montage oder
    b) eine von mehreren zeitlich nebeneinander bestehenden Bauausführungen oder Montagen oder
    c) mehrere ohne Unterbrechung aufeinander folgende Bauausführungen oder Montagen
    länger als sechs Monate dauern.

## § 13 Ständiger Vertreter

¹Ständiger Vertreter ist eine Person, die nachhaltig die Geschäfte eines Unternehmens besorgt und dabei dessen Sachweisungen unterliegt. ²Ständiger Vertreter ist insbesondere eine Person, die für ein Unternehmen nachhaltig
1. Verträge abschließt oder vermittelt oder Aufträge einholt oder
2. einen Bestand von Gütern oder Waren unterhält und davon Auslieferungen vornimmt.

## § 14 Wirtschaftlicher Geschäftsbetrieb

¹Ein wirtschaftlicher Geschäftsbetrieb ist eine selbständige nachhaltige Tätigkeit, durch die Einnahmen oder andere wirtschaftliche Vorteile erzielt werden und die über den Rahmen einer Vermögensverwaltung hinausgeht. ²Die Absicht, Gewinn zu erzielen, ist nicht erforderlich. ³Eine Vermögensverwaltung liegt in der Regel vor, wenn Vermögen genutzt, zum Beispiel Kapitalvermögen verzinslich angelegt oder unbewegliches Vermögen vermietet oder verpachtet wird.

## § 15 Angehörige[1]

(1) Angehörige sind:
1. der Verlobte, auch im Sinne des Lebenspartnerschaftsgesetzes,
2. der Ehegatte oder Lebenspartner,
3. Verwandte und Verschwägerte gerader Linie,
4. Geschwister,
5. Kinder der Geschwister,
6. Ehegatten oder Lebenspartner der Geschwister und Geschwister der Ehegatten oder Lebenspartner,
7. Geschwister der Eltern,
8. Personen, die durch ein auf längere Dauer angelegtes Pflegeverhältnis mit häuslicher Gemeinschaft wie Eltern und Kind miteinander verbunden sind (Pflegeeltern und Pflegekinder).

(2) Angehörige sind die in Absatz 1 aufgeführten Personen auch dann, wenn
1. in den Fällen der Nummern 2, 3 und 6 die die Beziehung begründende Ehe oder Lebenspartnerschaft nicht mehr besteht;
2. in den Fällen der Nummern 3 bis 7 die Verwandtschaft oder Schwägerschaft durch Annahme als Kind erloschen ist;

---

1) **Anm. d. Red.:** § 15 i. d. F. des Gesetzes v. 18. 7. 2014 (BGBl I S. 1042) mit Wirkung v. 24. 7. 2014.

3. im Fall der Nummer 8 die häusliche Gemeinschaft nicht mehr besteht, sofern die Personen weiterhin wie Eltern und Kind miteinander verbunden sind.

## Dritter Abschnitt: Zuständigkeit der Finanzbehörden

### § 16 Sachliche Zuständigkeit

Die sachliche Zuständigkeit der Finanzbehörden richtet sich, soweit nichts anderes bestimmt ist, nach dem Gesetz über die Finanzverwaltung.

### § 17 Örtliche Zuständigkeit

Die örtliche Zuständigkeit richtet sich, soweit nichts anderes bestimmt ist, nach den folgenden Vorschriften.

### § 18 Gesonderte Feststellungen[1)]

(1) Für die gesonderten Feststellungen nach § 180 ist örtlich zuständig:
1. bei Betrieben der Land- und Forstwirtschaft, bei Grundstücken, Betriebsgrundstücken und Mineralgewinnungsrechten das Finanzamt, in dessen Bezirk der Betrieb, das Grundstück, das Betriebsgrundstück, das Mineralgewinnungsrecht oder, wenn sich der Betrieb, das Grundstück, das Betriebsgrundstück oder das Mineralgewinnungsrecht auf die Bezirke mehrerer Finanzämter erstreckt, der wertvollste Teil liegt (Lagefinanzamt),
2. bei gewerblichen Betrieben mit Geschäftsleitung im Geltungsbereich dieses Gesetzes das Finanzamt, in dessen Bezirk sich die Geschäftsleitung befindet, bei gewerblichen Betrieben ohne Geschäftsleitung im Geltungsbereich dieses Gesetzes das Finanzamt, in dessen Bezirk eine Betriebstätte – bei mehreren Betriebstätten die wirtschaftlich bedeutendste – unterhalten wird (Betriebsfinanzamt),
3. bei Einkünften aus selbständiger Arbeit das Finanzamt, von dessen Bezirk aus die Tätigkeit vorwiegend ausgeübt wird,
4. bei einer Beteiligung mehrerer Personen an anderen Einkünften als Einkünften aus Land- und Forstwirtschaft, aus Gewerbebetrieb oder aus selbständiger Arbeit, die nach § 180 Abs. 1 Nr. 2 Buchstabe a gesondert festgestellt werden, das Finanzamt, von dessen Bezirk die Verwaltung dieser Einkünfte ausgeht, oder, wenn diese im Geltungsbereich dieses Gesetzes nicht feststellbar sind, das Finanzamt, in dessen Bezirk sich der wertvollste Teil des Vermögens, aus dem die gemeinsamen Einkünfte fließen, befindet. ²Dies gilt sinngemäß auch bei einer gesonderten Feststellung nach § 180 Abs. 1 Nr. 3 oder nach § 180 Abs. 2.

(2) ¹Ist eine gesonderte Feststellung mehreren Steuerpflichtigen gegenüber vorzunehmen und lässt sich nach Absatz 1 die örtliche Zuständigkeit nicht bestimmen, so ist jedes Finanzamt örtlich zuständig, das nach den §§ 19 oder 20 für die Steuern vom Einkommen und Vermögen eines Steuerpflichtigen zuständig ist, dem ein Anteil an dem Gegenstand der Feststellung zuzurechnen ist. ²Soweit dieses Finanzamt auf Grund einer Verordnung nach § 17 Abs. 2 Satz 3 und 4 des Finanzverwaltungsgesetzes sachlich nicht für die gesonderte Feststellung zuständig ist, tritt an seine Stelle das sachlich zuständige Finanzamt.

### § 19 Steuern vom Einkommen und Vermögen natürlicher Personen[2)]

(1) ¹Für die Besteuerung natürlicher Personen nach dem Einkommen und Vermögen ist das Finanzamt örtlich zuständig, in dessen Bezirk der Steuerpflichtige seinen Wohnsitz oder in Ermangelung eines Wohnsitzes seinen gewöhnlichen Aufenthalt hat (Wohnsitzfinanzamt). ²Bei mehrfachem Wohnsitz im Geltungsbereich des Gesetzes ist der Wohnsitz maßgebend, an dem

---

1) **Anm. d. Red.:** § 18 Abs. 1 i. d. F. des Gesetzes v. 20. 12. 2008 (BGBl I S. 2850) mit Wirkung v. 1. 1. 2009.

2) **Anm. d. Red.:** § 19 Abs. 1 i. d. F. des Gesetzes v. 18. 7. 2014 (BGBl I S. 1042) mit Wirkung v. 24. 7. 2014; Abs. 6 i. d. F. des Gesetzes v. 19. 12. 2008 (BGBl I S. 2794) mit Wirkung v. 1. 1. 2009.

sich der Steuerpflichtige vorwiegend aufhält; bei mehrfachem Wohnsitz eines verheirateten oder in Lebenspartnerschaft lebenden Steuerpflichtigen, der von seinem Ehegatten oder Lebenspartner nicht dauernd getrennt lebt, ist der Wohnsitz maßgebend, an dem sich die Familie vorwiegend aufhält. ³Für die nach § 1 Abs. 2 des Einkommensteuergesetzes und nach § 1 Abs. 2 des Vermögensteuergesetzes unbeschränkt steuerpflichtigen Personen ist das Finanzamt örtlich zuständig, in dessen Bezirk sich die zahlende öffentliche Kasse befindet; das Gleiche gilt in den Fällen des § 1 Abs. 3 des Einkommensteuergesetzes bei Personen, die die Voraussetzungen des § 1 Abs. 2 Satz 1 Nr. 1 und 2 des Einkommensteuergesetzes erfüllen, und in den Fällen des § 1a Abs. 2 des Einkommensteuergesetzes.

(2) ¹Liegen die Voraussetzungen des Absatzes 1 nicht vor, so ist das Finanzamt örtlich zuständig, in dessen Bezirk sich das Vermögen des Steuerpflichtigen und, wenn dies für mehrere Finanzämter zutrifft, in dessen Bezirk sich der wertvollste Teil des Vermögens befindet. ²Hat der Steuerpflichtige kein Vermögen im Geltungsbereich des Gesetzes, so ist das Finanzamt örtlich zuständig, in dessen Bezirk die Tätigkeit im Geltungsbereich des Gesetzes vorwiegend ausgeübt oder verwertet wird oder worden ist.

(3) ¹Gehören zum Bereich der Wohnsitzgemeinde mehrere Finanzämter und übt ein Steuerpflichtiger mit Einkünften aus Land- und Forstwirtschaft, Gewerbebetrieb oder freiberuflicher Tätigkeit diese Tätigkeit innerhalb der Wohnsitzgemeinde, aber im Bezirk eines anderen Finanzamts als dem des Wohnsitzfinanzamts aus, so ist abweichend von Absatz 1 jenes Finanzamt zuständig, wenn es nach § 18 Abs. 1 Nr. 1, 2 oder 3 für eine gesonderte Feststellung dieser Einkünfte zuständig wäre. ²Einkünfte aus Gewinnanteilen sind bei Anwendung des Satzes 1 nur dann zu berücksichtigen, wenn sie die einzigen Einkünfte des Steuerpflichtigen im Sinne des Satzes 1 sind.

(4) Steuerpflichtige, die zusammen zu veranlagen sind oder zusammen veranlagt werden können, sind bei Anwendung des Absatzes 3 so zu behandeln, als seien ihre Einkünfte von einem Steuerpflichtigen bezogen worden.

(5) ¹Durch Rechtsverordnung der Landesregierung kann bestimmt werden, dass als Wohnsitzgemeinde im Sinne des Absatzes 3 ein Gebiet gilt, das mehrere Gemeinden umfasst, soweit dies mit Rücksicht auf die Wirtschafts- oder Verkehrsverhältnisse, den Aufbau der Verwaltungsbehörden oder andere örtliche Bedürfnisse zweckmäßig erscheint. ²Die Landesregierung kann die Ermächtigung auf die für die Finanzverwaltung zuständige oberste Landesbehörde übertragen.

(6) ¹Das Bundesministerium der Finanzen kann zur Sicherstellung der Besteuerung von Personen, die nach § 1 Abs. 4 des Einkommensteuergesetzes beschränkt steuerpflichtig sind und Einkünfte im Sinne von § 49 Abs. 1 Nr. 7 und 10 des Einkommensteuergesetzes beziehen, durch Rechtsverordnung mit Zustimmung des Bundesrates einer Finanzbehörde die örtliche Zuständigkeit für den Geltungsbereich des Gesetzes übertragen. ²Satz 1 gilt auch in den Fällen, in denen ein Antrag nach § 1 Abs. 3 des Einkommensteuergesetzes gestellt wird.

## § 20 Steuern vom Einkommen und Vermögen der Körperschaften, Personenvereinigungen, Vermögensmassen

(1) Für die Besteuerung von Körperschaften, Personenvereinigungen und Vermögensmassen nach dem Einkommen und Vermögen ist das Finanzamt örtlich zuständig, in dessen Bezirk sich die Geschäftsleitung befindet.

(2) Befindet sich die Geschäftsleitung nicht im Geltungsbereich des Gesetzes oder lässt sich der Ort der Geschäftsleitung nicht feststellen, so ist das Finanzamt örtlich zuständig, in dessen Bezirk die Steuerpflichtige ihren Sitz hat.

(3) Ist weder die Geschäftsleitung noch der Sitz im Geltungsbereich des Gesetzes, so ist das Finanzamt örtlich zuständig, in dessen Bezirk sich Vermögen der Steuerpflichtigen und, wenn dies für mehrere Finanzämter zutrifft, das Finanzamt, in dessen Bezirk sich der wertvollste Teil des Vermögens befindet.

(4) Befindet sich weder die Geschäftsleitung noch der Sitz noch Vermögen der Steuerpflichtigen im Geltungsbereich des Gesetzes, so ist das Finanzamt örtlich zuständig, in dessen Bezirk die Tätigkeit im Geltungsbereich des Gesetzes vorwiegend ausgeübt oder verwertet wird oder worden ist.

## § 20a Steuern vom Einkommen bei Bauleistungen[1)]

(1) ¹Abweichend von §§ 19 und 20 ist für die Besteuerung von Unternehmen, die Bauleistungen im Sinne von § 48 Abs. 1 Satz 3 des Einkommensteuergesetzes erbringen, das Finanzamt zuständig, das für die Besteuerung der entsprechenden Umsätze nach § 21 Abs. 1 zuständig ist, wenn der Unternehmer seinen Wohnsitz oder das Unternehmen seine Geschäftsleitung oder seinen Sitz außerhalb des Geltungsbereiches des Gesetzes hat. ²Das gilt auch abweichend von den §§ 38 bis 42f des Einkommensteuergesetzes beim Steuerabzug vom Arbeitslohn.

(2) ¹Für die Verwaltung der Lohnsteuer in den Fällen der Arbeitnehmerüberlassung durch ausländische Verleiher nach § 38 Abs. 1 Satz 1 Nr. 2 des Einkommensteuergesetzes ist das Finanzamt zuständig, das für die Besteuerung der entsprechenden Umsätze nach § 21 Abs. 1 zuständig ist. ²Satz 1 gilt nur, wenn die überlassene Person im Baugewerbe eingesetzt wird.

(3) Für die Besteuerung von Personen, die von Unternehmen im Sinne des Absatzes 1 oder 2 im Inland beschäftigt werden, kann abweichend von § 19 das Bundesministerium der Finanzen durch Rechtsverordnung mit Zustimmung des Bundesrates die örtliche Zuständigkeit einem Finanzamt für den Geltungsbereich des Gesetzes übertragen.

## § 21 Umsatzsteuer[2)]

(1) ¹Für die Umsatzsteuer mit Ausnahme der Einfuhrumsatzsteuer ist das Finanzamt zuständig, von dessen Bezirk aus der Unternehmer sein Unternehmen im Geltungsbereich des Gesetzes ganz oder vorwiegend betreibt. ²Das Bundesministerium der Finanzen kann zur Sicherstellung der Besteuerung durch Rechtsverordnung mit Zustimmung des Bundesrates für Unternehmer, die Wohnsitz, Sitz oder Geschäftsleitung außerhalb des Geltungsbereiches dieses Gesetzes haben, die örtliche Zuständigkeit einer Finanzbehörde für den Geltungsbereich des Gesetzes übertragen.

(2) Für die Umsatzsteuer von Personen, die keine Unternehmer sind, ist das Finanzamt zuständig, das auch für die Besteuerung nach dem Einkommen zuständig ist (§§ 19 und 20); in den Fällen des § 180 Abs. 1 Nr. 2 Buchstabe a ist das Finanzamt für die Umsatzsteuer zuständig, das auch für die gesonderte Feststellung zuständig ist (§ 18).

## § 22 Realsteuern

(1) ¹Für die Festsetzung und Zerlegung der Steuermessbeträge ist bei der Grundsteuer das Lagefinanzamt (§ 18 Abs. 1 Nr. 1) und bei der Gewerbesteuer das Betriebsfinanzamt (§ 18 Abs. 1 Nr. 2) örtlich zuständig. ²Abweichend von Satz 1 ist für die Festsetzung und Zerlegung der Gewerbesteuermessbeträge bei Unternehmen, die Bauleistungen im Sinne von § 48 Abs. 1 Satz 3 des Einkommensteuergesetzes erbringen, das Finanzamt zuständig, das für die Besteuerung der entsprechenden Umsätze nach § 21 Abs. 1 zuständig ist, wenn der Unternehmer seinen Wohnsitz oder das Unternehmen seine Geschäftsleitung oder seinen Sitz außerhalb des Geltungsbereiches des Gesetzes hat.

(2) ¹Soweit die Festsetzung, Erhebung und Beitreibung von Realsteuern den Finanzämtern obliegt, ist dafür das Finanzamt örtlich zuständig, zu dessen Bezirk die hebeberechtigte Gemeinde gehört. ²Gehört eine hebeberechtigte Gemeinde zu den Bezirken mehrerer Finanzämter, so ist von diesen Finanzämtern das Finanzamt örtlich zuständig, das nach Absatz 1 zuständig ist oder zuständig wäre, wenn im Geltungsbereich dieses Gesetzes nur die in der hebeberechtigten Ge-

---

1) **Anm. d. Red.:** § 20a Abs. 1 i. d. F. des Gesetzes v. 9.12.2004 (BGBl I S. 3310) mit Wirkung v. 16.12.2004.

2) **Anm. d. Red.:** § 21 Abs. 1 i. d. F. des Gesetzes v. 16.5.2003 (BGBl I S. 660) mit Wirkung v. 1.7.2003.

meinde liegenden Teile des Betriebs, des Grundstücks oder des Betriebsgrundstücks vorhanden wären.

(3) Absatz 2 gilt sinngemäß, soweit einem Land nach Artikel 106 Abs. 6 Satz 3 des Grundgesetzes das Aufkommen der Realsteuern zusteht.

### § 22a Zuständigkeit auf dem Festlandsockel oder an der ausschließlichen Wirtschaftszone[1]

Die Zuständigkeit der Finanzbehörden der Länder nach den §§ 18 bis 22 oder nach den Steuergesetzen im Bereich des der Bundesrepublik Deutschland zustehenden Anteils an dem Festlandsockel und an der ausschließlichen Wirtschaftszone richtet sich nach dem Äquidistanzprinzip.

### § 23 Einfuhr- und Ausfuhrabgaben und Verbrauchsteuern[2]

(1) Für die Einfuhr- und Ausfuhrabgaben im Sinne des Artikels 4 Nr. 10 und 11 des Zollkodexes und Verbrauchsteuern ist das Hauptzollamt örtlich zuständig, in dessen Bezirk der Tatbestand verwirklicht wird, an den das Gesetz die Steuer knüpft.

(2) ¹Örtlich zuständig ist ferner das Hauptzollamt, von dessen Bezirk aus der Steuerpflichtige sein Unternehmen betreibt. ²Wird das Unternehmen von einem nicht zum Geltungsbereich des Gesetzes gehörenden Ort aus betrieben, so ist das Hauptzollamt zuständig, in dessen Bezirk der Unternehmer seine Umsätze im Geltungsbereich des Gesetzes ganz oder vorwiegend bewirkt.

(3) Werden Einfuhr- und Ausfuhrabgaben im Sinne des Artikels 4 Nr. 10 und 11 des Zollkodexes und Verbrauchsteuern im Zusammenhang mit einer Steuerstraftat oder einer Steuerordnungswidrigkeit geschuldet, so ist auch das Hauptzollamt örtlich zuständig, das für die Strafsache oder die Bußgeldsache zuständig ist.

### § 24 Ersatzzuständigkeit

Ergibt sich die örtliche Zuständigkeit nicht aus anderen Vorschriften, so ist die Finanzbehörde zuständig, in deren Bezirk der Anlass für die Amtshandlung hervortritt.

### § 25 Mehrfache örtliche Zuständigkeit

¹Sind mehrere Finanzbehörden zuständig, so entscheidet die Finanzbehörde, die zuerst mit der Sache befasst worden ist, es sei denn, die zuständigen Finanzbehörden einigen sich auf eine andere zuständige Finanzbehörde oder die gemeinsame fachlich zuständige Aufsichtsbehörde bestimmt, dass eine andere örtlich zuständige Finanzbehörde zu entscheiden hat. ²Fehlt eine gemeinsame Aufsichtsbehörde, so treffen die fachlich zuständigen Aufsichtsbehörden die Entscheidung gemeinsam.

### § 26 Zuständigkeitswechsel[3]

¹Geht die örtliche Zuständigkeit durch eine Veränderung der sie begründenden Umstände von einer Finanzbehörde auf eine andere Finanzbehörde über, so tritt der Wechsel der Zuständigkeit in dem Zeitpunkt ein, in dem eine der beiden Finanzbehörden hiervon erfährt. ²Die bisher zuständige Finanzbehörde kann ein Verwaltungsverfahren fortführen, wenn dies unter Wahrung der Interessen der Beteiligten der einfachen und zweckmäßigen Durchführung des Verfahrens dient und die nunmehr zuständige Finanzbehörde zustimmt. ³Ein Zuständigkeitswechsel nach Satz 1 tritt so lange nicht ein, wie

---

1) **Anm. d. Red.:** § 22a eingefügt gem. Gesetz v. 25. 7. 2014 (BGBl I S. 1266) mit Wirkung v. 31. 7. 2014.

2) **Anm. d. Red.:** Gem. Art. 2 Nr. 5 i.V. mit Art. 16 Abs. 4 Gesetz v. 22. 12. 2014 (BGBl I S. 2417) werden in § 23 Abs. 1 und 3 mit Wirkung v. 1. 5. 2016 die Wörter „im Sinne des Artikels 4 Nr. 10 und 11 des Zollkodexes" durch die Wörter „nach Artikel 5 Nummer 20 und 21 des Zollkodex der Union" ersetzt.

3) **Anm. d. Red.:** § 26 i. d. F. des Gesetzes v. 20. 12. 2007 (BGBl I S. 3150) mit Wirkung v. 29. 12. 2007.

1. über einen Insolvenzantrag noch nicht entschieden wurde,
2. ein eröffnetes Insolvenzverfahren noch nicht aufgehoben wurde oder
3. sich eine Personengesellschaft oder eine juristische Person in Liquidation befindet.

## § 27 Zuständigkeitsvereinbarung[1]

¹Im Einvernehmen mit der Finanzbehörde, die nach den Vorschriften der Steuergesetze örtlich zuständig ist, kann eine andere Finanzbehörde die Besteuerung übernehmen, wenn der Betroffene zustimmt. ²Eine der Finanzbehörden nach Satz 1 kann den Betroffenen auffordern, innerhalb einer angemessenen Frist die Zustimmung zu erklären. ³Die Zustimmung gilt als erteilt, wenn der Betroffene nicht innerhalb dieser Frist widerspricht. ⁴Der Betroffene ist auf die Wirkung seines Schweigens ausdrücklich hinzuweisen.

## § 28 Zuständigkeitsstreit

(1) ¹Die gemeinsame fachlich zuständige Aufsichtsbehörde entscheidet über die örtliche Zuständigkeit, wenn sich mehrere Finanzbehörden für zuständig oder für unzuständig halten oder wenn die Zuständigkeit aus anderen Gründen zweifelhaft ist. ²§ 25 Satz 2 gilt entsprechend.

(2) § 5 Abs. 1 Nr. 7 des Gesetzes über die Finanzverwaltung bleibt unberührt.

## § 29 Gefahr im Verzug

¹Bei Gefahr im Verzug ist für unaufschiebbare Maßnahmen jede Finanzbehörde örtlich zuständig, in deren Bezirk der Anlass für die Amtshandlung hervortritt. ²Die sonst örtlich zuständige Behörde ist unverzüglich zu unterrichten.

## Vierter Abschnitt: Steuergeheimnis

### § 30 Steuergeheimnis[2]

(1) Amtsträger haben das Steuergeheimnis zu wahren.

(2) Ein Amtsträger verletzt das Steuergeheimnis, wenn er
1. Verhältnisse eines anderen, die ihm
   a) in einem Verwaltungsverfahren, einem Rechnungsprüfungsverfahren oder einem gerichtlichen Verfahren in Steuersachen,
   b) in einem Strafverfahren wegen einer Steuerstraftat oder einem Bußgeldverfahren wegen einer Steuerordnungswidrigkeit,
   c) aus anderem Anlass durch Mitteilung einer Finanzbehörde oder durch die gesetzlich vorgeschriebene Vorlage eines Steuerbescheids oder einer Bescheinigung über die bei der Besteuerung getroffenen Feststellungen
   bekannt geworden sind, oder
2. ein fremdes Betriebs- oder Geschäftsgeheimnis, das ihm in einem der in Nummer 1 genannten Verfahren bekannt geworden ist,
unbefugt offenbart oder verwertet oder
3. nach Nummer 1 oder Nummer 2 geschützte Daten im automatisierten Verfahren unbefugt abruft, wenn sie für eines der in Nummer 1 genannten Verfahren in einer Datei gespeichert sind.

---

1) **Anm. d. Red.:** § 27 i. d. F. des Gesetzes v. 15. 12. 2003 (BGBl I S. 2645) mit Wirkung v. 20. 12. 2003.

2) **Anm. d. Red.:** § 30 Abs. 6 i. d. F. des Gesetzes v. 26. 6. 2013 (BGBl I S. 1809) mit Wirkung v. 30. 6. 2013; Abs. 7 angefügt gem. Gesetz v. 25. 7. 2013 (BGBl I S. 2749) mit Wirkung v. 1. 8. 2013.

## § 30

(3) Den Amtsträgern stehen gleich
1. die für den öffentlichen Dienst besonders Verpflichteten (§ 11 Abs. 1 Nr. 4 des Strafgesetzbuchs),
1a. die in § 193 Abs. 2 des Gerichtsverfassungsgesetzes genannten Personen,
2. amtlich zugezogene Sachverständige,
3. die Träger von Ämtern der Kirchen und anderen Religionsgemeinschaften, die Körperschaften des öffentlichen Rechts sind.

(4) Die Offenbarung der nach Absatz 2 erlangten Kenntnisse ist zulässig, soweit
1. sie der Durchführung eines Verfahrens im Sinne des Absatzes 2 Nr. 1 Buchstaben a und b dient,
2. sie durch Gesetz ausdrücklich zugelassen ist,
3. der Betroffene zustimmt,
4. sie der Durchführung eines Strafverfahrens wegen einer Tat dient, die keine Steuerstraftat ist, und die Kenntnisse
   a) in einem Verfahren wegen einer Steuerstraftat oder Steuerordnungswidrigkeit erlangt worden sind; dies gilt jedoch nicht für solche Tatsachen, die der Steuerpflichtige in Unkenntnis der Einleitung des Strafverfahrens oder des Bußgeldverfahrens offenbart hat oder die bereits vor Einleitung des Strafverfahrens oder des Bußgeldverfahrens im Besteuerungsverfahren bekannt geworden sind, oder
   b) ohne Bestehen einer steuerlichen Verpflichtung oder unter Verzicht auf ein Auskunftsverweigerungsrecht erlangt worden sind,
5. für sie ein zwingendes öffentliches Interesse besteht; ein zwingendes öffentliches Interesse ist namentlich gegeben, wenn
   a) Verbrechen und vorsätzliche schwere Vergehen gegen Leib und Leben oder gegen den Staat und seine Einrichtungen verfolgt werden oder verfolgt werden sollen,
   b) Wirtschaftsstraftaten verfolgt werden oder verfolgt werden sollen, die nach ihrer Begehungsweise oder wegen des Umfangs des durch sie verursachten Schadens geeignet sind, die wirtschaftliche Ordnung erheblich zu stören oder das Vertrauen der Allgemeinheit auf die Redlichkeit des geschäftlichen Verkehrs oder auf die ordnungsgemäße Arbeit der Behörden und der öffentlichen Einrichtungen erheblich zu erschüttern, oder
   c) die Offenbarung erforderlich ist zur Richtigstellung in der Öffentlichkeit verbreiteter unwahrer Tatsachen, die geeignet sind, das Vertrauen in die Verwaltung erheblich zu erschüttern; die Entscheidung trifft die zuständige oberste Finanzbehörde im Einvernehmen mit dem Bundesministerium der Finanzen; vor der Richtigstellung soll der Steuerpflichtige gehört werden.

(5) Vorsätzlich falsche Angaben des Betroffenen dürfen den Strafverfolgungsbehörden gegenüber offenbart werden.

(6) [1]Der automatisierte Abruf von Daten, die für eines der in Absatz 2 Nr. 1 genannten Verfahren in einer Datei gespeichert sind, ist nur zulässig, soweit er der Durchführung eines Verfahrens im Sinne des Absatzes 2 Nr. 1 Buchstaben a und b oder der zulässigen Weitergabe von Daten dient. [2]Zur Wahrung des Steuergeheimnisses kann das Bundesministerium der Finanzen durch Rechtsverordnung mit Zustimmung des Bundesrates bestimmen, welche technischen und organisatorischen Maßnahmen gegen den unbefugten Abruf von Daten zu treffen sind. [3]Insbesondere kann es nähere Regelungen treffen über die Art der Daten, deren Abruf zulässig ist, sowie über den Kreis der Amtsträger, die zum Abruf solcher Daten berechtigt sind. [4]Die Rechtsverordnung bedarf nicht der Zustimmung des Bundesrates, soweit sie die Kraftfahrzeugsteuer, die Luftverkehrsteuer, die Versicherungsteuer sowie Einfuhr- und Ausfuhrabgaben und Verbrauchsteuern, mit Ausnahme der Biersteuer, betrifft.

(7) Werden dem Steuergeheimnis unterliegende Daten durch einen Amtsträger oder diesem nach Absatz 3 gleichgestellte Personen nach Maßgabe des § 87a Absatz 4 über De-Mail-Dienste

im Sinne des § 1 des De-Mail-Gesetzes versendet, liegt keine unbefugte Offenbarung, Verwertung und kein unbefugter Abruf von dem Steuergeheimnis unterliegenden Daten vor, wenn beim Versenden eine kurzzeitige automatisierte Entschlüsselung durch den akkreditierten Diensteanbieter zum Zweck der Überprüfung auf Schadsoftware und zum Zweck der Weiterleitung an den Adressaten der De-Mail-Nachricht stattfindet.

## § 30a Schutz von Bankkunden

(1) Bei der Ermittlung des Sachverhalts (§ 88) haben die Finanzbehörden auf das Vertrauensverhältnis zwischen den Kreditinstituten und deren Kunden besonders Rücksicht zu nehmen.

(2) Die Finanzbehörden dürfen von den Kreditinstituten zum Zweck der allgemeinen Überwachung die einmalige oder periodische Mitteilung von Konten bestimmter Art oder bestimmter Höhe nicht verlangen.

(3) [1]Die Guthabenkonten oder Depots, bei deren Errichtung eine Legitimationsprüfung nach § 154 Abs. 2 vorgenommen worden ist, dürfen anlässlich der Außenprüfung bei einem Kreditinstitut nicht zwecks Nachprüfung der ordnungsmäßigen Versteuerung festgestellt oder abgeschrieben werden. [2]Die Ausschreibung von Kontrollmitteilungen soll insoweit unterbleiben.

(4) In Vordrucken für Steuererklärungen soll die Angabe der Nummern von Konten und Depots, die der Steuerpflichtige bei Kreditinstituten unterhält, nicht verlangt werden, soweit nicht steuermindernde Ausgaben oder Vergünstigungen geltend gemacht werden oder die Abwicklung des Zahlungsverkehrs mit dem Finanzamt dies bedingt.

(5) [1]Für Auskunftsersuchen an Kreditinstitute gilt § 93. [2]Ist die Person des Steuerpflichtigen bekannt und gegen ihn kein Verfahren wegen einer Steuerstraftat oder einer Steuerordnungswidrigkeit eingeleitet, soll auch im Verfahren nach § 208 Abs. 1 Satz 1 ein Kreditinstitut erst um Auskunft und Vorlage von Urkunden gebeten werden, wenn ein Auskunftsersuchen an den Steuerpflichtigen nicht zum Ziele führt oder keinen Erfolg verspricht.

## § 31 Mitteilung von Besteuerungsgrundlagen[1)]

(1) [1]Die Finanzbehörden sind verpflichtet, Besteuerungsgrundlagen, Steuermessbeträge und Steuerbeträge an Körperschaften des öffentlichen Rechts einschließlich der Religionsgemeinschaften, die Körperschaften des öffentlichen Rechts sind, zur Festsetzung von solchen Abgaben mitzuteilen, die an diese Besteuerungsgrundlagen, Steuermessbeträge oder Steuerbeträge anknüpfen. [2]Die Mitteilungspflicht besteht nicht, soweit deren Erfüllung mit einem unverhältnismäßigen Aufwand verbunden wäre. [3]Die Finanzbehörden dürfen Körperschaften des öffentlichen Rechts auf Ersuchen Namen und Anschriften ihrer Mitglieder, die dem Grunde nach zur Entrichtung von Abgaben im Sinne des Satzes 1 verpflichtet sind, sowie die von der Finanzbehörde für die Körperschaft festgesetzten Abgaben übermitteln, soweit die Kenntnis dieser Daten zur Erfüllung von in der Zuständigkeit der Körperschaft liegenden öffentlichen Aufgaben erforderlich ist und überwiegende schutzwürdige Interessen des Betroffenen nicht entgegenstehen.

(2) [1]Die Finanzbehörden sind verpflichtet, die nach § 30 geschützten Verhältnisse des Betroffenen den Trägern der gesetzlichen Sozialversicherung, der Bundesagentur für Arbeit und der Künstlersozialkasse mitzuteilen, soweit die Kenntnis dieser Verhältnisse für die Feststellung der Versicherungspflicht oder die Festsetzung von Beiträgen einschließlich der Künstlersozialabgabe erforderlich ist oder der Betroffene einen Antrag auf Mitteilung stellt. [2]Die Mitteilungspflicht besteht nicht, soweit deren Erfüllung mit einem unverhältnismäßigen Aufwand verbunden wäre.

(3) Die für die Verwaltung der Grundsteuer zuständigen Behörden sind berechtigt, die nach § 30 geschützten Namen und Anschriften von Grundstückseigentümern, die bei der Verwaltung

---

1) **Anm. d. Red.:** § 31 Abs. 1 i. d. F. des Gesetzes v. 9.12.2004 (BGBl I S. 3310) mit Wirkung v. 16.12.2004; Abs. 2 i. d. F. des Gesetzes v. 23.12.2003 (BGBl I S. 2848) mit Wirkung v. 1.1.2004.

der Grundsteuer bekannt geworden sind, zur Verwaltung anderer Abgaben sowie zur Erfüllung sonstiger öffentlicher Aufgaben zu verwenden oder den hierfür zuständigen Gerichten, Behörden oder juristischen Personen des öffentlichen Rechts auf Ersuchen mitzuteilen, soweit nicht überwiegende schutzwürdige Interessen des Betroffenen entgegenstehen.

## § 31a Mitteilungen zur Bekämpfung der illegalen Beschäftigung und des Leistungsmissbrauchs

(1) Die Offenbarung der nach § 30 geschützten Verhältnisse des Betroffenen ist zulässig, soweit sie

1. für die Durchführung eines Strafverfahrens, eines Bußgeldverfahrens oder eines anderen gerichtlichen oder Verwaltungsverfahrens mit dem Ziel

    a) der Bekämpfung von illegaler Beschäftigung oder Schwarzarbeit oder

    b) der Entscheidung

    aa) über Erteilung, Rücknahme oder Widerruf einer Erlaubnis nach dem Arbeitnehmerüberlassungsgesetz oder

    bb) über Bewilligung, Gewährung, Rückforderung, Erstattung, Weitergewährung oder Belassen einer Leistung aus öffentlichen Mitteln

    oder

2. für die Geltendmachung eines Anspruchs auf Rückgewähr einer Leistung aus öffentlichen Mitteln

erforderlich ist.

(2) ¹Die Finanzbehörden sind in den Fällen des Absatzes 1 verpflichtet, der zuständigen Stelle die jeweils benötigten Tatsachen mitzuteilen. ²In den Fällen des Absatzes 1 Nr. 1 Buchstabe b und Nr. 2 erfolgt die Mitteilung auch auf Antrag des Betroffenen. ³Die Mitteilungspflicht nach den Sätzen 1 und 2 besteht nicht, soweit deren Erfüllung mit einem unverhältnismäßigen Aufwand verbunden wäre.

## § 31b Mitteilungen zur Bekämpfung der Geldwäsche und der Terrorismusfinanzierung[1)]

(1) Die Offenbarung der nach § 30 geschützten Verhältnisse des Betroffenen ist zulässig, soweit sie einem der folgenden Zwecke dient:

1. der Durchführung eines Strafverfahrens wegen einer Straftat nach § 261 des Strafgesetzbuchs,

2. der Bekämpfung der Terrorismusfinanzierung im Sinne des § 1 Absatz 2 des Geldwäschegesetzes,

3. der Durchführung eines Bußgeldverfahrens nach § 17 des Geldwäschegesetzes gegen Verpflichtete im Sinne des § 2 Absatz 1 Nummer 9 bis 13 des Geldwäschegesetzes oder

4. dem Treffen von Maßnahmen und Anordnungen nach § 16 Absatz 1 des Geldwäschegesetzes gegenüber Verpflichteten im Sinne des § 2 Absatz 1 Nummer 9 bis 13 des Geldwäschegesetzes.

(2) Die Finanzbehörden haben dem Bundeskriminalamt – Zentralstelle für Verdachtsmeldungen – und der zuständigen Strafverfolgungsbehörde unverzüglich mündlich, telefonisch, fernschriftlich oder durch elektronische Datenübermittlung Transaktionen unabhängig von deren

---

1) **Anm. d. Red.:** § 31b i. d. F. des Gesetzes v. 22. 12. 2014 (BGBl I S. 2417) mit Wirkung v. 31. 12. 2014.

Höhe oder Geschäftsbeziehungen zu melden, wenn Tatsachen vorliegen, die darauf hindeuten, dass
1. es sich bei Vermögenswerten, die mit den gemeldeten Transaktionen oder Geschäftsbeziehungen im Zusammenhang stehen, um den Gegenstand einer Straftat nach § 261 des Strafgesetzbuchs handelt oder
2. die Vermögenswerte im Zusammenhang mit Terrorismusfinanzierung stehen.

(3) Die Finanzbehörden haben der zuständigen Verwaltungsbehörde unverzüglich solche Tatsachen mitzuteilen, die darauf schließen lassen, dass
1. ein Verpflichteter im Sinne des § 2 Absatz 1 Nummer 9 bis 13 des Geldwäschegesetzes eine Ordnungswidrigkeit im Sinne des § 17 des Geldwäschegesetzes begangen hat oder begeht oder
2. die Voraussetzungen für das Treffen von Maßnahmen und Anordnungen nach § 16 Absatz 1 des Geldwäschegesetzes gegenüber Verpflichteten im Sinne des § 2 Absatz 1 Nummer 9 bis 13 des Geldwäschegesetzes gegeben sind.

## Fünfter Abschnitt: Haftungsbeschränkung für Amtsträger

### § 32 Haftungsbeschränkung für Amtsträger

Wird infolge der Amts- oder Dienstpflichtverletzung eines Amtsträgers
1. eine Steuer oder eine steuerliche Nebenleistung nicht, zu niedrig oder zu spät festgesetzt, erhoben oder beigetrieben oder
2. eine Steuererstattung oder Steuervergütung zu Unrecht gewährt oder
3. eine Besteuerungsgrundlage oder eine Steuerbeteiligung nicht, zu niedrig oder zu spät festgesetzt,

so kann er nur in Anspruch genommen werden, wenn die Amts- oder Dienstpflichtverletzung mit einer Strafe bedroht ist.

## Zweiter Teil: Steuerschuldrecht

## Erster Abschnitt: Steuerpflichtiger

### § 33 Steuerpflichtiger

(1) Steuerpflichtiger ist, wer eine Steuer schuldet, für eine Steuer haftet, eine Steuer für Rechnung eines Dritten einzubehalten und abzuführen hat, wer eine Steuererklärung abzugeben, Sicherheit zu leisten, Bücher und Aufzeichnungen zu führen oder andere ihm durch die Steuergesetze auferlegte Verpflichtungen zu erfüllen hat.

(2) Steuerpflichtiger ist nicht, wer in einer fremden Steuersache Auskunft zu erteilen, Urkunden vorzulegen, ein Sachverständigengutachten zu erstatten oder das Betreten von Grundstücken, Geschäfts- und Betriebsräumen zu gestatten hat.

### § 34 Pflichten der gesetzlichen Vertreter und der Vermögensverwalter

(1) ¹Die gesetzlichen Vertreter natürlicher und juristischer Personen und die Geschäftsführer von nicht rechtsfähigen Personenvereinigungen und Vermögensmassen haben deren steuerliche Pflichten zu erfüllen. ²Sie haben insbesondere dafür zu sorgen, dass die Steuern aus den Mitteln entrichtet werden, die sie verwalten.

(2) ¹Soweit nicht rechtsfähige Personenvereinigungen ohne Geschäftsführer sind, haben die Mitglieder oder Gesellschafter die Pflichten im Sinne des Absatzes 1 zu erfüllen. ²Die Finanzbehörde kann sich an jedes Mitglied oder jeden Gesellschafter halten. ³Für nicht rechtsfähige Vermögensmassen gelten die Sätze 1 und 2 mit der Maßgabe, dass diejenigen, denen das Vermögen zusteht, die steuerlichen Pflichten zu erfüllen haben.

(3) Steht eine Vermögensverwaltung anderen Personen als den Eigentümern des Vermögens oder deren gesetzlichen Vertretern zu, so haben die Vermögensverwalter die in Absatz 1 bezeichneten Pflichten, soweit ihre Verwaltung reicht.

### § 35 Pflichten des Verfügungsberechtigten

Wer als Verfügungsberechtigter im eigenen oder fremden Namen auftritt, hat die Pflichten eines gesetzlichen Vertreters (§ 34 Abs. 1), soweit er sie rechtlich und tatsächlich erfüllen kann.

### § 36 Erlöschen der Vertretungsmacht

Das Erlöschen der Vertretungsmacht oder der Verfügungsmacht lässt die nach den §§ 34 und 35 entstandenen Pflichten unberührt, soweit diese den Zeitraum betreffen, in dem die Vertretungsmacht oder Verfügungsmacht bestanden hat und soweit der Verpflichtete sie erfüllen kann.

## Zweiter Abschnitt: Steuerschuldverhältnis

### § 37 Ansprüche aus dem Steuerschuldverhältnis

(1) Ansprüche aus dem Steuerschuldverhältnis sind der Steueranspruch, der Steuervergütungsanspruch, der Haftungsanspruch, der Anspruch auf eine steuerliche Nebenleistung, der Erstattungsanspruch nach Absatz 2 sowie die in Einzelsteuergesetzen geregelten Steuererstattungsansprüche.

(2) ¹Ist eine Steuer, eine Steuervergütung, ein Haftungsbetrag oder eine steuerliche Nebenleistung ohne rechtlichen Grund gezahlt oder zurückgezahlt worden, so hat derjenige, auf dessen Rechnung die Zahlung bewirkt worden ist, an den Leistungsempfänger einen Anspruch auf Erstattung des gezahlten oder zurückgezahlten Betrags. ²Dies gilt auch dann, wenn der rechtliche Grund für die Zahlung oder Rückzahlung später wegfällt. ³Im Fall der Abtretung, Verpfändung oder Pfändung richtet sich der Anspruch auch gegen den Abtretenden, Verpfänder oder Pfändungsschuldner.

### § 38 Entstehung der Ansprüche aus dem Steuerschuldverhältnis

Die Ansprüche aus dem Steuerschuldverhältnis entstehen, sobald der Tatbestand verwirklicht ist, an den das Gesetz die Leistungspflicht knüpft.

### § 39 Zurechnung

(1) Wirtschaftsgüter sind dem Eigentümer zuzurechnen.

(2) Abweichend von Absatz 1 gelten die folgenden Vorschriften:
1. ¹Übt ein anderer als der Eigentümer die tatsächliche Herrschaft über ein Wirtschaftsgut in der Weise aus, dass er den Eigentümer im Regelfall für die gewöhnliche Nutzungsdauer von der Einwirkung auf das Wirtschaftsgut wirtschaftlich ausschließen kann, so ist ihm das Wirtschaftsgut zuzurechnen. ²Bei Treuhandverhältnissen sind die Wirtschaftsgüter dem Treugeber, beim Sicherungseigentum dem Sicherungsgeber und beim Eigenbesitz dem Eigenbesitzer zuzurechnen.
2. Wirtschaftsgüter, die mehreren zur gesamten Hand zustehen, werden den Beteiligten anteilig zugerechnet, soweit eine getrennte Zurechnung für die Besteuerung erforderlich ist.

### § 40 Gesetz- oder sittenwidriges Handeln

Für die Besteuerung ist es unerheblich, ob ein Verhalten, das den Tatbestand eines Steuergesetzes ganz oder zum Teil erfüllt, gegen ein gesetzliches Gebot oder Verbot oder gegen die guten Sitten verstößt.

### § 41 Unwirksame Rechtsgeschäfte

(1) ¹Ist ein Rechtsgeschäft unwirksam oder wird es unwirksam, so ist dies für die Besteuerung unerheblich, soweit und solange die Beteiligten das wirtschaftliche Ergebnis dieses Rechtsgeschäfts gleichwohl eintreten und bestehen lassen. ²Dies gilt nicht, soweit sich aus den Steuergesetzen etwas anderes ergibt.

(2) ¹Scheingeschäfte und Scheinhandlungen sind für die Besteuerung unerheblich. ²Wird durch ein Scheingeschäft ein anderes Rechtsgeschäft verdeckt, so ist das verdeckte Rechtsgeschäft für die Besteuerung maßgebend.

### § 42 Missbrauch von rechtlichen Gestaltungsmöglichkeiten[1]

(1) ¹Durch Missbrauch von Gestaltungsmöglichkeiten des Rechts kann das Steuergesetz nicht umgangen werden. ²Ist der Tatbestand einer Regelung in einem Einzelsteuergesetz erfüllt, die der Verhinderung von Steuerumgehungen dient, so bestimmen sich die Rechtsfolgen nach jener Vorschrift. ³Anderenfalls entsteht der Steueranspruch beim Vorliegen eines Missbrauchs im Sinne des Absatzes 2 so, wie er bei einer den wirtschaftlichen Vorgängen angemessenen rechtlichen Gestaltung entsteht.

(2) ¹Ein Missbrauch liegt vor, wenn eine unangemessene rechtliche Gestaltung gewählt wird, die beim Steuerpflichtigen oder einem Dritten im Vergleich zu einer angemessenen Gestaltung zu einem gesetzlich nicht vorgesehenen Steuervorteil führt. ²Dies gilt nicht, wenn der Steuerpflichtige für die gewählte Gestaltung außersteuerliche Gründe nachweist, die nach dem Gesamtbild der Verhältnisse beachtlich sind.

### § 43 Steuerschuldner, Steuervergütungsgläubiger

¹Die Steuergesetze bestimmen, wer Steuerschuldner oder Gläubiger einer Steuervergütung ist. ²Sie bestimmen auch, ob ein Dritter die Steuer für Rechnung des Steuerschuldners zu entrichten hat.

### § 44 Gesamtschuldner

(1) ¹Personen, die nebeneinander dieselbe Leistung aus dem Steuerschuldverhältnis schulden oder für sie haften oder die zusammen zu einer Steuer zu veranlagen sind, sind Gesamtschuldner. ²Soweit nichts anderes bestimmt ist, schuldet jeder Gesamtschuldner die gesamte Leistung.

(2) ¹Die Erfüllung durch einen Gesamtschuldner wirkt auch für die übrigen Schuldner. ²Das Gleiche gilt für die Aufrechnung und für eine geleistete Sicherheit. ³Andere Tatsachen wirken nur für und gegen den Gesamtschuldner, in dessen Person sie eintreten. ⁴Die Vorschriften der §§ 268 bis 280 über die Beschränkung der Vollstreckung in den Fällen der Zusammenveranlagung bleiben unberührt.

### § 45 Gesamtrechtsnachfolge

(1) ¹Bei Gesamtrechtsnachfolge gehen die Forderungen und Schulden aus dem Steuerschuldverhältnis auf den Rechtsnachfolger über. ²Dies gilt jedoch bei der Erbfolge nicht für Zwangsgelder.

(2) ¹Erben haben für die aus dem Nachlass zu entrichtenden Schulden nach den Vorschriften des bürgerlichen Rechts über die Haftung des Erben für Nachlassverbindlichkeiten einzustehen. ²Vorschriften, durch die eine steuerrechtliche Haftung der Erben begründet wird, bleiben unberührt.

---

1) **Anm. d. Red.:** § 42 i. d. F. des Gesetzes v. 20. 12. 2007 (BGBl I S. 3150) mit Wirkung v. 29. 12. 2007.

## § 46 Abtretung, Verpfändung, Pfändung

(1) Ansprüche auf Erstattung von Steuern, Haftungsbeträgen, steuerlichen Nebenleistungen und auf Steuervergütungen können abgetreten, verpfändet und gepfändet werden.

(2) Die Abtretung wird jedoch erst wirksam, wenn sie der Gläubiger in der nach Absatz 3 vorgeschriebenen Form der zuständigen Finanzbehörde nach Entstehung des Anspruchs anzeigt.

(3) ¹Die Abtretung ist der zuständigen Finanzbehörde unter Angabe des Abtretenden, des Abtretungsempfängers sowie der Art und Höhe des abgetretenen Anspruchs und des Abtretungsgrundes auf einem amtlich vorgeschriebenen Vordruck anzuzeigen. ²Die Anzeige ist vom Abtretenden und vom Abtretungsempfänger zu unterschreiben.

(4) ¹Der geschäftsmäßige Erwerb von Erstattungs- oder Vergütungsansprüchen zum Zweck der Einziehung oder sonstigen Verwertung auf eigene Rechnung ist nicht zulässig. ²Dies gilt nicht für die Fälle der Sicherungsabtretung. ³Zum geschäftsmäßigen Erwerb und zur geschäftsmäßigen Einziehung der zur Sicherung abgetretenen Ansprüche sind nur Unternehmen befugt, denen das Betreiben von Bankgeschäften erlaubt ist.

(5) Wird der Finanzbehörde die Abtretung angezeigt, so müssen Abtretender und Abtretungsempfänger der Finanzbehörde gegenüber die angezeigte Abtretung gegen sich gelten lassen, auch wenn sie nicht erfolgt oder nicht wirksam oder wegen Verstoßes gegen Absatz 4 nichtig ist.

(6) ¹Ein Pfändungs- und Überweisungsbeschluss oder eine Pfändungs- und Einziehungsverfügung dürfen nicht erlassen werden, bevor der Anspruch entstanden ist. ²Ein entgegen diesem Verbot erwirkter Pfändungs- und Überweisungsbeschluss oder erwirkte Pfändungs- und Einziehungsverfügung sind nichtig. ³Die Vorschriften der Absätze 2 bis 5 sind auf die Verpfändung sinngemäß anzuwenden.

(7) Bei Pfändung eines Erstattungs- oder Vergütungsanspruchs gilt die Finanzbehörde, die über den Anspruch entschieden oder zu entscheiden hat, als Drittschuldner im Sinne der §§ 829, 845 der Zivilprozessordnung.

## § 47 Erlöschen

Ansprüche aus dem Steuerschuldverhältnis erlöschen insbesondere durch Zahlung (§§ 224, 224a, 225), Aufrechnung (§ 226), Erlass (§§ 163, 227), Verjährung (§§ 169 bis 171, §§ 228 bis 232), ferner durch Eintritt der Bedingung bei auflösend bedingten Ansprüchen.

## § 48 Leistung durch Dritte, Haftung Dritter

(1) Leistungen aus dem Steuerschuldverhältnis gegenüber der Finanzbehörde können auch durch Dritte bewirkt werden.

(2) Dritte können sich vertraglich verpflichten, für Leistungen im Sinne des Absatzes 1 einzustehen.

## § 49 Verschollenheit

Bei Verschollenheit gilt für die Besteuerung der Tag als Todestag, mit dessen Ablauf der Beschluss über die Todeserklärung des Verschollenen rechtskräftig wird.

## § 50 Erlöschen und Unbedingtwerden der Verbrauchsteuer, Übergang der bedingten Verbrauchsteuerschuld

(1) Werden nach den Verbrauchsteuergesetzen Steuervergünstigungen unter der Bedingung gewährt, dass verbrauchsteuerpflichtige Waren einer besonderen Zweckbestimmung zugeführt werden, so erlischt die Steuer nach Maßgabe der Vergünstigung ganz oder teilweise, wenn die Bedingung eintritt oder wenn die Waren untergehen, ohne dass vorher die Steuer unbedingt geworden ist.

(2) Die bedingte Steuerschuld geht jeweils auf den berechtigten Erwerber über, wenn die Waren vom Steuerschuldner vor Eintritt der Bedingung im Rahmen der vorgesehenen Zweckbestimmung an ihn weitergegeben werden.

(3) Die Steuer wird unbedingt,
1. wenn die Waren entgegen der vorgesehenen Zweckbestimmung verwendet werden oder ihr nicht mehr zugeführt werden können. ²Kann der Verbleib der Waren nicht festgestellt werden, so gelten sie als nicht der vorgesehenen Zweckbestimmung zugeführt, wenn der Begünstigte nicht nachweist, dass sie ihr zugeführt worden sind,
2. in sonstigen gesetzlich bestimmten Fällen.

## Dritter Abschnitt: Steuerbegünstigte Zwecke

### § 51 Allgemeines[1]

(1) ¹Gewährt das Gesetz eine Steuervergünstigung, weil eine Körperschaft ausschließlich und unmittelbar gemeinnützige, mildtätige oder kirchliche Zwecke (steuerbegünstigte Zwecke) verfolgt, so gelten die folgenden Vorschriften. ²Unter Körperschaften sind die Körperschaften, Personenvereinigungen und Vermögensmassen im Sinne des Körperschaftsteuergesetzes zu verstehen. ³Funktionale Untergliederungen (Abteilungen) von Körperschaften gelten nicht als selbstständige Steuersubjekte.

(2) Werden die steuerbegünstigten Zwecke im Ausland verwirklicht, setzt die Steuervergünstigung voraus, dass natürliche Personen, die ihren Wohnsitz oder ihren gewöhnlichen Aufenthalt im Geltungsbereich dieses Gesetzes haben, gefördert werden oder die Tätigkeit der Körperschaft neben der Verwirklichung der steuerbegünstigten Zwecke auch zum Ansehen der Bundesrepublik Deutschland im Ausland beitragen kann.

(3) ¹Die Steuervergünstigung setzt zudem voraus, dass die Körperschaft nach ihrer Satzung und bei ihrer tatsächlichen Geschäftsführung keine Bestrebungen im Sinne des § 4 des Bundesverfassungsschutzgesetzes fördert und dem Gedanken der Völkerverständigung nicht zuwiderhandelt. ²Bei Körperschaften, die im Verfassungsschutzbericht des Bundes oder eines Landes als extremistische Organisation aufgeführt sind, ist widerlegbar davon auszugehen, dass die Voraussetzungen des Satzes 1 nicht erfüllt sind. ³Die Finanzbehörde teilt Tatsachen, die den Verdacht von Bestrebungen im Sinne des § 4 des Bundesverfassungsschutzgesetzes oder des Zuwiderhandelns gegen den Gedanken der Völkerverständigung begründen, der Verfassungsschutzbehörde mit.

### § 52 Gemeinnützige Zwecke[2]

(1) ¹Eine Körperschaft verfolgt gemeinnützige Zwecke, wenn ihre Tätigkeit darauf gerichtet ist, die Allgemeinheit auf materiellem, geistigem oder sittlichem Gebiet selbstlos zu fördern. ²Eine Förderung der Allgemeinheit ist nicht gegeben, wenn der Kreis der Personen, dem die Förderung zugute kommt, fest abgeschlossen ist, zum Beispiel Zugehörigkeit zu einer Familie oder zur Belegschaft eines Unternehmens, oder infolge seiner Abgrenzung, insbesondere nach räumlichen oder beruflichen Merkmalen, dauernd nur klein sein kann. ³Eine Förderung der Allgemeinheit liegt nicht allein deswegen vor, weil eine Körperschaft ihre Mittel einer Körperschaft des öffentlichen Rechts zuführt.

(2) ¹Unter den Voraussetzungen des Absatzes 1 sind als Förderung der Allgemeinheit anzuerkennen:
1. die Förderung von Wissenschaft und Forschung;
2. die Förderung der Religion;

---

1) **Anm. d. Red.:** § 51 i. d. F. des Gesetzes v. 19. 12. 2008 (BGBl I S. 2794) mit Wirkung v. 1. 1. 2009.
2) **Anm. d. Red.:** § 52 Abs. 2 i. d. F. des Gesetzes v. 10. 10. 2007 (BGBl I S. 2332) mit Wirkung v. 1. 1. 2007.

I. Abgabenordnung § 52

3. die Förderung des öffentlichen Gesundheitswesens und der öffentlichen Gesundheitspflege, insbesondere die Verhütung und Bekämpfung von übertragbaren Krankheiten, auch durch Krankenhäuser im Sinne des § 67, und von Tierseuchen;
4. die Förderung der Jugend- und Altenhilfe;
5. die Förderung von Kunst und Kultur;
6. die Förderung des Denkmalschutzes und der Denkmalpflege;
7. die Förderung der Erziehung, Volks- und Berufsbildung einschließlich der Studentenhilfe;
8. die Förderung des Naturschutzes und der Landschaftspflege im Sinne des Bundesnaturschutzgesetzes und der Naturschutzgesetze der Länder, des Umweltschutzes, des Küstenschutzes und des Hochwasserschutzes;
9. die Förderung des Wohlfahrtswesens, insbesondere der Zwecke der amtlich anerkannten Verbände der freien Wohlfahrtspflege (§ 23 der Umsatzsteuer-Durchführungsverordnung), ihrer Unterverbände und ihrer angeschlossenen Einrichtungen und Anstalten;
10. die Förderung der Hilfe für politisch, rassisch oder religiös Verfolgte, für Flüchtlinge, Vertriebene, Aussiedler, Spätaussiedler, Kriegsopfer, Kriegshinterbliebene, Kriegsbeschädigte und Kriegsgefangene, Zivilbeschädigte und Behinderte sowie Hilfe für Opfer von Straftaten; Förderung des Andenkens an Verfolgte, Kriegs- und Katastrophenopfer; Förderung des Suchdienstes für Vermisste;
11. die Förderung der Rettung aus Lebensgefahr;
12. die Förderung des Feuer-, Arbeits-, Katastrophen- und Zivilschutzes sowie der Unfallverhütung;
13. die Förderung internationaler Gesinnung, der Toleranz auf allen Gebieten der Kultur und des Völkerverständigungsgedankens;
14. die Förderung des Tierschutzes;
15. die Förderung der Entwicklungszusammenarbeit;
16. die Förderung von Verbraucherberatung und Verbraucherschutz;
17. die Förderung der Fürsorge für Strafgefangene und ehemalige Strafgefangene;
18. die Förderung der Gleichberechtigung von Frauen und Männern;
19. die Förderung des Schutzes von Ehe und Familie;
20. die Förderung der Kriminalprävention;
21. die Förderung des Sports (Schach gilt als Sport);
22. die Förderung der Heimatpflege und Heimatkunde;
23. die Förderung der Tierzucht, der Pflanzenzucht, der Kleingärtnerei, des traditionellen Brauchtums einschließlich des Karnevals, der Fastnacht und des Faschings, der Soldaten- und Reservistenbetreuung, des Amateurfunkens, des Modellflugs und des Hundesports;
24. die allgemeine Förderung des demokratischen Staatswesens im Geltungsbereich dieses Gesetzes; hierzu gehören nicht Bestrebungen, die nur bestimmte Einzelinteressen staatsbürgerlicher Art verfolgen oder die auf den kommunalpolitischen Bereich beschränkt sind;
25. die Förderung des bürgerschaftlichen Engagements zugunsten gemeinnütziger, mildtätiger und kirchlicher Zwecke.

[2]Sofern der von der Körperschaft verfolgte Zweck nicht unter Satz 1 fällt, aber die Allgemeinheit auf materiellem, geistigem oder sittlichem Gebiet entsprechend selbstlos gefördert wird, kann dieser Zweck für gemeinnützig erklärt werden. [3]Die obersten Finanzbehörden der Länder haben jeweils eine Finanzbehörde im Sinne des Finanzverwaltungsgesetzes zu bestimmen, die für Entscheidungen nach Satz 2 zuständig ist.

## § 53 Mildtätige Zwecke[1)]

Eine Körperschaft verfolgt mildtätige Zwecke, wenn ihre Tätigkeit darauf gerichtet ist, Personen selbstlos zu unterstützen,

1. die infolge ihres körperlichen, geistigen oder seelischen Zustands auf die Hilfe anderer angewiesen sind oder

2. deren Bezüge nicht höher sind als das Vierfache des Regelsatzes der Sozialhilfe im Sinne des § 28 des Zwölften Buches Sozialgesetzbuch; beim Alleinstehenden oder Alleinerziehenden tritt an die Stelle des Vierfachen das Fünffache des Regelsatzes. ²Dies gilt nicht für Personen, deren Vermögen zur nachhaltigen Verbesserung ihres Unterhalts ausreicht und denen zugemutet werden kann, es dafür zu verwenden. ³Bei Personen, deren wirtschaftliche Lage aus besonderen Gründen zu einer Notlage geworden ist, dürfen die Bezüge oder das Vermögen die genannten Grenzen übersteigen. ⁴Bezüge im Sinne dieser Vorschrift sind

a) Einkünfte im Sinne des § 2 Abs. 1 des Einkommensteuergesetzes und

b) andere zur Bestreitung des Unterhalts bestimmte oder geeignete Bezüge

aller Haushaltsangehörigen. ⁵Zu berücksichtigen sind auch gezahlte und empfangene Unterhaltsleistungen. ⁶Die wirtschaftliche Hilfebedürftigkeit im vorstehenden Sinne ist bei Empfängern von Leistungen nach dem Zweiten oder Zwölften Buch Sozialgesetzbuch, des Wohngeldgesetzes, bei Empfängern von Leistungen nach § 27a des Bundesversorgungsgesetzes oder nach § 6a des Bundeskindergeldgesetzes als nachgewiesen anzusehen. ⁷Die Körperschaft kann den Nachweis mit Hilfe des jeweiligen Leistungsbescheids, der für den Unterstützungszeitraum maßgeblich ist, oder mit Hilfe der Bestätigung des Sozialleistungsträgers führen. ⁸Auf Antrag der Körperschaft kann auf einen Nachweis der wirtschaftlichen Hilfebedürftigkeit verzichtet werden, wenn auf Grund der besonderen Art der gewährten Unterstützungsleistung sichergestellt ist, dass nur wirtschaftlich hilfebedürftige Personen im vorstehenden Sinne unterstützt werden; für den Bescheid über den Nachweisverzicht gilt § 60a Absatz 3 bis 5 entsprechend.

## § 54 Kirchliche Zwecke

(1) Eine Körperschaft verfolgt kirchliche Zwecke, wenn ihre Tätigkeit darauf gerichtet ist, eine Religionsgemeinschaft, die Körperschaft des öffentlichen Rechts ist, selbstlos zu fördern.

(2) Zu diesen Zwecken gehören insbesondere die Errichtung, Ausschmückung und Unterhaltung von Gotteshäusern und kirchlichen Gemeindehäusern, die Abhaltung von Gottesdiensten, die Ausbildung von Geistlichen, die Erteilung von Religionsunterricht, die Beerdigung und die Pflege des Andenkens der Toten, ferner die Verwaltung des Kirchenvermögens, die Besoldung der Geistlichen, Kirchenbeamten und Kirchendiener, die Alters- und Behindertenversorgung für diese Personen und die Versorgung ihrer Witwen und Waisen.

## § 55 Selbstlosigkeit[2)]

(1) Eine Förderung oder Unterstützung geschieht selbstlos, wenn dadurch nicht in erster Linie eigenwirtschaftliche Zwecke – zum Beispiel gewerbliche Zwecke oder sonstige Erwerbszwecke – verfolgt werden und wenn die folgenden Voraussetzungen gegeben sind:

1. ¹Mittel der Körperschaft dürfen nur für die satzungsmäßigen Zwecke verwendet werden. ²Die Mitglieder oder Gesellschafter (Mitglieder im Sinne dieser Vorschriften) dürfen keine Gewinnanteile und in ihrer Eigenschaft als Mitglieder auch keine sonstigen Zuwendungen aus Mitteln der Körperschaft erhalten. ³Die Körperschaft darf ihre Mittel weder für die unmittelbare noch für die mittelbare Unterstützung oder Förderung politischer Parteien verwenden.

---

1) **Anm. d. Red.:** § 53 i. d. F. des Gesetzes v. 26. 6. 2013 (BGBl I S. 1809) mit Wirkung v. 1. 1. 2014.

2) **Anm. d. Red.:** § 55 Abs. 1 i. d. F. des Gesetzes v. 21. 3. 2013 (BGBl I S. 556) mit Wirkung v. 1. 1. 2013 und 1. 1. 2014; Abs. 3 i. d. F. des Gesetzes v. 8. 12. 2010 (BGBl I S. 1768) mit Wirkung v. 14. 12. 2010.

2. Die Mitglieder dürfen bei ihrem Ausscheiden oder bei Auflösung oder Aufhebung der Körperschaft nicht mehr als ihre eingezahlten Kapitalanteile und den gemeinen Wert ihrer geleisteten Sacheinlagen zurückerhalten.
3. Die Körperschaft darf keine Person durch Ausgaben, die dem Zweck der Körperschaft fremd sind, oder durch unverhältnismäßig hohe Vergütungen begünstigen.
4. ¹Bei Auflösung oder Aufhebung der Körperschaft oder bei Wegfall ihres bisherigen Zwecks darf das Vermögen der Körperschaft, soweit es die eingezahlten Kapitalanteile der Mitglieder und den gemeinen Wert der von den Mitgliedern geleisteten Sacheinlagen übersteigt, nur für steuerbegünstigte Zwecke verwendet werden (Grundsatz der Vermögensbindung). ²Diese Voraussetzung ist auch erfüllt, wenn das Vermögen einer anderen steuerbegünstigten Körperschaft oder einer juristischen Person des öffentlichen Rechts für steuerbegünstigte Zwecke übertragen werden soll.
5. ¹Die Körperschaft muss ihre Mittel vorbehaltlich des § 62 grundsätzlich zeitnah für ihre steuerbegünstigten satzungsmäßigen Zwecke verwenden. ²Verwendung in diesem Sinne ist auch die Verwendung der Mittel für die Anschaffung oder Herstellung von Vermögensgegenständen, die satzungsmäßigen Zwecken dienen. ³Eine zeitnahe Mittelverwendung ist gegeben, wenn die Mittel spätestens in den auf den Zufluss folgenden zwei Kalender- oder Wirtschaftsjahren für die steuerbegünstigten satzungsmäßigen Zwecke verwendet werden.

(2) Bei der Ermittlung des gemeinen Werts (Absatz 1 Nr. 2 und 4) kommt es auf die Verhältnisse zu dem Zeitpunkt an, in dem die Sacheinlagen geleistet worden sind.

(3) Die Vorschriften, die die Mitglieder der Körperschaft betreffen (Absatz 1 Nr. 1, 2 und 4), gelten bei Stiftungen für die Stifter und ihre Erben, bei Betrieben gewerblicher Art von juristischen Personen des öffentlichen Rechts für die Körperschaft sinngemäß, jedoch mit der Maßgabe, dass bei Wirtschaftsgütern, die nach § 6 Absatz 1 Nummer 4 Satz 4 des Einkommensteuergesetzes aus einem Betriebsvermögen zum Buchwert entnommen worden sind, an die Stelle des gemeinen Werts der Buchwert der Entnahme tritt.

## § 56 Ausschließlichkeit

Ausschließlichkeit liegt vor, wenn eine Körperschaft nur ihre steuerbegünstigten satzungsmäßigen Zwecke verfolgt.

## § 57 Unmittelbarkeit

(1) ¹Eine Körperschaft verfolgt unmittelbar ihre steuerbegünstigten satzungsmäßigen Zwecke, wenn sie selbst diese Zwecke verwirklicht. ²Das kann auch durch Hilfspersonen geschehen, wenn nach den Umständen des Falls, insbesondere nach den rechtlichen und tatsächlichen Beziehungen, die zwischen der Körperschaft und der Hilfsperson bestehen, das Wirken der Hilfsperson wie eigenes Wirken der Körperschaft anzusehen ist.

(2) Eine Körperschaft, in der steuerbegünstigte Körperschaften zusammengefasst sind, wird einer Körperschaft, die unmittelbar steuerbegünstigte Zwecke verfolgt, gleichgestellt.

## § 58 Steuerlich unschädliche Betätigungen[1)]

Die Steuervergünstigung wird nicht dadurch ausgeschlossen, dass
1. eine Körperschaft Mittel für die Verwirklichung der steuerbegünstigten Zwecke einer anderen Körperschaft oder für die Verwirklichung steuerbegünstigter Zwecke durch eine juristische Person des öffentlichen Rechts beschafft; die Beschaffung von Mitteln für eine unbeschränkt steuerpflichtige Körperschaft des privaten Rechts setzt voraus, dass diese selbst steuerbegünstigt ist,

---

1) **Anm. d. Red.:** § 58 i. d. F. des Gesetzes v. 21.3.2013 (BGBl I S. 556) mit Wirkung v. 1.1.2014.

2. eine Körperschaft ihre Mittel teilweise einer anderen, ebenfalls steuerbegünstigten Körperschaft oder einer juristischen Person des öffentlichen Rechts zur Verwendung zu steuerbegünstigten Zwecken zuwendet,

3. eine Körperschaft ihre Überschüsse der Einnahmen über die Ausgaben aus der Vermögensverwaltung, ihre Gewinne aus den wirtschaftlichen Geschäftsbetrieben ganz oder teilweise und darüber hinaus höchstens 15 Prozent ihrer sonstigen nach § 55 Absatz 1 Nummer 5 zeitnah zu verwendenden Mittel einer anderen steuerbegünstigten Körperschaft oder einer juristischen Person des öffentlichen Rechts zur Vermögensausstattung zuwendet. ²Die aus den Vermögenserträgen zu verwirklichenden steuerbegünstigten Zwecke müssen den steuerbegünstigten satzungsmäßigen Zwecken der zuwendenden Körperschaft entsprechen. ³Die nach dieser Nummer zugewandten Mittel und deren Erträge dürfen nicht für weitere Mittelweitergaben im Sinne des ersten Satzes verwendet werden,

4. eine Körperschaft ihre Arbeitskräfte anderen Personen, Unternehmen, Einrichtungen oder einer juristischen Person des öffentlichen Rechts für steuerbegünstigte Zwecke zur Verfügung stellt,

5. eine Körperschaft ihr gehörende Räume einer anderen, ebenfalls steuerbegünstigten Körperschaft oder einer juristischen Person des öffentlichen Rechts zur Nutzung zu steuerbegünstigten Zwecken überlässt,

6. eine Stiftung einen Teil, jedoch höchstens ein Drittel ihres Einkommens dazu verwendet, um in angemessener Weise den Stifter und seine nächsten Angehörigen zu unterhalten, ihre Gräber zu pflegen und ihr Andenken zu ehren,

7. eine Körperschaft gesellige Zusammenkünfte veranstaltet, die im Vergleich zu ihrer steuerbegünstigten Tätigkeit von untergeordneter Bedeutung sind,

8. ein Sportverein neben dem unbezahlten auch den bezahlten Sport fördert,

9. eine von einer Gebietskörperschaft errichtete Stiftung zur Erfüllung ihrer steuerbegünstigten Zwecke Zuschüsse an Wirtschaftsunternehmen vergibt,

10. eine Körperschaft Mittel zum Erwerb von Gesellschaftsrechten zur Erhaltung der prozentualen Beteiligung an Kapitalgesellschaften im Jahr des Zuflusses verwendet. ²Dieser Erwerb mindert die Höhe der Rücklage nach § 62 Absatz 1 Nummer 3.

## § 59 Voraussetzung der Steuervergünstigung

Die Steuervergünstigung wird gewährt, wenn sich aus der Satzung, dem Stiftungsgeschäft oder der sonstigen Verfassung (Satzung im Sinne dieser Vorschriften) ergibt, welchen Zweck die Körperschaft verfolgt, dass dieser Zweck den Anforderungen der §§ 52 bis 55 entspricht und dass er ausschließlich und unmittelbar verfolgt wird; die tatsächliche Geschäftsführung muss diesen Satzungsbestimmungen entsprechen.

## § 60 Anforderungen an die Satzung[1)]

(1) ¹Die Satzungszwecke und die Art ihrer Verwirklichung müssen so genau bestimmt sein, dass auf Grund der Satzung geprüft werden kann, ob die satzungsmäßigen Voraussetzungen für Steuervergünstigungen gegeben sind. ²Die Satzung muss die in der Anlage 1 bezeichneten Festlegungen enthalten.

(2) Die Satzung muss den vorgeschriebenen Erfordernissen bei der Körperschaftsteuer und bei der Gewerbesteuer während des ganzen Veranlagungs- oder Bemessungszeitraums, bei den anderen Steuern im Zeitpunkt der Entstehung der Steuer entsprechen.

---

1) **Anm. d. Red.:** § 60 Abs. 1 i. d. F. des Gesetzes v. 19. 12. 2008 (BGBl I S. 2794) mit Wirkung v. 1. 1. 2009.

## § 60a Feststellung der satzungsmäßigen Voraussetzungen[1)]

(1) ¹Die Einhaltung der satzungsmäßigen Voraussetzungen nach den §§ 51, 59, 60 und 61 wird gesondert festgestellt. ²Die Feststellung der Satzungsmäßigkeit ist für die Besteuerung der Körperschaft und der Steuerpflichtigen, die Zuwendungen in Form von Spenden und Mitgliedsbeiträgen an die Körperschaft erbringen, bindend.

(2) Die Feststellung der Satzungsmäßigkeit erfolgt
1. auf Antrag der Körperschaft oder
2. von Amts wegen bei der Veranlagung zur Körperschaftsteuer, wenn bisher noch keine Feststellung erfolgt ist.

(3) Die Bindungswirkung der Feststellung entfällt ab dem Zeitpunkt, in dem die Rechtsvorschriften, auf denen die Feststellung beruht, aufgehoben oder geändert werden.

(4) Tritt bei den für die Feststellung erheblichen Verhältnissen eine Änderung ein, ist die Feststellung mit Wirkung vom Zeitpunkt der Änderung der Verhältnisse aufzuheben.

(5) ¹Materielle Fehler im Feststellungsbescheid über die Satzungsmäßigkeit können mit Wirkung ab dem Kalenderjahr beseitigt werden, das auf die Bekanntgabe der Aufhebung der Feststellung folgt. ²§ 176 gilt entsprechend, außer es sind Kalenderjahre zu ändern, die nach der Verkündung der maßgeblichen Entscheidung eines obersten Gerichtshofes des Bundes beginnen.

## § 61 Satzungsmäßige Vermögensbindung[2)]

(1) Eine steuerlich ausreichende Vermögensbindung (§ 55 Abs. 1 Nr. 4) liegt vor, wenn der Zweck, für den das Vermögen bei Auflösung oder Aufhebung der Körperschaft oder bei Wegfall ihres bisherigen Zwecks verwendet werden soll, in der Satzung so genau bestimmt ist, dass auf Grund der Satzung geprüft werden kann, ob der Verwendungszweck steuerbegünstigt ist.

(2) (weggefallen)

(3) ¹Wird die Bestimmung über die Vermögensbindung nachträglich so geändert, dass sie den Anforderungen des § 55 Abs. 1 Nr. 4 nicht mehr entspricht, so gilt sie von Anfang an als steuerlich nicht ausreichend. ²§ 175 Abs. 1 Satz 1 Nr. 2 ist mit der Maßgabe anzuwenden, dass Steuerbescheide erlassen, aufgehoben oder geändert werden können, soweit sie Steuern betreffen, die innerhalb der letzten zehn Kalenderjahre vor der Änderung der Bestimmung über die Vermögensbindung entstanden sind.

## § 62 Rücklagen und Vermögensbildung[3)]

(1) Körperschaften können ihre Mittel ganz oder teilweise
1. einer Rücklage zuführen, soweit dies erforderlich ist, um ihre steuerbegünstigten, satzungsmäßigen Zwecke nachhaltig zu erfüllen;
2. einer Rücklage für die beabsichtigte Wiederbeschaffung von Wirtschaftsgütern zuführen, die zur Verwirklichung der steuerbegünstigten, satzungsmäßigen Zwecke erforderlich sind (Rücklage für Wiederbeschaffung). ²Die Höhe der Zuführung bemisst sich nach der Höhe der regulären Absetzungen für Abnutzung eines zu ersetzenden Wirtschaftsguts. ³Die Voraussetzungen für eine höhere Zuführung sind nachzuweisen;
3. der freien Rücklage zuführen, jedoch höchstens ein Drittel des Überschusses aus der Vermögensverwaltung und darüber hinaus höchstens 10 Prozent der sonstigen nach § 55 Absatz 1 Nummer 5 zeitnah zu verwendenden Mittel. ²Ist der Höchstbetrag für die Bildung der freien Rücklage in einem Jahr nicht ausgeschöpft, kann diese unterbliebene Zuführung in den folgenden zwei Jahren nachgeholt werden;

---

1) **Anm. d. Red.:** § 60a eingefügt gem. Gesetz v. 21. 3. 2013 (BGBl I S. 556) mit Wirkung v. 29. 3. 2013.
2) **Anm. d. Red.:** § 61 Abs. 2 weggefallen gem. Gesetz v. 10. 10. 2007 (BGBl I S. 2332) mit Wirkung v. 1. 1. 2007.
3) **Anm. d. Red.:** § 62 i. d. F. des Gesetzes v. 21. 3. 2013 (BGBl I S. 556) mit Wirkung v. 1. 1. 2014.

4. einer Rücklage zum Erwerb von Gesellschaftsrechten zur Erhaltung der prozentualen Beteiligung an Kapitalgesellschaften zuführen, wobei die Höhe dieser Rücklage die Höhe der Rücklage nach Nummer 3 mindert.

(2) ¹Die Bildung von Rücklagen nach Absatz 1 hat innerhalb der Frist des § 55 Absatz 1 Nummer 5 Satz 3 zu erfolgen. ²Rücklagen nach Absatz 1 Nummer 1, 2 und 4 sind unverzüglich aufzulösen, sobald der Grund für die Rücklagenbildung entfallen ist. ³Die freigewordenen Mittel sind innerhalb der Frist nach § 55 Absatz 1 Nummer 5 Satz 3 zu verwenden.

(3) Die folgenden Mittelzuführungen unterliegen nicht der zeitnahen Mittelverwendung nach § 55 Absatz 1 Nummer 5:

1. Zuwendungen von Todes wegen, wenn der Erblasser keine Verwendung für den laufenden Aufwand der Körperschaft vorgeschrieben hat;
2. Zuwendungen, bei denen der Zuwendende ausdrücklich erklärt, dass diese zur Ausstattung der Körperschaft mit Vermögen oder zur Erhöhung des Vermögens bestimmt sind;
3. Zuwendungen auf Grund eines Spendenaufrufs der Körperschaft, wenn aus dem Spendenaufruf ersichtlich ist, dass Beträge zur Aufstockung des Vermögens erbeten werden;
4. Sachzuwendungen, die ihrer Natur nach zum Vermögen gehören.

(4) Eine Stiftung kann im Jahr ihrer Errichtung und in den drei folgenden Kalenderjahren Überschüsse aus der Vermögensverwaltung und die Gewinne aus wirtschaftlichen Geschäftsbetrieben nach § 14 ganz oder teilweise ihrem Vermögen zuführen.

## § 63 Anforderungen an die tatsächliche Geschäftsführung[1]

(1) Die tatsächliche Geschäftsführung der Körperschaft muss auf die ausschließliche und unmittelbare Erfüllung der steuerbegünstigten Zwecke gerichtet sein und den Bestimmungen entsprechen, die die Satzung über die Voraussetzungen für Steuervergünstigungen enthält.

(2) Für die tatsächliche Geschäftsführung gilt sinngemäß § 60 Abs. 2, für eine Verletzung der Vorschrift über die Vermögensbindung § 61 Abs. 3.

(3) Die Körperschaft hat den Nachweis, dass ihre tatsächliche Geschäftsführung den Erfordernissen des Absatzes 1 entspricht, durch ordnungsmäßige Aufzeichnungen über ihre Einnahmen und Ausgaben zu führen.

(4) ¹Hat die Körperschaft ohne Vorliegen der Voraussetzungen Mittel angesammelt, kann das Finanzamt ihr eine angemessene Frist für die Verwendung der Mittel setzen. ²Die tatsächliche Geschäftsführung gilt als ordnungsgemäß im Sinne des Absatzes 1, wenn die Körperschaft die Mittel innerhalb der Frist für steuerbegünstigte Zwecke verwendet.

(5) ¹Körperschaften im Sinne des § 10b Absatz 1 Satz 2 Nummer 2 des Einkommensteuergesetzes dürfen Zuwendungsbestätigungen im Sinne des § 50 Absatz 1 der Einkommensteuer-Durchführungsverordnung nur ausstellen, wenn

1. das Datum der Anlage zum Körperschaftsteuerbescheid oder des Freistellungsbescheids nicht länger als fünf Jahre zurückliegt oder
2. die Feststellung der Satzungsmäßigkeit nach § 60a Absatz 1 nicht länger als drei Kalenderjahre zurückliegt und bisher kein Freistellungsbescheid oder keine Anlage zum Körperschaftsteuerbescheid erteilt wurde.

²Die Frist ist taggenau zu berechnen.

---

1) **Anm. d. Red.:** § 63 Abs. 4 i. d. F. des Gesetzes v. 25. 7. 2014 (BGBl I S. 1266) mit Wirkung v. 31. 7. 2014; Abs. 5 i. d. F. des Gesetzes v. 21. 3. 2013 (BGBl I S. 556) mit Wirkung v. 29. 3. 2013.

## § 64 Steuerpflichtige wirtschaftliche Geschäftsbetriebe[1)]

(1) Schließt das Gesetz die Steuervergünstigung insoweit aus, als ein wirtschaftlicher Geschäftsbetrieb (§ 14) unterhalten wird, so verliert die Körperschaft die Steuervergünstigung für die dem Geschäftsbetrieb zuzuordnenden Besteuerungsgrundlagen (Einkünfte, Umsätze, Vermögen), soweit der wirtschaftliche Geschäftsbetrieb kein Zweckbetrieb (§§ 65 bis 68) ist.

(2) Unterhält die Körperschaft mehrere wirtschaftliche Geschäftsbetriebe, die keine Zweckbetriebe (§§ 65 bis 68) sind, werden diese als ein wirtschaftlicher Geschäftsbetrieb behandelt.

(3) Übersteigen die Einnahmen einschließlich Umsatzsteuer aus wirtschaftlichen Geschäftsbetrieben, die keine Zweckbetriebe sind, insgesamt nicht 35 000 Euro im Jahr, so unterliegen die diesen Geschäftsbetrieben zuzuordnenden Besteuerungsgrundlagen nicht der Körperschaftsteuer und der Gewerbesteuer.

(4) Die Aufteilung einer Körperschaft in mehrere selbständige Körperschaften zum Zweck der mehrfachen Inanspruchnahme der Steuervergünstigung nach Absatz 3 gilt als Missbrauch von rechtlichen Gestaltungsmöglichkeiten im Sinne des § 42.

(5) Überschüsse aus der Verwertung unentgeltlich erworbenen Altmaterials außerhalb einer ständig dafür vorgehaltenen Verkaufsstelle, die der Körperschaftsteuer und der Gewerbesteuer unterliegen, können in Höhe des branchenüblichen Reingewinns geschätzt werden.

(6) Bei den folgenden steuerpflichtigen wirtschaftlichen Geschäftsbetrieben kann der Besteuerung ein Gewinn von 15 Prozent der Einnahmen zugrunde gelegt werden:
1. Werbung für Unternehmen, die im Zusammenhang mit der steuerbegünstigten Tätigkeit einschließlich Zweckbetrieben stattfindet,
2. Totalisatorbetriebe,
3. Zweite Fraktionierungsstufe der Blutspendedienste.

## § 65 Zweckbetrieb

Ein Zweckbetrieb ist gegeben, wenn
1. der wirtschaftliche Geschäftsbetrieb in seiner Gesamtrichtung dazu dient, die steuerbegünstigten satzungsmäßigen Zwecke der Körperschaft zu verwirklichen,
2. die Zwecke nur durch einen solchen Geschäftsbetrieb erreicht werden können und
3. der wirtschaftliche Geschäftsbetrieb zu nicht begünstigten Betrieben derselben oder ähnlicher Art nicht in größerem Umfang in Wettbewerb tritt, als es bei Erfüllung der steuerbegünstigten Zwecke unvermeidbar ist.

## § 66 Wohlfahrtspflege

(1) Eine Einrichtung der Wohlfahrtspflege ist ein Zweckbetrieb, wenn sie in besonderem Maß den in § 53 genannten Personen dient.

(2) [1]Wohlfahrtspflege ist die planmäßige, zum Wohle der Allgemeinheit und nicht des Erwerbs wegen ausgeübte Sorge für notleidende oder gefährdete Mitmenschen. [2]Die Sorge kann sich auf das gesundheitliche, sittliche, erzieherische oder wirtschaftliche Wohl erstrecken und Vorbeugung oder Abhilfe bezwecken.

(3) [1]Eine Einrichtung der Wohlfahrtspflege dient in besonderem Maße den in § 53 genannten Personen, wenn diesen mindestens zwei Drittel ihrer Leistungen zugute kommen. [2]Für Krankenhäuser gilt § 67.

---

1) **Anm. d. Red.:** § 64 Abs. 3 i. d. F. des Gesetzes v. 10.10.2007 (BGBl I S. 2332) mit Wirkung v. 1.1.2007; Abs. 6 i. d. F. des Gesetzes v. 13.12.2006 (BGBl I S. 2878) mit Wirkung v. 1.1.2007.

## § 67 Krankenhäuser[1)]

(1) Ein Krankenhaus, das in den Anwendungsbereich des Krankenhausentgeltgesetzes oder der Bundespflegesatzverordnung fällt, ist ein Zweckbetrieb, wenn mindestens 40 Prozent der jährlichen Belegungstage oder Berechnungstage auf Patienten entfallen, bei denen nur Entgelte für allgemeine Krankenhausleistungen (§ 7 des Krankenhausentgeltgesetzes, § 10 der Bundespflegesatzverordnung) berechnet werden.

(2) Ein Krankenhaus, das nicht in den Anwendungsbereich des Krankenhausentgeltgesetzes oder der Bundespflegesatzverordnung fällt, ist ein Zweckbetrieb, wenn mindestens 40 Prozent der jährlichen Belegungstage oder Berechnungstage auf Patienten entfallen, bei denen für die Krankenhausleistungen kein höheres Entgelt als nach Absatz 1 berechnet wird.

## § 67a Sportliche Veranstaltungen[2)]

(1) ¹Sportliche Veranstaltungen eines Sportvereins sind ein Zweckbetrieb, wenn die Einnahmen einschließlich Umsatzsteuer insgesamt 45 000 Euro im Jahr nicht übersteigen. ²Der Verkauf von Speisen und Getränken sowie die Werbung gehören nicht zu den sportlichen Veranstaltungen.

(2) ¹Der Sportverein kann dem Finanzamt bis zur Unanfechtbarkeit des Körperschaftsteuerbescheids erklären, dass er auf die Anwendung des Absatzes 1 Satz 1 verzichtet. ²Die Erklärung bindet den Sportverein für mindestens fünf Veranlagungszeiträume.

(3) ¹Wird auf die Anwendung des Absatzes 1 Satz 1 verzichtet, sind sportliche Veranstaltungen eines Sportvereins ein Zweckbetrieb, wenn

1. kein Sportler des Vereins teilnimmt, der für seine sportliche Betätigung oder für die Benutzung seiner Person, seines Namens, seines Bildes oder seiner sportlichen Betätigung zu Werbezwecken von dem Verein oder einem Dritten über eine Aufwandsentschädigung hinaus Vergütungen oder andere Vorteile erhält und
2. kein anderer Sportler teilnimmt, der für die Teilnahme an der Veranstaltung von dem Verein oder einem Dritten im Zusammenwirken mit dem Verein über eine Aufwandsentschädigung hinaus Vergütungen oder andere Vorteile erhält.

²Andere sportliche Veranstaltungen sind ein steuerpflichtiger wirtschaftlicher Geschäftsbetrieb. ³Dieser schließt die Steuervergünstigung nicht aus, wenn die Vergütungen oder andere Vorteile ausschließlich aus wirtschaftlichen Geschäftsbetrieben, die nicht Zweckbetriebe sind, oder von Dritten geleistet werden.

## § 68 Einzelne Zweckbetriebe[3)]

Zweckbetriebe sind auch:

1. a) Alten-, Altenwohn- und Pflegeheime, Erholungsheime, Mahlzeitendienste, wenn sie in besonderem Maß den in § 53 genannten Personen dienen (§ 66 Abs. 3),
   b) Kindergärten, Kinder-, Jugend- und Studentenheime, Schullandheime und Jugendherbergen,
2. a) landwirtschaftliche Betriebe und Gärtnereien, die der Selbstversorgung von Körperschaften dienen und dadurch die sachgemäße Ernährung und ausreichende Versorgung von Anstaltsangehörigen sichern,
   b) andere Einrichtungen, die für die Selbstversorgung von Körperschaften erforderlich sind, wie Tischlereien, Schlossereien,

---

1) **Anm. d. Red.:** § 67 i. d. F. des Gesetzes v. 13. 12. 2006 (BGBl I S. 2878) mit Wirkung v. 1. 1. 2007.
2) **Anm. d. Red.:** § 67a Abs. 1 i. d. F. des Gesetzes v. 21. 3. 2013 (BGBl I S. 556) mit Wirkung v. 1. 1. 2013.
3) **Anm. d. Red.:** § 68 i. d. F. des Gesetzes v. 26. 6. 2013 (BGBl I S. 1809) mit Wirkung v. 1. 1. 2014.

wenn die Lieferungen und sonstigen Leistungen dieser Einrichtungen an Außenstehende dem Wert nach 20 Prozent der gesamten Lieferungen und sonstigen Leistungen des Betriebs – einschließlich der an die Körperschaften selbst bewirkten – nicht übersteigen,

3. a) Werkstätten für behinderte Menschen, die nach den Vorschriften des Dritten Buches Sozialgesetzbuch förderungsfähig sind und Personen Arbeitsplätze bieten, die wegen ihrer Behinderung nicht auf dem allgemeinen Arbeitsmarkt tätig sein können,
   b) Einrichtungen für Beschäftigungs- und Arbeitstherapie, in denen behinderte Menschen aufgrund ärztlicher Indikationen außerhalb eines Beschäftigungsverhältnisses zum Träger der Therapieeinrichtung mit dem Ziel behandelt werden, körperliche oder psychische Grundfunktionen zum Zwecke der Wiedereingliederung in das Alltagsleben wiederherzustellen oder die besonderen Fähigkeiten und Fertigkeiten auszubilden, zu fördern und zu trainieren, die für eine Teilnahme am Arbeitsleben erforderlich sind, und
   c) Integrationsprojekte im Sinne des § 132 Abs. 1 des Neunten Buches Sozialgesetzbuch, wenn mindestens 40 Prozent der Beschäftigten besonders betroffene schwerbehinderte Menschen im Sinne des § 132 Abs. 1 des Neunten Buches Sozialgesetzbuch sind,
4. Einrichtungen, die zur Durchführung der Blindenfürsorge und zur Durchführung der Fürsorge für Körperbehinderte unterhalten werden,
5. Einrichtungen über Tag und Nacht (Heimerziehung) oder sonstige betreute Wohnformen,
6. von den zuständigen Behörden genehmigte Lotterien und Ausspielungen, wenn der Reinertrag unmittelbar und ausschließlich zur Förderung mildtätiger, kirchlicher oder gemeinnütziger Zwecke verwendet wird,
7. kulturelle Einrichtungen, wie Museen, Theater, und kulturelle Veranstaltungen, wie Konzerte, Kunstausstellungen; dazu gehört nicht der Verkauf von Speisen und Getränken,
8. Volkshochschulen und andere Einrichtungen, soweit sie selbst Vorträge, Kurse und andere Veranstaltungen wissenschaftlicher oder belehrender Art durchführen; dies gilt auch, soweit die Einrichtungen den Teilnehmern dieser Veranstaltungen selbst Beherbergung und Beköstigung gewähren,
9. Wissenschafts- und Forschungseinrichtungen, deren Träger sich überwiegend aus Zuwendungen der öffentlichen Hand oder Dritter oder aus der Vermögensverwaltung finanziert. ²Der Wissenschaft und Forschung dient auch die Auftragsforschung. ³Nicht zum Zweckbetrieb gehören Tätigkeiten, die sich auf die Anwendung gesicherter wissenschaftlicher Erkenntnisse beschränken, die Übernahme von Projektträgerschaften sowie wirtschaftliche Tätigkeiten ohne Forschungsbezug.

## Vierter Abschnitt: Haftung

### § 69 Haftung der Vertreter

¹Die in den §§ 34 und 35 bezeichneten Personen haften, soweit Ansprüche aus dem Steuerschuldverhältnis (§ 37) infolge vorsätzlicher oder grob fahrlässiger Verletzung der ihnen auferlegten Pflichten nicht oder nicht rechtzeitig festgesetzt oder erfüllt oder soweit infolgedessen Steuervergütungen oder Steuererstattungen ohne rechtlichen Grund gezahlt werden. ²Die Haftung umfasst auch die infolge der Pflichtverletzung zu zahlenden Säumniszuschläge.

### § 70 Haftung des Vertretenen

(1) Wenn die in den §§ 34 und 35 bezeichneten Personen bei Ausübung ihrer Obliegenheiten eine Steuerhinterziehung oder eine leichtfertige Steuerverkürzung begehen oder an einer Steuerhinterziehung teilnehmen und hierdurch Steuerschuldner oder Haftende werden, so haften die Vertretenen, soweit sie nicht Steuerschuldner sind, für die durch die Tat verkürzten Steuern und die zu Unrecht gewährten Steuervorteile.

(2) ¹Absatz 1 ist nicht anzuwenden bei Taten gesetzlicher Vertreter natürlicher Personen, wenn diese aus der Tat des Vertreters keinen Vermögensvorteil erlangt haben. ²Das Gleiche gilt,

wenn die Vertretenen denjenigen, der die Steuerhinterziehung oder die leichtfertige Steuerverkürzung begangen hat, sorgfältig ausgewählt und beaufsichtigt haben.

### § 71 Haftung des Steuerhinterziehers und des Steuerhehlers

Wer eine Steuerhinterziehung oder eine Steuerhehlerei begeht oder an einer solchen Tat teilnimmt, haftet für die verkürzten Steuern und die zu Unrecht gewährten Steuervorteile sowie für die Zinsen nach § 235.

### § 72 Haftung bei Verletzung der Pflicht zur Kontenwahrheit

Wer vorsätzlich oder grob fahrlässig der Vorschrift des § 154 Abs. 3 zuwiderhandelt, haftet, soweit dadurch die Verwirklichung von Ansprüchen aus dem Steuerschuldverhältnis beeinträchtigt wird.

### § 73 Haftung bei Organschaft

[1]Eine Organgesellschaft haftet für solche Steuern des Organträgers, für welche die Organschaft zwischen ihnen steuerlich von Bedeutung ist. [2]Den Steuern stehen die Ansprüche auf Erstattung von Steuervergütungen gleich.

### § 74 Haftung des Eigentümers von Gegenständen

(1) [1]Gehören Gegenstände, die einem Unternehmen dienen, nicht dem Unternehmer, sondern einer an dem Unternehmen wesentlich beteiligten Person, so haftet der Eigentümer der Gegenstände mit diesen für diejenigen Steuern des Unternehmens, bei denen sich die Steuerpflicht auf den Betrieb des Unternehmens gründet. [2]Die Haftung erstreckt sich jedoch nur auf die Steuern, die während des Bestehens der wesentlichen Beteiligung entstanden sind. [3]Den Steuern stehen die Ansprüche auf Erstattung von Steuervergütungen gleich.

(2) [1]Eine Person ist an dem Unternehmen wesentlich beteiligt, wenn sie unmittelbar oder mittelbar zu mehr als einem Viertel am Grund- oder Stammkapital oder am Vermögen des Unternehmens beteiligt ist. [2]Als wesentlich beteiligt gilt auch, wer auf das Unternehmen einen beherrschenden Einfluss ausübt und durch sein Verhalten dazu beiträgt, dass fällige Steuern im Sinne des Absatzes 1 Satz 1 nicht entrichtet werden.

### § 75 Haftung des Betriebsübernehmers

(1) [1]Wird ein Unternehmen oder ein in der Gliederung eines Unternehmens gesondert geführter Betrieb im Ganzen übereignet, so haftet der Erwerber für Steuern, bei denen sich die Steuerpflicht auf den Betrieb des Unternehmens gründet, und für Steuerabzugsbeträge, vorausgesetzt, dass die Steuern seit dem Beginn des letzten, vor der Übereignung liegenden Kalenderjahrs entstanden sind und bis zum Ablauf von einem Jahr nach Anmeldung des Betriebs durch den Erwerber festgesetzt oder angemeldet werden. [2]Die Haftung beschränkt sich auf den Bestand des übernommenen Vermögens. [3]Den Steuern stehen die Ansprüche auf Erstattung von Steuervergütungen gleich.

(2) Absatz 1 gilt nicht für Erwerbe aus einer Insolvenzmasse und für Erwerbe im Vollstreckungsverfahren.

### § 76 Sachhaftung

(1) Verbrauchsteuerpflichtige Waren und einfuhr- und ausfuhrabgabenpflichtige Waren dienen ohne Rücksicht auf die Rechte Dritter als Sicherheit für die darauf ruhenden Steuern (Sachhaftung).

(2) Die Sachhaftung entsteht bei einfuhr- und ausfuhrabgaben- oder verbrauchsteuerpflichtigen Waren, wenn nichts anderes vorgeschrieben ist, mit ihrem Verbringen in den Geltungsbereich dieses Gesetzes, bei verbrauchsteuerpflichtigen Waren auch mit Beginn ihrer Gewinnung oder Herstellung.

(3) ¹Solange die Steuer nicht entrichtet ist, kann die Finanzbehörde die Waren mit Beschlag belegen. ²Als Beschlagnahme genügt das Verbot an den, der die Waren im Gewahrsam hat, über sie zu verfügen.
(4) ¹Die Sachhaftung erlischt mit der Steuerschuld. ²Sie erlischt ferner mit der Aufhebung der Beschlagnahme oder dadurch, dass die Waren mit Zustimmung der Finanzbehörde in einen steuerlich nicht beschränkten Verkehr übergehen.
(5) Von der Geltendmachung der Sachhaftung wird abgesehen, wenn die Waren dem Verfügungsberechtigten abhanden gekommen sind und die verbrauchsteuerpflichtigen Waren in einen Herstellungsbetrieb aufgenommen oder die einfuhr- und ausfuhrabgabenpflichtigen Waren eine zollrechtliche Bestimmung erhalten.

## § 77 Duldungspflicht

(1) Wer kraft Gesetzes verpflichtet ist, eine Steuer aus Mitteln, die seiner Verwaltung unterliegen, zu entrichten, ist insoweit verpflichtet, die Vollstreckung in dieses Vermögen zu dulden.
(2) ¹Wegen einer Steuer, die als öffentliche Last auf Grundbesitz ruht, hat der Eigentümer die Zwangsvollstreckung in den Grundbesitz zu dulden. ²Zugunsten der Finanzbehörde gilt als Eigentümer, wer als solcher im Grundbuch eingetragen ist. ³Das Recht des nicht eingetragenen Eigentümers, die ihm gegen die öffentliche Last zustehenden Einwendungen geltend zu machen, bleibt unberührt.

## Dritter Teil: Allgemeine Verfahrensvorschriften

## Erster Abschnitt: Verfahrensgrundsätze

## 1. Unterabschnitt: Beteiligung am Verfahren

### § 78 Beteiligte

Beteiligte sind
1. Antragsteller und Antragsgegner,
2. diejenigen, an die die Finanzbehörde den Verwaltungsakt richten will oder gerichtet hat,
3. diejenigen, mit denen die Finanzbehörde einen öffentlich-rechtlichen Vertrag schließen will oder geschlossen hat.

### § 79 Handlungsfähigkeit

(1) Fähig zur Vornahme von Verfahrenshandlungen sind:
1. natürliche Personen, die nach bürgerlichem Recht geschäftsfähig sind,
2. natürliche Personen, die nach bürgerlichem Recht in der Geschäftsfähigkeit beschränkt sind, soweit sie für den Gegenstand des Verfahrens durch Vorschriften des bürgerlichen Rechts als geschäftsfähig oder durch Vorschriften des öffentlichen Rechts als handlungsfähig anerkannt sind,
3. juristische Personen, Vereinigungen oder Vermögensmassen durch ihre gesetzlichen Vertreter oder durch besonders Beauftragte,
4. Behörden durch ihre Leiter, deren Vertreter oder Beauftragte.

(2) Betrifft ein Einwilligungsvorbehalt nach § 1903 des Bürgerlichen Gesetzbuchs den Gegenstand des Verfahrens, so ist ein geschäftsfähiger Betreuter nur insoweit zur Vornahme von Verfahrenshandlungen fähig, als er nach den Vorschriften des bürgerlichen Rechts ohne Einwilligung des Betreuers handeln kann oder durch Vorschriften des öffentlichen Rechts als handlungsfähig anerkannt ist.
(3) Die §§ 53 und 55 der Zivilprozessordnung gelten entsprechend.

## § 80 Bevollmächtigte und Beistände[1]

(1) ¹Ein Beteiligter kann sich durch einen Bevollmächtigten vertreten lassen. ²Die Vollmacht ermächtigt zu allen das Verwaltungsverfahren betreffenden Verfahrenshandlungen, sofern sich aus ihrem Inhalt nicht etwas anderes ergibt; sie ermächtigt nicht zum Empfang von Steuererstattungen und Steuervergütungen. ³Der Bevollmächtigte hat auf Verlangen seine Vollmacht schriftlich nachzuweisen. ⁴Ein Widerruf der Vollmacht wird der Behörde gegenüber erst wirksam, wenn er ihr zugeht.

(2) Die Vollmacht wird weder durch den Tod des Vollmachtgebers noch durch eine Veränderung in seiner Handlungsfähigkeit oder seiner gesetzlichen Vertretung aufgehoben; der Bevollmächtigte hat jedoch, wenn er für den Rechtsnachfolger im Verwaltungsverfahren auftritt, dessen Vollmacht auf Verlangen schriftlich beizubringen.

(3) ¹Ist für das Verfahren ein Bevollmächtigter bestellt, so soll sich die Behörde an ihn wenden. ²Sie kann sich an den Beteiligten selbst wenden, soweit er zur Mitwirkung verpflichtet ist. ³Wendet sich die Finanzbehörde an den Beteiligten, so soll der Bevollmächtigte verständigt werden.

(4) ¹Ein Beteiligter kann zu Verhandlungen und Besprechungen mit einem Beistand erscheinen. ²Das von dem Beistand Vorgetragene gilt als von dem Beteiligten vorgebracht, soweit dieser nicht unverzüglich widerspricht.

(5) Bevollmächtigte und Beistände sind zurückzuweisen, wenn sie geschäftsmäßig Hilfe in Steuersachen leisten, ohne dazu befugt zu sein; dies gilt nicht für Notare und Patentanwälte.

(6) ¹Bevollmächtigte und Beistände können vom Vortrag zurückgewiesen werden, wenn sie hierzu ungeeignet sind; vom mündlichen Vortrag können sie nur zurückgewiesen werden, wenn sie zum sachgemäßen Vortrag nicht fähig sind. ²Dies gilt nicht für die in § 3 Nr. 1 und in § 4 Nr. 1 und 2 des Steuerberatungsgesetzes bezeichneten natürlichen Personen.

(7) (weggefallen)

(8) ¹Die Zurückweisung nach den Absätzen 5 und 6 ist auch dem Beteiligten, dessen Bevollmächtigter oder Beistand zurückgewiesen wird, mitzuteilen. ²Verfahrenshandlungen des zurückgewiesenen Bevollmächtigten oder Beistands, die dieser nach der Zurückweisung vornimmt, sind unwirksam.

## § 81 Bestellung eines Vertreters von Amts wegen[2]

(1) Ist ein Vertreter nicht vorhanden, so hat das Betreuungsgericht, für einen minderjährigen Beteiligten das Familiengericht auf Ersuchen der Finanzbehörde einen geeigneten Vertreter zu bestellen
1. für einen Beteiligten, dessen Person unbekannt ist,
2. für einen abwesenden Beteiligten, dessen Aufenthalt unbekannt ist oder der an der Besorgung seiner Angelegenheiten verhindert ist,
3. für einen Beteiligten ohne Aufenthalt im Geltungsbereich dieses Gesetzes, wenn er der Aufforderung der Finanzbehörde, einen Vertreter zu bestellen, innerhalb der ihm gesetzten Frist nicht nachgekommen ist,
4. für einen Beteiligten, der infolge einer psychischen Krankheit oder körperlichen, geistigen oder seelischen Behinderung nicht in der Lage ist, in dem Verwaltungsverfahren selbst tätig zu werden,
5. bei herrenlosen Sachen, auf die sich das Verfahren bezieht, zur Wahrung der sich in Bezug auf die Sache ergebenden Rechte und Pflichten.

---

1) **Anm. d. Red.:** § 80 Abs. 7 weggefallen, Abs. 8 i. d. F. des Gesetzes v. 8. 4. 2008 (BGBl I S. 666) mit Wirkung v. 12. 4. 2008.

2) **Anm. d. Red.:** § 81 Abs. 1 und 2 i. d. F. des Gesetzes v. 17. 12. 2008 (BGBl I S. 2586) mit Wirkung v. 1. 9. 2009.

(2) Für die Bestellung des Vertreters ist in den Fällen des Absatzes 1 Nr. 4 das Betreuungsgericht, für einen minderjährigen Beteiligten das Familiengericht zuständig, in dessen Bezirk der Beteiligte seinen gewöhnlichen Aufenthalt (§ 272 Abs. 1 Nr. 2 des Gesetzes über das Verfahren in Familiensachen und in den Angelegenheiten der freiwilligen Gerichtsbarkeit) hat; im Übrigen ist das Gericht zuständig, in dessen Bezirk die ersuchende Finanzbehörde ihren Sitz hat.

(3) ¹Der Vertreter hat gegen den Rechtsträger der Finanzbehörde, die um seine Bestellung ersucht hat, Anspruch auf eine angemessene Vergütung und auf die Erstattung seiner baren Auslagen. ²Die Finanzbehörde kann von dem Vertretenen Ersatz ihrer Aufwendungen verlangen. ³Sie bestimmt die Vergütung und stellt die Auslagen und Aufwendungen fest.

(4) Im Übrigen gelten für die Bestellung und für das Amt des Vertreters in den Fällen des Absatzes 1 Nr. 4 die Vorschriften über die Betreuung, in den übrigen Fällen die Vorschriften über die Pflegschaft entsprechend.

## 2. Unterabschnitt: Ausschließung und Ablehnung von Amtsträgern und anderen Personen

### § 82 Ausgeschlossene Personen

(1) ¹In einem Verwaltungsverfahren darf für eine Finanzbehörde nicht tätig werden,
1. wer selbst Beteiligter ist,
2. wer Angehöriger (§ 15) eines Beteiligten ist,
3. wer einen Beteiligten kraft Gesetzes oder Vollmacht allgemein oder in diesem Verfahren vertritt,
4. wer Angehöriger (§ 15) einer Person ist, die für einen Beteiligten in diesem Verfahren Hilfe in Steuersachen leistet,
5. wer bei einem Beteiligten gegen Entgelt beschäftigt ist oder bei ihm als Mitglied des Vorstands, des Aufsichtsrats oder eines gleichartigen Organs tätig ist; dies gilt nicht für den, dessen Anstellungskörperschaft Beteiligte ist,
6. wer außerhalb seiner amtlichen Eigenschaft in der Angelegenheit ein Gutachten abgegeben hat oder sonst tätig geworden ist.

²Dem Beteiligten steht gleich, wer durch die Tätigkeit oder durch die Entscheidung einen unmittelbaren Vorteil oder Nachteil erlangen kann. ³Dies gilt nicht, wenn der Vor- oder Nachteil nur darauf beruht, dass jemand einer Berufs- oder Bevölkerungsgruppe angehört, deren gemeinsame Interessen durch die Angelegenheit berührt werden.

(2) Wer nach Absatz 1 ausgeschlossen ist, darf bei Gefahr im Verzug unaufschiebbare Maßnahmen treffen.

(3) ¹Hält sich ein Mitglied eines Ausschusses für ausgeschlossen oder bestehen Zweifel, ob die Voraussetzungen des Absatzes 1 gegeben sind, ist dies dem Vorsitzenden des Ausschusses mitzuteilen. ²Der Ausschuss entscheidet über den Ausschluss. ³Der Betroffene darf an dieser Entscheidung nicht mitwirken. ⁴Das ausgeschlossene Mitglied darf bei der weiteren Beratung und Beschlussfassung nicht zugegen sein.

### § 83 Besorgnis der Befangenheit

(1) ¹Liegt ein Grund vor, der geeignet ist, Misstrauen gegen die Unparteilichkeit des Amtsträgers zu rechtfertigen oder wird von einem Beteiligten das Vorliegen eines solchen Grundes behauptet, so hat der Amtsträger den Leiter der Behörde oder den von ihm Beauftragten zu unterrichten und sich auf dessen Anordnung der Mitwirkung zu enthalten. ²Betrifft die Besorgnis der Befangenheit den Leiter der Behörde, so trifft diese Anordnung die Aufsichtsbehörde, sofern sich der Behördenleiter nicht selbst einer Mitwirkung enthält.

(2) Bei Mitgliedern eines Ausschusses ist sinngemäß nach § 82 Abs. 3 zu verfahren.

## § 84 Ablehnung von Mitgliedern eines Ausschusses

¹Jeder Beteiligte kann ein Mitglied eines in einem Verwaltungsverfahren tätigen Ausschusses ablehnen, das in diesem Verwaltungsverfahren nicht tätig werden darf (§ 82) oder bei dem die Besorgnis der Befangenheit besteht (§ 83). ²Eine Ablehnung vor einer mündlichen Verhandlung ist schriftlich oder zur Niederschrift zu erklären. ³Die Erklärung ist unzulässig, wenn sich der Beteiligte, ohne den ihm bekannten Ablehnungsgrund geltend zu machen, in eine mündliche Verhandlung eingelassen hat. ⁴Für die Entscheidung über die Ablehnung gilt § 82 Abs. 3 Sätze 2 bis 4. ⁵Die Entscheidung über das Ablehnungsgesuch kann nur zusammen mit der Entscheidung angefochten werden, die das Verfahren vor dem Ausschuss abschließt.

## 3. Unterabschnitt: Besteuerungsgrundsätze, Beweismittel

### I. Allgemeines

### § 85 Besteuerungsgrundsätze

¹Die Finanzbehörden haben die Steuern nach Maßgabe der Gesetze gleichmäßig festzusetzen und zu erheben. ²Insbesondere haben sie sicherzustellen, dass Steuern nicht verkürzt, zu Unrecht erhoben oder Steuererstattungen und Steuervergütungen nicht zu Unrecht gewährt oder versagt werden.

### § 86 Beginn des Verfahrens

¹Die Finanzbehörde entscheidet nach pflichtgemäßem Ermessen, ob und wann sie ein Verwaltungsverfahren durchführt. ²Dies gilt nicht, wenn die Finanzbehörde auf Grund von Rechtsvorschriften

1. von Amts wegen oder auf Antrag tätig werden muss,
2. nur auf Antrag tätig werden darf und ein Antrag nicht vorliegt.

### § 87 Amtssprache[1]

(1) Die Amtssprache ist deutsch.

(2) ¹Werden bei einer Finanzbehörde in einer fremden Sprache Anträge gestellt oder Eingaben, Belege, Urkunden oder sonstige Dokumente vorgelegt, kann die Finanzbehörde verlangen, dass unverzüglich eine Übersetzung vorgelegt wird. ²In begründeten Fällen kann die Vorlage einer beglaubigten oder von einem öffentlich bestellten oder beeidigten Dolmetscher oder Übersetzer angefertigten Übersetzung verlangt werden. ³Wird die verlangte Übersetzung nicht unverzüglich vorgelegt, so kann die Finanzbehörde auf Kosten des Beteiligten selbst eine Übersetzung beschaffen. ⁴Hat die Finanzbehörde Dolmetscher oder Übersetzer herangezogen, erhalten diese eine Vergütung in entsprechender Anwendung des Justizvergütungs- und -entschädigungsgesetzes.

(3) Soll durch eine Anzeige, einen Antrag oder die Abgabe einer Willenserklärung eine Frist in Lauf gesetzt werden, innerhalb deren die Finanzbehörde in einer bestimmten Weise tätig werden muss, und gehen diese in einer fremden Sprache ein, so beginnt der Lauf der Frist erst mit dem Zeitpunkt, in dem der Finanzbehörde eine Übersetzung vorliegt.

(4) ¹Soll durch eine Anzeige, einen Antrag oder eine Willenserklärung, die in fremder Sprache eingehen, zugunsten eines Beteiligten eine Frist gegenüber der Finanzbehörde gewahrt, ein öffentlich-rechtlicher Anspruch geltend gemacht oder eine Leistung begehrt werden, so gelten die Anzeige, der Antrag oder die Willenserklärung als zum Zeitpunkt des Eingangs bei der Finanzbehörde abgegeben, wenn auf Verlangen der Finanzbehörde innerhalb einer von dieser zu setzenden angemessenen Frist eine Übersetzung vorgelegt wird. ²Andernfalls ist der Zeitpunkt des Ein-

---

[1] **Anm. d. Red.:** § 87 Abs. 2 i. d. F. des Gesetzes v. 5. 5. 2004 (BGBl I S. 718) mit Wirkung v. 1. 7. 2004.

gangs der Übersetzung maßgebend, soweit sich nicht aus zwischenstaatlichen Vereinbarungen etwas anderes ergibt. ³Auf diese Rechtsfolge ist bei der Fristsetzung hinzuweisen.

## § 87a Elektronische Kommunikation[1)]

(1) ¹Die Übermittlung elektronischer Dokumente ist zulässig, soweit der Empfänger hierfür einen Zugang eröffnet. ²Ein elektronisches Dokument ist zugegangen, sobald die für den Empfang bestimmte Einrichtung es in für den Empfänger bearbeitbarer Weise aufgezeichnet hat. ³Übermittelt die Finanzbehörde Daten, die dem Steuergeheimnis unterliegen, sind diese Daten mit einem geeigneten Verfahren zu verschlüsseln. ⁴Die kurzzeitige automatisierte Entschlüsselung, die beim Versenden einer De-Mail-Nachricht durch den akkreditierten Diensteanbieter zum Zweck der Überprüfung auf Schadsoftware und zum Zweck der Weiterleitung an den Adressaten der De-Mail-Nachricht erfolgt, verstößt nicht gegen das Verschlüsselungsgebot des Satzes 3.

(2) ¹Ist ein der Finanzbehörde übermitteltes elektronisches Dokument für sie zur Bearbeitung nicht geeignet, hat sie dies dem Absender unter Angabe der für sie geltenden technischen Rahmenbedingungen unverzüglich mitzuteilen. ²Macht ein Empfänger geltend, er könne das von der Finanzbehörde übermittelte elektronische Dokument nicht bearbeiten, hat sie es ihm erneut in einem geeigneten elektronischen Format oder als Schriftstück zu übermitteln.

(3) ¹Eine durch Gesetz für Anträge, Erklärungen oder Mitteilungen an die Finanzbehörden angeordnete Schriftform kann, soweit nicht durch Gesetz etwas anderes bestimmt ist, durch die elektronische Form ersetzt werden. ²Der elektronischen Form genügt ein elektronisches Dokument, das mit einer qualifizierten elektronischen Signatur nach dem Signaturgesetz versehen ist. ³Die Signierung mit einem Pseudonym ist nicht zulässig. ⁴Die Schriftform kann auch ersetzt werden
1. durch unmittelbare Abgabe der Erklärung in einem elektronischen Formular, das von der Behörde in einem Eingabegerät oder über öffentlich zugängliche Netze zur Verfügung gestellt wird;
2. durch Versendung eines elektronischen Dokuments an die Behörde mit der Versandart nach § 5 Absatz 5 des De-Mail-Gesetzes.

⁵In den Fällen des Satzes 4 Nummer 1 muss bei einer Eingabe über öffentlich zugängliche Netze ein sicherer Identitätsnachweis nach § 18 des Personalausweisgesetzes oder nach § 78 Absatz 5 des Aufenthaltsgesetzes erfolgen.

(4) ¹Eine durch Gesetz für Verwaltungsakte oder sonstige Maßnahmen der Finanzbehörden angeordnete Schriftform kann, soweit nicht durch Gesetz etwas anderes bestimmt ist, durch die elektronische Form ersetzt werden. ²Der elektronischen Form genügt ein elektronisches Dokument, das mit einer qualifizierten elektronischen Signatur nach dem Signaturgesetz versehen ist. ³Die Schriftform kann auch ersetzt werden durch Versendung einer De-Mail-Nachricht nach § 5 Absatz 5 des De-Mail-Gesetzes, bei der die Bestätigung des akkreditierten Diensteanbieters die erlassende Finanzbehörde als Nutzer des De-Mail-Kontos erkennen lässt. ⁴Für von der Finanzbehörde aufzunehmende Niederschriften gelten die Sätze 1 und 3 nur, wenn dies durch Gesetz ausdrücklich zugelassen ist.

(5) ¹Ist ein elektronisches Dokument Gegenstand eines Beweises, wird der Beweis durch Vorlegung oder Übermittlung der Datei angetreten; befindet diese sich nicht im Besitz des Steuerpflichtigen oder der Finanzbehörde, gilt § 97 entsprechend. ²Der Anschein der Echtheit eines mit einer qualifizierten elektronischen Signatur nach dem Signaturgesetz übermittelten Dokuments, der sich auf Grund der Prüfung nach dem Signaturgesetz ergibt, kann nur durch Tatsachen erschüttert werden, die ernstliche Zweifel daran begründen, dass das Dokument mit dem Willen des Signaturschlüssel-Inhabers übermittelt worden ist.

---

1) **Anm. d. Red.:** § 87a Abs. 1, 3 und 4 i. d. F. des Gesetzes v. 25. 7. 2013 (BGBl I S. 2749) mit Wirkung v. 1. 8. 2013 (Abs. 1) und 1. 7. 2014 (Abs. 3 und 4); Abs. 5 und 6 i. d. F. des Gesetzes v. 26. 6. 2013 (BGBl I S. 1809) mit Wirkung v. 30. 6. 2013.

(6) ¹Das Bundesministerium der Finanzen kann im Benehmen mit dem Bundesministerium des Innern durch Rechtsverordnung mit Zustimmung des Bundesrates für die Fälle der Absätze 3 und 4 neben der qualifizierten elektronischen Signatur auch ein anderes sicheres Verfahren zulassen, das den Datenübermittler (Absender der Daten) authentifiziert und die Integrität des elektronisch übermittelten Datensatzes gewährleistet. ²Zur Authentifizierung des Datenübermittlers kann auch der elektronische Identitätsnachweis des Personalausweises genutzt werden; die dazu erforderlichen Daten dürfen zusammen mit den übrigen übermittelten Daten gespeichert und verwendet werden. ³Die Rechtsverordnung nach Satz 1 bedarf nicht der Zustimmung des Bundesrates, soweit sie die Kraftfahrzeugsteuer, die Luftverkehrsteuer, die Versicherungsteuer oder Verbrauchsteuern, mit Ausnahme der Biersteuer, betrifft.

### § 88 Untersuchungsgrundsatz[1)]

(1) ¹Die Finanzbehörde ermittelt den Sachverhalt von Amts wegen. ²Sie bestimmt Art und Umfang der Ermittlungen; an das Vorbringen und an die Beweisanträge der Beteiligten ist sie nicht gebunden. ³Der Umfang dieser Pflichten richtet sich nach den Umständen des Einzelfalls.

(2) Die Finanzbehörde hat alle für den Einzelfall bedeutsamen, auch die für die Beteiligten günstigen Umstände zu berücksichtigen.

(3) ¹Zur Sicherstellung einer gleichmäßigen und gesetzmäßigen Festsetzung und Erhebung der Steuern kann das Bundesministerium der Finanzen durch Rechtsverordnung mit Zustimmung des Bundesrates Anforderungen an Art und Umfang der Ermittlungen bei Einsatz automatischer Einrichtungen bestimmen. ²Einer Zustimmung des Bundesrates bedarf es nicht, soweit die Kraftfahrzeugsteuer, die Luftverkehrsteuer, die Versicherungsteuer oder Verbrauchsteuern, mit Ausnahme der Biersteuer, betroffen sind.

### § 88a Sammlung von geschützten Daten

¹Soweit es zur Sicherstellung einer gleichmäßigen Festsetzung und Erhebung der Steuern erforderlich ist, dürfen die Finanzbehörden nach § 30 geschützte Daten auch für Zwecke künftiger Verfahren im Sinne des § 30 Abs. 2 Nr. 1 Buchstabe a und b, insbesondere zur Gewinnung von Vergleichswerten, in Dateien oder Akten sammeln und verwenden. ²Eine Verwendung ist nur für Verfahren im Sinne des § 30 Abs. 2 Nr. 1 Buchstabe a und b zulässig.

### § 89 Beratung, Auskunft[2)]

(1) ¹Die Finanzbehörde soll die Abgabe von Erklärungen, die Stellung von Anträgen oder die Berichtigung von Erklärungen oder Anträgen anregen, wenn diese offensichtlich nur versehentlich oder aus Unkenntnis unterblieben oder unrichtig abgegeben oder gestellt worden sind. ²Sie erteilt, soweit erforderlich, Auskunft über die den Beteiligten im Verwaltungsverfahren zustehenden Rechte und die ihnen obliegenden Pflichten.

(2) ¹Die Finanzämter und das Bundeszentralamt für Steuern können auf Antrag verbindliche Auskünfte über die steuerliche Beurteilung von genau bestimmten, noch nicht verwirklichten Sachverhalten erteilen, wenn daran im Hinblick auf die erheblichen steuerlichen Auswirkungen ein besonderes Interesse besteht. ²Zuständig für die Erteilung einer verbindlichen Auskunft ist die Finanzbehörde, die bei Verwirklichung des dem Antrag zugrunde liegenden Sachverhalts örtlich zuständig sein würde. ³Bei Antragstellern, für die im Zeitpunkt der Antragstellung nach den §§ 18 bis 21 keine Finanzbehörde zuständig ist, ist auf dem Gebiet der Steuern, die von den Landesfinanzbehörden im Auftrag des Bundes verwaltet werden, abweichend von Satz 2 das Bundeszentralamt für Steuern zuständig; in diesem Fall bindet die verbindliche Auskunft auch die Finanzbehörde, die bei der Verwirklichung des der Auskunft zugrunde liegenden Sachverhalts

---

1) **Anm. d. Red.:** § 88 Abs. 3 i. d. F. des Gesetzes v. 26. 6. 2013 (BGBl I S. 1809) mit Wirkung v. 30. 6. 2013.

2) **Anm. d. Red.:** § 89 Abs. 1 i. d. F. des Gesetzes v. 5. 9. 2006 (BGBl I S. 2098) mit Wirkung v. 12. 9. 2006; Abs. 2 i. d. F. des Gesetzes v. 26. 6. 2013 (BGBl I S. 1809) mit Wirkung v. 30. 6. 2013; Abs. 3 bis 7 i. d. F. des Gesetzes v. 1. 11. 2011 (BGBl I S. 2131) mit Wirkung v. 5. 11. 2011.

zuständig ist. ⁴Das Bundesministerium der Finanzen wird ermächtigt, mit Zustimmung des Bundesrates durch Rechtsverordnung nähere Bestimmungen zu Form, Inhalt und Voraussetzungen des Antrages auf Erteilung einer verbindlichen Auskunft und zur Reichweite der Bindungswirkung zu treffen. ⁵Die Rechtsverordnung bedarf nicht der Zustimmung des Bundesrates, soweit sie die Versicherungsteuer betrifft.

(3) ¹Für die Bearbeitung eines Antrags auf Erteilung einer verbindlichen Auskunft nach Absatz 2 wird eine Gebühr erhoben. ²Die Gebühr ist vom Antragsteller innerhalb eines Monats nach Bekanntgabe ihrer Festsetzung zu entrichten. ³Die Finanzbehörde kann die Entscheidung über den Antrag bis zur Entrichtung der Gebühr zurückstellen.

(4) ¹Die Gebühr wird nach dem Wert berechnet, den die verbindliche Auskunft für den Antragsteller hat (Gegenstandswert). ²Der Antragsteller soll den Gegenstandswert und die für seine Bestimmung erheblichen Umstände in seinem Antrag auf Erteilung einer verbindlichen Auskunft darlegen. ³Die Finanzbehörde soll der Gebührenfestsetzung den vom Antragsteller erklärten Gegenstandswert zugrunde legen, soweit dies nicht zu einem offensichtlich unzutreffenden Ergebnis führt.

(5) ¹Die Gebühr wird in entsprechender Anwendung des § 34 des Gerichtskostengesetzes mit einem Gebührensatz von 1,0 erhoben. ²§ 39 Absatz 2 des Gerichtskostengesetzes ist entsprechend anzuwenden. ³Beträgt der Gegenstandswert weniger als 10 000 Euro, wird keine Gebühr erhoben.

(6) ¹Ist ein Gegenstandswert nicht bestimmbar und kann er auch nicht durch Schätzung bestimmt werden, ist eine Zeitgebühr zu berechnen; sie beträgt 50 Euro je angefangene halbe Stunde Bearbeitungszeit. ²Beträgt die Bearbeitungszeit weniger als zwei Stunden, wird keine Gebühr erhoben.

(7) ¹Auf die Gebühr kann ganz oder teilweise verzichtet werden, wenn ihre Erhebung nach Lage des einzelnen Falls unbillig wäre. ²Die Gebühr kann insbesondere ermäßigt werden, wenn ein Antrag auf Erteilung einer verbindlichen Auskunft vor Bekanntgabe der Entscheidung der Finanzbehörde zurückgenommen wird.

### § 90 Mitwirkungspflichten der Beteiligten[1)]

(1) ¹Die Beteiligten sind zur Mitwirkung bei der Ermittlung des Sachverhalts verpflichtet. ²Sie kommen der Mitwirkungspflicht insbesondere dadurch nach, dass sie die für die Besteuerung erheblichen Tatsachen vollständig und wahrheitsgemäß offen legen und die ihnen bekannten Beweismittel angeben. ³Der Umfang dieser Pflichten richtet sich nach den Umständen des Einzelfalls.

(2) ¹Ist ein Sachverhalt zu ermitteln und steuerrechtlich zu beurteilen, der sich auf Vorgänge außerhalb des Geltungsbereichs dieses Gesetzes bezieht, so haben die Beteiligten diesen Sachverhalt aufzuklären und die erforderlichen Beweismittel zu beschaffen. ²Sie haben dabei alle für sie bestehenden rechtlichen und tatsächlichen Möglichkeiten auszuschöpfen. ³Bestehen objektiv erkennbare Anhaltspunkte für die Annahme, dass der Steuerpflichtige über Geschäftsbeziehungen zu Finanzinstituten in einem Staat oder Gebiet verfügt, mit dem kein Abkommen besteht, das die Erteilung von Auskünften entsprechend Artikel 26 des Musterabkommens der OECD zur Vermeidung der Doppelbesteuerung auf dem Gebiet der Steuern vom Einkommen und vom Vermögen in der Fassung von 2005 vorsieht, oder der Staat oder das Gebiet keine Auskünfte in einem vergleichbaren Umfang erteilt oder keine Bereitschaft zu einer entsprechenden Auskunftserteilung besteht, hat der Steuerpflichtige nach Aufforderung der Finanzbehörde die Richtigkeit und Vollständigkeit seiner Angaben an Eides statt zu versichern und die Finanzbehörde zu bevollmächtigen, in seinem Namen mögliche Auskunftsansprüche gegenüber den von der Finanzbehörde benannten Kreditinstituten außergerichtlich und gerichtlich geltend zu machen; die Versicherung an Eides statt kann nicht nach § 328 erzwungen werden. ⁴Ein Beteiligter

---

1) **Anm. d. Red.:** § 90 Abs. 2 i. d. F. des Gesetzes v. 29. 7. 2009 (BGBl I S. 2302) mit Wirkung v. 1. 8. 2009; Abs. 3 i. d. F. des Gesetzes v. 26. 6. 2013 (BGBl I S. 1809) mit Wirkung v. 30. 6. 2013.

kann sich nicht darauf berufen, dass er Sachverhalte nicht aufklären oder Beweismittel nicht beschaffen kann, wenn er sich nach Lage des Falls bei der Gestaltung seiner Verhältnisse die Möglichkeit dazu hätte beschaffen oder einräumen lassen können.

(3) ¹Bei Sachverhalten, die Vorgänge mit Auslandsbezug betreffen, hat ein Steuerpflichtiger über die Art und den Inhalt seiner Geschäftsbeziehungen mit nahe stehenden Personen im Sinne des § 1 Abs. 2 des Außensteuergesetzes Aufzeichnungen zu erstellen. ²Die Aufzeichnungspflicht umfasst auch die wirtschaftlichen und rechtlichen Grundlagen für eine den Grundsatz des Fremdvergleichs beachtende Vereinbarung von Preisen und anderen Geschäftsbedingungen mit den Nahestehenden. ³Bei außergewöhnlichen Geschäftsvorfällen sind die Aufzeichnungen zeitnah zu erstellen. ⁴Die Aufzeichnungspflichten gelten entsprechend für Steuerpflichtige, die für die inländische Besteuerung Gewinne zwischen ihrem inländischen Unternehmen und dessen ausländischer Betriebsstätte aufzuteilen oder den Gewinn der inländischen Betriebsstätte ihres ausländischen Unternehmens zu ermitteln haben. ⁵Um eine einheitliche Rechtsanwendung sicherzustellen, wird das Bundesministerium der Finanzen ermächtigt, mit Zustimmung des Bundesrates durch Rechtsverordnung Art, Inhalt und Umfang der zu erstellenden Aufzeichnungen zu bestimmen. ⁶Die Finanzbehörde soll die Vorlage von Aufzeichnungen in der Regel nur für die Durchführung einer Außenprüfung verlangen. ⁷Die Vorlage richtet sich nach § 97. ⁸Sie hat jeweils auf Anforderung innerhalb einer Frist von 60 Tagen zu erfolgen. ⁹Soweit Aufzeichnungen über außergewöhnliche Geschäftsvorfälle vorzulegen sind, beträgt die Frist 30 Tage. ¹⁰In begründeten Einzelfällen kann die Vorlagefrist verlängert werden.

### § 91 Anhörung Beteiligter

(1) ¹Bevor ein Verwaltungsakt erlassen wird, der in Rechte eines Beteiligten eingreift, soll diesem Gelegenheit gegeben werden, sich zu den für die Entscheidung erheblichen Tatsachen zu äußern. ²Dies gilt insbesondere, wenn von dem in der Steuererklärung erklärten Sachverhalt zuungunsten des Steuerpflichtigen wesentlich abgewichen werden soll.

(2) Von der Anhörung kann abgesehen werden, wenn sie nach den Umständen des Einzelfalls nicht geboten ist, insbesondere wenn

1. eine sofortige Entscheidung wegen Gefahr im Verzug oder im öffentlichen Interesse notwendig erscheint,
2. durch die Anhörung die Einhaltung einer für die Entscheidung maßgeblichen Frist in Frage gestellt würde,
3. von den tatsächlichen Angaben eines Beteiligten, die dieser in einem Antrag oder einer Erklärung gemacht hat, nicht zu seinen Ungunsten abgewichen werden soll,
4. die Finanzbehörde eine Allgemeinverfügung oder gleichartige Verwaltungsakte in größerer Zahl oder Verwaltungsakte mit Hilfe automatischer Einrichtungen erlassen will,
5. Maßnahmen in der Vollstreckung getroffen werden sollen.

(3) Eine Anhörung unterbleibt, wenn ihr ein zwingendes öffentliches Interesse entgegensteht.

### § 92 Beweismittel

¹Die Finanzbehörde bedient sich der Beweismittel, die sie nach pflichtgemäßem Ermessen zur Ermittlung des Sachverhalts für erforderlich hält. ²Sie kann insbesondere

1. Auskünfte jeder Art von den Beteiligten und anderen Personen einholen,
2. Sachverständige zuziehen,
3. Urkunden und Akten beiziehen,
4. den Augenschein einnehmen.

## II. Beweis durch Auskünfte und Sachverständigengutachten

### § 93 Auskunftspflicht der Beteiligten und anderer Personen[1)]

(1) ¹Die Beteiligten und andere Personen haben der Finanzbehörde die zur Feststellung eines für die Besteuerung erheblichen Sachverhalts erforderlichen Auskünfte zu erteilen. ²Dies gilt auch für nicht rechtsfähige Vereinigungen, Vermögensmassen, Behörden und Betriebe gewerblicher Art der Körperschaften des öffentlichen Rechts. ³Andere Personen als die Beteiligten sollen erst dann zur Auskunft angehalten werden, wenn die Sachverhaltsaufklärung durch die Beteiligten nicht zum Ziel führt oder keinen Erfolg verspricht.

(2) ¹In dem Auskunftsersuchen ist anzugeben, worüber Auskünfte erteilt werden sollen und ob die Auskunft für die Besteuerung des Auskunftspflichtigen oder für die Besteuerung anderer Personen angefordert wird. ²Auskunftsersuchen haben auf Verlangen des Auskunftspflichtigen schriftlich zu ergehen.

(3) ¹Die Auskünfte sind wahrheitsgemäß nach bestem Wissen und Gewissen zu erteilen. ²Auskunftspflichtige, die nicht aus dem Gedächtnis Auskunft geben können, haben Bücher, Aufzeichnungen, Geschäftspapiere und andere Urkunden, die ihnen zur Verfügung stehen, einzusehen und, soweit nötig, Aufzeichnungen daraus zu entnehmen.

(4) ¹Der Auskunftspflichtige kann die Auskunft schriftlich, elektronisch, mündlich oder fernmündlich erteilen. ²Die Finanzbehörde kann verlangen, dass der Auskunftspflichtige schriftlich Auskunft erteilt, wenn dies sachdienlich ist.

(5) ¹Die Finanzbehörde kann anordnen, dass der Auskunftspflichtige eine mündliche Auskunft an Amtsstelle erteilt. ²Hierzu ist sie insbesondere dann befugt, wenn trotz Aufforderung eine schriftliche Auskunft nicht erteilt worden ist oder eine schriftliche Auskunft nicht zu einer Klärung des Sachverhalts geführt hat. ³Absatz 2 Satz 1 gilt entsprechend.

(6) ¹Auf Antrag des Auskunftspflichtigen ist über die mündliche Auskunft an Amtsstelle eine Niederschrift aufzunehmen. ²Die Niederschrift soll den Namen der anwesenden Personen, den Ort, den Tag und den wesentlichen Inhalt der Auskunft enthalten. ³Sie soll von dem Amtsträger, dem die mündliche Auskunft erteilt wird, und dem Auskunftspflichtigen unterschrieben werden. ⁴Den Beteiligten ist eine Abschrift der Niederschrift zu überlassen.

(7) ¹Ein automatisierter Abruf von Kontoinformationen nach § 93b ist nur zulässig, soweit
1. der Steuerpflichtige eine Steuerfestsetzung nach § 32d Abs. 6 des Einkommensteuergesetzes beantragt oder
2. (weggefallen)

und der Abruf in diesen Fällen zur Festsetzung der Einkommensteuer erforderlich ist oder er erforderlich ist
3. zur Feststellung von Einkünften nach den §§ 20 und 23 Abs. 1 des Einkommensteuergesetzes in Veranlagungszeiträumen bis einschließlich des Jahres 2008 oder
4. zur Erhebung von bundesgesetzlich geregelten Steuern

oder

5. der Steuerpflichtige zustimmt.

²In diesen Fällen darf die Finanzbehörde oder in den Fällen des § 1 Abs. 2 die Gemeinde das Bundeszentralamt für Steuern ersuchen, bei den Kreditinstituten einzelne Daten aus den nach § 93b Abs. 1 zu führenden Dateien abzurufen; in den Fällen des Satzes 1 Nr. 1 bis 4 darf ein Abrufersuchen nur dann erfolgen, wenn ein Auskunftsersuchen an den Steuerpflichtigen nicht zum Ziel geführt hat oder keinen Erfolg verspricht.

---

1) **Anm. d. Red.:** § 93 Abs. 7 i. d. F. des Gesetzes v. 1. 11. 2011 (BGBl I S. 2131) mit Wirkung v. 1. 1. 2012; Abs. 8 bis 10 i. d. F. des Gesetzes v. 14. 8. 2007 (BGBl I S. 1912) mit Wirkung v. 18. 8. 2007.

(8) ¹Die für die Verwaltung
1. der Grundsicherung für Arbeitsuchende nach dem Zweiten Buch Sozialgesetzbuch,
2. der Sozialhilfe nach dem Zwölften Buch Sozialgesetzbuch,
3. der Ausbildungsförderung nach dem Bundesausbildungsförderungsgesetz,
4. der Aufstiegsfortbildungsförderung nach dem Aufstiegsfortbildungsförderungsgesetz und
5. des Wohngeldes nach dem Wohngeldgesetz

zuständigen Behörden dürfen das Bundeszentralamt für Steuern ersuchen, bei den Kreditinstituten die in § 93b Abs. 1 bezeichneten Daten abzurufen, soweit dies zur Überprüfung des Vorliegens der Anspruchsvoraussetzungen erforderlich ist und ein vorheriges Auskunftsersuchen an den Betroffenen nicht zum Ziel geführt hat oder keinen Erfolg verspricht. ²Für andere Zwecke ist ein Abrufersuchen an das Bundeszentralamt für Steuern hinsichtlich der in § 93b Abs. 1 bezeichneten Daten nur zulässig, soweit dies durch ein Bundesgesetz ausdrücklich zugelassen ist.

(9) ¹Vor einem Abrufersuchen nach Absatz 7 oder Absatz 8 ist der Betroffene auf die Möglichkeit eines Kontenabrufs hinzuweisen; dies kann auch durch ausdrücklichen Hinweis in amtlichen Vordrucken und Merkblättern geschehen. ²Nach Durchführung eines Kontenabrufs ist der Betroffene vom Ersuchenden über die Durchführung zu benachrichtigen. ³Ein Hinweis nach Satz 1 erster Halbsatz und eine Benachrichtigung nach Satz 2 unterbleiben, soweit

1. sie die ordnungsgemäße Erfüllung der in der Zuständigkeit des Ersuchenden liegenden Aufgaben gefährden würden,
2. sie die öffentliche Sicherheit oder Ordnung gefährden oder sonst dem Wohle des Bundes oder eines Landes Nachteile bereiten würden oder
3. die Tatsache des Kontenabrufs nach einer Rechtsvorschrift oder seinem Wesen nach, insbesondere wegen der überwiegenden berechtigten Interessen eines Dritten, geheim gehalten werden muss

und deswegen das Interesse des Betroffenen zurücktreten muss; § 19 Abs. 5 und 6 des Bundesdatenschutzgesetzes in der Fassung der Bekanntmachung vom 14. Januar 2003 (BGBl I S. 66), das zuletzt durch Artikel 1 des Gesetzes vom 22. August 2006 (BGBl I S. 1970) geändert worden ist, in der jeweils geltenden Fassung gilt entsprechend, soweit gesetzlich nichts anderes bestimmt ist.

(10) Ein Abrufersuchen nach Absatz 7 oder Absatz 8 und dessen Ergebnis sind vom Ersuchenden zu dokumentieren.

### § 93a Allgemeine Mitteilungspflichten[1)]

(1) ¹Zur Sicherung der Besteuerung (§ 85) kann die Bundesregierung durch Rechtsverordnung mit Zustimmung des Bundesrates Behörden und andere öffentliche Stellen verpflichten,

1. Verwaltungsakte, die die Versagung oder Einschränkung einer steuerlichen Vergünstigung zur Folge haben oder dem Betroffenen steuerpflichtige Einnahmen ermöglichen,
2. Subventionen und ähnliche Förderungsmaßnahmen sowie
3. Anhaltspunkte für Schwarzarbeit, unerlaubte Arbeitnehmerüberlassung oder unerlaubte Ausländerbeschäftigung

den Finanzbehörden mitzuteilen. ²Durch Rechtsverordnung kann auch bestimmt werden, dass bei Zahlungen von Behörden und anderen öffentlichen Stellen sowie von öffentlich-rechtlichen Rundfunkanstalten der Zahlungsempfänger zur Erleichterung seiner steuerlichen Aufzeichnungs- und Erklärungspflichten über die Summe der jährlichen Zahlungen sowie über die Auffassung der Finanzbehörden zu den daraus entstehenden Steuerpflichten zu unterrichten ist; der zuständigen Finanzbehörde sind der Empfänger, der Rechtsgrund, die Höhe und der Zeit-

---

1) **Anm. d. Red.:** § 93a Abs. 1 und 2 i. d. F. des Gesetzes v. 19.12.2008 (BGBl I S. 2794) mit Wirkung v. 25.12.2008.

punkt der Zahlungen mitzuteilen. ³Die Verpflichtung der Behörden, anderer öffentlicher Stellen und der Rundfunkanstalten zu Mitteilungen, Auskünften, Anzeigen und zur Amtshilfe auf Grund anderer Vorschriften bleibt unberührt.

(2) Schuldenverwaltungen, Kreditinstitute, Betriebe gewerblicher Art von juristischen Personen des öffentlichen Rechts im Sinne des Körperschaftsteuergesetzes, öffentliche Beteiligungsunternehmen ohne Hoheitsbefugnisse, Berufskammern und Versicherungsunternehmen sind von der Mitteilungspflicht ausgenommen.

(3) ¹In der Rechtsverordnung sind die mitteilenden Stellen, die Verpflichtung zur Unterrichtung der Betroffenen, die mitzuteilenden Angaben und die für die Entgegennahme der Mitteilungen zuständigen Finanzbehörden näher zu bestimmen sowie der Umfang, der Zeitpunkt und das Verfahren der Mitteilung zu regeln. ²In der Rechtsverordnung können Ausnahmen von der Mitteilungspflicht, insbesondere für Fälle geringer steuerlicher Bedeutung, zugelassen werden.

### § 93b Automatisierter Abruf von Kontoinformationen[1]

(1) Kreditinstitute haben die nach § 24c Abs. 1 des Kreditwesengesetzes zu führende Datei auch für Abrufe nach § 93 Abs. 7 und 8 zu führen.

(2) Das Bundeszentralamt für Steuern darf in den Fällen des § 93 Abs. 7 und 8 auf Ersuchen bei den Kreditinstituten einzelne Daten aus den nach Absatz 1 zu führenden Dateien im automatisierten Verfahren abrufen und sie an den Ersuchenden übermitteln.

(3) Die Verantwortung für die Zulässigkeit des Datenabrufs und der Datenübermittlung trägt der Ersuchende.

(4) § 24c Abs. 1 Satz 2 bis 6, Abs. 4 bis 8 des Kreditwesengesetzes gilt entsprechend.

### § 94 Eidliche Vernehmung

(1) ¹Hält die Finanzbehörde mit Rücksicht auf die Bedeutung der Auskunft oder zur Herbeiführung einer wahrheitsgemäßen Auskunft die Beeidigung einer anderen Person als eines Beteiligten für geboten, so kann sie das für den Wohnsitz oder den Aufenthaltsort der zu beeidigenden Person zuständige Finanzgericht um die eidliche Vernehmung ersuchen. ²Befindet sich der Wohnsitz oder der Aufenthaltsort der zu beeidigenden Person nicht am Sitz eines Finanzgerichts oder eines besonders errichteten Senats, so kann auch das zuständige Amtsgericht um die eidliche Vernehmung ersucht werden.

(2) ¹In dem Ersuchen hat die Finanzbehörde den Gegenstand der Vernehmung sowie die Namen und Anschriften der Beteiligten anzugeben. ²Das Gericht hat die Beteiligten und die ersuchende Finanzbehörde von den Terminen zu benachrichtigen. ³Die Beteiligten und die ersuchende Finanzbehörde sind berechtigt, während der Vernehmung Fragen zu stellen.

(3) Das Gericht entscheidet über die Rechtmäßigkeit der Verweigerung des Zeugnisses oder der Eidesleistung.

### § 95 Versicherung an Eides statt

(1) ¹Die Finanzbehörde kann den Beteiligten auffordern, dass er die Richtigkeit von Tatsachen, die er behauptet, an Eides statt versichert. ²Eine Versicherung an Eides statt soll nur gefordert werden, wenn andere Mittel zur Erforschung der Wahrheit nicht vorhanden sind, zu keinem Ergebnis geführt haben oder einen unverhältnismäßigen Aufwand erfordern. ³Von eidesunfähigen Personen im Sinne des § 393 der Zivilprozessordnung darf eine eidesstattliche Versicherung nicht verlangt werden.

(2) ¹Die Versicherung an Eides statt wird von der Finanzbehörde zur Niederschrift aufgenommen. ²Zur Aufnahme sind der Behördenleiter, sein ständiger Vertreter sowie Angehörige des öffentlichen Dienstes befugt, welche die Befähigung zum Richteramt haben oder die Voraussetzungen des § 110 Satz 1 des Deutschen Richtergesetzes erfüllen. ³Andere Angehörige des öffent-

---

1) **Anm. d. Red.:** § 93b i. d. F. des Gesetzes v. 14. 8. 2007 (BGBl I S. 1912) mit Wirkung v. 18. 8. 2007.

lichen Dienstes kann der Behördenleiter oder sein ständiger Vertreter hierzu allgemein oder im Einzelfall schriftlich ermächtigen.

(3) ¹Die Angaben, deren Richtigkeit versichert werden soll, sind schriftlich festzustellen und dem Beteiligten mindestens eine Woche vor Aufnahme der Versicherung mitzuteilen. ²Die Versicherung besteht darin, dass der Beteiligte unter Wiederholung der behaupteten Tatsachen erklärt: „Ich versichere an Eides statt, dass ich nach bestem Wissen die reine Wahrheit gesagt und nichts verschwiegen habe". ³Bevollmächtigte und Beistände des Beteiligten sind berechtigt, an der Aufnahme der Versicherung an Eides statt teilzunehmen.

(4) ¹Vor der Aufnahme der Versicherung an Eides statt ist der Beteiligte über die Bedeutung der eidesstattlichen Versicherung und die strafrechtlichen Folgen einer unrichtigen oder unvollständigen eidesstattlichen Versicherung zu belehren. ²Die Belehrung ist in der Niederschrift zu vermerken.

(5) ¹Die Niederschrift hat ferner die Namen der anwesenden Personen sowie den Ort und den Tag der Niederschrift zu enthalten. ²Die Niederschrift ist dem Beteiligten, der die eidesstattliche Versicherung abgibt, zur Genehmigung vorzulesen oder auf Verlangen zur Durchsicht vorzulegen. ³Die erteilte Genehmigung ist zu vermerken und von dem Beteiligten zu unterschreiben. ⁴Die Niederschrift ist sodann von dem Amtsträger, der die Versicherung an Eides statt aufgenommen hat, sowie von dem Schriftführer zu unterschreiben.

(6) Die Versicherung an Eides statt kann nicht nach § 328 erzwungen werden.

### § 96 Hinzuziehung von Sachverständigen

(1) ¹Die Finanzbehörde bestimmt, ob ein Sachverständiger zuzuziehen ist. ²Soweit nicht Gefahr im Verzug vorliegt, hat sie die Person, die sie zum Sachverständigen ernennen will, den Beteiligten vorher bekannt zu geben.

(2) ¹Die Beteiligten können einen Sachverständigen wegen Besorgnis der Befangenheit ablehnen, wenn ein Grund vorliegt, der geeignet ist, Zweifel an seiner Unparteilichkeit zu rechtfertigen oder wenn von seiner Tätigkeit die Verletzung eines Geschäfts- oder Betriebsgeheimnisses oder Schaden für die geschäftliche Tätigkeit eines Beteiligten zu befürchten ist. ²Die Ablehnung ist der Finanzbehörde gegenüber unverzüglich nach Bekanntgabe der Person des Sachverständigen, jedoch spätestens innerhalb von zwei Wochen unter Glaubhaftmachung der Ablehnungsgründe geltend zu machen. ³Nach diesem Zeitpunkt ist die Ablehnung nur zulässig, wenn glaubhaft gemacht wird, dass der Ablehnungsgrund vorher nicht geltend gemacht werden konnte. ⁴Über die Ablehnung entscheidet die Finanzbehörde, die den Sachverständigen ernannt hat oder ernennen will. ⁵Das Ablehnungsgesuch hat keine aufschiebende Wirkung.

(3) ¹Der zum Sachverständigen Ernannte hat der Ernennung Folge zu leisten, wenn er zur Erstattung von Gutachten der erforderlichen Art öffentlich bestellt ist oder wenn er die Wissenschaft, die Kunst oder das Gewerbe, deren Kenntnis Voraussetzung der Begutachtung ist, öffentlich zum Erwerb ausübt oder wenn er zur Ausübung derselben öffentlich bestellt oder ermächtigt ist. ²Zur Erstattung des Gutachtens ist auch derjenige verpflichtet, der sich hierzu der Finanzbehörde gegenüber bereit erklärt hat.

(4) Der Sachverständige kann die Erstattung des Gutachtens unter Angabe der Gründe wegen Besorgnis der Befangenheit ablehnen.

(5) Angehörige des öffentlichen Dienstes sind als Sachverständige nur dann zuzuziehen, wenn sie die nach dem Dienstrecht erforderliche Genehmigung erhalten.

(6) Die Sachverständigen sind auf die Vorschriften über die Wahrung des Steuergeheimnisses hinzuweisen.

(7) ¹Das Gutachten ist regelmäßig schriftlich zu erstatten. ²Die mündliche Erstattung des Gutachtens kann zugelassen werden. ³Die Beeidigung des Gutachtens darf nur gefordert werden, wenn die Finanzbehörde dies mit Rücksicht auf die Bedeutung des Gutachtens für geboten hält. ⁴Ist der Sachverständige für die Erstattung von Gutachten der betreffenden Art im Allgemeinen

beeidigt, so genügt die Berufung auf den geleisteten Eid; sie kann auch in einem schriftlichen Gutachten erklärt werden. ⁵Anderenfalls gilt für die Beeidigung § 94 sinngemäß.

### III. Beweis durch Urkunden und Augenschein

### § 97 Vorlage von Urkunden[1]

(1) ¹Die Beteiligten und andere Personen haben der Finanzbehörde auf Verlangen Bücher, Aufzeichnungen, Geschäftspapiere und andere Urkunden zur Einsicht und Prüfung vorzulegen. ²Im Vorlageverlangen ist anzugeben, ob die Urkunden für die Besteuerung des zur Vorlage Aufgeforderten oder für die Besteuerung anderer Personen benötigt werden. ³§ 93 Absatz 1 Satz 2 und 3 gilt entsprechend.

(2) ¹Die Finanzbehörde kann die Vorlage der in Absatz 1 genannten Urkunden an Amtsstelle verlangen oder sie bei dem Vorlagepflichtigen einsehen, wenn dieser einverstanden ist oder die Urkunden für eine Vorlage an Amtsstelle ungeeignet sind. ²§ 147 Abs. 5 gilt entsprechend.

### § 98 Einnahme des Augenscheins

(1) Führt die Finanzbehörde einen Augenschein durch, so ist das Ergebnis aktenkundig zu machen.

(2) Bei der Einnahme des Augenscheins können Sachverständige zugezogen werden.

### § 99 Betreten von Grundstücken und Räumen

(1) ¹Die von der Finanzbehörde mit der Einnahme des Augenscheins betrauten Amtsträger und die nach den §§ 96 und 98 zugezogenen Sachverständigen sind berechtigt, Grundstücke, Räume, Schiffe, umschlossene Betriebsvorrichtungen und ähnliche Einrichtungen während der üblichen Geschäfts- und Arbeitszeit zu betreten, soweit dies erforderlich ist, um im Besteuerungsinteresse Feststellungen zu treffen. ²Die betroffenen Personen sollen angemessene Zeit vorher benachrichtigt werden. ³Wohnräume dürfen gegen den Willen des Inhabers nur zur Verhütung dringender Gefahren für die öffentliche Sicherheit und Ordnung betreten werden.

(2) Maßnahmen nach Absatz 1 dürfen nicht zu dem Zweck angeordnet werden, nach unbekannten Gegenständen zu forschen.

### § 100 Vorlage von Wertsachen

(1) ¹Der Beteiligte und andere Personen haben der Finanzbehörde auf Verlangen Wertsachen (Geld, Wertpapiere, Kostbarkeiten) vorzulegen, soweit dies erforderlich ist, um im Besteuerungsinteresse Feststellungen über ihre Beschaffenheit und ihren Wert zu treffen. ²§ 98 Abs. 2 ist anzuwenden.

(2) Die Vorlage von Wertsachen darf nicht angeordnet werden, um nach unbekannten Gegenständen zu forschen.

### IV. Auskunfts- und Vorlageverweigerungsrechte

### § 101 Auskunfts- und Eidesverweigerungsrecht der Angehörigen

(1) ¹Die Angehörigen (§ 15) eines Beteiligten können die Auskunft verweigern, soweit sie nicht selbst als Beteiligte über ihre eigenen steuerlichen Verhältnisse auskunftspflichtig sind oder die Auskunftspflicht für einen Beteiligten zu erfüllen haben. ²Die Angehörigen sind über das Auskunftsverweigerungsrecht zu belehren. ³Die Belehrung ist aktenkundig zu machen.

---

1) **Anm. d. Red.:** § 97 i. d. F. des Gesetzes v. 26. 6. 2013 (BGBl I S. 1809) mit Wirkung v. 30. 6. 2013.

(2) ¹Die in Absatz 1 genannten Personen haben ferner das Recht, die Beeidigung ihrer Auskunft zu verweigern. ²Absatz 1 Sätze 2 und 3 gelten entsprechend.

## § 102 Auskunftsverweigerungsrecht zum Schutz bestimmter Berufsgeheimnisse[1]

(1) Die Auskunft können ferner verweigern:

1. Geistliche über das, was ihnen in ihrer Eigenschaft als Seelsorger anvertraut worden oder bekannt geworden ist,
2. Mitglieder des Bundestages, eines Landtages oder einer zweiten Kammer über Personen, die ihnen in ihrer Eigenschaft als Mitglieder dieser Organe oder denen sie in dieser Eigenschaft Tatsachen anvertraut haben, sowie über diese Tatsachen selbst,
3. a) Verteidiger,

   b) Rechtsanwälte, Patentanwälte, Notare, Steuerberater, Wirtschaftsprüfer, Steuerbevollmächtigte, vereidigte Buchprüfer,

   c) Ärzte, Zahnärzte, Psychologische Psychotherapeuten, Kinder- und Jugendlichenpsychotherapeuten, Apotheker und Hebammen,

   über das, was ihnen in dieser Eigenschaft anvertraut worden oder bekannt geworden ist,
4. Personen, die bei der Vorbereitung, Herstellung oder Verbreitung von periodischen Druckwerken oder Rundfunksendungen berufsmäßig mitwirken oder mitgewirkt haben, über die Person des Verfassers, Einsenders oder Gewährsmanns von Beiträgen und Unterlagen sowie über die ihnen im Hinblick auf ihre Tätigkeit gemachten Mitteilungen, soweit es sich um Beiträge, Unterlagen und Mitteilungen für den redaktionellen Teil handelt; § 160 bleibt unberührt.

(2) ¹Den im Absatz 1 Nr. 1 bis 3 genannten Personen stehen ihre Gehilfen und die Personen gleich, die zur Vorbereitung auf den Beruf an der berufsmäßigen Tätigkeit teilnehmen. ²Über die Ausübung des Rechts dieser Hilfspersonen, die Auskunft zu verweigern, entscheiden die im Absatz 1 Nr. 1 bis 3 genannten Personen, es sei denn, dass diese Entscheidung in absehbarer Zeit nicht herbeigeführt werden kann.

(3) ¹Die in Absatz 1 Nr. 3 genannten Personen dürfen die Auskunft nicht verweigern, wenn sie von der Verpflichtung zur Verschwiegenheit entbunden sind. ²Die Entbindung von der Verpflichtung zur Verschwiegenheit gilt auch für die Hilfspersonen.

(4) ¹Die gesetzlichen Anzeigepflichten der Notare und die Mitteilungspflichten der in Absatz 1 Nr. 3 Buchstabe b bezeichneten Personen nach der Zinsinformationsverordnung vom 26. Januar 2004 (BGBl I S. 128), die zuletzt durch Artikel 4 Abs. 28 des Gesetzes vom 22. September 2005 (BGBl I S. 2809) geändert worden ist, in der jeweils geltenden Fassung bleiben unberührt. ²Soweit die Anzeigepflichten bestehen, sind die Notare auch zur Vorlage von Urkunden und zur Erteilung weiterer Auskünfte verpflichtet.

## § 103 Auskunftsverweigerungsrecht bei Gefahr der Verfolgung wegen einer Straftat oder einer Ordnungswidrigkeit

¹Personen, die nicht Beteiligte und nicht für einen Beteiligten auskunftspflichtig sind, können die Auskunft auf solche Fragen verweigern, deren Beantwortung sie selbst oder einen ihrer Angehörigen (§ 15) der Gefahr strafgerichtlicher Verfolgung oder eines Verfahrens nach dem Gesetz über Ordnungswidrigkeiten aussetzen würde. ²Über das Recht, die Auskunft zu verweigern, sind sie zu belehren. ³Die Belehrung ist aktenkundig zu machen.

---

1) **Anm. d. Red.:** § 102 Abs. 4 i. d. F. des Gesetzes v. 14. 8. 2007 (BGBl I S. 1912) mit Wirkung v. 18. 8. 2007.

## § 104 Verweigerung der Erstattung eines Gutachtens und der Vorlage von Urkunden

(1) ¹Soweit die Auskunft verweigert werden darf, kann auch die Erstattung eines Gutachtens und die Vorlage von Urkunden oder Wertsachen verweigert werden. ²§ 102 Abs. 4 Satz 2 bleibt unberührt.

(2) ¹Nicht verweigert werden kann die Vorlage von Urkunden und Wertsachen, die für den Beteiligten aufbewahrt werden, soweit der Beteiligte bei eigenem Gewahrsam zur Vorlage verpflichtet wäre. ²Für den Beteiligten aufbewahrt werden auch die für ihn geführten Geschäftsbücher und sonstigen Aufzeichnungen.

## § 105 Verhältnis der Auskunfts- und Vorlagepflicht zur Schweigepflicht öffentlicher Stellen

(1) Die Verpflichtung der Behörden oder sonstiger öffentlicher Stellen einschließlich der Deutschen Bundesbank, der Staatsbanken und der Schuldenverwaltungen sowie der Organe und Bediensteten dieser Stellen zur Verschwiegenheit gilt nicht für ihre Auskunfts- und Vorlagepflicht gegenüber den Finanzbehörden.

(2) Absatz 1 gilt nicht, soweit die Behörden und die mit postdienstlichen Verrichtungen betrauten Personen gesetzlich verpflichtet sind, das Brief-, Post- und Fernmeldegeheimnis zu wahren.

## § 106 Beschränkung der Auskunfts- und Vorlagepflicht bei Beeinträchtigung des staatlichen Wohls

Eine Auskunft oder die Vorlage von Urkunden darf nicht gefordert werden, wenn die zuständige oberste Bundes- oder Landesbehörde erklärt, dass die Auskunft oder Vorlage dem Wohl des Bundes oder eines Landes erhebliche Nachteile bereiten würde.

## V. Entschädigung der Auskunftspflichtigen und der Sachverständigen

## § 107 Entschädigung der Auskunftspflichtigen und der Sachverständigen[1]

¹Auskunftspflichtige, Vorlagepflichtige und Sachverständige, die die Finanzbehörde zu Beweiszwecken herangezogen hat, erhalten auf Antrag eine Entschädigung oder Vergütung in entsprechender Anwendung des Justizvergütungs- und -entschädigungsgesetzes. ²Dies gilt nicht für die Beteiligten und für die Personen, die für die Beteiligten die Auskunfts- oder Vorlagepflicht zu erfüllen haben.

---

1) **Anm. d. Red.:** § 107 i. d. F. des Gesetzes v. 26. 6. 2013 (BGBl I S. 1809) mit Wirkung v. 30. 6. 2013.

## 4. Unterabschnitt: Fristen, Termine, Wiedereinsetzung
### § 108 Fristen und Termine

(1) Für die Berechnung von Fristen und für die Bestimmung von Terminen gelten die §§ 187 bis 193 des Bürgerlichen Gesetzbuchs[1)] entsprechend, soweit nicht durch die Absätze 2 bis 5 etwas anderes bestimmt ist.

(2) Der Lauf einer Frist, die von einer Behörde gesetzt wird, beginnt mit dem Tag, der auf die Bekanntgabe der Frist folgt, außer wenn dem Betroffenen etwas anderes mitgeteilt wird.

(3) Fällt das Ende einer Frist auf einen Sonntag, einen gesetzlichen Feiertag oder einen Sonnabend, so endet die Frist mit dem Ablauf des nächstfolgenden Werktags.

(4) Hat eine Behörde Leistungen nur für einen bestimmten Zeitraum zu erbringen, so endet dieser Zeitraum auch dann mit dem Ablauf seines letzten Tages, wenn dieser auf einen Sonntag, einen gesetzlichen Feiertag oder einen Sonnabend fällt.

(5) Der von einer Behörde gesetzte Termin ist auch dann einzuhalten, wenn er auf einen Sonntag, gesetzlichen Feiertag oder Sonnabend fällt.

(6) Ist eine Frist nach Stunden bestimmt, so werden Sonntage, gesetzliche Feiertage oder Sonnabende mitgerechnet.

---

[1)] **Anm. d. Red.: §§ 187 bis 193 BGB** v. 2. 1. 2002 (BGBl I S. 45, ber. I S. 2909, 2003 I S. 738), zuletzt geändert durch Gesetz v. 20. 11. 2015 (BGBl I S. 2018):
**§ 187 Fristbeginn**
(1) Ist für den Anfang einer Frist ein Ereignis oder ein in den Lauf eines Tages fallender Zeitpunkt maßgebend, so wird bei der Berechnung der Frist der Tag nicht mitgerechnet, in welchen das Ereignis oder der Zeitpunkt fällt.
(2) [1]Ist der Beginn eines Tages der für den Anfang einer Frist maßgebende Zeitpunkt, so wird dieser Tag bei der Berechnung der Frist mitgerechnet. [2]Das Gleiche gilt von dem Tage der Geburt bei der Berechnung des Lebensalters.
**§ 188 Fristende**
(1) Eine nach Tagen bestimmte Frist endigt mit dem Ablauf des letzten Tages der Frist.
(2) Eine Frist, die nach Wochen, nach Monaten oder nach einem mehrere Monate umfassenden Zeitraum – Jahr, halbes Jahr, Vierteljahr – bestimmt ist, endigt im Falle des § 187 Abs. 1 mit dem Ablauf desjenigen Tages der letzten Woche oder des letzten Monats, welcher durch seine Benennung oder seine Zahl dem Tage entspricht, in den das Ereignis oder der Zeitpunkt fällt, im Falle des § 187 Abs. 2 mit dem Ablauf desjenigen Tages der letzten Woche oder des letzten Monats, welcher dem Tage vorhergeht, der durch seine Benennung oder seine Zahl dem Anfangstag der Frist entspricht.
(3) Fehlt bei einer nach Monaten bestimmten Frist in dem letzten Monat der für ihren Ablauf maßgebende Tag, so endigt die Frist mit dem Ablauf des letzten Tages dieses Monats.
**§ 189 Berechnung einzelner Fristen**
(1) Unter einem halben Jahr wird eine Frist von sechs Monaten, unter einem Vierteljahr eine Frist von drei Monaten, unter einem halben Monat eine Frist von 15 Tagen verstanden.
(2) Ist eine Frist auf einen oder mehrere ganze Monate und einen halben Monat gestellt, so sind die 15 Tage zuletzt zu zählen.
**§ 190 Fristverlängerung**
Im Falle der Verlängerung einer Frist wird die neue Frist von dem Ablauf der vorigen Frist an berechnet.
**§ 191 Berechnung von Zeiträumen**
Ist ein Zeitraum nach Monaten oder nach Jahren in dem Sinne bestimmt, dass er nicht zusammenhängend zu verlaufen braucht, so wird der Monat zu 30, das Jahr zu 365 Tagen gerechnet.
**§ 192 Anfang, Mitte, Ende des Monats**
Unter Anfang des Monats wird der erste, unter Mitte des Monats der 15., unter Ende des Monats der letzte Tag des Monats verstanden.
**§ 193 Sonn- und Feiertag; Sonnabend**
Ist an einem bestimmten Tage oder innerhalb einer Frist eine Willenserklärung abzugeben oder eine Leistung zu bewirken und fällt der bestimmte Tag oder der letzte Tag der Frist auf einen Sonntag, einen am Erklärungs- oder Leistungsort staatlich anerkannten allgemeinen Feiertag oder einen Sonnabend, so tritt an die Stelle eines solchen Tages der nächste Werktag.

## § 109 Verlängerung von Fristen

(1) ¹Fristen zur Einreichung von Steuererklärungen und Fristen, die von einer Finanzbehörde gesetzt sind, können verlängert werden. ²Sind solche Fristen bereits abgelaufen, so können sie rückwirkend verlängert werden, insbesondere wenn es unbillig wäre, die durch den Fristablauf eingetretenen Rechtsfolgen bestehen zu lassen.

(2) Die Finanzbehörde kann die Verlängerung der Frist von einer Sicherheitsleistung abhängig machen oder sonst nach § 120 mit einer Nebenbestimmung verbinden.

## § 110 Wiedereinsetzung in den vorigen Stand

(1) ¹War jemand ohne Verschulden verhindert, eine gesetzliche Frist einzuhalten, so ist ihm auf Antrag Wiedereinsetzung in den vorigen Stand zu gewähren. ²Das Verschulden eines Vertreters ist dem Vertretenen zuzurechnen.

(2) ¹Der Antrag ist innerhalb eines Monats nach Wegfall des Hindernisses zu stellen. ²Die Tatsachen zur Begründung des Antrags sind bei der Antragstellung oder im Verfahren über den Antrag glaubhaft zu machen. ³Innerhalb der Antragsfrist ist die versäumte Handlung nachzuholen. ⁴Ist dies geschehen, so kann Wiedereinsetzung auch ohne Antrag gewährt werden.

(3) Nach einem Jahr seit dem Ende der versäumten Frist kann die Wiedereinsetzung nicht mehr beantragt oder die versäumte Handlung nicht mehr nachgeholt werden, außer wenn dies vor Ablauf der Jahresfrist infolge höherer Gewalt unmöglich war.

(4) Über den Antrag auf Wiedereinsetzung entscheidet die Finanzbehörde, die über die versäumte Handlung zu befinden hat.

## 5. Unterabschnitt: Rechts- und Amtshilfe

### § 111 Amtshilfepflicht

(1) ¹Alle Gerichte und Behörden haben die zur Durchführung der Besteuerung erforderliche Amtshilfe zu leisten. ²§ 102 bleibt unberührt.

(2) Amtshilfe liegt nicht vor, wenn
1. Behörden einander innerhalb eines bestehenden Weisungsverhältnisses Hilfe leisten,
2. die Hilfeleistung in Handlungen besteht, die der ersuchten Behörde als eigene Aufgabe obliegen.

(3) Schuldenverwaltungen, Kreditinstitute sowie Betriebe gewerblicher Art der Körperschaften des öffentlichen Rechts fallen nicht unter diese Vorschrift.

(4) Auf dem Gebiet der Zollverwaltung erstreckt sich die Amtshilfepflicht auch auf diejenigen dem öffentlichen Verkehr oder dem öffentlichen Warenumschlag dienenden Unternehmen, die das Bundesministerium der Finanzen als Zollhilfsorgane besonders bestellt hat, und auf die Bediensteten dieser Unternehmen.

(5) Die §§ 105 und 106 sind entsprechend anzuwenden.

### § 112 Voraussetzungen und Grenzen der Amtshilfe

(1) Eine Finanzbehörde kann um Amtshilfe insbesondere dann ersuchen, wenn sie
1. aus rechtlichen Gründen die Amtshandlung nicht selbst vornehmen kann,
2. aus tatsächlichen Gründen, besonders weil die zur Vornahme der Amtshandlung erforderlichen Dienstkräfte oder Einrichtungen fehlen, die Amtshandlung nicht selbst vornehmen kann,
3. zur Durchführung ihrer Aufgaben auf die Kenntnis von Tatsachen angewiesen ist, die ihr unbekannt sind und die sie selbst nicht ermitteln kann,
4. zur Durchführung ihrer Aufgaben Urkunden oder sonstige Beweismittel benötigt, die sich im Besitz der ersuchten Behörde befinden,

5. die Amtshandlung nur mit wesentlich größerem Aufwand vornehmen könnte als die ersuchte Behörde.

(2) Die ersuchte Behörde darf Hilfe nicht leisten, wenn sie hierzu aus rechtlichen Gründen nicht in der Lage ist.

(3) Die ersuchte Behörde braucht Hilfe nicht zu leisten, wenn
1. eine andere Behörde die Hilfe wesentlich einfacher oder mit wesentlich geringerem Aufwand leisten kann,
2. sie die Hilfe nur mit unverhältnismäßig großem Aufwand leisten könnte,
3. sie unter Berücksichtigung der Aufgaben der ersuchenden Finanzbehörde durch den Umfang der Hilfeleistung die Erfüllung ihrer eigenen Aufgaben ernstlich gefährden würde.

(4) Die ersuchte Behörde darf die Hilfe nicht deshalb verweigern, weil sie das Ersuchen aus anderen als den in Absatz 3 genannten Gründen oder weil sie die mit der Amtshilfe zu verwirklichende Maßnahme für unzweckmäßig hält.

(5) ¹Hält die ersuchte Behörde sich zur Hilfe nicht für verpflichtet, so teilt sie der ersuchenden Finanzbehörde ihre Auffassung mit. ²Besteht diese auf der Amtshilfe, so entscheidet über die Verpflichtung zur Amtshilfe die gemeinsame fachlich zuständige Aufsichtsbehörde oder, sofern eine solche nicht besteht, die für die ersuchte Behörde fachlich zuständige Aufsichtsbehörde.

### § 113 Auswahl der Behörde

Kommen für die Amtshilfe mehrere Behörden in Betracht, so soll nach Möglichkeit eine Behörde der untersten Verwaltungsstufe des Verwaltungszweigs ersucht werden, dem die ersuchende Finanzbehörde angehört.

### § 114 Durchführung der Amtshilfe

(1) Die Zulässigkeit der Maßnahme, die durch die Amtshilfe verwirklicht werden soll, richtet sich nach dem für die ersuchende Finanzbehörde, die Durchführung der Amtshilfe nach dem für die ersuchte Behörde geltenden Recht.

(2) ¹Die ersuchende Finanzbehörde trägt gegenüber der ersuchten Behörde die Verantwortung für die Rechtmäßigkeit der zu treffenden Maßnahme. ²Die ersuchte Behörde ist für die Durchführung der Amtshilfe verantwortlich.

### § 115 Kosten der Amtshilfe

(1) ¹Die ersuchende Finanzbehörde hat der ersuchten Behörde für die Amtshilfe keine Verwaltungsgebühr zu entrichten. ²Auslagen hat sie der ersuchten Behörde auf Anforderung zu erstatten, wenn sie im Einzelfall 25 Euro übersteigen. ³Leisten Behörden desselben Rechtsträgers einander Amtshilfe, so werden die Auslagen nicht erstattet.

(2) Nimmt die ersuchte Behörde zur Durchführung der Amtshilfe eine kostenpflichtige Amtshandlung vor, so stehen ihr die von einem Dritten hierfür geschuldeten Kosten (Verwaltungsgebühren, Benutzungsgebühren und Auslagen) zu.

### § 116 Anzeige von Steuerstraftaten[1]

(1) ¹Gerichte und die Behörden von Bund, Ländern und kommunalen Trägern der öffentlichen Verwaltung, die nicht Finanzbehörden sind, haben Tatsachen, die sie dienstlich erfahren und die auf eine Steuerstraftat schließen lassen, dem Bundeszentralamt für Steuern oder, soweit bekannt, den für das Steuerstrafverfahren zuständigen Finanzbehörden mitzuteilen. ²Soweit die für das Steuerstrafverfahren zuständigen Finanzbehörden nicht bereits erkennbar unmittelbar informiert worden sind, teilt das Bundeszentralamt für Steuern ihnen diese Tatsachen mit. ³Die für das Steuerstrafverfahren zuständigen Finanzbehörden, ausgenommen die Behörden der

---

1) **Anm. d. Red.:** § 116 Abs. 1 i. d. F. des Gesetzes v. 20. 12. 2007 (BGBl I S. 3150) mit Wirkung v. 29. 12. 2007.

Bundeszollverwaltung, übermitteln die Mitteilung an das Bundeszentralamt für Steuern, soweit dieses nicht bereits erkennbar unmittelbar in Kenntnis gesetzt worden ist.

(2) § 105 Abs. 2 gilt entsprechend.

### § 117 Zwischenstaatliche Rechts- und Amtshilfe in Steuersachen[1)]

(1) Die Finanzbehörden können zwischenstaatliche Rechts- und Amtshilfe nach Maßgabe des deutschen Rechts in Anspruch nehmen.

(2) Die Finanzbehörden können zwischenstaatliche Rechts- und Amtshilfe auf Grund innerstaatlich anwendbarer völkerrechtlicher Vereinbarungen, innerstaatlich anwendbarer Rechtsakte der Europäischen Union sowie des EU-Amtshilfegesetzes leisten.

(3) ¹Die Finanzbehörden können nach pflichtgemäßem Ermessen zwischenstaatliche Rechts- und Amtshilfe auf Ersuchen auch in anderen Fällen leisten, wenn

1. die Gegenseitigkeit verbürgt ist,
2. der ersuchende Staat gewährleistet, dass die übermittelten Auskünfte und Unterlagen nur für Zwecke seines Besteuerungs- oder Steuerstrafverfahrens (einschließlich Ordnungswidrigkeitenverfahren) verwendet werden, und dass die übermittelten Auskünfte und Unterlagen nur solchen Personen, Behörden oder Gerichten zugänglich gemacht werden, die mit der Bearbeitung der Steuersache oder Verfolgung der Steuerstraftat befasst sind,
3. der ersuchende Staat zusichert, dass er bereit ist, bei den Steuern vom Einkommen, Ertrag und Vermögen eine mögliche Doppelbesteuerung im Verständigungswege durch eine sachgerechte Abgrenzung der Besteuerungsgrundlagen zu vermeiden und
4. die Erledigung des Ersuchens die Souveränität, die Sicherheit, die öffentliche Ordnung oder andere wesentliche Interessen des Bundes oder seiner Gebietskörperschaften nicht beeinträchtigt und keine Gefahr besteht, dass dem inländischen Beteiligten ein mit dem Zweck der Rechts- und Amtshilfe nicht zu vereinbarender Schaden entsteht, falls ein Handels-, Industrie-, Gewerbe- oder Berufsgeheimnis oder ein Geschäftsverfahren, das auf Grund des Ersuchens offenbart werden soll, preisgegeben wird.

²Soweit die zwischenstaatliche Rechts- und Amtshilfe Steuern betrifft, die von den Landesfinanzbehörden verwaltet werden, entscheidet das Bundesministerium der Finanzen im Einvernehmen mit der zuständigen obersten Landesbehörde.

(4) ¹Bei der Durchführung der Rechts- und Amtshilfe richten sich die Befugnisse der Finanzbehörden sowie die Rechte und Pflichten der Beteiligten und anderer Personen nach den für Steuern im Sinne von § 1 Abs. 1 geltenden Vorschriften. ²§ 114 findet entsprechende Anwendung. ³Bei der Übermittlung von Auskünften und Unterlagen gilt für inländische Beteiligte § 91 entsprechend; soweit die Rechts- und Amtshilfe Steuern betrifft, die von den Landesfinanzbehörden verwaltet werden, hat eine Anhörung des inländischen Beteiligten abweichend von § 91 Abs. 1 stets stattzufinden, es sei denn, die Umsatzsteuer ist betroffen, es findet ein Informationsaustausch auf Grund des EU-Amtshilfegesetzes statt oder es liegt eine Ausnahme nach § 91 Abs. 2 oder 3 vor.

(5) Das Bundesministerium der Finanzen wird ermächtigt, zur Förderung der zwischenstaatlichen Zusammenarbeit durch Rechtsverordnung mit Zustimmung des Bundesrates völkerrechtliche Vereinbarungen über die gegenseitige Rechts- und Amtshilfe auf dem Gebiete des Zollwesens in Kraft zu setzen, wenn sich die darin übernommenen Verpflichtungen im Rahmen der nach diesem Gesetz zulässigen zwischenstaatlichen Rechts- und Amtshilfe halten.

---

1) **Anm. d. Red.:** § 117 Abs. 2 und 4 i. d. F. des Gesetzes v. 26. 6. 2013 (BGBl I S. 1809) mit Wirkung v. 1. 1. 2013.

## § 117a Übermittlung personenbezogener Daten an Mitgliedstaaten der Europäischen Union[1]

(1) ¹Auf ein Ersuchen einer für die Verhütung und Verfolgung von Straftaten zuständigen öffentlichen Stelle eines Mitgliedstaates der Europäischen Union können die mit der Steuerfahndung betrauten Dienststellen der Finanzbehörden personenbezogene Daten, die in Zusammenhang mit dem in § 208 bestimmten Aufgabenbereich stehen, zum Zweck der Verhütung von Straftaten übermitteln. ²Für die Übermittlung dieser Daten gelten die Vorschriften über die Datenübermittlung im innerstaatlichen Bereich entsprechend.

(2) Die Übermittlung personenbezogener Daten nach Absatz 1 ist nur zulässig, wenn das Ersuchen mindestens folgende Angaben enthält:
1. die Bezeichnung und die Anschrift der ersuchenden Behörde,
2. die Bezeichnung der Straftat, zu deren Verhütung die Daten benötigt werden,
3. die Beschreibung des Sachverhalts, der dem Ersuchen zugrunde liegt,
4. die Benennung des Zwecks, zu dem die Daten erbeten werden,
5. den Zusammenhang zwischen dem Zweck, zu dem die Informationen oder Erkenntnisse erbeten werden, und der Person, auf die sich diese Informationen beziehen,
6. Einzelheiten zur Identität der betroffenen Person, sofern sich das Ersuchen auf eine bekannte Person bezieht, und
7. Gründe für die Annahme, dass sachdienliche Informationen und Erkenntnisse im Inland vorliegen.

(3) Die mit der Steuerfahndung betrauten Dienststellen der Finanzbehörden können auch ohne Ersuchen personenbezogene Daten im Sinne von Absatz 1 an eine für die Verhütung und Verfolgung von Straftaten zuständige öffentliche Stelle eines Mitgliedstaates der Europäischen Union übermitteln, wenn im Einzelfall die Gefahr der Begehung einer Straftat im Sinne des Artikels 2 Absatz 2 des Rahmenbeschlusses 2002/584/JI des Rates vom 13. Juni 2002 über den Europäischen Haftbefehl und die Übergabeverfahren zwischen den Mitgliedstaaten (ABl L 190 vom 18. 7. 2002, S. 1), der zuletzt durch den Rahmenbeschluss 2009/299/JI (ABl L 81 vom 27. 3. 2009, S. 24) geändert worden ist, besteht und konkrete Anhaltspunkte dafür vorliegen, dass die Übermittlung dieser personenbezogenen Daten dazu beitragen könnte, eine solche Straftat zu verhindern.

(4) ¹Für die Übermittlung der Daten nach Absatz 3 gelten die Vorschriften über die Datenübermittlung im innerstaatlichen Bereich entsprechend. ²Die Datenübermittlung unterbleibt, soweit, auch unter Berücksichtigung des besonderen öffentlichen Interesses an der Datenübermittlung, im Einzelfall schutzwürdige Interessen der betroffenen Person überwiegen. ³Zu den schutzwürdigen Interessen gehört auch das Vorhandensein eines angemessenen Datenschutzniveaus im Empfängerstaat. ⁴Die schutzwürdigen Interessen der betroffenen Personen können auch dadurch gewahrt werden, dass der Empfängerstaat oder die empfangende zwischen- oder überstaatliche Stelle im Einzelfall einen Schutz der übermittelten Daten garantiert.

(5) Die Datenübermittlung nach den Absätzen 1 und 3 unterbleibt, wenn
1. hierdurch wesentliche Sicherheitsinteressen des Bundes oder der Länder beeinträchtigt würden,
2. die Übermittlung der Daten zu den in Artikel 6 des Vertrages über die Europäische Union enthaltenen Grundsätzen in Widerspruch stünde,
3. die zu übermittelnden Daten bei der ersuchten Behörde nicht vorhanden sind und nur durch das Ergreifen von Zwangsmaßnahmen erlangt werden können oder
4. die Übermittlung der Daten unverhältnismäßig wäre oder die Daten für die Zwecke, für die sie übermittelt werden sollen, nicht erforderlich sind.

---

1) **Anm. d. Red.:** § 117a eingefügt gem. Gesetz v. 21. 7. 2012 (BGBl I S. 1566) mit Wirkung v. 26. 7. 2012.

I. Abgabenordnung  §§ 117b, 117c

(6) Die Datenübermittlung nach den Absätzen 1 und 3 kann unterbleiben, wenn
1. die zu übermittelnden Daten bei den mit der Steuerfahndung betrauten Dienststellen der Finanzbehörden nicht vorhanden sind, jedoch ohne das Ergreifen von Zwangsmaßnahmen erlangt werden können,
2. hierdurch der Erfolg laufender Ermittlungen oder Leib, Leben oder Freiheit einer Person gefährdet würde oder
3. die Tat, zu deren Verhütung die Daten übermittelt werden sollen, nach deutschem Recht mit einer Freiheitsstrafe von im Höchstmaß einem Jahr oder weniger bedroht ist.

(7) Als für die Verhütung und Verfolgung von Straftaten zuständige öffentliche Stelle eines Mitgliedstaates der Europäischen Union im Sinne der Absätze 1 und 3 gilt jede Stelle, die von diesem Staat gemäß Artikel 2 Buchstabe a des Rahmenbeschlusses 2006/960/JI des Rates vom 18. Dezember 2006 über die Vereinfachung des Austauschs von Informationen und Erkenntnissen zwischen den Strafverfolgungsbehörden der Mitgliedstaaten der Europäischen Union (ABl L 386 vom 29. 12. 2006, S. 89, L 75 vom 15. 3. 2007, S. 26) benannt wurde.

(8) Die Absätze 1 bis 7 sind auch anzuwenden auf die Übermittlung von personenbezogenen Daten an für die Verhütung und Verfolgung von Straftaten zuständige öffentliche Stellen eines Schengenassoziierten Staates im Sinne von § 91 Absatz 3 des Gesetzes über die internationale Rechtshilfe in Strafsachen.

## § 117b Verwendung von den nach dem Rahmenbeschluss 2006/960/JI des Rates übermittelten Daten[1]

(1) ¹Daten, die nach dem Rahmenbeschluss 2006/960/JI an die mit der Steuerfahndung betrauten Dienststellen der Finanzbehörden übermittelt worden sind, dürfen nur für die Zwecke, für die sie übermittelt wurden, oder zur Abwehr einer gegenwärtigen und erheblichen Gefahr für die öffentliche Sicherheit verwendet werden. ²Für einen anderen Zweck oder als Beweismittel in einem gerichtlichen Verfahren dürfen sie nur verwendet werden, wenn der übermittelnde Staat zugestimmt hat. ³Von dem übermittelnden Staat für die Verwendung der Daten gestellte Bedingungen sind zu beachten.

(2) Die mit der Steuerfahndung betrauten Dienststellen der Finanzbehörden erteilen dem übermittelnden Staat auf dessen Ersuchen zu Zwecken der Datenschutzkontrolle Auskunft darüber, wie die übermittelten Daten verwendet wurden.

## § 117c Umsetzung innerstaatlich anwendbarer völkerrechtlicher Vereinbarungen zur Förderung der Steuerehrlichkeit bei internationalen Sachverhalten[2]

(1) ¹Das Bundesministerium der Finanzen wird ermächtigt, zur Erfüllung der Verpflichtungen aus innerstaatlich anwendbaren völkerrechtlichen Vereinbarungen, die der Förderung der Steuerehrlichkeit durch systematische Erhebung und Übermittlung steuerlich relevanter Daten dienen, durch Rechtsverordnungen mit Zustimmung des Bundesrates Regelungen über die Erhebung der nach diesen Vereinbarungen erforderlichen Daten durch in diesen Vereinbarungen im Grunde nach bestimmte Dritte und ihre Übermittlung nach amtlich vorgeschriebenem Datensatz im Wege der Datenfernübertragung an das Bundeszentralamt für Steuern sowie ihre Weiterleitung an die zuständige Behörde des anderen Vertragsstaates zu treffen. ²§ 150 Absatz 6 Satz 2, 3, 5, 8 und 9 gilt für die Übermittlung der Daten an das Bundeszentralamt für Steuern entsprechend.

(2) ¹Bei der Übermittlung von Daten durch das Bundeszentralamt für Steuern an die zuständige Finanzbehörde des anderen Vertragsstaates nach einer auf Grund des Absatzes 1 Satz 1 erlassenen Rechtsverordnung findet eine Anhörung der Beteiligten nicht statt. ²§ 30a Absatz 2 und 3 gilt nicht.

---

1) **Anm. d. Red.:** § 117b eingefügt gem. Gesetz v. 21. 7. 2012 (BGBl I S. 1566) mit Wirkung v. 26. 7. 2012.
2) **Anm. d. Red.:** § 117c eingefügt gem. Gesetz v. 18. 12. 2013 (BGBl I S. 4318) mit Wirkung v. 24. 12. 2013.

(3) ¹Das Bundeszentralamt für Steuern ist berechtigt, Verhältnisse, die für die Erfüllung der Pflichten zur Erhebung und Übermittlung von Daten nach einer auf Grund des Absatzes 1 erlassenen Rechtsverordnung von Bedeutung sind oder der Aufklärung bedürfen, bei den zur Erhebung dieser Daten und deren Übermittlung an das Bundeszentralamt für Steuern Verpflichteten zu prüfen. ²Die §§ 193 bis 203 gelten sinngemäß.

(4) Die auf Grund einer Rechtsverordnung nach Absatz 1 oder im Rahmen einer Prüfung nach Absatz 3 vom Bundeszentralamt für Steuern erhobenen Daten dürfen nur für die in den zugrunde liegenden völkerrechtlichen Vereinbarungen festgelegten Zwecke verwendet werden.

## Zweiter Abschnitt: Verwaltungsakte

### § 118 Begriff des Verwaltungsakts

¹Verwaltungsakt ist jede Verfügung, Entscheidung oder andere hoheitliche Maßnahme, die eine Behörde zur Regelung eines Einzelfalls auf dem Gebiet des öffentlichen Rechts trifft und die auf unmittelbare Rechtswirkung nach außen gerichtet ist. ²Allgemeinverfügung ist ein Verwaltungsakt, der sich an einen nach allgemeinen Merkmalen bestimmten oder bestimmbaren Personenkreis richtet oder die öffentlich-rechtliche Eigenschaft einer Sache oder ihre Benutzung durch die Allgemeinheit betrifft.

### § 119 Bestimmtheit und Form des Verwaltungsakts[1)]

(1) Ein Verwaltungsakt muss inhaltlich hinreichend bestimmt sein.

(2) ¹Ein Verwaltungsakt kann schriftlich, elektronisch, mündlich oder in anderer Weise erlassen werden. ²Ein mündlicher Verwaltungsakt ist schriftlich zu bestätigen, wenn hieran ein berechtigtes Interesse besteht und der Betroffene dies unverzüglich verlangt.

(3) ¹Ein schriftlich oder elektronisch erlassener Verwaltungsakt muss die erlassende Behörde erkennen lassen. ²Ferner muss er die Unterschrift oder die Namenswiedergabe des Behördenleiters, seines Vertreters oder seines Beauftragten enthalten; dies gilt nicht für einen Verwaltungsakt, der formularmäßig oder mit Hilfe automatischer Einrichtungen erlassen wird. ³Ist für einen Verwaltungsakt durch Gesetz eine Schriftform angeordnet, so muss bei einem elektronischen Verwaltungsakt auch das der Signatur zugrunde liegende qualifizierte Zertifikat oder ein zugehöriges qualifiziertes Attributzertifikat die erlassende Behörde erkennen lassen. ⁴Im Falle des § 87a Absatz 4 Satz 3 muss die Bestätigung nach § 5 Absatz 5 des De-Mail-Gesetzes die erlassende Finanzbehörde als Nutzer des De-Mail-Kontos erkennen lassen.

### § 120 Nebenbestimmungen zum Verwaltungsakt

(1) Ein Verwaltungsakt, auf den ein Anspruch besteht, darf mit einer Nebenbestimmung nur versehen werden, wenn sie durch Rechtsvorschrift zugelassen ist oder wenn sie sicherstellen soll, dass die gesetzlichen Voraussetzungen des Verwaltungsakts erfüllt werden.

(2) Unbeschadet des Absatzes 1 darf ein Verwaltungsakt nach pflichtgemäßem Ermessen erlassen werden mit

1. einer Bestimmung, nach der eine Vergünstigung oder Belastung zu einem bestimmten Zeitpunkt beginnt, endet oder für einen bestimmten Zeitraum gilt (Befristung),
2. einer Bestimmung, nach der der Eintritt oder der Wegfall einer Vergünstigung oder einer Belastung von dem ungewissen Eintritt eines zukünftigen Ereignisses abhängt (Bedingung),
3. einem Vorbehalt des Widerrufs

oder verbunden werden mit

4. einer Bestimmung, durch die dem Begünstigten ein Tun, Dulden oder Unterlassen vorgeschrieben wird (Auflage),

---

1) **Anm. d. Red.:** § 119 Abs. 3 i. d. F. des Gesetzes v. 25. 7. 2013 (BGBl I S. 2749) mit Wirkung v. 1. 8. 2013.

5. einem Vorbehalt der nachträglichen Aufnahme, Änderung oder Ergänzung einer Auflage.

(3) Eine Nebenbestimmung darf dem Zweck des Verwaltungsakts nicht zuwiderlaufen.

## § 121 Begründung des Verwaltungsakts

(1) Ein schriftlicher, elektronischer sowie ein schriftlich oder elektronisch bestätigter Verwaltungsakt ist mit einer Begründung zu versehen, soweit dies zu seinem Verständnis erforderlich ist.

(2) Einer Begründung bedarf es nicht,
1. soweit die Finanzbehörde einem Antrag entspricht oder einer Erklärung folgt und der Verwaltungsakt nicht in Rechte eines anderen eingreift,
2. soweit demjenigen, für den der Verwaltungsakt bestimmt ist oder der von ihm betroffen wird, die Auffassung der Finanzbehörde über die Sach- und Rechtslage bereits bekannt oder auch ohne Begründung für ihn ohne weiteres erkennbar ist,
3. wenn die Finanzbehörde gleichartige Verwaltungsakte in größerer Zahl oder Verwaltungsakte mit Hilfe automatischer Einrichtungen erlässt und die Begründung nach den Umständen des Einzelfalls nicht geboten ist,
4. wenn sich dies aus einer Rechtsvorschrift ergibt,
5. wenn eine Allgemeinverfügung öffentlich bekannt gegeben wird.

## § 122 Bekanntgabe des Verwaltungsakts[1)]

(1) ¹Ein Verwaltungsakt ist demjenigen Beteiligten bekannt zu geben, für den er bestimmt ist oder der von ihm betroffen wird. ²§ 34 Abs. 2 ist entsprechend anzuwenden. ³Der Verwaltungsakt kann auch gegenüber einem Bevollmächtigten bekannt gegeben werden.

(2) Ein schriftlicher Verwaltungsakt, der durch die Post übermittelt wird, gilt als bekannt gegeben
1. bei einer Übermittlung im Inland am dritten Tage nach der Aufgabe zur Post,
2. bei einer Übermittlung im Ausland einen Monat nach der Aufgabe zur Post,

außer wenn er nicht oder zu einem späteren Zeitpunkt zugegangen ist; im Zweifel hat die Behörde den Zugang des Verwaltungsakts und den Zeitpunkt des Zugangs nachzuweisen.

(2a) Ein elektronisch übermittelter Verwaltungsakt gilt am dritten Tage nach der Absendung als bekannt gegeben, außer wenn er nicht oder zu einem späteren Zeitpunkt zugegangen ist; im Zweifel hat die Behörde den Zugang des Verwaltungsakts und den Zeitpunkt des Zugangs nachzuweisen.

(3) ¹Ein Verwaltungsakt darf öffentlich bekannt gegeben werden, wenn dies durch Rechtsvorschrift zugelassen ist. ²Eine Allgemeinverfügung darf auch dann öffentlich bekannt gegeben werden, wenn eine Bekanntgabe an die Beteiligten untunlich ist.

(4) ¹Die öffentliche Bekanntgabe eines Verwaltungsakts wird dadurch bewirkt, dass sein verfügender Teil ortsüblich bekannt gemacht wird. ²In der ortsüblichen Bekanntmachung ist anzugeben, wo der Verwaltungsakt und seine Begründung eingesehen werden können. ³Der Verwaltungsakt gilt zwei Wochen nach dem Tag der ortsüblichen Bekanntmachung als bekannt gegeben. ⁴In einer Allgemeinverfügung kann ein hiervon abweichender Tag, jedoch frühestens der auf die Bekanntmachung folgende Tag bestimmt werden.

(5) ¹Ein Verwaltungsakt wird zugestellt, wenn dies gesetzlich vorgeschrieben ist oder behördlich angeordnet wird. ²Die Zustellung richtet sich nach den Vorschriften des Verwaltungszustellungsgesetzes.

---

1) **Anm. d. Red.:** § 122 Abs. 7 i. d. F. des Gesetzes v. 18. 7. 2014 (BGBl I S. 1042) mit Wirkung v. 24. 7. 2014.

(6) Die Bekanntgabe eines Verwaltungsakts an einen Beteiligten zugleich mit Wirkung für und gegen andere Beteiligte ist zulässig, soweit die Beteiligten einverstanden sind; diese Beteiligten können nachträglich eine Abschrift des Verwaltungsakts verlangen.

(7) ¹Betreffen Verwaltungsakte
1. Ehegatten oder Lebenspartner oder
2. Ehegatten mit ihren Kindern, Lebenspartner mit ihren Kindern oder Alleinstehende mit ihren Kindern,

so reicht es für die Bekanntgabe an alle Beteiligten aus, wenn ihnen eine Ausfertigung unter ihrer gemeinsamen Anschrift übermittelt wird. ²Die Verwaltungsakte sind den Beteiligten einzeln bekannt zu geben, soweit sie dies beantragt haben oder soweit der Finanzbehörde bekannt ist, dass zwischen ihnen ernstliche Meinungsverschiedenheiten bestehen.

## § 123 Bestellung eines Empfangsbevollmächtigten[1]

¹Ein Beteiligter ohne Wohnsitz oder gewöhnlichen Aufenthalt, Sitz oder Geschäftsleitung im Inland, in einem anderen Mitgliedstaat der Europäischen Union oder in einem Staat, auf den das Abkommen über den Europäischen Wirtschaftsraum anwendbar ist, hat der Finanzbehörde auf Verlangen innerhalb einer angemessenen Frist einen Empfangsbevollmächtigten im Inland zu benennen. ²Unterlässt er dies, so gilt ein an ihn gerichtetes Schriftstück einen Monat nach der Aufgabe zur Post und ein elektronisch übermitteltes Dokument am dritten Tage nach der Absendung als zugegangen. ³Dies gilt nicht, wenn feststeht, dass das Schriftstück oder das elektronische Dokument den Empfänger nicht oder zu einem späteren Zeitpunkt erreicht hat. ⁴Auf die Rechtsfolgen der Unterlassung ist der Beteiligte hinzuweisen.

## § 124 Wirksamkeit des Verwaltungsakts

(1) ¹Ein Verwaltungsakt wird gegenüber demjenigen, für den er bestimmt ist oder der von ihm betroffen wird, in dem Zeitpunkt wirksam, in dem er ihm bekannt gegeben wird. ²Der Verwaltungsakt wird mit dem Inhalt wirksam, mit dem er bekannt gegeben wird.

(2) Ein Verwaltungsakt bleibt wirksam, solange und soweit er nicht zurückgenommen, widerrufen, anderweitig aufgehoben oder durch Zeitablauf oder auf andere Weise erledigt ist.

(3) Ein nichtiger Verwaltungsakt ist unwirksam.

## § 125 Nichtigkeit des Verwaltungsakts

(1) Ein Verwaltungsakt ist nichtig, soweit er an einem besonders schwerwiegenden Fehler leidet und dies bei verständiger Würdigung aller in Betracht kommenden Umstände offenkundig ist.

(2) Ohne Rücksicht auf das Vorliegen der Voraussetzungen des Absatzes 1 ist ein Verwaltungsakt nichtig,
1. der schriftlich oder elektronisch erlassen worden ist, die erlassende Finanzbehörde aber nicht erkennen lässt,
2. den aus tatsächlichen Gründen niemand befolgen kann,
3. der die Begehung einer rechtswidrigen Tat verlangt, die einen Straf- oder Bußgeldtatbestand verwirklicht,
4. der gegen die guten Sitten verstößt.

(3) Ein Verwaltungsakt ist nicht schon deshalb nichtig, weil
1. Vorschriften über die örtliche Zuständigkeit nicht eingehalten worden sind,
2. eine nach § 82 Abs. 1 Satz 1 Nr. 2 bis 6 und Satz 2 ausgeschlossene Person mitgewirkt hat,

---

[1] **Anm. d. Red.:** § 123 i. d. F. des Gesetzes v. 2. 11. 2015 (BGBl I S. 1834) mit Wirkung v. 6. 11. 2015.

3. ein durch Rechtsvorschrift zur Mitwirkung berufener Ausschuss den für den Erlass des Verwaltungsakts vorgeschriebenen Beschluss nicht gefasst hat oder nicht beschlussfähig war,
4. die nach einer Rechtsvorschrift erforderliche Mitwirkung einer anderen Behörde unterblieben ist.

(4) Betrifft die Nichtigkeit nur einen Teil des Verwaltungsakts, so ist er im Ganzen nichtig, wenn der nichtige Teil so wesentlich ist, dass die Finanzbehörde den Verwaltungsakt ohne den nichtigen Teil nicht erlassen hätte.

(5) Die Finanzbehörde kann die Nichtigkeit jederzeit von Amts wegen feststellen; auf Antrag ist sie festzustellen, wenn der Antragsteller hieran ein berechtigtes Interesse hat.

### § 126 Heilung von Verfahrens- und Formfehlern

(1) Eine Verletzung von Verfahrens- oder Formvorschriften, die nicht den Verwaltungsakt nach § 125 nichtig macht, ist unbeachtlich, wenn
1. der für den Verwaltungsakt erforderliche Antrag nachträglich gestellt wird,
2. die erforderliche Begründung nachträglich gegeben wird,
3. die erforderliche Anhörung eines Beteiligten nachgeholt wird,
4. der Beschluss eines Ausschusses, dessen Mitwirkung für den Erlass des Verwaltungsakts erforderlich ist, nachträglich gefasst wird,
5. die erforderliche Mitwirkung einer anderen Behörde nachgeholt wird.

(2) Handlungen nach Absatz 1 Nr. 2 bis 5 können bis zum Abschluss der Tatsacheninstanz eines finanzgerichtlichen Verfahrens nachgeholt werden.

(3) ¹Fehlt einem Verwaltungsakt die erforderliche Begründung oder ist die erforderliche Anhörung eines Beteiligten vor Erlass des Verwaltungsakts unterblieben und ist dadurch die rechtzeitige Anfechtung des Verwaltungsakts versäumt worden, so gilt die Versäumung der Einspruchsfrist als nicht verschuldet. ²Das für die Wiedereinsetzungsfrist nach § 110 Abs. 2 maßgebende Ereignis tritt im Zeitpunkt der Nachholung der unterlassenen Verfahrenshandlung ein.

### § 127 Folgen von Verfahrens- und Formfehlern

Die Aufhebung eines Verwaltungsakts, der nicht nach § 125 nichtig ist, kann nicht allein deshalb beansprucht werden, weil er unter Verletzung von Vorschriften über das Verfahren, die Form oder die örtliche Zuständigkeit zustande gekommen ist, wenn keine andere Entscheidung in der Sache hätte getroffen werden können.

### § 128 Umdeutung eines fehlerhaften Verwaltungsakts

(1) Ein fehlerhafter Verwaltungsakt kann in einen anderen Verwaltungsakt umgedeutet werden, wenn er auf das gleiche Ziel gerichtet ist, von der erlassenden Finanzbehörde in der geschehenen Verfahrensweise und Form rechtmäßig hätte erlassen werden können und wenn die Voraussetzungen für dessen Erlass erfüllt sind.

(2) ¹Absatz 1 gilt nicht, wenn der Verwaltungsakt, in den der fehlerhafte Verwaltungsakt umzudeuten wäre, der erkennbaren Absicht der erlassenden Finanzbehörde widerspräche oder seine Rechtsfolgen für den Betroffenen ungünstiger wären als die des fehlerhaften Verwaltungsakts. ²Eine Umdeutung ist ferner unzulässig, wenn der fehlerhafte Verwaltungsakt nicht zurückgenommen werden dürfte.

(3) Eine Entscheidung, die nur als gesetzlich gebundene Entscheidung ergehen kann, kann nicht in eine Ermessensentscheidung umgedeutet werden.

(4) § 91 ist entsprechend anzuwenden.

### § 129 Offenbare Unrichtigkeiten beim Erlass eines Verwaltungsakts

¹Die Finanzbehörde kann Schreibfehler, Rechenfehler und ähnliche offenbare Unrichtigkeiten, die beim Erlass eines Verwaltungsakts unterlaufen sind, jederzeit berichtigen. ²Bei berechtigtem

Interesse des Beteiligten ist zu berichtigen. ³Wird zu einem schriftlich ergangenen Verwaltungsakt die Berichtigung begehrt, ist die Finanzbehörde berechtigt, die Vorlage des Schriftstücks zu verlangen, das berichtigt werden soll.

### § 130 Rücknahme eines rechtswidrigen Verwaltungsakts

(1) Ein rechtswidriger Verwaltungsakt kann, auch nachdem er unanfechtbar geworden ist, ganz oder teilweise mit Wirkung für die Zukunft oder für die Vergangenheit zurückgenommen werden.

(2) Ein Verwaltungsakt, der ein Recht oder einen rechtlich erheblichen Vorteil begründet oder bestätigt hat (begünstigender Verwaltungsakt), darf nur dann zurückgenommen werden, wenn
1. er von einer sachlich unzuständigen Behörde erlassen worden ist,
2. er durch unlautere Mittel wie arglistige Täuschung, Drohung oder Bestechung erwirkt worden ist,
3. ihn der Begünstigte durch Angaben erwirkt hat, die in wesentlicher Beziehung unrichtig oder unvollständig waren,
4. seine Rechtswidrigkeit dem Begünstigten bekannt oder infolge grober Fahrlässigkeit nicht bekannt war.

(3) ¹Erhält die Finanzbehörde von Tatsachen Kenntnis, welche die Rücknahme eines rechtswidrigen begünstigenden Verwaltungsakts rechtfertigen, so ist die Rücknahme nur innerhalb eines Jahres seit dem Zeitpunkt der Kenntnisnahme zulässig. ²Dies gilt nicht im Fall des Absatzes 2 Nr. 2.

(4) Über die Rücknahme entscheidet nach Unanfechtbarkeit des Verwaltungsakts die nach den Vorschriften über die örtliche Zuständigkeit zuständige Finanzbehörde; dies gilt auch dann, wenn der zurückzunehmende Verwaltungsakt von einer anderen Finanzbehörde erlassen worden ist; § 26 Satz 2 bleibt unberührt.

### § 131 Widerruf eines rechtmäßigen Verwaltungsakts

(1) Ein rechtmäßiger nicht begünstigender Verwaltungsakt kann, auch nachdem er unanfechtbar geworden ist, ganz oder teilweise mit Wirkung für die Zukunft widerrufen werden, außer wenn ein Verwaltungsakt gleichen Inhalts erneut erlassen werden müsste oder aus anderen Gründen ein Widerruf unzulässig ist.

(2) ¹Ein rechtmäßiger begünstigender Verwaltungsakt darf, auch nachdem er unanfechtbar geworden ist, ganz oder teilweise mit Wirkung für die Zukunft nur widerrufen werden,
1. wenn der Widerruf durch Rechtsvorschrift zugelassen oder im Verwaltungsakt vorbehalten ist,
2. wenn mit dem Verwaltungsakt eine Auflage verbunden ist und der Begünstigte diese nicht oder nicht innerhalb einer ihm gesetzten Frist erfüllt hat,
3. wenn die Finanzbehörde auf Grund nachträglich eingetretener Tatsachen berechtigt wäre, den Verwaltungsakt nicht zu erlassen, und wenn ohne den Widerruf das öffentliche Interesse gefährdet würde.

²§ 130 Abs. 3 gilt entsprechend.

(3) Der widerrufene Verwaltungsakt wird mit dem Wirksamwerden des Widerrufs unwirksam, wenn die Finanzbehörde keinen späteren Zeitpunkt bestimmt.

(4) Über den Widerruf entscheidet nach Unanfechtbarkeit des Verwaltungsakts die nach den Vorschriften über die örtliche Zuständigkeit zuständige Finanzbehörde; dies gilt auch dann, wenn der zu widerrufende Verwaltungsakt von einer anderen Finanzbehörde erlassen worden ist.

## § 132 Rücknahme, Widerruf, Aufhebung und Änderung im Rechtsbehelfsverfahren

¹Die Vorschriften über Rücknahme, Widerruf, Aufhebung und Änderung von Verwaltungsakten gelten auch während eines Einspruchsverfahrens und während eines finanzgerichtlichen Verfahrens. ²§ 130 Abs. 2 und 3 und § 131 Abs. 2 und 3 stehen der Rücknahme und dem Widerruf eines von einem Dritten angefochtenen begünstigenden Verwaltungsakts während des Einspruchsverfahrens oder des finanzgerichtlichen Verfahrens nicht entgegen, soweit dadurch dem Einspruch oder der Klage abgeholfen wird.

## § 133 Rückgabe von Urkunden und Sachen

¹Ist ein Verwaltungsakt unanfechtbar widerrufen oder zurückgenommen oder ist seine Wirksamkeit aus einem anderen Grund nicht oder nicht mehr gegeben, so kann die Finanzbehörde die auf Grund dieses Verwaltungsakts erteilten Urkunden oder Sachen, die zum Nachweis der Rechte aus dem Verwaltungsakt oder zu deren Ausübung bestimmt sind, zurückfordern. ²Der Inhaber und, sofern er nicht der Besitzer ist, auch der Besitzer dieser Urkunden oder Sachen sind zu ihrer Herausgabe verpflichtet. ³Der Inhaber oder der Besitzer kann jedoch verlangen, dass ihm die Urkunden oder Sachen wieder ausgehändigt werden, nachdem sie von der Finanzbehörde als ungültig gekennzeichnet sind; dies gilt nicht bei Sachen, bei denen eine solche Kennzeichnung nicht oder nicht mit der erforderlichen Offensichtlichkeit oder Dauerhaftigkeit möglich ist.

## Vierter Teil: Durchführung der Besteuerung

## Erster Abschnitt: Erfassung der Steuerpflichtigen

## 1. Unterabschnitt: Personenstands- und Betriebsaufnahme

### § 134 Personenstands- und Betriebsaufnahme[1)]

(1) ¹Zur Erfassung von Personen und Unternehmen, die der Besteuerung unterliegen, können die Gemeinden für die Finanzbehörden eine Personenstands- und Betriebsaufnahme durchführen. ²Die Gemeinden haben hierbei die Befugnisse nach den §§ 328 bis 335.

(2) Die Personenstandsaufnahme erstreckt sich nicht auf diejenigen Angehörigen der Bundeswehr, der Bundespolizei und der Polizei, die in Dienstunterkünften untergebracht sind und keine andere Wohnung haben.

(3) ¹Die Landesregierungen bestimmen durch Rechtsverordnung den Zeitpunkt der Erhebungen. ²Sie können den Umfang der Erhebungen (§ 135) auf bestimmte Gemeinden und bestimmte Angaben beschränken. ³Die Landesregierungen können diese Ermächtigung durch Rechtsverordnung auf die obersten Finanzbehörden übertragen.

(4) ¹Mit der Personenstands- und Betriebsaufnahme können die Gemeinden für ihre Zwecke besondere Erhebungen verbinden, soweit für diese Erhebungen eine Rechtsgrundlage besteht. ²Für solche Erhebungen gilt Absatz 1 Satz 2 nicht.

### § 135 Mitwirkungspflicht bei der Personenstands- und Betriebsaufnahme

(1) ¹Die Grundstückseigentümer sind verpflichtet, bei der Durchführung der Personenstands- und Betriebsaufnahme Hilfe zu leisten. ²Sie haben insbesondere die Personen anzugeben, die auf dem Grundstück eine Wohnung, Wohnräume, eine Betriebstätte, Lagerräume oder sonstige Geschäftsräume haben.

(2) Die Wohnungsinhaber und die Untermieter haben über sich und über die zu ihrem Haushalt gehörenden Personen auf den amtlichen Vordrucken die Angaben zu machen, die für die Personenstands- und Betriebsaufnahme notwendig sind, insbesondere über Namen, Familien-

---

1) **Anm. d. Red.:** § 134 Abs. 2 i. d. F. des Gesetzes v. 21. 6. 2005 (BGBl I S. 1818) mit Wirkung v. 1. 7. 2005.

stand, Geburtstag und Geburtsort, Religionszugehörigkeit, Wohnsitz, Erwerbstätigkeit oder Beschäftigung, Betriebstätten.

(3) Die Inhaber von Betriebstätten, Lagerräumen oder sonstigen Geschäftsräumen haben über den Betrieb, der in diesen Räumen ausgeübt wird, die Angaben zu machen, die für die Betriebsaufnahme notwendig sind und in den amtlichen Vordrucken verlangt werden, insbesondere über Art und Größe des Betriebs und über die Betriebsinhaber.

### § 136 Änderungsmitteilungen für die Personenstandsaufnahme

Die Meldebehörden haben die ihnen nach den Vorschriften über das Meldewesen der Länder bekannt gewordenen Änderungen in den Angaben nach § 135 dem zuständigen Finanzamt mitzuteilen.

## 2. Unterabschnitt: Anzeigepflichten

### § 137 Steuerliche Erfassung von Körperschaften, Vereinigungen und Vermögensmassen

(1) Steuerpflichtige, die nicht natürliche Personen sind, haben dem nach § 20 zuständigen Finanzamt und den für die Erhebung der Realsteuern zuständigen Gemeinden die Umstände anzuzeigen, die für die steuerliche Erfassung von Bedeutung sind, insbesondere die Gründung, den Erwerb der Rechtsfähigkeit, die Änderung der Rechtsform, die Verlegung der Geschäftsleitung oder des Sitzes und die Auflösung.

(2) Die Mitteilungen sind innerhalb eines Monats seit dem meldepflichtigen Ereignis zu erstatten.

### § 138 Anzeigen über die Erwerbstätigkeit[1)]

(1) [1]Wer einen Betrieb der Land- und Forstwirtschaft, einen gewerblichen Betrieb oder eine Betriebstätte eröffnet, hat dies nach amtlich vorgeschriebenem Vordruck der Gemeinde mitzuteilen, in der der Betrieb oder die Betriebstätte eröffnet wird; die Gemeinde unterrichtet unverzüglich das nach § 22 Abs. 1 zuständige Finanzamt von dem Inhalt der Mitteilung. [2]Ist die Festsetzung der Realsteuern den Gemeinden nicht übertragen worden, so tritt an die Stelle der Gemeinde das nach § 22 Abs. 2 zuständige Finanzamt. [3]Wer eine freiberufliche Tätigkeit aufnimmt, hat dies dem nach § 19 zuständigen Finanzamt mitzuteilen. [4]Das Gleiche gilt für die Verlegung und die Aufgabe eines Betriebs, einer Betriebstätte oder einer freiberuflichen Tätigkeit.

(1a) Unternehmer im Sinne des § 2 des Umsatzsteuergesetzes können ihre Anzeigepflichten nach Absatz 1 zusätzlich bei der für die Umsatzbesteuerung zuständigen Finanzbehörde elektronisch erfüllen.

(1b) [1]Durch Rechtsverordnung kann das Bundesministerium der Finanzen mit Zustimmung des Bundesrates zur Vereinfachung des Besteuerungsverfahrens bestimmen, dass Unternehmer im Sinne des § 2 des Umsatzsteuergesetzes anlässlich der Aufnahme der beruflichen oder gewerblichen Tätigkeit der Finanzbehörde zusätzlich zu den Anzeigen nach den Absätzen 1 und 1a auch Auskunft über die für die Besteuerung erheblichen rechtlichen und tatsächlichen Verhältnisse nach amtlich vorgeschriebenem Datensatz durch Datenfernübertragung zu erteilen haben. [2]In der Rechtsverordnung kann bestimmt werden, unter welchen Voraussetzungen auf eine elektronische Übermittlung verzichtet werden kann. [3]§ 150 Abs. 6 Satz 2 bis 9 gilt entsprechend.

---

1) **Anm. d. Red.:** § 138 Abs. 1 i. d. F. des Gesetzes v. 15. 12. 2003 (BGBl I S. 2645) mit Wirkung v. 1. 1. 2004; Abs. 1a i. d. F. des Gesetzes v. 16. 5. 2003 (BGBl I S. 660) mit Wirkung v. 21. 5. 2003; Abs. 1b und 3 i. d. F. des Gesetzes v. 1. 11. 2011 (BGBl I S. 2131) mit Wirkung v. 5. 11. 2011; Abs. 2 i. d. F. des Gesetzes v. 13. 12. 2006 (BGBl I S. 2878) mit Wirkung v. 1. 1. 2007.

I. Abgabenordnung §§ 139, 139a

(2) Steuerpflichtige mit Wohnsitz, gewöhnlichem Aufenthalt, Geschäftsleitung oder Sitz im Geltungsbereich dieses Gesetzes haben dem nach den §§ 18 bis 20 zuständigen Finanzamt nach amtlich vorgeschriebenem Vordruck mitzuteilen:
1. die Gründung und den Erwerb von Betrieben und Betriebstätten im Ausland;
2. die Beteiligung an ausländischen Personengesellschaften oder deren Aufgabe oder Änderung;
3. den Erwerb von Beteiligungen an einer Körperschaft, Personenvereinigung oder Vermögensmasse im Sinne des § 2 Nr. 1 des Körperschaftsteuergesetzes, wenn damit unmittelbar eine Beteiligung von mindestens 10 Prozent oder mittelbar eine Beteiligung von mindestens 25 Prozent am Kapital oder an Vermögen der Körperschaft, Personenvereinigung oder Vermögensmasse erreicht wird oder wenn die Summe der Anschaffungskosten aller Beteiligungen mehr als 150 000 Euro beträgt.

(3) ¹Mitteilungen nach den Absätzen 1 und 1a sind innerhalb eines Monats nach dem meldepflichtigen Ereignis zu erstatten. ²Mitteilungen nach Absatz 2 sind innerhalb von fünf Monaten nach Ablauf des Kalenderjahres zu erstatten, in dem das meldepflichtige Ereignis eingetreten ist.

## § 139 Anmeldung von Betrieben in besonderen Fällen[1]

(1) ¹Wer Waren gewinnen oder herstellen will, an deren Gewinnung, Herstellung, Entfernung aus dem Herstellungsbetrieb oder Verbrauch innerhalb des Herstellungsbetriebs eine Verbrauchsteuerpflicht geknüpft ist, hat dies der zuständigen Finanzbehörde vor Eröffnung des Betriebs anzumelden. ²Das Gleiche gilt für den, der ein Unternehmen betreiben will, bei dem besondere Verkehrsteuern anfallen.

(2) ¹Durch Rechtsverordnung können Bestimmungen über den Zeitpunkt, die Form und den Inhalt der Anmeldung getroffen werden. ²Die Rechtsverordnung erlässt die Bundesregierung, soweit es sich um Verkehrsteuern mit Ausnahme der Luftverkehrsteuer handelt, im Übrigen das Bundesministerium der Finanzen. ³Die Rechtsverordnung des Bundesministeriums der Finanzen bedarf der Zustimmung des Bundesrates nur, soweit sie die Biersteuer betrifft.

## 3. Unterabschnitt: Identifikationsmerkmal[2]

### § 139a Identifikationsmerkmal[3]

(1) ¹Das Bundeszentralamt für Steuern teilt jedem Steuerpflichtigen zum Zwecke der eindeutigen Identifizierung in Besteuerungsverfahren ein einheitliches und dauerhaftes Merkmal (Identifikationsmerkmal) zu; das Identifikationsmerkmal ist vom Steuerpflichtigen oder von einem Dritten, der Daten dieses Steuerpflichtigen an die Finanzbehörden zu übermitteln hat, bei Anträgen, Erklärungen oder Mitteilungen gegenüber Finanzbehörden anzugeben. ²Es besteht aus einer Ziffernfolge, die nicht aus anderen Daten über den Steuerpflichtigen gebildet oder abgeleitet werden darf; die letzte Stelle ist eine Prüfziffer. ³Natürliche Personen erhalten eine Identifikationsnummer, wirtschaftlich Tätige eine Wirtschafts-Identifikationsnummer. ⁴Der Steuerpflichtige ist über die Zuteilung eines Identifikationsmerkmals unverzüglich zu unterrichten.

(2) Steuerpflichtiger im Sinne dieses Unterabschnitts ist jeder, der nach einem Steuergesetz steuerpflichtig ist.

---

1) **Anm. d. Red.:** § 139 Abs. 2 i. d. F. des Gesetzes v. 26. 6. 2013 (BGBl I S. 1809) mit Wirkung v. 30. 6. 2013.

2) **Anm. d. Red.:** Unterabschnittsüberschrift eingefügt gem. Gesetz v. 15. 12. 2003 (BGBl I S. 2645) mit Wirkung v. 20. 12. 2003.

3) **Anm. d. Red.:** § 139a Abs. 1 i. d. F. des Gesetzes v. 22. 12. 2014 (BGBl I S. 2417) mit Wirkung v. 31. 12. 2014.

# § 139b I. Abgabenordnung

(3) Wirtschaftlich Tätige im Sinne dieses Unterabschnitts sind:
1. natürliche Personen, die wirtschaftlich tätig sind,
2. juristische Personen,
3. Personenvereinigungen.

## § 139b Identifikationsnummer[1)]

(1) ¹Eine natürliche Person darf nicht mehr als eine Identifikationsnummer erhalten. ²Jede Identifikationsnummer darf nur einmal vergeben werden.

(2) ¹Die Finanzbehörden dürfen die Identifikationsnummer nur erheben und verwenden, soweit dies zur Erfüllung ihrer gesetzlichen Aufgaben erforderlich ist oder eine Rechtsvorschrift die Erhebung oder Verwendung der Identifikationsnummer ausdrücklich erlaubt oder anordnet. ²Andere öffentliche oder nicht öffentliche Stellen dürfen

1. die Identifikationsnummer nur erheben oder verwenden, soweit dies für Datenübermittlungen zwischen ihnen und den Finanzbehörden erforderlich ist oder eine Rechtsvorschrift die Erhebung oder Verwendung der Identifikationsnummer ausdrücklich erlaubt oder anordnet,
2. ihre Dateien nur insoweit nach der Identifikationsnummer ordnen oder für den Zugriff erschließen, als dies für regelmäßige Datenübermittlungen zwischen ihnen und den Finanzbehörden erforderlich ist,
3. eine rechtmäßig erhobene Identifikationsnummer eines Steuerpflichtigen zur Erfüllung aller Mitteilungspflichten gegenüber Finanzbehörden verwenden, soweit die Mitteilungspflicht denselben Steuerpflichtigen betrifft und die Erhebung und Verwendung nach Nummer 1 zulässig wäre,
4. eine durch ein verbundenes Unternehmen im Sinne des § 15 des Aktiengesetzes rechtmäßig erhobene Identifikationsnummer eines Steuerpflichtigen zur Erfüllung aller Mitteilungspflichten gegenüber Finanzbehörden verwenden, soweit die Mitteilungspflicht denselben Steuerpflichtigen betrifft und die verwendende Stelle zum selben Unternehmensverbund wie die Stelle gehört, die die Identifikationsnummer erhoben hat und die Erhebung und Verwendung nach Nummer 1 zulässig wäre.

³Vertragsbestimmungen und Einwilligungserklärungen, die darauf gerichtet sind, eine nach den vorstehenden Bestimmungen nicht zulässige Erhebung oder Verwendung der Identifikationsnummer zu ermöglichen, sind unwirksam.

(3) Das Bundeszentralamt für Steuern speichert zu natürlichen Personen folgende Daten:
1. Identifikationsnummer,
2. Wirtschafts-Identifikationsnummern,
3. Familienname,
4. frühere Namen,
5. Vornamen,
6. Doktorgrad,
7. (weggefallen)
8. Tag und Ort der Geburt,
9. Geschlecht,
10. gegenwärtige oder letzte bekannte Anschrift,

---

1) **Anm. d. Red.:** § 139b Abs. 2, 3, 6 und 7 i. d. F. des Gesetzes v. 22. 12. 2014 (BGBl I S. 2417) mit Wirkung v. 31. 12. 2014; Abs. 4 i. d. F. des Gesetzes v. 9. 12. 2004 (BGBl I S. 3310) mit Wirkung v. 16. 12. 2004; Abs. 5 i. d. F. des Gesetzes v. 3. 5. 2013 (BGBl I S. 1084), geändert durch Art. 1 Nr. 2 Buchstabe b und Nr. 3 Gesetz v. 20. 11. 2014 (BGBl I S. 1738), mit Wirkung v. 1. 11. 2015; Abs. 8 i. d. F. des Gesetzes v. 20. 12. 2007 (BGBl I S. 3150) mit Wirkung v. 29. 12. 2007; Abs. 9 i. d. F. des Gesetzes v. 22. 9. 2005 (BGBl I S. 2809) mit Wirkung v. 1. 1. 2006.

11. zuständige Finanzbehörden,
12. Auskunftssperren nach dem Bundesmeldegesetz,
13. Sterbetag,
14. Tag des Ein- und Auszugs.

(4) Die in Absatz 3 aufgeführten Daten werden gespeichert, um
1. sicherzustellen, dass eine Person nur eine Identifikationsnummer erhält und eine Identifikationsnummer nicht mehrfach vergeben wird,
2. die Identifikationsnummer eines Steuerpflichtigen festzustellen,
3. zu erkennen, welche Finanzbehörden für einen Steuerpflichtigen zuständig sind,
4. Daten, die auf Grund eines Gesetzes oder nach über- und zwischenstaatlichem Recht entgegenzunehmen sind, an die zuständigen Stellen weiterleiten zu können,
5. den Finanzbehörden die Erfüllung der ihnen durch Rechtsvorschrift zugewiesenen Aufgaben zu ermöglichen.

(5) ¹Die in Absatz 3 aufgeführten Daten dürfen nur für die in Absatz 4 genannten Zwecke verwendet werden. ²Auskunftssperren nach dem Bundesmeldegesetz sind zu beachten und im Fall einer zulässigen Datenübermittlung ebenfalls zu übermitteln. ³Der Dritte, an den die Daten übermittelt werden, hat die Übermittlungssperren ebenfalls zu beachten.

(6) ¹Zum Zwecke der erstmaligen Zuteilung der Identifikationsnummer übermitteln die Meldebehörden dem Bundeszentralamt für Steuern für jeden in ihrem Zuständigkeitsbereich mit alleiniger Wohnung oder Hauptwohnung im Melderegister registrierten Einwohner folgende Daten:
1. Familienname,
2. frühere Namen,
3. Vornamen,
4. Doktorgrad,
5. (weggefallen)
6. Tag und Ort der Geburt,
7. Geschlecht,
8. gegenwärtige Anschrift der alleinigen Wohnung oder der Hauptwohnung,
9. Tag des Ein- und Auszugs,
10. Auskunftssperren nach dem Bundesmeldegesetz.

²Hierzu haben die Meldebehörden jedem in ihrem Zuständigkeitsbereich mit alleiniger Wohnung oder Hauptwohnung registrierten Einwohner ein Vorläufiges Bearbeitungsmerkmal zu vergeben. ³Dieses übermitteln sie zusammen mit den Daten nach Satz 1 an das Bundeszentralamt für Steuern. ⁴Die Übermittlung der Daten nach Satz 1 erfolgt ab dem Zeitpunkt der Einführung des Identifikationsmerkmals, der durch Rechtsverordnung des Bundesministeriums der Finanzen auf Grund von Artikel 97 § 5 Satz 1 des Einführungsgesetzes zur Abgabenordnung bestimmt wird. ⁵Das Bundeszentralamt für Steuern teilt der zuständigen Meldebehörde die dem Steuerpflichtigen zugeteilte Identifikationsnummer zur Speicherung im Melderegister unter Angabe des Vorläufigen Bearbeitungsmerkmals mit und löscht das Vorläufige Bearbeitungsmerkmal anschließend.

(7) ¹Die Meldebehörden haben im Falle der Speicherung einer Geburt im Melderegister sowie im Falle der Speicherung einer Person, für die bisher keine Identifikationsnummer zugeteilt worden ist, dem Bundeszentralamt für Steuern die Daten nach Absatz 6 Satz 1 zum Zwecke der Zuteilung der Identifikationsnummer zu übermitteln. ²Absatz 6 Satz 2 bis 5 gilt entsprechend.

(8) Die Meldebehörde teilt dem Bundeszentralamt für Steuern Änderungen der in Absatz 6 Satz 1 Nr. 1 bis 10 bezeichneten Daten sowie bei Sterbefällen den Sterbetag unter Angabe der

# § 139c I. Abgabenordnung

Identifikationsnummer oder, sofern diese noch nicht zugeteilt wurde, unter Angabe des Vorläufigen Bearbeitungsmerkmals mit.

(9) Das Bundeszentralamt für Steuern unterrichtet die Meldebehörden, wenn ihm konkrete Anhaltspunkte für die Unrichtigkeit der ihm von den Meldebehörden übermittelten Daten vorliegen.

## § 139c Wirtschafts-Identifikationsnummer[1)]

(1) ¹Die Wirtschafts-Identifikationsnummer wird auf Anforderung der zuständigen Finanzbehörde vergeben. ²Sie beginnt mit den Buchstaben „DE". ³Jede Wirtschafts-Identifikationsnummer darf nur einmal vergeben werden.

(2) ¹Die Finanzbehörden dürfen die Wirtschafts-Identifikationsnummer nur erheben und verwenden, soweit dies zur Erfüllung ihrer gesetzlichen Aufgaben erforderlich ist oder eine Rechtsvorschrift dies erlaubt oder anordnet. ²Andere öffentliche oder nicht öffentliche Stellen dürfen die Wirtschafts-Identifikationsnummer nur erheben oder verwenden, soweit dies zur Erfüllung ihrer Aufgaben oder Geschäftszwecke oder für Datenübermittlungen zwischen ihnen und den Finanzbehörden erforderlich ist. ³Soweit die Wirtschafts-Identifikationsnummer andere Nummern ersetzt, bleiben Rechtsvorschriften, die eine Übermittlung durch die Finanzbehörden an andere Behörden regeln, unberührt.

(3) Das Bundeszentralamt für Steuern speichert zu natürlichen Personen, die wirtschaftlich tätig sind, folgende Daten:
1. Wirtschafts-Identifikationsnummer,
2. Identifikationsnummer,
3. Firma (§§ 17 ff. des Handelsgesetzbuchs) oder Name des Unternehmens,
4. frühere Firmennamen oder Namen des Unternehmens,
5. Rechtsform,
6. Wirtschaftszweignummer,
7. amtlicher Gemeindeschlüssel,
8. Anschrift des Unternehmens, Firmensitz,
9. Handelsregistereintrag (Registergericht, Datum und Nummer der Eintragung),
10. Datum der Betriebseröffnung oder Zeitpunkt der Aufnahme der Tätigkeit,
11. Datum der Betriebseinstellung oder Zeitpunkt der Beendigung der Tätigkeit,
12. zuständige Finanzbehörden,
13. Unterscheidungsmerkmale nach Absatz 5a,
14. Angaben zu verbundenen Unternehmen.

(4) Das Bundeszentralamt für Steuern speichert zu juristischen Personen folgende Daten:
1. Wirtschafts-Identifikationsnummer,
2. Identifikationsmerkmale der gesetzlichen Vertreter,
3. Firma (§§ 17 ff. des Handelsgesetzbuchs),
4. frühere Firmennamen,
5. Rechtsform,
6. Wirtschaftszweignummer,
7. amtlicher Gemeindeschlüssel,
8. Sitz gemäß § 11, insbesondere Ort der Geschäftsleitung,

---

[1)] **Anm. d. Red.:** § 139c Abs. 1 i. d. F. des Gesetzes v. 9. 12. 2004 (BGBl I S. 3310) mit Wirkung v. 16. 12. 2004; Abs. 3, 4, 5 und 6 i. d. F. des Gesetzes v. 22. 12. 2014 (BGBl I S. 2417) mit Wirkung v. 31. 12. 2014; Abs. 5a i. d. F. des Gesetzes v. 2. 11. 2015 (BGBl I S. 1834) mit Wirkung v. 6. 11. 2015.

I. Abgabenordnung § 139c

9. Datum des Gründungsaktes,
10. Handels-, Genossenschafts- oder Vereinsregistereintrag (Registergericht, Datum und Nummer der Eintragung),
11. Datum der Betriebseröffnung oder Zeitpunkt der Aufnahme der Tätigkeit,
12. Datum der Betriebseinstellung oder Zeitpunkt der Beendigung der Tätigkeit,
13. Zeitpunkt der Auflösung,
14. Datum der Löschung im Register,
15. verbundene Unternehmen,
16. zuständige Finanzbehörden,
17. Unterscheidungsmerkmale nach Absatz 5a.

(5) Das Bundeszentralamt für Steuern speichert zu Personenvereinigungen folgende Daten:
1. Wirtschafts-Identifikationsnummer,
2. Identifikationsmerkmale der gesetzlichen Vertreter,
3. Identifikationsmerkmale der Beteiligten,
4. Firma (§§ 17 ff. des Handelsgesetzbuchs) oder Name der Personenvereinigung,
5. frühere Firmennamen oder Namen der Personenvereinigung,
6. Rechtsform,
7. Wirtschaftszweignummer,
8. amtlicher Gemeindeschlüssel,
9. Sitz gemäß § 11, insbesondere Ort der Geschäftsleitung,
10. Datum des Gesellschaftsvertrags,
11. Handels- oder Partnerschaftsregistereintrag (Registergericht, Datum und Nummer der Eintragung),
12. Datum der Betriebseröffnung oder Zeitpunkt der Aufnahme der Tätigkeit,
13. Datum der Betriebseinstellung oder Zeitpunkt der Beendigung der Tätigkeit,
14. Zeitpunkt der Auflösung,
15. Zeitpunkt der Beendigung,
16. Datum der Löschung im Register,
17. verbundene Unternehmen,
18. zuständige Finanzbehörden,
19. Unterscheidungsmerkmale nach Absatz 5a.

(5a) ¹Bei jedem wirtschaftlich Tätigen (§ 139a Absatz 3) wird die Wirtschafts-Identifikationsnummer für jede einzelne seiner wirtschaftlichen Tätigkeiten, jeden seiner Betriebe sowie für jede seiner Betriebstätten um ein fünfstelliges Unterscheidungsmerkmal ergänzt, so dass die Tätigkeiten, Betriebe und Betriebstätten des wirtschaftlich Tätigen in Besteuerungsverfahren eindeutig identifiziert werden können. ²Der ersten wirtschaftlichen Tätigkeit des wirtschaftlich Tätigen, seinem ersten Betrieb oder seiner ersten Betriebstätte wird vom Bundeszentralamt für Steuern hierbei das Unterscheidungsmerkmal 00001 zugeordnet. ³Jeder weiteren wirtschaftlichen Tätigkeit, jedem weiteren Betrieb sowie jeder weiteren Betriebstätte des wirtschaftlich Tätigen ordnet das Bundeszentralamt für Steuern auf Anforderung der zuständigen Finanzbehörde fortlaufend ein eigenes Unterscheidungsmerkmal zu. ⁴Das Bundeszentralamt für Steuern speichert zu den einzelnen wirtschaftlichen Tätigkeiten, den einzelnen Betrieben sowie den einzelnen Betriebstätten des wirtschaftlich Tätigen folgende Daten:
1. Unterscheidungsmerkmal,
2. Wirtschafts-Identifikationsnummer des wirtschaftlich Tätigen,

**§ 139d**      I. Abgabenordnung

3. Firma (§§ 17 ff. des Handelsgesetzbuchs) oder Name der wirtschaftlichen Tätigkeit, des Betriebes oder der Betriebstätte,
4. frühere Firmennamen oder Namen der wirtschaftlichen Tätigkeit, des Betriebes oder der Betriebstätte,
5. Rechtsform,
6. Wirtschaftszweignummer,
7. amtlicher Gemeindeschlüssel,
8. Anschrift der wirtschaftlichen Tätigkeit, des Betriebes oder der Betriebstätte,
9. Registereintrag (Registergericht, Datum und Nummer der Eintragung),
10. Datum der Eröffnung des Betriebes oder der Betriebstätte oder Zeitpunkt der Aufnahme der wirtschaftlichen Tätigkeit,
11. Datum der Einstellung des Betriebes oder der Betriebstätte oder Zeitpunkt der Beendigung der wirtschaftlichen Tätigkeit,
12. Datum der Löschung im Register,
13. zuständige Finanzbehörden.

(6) Die Speicherung der in den Absätzen 3 bis 5a aufgeführten Daten erfolgt, um

1. sicherzustellen, dass eine vergebene Wirtschafts-Identifikationsnummer nicht noch einmal für einen anderen wirtschaftlich Tätigen verwendet wird,
2. für einen wirtschaftlich Tätigen die vergebene Wirtschafts-Identifikationsnummer festzustellen,
3. zu erkennen, welche Finanzbehörden zuständig sind,
4. Daten, die auf Grund eines Gesetzes oder nach über- und zwischenstaatlichem Recht entgegenzunehmen sind, an die zuständigen Stellen weiterleiten zu können,
5. den Finanzbehörden die Erfüllung der ihnen durch Rechtsvorschrift zugewiesenen Aufgaben zu ermöglichen.

(7) Die in Absatz 3 aufgeführten Daten dürfen nur für die in Absatz 6 genannten Zwecke verwendet werden, es sei denn, eine Rechtsvorschrift sieht eine andere Verwendung ausdrücklich vor.

### § 139d   Verordnungsermächtigung[1]

Die Bundesregierung bestimmt durch Rechtsverordnung mit Zustimmung des Bundesrates:

1. organisatorische und technische Maßnahmen zur Wahrung des Steuergeheimnisses, insbesondere zur Verhinderung eines unbefugten Zugangs zu Daten, die durch § 30 geschützt sind,
2. Richtlinien zur Vergabe der Identifikationsnummer nach § 139b und der Wirtschafts-Identifikationsnummer nach § 139c,
3. Fristen, nach deren Ablauf die nach §§ 139b und 139c gespeicherten Daten zu löschen sind, sowie
4. die Form und das Verfahren der Datenübermittlungen nach § 139b Abs. 6 bis 9.

---

1) **Anm. d. Red.:** § 139d i. d. F. des Gesetzes v. 13. 12. 2006 (BGBl I S. 2878) mit Wirkung v. 19. 12. 2006.

## Zweiter Abschnitt: Mitwirkungspflichten

### 1. Unterabschnitt: Führung von Büchern und Aufzeichnungen

**§ 140 Buchführungs- und Aufzeichnungspflichten nach anderen Gesetzen**

Wer nach anderen Gesetzen als den Steuergesetzen Bücher und Aufzeichnungen zu führen hat, die für die Besteuerung von Bedeutung sind, hat die Verpflichtungen, die ihm nach den anderen Gesetzen obliegen, auch für die Besteuerung zu erfüllen.

**§ 141 Buchführungspflicht bestimmter Steuerpflichtiger**[1]

(1) ¹Gewerbliche Unternehmer sowie Land- und Forstwirte, die nach den Feststellungen der Finanzbehörde für den einzelnen Betrieb

1. Umsätze einschließlich der steuerfreien Umsätze, ausgenommen die Umsätze nach § 4 Nr. 8 bis 10 des Umsatzsteuergesetzes, von mehr als 600 000 Euro im Kalenderjahr oder
2. (weggefallen)
3. selbstbewirtschaftete land- und forstwirtschaftliche Flächen mit einem Wirtschaftswert (§ 46 des Bewertungsgesetzes) von mehr als 25 000 Euro oder
4. einen Gewinn aus Gewerbebetrieb von mehr als 60 000 Euro im Wirtschaftsjahr oder
5. einen Gewinn aus Land- und Forstwirtschaft von mehr als 60 000 Euro im Kalenderjahr

gehabt haben, sind auch dann verpflichtet, für diesen Betrieb Bücher zu führen und auf Grund jährlicher Bestandsaufnahmen Abschlüsse zu machen, wenn sich eine Buchführungspflicht nicht aus § 140 ergibt. ²Die §§ 238, 240, 241, 242 Abs. 1 und die §§ 243 bis 256 des Handelsgesetzbuchs gelten sinngemäß, sofern sich nicht aus den Steuergesetzen etwas anderes ergibt. ³Bei der Anwendung der Nummer 3 ist der Wirtschaftswert aller vom Land- und Forstwirt selbstbewirtschafteten Flächen maßgebend, unabhängig davon, ob sie in seinem Eigentum stehen oder nicht.

(2) ¹Die Verpflichtung nach Absatz 1 ist vom Beginn des Wirtschaftsjahrs an zu erfüllen, das auf die Bekanntgabe der Mitteilung folgt, durch die die Finanzbehörde auf den Beginn dieser Verpflichtung hingewiesen hat. ²Die Verpflichtung endet mit dem Ablauf des Wirtschaftsjahrs, das auf das Wirtschaftsjahr folgt, in dem die Finanzbehörde feststellt, dass die Voraussetzungen nach Absatz 1 nicht mehr vorliegen.

(3) ¹Die Buchführungspflicht geht auf denjenigen über, der den Betrieb im Ganzen zur Bewirtschaftung als Eigentümer oder Nutzungsberechtigter übernimmt. ²Ein Hinweis nach Absatz 2 auf den Beginn der Buchführungspflicht ist nicht erforderlich.

(4) Absatz 1 Nr. 5 in der vorstehenden Fassung ist erstmals auf den Gewinn des Kalenderjahrs 1980 anzuwenden.

**§ 142 Ergänzende Vorschriften für Land- und Forstwirte**

¹Land- und Forstwirte, die nach § 141 Abs. 1 Nr. 1, 3 oder 5 zur Buchführung verpflichtet sind, haben neben den jährlichen Bestandsaufnahmen und den jährlichen Abschlüssen ein Anbauverzeichnis zu führen. ²In dem Anbauverzeichnis ist nachzuweisen, mit welchen Fruchtarten die selbstbewirtschafteten Flächen im abgelaufenen Wirtschaftsjahr bestellt waren.

**§ 143 Aufzeichnung des Wareneingangs**

(1) Gewerbliche Unternehmer müssen den Wareneingang gesondert aufzeichnen.

---

1) **Anm. d. Red.:** § 141 Abs. 1 i. d. F. des Gesetzes v. 28. 7. 2015 (BGBl I S. 1400) mit Wirkung v. 1. 1. 2016. — Der Gesetzgeber hat offensichtlich übersehen, den § 141 Abs. 4 der Änderung des Abs. 1 Nr. 5 (für Gewinne der Kj, nach dem 31. 12. 2015 beginnen) anzupassen.

(2) ¹Aufzuzeichnen sind alle Waren einschließlich der Rohstoffe, unfertigen Erzeugnisse, Hilfsstoffe und Zutaten, die der Unternehmer im Rahmen seines Gewerbebetriebs zur Weiterveräußerung oder zum Verbrauch entgeltlich oder unentgeltlich, für eigene oder für fremde Rechnung, erwirbt; dies gilt auch dann, wenn die Waren vor der Weiterveräußerung oder dem Verbrauch be- oder verarbeitet werden sollen. ²Waren, die nach Art des Betriebs üblicherweise für den Betrieb zur Weiterveräußerung oder zum Verbrauch erworben werden, sind auch dann aufzuzeichnen, wenn sie für betriebsfremde Zwecke verwendet werden.

(3) Die Aufzeichnungen müssen die folgenden Angaben enthalten:
1. den Tag des Wareneingangs oder das Datum der Rechnung,
2. den Namen oder die Firma und die Anschrift des Lieferers,
3. die handelsübliche Bezeichnung der Ware,
4. den Preis der Ware,
5. einen Hinweis auf den Beleg.

### § 144 Aufzeichnung des Warenausgangs[1]

(1) Gewerbliche Unternehmer, die nach der Art ihres Geschäftsbetriebs Waren regelmäßig an andere gewerbliche Unternehmer zur Weiterveräußerung oder zum Verbrauch als Hilfsstoffe liefern, müssen den erkennbar für diese Zwecke bestimmten Warenausgang gesondert aufzeichnen.

(2) ¹Aufzuzeichnen sind auch alle Waren, die der Unternehmer
1. auf Rechnung (auf Ziel, Kredit, Abrechnung oder Gegenrechnung), durch Tausch oder unentgeltlich liefert, oder
2. gegen Barzahlung liefert, wenn die Ware wegen der abgenommenen Menge zu einem Preis veräußert wird, der niedriger ist als der übliche Preis für Verbraucher.

²Dies gilt nicht, wenn die Ware erkennbar nicht zur gewerblichen Weiterverwendung bestimmt ist.

(3) Die Aufzeichnungen müssen die folgenden Angaben enthalten:
1. den Tag des Warenausgangs oder das Datum der Rechnung,
2. den Namen oder die Firma und die Anschrift des Abnehmers,
3. die handelsübliche Bezeichnung der Ware,
4. den Preis der Ware,
5. einen Hinweis auf den Beleg.

(4) ¹Der Unternehmer muss über jeden Ausgang der in den Absätzen 1 und 2 genannten Waren einen Beleg erteilen, der die in Absatz 3 bezeichneten Angaben sowie seinen Namen oder die Firma und seine Anschrift enthält. ²Dies gilt insoweit nicht, als nach § 14 Abs. 2 des Umsatzsteuergesetzes 1999 durch die dort bezeichneten Leistungsempfänger eine Gutschrift erteilt wird oder auf Grund des § 14 Abs. 6 des Umsatzsteuergesetzes 1999 Erleichterungen gewährt werden.

(5) Die Absätze 1 bis 4 gelten auch für Land- und Forstwirte, die nach § 141 buchführungspflichtig sind.

### § 145 Allgemeine Anforderungen an Buchführung und Aufzeichnungen

(1) ¹Die Buchführung muss so beschaffen sein, dass sie einem sachverständigen Dritten innerhalb angemessener Zeit einen Überblick über die Geschäftsvorfälle und über die Lage des Unternehmens vermitteln kann. ²Die Geschäftsvorfälle müssen sich in ihrer Entstehung und Abwicklung verfolgen lassen.

---

1) **Anm. d. Red.:** § 144 Abs. 4 i. d. F. des Gesetzes v. 15. 12. 2003 (BGBl I S. 2645) mit Wirkung v. 20. 12. 2003.

(2) Aufzeichnungen sind so vorzunehmen, dass der Zweck, den sie für die Besteuerung erfüllen sollen, erreicht wird.

## § 146 Ordnungsvorschriften für die Buchführung und für Aufzeichnungen[1)]

(1) [1]Die Buchungen und die sonst erforderlichen Aufzeichnungen sind vollständig, richtig, zeitgerecht und geordnet vorzunehmen. [2]Kasseneinnahmen und Kassenausgaben sollen täglich festgehalten werden.

(2) [1]Bücher und die sonst erforderlichen Aufzeichnungen sind im Geltungsbereich dieses Gesetzes zu führen und aufzubewahren. [2]Dies gilt nicht, soweit für Betriebstätten außerhalb des Geltungsbereichs dieses Gesetzes nach dortigem Recht eine Verpflichtung besteht, Bücher und Aufzeichnungen zu führen, und diese Verpflichtung erfüllt wird. [3]In diesem Fall sowie bei Organgesellschaften außerhalb des Geltungsbereichs dieses Gesetzes müssen die Ergebnisse der dortigen Buchführung in die Buchführung des hiesigen Unternehmens übernommen werden, soweit sie für die Besteuerung von Bedeutung sind. [4]Dabei sind die erforderlichen Anpassungen an die steuerrechtlichen Vorschriften im Geltungsbereich dieses Gesetzes vorzunehmen und kenntlich zu machen.

(2a) [1]Abweichend von Absatz 2 Satz 1 kann die zuständige Finanzbehörde auf schriftlichen Antrag des Steuerpflichtigen bewilligen, dass elektronische Bücher und sonstige erforderliche elektronische Aufzeichnungen oder Teile davon außerhalb des Geltungsbereichs dieses Gesetzes geführt und aufbewahrt werden können. [2]Voraussetzung ist, dass

1. der Steuerpflichtige der zuständigen Finanzbehörde den Standort des Datenverarbeitungssystems und bei Beauftragung eines Dritten dessen Namen und Anschrift mitteilt,
2. der Steuerpflichtige seinen sich aus den §§ 90, 93, 97, 140 bis 147 und 200 Absatz 1 und 2 ergebenden Pflichten ordnungsgemäß nachgekommen ist,
3. der Datenzugriff nach § 147 Absatz 6 in vollem Umfang möglich ist und
4. die Besteuerung hierdurch nicht beeinträchtigt wird.

[3]Werden der Finanzbehörde Umstände bekannt, die zu einer Beeinträchtigung der Besteuerung führen, hat sie die Bewilligung zu widerrufen und die unverzügliche Rückverlagerung der elektronischen Bücher und sonstigen erforderlichen elektronischen Aufzeichnungen in den Geltungsbereich dieses Gesetzes zu verlangen. [4]Eine Änderung der unter Satz 2 Nummer 1 benannten Umstände ist der zuständigen Finanzbehörde unverzüglich mitzuteilen.

(2b) Kommt der Steuerpflichtige der Aufforderung zur Rückverlagerung seiner elektronischen Buchführung oder seinen Pflichten nach Absatz 2a Satz 4, zur Einräumung des Datenzugriffs nach § 147 Abs. 6, zur Erteilung von Auskünften oder zur Vorlage angeforderter Unterlagen im Sinne des § 200 Abs. 1 im Rahmen einer Außenprüfung innerhalb einer ihm bestimmten angemessenen Frist nach Bekanntgabe durch die zuständige Finanzbehörde nicht nach oder hat er seine elektronische Buchführung ohne Bewilligung der zuständigen Finanzbehörde ins Ausland verlagert, kann ein Verzögerungsgeld von 2 500 Euro bis 250 000 Euro festgesetzt werden.

(3) [1]Die Buchungen und die sonst erforderlichen Aufzeichnungen sind in einer lebenden Sprache vorzunehmen. [2]Wird eine andere als die deutsche Sprache verwendet, so kann die Finanzbehörde Übersetzungen verlangen. [3]Werden Abkürzungen, Ziffern, Buchstaben oder Symbole verwendet, muss im Einzelfall deren Bedeutung eindeutig festliegen.

(4) [1]Eine Buchung oder eine Aufzeichnung darf nicht in einer Weise verändert werden, dass der ursprüngliche Inhalt nicht mehr feststellbar ist. [2]Auch solche Veränderungen dürfen nicht vorgenommen werden, deren Beschaffenheit es ungewiss lässt, ob sie ursprünglich oder erst später gemacht worden sind.

(5) [1]Die Bücher und die sonst erforderlichen Aufzeichnungen können auch in der geordneten Ablage von Belegen bestehen oder auf Datenträgern geführt werden, soweit diese Formen der

---

1) **Anm. d. Red.:** § 146 Abs. 2a i. d. F. des Gesetzes v. 8.12.2010 (BGBl I S. 1768) mit Wirkung v. 14.12.2010; Abs. 2b i. d. F. des Gesetzes v. 19.12.2008 (BGBl I S. 2794) mit Wirkung v. 25.12.2008.

## § 147 I. Abgabenordnung

Buchführung einschließlich des dabei angewandten Verfahrens den Grundsätzen ordnungsmäßiger Buchführung entsprechen; bei Aufzeichnungen, die allein nach den Steuergesetzen vorzunehmen sind, bestimmt sich die Zulässigkeit des angewendeten Verfahrens nach dem Zweck, den die Aufzeichnungen für die Besteuerung erfüllen sollen. ²Bei der Führung der Bücher und der sonst erforderlichen Aufzeichnungen auf Datenträgern muss insbesondere sichergestellt sein, dass während der Dauer der Aufbewahrungsfrist die Daten jederzeit verfügbar sind und unverzüglich lesbar gemacht werden können. ³Dies gilt auch für die Befugnisse der Finanzbehörde nach § 147 Abs. 6. ⁴Absätze 1 bis 4 gelten sinngemäß.

(6) Die Ordnungsvorschriften gelten auch dann, wenn der Unternehmer Bücher und Aufzeichnungen, die für die Besteuerung von Bedeutung sind, führt, ohne hierzu verpflichtet zu sein.

### § 147 Ordnungsvorschriften für die Aufbewahrung von Unterlagen[1)2)]

(1) Die folgenden Unterlagen sind geordnet aufzubewahren:

1. Bücher und Aufzeichnungen, Inventare, Jahresabschlüsse, Lageberichte, die Eröffnungsbilanz sowie die zu ihrem Verständnis erforderlichen Arbeitsanweisungen und sonstigen Organisationsunterlagen,

2. die empfangenen Handels- oder Geschäftsbriefe,

3. Wiedergaben der abgesandten Handels- oder Geschäftsbriefe,

4. Buchungsbelege,

4a. Unterlagen, die einer mit Mitteln der Datenverarbeitung abgegebenen Zollanmeldung nach Artikel 77 Abs. 1 in Verbindung mit Artikel 62 Abs. 2 Zollkodex beizufügen sind, sofern die Zollbehörden nach Artikel 77 Abs. 2 Satz 1 Zollkodex auf ihre Vorlage verzichtet oder sie nach erfolgter Vorlage zurückgegeben haben,

5. sonstige Unterlagen, soweit sie für die Besteuerung von Bedeutung sind.

(2) Mit Ausnahme der Jahresabschlüsse, der Eröffnungsbilanz und der Unterlagen nach Absatz 1 Nr. 4a können die in Absatz 1 aufgeführten Unterlagen auch als Wiedergabe auf einem Bildträger oder auf anderen Datenträgern aufbewahrt werden, wenn dies den Grundsätzen ordnungsmäßiger Buchführung entspricht und sichergestellt ist, dass die Wiedergabe oder die Daten

1. mit den empfangenen Handels- oder Geschäftsbriefen und den Buchungsbelegen bildlich und mit den anderen Unterlagen inhaltlich übereinstimmen, wenn sie lesbar gemacht werden,

2. während der Dauer der Aufbewahrungsfrist jederzeit verfügbar sind, unverzüglich lesbar gemacht und maschinell ausgewertet werden können.

(3) ¹Die in Absatz 1 Nr. 1, 4 und 4a aufgeführten Unterlagen sind zehn Jahre, die sonstigen in Absatz 1 aufgeführten Unterlagen sechs Jahre aufzubewahren, sofern nicht in anderen Steuergesetzen kürzere Aufbewahrungsfristen zugelassen sind. ²Kürzere Aufbewahrungsfristen nach außersteuerlichen Gesetzen lassen die in Satz 1 bestimmte Frist unberührt. ³Die Aufbewahrungsfrist läuft jedoch nicht ab, soweit und solange die Unterlagen für Steuern von Bedeutung sind, für welche die Festsetzungsfrist noch nicht abgelaufen ist; § 169 Abs. 2 Satz 2 gilt nicht.

---

1) **Anm. d. Red.:** § 147 Abs. 1 bis 3 i. d. F. des Gesetzes v. 15. 12. 2003 (BGBl I S. 2645) mit Wirkung v. 20. 12. 2003.

2) **Anm. d. Red.:** Gem. Art. 2 Nr. 2 i.V. mit Art. 16 Abs. 4 Gesetz v. 22. 12. 2014 (BGBl I S. 2417) wird § 147 mit Wirkung v. 1. 5. 2016 wie folgt geändert:
   a) Absatz 1 Nummer 4a wird wie folgt gefasst:
      „4a. Unterlagen nach Artikel 15 Absatz 1 und Artikel 163 des Zollkodex der Union,".
   b) In Absatz 2 werden die Wörter „Unterlagen nach Absatz 1 Nr. 4a" durch die Wörter „Unterlagen nach Absatz 1 Nummer 4a, sofern es sich bei letztgenannten Unterlagen um amtliche Urkunden oder handschriftlich zu unterschreibende nicht förmliche Präferenznachweise handelt," ersetzt.

(4) Die Aufbewahrungsfrist beginnt mit dem Schluss des Kalenderjahrs, in dem die letzte Eintragung in das Buch gemacht, das Inventar, die Eröffnungsbilanz, der Jahresabschluss oder der Lagebericht aufgestellt, der Handels- oder Geschäftsbrief empfangen oder abgesandt worden oder der Buchungsbeleg entstanden ist, ferner die Aufzeichnung vorgenommen worden ist oder die sonstigen Unterlagen entstanden sind.

(5) Wer aufzubewahrende Unterlagen in der Form einer Wiedergabe auf einem Bildträger oder auf anderen Datenträgern vorlegt, ist verpflichtet, auf seine Kosten diejenigen Hilfsmittel zur Verfügung zu stellen, die erforderlich sind, um die Unterlagen lesbar zu machen; auf Verlangen der Finanzbehörde hat er auf seine Kosten die Unterlagen unverzüglich ganz oder teilweise auszudrucken oder ohne Hilfsmittel lesbare Reproduktionen beizubringen.

(6) [1]Sind die Unterlagen nach Absatz 1 mit Hilfe eines Datenverarbeitungssystems erstellt worden, hat die Finanzbehörde im Rahmen einer Außenprüfung das Recht, Einsicht in die gespeicherten Daten zu nehmen und das Datenverarbeitungssystem zur Prüfung dieser Unterlagen zu nutzen. [2]Sie kann im Rahmen einer Außenprüfung auch verlangen, dass die Daten nach ihren Vorgaben maschinell ausgewertet oder ihr die gespeicherten Unterlagen und Aufzeichnungen auf einem maschinell verwertbaren Datenträger zur Verfügung gestellt werden. [3]Die Kosten trägt der Steuerpflichtige.

### § 147a Vorschriften für die Aufbewahrung von Aufzeichnungen und Unterlagen bestimmter Steuerpflichtiger[1)]

[1]Steuerpflichtige, bei denen die Summe der positiven Einkünfte nach § 2 Absatz 1 Nummer 4 bis 7 des Einkommensteuergesetzes (Überschusseinkünfte) mehr als 500 000 Euro im Kalenderjahr beträgt, haben die Aufzeichnungen und Unterlagen über die den Überschusseinkünften zu Grunde liegenden Einnahmen und Werbungskosten sechs Jahre aufzubewahren. [2]Im Falle der Zusammenveranlagung sind für die Feststellung des Überschreitens des Betrags von 500 000 Euro die Summe der positiven Einkünfte nach Satz 1 eines jeden Ehegatten oder Lebenspartners maßgebend. [3]Die Verpflichtung nach Satz 1 ist vom Beginn des Kalenderjahrs an zu erfüllen, das auf das Kalenderjahr folgt, in dem die Summe der positiven Einkünfte im Sinne des Satzes 1 mehr als 500 000 Euro beträgt. [4]Die Verpflichtung nach Satz 1 endet mit Ablauf des fünften aufeinanderfolgenden Kalenderjahrs, in dem die Voraussetzungen des Satzes 1 nicht erfüllt sind. [5]§ 147 Absatz 2, Absatz 3 Satz 3 und die Absätze 4 bis 6 gelten entsprechend. [6]Die Sätze 1 bis 3 und 5 gelten entsprechend in den Fällen, in denen die zuständige Finanzbehörde den Steuerpflichtigen für die Zukunft zur Aufbewahrung der in Satz 1 genannten Aufzeichnungen und Unterlagen verpflichtet, weil er seinen Mitwirkungspflichten nach § 90 Absatz 2 Satz 3 nicht nachgekommen ist.

### § 148 Bewilligung von Erleichterungen

[1]Die Finanzbehörden können für einzelne Fälle oder für bestimmte Gruppen von Fällen Erleichterungen bewilligen, wenn die Einhaltung der durch die Steuergesetze begründeten Buchführungs-, Aufzeichnungs- und Aufbewahrungspflichten Härten mit sich bringt und die Besteuerung durch die Erleichterung nicht beeinträchtigt wird. [2]Erleichterungen nach Satz 1 können nicht rückwirkend bewilligt werden. [3]Die Bewilligung kann widerrufen werden.

## 2. Unterabschnitt: Steuererklärungen

### § 149 Abgabe der Steuererklärungen[2)]

(1) [1]Die Steuergesetze bestimmen, wer zur Abgabe einer Steuererklärung verpflichtet ist. [2]Zur Abgabe einer Steuererklärung ist auch verpflichtet, wer hierzu von der Finanzbehörde aufgefordert wird. [3]Die Aufforderung kann durch öffentliche Bekanntmachung erfolgen. [4]Die Verpflich-

---

1) **Anm. d. Red.:** § 147a i. d. F. des Gesetzes v. 18. 7. 2014 (BGBl I S. 1042) mit Wirkung v. 24. 7. 2014.
2) **Anm. d. Red.:** § 149 Abs. 2 i. d. F. des Gesetzes v. 1. 11. 2011 (BGBl I S. 2131) mit Wirkung v. 5. 11. 2011.

## § 150 I. Abgabenordnung

tung zur Abgabe einer Steuererklärung bleibt auch dann bestehen, wenn die Finanzbehörde die Besteuerungsgrundlagen geschätzt hat (§ 162).

(2) ¹Soweit die Steuergesetze nichts anderes bestimmen, sind Steuererklärungen, die sich auf ein Kalenderjahr oder einen gesetzlich bestimmten Zeitpunkt beziehen, spätestens fünf Monate danach abzugeben. ²Bei Steuerpflichtigen, die den Gewinn aus Land- und Forstwirtschaft nach einem vom Kalenderjahr abweichenden Wirtschaftsjahr ermitteln, endet die Frist nicht vor Ablauf des fünften Monats, der auf den Schluss des in dem Kalenderjahr begonnenen Wirtschaftsjahrs folgt.

### § 150 Form und Inhalt der Steuererklärungen[1)]

(1) ¹Die Steuererklärungen sind nach amtlich vorgeschriebenem Vordruck abzugeben, soweit nicht eine mündliche Steuererklärung zugelassen ist. ²§ 87a ist nur anwendbar, soweit auf Grund eines Gesetzes oder einer nach Absatz 6 erlassenen Rechtsverordnung die Steuererklärung auf maschinell verwertbarem Datenträger oder durch Datenfernübertragung übermittelt werden darf. ³Der Steuerpflichtige hat in der Steuererklärung die Steuer selbst zu berechnen, soweit dies gesetzlich vorgeschrieben ist (Steueranmeldung).

(2) ¹Die Angaben in den Steuererklärungen sind wahrheitsgemäß nach bestem Wissen und Gewissen zu machen. ²Dies ist, wenn der Vordruck dies vorsieht, schriftlich zu versichern.

(3) ¹Ordnen die Steuergesetze an, dass der Steuerpflichtige die Steuererklärung eigenhändig zu unterschreiben hat, so ist die Unterzeichnung durch einen Bevollmächtigten nur dann zulässig, wenn der Steuerpflichtige infolge seines körperlichen oder geistigen Zustands oder durch längere Abwesenheit an der Unterschrift gehindert ist. ²Die eigenhändige Unterschrift kann nachträglich verlangt werden, wenn der Hinderungsgrund weggefallen ist.

(4) ¹Den Steuererklärungen müssen die Unterlagen beigefügt werden, die nach den Steuergesetzen vorzulegen sind. ²Dritte Personen sind verpflichtet, hierfür erforderliche Bescheinigungen auszustellen.

(5) ¹In die Vordrucke der Steuererklärung können auch Fragen aufgenommen werden, die zur Ergänzung der Besteuerungsunterlagen für Zwecke einer Statistik nach dem Gesetz über Steuerstatistiken erforderlich sind. ²Die Finanzbehörden können ferner von Steuerpflichtigen Auskünfte verlangen, die für die Durchführung des Bundesausbildungsförderungsgesetzes erforderlich sind. ³Die Finanzbehörden haben bei der Überprüfung der Angaben dieselben Befugnisse wie bei der Aufklärung der für die Besteuerung erheblichen Verhältnisse.

(6) ¹Zur Erleichterung und Vereinfachung des automatisierten Besteuerungsverfahrens kann das Bundesministerium der Finanzen durch Rechtsverordnung mit Zustimmung des Bundesrates bestimmen, dass und unter welchen Voraussetzungen Steuererklärungen oder sonstige für das Besteuerungsverfahren erforderliche Daten ganz oder teilweise durch Datenfernübertragung oder auf maschinell verwertbaren Datenträgern übermittelt werden können. ²Dabei können insbesondere geregelt werden:

1. das Nähere über Form, Inhalt, Verarbeitung und Sicherung der zu übermittelnden Daten,
2. die Art und Weise der Übermittlung der Daten,
3. die Zuständigkeit für die Entgegennahme der zu übermittelnden Daten,
4. die Mitwirkungspflichten Dritter und deren Haftung, wenn auf Grund unrichtiger Erhebung, Verarbeitung oder Übermittlung der Daten Steuern verkürzt oder Steuervorteile erlangt werden,
5. der Umfang und die Form der für dieses Verfahren erforderlichen besonderen Erklärungspflichten des Steuerpflichtigen.

---

1) **Anm. d. Red.:** § 150 Abs. 6 i. d. F. des Gesetzes v. 26. 6. 2013 (BGBl I S. 1809) mit Wirkung v. 30. 6. 2013; Abs. 7 i. d. F. des Gesetzes v. 1. 11. 2011 (BGBl I S. 2131) mit Wirkung v. 5. 11. 2011; Abs. 8 i. d. F. des Gesetzes v. 20. 12. 2008 (BGBl I S. 2850) mit Wirkung v. 1. 1. 2009.

³Bei der Datenübermittlung ist ein sicheres Verfahren zu verwenden, das den Datenübermittler (Absender der Daten) authentifiziert und die Vertraulichkeit und Integrität des elektronisch übermittelten Datensatzes gewährleistet. ⁴Zur Authentifizierung des Datenübermittlers kann auch der elektronische Identitätsnachweis des Personalausweises genutzt werden; die dazu erforderlichen Daten dürfen zusammen mit den übrigen übermittelten Daten gespeichert und verwendet werden. ⁵Das Verfahren wird vom Bundesministerium der Finanzen im Benehmen mit dem Bundesministerium des Innern durch Rechtsverordnung mit Zustimmung des Bundesrates bestimmt. ⁶Die Rechtsverordnung kann auch Ausnahmen von der Pflicht zur Verwendung dieses Verfahrens vorsehen. ⁷Einer Zustimmung des Bundesrates zu einer Rechtsverordnung nach Satz 1 und 5 bedarf es nicht, soweit die Kraftfahrzeugsteuer, die Luftverkehrsteuer, die Versicherungsteuer und Verbrauchsteuern, mit Ausnahme der Biersteuer, betroffen sind. ⁸Zur Regelung der Datenübermittlung kann in der Rechtsverordnung auf Veröffentlichungen sachverständiger Stellen verwiesen werden. ⁹Hierbei sind das Datum der Veröffentlichung, die Bezugsquelle und eine Stelle zu bezeichnen, bei der die Veröffentlichung archivmäßig gesichert niedergelegt ist. ¹⁰§ 87a Absatz 3 Satz 2 ist nicht anzuwenden.

(7) Soweit die Steuergesetze anordnen, dass der Steuerpflichtige die Steuererklärung nach amtlich vorgeschriebenem Datensatz durch Datenfernübertragung zu übermitteln hat, kann das Bundesministerium der Finanzen durch Rechtsverordnung mit Zustimmung des Bundesrates das Nähere zum Verfahren der elektronischen Übermittlung bestimmen; Absatz 6 Satz 2 bis 9 gilt entsprechend.

(8) ¹Ordnen die Steuergesetze an, dass die Finanzbehörde auf Antrag zur Vermeidung unbilliger Härten auf eine Übermittlung der Steuererklärung nach amtlich vorgeschriebenem Datensatz durch Datenfernübertragung verzichten kann, ist einem solchen Antrag zu entsprechen, wenn eine Erklärungsabgabe nach amtlich vorgeschriebenem Datensatz durch Datenfernübertragung für den Steuerpflichtigen wirtschaftlich oder persönlich unzumutbar ist. ²Dies ist insbesondere der Fall, wenn die Schaffung der technischen Möglichkeiten für eine Datenfernübertragung des amtlich vorgeschriebenen Datensatzes nur mit einem nicht unerheblichen finanziellen Aufwand möglich wäre oder wenn der Steuerpflichtige nach seinen individuellen Kenntnissen und Fähigkeiten nicht oder nur eingeschränkt in der Lage ist, die Möglichkeiten der Datenfernübertragung zu nutzen.

## § 151 Aufnahme der Steuererklärung an Amtsstelle

Steuererklärungen, die schriftlich abzugeben sind, können bei der zuständigen Finanzbehörde zur Niederschrift erklärt werden, wenn die Schriftform dem Steuerpflichtigen nach seinen persönlichen Verhältnissen nicht zugemutet werden kann, insbesondere, wenn er nicht in der Lage ist, eine gesetzlich vorgeschriebene Selbstberechnung der Steuer vorzunehmen oder durch einen Dritten vornehmen zu lassen.

## § 152 Verspätungszuschlag[1)]

(1) ¹Gegen denjenigen, der seiner Verpflichtung zur Abgabe einer Steuererklärung nicht oder nicht fristgemäß nachkommt, kann ein Verspätungszuschlag festgesetzt werden. ²Von der Festsetzung eines Verspätungszuschlags ist abzusehen, wenn die Versäumnis entschuldbar erscheint. ³Das Verschulden eines gesetzlichen Vertreters oder eines Erfüllungsgehilfen steht dem eigenen Verschulden gleich.

(2) ¹Der Verspätungszuschlag darf 10 Prozent der festgesetzten Steuer oder des festgesetzten Messbetrags nicht übersteigen und höchstens 25 000 Euro betragen. ²Bei der Bemessung des Verspätungszuschlags sind neben seinem Zweck, den Steuerpflichtigen zur rechtzeitigen Abgabe der Steuererklärung anzuhalten, die Dauer der Fristüberschreitung, die Höhe des sich aus der Steuerfestsetzung ergebenden Zahlungsanspruchs, die aus der verspäteten Abgabe der Steu-

---

1) **Anm. d. Red.:** § 152 Abs. 2 i. d. F. des Gesetzes v. 13. 12. 2006 (BGBl I S. 2878) mit Wirkung v. 1. 1. 2007; Abs. 5 weggefallen gem. Gesetz v. 26. 6. 2013 (BGBl I S. 1809) mit Wirkung v. 30. 6. 2013.

ererklärung gezogenen Vorteile sowie das Verschulden und die wirtschaftliche Leistungsfähigkeit des Steuerpflichtigen zu berücksichtigen.

(3) Der Verspätungszuschlag ist regelmäßig mit der Steuer oder dem Steuermessbetrag festzusetzen.

(4) Bei Steuererklärungen für gesondert festzustellende Besteuerungsgrundlagen gelten die Absätze 1 bis 3 mit der Maßgabe, dass bei Anwendung des Absatzes 2 Satz 1 die steuerlichen Auswirkungen zu schätzen sind.

(5) (weggefallen)

### § 153 Berichtigung von Erklärungen

(1) ¹Erkennt ein Steuerpflichtiger nachträglich vor Ablauf der Festsetzungsfrist,

1. dass eine von ihm oder für ihn abgegebene Erklärung unrichtig oder unvollständig ist und dass es dadurch zu einer Verkürzung von Steuern kommen kann oder bereits gekommen ist oder
2. dass eine durch Verwendung von Steuerzeichen oder Steuerstemplern zu entrichtende Steuer nicht in der richtigen Höhe entrichtet worden ist,

so ist er verpflichtet, dies unverzüglich anzuzeigen und die erforderliche Richtigstellung vorzunehmen. ²Die Verpflichtung trifft auch den Gesamtrechtsnachfolger eines Steuerpflichtigen und die nach den §§ 34 und 35 für den Gesamtrechtsnachfolger oder den Steuerpflichtigen handelnden Personen.

(2) Die Anzeigepflicht besteht ferner, wenn die Voraussetzungen für eine Steuerbefreiung, Steuerermäßigung oder sonstige Steuervergünstigung nachträglich ganz oder teilweise wegfallen.

(3) Wer Waren, für die eine Steuervergünstigung unter einer Bedingung gewährt worden ist, in einer Weise verwenden will, die der Bedingung nicht entspricht, hat dies vorher der Finanzbehörde anzuzeigen.

## 3. Unterabschnitt: Kontenwahrheit

### § 154 Kontenwahrheit

(1) Niemand darf auf einen falschen oder erdichteten Namen für sich oder einen Dritten ein Konto errichten oder Buchungen vornehmen lassen, Wertsachen (Geld, Wertpapiere, Kostbarkeiten) in Verwahrung geben oder verpfänden oder sich ein Schließfach geben lassen.

(2) ¹Wer ein Konto führt, Wertsachen verwahrt oder als Pfand nimmt oder ein Schließfach überlässt, hat sich zuvor Gewissheit über die Person und Anschrift des Verfügungsberechtigten zu verschaffen und die entsprechenden Angaben in geeigneter Form, bei Konten auf dem Konto, festzuhalten. ²Er hat sicherzustellen, dass er jederzeit Auskunft darüber geben kann, über welche Konten oder Schließfächer eine Person verfügungsberechtigt ist.

(3) Ist gegen Absatz 1 verstoßen worden, so dürfen Guthaben, Wertsachen und der Inhalt eines Schließfachs nur mit Zustimmung des für die Einkommen- und Körperschaftsteuer des Verfügungsberechtigten zuständigen Finanzamts herausgegeben werden.

## Dritter Abschnitt: Festsetzungs- und Feststellungsverfahren

## 1. Unterabschnitt: Steuerfestsetzung

### I. Allgemeine Vorschriften

### § 155 Steuerfestsetzung

(1) ¹Die Steuern werden, soweit nichts anderes vorgeschrieben ist, von der Finanzbehörde durch Steuerbescheid festgesetzt. ²Steuerbescheid ist der nach § 122 Abs. 1 bekannt gegebene

Verwaltungsakt. ³Dies gilt auch für die volle oder teilweise Freistellung von einer Steuer und für die Ablehnung eines Antrags auf Steuerfestsetzung.

(2) Ein Steuerbescheid kann erteilt werden, auch wenn ein Grundlagenbescheid noch nicht erlassen wurde.

(3) ¹Schulden mehrere Steuerpflichtige eine Steuer als Gesamtschuldner, so können gegen sie zusammengefasste Steuerbescheide ergehen. ²Mit zusammengefassten Steuerbescheiden können Verwaltungsakte über steuerliche Nebenleistungen oder sonstige Ansprüche, auf die dieses Gesetz anzuwenden ist, gegen einen oder mehrere der Steuerpflichtigen verbunden werden. ³Das gilt auch dann, wenn festgesetzte Steuern, steuerliche Nebenleistungen oder sonstige Ansprüche nach dem zwischen den Steuerpflichtigen bestehenden Rechtsverhältnis nicht von allen Beteiligten zu tragen sind.

(4) Die für die Steuerfestsetzung geltenden Vorschriften sind auf die Festsetzung einer Steuervergütung sinngemäß anzuwenden.

### § 156 Absehen von Steuerfestsetzung[1)]

(1) ¹Das Bundesministerium der Finanzen kann zur Vereinfachung der Verwaltung durch Rechtsverordnung bestimmen, dass Steuern und steuerliche Nebenleistungen nicht festgesetzt werden, wenn der Betrag, der festzusetzen ist, einen durch diese Rechtsverordnung zu bestimmenden Betrag voraussichtlich nicht übersteigt; der zu bestimmende Betrag darf 10 Euro nicht überschreiten. ²Die Rechtsverordnung bedarf nicht der Zustimmung des Bundesrates, soweit sie die Kraftfahrzeugsteuer, die Luftverkehrsteuer, die Versicherungsteuer, Einfuhr- und Ausfuhrabgaben oder Verbrauchsteuern, mit Ausnahme der Biersteuer, betrifft.

(2) Die Festsetzung von Steuern und steuerlichen Nebenleistungen kann unterbleiben, wenn feststeht, dass die Einziehung keinen Erfolg haben wird, oder wenn die Kosten der Einziehung einschließlich der Festsetzung außer Verhältnis zu dem Betrag stehen.

### § 157 Form und Inhalt der Steuerbescheide

(1) ¹Steuerbescheide sind schriftlich zu erteilen, soweit nichts anderes bestimmt ist. ²Schriftliche Steuerbescheide müssen die festgesetzte Steuer nach Art und Betrag bezeichnen und angeben, wer die Steuer schuldet. ³Ihnen ist außerdem eine Belehrung darüber beizufügen, welcher Rechtsbehelf zulässig ist und binnen welcher Frist und bei welcher Behörde er einzulegen ist.

(2) Die Feststellung der Besteuerungsgrundlagen bildet einen mit Rechtsbehelfen nicht selbständig anfechtbaren Teil des Steuerbescheids, soweit die Besteuerungsgrundlagen nicht gesondert festgestellt werden.

### § 158 Beweiskraft der Buchführung

Die Buchführung und die Aufzeichnungen des Steuerpflichtigen, die den Vorschriften der §§ 140 bis 148 entsprechen, sind der Besteuerung zugrunde zu legen, soweit nach den Umständen des Einzelfalls kein Anlass ist, ihre sachliche Richtigkeit zu beanstanden.

### § 159 Nachweis der Treuhänderschaft

(1) ¹Wer behauptet, dass er Rechte, die auf seinen Namen lauten, oder Sachen, die er besitzt, nur als Treuhänder, Vertreter eines anderen oder Pfandgläubiger innehabe oder besitze, hat auf Verlangen nachzuweisen, wem die Rechte oder Sachen gehören; anderenfalls sind sie ihm regelmäßig zuzurechnen. ²Das Recht der Finanzbehörde, den Sachverhalt zu ermitteln, wird dadurch nicht eingeschränkt.

(2) § 102 bleibt unberührt.

---

1) **Anm. d. Red.:** § 156 Abs. 1 i. d. F. des Gesetzes v. 26. 6. 2013 (BGBl I S. 1809) mit Wirkung v. 30. 6. 2013.

## § 160 Benennung von Gläubigern und Zahlungsempfängern

(1) ¹Schulden und andere Lasten, Betriebsausgaben, Werbungskosten und andere Ausgaben sind steuerlich regelmäßig nicht zu berücksichtigen, wenn der Steuerpflichtige dem Verlangen der Finanzbehörde nicht nachkommt, die Gläubiger oder die Empfänger genau zu benennen. ²Das Recht der Finanzbehörde, den Sachverhalt zu ermitteln, bleibt unberührt.

(2) § 102 bleibt unberührt.

## § 161 Fehlmengen bei Bestandsaufnahmen

¹Ergeben sich bei einer vorgeschriebenen oder amtlich durchgeführten Bestandsaufnahme Fehlmengen an verbrauchsteuerpflichtigen Waren, so wird vermutet, dass hinsichtlich der Fehlmengen eine Verbrauchsteuer entstanden oder eine bedingt entstandene Verbrauchsteuer unbedingt geworden ist, soweit nicht glaubhaft gemacht wird, dass die Fehlmengen auf Umstände zurückzuführen sind, die eine Steuer nicht begründen oder eine bedingte Steuer nicht unbedingt werden lassen. ²Die Steuer gilt im Zweifel im Zeitpunkt der Bestandsaufnahme als entstanden oder unbedingt geworden.

## § 162 Schätzung von Besteuerungsgrundlagen[1)]

(1) ¹Soweit die Finanzbehörde die Besteuerungsgrundlagen nicht ermitteln oder berechnen kann, hat sie sie zu schätzen. ²Dabei sind alle Umstände zu berücksichtigen, die für die Schätzung von Bedeutung sind.

(2) ¹Zu schätzen ist insbesondere dann, wenn der Steuerpflichtige über seine Angaben keine ausreichenden Aufklärungen zu geben vermag oder weitere Auskunft oder eine Versicherung an Eides statt verweigert oder seine Mitwirkungspflicht nach § 90 Abs. 2 verletzt. ²Das Gleiche gilt, wenn der Steuerpflichtige Bücher oder Aufzeichnungen, die er nach den Steuergesetzen zu führen hat, nicht vorlegen kann, wenn die Buchführung oder die Aufzeichnungen der Besteuerung nicht nach § 158 zugrunde gelegt werden oder wenn tatsächliche Anhaltspunkte für die Unrichtigkeit oder Unvollständigkeit der vom Steuerpflichtigen gemachten Angaben zu steuerpflichtigen Einnahmen oder Betriebsvermögensmehrungen bestehen und der Steuerpflichtige die Zustimmung nach § 93 Abs. 7 Satz 1 Nr. 5 nicht erteilt. ³Hat der Steuerpflichtige seine Mitwirkungspflichten nach § 90 Absatz 2 Satz 3 verletzt, so wird widerlegbar vermutet, dass steuerpflichtige Einkünfte in Staaten oder Gebieten im Sinne des § 90 Absatz 2 Satz 3 vorhanden oder höher als die erklärten Einkünfte sind.

(3) ¹Verletzt ein Steuerpflichtiger seine Mitwirkungspflichten nach § 90 Abs. 3 dadurch, dass er die Aufzeichnungen nicht vorlegt, oder sind vorgelegte Aufzeichnungen im Wesentlichen unverwertbar oder wird festgestellt, dass der Steuerpflichtige Aufzeichnungen im Sinne des § 90 Abs. 3 Satz 3 nicht zeitnah erstellt hat, so wird widerlegbar vermutet, dass seine im Inland steuerpflichtigen Einkünfte, zu deren Ermittlung die Aufzeichnungen im Sinne des § 90 Abs. 3 dienen, höher als die von ihm erklärten Einkünfte sind. ²Hat in solchen Fällen die Finanzbehörde eine Schätzung vorzunehmen und können diese Einkünfte nur innerhalb eines bestimmten Rahmens, insbesondere nur auf Grund von Preisspannen bestimmt werden, kann dieser Rahmen zu Lasten des Steuerpflichtigen ausgeschöpft werden. ³Bestehen trotz Vorlage verwertbarer Aufzeichnungen durch den Steuerpflichtigen Anhaltspunkte dafür, dass seine Einkünfte bei Beachtung des Fremdvergleichsgrundsatzes höher wären als die auf Grund der Aufzeichnungen erklärten Einkünfte, und können entsprechende Zweifel deswegen nicht aufgeklärt werden, weil eine ausländische, nahe stehende Person ihre Mitwirkungspflichten nach § 90 Abs. 2 oder ihre Auskunftspflichten nach § 93 Abs. 1 nicht erfüllt, ist Satz 2 entsprechend anzuwenden.

---

1) **Anm. d. Red.:** § 162 Abs. 2 i. d. F. des Gesetzes v. 29. 7. 2009 (BGBl I S. 2302) mit Wirkung v. 1. 8. 2009; Abs. 3 i. d. F. des Gesetzes v. 14. 8. 2007 (BGBl I S. 1912) mit Wirkung v. 18. 8. 2007; Abs. 4 i. d. F. des Gesetzes v. 13. 12. 2006 (BGBl I S. 2878) mit Wirkung v. 1. 1. 2007; Abs. 5 i. d. F. des Gesetzes v. 16. 5. 2003 (BGBl I S. 660) mit Wirkung v. 16. 12. 2004.

(4) ¹Legt ein Steuerpflichtiger Aufzeichnungen im Sinne des § 90 Abs. 3 nicht vor oder sind vorgelegte Aufzeichnungen im Wesentlichen unverwertbar, ist ein Zuschlag von 5 000 Euro festzusetzen. ²Der Zuschlag beträgt mindestens 5 Prozent und höchstens 10 Prozent des Mehrbetrags der Einkünfte, der sich nach einer Berichtigung auf Grund der Anwendung des Absatzes 3 ergibt, wenn sich danach ein Zuschlag von mehr als 5 000 Euro ergibt. ³Bei verspäteter Vorlage von verwertbaren Aufzeichnungen beträgt der Zuschlag bis zu 1 000 000 Euro, mindestens jedoch 100 Euro für jeden vollen Tag der Fristüberschreitung. ⁴Soweit den Finanzbehörden Ermessen hinsichtlich der Höhe des Zuschlags eingeräumt ist, sind neben dessen Zweck, den Steuerpflichtigen zur Erstellung und fristgerechten Vorlage der Aufzeichnungen im Sinne des § 90 Abs. 3 anzuhalten, insbesondere die von ihm gezogenen Vorteile und bei verspäteter Vorlage auch die Dauer der Fristüberschreitung zu berücksichtigen. ⁵Von der Festsetzung eines Zuschlags ist abzusehen, wenn die Nichterfüllung der Pflichten nach § 90 Abs. 3 entschuldbar erscheint oder ein Verschulden nur geringfügig ist. ⁶Das Verschulden eines gesetzlichen Vertreters oder eines Erfüllungsgehilfen steht dem eigenen Verschulden gleich. ⁷Der Zuschlag ist regelmäßig nach Abschluss der Außenprüfung festzusetzen.

(5) In den Fällen des § 155 Abs. 2 können die in einem Grundlagenbescheid festzustellenden Besteuerungsgrundlagen geschätzt werden.

### § 163 Abweichende Festsetzung von Steuern aus Billigkeitsgründen

¹Steuern können niedriger festgesetzt werden und einzelne Besteuerungsgrundlagen, die die Steuern erhöhen, können bei der Festsetzung der Steuer unberücksichtigt bleiben, wenn die Erhebung der Steuer nach Lage des einzelnen Falls unbillig wäre. ²Mit Zustimmung des Steuerpflichtigen kann bei Steuern vom Einkommen zugelassen werden, dass einzelne Besteuerungsgrundlagen, soweit sie die Steuer erhöhen, bei der Steuerfestsetzung erst zu einer späteren Zeit und, soweit sie die Steuer mindern, schon zu einer früheren Zeit berücksichtigt werden. ³Die Entscheidung über die abweichende Festsetzung kann mit der Steuerfestsetzung verbunden werden.

### § 164 Steuerfestsetzung unter Vorbehalt der Nachprüfung[1]

(1) ¹Die Steuern können, solange der Steuerfall nicht abschließend geprüft ist, allgemein oder im Einzelfall unter dem Vorbehalt der Nachprüfung festgesetzt werden, ohne dass dies einer Begründung bedarf. ²Die Festsetzung einer Vorauszahlung ist stets eine Steuerfestsetzung unter Vorbehalt der Nachprüfung.

(2) ¹Solange der Vorbehalt wirksam ist, kann die Steuerfestsetzung aufgehoben oder geändert werden. ²Der Steuerpflichtige kann die Aufhebung oder Änderung der Steuerfestsetzung jederzeit beantragen. ³Die Entscheidung hierüber kann jedoch bis zur abschließenden Prüfung des Steuerfalls, die innerhalb angemessener Frist vorzunehmen ist, hinausgeschoben werden.

(3) ¹Der Vorbehalt der Nachprüfung kann jederzeit aufgehoben werden. ²Die Aufhebung steht einer Steuerfestsetzung ohne Vorbehalt der Nachprüfung gleich; § 157 Abs. 1 Satz 1 und 3 gilt sinngemäß. ³Nach einer Außenprüfung ist der Vorbehalt aufzuheben, wenn sich Änderungen gegenüber der Steuerfestsetzung unter Vorbehalt der Nachprüfung nicht ergeben.

(4) ¹Der Vorbehalt der Nachprüfung entfällt, wenn die Festsetzungsfrist abläuft. ²§ 169 Absatz 2 Satz 2, § 170 Absatz 6 und § 171 Absatz 7, 8 und 10 sind nicht anzuwenden.

### § 165 Vorläufige Steuerfestsetzung, Aussetzung der Steuerfestsetzung[2]

(1) ¹Soweit ungewiss ist, ob die Voraussetzungen für die Entstehung einer Steuer eingetreten sind, kann sie vorläufig festgesetzt werden. ²Diese Regelung ist auch anzuwenden, wenn

---

1) **Anm. d. Red.:** § 164 Abs. 4 i. d. F. des Gesetzes v. 22. 12. 2014 (BGBl I S. 2415) mit Wirkung v. 1. 1. 2015.

2) **Anm. d. Red.:** § 165 Abs. 1 i. d. F. des Gesetzes v. 26. 6. 2013 (BGBl I S. 1809) mit Wirkung v. 30. 6. 2013; Abs. 2 i. d. F. des Gesetzes v. 20. 12. 2008 (BGBl I S. 2850) mit Wirkung v. 1. 1. 2009.

1. ungewiss ist, ob und wann Verträge mit anderen Staaten über die Besteuerung (§ 2), die sich zugunsten des Steuerpflichtigen auswirken, für die Steuerfestsetzung wirksam werden,
2. das Bundesverfassungsgericht die Unvereinbarkeit eines Steuergesetzes mit dem Grundgesetz festgestellt hat und der Gesetzgeber zu einer Neuregelung verpflichtet ist,
3. die Vereinbarkeit eines Steuergesetzes mit höherrangigem Recht Gegenstand eines Verfahrens bei dem Gerichtshof der Europäischen Union, dem Bundesverfassungsgericht oder einem obersten Bundesgericht ist oder
4. die Auslegung eines Steuergesetzes Gegenstand eines Verfahrens bei dem Bundesfinanzhof ist.

³Umfang und Grund der Vorläufigkeit sind anzugeben. ⁴Unter den Voraussetzungen der Sätze 1 und 2 kann die Steuerfestsetzung auch gegen oder ohne Sicherheitsleistung ausgesetzt werden.

(2) ¹Soweit die Finanzbehörde eine Steuer vorläufig festgesetzt hat, kann sie die Festsetzung aufheben oder ändern. ²Wenn die Ungewissheit beseitigt ist, ist eine vorläufige Steuerfestsetzung aufzuheben, zu ändern oder für endgültig zu erklären; eine ausgesetzte Steuerfestsetzung ist nachzuholen. ³In den Fällen des Absatzes 1 Satz 2 Nr. 4 endet die Ungewissheit, sobald feststeht, dass die Grundsätze der Entscheidung des Bundesfinanzhofs über den entschiedenen Einzelfall hinaus allgemein anzuwenden sind. ⁴In den Fällen des Absatzes 1 Satz 2 muss eine vorläufige Steuerfestsetzung nach Satz 2 nur auf Antrag des Steuerpflichtigen für endgültig erklärt werden, wenn sie nicht aufzuheben oder zu ändern ist.

(3) Die vorläufige Steuerfestsetzung kann mit einer Steuerfestsetzung unter Vorbehalt der Nachprüfung verbunden werden.

### § 166 Drittwirkung der Steuerfestsetzung

Ist die Steuer dem Steuerpflichtigen gegenüber unanfechtbar festgesetzt, so hat dies neben einem Gesamtrechtsnachfolger auch gegen sich gelten zu lassen, wer in der Lage gewesen wäre, den gegen den Steuerpflichtigen erlassenen Bescheid als dessen Vertreter, Bevollmächtigter oder kraft eigenen Rechts anzufechten.

### § 167 Steueranmeldung, Verwendung von Steuerzeichen oder Steuerstemplern[1)]

(1) ¹Ist eine Steuer auf Grund gesetzlicher Verpflichtung anzumelden (§ 150 Abs. 1 Satz 3), so ist eine Festsetzung der Steuer nach § 155 nur erforderlich, wenn die Festsetzung zu einer abweichenden Steuer führt oder der Steuer- oder Haftungsschuldner die Steueranmeldung nicht abgibt. ²Satz 1 gilt sinngemäß, wenn die Steuer auf Grund gesetzlicher Verpflichtung durch Verwendung von Steuerzeichen oder Steuerstemplern zu entrichten ist. ³Erkennt der Steuer- oder Haftungsschuldner nach Abschluss einer Außenprüfung im Sinne des § 193 Abs. 2 Nr. 1 seine Zahlungsverpflichtung schriftlich an, steht das Anerkenntnis einer Steueranmeldung gleich.

(2) ¹Steueranmeldungen gelten auch dann als rechtzeitig abgegeben, wenn sie fristgerecht bei der zuständigen Kasse eingehen. ²Dies gilt nicht für Einfuhr- und Ausfuhrabgaben und Verbrauchsteuern.

### § 168 Wirkung einer Steueranmeldung

¹Eine Steueranmeldung steht einer Steuerfestsetzung unter Vorbehalt der Nachprüfung gleich. ²Führt die Steueranmeldung zu einer Herabsetzung der bisher zu entrichtenden Steuer oder zu einer Steuervergütung, so gilt Satz 1 erst, wenn die Finanzbehörde zustimmt. ³Die Zustimmung bedarf keiner Form.

---

1) **Anm. d. Red.:** § 167 Abs. 1 i. d. F. des Gesetzes v. 15. 12. 2003 (BGBl I S. 2645) mit Wirkung v. 20. 12. 2003.

## II. Festsetzungsverjährung

### § 169 Festsetzungsfrist[1)2)]

(1) ¹Eine Steuerfestsetzung sowie ihre Aufhebung oder Änderung sind nicht mehr zulässig, wenn die Festsetzungsfrist abgelaufen ist. ²Dies gilt auch für die Berichtigung wegen offenbarer Unrichtigkeit nach § 129. ³Die Frist ist gewahrt, wenn vor Ablauf der Festsetzungsfrist

1. der Steuerbescheid den Bereich der für die Steuerfestsetzung zuständigen Finanzbehörde verlassen hat oder
2. bei öffentlicher Zustellung die Benachrichtigung nach § 10 Abs. 2 Satz 1 des Verwaltungszustellungsgesetzes bekannt gemacht oder veröffentlicht wird.

(2) ¹Die Festsetzungsfrist beträgt:

1. ein Jahr

    für Verbrauchsteuern und Verbrauchsteuervergütungen,

2. vier Jahre

    für Steuern und Steuervergütungen, die keine Steuern oder Steuervergütungen im Sinne der Nummer 1 oder Einfuhr- und Ausfuhrabgaben im Sinne des Artikels 4 Nr. 10 und 11 des Zollkodexes sind.

²Die Festsetzungsfrist beträgt zehn Jahre, soweit eine Steuer hinterzogen, und fünf Jahre, soweit sie leichtfertig verkürzt worden ist. ³Dies gilt auch dann, wenn die Steuerhinterziehung oder leichtfertige Steuerverkürzung nicht durch den Steuerschuldner oder eine Person begangen worden ist, deren er sich zur Erfüllung seiner steuerlichen Pflichten bedient, es sei denn, der Steuerschuldner weist nach, dass er durch die Tat keinen Vermögensvorteil erlangt hat und dass sie auch nicht darauf beruht, dass er die im Verkehr erforderlichen Vorkehrungen zur Verhinderung von Steuerverkürzungen unterlassen hat.

### § 170 Beginn der Festsetzungsfrist[3)]

(1) Die Festsetzungsfrist beginnt mit Ablauf des Kalenderjahrs, in dem die Steuer entstanden ist oder eine bedingt entstandene Steuer unbedingt geworden ist.

(2) ¹Abweichend von Absatz 1 beginnt die Festsetzungsfrist, wenn

1. eine Steuererklärung oder eine Steueranmeldung einzureichen oder eine Anzeige zu erstatten ist, mit Ablauf des Kalenderjahrs, in dem die Steuererklärung, die Steueranmeldung oder die Anzeige eingereicht wird, spätestens jedoch mit Ablauf des dritten Kalenderjahrs, das auf das Kalenderjahr folgt, in dem die Steuer entstanden ist, es sei denn, dass die Festsetzungsfrist nach Absatz 1 später beginnt,
2. eine Steuer durch Verwendung von Steuerzeichen oder Steuerstemplern zu zahlen ist, mit Ablauf des Kalenderjahrs, in dem für den Steuerfall Steuerzeichen oder Steuerstempler verwendet worden sind, spätestens jedoch mit Ablauf des dritten Kalenderjahrs, das auf das Kalenderjahr folgt, in dem die Steuerzeichen oder Steuerstempler hätten verwendet werden müssen.

²Dies gilt nicht für Verbrauchsteuern, ausgenommen die Energiesteuer auf Erdgas und die Stromsteuer.

---

1) **Anm. d. Red.:** § 169 Abs. 1 i. d. F. des Gesetzes v. 12. 8. 2005 (BGBl I S. 2354) mit Wirkung v. 1. 2. 2006.

2) **Anm. d. Red.:** Gem. Art. 2 Nr. 5 i. V. mit Art. 16 Abs. 4 Gesetz v. 22. 12. 2014 (BGBl I S. 2417) werden in § 169 Abs. 2 Satz 1 Nr. 2 mit Wirkung v. 1. 5. 2016 die Wörter „im Sinne des Artikels 4 Nr. 10 und 11 des Zollkodexes" durch die Wörter „nach Artikel 5 Nummer 20 und 21 des Zollkodex der Union" ersetzt.

3) **Anm. d. Red.:** § 170 Abs. 2 i. d. F. des Gesetzes v. 8. 12. 2010 (BGBl I S. 1768) mit Wirkung v. 14. 12. 2010; Abs. 6 i. d. F. des Gesetzes v. 22. 12. 2014 (BGBl I S. 2415) mit Wirkung v. 1. 1. 2015.

(3) Wird eine Steuer oder eine Steuervergütung nur auf Antrag festgesetzt, so beginnt die Frist für die Aufhebung oder Änderung dieser Festsetzung oder ihrer Berichtigung nach § 129 nicht vor Ablauf des Kalenderjahrs, in dem der Antrag gestellt wird.

(4) Wird durch Anwendung des Absatzes 2 Nr. 1 auf die Vermögensteuer oder die Grundsteuer der Beginn der Festsetzungsfrist hinausgeschoben, so wird der Beginn der Festsetzungsfrist für die folgenden Kalenderjahre des Hauptveranlagungszeitraums jeweils um die gleiche Zeit hinausgeschoben.

(5) Für die Erbschaftsteuer (Schenkungsteuer) beginnt die Festsetzungsfrist nach den Absätzen 1 oder 2

1. bei einem Erwerb von Todes wegen nicht vor Ablauf des Kalenderjahrs, in dem der Erwerber Kenntnis von dem Erwerb erlangt hat,
2. bei einer Schenkung nicht vor Ablauf des Kalenderjahrs, in dem der Schenker gestorben ist oder die Finanzbehörde von der vollzogenen Schenkung Kenntnis erlangt hat,
3. bei einer Zweckzuwendung unter Lebenden nicht vor Ablauf des Kalenderjahrs, in dem die Verpflichtung erfüllt worden ist.

(6) Für die Steuer, die auf Kapitalerträge entfällt, die

1. aus Staaten oder Territorien stammen, die nicht Mitglieder der Europäischen Union oder der Europäischen Freihandelsassoziation sind, und
2. nicht nach Verträgen im Sinne des § 2 Absatz 1 oder hierauf beruhenden Vereinbarungen automatisch mitgeteilt werden,

beginnt die Festsetzungsfrist frühestens mit Ablauf des Kalenderjahres, in dem diese Kapitalerträge der Finanzbehörde durch Erklärung des Steuerpflichtigen oder in sonstiger Weise bekannt geworden sind, spätestens jedoch zehn Jahre nach Ablauf des Kalenderjahres, in dem die Steuer entstanden ist.

## § 171 Ablaufhemmung[1)]

(1) Die Festsetzungsfrist läuft nicht ab, solange die Steuerfestsetzung wegen höherer Gewalt innerhalb der letzten sechs Monate des Fristlaufs nicht erfolgen kann.

(2) Ist beim Erlass eines Steuerbescheids eine offenbare Unrichtigkeit unterlaufen, so endet die Festsetzungsfrist insoweit nicht vor Ablauf eines Jahres nach Bekanntgabe dieses Steuerbescheids.

(3) Wird vor Ablauf der Festsetzungsfrist außerhalb eines Einspruchs- oder Klageverfahrens ein Antrag auf Steuerfestsetzung oder auf Aufhebung oder Änderung einer Steuerfestsetzung oder ihrer Berichtigung nach § 129 gestellt, so läuft die Festsetzungsfrist insoweit nicht ab, bevor über den Antrag unanfechtbar entschieden worden ist.

(3a) [1]Wird ein Steuerbescheid mit einem Einspruch oder einer Klage angefochten, so läuft die Festsetzungsfrist nicht ab, bevor über den Rechtsbehelf unanfechtbar entschieden ist; dies gilt auch, wenn der Rechtsbehelf erst nach Ablauf der Festsetzungsfrist eingelegt wird. [2]Der Ablauf der Festsetzungsfrist ist hinsichtlich des gesamten Steueranspruchs gehemmt; dies gilt nicht, soweit der Rechtsbehelf unzulässig ist. [3]In den Fällen des § 100 Abs. 1 Satz 1, Abs. 2 Satz 2, Abs. 3 Satz 1, § 101 der Finanzgerichtsordnung ist über den Rechtsbehelf erst dann unanfechtbar entschieden, wenn ein auf Grund der genannten Vorschriften erlassener Steuerbescheid unanfechtbar geworden ist.

(4) [1]Wird vor Ablauf der Festsetzungsfrist mit einer Außenprüfung begonnen oder wird deren Beginn auf Antrag des Steuerpflichtigen hinausgeschoben, so läuft die Festsetzungsfrist für die Steuern, auf die sich die Außenprüfung erstreckt oder im Fall der Hinausschiebung der Außenprüfung erstrecken sollte, nicht ab, bevor die auf Grund der Außenprüfung zu erlassenden Steu-

---

1) **Anm. d. Red.:** § 171 Abs. 10 i. d. F. des Gesetzes v. 22. 12. 2014 (BGBl I S. 2417) mit Wirkung v. 31. 12. 2014; Abs. 15 i. d. F. des Gesetzes v. 26. 6. 2013 (BGBl I S. 1809) mit Wirkung v. 30. 6. 2013.

I. Abgabenordnung § 171

erbescheide unanfechtbar geworden sind oder nach Bekanntgabe der Mitteilung nach § 202 Abs. 1 Satz 3 drei Monate verstrichen sind. ²Dies gilt nicht, wenn eine Außenprüfung unmittelbar nach ihrem Beginn für die Dauer von mehr als sechs Monaten aus Gründen unterbrochen wird, die die Finanzbehörde zu vertreten hat. ³Die Festsetzungsfrist endet spätestens, wenn seit Ablauf des Kalenderjahrs, in dem die Schlussbesprechung stattgefunden hat, oder, wenn sie unterblieben ist, seit Ablauf des Kalenderjahrs, in dem die letzten Ermittlungen im Rahmen der Außenprüfung stattgefunden haben, die in § 169 Abs. 2 genannten Fristen verstrichen sind; eine Ablaufhemmung nach anderen Vorschriften bleibt unberührt.

(5) ¹Beginnen die Zollfahndungsämter oder die mit der Steuerfahndung betrauten Dienststellen der Landesfinanzbehörden vor Ablauf der Festsetzungsfrist beim Steuerpflichtigen mit Ermittlungen der Besteuerungsgrundlagen, so läuft die Festsetzungsfrist insoweit nicht ab, bevor die auf Grund der Ermittlungen zu erlassenden Steuerbescheide unanfechtbar geworden sind; Absatz 4 Satz 2 gilt sinngemäß. ²Das Gleiche gilt, wenn dem Steuerpflichtigen vor Ablauf der Festsetzungsfrist die Einleitung des Steuerstrafverfahrens oder des Bußgeldverfahrens wegen einer Steuerordnungswidrigkeit bekannt gegeben worden ist; § 169 Abs. 1 Satz 3 gilt sinngemäß.

(6) ¹Ist bei Steuerpflichtigen eine Außenprüfung im Geltungsbereich dieses Gesetzes nicht durchführbar, wird der Ablauf der Festsetzungsfrist auch durch sonstige Ermittlungshandlungen im Sinne des § 92 gehemmt, bis die auf Grund dieser Ermittlungen erlassenen Steuerbescheide unanfechtbar geworden sind. ²Die Ablaufhemmung tritt jedoch nur dann ein, wenn der Steuerpflichtige vor Ablauf der Festsetzungsfrist auf den Beginn der Ermittlungen nach Satz 1 hingewiesen worden ist; § 169 Abs. 1 Satz 3 gilt sinngemäß.

(7) In den Fällen des § 169 Abs. 2 Satz 2 endet die Festsetzungsfrist nicht, bevor die Verfolgung der Steuerstraftat oder der Steuerordnungswidrigkeit verjährt ist.

(8) ¹Ist die Festsetzung einer Steuer nach § 165 ausgesetzt oder die Steuer vorläufig festgesetzt worden, so endet die Festsetzungsfrist nicht vor dem Ablauf eines Jahres, nachdem die Ungewissheit beseitigt ist und die Finanzbehörde hiervon Kenntnis erhalten hat. ²In den Fällen des § 165 Abs. 1 Satz 2 endet die Festsetzungsfrist nicht vor Ablauf von zwei Jahren, nachdem die Ungewissheit beseitigt ist und die Finanzbehörde hiervon Kenntnis erlangt hat.

(9) Erstattet der Steuerpflichtige vor Ablauf der Festsetzungsfrist eine Anzeige nach den §§ 153, 371 und 378 Abs. 3, so endet die Festsetzungsfrist nicht vor Ablauf eines Jahres nach Eingang der Anzeige.

(10) ¹Soweit für die Festsetzung einer Steuer ein Feststellungsbescheid, ein Steuermessbescheid oder ein anderer Verwaltungsakt bindend ist (Grundlagenbescheid), endet die Festsetzungsfrist nicht vor Ablauf von zwei Jahren nach Bekanntgabe des Grundlagenbescheids. ²Satz 1 gilt für einen Grundlagenbescheid, auf den § 181 nicht anzuwenden ist, nur, sofern dieser Grundlagenbescheid vor Ablauf der Festsetzungsfrist bei der zuständigen Behörde beantragt worden ist. ³Ist der Ablauf der Festsetzungsfrist hinsichtlich des Teils der Steuer, für den der Grundlagenbescheid nicht bindend ist, nach Absatz 4 gehemmt, endet die Festsetzungsfrist für den Teil der Steuer, für den der Grundlagenbescheid bindend ist, nicht vor Ablauf der nach Absatz 4 gehemmten Frist.

(11) ¹Ist eine geschäftsunfähige oder in der Geschäftsfähigkeit beschränkte Person ohne gesetzlichen Vertreter, so endet die Festsetzungsfrist nicht vor Ablauf von sechs Monaten nach dem Zeitpunkt, in dem die Person unbeschränkt geschäftsfähig wird oder der Mangel der Vertretung aufhört. ²Dies gilt auch, soweit für eine Person ein Betreuer bestellt und ein Einwilligungsvorbehalt nach § 1903 des Bürgerlichen Gesetzbuchs angeordnet ist, der Betreuer jedoch verstorben oder auf andere Weise weggefallen oder aus rechtlichen Gründen an der Vertretung des Betreuten verhindert ist.

(12) Richtet sich die Steuer gegen einen Nachlass, so endet die Festsetzungsfrist nicht vor dem Ablauf von sechs Monaten nach dem Zeitpunkt, in dem die Erbschaft von dem Erben angenommen oder das Insolvenzverfahren über den Nachlass eröffnet wird oder von dem an die Steuer gegen einen Vertreter festgesetzt werden kann.

(13) Wird vor Ablauf der Festsetzungsfrist eine noch nicht festgesetzte Steuer im Insolvenzverfahren angemeldet, so läuft die Festsetzungsfrist insoweit nicht vor Ablauf von drei Monaten nach Beendigung des Insolvenzverfahrens ab.

(14) Die Festsetzungsfrist für einen Steueranspruch endet nicht, soweit ein damit zusammenhängender Erstattungsanspruch nach § 37 Abs. 2 noch nicht verjährt ist (§ 228).

(15) Soweit ein Dritter Steuern für Rechnung des Steuerschuldners einzubehalten und abzuführen oder für Rechnung des Steuerschuldners zu entrichten hat, endet die Festsetzungsfrist gegenüber dem Steuerschuldner nicht vor Ablauf der gegenüber dem Steuerentrichtungspflichtigen geltenden Festsetzungsfrist.

## III. Bestandskraft

### § 172 Aufhebung und Änderung von Steuerbescheiden[1)2)]

(1) ¹Ein Steuerbescheid darf, soweit er nicht vorläufig oder unter dem Vorbehalt der Nachprüfung ergangen ist, nur aufgehoben oder geändert werden,
1. wenn er Verbrauchsteuern betrifft,
2. wenn er andere Steuern als Einfuhr- oder Ausfuhrabgaben im Sinne des Artikels 4 Nr. 10 und 11 des Zollkodexes oder Verbrauchsteuern betrifft,
   a) soweit der Steuerpflichtige zustimmt oder seinem Antrag der Sache nach entsprochen wird; dies gilt jedoch zugunsten des Steuerpflichtigen nur, soweit er vor Ablauf der Einspruchsfrist zugestimmt oder den Antrag gestellt hat oder soweit die Finanzbehörde einem Einspruch oder einer Klage abhilft,
   b) soweit er von einer sachlich unzuständigen Behörde erlassen worden ist,
   c) soweit er durch unlautere Mittel wie arglistige Täuschung, Drohung oder Bestechung erwirkt worden ist,
   d) soweit dies sonst gesetzlich zugelassen ist; die §§ 130 und 131 gelten nicht.

²Dies gilt auch dann, wenn der Steuerbescheid durch Einspruchsentscheidung bestätigt oder geändert worden ist. ³In den Fällen des Satzes 2 ist Satz 1 Nr. 2 Buchstabe a ebenfalls anzuwenden, wenn der Steuerpflichtige vor Ablauf der Klagefrist zugestimmt oder den Antrag gestellt hat; Erklärungen und Beweismittel, die nach § 364b Abs. 2 in der Einspruchsentscheidung nicht berücksichtigt wurden, dürfen hierbei nicht berücksichtigt werden.

(2) Absatz 1 gilt auch für einen Verwaltungsakt, durch den ein Antrag auf Erlass, Aufhebung oder Änderung eines Steuerbescheids ganz oder teilweise abgelehnt wird.

(3) ¹Anhängige, außerhalb eines Einspruchs- oder Klageverfahrens gestellte Anträge auf Aufhebung oder Änderung einer Steuerfestsetzung, die eine vom Gerichtshof der Europäischen Union, vom Bundesverfassungsgericht oder vom Bundesfinanzhof entschiedene Rechtsfrage betreffen und denen nach dem Ausgang des Verfahrens vor diesen Gerichten nicht entsprochen werden kann, können durch Allgemeinverfügung insoweit zurückgewiesen werden. ²§ 367 Abs. 2b Satz 2 bis 6 gilt entsprechend.

### § 173 Aufhebung oder Änderung von Steuerbescheiden wegen neuer Tatsachen oder Beweismittel

(1) Steuerbescheide sind aufzuheben oder zu ändern,
1. soweit Tatsachen oder Beweismittel nachträglich bekannt werden, die zu einer höheren Steuer führen,

---

1) **Anm. d. Red.:** § 172 Abs. 3 i. d. F. des Gesetzes v. 26. 6. 2013 (BGBl I S. 1809) mit Wirkung v. 30. 6. 2013.

2) **Anm. d. Red.:** Gem. Art. 2 Nr. 5 i.V. mit Art. 16 Abs. 4 Gesetz v. 22.12.2014 (BGBl I S. 2417) werden in § 172 Abs. 1 Satz 1 Nr. 2 vor Buchst. a mit Wirkung v. 1. 5. 2016 die Wörter „im Sinne des Artikels 4 Nr. 10 und 11 des Zollkodexes" durch die Wörter „nach Artikel 5 Nummer 20 und 21 des Zollkodex der Union" ersetzt.

2. soweit Tatsachen oder Beweismittel nachträglich bekannt werden, die zu einer niedrigeren Steuer führen und den Steuerpflichtigen kein grobes Verschulden daran trifft, dass die Tatsachen oder Beweismittel erst nachträglich bekannt werden. ²Das Verschulden ist unbeachtlich, wenn die Tatsachen oder Beweismittel in einem unmittelbaren oder mittelbaren Zusammenhang mit Tatsachen oder Beweismitteln im Sinne der Nummer 1 stehen.

(2) ¹Abweichend von Absatz 1 können Steuerbescheide, soweit sie auf Grund einer Außenprüfung ergangen sind, nur aufgehoben oder geändert werden, wenn eine Steuerhinterziehung oder eine leichtfertige Steuerverkürzung vorliegt. ²Dies gilt auch in den Fällen, in denen eine Mitteilung nach § 202 Abs. 1 Satz 3 ergangen ist.

## § 174 Widerstreitende Steuerfestsetzungen

(1) ¹Ist ein bestimmter Sachverhalt in mehreren Steuerbescheiden zuungunsten eines oder mehrerer Steuerpflichtiger berücksichtigt worden, obwohl er nur einmal hätte berücksichtigt werden dürfen, so ist der fehlerhafte Steuerbescheid auf Antrag aufzuheben oder zu ändern. ²Ist die Festsetzungsfrist für diese Steuerfestsetzung bereits abgelaufen, so kann der Antrag noch bis zum Ablauf eines Jahres gestellt werden, nachdem der letzte der betroffenen Steuerbescheide unanfechtbar geworden ist. ³Wird der Antrag rechtzeitig gestellt, steht der Aufhebung oder Änderung des Steuerbescheids insoweit keine Frist entgegen.

(2) ¹Absatz 1 gilt sinngemäß, wenn ein bestimmter Sachverhalt in unvereinbarer Weise mehrfach zugunsten eines oder mehrerer Steuerpflichtiger berücksichtigt worden ist; ein Antrag ist nicht erforderlich. ²Der fehlerhafte Steuerbescheid darf jedoch nur dann geändert werden, wenn die Berücksichtigung des Sachverhalts auf einen Antrag oder eine Erklärung des Steuerpflichtigen zurückzuführen ist.

(3) ¹Ist ein bestimmter Sachverhalt in einem Steuerbescheid erkennbar in der Annahme nicht berücksichtigt worden, dass er in einem anderen Steuerbescheid zu berücksichtigen sei, und stellt sich diese Annahme als unrichtig heraus, so kann die Steuerfestsetzung, bei der die Berücksichtigung des Sachverhalts unterblieben ist, insoweit nachgeholt, aufgehoben oder geändert werden. ²Die Nachholung, Aufhebung oder Änderung ist nur zulässig bis zum Ablauf der für die andere Steuerfestsetzung geltenden Festsetzungsfrist.

(4) ¹Ist auf Grund irriger Beurteilung eines bestimmten Sachverhalts ein Steuerbescheid ergangen, der auf Grund eines Rechtsbehelfs oder sonst auf Antrag des Steuerpflichtigen durch die Finanzbehörde zu seinen Gunsten aufgehoben oder geändert wird, so können aus dem Sachverhalt nachträglich durch Erlass oder Änderung eines Steuerbescheids die richtigen steuerlichen Folgerungen gezogen werden. ²Dies gilt auch dann, wenn der Steuerbescheid durch das Gericht aufgehoben oder geändert wird. ³Der Ablauf der Festsetzungsfrist ist unbeachtlich, wenn die steuerlichen Folgerungen innerhalb eines Jahres nach Aufhebung oder Änderung des fehlerhaften Steuerbescheids gezogen werden. ⁴War die Festsetzungsfrist bereits abgelaufen, als der später aufgehobene oder geänderte Steuerbescheid erlassen wurde, gilt dies nur unter den Voraussetzungen des Absatzes 3 Satz 1.

(5) ¹Gegenüber Dritten gilt Absatz 4, wenn sie an dem Verfahren, das zur Aufhebung oder Änderung des fehlerhaften Steuerbescheids geführt hat, beteiligt waren. ²Ihre Hinzuziehung oder Beiladung zu diesem Verfahren ist zulässig.

## § 175 Aufhebung oder Änderung von Steuerbescheiden in sonstigen Fällen[1)]

(1) ¹Ein Steuerbescheid ist zu erlassen, aufzuheben oder zu ändern,
1. soweit ein Grundlagenbescheid (§ 171 Abs. 10), dem Bindungswirkung für diesen Steuerbescheid zukommt, erlassen, aufgehoben oder geändert wird,
2. soweit ein Ereignis eintritt, das steuerliche Wirkung für die Vergangenheit hat (rückwirkendes Ereignis).

---

1) **Anm. d. Red.:** § 175 Abs. 2 i. d. F. des Gesetzes v. 9. 12. 2004 (BGBl I S. 3310) mit Wirkung v. 16. 12. 2004.

²In den Fällen des Satzes 1 Nr. 2 beginnt die Festsetzungsfrist mit Ablauf des Kalenderjahrs, in dem das Ereignis eintritt.

(2) ¹Als rückwirkendes Ereignis gilt auch der Wegfall einer Voraussetzung für eine Steuervergünstigung, wenn gesetzlich bestimmt ist, dass diese Voraussetzung für eine bestimmte Zeit gegeben sein muss, oder wenn durch Verwaltungsakt festgestellt worden ist, dass sie die Grundlage für die Gewährung der Steuervergünstigung bildet. ²Die nachträgliche Erteilung oder Vorlage einer Bescheinigung oder Bestätigung gilt nicht als rückwirkendes Ereignis.

### § 175a Umsetzung von Verständigungsvereinbarungen

¹Ein Steuerbescheid ist zu erlassen, aufzuheben oder zu ändern, soweit dies zur Umsetzung einer Verständigungsvereinbarung oder eines Schiedsspruchs nach einem Vertrag im Sinne des § 2 geboten ist. ²Die Festsetzungsfrist endet insoweit nicht vor Ablauf eines Jahres nach dem Wirksamwerden der Verständigungsvereinbarung oder des Schiedsspruchs.

### § 176 Vertrauensschutz bei der Aufhebung und Änderung von Steuerbescheiden

(1) ¹Bei der Aufhebung oder Änderung eines Steuerbescheids darf nicht zuungunsten des Steuerpflichtigen berücksichtigt werden, dass

1. das Bundesverfassungsgericht die Nichtigkeit eines Gesetzes feststellt, auf dem die bisherige Steuerfestsetzung beruht,
2. ein oberster Gerichtshof des Bundes eine Norm, auf der die bisherige Steuerfestsetzung beruht, nicht anwendet, weil er sie für verfassungswidrig hält,
3. sich die Rechtsprechung eines obersten Gerichtshofes des Bundes geändert hat, die bei der bisherigen Steuerfestsetzung von der Finanzbehörde angewandt worden ist.

²Ist die bisherige Rechtsprechung bereits in einer Steuererklärung oder einer Steueranmeldung berücksichtigt worden, ohne dass das für die Finanzbehörde erkennbar war, so gilt Nummer 3 nur, wenn anzunehmen ist, dass die Finanzbehörde bei Kenntnis der Umstände die bisherige Rechtsprechung angewandt hätte.

(2) Bei der Aufhebung oder Änderung eines Steuerbescheids darf nicht zuungunsten des Steuerpflichtigen berücksichtigt werden, dass eine allgemeine Verwaltungsvorschrift der Bundesregierung, einer obersten Bundes- oder Landesbehörde von einem obersten Gerichtshof des Bundes als nicht mit dem geltenden Recht in Einklang stehend bezeichnet worden ist.

### § 177 Berichtigung von materiellen Fehlern

(1) Liegen die Voraussetzungen für die Aufhebung oder Änderung eines Steuerbescheids zuungunsten des Steuerpflichtigen vor, so sind, soweit die Änderung reicht, zugunsten und zuungunsten des Steuerpflichtigen solche materiellen Fehler zu berichtigen, die nicht Anlass der Aufhebung oder Änderung sind.

(2) Liegen die Voraussetzungen für die Aufhebung oder Änderung eines Steuerbescheids zugunsten des Steuerpflichtigen vor, so sind, soweit die Änderung reicht, zuungunsten und zugunsten des Steuerpflichtigen solche materiellen Fehler zu berichtigen, die nicht Anlass der Aufhebung oder Änderung sind.

(3) Materielle Fehler im Sinne der Absätze 1 und 2 sind alle Fehler einschließlich offenbarer Unrichtigkeiten im Sinne des § 129, die zur Festsetzung einer Steuer führen, die von der kraft Gesetzes entstandenen Steuer abweicht.

(4) § 164 Abs. 2, § 165 Abs. 2 und § 176 bleiben unberührt.

## IV. Kosten

### § 178 Kosten bei besonderer Inanspruchnahme der Zollbehörden[1)]

(1) Die Behörden der Bundeszollverwaltung sowie die Behörden, denen die Wahrnehmung von Aufgaben der Bundeszollverwaltung übertragen worden ist, können für eine besondere Inanspruchnahme oder Leistung (kostenpflichtige Amtshandlung) Gebühren erheben und die Erstattung von Auslagen verlangen.

(2) Eine besondere Inanspruchnahme oder Leistung im Sinne des Absatzes 1 liegt insbesondere vor bei

1. Amtshandlungen außerhalb des Amtsplatzes und außerhalb der Öffnungszeiten, soweit es sich nicht um Maßnahmen der Steueraufsicht handelt,
2. Amtshandlungen, die zu einer Diensterschwernis führen, weil sie antragsgemäß zu einer bestimmten Zeit vorgenommen werden sollen,
3. Untersuchungen von Waren, wenn

    a) sie durch einen Antrag auf Erteilung einer verbindlichen Zolltarifauskunft, Gewährung einer Steuervergütung oder sonstigen Vergünstigungen veranlasst sind oder

    b) bei Untersuchungen von Amts wegen Angaben oder Einwendungen des Verfügungsberechtigten sich als unrichtig oder unbegründet erweisen oder

    c) die untersuchten Waren den an sie gestellten Anforderungen nicht entsprechen,

4. Überwachungsmaßnahmen in Betrieben und bei Betriebsvorgängen, wenn sie durch Zuwiderhandlungen gegen die zur Sicherung des Steueraufkommens erlassenen Rechtsvorschriften veranlasst sind,
5. amtlichen Bewachungen und Begleitungen von Beförderungsmitteln oder Waren,
6. Verwahrung von Nichtgemeinschaftswaren,
7. Fertigung von Schriftstücken, elektronischen Dokumenten, Abschriften und Ablichtungen sowie bei der elektronischen Übersendung oder dem Ausdruck von elektronischen Dokumenten und anderen Dateien, wenn diese Arbeiten auf Antrag erfolgen,
8. Vernichtung oder Zerstörung von Waren, die von Amts wegen oder auf Antrag vorgenommen wird.

(3) Das Bundesministerium der Finanzen wird ermächtigt, durch Rechtsverordnung, die der Zustimmung des Bundesrates nicht bedarf, die kostenpflichtigen Amtshandlungen näher festzulegen, die für sie zu erhebenden Kosten nach dem auf sie entfallenden durchschnittlichen Verwaltungsaufwand zu bemessen und zu pauschalieren sowie die Voraussetzungen zu bestimmen, unter denen von ihrer Erhebung wegen Geringfügigkeit, zur Vermeidung von Härten oder aus ähnlichen Gründen ganz oder teilweise abgesehen werden kann.

(4) ¹Auf die Festsetzung der Kosten sind die für Verbrauchssteuern geltenden Vorschriften entsprechend anzuwenden. ²Im Übrigen gilt für diese Kosten das Verwaltungskostengesetz in der bis zum 14. August 2013 geltenden Fassung. ³Die §§ 18 bis 22 des Verwaltungskostengesetzes in der bis zum 14. August 2013 geltenden Fassung finden keine Anwendung.

### § 178a Kosten bei besonderer Inanspruchnahme der Finanzbehörden[2)]

(1) ¹Das Bundeszentralamt für Steuern erhebt für die Bearbeitung eines Antrags auf Durchführung eines Verständigungsverfahrens nach einem Vertrag im Sinne des § 2 zur einvernehmlichen Besteuerung von noch nicht verwirklichten Geschäften eines Steuerpflichtigen mit nahe stehenden Personen im Sinne des § 1 des Außensteuergesetzes oder zur zukünftigen einvernehmlichen Gewinnaufteilung zwischen einem inländischen Unternehmen und seiner auslän-

---

1) **Anm. d. Red.:** § 178 Abs. 2 i. d. F. des Gesetzes v. 22.12.2014 (BGBl I S. 2417) mit Wirkung v. 31.12.2014; Abs. 4 i. d. F. des Gesetzes v. 7. 8. 2013 (BGBl I S. 3154) mit Wirkung v. 15. 8. 2013.

2) **Anm. d. Red.:** § 178a eingefügt gem. Gesetz v. 13.12.2006 (BGBl I S. 2878) mit Wirkung v. 19.12.2006.

§ 179   I. Abgabenordnung

dischen Betriebsstätte oder zur zukünftigen einvernehmlichen Gewinnermittlung einer inländischen Betriebsstätte eines ausländischen Unternehmens (Vorabverständigungsverfahren) Gebühren, die vor Eröffnung des Vorabverständigungsverfahrens durch das Bundeszentralamt für Steuern festzusetzen sind. ²Diese Eröffnung geschieht durch die Versendung des ersten Schriftsatzes an den anderen Staat. ³Hat ein Antrag Vorabverständigungsverfahren mit mehreren Staaten zum Ziel, ist für jedes Verfahren eine Gebühr festzusetzen und zu entrichten. ⁴Das Vorabverständigungsverfahren wird erst eröffnet, wenn die Gebührenfestsetzung unanfechtbar geworden und die Gebühr entrichtet ist; wird ein Herabsetzungsantrag nach Absatz 4 gestellt, muss auch darüber unanfechtbar entschieden sein.

(2) ¹Die Gebühr beträgt 20 000 Euro (Grundgebühr) für jeden Antrag im Sinne des Absatzes 1; der Antrag eines Organträgers im Sinne des § 14 Abs. 1 des Körperschaftsteuergesetzes, der entsprechende Geschäfte seiner Organgesellschaften mit umfasst, gilt als ein Antrag. ²Stellt der Antragsteller einer bereits abgeschlossenen Verständigungsvereinbarung einen Antrag auf Verlängerung der Geltungsdauer, beträgt die Gebühr 15 000 Euro (Verlängerungsgebühr). ³Ändert der Antragsteller seinen Antrag vor der Entscheidung über den ursprünglichen Antrag oder stellt er während der Laufzeit der Verständigungsvereinbarung einen Antrag auf Änderung der Verständigungsvereinbarung, wird eine zusätzliche Gebühr von 10 000 Euro für jeden Änderungsantrag erhoben (Änderungsgebühr); dies gilt nicht, wenn die Änderung vom Bundeszentralamt für Steuern oder vom anderen Staat veranlasst worden ist.

(3) Sofern die Summe der von dem Vorabverständigungsverfahren erfassten Geschäftsvorfälle die Beträge des § 6 Abs. 2 Satz 1 der Gewinnabgrenzungsaufzeichnungsverordnung vom 13. November 2003 (BGBl I S. 2296) voraussichtlich nicht überschreitet, beträgt die Grundgebühr 10 000 Euro, die Verlängerungsgebühr 7 500 Euro und die Änderungsgebühr 5 000 Euro.

(4) ¹Das Bundeszentralamt für Steuern kann die Gebühr nach Absatz 2 oder 3 auf Antrag herabsetzen, wenn deren Entrichtung für den Steuerpflichtigen eine unbillige Härte bedeutet und das Bundeszentralamt für Steuern ein besonderes Interesse der Finanzbehörden an der Durchführung des Vorabverständigungsverfahrens feststellt. ²Der Antrag ist vor Eröffnung des Vorabverständigungsverfahrens zu stellen; ein später gestellter Antrag ist unzulässig.

(5) Im Fall der Rücknahme oder Ablehnung des Antrags, oder wenn das Vorabverständigungsverfahren scheitert, wird die unanfechtbar festgesetzte Gebühr nicht erstattet.

## 2. Unterabschnitt: Gesonderte Feststellung von Besteuerungsgrundlagen, Festsetzung von Steuermessbeträgen

### I. Gesonderte Feststellungen

### § 179 Feststellung von Besteuerungsgrundlagen

(1) Abweichend von § 157 Abs. 2 werden die Besteuerungsgrundlagen durch Feststellungsbescheid gesondert festgestellt, soweit dies in diesem Gesetz oder sonst in den Steuergesetzen bestimmt ist.

(2) ¹Ein Feststellungsbescheid richtet sich gegen den Steuerpflichtigen, dem der Gegenstand der Feststellung bei der Besteuerung zuzurechnen ist. ²Die gesonderte Feststellung wird gegenüber mehreren Beteiligten einheitlich vorgenommen, wenn dies gesetzlich bestimmt ist oder der Gegenstand der Feststellung mehreren Personen zuzurechnen ist. ³Ist eine dieser Personen an dem Gegenstand der Feststellung nur über eine andere Person beteiligt, so kann insoweit eine besondere gesonderte Feststellung vorgenommen werden.

(3) Soweit in einem Feststellungsbescheid eine notwendige Feststellung unterblieben ist, ist sie in einem Ergänzungsbescheid nachzuholen.

## § 180 Gesonderte Feststellung von Besteuerungsgrundlagen[1)]

(1) ¹Gesondert festgestellt werden insbesondere:
1. die Einheitswerte nach Maßgabe des Bewertungsgesetzes,
2. a) die einkommensteuerpflichtigen und körperschaftsteuerpflichtigen Einkünfte und mit ihnen im Zusammenhang stehende andere Besteuerungsgrundlagen, wenn an den Einkünften mehrere Personen beteiligt sind und die Einkünfte diesen Personen steuerlich zuzurechnen sind,
    b) in anderen als den in Buchstabe a genannten Fällen die Einkünfte aus Land- und Forstwirtschaft, Gewerbebetrieb oder einer freiberuflichen Tätigkeit, wenn nach den Verhältnissen zum Schluss des Gewinnermittlungszeitraums das für die gesonderte Feststellung zuständige Finanzamt nicht auch für die Steuern vom Einkommen zuständig ist,
3. der Wert der vermögensteuerpflichtigen Wirtschaftsgüter (§§ 114 bis 117a des Bewertungsgesetzes) und der Wert der Schulden und sonstigen Abzüge (§ 118 des Bewertungsgesetzes), wenn die Wirtschaftsgüter, Schulden und sonstigen Abzüge mehreren Personen zuzurechnen sind und die Feststellungen für die Besteuerung von Bedeutung sind.

²Wenn sich in den Fällen von Satz 1 Nummer 2 Buchstabe b die für die örtliche Zuständigkeit maßgeblichen Verhältnisse nach Schluss des Gewinnermittlungszeitraums geändert haben, so richtet sich die örtliche Zuständigkeit auch für Feststellungszeiträume, die vor der Änderung der maßgeblichen Verhältnisse liegen, nach § 18 Absatz 1 Nummer 1 bis 3 in Verbindung mit § 26.

(2) ¹Zur Sicherstellung einer einheitlichen Rechtsanwendung bei gleichen Sachverhalten und zur Erleichterung des Besteuerungsverfahrens kann das Bundesministerium der Finanzen durch Rechtsverordnung mit Zustimmung des Bundesrates bestimmen, dass in anderen als den in Absatz 1 genannten Fällen Besteuerungsgrundlagen gesondert und für mehrere Personen einheitlich festgestellt werden. ²Dabei können insbesondere geregelt werden

1. der Gegenstand und der Umfang der gesonderten Feststellung,
2. die Voraussetzungen für das Feststellungsverfahren,
3. die örtliche Zuständigkeit der Finanzbehörden,
4. die Bestimmung der am Feststellungsverfahren beteiligten Personen (Verfahrensbeteiligte) und der Umfang ihrer steuerlichen Pflichten und Rechte einschließlich der Vertretung Beteiligter durch andere Beteiligte,
5. die Bekanntgabe von Verwaltungsakten an die Verfahrensbeteiligten und Empfangsbevollmächtigte,
6. die Zulässigkeit, der Umfang und die Durchführung von Außenprüfungen zur Ermittlung der Besteuerungsgrundlagen.

³Durch Rechtsverordnung kann das Bundesministerium der Finanzen mit Zustimmung des Bundesrates bestimmen, dass Besteuerungsgrundlagen, die sich erst später auswirken, zur Sicherung der späteren zutreffenden Besteuerung gesondert und für mehrere Personen einheitlich festgestellt werden; Satz 2 gilt entsprechend. ⁴Die Rechtsverordnungen bedürfen nicht der Zustimmung des Bundesrates, soweit sie Einfuhr- und Ausfuhrabgaben und Verbrauchsteuern, mit Ausnahme der Biersteuer, betreffen.

(3) ¹Absatz 1 Nr. 2 Buchstabe a gilt nicht, wenn
1. nur eine der an den Einkünften beteiligten Personen mit ihren Einkünften im Geltungsbereich dieses Gesetzes einkommensteuerpflichtig oder körperschaftsteuerpflichtig ist oder
2. es sich um einen Fall von geringer Bedeutung handelt, insbesondere weil die Höhe des festgestellten Betrags und die Aufteilung feststehen. ²Dies gilt sinngemäß auch für die Fälle des Absatzes 1 Nr. 2 Buchstabe b und Nr. 3.

---

1) **Anm. d. Red.:** § 180 Abs. 1 i. d. F. des Gesetzes v. 22.12.2014 (BGBl I S. 2417) mit Wirkung v. 31.12.2014.

**§ 181**         I. Abgabenordnung

²Das nach § 18 Abs. 1 Nr. 4 zuständige Finanzamt kann durch Bescheid feststellen, dass eine gesonderte Feststellung nicht durchzuführen ist. ³Der Bescheid gilt als Steuerbescheid.

(4) Absatz 1 Nr. 2 Buchstabe a gilt ferner nicht für Arbeitsgemeinschaften, deren alleiniger Zweck in der Erfüllung eines einzigen Werkvertrages oder Werklieferungsvertrages besteht.

(5) Absatz 1 Nr. 2, Absätze 2 und 3 sind entsprechend anzuwenden, soweit
1. die nach einem Abkommen zur Vermeidung der Doppelbesteuerung von der Bemessungsgrundlage ausgenommenen Einkünfte bei der Festsetzung der Steuern der beteiligten Personen von Bedeutung sind oder
2. Steuerabzugsbeträge und Körperschaftsteuer auf die festgesetzte Steuer anzurechnen sind.

### § 181 Verfahrensvorschriften für die gesonderte Feststellung, Feststellungsfrist, Erklärungspflicht[1)]

(1) ¹Für die gesonderte Feststellung gelten die Vorschriften über die Durchführung der Besteuerung sinngemäß. ²Steuererklärung im Sinne des § 170 Abs. 2 Nr. 1 ist die Erklärung zur gesonderten Feststellung. ³Wird eine Erklärung zur gesonderten Feststellung nach § 180 Abs. 2 ohne Aufforderung durch die Finanzbehörde abgegeben, gilt § 170 Abs. 3 sinngemäß.

(2) ¹Eine Erklärung zur gesonderten Feststellung hat abzugeben, wem der Gegenstand der Feststellung ganz oder teilweise zuzurechnen ist. ²Erklärungspflichtig sind insbesondere
1. in den Fällen des § 180 Abs. 1 Nr. 2 Buchstabe a jeder Feststellungsbeteiligte, dem ein Anteil an den einkommen- oder körperschaftsteuerpflichtigen Einkünften zuzurechnen ist;
2. in den Fällen des § 180 Abs. 1 Nr. 2 Buchstabe b der Unternehmer;
3. in den Fällen des § 180 Abs. 1 Nr. 3 jeder Feststellungsbeteiligte, dem ein Anteil an den Wirtschaftsgütern, Schulden oder sonstigen Abzügen zuzurechnen ist;
4. in den Fällen des § 180 Abs. 1 Nr. 2 Buchstabe a und Nr. 3 auch die in § 34 bezeichneten Personen.

³Hat ein Erklärungspflichtiger eine Erklärung zur gesonderten Feststellung abgegeben, sind andere Beteiligte insoweit von der Erklärungspflicht befreit.

(2a) ¹Die Erklärung zur gesonderten Feststellung nach § 180 Abs. 1 Nr. 2 ist nach amtlich vorgeschriebenem Datensatz durch Datenfernübertragung zu übermitteln. ²Auf Antrag kann die Finanzbehörde zur Vermeidung unbilliger Härten auf eine elektronische Übermittlung verzichten; in diesem Fall ist die Erklärung zur gesonderten Feststellung nach amtlich vorgeschriebenem Vordruck abzugeben und vom Erklärungspflichtigen eigenhändig zu unterschreiben.

(3) ¹Die Frist für die gesonderte Feststellung von Einheitswerten (Feststellungsfrist) beginnt mit Ablauf des Kalenderjahrs, auf dessen Beginn die Hauptfeststellung, die Fortschreibung, die Nachfeststellung oder die Aufhebung eines Einheitswerts vorzunehmen ist. ²Ist eine Erklärung zur gesonderten Feststellung des Einheitswerts abzugeben, beginnt die Feststellungsfrist mit Ablauf des Kalenderjahrs, in dem die Erklärung eingereicht wird, spätestens jedoch mit Ablauf des dritten Kalenderjahrs, das auf das Kalenderjahr folgt, auf dessen Beginn die Einheitswertfeststellung vorzunehmen oder aufzuheben ist. ³Wird der Beginn der Feststellungsfrist nach Satz 2 hinausgeschoben, wird der Beginn der Feststellungsfrist für die weiteren Feststellungszeitpunkte des Hauptfeststellungszeitraums jeweils um die gleiche Zeit hinausgeschoben.

(4) In den Fällen des Absatzes 3 beginnt die Feststellungsfrist nicht vor Ablauf des Kalenderjahrs, auf dessen Beginn der Einheitswert erstmals steuerlich anzuwenden ist.

(5) ¹Eine gesonderte Feststellung kann auch nach Ablauf der für sie geltenden Feststellungsfrist insoweit erfolgen, als die gesonderte Feststellung für eine Steuerfestsetzung von Bedeutung ist, für die die Festsetzungsfrist im Zeitpunkt der gesonderten Feststellung noch nicht ab-

---

1) **Anm. d. Red.:** § 181 Abs. 2a eingefügt gem. Gesetz v. 20. 12. 2008 (BGBl I S. 2850) mit Wirkung v. 1. 1. 2009.

gelaufen ist; hierbei bleibt § 171 Abs. 10 außer Betracht. ²Hierauf ist im Feststellungsbescheid hinzuweisen. ³§ 169 Abs. 1 Satz 3 gilt sinngemäß.

## § 182 Wirkungen der gesonderten Feststellung

(1) ¹Feststellungsbescheide sind, auch wenn sie noch nicht unanfechtbar sind, für andere Feststellungsbescheide, für Steuermessbescheide, für Steuerbescheide und für Steueranmeldungen (Folgebescheide) bindend, soweit die in den Feststellungsbescheiden getroffenen Feststellungen für diese Folgebescheide von Bedeutung sind. ²Satz 1 gilt entsprechend bei Feststellungen nach § 180 Abs. 5 Nr. 2 für Verwaltungsakte, die die Verwirklichung der Ansprüche aus dem Steuerschuldverhältnis betreffen; wird ein Feststellungsbescheid nach § 180 Abs. 5 Nr. 2 erlassen, aufgehoben oder geändert, ist ein Verwaltungsakt, für den dieser Feststellungsbescheid Bindungswirkung entfaltet, in entsprechender Anwendung des § 175 Abs. 1 Satz 1 Nr. 1 zu korrigieren.

(2) ¹Ein Feststellungsbescheid über einen Einheitswert (§ 180 Abs. 1 Nr. 1) wirkt auch gegenüber dem Rechtsnachfolger, auf den der Gegenstand der Feststellung nach dem Feststellungszeitpunkt mit steuerlicher Wirkung übergeht. ²Tritt die Rechtsnachfolge jedoch ein, bevor der Feststellungsbescheid ergangen ist, so wirkt er gegen den Rechtsnachfolger nur dann, wenn er ihm bekannt gegeben wird. ³Die Sätze 1 und 2 gelten für gesonderte sowie gesonderte und einheitliche Feststellungen von Besteuerungsgrundlagen, die sich erst später auswirken, nach der Verordnung über die gesonderte Feststellung von Besteuerungsgrundlagen nach § 180 Abs. 2 der Abgabenordnung vom 19. Dezember 1986 (BGBl I S. 2663), entsprechend.

(3) Erfolgt eine gesonderte Feststellung gegenüber mehreren Beteiligten einheitlich (§ 179 Abs. 2 Satz 2) und ist ein Beteiligter im Feststellungsbescheid unrichtig bezeichnet worden, weil Rechtsnachfolge eingetreten ist, kann dies durch besonderen Bescheid gegenüber dem Rechtsnachfolger berichtigt werden.

## § 183 Empfangsbevollmächtigte bei der einheitlichen Feststellung[1]

(1) ¹Richtet sich ein Feststellungsbescheid gegen mehrere Personen, die an dem Gegenstand der Feststellung als Gesellschafter oder Gemeinschafter beteiligt sind (Feststellungsbeteiligte), so sollen sie einen gemeinsamen Empfangsbevollmächtigten bestellen, der ermächtigt ist, für sie alle Verwaltungsakte und Mitteilungen in Empfang zu nehmen, die mit dem Feststellungsverfahren und dem anschließenden Verfahren über einen Einspruch zusammenhängen. ²Ist ein gemeinsamer Empfangsbevollmächtigter nicht vorhanden, so gilt ein zur Vertretung der Gesellschaft oder des Feststellungsbeteiligten oder ein zur Verwaltung des Gegenstands der Feststellung Berechtigter als Empfangsbevollmächtigter. ³Anderenfalls kann die Finanzbehörde die Beteiligten auffordern, innerhalb einer bestimmten angemessenen Frist einen Empfangsbevollmächtigten zu benennen. ⁴Hierbei ist ein Beteiligter vorzuschlagen und darauf hinzuweisen, dass diesem die in Satz 1 genannten Verwaltungsakte und Mitteilungen mit Wirkung für und gegen alle Beteiligten bekannt gegeben werden, soweit nicht ein anderer Empfangsbevollmächtigter benannt wird. ⁵Bei der Bekanntgabe an den Empfangsbevollmächtigten ist darauf hinzuweisen, dass die Bekanntgabe mit Wirkung für und gegen alle Feststellungsbeteiligten erfolgt.

(2) ¹Absatz 1 ist insoweit nicht anzuwenden, als der Finanzbehörde bekannt ist, dass die Gesellschaft oder Gemeinschaft nicht mehr besteht, dass ein Beteiligter aus der Gesellschaft oder der Gemeinschaft ausgeschieden ist oder dass zwischen den Beteiligten ernstliche Meinungsverschiedenheiten bestehen. ²Ist nach Satz 1 Einzelbekanntgabe erforderlich, so sind dem Beteiligten der Gegenstand der Feststellung, die alle Beteiligten betreffenden Besteuerungsgrundlagen, sein Anteil, die Zahl der Beteiligten und die ihn persönlich betreffenden Besteuerungsgrundlagen bekannt zu geben. ³Bei berechtigtem Interesse ist dem Beteiligten der gesamte Inhalt des Feststellungsbescheids mitzuteilen.

---

[1] **Anm. d. Red.:** § 183 Abs. 4 i. d. F. des Gesetzes v. 18. 7. 2014 (BGBl I S. 1042) mit Wirkung v. 24. 7. 2014.

(3) ¹Ist ein Empfangsbevollmächtigter nach Absatz 1 Satz 1 vorhanden, können Feststellungsbescheide ihm gegenüber auch mit Wirkung für einen in Absatz 2 Satz 1 genannten Beteiligten bekannt gegeben werden, soweit und solange dieser Beteiligte oder der Empfangsbevollmächtigte nicht widersprochen hat. ²Der Widerruf der Vollmacht wird der Finanzbehörde gegenüber erst wirksam, wenn er ihr zugeht.

(4) ¹Wird eine wirtschaftliche Einheit
1. Ehegatten oder Lebenspartnern oder
2. Ehegatten mit ihren Kindern, Lebenspartnern mit ihren Kindern oder Alleinstehenden mit ihren Kindern

zugerechnet und haben die Beteiligten keinen gemeinsamen Empfangsbevollmächtigten bestellt, so gelten für die Bekanntgabe von Feststellungsbescheiden über den Einheitswert die Regelungen über zusammengefasste Bescheide in § 122 Absatz 7 entsprechend.

## II. Festsetzung von Steuermessbeträgen

### § 184 Festsetzung von Steuermessbeträgen[1)]

(1) ¹Steuermessbeträge, die nach den Steuergesetzen zu ermitteln sind, werden durch Steuermessbescheid festgesetzt. ²Mit der Festsetzung der Steuermessbeträge wird auch über die persönliche und sachliche Steuerpflicht entschieden. ³Die Vorschriften über die Durchführung der Besteuerung sind sinngemäß anzuwenden. ⁴Ferner sind § 182 Abs. 1 und für Grundsteuermessbescheide auch Abs. 2 und § 183 sinngemäß anzuwenden.

(2) ¹Die Befugnis, Realsteuermessbeträge festzusetzen, schließt auch die Befugnis zu Maßnahmen nach § 163 Satz 1 ein, soweit für solche Maßnahmen in einer allgemeinen Verwaltungsvorschrift der Bundesregierung, der obersten Bundesfinanzbehörde oder einer obersten Landesfinanzbehörde Richtlinien aufgestellt worden sind. ²Eine Maßnahme nach § 163 Satz 2 wirkt, soweit sie die gewerblichen Einkünfte als Grundlage für die Festsetzung der Steuer vom Einkommen beeinflusst, auch für den Gewerbeertrag als Grundlage für die Festsetzung des Gewerbesteuermessbetrags.

(3) Die Finanzbehörden teilen den Inhalt des Steuermessbescheids sowie die nach Absatz 2 getroffenen Maßnahmen den Gemeinden mit, denen die Steuerfestsetzung (der Erlass des Realsteuerbescheids) obliegt.

## 3. Unterabschnitt: Zerlegung und Zuteilung

### § 185 Geltung der allgemeinen Vorschriften

Auf die in den Steuergesetzen vorgesehene Zerlegung von Steuermessbeträgen sind die für die Steuermessbeträge geltenden Vorschriften entsprechend anzuwenden, soweit im Folgenden nichts anderes bestimmt ist.

### § 186 Beteiligte

Am Zerlegungsverfahren sind beteiligt:
1. der Steuerpflichtige,
2. die Steuerberechtigten, denen ein Anteil an dem Steuermessbetrag zugeteilt worden ist oder die einen Anteil beanspruchen. ²Soweit die Festsetzung der Steuer dem Steuerberechtigten nicht obliegt, tritt an seine Stelle die für die Festsetzung der Steuer zuständige Behörde.

---

1) **Anm. d. Red.:** § 184 Abs. 2 i. d. F. des Gesetzes v. 22. 12. 2014 (BGBl I S. 2417) mit Wirkung v. 31. 12. 2014.

## § 187 Akteneinsicht

Die beteiligten Steuerberechtigten können von der zuständigen Finanzbehörde Auskunft über die Zerlegungsgrundlagen verlangen und durch ihre Amtsträger Einsicht in die Zerlegungsunterlagen nehmen.

## § 188 Zerlegungsbescheid

(1) Über die Zerlegung ergeht ein schriftlicher Bescheid (Zerlegungsbescheid), der den Beteiligten bekannt zu geben ist, soweit sie betroffen sind.

(2) [1]Der Zerlegungsbescheid muss die Höhe des zu zerlegenden Steuermessbetrags angeben und bestimmen, welche Anteile den beteiligten Steuerberechtigten zugeteilt werden. [2]Er muss ferner die Zerlegungsgrundlagen angeben.

## § 189 Änderung der Zerlegung

[1]Ist der Anspruch eines Steuerberechtigten auf einen Anteil am Steuermessbetrag nicht berücksichtigt und auch nicht zurückgewiesen worden, so wird die Zerlegung von Amts wegen oder auf Antrag geändert oder nachgeholt. [2]Ist der bisherige Zerlegungsbescheid gegenüber denjenigen Steuerberechtigten, die an dem Zerlegungsverfahren bereits beteiligt waren, unanfechtbar geworden, so dürfen bei der Änderung der Zerlegung nur solche Änderungen vorgenommen werden, die sich aus der nachträglichen Berücksichtigung des bisher übergangenen Steuerberechtigten ergeben. [3]Eine Änderung oder Nachholung der Zerlegung unterbleibt, wenn ein Jahr vergangen ist, seitdem der Steuermessbescheid unanfechtbar geworden ist, es sei denn, dass der übergangene Steuerberechtigte die Änderung oder Nachholung der Zerlegung vor Ablauf des Jahres beantragt hatte.

## § 190 Zuteilungsverfahren

[1]Ist ein Steuermessbetrag in voller Höhe einem Steuerberechtigten zuzuteilen, besteht aber Streit darüber, welchem Steuerberechtigten der Steuermessbetrag zusteht, so entscheidet die Finanzbehörde auf Antrag eines Beteiligten durch Zuteilungsbescheid. [2]Die für das Zerlegungsverfahren geltenden Vorschriften sind entsprechend anzuwenden.

## 4. Unterabschnitt: Haftung

### § 191 Haftungsbescheide, Duldungsbescheide[1]

(1) [1]Wer kraft Gesetzes für eine Steuer haftet (Haftungsschuldner), kann durch Haftungsbescheid, wer kraft Gesetzes verpflichtet ist, die Vollstreckung zu dulden, kann durch Duldungsbescheid in Anspruch genommen werden. [2]Die Anfechtung wegen Ansprüchen aus dem Steuerschuldverhältnis außerhalb des Insolvenzverfahrens erfolgt durch Duldungsbescheid, soweit sie nicht im Wege der Einrede nach § 9 des Anfechtungsgesetzes geltend zu machen ist; bei der Berechnung von Fristen nach den §§ 3 und 4 des Anfechtungsgesetzes steht der Erlass eines Duldungsbescheids der gerichtlichen Geltendmachung der Anfechtung nach § 7 Abs. 1 des Anfechtungsgesetzes gleich. [3]Die Bescheide sind schriftlich zu erteilen.

(2) Bevor gegen einen Rechtsanwalt, Patentanwalt, Notar, Steuerberater, Steuerbevollmächtigten, Wirtschaftsprüfer oder vereidigten Buchprüfer wegen einer Handlung im Sinne des § 69, die er in Ausübung seines Berufs vorgenommen hat, ein Haftungsbescheid erlassen wird, gibt die Finanzbehörde der zuständigen Berufskammer Gelegenheit, die Gesichtspunkte vorzubringen, die von ihrem Standpunkt für die Entscheidung von Bedeutung sind.

(3) [1]Die Vorschriften über die Festsetzungsfrist sind auf den Erlass von Haftungsbescheiden entsprechend anzuwenden. [2]Die Festsetzungsfrist beträgt vier Jahre, in den Fällen des § 70 bei Steuerhinterziehung zehn Jahre, bei leichtfertiger Steuerverkürzung fünf Jahre, in den Fällen des

---

1) **Anm. d. Red.:** § 191 Abs. 1 i. d. F. des Gesetzes v. 23.10.2008 (BGBl I S. 2026) mit Wirkung v. 1.11.2008.

§ 71 zehn Jahre. ³Die Festsetzungsfrist beginnt mit Ablauf des Kalenderjahrs, in dem der Tatbestand verwirklicht worden ist, an den das Gesetz die Haftungsfolge knüpft. ⁴Ist die Steuer, für die gehaftet wird, noch nicht festgesetzt worden, so endet die Festsetzungsfrist für den Haftungsbescheid nicht vor Ablauf der für die Steuerfestsetzung geltenden Festsetzungsfrist; andernfalls gilt § 171 Abs. 10 sinngemäß. ⁵In den Fällen der §§ 73 und 74 endet die Festsetzungsfrist nicht, bevor die gegen den Steuerschuldner festgesetzte Steuer verjährt (§ 228) ist.

(4) Ergibt sich die Haftung nicht aus den Steuergesetzen, so kann ein Haftungsbescheid ergehen, solange die Haftungsansprüche nach dem für sie maßgebenden Recht noch nicht verjährt sind.

(5) ¹Ein Haftungsbescheid kann nicht mehr ergehen,
1. soweit die Steuer gegen den Steuerschuldner nicht festgesetzt worden ist und wegen Ablaufs der Festsetzungsfrist auch nicht mehr festgesetzt werden kann,
2. soweit die gegen den Steuerschuldner festgesetzte Steuer verjährt ist oder die Steuer erlassen worden ist.

²Dies gilt nicht, wenn die Haftung darauf beruht, dass der Haftungsschuldner Steuerhinterziehung oder Steuerhehlerei begangen hat.

### § 192 Vertragliche Haftung
Wer sich auf Grund eines Vertrags verpflichtet hat, für die Steuer eines anderen einzustehen, kann nur nach den Vorschriften des bürgerlichen Rechts in Anspruch genommen werden.

## Vierter Abschnitt: Außenprüfung
## 1. Unterabschnitt: Allgemeine Vorschriften
### § 193 Zulässigkeit einer Außenprüfung[1)]
(1) Eine Außenprüfung ist zulässig bei Steuerpflichtigen, die einen gewerblichen oder land- und forstwirtschaftlichen Betrieb unterhalten, die freiberuflich tätig sind und bei Steuerpflichtigen im Sinne des § 147a.

(2) Bei anderen als den in Absatz 1 bezeichneten Steuerpflichtigen ist eine Außenprüfung zulässig,
1. soweit sie die Verpflichtung dieser Steuerpflichtigen betrifft, für Rechnung eines anderen Steuern zu entrichten oder Steuern einzubehalten und abzuführen,
2. wenn die für die Besteuerung erheblichen Verhältnisse der Aufklärung bedürfen und eine Prüfung an Amtsstelle nach Art und Umfang des zu prüfenden Sachverhalts nicht zweckmäßig ist oder
3. wenn ein Steuerpflichtiger seinen Mitwirkungspflichten nach § 90 Absatz 2 Satz 3 nicht nachkommt.

### § 194 Sachlicher Umfang einer Außenprüfung
(1) ¹Die Außenprüfung dient der Ermittlung der steuerlichen Verhältnisse des Steuerpflichtigen. ²Sie kann eine oder mehrere Steuerarten, einen oder mehrere Besteuerungszeiträume umfassen oder sich auf bestimmte Sachverhalte beschränken. ³Die Außenprüfung bei einer Personengesellschaft umfasst die steuerlichen Verhältnisse der Gesellschafter insoweit, als diese Verhältnisse für die zu überprüfenden einheitlichen Feststellungen von Bedeutung sind. ⁴Die steuerlichen Verhältnisse anderer Personen können insoweit geprüft werden, als der Steuerpflichtige verpflichtet war oder verpflichtet ist, für Rechnung dieser Personen Steuern zu entrichten oder Steuern einzubehalten und abzuführen; dies gilt auch dann, wenn etwaige Steuernachforderungen den anderen Personen gegenüber geltend zu machen sind.

---

1) **Anm. d. Red.:** § 193 i. d. F. des Gesetzes v. 29. 7. 2009 (BGBl I S. 2302) mit Wirkung v. 1. 8. 2009.

(2) Die steuerlichen Verhältnisse von Gesellschaftern und Mitgliedern sowie von Mitgliedern der Überwachungsorgane können über die in Absatz 1 geregelten Fälle hinaus in die bei einer Gesellschaft durchzuführende Außenprüfung einbezogen werden, wenn dies im Einzelfall zweckmäßig ist.

(3) Werden anlässlich einer Außenprüfung Verhältnisse anderer als der in Absatz 1 genannten Personen festgestellt, so ist die Auswertung der Feststellungen insoweit zulässig, als ihre Kenntnis für die Besteuerung dieser anderen Personen von Bedeutung ist oder die Feststellungen eine unerlaubte Hilfeleistung in Steuersachen betreffen.

## § 195 Zuständigkeit

¹Außenprüfungen werden von den für die Besteuerung zuständigen Finanzbehörden durchgeführt. ²Sie können andere Finanzbehörden mit der Außenprüfung beauftragen. ³Die beauftragte Finanzbehörde kann im Namen der zuständigen Finanzbehörde die Steuerfestsetzung vornehmen und verbindliche Zusagen (§§ 204 bis 207) erteilen.

## § 196 Prüfungsanordnung

Die Finanzbehörde bestimmt den Umfang der Außenprüfung in einer schriftlich zu erteilenden Prüfungsanordnung mit Rechtsbehelfsbelehrung (§ 356).

## § 197 Bekanntgabe der Prüfungsanordnung

(1) ¹Die Prüfungsanordnung sowie der voraussichtliche Prüfungsbeginn und die Namen der Prüfer sind dem Steuerpflichtigen, bei dem die Außenprüfung durchgeführt werden soll, angemessene Zeit vor Beginn der Prüfung bekannt zu geben, wenn der Prüfungszweck dadurch nicht gefährdet wird. ²Der Steuerpflichtige kann auf die Einhaltung der Frist verzichten. ³Soll die Prüfung nach § 194 Abs. 2 auf die steuerlichen Verhältnisse von Gesellschaftern und Mitgliedern sowie von Mitgliedern der Überwachungsorgane erstreckt werden, so ist die Prüfungsanordnung insoweit auch diesen Personen bekannt zu geben.

(2) Auf Antrag der Steuerpflichtigen soll der Beginn der Außenprüfung auf einen anderen Zeitpunkt verlegt werden, wenn dafür wichtige Gründe glaubhaft gemacht werden.

## § 198 Ausweispflicht, Beginn der Außenprüfung

¹Die Prüfer haben sich bei Erscheinen unverzüglich auszuweisen. ²Der Beginn der Außenprüfung ist unter Angabe von Datum und Uhrzeit aktenkundig zu machen.

## § 199 Prüfungsgrundsätze

(1) Der Außenprüfer hat die tatsächlichen und rechtlichen Verhältnisse, die für die Steuerpflicht und für die Bemessung der Steuer maßgebend sind (Besteuerungsgrundlagen), zugunsten wie zuungunsten des Steuerpflichtigen zu prüfen.

(2) Der Steuerpflichtige ist während der Außenprüfung über die festgestellten Sachverhalte und die möglichen steuerlichen Auswirkungen zu unterrichten, wenn dadurch Zweck und Ablauf der Prüfung nicht beeinträchtigt werden.

## § 200 Mitwirkungspflichten des Steuerpflichtigen[1)]

(1) ¹Der Steuerpflichtige hat bei der Feststellung der Sachverhalte, die für die Besteuerung erheblich sein können, mitzuwirken. ²Er hat insbesondere Auskünfte zu erteilen, Aufzeichnungen, Bücher, Geschäftspapiere und andere Urkunden zur Einsicht und Prüfung vorzulegen, die zum Verständnis der Aufzeichnungen erforderlichen Erläuterungen zu geben und die Finanzbehörde bei Ausübung ihrer Befugnisse nach § 147 Abs. 6 zu unterstützen. ³Sind der Steuerpflichtige oder die von ihm benannten Personen nicht in der Lage, Auskünfte zu erteilen, oder sind die

---

1) **Anm. d. Red.:** § 200 Abs. 1 i. d. F. des Gesetzes v. 26. 6. 2013 (BGBl I S. 1809) mit Wirkung v. 30. 6. 2013.

Auskünfte zur Klärung des Sachverhalts unzureichend oder versprechen Auskünfte des Steuerpflichtigen keinen Erfolg, so kann der Außenprüfer auch andere Betriebsangehörige um Auskunft ersuchen. [4]§ 93 Absatz 2 Satz 2 gilt nicht.

(2) [1]Die in Absatz 1 genannten Unterlagen hat der Steuerpflichtige in seinen Geschäftsräumen oder, soweit ein zur Durchführung der Außenprüfung geeigneter Geschäftsraum nicht vorhanden ist, in seinen Wohnräumen oder an Amtsstelle vorzulegen. [2]Ein zur Durchführung der Außenprüfung geeigneter Raum oder Arbeitsplatz sowie die erforderlichen Hilfsmittel sind unentgeltlich zur Verfügung zu stellen.

(3) [1]Die Außenprüfung findet während der üblichen Geschäfts- oder Arbeitszeit statt. [2]Die Prüfer sind berechtigt, Grundstücke und Betriebsräume zu betreten und zu besichtigen. [3]Bei der Betriebsbesichtigung soll der Betriebsinhaber oder sein Beauftragter hinzugezogen werden.

### § 201 Schlussbesprechung

(1) [1]Über das Ergebnis der Außenprüfung ist eine Besprechung abzuhalten (Schlussbesprechung), es sei denn, dass sich nach dem Ergebnis der Außenprüfung keine Änderung der Besteuerungsgrundlagen ergibt oder dass der Steuerpflichtige auf die Besprechung verzichtet. [2]Bei der Schlussbesprechung sind insbesondere strittige Sachverhalte sowie die rechtliche Beurteilung der Prüfungsfeststellungen und ihre steuerlichen Auswirkungen zu erörtern.

(2) Besteht die Möglichkeit, dass auf Grund der Prüfungsfeststellungen ein Straf- oder Bußgeldverfahren durchgeführt werden muss, soll der Steuerpflichtige darauf hingewiesen werden, dass die straf- oder bußgeldrechtliche Würdigung einem besonderen Verfahren vorbehalten bleibt.

### § 202 Inhalt und Bekanntgabe des Prüfungsberichts

(1) [1]Über das Ergebnis der Außenprüfung ergeht ein schriftlicher Bericht (Prüfungsbericht). [2]Im Prüfungsbericht sind die für die Besteuerung erheblichen Prüfungsfeststellungen in tatsächlicher und rechtlicher Hinsicht sowie die Änderungen der Besteuerungsgrundlagen darzustellen. [3]Führt die Außenprüfung zu keiner Änderung der Besteuerungsgrundlagen, so genügt es, wenn dies dem Steuerpflichtigen schriftlich mitgeteilt wird.

(2) Die Finanzbehörde hat dem Steuerpflichtigen auf Antrag den Prüfungsbericht vor seiner Auswertung zu übersenden und ihm Gelegenheit zu geben, in angemessener Zeit dazu Stellung zu nehmen.

### § 203 Abgekürzte Außenprüfung

(1) [1]Bei Steuerpflichtigen, bei denen die Finanzbehörde eine Außenprüfung in regelmäßigen Zeitabständen nach den Umständen des Falls nicht für erforderlich hält, kann sie eine abgekürzte Außenprüfung durchführen. [2]Die Prüfung hat sich auf die wesentlichen Besteuerungsgrundlagen zu beschränken.

(2) [1]Der Steuerpflichtige ist vor Abschluss der Prüfung darauf hinzuweisen, inwieweit von den Steuererklärungen oder den Steuerfestsetzungen abgewichen werden soll. [2]Die steuerlich erheblichen Prüfungsfeststellungen sind dem Steuerpflichtigen spätestens mit den Steuerbescheiden schriftlich mitzuteilen. [3]§ 201 Abs. 1 und § 202 Abs. 2 gelten nicht.

## 2. Unterabschnitt: Verbindliche Zusagen auf Grund einer Außenprüfung

### § 204 Voraussetzung der verbindlichen Zusage

Im Anschluss an eine Außenprüfung soll die Finanzbehörde dem Steuerpflichtigen auf Antrag verbindlich zusagen, wie ein für die Vergangenheit geprüfter und im Prüfungsbericht dargestellter Sachverhalt in Zukunft steuerrechtlich behandelt wird, wenn die Kenntnis der künftigen steuerrechtlichen Behandlung für die geschäftlichen Maßnahmen des Steuerpflichtigen von Bedeutung ist.

## § 205 Form der verbindlichen Zusage

(1) Die verbindliche Zusage wird schriftlich erteilt und als verbindlich gekennzeichnet.

(2) Die verbindliche Zusage muss enthalten:
1. den ihr zugrunde gelegten Sachverhalt; dabei kann auf den im Prüfungsbericht dargestellten Sachverhalt Bezug genommen werden,
2. die Entscheidung über den Antrag und die dafür maßgebenden Gründe,
3. eine Angabe darüber, für welche Steuern und für welchen Zeitraum die verbindliche Zusage gilt.

## § 206 Bindungswirkung

(1) Die verbindliche Zusage ist für die Besteuerung bindend, wenn sich der später verwirklichte Sachverhalt mit dem der verbindlichen Zusage zugrunde gelegten Sachverhalt deckt.

(2) Absatz 1 gilt nicht, wenn die verbindliche Zusage zuungunsten des Antragstellers dem geltenden Recht widerspricht.

## § 207 Außerkrafttreten, Aufhebung und Änderung der verbindlichen Zusage

(1) Die verbindliche Zusage tritt außer Kraft, wenn die Rechtsvorschriften, auf denen die Entscheidung beruht, geändert werden.

(2) Die Finanzbehörde kann die verbindliche Zusage mit Wirkung für die Zukunft aufheben oder ändern.

(3) Eine rückwirkende Aufhebung oder Änderung der verbindlichen Zusage ist nur zulässig, falls der Steuerpflichtige zustimmt oder wenn die Voraussetzungen des § 130 Abs. 2 Nr. 1 oder 2 vorliegen.

# Fünfter Abschnitt: Steuerfahndung (Zollfahndung)

## § 208 Steuerfahndung (Zollfahndung)[1)]

(1) [1]Aufgabe der Steuerfahndung (Zollfahndung) ist
1. die Erforschung von Steuerstraftaten und Steuerordnungswidrigkeiten,
2. die Ermittlung der Besteuerungsgrundlagen in den in Nummer 1 bezeichneten Fällen,
3. die Aufdeckung und Ermittlung unbekannter Steuerfälle.

[2]Die mit der Steuerfahndung betrauten Dienststellen der Landesfinanzbehörden und die Zollfahndungsämter haben außer den Befugnissen nach § 404 Satz 2 erster Halbsatz auch die Ermittlungsbefugnisse, die den Finanzämtern (Hauptzollämtern) zustehen. [3]In den Fällen der Nummern 2 und 3 gelten die Einschränkungen des § 93 Abs. 1 Satz 3, Abs. 2 Satz 2 und des § 97 Absatz 2 nicht; § 200 Abs. 1 Satz 1 und 2, Abs. 2, Abs. 3 Satz 1 und 2 gilt sinngemäß, § 393 Abs. 1 bleibt unberührt.

(2) Unabhängig von Absatz 1 sind die mit der Steuerfahndung betrauten Dienststellen der Landesfinanzbehörden und die Zollfahndungsämter zuständig
1. für steuerliche Ermittlungen einschließlich der Außenprüfung auf Ersuchen der zuständigen Finanzbehörde,
2. für die ihnen sonst im Rahmen der Zuständigkeit der Finanzbehörden übertragenen Aufgaben.

(3) Die Aufgaben und Befugnisse der Finanzämter (Hauptzollämter) bleiben unberührt.

---

1) **Anm. d. Red.:** § 208 Abs. 1 i. d. F. des Gesetzes v. 26. 6. 2013 (BGBl I S. 1809) mit Wirkung v. 30. 6. 2013.

## Sechster Abschnitt: Steueraufsicht in besonderen Fällen

### § 209 Gegenstand der Steueraufsicht

(1) Der Warenverkehr über die Grenze und in den Freizonen und Freilagern sowie die Gewinnung und Herstellung, Lagerung, Beförderung und gewerbliche Verwendung verbrauchsteuerpflichtiger Waren und der Handel mit verbrauchsteuerpflichtigen Waren unterliegen der zollamtlichen Überwachung (Steueraufsicht).

(2) Der Steueraufsicht unterliegen ferner:
1. der Versand, die Ausfuhr, Lagerung, Verwendung, Vernichtung, Veredelung, Umwandlung und sonstige Bearbeitung oder Verarbeitung von Waren in einem Verbrauchsteuerverfahren,
2. die Herstellung und Ausfuhr von Waren, für die ein Erlass, eine Erstattung oder Vergütung von Verbrauchsteuer beansprucht wird.

(3) Andere Sachverhalte unterliegen der Steueraufsicht, wenn es gesetzlich bestimmt ist.

### § 210 Befugnisse der Finanzbehörde

(1) Die von der Finanzbehörde mit der Steueraufsicht betrauten Amtsträger sind berechtigt, Grundstücke und Räume von Personen, die eine gewerbliche oder berufliche Tätigkeit selbständig ausüben und denen ein der Steueraufsicht unterliegender Sachverhalt zuzurechnen ist, während der Geschäfts- und Arbeitszeiten zu betreten, um Prüfungen vorzunehmen oder sonst Feststellungen zu treffen, die für die Besteuerung erheblich sein können (Nachschau).

(2) [1]Der Nachschau unterliegen ferner Grundstücke und Räume von Personen, denen ein der Steueraufsicht unterliegender Sachverhalt zuzurechnen ist ohne zeitliche Einschränkung, wenn Tatsachen die Annahme rechtfertigen, dass sich dort Schmuggelwaren oder nicht ordnungsgemäß versteuerte verbrauchsteuerpflichtige Waren befinden oder dort sonst gegen Vorschriften oder Anordnungen verstoßen wird, deren Einhaltung durch die Steueraufsicht gesichert werden soll. [2]Bei Gefahr im Verzug ist eine Durchsuchung von Wohn- und Geschäftsräumen auch ohne richterliche Anordnung zulässig.

(3) [1]Die von der Finanzbehörde mit der Steueraufsicht betrauten Amtsträger sind ferner berechtigt, im Rahmen von zeitlich und örtlich begrenzten Kontrollen, Schiffe und andere Fahrzeuge, die nach ihrer äußeren Erscheinung gewerblichen Zwecken dienen, anzuhalten. [2]Die Betroffenen haben sich auszuweisen und Auskunft über die mitgeführten Waren zu geben; sie haben insbesondere Frachtbriefe und sonstige Beförderungspapiere, auch nicht steuerlicher Art, vorzulegen. [3]Ergeben sich dadurch oder auf Grund sonstiger Tatsachen Anhaltspunkte, dass verbrauchsteuerpflichtige Waren mitgeführt werden, können die Amtsträger die mitgeführten Waren überprüfen und alle Feststellungen treffen, die für eine Besteuerung dieser Waren erheblich sein können. [4]Die Betroffenen haben die Herkunft der verbrauchsteuerpflichtigen Waren anzugeben, die Entnahme von unentgeltlichen Proben zu dulden und die erforderliche Hilfe zu leisten.

(4) [1]Wenn Feststellungen bei Ausübung der Steueraufsicht hierzu Anlass geben, kann ohne vorherige Prüfungsanordnung (§ 196) zu einer Außenprüfung nach § 193 übergegangen werden. [2]Auf den Übergang zur Außenprüfung wird schriftlich hingewiesen.

(5) [1]Wird eine Nachschau in einem Dienstgebäude oder einer nicht allgemein zugänglichen Einrichtung oder Anlage der Bundeswehr erforderlich, so wird die vorgesetzte Dienststelle der Bundeswehr um ihre Durchführung ersucht. [2]Die Finanzbehörde ist zur Mitwirkung berechtigt. [3]Ein Ersuchen ist nicht erforderlich, wenn die Nachschau in Räumen vorzunehmen ist, die ausschließlich von anderen Personen als Soldaten bewohnt werden.

### § 211 Pflichten des Betroffenen

(1) [1]Wer von einer Maßnahme der Steueraufsicht betroffen wird, hat den Amtsträgern auf Verlangen Aufzeichnungen, Bücher, Geschäftspapiere und andere Urkunden über die der Steu-

eraufsicht unterliegenden Sachverhalte und über den Bezug und den Absatz verbrauchsteuerpflichtiger Waren vorzulegen, Auskünfte zu erteilen und die zur Durchführung der Steueraufsicht sonst erforderlichen Hilfsdienste zu leisten. [2]§ 200 Abs. 2 Satz 2 gilt sinngemäß.

(2) Die Pflichten nach Absatz 1 gelten auch dann, wenn bei einer gesetzlich vorgeschriebenen Nachversteuerung verbrauchsteuerpflichtiger Waren in einem der Steueraufsicht unterliegenden Betrieb oder Unternehmen festgestellt werden soll, an welche Empfänger und in welcher Menge nachsteuerpflichtige Waren geliefert worden sind.

(3) Vorkehrungen, die die Ausübung der Steueraufsicht hindern oder erschweren, sind unzulässig.

### § 212 Durchführungsvorschriften

(1) Das Bundesministerium der Finanzen kann durch Rechtsverordnung zur näheren Bestimmung der im Rahmen der Steueraufsicht zu erfüllenden Pflichten anordnen, dass

1. bestimmte Handlungen nur in Räumen vorgenommen werden dürfen, die der Finanzbehörde angemeldet sind oder deren Benutzung für diesen Zweck von der Finanzbehörde besonders genehmigt ist,
2. Räume, Fahrzeuge, Geräte, Gefäße und Leitungen, die der Herstellung, Bearbeitung, Verarbeitung, Lagerung, Beförderung oder Messung steuerpflichtiger Waren dienen oder dienen können, auf Kosten des Betriebsinhabers in bestimmter Weise einzurichten, herzurichten, zu kennzeichnen oder amtlich zu verschließen sind,
3. der Überwachung unterliegende Waren in bestimmter Weise behandelt, bezeichnet, gelagert, verpackt, versandt oder verwendet werden müssen,
4. der Handel mit steuerpflichtigen Waren besonders überwacht wird, wenn der Händler zugleich Hersteller der Waren ist,
5. über die Betriebsvorgänge und über die steuerpflichtigen Waren sowie über die zu ihrer Herstellung verwendeten Einsatzstoffe, Fertigungsstoffe, Hilfsstoffe und Zwischenerzeugnisse in bestimmter Weise Anschreibungen zu führen und die Bestände festzustellen sind,
6. Bücher, Aufzeichnungen und sonstige Unterlagen in bestimmter Weise aufzubewahren sind,
7. Vorgänge und Maßnahmen in Betrieben oder Unternehmen, die für die Besteuerung von Bedeutung sind, der Finanzbehörde anzumelden sind,
8. von steuerpflichtigen Waren, von Waren, für die ein Erlass, eine Erstattung oder Vergütung von Verbrauchsteuern beansprucht wird, von Stoffen, die zur Herstellung dieser Waren bestimmt sind, sowie von Umschließungen dieser Waren unentgeltlich Proben entnommen werden dürfen oder unentgeltlich Muster zu hinterlegen sind.

(2) Die Rechtsverordnung bedarf, außer wenn sie die Biersteuer betrifft, nicht der Zustimmung des Bundesrates.

### § 213 Besondere Aufsichtsmaßnahmen

[1]Betriebe oder Unternehmen, deren Inhaber oder deren leitende Angehörige wegen Steuerhinterziehung, versuchter Steuerhinterziehung oder wegen der Teilnahme an einer solchen Tat rechtskräftig bestraft worden sind, dürfen auf ihre Kosten besonderen Aufsichtsmaßnahmen unterworfen werden, wenn dies zur Gewährleistung einer wirksamen Steueraufsicht erforderlich ist. [2]Insbesondere dürfen zusätzliche Anschreibungen und Meldepflichten, der sichere Verschluss von Räumen, Behältnissen und Geräten sowie ähnliche Maßnahmen vorgeschrieben werden.

## § 214 Beauftragte[1)]

¹Wer sich zur Erfüllung steuerlicher Pflichten, die ihm auf Grund eines der Steueraufsicht unterliegenden Sachverhalts obliegen, durch einen mit der Wahrnehmung dieser Pflichten beauftragten Angehörigen seines Betriebs oder Unternehmens vertreten lässt, bedarf der Zustimmung der Finanzbehörde. ²Dies gilt nicht für die Vertretung in Einfuhrabgabensachen im Sinne von Artikel 4 Nr. 10 des Zollkodexes und § 1 Abs. 1 Satz 3 des Zollverwaltungsgesetzes im Zusammenhang mit dem Erhalt einer zollrechtlichen Bestimmung im Sinne von Artikel 4 Nr. 15 des Zollkodexes.

## § 215 Sicherstellung im Aufsichtsweg

(1) ¹Die Finanzbehörde kann durch Wegnahme, Anbringen von Siegeln oder durch Verfügungsverbot sicherstellen:
1. verbrauchsteuerpflichtige Waren, die ein Amtsträger vorfindet
   a) in Herstellungsbetrieben oder anderen anmeldepflichtigen Räumen, die der Finanzbehörde nicht angemeldet sind,
   b) im Handel ohne eine den Steuergesetzen entsprechende Verpackung, Bezeichnung, Kennzeichnung oder ohne vorschriftsmäßige Steuerzeichen,
2. Waren, die im grenznahen Raum oder in Gebieten, die der Grenzaufsicht unterliegen, aufgefunden werden, wenn sie weder offenbar Gemeinschaftswaren noch den Umständen nach in den zollrechtlich freien Verkehr überführt worden sind,
3. die Umschließungen der in den Nummern 1 und 2 genannten Waren,
4. Geräte, die zur Herstellung von verbrauchsteuerpflichtigen Waren bestimmt sind und die sich in einem der Finanzbehörde nicht angemeldeten Herstellungsbetrieb befinden.

²Die Sicherstellung ist auch zulässig, wenn die Sachen zunächst in einem Strafverfahren beschlagnahmt und dann der Finanzbehörde zur Verfügung gestellt worden sind.

(2) ¹Über die Sicherstellung ist eine Niederschrift aufzunehmen. ²Die Sicherstellung ist den betroffenen Personen (Eigentümer, Besitzer) mitzuteilen, soweit sie bekannt sind.

## § 216 Überführung in das Eigentum des Bundes[2)]

(1) ¹Nach § 215 sichergestellte Sachen sind in das Eigentum des Bundes überzuführen, sofern sie nicht nach § 375 Abs. 2 eingezogen werden. ²Für Fundgut gilt dies nur, wenn kein Eigentumsanspruch geltend gemacht wird.

(2) ¹Die Überführung sichergestellter Sachen in das Eigentum des Bundes ist den betroffenen Personen mitzuteilen. ²Ist eine betroffene Person nicht bekannt, so gilt § 10 Abs. 2 des Verwaltungszustellungsgesetzes sinngemäß.

(3) ¹Der Eigentumsübergang wird wirksam, sobald der von der Finanzbehörde erlassene Verwaltungsakt unanfechtbar ist. ²Bei Sachen, die mit dem Grund und Boden verbunden sind, geht das Eigentum unter der Voraussetzung des Satzes 1 mit der Trennung über. ³Rechte Dritter an einer sichergestellten Sache bleiben bestehen. ⁴Das Erlöschen dieser Rechte kann jedoch angeordnet werden, wenn der Dritte leichtfertig dazu beigetragen hat, dass die in das Eigentum des Bundes überführte Sache der Sicherstellung unterlag oder er sein Recht an der Sache in Kenntnis der Umstände erwarb, welche die Sicherstellung veranlasst haben.

(4) ¹Sichergestellte Sachen können schon vor der Überführung in das Eigentum des Bundes veräußert werden, wenn ihr Verderb oder eine wesentliche Minderung ihres Werts droht oder ihre Aufbewahrung, Pflege oder Erhaltung mit unverhältnismäßig großen Kosten oder Schwierigkeiten verbunden ist; zu diesem Zweck dürfen auch Sachen, die mit dem Grund und Boden

---

1) **Anm. d. Red.:** Gem. Art. 2 Nr. 3 i.V. mit Art. 16 Abs. 4 Gesetz v. 22.12.2014 (BGBl I S. 2417) wird § 214 Satz 2 mit Wirkung v. 1.5.2016 aufgehoben.

2) **Anm. d. Red.:** § 216 Abs. 2 i. d. F. des Gesetzes v. 12.8.2005 (BGBl I S. 2354) mit Wirkung v. 1.2.2006.

verbunden sind, von diesem getrennt werden. ²Der Erlös tritt an die Stelle der Sachen. ³Die Notveräußerung wird nach den Vorschriften dieses Gesetzes über die Verwertung gepfändeter Sachen durchgeführt. ⁴Die betroffenen Personen sollen vor der Anordnung der Veräußerung gehört werden. ⁵Die Anordnung sowie Zeit und Ort der Veräußerung sind ihnen, soweit tunlich, mitzuteilen.

(5) ¹Sichergestellte oder bereits in das Eigentum des Bundes überführte Sachen werden zurückgegeben, wenn die Umstände, die die Sicherstellung veranlasst haben, dem Eigentümer nicht zuzurechnen sind oder wenn die Überführung in das Eigentum des Bundes als eine unbillige Härte für die Betroffenen erscheint. ²Gutgläubige Dritte, deren Rechte durch die Überführung in das Eigentum des Bundes erloschen oder beeinträchtigt sind, werden aus dem Erlös der Sachen angemessen entschädigt. ³Im Übrigen kann eine Entschädigung gewährt werden, soweit es eine unbillige Härte wäre, sie zu versagen.

## § 217 Steuerhilfspersonen

Zur Feststellung von Tatsachen, die zoll- oder verbrauchsteuerrechtlich erheblich sind, kann die Finanzbehörde Personen, die vom Ergebnis der Feststellung nicht selbst betroffen werden, als Steuerhilfspersonen bestellen.

## Fünfter Teil: Erhebungsverfahren

## Erster Abschnitt: Verwirklichung, Fälligkeit und Erlöschen von Ansprüchen aus dem Steuerschuldverhältnis

## 1. Unterabschnitt: Verwirklichung und Fälligkeit von Ansprüchen aus dem Steuerschuldverhältnis

### § 218 Verwirklichung von Ansprüchen aus dem Steuerschuldverhältnis[1]

(1) ¹Grundlage für die Verwirklichung von Ansprüchen aus dem Steuerschuldverhältnis (§ 37) sind die Steuerbescheide, die Steuervergütungsbescheide, die Haftungsbescheide und die Verwaltungsakte, durch die steuerliche Nebenleistungen festgesetzt werden; bei den Säumniszuschlägen genügt die Verwirklichung des gesetzlichen Tatbestands (§ 240). ²Die Steueranmeldungen (§ 168) stehen den Steuerbescheiden gleich.

(2) ¹Über Streitigkeiten, die die Verwirklichung der Ansprüche im Sinne des Absatzes 1 betreffen, entscheidet die Finanzbehörde durch Abrechnungsbescheid. ²Dies gilt auch, wenn die Streitigkeit einen Erstattungsanspruch (§ 37 Abs. 2) betrifft.

(3) ¹Wird eine Anrechnungsverfügung oder ein Abrechnungsbescheid auf Grund eines Rechtsbehelfs oder auf Antrag des Steuerpflichtigen oder eines Dritten zurückgenommen und in dessen Folge ein für ihn günstigerer Verwaltungsakt erlassen, können nachträglich gegenüber dem Steuerpflichtigen oder einer anderen Person die entsprechenden steuerlichen Folgerungen gezogen werden. ²§ 174 Absatz 4 und 5 gilt entsprechend.

### § 219 Zahlungsaufforderung bei Haftungsbescheiden

¹Wenn nichts anderes bestimmt ist, darf ein Haftungsschuldner auf Zahlung nur in Anspruch genommen werden, soweit die Vollstreckung in das bewegliche Vermögen des Steuerschuldners ohne Erfolg geblieben oder anzunehmen ist, dass die Vollstreckung aussichtslos sein würde. ²Diese Einschränkung gilt nicht, wenn die Haftung darauf beruht, dass der Haftungsschuldner Steuerhinterziehung oder Steuerhehlerei begangen hat oder gesetzlich verpflichtet war, Steuern einzubehalten und abzuführen oder zu Lasten eines anderen zu entrichten.

---

1) **Anm. d. Red.:** § 218 Abs. 2 i. d. F., Abs. 3 angefügt gem. Gesetz v. 22.12.2014 (BGBl I S. 2417) mit Wirkung v. 31.12.2014.

## § 220 Fälligkeit

(1) Die Fälligkeit von Ansprüchen aus dem Steuerschuldverhältnis richtet sich nach den Vorschriften der Steuergesetze.

(2) ¹Fehlt es an einer besonderen gesetzlichen Regelung über die Fälligkeit, so wird der Anspruch mit seiner Entstehung fällig, es sei denn, dass in einem nach § 254 erforderlichen Leistungsgebot eine Zahlungsfrist eingeräumt worden ist. ²Ergibt sich der Anspruch in den Fällen des Satzes 1 aus der Festsetzung von Ansprüchen aus dem Steuerschuldverhältnis, so tritt die Fälligkeit nicht vor Bekanntgabe der Festsetzung ein.

## § 221 Abweichende Fälligkeitsbestimmung

¹Hat ein Steuerpflichtiger eine Verbrauchsteuer oder die Umsatzsteuer mehrfach nicht rechtzeitig entrichtet, so kann die Finanzbehörde verlangen, dass die Steuer jeweils zu einem von der Finanzbehörde zu bestimmenden, vor der gesetzlichen Fälligkeit aber nach Entstehung der Steuer liegenden Zeitpunkt entrichtet wird. ²Das Gleiche gilt, wenn die Annahme begründet ist, dass der Eingang einer Verbrauchsteuer oder der Umsatzsteuer gefährdet ist; an Stelle der Vorverlegung der Fälligkeit kann auch Sicherheitsleistung verlangt werden. ³In den Fällen des Satzes 1 ist die Vorverlegung der Fälligkeit nur zulässig, wenn sie dem Steuerpflichtigen für den Fall erneuter nicht rechtzeitiger Entrichtung angekündigt worden ist.

## § 222 Stundung

¹Die Finanzbehörden können Ansprüche aus dem Steuerschuldverhältnis ganz oder teilweise stunden, wenn die Einziehung bei Fälligkeit eine erhebliche Härte für den Schuldner bedeuten würde und der Anspruch durch die Stundung nicht gefährdet erscheint. ²Die Stundung soll in der Regel nur auf Antrag und gegen Sicherheitsleistung gewährt werden. ³Steueransprüche gegen den Steuerschuldner können nicht gestundet werden, soweit ein Dritter (Entrichtungspflichtiger) die Steuer für Rechnung des Steuerschuldners zu entrichten, insbesondere einzubehalten und abzuführen hat. ⁴Die Stundung des Haftungsanspruchs gegen den Entrichtungspflichtigen ist ausgeschlossen, soweit er Steuerabzugsbeträge einbehalten oder Beträge, die eine Steuer enthalten, eingenommen hat.

## § 223 (weggefallen)[1)]

## 2. Unterabschnitt: Zahlung, Aufrechnung, Erlass

### § 224 Leistungsort, Tag der Zahlung[2)]

(1) ¹Zahlungen an Finanzbehörden sind an die zuständige Kasse zu entrichten. ²Außerhalb des Kassenraums können Zahlungsmittel nur einem Amtsträger übergeben werden, der zur Annahme von Zahlungsmitteln außerhalb des Kassenraums besonders ermächtigt worden ist und sich hierüber ausweisen kann.

(2) Eine wirksam geleistete Zahlung gilt als entrichtet:
1. bei Übergabe oder Übersendung von Zahlungsmitteln am Tag des Eingangs, bei Hingabe oder Übersendung von Schecks jedoch drei Tage nach dem Tag des Eingangs,
2. bei Überweisung oder Einzahlung auf ein Konto der Finanzbehörde und bei Einzahlung mit Zahlschein an dem Tag, an dem der Betrag der Finanzbehörde gutgeschrieben wird,
3. bei Vorliegen einer Einzugsermächtigung am Fälligkeitstag.

(3) ¹Zahlungen der Finanzbehörden sind unbar zu leisten. ²Das Bundesministerium der Finanzen und die für die Finanzverwaltung zuständigen obersten Landesbehörden können für ihre

---

1) **Anm. d. Red.:** § 223 weggefallen gem. Gesetz v. 22.12.2014 (BGBl I S. 2417) mit Wirkung v. 31.12.2014.
2) **Anm. d. Red.:** § 224 Abs. 2 i. d. F. des Gesetzes v. 26.6.2013 (BGBl I S. 1809) mit Wirkung v. 30.6.2013.

Geschäftsbereiche Ausnahmen zulassen. ³Als Tag der Zahlung gilt bei Überweisung oder Zahlungsanweisung der dritte Tag nach der Hingabe oder Absendung des Auftrags an das Kreditinstitut oder, wenn der Betrag nicht sofort abgebucht werden soll, der dritte Tag nach der Abbuchung.

(4) ¹Die zuständige Kasse kann für die Übergabe von Zahlungsmitteln gegen Quittung geschlossen werden. ²Absatz 2 Nr. 1 gilt entsprechend, wenn bei der Schließung von Kassen nach Satz 1 am Ort der Kasse eine oder mehrere Zweiganstalten der Deutschen Bundesbank oder, falls solche am Ort der Kasse nicht bestehen, ein oder mehrere Kreditinstitute ermächtigt werden, für die Kasse Zahlungsmittel gegen Quittung anzunehmen.

## § 224a Hingabe von Kunstgegenständen an Zahlungs statt

(1) ¹Schuldet ein Steuerpflichtiger Erbschaft- oder Vermögensteuer, kann durch öffentlich-rechtlichen Vertrag zugelassen werden, dass an Zahlungs statt das Eigentum an Kunstgegenständen, Kunstsammlungen, wissenschaftlichen Sammlungen, Bibliotheken, Handschriften und Archiven dem Land, dem das Steueraufkommen zusteht, übertragen wird, wenn an deren Erwerb wegen ihrer Bedeutung für Kunst, Geschichte oder Wissenschaft ein öffentliches Interesse besteht. ²Die Übertragung des Eigentums nach Satz 1 gilt nicht als Veräußerung im Sinne des § 13 Abs. 1 Nr. 2 Satz 2 des Erbschaftsteuergesetzes.

(2) ¹Der Vertrag nach Absatz 1 bedarf der Schriftform; die elektronische Form ist ausgeschlossen. ²Der Steuerpflichtige hat das Vertragsangebot an die örtlich zuständige Finanzbehörde zu richten. ³Zuständig für den Vertragsabschluss ist die oberste Finanzbehörde des Landes, dem das Steueraufkommen zusteht. ⁴Der Vertrag wird erst mit der Zustimmung der für kulturelle Angelegenheiten zuständigen obersten Landesbehörde wirksam; diese Zustimmung wird von der obersten Finanzbehörde eingeholt.

(3) Kommt ein Vertrag zustande, erlischt die Steuerschuld in der im Vertrag vereinbarten Höhe am Tag der Übertragung des Eigentums an das Land, dem das Steueraufkommen zusteht.

(4) ¹Solange nicht feststeht, ob ein Vertrag zustande kommt, kann der Steueranspruch nach § 222 gestundet werden. ²Kommt ein Vertrag zustande, ist für die Dauer der Stundung auf die Erhebung von Stundungszinsen zu verzichten.

## § 225 Reihenfolge der Tilgung

(1) Schuldet ein Steuerpflichtiger mehrere Beträge und reicht bei freiwilliger Zahlung der gezahlte Betrag nicht zur Tilgung sämtlicher Schulden aus, so wird die Schuld getilgt, die der Steuerpflichtige bei der Zahlung bestimmt.

(2) ¹Trifft der Steuerpflichtige keine Bestimmung, so werden mit einer freiwilligen Zahlung, die nicht sämtliche Schulden deckt, zunächst die Geldbußen, sodann nacheinander die Zwangsgelder, die Steuerabzugsbeträge, die übrigen Steuern, die Kosten, die Verspätungszuschläge, die Zinsen und die Säumniszuschläge getilgt. ²Innerhalb dieser Reihenfolge sind die einzelnen Schulden nach ihrer Fälligkeit zu ordnen; bei gleichzeitig fällig gewordenen Beträgen und bei den Säumniszuschlägen bestimmt die Finanzbehörde die Reihenfolge der Tilgung.

(3) Wird die Zahlung im Verwaltungsweg erzwungen (§ 249) und reicht der verfügbare Betrag nicht zur Tilgung aller Schulden aus, derentwegen die Vollstreckung oder die Verwertung der Sicherheiten erfolgt ist, so bestimmt die Finanzbehörde die Reihenfolge der Tilgung.

## § 226 Aufrechnung

(1) Für die Aufrechnung mit Ansprüchen aus dem Steuerschuldverhältnis sowie für die Aufrechnung gegen diese Ansprüche gelten sinngemäß die Vorschriften des bürgerlichen Rechts, soweit nichts anderes bestimmt ist.

(2) Mit Ansprüchen aus dem Steuerschuldverhältnis kann nicht aufgerechnet werden, wenn sie durch Verjährung oder Ablauf einer Ausschlussfrist erloschen sind.

(3) Die Steuerpflichtigen können gegen Ansprüche aus dem Steuerschuldverhältnis nur mit unbestrittenen oder rechtskräftig festgestellten Gegenansprüchen aufrechnen.

(4) Für die Aufrechnung gilt als Gläubiger oder Schuldner eines Anspruchs aus dem Steuerschuldverhältnis auch die Körperschaft, die die Steuer verwaltet.

## § 227 Erlass

Die Finanzbehörden können Ansprüche aus dem Steuerschuldverhältnis ganz oder zum Teil erlassen, wenn deren Einziehung nach Lage des einzelnen Falls unbillig wäre; unter den gleichen Voraussetzungen können bereits entrichtete Beträge erstattet oder angerechnet werden.

## 3. Unterabschnitt: Zahlungsverjährung

### § 228 Gegenstand der Verjährung, Verjährungsfrist

¹Ansprüche aus dem Steuerschuldverhältnis unterliegen einer besonderen Zahlungsverjährung. ²Die Verjährungsfrist beträgt fünf Jahre.

### § 229 Beginn der Verjährung

(1) ¹Die Verjährung beginnt mit Ablauf des Kalenderjahrs, in dem der Anspruch erstmals fällig geworden ist. ²Sie beginnt jedoch nicht vor Ablauf des Kalenderjahrs, in dem die Festsetzung eines Anspruchs aus dem Steuerschuldverhältnis, ihre Aufhebung, Änderung oder Berichtigung nach § 129 wirksam geworden ist, aus der sich der Anspruch ergibt; eine Steueranmeldung steht einer Steuerfestsetzung gleich.

(2) Ist ein Haftungsbescheid ohne Zahlungsaufforderung ergangen, so beginnt die Verjährung mit Ablauf des Kalenderjahrs, in dem der Haftungsbescheid wirksam geworden ist.

### § 230 Hemmung der Verjährung

Die Verjährung ist gehemmt, solange der Anspruch wegen höherer Gewalt innerhalb der letzten sechs Monate der Verjährungsfrist nicht verfolgt werden kann.

### § 231 Unterbrechung der Verjährung[1]

(1) ¹Die Verjährung wird unterbrochen durch schriftliche Geltendmachung des Anspruches, durch Zahlungsaufschub, durch Stundung, durch Aussetzung der Vollziehung, durch Aussetzung der Verpflichtung des Zollschuldners zur Abgabenentrichtung, durch Sicherheitsleistung, durch Vollstreckungsaufschub, durch eine Vollstreckungsmaßnahme, durch Anmeldung im Insolvenzverfahren, durch Aufnahme in einen Insolvenzplan oder einen gerichtlichen Schuldenbereinigungsplan, durch Einbeziehung in ein Verfahren, das die Restschuldbefreiung für den Schuldner zum Ziel hat, und durch Ermittlungen der Finanzbehörde nach dem Wohnsitz oder dem Aufenthaltsort des Zahlungspflichtigen. ²§ 169 Abs. 1 Satz 3 gilt sinngemäß.

(2) ¹Die Unterbrechung der Verjährung durch Zahlungsaufschub, durch Stundung, durch Aussetzung der Vollziehung, durch Aussetzung der Verpflichtung des Zollschuldners zur Abgabenentrichtung, durch Sicherheitsleistung, durch Vollstreckungsaufschub, durch eine Vollstreckungsmaßnahme, die zu einem Pfändungspfandrecht, einer Zwangshypothek oder einem sonstigen Vorzugsrecht auf Befriedigung führt, durch Anmeldung im Insolvenzverfahren, durch Aufnahme in einen Insolvenzplan oder einen gerichtlichen Schuldenbereinigungsplan oder durch Einbeziehung in ein Verfahren, das die Restschuldbefreiung für den Schuldner zum Ziel hat, dauert fort, bis der Zahlungsaufschub, die Stundung, die Aussetzung der Vollziehung, die Aussetzung der Verpflichtung des Zollschuldners zur Abgabenentrichtung oder der Vollstreckungsaufschub abgelaufen, die Sicherheit, das Pfändungspfandrecht, die Zwangshypothek

---

[1] **Anm. d. Red.:** § 231 Abs. 1 und 2 i. d. F. des Gesetzes v. 15.12.2003 (BGBl I S. 2645) mit Wirkung v. 20.12.2003.

oder ein sonstiges Vorzugsrecht auf Befriedigung erloschen, das Insolvenzverfahren beendet ist, der Insolvenzplan oder der gerichtliche Schuldenbereinigungsplan erfüllt oder hinfällig wird, die Restschuldbefreiung wirksam wird oder das Verfahren, das die Restschuldbefreiung zum Ziel hat, vorzeitig beendet wird. ²Wird gegen die Finanzbehörde ein Anspruch geltend gemacht, so endet die hierdurch eingetretene Unterbrechung der Verjährung nicht, bevor über den Anspruch rechtskräftig entschieden worden ist.

(3) Mit Ablauf des Kalenderjahrs, in dem die Unterbrechung geendet hat, beginnt eine neue Verjährungsfrist.

(4) Die Verjährung wird nur in Höhe des Betrags unterbrochen, auf den sich die Unterbrechungshandlung bezieht.

### § 232 Wirkung der Verjährung
Durch die Verjährung erlöschen der Anspruch aus dem Steuerschuldverhältnis und die von ihm abhängenden Zinsen.

## Zweiter Abschnitt: Verzinsung, Säumniszuschläge

## 1. Unterabschnitt: Verzinsung

### § 233 Grundsatz
¹Ansprüche aus dem Steuerschuldverhältnis (§ 37) werden nur verzinst, soweit dies gesetzlich vorgeschrieben ist. ²Ansprüche auf steuerliche Nebenleistungen (§ 3 Abs. 4) und die entsprechenden Erstattungsansprüche werden nicht verzinst.

### § 233a Verzinsung von Steuernachforderungen und Steuererstattungen[1]
(1) ¹Führt die Festsetzung der Einkommen-, Körperschaft-, Vermögen-, Umsatz- oder Gewerbesteuer zu einem Unterschiedsbetrag im Sinne des Absatzes 3, ist dieser zu verzinsen. ²Dies gilt nicht für die Festsetzung von Vorauszahlungen und Steuerabzugsbeträgen.

(2) ¹Der Zinslauf beginnt 15 Monate nach Ablauf des Kalenderjahrs, in dem die Steuer entstanden ist. ²Er beginnt für die Einkommen- und Körperschaftsteuer 23 Monate nach diesem Zeitpunkt, wenn die Einkünfte aus Land- und Forstwirtschaft bei der erstmaligen Steuerfestsetzung die anderen Einkünfte überwiegen. ³Er endet mit Ablauf des Tages, an dem die Steuerfestsetzung wirksam wird.

(2a) Soweit die Steuerfestsetzung auf der Berücksichtigung eines rückwirkenden Ereignisses (§ 175 Abs. 1 Satz 1 Nr. 2 und Abs. 2) oder auf einem Verlustabzug nach § 10d Abs. 1 des Einkommensteuergesetzes beruht, beginnt der Zinslauf abweichend von Absatz 2 Satz 1 und 2 15 Monate nach Ablauf des Kalenderjahres, in dem das rückwirkende Ereignis eingetreten oder der Verlust entstanden ist.

(3) ¹Maßgebend für die Zinsberechnung ist die festgesetzte Steuer, vermindert um die anzurechnenden Steuerabzugsbeträge, um die anzurechnende Körperschaftsteuer und um die bis zum Beginn des Zinslaufs festgesetzten Vorauszahlungen (Unterschiedsbetrag). ²Bei der Vermögensteuer ist als Unterschiedsbetrag für die Zinsberechnung die festgesetzte Steuer, vermindert um die festgesetzten Vorauszahlungen oder die bisher festgesetzte Jahressteuer, maßgebend. ³Ein Unterschiedsbetrag zugunsten des Steuerpflichtigen ist nur bis zur Höhe des zu erstattenden Betrags zu verzinsen; die Verzinsung beginnt frühestens mit dem Tag der Zahlung.

(4) Die Festsetzung der Zinsen soll mit der Steuerfestsetzung verbunden werden.

(5) ¹Wird die Steuerfestsetzung aufgehoben, geändert oder nach § 129 berichtigt, ist eine bisherige Zinsfestsetzung zu ändern; Gleiches gilt, wenn die Anrechnung von Steuerbeträgen zurückgenommen, widerrufen oder nach § 129 berichtigt wird. ²Maßgebend für die Zinsberech-

---

1) **Anm. d. Red.:** § 233a Abs. 2 i. d. F. des Gesetzes v. 1.11.2011 (BGBl I S. 2131) mit Wirkung v. 5.11.2011.

nung ist der Unterschiedsbetrag zwischen der festgesetzten Steuer und der vorher festgesetzten Steuer, jeweils vermindert um die anzurechnenden Steuerabzugsbeträge und um die anzurechnende Körperschaftsteuer. ³Dem sich hiernach ergebenden Zinsbetrag sind bisher festzusetzende Zinsen hinzuzurechnen; bei einem Unterschiedsbetrag zugunsten des Steuerpflichtigen entfallen darauf festgesetzte Zinsen. ⁴Im Übrigen gilt Absatz 3 Satz 3 entsprechend.

(6) Die Absätze 1 bis 5 gelten bei der Durchführung des Lohnsteuer-Jahresausgleichs entsprechend.

(7) ¹Bei Anwendung des Absatzes 2a gelten die Absätze 3 und 5 mit der Maßgabe, dass der Unterschiedsbetrag in Teil-Unterschiedsbeträge mit jeweils gleichem Zinslaufbeginn aufzuteilen ist; für jeden Teil-Unterschiedsbetrag sind Zinsen gesondert und in der zeitlichen Reihenfolge der Teil-Unterschiedsbeträge zu berechnen, beginnend mit den Zinsen auf den Teil-Unterschiedsbetrag mit dem ältesten Zinslaufbeginn. ²Ergibt sich ein Teil-Unterschiedsbetrag zugunsten des Steuerpflichtigen, entfallen auf diesen Betrag festgesetzte Zinsen frühestens ab Beginn des für diesen Teil-Unterschiedsbetrag maßgebenden Zinslaufs; Zinsen für den Zeitraum bis zum Beginn des Zinslaufs dieses Teil-Unterschiedsbetrags bleiben endgültig bestehen. ³Dies gilt auch, wenn zuvor innerhalb derselben Zinsberechnung Zinsen auf einen Teil-Unterschiedsbetrag zuungunsten des Steuerpflichtigen berechnet worden sind.

## § 234 Stundungszinsen

(1) ¹Für die Dauer einer gewährten Stundung von Ansprüchen aus dem Steuerschuldverhältnis werden Zinsen erhoben. ²Wird der Steuerbescheid nach Ablauf der Stundung aufgehoben, geändert oder nach § 129 berichtigt, so bleiben die bis dahin entstandenen Zinsen unberührt.

(2) Auf die Zinsen kann ganz oder teilweise verzichtet werden, wenn ihre Erhebung nach Lage des einzelnen Falls unbillig wäre.

(3) Zinsen nach § 233a, die für denselben Zeitraum festgesetzt wurden, sind anzurechnen.

## § 235 Verzinsung von hinterzogenen Steuern

(1) ¹Hinterzogene Steuern sind zu verzinsen. ²Zinsschuldner ist derjenige, zu dessen Vorteil die Steuern hinterzogen worden sind. ³Wird die Steuerhinterziehung dadurch begangen, dass ein anderer als der Steuerschuldner seine Verpflichtung, einbehaltene Steuern an die Finanzbehörde abzuführen oder Steuern zu Lasten eines anderen zu entrichten, nicht erfüllt, so ist dieser Zinsschuldner.

(2) ¹Der Zinslauf beginnt mit dem Eintritt der Verkürzung oder der Erlangung des Steuervorteils, es sei denn, dass die hinterzogenen Beträge ohne die Steuerhinterziehung erst später fällig geworden wären. ²In diesem Fall ist der spätere Zeitpunkt maßgebend.

(3) ¹Der Zinslauf endet mit der Zahlung der hinterzogenen Steuern. ²Für eine Zeit, für die ein Säumniszuschlag verwirkt, die Zahlung gestundet oder die Vollziehung ausgesetzt ist, werden Zinsen nach dieser Vorschrift nicht erhoben. ³Wird der Steuerbescheid nach Ende des Zinslaufs aufgehoben, geändert oder nach § 129 berichtigt, so bleiben die bis dahin entstandenen Zinsen unberührt.

(4) Zinsen nach § 233a, die für denselben Zeitraum festgesetzt wurden, sind anzurechnen.

## § 236 Prozesszinsen auf Erstattungsbeträge

(1) ¹Wird durch eine rechtskräftige gerichtliche Entscheidung oder auf Grund einer solchen Entscheidung eine festgesetzte Steuer herabgesetzt oder eine Steuervergütung gewährt, so ist der zu erstattende oder zu vergütende Betrag vorbehaltlich des Absatzes 3 vom Tag der Rechtshängigkeit an bis zum Auszahlungstag zu verzinsen. ²Ist der zu erstattende Betrag erst nach Eintritt der Rechtshängigkeit entrichtet worden, so beginnt die Verzinsung mit dem Tag der Zahlung.

(2) Absatz 1 ist entsprechend anzuwenden, wenn
1. sich der Rechtsstreit durch Aufhebung oder Änderung des angefochtenen Verwaltungsakts oder durch Erlass des beantragten Verwaltungsakts erledigt oder
2. eine rechtskräftige gerichtliche Entscheidung oder ein unanfechtbarer Verwaltungsakt, durch den sich der Rechtsstreit erledigt hat,
   a) zur Herabsetzung der in einem Folgebescheid festgesetzten Steuer,
   b) zur Herabsetzung der Gewerbesteuer nach Änderung des Gewerbesteuermessbetrags

führt.

(3) Ein zu erstattender oder zu vergütender Betrag wird nicht verzinst, soweit dem Beteiligten die Kosten des Rechtsbehelfs nach § 137 Satz 1 der Finanzgerichtsordnung auferlegt worden sind.

(4) Zinsen nach § 233a, die für denselben Zeitraum festgesetzt wurden, sind anzurechnen.

(5) Ein Zinsbescheid ist nicht aufzuheben oder zu ändern, wenn der Steuerbescheid nach Abschluss des Rechtsbehelfsverfahrens aufgehoben, geändert oder nach § 129 berichtigt wird.

## § 237 Zinsen bei Aussetzung der Vollziehung

(1) ¹Soweit ein Einspruch oder eine Anfechtungsklage gegen einen Steuerbescheid, eine Steueranmeldung oder einen Verwaltungsakt, der einen Steuervergütungsbescheid aufhebt oder ändert, oder gegen eine Einspruchsentscheidung über einen dieser Verwaltungsakte endgültig keinen Erfolg gehabt hat, ist der geschuldete Betrag, hinsichtlich dessen die Vollziehung des angefochtenen Verwaltungsakts ausgesetzt wurde, zu verzinsen. ²Satz 1 gilt entsprechend, wenn nach Einlegung eines förmlichen außergerichtlichen oder gerichtlichen Rechtsbehelfs gegen einen Grundlagenbescheid (§ 171 Abs. 10) oder eine Rechtsbehelfsentscheidung über einen Grundlagenbescheid die Vollziehung eines Folgebescheids ausgesetzt wurde.

(2) ¹Zinsen werden erhoben vom Tag des Eingangs des außergerichtlichen Rechtsbehelfs bei der Behörde, deren Verwaltungsakt angefochten wird, oder vom Tag der Rechtshängigkeit beim Gericht an bis zum Tag, an dem die Aussetzung der Vollziehung endet. ²Ist die Vollziehung erst nach dem Eingang des außergerichtlichen Rechtsbehelfs oder erst nach der Rechtshängigkeit ausgesetzt worden, so beginnt die Verzinsung mit dem Tag, an dem die Wirkung der Aussetzung der Vollziehung beginnt.

(3) Absätze 1 und 2 sind entsprechend anzuwenden, wenn nach Aussetzung der Vollziehung des Einkommensteuerbescheids, des Körperschaftsteuerbescheids oder eines Feststellungsbescheids die Vollziehung eines Gewerbesteuermessbescheids oder Gewerbesteuerbescheids ausgesetzt wird.

(4) § 234 Abs. 2 und 3 gelten entsprechend.

(5) Ein Zinsbescheid ist nicht aufzuheben oder zu ändern, wenn der Steuerbescheid nach Abschluss des Rechtsbehelfsverfahrens aufgehoben, geändert oder nach § 129 berichtigt wird.

## § 238 Höhe und Berechnung der Zinsen[1)]

(1) ¹Die Zinsen betragen für jeden Monat einhalb Prozent. ²Sie sind von dem Tag an, an dem der Zinslauf beginnt, nur für volle Monate zu zahlen; angefangene Monate bleiben außer Ansatz. ³Erlischt der zu verzinsende Anspruch durch Aufrechnung, gilt der Tag, an dem die Schuld des Aufrechnenden fällig wird, als Tag der Zahlung.

(2) Für die Berechnung der Zinsen wird der zu verzinsende Betrag jeder Steuerart auf den nächsten durch 50 Euro teilbaren Betrag abgerundet.

---

1) **Anm. d. Red.:** § 238 Abs. 1 i. d. F. des Gesetzes v. 13. 12. 2006 (BGBl I S. 2878) mit Wirkung v. 1. 1. 2007.

## § 239 Festsetzung der Zinsen

(1) ¹Auf die Zinsen sind die für die Steuern geltenden Vorschriften entsprechend anzuwenden, jedoch beträgt die Festsetzungsfrist ein Jahr. ²Die Festsetzungsfrist beginnt:
1. in den Fällen des § 233a mit Ablauf des Kalenderjahrs, in dem die Steuer festgesetzt, aufgehoben, geändert oder nach § 129 berichtigt worden ist,
2. in den Fällen des § 234 mit Ablauf des Kalenderjahrs, in dem die Stundung geendet hat,
3. in den Fällen des § 235 mit Ablauf des Kalenderjahrs, in dem die Festsetzung der hinterzogenen Steuern unanfechtbar geworden ist, jedoch nicht vor Ablauf des Kalenderjahrs, in dem ein eingeleitetes Strafverfahren rechtskräftig abgeschlossen worden ist,
4. in den Fällen des § 236 mit Ablauf des Kalenderjahrs, in dem die Steuer erstattet oder die Steuervergütung ausgezahlt worden ist,
5. in den Fällen des § 237 mit Ablauf des Kalenderjahrs, in dem ein Einspruch oder eine Anfechtungsklage endgültig erfolglos geblieben ist.

³Die Festsetzungsfrist läuft in den Fällen des § 233a nicht ab, solange die Steuerfestsetzung, ihre Aufhebung, ihre Änderung oder ihre Berichtigung nach § 129 noch zulässig ist.

(2) ¹Zinsen sind auf volle Euro zum Vorteil des Steuerpflichtigen gerundet festzusetzen. ²Sie werden nur dann festgesetzt, wenn sie mindestens 10 Euro betragen.

## 2. Unterabschnitt: Säumniszuschläge

### § 240 Säumniszuschläge[1]

(1) ¹Wird eine Steuer nicht bis zum Ablauf des Fälligkeitstages entrichtet, so ist für jeden angefangenen Monat der Säumnis ein Säumniszuschlag von 1 Prozent des abgerundeten rückständigen Steuerbetrags zu entrichten; abzurunden ist auf den nächsten durch 50 Euro teilbaren Betrag. ²Das Gleiche gilt für zurückzuzahlende Steuervergütungen und Haftungsschulden, soweit sich die Haftung auf Steuern und zurückzuzahlende Steuervergütungen erstreckt. ³Die Säumnis nach Satz 1 tritt nicht ein, bevor die Steuer festgesetzt oder angemeldet worden ist. ⁴Wird die Festsetzung einer Steuer oder Steuervergütung aufgehoben, geändert oder nach § 129 berichtigt, so bleiben die bis dahin verwirkten Säumniszuschläge unberührt; das Gleiche gilt, wenn ein Haftungsbescheid zurückgenommen, widerrufen oder nach § 129 berichtigt wird. ⁵Erlischt der Anspruch durch Aufrechnung, bleiben Säumniszuschläge unberührt, die bis zur Fälligkeit der Schuld des Aufrechnenden entstanden sind.

(2) Säumniszuschläge entstehen nicht bei steuerlichen Nebenleistungen.

(3) ¹Ein Säumniszuschlag wird bei einer Säumnis bis zu drei Tagen nicht erhoben. ²Dies gilt nicht bei Zahlung nach § 224 Abs. 2 Nr. 1.

(4) ¹In den Fällen der Gesamtschuld entstehen Säumniszuschläge gegenüber jedem säumigen Gesamtschuldner. ²Insgesamt ist jedoch kein höherer Säumniszuschlag zu entrichten als verwirkt worden wäre, wenn die Säumnis nur bei einem Gesamtschuldner eingetreten wäre.

## Dritter Abschnitt: Sicherheitsleistung

### § 241 Art der Sicherheitsleistung

(1) Wer nach den Steuergesetzen Sicherheit zu leisten hat, kann diese erbringen
1. durch Hinterlegung von im Geltungsbereich dieses Gesetzes umlaufenden Zahlungsmitteln bei der zuständigen Finanzbehörde,
2. durch Verpfändung der in Absatz 2 genannten Wertpapiere, die von dem zur Sicherheitsleistung Verpflichteten der Deutschen Bundesbank oder einem Kreditinstitut zur Verwah-

---

1) **Anm. d. Red.:** § 240 Abs. 1 i.d.F. des Gesetzes v. 13.12.2006 (BGBl I S. 2878) mit Wirkung v. 1.1.2007; Abs. 3 i.d.F. des Gesetzes v. 15.12.2003 (BGBl I S. 2645) mit Wirkung v. 20.12.2003.

rung anvertraut worden sind, das zum Depotgeschäft zugelassen ist, wenn dem Pfandrecht keine anderen Rechte vorgehen. ²Die Haftung der Wertpapiere für Forderungen des Verwahrers für ihre Verwahrung und Verwaltung bleibt unberührt. ³Der Verpfändung von Wertpapieren steht die Verpfändung von Anteilen an einem Sammelbestand nach § 6 des Depotgesetzes in der im Bundesgesetzblatt Teil III, Gliederungsnummer 4130-1, veröffentlichten bereinigten Fassung, zuletzt geändert durch Artikel 1 des Gesetzes vom 17. Juli 1985 (BGBl I S. 1507), gleich,

3. durch eine mit der Übergabe des Sparbuchs verbundene Verpfändung von Spareinlagen bei einem Kreditinstitut, das im Geltungsbereich dieses Gesetzes zum Einlagengeschäft zugelassen ist, wenn dem Pfandrecht keine anderen Rechte vorgehen,

4. durch Verpfändung von Forderungen, die in einem Schuldbuch des Bundes, eines Sondervermögens des Bundes oder eines Landes eingetragen sind, wenn dem Pfandrecht keine anderen Rechte vorgehen,

5. durch Bestellung von

    a) erstrangigen Hypotheken, Grund- oder Rentenschulden an Grundstücken oder Erbbaurechten, die im Geltungsbereich dieses Gesetzes belegen sind,

    b) erstrangigen Schiffshypotheken an Schiffen, Schiffsbauwerken oder Schwimmdocks, die in einem im Geltungsbereich dieses Gesetzes geführten Schiffsregister oder Schiffsbauregister eingetragen sind,

6. durch Verpfändung von Forderungen, für die eine erstrangige Verkehrshypothek an einem im Geltungsbereich dieses Gesetzes belegenen Grundstück oder Erbbaurecht besteht, oder durch Verpfändung von erstrangigen Grundschulden oder Rentenschulden an im Geltungsbereich dieses Gesetzes belegenen Grundstücken oder Erbbaurechten, wenn an den Forderungen, Grundschulden oder Rentenschulden keine vorgehenden Rechte bestehen,

7. durch Schuldversprechen, Bürgschaft oder Wechselverpflichtungen eines tauglichen Steuerbürgen (§ 244).

(2) Wertpapiere im Sinne von Absatz 1 Nr. 2 sind

1. Schuldverschreibungen des Bundes, eines Sondervermögens des Bundes, eines Landes, einer Gemeinde oder eines Gemeindeverbands,

2. Schuldverschreibungen zwischenstaatlicher Einrichtungen, denen der Bund Hoheitsrechte übertragen hat, wenn sie im Geltungsbereich dieses Gesetzes zum amtlichen Börsenhandel zugelassen sind,

3. Schuldverschreibungen der Deutschen Genossenschaftsbank, der Deutschen Siedlungs- und Landesrentenbank, der Deutschen Ausgleichsbank, der Kreditanstalt für Wiederaufbau und der Landwirtschaftlichen Rentenbank,

4. Pfandbriefe, Kommunalobligationen und verwandte Schuldverschreibungen,

5. Schuldverschreibungen, deren Verzinsung und Rückzahlung vom Bund oder von einem Land gewährleistet werden.

(3) Ein unter Steuerverschluss befindliches Lager steuerpflichtiger Waren gilt als ausreichende Sicherheit für die darauf lastende Steuer.

## § 242 Wirkung der Hinterlegung von Zahlungsmitteln

¹Zahlungsmittel, die nach § 241 Abs. 1 Nr. 1 hinterlegt werden, gehen in das Eigentum der Körperschaft über, der die Finanzbehörde angehört, bei der sie hinterlegt worden sind. ²Die Forderung auf Rückzahlung ist nicht zu verzinsen. ³Mit der Hinterlegung erwirbt die Körperschaft, deren Forderung durch die Hinterlegung gesichert werden soll, ein Pfandrecht an der Forderung auf Rückerstattung der hinterlegten Zahlungsmittel.

### § 243 Verpfändung von Wertpapieren

¹Die Sicherheitsleistung durch Verpfändung von Wertpapieren nach § 241 Abs. 1 Nr. 2 ist nur zulässig, wenn der Verwahrer die Gewähr für die Umlauffähigkeit übernimmt. ²Die Übernahme dieser Gewähr umfasst die Haftung dafür,

1. dass das Rückforderungsrecht des Hinterlegers durch gerichtliche Sperre und Beschlagnahme nicht beschränkt ist,
2. dass die anvertrauten Wertpapiere in den Sammellisten aufgerufener Wertpapiere nicht als gestohlen oder als verloren gemeldet und weder mit Zahlungssperre belegt noch zur Kraftloserklärung aufgeboten oder für kraftlos erklärt worden sind,
3. dass die Wertpapiere auf den Inhaber lauten, oder, falls sie auf den Namen ausgestellt sind, mit Blankoindossament versehen und auch sonst nicht gesperrt sind, und dass die Zinsscheine und die Erneuerungsscheine bei den Stücken sind.

### § 244 Taugliche Steuerbürgen[1]

(1) ¹Schuldversprechen und Bürgschaften nach dem Bürgerlichen Gesetzbuch sowie Wechselverpflichtungen aus Artikel 28 oder 78 des Wechselgesetzes sind als Sicherheit nur geeignet, wenn sie von Personen abgegeben oder eingegangen worden sind, die

1. ein der Höhe der zu leistenden Sicherheit angemessenes Vermögen besitzen und
2. ihren allgemeinen oder einen vereinbarten Gerichtsstand im Geltungsbereich dieses Gesetzes haben.

²Bürgschaften müssen den Verzicht auf die Einrede der Vorausklage nach § 771 des Bürgerlichen Gesetzbuchs enthalten. ³Schuldversprechen und Bürgschaftserklärungen sind schriftlich zu erteilen; die elektronische Form ist ausgeschlossen. ⁴Sicherungsgeber und Sicherungsnehmer dürfen nicht wechselseitig füreinander Sicherheit leisten und auch nicht wirtschaftlich miteinander verflochten sein. ⁵Über die Annahme von Bürgschaftserklärungen in den Verfahren nach dem A.T.A.-Übereinkommen vom 6. Dezember 1961 (BGBl 1965 II S. 948) und dem TIR-Übereinkommen vom 14. November 1975 (BGBl 1979 II S. 445) in ihren jeweils gültigen Fassungen entscheidet die Generalzolldirektion. ⁶Über die Annahme von Bürgschaftserklärungen über Einzelsicherheiten in Form von Sicherheitstiteln nach der Verordnung (EWG) Nr. 2454/93 der Kommission vom 2. Juli 1993 mit Durchführungsvorschriften zu der Verordnung (EWG) 2913/92 des Rates zur Festlegung des Zollkodexes der Gemeinschaften (ABl EG Nr. L 253 S. 1) und dem Übereinkommen vom 20. Mai 1987 über ein gemeinsames Versandverfahren (ABl EG Nr. L 226 S. 2) in ihren jeweils gültigen Fassungen entscheidet die Generalzolldirektion.

(2) ¹Die Generalzolldirektion kann Kreditinstitute und geschäftsmäßig für andere Sicherheit leistende Versicherungsunternehmen allgemein als Steuerbürge zulassen, wenn sie im Geltungsbereich dieses Gesetzes zum Geschäftsbetrieb befugt sind. ²Bei der Zulassung ist ein Höchstbetrag festzusetzen (Bürgschaftssumme). ³Die gesamten Verbindlichkeiten als Schuldversprechen, Bürgschaften und Wechselverpflichtungen, die der Steuerbürge gegenüber der Finanzverwaltung übernommen hat, dürfen nicht über die Bürgschaftssumme hinausgehen.

(3) Das Bundesministerium der Finanzen wird ermächtigt, durch Rechtsverordnung mit Zustimmung des Bundesrates die Befugnisse nach Absatz 1 Satz 6 und Absatz 2 auf ein Hauptzollamt oder mehrere Hauptzollämter zu übertragen.

### § 245 Sicherheitsleistung durch andere Werte

¹Andere als die in § 241 bezeichneten Sicherheiten kann die Finanzbehörde nach ihrem Ermessen annehmen. ²Vorzuziehen sind Vermögensgegenstände, die größere Sicherheit bieten oder bei Eintritt auch außerordentlicher Verhältnisse ohne erhebliche Schwierigkeit und innerhalb angemessener Frist verwertet werden können.

---

1) **Anm. d. Red.:** § 244 i. d. F. des Gesetzes v. 3. 12. 2015 (BGBl I S. 2178) mit Wirkung v. 1. 1. 2016.

## § 246 Annahmewerte

¹Die Finanzbehörde bestimmt nach ihrem Ermessen, zu welchen Werten Gegenstände als Sicherheit anzunehmen sind. ²Der Annahmewert darf jedoch den bei einer Verwertung zu erwartenden Erlös abzüglich der Kosten der Verwertung nicht übersteigen. ³Er darf bei den in § 241 Abs. 1 Nr. 2 und 4 aufgeführten Gegenständen und bei beweglichen Sachen, die nach § 245 als Sicherheit angenommen werden, nicht unter den in § 234 Abs. 3, § 236 und § 237 Satz 1 des Bürgerlichen Gesetzbuchs genannten Werten liegen.

## § 247 Austausch von Sicherheiten

Wer nach den §§ 241 bis 245 Sicherheit geleistet hat, ist berechtigt, die Sicherheit oder einen Teil davon durch eine andere nach den §§ 241 bis 244 geeignete Sicherheit zu ersetzen.

## § 248 Nachschusspflicht

Wird eine Sicherheit unzureichend, so ist sie zu ergänzen oder es ist anderweitige Sicherheit zu leisten.

# Sechster Teil: Vollstreckung

## Erster Abschnitt: Allgemeine Vorschriften

### § 249 Vollstreckungsbehörden[1)]

(1) ¹Die Finanzbehörden können Verwaltungsakte, mit denen eine Geldleistung, eine sonstige Handlung, eine Duldung oder Unterlassung gefordert wird, im Verwaltungsweg vollstrecken. ²Dies gilt auch für Steueranmeldungen (§ 168). ³Vollstreckungsbehörden sind die Finanzämter und die Hauptzollämter sowie die Landesfinanzbehörden, denen durch eine Rechtsverordnung nach § 17 Absatz 2 Satz 3 Nummer 3 des Finanzverwaltungsgesetzes die landesweite Zuständigkeit für Kassengeschäfte und das Erhebungsverfahren einschließlich der Vollstreckung übertragen worden ist; § 328 Absatz 1 Satz 3 bleibt unberührt.

(2) ¹Zur Vorbereitung der Vollstreckung können die Finanzbehörden die Vermögens- und Einkommensverhältnisse des Vollstreckungsschuldners ermitteln. ²Die Finanzbehörde darf ihr bekannte, nach § 30 geschützte Daten, die sie bei der Vollstreckung wegen Steuern und steuerlicher Nebenleistungen verwenden darf, auch bei der Vollstreckung wegen anderer Geldleistungen als Steuern und steuerlicher Nebenleistungen verwenden.

### § 250 Vollstreckungsersuchen

(1) ¹Soweit eine Vollstreckungsbehörde auf Ersuchen einer anderen Vollstreckungsbehörde Vollstreckungsmaßnahmen ausführt, tritt sie an die Stelle der anderen Vollstreckungsbehörde. ²Für die Vollstreckbarkeit des Anspruchs bleibt die ersuchende Vollstreckungsbehörde verantwortlich.

(2) ¹Hält sich die ersuchte Vollstreckungsbehörde für unzuständig oder hält sie die Handlung, um die sie ersucht worden ist, für unzulässig, so teilt sie ihre Bedenken der ersuchenden Vollstreckungsbehörde mit. ²Besteht diese auf der Ausführung des Ersuchens und lehnt die ersuchte Vollstreckungsbehörde die Ausführung ab, so entscheidet die Aufsichtsbehörde der ersuchten Vollstreckungsbehörde.

---

1) **Anm. d. Red.:** § 249 Abs. 1 i. d. F. des Gesetzes v. 2. 11. 2015 (BGBl I S. 1834) mit Wirkung v. 6. 11. 2015.

## § 251 Vollstreckbare Verwaltungsakte[1)2)]

(1) ¹Verwaltungsakte können vollstreckt werden, soweit nicht ihre Vollziehung ausgesetzt oder die Vollziehung durch Einlegung eines Rechtsbehelfs gehemmt ist (§ 361; § 69 der Finanzgerichtsordnung). ²Einfuhr- und Ausfuhrabgabenbescheide können außerdem nur vollstreckt werden, soweit die Verpflichtung des Zollschuldners zur Abgabenentrichtung nicht ausgesetzt ist (Artikel 222 Abs. 2 des Zollkodexes).

(2) ¹Unberührt bleiben die Vorschriften der Insolvenzordnung sowie § 79 Abs. 2 des Bundesverfassungsgerichtsgesetzes. ²Die Finanzbehörde ist berechtigt, in den Fällen des § 201 Abs. 2, §§ 257 und 308 Abs. 1 der Insolvenzordnung gegen den Schuldner im Verwaltungsweg zu vollstrecken.

(3) Macht die Finanzbehörde im Insolvenzverfahren einen Anspruch aus dem Steuerschuldverhältnis als Insolvenzforderung geltend, so stellt sie erforderlichenfalls die Insolvenzforderung durch schriftlichen Verwaltungsakt fest.

## § 252 Vollstreckungsgläubiger

Im Vollstreckungsverfahren gilt die Körperschaft als Gläubigerin der zu vollstreckenden Ansprüche, der die Vollstreckungsbehörde angehört.

## § 253 Vollstreckungsschuldner

Vollstreckungsschuldner ist derjenige, gegen den sich ein Vollstreckungsverfahren nach § 249 richtet.

## § 254 Voraussetzungen für den Beginn der Vollstreckung

(1) ¹Soweit nichts anderes bestimmt ist, darf die Vollstreckung erst beginnen, wenn die Leistung fällig ist und der Vollstreckungsschuldner zur Leistung oder Duldung oder Unterlassung aufgefordert worden ist (Leistungsgebot) und seit der Aufforderung mindestens eine Woche verstrichen ist. ²Das Leistungsgebot kann mit dem zu vollstreckenden Verwaltungsakt verbunden werden. ³Ein Leistungsgebot ist auch dann erforderlich, wenn der Verwaltungsakt gegen den Vollstreckungsschuldner wirkt, ohne ihm bekannt gegeben zu sein. ⁴Soweit der Vollstreckungsschuldner eine von ihm auf Grund einer Steueranmeldung geschuldete Leistung nicht erbracht hat, bedarf es eines Leistungsgebots nicht.

(2) ¹Eines Leistungsgebots wegen der Säumniszuschläge und Zinsen bedarf es nicht, wenn sie zusammen mit der Steuer beigetrieben werden. ²Dies gilt sinngemäß für die Vollstreckungskosten, wenn sie zusammen mit dem Hauptanspruch beigetrieben werden.

## § 255 Vollstreckung gegen juristische Personen des öffentlichen Rechts

(1) ¹Gegen den Bund oder ein Land ist die Vollstreckung nicht zulässig. ²Im Übrigen ist die Vollstreckung gegen juristische Personen des öffentlichen Rechts, die der Staatsaufsicht unterliegen, nur mit Zustimmung der betreffenden Aufsichtsbehörde zulässig. ³Die Aufsichtsbehörde bestimmt den Zeitpunkt der Vollstreckung und die Vermögensgegenstände, in die vollstreckt werden kann.

(2) Gegenüber öffentlich-rechtlichen Kreditinstituten gelten die Beschränkungen des Absatzes 1 nicht.

---

1) **Anm. d. Red.:** § 251 Abs. 1 i. d. F. des Gesetzes v. 15. 12. 2003 (BGBl I S. 2645) mit Wirkung v. 20. 12. 2003.

2) **Anm. d. Red.:** Gem. Art. 2 Nr. 4 i. V. mit Art. 16 Abs. 4 Gesetz v. 22. 12. 2014 (BGBl I S. 2417) wird in § 251 Abs. 1 Satz 2 mit Wirkung v. 1. 5. 2016 der Klammerzusatz „(Artikel 222 Abs. 2 des Zollkodexes)" durch den Klammerzusatz „(Artikel 108 Absatz 3 des Zollkodex der Union)" ersetzt.

## § 256 Einwendungen gegen die Vollstreckung

Einwendungen gegen den zu vollstreckenden Verwaltungsakt sind außerhalb des Vollstreckungsverfahrens mit den hierfür zugelassenen Rechtsbehelfen zu verfolgen.

## § 257 Einstellung und Beschränkung der Vollstreckung

(1) Die Vollstreckung ist einzustellen oder zu beschränken, sobald
1. die Vollstreckbarkeitsvoraussetzungen des § 251 Abs. 1 weggefallen sind,
2. der Verwaltungsakt, aus dem vollstreckt wird, aufgehoben wird,
3. der Anspruch auf die Leistung erloschen ist,
4. die Leistung gestundet worden ist.

(2) ¹In den Fällen des Absatzes 1 Nr. 2 und 3 sind bereits getroffene Vollstreckungsmaßnahmen aufzuheben. ²Ist der Verwaltungsakt durch eine gerichtliche Entscheidung aufgehoben worden, so gilt dies nur, soweit die Entscheidung unanfechtbar geworden ist und nicht auf Grund der Entscheidung ein neuer Verwaltungsakt zu erlassen ist. ³Im Übrigen bleiben die Vollstreckungsmaßnahmen bestehen, soweit nicht ihre Aufhebung ausdrücklich angeordnet worden ist.

## § 258 Einstweilige Einstellung oder Beschränkung der Vollstreckung

Soweit im Einzelfall die Vollstreckung unbillig ist, kann die Vollstreckungsbehörde sie einstweilen einstellen oder beschränken oder eine Vollstreckungsmaßnahme aufheben.

## Zweiter Abschnitt: Vollstreckung wegen Geldforderungen

### 1. Unterabschnitt: Allgemeine Vorschriften

## § 259 Mahnung[1)]

¹Der Vollstreckungsschuldner soll in der Regel vor Beginn der Vollstreckung mit einer Zahlungsfrist von einer Woche gemahnt werden. ²Einer Mahnung bedarf es nicht, wenn der Vollstreckungsschuldner vor Eintritt der Fälligkeit an die Zahlung erinnert wird. ³An die Zahlung kann auch durch öffentliche Bekanntmachung allgemein erinnert werden.

## § 260 Angabe des Schuldgrundes

Im Vollstreckungsauftrag oder in der Pfändungsverfügung ist für die beizutreibenden Geldbeträge der Schuldgrund anzugeben.

## § 261 Niederschlagung

Ansprüche aus dem Steuerschuldverhältnis dürfen niedergeschlagen werden, wenn feststeht, dass die Einziehung keinen Erfolg haben wird, oder wenn die Kosten der Einziehung außer Verhältnis zu dem Betrag stehen.

## § 262 Rechte Dritter

(1) ¹Behauptet ein Dritter, dass ihm am Gegenstand der Vollstreckung ein die Veräußerung hinderndes Recht zustehe, oder werden Einwendungen nach den §§ 772 bis 774 der Zivilprozessordnung erhoben, so ist der Widerspruch gegen die Vollstreckung erforderlichenfalls durch Klage vor den ordentlichen Gerichten geltend zu machen. ²Als Dritter gilt auch, wer zur Duldung der Vollstreckung in ein Vermögen, das von ihm verwaltet wird, verpflichtet ist, wenn er geltend macht, dass ihm gehörende Gegenstände von der Vollstreckung betroffen seien. ³Welche Rechte die Veräußerung hindern, bestimmt sich nach bürgerlichem Recht.

---

1) **Anm. d. Red.:** § 259 i. d. F. des Gesetzes v. 26. 6. 2013 (BGBl I S. 1809) mit Wirkung v. 30. 6. 2013.

**§§ 263 – 269**  I. Abgabenordnung

(2) Für die Einstellung der Vollstreckung und die Aufhebung von Vollstreckungsmaßnahmen gelten die §§ 769 und 770 der Zivilprozessordnung.

(3) ¹Die Klage ist ausschließlich bei dem Gericht zu erheben, in dessen Bezirk die Vollstreckung erfolgt. ²Wird die Klage gegen die Körperschaft, der die Vollstreckungsbehörde angehört, und gegen den Vollstreckungsschuldner gerichtet, so sind sie Streitgenossen.

### § 263  Vollstreckung gegen Ehegatten oder Lebenspartner[1)]

Für die Vollstreckung gegen Ehegatten oder Lebenspartner sind die Vorschriften der §§ 739, 740, 741, 743, 744a und 745 der Zivilprozessordnung entsprechend anzuwenden.

### § 264  Vollstreckung gegen Nießbraucher

Für die Vollstreckung in Gegenstände, die dem Nießbrauch an einem Vermögen unterliegen, ist die Vorschrift des § 737 der Zivilprozessordnung entsprechend anzuwenden.

### § 265  Vollstreckung gegen Erben

Für die Vollstreckung gegen Erben sind die Vorschriften der §§ 1958, 1960 Abs. 3, § 1961 des Bürgerlichen Gesetzbuchs sowie der §§ 747, 748, 778, 779, 781 bis 784 der Zivilprozessordnung entsprechend anzuwenden.

### § 266  Sonstige Fälle beschränkter Haftung

Die Vorschriften der §§ 781 bis 784 der Zivilprozessordnung sind auf die nach § 1489 des Bürgerlichen Gesetzbuchs eintretende beschränkte Haftung, die Vorschrift des § 781 der Zivilprozessordnung ist auf die nach den §§ 1480, 1504 und 2187 des Bürgerlichen Gesetzbuchs eintretende beschränkte Haftung entsprechend anzuwenden.

### § 267  Vollstreckungsverfahren gegen nicht rechtsfähige Personenvereinigungen

¹Bei nicht rechtsfähigen Personenvereinigungen, die als solche steuerpflichtig sind, genügt für die Vollstreckung in deren Vermögen ein vollstreckbarer Verwaltungsakt gegen die Personenvereinigung. ²Dies gilt entsprechend für Zweckvermögen und sonstige einer juristischen Person ähnliche steuerpflichtige Gebilde.

## 2. Unterabschnitt: Aufteilung einer Gesamtschuld

### § 268  Grundsatz

Sind Personen Gesamtschuldner, weil sie zusammen zu einer Steuer vom Einkommen oder zur Vermögensteuer veranlagt worden sind, so kann jeder von ihnen beantragen, dass die Vollstreckung wegen dieser Steuern jeweils auf den Betrag beschränkt wird, der sich nach Maßgabe der §§ 269 bis 278 bei einer Aufteilung der Steuern ergibt.

### § 269  Antrag

(1) Der Antrag ist bei dem im Zeitpunkt der Antragstellung für die Besteuerung nach dem Einkommen oder dem Vermögen zuständigen Finanzamt schriftlich zu stellen oder zur Niederschrift zu erklären.

(2) ¹Der Antrag kann frühestens nach Bekanntgabe des Leistungsgebots gestellt werden. ²Nach vollständiger Tilgung der rückständigen Steuer ist der Antrag nicht mehr zulässig. ³Der Antrag muss alle Angaben enthalten, die zur Aufteilung der Steuer erforderlich sind, soweit sich diese Angaben nicht aus der Steuererklärung ergeben.

---

1) **Anm. d. Red.:** § 263 i. d. F. des Gesetzes v. 18. 7. 2014 (BGBl I S. 1042) mit Wirkung v. 24. 7. 2014.

## § 270 Allgemeiner Aufteilungsmaßstab[1]

¹Die rückständige Steuer ist nach dem Verhältnis der Beträge aufzuteilen, die sich bei Einzelveranlagung nach Maßgabe des § 26a des Einkommensteuergesetzes und der §§ 271 bis 276 ergeben würden. ²Dabei sind die tatsächlichen und rechtlichen Feststellungen maßgebend, die der Steuerfestsetzung bei der Zusammenveranlagung zugrunde gelegt worden sind, soweit nicht die Anwendung der Vorschriften über die Einzelveranlagung zu Abweichungen führt.

## § 271 Aufteilungsmaßstab für die Vermögensteuer[2]

Die Vermögensteuer ist wie folgt aufzuteilen:

1. Für die Berechnung des Vermögens und der Vermögensteuer der einzelnen Gesamtschuldner ist vorbehaltlich der Abweichungen in den Nummern 2 und 3 von den Vorschriften des Bewertungsgesetzes und des Vermögensteuergesetzes in der Fassung auszugehen, die der Zusammenveranlagung zugrunde gelegen hat.
2. Wirtschaftsgüter eines Ehegatten oder Lebenspartners, die bei der Zusammenveranlagung als land- und forstwirtschaftliches Vermögen oder als Betriebsvermögen dem anderen Ehegatten oder Lebenspartner zugerechnet worden sind, werden als eigenes land- und forstwirtschaftliches Vermögen oder als eigenes Betriebsvermögen behandelt.
3. Schulden, die nicht mit bestimmten, einem Gesamtschuldner zugerechneten Wirtschaftsgütern in wirtschaftlichem Zusammenhang stehen, werden bei den einzelnen Gesamtschuldnern nach gleichen Teilen abgesetzt, soweit sich ein bestimmter Schuldner nicht feststellen lässt.

## § 272 Aufteilungsmaßstab für Vorauszahlungen

(1) ¹Die rückständigen Vorauszahlungen sind im Verhältnis der Beträge aufzuteilen, die sich bei einer getrennten Festsetzung der Vorauszahlungen ergeben würden. ²Ein Antrag auf Aufteilung von Vorauszahlungen gilt zugleich als Antrag auf Aufteilung der weiteren im gleichen Veranlagungszeitraum fällig werdenden Vorauszahlungen und einer etwaigen Abschlusszahlung. ³Nach Durchführung der Veranlagung ist eine abschließende Aufteilung vorzunehmen. ⁴Aufzuteilen ist die gesamte Steuer abzüglich der Beträge, die nicht in die Aufteilung der Vorauszahlungen einbezogen worden sind. ⁵Dabei sind jedem Gesamtschuldner die von ihm auf die aufgeteilten Vorauszahlungen entrichteten Beträge anzurechnen. ⁶Ergibt sich eine Überzahlung gegenüber dem Aufteilungsbetrag, so ist der überzahlte Betrag zu erstatten.

(2) Werden die Vorauszahlungen erst nach der Veranlagung aufgeteilt, so wird der für die veranlagte Steuer geltende Aufteilungsmaßstab angewendet.

## § 273 Aufteilungsmaßstab für Steuernachforderungen[3]

(1) Führt die Änderung einer Steuerfestsetzung oder ihre Berichtigung nach § 129 zu einer Steuernachforderung, so ist die aus der Nachforderung herrührende rückständige Steuer im Verhältnis der Mehrbeträge aufzuteilen, die sich bei einem Vergleich der berichtigten Einzelveranlagungen mit den früheren Einzelveranlagungen ergeben.

(2) Der in Absatz 1 genannte Aufteilungsmaßstab ist nicht anzuwenden, wenn die bisher festgesetzte Steuer noch nicht getilgt ist.

## § 274 Besonderer Aufteilungsmaßstab

¹Abweichend von den §§ 270 bis 273 kann die rückständige Steuer nach einem von den Gesamtschuldnern gemeinschaftlich vorgeschlagenen Maßstab aufgeteilt werden, wenn die Til-

---

1) **Anm. d. Red.:** § 270 i. d. F. des Gesetzes v. 1. 11. 2011 (BGBl I S. 2131) mit Wirkung v. 1. 1. 2012.
2) **Anm. d. Red.:** § 271 i. d. F. des Gesetzes v. 18. 7. 2014 (BGBl I S. 1042) mit Wirkung v. 24. 7. 2014.
3) **Anm. d. Red.:** § 273 Abs. 1 i. d. F. des Gesetzes v. 1. 11. 2011 (BGBl I S. 2131) mit Wirkung v. 1. 1. 2012.

gung sichergestellt ist. ²Der gemeinschaftliche Vorschlag ist schriftlich einzureichen oder zur Niederschrift zu erklären; er ist von allen Gesamtschuldnern zu unterschreiben.

## § 275 (weggefallen)[1)]

## § 276 Rückständige Steuer, Einleitung der Vollstreckung

(1) Wird der Antrag vor Einleitung der Vollstreckung bei der Finanzbehörde gestellt, so ist die im Zeitpunkt des Eingangs des Aufteilungsantrags geschuldete Steuer aufzuteilen.

(2) Wird der Antrag nach Einleitung der Vollstreckung gestellt, so ist die im Zeitpunkt der Einleitung der Vollstreckung geschuldete Steuer, derentwegen vollstreckt wird, aufzuteilen.

(3) Steuerabzugsbeträge und getrennt festgesetzte Vorauszahlungen sind in die Aufteilung auch dann einzubeziehen, wenn sie vor der Stellung des Antrags entrichtet worden sind.

(4) Zur rückständigen Steuer gehören auch Säumniszuschläge, Zinsen und Verspätungszuschläge.

(5) Die Vollstreckung gilt mit der Ausfertigung der Rückstandsanzeige als eingeleitet.

(6) ¹Zahlungen, die in den Fällen des Absatzes 1 nach Antragstellung, in den Fällen des Absatzes 2 nach Einleitung der Vollstreckung von einem Gesamtschuldner geleistet worden sind oder die nach Absatz 3 in die Aufteilung einzubeziehen sind, werden dem Schuldner angerechnet, der sie geleistet hat oder für den sie geleistet worden sind. ²Ergibt sich dabei eine Überzahlung gegenüber dem Aufteilungsbetrag, so ist der überzahlte Betrag zu erstatten.

## § 277 Vollstreckung

Solange nicht über den Antrag auf Beschränkung der Vollstreckung unanfechtbar entschieden ist, dürfen Vollstreckungsmaßnahmen nur soweit durchgeführt werden, als dies zur Sicherung des Anspruchs erforderlich ist.

## § 278 Beschränkung der Vollstreckung[2)]

(1) Nach der Aufteilung darf die Vollstreckung nur nach Maßgabe der auf die einzelnen Schuldner entfallenden Beträge durchgeführt werden.

(2) ¹Werden einem Steuerschuldner von einer mit ihm zusammen veranlagten Person in oder nach dem Veranlagungszeitraum, für den noch Steuerrückstände bestehen, unentgeltlich Vermögensgegenstände zugewendet, so kann der Empfänger bis zum Ablauf des zehnten Kalenderjahres nach dem Zeitpunkt des Ergehens des Aufteilungsbescheids über den sich nach Absatz 1 ergebenden Betrag hinaus bis zur Höhe des gemeinen Werts dieser Zuwendung für die Steuer in Anspruch genommen werden. ²Dies gilt nicht für gebräuchliche Gelegenheitsgeschenke.

## § 279 Form und Inhalt des Aufteilungsbescheids[3)]

(1) ¹Über den Antrag auf Beschränkung der Vollstreckung ist nach Einleitung der Vollstreckung durch schriftlichen Bescheid (Aufteilungsbescheid) gegenüber den Beteiligten einheitlich zu entscheiden. ²Eine Entscheidung ist jedoch nicht erforderlich, wenn keine Vollstreckungsmaßnahmen ergriffen oder bereits ergriffene Vollstreckungsmaßnahmen wieder aufgehoben werden.

---

1) **Anm. d. Red.:** § 275 weggefallen gem. Gesetz v. 26. 6. 2013 (BGBl I S. 1809) mit Wirkung v. 30. 6. 2013.
2) **Anm. d. Red.:** § 278 Abs. 2 i. d. F. des Gesetzes v. 19. 12. 2008 (BGBl I S. 2794) mit Wirkung v. 25. 12. 2008.
3) **Anm. d. Red.:** § 279 Abs. 2 i. d. F. des Gesetzes v. 1. 11. 2011 (BGBl I S. 2131) mit Wirkung v. 1. 1. 2012.

(2) ¹Der Aufteilungsbescheid hat die Höhe der auf jeden Gesamtschuldner entfallenden anteiligen Steuer zu enthalten; ihm ist eine Belehrung beizufügen, welcher Rechtsbehelf zulässig ist und binnen welcher Frist und bei welcher Behörde er einzulegen ist. ²Er soll ferner enthalten:
1. die Höhe der aufzuteilenden Steuer,
2. den für die Berechnung der rückständigen Steuer maßgebenden Zeitpunkt,
3. die Höhe der Besteuerungsgrundlagen, die den einzelnen Gesamtschuldnern zugerechnet worden sind, wenn von den Angaben der Gesamtschuldner abgewichen ist,
4. die Höhe der bei Einzelveranlagung (§ 270) auf den einzelnen Gesamtschuldner entfallenden Steuer,
5. die Beträge, die auf die aufgeteilte Steuer des Gesamtschuldners anzurechnen sind.

## § 280 Änderung des Aufteilungsbescheids

(1) Der Aufteilungsbescheid kann außer in den Fällen des § 129 nur geändert werden, wenn
1. nachträglich bekannt wird, dass die Aufteilung auf unrichtigen Angaben beruht und die rückständige Steuer infolge falscher Aufteilung ganz oder teilweise nicht beigetrieben werden konnte,
2. sich die rückständige Steuer durch Aufhebung oder Änderung der Steuerfestsetzung oder ihre Berichtigung nach § 129 erhöht oder vermindert.

(2) Nach Beendigung der Vollstreckung ist eine Änderung des Aufteilungsbescheids oder seine Berichtigung nach § 129 nicht mehr zulässig.

## 3. Unterabschnitt: Vollstreckung in das bewegliche Vermögen

### I. Allgemeines

### § 281 Pfändung

(1) Die Vollstreckung in das bewegliche Vermögen erfolgt durch Pfändung.

(2) Die Pfändung darf nicht weiter ausgedehnt werden, als es zur Deckung der beizutreibenden Geldbeträge und der Kosten der Vollstreckung erforderlich ist.

(3) Die Pfändung unterbleibt, wenn die Verwertung der pfändbaren Gegenstände einen Überschuss über die Kosten der Vollstreckung nicht erwarten lässt.

### § 282 Wirkung der Pfändung

(1) Durch die Pfändung erwirbt die Körperschaft, der die Vollstreckungsbehörde angehört, ein Pfandrecht an dem gepfändeten Gegenstand.

(2) Das Pfandrecht gewährt ihr im Verhältnis zu anderen Gläubigern dieselben Rechte wie ein Pfandrecht im Sinne des Bürgerlichen Gesetzbuchs; es geht Pfand- und Vorzugsrechten vor, die im Insolvenzverfahren diesem Pfandrecht nicht gleichgestellt sind.

(3) Das durch eine frühere Pfändung begründete Pfandrecht geht demjenigen vor, das durch eine spätere Pfändung begründet wird.

### § 283 Ausschluss von Gewährleistungsansprüchen

Wird ein Gegenstand auf Grund der Pfändung veräußert, so steht dem Erwerber wegen eines Mangels im Recht oder wegen eines Mangels der veräußerten Sache ein Anspruch auf Gewährleistung nicht zu.

## § 284 Vermögensauskunft des Vollstreckungsschuldners[1]

(1) ¹Der Vollstreckungsschuldner muss der Vollstreckungsbehörde auf deren Verlangen für die Vollstreckung einer Forderung Auskunft über sein Vermögen nach Maßgabe der folgenden Vorschriften erteilen, wenn er die Forderung nicht binnen zwei Wochen begleicht, nachdem ihn die Vollstreckungsbehörde unter Hinweis auf die Verpflichtung zur Abgabe der Vermögensauskunft zur Zahlung aufgefordert hat. ²Zusätzlich hat er seinen Geburtsnamen, sein Geburtsdatum und seinen Geburtsort anzugeben. ³Handelt es sich bei dem Vollstreckungsschuldner um eine juristische Person oder um eine Personenvereinigung, so hat er seine Firma, die Nummer des Registerblatts im Handelsregister und seinen Sitz anzugeben.

(2) ¹Zur Auskunftserteilung hat der Vollstreckungsschuldner alle ihm gehörenden Vermögensgegenstände anzugeben. ²Bei Forderungen sind Grund und Beweismittel zu bezeichnen. ³Ferner sind anzugeben:

1. die entgeltlichen Veräußerungen des Vollstreckungsschuldners an eine nahestehende Person (§ 138 der Insolvenzordnung), die dieser in den letzten zwei Jahren vor dem Termin nach Absatz 7 und bis zur Abgabe der Vermögensauskunft vorgenommen hat;
2. die unentgeltlichen Leistungen des Vollstreckungsschuldners, die dieser in den letzten vier Jahren vor dem Termin nach Absatz 7 und bis zur Abgabe der Vermögensauskunft vorgenommen hat, sofern sie sich nicht auf gebräuchliche Gelegenheitsgeschenke geringen Werts richteten.

⁴Sachen, die nach § 811 Abs. 1 Nr. 1 und 2 der Zivilprozessordnung der Pfändung offensichtlich nicht unterworfen sind, brauchen nicht angegeben zu werden, es sei denn, dass eine Austauschpfändung in Betracht kommt.

(3) ¹Der Vollstreckungsschuldner hat zu Protokoll an Eides statt zu versichern, dass er die Angaben nach den Absätzen 1 und 2 nach bestem Wissen und Gewissen richtig und vollständig gemacht habe. ²Vor Abnahme der eidesstattlichen Versicherung ist der Vollstreckungsschuldner über die Bedeutung der eidesstattlichen Versicherung, insbesondere über die strafrechtlichen Folgen einer unrichtigen oder unvollständigen eidesstattlichen Versicherung, zu belehren.

(4) ¹Ein Vollstreckungsschuldner, der die in dieser Vorschrift oder die in § 802c der Zivilprozessordnung bezeichnete Vermögensauskunft innerhalb der letzten zwei Jahre abgegeben hat, ist zur erneuten Abgabe nur verpflichtet, wenn anzunehmen ist, dass sich seine Vermögensverhältnisse wesentlich geändert haben. ²Die Vollstreckungsbehörde hat von Amts wegen festzustellen, ob beim zentralen Vollstreckungsgericht nach § 802k Abs. 1 der Zivilprozessordnung in den letzten zwei Jahren ein auf Grund einer Vermögensauskunft des Schuldners erstelltes Vermögensverzeichnis hinterlegt wurde.

(5) ¹Für die Abnahme der Vermögensauskunft ist die Vollstreckungsbehörde zuständig, in deren Bezirk sich der Wohnsitz oder der Aufenthaltsort des Vollstreckungsschuldners befindet. ²Liegen diese Voraussetzungen bei der Vollstreckungsbehörde, die die Vollstreckung betreibt, nicht vor, so kann sie die Vermögensauskunft abnehmen, wenn der Vollstreckungsschuldner zu ihrer Abgabe bereit ist.

(6) ¹Die Ladung zu dem Termin zur Abgabe der Vermögensauskunft ist dem Vollstreckungsschuldner selbst zuzustellen; sie kann mit der Fristsetzung nach Absatz 1 Satz 1 verbunden werden. ²Der Termin zur Abgabe der Vermögensauskunft soll nicht vor Ablauf eines Monats nach Zustellung der Ladung bestimmt werden. ³Ein Rechtsbehelf gegen die Anordnung der Abgabe der Vermögensauskunft hat keine aufschiebende Wirkung. ⁴Der Vollstreckungsschuldner hat die zur Vermögensauskunft erforderlichen Unterlagen im Termin vorzulegen. ⁵Hierüber und über seine Rechte und Pflichten nach den Absätzen 2 und 3, über die Folgen einer unentschuldigten Terminssäumnis oder einer Verletzung seiner Auskunftspflichten sowie über die Möglich-

---

1) **Anm. d. Red.:** § 284 Abs. 1, 2, 4 bis 6, 8 bis 11 i. d. F. des Gesetzes v. 29. 7. 2009 (BGBl I S. 2258) mit Wirkung v. 1. 1. 2013; Abs. 3 und 7 i. d. F. des Gesetzes v. 22. 12. 2011 (BGBl I S. 3044) mit Wirkung v. 1. 1. 2013.

keit der Eintragung in das Schuldnerverzeichnis bei Abgabe der Vermögensauskunft ist der Vollstreckungsschuldner bei der Ladung zu belehren.

(7) ¹Im Termin zur Abgabe der Vermögensauskunft erstellt die Vollstreckungsbehörde ein elektronisches Dokument mit den nach den Absätzen 1 und 2 erforderlichen Angaben (Vermögensverzeichnis). ²Diese Angaben sind dem Vollstreckungsschuldner vor Abgabe der Versicherung nach Absatz 3 vorzulesen oder zur Durchsicht auf einem Bildschirm wiederzugeben. ³Ihm ist auf Verlangen ein Ausdruck zu erteilen. ⁴Die Vollstreckungsbehörde hinterlegt das Vermögensverzeichnis bei dem zentralen Vollstreckungsgericht nach § 802k Abs. 1 der Zivilprozessordnung. ⁵Form, Aufnahme und Übermittlung des Vermögensverzeichnisses haben den Vorgaben der Verordnung nach § 802k Abs. 4 der Zivilprozessordnung zu entsprechen.

(8) ¹Ist der Vollstreckungsschuldner ohne ausreichende Entschuldigung in dem zur Abgabe der Vermögensauskunft anberaumten Termin vor der in Absatz 5 Satz 1 bezeichneten Vollstreckungsbehörde nicht erschienen oder verweigert er ohne Grund die Abgabe der Vermögensauskunft, so kann die Vollstreckungsbehörde, die die Vollstreckung betreibt, die Anordnung der Haft zur Erzwingung der Abgabe beantragen. ²Zuständig für die Anordnung der Haft ist das Amtsgericht, in dessen Bezirk der Vollstreckungsschuldner im Zeitpunkt der Fristsetzung nach Absatz 1 Satz 1 seinen Wohnsitz oder in Ermangelung eines solchen seinen Aufenthaltsort hat. ³Die §§ 802g bis 802j der Zivilprozessordnung sind entsprechend anzuwenden. ⁴Die Verhaftung des Vollstreckungsschuldners erfolgt durch einen Gerichtsvollzieher. ⁵§ 292 dieses Gesetzes gilt entsprechend. ⁶Nach der Verhaftung des Vollstreckungsschuldners kann die Vermögensauskunft von dem nach § 802i der Zivilprozessordnung zuständigen Gerichtsvollzieher abgenommen werden, wenn sich der Sitz der in Absatz 5 bezeichneten Vollstreckungsbehörde nicht im Bezirk des für den Gerichtsvollzieher zuständigen Amtsgerichts befindet oder wenn eine Abnahme der Vermögensauskunft durch die Vollstreckungsbehörde nicht möglich ist. ⁷Der Beschluss des Amtsgerichts, mit dem der Antrag der Vollstreckungsbehörde auf Anordnung der Haft abgelehnt wird, unterliegt der Beschwerde nach den §§ 567 bis 577 der Zivilprozessordnung.

(9) ¹Die Vollstreckungsbehörde kann die Eintragung des Vollstreckungsschuldners in das Schuldnerverzeichnis nach § 882h Abs. 1 der Zivilprozessordnung anordnen, wenn

1. der Vollstreckungsschuldner seiner Pflicht zur Abgabe der Vermögensauskunft nicht nachgekommen ist,
2. eine Vollstreckung nach dem Inhalt des Vermögensverzeichnisses offensichtlich nicht geeignet wäre, zu einer vollständigen Befriedigung der Forderung zu führen, wegen der die Vermögensauskunft verlangt wurde oder wegen der die Vollstreckungsbehörde vorbehaltlich der Fristsetzung nach Absatz 1 Satz 1 und der Sperrwirkung nach Absatz 4 eine Vermögensauskunft verlangen könnte, oder
3. der Vollstreckungsschuldner nicht innerhalb eines Monats nach Abgabe der Vermögensauskunft die Forderung, wegen der die Vermögensauskunft verlangt wurde, vollständig befriedigt. ²Gleiches gilt, wenn die Vollstreckungsbehörde vorbehaltlich der Fristsetzung nach Absatz 1 Satz 1 und der Sperrwirkung nach Absatz 4 eine Vermögensauskunft verlangen kann, sofern der Vollstreckungsschuldner die Forderung nicht innerhalb eines Monats befriedigt, nachdem er auf die Möglichkeit der Eintragung in das Schuldnerverzeichnis hingewiesen wurde.

²Die Eintragungsanordnung soll kurz begründet werden. ³Sie ist dem Vollstreckungsschuldner zuzustellen. ⁴§ 882c Abs. 3 der Zivilprozessordnung gilt entsprechend.

(10) ¹Ein Rechtsbehelf gegen die Eintragungsanordnung nach Absatz 9 hat keine aufschiebende Wirkung. ²Nach Ablauf eines Monats seit der Zustellung hat die Vollstreckungsbehörde die Eintragungsanordnung dem zentralen Vollstreckungsgericht nach § 882h Abs. 1 der Zivilprozessordnung mit den in § 882b Abs. 2 und 3 der Zivilprozessordnung genannten Daten elektronisch zu übermitteln. ³Dies gilt nicht, wenn Anträge auf Gewährung einer Aussetzung der Vollziehung der Eintragungsanordnung nach § 361 dieses Gesetzes oder § 69 der Finanzgerichtsordnung anhängig sind, die Aussicht auf Erfolg haben.

(11) ¹Ist die Eintragung in das Schuldnerverzeichnis nach § 882h Abs. 1 der Zivilprozessordnung erfolgt, sind Entscheidungen über Rechtsbehelfe des Vollstreckungsschuldners gegen die Eintragungsanordnung durch die Vollstreckungsbehörde oder durch das Gericht dem zentralen Vollstreckungsgericht nach § 882h Abs. 1 der Zivilprozessordnung elektronisch zu übermitteln. ²Form und Übermittlung der Eintragungsanordnung nach Absatz 10 Satz 1 und 2 sowie der Entscheidung nach Satz 1 haben den Vorgaben der Verordnung nach § 882h Abs. 3 der Zivilprozessordnung zu entsprechen.

## II. Vollstreckung in Sachen

### § 285 Vollziehungsbeamte[1]

(1) Die Vollstreckungsbehörde führt die Vollstreckung in bewegliche Sachen durch Vollziehungsbeamte aus.

(2) Dem Vollstreckungsschuldner und Dritten gegenüber wird der Vollziehungsbeamte zur Vollstreckung durch schriftlichen oder elektronischen Auftrag der Vollstreckungsbehörde ermächtigt; der Auftrag ist auf Verlangen vorzuzeigen.

### § 286 Vollstreckung in Sachen

(1) Sachen, die im Gewahrsam des Vollstreckungsschuldners sind, pfändet der Vollziehungsbeamte dadurch, dass er sie in Besitz nimmt.

(2) ¹Andere Sachen als Geld, Kostbarkeiten und Wertpapiere sind im Gewahrsam des Vollstreckungsschuldners zu lassen, wenn die Befriedigung hierdurch nicht gefährdet wird. ²Bleiben die Sachen im Gewahrsam des Vollstreckungsschuldners, so ist die Pfändung nur wirksam, wenn sie durch Anlegung von Siegeln oder in sonstiger Weise ersichtlich gemacht ist.

(3) Der Vollziehungsbeamte hat dem Vollstreckungsschuldner die Pfändung mitzuteilen.

(4) Diese Vorschriften gelten auch für die Pfändung von Sachen im Gewahrsam eines Dritten, der zu ihrer Herausgabe bereit ist.

### § 287 Befugnisse des Vollziehungsbeamten

(1) Der Vollziehungsbeamte ist befugt, die Wohn- und Geschäftsräume sowie die Behältnisse des Vollstreckungsschuldners zu durchsuchen, soweit dies der Zweck der Vollstreckung erfordert.

(2) Er ist befugt, verschlossene Türen und Behältnisse öffnen zu lassen.

(3) Wenn er Widerstand findet, kann er Gewalt anwenden und hierzu um Unterstützung durch Polizeibeamte nachsuchen.

(4) ¹Die Wohn- und Geschäftsräume des Vollstreckungsschuldners dürfen ohne dessen Einwilligung nur auf Grund einer richterlichen Anordnung durchsucht werden. ²Dies gilt nicht, wenn die Einholung der Anordnung den Erfolg der Durchsuchung gefährden würde. ³Für die richterliche Anordnung einer Durchsuchung ist das Amtsgericht zuständig, in dessen Bezirk die Durchsuchung vorgenommen werden soll.

(5) ¹Willigt der Vollstreckungsschuldner in die Durchsuchung ein, oder ist eine Anordnung gegen ihn nach Absatz 4 Satz 1 ergangen oder nach Absatz 4 Satz 2 entbehrlich, so haben Personen, die Mitgewahrsam an den Wohn- oder Geschäftsräumen des Vollstreckungsschuldners haben, die Durchsuchung zu dulden. ²Unbillige Härten gegenüber Mitgewahrsaminhabern sind zu vermeiden.

(6) Die Anordnung nach Absatz 4 ist bei der Vollstreckung vorzuzeigen.

---

1) **Anm. d. Red.:** § 285 Abs. 2 i. d. F. des Gesetzes v. 19.12.2008 (BGBl I S. 2794) mit Wirkung v. 1.1.2009.

## § 288 Zuziehung von Zeugen[1]

Wird bei einer Vollstreckungshandlung Widerstand geleistet oder ist bei einer Vollstreckungshandlung in den Wohn- oder Geschäftsräumen des Vollstreckungsschuldners weder der Vollstreckungsschuldner noch ein erwachsener Familienangehöriger, ein erwachsener ständiger Mitbewohner oder eine beim Vollstreckungsschuldner beschäftigte Person gegenwärtig, so hat der Vollziehungsbeamte zwei Erwachsene oder einen Gemeinde- oder Polizeibeamten als Zeugen zuzuziehen.

## § 289 Zeit der Vollstreckung[2]

(1) Zur Nachtzeit (§ 758a Absatz 4 Satz 2 der Zivilprozessordnung) sowie an Sonntagen und staatlich anerkannten allgemeinen Feiertagen darf eine Vollstreckungshandlung nur mit schriftlicher oder elektronischer Erlaubnis der Vollstreckungsbehörde vorgenommen werden.

(2) Die Erlaubnis ist auf Verlangen bei der Vollstreckungshandlung vorzuzeigen.

## § 290 Aufforderungen und Mitteilungen des Vollziehungsbeamten

Die Aufforderungen und die sonstigen Mitteilungen, die zu den Vollstreckungshandlungen gehören, sind vom Vollziehungsbeamten mündlich zu erlassen und vollständig in die Niederschrift aufzunehmen; können sie mündlich nicht erlassen werden, so hat die Vollstreckungsbehörde demjenigen, an den die Aufforderung oder Mitteilung zu richten ist, eine Abschrift der Niederschrift zu senden.

## § 291 Niederschrift[3]

(1) Der Vollziehungsbeamte hat über jede Vollstreckungshandlung eine Niederschrift aufzunehmen.

(2) Die Niederschrift muss enthalten:
1. Ort und Zeit der Aufnahme,
2. den Gegenstand der Vollstreckungshandlung unter kurzer Erwähnung der Vorgänge,
3. die Namen der Personen, mit denen verhandelt worden ist,
4. die Unterschriften der Personen und die Bemerkung, dass nach Vorlesung oder Vorlegung zur Durchsicht und nach Genehmigung unterzeichnet sei,
5. die Unterschrift des Vollziehungsbeamten.

(3) Hat einem der Erfordernisse unter Absatz 2 Nr. 4 nicht genügt werden können, so ist der Grund anzugeben.

(4) ¹Die Niederschrift kann auch elektronisch erstellt werden. ²Absatz 2 Nr. 4 und 5 sowie § 87a Abs. 4 Satz 2 gelten nicht.

## § 292 Abwendung der Pfändung

(1) Der Vollstreckungsschuldner kann die Pfändung nur abwenden, wenn er den geschuldeten Betrag an den Vollziehungsbeamten zahlt oder nachweist, dass ihm eine Zahlungsfrist bewilligt worden ist oder dass die Schuld erloschen ist.

(2) Absatz 1 gilt entsprechend, wenn der Vollstreckungsschuldner eine Entscheidung vorlegt, aus der sich die Unzulässigkeit der vorzunehmenden Pfändung ergibt oder wenn er eine Post- oder Bankquittung vorlegt, aus der sich ergibt, dass er den geschuldeten Betrag eingezahlt hat.

---

1) **Anm. d. Red.:** § 288 i. d. F. des Gesetzes v. 26. 6. 2013 (BGBl I S. 1809) mit Wirkung v. 30. 6. 2013.

2) **Anm. d. Red.:** § 289 Abs. 1 i. d. F. des Gesetzes v. 8. 12. 2010 (BGBl I S. 1768) mit Wirkung v. 14. 12. 2010; Abs. 2 i. d. F. des Gesetzes v. 19. 12. 2008 (BGBl I S. 2794) mit Wirkung v. 1. 1. 2009.

3) **Anm. d. Red.:** § 291 Abs. 4 angefügt gem. Gesetz v. 19. 12. 2008 (BGBl I S. 2794) mit Wirkung v. 1. 1. 2009.

## § 293 Pfand- und Vorzugsrechte Dritter

(1) ¹Der Pfändung einer Sache kann ein Dritter, der sich nicht im Besitz der Sache befindet, auf Grund eines Pfand- oder Vorzugsrechts nicht widersprechen. ²Er kann jedoch vorzugsweise Befriedigung aus dem Erlös verlangen ohne Rücksicht darauf, ob seine Forderung fällig ist oder nicht.

(2) ¹Für eine Klage auf vorzugsweise Befriedigung ist ausschließlich zuständig das ordentliche Gericht, in dessen Bezirk gepfändet worden ist. ²Wird die Klage gegen die Körperschaft, der die Vollstreckungsbehörde angehört, und gegen den Vollstreckungsschuldner gerichtet, so sind sie Streitgenossen.

## § 294 Ungetrennte Früchte

(1) ¹Früchte, die vom Boden noch nicht getrennt sind, können gepfändet werden, solange sie nicht durch Vollstreckung in das unbewegliche Vermögen in Beschlag genommen worden sind. ²Sie dürfen nicht früher als einen Monat vor der gewöhnlichen Zeit der Reife gepfändet werden.

(2) Ein Gläubiger, der ein Recht auf Befriedigung aus dem Grundstück hat, kann der Pfändung nach § 262 widersprechen, wenn nicht für einen Anspruch gepfändet ist, der bei der Vollstreckung in das Grundstück vorgeht.

## § 295 Unpfändbarkeit von Sachen

¹Die §§ 811 bis 812 und 813 Abs. 1 bis 3 der Zivilprozessordnung sowie die Beschränkungen und Verbote, die nach anderen gesetzlichen Vorschriften für die Pfändung von Sachen bestehen, gelten entsprechend. ²An die Stelle des Vollstreckungsgerichts tritt die Vollstreckungsbehörde.

## § 296 Verwertung[1]

(1) ¹Die gepfändeten Sachen sind auf schriftliche Anordnung der Vollstreckungsbehörde öffentlich zu versteigern. ²Eine öffentliche Versteigerung ist
1. die Versteigerung vor Ort oder
2. die allgemein zugängliche Versteigerung im Internet über die Plattform www.zollauktion.de.

³Die Versteigerung erfolgt in der Regel durch den Vollziehungsbeamten. ⁴§ 292 gilt entsprechend.

(2) Bei Pfändung von Geld gilt die Wegnahme als Zahlung des Vollstreckungsschuldners.

## § 297 Aussetzung der Verwertung

Die Vollstreckungsbehörde kann die Verwertung gepfändeter Sachen unter Anordnung von Zahlungsfristen zeitweilig aussetzen, wenn die alsbaldige Verwertung unbillig wäre.

## § 298 Versteigerung[2]

(1) Die gepfändeten Sachen dürfen nicht vor Ablauf einer Woche seit dem Tag der Pfändung versteigert werden, sofern sich nicht der Vollstreckungsschuldner mit einer früheren Versteigerung einverstanden erklärt oder diese erforderlich ist, um die Gefahr einer beträchtlichen Wertverringerung abzuwenden oder unverhältnismäßige Kosten längerer Aufbewahrung zu vermeiden.

(2) ¹Zeit und Ort der Versteigerung sind öffentlich bekannt zu machen; dabei sind die Sachen, die versteigert werden sollen, im Allgemeinen zu bezeichnen. ²Auf Ersuchen der Vollstreckungsbehörde hat ein Gemeindebediensteter oder ein Polizeibeamter der Versteigerung beizuwoh-

---

1) **Anm. d. Red.:** § 296 Abs. 1 i. d. F. des Gesetzes v. 30. 7. 2009 (BGBl I S. 2474) mit Wirkung v. 5. 8. 2009.

2) **Anm. d. Red.:** § 298 Abs. 2 und 3 i. d. F. des Gesetzes v. 30. 7. 2009 (BGBl I S. 2474) mit Wirkung v. 5. 8. 2009.

nen. ³Die Sätze 1 und 2 gelten nicht für eine Versteigerung nach § 296 Absatz 1 Satz 2 Nummer 2.

(3) § 1239 Absatz 1 Satz 1 des Bürgerlichen Gesetzbuchs gilt entsprechend; bei der Versteigerung vor Ort (§ 296 Absatz 1 Satz 2 Nummer 1) ist auch § 1239 Absatz 2 des Bürgerlichen Gesetzbuchs entsprechend anzuwenden.

## § 299 Zuschlag[1)]

(1) ¹Bei der Versteigerung vor Ort (§ 296 Absatz 1 Satz 2 Nummer 1) soll dem Zuschlag an den Meistbietenden ein dreimaliger Aufruf vorausgehen. ²Bei einer Versteigerung im Internet (§ 296 Absatz 1 Satz 2 Nummer 2) ist der Zuschlag der Person erteilt, die am Ende der Versteigerung das höchste Gebot abgegeben hat, es sei denn, die Versteigerung wird vorzeitig abgebrochen; sie ist von dem Zuschlag zu benachrichtigen. ³§ 156 des Bürgerlichen Gesetzbuchs gilt entsprechend.

(2) ¹Die Aushändigung einer zugeschlagenen Sache darf nur gegen bare Zahlung geschehen. ²Bei einer Versteigerung im Internet darf die zugeschlagene Sache auch ausgehändigt werden, wenn die Zahlung auf dem Konto der Finanzbehörde gutgeschrieben ist. ³Wird die zugeschlagene Sache übersandt, so gilt die Aushändigung mit der Übergabe an die zur Ausführung der Versendung bestimmte Person als bewirkt.

(3) ¹Hat der Meistbietende nicht zu der in den Versteigerungsbedingungen bestimmten Zeit oder in Ermangelung einer solchen Bestimmung nicht vor dem Schluss des Versteigerungstermins die Aushändigung gegen Zahlung des Kaufgeldes verlangt, so wird die Sache anderweitig versteigert. ²Der Meistbietende wird zu einem weiteren Gebot nicht zugelassen; er haftet für den Ausfall, auf den Mehrerlös hat er keinen Anspruch.

(4) ¹Wird der Zuschlag dem Gläubiger erteilt, so ist dieser von der Verpflichtung zur baren Zahlung so weit befreit, als der Erlös nach Abzug der Kosten der Vollstreckung zu seiner Befriedigung zu verwenden ist. ²Soweit der Gläubiger von der Verpflichtung zur baren Zahlung befreit ist, gilt der Betrag als von dem Schuldner an den Gläubiger gezahlt.

## § 300 Mindestgebot

(1) ¹Der Zuschlag darf nur auf ein Gebot erteilt werden, das mindestens die Hälfte des gewöhnlichen Verkaufswerts der Sache erreicht (Mindestgebot). ²Der gewöhnliche Verkaufswert und das Mindestgebot sollen bei dem Ausbieten bekannt gegeben werden.

(2) ¹Wird der Zuschlag nicht erteilt, weil ein das Mindestgebot erreichendes Gebot nicht abgegeben worden ist, so bleibt das Pfandrecht bestehen. ²Die Vollstreckungsbehörde kann jederzeit einen neuen Versteigerungstermin bestimmen oder eine anderweitige Verwertung der gepfändeten Sachen nach § 305 anordnen. ³Wird die anderweitige Verwertung angeordnet, so gilt Absatz 1 entsprechend.

(3) ¹Gold- und Silbersachen dürfen auch nicht unter ihrem Gold- oder Silberwert zugeschlagen werden. ²Wird ein den Zuschlag gestattendes Gebot nicht abgegeben, so können die Sachen auf Anordnung der Vollstreckungsbehörde aus freier Hand verkauft werden. ³Der Verkaufspreis darf den Gold- oder Silberwert und die Hälfte des gewöhnlichen Verkaufswerts nicht unterschreiten.

## § 301 Einstellung der Versteigerung[2)]

(1) Die Versteigerung wird eingestellt, sobald der Erlös zur Deckung der beizutreibenden Beträge einschließlich der Kosten der Vollstreckung ausreicht.

---

1) **Anm. d. Red.:** § 299 Abs. 1 i. d. F. des Gesetzes v. 30. 7. 2009 (BGBl I S. 2474) mit Wirkung v. 5. 8. 2009; Abs. 2 i. d. F. des Gesetzes v. 8. 12. 2010 (BGBl I S. 1768) mit Wirkung v. 14. 12. 2010.

2) **Anm. d. Red.:** § 301 Abs. 2 i. d. F. des Gesetzes v. 30. 7. 2009 (BGBl I S. 2474) mit Wirkung v. 5. 8. 2009.

(2) ¹Die Empfangnahme des Erlöses durch den versteigernden Beamten gilt als Zahlung des Vollstreckungsschuldners, es sei denn, dass der Erlös hinterlegt wird (§ 308 Abs. 4). ²Als Zahlung im Sinne von Satz 1 gilt bei einer Versteigerung im Internet auch der Eingang des Erlöses auf dem Konto der Finanzbehörde.

### § 302 Wertpapiere

Gepfändete Wertpapiere, die einen Börsen- oder Marktpreis haben, sind aus freier Hand zum Tageskurs zu verkaufen; andere Wertpapiere sind nach den allgemeinen Vorschriften zu versteigern.

### § 303 Namenspapiere

Lautet ein gepfändetes Wertpapier auf einen Namen, so ist die Vollstreckungsbehörde berechtigt, die Umschreibung auf den Namen des Käufers oder, wenn es sich um ein auf einen Namen umgeschriebenes Inhaberpapier handelt, die Rückverwandlung in ein Inhaberpapier zu erwirken und die hierzu erforderlichen Erklärungen an Stelle des Vollstreckungsschuldners abzugeben.

### § 304 Versteigerung ungetrennter Früchte

¹Gepfändete Früchte, die vom Boden noch nicht getrennt sind, dürfen erst nach der Reife versteigert werden. ²Der Vollziehungsbeamte hat sie abernten zu lassen, wenn er sie nicht vor der Trennung versteigert.

### § 305 Besondere Verwertung

Auf Antrag des Vollstreckungsschuldners oder aus besonderen Zweckmäßigkeitsgründen kann die Vollstreckungsbehörde anordnen, dass eine gepfändete Sache in anderer Weise oder an einem anderen Ort, als in den vorstehenden Paragraphen bestimmt ist, zu verwerten oder durch eine andere Person als den Vollziehungsbeamten zu versteigern sei.

### § 306 Vollstreckung in Ersatzteile von Luftfahrzeugen

(1) Für die Vollstreckung in Ersatzteile, auf die sich ein Registerpfandrecht an einem Luftfahrzeug nach § 71 des Gesetzes über Rechte an Luftfahrzeugen erstreckt, gilt § 100 des Gesetzes über Rechte an Luftfahrzeugen; an die Stelle des Gerichtsvollziehers tritt der Vollziehungsbeamte.

(2) Absatz 1 gilt für die Vollstreckung in Ersatzteile, auf die sich das Recht an einem ausländischen Luftfahrzeug erstreckt, mit der Maßgabe, dass die Vorschriften des § 106 Abs. 1 Nr. 2 und Abs. 4 des Gesetzes über Rechte an Luftfahrzeugen zu berücksichtigen sind.

### § 307 Anschlusspfändung

(1) ¹Zur Pfändung bereits gepfändeter Sachen genügt die in die Niederschrift aufzunehmende Erklärung des Vollziehungsbeamten, dass er die Sache für die zu bezeichnende Forderung pfändet. ²Dem Vollstreckungsschuldner ist die weitere Pfändung mitzuteilen.

(2) ¹Ist die erste Pfändung für eine andere Vollstreckungsbehörde oder durch einen Gerichtsvollzieher erfolgt, so ist dieser Vollstreckungsbehörde oder dem Gerichtsvollzieher eine Abschrift der Niederschrift zu übersenden. ²Die gleiche Pflicht hat ein Gerichtsvollzieher, der eine Sache pfändet, die bereits im Auftrag einer Vollstreckungsbehörde gepfändet ist.

### § 308 Verwertung bei mehrfacher Pfändung

(1) Wird dieselbe Sache mehrfach durch Vollziehungsbeamte oder durch Vollziehungsbeamte und Gerichtsvollzieher gepfändet, so begründet ausschließlich die erste Pfändung die Zuständigkeit zur Versteigerung.

(2) Betreibt ein Gläubiger die Versteigerung, so wird für alle beteiligten Gläubiger versteigert.

(3) Der Erlös wird nach der Reihenfolge der Pfändungen oder nach abweichender Vereinbarung der beteiligten Gläubiger verteilt.

(4) ¹Reicht der Erlös zur Deckung der Forderungen nicht aus und verlangt ein Gläubiger, für den die zweite oder eine spätere Pfändung erfolgt ist, ohne Zustimmung der übrigen beteiligten Gläubiger eine andere Verteilung als nach der Reihenfolge der Pfändungen, so ist die Sachlage unter Hinterlegung des Erlöses dem Amtsgericht, in dessen Bezirk gepfändet ist, anzuzeigen. ²Der Anzeige sind die Schriftstücke, die sich auf das Verfahren beziehen, beizufügen. ³Für das Verteilungsverfahren gelten die §§ 873 bis 882 der Zivilprozessordnung.

(5) Wird für verschiedene Gläubiger gleichzeitig gepfändet, so finden die Vorschriften der Absätze 2 bis 4 mit der Maßgabe Anwendung, dass der Erlös nach dem Verhältnis der Forderungen verteilt wird.

### III. Vollstreckung in Forderungen und andere Vermögensrechte

### § 309 Pfändung einer Geldforderung¹⁾

(1) ¹Soll eine Geldforderung gepfändet werden, so hat die Vollstreckungsbehörde dem Drittschuldner schriftlich zu verbieten, an den Vollstreckungsschuldner zu zahlen, und dem Vollstreckungsschuldner schriftlich zu gebieten, sich jeder Verfügung über die Forderung, insbesondere ihrer Einziehung, zu enthalten (Pfändungsverfügung). ²Die elektronische Form ist ausgeschlossen.

(2) ¹Die Pfändung ist bewirkt, wenn die Pfändungsverfügung dem Drittschuldner zugestellt ist. ²Die an den Drittschuldner zuzustellende Pfändungsverfügung soll den beizutreibenden Geldbetrag nur in einer Summe, ohne Angabe der Steuerarten und der Zeiträume, für die er geschuldet wird, bezeichnen. ³Die Zustellung ist dem Vollstreckungsschuldner mitzuteilen.

(3) ¹Bei Pfändung des Guthabens eines Kontos des Vollstreckungsschuldners bei einem Kreditinstitut gelten die §§ 833a und 850l der Zivilprozessordnung entsprechend. ²§ 850l der Zivilprozessordnung gilt mit der Maßgabe, dass Anträge bei dem nach § 828 Abs. 2 der Zivilprozessordnung zuständigen Vollstreckungsgericht zu stellen sind.

### § 310 Pfändung einer durch Hypothek gesicherten Forderung

(1) ¹Zur Pfändung einer Forderung, für die eine Hypothek besteht, ist außer der Pfändungsverfügung die Aushändigung des Hypothekenbriefs an die Vollstreckungsbehörde erforderlich. ²Die Übergabe gilt als erfolgt, wenn der Vollziehungsbeamte den Brief wegnimmt. ³Ist die Erteilung des Hypothekenbriefs ausgeschlossen, so muss die Pfändung in das Grundbuch eingetragen werden; die Eintragung erfolgt auf Grund der Pfändungsverfügung auf Ersuchen der Vollstreckungsbehörde.

(2) Wird die Pfändungsverfügung vor der Übergabe des Hypothekenbriefs oder der Eintragung der Pfändung dem Drittschuldner zugestellt, so gilt die Pfändung diesem gegenüber mit der Zustellung als bewirkt.

(3) ¹Diese Vorschriften gelten nicht, soweit Ansprüche auf die in § 1159 des Bürgerlichen Gesetzbuchs bezeichneten Leistungen gepfändet werden. ²Das Gleiche gilt bei einer Sicherungshypothek im Fall des § 1187 des Bürgerlichen Gesetzbuchs von der Pfändung der Hauptforderung.

### § 311 Pfändung einer durch Schiffshypothek oder Registerpfandrecht an einem Luftfahrzeug gesicherten Forderung

(1) Die Pfändung einer Forderung, für die eine Schiffshypothek besteht, bedarf der Eintragung in das Schiffsregister oder das Schiffsbauregister.

---

1) Anm. d. Red.: § 309 Abs. 3 i. d. F. des Gesetzes v. 7. 7. 2009 (BGBl I S. 1707) mit Wirkung v. 1. 7. 2010.

(2) Die Pfändung einer Forderung, für die ein Registerpfandrecht an einem Luftfahrzeug besteht, bedarf der Eintragung in das Register für Pfandrechte an Luftfahrzeugen.

(3) ¹Die Pfändung nach den Absätzen 1 und 2 wird auf Grund der Pfändungsverfügung auf Ersuchen der Vollstreckungsbehörde eingetragen. ²§ 310 Abs. 2 gilt entsprechend.

(4) ¹Die Absätze 1 bis 3 sind nicht anzuwenden, soweit es sich um die Pfändung der Ansprüche auf die in § 53 des Gesetzes über Rechte an eingetragenen Schiffen und Schiffsbauwerken und auf die in § 53 des Gesetzes über Rechte an Luftfahrzeugen bezeichneten Leistungen handelt. ²Das Gleiche gilt, wenn bei einer Schiffshypothek für eine Forderung aus einer Schuldverschreibung auf den Inhaber, aus einem Wechsel oder aus einem anderen durch Indossament übertragbaren Papier die Hauptforderung gepfändet ist.

(5) Für die Pfändung von Forderungen, für die ein Recht an einem ausländischen Luftfahrzeug besteht, gilt § 106 Abs. 1 Nr. 3 und Abs. 5 des Gesetzes über Rechte an Luftfahrzeugen.

### § 312 Pfändung einer Forderung aus indossablen Papieren

Forderungen aus Wechseln und anderen Papieren, die durch Indossament übertragen werden können, werden dadurch gepfändet, dass der Vollziehungsbeamte die Papiere in Besitz nimmt.

### § 313 Pfändung fortlaufender Bezüge

(1) Das Pfandrecht, das durch die Pfändung einer Gehaltsforderung oder einer ähnlichen in fortlaufenden Bezügen bestehenden Forderung erworben wird, erstreckt sich auch auf die Beträge, die später fällig werden.

(2) ¹Die Pfändung eines Diensteinkommens trifft auch das Einkommen, das der Vollstreckungsschuldner bei Versetzung in ein anderes Amt, Übertragung eines neuen Amts oder einer Gehaltserhöhung zu beziehen hat. ²Dies gilt nicht bei Wechsel des Dienstherrn.

(3) Endet das Arbeits- oder Dienstverhältnis und begründen Vollstreckungsschuldner und Drittschuldner innerhalb von neun Monaten ein solches neu, so erstreckt sich die Pfändung auf die Forderung aus dem neuen Arbeits- oder Dienstverhältnis.

### § 314 Einziehungsverfügung[1]

(1) ¹Die Vollstreckungsbehörde ordnet die Einziehung der gepfändeten Forderung an. ²§ 309 Abs. 2 gilt entsprechend.

(2) Die Einziehungsverfügung kann mit der Pfändungsverfügung verbunden werden.

(3) Wird die Einziehung eines bei einem Geldinstitut gepfändeten Guthabens eines Vollstreckungsschuldners, der eine natürliche Person ist, angeordnet, so gilt § 835 Absatz 3 Satz 2 und Absatz 4 der Zivilprozessordnung entsprechend.

(4) Wird die Einziehung einer gepfändeten nicht wiederkehrend zahlbaren Vergütung eines Vollstreckungsschuldners, der eine natürliche Person ist, für persönlich geleistete Arbeiten oder Dienste oder sonstige Einkünfte, die kein Arbeitslohn sind, angeordnet, so gilt § 835 Absatz 5 der Zivilprozessordnung entsprechend.

### § 315 Wirkung der Einziehungsverfügung[2]

(1) ¹Die Einziehungsverfügung ersetzt die förmlichen Erklärungen des Vollstreckungsschuldners, von denen nach bürgerlichem Recht die Berechtigung zur Einziehung abhängt. ²Sie genügt auch bei einer Forderung, für die eine Hypothek, Schiffshypothek oder ein Registerpfandrecht an einem Luftfahrzeug besteht. ³Zugunsten des Drittschuldners gilt eine zu Unrecht ergangene

---

1) **Anm. d. Red.:** § 314 Abs. 3 und 4 i. d. F. des Gesetzes v. 12. 4. 2011 (BGBl I S. 615) mit Wirkung v. 16. 4. 2011.

2) **Anm. d. Red.:** § 315 Abs. 2 i. d. F. des Gesetzes v. 22. 12. 2014 (BGBl I S. 2417) mit Wirkung v. 31. 12. 2014.

Einziehungsverfügung dem Vollstreckungsschuldner gegenüber solange als rechtmäßig, bis sie aufgehoben ist und der Drittschuldner hiervon erfährt.

(2) ¹Der Vollstreckungsschuldner ist verpflichtet, die zur Geltendmachung der Forderung nötige Auskunft zu erteilen und die über die Forderung vorhandenen Urkunden herauszugeben. ²Erteilt der Vollstreckungsschuldner die Auskunft nicht, ist er auf Verlangen der Vollstreckungsbehörde verpflichtet, sie zu Protokoll zu geben und seine Angaben an Eides statt zu versichern. ³Die Vollstreckungsbehörde kann die eidesstattliche Versicherung der Lage der Sache entsprechend ändern. ⁴§ 284 Absatz 5, 6 und 8 gilt sinngemäß. ⁵Die Vollstreckungsbehörde kann die Urkunden durch den Vollziehungsbeamten wegnehmen lassen oder ihre Herausgabe nach den §§ 328 bis 335 erzwingen.

(3) ¹Werden die Urkunden nicht vorgefunden, so hat der Vollstreckungsschuldner auf Verlangen der Vollstreckungsbehörde zu Protokoll an Eides statt zu versichern, dass er die Urkunden nicht besitze, auch nicht wisse, wo sie sich befinden. ²Absatz 2 Satz 3 und 4 gilt entsprechend.

(4) Hat ein Dritter die Urkunde, so kann die Vollstreckungsbehörde auch den Anspruch des Vollstreckungsschuldners auf Herausgabe geltend machen.

## § 316 Erklärungspflicht des Drittschuldners[1)]

(1) ¹Auf Verlangen der Vollstreckungsbehörde hat ihr der Drittschuldner binnen zwei Wochen, von der Zustellung der Pfändungsverfügung an gerechnet, zu erklären:
1. ob und inwieweit er die Forderung als begründet anerkenne und bereit sei, zu zahlen,
2. ob und welche Ansprüche andere Personen an die Forderung erheben,
3. ob und wegen welcher Ansprüche die Forderung bereits für andere Gläubiger gepfändet sei,
4. ob innerhalb der letzten zwölf Monate im Hinblick auf das Konto, dessen Guthaben gepfändet worden ist, nach § 850l der Zivilprozessordnung die Unpfändbarkeit des Guthabens angeordnet worden ist, und
5. ob es sich bei dem Konto, dessen Guthaben gepfändet worden ist, um ein Pfändungsschutzkonto im Sinne des § 850k Abs. 7 der Zivilprozessordnung handelt.

²Die Erklärung des Drittschuldners zu Nummer 1 gilt nicht als Schuldanerkenntnis.

(2) ¹Die Aufforderung zur Abgabe dieser Erklärung kann in die Pfändungsverfügung aufgenommen werden. ²Der Drittschuldner haftet der Vollstreckungsbehörde für den Schaden, der aus der Nichterfüllung seiner Verpflichtung entsteht. ³Er kann zur Abgabe der Erklärung durch ein Zwangsgeld angehalten werden; § 334 ist nicht anzuwenden.

(3) Die §§ 841 bis 843 der Zivilprozessordnung sind anzuwenden.

## § 317 Andere Art der Verwertung

¹Ist die gepfändete Forderung bedingt oder betagt oder ihre Einziehung schwierig, so kann die Vollstreckungsbehörde anordnen, dass sie in anderer Weise zu verwerten ist; § 315 Abs. 1 gilt entsprechend. ²Der Vollstreckungsschuldner ist vorher zu hören, sofern nicht eine Bekanntgabe außerhalb des Geltungsbereichs des Gesetzes oder eine öffentliche Bekanntmachung erforderlich ist.

## § 318 Ansprüche auf Herausgabe oder Leistung von Sachen[2)]

(1) Für die Vollstreckung in Ansprüche auf Herausgabe oder Leistung von Sachen gelten außer den §§ 309 bis 317 die nachstehenden Vorschriften.

---

1) **Anm. d. Red.:** § 316 Abs. 1 i. d. F. des Gesetzes v. 7. 7. 2009 (BGBl I S. 1707) mit Wirkung v. 1. 7. 2010.
2) **Anm. d. Red.:** § 318 Abs. 5 i. d. F. des Gesetzes v. 9. 12. 2004 (BGBl I S. 3310) mit Wirkung v. 16. 12. 2004.

(2) ¹Bei der Pfändung eines Anspruchs, der eine bewegliche Sache betrifft, ordnet die Vollstreckungsbehörde an, dass die Sache an den Vollziehungsbeamten herauszugeben sei. ²Die Sache wird wie eine gepfändete Sache verwertet.

(3) ¹Bei Pfändung eines Anspruchs, der eine unbewegliche Sache betrifft, ordnet die Vollstreckungsbehörde an, dass die Sache an einen Treuhänder herauszugeben sei, den das Amtsgericht der belegenen Sache auf Antrag der Vollstreckungsbehörde bestellt. ²Ist der Anspruch auf Übertragung des Eigentums gerichtet, so ist dem Treuhänder als Vertreter des Vollstreckungsschuldners aufzulassen. ³Mit dem Übergang des Eigentums auf den Vollstreckungsschuldner erlangt die Körperschaft, der die Vollstreckungsbehörde angehört, eine Sicherungshypothek für die Forderung. ⁴Der Treuhänder hat die Eintragung der Sicherungshypothek zu bewilligen. ⁵Die Vollstreckung in die herausgegebene Sache wird nach den Vorschriften über die Vollstreckung in unbewegliche Sachen bewirkt.

(4) Absatz 3 gilt entsprechend, wenn der Anspruch ein im Schiffsregister eingetragenes Schiff, ein Schiffsbauwerk oder Schwimmdock, das im Schiffsbauregister eingetragen ist oder in dieses Register eingetragen werden kann, oder ein Luftfahrzeug betrifft, das in der Luftfahrzeugrolle eingetragen ist oder nach Löschung in der Luftfahrzeugrolle noch in dem Register für Pfandrechte an Luftfahrzeugen eingetragen ist.

(5) ¹Dem Treuhänder ist auf Antrag eine Entschädigung zu gewähren. ²Die Entschädigung darf die nach der Zwangsverwalterordnung festzusetzende Vergütung nicht übersteigen.

### § 319 Unpfändbarkeit von Forderungen

Beschränkungen und Verbote, die nach §§ 850 bis 852 der Zivilprozessordnung und anderen gesetzlichen Bestimmungen für die Pfändung von Forderungen und Ansprüchen bestehen, gelten sinngemäß.

### § 320 Mehrfache Pfändung einer Forderung

(1) Ist eine Forderung durch mehrere Vollstreckungsbehörden oder durch eine Vollstreckungsbehörde und ein Gericht gepfändet, so sind die §§ 853 bis 856 der Zivilprozessordnung und § 99 Abs. 1 Satz 1 des Gesetzes über Rechte an Luftfahrzeugen entsprechend anzuwenden.

(2) Fehlt es an einem Amtsgericht, das nach den §§ 853 und 854 der Zivilprozessordnung zuständig wäre, so ist bei dem Amtsgericht zu hinterlegen, in dessen Bezirk die Vollstreckungsbehörde ihren Sitz hat, deren Pfändungsverfügung dem Drittschuldner zuerst zugestellt worden ist.

### § 321 Vollstreckung in andere Vermögensrechte

(1) Für die Vollstreckung in andere Vermögensrechte, die nicht Gegenstand der Vollstreckung in das unbewegliche Vermögen sind, gelten die vorstehenden Vorschriften entsprechend.

(2) Ist kein Drittschuldner vorhanden, so ist die Pfändung bewirkt, wenn dem Vollstreckungsschuldner das Gebot, sich jeder Verfügung über das Recht zu enthalten, zugestellt ist.

(3) Ein unveräußerliches Recht ist, wenn nichts anderes bestimmt ist, insoweit pfändbar, als die Ausübung einem anderen überlassen werden kann.

(4) Die Vollstreckungsbehörde kann bei der Vollstreckung in unveräußerliche Rechte, deren Ausübung einem anderen überlassen werden kann, besondere Anordnungen erlassen, insbesondere bei der Vollstreckung in Nutzungsrechte eine Verwaltung anordnen; in diesem Fall wird die Pfändung durch Übergabe der zu benutzenden Sache an den Verwalter bewirkt, sofern sie nicht durch Zustellung der Pfändungsverfügung schon vorher bewirkt ist.

(5) Ist die Veräußerung des Rechts zulässig, so kann die Vollstreckungsbehörde die Veräußerung anordnen.

(6) Für die Vollstreckung in eine Reallast, eine Grundschuld oder eine Rentenschuld gelten die Vorschriften über die Vollstreckung in eine Forderung, für die eine Hypothek besteht.

(7) Die §§ 858 bis 863 der Zivilprozessordnung gelten sinngemäß.

## 4. Unterabschnitt: Vollstreckung in das unbewegliche Vermögen

### § 322 Verfahren

(1) ¹Der Vollstreckung in das unbewegliche Vermögen unterliegen außer den Grundstücken die Berechtigungen, für welche die sich auf Grundstücke beziehenden Vorschriften gelten, die im Schiffsregister eingetragenen Schiffe, die Schiffsbauwerke und Schwimmdocks, die im Schiffsbauregister eingetragen sind oder in dieses Register eingetragen werden können, sowie die Luftfahrzeuge, die in der Luftfahrzeugrolle eingetragen sind oder nach Löschung in der Luftfahrzeugrolle noch in dem Register für Pfandrechte an Luftfahrzeugen eingetragen sind. ²Auf die Vollstreckung sind die für die gerichtliche Zwangsvollstreckung geltenden Vorschriften, namentlich die §§ 864 bis 871 der Zivilprozessordnung und das Gesetz über die Zwangsversteigerung und die Zwangsverwaltung anzuwenden. ³Bei Stundung und Aussetzung der Vollziehung geht eine im Wege der Vollstreckung eingetragene Sicherungshypothek jedoch nur dann nach § 868 der Zivilprozessordnung auf den Eigentümer über und erlischt eine Schiffshypothek oder ein Registerpfandrecht an einem Luftfahrzeug jedoch nur dann nach § 870a Abs. 3 der Zivilprozessordnung sowie § 99 Abs. 1 des Gesetzes über Rechte an Luftfahrzeugen, wenn zugleich die Aufhebung der Vollstreckungsmaßnahme angeordnet wird.

(2) Für die Vollstreckung in ausländische Schiffe gilt § 171 des Gesetzes über die Zwangsversteigerung und die Zwangsverwaltung, für die Vollstreckung in ausländische Luftfahrzeuge § 106 Abs. 1, 2 des Gesetzes über Rechte an Luftfahrzeugen sowie die §§ 171h bis 171n des Gesetzes über die Zwangsversteigerung und die Zwangsverwaltung.

(3) ¹Die für die Vollstreckung in das unbewegliche Vermögen erforderlichen Anträge des Gläubigers stellt die Vollstreckungsbehörde. ²Sie hat hierbei zu bestätigen, dass die gesetzlichen Voraussetzungen für die Vollstreckung vorliegen. ³Diese Fragen unterliegen nicht der Beurteilung des Vollstreckungsgerichts oder des Grundbuchamts. ⁴Anträge auf Eintragung einer Sicherungshypothek, einer Schiffshypothek oder eines Registerpfandrechts an einem Luftfahrzeug sind Ersuchen im Sinne des § 38 der Grundbuchordnung und des § 45 der Schiffsregisterordnung.

(4) Zwangsversteigerung und Zwangsverwaltung soll die Vollstreckungsbehörde nur beantragen, wenn festgestellt ist, dass der Geldbetrag durch Vollstreckung in das bewegliche Vermögen nicht beigetrieben werden kann.

(5) Soweit der zu vollstreckende Anspruch gemäß § 10 Abs. 1 Nr. 3 des Gesetzes über die Zwangsversteigerung und die Zwangsverwaltung den Rechten am Grundstück im Rang vorgeht, kann eine Sicherungshypothek unter der aufschiebenden Bedingung in das Grundbuch eingetragen werden, dass das Vorrecht wegfällt.

### § 323 Vollstreckung gegen den Rechtsnachfolger

¹Ist nach § 322 eine Sicherungshypothek, eine Schiffshypothek oder ein Registerpfandrecht an einem Luftfahrzeug eingetragen worden, so bedarf es zur Zwangsversteigerung aus diesem Recht nur dann eines Duldungsbescheids, wenn nach der Eintragung dieses Rechts ein Eigentumswechsel eingetreten ist. ²Satz 1 gilt sinngemäß für die Zwangsverwaltung aus einer nach § 322 eingetragenen Sicherungshypothek.

## 5. Unterabschnitt: Arrest

### § 324 Dinglicher Arrest

(1) ¹Zur Sicherung der Vollstreckung von Geldforderungen nach den §§ 249 bis 323 kann die für die Steuerfestsetzung zuständige Finanzbehörde den Arrest in das bewegliche oder unbewegliche Vermögen anordnen, wenn zu befürchten ist, dass sonst die Beitreibung vereitelt oder wesentlich erschwert wird. ²Sie kann den Arrest auch dann anordnen, wenn die Forderung noch nicht zahlenmäßig feststeht oder wenn sie bedingt oder betagt ist. ³In der Arrestanordnung ist ein Geldbetrag zu bestimmen, bei dessen Hinterlegung die Vollziehung des Arrestes gehemmt und der vollzogene Arrest aufzuheben ist.

(2) ¹Die Arrestanordnung ist zuzustellen. ²Sie muss begründet und von dem anordnenden Bediensteten unterschrieben sein. ³Die elektronische Form ist ausgeschlossen.

(3) ¹Die Vollziehung der Arrestanordnung ist unzulässig, wenn seit dem Tag, an dem die Anordnung unterzeichnet worden ist, ein Monat verstrichen ist. ²Die Vollziehung ist auch schon vor der Zustellung an den Arrestschuldner zulässig, sie ist jedoch ohne Wirkung, wenn die Zustellung nicht innerhalb einer Woche nach der Vollziehung und innerhalb eines Monats seit der Unterzeichnung erfolgt. ³Bei Zustellung im Ausland und öffentlicher Zustellung gilt § 169 Abs. 1 Satz 3 entsprechend. ⁴Auf die Vollziehung des Arrestes finden die §§ 930 bis 932 der Zivilprozessordnung sowie § 99 Abs. 2 und § 106 Abs. 1, 3 und 5 des Gesetzes über Rechte an Luftfahrzeugen entsprechende Anwendung; an die Stelle des Arrestgerichts und des Vollstreckungsgerichts tritt die Vollstreckungsbehörde, an die Stelle des Gerichtsvollziehers der Vollziehungsbeamte. ⁵Soweit auf die Vorschriften über die Pfändung verwiesen wird, sind die entsprechenden Vorschriften dieses Gesetzes anzuwenden.

### § 325 Aufhebung des dinglichen Arrestes

Die Arrestanordnung ist aufzuheben, wenn nach ihrem Erlass Umstände bekannt werden, die die Arrestanordnung nicht mehr gerechtfertigt erscheinen lassen.

### § 326 Persönlicher Sicherheitsarrest[1]

(1) ¹Auf Antrag der für die Steuerfestsetzung zuständigen Finanzbehörde kann das Amtsgericht einen persönlichen Sicherheitsarrest anordnen, wenn er erforderlich ist, um die gefährdete Vollstreckung in das Vermögen des Pflichtigen zu sichern. ²Zuständig ist das Amtsgericht, in dessen Bezirk die Finanzbehörde ihren Sitz hat oder sich der Pflichtige befindet.

(2) In dem Antrag hat die für die Steuerfestsetzung zuständige Finanzbehörde den Anspruch nach Art und Höhe sowie die Tatsachen anzugeben, die den Arrestgrund ergeben.

(3) ¹Für die Anordnung, Vollziehung und Aufhebung des persönlichen Sicherheitsarrestes gelten § 128 Abs. 4 und die §§ 922 bis 925, 927, 929, 933, 934 Abs. 1, 3 und 4 der Zivilprozessordnung sinngemäß. ²§ 802j Abs. 2 der Zivilprozessordnung ist nicht anzuwenden.

(4) Für Zustellungen gelten die Vorschriften der Zivilprozessordnung.

## 6. Unterabschnitt: Verwertung von Sicherheiten

### § 327 Verwertung von Sicherheiten

¹Werden Geldforderungen, die im Verwaltungsverfahren vollstreckbar sind (§ 251), bei Fälligkeit nicht erfüllt, kann sich die Vollstreckungsbehörde aus den Sicherheiten befriedigen, die sie zur Sicherung dieser Ansprüche erlangt hat. ²Die Sicherheiten werden nach den Vorschriften dieses Abschnitts verwertet. ³Die Verwertung darf erst erfolgen, wenn dem Vollstreckungsschuldner die Verwertungsabsicht bekannt gegeben und seit der Bekanntgabe mindestens eine Woche verstrichen ist.

## Dritter Abschnitt: Vollstreckung wegen anderer Leistungen als Geldforderungen

## 1. Unterabschnitt: Vollstreckung wegen Handlungen, Duldungen oder Unterlassungen

### § 328 Zwangsmittel

(1) ¹Ein Verwaltungsakt, der auf Vornahme einer Handlung oder auf Duldung oder Unterlassung gerichtet ist, kann mit Zwangsmitteln (Zwangsgeld, Ersatzvornahme, unmittelbarer

---

1) **Anm. d. Red.:** § 326 Abs. 3 i. d. F. des Gesetzes v. 29. 7. 2009 (BGBl I S. 2258) mit Wirkung v. 1. 1. 2013.

Zwang) durchgesetzt werden. ²Für die Erzwingung von Sicherheiten gilt § 336. ³Vollstreckungsbehörde ist die Behörde, die den Verwaltungsakt erlassen hat.

(2) ¹Es ist dasjenige Zwangsmittel zu bestimmen, durch das der Pflichtige und die Allgemeinheit am wenigsten beeinträchtigt werden. ²Das Zwangsmittel muss in einem angemessenen Verhältnis zu seinem Zweck stehen.

### § 329 Zwangsgeld

Das einzelne Zwangsgeld darf 25 000 Euro nicht übersteigen.

### § 330 Ersatzvornahme

Wird die Verpflichtung, eine Handlung vorzunehmen, deren Vornahme durch einen anderen möglich ist (vertretbare Handlung), nicht erfüllt, so kann die Vollstreckungsbehörde einen anderen mit der Vornahme der Handlung auf Kosten des Pflichtigen beauftragen.

### § 331 Unmittelbarer Zwang

Führen das Zwangsgeld oder die Ersatzvornahme nicht zum Ziel oder sind sie untunlich, so kann die Finanzbehörde den Pflichtigen zur Handlung, Duldung oder Unterlassung zwingen oder die Handlung selbst vornehmen.

### § 332 Androhung der Zwangsmittel

(1) ¹Die Zwangsmittel müssen schriftlich angedroht werden. ²Wenn zu besorgen ist, dass dadurch der Vollzug des durchzusetzenden Verwaltungsakts vereitelt wird, genügt es, die Zwangsmittel mündlich oder auf andere nach der Lage gebotene Weise anzudrohen. ³Zur Erfüllung der Verpflichtung ist eine angemessene Frist zu bestimmen.

(2) ¹Die Androhung kann mit dem Verwaltungsakt verbunden werden, durch den die Handlung, Duldung oder Unterlassung aufgegeben wird. ²Sie muss sich auf ein bestimmtes Zwangsmittel beziehen und für jede einzelne Verpflichtung getrennt ergehen. ³Zwangsgeld ist in bestimmter Höhe anzudrohen.

(3) ¹Eine neue Androhung wegen derselben Verpflichtung ist erst dann zulässig, wenn das zunächst angedrohte Zwangsmittel erfolglos ist. ²Wird vom Pflichtigen ein Dulden oder Unterlassen gefordert, so kann das Zwangsmittel für jeden Fall der Zuwiderhandlung angedroht werden.

(4) Soll die Handlung durch Ersatzvornahme ausgeführt werden, so ist in der Androhung der Kostenbetrag vorläufig zu veranschlagen.

### § 333 Festsetzung der Zwangsmittel

Wird die Verpflichtung innerhalb der Frist, die in der Androhung bestimmt ist, nicht erfüllt oder handelt der Pflichtige der Verpflichtung zuwider, so setzt die Finanzbehörde das Zwangsmittel fest.

### § 334 Ersatzzwangshaft[1)]

(1) ¹Ist ein gegen eine natürliche Person festgesetztes Zwangsgeld uneinbringlich, so kann das Amtsgericht auf Antrag der Finanzbehörde nach Anhörung des Pflichtigen Ersatzzwangshaft anordnen, wenn bei Androhung des Zwangsgelds hierauf hingewiesen worden ist. ²Ordnet das Amtsgericht Ersatzzwangshaft an, so hat es einen Haftbefehl auszufertigen, in dem die antragstellende Behörde, der Pflichtige und der Grund der Verhaftung zu bezeichnen sind.

(2) ¹Das Amtsgericht entscheidet nach pflichtgemäßem Ermessen durch Beschluss. ²Örtlich zuständig ist das Amtsgericht, in dessen Bezirk der Pflichtige seinen Wohnsitz oder in Erman-

---

1) **Anm. d. Red.:** § 334 Abs. 3 i. d. F. des Gesetzes v. 29. 7. 2009 (BGBl I S. 2258) mit Wirkung v. 1. 1. 2013.

gelung eines Wohnsitzes seinen gewöhnlichen Aufenthalt hat. ³Der Beschluss des Amtsgerichts unterliegt der Beschwerde nach den §§ 567 bis 577 der Zivilprozessordnung.

(3) ¹Die Ersatzzwangshaft beträgt mindestens einen Tag, höchstens zwei Wochen. ²Die Vollziehung der Ersatzzwangshaft richtet sich nach § 802g Abs. 2 und § 802h der Zivilprozessordnung und den §§ 171 bis 175 des Strafvollzugsgesetzes.

(4) Ist der Anspruch auf das Zwangsgeld verjährt, so darf die Haft nicht mehr vollstreckt werden.

### § 335 Beendigung des Zwangsverfahrens

Wird die Verpflichtung nach Festsetzung des Zwangsmittels erfüllt, so ist der Vollzug einzustellen.

## 2. Unterabschnitt: Erzwingung von Sicherheiten

### § 336 Erzwingung von Sicherheiten

(1) Wird die Verpflichtung zur Leistung von Sicherheiten nicht erfüllt, so kann die Finanzbehörde geeignete Sicherheiten pfänden.

(2) ¹Der Erzwingung der Sicherheit muss eine schriftliche Androhung vorausgehen. ²Die §§ 262 bis 323 sind entsprechend anzuwenden.

## Vierter Abschnitt: Kosten

### § 337 Kosten der Vollstreckung[1]

(1) ¹Im Vollstreckungsverfahren werden Kosten (Gebühren und Auslagen) erhoben. ²Schuldner dieser Kosten ist der Vollstreckungsschuldner.

(2) Für das Mahnverfahren werden keine Kosten erhoben.

### § 338 Gebührenarten

Im Vollstreckungsverfahren werden Pfändungsgebühren (§ 339), Wegnahmegebühren (§ 340) und Verwertungsgebühren (§ 341) erhoben.

### § 339 Pfändungsgebühr[2]

(1) Die Pfändungsgebühr wird erhoben für die Pfändung von beweglichen Sachen, von Tieren, von Früchten, die vom Boden noch nicht getrennt sind, von Forderungen und von anderen Vermögensrechten.

(2) Die Gebühr entsteht:
1. sobald der Vollziehungsbeamte Schritte zur Ausführung des Vollstreckungsauftrags unternommen hat,
2. mit der Zustellung der Verfügung, durch die eine Forderung oder ein anderes Vermögensrecht gepfändet werden soll.

(3) Die Gebühr beträgt 26 Euro.

---

1) **Anm. d. Red.:** § 337 Abs. 1 i. d. F. des Gesetzes v. 9.12.2004 (BGBl I S. 3310) mit Wirkung v. 1.1.2005; Abs. 2 i. d. F. des Gesetzes v. 26.6.2013 (BGBl I S. 1809) mit Wirkung v. 30.6.2013.

2) **Anm. d. Red.:** § 339 Abs. 1, 2 und 4 i. d. F. des Gesetzes v. 9.12.2004 (BGBl I S. 3310) mit Wirkung v. 1.1.2005; Abs. 3 i. d. F. des Gesetzes v. 22.12.2014 (BGBl I S. 2417) mit Wirkung v. 31.12.2014.

(4) ¹Die Gebühr wird auch erhoben, wenn
1. die Pfändung durch Zahlung an den Vollziehungsbeamten abgewendet wird,
2. auf andere Weise Zahlung geleistet wird, nachdem sich der Vollziehungsbeamte an Ort und Stelle begeben hat,
3. ein Pfändungsversuch erfolglos geblieben ist, weil pfändbare Gegenstände nicht vorgefunden wurden, oder
4. die Pfändung in den Fällen des § 281 Abs. 3 dieses Gesetzes sowie der §§ 812 und 851b Abs. 1 der Zivilprozessordnung unterbleibt.

²Wird die Pfändung auf andere Weise abgewendet, wird keine Gebühr erhoben.

## § 340 Wegnahmegebühr[1]

(1) ¹Die Wegnahmegebühr wird für die Wegnahme beweglicher Sachen einschließlich Urkunden in den Fällen der §§ 310, 315 Abs. 2 Satz 5, §§ 318, 321, 331 und 336 erhoben. ²Dies gilt auch dann, wenn der Vollstreckungsschuldner an den zur Vollstreckung erschienenen Vollziehungsbeamten freiwillig leistet.

(2) § 339 Abs. 2 Nr. 1 ist entsprechend anzuwenden.

(3) ¹Die Höhe der Wegnahmegebühr beträgt 26 Euro. ²Die Gebühr wird auch erhoben, wenn die in Absatz 1 bezeichneten Sachen nicht aufzufinden sind.

(4) (weggefallen)

## § 341 Verwertungsgebühr[2]

(1) Die Verwertungsgebühr wird für die Versteigerung und andere Verwertung von Gegenständen erhoben.

(2) Die Gebühr entsteht, sobald der Vollziehungsbeamte oder ein anderer Beauftragter Schritte zur Ausführung des Verwertungsauftrags unternommen hat.

(3) Die Gebühr beträgt 52 Euro.

(4) Wird die Verwertung abgewendet (§ 296 Abs. 1 Satz 4), ist eine Gebühr von 26 Euro zu erheben.

## § 342 Mehrheit von Schuldnern[3]

(1) Wird gegen mehrere Schuldner vollstreckt, so sind die Gebühren, auch wenn der Vollziehungsbeamte bei derselben Gelegenheit mehrere Vollstreckungshandlungen vornimmt, von jedem Vollstreckungsschuldner zu erheben.

(2) ¹Wird gegen Gesamtschuldner wegen der Gesamtschuld bei derselben Gelegenheit vollstreckt, so werden Pfändungs-, Wegnahme- und Verwertungsgebühren nur einmal erhoben. ²Die in Satz 1 bezeichneten Personen schulden die Gebühren als Gesamtschuldner.

## § 343 (weggefallen)

---

1) **Anm. d. Red.:** § 340 Abs. 3 i. d. F. des Gesetzes v. 22. 12. 2014 (BGBl I S. 2417) mit Wirkung v. 31. 12. 2014; Abs. 4 weggefallen gem. Gesetz v. 9. 12. 2004 (BGBl I S. 3310) mit Wirkung v. 1. 1. 2005.

2) **Anm. d. Red.:** § 341 Abs. 3 und 4 i. d. F. des Gesetzes v. 22. 12. 2014 (BGBl I S. 2417) mit Wirkung v. 31. 12. 2014.

3) **Anm. d. Red.:** § 342 Abs. 2 i. d. F. des Gesetzes v. 9. 12. 2004 (BGBl I S. 3310) mit Wirkung v. 1. 1. 2005.

## § 344 Auslagen[1)]

(1) Als Auslagen werden erhoben:

1. Schreibauslagen für nicht von Amts wegen zu erteilende oder per Telefax übermittelte Abschriften; die Schreibauslagen betragen unabhängig von der Art der Herstellung
   - a) für die ersten 50 Seiten je Seite 0,50 Euro,
   - b) für jede weitere Seite 0,15 Euro,
   - c) für die ersten 50 Seiten in Farbe je Seite 1,00 Euro,
   - d) für jede weitere Seite in Farbe 0,30 Euro.
   
   [2]Werden anstelle von Abschriften elektronisch gespeicherte Dateien überlassen, betragen die Auslagen 1,50 Euro je Datei. [3]Für die in einem Arbeitsgang überlassenen oder in einem Arbeitsgang auf einen Datenträger übertragenen Dokumente werden insgesamt höchstens 5 Euro erhoben. [4]Werden zum Zweck der Überlassung von elektronisch gespeicherten Dateien Dokumente zuvor auf Antrag von der Papierform in die elektronische Form übertragen, beträgt die Pauschale für Schreibauslagen nach Satz 2 nicht weniger, als die Pauschale im Fall von Satz 1 betragen würde,

2. Entgelte für Post- und Telekommunikationsdienstleistungen, ausgenommen die Entgelte für Telefondienstleistungen im Orts- und Nahbereich,

3. Entgelte für Zustellungen durch die Post mit Zustellungsurkunde; wird durch die Behörde zugestellt (§ 5 des Verwaltungszustellungsgesetzes), so werden 7,50 Euro erhoben,

4. Kosten, die durch öffentliche Bekanntmachung entstehen,

5. an die zum Öffnen von Türen und Behältnissen sowie an die zur Durchsuchung von Vollstreckungsschuldnern zugezogenen Personen zu zahlende Beträge,

6. Kosten für die Beförderung, Verwahrung und Beaufsichtigung gepfändeter Sachen, Kosten für die Aberntung gepfändeter Früchte und Kosten für die Verwahrung, Fütterung, Pflege und Beförderung gepfändeter Tiere,

7. Beträge, die in entsprechender Anwendung des Justizvergütungs- und -entschädigungsgesetzes an Auskunftspersonen und Sachverständige (§ 107) sowie Beträge, die an Treuhänder (§ 318 Abs. 5) zu zahlen sind,

7a. Kosten, die von einem Kreditinstitut erhoben werden, weil ein Scheck des Vollstreckungsschuldners nicht eingelöst wurde,

7b. Kosten für die Umschreibung eines auf einen Namen lautenden Wertpapiers oder für die Wiederinkurssetzung eines Inhaberpapiers,

8. andere Beträge, die auf Grund von Vollstreckungsmaßnahmen an Dritte zu zahlen sind, insbesondere Beträge, die bei der Ersatzvornahme oder beim unmittelbaren Zwang an Beauftragte und an Hilfspersonen gezahlt werden, und sonstige durch Ausführung des unmittelbaren Zwanges oder Anwendung der Ersatzzwangshaft entstandene Kosten.

(2) Steuern, die die Finanzbehörde auf Grund von Vollstreckungsmaßnahmen schuldet, sind als Auslagen zu erheben.

(3) [1]Werden Sachen oder Tiere, die bei mehreren Vollstreckungsschuldnern gepfändet worden sind, in einem einheitlichen Verfahren abgeholt und verwertet, so werden die Auslagen, die in diesem Verfahren entstehen, auf die beteiligten Vollstreckungsschuldner verteilt. [2]Dabei sind die besonderen Umstände des einzelnen Falls, vor allem Wert, Umfang und Gewicht der Gegenstände, zu berücksichtigen.

---

1) **Anm. d. Red.:** § 344 Abs. 1 i. d. F. des Gesetzes v. 22. 12. 2014 (BGBl I S. 2417) mit Wirkung v. 31. 12. 2014; Abs. 2 und 3 i. d. F. des Gesetzes v. 9. 12. 2004 (BGBl I S. 3310) mit Wirkung v. 1. 1. 2005.

## § 345 Reisekosten und Aufwandsentschädigungen

Im Vollstreckungsverfahren sind die Reisekosten des Vollziehungsbeamten und Auslagen, die durch Aufwandsentschädigungen abgegolten werden, von dem Vollstreckungsschuldner nicht zu erstatten.

## § 346 Unrichtige Sachbehandlung, Festsetzungsfrist

(1) Kosten, die bei richtiger Behandlung der Sache nicht entstanden wären, sind nicht zu erheben.

(2) ¹Die Frist für den Ansatz der Kosten und für die Aufhebung und Änderung des Kostenansatzes beträgt ein Jahr. ²Sie beginnt mit Ablauf des Kalenderjahrs, in dem die Kosten entstanden sind. ³Einem vor Ablauf der Frist gestellten Antrag auf Aufhebung oder Änderung kann auch nach Ablauf der Frist entsprochen werden.

# Siebenter Teil: Außergerichtliches Rechtsbehelfsverfahren

## Erster Abschnitt: Zulässigkeit

### § 347 Statthaftigkeit des Einspruchs

(1) ¹Gegen Verwaltungsakte
1. in Abgabenangelegenheiten, auf die dieses Gesetz Anwendung findet,
2. in Verfahren zur Vollstreckung von Verwaltungsakten in anderen als den in Nummer 1 bezeichneten Angelegenheiten, soweit die Verwaltungsakte durch Bundesfinanzbehörden oder Landesfinanzbehörden nach den Vorschriften dieses Gesetzes zu vollstrecken sind,
3. in öffentlich-rechtlichen und berufsrechtlichen Angelegenheiten, auf die dieses Gesetz nach § 164a des Steuerberatungsgesetzes Anwendung findet,
4. in anderen durch die Finanzbehörden verwalteten Angelegenheiten, soweit die Vorschriften über die außergerichtlichen Rechtsbehelfe durch Gesetz für anwendbar erklärt worden sind oder erklärt werden,

ist als Rechtsbehelf der Einspruch statthaft. ²Der Einspruch ist außerdem statthaft, wenn geltend gemacht wird, dass in den in Satz 1 bezeichneten Angelegenheiten über einen vom Einspruchsführer gestellten Antrag auf Erlass eines Verwaltungsakts ohne Mitteilung eines zureichenden Grundes binnen angemessener Frist sachlich nicht entschieden worden ist.

(2) Abgabenangelegenheiten sind alle mit der Verwaltung der Abgaben einschließlich der Abgabenvergütungen oder sonst mit der Anwendung der abgabenrechtlichen Vorschriften durch die Finanzbehörden zusammenhängenden Angelegenheiten einschließlich der Maßnahmen der Bundesfinanzbehörden zur Beachtung der Verbote und Beschränkungen für den Warenverkehr über die Grenze; den Abgabenangelegenheiten stehen die Angelegenheiten der Verwaltung der Finanzmonopole gleich.

(3) Die Vorschriften des Siebenten Teils finden auf das Straf- und Bußgeldverfahren keine Anwendung.

### § 348 Ausschluss des Einspruchs[1)]

Der Einspruch ist nicht statthaft
1. gegen Einspruchsentscheidungen (§ 367),
2. bei Nichtentscheidung über einen Einspruch,
3. gegen Verwaltungsakte der obersten Finanzbehörden des Bundes und der Länder, außer wenn ein Gesetz das Einspruchsverfahren vorschreibt.

---

1) **Anm. d. Red.:** § 348 i. d. F. des Gesetzes v. 8. 4. 2008 (BGBl I S. 666) mit Wirkung v. 12. 4. 2008.

4. gegen Entscheidungen in Angelegenheiten des Zweiten und Sechsten Abschnitts des Zweiten Teils des Steuerberatungsgesetzes,
5. (weggefallen)
6. in den Fällen des § 172 Abs. 3.

## § 349 (weggefallen)

## § 350 Beschwer

Befugt, Einsprüche einzulegen, ist nur, wer geltend macht, durch einen Verwaltungsakt oder dessen Unterlassung beschwert zu sein.

## § 351 Bindungswirkung anderer Verwaltungsakte

(1) Verwaltungsakte, die unanfechtbare Verwaltungsakte ändern, können nur insoweit angegriffen werden, als die Änderung reicht, es sei denn, dass sich aus den Vorschriften über die Aufhebung und Änderung von Verwaltungsakten etwas anderes ergibt.

(2) Entscheidungen in einem Grundlagenbescheid (§ 171 Abs. 10) können nur durch Anfechtung dieses Bescheids, nicht auch durch Anfechtung des Folgebescheids, angegriffen werden.

## § 352 Einspruchsbefugnis bei der einheitlichen Feststellung

(1) Gegen Bescheide über die einheitliche und gesonderte Feststellung von Besteuerungsgrundlagen können Einspruch einlegen:
1. zur Vertretung berufene Geschäftsführer oder, wenn solche nicht vorhanden sind, der Einspruchsbevollmächtigte im Sinne des Absatzes 2;
2. wenn Personen nach Nummer 1 nicht vorhanden sind, jeder Gesellschafter, Gemeinschafter oder Mitberechtigte, gegen den der Feststellungsbescheid ergangen ist oder zu ergehen hätte;
3. auch wenn Personen nach Nummer 1 vorhanden sind, ausgeschiedene Gesellschafter, Gemeinschafter oder Mitberechtigte, gegen die der Feststellungsbescheid ergangen ist oder zu ergehen hätte;
4. soweit es sich darum handelt, wer an dem festgestellten Betrag beteiligt ist und wie dieser sich auf die einzelnen Beteiligten verteilt, jeder, der durch die Feststellungen hierzu berührt wird;
5. soweit es sich um eine Frage handelt, die einen Beteiligten persönlich angeht, jeder, der durch die Feststellungen über die Frage berührt wird.

(2) ¹Einspruchsbefugt im Sinne des Absatzes 1 Nr. 1 ist der gemeinsame Empfangsbevollmächtigte im Sinne des § 183 Abs. 1 Satz 1 oder des § 6 Abs. 1 Satz 1 der Verordnung über die gesonderte Feststellung von Besteuerungsgrundlagen nach § 180 Abs. 2 der Abgabenordnung vom 19. Dezember 1986 (BGBl I S. 2663). ²Haben die Feststellungsbeteiligten keinen gemeinsamen Empfangsbevollmächtigten bestellt, ist einspruchsbefugt im Sinne des Absatzes 1 Nr. 1 der nach § 183 Abs. 1 Satz 2 fingierte oder der nach § 183 Abs. 1 Satz 3 bis 5 oder nach § 6 Abs. 1 Satz 3 bis 5 der Verordnung über die gesonderte Feststellung von Besteuerungsgrundlagen nach § 180 Abs. 2 der Abgabenordnung von der Finanzbehörde bestimmte Empfangsbevollmächtigte; dies gilt nicht für Feststellungsbeteiligte, die gegenüber der Finanzbehörde der Einspruchsbefugnis des Empfangsbevollmächtigten widersprechen. ³Die Sätze 1 und 2 sind nur anwendbar, wenn die Beteiligten in der Feststellungserklärung oder in der Aufforderung zur Benennung eines Empfangsbevollmächtigten über die Einspruchsbefugnis des Empfangsbevollmächtigten belehrt worden sind.

## § 353 Einspruchsbefugnis des Rechtsnachfolgers

Wirkt ein Feststellungsbescheid, ein Grundsteuermessbescheid oder ein Zerlegungs- oder Zuteilungsbescheid über einen Grundsteuermessbetrag gegenüber dem Rechtsnachfolger, ohne

I. Abgabenordnung §§ 354–357

dass er diesem bekannt gegeben worden ist (§ 182 Abs. 2, § 184 Abs. 1 Satz 4, §§ 185 und 190), so kann der Rechtsnachfolger nur innerhalb der für den Rechtsvorgänger maßgebenden Einspruchsfrist Einspruch einlegen.

### § 354 Einspruchsverzicht

(1) ¹Auf Einlegung eines Einspruchs kann nach Erlass des Verwaltungsakts verzichtet werden. ²Der Verzicht kann auch bei Abgabe einer Steueranmeldung für den Fall ausgesprochen werden, dass die Steuer nicht abweichend von der Steueranmeldung festgesetzt wird. ³Durch den Verzicht wird der Einspruch unzulässig.

(1a) ¹Soweit Besteuerungsgrundlagen für ein Verständigungs- oder ein Schiedsverfahren nach einem Vertrag im Sinne des § 2 von Bedeutung sein können, kann auf die Einlegung eines Einspruchs insoweit verzichtet werden. ²Die Besteuerungsgrundlage, auf die sich der Verzicht beziehen soll, ist genau zu bezeichnen.

(2) ¹Der Verzicht ist gegenüber der zuständigen Finanzbehörde schriftlich oder zur Niederschrift zu erklären; er darf keine weiteren Erklärungen enthalten. ²Wird nachträglich die Unwirksamkeit des Verzichts geltend gemacht, so gilt § 110 Abs. 3 sinngemäß.

## Zweiter Abschnitt: Verfahrensvorschriften

### § 355 Einspruchsfrist

(1) ¹Der Einspruch nach § 347 Abs. 1 Satz 1 ist innerhalb eines Monats nach Bekanntgabe des Verwaltungsakts einzulegen. ²Ein Einspruch gegen eine Steueranmeldung ist innerhalb eines Monats nach Eingang der Steueranmeldung bei der Finanzbehörde, in den Fällen des § 168 Satz 2 innerhalb eines Monats nach Bekanntwerden der Zustimmung, einzulegen.

(2) Der Einspruch nach § 347 Abs. 1 Satz 2 ist unbefristet.

### § 356 Rechtsbehelfsbelehrung

(1) Ergeht ein Verwaltungsakt schriftlich oder elektronisch, so beginnt die Frist für die Einlegung des Einspruchs nur, wenn der Beteiligte über den Einspruch und die Finanzbehörde, bei der er einzulegen ist, deren Sitz und die einzuhaltende Frist in der für den Verwaltungsakt verwendeten Form belehrt worden ist.

(2) ¹Ist die Belehrung unterblieben oder unrichtig erteilt, so ist die Einlegung des Einspruchs nur binnen eines Jahres seit Bekanntgabe des Verwaltungsakts zulässig, es sei denn, dass die Einlegung vor Ablauf der Jahresfrist infolge höherer Gewalt unmöglich war oder schriftlich oder elektronisch darüber belehrt wurde, dass ein Einspruch nicht gegeben sei. ²§ 110 Abs. 2 gilt für den Fall höherer Gewalt sinngemäß.

### § 357 Einlegung des Einspruchs[1)]

(1) ¹Der Einspruch ist schriftlich oder elektronisch einzureichen oder zur Niederschrift zu erklären. ²Es genügt, wenn aus dem Einspruch hervorgeht, wer ihn eingelegt hat. ³Einlegung durch Telegramm ist zulässig. ⁴Unrichtige Bezeichnung des Einspruchs schadet nicht.

(2) ¹Der Einspruch ist bei der Behörde anzubringen, deren Verwaltungsakt angefochten wird oder bei der ein Antrag auf Erlass eines Verwaltungsakts gestellt worden ist. ²Ein Einspruch, der sich gegen die Feststellung von Besteuerungsgrundlagen oder gegen die Festsetzung eines Steuermessbetrags richtet, kann auch bei der zur Erteilung des Steuerbescheids zuständigen Behörde angebracht werden. ³Ein Einspruch, der sich gegen einen Verwaltungsakt richtet, den eine Behörde auf Grund gesetzlicher Vorschrift für die zuständige Finanzbehörde erlassen hat, kann auch bei der zuständigen Finanzbehörde angebracht werden. ⁴Die schriftliche oder elektro-

---

1) **Anm. d. Red.:** § 357 Abs. 1 und 2 i. d. F. des Gesetzes v. 25. 7. 2013 (BGBl I S. 2749) mit Wirkung v. 1. 8. 2013.

nische Anbringung bei einer anderen Behörde ist unschädlich, wenn der Einspruch vor Ablauf der Einspruchsfrist einer der Behörden übermittelt wird, bei der er nach den Sätzen 1 bis 3 angebracht werden kann.

(3) ¹Bei der Einlegung soll der Verwaltungsakt bezeichnet werden, gegen den der Einspruch gerichtet ist. ²Es soll angegeben werden, inwieweit der Verwaltungsakt angefochten und seine Aufhebung beantragt wird. ³Ferner sollen die Tatsachen, die zur Begründung dienen, und die Beweismittel angeführt werden.

### § 358 Prüfung der Zulässigkeitsvoraussetzungen

¹Die zur Entscheidung über den Einspruch berufene Finanzbehörde hat zu prüfen, ob der Einspruch zulässig, insbesondere in der vorgeschriebenen Form und Frist eingelegt ist. ²Mangelt es an einem dieser Erfordernisse, so ist der Einspruch als unzulässig zu verwerfen.

### § 359 Beteiligte

Beteiligte am Verfahren sind:
1. wer den Einspruch eingelegt hat (Einspruchsführer),
2. wer zum Verfahren hinzugezogen worden ist.

### § 360 Hinzuziehung zum Verfahren¹⁾

(1) ¹Die zur Entscheidung über den Einspruch berufene Finanzbehörde kann von Amts wegen oder auf Antrag andere hinzuziehen, deren rechtliche Interessen nach den Steuergesetzen durch die Entscheidung berührt werden, insbesondere solche, die nach den Steuergesetzen neben dem Steuerpflichtigen haften. ²Vor der Hinzuziehung ist derjenige zu hören, der den Einspruch eingelegt hat.

(2) Wird eine Abgabe für einen anderen Abgabenberechtigten verwaltet, so kann dieser nicht deshalb hinzugezogen werden, weil seine Interessen als Abgabenberechtigter durch die Entscheidung berührt werden.

(3) ¹Sind an dem streitigen Rechtsverhältnis Dritte derart beteiligt, dass die Entscheidung auch ihnen gegenüber nur einheitlich ergehen kann, so sind sie hinzuzuziehen. ²Dies gilt nicht für Mitberechtigte, die nach § 352 nicht befugt sind, Einspruch einzulegen.

(4) Wer zum Verfahren hinzugezogen worden ist, kann dieselben Rechte geltend machen, wie derjenige, der den Einspruch eingelegt hat.

(5) ¹Kommt nach Absatz 3 die Hinzuziehung von mehr als 50 Personen in Betracht, kann die Finanzbehörde anordnen, dass nur solche Personen hinzugezogen werden, die dies innerhalb einer bestimmten Frist beantragen. ²Von einer Einzelbekanntgabe der Anordnung kann abgesehen werden, wenn die Anordnung im Bundesanzeiger bekannt gemacht und außerdem in Tageszeitungen veröffentlicht wird, die in dem Bereich verbreitet sind, in dem sich die Entscheidung voraussichtlich auswirken wird. ³Die Frist muss mindestens drei Monate seit Veröffentlichung im Bundesanzeiger betragen. ⁴In der Veröffentlichung in Tageszeitungen ist mitzuteilen, an welchem Tage die Frist abläuft. ⁵Für die Wiedereinsetzung in den vorigen Stand wegen Versäumung der Frist gilt § 110 entsprechend. ⁶Die Finanzbehörde soll Personen, die von der Entscheidung erkennbar in besonderem Maße betroffen werden, auch ohne Antrag hinzuziehen.

### § 361 Aussetzung der Vollziehung

(1) ¹Durch Einlegung des Einspruchs wird die Vollziehung des angefochtenen Verwaltungsakts vorbehaltlich des Absatzes 4 nicht gehemmt, insbesondere die Erhebung einer Abgabe nicht aufgehalten. ²Entsprechendes gilt bei Anfechtung von Grundlagenbescheiden für die darauf beruhenden Folgebescheide.

---

1) **Anm. d. Red.:** § 360 Abs. 5 i. d. F. des Gesetzes v. 22. 12. 2011 (BGBl I S. 3044) mit Wirkung v. 1. 4. 2012.

(2) ¹Die Finanzbehörde, die den angefochtenen Verwaltungsakt erlassen hat, kann die Vollziehung ganz oder teilweise aussetzen; § 367 Abs. 1 Satz 2 gilt sinngemäß. ²Auf Antrag soll die Aussetzung erfolgen, wenn ernstliche Zweifel an der Rechtmäßigkeit des angefochtenen Verwaltungsakts bestehen oder wenn die Vollziehung für den Betroffenen eine unbillige, nicht durch überwiegende öffentliche Interessen gebotene Härte zur Folge hätte. ³Ist der Verwaltungsakt schon vollzogen, tritt an die Stelle der Aussetzung der Vollziehung die Aufhebung der Vollziehung. ⁴Bei Steuerbescheiden sind die Aussetzung und die Aufhebung der Vollziehung auf die festgesetzte Steuer, vermindert um die anzurechnenden Steuerabzugsbeträge, um die anzurechnende Körperschaftsteuer und um die festgesetzten Vorauszahlungen, beschränkt; dies gilt nicht, wenn die Aussetzung oder Aufhebung der Vollziehung zur Abwendung wesentlicher Nachteile nötig erscheint. ⁵Die Aussetzung kann von einer Sicherheitsleistung abhängig gemacht werden.

(3) ¹Soweit die Vollziehung eines Grundlagenbescheids ausgesetzt wird, ist auch die Vollziehung eines Folgebescheids auszusetzen. ²Der Erlass eines Folgebescheids bleibt zulässig. ³Über eine Sicherheitsleistung ist bei der Aussetzung eines Folgebescheids zu entscheiden, es sei denn, dass bei der Aussetzung der Vollziehung des Grundlagenbescheids die Sicherheitsleistung ausdrücklich ausgeschlossen worden ist.

(4) ¹Durch Einlegung eines Einspruchs gegen die Untersagung des Gewerbebetriebs oder der Berufsausübung wird die Vollziehung des angefochtenen Verwaltungsakts gehemmt. ²Die Finanzbehörde, die den Verwaltungsakt erlassen hat, kann die hemmende Wirkung durch besondere Anordnung ganz oder zum Teil beseitigen, wenn sie es im öffentlichen Interesse für geboten hält; sie hat das öffentliche Interesse schriftlich zu begründen. ³§ 367 Abs. 1 Satz 2 gilt sinngemäß.

(5) Gegen die Ablehnung der Aussetzung der Vollziehung kann das Gericht nur nach § 69 Abs. 3 und 5 Satz 3 der Finanzgerichtsordnung angerufen werden.

## § 362 Rücknahme des Einspruchs

(1) ¹Der Einspruch kann bis zur Bekanntgabe der Entscheidung über den Einspruch zurückgenommen werden. ²§ 357 Abs. 1 und 2 gilt sinngemäß.

(1a) ¹Soweit Besteuerungsgrundlagen für ein Verständigungs- oder ein Schiedsverfahren nach einem Vertrag im Sinne des § 2 von Bedeutung sein können, kann der Einspruch hierauf begrenzt zurückgenommen werden. ²§ 354 Abs. 1a Satz 2 gilt entsprechend.

(2) ¹Die Rücknahme hat den Verlust des eingelegten Einspruchs zur Folge. ²Wird nachträglich die Unwirksamkeit der Rücknahme geltend gemacht, so gilt § 110 Abs. 3 sinngemäß.

## § 363 Aussetzung und Ruhen des Verfahrens[1)]

(1) Hängt die Entscheidung ganz oder zum Teil von dem Bestehen oder Nichtbestehen eines Rechtsverhältnisses ab, das den Gegenstand eines anhängigen Rechtsstreits bildet oder von einem Gericht oder einer Verwaltungsbehörde festzustellen ist, kann die Finanzbehörde die Entscheidung bis zur Erledigung des anderen Rechtsstreits oder bis zur Entscheidung des Gerichts oder der Verwaltungsbehörde aussetzen.

(2) ¹Die Finanzbehörde kann das Verfahren mit Zustimmung des Einspruchsführers ruhen lassen, wenn das aus wichtigen Gründen zweckmäßig erscheint. ²Ist wegen der Verfassungsmäßigkeit einer Rechtsnorm oder wegen einer Rechtsfrage ein Verfahren bei dem Gerichtshof der Europäischen Union, dem Bundesverfassungsgericht oder einem obersten Bundesgericht anhängig und wird der Einspruch hierauf gestützt, ruht das Einspruchsverfahren insoweit; dies gilt nicht, soweit nach § 165 Abs. 1 Satz 2 Nr. 3 oder Nr. 4 die Steuer vorläufig festgesetzt wurde. ³Mit Zustimmung der obersten Finanzbehörde kann durch öffentlich bekannt zu gebende Allgemeinverfügung für bestimmte Gruppen gleichgelagerter Fälle angeordnet werden, dass Einspruchs-

---

1) **Anm. d. Red.:** § 363 Abs. 2 i. d. F. des Gesetzes v. 26. 6. 2013 (BGBl I S. 1809) mit Wirkung v. 30. 6. 2013.

verfahren insoweit auch in anderen als den in den Sätzen 1 und 2 genannten Fällen ruhen. ⁴Das Einspruchsverfahren ist fortzusetzen, wenn der Einspruchsführer dies beantragt oder die Finanzbehörde dies dem Einspruchsführer mitteilt.

(3) Wird ein Antrag auf Aussetzung oder Ruhen des Verfahrens abgelehnt oder die Aussetzung oder das Ruhen des Verfahrens widerrufen, kann die Rechtswidrigkeit der Ablehnung oder des Widerrufs nur durch Klage gegen die Einspruchsentscheidung geltend gemacht werden.

### § 364 Mitteilung der Besteuerungsunterlagen

Den Beteiligten sind, soweit es noch nicht geschehen ist, die Unterlagen der Besteuerung auf Antrag oder, wenn die Begründung des Einspruchs dazu Anlass gibt, von Amts wegen mitzuteilen.

### § 364a Erörterung des Sach- und Rechtsstands

(1) ¹Auf Antrag eines Einspruchsführers soll die Finanzbehörde vor Erlass einer Einspruchsentscheidung den Sach- und Rechtsstand erörtern. ²Weitere Beteiligte können hierzu geladen werden, wenn die Finanzbehörde dies für sachdienlich hält. ³Die Finanzbehörde kann auch ohne Antrag eines Einspruchsführers diesen und weitere Beteiligte zu einer Erörterung laden.

(2) ¹Von einer Erörterung mit mehr als zehn Beteiligten kann die Finanzbehörde absehen. ²Bestellen die Beteiligten innerhalb einer von der Finanzbehörde bestimmten angemessenen Frist einen gemeinsamen Vertreter, soll der Sach- und Rechtsstand mit diesem erörtert werden.

(3) ¹Die Beteiligten können sich durch einen Bevollmächtigten vertreten lassen. ²Sie können auch persönlich zur Erörterung geladen werden, wenn die Finanzbehörde dies für sachdienlich hält.

(4) Das Erscheinen kann nicht nach § 328 erzwungen werden.

### § 364b Fristsetzung

(1) Die Finanzbehörde kann dem Einspruchsführer eine Frist setzen
1. zur Angabe der Tatsachen, durch deren Berücksichtigung oder Nichtberücksichtigung er sich beschwert fühlt,
2. zur Erklärung über bestimmte klärungsbedürftige Punkte,
3. zur Bezeichnung von Beweismitteln oder zur Vorlage von Urkunden, soweit er dazu verpflichtet ist.

(2) ¹Erklärungen und Beweismittel, die erst nach Ablauf der nach Absatz 1 gesetzten Frist vorgebracht werden, sind nicht zu berücksichtigen. ²§ 367 Abs. 2 Satz 2 bleibt unberührt. ³Bei Überschreitung der Frist gilt § 110 entsprechend.

(3) Der Einspruchsführer ist mit der Fristsetzung über die Rechtsfolgen nach Absatz 2 zu belehren.

### § 365 Anwendung von Verfahrensvorschriften

(1) Für das Verfahren über den Einspruch gelten im Übrigen die Vorschriften sinngemäß, die für den Erlass des angefochtenen oder des begehrten Verwaltungsakts gelten.

(2) In den Fällen des § 93 Abs. 5, des § 96 Abs. 7 Satz 2 und der §§ 98 bis 100 ist den Beteiligten und ihren Bevollmächtigten und Beiständen (§ 80) Gelegenheit zu geben, an der Beweisaufnahme teilzunehmen.

(3) ¹Wird der angefochtene Verwaltungsakt geändert oder ersetzt, so wird der neue Verwaltungsakt Gegenstand des Einspruchsverfahrens. ²Satz 1 gilt entsprechend, wenn
1. ein Verwaltungsakt nach § 129 berichtigt wird oder
2. ein Verwaltungsakt an die Stelle eines angefochtenen unwirksamen Verwaltungsakts tritt.

## § 366 Form, Inhalt und Bekanntgabe der Einspruchsentscheidung

Die Einspruchsentscheidung ist schriftlich zu erteilen, zu begründen, mit einer Rechtsbehelfsbelehrung zu versehen und den Beteiligten bekannt zu geben.

## § 367 Entscheidung über den Einspruch[1)]

(1) ¹Über den Einspruch entscheidet die Finanzbehörde, die den Verwaltungsakt erlassen hat, durch Einspruchsentscheidung. ²Ist für den Steuerfall nachträglich eine andere Finanzbehörde zuständig geworden, so entscheidet diese Finanzbehörde; § 26 Satz 2 bleibt unberührt.

(2) ¹Die Finanzbehörde, die über den Einspruch entscheidet, hat die Sache in vollem Umfang erneut zu prüfen. ²Der Verwaltungsakt kann auch zum Nachteil des Einspruchsführers geändert werden, wenn dieser auf die Möglichkeit einer verbösernden Entscheidung unter Angabe von Gründen hingewiesen und ihm Gelegenheit gegeben worden ist, sich hierzu zu äußern. ³Einer Einspruchsentscheidung bedarf es nur insoweit, als die Finanzbehörde dem Einspruch nicht abhilft.

(2a) ¹Die Finanzbehörde kann vorab über Teile des Einspruchs entscheiden, wenn dies sachdienlich ist. ²Sie hat in dieser Entscheidung zu bestimmen, hinsichtlich welcher Teile Bestandskraft nicht eintreten soll.

(2b) ¹Anhängige Einsprüche, die eine vom Gerichtshof der Europäischen Union, vom Bundesverfassungsgericht oder vom Bundesfinanzhof entschiedene Rechtsfrage betreffen und denen nach dem Ausgang des Verfahrens vor diesen Gerichten nicht abgeholfen werden kann, können durch Allgemeinverfügung insoweit zurückgewiesen werden. ²Sachlich zuständig für den Erlass der Allgemeinverfügung ist die oberste Finanzbehörde. ³Die Allgemeinverfügung ist im Bundessteuerblatt und auf den Internetseiten des Bundesministeriums der Finanzen zu veröffentlichen. ⁴Sie gilt am Tag nach der Herausgabe des Bundessteuerblattes, in dem sie veröffentlicht wird, als bekannt gegeben. ⁵Abweichend von § 47 Abs. 1 der Finanzgerichtsordnung endet die Klagefrist mit Ablauf eines Jahres nach dem Tag der Bekanntgabe. ⁶§ 63 Abs. 1 Nr. 1 der Finanzgerichtsordnung gilt auch, soweit ein Einspruch durch eine Allgemeinverfügung nach Satz 1 zurückgewiesen wurde.

(3) ¹Richtet sich der Einspruch gegen einen Verwaltungsakt, den eine Behörde auf Grund gesetzlicher Vorschrift für die zuständige Finanzbehörde erlassen hat, so entscheidet die zuständige Finanzbehörde über den Einspruch. ²Auch die für die zuständige Finanzbehörde handelnde Behörde ist berechtigt, dem Einspruch abzuhelfen.

## § 368 (weggefallen)

# Achter Teil: Straf- und Bußgeldvorschriften, Straf- und Bußgeldverfahren
## Erster Abschnitt: Strafvorschriften
### § 369 Steuerstraftaten

(1) Steuerstraftaten (Zollstraftaten) sind:
1. Taten, die nach den Steuergesetzen strafbar sind,
2. der Bannbruch,
3. die Wertzeichenfälschung und deren Vorbereitung, soweit die Tat Steuerzeichen betrifft,
4. die Begünstigung einer Person, die eine Tat nach den Nummern 1 bis 3 begangen hat.

(2) Für Steuerstraftaten gelten die allgemeinen Gesetze über das Strafrecht, soweit die Strafvorschriften der Steuergesetze nichts anderes bestimmen.

---

1) **Anm. d. Red.:** § 367 Abs. 2a i. d. F. des Gesetzes v. 13.12.2006 (BGBl I S. 2878) mit Wirkung v. 19.12.2006; Abs. 2b i. d. F. des Gesetzes v. 26.6.2013 (BGBl I S. 1809) mit Wirkung v. 30.6.2013.

## § 370 Steuerhinterziehung[1]

(1) Mit Freiheitsstrafe bis zu fünf Jahren oder mit Geldstrafe wird bestraft, wer
1. den Finanzbehörden oder anderen Behörden über steuerlich erhebliche Tatsachen unrichtige oder unvollständige Angaben macht,
2. die Finanzbehörden pflichtwidrig über steuerlich erhebliche Tatsachen in Unkenntnis lässt oder
3. pflichtwidrig die Verwendung von Steuerzeichen oder Steuerstemplern unterlässt

und dadurch Steuern verkürzt oder für sich oder einen anderen nicht gerechtfertigte Steuervorteile erlangt.

(2) Der Versuch ist strafbar.

(3) ¹In besonders schweren Fällen ist die Strafe Freiheitsstrafe von sechs Monaten bis zu zehn Jahren. ²Ein besonders schwerer Fall liegt in der Regel vor, wenn der Täter
1. in großem Ausmaß Steuern verkürzt oder nicht gerechtfertigte Steuervorteile erlangt,
2. seine Befugnisse oder seine Stellung als Amtsträger oder Europäischer Amtsträger (§ 11 Absatz 1 Nummer 2a des Strafgesetzbuchs) missbraucht,
3. die Mithilfe eines Amtsträgers oder Europäischen Amtsträgers (§ 11 Absatz 1 Nummer 2a des Strafgesetzbuchs) ausnutzt, der seine Befugnisse oder seine Stellung missbraucht,
4. unter Verwendung nachgemachter oder verfälschter Belege fortgesetzt Steuern verkürzt oder nicht gerechtfertigte Steuervorteile erlangt, oder
5. als Mitglied einer Bande, die sich zur fortgesetzten Begehung von Taten nach Absatz 1 verbunden hat, Umsatz- oder Verbrauchssteuern verkürzt oder nicht gerechtfertigte Umsatz- oder Verbrauchssteuervorteile erlangt.

(4) ¹Steuern sind namentlich dann verkürzt, wenn sie nicht, nicht in voller Höhe oder nicht rechtzeitig festgesetzt werden; dies gilt auch dann, wenn die Steuer vorläufig oder unter Vorbehalt der Nachprüfung festgesetzt wird oder eine Steueranmeldung einer Steuerfestsetzung unter Vorbehalt der Nachprüfung gleichsteht. ²Steuervorteile sind auch Steuervergütungen; nicht gerechtfertigte Steuervorteile sind erlangt, soweit sie zu Unrecht gewährt oder belassen werden. ³Die Voraussetzungen der Sätze 1 und 2 sind auch dann erfüllt, wenn die Steuer, auf die sich die Tat bezieht, aus anderen Gründen hätte ermäßigt oder der Steuervorteil aus anderen Gründen hätte beansprucht werden können.

(5) Die Tat kann auch hinsichtlich solcher Waren begangen werden, deren Einfuhr, Ausfuhr oder Durchfuhr verboten ist.

(6) ¹Die Absätze 1 bis 5 gelten auch dann, wenn sich die Tat auf Einfuhr- oder Ausfuhrabgaben bezieht, die von einem anderen Mitgliedstaat der Europäischen Union verwaltet werden oder die einem Mitgliedstaat der Europäischen Freihandelsassoziation oder einem mit dieser assoziierten Staat zustehen. ²Das Gleiche gilt, wenn sich die Tat auf Umsatzsteuern oder auf die in Artikel 1 Absatz 1 der Richtlinie 2008/118/EG des Rates vom 16. Dezember 2008 über das allgemeine Verbrauchsteuersystem und zur Aufhebung der Richtlinie 92/12/EWG (ABl L 9 vom 14. 1. 2009, S. 12) genannten harmonisierten Verbrauchsteuern bezieht, die von einem anderen Mitgliedstaat der Europäischen Union verwaltet werden.

(7) Die Absätze 1 bis 6 gelten unabhängig von dem Recht des Tatortes auch für Taten, die außerhalb des Geltungsbereiches dieses Gesetzes begangen werden.

## § 370a (weggefallen)[2]

---

1) **Anm. d. Red.:** § 370 Abs. 3 i. d. F. des Gesetzes v. 20. 11. 2015 (BGBl I S. 2025) mit Wirkung v. 26. 11. 2015; Abs. 6 i. d. F. des Gesetzes v. 7. 12. 2011 (BGBl I S. 2592) mit Wirkung v. 14. 12. 2011.

2) **Anm. d. Red.:** § 370a weggefallen gem. Gesetz v. 21. 12. 2007 (BGBl I S. 3198) mit Wirkung v. 1. 1. 2008.

## § 371 Selbstanzeige bei Steuerhinterziehung[1)]

(1) ¹Wer gegenüber der Finanzbehörde zu allen Steuerstraftaten einer Steuerart in vollem Umfang die unrichtigen Angaben berichtigt, die unvollständigen Angaben ergänzt oder die unterlassenen Angaben nachholt, wird wegen dieser Steuerstraftaten nicht nach § 370 bestraft. ²Die Angaben müssen zu allen unverjährten Steuerstraftaten einer Steuerart, mindestens aber zu allen Steuerstraftaten einer Steuerart innerhalb der letzten zehn Kalenderjahre erfolgen.

(2) ¹Straffreiheit tritt nicht ein, wenn

1. bei einer der zur Selbstanzeige gebrachten unverjährten Steuerstraftaten vor der Berichtigung, Ergänzung oder Nachholung
   a) dem an der Tat Beteiligten, seinem Vertreter, dem Begünstigten im Sinne des § 370 Absatz 1 oder dessen Vertreter eine Prüfungsanordnung nach § 196 bekannt gegeben worden ist, beschränkt auf den sachlichen und zeitlichen Umfang der angekündigten Außenprüfung, oder
   b) dem an der Tat Beteiligten oder seinem Vertreter die Einleitung des Straf- oder Bußgeldverfahrens bekannt gegeben worden ist oder
   c) ein Amtsträger der Finanzbehörde zur steuerlichen Prüfung erschienen ist, beschränkt auf den sachlichen und zeitlichen Umfang der Außenprüfung, oder
   d) ein Amtsträger zur Ermittlung einer Steuerstraftat oder einer Steuerordnungswidrigkeit erschienen ist oder
   e) ein Amtsträger der Finanzbehörde zu einer Umsatzsteuer-Nachschau nach § 27b des Umsatzsteuergesetzes, einer Lohnsteuer-Nachschau nach § 42g des Einkommensteuergesetzes oder einer Nachschau nach anderen steuerrechtlichen Vorschriften erschienen ist und sich ausgewiesen hat oder
2. eine der Steuerstraftaten im Zeitpunkt der Berichtigung, Ergänzung oder Nachholung ganz oder zum Teil bereits entdeckt war und der Täter dies wusste oder bei verständiger Würdigung der Sachlage damit rechnen musste,
3. die nach § 370 Absatz 1 verkürzte Steuer oder der für sich oder einen anderen erlangte nicht gerechtfertigte Steuervorteil einen Betrag von 25 000 Euro je Tat übersteigt, oder
4. ein in § 370 Absatz 3 Satz 2 Nummer 2 bis 5 genannter besonders schwerer Fall vorliegt.

²Der Ausschluss der Straffreiheit nach Satz 1 Nummer 1 Buchstabe a und c hindert nicht die Abgabe einer Berichtigung nach Absatz 1 für die nicht unter Satz 1 Nummer 1 Buchstabe a und c fallenden Steuerstraftaten einer Steuerart.

(2a) ¹Soweit die Steuerhinterziehung durch Verletzung der Pflicht zur rechtzeitigen Abgabe einer vollständigen und richtigen Umsatzsteuervoranmeldung oder Lohnsteueranmeldung begangen worden ist, tritt Straffreiheit abweichend von den Absätzen 1 und 2 Satz 1 Nummer 3 bei Selbstanzeigen in dem Umfang ein, in dem der Täter gegenüber der zuständigen Finanzbehörde die unrichtigen Angaben berichtigt, die unvollständigen Angaben ergänzt oder die unterlassenen Angaben nachholt. ²Absatz 2 Satz 1 Nummer 2 gilt nicht, wenn die Entdeckung der Tat darauf beruht, dass eine Umsatzsteuervoranmeldung oder Lohnsteueranmeldung nachgeholt oder berichtigt wurde. ³Die Sätze 1 und 2 gelten nicht für Steueranmeldungen, die sich auf das Kalenderjahr beziehen. ⁴Für die Vollständigkeit der Selbstanzeige hinsichtlich einer auf das Kalenderjahr bezogenen Steueranmeldung ist die Berichtigung, Ergänzung oder Nachholung der Voranmeldungen, die dem Kalenderjahr nachfolgende Zeiträume betreffen, nicht erforderlich.

(3) ¹Sind Steuerverkürzungen bereits eingetreten oder Steuervorteile erlangt, so tritt für den an der Tat Beteiligten Straffreiheit nur ein, wenn er die aus der Tat zu seinen Gunsten hinterzogenen Steuern, die Hinterziehungszinsen nach § 235 und die Zinsen nach § 233a, soweit sie auf die Hinterziehungszinsen nach § 235 Absatz 4 angerechnet werden, innerhalb der ihm be-

---

1) **Anm. d. Red.:** § 371 Abs. 1 bis 3 i. d. F. des Gesetzes v. 22.12.2014 (BGBl I S. 2415) mit Wirkung v. 1.1.2015.

stimmten angemessenen Frist entrichtet. ²In den Fällen des Absatzes 2a Satz 1 gilt Satz 1 mit der Maßgabe, dass die fristgerechte Entrichtung von Zinsen nach § 233a oder § 235 unerheblich ist.

(4) ¹Wird die in § 153 vorgesehene Anzeige rechtzeitig und ordnungsmäßig erstattet, so wird ein Dritter, der die in § 153 bezeichneten Erklärungen abzugeben unterlassen oder unrichtig oder unvollständig abgegeben hat, strafrechtlich nicht verfolgt, es sei denn, dass ihm oder seinem Vertreter vorher die Einleitung eines Straf- oder Bußgeldverfahrens wegen der Tat bekannt gegeben worden ist. ²Hat der Dritte zum eigenen Vorteil gehandelt, so gilt Absatz 3 entsprechend.

### § 372 Bannbruch

(1) Bannbruch begeht, wer Gegenstände entgegen einem Verbot einführt, ausführt oder durchführt.

(2) Der Täter wird nach § 370 Abs. 1, 2 bestraft, wenn die Tat nicht in anderen Vorschriften als Zuwiderhandlung gegen ein Einfuhr-, Ausfuhr- oder Durchfuhrverbot mit Strafe oder mit Geldbuße bedroht ist.

### § 373 Gewerbsmäßiger, gewaltsamer und bandenmäßiger Schmuggel[1]

(1) ¹Wer gewerbsmäßig Einfuhr- oder Ausfuhrabgaben hinterzieht oder gewerbsmäßig durch Zuwiderhandlungen gegen Monopolvorschriften Bannbruch begeht, wird mit Freiheitsstrafe von sechs Monaten bis zu zehn Jahren bestraft. ²In minder schweren Fällen ist die Strafe Freiheitsstrafe bis zu fünf Jahren oder Geldstrafe.

(2) Ebenso wird bestraft, wer

1. eine Hinterziehung von Einfuhr- oder Ausfuhrabgaben oder einen Bannbruch begeht, bei denen er oder ein anderer Beteiligter eine Schusswaffe bei sich führt,
2. eine Hinterziehung von Einfuhr- oder Ausfuhrabgaben oder einen Bannbruch begeht, bei denen er oder ein anderer Beteiligter eine Waffe oder sonst ein Werkzeug oder Mittel bei sich führt, um den Widerstand eines anderen durch Gewalt oder Drohung mit Gewalt zu verhindern oder zu überwinden, oder
3. als Mitglied einer Bande, die sich zur fortgesetzten Begehung der Hinterziehung von Einfuhr- oder Ausfuhrabgaben oder des Bannbruchs verbunden hat, eine solche Tat begeht.

(3) Der Versuch ist strafbar.

(4) § 370 Abs. 6 Satz 1 und Abs. 7 gilt entsprechend.

### § 374 Steuerhehlerei[2)3)]

(1) Wer Erzeugnisse oder Waren, hinsichtlich deren Verbrauchsteuern oder Einfuhr- und Ausfuhrabgaben im Sinne des Artikels 4 Nr. 10 und 11 des Zollkodexes hinterzogen oder Bannbruch nach § 372 Abs. 2, § 373 begangen worden ist, ankauft oder sonst sich oder einem Dritten verschafft, sie absetzt oder abzusetzen hilft, um sich oder einen Dritten zu bereichern, wird mit Freiheitsstrafe bis zu fünf Jahren oder mit Geldstrafe bestraft.

(2) ¹Handelt der Täter gewerbsmäßig oder als Mitglied einer Bande, die sich zur fortgesetzten Begehung von Straftaten nach Absatz 1 verbunden hat, so ist die Strafe Freiheitsstrafe von

---

1) **Anm. d. Red.:** § 373 i. d. F. des Gesetzes v. 21. 12. 2007 (BGBl I S. 3198) mit Wirkung v. 1. 1. 2008.

2) **Anm. d. Red.:** § 374 Abs. 1 bis 3 i. d. F. des Gesetzes v. 21. 12. 2007 (BGBl I S. 3198) mit Wirkung v. 1. 1. 2008; Abs. 4 i. d. F. des Gesetzes v. 22. 12. 2014 (BGBl I S. 2415) mit Wirkung v. 1. 1. 2015.

3) **Anm. d. Red.:** Gem. Art. 2 Nr. 5 i. V. mit Art. 16 Abs. 4 Gesetz v. 22. 12. 2014 (BGBl I S. 2417) werden in § 374 Abs. 1 mit Wirkung v. 1. 5. 2016 die Wörter „im Sinne des Artikels 4 Nr. 10 und 11 des Zollkodexes" durch die Wörter „nach Artikel 5 Nummer 20 und 21 des Zollkodex der Union" ersetzt.

I. Abgabenordnung §§ 375–378

sechs Monaten bis zu zehn Jahren. ²In minder schweren Fällen ist die Strafe Freiheitsstrafe bis zu fünf Jahren oder Geldstrafe.
(3) Der Versuch ist strafbar.
(4) § 370 Absatz 6 und 7 gilt entsprechend.

## § 375 Nebenfolgen[1)]
(1) Neben einer Freiheitsstrafe von mindestens einem Jahr wegen
1. Steuerhinterziehung,
2. Bannbruchs nach § 372 Abs. 2, § 373,
3. Steuerhehlerei oder
4. Begünstigung einer Person, die eine Tat nach den Nummern 1 bis 3 begangen hat,

kann das Gericht die Fähigkeit, öffentliche Ämter zu bekleiden, und die Fähigkeit, Rechte aus öffentlichen Wahlen zu erlangen, aberkennen (§ 45 Abs. 2 des Strafgesetzbuchs).

(2) ¹Ist eine Steuerhinterziehung, ein Bannbruch nach § 372 Abs. 2, § 373 oder eine Steuerhehlerei begangen worden, so können
1. die Erzeugnisse, Waren und andere Sachen, auf die sich die Hinterziehung von Verbrauchsteuer oder Einfuhr- und Ausfuhrabgaben im Sinne des Artikels 4 Nr. 10 und 11 des Zollkodexes, der Bannbruch oder die Steuerhehlerei bezieht, und
2. die Beförderungsmittel, die zur Tat benutzt worden sind,

eingezogen werden. ²§ 74a des Strafgesetzbuchs ist anzuwenden.

## § 376 Verfolgungsverjährung[2)]
(1) In den in § 370 Abs. 3 Satz 2 Nr. 1 bis 5 genannten Fällen besonders schwerer Steuerhinterziehung beträgt die Verjährungsfrist zehn Jahre.
(2) Die Verjährung der Verfolgung einer Steuerstraftat wird auch dadurch unterbrochen, dass dem Beschuldigten die Einleitung des Bußgeldverfahrens bekannt gegeben oder diese Bekanntgabe angeordnet wird.

## Zweiter Abschnitt: Bußgeldvorschriften

### § 377 Steuerordnungswidrigkeiten
(1) Steuerordnungswidrigkeiten (Zollordnungswidrigkeiten) sind Zuwiderhandlungen, die nach den Steuergesetzen mit Geldbuße geahndet werden können.
(2) Für Steuerordnungswidrigkeiten gelten die Vorschriften des Ersten Teils des Gesetzes über Ordnungswidrigkeiten, soweit die Bußgeldvorschriften der Steuergesetze nichts anderes bestimmen.

### § 378 Leichtfertige Steuerverkürzung[3)]
(1) ¹Ordnungswidrig handelt, wer als Steuerpflichtiger oder bei Wahrnehmung der Angelegenheiten eines Steuerpflichtigen eine der in § 370 Abs. 1 bezeichneten Taten leichtfertig begeht. ²§ 370 Abs. 4 bis 7 gilt entsprechend.
(2) Die Ordnungswidrigkeit kann mit einer Geldbuße bis zu fünfzigtausend Euro geahndet werden.

---

1) **Anm. d. Red.:** Gem. Art. 2 Nr. 5 i.V. mit Art. 16 Abs. 4 Gesetz v. 22.12.2014 (BGBl I S. 2417) werden in § 375 Abs. 2 Satz 1 Nr. 1 mit Wirkung v. 1.5.2016 die Wörter „im Sinne des Artikels 4 Nr. 10 und 11 des Zollkodexes" durch die Wörter „nach Artikel 5 Nummer 20 und 21 des Zollkodex der Union" ersetzt.

2) **Anm. d. Red.:** § 376 i. d. F. des Gesetzes v. 19.12.2008 (BGBl I S. 2794) mit Wirkung v. 25.12.2008.

3) **Anm. d. Red.:** § 378 Abs. 3 i. d. F. des Gesetzes v. 22.12.2014 (BGBl I S. 2415) mit Wirkung v. 1.1.2015.

**§§ 379–381**  I. Abgabenordnung

(3) ¹Eine Geldbuße wird nicht festgesetzt, soweit der Täter gegenüber der Finanzbehörde die unrichtigen Angaben berichtigt, die unvollständigen Angaben ergänzt oder die unterlassenen Angaben nachholt, bevor ihm oder seinem Vertreter die Einleitung eines Straf- oder Bußgeldverfahrens wegen der Tat bekannt gegeben worden ist. ²Sind Steuerverkürzungen bereits eingetreten oder Steuervorteile erlangt, so wird eine Geldbuße nicht festgesetzt, wenn der Täter die aus der Tat zu seinen Gunsten verkürzten Steuern innerhalb der ihm bestimmten angemessenen Frist entrichtet. ³§ 371 Absatz 4 gilt entsprechend.

### § 379 Steuergefährdung[1)]

(1) ¹Ordnungswidrig handelt, wer vorsätzlich oder leichtfertig
1. Belege ausstellt, die in tatsächlicher Hinsicht unrichtig sind,
2. Belege gegen Entgelt in den Verkehr bringt oder
3. nach Gesetz buchungs- oder aufzeichnungspflichtige Geschäftsvorfälle oder Betriebsvorgänge nicht oder in tatsächlicher Hinsicht unrichtig verbucht oder verbuchen lässt

und dadurch ermöglicht, Steuern zu verkürzen oder nicht gerechtfertigte Steuervorteile zu erlangen. ²Satz 1 Nr. 1 gilt auch dann, wenn Einfuhr- und Ausfuhrabgaben verkürzt werden können, die von einem anderen Mitgliedstaat der Europäischen Union verwaltet werden oder die einem Staat zustehen, der für Waren aus der Europäischen Union auf Grund eines Assoziations- oder Präferenzabkommens eine Vorzugsbehandlung gewährt; § 370 Abs. 7 gilt entsprechend. ³Das Gleiche gilt, wenn sich die Tat auf Umsatzsteuern bezieht, die von einem anderen Mitgliedstaat der Europäischen Union verwaltet werden.

(2) Ordnungswidrig handelt, wer vorsätzlich oder leichtfertig
1. der Mitteilungspflicht nach § 138 Abs. 2 nicht, nicht vollständig oder nicht rechtzeitig nachkommt,
1a. entgegen § 144 Absatz 1 oder Absatz 2 Satz 1, jeweils auch in Verbindung mit Absatz 5, eine Aufzeichnung nicht, nicht richtig oder nicht vollständig erstellt,
1b. einer Rechtsverordnung nach § 117c Absatz 1 oder einer vollziehbaren Anordnung auf Grund einer solchen Rechtsverordnung zuwiderhandelt, soweit die Rechtsverordnung für einen bestimmten Tatbestand auf diese Bußgeldvorschrift verweist,
2. die Pflicht zur Kontenwahrheit nach § 154 Abs. 1 verletzt.

(3) Ordnungswidrig handelt, wer vorsätzlich oder fahrlässig einer Auflage nach § 120 Abs. 2 Nr. 4 zuwiderhandelt, die einem Verwaltungsakt für Zwecke der besonderen Steueraufsicht (§§ 209 bis 217) beigefügt worden ist.

(4) Die Ordnungswidrigkeit kann mit einer Geldbuße bis zu fünftausend Euro geahndet werden, wenn die Handlung nicht nach § 378 geahndet werden kann.

### § 380 Gefährdung der Abzugsteuern

(1) Ordnungswidrig handelt, wer vorsätzlich oder leichtfertig seiner Verpflichtung, Steuerabzugsbeträge einzubehalten und abzuführen, nicht, nicht vollständig oder nicht rechtzeitig nachkommt.

(2) Die Ordnungswidrigkeit kann mit einer Geldbuße bis zu fünfundzwanzigtausend Euro geahndet werden, wenn die Handlung nicht nach § 378 geahndet werden kann.

### § 381 Verbrauchsteuergefährdung

(1) Ordnungswidrig handelt, wer vorsätzlich oder leichtfertig Vorschriften der Verbrauchsteuergesetze oder der dazu erlassenen Rechtsverordnungen

---

1) **Anm. d. Red.:** § 379 Abs. 1 i. d. F. des Gesetzes v. 25. 7. 2014 (BGBl I S. 1266) mit Wirkung v. 31. 7. 2014; Abs. 2 i. d. F. des Gesetzes v. 18. 12. 2013 (BGBl I S. 4318) mit Wirkung v. 24. 12. 2013.

1. über die zur Vorbereitung, Sicherung oder Nachprüfung der Besteuerung auferlegten Pflichten,
2. über Verpackung und Kennzeichnung verbrauchsteuerpflichtiger Erzeugnisse oder Waren, die solche Erzeugnisse enthalten, oder über Verkehrs- oder Verwendungsbeschränkungen für solche Erzeugnisse oder Waren oder
3. über den Verbrauch unversteuerter Waren in den Freihäfen

zuwiderhandelt, soweit die Verbrauchsteuergesetze oder die dazu erlassenen Rechtsverordnungen für einen bestimmten Tatbestand auf diese Bußgeldvorschrift verweisen.

(2) Die Ordnungswidrigkeit kann mit einer Geldbuße bis zu fünftausend Euro geahndet werden, wenn die Handlung nicht nach § 378 geahndet werden kann.

## § 382 Gefährdung der Einfuhr- und Ausfuhrabgaben[1]

(1) Ordnungswidrig handelt, wer als Pflichtiger oder bei der Wahrnehmung der Angelegenheiten eines Pflichtigen vorsätzlich oder fahrlässig Zollvorschriften, den dazu erlassenen Rechtsverordnungen oder den Verordnungen des Rates der Europäischen Union oder der Europäischen Kommission zuwiderhandelt, die

1. für die zollamtliche Erfassung des Warenverkehrs über die Grenze des Zollgebiets der Europäischen Union sowie über die Freizonengrenzen,
2. für die Überführung von Waren in ein Zollverfahren und dessen Durchführung oder für die Erlangung einer sonstigen zollrechtlichen Bestimmung von Waren,
3. für die Freizonen, den grenznahen Raum sowie die darüber hinaus der Grenzaufsicht unterworfenen Gebiete

gelten, soweit die Zollvorschriften, die dazu oder die auf Grund von Absatz 4 erlassenen Rechtsverordnungen für einen bestimmten Tatbestand auf diese Bußgeldvorschrift verweisen.

(2) Absatz 1 ist auch anzuwenden, soweit die Zollvorschriften und die dazu erlassenen Rechtsverordnungen für Verbrauchsteuern sinngemäß gelten.

(3) Die Ordnungswidrigkeit kann mit einer Geldbuße bis zu fünftausend Euro geahndet werden, wenn die Handlung nicht nach § 378 geahndet werden kann.

(4) Das Bundesministerium der Finanzen kann durch Rechtsverordnungen die Tatbestände der Verordnungen des Rates der Europäischen Union oder der Europäischen Kommission, die nach den Absätzen 1 bis 3 als Ordnungswidrigkeiten mit Geldbuße geahndet werden können, bezeichnen, soweit dies zur Durchführung dieser Rechtsvorschriften erforderlich ist und die Tatbestände Pflichten zur Gestellung, Vorführung, Lagerung oder Behandlung von Waren, zur Abgabe von Erklärungen oder Anzeigen, zur Aufnahme von Niederschriften sowie zur Ausfüllung oder Vorlage von Zolldokumenten oder zur Aufnahme von Vermerken in solchen Dokumenten betreffen.

## § 383 Unzulässiger Erwerb von Steuererstattungs- und Vergütungsansprüchen

(1) Ordnungswidrig handelt, wer entgegen § 46 Abs. 4 Satz 1 Erstattungs- oder Vergütungsansprüche erwirbt.

(2) Die Ordnungswidrigkeit kann mit einer Geldbuße bis zu fünfzigtausend Euro geahndet werden.

## § 383a Zweckwidrige Verwendung des Identifikationsmerkmals nach § 139a[2]

(1) Ordnungswidrig handelt, wer als nicht öffentliche Stelle vorsätzlich oder leichtfertig entgegen § 139b Abs. 2 Satz 2 Nr. 1 und § 139c Abs. 2 Satz 2 die Identifikationsnummer nach § 139b

---

1) **Anm. d. Red.:** § 382 Abs. 1 i. d. F. des Gesetzes v. 25. 7. 2014 (BGBl I S. 1266) mit Wirkung v. 31. 7. 2014; Abs. 4 i. d. F. des Gesetzes v. 26. 6. 2013 (BGBl I S. 1809) mit Wirkung v. 30. 6. 2013.
2) **Anm. d. Red.:** § 383a eingefügt gem. Gesetz v. 9. 12. 2004 (BGBl I S. 3310) mit Wirkung v. 16. 12. 2004.

## §§ 384–387  I. Abgabenordnung

oder die Wirtschaftsidentifikationsnummer nach § 139c Abs. 3 für andere als die zugelassenen Zwecke erhebt oder verwendet, oder entgegen § 139b Abs. 2 Satz 2 Nr. 2 seine Dateien nach der Identifikationsnummer für andere als die zugelassenen Zwecke ordnet oder für den Zugriff erschließt.

(2) Die Ordnungswidrigkeit kann mit einer Geldbuße bis zu zehntausend Euro geahndet werden.

### § 384 Verfolgungsverjährung

Die Verfolgung von Steuerordnungswidrigkeiten nach den §§ 378 bis 380 verjährt in fünf Jahren.

## Dritter Abschnitt: Strafverfahren

## 1. Unterabschnitt: Allgemeine Vorschriften

### § 385 Geltung von Verfahrensvorschriften

(1) Für das Strafverfahren wegen Steuerstraftaten gelten, soweit die folgenden Vorschriften nichts anderes bestimmen, die allgemeinen Gesetze über das Strafverfahren, namentlich die Strafprozessordnung, das Gerichtsverfassungsgesetz und das Jugendgerichtsgesetz.

(2) Die für Steuerstraftaten geltenden Vorschriften dieses Abschnitts, mit Ausnahme des § 386 Abs. 2 sowie der §§ 399 bis 401, sind bei dem Verdacht einer Straftat, die unter Vorspiegelung eines steuerlich erheblichen Sachverhalts gegenüber der Finanzbehörde oder einer anderen Behörde auf die Erlangung von Vermögensvorteilen gerichtet ist und kein Steuerstrafgesetz verletzt, entsprechend anzuwenden.

### § 386 Zuständigkeit der Finanzbehörde bei Steuerstraftaten[1]

(1) ¹Bei dem Verdacht einer Steuerstraftat ermittelt die Finanzbehörde den Sachverhalt. ²Finanzbehörde im Sinne dieses Abschnitts sind das Hauptzollamt, das Finanzamt, das Bundeszentralamt für Steuern und die Familienkasse.

(2) Die Finanzbehörde führt das Ermittlungsverfahren in den Grenzen des § 399 Abs. 1 und der §§ 400, 401 selbständig durch, wenn die Tat
1. ausschließlich eine Steuerstraftat darstellt oder
2. zugleich andere Strafgesetze verletzt und deren Verletzung Kirchensteuern oder andere öffentlich-rechtliche Abgaben betrifft, die an Besteuerungsgrundlagen, Steuermessbeträge oder Steuerbeträge anknüpfen.

(3) Absatz 2 gilt nicht, sobald gegen einen Beschuldigten wegen der Tat ein Haftbefehl oder ein Unterbringungsbefehl erlassen ist.

(4) ¹Die Finanzbehörde kann die Strafsache jederzeit an die Staatsanwaltschaft abgeben. ²Die Staatsanwaltschaft kann die Strafsache jederzeit an sich ziehen. ³In beiden Fällen kann die Staatsanwaltschaft im Einvernehmen mit der Finanzbehörde die Strafsache wieder an die Finanzbehörde abgeben.

### § 387 Sachlich zuständige Finanzbehörde[2]

(1) Sachlich zuständig ist die Finanzbehörde, welche die betroffene Steuer verwaltet.

(2) ¹Die Zuständigkeit nach Absatz 1 kann durch Rechtsverordnung einer Finanzbehörde für den Bereich mehrerer Finanzbehörden übertragen werden, soweit dies mit Rücksicht auf die Wirtschafts- oder Verkehrsverhältnisse, den Aufbau der Verwaltungsbehörden oder andere ört-

---

1) **Anm. d. Red.:** § 386 Abs. 1 i. d. F. des Gesetzes v. 22. 9. 2005 (BGBl I S. 2809) mit Wirkung v. 1. 1. 2006.
2) **Anm. d. Red.:** § 387 Abs. 2 i. d. F. des Gesetzes v. 3. 12. 2015 (BGBl I S. 2178) mit Wirkung v. 1. 1. 2016.

liche Bedürfnisse zweckmäßig erscheint. ²Die Rechtsverordnung erlässt, soweit die Finanzbehörde eine Landesbehörde ist, die Landesregierung, im Übrigen das Bundesministerium der Finanzen. ³Die Rechtsverordnung des Bundesministeriums der Finanzen bedarf nicht der Zustimmung des Bundesrates. ⁴Das Bundesministerium der Finanzen kann die Ermächtigung nach Satz 1 durch Rechtsverordnung, die nicht der Zustimmung des Bundesrates bedarf, auf eine Bundesoberbehörde übertragen. ⁵Die Landesregierung kann die Ermächtigung auf die für die Finanzverwaltung zuständige oberste Landesbehörde übertragen.

### § 388 Örtlich zuständige Finanzbehörde

(1) Örtlich zuständig ist die Finanzbehörde,
1. in deren Bezirk die Steuerstraftat begangen oder entdeckt worden ist,
2. die zur Zeit der Einleitung des Strafverfahrens für die Abgabenangelegenheiten zuständig ist oder
3. in deren Bezirk der Beschuldigte zur Zeit der Einleitung des Strafverfahrens seinen Wohnsitz hat.

(2) ¹Ändert sich der Wohnsitz des Beschuldigten nach Einleitung des Strafverfahrens, so ist auch die Finanzbehörde örtlich zuständig, in deren Bezirk der neue Wohnsitz liegt. ²Entsprechendes gilt, wenn sich die Zuständigkeit der Finanzbehörde für die Abgabenangelegenheit ändert.

(3) Hat der Beschuldigte im räumlichen Geltungsbereich dieses Gesetzes keinen Wohnsitz, so wird die Zuständigkeit auch durch den gewöhnlichen Aufenthaltsort bestimmt.

### § 389 Zusammenhängende Strafsachen

¹Für zusammenhängende Strafsachen, die einzeln nach § 388 zur Zuständigkeit verschiedener Finanzbehörden gehören würden, ist jede dieser Finanzbehörden zuständig. ²§ 3 der Strafprozessordnung gilt entsprechend.

### § 390 Mehrfache Zuständigkeit

(1) Sind nach den §§ 387 bis 389 mehrere Finanzbehörden zuständig, so gebührt der Vorzug der Finanzbehörde, die wegen der Tat zuerst ein Strafverfahren eingeleitet hat.

(2) ¹Auf Ersuchen dieser Finanzbehörde hat eine andere zuständige Finanzbehörde die Strafsache zu übernehmen, wenn dies für die Ermittlungen sachdienlich erscheint. ²In Zweifelsfällen entscheidet die Behörde, der die ersuchte Finanzbehörde untersteht.

### § 391 Zuständiges Gericht

(1) ¹Ist das Amtsgericht sachlich zuständig, so ist örtlich zuständig das Amtsgericht, in dessen Bezirk das Landgericht seinen Sitz hat. ²Im vorbereitenden Verfahren gilt dies, unbeschadet einer weitergehenden Regelung nach § 58 Abs. 1 des Gerichtsverfassungsgesetzes, nur für die Zustimmung des Gerichts nach § 153 Abs. 1 und § 153a Abs. 1 der Strafprozessordnung.

(2) ¹Die Landesregierung kann durch Rechtsverordnung die Zuständigkeit abweichend von Absatz 1 Satz 1 regeln, soweit dies mit Rücksicht auf die Wirtschafts- oder Verkehrsverhältnisse, den Aufbau der Verwaltungsbehörden oder andere örtliche Bedürfnisse zweckmäßig erscheint. ²Die Landesregierung kann diese Ermächtigung auf die Landesjustizverwaltung übertragen.

(3) Strafsachen wegen Steuerstraftaten sollen beim Amtsgericht einer bestimmten Abteilung zugewiesen werden.

(4) Die Absätze 1 bis 3 gelten auch, wenn das Verfahren nicht nur Steuerstraftaten zum Gegenstand hat; sie gelten jedoch nicht, wenn dieselbe Handlung eine Straftat nach dem Betäubungsmittelgesetz darstellt, und nicht für Steuerstraftaten, welche die Kraftfahrzeugsteuer betreffen.

## § 392 Verteidigung[1]

(1) Abweichend von § 138 Abs. 1 der Strafprozessordnung können auch Steuerberater, Steuerbevollmächtigte, Wirtschaftsprüfer und vereidigte Buchprüfer zu Verteidigern gewählt werden, soweit die Finanzbehörde das Strafverfahren selbständig durchführt; im Übrigen können sie die Verteidigung nur in Gemeinschaft mit einem Rechtsanwalt oder einem Rechtslehrer an einer deutschen Hochschule im Sinne des Hochschulrahmengesetzes mit Befähigung zum Richteramt führen.

(2) § 138 Abs. 2 der Strafprozessordnung bleibt unberührt.

## § 393 Verhältnis des Strafverfahrens zum Besteuerungsverfahren[2]

(1) ¹Die Rechte und Pflichten der Steuerpflichtigen und der Finanzbehörde im Besteuerungsverfahren und im Strafverfahren richten sich nach den für das jeweilige Verfahren geltenden Vorschriften. ²Im Besteuerungsverfahren sind jedoch Zwangsmittel (§ 328) gegen den Steuerpflichtigen unzulässig, wenn er dadurch gezwungen würde, sich selbst wegen einer von ihm begangenen Steuerstraftat oder Steuerordnungswidrigkeit zu belasten. ³Dies gilt stets, soweit gegen ihn wegen einer solchen Tat das Strafverfahren eingeleitet worden ist. ⁴Der Steuerpflichtige ist hierüber zu belehren, soweit dazu Anlass besteht.

(2) ¹Soweit der Staatsanwaltschaft oder dem Gericht in einem Strafverfahren aus den Steuerakten Tatsachen oder Beweismittel bekannt werden, die der Steuerpflichtige der Finanzbehörde vor Einleitung des Strafverfahrens oder in Unkenntnis der Einleitung des Strafverfahrens in Erfüllung steuerrechtlicher Pflichten offenbart hat, dürfen diese Kenntnisse gegen ihn nicht für die Verfolgung einer Tat verwendet werden, die keine Steuerstraftat ist. ²Dies gilt nicht für Straftaten, an deren Verfolgung ein zwingendes öffentliches Interesse (§ 30 Abs. 4 Nr. 5) besteht.

(3) ¹Erkenntnisse, die die Finanzbehörde oder die Staatsanwaltschaft rechtmäßig im Rahmen strafrechtlicher Ermittlungen gewonnen hat, dürfen im Besteuerungsverfahren verwendet werden. ²Dies gilt auch für Erkenntnisse, die dem Brief-, Post- und Fernmeldegeheimnis unterliegen, soweit die Finanzbehörde diese rechtmäßig im Rahmen eigener strafrechtlicher Ermittlungen gewonnen hat oder soweit nach den Vorschriften der Strafprozessordnung Auskunft an die Finanzbehörden erteilt werden darf.

## § 394 Übergang des Eigentums[3]

¹Hat ein Unbekannter, der bei einer Steuerstraftat auf frischer Tat betroffen wurde, aber entkommen ist, Sachen zurückgelassen und sind diese Sachen beschlagnahmt oder sonst sichergestellt worden, weil sie eingezogen werden können, so gehen sie nach Ablauf eines Jahres in das Eigentum des Staates über, wenn der Eigentümer der Sachen unbekannt ist und die Finanzbehörde durch eine öffentliche Bekanntmachung auf den drohenden Verlust des Eigentums hingewiesen hat. ²§ 10 Abs. 2 Satz 1 des Verwaltungszustellungsgesetzes ist mit der Maßgabe anzuwenden, dass anstelle einer Benachrichtigung der Hinweis nach Satz 1 bekannt gemacht oder veröffentlicht wird. ³Die Frist beginnt mit dem Aushang der Bekanntmachung.

## § 395 Akteneinsicht der Finanzbehörde

¹Die Finanzbehörde ist befugt, die Akten, die dem Gericht vorliegen oder im Fall der Erhebung der Anklage vorzulegen wären, einzusehen sowie beschlagnahmte oder sonst sichergestellte Gegenstände zu besichtigen. ²Die Akten werden der Finanzbehörde auf Antrag zur Einsichtnahme übersandt.

---

1) **Anm. d. Red.:** § 392 Abs. 1 i. d. F. des Gesetzes v. 24. 8. 2004 (BGBl I S. 2198) mit Wirkung v. 1. 9. 2004.

2) **Anm. d. Red.:** § 393 Abs. 3 angefügt gem. Gesetz v. 20. 12. 2007 (BGBl I S. 3150) mit Wirkung v. 29. 12. 2007.

3) **Anm. d. Red.:** § 394 i. d. F. des Gesetzes v. 12. 8. 2005 (BGBl I S. 2354) mit Wirkung v. 1. 2. 2006.

I. Abgabenordnung §§ 396 – 398a

### § 396 Aussetzung des Verfahrens

(1) Hängt die Beurteilung der Tat als Steuerhinterziehung davon ab, ob ein Steueranspruch besteht, ob Steuern verkürzt oder ob nicht gerechtfertigte Steuervorteile erlangt sind, so kann das Strafverfahren ausgesetzt werden, bis das Besteuerungsverfahren rechtskräftig abgeschlossen ist.

(2) Über die Aussetzung entscheidet im Ermittlungsverfahren die Staatsanwaltschaft, im Verfahren nach Erhebung der öffentlichen Klage das Gericht, das mit der Sache befasst ist.

(3) Während der Aussetzung des Verfahrens ruht die Verjährung.

## 2. Unterabschnitt: Ermittlungsverfahren

### I. Allgemeines

### § 397 Einleitung des Strafverfahrens[1]

(1) Das Strafverfahren ist eingeleitet, sobald die Finanzbehörde, die Polizei, die Staatsanwaltschaft, eine ihrer Ermittlungspersonen oder der Strafrichter eine Maßnahme trifft, die erkennbar darauf abzielt, gegen jemanden wegen einer Steuerstraftat strafrechtlich vorzugehen.

(2) Die Maßnahme ist unter Angabe des Zeitpunkts unverzüglich in den Akten zu vermerken.

(3) Die Einleitung des Strafverfahrens ist dem Beschuldigten spätestens mitzuteilen, wenn er dazu aufgefordert wird, Tatsachen darzulegen oder Unterlagen vorzulegen, die im Zusammenhang mit der Straftat stehen, derer er verdächtig ist.

### § 398 Einstellung wegen Geringfügigkeit

¹Die Staatsanwaltschaft kann von der Verfolgung einer Steuerhinterziehung, bei der nur eine geringwertige Steuerverkürzung eingetreten ist oder nur geringwertige Steuervorteile erlangt sind, auch ohne Zustimmung des für die Eröffnung des Hauptverfahrens zuständigen Gerichts absehen, wenn die Schuld des Täters als gering anzusehen wäre und kein öffentliches Interesse an der Verfolgung besteht. ²Dies gilt für das Verfahren wegen einer Steuerhehlerei nach § 374 und einer Begünstigung einer Person, die eine der in § 375 Abs. 1 Nr. 1 bis 3 genannten Taten begangen hat, entsprechend.

### § 398a Absehen von Verfolgung in besonderen Fällen[2]

(1) In Fällen, in denen Straffreiheit nur wegen § 371 Absatz 2 Satz 1 Nummer 3 oder 4 nicht eintritt, wird von der Verfolgung einer Steuerstraftat abgesehen, wenn der an der Tat Beteiligte innerhalb einer ihm bestimmten angemessenen Frist
1. die aus der Tat zu seinen Gunsten hinterzogenen Steuern, die Hinterziehungszinsen nach § 235 und die Zinsen nach § 233a, soweit sie auf die Hinterziehungszinsen nach § 235 Absatz 4 angerechnet werden, entrichtet und
2. einen Geldbetrag in folgender Höhe zugunsten der Staatskasse zahlt:
   a) 10 Prozent der hinterzogenen Steuer, wenn der Hinterziehungsbetrag 100 000 Euro nicht übersteigt,
   b) 15 Prozent der hinterzogenen Steuer, wenn der Hinterziehungsbetrag 100 000 Euro übersteigt und 1 000 000 Euro nicht übersteigt,
   c) 20 Prozent der hinterzogenen Steuer, wenn der Hinterziehungsbetrag 1 000 000 Euro übersteigt.

(2) Die Bemessung des Hinterziehungsbetrags richtet sich nach den Grundsätzen in § 370 Absatz 4.

---

1) **Anm. d. Red.:** § 397 Abs. 1 i. d. F. des Gesetzes v. 24. 8. 2004 (BGBl I S. 2198) mit Wirkung v. 1. 9. 2004.
2) **Anm. d. Red.:** § 398a i. d. F. des Gesetzes v. 22. 12. 2014 (BGBl I S. 2415) mit Wirkung v. 1. 1. 2015.

(3) Die Wiederaufnahme eines nach Absatz 1 abgeschlossenen Verfahrens ist zulässig, wenn die Finanzbehörde erkennt, dass die Angaben im Rahmen einer Selbstanzeige unvollständig oder unrichtig waren.

(4) ¹Der nach Absatz 1 Nummer 2 gezahlte Geldbetrag wird nicht erstattet, wenn die Rechtsfolge des Absatzes 1 nicht eintritt. ²Das Gericht kann diesen Betrag jedoch auf eine wegen Steuerhinterziehung verhängte Geldstrafe anrechnen.

## II. Verfahren der Finanzbehörde bei Steuerstraftaten

### § 399 Rechte und Pflichten der Finanzbehörde[1]

(1) Führt die Finanzbehörde das Ermittlungsverfahren auf Grund des § 386 Abs. 2 selbständig durch, so nimmt sie die Rechte und Pflichten wahr, die der Staatsanwaltschaft im Ermittlungsverfahren zustehen.

(2) ¹Ist einer Finanzbehörde nach § 387 Abs. 2 die Zuständigkeit für den Bereich mehrerer Finanzbehörden übertragen, so bleiben das Recht und die Pflicht dieser Finanzbehörden unberührt, bei dem Verdacht einer Steuerstraftat den Sachverhalt zu erforschen und alle unaufschiebbaren Anordnungen zu treffen, um die Verdunkelung der Sache zu verhüten. ²Sie können Beschlagnahmen, Notveräußerungen, Durchsuchungen, Untersuchungen und sonstige Maßnahmen nach den für Ermittlungspersonen der Staatsanwaltschaft geltenden Vorschriften der Strafprozessordnung anordnen.

### § 400 Antrag auf Erlass eines Strafbefehls

Bieten die Ermittlungen genügenden Anlass zur Erhebung der öffentlichen Klage, so beantragt die Finanzbehörde beim Richter den Erlass eines Strafbefehls, wenn die Strafsache zur Behandlung im Strafbefehlsverfahren geeignet erscheint; ist dies nicht der Fall, so legt die Finanzbehörde die Akten der Staatsanwaltschaft vor.

### § 401 Antrag auf Anordnung von Nebenfolgen im selbständigen Verfahren

Die Finanzbehörde kann den Antrag stellen, die Einziehung oder den Verfall selbständig anzuordnen oder eine Geldbuße gegen eine juristische Person oder eine Personenvereinigung selbständig festzusetzen (§§ 440, 442 Abs. 1, § 444 Abs. 3 der Strafprozessordnung).

## III. Stellung der Finanzbehörde im Verfahren der Staatsanwaltschaft

### § 402 Allgemeine Rechte und Pflichten der Finanzbehörde

(1) Führt die Staatsanwaltschaft das Ermittlungsverfahren durch, so hat die sonst zuständige Finanzbehörde dieselben Rechte und Pflichten wie die Behörden des Polizeidienstes nach der Strafprozessordnung sowie die Befugnisse nach § 399 Abs. 2 Satz 2.

(2) Ist einer Finanzbehörde nach § 387 Abs. 2 die Zuständigkeit für den Bereich mehrerer Finanzbehörden übertragen, so gilt Absatz 1 für jede dieser Finanzbehörden.

### § 403 Beteiligung der Finanzbehörde

(1) ¹Führt die Staatsanwaltschaft oder die Polizei Ermittlungen durch, die Steuerstraftaten betreffen, so ist die sonst zuständige Finanzbehörde befugt, daran teilzunehmen. ²Ort und Zeit der Ermittlungshandlungen sollen ihr rechtzeitig mitgeteilt werden. ³Dem Vertreter der Finanzbehörde ist zu gestatten, Fragen an Beschuldigte, Zeugen und Sachverständige zu stellen.

(2) Absatz 1 gilt sinngemäß für solche richterlichen Verhandlungen, bei denen auch der Staatsanwaltschaft die Anwesenheit gestattet ist.

---

[1] **Anm. d. Red.:** § 399 Abs. 2 i. d. F. des Gesetzes v. 24. 8. 2004 (BGBl I S. 2198) mit Wirkung v. 1. 9. 2004.

(3) Der sonst zuständigen Finanzbehörde sind die Anklageschrift und der Antrag auf Erlass eines Strafbefehls mitzuteilen.

(4) Erwägt die Staatsanwaltschaft, das Verfahren einzustellen, so hat sie die sonst zuständige Finanzbehörde zu hören.

## IV. Steuer- und Zollfahndung

### § 404 Steuer- und Zollfahndung[1)]

¹Die Zollfahndungsämter und die mit der Steuerfahndung betrauten Dienststellen der Landesfinanzbehörden sowie ihre Beamten haben im Strafverfahren wegen Steuerstraftaten dieselben Rechte und Pflichten wie die Behörden und Beamten des Polizeidienstes nach den Vorschriften der Strafprozessordnung. ²Die in Satz 1 bezeichneten Stellen haben die Befugnisse nach § 399 Abs. 2 Satz 2 sowie die Befugnis zur Durchsicht der Papiere des von der Durchsuchung Betroffenen (§ 110 Abs. 1 der Strafprozessordnung); ihre Beamten sind Ermittlungspersonen der Staatsanwaltschaft.

## V. Entschädigung der Zeugen und der Sachverständigen

### § 405 Entschädigung der Zeugen und der Sachverständigen[2)]

¹Werden Zeugen und Sachverständige von der Finanzbehörde zu Beweiszwecken herangezogen, so erhalten sie eine Entschädigung oder Vergütung nach dem Justizvergütungs- und -entschädigungsgesetz. ²Dies gilt auch in den Fällen des § 404.

## 3. Unterabschnitt: Gerichtliches Verfahren

### § 406 Mitwirkung der Finanzbehörde im Strafbefehlsverfahren und im selbständigen Verfahren

(1) Hat die Finanzbehörde den Erlass eines Strafbefehls beantragt, so nimmt sie die Rechte und Pflichten der Staatsanwaltschaft wahr, solange nicht nach § 408 Abs. 3 Satz 2 der Strafprozessordnung Hauptverhandlung anberaumt oder Einspruch gegen den Strafbefehl erhoben wird.

(2) Hat die Finanzbehörde den Antrag gestellt, die Einziehung oder den Verfall selbständig anzuordnen oder eine Geldbuße gegen eine juristische Person oder eine Personenvereinigung selbständig festzusetzen (§ 401), so nimmt sie die Rechte und Pflichten der Staatsanwaltschaft wahr, solange nicht mündliche Verhandlung beantragt oder vom Gericht angeordnet wird.

### § 407 Beteiligung der Finanzbehörde in sonstigen Fällen

(1) ¹Das Gericht gibt der Finanzbehörde Gelegenheit, die Gesichtspunkte vorzubringen, die von ihrem Standpunkt für die Entscheidung von Bedeutung sind. ²Dies gilt auch, wenn das Gericht erwägt, das Verfahren einzustellen. ³Der Termin zur Hauptverhandlung und der Termin zur Vernehmung durch einen beauftragten oder ersuchten Richter (§§ 223, 233 der Strafprozessordnung) werden der Finanzbehörde mitgeteilt. ⁴Ihr Vertreter erhält in der Hauptverhandlung auf Verlangen das Wort. ⁵Ihm ist zu gestatten, Fragen an Angeklagte, Zeugen und Sachverständige zu richten.

(2) Das Urteil und andere das Verfahren abschließende Entscheidungen sind der Finanzbehörde mitzuteilen.

---

1) **Anm. d. Red.:** § 404 i. d. F. des Gesetzes v. 24. 8. 2004 (BGBl I S. 2198) mit Wirkung v. 1. 9. 2004.
2) **Anm. d. Red.:** § 405 i. d. F. des Gesetzes v. 5. 5. 2004 (BGBl I S. 718) mit Wirkung v. 1. 7. 2004.

## 4. Unterabschnitt: Kosten des Verfahrens

### § 408 Kosten des Verfahrens

¹Notwendige Auslagen eines Beteiligten im Sinne des § 464a Abs. 2 Nr. 2 der Strafprozessordnung sind im Strafverfahren wegen einer Steuerstraftat auch die gesetzlichen Gebühren und Auslagen eines Steuerberaters, Steuerbevollmächtigten, Wirtschaftsprüfers oder vereidigten Buchprüfers. ²Sind Gebühren und Auslagen gesetzlich nicht geregelt, so können sie bis zur Höhe der gesetzlichen Gebühren und Auslagen eines Rechtsanwalts erstattet werden.

## Vierter Abschnitt: Bußgeldverfahren

### § 409 Zuständige Verwaltungsbehörde

¹Bei Steuerordnungswidrigkeiten ist zuständige Verwaltungsbehörde im Sinne des § 36 Abs. 1 Nr. 1 des Gesetzes über Ordnungswidrigkeiten die nach § 387 Abs. 1 sachlich zuständige Finanzbehörde. ²§ 387 Abs. 2 gilt entsprechend.

### § 410 Ergänzende Vorschriften für das Bußgeldverfahren

(1) Für das Bußgeldverfahren gelten außer den verfahrensrechtlichen Vorschriften des Gesetzes über Ordnungswidrigkeiten entsprechend:
1. die §§ 388 bis 390 über die Zuständigkeit der Finanzbehörde,
2. § 391 über die Zuständigkeit des Gerichts,
3. § 392 über die Verteidigung,
4. § 393 über das Verhältnis des Strafverfahrens zum Besteuerungsverfahren,
5. § 396 über die Aussetzung des Verfahrens,
6. § 397 über die Einleitung des Strafverfahrens,
7. § 399 Abs. 2 über die Rechte und Pflichten der Finanzbehörde,
8. die §§ 402, 403 Abs. 1, 3 und 4 über die Stellung der Finanzbehörde im Verfahren der Staatsanwaltschaft,
9. § 404 Satz 1 und Satz 2 erster Halbsatz über die Steuer- und Zollfahndung,
10. § 405 über die Entschädigung der Zeugen und der Sachverständigen,
11. § 407 über die Beteiligung der Finanzbehörde und
12. § 408 über die Kosten des Verfahrens.

(2) Verfolgt die Finanzbehörde eine Steuerstraftat, die mit einer Steuerordnungswidrigkeit zusammenhängt (§ 42 Abs. 1 Satz 2 des Gesetzes über Ordnungswidrigkeiten), so kann sie in den Fällen des § 400 beantragen, den Strafbefehl auf die Steuerordnungswidrigkeit zu erstrecken.

### § 411 Bußgeldverfahren gegen Rechtsanwälte, Steuerberater, Steuerbevollmächtigte, Wirtschaftsprüfer oder vereidigte Buchprüfer

Bevor gegen einen Rechtsanwalt, Steuerberater, Steuerbevollmächtigten, Wirtschaftsprüfer oder vereidigten Buchprüfer wegen einer Steuerordnungswidrigkeit, die er in Ausübung seines Berufs bei der Beratung in Steuersachen begangen hat, ein Bußgeldbescheid erlassen wird, gibt die Finanzbehörde der zuständigen Berufskammer Gelegenheit, die Gesichtspunkte vorzubringen, die von ihrem Standpunkt für die Entscheidung von Bedeutung sind.

### § 412 Zustellung, Vollstreckung, Kosten[1]

(1) ¹Für das Zustellungsverfahren gelten abweichend von § 51 Abs. 1 Satz 1 des Gesetzes über Ordnungswidrigkeiten die Vorschriften des Verwaltungszustellungsgesetzes auch dann, wenn

---

1) **Anm. d. Red.:** § 412 Abs. 3 i. d. F. des Gesetzes v. 7. 8. 2013 (BGBl I S. 3154) mit Wirkung v. 15. 8. 2013.

eine Landesfinanzbehörde den Bescheid erlassen hat. ²§ 51 Abs. 1 Satz 2 und Absatz 2 bis 5 des Gesetzes über Ordnungswidrigkeiten bleibt unberührt.

(2) ¹Für die Vollstreckung von Bescheiden der Finanzbehörden in Bußgeldverfahren gelten abweichend von § 90 Abs. 1 und 4, § 108 Abs. 2 des Gesetzes über Ordnungswidrigkeiten die Vorschriften des Sechsten Teils dieses Gesetzes. ²Die übrigen Vorschriften des Neunten Abschnitts des Zweiten Teils des Gesetzes über Ordnungswidrigkeiten bleiben unberührt.

(3) Für die Kosten des Bußgeldverfahrens gilt § 107 Absatz 4 des Gesetzes über Ordnungswidrigkeiten auch dann, wenn eine Landesfinanzbehörde den Bußgeldbescheid erlassen hat; an Stelle des § 19 des Verwaltungskostengesetzes in der bis zum 14. August 2013 geltenden Fassung gelten § 227 und § 261 dieses Gesetzes.

## Neunter Teil: Schlussvorschriften

### § 413 Einschränkung von Grundrechten

Die Grundrechte auf körperliche Unversehrtheit und Freiheit der Person (Artikel 2 Abs. 2 des Grundgesetzes), des Briefgeheimnisses sowie des Post- und Fernmeldegeheimnisses (Artikel 10 des Grundgesetzes) und der Unverletzlichkeit der Wohnung (Artikel 13 des Grundgesetzes) werden nach Maßgabe dieses Gesetzes eingeschränkt.

### § 414 (gegenstandslos)

### § 415 (Inkrafttreten)

# Anlage 1

**Anlage 1 (zu § 60)**[1]

## Mustersatzung
**für Vereine, Stiftungen, Betriebe gewerblicher Art von juristischen Personen des öffentlichen Rechts, geistliche Genossenschaften und Kapitalgesellschaften**

(nur aus steuerlichen Gründen notwendige Bestimmungen)

### § 1

Der – Die – … (Körperschaft) mit Sitz in … verfolgt ausschließlich und unmittelbar – gemeinnützige – mildtätige – kirchliche – Zwecke (nicht verfolgte Zwecke streichen) im Sinne des Abschnitts „Steuerbegünstigte Zwecke" der Abgabenordnung.

Zweck der Körperschaft ist … (z. B. die Förderung von Wissenschaft und Forschung, Jugend- und Altenhilfe, Erziehung, Volks- und Berufsbildung, Kunst und Kultur, Landschaftspflege, Umweltschutz, des öffentlichen Gesundheitswesens, des Sports, Unterstützung hilfsbedürftiger Personen).

Der Satzungszweck wird verwirklicht insbesondere durch … (z. B. Durchführung wissenschaftlicher Veranstaltungen und Forschungsvorhaben, Vergabe von Forschungsaufträgen, Unterhaltung einer Schule, einer Erziehungsberatungsstelle, Pflege von Kunstsammlungen, Pflege des Liedgutes und des Chorgesanges, Errichtung von Naturschutzgebieten, Unterhaltung eines Kindergartens, Kinder-, Jugendheimes, Unterhaltung eines Altenheimes, eines Erholungsheimes, Bekämpfung des Drogenmissbrauchs, des Lärms, Förderung sportlicher Übungen und Leistungen).

### § 2

Die Körperschaft ist selbstlos tätig; sie verfolgt nicht in erster Linie eigenwirtschaftliche Zwecke.

### § 3

Mittel der Körperschaft dürfen nur für die satzungsmäßigen Zwecke verwendet werden. Die Mitglieder erhalten keine Zuwendungen aus Mitteln der Körperschaft.

### § 4

Es darf keine Person durch Ausgaben, die dem Zweck der Körperschaft fremd sind, oder durch unverhältnismäßig hohe Vergütungen begünstigt werden.

### § 5

Bei Auflösung oder Aufhebung der Körperschaft oder bei Wegfall steuerbegünstigter Zwecke fällt das Vermögen der Körperschaft
1. an – den – die – das – … (Bezeichnung einer juristischen Person des öffentlichen Rechts oder einer anderen steuerbegünstigten Körperschaft), – der – die – das – es unmittelbar und ausschließlich für gemeinnützige, mildtätige oder kirchliche Zwecke zu verwenden hat.
oder

---

1) **Anm. d. Red.:** Anlage 1 angefügt gem. Gesetz v. 19. 12. 2008 (BGBl I S. 2794) mit Wirkung v. 1. 1. 2009.

2. an eine juristische Person des öffentlichen Rechts oder eine andere steuerbegünstigte Körperschaft zwecks Verwendung für ... (Angabe eines bestimmten gemeinnützigen, mildtätigen oder kirchlichen Zwecks, z. B. Förderung von Wissenschaft und Forschung, Erziehung, Volks- und Berufsbildung, der Unterstützung von Personen, die im Sinne von § 53 der Abgabenordnung wegen ... bedürftig sind, Unterhaltung des Gotteshauses in ...).

## Weitere Hinweise

Bei **Betrieben gewerblicher Art von juristischen Personen des öffentlichen Rechts, bei den von einer juristischen Person des öffentlichen Rechts verwalteten unselbständigen Stiftungen und bei geistlichen Genossenschaften** (Orden, Kongregationen) ist folgende Bestimmung aufzunehmen:

§ 3 Abs. 2:

„Der – die – das ... erhält bei Auflösung oder Aufhebung der Körperschaft oder bei Wegfall steuerbegünstigter Zwecke nicht mehr als – seine – ihre – eingezahlten Kapitalanteile und den gemeinen Wert seiner – ihrer – geleisteten Sacheinlagen zurück."

Bei **Stiftungen** ist diese Bestimmung nur erforderlich, wenn die Satzung dem Stifter einen Anspruch auf Rückgewähr von Vermögen einräumt. Fehlt die Regelung, wird das eingebrachte Vermögen wie das übrige Vermögen behandelt.

Bei **Kapitalgesellschaften** sind folgende ergänzende Bestimmungen in die Satzung aufzunehmen:

1. § 3 Abs. 1 Satz 2:

   „Die Gesellschafter dürfen keine Gewinnanteile und auch keine sonstigen Zuwendungen aus Mitteln der Körperschaft erhalten."

2. § 3 Abs. 2:

   „Sie erhalten bei ihrem Ausscheiden oder bei Auflösung der Körperschaft oder bei Wegfall steuerbegünstigter Zwecke nicht mehr als ihre eingezahlten Kapitalanteile und den gemeinen Wert ihrer geleisteten Sacheinlagen zurück."

3. § 5:

   „Bei Auflösung der Körperschaft oder bei Wegfall steuerbegünstigter Zwecke fällt das Vermögen der Körperschaft, soweit es die eingezahlten Kapitalanteile der Gesellschafter und den gemeinen Wert der von den Gesellschaftern geleisteten Sacheinlagen übersteigt, ...".

§ 3 Abs. 2 und der Satzteil „soweit es die eingezahlten Kapitalanteile der Gesellschafter und den gemeinen Wert der von den Gesellschaftern geleisteten Sacheinlagen übersteigt," in § 5 sind nur erforderlich, wenn die Satzung einen Anspruch auf Rückgewähr von Vermögen einräumt.

## II. Finanzgerichtsordnung (FGO)
v. 28. 3. 2001 (BGBl I S. 443, ber. I S. 2262, 2002 I S. 679)
mit späteren Änderungen

Die Finanzgerichtsordnung (FGO) v. 28.3.2001 (BGBl I S.443, ber. I S.2262, 2002 I S.679) wurde geändert durch Art. 2 Abs. 19 Zustellungsreformgesetz (ZustRG) v. 25. 6. 2001 (BGBl I S. 1206); Art. 9 Gesetz zur Anpassung der Formvorschriften des Privatrechts und anderer Vorschriften an den modernen Rechtsgeschäftsverkehr v. 13. 7. 2001 (BGBl I S. 1542); Art. 6 Gesetz zur Änderung des Finanzverwaltungsgesetzes und anderer Gesetze v. 14. 12. 2001 (BGBl I S. 3714); Art. 11 Steueränderungsgesetz 2001 (StÄndG 2001) v. 20. 12. 2001 (BGBl I S. 3794); Art. 5 Steuerverkürzungsbekämpfungsgesetz (StVBG) v. 19. 12. 2001 (BGBl I S. 3922); Art. 4 Abs. 27 Gesetz zur Modernisierung des Kostenrechts (Kostenrechtsmodernisierungsgesetz – KostRMoG) v. 5. 5. 2004 (BGBl I S. 718); Art. 7 Erstes Gesetz zur Modernisierung der Justiz (1. Justizmodernisierungsgesetz) v. 24. 8. 2004 (BGBl I S. 2198, ber. I S. 2300); Art. 10 Gesetz über die Rechtsbehelfe bei Verletzung des Anspruchs auf rechtliches Gehör (Anhörungsrügengesetz) v. 9. 12. 2004 (BGBl I S. 3220); Art. 7 Gesetz zur Vereinfachung und Vereinheitlichung der Verfahrensvorschriften zur Wahl und Berufung ehrenamtlicher Richter v. 21. 12. 2004 (BGBl I S. 3599); Art. 3 Gesetz über die Verwendung elektronischer Kommunikationsformen in der Justiz (Justizkommunikationsgesetz – JKomG) v. 22. 3. 2005 (BGBl I S. 837, ber. I S. 2022); Art. 10 Föderalismusreform-Begleitgesetz v. 5. 9. 2006 (BGBl I S. 2098); Art. 14 Gesetz zur Neuregelung des Rechtsberatungsrechts v. 12. 12. 2007 (BGBl I S. 2840); Art. 6 Gesetz zur Modernisierung von Verfahren im anwaltlichen und notariellen Berufsrecht, zur Errichtung einer Schlichtungsstelle der Rechtsanwaltschaft sowie zur Änderung sonstiger Vorschriften v. 30. 7. 2009 (BGBl I S. 2449); Art. 9 Gesetz über den Rechtsschutz bei überlangen Gerichtsverfahren und strafrechtlichen Ermittlungsverfahren v. 24. 11. 2011 (BGBl I S. 2302); Art. 2 Abs. 35 Gesetz zur Änderung von Vorschriften über Verkündung und Bekanntmachungen sowie der Zivilprozessordnung, des Gesetzes betreffend die Einführung der Zivilprozessordnung und der Abgabenordnung v. 22. 12. 2011 (BGBl I S. 3044); Art. 8 Gesetz zur Förderung der Mediation und anderer Verfahren der außergerichtlichen Konfliktbeilegung v. 21. 7. 2012 (BGBl I S. 1577); Art. 2 Gesetz zur Einführung von Kostenhilfe für Drittbetroffene in Verfahren vor dem Europäischen Gerichtshof für Menschenrechte sowie zur Änderung der Finanzgerichtsordnung v. 20. 4. 2013 (BGBl I S. 829); Art. 3 Gesetz zur Intensivierung des Einsatzes von Videokonferenztechnik in gerichtlichen und staatsanwaltschaftlichen Verfahren v. 25. 4. 2013 (BGBl I S. 935), i. d. F. des Art. 42 Zweites Gesetz zur Modernisierung des Kostenrechts (2. Kostenrechtsmodernisierungsgesetz – 2. KostRMoG) v. 23. 7. 2013 (BGBl I S. 2586); Art. 23 Gesetz zur Umsetzung der Amtshilferichtlinie sowie zur Änderung steuerlicher Vorschriften (Amtshilferichtlinie-Umsetzungsgesetz – AmtshilfeRLUmsG) v. 26. 6. 2013 (BGBl I S. 1809); Art. 13 Gesetz zur Änderung des Prozesskostenhilfe- und Beratungshilferechts v. 31. 8. 2013 (BGBl I S. 3533); Art. 6 Gesetz zur Förderung des elektronischen Rechtsverkehrs mit den Gerichten v. 10. 10. 2013 (BGBl I S. 3786), Änderungen durch vorgenanntes Gesetz treten teilweise erst am 1. 1. 2018 und am 1. 1. 2022 in Kraft und sind kursiv dargestellt; Art. 14 Gesetz zur Durchführung der Verordnung (EU) Nr. 1215/2012 sowie zur Änderung sonstiger Vorschriften v. 8. 7. 2014 (BGBl I S. 890); Art. 172 Zehnte Zuständigkeitsanpassungsverordnung v. 31. 8. 2015 (BGBl I S. 1474); Art. 3 Gesetz zur Neuordnung des Rechts der Syndikusanwälte und zur Änderung der Finanzgerichtsordnung v. 21. 12. 2015 (BGBl I S. 2517). — Die Überschriften der Paragraphen, mit Ausnahme der amtlichen Überschriften zu § 52c und § 52d, wurden von der Redaktion hinzugefügt.

## Nichtamtliche Fassung
### Inhaltsübersicht

**Erster Teil:**
**Gerichtsverfassung**

**Abschnitt I:**
**Gerichte**

Unabhängigkeit der Gerichte................. § 1
Arten der Gerichte........................... § 2
Errichtung und Aufhebung von Finanzgerichten............................................ § 3
Anwendung des Gerichtsverfassungsgesetzes.............................................. § 4
Organisation der Finanzgerichte ............. § 5
Einzelrichter................................ § 6
(weggefallen)........................... §§ 7 bis 9
Organisation des Bundesfinanzhofs.......... § 10

Zuständigkeit des Großen Senats ............ § 11
Geschäftsstelle............................. § 12
Rechts- und Amtshilfe....................... § 13

**Abschnitt II:**
**Richter**

Richter auf Lebenszeit....................... § 14
Richter auf Probe............................ § 15

**Abschnitt III:**
**Ehrenamtliche Richter**

Stellung.................................... § 16
Voraussetzungen für die Berufung........... § 17

## II. Finanzgerichtsordnung

Ausschlussgründe.......................... § 18
Unvereinbarkeit........................... § 19
Ablehnung der Berufung.................... § 20
Amtsentbindung........................... § 21
Wahl..................................... § 22
Wahlausschuss............................ § 23
Bestimmung der Anzahl.................... § 24
Vorschlagsliste.......................... § 25
Wahlverfahren............................ § 26
Reihenfolge der Heranziehung............. § 27
(weggefallen)............................ § 28
Entschädigung............................ § 29
Ordnungsstrafen.......................... § 30

### Abschnitt IV:
### Gerichtsverwaltung

Dienstaufsicht........................... § 31
Verbot der Übertragung von Verwaltungsgeschäften.............................. § 32

### Abschnitt V:
### Finanzrechtsweg und Zuständigkeit

#### Unterabschnitt 1:
#### Finanzrechtsweg

Zulässigkeit des Finanzrechtswegs......... § 33
(weggefallen)............................ § 34

#### Unterabschnitt 2:
#### Sachliche Zuständigkeit

Zuständigkeit der Finanzgerichte.......... § 35
Zuständigkeit des Bundesfinanzhofs........ § 36
(weggefallen)............................ § 37

#### Unterabschnitt 3:
#### Örtliche Zuständigkeit

Örtliche Zuständigkeit des Finanzgerichts... § 38
Bestimmung des Finanzgerichts durch den Bundesfinanzhof.......................... § 39

### Zweiter Teil:
### Verfahren

#### Abschnitt I:
#### Klagearten, Klagebefugnis, Klagevoraussetzungen, Klageverzicht

Anfechtungsklage, Verpflichtungsklage..... § 40
Feststellungsklage....................... § 41
Unanfechtbare Verwaltungsakte............ § 42
Verbindung von Klagen.................... § 43
Außergerichtlicher Rechtsbehelf.......... § 44
Sprungklage.............................. § 45
Untätigkeitsklage........................ § 46
Frist für die Erhebung der Anfechtungsklage § 47
Klagebefugnis............................ § 48
(weggefallen)............................ § 49
Klageverzicht............................ § 50

### Abschnitt II:
### Allgemeine Verfahrensvorschriften

Ausschließung und Ablehnung der Gerichtspersonen................................. § 51
Öffentlichkeit, Sitzungspolizei, Beratung, Abstimmung............................... § 52
Elektronisches Dokument.................. § 52a
Elektronische Akte....................... § 52b
Formulare; Verordnungsermächtigung....... § 52c
Zustellung............................... § 53
Fristen.................................. § 54
Belehrung über Frist..................... § 55
Wiedereinsetzung in den vorigen Stand.... § 56
Beteiligte am Verfahren.................. § 57
Prozessfähigkeit......................... § 58
Streitgenossenschaft..................... § 59
Beiladung................................ § 60
Einschränkung der Beiladung.............. § 60a
(weggefallen)............................ § 61
Bevollmächtigte und Beistände............ § 62
(weggefallen)............................ § 62a

### Abschnitt III:
### Verfahren im ersten Rechtszug

Passivlegitimation....................... § 63
Form der Klageerhebung................... § 64
Inhalt der Klage......................... § 65
Rechtshängigkeit......................... § 66
Klageänderung............................ § 67
Änderung des angefochtenen Verwaltungsakts...................................... § 68
Aussetzung der Vollziehung............... § 69
Sachliche und örtliche Zuständigkeit des Gerichts................................. § 70
Zustellung der Klageschrift.............. § 71
Klagerücknahme........................... § 72
Verbindung mehrerer Verfahren............ § 73
Aussetzung der Verhandlung............... § 74
Mitteilung der Besteuerungsgrundlagen.... § 75
Erforschung des Sachverhalts durch das Gericht.................................. § 76
Schriftsätze............................. § 77
(weggefallen)............................ § 77a
Akteneinsicht............................ § 78
Vorbereitung der mündlichen Verhandlung.. § 79
Entscheidung des Vorsitzenden im vorbereitenden Verfahren......................... § 79a
Fristsetzung zur Angabe von Tatsachen.... § 79b
Persönliches Erscheinen.................. § 80
Beweiserhebung........................... § 81
Verfahren bei der Beweisaufnahme......... § 82
Benachrichtigung der Beteiligten......... § 83
Zeugnisverweigerungsrecht................ § 84
Pflichten der Zeugen..................... § 85
Vorlage- und Auskunftspflicht der Behörden. § 86
Zeugnis von Behörden und Verbänden....... § 87

## II. Finanzgerichtsordnung

Ablehnung von Sachverständigen............ § 88
Erzwingung der Vorlage von Urkunden...... § 89
Grundsatz der mündlichen Verhandlung..... § 90
Entscheidung durch Gerichtsbescheid........ § 90a
Ladung der Beteiligten........................ § 91
Mündliche Verhandlung sowie Vernehmung von Zeugen und Sachverständigen per Videokonferenz.................................... § 91a
Gang der Verhandlung ...................... § 92
Erörterung der Streitsache.................... § 93
(weggefallen)................................. § 93a
Niederschrift................................. § 94
Verfahren nach billigem Ermessen........... § 94a

### Abschnitt IV:
### Urteile und andere Entscheidungen

Urteil......................................... § 95
Freie Beweiswürdigung, Urteilsinhalt........ § 96
Zwischenurteil über Klagezulässigkeit....... § 97
Teilurteil..................................... § 98
Vorabentscheidung durch Zwischenurteil.... § 99
Aufhebung und Änderung angefochtener Verwaltungsakte ............................ § 100
Urteil auf Erlass eines Verwaltungsakts...... § 101
Nachprüfung der Ermessensentscheidung... § 102
Urteil durch beteiligte Richter................ § 103
Verkündung und Zustellung des Urteils...... § 104
Form und Inhalt des Urteils.................. § 105
Gerichtsbescheid ............................ § 106
Berichtigung des Urteils ..................... § 107
Antrag auf Tatbestandsberichtigung......... § 108
Nachträgliche Urteilsergänzung.............. § 109
Rechtskraft der Urteile....................... § 110
(weggefallen)......................... §§ 111 und 112
Beschlüsse ................................... § 113
Einstweilige Anordnung ..................... § 114

### Abschnitt V:
### Rechtsmittel und Wiederaufnahme des Verfahrens

#### Unterabschnitt 1:
#### Revision

Zulassung der Revision ...................... § 115
Nichtzulassung der Revision.................. § 116
(weggefallen)................................ § 117
Revisionsgründe ............................. § 118
Absolute Revisionsgründe ................... § 119
Einlegung der Revision....................... § 120
Verfahrensvorschriften....................... § 121
Beteiligte am Revisionsverfahren............. § 122
Unzulässigkeit der Klageänderung........... § 123
Prüfung der Zulässigkeit..................... § 124
Zurücknahme der Revision .................. § 125
Entscheidung über die Revision ............. § 126
Entscheidung bei unbegründeter Revision ... § 126a
Zurückverweisung ........................... § 127

#### Unterabschnitt 2:
#### Beschwerde, Erinnerung, Anhörungsrüge

Beschwerde.................................. § 128
Einlegung der Beschwerde ................... § 129
Abhilfe oder Vorlage beim Bundesfinanzhof. § 130
Aufschiebende Wirkung ..................... § 131
Entscheidung über die Beschwerde .......... § 132
Antrag auf Entscheidung des Gerichts ....... § 133
Abhilfe bei Verletzung des Anspruchs auf rechtliches Gehör........................... § 133a

#### Unterabschnitt 3:
#### Wiederaufnahme des Verfahrens

Wiederaufnahme des Verfahrens ............ § 134

## Dritter Teil:
## Kosten und Vollstreckung

### Abschnitt I:
### Kosten

Kostenpflichtige.............................. § 135
Kompensation der Kosten.................... § 136
Anderweitige Auferlegung der Kosten ....... § 137
Kostenentscheidung bei Hauptsacheerledigung................................... § 138
Erstattungsfähige Kosten .................... § 139
(weggefallen)....................... §§ 140 und 141
Prozesskostenhilfe........................... § 142
Kostenentscheidung.......................... § 143
Kostenentscheidung bei Rücknahme eines Rechtsbehelfs............................... § 144
Anfechtung der Kostenentscheidung......... § 145
(weggefallen)....................... §§ 146 bis 148
Festsetzung der zu erstattenden Aufwendungen.............................. § 149

### Abschnitt II:
### Vollstreckung

Anwendung der Bestimmungen der Abgabenordnung.................................. § 150
Anwendung der Bestimmungen der Zivilprozessordnung.............................. § 151
Vollstreckung wegen Geldforderung......... § 152
Verzicht auf Vollstreckungsklausel........... § 153
Zwangsgeld ................................. § 154

## Vierter Teil:
## Übergangs- und Schlussbestimmungen

Anwendung des Gerichtsverfassungsgesetzes und der Zivilprozessordnung............. § 155
Anwendung des § 6 des Einführungsgesetzes zum Gerichtsverfassungsgesetz............. § 156
Nichtigkeitserklärung von Landesrecht....... § 157
Zuständigkeit bei eidlicher Vernehmung und Beeidigung .................................. § 158
(weggefallen)................................ § 159

Beteiligung und Beiladung bei Fällen des § 33
Abs. 1 Nr. 4 .................................. § 160
(Aufhebung von Vorschriften) ............... § 161
(weggefallen) ....................... §§ 162 bis 183
(Inkrafttreten; Überleitungsvorschriften)..... § 184

# Erster Teil: Gerichtsverfassung
## Abschnitt I: Gerichte
### § 1 Unabhängigkeit der Gerichte

Die Finanzgerichtsbarkeit wird durch unabhängige, von den Verwaltungsbehörden getrennte, besondere Verwaltungsgerichte ausgeübt.

### § 2 Arten der Gerichte

Gerichte der Finanzgerichtsbarkeit sind
in den Ländern die Finanzgerichte als obere Landesgerichte,
im Bund der Bundesfinanzhof mit dem Sitz in München.

### § 3 Errichtung und Aufhebung von Finanzgerichten

(1) Durch Gesetz werden angeordnet
1. die Errichtung und Aufhebung eines Finanzgerichts,
2. die Verlegung eines Gerichtssitzes,
3. Änderungen in der Abgrenzung der Gerichtsbezirke,
4. die Zuweisung einzelner Sachgebiete an ein Finanzgericht für die Bezirke mehrerer Finanzgerichte,
5. die Errichtung einzelner Senate des Finanzgerichts an anderen Orten,
6. der Übergang anhängiger Verfahren auf ein anderes Gericht bei Maßnahmen nach den Nummern 1, 3 und 4, wenn sich die Zuständigkeit nicht nach den bisher geltenden Vorschriften richten soll.

(2) Mehrere Länder können die Errichtung eines gemeinsamen Finanzgerichts oder gemeinsamer Senate eines Finanzgerichts oder die Ausdehnung von Gerichtsbezirken über die Landesgrenzen hinaus, auch für einzelne Sachgebiete, vereinbaren.

### § 4 Anwendung des Gerichtsverfassungsgesetzes

Für die Gerichte der Finanzgerichtsbarkeit gelten die Vorschriften des Zweiten Titels des Gerichtsverfassungsgesetzes entsprechend.

### § 5 Organisation der Finanzgerichte

(1) [1]Das Finanzgericht besteht aus dem Präsidenten, den Vorsitzenden Richtern und weiteren Richtern in erforderlicher Anzahl. [2]Von der Ernennung eines Vorsitzenden Richters kann abgesehen werden, wenn bei einem Gericht nur ein Senat besteht.

(2) [1]Bei den Finanzgerichten werden Senate gebildet. [2]Zoll-, Verbrauchsteuer- und Finanzmonopolsachen sind in besonderen Senaten zusammenzufassen.

(3) [1]Die Senate entscheiden in der Besetzung mit drei Richtern und zwei ehrenamtlichen Richtern, soweit nicht ein Einzelrichter entscheidet. [2]Bei Beschlüssen außerhalb der mündlichen Verhandlung und bei Gerichtsbescheiden (§ 90a) wirken die ehrenamtlichen Richter nicht mit.

(4) [1]Die Länder können durch Gesetz die Mitwirkung von zwei ehrenamtlichen Richtern an den Entscheidungen des Einzelrichters vorsehen. [2]Absatz 3 Satz 2 bleibt unberührt.

## § 6 Einzelrichter

(1) Der Senat kann den Rechtsstreit einem seiner Mitglieder als Einzelrichter zur Entscheidung übertragen, wenn
1. die Sache keine besonderen Schwierigkeiten tatsächlicher oder rechtlicher Art aufweist und
2. die Rechtssache keine grundsätzliche Bedeutung hat.

(2) Der Rechtsstreit darf dem Einzelrichter nicht übertragen werden, wenn bereits vor dem Senat mündlich verhandelt worden ist, es sei denn, dass inzwischen ein Vorbehalts-, Teil- oder Zwischenurteil ergangen ist.

(3) ¹Der Einzelrichter kann nach Anhörung der Beteiligten den Rechtsstreit auf den Senat zurückübertragen, wenn sich aus einer wesentlichen Änderung der Prozesslage ergibt, dass die Rechtssache grundsätzliche Bedeutung hat oder die Sache besondere Schwierigkeiten tatsächlicher oder rechtlicher Art aufweist. ²Eine erneute Übertragung auf den Einzelrichter ist ausgeschlossen.

(4) ¹Beschlüsse nach den Absätzen 1 und 3 sind unanfechtbar. ²Auf eine unterlassene Übertragung kann die Revision nicht gestützt werden.

## §§ 7 bis 9 (weggefallen)

## § 10 Organisation des Bundesfinanzhofs

(1) Der Bundesfinanzhof besteht aus dem Präsidenten und aus den Vorsitzenden Richtern und weiteren Richtern in erforderlicher Anzahl.

(2) ¹Beim Bundesfinanzhof werden Senate gebildet. ²§ 5 Abs. 2 Satz 2 gilt sinngemäß.

(3) Die Senate des Bundesfinanzhofs entscheiden in der Besetzung von fünf Richtern, bei Beschlüssen außerhalb der mündlichen Verhandlung in der Besetzung von drei Richtern.

## § 11 Zuständigkeit des Großen Senats

(1) Bei dem Bundesfinanzhof wird ein Großer Senat gebildet.

(2) Der Große Senat entscheidet, wenn ein Senat in einer Rechtsfrage von der Entscheidung eines anderen Senats oder des Großen Senats abweichen will.

(3) ¹Eine Vorlage an den Großen Senat ist nur zulässig, wenn der Senat, von dessen Entscheidung abgewichen werden soll, auf Anfrage des erkennenden Senats erklärt hat, dass er an seiner Rechtsauffassung festhält. ²Kann der Senat, von dessen Entscheidung abgewichen werden soll, wegen einer Änderung des Geschäftsverteilungsplanes mit der Rechtsfrage nicht mehr befasst werden, tritt der Senat an seine Stelle, der nach dem Geschäftsverteilungsplan für den Fall, in dem abweichend entschieden wurde, nunmehr zuständig wäre. ³Über die Anfrage und die Antwort entscheidet der jeweilige Senat durch Beschluss in der für Urteile erforderlichen Besetzung.

(4) Der erkennende Senat kann eine Frage von grundsätzlicher Bedeutung dem Großen Senat zur Entscheidung vorlegen, wenn das nach seiner Auffassung zur Fortbildung des Rechts oder zur Sicherung einer einheitlichen Rechtsprechung erforderlich ist.

(5) ¹Der Große Senat besteht aus dem Präsidenten und je einem Richter der Senate, in denen der Präsident nicht den Vorsitz führt. ²Bei einer Verhinderung des Präsidenten tritt ein Richter aus dem Senat, dem er angehört, an seine Stelle.

(6) ¹Die Mitglieder und die Vertreter werden durch das Präsidium für ein Geschäftsjahr bestellt. ²Den Vorsitz im Großen Senat führt der Präsident, bei Verhinderung das dienstälteste Mitglied. ³Bei Stimmengleichheit gibt die Stimme des Vorsitzenden den Ausschlag.

(7) ¹Der Große Senat entscheidet nur über die Rechtsfrage. ²Er kann ohne mündliche Verhandlung entscheiden. ³Seine Entscheidung ist in der vorliegenden Sache für den erkennenden Senat bindend.

## § 12 Geschäftsstelle

¹Bei jedem Gericht wird eine Geschäftsstelle eingerichtet. ²Sie wird mit der erforderlichen Anzahl von Urkundsbeamten besetzt.

## § 13 Rechts- und Amtshilfe

Alle Gerichte und Verwaltungsbehörden leisten den Gerichten der Finanzgerichtsbarkeit Rechts- und Amtshilfe.

# Abschnitt II: Richter

## § 14 Richter auf Lebenszeit

(1) Die Richter werden auf Lebenszeit ernannt, soweit nicht in § 15 Abweichendes bestimmt ist.

(2) Die Richter des Bundesfinanzhofs müssen das 35. Lebensjahr vollendet haben.

## § 15 Richter auf Probe

Bei den Finanzgerichten können Richter auf Probe oder Richter kraft Auftrags verwendet werden.

# Abschnitt III: Ehrenamtliche Richter

## § 16 Stellung

Der ehrenamtliche Richter wirkt bei der mündlichen Verhandlung und der Urteilsfindung mit gleichen Rechten wie der Richter mit.

## § 17 Voraussetzungen für die Berufung[1)]

¹Der ehrenamtliche Richter muss Deutscher sein. ²Er soll das 25. Lebensjahr vollendet und seinen Wohnsitz oder seine gewerbliche oder berufliche Niederlassung innerhalb des Gerichtsbezirks haben.

## § 18 Ausschlussgründe

(1) Vom Amt des ehrenamtlichen Richters sind ausgeschlossen

1. Personen, die infolge Richterspruchs die Fähigkeit zur Bekleidung öffentlicher Ämter nicht besitzen oder wegen einer vorsätzlichen Tat zu einer Freiheitsstrafe von mehr als sechs Monaten oder innerhalb der letzten zehn Jahre wegen einer Steuer- oder Monopolstraftat verurteilt worden sind, soweit es sich nicht um eine Tat handelt, für die das nach der Verurteilung geltende Gesetz nur noch Geldbuße androht,
2. Personen, gegen die Anklage wegen einer Tat erhoben ist, die den Verlust der Fähigkeit zur Bekleidung öffentlicher Ämter zur Folge haben kann,
3. Personen, die nicht das Wahlrecht zu den gesetzgebenden Körperschaften des Landes besitzen.

(2) Personen, die in Vermögensverfall geraten sind, sollen nicht zu ehrenamtlichen Richtern berufen werden.

---

1) **Anm. d. Red.:** § 17 i. d. F. des Gesetzes v. 21. 12. 2004 (BGBl I S. 3599) mit Wirkung v. 1. 1. 2005.

## § 19 Unvereinbarkeit

Zum ehrenamtlichen Richter können nicht berufen werden
1. Mitglieder des Bundestages, des Europäischen Parlaments, der gesetzgebenden Körperschaften eines Landes, der Bundesregierung oder einer Landesregierung,
2. Richter,
3. Beamte und Angestellte der Steuerverwaltungen des Bundes und der Länder,
4. Berufssoldaten und Soldaten auf Zeit,
5. Rechtsanwälte, Notare, Patentanwälte, Steuerberater, Vorstandsmitglieder von Steuerberatungsgesellschaften, die nicht Steuerberater sind, ferner Steuerbevollmächtigte, Wirtschaftsprüfer, vereidigte Buchprüfer und Personen, die fremde Rechtsangelegenheiten geschäftsmäßig besorgen.

## § 20 Ablehnung der Berufung[1)]

(1) Die Berufung zum Amt des ehrenamtlichen Richters dürfen ablehnen
1. Geistliche und Religionsdiener,
2. Schöffen und andere ehrenamtliche Richter,
3. Personen, die zwei Amtsperioden lang als ehrenamtliche Richter beim Finanzgericht tätig gewesen sind,
4. Ärzte, Krankenpfleger, Hebammen,
5. Apothekenleiter, die kein pharmazeutisches Personal beschäftigen,
6. Personen, die die Regelaltersgrenze nach dem Sechsten Buch Sozialgesetzbuch erreicht haben.

(2) In besonderen Härtefällen kann außerdem auf Antrag von der Übernahme des Amtes befreit werden.

## § 21 Amtsentbindung

(1) Ein ehrenamtlicher Richter ist von seinem Amt zu entbinden, wenn er
1. nach den §§ 17 bis 19 nicht berufen werden konnte oder nicht mehr berufen werden kann oder
2. einen Ablehnungsgrund nach § 20 Abs. 1 geltend macht oder
3. seine Amtspflichten gröblich verletzt hat oder
4. die zur Ausübung seines Amtes erforderlichen geistigen oder körperlichen Fähigkeiten nicht mehr besitzt oder
5. seinen Wohnsitz oder seine gewerbliche oder berufliche Niederlassung im Gerichtsbezirk aufgibt.

(2) In besonderen Härtefällen kann außerdem auf Antrag von der weiteren Ausübung des Amtes entbunden werden.

(3) [1]Die Entscheidung trifft der vom Präsidium für jedes Geschäftsjahr im Voraus bestimmte Senat in den Fällen des Absatzes 1 Nr. 1, 3 und 4 auf Antrag des Präsidenten des Finanzgerichts, in den Fällen des Absatzes 1 Nr. 2 und 5 und des Absatzes 2 auf Antrag des ehrenamtlichen Richters. [2]Die Entscheidung ergeht durch Beschluss nach Anhörung des ehrenamtlichen Richters.

(4) Absatz 3 gilt sinngemäß in den Fällen des § 20 Abs. 2.

(5) Auf Antrag des ehrenamtlichen Richters ist die Entscheidung nach Absatz 3 aufzuheben, wenn Anklage nach § 18 Nr. 2 erhoben war und der Angeschuldigte rechtskräftig außer Verfolgung gesetzt oder freigesprochen worden ist.

---

1) **Anm. d. Red.:** § 20 Abs. 1 i. d. F. des Gesetzes v. 30. 7. 2009 (BGBl I S. 2449) mit Wirkung v. 5. 8. 2009.

## § 22 Wahl[1)]

Die ehrenamtlichen Richter werden für jedes Finanzgericht auf fünf Jahre durch einen Wahlausschuss nach Vorschlagslisten (§ 25) gewählt.

## § 23 Wahlausschuss[2)]

(1) Bei jedem Finanzgericht wird ein Ausschuss zur Wahl der ehrenamtlichen Richter bestellt.

(2) ¹Der Ausschuss besteht aus dem Präsidenten des Finanzgerichts als Vorsitzendem, einem durch die Oberfinanzdirektion zu bestimmenden Beamten der Landesfinanzverwaltung und sieben Vertrauensleuten, die die Voraussetzungen zur Berufung als ehrenamtlicher Richter erfüllen. ²Die Vertrauensleute, ferner sieben Vertreter werden auf fünf Jahre vom Landtag oder von einem durch ihn bestimmten Landtagsausschuss oder nach Maßgabe der Landesgesetze gewählt. ³In den Fällen des § 3 Abs. 2 und bei Bestehen eines Finanzgerichts für die Bezirke mehrerer Oberfinanzdirektionen innerhalb eines Landes richtet sich die Zuständigkeit der Oberfinanzdirektion für die Bestellung des Beamten der Landesfinanzverwaltung sowie des Landes für die Wahl der Vertrauensleute nach dem Sitz des Finanzgerichts. ⁴Die Landesgesetzgebung kann in diesen Fällen vorsehen, dass jede beteiligte Oberfinanzdirektion einen Beamten der Finanzverwaltung in den Ausschuss entsendet und dass jedes beteiligte Land mindestens zwei Vertrauensleute bestellt. ⁵In Fällen, in denen ein Land nach § 2a Abs. 1 des Finanzverwaltungsgesetzes auf Mittelbehörden verzichtet hat, ist für die Bestellung des Beamten der Landesfinanzverwaltung die oberste Landesbehörde im Sinne des § 2 Abs. 1 Nr. 1 des Finanzverwaltungsgesetzes zuständig.

(3) Der Ausschuss ist beschlussfähig, wenn wenigstens der Vorsitzende, ein Vertreter der Finanzverwaltung und drei Vertrauensleute anwesend sind.

## § 24 Bestimmung der Anzahl

Die für jedes Finanzgericht erforderliche Anzahl von ehrenamtlichen Richtern wird durch den Präsidenten so bestimmt, dass voraussichtlich jeder zu höchstens zwölf ordentlichen Sitzungstagen im Jahre herangezogen wird.

## § 25 Vorschlagsliste[3)]

¹Die Vorschlagsliste der ehrenamtlichen Richter wird in jedem fünften Jahr durch den Präsidenten des Finanzgerichts aufgestellt. ²Er soll zuvor die Berufsvertretungen hören. ³In die Vorschlagsliste soll die doppelte Anzahl der nach § 24 zu wählenden ehrenamtlichen Richter aufgenommen werden.

## § 26 Wahlverfahren

(1) Der Ausschuss wählt aus den Vorschlagslisten mit einer Mehrheit von mindestens zwei Dritteln der Stimmen die erforderliche Anzahl von ehrenamtlichen Richtern.

(2) Bis zur Neuwahl bleiben die bisherigen ehrenamtlichen Richter im Amt.

## § 27 Reihenfolge der Heranziehung

(1) ¹Das Präsidium des Finanzgerichts bestimmt vor Beginn des Geschäftsjahrs durch Aufstellung einer Liste die Reihenfolge, in der die ehrenamtlichen Richter heranzuziehen sind. ²Für jeden Senat ist eine Liste aufzustellen, die mindestens zwölf Namen enthalten muss.

---

1) **Anm. d. Red.:** § 22 i. d. F. des Gesetzes v. 21. 12. 2004 (BGBl I S. 3599) mit Wirkung v. 1. 1. 2005.
2) **Anm. d. Red.:** § 23 Abs. 2 i. d. F. des Gesetzes v. 21. 12. 2004 (BGBl I S. 3599) mit Wirkung v. 1. 1. 2005.
3) **Anm. d. Red.:** § 25 i. d. F. des Gesetzes v. 21. 12. 2004 (BGBl I S. 3599) mit Wirkung v. 1. 1. 2005.

(2) Für die Heranziehung von Vertretern bei unvorhergesehener Verhinderung kann eine Hilfsliste ehrenamtlicher Richter aufgestellt werden, die am Gerichtssitz oder in seiner Nähe wohnen.

## § 28 (weggefallen)

## § 29 Entschädigung[1]

Der ehrenamtliche Richter und der Vertrauensmann (§ 23) erhalten eine Entschädigung nach dem Justizvergütungs- und -entschädigungsgesetz.

## § 30 Ordnungsstrafen

(1) ¹Gegen einen ehrenamtlichen Richter, der sich ohne genügende Entschuldigung zu einer Sitzung nicht rechtzeitig einfindet oder der sich seinen Pflichten auf andere Weise entzieht, kann ein Ordnungsgeld festgesetzt werden. ²Zugleich können ihm die durch sein Verhalten verursachten Kosten auferlegt werden.

(2) ¹Die Entscheidung trifft der Vorsitzende. ²Er kann sie bei nachträglicher Entschuldigung ganz oder zum Teil aufheben.

## Abschnitt IV: Gerichtsverwaltung

### § 31 Dienstaufsicht

Der Präsident des Gerichts übt die Dienstaufsicht über die Richter, Beamten, Angestellten und Arbeiter aus.

### § 32 Verbot der Übertragung von Verwaltungsgeschäften

Dem Gericht dürfen keine Verwaltungsgeschäfte außerhalb der Gerichtsverwaltung übertragen werden.

## Abschnitt V: Finanzrechtsweg und Zuständigkeit

## Unterabschnitt 1: Finanzrechtsweg

### § 33 Zulässigkeit des Finanzrechtswegs

(1) Der Finanzrechtsweg ist gegeben
1. in öffentlich-rechtlichen Streitigkeiten über Abgabenangelegenheiten, soweit die Abgaben der Gesetzgebung des Bundes unterliegen und durch Bundesfinanzbehörden oder Landesfinanzbehörden verwaltet werden,
2. in öffentlich-rechtlichen Streitigkeiten über die Vollziehung von Verwaltungsakten in anderen als den in Nummer 1 bezeichneten Angelegenheiten, soweit die Verwaltungsakte durch Bundesfinanzbehörden oder Landesfinanzbehörden nach den Vorschriften der Abgabenordnung zu vollziehen sind,
3. in öffentlich-rechtlichen und berufsrechtlichen Streitigkeiten über Angelegenheiten, die durch den Ersten Teil, den Zweiten und den Sechsten Abschnitt des Zweiten Teils und den Ersten Abschnitt des Dritten Teils des Steuerberatungsgesetzes geregelt werden,
4. in anderen als den in den Nummern 1 bis 3 bezeichneten öffentlich-rechtlichen Streitigkeiten, soweit für diese durch Bundesgesetz oder Landesgesetz der Finanzrechtsweg eröffnet ist.

(2) Abgabenangelegenheiten im Sinne dieses Gesetzes sind alle mit der Verwaltung der Abgaben einschließlich der Abgabenvergütungen oder sonst mit der Anwendung der abgabenrecht-

---

1) **Anm. d. Red.:** § 29 i. d. F. des Gesetzes v. 5. 5. 2004 (BGBl I S. 718) mit Wirkung v. 1. 7. 2004.

lichen Vorschriften durch die Finanzbehörden zusammenhängenden Angelegenheiten einschließlich der Maßnahmen der Bundesfinanzbehörden zur Beachtung der Verbote und Beschränkungen für den Warenverkehr über die Grenze; den Abgabenangelegenheiten stehen die Angelegenheiten der Verwaltung der Finanzmonopole gleich.

(3) Die Vorschriften dieses Gesetzes finden auf das Straf- und Bußgeldverfahren keine Anwendung.

## § 34 (weggefallen)

## Unterabschnitt 2: Sachliche Zuständigkeit

### § 35 Zuständigkeit der Finanzgerichte

Das Finanzgericht entscheidet im ersten Rechtszug über alle Streitigkeiten, für die der Finanzrechtsweg gegeben ist.

### § 36 Zuständigkeit des Bundesfinanzhofs

Der Bundesfinanzhof entscheidet über das Rechtsmittel
1. der Revision gegen Urteile des Finanzgerichts und gegen Entscheidungen, die Urteilen des Finanzgerichts gleichstehen,
2. der Beschwerde gegen andere Entscheidungen des Finanzgerichts, des Vorsitzenden oder des Berichterstatters.

## § 37 (weggefallen)

## Unterabschnitt 3: Örtliche Zuständigkeit

### § 38 Örtliche Zuständigkeit des Finanzgerichts[1]

(1) Örtlich zuständig ist das Finanzgericht, in dessen Bezirk die Behörde, gegen welche die Klage gerichtet ist, ihren Sitz hat.

(2) ¹Ist die in Absatz 1 bezeichnete Behörde eine oberste Finanzbehörde, so ist das Finanzgericht zuständig, in dessen Bezirk der Kläger seinen Wohnsitz, seine Geschäftsleitung oder seinen gewöhnlichen Aufenthalt hat; bei Zöllen, Verbrauchsteuern und Monopolabgaben ist das Finanzgericht zuständig, in dessen Bezirk ein Tatbestand verwirklicht wird, an den das Gesetz die Abgabe knüpft. ²Hat der Kläger im Bezirk der obersten Finanzbehörde keinen Wohnsitz, keine Geschäftsleitung und keinen gewöhnlichen Aufenthalt, so findet Absatz 1 Anwendung.

(2a) ¹In Angelegenheiten des Familienleistungsausgleichs nach Maßgabe der §§ 62 bis 78 des Einkommensteuergesetzes ist das Finanzgericht zuständig, in dessen Bezirk der Kläger seinen Wohnsitz oder seinen gewöhnlichen Aufenthalt hat. ²Hat der Kläger im Inland keinen Wohnsitz und keinen gewöhnlichen Aufenthalt, ist das Finanzgericht zuständig, in dessen Bezirk die Behörde, gegen welche die Klage gerichtet ist, ihren Sitz hat.

(3) Befindet sich der Sitz einer Finanzbehörde außerhalb ihres Bezirks, so richtet sich die örtliche Zuständigkeit abweichend von Absatz 1 nach der Lage des Bezirks.

### § 39 Bestimmung des Finanzgerichts durch den Bundesfinanzhof

(1) Das zuständige Finanzgericht wird durch den Bundesfinanzhof bestimmt,
1. wenn das an sich zuständige Finanzgericht in einem einzelnen Fall an der Ausübung der Gerichtsbarkeit rechtlich oder tatsächlich verhindert ist,

---

1) **Anm. d. Red.:** § 38 Abs. 2a i. d. F. des Gesetzes v. 21.12.2015 (BGBl I S. 2517) mit Wirkung v. 31.12.2015.

2. wenn es wegen der Grenzen verschiedener Gerichtsbezirke ungewiss ist, welches Finanzgericht für den Rechtsstreit zuständig ist,
3. wenn verschiedene Finanzgerichte sich rechtskräftig für zuständig erklärt haben,
4. wenn verschiedene Finanzgerichte, von denen eines für den Rechtsstreit zuständig ist, sich rechtskräftig für unzuständig erklärt haben,
5. wenn eine örtliche Zuständigkeit nach § 38 nicht gegeben ist.

(2) ¹Jeder am Rechtsstreit Beteiligte und jedes mit dem Rechtsstreit befasste Finanzgericht kann den Bundesfinanzhof anrufen. ²Dieser kann ohne mündliche Verhandlung entscheiden.

## Zweiter Teil: Verfahren

## Abschnitt I: Klagearten, Klagebefugnis, Klagevoraussetzungen, Klageverzicht

### § 40 Anfechtungsklage, Verpflichtungsklage

(1) Durch Klage kann die Aufhebung, in den Fällen des § 100 Abs. 2 auch die Änderung eines Verwaltungsakts (Anfechtungsklage) sowie die Verurteilung zum Erlass eines abgelehnten oder unterlassenen Verwaltungsakts (Verpflichtungsklage) oder zu einer anderen Leistung begehrt werden.

(2) Soweit gesetzlich nichts anderes bestimmt ist, ist die Klage nur zulässig, wenn der Kläger geltend macht, durch den Verwaltungsakt oder durch die Ablehnung oder Unterlassung eines Verwaltungsakts oder einer anderen Leistung in seinen Rechten verletzt zu sein.

(3) Verwaltet eine Finanzbehörde des Bundes oder eines Landes eine Abgabe ganz oder teilweise für andere Abgabenberechtigte, so können diese in den Fällen Klage erheben, in denen der Bund oder das Land die Abgabe oder einen Teil der Abgabe unmittelbar oder mittelbar schulden würde.

### § 41 Feststellungsklage

(1) Durch Klage kann die Feststellung des Bestehens oder Nichtbestehens eines Rechtsverhältnisses oder der Nichtigkeit eines Verwaltungsakts begehrt werden, wenn der Kläger ein berechtigtes Interesse an der baldigen Feststellung hat (Feststellungsklage).

(2) ¹Die Feststellung kann nicht begehrt werden, soweit der Kläger seine Rechte durch Gestaltungs- oder Leistungsklage verfolgen kann oder hätte verfolgen können. ²Dies gilt nicht, wenn die Feststellung der Nichtigkeit eines Verwaltungsakts begehrt wird.

### § 42 Unanfechtbare Verwaltungsakte

Auf Grund der Abgabenordnung erlassene Änderungs- und Folgebescheide können nicht in weiterem Umfang angegriffen werden, als sie dem außergerichtlichen Vorverfahren angefochten werden können.

### § 43 Verbindung von Klagen

Mehrere Klagebegehren können vom Kläger in einer Klage zusammen verfolgt werden, wenn sie sich gegen denselben Beklagten richten, im Zusammenhang stehen und dasselbe Gericht zuständig ist.

### § 44 Außergerichtlicher Rechtsbehelf

(1) In den Fällen, in denen ein außergerichtlicher Rechtsbehelf gegeben ist, ist die Klage vorbehaltlich der §§ 45 und 46 nur zulässig, wenn das Vorverfahren über den außergerichtlichen Rechtsbehelf ganz oder zum Teil erfolglos geblieben ist.

(2) Gegenstand der Anfechtungsklage nach einem Vorverfahren ist der ursprüngliche Verwaltungsakt in der Gestalt, die er durch die Entscheidung über den außergerichtlichen Rechtsbehelf gefunden hat.

## § 45 Sprungklage

(1) ¹Die Klage ist ohne Vorverfahren zulässig, wenn die Behörde, die über den außergerichtlichen Rechtsbehelf zu entscheiden hat, innerhalb eines Monats nach Zustellung der Klageschrift dem Gericht gegenüber zustimmt. ²Hat von mehreren Berechtigten einer einen außergerichtlichen Rechtsbehelf eingelegt, ein anderer unmittelbar Klage erhoben, ist zunächst über den außergerichtlichen Rechtsbehelf zu entscheiden.

(2) ¹Das Gericht kann eine Klage, die nach Absatz 1 ohne Vorverfahren erhoben worden ist, innerhalb von drei Monaten nach Eingang der Akten der Behörde bei Gericht, spätestens innerhalb von sechs Monaten nach Klagezustellung, durch Beschluss an die zuständige Behörde zur Durchführung des Vorverfahrens abgeben, wenn eine weitere Sachaufklärung notwendig ist, die nach Art oder Umfang erhebliche Ermittlungen erfordert, und die Abgabe auch unter Berücksichtigung der Belange der Beteiligten sachdienlich ist. ²Der Beschluss ist unanfechtbar.

(3) Stimmt die Behörde im Fall des Absatzes 1 nicht zu oder gibt das Gericht die Klage nach Absatz 2 ab, ist die Klage als außergerichtlicher Rechtsbehelf zu behandeln.

(4) Die Klage ist außerdem ohne Vorverfahren zulässig, wenn die Rechtswidrigkeit der Anordnung eines dinglichen Arrests geltend gemacht wird.

## § 46 Untätigkeitsklage

(1) ¹Ist über einen außergerichtlichen Rechtsbehelf ohne Mitteilung eines zureichenden Grundes in angemessener Frist sachlich nicht entschieden worden, so ist die Klage abweichend von § 44 ohne vorherigen Abschluss des Vorverfahrens zulässig. ²Die Klage kann nicht vor Ablauf von sechs Monaten seit Einlegung des außergerichtlichen Rechtsbehelfs erhoben werden, es sei denn, dass wegen besonderer Umstände des Falles eine kürzere Frist geboten ist. ³Das Gericht kann das Verfahren bis zum Ablauf einer von ihm bestimmten Frist, die verlängert werden kann, aussetzen; wird dem außergerichtlichen Rechtsbehelf innerhalb dieser Frist stattgegeben oder der beantragte Verwaltungsakt innerhalb dieser Frist erlassen, so ist der Rechtsstreit in der Hauptsache als erledigt anzusehen.

(2) Absatz 1 Satz 2 und 3 gilt für die Fälle sinngemäß, in denen geltend gemacht wird, dass eine der in § 348 Nr. 3 und 4 der Abgabenordnung genannten Stellen über einen Antrag auf Vornahme eines Verwaltungsakts ohne Mitteilung eines zureichenden Grundes in angemessener Frist sachlich nicht entschieden hat.

## § 47 Frist für die Erhebung der Anfechtungsklage[1]

(1) ¹Die Frist für die Erhebung der Anfechtungsklage beträgt einen Monat; sie beginnt mit der Bekanntgabe der Entscheidung über den außergerichtlichen Rechtsbehelf, in den Fällen des § 45 und in den Fällen, in denen ein außergerichtlicher Rechtsbehelf nicht gegeben ist, mit der Bekanntgabe des Verwaltungsakts. ²Dies gilt für die Verpflichtungsklage sinngemäß, wenn der Antrag auf Vornahme des Verwaltungsakts abgelehnt worden ist.

(2) ¹Die Frist für die Erhebung der Klage gilt als gewahrt, wenn die Klage bei der Behörde, die den angefochtenen Verwaltungsakt oder die angefochtene Entscheidung erlassen oder den Beteiligten bekannt gegeben hat oder die nachträglich für den Steuerfall zuständig geworden ist, innerhalb der Frist angebracht oder zur Niederschrift gegeben wird. ²Die Behörde hat die Klageschrift in diesem Fall unverzüglich dem Gericht zu übermitteln.

---

1) **Anm. d. Red.:** § 47 Abs. 2 i. d. F. des Gesetzes v. 22. 3. 2005 (BGBl I S. 837) mit Wirkung v. 1. 4. 2005.

(3) Absatz 2 gilt sinngemäß bei einer Klage, die sich gegen die Feststellung von Besteuerungsgrundlagen oder gegen die Festsetzung eines Steuermessbetrags richtet, wenn sie bei der Stelle angebracht wird, die zur Erteilung des Steuerbescheids zuständig ist.

## § 48 Klagebefugnis

(1) Gegen Bescheide über die einheitliche und gesonderte Feststellung von Besteuerungsgrundlagen können Klage erheben:

1. zur Vertretung berufene Geschäftsführer oder, wenn solche nicht vorhanden sind, der Klagebevollmächtigte im Sinne des Absatzes 2;
2. wenn Personen nach Nummer 1 nicht vorhanden sind, jeder Gesellschafter, Gemeinschafter oder Mitberechtigte, gegen den der Feststellungsbescheid ergangen ist oder zu ergehen hätte;
3. auch wenn Personen nach Nummer 1 vorhanden sind, ausgeschiedene Gesellschafter, Gemeinschafter oder Mitberechtigte, gegen die der Feststellungsbescheid ergangen ist oder zu ergehen hätte;
4. soweit es sich darum handelt, wer an dem festgestellten Betrag beteiligt ist und wie dieser sich auf die einzelnen Beteiligten verteilt, jeder, der durch die Feststellungen hierzu berührt wird;
5. soweit es sich um eine Frage handelt, die einen Beteiligten persönlich angeht, jeder, der durch die Feststellungen über die Frage berührt wird.

(2) ¹Klagebefugt im Sinne des Absatzes 1 Nr. 1 ist der gemeinsame Empfangsbevollmächtigte im Sinne des § 183 Abs. 1 Satz 1 der Abgabenordnung oder des § 6 Abs. 1 Satz 1 der Verordnung über die gesonderte Feststellung von Besteuerungsgrundlagen nach § 180 Abs. 2 der Abgabenordnung vom 19. Dezember 1986 (BGBl I S. 2663). ²Haben die Feststellungsbeteiligten keinen gemeinsamen Empfangsbevollmächtigten bestellt, ist klagebefugt im Sinne des Absatzes 1 Nr. 1 der nach § 183 Abs. 1 Satz 2 der Abgabenordnung fingierte oder der nach § 183 Abs. 1 Satz 3 bis 5 der Abgabenordnung oder nach § 6 Abs. 1 Satz 3 bis 5 der Verordnung über die gesonderte Feststellung von Besteuerungsgrundlagen nach § 180 Abs. 2 der Abgabenordnung von der Finanzbehörde bestimmte Empfangsbevollmächtigte; dies gilt nicht für Feststellungsbeteiligte, die gegenüber der Finanzbehörde der Klagebefugnis des Empfangsbevollmächtigten widersprechen. ³Die Sätze 1 und 2 sind nur anwendbar, wenn die Beteiligten spätestens bei Erlass der Einspruchsentscheidung über die Klagebefugnis des Empfangsbevollmächtigten belehrt worden sind.

## § 49 (weggefallen)

## § 50 Klageverzicht

(1) ¹Auf die Erhebung der Klage kann nach Erlass des Verwaltungsakts verzichtet werden. ²Der Verzicht kann auch bei Abgabe einer Steueranmeldung ausgesprochen werden, wenn er auf den Fall beschränkt wird, dass die Steuer nicht abweichend von der Steueranmeldung festgesetzt wird. ³Eine trotz des Verzichts erhobene Klage ist unzulässig.

(1a) ¹Soweit Besteuerungsgrundlagen für ein Verständigungs- oder ein Schiedsverfahren nach einem Vertrag im Sinne des § 2 der Abgabenordnung von Bedeutung sein können, kann auf die Erhebung der Klage insoweit verzichtet werden. ²Die Besteuerungsgrundlage, auf die sich der Verzicht beziehen soll, ist genau zu bezeichnen.

(2) ¹Der Verzicht ist gegenüber der zuständigen Behörde schriftlich oder zur Niederschrift zu erklären; er darf keine weiteren Erklärungen enthalten. ²Wird nachträglich die Unwirksamkeit des Verzichts geltend gemacht, so gilt § 56 Abs. 3 sinngemäß.

## Abschnitt II: Allgemeine Verfahrensvorschriften

### § 51 Ausschließung und Ablehnung der Gerichtspersonen

(1) ¹Für die Ausschließung und Ablehnung der Gerichtspersonen gelten die §§ 41 bis 49 der Zivilprozessordnung sinngemäß. ²Gerichtspersonen können auch abgelehnt werden, wenn von ihrer Mitwirkung die Verletzung eines Geschäfts- oder Betriebsgeheimnisses oder Schaden für die geschäftliche Tätigkeit eines Beteiligten zu besorgen ist.

(2) Von der Ausübung des Amtes als Richter, als ehrenamtlicher Richter oder als Urkundsbeamter ist auch ausgeschlossen, wer bei dem vorausgegangenen Verwaltungsverfahren mitgewirkt hat.

(3) Besorgnis der Befangenheit nach § 42 der Zivilprozessordnung ist stets dann begründet, wenn der Richter oder ehrenamtliche Richter der Vertretung einer Körperschaft angehört oder angehört hat, deren Interessen durch das Verfahren berührt werden.

### § 52 Öffentlichkeit, Sitzungspolizei, Beratung, Abstimmung

(1) Die §§ 169, 171b bis 197 des Gerichtsverfassungsgesetzes über die Öffentlichkeit, Sitzungspolizei, Gerichtssprache, Beratung und Abstimmung gelten sinngemäß.

(2) Die Öffentlichkeit ist auch auszuschließen, wenn ein Beteiligter, der nicht Finanzbehörde ist, es beantragt.

(3) Bei der Abstimmung und Beratung dürfen auch die zu ihrer steuerrechtlichen Ausbildung beschäftigten Personen zugegen sein, soweit sie die Befähigung zum Richteramt besitzen und soweit der Vorsitzende ihre Anwesenheit gestattet.

### § 52a Elektronisches Dokument[1)]

(1) ¹Die Beteiligten können dem Gericht elektronische Dokumente übermitteln, soweit dies für den jeweiligen Zuständigkeitsbereich durch Rechtsverordnung der Bundesregierung oder der Landesregierungen zugelassen worden ist. ²Die Rechtsverordnung bestimmt den Zeitpunkt, von dem an Dokumente an ein Gericht elektronisch übermittelt werden können, sowie die Art und Weise, in der elektronische Dokumente einzureichen sind. ³Für Dokumente, die einem schriftlich zu unterzeichnenden Schriftstück gleichstehen, ist eine qualifizierte elektronische Signatur nach § 2 Nr. 3 des Signaturgesetzes vorzuschreiben. ⁴Neben der qualifizierten elektronischen Signatur kann auch ein anderes sicheres Verfahren zugelassen werden, das die Authentizität und die Integrität des übermittelten elektronischen Dokuments sicherstellt. ⁵Die Landesregierungen können die Ermächtigung auf die für die Finanzgerichtsbarkeit zuständigen obersten Landesbehörden übertragen. ⁶Die Zulassung der elektronischen Übermittlung kann auf einzelne Gerichte oder Verfahren beschränkt werden. ⁷Die Rechtsverordnung der Bundesregierung bedarf nicht der Zustimmung des Bundesrates.

(2) ¹Ein elektronisches Dokument ist dem Gericht zugegangen, wenn es in der nach Absatz 1 Satz 1 bestimmten Art und Weise übermittelt worden ist und wenn die für den Empfang bestimmte Einrichtung es aufgezeichnet hat. ²Die Vorschriften dieses Gesetzes über die Beifügung von Abschriften für die übrigen Beteiligten finden keine Anwendung. ³Genügt das Dokument nicht den Anforderungen, ist dies dem Absender unter Angabe der für das Gericht geltenden technischen Rahmenbedingungen unverzüglich mitzuteilen.

(3) Soweit eine handschriftliche Unterzeichnung durch den Richter oder den Urkundsbeamten der Geschäftsstelle vorgeschrieben ist, genügt dieser Form die Aufzeichnung als elektronisches Dokument, wenn die verantwortenden Personen am Ende des Dokuments ihren Namen hinzufügen und das Dokument mit einer qualifizierten elektronischen Signatur nach § 2 Nr. 3 des Signaturgesetzes versehen.

---

1) **Anm. d. Red.:** § 52a eingefügt gem. Gesetz v. 22. 3. 2005 (BGBl I S. 837) mit Wirkung v. 1. 4. 2005.

**(Gem. Art. 6 Nr. 1 i. V. mit Art. 26 Abs. 1 Gesetz v. 10. 10. 2013 (BGBl I S. 3786) wird § 52a – kursiv – mit Wirkung vom 1. 1. 2018 wie folgt gefasst:)**

### § 52a Elektronisches Dokument

*(1) Vorbereitende Schriftsätze und deren Anlagen, schriftlich einzureichende Anträge und Erklärungen der Beteiligten sowie schriftlich einzureichende Auskünfte, Aussagen, Gutachten, Übersetzungen und Erklärungen Dritter können nach Maßgabe der Absätze 2 bis 6 als elektronisches Dokument bei Gericht eingereicht werden.*

*(2) ¹Das elektronische Dokument muss für die Bearbeitung durch das Gericht geeignet sein. ²Die Bundesregierung bestimmt durch Rechtsverordnung mit Zustimmung des Bundesrates die für die Übermittlung und Bearbeitung geeigneten technischen Rahmenbedingungen.*

*(3) Das elektronische Dokument muss mit einer qualifizierten elektronischen Signatur der verantwortenden Person versehen sein oder von der verantwortenden Person signiert und auf einem sicheren Übermittlungsweg eingereicht werden.*

*(4) Sichere Übermittlungswege sind*

1. *der Postfach- und Versanddienst eines De-Mail-Kontos, wenn der Absender bei Versand der Nachricht sicher im Sinne des § 4 Absatz 1 Satz 2 des De-Mail-Gesetzes angemeldet ist und er sich die sichere Anmeldung gemäß § 5 Absatz 5 des De-Mail-Gesetzes bestätigen lässt,*
2. *der Übermittlungsweg zwischen dem besonderen elektronischen Anwaltspostfach nach § 31a der Bundesrechtsanwaltsordnung oder einem entsprechenden, auf gesetzlicher Grundlage errichteten elektronischen Postfach und der elektronischen Poststelle des Gerichts,*
3. *der Übermittlungsweg zwischen einem nach Durchführung eines Identifizierungsverfahrens eingerichteten Postfach einer Behörde oder einer juristischen Person des öffentlichen Rechts und der elektronischen Poststelle des Gerichts; das Nähere regelt die Verordnung nach Absatz 2 Satz 2,*
4. *sonstige bundeseinheitliche Übermittlungswege, die durch Rechtsverordnung der Bundesregierung mit Zustimmung des Bundesrates festgelegt werden, bei denen die Authentizität und Integrität der Daten sowie die Barrierefreiheit gewährleistet sind.*

*(5) ¹Ein elektronisches Dokument ist eingegangen, sobald es auf der für den Empfang bestimmten Einrichtung des Gerichts gespeichert ist. ²Dem Absender ist eine automatisierte Bestätigung über den Zeitpunkt des Eingangs zu erteilen. ³Die Vorschriften dieses Gesetzes über die Beifügung von Abschriften für die übrigen Beteiligten finden keine Anwendung.*

*(6) ¹Ist ein elektronisches Dokument für das Gericht zur Bearbeitung nicht geeignet, ist dies dem Absender unter Hinweis auf die Unwirksamkeit des Eingangs und die geltenden technischen Rahmenbedingungen unverzüglich mitzuteilen. ²Das Dokument gilt als zum Zeitpunkt der früheren Einreichung eingegangen, sofern der Absender es unverzüglich in einer für das Gericht zur Bearbeitung geeigneten Form nachreicht und glaubhaft macht, dass es mit dem zuerst eingereichten Dokument inhaltlich übereinstimmt.*

*(7) Soweit eine handschriftliche Unterzeichnung durch den Richter oder den Urkundsbeamten der Geschäftsstelle vorgeschrieben ist, genügt dieser Form die Aufzeichnung als elektronisches Dokument, wenn die verantwortenden Personen am Ende des Dokuments ihren Namen hinzufügen und das Dokument mit einer qualifizierten elektronischen Signatur nach § 2 Nr. 3 des Signaturgesetzes versehen.*

### § 52b Elektronische Akte[1)]

(1) ¹Die Prozessakten können elektronisch geführt werden. ²Die Bundesregierung und die Landesregierungen bestimmen jeweils für ihren Bereich durch Rechtsverordnung den Zeitpunkt, von dem an die Prozessakten elektronisch geführt werden. ³In der Rechtsverordnung sind die organisatorisch-technischen Rahmenbedingungen für die Bildung, Führung und Verwahrung

---

1) **Anm. d. Red.:** § 52b eingefügt gem. Gesetz v. 22. 3. 2005 (BGBl I S. 837) mit Wirkung v. 1. 4. 2005.

§ 52b  II. Finanzgerichtsordnung

der elektronischen Akten festzulegen. ⁴Die Landesregierungen können die Ermächtigung auf die für die Finanzgerichtsbarkeit zuständigen obersten Landesbehörden übertragen. ⁵Die Zulassung der elektronischen Akte kann auf einzelne Gerichte oder Verfahren beschränkt werden. ⁶Die Rechtsverordnung der Bundesregierung bedarf nicht der Zustimmung des Bundesrates.

(2) Dokumente, die nicht der Form entsprechen, in der die Akte geführt wird, sind in die entsprechende Form zu übertragen und in dieser Form zur Akte zu nehmen, soweit die Rechtsverordnung nach Absatz 1 nichts anderes bestimmt.

(3) Die Originaldokumente sind mindestens bis zum rechtskräftigen Abschluss des Verfahrens aufzubewahren.

(4) ¹Ist ein in Papierform eingereichtes Dokument in ein elektronisches Dokument übertragen worden, muss dieses den Vermerk enthalten, wann und durch wen die Übertragung vorgenommen worden ist. ²Ist ein elektronisches Dokument in die Papierform überführt worden, muss der Ausdruck den Vermerk enthalten, welches Ergebnis die Integritätsprüfung des Dokuments ausweist, wen die Signaturprüfung als Inhaber der Signatur ausweist und welchen Zeitpunkt die Signaturprüfung für die Anbringung der Signatur ausweist.

(5) Dokumente, die nach Absatz 2 hergestellt sind, sind für das Verfahren zugrunde zu legen, soweit kein Anlass besteht, an der Übereinstimmung mit dem eingereichten Dokument zu zweifeln.

**(Gem. Art. 6 Nr. 2 i. V. mit Art. 26 Abs. 1 Gesetz v. 10. 10. 2013 (BGBl I S. 3786) wird § 52b – kursiv – mit Wirkung vom 1. 1. 2018 wie folgt gefasst:)**

### § 52b  Elektronische Akte

*(1) ¹Die Prozessakten können elektronisch geführt werden. ²Die Bundesregierung und die Landesregierungen bestimmen jeweils für ihren Bereich durch Rechtsverordnung den Zeitpunkt, von dem an die Prozessakten elektronisch geführt werden. ³In der Rechtsverordnung sind die organisatorisch-technischen Rahmenbedingungen für die Bildung, Führung und Verwahrung der elektronischen Akten festzulegen. ⁴Die Landesregierungen können die Ermächtigung auf die für die Finanzgerichtsbarkeit zuständigen obersten Landesbehörden übertragen. ⁵Die Zulassung der elektronischen Akte kann auf einzelne Gerichte oder Verfahren beschränkt werden. ⁶Die Rechtsverordnung der Bundesregierung bedarf nicht der Zustimmung des Bundesrates.*

*(2) ¹Werden die Akten in Papierform geführt, ist von einem elektronischen Dokument ein Ausdruck für die Akten zu fertigen. ²Kann dies bei Anlagen zu vorbereitenden Schriftsätzen nicht oder nur mit unverhältnismäßigem Aufwand erfolgen, so kann ein Ausdruck unterbleiben. ³Die Daten sind in diesem Fall dauerhaft zu speichern; der Speicherort ist aktenkundig zu machen.*

*(3) Ist das elektronische Dokument auf einem sicheren Übermittlungsweg eingereicht, so ist dies aktenkundig zu machen.*

*(4) Wird das elektronische Dokument mit einer qualifizierten elektronischen Signatur versehen und nicht auf einem sicheren Übermittlungsweg eingereicht, muss der Ausdruck einen Vermerk darüber enthalten,*

*1. welches Ergebnis die Integritätsprüfung des Dokumentes ausweist,*
*2. wen die Signaturprüfung als Inhaber der Signatur ausweist,*
*3. welchen Zeitpunkt die Signaturprüfung für die Anbringung der Signatur ausweist.*

*(5) Ein eingereichtes elektronisches Dokument kann im Falle von Absatz 2 nach Ablauf von sechs Monaten gelöscht werden.*

*(6) ¹Wird die Akte in elektronischer Form geführt, sollen in Papierform eingereichte Schriftstücke und sonstige Unterlagen nach dem Stand der Technik in ein elektronisches Dokument übertragen werden. ²Es ist sicherzustellen, dass das elektronische Dokument mit den eingereichten Schriftstücken und sonstigen Unterlagen bildlich und inhaltlich übereinstimmt. ³Die in Papierform eingereichten Schriftstücke und sonstige Unterlagen können sechs Monate nach der Übertragung vernichtet werden, sofern sie nicht rückgabepflichtig sind.*

## § 52c Formulare; Verordnungsermächtigung[1)2)]

¹Das Bundesministerium der Justiz und für Verbraucherschutz kann durch Rechtsverordnung mit Zustimmung des Bundesrates elektronische Formulare einführen. ²Die Rechtsverordnung kann bestimmen, dass die in den Formularen enthaltenen Angaben ganz oder teilweise in strukturierter maschinenlesbarer Form zu übermitteln sind. ³Die Formulare sind auf einer in der Rechtsverordnung zu bestimmenden Kommunikationsplattform im Internet zur Nutzung bereitzustellen. ⁴Die Rechtsverordnung kann bestimmen, dass eine Identifikation des Formularverwenders abweichend von § 52a Absatz 3 auch durch Nutzung des elektronischen Identitätsnachweises nach § 18 des Personalausweisgesetzes oder § 78 Absatz 5 des Aufenthaltsgesetzes erfolgen kann.

(Gem. Art. 6 Nr. 4 i. V. mit Art. 26 Abs. 7 Gesetz v. 10. 10. 2013 (BGBl I S. 3786) wird folgender § 52d – kursiv – mit Wirkung vom 1. 1. 2022 eingefügt:)

## § 52d Nutzungspflicht für Rechtsanwälte, Behörden und vertretungsberechtigte Personen[1)]

*¹Vorbereitende Schriftsätze und deren Anlagen sowie schriftlich einzureichende Anträge und Erklärungen, die durch einen Rechtsanwalt, durch eine Behörde oder durch eine juristische Person des öffentlichen Rechts einschließlich der von ihr zur Erfüllung ihrer öffentlichen Aufgaben gebildeten Zusammenschlüsse eingereicht werden, sind als elektronisches Dokument zu übermitteln. ²Gleiches gilt für die nach diesem Gesetz vertretungsberechtigten Personen, für die ein sicherer Übermittlungsweg nach § 52a Absatz 4 Nummer 2 zur Verfügung steht. ³Ist eine Übermittlung aus technischen Gründen vorübergehend nicht möglich, bleibt die Übermittlung nach den allgemeinen Vorschriften zulässig. ⁴Die vorübergehende Unmöglichkeit ist bei der Ersatzeinreichung oder unverzüglich danach glaubhaft zu machen; auf Anforderung ist ein elektronisches Dokument nachzureichen.*

## § 53 Zustellung[3)]

(1) Anordnungen und Entscheidungen, durch die eine Frist in Lauf gesetzt wird, sowie Terminbestimmungen und Ladungen sind den Beteiligten zuzustellen, bei Verkündung jedoch nur, wenn es ausdrücklich vorgeschrieben ist.

(2) Zugestellt wird von Amts wegen nach den Vorschriften der Zivilprozessordnung.

(3) ¹Wer seinen Wohnsitz oder seinen Sitz nicht im Geltungsbereich dieses Gesetzes hat, hat auf Verlangen einen Zustellungsbevollmächtigten zu bestellen. ²Geschieht dies nicht, so gilt eine Sendung mit der Aufgabe zur Post als zugestellt, selbst wenn sie als unbestellbar zurückkommt.

## § 54 Fristen

(1) Der Lauf einer Frist beginnt, soweit nichts anderes bestimmt ist, mit der Bekanntgabe des Verwaltungsakts oder der Entscheidung oder mit dem Zeitpunkt, an dem die Bekanntgabe als bewirkt gilt.

(2) Für die Fristen gelten die Vorschriften der §§ 222, 224 Abs. 2 und 3, §§ 225 und 226 der Zivilprozessordnung.

---

1) **Anm. d. Red.:** Amtliche Überschrift.
2) **Anm. d. Red.:** § 52c i. d. F. der VO v. 31. 8. 2015 (BGBl I S. 1474) mit Wirkung v. 8. 9. 2015.
3) **Anm. d. Red.:** § 53 Abs. 2 i. d. F. des Gesetzes v. 25. 6. 2001 (BGBl I S. 1206) mit Wirkung v. 1. 7. 2002.

## § 55 Belehrung über Frist[1]

(1) Die Frist für einen Rechtsbehelf beginnt nur zu laufen, wenn der Beteiligte über den Rechtsbehelf, die Behörde oder das Gericht, bei denen der Rechtsbehelf anzubringen ist, den Sitz und die einzuhaltende Frist schriftlich oder elektronisch belehrt worden ist.

(2) ¹Ist die Belehrung unterblieben oder unrichtig erteilt, so ist die Einlegung des Rechtsbehelfs nur innerhalb eines Jahres seit Bekanntgabe im Sinne des § 54 Abs. 1 zulässig, es sei denn, dass die Einlegung vor Ablauf der Jahresfrist infolge höherer Gewalt unmöglich war oder eine schriftliche oder elektronische Belehrung dahin erfolgt ist, dass ein Rechtsbehelf nicht gegeben sei. ²§ 56 Abs. 2 gilt für den Fall höherer Gewalt sinngemäß.

## § 56 Wiedereinsetzung in den vorigen Stand[2]

(1) Wenn jemand ohne Verschulden verhindert war, eine gesetzliche Frist einzuhalten, so ist ihm auf Antrag Wiedereinsetzung in den vorigen Stand zu gewähren.

(2) ¹Der Antrag ist binnen zwei Wochen nach Wegfall des Hindernisses zu stellen; bei Versäumung der Frist zur Begründung der Revision oder der Nichtzulassungsbeschwerde beträgt die Frist einen Monat. ²Die Tatsachen zur Begründung des Antrags sind bei der Antragstellung oder im Verfahren über den Antrag glaubhaft zu machen. ³Innerhalb der Antragsfrist ist die versäumte Rechtshandlung nachzuholen. ⁴Ist dies geschehen, so kann Wiedereinsetzung auch ohne Antrag gewährt werden.

(3) Nach einem Jahr seit dem Ende der versäumten Frist kann Wiedereinsetzung nicht mehr beantragt oder ohne Antrag bewilligt werden, außer wenn der Antrag vor Ablauf der Jahresfrist infolge höherer Gewalt unmöglich war.

(4) Über den Antrag auf Wiedereinsetzung entscheidet das Gericht, das über die versäumte Rechtshandlung zu befinden hat.

(5) Die Wiedereinsetzung ist unanfechtbar.

## § 57 Beteiligte am Verfahren

Beteiligte am Verfahren sind
1. der Kläger,
2. der Beklagte,
3. der Beigeladene,
4. die Behörde, die dem Verfahren beigetreten ist (§ 122 Abs. 2).

## § 58 Prozessfähigkeit

(1) Fähig zur Vornahme von Verfahrenshandlungen sind
1. die nach dem bürgerlichen Recht Geschäftsfähigen,
2. die nach dem bürgerlichen Recht in der Geschäftsfähigkeit Beschränkten, soweit sie durch Vorschriften des bürgerlichen oder öffentlichen Rechts für den Gegenstand des Verfahrens als geschäftsfähig anerkannt sind.

(2) ¹Für rechtsfähige und nichtrechtsfähige Personenvereinigungen, für Personen, die geschäftsunfähig oder in der Geschäftsfähigkeit beschränkt sind, für alle Fälle der Vermögensverwaltung und für andere einer juristischen Person ähnliche Gebilde, die als solche der Besteuerung unterliegen, sowie bei Wegfall eines Steuerpflichtigen handeln die nach dem bürgerlichen Recht dazu befugten Personen. ²Die §§ 53 bis 58 der Zivilprozessordnung gelten sinngemäß.

(3) Betrifft ein Einwilligungsvorbehalt nach § 1903 des Bürgerlichen Gesetzbuchs den Gegenstand des Verfahrens, so ist ein geschäftsfähiger Betreuter nur insoweit zur Vornahme von Ver-

---

1) **Anm. d. Red.:** § 55 i. d. F. des Gesetzes v. 22. 3. 2005 (BGBl I S. 837) mit Wirkung v. 1. 4. 2005.
2) **Anm. d. Red.:** § 56 Abs. 2 i. d. F. des Gesetzes v. 24. 8. 2004 (BGBl I S. 2198) mit Wirkung v. 1. 9. 2004.

fahrenshandlungen fähig, als er nach den Vorschriften des bürgerlichen Rechts ohne Einwilligung des Betreuers handeln kann oder durch Vorschriften des öffentlichen Rechts als handlungsfähig anerkannt ist.

## § 59 Streitgenossenschaft

Die Vorschriften der §§ 59 bis 63 der Zivilprozessordnung über die Streitgenossenschaft sind sinngemäß anzuwenden.

## § 60 Beiladung

(1) ¹Das Finanzgericht kann von Amts wegen oder auf Antrag andere beiladen, deren rechtliche Interessen nach den Steuergesetzen durch die Entscheidung berührt werden, insbesondere solche, die nach den Steuergesetzen neben dem Steuerpflichtigen haften. ²Vor der Beiladung ist der Steuerpflichtige zu hören, wenn er am Verfahren beteiligt ist.

(2) Wird eine Abgabe für einen anderen Abgabenberechtigten verwaltet, so kann dieser nicht deshalb beigeladen werden, weil seine Interessen als Abgabenberechtigter durch die Entscheidung berührt werden.

(3) ¹Sind an dem streitigen Rechtsverhältnis Dritte derart beteiligt, dass die Entscheidung auch ihnen gegenüber nur einheitlich ergehen kann, so sind sie beizuladen (notwendige Beiladung). ²Dies gilt nicht für Mitberechtigte, die nach § 48 nicht klagebefugt sind.

(4) ¹Der Beiladungsbeschluss ist allen Beteiligten zuzustellen. ²Dabei sollen der Stand der Sache und der Grund der Beiladung angegeben werden.

(5) Die als Mitberechtigte Beigeladenen können aufgefordert werden, einen gemeinsamen Zustellungsbevollmächtigten zu benennen.

(6) ¹Der Beigeladene kann innerhalb der Anträge eines als Kläger oder Beklagter Beteiligten selbständig Angriffs- und Verteidigungsmittel geltend machen und alle Verfahrenshandlungen wirksam vornehmen. ²Abweichende Sachanträge kann er nur stellen, wenn eine notwendige Beiladung vorliegt.

## § 60a Einschränkung der Beiladung[1]

¹Kommt nach § 60 Abs. 3 die Beiladung von mehr als 50 Personen in Betracht, kann das Gericht durch Beschluss anordnen, dass nur solche Personen beigeladen werden, die dies innerhalb einer bestimmten Frist beantragen. ²Der Beschluss ist unanfechtbar. ³Er ist im Bundesanzeiger bekannt zu machen. ⁴Er muss außerdem in Tageszeitungen veröffentlicht werden, die in dem Bereich verbreitet sind, in dem sich die Entscheidung voraussichtlich auswirken wird. ⁵Die Bekanntmachung kann zusätzlich in einem von dem Gericht für Bekanntmachungen bestimmten Informations- und Kommunikationssystem erfolgen. ⁶Die Frist muss mindestens drei Monate seit Veröffentlichung im Bundesanzeiger betragen. ⁷In der Veröffentlichung in Tageszeitungen ist mitzuteilen, an welchem Tage die Frist abläuft. ⁸Für die Wiedereinsetzung in den vorigen Stand wegen Versäumung der Frist gilt § 56 entsprechend. ⁹Das Gericht soll Personen, die von der Entscheidung erkennbar in besonderem Maße betroffen werden, auch ohne Antrag beiladen.

## § 61 (weggefallen)

## § 62 Bevollmächtigte und Beistände[2]

(1) Die Beteiligten können vor dem Finanzgericht den Rechtsstreit selbst führen.

---

1) **Anm. d. Red.:** § 60a i. d. F. des Gesetzes v. 22. 12. 2011 (BGBl I S. 3044) mit Wirkung v. 1. 4. 2012.
2) **Anm. d. Red.:** § 62 Abs. 1, 3 bis 7 i. d. F. des Gesetzes v. 12. 12. 2007 (BGBl I S. 2840) mit Wirkung v. 1. 7. 2008; Abs. 2 i. d. F. des Gesetzes v. 30. 7. 2009 (BGBl I S. 2449) mit Wirkung v. 5. 8. 2009.

## § 62

(2) ¹Die Beteiligten können sich durch einen Rechtsanwalt, Steuerberater, Steuerbevollmächtigten, Wirtschaftsprüfer oder vereidigten Buchprüfer als Bevollmächtigten vertreten lassen; zur Vertretung berechtigt sind auch Gesellschaften im Sinne des § 3 Nr. 2 und 3 des Steuerberatungsgesetzes, die durch solche Personen handeln. ²Darüber hinaus sind als Bevollmächtigte vor dem Finanzgericht vertretungsbefugt nur

1. Beschäftigte des Beteiligten oder eines mit ihm verbundenen Unternehmens (§ 15 des Aktiengesetzes); Behörden und juristische Personen des öffentlichen Rechts einschließlich der von ihnen zur Erfüllung ihrer öffentlichen Aufgaben gebildeten Zusammenschlüsse können sich auch durch Beschäftigte anderer Behörden oder juristischer Personen des öffentlichen Rechts einschließlich der von ihnen zur Erfüllung ihrer öffentlichen Aufgaben gebildeten Zusammenschlüsse vertreten lassen,
2. volljährige Familienangehörige (§ 15 der Abgabenordnung, § 11 des Lebenspartnerschaftsgesetzes), Personen mit Befähigung zum Richteramt und Streitgenossen, wenn die Vertretung nicht im Zusammenhang mit einer entgeltlichen Tätigkeit steht,
3. Personen und Vereinigungen im Sinne des § 3a des Steuerberatungsgesetzes im Rahmen ihrer Befugnisse nach § 3a des Steuerberatungsgesetzes,
4. landwirtschaftliche Buchstellen im Rahmen ihrer Befugnisse nach § 4 Nr. 8 des Steuerberatungsgesetzes,
5. Lohnsteuerhilfevereine im Rahmen ihrer Befugnisse nach § 4 Nr. 11 des Steuerberatungsgesetzes,
6. Gewerkschaften und Vereinigungen von Arbeitgebern sowie Zusammenschlüsse solcher Verbände für ihre Mitglieder oder für andere Verbände oder Zusammenschlüsse mit vergleichbarer Ausrichtung und deren Mitglieder,
7. juristische Personen, deren Anteile sämtlich im wirtschaftlichen Eigentum einer der in Nummer 6 bezeichneten Organisationen stehen, wenn die juristische Person ausschließlich die Rechtsberatung und Prozessvertretung dieser Organisation und ihrer Mitglieder oder anderer Verbände oder Zusammenschlüsse mit vergleichbarer Ausrichtung und deren Mitglieder entsprechend deren Satzung durchführt, und wenn die Organisation für die Tätigkeit der Bevollmächtigten haftet.

³Bevollmächtigte, die keine natürlichen Personen sind, handeln durch ihre Organe und mit der Prozessvertretung beauftragten Vertreter.

(3) ¹Das Gericht weist Bevollmächtigte, die nicht nach Maßgabe des Absatzes 2 vertretungsbefugt sind, durch unanfechtbaren Beschluss zurück. ²Prozesshandlungen eines nicht vertretungsbefugten Bevollmächtigten und Zustellungen oder Mitteilungen an diesen Bevollmächtigten sind bis zu seiner Zurückweisung wirksam. ³Das Gericht kann den in Absatz 2 Satz 2 bezeichneten Bevollmächtigten durch unanfechtbaren Beschluss die weitere Vertretung untersagen, wenn sie nicht in der Lage sind, das Sach- und Streitverhältnis sachgerecht darzustellen.

(4) ¹Vor dem Bundesfinanzhof müssen sich die Beteiligten durch Prozessbevollmächtigte vertreten lassen. ²Dies gilt auch für Prozesshandlungen, durch die ein Verfahren vor dem Bundesfinanzhof eingeleitet wird. ³Als Bevollmächtigte sind nur die in Absatz 2 Satz 1 bezeichneten Personen und Gesellschaften zugelassen. ⁴Behörden und juristische Personen des öffentlichen Rechts einschließlich der von ihnen zur Erfüllung ihrer öffentlichen Aufgaben gebildeten Zusammenschlüsse können sich durch eigene Beschäftigte mit Befähigung zum Richteramt oder durch Beschäftigte mit Befähigung zum Richteramt anderer Behörden oder juristischer Personen des öffentlichen Rechts einschließlich der von ihnen zur Erfüllung ihrer öffentlichen Aufgaben gebildeten Zusammenschlüsse vertreten lassen. ⁵Ein Beteiligter, der nach Maßgabe des Satzes 3 zur Vertretung berechtigt ist, kann sich selbst vertreten.

(5) ¹Richter dürfen nicht als Bevollmächtigte vor dem Gericht auftreten, dem sie angehören. ²Ehrenamtliche Richter dürfen, außer in den Fällen des Absatzes 2 Satz 2 Nr. 1, nicht vor einem Spruchkörper auftreten, dem sie angehören. ³Absatz 3 Satz 1 und 2 gilt entsprechend.

(6) ¹Die Vollmacht ist schriftlich zu den Gerichtsakten einzureichen. ²Sie kann nachgereicht werden; hierfür kann das Gericht eine Frist bestimmen. ³Der Mangel der Vollmacht kann in jeder Lage des Verfahrens geltend gemacht werden. ⁴Das Gericht hat den Mangel der Vollmacht von Amts wegen zu berücksichtigen, wenn nicht als Bevollmächtigter eine in Absatz 2 Satz 1 bezeichnete Person oder Gesellschaft auftritt. ⁵Ist ein Bevollmächtigter bestellt, sind die Zustellungen oder Mitteilungen des Gerichts an ihn zu richten.

(7) ¹In der Verhandlung können die Beteiligten mit Beiständen erscheinen. ²Beistand kann sein, wer in Verfahren, in denen die Beteiligten den Rechtsstreit selbst führen können, als Bevollmächtigter zur Vertretung in der Verhandlung befugt ist. ³Das Gericht kann andere Personen als Beistand zulassen, wenn dies sachdienlich ist und hierfür nach den Umständen des Einzelfalls ein Bedürfnis besteht. ⁴Absatz 3 Satz 1 und 3 und Absatz 5 gelten entsprechend. ⁵Das von dem Beistand Vorgetragene gilt als von dem Beteiligten vorgebracht, soweit es nicht von diesem sofort widerrufen oder berichtigt wird.

## § 62a (weggefallen)[1]

## Abschnitt III: Verfahren im ersten Rechtszug

### § 63 Passivlegitimation

(1) Die Klage ist gegen die Behörde zu richten,

1. die den ursprünglichen Verwaltungsakt erlassen oder
2. die den beantragten Verwaltungsakt oder die andere Leistung unterlassen oder abgelehnt hat oder
3. der gegenüber die Feststellung des Bestehens oder Nichtbestehens eines Rechtsverhältnisses oder der Nichtigkeit eines Verwaltungsakts begehrt wird.

(2) Ist vor Erlass der Entscheidung über den Einspruch eine andere als die ursprünglich zuständige Behörde für den Steuerfall örtlich zuständig geworden, so ist die Klage zu richten

1. gegen die Behörde, welche die Einspruchsentscheidung erlassen hat,
2. wenn über einen Einspruch ohne Mitteilung eines zureichenden Grundes in angemessener Frist sachlich nicht entschieden worden ist (§ 46), gegen die Behörde, die im Zeitpunkt der Klageerhebung für den Steuerfall örtlich zuständig ist.

(3) Hat eine Behörde, die auf Grund gesetzlicher Vorschrift berechtigt ist, für die zuständige Behörde zu handeln, den ursprünglichen Verwaltungsakt erlassen oder den beantragten Verwaltungsakt oder die andere Leistung unterlassen oder abgelehnt, so ist die Klage gegen die zuständige Behörde zu richten.

### § 64 Form der Klageerhebung

(1) Die Klage ist bei dem Gericht schriftlich oder zur Niederschrift des Urkundsbeamten der Geschäftsstelle zu erheben.

(2) Der Klage sollen Abschriften für die übrigen Beteiligten beigefügt werden; § 77 Abs. 2 gilt sinngemäß.

### § 65 Inhalt der Klage[2]

(1) ¹Die Klage muss den Kläger, den Beklagten, den Gegenstand des Klagebegehrens, bei Anfechtungsklagen auch den Verwaltungsakt und die Entscheidung über den außergerichtlichen Rechtsbehelf bezeichnen. ²Sie soll einen bestimmten Antrag enthalten. ³Die zur Begründung

---

1) **Anm. d. Red.:** § 62a weggefallen gem. Gesetz v. 12.12.2007 (BGBl I S. 2840) mit Wirkung v. 1.7.2008.
2) **Anm. d. Red.:** § 65 Abs. 1 i. d. F. des Gesetzes v. 10.10.2013 (BGBl I S. 3786) mit Wirkung v. 1.7.2014; Abs. 2 i. d. F. des Gesetzes v. 22.3.2005 (BGBl I S. 837) mit Wirkung v. 1.4.2005.

dienenden Tatsachen und Beweismittel sollen angegeben werden. ⁴Der Klage soll eine Abschrift des angefochtenen Verwaltungsakts und der Einspruchsentscheidung beigefügt werden.

(2) ¹Entspricht die Klage diesen Anforderungen nicht, hat der Vorsitzende oder der nach § 21g des Gerichtsverfassungsgesetzes zuständige Berufsrichter (Berichterstatter) den Kläger zu der erforderlichen Ergänzung innerhalb einer bestimmten Frist aufzufordern. ²Er kann dem Kläger für die Ergänzung eine Frist mit ausschließender Wirkung setzen, wenn es an einem der in Absatz 1 Satz 1 genannten Erfordernisse fehlt. ³Für die Wiedereinsetzung in den vorigen Stand wegen Versäumung der Frist gilt § 56 entsprechend.

### § 66 Rechtshängigkeit
Durch Erhebung der Klage wird die Streitsache rechtshängig.

### § 67 Klageänderung
(1) Eine Änderung der Klage ist zulässig, wenn die übrigen Beteiligten einwilligen oder das Gericht die Änderung für sachdienlich hält; § 68 bleibt unberührt.

(2) Die Einwilligung des Beklagten in die Änderung der Klage ist anzunehmen, wenn er sich, ohne ihr zu widersprechen, in einem Schriftsatz oder in einer mündlichen Verhandlung auf die geänderte Klage eingelassen hat.

(3) Die Entscheidung, dass eine Änderung der Klage nicht vorliegt oder zuzulassen ist, ist nicht selbständig anfechtbar.

### § 68 Änderung des angefochtenen Verwaltungsakts[1)]
¹Wird der angefochtene Verwaltungsakt nach Bekanntgabe der Einspruchsentscheidung geändert oder ersetzt, so wird der neue Verwaltungsakt Gegenstand des Verfahrens. ²Ein Einspruch gegen den neuen Verwaltungsakt ist insoweit ausgeschlossen. ³Die Finanzbehörde hat dem Gericht, bei dem das Verfahren anhängig ist, eine Abschrift des neuen Verwaltungsakts zu übermitteln. ⁴Satz 1 gilt entsprechend, wenn

1. ein Verwaltungsakt nach § 129 der Abgabenordnung berichtigt wird oder
2. ein Verwaltungsakt an die Stelle eines angefochtenen unwirksamen Verwaltungsakts tritt.

### § 69 Aussetzung der Vollziehung
(1) ¹Durch Erhebung der Klage wird die Vollziehung des angefochtenen Verwaltungsakts vorbehaltlich des Absatzes 5 nicht gehemmt, insbesondere die Erhebung einer Abgabe nicht aufgehalten. ²Entsprechendes gilt bei Anfechtung von Grundlagenbescheiden für die darauf beruhenden Folgebescheide.

(2) ¹Die zuständige Finanzbehörde kann die Vollziehung ganz oder teilweise aussetzen. ²Auf Antrag soll die Aussetzung erfolgen, wenn ernstliche Zweifel an der Rechtmäßigkeit des angefochtenen Verwaltungsakts bestehen oder wenn die Vollziehung für den Betroffenen eine unbillige, nicht durch überwiegende öffentliche Interessen gebotene Härte zur Folge hätte. ³Die Aussetzung kann von einer Sicherheitsleistung abhängig gemacht werden. ⁴Soweit die Vollziehung eines Grundlagenbescheides ausgesetzt wird, ist auch die Vollziehung eines Folgebescheides auszusetzen. ⁵Der Erlass eines Folgebescheides bleibt zulässig. ⁶Über eine Sicherheitsleistung ist bei der Aussetzung eines Folgebescheides zu entscheiden, es sei denn, dass bei der Aussetzung der Vollziehung des Grundlagenbescheides die Sicherheitsleistung ausdrücklich ausgeschlossen worden ist. ⁷Ist der Verwaltungsakt schon vollzogen, tritt an die Stelle der Aussetzung der Vollziehung die Aufhebung der Vollziehung. ⁸Bei Steuerbescheiden sind die Aussetzung und die Aufhebung der Vollziehung auf die festgesetzte Steuer, vermindert um die anzurechnenden Steuerabzugsbeträge, um die anzurechnende Körperschaftsteuer und um die festgesetzten Voraus-

---

1) **Anm. d. Red.:** § 68 i. d. F. des Gesetzes v. 22. 3. 2005 (BGBl I S. 837) mit Wirkung v. 1. 4. 2005.

zahlungen, beschränkt; dies gilt nicht, wenn die Aussetzung oder Aufhebung der Vollziehung zur Abwendung wesentlicher Nachteile nötig erscheint.

(3) ¹Auf Antrag kann das Gericht der Hauptsache die Vollziehung ganz oder teilweise aussetzen; Absatz 2 Satz 2 bis 6 und § 100 Abs. 2 Satz 2 gelten sinngemäß. ²Der Antrag kann schon vor Erhebung der Klage gestellt werden. ³Ist der Verwaltungsakt im Zeitpunkt der Entscheidung schon vollzogen, kann das Gericht ganz oder teilweise die Aufhebung der Vollziehung, auch gegen Sicherheit, anordnen. ⁴Absatz 2 Satz 8 gilt entsprechend. ⁵In dringenden Fällen kann der Vorsitzende entscheiden.

(4) ¹Der Antrag nach Absatz 3 ist nur zulässig, wenn die Behörde einen Antrag auf Aussetzung der Vollziehung ganz oder zum Teil abgelehnt hat. ²Das gilt nicht, wenn

1. die Finanzbehörde über den Antrag ohne Mitteilung eines zureichenden Grundes in angemessener Frist sachlich nicht entschieden hat oder
2. eine Vollstreckung droht.

(5) ¹Durch Erhebung der Klage gegen die Untersagung des Gewerbebetriebes oder der Berufsausübung wird die Vollziehung des angefochtenen Verwaltungsakts gehemmt. ²Die Behörde, die den Verwaltungsakt erlassen hat, kann die hemmende Wirkung durch besondere Anordnung ganz oder zum Teil beseitigen, wenn sie es im öffentlichen Interesse für geboten hält; sie hat das öffentliche Interesse schriftlich zu begründen. ³Auf Antrag kann das Gericht der Hauptsache die hemmende Wirkung wiederherstellen, wenn ernstliche Zweifel an der Rechtmäßigkeit des Verwaltungsakts bestehen. ⁴In dringenden Fällen kann der Vorsitzende entscheiden.

(6) ¹Das Gericht der Hauptsache kann Beschlüsse über Anträge nach den Absätzen 3 und 5 Satz 3 jederzeit ändern oder aufheben. ²Jeder Beteiligte kann die Änderung oder Aufhebung wegen veränderter oder im ursprünglichen Verfahren ohne Verschulden nicht geltend gemachter Umstände beantragen.

(7) Lehnt die Behörde die Aussetzung der Vollziehung ab, kann das Gericht nur nach den Absätzen 3 und 5 Satz 3 angerufen werden.

## § 70 Sachliche und örtliche Zuständigkeit des Gerichts

¹Für die sachliche und örtliche Zuständigkeit gelten die §§ 17 bis 17b des Gerichtsverfassungsgesetzes entsprechend. ²Beschlüsse entsprechend § 17a Abs. 2 und 3 des Gerichtsverfassungsgesetzes sind unanfechtbar.

## § 71 Zustellung der Klageschrift[1]

(1) ¹Die Klageschrift ist dem Beklagten von Amts wegen zuzustellen. ²Zugleich mit der Zustellung der Klage ist der Beklagte aufzufordern, sich schriftlich oder zur Niederschrift des Urkundsbeamten der Geschäftsstelle zu äußern. ³Hierfür kann eine Frist gesetzt werden.

(2) Die beteiligte Finanzbehörde hat die den Streitfall betreffenden Akten nach Empfang der Klageschrift an das Gericht zu übermitteln.

## § 72 Klagerücknahme[2]

(1) ¹Der Kläger kann seine Klage bis zur Rechtskraft des Urteils zurücknehmen. ²Nach Schluss der mündlichen Verhandlung, bei Verzicht auf die mündliche Verhandlung und nach Ergehen eines Gerichtsbescheides ist die Rücknahme nur mit Einwilligung des Beklagten möglich. ³Die Einwilligung gilt als erteilt, wenn der Klagerücknahme nicht innerhalb von zwei Wochen seit Zustellung des die Rücknahme enthaltenden Schriftsatzes widersprochen wird; das Gericht hat auf diese Folge hinzuweisen.

---

1) **Anm. d. Red.:** § 71 Abs. 2 i. d. F. des Gesetzes v. 22. 3. 2005 (BGBl I S. 837) mit Wirkung v. 1. 4. 2005.
2) **Anm. d. Red.:** § 72 Abs. 1 i. d. F. des Gesetzes v. 24. 8. 2004 (BGBl I S. 2198) mit Wirkung v. 1. 9. 2004.

(1a) ¹Soweit Besteuerungsgrundlagen für ein Verständigungs- oder ein Schiedsverfahren nach einem Vertrag im Sinne des § 2 der Abgabenordnung von Bedeutung sein können, kann die Klage hierauf begrenzt zurückgenommen werden. ²§ 50 Abs. 1a Satz 2 gilt entsprechend.

(2) ¹Die Rücknahme hat bei Klagen, deren Erhebung an eine Frist gebunden ist, den Verlust der Klage zur Folge. ²Wird die Klage zurückgenommen, so stellt das Gericht das Verfahren durch Beschluss ein. ³Wird nachträglich die Unwirksamkeit der Klagerücknahme geltend gemacht, so gilt § 56 Abs. 3 sinngemäß.

### § 73 Verbindung mehrerer Verfahren

(1) ¹Das Gericht kann durch Beschluss mehrere bei ihm anhängige Verfahren zu gemeinsamer Verhandlung und Entscheidung verbinden und wieder trennen. ²Es kann anordnen, dass mehrere in einem Verfahren zusammengefasste Klagegegenstände in getrennten Verfahren verhandelt und entschieden werden.

(2) Ist die Klage von jemandem erhoben, der wegen dieses Klagegegenstands nach § 60 Abs. 3 zu einem anderen Verfahren beizuladen wäre, so wird die notwendige Beiladung des Klägers dadurch ersetzt, dass die beiden Verfahren zu gemeinsamer Verhandlung und einheitlicher Entscheidung verbunden werden.

### § 74 Aussetzung der Verhandlung

Das Gericht kann, wenn die Entscheidung des Rechtsstreits ganz oder zum Teil von dem Bestehen oder Nichtbestehen eines Rechtsverhältnisses abhängt, das den Gegenstand eines anderen anhängigen Rechtsstreits bildet oder von einer Verwaltungsbehörde festzustellen ist, anordnen, dass die Verhandlung bis zur Erledigung des anderen Rechtsstreits oder bis zur Entscheidung der Verwaltungsbehörde auszusetzen sei.

### § 75 Mitteilung der Besteuerungsgrundlagen

Den Beteiligten sind, soweit es noch nicht geschehen ist, die Unterlagen der Besteuerung auf Antrag oder, wenn der Inhalt der Klageschrift dazu Anlass gibt, von Amts wegen mitzuteilen.

### § 76 Erforschung des Sachverhalts durch das Gericht[1)]

(1) ¹Das Gericht erforscht den Sachverhalt von Amts wegen. ²Die Beteiligten sind dabei heranzuziehen. ³Sie haben ihre Erklärungen über tatsächliche Umstände vollständig und der Wahrheit gemäß abzugeben und sich auf Anforderung des Gerichts zu den von den anderen Beteiligten vorgebrachten Tatsachen zu erklären. ⁴§ 90 Abs. 2, § 93 Abs. 3 Satz 2, §§ 97, 99, 100 der Abgabenordnung gelten sinngemäß. ⁵Das Gericht ist an das Vorbringen und an die Beweisanträge der Beteiligten nicht gebunden.

(2) Der Vorsitzende hat darauf hinzuwirken, dass Formfehler beseitigt, sachdienliche Anträge gestellt, unklare Anträge erläutert, ungenügende tatsächliche Angaben ergänzt, ferner alle für die Feststellung und Beurteilung des Sachverhalts wesentlichen Erklärungen abgegeben werden.

(3) ¹Erklärungen und Beweismittel, die erst nach Ablauf der von der Finanzbehörde nach § 364b Abs. 1 der Abgabenordnung gesetzten Frist im Einspruchsverfahren oder im finanzgerichtlichen Verfahren vorgebracht werden, kann das Gericht zurückweisen und ohne weitere Ermittlungen entscheiden. ²§ 79b Abs. 3 gilt entsprechend.

(4) Die Verpflichtung der Finanzbehörde zur Ermittlung des Sachverhalts (§§ 88, 89 Abs. 1 der Abgabenordnung) wird durch das finanzgerichtliche Verfahren nicht berührt.

---

1) **Anm. d. Red.:** § 76 Abs. 1 i. d. F. des Gesetzes v. 26. 6. 2013 (BGBl I S. 1809) mit Wirkung v. 30. 6. 2013; Abs. 4 i. d. F. des Gesetzes v. 5. 9. 2006 (BGBl I S. 2098) mit Wirkung v. 12. 9. 2006.

## § 77 Schriftsätze[1)]

(1) ¹Die Beteiligten sollen zur Vorbereitung der mündlichen Verhandlung Schriftsätze einreichen. ²Hierzu kann der Vorsitzende sie unter Fristsetzung auffordern. ³Den Schriftsätzen sollen Abschriften für die übrigen Beteiligten beigefügt werden. ⁴Die Schriftsätze sind den Beteiligten von Amts wegen zu übermitteln.

(2) ¹Den Schriftsätzen sind die Urkunden, auf die Bezug genommen wird, in Abschrift ganz oder im Auszug beizufügen. ²Sind die Urkunden dem Gegner bereits bekannt oder sehr umfangreich, so genügt die genaue Bezeichnung mit dem Anerbieten, Einsicht bei Gericht zu gewähren.

## § 77a (weggefallen)[2)]

## § 78 Akteneinsicht[3)]

(1) Die Beteiligten können die Gerichtsakte und die dem Gericht vorgelegten Akten einsehen.

(2) ¹Beteiligte können sich auf ihre Kosten durch die Geschäftsstelle Ausfertigungen, Auszüge, Ausdrucke und Abschriften erteilen lassen. ²Nach dem Ermessen des Vorsitzenden kann Bevollmächtigten, die zu den in § 3 Nr. 1 und § 4 Nr. 1 und 2 des Steuerberatungsgesetzes bezeichneten natürlichen Personen gehören, der elektronische Zugriff auf den Inhalt der Akten gestattet oder der Inhalt der Akten elektronisch übermittelt werden. ³§ 79a Abs. 4 gilt entsprechend. ⁴Bei einem elektronischen Zugriff auf den Inhalt der Akten ist sicherzustellen, dass der Zugriff nur durch den Bevollmächtigten erfolgt. ⁵Für die Übermittlung von elektronischen Dokumenten ist die Gesamtheit der Dokumente mit einer qualifizierten elektronischen Signatur nach § 2 Nr. 3 des Signaturgesetzes zu versehen und gegen unbefugte Kenntnisnahme zu schützen.

(3) Die Entwürfe zu Urteilen, Beschlüssen und Verfügungen, die Arbeiten zu ihrer Vorbereitung, ferner die Dokumente, die Abstimmungen oder Ordnungsstrafen des Gerichts betreffen, werden weder vorgelegt noch abschriftlich mitgeteilt.

## § 79 Vorbereitung der mündlichen Verhandlung[4)]

(1) ¹Der Vorsitzende oder der Berichterstatter hat schon vor der mündlichen Verhandlung alle Anordnungen zu treffen, die notwendig sind, um den Rechtsstreit möglichst in einer mündlichen Verhandlung zu erledigen. ²Er kann insbesondere
1. die Beteiligten zur Erörterung des Sach- und Streitstandes und zur gütlichen Beilegung des Rechtsstreits laden;
2. den Beteiligten die Ergänzung oder Erläuterung ihrer vorbereitenden Schriftsätze, die Vorlegung von Urkunden, die Übermittlung von elektronischen Dokumenten und die Vorlegung von anderen zur Niederlegung bei Gericht geeigneten Gegenständen aufgeben, insbesondere eine Frist zur Erklärung über bestimmte klärungsbedürftige Punkte setzen;
3. Auskünfte einholen;
4. die Vorlage von Urkunden oder die Übermittlung von elektronischen Dokumenten anordnen;
5. das persönliche Erscheinen der Beteiligten anordnen; § 80 gilt entsprechend;
6. Zeugen und Sachverständige zur mündlichen Verhandlung laden.

(2) Die Beteiligten sind von jeder Anordnung zu benachrichtigen.

---

1) **Anm. d. Red.:** § 77 Abs. 1 i. d. F. des Gesetzes v. 22. 3. 2005 (BGBl I S. 837) mit Wirkung v. 1. 4. 2005; Abs. 2 i. d. F. des Gesetzes v. 10. 10. 2013 (BGBl I S. 3786) mit Wirkung v. 1. 7. 2014.
2) **Anm. d. Red.:** § 77a weggefallen gem. Gesetz v. 22. 3. 2005 (BGBl I S. 837) mit Wirkung v. 1. 4. 2005.
3) **Anm. d. Red.:** § 78 i. d. F. des Gesetzes v. 22. 3. 2005 (BGBl I S. 837) mit Wirkung v. 1. 4. 2005.
4) **Anm. d. Red.:** § 79 Abs. 1 i. d. F. des Gesetzes v. 22. 3. 2005 (BGBl I S. 837) mit Wirkung v. 1. 4. 2005.

(3) ¹Der Vorsitzende oder der Berichterstatter kann einzelne Beweise erheben. ²Dies darf nur insoweit geschehen, als es zur Vereinfachung der Verhandlung vor dem Gericht sachdienlich und von vornherein anzunehmen ist, dass das Gericht das Beweisergebnis auch ohne unmittelbaren Eindruck von dem Verlauf der Beweisaufnahme sachgemäß zu würdigen vermag.

### § 79a Entscheidung des Vorsitzenden im vorbereitenden Verfahren[1)]

(1) Der Vorsitzende entscheidet, wenn die Entscheidung im vorbereitenden Verfahren ergeht,
1. über die Aussetzung und das Ruhen des Verfahrens;
2. bei Zurücknahme der Klage, auch über einen Antrag auf Prozesskostenhilfe;
3. bei Erledigung des Rechtsstreits in der Hauptsache, auch über einen Antrag auf Prozesskostenhilfe;
4. über den Streitwert;
5. über Kosten;
6. über die Beiladung.

(2) ¹Der Vorsitzende kann ohne mündliche Verhandlung durch Gerichtsbescheid (§ 90a) entscheiden. ²Dagegen ist nur der Antrag auf mündliche Verhandlung innerhalb eines Monats nach Zustellung des Gerichtsbescheides gegeben.

(3) Im Einverständnis der Beteiligten kann der Vorsitzende auch sonst anstelle des Senats entscheiden.

(4) Ist ein Berichterstatter bestellt, so entscheidet dieser anstelle des Vorsitzenden.

### § 79b Fristsetzung zur Angabe von Tatsachen[2)]

(1) ¹Der Vorsitzende oder der Berichterstatter kann dem Kläger eine Frist setzen zur Angabe der Tatsachen, durch deren Berücksichtigung oder Nichtberücksichtigung im Verwaltungsverfahren er sich beschwert fühlt. ²Die Fristsetzung nach Satz 1 kann mit der Fristsetzung nach § 65 Abs. 2 Satz 2 verbunden werden.

(2) Der Vorsitzende oder der Berichterstatter kann einem Beteiligten unter Fristsetzung aufgeben, zu bestimmten Vorgängen
1. Tatsachen anzugeben oder Beweismittel zu bezeichnen,
2. Urkunden oder andere bewegliche Sachen vorzulegen oder elektronische Dokumente zu übermitteln, soweit der Beteiligte dazu verpflichtet ist.

(3) ¹Das Gericht kann Erklärungen und Beweismittel, die erst nach Ablauf einer nach den Absätzen 1 und 2 gesetzten Frist vorgebracht werden, zurückweisen und ohne weitere Ermittlungen entscheiden, wenn
1. ihre Zulassung nach der freien Überzeugung des Gerichts die Erledigung des Rechtsstreits verzögern würde und
2. der Beteiligte die Verspätung nicht genügend entschuldigt und
3. der Beteiligte über die Folgen einer Fristversäumnis belehrt worden ist.

²Der Entschuldigungsgrund ist auf Verlangen des Gerichts glaubhaft zu machen. ³Satz 1 gilt nicht, wenn es mit geringem Aufwand möglich ist, den Sachverhalt auch ohne Mitwirkung des Beteiligten zu ermitteln.

### § 80 Persönliches Erscheinen

(1) ¹Das Gericht kann das persönliche Erscheinen eines Beteiligten anordnen. ²Für den Fall des Ausbleibens kann es Ordnungsgeld wie gegen einen im Vernehmungstermin nicht erschiene-

---

1) **Anm. d. Red.:** § 79a Abs. 1 i. d. F. des Gesetzes v. 24. 8. 2004 (BGBl I S. 2198) mit Wirkung v. 1. 9. 2004.
2) **Anm. d. Red.:** § 79b Abs. 2 i. d. F. des Gesetzes v. 22. 3. 2005 (BGBl I S. 837) mit Wirkung v. 1. 4. 2005.

nen Zeugen androhen. ³Bei schuldhaftem Ausbleiben setzt das Gericht durch Beschluss das angedrohte Ordnungsgeld fest. ⁴Androhung und Festsetzung des Ordnungsgelds können wiederholt werden.

(2) Ist Beteiligter eine juristische Person oder eine Vereinigung, so ist das Ordnungsgeld dem nach Gesetz oder Satzung Vertretungsberechtigten anzudrohen und gegen ihn festzusetzen.

(3) Das Gericht kann einer beteiligten öffentlich-rechtlichen Körperschaft oder Behörde aufgeben, zur mündlichen Verhandlung einen Beamten oder Angestellten zu entsenden, der mit einem schriftlichen Nachweis über die Vertretungsbefugnis versehen und über die Sach- und Rechtslage ausreichend unterrichtet ist.

## § 81 Beweiserhebung

(1) ¹Das Gericht erhebt Beweis in der mündlichen Verhandlung. ²Es kann insbesondere Augenschein einnehmen, Zeugen, Sachverständige und Beteiligte vernehmen und Urkunden heranziehen.

(2) Das Gericht kann in geeigneten Fällen schon vor der mündlichen Verhandlung durch eines seiner Mitglieder als beauftragten Richter Beweis erheben lassen oder durch Bezeichnung der einzelnen Beweisfragen ein anderes Gericht um die Beweisaufnahme ersuchen.

## § 82 Verfahren bei der Beweisaufnahme[1)]

Soweit die §§ 83 bis 89 nicht abweichende Vorschriften enthalten, sind auf die Beweisaufnahme die §§ 358 bis 371, 372 bis 377, 380 bis 382, 386 bis 414 und 450 bis 494 der Zivilprozessordnung sinngemäß anzuwenden.

## § 83 Benachrichtigung der Beteiligten

¹Die Beteiligten werden von allen Beweisterminen benachrichtigt und können der Beweisaufnahme beiwohnen. ²Sie können an Zeugen und Sachverständige sachdienliche Fragen richten. ³Wird eine Frage beanstandet, so entscheidet das Gericht.

## § 84 Zeugnisverweigerungsrecht

(1) Für das Recht zur Verweigerung des Zeugnisses und die Pflicht zur Belehrung über das Zeugnisverweigerungsrecht gelten die §§ 101 bis 103 der Abgabenordnung sinngemäß.

(2) Wer als Angehöriger zur Verweigerung des Zeugnisses berechtigt ist, kann die Ableistung des Eides verweigern.

## § 85 Pflichten der Zeugen[2)]

¹Zeugen, die nicht aus dem Gedächtnis aussagen können, haben Dokumente und Geschäftsbücher, die ihnen zur Verfügung stehen, einzusehen und, soweit nötig, Aufzeichnungen daraus zu entnehmen. ²Die Vorschriften der §§ 97, 99, 100, 104 der Abgabenordnung gelten sinngemäß.

## § 86 Vorlage- und Auskunftspflicht der Behörden[3)]

(1) Behörden sind zur Vorlage von Urkunden und Akten, zur Übermittlung elektronischer Dokumente und zu Auskünften verpflichtet, soweit nicht durch das Steuergeheimnis (§ 30 der Abgabenordnung) geschützte Verhältnisse Dritter unbefugt offenbart werden.

(2) Wenn das Bekanntwerden von Urkunden, elektronischer Dokumente oder Akten oder von Auskünften dem Wohle des Bundes oder eines deutschen Landes Nachteile bereiten würde oder

---

1) **Anm. d. Red.:** § 82 i. d. F. des Gesetzes v. 22. 3. 2005 (BGBl I S. 837) mit Wirkung v. 1. 4. 2005.

2) **Anm. d. Red.:** § 85 i. d. F. des Gesetzes v. 26. 6. 2013 (BGBl I S. 1809) mit Wirkung v. 30. 6. 2013.

3) **Anm. d. Red.:** § 86 i. d. F. des Gesetzes v. 22. 3. 2005 (BGBl I S. 837) mit Wirkung v. 1. 4. 2005.

wenn die Vorgänge aus anderen Gründen als nach Absatz 1 nach einem Gesetz oder ihrem Wesen nach geheim gehalten werden müssen, kann die zuständige oberste Aufsichtsbehörde die Vorlage von Urkunden oder Akten, die Übermittlung elektronischer Dokumente und die Erteilung der Auskünfte verweigern.

(3) ¹Auf Antrag eines Beteiligten stellt der Bundesfinanzhof in den Fällen der Absätze 1 und 2 ohne mündliche Verhandlung durch Beschluss fest, ob die Verweigerung der Vorlage der Urkunden oder Akten, der Übermittlung elektronischer Dokumente oder die Verweigerung der Erteilung von Auskünften rechtmäßig ist. ²Der Antrag ist bei dem für die Hauptsache zuständigen Gericht zu stellen. ³Auf Aufforderung des Bundesfinanzhofs hat die oberste Aufsichtsbehörde die verweigerten Dokumente oder Akten vorzulegen oder zu übermitteln oder ihm die verweigerten Auskünfte zu erteilen. ⁴Sie ist zu diesem Verfahren beizuladen. ⁵Das Verfahren unterliegt den Vorschriften des materiellen Geheimschutzes. ⁶Können diese nicht eingehalten werden oder macht die zuständige oberste Aufsichtsbehörde geltend, dass besondere Gründe der Geheimhaltung oder des Geheimschutzes einer Übergabe oder Übermittlung der Dokumente oder der Akten an den Bundesfinanzhof entgegenstehen, wird die Vorlage nach Satz 3 dadurch bewirkt, dass die Dokumente oder Akten dem Bundesfinanzhof in von der obersten Aufsichtsbehörde bestimmten Räumlichkeiten zur Verfügung gestellt werden. ⁷Für die nach Satz 3 vorgelegten oder übermittelten Dokumente oder Akten und für die gemäß Satz 5 geltend gemachten besonderen Gründen gilt § 78 nicht. ⁸Die Mitglieder des Bundesfinanzhofs sind zur Geheimhaltung verpflichtet; die Entscheidungsgründe dürfen Art und Inhalt der geheim gehaltenen Dokumente oder Akten und Auskünfte nicht erkennen lassen. ⁹Für das nichtrichterliche Personal gelten die Regelungen des personellen Geheimschutzes.

### § 87 Zeugnis von Behörden und Verbänden

Wenn von Behörden, von Verbänden und Vertretungen von Betriebs- oder Berufszweigen, von geschäftlichen oder gewerblichen Unternehmungen, Gesellschaften oder Anstalten Zeugnis begehrt wird, ist das Ersuchen, falls nicht bestimmte Personen als Zeugen in Betracht kommen, an den Vorstand oder an die Geschäfts- oder Betriebsleitung zu richten.

### § 88 Ablehnung von Sachverständigen

Die Beteiligten können Sachverständige auch ablehnen, wenn von deren Heranziehung eine Verletzung eines Geschäfts- oder Betriebsgeheimnisses oder Schaden für ihre geschäftliche Tätigkeit zu befürchten ist.

### § 89 Erzwingung der Vorlage von Urkunden[1)]

Für die Erzwingung einer gesetzlich vorgeschriebenen Vorlage von Urkunden und elektronischen Dokumenten gelten § 380 der Zivilprozessordnung und § 255 der Abgabenordnung sinngemäß.

### § 90 Grundsatz der mündlichen Verhandlung

(1) ¹Das Gericht entscheidet, soweit nichts anderes bestimmt ist, auf Grund mündlicher Verhandlung. ²Entscheidungen des Gerichts, die nicht Urteile sind, können ohne mündliche Verhandlung ergehen.

(2) Mit Einverständnis der Beteiligten kann das Gericht ohne mündliche Verhandlung entscheiden.

### § 90a Entscheidung durch Gerichtsbescheid

(1) Das Gericht kann in geeigneten Fällen ohne mündliche Verhandlung durch Gerichtsbescheid entscheiden.

---

1) **Anm. d. Red.:** § 89 i. d. F. des Gesetzes v. 22. 3. 2005 (BGBl I S. 837) mit Wirkung v. 1. 4. 2005.

(2) ¹Die Beteiligten können innerhalb eines Monats nach Zustellung des Gerichtsbescheides mündliche Verhandlung beantragen. ²Hat das Finanzgericht in dem Gerichtsbescheid die Revision zugelassen, können sie auch Revision einlegen. ³Wird von beiden Rechtsbehelfen Gebrauch gemacht, findet mündliche Verhandlung statt.

(3) Der Gerichtsbescheid wirkt als Urteil; wird rechtzeitig mündliche Verhandlung beantragt, gilt er als nicht ergangen.

(4) Wird mündliche Verhandlung beantragt, kann das Gericht in dem Urteil von einer weiteren Darstellung des Tatbestands und der Entscheidungsgründe absehen, soweit es der Begründung des Gerichtsbescheides folgt und dies in seiner Entscheidung feststellt.

### § 91 Ladung der Beteiligten

(1) ¹Sobald der Termin zur mündlichen Verhandlung bestimmt ist, sind die Beteiligten mit einer Ladungsfrist von mindestens zwei Wochen, beim Bundesfinanzhof von mindestens vier Wochen, zu laden. ²In dringenden Fällen kann der Vorsitzende die Frist abkürzen.

(2) Bei der Ladung ist darauf hinzuweisen, dass beim Ausbleiben eines Beteiligten auch ohne ihn verhandelt und entschieden werden kann.

(3) Das Gericht kann Sitzungen auch außerhalb des Gerichtssitzes abhalten, wenn dies zur sachdienlichen Erledigung notwendig ist.

(4) § 227 Abs. 3 Satz 1 der Zivilprozessordnung ist nicht anzuwenden.

### § 91a Mündliche Verhandlung sowie Vernehmung von Zeugen und Sachverständigen per Videokonferenz[1]

(1) ¹Das Gericht kann den Beteiligten, ihren Bevollmächtigten und Beiständen auf Antrag oder von Amts wegen gestatten, sich während einer mündlichen Verhandlung an einem anderen Ort aufzuhalten und dort Verfahrenshandlungen vorzunehmen. ²Die Verhandlung wird zeitgleich in Bild und Ton an diesen Ort und in das Sitzungszimmer übertragen.

(2) ¹Das Gericht kann auf Antrag gestatten, dass sich ein Zeuge, ein Sachverständiger oder ein Beteiligter während einer Vernehmung an einem anderen Ort aufhält. ²Die Vernehmung wird zeitgleich in Bild und Ton an diesen Ort und in das Sitzungszimmer übertragen. ³Ist Beteiligten, Bevollmächtigten und Beiständen nach Absatz 1 Satz 1 gestattet worden, sich an einem anderen Ort aufzuhalten, so wird die Vernehmung auch an diesen Ort übertragen.

(3) ¹Die Übertragung wird nicht aufgezeichnet. ²Entscheidungen nach Absatz 1 Satz 1 und Absatz 2 Satz 1 sind unanfechtbar.

(4) Die Absätze 1 und 3 gelten entsprechend für Erörterungstermine (§ 79 Absatz 1 Satz 2 Nummer 1).

### § 92 Gang der Verhandlung

(1) Der Vorsitzende eröffnet und leitet die mündliche Verhandlung.

(2) Nach Aufruf der Sache trägt der Vorsitzende oder der Berichterstatter den wesentlichen Inhalt der Akten vor.

(3) Hierauf erhalten die Beteiligten das Wort, um ihre Anträge zu stellen und zu begründen.

### § 93 Erörterung der Streitsache

(1) Der Vorsitzende hat die Streitsache mit den Beteiligten tatsächlich und rechtlich zu erörtern.

(2) ¹Der Vorsitzende hat jedem Mitglied des Gerichts auf Verlangen zu gestatten, Fragen zu stellen. ²Wird eine Frage beanstandet, so entscheidet das Gericht.

---

1) **Anm. d. Red.:** § 91a i. d. F. des Gesetzes v. 25. 4. 2013 (BGBl I S. 935) mit Wirkung v. 1. 11. 2013.

(3) ¹Nach Erörterung der Streitsache erklärt der Vorsitzende die mündliche Verhandlung für geschlossen. ²Das Gericht kann die Wiedereröffnung beschließen.

### § 93a (weggefallen)[1]

### § 94 Niederschrift
Für die Niederschrift gelten die §§ 159 bis 165 der Zivilprozessordnung entsprechend.

### § 94a Verfahren nach billigem Ermessen[2]
¹Das Gericht kann sein Verfahren nach billigem Ermessen bestimmen, wenn der Streitwert bei einer Klage, die eine Geldleistung oder einen hierauf gerichteten Verwaltungsakt betrifft, fünfhundert Euro nicht übersteigt. ²Auf Antrag eines Beteiligten muss mündlich verhandelt werden. ³Das Gericht entscheidet über die Klage durch Urteil; § 76 über den Untersuchungsgrundsatz und § 79a Abs. 2, § 90a über den Gerichtsbescheid bleiben unberührt.

## Abschnitt IV: Urteile und andere Entscheidungen

### § 95 Urteil
Über die Klage wird, soweit nichts anderes bestimmt ist, durch Urteil entschieden.

### § 96 Freie Beweiswürdigung, Urteilsinhalt
(1) ¹Das Gericht entscheidet nach seiner freien, aus dem Gesamtergebnis des Verfahrens gewonnenen Überzeugung; die §§ 158, 160, 162 der Abgabenordnung gelten sinngemäß. ²Das Gericht darf über das Klagebegehren nicht hinausgehen, ist aber an die Fassung der Anträge nicht gebunden. ³In dem Urteil sind die Gründe anzugeben, die für die richterliche Überzeugung leitend gewesen sind.

(2) Das Urteil darf nur auf Tatsachen und Beweisergebnisse gestützt werden, zu denen die Beteiligten sich äußern konnten.

### § 97 Zwischenurteil über Klagezulässigkeit
Über die Zulässigkeit der Klage kann durch Zwischenurteil vorab entschieden werden.

### § 98 Teilurteil
Ist nur ein Teil des Streitgegenstands zur Entscheidung reif, so kann das Gericht ein Teilurteil erlassen.

### § 99 Vorabentscheidung durch Zwischenurteil
(1) Ist bei einer Leistungsklage oder einer Anfechtungsklage gegen einen Verwaltungsakt ein Anspruch nach Grund und Betrag strittig, so kann das Gericht durch Zwischenurteil über den Grund vorab entscheiden.

(2) Das Gericht kann durch Zwischenurteil über eine entscheidungserhebliche Sach- oder Rechtsfrage vorab entscheiden, wenn dies sachdienlich ist und nicht der Kläger oder der Beklagte widerspricht.

### § 100 Aufhebung und Änderung angefochtener Verwaltungsakte
(1) ¹Soweit ein angefochtener Verwaltungsakt rechtswidrig und der Kläger dadurch in seinen Rechten verletzt ist, hebt das Gericht den Verwaltungsakt und die etwaige Entscheidung über

---

1) **Anm. d. Red.:** § 93a weggefallen gem. Gesetz v. 25. 4. 2013 (BGBl I S. 935) mit Wirkung v. 1. 11. 2013.

2) **Anm. d. Red.:** § 94a Satz 1 i. d. F. der amtlichen Anmerkung zu § 94a der FGO-Neufassung v. 28. 3. 2001 (BGBl I S. 443) mit Wirkung v. 1. 1. 2001.

den außergerichtlichen Rechtsbehelf auf; die Finanzbehörde ist an die rechtliche Beurteilung gebunden, die der Aufhebung zugrunde liegt, an die tatsächliche so weit, als nicht neu bekannt werdende Tatsachen und Beweismittel eine andere Beurteilung rechtfertigen. ²Ist der Verwaltungsakt schon vollzogen, so kann das Gericht auf Antrag auch aussprechen, dass und wie die Finanzbehörde die Vollziehung rückgängig zu machen hat. ³Dieser Ausspruch ist nur zulässig, wenn die Behörde dazu in der Lage und diese Frage spruchreif ist. ⁴Hat sich der Verwaltungsakt vorher durch Zurücknahme oder anders erledigt, so spricht das Gericht auf Antrag durch Urteil aus, dass der Verwaltungsakt rechtswidrig gewesen ist, wenn der Kläger ein berechtigtes Interesse an dieser Feststellung hat.

(2) ¹Begehrt der Kläger die Änderung eines Verwaltungsakts, der einen Geldbetrag festsetzt oder eine darauf bezogene Feststellung trifft, kann das Gericht den Betrag in anderer Höhe festsetzen oder die Feststellung durch eine andere ersetzen. ²Erfordert die Ermittlung des festzusetzenden oder festzustellenden Betrags einen nicht unerheblichen Aufwand, kann das Gericht die Änderung des Verwaltungsakts durch Angabe der zu Unrecht berücksichtigten oder nicht berücksichtigten tatsächlichen oder rechtlichen Verhältnisse so bestimmen, dass die Behörde den Betrag auf Grund der Entscheidung errechnen kann. ³Die Behörde teilt den Beteiligten das Ergebnis der Neuberechnung unverzüglich formlos mit; nach Rechtskraft der Entscheidung ist der Verwaltungsakt mit dem geänderten Inhalt neu bekannt zu geben.

(3) ¹Hält das Gericht eine weitere Sachaufklärung für erforderlich, kann es, ohne in der Sache selbst zu entscheiden, den Verwaltungsakt und die Entscheidung über den außergerichtlichen Rechtsbehelf aufheben, soweit nach Art oder Umfang die noch erforderlichen Ermittlungen erheblich sind und die Aufhebung auch unter Berücksichtigung der Belange der Beteiligten sachdienlich ist. ²Satz 1 gilt nicht, soweit der Steuerpflichtige seiner Erklärungspflicht nicht nachgekommen ist und deshalb die Besteuerungsgrundlagen geschätzt worden sind. ³Auf Antrag kann das Gericht bis zum Erlass des neuen Verwaltungsakts eine einstweilige Regelung treffen, insbesondere bestimmen, dass Sicherheiten geleistet werden oder ganz oder zum Teil bestehen bleiben und Leistungen zunächst nicht zurückgewährt werden müssen. ⁴Der Beschluss kann jederzeit geändert oder aufgehoben werden. ⁵Eine Entscheidung nach Satz 1 kann nur binnen sechs Monaten seit Eingang der Akten der Behörde bei Gericht ergehen.

(4) Kann neben der Aufhebung eines Verwaltungsakts eine Leistung verlangt werden, so ist im gleichen Verfahren auch die Verurteilung zur Leistung zulässig.

## § 101 Urteil auf Erlass eines Verwaltungsakts

¹Soweit die Ablehnung oder Unterlassung eines Verwaltungsakts rechtswidrig und der Kläger dadurch in seinen Rechten verletzt ist, spricht das Gericht die Verpflichtung der Finanzbehörde aus, den begehrten Verwaltungsakt zu erlassen, wenn die Sache spruchreif ist. ²Andernfalls spricht es die Verpflichtung aus, den Kläger unter Beachtung der Rechtsauffassung des Gerichts zu bescheiden.

## § 102 Nachprüfung der Ermessensentscheidung[1)]

¹Soweit die Finanzbehörde ermächtigt ist, nach ihrem Ermessen zu handeln oder zu entscheiden, prüft das Gericht auch, ob der Verwaltungsakt oder die Ablehnung oder Unterlassung des Verwaltungsakts rechtswidrig ist, weil die gesetzlichen Grenzen des Ermessens überschritten sind oder von dem Ermessen in einer dem Zweck der Ermächtigung nicht entsprechenden Weise Gebrauch gemacht ist. ²Die Finanzbehörde kann ihre Ermessenserwägungen hinsichtlich des Verwaltungsaktes bis zum Abschluss der Tatsacheninstanz eines finanzgerichtlichen Verfahrens ergänzen.

---

1) **Anm. d. Red.:** § 102 i. d. F. des Gesetzes v. 20.12.2001 (BGBl I S. 3794) mit Wirkung v. 23.12.2001.

### § 103 Urteil durch beteiligte Richter

Das Urteil kann nur von den Richtern und ehrenamtlichen Richtern gefällt werden, die an der dem Urteil zugrunde liegenden Verhandlung teilgenommen haben.

### § 104 Verkündung und Zustellung des Urteils[1)]

(1) ¹Das Urteil wird, wenn eine mündliche Verhandlung stattgefunden hat, in der Regel in dem Termin, in dem die mündliche Verhandlung geschlossen wird, verkündet, in besonderen Fällen in einem sofort anzuberaumenden Termin, der nicht über zwei Wochen hinaus angesetzt werden soll. ²Das Urteil wird durch Verlesung der Formel verkündet; es ist den Beteiligten zuzustellen.

(2) Statt der Verkündung ist die Zustellung des Urteils zulässig; dann ist das Urteil binnen zwei Wochen nach der mündlichen Verhandlung der Geschäftsstelle zu übermitteln.

(3) Entscheidet das Gericht ohne mündliche Verhandlung, so wird die Verkündung durch Zustellung an die Beteiligten ersetzt.

### § 105 Form und Inhalt des Urteils[2)]

(1) ¹Das Urteil ergeht im Namen des Volkes. ²Es ist schriftlich abzufassen und von den Richtern, die bei der Entscheidung mitgewirkt haben, zu unterzeichnen. ³Ist ein Richter verhindert, seine Unterschrift beizufügen, so wird dies mit dem Hinderungsgrund vom Vorsitzenden oder, wenn er verhindert ist, vom dienstältesten beisitzenden Richter unter dem Urteil vermerkt. ⁴Der Unterschrift der ehrenamtlichen Richter bedarf es nicht.

(2) Das Urteil enthält
1. die Bezeichnung der Beteiligten, ihrer gesetzlichen Vertreter und der Bevollmächtigten nach Namen, Beruf, Wohnort und ihrer Stellung im Verfahren,
2. die Bezeichnung des Gerichts und die Namen der Mitglieder, die bei der Entscheidung mitgewirkt haben,
3. die Urteilsformel,
4. den Tatbestand,
5. die Entscheidungsgründe,
6. die Rechtsmittelbelehrung.

(3) ¹Im Tatbestand ist der Sach- und Streitstand unter Hervorhebung der gestellten Anträge seinem wesentlichen Inhalt nach gedrängt darzustellen. ²Wegen der Einzelheiten soll auf Schriftsätze, Protokolle und andere Unterlagen verwiesen werden, soweit sich aus ihnen der Sach- und Streitstand ausreichend ergibt.

(4) ¹Ein Urteil, das bei der Verkündung noch nicht vollständig abgefasst war, ist vor Ablauf von zwei Wochen, vom Tag der Verkündung an gerechnet, vollständig abgefasst der Geschäftsstelle zu übermitteln. ²Kann dies ausnahmsweise nicht geschehen, so ist innerhalb dieser zwei Wochen das von den Richtern unterschriebene Urteil ohne Tatbestand, Entscheidungsgründe und Rechtsmittelbelehrung der Geschäftsstelle zu übermitteln. ³Tatbestand, Entscheidungsgründe und Rechtsmittelbelehrung sind alsbald nachträglich niederzulegen, von den Richtern besonders zu unterschreiben und der Geschäftsstelle zu übermitteln.

(5) Das Gericht kann von einer weiteren Darstellung der Entscheidungsgründe absehen, soweit es der Begründung des Verwaltungsakts oder der Entscheidung über den außergerichtlichen Rechtsbehelf folgt und dies in seiner Entscheidung feststellt.

(6) ¹Der Urkundsbeamte der Geschäftsstelle hat auf dem Urteil den Tag der Zustellung und im Fall des § 104 Abs. 1 Satz 1 den Tag der Verkündung zu vermerken und diesen Vermerk zu

---

1) **Anm. d. Red.:** § 104 Abs. 2 i. d. F. des Gesetzes v. 22. 3. 2005 (BGBl I S. 837) mit Wirkung v. 1. 4. 2005.
2) **Anm. d. Red.:** § 105 Abs. 4 und 6 i. d. F. des Gesetzes v. 22. 3. 2005 (BGBl I S. 837) mit Wirkung v. 1. 4. 2005.

unterschreiben. ²Werden die Akten elektronisch geführt, hat der Urkundsbeamte der Geschäftsstelle den Vermerk in einem gesonderten Dokument festzuhalten. ³Das Dokument ist mit dem Urteil untrennbar zu verbinden.

### § 106 Gerichtsbescheid

Die §§ 104 und 105 gelten für Gerichtsbescheide sinngemäß.

### § 107 Berichtigung des Urteils[1)]

(1) Schreibfehler, Rechenfehler und ähnliche offenbare Unrichtigkeiten im Urteil sind jederzeit vom Gericht zu berichtigen.

(2) ¹Über die Berichtigung kann ohne mündliche Verhandlung entschieden werden. ²Der Berichtigungsbeschluss wird auf dem Urteil und den Ausfertigungen vermerkt. ³Ist das Urteil elektronisch abgefasst, ist auch der Beschluss elektronisch abzufassen und mit dem Urteil untrennbar zu verbinden.

### § 108 Antrag auf Tatbestandsberichtigung[2)]

(1) Enthält der Tatbestand des Urteils andere Unrichtigkeiten oder Unklarheiten, so kann die Berichtigung binnen zwei Wochen nach Zustellung des Urteils beantragt werden.

(2) ¹Das Gericht entscheidet ohne Beweisaufnahme durch Beschluss. ²Der Beschluss ist unanfechtbar. ³Bei der Entscheidung wirken nur die Richter mit, die beim Urteil mitgewirkt haben. ⁴Ist ein Richter verhindert, so gibt bei Stimmengleichheit die Stimme des Vorsitzenden den Ausschlag. ⁵Der Berichtigungsbeschluss wird auf dem Urteil und den Ausfertigungen vermerkt. ⁶Ist das Urteil elektronisch abgefasst, ist auch der Beschluss elektronisch abzufassen und mit dem Urteil untrennbar zu verbinden.

### § 109 Nachträgliche Urteilsergänzung

(1) Wenn ein nach dem Tatbestand von einem Beteiligten gestellter Antrag oder die Kostenfolge bei der Entscheidung ganz oder zum Teil übergangen ist, so ist auf Antrag das Urteil durch nachträgliche Entscheidung zu ergänzen.

(2) ¹Die Entscheidung muss binnen zwei Wochen nach Zustellung des Urteils beantragt werden. ²Die mündliche Verhandlung hat nur den nicht erledigten Teil des Rechtsstreits zum Gegenstand.

### § 110 Rechtskraft der Urteile

(1) ¹Rechtskräftige Urteile binden, soweit über den Streitgegenstand entschieden worden ist,
1. die Beteiligten und ihre Rechtsnachfolger,
2. in den Fällen des § 48 Abs. 1 Nr. 1 die nicht klageberechtigten Gesellschafter oder Gemeinschafter und
3. im Fall des § 60a die Personen, die einen Antrag auf Beiladung nicht oder nicht fristgemäß gestellt haben.

²Die gegen eine Finanzbehörde ergangenen Urteile wirken auch gegenüber der öffentlich-rechtlichen Körperschaft, der die beteiligte Finanzbehörde angehört.

(2) Die Vorschriften der Abgabenordnung und anderer Steuergesetze über die Rücknahme, Widerruf, Aufhebung und Änderung von Verwaltungsakten sowie über die Nachforderung von Steuern bleiben unberührt, soweit sich aus Absatz 1 Satz 1 nichts anderes ergibt.

---

1) **Anm. d. Red.:** § 107 Abs. 2 i. d. F. des Gesetzes v. 22. 3. 2005 (BGBl I S. 837) mit Wirkung v. 1. 4. 2005.
2) **Anm. d. Red.:** § 108 Abs. 2 i. d. F. des Gesetzes v. 22. 3. 2005 (BGBl I S. 837) mit Wirkung v. 1. 4. 2005.

## §§ 111 und 112 (weggefallen)

## § 113 Beschlüsse

(1) Für Beschlüsse gelten § 96 Abs. 1 Satz 1 und 2, § 105 Abs. 2 Nr. 6, §§ 107 bis 109 sinngemäß.

(2) ¹Beschlüsse sind zu begründen, wenn sie durch Rechtsmittel angefochten werden können oder über einen Rechtsbehelf entscheiden. ²Beschlüsse über die Aussetzung der Vollziehung (§ 69 Abs. 3 und 5) und über einstweilige Anordnungen (§ 114 Abs. 1), Beschlüsse nach Erledigung des Rechtsstreits in der Hauptsache (§ 138) sowie Beschlüsse, in denen ein Antrag auf Bewilligung von Prozesskostenhilfe zurückgewiesen wird (§ 142), sind stets zu begründen. ³Beschlüsse, die über ein Rechtsmittel entscheiden, bedürfen keiner weiteren Begründung, soweit das Gericht das Rechtsmittel aus den Gründen der angefochtenen Entscheidung als unbegründet zurückweist.

## § 114 Einstweilige Anordnung

(1) ¹Auf Antrag kann das Gericht, auch schon vor Klageerhebung, eine einstweilige Anordnung in Bezug auf den Streitgegenstand treffen, wenn die Gefahr besteht, dass durch eine Veränderung des bestehenden Zustands die Verwirklichung eines Rechts des Antragstellers vereitelt oder wesentlich erschwert werden könnte. ²Einstweilige Anordnungen sind auch zur Regelung eines vorläufigen Zustands in Bezug auf ein streitiges Rechtsverhältnis zulässig, wenn diese Regelung, vor allem bei dauernden Rechtsverhältnissen, um wesentliche Nachteile abzuwenden oder drohende Gewalt zu verhindern oder aus anderen Gründen nötig erscheint.

(2) ¹Für den Erlass einstweiliger Anordnungen ist das Gericht der Hauptsache zuständig. ²Dies ist das Gericht des ersten Rechtszugs. ³In dringenden Fällen kann der Vorsitzende entscheiden.

(3) Für den Erlass einstweiliger Anordnungen gelten die §§ 920, 921, 923, 926, 928 bis 932, 938, 939, 941 und 945 der Zivilprozessordnung sinngemäß.

(4) Das Gericht entscheidet durch Beschluss.

(5) Die Vorschriften der Absätze 1 bis 3 gelten nicht für die Fälle des § 69.

## Abschnitt V: Rechtsmittel und Wiederaufnahme des Verfahrens

## Unterabschnitt 1: Revision

### § 115 Zulassung der Revision

(1) Gegen das Urteil des Finanzgerichts (§ 36 Nr. 1) steht den Beteiligten die Revision an den Bundesfinanzhof zu, wenn das Finanzgericht oder auf Beschwerde gegen die Nichtzulassung der Bundesfinanzhof sie zugelassen hat.

(2) Die Revision ist nur zuzulassen, wenn
1. die Rechtssache grundsätzliche Bedeutung hat,
2. die Fortbildung des Rechts oder die Sicherung einer einheitlichen Rechtsprechung eine Entscheidung des Bundesfinanzhofs erfordert oder
3. ein Verfahrensmangel geltend gemacht wird und vorliegt, auf dem die Entscheidung beruhen kann.

(3) Der Bundesfinanzhof ist an die Zulassung gebunden.

### § 116 Nichtzulassung der Revision

(1) Die Nichtzulassung der Revision kann durch Beschwerde angefochten werden.

(2) ¹Die Beschwerde ist innerhalb eines Monats nach Zustellung des vollständigen Urteils bei dem Bundesfinanzhof einzulegen. ²Sie muss das angefochtene Urteil bezeichnen. ³Der Beschwerdeschrift soll eine Ausfertigung oder Abschrift des Urteils, gegen das Revision eingelegt werden soll, beigefügt werden.

(3) ¹Die Beschwerde ist innerhalb von zwei Monaten nach der Zustellung des vollständigen Urteils zu begründen. ²Die Begründung ist bei dem Bundesfinanzhof einzureichen. ³In der Begründung müssen die Voraussetzungen des § 115 Abs. 2 dargelegt werden. ⁴Die Begründungsfrist kann von dem Vorsitzenden auf einen vor ihrem Ablauf gestellten Antrag um einen weiteren Monat verlängert werden.

(4) Die Einlegung der Beschwerde hemmt die Rechtskraft des Urteils.

(5) ¹Der Bundesfinanzhof entscheidet über die Beschwerde durch Beschluss. ²Der Beschluss soll kurz begründet werden; von einer Begründung kann abgesehen werden, wenn sie nicht geeignet ist, zur Klärung der Voraussetzungen beizutragen, unter denen eine Revision zuzulassen ist, oder wenn der Beschwerde stattgegeben wird. ³Mit der Ablehnung der Beschwerde durch den Bundesfinanzhof wird das Urteil rechtskräftig.

(6) Liegen die Voraussetzungen des § 115 Abs. 2 Nr. 3 vor, kann der Bundesfinanzhof in dem Beschluss das angefochtene Urteil aufheben und den Rechtsstreit zur anderweitigen Verhandlung und Entscheidung zurückverweisen.

(7) ¹Wird der Beschwerde gegen die Nichtzulassung der Revision stattgegeben, so wird das Beschwerdeverfahren als Revisionsverfahren fortgesetzt, wenn nicht der Bundesfinanzhof das angefochtene Urteil nach Absatz 6 aufhebt; der Einlegung einer Revision durch den Beschwerdeführer bedarf es nicht. ²Mit der Zustellung der Entscheidung beginnt für den Beschwerdeführer die Revisionsbegründungsfrist, für die übrigen Beteiligten die Revisions- und die Revisionsbegründungsfrist. ³Auf Satz 1 und 2 ist in dem Beschluss hinzuweisen.

## § 117 (weggefallen)

## § 118 Revisionsgründe

(1) ¹Die Revision kann nur darauf gestützt werden, dass das angefochtene Urteil auf der Verletzung von Bundesrecht beruhe. ²Soweit im Fall des § 33 Abs. 1 Nr. 4 die Vorschriften dieses Unterabschnitts durch Landesgesetz für anwendbar erklärt werden, kann die Revision auch darauf gestützt werden, dass das angefochtene Urteil auf der Verletzung von Landesrecht beruhe.

(2) Der Bundesfinanzhof ist an die in dem angefochtenen Urteil getroffenen tatsächlichen Feststellungen gebunden, es sei denn, dass in Bezug auf diese Feststellungen zulässige und begründete Revisionsgründe vorgebracht sind.

(3) ¹Wird die Revision auf Verfahrensmängel gestützt und liegt nicht zugleich eine der Voraussetzungen des § 115 Abs. 2 Nr. 1 und 2 vor, so ist nur über die geltend gemachten Verfahrensmängel zu entscheiden. ²Im Übrigen ist der Bundesfinanzhof an die geltend gemachten Revisionsgründe nicht gebunden.

## § 119 Absolute Revisionsgründe

Ein Urteil ist stets als auf der Verletzung von Bundesrecht beruhend anzusehen, wenn
1. das erkennende Gericht nicht vorschriftsmäßig besetzt war,
2. bei der Entscheidung ein Richter mitgewirkt hat, der von der Ausübung des Richteramts kraft Gesetzes ausgeschlossen oder wegen Besorgnis der Befangenheit mit Erfolg abgelehnt war,
3. einem Beteiligten das rechtliche Gehör versagt war,
4. ein Beteiligter im Verfahren nicht nach Vorschrift des Gesetzes vertreten war, außer wenn er der Prozessführung ausdrücklich oder stillschweigend zugestimmt hat,
5. das Urteil auf eine mündliche Verhandlung ergangen ist, bei der die Vorschriften über die Öffentlichkeit des Verfahrens verletzt worden sind, oder
6. die Entscheidung nicht mit Gründen versehen ist.

## § 120 Einlegung der Revision[1]

(1) ¹Die Revision ist bei dem Bundesfinanzhof innerhalb eines Monats nach Zustellung des vollständigen Urteils schriftlich einzulegen. ²Die Revision muss das angefochtene Urteil bezeichnen. ³Eine Ausfertigung oder Abschrift des Urteils soll beigefügt werden, sofern dies nicht schon nach § 116 Abs. 2 Satz 3 geschehen ist. ⁴Satz 3 gilt nicht im Falle der elektronischen Revisionseinlegung.

(2) ¹Die Revision ist innerhalb von zwei Monaten nach Zustellung des vollständigen Urteils zu begründen; im Fall des § 116 Abs. 7 beträgt die Begründungsfrist für den Beschwerdeführer einen Monat nach Zustellung des Beschlusses über die Zulassung der Revision. ²Die Begründung ist bei dem Bundesfinanzhof einzureichen. ³Die Frist kann auf einen vor ihrem Ablauf gestellten Antrag von dem Vorsitzenden verlängert werden.

(3) Die Begründung muss enthalten:
1. die Erklärung, inwieweit das Urteil angefochten und dessen Aufhebung beantragt wird (Revisionsanträge);
2. die Angabe der Revisionsgründe, und zwar
   a) die bestimmte Bezeichnung der Umstände, aus denen sich die Rechtsverletzung ergibt;
   b) soweit die Revision darauf gestützt wird, dass das Gesetz in Bezug auf das Verfahren verletzt sei, die Bezeichnung der Tatsachen, die den Mangel ergeben.

## § 121 Verfahrensvorschriften

¹Für das Revisionsverfahren gelten die Vorschriften über das Verfahren im ersten Rechtszug und die Vorschriften über Urteile und andere Entscheidungen entsprechend, soweit sich aus den Vorschriften über die Revision nichts anderes ergibt. ²§ 79a über die Entscheidung durch den vorbereitenden Richter und § 94a über das Verfahren nach billigem Ermessen sind nicht anzuwenden. ³Erklärungen und Beweismittel, die das Finanzgericht nach § 79b zu Recht zurückgewiesen hat, bleiben auch im Revisionsverfahren ausgeschlossen.

## § 122 Beteiligte am Revisionsverfahren

(1) Beteiligter am Verfahren über die Revision ist, wer am Verfahren über die Klage beteiligt war.

(2) ¹Betrifft das Verfahren eine auf Bundesrecht beruhende Abgabe oder eine Rechtsstreitigkeit über Bundesrecht, so kann das Bundesministerium der Finanzen dem Verfahren beitreten. ²Betrifft das Verfahren eine von den Landesfinanzbehörden verwaltete Abgabe oder eine Rechtsstreitigkeit über Landesrecht, so steht dieses Recht auch der zuständigen obersten Landesbehörde zu. ³Der Senat kann die zuständigen Stellen zum Beitritt auffordern. ⁴Mit ihrem Beitritt erlangt die Behörde die Rechtsstellung eines Beteiligten.

## § 123 Unzulässigkeit der Klageänderung

(1) ¹Klageänderungen und Beiladungen sind im Revisionsverfahren unzulässig. ²Das gilt nicht für Beiladungen nach § 60 Abs. 3 Satz 1.

(2) ¹Ein im Revisionsverfahren nach § 60 Abs. 3 Satz 1 Beigeladener kann Verfahrensmängel nur innerhalb von zwei Monaten nach Zustellung des Beiladungsbeschlusses rügen. ²Die Frist kann auf einen vor ihrem Ablauf gestellten Antrag von dem Vorsitzenden verlängert werden.

## § 124 Prüfung der Zulässigkeit

(1) ¹Der Bundesfinanzhof prüft, ob die Revision statthaft und ob sie in der gesetzlichen Form und Frist eingelegt und begründet worden ist. ²Mangelt es an einem dieser Erfordernisse, so ist die Revision unzulässig.

---

1) **Anm. d. Red.:** § 120 Abs. 1 i. d. F. des Gesetzes v. 22. 3. 2005 (BGBl I S. 837) mit Wirkung v. 1. 4. 2005.

(2) Der Beurteilung der Revision unterliegen auch diejenigen Entscheidungen, die dem Endurteil vorausgegangen sind, sofern sie nicht nach den Vorschriften dieses Gesetzes unanfechtbar sind.

## § 125 Zurücknahme der Revision

(1) ¹Die Revision kann bis zur Rechtskraft des Urteils zurückgenommen werden. ²Nach Schluss der mündlichen Verhandlung, bei Verzicht auf die mündliche Verhandlung und nach Ergehen eines Gerichtsbescheides ist die Rücknahme nur mit Einwilligung des Revisionsbeklagten möglich.

(2) Die Zurücknahme bewirkt den Verlust des eingelegten Rechtsmittels.

## § 126 Entscheidung über die Revision

(1) Ist die Revision unzulässig, so verwirft der Bundesfinanzhof sie durch Beschluss.

(2) Ist die Revision unbegründet, so weist der Bundesfinanzhof sie zurück.

(3) ¹Ist die Revision begründet, so kann der Bundesfinanzhof
1. in der Sache selbst entscheiden oder
2. das angefochtene Urteil aufheben und die Sache zur anderweitigen Verhandlung und Entscheidung zurückverweisen.

²Der Bundesfinanzhof verweist den Rechtsstreit zurück, wenn der in dem Revisionsverfahren nach § 123 Abs. 1 Satz 2 Beigeladene ein berechtigtes Interesse daran hat.

(4) Ergeben die Entscheidungsgründe zwar eine Verletzung des bestehenden Rechts, stellt sich die Entscheidung selbst aber aus anderen Gründen als richtig dar, so ist die Revision zurückzuweisen.

(5) Das Gericht, an das die Sache zur anderweitigen Verhandlung und Entscheidung zurückverwiesen ist, hat seiner Entscheidung die rechtliche Beurteilung des Bundesfinanzhofs zugrunde zu legen.

(6) ¹Die Entscheidung über die Revision bedarf keiner Begründung, soweit der Bundesfinanzhof Rügen von Verfahrensmängeln nicht für durchgreifend erachtet. ²Das gilt nicht für Rügen nach § 119 und, wenn mit der Revision ausschließlich Verfahrensmängel geltend gemacht werden, für Rügen, auf denen die Zulassung der Revision beruht.

## § 126a Entscheidung bei unbegründeter Revision

¹Der Bundesfinanzhof kann über die Revision in der Besetzung von fünf Richtern durch Beschluss entscheiden, wenn er einstimmig die Revision für unbegründet und eine mündliche Verhandlung nicht für erforderlich hält. ²Die Beteiligten sind vorher zu hören. ³Der Beschluss soll eine kurze Begründung enthalten; dabei sind die Voraussetzungen dieses Verfahrens festzustellen. ⁴§ 126 Abs. 6 gilt entsprechend.

## § 127 Zurückverweisung[1]

Ist während des Revisionsverfahrens ein neuer oder geänderter Verwaltungsakt Gegenstand des Verfahrens geworden (§§ 68, 123 Satz 2), so kann der Bundesfinanzhof das angefochtene Urteil aufheben und die Sache zur anderweitigen Verhandlung und Entscheidung an das Finanzgericht zurückverweisen.

---

1) **Anm. d. Red.:** Redaktioneller Fehler des Gesetzgebers bei Verweis auf nicht vorhandenen § 123 Satz 2 FGO.

## Unterabschnitt 2: Beschwerde, Erinnerung, Anhörungsrüge[1)]

### § 128 Beschwerde

(1) Gegen die Entscheidungen des Finanzgerichts, des Vorsitzenden oder des Berichterstatters, die nicht Urteile oder Gerichtsbescheide sind, steht den Beteiligten und den sonst von der Entscheidung Betroffenen die Beschwerde an den Bundesfinanzhof zu, soweit nicht in diesem Gesetz etwas anderes bestimmt ist.

(2) Prozessleitende Verfügungen, Aufklärungsanordnungen, Beschlüsse über die Vertagung oder die Bestimmung einer Frist, Beweisbeschlüsse, Beschlüsse nach den §§ 91a und 93a, Beschlüsse über die Ablehnung von Beweisanträgen, über Verbindung und Trennung von Verfahren und Ansprüchen und über die Ablehnung von Gerichtspersonen, Sachverständigen und Dolmetschern, Einstellungsbeschlüsse nach Klagerücknahme sowie Beschlüsse im Verfahren der Prozesskostenhilfe können nicht mit der Beschwerde angefochten werden.

(3) [1]Gegen die Entscheidung über die Aussetzung der Vollziehung nach § 69 Abs. 3 und 5 und über einstweilige Anordnungen nach § 114 Abs. 1 steht den Beteiligten die Beschwerde nur zu, wenn sie in der Entscheidung zugelassen worden ist. [2]Für die Zulassung gilt § 115 Abs. 2 entsprechend.

(4) [1]In Streitigkeiten über Kosten ist die Beschwerde nicht gegeben. [2]Das gilt nicht für die Beschwerde gegen die Nichtzulassung der Revision.

### § 129 Einlegung der Beschwerde

(1) Die Beschwerde ist beim Finanzgericht schriftlich oder zur Niederschrift des Urkundsbeamten der Geschäftsstelle innerhalb von zwei Wochen nach Bekanntgabe der Entscheidung einzulegen.

(2) Die Beschwerdefrist ist auch gewahrt, wenn die Beschwerde innerhalb der Frist beim Bundesfinanzhof eingeht.

### § 130 Abhilfe oder Vorlage beim Bundesfinanzhof

(1) Hält das Finanzgericht, der Vorsitzende oder der Berichterstatter, dessen Entscheidung angefochten wird, die Beschwerde für begründet, so ist ihr abzuhelfen; sonst ist sie unverzüglich dem Bundesfinanzhof vorzulegen.

(2) Das Finanzgericht soll die Beteiligten von der Vorlage der Beschwerde in Kenntnis setzen.

### § 131 Aufschiebende Wirkung

(1) [1]Die Beschwerde hat nur dann aufschiebende Wirkung, wenn sie die Festsetzung eines Ordnungs- oder Zwangsmittels zum Gegenstand hat. [2]Das Finanzgericht, der Vorsitzende oder der Berichterstatter, dessen Entscheidung angefochten wird, kann auch sonst bestimmen, dass die Vollziehung der angefochtenen Entscheidung einstweilen auszusetzen ist.

(2) Die §§ 178 und 181 Abs. 2 des Gerichtsverfassungsgesetzes bleiben unberührt.

### § 132 Entscheidung über die Beschwerde

Über die Beschwerde entscheidet der Bundesfinanzhof durch Beschluss.

### § 133 Antrag auf Entscheidung des Gerichts

(1) [1]Gegen die Entscheidung des beauftragten oder ersuchten Richters oder des Urkundsbeamten kann innerhalb von zwei Wochen nach Bekanntgabe die Entscheidung des Finanzgerichts beantragt werden. [2]Der Antrag ist schriftlich oder zur Niederschrift des Urkundsbeamten der Geschäftsstelle des Gerichts zu stellen. [3]Die §§ 129 bis 131 gelten sinngemäß.

---

1) **Anm. d. Red.:** Überschrift i. d. F. des Gesetzes v. 9. 12. 2004 (BGBl I S. 3220) mit Wirkung v. 1. 1. 2005.

(2) Im Verfahren vor dem Bundesfinanzhof gilt Absatz 1 für Entscheidungen des beauftragten oder ersuchten Richters oder des Urkundsbeamten der Geschäftsstelle sinngemäß.

### § 133a Abhilfe bei Verletzung des Anspruchs auf rechtliches Gehör[1]

(1) ¹Auf die Rüge eines durch eine gerichtliche Entscheidung beschwerten Beteiligten ist das Verfahren fortzuführen, wenn
1. ein Rechtsmittel oder ein anderer Rechtsbehelf gegen die Entscheidung nicht gegeben ist und
2. das Gericht den Anspruch dieses Beteiligten auf rechtliches Gehör in entscheidungserheblicher Weise verletzt hat.

²Gegen eine der Endentscheidung vorausgehende Entscheidung findet die Rüge nicht statt.

(2) ¹Die Rüge ist innerhalb von zwei Wochen nach Kenntnis von der Verletzung des rechtlichen Gehörs zu erheben; der Zeitpunkt der Kenntniserlangung ist glaubhaft zu machen. ²Nach Ablauf eines Jahres seit Bekanntgabe der angegriffenen Entscheidung kann die Rüge nicht mehr erhoben werden. ³Formlos mitgeteilte Entscheidungen gelten mit dem dritten Tage nach Aufgabe zur Post als bekannt gegeben. ⁴Die Rüge ist schriftlich oder zur Niederschrift des Urkundsbeamten der Geschäftsstelle bei dem Gericht zu erheben, dessen Entscheidung angegriffen wird. ⁵Die Rüge muss die angegriffene Entscheidung bezeichnen und das Vorliegen der in Absatz 1 Satz 1 Nr. 2 genannten Voraussetzungen darlegen.

(3) Den übrigen Beteiligten ist, soweit erforderlich, Gelegenheit zur Stellungnahme zu geben.

(4) ¹Ist die Rüge nicht statthaft oder nicht in der gesetzlichen Form oder Frist erhoben, so ist sie als unzulässig zu verwerfen. ²Ist die Rüge unbegründet, weist das Gericht sie zurück. ³Die Entscheidung ergeht durch unanfechtbaren Beschluss. ⁴Der Beschluss soll kurz begründet werden.

(5) ¹Ist die Rüge begründet, so hilft ihr das Gericht ab, indem es das Verfahren fortführt, soweit dies aufgrund der Rüge geboten ist. ²Das Verfahren wird in die Lage zurückversetzt, in der es sich vor dem Schluss der mündlichen Verhandlung befand. ³In schriftlichen Verfahren tritt an die Stelle des Schlusses der mündlichen Verhandlung der Zeitpunkt, bis zu dem Schriftsätze eingereicht werden können. ⁴Für den Ausspruch des Gerichts ist § 343 der Zivilprozessordnung entsprechend anzuwenden.

(6) § 131 Abs. 1 Satz 2 ist entsprechend anzuwenden.

## Unterabschnitt 3: Wiederaufnahme des Verfahrens

### § 134 Wiederaufnahme des Verfahrens

Ein rechtskräftig beendetes Verfahren kann nach den Vorschriften des Vierten Buchs der Zivilprozessordnung wieder aufgenommen werden.

## Dritter Teil: Kosten und Vollstreckung

## Abschnitt I: Kosten

### § 135 Kostenpflichtige

(1) Der unterliegende Beteiligte trägt die Kosten des Verfahrens.

(2) Die Kosten eines ohne Erfolg eingelegten Rechtsmittels fallen demjenigen zur Last, der das Rechtsmittel eingelegt hat.

(3) Dem Beigeladenen können Kosten nur auferlegt werden, soweit er Anträge gestellt oder Rechtsmittel eingelegt hat.

---

1) **Anm. d. Red.:** § 133a Abs. 2 i. d. F. des Gesetzes v. 12. 12. 2007 (BGBl I S. 2840) mit Wirkung v. 1. 7. 2008.

(4) Die Kosten des erfolgreichen Wiederaufnahmeverfahrens können der Staatskasse auferlegt werden, soweit sie nicht durch das Verschulden eines Beteiligten entstanden sind.

(5) ¹Besteht der kostenpflichtige Teil aus mehreren Personen, so haften diese nach Kopfteilen. ²Bei erheblicher Verschiedenheit ihrer Beteiligung kann nach Ermessen des Gerichts die Beteiligung zum Maßstab genommen werden.

### § 136 Kompensation der Kosten

(1) ¹Wenn ein Beteiligter teils obsiegt, teils unterliegt, so sind die Kosten gegeneinander aufzuheben oder verhältnismäßig zu teilen. ²Sind die Kosten gegeneinander aufgehoben, so fallen die Gerichtskosten jedem Teil zur Hälfte zur Last. ³Einem Beteiligten können die Kosten ganz auferlegt werden, wenn der andere nur zu einem geringen Teil unterlegen ist.

(2) Wer einen Antrag, eine Klage, ein Rechtsmittel oder einen anderen Rechtsbehelf zurücknimmt, hat die Kosten zu tragen.

(3) Kosten, die durch einen Antrag auf Wiedereinsetzung in den vorigen Stand entstehen, fallen dem Antragsteller zur Last.

### § 137 Anderweitige Auferlegung der Kosten[1)]

¹Einem Beteiligten können die Kosten ganz oder teilweise auch dann auferlegt werden, wenn er obsiegt hat, die Entscheidung aber auf Tatsachen beruht, die er früher hätte geltend machen oder beweisen können und sollen. ²Kosten, die durch Verschulden eines Beteiligten entstanden sind, können diesem auferlegt werden. ³Berücksichtigt das Gericht nach § 76 Abs. 3 Erklärungen und Beweismittel, die im Einspruchsverfahren nach § 364b der Abgabenordnung rechtmäßig zurückgewiesen wurden, sind dem Kläger insoweit die Kosten aufzuerlegen.

### § 138 Kostenentscheidung bei Hauptsacheerledigung[2)]

(1) Ist der Rechtsstreit in der Hauptsache erledigt, so entscheidet das Gericht nach billigem Ermessen über die Kosten des Verfahrens durch Beschluss; der bisherige Sach- und Streitstand ist zu berücksichtigen.

(2) ¹Soweit ein Rechtsstreit dadurch erledigt wird, dass dem Antrag des Steuerpflichtigen durch Rücknahme oder Änderung des angefochtenen Verwaltungsakts stattgegeben oder dass im Fall der Untätigkeitsklage gemäß § 46 Abs. 1 Satz 3 Halbsatz 2 innerhalb der gesetzten Frist dem außergerichtlichen Rechtsbehelf stattgegeben oder der beantragte Verwaltungsakt erlassen wird, sind die Kosten der Behörde aufzuerlegen. ²§ 137 gilt sinngemäß.

(3) Der Rechtsstreit ist auch in der Hauptsache erledigt, wenn der Beklagte der Erledigungserklärung des Klägers nicht innerhalb von zwei Wochen seit Zustellung des die Erledigungserklärung enthaltenden Schriftsatzes widerspricht und er vom Gericht auf diese Folge hingewiesen worden ist.

### § 139 Erstattungsfähige Kosten

(1) Kosten sind die Gerichtskosten (Gebühren und Auslagen) und die zur zweckentsprechenden Rechtsverfolgung oder Rechtsverteidigung notwendigen Aufwendungen der Beteiligten einschließlich der Kosten des Vorverfahrens.

(2) Die Aufwendungen der Finanzbehörden sind nicht zu erstatten.

(3) ¹Gesetzlich vorgesehene Gebühren und Auslagen eines Bevollmächtigten oder Beistands, der nach den Vorschriften des Steuerberatungsgesetzes zur geschäftsmäßigen Hilfeleistung in Steuersachen befugt ist, sind stets erstattungsfähig. ²Aufwendungen für einen Bevollmächtigten oder Beistand, für den Gebühren und Auslagen gesetzlich nicht vorgesehen sind, können bis

---

1) **Anm. d. Red.:** § 137 i. d. F. des Gesetzes v. 19. 12. 2001 (BGBl I S. 3922) mit Wirkung v. 28. 12. 2001.
2) **Anm. d. Red.:** § 138 Abs. 3 i. d. F. des Gesetzes v. 24. 8. 2004 (BGBl I S. 2198) mit Wirkung v. 1. 9. 2004.

zur Höhe der gesetzlichen Gebühren und Auslagen der Rechtsanwälte erstattet werden. ³Soweit ein Vorverfahren geschwebt hat, sind die Gebühren und Auslagen erstattungsfähig, wenn das Gericht die Zuziehung eines Bevollmächtigten oder Beistands für das Vorverfahren für notwendig erklärt. ⁴Steht der Bevollmächtigte oder Beistand in einem Angestelltenverhältnis zu einem Beteiligten, so werden die durch seine Zuziehung entstandenen Gebühren nicht erstattet.

(4) Die außergerichtlichen Kosten des Beigeladenen sind nur erstattungsfähig, wenn das Gericht sie aus Billigkeit der unterliegenden Partei oder der Staatskasse auferlegt.

## §§ 140 und 141 (weggefallen)

## § 142 Prozesskostenhilfe[1)]

(1) Die Vorschriften der Zivilprozessordnung über die Prozesskostenhilfe gelten sinngemäß.

(2) ¹Einem Beteiligten, dem Prozesskostenhilfe bewilligt worden ist, kann auch ein Steuerberater, Steuerbevollmächtigter, Wirtschaftsprüfer oder vereidigter Buchprüfer beigeordnet werden. ²Die Vergütung richtet sich nach den für den beigeordneten Rechtsanwalt geltenden Vorschriften des Rechtsanwaltsvergütungsgesetzes.

(3) ¹Die Prüfung der persönlichen und wirtschaftlichen Verhältnisse nach den §§ 114 bis 116 der Zivilprozessordnung einschließlich der in § 118 Absatz 2 der Zivilprozessordnung bezeichneten Maßnahmen und der Entscheidungen nach § 118 Absatz 2 Satz 4 der Zivilprozessordnung obliegt dem Urkundsbeamten der Geschäftsstelle des jeweiligen Rechtszugs, wenn der Vorsitzende ihm das Verfahren insoweit überträgt. ²Liegen die Voraussetzungen für die Bewilligung der Prozesskostenhilfe hiernach nicht vor, erlässt der Urkundsbeamte die den Antrag ablehnende Entscheidung; anderenfalls vermerkt der Urkundsbeamte in den Prozessakten, dass dem Antragsteller nach seinen persönlichen und wirtschaftlichen Verhältnissen Prozesskostenhilfe gewährt werden kann und in welcher Höhe gegebenenfalls Monatsraten oder Beträge aus dem Vermögen zu zahlen sind.

(4) Dem Urkundsbeamten obliegen im Verfahren über die Prozesskostenhilfe ferner die Bestimmung des Zeitpunkts für die Einstellung und eine Wiederaufnahme der Zahlungen nach § 120 Absatz 3 der Zivilprozessordnung sowie die Änderung und die Aufhebung der Bewilligung der Prozesskostenhilfe nach den §§ 120a und 124 Absatz 1 Nummer 2 bis 5 der Zivilprozessordnung.

(5) ¹Der Vorsitzende kann Aufgaben nach den Absätzen 3 und 4 zu jedem Zeitpunkt an sich ziehen. ²§ 5 Absatz 1 Nummer 1, die §§ 6, 7, 8 Absatz 1 bis 4 und § 9 des Rechtspflegergesetzes gelten entsprechend mit der Maßgabe, dass an die Stelle des Rechtspflegers der Urkundsbeamte der Geschäftsstelle tritt.

(6) § 79a Absatz 4 gilt entsprechend.

(7) ¹Gegen Entscheidungen des Urkundsbeamten nach den Absätzen 3 und 4 ist die Erinnerung an das Gericht gegeben. ²Die Frist für die Einlegung der Erinnerung beträgt zwei Wochen. ³Über die Erinnerung entscheidet das Gericht durch Beschluss.

(8) Durch Landesgesetz kann bestimmt werden, dass die Absätze 3 bis 7 für die Gerichte des jeweiligen Landes nicht anzuwenden sind.

## § 143 Kostenentscheidung

(1) Das Gericht hat im Urteil oder, wenn das Verfahren in anderer Weise beendet worden ist, durch Beschluss über die Kosten zu entscheiden.

(2) Wird eine Sache vom Bundesfinanzhof an das Finanzgericht zurückverwiesen, so kann diesem die Entscheidung über die Kosten des Verfahrens übertragen werden.

---

1) **Anm. d. Red.:** § 142 Abs. 2, 4 bis 8 i. d. F. des Gesetzes v. 31. 8. 2013 (BGBl I S. 3533) mit Wirkung v. 1. 1. 2014; Abs. 3 i. d. F. des Gesetzes v. 8. 7. 2014 (BGBl I S. 890) mit Wirkung v. 16. 7. 2014.

## § 144 Kostenentscheidung bei Rücknahme eines Rechtsbehelfs

Ist ein Rechtsbehelf seinem vollen Umfang nach zurückgenommen worden, so wird über die Kosten des Verfahrens nur entschieden, wenn ein Beteiligter Kostenerstattung beantragt.

## § 145 Anfechtung der Kostenentscheidung

Die Anfechtung der Entscheidung über die Kosten ist unzulässig, wenn nicht gegen die Entscheidung in der Hauptsache ein Rechtsmittel eingelegt wird.

## §§ 146 bis 148 (weggefallen)

## § 149 Festsetzung der zu erstattenden Aufwendungen

(1) Die den Beteiligten zu erstattenden Aufwendungen werden auf Antrag von dem Urkundsbeamten des Gerichts des ersten Rechtszugs festgesetzt.

(2) ¹Gegen die Festsetzung ist die Erinnerung an das Gericht gegeben. ²Die Frist für die Einlegung der Erinnerung beträgt zwei Wochen. ³Über die Zulässigkeit der Erinnerung sind die Beteiligten zu belehren.

(3) Der Vorsitzende des Gerichts oder das Gericht können anordnen, dass die Vollstreckung einstweilen auszusetzen ist.

(4) Über die Erinnerung entscheidet das Gericht durch Beschluss.

## Abschnitt II: Vollstreckung

## § 150 Anwendung der Bestimmungen der Abgabenordnung[1]

¹Soll zugunsten des Bundes, eines Landes, eines Gemeindeverbands, einer Gemeinde oder einer Körperschaft, Anstalt oder Stiftung des öffentlichen Rechts als Abgabeberechtigte vollstreckt werden, so richtet sich die Vollstreckung nach den Bestimmungen der Abgabenordnung, soweit nicht durch Gesetz etwas anderes bestimmt ist. ²Vollstreckungsbehörden sind die Finanzämter und Hauptzollämter. ³Für die Vollstreckung gilt § 69 sinngemäß.

## § 151 Anwendung der Bestimmungen der Zivilprozessordnung

(1) ¹Soll gegen den Bund, ein Land, einen Gemeindeverband, eine Gemeinde, eine Körperschaft, eine Anstalt oder Stiftung des öffentlichen Rechts vollstreckt werden, so gilt für die Zwangsvollstreckung das Achte Buch der Zivilprozessordnung sinngemäß; § 150 bleibt unberührt. ²Vollstreckungsgericht ist das Finanzgericht.

(2) Vollstreckt wird
1. aus rechtskräftigen und aus vorläufig vollstreckbaren gerichtlichen Entscheidungen,
2. aus einstweiligen Anordnungen,
3. aus Kostenfestsetzungsbeschlüssen.

(3) Urteile auf Anfechtungs- und Verpflichtungsklagen können nur wegen der Kosten für vorläufig vollstreckbar erklärt werden.

(4) Für die Vollstreckung können den Beteiligten auf ihren Antrag Ausfertigungen des Urteils ohne Tatbestand und ohne Entscheidungsgründe erteilt werden, deren Zustellung in den Wirkungen der Zustellung eines vollständigen Urteils gleichsteht.

## § 152 Vollstreckung wegen Geldforderung

(1) ¹Soll im Fall des § 151 wegen einer Geldforderung vollstreckt werden, so verfügt das Vollstreckungsgericht auf Antrag des Gläubigers die Vollstreckung. ²Es bestimmt die vorzunehmenden Vollstreckungsmaßnahmen und ersucht die zuständigen Stellen um deren Vornahme. ³Die

---

[1] **Anm. d. Red.:** § 150 i. d. F. des Gesetzes v. 22. 3. 2005 (BGBl I S. 837) mit Wirkung v. 1. 4. 2005.

ersuchte Stelle ist verpflichtet, dem Ersuchen nach den für sie geltenden Vollstreckungsvorschriften nachzukommen.

(2) ¹Das Gericht hat vor Erlass der Vollstreckungsverfügung die Behörde oder bei Körperschaften, Anstalten und Stiftungen des öffentlichen Rechts, gegen die vollstreckt werden soll, die gesetzlichen Vertreter von der beabsichtigten Vollstreckung zu benachrichtigen mit der Aufforderung, die Vollstreckung innerhalb einer vom Gericht zu bemessenden Frist abzuwenden. ²Die Frist darf einen Monat nicht übersteigen.

(3) ¹Die Vollstreckung ist unzulässig in Sachen, die für die Erfüllung öffentlicher Aufgaben unentbehrlich sind oder deren Veräußerung ein öffentliches Interesse entgegensteht. ²Über Einwendungen entscheidet das Gericht nach Anhörung der zuständigen Aufsichtsbehörde oder bei obersten Bundes- oder Landesbehörden des zuständigen Ministers.

(4) Für öffentlich-rechtliche Kreditinstitute gelten die Absätze 1 bis 3 nicht.

(5) Der Ankündigung der Vollstreckung und der Einhaltung einer Wartefrist bedarf es nicht, wenn es sich um den Vollzug einer einstweiligen Anordnung handelt.

### § 153 Verzicht auf Vollstreckungsklausel
In den Fällen der §§ 150, 152 Abs. 1 bis 3 bedarf es einer Vollstreckungsklausel nicht.

### § 154 Zwangsgeld[1]
¹Kommt die Finanzbehörde in den Fällen des § 100 Abs. 1 Satz 2 und der §§ 101 und 114 der ihr im Urteil oder in der einstweiligen Anordnung auferlegten Verpflichtung nicht nach, so kann das Gericht des ersten Rechtszugs auf Antrag unter Fristsetzung gegen sie ein Zwangsgeld bis eintausend Euro durch Beschluss androhen, nach fruchtlosem Fristablauf festsetzen und von Amts wegen vollstrecken. ²Das Zwangsgeld kann wiederholt angedroht, festgesetzt und vollstreckt werden.

## Vierter Teil: Übergangs- und Schlussbestimmungen

### § 155 Anwendung des Gerichtsverfassungsgesetzes und der Zivilprozessordnung[2]
¹Soweit dieses Gesetz keine Bestimmungen über das Verfahren enthält, sind das Gerichtsverfassungsgesetz und, soweit die grundsätzlichen Unterschiede der beiden Verfahrensarten es nicht ausschließen, die Zivilprozessordnung einschließlich § 278 Absatz 5 und § 278a sinngemäß anzuwenden. ²Die Vorschriften des Siebzehnten Titels des Gerichtsverfassungsgesetzes sind mit der Maßgabe entsprechend anzuwenden, dass an die Stelle des Oberlandesgerichts und des Bundesgerichtshofs der Bundesfinanzhof und an die Stelle der Zivilprozessordnung die Finanzgerichtsordnung tritt; die Vorschriften über das Verfahren im ersten Rechtszug sind entsprechend anzuwenden.

### § 156 Anwendung des § 6 des Einführungsgesetzes zum Gerichtsverfassungsgesetz[3]
§ 6 des Einführungsgesetzes zum Gerichtsverfassungsgesetz gilt entsprechend.

### § 157 Nichtigkeitserklärung von Landesrecht
¹Hat das Verfassungsgericht eines Landes die Nichtigkeit von Landesrecht festgestellt oder Vorschriften des Landesrechts für nichtig erklärt, so bleiben vorbehaltlich einer besonderen gesetzlichen Regelung durch das Land die nicht mehr anfechtbaren Entscheidungen der Gerichte

---

1) **Anm. d. Red.:** § 154 Satz 1 i. d. F. der amtlichen Anmerkung zu § 154 der FGO-Neufassung v. 28. 3. 2001 (BGBl I S. 443) mit Wirkung v. 1. 1. 2001.

2) **Anm. d. Red.:** § 155 i. d. F. des Gesetzes v. 21. 7. 2012 (BGBl I S. 1577) mit Wirkung v. 26. 7. 2012.

3) **Anm. d. Red.:** § 156 i. d. F. des Gesetzes v. 21. 12. 2004 (BGBl I S. 3599) mit Wirkung v. 1. 1. 2005.

der Finanzgerichtsbarkeit, die auf der für nichtig erklärten Norm beruhen, unberührt. ²Die Vollstreckung aus einer solchen Entscheidung ist unzulässig. ³§ 767 der Zivilprozessordnung gilt sinngemäß.

### § 158 Zuständigkeit bei eidlicher Vernehmung und Beeidigung

¹Die eidliche Vernehmung eines Auskunftspflichtigen nach § 94 der Abgabenordnung oder die Beeidigung eines Sachverständigen nach § 96 Abs. 7 Satz 5 der Abgabenordnung durch das Finanzgericht findet vor dem dafür im Geschäftsverteilungsplan bestimmten Richter statt. ²Über die Rechtmäßigkeit einer Verweigerung des Zeugnisses, des Gutachtens oder der Eidesleistung entscheidet das Finanzgericht durch Beschluss.

### § 159 (weggefallen)

### § 160 Beteiligung und Beiladung bei Fällen des § 33 Abs. 1 Nr. 4

Soweit der Finanzrechtsweg auf Grund des § 33 Abs. 1 Nr. 4 eröffnet wird, können die Beteiligung am Verfahren und die Beiladung durch Gesetz abweichend von den Vorschriften dieses Gesetzes geregelt werden.

### § 161 (Aufhebung von Vorschriften)

### §§ 162 bis 183 (weggefallen)

### § 184 (Inkrafttreten; Überleitungsvorschriften)

## III. Gesetz über die Finanzverwaltung (Finanzverwaltungsgesetz – FVG)
### v. 4. 4. 2006 (BGBl I S. 848, ber. I S. 1202) mit späteren Änderungen

Das Gesetz über die Finanzverwaltung (Finanzverwaltungsgesetz – FVG) v. 4.4.2006 (BGBl I S.848, ber. I S.1202) wurde geändert durch Art. 3 Abs. 7 Gesetz zur Modernisierung des Schuldenwesens des Bundes (Bundesschuldenwesenmodernisierungsgesetz) v. 12.7.2006 (BGBl I S. 1466); Art. 12 Föderalismusreform-Begleitgesetz v. 5.9.2006 (BGBl I S. 2098); Art. 9 Gesetz über steuerliche Begleitmaßnahmen zur Einführung der Europäischen Gesellschaft und zur Änderung weiterer steuerrechtlicher Vorschriften (SEStEG) v. 7.12.2006 (BGBl I S. 2782, ber. 2007 I S. 68); Art. 12 Jahressteuergesetz 2007 (JStG 2007) v. 13.12.2006 (BGBl I S. 2878); Art. 4 Gesetz zur Schaffung deutscher Immobilien-Aktiengesellschaften mit börsennotierten Anteilen v. 28.5.2007 (BGBl I S. 914); Art. 12 Unternehmensteuerreformgesetz 2008 v. 14.8.2007 (BGBl I S. 1912); Art. 1 Zweites Gesetz zur Änderung des FVG und anderer Gesetze v. 13.12.2007 (BGBl I S. 2897); Art. 13 Jahressteuergesetz 2008 (JStG 2008) v. 20.12.2007 (BGBl I S. 3150); Art. 2 Gesetz zur Änderung der Organisation des Bundesausgleichsamtes v. 5.3.2008 (BGBl I S. 282); Art. 12 Jahressteuergesetz 2009 (JStG 2009) v. 19.12.2008 (BGBl I S. 2794); Art. 15 Gesetz zur Modernisierung und Entbürokratisierung des Steuerverfahrens (Steuerbürokratieabbaugesetz) v. 20.12.2008 (BGBl I S. 2850); Art. 5 Gesetz zur Neuregelung der Kraftfahrzeugsteuer und Änderung anderer Gesetze v. 29.5.2009 (BGBl I S.1170); Art. 2 Gesetz zur verbesserten steuerlichen Berücksichtigung von Vorsorgeaufwendungen (Bürgerentlastungsgesetz Krankenversicherung) v. 16.7.2009 (BGBl I S. 1959); Art. 6 Begleitgesetz zur zweiten Föderalismusreform v. 10.8.2009 (BGBl I S. 2702); Art. 9 Gesetz zur Umsetzung steuerlicher EU-Vorgaben sowie zur Änderung steuerlicher Vorschriften v. 8.4.2010 (BGBl I S. 386); Art. 5 Gesetz zu dem Staatsvertrag vom 16. Dezember 2009 und 26. Januar 2010 über die Verteilung von Versorgungslasten bei bund- und länderübergreifenden Dienstherrenwechseln v. 5.9.2010 (BGBl I S.1288) i.V. mit Bekanntmachung v. 8.10.2010 (BGBl I S.1404); Art. 17 Jahressteuergesetz 2010 (JStG 2010) v. 8.12.2010 (BGBl I S.1768); Art. 4 Gesetz zur Umsetzung des EuGH-Urteils vom 20.Oktober 2011 in der Rechtssache C-284/09 v. 21.3.2013 (BGBl I S. 561); Art. 17 Gesetz zur Umsetzung der Amtshilferichtlinie sowie zur Änderung steuerlicher Vorschriften (Amtshilferichtlinie-Umsetzungsgesetz – AmtshilfeRLUmsG) v. 26.6.2013 (BGBl I S. 1809); Art. 2 Gesetz zur Anpassung des Investmentsteuergesetzes und anderer Gesetze an das AIFM-Umsetzungsgesetz (AIFM-Steuer-Anpassungsgesetz – AIFM-StAnpG) v. 18.12.2013 (BGBl I S. 4318); Art. 17 und 18 Gesetz zur Anpassung des nationalen Steuerrechts an den Beitritt Kroatiens zur EU und zur Änderung weiterer steuerlicher Vorschriften v. 25.7.2014 (BGBl I S. 1266); Art. 12 Gesetz zur Anpassung der Abgabenordnung an den Zollkodex der Union und zur Änderung weiterer steuerlicher Vorschriften v. 22.12.2014 (BGBl I S. 2417); Art. 14 Steueränderungsgesetz 2015 v. 2.11.2015 (BGBl I S. 1834); Art. 1 Gesetz zur Neuorganisation der Zollverwaltung v. 3.12.2015 (BGBl I S. 2178); Art. 2 und 3 Gesetz zum automatischen Austausch von Informationen über Finanzkonten in Steuersachen und zur Änderung weiterer Gesetze v. 21.12.2015 (BGBl I S. 2531).

### Nichtamtliche Fassung

## Abschnitt I: Allgemeine Vorschriften

### § 1 Bundesfinanzbehörden[1)]

Bundesfinanzbehörden sind

1. als oberste Behörde:

   das Bundesministerium der Finanzen;

2. als Oberbehörden:

   die Bundesmonopolverwaltung für Branntwein, das Bundesausgleichsamt, das Bundeszentralamt für Steuern, das Bundesamt für zentrale Dienste und offene Vermögensfragen und die Generalzolldirektion;

3. als örtliche Behörden:

   die Hauptzollämter einschließlich ihrer Dienststellen (Zollämter) und die Zollfahndungsämter.

---

1) **Anm. d. Red.:** § 1 i. d. F. des Gesetzes v. 3.12.2015 (BGBl I S. 2178) mit Wirkung v. 1.1.2016.

## § 2 Landesfinanzbehörden

(1) Landesfinanzbehörden sind
1. als oberste Behörde:
   die für die Finanzverwaltung zuständige oberste Landesbehörde;
2. Oberbehörden, soweit nach diesem Gesetz oder nach Landesrecht als Landesfinanzbehörden eingerichtet;
3. als Mittelbehörden, soweit eingerichtet:
   die Oberfinanzdirektionen; anstelle der Oberfinanzdirektionen können Oberbehörden nach Nummer 2 treten;
4. als örtliche Behörden:
   die Finanzämter.

(2) ¹Durch Rechtsverordnung der zuständigen Landesregierung kann ein Rechenzentrum der Landesfinanzverwaltung als Teil der für die Finanzverwaltung zuständigen obersten Landesbehörde, als Oberbehörde oder als Teil einer Oberbehörde, die nach Landesrecht als Landesfinanzbehörde nach Absatz 1 Nr. 2 oder 3 eingerichtet ist, als Teil einer Oberfinanzdirektion, als Finanzamt oder als Teil eines Finanzamtes eingerichtet werden. ²Die Landesregierung kann die Ermächtigung durch Rechtsverordnung auf die für die Finanzverwaltung zuständige oberste Landesbehörde übertragen. ³Soweit ein Rechenzentrum der Finanzverwaltung eingerichtet ist, können ihm weitere Aufgaben, auch aus dem Geschäftsbereich einer anderen obersten Landesbehörde, übertragen werden.

(3) ¹Durch Rechtsverordnung der zuständigen Landesregierung können für Kassengeschäfte andere örtliche Landesbehörden zu Landesfinanzbehörden bestimmt werden (besondere Landesfinanzbehörden). ²Absatz 2 Satz 2 ist anzuwenden.

## § 2a Verzicht auf Mittelbehörden, Aufgabenwahrnehmung durch andere Finanzbehörden[1)]

(1) ¹Durch Rechtsverordnung kann auf Mittelbehörden verzichtet werden. ²Die Rechtsverordnung erlässt für den Bereich von Aufgaben des Landes die zuständige Landesregierung. ³Die Landesregierung kann die Ermächtigung durch Rechtsverordnung auf die für die Finanzverwaltung zuständige oberste Landesbehörde übertragen.

(2) ¹Wird auf Mittelbehörden verzichtet, gehen die den Oberfinanzdirektionen zugewiesenen Aufgaben der Landesfinanzverwaltung auf die oberste Behörde nach § 2 Abs. 1 Nr. 1 über. ²Durch Rechtsverordnung der zuständigen Landesregierung können Landesaufgaben nach Satz 1 einer anderen Landesfinanzbehörde übertragen werden. ³Die Landesregierung kann die Ermächtigung durch Rechtsverordnung auf die für die Finanzverwaltung zuständige oberste Landesbehörde übertragen.

## § 2b (weggefallen)

## § 3 Leitung der Finanzverwaltung[2)]

(1) ¹Das Bundesministerium der Finanzen leitet die Bundesfinanzverwaltung. ²Das Bundesausgleichsamt unterliegt der Dienstaufsicht des Bundesministeriums der Finanzen. ³Soweit die Bundesfinanzbehörden Aufgaben aus dem Geschäftsbereich eines anderen Bundesministeriums zu erledigen haben, erteilt dieses die fachlichen Weisungen. ⁴Fachliche Weisungen, die wesentliche organisatorische Auswirkungen haben, ergehen im Benehmen mit dem Bundesministerium der Finanzen.

---

1) **Anm. d. Red.:** § 2a i. d. F. des Gesetzes v. 3. 12. 2015 (BGBl I S. 2178) mit Wirkung v. 1. 1. 2016.
2) **Anm. d. Red.:** § 3 Abs. 1 i. d. F. des Gesetzes v. 5. 3. 2008 (BGBl I S. 282) mit Wirkung v. 13. 3. 2008.

(2) ¹Die für die Finanzverwaltung zuständige oberste Landesbehörde leitet die Landesfinanzverwaltung. ²Soweit Landesfinanzbehörden Aufgaben aus dem Geschäftsbereich einer anderen obersten Landesbehörde zu erledigen haben, erteilt diese die fachlichen Weisungen. ³Fachliche Weisungen, die wesentliche organisatorische Auswirkungen haben, ergehen im Benehmen mit der für die Finanzverwaltung zuständigen obersten Landesbehörde.

## Abschnitt II: Oberbehörden

### § 4 Sitz und Aufgaben der Bundesoberbehörden[1)]

(1) Das Bundesministerium der Finanzen bestimmt den Sitz der Bundesoberbehörden, soweit durch Gesetz nichts anderes bestimmt ist.

(2) Die Bundesoberbehörden erledigen in eigener Zuständigkeit Aufgaben, die ihnen durch dieses Gesetz, durch andere oder aufgrund anderer Bundesgesetze zugewiesen werden.

(3) Die Bundesoberbehörden erledigen als beauftragte Behörden Aufgaben des Bundes, mit deren Durchführung sie vom Bundesministerium der Finanzen oder mit dessen Zustimmung von dem fachlich zuständigen Bundesministerium beauftragt werden.

### § 5 Aufgaben des Bundeszentralamtes für Steuern[2)]

(1) Das Bundeszentralamt für Steuern hat unbeschadet des § 4 Abs. 2 und 3 folgende Aufgaben:
1. die Mitwirkung an Außenprüfungen (§ 19);
2. die Entlastung von deutschen Abzugsteuern (Erstattungen und Freistellungen) in den Fällen der §§ 43b und 50g des Einkommensteuergesetzes sowie auf Grund von Abkommen zur Vermeidung der Doppelbesteuerung;
3. die Entlastung bei deutschen Besitz- oder Verkehrsteuern gegenüber internationalen Organisationen, amtlichen zwischenstaatlichen Einrichtungen, ausländischen Missionen, berufskonsularischen Vertretungen und deren Mitgliedern auf Grund völkerrechtlicher Vereinbarung oder besonderer gesetzlicher Regelung nach näherer Weisung des Bundesministeriums der Finanzen;
4. die Mitwirkung an der Überprüfung der Besteuerungsgrundlagen für ausländische Investmentanteile, die Feststellung, ob die Anforderungen an einen Investmentfonds erfüllt sind oder nicht, sowie die Veröffentlichung dieser Feststellungen nach dem Investmentsteuergesetz vom 15. Dezember 2003 (BGBl I S. 2676, 2724), das zuletzt durch Artikel 8 des Gesetzes vom 26. Juni 2013 (BGBl I S. 1809) geändert worden ist, in der jeweils geltenden Fassung; die Überprüfung erfolgt auf Antrag einer Landesfinanzbehörde oder durch Stichproben;
5. die Ausübung der Funktion der zuständigen Behörde auf dem Gebiet der steuerlichen Rechts- und Amtshilfe und bei der Durchführung von Verständigungs- und Schiedsverfahren nach den Doppelbesteuerungsabkommen und dem Übereinkommen Nr. 90/436/EWG über die Beseitigung der Doppelbesteuerung im Falle von Gewinnberichtigungen zwischen verbundenen Unternehmen vom 23. Juli 1990 (ABl EG Nr. L 225 S. 10) in der jeweils geltenden Fassung, soweit das zuständige Bundesministerium seine Befugnisse in diesem Bereich delegiert;
5a. die Entgegennahme und Weiterleitung von Meldungen nach auf der Grundlage von § 117c der Abgabenordnung ergangenen Rechtsverordnungen und die Durchführung von Bußgeldverfahren in den Fällen des § 379 Absatz 2 Nummer 1b der Abgabenordnung;

---

1) **Anm. d. Red.:** § 4 Abs. 2 i. d. F. des Gesetzes v. 3. 12. 2015 (BGBl I S. 2178) mit Wirkung v. 1. 1. 2016.

2) **Anm. d. Red.:** § 5 Abs. 1 und 4 i. d. F. des Gesetzes v. 21. 12. 2015 (BGBl I S. 2531) mit Wirkung v. 31. 12. 2015 (Abs. 1) und 15. 4. 2010 (Abs. 4); Abs. 2 i. d. F. des Gesetzes v. 16. 7. 2009 (BGBl I S. 1959) mit Wirkung v. 23. 7. 2009; Abs. 6 i. d. F. des Gesetzes v. 14. 8. 2007 (BGBl I S. 1912) mit Wirkung v. 1. 1. 2009; Abs. 7 i. d. F. des Gesetzes v. 10. 8. 2009 (BGBl I S. 2702) mit Wirkung v. 18. 8. 2009.

5b. die Entgegennahme und Weiterleitung von Meldungen und Auswertungen im Rahmen der nach § 2 des Gesetzes zum automatischen Austausch von Informationen über Finanzkonten in Steuersachen auszutauschenden Informationen und die Durchführung von Bußgeldverfahren nach § 28 des vorgenannten Gesetzes;

6. die zentrale Sammlung und Auswertung von Unterlagen über steuerliche Auslandsbeziehungen nach näherer Weisung des Bundesministeriums der Finanzen;

7. bei Personen, die nicht im Geltungsbereich dieses Gesetzes ansässig sind, die Bestimmung des für die Besteuerung örtlich zuständigen Finanzamts, wenn sich mehrere Finanzämter für örtlich zuständig oder für örtlich unzuständig halten oder wenn sonst Zweifel über die örtliche Zuständigkeit bestehen;

8. die Vergütung der Vorsteuerbeträge in dem besonderen Verfahren nach § 18 Abs. 9 des Umsatzsteuergesetzes;

9. auf Grund der Verordnung (EU) Nr. 904/2010 des Rates vom 7. Oktober 2010 über die Zusammenarbeit der Verwaltungsbehörden und die Betrugsbekämpfung auf dem Gebiet der Mehrwertsteuer (ABl L 268 vom 12. 10. 2010, S. 1)

   a) die Vergabe der Umsatzsteuer-Identifikationsnummer (§ 27a des Umsatzsteuergesetzes),

   b) die Entgegennahme der Zusammenfassenden Meldungen (§ 18a des Umsatzsteuergesetzes) und Speicherung der Daten,

   c) den Austausch von gespeicherten Informationen mit anderen Mitgliedstaaten;

10. die Erteilung von Bescheinigungen in Anwendung des Artikels 151 der Richtlinie 2006/112/EG des Rates vom 28. November 2006 über das gemeinsame Mehrwertsteuersystem (ABl L 347 vom 11. 12. 2006, S. 1, L 335 vom 20. 12. 2007, S. 60), die zuletzt durch die Richtlinie 2013/61/EU (ABl L 353 vom 28. 12. 2013, S. 5) geändert worden ist, in der jeweils geltenden Fassung zum Nachweis der Umsatzsteuerbefreiung der Umsätze, die in anderen Mitgliedstaaten der Europäischen Union an im Geltungsbereich dieses Gesetzes ansässige zwischenstaatliche Einrichtungen, ständige diplomatische Missionen und berufskonsularische Vertretungen sowie deren Mitglieder ausgeführt werden;

11. die Durchführung des Familienleistungsausgleichs nach Maßgabe der §§ 31, 62 bis 78 des Einkommensteuergesetzes. [2]Die Bundesagentur für Arbeit stellt dem Bundeszentralamt für Steuern zur Durchführung dieser Aufgaben ihre Dienststellen als Familienkassen zur Verfügung. [3]Das Nähere, insbesondere die Höhe der Verwaltungskostenerstattung, wird durch Verwaltungsvereinbarung geregelt. [4]Der Vorstand der Bundesagentur für Arbeit kann innerhalb seines Zuständigkeitsbereichs abweichend von den Vorschriften der Abgabenordnung über die örtliche Zuständigkeit von Finanzbehörden die Entscheidung über den Anspruch auf Kindergeld für bestimmte Bezirke oder Gruppen von Berechtigten einer anderen Familienkasse übertragen. [5]Das Bundesministerium der Finanzen wird ermächtigt, durch Rechtsverordnung, die nicht der Zustimmung des Bundesrates bedarf, Bundesfamilienkassen zur Wahrnehmung der Aufgaben der Familienkassen nach § 72 Abs. 1 des Einkommensteuergesetzes einzurichten. [6]Diese können auch Aufgaben im Auftrag der mittelbaren Verwaltung wahrnehmen. [7]Die Landesregierungen werden ermächtigt, durch Rechtsverordnung Landesfamilienkassen zur Wahrnehmung der Aufgaben nach § 72 Abs. 1 des Einkommensteuergesetzes einzurichten. [8]Diese können auch Aufgaben der mittelbaren Verwaltung wahrnehmen. [9]Die Ermächtigung kann durch Rechtsverordnung auf die für die Finanzverwaltung zuständigen obersten Landesbehörden übertragen werden. [10]Die Familienkassen gelten als Bundesfinanzbehörden, soweit sie den Familienleistungsausgleich durchführen, und unterliegen insoweit der Fachaufsicht des Bundeszentralamtes für Steuern;

12. die Durchführung der Veranlagung nach § 50 Absatz 2 Satz 2 Nummer 5 des Einkommensteuergesetzes und § 32 Absatz 2 Nummer 2 des Körperschaftsteuergesetzes sowie die Durchführung des Steuerabzugsverfahrens nach § 50a Absatz 1 des Einkommensteuergesetzes, einschließlich des Erlasses von Haftungs- und Nachforderungsbescheiden und deren

Vollstreckung ab dem durch eine Rechtsverordnung der Bundesregierung mit Zustimmung des Bundesrates zu bestimmenden Zeitpunkt, der nicht vor dem 31. Dezember 2011 liegt;

13. die zentrale Sammlung und Auswertung der von den Finanzbehörden der Länder übermittelten Informationen über Betrugsfälle im Bereich der Umsatzsteuer;

14. die Sammlung, Auswertung und Weitergabe der Daten, die nach § 45d des Einkommensteuergesetzes in den dort genannten Fällen zu übermitteln sind sowie die Übermittlung der Identifikationsnummer (§ 139b der Abgabenordnung) in dem Anfrageverfahren nach § 44a Absatz 2a Satz 3 bis 7 des Einkommensteuergesetzes;

15. die Koordinierung von Umsatzsteuerprüfungen der Landesfinanzbehörden in grenz- und länderübergreifenden Fällen;

16. das Zusammenführen und Auswerten von umsatzsteuerlich erheblichen Informationen zur Identifizierung prüfungswürdiger Sachverhalte;

17. die Beobachtung von elektronisch angebotenen Dienstleistungen zur Unterstützung der Landesfinanzverwaltungen bei der Umsatzbesteuerung des elektronischen Handels;

18. a) die Weiterleitung der Daten, die nach § 10 Absatz 2a und 4b des Einkommensteuergesetzes in den dort genannten Fällen zu übermitteln sind,

    b) die Sammlung, Auswertung und Weitergabe der Daten, die nach § 10a Absatz 5 des Einkommensteuergesetzes in den dort genannten Fällen zu übermitteln sind,

    c) die Sammlung, Auswertung und Weitergabe der Daten, die nach § 22a des Einkommensteuergesetzes in den dort genannten Fällen zu übermitteln sind,

    d) die Erhebung des Verspätungsgeldes nach § 22a Absatz 5 des Einkommensteuergesetzes sowie die Prüfung, ob die Mitteilungspflichtigen ihre Pflichten nach § 22a Absatz 1 des Einkommensteuergesetzes erfüllt haben,

    e) die Übermittlung der Identifikationsnummer (§ 139b der Abgabenordnung) im Anfrageverfahren nach § 22a Absatz 2 in Verbindung mit § 10 Absatz 2a und 4b, § 10a Absatz 5 und § 32b Absatz 3 Satz 1 des Einkommensteuergesetzes,

    f) die Gewährung der Altersvorsorgezulage nach Abschnitt XI des Einkommensteuergesetzes sowie

    g) die Durchführung von Bußgeldverfahren nach § 50f des Einkommensteuergesetzes.

    ²Das Bundeszentralamt für Steuern bedient sich zur Durchführung dieser Aufgaben der Deutschen Rentenversicherung Bund, soweit diese zentrale Stelle im Sinne des § 81 des Einkommensteuergesetzes ist, im Wege der Organleihe. ³Die Deutsche Rentenversicherung Bund unterliegt insoweit der Fachaufsicht des Bundeszentralamtes für Steuern. ⁴Das Nähere, insbesondere die Höhe der Verwaltungskostenerstattung, wird durch Verwaltungsvereinbarung geregelt;

19. die zentrale Sammlung der von den Finanzbehörden übermittelten Angaben über erteilte Freistellungsbescheinigungen nach § 48b des Einkommensteuergesetzes und die Erteilung von Auskünften im Wege einer elektronischen Abfrage an den Leistungsempfänger im Sinne des § 48 Abs. 1 Satz 1 des Einkommensteuergesetzes über die übermittelten Freistellungsbescheinigungen;

20. den Einzug der einheitlichen Pauschsteuer nach § 40a Abs. 2 des Einkommensteuergesetzes. ²Das Bundeszentralamt für Steuern bedient sich zur Durchführung dieser Aufgabe der Deutschen Rentenversicherung Knappschaft-Bahn-See als Träger der knappschaftlichen Rentenversicherung im Wege der Organleihe. ³Das Nähere, insbesondere die Höhe der Verwaltungskostenerstattung, wird durch Verwaltungsvereinbarung geregelt. ⁴Die Deutsche Rentenversicherung Knappschaft-Bahn-See als Träger der knappschaftlichen Rentenversicherung gilt für die Durchführung dieser Aufgabe als Bundesfinanzbehörde und unterliegt insoweit der Fachaufsicht des Bundeszentralamtes für Steuern;

21. die Durchführung des Besteuerungsverfahrens nach § 18 Abs. 4c des Umsatzsteuergesetzes einschließlich der damit im Zusammenhang stehenden Tätigkeiten auf Grund von Kapitel

## § 5 III. Finanzverwaltungsgesetz

XI der Verordnung (EU) Nr. 904/2010 des Rates vom 7. Oktober 2010 über die Zusammenarbeit der Verwaltungsbehörden und die Betrugsbekämpfung auf dem Gebiet der Mehrwertsteuer (ABl L 268 vom 12.10.2010, S. 1);

22. die Vergabe und die Verwaltung des Identifikationsmerkmals nach den §§ 139a bis 139d der Abgabenordnung;
23. die Bestätigungen nach § 18e des Umsatzsteuergesetzes 1999;
24. den Abruf von Daten aus den nach § 93b der Abgabenordnung in Verbindung mit § 24c Abs. 1 Satz 1 des Kreditwesengesetzes von den Kreditinstituten geführten Dateien und die Weiterleitung der abgerufenen Daten an die zuständigen Finanzbehörden;
25. die Verwaltung der Versicherung- und Feuerschutzsteuer und die zentrale Sammlung und Auswertung der Informationen für die Verwaltung der Versicherung- und Feuerschutzsteuer;
26. Entgegennahme von Meldungen und Zahlungen von Zinsabschlag nach der Zinsinformationsverordnung und deren Weiterleitung;
27. die Erteilung von verbindlichen Auskünften nach § 89 Abs. 2 Satz 3 der Abgabenordnung;
28. die Unterstützung der Finanzbehörden der Länder bei der Verhütung und Verfolgung von Steuerstraftaten mit länderübergreifender, internationaler oder erheblicher Bedeutung sowie bei Anzeigen nach § 116 Abs. 1 der Abgabenordnung. [2]Das Bundeszentralamt für Steuern hat zur Wahrnehmung dieser Aufgabe alle hierfür erforderlichen Informationen zu sammeln und auszuwerten und die Behörden der Länder über die sie betreffenden Informationen und die in Erfahrung gebrachten Zusammenhänge von Straftaten zu unterrichten;
28a. die Weiterleitung von Mitteilungen nach § 116 Abs. 1 der Abgabenordnung an die zuständigen Finanzbehörden der Zollverwaltung;
29. die Durchführung der gesonderten Feststellung und Erteilung der Bescheinigung nach § 27 Abs. 8 des Körperschaftsteuergesetzes;
30. die Bildung, Speicherung und Bereitstellung elektronischer Lohnsteuerabzugsmerkmale;
31. die zentrale Sammlung der von den Finanzbehörden der Länder übermittelten Daten zu Konzernübersichten (Konzernverzeichnis) sowie die Erteilung von Auskünften daraus im Wege einer elektronischen Abfrage durch die Finanzbehörden der Länder;
32. die zentrale Sammlung der von den Finanzbehörden der Länder übermittelten branchenbezogenen Kennzahlen sowie die Erteilung von Auskünften daraus im Wege einer elektronischen Abfrage durch die Finanzbehörden der Länder;
31.[1)] die Registrierung eines Vor-REIT nach § 2 des REIT-Gesetzes;
34. ab 1. Juli 2010 die Zertifizierung von Altersvorsorge- und Basisrentenverträgen nach dem Altersvorsorgeverträge-Zertifizierungsgesetz;
35. die Prüfung der Vollständigkeit und Zulässigkeit von Anträgen auf Vorsteuer-Vergütung für im Inland ansässige Unternehmer in Anwendung von Artikel 18 der Richtlinie 2008/9/EG des Rates vom 12. Februar 2008 zur Regelung der Erstattung der Mehrwertsteuer gemäß der Richtlinie 2006/112/EG an nicht im Mitgliedstaat der Erstattung, sondern in einem anderen Mitgliedstaat ansässige Steuerpflichtige (ABl EU Nr. L 44 S. 23);
36. die Prüfung der bei Vorliegen der Einwilligung nach § 10 Absatz 2 Satz 3 des Einkommensteuergesetzes zu übermittelnden Daten;
37. Ausstellung der Bescheinigung an Unternehmer über die Erfüllung der Voraussetzungen des § 4 Nummer 11b des Umsatzsteuergesetzes;

---

1) **Anm. d. Red.:** Zweite Nr. 31 wurde offensichtlich aufgrund eines redaktionellen Versehens des Gesetzgebers bei der Änderung des § 5 durch das Gesetz v. 28.5.2007 (BGBl I S. 914) nicht an die Aufgabennummerierung des Abs. 1 angepasst und müsste „Nr. 33" lauten.

III. Finanzverwaltungsgesetz §5

38. ab 14. Dezember 2010 die Weiterleitung von Anzeigen nach § 9 der Erbschaftsteuer-Durchführungsverordnung an die zuständigen Finanzbehörden der Länder;
39. die Entlastung von Kapitalertragsteuer in den Fällen des § 32 Absatz 5 des Körperschaftsteuergesetzes. ²Die Verwaltungskosten sowie sonstige Kosten, die dem Bund durch diese Zuständigkeit entstehen, werden vom Bund und den Ländern je zur Hälfte getragen. ³Zwischen den einzelnen Ländern werden die Kosten im Sinne des Satzes 2 entsprechend dem in Absatz 2 geregelten Verhältnis aufgeteilt;
40. die mit der Durchführung des Besteuerungsverfahrens nach § 18 Absatz 4e des Umsatzsteuergesetzes in Zusammenhang stehenden Tätigkeiten auf Grund von Kapitel V und XI Abschnitt 2 der Verordnung (EU) Nr. 904/2010 des Rates vom 7. Oktober 2010 über die Zusammenarbeit der Verwaltungsbehörden und die Betrugsbekämpfung auf dem Gebiet der Mehrwertsteuer (ABl L 268 vom 12. 10. 2010, S. 1);
41. die Entgegennahme und Weiterleitung von Anzeigen und Umsatzsteuererklärungen für im Inland ansässige Unternehmer in Anwendung der Artikel 369c bis 369i der Richtlinie 2006/112/EG des Rates in der Fassung des Artikels 5 Nummer 15 der Richtlinie 2008/8/EG des Rates vom 12. Februar 2008 zur Änderung der Richtlinie 2006/112/EG bezüglich des Ortes der Dienstleistung (ABl L 44 vom 20. 2. 2008, S. 11) einschließlich der damit zusammenhängenden Tätigkeiten auf Grund von Artikel 17 Absatz 1 Buchstabe d und Artikel 21 Absatz 1 sowie Kapitel XI Abschnitt 2 der Verordnung (EU) Nr. 904/2010 des Rates vom 7. Oktober 2010 über die Zusammenarbeit der Verwaltungsbehörden und die Betrugsbekämpfung auf dem Gebiet der Mehrwertsteuer (ABl L 268 vom 12. 10. 2010, S. 1);
42. die Einrichtung und Pflege des Online-Zugriffs der Finanzämter auf ATLAS-Ein- und Ausfuhrdaten.

(2) ¹Die vom Bundeszentralamt für Steuern auf Grund gesetzlicher Vorschriften gewährten Steuererstattungen und Steuervergütungen sowie die nach § 44b Absatz 6 Satz 1 bis 3 des Einkommensteuergesetzes erstattete Kapitalertragsteuer werden von den Ländern in dem Verhältnis getragen, in dem sie an dem Aufkommen der betreffenden Steuern beteiligt sind. ²Kapitalertragsteuer, die das Bundeszentralamt für Steuern anlässlich der Vergütung von Körperschaftsteuer vereinnahmt hat, steht den Ländern in demselben Verhältnis zu. ³Für die Aufteilung ist das Aufkommen an den betreffenden Steuern in den einzelnen Ländern maßgebend, das sich ohne Berücksichtigung der in den Sätzen 1 und 2 bezeichneten Steuerbeträge für das Vorjahr ergibt. ⁴Das Nähere bestimmt das Bundesministerium der Finanzen durch Rechtsverordnung, die der Zustimmung des Bundesrates bedarf.

(3) ¹Die von den Familienkassen bei der Durchführung des Familienleistungsausgleichs nach Absatz 1 Nr. 11 ausgezahlten Steuervergütungen im Sinne des § 31 des Einkommensteuergesetzes werden jeweils von den Ländern und Gemeinden, in denen der Gläubiger der Steuervergütung seinen Wohnsitz hat, nach den für die Verteilung des Aufkommens der Einkommensteuer maßgebenden Vorschriften mitgetragen. ²Das Bundeszentralamt für Steuern stellt nach Ablauf eines jeden Monats die Anteile der einzelnen Länder einschließlich ihrer Gemeinden an den gewährten Leistungen fest. ³Die nach Satz 2 festgestellten Anteile sind dem Bund von den Ländern bis zum 15. des dem Zahlungsmonat folgenden Monats zu erstatten. ⁴Für den Monat Dezember ist dem Bund von den Ländern ein Abschlag auf der Basis der Abrechnung des Vormonats zu leisten. ⁵Die Abrechnung für den Monat Dezember hat bis zum 15. Januar des Folgejahres zu erfolgen. ⁶Das Bundesministerium der Finanzen wird ermächtigt, durch Rechtsverordnung mit Zustimmung des Bundesrates das Nähere zu bestimmen.

(4) ¹Die von der zentralen Stelle (§ 81 des Einkommensteuergesetzes) veranlassten Auszahlungen von Altersvorsorgezulagen (§ 83 des Einkommensteuergesetzes) werden nach den für die Verteilung des Aufkommens der Einkommensteuer maßgebenden Vorschriften von den Ländern und Gemeinden mitgetragen, in denen der Gläubiger der Steuervergütung seinen inländischen Wohnsitz hat; bei Gläubigern mit ausländischem Wohnsitz wird der letzte bekannte inländische Wohnsitz zugrunde gelegt. ²Die sich aus Satz 1 ergebenden Finanzierungsanteile gelten auch, wenn der Wohnsitz nicht nach Satz 1 zugeordnet werden kann. ³Die zentrale Stelle

stellt nach Ablauf des dem Kalendervierteljahr folgenden Monats die Anteile der einzelnen Länder einschließlich ihrer Gemeinden an den zu gewährenden Leistungen fest. ⁴Die nach Satz 2 festgestellten Anteile sind dem Bund von den Ländern bis zum 15. des zweiten, dem Kalendervierteljahr folgenden Monats zu erstatten. ⁵Das Bundesministerium der Finanzen wird ermächtigt, durch Rechtsverordnung mit Zustimmung des Bundesrates das Nähere zu bestimmen.

(5)[1] ¹An dem Aufkommen der von der vereinnahmten pauschalen Lohnsteuer (§ 40a Abs. 6 des Einkommensteuergesetzes) sind die Länder und Gemeinden, in denen die Steuerpflichtigen ihren Wohnsitz haben, nach den für die Verteilung des Aufkommens der Einkommensteuer maßgebenden Vorschriften zu beteiligen. ²Nach Ablauf eines jeden Monats werden die Anteile der einzelnen Länder einschließlich ihrer Gemeinden an der vereinnahmten pauschalen Lohnsteuer festgestellt. ³Die nach Satz 2 festgestellten Anteile sind an die Länder bis zum 15. des darauf folgenden Monats auszuzahlen. ⁴Das Bundesministerium der Finanzen wird ermächtigt, durch Rechtsverordnung mit Zustimmung des Bundesrates das Nähere zur Verwaltung und Auszahlung der einheitlichen Pauschsteuer zu bestimmen.

(6) ¹An dem Aufkommen der nach der Richtlinie 2003/48/EG des Rates vom 3. Juni 2003 im Bereich der Besteuerung von Zinserträgen (ABl EU Nr. L 157 S. 38, 2005 Nr. L 103 S. 41), zuletzt geändert durch die Richtlinie 2006/98/EG des Rates vom 20. November 2006 (ABl EU Nr. L 363 S. 129), in der jeweils geltenden Fassung von den berechtigten Mitgliedstaaten sowie von den in Artikel 17 dieser Richtlinie genannten Staaten und abhängigen Gebieten erhobenen Quellensteuer sind die Länder und Gemeinden entsprechend ihrem Anteil an der Kapitalertragsteuer nach § 43 Abs. 1 Satz 1 Nr. 6, 7 und 8 bis 12 sowie Satz 2 des Einkommensteuergesetzes zu beteiligen. ²Die Verteilung des Länder- und Gemeindeanteils auf die einzelnen Länder erfolgt nach den Anteilen an der Kapitalertragsteuer nach § 43 Abs. 1 Satz 1 Nr. 6, 7 und 8 bis 12 sowie Satz 2 des Einkommensteuergesetzes vom Vorjahr, die den Ländern und Gemeinden nach Zerlegung (§ 8 des Zerlegungsgesetzes) zustehen; für 2009 sind die Anteile der Länder und Gemeinden am Zinsabschlagsaufkommen des Jahres 2008 nach Zerlegung maßgeblich. ³Das Bundeszentralamt für Steuern stellt jeweils nach Ablauf eines Monats die Anteile der Länder einschließlich ihrer Gemeinden fest und zahlt sie an die Länder bis zum 15. des dem Abrechnungsmonat folgenden Monats aus. ⁴Das Bundesministerium der Finanzen wird ermächtigt, durch Rechtsverordnung mit Zustimmung des Bundesrates das Nähere zur Verwaltung und Auszahlung dieser Quellensteuer zu bestimmen.

(7) ¹Das Aufkommen der in Ausübung der Aufgaben nach Absatz 1 Nummer 12 zugeflossenen Einkommen- und Körperschaftsteuer steht den Ländern und Gemeinden nach den für die Verteilung des Aufkommens der Einkommen- und Körperschaftsteuer maßgebenden Vorschriften zu. ²Nach Ablauf eines jeden Monats werden die Anteile der einzelnen Länder einschließlich ihrer Gemeinden an den Einnahmen durch das Bundeszentralamt für Steuern festgestellt. ³Die nach Satz 2 festgestellten Anteile sind an die Länder bis zum 15. des darauf folgenden Monats auszuzahlen. ⁴Das Bundesministerium der Finanzen wird ermächtigt, durch Rechtsverordnung mit Zustimmung des Bundesrates das Nähere zur Verwaltung und Auszahlung der Einnahmen in Ausübung der Aufgaben nach Absatz 1 Nummer 12 zu bestimmen.

## § 5a Aufgaben und Gliederung der Generalzolldirektion[2]

(1) ¹Unbeschadet des § 4 Absatz 2 und 3 leitet die Generalzolldirektion bundesweit die Durchführung der Aufgaben der Zollverwaltung. ²Sie übt die Dienst- und Fachaufsicht über die Haupt-

---

1) **Anm. d. Red.:** Der Gesetzgeber hat offenbar übersehen, bei der Anfügung des Abs. 5 durch Art. 8d Nr. 2 Zweites Gesetz für moderne Dienstleistungen am Arbeitsmarkt v. 23.12.2002 (BGBl I S. 4621) in Satz 1 vor dem Wort „vereinnahmten" die Wörter „Bundesknappschaft/Verwaltungsstelle Cottbus" zu berücksichtigen und diese Wörter im Rahmen der Organisationsreform in der gesetzlichen Rentenversicherung durch die Wörter „Deutschen Rentenversicherung Knappschaft-Bahn-See als Träger der knappschaftlichen Rentenversicherung/Verwaltungsstelle Cottbus" zu ersetzen.

2) **Anm. d. Red.:** § 5a eingefügt gem. Gesetz v. 3.12.2015 (BGBl I S. 2178) mit Wirkung v. 1.1.2016.

zollämter und Zollfahndungsämter aus. ³Außerdem nimmt die Generalzolldirektion die ihr sonst übertragenen Aufgaben wahr.

(2) ¹Die Generalzolldirektion gliedert sich in Direktionen. ²Es wird eine für den Zollfahndungsdienst zuständige Direktion (Zollkriminalamt) eingerichtet. ³Andere Organisationseinheiten können eingerichtet werden.

(3) ¹Die Zuständigkeiten und Aufgaben der Direktionen und der anderen Organisationseinheiten bestimmt das Bundesministerium der Finanzen. ²Aufgaben des Zollfahndungsdienstes werden durch das Zollkriminalamt wahrgenommen.

(4) ¹Die bei der Generalzolldirektion errichteten Bundeskassen unterstehen unmittelbar der Leitung einer Direktion der Generalzolldirektion. ²Das Bundesministerium der Finanzen bestimmt die zuständige Direktion.

## § 5b Übertragung von Bauaufgaben[1]

¹Durch Verwaltungsvereinbarung mit dem jeweiligen Land kann der Bund die Leitung und Erledigung seiner Bauaufgaben im Wege der Organleihe Landesbehörden sowie Landesbetrieben, Sondervermögen des Landes und landesunmittelbaren juristischen Personen des öffentlichen Rechts übertragen. ²Die Verwaltungsvereinbarung muss vorsehen, dass die Landesbehörden die Anordnungen des fachlich zuständigen Bundesministeriums zu befolgen haben.

## § 6 Sitz und Aufgaben der Landesoberbehörde[2]

(1) Die für die Finanzverwaltung zuständige oberste Landesbehörde bestimmt den Sitz der Landesoberbehörde, soweit durch Gesetz nichts anderes bestimmt ist.

(2) Die Landesoberbehörde erledigt Aufgaben, die ihr nach Maßgabe des § 17 Abs. 3 Satz 1 zugewiesen werden und die ihr sonst übertragenen Aufgaben.

(3) Für die Ernennung und Entlassung des Leiters einer Oberbehörde, die nach § 2 Abs. 1 Nr. 3 anstelle einer Oberfinanzdirektion tritt, gilt § 9a Satz 3 entsprechend.

## Abschnitt III: Mittelbehörden

## § 7 Bezirk und Sitz[3]

Die obersten Landesbehörden bestimmen den Bezirk (Oberfinanzbezirk) und Sitz der Oberfinanzdirektion, die ihnen jeweils untersteht.

## § 8 (weggefallen[4])

## § 8a Aufgaben und Gliederung der Oberfinanzdirektionen[5]

(1) ¹Die Oberfinanzdirektionen leiten die Finanzverwaltung des jeweiligen Landes in ihrem Bezirk. ²Einer Oberfinanzdirektion kann auch die Leitung der Finanzverwaltung eines Landes für mehrere Oberfinanzbezirke übertragen werden. ³Die Oberfinanzdirektionen können weitere Aufgaben erledigen.

(2) ¹Die Oberfinanzdirektionen können sich in eine Besitz- und Verkehrsteuerabteilung und eine Landesbauabteilung oder Landesvermögens- und Bauabteilung gliedern. ²Außerdem können weitere Landesabteilungen oder andere Organisationseinheiten des Landes eingerichtet werden.

---

1) **Anm. d. Red.:** § 5b eingefügt gem. Gesetz v. 3. 12. 2015 (BGBl I S. 2178) mit Wirkung v. 1. 1. 2016.
2) **Anm. d. Red.:** § 6 Abs. 3 i. d. F. des Gesetzes v. 13. 12. 2007 (BGBl I S. 2897) mit Wirkung v. 1. 1. 2008.
3) **Anm. d. Red.:** § 7 i. d. F. des Gesetzes v. 3. 12. 2015 (BGBl I S. 2178) mit Wirkung v. 1. 1. 2016.
4) **Anm. d. Red.:** § 8 weggefallen gem. Gesetz v. 3. 12. 2015 (BGBl I S. 2178) mit Wirkung v. 1. 1. 2016.
5) **Anm. d. Red.:** § 8a eingefügt gem. Gesetz v. 13. 12. 2007 (BGBl I S. 2897) mit Wirkung v. 1. 1. 2008.

(3) ¹Durch Rechtsverordnung können Aufgaben einer Oberfinanzdirektion für den ganzen Bezirk oder einen Teil davon auf andere Oberfinanzdirektionen übertragen werden, wenn dadurch der Vollzug der Aufgaben verbessert oder erleichtert wird. ²Die Rechtsverordnung erlässt die zuständige Landesregierung. ³Die Landesregierung kann die Ermächtigung auf die für die Finanzverwaltung zuständige oberste Landesbehörde übertragen.

(4) ¹Die Besitz- und Verkehrsteuerabteilung leitet die Durchführung der Aufgaben, für deren Erledigung die Finanzämter zuständig sind. ²Außerdem erledigt sie die ihr sonst übertragenen Aufgaben.

## § 9 (weggefallen)[1]

## § 9a Leitung der Oberfinanzdirektionen[2]

¹Der Oberfinanzpräsident oder die Oberfinanzpräsidentin leitet die jeweilige Oberfinanzdirektion. ²Ihm oder ihr kann auch die Leitung einer Abteilung übertragen werden. ³Er oder sie wird auf Vorschlag der für die Finanzverwaltung zuständigen obersten Landesbehörde im Einvernehmen mit der Bundesregierung durch die zuständige Stelle des Landes ernannt und entlassen.

## § 10 (weggefallen)[3]

## § 10a Landeskassen[4]

¹Werden oder sind bei einer Oberfinanzdirektion eine oder mehrere Landeskassen errichtet, so kann eine Landeskasse Kassengeschäfte für mehrere Oberfinanzbezirke oder für Teile davon wahrnehmen. ²Die Landeskassen können unmittelbar dem zuständigen Oberfinanzpräsidenten oder der zuständigen Oberfinanzpräsidentin unterstellt werden.

## § 11 (weggefallen)[5]

## Abschnitt IV: Örtliche Behörden

### § 12 Bezirk und Sitz der Hauptzollämter und Zollfahndungsämter sowie Aufgaben der Hauptzollämter[6]

(1) Die Generalzolldirektion bestimmt den Bezirk und den Sitz der Hauptzollämter und der Zollfahndungsämter.

(2) Die Hauptzollämter sind als örtliche Bundesbehörden für die Verwaltung der Zölle, der bundesgesetzlich geregelten Verbrauchsteuern einschließlich der Einfuhrumsatzsteuer und der Biersteuer, der Luftverkehrsteuer, der Kraftfahrzeugsteuer, der Abgaben im Rahmen der Europäischen Wirtschaftsgemeinschaften, für die zollamtliche Überwachung des Warenverkehrs über die Grenze, für die Grenzaufsicht, für die Bekämpfung der Schwarzarbeit und der illegalen Beschäftigung und für die ihnen sonst übertragenen Aufgaben zuständig.

(3) ¹Das Bundesministerium der Finanzen kann durch Rechtsverordnung ohne Zustimmung des Bundesrates die Zuständigkeit eines Hauptzollamts nach Absatz 2 auf einzelne Aufgaben beschränken oder Zuständigkeiten nach Absatz 2 einem Hauptzollamt für den Bereich mehrerer Hauptzollämter übertragen, wenn dadurch der Vollzug der Aufgaben verbessert oder erleichtert

---

1) **Anm. d. Red.:** § 9 weggefallen gem. Gesetz v. 3.12.2015 (BGBl I S. 2178) mit Wirkung v. 1.1.2016.
2) **Anm. d. Red.:** § 9a eingefügt gem. Gesetz v. 13.12.2007 (BGBl I S. 2897) mit Wirkung v. 1.1.2008.
3) **Anm. d. Red.:** § 10 weggefallen gem. Gesetz v. 3.12.2015 (BGBl I S. 2178) mit Wirkung v. 1.1.2016.
4) **Anm. d. Red.:** § 10a eingefügt gem. Gesetz v. 13.12.2007 (BGBl I S. 2897) mit Wirkung v. 1.1.2008.
5) **Anm. d. Red.:** § 11 weggefallen gem. Gesetz v. 13.12.2007 (BGBl I S. 2897) mit Wirkung v. 1.1.2008.
6) **Anm. d. Red.:** § 12 Abs. 1 und 3 i. d. F. des Gesetzes v. 3.12.2015 (BGBl I S. 2178) mit Wirkung v. 1.1.2016; Abs. 2 i. d. F., Abs. 4 weggefallen gem. Gesetz v. 26.6.2013 (BGBl I S. 1809) mit Wirkung v. 1.7.2014.

wird. ²Das Bundesministerium der Finanzen kann die Ermächtigung nach Satz 1 durch Rechtsverordnung auf die Generalzolldirektion übertragen.

(4) (weggefallen)

## §§ 12a bis 12d (weggefallen)

## § 13 Beistandspflicht der Ortsbehörden

(1) Die Gemeindebehörden, die Ortspolizeibehörden und die sonstigen Ortsbehörden haben den Hauptzollämtern auch neben der in § 111 der Abgabenordnung vorgesehenen Beistandspflicht Hilfe zu leisten, soweit dies wegen ihrer Kenntnis der örtlichen Verhältnisse oder zur Ersparung von Kosten oder Zeit zweckmäßig ist.

(2) Für Hilfeleistungen nach Absatz 1 werden Entschädigungen nicht gewährt.

## §§ 14 bis 16 (weggefallen)

## § 17 Bezirk, Sitz und Aufgaben der Finanzämter[1)]

(1) Die für die Finanzverwaltung zuständige oberste Landesbehörde bestimmt den Bezirk und den Sitz der Finanzämter.

(2) ¹Die Finanzämter sind als örtliche Landesbehörden für die Verwaltung der Steuern mit Ausnahme der Kraftfahrzeugsteuer, der sonstigen auf motorisierte Verkehrsmittel bezogenen Verkehrsteuern, der Zölle und der bundesgesetzlich geregelten Verbrauchsteuern (§ 12) zuständig, soweit die Verwaltung nicht auf Grund des Artikels 108 Absatz 4 Satz 1 des Grundgesetzes den Bundesfinanzbehörden oder auf Grund des Artikels 108 Absatz 4 Satz 2 des Grundgesetzes den Gemeinden (Gemeindeverbänden) übertragen worden ist. ²Sie sind ferner für die ihnen sonst übertragenen Aufgaben zuständig. ³Soweit es sich um Aufgaben der Finanzverwaltung handelt und der Vollzug der Aufgaben verbessert oder erleichtert wird, kann die zuständige Landesregierung durch Rechtsverordnung

1. die Zuständigkeit eines Finanzamts oder einer besonderen Landesfinanzbehörde (§ 2 Absatz 3) auf einzelne Aufgaben beschränken,
2. einem Finanzamt oder einer besonderen Landesfinanzbehörde (§ 2 Absatz 3) Zuständigkeiten für die Bezirke mehrerer Finanzämter übertragen oder
3. einer Landesoberbehörde (§ 6) die landesweite Zuständigkeit für Kassengeschäfte und das Erhebungsverfahren einschließlich der Vollstreckung übertragen.

⁴Die Landesregierung kann die Ermächtigung durch Rechtsverordnung auf die für die Finanzverwaltung zuständige oberste Landesbehörde übertragen.

(3) ¹Wenn im Besteuerungsverfahren automatische Einrichtungen eingesetzt werden, können durch Rechtsverordnung der zuständigen Landesregierung damit zusammenhängende Steuerverwaltungstätigkeiten auf ein nach § 2 Abs. 2 eingerichtetes Rechenzentrum übertragen werden. ²Dieses handelt insoweit für das jeweils örtlich zuständige Finanzamt. ³Absatz 2 Satz 4 gilt entsprechend.

(4) Auf Grund eines Staatsvertrages zwischen mehreren Ländern können Zuständigkeiten nach Absatz 2 Satz 1 und 2 auf ein Finanzamt, ein nach § 2 Abs. 2 eingerichtetes Rechenzentrum der Landesfinanzverwaltung oder eine besondere Landesfinanzbehörde (§ 2 Abs. 3) außerhalb des Landes übertragen werden.

---

1) **Anm. d. Red.:** § 17 Abs. 2 i. d. F. des Gesetzes v. 2. 11. 2015 (BGBl I S. 1834) mit Wirkung v. 6. 11. 2015.

## Abschnitt V: Zusammenwirken von Bundes- und Landesfinanzbehörden

### § 18 Verwaltung der Umsatzsteuer[1)]

¹Die Hauptzollämter und ihre Dienststellen wirken bei der Verwaltung der Umsatzsteuer nach Maßgabe der für diese Steuer geltenden Vorschriften mit. ²Sie handeln hierbei für die Finanzbehörde, die für die Besteuerung örtlich zuständig ist.

### § 18a (weggefallen)[2)]

### § 19 Mitwirkung des Bundeszentralamtes für Steuern an Außenprüfungen[3)]

(1) ¹Das Bundeszentralamt für Steuern ist zur Mitwirkung an Außenprüfungen berechtigt, die durch Landesfinanzbehörden durchgeführt werden. ²Es kann verlangen, dass bestimmte von ihm namhaft gemachte Betriebe zu einem bestimmten Zeitpunkt geprüft werden.

(2) ¹Das Bundeszentralamt für Steuern bestimmt Art und Umfang seiner Mitwirkung. ²Die Landesfinanzbehörden machen dem Bundeszentralamt für Steuern auf Anforderung alle den Prüfungsfall betreffenden Unterlagen zugänglich und erteilen die erforderlichen Auskünfte.

(3) ¹Im Einvernehmen mit den zuständigen Landesfinanzbehörden kann das Bundeszentralamt für Steuern im Auftrag des zuständigen Finanzamtes Außenprüfungen durchführen. ²Das gilt insbesondere bei Prüfungen von Auslandsbeziehungen und bei Prüfungen, die sich über das Gebiet eines Landes hinaus erstrecken.

(4) ¹Ist bei der Auswertung des Prüfungsberichts oder im Rechtsbehelfsverfahren beabsichtigt, von den Feststellungen des Bundeszentralamts für Steuern abzuweichen, so ist hierüber Einvernehmen mit dem Bundeszentralamt für Steuern zu erzielen. ²Dies gilt auch für die in diesen Fällen zu erteilenden verbindlichen Zusagen nach § 204 der Abgabenordnung. ³Wird kein Einvernehmen erzielt, kann die Frage dem Bundesministerium der Finanzen zur Entscheidung vorgelegt werden.

(5) ¹Das Bundeszentralamt für Steuern kann verlangen, dass bestimmte von ihm namhaft gemachte Steuerpflichtige, die nach § 193 der Abgabenordnung der Außenprüfung unterliegen, geprüft werden und Regelungen zur Durchführung und zu Inhalten der Außenprüfung dieser Steuerpflichtigen festlegen. ²Es wirkt in diesen Fällen an der jeweiligen Außenprüfung mit. ³Dies gilt insbesondere in Fällen, in denen die Gleichmäßigkeit der Rechtsanwendung in mehreren Betrieben sicherzustellen ist, sowie in den Fällen des Absatzes 3 Satz 2.

### § 20 Einsatz von automatischen Einrichtungen[4)]

(1) ¹Die für die Finanzverwaltung zuständigen obersten Landesbehörden bestimmen Art, Umfang und Organisation des Einsatzes der automatischen Einrichtungen für die Festsetzung und Erhebung von Steuern, die von den Landesfinanzbehörden verwaltet werden; zur Gewährleistung gleicher Programmergebnisse und eines ausgewogenen Leistungsstandes ist Einvernehmen mit dem Bundesministerium der Finanzen herbeizuführen. ²Das Bundesministerium der Finanzen kann zur Verbesserung oder Erleichterung des gleichmäßigen Vollzugs der Steuergesetze den bundeseinheitlichen Einsatz eines bestimmten Programms für die automatisierte Datenverarbeitung anweisen, wenn nicht die Mehrzahl der Länder dagegen Einwendungen erhebt. ³Im Falle einer Anweisung sind die Länder verpflichtet, die technischen und organisatorischen Einsatzvoraussetzungen dafür zu schaffen.

---

1) **Anm. d. Red.:** § 18 i. d. F. des Gesetzes v. 26. 6. 2013 (BGBl I S. 1809) mit Wirkung v. 1. 7. 2014.

2) **Anm. d. Red.:** § 18a weggefallen gem. Gesetz v. 3. 12. 2015 (BGBl I S. 2178) mit Wirkung v. 1. 1. 2016.

3) **Anm. d. Red.:** § 19 Abs. 2, 4 und 5 i. d. F. des Gesetzes v. 10. 8. 2009 (BGBl I S. 2702) mit Wirkung v. 18. 8. 2009.

4) **Anm. d. Red.:** § 20 Abs. 1 i. d. F. des Gesetzes v. 5. 9. 2006 (BGBl I S. 2098) mit Wirkung v. 12. 9. 2006; Abs. 2 i. d. F. des Gesetzes v. 19. 12. 2008 (BGBl I S. 2794) mit Wirkung v. 1. 1. 2009.

(2) ¹Die für die Finanzverwaltung zuständigen obersten Landesbehörden können technische Hilfstätigkeiten durch automatische Einrichtungen der Finanzbehörden des Bundes, eines anderen Landes oder anderer Verwaltungsträger verrichten lassen. ²Das Bundesministerium der Finanzen kann technische Hilfstätigkeiten durch automatische Einrichtungen der Finanzbehörden eines Landes oder anderer Verwaltungsträger verrichten lassen. ³In diesen Fällen ist sicherzustellen, dass die technischen Hilfstätigkeiten entsprechend den fachlichen Weisungen der für die Finanzverwaltung zuständigen obersten Behörde oder der von ihr bestimmten Finanzbehörde der Gebietskörperschaft verrichtet werden, die die Aufgabenwahrnehmung übertragen hat.

## § 21 Auskunfts- und Teilnahmerechte[1]

(1) ¹Soweit die den Ländern zustehenden Steuern von Bundesfinanzbehörden verwaltet werden, haben die für die Finanzverwaltung zuständigen obersten Landesbehörden das Recht, sich über die für diese Steuern erheblichen Vorgänge bei den zuständigen Bundesfinanzbehörden zu unterrichten. ²Zu diesem Zweck steht ihnen das Recht auf Akteneinsicht und auf mündliche und schriftliche Auskunft zu.

(2) Die für die Finanzverwaltung zuständigen obersten Landesbehörden sind berechtigt, durch Landesbedienstete an Außenprüfungen teilzunehmen, die durch Bundesfinanzbehörden durchgeführt werden und die in Absatz 1 genannten Steuern betreffen.

(3) ¹Die in den Absätzen 1 und 2 genannten Rechte stehen den Gemeinden hinsichtlich der Realsteuern insoweit zu, als diese von den Landesfinanzbehörden verwaltet werden. ²Die Gemeinden sind jedoch abweichend von Absatz 2 nur dann berechtigt, durch Gemeindebedienstete an Außenprüfungen bei Steuerpflichtigen teilzunehmen, wenn diese in der Gemeinde eine Betriebsstätte unterhalten oder Grundbesitz haben und die Außenprüfungen im Gemeindebezirk erfolgen.

(4) Das Bundeszentralamt für Steuern, die Familienkassen, soweit sie den Familienleistungsausgleich nach Maßgabe der §§ 31 und 62 bis 78 des Einkommensteuergesetzes durchführen, und die Landesfinanzbehörden stellen sich gegenseitig die für die Durchführung des § 31 des Einkommensteuergesetzes erforderlichen Daten und Auskünfte zur Verfügung.

(5) Das Bundeszentralamt für Steuern, die Deutsche Rentenversicherung Knappschaft-Bahn-See als Träger der knappschaftlichen Rentenversicherung, soweit sie den Einzug der einheitlichen Pauschalsteuer nach § 40a Abs. 2 des Einkommensteuergesetzes durchführt, und die Landesfinanzbehörden stellen sich gegenseitig die für die Durchführung des § 40a Abs. 6 des Einkommensteuergesetzes erforderlichen Daten und Auskünfte zur Verfügung.

(6) Soweit die dem Bund ganz oder zum Teil zufließenden Steuern von Landesfinanzbehörden verwaltet werden, stellen die Länder den Bundesfinanzbehörden anonymisierte Daten des Steuervollzugs zur eigenständigen Auswertung insbesondere für Zwecke der Gesetzesfolgenabschätzung zur Verfügung.

## § 21a Allgemeine Verfahrensgrundsätze[2]

(1) ¹Zur Verbesserung und Erleichterung des Vollzugs von Steuergesetzen und im Interesse des Zieles der Gleichmäßigkeit der Besteuerung bestimmt das Bundesministerium der Finanzen mit Zustimmung der obersten Finanzbehörden der Länder einheitliche Verwaltungsgrundsätze, Regelungen zur Zusammenarbeit des Bundes mit den Ländern und erteilt allgemeine fachliche Weisungen. ²Die Zustimmung gilt als erteilt, wenn eine Mehrheit der Länder nicht widerspricht. ³Initiativen zur Festlegung der Angelegenheiten des Satzes 1 kann das Bundesministerium der Finanzen allein oder auf gemeinsame Veranlassung von mindestens vier Ländern ergreifen.

---

1) **Anm. d. Red.:** § 21 Abs. 5 i. d. F. des Gesetzes v. 26. 6. 2013 (BGBl I S. 1809) mit Wirkung v. 30. 6. 2013; Abs. 6 i. d. F. des Gesetzes v. 10. 8. 2009 (BGBl I S. 2702) mit Wirkung v. 18. 8. 2009.
2) **Anm. d. Red.:** § 21a i. d. F. des Gesetzes v. 10. 8. 2009 (BGBl I S. 2702) mit Wirkung v. 18. 8. 2009.

(2) ¹Die oberste Finanzbehörde jedes Landes vereinbart mit dem Bundesministerium der Finanzen bilateral Vollzugsziele für die Steuerverwaltung des Landes auf der Grundlage eines vom Bundesministerium der Finanzen mit Zustimmung der obersten Finanzbehörden der Länder bestimmten Rahmenkatalogs maßgebender Leistungskennzahlen. ²Die Zustimmung gilt als erteilt, wenn eine Mehrheit der Länder nicht widerspricht.

(3) ¹Die obersten Finanzbehörden des Bundes und der Länder überprüfen regelmäßig die Erfüllung der vereinbarten Vollzugsziele. ²Hierzu übermitteln die obersten Finanzbehörden der Länder dem Bundesministerium der Finanzen die erforderlichen Daten.

(4) Vereinbarungen nach Absatz 2 sind für die obersten Finanzbehörden des Bundes und der Länder verbindlich.

## Abschnitt VI: Übergangsregelungen aus Anlass des Zweiten Gesetzes zur Änderung des Finanzverwaltungsgesetzes und anderer Gesetze vom 13. Dezember 2007[1)]

### § 22 Dienstrechtliche Folgen und Regelung der Versorgungslasten[2)]

(1) ¹Für die am 31. Dezember 2007 vorhandenen Oberfinanzpräsidenten und Oberfinanzpräsidentinnen der Oberfinanzdirektionen Chemnitz, Hannover, Karlsruhe und Koblenz endet das Beamtenverhältnis zur Bundesrepublik Deutschland mit Ablauf dieses Tages. ²§ 107b des Beamtenversorgungsgesetzes in der Fassung der Bekanntmachung vom 24. Februar 2010 (BGBl I S. 150) gilt entsprechend mit der Maßgabe, dass der in § 107b Absatz 1 Satz 1 des Beamtenversorgungsgesetzes genannte Dienstherrenwechsel sowie der dort genannte Zeitraum von mindestens fünf Jahren unberücksichtigt bleiben und abgeleistete ruhegehaltfähige Dienstzeiten, in denen die Oberfinanzpräsidenten oder Oberfinanzpräsidentinnen sowohl beim Bund als auch beim Land beamtet waren, vom Bund und vom Land je zur Hälfte getragen werden. ³Für die Zeit ab 1. Januar 2008 trägt das jeweilige Bundesland, dem die genannte Oberfinanzdirektion untersteht, die vollen Versorgungslasten.

(2) Für die übrigen Personen, die

1. das Amt des Oberfinanzpräsidenten oder der Oberfinanzpräsidentin am oder vor dem 31. Dezember 2007 innehatten und

2. an diesem Tag noch nicht im Ruhestand waren,

gilt Absatz 1 Satz 2 entsprechend.

### § 23 Übergangsregelung Kosten der Oberfinanzdirektion[3)]

Die Kosten der Oberfinanzdirektion werden vom Bund getragen, soweit sie auf den Bund entfallen.

---

1) **Anm. d. Red.:** Abschnitt VI (§§ 22, 23) i. d. F. des Gesetzes v. 3. 12. 2015 (BGBl I S. 2178) mit Wirkung v. 1. 1. 2016.

2) **Anm. d. Red.:** § 22 i. d. F. des Gesetzes v. 5. 9. 2010 (BGBl I S. 1288) mit Wirkung v. 1. 1. 2011.

3) **Anm. d. Red.:** § 23 i. d. F. des Gesetzes v. 3. 12. 2015 (BGBl I S. 2178) mit Wirkung v. 1. 1. 2016.

## Abschnitt VII: Überleitungs- und Übergangsregelungen aus Anlass des Gesetzes zur Neuorganisation der Zollverwaltung vom 3. Dezember 2015 (BGBl I S. 2178)[1)]

### § 24 Überleitung der Beschäftigten der Bundesfinanzdirektionen, des Zollkriminalamtes und des Bildungs- und Wissenschaftszentrums der Bundesfinanzverwaltung[2)]

[1]Auf Grund der mit Inkrafttreten des Gesetzes zur Neuorganisation der Zollverwaltung vom 3. Dezember 2015 (BGBl I S. 2178) vollzogenen Überführung der Bundesfinanzdirektionen Nord, Mitte, West, Südwest und Südost, des Zollkriminalamtes und des Bildungs- und Wissenschaftszentrums der Bundesfinanzverwaltung in die Generalzolldirektion sind die Beamtinnen und Beamten sowie die Arbeitnehmerinnen und Arbeitnehmer, die bei diesen Bundesfinanzdirektionen, dem Zollkriminalamt oder dem Bildungs- und Wissenschaftszentrum der Bundesfinanzverwaltung am 31. Dezember 2015 beschäftigt waren, ab dem 1. Januar 2016 Beschäftigte der Generalzolldirektion. [2]Satz 1 gilt für die Auszubildenden bei den zuvor genannten Behörden entsprechend.

### § 25 Übergangsregelung Personalvertretung, Jugend- und Auszubildendenvertretung[3)]

(1) [1]Die erstmaligen Wahlen zu den Personalvertretungen finden bei der Generalzolldirektion spätestens bis zum 31. Mai 2016 statt. [2]Bis zu diesen Wahlen werden die Personalratsaufgaben des örtlichen Personalrats und des Bezirkspersonalrats übergangsweise vom Hauptpersonalrat beim Bundesministerium der Finanzen wahrgenommen.

(2) Die am 31. Dezember 2015 bestehenden Dienstvereinbarungen zwischen den aufgelösten Dienststellen und den dort gebildeten Personalvertretungen gelten bis zum Abschluss neuer Dienstvereinbarungen fort, längstens aber für die Dauer von 18 Monaten.

(3) [1]Für die Jugend- und Auszubildendenvertretungen bei der Generalzolldirektion gelten die Absätze 1 und 2 entsprechend. [2]Bis zu den erstmaligen Wahlen werden die Aufgaben der örtlichen Jugend- und Auszubildendenvertretung und der Bezirksjugend- und Auszubildendenvertretung übergangsweise von der Hauptjugend- und Auszubildendenvertretung beim Bundesministerium der Finanzen wahrgenommen.

### § 26 Übergangsregelung Schwerbehindertenvertretung[4)]

(1) [1]Die erstmaligen Wahlen zur örtlichen Schwerbehindertenvertretung nach dem Neunten Buch Sozialgesetzbuch finden in der Generalzolldirektion spätestens bis zum 30. Juni 2016 statt. [2]Bis die Schwerbehindertenvertretung ihre Tätigkeit aufnimmt, werden deren Aufgaben übergangsweise von der Hauptschwerbehindertenvertretung im Geschäftsbereich des Bundesministeriums der Finanzen wahrgenommen. [3]Die Hauptvertrauensperson der schwerbehinderten Menschen in der Bundesfinanzverwaltung bestellt unter Beachtung der gesetzlichen Bestimmungen unverzüglich den Wahlvorstand für die erstmaligen Wahlen nach Satz 1.

(2) [1]Die erstmalige Wahl zur Bezirksschwerbehindertenvertretung nach dem Neunten Buch Sozialgesetzbuch findet in der Generalzolldirektion zeitnah nach den Wahlen zur örtlichen Schwerbehindertenvertretung, spätestens bis zum 30. September 2016 statt. [2]Bis die Bezirksschwerbehindertenvertretung ihre Tätigkeit aufnimmt, werden deren Aufgaben übergangsweise von der Hauptschwerbehindertenvertretung im Geschäftsbereich des Bundesministeriums

---

1) **Anm. d. Red.:** Abschnitt VII (§§ 24 bis 27) i. d. F. des Gesetzes v. 3.12.2015 (BGBl I S. 2178) mit Wirkung v. 1.1.2016.

2) **Anm. d. Red.:** § 24 i. d. F. des Gesetzes v. 3.12.2015 (BGBl I S. 2178) mit Wirkung v. 1.1.2016.

3) **Anm. d. Red.:** § 25 i. d. F. des Gesetzes v. 3.12.2015 (BGBl I S. 2178) mit Wirkung v. 1.1.2016.

4) **Anm. d. Red.:** § 26 i. d. F. des Gesetzes v. 3.12.2015 (BGBl I S. 2178) mit Wirkung v. 1.1.2016.

der Finanzen wahrgenommen. ³Die Hauptvertrauensperson der schwerbehinderten Menschen in der Bundesfinanzverwaltung bestellt unverzüglich den Wahlvorstand für die erstmalige Wahl nach Satz 1.

## § 27 Übergangsregelung Gleichstellungsbeauftragte[1)]

(1) Die erstmalige Wahl der Gleichstellungsbeauftragten der Generalzolldirektion sowie der Stellvertreterinnen findet spätestens bis zum 31. März 2016 statt.

(2) ¹Bis zur erstmaligen Wahl führen die bisherigen Gleichstellungsbeauftragten der Bundesfinanzdirektionen, des Zollkriminalamtes und des Bildungs- und Wissenschaftszentrums der Bundesfinanzverwaltung sowie die Stellvertreterinnen ihr Amt bei der Generalzolldirektion fort. ²Bis zur erstmaligen Wahl bleiben sie für die Beschäftigten derjenigen Dienststellen zuständig, für die sie vor der Einrichtung der Generalzolldirektion zuständig waren. ³Sofern Entscheidungen getroffen und Maßnahmen durchgeführt werden, die die gesamte Generalzolldirektion betreffen, sind bis zur erstmaligen Wahl alle bisherigen Gleichstellungsbeauftragten zu beteiligen.

---

1) **Anm. d. Red.:** § 27 i. d. F. des Gesetzes v. 3. 12. 2015 (BGBl I S. 2178) mit Wirkung v. 1. 1. 2016.

# IV. Grundgesetz für die Bundesrepublik Deutschland (GG)
## v. 23. 5. 1949 (BGBl 1949 S. 1) mit späteren Änderungen

Das Grundgesetz für die Bundesrepublik Deutschland (GG) v. 23. 5. 1949 (BGBl 1949 S. 1) wurde mehrfach geändert; zuletzt durch Art. 1 Gesetz zur Änderung des Grundgesetzes (Artikel 91b) v. 23. 12. 2014 (BGBl I S. 2438). — Die Überschriften der Artikel wurden von der Redaktion hinzugefügt.

## Auszug

### Präambel

¹Im Bewusstsein seiner Verantwortung vor Gott und den Menschen, von dem Willen beseelt, als gleichberechtigtes Glied in einem vereinten Europa dem Frieden der Welt zu dienen, hat sich das Deutsche Volk kraft seiner verfassungsgebenden Gewalt dieses Grundgesetz gegeben.

²Die Deutschen in den Ländern Baden-Württemberg, Bayern, Berlin, Brandenburg, Bremen, Hamburg, Hessen, Mecklenburg-Vorpommern, Niedersachsen, Nordrhein-Westfalen, Rheinland-Pfalz, Saarland, Sachsen, Sachsen-Anhalt, Schleswig-Holstein und Thüringen haben in freier Selbstbestimmung die Einheit und Freiheit Deutschlands vollendet. ³Damit gilt dieses Grundgesetz für das gesamte Deutsche Volk.

## I. Die Grundrechte

### Artikel 1 Menschenwürde, Grundrechtsbindung der staatlichen Gewalt

(1) ¹Die Würde des Menschen ist unantastbar. ²Sie zu achten und zu schützen ist Verpflichtung aller staatlichen Gewalt.

(2) Das Deutsche Volk bekennt sich darum zu unverletzlichen und unveräußerlichen Menschenrechten als Grundlage jeder menschlichen Gemeinschaft, des Friedens und der Gerechtigkeit in der Welt.

(3) Die nachfolgenden Grundrechte binden Gesetzgebung, vollziehende Gewalt und Rechtsprechung als unmittelbar geltendes Recht.

### Artikel 2 Handlungsfreiheit, Freiheit der Person

(1) Jeder hat das Recht auf die freie Entfaltung seiner Persönlichkeit, soweit er nicht die Rechte anderer verletzt und nicht gegen die verfassungsmäßige Ordnung oder das Sittengesetz verstößt.

(2) ¹Jeder hat das Recht auf Leben und körperliche Unversehrtheit. ²Die Freiheit der Person ist unverletzlich. ³In diese Rechte darf nur auf Grund eines Gesetzes eingegriffen werden.

### Artikel 3 Gleichheit vor dem Gesetz

(1) Alle Menschen sind vor dem Gesetz gleich.

(2) ¹Männer und Frauen sind gleichberechtigt. ²Der Staat fördert die tatsächliche Durchsetzung der Gleichberechtigung von Frauen und Männern und wirkt auf die Beseitigung bestehender Nachteile hin.

(3) ¹Niemand darf wegen seines Geschlechtes, seiner Abstammung, seiner Rasse, seiner Sprache, seiner Heimat und Herkunft, seines Glaubens, seiner religiösen oder politischen Anschauungen benachteiligt oder bevorzugt werden. ²Niemand darf wegen seiner Behinderung benachteiligt werden.

## Artikel 4  Glaubens-, Gewissens- und Bekenntnisfreiheit

(1) Die Freiheit des Glaubens, des Gewissens und die Freiheit des religiösen und weltanschaulichen Bekenntnisses sind unverletzlich.

(2) Die ungestörte Religionsausübung wird gewährleistet.

(3) [1]Niemand darf gegen sein Gewissen zum Kriegsdienst mit der Waffe gezwungen werden. [2]Das Nähere regelt ein Bundesgesetz.

## Artikel 5  Meinungsfreiheit

(1) [1]Jeder hat das Recht, seine Meinung in Wort, Schrift und Bild frei zu äußern und zu verbreiten und sich aus allgemein zugänglichen Quellen ungehindert zu unterrichten. [2]Die Pressefreiheit und die Freiheit der Berichterstattung durch Rundfunk und Film werden gewährleistet. [3]Eine Zensur findet nicht statt.

(2) Diese Rechte finden ihre Schranken in den Vorschriften der allgemeinen Gesetze, den gesetzlichen Bestimmungen zum Schutze der Jugend und in dem Recht der persönlichen Ehre.

(3) [1]Kunst und Wissenschaft, Forschung und Lehre sind frei. [2]Die Freiheit der Lehre entbindet nicht von der Treue zur Verfassung.

## Artikel 6  Ehe und Familie, nichteheliche Kinder

(1) Ehe und Familie stehen unter dem besonderen Schutz der staatlichen Ordnung.

(2) [1]Pflege und Erziehung der Kinder sind das natürliche Recht der Eltern und die zuvörderst ihnen obliegende Pflicht. [2]Über ihre Betätigung wacht die staatliche Gemeinschaft.

(3) Gegen den Willen der Erziehungsberechtigten dürfen Kinder nur aufgrund eines Gesetzes von der Familie getrennt werden, wenn die Erziehungsberechtigten versagen oder wenn die Kinder aus anderen Gründen zu verwahrlosen drohen.

(4) Jede Mutter hat Anspruch auf den Schutz und die Fürsorge der Gemeinschaft.

(5) Den unehelichen Kindern sind durch die Gesetzgebung die gleichen Bedingungen für ihre leibliche und seelische Entwicklung und ihre Stellung in der Gesellschaft zu schaffen wie den ehelichen Kindern.

## Artikel 7  Schulwesen

(1) Das gesamte Schulwesen steht unter der Aufsicht des Staates.

(2) Die Erziehungsberechtigten haben das Recht, über die Teilnahme des Kindes am Religionsunterricht zu bestimmen.

(3) [1]Der Religionsunterricht ist in den öffentlichen Schulen mit Ausnahme der bekenntnisfreien Schulen ordentliches Lehrfach. [2]Unbeschadet des staatlichen Aufsichtsrechtes wird der Religionsunterricht in Übereinstimmung mit den Grundsätzen der Religionsgemeinschaften erteilt. [3]Kein Lehrer darf gegen seinen Willen verpflichtet werden, Religionsunterricht zu erteilen.

(4) [1]Das Recht zur Errichtung von privaten Schulen wird gewährleistet. [2]Private Schulen als Ersatz für öffentliche Schulen bedürfen der Genehmigung des Staates und unterstehen den Landesgesetzen. [3]Die Genehmigung ist zu erteilen, wenn die privaten Schulen in ihren Lehrzielen und Einrichtungen sowie in der wissenschaftlichen Ausbildung ihrer Lehrkräfte nicht hinter den öffentlichen Schulen zurückstehen und eine Sonderung der Schüler nach den Besitzverhältnissen der Eltern nicht gefördert wird. [4]Die Genehmigung ist zu versagen, wenn die wirtschaftliche und rechtliche Stellung der Lehrkräfte nicht genügend gesichert ist.

(5) Eine private Volksschule ist nur zuzulassen, wenn die Unterrichtsverwaltung ein besonderes pädagogisches Interesse anerkennt oder, auf Antrag von Erziehungsberechtigten, wenn sie als Gemeinschaftsschule, als Bekenntnis- oder Weltanschauungsschule errichtet werden soll und eine öffentliche Volksschule dieser Art in der Gemeinde nicht besteht.

(6) Vorschulen bleiben aufgehoben.

## Artikel 8 Versammlungsfreiheit

(1) Alle Deutschen haben das Recht, sich ohne Anmeldung oder Erlaubnis friedlich und ohne Waffen zu versammeln.

(2) Für Versammlungen unter freiem Himmel kann dieses Recht durch Gesetz oder aufgrund eines Gesetzes beschränkt werden.

## Artikel 9 Vereinigungsfreiheit

(1) Alle Deutschen haben das Recht, Vereine und Gesellschaften zu bilden.

(2) Vereinigungen, deren Zwecke oder deren Tätigkeit den Strafgesetzen zuwiderlaufen oder die sich gegen die verfassungsmäßige Ordnung oder gegen den Gedanken der Völkerverständigung richten, sind verboten.

(3) [1]Das Recht, zur Wahrung und Förderung der Arbeits- und Wirtschaftsbedingungen Vereinigungen zu bilden, ist für jedermann und für alle Berufe gewährleistet. [2]Abreden, die dieses Recht einschränken oder zu behindern suchen, sind nichtig, hierauf gerichtete Maßnahmen sind rechtswidrig. [3]Maßnahmen nach den Artikeln 12a, 35 Abs. 2 und 3, Artikel 87a Abs. 4 und Artikel 91 dürfen sich nicht gegen Arbeitskämpfe richten, die zur Wahrung und Förderung der Arbeits- und Wirtschaftsbedingungen von Vereinigungen im Sinne des Satzes 1 geführt werden.

## Artikel 10 Post- und Fernmeldegeheimnis

(1) Das Briefgeheimnis sowie das Post- und Fernmeldegeheimnis sind unverletzlich.

(2) [1]Beschränkungen dürfen nur aufgrund eines Gesetzes angeordnet werden. [2]Dient die Beschränkung dem Schutze der freiheitlichen demokratischen Grundordnung oder des Bestandes oder der Sicherung des Bundes oder eines Landes, so kann das Gesetz bestimmen, dass sie dem Betroffenen nicht mitgeteilt wird und dass an die Stelle des Rechtsweges die Nachprüfung durch von der Volksvertretung bestellte Organe und Hilfsorgane tritt.

## Artikel 11 Freizügigkeit

(1) Alle Deutschen genießen Freizügigkeit im ganzen Bundesgebiet.

(2) Dieses Recht darf nur durch Gesetz oder aufgrund eines Gesetzes und nur für die Fälle eingeschränkt werden, in denen eine ausreichende Lebensgrundlage nicht vorhanden ist und der Allgemeinheit daraus besondere Lasten entstehen würden oder in denen es zur Abwehr einer drohenden Gefahr für den Bestand oder die freiheitliche demokratische Grundordnung des Bundes oder eines Landes, zur Bekämpfung von Seuchengefahr, Naturkatastrophen oder besonders schweren Unglücksfällen, zum Schutze der Jugend vor Verwahrlosung oder um strafbaren Handlungen vorzubeugen, erforderlich ist.

## Artikel 12 Berufsfreiheit, Verbot der Zwangsarbeit

(1) [1]Alle Deutschen haben das Recht, Beruf, Arbeitsplatz und Ausbildungsstätte frei zu wählen. [2]Die Berufsausübung kann durch Gesetz oder aufgrund eines Gesetzes geregelt werden.

(2) Niemand darf zu einer bestimmten Arbeit gezwungen werden, außer im Rahmen einer herkömmlichen allgemeinen, für alle gleichen öffentlichen Dienstleistungspflicht.

(3) Zwangsarbeit ist nur bei einer gerichtlich angeordneten Freiheitsentziehung zulässig.

## Artikel 12a Wehr- und Dienstpflicht

(1) Männer können vom vollendeten achtzehnten Lebensjahr an zum Dienst in den Streitkräften, im Bundesgrenzschutz oder in einem Zivilschutzverband verpflichtet werden.

(2) [1]Wer aus Gewissensgründen den Kriegsdienst mit der Waffe verweigert, kann zu einem Ersatzdienst verpflichtet werden. [2]Die Dauer des Ersatzdienstes darf die Dauer des Wehrdienstes nicht übersteigen. [3]Das Nähere regelt ein Gesetz, das die Freiheit der Gewissensentscheidung nicht beeinträchtigen darf und auch eine Möglichkeit des Ersatzdienstes vorsehen muss,

# Art. 13　　　　　　　　　　IV. Grundgesetz

die in keinem Zusammenhang mit den Verbänden der Streitkräfte und des Bundesgrenzschutzes steht.

(3) ¹Wehrpflichtige, die nicht zu einem Dienst nach Absatz 1 oder 2 herangezogen sind, können im Verteidigungsfalle durch Gesetz oder aufgrund eines Gesetzes zu zivilen Dienstleistungen für Zwecke der Verteidigung einschließlich des Schutzes der Zivilbevölkerung in Arbeitsverhältnisse verpflichtet werden; Verpflichtungen in öffentlich-rechtliche Dienstverhältnisse sind nur zur Wahrnehmung polizeilicher Aufgaben oder solcher hoheitlichen Aufgaben der öffentlichen Verwaltung, die nur in einem öffentlich-rechtlichen Dienstverhältnis erfüllt werden können, zulässig. ²Arbeitsverhältnisse nach Satz 1 können bei den Streitkräften, im Bereich ihrer Versorgung sowie bei der öffentlichen Verwaltung begründet werden; Verpflichtungen in Arbeitsverhältnisse im Bereiche der Versorgung der Zivilbevölkerung sind nur zulässig, um ihren lebensnotwendigen Bedarf zu decken oder ihren Schutz sicherzustellen.

(4) ¹Kann im Verteidigungsfalle der Bedarf an zivilen Dienstleistungen im zivilen Sanitäts- und Heilwesen sowie in der ortsfesten militärischen Lazarettorganisation nicht auf freiwilliger Grundlage gedeckt werden, so können Frauen vom vollendeten achtzehnten bis zum vollendeten fünfundfünfzigsten Lebensjahr durch Gesetz oder aufgrund eines Gesetzes zu derartigen Dienstleistungen herangezogen werden. ²Sie dürfen auf keinen Fall zum Dienst mit der Waffe verpflichtet werden.

(5) ¹Für die Zeit vor dem Verteidigungsfalle können Verpflichtungen nach Absatz 3 nur nach Maßgabe des Artikels 80a Abs. 1 begründet werden. ²Zur Vorbereitung auf Dienstleistungen nach Absatz 3, für die besondere Kenntnisse oder Fertigkeiten erforderlich sind, kann durch Gesetz oder aufgrund eines Gesetzes die Teilnahme an Ausbildungsveranstaltungen zur Pflicht gemacht werden. ³Satz 1 findet insoweit keine Anwendung.

(6) ¹Kann im Verteidigungsfalle der Bedarf an Arbeitskräften für die in Absatz 3 Satz 2 genannten Bereiche auf freiwilliger Grundlage nicht gedeckt werden, so kann zur Sicherung dieses Bedarfs die Freiheit der Deutschen, die Ausübung eines Berufs oder den Arbeitsplatz aufzugeben, durch Gesetz oder aufgrund eines Gesetzes eingeschränkt werden. ²Vor Eintritt des Verteidigungsfalles gilt Absatz 5 Satz 1 entsprechend.

## Artikel 13　Unverletzlichkeit der Wohnung, akustische Überwachung

(1) Die Wohnung ist unverletzlich.

(2) Durchsuchungen dürfen nur durch den Richter, bei Gefahr im Verzuge auch durch die in den Gesetzen vorgesehenen anderen Organe angeordnet und nur in der dort vorgeschriebenen Form durchgeführt werden.

(3) ¹Begründen bestimmte Tatsachen den Verdacht, dass jemand eine durch Gesetz einzeln bestimmte besonders schwere Straftat begangen hat, so dürfen zur Verfolgung der Tat aufgrund richterlicher Anordnung technische Mittel zur akustischen Überwachung von Wohnungen, in denen der Beschuldigte sich vermutlich aufhält, eingesetzt werden, wenn die Erforschung des Sachverhalts auf andere Weise unverhältnismäßig erschwert oder aussichtslos wäre. ²Die Maßnahme ist zu befristen. ³Die Anordnung erfolgt durch einen mit drei Richtern besetzten Spruchkörper. ⁴Bei Gefahr im Verzuge kann sie auch durch einen einzelnen Richter getroffen werden.

(4) ¹Zur Abwehr dringender Gefahren für die öffentliche Sicherheit, insbesondere einer gemeinen Gefahr oder einer Lebensgefahr, dürfen technische Mittel zur Überwachung von Wohnungen nur aufgrund richterlicher Anordnung eingesetzt werden. ²Bei Gefahr im Verzuge kann die Maßnahme auch durch eine andere gesetzlich bestimmte Stelle angeordnet werden; eine richterliche Entscheidung ist unverzüglich nachzuholen.

(5) ¹Sind technische Mittel ausschließlich zum Schutze der bei einem Einsatz in Wohnungen tätigen Personen vorgesehen, kann die Maßnahme durch eine gesetzlich bestimmte Stelle angeordnet werden. ²Eine anderweitige Verwertung der hierbei erlangten Erkenntnisse ist nur zum Zwecke der Strafverfolgung oder der Gefahrenabwehr und nur zulässig, wenn zuvor die

Rechtmäßigkeit der Maßnahme richterlich festgestellt ist; bei Gefahr im Verzuge ist die richterliche Entscheidung unverzüglich nachzuholen.

(6) ¹Die Bundesregierung unterrichtet den Bundestag jährlich über den nach Absatz 3 sowie über den im Zuständigkeitsbereich des Bundes nach Absatz 4 und, soweit richterlich überprüfungsbedürftig, nach Absatz 5 erfolgten Einsatz technischer Mittel. ²Ein vom Bundestag gewähltes Gremium übt auf der Grundlage dieses Berichts die parlamentarische Kontrolle aus. ³Die Länder gewährleisten eine gleichwertige parlamentarische Kontrolle.

(7) Eingriffe und Beschränkungen dürfen im Übrigen nur zur Abwehr einer gemeinen Gefahr oder einer Lebensgefahr für einzelne Personen, aufgrund eines Gesetzes auch zur Verhütung dringender Gefahren für die öffentliche Sicherheit und Ordnung, insbesondere zur Behebung der Raumnot, zur Bekämpfung von Seuchengefahr oder zum Schutze gefährdeter Jugendlicher vorgenommen werden.

### Artikel 14  Eigentum, Erbrecht, Enteignung

(1) ¹Das Eigentum und das Erbrecht werden gewährleistet. ²Inhalt und Schranken werden durch die Gesetze bestimmt.

(2) ¹Eigentum verpflichtet. ²Sein Gebrauch soll zugleich dem Wohle der Allgemeinheit dienen.

(3) ¹Eine Enteignung ist nur zum Wohle der Allgemeinheit zulässig. ²Sie darf nur durch Gesetz oder aufgrund eines Gesetzes erfolgen, das Art und Ausmaß der Entschädigung regelt. ³Die Entschädigung ist unter gerechter Abwägung der Interessen der Allgemeinheit und der Beteiligten zu bestimmen. ⁴Wegen der Höhe der Entschädigung steht im Streitfalle der Rechtsweg vor den ordentlichen Gerichten offen.

### Artikel 15  Vergesellschaftung

¹Grund und Boden, Naturschätze und Produktionsmittel können zum Zwecke der Vergesellschaftung durch ein Gesetz, das Art und Ausmaß der Entschädigung regelt, in Gemeineigentum oder in andere Formen der Gemeinwirtschaft überführt werden. ²Für die Entschädigung gilt Artikel 14 Abs. 3 Satz 3 und 4 entsprechend.

### Artikel 16  Staatsangehörigkeit, Auslieferung

(1) ¹Die deutsche Staatsangehörigkeit darf nicht entzogen werden. ²Der Verlust der Staatsangehörigkeit darf nur aufgrund eines Gesetzes und gegen den Willen des Betroffenen nur dann eintreten, wenn der Betroffene dadurch nicht staatenlos wird.

(2) ¹Kein Deutscher darf an das Ausland ausgeliefert werden. ²Durch Gesetz kann eine abweichende Regelung für Auslieferungen an einen Mitgliedstaat der Europäischen Union oder an einen internationalen Gerichtshof getroffen werden, soweit rechtsstaatliche Grundsätze gewahrt sind.

### Artikel 16a  Regelung des Asylrechts

(1) Politisch Verfolgte genießen Asylrecht.

(2) ¹Auf Absatz 1 kann sich nicht berufen, wer aus einem Mitgliedstaat der Europäischen Gemeinschaften oder aus einem anderen Drittstaat einreist, in dem die Anwendung des Abkommens über die Rechtsstellung der Flüchtlinge und der Konvention zum Schutze der Menschenrechte und Grundfreiheiten sichergestellt ist. ²Die Staaten außerhalb der Europäischen Gemeinschaften, auf die die Voraussetzungen des Satzes 1 zutreffen, werden durch Gesetz, das der Zustimmung des Bundesrates bedarf, bestimmt. ³In den Fällen des Satzes 1 können aufenthaltsbeendende Maßnahmen unabhängig von einem hiergegen eingelegten Rechtsbehelf vollzogen werden.

(3) ¹Durch Gesetz, das der Zustimmung des Bundesrates bedarf, können Staaten bestimmt werden, bei denen aufgrund der Rechtslage, der Rechtsanwendung und der allgemeinen politischen Verhältnisse gewährleistet erscheint, dass dort weder politische Verfolgung noch un-

menschliche oder erniedrigende Bestrafung oder Behandlung stattfindet. ²Es wird vermutet, dass ein Ausländer aus einem solchen Staat nicht verfolgt wird, solange er nicht Tatsachen vorträgt, die die Annahme begründen, dass er entgegen dieser Vermutung politisch verfolgt wird.

(4) ¹Die Vollziehung aufenthaltsbeendender Maßnahmen wird in den Fällen des Absatzes 3 und in anderen Fällen, die offensichtlich unbegründet sind oder als offensichtlich unbegründet gelten, durch das Gericht nur ausgesetzt, wenn ernstliche Zweifel an der Rechtmäßigkeit der Maßnahme bestehen; der Prüfungsumfang kann eingeschränkt werden und verspätetes Vorbringen unberücksichtigt bleiben. ²Das Nähere ist durch Gesetz zu bestimmen.

(5) Die Absätze 1 bis 4 stehen völkerrechtlichen Verträgen von Mitgliedstaaten der Europäischen Gemeinschaften untereinander und mit dritten Staaten nicht entgegen, die unter Beachtung der Verpflichtungen aus dem Abkommen über die Rechtsstellung der Flüchtlinge und der Konvention zum Schutze der Menschenrechte und Grundfreiheiten, deren Anwendung in den Vertragsstaaten sichergestellt sein muss, Zuständigkeitsregelungen für die Prüfung von Asylbegehren einschließlich der gegenseitigen Anerkennung von Asylentscheidungen treffen.

### Artikel 17 Petitionsrecht

Jedermann hat das Recht, sich einzeln oder in Gemeinschaft mit anderen schriftlich mit Bitten oder Beschwerden an die zuständigen Stellen und an die Volksvertretung zu wenden.

### Artikel 17a Einschränkung einzelner Grundrechte durch Gesetze für Zwecke der Verteidigung und über Ersatzdienst

(1) Gesetze über Wehrdienst und Ersatzdienst können bestimmen, dass für die Angehörigen der Streitkräfte und des Ersatzdienstes während der Zeit des Wehr- oder Ersatzdienstes das Grundrecht, seine Meinung in Wort, Schrift und Bild frei zu äußern und zu verbreiten (Artikel 5 Abs. 1 Satz 1 erster Halbsatz), das Grundrecht der Versammlungsfreiheit (Artikel 8) und das Petitionsrecht (Artikel 17), soweit es das Recht gewährt, Bitten oder Beschwerden in Gemeinschaft mit anderen vorzubringen, eingeschränkt werden.

(2) Gesetze, die der Verteidigung einschließlich des Schutzes der Zivilbevölkerung dienen, können bestimmen, dass die Grundrechte der Freizügigkeit (Artikel 11) und der Unverletzlichkeit der Wohnung (Artikel 13) eingeschränkt werden.

### Artikel 18 Verwirkung von Grundrechten

¹Wer die Freiheit der Meinungsäußerung, insbesondere die Pressefreiheit (Artikel 5 Abs. 1), die Lehrfreiheit (Artikel 5 Abs. 3), die Versammlungsfreiheit (Artikel 8), die Vereinigungsfreiheit (Artikel 9), das Brief-, Post- und Fernmeldegeheimnis (Artikel 10), das Eigentum (Artikel 14) oder das Asylrecht (Artikel 16a) zum Kampfe gegen die freiheitliche demokratische Grundordnung missbraucht, verwirkt diese Grundrechte. ²Die Verwirkung und ihr Ausmaß werden durch das Bundesverfassungsgericht ausgesprochen.

### Artikel 19 Einschränkung von Grundrechten

(1) ¹Soweit nach diesem Grundgesetz ein Grundrecht durch Gesetz oder aufgrund eines Gesetzes eingeschränkt werden kann, muss das Gesetz allgemein und nicht nur für den Einzelfall gelten. ²Außerdem muss das Gesetz das Grundrecht unter Angabe des Artikels nennen.

(2) In keinem Falle darf ein Grundrecht in seinem Wesensgehalt angetastet werden.

(3) Die Grundrechte gelten auch für inländische juristische Personen, soweit sie ihrem Wesen nach auf diese anwendbar sind.

(4) ¹Wird jemand durch die öffentliche Gewalt in seinen Rechten verletzt, so steht ihm der Rechtsweg offen. ²Soweit eine andere Zuständigkeit nicht begründet ist, ist der ordentliche Rechtsweg gegeben. ³Artikel 10 Abs. 2 Satz 2 bleibt unberührt.

## II. Der Bund und die Länder

### Artikel 20 Grundlagen staatlicher Ordnung, Widerstandsrecht

(1) Die Bundesrepublik Deutschland ist ein demokratischer und sozialer Bundesstaat.

(2) ¹Alle Staatsgewalt geht vom Volke aus. ²Sie wird vom Volke in Wahlen und Abstimmungen und durch besondere Organe der Gesetzgebung, der vollziehenden Gewalt und der Rechtsprechung ausgeübt.

(3) Die Gesetzgebung ist an die verfassungsmäßige Ordnung, die vollziehende Gewalt und die Rechtsprechung sind an Gesetz und Recht gebunden.

(4) Gegen jeden, der es unternimmt, diese Ordnung zu beseitigen, haben alle Deutschen das Recht zum Widerstand, wenn andere Abhilfe nicht möglich ist.

### Artikel 28 Bundesgarantie für die Landesverfassungen, Gewährleistung der kommunalen Selbstverwaltung

(1) ¹Die verfassungsmäßige Ordnung in den Ländern muss den Grundsätzen des republikanischen, demokratischen und sozialen Rechtsstaates im Sinne dieses Grundgesetzes entsprechen. ²In den Ländern, Kreisen und Gemeinden muss das Volk eine Vertretung haben, die aus allgemeinen, unmittelbaren, freien, gleichen und geheimen Wahlen hervorgegangen ist. ³Bei Wahlen in Kreisen und Gemeinden sind auch Personen, die die Staatsangehörigkeit eines Mitgliedstaates der Europäischen Gemeinschaft besitzen, nach Maßgabe von Recht der Europäischen Gemeinschaft wahlberechtigt und wählbar. ⁴In Gemeinden kann an die Stelle einer gewählten Körperschaft die Gemeindeversammlung treten.

(2) ¹Den Gemeinden muss das Recht gewährleistet sein, alle Angelegenheiten der örtlichen Gemeinschaft im Rahmen der Gesetze in eigener Verantwortung zu regeln. ²Auch die Gemeindeverbände haben im Rahmen ihres gesetzlichen Aufgabenbereiches nach Maßgabe der Gesetze das Recht der Selbstverwaltung. ³Die Gewährleistung der Selbstverwaltung umfasst auch die Grundlagen der finanziellen Eigenverantwortung; zu diesen Grundlagen gehört eine den Gemeinden mit Hebesatzrecht zustehende wirtschaftskraftbezogene Steuerquelle.

(3) Der Bund gewährleistet, dass die verfassungsmäßige Ordnung der Länder den Grundrechten und den Bestimmungen der Absätze 1 und 2 entspricht.

## V. Der Bundespräsident

### Artikel 59 Völkerrechtliche Vertretung des Bundes

(1) ¹Der Bundespräsident vertritt den Bund völkerrechtlich. ²Er schließt im Namen des Bundes die Verträge mit auswärtigen Staaten. ³Er beglaubigt und empfängt die Gesandten.

(2) ¹Verträge, welche die politischen Beziehungen des Bundes regeln oder sich auf Gegenstände der Bundesgesetzgebung beziehen, bedürfen der Zustimmung oder der Mitwirkung der jeweils für die Bundesgesetzgebung zuständigen Körperschaften in der Form eines Bundesgesetzes. ²Für Verwaltungsabkommen gelten die Vorschriften über die Bundesverwaltung entsprechend.

## VII. Die Gesetzgebung des Bundes

### Artikel 72 Konkurrierende Gesetzgebung des Bundes

(1) Im Bereich der konkurrierenden Gesetzgebung haben die Länder die Befugnis zur Gesetzgebung, solange und soweit der Bund von seiner Gesetzgebungszuständigkeit nicht durch Gesetz Gebrauch gemacht hat.

(2) Auf den Gebieten des Artikels 74 Abs. 1 Nr. 4, 7, 11, 13, 15, 19a, 20, 22, 25 und 26 hat der Bund das Gesetzgebungsrecht, wenn und soweit die Herstellung gleichwertiger Lebensverhält-

# Art. 74

nisse im Bundesgebiet oder die Wahrung der Rechts- oder Wirtschaftseinheit im gesamtstaatlichen Interesse eine bundesgesetzliche Regelung erforderlich macht.

(3) ¹Hat der Bund von seiner Gesetzgebungszuständigkeit Gebrauch gemacht, können die Länder durch Gesetz hiervon abweichende Regelungen treffen über:
1. das Jagdwesen (ohne das Recht der Jagdscheine);
2. den Naturschutz und die Landschaftspflege (ohne die allgemeinen Grundsätze des Naturschutzes, das Recht des Artenschutzes oder des Meeresnaturschutzes);
3. die Bodenverteilung;
4. die Raumordnung;
5. den Wasserhaushalt (ohne stoff- oder anlagenbezogene Regelungen);
6. die Hochschulzulassung und die Hochschulabschlüsse.

²Bundesgesetze auf diesen Gebieten treten frühestens sechs Monate nach ihrer Verkündung in Kraft, soweit nicht mit Zustimmung des Bundesrates anderes bestimmt ist. ³Auf den Gebieten des Satzes 1 geht im Verhältnis von Bundes- und Landesrecht das jeweils spätere Gesetz vor.

(4) Durch Bundesgesetz kann bestimmt werden, dass eine bundesgesetzliche Regelung, für die eine Erforderlichkeit im Sinne des Absatzes 2 nicht mehr besteht, durch Landesrecht ersetzt werden kann.

## Artikel 74 Konkurrierende Gesetzgebung des Bundes, Gegenstände

(1) Die konkurrierende Gesetzgebung erstreckt sich auf folgende Gebiete:
1. das bürgerliche Recht, das Strafrecht, die Gerichtsverfassung, das gerichtliche Verfahren (ohne das Recht des Untersuchungshaftvollzugs), die Rechtsanwaltschaft, das Notariat und die Rechtsberatung;
2. das Personenstandswesen;
3. das Vereinsrecht;
4. das Aufenthalts- und Niederlassungsrecht der Ausländer;
4a. (weggefallen)
5. (weggefallen)
6. die Angelegenheiten der Flüchtlinge und Vertriebenen;
7. die öffentliche Fürsorge (ohne das Heimrecht);
8. (weggefallen)
9. die Kriegsschäden und die Wiedergutmachung;
10. die Kriegsgräber und Gräber anderer Opfer des Krieges und Opfer von Gewaltherrschaft;
11. das Recht der Wirtschaft (Bergbau, Industrie, Energiewirtschaft, Handwerk, Gewerbe, Handel, Bank- und Börsenwesen, privatrechtliches Versicherungswesen) ohne das Recht des Ladenschlusses, der Gaststätten, der Spielhallen, der Schaustellung von Personen, der Messen, der Ausstellungen und der Märkte;
11a. (weggefallen)
12. das Arbeitsrecht einschließlich der Betriebsverfassung, des Arbeitsschutzes und der Arbeitsvermittlung sowie die Sozialversicherung einschließlich der Arbeitslosenversicherung;
13. die Regelung der Ausbildungsbeihilfen und die Förderung der wissenschaftlichen Forschung;
14. das Recht der Enteignung, soweit sie auf den Sachgebieten der Artikel 73 und 74 in Betracht kommt;
15. die Überführung von Grund und Boden, von Naturschätzen und Produktionsmitteln in Gemeineigentum oder in andere Formen der Gemeinwirtschaft;
16. die Verhütung des Missbrauchs wirtschaftlicher Machtstellung;

17. die Förderung der land- und forstwirtschaftlichen Erzeugung (ohne das Recht der Flurbereinigung), die Sicherung der Ernährung, die Ein- und Ausfuhr land- und forstwirtschaftlicher Erzeugnisse, die Hochsee- und Küstenfischerei und den Küstenschutz;
18. den städtebaulichen Grundstücksverkehr, das Bodenrecht (ohne das Recht der Erschließungsbeiträge) und das Wohngeldrecht, das Altschuldenhilferecht, das Wohnungsbauprämienrecht, das Bergarbeiterwohnungsbaurecht und das Bergmannssiedlungsrecht;
19. Maßnahmen gegen gemeingefährliche oder übertragbare Krankheiten bei Menschen und Tieren, Zulassung zu ärztlichen und anderen Heilberufen und zum Heilgewerbe, sowie das Recht des Apothekenwesens, der Arzneien, der Medizinprodukte, der Heilmittel, der Betäubungsmittel und der Gifte;
19a. die wirtschaftliche Sicherung der Krankenhäuser und die Regelung der Krankenhauspflegesätze;
20. das Recht der Lebensmittel einschließlich der ihrer Gewinnung dienenden Tiere, das Recht der Genussmittel, Bedarfsgegenstände und Futtermittel sowie den Schutz beim Verkehr mit land- und forstwirtschaftlichem Saat- und Pflanzgut, den Schutz der Pflanzen gegen Krankheiten und Schädlinge sowie den Tierschutz;
21. die Hochsee- und Küstenschifffahrt sowie die Seezeichen, die Binnenschifffahrt, den Wetterdienst, die Seewasserstraßen und die dem allgemeinen Verkehr dienenden Binnenwasserstraßen;
22. den Straßenverkehr, das Kraftfahrwesen, den Bau und die Unterhaltung von Landstraßen für den Fernverkehr sowie die Erhebung und Verteilung von Gebühren oder Entgelten für die Benutzung öffentlicher Straßen mit Fahrzeugen;
23. die Schienenbahnen, die nicht Eisenbahnen des Bundes sind, mit Ausnahme der Bergbahnen;
24. die Abfallwirtschaft, die Luftreinhaltung und die Lärmbekämpfung (ohne Schutz vor verhaltensbezogenem Lärm);
25. die Staatshaftung;
26. die medizinisch unterstützte Erzeugung menschlichen Lebens, die Untersuchung und die künstliche Veränderung von Erbinformationen sowie Regelungen zur Transplantation von Organen, Geweben und Zellen;
27. die Statusrechte und -pflichten der Beamten der Länder, Gemeinden und anderen Körperschaften des öffentlichen Rechts sowie der Richter in den Ländern mit Ausnahme der Laufbahnen, Besoldung und Versorgung;
28. das Jagdwesen;
29. den Naturschutz und die Landschaftspflege;
30. die Bodenverteilung;
31. die Raumordnung;
32. den Wasserhaushalt;
33. die Hochschulzulassung und die Hochschulabschlüsse.

(2) Gesetze nach Absatz 1 Nr. 25 und 27 bedürfen der Zustimmung des Bundesrates.

## Artikel 80 Erlass von Rechtsverordnungen

(1) ¹Durch Gesetz können die Bundesregierung, ein Bundesminister oder die Landesregierungen ermächtigt werden, Rechtsverordnungen zu erlassen. ²Dabei müssen Inhalt, Zweck und Ausmaß der erteilten Ermächtigung im Gesetze bestimmt werden. ³Die Rechtsgrundlage ist in der Verordnung anzugeben. ⁴Ist durch Gesetz vorgesehen, dass eine Ermächtigung weiter übertragen werden kann, so bedarf es zur Übertragung der Ermächtigung einer Rechtsverordnung.

(2) Der Zustimmung des Bundesrates bedürfen, vorbehaltlich anderweitiger bundesgesetzlicher Regelung, Rechtsverordnungen der Bundesregierung oder eines Bundesministers über

Grundsätze und Gebühren für die Benutzung der Einrichtungen des Postwesens und der Telekommunikation, über die Grundsätze der Erhebung des Entgelts für die Benutzung der Einrichtungen der Eisenbahnen des Bundes, über den Bau und Betrieb der Eisenbahnen, sowie Rechtsverordnungen aufgrund von Bundesgesetzen, die der Zustimmung des Bundesrates bedürfen oder die von den Ländern im Auftrage des Bundes oder als eigene Angelegenheit ausgeführt werden.

(3) Der Bundesrat kann der Bundesregierung Vorlagen für den Erlass von Rechtsverordnungen zuleiten, die seiner Zustimmung bedürfen.

(4) Soweit durch Bundesgesetz oder aufgrund von Bundesgesetzen Landesregierungen ermächtigt werden, Rechtsverordnungen zu erlassen, sind die Länder zu einer Regelung auch durch Gesetz befugt.

## IX. Die Rechtsprechung

### Artikel 92 Rechtsprechende Gewalt

Die rechtsprechende Gewalt ist den Richtern anvertraut; sie wird durch das Bundesverfassungsgericht, durch die in diesem Grundgesetz vorgesehenen Bundesgerichte und durch die Gerichte der Länder ausgeübt.

### Artikel 93 Zuständigkeit des Bundesverfassungsgerichts

(1) Das Bundesverfassungsgericht entscheidet:
1. über die Auslegung dieses Grundgesetzes aus Anlass von Streitigkeiten über den Umfang der Rechte und Pflichten eines obersten Bundesorgans oder anderer Beteiligter, die durch dieses Grundgesetz oder in der Geschäftsordnung eines obersten Bundesorgans mit eigenen Rechten ausgestattet sind;
2. bei Meinungsverschiedenheiten oder Zweifeln über die förmliche und sachliche Vereinbarkeit von Bundesrecht oder Landesrecht mit diesem Grundgesetze oder die Vereinbarkeit von Landesrecht mit sonstigem Bundesrechte auf Antrag der Bundesregierung, einer Landesregierung oder eines Viertels der Mitglieder des Bundestages;
2a. bei Meinungsverschiedenheiten, ob ein Gesetz den Voraussetzungen des Artikels 72 Abs. 2 entspricht, auf Antrag des Bundesrates, einer Landesregierung oder der Volksvertretung eines Landes;
3. bei Meinungsverschiedenheiten über Rechte und Pflichten des Bundes und der Länder, insbesondere bei der Ausführung von Bundesrecht durch die Länder und bei der Ausübung der Bundesaufsicht;
4. in anderen öffentlich-rechtlichen Streitigkeiten zwischen dem Bunde und den Ländern, zwischen verschiedenen Ländern oder innerhalb eines Landes, soweit nicht ein anderer Rechtsweg gegeben ist;
4a. über Verfassungsbeschwerden, die von jedermann mit der Behauptung erhoben werden können, durch die öffentliche Gewalt in einem seiner Grundrechte oder in einem seiner in Artikel 20 Abs. 4, 33, 38, 101, 103 und 104 enthaltenen Rechte verletzt zu sein;
4b. über Verfassungsbeschwerden von Gemeinden und Gemeindeverbänden wegen Verletzung des Rechts auf Selbstverwaltung nach Artikel 28 durch ein Gesetz, bei Landesgesetzen jedoch nur, soweit nicht Beschwerde beim Landesverfassungsgericht erhoben werden kann;
4c. über Beschwerden von Vereinigungen gegen ihre Nichtanerkennung als Partei für die Wahl zum Bundestag;
5. in den übrigen in diesem Grundgesetze vorgesehenen Fällen.

(2) [1]Das Bundesverfassungsgericht entscheidet außerdem auf Antrag des Bundesrates, einer Landesregierung oder der Volksvertretung eines Landes, ob im Falle des Artikels 72 Abs. 4 die

Erforderlichkeit für eine bundesgesetzliche Regelung nach Artikel 72 Abs. 2 nicht mehr besteht oder Bundesrecht in den Fällen des Artikels 125a Abs. 2 Satz 1 nicht mehr erlassen werden könnte. ²Die Feststellung, dass die Erforderlichkeit entfallen ist oder Bundesrecht nicht mehr erlassen werden könnte, ersetzt ein Bundesgesetz nach Artikel 72 Abs. 4 oder nach Artikel 125a Abs. 2 Satz 2. ³Der Antrag nach Satz 1 ist nur zulässig, wenn eine Gesetzesvorlage nach Artikel 72 Abs. 4 oder nach Artikel 125a Abs. 2 Satz 2 im Bundestag abgelehnt oder über sie nicht innerhalb eines Jahres beraten und Beschluss gefasst oder wenn eine entsprechende Gesetzesvorlage im Bundesrat abgelehnt worden ist.

(3) Das Bundesverfassungsgericht wird ferner in den ihm sonst durch Bundesgesetz zugewiesenen Fällen tätig.

### Artikel 94 Organisation des Bundesverfassungsgerichts

(1) ¹Das Bundesverfassungsgericht besteht aus Bundesrichtern und anderen Mitgliedern. ²Die Mitglieder des Bundesverfassungsgerichts werden je zur Hälfte vom Bundestage und vom Bundesrate gewählt. ³Sie dürfen weder dem Bundestage, dem Bundesrate, der Bundesregierung noch entsprechenden Organen eines Landes angehören.

(2) ¹Ein Bundesgesetz regelt seine Verfassung und das Verfahren und bestimmt, in welchen Fällen seine Entscheidungen Gesetzeskraft haben. ²Es kann für Verfassungsbeschwerden die vorherige Erschöpfung des Rechtsweges zur Voraussetzung machen und ein besonderes Annahmeverfahren vorsehen.

### Artikel 95 Oberste Gerichtshöfe des Bundes, Gemeinsamer Senat

(1) Für die Gebiete der ordentlichen, der Verwaltungs-, der Finanz-, der Arbeits- und der Sozialgerichtsbarkeit errichtet der Bund als oberste Gerichtshöfe den Bundesgerichtshof, das Bundesverwaltungsgericht, den Bundesfinanzhof, das Bundesarbeitsgericht und das Bundessozialgericht.

(2) Über die Berufung der Richter dieser Gerichte entscheidet der für das jeweilige Sachgebiet zuständige Bundesminister gemeinsam mit einem Richterwahlausschuss, der aus den für das jeweilige Sachgebiet zuständigen Ministern der Länder und einer gleichen Anzahl von Mitgliedern besteht, die vom Bundestage gewählt werden.

(3) ¹Zur Wahrung der Einheitlichkeit der Rechtsprechung ist ein Gemeinsamer Senat der in Absatz 1 genannten Gerichte zu bilden. ²Das Nähere regelt ein Bundesgesetz.

### Artikel 100 Verfassungswidrige Gesetze

(1) ¹Hält ein Gericht ein Gesetz, auf dessen Gültigkeit es bei der Entscheidung ankommt, für verfassungswidrig, so ist das Verfahren auszusetzen und, wenn es sich um die Verletzung der Verfassung eines Landes handelt, die Entscheidung des für Verfassungsstreitigkeiten zuständigen Gerichtes des Landes, wenn es sich um die Verletzung dieses Grundgesetzes handelt, die Entscheidung des Bundesverfassungsgerichtes einzuholen. ²Dies gilt auch, wenn es sich um die Verletzung dieses Grundgesetzes durch Landesrecht oder um die Unvereinbarkeit eines Landesgesetzes mit einem Bundesgesetze handelt.

(2) Ist in einem Rechtsstreite zweifelhaft, ob eine Regel des Völkerrechtes Bestandteil des Bundesrechtes ist und ob sie unmittelbar Rechte und Pflichten für den Einzelnen erzeugt (Artikel 25), so hat das Gericht die Entscheidung des Bundesverfassungsgerichtes einzuholen.

(3) Will das Verfassungsgericht eines Landes bei der Auslegung des Grundgesetzes von einer Entscheidung des Bundesverfassungsgerichtes oder des Verfassungsgerichtes eines anderen Landes abweichen, so hat das Verfassungsgericht die Entscheidung des Bundesverfassungsgerichtes einzuholen.

## Artikel 103 Rechtliches Gehör, Verbot rückwirkender Strafgesetze und der Doppelbestrafung

(1) Vor Gericht hat jedermann Anspruch auf rechtliches Gehör.

(2) Eine Tat kann nur bestraft werden, wenn die Strafbarkeit gesetzlich bestimmt war, bevor die Tat begangen wurde.

(3) Niemand darf wegen derselben Tat aufgrund der allgemeinen Strafgesetze mehrmals bestraft werden.

## X. Das Finanzwesen

### Artikel 104a Verteilung der Ausgaben auf Bund und Länder; Finanzhilfen

(1) Der Bund und die Länder tragen gesondert die Ausgaben, die sich aus der Wahrnehmung ihrer Aufgaben ergeben, soweit dieses Grundgesetz nichts anderes bestimmt.

(2) Handeln die Länder im Auftrage des Bundes, trägt der Bund die sich daraus ergebenden Ausgaben.

(3) ¹Bundesgesetze, die Geldleistungen gewähren und von den Ländern ausgeführt werden, können bestimmen, dass die Geldleistungen ganz oder zum Teil vom Bund getragen werden. ²Bestimmt das Gesetz, dass der Bund die Hälfte der Ausgaben oder mehr trägt, wird es im Auftrage des Bundes durchgeführt.

(4) Bundesgesetze, die Pflichten der Länder zur Erbringung von Geldleistungen, geldwerten Sachleistungen oder vergleichbaren Dienstleistungen gegenüber Dritten begründen und von den Ländern als eigene Angelegenheit oder nach Absatz 3 Satz 2 im Auftrag des Bundes ausgeführt werden, bedürfen der Zustimmung des Bundesrates, wenn daraus entstehende Ausgaben von den Ländern zu tragen sind.

(5) ¹Der Bund und die Länder tragen die bei ihren Behörden entstehenden Verwaltungsausgaben und haften im Verhältnis zueinander für eine ordnungsgemäße Verwaltung. ²Das Nähere bestimmt ein Bundesgesetz, das der Zustimmung des Bundesrates bedarf.

(6) ¹Bund und Länder tragen nach der innerstaatlichen Zuständigkeits- und Aufgabenverteilung die Lasten einer Verletzung von supranationalen oder völkerrechtlichen Verpflichtungen Deutschlands. ²In Fällen länderübergreifender Finanzkorrekturen der Europäischen Union tragen Bund und Länder diese Lasten im Verhältnis 15 zu 85. ³Die Ländergesamtheit trägt in diesen Fällen solidarisch 35 vom Hundert der Gesamtlasten entsprechend einem allgemeinen Schlüssel; 50 vom Hundert der Gesamtlasten tragen die Länder, die die Lasten verursacht haben, anteilig entsprechend der Höhe der erhaltenen Mittel. ⁴Das Nähere regelt ein Bundesgesetz, das der Zustimmung des Bundesrates bedarf.

### Artikel 104b Finanzhilfen für Investitionen der Länder und Gemeinden

(1) ¹Der Bund kann, soweit dieses Grundgesetz ihm Gesetzgebungsbefugnisse verleiht, den Ländern Finanzhilfen für besonders bedeutsame Investitionen der Länder und der Gemeinden (Gemeindeverbände) gewähren, die

1. zur Abwehr einer Störung des gesamtwirtschaftlichen Gleichgewichts oder
2. zum Ausgleich unterschiedlicher Wirtschaftskraft im Bundesgebiet oder
3. zur Förderung des wirtschaftlichen Wachstums

erforderlich sind. ²Abweichend von Satz 1 kann der Bund im Falle von Naturkatastrophen oder außergewöhnlichen Notsituationen, die sich der Kontrolle des Staates entziehen und die staatliche Finanzlage erheblich beeinträchtigen, auch ohne Gesetzgebungsbefugnisse Finanzhilfen gewähren.

(2) ¹Das Nähere, insbesondere die Arten der zu fördernden Investitionen, wird durch Bundesgesetz, das der Zustimmung des Bundesrates bedarf, oder auf Grund des Bundeshaushaltsgesetzes durch Verwaltungsvereinbarung geregelt. ²Die Mittel sind befristet zu gewähren und

hinsichtlich ihrer Verwendung in regelmäßigen Zeitabständen zu überprüfen. ³Die Finanzhilfen sind im Zeitablauf mit fallenden Jahresbeträgen zu gestalten.

(3) Bundestag, Bundesregierung und Bundesrat sind auf Verlangen über die Durchführung der Maßnahmen und die erzielten Verbesserungen zu unterrichten.

### Artikel 105 Gesetzgebungskompetenz

(1) Der Bund hat die ausschließliche Gesetzgebung über die Zölle und Finanzmonopole.

(2) Der Bund hat die konkurrierende Gesetzgebung über die übrigen Steuern, wenn ihm das Aufkommen dieser Steuern ganz oder zum Teil zusteht oder die Voraussetzungen des Artikels 72 Abs. 2 vorliegen.

(2a) ¹Die Länder haben die Befugnis zur Gesetzgebung über die örtlichen Verbrauch- und Aufwandsteuern, solange und soweit sie nicht bundesgesetzlich geregelten Steuern gleichartig sind. ²Sie haben die Befugnis zur Bestimmung des Steuersatzes bei der Grunderwerbsteuer.

(3) Bundesgesetze über Steuern, deren Aufkommen den Ländern oder den Gemeinden (Gemeindeverbänden) ganz oder zum Teil zufließt, bedürfen der Zustimmung des Bundesrates.

### Artikel 106 Verteilung des Steueraufkommens

(1) Der Ertrag der Finanzmonopole und das Aufkommen der folgenden Steuern stehen dem Bund zu:
1. die Zölle,
2. die Verbrauchsteuern, soweit sie nicht nach Absatz 2 den Ländern, nach Absatz 3 Bund und Ländern gemeinsam oder nach Absatz 6 den Gemeinden zustehen,
3. die Straßengüterverkehrsteuer, die Kraftfahrzeugsteuer und sonstige auf motorisierte Verkehrsmittel bezogene Verkehrsteuern,
4. die Kapitalverkehrsteuern, die Versicherungsteuer und die Wechselsteuer,
5. die einmaligen Vermögensabgaben und die zur Durchführung des Lastenausgleichs erhobenen Ausgleichsabgaben,
6. die Ergänzungsabgabe zur Einkommensteuer und zur Körperschaftsteuer,
7. Abgaben im Rahmen der Europäischen Gemeinschaften.

(2) Das Aufkommen der folgenden Steuern steht den Ländern zu:
1. die Vermögensteuer,
2. die Erbschaftsteuer,
3. die Verkehrsteuern, soweit sie nicht nach Absatz 1 dem Bund oder nach Absatz 3 Bund und Ländern gemeinsam zustehen,
4. die Biersteuer,
5. die Abgabe von Spielbanken.

(3) ¹Das Aufkommen der Einkommensteuer, der Körperschaftsteuer und der Umsatzsteuer steht dem Bund und den Ländern gemeinsam zu (Gemeinschaftsteuern), soweit das Aufkommen der Einkommensteuer nicht nach Absatz 5 und das Aufkommen der Umsatzsteuer nicht nach Absatz 5a den Gemeinden zugewiesen wird. ²Am Aufkommen der Einkommensteuer und der Körperschaftsteuer sind der Bund und die Länder je zur Hälfte beteiligt. ³Die Anteile von Bund und Ländern an der Umsatzsteuer werden durch Bundesgesetz, das der Zustimmung des Bundesrates bedarf, festgesetzt. ⁴Bei der Festsetzung ist von folgenden Grundsätzen auszugehen:
1. ¹Im Rahmen der laufenden Einnahmen haben der Bund und die Länder gleichmäßig Anspruch auf Deckung ihrer notwendigen Ausgaben. ²Dabei ist der Umfang der Ausgaben unter Berücksichtigung einer mehrjährigen Finanzplanung zu ermitteln.

# Art. 106 IV. Grundgesetz

2. Die Deckungsbedürfnisse des Bundes und der Länder sind so aufeinander abzustimmen, dass ein billiger Ausgleich erzielt, eine Überbelastung der Steuerpflichtigen vermieden und die Einheitlichkeit der Lebensverhältnisse im Bundesgebiet gewahrt wird.

[5]Zusätzlich werden in die Festsetzung der Anteile von Bund und Ländern an der Umsatzsteuer Steuermindereinnahmen einbezogen, die den Ländern ab 1. Januar 1996 aus der Berücksichtigung von Kindern im Einkommensteuerrecht entstehen. [6]Das Nähere bestimmt das Bundesgesetz nach Satz 3.

(4) [1]Die Anteile von Bund und Ländern an der Umsatzsteuer sind neu festzusetzen, wenn sich das Verhältnis zwischen den Einnahmen und Ausgaben des Bundes und der Länder wesentlich anders entwickelt; Steuermindereinnahmen, die nach Absatz 3 Satz 5 in die Festsetzung der Umsatzsteueranteile zusätzlich einbezogen werden, bleiben hierbei unberücksichtigt. [2]Werden den Ländern durch Bundesgesetz zusätzliche Ausgaben auferlegt oder Einnahmen entzogen, so kann die Mehrbelastung durch Bundesgesetz, das der Zustimmung des Bundesrates bedarf, auch mit Finanzzuweisungen des Bundes ausgeglichen werden, wenn sie auf einen kurzen Zeitraum begrenzt ist. [3]In dem Gesetz sind die Grundsätze für die Bemessung dieser Finanzzuweisungen und für ihre Verteilung auf die Länder zu bestimmen.

(5) [1]Die Gemeinden erhalten einen Anteil an dem Aufkommen der Einkommensteuer, der von den Ländern an ihre Gemeinden auf der Grundlage der Einkommensteuerleistungen ihrer Einwohner weiterzuleiten ist. [2]Das Nähere bestimmt ein Bundesgesetz, das der Zustimmung des Bundesrates bedarf. [3]Es kann bestimmen, dass die Gemeinden Hebesätze für den Gemeindeanteil festsetzen.

(5a) [1]Die Gemeinden erhalten ab dem 1. Januar 1998 einen Anteil an dem Aufkommen der Umsatzsteuer. [2]Er wird von den Ländern auf der Grundlage eines orts- und wirtschaftsbezogenen Schlüssels an ihre Gemeinden weitergeleitet. [3]Das Nähere wird durch Bundesgesetz, das der Zustimmung des Bundesrates bedarf, bestimmt.

(6) [1]Das Aufkommen der Grundsteuer und Gewerbesteuer steht den Gemeinden, das Aufkommen der örtlichen Verbrauch- und Aufwandsteuern steht den Gemeinden oder nach Maßgabe der Landesgesetzgebung den Gemeindeverbänden zu. [2]Den Gemeinden ist das Recht einzuräumen, die Hebesätze der Grundsteuer und Gewerbesteuer im Rahmen der Gesetze festzusetzen. [3]Bestehen in einem Land keine Gemeinden, so steht das Aufkommen der Grundsteuer und Gewerbesteuer sowie der örtlichen Verbrauch- und Aufwandsteuern dem Land zu. [4]Bund und Länder können durch eine Umlage an dem Aufkommen der Gewerbesteuer beteiligt werden. [5]Das Nähere über die Umlage bestimmt ein Bundesgesetz, das der Zustimmung des Bundesrates bedarf. [6]Nach Maßgabe der Landesgesetzgebung können die Grundsteuer und Gewerbesteuer sowie der Gemeindeanteil vom Aufkommen der Einkommensteuer und der Umsatzsteuer als Bemessungsgrundlagen für Umlagen zugrunde gelegt werden.

(7) [1]Von dem Länderanteil am Gesamtaufkommen der Gemeinschaftsteuern fließt den Gemeinden und Gemeindeverbänden insgesamt ein von der Landesgesetzgebung zu bestimmender Hundertsatz zu. [2]Im Übrigen bestimmt die Landesgesetzgebung, ob und inwieweit das Aufkommen der Landessteuern den Gemeinden (Gemeindeverbänden) zufließt.

(8) [1]Veranlasst der Bund in einzelnen Ländern oder Gemeinden (Gemeindeverbänden) besondere Einrichtungen, die diesen Ländern oder Gemeinden (Gemeindeverbänden) unmittelbar Mehrausgaben oder Mindereinnahmen (Sonderbelastungen) verursachen, gewährt der Bund den erforderlichen Ausgleich, wenn und soweit den Ländern oder Gemeinden (Gemeindeverbänden) nicht zugemutet werden kann, die Sonderbelastungen zu tragen. [2]Entschädigungsleistungen Dritter und finanzielle Vorteile, die diesen Ländern oder Gemeinden (Gemeindeverbänden) als Folge der Einrichtungen erwachsen, werden bei dem Ausgleich berücksichtigt.

(9) Als Einnahmen und Ausgaben der Länder im Sinne dieses Artikels gelten auch die Einnahmen und Ausgaben der Gemeinden (Gemeindeverbände).

## Artikel 106a Ausgleich für den öffentlichen Personennahverkehr

¹Den Ländern steht ab 1. Januar 1996 für den öffentlichen Personennahverkehr ein Betrag aus dem Steueraufkommen des Bundes zu. ²Das Nähere regelt ein Bundesgesetz, das der Zustimmung des Bundesrates bedarf. ³Der Betrag nach Satz 1 bleibt bei der Bemessung der Finanzkraft nach Artikel 107 Abs. 2 unberücksichtigt.

## Artikel 106b Übertragung der Kraftfahrzeugsteuer

¹Den Ländern steht ab dem 1. Juli 2009 infolge der Übertragung der Kraftfahrzeugsteuer auf den Bund ein Betrag aus dem Steueraufkommen des Bundes zu. ²Das Nähere regelt ein Bundesgesetz, das der Zustimmung des Bundesrates bedarf.

## Artikel 107 Finanzausgleich

(1) ¹Das Aufkommen der Landessteuern und der Länderanteil am Aufkommen der Einkommensteuer und der Körperschaftsteuer stehen den einzelnen Ländern insoweit zu, als die Steuer von den Finanzbehörden in ihrem Gebiet vereinnahmt werden (örtliches Aufkommen). ²Durch Bundesgesetz, das der Zustimmung des Bundesrates bedarf, sind für die Körperschaftsteuer und die Lohnsteuer nähere Bestimmungen über die Abgrenzung sowie über Art und Umfang der Zerlegung des örtlichen Aufkommens zu treffen. ³Das Gesetz kann auch Bestimmungen über die Abgrenzung und Zerlegung des örtlichen Aufkommens anderer Steuern treffen. ⁴Der Länderanteil am Aufkommen der Umsatzsteuer steht den einzelnen Ländern nach Maßgabe ihrer Einwohnerzahl zu; für einen Teil, höchstens jedoch für ein Viertel dieses Länderanteils, können durch Bundesgesetz, das der Zustimmung des Bundesrates bedarf, Ergänzungsanteile für die Länder vorgesehen werden, deren Einnahmen aus den Landessteuern, aus der Einkommensteuer und der Körperschaftsteuer und nach Artikel 106b je Einwohner unter dem Durchschnitt der Länder liegen; bei der Grunderwerbsteuer ist die Steuerkraft einzubeziehen.

(2) ¹Durch das Gesetz ist sicherzustellen, dass die unterschiedliche Finanzkraft der Länder angemessen ausgeglichen wird; hierbei sind die Finanzkraft und der Finanzbedarf der Gemeinden (Gemeindeverbände) zu berücksichtigen. ²Die Voraussetzungen für die Ausgleichsansprüche der ausgleichsberechtigten Länder und für die Ausgleichsverbindlichkeiten der ausgleichspflichtigen Länder sowie die Maßstäbe für die Höhe der Ausgleichsleistungen sind in dem Gesetz zu bestimmen. ³Es kann auch bestimmen, dass der Bund aus seinen Mitteln leistungsschwachen Ländern Zuweisungen zur ergänzenden Deckung ihres allgemeinen Finanzbedarfs (Ergänzungszuweisungen) gewährt.

## Artikel 108 Finanzverwaltung

(1) ¹Zölle, Finanzmonopole, die bundesgesetzlich geregelten Verbrauchsteuern einschließlich der Einfuhrumsatzsteuer, die Kraftfahrzeugsteuer und sonstige auf motorisierte Verkehrsmittel bezogene Verkehrsteuern ab dem 1. Juli 2009 sowie die Abgaben im Rahmen der Europäischen Gemeinschaften werden durch Bundesfinanzbehörden verwaltet. ²Der Aufbau dieser Behörden wird durch Bundesgesetz geregelt. ³Soweit Mittelbehörden eingerichtet sind, werden deren Leiter im Benehmen mit den Landesregierungen bestellt.

(2) ¹Die übrigen Steuern werden durch Landesfinanzbehörden verwaltet. ²Der Aufbau dieser Behörden und die einheitliche Ausbildung der Beamten können durch Bundesgesetz mit Zustimmung des Bundesrates geregelt werden. ³Soweit Mittelbehörden eingerichtet sind, werden deren Leiter im Einvernehmen mit der Bundesregierung bestellt.

(3) ¹Verwalten die Landesfinanzbehörden Steuern, die ganz oder zum Teil dem Bund zufließen, so werden sie im Auftrage des Bundes tätig. ²Artikel 85 Abs. 3 und 4 gilt mit der Maßgabe, dass an die Stelle der Bundesregierung der Bundesminister der Finanzen tritt.

(4) ¹Durch Bundesgesetz, das der Zustimmung des Bundesrates bedarf, kann bei der Verwaltung von Steuern ein Zusammenwirken von Bundes- und Landesfinanzbehörden sowie für Steuern, die unter Absatz 1 fallen, die Verwaltung durch Landesfinanzbehörden und für andere Steuern die Verwaltung durch Bundesfinanzbehörden vorgesehen werden, wenn und soweit da-

durch der Vollzug der Steuergesetze erheblich verbessert oder erleichtert wird. ²Für die den Gemeinden (Gemeindeverbänden) allein zufließenden Steuern kann die den Landesfinanzbehörden zustehende Verwaltung durch die Länder ganz oder zum Teil den Gemeinden (Gemeindeverbänden) übertragen werden.

(5) ¹Das von den Bundesfinanzbehörden anzuwendende Verfahren wird durch Bundesgesetz geregelt. ²Das von den Landesfinanzbehörden und in den Fällen des Absatzes 4 Satz 2 von den Gemeinden (Gemeindeverbänden) anzuwendende Verfahren kann durch Bundesgesetz mit Zustimmung des Bundesrates geregelt werden.

(6) Die Finanzgerichtsbarkeit wird durch Bundesgesetz einheitlich geregelt.

(7) Die Bundesregierung kann allgemeine Verwaltungsvorschriften erlassen, und zwar mit Zustimmung des Bundesrates, soweit die Verwaltung den Landesfinanzbehörden oder Gemeinden (Gemeindeverbänden) obliegt.

### Artikel 109  Haushaltstrennung in Bund und Ländern

(1) Bund und Länder sind in ihrer Haushaltswirtschaft selbständig und voneinander unabhängig.

(2) Bund und Länder erfüllen gemeinsam die Verpflichtungen der Bundesrepublik Deutschland aus Rechtsakten der Europäischen Gemeinschaft auf Grund des Artikels 104 des Vertrags zur Gründung der Europäischen Gemeinschaft zur Einhaltung der Haushaltsdisziplin und tragen in diesem Rahmen den Erfordernissen des gesamtwirtschaftlichen Gleichgewichts Rechnung.

(3) ¹Die Haushalte von Bund und Ländern sind grundsätzlich ohne Einnahmen aus Krediten auszugleichen. ²Bund und Länder können Regelungen zur im Auf- und Abschwung symmetrischen Berücksichtigung der Auswirkungen einer von der Normallage abweichenden konjunkturellen Entwicklung sowie eine Ausnahmeregelung für Naturkatastrophen oder außergewöhnliche Notsituationen, die sich der Kontrolle des Staates entziehen und die staatliche Finanzlage erheblich beeinträchtigen, vorsehen. ³Für die Ausnahmeregelung ist eine entsprechende Tilgungsregelung vorzusehen. ⁴Die nähere Ausgestaltung regelt für den Haushalt des Bundes Artikel 115 mit der Maßgabe, dass Satz 1 entsprochen ist, wenn die Einnahmen aus Krediten 0,35 vom Hundert im Verhältnis zum nominalen Bruttoinlandsprodukt nicht überschreiten. ⁵Die nähere Ausgestaltung für die Haushalte der Länder regeln diese im Rahmen ihrer verfassungsrechtlichen Kompetenzen mit der Maßgabe, dass Satz 1 nur dann entsprochen ist, wenn keine Einnahmen aus Krediten zugelassen werden.

(4) Durch Bundesgesetz, das der Zustimmung des Bundesrates bedarf, können für Bund und Länder gemeinsam geltende Grundsätze für das Haushaltsrecht, für eine konjunkturgerechte Haushaltswirtschaft und für eine mehrjährige Finanzplanung aufgestellt werden.

(5) ¹Sanktionsmaßnahmen der Europäischen Gemeinschaft im Zusammenhang mit den Bestimmungen in Artikel 104 des Vertrags zur Gründung der Europäischen Gemeinschaft zur Einhaltung der Haushaltsdisziplin tragen Bund und Länder im Verhältnis 65 zu 35. ²Die Ländergesamtheit trägt solidarisch 35 vom Hundert der auf die Länder entfallenden Lasten entsprechend ihrer Einwohnerzahl; 65 vom Hundert der auf die Länder entfallenden Lasten tragen die Länder entsprechend ihrem Verursachungsbeitrag. ³Das Nähere regelt ein Bundesgesetz, das der Zustimmung des Bundesrates bedarf.

### Artikel 109a  Vermeidung von Haushaltsnotlagen

¹Zur Vermeidung von Haushaltsnotlagen regelt ein Bundesgesetz, das der Zustimmung des Bundesrates bedarf,
1. die fortlaufende Überwachung der Haushaltswirtschaft von Bund und Ländern durch ein gemeinsames Gremium (Stabilitätsrat),
2. die Voraussetzungen und das Verfahren zur Feststellung einer drohenden Haushaltsnotlage,

3. die Grundsätze zur Aufstellung und Durchführung von Sanierungsprogrammen zur Vermeidung von Haushaltsnotlagen.

²Die Beschlüsse des Stabilitätsrats und die zugrunde liegenden Beratungsunterlagen sind zu veröffentlichen.

## Artikel 110 Haushaltsplan des Bundes

(1) ¹Alle Einnahmen und Ausgaben des Bundes sind in den Haushaltsplan einzustellen; bei Bundesbetrieben und bei Sondervermögen brauchen nur die Zuführungen oder die Ablieferungen eingestellt zu werden. ²Der Haushaltsplan ist in Einnahme und Ausgabe auszugleichen.

(2) ¹Der Haushaltsplan wird für ein oder mehrere Rechnungsjahre, nach Jahren getrennt, vor Beginn des ersten Rechnungsjahres durch das Haushaltsgesetz festgestellt. ²Für Teile des Haushaltsplanes kann vorgesehen werden, dass sie für unterschiedliche Zeiträume, nach Rechnungsjahren getrennt, gelten.

(3) Die Gesetzesvorlage nach Absatz 2 Satz 1 sowie Vorlagen zur Änderung des Haushaltsgesetzes und des Haushaltsplanes werden gleichzeitig mit der Zuleitung an den Bundesrat beim Bundestage eingebracht; der Bundesrat ist berechtigt, innerhalb von sechs Wochen, bei Änderungsvorlagen innerhalb von drei Wochen, zu den Vorlagen Stellung zu nehmen.

(4) ¹In das Haushaltsgesetz dürfen nur Vorschriften aufgenommen werden, die sich auf die Einnahmen und die Ausgaben des Bundes und auf den Zeitraum beziehen, für den das Haushaltsgesetz beschlossen wird. ²Das Haushaltsgesetz kann vorschreiben, dass die Vorschriften erst mit der Verkündung des nächsten Haushaltsgesetzes oder bei Ermächtigung nach Artikel 115 zu einem späteren Zeitpunkt außer Kraft treten.

## Artikel 111 Ausgaben vor Genehmigung des Haushaltsplans

(1) Ist bis zum Schluss eines Rechnungsjahres der Haushaltsplan für das folgende Jahr nicht durch Gesetz festgestellt, so ist bis zu seinem Inkrafttreten die Bundesregierung ermächtigt, alle Ausgaben zu leisten, die nötig sind,

a) um gesetzlich bestehende Einrichtungen zu erhalten und gesetzlich beschlossene Maßnahmen durchzuführen,

b) um die rechtlich begründeten Verpflichtungen des Bundes zu erfüllen,

c) um Bauten, Beschaffungen und sonstige Leistungen fortzusetzen oder Beihilfen für diese Zwecke weiter zu gewähren, sofern durch den Haushaltsplan eines Vorjahres bereits Beträge bewilligt worden sind.

(2) Soweit nicht auf besonderem Gesetze beruhende Einnahmen aus Steuern, Abgaben und sonstigen Quellen oder die Betriebsmittelrücklage die Ausgaben unter Absatz 1 decken, darf die Bundesregierung die zur Aufrechterhaltung der Wirtschaftsführung erforderlichen Mittel bis zur Höhe eines Viertels der Endsumme des abgelaufenen Haushaltsplanes im Wege des Kredits flüssig machen.

## Artikel 112 Über- und außerplanmäßige Ausgaben

¹Überplanmäßige und außerplanmäßige Ausgaben bedürfen der Zustimmung des Bundesministers der Finanzen. ²Sie darf nur im Falle eines unvorhergesehenen und unabweisbaren Bedürfnisses erteilt werden. ³Näheres kann durch Bundesgesetz bestimmt werden.

## Artikel 113 Ausgabenerhöhungen oder Einnahmeminderungen

(1) ¹Gesetze, welche die von der Bundesregierung vorgeschlagenen Ausgaben des Haushaltsplanes erhöhen oder neue Ausgaben in sich schließen oder für die Zukunft mit sich bringen, bedürfen der Zustimmung der Bundesregierung. ²Das Gleiche gilt für Gesetze, die Einnahmeminderungen in sich schließen oder für die Zukunft mit sich bringen. ³Die Bundesregierung kann verlangen, dass der Bundestag die Beschlussfassung über solche Gesetze aussetzt. ⁴In die-

sem Fall hat die Bundesregierung innerhalb von sechs Wochen dem Bundestage eine Stellungnahme zuzuleiten.

(2) Die Bundesregierung kann innerhalb von vier Wochen, nachdem der Bundestag das Gesetz beschlossen hat, verlangen, dass der Bundestag erneut Beschluss fasst.

(3) [1]Ist das Gesetz nach Artikel 78 zustande gekommen, kann die Bundesregierung ihre Zustimmung nur innerhalb von sechs Wochen und nur dann versagen, wenn sie vorher das Verfahren nach Absatz 1 Satz 3 und 4 oder nach Absatz 2 eingeleitet hat. [2]Nach Ablauf dieser Frist gilt die Zustimmung als erteilt.

### Artikel 114  Rechnungslegung, Rechnungsprüfung

(1) Der Bundesminister der Finanzen hat dem Bundestage und dem Bundesrate über alle Einnahmen und Ausgaben sowie über das Vermögen und die Schulden im Laufe des nächsten Rechnungsjahres zur Entlastung der Bundesregierung Rechnung zu legen.

(2) [1]Der Bundesrechnungshof, dessen Mitglieder richterliche Unabhängigkeit besitzen, prüft die Rechnung sowie die Wirtschaftlichkeit und Ordnungsmäßigkeit der Haushalts- und Wirtschaftsführung. [2]Er hat außer der Bundesregierung unmittelbar dem Bundestage und dem Bundesrate jährlich zu berichten. [3]Im Übrigen werden die Befugnisse des Bundesrechnungshofes durch Bundesgesetz geregelt.

### Artikel 115  Kreditbeschaffung

(1) Die Aufnahmen von Krediten sowie die Übernahme von Bürgschaften, Garantien oder sonstigen Gewährleistungen, die zu Ausgaben in künftigen Rechnungsjahren führen können, bedürfen einer der Höhe nach bestimmten oder bestimmbaren Ermächtigung durch Bundesgesetz.

(2) [1]Einnahmen und Ausgaben sind grundsätzlich ohne Einnahmen aus Krediten auszugleichen. [2]Diesem Grundsatz ist entsprochen, wenn die Einnahmen aus Krediten 0,35 vom Hundert im Verhältnis zum nominalen Bruttoinlandsprodukt nicht überschreiten. [3]Zusätzlich sind bei einer von der Normallage abweichenden konjunkturellen Entwicklung die Auswirkungen auf den Haushalt im Auf- und Abschwung symmetrisch zu berücksichtigen. [4]Abweichungen der tatsächlichen Kreditaufnahme von der nach den Sätzen 1 bis 3 zulässigen Kreditobergrenze werden auf einem Kontrollkonto erfasst; Belastungen, die den Schwellenwert von 1,5 vom Hundert im Verhältnis zum nominalen Bruttoinlandsprodukt überschreiten, sind konjunkturgerecht zurückzuführen. [5]Näheres, insbesondere die Bereinigung der Einnahmen und Ausgaben um finanzielle Transaktionen und das Verfahren zur Berechnung der Obergrenze der jährlichen Nettokreditaufnahme unter Berücksichtigung der konjunkturellen Entwicklung auf der Grundlage eines Konjunkturbereinigungsverfahrens sowie die Kontrolle und den Ausgleich von Abweichungen der tatsächlichen Kreditaufnahme von der Regelgrenze, regelt ein Bundesgesetz. [6]Im Falle von Naturkatastrophen oder außergewöhnlichen Notsituationen, die sich der Kontrolle des Staates entziehen und die staatliche Finanzlage erheblich beeinträchtigen, können diese Kreditobergrenzen auf Grund eines Beschlusses der Mehrheit der Mitglieder des Bundestages überschritten werden. [7]Der Beschluss ist mit einem Tilgungsplan zu verbinden. [8]Die Rückführung der nach Satz 6 aufgenommenen Kredite hat binnen eines angemessenen Zeitraumes zu erfolgen.

# V. Vertrag über die Arbeitsweise der Europäischen Union (AEUV)

in der konsolidierten Fassung v. 26. 10. 2012 (ABl EU Nr. C 326 S. 47)
mit späteren Änderungen

Die konsolidierte Fassung des Vertrags über die Arbeitsweise der Europäischen Union (AEUV) v. 26. 10. 2012 (ABl EU Nr. C 326 S. 47) wurde mehrfach geändert; zuletzt durch Art. 12 Vertrag vom 9. Dezember 2011 über den Beitritt der Republik Kroatien zur Europäischen Union v. 24. 4. 2012 (ABl EU Nr. L 112 S. 10) mit Wirkung v. 1. 7. 2013 gem. Art. 1 Gesetz zu dem Vertrag vom 9. Dezember 2011 über den Beitritt der Republik Kroatien zur Europäischen Union v. 14. 6. 2013 (BGBl II S. 586) i. V. mit der Bekanntmachung über das Inkrafttreten des Vertrags vom 9. Dezember 2011 über den Beitritt der Republik Kroatien zur Europäischen Union v. 21. 6. 2013 (BGBl II S. 680).

## Auszug

## Erster Teil: Grundsätze

### Artikel 1

(1) Dieser Vertrag regelt die Arbeitsweise der Union und legt die Bereiche, die Abgrenzung und die Einzelheiten der Ausübung ihrer Zuständigkeiten fest.

(2) Dieser Vertrag und der Vertrag über die Europäische Union bilden die Verträge, auf die sich die Union gründet. Diese beiden Verträge, die rechtlich gleichrangig sind, werden als „die Verträge" bezeichnet.

## Titel I: Arten und Bereiche der Zuständigkeit der Union

### Artikel 2

(1) Übertragen die Verträge der Union für einen bestimmten Bereich eine ausschließliche Zuständigkeit, so kann nur die Union gesetzgeberisch tätig werden und verbindliche Rechtsakte erlassen; die Mitgliedstaaten dürfen in einem solchen Fall nur tätig werden, wenn sie von der Union hierzu ermächtigt werden, oder um Rechtsakte der Union durchzuführen.

(2) Übertragen die Verträge der Union für einen bestimmten Bereich eine mit den Mitgliedstaaten geteilte Zuständigkeit, so können die Union und die Mitgliedstaaten in diesem Bereich gesetzgeberisch tätig werden und verbindliche Rechtsakte erlassen. Die Mitgliedstaaten nehmen ihre Zuständigkeit wahr, sofern und soweit die Union ihre Zuständigkeit nicht ausgeübt hat. Die Mitgliedstaaten nehmen ihre Zuständigkeit erneut wahr, sofern und soweit die Union entschieden hat, ihre Zuständigkeit nicht mehr auszuüben.

(3) Die Mitgliedstaaten koordinieren ihre Wirtschafts- und Beschäftigungspolitik im Rahmen von Regelungen nach Maßgabe dieses Vertrags, für deren Festlegung die Union zuständig ist.

(4) Die Union ist nach Maßgabe des Vertrags über die Europäische Union dafür zuständig, eine gemeinsame Außen- und Sicherheitspolitik einschließlich der schrittweisen Festlegung einer gemeinsamen Verteidigungspolitik zu erarbeiten und zu verwirklichen.

(5) In bestimmten Bereichen ist die Union nach Maßgabe der Verträge dafür zuständig, Maßnahmen zur Unterstützung, Koordinierung oder Ergänzung der Maßnahmen der Mitgliedstaaten durchzuführen, ohne dass dadurch die Zuständigkeit der Union für diese Bereiche an die Stelle der Zuständigkeit der Mitgliedstaaten tritt.

Die verbindlichen Rechtsakte der Union, die aufgrund der diese Bereiche betreffenden Bestimmungen der Verträge erlassen werden, dürfen keine Harmonisierung der Rechtsvorschriften der Mitgliedstaaten beinhalten.

(6) Der Umfang der Zuständigkeiten der Union und die Einzelheiten ihrer Ausübung ergeben sich aus den Bestimmungen der Verträge zu den einzelnen Bereichen.

## Artikel 3

(1) Die Union hat ausschließliche Zuständigkeit in folgenden Bereichen:

a) Zollunion,

b) Festlegung der für das Funktionieren des Binnenmarkts erforderlichen Wettbewerbsregeln,

c) Währungspolitik für die Mitgliedstaaten, deren Währung der Euro ist,

d) Erhaltung der biologischen Meeresschätze im Rahmen der gemeinsamen Fischereipolitik,

e) gemeinsame Handelspolitik.

(2) Die Union hat ferner die ausschließliche Zuständigkeit für den Abschluss internationaler Übereinkünfte, wenn der Abschluss einer solchen Übereinkunft in einem Gesetzgebungsakt der Union vorgesehen ist, wenn er notwendig ist, damit sie ihre interne Zuständigkeit ausüben kann, oder soweit er gemeinsame Regeln beeinträchtigen oder deren Tragweite verändern könnte.

## Artikel 4

(1) Die Union teilt ihre Zuständigkeit mit den Mitgliedstaaten, wenn ihr die Verträge außerhalb der in den Artikeln 3 und 6 genannten Bereiche eine Zuständigkeit übertragen.

(2) Die von der Union mit den Mitgliedstaaten geteilte Zuständigkeit erstreckt sich auf die folgenden Hauptbereiche:

a) Binnenmarkt,

b) Sozialpolitik hinsichtlich der in diesem Vertrag genannten Aspekte,

c) wirtschaftlicher, sozialer und territorialer Zusammenhalt,

d) Landwirtschaft und Fischerei, ausgenommen die Erhaltung der biologischen Meeresschätze,

e) Umwelt,

f) Verbraucherschutz,

g) Verkehr,

h) transeuropäische Netze,

i) Energie,

j) Raum der Freiheit, der Sicherheit und des Rechts,

k) gemeinsame Sicherheitsanliegen im Bereich der öffentlichen Gesundheit hinsichtlich der in diesem Vertrag genannten Aspekte.

(3) In den Bereichen Forschung, technologische Entwicklung und Raumfahrt erstreckt sich die Zuständigkeit der Union darauf, Maßnahmen zu treffen, insbesondere Programme zu erstellen und durchzuführen, ohne dass die Ausübung dieser Zuständigkeit die Mitgliedstaaten hindert, ihre Zuständigkeit auszuüben.

(4) In den Bereichen Entwicklungszusammenarbeit und humanitäre Hilfe erstreckt sich die Zuständigkeit der Union darauf, Maßnahmen zu treffen und eine gemeinsame Politik zu verfolgen, ohne dass die Ausübung dieser Zuständigkeit die Mitgliedstaaten hindert, ihre Zuständigkeit auszuüben.

## Artikel 5

(1) Die Mitgliedstaaten koordinieren ihre Wirtschaftspolitik innerhalb der Union. Zu diesem Zweck erlässt der Rat Maßnahmen; insbesondere beschließt er die Grundzüge dieser Politik.

Für die Mitgliedstaaten, deren Währung der Euro ist, gelten besondere Regelungen.

(2) Die Union trifft Maßnahmen zur Koordinierung der Beschäftigungspolitik der Mitgliedstaaten, insbesondere durch die Festlegung von Leitlinien für diese Politik.

(3) Die Union kann Initiativen zur Koordinierung der Sozialpolitik der Mitgliedstaaten ergreifen.

## Artikel 6
Die Union ist für die Durchführung von Maßnahmen zur Unterstützung, Koordinierung oder Ergänzung der Maßnahmen der Mitgliedstaaten zuständig. Diese Maßnahmen mit europäischer Zielsetzung können in folgenden Bereichen getroffen werden:
a) Schutz und Verbesserung der menschlichen Gesundheit,
b) Industrie,
c) Kultur,
d) Tourismus,
e) allgemeine und berufliche Bildung, Jugend und Sport,
f) Katastrophenschutz,
g) Verwaltungszusammenarbeit.

# Titel II: Allgemein geltende Bestimmungen

## Artikel 7
Die Union achtet auf die Kohärenz zwischen ihrer Politik und ihren Maßnahmen in den verschiedenen Bereichen und trägt dabei unter Einhaltung des Grundsatzes der begrenzten Einzelermächtigung ihren Zielen in ihrer Gesamtheit Rechnung.

## Artikel 8 (ex-Artikel 3 Absatz 2 EGV)[1]
Bei allen ihren Tätigkeiten wirkt die Union darauf hin, Ungleichheiten zu beseitigen und die Gleichstellung von Männern und Frauen zu fördern.

## Artikel 9
Bei der Festlegung und Durchführung ihrer Politik und ihrer Maßnahmen trägt die Union den Erfordernissen im Zusammenhang mit der Förderung eines hohen Beschäftigungsniveaus, mit der Gewährleistung eines angemessenen sozialen Schutzes, mit der Bekämpfung der sozialen Ausgrenzung sowie mit einem hohen Niveau der allgemeinen und beruflichen Bildung und des Gesundheitsschutzes Rechnung.

## Artikel 10
Bei der Festlegung und Durchführung ihrer Politik und ihrer Maßnahmen zielt die Union darauf ab, Diskriminierungen aus Gründen des Geschlechts, der Rasse, der ethnischen Herkunft, der Religion oder der Weltanschauung, einer Behinderung, des Alters oder der sexuellen Ausrichtung zu bekämpfen.

## Artikel 11 (ex-Artikel 6 EGV)
Die Erfordernisse des Umweltschutzes müssen bei der Festlegung und Durchführung der Unionspolitiken und -maßnahmen insbesondere zur Förderung einer nachhaltigen Entwicklung einbezogen werden.

---

[1] **Anm. d. Red.:** Klammerinhalt verweist auf die bisherige Nummerierung im Vertrag zur Gründung der Europäischen Gemeinschaft (EGV) hin, der durch den Vertrag von Lissabon (in Kraft getreten am 1.12.2009 für die Bundesrepublik Deutschland, BGBl II S.1223) in Vertrag über die Arbeitsweise der Europäischen Union (AEUV) umbenannt und geändert worden ist.

**Artikel 12 (ex-Artikel 153 Absatz 2 EGV)**
Den Erfordernissen des Verbraucherschutzes wird bei der Festlegung und Durchführung der anderen Unionspolitiken und -maßnahmen Rechnung getragen.

**Artikel 13**
Bei der Festlegung und Durchführung der Politik der Union in den Bereichen Landwirtschaft, Fischerei, Verkehr, Binnenmarkt, Forschung, technologische Entwicklung und Raumfahrt tragen die Union und die Mitgliedstaaten den Erfordernissen des Wohlergehens der Tiere als fühlende Wesen in vollem Umfang Rechnung; sie berücksichtigen hierbei die Rechts- und Verwaltungsvorschriften und die Gepflogenheiten der Mitgliedstaaten insbesondere in Bezug auf religiöse Riten, kulturelle Traditionen und das regionale Erbe.

**Artikel 14 (ex-Artikel 16 EGV)**
Unbeschadet des Artikels 4 des Vertrags über die Europäische Union und der Artikel 93, 106 und 107 dieses Vertrags und in Anbetracht des Stellenwerts, den Dienste von allgemeinem wirtschaftlichem Interesse innerhalb der gemeinsamen Werte der Union einnehmen, sowie ihrer Bedeutung bei der Förderung des sozialen und territorialen Zusammenhalts tragen die Union und die Mitgliedstaaten im Rahmen ihrer jeweiligen Befugnisse im Anwendungsbereich der Verträge dafür Sorge, dass die Grundsätze und Bedingungen, insbesondere jene wirtschaftlicher und finanzieller Art, für das Funktionieren dieser Dienste so gestaltet sind, dass diese ihren Aufgaben nachkommen können. Diese Grundsätze und Bedingungen werden vom Europäischen Parlament und vom Rat durch Verordnungen gemäß dem ordentlichen Gesetzgebungsverfahren festgelegt, unbeschadet der Zuständigkeit der Mitgliedstaaten, diese Dienste im Einklang mit den Verträgen zur Verfügung zu stellen, in Auftrag zu geben und zu finanzieren.

**Artikel 15 (ex-Artikel 255 EGV)**
(1) Um eine verantwortungsvolle Verwaltung zu fördern und die Beteiligung der Zivilgesellschaft sicherzustellen, handeln die Organe, Einrichtungen und sonstigen Stellen der Union unter weitestgehender Beachtung des Grundsatzes der Offenheit.

(2) Das Europäische Parlament tagt öffentlich; dies gilt auch für den Rat, wenn er über Entwürfe zu Gesetzgebungsakten berät oder abstimmt.

(3) Jeder Unionsbürger sowie jede natürliche oder juristische Person mit Wohnsitz oder satzungsgemäßem Sitz in einem Mitgliedstaat hat das Recht auf Zugang zu Dokumenten der Organe, Einrichtungen und sonstigen Stellen der Union, unabhängig von der Form der für diese Dokumente verwendeten Träger, vorbehaltlich der Grundsätze und Bedingungen, die nach diesem Absatz festzulegen sind.

Die allgemeinen Grundsätze und die aufgrund öffentlicher oder privater Interessen geltenden Einschränkungen für die Ausübung dieses Rechts auf Zugang zu Dokumenten werden vom Europäischen Parlament und vom Rat durch Verordnungen gemäß dem ordentlichen Gesetzgebungsverfahren festgelegt.

Die Organe, Einrichtungen oder sonstigen Stellen gewährleisten die Transparenz ihrer Tätigkeit und legen im Einklang mit den in Unterabsatz 2 genannten Verordnungen in ihrer Geschäftsordnung Sonderbestimmungen hinsichtlich des Zugangs zu ihren Dokumenten fest.

Dieser Absatz gilt für den Gerichtshof der Europäischen Union, die Europäische Zentralbank und die Europäische Investitionsbank nur dann, wenn sie Verwaltungsaufgaben wahrnehmen.

Das Europäische Parlament und der Rat sorgen dafür, dass die Dokumente, die die Gesetzgebungsverfahren betreffen, nach Maßgabe der in Unterabsatz 2 genannten Verordnungen öffentlich zugänglich gemacht werden.

**Artikel 16 (ex-Artikel 286 EGV)**
(1) Jede Person hat das Recht auf Schutz der sie betreffenden personenbezogenen Daten.

(2) Das Europäische Parlament und der Rat erlassen gemäß dem ordentlichen Gesetzgebungsverfahren Vorschriften über den Schutz natürlicher Personen bei der Verarbeitung personenbezogener Daten durch die Organe, Einrichtungen und sonstigen Stellen der Union sowie durch die Mitgliedstaaten im Rahmen der Ausübung von Tätigkeiten, die in den Anwendungsbereich des Unionsrechts fallen, und über den freien Datenverkehr. Die Einhaltung dieser Vorschriften wird von unabhängigen Behörden überwacht.

Die auf der Grundlage dieses Artikels erlassenen Vorschriften lassen die spezifischen Bestimmungen des Artikels 39 des Vertrags über die Europäische Union unberührt.

### Artikel 17

(1) Die Union achtet den Status, den Kirchen und religiöse Vereinigungen oder Gemeinschaften in den Mitgliedstaaten nach deren Rechtsvorschriften genießen, und beeinträchtigt ihn nicht.

(2) Die Union achtet in gleicher Weise den Status, den weltanschauliche Gemeinschaften nach den einzelstaatlichen Rechtsvorschriften genießen.

(3) Die Union pflegt mit diesen Kirchen und Gemeinschaften in Anerkennung ihrer Identität und ihres besonderen Beitrags einen offenen, transparenten und regelmäßigen Dialog.

## Zweiter Teil: Nichtdiskriminierung und Unionsbürgerschaft

### Artikel 18 (ex-Artikel 12 EGV)

Unbeschadet besonderer Bestimmungen der Verträge ist in ihrem Anwendungsbereich jede Diskriminierung aus Gründen der Staatsangehörigkeit verboten.

Das Europäische Parlament und der Rat können gemäß dem ordentlichen Gesetzgebungsverfahren Regelungen für das Verbot solcher Diskriminierungen treffen.

### Artikel 19 (ex-Artikel 13 EGV)

(1) Unbeschadet der sonstigen Bestimmungen der Verträge kann der Rat im Rahmen der durch die Verträge auf die Union übertragenen Zuständigkeiten gemäß einem besonderen Gesetzgebungsverfahren und nach Zustimmung des Europäischen Parlaments einstimmig geeignete Vorkehrungen treffen, um Diskriminierungen aus Gründen des Geschlechts, der Rasse, der ethnischen Herkunft, der Religion oder der Weltanschauung, einer Behinderung, des Alters oder der sexuellen Ausrichtung zu bekämpfen.

(2) Abweichend von Absatz 1 können das Europäische Parlament und der Rat gemäß dem ordentlichen Gesetzgebungsverfahren die Grundprinzipien für Fördermaßnahmen der Union unter Ausschluss jeglicher Harmonisierung der Rechts- und Verwaltungsvorschriften der Mitgliedstaaten zur Unterstützung der Maßnahmen festlegen, die die Mitgliedstaaten treffen, um zur Verwirklichung der in Absatz 1 genannten Ziele beizutragen.

### Artikel 20 (ex-Artikel 17 EGV)

(1) Es wird eine Unionsbürgerschaft eingeführt. Unionsbürger ist, wer die Staatsangehörigkeit eines Mitgliedstaats besitzt. Die Unionsbürgerschaft tritt zur nationalen Staatsbürgerschaft hinzu, ersetzt sie aber nicht.

(2) Die Unionsbürgerinnen und Unionsbürger haben die in den Verträgen vorgesehenen Rechte und Pflichten. Sie haben unter anderem

a) das Recht, sich im Hoheitsgebiet der Mitgliedstaaten frei zu bewegen und aufzuhalten;

b) in dem Mitgliedstaat, in dem sie ihren Wohnsitz haben, das aktive und passive Wahlrecht bei den Wahlen zum Europäischen Parlament und bei den Kommunalwahlen, wobei für sie dieselben Bedingungen gelten wie für die Angehörigen des betreffenden Mitgliedstaats;

c) im Hoheitsgebiet eines Drittlandes, in dem der Mitgliedstaat, dessen Staatsangehörigkeit sie besitzen, nicht vertreten ist, Recht auf Schutz durch die diplomatischen und konsularischen Behörden eines jeden Mitgliedstaats unter denselben Bedingungen wie Staatsangehörige dieses Staates;

d) das Recht, Petitionen an das Europäische Parlament zu richten und sich an den Europäischen Bürgerbeauftragten zu wenden, sowie das Recht, sich in einer der Sprachen der Verträge an die Organe und die beratenden Einrichtungen der Union zu wenden und eine Antwort in derselben Sprache zu erhalten.

Diese Rechte werden unter den Bedingungen und innerhalb der Grenzen ausgeübt, die in den Verträgen und durch die in Anwendung der Verträge erlassenen Maßnahmen festgelegt sind.

### Artikel 21 (ex-Artikel 18 EGV)

(1) Jeder Unionsbürger hat das Recht, sich im Hoheitsgebiet der Mitgliedstaaten vorbehaltlich der in den Verträgen und in den Durchführungsvorschriften vorgesehenen Beschränkungen und Bedingungen frei zu bewegen und aufzuhalten.

(2) Erscheint zur Erreichung dieses Ziels ein Tätigwerden der Union erforderlich und sehen die Verträge hierfür keine Befugnisse vor, so können das Europäische Parlament und der Rat gemäß dem ordentlichen Gesetzgebungsverfahren Vorschriften erlassen, mit denen die Ausübung der Rechte nach Absatz 1 erleichtert wird.

(3) Zu den gleichen wie den in Absatz 1 genannten Zwecken kann der Rat, sofern die Verträge hierfür keine Befugnisse vorsehen, gemäß einem besonderen Gesetzgebungsverfahren Maßnahmen erlassen, die die soziale Sicherheit oder den sozialen Schutz betreffen. Der Rat beschließt einstimmig nach Anhörung des Europäischen Parlaments.

### Artikel 22 (ex-Artikel 19 EGV)

(1) Jeder Unionsbürger mit Wohnsitz in einem Mitgliedstaat, dessen Staatsangehörigkeit er nicht besitzt, hat in dem Mitgliedstaat, in dem er seinen Wohnsitz hat, das aktive und passive Wahlrecht bei Kommunalwahlen, wobei für ihn dieselben Bedingungen gelten wie für die Angehörigen des betreffenden Mitgliedstaats. Dieses Recht wird vorbehaltlich der Einzelheiten ausgeübt, die vom Rat einstimmig gemäß einem besonderen Gesetzgebungsverfahren und nach Anhörung des Europäischen Parlaments festgelegt werden; in diesen können Ausnahmeregelungen vorgesehen werden, wenn dies aufgrund besonderer Probleme eines Mitgliedstaats gerechtfertigt ist.

(2) Unbeschadet des Artikels 223 Absatz 1 und der Bestimmungen zu dessen Durchführung besitzt jeder Unionsbürger mit Wohnsitz in einem Mitgliedstaat, dessen Staatsangehörigkeit er nicht besitzt, in dem Mitgliedstaat, in dem er seinen Wohnsitz hat, das aktive und passive Wahlrecht bei den Wahlen zum Europäischen Parlament, wobei für ihn dieselben Bedingungen gelten wie für die Angehörigen des betreffenden Mitgliedstaats. Dieses Recht wird vorbehaltlich der Einzelheiten ausgeübt, die vom Rat einstimmig gemäß einem besonderen Gesetzgebungsverfahren und nach Anhörung des Europäischen Parlaments festgelegt werden; in diesen können Ausnahmeregelungen vorgesehen werden, wenn dies aufgrund besonderer Probleme eines Mitgliedstaats gerechtfertigt ist.

### Artikel 23 (ex-Artikel 20 EGV)

Jeder Unionsbürger genießt im Hoheitsgebiet eines dritten Landes, in dem der Mitgliedstaat, dessen Staatsangehörigkeit er besitzt, nicht vertreten ist, den diplomatischen und konsularischen Schutz eines jeden Mitgliedstaats unter denselben Bedingungen wie Staatsangehörige dieses Staates. Die Mitgliedstaaten treffen die notwendigen Vorkehrungen und leiten die für diesen Schutz erforderlichen internationalen Verhandlungen ein.

Der Rat kann gemäß einem besonderen Gesetzgebungsverfahren und nach Anhörung des Europäischen Parlaments Richtlinien zur Festlegung der notwendigen Koordinierungs- und Kooperationsmaßnahmen zur Erleichterung dieses Schutzes erlassen.

## Artikel 24 (ex-Artikel 21 EGV)

Die Bestimmungen über die Verfahren und Bedingungen, die für eine Bürgerinitiative im Sinne des Artikels 11 des Vertrags über die Europäische Union gelten, einschließlich der Mindestzahl der Mitgliedstaaten, aus denen die Bürgerinnen und Bürger, die diese Initiative ergreifen, kommen müssen, werden vom Europäischen Parlament und vom Rat gemäß dem ordentlichen Gesetzgebungsverfahren durch Verordnungen festgelegt.

Jeder Unionsbürger besitzt das Petitionsrecht beim Europäischen Parlament nach Artikel 227.

Jeder Unionsbürger kann sich an den nach Artikel 228 eingesetzten Bürgerbeauftragten wenden.

Jeder Unionsbürger kann sich schriftlich in einer der in Artikel 55 Absatz 1 des Vertrags über die Europäische Union genannten Sprachen an jedes Organ oder an jede Einrichtung wenden, die in dem vorliegenden Artikel oder in Artikel 13 des genannten Vertrags genannt sind, und eine Antwort in derselben Sprache erhalten.

## Artikel 25 (ex-Artikel 22 EGV)

Die Kommission erstattet dem Europäischen Parlament, dem Rat und dem Wirtschafts- und Sozialausschuss alle drei Jahre über die Anwendung dieses Teils Bericht. In dem Bericht wird der Fortentwicklung der Union Rechnung getragen.

Auf dieser Grundlage kann der Rat unbeschadet der anderen Bestimmungen der Verträge zur Ergänzung der in Artikel 20 Absatz 2 aufgeführten Rechte einstimmig gemäß einem besonderen Gesetzgebungsverfahren nach Zustimmung des Europäischen Parlaments Bestimmungen erlassen. Diese Bestimmungen treten nach Zustimmung der Mitgliedstaaten im Einklang mit ihren jeweiligen verfassungsrechtlichen Vorschriften in Kraft.

# Dritter Teil: Die internen Politiken und Maßnahmen der Union

## Titel I: Der Binnenmarkt

### Artikel 26 (ex-Artikel 14 EGV)

(1) Die Union erlässt die erforderlichen Maßnahmen, um nach Maßgabe der einschlägigen Bestimmungen der Verträge den Binnenmarkt zu verwirklichen beziehungsweise dessen Funktionieren zu gewährleisten.

(2) Der Binnenmarkt umfasst einen Raum ohne Binnengrenzen, in dem der freie Verkehr von Waren, Personen, Dienstleistungen und Kapital gemäß den Bestimmungen der Verträge gewährleistet ist.

(3) Der Rat legt auf Vorschlag der Kommission die Leitlinien und Bedingungen fest, die erforderlich sind, um in allen betroffenen Sektoren einen ausgewogenen Fortschritt zu gewährleisten.

### Artikel 27 (ex-Artikel 15 EGV)

Bei der Formulierung ihrer Vorschläge zur Verwirklichung der Ziele des Artikels 26 berücksichtigt die Kommission den Umfang der Anstrengungen, die einigen Volkswirtschaften mit unterschiedlichem Entwicklungsstand für die Errichtung des Binnenmarkts abverlangt werden, und kann geeignete Bestimmungen vorschlagen.

Erhalten diese Bestimmungen die Form von Ausnahmeregelungen, so müssen sie vorübergehender Art sein und dürfen das Funktionieren des Binnenmarkts so wenig wie möglich stören.

## Titel II: Der freie Warenverkehr

### Artikel 28 (ex-Artikel 23 EGV)

(1) Die Union umfasst eine Zollunion, die sich auf den gesamten Warenaustausch erstreckt; sie umfasst das Verbot, zwischen den Mitgliedstaaten Ein- und Ausfuhrzölle und Abgaben gleicher Wirkung zu erheben, sowie die Einführung eines Gemeinsamen Zolltarifs gegenüber dritten Ländern.

(2) Artikel 30 und Kapitel 3 dieses Titels gelten für die aus den Mitgliedstaaten stammenden Waren sowie für diejenigen Waren aus dritten Ländern, die sich in den Mitgliedstaaten im freien Verkehr befinden.

### Artikel 29 (ex-Artikel 24 EGV)

Als im freien Verkehr eines Mitgliedstaats befindlich gelten diejenigen Waren aus dritten Ländern, für die in dem betreffenden Mitgliedstaat die Einfuhrförmlichkeiten erfüllt sowie die vorgeschriebenen Zölle und Abgaben gleicher Wirkung erhoben und nicht ganz oder teilweise rückvergütet worden sind.

## Kapitel 1: Die Zollunion

### Artikel 30 (ex-Artikel 25 EGV)

Ein- und Ausfuhrzölle oder Abgaben gleicher Wirkung sind zwischen den Mitgliedstaaten verboten. Dieses Verbot gilt auch für Finanzzölle.

### Artikel 31 (ex-Artikel 26 EGV)

Der Rat legt die Sätze des Gemeinsamen Zolltarifs auf Vorschlag der Kommission fest.

### Artikel 32 (ex-Artikel 27 EGV)

Bei der Ausübung der ihr aufgrund dieses Kapitels übertragenen Aufgaben geht die Kommission von folgenden Gesichtspunkten aus:

a) der Notwendigkeit, den Handelsverkehr zwischen den Mitgliedstaaten und dritten Ländern zu fördern;

b) der Entwicklung der Wettbewerbsbedingungen innerhalb der Union, soweit diese Entwicklung zu einer Zunahme der Wettbewerbsfähigkeit der Unternehmen führt;

c) dem Versorgungsbedarf der Union an Rohstoffen und Halbfertigwaren; hierbei achtet die Kommission darauf, zwischen den Mitgliedstaaten die Wettbewerbsbedingungen für Fertigwaren nicht zu verfälschen;

d) der Notwendigkeit, ernsthafte Störungen im Wirtschaftsleben der Mitgliedstaaten zu vermeiden und eine rationelle Entwicklung der Erzeugung sowie eine Ausweitung des Verbrauchs innerhalb der Union zu gewährleisten.

## Kapitel 2: Die Zusammenarbeit im Zollwesen

### Artikel 33 (ex-Artikel 135 EGV)

Das Europäische Parlament und der Rat treffen im Rahmen des Geltungsbereichs der Verträge gemäß dem ordentlichen Gesetzgebungsverfahren Maßnahmen zum Ausbau der Zusammenarbeit im Zollwesen zwischen den Mitgliedstaaten sowie zwischen den Mitgliedstaaten und der Kommission.

## Kapitel 3: Verbot von mengenmäßigen Beschränkungen zwischen den Mitgliedstaaten

### Artikel 34 (ex-Artikel 28 EGV)

Mengenmäßige Einfuhrbeschränkungen sowie alle Maßnahmen gleicher Wirkung sind zwischen den Mitgliedstaaten verboten.

### Artikel 35 (ex-Artikel 29 EGV)

Mengenmäßige Ausfuhrbeschränkungen sowie alle Maßnahmen gleicher Wirkung sind zwischen den Mitgliedstaaten verboten.

### Artikel 36 (ex-Artikel 30 EGV)

Die Bestimmungen der Artikel 34 und 35 stehen Einfuhr-, Ausfuhr- und Durchfuhrverboten oder -beschränkungen nicht entgegen, die aus Gründen der öffentlichen Sittlichkeit, Ordnung und Sicherheit, zum Schutze der Gesundheit und des Lebens von Menschen, Tieren oder Pflanzen, des nationalen Kulturguts von künstlerischem, geschichtlichem oder archäologischem Wert oder des gewerblichen und kommerziellen Eigentums gerechtfertigt sind. Diese Verbote oder Beschränkungen dürfen jedoch weder ein Mittel zur willkürlichen Diskriminierung noch eine verschleierte Beschränkung des Handels zwischen den Mitgliedstaaten darstellen.

### Artikel 37 (ex-Artikel 31 EGV)

(1) Die Mitgliedstaaten formen ihre staatlichen Handelsmonopole derart um, dass jede Diskriminierung in den Versorgungs- und Absatzbedingungen zwischen den Angehörigen der Mitgliedstaaten ausgeschlossen ist.

Dieser Artikel gilt für alle Einrichtungen, durch die ein Mitgliedstaat unmittelbar oder mittelbar die Einfuhr oder die Ausfuhr zwischen den Mitgliedstaaten rechtlich oder tatsächlich kontrolliert, lenkt oder merklich beeinflusst. Er gilt auch für die von einem Staat auf andere Rechtsträger übertragenen Monopole.

(2) Die Mitgliedstaaten unterlassen jede neue Maßnahme, die den in Absatz 1 genannten Grundsätzen widerspricht oder die Tragweite der Artikel über das Verbot von Zöllen und mengenmäßigen Beschränkungen zwischen den Mitgliedstaaten einengt.

(3) Ist mit einem staatlichen Handelsmonopol eine Regelung zur Erleichterung des Absatzes oder der Verwertung landwirtschaftlicher Erzeugnisse verbunden, so sollen bei der Anwendung dieses Artikels gleichwertige Sicherheiten für die Beschäftigung und Lebenshaltung der betreffenden Erzeuger gewährleistet werden.

## Titel IV: Die Freizügigkeit, der freie Dienstleistungs- und Kapitalverkehr

## Kapitel 1: Die Arbeitskräfte

### Artikel 45 (ex-Artikel 39 EGV)

(1) Innerhalb der Union ist die Freizügigkeit der Arbeitnehmer gewährleistet.

(2) Sie umfasst die Abschaffung jeder auf der Staatsangehörigkeit beruhenden unterschiedlichen Behandlung der Arbeitnehmer der Mitgliedstaaten in Bezug auf Beschäftigung, Entlohnung und sonstige Arbeitsbedingungen.

(3) Sie gibt – vorbehaltlich der aus Gründen der öffentlichen Ordnung, Sicherheit und Gesundheit gerechtfertigten Beschränkungen – den Arbeitnehmern das Recht,

  a) sich um tatsächlich angebotene Stellen zu bewerben;
  b) sich zu diesem Zweck im Hoheitsgebiet der Mitgliedstaaten frei zu bewegen;
  c) sich in einem Mitgliedstaat aufzuhalten, um dort nach den für die Arbeitnehmer dieses Staates geltenden Rechts- und Verwaltungsvorschriften eine Beschäftigung auszuüben;

d) nach Beendigung einer Beschäftigung im Hoheitsgebiet eines Mitgliedstaats unter Bedingungen zu verbleiben, welche die Kommission durch Verordnungen festlegt.

(4) Dieser Artikel findet keine Anwendung auf die Beschäftigung in der öffentlichen Verwaltung.

### Artikel 46 (ex-Artikel 40 EGV)

Das Europäische Parlament und der Rat treffen gemäß dem ordentlichen Gesetzgebungsverfahren und nach Anhörung des Wirtschafts- und Sozialausschusses durch Richtlinien oder Verordnungen alle erforderlichen Maßnahmen, um die Freizügigkeit der Arbeitnehmer im Sinne des Artikels 45 herzustellen, insbesondere

a) durch Sicherstellung einer engen Zusammenarbeit zwischen den einzelstaatlichen Arbeitsverwaltungen;

b) durch die Beseitigung der Verwaltungsverfahren und -praktiken sowie der für den Zugang zu verfügbaren Arbeitsplätzen vorgeschriebenen Fristen, die sich aus innerstaatlichen Rechtsvorschriften oder vorher zwischen den Mitgliedstaaten geschlossenen Übereinkünften ergeben und deren Beibehaltung die Herstellung der Freizügigkeit der Arbeitnehmer hindert;

c) durch die Beseitigung aller Fristen und sonstigen Beschränkungen, die in innerstaatlichen Rechtsvorschriften oder vorher zwischen den Mitgliedstaaten geschlossenen Übereinkünften vorgesehen sind und die den Arbeitnehmern der anderen Mitgliedstaaten für die freie Wahl des Arbeitsplatzes andere Bedingungen als den inländischen Arbeitnehmern auferlegen;

d) durch die Schaffung geeigneter Verfahren für die Zusammenführung und den Ausgleich von Angebot und Nachfrage auf dem Arbeitsmarkt zu Bedingungen, die eine ernstliche Gefährdung der Lebenshaltung und des Beschäftigungsstands in einzelnen Gebieten und Industrien ausschließen.

### Artikel 47 (ex-Artikel 41 EGV)

Die Mitgliedstaaten fördern den Austausch junger Arbeitskräfte im Rahmen eines gemeinsamen Programms.

### Artikel 48 (ex-Artikel 42 EGV)

Das Europäische Parlament und der Rat beschließen gemäß dem ordentlichen Gesetzgebungsverfahren die auf dem Gebiet der sozialen Sicherheit für die Herstellung der Freizügigkeit der Arbeitnehmer notwendigen Maßnahmen; zu diesem Zweck führen sie insbesondere ein System ein, das zu- und abwandernden Arbeitnehmern und Selbstständigen sowie deren anspruchsberechtigten Angehörigen Folgendes sichert:

a) die Zusammenrechnung aller nach den verschiedenen innerstaatlichen Rechtsvorschriften berücksichtigten Zeiten für den Erwerb und die Aufrechterhaltung des Leistungsanspruchs sowie für die Berechnung der Leistungen;

b) die Zahlung der Leistungen an Personen, die in den Hoheitsgebieten der Mitgliedstaaten wohnen.

Erklärt ein Mitglied des Rates, dass ein Entwurf eines Gesetzgebungsakts nach Absatz 1 wichtige Aspekte seines Systems der sozialen Sicherheit, insbesondere dessen Geltungsbereich, Kosten oder Finanzstruktur, verletzen oder dessen finanzielles Gleichgewicht beeinträchtigen würde, so kann es beantragen, dass der Europäische Rat befasst wird. In diesem Fall wird das ordentliche Gesetzgebungsverfahren ausgesetzt. Nach einer Aussprache geht der Europäische Rat binnen vier Monaten nach Aussetzung des Verfahrens wie folgt vor:

a) er verweist den Entwurf an den Rat zurück, wodurch die Aussetzung des ordentlichen Gesetzgebungsverfahrens beendet wird, oder

b) er sieht von einem Tätigwerden ab, oder aber er ersucht die Kommission um Vorlage eines neuen Vorschlags; in diesem Fall gilt der ursprünglich vorgeschlagene Rechtsakt als nicht erlassen.

## Kapitel 2: Das Niederlassungsrecht

### Artikel 49 (ex-Artikel 43 EGV)

Die Beschränkungen der freien Niederlassung von Staatsangehörigen eines Mitgliedstaats im Hoheitsgebiet eines anderen Mitgliedstaats sind nach Maßgabe der folgenden Bestimmungen verboten. Das Gleiche gilt für Beschränkungen der Gründung von Agenturen, Zweigniederlassungen oder Tochtergesellschaften durch Angehörige eines Mitgliedstaats, die im Hoheitsgebiet eines Mitgliedstaats ansässig sind.

Vorbehaltlich des Kapitels über den Kapitalverkehr umfasst die Niederlassungsfreiheit die Aufnahme und Ausübung selbstständiger Erwerbstätigkeiten sowie die Gründung und Leitung von Unternehmen, insbesondere von Gesellschaften im Sinne des Artikels 54 Absatz 2, nach den Bestimmungen des Aufnahmestaats für seine eigenen Angehörigen.

### Artikel 50 (ex-Artikel 44 EGV)

(1) Das Europäische Parlament und der Rat erlassen gemäß dem ordentlichen Gesetzgebungsverfahren und nach Anhörung des Wirtschafts- und Sozialausschusses Richtlinien zur Verwirklichung der Niederlassungsfreiheit für eine bestimmte Tätigkeit.

(2) Das Europäische Parlament, der Rat und die Kommission erfüllen die Aufgaben, die ihnen aufgrund der obigen Bestimmungen übertragen sind, indem sie insbesondere

a) im Allgemeinen diejenigen Tätigkeiten mit Vorrang behandeln, bei denen die Niederlassungsfreiheit die Entwicklung der Produktion und des Handels in besonderer Weise fördert;

b) eine enge Zusammenarbeit zwischen den zuständigen Verwaltungen der Mitgliedstaaten sicherstellen, um sich über die besondere Lage auf den verschiedenen Tätigkeitsgebieten innerhalb der Union zu unterrichten;

c) die aus innerstaatlichen Rechtsvorschriften oder vorher zwischen den Mitgliedstaaten geschlossenen Übereinkünften abgeleiteten Verwaltungsverfahren und -praktiken ausschalten, deren Beibehaltung der Niederlassungsfreiheit entgegensteht;

d) dafür Sorge tragen, dass Arbeitnehmer eines Mitgliedstaats, die im Hoheitsgebiet eines anderen Mitgliedstaats beschäftigt sind, dort verbleiben und eine selbstständige Tätigkeit unter denselben Voraussetzungen ausüben können, die sie erfüllen müssten, wenn sie in diesen Staat erst zu dem Zeitpunkt einreisen würden, in dem sie diese Tätigkeit aufzunehmen beabsichtigen;

e) den Erwerb und die Nutzung von Grundbesitz im Hoheitsgebiet eines Mitgliedstaats durch Angehörige eines anderen Mitgliedstaats ermöglichen, soweit hierdurch die Grundsätze des Artikels 39 Absatz 2 nicht beeinträchtigt werden;

f) veranlassen, dass bei jedem in Betracht kommenden Wirtschaftszweig die Beschränkungen der Niederlassungsfreiheit in Bezug auf die Voraussetzungen für die Errichtung von Agenturen, Zweigniederlassungen und Tochtergesellschaften im Hoheitsgebiet eines Mitgliedstaats sowie für den Eintritt des Personals der Hauptniederlassung in ihre Leitungs- oder Überwachungsorgane schrittweise aufgehoben werden;

g) soweit erforderlich, die Schutzbestimmungen koordinieren, die in den Mitgliedstaaten den Gesellschaften im Sinne des Artikels 54 Absatz 2 im Interesse der Gesellschafter sowie Dritter vorgeschrieben sind, um diese Bestimmungen gleichwertig zu gestalten;

h) sicherstellen, dass die Bedingungen für die Niederlassung nicht durch Beihilfen der Mitgliedstaaten verfälscht werden.

### Artikel 51 (ex-Artikel 45 EGV)

Auf Tätigkeiten, die in einem Mitgliedstaat dauernd oder zeitweise mit der Ausübung öffentlicher Gewalt verbunden sind, findet dieses Kapitel in dem betreffenden Mitgliedstaat keine Anwendung.

Das Europäische Parlament und der Rat können gemäß dem ordentlichen Gesetzgebungsverfahren beschließen, dass dieses Kapitel auf bestimmte Tätigkeiten keine Anwendung findet.

### Artikel 52 (ex-Artikel 46 EGV)

(1) Dieses Kapitel und die aufgrund desselben getroffenen Maßnahmen beeinträchtigen nicht die Anwendbarkeit der Rechts- und Verwaltungsvorschriften, die eine Sonderregelung für Ausländer vorsehen und aus Gründen der öffentlichen Ordnung, Sicherheit oder Gesundheit gerechtfertigt sind.

(2) Das Europäische Parlament und der Rat erlassen gemäß dem ordentlichen Gesetzgebungsverfahren Richtlinien für die Koordinierung der genannten Vorschriften.

### Artikel 53 (ex-Artikel 47 EGV)

(1) Um die Aufnahme und Ausübung selbstständiger Tätigkeiten zu erleichtern, erlassen das Europäische Parlament und der Rat gemäß dem ordentlichen Gesetzgebungsverfahren Richtlinien für die gegenseitige Anerkennung der Diplome, Prüfungszeugnisse und sonstigen Befähigungsnachweise sowie für die Koordinierung der Rechts- und Verwaltungsvorschriften der Mitgliedstaaten über die Aufnahme und Ausübung selbstständiger Tätigkeiten.

(2) Die schrittweise Aufhebung der Beschränkungen für die ärztlichen, arztähnlichen und pharmazeutischen Berufe setzt die Koordinierung der Bedingungen für die Ausübung dieser Berufe in den einzelnen Mitgliedstaaten voraus.

### Artikel 54 (ex-Artikel 48 EGV)

Für die Anwendung dieses Kapitels stehen die nach den Rechtsvorschriften eines Mitgliedstaats gegründeten Gesellschaften, die ihren satzungsmäßigen Sitz, ihre Hauptverwaltung oder ihre Hauptniederlassung innerhalb der Union haben, den natürlichen Personen gleich, die Angehörige der Mitgliedstaaten sind.

Als Gesellschaften gelten die Gesellschaften des bürgerlichen Rechts und des Handelsrechts einschließlich der Genossenschaften und die sonstigen juristischen Personen des öffentlichen und privaten Rechts mit Ausnahme derjenigen, die keinen Erwerbszweck verfolgen.

### Artikel 55 (ex-Artikel 294 EGV)

Unbeschadet der sonstigen Bestimmungen der Verträge stellen die Mitgliedstaaten die Staatsangehörigen der anderen Mitgliedstaaten hinsichtlich ihrer Beteiligung am Kapital von Gesellschaften im Sinne des Artikels 54 den eigenen Staatsangehörigen gleich.

## Kapitel 3: Dienstleistungen

### Artikel 56 (ex-Artikel 49 EGV)

Die Beschränkungen des freien Dienstleistungsverkehrs innerhalb der Union für Angehörige der Mitgliedstaaten, die in einem anderen Mitgliedstaat als demjenigen des Leistungsempfängers ansässig sind, sind nach Maßgabe der folgenden Bestimmungen verboten.

Das Europäische Parlament und der Rat können gemäß dem ordentlichen Gesetzgebungsverfahren beschließen, dass dieses Kapitel auch auf Erbringer von Dienstleistungen Anwendung findet, welche die Staatsangehörigkeit eines dritten Landes besitzen und innerhalb der Union ansässig sind.

### Artikel 57 (ex-Artikel 50 EGV)

Dienstleistungen im Sinne der Verträge sind Leistungen, die in der Regel gegen Entgelt erbracht werden, soweit sie nicht den Vorschriften über den freien Waren- und Kapitalverkehr und über die Freizügigkeit der Personen unterliegen.

Als Dienstleistungen gelten insbesondere:
a) gewerbliche Tätigkeiten,
b) kaufmännische Tätigkeiten,
c) handwerkliche Tätigkeiten,
d) freiberufliche Tätigkeiten.

Unbeschadet des Kapitels über die Niederlassungsfreiheit kann der Leistende zwecks Erbringung seiner Leistungen seine Tätigkeit vorübergehend in dem Mitgliedstaat ausüben, in dem die Leistung erbracht wird, und zwar unter den Voraussetzungen, welche dieser Mitgliedstaat für seine eigenen Angehörigen vorschreibt.

### Artikel 58 (ex-Artikel 51 EGV)

(1) Für den freien Dienstleistungsverkehr auf dem Gebiet des Verkehrs gelten die Bestimmungen des Titels über den Verkehr.

(2) Die Liberalisierung der mit dem Kapitalverkehr verbundenen Dienstleistungen der Banken und Versicherungen wird im Einklang mit der Liberalisierung des Kapitalverkehrs durchgeführt.

### Artikel 59 (ex-Artikel 52 EGV)

(1) Das Europäische Parlament und der Rat erlassen gemäß dem ordentlichen Gesetzgebungsverfahren und nach Anhörung des Wirtschafts- und Sozialausschusses Richtlinien zur Liberalisierung einer bestimmten Dienstleistung.

(2) Bei den in Absatz 1 genannten Richtlinien sind im Allgemeinen mit Vorrang diejenigen Dienstleistungen zu berücksichtigen, welche die Produktionskosten unmittelbar beeinflussen oder deren Liberalisierung zur Förderung des Warenverkehrs beiträgt.

### Artikel 60 (ex-Artikel 53 EGV)

Die Mitgliedstaaten bemühen sich, über das Ausmaß der Liberalisierung der Dienstleistungen, zu dem sie aufgrund der Richtlinien gemäß Artikel 59 Absatz 1 verpflichtet sind, hinauszugehen, falls ihre wirtschaftliche Gesamtlage und die Lage des betreffenden Wirtschaftszweigs dies zulassen.

Die Kommission richtet entsprechende Empfehlungen an die betreffenden Staaten.

### Artikel 61 (ex-Artikel 54 EGV)

Solange die Beschränkungen des freien Dienstleistungsverkehrs nicht aufgehoben sind, wendet sie jeder Mitgliedstaat ohne Unterscheidung nach Staatsangehörigkeit oder Aufenthaltsort auf alle in Artikel 56 Absatz 1 bezeichneten Erbringer von Dienstleistungen an.

### Artikel 62 (ex-Artikel 55 EGV)

Die Bestimmungen der Artikel 51 bis 54 finden auf das in diesem Kapitel geregelte Sachgebiet Anwendung.

## Kapitel 4: Der Kapital- und Zahlungsverkehr

### Artikel 63 (ex-Artikel 56 EGV)

(1) Im Rahmen der Bestimmungen dieses Kapitels sind alle Beschränkungen des Kapitalverkehrs zwischen den Mitgliedstaaten sowie zwischen den Mitgliedstaaten und dritten Ländern verboten.

(2) Im Rahmen der Bestimmungen dieses Kapitels sind alle Beschränkungen des Zahlungsverkehrs zwischen den Mitgliedstaaten sowie zwischen den Mitgliedstaaten und dritten Ländern verboten.

### Artikel 64 (ex-Artikel 57 EGV)

(1) Artikel 63 berührt nicht die Anwendung derjenigen Beschränkungen auf dritte Länder, die am 31. Dezember 1993 aufgrund einzelstaatlicher Rechtsvorschriften oder aufgrund von Rechtsvorschriften der Union für den Kapitalverkehr mit dritten Ländern im Zusammenhang mit Direktinvestitionen einschließlich Anlagen in Immobilien, mit der Niederlassung, der Erbringung von Finanzdienstleistungen oder der Zulassung von Wertpapieren zu den Kapitalmärkten bestehen. Für in Bulgarien, Estland und Ungarn bestehende Beschränkungen nach innerstaatlichem Recht ist der maßgebliche Zeitpunkt der 31. Dezember 1999. Für in Kroatien nach innerstaatlichem Recht bestehende Beschränkungen ist der maßgebliche Zeitpunkt der 31. Dezember 2002.

(2) Unbeschadet der anderen Kapitel der Verträge sowie ihrer Bemühungen um eine möglichst weit gehende Verwirklichung des Zieles eines freien Kapitalverkehrs zwischen den Mitgliedstaaten und dritten Ländern beschließen das Europäische Parlament und der Rat gemäß dem ordentlichen Gesetzgebungsverfahren Maßnahmen für den Kapitalverkehr mit dritten Ländern im Zusammenhang mit Direktinvestitionen einschließlich Anlagen in Immobilien, mit der Niederlassung, der Erbringung von Finanzdienstleistungen oder der Zulassung von Wertpapieren zu den Kapitalmärkten.

(3) Abweichend von Absatz 2 kann nur der Rat gemäß einem besonderen Gesetzgebungsverfahren und nach Anhörung des Europäischen Parlaments Maßnahmen einstimmig beschließen, die im Rahmen des Unionsrechts für die Liberalisierung des Kapitalverkehrs mit Drittländern einen Rückschritt darstellen.

### Artikel 65 (ex-Artikel 58 EGV)

(1) Artikel 63 berührt nicht das Recht der Mitgliedstaaten,
a) die einschlägigen Vorschriften ihres Steuerrechts anzuwenden, die Steuerpflichtige mit unterschiedlichem Wohnort oder Kapitalanlageort unterschiedlich behandeln,
b) die unerlässlichen Maßnahmen zu treffen, um Zuwiderhandlungen gegen innerstaatliche Rechts- und Verwaltungsvorschriften, insbesondere auf dem Gebiet des Steuerrechts und der Aufsicht über Finanzinstitute, zu verhindern, sowie Meldeverfahren für den Kapitalverkehr zwecks administrativer oder statistischer Information vorzusehen oder Maßnahmen zu ergreifen, die aus Gründen der öffentlichen Ordnung oder Sicherheit gerechtfertigt sind.

(2) Dieses Kapitel berührt nicht die Anwendbarkeit von Beschränkungen des Niederlassungsrechts, die mit den Verträgen vereinbar sind.

(3) Die in den Absätzen 1 und 2 genannten Maßnahmen und Verfahren dürfen weder ein Mittel zur willkürlichen Diskriminierung noch eine verschleierte Beschränkung des freien Kapital- und Zahlungsverkehrs im Sinne des Artikels 63 darstellen.

(4) Sind keine Maßnahmen nach Artikel 64 Absatz 3 erlassen worden, so kann die Kommission oder, wenn diese binnen drei Monaten nach der Vorlage eines entsprechenden Antrags des betreffenden Mitgliedstaats keinen Beschluss erlassen hat, der Rat einen Beschluss erlassen, mit dem festgelegt wird, dass die von einem Mitgliedstaat in Bezug auf ein oder mehrere Drittländer getroffenen restriktiven steuerlichen Maßnahmen insofern als mit den Verträgen vereinbar anzusehen sind, als sie durch eines der Ziele der Union gerechtfertigt und mit dem ordnungsgemäßen Funktionieren des Binnenmarkts vereinbar sind. Der Rat beschließt einstimmig auf Antrag eines Mitgliedstaats.

### Artikel 66 (ex-Artikel 59 EGV)

Falls Kapitalbewegungen nach oder aus dritten Ländern unter außergewöhnlichen Umständen das Funktionieren der Wirtschafts- und Währungsunion schwerwiegend stören oder zu stören drohen, kann der Rat auf Vorschlag der Kommission und nach Anhörung der Europäischen Zentralbank gegenüber dritten Ländern Schutzmaßnahmen mit einer Geltungsdauer von höchstens sechs Monaten treffen, wenn diese unbedingt erforderlich sind.

## Titel VII: Gemeinsame Regeln betreffend Wettbewerb, Steuerfragen und Angleichung der Rechtsvorschriften

## Kapitel 1: Wettbewerbsregeln

## Abschnitt 2: Staatliche Beihilfen

### Artikel 107 (ex-Artikel 87 EGV)

(1) Soweit in den Verträgen nicht etwas anderes bestimmt ist, sind staatliche oder aus staatlichen Mitteln gewährte Beihilfen gleich welcher Art, die durch die Begünstigung bestimmter Unternehmen oder Produktionszweige den Wettbewerb verfälschen oder zu verfälschen drohen, mit dem Binnenmarkt unvereinbar, soweit sie den Handel zwischen Mitgliedstaaten beeinträchtigen.

(2) Mit dem Binnenmarkt vereinbar sind:

a) Beihilfen sozialer Art an einzelne Verbraucher, wenn sie ohne Diskriminierung nach der Herkunft der Waren gewährt werden;

b) Beihilfen zur Beseitigung von Schäden, die durch Naturkatastrophen oder sonstige außergewöhnliche Ereignisse entstanden sind;

c) Beihilfen für die Wirtschaft bestimmter, durch die Teilung Deutschlands betroffener Gebiete der Bundesrepublik Deutschland, soweit sie zum Ausgleich der durch die Teilung verursachten wirtschaftlichen Nachteile erforderlich sind. Der Rat kann fünf Jahre nach dem Inkrafttreten des Vertrags von Lissabon auf Vorschlag der Kommission einen Beschluss erlassen, mit dem dieser Buchstabe aufgehoben wird.

(3) Als mit dem Binnenmarkt vereinbar können angesehen werden:

a) Beihilfen zur Förderung der wirtschaftlichen Entwicklung von Gebieten, in denen die Lebenshaltung außergewöhnlich niedrig ist oder eine erhebliche Unterbeschäftigung herrscht, sowie der in Artikel 349 genannten Gebiete unter Berücksichtigung ihrer strukturellen, wirtschaftlichen und sozialen Lage;

b) Beihilfen zur Förderung wichtiger Vorhaben von gemeinsamem europäischem Interesse oder zur Behebung einer beträchtlichen Störung im Wirtschaftsleben eines Mitgliedstaats;

c) Beihilfen zur Förderung der Entwicklung gewisser Wirtschaftszweige oder Wirtschaftsgebiete, soweit sie die Handelsbedingungen nicht in einer Weise verändern, die dem gemeinsamen Interesse zuwiderläuft;

d) Beihilfen zur Förderung der Kultur und der Erhaltung des kulturellen Erbes, soweit sie die Handels- und Wettbewerbsbedingungen in der Union nicht in einem Maß beeinträchtigen, das dem gemeinsamen Interesse zuwiderläuft;

e) sonstige Arten von Beihilfen, die der Rat durch einen Beschluss auf Vorschlag der Kommission bestimmt.

### Artikel 108 (ex-Artikel 88 EGV)

(1) Die Kommission überprüft fortlaufend in Zusammenarbeit mit den Mitgliedstaaten die in diesen bestehenden Beihilferegelungen. Sie schlägt ihnen die zweckdienlichen Maßnahmen vor, welche die fortschreitende Entwicklung und das Funktionieren des Binnenmarkts erfordern.

(2) Stellt die Kommission fest, nachdem sie den Beteiligten eine Frist zur Äußerung gesetzt hat, dass eine von einem Staat oder aus staatlichen Mitteln gewährte Beihilfe mit dem Binnenmarkt nach Artikel 107 unvereinbar ist oder dass sie missbräuchlich angewandt wird, so be-

schließt sie, dass der betreffende Staat sie binnen einer von ihr bestimmten Frist aufzuheben oder umzugestalten hat.

Kommt der betreffende Staat diesem Beschluss innerhalb der festgesetzten Frist nicht nach, so kann die Kommission oder jeder betroffene Staat in Abweichung von den Artikeln 258 und 259 den Gerichtshof der Europäischen Union unmittelbar anrufen.

Der Rat kann einstimmig auf Antrag eines Mitgliedstaats beschließen, dass eine von diesem Staat gewährte oder geplante Beihilfe in Abweichung von Artikel 107 oder von den nach Artikel 109 erlassenen Verordnungen als mit dem Binnenmarkt vereinbar gilt, wenn außergewöhnliche Umstände einen solchen Beschluss rechtfertigen. Hat die Kommission bezüglich dieser Beihilfe das in Unterabsatz 1 dieses Absatzes vorgesehene Verfahren bereits eingeleitet, so bewirkt der Antrag des betreffenden Staates an den Rat die Aussetzung dieses Verfahrens, bis der Rat sich geäußert hat.

Äußert sich der Rat nicht binnen drei Monaten nach Antragstellung, so beschließt die Kommission.

(3) Die Kommission wird von jeder beabsichtigten Einführung oder Umgestaltung von Beihilfen so rechtzeitig unterrichtet, dass sie sich dazu äußern kann. Ist sie der Auffassung, dass ein derartiges Vorhaben nach Artikel 107 mit dem Binnenmarkt unvereinbar ist, so leitet sie unverzüglich das in Absatz 2 vorgesehene Verfahren ein. Der betreffende Mitgliedstaat darf die beabsichtigte Maßnahme nicht durchführen, bevor die Kommission einen abschließenden Beschluss erlassen hat.

(4) Die Kommission kann Verordnungen zu den Arten von staatlichen Beihilfen erlassen, für die der Rat nach Artikel 109 festgelegt hat, dass sie von dem Verfahren nach Absatz 3 ausgenommen werden können.

### Artikel 109 (ex-Artikel 89 EGV)

Der Rat kann auf Vorschlag der Kommission und nach Anhörung des Europäischen Parlaments alle zweckdienlichen Durchführungsverordnungen zu den Artikeln 107 und 108 erlassen und insbesondere die Bedingungen für die Anwendung des Artikels 108 Absatz 3 sowie diejenigen Arten von Beihilfen festlegen, die von diesem Verfahren ausgenommen sind.

## Kapitel 2: Steuerliche Vorschriften

### Artikel 110 (ex-Artikel 90 EGV)

Die Mitgliedstaaten erheben auf Waren aus anderen Mitgliedstaaten weder unmittelbar noch mittelbar höhere inländische Abgaben gleich welcher Art, als gleichartige inländische Waren unmittelbar oder mittelbar zu tragen haben.

Die Mitgliedstaaten erheben auf Waren aus anderen Mitgliedstaaten keine inländischen Abgaben, die geeignet sind, andere Produktionen mittelbar zu schützen.

### Artikel 111 (ex-Artikel 91 EGV)

Werden Waren in das Hoheitsgebiet eines Mitgliedstaats ausgeführt, so darf die Rückvergütung für inländische Abgaben nicht höher sein als die auf die ausgeführten Waren mittelbar oder unmittelbar erhobenen inländischen Abgaben.

### Artikel 112 (ex-Artikel 92 EGV)

Für Abgaben außer Umsatzsteuern, Verbrauchsabgaben und sonstigen indirekten Steuern sind Entlastungen und Rückvergütungen bei der Ausfuhr nach anderen Mitgliedstaaten sowie Ausgleichsabgaben bei der Einfuhr aus den Mitgliedstaaten nur zulässig, soweit der Rat sie vorher auf Vorschlag der Kommission für eine begrenzte Frist genehmigt hat.

### Artikel 113 (ex-Artikel 93 EGV)

Der Rat erlässt gemäß einem besonderen Gesetzgebungsverfahren und nach Anhörung des Europäischen Parlaments und des Wirtschafts- und Sozialausschusses einstimmig die Bestimmungen zur Harmonisierung der Rechtsvorschriften über die Umsatzsteuern, die Verbrauchsabgaben und sonstige indirekte Steuern, soweit diese Harmonisierung für die Errichtung und das Funktionieren des Binnenmarkts und die Vermeidung von Wettbewerbsverzerrungen notwendig ist.

## Sechster Teil: Institutionelle Bestimmungen und Finanzvorschriften
## Titel I: Vorschriften über die Organe
## Kapitel 1: Die Organe
## Abschnitt 5: Der Gerichtshof der Europäischen Union

### Artikel 256 (ex-Artikel 225 EGV)

(1) Das Gericht ist für Entscheidungen im ersten Rechtszug über die in den Artikeln 263, 265, 268, 270 und 272 genannten Klagen zuständig, mit Ausnahme derjenigen Klagen, die einem nach Artikel 257 gebildeten Fachgericht übertragen werden, und der Klagen, die gemäß der Satzung dem Gerichtshof vorbehalten sind. In der Satzung kann vorgesehen werden, dass das Gericht für andere Kategorien von Klagen zuständig ist.

Gegen die Entscheidungen des Gerichts aufgrund dieses Absatzes kann nach Maßgabe der Bedingungen und innerhalb der Grenzen, die in der Satzung vorgesehen sind, beim Gerichtshof ein auf Rechtsfragen beschränktes Rechtsmittel eingelegt werden.

(2) Das Gericht ist für Entscheidungen über Rechtsmittel gegen die Entscheidungen der Fachgerichte zuständig.

Die Entscheidungen des Gerichts aufgrund dieses Absatzes können nach Maßgabe der Bedingungen und innerhalb der Grenzen, die in der Satzung vorgesehen sind, in Ausnahmefällen vom Gerichtshof überprüft werden, wenn die ernste Gefahr besteht, dass die Einheit oder Kohärenz des Unionsrechts berührt wird.

(3) Das Gericht ist in besonderen in der Satzung festgelegten Sachgebieten für Vorabentscheidungen nach Artikel 267 zuständig.

Wenn das Gericht der Auffassung ist, dass eine Rechtssache eine Grundsatzentscheidung erfordert, die die Einheit oder die Kohärenz des Unionsrechts berühren könnte, kann es die Rechtssache zur Entscheidung an den Gerichtshof verweisen.

Die Entscheidungen des Gerichts über Anträge auf Vorabentscheidung können nach Maßgabe der Bedingungen und innerhalb der Grenzen, die in der Satzung vorgesehen sind, in Ausnahmefällen vom Gerichtshof überprüft werden, wenn die ernste Gefahr besteht, dass die Einheit oder die Kohärenz des Unionsrechts berührt wird.

### Artikel 263 (ex-Artikel 230 EGV)

Der Gerichtshof der Europäischen Union überwacht die Rechtmäßigkeit der Gesetzgebungsakte sowie der Handlungen des Rates, der Kommission und der Europäischen Zentralbank, soweit es sich nicht um Empfehlungen oder Stellungnahmen handelt, und der Handlungen des Europäischen Parlaments und des Europäischen Rates mit Rechtswirkung gegenüber Dritten. Er überwacht ebenfalls die Rechtmäßigkeit der Handlungen der Einrichtungen oder sonstigen Stellen der Union mit Rechtswirkung gegenüber Dritten.

Zu diesem Zweck ist der Gerichtshof der Europäischen Union für Klagen zuständig, die ein Mitgliedstaat, das Europäische Parlament, der Rat oder die Kommission wegen Unzuständigkeit, Verletzung wesentlicher Formvorschriften, Verletzung der Verträge oder einer bei seiner Durchführung anzuwendenden Rechtsnorm oder wegen Ermessensmissbrauchs erhebt.

Der Gerichtshof der Europäischen Union ist unter den gleichen Voraussetzungen zuständig für Klagen des Rechnungshofs, der Europäischen Zentralbank und des Ausschusses der Regionen, die auf die Wahrung ihrer Rechte abzielen.

Jede natürliche oder juristische Person kann unter den Bedingungen nach den Absätzen 1 und 2 gegen die an sie gerichteten oder sie unmittelbar und individuell betreffenden Handlungen sowie gegen Rechtsakte mit Verordnungscharakter, die sie unmittelbar betreffen und keine Durchführungsmaßnahmen nach sich ziehen, Klage erheben.

In den Rechtsakten zur Gründung von Einrichtungen und sonstigen Stellen der Union können besondere Bedingungen und Einzelheiten für die Erhebung von Klagen von natürlichen oder juristischen Personen gegen Handlungen dieser Einrichtungen und sonstigen Stellen vorgesehen werden, die eine Rechtswirkung gegenüber diesen Personen haben.

Die in diesem Artikel vorgesehenen Klagen sind binnen zwei Monaten zu erheben; diese Frist läuft je nach Lage des Falles von der Bekanntgabe der betreffenden Handlung, ihrer Mitteilung an den Kläger oder in Ermangelung dessen von dem Zeitpunkt an, zu dem der Kläger von dieser Handlung Kenntnis erlangt hat.

### Artikel 265 (ex-Artikel 232 EGV)

Unterlässt es das Europäische Parlament, der Europäische Rat, der Rat, die Kommission oder die Europäische Zentralbank unter Verletzung der Verträge, einen Beschluss zu fassen, so können die Mitgliedstaaten und die anderen Organe der Union beim Gerichtshof der Europäischen Union Klage auf Feststellung dieser Vertragsverletzung erheben. Dieser Artikel gilt entsprechend für die Einrichtungen und sonstigen Stellen der Union, die es unterlassen, tätig zu werden.

Diese Klage ist nur zulässig, wenn das in Frage stehende Organ, die in Frage stehende Einrichtung oder sonstige Stelle zuvor aufgefordert worden ist, tätig zu werden. Hat es bzw. sie binnen zwei Monaten nach dieser Aufforderung nicht Stellung genommen, so kann die Klage innerhalb einer weiteren Frist von zwei Monaten erhoben werden.

Jede natürliche oder juristische Person kann nach Maßgabe der Absätze 1 und 2 vor dem Gerichtshof Beschwerde darüber führen, dass ein Organ oder eine Einrichtung oder sonstige Stelle der Union es unterlassen hat, einen anderen Akt als eine Empfehlung oder eine Stellungnahme an sie zu richten.

### Artikel 267 (ex-Artikel 234 EGV)

Der Gerichtshof der Europäischen Union entscheidet im Wege der Vorabentscheidung

a) über die Auslegung der Verträge,

b) über die Gültigkeit und die Auslegung der Handlungen der Organe, Einrichtungen oder sonstigen Stellen der Union.

Wird eine derartige Frage einem Gericht eines Mitgliedstaats gestellt und hält dieses Gericht eine Entscheidung darüber zum Erlass seines Urteils für erforderlich, so kann es diese Frage dem Gerichtshof zur Entscheidung vorlegen.

Wird eine derartige Frage in einem schwebenden Verfahren bei einem einzelstaatlichen Gericht gestellt, dessen Entscheidungen selbst nicht mehr mit Rechtsmitteln des innerstaatlichen Rechts angefochten werden können, so ist dieses Gericht zur Anrufung des Gerichtshofs verpflichtet.

Wird eine derartige Frage in einem schwebenden Verfahren, das eine inhaftierte Person betrifft, bei einem einzelstaatlichen Gericht gestellt, so entscheidet der Gerichtshof innerhalb kürzester Zeit.

## Kapitel 2: Rechtsakte der Union, Annahmeverfahren und sonstige Vorschriften
## Abschnitt 1: Die Rechtsakte der Union
### Artikel 288 (ex-Artikel 249 EGV)

Für die Ausübung der Zuständigkeiten der Union nehmen die Organe Verordnungen, Richtlinien, Beschlüsse, Empfehlungen und Stellungnahmen an.

Die Verordnung hat allgemeine Geltung. Sie ist in allen ihren Teilen verbindlich und gilt unmittelbar in jedem Mitgliedstaat.

Die Richtlinie ist für jeden Mitgliedstaat, an den sie gerichtet wird, hinsichtlich des zu erreichenden Ziels verbindlich, überlässt jedoch den innerstaatlichen Stellen die Wahl der Form und der Mittel.

Beschlüsse sind in allen ihren Teilen verbindlich. Sind sie an bestimmte Adressaten gerichtet, so sind sie nur für diese verbindlich.

Die Empfehlungen und Stellungnahmen sind nicht verbindlich.

# Kapitel 2: Rechtsakte der Union, Annahmeverfahren und sonstige Vorschriften

## Abschnitt 1: Die Rechtsakte der Union

### Artikel 288 (ex-Artikel 249 EGV)

Für die Ausübung der Zuständigkeiten der Union nehmen die Organe Verordnungen, Richtlinien, Beschlüsse, Empfehlungen und Stellungnahmen an.

Die Verordnung hat allgemeine Geltung. Sie ist in allen ihren Teilen verbindlich und gilt unmittelbar in jedem Mitgliedstaat.

Die Richtlinie ist für jeden Mitgliedstaat, an den sie gerichtet wird, hinsichtlich des zu erreichenden Ziels verbindlich, überlässt jedoch den innerstaatlichen Stellen die Wahl der Form und der Mittel.

Beschlüsse sind in allen ihren Teilen verbindlich. Sind sie an bestimmte Adressaten gerichtet, so sind sie nur für diese verbindlich.

Die Empfehlungen und Stellungnahmen sind nicht verbindlich.

## VI. Handelsgesetzbuch (HGB)
### v. 10. 5. 1897 (RGBl S. 219) mit späteren Änderungen

Das Handelsgesetzbuch (HGB) v. 10. 5. 1897 (RGBl S. 219) wurde mehrfach geändert, zuletzt durch Art. 3 Gesetz zur Änderung des Aktiengesetzes (Aktienrechtsnovelle 2016) v. 22. 12. 2015 (BGBl I S. 2565). – Die Überschriften zu den einzelnen Paragrafen des HGB sind z. T. nicht amtlich.

### Auszug

### Inhaltsübersicht

| | §§ |
|---|---|
| **Erstes Buch:** | |
| Handelsstand | 1 bis 104a |
| Erster Abschnitt: | |
| Kaufleute | 1 bis 7 |
| Zweiter bis Sechster Abschnitt (§§ 8 bis 83) | hier nicht wiedergegeben |
| Siebenter Abschnitt: | |
| Handelsvertreter | 84 bis 92c |
| Achter und Neunter Abschnitt (§§ 93 bis 104a) | hier nicht wiedergegeben |
| **Zweites Buch:** | |
| Handelsgesellschaften und stille Gesellschaft | 105 bis 237 |
| Erster Abschnitt: | |
| Offene Handelsgesellschaft | 105 bis 160 |
| Erster Titel: | |
| Errichtung der Gesellschaft | 105 bis 108 |
| Zweiter Titel: | |
| Rechtsverhältnis der Gesellschafter untereinander | 109 bis 122 |
| Dritter Titel: | |
| Rechtsverhältnis der Gesellschafter zu Dritten | 123 bis 130b |
| Vierter Titel: | |
| Auflösung der Gesellschaft und Ausscheiden von Gesellschaftern | 131 bis 144 |
| Fünfter Titel: | |
| Liquidation der Gesellschaft | 145 bis 158 |
| Sechster Titel: | |
| Verjährung. Zeitliche Begrenzung der Haftung | 159, 160 |
| Zweiter Abschnitt: | |
| Kommanditgesellschaft | 161 bis 229 |
| Dritter Abschnitt: | |
| Stille Gesellschaft | 230 bis 237 |

| | §§ |
|---|---|
| **Drittes Buch:** | |
| Handelsbücher | 238 bis 342e |
| Erster Abschnitt: | |
| Vorschriften für alle Kaufleute | 238 bis 263 |
| Erster Unterabschnitt: | |
| Buchführung; Inventar | 238 bis 241a |
| Zweiter Unterabschnitt: | |
| Eröffnungsbilanz; Jahresabschluss | 242 bis 256a |
| Erster Titel: | |
| Allgemeine Vorschriften | 242 bis 245 |
| Zweiter Titel: | |
| Ansatzvorschriften | 246 bis 251 |
| Dritter Titel: | |
| Bewertungsvorschriften | 252 bis 256a |
| Dritter Unterabschnitt: | |
| Aufbewahrung und Vorlage | 257 bis 261 |
| Vierter Unterabschnitt: | |
| Landesrecht | 262, 263 |
| Zweiter Abschnitt: | |
| Ergänzende Vorschriften für Kapitalgesellschaften (Aktiengesellschaften, Kommanditgesellschaften auf Aktien und Gesellschaften mit beschränkter Haftung) sowie bestimmte Personenhandelsgesellschaften | 264 bis 335b |
| Erster Unterabschnitt: | |
| Jahresabschluss der Kapitalgesellschaft und Lagebericht | 264 bis 289a |
| Erster Titel: | |
| Allgemeine Vorschriften | 264 bis 265 |
| Zweiter Titel: | |
| Bilanz | 266 bis 274a |

| §§ | §§ |
|---|---|
| Dritter Titel:<br>Gewinn- und Verlustrechnung ..... 275 bis 278 | Sechster Titel:<br>Lagebericht ........................... 289, 289a |
| Vierter Titel<br>(weggefallen) ........................ 279 bis 283 | Zweiter Unterabschnitt bis Sechster Abschnitt<br>(§§ 290 bis 342e).... hier nicht wiedergegeben |
| Fünfter Titel:<br>Anhang ............................... 284 bis 288 | **Viertes und Fünftes Buch**<br>**(§§ 343 bis 619) ..... hier nicht wiedergegeben** |

## Erstes Buch: Handelsstand

### Erster Abschnitt: Kaufleute

### § 1 Kaufmann kraft Betätigung

(1) Kaufmann im Sinne dieses Gesetzbuchs ist, wer ein Handelsgewerbe betreibt.

(2) Handelsgewerbe ist jeder Gewerbebetrieb, es sei denn, dass das Unternehmen nach Art oder Umfang einen in kaufmännischer Weise eingerichteten Geschäftsbetrieb nicht erfordert.

### § 2 Kaufmann kraft Eintragung

¹Ein gewerbliches Unternehmen, dessen Gewerbebetrieb nicht schon nach § 1 Abs. 2 Handelsgewerbe ist, gilt als Handelsgewerbe im Sinne dieses Gesetzbuchs, wenn die Firma des Unternehmens in das Handelsregister eingetragen ist. ²Der Unternehmer ist berechtigt, aber nicht verpflichtet, die Eintragung nach den für die Eintragung kaufmännischer Firmen geltenden Vorschriften herbeizuführen. ³Ist die Eintragung erfolgt, so findet eine Löschung der Firma auch auf Antrag des Unternehmers statt, sofern nicht die Voraussetzung des § 1 Abs. 2 eingetreten ist.

### § 3 Kaufmann bei Land- und Forstwirtschaft

(1) Auf den Betrieb der Land- und Forstwirtschaft finden die Vorschriften des § 1 keine Anwendung.

(2) Für ein land- oder forstwirtschaftliches Unternehmen, das nach Art und Umfang einen in kaufmännischer Weise eingerichteten Geschäftsbetrieb erfordert, gilt § 2 mit der Maßgabe, dass nach Eintragung in das Handelsregister eine Löschung der Firma nur nach den allgemeinen Vorschriften stattfindet, welche für die Löschung kaufmännischer Firmen gelten.

(3) Ist mit dem Betrieb der Land- oder Forstwirtschaft ein Unternehmen verbunden, das nur ein Nebengewerbe des land- oder forstwirtschaftlichen Unternehmens darstellt, so finden auf das im Nebengewerbe betriebene Unternehmen die Vorschriften der Absätze 1 und 2 entsprechende Anwendung.

### § 4 (weggefallen)

### § 5 Fiktivkaufmann

Ist eine Firma im Handelsregister eingetragen, so kann gegenüber demjenigen, welcher sich auf die Eintragung beruft, nicht geltend gemacht werden, dass das unter der Firma betriebene Gewerbe kein Handelsgewerbe sei.

### § 6 Handelsgesellschaften

(1) Die in Betreff der Kaufleute gegebenen Vorschriften finden auch auf die Handelsgesellschaften Anwendung.

(2) Die Rechte und Pflichten eines Vereins, dem das Gesetz ohne Rücksicht auf den Gegenstand des Unternehmens die Eigenschaft eines Kaufmanns beilegt, bleiben unberührt, auch wenn die Voraussetzungen des § 1 Abs. 2 nicht vorliegen.

## § 7 Kaufmännische Eigenschaft und öffentliches Recht

Durch die Vorschriften des öffentlichen Rechtes, nach welchen die Befugnis zum Gewerbebetrieb ausgeschlossen oder von gewissen Voraussetzungen abhängig gemacht ist, wird die Anwendung der die Kaufleute betreffenden Vorschriften dieses Gesetzbuchs nicht berührt.

## Zweiter bis Sechster Abschnitt (§§ 8 bis 83) hier nicht wiedergegeben

## Siebenter Abschnitt: Handelsvertreter

### § 84 Begriff des Handelsvertreters

(1) ¹Handelsvertreter ist, wer als selbständiger Gewerbetreibender ständig damit betraut ist, für einen anderen Unternehmer (Unternehmer) Geschäfte zu vermitteln oder in dessen Namen abzuschließen. ²Selbständig ist, wer im Wesentlichen frei seine Tätigkeit gestalten und seine Arbeitszeit bestimmen kann.

(2) Wer, ohne selbständig im Sinne des Absatzes 1 zu sein, ständig damit betraut ist, für einen Unternehmer Geschäfte zu vermitteln oder in dessen Namen abzuschließen, gilt als Angestellter.

(3) Der Unternehmer kann auch ein Handelsvertreter sein.

(4) Die Vorschriften dieses Abschnittes finden auch Anwendung, wenn das Unternehmen des Handelsvertreters nach Art oder Umfang einen in kaufmännischer Weise eingerichteten Geschäftsbetrieb nicht erfordert.

### § 85 Beurkundung des Vertrages

¹Jeder Teil kann verlangen, dass der Inhalt des Vertrages sowie spätere Vereinbarungen zu dem Vertrag in eine vom anderen Teil unterzeichnete Urkunde aufgenommen werden. ²Dieser Anspruch kann nicht ausgeschlossen werden.

### § 86 Pflichten des Handelsvertreters

(1) Der Handelsvertreter hat sich um die Vermittlung oder den Abschluss von Geschäften zu bemühen; er hat hierbei das Interesse des Unternehmers wahrzunehmen.

(2) Er hat dem Unternehmer die erforderlichen Nachrichten zu geben, namentlich ihm von jeder Geschäftsvermittlung und von jedem Geschäftsabschluss unverzüglich Mitteilung zu machen.

(3) Er hat seine Pflichten mit der Sorgfalt eines ordentlichen Kaufmanns wahrzunehmen.

(4) Von den Absätzen 1 und 2 abweichende Vereinbarungen sind unwirksam.

### § 86a Pflichten des Unternehmers

(1) Der Unternehmer hat dem Handelsvertreter die zur Ausübung seiner Tätigkeit erforderlichen Unterlagen, wie Muster, Zeichnungen, Preislisten, Werbedrucksachen, Geschäftsbedingungen, zur Verfügung zu stellen.

(2) ¹Der Unternehmer hat dem Handelsvertreter die erforderlichen Nachrichten zu geben. ²Er hat ihm unverzüglich die Annahme oder Ablehnung eines vom Handelsvertreter vermittelten oder ohne Vertretungsmacht abgeschlossenen Geschäfts und die Nichtausführung eines von ihm vermittelten oder abgeschlossenen Geschäfts mitzuteilen. ³Er hat ihn unverzüglich zu unterrichten, wenn er Geschäfte voraussichtlich nur in erheblich geringerem Umfange abschließen kann oder will, als der Handelsvertreter unter gewöhnlichen Umständen erwarten konnte.

(3) Von den Absätzen 1 und 2 abweichende Vereinbarungen sind unwirksam.

### § 86b Delkredereprovision

(1) ¹Verpflichtet sich ein Handelsvertreter, für die Erfüllung der Verbindlichkeit aus einem Geschäft einzustehen, so kann er eine besondere Vergütung (Delkredereprovision) beanspruchen; der Anspruch kann im Voraus nicht ausgeschlossen werden. ²Die Verpflichtung kann nur für ein bestimmtes Geschäft oder für solche Geschäfte mit bestimmten Dritten übernommen werden, die der Handelsvertreter vermittelt oder abschließt. ³Die Übernahme bedarf der Schriftform.

(2) Der Anspruch auf die Delkredereprovision entsteht mit dem Abschluss des Geschäfts.

(3) ¹Absatz 1 gilt nicht, wenn der Unternehmer oder der Dritte seine Niederlassung oder beim Fehlen einer solchen seinen Wohnsitz im Ausland hat. ²Er gilt ferner nicht für Geschäfte, zu deren Abschluss und Ausführung der Handelsvertreter unbeschränkt bevollmächtigt ist.

### § 87 Provisionspflichtige Geschäfte

(1) ¹Der Handelsvertreter hat Anspruch auf Provision für alle während des Vertragsverhältnisses abgeschlossenen Geschäfte, die auf seine Tätigkeit zurückzuführen sind oder mit Dritten abgeschlossen werden, die er als Kunden für Geschäfte der gleichen Art geworben hat. ²Ein Anspruch auf Provision besteht für ihn nicht, wenn und soweit die Provision nach Absatz 3 dem ausgeschiedenen Handelsvertreter zusteht.

(2) ¹Ist dem Handelsvertreter ein bestimmter Bezirk oder ein bestimmter Kundenkreis zugewiesen, so hat er Anspruch auf Provision auch für die Geschäfte, die ohne seine Mitwirkung mit Personen seines Bezirkes oder seines Kundenkreises während des Vertragsverhältnisses abgeschlossen sind. ²Dies gilt nicht, wenn und soweit die Provision nach Absatz 3 dem ausgeschiedenen Handelsvertreter zusteht.

(3) ¹Für ein Geschäft, das erst nach Beendigung des Vertragsverhältnisses abgeschlossen ist, hat der Handelsvertreter Anspruch auf Provision nur, wenn

1. er das Geschäft vermittelt hat oder es eingeleitet und so vorbereitet hat, dass der Abschluss überwiegend auf seine Tätigkeit zurückzuführen ist, und das Geschäft innerhalb einer angemessenen Frist nach Beendigung des Vertragsverhältnisses abgeschlossen worden ist oder
2. vor Beendigung des Vertragsverhältnisses das Angebot des Dritten zum Abschluss eines Geschäfts, für das der Handelsvertreter nach Absatz 1 Satz 1 oder Absatz 2 Satz 1 Anspruch auf Provision hat, dem Handelsvertreter oder dem Unternehmer zugegangen ist.

²Der Anspruch auf Provision nach Satz 1 steht dem nachfolgenden Handelsvertreter anteilig zu, wenn wegen besonderer Umstände eine Teilung der Provision der Billigkeit entspricht.

(4) Neben dem Anspruch auf Provision für abgeschlossene Geschäfte hat der Handelsvertreter Anspruch auf Inkassoprovision für die von ihm auftragsgemäß eingezogenen Beträge.

### § 87a Voraussetzungen für Provisionsanspruch

(1) ¹Der Handelsvertreter hat Anspruch auf Provision, sobald und soweit der Unternehmer das Geschäft ausgeführt hat. ²Eine abweichende Vereinbarung kann getroffen werden, jedoch hat der Handelsvertreter mit der Ausführung des Geschäfts durch den Unternehmer Anspruch auf einen angemessenen Vorschuss, der spätestens am letzten Tag des folgenden Monats fällig ist. ³Unabhängig von einer Vereinbarung hat jedoch der Handelsvertreter Anspruch auf Provision, sobald und soweit der Dritte das Geschäft ausgeführt hat.

(2) Steht fest, dass der Dritte nicht leistet, so entfällt der Anspruch auf Provision; bereits empfangene Beträge sind zurückzugewähren.

(3) ¹Der Handelsvertreter hat auch dann einen Anspruch auf Provision, wenn feststeht, dass der Unternehmer das Geschäft ganz oder teilweise nicht oder nicht so ausführt, wie es abgeschlossen worden ist. ²Der Anspruch entfällt im Falle der Nichtausführung, wenn und soweit diese auf Umständen beruht, die vom Unternehmer nicht zu vertreten sind.

(4) Der Anspruch auf Provision wird am letzten Tag des Monats fällig, in dem nach § 87c Abs. 1 über den Anspruch abzurechnen ist.

(5) Von Absatz 2 erster Halbsatz, Absätzen 3 und 4 abweichende, für den Handelsvertreter nachteilige Vereinbarungen sind unwirksam.

### § 87b Provisionshöhe

(1) Ist die Höhe der Provision nicht bestimmt, so ist der übliche Satz als vereinbart anzusehen.

(2) [1]Die Provision ist von dem Entgelt zu berechnen, das der Dritte oder der Unternehmer zu leisten hat. [2]Nachlässe bei Barzahlung sind nicht abzuziehen; dasselbe gilt für Nebenkosten, namentlich für Fracht, Verpackung, Zoll, Steuern, es sei denn, dass die Nebenkosten dem Dritten besonders in Rechnung gestellt sind. [3]Die Umsatzsteuer, die lediglich aufgrund der steuerrechtlichen Vorschriften in der Rechnung gesondert ausgewiesen ist, gilt nicht als besonders in Rechnung gestellt.

(3) [1]Bei Gebrauchsüberlassungs- und Nutzungsverträgen von bestimmter Dauer ist die Provision vom Entgelt für die Vertragsdauer zu berechnen. [2]Bei unbestimmter Dauer ist die Provision vom Entgelt bis zu dem Zeitpunkt zu berechnen, zu dem erstmals von dem Dritten gekündigt werden kann; der Handelsvertreter hat Anspruch auf weitere entsprechend berechnete Provisionen, wenn der Vertrag fortbesteht.

### § 87c Provisionsabrechnung

(1) [1]Der Unternehmer hat über die Provision, auf die der Handelsvertreter Anspruch hat, monatlich abzurechnen; der Abrechnungszeitraum kann auf höchstens drei Monate erstreckt werden. [2]Die Abrechnung hat unverzüglich, spätestens bis zum Ende des nächsten Monats, zu erfolgen.

(2) Der Handelsvertreter kann bei der Abrechnung einen Buchauszug über alle Geschäfte verlangen, für die ihm nach § 87 Provision gebührt.

(3) Der Handelsvertreter kann außerdem Mitteilung über alle Umstände verlangen, die für den Provisionsanspruch, seine Fälligkeit und seine Berechnung wesentlich sind.

(4) Wird der Buchauszug verweigert oder bestehen begründete Zweifel an der Richtigkeit oder Vollständigkeit der Abrechnung oder des Buchauszuges, so kann der Handelsvertreter verlangen, dass nach Wahl des Unternehmers entweder ihm oder einem von ihm zu bestimmenden Wirtschaftsprüfer oder vereidigten Buchsachverständigen Einsicht in die Geschäftsbücher oder die sonstigen Urkunden so weit gewährt wird, wie dies zur Feststellung der Richtigkeit oder Vollständigkeit der Abrechnung oder des Buchauszuges erforderlich ist.

(5) Diese Rechte des Handelsvertreters können nicht ausgeschlossen oder beschränkt werden.

### § 87d Ersatz der Aufwendungen

Der Handelsvertreter kann den Ersatz seiner im regelmäßigen Geschäftsbetrieb entstandenen Aufwendungen nur verlangen, wenn dies handelsüblich ist.

### § 88 (weggefallen)

### § 88a Zurückbehaltungsrecht des Handelsvertreters

(1) Der Handelsvertreter kann nicht im Voraus auf gesetzliche Zurückbehaltungsrechte verzichten.

(2) Nach Beendigung des Vertragsverhältnisses hat der Handelsvertreter ein nach allgemeinen Vorschriften bestehendes Zurückbehaltungsrecht an ihm zur Verfügung gestellten Unterlagen (§ 86a Abs. 1) nur wegen seiner fälligen Ansprüche auf Provision und Ersatz von Aufwendungen.

## § 89 Ordentliche Kündigung

(1) ¹Ist das Vertragsverhältnis auf unbestimmte Zeit eingegangen, so kann es im ersten Jahr der Vertragsdauer mit einer Frist von einem Monat, im zweiten Jahr mit einer Frist von zwei Monaten und im dritten bis fünften Jahr mit einer Frist von drei Monaten gekündigt werden. ²Nach einer Vertragsdauer von fünf Jahren kann das Vertragsverhältnis mit einer Frist von sechs Monaten gekündigt werden. ³Die Kündigung ist nur für den Schluss eines Kalendermonats zulässig, sofern keine abweichende Vereinbarung getroffen ist.

(2) ¹Die Kündigungsfristen nach Absatz 1 Satz 1 und 2 können durch Vereinbarung verlängert werden; die Frist darf für den Unternehmer nicht kürzer sein als für den Handelsvertreter. ²Bei Vereinbarung einer kürzeren Frist für den Unternehmer gilt die für den Handelsvertreter vereinbarte Frist.

(3) ¹Ein für eine bestimmte Zeit eingegangenes Vertragsverhältnis, das nach Ablauf der vereinbarten Laufzeit von beiden Teilen fortgesetzt wird, gilt als auf unbestimmte Zeit verlängert. ²Für die Bestimmung der Kündigungsfristen nach Absatz 1 Satz 1 und 2 ist die Gesamtdauer des Vertragsverhältnisses maßgeblich.

## § 89a Außerordentliche Kündigung

(1) ¹Das Vertragsverhältnis kann von jedem Teil aus wichtigem Grunde ohne Einhaltung einer Kündigungsfrist gekündigt werden. ²Dieses Recht kann nicht ausgeschlossen oder beschränkt werden.

(2) Wird die Kündigung durch ein Verhalten veranlasst, das der andere Teil zu vertreten hat, so ist dieser zum Ersatz des durch die Aufhebung des Vertragsverhältnisses entstehenden Schadens verpflichtet.

## § 89b Ausgleichsanspruch

(1) ¹Der Handelsvertreter kann von dem Unternehmer nach Beendigung des Vertragsverhältnisses einen angemessenen Ausgleich verlangen, wenn und soweit
1. der Unternehmer aus der Geschäftsverbindung mit neuen Kunden, die der Handelsvertreter geworben hat, auch nach Beendigung des Vertragsverhältnisses erhebliche Vorteile hat und
2. die Zahlung eines Ausgleichs unter Berücksichtigung aller Umstände, insbesondere der dem Handelsvertreter aus Geschäften mit diesen Kunden entgehenden Provisionen, der Billigkeit entspricht.

²Der Werbung eines neuen Kunden steht es gleich, wenn der Handelsvertreter die Geschäftsverbindung mit einem Kunden so wesentlich erweitert hat, dass dies wirtschaftlich der Werbung eines neuen Kunden entspricht.

(2) Der Ausgleich beträgt höchstens eine nach dem Durchschnitt der letzten fünf Jahre der Tätigkeit des Handelsvertreters berechnete Jahresprovision oder sonstige Jahresvergütung; bei kürzerer Dauer des Vertragsverhältnisses ist der Durchschnitt während der Dauer der Tätigkeit maßgebend.

(3) Der Anspruch besteht nicht, wenn
1. der Handelsvertreter das Vertragsverhältnis gekündigt hat, es sei denn, dass ein Verhalten des Unternehmers hierzu begründeten Anlass gegeben hat oder dem Handelsvertreter eine Fortsetzung seiner Tätigkeit wegen seines Alters oder wegen Krankheit nicht zugemutet werden kann, oder
2. der Unternehmer das Vertragsverhältnis gekündigt hat und für die Kündigung ein wichtiger Grund wegen schuldhaften Verhaltens des Handelsvertreters vorlag oder
3. aufgrund einer Vereinbarung zwischen dem Unternehmer und dem Handelsvertreter ein Dritter anstelle des Handelsvertreters in das Vertragsverhältnis eintritt; die Vereinbarung kann nicht vor Beendigung des Vertragsverhältnisses getroffen werden.

(4) ¹Der Anspruch kann im Voraus nicht ausgeschlossen werden. ²Er ist innerhalb eines Jahres nach Beendigung des Vertragsverhältnisses geltend zu machen.

(5) ¹Die Absätze 1, 3 und 4 gelten für Versicherungsvertreter mit der Maßgabe, dass an die Stelle der Geschäftsverbindung mit neuen Kunden, die der Handelsvertreter geworben hat, die Vermittlung neuer Versicherungsverträge durch den Versicherungsvertreter tritt und der Vermittlung eines Versicherungsvertrages es gleichsteht, wenn der Versicherungsvertreter einen bestehenden Versicherungsvertrag so wesentlich erweitert hat, dass dies wirtschaftlich der Vermittlung eines neuen Versicherungsvertrages entspricht. ²Der Ausgleich des Versicherungsvertreters beträgt abweichend von Absatz 2 höchstens drei Jahresprovisionen oder Jahresvergütungen. ³Die Vorschriften der Sätze 1 und 2 gelten sinngemäß für Bausparkassenvertreter.

## § 90 Schweigepflicht

Der Handelsvertreter darf Geschäfts- und Betriebsgeheimnisse, die ihm anvertraut oder als solche durch seine Tätigkeit für den Unternehmer bekannt geworden sind, auch nach Beendigung des Vertragsverhältnisses nicht verwerten oder anderen mitteilen, soweit dies nach den gesamten Umständen der Berufsauffassung eines ordentlichen Kaufmannes widersprechen würde.

## § 90a Wettbewerbsabreden

(1) ¹Eine Vereinbarung, die den Handelsvertreter nach Beendigung des Vertragsverhältnisses in seiner gewerblichen Tätigkeit beschränkt (Wettbewerbsabrede), bedarf der Schriftform und der Aushändigung einer vom Unternehmer unterzeichneten, die vereinbarten Bestimmungen enthaltenden Urkunde an den Handelsvertreter. ²Die Abrede kann nur für längstens zwei Jahre von der Beendigung des Vertragsverhältnisses an getroffen werden; sie darf sich nur auf den dem Handelsvertreter zugewiesenen Bezirk oder Kundenkreis und nur auf die Gegenstände erstrecken, hinsichtlich deren sich der Handelsvertreter um die Vermittlung oder den Abschluss von Geschäften für den Unternehmer zu bemühen hat. ³Der Unternehmer ist verpflichtet, dem Handelsvertreter für die Dauer der Wettbewerbsbeschränkung eine angemessene Entschädigung zu zahlen.

(2) Der Unternehmer kann bis zum Ende des Vertragsverhältnisses schriftlich auf die Wettbewerbsbeschränkung mit der Wirkung verzichten, dass er mit dem Ablauf von sechs Monaten seit der Erklärung von der Verpflichtung zur Zahlung der Entschädigung frei wird.

(3) Kündigt ein Teil das Vertragsverhältnis aus wichtigem Grund wegen schuldhaften Verhaltens des anderen Teils, kann er sich durch schriftliche Erklärung binnen einem Monat nach der Kündigung von der Wettbewerbsabrede lossagen.

(4) Abweichende für den Handelsvertreter nachteilige Vereinbarungen können nicht getroffen werden.

## § 91 Vollmachten

(1) § 55 gilt auch für einen Handelsvertreter, der zum Abschluss von Geschäften von einem Unternehmer bevollmächtigt ist, der nicht Kaufmann ist.

(2) ¹Ein Handelsvertreter gilt, auch wenn ihm keine Vollmacht zum Abschluss von Geschäften erteilt ist, als ermächtigt, die Anzeige von Mängeln einer Ware, die Erklärung, dass eine Ware zur Verfügung gestellt werde, sowie ähnliche Erklärungen, durch die ein Dritter seine Rechte aus mangelhafter Leistung geltend macht oder sich vorbehält, entgegenzunehmen; er kann die dem Unternehmer zustehenden Rechte auf Sicherung des Beweises geltend machen. ²Eine Beschränkung dieser Rechte braucht ein Dritter gegen sich nur gelten zu lassen, wenn er sie kannte oder kennen musste.

### § 91a Geschäftsabschlüsse ohne Vollmacht

(1) Hat ein Handelsvertreter, der nur mit der Vermittlung von Geschäften betraut ist, ein Geschäft im Namen des Unternehmers abgeschlossen, und war dem Dritten der Mangel an Vertretungsmacht nicht bekannt, so gilt das Geschäft als von dem Unternehmer genehmigt, wenn dieser nicht unverzüglich, nachdem er von dem Handelsvertreter oder dem Dritten über Abschluss und wesentlichen Inhalt benachrichtigt worden ist, dem Dritten gegenüber das Geschäft ablehnt.

(2) Das Gleiche gilt, wenn ein Handelsvertreter, der mit dem Abschluss von Geschäften betraut ist, ein Geschäft im Namen des Unternehmers abgeschlossen hat, zu dessen Abschluss er nicht bevollmächtigt ist.

### § 92 Versicherungsvertreter; Bausparkassenvertreter

(1) Versicherungsvertreter ist, wer als Handelsvertreter damit betraut ist, Versicherungsverträge zu vermitteln oder abzuschließen.

(2) Für das Vertragsverhältnis zwischen dem Versicherungsvertreter und dem Versicherer gelten die Vorschriften für das Vertragsverhältnis zwischen dem Handelsvertreter und dem Unternehmer vorbehaltlich der Absätze 3 und 4.

(3) ¹In Abweichung von § 87 Abs. 1 Satz 1 hat ein Versicherungsvertreter Anspruch auf Provision nur für Geschäfte, die auf seine Tätigkeit zurückzuführen sind. ²§ 87 Abs. 2 gilt nicht für Versicherungsvertreter.

(4) Der Versicherungsvertreter hat Anspruch auf Provision (§ 87a Abs. 1), sobald der Versicherungsnehmer die Prämie gezahlt hat, aus der sich die Provision nach dem Vertragsverhältnis berechnet.

(5) Die Vorschriften der Absätze 1 bis 4 gelten sinngemäß für Bausparkassenvertreter.

### § 92a Mindestleistungen des Unternehmers

(1) ¹Für das Vertragsverhältnis eines Handelsvertreters, der vertraglich nicht für weitere Unternehmen tätig werden darf oder dem dies nach Art und Umfang der von ihm verlangten Tätigkeit nicht möglich ist, kann das Bundesministerium der Justiz und für Verbraucherschutz im Einvernehmen mit dem Bundesministerium für Wirtschaft und Energie nach Anhörung von Verbänden der Handelsvertreter und der Unternehmer durch Rechtsverordnung, die nicht der Zustimmung des Bundesrates bedarf, die untere Grenze der vertraglichen Leistungen des Unternehmers festsetzen, um die notwendigen sozialen und wirtschaftlichen Bedürfnisse dieser Handelsvertreter oder einer bestimmten Gruppe von ihnen sicherzustellen. ²Die festgesetzten Leistungen können vertraglich nicht ausgeschlossen oder beschränkt werden.

(2) ¹Absatz 1 gilt auch für das Vertragsverhältnis eines Versicherungsvertreters, der aufgrund eines Vertrages oder mehrerer Verträge damit betraut ist, Geschäfte für mehrere Versicherer zu vermitteln oder abzuschließen, die zu einem Versicherungskonzern oder zu einer zwischen ihnen bestehenden Organisationsgemeinschaft gehören, sofern die Beendigung des Vertragsverhältnisses mit einem dieser Versicherer im Zweifel auch die Beendigung des Vertragsverhältnisses mit den anderen Versicherern zur Folge haben würde. ²In diesem Fall kann durch Rechtsverordnung, die nicht der Zustimmung des Bundesrates bedarf, außerdem bestimmt werden, ob die festgesetzten Leistungen von allen Versicherern als Gesamtschuldnern oder anteilig oder nur von einem der Versicherer geschuldet werden und wie der Ausgleich unter ihnen zu erfolgen hat.

### § 92b Handelsvertreter im Nebenberuf

(1) ¹Auf einen Handelsvertreter im Nebenberuf sind §§ 89, 89b nicht anzuwenden. ²Ist das Vertragsverhältnis auf unbestimmte Zeit eingegangen, so kann es mit einer Frist von einem Monat für den Schluss eines Kalendermonats gekündigt werden; wird eine andere Kündigungsfrist

vereinbart, so muss sie für beide Teile gleich sein. ³Der Anspruch auf einen angemessenen Vorschuss nach § 87a Abs. 1 Satz 2 kann ausgeschlossen werden.

(2) Auf Absatz 1 kann sich nur der Unternehmer berufen, der den Handelsvertreter ausdrücklich als Handelsvertreter im Nebenberuf mit der Vermittlung oder dem Abschluss von Geschäften betraut hat.

(3) Ob ein Handelsvertreter nur als Handelsvertreter im Nebenberuf tätig ist, bestimmt sich nach der Verkehrsauffassung.

(4) Die Vorschriften der Absätze 1 bis 3 gelten sinngemäß für Versicherungsvertreter und für Bausparkassenvertreter.

### § 92c Ausländische Handelsvertreter; Schifffahrtsvertreter

(1) Hat der Handelsvertreter seine Tätigkeit für den Unternehmer nach dem Vertrag nicht innerhalb des Gebietes der Europäischen Gemeinschaft oder der anderen Vertragsstaaten des Abkommens über den Europäischen Wirtschaftsraum auszuüben, so kann hinsichtlich aller Vorschriften dieses Abschnittes etwas anderes vereinbart werden.

(2) Das Gleiche gilt, wenn der Handelsvertreter mit der Vermittlung oder dem Abschluss von Geschäften betraut wird, die die Befrachtung, Abfertigung oder Ausrüstung von Schiffen oder die Buchung von Passagen auf Schiffen zum Gegenstand haben.

## Achter und Neunter Abschnitt (§§ 93 bis 104a) hier nicht wiedergegeben

## Zweites Buch: Handelsgesellschaften und stille Gesellschaft

## Erster Abschnitt: Offene Handelsgesellschaft

## Erster Titel: Errichtung der Gesellschaft

### § 105 Begriff der OHG; Anwendung der Vorschriften des BGB

(1) Eine Gesellschaft, deren Zweck auf den Betrieb eines Handelsgewerbes unter gemeinschaftlicher Firma gerichtet ist, ist eine offene Handelsgesellschaft, wenn bei keinem der Gesellschafter die Haftung gegenüber den Gesellschaftsgläubigern beschränkt ist.

(2) ¹Eine Gesellschaft, deren Gewerbebetrieb nicht schon nach § 1 Abs. 2 Handelsgewerbe ist oder die nur eigenes Vermögen verwaltet, ist offene Handelsgesellschaft, wenn die Firma des Unternehmens in das Handelsregister eingetragen ist. ²§ 2 Satz 2 und 3 gilt entsprechend.

(3) Auf die offene Handelsgesellschaft finden, soweit nicht in diesem Abschnitt ein anderes vorgeschrieben ist, die Vorschriften des Bürgerlichen Gesetzbuchs über die Gesellschaft Anwendung.

### § 106 Anmeldung zur Eintragung in das Handelsregister

(1) Die Gesellschaft ist bei dem Gericht, in dessen Bezirk sie ihren Sitz hat, zur Eintragung in das Handelsregister anzumelden.

(2) Die Anmeldung hat zu enthalten:
1. den Namen, Vornamen, Geburtsdatum und Wohnort jedes Gesellschafters;
2. die Firma der Gesellschaft, den Ort, an dem sie ihren Sitz hat, und die inländische Geschäftsanschrift;
3. (weggefallen)
4. die Vertretungsmacht der Gesellschafter.

### § 107 Anmeldung und Eintragung von Änderungen

Wird die Firma einer Gesellschaft geändert, der Sitz der Gesellschaft an einen anderen Ort verlegt, die inländische Geschäftsanschrift geändert, tritt ein neuer Gesellschafter in die Gesellschaft ein oder ändert sich die Vertretungsmacht eines Gesellschafters, so ist dies ebenfalls zur Eintragung in das Handelsregister anzumelden.

### § 108 Anmeldepflicht aller Gesellschafter; Zeichnung

[1]Die Anmeldungen sind von sämtlichen Gesellschaftern zu bewirken. [2]Das gilt nicht, wenn sich nur die inländische Geschäftsanschrift ändert.

## Zweiter Titel: Rechtsverhältnis der Gesellschafter untereinander

### § 109 Maßgeblichkeit des Gesellschaftsvertrages

Das Rechtsverhältnis der Gesellschafter untereinander richtet sich zunächst nach dem Gesellschaftsvertrage; die Vorschriften der §§ 110 bis 122 finden nur insoweit Anwendung, als nicht durch den Gesellschaftsvertrag ein anderes bestimmt ist.

### § 110 Aufwendungsersatz

(1) Macht der Gesellschafter in den Gesellschaftsangelegenheiten Aufwendungen, die er den Umständen nach für erforderlich halten darf, oder erleidet er unmittelbar durch seine Geschäftsführung oder aus Gefahren, die mit ihr untrennbar verbunden sind, Verluste, so ist ihm die Gesellschaft zum Ersatze verpflichtet.

(2) Aufgewendetes Geld hat die Gesellschaft von der Zeit der Aufwendung an zu verzinsen.

### § 111 Pflicht zur Zahlung von Zinsen

(1) Ein Gesellschafter, der seine Geldeinlage nicht zur rechten Zeit einzahlt oder eingenommenes Gesellschaftsgeld nicht zur rechten Zeit an die Gesellschaftskasse abliefert oder unbefugt Geld aus der Gesellschaftskasse für sich entnimmt, hat Zinsen von dem Tage an zu entrichten, an welchem die Zahlung oder die Ablieferung hätte geschehen sollen oder die Herausnahme des Geldes erfolgt ist.

(2) Die Geltendmachung eines weiteren Schadens ist nicht ausgeschlossen.

### § 112 Gesetzliches Wettbewerbsverbot

(1) Ein Gesellschafter darf ohne Einwilligung der anderen Gesellschafter weder in dem Handelszweige der Gesellschaft Geschäfte machen noch an einer anderen gleichartigen Handelsgesellschaft als persönlich haftender Gesellschafter teilnehmen.

(2) Die Einwilligung zur Teilnahme an einer anderen Gesellschaft gilt als erteilt, wenn den übrigen Gesellschaftern bei Eingehung der Gesellschaft bekannt ist, dass der Gesellschafter an einer anderen Gesellschaft als persönlich haftender Gesellschafter teilnimmt, und gleichwohl die Aufgabe dieser Beteiligung nicht ausdrücklich bedungen wird.

### § 113 Schadensersatz bei Verletzung des Wettbewerbsverbots

(1) Verletzt ein Gesellschafter die ihm nach § 112 obliegende Verpflichtung, so kann die Gesellschaft Schadensersatz fordern; sie kann stattdessen von dem Gesellschafter verlangen, dass er die für eigene Rechnung gemachten Geschäfte als für Rechnung der Gesellschaft eingegangen gelten lasse und die aus Geschäften für fremde Rechnung bezogene Vergütung herausgebe oder seinen Anspruch auf die Vergütung abtrete.

(2) Über die Geltendmachung dieser Ansprüche beschließen die übrigen Gesellschafter.

(3) Die Ansprüche verjähren in drei Monaten von dem Zeitpunkt an, in welchem die übrigen Gesellschafter von dem Abschluss des Geschäfts oder von der Teilnahme des Gesellschafters an der anderen Gesellschaft Kenntnis erlangen oder ohne grobe Fahrlässigkeit erlangen müssten; sie verjähren ohne Rücksicht auf diese Kenntnis oder grob fahrlässige Unkenntnis in fünf Jahren von ihrer Entstehung an.

(4) Das Recht der Gesellschafter, die Auflösung der Gesellschaft zu verlangen, wird durch diese Vorschriften nicht berührt.

## § 114 Geschäftsführung

(1) Zur Führung der Geschäfte der Gesellschaft sind alle Gesellschafter berechtigt und verpflichtet.

(2) Ist im Gesellschaftsvertrage die Geschäftsführung einem Gesellschafter oder mehreren Gesellschaftern übertragen, so sind die übrigen Gesellschafter von der Geschäftsführung ausgeschlossen.

## § 115 Geschäftsführungsbefugnis aller oder mehrerer Gesellschafter

(1) Steht die Geschäftsführung allen oder mehreren Gesellschaftern zu, so ist jeder von ihnen allein zu handeln berechtigt; widerspricht jedoch ein anderer geschäftsführender Gesellschafter der Vornahme einer Handlung, so muss diese unterbleiben.

(2) Ist im Gesellschaftsvertrage bestimmt, dass die Gesellschafter, denen die Geschäftsführung zusteht, nur zusammen handeln können, so bedarf es für jedes Geschäft der Zustimmung aller geschäftsführenden Gesellschafter, es sei denn, dass Gefahr im Verzug ist.

## § 116 Umfang der Geschäftsführungsbefugnis

(1) Die Befugnis zur Geschäftsführung erstreckt sich auf alle Handlungen, die der gewöhnliche Betrieb des Handelsgewerbes der Gesellschaft mit sich bringt.

(2) Zur Vornahme von Handlungen, die darüber hinausgehen, ist ein Beschluss sämtlicher Gesellschafter erforderlich.

(3) ¹Zur Bestellung eines Prokuristen bedarf es der Zustimmung aller geschäftsführenden Gesellschafter, es sei denn, dass Gefahr im Verzug ist. ²Der Widerruf der Prokura kann von jedem der zur Erteilung oder zur Mitwirkung bei der Erteilung befugten Gesellschafter erfolgen.

## § 117 Entzug der Geschäftsführungsbefugnis

Die Befugnis zur Geschäftsführung kann einem Gesellschafter auf Antrag der übrigen Gesellschafter durch gerichtliche Entscheidung entzogen werden, wenn ein wichtiger Grund vorliegt; ein solcher Grund ist insbesondere grobe Pflichtverletzung oder Unfähigkeit zur ordnungsmäßigen Geschäftsführung.

## § 118 Überwachungsrecht der Gesellschafter

(1) Ein Gesellschafter kann, auch wenn er von der Geschäftsführung ausgeschlossen ist, sich von den Angelegenheiten der Gesellschaft persönlich unterrichten, die Handelsbücher und die Papiere der Gesellschaft einsehen und sich aus ihnen eine Bilanz und einen Jahresabschluss anfertigen.

(2) Eine dieses Recht ausschließende oder beschränkende Vereinbarung steht der Geltendmachung des Rechtes nicht entgegen, wenn Grund zu der Annahme unredlicher Geschäftsführung besteht.

## § 119 Gesellschafterbeschlüsse

(1) Für die von den Gesellschaftern zu fassenden Beschlüsse bedarf es der Zustimmung aller zur Mitwirkung bei der Beschlussfassung berufenen Gesellschafter.

(2) Hat nach dem Gesellschaftsvertrage die Mehrheit der Stimmen zu entscheiden, so ist die Mehrheit im Zweifel nach der Zahl der Gesellschafter zu berechnen.

### § 120 Ermittlung des Jahresgewinns oder -verlusts; Gutschrift

(1) Am Schlusse jedes Geschäftsjahrs wird aufgrund der Bilanz der Gewinn oder der Verlust des Jahres ermittelt und für jeden Gesellschafter sein Anteil daran berechnet.

(2) Der einem Gesellschafter zukommende Gewinn wird dem Kapitalanteile des Gesellschafters zugeschrieben; der auf einen Gesellschafter entfallende Verlust sowie das während des Geschäftsjahrs auf den Kapitalanteil entnommene Geld wird davon abgeschrieben.

### § 121 Verteilung des Jahresgewinns bzw. -verlusts

(1) ¹Von dem Jahresgewinn gebührt jedem Gesellschafter zunächst ein Anteil in Höhe von vier vom Hundert seines Kapitalanteils. ²Reicht der Jahresgewinn hierzu nicht aus, so bestimmen sich die Anteile nach einem entsprechend niedrigeren Satze.

(2) ¹Bei der Berechnung des nach Absatz 1 einem Gesellschafter zukommenden Gewinnanteils werden Leistungen, die der Gesellschafter im Laufe des Geschäftsjahrs als Einlage gemacht hat, nach dem Verhältnis der seit der Leistung abgelaufenen Zeit berücksichtigt. ²Hat der Gesellschafter im Laufe des Geschäftsjahrs Geld aus seinem Kapitalanteil entnommen, so werden die entnommenen Beträge nach dem Verhältnisse der bis zur Entnahme abgelaufenen Zeit berücksichtigt.

(3) Derjenige Teil des Jahresgewinns, welcher die nach den Absätzen 1 und 2 zu berechnenden Gewinnanteile übersteigt, sowie der Verlust eines Geschäftsjahrs wird unter die Gesellschafter nach Köpfen verteilt.

### § 122 Entnahmerecht

(1) Jeder Gesellschafter ist berechtigt, aus der Gesellschaftskasse Geld bis zum Betrage von vier vom Hundert seines für das letzte Geschäftsjahr festgestellten Kapitalanteils zu seinen Lasten zu erheben und, soweit es nicht zum offenbaren Schaden der Gesellschaft gereicht, auch die Auszahlung seines den bezeichneten Betrag übersteigenden Anteils am Gewinne des letzten Jahres zu verlangen.

(2) Im Übrigen ist ein Gesellschafter nicht befugt, ohne Einwilligung der anderen Gesellschafter seinen Kapitalanteil zu vermindern.

## Dritter Titel: Rechtsverhältnis der Gesellschafter zu Dritten

### § 123 Beginn der Wirksamkeit der OHG

(1) Die Wirksamkeit der offenen Handelsgesellschaft tritt im Verhältnis zu Dritten mit dem Zeitpunkt ein, in welchem die Gesellschaft in das Handelsregister eingetragen wird.

(2) Beginnt die Gesellschaft ihre Geschäfte schon vor der Eintragung, so tritt die Wirksamkeit mit dem Zeitpunkte des Geschäftsbeginns ein, soweit nicht aus § 2 oder § 105 Abs. 2 sich ein anderes ergibt.

(3) Eine Vereinbarung, dass die Gesellschaft erst mit einem späteren Zeitpunkt ihren Anfang nehmen soll, ist Dritten gegenüber unwirksam.

### § 124 Rechtsstellung der OHG; Zwangsvollstreckung in das Gesellschaftsvermögen

(1) Die offene Handelsgesellschaft kann unter ihrer Firma Rechte erwerben und Verbindlichkeiten eingehen, Eigentum und andere dingliche Rechte an Grundstücken erwerben, vor Gericht klagen und verklagt werden.

(2) Zur Zwangsvollstreckung in das Gesellschaftsvermögen ist ein gegen die Gesellschaft gerichteter vollstreckbarer Schuldtitel erforderlich.

## § 125 Vertretung der Gesellschaft; Gesamtvertretung

(1) Zur Vertretung der Gesellschaft ist jeder Gesellschafter ermächtigt, wenn er nicht durch den Gesellschaftsvertrag von der Vertretung ausgeschlossen ist.

(2) ¹Im Gesellschaftsvertrage kann bestimmt werden, dass alle oder mehrere Gesellschafter nur in Gemeinschaft zur Vertretung der Gesellschaft ermächtigt sein sollen (Gesamtvertretung). ²Die zur Gesamtvertretung berechtigten Gesellschafter können einzelne von ihnen zur Vornahme bestimmter Geschäfte oder bestimmter Arten von Geschäften ermächtigen. ³Ist der Gesellschaft gegenüber eine Willenserklärung abzugeben, so genügt die Abgabe gegenüber einem der zur Mitwirkung bei der Vertretung befugten Gesellschafter.

(3) ¹Im Gesellschaftsvertrage kann bestimmt werden, dass die Gesellschafter, wenn nicht mehrere zusammen handeln, nur in Gemeinschaft mit einem Prokuristen zur Vertretung der Gesellschaft ermächtigt sein sollen. ²Die Vorschriften des Absatzes 2 Satz 2 und 3 finden in diesem Falle entsprechende Anwendung.

(4) (weggefallen)

## § 125a Angaben auf Geschäftsbriefen

(1) ¹Auf allen Geschäftsbriefen der Gesellschaft gleichviel welcher Form, die an einen bestimmten Empfänger gerichtet werden, müssen die Rechtsform und der Sitz der Gesellschaft, das Registergericht und die Nummer, unter der die Gesellschaft in das Handelsregister eingetragen ist, angegeben werden. ²Bei einer Gesellschaft, bei der kein Gesellschafter eine natürliche Person ist, sind auf den Geschäftsbriefen der Gesellschaft ferner die Firmen der Gesellschafter anzugeben sowie für die Gesellschafter die nach § 35a des Gesetzes betreffend die Gesellschaften mit beschränkter Haftung oder § 80 des Aktiengesetzes für Geschäftsbriefe vorgeschriebenen Angaben zu machen. ³Die Angaben nach Satz 2 sind nicht erforderlich, wenn zu den Gesellschaftern der Gesellschaft eine offene Handelsgesellschaft oder Kommanditgesellschaft gehört, bei der ein persönlich haftender Gesellschafter eine natürliche Person ist.

(2) Für Vordrucke und Bestellscheine ist § 37a Abs. 2 und 3, für Zwangsgelder gegen die zur Vertretung der Gesellschaft ermächtigten Gesellschafter oder deren organschaftliche Vertreter und die Liquidatoren ist § 37a Abs. 4 entsprechend anzuwenden.

## § 126 Umfang der Vertretungsmacht der Gesellschafter

(1) Die Vertretungsmacht der Gesellschafter erstreckt sich auf alle gerichtlichen und außergerichtlichen Geschäfte und Rechtshandlungen einschließlich der Veräußerung und Belastung von Grundstücken sowie der Erteilung und des Widerrufs einer Prokura.

(2) Eine Beschränkung des Umfanges der Vertretungsmacht ist Dritten gegenüber unwirksam; dies gilt insbesondere von der Beschränkung, dass sich die Vertretung nur auf gewisse Geschäfte oder Arten von Geschäften erstrecken oder dass sie nur unter gewissen Umständen oder für eine gewisse Zeit oder an einzelnen Orten stattfinden soll.

(3) In Betreff der Beschränkung auf den Betrieb einer von mehreren Niederlassungen der Gesellschaft finden die Vorschriften des § 50 Abs. 3 entsprechende Anwendung.

## § 127 Entzug der Vertretungsmacht bei Vorliegen eines wichtigen Grundes

Die Vertretungsmacht kann einem Gesellschafter auf Antrag der übrigen Gesellschafter durch gerichtliche Entscheidung entzogen werden, wenn ein wichtiger Grund vorliegt; ein solcher Grund ist insbesondere grobe Pflichtverletzung oder Unfähigkeit zur ordnungsgemäßen Vertretung der Gesellschaft.

## § 128 Persönliche Haftung der Gesellschafter

¹Die Gesellschafter haften für die Verbindlichkeiten der Gesellschaft den Gläubigern als Gesamtschuldner persönlich. ²Eine entgegenstehende Vereinbarung ist Dritten gegenüber unwirksam.

## § 129 Einwendungen des Gesellschafters; Zwangsvollstreckung gegen Gesellschafter

(1) Wird ein Gesellschafter wegen einer Verbindlichkeit der Gesellschaft in Anspruch genommen, so kann er Einwendungen, die nicht in seiner Person begründet sind, nur insoweit geltend machen, als sie von der Gesellschaft erhoben werden können.

(2) Der Gesellschafter kann die Befriedigung des Gläubigers verweigern, solange der Gesellschaft das Recht zusteht, das ihrer Verbindlichkeit zugrunde liegende Rechtsgeschäft anzufechten.

(3) Die gleiche Befugnis hat der Gesellschafter, solange sich der Gläubiger durch Aufrechnung gegen eine fällige Forderung der Gesellschaft befriedigen kann.

(4) Aus einem gegen die Gesellschaft gerichteten vollstreckbaren Schuldtitel findet die Zwangsvollstreckung gegen die Gesellschafter nicht statt.

## § 129a (weggefallen)

## § 130 Haftung bei Eintritt in eine bestehende Gesellschaft

(1) Wer in eine bestehende Gesellschaft eintritt, haftet gleich den anderen Gesellschaftern nach Maßgabe der §§ 128, 129 für die vor seinem Eintritte begründeten Verbindlichkeiten der Gesellschaft, ohne Unterschied, ob die Firma eine Änderung erleidet oder nicht.

(2) Eine entgegenstehende Vereinbarung ist Dritten gegenüber unwirksam.

## § 130a Zahlungsunfähigkeit oder Überschuldung der Gesellschaft

(1) [1]Nachdem bei einer Gesellschaft, bei der kein Gesellschafter eine natürliche Person ist, die Zahlungsunfähigkeit eingetreten ist oder sich ihre Überschuldung ergeben hat, dürfen die organschaftlichen Vertreter der zur Vertretung der Gesellschaft ermächtigten Gesellschafter und die Liquidatoren für die Gesellschaft keine Zahlungen leisten. [2]Dies gilt nicht von Zahlungen, die auch nach diesem Zeitpunkt mit der Sorgfalt eines ordentlichen und gewissenhaften Geschäftsleiters vereinbar sind. [3]Entsprechendes gilt für Zahlungen an Gesellschafter, soweit diese zur Zahlungsunfähigkeit der Gesellschaft führen mussten, es sei denn, dies war auch bei Beachtung der in Satz 2 bezeichneten Sorgfalt nicht erkennbar. [4]Die Sätze 1 bis 3 gelten nicht, wenn zu den Gesellschaftern der offenen Handelsgesellschaft eine andere offene Handelsgesellschaft oder Kommanditgesellschaft gehört, bei der ein persönlich haftender Gesellschafter eine natürliche Person ist.

(2) [1]Wird entgegen § 15a Abs. 1 der Insolvenzordnung die Eröffnung des Insolvenzverfahrens nicht oder nicht rechtzeitig beantragt oder werden entgegen Absatz 1 Zahlungen geleistet, so sind die organschaftlichen Vertreter der zur Vertretung der Gesellschaft ermächtigten Gesellschafter und die Liquidatoren der Gesellschaft gegenüber zum Ersatz des daraus entstehenden Schadens als Gesamtschuldner verpflichtet. [2]Ist dabei streitig, ob sie die Sorgfalt eines ordentlichen und gewissenhaften Geschäftsleiters angewandt haben, so trifft sie die Beweislast. [3]Die Ersatzpflicht kann durch Vereinbarung mit den Gesellschaftern weder eingeschränkt noch ausgeschlossen werden. [4]Soweit der Ersatz zur Befriedigung der Gläubiger der Gesellschaft erforderlich ist, wird die Ersatzpflicht weder durch einen Verzicht oder Vergleich der Gesellschaft noch dadurch aufgehoben, dass die Handlung auf einem Beschluss der Gesellschafter beruht. [5]Satz 4 gilt nicht, wenn der Ersatzpflichtige zahlungsunfähig ist und sich zur Abwendung des Insolvenzverfahrens mit seinen Gläubigern vergleicht oder wenn die Ersatzpflicht in einem Insolvenzplan geregelt wird. [6]Die Ansprüche aus diesen Vorschriften verjähren in fünf Jahren.

(3) Diese Vorschriften gelten sinngemäß, wenn die in den Absätzen 1 und 2 genannten organschaftlichen Vertreter ihrerseits Gesellschaften sind, bei denen kein Gesellschafter eine natürliche Person ist, oder sich die Verbindung von Gesellschaften in dieser Art fortsetzt.

## § 130b (weggefallen)

## Vierter Titel: Auflösung der Gesellschaft und Ausscheiden von Gesellschaftern

### § 131 Gründe für die Auflösung der OHG

(1) Die offene Handelsgesellschaft wird aufgelöst:
1. durch den Ablauf der Zeit, für welche sie eingegangen ist;
2. durch Beschluss der Gesellschafter;
3. durch die Eröffnung des Insolvenzverfahrens über das Vermögen der Gesellschaft;
4. durch gerichtliche Entscheidung.

(2) ¹Eine offene Handelsgesellschaft, bei der kein persönlich haftender Gesellschafter eine natürliche Person ist, wird ferner aufgelöst:
1. mit der Rechtskraft des Beschlusses, durch den die Eröffnung des Insolvenzverfahrens mangels Masse abgelehnt worden ist;
2. durch die Löschung wegen Vermögenslosigkeit nach § 394 des Gesetzes über das Verfahren in Familiensachen und in den Angelegenheiten der freiwilligen Gerichtsbarkeit.

²Dies gilt nicht, wenn zu den persönlich haftenden Gesellschaftern eine andere offene Handelsgesellschaft oder Kommanditgesellschaft gehört, bei der ein persönlich haftender Gesellschafter eine natürliche Person ist.

(3) ¹Folgende Gründe führen mangels abweichender vertraglicher Bestimmung zum Ausscheiden eines Gesellschafters:
1. Tod des Gesellschafters,
2. Eröffnung des Insolvenzverfahrens über das Vermögen des Gesellschafters,
3. Kündigung des Gesellschafters,
4. Kündigung durch den Privatgläubiger des Gesellschafters,
5. Eintritt von weiteren im Gesellschaftsvertrag vorgesehenen Fällen,
6. Beschluss der Gesellschafter.

²Der Gesellschafter scheidet mit dem Eintritt des ihn betreffenden Ereignisses aus, im Falle der Kündigung aber nicht vor Ablauf der Kündigungsfrist.

### § 132 Zeitpunkt für Kündigung

Die Kündigung eines Gesellschafters kann, wenn die Gesellschaft für unbestimmte Zeit eingegangen ist, nur für den Schluss eines Geschäftsjahrs erfolgen; sie muss mindestens sechs Monate vor diesem Zeitpunkt stattfinden.

### § 133 Auflösung der OHG durch gerichtliche Entscheidung bei Vorliegen eines wichtigen Grundes

(1) Auf Antrag eines Gesellschafters kann die Auflösung der Gesellschaft vor dem Ablaufe der für ihre Dauer bestimmten Zeit oder bei einer für unbestimmte Zeit eingegangenen Gesellschaft ohne Kündigung durch gerichtliche Entscheidung ausgesprochen werden, wenn ein wichtiger Grund vorliegt.

(2) Ein solcher Grund ist insbesondere vorhanden, wenn ein anderer Gesellschafter eine ihm nach dem Gesellschaftsvertrag obliegende wesentliche Verpflichtung vorsätzlich oder aus grober Fahrlässigkeit verletzt oder wenn die Erfüllung einer solchen Verpflichtung unmöglich wird.

(3) Eine Vereinbarung, durch welche das Recht des Gesellschafters, die Auflösung der Gesellschaft zu verlangen, ausgeschlossen oder diesen Vorschriften zuwider beschränkt wird, ist nichtig.

## § 134 Beendigung der auf Lebenszeit eines Gesellschafters eingegangenen Gesellschaft

Eine Gesellschaft, die für die Lebenszeit eines Gesellschafters eingegangen ist oder nach dem Ablaufe der für ihre Dauer bestimmten Zeit stillschweigend fortgesetzt wird, steht im Sinne der Vorschriften der §§ 132 und 133 einer für unbestimmte Zeit eingegangenen Gesellschaft gleich.

## § 135 Kündigung der OHG durch Privatgläubiger eines Gesellschafters

Hat ein Privatgläubiger eines Gesellschafters, nachdem innerhalb der letzten sechs Monate eine Zwangsvollstreckung in das bewegliche Vermögen des Gesellschafters ohne Erfolg versucht ist, aufgrund eines nicht bloß vorläufig vollstreckbaren Schuldtitels die Pfändung und Überweisung des Anspruchs auf dasjenige erwirkt, was dem Gesellschafter bei der Auseinandersetzung zukommt, so kann er die Gesellschaft ohne Rücksicht darauf, ob sie für bestimmte oder unbestimmte Zeit eingegangen ist, sechs Monate vor dem Ende des Geschäftsjahrs für diesen Zeitpunkt kündigen.

## §§ 136 bis 138 (weggefallen)

## § 139 Fortsetzung der Gesellschaft mit den Erben eines Gesellschafters

(1) Ist im Gesellschaftsvertrage bestimmt, dass im Falle des Todes eines Gesellschafters die Gesellschaft mit dessen Erben fortgesetzt werden soll, so kann jeder Erbe sein Verbleiben in der Gesellschaft davon abhängig machen, dass ihm unter Belassung des bisherigen Gewinnanteils die Stellung eines Kommanditisten eingeräumt und der auf ihn fallende Teil der Einlage des Erblassers als seine Kommanditeinlage anerkannt wird.

(2) Nehmen die übrigen Gesellschafter einen dahingehenden Antrag des Erben nicht an, so ist dieser befugt, ohne Einhaltung einer Kündigungsfrist sein Ausscheiden aus der Gesellschaft zu erklären.

(3) [1]Die bezeichneten Rechte können von dem Erben nur innerhalb einer Frist von drei Monaten nach dem Zeitpunkt, in welchem er von dem Anfalle der Erbschaft Kenntnis erlangt hat, geltend gemacht werden. [2]Auf den Lauf der Frist finden die für die Verjährung geltenden Vorschriften des § 210 des Bürgerlichen Gesetzbuchs entsprechende Anwendung. [3]Ist bei dem Ablaufe der drei Monate das Recht zur Ausschlagung der Erbschaft noch nicht verloren, so endigt die Frist nicht vor dem Ablaufe der Ausschlagungsfrist.

(4) Scheidet innerhalb der Frist des Absatzes 3 der Erbe aus der Gesellschaft aus oder wird innerhalb der Frist die Gesellschaft aufgelöst oder dem Erben die Stellung eines Kommanditisten eingeräumt, so haftet er für die bis dahin entstandenen Gesellschaftsschulden nur nach Maßgabe der die Haftung des Erben für die Nachlassverbindlichkeiten betreffenden Vorschriften des bürgerlichen Rechtes.

(5) Der Gesellschaftsvertrag kann die Anwendung der Vorschriften der Absätze 1 bis 4 nicht ausschließen; es kann jedoch für den Fall, dass der Erbe sein Verbleiben in der Gesellschaft von der Einräumung der Stellung eines Kommanditisten abhängig macht, sein Gewinnanteil anders als der des Erblassers bestimmt werden.

## § 140 Ausschluss eines Gesellschafters durch Gerichtsentscheid

(1) [1]Tritt in der Person eines Gesellschafters ein Umstand ein, der nach § 133 für die übrigen Gesellschafter das Recht begründet, die Auflösung der Gesellschaft zu verlangen, so kann vom Gericht anstatt der Auflösung die Ausschließung dieses Gesellschafters aus der Gesellschaft ausgesprochen werden, sofern die übrigen Gesellschafter dies beantragen. [2]Der Ausschließungsklage steht nicht entgegen, dass nach der Ausschließung nur ein Gesellschafter verbleibt.

(2) Für die Auseinandersetzung zwischen der Gesellschaft und dem ausgeschlossenen Gesellschafter ist die Vermögenslage der Gesellschaft in dem Zeitpunkte maßgebend, in welchem die Klage auf Ausschließung erhoben ist.

## §§ 141 und 142 (weggefallen)

## § 143 Anmeldepflicht bei Auflösung und Ausscheiden

(1) ¹Die Auflösung der Gesellschaft ist von sämtlichen Gesellschaftern zur Eintragung in das Handelsregister anzumelden. ²Dies gilt nicht in den Fällen der Eröffnung oder der Ablehnung der Eröffnung des Insolvenzverfahrens über das Vermögen der Gesellschaft (§ 131 Abs. 1 Nr. 3 und Abs. 2 Nr. 1). ³In diesen Fällen hat das Gericht die Auflösung und ihren Grund von Amts wegen einzutragen. ⁴Im Falle der Löschung der Gesellschaft (§ 131 Abs. 2 Nr. 2) entfällt die Eintragung der Auflösung.

(2) Absatz 1 Satz 1 gilt entsprechend für das Ausscheiden eines Gesellschafters aus der Gesellschaft.

(3) Ist anzunehmen, dass der Tod eines Gesellschafters die Auflösung oder das Ausscheiden zur Folge gehabt hat, so kann, auch ohne dass die Erben bei der Anmeldung mitwirken, die Eintragung erfolgen, soweit einer solchen Mitwirkung besondere Hindernisse entgegenstehen.

## § 144 Fortsetzung der Gesellschaft nach Insolvenz; Anmeldung zum Handelsregister

(1) Ist die Gesellschaft durch die Eröffnung des Insolvenzverfahrens über ihr Vermögen aufgelöst, das Verfahren aber auf Antrag des Schuldners eingestellt oder nach der Bestätigung eines Insolvenzplans, der den Fortbestand der Gesellschaft vorsieht, aufgehoben, so können die Gesellschafter die Fortsetzung der Gesellschaft beschließen.

(2) Die Fortsetzung ist von sämtlichen Gesellschaftern zur Eintragung in das Handelsregister anzumelden.

## Fünfter Titel: Liquidation der Gesellschaft

### § 145 Grundsatz der Liquidation; Ausnahme

(1) Nach der Auflösung der Gesellschaft findet die Liquidation statt, sofern nicht eine andere Art der Auseinandersetzung von den Gesellschaftern vereinbart oder über das Vermögen der Gesellschaft das Insolvenzverfahren eröffnet ist.

(2) Ist die Gesellschaft durch Kündigung des Gläubigers eines Gesellschafters oder durch die Eröffnung des Insolvenzverfahrens über das Vermögen eines Gesellschafters aufgelöst, so kann die Liquidation nur mit Zustimmung des Gläubigers oder des Insolvenzverwalters unterbleiben; ist im Insolvenzverfahren Eigenverwaltung angeordnet, so tritt an die Stelle der Zustimmung des Insolvenzverwalters die Zustimmung des Schuldners.

(3) Ist die Gesellschaft durch Löschung wegen Vermögenslosigkeit aufgelöst, so findet eine Liquidation nur statt, wenn sich nach der Löschung herausstellt, dass Vermögen vorhanden ist, das der Verteilung unterliegt.

### § 146 Liquidation durch Gesellschafter oder andere Personen

(1) ¹Die Liquidation erfolgt, sofern sie nicht durch Beschluss der Gesellschafter oder durch den Gesellschaftsvertrag einzelnen Gesellschaftern oder anderen Personen übertragen ist, durch sämtliche Gesellschafter als Liquidatoren. ²Mehrere Erben eines Gesellschafters haben einen gemeinsamen Vertreter zu bestellen.

(2) ¹Auf Antrag eines Beteiligten kann aus wichtigen Gründen die Ernennung von Liquidatoren durch das Gericht erfolgen, in dessen Bezirke die Gesellschaft ihren Sitz hat; das Gericht kann in einem solchen Falle Personen zu Liquidatoren ernennen, die nicht zu den Gesellschaftern gehören. ²Als Beteiligter gilt außer den Gesellschaftern im Falle des § 135 auch der Gläubiger, durch den die Kündigung erfolgt ist. ³Im Falle des § 145 Abs. 3 sind die Liquidatoren auf Antrag eines Beteiligten durch das Gericht zu ernennen.

(3) Ist über das Vermögen eines Gesellschafters das Insolvenzverfahren eröffnet und ist ein Insolvenzverwalter bestellt, so tritt dieser an die Stelle des Gesellschafters.

### § 147 Abberufung der Liquidatoren

Die Abberufung von Liquidatoren geschieht durch einstimmigen Beschluss der nach § 146 Abs. 2 und 3 Beteiligten; sie kann auf Antrag eines Beteiligten aus wichtigen Gründen auch durch das Gericht erfolgen.

### § 148 Anmeldepflicht sowie Eintragung ins Handelsregister; Zeichnung

(1) ¹Die Liquidatoren und ihre Vertretungsmacht sind von sämtlichen Gesellschaftern zur Eintragung in das Handelsregister anzumelden. ²Das Gleiche gilt von jeder Änderung in den Personen der Liquidatoren oder in ihrer Vertretungsmacht. ³Im Falle des Todes eines Gesellschafters kann, wenn anzunehmen ist, dass die Anmeldung den Tatsachen entspricht, die Eintragung erfolgen, auch ohne dass die Erben bei der Anmeldung mitwirken, soweit einer solchen Mitwirkung besondere Hindernisse entgegenstehen.

(2) Die Eintragung gerichtlich bestellter Liquidatoren sowie die Eintragung der gerichtlichen Abberufung von Liquidatoren geschieht von Amts wegen.

(3) (weggefallen)

### § 149 Rechte und Pflichten der Liquidatoren

¹Die Liquidatoren haben die laufenden Geschäfte zu beendigen, die Forderungen einzuziehen, das übrige Vermögen in Geld umzusetzen und die Gläubiger zu befriedigen; zur Beendigung schwebender Geschäfte können sie auch neue Geschäfte eingehen. ²Die Liquidatoren vertreten innerhalb ihres Geschäftskreises die Gesellschaft gerichtlich und außergerichtlich.

### § 150 Gesamtgeschäftsführung und Gesamtvertretung bei mehreren Liquidatoren

(1) Sind mehrere Liquidatoren vorhanden, so können sie die zur Liquidation gehörenden Handlungen nur in Gemeinschaft vornehmen, sofern nicht bestimmt ist, dass sie einzeln handeln können.

(2) ¹Durch die Vorschrift des Absatzes 1 wird nicht ausgeschlossen, dass die Liquidatoren einzelne von ihnen zur Vornahme bestimmter Geschäfte oder bestimmter Arten von Geschäften ermächtigen. ²Ist der Gesellschaft gegenüber eine Willenserklärung abzugeben, so findet die Vorschrift des § 125 Abs. 2 Satz 3 entsprechende Anwendung.

### § 151 Keine Beschränkung der Befugnisse der Liquidatoren

Eine Beschränkung des Umfanges der Befugnisse der Liquidatoren ist Dritten gegenüber unwirksam.

### § 152 Ausführung von Anordnungen der Beteiligten durch Liquidatoren

Gegenüber den nach § 146 Abs. 2 und 3 Beteiligten haben die Liquidatoren, auch wenn sie vom Gerichte bestellt sind, den Anordnungen Folge zu leisten, welche die Beteiligten in Betreff der Geschäftsführung einstimmig beschließen.

### § 153 Zeichnung durch Liquidation

Die Liquidatoren haben ihre Unterschrift in der Weise abzugeben, dass sie der bisherigen, als Liquidationsfirma zu bezeichnenden Firma ihren Namen beifügen.

### § 154 Verpflichtung zur Aufstellung einer Liquidationsbilanz

Die Liquidatoren haben bei dem Beginne sowie bei der Beendigung der Liquidation eine Bilanz aufzustellen.

## § 155 Verteilung des Liquidationsvermögens

(1) Das nach Berichtigung der Schulden verbleibende Vermögen der Gesellschaft ist von den Liquidatoren nach dem Verhältnisse der Kapitalanteile, wie sie sich aufgrund der Schlussbilanz ergeben, unter die Gesellschafter zu verteilen.

(2) ¹Das während der Liquidation entbehrliche Geld wird vorläufig verteilt. ²Zur Deckung noch nicht fälliger oder streitiger Verbindlichkeiten sowie zur Sicherung der den Gesellschaftern bei der Schlussverteilung zukommenden Beträge ist das Erforderliche zurückzubehalten. ³Die Vorschriften des § 122 Abs. 1 finden während der Liquidation keine Anwendung.

(3) Entsteht über die Verteilung des Gesellschaftsvermögens Streit unter den Gesellschaftern, so haben die Liquidatoren die Verteilung bis zur Entscheidung des Streites auszusetzen.

## § 156 Rechtsverhältnisse der Liquidationsgesellschafter

Bis zur Beendigung der Liquidation kommen in Bezug auf das Rechtsverhältnis der bisherigen Gesellschafter untereinander sowie der Gesellschaft zu Dritten die Vorschriften des zweiten und dritten Titels zur Anwendung, soweit sich nicht aus dem gegenwärtigen Titel oder aus dem Zwecke der Liquidation ein anderes ergibt.

## § 157 Erlöschen der Firma; Aufbewahrung der Geschäftspapiere

(1) Nach der Beendigung der Liquidation ist das Erlöschen der Firma von den Liquidatoren zur Eintragung in das Handelsregister anzumelden.

(2) ¹Die Bücher und Papiere der aufgelösten Gesellschaft werden einem der Gesellschafter oder einem Dritten in Verwahrung gegeben. ²Der Gesellschafter oder der Dritte wird in Ermangelung einer Verständigung durch das Gericht bestimmt, in dessen Bezirke die Gesellschaft ihren Sitz hat.

(3) Die Gesellschafter und deren Erben behalten das Recht auf Einsicht und Benutzung der Bücher und Papiere.

## § 158 Andere Art der Auseinandersetzung

Vereinbaren die Gesellschafter statt der Liquidation eine andere Art der Auseinandersetzung, so finden, solange noch ungeteiltes Gesellschaftsvermögen vorhanden ist, im Verhältnisse zu Dritten die für die Liquidation geltenden Vorschriften entsprechende Anwendung.

## Sechster Titel: Verjährung. Zeitliche Begrenzung der Haftung

### § 159 Verjährung von Ansprüchen gegen einen Gesellschafter

(1) Die Ansprüche gegen einen Gesellschafter aus Verbindlichkeiten der Gesellschaft verjähren in fünf Jahren nach der Auflösung der Gesellschaft, sofern nicht der Anspruch gegen die Gesellschaft einer kürzeren Verjährung unterliegt.

(2) Die Verjährung beginnt mit dem Ende des Tages, an welchem die Auflösung der Gesellschaft in das Handelsregister des für den Sitz der Gesellschaft zuständigen Gerichts eingetragen wird.

(3) Wird der Anspruch des Gläubigers gegen die Gesellschaft erst nach der Eintragung fällig, so beginnt die Verjährung mit dem Zeitpunkte der Fälligkeit.

(4) Der Neubeginn der Verjährung und ihre Hemmung nach § 204 des Bürgerlichen Gesetzbuchs gegenüber der aufgelösten Gesellschaft wirken auch gegenüber den Gesellschaftern, die der Gesellschaft zurzeit der Auflösung angehört haben.

### § 160 Haftung des Gesellschafters

(1) ¹Scheidet ein Gesellschafter aus der Gesellschaft aus, so haftet er für ihre bis dahin begründeten Verbindlichkeiten, wenn sie vor Ablauf von fünf Jahren nach dem Ausscheiden fällig

und daraus Ansprüche gegen ihn in einer in § 197 Abs. 1 Nr. 3 bis 5 des Bürgerlichen Gesetzbuchs bezeichneten Art festgestellt sind oder eine gerichtliche oder behördliche Vollstreckungshandlung vorgenommen oder beantragt wird; bei öffentlich-rechtlichen Verbindlichkeiten genügt der Erlass eines Verwaltungsakts. ²Die Frist beginnt mit dem Ende des Tages, an dem das Ausscheiden in das Handelsregister des für den Sitz der Gesellschaft zuständigen Gerichts eingetragen wird. ³Die für die Verjährung geltenden §§ 204, 206, 210, 211 und 212 Abs. 2 und 3 des Bürgerlichen Gesetzbuches sind entsprechend anzuwenden.

(2) Einer Feststellung in einer in § 197 Abs. 1 Nr. 3 bis 5 des Bürgerlichen Gesetzbuchs bezeichneten Art bedarf es nicht, soweit der Gesellschafter den Anspruch schriftlich anerkannt hat.

(3) ¹Wird ein Gesellschafter Kommanditist, so sind für die Begrenzung seiner Haftung für die im Zeitpunkt der Eintragung der Änderung in das Handelsregister begründeten Verbindlichkeiten die Absätze 1 und 2 entsprechend anzuwenden. ²Dies gilt auch, wenn er in der Gesellschaft oder einem ihr als Gesellschafter angehörenden Unternehmen geschäftsführend tätig wird. ³Seine Haftung als Kommanditist bleibt unberührt.

## Zweiter Abschnitt: Kommanditgesellschaft

### § 161 Begriff der KG; Anwendung der Vorschriften über die OHG

(1) Eine Gesellschaft, deren Zweck auf den Betrieb eines Handelsgewerbes unter gemeinschaftlicher Firma gerichtet ist, ist eine Kommanditgesellschaft, wenn bei einem oder bei einigen von den Gesellschaftern die Haftung gegenüber den Gesellschaftsgläubigern auf den Betrag einer bestimmten Vermögenseinlage beschränkt ist (Kommanditisten), während bei dem anderen Teile der Gesellschafter eine Beschränkung der Haftung nicht stattfindet (persönlich haftende Gesellschafter).

(2) Soweit nicht in diesem Abschnitt ein anderes vorgeschrieben ist, finden auf die Kommanditgesellschaft die für die offene Handelsgesellschaft geltenden Vorschriften Anwendung.

### § 162 Anmeldung zur Eintragung in das Handelsregister; Bekanntmachung der Eintragung

(1) ¹Die Anmeldung der Gesellschaft hat außer den in § 106 Abs. 2 vorgesehenen Angaben die Bezeichnung der Kommanditisten und den Betrag der Einlage eines jeden von ihnen zu enthalten. ²Ist eine Gesellschaft bürgerlichen Rechts Kommanditist, so sind auch deren Gesellschafter entsprechend § 106 Abs. 2 und spätere Änderungen in der Zusammensetzung der Gesellschafter zur Eintragung anzumelden.

(2) Bei der Bekanntmachung der Eintragung der Gesellschaft sind keine Angaben zu den Kommanditisten zu machen; die Vorschriften des § 15 sind insoweit nicht anzuwenden.

(3) Diese Vorschriften finden im Falle des Eintritts eines Kommanditisten in eine bestehende Handelsgesellschaft und im Falle des Ausscheidens eines Kommanditisten aus einer Kommanditgesellschaft entsprechende Anwendung.

### § 163 Verhältnis der Gesellschafter untereinander

Für das Verhältnis der Gesellschafter untereinander gelten in Ermangelung abweichender Bestimmungen des Gesellschaftsvertrags die besonderen Vorschriften der §§ 164 bis 169.

### § 164 Keine Geschäftsführungsbefugnis der Kommanditisten

¹Die Kommanditisten sind von der Führung der Geschäfte der Gesellschaft ausgeschlossen; sie können einer Handlung der persönlich haftenden Gesellschafter nicht widersprechen, es sei denn, dass die Handlung über den gewöhnlichen Betrieb des Handelsgewerbes der Gesellschaft hinausgeht. ²Die Vorschriften des § 116 Abs. 3 bleiben unberührt.

## § 165 Kein gesetzliches Wettbewerbsverbot für die Kommanditisten

Die §§ 112 und 113 finden auf die Kommanditisten keine Anwendung.

## § 166 Kontrollrechte des Kommanditisten

(1) Der Kommanditist ist berechtigt, die abschriftliche Mitteilung des Jahresabschlusses zu verlangen und dessen Richtigkeit unter Einsicht der Bücher und Papiere zu prüfen.

(2) Die in § 118 dem von der Geschäftsführung ausgeschlossenen Gesellschafter eingeräumten weiteren Rechte stehen dem Kommanditisten nicht zu.

(3) Auf Antrag eines Kommanditisten kann das Gericht, wenn wichtige Gründe vorliegen, die Mitteilung einer Bilanz und eines Jahresabschlusses oder sonstiger Aufklärungen sowie die Vorlegung der Bücher und Papiere jederzeit anordnen.

## § 167 Gewinn- und Verlustberechnung; Verlustbeteiligung des Kommanditisten

(1) Die Vorschriften des § 120 über die Berechnung des Gewinns oder Verlustes gelten auch für den Kommanditisten.

(2) Jedoch wird der einem Kommanditisten zukommende Gewinn seinem Kapitalanteil nur so lange zugeschrieben, als dieser den Betrag der bedungenen Einlage nicht erreicht.

(3) An dem Verluste nimmt der Kommanditist nur bis zum Betrage seines Kapitalanteils und seiner noch rückständigen Einlage teil.

## § 168 Verteilung des Gewinns oder Verlusts

(1) Die Anteile der Gesellschafter am Gewinne bestimmen sich, soweit der Gewinn den Betrag von vier vom Hundert der Kapitalanteile nicht übersteigt, nach den Vorschriften des § 121 Abs. 1 und 2.

(2) In Ansehung des Gewinns, welcher diesen Betrag übersteigt, sowie in Ansehung des Verlustes gilt, soweit nicht ein anderes vereinbart ist, ein den Umständen nach angemessenes Verhältnis der Anteile als bedungen.

## § 169 Kein Entnahmerecht der Kommanditisten; Gewinnauszahlung

(1) [1]§ 122 findet auf den Kommanditisten keine Anwendung. [2]Dieser hat nur Anspruch auf Auszahlung des ihm zukommenden Gewinns; er kann auch die Auszahlung des Gewinns nicht fordern, solange sein Kapitalanteil durch Verlust unter den auf die bedungene Einlage geleisteten Betrag herabgemindert ist oder durch die Auszahlung unter diesen Betrag herabgemindert werden würde.

(2) Der Kommanditist ist nicht verpflichtet, den bezogenen Gewinn wegen späterer Verluste zurückzuzahlen.

## § 170 Keine Vertretungsbefugnis des Kommanditisten

Der Kommanditist ist zur Vertretung der Gesellschaft nicht ermächtigt.

## § 171 Haftung des Kommanditisten

(1) Der Kommanditist haftet den Gläubigern der Gesellschaft bis zur Höhe seiner Einlage unmittelbar; die Haftung ist ausgeschlossen, soweit die Einlage geleistet ist.

(2) Ist über das Vermögen der Gesellschaft das Insolvenzverfahren eröffnet, so wird während der Dauer des Verfahrens das den Gesellschaftsgläubigern nach Absatz 1 zustehende Recht durch den Insolvenzverwalter oder den Sachwalter ausgeübt.

## § 172 Umfang der Haftung des Kommanditisten gegenüber Gesellschaftsgläubigern

(1) Im Verhältnisse zu den Gläubigern der Gesellschaft wird nach der Eintragung in das Handelsregister die Einlage eines Kommanditisten durch den in der Eintragung angegebenen Betrag bestimmt.

(2) Auf eine nicht eingetragene Erhöhung der aus dem Handelsregister ersichtlichen Einlage können sich die Gläubiger nur berufen, wenn die Erhöhung in handelsüblicher Weise kundgemacht oder ihnen in anderer Weise von der Gesellschaft mitgeteilt worden ist.

(3) Eine Vereinbarung der Gesellschafter, durch die einem Kommanditisten die Einlage erlassen oder gestundet wird, ist den Gläubigern gegenüber unwirksam.

(4) ¹Soweit die Einlage eines Kommanditisten zurückbezahlt wird, gilt sie den Gläubigern gegenüber als nicht geleistet. ²Das Gleiche gilt, soweit ein Kommanditist Gewinnanteile entnimmt, während sein Kapitalanteil durch Verlust unter den Betrag der geleisteten Einlage herabgemindert ist, oder soweit durch die Entnahme der Kapitalanteil unter den bezeichneten Betrag herabgemindert wird. ³Bei der Berechnung des Kapitalanteils nach Satz 2 sind Beträge im Sinn des § 268 Abs. 8 nicht zu berücksichtigen.

(5) Was ein Kommanditist aufgrund einer in gutem Glauben errichteten Bilanz in gutem Glauben als Gewinn bezieht, ist er in keinem Falle zurückzuzahlen verpflichtet.

(6) ¹Gegenüber den Gläubigern einer Gesellschaft, bei der kein persönlich haftender Gesellschafter eine natürliche Person ist, gilt die Einlage eines Kommanditisten als nicht geleistet, soweit sie in Anteilen an den persönlich haftenden Gesellschaftern bewirkt ist. ²Dies gilt nicht, wenn zu den persönlich haftenden Gesellschaftern eine offene Handelsgesellschaft oder Kommanditgesellschaft gehört, bei der ein persönlich haftender Gesellschafter eine natürliche Person ist.

## § 172a (weggefallen)

## § 173 Haftung bei Eintritt in eine bestehende Handelsgesellschaft

(1) Wer in eine bestehende Handelsgesellschaft als Kommanditist eintritt, haftet nach Maßgabe der §§ 171 und 172 für die vor seinem Eintritte begründeten Verbindlichkeiten der Gesellschaft, ohne Unterschied, ob die Firma eine Änderung erleidet oder nicht.

(2) Eine entgegenstehende Vereinbarung ist Dritten gegenüber unwirksam.

## § 174 Herabsetzung der Einlage

Eine Herabsetzung der Einlage eines Kommanditisten ist, solange sie nicht in das Handelsregister des Gerichts, in dessen Bezirke die Gesellschaft ihren Sitz hat, eingetragen ist, den Gläubigern gegenüber unwirksam; Gläubiger, deren Forderungen zurzeit der Eintragung begründet waren, brauchen die Herabsetzung nicht gegen sich gelten zu lassen.

## § 175 Anmeldepflicht bei Erhöhung oder Herabsetzung der Einlage

¹Die Erhöhung sowie die Herabsetzung einer Einlage ist durch die sämtlichen Gesellschafter zur Eintragung in das Handelsregister anzumelden. ²§ 162 Abs. 2 gilt entsprechend. ³Auf die Eintragung in das Handelsregister des Sitzes der Gesellschaft finden die Vorschriften des § 14 keine Anwendung.

## § 176 Geschäftsbeginn vor Eintragung in das Handelsregister

(1) ¹Hat die Gesellschaft ihre Geschäfte begonnen, bevor sie in das Handelsregister des Gerichts, in dessen Bezirke sie ihren Sitz hat, eingetragen ist, so haftet jeder Kommanditist, der dem Geschäftsbeginne zugestimmt hat, für die bis zur Eintragung begründeten Verbindlichkeiten der Gesellschaft gleich einem persönlich haftenden Gesellschafter, es sei denn, dass seine

Beteiligung als Kommanditist dem Gläubiger bekannt war. ²Diese Vorschrift kommt nicht zur Anwendung, soweit sich aus § 2 oder § 105 Abs. 2 ein anderes ergibt.

(2) Tritt ein Kommanditist in eine bestehende Handelsgesellschaft ein, so findet die Vorschrift des Absatzes 1 Satz 1 für die in der Zeit zwischen seinem Eintritt und dessen Eintragung in das Handelsregister begründeten Verbindlichkeiten der Gesellschaft entsprechende Anwendung.

### § 177 Tod eines Kommanditisten

Beim Tod eines Kommanditisten wird die Gesellschaft mangels abweichender vertraglicher Bestimmung mit den Erben fortgesetzt.

### § 177a Zahlungsunfähigkeit oder Überschuldung der KG

¹Die §§ 125a und 130a gelten auch für die Gesellschaft, bei der ein Kommanditist eine natürliche Person ist, § 130a jedoch mit der Maßgabe, dass an Stelle des Absatzes 1 Satz 4 der § 172 Abs. 6 Satz 2 anzuwenden ist. ²Der in § 125a Abs. 1 Satz 2 für die Gesellschafter vorgeschriebenen Angaben bedarf es nur für die persönlich haftenden Gesellschafter der Gesellschaft.

### §§ 178 bis 229 (weggefallen)

## Dritter Abschnitt: Stille Gesellschaft

### § 230 Begriff und Wesen: Rechtsstellung des stillen Gesellschafters

(1) Wer sich als stiller Gesellschafter an dem Handelsgewerbe, das ein anderer betreibt, mit einer Vermögenseinlage beteiligt, hat die Einlage so zu leisten, dass sie in das Vermögen des Inhabers des Handelsgeschäfts übergeht.

(2) Der Inhaber wird aus den in dem Betriebe geschlossenen Geschäften allein berechtigt und verpflichtet.

### § 231 Anteil des stillen Gesellschafters am Gewinn und Verlust

(1) Ist der Anteil des stillen Gesellschafters am Gewinn und Verluste nicht bestimmt, so gilt ein den Umständen nach angemessener Anteil als bedungen.

(2) Im Gesellschaftsvertrage kann bestimmt werden, dass der stille Gesellschafter nicht am Verluste beteiligt sein soll; seine Beteiligung am Gewinne kann nicht ausgeschlossen werden.

### § 232 Gewinn- und Verlustberechnung

(1) Am Schlusse jedes Geschäftsjahrs wird der Gewinn und Verlust berechnet und der auf den stillen Gesellschafter fallende Gewinn ihm ausbezahlt.

(2) ¹Der stille Gesellschafter nimmt an dem Verluste nur bis zum Betrage seiner eingezahlten oder rückständigen Einlage teil. ²Er ist nicht verpflichtet, den bezogenen Gewinn wegen späterer Verluste zurückzuzahlen; jedoch wird, solange seine Einlage durch Verlust vermindert ist, der jährliche Gewinn zur Deckung des Verlustes verwendet.

(3) Der Gewinn, welcher von dem stillen Gesellschafter nicht erhoben wird, vermehrt dessen Einlage nicht, sofern nicht ein anderes vereinbart ist.

### § 233 Einsichts- und Kontrollrechte des stillen Gesellschafters

(1) Der stille Gesellschafter ist berechtigt, die abschriftliche Mitteilung des Jahresabschlusses zu verlangen und dessen Richtigkeit unter Einsicht der Bücher und Papiere zu prüfen.

(2) Die im § 716 des Bürgerlichen Gesetzbuchs dem von der Geschäftsführung ausgeschlossenen Gesellschafter eingeräumten weiteren Rechte stehen dem stillen Gesellschafter nicht zu.

(3) Auf Antrag des stillen Gesellschafters kann das Gericht, wenn wichtige Gründe vorliegen, die Mitteilung einer Bilanz und eines Jahresabschlusses oder sonstiger Aufklärungen sowie die Vorlegung der Bücher und Papiere jederzeit anordnen.

### § 234 Kündigung der stillen Gesellschaft, Tod des stillen Gesellschafters

(1) [1]Auf die Kündigung der Gesellschaft durch einen der Gesellschafter oder durch einen Gläubiger des stillen Gesellschafters finden die Vorschriften der §§ 132, 134 und 135 entsprechende Anwendung. [2]Die Vorschriften des § 723 des Bürgerlichen Gesetzbuchs über das Recht, die Gesellschaft aus wichtigen Gründen ohne Einhaltung einer Frist zu kündigen, bleiben unberührt.

(2) Durch den Tod des stillen Gesellschafters wird die Gesellschaft nicht aufgelöst.

### § 235 Auseinandersetzung nach Auflösung der Gesellschaft, Abwicklung schwebender Geschäfte

(1) Nach der Auflösung der Gesellschaft hat sich der Inhaber des Handelsgeschäfts mit dem stillen Gesellschafter auseinander zu setzen und dessen Guthaben in Geld zu berichtigen.

(2) [1]Die zur Zeit der Auflösung schwebenden Geschäfte werden von dem Inhaber des Handelsgeschäfts abgewickelt. [2]Der stille Gesellschafter nimmt teil an dem Gewinn und Verluste, der sich aus diesen Geschäften ergibt.

(3) Er kann am Schlusse jedes Geschäftsjahrs Rechenschaft über die inzwischen beendigten Geschäfte, Auszahlung des ihm gebührenden Betrags und Auskunft über den Stand der noch schwebenden Geschäfte verlangen.

### § 236 Insolvenz

(1) Wird über das Vermögen des Inhabers des Handelsgeschäfts das Insolvenzverfahren eröffnet, so kann der stille Gesellschafter wegen der Einlage, soweit sie den Betrag des auf ihn fallenden Anteils am Verlust übersteigt, seine Forderung als Insolvenzgläubiger geltend machen.

(2) Ist die Einlage rückständig, so hat sie der stille Gesellschafter bis zu dem Betrag, welcher zur Deckung seines Anteils am Verlust erforderlich ist, zur Insolvenzmasse einzuzahlen.

### § 237 (weggefallen)

## Drittes Buch: Handelsbücher

## Erster Abschnitt: Vorschriften für alle Kaufleute

## Erster Unterabschnitt: Buchführung; Inventar

### § 238 Buchführungspflicht

(1) [1]Jeder Kaufmann ist verpflichtet, Bücher zu führen und in diesen seine Handelsgeschäfte und die Lage seines Vermögens nach den Grundsätzen ordnungsmäßiger Buchführung ersichtlich zu machen. [2]Die Buchführung muss so beschaffen sein, dass sie einem sachverständigen Dritten innerhalb angemessener Zeit einen Überblick über die Geschäftsvorfälle und über die Lage des Unternehmens vermitteln kann. [3]Die Geschäftsvorfälle müssen sich in ihrer Entstehung und Abwicklung verfolgen lassen.

(2) Der Kaufmann ist verpflichtet, eine mit der Urschrift übereinstimmende Wiedergabe der abgesandten Handelsbriefe (Kopie, Abdruck, Abschrift oder sonstige Wiedergabe des Wortlauts auf einem Schrift-, Bild- oder anderen Datenträger) zurückzubehalten.

## § 239 Führung der Handelsbücher

(1) ¹Bei der Führung der Handelsbücher und bei den sonst erforderlichen Aufzeichnungen hat sich der Kaufmann einer lebenden Sprache zu bedienen. ²Werden Abkürzungen, Ziffern, Buchstaben oder Symbole verwendet, muss im Einzelfall deren Bedeutung eindeutig festliegen.

(2) Die Eintragungen in Büchern und die sonst erforderlichen Aufzeichnungen müssen vollständig, richtig, zeitgerecht und geordnet vorgenommen werden.

(3) ¹Eine Eintragung oder eine Aufzeichnung darf nicht in einer Weise verändert werden, dass der ursprüngliche Inhalt nicht mehr feststellbar ist. ²Auch solche Veränderungen dürfen nicht vorgenommen werden, deren Beschaffenheit es ungewiss lässt, ob sie ursprünglich oder erst später gemacht worden sind.

(4) ¹Die Handelsbücher und die sonst erforderlichen Aufzeichnungen können auch in der geordneten Ablage von Belegen bestehen oder auf Datenträgern geführt werden, soweit diese Formen der Buchführung einschließlich des dabei angewandten Verfahrens den Grundsätzen ordnungsmäßiger Buchführung entsprechen. ²Bei der Führung der Handelsbücher und der sonst erforderlichen Aufzeichnungen auf Datenträgern muss insbesondere sichergestellt sein, dass die Daten während der Dauer der Aufbewahrungsfrist verfügbar sind und jederzeit innerhalb angemessener Frist lesbar gemacht werden können. ³Absätze 1 bis 3 gelten sinngemäß.

## § 240 Inventar

(1) Jeder Kaufmann hat zu Beginn seines Handelsgewerbes seine Grundstücke, seine Forderungen und Schulden, den Betrag seines baren Geldes sowie seine sonstigen Vermögensgegenstände genau zu verzeichnen und dabei den Wert der einzelnen Vermögensgegenstände und Schulden anzugeben.

(2) ¹Er hat demnächst für den Schluss eines jeden Geschäftsjahrs ein solches Inventar aufzustellen. ²Die Dauer des Geschäftsjahrs darf zwölf Monate nicht überschreiten. ³Die Aufstellung des Inventars ist innerhalb der einem ordnungsmäßigen Geschäftsgang entsprechenden Zeit zu bewirken.

(3) ¹Vermögensgegenstände des Sachanlagevermögens sowie Roh-, Hilfs- und Betriebsstoffe können, wenn sie regelmäßig ersetzt werden und ihr Gesamtwert für das Unternehmen von nachrangiger Bedeutung ist, mit einer gleich bleibenden Menge und einem gleich bleibenden Wert angesetzt werden, sofern ihr Bestand in seiner Größe, seinem Wert und seiner Zusammensetzung nur geringen Veränderungen unterliegt. ²Jedoch ist in der Regel alle drei Jahre eine körperliche Bestandsaufnahme durchzuführen.

(4) Gleichartige Vermögensgegenstände des Vorratsvermögens sowie andere gleichartige oder annähernd gleichwertige bewegliche Vermögensgegenstände und Schulden können jeweils zu einer Gruppe zusammengefasst und mit dem gewogenen Durchschnittswert angesetzt werden.

## § 241 Inventurvereinfachungsverfahren

(1) ¹Bei der Aufstellung des Inventars darf der Bestand der Vermögensgegenstände nach Art, Menge und Wert auch mit Hilfe anerkannter mathematisch-statistischer Methoden aufgrund von Stichproben ermittelt werden. ²Das Verfahren muss den Grundsätzen ordnungsmäßiger Buchführung entsprechen. ³Der Aussagewert des auf diese Weise aufgestellten Inventars muss dem Aussagewert eines aufgrund einer körperlichen Bestandsaufnahme aufgestellten Inventars gleichkommen.

(2) Bei der Aufstellung des Inventars für den Schluss eines Geschäftsjahrs bedarf es einer körperlichen Bestandsaufnahme der Vermögensgegenstände für diesen Zeitpunkt nicht, soweit durch Anwendung eines den Grundsätzen ordnungsmäßiger Buchführung entsprechenden anderen Verfahrens gesichert ist, dass der Bestand der Vermögensgegenstände nach Art, Menge und Wert auch ohne die körperliche Bestandsaufnahme für diesen Zeitpunkt festgestellt werden kann.

(3) In dem Inventar für den Schluss eines Geschäftsjahrs brauchen Vermögensgegenstände nicht verzeichnet zu werden, wenn

1. der Kaufmann ihren Bestand aufgrund einer körperlichen Bestandsaufnahme oder aufgrund eines nach Absatz 2 zulässigen anderen Verfahrens nach Art, Menge und Wert in einem besonderen Inventar verzeichnet hat, das für einen Tag innerhalb der letzten drei Monate vor oder der ersten beiden Monate nach dem Schluss des Geschäftsjahrs aufgestellt ist, und
2. aufgrund des besonderen Inventars durch Anwendung eines den Grundsätzen ordnungsmäßiger Buchführung entsprechenden Fortschreibungs- oder Rückrechnungsverfahrens gesichert ist, dass der am Schluss des Geschäftsjahrs vorhandene Bestand der Vermögensgegenstände für diesen Zeitpunkt ordnungsgemäß bewertet werden kann.

### § 241a  Befreiung von der Pflicht zur Buchführung und Erstellung eines Inventars[1]

[1]Einzelkaufleute, die an den Abschlussstichtagen von zwei aufeinander folgenden Geschäftsjahren nicht mehr als jeweils 600 000 Euro Umsatzerlöse und jeweils 60 000 Euro Jahresüberschuss aufweisen, brauchen die §§ 238 bis 241 nicht anzuwenden. [2]Im Fall der Neugründung treten die Rechtsfolgen schon ein, wenn die Werte des Satzes 1 am ersten Abschlussstichtag nach der Neugründung nicht überschritten werden.

## Zweiter Unterabschnitt: Eröffnungsbilanz; Jahresabschluss

### Erster Titel: Allgemeine Vorschriften

### § 242  Pflicht zur Aufstellung

(1) [1]Der Kaufmann hat zu Beginn seines Handelsgewerbes und für den Schluss eines jeden Geschäftsjahrs einen das Verhältnis seines Vermögens und seiner Schulden darstellenden Abschluss (Eröffnungsbilanz, Bilanz) aufzustellen. [2]Auf die Eröffnungsbilanz sind die für den Jahresabschluss geltenden Vorschriften entsprechend anzuwenden, soweit sie sich auf die Bilanz beziehen.

(2) Er hat für den Schluss eines jeden Geschäftsjahrs eine Gegenüberstellung der Aufwendungen und Erträge des Geschäftsjahrs (Gewinn- und Verlustrechnung) aufzustellen.

(3) Die Bilanz und die Gewinn- und Verlustrechnung bilden den Jahresabschluss.

(4) [1]Die Absätze 1 bis 3 sind auf Einzelkaufleute im Sinn des § 241a nicht anzuwenden. [2]Im Fall der Neugründung treten die Rechtsfolgen nach Satz 1 schon ein, wenn die Werte des § 241a Satz 1 am ersten Abschlussstichtag nach der Neugründung nicht überschritten werden.

### § 243  Aufstellungsgrundsatz

(1) Der Jahresabschluss ist nach den Grundsätzen ordnungsmäßiger Buchführung aufzustellen.

(2) Er muss klar und übersichtlich sein.

(3) Der Jahresabschluss ist innerhalb der einem ordnungsmäßigen Geschäftsgang entsprechenden Zeit aufzustellen.

### § 244  Sprache; Währungseinheit

Der Jahresabschluss ist in deutscher Sprache und in Euro aufzustellen.

---

1) **Anm. d. Red.:** Zur Anwendung siehe Anlage (Art. 76 EGHGB).

## § 245 Unterzeichnung

¹Der Jahresabschluss ist vom Kaufmann unter Angabe des Datums zu unterzeichnen. ²Sind mehrere persönlich haftende Gesellschafter vorhanden, so haben sie alle zu unterzeichnen.

## Zweiter Titel: Ansatzvorschriften

## § 246 Vollständigkeit; Verrechnungsverbot

(1) ¹Der Jahresabschluss hat sämtliche Vermögensgegenstände, Schulden, Rechnungsabgrenzungsposten sowie Aufwendungen und Erträge zu enthalten, soweit gesetzlich nichts anderes bestimmt ist. ²Vermögensgegenstände sind in der Bilanz des Eigentümers aufzunehmen; ist ein Vermögensgegenstand nicht dem Eigentümer, sondern einem anderen wirtschaftlich zuzurechnen, hat dieser ihn in seiner Bilanz auszuweisen. ³Schulden sind in die Bilanz des Schuldners aufzunehmen. ⁴Der Unterschiedsbetrag, um den die für die Übernahme eines Unternehmens bewirkte Gegenleistung den Wert der einzelnen Vermögensgegenstände des Unternehmens abzüglich der Schulden im Zeitpunkt der Übernahme übersteigt (entgeltlich erworbener Geschäfts- oder Firmenwert), gilt als zeitlich begrenzt nutzbarer Vermögensgegenstand.

(2) ¹Posten der Aktivseite dürfen nicht mit Posten der Passivseite, Aufwendungen nicht mit Erträgen, Grundstücksrechte nicht mit Grundstückslasten verrechnet werden. ²Vermögensgegenstände, die dem Zugriff aller übrigen Gläubiger entzogen sind und ausschließlich der Erfüllung von Schulden aus Altersversorgungsverpflichtungen oder vergleichbaren langfristig fälligen Verpflichtungen dienen, sind mit diesen Schulden zu verrechnen; entsprechend ist mit den zugehörigen Aufwendungen und Erträgen aus der Abzinsung und aus dem zu verrechnenden Vermögen zu verfahren. ³Übersteigt der beizulegende Zeitwert der Vermögensgegenstände den Betrag der Schulden, ist der übersteigende Betrag unter einem gesonderten Posten zu aktivieren.

(3) ¹Die auf den vorhergehenden Jahresabschluss angewandten Ansatzmethoden sind beizubehalten. ²§ 252 Abs. 2 ist entsprechend anzuwenden.

## § 247 Inhalt der Bilanz

(1) In der Bilanz sind das Anlage- und das Umlaufvermögen, das Eigenkapital, die Schulden sowie die Rechnungsabgrenzungsposten gesondert auszuweisen und hinreichend aufzugliedern.

(2) Beim Anlagevermögen sind nur die Gegenstände auszuweisen, die bestimmt sind, dauernd dem Geschäftsbetrieb zu dienen.

(3) (weggefallen)

## § 248 Bilanzierungsverbote und -wahlrechte

(1) In die Bilanz dürfen nicht als Aktivposten aufgenommen werden:
1. Aufwendungen für die Gründung eines Unternehmens,
2. Aufwendungen für die Beschaffung des Eigenkapitals und
3. Aufwendungen für den Abschluss von Versicherungsverträgen.

(2) ¹Selbst geschaffene immaterielle Vermögensgegenstände des Anlagevermögens können als Aktivposten in die Bilanz aufgenommen werden. ²Nicht aufgenommen werden dürfen selbst geschaffene Marken, Drucktitel, Verlagsrechte, Kundenlisten oder vergleichbare immaterielle Vermögensgegenstände des Anlagevermögens.

## § 249 Rückstellungen

(1) ¹Rückstellungen sind für ungewisse Verbindlichkeiten und für drohende Verluste aus schwebenden Geschäften zu bilden. ²Ferner sind Rückstellungen zu bilden für
1. im Geschäftsjahr unterlassene Aufwendungen für Instandhaltung, die im folgenden Geschäftsjahr innerhalb von drei Monaten, oder für Abraumbeseitigung, die im folgenden Geschäftsjahr nachgeholt werden,
2. Gewährleistungen, die ohne rechtliche Verpflichtung erbracht werden.

(2) ¹Für andere als die in Absatz 1 bezeichneten Zwecke dürfen Rückstellungen nicht gebildet werden. ²Rückstellungen dürfen nur aufgelöst werden, soweit der Grund hierfür entfallen ist.

## § 250 Rechnungsabgrenzungsposten

(1) Als Rechnungsabgrenzungsposten sind auf der Aktivseite Ausgaben vor dem Abschlussstichtag auszuweisen, soweit sie Aufwand für eine bestimmte Zeit nach diesem Tag darstellen.

(2) Auf der Passivseite sind als Rechnungsabgrenzungsposten Einnahmen vor dem Abschlussstichtag auszuweisen, soweit sie Ertrag für eine bestimmte Zeit nach diesem Tag darstellen.

(3) ¹Ist der Erfüllungsbetrag einer Verbindlichkeit höher als der Ausgabebetrag, so darf der Unterschiedsbetrag in den Rechnungsabgrenzungsposten auf der Aktivseite aufgenommen werden. ²Der Unterschiedsbetrag ist durch planmäßige jährliche Abschreibungen zu tilgen, die auf die gesamte Laufzeit der Verbindlichkeit verteilt werden können.

## § 251 Haftungsverhältnisse

¹Unter der Bilanz sind, sofern sie nicht auf der Passivseite auszuweisen sind, Verbindlichkeiten aus der Begebung und Übertragung von Wechseln, aus Bürgschaften, Wechsel- und Scheckbürgschaften und aus Gewährleistungsverträgen sowie Haftungsverhältnisse aus der Bestellung von Sicherheiten für fremde Verbindlichkeiten zu vermerken; sie dürfen in einem Betrag angegeben werden. ²Haftungsverhältnisse sind auch anzugeben, wenn ihnen gleichwertige Rückgriffsforderungen gegenüberstehen.

### Dritter Titel: Bewertungsvorschriften

## § 252 Allgemeine Bewertungsgrundsätze

(1) Bei der Bewertung der im Jahresabschluss ausgewiesenen Vermögensgegenstände und Schulden gilt insbesondere Folgendes:
1. Die Wertansätze in der Eröffnungsbilanz des Geschäftsjahrs müssen mit denen der Schlussbilanz des vorhergehenden Geschäftsjahrs übereinstimmen.
2. Bei der Bewertung ist von der Fortführung der Unternehmenstätigkeit auszugehen, sofern dem nicht tatsächliche oder rechtliche Gegebenheiten entgegenstehen.
3. Die Vermögensgegenstände und Schulden sind zum Abschlussstichtag einzeln zu bewerten.
4. Es ist vorsichtig zu bewerten, namentlich sind alle vorhersehbaren Risiken und Verluste, die bis zum Abschlussstichtag entstanden sind, zu berücksichtigen, selbst wenn diese erst zwischen dem Abschlussstichtag und dem Tag der Aufstellung des Jahresabschlusses bekannt geworden sind; Gewinne sind nur zu berücksichtigen, wenn sie am Abschlussstichtag realisiert sind.
5. Aufwendungen und Erträge des Geschäftsjahrs sind unabhängig von den Zeitpunkten der entsprechenden Zahlungen im Jahresabschluss zu berücksichtigen.
6. Die auf den vorhergehenden Jahresabschluss angewandten Bewertungsmethoden sind beizubehalten.

(2) Von den Grundsätzen des Absatzes 1 darf nur in begründeten Ausnahmefällen abgewichen werden.

## § 253 Zugangs- und Folgebewertung

**[nach BilRUG:]**[1)]

(1) ¹Vermögensgegenstände sind höchstens mit den Anschaffungs- oder Herstellungskosten, vermindert um die Abschreibungen nach den Absätzen 3 bis 5, anzusetzen. ²Verbindlichkeiten sind zu ihrem Erfüllungsbetrag und Rückstellungen in Höhe des nach vernünftiger kaufmännischer Beurteilung notwendigen Erfüllungsbetrages anzusetzen. ³Soweit sich die Höhe von Altersversorgungsverpflichtungen ausschließlich nach dem beizulegenden Zeitwert von Wertpapieren im Sinn des § 266 Abs. 2 A.III.5 bestimmt, sind Rückstellungen hierfür zum beizulegenden Zeitwert dieser Wertpapiere anzusetzen, soweit er einen garantierten Mindestbetrag übersteigt. ⁴Nach § 246 Abs. 2 Satz 2 zu verrechnende Vermögensgegenstände sind mit ihrem beizulegenden Zeitwert zu bewerten. ⁵Kleinstkapitalgesellschaften (§ 267a) dürfen eine Bewertung zum beizulegenden Zeitwert nur vornehmen, wenn sie von keiner der in § 264 Absatz 1 Satz 5, § 266 Absatz 1 Satz 4, § 275 Absatz 5 und § 326 Absatz 2 vorgesehenen Erleichterungen Gebrauch machen. ⁶Macht eine Kleinstkapitalgesellschaft von mindestens einer der in Satz 5 genannten Erleichterungen Gebrauch, erfolgt die Bewertung der Vermögensgegenstände nach Satz 1, auch soweit eine Verrechnung nach § 246 Absatz 2 Satz 2 vorgesehen ist.

**[vor BilRUG:]**[1)]

(1) ¹Vermögensgegenstände sind höchstens mit den Anschaffungs- oder Herstellungskosten, vermindert um die Abschreibungen nach den Absätzen 3 bis 5, anzusetzen. ²Verbindlichkeiten sind zu ihrem Erfüllungsbetrag und Rückstellungen in Höhe des nach vernünftiger kaufmännischer Beurteilung notwendigen Erfüllungsbetrages anzusetzen. ³Soweit sich die Höhe von Altersversorgungsverpflichtungen ausschließlich nach dem beizulegenden Zeitwert von Wertpapieren im Sinn des § 266 Abs. 2 A.III.5 bestimmt, sind Rückstellungen hierfür zum beizulegenden Zeitwert dieser Wertpapiere anzusetzen, soweit er einen garantierten Mindestbetrag übersteigt. ⁴Nach § 246 Abs. 2 Satz 2 zu verrechnende Vermögensgegenstände sind mit ihrem beizulegenden Zeitwert zu bewerten. ⁵Kleinstkapitalgesellschaften (§ 267a) dürfen eine Bewertung zum beizulegenden Zeitwert nur vornehmen, wenn sie von keiner der in § 264 Absatz 1 Satz 5, § 266 Absatz 1 Satz 4, § 275 Absatz 5 und § 326 Absatz 2 vorgesehenen Erleichterungen Gebrauch machen. ⁶In diesem Fall erfolgt die Bewertung der Vermögensgegenstände nach Satz 1, auch soweit eine Verrechnung nach § 246 Absatz 2 Satz 2 vorgesehen ist.

(2) ¹Rückstellungen mit einer Restlaufzeit von mehr als einem Jahr sind mit dem ihrer Restlaufzeit entsprechenden durchschnittlichen Marktzinssatz der vergangenen sieben Geschäftsjahre abzuzinsen. ²Abweichend von Satz 1 dürfen Rückstellungen für Altersversorgungsverpflichtungen oder vergleichbare langfristig fällige Verpflichtungen pauschal mit dem durchschnittlichen Marktzinssatz abgezinst werden, der sich bei einer angenommenen Restlaufzeit von 15 Jahren ergibt. ³Die Sätze 1 und 2 gelten entsprechend für auf Rentenverpflichtungen beruhende Verbindlichkeiten, für die eine Gegenleistung nicht mehr zu erwarten ist. ⁴Der nach den Sätzen 1 und 2 anzuwendende Abzinsungszinssatz wird von der Deutschen Bundesbank nach Maßgabe einer Rechtsverordnung ermittelt und monatlich bekannt gegeben. ⁵In der Rechtsverordnung nach Satz 4, die nicht der Zustimmung des Bundesrates bedarf, regelt das Bundesministerium der Justiz und für Verbraucherschutz im Benehmen mit der Deutschen Bundesbank das Nähere zur Ermittlung der Abzinsungszinssätze, insbesondere die Ermittlungsmethodik und deren Grundlagen, sowie die Form der Bekanntgabe.

---

1) **Anm. d. Red.:** Die jeweilige Angabe „[nach BilRUG:]" bzw. „[vor BilRUG:]" weist hin auf die Fassung des nachfolgenden Inhalts nach bzw. vor Änderung durch das Bilanzrichtlinie-Umsetzungsgesetz (BilRUG) v. 17. 7. 2015 (BGBl I S. 1245). — Zur Anwendung siehe Anlage (Art. 75 EGHGB).

**[nach BilRUG:]**[1)]
(3) ¹Bei Vermögensgegenständen des Anlagevermögens, deren Nutzung zeitlich begrenzt ist, sind die Anschaffungs- oder die Herstellungskosten um planmäßige Abschreibungen zu vermindern. ²Der Plan muss die Anschaffungs- oder Herstellungskosten auf die Geschäftsjahre verteilen, in denen der Vermögensgegenstand voraussichtlich genutzt werden kann. ³Kann in Ausnahmefällen die voraussichtliche Nutzungsdauer eines selbst geschaffenen immateriellen Vermögensgegenstands des Anlagevermögens nicht verlässlich geschätzt werden, sind planmäßige Abschreibungen auf die Herstellungskosten über einen Zeitraum von zehn Jahren vorzunehmen. ⁴Satz 3 findet auf einen entgeltlich erworbenen Geschäfts- oder Firmenwert entsprechende Anwendung. ⁵Ohne Rücksicht darauf, ob ihre Nutzung zeitlich begrenzt ist, sind bei Vermögensgegenständen des Anlagevermögens bei voraussichtlich dauernder Wertminderung außerplanmäßige Abschreibungen vorzunehmen, um diese mit dem niedrigeren Wert anzusetzen, der ihnen am Abschlussstichtag beizulegen ist. ⁶Bei Finanzanlagen können außerplanmäßige Abschreibungen auch bei voraussichtlich nicht dauernder Wertminderung vorgenommen werden.

**[vor BilRUG:]**[1)]
(3) ¹Bei Vermögensgegenständen des Anlagevermögens, deren Nutzung zeitlich begrenzt ist, sind die Anschaffungs- oder die Herstellungskosten um planmäßige Abschreibungen zu vermindern. ²Der Plan muss die Anschaffungs- oder Herstellungskosten auf die Geschäftsjahre verteilen, in denen der Vermögensgegenstand voraussichtlich genutzt werden kann. ³Ohne Rücksicht darauf, ob ihre Nutzung zeitlich begrenzt ist, sind bei Vermögensgegenständen des Anlagevermögens bei voraussichtlich dauernder Wertminderung außerplanmäßige Abschreibungen vorzunehmen, um diese mit dem niedrigeren Wert anzusetzen, der ihnen am Abschlussstichtag beizulegen ist. ⁴Bei Finanzanlagen können außerplanmäßige Abschreibungen auch bei voraussichtlich nicht dauernder Wertminderung vorgenommen werden.

(4) ¹Bei Vermögensgegenständen des Umlaufvermögens sind Abschreibungen vorzunehmen, um diese mit einem niedrigeren Wert anzusetzen, der sich aus einem Börsen- oder Marktpreis am Abschlussstichtag ergibt. ²Ist ein Börsen- oder Marktpreis nicht festzustellen und übersteigen die Anschaffungs- oder Herstellungskosten den Wert, der den Vermögensgegenständen am Abschlussstichtag beizulegen ist, so ist auf diesen Wert abzuschreiben.

**[nach BilRUG:]**[1)]
(5) ¹Ein niedrigerer Wertansatz nach Absatz 3 Satz 5 oder 6 und Absatz 4 darf nicht beibehalten werden, wenn die Gründe dafür nicht mehr bestehen. ²Ein niedrigerer Wertansatz eines entgeltlich erworbenen Geschäfts- oder Firmenwertes ist beizubehalten.

**[vor BilRUG:]**[1)]
(5) ¹Ein niedrigerer Wertansatz nach Absatz 3 Satz 3 oder 4 und Absatz 4 darf nicht beibehalten werden, wenn die Gründe dafür nicht mehr bestehen. ²Ein niedrigerer Wertansatz eines entgeltlich erworbenen Geschäfts- oder Firmenwertes ist beizubehalten.

### § 254 Bildung von Bewertungseinheiten
¹Werden Vermögensgegenstände, Schulden, schwebende Geschäfte oder mit hoher Wahrscheinlichkeit erwartete Transaktionen zum Ausgleich gegenläufiger Wertänderungen oder Zahlungsströme aus dem Eintritt vergleichbarer Risiken mit Finanzinstrumenten zusammengefasst

---

1) **Anm. d. Red.:** Die jeweilige Angabe „[nach BilRUG:]" bzw. „[vor BilRUG:]" weist hin auf die Fassung des nachfolgenden Inhalts nach bzw. vor Änderung durch das Bilanzrichtlinie-Umsetzungsgesetz (BilRUG) v. 17.7.2015 (BGBl I S. 1245). — Zur Anwendung siehe Anlage (Art. 75 EGHGB).

(Bewertungseinheit), sind § 249 Abs. 1, § 252 Abs. 1 Nr. 3 und 4, § 253 Abs. 1 Satz 1 und § 256a in dem Umfang und für den Zeitraum nicht anzuwenden, in dem die gegenläufigen Wertänderungen oder Zahlungsströme sich ausgleichen. ²Als Finanzinstrumente im Sinn des Satzes 1 gelten auch Termingeschäfte über den Erwerb oder die Veräußerung von Waren.

## § 255 Bewertungsmaßstäbe

**[nach BilRUG:]**[1)]
(1) ¹Anschaffungskosten sind die Aufwendungen, die geleistet werden, um einen Vermögensgegenstand zu erwerben und ihn in einen betriebsbereiten Zustand zu versetzen, soweit sie dem Vermögensgegenstand einzeln zugeordnet werden können. ²Zu den Anschaffungskosten gehören auch die Nebenkosten sowie die nachträglichen Anschaffungskosten. ³Anschaffungspreisminderungen, die dem Vermögensgegenstand einzeln zugeordnet werden können, sind abzusetzen.

**[vor BilRUG:]**[1)]
(1) ¹Anschaffungskosten sind die Aufwendungen, die geleistet werden, um einen Vermögensgegenstand zu erwerben und ihn in einen betriebsbereiten Zustand zu versetzen, soweit sie dem Vermögensgegenstand einzeln zugeordnet werden können. ²Zu den Anschaffungskosten gehören auch die Nebenkosten sowie die nachträglichen Anschaffungskosten. ³Anschaffungspreisminderungen sind abzusetzen.

(2) ¹Herstellungskosten sind die Aufwendungen, die durch den Verbrauch von Gütern und die Inanspruchnahme von Diensten für die Herstellung eines Vermögensgegenstands, seine Erweiterung oder für eine über seinen ursprünglichen Zustand hinausgehende wesentliche Verbesserung entstehen. ²Dazu gehören die Materialkosten, die Fertigungskosten und die Sonderkosten der Fertigung sowie angemessene Teile der Materialgemeinkosten, der Fertigungsgemeinkosten und des Werteverzehrs des Anlagevermögens, soweit dieser durch die Fertigung veranlasst ist. ³Bei der Berechnung der Herstellungskosten dürfen angemessene Teile der Kosten der allgemeinen Verwaltung sowie angemessene Aufwendungen für soziale Einrichtungen des Betriebs, für freiwillige soziale Leistungen und für die betriebliche Altersversorgung einbezogen werden, soweit diese auf den Zeitraum der Herstellung entfallen. ⁴Forschungs- und Vertriebskosten dürfen nicht einbezogen werden.

(2a) ¹Herstellungskosten eines selbst geschaffenen immateriellen Vermögensgegenstands des Anlagevermögens sind die bei dessen Entwicklung anfallenden Aufwendungen nach Absatz 2. ²Entwicklung ist die Anwendung von Forschungsergebnissen oder von anderem Wissen für die Neuentwicklung von Gütern oder Verfahren oder die Weiterentwicklung von Gütern oder Verfahren mittels wesentlicher Änderungen. ³Forschung ist die eigenständige und planmäßige Suche nach neuen wissenschaftlichen oder technischen Erkenntnissen oder Erfahrungen allgemeiner Art, über deren technische Verwertbarkeit und wirtschaftliche Erfolgsaussichten grundsätzlich keine Aussagen gemacht werden können. ⁴Können Forschung und Entwicklung nicht verlässlich voneinander unterschieden werden, ist eine Aktivierung ausgeschlossen.

(3) ¹Zinsen für Fremdkapital gehören nicht zu den Herstellungskosten. ²Zinsen für Fremdkapital, das zur Finanzierung der Herstellung eines Vermögensgegenstands verwendet wird, dürfen angesetzt werden, soweit sie auf den Zeitraum der Herstellung entfallen; in diesem Falle gelten sie als Herstellungskosten des Vermögensgegenstands.

(4) ¹Der beizulegende Zeitwert entspricht dem Marktpreis. ²Soweit kein aktiver Markt besteht, anhand dessen sich der Marktpreis ermitteln lässt, ist der beizulegende Zeitwert mit Hilfe allgemein anerkannter Bewertungsmethoden zu bestimmen. ³Lässt sich der beizulegende Zeitwert weder nach Satz 1 noch nach Satz 2 ermitteln, sind die Anschaffungs- oder Herstellungskosten gemäß § 253 Abs. 4 fortzuführen. ⁴Der zuletzt nach Satz 1 oder 2 ermittelte beizulegende Zeitwert gilt als Anschaffungs- oder Herstellungskosten im Sinn des Satzes 3.

---

1) **Anm. d. Red.:** Die jeweilige Angabe „[nach BilRUG:]" bzw. „[vor BilRUG:]" weist hin auf die Fassung des nachfolgenden Inhalts nach bzw. vor Änderung durch das Bilanzrichtlinie-Umsetzungsgesetz (BilRUG) v. 17. 7. 2015 (BGBl I S. 1245). — Zur Anwendung siehe Anlage (Art. 75 EGHGB).

## § 256 Bewertungsvereinfachungsverfahren

¹Soweit es den Grundsätzen ordnungsmäßiger Buchführung entspricht, kann für den Wertansatz gleichartiger Vermögensgegenstände des Vorratsvermögens unterstellt werden, dass die zuerst oder dass die zuletzt angeschafften oder hergestellten Vermögensgegenstände zuerst verbraucht oder veräußert worden sind. ²§ 240 Abs. 3 und 4 ist auch auf den Jahresabschluss anwendbar.

## § 256a Währungsumrechnung

¹Auf fremde Währung lautende Vermögensgegenstände und Verbindlichkeiten sind zum Devisenkassamittelkurs am Abschlussstichtag umzurechnen. ²Bei einer Restlaufzeit von einem Jahr oder weniger sind § 253 Abs. 1 Satz 1 und § 252 Abs. 1 Nr. 4 Halbsatz 2 nicht anzuwenden.

## Dritter Unterabschnitt: Aufbewahrung und Vorlage

### § 257 Aufbewahrung von Unterlagen; Aufbewahrungsfristen

(1) Jeder Kaufmann ist verpflichtet, die folgenden Unterlagen geordnet aufzubewahren:
1. Handelsbücher, Inventare, Eröffnungsbilanzen, Jahresabschlüsse, Einzelabschlüsse nach § 325 Abs. 2a, Lageberichte, Konzernabschlüsse, Konzernlageberichte sowie die zu ihrem Verständnis erforderlichen Arbeitsanweisungen und sonstigen Organisationsunterlagen,
2. die empfangenen Handelsbriefe,
3. Wiedergaben der abgesandten Handelsbriefe,
4. Belege für Buchungen in den von ihm nach § 238 Abs. 1 zu führenden Büchern (Buchungsbelege).

(2) Handelsbriefe sind nur Schriftstücke, die ein Handelsgeschäft betreffen.

(3) ¹Mit Ausnahme der Eröffnungsbilanzen und Abschlüsse können die in Absatz 1 aufgeführten Unterlagen auch als Wiedergabe auf einem Bildträger oder auf anderen Datenträgern aufbewahrt werden, wenn dies den Grundsätzen ordnungsmäßiger Buchführung entspricht und sichergestellt ist, dass die Wiedergabe oder die Daten
1. mit den empfangenen Handelsbriefen und den Buchungsbelegen bildlich und mit den anderen Unterlagen inhaltlich übereinstimmen, wenn sie lesbar gemacht werden,
2. während der Dauer der Aufbewahrungsfrist verfügbar sind und jederzeit innerhalb angemessener Frist lesbar gemacht werden können.

²Sind Unterlagen aufgrund des § 239 Abs. 4 Satz 1 auf Datenträgern hergestellt worden, können statt des Datenträgers die Daten auch ausgedruckt aufbewahrt werden; die ausgedruckten Unterlagen können auch nach Satz 1 aufbewahrt werden.

(4) Die in Absatz 1 Nr. 1 und 4 aufgeführten Unterlagen sind zehn Jahre, die sonstigen in Absatz 1 aufgeführten Unterlagen sechs Jahre aufzubewahren.

(5) Die Aufbewahrungsfrist beginnt mit dem Schluss des Kalenderjahrs, in dem die letzte Eintragung in das Handelsbuch gemacht, das Inventar aufgestellt, die Eröffnungsbilanz oder der Jahresabschluss festgestellt, der Einzelabschluss nach § 325 Abs. 2a oder der Konzernabschluss aufgestellt, der Handelsbrief empfangen oder abgesandt worden oder der Buchungsbeleg entstanden ist.

### § 258 Vorlegung im Rechtsstreit

(1) Im Laufe eines Rechtsstreits kann das Gericht auf Antrag oder von Amts wegen die Vorlegung der Handelsbücher einer Partei anordnen.

(2) Die Vorschriften der Zivilprozessordnung über die Verpflichtung des Prozessgegners zur Vorlegung von Urkunden bleiben unberührt.

## § 259 Auszug bei Vorlegung im Rechtsstreit

¹Werden in einem Rechtsstreit Handelsbücher vorgelegt, so ist von ihrem Inhalt, soweit er den Streitpunkt betrifft, unter Zuziehung der Parteien Einsicht zu nehmen und geeignetenfalls ein Auszug zu fertigen. ²Der übrige Inhalt der Bücher ist dem Gericht insoweit offen zu legen, als es zur Prüfung ihrer ordnungsmäßigen Führung notwendig ist.

## § 260 Vorlegung bei Auseinandersetzungen

Bei Vermögensauseinandersetzungen, insbesondere in Erbschafts-, Gütergemeinschafts- und Gesellschaftsteilungssachen, kann das Gericht die Vorlegung der Handelsbücher zur Kenntnisnahme von ihrem ganzen Inhalt anordnen.

## § 261 Vorlegung von Unterlagen auf Bild- oder Datenträgern

Wer aufzubewahrende Unterlagen nur in der Form einer Wiedergabe auf einem Bildträger oder auf anderen Datenträgern vorlegen kann, ist verpflichtet, auf seine Kosten diejenigen Hilfsmittel zur Verfügung zu stellen, die erforderlich sind, um die Unterlagen lesbar zu machen; soweit erforderlich, hat er die Unterlagen auf seine Kosten auszudrucken oder ohne Hilfsmittel lesbare Reproduktionen beizubringen.

### Vierter Unterabschnitt: Landesrecht

## § 262 (weggefallen)

## § 263 Vorbehalt landesrechtlicher Vorschriften

Unberührt bleiben bei Unternehmen ohne eigene Rechtspersönlichkeit einer Gemeinde, eines Gemeindeverbands oder eines Zweckverbands landesrechtliche Vorschriften, die von den Vorschriften dieses Abschnitts abweichen.

## Zweiter Abschnitt: Ergänzende Vorschriften für Kapitalgesellschaften (Aktiengesellschaften, Kommanditgesellschaften auf Aktien und Gesellschaften mit beschränkter Haftung) sowie bestimmte Personenhandelsgesellschaften

### Erster Unterabschnitt: Jahresabschluss der Kapitalgesellschaft und Lagebericht

### Erster Titel: Allgemeine Vorschriften

| § 264 [nach BilRUG:][1) Pflicht zur Aufstellung; Befreiung | [vor BilRUG:][1) Pflicht zur Aufstellung |
|---|---|
| (1) ¹Die gesetzlichen Vertreter einer Kapitalgesellschaft haben den Jahresabschluss (§ 242) um einen Anhang zu erweitern, der mit der Bilanz und der Gewinn- und Verlustrechnung eine Einheit bildet, sowie einen Lagebericht aufzustellen. ²Die gesetzlichen Vertreter einer kapitalmarktorientierten Kapital- | (1) ¹Die gesetzlichen Vertreter einer Kapitalgesellschaft haben den Jahresabschluss (§ 242) um einen Anhang zu erweitern, der mit der Bilanz und der Gewinn- und Verlustrechnung eine Einheit bildet, sowie einen Lagebericht aufzustellen. ²Die gesetzlichen Vertreter einer kapitalmarktorientierten Kapital- |

---

1) **Anm. d. Red.:** Die jeweilige Angabe „[nach BilRUG:]" bzw. „[vor BilRUG:]" weist hin auf die Fassung des nachfolgenden Inhalts nach bzw. vor Änderung durch das Bilanzrichtlinie-Umsetzungsgesetz (BilRUG) v. 17. 7. 2015 (BGBl I S. 1245). — Zur Anwendung siehe Anlage (Art. 75 EGHGB).

## § 264

**[nach BilRUG:]**[1)]
gesellschaft, die nicht zur Aufstellung eines Konzernabschlusses verpflichtet ist, haben den Jahresabschluss um eine Kapitalflussrechnung und einen Eigenkapitalspiegel zu erweitern, die mit der Bilanz, Gewinn- und Verlustrechnung und dem Anhang eine Einheit bilden; sie können den Jahresabschluss um eine Segmentberichterstattung erweitern. ³Der Jahresabschluss und der Lagebericht sind von den gesetzlichen Vertretern in den ersten drei Monaten des Geschäftsjahrs für das vergangene Geschäftsjahr aufzustellen. ⁴Kleine Kapitalgesellschaften (§ 267 Abs. 1) brauchen den Lagebericht nicht aufzustellen; sie dürfen den Jahresabschluss auch später aufstellen, wenn dies einem ordnungsgemäßen Geschäftsgang entspricht, jedoch innerhalb der ersten sechs Monate des Geschäftsjahres. ⁵Kleinstkapitalgesellschaften (§ 267a) brauchen den Jahresabschluss nicht um einen Anhang zu erweitern, wenn sie

1. die in § 268 Absatz 7 genannten Angaben,

2. die in § 285 Nummer 9 Buchstabe c genannten Angaben und

3. im Falle einer Aktiengesellschaft die in § 160 Absatz 3 Satz 2 des Aktiengesetzes genannten Angaben

unter der Bilanz angeben.

**[vor BilRUG:]**[1)]
gesellschaft, die nicht zur Aufstellung eines Konzernabschlusses verpflichtet ist, haben den Jahresabschluss um eine Kapitalflussrechnung und einen Eigenkapitalspiegel zu erweitern, die mit der Bilanz, Gewinn- und Verlustrechnung und dem Anhang eine Einheit bilden; sie können den Jahresabschluss um eine Segmentberichterstattung erweitern. ³Der Jahresabschluss und der Lagebericht sind von den gesetzlichen Vertretern in den ersten drei Monaten des Geschäftsjahrs für das vergangene Geschäftsjahr aufzustellen. ⁴Kleine Kapitalgesellschaften (§ 267 Abs. 1) brauchen den Lagebericht nicht aufzustellen; sie dürfen den Jahresabschluss auch später aufstellen, wenn dies einem ordnungsgemäßen Geschäftsgang entspricht, jedoch innerhalb der ersten sechs Monate des Geschäftsjahres. ⁵Kleinstkapitalgesellschaften (§ 267a) brauchen den Jahresabschluss nicht um einen Anhang zu erweitern, wenn sie

1. die in den §§ 251 und 268 Absatz 7 genannten Angaben,

2. die in § 285 Nummer 9 Buchstabe c genannten Angaben und

3. im Falle einer Aktiengesellschaft oder Kommanditgesellschaft auf Aktien die in § 160 Absatz 1 Satz 1 Nummer 2 des Aktiengesetzes genannten Angaben

unter der Bilanz angeben.

(1a) ¹In dem Jahresabschluss sind die Firma, der Sitz, das Registergericht und die Nummer, unter der die Gesellschaft in das Handelsregister eingetragen ist, anzugeben. ²Befindet sich die Gesellschaft in Liquidation oder Abwicklung, ist auch diese Tatsache anzugeben.

(2) ¹Der Jahresabschluss der Kapitalgesellschaft hat unter Beachtung der Grundsätze ordnungsmäßiger Buchführung ein den tatsächlichen Verhältnissen entsprechendes Bild der Vermögens-, Finanz- und Ertragslage der Kapitalgesellschaft zu vermitteln. ²Führen besondere Umstände dazu, dass der Jahresabschluss ein den tatsächlichen Verhältnissen entsprechendes Bild im Sinne des Satzes 1 nicht vermittelt, so sind im Anhang zusätzliche Angaben zu machen. ³Die gesetzlichen Vertreter einer Kapitalgesellschaft, die Inlandsemittent im Sinne des § 2 Absatz 7 des Wertpapierhandelsgesetzes und keine Kapitalgesellschaft im Sinne des § 327a ist, haben bei der Unterzeichnung schriftlich zu versichern, dass nach bestem Wissen der Jahresabschluss ein den tatsächlichen Verhältnissen entsprechendes Bild im Sinne des Satzes 1 vermittelt oder

---

1) **Anm. d. Red.:** Die jeweilige Angabe „[nach BilRUG:]" bzw. „[vor BilRUG:]" weist hin auf die Fassung des nachfolgenden Inhalts nach bzw. vor Änderung durch das Bilanzrichtlinie-Umsetzungsgesetz (BilRUG) v. 17. 7. 2015 (BGBl I S. 1245). — Zur Anwendung siehe Anlage (Art. 75 EGHGB).

der Anhang Angaben nach Satz 2 enthält. ⁴Macht eine Kleinstkapitalgesellschaft von der Erleichterung nach Absatz 1 Satz 5 Gebrauch, sind nach Satz 2 erforderliche zusätzliche Angaben unter der Bilanz zu machen. ⁵Es wird vermutet, dass ein unter Berücksichtigung der Erleichterungen für Kleinstkapitalgesellschaften aufgestellter Jahresabschluss den Erfordernissen des Satzes 1 entspricht.

[nach BilRUG:]¹⁾

(3) ¹Eine Kapitalgesellschaft, die als Tochterunternehmen in den Konzernabschluss eines Mutterunternehmens mit Sitz in einem Mitgliedstaat der Europäischen Union oder einem anderen Vertragsstaat des Abkommens über den Europäischen Wirtschaftsraum einbezogen ist, braucht die Vorschriften dieses Unterabschnitts und des Dritten und Vierten Unterabschnitts dieses Abschnitts nicht anzuwenden, wenn alle folgenden Voraussetzungen erfüllt sind:

1. alle Gesellschafter des Tochterunternehmens haben der Befreiung für das jeweilige Geschäftsjahr zugestimmt;

2. das Mutterunternehmen hat sich bereit erklärt, für die von dem Tochterunternehmen bis zum Abschlussstichtag eingegangenen Verpflichtungen im folgenden Geschäftsjahr einzustehen;

3. der Konzernabschluss und der Konzernlagebericht des Mutterunternehmens sind nach den Rechtsvorschriften des Staates, in dem das Mutterunternehmen seinen Sitz hat, und im Einklang mit folgenden Richtlinien aufgestellt und geprüft worden:

   a) Richtlinie 2013/34/EU des Europäischen Parlaments und des Rates vom 26. Juni 2013 über den Jahresabschluss, den konsolidierten Abschluss und damit verbundene Berichte von Unternehmen bestimmter Rechtsformen und zur Änderung der Richtlinie 2006/43/EG des Europäischen Parlaments und des Rates und zur Aufhebung der Richtlinien 78/660/EWG und 83/349/EWG des Rates (ABl L 182 vom 29. 6. 2013, S. 19),

[vor BilRUG:]¹⁾

(3) Eine Kapitalgesellschaft, die in den Konzernabschluss eines Mutterunternehmens mit Sitz in einem Mitgliedstaat der Europäischen Union oder einem anderen Vertragsstaat des Abkommens über den Europäischen Wirtschaftsraum einbezogen ist, braucht die Vorschriften dieses Unterabschnitts und des Dritten und Vierten Unterabschnitts dieses Abschnitts nicht anzuwenden, wenn

1. alle Gesellschafter des Tochterunternehmens der Befreiung für das jeweilige Geschäftsjahr zugestimmt haben und der Beschluss nach § 325 offen gelegt worden ist,

2. das Mutterunternehmen zur Verlustübernahme nach § 302 des Aktiengesetzes oder nach dem für das Mutterunternehmen maßgeblichen Recht verpflichtet ist oder eine solche Verpflichtung freiwillig übernommen hat und diese Erklärung nach § 325 offen gelegt worden ist,

3. die Kapitalgesellschaft in den Konzernabschluss einbezogen worden ist und

---

1) **Anm. d. Red.:** Die jeweilige Angabe „[nach BilRUG:]" bzw. „[vor BilRUG:]" weist hin auf die Fassung des nachfolgenden Inhalts nach bzw. vor Änderung durch das Bilanzrichtlinie-Umsetzungsgesetz (BilRUG) v. 17. 7. 2015 (BGBl I S. 1245). — Zur Anwendung siehe Anlage (Art. 75 EGHGB).

## § 264 VI. Handelsgesetzbuch

**[nach BilRUG:]**[1)]

b) Richtlinie 2006/43/EG des Europäischen Parlaments und des Rates vom 17. Mai 2006 über Abschlussprüfungen von Jahresabschlüssen und konsolidierten Abschlüssen, zur Änderung der Richtlinien 78/660/EWG und 83/349/EWG des Rates und zur Aufhebung der Richtlinie 84/253/EWG des Rates (ABl L 157 vom 9. 6. 2006, S. 87), die durch die Richtlinie 2013/34/EU (ABl L 182 vom 29. 6. 2013, S. 19) geändert worden ist;

4. die Befreiung des Tochterunternehmens ist im Anhang des Konzernabschlusses des Mutterunternehmens angegeben und

**[vor BilRUG:]**[1)]

4. die Befreiung des Tochterunternehmens
   a) im Anhang des von dem Mutterunternehmen aufgestellten und nach § 325 durch Einreichung beim Betreiber des Bundesanzeigers offen gelegten Konzernabschlusses angegeben und
   b) zusätzlich im Bundesanzeiger für das Tochterunternehmen unter Bezugnahme auf diese Vorschrift und unter Angabe des Mutterunternehmens mitgeteilt worden ist.

5. für das Tochterunternehmen sind nach § 325 Absatz 1 bis 1b offengelegt worden:
   a) der Beschluss nach Nummer 1,
   b) die Erklärung nach Nummer 2,
   c) der Konzernabschluss,
   d) der Konzernlagebericht und
   e) der Bestätigungsvermerk zum Konzernabschluss und Konzernlagebericht des Mutterunternehmens nach Nummer 3.

[2]Hat bereits das Mutterunternehmen einzelne oder alle der in Satz 1 Nummer 5 bezeichneten Unterlagen offengelegt, braucht das Tochterunternehmen die betreffenden Unterlagen nicht erneut offenzulegen, wenn sie im Bundesanzeiger unter dem Tochterunternehmen auffindbar sind; § 326 Absatz 2 ist auf diese Offenlegung nicht anzuwenden. [3]Satz 2 gilt nur dann, wenn das Mutterunternehmen die betreffende Unterlage in deutscher oder in englischer Sprache offengelegt hat oder das Tochterunternehmen zusätzlich eine beglaubigte Übersetzung dieser Unterlage in deutscher Sprache nach § 325 Absatz 1 bis 1b offenlegt.

---

1) **Anm. d. Red.:** Die jeweilige Angabe „[nach BilRUG:]" bzw. „[vor BilRUG:]" weist hin auf die Fassung des nachfolgenden Inhalts nach bzw. vor Änderung durch das Bilanzrichtlinie-Umsetzungsgesetz (BilRUG) v. 17. 7. 2015 (BGBl I S. 1245). — Zur Anwendung siehe Anlage (Art. 75 EGHGB).

[nach BilRUG:][1]
(4) Absatz 3 ist nicht anzuwenden, wenn eine Kapitalgesellschaft das Tochterunternehmen eines Mutterunternehmens ist, das einen Konzernabschluss nach den Vorschriften des Publizitätsgesetzes aufgestellt hat, und wenn in diesem Konzernabschluss von dem Wahlrecht des § 13 Absatz 3 Satz 1 des Publizitätsgesetzes Gebrauch gemacht worden ist; § 314 Absatz 3 bleibt unberührt.

[vor BilRUG:][1]
(4) Absatz 3 ist auf Kapitalgesellschaften, die Tochterunternehmen eines nach § 11 des Publizitätsgesetzes zur Aufstellung eines Konzernabschlusses verpflichteten Mutterunternehmens sind, entsprechend anzuwenden, soweit in diesem Konzernabschluss von dem Wahlrecht des § 13 Abs. 3 Satz 1 des Publizitätsgesetzes nicht Gebrauch gemacht worden ist.

## § 264a Anwendung auf bestimmte offene Handelsgesellschaften und Kommanditgesellschaften

(1) Die Vorschriften des Ersten bis Fünften Unterabschnitts des Zweiten Abschnitts sind auch anzuwenden auf offene Handelsgesellschaften und Kommanditgesellschaften, bei denen nicht wenigstens ein persönlich haftender Gesellschafter
1. eine natürliche Person oder
2. eine offene Handelsgesellschaft, Kommanditgesellschaft oder andere Personengesellschaft mit einer natürlichen Person als persönlich haftendem Gesellschafter

ist oder sich die Verbindung von Gesellschaften in dieser Art fortsetzt.

(2) In den Vorschriften dieses Abschnitts gelten als gesetzliche Vertreter einer offenen Handelsgesellschaft und Kommanditgesellschaft nach Absatz 1 die Mitglieder des vertretungsberechtigten Organs der vertretungsberechtigten Gesellschaften.

## § 264b [nach BilRUG:][1]
### Befreiung der offenen Handelsgesellschaften und Kommanditgesellschaften im Sinne des § 264a von der Anwendung der Vorschriften dieses Abschnitts

[vor BilRUG:][1]
### Befreiung von der Pflicht zur Aufstellung eines Jahresabschlusses nach den für Kapitalgesellschaften geltenden Vorschriften

Eine Personenhandelsgesellschaft im Sinne des § 264a Absatz 1 ist von der Verpflichtung befreit, einen Jahresabschluss und einen Lagebericht nach den Vorschriften dieses Abschnitts aufzustellen, prüfen zu lassen und offenzulegen, wenn alle folgenden Voraussetzungen erfüllt sind:
1. die betreffende Gesellschaft ist einbezogen in den Konzernabschluss und in den Konzernlagebericht
    a) eines persönlich haftenden Gesellschafters der betreffenden Gesellschaft oder

Eine Personenhandelsgesellschaft im Sinne des § 264a Abs. 1 ist von der Verpflichtung befreit, einen Jahresabschluss und einen Lagebericht nach den Vorschriften dieses Abschnitts aufzustellen, prüfen zu lassen und offen zu legen, wenn
1. sie in den Konzernabschluss eines Mutterunternehmens mit Sitz in einem Mitgliedstaat der Europäischen Union oder einem anderen Vertragsstaat des Abkommens über den Europäischen Wirtschaftsraum oder in den Konzernabschluss eines ande-

---

1) **Anm. d. Red.:** Die jeweilige Angabe „[nach BilRUG:]" bzw. „[vor BilRUG:]" weist hin auf die Fassung des nachfolgenden Inhalts nach bzw. vor Änderung durch das Bilanzrichtlinie-Umsetzungsgesetz (BilRUG) v. 17. 7. 2015 (BGBl I S. 1245). — Zur Anwendung siehe Anlage (Art. 75 EGHGB).

**[nach BilRUG:]**[1)]
b) eines Mutterunternehmens mit Sitz in einem Mitgliedstaat der Europäischen Union oder einem anderen Vertragsstaat des Abkommens über den Europäischen Wirtschaftsraum, wenn in diesen Konzernabschluss eine größere Gesamtheit von Unternehmen einbezogen ist;

2. die in § 264 Absatz 3 Satz 1 Nummer 3 genannte Voraussetzung ist erfüllt;

3. die Befreiung der Personenhandelsgesellschaft ist im Anhang des Konzernabschlusses angegeben und

4. für die Personenhandelsgesellschaft sind der Konzernabschluss, der Konzernlagebericht und der Bestätigungsvermerk nach § 325 Absatz 1 bis 1b offengelegt worden; § 264 Absatz 3 Satz 2 und 3 ist entsprechend anzuwenden.

**[vor BilRUG:]**[1)]
ren Unternehmens, das persönlich haftender Gesellschafter dieser Personenhandelsgesellschaft ist, einbezogen ist;

2. der Konzernabschluss sowie der Konzernlagebericht im Einklang mit der Richtlinie 83/349/EWG des Rates vom 13. Juni 1983 aufgrund von Artikel 54 Absatz 3 Buchstabe g des Vertrages über den konsolidierten Abschluss (ABl EG Nr. L 193 S. 1) und der Richtlinie 84/253/EWG des Rates vom 10. April 1984 über die Zulassung der mit der Pflichtprüfung der Rechnungslegungsunterlagen beauftragten Personen (ABl EG Nr. L 126 S. 20) in ihren jeweils geltenden Fassungen nach dem für das den Konzernabschluss aufstellende Unternehmen maßgeblichen Recht aufgestellt, von einem zugelassenen Abschlussprüfer geprüft und offen gelegt worden ist, und

3. die Befreiung der Personenhandelsgesellschaft
  a) im Anhang des von dem Mutterunternehmen aufgestellten und nach § 325 durch Einreichung beim Betreiber des Bundesanzeigers offen gelegten Konzernabschlusses angegeben und
  b) zusätzlich im Bundesanzeiger für die Personenhandelsgesellschaft unter Bezugnahme auf diese Vorschrift und unter Angabe des Mutterunternehmens mitgeteilt worden ist.

## § 264c Besondere Bestimmungen für offene Handelsgesellschaften und Kommanditgesellschaften im Sinne des § 264a

(1) [1]Ausleihungen, Forderungen und Verbindlichkeiten gegenüber Gesellschaftern sind in der Regel als solche jeweils gesondert auszuweisen oder im Anhang anzugeben. [2]Werden sie unter anderen Posten ausgewiesen, so muss diese Eigenschaft vermerkt werden.

---

1) **Anm. d. Red.:** Die jeweilige Angabe „[nach BilRUG:]" bzw. „[vor BilRUG:]" weist hin auf die Fassung des nachfolgenden Inhalts nach bzw. vor Änderung durch das Bilanzrichtlinie-Umsetzungsgesetz (BilRUG) v. 17.7.2015 (BGBl I S. 1245). — Zur Anwendung siehe Anlage (Art. 75 EGHGB).

(2) ¹§ 266 Abs. 3 Buchstabe A ist mit der Maßgabe anzuwenden, dass als Eigenkapital die folgenden Posten gesondert auszuweisen sind:
I. Kapitalanteile
II. Rücklagen
III. Gewinnvortrag/Verlustvortrag
IV. Jahresüberschuss/Jahresfehlbetrag.

²Anstelle des Postens „Gezeichnetes Kapital" sind die Kapitalanteile der persönlich haftenden Gesellschafter auszuweisen; sie dürfen auch zusammengefasst ausgewiesen werden. ³Der auf den Kapitalanteil eines persönlich haftenden Gesellschafters für das Geschäftsjahr entfallende Verlust ist von dem Kapitalanteil abzuschreiben. ⁴Soweit der Verlust den Kapitalanteil übersteigt, ist er auf der Aktivseite unter der Bezeichnung „Einzahlungsverpflichtungen persönlich haftender Gesellschafter" unter den Forderungen gesondert auszuweisen, soweit eine Zahlungsverpflichtung besteht. ⁵Besteht keine Zahlungsverpflichtung, so ist der Betrag als „Nicht durch Vermögenseinlagen gedeckter Verlustanteil persönlich haftender Gesellschafter" zu bezeichnen und gemäß § 268 Abs. 3 auszuweisen. ⁶Die Sätze 2 bis 5 sind auf die Einlagen von Kommanditisten entsprechend anzuwenden, wobei diese insgesamt gesondert gegenüber den Kapitalanteilen der persönlich haftenden Gesellschafter auszuweisen sind. ⁷Eine Forderung darf jedoch nur ausgewiesen werden, soweit eine Einzahlungsverpflichtung besteht; dasselbe gilt, wenn ein Kommanditist Gewinnanteile entnimmt, während sein Kapitalanteil durch Verlust unter den Betrag der geleisteten Einlage herabgemindert ist, oder soweit durch die Entnahme der Kapitalanteil unter den bezeichneten Betrag herabgemindert wird. ⁸Als Rücklagen sind nur solche Beträge auszuweisen, die aufgrund einer gesellschaftsrechtlichen Vereinbarung gebildet worden sind. ⁹Im Anhang ist der Betrag der im Handelsregister gemäß § 172 Abs. 1 eingetragenen Einlagen anzugeben, soweit diese nicht geleistet sind.

(3) ¹Das sonstige Vermögen der Gesellschafter (Privatvermögen) darf nicht in die Bilanz und die auf das Privatvermögen entfallenden Aufwendungen und Erträge dürfen nicht in die Gewinn- und Verlustrechnung aufgenommen werden. ²In der Gewinn- und Verlustrechnung darf jedoch nach dem Posten „Jahresüberschuss/Jahresfehlbetrag" ein dem Steuersatz der Komplementärgesellschaft entsprechender Steueraufwand der Gesellschafter offen abgesetzt oder hinzugerechnet werden.

(4) ¹Anteile an Komplementärgesellschaften sind in der Bilanz auf der Aktivseite unter den Posten A.III.1 oder A.III.3 auszuweisen. ²§ 272 Abs. 4 ist mit der Maßgabe anzuwenden, dass für diese Anteile in Höhe des aktivierten Betrags nach dem Posten „Eigenkapital" ein Sonderposten unter der Bezeichnung „Ausgleichsposten für aktivierte eigene Anteile" zu bilden ist.

(5) ¹Macht die Gesellschaft von einem Wahlrecht nach § 266 Absatz 1 Satz 3 oder Satz 4 Gebrauch, richtet sich die Gliederung der verkürzten Bilanz nach der Ausübung dieses Wahlrechts. ²Die Ermittlung der Bilanzposten nach den vorstehenden Absätzen bleibt unberührt.

## § 264d Kapitalmarktorientierte Kapitalgesellschaft

Eine Kapitalgesellschaft ist kapitalmarktorientiert, wenn sie einen organisierten Markt im Sinn des § 2 Abs. 5 des Wertpapierhandelsgesetzes durch von ihr ausgegebene Wertpapiere im Sinn des § 2 Absatz 1 des Wertpapierhandelsgesetzes in Anspruch nimmt oder die Zulassung solcher Wertpapiere zum Handel an einem organisierten Markt beantragt hat.

## § 265 Allgemeine Grundsätze für die Gliederung

(1) ¹Die Form der Darstellung, insbesondere die Gliederung der aufeinander folgenden Bilanzen und Gewinn- und Verlustrechnungen, ist beizubehalten, soweit nicht in Ausnahmefällen wegen besonderer Umstände Abweichungen erforderlich sind. ²Die Abweichungen sind im Anhang anzugeben und zu begründen.

(2) ¹In der Bilanz sowie in der Gewinn- und Verlustrechnung ist zu jedem Posten der entsprechende Betrag des vorhergehenden Geschäftsjahrs anzugeben. ²Sind die Beträge nicht vergleichbar, so ist dies im Anhang anzugeben und zu erläutern. ³Wird der Vorjahresbetrag angepasst, so ist auch dies im Anhang anzugeben und zu erläutern.

(3) Fällt ein Vermögensgegenstand oder eine Schuld unter mehrere Posten der Bilanz, so ist die Mitzugehörigkeit zu anderen Posten bei dem Posten, unter dem der Ausweis erfolgt ist, zu vermerken oder im Anhang anzugeben, wenn dies zur Aufstellung eines klaren und übersichtlichen Jahresabschlusses erforderlich ist.

(4) ¹Sind mehrere Geschäftszweige vorhanden und bedingt dies die Gliederung des Jahresabschlusses nach verschiedenen Gliederungsvorschriften, so ist der Jahresabschluss nach der für einen Geschäftszweig vorgeschriebenen Gliederung aufzustellen und nach der für die anderen Geschäftszweige vorgeschriebenen Gliederung zu ergänzen. ²Die Ergänzung ist im Anhang anzugeben und zu begründen.

[nach BilRUG:]¹⁾
(5) ¹Eine weitere Untergliederung der Posten ist zulässig; dabei ist jedoch die vorgeschriebene Gliederung zu beachten. ²Neue Posten und Zwischensummen dürfen hinzugefügt werden, wenn ihr Inhalt nicht von einem vorgeschriebenen Posten gedeckt wird.

[vor BilRUG:]¹⁾
(5) ¹Eine weitere Untergliederung der Posten ist zulässig; dabei ist jedoch die vorgeschriebene Gliederung zu beachten. ²Neue Posten dürfen hinzugefügt werden, wenn ihr Inhalt nicht von einem vorgeschriebenen Posten gedeckt wird.

(6) Gliederung und Bezeichnung der mit arabischen Zahlen versehenen Posten der Bilanz und der Gewinn- und Verlustrechnung sind zu ändern, wenn dies wegen Besonderheiten der Kapitalgesellschaft zur Aufstellung eines klaren und übersichtlichen Jahresabschlusses erforderlich ist.

(7) Die mit arabischen Zahlen versehenen Posten der Bilanz und der Gewinn- und Verlustrechnung können, wenn nicht besondere Formblätter vorgeschrieben sind, zusammengefasst ausgewiesen werden, wenn

1. sie einen Betrag enthalten, der für die Vermittlung eines den tatsächlichen Verhältnissen entsprechenden Bildes im Sinne des § 264 Abs. 2 nicht erheblich ist, oder
2. dadurch die Klarheit der Darstellung vergrößert wird; in diesem Falle müssen die zusammengefassten Posten jedoch im Anhang gesondert ausgewiesen werden.

(8) Ein Posten der Bilanz oder der Gewinn- und Verlustrechnung, der keinen Betrag ausweist, braucht nicht aufgeführt zu werden, es sei denn, dass im vorhergehenden Geschäftsjahr unter diesem Posten ein Betrag ausgewiesen wurde.

## Zweiter Titel: Bilanz

### § 266 Gliederung der Bilanz

(1) ¹Die Bilanz ist in Kontoform aufzustellen. ²Dabei haben mittelgroße und große Kapitalgesellschaften (§ 267 Absatz 2 und 3) auf der Aktivseite die in Absatz 2 und auf der Passivseite die in Absatz 3 bezeichneten Posten gesondert und in der vorgeschriebenen Reihenfolge auszuweisen. ³Kleine Kapitalgesellschaften (§ 267 Abs. 1) brauchen nur eine verkürzte Bilanz aufzustellen, in die nur die in den Absätzen 2 und 3 mit Buchstaben und römischen Zahlen bezeichneten Posten gesondert und in der vorgeschriebenen Reihenfolge aufgenommen werden. ⁴Kleinstkapitalgesellschaften (§ 267a) brauchen nur eine verkürzte Bilanz aufzustellen, in die nur die in den Absätzen 2 und 3 mit Buchstaben bezeichneten Posten gesondert und in der vorgeschriebenen Reihenfolge aufgenommen werden.

---

1) **Anm. d. Red.:** Die jeweilige Angabe „[nach BilRUG:]" bzw. „[vor BilRUG:]" weist hin auf die Fassung des nachfolgenden Inhalts nach bzw. vor Änderung durch das Bilanzrichtlinie-Umsetzungsgesetz (BilRUG) v. 17.7.2015 (BGBl I S. 1245). — Zur Anwendung siehe Anlage (Art. 75 EGHGB).

(2) Aktivseite

A. Anlagevermögen:
   I. Immaterielle Vermögensgegenstände:
      1. Selbst geschaffene gewerbliche Schutzrechte und ähnliche Rechte und Werte;
      2. entgeltlich erworbene Konzessionen, gewerbliche Schutzrechte und ähnliche Rechte und Werte sowie Lizenzen an solchen Rechten und Werten;
      3. Geschäfts- oder Firmenwert;
      4. geleistete Anzahlungen;
   II. Sachanlagen:
      1. Grundstücke, grundstücksgleiche Rechte und Bauten einschließlich der Bauten auf fremden Grundstücken;
      2. technische Anlagen und Maschinen;
      3. andere Anlagen, Betriebs- und Geschäftsausstattung;
      4. geleistete Anzahlungen und Anlagen im Bau;
   III. Finanzanlagen:
      1. Anteile an verbundenen Unternehmen;
      2. Ausleihungen an verbundene Unternehmen;
      3. Beteiligungen;
      4. Ausleihungen an Unternehmen, mit denen ein Beteiligungsverhältnis besteht;
      5. Wertpapiere des Anlagevermögens;
      6. sonstige Ausleihungen.

B. Umlaufvermögen:
   I. Vorräte:
      1. Roh-, Hilfs- und Betriebsstoffe;
      2. unfertige Erzeugnisse, unfertige Leistungen;
      3. fertige Erzeugnisse und Waren;
      4. geleistete Anzahlungen;
   II. Forderungen und sonstige Vermögensgegenstände:
      1. Forderungen aus Lieferungen und Leistungen;
      2. Forderungen gegen verbundene Unternehmen;
      3. Forderungen gegen Unternehmen, mit denen ein Beteiligungsverhältnis besteht;
      4. sonstige Vermögensgegenstände;
   III. Wertpapiere:
      1. Anteile an verbundenen Unternehmen;
      2. sonstige Wertpapiere;
   IV. Kassenbestand, Bundesbankguthaben, Guthaben bei Kreditinstituten und Schecks.

C. Rechnungsabgrenzungsposten.

D. Aktive latente Steuern.

E. Aktiver Unterschiedsbetrag aus der Vermögensverrechnung.

(3) Passivseite

A. Eigenkapital:
   I. Gezeichnetes Kapital;
   II. Kapitalrücklage;

III. Gewinnrücklagen:
1. gesetzliche Rücklage;
2. Rücklage für Anteile an einem herrschenden oder mehrheitlich beteiligten Unternehmen;
3. satzungsmäßige Rücklagen;
4. andere Gewinnrücklagen;
IV. Gewinnvortrag/Verlustvortrag;
V. Jahresüberschuss/Jahresfehlbetrag.
B. Rückstellungen:
1. Rückstellungen für Pensionen und ähnliche Verpflichtungen;
2. Steuerrückstellungen;
3. sonstige Rückstellungen.
C. Verbindlichkeiten:
1. Anleihen, davon konvertibel;
2. Verbindlichkeiten gegenüber Kreditinstituten;
3. erhaltene Anzahlungen auf Bestellungen;
4. Verbindlichkeiten aus Lieferungen und Leistungen;
5. Verbindlichkeiten aus der Annahme gezogener Wechsel und der Ausstellung eigener Wechsel;
6. Verbindlichkeiten gegenüber verbundenen Unternehmen;
7. Verbindlichkeiten gegenüber Unternehmen, mit denen ein Beteiligungsverhältnis besteht;
8. sonstige Verbindlichkeiten, davon aus Steuern, davon im Rahmen der sozialen Sicherheit.
D. Rechnungsabgrenzungsposten.
E. Passive latente Steuern.

## § 267 Umschreibung der Größenklassen

[nach BilRUG:][1)

(1) Kleine Kapitalgesellschaften sind solche, die mindestens zwei der drei nachstehenden Merkmale nicht überschreiten:
1. 6 000 000 Euro Bilanzsumme.

2. 12 000 000 Euro Umsatzerlöse in den zwölf Monaten vor dem Abschlussstichtag.
3. Im Jahresdurchschnitt fünfzig Arbeitnehmer.

(2) Mittelgroße Kapitalgesellschaften sind solche, die mindestens zwei der drei in Absatz 1 bezeichneten Merkmale überschreiten

[vor BilRUG:][1)

(1) Kleine Kapitalgesellschaften sind solche, die mindestens zwei der drei nachstehenden Merkmale nicht überschreiten:
1. 4 840 000 Euro Bilanzsumme nach Abzug eines auf der Aktivseite ausgewiesenen Fehlbetrags (§ 268 Abs. 3).
2. 9 680 000 Euro Umsatzerlöse in den zwölf Monaten vor dem Abschlussstichtag.
3. Im Jahresdurchschnitt fünfzig Arbeitnehmer.

(2) Mittelgroße Kapitalgesellschaften sind solche, die mindestens zwei der drei in Absatz 1 bezeichneten Merkmale überschreiten

---

1) **Anm. d. Red.:** Die jeweilige Angabe „[nach BilRUG:]" bzw. „[vor BilRUG:]" weist hin auf die Fassung des nachfolgenden Inhalts nach bzw. vor Änderung durch das Bilanzrichtlinie-Umsetzungsgesetz (BilRUG) v. 17. 7. 2015 (BGBl I S. 1245). — Zur Anwendung siehe Anlage (Art. 75 EGHGB).

[nach BilRUG:][1)
und jeweils mindestens zwei der drei nachstehenden Merkmale nicht überschreiten:
1. 20 000 000 Euro Bilanzsumme.
2. 40 000 000 Euro Umsatzerlöse in den zwölf Monaten vor dem Abschlussstichtag.
3. Im Jahresdurchschnitt zweihundertfünfzig Arbeitnehmer.

[vor BilRUG:][1)
und jeweils mindestens zwei der drei nachstehenden Merkmale nicht überschreiten:
1. 19 250 000 Euro Bilanzsumme nach Abzug eines auf der Aktivseite ausgewiesenen Fehlbetrags (§ 268 Abs. 3).
2. 38 500 000 Euro Umsatzerlöse in den zwölf Monaten vor dem Abschlussstichtag.
3. Im Jahresdurchschnitt zweihundertfünfzig Arbeitnehmer.

(3) ¹Große Kapitalgesellschaften sind solche, die mindestens zwei der drei in Absatz 2 bezeichneten Merkmale überschreiten. ²Eine Kapitalgesellschaft im Sinn des § 264d gilt stets als große.

[nach BilRUG:][1)
(4) ¹Die Rechtsfolgen der Merkmale nach den Absätzen 1 bis 3 Satz 1 treten nur ein, wenn sie an den Abschlussstichtagen von zwei aufeinander folgenden Geschäftsjahren über- oder unterschritten werden. ²Im Falle der Umwandlung oder Neugründung treten die Rechtsfolgen schon ein, wenn die Voraussetzungen des Absatzes 1, 2 oder 3 am ersten Abschlussstichtag nach der Umwandlung oder Neugründung vorliegen. ³Satz 2 findet im Falle des Formwechsels keine Anwendung, sofern der formwechselnde Rechtsträger eine Kapitalgesellschaft oder eine Personenhandelsgesellschaft im Sinne des § 264a Absatz 1 ist.

[vor BilRUG:][1)
(4) ¹Die Rechtsfolgen der Merkmale nach den Absätzen 1 bis 3 Satz 1 treten nur ein, wenn sie an den Abschlussstichtagen von zwei aufeinander folgenden Geschäftsjahren über- oder unterschritten werden. ²Im Falle der Umwandlung oder Neugründung treten die Rechtsfolgen schon ein, wenn die Voraussetzungen des Absatzes 1, 2 oder 3 am ersten Abschlussstichtag nach der Umwandlung oder Neugründung vorliegen.

(4a) ¹Die Bilanzsumme setzt sich aus den Posten zusammen, die in den Buchstaben A bis E des § 266 Absatz 2 aufgeführt sind. ²Ein auf der Aktivseite ausgewiesener Fehlbetrag (§ 268 Absatz 3) wird nicht in die Bilanzsumme einbezogen.

(5) Als durchschnittliche Zahl der Arbeitnehmer gilt der vierte Teil der Summe aus den Zahlen der jeweils am 31. März, 30. Juni, 30. September und 31. Dezember beschäftigten Arbeitnehmer einschließlich der im Ausland beschäftigten Arbeitnehmer, jedoch ohne die zu ihrer Berufsausbildung Beschäftigten.

(6) Informations- und Auskunftsrechte der Arbeitnehmervertretungen nach anderen Gesetzen bleiben unberührt.

### § 267a Kleinstkapitalgesellschaften

[nach BilRUG:][1)
(1) ¹Kleinstkapitalgesellschaften sind kleine Kapitalgesellschaften, die mindestens zwei der

[vor BilRUG:][1)
(1) ¹Kleinstkapitalgesellschaften sind kleine Kapitalgesellschaften, die mindestens zwei der

---

1) **Anm. d. Red.:** Die jeweilige Angabe „[nach BilRUG:]" bzw. „[vor BilRUG:]" weist hin auf die Fassung des nachfolgenden Inhalts nach bzw. vor Änderung durch das Bilanzrichtlinie-Umsetzungsgesetz (BilRUG) v. 17. 7. 2015 (BGBl I S. 1245). — Zur Anwendung siehe Anlage (Art. 75 EGHGB).

**[nach BilRUG:]**[1)]
drei nachstehenden Merkmale nicht überschreiten:
1. 350 000 Euro Bilanzsumme;

2. 700 000 Euro Umsatzerlöse in den zwölf Monaten vor dem Abschlussstichtag;
3. im Jahresdurchschnitt zehn Arbeitnehmer.

²§ 267 Absatz 4 bis 6 gilt entsprechend.

**[vor BilRUG:]**[1)]
drei nachstehenden Merkmale nicht überschreiten:
1. 350 000 Euro Bilanzsumme nach Abzug eines auf der Aktivseite ausgewiesenen Fehlbetrags (§ 268 Absatz 3);
2. 700 000 Euro Umsatzerlöse in den zwölf Monaten vor dem Abschlussstichtag;
3. im Jahresdurchschnitt zehn Arbeitnehmer.

²Die Bilanzsumme setzt sich aus den Posten zusammen, die in den Buchstaben A bis E des § 266 Absatz 2 aufgeführt sind, wobei bei Ausübung des in § 274a Nummer 5 geregelten Wahlrechts der betreffende Buchstabe nicht berücksichtigt wird. ³§ 267 Absatz 4 bis 6 gilt entsprechend.

(2) Die in diesem Gesetz für kleine Kapitalgesellschaften (§ 267 Absatz 1) vorgesehenen besonderen Regelungen gelten für Kleinstkapitalgesellschaften entsprechend, soweit nichts anderes geregelt ist.

**[nach BilRUG:]**[1)]
(3) Keine Kleinstkapitalgesellschaften sind:
1. Investmentgesellschaften im Sinne des § 1 Absatz 11 des Kapitalanlagegesetzbuchs,
2. Unternehmensbeteiligungsgesellschaften im Sinne des § 1a Absatz 1 des Gesetzes über Unternehmensbeteiligungsgesellschaften oder
3. Unternehmen, deren einziger Zweck darin besteht, Beteiligungen an anderen Unternehmen zu erwerben sowie die Verwaltung und Verwertung dieser Beteiligungen wahrzunehmen, ohne dass sie unmittelbar oder mittelbar in die Verwaltung dieser Unternehmen eingreifen, wobei die Ausübung der ihnen als Aktionär oder Gesellschafter zustehenden Rechte außer Betracht bleibt.

### § 268 Vorschriften zu einzelnen Posten der Bilanz; Bilanzvermerke

**[nach BilRUG:]**[1)]
(1) ¹Die Bilanz darf auch unter Berücksichtigung der vollständigen oder teilweisen Ver-

**[vor BilRUG:]**[1)]
(1) ¹Die Bilanz darf auch unter Berücksichtigung der vollständigen oder teilweisen Ver-

---

1) **Anm. d. Red.:** Die jeweilige Angabe „[nach BilRUG:]" bzw. „[vor BilRUG:]" weist hin auf die Fassung des nachfolgenden Inhalts nach bzw. vor Änderung durch das Bilanzrichtlinie-Umsetzungsgesetz (BilRUG) v. 17.7.2015 (BGBl I S. 1245). — Zur Anwendung siehe Anlage (Art. 75 EGHGB).

**[nach BilRUG:]**[1)]
wendung des Jahresergebnisses aufgestellt werden. ²Wird die Bilanz unter Berücksichtigung der teilweisen Verwendung des Jahresergebnisses aufgestellt, so tritt an die Stelle der Posten „Jahresüberschuss/Jahresfehlbetrag" und „Gewinnvortrag/Verlustvortrag" der Posten „Bilanzgewinn/Bilanzverlust"; ein vorhandener Gewinn- oder Verlustvortrag ist in den Posten „Bilanzgewinn/Bilanzverlust" einzubeziehen und in der Bilanz gesondert anzugeben. ³Die Angabe kann auch im Anhang gemacht werden.

(2) (weggefallen)

**[vor BilRUG:]**[1)]
wendung des Jahresergebnisses aufgestellt werden. ²Wird die Bilanz unter Berücksichtigung der teilweisen Verwendung des Jahresergebnisses aufgestellt, so tritt an die Stelle der Posten „Jahresüberschuss/Jahresfehlbetrag" und „Gewinnvortrag/Verlustvortrag" der Posten „Bilanzgewinn/Bilanzverlust"; ein vorhandener Gewinn- oder Verlustvortrag ist in den Posten „Bilanzgewinn/Bilanzverlust" einzubeziehen und in der Bilanz oder im Anhang gesondert anzugeben.

(2) ¹In der Bilanz oder im Anhang ist die Entwicklung der einzelnen Posten des Anlagevermögens darzustellen. ²Dabei sind, ausgehend von den gesamten Anschaffungs- und Herstellungskosten, die Zugänge, Abgänge, Umbuchungen und Zuschreibungen des Geschäftsjahrs sowie die Abschreibungen in ihrer gesamten Höhe gesondert aufzuführen. ³Die Abschreibungen des Geschäftsjahrs sind entweder in der Bilanz bei dem betreffenden Posten zu vermerken oder im Anhang in einer der Gliederung des Anlagevermögens entsprechenden Aufgliederung anzugeben.

(3) Ist das Eigenkapital durch Verluste aufgebraucht und ergibt sich ein Überschuss der Passivposten über die Aktivposten, so ist dieser Betrag am Schluss der Bilanz auf der Aktivseite gesondert unter der Bezeichnung „Nicht durch Eigenkapital gedeckter Fehlbetrag" auszuweisen.

(4) ¹Der Betrag der Forderungen mit einer Restlaufzeit von mehr als einem Jahr ist bei jedem gesondert ausgewiesenen Posten zu vermerken. ²Werden unter dem Posten „sonstige Vermögensgegenstände" Beträge für Vermögensgegenstände ausgewiesen, die erst nach dem Abschlussstichtag rechtlich entstehen, so müssen Beträge, die einen größeren Umfang haben, im Anhang erläutert werden.

**[nach BilRUG:]**[1)]
(5) ¹Der Betrag der Verbindlichkeiten mit einer Restlaufzeit bis zu einem Jahr und der Betrag der Verbindlichkeiten mit einer Restlaufzeit von mehr als einem Jahr sind bei jedem gesondert ausgewiesenen Posten zu vermerken. ²Erhaltene Anzahlungen auf Bestellungen sind, soweit Anzahlungen auf Vorräte nicht von dem Posten „Vorräte" offen abgesetzt werden, unter den Verbindlichkeiten gesondert auszuweisen. ³Sind unter dem Posten „Verbindlichkeiten" Beträge für Verbindlichkei-

**[vor BilRUG:]**[1)]
(5) ¹Der Betrag der Verbindlichkeiten mit einer Restlaufzeit bis zu einem Jahr ist bei jedem gesondert ausgewiesenen Posten zu vermerken. ²Erhaltene Anzahlungen auf Bestellungen sind, soweit Anzahlungen auf Vorräte nicht von dem Posten „Vorräte" offen abgesetzt werden, unter den Verbindlichkeiten gesondert auszuweisen. ³Sind unter dem Posten „Verbindlichkeiten" Beträge für Verbindlichkeiten ausgewiesen, die erst nach dem Abschlussstichtag rechtlich entstehen, so müs-

---

1) **Anm. d. Red.:** Die jeweilige Angabe „[nach BilRUG:]" bzw. „[vor BilRUG:]" weist hin auf die Fassung des nachfolgenden Inhalts nach bzw. vor Änderung durch das Bilanzrichtlinie-Umsetzungsgesetz (BilRUG) v. 17. 7. 2015 (BGBl I S. 1245). — Zur Anwendung siehe Anlage (Art. 75 EGHGB).

**[nach BilRUG:][1)]**
ten ausgewiesen, die erst nach dem Abschlussstichtag rechtlich entstehen, so müssen Beträge, die einen größeren Umfang haben, im Anhang erläutert werden.

**[vor BilRUG:][1)]**
sen Beträge, die einen größeren Umfang haben, im Anhang erläutert werden.

(6) Ein nach § 250 Abs. 3 in den Rechnungsabgrenzungsposten auf der Aktivseite aufgenommener Unterschiedsbetrag ist in der Bilanz gesondert auszuweisen oder im Anhang anzugeben.

**[nach BilRUG:][1)]**
(7) Für die in § 251 bezeichneten Haftungsverhältnisse sind

1. die Angaben zu nicht auf der Passivseite auszuweisenden Verbindlichkeiten und Haftungsverhältnissen im Anhang zu machen,
2. dabei die Haftungsverhältnisse jeweils gesondert unter Angabe der gewährten Pfandrechte und sonstigen Sicherheiten anzugeben und
3. dabei Verpflichtungen betreffend die Altersversorgung und Verpflichtungen gegenüber verbundenen oder assoziierten Unternehmen jeweils gesondert zu vermerken.

**[vor BilRUG:][1)]**
(7) Die in § 251 bezeichneten Haftungsverhältnisse sind jeweils gesondert unter der Bilanz oder im Anhang unter Angabe der gewährten Pfandrechte und sonstigen Sicherheiten anzugeben; bestehen solche Verpflichtungen gegenüber verbundenen Unternehmen, so sind sie gesondert anzugeben.

(8) ¹Werden selbst geschaffene immaterielle Vermögensgegenstände des Anlagevermögens in der Bilanz ausgewiesen, so dürfen Gewinne nur ausgeschüttet werden, wenn die nach der Ausschüttung verbleibenden frei verfügbaren Rücklagen zuzüglich eines Gewinnvortrags und abzüglich eines Verlustvortrags mindestens den insgesamt angesetzten Beträgen abzüglich der hierfür gebildeten passiven latenten Steuern entsprechen. ²Werden aktive latente Steuern in der Bilanz ausgewiesen, ist Satz 1 auf den Betrag anzuwenden, um den die aktiven latenten Steuern die passiven latenten Steuern übersteigen. ³Bei Vermögensgegenständen im Sinn des § 246 Abs. 2 Satz 2 ist Satz 1 auf den Betrag abzüglich der hierfür gebildeten passiven latenten Steuern anzuwenden, der die Anschaffungskosten übersteigt.

## § 269 (weggefallen)

## § 270 Bildung bestimmter Posten

(1) Einstellungen in die Kapitalrücklage und deren Auflösung sind bereits bei der Aufstellung der Bilanz vorzunehmen.

(2) Wird die Bilanz unter Berücksichtigung der vollständigen oder teilweisen Verwendung des Jahresergebnisses aufgestellt, so sind Entnahmen aus Gewinnrücklagen sowie Einstellungen in Gewinnrücklagen, die nach Gesetz, Gesellschaftsvertrag oder Satzung vorzunehmen sind oder aufgrund solcher Vorschriften beschlossen worden sind, bereits bei der Aufstellung der Bilanz zu berücksichtigen.

---

1) **Anm. d. Red.:** Die jeweilige Angabe „[nach BilRUG:]" bzw. „[vor BilRUG:]" weist hin auf die Fassung des nachfolgenden Inhalts nach bzw. vor Änderung durch das Bilanzrichtlinie-Umsetzungsgesetz (BilRUG) v. 17. 7. 2015 (BGBl I S. 1245). — Zur Anwendung siehe Anlage (Art. 75 EGHGB).

## § 271 Beteiligungen, Verbundene Unternehmen

**[nach BilRUG:]**[1)]
(1) ¹Beteiligungen sind Anteile an anderen Unternehmen, die bestimmt sind, dem eigenen Geschäftsbetrieb durch Herstellung einer dauernden Verbindung zu jenen Unternehmen zu dienen. ²Dabei ist es unerheblich, ob die Anteile in Wertpapieren verbrieft sind oder nicht. ³Eine Beteiligung wird vermutet, wenn die Anteile an einem Unternehmen insgesamt den fünften Teil des Nennkapitals dieses Unternehmens oder, falls ein Nennkapital nicht vorhanden ist, den fünften Teil der Summe aller Kapitalanteile an diesem Unternehmen überschreiten. ⁴Auf die Berechnung ist § 16 Abs. 2 und 4 des Aktiengesetzes entsprechend anzuwenden. ⁵Die Mitgliedschaft in einer eingetragenen Genossenschaft gilt nicht als Beteiligung im Sinne dieses Buches.

(2) Verbundene Unternehmen im Sinne dieses Buches sind solche Unternehmen, die als Mutter- oder Tochterunternehmen (§ 290) in den Konzernabschluss eines Mutterunternehmens nach den Vorschriften über die Vollkonsolidierung einzubeziehen sind, das als oberstes Mutterunternehmen den am weitestgehenden Konzernabschluss nach dem Zweiten Unterabschnitt aufzustellen hat, auch wenn die Aufstellung unterbleibt, oder das einen befreienden Konzernabschluss nach den §§ 291 oder 292 aufstellt oder aufstellen könnte; Tochterunternehmen, die nach § 296 nicht einbezogen werden, sind ebenfalls verbundene Unternehmen.

**[vor BilRUG:]**[1)]
(1) ¹Beteiligungen sind Anteile an anderen Unternehmen, die bestimmt sind, dem eigenen Geschäftsbetrieb durch Herstellung einer dauernden Verbindung zu jenen Unternehmen zu dienen. ²Dabei ist es unerheblich, ob die Anteile in Wertpapieren verbrieft sind oder nicht. ³Als Beteiligung gelten im Zweifel Anteile an einer Kapitalgesellschaft, die insgesamt den fünften Teil des Nennkapitals dieser Gesellschaft überschreiten. ⁴Auf die Berechnung ist § 16 Abs. 2 und 4 des Aktiengesetzes entsprechend anzuwenden. ⁵Die Mitgliedschaft in einer eingetragenen Genossenschaft gilt nicht als Beteiligung im Sinne dieses Buches.

(2) Verbundene Unternehmen im Sinne dieses Buches sind solche Unternehmen, die als Mutter- oder Tochterunternehmen (§ 290) in den Konzernabschluss eines Mutterunternehmens nach den Vorschriften über die Vollkonsolidierung einzubeziehen sind, das als oberstes Mutterunternehmen den am weitestgehenden Konzernabschluss nach dem Zweiten Unterabschnitt aufzustellen hat, auch wenn die Aufstellung unterbleibt, oder das einen befreienden Konzernabschluss nach § 291 oder nach einer nach § 292 erlassenen Rechtsverordnung aufstellt oder aufstellen könnte; Tochterunternehmen, die nach § 296 nicht einbezogen werden, sind ebenfalls verbundene Unternehmen.

## § 272 Eigenkapital

(1) ¹Gezeichnetes Kapital ist mit dem Nennbetrag anzusetzen. ²Die nicht eingeforderten ausstehenden Einlagen auf das gezeichnete Kapital sind von dem Posten „Gezeichnetes Kapital" offen abzusetzen; der verbleibende Betrag ist als Posten „Eingefordertes Kapital" in der Hauptspalte der Passivseite auszuweisen; der eingeforderte, aber noch nicht eingezahlte Betrag ist unter den Forderungen gesondert auszuweisen und entsprechend zu bezeichnen.

(1a) ¹Der Nennbetrag oder, falls ein solcher nicht vorhanden ist, der rechnerische Wert von erworbenen eigenen Anteilen ist in der Vorspalte offen von dem Posten „Gezeichnetes Kapital" abzusetzen. ²Der Unterschiedsbetrag zwischen dem Nennbetrag oder dem rechnerischen Wert und den Anschaffungskosten der eigenen Anteile ist mit den frei verfügbaren Rücklagen zu ver-

---

1) **Anm. d. Red.:** Die jeweilige Angabe „[nach BilRUG:]" bzw. „[vor BilRUG:]" weist hin auf die Fassung des nachfolgenden Inhalts nach bzw. vor Änderung durch das Bilanzrichtlinie-Umsetzungsgesetz (BilRUG) v. 17. 7. 2015 (BGBl I S. 1245). — Zur Anwendung siehe Anlage (Art. 75 EGHGB).

rechnen. ³Aufwendungen, die Anschaffungsnebenkosten sind, sind Aufwand des Geschäftsjahres.

(1b) ¹Nach der Veräußerung der eigenen Anteile entfällt der Ausweis nach Absatz 1a Satz 1. ²Ein den Nennbetrag oder den rechnerischen Wert übersteigender Differenzbetrag aus dem Veräußerungserlös ist bis zur Höhe des mit den frei verfügbaren Rücklagen verrechneten Betrages in die jeweiligen Rücklagen einzustellen. ³Ein darüber hinausgehender Differenzbetrag ist in die Kapitalrücklage gemäß Absatz 2 Nr. 1 einzustellen. ⁴Die Nebenkosten der Veräußerung sind Aufwand des Geschäftsjahres.

(2) Als Kapitalrücklage sind auszuweisen

1. der Betrag, der bei der Ausgabe von Anteilen einschließlich von Bezugsanteilen über den Nennbetrag oder, falls ein Nennbetrag nicht vorhanden ist, über den rechnerischen Wert hinaus erzielt wird;
2. der Betrag, der bei der Ausgabe von Schuldverschreibungen für Wandlungsrechte und Optionsrechte zum Erwerb von Anteilen erzielt wird;
3. der Betrag von Zuzahlungen, die Gesellschafter gegen Gewährung eines Vorzugs für ihre Anteile leisten;
4. der Betrag von anderen Zuzahlungen, die Gesellschafter in das Eigenkapital leisten.

(3) ¹Als Gewinnrücklagen dürfen nur Beträge ausgewiesen werden, die im Geschäftsjahr oder in einem früheren Geschäftsjahr aus dem Ergebnis gebildet worden sind. ²Dazu gehören aus dem Ergebnis zu bildende gesetzliche oder auf Gesellschaftsvertrag oder Satzung beruhende Rücklagen und andere Gewinnrücklagen.

(4) ¹Für Anteile an einem herrschenden oder mit Mehrheit beteiligten Unternehmen ist eine Rücklage zu bilden. ²In die Rücklage ist ein Betrag einzustellen, der dem auf der Aktivseite der Bilanz für die Anteile an dem herrschenden oder mit Mehrheit beteiligten Unternehmen angesetzten Betrag entspricht. ³Die Rücklage, die bereits bei der Aufstellung der Bilanz zu bilden ist, darf aus vorhandenen frei verfügbaren Rücklagen gebildet werden. ⁴Die Rücklage ist aufzulösen, soweit die Anteile an dem herrschenden oder mit Mehrheit beteiligten Unternehmen veräußert, ausgegeben oder eingezogen werden oder auf der Aktivseite ein niedrigerer Betrag angesetzt wird.

[nach BilRUG:]¹⁾

(5) ¹Übersteigt der auf eine Beteiligung entfallende Teil des Jahresüberschusses in der Gewinn- und Verlustrechnung die Beträge, die als Dividende oder Gewinnanteil eingegangen sind oder auf deren Zahlung die Kapitalgesellschaft einen Anspruch hat, ist der Unterschiedsbetrag in eine Rücklage einzustellen, die nicht ausgeschüttet werden darf. ²Die Rücklage ist aufzulösen, soweit die Kapitalgesellschaft die Beträge vereinnahmt oder einen Anspruch auf ihre Zahlung erwirbt.

## § 273 (weggefallen)

---

1) **Anm. d. Red.:** Die jeweilige Angabe „[nach BilRUG:]" bzw. „[vor BilRUG:]" weist hin auf die Fassung des nachfolgenden Inhalts nach bzw. vor Änderung durch das Bilanzrichtlinie-Umsetzungsgesetz (BilRUG) v. 17. 7. 2015 (BGBl I S. 1245). — Zur Anwendung siehe Anlage (Art. 75 EGHGB).

## § 274 Latente Steuern

(1) ¹Bestehen zwischen den handelsrechtlichen Wertansätzen von Vermögensgegenständen, Schulden und Rechnungsabgrenzungsposten und ihren steuerlichen Wertansätzen Differenzen, die sich in späteren Geschäftsjahren voraussichtlich abbauen, so ist eine sich daraus insgesamt ergebende Steuerbelastung als passive latente Steuern (§ 266 Abs. 3 E.) in der Bilanz anzusetzen. ²Eine sich daraus insgesamt ergebende Steuerentlastung kann als aktive latente Steuern (§ 266 Abs. 2 D.) in der Bilanz angesetzt werden. ³Die sich ergebende Steuerbe- und die sich ergebende Steuerentlastung können auch unverrechnet angesetzt werden. ⁴Steuerliche Verlustvorträge sind bei der Berechnung aktiver latenter Steuern in Höhe der innerhalb der nächsten fünf Jahre zu erwartenden Verlustverrechnung zu berücksichtigen.

(2) ¹Die Beträge der sich ergebenden Steuerbe- und -entlastung sind mit den unternehmensindividuellen Steuersätzen im Zeitpunkt des Abbaus der Differenzen zu bewerten und nicht abzuzinsen. ²Die ausgewiesenen Posten sind aufzulösen, sobald die Steuerbe- oder -entlastung eintritt oder mit ihr nicht mehr zu rechnen ist. ³Der Aufwand oder Ertrag aus der Veränderung bilanzierter latenter Steuern ist in der Gewinn- und Verlustrechnung gesondert unter dem Posten „Steuern vom Einkommen und vom Ertrag" auszuweisen.

## § 274a Größenabhängige Erleichterungen

### [nach BilRUG:][1)]
Kleine Kapitalgesellschaften sind von der Anwendung der folgenden Vorschriften befreit:
1. § 268 Abs. 4 Satz 2 über die Pflicht zur Erläuterung bestimmter Forderungen im Anhang,
2. § 268 Abs. 5 Satz 3 über die Erläuterung bestimmter Verbindlichkeiten im Anhang,
3. § 268 Abs. 6 über den Rechnungsabgrenzungsposten nach § 250 Abs. 3,
4. § 274 über die Abgrenzung latenter Steuern.

### [vor BilRUG:][1)]
Kleine Kapitalgesellschaften sind von der Anwendung der folgenden Vorschriften befreit:
1. § 268 Abs. 2 über die Aufstellung eines Anlagengitters,
2. § 268 Abs. 4 Satz 2 über die Pflicht zur Erläuterung bestimmter Forderungen im Anhang,
3. § 268 Abs. 5 Satz 3 über die Erläuterung bestimmter Verbindlichkeiten im Anhang,
4. § 268 Abs. 6 über den Rechnungsabgrenzungsposten nach § 250 Abs. 3,
5. § 274 über die Abgrenzung latenter Steuern.

## Dritter Titel: Gewinn- und Verlustrechnung

## § 275 Gliederung

(1) ¹Die Gewinn- und Verlustrechnung ist in Staffelform nach dem Gesamtkostenverfahren oder dem Umsatzkostenverfahren aufzustellen. ²Dabei sind die in Absatz 2 oder 3 bezeichneten Posten in der angegebenen Reihenfolge gesondert auszuweisen.

(2) Bei Anwendung des Gesamtkostenverfahrens sind auszuweisen:
1. Umsatzerlöse
2. Erhöhung oder Verminderung des Bestands an fertigen und unfertigen Erzeugnissen
3. andere aktivierte Eigenleistungen
4. sonstige betriebliche Erträge

---

1) **Anm. d. Red.:** Die jeweilige Angabe „[nach BilRUG:]" bzw. „[vor BilRUG:]" weist hin auf die Fassung des nachfolgenden Inhalts nach bzw. vor Änderung durch das Bilanzrichtlinie-Umsetzungsgesetz (BilRUG) v. 17.7.2015 (BGBl I S. 1245). — Zur Anwendung siehe Anlage (Art. 75 EGHGB).

5. Materialaufwand:
   a) Aufwendungen für Roh-, Hilfs- und Betriebsstoffe und für bezogene Waren
   b) Aufwendungen für bezogene Leistungen
6. Personalaufwand:
   a) Löhne und Gehälter
   b) soziale Abgaben und Aufwendungen für Altersversorgung und für Unterstützung, davon für Altersversorgung
7. Abschreibungen:
   a) auf immaterielle Vermögensgegenstände des Anlagevermögens und Sachanlagen
   b) auf Vermögensgegenstände des Umlaufvermögens, soweit diese die in der Kapitalgesellschaft üblichen Abschreibungen überschreiten
8. sonstige betriebliche Aufwendungen
9. Erträge aus Beteiligungen, davon aus verbundenen Unternehmen
10. Erträge aus anderen Wertpapieren und Ausleihungen des Finanzanlagevermögens, davon aus verbundenen Unternehmen
11. sonstige Zinsen und ähnliche Erträge, davon aus verbundenen Unternehmen
12. Abschreibungen auf Finanzanlagen und auf Wertpapiere des Umlaufvermögens
13. Zinsen und ähnliche Aufwendungen, davon an verbundene Unternehmen

| **[nach BilRUG:]**[1] | **[vor BilRUG:]**[1] |
|---|---|
| 14. Steuern vom Einkommen und vom Ertrag | 14. Ergebnis der gewöhnlichen Geschäftstätigkeit |
| 15. Ergebnis nach Steuern | 15. außerordentliche Erträge |
| 16. sonstige Steuern | 16. außerordentliche Aufwendungen |
| 17. Jahresüberschuss/Jahresfehlbetrag. | 17. außerordentliches Ergebnis |
| | 18. Steuern vom Einkommen und vom Ertrag |
| | 19. sonstige Steuern |
| | 20. Jahresüberschuss/Jahresfehlbetrag. |

(3) Bei Anwendung des Umsatzkostenverfahrens sind auszuweisen:
1. Umsatzerlöse
2. Herstellungskosten der zur Erzielung der Umsatzerlöse erbrachten Leistungen
3. Bruttoergebnis vom Umsatz
4. Vertriebskosten
5. allgemeine Verwaltungskosten
6. sonstige betriebliche Erträge
7. sonstige betriebliche Aufwendungen
8. Erträge aus Beteiligungen, davon aus verbundenen Unternehmen
9. Erträge aus anderen Wertpapieren und Ausleihungen des Finanzanlagevermögens, davon aus verbundenen Unternehmen
10. sonstige Zinsen und ähnliche Erträge, davon aus verbundenen Unternehmen
11. Abschreibungen auf Finanzanlagen und auf Wertpapiere des Umlaufvermögens

---

1) **Anm. d. Red.:** Die jeweilige Angabe „[nach BilRUG:]" bzw. „[vor BilRUG:]" weist hin auf die Fassung des nachfolgenden Inhalts nach bzw. vor Änderung durch das Bilanzrichtlinie-Umsetzungsgesetz (BilRUG) v. 17. 7. 2015 (BGBl I S. 1245). — Zur Anwendung siehe Anlage (Art. 75 EGHGB).

VI. Handelsgesetzbuch § 276

12. Zinsen und ähnliche Aufwendungen, davon an verbundene Unternehmen

[nach BilRUG:][1)]
13. Steuern vom Einkommen und vom Ertrag
14. Ergebnis nach Steuern
15. sonstige Steuern
16. Jahresüberschuss/Jahresfehlbetrag.

[vor BilRUG:][1)]
13. Ergebnis der gewöhnlichen Geschäftstätigkeit
14. außerordentliche Erträge
15. außerordentliche Aufwendungen
16. außerordentliches Ergebnis
17. Steuern vom Einkommen und vom Ertrag
18. sonstige Steuern
19. Jahresüberschuss/Jahresfehlbetrag.

(4) Veränderungen der Kapital- und Gewinnrücklagen dürfen in der Gewinn- und Verlustrechnung erst nach dem Posten „Jahresüberschuss/Jahresfehlbetrag" ausgewiesen werden.

(5) Kleinstkapitalgesellschaften (§ 267a) können anstelle der Staffelungen nach den Absätzen 2 und 3 die Gewinn- und Verlustrechnung wie folgt darstellen:
1. Umsatzerlöse,
2. sonstige Erträge,
3. Materialaufwand,
4. Personalaufwand,
5. Abschreibungen,
6. sonstige Aufwendungen,
7. Steuern,
8. Jahresüberschuss/Jahresfehlbetrag.

### § 276 Größenabhängige Erleichterungen

[nach BilRUG:][1)]
¹Kleine und mittelgroße Kapitalgesellschaften (§ 267 Abs. 1, 2) dürfen die Posten § 275 Abs. 2 Nr. 1 bis 5 oder Abs. 3 Nr. 1 bis 3 und 6 zu einem Posten unter der Bezeichnung „Rohergebnis" zusammenfassen. ²Die Erleichterungen nach Satz 1 gelten nicht für Kleinstkapitalgesellschaften (§ 267a), die von der Regelung des § 275 Absatz 5 Gebrauch machen.

[vor BilRUG:][1)]
¹Kleine und mittelgroße Kapitalgesellschaften (§ 267 Abs. 1, 2) dürfen die Posten § 275 Abs. 2 Nr. 1 bis 5 oder Abs. 3 Nr. 1 bis 3 und 6 zu einem Posten unter der Bezeichnung „Rohergebnis" zusammenfassen. ²Kleine Kapitalgesellschaften brauchen außerdem die in § 277 Abs. 4 Satz 2 und 3 verlangten Erläuterungen zu den Posten „außerordentliche Erträge" und „außerordentliche Aufwendungen" nicht zu machen. ³Die Erleichterungen nach Satz 1 oder 2 gelten nicht für Kleinstkapitalgesellschaften (§ 267a), die von der Regelung des § 275 Absatz 5 Gebrauch machen.

---

1) **Anm. d. Red.:** Die jeweilige Angabe „[nach BilRUG:]" bzw. „[vor BilRUG:]" weist hin auf die Fassung des nachfolgenden Inhalts nach bzw. vor Änderung durch das Bilanzrichtlinie-Umsetzungsgesetz (BilRUG) v. 17. 7. 2015 (BGBl I S. 1245). — Zur Anwendung siehe Anlage (Art. 75 EGHGB).

## § 277 Vorschriften zu einzelnen Posten der Gewinn- und Verlustrechnung

[nach BilRUG:][1)]
(1) Als Umsatzerlöse sind die Erlöse aus dem Verkauf und der Vermietung oder Verpachtung von Produkten sowie aus der Erbringung von Dienstleistungen der Kapitalgesellschaft nach Abzug von Erlösschmälerungen und der Umsatzsteuer sowie sonstiger direkt mit dem Umsatz verbundener Steuern auszuweisen.

[vor BilRUG:][1)]
(1) Als Umsatzerlöse sind die Erlöse aus dem Verkauf und der Vermietung oder Verpachtung von für die gewöhnliche Geschäftstätigkeit der Kapitalgesellschaft typischen Erzeugnissen und Waren sowie aus von für die gewöhnliche Geschäftstätigkeit der Kapitalgesellschaft typischen Dienstleistungen nach Abzug von Erlösschmälerungen und der Umsatzsteuer auszuweisen.

(2) Als Bestandsveränderungen sind sowohl Änderungen der Menge als auch solche des Wertes zu berücksichtigen; Abschreibungen jedoch nur, soweit diese die in der Kapitalgesellschaft sonst üblichen Abschreibungen nicht überschreiten.

[nach BilRUG:][1)]
(3) ¹Außerplanmäßige Abschreibungen nach § 253 Absatz 3 Satz 5 und 6 sind jeweils gesondert auszuweisen oder im Anhang anzugeben. ²Erträge und Aufwendungen aus Verlustübernahme und aufgrund einer Gewinngemeinschaft, eines Gewinnabführungs- oder eines Teilgewinnabführungsvertrags erhaltene oder abgeführte Gewinne sind jeweils gesondert unter entsprechender Bezeichnung auszuweisen.

[vor BilRUG:][1)]
(3) ¹Außerplanmäßige Abschreibungen nach § 253 Abs. 3 Satz 3 und 4 sind jeweils gesondert auszuweisen oder im Anhang anzugeben. ²Erträge und Aufwendungen aus Verlustübernahme und aufgrund einer Gewinngemeinschaft, eines Gewinnabführungs- oder eines Teilgewinnabführungsvertrags erhaltene oder abgeführte Gewinne sind jeweils gesondert unter entsprechender Bezeichnung auszuweisen.

(4) (weggefallen)

(4) ¹Unter den Posten „außerordentliche Erträge" und „außerordentliche Aufwendungen" sind Erträge und Aufwendungen auszuweisen, die außerhalb der gewöhnlichen Geschäftstätigkeit der Kapitalgesellschaft anfallen. ²Die Posten sind hinsichtlich ihres Betrags und ihrer Art im Anhang zu erläutern, soweit die ausgewiesenen Beträge für die Beurteilung der Ertragslage nicht von untergeordneter Bedeutung sind. ³Satz 2 gilt entsprechend für alle Aufwendungen und Erträge, die einem anderen Geschäftsjahr zuzurechnen sind.

(5) ¹Erträge aus der Abzinsung sind in der Gewinn- und Verlustrechnung gesondert unter dem Posten „Sonstige Zinsen und ähnliche Erträge" und Aufwendungen gesondert unter dem Posten „Zinsen und ähnliche Aufwendungen" auszuweisen. ²Erträge aus der Währungsumrechnung sind in der Gewinn- und Verlustrechnung gesondert unter dem Posten „Sonstige betriebliche Erträge" und Aufwendungen aus der Währungsumrechnung gesondert unter dem Posten „Sonstige betriebliche Aufwendungen" auszuweisen.

---

1) **Anm. d. Red.:** Die jeweilige Angabe „[nach BilRUG:]" bzw. „[vor BilRUG:]" weist hin auf die Fassung des nachfolgenden Inhalts nach bzw. vor Änderung durch das Bilanzrichtlinie-Umsetzungsgesetz (BilRUG) v. 17.7.2015 (BGBl I S. 1245). — Zur Anwendung siehe Anlage (Art. 75 EGHGB).

## § 278 [nach BilRUG:][1] (weggefallen)

## [vor BilRUG:][1] Steuern

[1]Die Steuern vom Einkommen und vom Ertrag sind auf der Grundlage des Beschlusses über die Verwendung des Ergebnisses zu berechnen; liegt ein solcher Beschluss im Zeitpunkt der Feststellung des Jahresabschlusses nicht vor, so ist vom Vorschlag über die Verwendung des Ergebnisses auszugehen. [2]Weicht der Beschluss über die Verwendung des Ergebnisses vom Vorschlag ab, so braucht der Jahresabschluss nicht geändert zu werden.

## Vierter Titel (weggefallen)
## §§ 279 bis 283 (weggefallen)

## Fünfter Titel: Anhang
### § 284 Erläuterung der Bilanz und der Gewinn- und Verlustrechnung

**[nach BilRUG:][1]**
(1) [1]In den Anhang sind diejenigen Angaben aufzunehmen, die zu den einzelnen Posten der Bilanz oder der Gewinn- und Verlustrechnung vorgeschrieben sind; sie sind in der Reihenfolge der einzelnen Posten der Bilanz und der Gewinn- und Verlustrechnung darzustellen. [2]Im Anhang sind auch die Angaben zu machen, die in Ausübung eines Wahlrechts nicht in die Bilanz oder in die Gewinn- und Verlustrechnung aufgenommen wurden.

(2) Im Anhang müssen
1. die auf die Posten der Bilanz und der Gewinn- und Verlustrechnung angewandten Bilanzierungs- und Bewertungsmethoden angegeben werden;
2. Abweichungen von Bilanzierungs- und Bewertungsmethoden angegeben und begründet werden; deren Einfluss auf die Vermögens-, Finanz- und Ertragslage ist gesondert darzustellen;
3. bei Anwendung einer Bewertungsmethode nach § 240 Abs. 4, § 256 Satz 1 die Unterschiedsbeträge pauschal für die jeweili-

**[vor BilRUG:][1]**
(1) In den Anhang sind diejenigen Angaben aufzunehmen, die zu den einzelnen Posten der Bilanz oder der Gewinn- und Verlustrechnung vorgeschrieben oder die im Anhang zu machen sind, weil sie in Ausübung eines Wahlrechts nicht in die Bilanz oder in die Gewinn- und Verlustrechnung aufgenommen wurden.

(2) Im Anhang müssen
1. die auf die Posten der Bilanz und der Gewinn- und Verlustrechnung angewandten Bilanzierungs- und Bewertungsmethoden angegeben werden;
2. die Grundlagen für die Umrechnung in Euro angegeben werden, soweit der Jahresabschluss Posten enthält, denen Beträge zugrunde liegen, die auf fremde Währung lauten oder ursprünglich auf fremde Währung lauteten;
3. Abweichungen von Bilanzierungs- und Bewertungsmethoden angegeben und begründet werden; deren Einfluss auf die

---

1) **Anm. d. Red.:** Die jeweilige Angabe „[nach BilRUG:]" bzw. „[vor BilRUG:]" weist hin auf die Fassung des nachfolgenden Inhalts nach bzw. vor Änderung durch das Bilanzrichtlinie-Umsetzungsgesetz (BilRUG) v. 17. 7. 2015 (BGBl I S. 1245). — Zur Anwendung siehe Anlage (Art. 75 EGHGB).

**[nach BilRUG:]**[1)]
ge Gruppe ausgewiesen werden, wenn die Bewertung im Vergleich zu einer Bewertung auf der Grundlage des letzten vor dem Abschlussstichtag bekannten Börsenkurses oder Marktpreises einen erheblichen Unterschied aufweist;

4. Angaben über die Einbeziehung von Zinsen für Fremdkapital in die Herstellungskosten gemacht werden.

**[vor BilRUG:]**[1)]
Vermögens-, Finanz- und Ertragslage ist gesondert darzustellen;

4. bei Anwendung einer Bewertungsmethode nach § 240 Abs. 4, § 256 Satz 1 die Unterschiedsbeträge pauschal für die jeweilige Gruppe ausgewiesen werden, wenn die Bewertung im Vergleich zu einer Bewertung auf der Grundlage des letzten vor dem Abschlussstichtag bekannten Börsenkurses oder Marktpreises einen erheblichen Unterschied aufweist;

5. Angaben über die Einbeziehung von Zinsen für Fremdkapital in die Herstellungskosten gemacht werden.

(3) [1]Im Anhang ist die Entwicklung der einzelnen Posten des Anlagevermögens in einer gesonderten Aufgliederung darzustellen. [2]Dabei sind, ausgehend von den gesamten Anschaffungs- und Herstellungskosten, die Zugänge, Abgänge, Umbuchungen und Zuschreibungen des Geschäftsjahrs sowie die Abschreibungen gesondert aufzuführen. [3]Zu den Abschreibungen sind gesondert folgende Angaben zu machen:

1. die Abschreibungen in ihrer gesamten Höhe zu Beginn und Ende des Geschäftsjahrs,
2. die im Laufe des Geschäftsjahrs vorgenommenen Abschreibungen und
3. Änderungen in den Abschreibungen in ihrer gesamten Höhe im Zusammenhang mit Zu- und Abgängen sowie Umbuchungen im Laufe des Geschäftsjahrs.

[4]Sind in die Herstellungskosten Zinsen für Fremdkapital einbezogen worden, ist für jeden Posten des Anlagevermögens anzugeben, welcher Betrag an Zinsen im Geschäftsjahr aktiviert worden ist.

## § 285 Sonstige Pflichtangaben

Ferner sind im Anhang anzugeben:
1. zu den in der Bilanz ausgewiesenen Verbindlichkeiten

---

1) **Anm. d. Red.:** Die jeweilige Angabe „[nach BilRUG:]" bzw. „[vor BilRUG:]" weist hin auf die Fassung des nachfolgenden Inhalts nach bzw. vor Änderung durch das Bilanzrichtlinie-Umsetzungsgesetz (BilRUG) v. 17. 7. 2015 (BGBl I S. 1245). — Zur Anwendung siehe Anlage (Art. 75 EGHGB).

a) der Gesamtbetrag der Verbindlichkeiten mit einer Restlaufzeit von mehr als fünf Jahren,
b) der Gesamtbetrag der Verbindlichkeiten, die durch Pfandrechte oder ähnliche Rechte gesichert sind, unter Angabe von Art und Form der Sicherheiten;

2. die Aufgliederung der in Nummer 1 verlangten Angaben für jeden Posten der Verbindlichkeiten nach dem vorgeschriebenen Gliederungsschema;

[nach BilRUG:][1)]

3. Art und Zweck sowie Risiken, Vorteile und finanzielle Auswirkungen von nicht in der Bilanz enthaltenen Geschäften, soweit die Risiken und Vorteile wesentlich sind und die Offenlegung für die Beurteilung der Finanzlage des Unternehmens erforderlich ist;

3a. der Gesamtbetrag der sonstigen finanziellen Verpflichtungen, die nicht in der Bilanz enthalten sind und die nicht nach § 268 Absatz 7 oder Nummer 3 anzugeben sind, sofern diese Angabe für die Beurteilung der Finanzlage von Bedeutung ist; davon sind Verpflichtungen betreffend die Altersversorgung und Verpflichtungen gegenüber verbundenen oder assoziierten Unternehmen jeweils gesondert anzugeben;

4. die Aufgliederung der Umsatzerlöse nach Tätigkeitsbereichen sowie nach geografisch bestimmten Märkten, soweit sich unter Berücksichtigung der Organisation des Verkaufs, der Vermietung oder Verpachtung von Produkten und der Erbringung von Dienstleistungen der Kapitalgesellschaft die Tätigkeitsbereiche und geografisch bestimmten Märkte untereinander erheblich unterscheiden;

5. (weggefallen)

[nach BilRUG:][1)]
6. (weggefallen)

[vor BilRUG:][1)]

3. Art und Zweck sowie Risiken und Vorteile von nicht in der Bilanz enthaltenen Geschäften, soweit dies für die Beurteilung der Finanzlage notwendig ist;

3a. der Gesamtbetrag der sonstigen finanziellen Verpflichtungen, die nicht in der Bilanz enthalten und nicht nach § 251 oder Nummer 3 anzugeben sind, sofern diese Angabe für die Beurteilung der Finanzlage von Bedeutung ist; davon sind Verpflichtungen gegenüber verbundenen Unternehmen gesondert anzugeben;

4. die Aufgliederung der Umsatzerlöse nach Tätigkeitsbereichen sowie nach geographisch bestimmten Märkten, soweit sich, unter Berücksichtigung der Organisation des Verkaufs von für die gewöhnliche Geschäftstätigkeit der Kapitalgesellschaft typischen Erzeugnissen und der für die gewöhnliche Geschäftstätigkeit der Kapitalgesellschaft typischen Dienstleistungen, die Tätigkeitsbereiche und geographisch bestimmten Märkte untereinander erheblich unterscheiden;

5. (weggefallen)

[vor BilRUG:][1)]
6. in welchem Umfang die Steuern vom Einkommen und vom Ertrag das Ergebnis der gewöhnlichen Geschäftstätigkeit und das außerordentliche Ergebnis belasten;

7. die durchschnittliche Zahl der während des Geschäftsjahrs beschäftigten Arbeitnehmer getrennt nach Gruppen;

8. bei Anwendung des Umsatzkostenverfahrens (§ 275 Abs. 3)
   a) der Materialaufwand des Geschäftsjahrs, gegliedert nach § 275 Abs. 2 Nr. 5,
   b) der Personalaufwand des Geschäftsjahrs, gegliedert nach § 275 Abs. 2 Nr. 6;

---

1) **Anm. d. Red.:** Die jeweilige Angabe „[nach BilRUG:]" bzw. „[vor BilRUG:]" weist hin auf die Fassung des nachfolgenden Inhalts nach bzw. vor Änderung durch das Bilanzrichtlinie-Umsetzungsgesetz (BilRUG) v. 17. 7. 2015 (BGBl I S. 1245). — Zur Anwendung siehe Anlage (Art. 75 EGHGB).

9. für die Mitglieder des Geschäftsführungsorgans, eines Aufsichtsrats, eines Beirats oder einer ähnlichen Einrichtung jeweils für jede Personengruppe,
   a) die für die Tätigkeit im Geschäftsjahr gewährten Gesamtbezüge (Gehälter, Gewinnbeteiligungen, Bezugsrechte und sonstige aktienbasierte Vergütungen, Aufwandsentschädigungen, Versicherungsentgelte, Provisionen und Nebenleistungen jeder Art). ²In die Gesamtbezüge sind auch Bezüge einzurechnen, die nicht ausgezahlt, sondern in Ansprüche anderer Art umgewandelt oder zur Erhöhung anderer Ansprüche verwendet werden. ³Außer den Bezügen für das Geschäftsjahr sind die weiteren Bezüge anzugeben, die im Geschäftsjahr gewährt, bisher aber in keinem Jahresabschluss angegeben worden sind. ⁴Bezugsrechte und sonstige aktienbasierte Vergütungen sind mit ihrer Anzahl und dem beizulegenden Zeitwert zum Zeitpunkt ihrer Gewährung anzugeben; spätere Wertveränderungen, die auf einer Änderung der Ausübungsbedingungen beruhen, sind zu berücksichtigen. ⁵Bei einer börsennotierten Aktiengesellschaft sind zusätzlich unter Namensnennung die Bezüge jedes einzelnen Vorstandsmitglieds, aufgeteilt nach erfolgsunabhängigen und erfolgsbezogenen Komponenten sowie Komponenten mit langfristiger Anreizwirkung, gesondert anzugeben. ⁶Dies gilt auch für:
   aa) Leistungen, die dem Vorstandsmitglied für den Fall einer vorzeitigen Beendigung seiner Tätigkeit zugesagt worden sind;
   bb) Leistungen, die dem Vorstandsmitglied für den Fall der regulären Beendigung seiner Tätigkeit zugesagt worden sind, mit ihrem Barwert, sowie den von der Gesellschaft während des Geschäftsjahrs hierfür aufgewandten oder zurückgestellten Betrag;
   cc) während des Geschäftsjahrs vereinbarte Änderungen dieser Zusagen;
   dd) Leistungen, die einem früheren Vorstandsmitglied, das seine Tätigkeit im Laufe des Geschäftsjahrs beendet hat, in diesem Zusammenhang zugesagt und im Laufe des Geschäftsjahrs gewährt worden sind.
   ⁷Leistungen, die dem einzelnen Vorstandsmitglied von einem Dritten im Hinblick auf seine Tätigkeit als Vorstandsmitglied zugesagt oder im Geschäftsjahr gewährt worden sind, sind ebenfalls anzugeben. ⁸Enthält der Jahresabschluss weitergehende Angaben zu bestimmten Bezügen, sind auch diese zusätzlich einzeln anzugeben;
   b) die Gesamtbezüge (Abfindungen, Ruhegehälter, Hinterbliebenenbezüge und Leistungen verwandter Art) der früheren Mitglieder der bezeichneten Organe und ihrer Hinterbliebenen. ²Buchstabe a Satz 2 und 3 ist entsprechend anzuwenden. ³Ferner ist der Betrag der für diese Personengruppe gebildeten Rückstellungen für laufende Pensionen und Anwartschaften auf Pensionen und der Betrag der für diese Verpflichtungen nicht gebildeten Rückstellungen anzugeben;

   [nach BilRUG:]¹⁾                                      [vor BilRUG:]¹⁾
   c) die gewährten Vorschüsse und Kredite              c) die gewährten Vorschüsse und Kredite
      unter Angabe der Zinssätze, der we-                  unter Angabe der Zinssätze, der we-
      sentlichen Bedingungen und der gege-                 sentlichen Bedingungen und der gege-
      benenfalls im Geschäftsjahr zurück-                  benenfalls im Geschäftsjahr zurück-
      gezahlten oder erlassenen Beträge so-               gezahlten Beträge sowie die zugunsten
      wie die zugunsten dieser Personen ein-              dieser Personen eingegangenen Haf-
      gegangenen Haftungsverhältnisse;                    tungsverhältnisse;

10. alle Mitglieder des Geschäftsführungsorgans und eines Aufsichtsrats, auch wenn sie im Geschäftsjahr oder später ausgeschieden sind, mit dem Familiennamen und mindestens einem ausgeschriebenen Vornamen, einschließlich des ausgeübten Berufs und bei börsennotierten Gesellschaften auch der Mitgliedschaft in Aufsichtsräten und anderen Kontrollgre-

---

1) **Anm. d. Red.:** Die jeweilige Angabe „[nach BilRUG:]" bzw. „[vor BilRUG:]" weist hin auf die Fassung des nachfolgenden Inhalts nach bzw. vor Änderung durch das Bilanzrichtlinie-Umsetzungsgesetz (BilRUG) v. 17.7.2015 (BGBl I S. 1245). — Zur Anwendung siehe Anlage (Art. 75 EGHGB).

mien im Sinne des § 125 Abs. 1 Satz 5 des Aktiengesetzes. ²Der Vorsitzende eines Aufsichtsrats, seine Stellvertreter und ein etwaiger Vorsitzender des Geschäftsführungsorgans sind als solche zu bezeichnen;

[nach BilRUG:][1)]

11. Name und Sitz anderer Unternehmen, die Höhe des Anteils am Kapital, das Eigenkapital und das Ergebnis des letzten Geschäftsjahrs dieser Unternehmen, für die ein Jahresabschluss vorliegt, soweit es sich um Beteiligungen im Sinne des § 271 Absatz 1 handelt oder ein solcher Anteil von einer Person für Rechnung der Kapitalgesellschaft gehalten wird;

[vor BilRUG:][1)]

11. Name und Sitz anderer Unternehmen, von denen die Kapitalgesellschaft oder eine für Rechnung der Kapitalgesellschaft handelnde Person mindestens den fünften Teil der Anteile besitzt; außerdem sind die Höhe des Anteils am Kapital, das Eigenkapital und das Ergebnis des letzten Geschäftsjahrs dieser Unternehmen anzugeben, für das ein Jahresabschluss vorliegt; auf die Berechnung der Anteile ist § 16 Abs. 2 und 4 des Aktiengesetzes entsprechend anzuwenden; ferner sind von börsennotierten Kapitalgesellschaften zusätzlich alle Beteiligungen an großen Kapitalgesellschaften anzugeben, die fünf vom Hundert der Stimmrechte überschreiten;

11a. Name, Sitz und Rechtsform der Unternehmen, deren unbeschränkt haftender Gesellschafter die Kapitalgesellschaft ist;

[nach BilRUG:][1)]

11b. von börsennotierten Kapitalgesellschaften sind alle Beteiligungen an großen Kapitalgesellschaften anzugeben, die 5 Prozent der Stimmrechte überschreiten;

12. Rückstellungen, die in der Bilanz unter dem Posten „sonstige Rückstellungen" nicht gesondert ausgewiesen werden, sind zu erläutern, wenn sie einen nicht unerheblichen Umfang haben;

[nach BilRUG:][1)]

13. jeweils eine Erläuterung des Zeitraums, über den ein entgeltlich erworbener Geschäfts- oder Firmenwert abgeschrieben wird;

[vor BilRUG:][1)]

13. die Gründe, welche die Annahme einer betrieblichen Nutzungsdauer eines entgeltlich erworbenen Geschäfts- oder Firmenwertes von mehr als fünf Jahren rechtfertigen;

14. Name und Sitz des Mutterunternehmens der Kapitalgesellschaft, das den Konzernabschluss für den größten Kreis von Unternehmen aufstellt, sowie der Ort, wo der von diesem Mutterunternehmen aufgestellte Konzernabschluss erhältlich ist;

14. Name und Sitz des Mutterunternehmens der Kapitalgesellschaft, das den Konzernabschluss für den größten Kreis von Unternehmen aufstellt, und ihres Mutterunternehmens, das den Konzernabschluss für den kleinsten Kreis von Unternehmen aufstellt, sowie im Falle der Offenlegung der von diesen Mutterunternehmen aufgestellten Konzernabschlüsse der Ort, wo diese erhältlich sind;

---

1) **Anm. d. Red.:** Die jeweilige Angabe „[nach BilRUG:]" bzw. „[vor BilRUG:]" weist hin auf die Fassung des nachfolgenden Inhalts nach bzw. vor Änderung durch das Bilanzrichtlinie-Umsetzungsgesetz (BilRUG) v. 17. 7. 2015 (BGBl I S. 1245). — Zur Anwendung siehe Anlage (Art. 75 EGHGB).

**[nach BilRUG:]**[1]

14a. Name und Sitz des Mutterunternehmens der Kapitalgesellschaft, das den Konzernabschluss für den kleinsten Kreis von Unternehmen aufstellt, sowie der Ort, wo der von diesem Mutterunternehmen aufgestellte Konzernabschluss erhältlich ist;

15. soweit es sich um den Anhang des Jahresabschlusses einer Personenhandelsgesellschaft im Sinne des § 264a Abs. 1 handelt, Name und Sitz der Gesellschaften, die persönlich haftende Gesellschafter sind, sowie deren gezeichnetes Kapital;

**[nach BilRUG:]**[1]

15a. das Bestehen von Genussscheinen, Genussrechten, Wandelschuldverschreibungen, Optionsscheinen, Optionen, Besserungsscheinen oder vergleichbaren Wertpapieren oder Rechten, unter Angabe der Anzahl und der Rechte, die sie verbriefen;

16. dass die nach § 161 des Aktiengesetzes vorgeschriebene Erklärung abgegeben und wo sie öffentlich zugänglich gemacht worden ist;

17. das von dem Abschlussprüfer für das Geschäftsjahr berechnete Gesamthonorar, aufgeschlüsselt in das Honorar für

   a) die Abschlussprüfungsleistungen,

   b) andere Bestätigungsleistungen,

   c) Steuerberatungsleistungen,

   d) sonstige Leistungen,

   soweit die Angaben nicht in einem das Unternehmen einbeziehenden Konzernabschluss enthalten sind;

| **[nach BilRUG:]**[1] | **[vor BilRUG:]**[1] |
|---|---|
| 18. für zu den Finanzanlagen (§ 266 Abs. 2 A. III.) gehörende Finanzinstrumente, die über ihrem beizulegenden Zeitwert ausgewiesen werden, da eine außerplanmäßige Abschreibung nach § 253 Absatz 3 Satz 6 unterblieben ist, | 18. für zu den Finanzanlagen (§ 266 Abs. 2 A. III.) gehörende Finanzinstrumente, die über ihrem beizulegenden Zeitwert ausgewiesen werden, da eine außerplanmäßige Abschreibung nach § 253 Abs. 3 Satz 4 unterblieben ist, |
| a) der Buchwert und der beizulegende Zeitwert der einzelnen Vermögensgegenstände oder angemessener Gruppierungen sowie | a) der Buchwert und der beizulegende Zeitwert der einzelnen Vermögensgegenstände oder angemessener Gruppierungen sowie |
| b) die Gründe für das Unterlassen der Abschreibung einschließlich der Anhaltspunkte, die darauf hindeuten, dass die Wertminderung voraussichtlich nicht von Dauer ist; | b) die Gründe für das Unterlassen der Abschreibung einschließlich der Anhaltspunkte, die darauf hindeuten, dass die Wertminderung voraussichtlich nicht von Dauer ist; |

---

1) **Anm. d. Red.:** Die jeweilige Angabe „[nach BilRUG:]" bzw. „[vor BilRUG:]" weist hin auf die Fassung des nachfolgenden Inhalts nach bzw. vor Änderung durch das Bilanzrichtlinie-Umsetzungsgesetz (BilRUG) v. 17. 7. 2015 (BGBl I S. 1245). — Zur Anwendung siehe Anlage (Art. 75 EGHGB).

19. für jede Kategorie nicht zum beizulegenden Zeitwert bilanzierter derivativer Finanzinstrumente

    a) deren Art und Umfang,

    b) deren beizulegender Zeitwert, soweit er sich nach § 255 Abs. 4 verlässlich ermitteln lässt, unter Angabe der angewandten Bewertungsmethode,

    c) deren Buchwert und der Bilanzposten, in welchem der Buchwert, soweit vorhanden, erfasst ist, sowie

    d) die Gründe dafür, warum der beizulegende Zeitwert nicht bestimmt werden kann;

20. für gemäß § 340e Abs. 3 Satz 1 mit dem beizulegenden Zeitwert bewertete Finanzinstrumente

    a) die grundlegenden Annahmen, die der Bestimmung des beizulegenden Zeitwertes mit Hilfe allgemein anerkannter Bewertungsmethoden zugrunde gelegt wurden, sowie

    b) Umfang und Art jeder Kategorie derivativer Finanzinstrumente einschließlich der wesentlichen Bedingungen, welche die Höhe, den Zeitpunkt und die Sicherheit künftiger Zahlungsströme beeinflussen können;

21. zumindest die nicht zu marktüblichen Bedingungen zustande gekommenen Geschäfte, soweit sie wesentlich sind, mit nahe stehenden Unternehmen und Personen, einschließlich Angaben zur Art der Beziehung, zum Wert der Geschäfte sowie weiterer Angaben, die für die Beurteilung der Finanzlage notwendig sind; ausgenommen sind Geschäfte mit und zwischen mittel- oder unmittelbar in 100-prozentigem Anteilsbesitz stehenden in einen Konzernabschluss einbezogenen Unternehmen; Angaben über Geschäfte können nach Geschäftsarten zusammengefasst werden, sofern die getrennte Angabe für die Beurteilung der Auswirkungen auf die Finanzlage nicht notwendig ist;

22. im Fall der Aktivierung nach § 248 Abs. 2 der Gesamtbetrag der Forschungs- und Entwicklungskosten des Geschäftsjahres sowie der davon auf die selbst geschaffenen immateriellen Vermögensgegenstände des Anlagevermögens entfallende Betrag;

23. bei Anwendung des § 254,

    a) mit welchem Betrag jeweils Vermögensgegenstände, Schulden, schwebende Geschäfte und mit hoher Wahrscheinlichkeit erwartete Transaktionen zur Absicherung welcher Risiken in welche Arten von Bewertungseinheiten einbezogen sind sowie die Höhe der mit Bewertungseinheiten abgesicherten Risiken,

    b) für die jeweils abgesicherten Risiken, warum, in welchem Umfang und für welchen Zeitraum sich die gegenläufigen Wertänderungen oder Zahlungsströme künftig voraussichtlich ausgleichen einschließlich der Methode der Ermittlung,

    c) eine Erläuterung der mit hoher Wahrscheinlichkeit erwarteten Transaktionen, die in Bewertungseinheiten einbezogen wurden,

    soweit die Angaben nicht im Lagebericht gemacht werden;

24. zu den Rückstellungen für Pensionen und ähnliche Verpflichtungen das angewandte versicherungsmathematische Berechnungsverfahren sowie die grundlegenden Annahmen der Berechnung, wie Zinssatz, erwartete Lohn- und Gehaltssteigerungen und zugrunde gelegte Sterbetafeln;

25. im Fall der Verrechnung von Vermögensgegenständen und Schulden nach § 246 Abs. 2 Satz 2 die Anschaffungskosten und der beizulegende Zeitwert der verrechneten Vermögensgegenstände, der Erfüllungsbetrag der verrechneten Schulden sowie die verrechneten Aufwendungen und Erträge; Nummer 20 Buchstabe a ist entsprechend anzuwenden;

[nach BilRUG:][1]

26. zu Anteilen an Sondervermögen im Sinn des § 1 Absatz 10 des Kapitalanlagegesetzbuchs oder Anlageaktien an Investmentaktiengesellschaften mit veränderlichem Kapital im Sinn der §§ 108 bis 123 des Kapitalanlagegesetzbuchs oder vergleichbaren EU-Investmentvermögen oder vergleichbaren ausländischen Investmentvermögen von mehr als dem zehnten Teil, aufgegliedert nach Anlagezielen, deren Wert im Sinn der §§ 168, 278 des Kapitalanlagegesetzbuchs oder des § 36 des Investmentgesetzes in der bis zum 21. Juli 2013 geltenden Fassung oder vergleichbarer ausländischer Vorschriften über die Ermittlung des Marktwertes, die Differenz zum Buchwert und die für das Geschäftsjahr erfolgte Ausschüttung sowie Beschränkungen in der Möglichkeit der täglichen Rückgabe; darüber hinaus die Gründe dafür, dass eine Abschreibung gemäß § 253 Absatz 3 Satz 6 unterblieben ist, einschließlich der Anhaltspunkte, die darauf hindeuten, dass die Wertminderung voraussichtlich nicht von Dauer ist; Nummer 18 ist insoweit nicht anzuwenden;
27. für nach § 268 Abs. 7 im Anhang ausgewiesene Verbindlichkeiten und Haftungsverhältnisse die Gründe der Einschätzung des Risikos der Inanspruchnahme;

[vor BilRUG:][1]

26. zu Anteilen an Sondervermögen im Sinn des § 1 Absatz 10 des Kapitalanlagegesetzbuchs oder Anlageaktien an Investmentaktiengesellschaften mit veränderlichem Kapital im Sinn der §§ 108 bis 123 des Kapitalanlagegesetzbuchs oder vergleichbaren EU-Investmentvermögen oder vergleichbaren ausländischen Investmentvermögen von mehr als dem zehnten Teil, aufgegliedert nach Anlagezielen, deren Wert im Sinn der §§ 168, 278 des Kapitalanlagegesetzbuchs oder des § 36 des Investmentgesetzes in der bis zum 21. Juli 2013 geltenden Fassung oder vergleichbarer ausländischer Vorschriften über die Ermittlung des Marktwertes, die Differenz zum Buchwert und die für das Geschäftsjahr erfolgte Ausschüttung sowie Beschränkungen in der Möglichkeit der täglichen Rückgabe; darüber hinaus die Gründe dafür, dass eine Abschreibung gemäß § 253 Abs. 3 Satz 4 unterblieben ist, einschließlich der Anhaltspunkte, die darauf hindeuten, dass die Wertminderung voraussichtlich nicht von Dauer ist; Nummer 18 ist insoweit nicht anzuwenden;
27. für nach § 251 unter der Bilanz oder nach § 268 Abs. 7 im Anhang ausgewiesene Verbindlichkeiten und Haftungsverhältnisse die Gründe der Einschätzung des Risikos der Inanspruchnahme;

28. der Gesamtbetrag der Beträge im Sinn des § 268 Abs. 8, aufgegliedert in Beträge aus der Aktivierung selbst geschaffener immaterieller Vermögensgegenstände des Anlagevermögens, Beträge aus der Aktivierung latenter Steuern und aus der Aktivierung von Vermögensgegenständen zum beizulegenden Zeitwert;

[nach BilRUG:][1]

29. auf welchen Differenzen oder steuerlichen Verlustvorträgen die latenten Steuern beruhen und mit welchen Steuersätzen die Bewertung erfolgt ist;
30. wenn latente Steuerschulden in der Bilanz angesetzt werden, die latenten Steuersalden am Ende des Geschäftsjahrs und die im Laufe des Geschäftsjahrs erfolgten Änderungen dieser Salden;

[vor BilRUG:][1]

29. auf welchen Differenzen oder steuerlichen Verlustvorträgen die latenten Steuern beruhen und mit welchen Steuersätzen die Bewertung erfolgt ist.

---

1) **Anm. d. Red.:** Die jeweilige Angabe „[nach BilRUG:]" bzw. „[vor BilRUG:]" weist hin auf die Fassung des nachfolgenden Inhalts nach bzw. vor Änderung durch das Bilanzrichtlinie-Umsetzungsgesetz (BilRUG) v. 17.7.2015 (BGBl I S. 1245). — Zur Anwendung siehe Anlage (Art. 75 EGHGB).

[nach BilRUG:][1)]
31. jeweils der Betrag und die Art der einzelnen Erträge und Aufwendungen von außergewöhnlicher Größenordnung oder außergewöhnlicher Bedeutung, soweit die Beträge nicht von untergeordneter Bedeutung sind;
32. eine Erläuterung der einzelnen Erträge und Aufwendungen hinsichtlich ihres Betrags und ihrer Art, die einem anderen Geschäftsjahr zuzurechnen sind, soweit die Beträge nicht von untergeordneter Bedeutung sind;
33. Vorgänge von besonderer Bedeutung, die nach dem Schluss des Geschäftsjahrs eingetreten und weder in der Gewinn- und Verlustrechnung noch in der Bilanz berücksichtigt sind, unter Angabe ihrer Art und ihrer finanziellen Auswirkungen;
34. der Vorschlag für die Verwendung des Ergebnisses oder der Beschluss über seine Verwendung.

## § 286 Unterlassen von Angaben

(1) Die Berichterstattung hat insoweit zu unterbleiben, als es für das Wohl der Bundesrepublik Deutschland oder eines ihrer Länder erforderlich ist.

[nach BilRUG:][1)]
(2) Die Aufgliederung der Umsatzerlöse nach § 285 Nr. 4 kann unterbleiben, soweit die Aufgliederung nach vernünftiger kaufmännischer Beurteilung geeignet ist, der Kapitalgesellschaft einen erheblichen Nachteil zuzufügen; die Anwendung der Ausnahmeregelung ist im Anhang anzugeben.

(3) [1]Die Angaben nach § 285 Nr. 11 und 11b können unterbleiben, soweit sie
1. für die Darstellung der Vermögens-, Finanz- und Ertragslage der Kapitalgesellschaft nach § 264 Abs. 2 von untergeordneter Bedeutung sind oder
2. nach vernünftiger kaufmännischer Beurteilung geeignet sind, der Kapitalgesellschaft oder dem anderen Unternehmen einen erheblichen Nachteil zuzufügen.

[vor BilRUG:][1)]
(2) Die Aufgliederung der Umsatzerlöse nach § 285 Nr. 4 kann unterbleiben, soweit die Aufgliederung nach vernünftiger kaufmännischer Beurteilung geeignet ist, der Kapitalgesellschaft oder einem Unternehmen, von dem die Kapitalgesellschaft mindestens den fünften Teil der Anteile besitzt, einen erheblichen Nachteil zuzufügen.

(3) [1]Die Angaben nach § 285 Nr. 11 und 11a können unterbleiben, soweit sie
1. für die Darstellung der Vermögens-, Finanz- und Ertragslage der Kapitalgesellschaft nach § 264 Abs. 2 von untergeordneter Bedeutung sind oder
2. nach vernünftiger kaufmännischer Beurteilung geeignet sind, der Kapitalgesellschaft oder dem anderen Unternehmen einen erheblichen Nachteil zuzufügen.

---

1) **Anm. d. Red.:** Die jeweilige Angabe „[nach BilRUG:]" bzw. „[vor BilRUG:]" weist hin auf die Fassung des nachfolgenden Inhalts nach bzw. vor Änderung durch das Bilanzrichtlinie-Umsetzungsgesetz (BilRUG) v. 17.7.2015 (BGBl I S. 1245). — Zur Anwendung siehe Anlage (Art. 75 EGHGB).

[nach BilRUG:][1)]
²Die Angabe des Eigenkapitals und des Jahresergebnisses kann unterbleiben, wenn das Unternehmen, über das zu berichten ist, seinen Jahresabschluss nicht offen zu legen hat und die berichtende Kapitalgesellschaft keinen beherrschenden Einfluss auf das betreffende Unternehmen ausüben kann. ³Satz 1 Nr. 2 ist nicht anzuwenden, wenn die Kapitalgesellschaft oder eines ihrer Tochterunternehmen (§ 290 Abs. 1 und 2) am Abschlussstichtag kapitalmarktorientiert im Sinn des § 264d ist. ⁴Im Übrigen ist die Anwendung der Ausnahmeregelung nach Satz 1 Nr. 2 im Anhang anzugeben.

[vor BilRUG:][1)]
²Die Angabe des Eigenkapitals und des Jahresergebnisses kann unterbleiben, wenn das Unternehmen, über das zu berichten ist, seinen Jahresabschluss nicht offen zu legen hat und die berichtende Kapitalgesellschaft weniger als die Hälfte der Anteile besitzt. ³Satz 1 Nr. 2 ist nicht anzuwenden, wenn die Kapitalgesellschaft oder eines ihrer Tochterunternehmen (§ 290 Abs. 1 und 2) am Abschlussstichtag kapitalmarktorientiert im Sinn des § 264d ist. ⁴Im Übrigen ist die Anwendung der Ausnahmeregelung nach Satz 1 Nr. 2 im Anhang anzugeben.

(4) Bei Gesellschaften, die keine börsennotierten Aktiengesellschaften sind, können die in § 285 Nr. 9 Buchstabe a und b verlangten Angaben über die Gesamtbezüge der dort bezeichneten Personen unterbleiben, wenn sich anhand dieser Angaben die Bezüge eines Mitglieds dieser Organe feststellen lassen.

(5) ¹Die in § 285 Nr. 9 Buchstabe a Satz 5 bis 8 verlangten Angaben unterbleiben, wenn die Hauptversammlung dies beschlossen hat. ²Ein Beschluss, der höchstens für fünf Jahre gefasst werden kann, bedarf einer Mehrheit, die mindestens drei Viertel des bei der Beschlussfassung vertretenen Grundkapitals umfasst. ³§ 136 Abs. 1 des Aktiengesetzes gilt für einen Aktionär, dessen Bezüge als Vorstandsmitglied von der Beschlussfassung betroffen sind, entsprechend.

## § 287 (weggefallen)

## § 288 Größenabhängige Erleichterungen

[nach BilRUG:][1)]
(1) Kleine Kapitalgesellschaften (§ 267 Absatz 1) brauchen nicht
1. die Angaben nach § 264c Absatz 2 Satz 9, § 265 Absatz 4 Satz 2, § 284 Absatz 2 Nummer 3, Absatz 3, § 285 Nummer 2, 3, 4, 8, 9 Buchstabe a und b, Nummer 10 bis 12, 14, 15, 15a, 17 bis 19, 21, 22, 24, 25 bis 30, 32 bis 34 zu machen;
2. eine Trennung nach Gruppen bei der Angabe nach § 285 Nummer 7 vorzunehmen;
3. bei der Angabe nach § 285 Nummer 14a den Ort anzugeben, wo der vom Mutterunternehmen aufgestellte Konzernabschluss erhältlich ist.

[vor BilRUG:][1)]
(1) Kleine Kapitalgesellschaften (§ 267 Abs. 1) brauchen die Angaben nach § 284 Abs. 2 Nr. 4, § 285 Nr. 2 bis 8 Buchstabe a, Nr. 9 Buchstabe a und b sowie Nr. 12, 17, 19, 21, 22 und 29 nicht zu machen.

---

1) **Anm. d. Red.:** Die jeweilige Angabe „[nach BilRUG:]" bzw. „[vor BilRUG:]" weist hin auf die Fassung des nachfolgenden Inhalts nach bzw. vor Änderung durch das Bilanzrichtlinie-Umsetzungsgesetz (BilRUG) v. 17.7.2015 (BGBl I S. 1245). — Zur Anwendung siehe Anlage (Art. 75 EGHGB).

**[nach BilRUG:]**[1)]
(2) ¹Mittelgroße Kapitalgesellschaften (§ 267 Absatz 2) brauchen die Angabe nach § 285 Nummer 4, 29 und 32 nicht zu machen. ²Wenn sie die Angabe nach § 285 Nummer 17 nicht machen, sind sie verpflichtet, diese der Wirtschaftsprüferkammer auf deren schriftliche Anforderung zu übermitteln. ³Sie brauchen die Angaben nach § 285 Nummer 21 nur zu machen, sofern die Geschäfte direkt oder indirekt mit einem Gesellschafter, Unternehmen, an denen die Gesellschaft selbst eine Beteiligung hält, oder Mitgliedern des Geschäftsführungs-, Aufsichts- oder Verwaltungsorgans abgeschlossen wurden.

**[vor BilRUG:]**[1)]
(2) ¹Mittelgroße Kapitalgesellschaften (§ 267 Abs. 2) brauchen bei der Angabe nach § 285 Nr. 3 die Risiken und Vorteile nicht darzustellen. ²Sie brauchen die Angaben nach § 285 Nr. 4 und 29 nicht zu machen. ³Soweit sie die Angaben nach § 285 Nr. 17 nicht machen, sind sie verpflichtet, diese der Wirtschaftsprüferkammer auf deren schriftliche Anforderung zu übermitteln. ⁴Sie brauchen die Angaben nach § 285 Nr. 21 nur zu machen, soweit sie Aktiengesellschaft sind; die Angabe kann auf Geschäfte beschränkt werden, die direkt oder indirekt mit dem Hauptgesellschafter oder Mitgliedern des Geschäftsführungs-, Aufsichts- oder Verwaltungsorgans abgeschlossen wurden.

## Sechster Titel: Lagebericht

### § 289 Inhalt des Lageberichts

(1) ¹Im Lagebericht sind der Geschäftsverlauf einschließlich des Geschäftsergebnisses und die Lage der Kapitalgesellschaft so darzustellen, dass ein den tatsächlichen Verhältnissen entsprechendes Bild vermittelt wird. ²Er hat eine ausgewogene und umfassende, dem Umfang und der Komplexität der Geschäftstätigkeit entsprechende Analyse des Geschäftsverlaufs und der Lage der Gesellschaft zu enthalten. ³In die Analyse sind die für die Geschäftstätigkeit bedeutsamsten finanziellen Leistungsindikatoren einzubeziehen und unter Bezugnahme auf die im Jahresabschluss ausgewiesenen Beträge und Angaben zu erläutern. ⁴Ferner ist im Lagebericht die voraussichtliche Entwicklung mit ihren wesentlichen Chancen und Risiken zu beurteilen und zu erläutern; zugrunde liegende Annahmen sind anzugeben. ⁵Die gesetzlichen Vertreter einer Kapitalgesellschaft im Sinne des § 264 Abs. 2 Satz 3 haben zu versichern, dass nach bestem Wissen im Lagebericht der Geschäftsverlauf einschließlich des Geschäftsergebnisses und die Lage der Kapitalgesellschaft so dargestellt sind, dass ein den tatsächlichen Verhältnissen entsprechendes Bild vermittelt wird, und dass die wesentlichen Chancen und Risiken im Sinne des Satzes 4 beschrieben sind.

**[nach BilRUG:]**[1)]
(2) ¹Im Lagebericht ist auch einzugehen auf:
1. a) die Risikomanagementziele und -methoden der Gesellschaft einschließlich ihrer Methoden zur Absicherung aller wichtigen Arten von Transaktionen, die im Rahmen der Bilanzierung von Sicherungsgeschäften erfasst werden, sowie
   b) die Preisänderungs-, Ausfall- und Liquiditätsrisiken sowie die Risiken aus Zahlungsstromschwankungen, denen die Gesellschaft ausgesetzt ist,

**[vor BilRUG:]**[1)]
(2) Der Lagebericht soll auch eingehen auf:
1. Vorgänge von besonderer Bedeutung, die nach dem Schluss des Geschäftsjahrs eingetreten sind;

---

1) **Anm. d. Red.:** Die jeweilige Angabe „[nach BilRUG:]" bzw. „[vor BilRUG:]" weist hin auf die Fassung des nachfolgenden Inhalts nach bzw. vor Änderung durch das Bilanzrichtlinie-Umsetzungsgesetz (BilRUG) v. 17. 7. 2015 (BGBl I S. 1245). — Zur Anwendung siehe Anlage (Art. 75 EGHGB).

**[nach BilRUG:]**[1)]
jeweils in Bezug auf die Verwendung von Finanzinstrumenten durch die Gesellschaft und sofern dies für die Beurteilung der Lage oder der voraussichtlichen Entwicklung von Belang ist;

2. den Bereich Forschung und Entwicklung;

3. bestehende Zweigniederlassungen der Gesellschaft;

4. die Grundzüge des Vergütungssystems der Gesellschaft für die in § 285 Nr. 9 genannten Gesamtbezüge, soweit es sich um eine börsennotierte Aktiengesellschaft handelt. ²Werden dabei auch Angaben entsprechend § 285 Nr. 9 Buchstabe a Satz 5 bis 8 gemacht, können diese im Anhang unterbleiben.

**[vor BilRUG:]**[1)]

2. a) die Risikomanagementziele und -methoden der Gesellschaft einschließlich ihrer Methoden zur Absicherung aller wichtigen Arten von Transaktionen, die im Rahmen der Bilanzierung von Sicherungsgeschäften erfasst werden, sowie
b) die Preisänderungs-, Ausfall- und Liquiditätsrisiken sowie die Risiken aus Zahlungsstromschwankungen, denen die Gesellschaft ausgesetzt ist,

jeweils in Bezug auf die Verwendung von Finanzinstrumenten durch die Gesellschaft und sofern dies für die Beurteilung der Lage oder der voraussichtlichen Entwicklung von Belang ist;

3. den Bereich Forschung und Entwicklung;

4. bestehende Zweigniederlassungen der Gesellschaft;

5. die Grundzüge des Vergütungssystems der Gesellschaft für die in § 285 Nr. 9 genannten Gesamtbezüge, soweit es sich um eine börsennotierte Aktiengesellschaft handelt. ²Werden dabei auch Angaben entsprechend § 285 Nr. 9 Buchstabe a Satz 5 bis 8 gemacht, können diese im Anhang unterbleiben.

²Sind im Anhang Angaben nach § 160 Absatz 1 Nummer 2 des Aktiengesetzes zu machen, ist im Lagebericht darauf zu verweisen.

(3) Bei einer großen Kapitalgesellschaft (§ 267 Abs. 3) gilt Absatz 1 Satz 3 entsprechend für nichtfinanzielle Leistungsindikatoren, wie Informationen über Umwelt- und Arbeitnehmerbelange, soweit sie für das Verständnis des Geschäftsverlaufs oder der Lage von Bedeutung sind.

---

1) **Anm. d. Red.:** Die jeweilige Angabe „[nach BilRUG:]" bzw. „[vor BilRUG:]" weist hin auf die Fassung des nachfolgenden Inhalts nach bzw. vor Änderung durch das Bilanzrichtlinie-Umsetzungsgesetz (BilRUG) v. 17.7.2015 (BGBl I S. 1245). — Zur Anwendung siehe Anlage (Art. 75 EGHGB).

(4) ¹Aktiengesellschaften und Kommanditgesellschaften auf Aktien, die einen organisierten Markt im Sinne des § 2 Abs. 7 des Wertpapiererwerbs- und Übernahmegesetzes durch von ihnen ausgegebene stimmberechtigte Aktien in Anspruch nehmen, haben im Lagebericht anzugeben:
1. die Zusammensetzung des gezeichneten Kapitals; bei verschiedenen Aktiengattungen sind für jede Gattung die damit verbundenen Rechte und Pflichten und der Anteil am Gesellschaftskapital anzugeben, soweit die Angaben nicht im Anhang zu machen sind;
2. Beschränkungen, die Stimmrechte oder die Übertragung von Aktien betreffen, auch wenn sie sich aus Vereinbarungen zwischen Gesellschaftern ergeben können, soweit sie dem Vorstand der Gesellschaft bekannt sind;
3. direkte oder indirekte Beteiligungen am Kapital, die 10 vom Hundert der Stimmrechte überschreiten, soweit die Angaben nicht im Anhang zu machen sind;
4. die Inhaber von Aktien mit Sonderrechten, die Kontrollbefugnisse verleihen; die Sonderrechte sind zu beschreiben;
5. die Art der Stimmrechtskontrolle, wenn Arbeitnehmer am Kapital beteiligt sind und ihre Kontrollrechte nicht unmittelbar ausüben;
6. die gesetzlichen Vorschriften und Bestimmungen der Satzung über die Ernennung und Abberufung der Mitglieder des Vorstands und über die Änderung der Satzung;
7. die Befugnisse des Vorstands insbesondere hinsichtlich der Möglichkeit, Aktien auszugeben oder zurückzukaufen;
8. wesentliche Vereinbarungen der Gesellschaft, die unter der Bedingung eines Kontrollwechsels infolge eines Übernahmeangebots stehen, und die hieraus folgenden Wirkungen; die Angabe kann unterbleiben, soweit sie geeignet ist, der Gesellschaft einen erheblichen Nachteil zuzufügen; die Angabepflicht nach anderen gesetzlichen Vorschriften bleibt unberührt;
9. Entschädigungsvereinbarungen der Gesellschaft, die für den Fall eines Übernahmeangebots mit den Mitgliedern des Vorstands oder Arbeitnehmern getroffen sind, soweit die Angaben nicht im Anhang zu machen sind.

²Sind Angaben nach Satz 1 im Anhang zu machen, ist im Lagebericht darauf zu verweisen.

(5) Kapitalgesellschaften im Sinn des § 264d haben im Lagebericht die wesentlichen Merkmale des internen Kontroll- und des Risikomanagementsystems im Hinblick auf den Rechnungslegungsprozess zu beschreiben.

## § 289a Erklärung zur Unternehmensführung

(1) ¹Börsennotierte Aktiengesellschaften sowie Aktiengesellschaften, die ausschließlich andere Wertpapiere als Aktien zum Handel an einem organisierten Markt im Sinn des § 2 Abs. 5 des Wertpapierhandelsgesetzes ausgegeben haben und deren ausgegebene Aktien auf eigene Veranlassung über ein multilaterales Handelssystem im Sinn des § 2 Abs. 3 Satz 1 Nr. 8 des Wertpapierhandelsgesetzes gehandelt werden, haben eine Erklärung zur Unternehmensführung in ihren Lagebericht aufzunehmen, die dort einen gesonderten Abschnitt bildet. ²Sie kann auch auf der Internetseite der Gesellschaft öffentlich zugänglich gemacht werden. ³In diesem Fall ist in den Lagebericht eine Bezugnahme aufzunehmen, welche die Angabe der Internetseite enthält.

(2) In die Erklärung zur Unternehmensführung sind aufzunehmen
1. die Erklärung gemäß § 161 des Aktiengesetzes;
2. relevante Angaben zu Unternehmensführungspraktiken, die über die gesetzlichen Anforderungen hinaus angewandt werden, nebst Hinweis, wo sie öffentlich zugänglich sind;
3. eine Beschreibung der Arbeitsweise von Vorstand und Aufsichtsrat sowie der Zusammensetzung und Arbeitsweise von deren Ausschüssen; sind die Informationen auf der Internetseite der Gesellschaft öffentlich zugänglich, kann darauf verwiesen werden;

4. bei börsennotierten Aktiengesellschaften die Festlegungen nach § 76 Absatz 4 und § 111 Absatz 5 des Aktiengesetzes und die Angabe, ob die festgelegten Zielgrößen während des Bezugszeitraums erreicht worden sind, und wenn nicht, Angaben zu den Gründen;
5. die Angabe, ob die Gesellschaft bei der Besetzung des Aufsichtsrats mit Frauen und Männern jeweils Mindestanteile im Bezugszeitraum eingehalten hat, und wenn nicht, Angaben zu den Gründen, sofern es sich um folgende Gesellschaften handelt:
   a) börsennotierte Aktiengesellschaften, die auf Grund von § 96 Absatz 2 und 3 des Aktiengesetzes Mindestanteile einzuhalten haben oder
   b) börsennotierte Europäische Gesellschaften (SE), die auf Grund von § 17 Absatz 2 oder § 24 Absatz 3 des SE-Ausführungsgesetzes Mindestanteile einzuhalten haben.

(3) Auf börsennotierte Kommanditgesellschaften auf Aktien sind die Absätze 1 und 2 entsprechend anzuwenden.

(4) ¹Andere Unternehmen, deren Vertretungsorgan und Aufsichtsrat nach § 36 oder § 52 des Gesetzes betreffend die Gesellschaften mit beschränkter Haftung oder nach § 76 Absatz 4 des Aktiengesetzes, auch in Verbindung mit § 34 Satz 2 und § 35 Absatz 3 Satz 1 des Versicherungsaufsichtsgesetzes, oder nach § 111 Absatz 5 des Aktiengesetzes, auch in Verbindung mit § 35 Absatz 3 Satz 1 des Versicherungsaufsichtsgesetzes, verpflichtet sind, Zielgrößen für den Frauenanteil und Fristen für deren Erreichung festzulegen, haben in ihrem Lagebericht als gesonderten Abschnitt eine Erklärung zur Unternehmensführung mit den Festlegungen und Angaben nach Absatz 2 Nummer 4 aufzunehmen; Absatz 1 Satz 2 und 3 gilt entsprechend. ²Gesellschaften, die nicht zur Offenlegung eines Lageberichts verpflichtet sind, haben eine Erklärung mit den Festlegungen und Angaben nach Absatz 2 Nummer 4 zu erstellen und gemäß Absatz 1 Satz 2 zu veröffentlichen. ³Sie können diese Pflicht auch durch Offenlegung eines unter Berücksichtigung von Satz 1 erstellten Lageberichts erfüllen.

## Zweiter Unterabschnitt bis Sechster Abschnitt (§§ 290 bis 342e) hier nicht wiedergegeben

## Viertes und Fünftes Buch (§§ 343 bis 619) hier nicht wiedergegeben

## Anlage (EGHGB)

### Siebenunddreißigster Abschnitt: Übergangsvorschriften zum Bilanzrichtlinie-Umsetzungsgesetz

**Artikel 75**

(1) ¹Die §§ 255, 264, 264b, 265, 267a Absatz 3, die §§ 268, 271, 272, 274a, 275, 276, 277 Absatz 3, die §§ 284, 285, 286, 288, 289, 291, 292, 294, 296 bis 298, 301, 307, 309, 310, 312 bis 315a, 317, 322, 325, 326, 328, 331, 334, 336 bis 340a, 340e, 340i, 340n, 341a, 341b, 341j sowie 341n des Handelsgesetzbuchs in der Fassung des Bilanzrichtlinie-Umsetzungsgesetzes vom 17. Juli 2015 (BGBl I S. 1245) sind erstmals auf Jahres- und Konzernabschlüsse sowie Lage- und Konzernlageberichte für das nach dem 31. Dezember 2015 beginnende Geschäftsjahr anzuwenden. ²Die in Satz 1 bezeichneten Vorschriften sowie § 277 Absatz 4 und § 278 des Handelsgesetzbuchs in der bis zum 23. Juli 2015 geltenden Fassung sind letztmals anzuwenden auf Jahres- und Konzernabschlüsse sowie Lage- und Konzernlageberichte für ein vor dem 1. Januar 2016 beginnendes Geschäftsjahr.

(2) ¹Die §§ 267, 267a Absatz 1, § 277 Absatz 1 sowie § 293 des Handelsgesetzbuchs in der Fassung des Bilanzrichtlinie-Umsetzungsgesetzes vom 17. Juli 2015 (BGBl I S. 1245) dürfen erstmals auf Jahres- und Konzernabschlüsse, Lageberichte und Konzernlageberichte für das nach dem 31. Dezember 2013 beginnende Geschäftsjahr angewendet werden, jedoch nur insgesamt. ²Wird von der vorgezogenen Anwendung der §§ 267, 267a Absatz 1, von § 277 Absatz 1 oder § 293 in der Fassung des Bilanzrichtlinie-Umsetzungsgesetzes kein Gebrauch gemacht, sind die in Satz 1 genannten Vorschriften erstmals auf Jahres- und Konzernabschlüsse, Lage- und Konzernlageberichte für das nach dem 31. Dezember 2015 beginnende Geschäftsjahr anzuwenden; in diesem Fall sind die §§ 267, 267a Absatz 1, § 277 Absatz 1 und § 293 des Handelsgesetzbuchs in der bis zum 22. Juli 2015 geltenden Fassung letztmals auf das vor dem 1. Januar 2016 endende Geschäftsjahr anzuwenden. ³Bei der erstmaligen Anwendung der in Satz 1 bezeichneten Vorschriften ist im Anhang oder Konzernanhang auf die fehlende Vergleichbarkeit der Umsatzerlöse hinzuweisen und unter nachrichtlicher Darstellung des Betrags der Umsatzerlöse des Vorjahres, der sich aus der Anwendung von § 277 Absatz 1 in der Fassung des Bilanzrichtlinie-Umsetzungsgesetzes ergeben haben würde, zu erläutern.

(3) § 8b und die Vorschriften des Dritten Unterabschnitts des Vierten Abschnitts des Dritten Buchs des Handelsgesetzbuchs in der Fassung des Bilanzrichtlinie-Umsetzungsgesetzes sind erstmals auf Zahlungsberichte und Konzernzahlungsberichte für ein nach dem 23. Juli 2015 beginnendes Geschäftsjahr anzuwenden.

(4) ¹§ 253 Absatz 3 Satz 3 des Handelsgesetzbuchs in der Fassung des Bilanzrichtlinie-Umsetzungsgesetzes findet erstmals auf immaterielle Vermögensgegenstände des Anlagevermögens Anwendung, die nach dem 31. Dezember 2015 aktiviert werden. ²§ 253 Absatz 3 Satz 4 des Handelsgesetzbuchs in der Fassung des Bilanzrichtlinie-Umsetzungsgesetzes findet erstmals auf Geschäfts- oder Firmenwerte im Sinne des § 246 Absatz 1 Satz 4 des Handelsgesetzbuchs Anwendung, die aus Erwerbsvorgängen herrühren, die in Geschäftsjahren erfolgt sind, die nach dem 31. Dezember 2015 begonnen haben. ³Absatz 1 Satz 2 ist mit der Maßgabe anzuwenden, dass bei einer vorgezogenen Anwendung der in Absatz 1 Satz 1 bezeichneten Vorschriften auch § 253 Absatz 3 und 5 des Handelsgesetzbuchs in der Fassung des Bilanzrichtlinie-Umsetzungsgesetzes anzuwenden ist. ⁴Absatz 1 Satz 3 bis 5 gilt entsprechend.

(5) Aufwendungen aus der Anwendung des Artikels 67 Absatz 1 und 2 sind in der Gewinn- und Verlustrechnung innerhalb der sonstigen betrieblichen Aufwendungen als „Aufwendungen nach Artikel 67 Absatz 1 und 2 EGHGB" und Erträge hieraus innerhalb der sonstigen betrieblichen Erträge als „Erträge nach Artikel 67 Absatz 1 und 2 EGHGB" gesondert anzugeben.

## Achtunddreißigster Abschnitt: Übergangsvorschrift zum Bürokratieentlastungsgesetz

### Artikel 76

¹§ 241a Satz 1 des Handelsgesetzbuchs in der Fassung des Bürokratieentlastungsgesetzes vom 28. Juli 2015 (BGBl I S. 1400) ist erstmals auf das nach dem 31. Dezember 2015 beginnende Geschäftsjahr anzuwenden. ²§ 241a Satz 1 des Handelsgesetzbuchs in der bis zum 31. Dezember 2015 geltenden Fassung ist letztmals auf das vor dem 1. Januar 2016 beginnende Geschäftsjahr anzuwenden.

## VII. Einkommensteuergesetz (EStG)
### v. 8. 10. 2009 (BGBl I S. 3369, ber. I S. 3862) mit späteren Änderungen

Das Einkommensteuergesetz (EStG) v. 8.10.2009 (BGBl I S. 3369, ber. I S. 3862) wurde geändert durch Art. 1 Gesetz zur Beschleunigung des Wirtschaftswachstums (Wachstumsbeschleunigungsgesetz) v. 22.12.2009 (BGBl I S. 3950); Art. 1 Gesetz zur Umsetzung steuerlicher EU-Vorgaben sowie zur Änderung steuerlicher Vorschriften v. 8.4.2010 (BGBl I S. 386); Art. 1 Jahressteuergesetz 2010 (JStG 2010) v. 8.12.2010 (BGBl I S. 1768); Art. 8 Gesetz zur Restrukturierung und geordneten Abwicklung von Kreditinstituten, zur Errichtung eines Restrukturierungsfonds für Kreditinstitute und zur Verlängerung der Verjährungsfrist der aktienrechtlichen Organhaftung (Restrukturierungsgesetz) v. 9.12.2010 (BGBl I S. 1900); Art. 1 Gesetz zur bestätigenden Regelung verschiedener steuerlicher und verkehrsrechtlicher Vorschriften des Haushaltsbegleitgesetzes 2004 v. 5.4.2011 (BGBl I S. 554); Art. 7 Gesetz zur Umsetzung der Richtlinie 2009/65/EG zur Koordinierung der Rechts- und Verwaltungsvorschriften betreffend bestimmte Organismen für gemeinsame Anlagen in Wertpapieren (OGAW-IV-Umsetzungsgesetz – OGAW-IV-UmsG) v. 22.6.2011 (BGBl I S. 1126); Art. 1 Steuervereinfachungsgesetz 2011 v. 1.11.2011 (BGBl I S. 2131); Art. 2 Gesetz zur Umsetzung der Beitreibungsrichtlinie sowie zur Änderung steuerlicher Vorschriften (Beitreibungsrichtlinie-Umsetzungsgesetz – BeitrRLUmsG) v. 7.12.2011 (BGBl I S. 2592); Art. 20 Gesetz zur Verbesserung der Eingliederungschancen am Arbeitsmarkt v. 20.12.2011 (BGBl I S. 2854); Art. 13 Abs. 4 Gesetz zur Neuordnung der Organisation der landwirtschaftlichen Sozialversicherung (LSV-Neuordnungsgesetz – LSV-NOG) v. 12.4.2012 (BGBl I S. 579), i.d. F. des Art. 13 Gesetz zur Neuausrichtung der Pflegeversicherung (Pflege-Neuausrichtungs-Gesetz – PNG) v. 23.10.2012 (BGBl I S. 2246); Art. 3 Gesetz zur Änderung des Gemeindefinanzreformgesetzes und von steuerlichen Vorschriften v. 8.5.2012 (BGBl I S. 1030); Art. 1 Gesetz zum Abbau der kalten Progression v. 20.2.2013 (BGBl I S. 283); Art. 1 Gesetz zur Änderung und Vereinfachung der Unternehmensbesteuerung und des steuerlichen Reisekostenrechts v. 20.2.2013 (BGBl I S. 285); Art. 2 Gesetz zur Stärkung des Ehrenamtes (Ehrenamtsstärkungsgesetz) v. 21.3.2013 (BGBl I S. 556); Art. 2 Abs. 11 Gesetz zur Fortentwicklung des Meldewesens (MeldFortG) v. 3.5.2013 (BGBl I S. 1084), i.d. F. des Art. 1 Nr. 3 Gesetz zur Änderung des Gesetzes zur Fortentwicklung des Meldewesens v. 20.11.2014 (BGBl I S. 1738); Art. 1 Gesetz zur Verbesserung der steuerlichen Förderung der privaten Altersvorsorge (Altersvorsorge-Verbesserungsgesetz – AltvVerbG) v. 24.6.2013 (BGBl I S. 1667); Art. 2 Gesetz zur Umsetzung der Amtshilferichtlinie sowie zur Änderung steuerlicher Vorschriften (Amtshilferichtlinie-Umsetzungsgesetz – AmtshilfeRLUmsG) v. 26.6.2013 (BGBl I S. 1809); Art. 1 Gesetz zur Änderung des Einkommensteuergesetzes in Umsetzung der Entscheidung des Bundesverfassungsgerichtes vom 7. Mai 2013 v. 15.7.2013 (BGBl I S. 2397); Art. 11 Gesetz zur Anpassung des Investmentsteuergesetzes und anderer Gesetze an das AIFM-Umsetzungsgesetz (AIFM-Steuer-Anpassungsgesetz – AIFM-StAnpG) v. 18.12.2013 (BGBl I S. 4318); Art. 1 Gesetz zur Anpassung steuerlicher Regelungen an die Rechtsprechung des Bundesverfassungsgerichts v. 18.7.2014 (BGBl I S. 1042); Art. 1 bis 3 Gesetz zur Anpassung des nationalen Steuerrechts an den Beitritt Kroatiens zur EU und zur Änderung weiterer steuerlicher Vorschriften v. 25.7.2014 (BGBl I S. 1266); Art. 3 Gesetz zur Änderung des Freizügigkeitsgesetzes/EU und weiterer Vorschriften v. 2.12.2014 (BGBl I S. 1922); Art. 1, 4, 5 Gesetz zur Anpassung der Abgabenordnung an den Zollkodex der Union und zur Änderung weiterer steuerlicher Vorschriften v. 22.12.2014 (BGBl I S. 2417); Art. 2 Abs. 7 Gesetz zur Modernisierung der Finanzaufsicht über Versicherungen v. 1.4.2015 (BGBl I S. 434), i.d. F. des Art. 13 Nr. 1 Steueränderungsgesetz 2015 v. 2.11.2015 (BGBl I S. 1834); Art. 3 Abs. 11 Gesetz zur Neuregelung der Unterhaltssicherung sowie zur Änderung sodatenrechtlicher Vorschriften v. 29.6.2015 (BGBl I S. 1061); Art. 1, 2 Gesetz zur Anhebung des Grundfreibetrags, des Kinderfreibetrags, des Kindergeldes und des Kinderzuschlags v. 16.7.2015 (BGBl I S. 1202); Art. 5 Gesetz zur Entlastung insbesondere der mittelständischen Wirtschaft von Bürokratie (Bürokratieentlastungsgesetz) v. 28.7.2015 (BGBl I S. 1400); Art. 234 Zehnte Zuständigkeitsanpassungsverordnung v. 31.8.2015 (BGBl I S. 1474); Art. 1 bis 3 Steueränderungsgesetz 2015 v. 2.11.2015 (BGBl I S. 1834); Art. 2 Gesetz zur Umsetzung der EU-Mobilitäts-Richtlinie v. 21.12.2015 (BGBl I S. 2553), Änderungen durch vorgenanntes Gesetz treten erst am 1.1.2018 in Kraft und sind in Fußnoten ausgewiesen. — **Zur Anwendung siehe §§ 52, 56 und 57.**

### Nichtamtliche Fassung
### Inhaltsübersicht

**I. Steuerpflicht**

§ 1  Steuerpflicht
§ 1a

**II. Einkommen**

**1. Sachliche Voraussetzungen für die Besteuerung**

§ 2   Umfang der Besteuerung, Begriffsbestimmungen
§ 2a  Negative Einkünfte mit Bezug zu Drittstaaten

## 2. Steuerfreie Einnahmen

| | |
|---|---|
| § 3 | |
| § 3a | (weggefallen) |
| § 3b | Steuerfreiheit von Zuschlägen für Sonntags-, Feiertags- oder Nachtarbeit |
| § 3c | Anteilige Abzüge |

## 3. Gewinn

| | |
|---|---|
| § 4 | Gewinnbegriff im Allgemeinen |
| § 4a | Gewinnermittlungszeitraum, Wirtschaftsjahr |
| § 4b | Direktversicherung |
| § 4c | Zuwendungen an Pensionskassen |
| § 4d | Zuwendungen an Unterstützungskassen |
| § 4e | Beiträge an Pensionsfonds |
| § 4f | Verpflichtungsübernahmen, Schuldbeitritte und Erfüllungsübernahmen |
| § 4g | Bildung eines Ausgleichspostens bei Entnahme nach § 4 Absatz 1 Satz 3 |
| § 4h | Betriebsausgabenabzug für Zinsaufwendungen (Zinsschranke) |
| § 5 | Gewinn bei Kaufleuten und bei bestimmten anderen Gewerbetreibenden |
| § 5a | Gewinnermittlung bei Handelsschiffen im internationalen Verkehr |
| § 5b | Elektronische Übermittlung von Bilanzen sowie Gewinn- und Verlustrechnungen |
| § 6 | Bewertung |
| § 6a | Pensionsrückstellung |
| § 6b | Übertragung stiller Reserven bei der Veräußerung bestimmter Anlagegüter |
| § 6c | Übertragung stiller Reserven bei der Veräußerung bestimmter Anlagegüter bei der Ermittlung des Gewinns nach § 4 Absatz 3 oder nach Durchschnittssätzen |
| § 6d | Euroumrechnungsrücklage |
| § 7 | Absetzung für Abnutzung oder Substanzverringerung |
| § 7a | Gemeinsame Vorschriften für erhöhte Absetzungen und Sonderabschreibungen |
| §§ 7b bis 7f | (weggefallen) |
| § 7g | Investitionsabzugsbeträge und Sonderabschreibungen zur Förderung kleiner und mittlerer Betriebe |
| § 7h | Erhöhte Absetzungen bei Gebäuden in Sanierungsgebieten und städtebaulichen Entwicklungsbereichen |
| § 7i | Erhöhte Absetzungen bei Baudenkmalen |
| § 7k | (weggefallen) |

## 4. Überschuss der Einnahmen über die Werbungskosten

| | |
|---|---|
| § 8 | Einnahmen |
| § 9 | Werbungskosten |
| § 9a | Pauschbeträge für Werbungskosten |

## 4a. Umsatzsteuerrechtlicher Vorsteuerabzug

| | |
|---|---|
| § 9b | |

## 4b. Kinderbetreuungskosten

| | |
|---|---|
| § 9c | (weggefallen) |

## 5. Sonderausgaben

| | |
|---|---|
| § 10 | |
| § 10a | Zusätzliche Altersvorsorge |
| § 10b | Steuerbegünstigte Zwecke |
| § 10c | Sonderausgaben-Pauschbetrag |
| § 10d | Verlustabzug |
| § 10e | Steuerbegünstigung der zu eigenen Wohnzwecken genutzten Wohnung im eigenen Haus |
| § 10f | Steuerbegünstigung für zu eigenen Wohnzwecken genutzte Baudenkmale und Gebäude in Sanierungsgebieten und städtebaulichen Entwicklungsbereichen |
| § 10g | Steuerbegünstigung für schutzwürdige Kulturgüter, die weder zur Einkunftserzielung noch zu eigenen Wohnzwecken genutzt werden |
| § 10h | Steuerbegünstigung der unentgeltlich zu Wohnzwecken überlassenen Wohnung im eigenen Haus |
| § 10i | Vorkostenabzug bei einer nach dem Eigenheimzulagengesetz begünstigten Wohnung |

## 6. Vereinnahmung und Verausgabung

| | |
|---|---|
| § 11 | |
| § 11a | Sonderbehandlung von Erhaltungsaufwand bei Gebäuden in Sanierungsgebieten und städtebaulichen Entwicklungsbereichen |
| § 11b | Sonderbehandlung von Erhaltungsaufwand bei Baudenkmalen |

## 7. Nicht abzugsfähige Ausgaben

§ 12

## 8. Die einzelnen Einkunftsarten

### a) Land- und Forstwirtschaft
### (§ 2 Absatz 1 Satz 1 Nummer 1)

| | |
|---|---|
| § 13 | Einkünfte aus Land- und Forstwirtschaft |
| § 13a | Ermittlung des Gewinns aus Land- und Forstwirtschaft nach Durchschnittssätzen |
| § 14 | Veräußerung des Betriebs |
| § 14a | Vergünstigungen bei der Veräußerung bestimmter land- und forstwirtschaftlicher Betriebe |

### b) Gewerbebetrieb
### (§ 2 Absatz 1 Satz 1 Nummer 2)

| | |
|---|---|
| § 15 | Einkünfte aus Gewerbebetrieb |
| § 15a | Verluste bei beschränkter Haftung |
| § 15b | Verluste im Zusammenhang mit Steuerstundungsmodellen |
| § 16 | Veräußerung des Betriebs |
| § 17 | Veräußerung von Anteilen an Kapitalgesellschaften |

## VII. Einkommensteuergesetz

**c) Selbständige Arbeit**
(§ 2 Absatz 1 Satz 1 Nummer 3)
§ 18

**d) Nichtselbständige Arbeit**
(§ 2 Absatz 1 Satz 1 Nummer 4)
§ 19

**e) Kapitalvermögen**
(§ 2 Absatz 1 Satz 1 Nummer 5)
§ 20

**f) Vermietung und Verpachtung**
(§ 2 Absatz 1 Satz 1 Nummer 6)
§ 21

**g) Sonstige Einkünfte**
(§ 2 Absatz 1 Satz 1 Nummer 7)
§ 22   Arten der sonstigen Einkünfte
§ 22a  Rentenbezugsmitteilungen an die zentrale Stelle
§ 23   Private Veräußerungsgeschäfte

**h) Gemeinsame Vorschriften**
§ 24
§ 24a  Altersentlastungsbetrag
§ 24b  Entlastungsbetrag für Alleinerziehende

### III. Veranlagung
§ 25   Veranlagungszeitraum, Steuererklärungspflicht
§ 26   Veranlagung von Ehegatten
§ 26a  Einzelveranlagung von Ehegatten
§ 26b  Zusammenveranlagung von Ehegatten
§§ 26c und 27   (weggefallen)
§ 28   Besteuerung bei fortgesetzter Gütergemeinschaft
§§ 29 und 30    (weggefallen)

### IV. Tarif
§ 31   Familienleistungsausgleich
§ 32   Kinder, Freibeträge für Kinder
§ 32a  Einkommensteuertarif
§ 32b  Progressionsvorbehalt
§ 32c  (weggefallen)
§ 32d  Gesonderter Steuertarif für Einkünfte aus Kapitalvermögen
§ 33   Außergewöhnliche Belastungen
§ 33a  Außergewöhnliche Belastung in besonderen Fällen
§ 33b  Pauschbeträge für behinderte Menschen, Hinterbliebene und Pflegepersonen
§ 34   Außerordentliche Einkünfte
§ 34a  Begünstigung der nicht entnommenen Gewinne

§ 34b  Steuersätze bei Einkünften aus außerordentlichen Holznutzungen

### V. Steuerermäßigungen

**1. Steuerermäßigung bei ausländischen Einkünften**
§ 34c
§ 34d  Ausländische Einkünfte

**2. Steuerermäßigung bei Einkünften aus Land- und Forstwirtschaft**
§ 34e  (weggefallen)

**2a. Steuerermäßigung für Steuerpflichtige mit Kindern bei Inanspruchnahme erhöhter Absetzungen für Wohngebäude oder der Steuerbegünstigungen für eigengenutztes Wohneigentum**
§ 34f

**2b. Steuerermäßigung bei Zuwendungen an politische Parteien und an unabhängige Wählervereinigungen**
§ 34g

**3. Steuerermäßigung bei Einkünften aus Gewerbebetrieb**
§ 35

**4. Steuerermäßigung bei Aufwendungen für haushaltsnahe Beschäftigungsverhältnisse und für die Inanspruchnahme haushaltsnaher Dienstleistungen**
§ 35a  Steuerermäßigung bei Aufwendungen für haushaltsnahe Beschäftigungsverhältnisse, haushaltsnahe Dienstleistungen und Handwerkerleistungen

**5. Steuerermäßigung bei Belastung mit Erbschaftsteuer**
§ 35b  Steuerermäßigung bei Belastung mit Erbschaftsteuer

### VI. Steuererhebung

**1. Erhebung der Einkommensteuer**
§ 36   Entstehung und Tilgung der Einkommensteuer
§ 37   Einkommensteuer-Vorauszahlung
§ 37a  Pauschalierung der Einkommensteuer durch Dritte
§ 37b  Pauschalierung der Einkommensteuer bei Sachzuwendungen

## 2. Steuerabzug vom Arbeitslohn (Lohnsteuer)

| | |
|---|---|
| § 38 | Erhebung der Lohnsteuer |
| § 38a | Höhe der Lohnsteuer |
| § 38b | Lohnsteuerklassen, Zahl der Kinderfreibeträge |
| § 39 | Lohnsteuerabzugsmerkmale |
| § 39a | Freibetrag und Hinzurechnungsbetrag |
| § 39b | Einbehaltung der Lohnsteuer |
| § 39c | Einbehaltung der Lohnsteuer ohne Lohnsteuerabzugsmerkmale |
| § 39d | (weggefallen) |
| § 39e | Verfahren zur Bildung und Anwendung der elektronischen Lohnsteuerabzugsmerkmale |
| § 39f | Faktorverfahren anstelle Steuerklassenkombination III/V |
| § 40 | Pauschalierung der Lohnsteuer in besonderen Fällen |
| § 40a | Pauschalierung der Lohnsteuer für Teilzeitbeschäftigte und geringfügig Beschäftigte |
| § 40b | Pauschalierung der Lohnsteuer bei bestimmten Zukunftssicherungsleistungen |
| § 41 | Aufzeichnungspflichten beim Lohnsteuerabzug |
| § 41a | Anmeldung und Abführung der Lohnsteuer |
| § 41b | Abschluss des Lohnsteuerabzugs |
| § 41c | Änderung des Lohnsteuerabzugs |
| §§ 42 und 42a | (weggefallen) |
| § 42b | Lohnsteuer-Jahresausgleich durch den Arbeitgeber |
| § 42c | (weggefallen) |
| § 42d | Haftung des Arbeitgebers und Haftung bei Arbeitnehmerüberlassung |
| § 42e | Anrufungsauskunft |
| § 42f | Lohnsteuer-Außenprüfung |
| § 42g | Lohnsteuer-Nachschau |

## 3. Steuerabzug vom Kapitalertrag (Kapitalertragsteuer)

| | |
|---|---|
| § 43 | Kapitalerträge mit Steuerabzug |
| § 43a | Bemessung der Kapitalertragsteuer |
| § 43b | Bemessung der Kapitalertragsteuer bei bestimmten Gesellschaften |
| § 44 | Entrichtung der Kapitalertragsteuer |
| § 44a | Abstandnahme vom Steuerabzug |
| § 44b | Erstattung der Kapitalertragsteuer |
| § 45 | Ausschluss der Erstattung von Kapitalertragsteuer |
| § 45a | Anmeldung und Bescheinigung der Kapitalertragsteuer |
| §§ 45b und 45c | (weggefallen) |
| § 45d | Mitteilungen an das Bundeszentralamt für Steuern |
| § 45e | Ermächtigung für Zinsinformationsverordnung |

## 4. Veranlagung von Steuerpflichtigen mit steuerabzugspflichtigen Einkünften

| | |
|---|---|
| § 46 | Veranlagung bei Bezug von Einkünften aus nichtselbständiger Arbeit |
| § 47 | (weggefallen) |

## VII. Steuerabzug bei Bauleistungen

| | |
|---|---|
| § 48 | Steuerabzug |
| § 48a | Verfahren |
| § 48b | Freistellungsbescheinigung |
| § 48c | Anrechnung |
| § 48d | Besonderheiten im Fall von Doppelbesteuerungsabkommen |

## VIII. Besteuerung beschränkt Steuerpflichtiger

| | |
|---|---|
| § 49 | Beschränkt steuerpflichtige Einkünfte |
| § 50 | Sondervorschriften für beschränkt Steuerpflichtige |
| § 50a | Steuerabzug bei beschränkt Steuerpflichtigen |

## IX. Sonstige Vorschriften, Bußgeld-, Ermächtigungs- und Schlussvorschriften

| | |
|---|---|
| § 50b | Prüfungsrecht |
| § 50c | (weggefallen) |
| § 50d | Besonderheiten im Fall von Doppelbesteuerungsabkommen und der §§ 43b und 50g |
| § 50e | Bußgeldvorschriften; Nichtverfolgung von Steuerstraftaten bei geringfügiger Beschäftigung in Privathaushalten |
| § 50f | Bußgeldvorschriften |
| § 50g | Entlastung vom Steuerabzug bei Zahlungen von Zinsen und Lizenzgebühren zwischen verbundenen Unternehmen verschiedener Mitgliedstaaten der Europäischen Union |
| § 50h | Bestätigung für Zwecke der Entlastung von Quellensteuern in einem anderen Mitgliedstaat der Europäischen Union oder der Schweizerischen Eidgenossenschaft |
| § 50i | Besteuerung bestimmter Einkünfte und Anwendung von Doppelbesteuerungsabkommen |
| § 51 | Ermächtigungen |
| § 51a | Festsetzung und Erhebung von Zuschlagsteuern |
| § 52 | Anwendungsvorschriften |
| § 52a | (weggefallen) |
| § 52b | Übergangsregelungen bis zur Anwendung der elektronischen Lohnsteuerabzugsmerkmale |
| § 53 | Sondervorschrift zur Steuerfreistellung des Existenzminimums eines Kindes in den Veranlagungszeiträumen 1983 bis 1995 |
| § 54 | (weggefallen) |
| § 55 | Schlussvorschriften (Sondervorschriften für die Gewinnermittlung nach § 4 oder nach Durchschnittssätzen bei vor dem 1. Juli 1970 angeschafftem Grund und Boden) |
| § 56 | Sondervorschriften für Steuerpflichtige in dem in Artikel 3 des Einigungsvertrages genannten Gebiet |
| § 57 | Besondere Anwendungsregeln aus Anlass der Herstellung der Einheit Deutschlands |
| § 58 | Weitere Anwendung von Rechtsvorschriften, die vor Herstellung der Einheit Deutschlands in dem in Artikel 3 des Einigungsvertrages genannten Gebiet gegolten haben |

§§ 59 bis 61 (weggefallen)

## X. Kindergeld

| | |
|---|---|
| § 62 | Anspruchsberechtigte |
| § 63 | Kinder |
| § 64 | Zusammentreffen mehrerer Ansprüche |
| § 65 | Andere Leistungen für Kinder |
| § 66 | Höhe des Kindergeldes, Zahlungszeitraum |
| § 67 | Antrag |
| § 68 | Besondere Mitwirkungspflichten |
| § 69 | Überprüfung des Fortbestehens von Anspruchsvoraussetzungen durch Meldedaten-Übermittlung |
| § 70 | Festsetzung und Zahlung des Kindergeldes |
| § 71 | (weggefallen) |
| § 72 | Festsetzung und Zahlung des Kindergeldes an Angehörige des öffentlichen Dienstes |
| § 73 | (weggefallen) |
| § 74 | Zahlung des Kindergeldes in Sonderfällen |
| § 75 | Aufrechnung |
| § 76 | Pfändung |
| § 76a | (weggefallen) |
| § 77 | Erstattung von Kosten im Vorverfahren |
| § 78 | Übergangsregelungen |

## XI. Altersvorsorgezulage

| | |
|---|---|
| § 79 | Zulageberechtigte |
| § 80 | Anbieter |
| § 81 | Zentrale Stelle |
| § 81a | Zuständige Stelle |
| § 82 | Altersvorsorgebeiträge |
| § 83 | Altersvorsorgezulage |
| § 84 | Grundzulage |
| § 85 | Kinderzulage |
| § 86 | Mindesteigenbeitrag |
| § 87 | Zusammentreffen mehrerer Verträge |
| § 88 | Entstehung des Anspruchs auf Zulage |
| § 89 | Antrag |
| § 90 | Verfahren |
| § 91 | Datenerhebung und Datenabgleich |
| § 92 | Bescheinigung |
| § 92a | Verwendung für eine selbst genutzte Wohnung |
| § 92b | Verfahren bei Verwendung für eine selbst genutzte Wohnung |
| § 93 | Schädliche Verwendung |
| § 94 | Verfahren bei schädlicher Verwendung |
| § 95 | Sonderfälle der Rückzahlung |
| § 96 | Anwendung der Abgabenordnung, allgemeine Vorschriften |
| § 97 | Übertragbarkeit |
| § 98 | Rechtsweg |
| § 99 | Ermächtigung |

**Anlage 1** (zu § 4d Absatz 1)

Tabelle für die Errechnung des Deckungskapitals für lebenslänglich laufende Leistungen von Unterstützungskassen

**Anlage 1a** (zu § 13a)

Ermittlung des Gewinns aus Land- und Forstwirtschaft nach Durchschnittssätzen

**Anlage 2** (zu § 43b)

Gesellschaften im Sinne der Richtlinie Nr. 2011/96/EU

**Anlage 3** (zu § 50g)

## I. Steuerpflicht

### § 1 Steuerpflicht[1)]

(1) ¹Natürliche Personen, die im Inland einen Wohnsitz oder ihren gewöhnlichen Aufenthalt haben, sind unbeschränkt einkommensteuerpflichtig. ²Zum Inland im Sinne dieses Gesetzes gehört auch der der Bundesrepublik Deutschland zustehende Anteil

1. an der ausschließlichen Wirtschaftszone, soweit dort
   a) die lebenden und nicht lebenden natürlichen Ressourcen der Gewässer über dem Meeresboden, des Meeresbodens und seines Untergrunds erforscht, ausgebeutet, erhalten oder bewirtschaftet werden,
   b) andere Tätigkeiten zur wirtschaftlichen Erforschung oder Ausbeutung der ausschließlichen Wirtschaftszone ausgeübt werden, wie beispielsweise die Energieerzeugung aus Wasser, Strömung und Wind oder
   c) künstliche Inseln errichtet oder genutzt werden und Anlagen und Bauwerke für die in den Buchstaben a und b genannten Zwecke errichtet oder genutzt werden, und
2. am Festlandsockel, soweit dort

---

1) **Anm. d. Red.:** § 1 Abs. 1 i. d. F. des Gesetzes v. 2. 11. 2015 (BGBl I S. 1834) mit Wirkung v. 1. 1. 2016.

a) dessen natürliche Ressourcen erforscht oder ausgebeutet werden; natürliche Ressourcen in diesem Sinne sind die mineralischen und sonstigen nicht lebenden Ressourcen des Meeresbodens und seines Untergrunds sowie die zu den sesshaften Arten gehörenden Lebewesen, die im nutzbaren Stadium entweder unbeweglich auf oder unter dem Meeresboden verbleiben oder sich nur in ständigem körperlichen Kontakt mit dem Meeresboden oder seinem Untergrund fortbewegen können; oder

b) künstliche Inseln errichtet oder genutzt werden und Anlagen und Bauwerke für die in Buchstabe a genannten Zwecke errichtet oder genutzt werden.

(2) ¹Unbeschränkt einkommensteuerpflichtig sind auch deutsche Staatsangehörige, die

1. im Inland weder einen Wohnsitz noch ihren gewöhnlichen Aufenthalt haben und
2. zu einer inländischen juristischen Person des öffentlichen Rechts in einem Dienstverhältnis stehen und dafür Arbeitslohn aus einer inländischen öffentlichen Kasse beziehen,

sowie zu ihrem Haushalt gehörende Angehörige, die die deutsche Staatsangehörigkeit besitzen oder keine Einkünfte oder nur Einkünfte beziehen, die ausschließlich im Inland einkommensteuerpflichtig sind. ²Dies gilt nur für natürliche Personen, die in dem Staat, in dem sie ihren Wohnsitz oder ihren gewöhnlichen Aufenthalt haben, lediglich in einem der beschränkten Einkommensteuerpflicht ähnlichen Umfang zu einer Steuer vom Einkommen herangezogen werden.

(3) ¹Auf Antrag werden auch natürliche Personen als unbeschränkt einkommensteuerpflichtig behandelt, die im Inland weder einen Wohnsitz noch ihren gewöhnlichen Aufenthalt haben, soweit sie inländische Einkünfte im Sinne des § 49 haben. ²Dies gilt nur, wenn ihre Einkünfte im Kalenderjahr mindestens zu 90 Prozent der deutschen Einkommensteuer unterliegen oder die nicht der deutschen Einkommensteuer unterliegenden Einkünfte den Grundfreibetrag nach § 32a Absatz 1 Satz 2 Nummer 1 nicht übersteigen; dieser Betrag ist zu kürzen, soweit es nach den Verhältnissen im Wohnsitzstaat des Steuerpflichtigen notwendig und angemessen ist. ³Inländische Einkünfte, die nach einem Abkommen zur Vermeidung der Doppelbesteuerung nur der Höhe nach beschränkt besteuert werden dürfen, gelten hierbei als nicht der deutschen Einkommensteuer unterliegend. ⁴Unberücksichtigt bleiben bei der Ermittlung der Einkünfte nach Satz 2 nicht der deutschen Einkommensteuer unterliegende Einkünfte, die im Ausland nicht besteuert werden, soweit vergleichbare Einkünfte im Inland steuerfrei sind. ⁵Weitere Voraussetzung ist, dass die Höhe der nicht der deutschen Einkommensteuer unterliegenden Einkünfte durch eine Bescheinigung der zuständigen ausländischen Steuerbehörde nachgewiesen wird. ⁶Der Steuerabzug nach § 50a ist ungeachtet der Sätze 1 bis 4 vorzunehmen.

(4) Natürliche Personen, die im Inland weder einen Wohnsitz noch ihren gewöhnlichen Aufenthalt haben, sind vorbehaltlich der Absätze 2 und 3 und des § 1a beschränkt einkommensteuerpflichtig, wenn sie inländische Einkünfte im Sinne des § 49 haben.

## § 1a[1)]

(1) Für Staatsangehörige eines Mitgliedstaates der Europäischen Union oder eines Staates, auf den das Abkommen über den Europäischen Wirtschaftsraum anwendbar ist, die nach § 1 Absatz 1 unbeschränkt einkommensteuerpflichtig sind oder die nach § 1 Absatz 3 als unbeschränkt einkommensteuerpflichtig zu behandeln sind, gilt bei Anwendung von § 10 Absatz 1a und § 26 Absatz 1 Satz 1 Folgendes:

1. Aufwendungen im Sinne des § 10 Absatz 1a sind auch dann als Sonderausgaben abziehbar, wenn der Empfänger der Leistung oder Zahlung nicht unbeschränkt einkommensteuerpflichtig ist. ²Voraussetzung ist, dass

a) der Empfänger seinen Wohnsitz oder gewöhnlichen Aufenthalt im Hoheitsgebiet eines anderen Mitgliedstaates der Europäischen Union oder eines Staates hat, auf den das Abkommen über den Europäischen Wirtschaftsraum Anwendung findet und

---

1) **Anm. d. Red.:** § 1a Abs. 1 i. d. F. des Gesetzes v. 22. 12. 2014 (BGBl I S. 2417) mit Wirkung v. 1. 1. 2015.

b) die Besteuerung der nach § 10 Absatz 1a zu berücksichtigenden Leistung oder Zahlung beim Empfänger durch eine Bescheinigung der zuständigen ausländischen Steuerbehörde nachgewiesen wird;

1a. und 1b. (weggefallen)

2. der nicht dauernd getrennt lebende Ehegatte ohne Wohnsitz oder gewöhnlichen Aufenthalt im Inland wird auf Antrag für die Anwendung des § 26 Absatz 1 Satz 1 als unbeschränkt einkommensteuerpflichtig behandelt. ²Nummer 1 Satz 2 gilt entsprechend. ³Bei Anwendung des § 1 Absatz 3 Satz 2 ist auf die Einkünfte beider Ehegatten abzustellen und der Grundfreibetrag nach § 32a Absatz 1 Satz 2 Nummer 1 zu verdoppeln.

(2) Für unbeschränkt einkommensteuerpflichtige Personen im Sinne des § 1 Absatz 2, die die Voraussetzungen des § 1 Absatz 3 Satz 2 bis 5 erfüllen, und für unbeschränkt einkommensteuerpflichtige Personen im Sinne des § 1 Absatz 3, die die Voraussetzungen des § 1 Absatz 2 Satz 1 Nummer 1 und 2 erfüllen und an einem ausländischen Dienstort tätig sind, gilt die Regelung des Absatzes 1 Nummer 2 entsprechend mit der Maßgabe, dass auf Wohnsitz oder gewöhnlichen Aufenthalt im Staat des ausländischen Dienstortes abzustellen ist.

## II. Einkommen

### 1. Sachliche Voraussetzungen für die Besteuerung

#### § 2 Umfang der Besteuerung, Begriffsbestimmungen[1)]

(1) ¹Der Einkommensteuer unterliegen

1. Einkünfte aus Land- und Forstwirtschaft,
2. Einkünfte aus Gewerbebetrieb,
3. Einkünfte aus selbständiger Arbeit,
4. Einkünfte aus nichtselbständiger Arbeit,
5. Einkünfte aus Kapitalvermögen,
6. Einkünfte aus Vermietung und Verpachtung,
7. sonstige Einkünfte im Sinne des § 22,

die der Steuerpflichtige während seiner unbeschränkten Einkommensteuerpflicht oder als inländische Einkünfte während seiner beschränkten Einkommensteuerpflicht erzielt. ²Zu welcher Einkunftsart die Einkünfte im einzelnen Fall gehören, bestimmt sich nach den §§ 13 bis 24.

(2) ¹Einkünfte sind

1. bei Land- und Forstwirtschaft, Gewerbebetrieb und selbständiger Arbeit der Gewinn (§§ 4 bis 7k und 13a),
2. bei den anderen Einkunftsarten der Überschuss der Einnahmen über die Werbungskosten (§§ 8 bis 9a).

²Bei Einkünften aus Kapitalvermögen tritt § 20 Absatz 9 vorbehaltlich der Regelung in § 32d Absatz 2 an die Stelle der §§ 9 und 9a.

(3) Die Summe der Einkünfte, vermindert um den Altersentlastungsbetrag, den Entlastungsbetrag für Alleinerziehende und den Abzug nach § 13 Absatz 3, ist der Gesamtbetrag der Einkünfte.

(4) Der Gesamtbetrag der Einkünfte, vermindert um die Sonderausgaben und die außergewöhnlichen Belastungen, ist das Einkommen.

---

1) **Anm. d. Red.:** § 2 Abs. 2 i. d. F. des Gesetzes v. 8.12.2010 (BGBl I S. 1768) mit Wirkung v. 14.12.2010; Abs. 5a und 5b i. d. F. des Gesetzes v. 1.11.2011 (BGBl I S. 2131) mit Wirkung v. 1.1.2012; Abs. 8 angefügt gem. Gesetz v. 15.7.2013 (BGBl I S. 2397) mit Wirkung v. 19.7.2013.

(5) ¹Das Einkommen, vermindert um die Freibeträge nach § 32 Absatz 6 und um die sonstigen vom Einkommen abzuziehenden Beträge, ist das zu versteuernde Einkommen; dieses bildet die Bemessungsgrundlage für die tarifliche Einkommensteuer. ²Knüpfen andere Gesetze an den Begriff des zu versteuernden Einkommens an, ist für deren Zweck das Einkommen in allen Fällen des § 32 um die Freibeträge nach § 32 Absatz 6 zu vermindern.

(5a) ¹Knüpfen außersteuerliche Rechtsnormen an die in den vorstehenden Absätzen definierten Begriffe (Einkünfte, Summe der Einkünfte, Gesamtbetrag der Einkünfte, Einkommen, zu versteuerndes Einkommen) an, erhöhen sich für deren Zwecke diese Größen um die nach § 32d Absatz 1 und nach § 43 Absatz 5 zu besteuernden Beträge sowie um die nach § 3 Nummer 40 steuerfreien Beträge und mindern sich um die nach § 3c Absatz 2 nicht abziehbaren Beträge. ²Knüpfen außersteuerliche Rechtsnormen an die in den Absätzen 1 bis 3 genannten Begriffe (Einkünfte, Summe der Einkünfte, Gesamtbetrag der Einkünfte) an, mindern sich für deren Zwecke diese Größen um die nach § 10 Absatz 1 Nummer 5 abziehbaren Kinderbetreuungskosten.

(5b) Soweit Rechtsnormen dieses Gesetzes an die in den vorstehenden Absätzen definierten Begriffe (Einkünfte, Summe der Einkünfte, Gesamtbetrag der Einkünfte, Einkommen, zu versteuerndes Einkommen) anknüpfen, sind Kapitalerträge nach § 32d Absatz 1 und § 43 Absatz 5 nicht einzubeziehen.

(6) ¹Die tarifliche Einkommensteuer, vermindert um die anzurechnenden ausländischen Steuern und die Steuerermäßigungen, vermehrt um die Steuer nach § 32d Absatz 3 und 4, die Steuer nach § 34c Absatz 5 und den Zuschlag nach § 3 Absatz 4 Satz 2 des Forstschäden-Ausgleichsgesetzes in der Fassung der Bekanntmachung vom 26. August 1985 (BGBl I S. 1756), das zuletzt durch Artikel 18 des Gesetzes vom 19. Dezember 2008 (BGBl I S. 2794) geändert worden ist, in der jeweils geltenden Fassung, ist die festzusetzende Einkommensteuer. ²Wurde der Gesamtbetrag der Einkünfte in den Fällen des § 10a Absatz 2 um Sonderausgaben nach § 10a Absatz 1 gemindert, ist für die Ermittlung der festzusetzenden Einkommensteuer der Anspruch auf Zulage nach Abschnitt XI der tariflichen Einkommensteuer hinzuzurechnen; bei der Ermittlung der dem Steuerpflichtigen zustehenden Zulage bleibt die Erhöhung der Grundzulage nach § 84 Satz 2 außer Betracht. ³Wird das Einkommen in den Fällen des § 31 um die Freibeträge nach § 32 Absatz 6 gemindert, ist der Anspruch auf Kindergeld nach Abschnitt X der tariflichen Einkommensteuer hinzuzurechnen.

(7) ¹Die Einkommensteuer ist eine Jahressteuer. ²Die Grundlagen für ihre Festsetzung sind jeweils für ein Kalenderjahr zu ermitteln. ³Besteht während eines Kalenderjahres sowohl unbeschränkte als auch beschränkte Einkommensteuerpflicht, so sind die während der beschränkten Einkommensteuerpflicht erzielten inländischen Einkünfte in eine Veranlagung zur unbeschränkten Einkommensteuerpflicht einzubeziehen.

(8) Die Regelungen dieses Gesetzes zu Ehegatten und Ehen sind auch auf Lebenspartner und Lebenspartnerschaften anzuwenden.

## § 2a Negative Einkünfte mit Bezug zu Drittstaaten[1)2)]

(1) ¹Negative Einkünfte
1. aus einer in einem Drittstaat belegenen land- und forstwirtschaftlichen Betriebsstätte,
2. aus einer in einem Drittstaat belegenen gewerblichen Betriebsstätte,
3. a) aus dem Ansatz des niedrigeren Teilwerts eines zu einem Betriebsvermögen gehörenden Anteils an einer Drittstaaten-Körperschaft oder
   b) aus der Veräußerung oder Entnahme eines zu einem Betriebsvermögen gehörenden Anteils an einer Drittstaaten-Körperschaft oder aus der Auflösung oder Herabsetzung des Kapitals einer Drittstaaten-Körperschaft,
4. in den Fällen des § 17 bei einem Anteil an einer Drittstaaten-Kapitalgesellschaft,

---

1) **Anm. d. Red.:** § 2a Abs. 2a i. d. F. des Gesetzes v. 26. 6. 2013 (BGBl I S. 1809) mit Wirkung v. 1. 1. 2013.
2) **Anm. d. Red.:** Zur Anwendung des § 2a siehe § 52 Abs. 2.

VII. Einkommensteuergesetz § 2a

5. aus der Beteiligung an einem Handelsgewerbe als stiller Gesellschafter und aus partiarischen Darlehen, wenn der Schuldner Wohnsitz, Sitz oder Geschäftsleitung in einem Drittstaat hat,

6. a) aus der Vermietung oder der Verpachtung von unbeweglichem Vermögen oder von Sachinbegriffen, wenn diese in einem Drittstaat belegen sind, oder

   b) aus der entgeltlichen Überlassung von Schiffen, sofern der Überlassende nicht nachweist, dass diese ausschließlich oder fast ausschließlich in einem anderen Staat als einem Drittstaat eingesetzt worden sind, es sei denn, es handelt sich um Handelsschiffe, die

   aa) von einem Vercharterer ausgerüstet überlassen oder

   bb) an in einem anderen als in einem Drittstaat ansässige Ausrüster, die die Voraussetzungen des § 510 Absatz 1 des Handelsgesetzbuchs erfüllen, überlassen oder

   cc) insgesamt nur vorübergehend an in einem Drittstaat ansässige Ausrüster, die die Voraussetzungen des § 510 Absatz 1 des Handelsgesetzbuchs erfüllen, überlassen

   worden sind, oder

   c) aus dem Ansatz des niedrigeren Teilwerts oder der Übertragung eines zu einem Betriebsvermögen gehörenden Wirtschaftsguts im Sinne der Buchstaben a und b,

7. a) aus dem Ansatz des niedrigeren Teilwerts, der Veräußerung oder Entnahme eines zu einem Betriebsvermögen gehörenden Anteils an

   b) aus der Auflösung oder Herabsetzung des Kapitals,

   c) in den Fällen des § 17 bei einem Anteil an

   einer Körperschaft mit Sitz oder Geschäftsleitung in einem anderen Staat als einem Drittstaat, soweit die negativen Einkünfte auf einen der in den Nummern 1 bis 6 genannten Tatbestände zurückzuführen sind,

dürfen nur mit positiven Einkünften der jeweils selben Art und, mit Ausnahme der Fälle der Nummer 6 Buchstabe b, aus demselben Staat, in den Fällen der Nummer 7 auf Grund von Tatbeständen der jeweils selben Art aus demselben Staat, ausgeglichen werden; sie dürfen auch nicht nach § 10d abgezogen werden. ²Den negativen Einkünften sind Gewinnminderungen gleichgestellt. ³Soweit die negativen Einkünfte nicht nach Satz 1 ausgeglichen werden können, mindern sie die positiven Einkünfte der jeweils selben Art, die der Steuerpflichtige in den folgenden Veranlagungszeiträumen aus demselben Staat, in den Fällen der Nummer 7 auf Grund von Tatbeständen der jeweils selben Art aus demselben Staat, erzielt. ⁴Die Minderung ist nur insoweit zulässig, als die negativen Einkünfte in den vorangegangenen Veranlagungszeiträumen nicht berücksichtigt werden konnten (verbleibende negative Einkünfte). ⁵Die am Schluss eines Veranlagungszeitraums verbleibenden negativen Einkünfte sind gesondert festzustellen; § 10d Absatz 4 gilt sinngemäß.

(2) ¹Absatz 1 Satz 1 Nummer 2 ist nicht anzuwenden, wenn der Steuerpflichtige nachweist, dass die negativen Einkünfte aus einer gewerblichen Betriebsstätte in einem Drittstaat stammen, die ausschließlich oder fast ausschließlich die Herstellung oder Lieferung von Waren, außer Waffen, die Gewinnung von Bodenschätzen sowie die Bewirkung gewerblicher Leistungen zum Gegenstand hat, soweit diese nicht in der Errichtung oder dem Betrieb von Anlagen, die dem Fremdenverkehr dienen, oder in der Vermietung oder der Verpachtung von Wirtschaftsgütern einschließlich der Überlassung von Rechten, Plänen, Mustern, Verfahren, Erfahrungen und Kenntnissen bestehen; das unmittelbare Halten einer Beteiligung von mindestens einem Viertel am Nennkapital einer Kapitalgesellschaft, die ausschließlich oder fast ausschließlich die vorgenannten Tätigkeiten zum Gegenstand hat, sowie die mit dem Halten der Beteiligung in Zusammenhang stehende Finanzierung gilt als Bewirkung gewerblicher Leistungen, wenn die Kapitalgesellschaft weder ihre Geschäftsleitung noch ihren Sitz im Inland hat. ²Absatz 1 Satz 1 Nummer 3 und 4 ist nicht anzuwenden, wenn der Steuerpflichtige nachweist, dass die in Satz 1 genannten Voraussetzungen bei der Körperschaft entweder seit ihrer Gründung oder während

335

der letzten fünf Jahre vor und in dem Veranlagungszeitraum vorgelegen haben, in dem die negativen Einkünfte bezogen werden.

(2a) ¹Bei der Anwendung der Absätze 1 und 2 sind
1. als Drittstaaten die Staaten anzusehen, die nicht Mitgliedstaaten der Europäischen Union sind;
2. Drittstaaten-Körperschaften und Drittstaaten-Kapitalgesellschaften solche, die weder ihre Geschäftsleitung noch ihren Sitz in einem Mitgliedstaat der Europäischen Union haben.

²Bei Anwendung des Satzes 1 sind den Mitgliedstaaten der Europäischen Union die Staaten gleichgestellt, auf die das Abkommen über den Europäischen Wirtschaftsraum anwendbar ist, sofern zwischen der Bundesrepublik Deutschland und dem anderen Staat auf Grund der Amtshilferichtlinie gemäß § 2 Absatz 2 des EU-Amtshilfegesetzes oder einer vergleichbaren zwei- oder mehrseitigen Vereinbarung Auskünfte erteilt werden, die erforderlich sind, um die Besteuerung durchzuführen.

## 2. Steuerfreie Einnahmen

### § 3

Steuerfrei sind
1. a) Leistungen aus einer Krankenversicherung, aus einer Pflegeversicherung und aus der gesetzlichen Unfallversicherung,
   b) Sachleistungen und Kinderzuschüsse aus den gesetzlichen Rentenversicherungen einschließlich der Sachleistungen nach dem Gesetz über die Alterssicherung der Landwirte,
   c) Übergangsgeld nach dem Sechsten Buch Sozialgesetzbuch und Geldleistungen nach den §§ 10, 36 bis 39 des Gesetzes über die Alterssicherung der Landwirte,
   d) das Mutterschaftsgeld nach dem Mutterschutzgesetz, der Reichsversicherungsordnung und dem Gesetz über die Krankenversicherung der Landwirte, die Sonderunterstützung für im Familienhaushalt beschäftigte Frauen, der Zuschuss zum Mutterschaftsgeld nach dem Mutterschutzgesetz sowie der Zuschuss bei Beschäftigungsverboten für die Zeit vor oder nach einer Entbindung sowie für den Entbindungstag während einer Elternzeit nach beamtenrechtlichen Vorschriften;
2.[1] a) das Arbeitslosengeld, das Teilarbeitslosengeld, das Kurzarbeitergeld, der Zuschuss zum Arbeitsentgelt, das Übergangsgeld, der Gründungszuschuss nach dem Dritten Buch Sozialgesetzbuch sowie die übrigen Leistungen nach dem Dritten Buch Sozialgesetzbuch und den entsprechenden Programmen des Bundes und der Länder, soweit sie Arbeitnehmern oder Arbeitsuchenden oder zur Förderung der Aus- oder Weiterbildung oder Existenzgründung der Empfänger gewährt werden,
   b) das Insolvenzgeld, Leistungen auf Grund der in § 169 und § 175 Absatz 2 des Dritten Buches Sozialgesetzbuch genannten Ansprüche sowie Zahlungen des Arbeitgebers an einen Sozialleistungsträger auf Grund des gesetzlichen Forderungsübergangs nach § 115 Absatz 1 des Zehnten Buches Sozialgesetzbuch, wenn ein Insolvenzereignis nach § 165 Absatz 1 Satz 2 auch in Verbindung mit Satz 3 des Dritten Buches Sozialgesetzbuch vorliegt,
   c) die Arbeitslosenbeihilfe nach dem Soldatenversorgungsgesetz,
   d) Leistungen zur Sicherung des Lebensunterhalts und zur Eingliederung in Arbeit nach dem Zweiten Buch Sozialgesetzbuch,
   e) mit den in den Nummern 1 bis 2 Buchstabe d genannten Leistungen vergleichbare Leistungen ausländischer Rechtsträger, die ihren Sitz in einem Mitgliedstaat der Europäi-

---

1) **Anm. d. Red.:** § 3 Nr. 2 i. d. F. des Gesetzes v. 25. 7. 2014 (BGBl I S. 1266) mit Wirkung v. 1. 1. 2015.

schen Union, in einem Staat, auf den das Abkommen über den Europäischen Wirtschaftsraum Anwendung findet oder in der Schweiz haben;

2a.[1)] und 2b. (weggefallen)

3. a) Rentenabfindungen nach § 107 des Sechsten Buches Sozialgesetzbuch, nach § 21 des Beamtenversorgungsgesetzes oder entsprechendem Landesrecht und nach § 43 des Soldatenversorgungsgesetzes in Verbindung mit § 21 des Beamtenversorgungsgesetzes,

b) Beitragserstattungen an den Versicherten nach den §§ 210 und 286d des Sechsten Buches Sozialgesetzbuch sowie nach den §§ 204, 205 und 207 des Sechsten Buches Sozialgesetzbuch, Beitragserstattungen nach den §§ 75 und 117 des Gesetzes über die Alterssicherung der Landwirte und nach § 26 des Vierten Buches Sozialgesetzbuch,

c) Leistungen aus berufsständischen Versorgungseinrichtungen, die den Leistungen nach den Buchstaben a und b entsprechen,

d) Kapitalabfindungen und Ausgleichszahlungen nach § 48 des Beamtenversorgungsgesetzes oder entsprechendem Landesrecht und nach den §§ 28 bis 35 und 38 des Soldatenversorgungsgesetzes;

4.[2)] bei Angehörigen der Bundeswehr, der Bundespolizei, der Zollverwaltung, der Bereitschaftspolizei der Länder, der Vollzugspolizei und der Berufsfeuerwehr der Länder und Gemeinden und bei Vollzugsbeamten der Kriminalpolizei des Bundes, der Länder und Gemeinden

a) der Geldwert der ihnen aus Dienstbeständen überlassenen Dienstkleidung,

b) Einkleidungsbeihilfen und Abnutzungsentschädigungen für die Dienstkleidung der zum Tragen oder Bereithalten von Dienstkleidung Verpflichteten und für dienstlich notwendige Kleidungsstücke der Vollzugsbeamten der Kriminalpolizei sowie der Angehörigen der Zollverwaltung,

c) im Einsatz gewährte Verpflegung oder Verpflegungszuschüsse,

d) der Geldwert der auf Grund gesetzlicher Vorschriften gewährten Heilfürsorge;

5.[3)4)] a) die Geld- und Sachbezüge, die Wehrpflichtige während des Wehrdienstes nach § 4 des Wehrpflichtgesetzes erhalten,

b) die Geld- und Sachbezüge, die Zivildienstleistende nach § 35 des Zivildienstgesetzes erhalten,

c) der nach § 2 Absatz 1 des Wehrsoldgesetzes an Soldaten im Sinne des § 1 Absatz 1 des Wehrsoldgesetzes gezahlte Wehrsold,

d) die an Reservistinnen und Reservisten der Bundeswehr im Sinne des § 1 des Reservistinnen- und Reservistengesetzes nach dem Wehrsoldgesetz gezahlten Bezüge,

e) die Heilfürsorge, die Soldaten nach § 6 des Wehrsoldgesetzes und Zivildienstleistende nach § 35 des Zivildienstgesetzes erhalten,

f) das an Personen, die einen in § 32 Absatz 4 Satz 1 Nummer 2 Buchstabe d genannten Freiwilligendienst leisten, gezahlte Taschengeld oder eine vergleichbare Geldleistung;

6.[5)] Bezüge, die auf Grund gesetzlicher Vorschriften aus öffentlichen Mitteln versorgungshalber an Wehrdienstbeschädigte, im Freiwilligen Wehrdienst Beschädigte, Zivildienstbeschädigte und im Bundesfreiwilligendienst Beschädigte oder ihre Hinterbliebenen, Kriegsbeschädigte, Kriegshinterbliebene und ihnen gleichgestellte Personen gezahlt werden, soweit es sich nicht um Bezüge handelt, die auf Grund der Dienstzeit gewährt werden.

---

1) **Anm. d. Red.:** § 3 Nr. 2a und 2b weggefallen gem. Gesetz v. 25. 7. 2014 (BGBl I S. 1266) mit Wirkung v. 1. 1. 2015.

2) **Anm. d. Red.:** § 3 Nr. 4 i. d. F. des Gesetzes v. 25. 7. 2014 (BGBl I S. 1266) mit Wirkung v. 1. 1. 2015.

3) **Anm. d. Red.:** § 3 Nr. 5 i. d. F. des Gesetzes v. 26. 6. 2013 (BGBl I S. 1809) mit Wirkung v. 30. 6. 2013.

4) **Anm. d. Red.:** Zur Anwendung des § 3 Nr. 5 siehe § 52 Abs. 4 Sätze 1 und 2.

5) **Anm. d. Red.:** § 3 Nr. 6 i. d. F. des Gesetzes v. 25. 7. 2014 (BGBl I S. 1266) mit Wirkung v. 31. 7. 2014.

²Gleichgestellte im Sinne des Satzes 1 sind auch Personen, die Anspruch auf Leistungen nach dem Bundesversorgungsgesetz oder auf Unfallfürsorgeleistungen nach dem Soldatenversorgungsgesetz, Beamtenversorgungsgesetz oder vergleichbarem Landesrecht haben;

7. Ausgleichsleistungen nach dem Lastenausgleichsgesetz, Leistungen nach dem Flüchtlingshilfegesetz, dem Bundesvertriebenengesetz, dem Reparationsschädengesetz, dem Vertriebenenzuwendungsgesetz, dem NS-Verfolgtenentschädigungsgesetz sowie Leistungen nach dem Entschädigungsgesetz und nach dem Ausgleichsleistungsgesetz, soweit sie nicht Kapitalerträge im Sinne des § 20 Absatz 1 Nummer 7 und Absatz 2 sind;

8. Geldrenten, Kapitalentschädigungen und Leistungen im Heilverfahren, die auf Grund gesetzlicher Vorschriften zur Wiedergutmachung nationalsozialistischen Unrechts gewährt werden. ²Die Steuerpflicht von Bezügen aus einem aus Wiedergutmachungsgründen neu begründeten oder wieder begründeten Dienstverhältnis sowie von Bezügen aus einem früheren Dienstverhältnis, die aus Wiedergutmachungsgründen neu gewährt oder wieder gewährt werden, bleibt unberührt;

8a.¹⁾ Renten wegen Alters und Renten wegen verminderter Erwerbsfähigkeit aus der gesetzlichen Rentenversicherung, die an Verfolgte im Sinne des § 1 des Bundesentschädigungsgesetzes gezahlt werden, wenn rentenrechtliche Zeiten auf Grund der Verfolgung in der Rente enthalten sind. ²Renten wegen Todes aus der gesetzlichen Rentenversicherung, wenn der verstorbene Versicherte Verfolgter im Sinne des § 1 des Bundesentschädigungsgesetzes war und wenn rentenrechtliche Zeiten auf Grund der Verfolgung in dieser Rente enthalten sind;

9. Erstattungen nach § 23 Absatz 2 Satz 1 Nummer 3 und 4 sowie nach § 39 Absatz 4 Satz 2 des Achten Buches Sozialgesetzbuch;

10. Einnahmen einer Gastfamilie für die Aufnahme eines behinderten oder von Behinderung bedrohten Menschen nach § 2 Absatz 1 des Neunten Buches Sozialgesetzbuch zur Pflege, Betreuung, Unterbringung und Verpflegung, die auf Leistungen eines Leistungsträgers nach dem Sozialgesetzbuch beruhen. ²Für Einnahmen im Sinne des Satzes 1, die nicht auf Leistungen eines Leistungsträgers nach dem Sozialgesetzbuch beruhen, gilt Entsprechendes bis zur Höhe der Leistungen nach dem Zwölften Buch Sozialgesetzbuch.³Überschreiten die auf Grund der in Satz 1 bezeichneten Tätigkeit bezogenen Einnahmen der Gastfamilie den steuerfreien Betrag, dürfen die mit der Tätigkeit in unmittelbarem wirtschaftlichen Zusammenhang stehenden Ausgaben abweichend von § 3c nur insoweit als Betriebsausgaben abgezogen werden, als sie den Betrag der steuerfreien Einnahmen übersteigen;

11. Bezüge aus öffentlichen Mitteln oder aus Mitteln einer öffentlichen Stiftung, die wegen Hilfsbedürftigkeit oder als Beihilfe zu dem Zweck bewilligt werden, die Erziehung oder Ausbildung, die Wissenschaft oder Kunst unmittelbar zu fördern. ²Darunter fallen nicht Kinderzuschläge und Kinderbeihilfen, die auf Grund der Besoldungsgesetze, besonderer Tarife oder ähnlicher Vorschriften gewährt werden. ³Voraussetzung für die Steuerfreiheit ist, dass der Empfänger mit den Bezügen nicht zu einer bestimmten wissenschaftlichen oder künstlerischen Gegenleistung oder zu einer bestimmten Arbeitnehmertätigkeit verpflichtet wird. ⁴Den Bezügen aus öffentlichen Mitteln wegen Hilfsbedürftigkeit gleichgestellt sind Beitragsermäßigungen und Prämienrückzahlungen eines Trägers der gesetzlichen Krankenversicherung für nicht in Anspruch genommene Beihilfeleistungen;

12.²⁾ aus einer Bundeskasse oder Landeskasse gezahlte Bezüge, die zum einen

 a) in einem Bundesgesetz oder Landesgesetz,

 b) auf Grundlage einer bundesgesetzlichen oder landesgesetzlichen Ermächtigung beruhenden Bestimmung oder

 c) von der Bundesregierung oder einer Landesregierung

---

1) **Anm. d. Red.:** § 3 Nr. 8a eingefügt gem. Gesetz v. 7. 12. 2011 (BGBl I S. 2592) mit Wirkung v. 14. 12. 2011.
2) **Anm. d. Red.:** § 3 Nr. 12 i. d. F. des Gesetzes v. 25. 7. 2014 (BGBl I S. 1266) mit Wirkung v. 31. 7. 2014.

als Aufwandsentschädigung festgesetzt sind und die zum anderen jeweils auch als Aufwandsentschädigung im Haushaltsplan ausgewiesen werden. ²Das Gleiche gilt für andere Bezüge, die als Aufwandsentschädigung aus öffentlichen Kassen an öffentliche Dienste leistende Personen gezahlt werden, soweit nicht festgestellt wird, dass sie für Verdienstausfall oder Zeitverlust gewährt werden oder den Aufwand, der dem Empfänger erwächst, offenbar übersteigen;

13.[1)] die aus öffentlichen Kassen gezahlten Reisekostenvergütungen, Umzugskostenvergütungen und Trennungsgelder. ²Die als Reisekostenvergütungen gezahlten Vergütungen für Verpflegung sind nur insoweit steuerfrei, als sie die Pauschbeträge nach § 9 Absatz 4a nicht übersteigen; Trennungsgelder sind nur insoweit steuerfrei, als sie die nach § 9 Absatz 1 Satz 3 Nummer 5 und Absatz 4a abziehbaren Aufwendungen nicht übersteigen;

14. Zuschüsse eines Trägers der gesetzlichen Rentenversicherung zu den Aufwendungen eines Rentners für seine Krankenversicherung und von dem gesetzlichen Rentenversicherungsträger getragene Anteile (§ 249a des Fünften Buches Sozialgesetzbuch) an den Beiträgen für die gesetzliche Krankenversicherung;

15. (weggefallen)

16.[2)] die Vergütungen, die Arbeitnehmer außerhalb des öffentlichen Dienstes von ihrem Arbeitgeber zur Erstattung von Reisekosten, Umzugskosten oder Mehraufwendungen bei doppelter Haushaltsführung erhalten, soweit sie die nach § 9 als Werbungskosten abziehbaren Aufwendungen nicht übersteigen;

17. Zuschüsse zum Beitrag nach § 32 des Gesetzes über die Alterssicherung der Landwirte;

18. das Aufgeld für ein an die Bank für Vertriebene und Geschädigte (Lastenausgleichsbank) zugunsten des Ausgleichsfonds (§ 5 des Lastenausgleichsgesetzes) gegebenes Darlehen, wenn das Darlehen nach § 7f des Gesetzes in der Fassung der Bekanntmachung vom 15. September 1953 (BGBl I S. 1355) im Jahr der Hingabe als Betriebsausgabe abzugsfähig war;

19.[3)] (weggefallen)

20. die aus öffentlichen Mitteln des Bundespräsidenten aus sittlichen oder sozialen Gründen gewährten Zuwendungen an besonders verdiente Personen oder ihre Hinterbliebenen;

21.[4)] und 22. (weggefallen)

23. die Leistungen nach dem Häftlingshilfegesetz, dem Strafrechtlichen Rehabilitierungsgesetz, dem Verwaltungsrechtlichen Rehabilitierungsgesetz und dem Beruflichen Rehabilitierungsgesetz;

24. Leistungen, die auf Grund des Bundeskindergeldgesetzes gewährt werden;

25. Entschädigungen nach dem Infektionsschutzgesetz vom 20. Juli 2000 (BGBl I S. 1045);

26.[5)] Einnahmen aus nebenberuflichen Tätigkeiten als Übungsleiter, Ausbilder, Erzieher, Betreuer oder vergleichbaren nebenberuflichen Tätigkeiten, aus nebenberuflichen künstlerischen Tätigkeiten oder der nebenberuflichen Pflege alter, kranker oder behinderter Menschen im Dienst oder im Auftrag einer juristischen Person des öffentlichen Rechts, die in einem Mitgliedstaat der Europäischen Union oder in einem Staat belegen ist, auf den das Abkommen über den Europäischen Wirtschaftsraum Anwendung findet, oder einer unter § 5 Absatz 1 Nummer 9 des Körperschaftsteuergesetzes fallenden Einrichtung zur Förderung gemeinnütziger, mildtätiger und kirchlicher Zwecke (§§ 52 bis 54 der Abgabenordnung) bis zur Höhe

---

1) **Anm. d. Red.:** § 3 Nr. 13 i. d. F. des Gesetzes v. 20. 2. 2013 (BGBl I S. 285) mit Wirkung v. 1. 1. 2014.
2) **Anm. d. Red.:** § 3 Nr. 16 i. d. F. des Gesetzes v. 20. 2. 2013 (BGBl I S. 285) mit Wirkung v. 1. 1. 2014.
3) **Anm. d. Red.:** § 3 Nr. 19 weggefallen gem. Gesetz v. 1. 11. 2011 (BGBl I S. 2131) mit Wirkung v. 5. 11. 2011.
4) **Anm. d. Red.:** § 3 Nr. 21 und 22 weggefallen gem. Gesetz v. 1. 11. 2011 (BGBl I S. 2131) mit Wirkung v. 5. 11. 2011.
5) **Anm. d. Red.:** § 3 Nr. 26 i. d. F. des Gesetzes v. 21. 3. 2013 (BGBl I S. 556) mit Wirkung v. 1. 1. 2013.

von insgesamt 2 400 Euro im Jahr. ²Überschreiten die Einnahmen für die in Satz 1 bezeichneten Tätigkeiten den steuerfreien Betrag, dürfen die mit den nebenberuflichen Tätigkeiten in unmittelbarem wirtschaftlichen Zusammenhang stehenden Ausgaben abweichend von § 3c nur insoweit als Betriebsausgaben oder Werbungskosten abgezogen werden, als sie den Betrag der steuerfreien Einnahmen übersteigen;

26a.[1] Einnahmen aus nebenberuflichen Tätigkeiten im Dienst oder Auftrag einer juristischen Person des öffentlichen Rechts, die in einem Mitgliedstaat der Europäischen Union oder in einem Staat belegen ist, auf den das Abkommen über den Europäischen Wirtschaftsraum Anwendung findet, oder einer unter § 5 Absatz 1 Nummer 9 des Körperschaftsteuergesetzes fallenden Einrichtung zur Förderung gemeinnütziger, mildtätiger und kirchlicher Zwecke (§§ 52 bis 54 der Abgabenordnung) bis zur Höhe von insgesamt 720 Euro im Jahr. ²Die Steuerbefreiung ist ausgeschlossen, wenn für die Einnahmen aus der Tätigkeit – ganz oder teilweise – eine Steuerbefreiung nach § 3 Nummer 12, 26 oder 26b gewährt wird. ³Überschreiten die Einnahmen für die in Satz 1 bezeichneten Tätigkeiten den steuerfreien Betrag, dürfen die mit den nebenberuflichen Tätigkeiten in unmittelbarem wirtschaftlichen Zusammenhang stehenden Ausgaben abweichend von § 3c nur insoweit als Betriebsausgaben oder Werbungskosten abgezogen werden, als sie den Betrag der steuerfreien Einnahmen übersteigen;

26b.[2] Aufwandsentschädigungen nach § 1835a des Bürgerlichen Gesetzbuchs, soweit sie zusammen mit den steuerfreien Einnahmen im Sinne der Nummer 26 den Freibetrag nach Nummer 26 Satz 1 nicht überschreiten. ²Nummer 26 Satz 2 gilt entsprechend;

27. der Grundbetrag der Produktionsaufgaberente und das Ausgleichsgeld nach dem Gesetz zur Förderung der Einstellung der landwirtschaftlichen Erwerbstätigkeit bis zum Höchstbetrag von 18 407 Euro;

28. die Aufstockungsbeträge im Sinne des § 3 Absatz 1 Nummer 1 Buchstabe a sowie die Beiträge und Aufwendungen im Sinne des § 3 Absatz 1 Nummer 1 Buchstabe b und des § 4 Absatz 2 des Altersteilzeitgesetzes, die Zuschläge, die versicherungsfrei Beschäftigte im Sinne des § 27 Absatz 1 Nummer 1 bis 3 des Dritten Buches Sozialgesetzbuch zur Aufstockung der Bezüge bei Altersteilzeit nach beamtenrechtlichen Vorschriften oder Grundsätzen erhalten sowie die Zahlungen des Arbeitgebers zur Übernahme der Beiträge im Sinne des § 187a des Sechsten Buches Sozialgesetzbuch, soweit sie 50 Prozent der Beiträge nicht übersteigen;

29. das Gehalt und die Bezüge,

a) die die diplomatischen Vertreter ausländischer Staaten, die ihnen zugewiesenen Beamten und die in ihren Diensten stehenden Personen erhalten. ²Dies gilt nicht für deutsche Staatsangehörige oder für im Inland ständig ansässige Personen;

b) der Berufskonsuln, der Konsulatsangehörigen und ihres Personals, soweit sie Angehörige des Entsendestaates sind. ²Dies gilt nicht für Personen, die im Inland ständig ansässig sind oder außerhalb ihres Amtes oder Dienstes einen Beruf, ein Gewerbe oder eine andere gewinnbringende Tätigkeit ausüben;

30. Entschädigungen für die betriebliche Benutzung von Werkzeugen eines Arbeitnehmers (Werkzeuggeld), soweit sie die entsprechenden Aufwendungen des Arbeitnehmers nicht offensichtlich übersteigen;

31. die typische Berufskleidung, die der Arbeitgeber seinem Arbeitnehmer unentgeltlich oder verbilligt überlässt; dasselbe gilt für eine Barablösung eines nicht nur einzelvertraglichen Anspruchs auf Gestellung von typischer Berufskleidung, wenn die Barablösung betrieblich veranlasst ist und die entsprechenden Aufwendungen des Arbeitnehmers nicht offensichtlich übersteigt;

---

1) **Anm. d. Red.:** § 3 Nr. 26a i. d. F. des Gesetzes v. 21. 3. 2013 (BGBl I S. 556) mit Wirkung v. 1. 1. 2013.

2) **Anm. d. Red.:** § 3 Nr. 26b eingefügt gem. Gesetz v. 8. 12. 2010 (BGBl I S. 1768) mit Wirkung v. 14. 12. 2010.

32.[1] die unentgeltliche oder verbilligte Sammelbeförderung eines Arbeitnehmers zwischen Wohnung und erster Tätigkeitsstätte sowie bei Fahrten nach § 9 Absatz 1 Satz 3 Nummer 4a Satz 3 mit einem vom Arbeitgeber gestellten Beförderungsmittel, soweit die Sammelbeförderung für den betrieblichen Einsatz des Arbeitnehmers notwendig ist;

33. zusätzlich zum ohnehin geschuldeten Arbeitslohn erbrachte Leistungen des Arbeitgebers zur Unterbringung und Betreuung von nicht schulpflichtigen Kindern der Arbeitnehmer in Kindergärten oder vergleichbaren Einrichtungen;

34. zusätzlich zum ohnehin geschuldeten Arbeitslohn erbrachte Leistungen des Arbeitgebers zur Verbesserung des allgemeinen Gesundheitszustands und der betrieblichen Gesundheitsförderung, die hinsichtlich Qualität, Zweckbindung und Zielgerichtetheit den Anforderungen der §§ 20 und 20a des Fünften Buches Sozialgesetzbuch genügen, soweit sie 500 Euro im Kalenderjahr nicht übersteigen;

34a.[2] zusätzlich zum ohnehin geschuldeten Arbeitslohn erbrachte Leistungen des Arbeitgebers

a) an ein Dienstleistungsunternehmen, das den Arbeitnehmer hinsichtlich der Betreuung von Kindern oder pflegebedürftigen Angehörigen berät oder hierfür Betreuungspersonen vermittelt sowie

b) zur kurzfristigen Betreuung von Kindern im Sinne des § 32 Absatz 1, die das 14. Lebensjahr noch nicht vollendet haben oder die wegen einer vor Vollendung des 25. Lebensjahres eingetretenen körperlichen, geistigen oder seelischen Behinderung außerstande sind, sich selbst zu unterhalten oder pflegebedürftigen Angehörigen des Arbeitnehmers, wenn die Betreuung aus zwingenden und beruflich veranlassten Gründen notwendig ist, auch wenn sie im privaten Haushalt des Arbeitnehmers stattfindet, soweit die Leistungen 600 Euro im Kalenderjahr nicht übersteigen;

35. die Einnahmen der bei der Deutsche Post AG, Deutsche Postbank AG oder Deutsche Telekom AG beschäftigten Beamten, soweit die Einnahmen ohne Neuordnung des Postwesens und der Telekommunikation nach den Nummern 11 bis 13 und 64 steuerfrei wären;

36. Einnahmen für Leistungen zur Grundpflege oder hauswirtschaftlichen Versorgung bis zur Höhe des Pflegegeldes nach § 37 des Elften Buches Sozialgesetzbuch, wenn diese Leistungen von Angehörigen des Pflegebedürftigen oder von anderen Personen, die damit eine sittliche Pflicht im Sinne des § 33 Absatz 2 gegenüber dem Pflegebedürftigen erfüllen, erbracht werden. ²Entsprechendes gilt, wenn der Pflegebedürftige Pflegegeld aus privaten Versicherungsverträgen nach den Vorgaben des Elften Buches Sozialgesetzbuch oder eine Pauschalbeihilfe nach Beihilfevorschriften für häusliche Pflege erhält;

37.[3] (weggefallen)

38.[4] Sachprämien, die der Steuerpflichtige für die persönliche Inanspruchnahme von Dienstleistungen von Unternehmen unentgeltlich erhält, die diese zum Zwecke der Kundenbindung im allgemeinen Geschäftsverkehr in einem jedermann zugänglichen planmäßigen Verfahren gewähren, soweit der Wert der Prämien 1 080 Euro im Kalenderjahr nicht übersteigt;

39.[5] der Vorteil des Arbeitnehmers im Rahmen eines gegenwärtigen Dienstverhältnisses aus der unentgeltlichen oder verbilligten Überlassung von Vermögensbeteiligungen im Sinne des § 2 Absatz 1 Nummer 1 Buchstabe a, b und f bis l und Absatz 2 bis 5 des Fünften Vermögensbildungsgesetzes in der Fassung der Bekanntmachung vom 4. März 1994 (BGBl I S. 406), zuletzt geändert durch Artikel 2 des Gesetzes vom 7. März 2009 (BGBl I S. 451), in der jeweils geltenden Fassung, am Unternehmen des Arbeitgebers, soweit der Vorteil ins-

---

1) **Anm. d. Red.:** § 3 Nr. 32 i. d. F. des Gesetzes v. 25. 7. 2014 (BGBl I S. 1266) mit Wirkung v. 31. 7. 2014.
2) **Anm. d. Red.:** § 3 Nr. 34a eingefügt gem. Gesetz v. 22. 12. 2014 (BGBl I S. 2417) mit Wirkung v. 1. 1. 2015.
3) **Anm. d. Red.:** § 3 Nr. 37 weggefallen gem. Gesetz v. 1. 11. 2011 (BGBl I S. 2131) mit Wirkung v. 5. 11. 2011.
4) **Anm. d. Red.:** § 3 Nr. 38 i. d. F. des Gesetzes v. 5. 4. 2011 (BGBl I S. 554) mit Wirkung v. 12. 4. 2011.
5) **Anm. d. Red.:** § 3 Nr. 39 i. d. F. des Gesetzes v. 25. 7. 2014 (BGBl I S. 1266) mit Wirkung v. 31. 7. 2014.

gesamt 360 Euro im Kalenderjahr nicht übersteigt. ²Voraussetzung für die Steuerfreiheit ist, dass die Beteiligung mindestens allen Arbeitnehmern offensteht, die im Zeitpunkt der Bekanntgabe des Angebots ein Jahr oder länger ununterbrochen in einem gegenwärtigen Dienstverhältnis zum Unternehmen stehen. ³Als Unternehmen des Arbeitgebers im Sinne des Satzes 1 gilt auch ein Unternehmen im Sinne des § 18 des Aktiengesetzes. ⁴Als Wert der Vermögensbeteiligung ist der gemeine Wert anzusetzen;

40.[1)2)] 40 Prozent

   a) der Betriebsvermögensmehrungen oder Einnahmen aus der Veräußerung oder der Entnahme von Anteilen an Körperschaften, Personenvereinigungen und Vermögensmassen, deren Leistungen beim Empfänger zu Einnahmen im Sinne des § 20 Absatz 1 Nummer 1 und 9 gehören, oder an einer Organgesellschaft im Sinne des § 14 oder § 17 des Körperschaftsteuergesetzes, oder aus deren Auflösung oder Herabsetzung von deren Nennkapital oder aus dem Ansatz eines solchen Wirtschaftsguts mit dem Wert, der sich nach § 6 Absatz 1 Nummer 2 Satz 3 ergibt, soweit sie zu den Einkünften aus Land- und Forstwirtschaft, aus Gewerbebetrieb oder aus selbständiger Arbeit gehören. ²Dies gilt nicht, soweit der Ansatz des niedrigeren Teilwerts in vollem Umfang zu einer Gewinnminderung geführt hat und soweit diese Gewinnminderung nicht durch Ansatz eines Werts, der sich nach § 6 Absatz 1 Nummer 2 Satz 3 ergibt, ausgeglichen worden ist. ³Satz 1 gilt außer für Betriebsvermögensmehrungen aus dem Ansatz mit dem Wert, der sich nach § 6 Absatz 1 Nummer 2 Satz 3 ergibt, ebenfalls nicht, soweit Abzüge nach § 6b oder ähnliche Abzüge voll steuerwirksam vorgenommen worden sind,

   b) des Veräußerungspreises im Sinne des § 16 Absatz 2, soweit er auf die Veräußerung von Anteilen an Körperschaften, Personenvereinigungen und Vermögensmassen entfällt, deren Leistungen beim Empfänger zu Einnahmen im Sinne des § 20 Absatz 1 Nummer 1 und 9 gehören, oder an einer Organgesellschaft im Sinne des § 14 oder § 17 des Körperschaftsteuergesetzes. ²Satz 1 ist in den Fällen des § 16 Absatz 3 entsprechend anzuwenden. ³Buchstabe a Satz 3 gilt entsprechend,

   c) des Veräußerungspreises oder des gemeinen Werts im Sinne des § 17 Absatz 2. ²Satz 1 ist in den Fällen des § 17 Absatz 4 entsprechend anzuwenden,

   d) der Bezüge im Sinne des § 20 Absatz 1 Nummer 1 und der Einnahmen im Sinne des § 20 Absatz 1 Nummer 9. ²Dies gilt nur, soweit sie das Einkommen der leistenden Körperschaft nicht gemindert haben. ³Satz 1 Buchstabe d Satz 2 gilt nicht, soweit eine verdeckte Gewinnausschüttung das Einkommen einer dem Steuerpflichtigen nahe stehenden Person erhöht hat und § 32a des Körperschaftsteuergesetzes auf die Veranlagung dieser nahe stehenden Person keine Anwendung findet,

   e) der Bezüge im Sinne des § 20 Absatz 1 Nummer 2,

   f) der besonderen Entgelte oder Vorteile im Sinne des § 20 Absatz 3, die neben den in § 20 Absatz 1 Nummer 1 und Absatz 2 Satz 1 Nummer 2 Buchstabe a bezeichneten Einnahmen oder an deren Stelle gewährt werden,

   g) des Gewinns aus der Veräußerung von Dividendenscheinen und sonstigen Ansprüchen im Sinne des § 20 Absatz 2 Satz 1 Nummer 2 Buchstabe a,

   h) des Gewinns aus der Abtretung von Dividendenansprüchen oder sonstigen Ansprüchen im Sinne des § 20 Absatz 2 Satz 1 Nummer 2 Buchstabe a in Verbindung mit § 20 Absatz 2 Satz 2,

   i) der Bezüge im Sinne des § 22 Nummer 1 Satz 2, soweit diese von einer nicht von der Körperschaftsteuer befreiten Körperschaft, Personenvereinigung oder Vermögensmasse stammen.

---

1) **Anm. d. Red.:** § 3 Nr. 40 i. d. F. des Gesetzes v. 2. 11. 2015 (BGBl I S. 1834) mit Wirkung v. 1. 1. 2016.

2) **Anm. d. Red.:** Zur Anwendung des § 3 Nr. 40 siehe § 52 Abs. 4 Sätze 5 bis 7.

²Dies gilt für Satz 1 Buchstabe d bis h nur in Verbindung mit § 20 Absatz 8. ³Satz 1 Buchstabe a, b und d bis h ist nicht anzuwenden für Anteile, die bei Kreditinstituten und Finanzdienstleistungsinstituten nach § 1a des Kreditwesengesetzes in Verbindung mit den Artikeln 102 bis 106 der Verordnung (EU) Nr. 575/2013 des Europäischen Parlaments und des Rates vom 26. Juni 2013 über Aufsichtsanforderungen an Kreditinstitute und Wertpapierfirmen und zur Änderung der Verordnung (EU) Nr. 646/2012 (ABl L 176 vom 27. 6. 2013, S. 1) oder unmittelbar nach den Artikeln 102 bis 106 der Verordnung (EU) Nr. 575/2013 dem Handelsbuch zuzurechnen sind; Gleiches gilt für Anteile, die von Finanzunternehmen im Sinne des Gesetzes über das Kreditwesen mit dem Ziel der kurzfristigen Erzielung eines Eigenhandelserfolges erworben werden. ⁴Satz 3 zweiter Halbsatz gilt auch für Kreditinstitute, Finanzdienstleistungsinstitute und Finanzunternehmen mit Sitz in einem anderen Mitgliedstaat der Europäischen Union oder in einem anderen Vertragsstaat des EWR-Abkommens. ⁵Satz 1 ist nicht anzuwenden bei Anteilen an Unterstützungskassen;

40a.[1]) 40 Prozent der Vergütungen im Sinne des § 18 Absatz 1 Nummer 4;

41. a) Gewinnausschüttungen, soweit für das Kalenderjahr oder Wirtschaftsjahr, in dem sie bezogen werden, oder für die vorangegangenen sieben Kalenderjahre oder Wirtschaftsjahre aus einer Beteiligung an derselben ausländischen Gesellschaft Hinzurechnungsbeträge (§ 10 Absatz 2 des Außensteuergesetzes) der Einkommensteuer unterlegen haben, § 11 Absatz 1 und 2 des Außensteuergesetzes in der Fassung des Artikels 12 des Gesetzes vom 21. Dezember 1993 (BGBl I S. 2310) nicht anzuwenden war und der Steuerpflichtige dies nachweist; § 3c Absatz 2 gilt entsprechend;

b) Gewinne aus der Veräußerung eines Anteils an einer ausländischen Kapitalgesellschaft sowie aus deren Auflösung oder Herabsetzung ihres Kapitals, soweit für das Kalenderjahr oder Wirtschaftsjahr, in dem sie bezogen werden, oder für die vorangegangenen sieben Kalenderjahre oder Wirtschaftsjahre aus einer Beteiligung an derselben ausländischen Gesellschaft Hinzurechnungsbeträge (§ 10 Absatz 2 des Außensteuergesetzes) der Einkommensteuer unterlegen haben, § 11 Absatz 1 und 2 des Außensteuergesetzes in der Fassung des Artikels 12 des Gesetzes vom 21. Dezember 1993 (BGBl I S. 2310) nicht anzuwenden war, der Steuerpflichtige dies nachweist und der Hinzurechnungsbetrag ihm nicht als Gewinnanteil zugeflossen ist.

²Die Prüfung, ob Hinzurechnungsbeträge der Einkommensteuer unterlegen haben, erfolgt im Rahmen der gesonderten Feststellung nach § 18 des Außensteuergesetzes;

42. die Zuwendungen, die auf Grund des Fulbright-Abkommens gezahlt werden;

43. der Ehrensold für Künstler sowie Zuwendungen aus Mitteln der Deutschen Künstlerhilfe, wenn es sich um Bezüge aus öffentlichen Mitteln handelt, die wegen der Bedürftigkeit des Künstlers gezahlt werden;

44.[2]) Stipendien, die aus öffentlichen Mitteln oder von zwischenstaatlichen oder überstaatlichen Einrichtungen, denen die Bundesrepublik Deutschland als Mitglied angehört, zur Förderung der Forschung oder zur Förderung der wissenschaftlichen oder künstlerischen Ausbildung oder Fortbildung gewährt werden. ²Das Gleiche gilt für Stipendien, die zu den in Satz 1 bezeichneten Zwecken von einer Einrichtung, die von einer Körperschaft des öffentlichen Rechts errichtet ist oder verwaltet wird, oder von einer Körperschaft, Personenvereinigung oder Vermögensmasse im Sinne des § 5 Absatz 1 Nummer 9 des Körperschaftsteuergesetzes gegeben werden. ³Voraussetzung für die Steuerfreiheit ist, dass

a) die Stipendien einen für die Erfüllung der Forschungsaufgabe oder für die Bestreitung des Lebensunterhalts und die Deckung des Ausbildungsbedarfs erforderlichen Betrag nicht übersteigen und nach den von dem Geber erlassenen Richtlinien vergeben werden,

---

1) **Anm. d. Red.:** Zur Anwendung des § 3 Nr. 40a siehe § 52 Abs. 4 Sätze 8 und 9.
2) **Anm. d. Red.:** § 3 Nr. 44 i. d. F. des Gesetzes v. 1. 11. 2011 (BGBl I S. 2131) mit Wirkung v. 5. 11. 2011.

b) der Empfänger im Zusammenhang mit dem Stipendium nicht zu einer bestimmten wissenschaftlichen oder künstlerischen Gegenleistung oder zu einer bestimmten Arbeitnehmertätigkeit verpflichtet ist;

45.[1)] die Vorteile des Arbeitnehmers aus der privaten Nutzung von betrieblichen Datenverarbeitungsgeräten und Telekommunikationsgeräten sowie deren Zubehör, aus zur privaten Nutzung überlassenen System- und Anwendungsprogrammen, die der Arbeitgeber auch in seinem Betrieb einsetzt, und aus den im Zusammenhang mit diesen Zuwendungen erbrachten Dienstleistungen. ²Satz 1 gilt entsprechend für Steuerpflichtige, denen die Vorteile im Rahmen einer Tätigkeit zugewendet werden, für die sie eine Aufwandsentschädigung im Sinne des § 3 Nummer 12 erhalten;

46.[2)] (weggefallen)

47. Leistungen nach § 14a Absatz 4 und § 14b des Arbeitsplatzschutzgesetzes;

48.[3)] Leistungen nach dem Unterhaltssicherungsgesetz mit Ausnahme der Leistungen nach § 7 des Unterhaltssicherungsgesetzes;

49.[4)] (weggefallen)

50. die Beträge, die der Arbeitnehmer vom Arbeitgeber erhält, um sie für ihn auszugeben (durchlaufende Gelder), und die Beträge, durch die Auslagen des Arbeitnehmers für den Arbeitgeber ersetzt werden (Auslagenersatz);

51. Trinkgelder, die anlässlich einer Arbeitsleistung dem Arbeitnehmer von Dritten freiwillig und ohne dass ein Rechtsanspruch auf sie besteht, zusätzlich zu dem Betrag gegeben werden, der für diese Arbeitsleistung zu zahlen ist;

52. (weggefallen)

53. die Übertragung von Wertguthaben nach § 7f Absatz 1 Satz 1 Nummer 2 des Vierten Buches Sozialgesetzbuch auf die Deutsche Rentenversicherung Bund. ²Die Leistungen aus dem Wertguthaben durch die Deutsche Rentenversicherung Bund gehören zu den Einkünften aus nichtselbständiger Arbeit im Sinne des § 19. ³Von ihnen ist Lohnsteuer einzubehalten;

54. Zinsen aus Entschädigungsansprüchen für deutsche Auslandsbonds im Sinne der §§ 52 bis 54 des Bereinigungsgesetzes für deutsche Auslandsbonds in der im Bundesgesetzblatt Teil III, Gliederungsnummer 4139-2, veröffentlichten bereinigten Fassung, soweit sich die Entschädigungsansprüche gegen den Bund oder die Länder richten. ²Das Gleiche gilt für die Zinsen aus Schuldverschreibungen und Schuldbuchforderungen, die nach den §§ 9, 10 und 14 des Gesetzes zur näheren Regelung der Entschädigungsansprüche für Auslandsbonds in der im Bundesgesetzblatt Teil III, Gliederungsnummer 4139-3, veröffentlichten bereinigten Fassung vom Bund oder von den Ländern für Entschädigungsansprüche erteilt oder eingetragen werden;

55. der in den Fällen des § 4 Absatz 2 Nummer 2 und Absatz 3 des Betriebsrentengesetzes vom 19. Dezember 1974 (BGBl I S. 3610), das zuletzt durch Artikel 8 des Gesetzes vom 5. Juli 2004 (BGBl I S. 1427) geändert worden ist, in der jeweils geltenden Fassung geleistete Übertragungswert nach § 4 Absatz 5 des Betriebsrentengesetzes, wenn die betriebliche Altersversorgung beim ehemaligen und neuen Arbeitgeber über einen Pensionsfonds, eine Pensionskasse oder ein Unternehmen der Lebensversicherung durchgeführt wird. ²Satz 1 gilt auch, wenn der Übertragungswert vom ehemaligen Arbeitgeber oder von einer Unterstützungskasse an den neuen Arbeitgeber oder eine andere Unterstützungskasse geleistet wird. ³Die Leistungen des neuen Arbeitgebers, der Unterstützungskasse, des Pensionsfonds, der Pensionskasse oder des Unternehmens der Lebensversicherung auf Grund des Betrags nach

---

1) **Anm. d. Red.:** § 3 Nr. 45 i. d. F. des Gesetzes v. 22.12.2014 (BGBl I S. 2417) mit Wirkung v. 1.1.2015.
2) **Anm. d. Red.:** § 3 Nr. 46 weggefallen gem. Gesetz v. 1.11.2011 (BGBl I S. 2131) mit Wirkung v. 5.11.2011.
3) **Anm. d. Red.:** § 3 Nr. 48 i. d. F. des Gesetzes v. 29.6.2015 (BGBl I S. 1061) mit Wirkung v. 1.11.2015.
4) **Anm. d. Red.:** § 3 Nr. 49 weggefallen gem. Gesetz v. 1.11.2011 (BGBl I S. 2131) mit Wirkung v. 5.11.2011.

Satz 1 und 2 gehören zu den Einkünften, zu denen die Leistungen gehören würden, wenn die Übertragung nach § 4 Absatz 2 Nummer 2 und Absatz 3 des Betriebsrentengesetzes nicht stattgefunden hätte;

55a. die nach § 10 des Versorgungsausgleichsgesetzes vom 3. April 2009 (BGBl I S. 700) in der jeweils geltenden Fassung (interne Teilung) durchgeführte Übertragung von Anrechten für die ausgleichsberechtigte Person zu Lasten von Anrechten der ausgleichspflichtigen Person. ²Die Leistungen aus diesen Anrechten gehören bei der ausgleichsberechtigten Person zu den Einkünften, zu denen die Leistungen bei der ausgleichspflichtigen Person gehören würden, wenn die interne Teilung nicht stattgefunden hätte;

55b. der nach § 14 des Versorgungsausgleichsgesetzes (externe Teilung) geleistete Ausgleichswert zur Begründung von Anrechten für die ausgleichsberechtigte Person zu Lasten von Anrechten der ausgleichspflichtigen Person, soweit Leistungen aus diesen Anrechten zu steuerpflichtigen Einkünften nach den §§ 19, 20 und 22 führen würden. ²Satz 1 gilt nicht, soweit Leistungen, die auf dem begründeten Anrecht beruhen, bei der ausgleichsberechtigten Person zu Einkünften nach § 20 Absatz 1 Nummer 6 oder § 22 Nummer 1 Satz 3 Buchstabe a Doppelbuchstabe bb führen würden. ³Der Versorgungsträger der ausgleichspflichtigen Person hat den Versorgungsträger der ausgleichsberechtigten Person über die für die Besteuerung der Leistungen erforderlichen Grundlagen zu informieren. ⁴Dies gilt nicht, wenn der Versorgungsträger der ausgleichsberechtigten Person die Grundlagen bereits kennt oder aus den bei ihm vorhandenen Daten feststellen kann und dieser letzte Umstand dem Versorgungsträger der ausgleichspflichtigen Person mitgeteilt worden ist;

55c.[1] Übertragungen von Altersvorsorgevermögen im Sinne des § 92 auf einen anderen auf den Namen des Steuerpflichtigen lautenden Altersvorsorgevertrag (§ 1 Absatz 1 Satz 1 Nummer 10 Buchstabe b des Altersvorsorgeverträge-Zertifizierungsgesetzes), soweit die Leistungen zu steuerpflichtigen Einkünften nach § 22 Nummer 5 führen würden. ²Dies gilt entsprechend

a) wenn Anwartschaften der betrieblichen Altersversorgung abgefunden werden, soweit das Altersvorsorgevermögen zugunsten eines auf den Namen des Steuerpflichtigen lautenden Altersvorsorgevertrages geleistet wird,

b) wenn im Fall des Todes des Steuerpflichtigen das Altersvorsorgevermögen auf einen auf den Namen des Ehegatten lautenden Altersvorsorgevertrag übertragen wird, wenn die Ehegatten im Zeitpunkt des Todes des Zulageberechtigten nicht dauernd getrennt gelebt haben (§ 26 Absatz 1) und ihren Wohnsitz oder gewöhnlichen Aufenthalt in einem Mitgliedstaat der Europäischen Union oder einem Staat hatten, auf den das Abkommen über den Europäischen Wirtschaftsraum anwendbar ist;

55d.[2] Übertragungen von Anrechten aus einem nach § 5a Altersvorsorgeverträge-Zertifizierungsgesetz zertifizierten Vertrag auf einen anderen auf den Namen des Steuerpflichtigen lautenden nach § 5a Altersvorsorgeverträge-Zertifizierungsgesetz zertifizierten Vertrag;

55e.[3] die auf Grund eines Abkommens mit einer zwischen- oder überstaatlichen Einrichtung übertragenen Werte von Anrechten auf Altersversorgung, soweit diese zur Begründung von Anrechten auf Altersversorgung bei einer zwischen- oder überstaatlichen Einrichtung dienen. ²Die Leistungen auf Grund des Betrags nach Satz 1 gehören zu den Einkünften, zu denen die Leistungen gehören, die die übernehmende Versorgungseinrichtung im Übrigen erbringt;

56. Zuwendungen des Arbeitgebers nach § 19 Absatz 1 Satz 1 Nummer 3 Satz 1 aus dem ersten Dienstverhältnis an eine Pensionskasse zum Aufbau einer nicht kapitalgedeckten betrieblichen Altersversorgung, bei der eine Auszahlung der zugesagten Alters-, Invaliditäts- oder

---

1) **Anm. d. Red.:** § 3 Nr. 55c eingefügt gem. Gesetz v. 7.12.2011 (BGBl I S. 2592) mit Wirkung v. 14.12.2011.
2) **Anm. d. Red.:** § 3 Nr. 55d eingefügt gem. Gesetz v. 7.12.2011 (BGBl I S. 2592) mit Wirkung v. 14.12.2011.
3) **Anm. d. Red.:** § 3 Nr. 55e eingefügt gem. Gesetz v. 7.12.2011 (BGBl I S. 2592) mit Wirkung v. 14.12.2011.

Hinterbliebenenversorgung in Form einer Rente oder eines Auszahlungsplans (§ 1 Absatz 1 Satz 1 Nummer 4 des Altersvorsorgeverträge-Zertifizierungsgesetzes) vorgesehen ist, soweit diese Zuwendungen im Kalenderjahr 1 Prozent der Beitragsbemessungsgrenze in der allgemeinen Rentenversicherung nicht übersteigen. ²Der in Satz 1 genannte Höchstbetrag erhöht sich ab 1. Januar 2014 auf 2 Prozent, ab 1. Januar 2020 auf 3 Prozent und ab 1. Januar 2025 auf 4 Prozent der Beitragsbemessungsgrenze in der allgemeinen Rentenversicherung. ³Die Beträge nach den Sätzen 1 und 2 sind jeweils um die nach § 3 Nummer 63 Satz 1, 3 oder Satz 4 steuerfreien Beträge zu mindern;

57. die Beträge, die die Künstlersozialkasse zugunsten des nach dem Künstlersozialversicherungsgesetz Versicherten aus dem Aufkommen von Künstlersozialabgabe und Bundeszuschuss an einen Träger der Sozialversicherung oder an den Versicherten zahlt;

58. das Wohngeld nach dem Wohngeldgesetz, die sonstigen Leistungen aus öffentlichen Haushalten oder Zweckvermögen zur Senkung der Miete oder Belastung im Sinne des § 11 Absatz 2 Nummer 4 des Wohngeldgesetzes sowie öffentliche Zuschüsse zur Deckung laufender Aufwendungen und Zinsvorteile bei Darlehen, die aus öffentlichen Haushalten gewährt werden, für eine zu eigenen Wohnzwecken genutzte Wohnung im eigenen Haus oder eine zu eigenen Wohnzwecken genutzte Eigentumswohnung, soweit die Zuschüsse und Zinsvorteile die Vorteile aus einer entsprechenden Förderung mit öffentlichen Mitteln nach dem Zweiten Wohnungsbaugesetz, dem Wohnraumförderungsgesetz oder einem Landesgesetz zur Wohnraumförderung nicht überschreiten, der Zuschuss für die Wohneigentumsbildung in innerstädtischen Altbauquartieren nach den Regelungen zum Stadtumbau Ost in den Verwaltungsvereinbarungen über die Gewährung von Finanzhilfen des Bundes an die Länder nach Artikel 104a Absatz 4 des Grundgesetzes zur Förderung städtebaulicher Maßnahmen;

59. die Zusatzförderung nach § 88e des Zweiten Wohnungsbaugesetzes und nach § 51f des Wohnungsbaugesetzes für das Saarland und Geldleistungen, die ein Mieter zum Zwecke der Wohnkostenentlastung nach dem Wohnraumförderungsgesetz oder einem Landesgesetz zur Wohnraumförderung erhält, soweit die Einkünfte dem Mieter zuzurechnen sind, und die Vorteile aus einer mietweisen Wohnungsüberlassung im Zusammenhang mit einem Arbeitsverhältnis, soweit die Vorteile aus einer entsprechenden Förderung nach dem Zweiten Wohnungsbaugesetz, nach dem Wohnraumförderungsgesetz oder einem Landesgesetz zur Wohnraumförderung nicht überschreiten;

60. Leistungen aus öffentlichen Mitteln an Arbeitnehmer des Steinkohlen-, Pechkohlen- und Erzbergbaues, des Braunkohlentiefbaues und der Eisen- und Stahlindustrie aus Anlass von Stilllegungs-, Einschränkungs-, Umstellungs- oder Rationalisierungsmaßnahmen;

61. Leistungen nach § 4 Absatz 1 Nummer 2, § 7 Absatz 3, §§ 9, 10 Absatz 1, §§ 13, 15 des Entwicklungshelfer-Gesetzes;

62. Ausgaben des Arbeitgebers für die Zukunftssicherung des Arbeitnehmers, soweit der Arbeitgeber dazu nach sozialversicherungsrechtlichen oder anderen gesetzlichen Vorschriften oder nach einer auf gesetzlicher Ermächtigung beruhenden Bestimmung verpflichtet ist, und es sich nicht um Zuwendungen oder Beiträge des Arbeitgebers nach den Nummern 56 und 63 handelt. ²Den Ausgaben des Arbeitgebers für die Zukunftssicherung, die auf Grund gesetzlicher Verpflichtung geleistet werden, werden gleichgestellt Zuschüsse des Arbeitgebers zu den Aufwendungen des Arbeitnehmers

   a) für eine Lebensversicherung,

   b) für die freiwillige Versicherung in der gesetzlichen Rentenversicherung,

   c) für eine öffentlich-rechtliche Versicherungs- oder Versorgungseinrichtung seiner Berufsgruppe,

   wenn der Arbeitnehmer von der Versicherungspflicht in der gesetzlichen Rentenversicherung befreit worden ist. ³Die Zuschüsse sind nur insoweit steuerfrei, als sie insgesamt bei Befreiung von der Versicherungspflicht in der allgemeinen Rentenversicherung die Hälfte und bei Befreiung von der Versicherungspflicht in der knappschaftlichen Rentenversicherung zwei Drittel der Gesamtaufwendungen des Arbeitnehmers nicht übersteigen und nicht höher sind als der Betrag, der als Arbeitgeberanteil bei Versicherungspflicht in der allgemeinen Rentenversicherung oder in der knappschaftlichen Rentenversicherung zu zahlen wäre. ⁴Die Sätze 2 und 3 gelten sinngemäß für Beiträge des Arbeitgebers zu einer Pensionskasse, wenn der Arbeitnehmer bei diesem Arbeitgeber nicht im Inland beschäftigt ist und der Arbeitgeber keine Beiträge zur gesetzlichen Rentenversicherung im Inland leistet; Beiträge des Arbeitgebers zu einer Rentenversicherung auf Grund gesetzlicher Verpflichtung sind anzurechnen;

63.[1] Beiträge des Arbeitgebers aus dem ersten Dienstverhältnis an einen Pensionsfonds, eine Pensionskasse oder für eine Direktversicherung zum Aufbau einer kapitalgedeckten betrieblichen Altersversorgung, bei der eine Auszahlung der zugesagten Alters-, Invaliditäts- oder Hinterbliebenenversorgungsleistungen in Form einer Rente oder eines Auszahlungsplans (§ 1 Absatz 1 Satz 1 Nummer 4 des Altersvorsorgeverträge-Zertifizierungsgesetzes vom 26. Juni 2001 (BGBl I S. 1310, 1322), das zuletzt durch Artikel 7 des Gesetzes vom 5. Juli 2004 (BGBl I S. 1427) geändert worden ist, in der jeweils geltenden Fassung) vorgesehen ist, soweit die Beiträge im Kalenderjahr 4 Prozent der Beitragsbemessungsgrenze in der allgemeinen Rentenversicherung nicht übersteigen. ²Dies gilt nicht, soweit der Arbeitnehmer nach § 1a Absatz 3 des Betriebsrentengesetzes verlangt hat, dass die Voraussetzungen für eine Förderung nach § 10a oder Abschnitt XI erfüllt werden. ³Der Höchstbetrag nach Satz 1 erhöht sich um 1 800 Euro, wenn die Beiträge im Sinne des Satzes 1 auf Grund einer Versorgungszusage geleistet werden, die nach dem 31. Dezember 2004 erteilt wurde. ⁴Aus Anlass der Beendigung des Dienstverhältnisses geleistete Beiträge im Sinne des Satzes 1 sind steuerfrei, soweit sie 1 800 Euro vervielfältigt mit der Anzahl der Kalenderjahre, in denen das Dienstverhältnis des Arbeitnehmers zu dem Arbeitgeber bestanden hat, nicht übersteigen; der vervielfältigte Betrag vermindert sich um die nach den Sätzen 1 und 3 steuerfreien Beiträge, die der Arbeitgeber in dem Kalenderjahr, in dem das Dienstverhältnis beendet wird, und in den sechs vorangegangenen Kalenderjahren erbracht hat; Kalenderjahre vor 2005 sind dabei jeweils nicht zu berücksichtigen;

64.[2] bei Arbeitnehmern, die zu einer inländischen juristischen Person des öffentlichen Rechts in einem Dienstverhältnis stehen und dafür Arbeitslohn aus einer inländischen öffentlichen Kasse beziehen, die Bezüge für eine Tätigkeit im Ausland insoweit, als sie den Arbeitslohn übersteigen, der dem Arbeitnehmer bei einer gleichwertigen Tätigkeit am Ort der zahlenden öffentlichen Kasse zustehen würde. ²Satz 1 gilt auch, wenn das Dienstverhältnis zu einer anderen Person besteht, die den Arbeitslohn entsprechend den im Sinne des Satzes 1 geltenden Vorschriften ermittelt, der Arbeitslohn aus einer öffentlichen Kasse gezahlt wird und ganz oder im Wesentlichen aus öffentlichen Mitteln aufgebracht wird. ³Bei anderen für einen begrenzten Zeitraum in das Ausland entsandten Arbeitnehmern, die dort einen Wohnsitz oder gewöhnlichen Aufenthalt haben, ist der ihnen von einem inländischen Arbeitgeber gewährte Kaufkraftausgleich steuerfrei, soweit er den für vergleichbare Auslandsdienstbezüge nach § 55 des Bundesbesoldungsgesetzes zulässigen Betrag nicht übersteigt;

65. a) Beiträge des Trägers der Insolvenzsicherung (§ 14 des Betriebsrentengesetzes) zugunsten eines Versorgungsberechtigten und seiner Hinterbliebenen an eine Pensionskasse oder ein Unternehmen der Lebensversicherung zur Ablösung von Verpflichtungen, die der Träger der Insolvenzsicherung im Sicherungsfall gegenüber dem Versorgungsberechtigten und seinen Hinterbliebenen hat,

---

1) **Anm. d. Red.:** Zur Anwendung des § 3 Nr. 63 siehe § 52 Abs. 4 Sätze 10 bis 12.
2) **Anm. d. Red.:** § 3 Nr. 64 i. d. F. der amtlichen Anmerkung zu § 3 der EStG-Neufassung v. 8. 10. 2009 (BGBl I S. 3369, ber. I S. 3862) mit Wirkung v. 1. 7. 2010.

b) Leistungen zur Übernahme von Versorgungsleistungen oder unverfallbaren Versorgungsanwartschaften durch eine Pensionskasse oder ein Unternehmen der Lebensversicherung in den in § 4 Absatz 4 des Betriebsrentengesetzes bezeichneten Fällen und

c) der Erwerb von Ansprüchen durch den Arbeitnehmer gegenüber einem Dritten im Fall der Eröffnung des Insolvenzverfahrens oder in den Fällen des § 7 Absatz 1 Satz 4 des Betriebsrentengesetzes, soweit der Dritte neben dem Arbeitgeber für die Erfüllung von Ansprüchen auf Grund bestehender Versorgungsverpflichtungen oder Versorgungsanwartschaften gegenüber dem Arbeitnehmer und dessen Hinterbliebenen einsteht; dies gilt entsprechend, wenn der Dritte für Wertguthaben aus einer Vereinbarung über die Altersteilzeit nach dem Altersteilzeitgesetz vom 23. Juli 1996 (BGBl I S. 1078), zuletzt geändert durch Artikel 234 der Verordnung vom 31. Oktober 2006 (BGBl I S. 2407), in der jeweils geltenden Fassung oder auf Grund von Wertguthaben aus einem Arbeitszeitkonto in den im ersten Halbsatz genannten Fällen für den Arbeitgeber einsteht.

²In den Fällen nach Buchstabe a, b und c gehören die Leistungen der Pensionskasse, des Unternehmens der Lebensversicherung oder des Dritten zu den Einkünften, zu denen jene Leistungen gehören würden, die ohne Eintritt eines Falles nach Buchstabe a, b und c zu erbringen wären. ³Soweit sie zu den Einkünften aus nichtselbständiger Arbeit im Sinne des § 19 gehören, ist von ihnen Lohnsteuer einzubehalten. ⁴Für die Erhebung der Lohnsteuer gelten die Pensionskasse, das Unternehmen der Lebensversicherung oder der Dritte als Arbeitgeber und der Leistungsempfänger als Arbeitnehmer;

66. Leistungen eines Arbeitgebers oder einer Unterstützungskasse an einen Pensionsfonds zur Übernahme bestehender Versorgungsverpflichtungen oder Versorgungsanwartschaften durch den Pensionsfonds, wenn ein Antrag nach § 4d Absatz 3 oder § 4e Absatz 3 gestellt worden ist;

67.[1] a) das Erziehungsgeld nach dem Bundeserziehungsgeldgesetz und vergleichbare Leistungen der Länder,

b) das Elterngeld nach dem Bundeselterngeld- und Elternzeitgesetz und vergleichbare Leistungen der Länder,

c) Leistungen für Kindererziehung an Mütter der Geburtsjahrgänge vor 1921 nach den §§ 294 bis 299 des Sechsten Buches Sozialgesetzbuch sowie

d) Zuschläge, die nach den §§ 50a bis 50e des Beamtenversorgungsgesetzes oder nach den §§ 70 bis 74 des Soldatenversorgungsgesetzes oder nach vergleichbaren Regelungen der Länder für ein vor dem 1. Januar 2015 geborenes Kind oder für eine vor dem 1. Januar 2015 begonnene Zeit der Pflege einer pflegebedürftigen Person zu gewähren sind; im Falle des Zusammentreffens von Zeiten für mehrere Kinder nach § 50b des Beamtenversorgungsgesetzes oder § 71 des Soldatenversorgungsgesetzes oder nach vergleichbaren Regelungen der Länder gilt dies, wenn eines der Kinder vor dem 1. Januar 2015 geboren ist;

68. die Hilfen nach dem Gesetz über die Hilfe für durch Anti-D-Immunprophylaxe mit dem Hepatitis-C-Virus infizierte Personen vom 2. August 2000 (BGBl I S. 1270);

69. die von der Stiftung „Humanitäre Hilfe für durch Blutprodukte HIV-infizierte Personen" nach dem HIV-Hilfegesetz vom 24. Juli 1995 (BGBl I S. 972) gewährten Leistungen;

70.[2] die Hälfte

a) der Betriebsvermögensmehrungen oder Einnahmen aus der Veräußerung von Grund und Boden und Gebäuden, die am 1. Januar 2007 mindestens fünf Jahre zum Anlagevermögen eines inländischen Betriebsvermögens des Steuerpflichtigen gehören, wenn diese auf Grund eines nach dem 31. Dezember 2006 und vor dem 1. Januar 2010 rechts-

---

1) **Anm. d. Red.:** § 3 Nr. 67 i. d. F. des Gesetzes v. 22.12.2014 (BGBl I S. 2417) mit Wirkung v. 1.1.2015.

2) **Anm. d. Red.:** § 3 Nr. 70 i. d. F. des Gesetzes v. 22.6.2011 (BGBl I S. 1126) mit Wirkung v. 26.6.2011.

wirksam abgeschlossenen obligatorischen Vertrages an eine REIT-Aktiengesellschaft oder einen Vor-REIT veräußert werden,

b) der Betriebsvermögensmehrungen, die auf Grund der Eintragung eines Steuerpflichtigen in das Handelsregister als REIT-Aktiengesellschaft im Sinne des REIT-Gesetzes vom 28. Mai 2007 (BGBl I S. 914) durch Anwendung des § 13 Absatz 1 und 3 Satz 1 des Körperschaftsteuergesetzes auf Grund und Boden und Gebäude entstehen, wenn diese Wirtschaftsgüter vor dem 1. Januar 2005 angeschafft oder hergestellt wurden, und die Schlussbilanz im Sinne des § 13 Absatz 1 und 3 des Körperschaftsteuergesetzes auf einen Zeitpunkt vor dem 1. Januar 2010 aufzustellen ist.

²Satz 1 ist nicht anzuwenden,

a) wenn der Steuerpflichtige den Betrieb veräußert oder aufgibt und der Veräußerungsgewinn nach § 34 besteuert wird,

b) soweit der Steuerpflichtige von den Regelungen der §§ 6b und 6c Gebrauch macht,

c) soweit der Ansatz des niedrigeren Teilwerts in vollem Umfang zu einer Gewinnminderung geführt hat und soweit diese Gewinnminderung nicht durch den Ansatz eines Werts, der sich nach § 6 Absatz 1 Nummer 1 Satz 4 ergibt, ausgeglichen worden ist,

d) wenn im Fall des Satzes 1 Buchstabe a der Buchwert zuzüglich der Veräußerungskosten den Veräußerungserlös oder im Fall des Satzes 1 Buchstabe b der Buchwert den Teilwert übersteigt. ²Ermittelt der Steuerpflichtige den Gewinn nach § 4 Absatz 3, treten an die Stelle des Buchwerts die Anschaffungs- oder Herstellungskosten verringert um die vorgenommenen Absetzungen für Abnutzung oder Substanzverringerung,

e) soweit vom Steuerpflichtigen in der Vergangenheit Abzüge bei den Anschaffungs- oder Herstellungskosten von Wirtschaftsgütern im Sinne des Satzes 1 nach § 6b oder ähnliche Abzüge voll steuerwirksam vorgenommen worden sind,

f) wenn es sich um eine Übertragung im Zusammenhang mit Rechtsvorgängen handelt, die dem Umwandlungssteuergesetz unterliegen und die Übertragung zu einem Wert unterhalb des gemeinen Werts erfolgt.

³Die Steuerbefreiung entfällt rückwirkend, wenn

a) innerhalb eines Zeitraums von vier Jahren seit dem Vertragsschluss im Sinne des Satzes 1 Buchstabe a der Erwerber oder innerhalb eines Zeitraums von vier Jahren nach dem Stichtag der Schlussbilanz im Sinne des Satzes 1 Buchstabe b die REIT-Aktiengesellschaft den Grund und Boden oder das Gebäude veräußert,

b) der Vor-REIT oder ein anderer Vor-REIT als sein Gesamtrechtsnachfolger den Status als Vor-REIT gemäß § 10 Absatz 3 Satz 1 des REIT-Gesetzes verliert,

c) die REIT-Aktiengesellschaft innerhalb eines Zeitraums von vier Jahren seit dem Vertragsschluss im Sinne des Satzes 1 Buchstabe a oder nach dem Stichtag der Schlussbilanz im Sinne des Satzes 1 Buchstabe b in keinem Veranlagungszeitraum die Voraussetzungen für die Steuerbefreiung erfüllt,

d) die Steuerbefreiung der REIT-Aktiengesellschaft innerhalb eines Zeitraums von vier Jahren seit dem Vertragsschluss im Sinne des Satzes 1 Buchstabe a oder nach dem Stichtag der Schlussbilanz im Sinne des Satzes 1 Buchstabe b endet,

e) das Bundeszentralamt für Steuern dem Erwerber im Sinne des Satzes 1 Buchstabe a den Status als Vor-REIT im Sinne des § 2 Satz 4 des REIT-Gesetzes vom 28. Mai 2007 (BGBl I S. 914) bestandskräftig aberkannt hat.

⁴Die Steuerbefreiung entfällt auch rückwirkend, wenn die Wirtschaftsgüter im Sinne des Satzes 1 Buchstabe a vom Erwerber an den Veräußerer oder eine ihm nahe stehende Person im Sinne des § 1 Absatz 2 des Außensteuergesetzes überlassen werden und der Veräußerer oder eine ihm nahe stehende Person im Sinne des § 1 Absatz 2 des Außensteuergesetzes nach Ablauf einer Frist von zwei Jahren seit Eintragung des Erwerbers als REIT-Aktiengesellschaft in das Handelsregister an dieser mittelbar oder unmittelbar zu mehr als 50 Prozent

## §§ 3a, 3b  VII. Einkommensteuergesetz

beteiligt ist. ⁵Der Grundstückserwerber haftet für die sich aus dem rückwirkenden Wegfall der Steuerbefreiung ergebenden Steuern;

71.[1)2)] die aus einer öffentlichen Kasse gezahlten Zuschüsse für den Erwerb eines Anteils an einer Kapitalgesellschaft in Höhe von 20 Prozent der Anschaffungskosten, höchstens jedoch 50 000 Euro. ²Voraussetzung ist, dass
  a) der Anteil an der Kapitalgesellschaft länger als drei Jahre gehalten wird,
  b) die Kapitalgesellschaft, deren Anteile erworben werden,
     aa) nicht älter ist als zehn Jahre, wobei das Datum der Eintragung der Gesellschaft in das Handelsregister maßgeblich ist,
     bb) weniger als 50 Mitarbeiter (Vollzeitäquivalente) hat,
     cc) einen Jahresumsatz oder eine Jahresbilanzsumme von höchstens 10 Millionen Euro hat und
     dd) nicht börsennotiert ist und keinen Börsengang vorbereitet,
  c) der Zuschussempfänger das 18. Lebensjahr vollendet hat oder eine GmbH ist, deren Anteilseigner das 18. Lebensjahr vollendet haben und
  d) für den Erwerb des Anteils kein Fremdkapital eingesetzt wird.

## § 3a (weggefallen)

## § 3b Steuerfreiheit von Zuschlägen für Sonntags-, Feiertags- oder Nachtarbeit

(1) Steuerfrei sind Zuschläge, die für tatsächlich geleistete Sonntags-, Feiertags- oder Nachtarbeit neben dem Grundlohn gezahlt werden, soweit sie
1. für Nachtarbeit 25 Prozent,
2. vorbehaltlich der Nummern 3 und 4 für Sonntagsarbeit 50 Prozent,
3. vorbehaltlich der Nummer 4 für Arbeit am 31. Dezember ab 14 Uhr und an den gesetzlichen Feiertagen 125 Prozent,
4. für Arbeit am 24. Dezember ab 14 Uhr, am 25. und 26. Dezember sowie am 1. Mai 150 Prozent

des Grundlohns nicht übersteigen.

(2) ¹Grundlohn ist der laufende Arbeitslohn, der dem Arbeitnehmer bei der für ihn maßgebenden regelmäßigen Arbeitszeit für den jeweiligen Lohnzahlungszeitraum zusteht; er ist in einen Stundenlohn umzurechnen und mit höchstens 50 Euro anzusetzen. ²Nachtarbeit ist die Arbeit in der Zeit von 20 Uhr bis 6 Uhr. ³Sonntagsarbeit und Feiertagsarbeit ist die Arbeit in der Zeit von 0 Uhr bis 24 Uhr des jeweiligen Tages. ⁴Die gesetzlichen Feiertage werden durch die am Ort der Arbeitsstätte geltenden Vorschriften bestimmt.

(3) Wenn die Nachtarbeit vor 0 Uhr aufgenommen wird, gilt abweichend von den Absätzen 1 und 2 Folgendes:
1. Für Nachtarbeit in der Zeit von 0 Uhr bis 4 Uhr erhöht sich der Zuschlagssatz auf 40 Prozent,
2. als Sonntagsarbeit und Feiertagsarbeit gilt auch die Arbeit in der Zeit von 0 Uhr bis 4 Uhr des auf den Sonntag oder Feiertag folgenden Tages.

---

1) **Anm. d. Red.:** § 3 Nr. 71 angefügt gem. Gesetz v. 22. 12. 2014 (BGBl I S. 2417) mit Wirkung v. 31. 12. 2014.
2) **Anm. d. Red.:** Zur Anwendung des § 3 Nr. 71 siehe § 52 Abs. 4 Satz 13.

## § 3c Anteilige Abzüge[1)]

(1) Ausgaben dürfen, soweit sie mit steuerfreien Einnahmen in unmittelbarem wirtschaftlichen Zusammenhang stehen, nicht als Betriebsausgaben oder Werbungskosten abgezogen werden; Absatz 2 bleibt unberührt.

(2)[2)] ¹Betriebsvermögensminderungen, Betriebsausgaben, Veräußerungskosten oder Werbungskosten, die mit den dem § 3 Nummer 40 zugrunde liegenden Betriebsvermögensmehrungen oder Einnahmen oder mit Vergütungen nach § 3 Nummer 40a in wirtschaftlichem Zusammenhang stehen, dürfen unabhängig davon, in welchem Veranlagungszeitraum die Betriebsvermögensmehrungen oder Einnahmen anfallen, bei der Ermittlung der Einkünfte nur zu 60 Prozent abgezogen werden; Entsprechendes gilt, wenn bei der Ermittlung der Einkünfte der Wert des Betriebsvermögens oder des Anteils am Betriebsvermögen oder die Anschaffungs- oder Herstellungskosten oder der an deren Stelle tretende Wert mindernd zu berücksichtigen sind. ²Satz 1 ist auch für Betriebsvermögensminderungen oder Betriebsausgaben im Zusammenhang mit einer Darlehensforderung oder aus der Inanspruchnahme von Sicherheiten anzuwenden, die für ein Darlehen hingegeben wurden, wenn das Darlehen oder die Sicherheit von einem Steuerpflichtigen gewährt wird, der zu mehr als einem Viertel unmittelbar oder mittelbar am Grund- oder Stammkapital der Körperschaft, der das Darlehen gewährt wurde, beteiligt ist oder war. ³Satz 2 ist insoweit nicht anzuwenden, als nachgewiesen wird, dass auch ein fremder Dritter das Darlehen bei sonst gleichen Umständen gewährt oder noch nicht zurückgefordert hätte; dabei sind nur die eigenen Sicherungsmittel der Körperschaft zu berücksichtigen. ⁴Die Sätze 2 und 3 gelten entsprechend für Forderungen aus Rechtshandlungen, die einer Darlehensgewährung wirtschaftlich vergleichbar sind. ⁵Gewinne aus dem Ansatz des nach § 6 Absatz 1 Nummer 2 Satz 3 maßgeblichen Werts bleiben bei der Ermittlung der Einkünfte außer Ansatz, soweit auf die vorangegangene Teilwertabschreibung Satz 2 angewendet worden ist. ⁶Satz 1 ist außerdem ungeachtet eines wirtschaftlichen Zusammenhangs mit den dem § 3 Nummer 40 zugrunde liegenden Betriebsvermögensmehrungen oder Einnahmen oder mit Vergütungen nach § 3 Nummer 40a auch auf Betriebsvermögensminderungen, Betriebsausgaben oder Veräußerungskosten eines Gesellschafters einer Körperschaft anzuwenden, soweit diese mit einer im Gesellschaftsverhältnis veranlassten unentgeltlichen Überlassung von Wirtschaftsgütern an diese Körperschaft oder bei einer teilentgeltlichen Überlassung von Wirtschaftsgütern mit dem unentgeltlichen Teil in Zusammenhang stehen und der Steuerpflichtige zu mehr als einem Viertel unmittelbar oder mittelbar am Grund- oder Stammkapital dieser Körperschaft beteiligt ist oder war. ⁷Für die Anwendung des Satzes 1 ist die Absicht zur Erzielung von Betriebsvermögensmehrungen oder Einnahmen im Sinne des § 3 Nummer 40 oder von Vergütungen im Sinne des § 3 Nummer 40a ausreichend. ⁸Satz 1 gilt auch für Wertminderungen des Anteils an einer Organgesellschaft, die nicht auf Gewinnausschüttungen zurückzuführen sind. ⁹§ 8b Absatz 10 des Körperschaftsteuergesetzes gilt sinngemäß.

(3) Betriebsvermögensminderungen, Betriebsausgaben oder Veräußerungskosten, die mit den Betriebsvermögensmehrungen oder Einnahmen im Sinne des § 3 Nummer 70 in wirtschaftlichem Zusammenhang stehen, dürfen unabhängig davon, in welchem Veranlagungszeitraum die Betriebsvermögensmehrungen oder Einnahmen anfallen, nur zur Hälfte abgezogen werden.

---

1) **Anm. d. Red.:** § 3c Abs. 2 i. d. F. des Gesetzes v. 22. 12. 2014 (BGBl I S. 2417) mit Wirkung v. 31. 12. 2014.
2) **Anm. d. Red.:** Zur Anwendung des § 3c Abs. 2 siehe § 52 Abs. 5.

## 3. Gewinn

### § 4 Gewinnbegriff im Allgemeinen[1)]

(1)[2)] ¹Gewinn ist der Unterschiedsbetrag zwischen dem Betriebsvermögen am Schluss des Wirtschaftsjahres und dem Betriebsvermögen am Schluss des vorangegangenen Wirtschaftsjahres, vermehrt um den Wert der Entnahmen und vermindert um den Wert der Einlagen. ²Entnahmen sind alle Wirtschaftsgüter (Barentnahmen, Waren, Erzeugnisse, Nutzungen und Leistungen), die der Steuerpflichtige dem Betrieb für sich, für seinen Haushalt oder für andere betriebsfremde Zwecke im Laufe des Wirtschaftsjahres entnommen hat. ³Einer Entnahme für betriebsfremde Zwecke steht der Ausschluss oder die Beschränkung des Besteuerungsrechts der Bundesrepublik Deutschland hinsichtlich des Gewinns aus der Veräußerung oder der Nutzung eines Wirtschaftsguts gleich. ⁴Ein Ausschluss oder eine Beschränkung des Besteuerungsrechts hinsichtlich des Gewinns aus der Veräußerung eines Wirtschaftsguts liegt insbesondere vor, wenn ein bisher einer inländischen Betriebsstätte des Steuerpflichtigen zuzuordnendes Wirtschaftsgut einer ausländischen Betriebsstätte zuzuordnen ist. ⁵Satz 3 gilt nicht für Anteile an einer Europäischen Gesellschaft oder Europäischen Genossenschaft in den Fällen

1. einer Sitzverlegung der Europäischen Gesellschaft nach Artikel 8 der Verordnung (EG) Nr. 2157/2001 des Rates vom 8. Oktober 2001 über das Statut der Europäischen Gesellschaft (SE) (ABl EG Nr. L 294 S. 1), zuletzt geändert durch die Verordnung (EG) Nr. 885/2004 des Rates vom 26. April 2004 (ABl EU Nr. L 168 S. 1), und

2. einer Sitzverlegung der Europäischen Genossenschaft nach Artikel 7 der Verordnung (EG) Nr. 1435/2003 des Rates vom 22. Juli 2003 über das Statut der Europäischen Genossenschaft (SCE) (ABl EU Nr. L 207 S. 1).

⁶Ein Wirtschaftsgut wird nicht dadurch entnommen, dass der Steuerpflichtige zur Gewinnermittlung nach § 13a übergeht. ⁷Eine Änderung der Nutzung eines Wirtschaftsguts, die bei Gewinnermittlung nach Satz 1 keine Entnahme ist, ist auch bei Gewinnermittlung nach § 13a keine Entnahme. ⁸Einlagen sind alle Wirtschaftsgüter (Bareinzahlungen und sonstige Wirtschaftsgüter), die der Steuerpflichtige dem Betrieb im Laufe des Wirtschaftsjahres zugeführt hat; einer Einlage steht die Begründung des Besteuerungsrechts der Bundesrepublik Deutschland hinsichtlich des Gewinns aus der Veräußerung eines Wirtschaftsguts gleich. ⁹Bei der Ermittlung des Gewinns sind die Vorschriften über die Betriebsausgaben, über die Bewertung und über die Absetzung für Abnutzung oder Substanzverringerung zu befolgen.

(2) ¹Der Steuerpflichtige darf die Vermögensübersicht (Bilanz) auch nach ihrer Einreichung beim Finanzamt ändern, soweit sie den Grundsätzen ordnungsmäßiger Buchführung unter Befolgung der Vorschriften dieses Gesetzes nicht entspricht; diese Änderung ist nicht zulässig, wenn die Vermögensübersicht (Bilanz) einer Steuerfestsetzung zugrunde liegt, die nicht mehr aufgehoben oder geändert werden kann. ²Darüber hinaus ist eine Änderung der Vermögensübersicht (Bilanz) nur zulässig, wenn sie in einem engen zeitlichen und sachlichen Zusammenhang mit einer Änderung nach Satz 1 steht und soweit die Auswirkung der Änderung nach Satz 1 auf den Gewinn reicht.

(3)[3)] ¹Steuerpflichtige, die nicht auf Grund gesetzlicher Vorschriften verpflichtet sind, Bücher zu führen und regelmäßig Abschlüsse zu machen, und die auch keine Bücher führen und keine Abschlüsse machen, können als Gewinn den Überschuss der Betriebseinnahmen über die Betriebsausgaben ansetzen. ²Hierbei scheiden Betriebseinnahmen und Betriebsausgaben aus, die im Namen und für Rechnung eines anderen vereinnahmt und verausgabt werden (durchlaufende Posten). ³Die Vorschriften über die Bewertungsfreiheit für geringwertige Wirtschaftsgüter

---

1) **Anm. d. Red.:** § 4 Abs. 1 i. d. F. des Gesetzes v. 8. 12. 2010 (BGBl I S. 1768) mit Wirkung v. 14. 12. 2010; Abs. 5 i. d. F. des Gesetzes v. 25. 7. 2014 (BGBl I S. 1266) mit Wirkung v. 31. 7. 2014; Abs. 9 i. d. F. des Gesetzes v. 22. 12. 2014 (BGBl I S. 2417) mit Wirkung v. 1. 1. 2015.

2) **Anm. d. Red.:** Zur Anwendung des § 4 Abs. 1 siehe § 52 Abs. 6 Satz 1.

3) **Anm. d. Red.:** Zur Anwendung des § 4 Abs. 3 siehe § 52 Abs. 6 Sätze 2 bis 4.

(§ 6 Absatz 2), die Bildung eines Sammelpostens (§ 6 Absatz 2a) und über die Absetzung für Abnutzung oder Substanzverringerung sind zu befolgen. ⁴Die Anschaffungs- oder Herstellungskosten für nicht abnutzbare Wirtschaftsgüter des Anlagevermögens, für Anteile an Kapitalgesellschaften, für Wertpapiere und vergleichbare nicht verbriefte Forderungen und Rechte, für Grund und Boden sowie Gebäude des Umlaufvermögens sind erst im Zeitpunkt des Zuflusses des Veräußerungserlöses oder bei Entnahme im Zeitpunkt der Entnahme als Betriebsausgaben zu berücksichtigen. ⁵Die Wirtschaftsgüter des Anlagevermögens und Wirtschaftsgüter des Umlaufvermögens im Sinne des Satzes 4 sind unter Angabe des Tages der Anschaffung oder Herstellung und der Anschaffungs- oder Herstellungskosten oder des an deren Stelle getretenen Werts in besondere, laufend zu führende Verzeichnisse aufzunehmen.

(4) Betriebsausgaben sind die Aufwendungen, die durch den Betrieb veranlasst sind.

(4a)[1] ¹Schuldzinsen sind nach Maßgabe der Sätze 2 bis 4 nicht abziehbar, wenn Überentnahmen getätigt worden sind. ²Eine Überentnahme ist der Betrag, um den die Entnahmen die Summe des Gewinns und der Einlagen des Wirtschaftsjahres übersteigen. ³Die nicht abziehbaren Schuldzinsen werden typisiert mit 6 Prozent der Überentnahme des Wirtschaftsjahres zuzüglich der Überentnahmen vorangegangener Wirtschaftsjahre und abzüglich der Beträge, um die in den vorangegangenen Wirtschaftsjahren der Gewinn und die Einlagen die Entnahmen überstiegen haben (Unterentnahmen), ermittelt; bei der Ermittlung der Überentnahme ist vom Gewinn ohne Berücksichtigung der nach Maßgabe dieses Absatzes nicht abziehbaren Schuldzinsen auszugehen. ⁴Der sich dabei ergebende Betrag, höchstens jedoch der um 2 050 Euro verminderte Betrag der im Wirtschaftsjahr angefallenen Schuldzinsen, ist dem Gewinn hinzuzurechnen. ⁵Der Abzug von Schuldzinsen für Darlehen zur Finanzierung von Anschaffungs- oder Herstellungskosten von Wirtschaftsgütern des Anlagevermögens bleibt unberührt. ⁶Die Sätze 1 bis 5 sind bei Gewinnermittlung nach § 4 Absatz 3 sinngemäß anzuwenden; hierzu sind Entnahmen und Einlagen gesondert aufzuzeichnen.

(5) ¹Die folgenden Betriebsausgaben dürfen den Gewinn nicht mindern:
1. Aufwendungen für Geschenke an Personen, die nicht Arbeitnehmer des Steuerpflichtigen sind. ²Satz 1 gilt nicht, wenn die Anschaffungs- oder Herstellungskosten der dem Empfänger im Wirtschaftsjahr zugewendeten Gegenstände insgesamt 35 Euro nicht übersteigen;
2. Aufwendungen für die Bewirtung von Personen aus geschäftlichem Anlass, soweit sie 70 Prozent der Aufwendungen übersteigen, die nach der allgemeinen Verkehrsauffassung als angemessen anzusehen und deren Höhe und betriebliche Veranlassung nachgewiesen sind. ²Zum Nachweis der Höhe und der betrieblichen Veranlassung der Aufwendungen hat der Steuerpflichtige schriftlich die folgenden Angaben zu machen: Ort, Tag, Teilnehmer und Anlass der Bewirtung sowie Höhe der Aufwendungen. ³Hat die Bewirtung in einer Gaststätte stattgefunden, so genügen Angaben zu dem Anlass und den Teilnehmern der Bewirtung; die Rechnung über die Bewirtung ist beizufügen;
3. Aufwendungen für Einrichtungen des Steuerpflichtigen, soweit sie der Bewirtung, Beherbergung oder Unterhaltung von Personen, die nicht Arbeitnehmer des Steuerpflichtigen sind, dienen (Gästehäuser) und sich außerhalb des Orts eines Betriebs des Steuerpflichtigen befinden;
4. Aufwendungen für Jagd oder Fischerei, für Segeljachten oder Motorjachten sowie für ähnliche Zwecke und für die hiermit zusammenhängenden Bewirtungen;
5.[2] Mehraufwendungen für die Verpflegung des Steuerpflichtigen. ²Wird der Steuerpflichtige vorübergehend von seiner Wohnung und dem Mittelpunkt seiner dauerhaft angelegten betrieblichen Tätigkeit entfernt betrieblich tätig, sind die Mehraufwendungen für Verpflegung nach Maßgabe des § 9 Absatz 4a abziehbar;

---

1) **Anm. d. Red.:** Zur Anwendung des § 4 Abs. 4a siehe § 52 Abs. 6 Sätze 5 bis 7.
2) **Anm. d. Red.:** Zur Anwendung des § 4 Abs. 5 Satz 1 Nr. 5 siehe § 52 Abs. 6 Satz 8.

## § 4 VII. Einkommensteuergesetz

6. Aufwendungen für die Wege des Steuerpflichtigen zwischen Wohnung und Betriebsstätte und für Familienheimfahrten, soweit in den folgenden Sätzen nichts anderes bestimmt ist. ²Zur Abgeltung dieser Aufwendungen ist § 9 Absatz 1 Satz 3 Nummer 4 Satz 2 bis 6 und Nummer 5 Satz 5 bis 7 und Absatz 2 entsprechend anzuwenden. ³Bei der Nutzung eines Kraftfahrzeugs dürfen die Aufwendungen in Höhe des positiven Unterschiedsbetrags zwischen 0,03 Prozent des inländischen Listenpreises im Sinne des § 6 Absatz 1 Nummer 4 Satz 2 des Kraftfahrzeugs im Zeitpunkt der Erstzulassung je Kalendermonat für jeden Entfernungskilometer und dem sich nach § 9 Absatz 1 Satz 3 Nummer 4 Satz 2 bis 6 oder Absatz 2 ergebenden Betrag sowie Aufwendungen für Familienheimfahrten in Höhe des positiven Unterschiedsbetrags zwischen 0,002 Prozent des inländischen Listenpreises im Sinne des § 6 Absatz 1 Nummer 4 Satz 2 für jeden Entfernungskilometer und dem sich nach § 9 Absatz 1 Satz 3 Nummer 5 Satz 5 bis 7 oder Absatz 2 ergebenden Betrag den Gewinn nicht mindern; ermittelt der Steuerpflichtige die private Nutzung des Kraftfahrzeugs nach § 6 Absatz 1 Nummer 4 Satz 1 oder Satz 3, treten an die Stelle des mit 0,03 oder 0,002 Prozent des inländischen Listenpreises ermittelten Betrags für Fahrten zwischen Wohnung und Betriebsstätte und für Familienheimfahrten die auf diese Fahrten entfallenden tatsächlichen Aufwendungen; § 6 Absatz 1 Nummer 4 Satz 3 zweiter Halbsatz gilt sinngemäß;

6a.[1)] die Mehraufwendungen für eine betrieblich veranlasste doppelte Haushaltsführung, soweit sie die nach § 9 Absatz 1 Satz 3 Nummer 5 Satz 1 bis 4 abziehbaren Beträge und die Mehraufwendungen für betrieblich veranlasste Übernachtungen, soweit sie die nach § 9 Absatz 1 Satz 3 Nummer 5a abziehbaren Beträge übersteigen;

6b. Aufwendungen für ein häusliches Arbeitszimmer sowie die Kosten der Ausstattung. ²Dies gilt nicht, wenn für die betriebliche oder berufliche Tätigkeit kein anderer Arbeitsplatz zur Verfügung steht. ³In diesem Fall wird die Höhe der abziehbaren Aufwendungen auf 1 250 Euro begrenzt; die Beschränkung der Höhe nach gilt nicht, wenn das Arbeitszimmer den Mittelpunkt der gesamten betrieblichen und beruflichen Betätigung bildet;

7. andere als die in den Nummern 1 bis 6 und 6b bezeichneten Aufwendungen, die die Lebensführung des Steuerpflichtigen oder anderer Personen berühren, soweit sie nach allgemeiner Verkehrsauffassung als unangemessen anzusehen sind;

8. von einem Gericht oder einer Behörde im Geltungsbereich dieses Gesetzes oder von Organen der Europäischen Union festgesetzte Geldbußen, Ordnungsgelder und Verwarnungsgelder. ²Dasselbe gilt für Leistungen zur Erfüllung von Auflagen oder Weisungen, die in einem berufsgerichtlichen Verfahren erteilt werden, soweit die Auflagen oder Weisungen nicht lediglich der Wiedergutmachung des durch die Tat verursachten Schadens dienen. ³Die Rückzahlung von Ausgaben im Sinne der Sätze 1 und 2 darf den Gewinn nicht erhöhen. ⁴Das Abzugsverbot für Geldbußen gilt nicht, soweit der wirtschaftliche Vorteil, der durch den Gesetzesverstoß erlangt wurde, abgeschöpft worden ist, wenn die Steuern vom Einkommen und Ertrag, die auf den wirtschaftlichen Vorteil entfallen, nicht abgezogen worden sind; Satz 3 ist insoweit nicht anzuwenden;

8a. Zinsen auf hinterzogene Steuern nach § 235 der Abgabenordnung;

9. Ausgleichszahlungen, die in den Fällen der §§ 14 und 17 des Körperschaftsteuergesetzes an außenstehende Anteilseigner geleistet werden;

10. die Zuwendung von Vorteilen sowie damit zusammenhängende Aufwendungen, wenn die Zuwendung der Vorteile eine rechtswidrige Handlung darstellt, die den Tatbestand eines Strafgesetzes oder eines Gesetzes verwirklicht, das die Ahndung mit einer Geldbuße zulässt. ²Gerichte, Staatsanwaltschaften oder Verwaltungsbehörden haben Tatsachen, die sie dienstlich erfahren und die den Verdacht einer Tat im Sinne des Satzes 1 begründen, der Finanzbehörde für Zwecke des Besteuerungsverfahrens und zur Verfolgung von Steuerstraftaten und Steuerordnungswidrigkeiten mitzuteilen. ³Die Finanzbehörde teilt Tatsachen, die den Verdacht einer Straftat oder einer Ordnungswidrigkeit im Sinne des Satzes 1 begrün-

---

1) **Anm. d. Red.:** Zur Anwendung des § 4 Abs. 5 Satz 1 Nr. 6a siehe § 52 Abs. 6 Satz 9.

den, der Staatsanwaltschaft oder der Verwaltungsbehörde mit. ⁴Diese unterrichten die Finanzbehörde von dem Ausgang des Verfahrens und den zugrunde liegenden Tatsachen;

11. Aufwendungen, die mit unmittelbaren oder mittelbaren Zuwendungen von nicht einlagefähigen Vorteilen an natürliche oder juristische Personen oder Personengesellschaften zur Verwendung in Betrieben in tatsächlichem oder wirtschaftlichem Zusammenhang stehen, deren Gewinn nach § 5a Absatz 1 ermittelt wird;
12. Zuschläge nach § 162 Absatz 4 der Abgabenordnung;
13. Jahresbeiträge nach § 12 Absatz 2 des Restrukturierungsfondsgesetzes.

²Das Abzugsverbot gilt nicht, soweit die in den Nummern 2 bis 4 bezeichneten Zwecke Gegenstand einer mit Gewinnabsicht ausgeübten Betätigung des Steuerpflichtigen sind. ³§ 12 Nummer 1 bleibt unberührt.

(5a) (weggefallen)

(5b) Die Gewerbesteuer und die darauf entfallenden Nebenleistungen sind keine Betriebsausgaben.

(6) Aufwendungen zur Förderung staatspolitischer Zwecke (§ 10b Absatz 2) sind keine Betriebsausgaben.

(7) ¹Aufwendungen im Sinne des Absatzes 5 Satz 1 Nummer 1 bis 4, 6b und 7 sind einzeln und getrennt von den sonstigen Betriebsausgaben aufzuzeichnen. ²Soweit diese Aufwendungen nicht bereits nach Absatz 5 vom Abzug ausgeschlossen sind, dürfen sie bei der Gewinnermittlung nur berücksichtigt werden, wenn sie nach Satz 1 besonders aufgezeichnet sind.

(8) Für Erhaltungsaufwand bei Gebäuden in Sanierungsgebieten und städtebaulichen Entwicklungsbereichen sowie bei Baudenkmalen gelten die §§ 11a und 11b entsprechend.

(9) ¹Aufwendungen des Steuerpflichtigen für seine Berufsausbildung oder für sein Studium sind nur dann Betriebsausgaben, wenn der Steuerpflichtige zuvor bereits eine Erstausbildung (Berufsausbildung oder Studium) abgeschlossen hat. ²§ 9 Absatz 6 Satz 2 bis 5 gilt entsprechend.

## § 4a Gewinnermittlungszeitraum, Wirtschaftsjahr

(1) ¹Bei Land- und Forstwirten und bei Gewerbetreibenden ist der Gewinn nach dem Wirtschaftsjahr zu ermitteln. ²Wirtschaftsjahr ist

1. bei Land- und Forstwirten der Zeitraum vom 1. Juli bis zum 30. Juni. ²Durch Rechtsverordnung kann für einzelne Gruppen von Land- und Forstwirten ein anderer Zeitraum bestimmt werden, wenn das aus wirtschaftlichen Gründen erforderlich ist;
2. bei Gewerbetreibenden, deren Firma im Handelsregister eingetragen ist, der Zeitraum, für den sie regelmäßig Abschlüsse machen. ²Die Umstellung des Wirtschaftsjahres auf einen vom Kalenderjahr abweichenden Zeitraum ist steuerlich nur wirksam, wenn sie im Einvernehmen mit dem Finanzamt vorgenommen wird;
3. bei anderen Gewerbetreibenden das Kalenderjahr. ²Sind sie gleichzeitig buchführende Land- und Forstwirte, so können sie mit Zustimmung des Finanzamts den nach Nummer 1 maßgebenden Zeitraum als Wirtschaftsjahr für den Gewerbebetrieb bestimmen, wenn sie für den Gewerbebetrieb Bücher führen und für diesen Zeitraum regelmäßig Abschlüsse machen.

(2) Bei Land- und Forstwirten und bei Gewerbetreibenden, deren Wirtschaftsjahr vom Kalenderjahr abweicht, ist der Gewinn aus Land- und Forstwirtschaft oder aus Gewerbebetrieb bei der Ermittlung des Einkommens in folgender Weise zu berücksichtigen:

1. ¹Bei Land- und Forstwirten ist der Gewinn des Wirtschaftsjahres auf das Kalenderjahr, in dem das Wirtschaftsjahr beginnt, und auf das Kalenderjahr, in dem das Wirtschaftsjahr endet, entsprechend dem zeitlichen Anteil aufzuteilen. ²Bei der Aufteilung sind Veräußerungsgewinne im Sinne des § 14 auszuscheiden und dem Gewinn des Kalenderjahres hinzuzurechnen, in dem sie entstanden sind;

2. bei Gewerbetreibenden gilt der Gewinn des Wirtschaftsjahres als in dem Kalenderjahr bezogen, in dem das Wirtschaftsjahr endet.

## § 4b Direktversicherung

¹Der Versicherungsanspruch aus einer Direktversicherung, die von einem Steuerpflichtigen aus betrieblichem Anlass abgeschlossen wird, ist dem Betriebsvermögen des Steuerpflichtigen nicht zuzurechnen, soweit am Schluss des Wirtschaftsjahres hinsichtlich der Leistungen des Versicherers die Person, auf deren Leben die Lebensversicherung abgeschlossen ist, oder ihre Hinterbliebenen bezugsberechtigt sind. ²Das gilt auch, wenn der Steuerpflichtige die Ansprüche aus dem Versicherungsvertrag abgetreten oder beliehen hat, sofern er sich dem bezugsberechtigten Person gegenüber schriftlich verpflichtet, sie bei Eintritt des Versicherungsfalls so zu stellen, als ob die Abtretung oder Beleihung nicht erfolgt wäre.

## § 4c Zuwendungen an Pensionskassen[1]

(1) ¹Zuwendungen an eine Pensionskasse dürfen von dem Unternehmen, das die Zuwendungen leistet (Trägerunternehmen), als Betriebsausgaben abgezogen werden, soweit sie auf einer in der Satzung oder im Geschäftsplan der Kasse festgelegten Verpflichtung oder auf einer Anordnung der Versicherungsaufsichtsbehörde beruhen oder der Abdeckung von Fehlbeträgen bei der Kasse dienen. ²Soweit die allgemeinen Versicherungsbedingungen und die fachlichen Geschäftsunterlagen im Sinne des § 234 Absatz 3 Nummer 1 des Versicherungsaufsichtsgesetzes nicht zum Geschäftsplan gehören, gelten diese als Teil des Geschäftsplans.

(2) Zuwendungen im Sinne des Absatzes 1 dürfen als Betriebsausgaben nicht abgezogen werden, soweit die Leistungen der Kasse, wenn sie vom Trägerunternehmen unmittelbar erbracht würden, bei diesem nicht betrieblich veranlasst wären.

## § 4d Zuwendungen an Unterstützungskassen[2]

(1)[3] ¹Zuwendungen an eine Unterstützungskasse dürfen von dem Unternehmen, das die Zuwendungen leistet (Trägerunternehmen), als Betriebsausgaben abgezogen werden, soweit die Leistungen der Kasse, wenn sie vom Trägerunternehmen unmittelbar erbracht würden, bei diesem betrieblich veranlasst wären und sie die folgenden Beträge nicht übersteigen:

---

1) **Anm. d. Red.:** § 4c Abs. 1 i. d. F. des Gesetzes v. 1.4.2015 (BGBl I S. 434) mit Wirkung v. 1.1.2016.

2) **Anm. d. Red.:** Gem. Art. 2 Nr. 1 i.V. mit Art. 4 Satz 1 Gesetz v. 21.12.2015 (BGBl I S. 2553) wird § 4d Abs. 1 Satz 1 Nr. 1 mit Wirkung v. 1.1.2018 wie folgt geändert:
a) Satz 1 wird wie folgt geändert:
   aa) Buchstabe b Satz 2 wird wie folgt gefasst:
   „Leistungsanwärter ist jeder Arbeitnehmer oder ehemalige Arbeitnehmer des Trägerunternehmens, der von der Unterstützungskasse schriftlich zugesagte Leistungen erhalten kann und am Schluss des Wirtschaftsjahres, in dem die Zuwendung erfolgt,
   aa) bei erstmals nach dem 31. Dezember 2017 zugesagten Leistungen das 23. Lebensjahr vollendet hat,
   bb) bei erstmals nach dem 31. Dezember 2008 und vor dem 1. Januar 2018 zugesagten Leistungen das 27. Lebensjahr vollendet hat oder
   cc) bei erstmals vor dem 1. Januar 2009 zugesagten Leistungen das 28. Lebensjahr vollendet hat;
   soweit die Kasse nur Hinterbliebenenversorgung gewährt, gilt als Leistungsanwärter jeder Arbeitnehmer oder ehemalige Arbeitnehmer des Trägerunternehmens, der am Schluss des Wirtschaftsjahres, in dem die Zuwendung erfolgt, das nach dem ersten Halbsatz maßgebende Lebensjahr vollendet hat und dessen Hinterbliebene die Hinterbliebenenversorgung erhalten können."
   bb) In Buchstabe c Satz 3 werden die Wörter „das 27. Lebensjahr noch nicht vollendet haben" durch die Wörter „das nach Buchstabe b Satz 2 jeweils maßgebende Lebensjahr noch nicht vollendet haben" ersetzt.
b) In Satz 6 werden die Wörter „§ 176 Absatz 3 des Gesetzes über den Versicherungsvertrag berechnete Zeitwert" durch die Wörter „§ 169 Absatz 3 und 4 des Versicherungsvertragsgesetzes berechnete Wert" ersetzt.

3) **Anm. d. Red.:** Zur Anwendung des § 4d Abs. 1 siehe § 52 Abs. 7.

1. bei Unterstützungskassen, die lebenslänglich laufende Leistungen gewähren:
   a) das Deckungskapital für die laufenden Leistungen nach der dem Gesetz als Anlage 1 beigefügten Tabelle. ²Leistungsempfänger ist jeder ehemalige Arbeitnehmer des Trägerunternehmens, der von der Unterstützungskasse Leistungen erhält; soweit die Kasse Hinterbliebenenversorgung gewährt, ist Leistungsempfänger der Hinterbliebene eines ehemaligen Arbeitnehmers des Trägerunternehmens, der von der Kasse Leistungen erhält. ³Dem ehemaligen Arbeitnehmer stehen andere Personen gleich, denen Leistungen der Alters-, Invaliditäts- oder Hinterbliebenenversorgung aus Anlass ihrer ehemaligen Tätigkeit für das Trägerunternehmen zugesagt worden sind;
   b) in jedem Wirtschaftsjahr für jeden Leistungsanwärter,
      aa) wenn die Kasse nur Invaliditätsversorgung oder nur Hinterbliebenenversorgung gewährt, jeweils 6 Prozent,
      bb) wenn die Kasse Altersversorgung mit oder ohne Einschluss von Invaliditätsversorgung oder Hinterbliebenenversorgung gewährt, 25 Prozent
   
   der jährlichen Versorgungsleistungen, die der Leistungsanwärter oder, wenn nur Hinterbliebenenversorgung gewährt wird, dessen Hinterbliebene nach den Verhältnissen am Schluss des Wirtschaftsjahres der Zuwendung im letzten Zeitpunkt der Anwartschaft, spätestens zum Zeitpunkt des Erreichens der Regelaltersgrenze der gesetzlichen Rentenversicherung erhalten können. ²Leistungsanwärter ist jeder Arbeitnehmer oder ehemalige Arbeitnehmer des Trägerunternehmens, der von der Unterstützungskasse schriftlich zugesagte Leistungen erhalten kann und am Schluss des Wirtschaftsjahres, in dem die Zuwendung erfolgt, das 27. Lebensjahr vollendet hat; soweit die Kasse nur Hinterbliebenenversorgung gewährt, gilt als Leistungsanwärter jeder Arbeitnehmer oder ehemalige Arbeitnehmer des Trägerunternehmens, der am Schluss des Wirtschaftsjahres, in dem die Zuwendung erfolgt, das 27. Lebensjahr vollendet hat und dessen Hinterbliebene die Hinterbliebenenversorgung erhalten können. ³Das Trägerunternehmen kann bei der Berechnung nach Satz 1 statt des dort maßgebenden Betrags den Durchschnittsbetrag der von der Kasse im Wirtschaftsjahr an Leistungsempfänger im Sinne des Buchstabens a Satz 2 gewährten Leistungen zugrunde legen. ⁴In diesem Fall sind Leistungsanwärter im Sinne des Satzes 2 nur die Arbeitnehmer oder ehemaligen Arbeitnehmer des Trägerunternehmens, die am Schluss des Wirtschaftsjahres, in dem die Zuwendung erfolgt, das 50. Lebensjahr vollendet haben. ⁵Dem Arbeitnehmer oder ehemaligen Arbeitnehmer als Leistungsanwärter stehen andere Personen gleich, denen schriftlich Leistungen der Alters-, Invaliditäts- oder Hinterbliebenenversorgung aus Anlass ihrer Tätigkeit für das Trägerunternehmen zugesagt worden sind;
   c) den Betrag des Beitrages, den die Kasse an einen Versicherer zahlt, soweit sie sich die Mittel für ihre Versorgungsleistungen, die der Leistungsanwärter oder Leistungsempfänger nach den Verhältnissen am Schluss des Wirtschaftsjahres der Zuwendung erhalten kann, durch Abschluss einer Versicherung verschafft. ²Bei Versicherungen für einen Leistungsanwärter ist der Abzug des Beitrages nur zulässig, wenn der Leistungsanwärter die in Buchstabe b Satz 2 und 5 genannten Voraussetzungen erfüllt, die Versicherung für die Dauer bis zu dem Zeitpunkt abgeschlossen ist, für den erstmals Leistungen der Altersversorgung vorgesehen sind, mindestens jedoch bis zu dem Zeitpunkt, an dem der Leistungsanwärter das 55. Lebensjahr vollendet hat, und während dieser Zeit jährlich Beiträge gezahlt werden, die der Höhe nach gleich bleiben oder steigen. ³Das Gleiche gilt für Leistungsanwärter, die das 27. Lebensjahr noch nicht vollendet haben, für Leistungen der Invaliditäts- oder Hinterbliebenenversorgung, für Leistungen der Altersversorgung unter der Voraussetzung, dass die Leistungsanwartschaft bereits unverfallbar ist. ⁴Ein Abzug ist ausgeschlossen, wenn die Ansprüche aus der Versicherung der Sicherung eines Darlehens dienen. ⁵Liegen die Voraussetzungen der Sätze 1 bis 4 vor, sind die Zuwendungen nach den Buchstaben a und b in dem Verhältnis zu vermindern, in dem die Leistungen der Kasse durch die Versicherung gedeckt sind;

d) den Betrag, den die Kasse einem Leistungsanwärter im Sinne des Buchstabens b Satz 2 und 5 vor Eintritt des Versorgungsfalls als Abfindung für künftige Versorgungsleistungen gewährt, den Übertragungswert nach § 4 Absatz 5 des Betriebsrentengesetzes oder den Betrag, den sie an einen anderen Versorgungsträger zahlt, der eine ihr obliegende Versorgungsverpflichtung übernommen hat.

²Zuwendungen dürfen nicht als Betriebsausgaben abgezogen werden, wenn das Vermögen der Kasse ohne Berücksichtigung künftiger Versorgungsleistungen am Schluss des Wirtschaftsjahres das zulässige Kassenvermögen übersteigt. ³Bei der Ermittlung des Vermögens der Kasse ist am Schluss des Wirtschaftsjahres vorhandener Grundbesitz mit 200 Prozent der Einheitswerte anzusetzen, die zu dem Feststellungszeitpunkt maßgebend sind, der dem Schluss des Wirtschaftsjahres folgt; Ansprüche aus einer Versicherung sind mit dem Wert des geschäftsplanmäßigen Deckungskapitals zuzüglich der Guthaben aus Beitragsrückerstattung am Schluss des Wirtschaftsjahres anzusetzen, und das übrige Vermögen ist mit dem gemeinen Wert am Schluss des Wirtschaftsjahres zu bewerten. ⁴Zulässiges Kassenvermögen ist die Summe aus dem Deckungskapital für alle am Schluss des Wirtschaftsjahres laufenden Leistungen nach der dem Gesetz als Anlage 1 beigefügten Tabelle für Leistungsempfänger im Sinne des Satzes 1 Buchstabe a und dem Achtfachen der nach Satz 1 Buchstabe b abzugsfähigen Zuwendungen. ⁵Soweit sich die Kasse die Mittel für ihre Leistungen durch Abschluss einer Versicherung verschafft, ist, wenn die Voraussetzungen für den Abzug des Beitrages nach Satz 1 Buchstabe c erfüllt sind, zulässiges Kassenvermögen der Wert des geschäftsplanmäßigen Deckungskapitals aus der Versicherung am Schluss des Wirtschaftsjahres; in diesem Fall ist das zulässige Kassenvermögen nach Satz 4 in dem Verhältnis zu vermindern, in dem die Leistungen der Kasse durch die Versicherung gedeckt sind. ⁶Soweit die Berechnung des Deckungskapitals nicht zum Geschäftsplan gehört, tritt an die Stelle des geschäftsplanmäßigen Deckungskapitals der nach § 176 Absatz 3 des Gesetzes über den Versicherungsvertrag berechnete Zeitwert, beim zulässigen Kassenvermögen ohne Berücksichtigung des Guthabens aus Beitragsrückerstattung. ⁷Gewährt eine Unterstützungskasse anstelle von lebenslänglich laufenden Leistungen eine einmalige Kapitalleistung, so gelten 10 Prozent der Kapitalleistung als Jahresbetrag einer lebenslänglich laufenden Leistung;

2. bei Kassen, die keine lebenslänglich laufenden Leistungen gewähren, für jedes Wirtschaftsjahr 0,2 Prozent der Lohn- und Gehaltssumme des Trägerunternehmens, mindestens jedoch den Betrag der von der Kasse in einem Wirtschaftsjahr erbrachten Leistungen, soweit dieser Betrag höher ist als die in den vorangegangenen fünf Wirtschaftsjahren vorgenommenen Zuwendungen abzüglich der in dem gleichen Zeitraum erbrachten Leistungen. ²Diese Zuwendungen dürfen nicht als Betriebsausgaben abgezogen werden, wenn das Vermögen der Kasse am Schluss des Wirtschaftsjahres das zulässige Kassenvermögen übersteigt. ³Als zulässiges Kassenvermögen kann 1 Prozent der durchschnittlichen Lohn- und Gehaltssumme der letzten drei Jahre angesetzt werden. ⁴Hat die Kasse bereits 10 Wirtschaftsjahre bestanden, darf das zulässige Kassenvermögen zusätzlich die Summe der in den letzten zehn Wirtschaftsjahren gewährten Leistungen nicht übersteigen. ⁵Für die Bewertung des Vermögens der Kasse gilt Nummer 1 Satz 3 entsprechend. ⁶Bei der Berechnung der Lohn- und Gehaltssumme des Trägerunternehmens sind Löhne und Gehälter von Personen, die von der Kasse keine nicht lebenslänglich laufenden Leistungen erhalten können, auszuscheiden.

²Gewährt eine Kasse lebenslänglich laufende und nicht lebenslänglich laufende Leistungen, so gilt Satz 1 Nummer 1 und 2 nebeneinander. ³Leistet ein Trägerunternehmen Zuwendungen an mehrere Unterstützungskassen, so sind diese Kassen bei der Anwendung der Nummern 1 und 2 als Einheit zu behandeln.

(2) ¹Zuwendungen im Sinne des Absatzes 1 sind von dem Trägerunternehmen in dem Wirtschaftsjahr als Betriebsausgaben abzuziehen, in dem sie geleistet werden. ²Zuwendungen, die bis zum Ablauf eines Monats nach Aufstellung oder Feststellung der Bilanz des Trägerunternehmens für den Schluss eines Wirtschaftsjahres geleistet werden, können von dem Trägerunter-

nehmen noch für das abgelaufene Wirtschaftsjahr durch eine Rückstellung gewinnmindernd berücksichtigt werden. ³Übersteigen die in einem Wirtschaftsjahr geleisteten Zuwendungen die nach Absatz 1 abzugsfähigen Beträge, so können die übersteigenden Beträge im Wege der Rechnungsabgrenzung auf die folgenden drei Wirtschaftsjahre vorgetragen und im Rahmen der für diese Wirtschaftsjahre abzugsfähigen Beträge als Betriebsausgaben behandelt werden. ⁴§ 5 Absatz 1 Satz 2 ist nicht anzuwenden.

(3) ¹Abweichend von Absatz 1 Satz 1 Nummer 1 Satz 1 Buchstabe d und Absatz 2 können auf Antrag die insgesamt erforderlichen Zuwendungen an die Unterstützungskasse für den Betrag, den die Kasse an einen Pensionsfonds zahlt, der eine ihr obliegende Versorgungsverpflichtung ganz oder teilweise übernommen hat, nicht im Wirtschaftsjahr der Zuwendung, sondern erst in den dem Wirtschaftsjahr der Zuwendung folgenden zehn Wirtschaftsjahren gleichmäßig verteilt als Betriebsausgaben abgezogen werden. ²Der Antrag ist unwiderruflich; der jeweilige Rechtsnachfolger ist an den Antrag gebunden.

## § 4e  Beiträge an Pensionsfonds[1)]

(1) Beiträge an einen Pensionsfonds im Sinne des § 236 des Versicherungsaufsichtsgesetzes dürfen von dem Unternehmen, das die Beiträge leistet (Trägerunternehmen), als Betriebsausgaben abgezogen werden, soweit sie auf einer festgelegten Verpflichtung beruhen oder der Abdeckung von Fehlbeträgen bei dem Fonds dienen.

(2) Beiträge im Sinne des Absatzes 1 dürfen als Betriebsausgaben nicht abgezogen werden, soweit die Leistungen des Fonds, wenn sie vom Trägerunternehmen unmittelbar erbracht würden, bei diesem nicht betrieblich veranlasst wären.

(3) ¹Der Steuerpflichtige kann auf Antrag die insgesamt erforderlichen Leistungen an einen Pensionsfonds zur teilweisen oder vollständigen Übernahme einer bestehenden Versorgungsverpflichtung oder Versorgungsanwartschaft durch den Pensionsfonds erst in den dem Wirtschaftsjahr der Übertragung folgenden zehn Wirtschaftsjahren gleichmäßig verteilt als Betriebsausgaben abziehen. ²Der Antrag ist unwiderruflich; der jeweilige Rechtsnachfolger ist an den Antrag gebunden. ³Ist eine Pensionsrückstellung nach § 6a gewinnerhöhend aufzulösen, ist Satz 1 mit der Maßgabe anzuwenden, dass die Leistungen an den Pensionsfonds im Wirtschaftsjahr der Übertragung in Höhe der aufgelösten Rückstellung als Betriebsausgaben abgezogen werden können; der die aufgelöste Rückstellung übersteigende Betrag ist in den dem Wirtschaftsjahr der Übertragung folgenden zehn Wirtschaftsjahren gleichmäßig verteilt als Betriebsausgaben abzuziehen. ⁴Satz 3 gilt entsprechend, wenn es im Zuge der Leistungen des Arbeitgebers an den Pensionsfonds zu Vermögensübertragungen einer Unterstützungskasse an den Arbeitgeber kommt.

## § 4f  Verpflichtungsübernahmen, Schuldbeitritte und Erfüllungsübernahmen[2)3)]

(1) ¹Werden Verpflichtungen übertragen, die beim ursprünglich Verpflichteten Ansatzverboten, -beschränkungen oder Bewertungsvorbehalten unterlegen haben, ist der sich aus diesem Vorgang ergebende Aufwand im Wirtschaftsjahr der Schuldübernahme und den nachfolgenden 14 Jahren gleichmäßig verteilt als Betriebsausgabe abziehbar. ²Ist auf Grund der Übertragung einer Verpflichtung ein Passivposten gewinnerhöhend aufzulösen, ist Satz 1 mit der Maßgabe anzuwenden, dass der sich ergebende Aufwand im Wirtschaftsjahr der Schuldübernahme in Höhe des aufgelösten Passivpostens als Betriebsausgabe abzuziehen ist; der den aufgelösten Passivposten übersteigende Betrag ist in dem Wirtschaftsjahr der Schuldübernahme und den nachfolgenden 14 Wirtschaftsjahren gleichmäßig verteilt als Betriebsausgabe abzuziehen. ³Eine Verteilung des sich ergebenden Aufwands unterbleibt, wenn die Schuldübernahme im Rahmen

---

1) **Anm. d. Red.:** § 4e Abs. 1 i. d. F. des Gesetzes v. 1. 4. 2015 (BGBl I S. 434) mit Wirkung v. 1. 1. 2016.

2) **Anm. d. Red.:** § 4f eingefügt gem. Gesetz v. 18. 12. 2013 (BGBl I S. 4318) mit Wirkung v. 28. 11. 2013.

3) **Anm. d. Red.:** Zur Anwendung des § 4f siehe § 52 Abs. 8.

einer Veräußerung oder Aufgabe des ganzen Betriebes oder des gesamten Mitunternehmeranteils im Sinne der §§ 14, 16 Absatz 1, 3 und 3a sowie des § 18 Absatz 3 erfolgt; dies gilt auch, wenn ein Arbeitnehmer unter Mitnahme seiner erworbenen Pensionsansprüche zu einem neuen Arbeitgeber wechselt oder wenn der Betrieb am Schluss des vorangehenden Wirtschaftsjahres die Größenmerkmale des § 7g Absatz 1 Satz 2 Nummer 1 Buchstabe a bis c nicht überschreitet. [4]Erfolgt die Schuldübernahme in dem Fall einer Teilbetriebsveräußerung oder -aufgabe im Sinne der §§ 14, 16 Absatz 1, 3 und 3a sowie des § 18 Absatz 3, ist ein Veräußerungs- oder Aufgabeverlust um den Aufwand im Sinne des Satzes 1 zu vermindern, soweit dieser den Verlust begründet oder erhöht hat. [5]Entsprechendes gilt für den einen aufgelösten Passivposten übersteigenden Betrag im Sinne des Satzes 2. [6]Für den hinzugerechneten Aufwand gelten Satz 2 zweiter Halbsatz und Satz 3 entsprechend. [7]Der jeweilige Rechtsnachfolger des ursprünglichen Verpflichteten ist an die Aufwandsverteilung nach den Sätzen 1 bis 6 gebunden.

(2) Wurde für Verpflichtungen im Sinne des Absatzes 1 ein Schuldbeitritt oder eine Erfüllungsübernahme mit ganzer oder teilweiser Schuldfreistellung vereinbart, gilt für die vom Freistellungsberechtigten an den Freistellungsverpflichteten erbrachten Leistungen Absatz 1 Satz 1, 2 und 7 entsprechend.

## § 4g Bildung eines Ausgleichspostens bei Entnahme nach § 4 Absatz 1 Satz 3

(1) [1]Ein unbeschränkt Steuerpflichtiger kann in Höhe des Unterschiedsbetrags zwischen dem Buchwert und dem nach § 6 Absatz 1 Nummer 4 Satz 1 zweiter Halbsatz anzusetzenden Wert eines Wirtschaftsguts des Anlagevermögens auf Antrag einen Ausgleichsposten bilden, soweit das Wirtschaftsgut infolge seiner Zuordnung zu einer Betriebsstätte desselben Steuerpflichtigen in einem anderen Mitgliedstaat der Europäischen Union gemäß § 4 Absatz 1 Satz 3 als entnommen gilt. [2]Der Ausgleichsposten ist für jedes Wirtschaftsgut getrennt auszuweisen. [3]Das Antragsrecht kann für jedes Wirtschaftsjahr nur einheitlich für sämtliche Wirtschaftsgüter ausgeübt werden. [4]Der Antrag ist unwiderruflich. [5]Die Vorschriften des Umwandlungssteuergesetzes bleiben unberührt.

(2) [1]Der Ausgleichsposten ist im Wirtschaftsjahr der Bildung und in den vier folgenden Wirtschaftsjahren zu jeweils einem Fünftel gewinnerhöhend aufzulösen. [2]Er ist in vollem Umfang gewinnerhöhend aufzulösen,
1. wenn das als entnommen geltende Wirtschaftsgut aus dem Betriebsvermögen des Steuerpflichtigen ausscheidet,
2. wenn das als entnommen geltende Wirtschaftsgut aus der Besteuerungshoheit der Mitgliedstaaten der Europäischen Union ausscheidet oder
3. wenn die stillen Reserven des als entnommen geltenden Wirtschaftsguts im Ausland aufgedeckt werden oder in entsprechender Anwendung der Vorschriften des deutschen Steuerrechts hätten aufgedeckt werden müssen.

(3) [1]Wird die Zuordnung eines Wirtschaftsguts zu einer anderen Betriebsstätte des Steuerpflichtigen in einem anderen Mitgliedstaat der Europäischen Union im Sinne des Absatzes 1 innerhalb der tatsächlichen Nutzungsdauer, spätestens jedoch vor Ablauf von fünf Jahren nach Änderung der Zuordnung, aufgehoben, ist der für dieses Wirtschaftsgut gebildete Ausgleichsposten ohne Auswirkungen auf den Gewinn aufzulösen und das Wirtschaftsgut mit den fortgeführten Anschaffungskosten, erhöht um zwischenzeitlich gewinnerhöhend berücksichtigte Auflösungsbeträge im Sinne der Absätze 2 und 5 Satz 2 und um den Unterschiedsbetrag zwischen dem Rückführungswert und dem Buchwert im Zeitpunkt der Rückführung, höchstens jedoch mit dem gemeinen Wert, anzusetzen. [2]Die Aufhebung der geänderten Zuordnung ist ein Ereignis im Sinne des § 175 Absatz 1 Nummer 2 der Abgabenordnung.

(4) [1]Die Absätze 1 bis 3 finden entsprechende Anwendung bei der Ermittlung des Überschusses der Betriebseinnahmen über die Betriebsausgaben gemäß § 4 Absatz 3. [2]Wirtschaftsgüter, für die ein Ausgleichsposten nach Absatz 1 gebildet worden ist, sind in ein laufend zu führendes Verzeichnis aufzunehmen. [3]Der Steuerpflichtige hat darüber hinaus Aufzeichnungen zu führen,

aus denen die Bildung und Auflösung der Ausgleichsposten hervorgeht. ⁴Die Aufzeichnungen nach den Sätzen 2 und 3 sind der Steuererklärung beizufügen.

(5) ¹Der Steuerpflichtige ist verpflichtet, der zuständigen Finanzbehörde die Entnahme oder ein Ereignis im Sinne des Absatzes 2 unverzüglich anzuzeigen. ²Kommt der Steuerpflichtige dieser Anzeigepflicht, seinen Aufzeichnungspflichten nach Absatz 4 oder seinen sonstigen Mitwirkungspflichten im Sinne des § 90 der Abgabenordnung nicht nach, ist der Ausgleichsposten dieses Wirtschaftsguts gewinnerhöhend aufzulösen.

## § 4h Betriebsausgabenabzug für Zinsaufwendungen (Zinsschranke)[1)]

(1) ¹Zinsaufwendungen eines Betriebs sind abziehbar in Höhe des Zinsertrags, darüber hinaus nur bis zur Höhe des verrechenbaren EBITDA. ²Das verrechenbare EBITDA ist 30 Prozent des um die Zinsaufwendungen und um die nach § 6 Absatz 2 Satz 1 abzuziehenden, nach § 6 Absatz 2a Satz 2 gewinnmindernd aufzulösenden und nach § 7 abgesetzten Beträge erhöhten und um die Zinserträge verminderten maßgeblichen Gewinns. ³Soweit das verrechenbare EBITDA die um die Zinserträge geminderten Zinsaufwendungen des Betriebs übersteigt, ist es in die folgenden fünf Wirtschaftsjahre vorzutragen (EBITDA-Vortrag); ein EBITDA-Vortrag entsteht nicht in Wirtschaftsjahren, in denen Absatz 2 die Anwendung von Absatz 1 Satz 1 ausschließt. ⁴Zinsaufwendungen, die nach Satz 1 nicht abgezogen werden können, sind bis zur Höhe der EBITDA-Vorträge aus vorangegangenen Wirtschaftsjahren abziehbar und mindern die EBITDA-Vorträge in ihrer zeitlichen Reihenfolge. ⁵Danach verbleibende nicht abziehbare Zinsaufwendungen sind in die folgenden Wirtschaftsjahre vorzutragen (Zinsvortrag). ⁶Sie erhöhen die Zinsaufwendungen dieser Wirtschaftsjahre, nicht aber den maßgeblichen Gewinn.

(2) ¹Absatz 1 Satz 1 ist nicht anzuwenden, wenn

a) der Betrag der Zinsaufwendungen, soweit er den Betrag der Zinserträge übersteigt, weniger als drei Millionen Euro beträgt,
b) der Betrieb nicht oder nur anteilmäßig zu einem Konzern gehört oder
c) der Betrieb zu einem Konzern gehört und seine Eigenkapitalquote am Schluss des vorangegangenen Abschlussstichtages gleich hoch oder höher ist als die des Konzerns (Eigenkapitalvergleich). ²Ein Unterschreiten der Eigenkapitalquote des Konzerns um bis zu zwei Prozentpunkte ist unschädlich.

³Eigenkapitalquote ist das Verhältnis des Eigenkapitals zur Bilanzsumme; sie bemisst sich nach dem Konzernabschluss, der den Betrieb umfasst, und ist für den Betrieb auf der Grundlage des Jahresabschlusses oder Einzelabschlusses zu ermitteln. ⁴Wahlrechte sind im Konzernabschluss und im Jahresabschluss oder Einzelabschluss einheitlich auszuüben; bei gesellschaftsrechtlichen Kündigungsrechten ist insoweit mindestens das Eigenkapital anzusetzen, das sich nach den Vorschriften des Handelsgesetzbuchs ergeben würde. ⁵Bei der Ermittlung der Eigenkapitalquote des Betriebs ist das Eigenkapital um einen im Konzernabschluss enthaltenen Firmenwert, soweit er auf den Betrieb entfällt, und um die Hälfte von Sonderposten mit Rücklagenanteil (§ 273 des Handelsgesetzbuchs) zu erhöhen sowie um das Eigenkapital, das keine Stimmrechte vermittelt – mit Ausnahme von Vorzugsaktien –, die Anteile an anderen Konzerngesellschaften und um Einlagen der letzten sechs Monate vor dem maßgeblichen Abschlussstichtag, soweit ihnen Entnahmen oder Ausschüttungen innerhalb der ersten sechs Monate nach dem maßgeblichen Abschlussstichtag gegenüberstehen, zu kürzen. ⁶Die Bilanzsumme ist um Kapitalforderungen zu kürzen, die nicht im Konzernabschluss ausgewiesen sind und denen Verbindlichkeiten im Sinne des Absatzes 3 in mindestens gleicher Höhe gegenüberstehen. ⁷Sonderbetriebsvermögen ist dem Betrieb der Mitunternehmerschaft zuzuordnen, soweit es im Konzernvermögen enthalten ist.

---

1) **Anm. d. Red.:** § 4h Abs. 1, 2, 4 und 5 i. d. F. des Gesetzes v. 22. 12. 2009 (BGBl I S. 3950) mit Wirkung v. 31. 12. 2009.

⁸Die für den Eigenkapitalvergleich maßgeblichen Abschlüsse sind einheitlich nach den International Financial Reporting Standards (IFRS) zu erstellen. ⁹Hiervon abweichend können Abschlüsse nach dem Handelsrecht eines Mitgliedstaats der Europäischen Union verwendet werden, wenn kein Konzernabschluss nach den IFRS zu erstellen und offen zu legen ist und für keines der letzten fünf Wirtschaftsjahre ein Konzernabschluss nach den IFRS erstellt wurde; nach den Generally Accepted Accounting Principles der Vereinigten Staaten von Amerika (US-GAAP) aufzustellende und offen zu legende Abschlüsse sind zu verwenden, wenn kein Konzernabschluss nach den IFRS oder dem Handelsrecht eines Mitgliedstaats der Europäischen Union zu erstellen und offen zu legen ist. ¹⁰Der Konzernabschluss muss den Anforderungen an die handelsrechtliche Konzernrechnungslegung genügen oder die Voraussetzungen erfüllen, unter denen ein Abschluss nach den §§ 291 und 292 des Handelsgesetzbuchs befreiende Wirkung hätte. ¹¹Wurde der Jahresabschluss oder Einzelabschluss nicht nach denselben Rechnungslegungsstandards wie der Konzernabschluss aufgestellt, ist die Eigenkapitalquote des Betriebs in einer Überleitungsrechnung nach den für den Konzernabschluss geltenden Rechnungslegungsstandards zu ermitteln. ¹²Die Überleitungsrechnung ist einer prüferischen Durchsicht zu unterziehen. ¹³Auf Verlangen der Finanzbehörde ist der Abschluss oder die Überleitungsrechnung des Betriebs durch einen Abschlussprüfer zu prüfen, der die Voraussetzungen des § 319 des Handelsgesetzbuchs erfüllt.

¹⁴Ist ein dem Eigenkapitalvergleich zugrunde gelegter Abschluss unrichtig und führt der zutreffende Abschluss zu einer Erhöhung der nach Absatz 1 nicht abziehbaren Zinsaufwendungen, ist ein Zuschlag entsprechend § 162 Absatz 4 Satz 1 und 2 der Abgabenordnung festzusetzen. ¹⁵Bemessungsgrundlage für den Zuschlag sind die nach Absatz 1 nicht abziehbaren Zinsaufwendungen. ¹⁶§ 162 Absatz 4 Satz 4 bis 6 der Abgabenordnung gilt sinngemäß.

²Ist eine Gesellschaft, bei der der Gesellschafter als Mitunternehmer anzusehen ist, unmittelbar oder mittelbar einer Körperschaft nachgeordnet, gilt für die Gesellschaft § 8a Absatz 2 und 3 des Körperschaftsteuergesetzes entsprechend.

(3) ¹Maßgeblicher Gewinn ist der nach den Vorschriften dieses Gesetzes mit Ausnahme des Absatzes 1 ermittelte steuerpflichtige Gewinn. ²Zinsaufwendungen sind Vergütungen für Fremdkapital, die den maßgeblichen Gewinn gemindert haben. ³Zinserträge sind Erträge aus Kapitalforderungen jeder Art, die den maßgeblichen Gewinn erhöht haben. ⁴Die Auf- und Abzinsung unverzinslicher oder niedrig verzinslicher Verbindlichkeiten oder Kapitalforderungen führen ebenfalls zu Zinserträgen oder Zinsaufwendungen. ⁵Ein Betrieb gehört zu einem Konzern, wenn er nach dem für die Anwendung des Absatzes 2 Satz 1 Buchstabe c zugrunde gelegten Rechnungslegungsstandard mit einem oder mehreren anderen Betrieben konsolidiert wird oder werden könnte. ⁶Ein Betrieb gehört für Zwecke des Absatzes 2 auch zu einem Konzern, wenn seine Finanz- und Geschäftspolitik mit einem oder mehreren anderen Betrieben einheitlich bestimmt werden kann.

(4) ¹Der EBITDA-Vortrag und der Zinsvortrag sind gesondert festzustellen. ²Zuständig ist das für die gesonderte Feststellung des Gewinns und Verlusts der Gesellschaft zuständige Finanzamt, im Übrigen das für die Besteuerung zuständige Finanzamt. ³§ 10d Absatz 4 gilt sinngemäß. ⁴Feststellungsbescheide sind zu erlassen, aufzuheben oder zu ändern, soweit sich die nach Satz 1 festzustellenden Beträge ändern.

(5) ¹Bei Aufgabe oder Übertragung des Betriebs gehen ein nicht verbrauchter EBITDA-Vortrag und ein nicht verbrauchter Zinsvortrag unter. ²Scheidet ein Mitunternehmer aus einer Gesellschaft aus, gehen der EBITDA-Vortrag und der Zinsvortrag anteilig mit der Quote unter, mit der der ausgeschiedene Gesellschafter an der Gesellschaft beteiligt war. ³§ 8c des Körperschaftsteuergesetzes ist auf den Zinsvortrag einer Gesellschaft entsprechend anzuwenden, soweit an dieser unmittelbar oder mittelbar eine Körperschaft als Mitunternehmer beteiligt ist.

## § 5 Gewinn bei Kaufleuten und bei bestimmten anderen Gewerbetreibenden[1)]

(1) [1]Bei Gewerbetreibenden, die auf Grund gesetzlicher Vorschriften verpflichtet sind, Bücher zu führen und regelmäßig Abschlüsse zu machen, oder die ohne eine solche Verpflichtung Bücher führen und regelmäßig Abschlüsse machen, ist für den Schluss des Wirtschaftsjahres das Betriebsvermögen anzusetzen (§ 4 Absatz 1 Satz 1), das nach den handelsrechtlichen Grundsätzen ordnungsmäßiger Buchführung auszuweisen ist, es sei denn, im Rahmen der Ausübung eines steuerlichen Wahlrechts wird oder wurde ein anderer Ansatz gewählt. [2]Voraussetzung für die Ausübung steuerlicher Wahlrechte ist, dass die Wirtschaftsgüter, die nicht mit dem handelsrechtlich maßgeblichen Wert in der steuerlichen Gewinnermittlung ausgewiesen werden, in besondere, laufend zu führende Verzeichnisse aufgenommen werden. [3]In den Verzeichnissen sind der Tag der Anschaffung oder Herstellung, die Anschaffungs- oder Herstellungskosten, die Vorschrift des ausgeübten steuerlichen Wahlrechts und die vorgenommenen Abschreibungen nachzuweisen.

(1a) [1]Posten der Aktivseite dürfen nicht mit Posten der Passivseite verrechnet werden. [2]Die Ergebnisse der in der handelsrechtlichen Rechnungslegung zur Absicherung finanzwirtschaftlicher Risiken gebildeten Bewertungseinheiten sind auch für die steuerliche Gewinnermittlung maßgeblich.

(2) Für immaterielle Wirtschaftsgüter des Anlagevermögens ist ein Aktivposten nur anzusetzen, wenn sie entgeltlich erworben wurden.

(2a) Für Verpflichtungen, die nur zu erfüllen sind, soweit künftig Einnahmen oder Gewinne anfallen, sind Verbindlichkeiten oder Rückstellungen erst anzusetzen, wenn die Einnahmen oder Gewinne angefallen sind.

(3) [1]Rückstellungen wegen Verletzung fremder Patent-, Urheber- oder ähnlicher Schutzrechte dürfen erst gebildet werden, wenn

1. der Rechtsinhaber Ansprüche wegen der Rechtsverletzung geltend gemacht hat oder
2. mit einer Inanspruchnahme wegen der Rechtsverletzung ernsthaft zu rechnen ist.

[2]Eine nach Satz 1 Nummer 2 gebildete Rückstellung ist spätestens in der Bilanz des dritten auf ihre erstmalige Bildung folgenden Wirtschaftsjahres gewinnerhöhend aufzulösen, wenn Ansprüche nicht geltend gemacht worden sind.

(4) Rückstellungen für die Verpflichtung zu einer Zuwendung anlässlich eines Dienstjubiläums dürfen nur gebildet werden, wenn das Dienstverhältnis mindestens zehn Jahre bestanden hat, die Dienstjubiläum das Bestehen eines Dienstverhältnisses von mindestens 15 Jahren voraussetzt, die Zusage schriftlich erteilt ist und soweit der Zuwendungsberechtigte seine Anwartschaft nach dem 31. Dezember 1992 erwirbt.

(4a) [1]Rückstellungen für drohende Verluste aus schwebenden Geschäften dürfen nicht gebildet werden. [2]Das gilt nicht für Ergebnisse nach Absatz 1a Satz 2.

(4b) [1]Rückstellungen für Aufwendungen, die in künftigen Wirtschaftsjahren als Anschaffungs- oder Herstellungskosten eines Wirtschaftsguts zu aktivieren sind, dürfen nicht gebildet werden. [2]Rückstellungen für die Verpflichtung zur schadlosen Verwertung radioaktiver Reststoffe sowie ausgebauter oder abgebauter radioaktiver Anlagenteile dürfen nicht gebildet werden, soweit Aufwendungen im Zusammenhang mit der Bearbeitung oder Verarbeitung von Kernbrennstoffen stehen, die aus der Aufarbeitung bestrahlter Kernbrennstoffe gewonnen worden sind und keine radioaktiven Abfälle darstellen.

(5) [1]Als Rechnungsabgrenzungsposten sind nur anzusetzen
1. auf der Aktivseite Ausgaben vor dem Abschlussstichtag, soweit sie Aufwand für eine bestimmte Zeit nach diesem Tag darstellen;
2. auf der Passivseite Einnahmen vor dem Abschlussstichtag, soweit sie Ertrag für eine bestimmte Zeit nach diesem Tag darstellen.

---

1) **Anm. d. Red.:** § 5 Abs. 7 angefügt gem. Gesetz v. 18.12.2013 (BGBl I S. 4318) mit Wirkung v. 28.11.2013.

²Auf der Aktivseite sind ferner anzusetzen
1. als Aufwand berücksichtigte Zölle und Verbrauchsteuern, soweit sie auf am Abschlussstichtag auszuweisende Wirtschaftsgüter des Vorratsvermögens entfallen,
2. als Aufwand berücksichtigte Umsatzsteuer auf am Abschlussstichtag auszuweisende Anzahlungen.

(6) Die Vorschriften über die Entnahmen und die Einlagen, über die Zulässigkeit der Bilanzänderung, über die Betriebsausgaben, über die Bewertung und über die Absetzung für Abnutzung oder Substanzverringerung sind zu befolgen.

(7)[1] ¹Übernommene Verpflichtungen, die beim ursprünglich Verpflichteten Ansatzverboten, -beschränkungen oder Bewertungsvorbehalten unterlegen haben, sind zu den auf die Übernahme folgenden Abschlussstichtagen bei dem Übernehmer und dessen Rechtsnachfolger so zu bilanzieren, wie sie beim ursprünglich Verpflichteten ohne Übernahme zu bilanzieren wären. ²Dies gilt in Fällen des Schuldbeitritts oder der Erfüllungsübernahme mit vollständiger oder teilweiser Schuldfreistellung für die sich aus diesem Rechtsgeschäft ergebenden Verpflichtungen sinngemäß. ³Satz 1 ist für den Erwerb eines Mitunternehmeranteils entsprechend anzuwenden. ⁴Wird eine Pensionsverpflichtung unter gleichzeitiger Übernahme von Vermögenswerten gegenüber einem Arbeitnehmer übernommen, der bisher in einem anderen Unternehmen tätig war, ist Satz 1 mit der Maßgabe anzuwenden, dass bei der Ermittlung des Teilwertes der Verpflichtung der Jahresbetrag nach § 6a Absatz 3 Satz 2 Nummer 1 so zu bemessen ist, dass zu Beginn des Wirtschaftsjahres der Übernahme der Barwert der Jahresbeträge zusammen mit den übernommenen Vermögenswerten gleich dem Barwert der künftigen Pensionsleistungen ist; dabei darf sich kein negativer Jahresbetrag ergeben. ⁵Für einen Gewinn, der sich aus der Anwendung der Sätze 1 bis 3 ergibt, kann jeweils in Höhe von vierzehn Fünfzehntel eine gewinnmindernde Rücklage gebildet werden, die in den folgenden 14 Wirtschaftsjahren jeweils mit mindestens einem Vierzehntel gewinnerhöhend aufzulösen ist (Auflösungszeitraum). ⁶Besteht eine Verpflichtung, für die eine Rücklage gebildet wurde, bereits vor Ablauf des maßgebenden Auflösungszeitraums nicht mehr, ist die insoweit verbleibende Rücklage erhöhend aufzulösen.

## § 5a Gewinnermittlung bei Handelsschiffen im internationalen Verkehr[2]

(1) ¹Anstelle der Ermittlung des Gewinns nach § 4 Absatz 1 oder § 5 ist bei einem Gewerbebetrieb mit Geschäftsleitung im Inland der Gewinn, soweit er auf den Betrieb von Handelsschiffen im internationalen Verkehr entfällt, auf unwiderruflichen Antrag des Steuerpflichtigen nach der in seinem Betrieb geführten Tonnage zu ermitteln, wenn die Bereederung dieser Handelsschiffe im Inland durchgeführt wird. ²Der im Wirtschaftsjahr erzielte Gewinn beträgt pro Tag des Betriebs für jedes im internationalen Verkehr betriebene Handelsschiff für jeweils volle 100 Nettotonnen (Nettoraumzahl)

| | |
|---|---|
| 0,92 Euro | bei einer Tonnage bis zu 1 000 Nettotonnen, |
| 0,69 Euro | für die 1 000 Nettotonnen übersteigende Tonnage bis zu 10 000 Nettotonnen, |
| 0,46 Euro | für die 10 000 Nettotonnen übersteigende Tonnage bis zu 25 000 Nettotonnen, |
| 0,23 Euro | für die 25 000 Nettotonnen übersteigende Tonnage. |

(2) ¹Handelsschiffe werden im internationalen Verkehr betrieben, wenn eigene oder gecharterte Seeschiffe, die im Wirtschaftsjahr überwiegend in einem inländischen Seeschiffsregister eingetragen sind, in diesem Wirtschaftsjahr überwiegend zur Beförderung von Personen oder Gütern im Verkehr mit oder zwischen ausländischen Häfen, innerhalb eines ausländischen Hafens oder zwischen einem ausländischen Hafen und der Hohen See eingesetzt werden. ²Zum Betrieb von Handelsschiffen im internationalen Verkehr gehören auch ihre Vercharterung, wenn sie vom Vercharterer ausgerüstet worden sind, und die unmittelbar mit ihrem Einsatz oder ihrer Vercharterung zusammenhängenden Neben- und Hilfsgeschäfte einschließlich der

---

1) **Anm. d. Red.:** Zur Anwendung des § 5 Abs. 7 siehe § 52 Abs. 9.
2) **Anm. d. Red.:** § 5a Abs. 3 i. d. F. des Gesetzes v. 5. 4. 2011 (BGBl I S. 554) mit Wirkung v. 12. 4. 2011.

Veräußerung der Handelsschiffe und der unmittelbar ihrem Betrieb dienenden Wirtschaftsgüter. ³Der Einsatz und die Vercharterung von gecharterten Handelsschiffen gilt nur dann als Betrieb von Handelsschiffen im internationalen Verkehr, wenn gleichzeitig eigene oder ausgerüstete Handelsschiffe im internationalen Verkehr betrieben werden. ⁴Sind gecharterte Handelsschiffe nicht in einem inländischen Seeschiffsregister eingetragen, gilt Satz 3 unter der weiteren Voraussetzung, dass im Wirtschaftsjahr die Nettotonnage der gecharterten Handelsschiffe das Dreifache der nach den Sätzen 1 und 2 im internationalen Verkehr betriebenen Handelsschiffe nicht übersteigt; für die Berechnung der Nettotonnage sind jeweils die Nettotonnen pro Schiff mit der Anzahl der Betriebstage nach Absatz 1 zu vervielfältigen. ⁵Dem Betrieb von Handelsschiffen im internationalen Verkehr ist gleichgestellt, wenn Seeschiffe, die im Wirtschaftsjahr überwiegend in einem inländischen Seeschiffsregister eingetragen sind, in diesem Wirtschaftsjahr überwiegend außerhalb der deutschen Hoheitsgewässer zum Schleppen, Bergen oder zur Aufsuchung von Bodenschätzen eingesetzt werden; die Sätze 2 bis 4 sind sinngemäß anzuwenden.

(3)¹⁾ ¹Der Antrag auf Anwendung der Gewinnermittlung nach Absatz 1 ist im Wirtschaftsjahr der Anschaffung oder Herstellung des Handelsschiffs (Indienststellung) mit Wirkung ab Beginn dieses Wirtschaftsjahres zu stellen. ²Vor Indienststellung des Handelsschiffs durch den Betrieb von Handelsschiffen im internationalen Verkehr erwirtschaftete Gewinne sind in diesem Fall nicht zu besteuern; Verluste sind weder ausgleichsfähig noch verrechenbar. ³Bereits erlassene Steuerbescheide sind insoweit zu ändern. ⁴Das gilt auch dann, wenn der Steuerbescheid unanfechtbar geworden ist; die Festsetzungsfrist endet insoweit nicht, bevor die Festsetzungsfrist für den Veranlagungszeitraum abgelaufen ist, in dem der Gewinn erstmals nach Absatz 1 ermittelt wird. ⁵Wird der Antrag auf Anwendung der Gewinnermittlung nach Absatz 1 nicht nach Satz 1 im Wirtschaftsjahr der Anschaffung oder Herstellung des Handelsschiffs (Indienststellung) gestellt, kann er erstmals in dem Wirtschaftsjahr gestellt werden, das jeweils nach Ablauf eines Zeitraumes von zehn Jahren, vom Beginn des Jahres der Indienststellung gerechnet, endet. ⁶Die Sätze 2 bis 4 sind insoweit nicht anwendbar. ⁷Der Steuerpflichtige ist an die Gewinnermittlung nach Absatz 1 vom Beginn des Wirtschaftsjahres an, in dem er den Antrag stellt, zehn Jahre gebunden. ⁸Nach Ablauf dieses Zeitraumes kann er den Antrag mit Wirkung für den Beginn jedes folgenden Wirtschaftsjahres bis zum Ende des Jahres unwiderruflich zurücknehmen. ⁹An die Gewinnermittlung nach allgemeinen Vorschriften ist der Steuerpflichtige ab dem Beginn des Wirtschaftsjahres, in dem er den Antrag zurücknimmt, zehn Jahre gebunden.

(4) ¹Zum Schluss des Wirtschaftsjahres, das der erstmaligen Anwendung des Absatzes 1 vorangeht (Übergangsjahr), ist für jedes Wirtschaftsgut, das unmittelbar dem Betrieb von Handelsschiffen im internationalen Verkehr dient, der Unterschiedsbetrag zwischen Buchwert und Teilwert in ein besonderes Verzeichnis aufzunehmen. ²Der Unterschiedsbetrag ist gesondert und bei Gesellschaften im Sinne des § 15 Absatz 1 Satz 1 Nummer 2 einheitlich festzustellen. ³Der Unterschiedsbetrag nach Satz 1 ist dem Gewinn hinzuzurechnen:

1. in den dem letzten Jahr der Anwendung des Absatzes 1 folgenden fünf Wirtschaftsjahren jeweils in Höhe von mindestens einem Fünftel,
2. in dem Jahr, in dem das Wirtschaftsgut aus dem Betriebsvermögen ausscheidet oder in dem es nicht mehr unmittelbar dem Betrieb von Handelsschiffen im internationalen Verkehr dient,
3. in dem Jahr des Ausscheidens eines Gesellschafters hinsichtlich des auf ihn entfallenden Anteils.

⁴Die Sätze 1 bis 3 sind entsprechend anzuwenden, wenn der Steuerpflichtige Wirtschaftsgüter des Betriebsvermögens dem Betrieb von Handelsschiffen im internationalen Verkehr zuführt.

(4a) ¹Bei Gesellschaften im Sinne des § 15 Absatz 1 Satz 1 Nummer 2 tritt für die Zwecke dieser Vorschrift an die Stelle des Steuerpflichtigen die Gesellschaft. ²Der nach Absatz 1 ermittelte Gewinn ist den Gesellschaftern entsprechend ihrem Anteil am Gesellschaftsvermögen zuzu-

---

1) **Anm. d. Red.:** Zur Anwendung des § 5a Abs. 3 siehe § 52 Abs. 10 Sätze 1 bis 3.

rechnen. ³Vergütungen im Sinne des § 15 Absatz 1 Satz 1 Nummer 2 und Satz 2 sind hinzuzurechnen.

(5)[1] ¹Gewinne nach Absatz 1 umfassen auch Einkünfte nach § 16. ²§§ 34, 34c Absatz 1 bis 3 und § 35 sind nicht anzuwenden. ³Rücklagen nach den §§ 6b und 6d sind beim Übergang zur Gewinnermittlung nach Absatz 1 dem Gewinn im Erstjahr hinzuzurechnen; bis zum Übergang in Anspruch genommene Investitionsabzugsbeträge nach § 7g Absatz 1 sind nach Maßgabe des § 7g Absatz 3 rückgängig zu machen. ⁴Für die Anwendung des § 15a ist der nach § 4 Absatz 1 oder § 5 ermittelte Gewinn zugrunde zu legen.

(6) In der Bilanz zum Schluss des Wirtschaftsjahres, in dem Absatz 1 letztmalig angewendet wird, ist für jedes Wirtschaftsgut, das unmittelbar dem Betrieb von Handelsschiffen im internationalen Verkehr dient, der Teilwert anzusetzen.

## § 5b Elektronische Übermittlung von Bilanzen sowie Gewinn- und Verlustrechnungen[2]

(1) ¹Wird der Gewinn nach § 4 Absatz 1, § 5 oder § 5a ermittelt, so ist der Inhalt der Bilanz sowie der Gewinn- und Verlustrechnung nach amtlich vorgeschriebenem Datensatz durch Datenfernübertragung zu übermitteln. ²Enthält die Bilanz Ansätze oder Beträge, die den steuerlichen Vorschriften nicht entsprechen, so sind diese Ansätze oder Beträge durch Zusätze oder Anmerkungen den steuerlichen Vorschriften anzupassen und nach amtlich vorgeschriebenem Datensatz durch Datenfernübertragung zu übermitteln. ³Der Steuerpflichtige kann auch eine den steuerlichen Vorschriften entsprechende Bilanz nach amtlich vorgeschriebenem Datensatz durch Datenfernübertragung übermitteln. ⁴§ 150 Absatz 7 der Abgabenordnung gilt entsprechend. ⁵Im Fall der Eröffnung des Betriebs sind die Sätze 1 bis 4 für den Inhalt der Eröffnungsbilanz entsprechend anzuwenden.

(2) ¹Auf Antrag kann die Finanzbehörde zur Vermeidung unbilliger Härten auf eine elektronische Übermittlung verzichten. ²§ 150 Absatz 8 der Abgabenordnung gilt entsprechend.

## § 6 Bewertung[3]

(1) Für die Bewertung der einzelnen Wirtschaftsgüter, die nach § 4 Absatz 1 oder nach § 5 als Betriebsvermögen anzusetzen sind, gilt das Folgende:

1. ¹Wirtschaftsgüter des Anlagevermögens, die der Abnutzung unterliegen, sind mit den Anschaffungs- oder Herstellungskosten oder dem an deren Stelle tretenden Wert, vermindert um die Absetzungen für Abnutzung, erhöhte Absetzungen, Sonderabschreibungen, Abzüge nach § 6b und ähnliche Abzüge, anzusetzen. ²Ist der Teilwert auf Grund einer voraussichtlich dauernden Wertminderung niedriger, so kann dieser angesetzt werden. ³Teilwert ist der Betrag, den ein Erwerber des ganzen Betriebs im Rahmen des Gesamtkaufpreises für das einzelne Wirtschaftsgut ansetzen würde; dabei ist davon auszugehen, dass der Erwerber den Betrieb fortführt. ⁴Wirtschaftsgüter, die bereits am Schluss des vorangegangenen Wirtschaftsjahres zum Anlagevermögen des Steuerpflichtigen gehört haben, sind in den folgenden Wirtschaftsjahren gemäß Satz 1 anzusetzen, es sei denn, der Steuerpflichtige weist nach, dass ein niedrigerer Teilwert nach Satz 2 angesetzt werden kann.

1a. ¹Zu den Herstellungskosten eines Gebäudes gehören auch Aufwendungen für Instandsetzungs- und Modernisierungsmaßnahmen, die innerhalb von drei Jahren nach der Anschaffung des Gebäudes durchgeführt werden, wenn die Aufwendungen ohne die Umsatzsteuer 15 Prozent der Anschaffungskosten des Gebäudes übersteigen (anschaffungsnahe Herstel-

---

1) **Anm. d. Red.:** Zur Anwendung des § 5a Abs. 5 siehe § 52 Abs. 10 Satz 4.

2) **Anm. d. Red.:** Zur Anwendung des § 5b siehe § 52 Abs. 11.

3) **Anm. d. Red.:** § 6 Abs. 1 i. d. F. des Gesetzes v. 2. 11. 2015 (BGBl I S. 1834) mit Wirkung v. 1. 1. 2016; Abs. 2 und 2a i. d. F. des Gesetzes v. 22. 12. 2009 (BGBl I S. 3950) mit Wirkung v. 31. 12. 2009; Abs. 4 und 5 i. d. F. des Gesetzes v. 8. 12. 2010 (BGBl I S. 1768) mit Wirkung v. 14. 12. 2010; Abs. 7 i. d. F. des Gesetzes v. 26. 6. 2013 (BGBl I S. 1809) mit Wirkung v. 30. 6. 2013.

lungskosten). ²Zu diesen Aufwendungen gehören nicht die Aufwendungen für Erweiterungen im Sinne des § 255 Absatz 2 Satz 1 des Handelsgesetzbuchs sowie Aufwendungen für Erhaltungsarbeiten, die jährlich üblicherweise anfallen.

2. ¹Andere als die in Nummer 1 bezeichneten Wirtschaftsgüter des Betriebs (Grund und Boden, Beteiligungen, Umlaufvermögen) sind mit den Anschaffungs- oder Herstellungskosten oder dem an deren Stelle tretenden Wert, vermindert um Abzüge nach § 6b und ähnliche Abzüge, anzusetzen. ²Ist der Teilwert (Nummer 1 Satz 3) auf Grund einer voraussichtlich dauernden Wertminderung niedriger, so kann dieser angesetzt werden. ³Nummer 1 Satz 4 gilt entsprechend.

2a. ¹Steuerpflichtige, die den Gewinn nach § 5 ermitteln, können für den Wertansatz gleichartiger Wirtschaftsgüter des Vorratsvermögens unterstellen, dass die zuletzt angeschafften oder hergestellten Wirtschaftsgüter zuerst verbraucht oder veräußert worden sind, soweit dies den handelsrechtlichen Grundsätzen ordnungsmäßiger Buchführung entspricht. ²Der Vorratsbestand am Schluss des Wirtschaftsjahres, das der erstmaligen Anwendung der Bewertung nach Satz 1 vorangeht, gilt mit seinem Bilanzansatz als erster Zugang des neuen Wirtschaftsjahres. ³Von der Verbrauchs- oder Veräußerungsfolge nach Satz 1 kann in den folgenden Wirtschaftsjahren nur mit Zustimmung des Finanzamts abgewichen werden.

2b. ¹Steuerpflichtige, die in den Anwendungsbereich des § 340 des Handelsgesetzbuchs fallen, haben die zu Handelszwecken erworbenen Finanzinstrumente, die nicht in einer Bewertungseinheit im Sinn des § 5 Absatz 1a Satz 2 abgebildet werden, mit dem beizulegenden Zeitwert abzüglich eines Risikoabschlages (§ 340e Absatz 3 des Handelsgesetzbuchs) zu bewerten. ²Nummer 2 Satz 2 ist nicht anzuwenden.

3. ¹Verbindlichkeiten sind unter sinngemäßer Anwendung der Vorschriften der Nummer 2 anzusetzen und mit einem Zinssatz von 5,5 Prozent abzuzinsen. ²Ausgenommen von der Abzinsung sind Verbindlichkeiten, deren Laufzeit am Bilanzstichtag weniger als zwölf Monate beträgt, und Verbindlichkeiten, die verzinslich sind oder auf einer Anzahlung oder Vorausleistung beruhen.

3a. Rückstellungen sind höchstens insbesondere unter Berücksichtigung folgender Grundsätze anzusetzen:

a) bei Rückstellungen für gleichartige Verpflichtungen ist auf der Grundlage der Erfahrungen in der Vergangenheit aus der Abwicklung solcher Verpflichtungen die Wahrscheinlichkeit zu berücksichtigen, dass der Steuerpflichtige nur zu einem Teil der Summe dieser Verpflichtungen in Anspruch genommen wird;

b) Rückstellungen für Sachleistungsverpflichtungen sind mit den Einzelkosten und den angemessenen Teilen der notwendigen Gemeinkosten zu bewerten;

c) künftige Vorteile, die mit der Erfüllung der Verpflichtung voraussichtlich verbunden sein werden, sind, soweit sie nicht als Forderung zu aktivieren sind, bei ihrer Bewertung wertmindernd zu berücksichtigen;

d) ¹Rückstellungen für Verpflichtungen, für deren Entstehen im wirtschaftlichen Sinne der laufende Betrieb ursächlich ist, sind zeitanteilig in gleichen Raten anzusammeln. ²Rückstellungen für gesetzliche Verpflichtungen zur Rücknahme und Verwertung von Erzeugnissen, die vor Inkrafttreten entsprechender gesetzlicher Verpflichtungen in Verkehr gebracht worden sind, sind zeitanteilig in gleichen Raten bis zum Beginn der jeweiligen Erfüllung anzusammeln; Buchstabe e ist insoweit nicht anzuwenden. ³Rückstellungen für die Verpflichtung, ein Kernkraftwerk stillzulegen, sind ab dem Zeitpunkt der erstmaligen Nutzung bis zum Zeitpunkt, in dem mit der Stilllegung begonnen werden muss, zeitanteilig in gleichen Raten anzusammeln; steht der Zeitpunkt der Stilllegung nicht fest, beträgt der Zeitraum für die Ansammlung 25 Jahre;

e) ¹Rückstellungen für Verpflichtungen sind mit einem Zinssatz von 5,5 Prozent abzuzinsen; Nummer 3 Satz 2 ist entsprechend anzuwenden. ²Für die Abzinsung von Rückstellungen für Sachleistungsverpflichtungen ist der Zeitraum bis zum Beginn der Erfüllung maß-

gebend. ³Für die Abzinsung von Rückstellungen für die Verpflichtung, ein Kernkraftwerk stillzulegen, ist der sich aus Buchstabe d Satz 3 ergebende Zeitraum maßgebend; und
f) bei der Bewertung sind die Wertverhältnisse am Bilanzstichtag maßgebend; künftige Preis- und Kostensteigerungen dürfen nicht berücksichtigt werden.

4.[1] ¹Entnahmen des Steuerpflichtigen für sich, für seinen Haushalt oder für andere betriebsfremde Zwecke sind mit dem Teilwert anzusetzen; in den Fällen des § 4 Absatz 1 Satz 3 ist die Entnahme mit dem gemeinen Wert anzusetzen. ²Die private Nutzung eines Kraftfahrzeugs, das zu mehr als 50 Prozent betrieblich genutzt wird, ist für jeden Kalendermonat mit 1 Prozent des inländischen Listenpreises im Zeitpunkt der Erstzulassung zuzüglich der Kosten für Sonderausstattung einschließlich Umsatzsteuer anzusetzen; bei der privaten Nutzung von Fahrzeugen mit Antrieb ausschließlich durch Elektromotoren, die ganz oder überwiegend aus mechanischen oder elektrochemischen Energiespeichern oder aus emissionsfrei betriebenen Energiewandlern gespeist werden (Elektrofahrzeuge), oder von extern aufladbaren Hybridelektrofahrzeugen, ist der Listenpreis dieser Kraftfahrzeuge um die darin enthaltenen Kosten des Batteriesystems im Zeitpunkt der Erstzulassung des Kraftfahrzeugs wie folgt zu mindern: für bis zum 31. Dezember 2013 angeschaffte Kraftfahrzeuge um 500 Euro pro Kilowattstunde der Batteriekapazität, dieser Betrag mindert sich für in den Folgejahren angeschaffte Kraftfahrzeuge um jährlich 50 Euro pro Kilowattstunde der Batteriekapazität; die Minderung pro Kraftfahrzeug beträgt höchstens 10 000 Euro; dieser Höchstbetrag mindert sich für in den Folgejahren angeschaffte Kraftfahrzeuge um jährlich 500 Euro. ³Die private Nutzung kann abweichend von Satz 2 mit den auf die Privatfahrten entfallenden Aufwendungen angesetzt werden, wenn die für das Kraftfahrzeug insgesamt entstehenden Aufwendungen durch Belege und das Verhältnis der privaten zu den übrigen Fahrten durch ein ordnungsgemäßes Fahrtenbuch nachgewiesen werden; bei der privaten Nutzung von Fahrzeugen mit Antrieb ausschließlich durch Elektromotoren, die ganz oder überwiegend aus mechanischen oder elektrochemischen Energiespeichern oder aus emissionsfrei betriebenen Energiewandlern gespeist werden (Elektrofahrzeuge), oder von extern aufladbaren Hybridelektrofahrzeugen, sind die der Berechnung der Entnahme zugrunde zu legenden insgesamt entstandenen Aufwendungen um Aufwendungen für das Batteriesystem zu mindern; dabei ist bei zum Betriebsvermögen des Steuerpflichtigen gehörenden Elektro- und Hybridelektrofahrzeugen die der Berechnung der Absetzungen für Abnutzung zugrunde zu legende Bemessungsgrundlage um die nach Satz 2 in pauschaler Höhe festgelegten Aufwendungen zu mindern, wenn darin Kosten für ein Batteriesystem enthalten sind. ⁴Wird ein Wirtschaftsgut unmittelbar nach seiner Entnahme einer nach § 5 Absatz 1 Nummer 9 des Körperschaftsteuergesetzes von der Körperschaftsteuer befreiten Körperschaft, Personenvereinigung oder Vermögensmasse oder einer juristischen Person des öffentlichen Rechts zur Verwendung für steuerbegünstigte Zwecke im Sinne des § 10b Absatz 1 Satz 1 unentgeltlich überlassen, so kann die Entnahme mit dem Buchwert angesetzt werden. ⁵Satz 4 gilt nicht für die Entnahme von Nutzungen und Leistungen.

5. ¹Einlagen sind mit dem Teilwert für den Zeitpunkt der Zuführung anzusetzen; sie sind jedoch höchstens mit den Anschaffungs- oder Herstellungskosten anzusetzen, wenn das zugeführte Wirtschaftsgut
a) innerhalb der letzten drei Jahre vor dem Zeitpunkt der Zuführung angeschafft oder hergestellt worden ist,
b) ein Anteil an einer Kapitalgesellschaft ist und der Steuerpflichtige an der Gesellschaft im Sinne des § 17 Absatz 1 oder Absatz 6 beteiligt ist; § 17 Absatz 2 Satz 5 gilt entsprechend, oder
c) ein Wirtschaftsgut im Sinne des § 20 Absatz 2 ist.

²Ist die Einlage ein abnutzbares Wirtschaftsgut, so sind die Anschaffungs- oder Herstellungskosten um Absetzungen für Abnutzung zu kürzen, die auf den Zeitraum zwischen der

---

1) **Anm. d. Red.:** Zur Anwendung des § 6 Abs. 1 Nr. 4 siehe § 52 Abs. 12 Satz 1.

Anschaffung oder Herstellung des Wirtschaftsguts und der Einlage entfallen. ³Ist die Einlage ein Wirtschaftsgut, das vor der Zuführung aus einem Betriebsvermögen des Steuerpflichtigen entnommen worden ist, so tritt an die Stelle der Anschaffungs- oder Herstellungskosten der Wert, mit dem die Entnahme angesetzt worden ist, und an die Stelle des Zeitpunkts der Anschaffung oder Herstellung der Zeitpunkt der Entnahme.

5a. In den Fällen des § 4 Absatz 1 Satz 8 zweiter Halbsatz ist das Wirtschaftsgut mit dem gemeinen Wert anzusetzen.

6. Bei Eröffnung eines Betriebs ist Nummer 5 entsprechend anzuwenden.

7. Bei entgeltlichem Erwerb eines Betriebs sind die Wirtschaftsgüter mit dem Teilwert, höchstens jedoch mit den Anschaffungs- oder Herstellungskosten anzusetzen.

(2) ¹Die Anschaffungs- oder Herstellungskosten oder der nach Absatz 1 Nummer 5 bis 6 an deren Stelle tretende Wert von abnutzbaren beweglichen Wirtschaftsgütern des Anlagevermögens, die einer selbständigen Nutzung fähig sind, können im Wirtschaftsjahr der Anschaffung, Herstellung oder Einlage des Wirtschaftsguts oder der Eröffnung des Betriebs in voller Höhe als Betriebsausgaben abgezogen werden, wenn die Anschaffungs- oder Herstellungskosten, vermindert um einen darin enthaltenen Vorsteuerbetrag (§ 9b Absatz 1), oder der nach Absatz 1 Nummer 5 bis 6 an deren Stelle tretende Wert für das einzelne Wirtschaftsgut 410 Euro nicht übersteigen. ²Ein Wirtschaftsgut ist einer selbständigen Nutzung nicht fähig, wenn es nach seiner betrieblichen Zweckbestimmung nur zusammen mit anderen Wirtschaftsgütern des Anlagevermögens genutzt werden kann und die in den Nutzungszusammenhang eingefügten Wirtschaftsgüter technisch aufeinander abgestimmt sind. ³Das gilt auch, wenn das Wirtschaftsgut aus dem betrieblichen Nutzungszusammenhang gelöst und in einen anderen betrieblichen Nutzungszusammenhang eingefügt werden kann. ⁴Wirtschaftsgüter im Sinne des Satzes 1, deren Wert 150 Euro übersteigt, sind unter Angabe des Tages der Anschaffung, Herstellung oder Einlage des Wirtschaftsguts oder der Eröffnung des Betriebs und der Anschaffungs- oder Herstellungskosten oder des nach Absatz 1 Nummer 5 bis 6 an deren Stelle tretenden Werts in ein besonderes, laufend zu führendes Verzeichnis aufzunehmen. ⁵Das Verzeichnis braucht nicht geführt zu werden, wenn diese Angaben aus der Buchführung ersichtlich sind.

(2a) ¹Abweichend von Absatz 2 Satz 1 kann für die abnutzbaren beweglichen Wirtschaftsgüter des Anlagevermögens, die einer selbständigen Nutzung fähig sind, im Wirtschaftsjahr der Anschaffung, Herstellung oder Einlage des Wirtschaftsguts oder der Eröffnung des Betriebs ein Sammelposten gebildet werden, wenn die Anschaffungs- oder Herstellungskosten, vermindert um einen darin enthaltenen Vorsteuerbetrag (§ 9b Absatz 1), oder der nach Absatz 1 Nummer 5 bis 6 an deren Stelle tretende Wert für das einzelne Wirtschaftsgut 150 Euro, aber nicht 1 000 Euro übersteigen. ²Der Sammelposten ist im Wirtschaftsjahr der Bildung und den folgenden vier Wirtschaftsjahren mit jeweils einem Fünftel gewinnmindernd aufzulösen. ³Scheidet ein Wirtschaftsgut im Sinne des Satzes 1 aus dem Betriebsvermögen aus, wird der Sammelposten nicht vermindert. ⁴Die Anschaffungs- oder Herstellungskosten oder der nach Absatz 1 Nummer 5 bis 6 an deren Stelle tretende Wert von abnutzbaren beweglichen Wirtschaftsgütern des Anlagevermögens, die einer selbständigen Nutzung fähig sind, können im Wirtschaftsjahr der Anschaffung, Herstellung oder Einlage des Wirtschaftsguts oder der Eröffnung des Betriebs in voller Höhe als Betriebsausgaben abgezogen werden, wenn die Anschaffungs- oder Herstellungskosten, vermindert um einen darin enthaltenen Vorsteuerbetrag (§ 9b Absatz 1), oder der nach Absatz 1 Nummer 5 bis 6 an deren Stelle tretende Wert für das einzelne Wirtschaftsgut 150 Euro nicht übersteigen. ⁵Die Sätze 1 bis 3 sind für alle in einem Wirtschaftsjahr angeschafften, hergestellten oder eingelegten Wirtschaftsgüter einheitlich anzuwenden.

(3) ¹Wird ein Betrieb, ein Teilbetrieb oder der Anteil eines Mitunternehmers an einem Betrieb unentgeltlich übertragen, so sind bei der Ermittlung des Gewinns des bisherigen Betriebsinhabers (Mitunternehmers) die Wirtschaftsgüter mit den Werten anzusetzen, die sich nach den Vorschriften über die Gewinnermittlung ergeben; dies gilt auch bei der unentgeltlichen Aufnahme einer natürlichen Person in ein bestehendes Einzelunternehmen sowie bei der unentgeltli-

chen Übertragung eines Teils eines Mitunternehmeranteils auf eine natürliche Person. ²Satz 1 ist auch anzuwenden, wenn der bisherige Betriebsinhaber (Mitunternehmer) Wirtschaftsgüter, die weiterhin zum Betriebsvermögen derselben Mitunternehmerschaft gehören, nicht überträgt, sofern der Rechtsnachfolger den übernommenen Mitunternehmeranteil über einen Zeitraum von mindestens fünf Jahren nicht veräußert oder aufgibt. ³Der Rechtsnachfolger ist an die in Satz 1 genannten Werte gebunden.

(4) Wird ein einzelnes Wirtschaftsgut außer in den Fällen der Einlage (§ 4 Absatz 1 Satz 8) unentgeltlich in das Betriebsvermögen eines anderen Steuerpflichtigen übertragen, gilt sein gemeiner Wert für das aufnehmende Betriebsvermögen als Anschaffungskosten.

(5)[1] ¹Wird ein einzelnes Wirtschaftsgut von einem Betriebsvermögen in ein anderes Betriebsvermögen desselben Steuerpflichtigen überführt, ist bei der Überführung der Wert anzusetzen, der sich nach den Vorschriften über die Gewinnermittlung ergibt, sofern die Besteuerung der stillen Reserven sichergestellt ist; § 4 Absatz 1 Satz 4 ist entsprechend anzuwenden. ²Satz 1 gilt auch für die Überführung aus einem eigenen Betriebsvermögen des Steuerpflichtigen in dessen Sonderbetriebsvermögen bei einer Mitunternehmerschaft und umgekehrt sowie für die Überführung zwischen verschiedenen Sonderbetriebsvermögen desselben Steuerpflichtigen bei verschiedenen Mitunternehmerschaften. ³Satz 1 gilt entsprechend, soweit ein Wirtschaftsgut

1. unentgeltlich oder gegen Gewährung oder Minderung von Gesellschaftsrechten aus einem Betriebsvermögen des Mitunternehmers in das Gesamthandsvermögen einer Mitunternehmerschaft und umgekehrt,

2. unentgeltlich oder gegen Gewährung oder Minderung von Gesellschaftsrechten aus dem Sonderbetriebsvermögen eines Mitunternehmers in das Gesamthandsvermögen derselben Mitunternehmerschaft oder einer anderen Mitunternehmerschaft, an der er beteiligt ist, und umgekehrt oder

3. unentgeltlich zwischen den jeweiligen Sonderbetriebsvermögen verschiedener Mitunternehmer derselben Mitunternehmerschaft

übertragen wird. ⁴Wird das nach Satz 3 übertragene Wirtschaftsgut innerhalb einer Sperrfrist veräußert oder entnommen, ist rückwirkend auf den Zeitpunkt der Übertragung der Teilwert anzusetzen, es sei denn, die bis zur Übertragung entstandenen stillen Reserven sind durch Erstellung einer Ergänzungsbilanz dem übertragenden Gesellschafter zugeordnet worden; diese Sperrfrist endet drei Jahre nach Abgabe der Steuererklärung des Übertragenden für den Veranlagungszeitraum, in dem die in Satz 3 bezeichnete Übertragung erfolgt ist. ⁵Der Teilwert ist auch anzusetzen, soweit in den Fällen des Satzes 3 der Anteil einer Körperschaft, Personenvereinigung oder Vermögensmasse an dem Wirtschaftsgut unmittelbar oder mittelbar begründet wird oder dieser sich erhöht. ⁶Soweit innerhalb von sieben Jahren nach der Übertragung des Wirtschaftsguts nach Satz 3 der Anteil einer Körperschaft, Personenvereinigung oder Vermögensmasse an dem übertragenen Wirtschaftsgut aus einem anderen Grund unmittelbar oder mittelbar begründet wird oder dieser sich erhöht, ist rückwirkend auf den Zeitpunkt der Übertragung ebenfalls der Teilwert anzusetzen.

(6) ¹Wird ein einzelnes Wirtschaftsgut im Wege des Tausches übertragen, bemessen sich die Anschaffungskosten nach dem gemeinen Wert des hingegebenen Wirtschaftsguts. ²Erfolgt die Übertragung im Wege der verdeckten Einlage, erhöhen sich die Anschaffungskosten der Beteiligung an der Kapitalgesellschaft um den Teilwert des eingelegten Wirtschaftsguts. ³In den Fällen des Absatzes 1 Nummer 5 Satz 1 Buchstabe a erhöhen sich die Anschaffungskosten im Sinne des Satzes 2 um den Einlagewert des Wirtschaftsguts. ⁴Absatz 5 bleibt unberührt.

---

1) **Anm. d. Red.:** Zur Anwendung des § 6 Abs. 5 siehe § 52 Abs. 12 Satz 2.

(7) Im Fall des § 4 Absatz 3 sind
1. bei der Bemessung der Absetzungen für Abnutzung oder Substanzverringerung die sich bei der Anwendung der Absätze 3 bis 6 ergebenden Werte als Anschaffungskosten zugrunde zu legen und
2. die Bewertungsvorschriften des Absatzes 1 Nummer 1a und der Nummern 4 bis 7 entsprechend anzuwenden.

## § 6a Pensionsrückstellung[1]

(1) Für eine Pensionsverpflichtung darf eine Rückstellung (Pensionsrückstellung) nur gebildet werden, wenn und soweit
1. der Pensionsberechtigte einen Rechtsanspruch auf einmalige oder laufende Pensionsleistungen hat,
2. die Pensionszusage keine Pensionsleistungen in Abhängigkeit von künftigen gewinnabhängigen Bezügen vorsieht und keinen Vorbehalt enthält, dass die Pensionsanwartschaft oder die Pensionsleistung gemindert oder entzogen werden kann, oder ein solcher Vorbehalt sich nur auf Tatbestände erstreckt, bei deren Vorliegen nach allgemeinen Rechtsgrundsätzen unter Beachtung billigen Ermessens eine Minderung oder ein Entzug der Pensionsanwartschaft oder der Pensionsleistung zulässig ist, und
3. die Pensionszusage schriftlich erteilt ist; die Pensionszusage muss eindeutige Angaben zu Art, Form, Voraussetzungen und Höhe der in Aussicht gestellten künftigen Leistungen enthalten.

(2)[2] Eine Pensionsrückstellung darf erstmals gebildet werden
1. vor Eintritt des Versorgungsfalls für das Wirtschaftsjahr, in dem die Pensionszusage erteilt wird, frühestens jedoch für das Wirtschaftsjahr, bis zu dessen Mitte der Pensionsberechtigte das 27. Lebensjahr vollendet oder für das Wirtschaftsjahr, in dessen Verlauf die Pensionsanwartschaft gemäß den Vorschriften des Betriebsrentengesetzes unverfallbar wird,
2. nach Eintritt des Versorgungsfalls für das Wirtschaftsjahr, in dem der Versorgungsfall eintritt.

---

1) **Anm. d. Red.:** Gem. Art. 2 Nr. 2 i.V. mit Art. 4 Satz 1 Gesetz v. 21.12.2015 (BGBl I S. 2553) wird § 6a mit Wirkung v. 1.1.2018 wie folgt geändert:
a) Absatz 2 Nummer 1 wird wie folgt gefasst:
„1. vor Eintritt des Versorgungsfalls für das Wirtschaftsjahr, in dem die Pensionszusage erteilt wird, frühestens jedoch für das Wirtschaftsjahr, bis zu dessen Mitte der Pensionsberechtigte bei
   a) erstmals nach dem 31. Dezember 2017 zugesagten Pensionsleistungen das 23. Lebensjahr vollendet,
   b) erstmals nach dem 31. Dezember 2008 und vor dem 1. Januar 2018 zugesagten Pensionsleistungen das 27. Lebensjahr vollendet,
   c) erstmals nach dem 31. Dezember 2000 und vor dem 1. Januar 2009 zugesagten Pensionsleistungen das 28. Lebensjahr vollendet,
   d) erstmals vor dem 1. Januar 2001 zugesagten Pensionsleistungen das 30. Lebensjahr vollendet oder bei nach dem 31. Dezember 2000 vereinbarten Entgeltumwandlungen im Sinne von § 1 Absatz 2 des Betriebsrentengesetzes für das Wirtschaftsjahr, in dessen Verlauf die Pensionsanwartschaft gemäß den Vorschriften des Betriebsrentengesetzes unverfallbar wird,".
b) Absatz 3 Satz 2 Nummer 1 Satz 6 wird wie folgt gefasst:
„Hat das Dienstverhältnis schon vor der Vollendung des nach Absatz 2 Nummer 1 maßgebenden Lebensjahres des Pensionsberechtigten bestanden, gilt es als zu Beginn des Wirtschaftsjahres begonnen, bis zu dessen Mitte der Pensionsberechtigte das nach Absatz 2 Nummer 1 maßgebende Lebensjahr vollendet; bei nach dem 31. Dezember 2000 vereinbarten Entgeltumwandlungen im Sinne von § 1 Absatz 2 des Betriebsrentengesetzes gilt für davor liegende Wirtschaftsjahre als Teilwert der Barwert der gemäß den Vorschriften des Betriebsrentengesetzes unverfallbaren künftigen Pensionsleistungen am Schluss des Wirtschaftsjahres;".

2) **Anm. d. Red.:** Zur Anwendung des § 6a Abs. 2 siehe § 52 Abs. 13.

(3)[1] [1]Eine Pensionsrückstellung darf höchstens mit dem Teilwert der Pensionsverpflichtung angesetzt werden. [2]Als Teilwert einer Pensionsverpflichtung gilt

1. vor Beendigung des Dienstverhältnisses des Pensionsberechtigten der Barwert der künftigen Pensionsleistungen am Schluss des Wirtschaftsjahres abzüglich des sich auf denselben Zeitpunkt ergebenden Barwerts betragsmäßig gleich bleibender Jahresbeträge, bei einer Entgeltumwandlung im Sinne von § 1 Absatz 2 des Betriebsrentengesetzes mindestens jedoch der Barwert der gemäß den Vorschriften des Betriebsrentengesetzes unverfallbaren künftigen Pensionsleistungen am Schluss des Wirtschaftsjahres. [2]Die Jahresbeträge sind so zu bemessen, dass am Beginn des Wirtschaftsjahres, in dem das Dienstverhältnis begonnen hat, ihr Barwert gleich dem Barwert der künftigen Pensionsleistungen ist; die künftigen Pensionsleistungen sind dabei mit dem Betrag anzusetzen, der sich nach den Verhältnissen am Bilanzstichtag ergibt. [3]Es sind die Jahresbeträge zugrunde zu legen, die vom Beginn des Wirtschaftsjahres, in dem das Dienstverhältnis begonnen hat, bis zu dem in der Pensionszusage vorgesehenen Zeitpunkt des Eintritts des Versorgungsfalls rechnungsmäßig aufzubringen sind. [4]Erhöhungen oder Verminderungen der Pensionsleistungen nach dem Schluss des Wirtschaftsjahres, die hinsichtlich des Zeitpunktes ihres Wirksamwerdens oder ihres Umfangs ungewiss sind, sind bei der Berechnung des Barwerts der künftigen Pensionsleistungen und der Jahresbeträge erst zu berücksichtigen, wenn sie eingetreten sind. [5]Wird die Pensionszusage erst nach dem Beginn des Dienstverhältnisses erteilt, so ist die Zwischenzeit für die Berechnung der Jahresbeträge nur insoweit als Wartezeit zu behandeln, als sie in der Pensionszusage als solche bestimmt ist. [6]Hat das Dienstverhältnis schon vor der Vollendung des 27. Lebensjahres des Pensionsberechtigten bestanden, so gilt es als zu Beginn des Wirtschaftsjahres begonnen, bis zu dessen Mitte der Pensionsberechtigte das 27. Lebensjahr vollendet; in diesem Fall gilt für davor liegende Wirtschaftsjahre als Teilwert der Barwert der gemäß den Vorschriften des Betriebsrentengesetzes unverfallbaren künftigen Pensionsleistungen am Schluss des Wirtschaftsjahres;

2. nach Beendigung des Dienstverhältnisses des Pensionsberechtigten unter Aufrechterhaltung seiner Pensionsanwartschaft oder nach Eintritt des Versorgungsfalls der Barwert der künftigen Pensionsleistungen am Schluss des Wirtschaftsjahres; Nummer 1 Satz 4 gilt sinngemäß.

[3]Bei der Berechnung des Teilwerts der Pensionsverpflichtung sind ein Rechnungszinsfuß von 6 Prozent und die anerkannten Regeln der Versicherungsmathematik anzuwenden.

(4) [1]Eine Pensionsrückstellung darf in einem Wirtschaftsjahr höchstens um den Unterschied zwischen dem Teilwert der Pensionsverpflichtung am Schluss des Wirtschaftsjahres und am Schluss des vorangegangenen Wirtschaftsjahres erhöht werden. [2]Soweit der Unterschiedsbetrag auf der erstmaligen Anwendung neuer oder geänderter biometrischer Rechnungsgrundlagen beruht, kann er nur auf mindestens drei Wirtschaftsjahre gleichmäßig verteilt der Pensionsrückstellung zugeführt werden; Entsprechendes gilt beim Wechsel auf andere biometrische Rechnungsgrundlagen. [3]In dem Wirtschaftsjahr, in dem mit der Bildung einer Pensionsrückstellung frühestens begonnen werden darf (Erstjahr), darf die Rückstellung bis zur Höhe des Teilwerts der Pensionsverpflichtung am Schluss des Wirtschaftsjahres gebildet werden; diese Rückstellung kann auf das Erstjahr und die beiden folgenden Wirtschaftsjahre gleichmäßig verteilt werden. [4]Erhöht sich in einem Wirtschaftsjahr gegenüber dem vorangegangenen Wirtschaftsjahr der Barwert der künftigen Pensionsleistungen um mehr als 25 Prozent, so kann die für dieses Wirtschaftsjahr zulässige Erhöhung der Pensionsrückstellung auf dieses Wirtschaftsjahr und die beiden folgenden Wirtschaftsjahre gleichmäßig verteilt werden. [5]Am Schluss des Wirtschaftsjahres, in dem das Dienstverhältnis des Pensionsberechtigten unter Aufrechterhaltung seiner Pensionsanwartschaft endet oder der Versorgungsfall eintritt, darf die Pensionsrückstellung stets bis zur Höhe des Teilwerts der Pensionsverpflichtung gebildet werden; die für dieses Wirtschaftsjahr zulässige Erhöhung der Pensionsrückstellung kann auf dieses Wirtschaftsjahr

---

1) **Anm. d. Red.:** Zur Anwendung des § 6a Abs. 3 siehe § 52 Abs. 13.

und die beiden folgenden Wirtschaftsjahre gleichmäßig verteilt werden. ⁶Satz 2 gilt in den Fällen der Sätze 3 bis 5 entsprechend.

(5) Die Absätze 3 und 4 gelten entsprechend, wenn der Pensionsberechtigte zu dem Pensionsverpflichteten in einem anderen Rechtsverhältnis als einem Dienstverhältnis steht.

## § 6b Übertragung stiller Reserven bei der Veräußerung bestimmter Anlagegüter[1)]

(1) ¹Steuerpflichtige, die

Grund und Boden,

Aufwuchs auf Grund und Boden mit dem dazugehörigen Grund und Boden, wenn der Aufwuchs zu einem land- und forstwirtschaftlichen Betriebsvermögen gehört,

Gebäude oder Binnenschiffe

veräußern, können im Wirtschaftsjahr der Veräußerung von den Anschaffungs- oder Herstellungskosten der in Satz 2 bezeichneten Wirtschaftsgüter, die im Wirtschaftsjahr der Veräußerung oder im vorangegangenen Wirtschaftsjahr angeschafft oder hergestellt worden sind, einen Betrag bis zur Höhe des bei der Veräußerung entstandenen Gewinns abziehen. ²Der Abzug ist zulässig bei den Anschaffungs- oder Herstellungskosten von

1. Grund und Boden,

    soweit der Gewinn bei der Veräußerung von Grund und Boden entstanden ist,

2. Aufwuchs auf Grund und Boden mit dem dazugehörigen Grund und Boden, wenn der Aufwuchs zu einem land- und forstwirtschaftlichen Betriebsvermögen gehört,

    soweit der Gewinn bei der Veräußerung von Grund und Boden oder der Veräußerung von Aufwuchs auf Grund und Boden mit dem dazugehörigen Grund und Boden entstanden ist,

3. Gebäuden,

    soweit der Gewinn bei der Veräußerung von Grund und Boden, von Aufwuchs auf Grund und Boden mit dem dazugehörigen Grund und Boden oder Gebäuden entstanden ist, oder

4. Binnenschiffen,

    soweit der Gewinn bei der Veräußerung von Binnenschiffen entstanden ist.

³Der Anschaffung oder Herstellung von Gebäuden steht ihre Erweiterung, ihr Ausbau oder ihr Umbau gleich. ⁴Der Abzug ist in diesem Fall nur von dem Aufwand für die Erweiterung, den Ausbau oder den Umbau der Gebäude zulässig.

(2) ¹Gewinn im Sinne des Absatzes 1 Satz 1 ist der Betrag, um den der Veräußerungspreis nach Abzug der Veräußerungskosten den Buchwert übersteigt, mit dem das veräußerte Wirtschaftsgut im Zeitpunkt der Veräußerung anzusetzen gewesen wäre. ²Buchwert ist der Wert, mit dem ein Wirtschaftsgut nach § 6 anzusetzen ist.

(2a)[2)] ¹Werden im Wirtschaftsjahr der Veräußerung der in Absatz 1 Satz 1 bezeichneten Wirtschaftsgüter oder in den folgenden vier Wirtschaftsjahren in Absatz 1 Satz 2 bezeichnete Wirtschaftsgüter angeschafft oder hergestellt oder sind sie in dem der Veräußerung vorangegangenen Wirtschaftsjahr angeschafft oder hergestellt worden, die einem Betriebsvermögen des Steuerpflichtigen in einem anderen Mitgliedstaat der Europäischen Union oder des Europäischen Wirtschaftsraums zuzuordnen sind, kann auf Antrag des Steuerpflichtigen die festgesetzte Steuer, die auf den Gewinn im Sinne des Absatzes 2 entfällt, in fünf gleichen Jahresraten entrichtet werden; die Frist von vier Jahren verlängert sich bei neu hergestellten Gebäuden auf sechs Jahre, wenn mit ihrer Herstellung vor dem Schluss des vierten auf die Veräußerung folgenden Wirtschaftsjahres begonnen worden ist. ²Der Antrag kann nur im Wirtschaftsjahr der

---

1) **Anm. d. Red.:** § 6b Abs. 2a i. d. F. des Gesetzes v. 2. 11. 2015 (BGBl I S. 1834) mit Wirkung v. 6. 11. 2015; Abs. 5 und 8 i. d. F. des Gesetzes v. 26. 6. 2013 (BGBl I S. 1809) mit Wirkung v. 30. 6. 2013.

2) **Anm. d. Red.:** Zur Anwendung des § 6b Abs. 2a siehe § 52 Abs. 14 Satz 1.

Veräußerung der in Absatz 1 Satz 1 bezeichneten Wirtschaftsgüter gestellt werden. ³§ 36 Absatz 5 Satz 2 bis 5 ist sinngemäß anzuwenden.

(3) ¹Soweit Steuerpflichtige den Abzug nach Absatz 1 nicht vorgenommen haben, können sie im Wirtschaftsjahr der Veräußerung eine den steuerlichen Gewinn mindernde Rücklage bilden. ²Bis zur Höhe dieser Rücklage können sie von den Anschaffungs- oder Herstellungskosten der in Absatz 1 Satz 2 bezeichneten Wirtschaftsgüter, die in den folgenden vier Wirtschaftsjahren angeschafft oder hergestellt worden sind, im Wirtschaftsjahr ihrer Anschaffung oder Herstellung einen Betrag unter Berücksichtigung der Einschränkungen des Absatzes 1 Satz 2 bis 4 abziehen. ³Die Frist von vier Jahren verlängert sich bei neu hergestellten Gebäuden auf sechs Jahre, wenn mit ihrer Herstellung vor dem Schluss des vierten auf die Bildung der Rücklage folgenden Wirtschaftsjahres begonnen worden ist. ⁴Die Rücklage ist in Höhe des abgezogenen Betrags gewinnerhöhend aufzulösen. ⁵Ist eine Rücklage am Schluss des vierten auf ihre Bildung folgenden Wirtschaftsjahres noch vorhanden, so ist sie in diesem Zeitpunkt gewinnerhöhend aufzulösen, soweit nicht ein Abzug von den Herstellungskosten von Gebäuden in Betracht kommt, mit deren Herstellung bis zu diesem Zeitpunkt begonnen worden ist; ist die Rücklage am Schluss des sechsten auf ihre Bildung folgenden Wirtschaftsjahres noch vorhanden, so ist sie in diesem Zeitpunkt gewinnerhöhend aufzulösen.

(4) ¹Voraussetzung für die Anwendung der Absätze 1 und 3 ist, dass
1. der Steuerpflichtige den Gewinn nach § 4 Absatz 1 oder § 5 ermittelt,
2. die veräußerten Wirtschaftsgüter im Zeitpunkt der Veräußerung mindestens sechs Jahre ununterbrochen zum Anlagevermögen einer inländischen Betriebsstätte gehört haben,
3. die angeschafften oder hergestellten Wirtschaftsgüter zum Anlagevermögen einer inländischen Betriebsstätte gehören,
4. der bei der Veräußerung entstandene Gewinn bei der Ermittlung des im Inland steuerpflichtigen Gewinns nicht außer Ansatz bleibt und
5. der Abzug nach Absatz 1 und die Bildung und Auflösung der Rücklage nach Absatz 3 in der Buchführung verfolgt werden können.

²Der Abzug nach den Absätzen 1 und 3 ist bei Wirtschaftsgütern, die zu einem land- und forstwirtschaftlichen Betrieb gehören oder der selbständigen Arbeit dienen, nicht zulässig, wenn der Gewinn bei der Veräußerung von Wirtschaftsgütern eines Gewerbebetriebs entstanden ist.

(5) An die Stelle der Anschaffungs- oder Herstellungskosten im Sinne des Absatzes 1 tritt in den Fällen, in denen das Wirtschaftsgut im Wirtschaftsjahr vor der Veräußerung angeschafft oder hergestellt worden ist, der Buchwert am Schluss des Wirtschaftsjahres der Anschaffung oder Herstellung.

(6) ¹Ist ein Betrag nach Absatz 1 oder 3 abgezogen worden, so tritt für die Absetzungen für Abnutzung oder Substanzverringerung oder in den Fällen des § 6 Absatz 2 und Absatz 2a im Wirtschaftsjahr des Abzugs der verbleibende Betrag an die Stelle der Anschaffungs- oder Herstellungskosten. ²In den Fällen des § 7 Absatz 4 Satz 1 und Absatz 5 sind die um den Abzugsbetrag nach Absatz 1 oder 3 geminderten Anschaffungs- oder Herstellungskosten maßgebend.

(7) Soweit eine nach Absatz 3 Satz 1 gebildete Rücklage gewinnerhöhend aufgelöst wird, ohne dass ein entsprechender Betrag nach Absatz 3 abgezogen wird, ist der Gewinn des Wirtschaftsjahres, in dem die Rücklage aufgelöst wird, für jedes volle Wirtschaftsjahr, in dem die Rücklage bestanden hat, um 6 Prozent des aufgelösten Rücklagenbetrags zu erhöhen.

(8) ¹Werden Wirtschaftsgüter im Sinne des Absatzes 1 zum Zweck der Vorbereitung oder Durchführung von städtebaulichen Sanierungs- oder Entwicklungsmaßnahmen an einen der in Satz 2 bezeichneten Erwerber übertragen, sind die Absätze 1 bis 7 mit der Maßgabe anzuwenden, dass
1. die Fristen des Absatzes 3 Satz 2, 3 und 5 sich jeweils um drei Jahre verlängern und
2. an die Stelle der in Absatz 4 Nummer 2 bezeichneten Frist von sechs Jahren eine Frist von zwei Jahren tritt.

²Erwerber im Sinne des Satzes 1 sind Gebietskörperschaften, Gemeindeverbände, Verbände im Sinne des § 166 Absatz 4 des Baugesetzbuchs, Planungsverbände nach § 205 des Baugesetzbuchs, Sanierungsträger nach § 157 des Baugesetzbuchs, Entwicklungsträger nach § 167 des Baugesetzbuchs sowie Erwerber, die städtebauliche Sanierungsmaßnahmen als Eigentümer selbst durchführen (§ 147 Absatz 2 und § 148 Absatz 1 Baugesetzbuch).

(9) Absatz 8 ist nur anzuwenden, wenn die nach Landesrecht zuständige Behörde bescheinigt, dass die Übertragung der Wirtschaftsgüter zum Zweck der Vorbereitung oder Durchführung von städtebaulichen Sanierungs- oder Entwicklungsmaßnahmen an einen der in Absatz 8 Satz 2 bezeichneten Erwerber erfolgt ist.

(10)[1] ¹Steuerpflichtige, die keine Körperschaften, Personenvereinigungen oder Vermögensmassen sind, können Gewinne aus der Veräußerung von Anteilen an Kapitalgesellschaften bis zu einem Betrag von 500 000 Euro auf die im Wirtschaftsjahr der Veräußerung oder in den folgenden zwei Wirtschaftsjahren angeschafften Anteile an Kapitalgesellschaften oder angeschafften oder hergestellten abnutzbaren beweglichen Wirtschaftsgüter oder auf die im Wirtschaftsjahr der Veräußerung oder in den folgenden vier Wirtschaftsjahren angeschafften oder hergestellten Gebäude nach Maßgabe der Sätze 2 bis 10 übertragen. ²Wird der Gewinn im Jahr der Veräußerung auf Gebäude oder abnutzbare bewegliche Wirtschaftsgüter übertragen, so kann ein Betrag bis zur Höhe des bei der Veräußerung entstandenen und nicht nach § 3 Nummer 40 Satz 1 Buchstabe a und b in Verbindung mit § 3c Absatz 2 steuerbefreiten Betrags von den Anschaffungs- oder Herstellungskosten für Gebäude oder abnutzbare bewegliche Wirtschaftsgüter abgezogen werden. ³Wird der Gewinn im Jahr der Veräußerung auf Anteile an Kapitalgesellschaften übertragen, mindern sich die Anschaffungskosten der Anteile an Kapitalgesellschaften in Höhe des Veräußerungsgewinns einschließlich des nach § 3 Nummer 40 Satz 1 Buchstabe a und b in Verbindung mit § 3c Absatz 2 steuerbefreiten Betrags. ⁴Absatz 2, Absatz 4 Satz 1 Nummer 1, 2, 3, 5 und Satz 2 sowie Absatz 5 sind sinngemäß anzuwenden. ⁵Soweit Steuerpflichtige den Abzug nach den Sätzen 1 bis 4 nicht vorgenommen haben, können sie eine Rücklage nach Maßgabe des Satzes 1 einschließlich des nach § 3 Nummer 40 Satz 1 Buchstabe a und b in Verbindung mit § 3c Absatz 2 steuerbefreiten Betrags bilden. ⁶Bei der Auflösung der Rücklage gelten die Sätze 2 und 3 sinngemäß. ⁷Im Fall des Satzes 2 ist die Rücklage in gleicher Höhe um den nach § 3 Nummer 40 Satz 1 Buchstabe a und b in Verbindung mit § 3c Absatz 2 steuerbefreiten Betrag aufzulösen. ⁸Ist eine Rücklage am Schluss des vierten auf ihre Bildung folgenden Wirtschaftsjahrs noch vorhanden, so ist sie in diesem Zeitpunkt gewinnerhöhend aufzulösen. ⁹Soweit der Abzug nach Satz 6 nicht vorgenommen wurde, ist der Gewinn des Wirtschaftsjahres, in dem die Rücklage aufgelöst wird, für jedes volle Wirtschaftsjahr, in dem die Rücklage bestanden hat, um 6 Prozent des nicht nach § 3 Nummer 40 Satz 1 Buchstabe a und b in Verbindung mit § 3c Absatz 2 steuerbefreiten aufgelösten Rücklagenbetrags zu erhöhen. ¹⁰Für die zum Gesamthandsvermögen von Personengesellschaften oder Gemeinschaften gehörenden Anteile an Kapitalgesellschaften gelten die Sätze 1 bis 9 nur, soweit an den Personengesellschaften und Gemeinschaften keine Körperschaften, Personenvereinigungen oder Vermögensmassen beteiligt sind.

## § 6c Übertragung stiller Reserven bei der Veräußerung bestimmter Anlagegüter bei der Ermittlung des Gewinns nach § 4 Absatz 3 oder nach Durchschnittssätzen

(1) ¹§ 6b mit Ausnahme des § 6b Absatz 4 Nummer 1 ist entsprechend anzuwenden, wenn der Gewinn nach § 4 Absatz 3 oder die Einkünfte aus Land- und Forstwirtschaft nach Durchschnittssätzen ermittelt werden. ²Soweit nach § 6b Absatz 3 eine Rücklage gebildet werden kann, ist ihre Bildung als Betriebsausgabe (Abzug) und ihre Auflösung als Betriebseinnahme (Zuschlag) zu behandeln; der Zeitraum zwischen Abzug und Zuschlag gilt als Zeitraum, in dem die Rücklage bestanden hat.

---

1) **Anm. d. Red.:** Zur Anwendung des § 6b Abs. 10 siehe § 52 Abs. 14 Satz 2.

(2) ¹Voraussetzung für die Anwendung des Absatzes 1 ist, dass die Wirtschaftsgüter, bei denen ein Abzug von den Anschaffungs- oder Herstellungskosten oder von dem Wert nach § 6b Absatz 5 vorgenommen worden ist, in besondere, laufend zu führende Verzeichnisse aufgenommen werden. ²In den Verzeichnissen sind der Tag der Anschaffung oder Herstellung, die Anschaffungs- oder Herstellungskosten, der Abzug nach § 6b Absatz 1 und 3 in Verbindung mit Absatz 1, die Absetzungen für Abnutzung, die Abschreibungen sowie die Beträge nachzuweisen, die nach § 6b Absatz 3 in Verbindung mit Absatz 1 als Betriebsausgaben (Abzug) oder Betriebseinnahmen (Zuschlag) behandelt worden sind.

## § 6d Euroumrechnungsrücklage

(1) ¹Ausleihungen, Forderungen und Verbindlichkeiten im Sinne des Artikels 43 des Einführungsgesetzes zum Handelsgesetzbuch, die auf Währungseinheiten der an der Europäischen Währungsunion teilnehmenden anderen Mitgliedstaaten oder auf die ECU im Sinne des Artikels 2 der Verordnung (EG) Nr. 1103/97 des Rates vom 17. Juni 1997 (ABl EG Nr. L 162 S. 1) lauten, sind am Schluss des ersten nach dem 31. Dezember 1998 endenden Wirtschaftsjahres mit dem vom Rat der Europäischen Union gemäß Artikel 109l Absatz 4 Satz 1 des EG-Vertrages unwiderruflich festgelegten Umrechnungskurs umzurechnen und mit dem sich danach ergebenden Wert anzusetzen. ²Der Gewinn, der sich aus diesem jeweiligen Ansatz für das einzelne Wirtschaftsgut ergibt, kann in eine den steuerlichen Gewinn mindernde Rücklage eingestellt werden. ³Die Rücklage ist gewinnerhöhend aufzulösen, soweit das Wirtschaftsgut, aus dessen Bewertung sich der in die Rücklage eingestellte Gewinn ergeben hat, aus dem Betriebsvermögen ausscheidet. ⁴Die Rücklage ist spätestens am Schluss des fünften nach dem 31. Dezember 1998 endenden Wirtschaftsjahres gewinnerhöhend aufzulösen.

(2) ¹In die Euroumrechnungsrücklage gemäß Absatz 1 Satz 2 können auch Erträge eingestellt werden, die sich aus der Aktivierung von Wirtschaftsgütern auf Grund der unwiderruflichen Festlegung der Umrechnungskurse ergeben. ²Absatz 1 Satz 3 gilt entsprechend.

(3) Die Bildung und Auflösung der jeweiligen Rücklage müssen in der Buchführung verfolgt werden können.

## § 7 Absetzung für Abnutzung oder Substanzverringerung[1]

(1) ¹Bei Wirtschaftsgütern, deren Verwendung oder Nutzung durch den Steuerpflichtigen zur Erzielung von Einkünften sich erfahrungsgemäß auf einen Zeitraum von mehr als einem Jahr erstreckt, ist jeweils für ein Jahr der Teil der Anschaffungs- oder Herstellungskosten abzusetzen, der bei gleichmäßiger Verteilung dieser Kosten auf die Gesamtdauer der Verwendung oder Nutzung auf ein Jahr entfällt (Absetzung für Abnutzung in gleichen Jahresbeträgen). ²Die Absetzung bemisst sich hierbei nach der betriebsgewöhnlichen Nutzungsdauer des Wirtschaftsguts. ³Als betriebsgewöhnliche Nutzungsdauer des Geschäfts- oder Firmenwerts eines Gewerbebetriebs oder eines Betriebs der Land- und Forstwirtschaft gilt ein Zeitraum von 15 Jahren. ⁴Im Jahr der Anschaffung oder Herstellung des Wirtschaftsguts vermindert sich für dieses Jahr der Absetzungsbetrag nach Satz 1 um jeweils ein Zwölftel für jeden vollen Monat, der dem Monat der Anschaffung oder Herstellung vorangeht. ⁵Bei Wirtschaftsgütern, die nach einer Verwendung zur Erzielung von Einkünften im Sinne des § 2 Absatz 1 Satz 1 Nummer 4 bis 7 in ein Betriebsvermögen eingelegt worden sind, mindert sich der Einlagewert um die Absetzungen für Abnutzung oder Substanzverringerung, Sonderabschreibungen oder erhöhte Absetzungen, die bis zum Zeitpunkt der Einlage vorgenommen worden sind, höchstens jedoch bis zu den fortgeführten Anschaffungs- oder Herstellungskosten; ist der Einlagewert niedriger als dieser Wert, bemisst sich die weitere Absetzung für Abnutzung vom Einlagewert. ⁶Bei beweglichen Wirtschaftsgütern des Anlagevermögens, bei denen es wirtschaftlich begründet ist, die Absetzung für Abnutzung nach Maßgabe der Leistung des Wirtschaftsguts vorzunehmen, kann der Steuer-

---

1) **Anm. d. Red.:** § 7 Abs. 1 i. d. F. des Gesetzes v. 8. 12. 2010 (BGBl I S. 1768) mit Wirkung v. 14. 12. 2010; Abs. 5 i. d. F. des Gesetzes v. 5. 4. 2011 (BGBl I S. 554) mit Wirkung v. 12. 4. 2011.

pflichtige dieses Verfahren statt der Absetzung für Abnutzung in gleichen Jahresbeträgen anwenden, wenn er den auf das einzelne Jahr entfallenden Umfang der Leistung nachweist. ⁷Absetzungen für außergewöhnliche technische oder wirtschaftliche Abnutzung sind zulässig; soweit der Grund hierfür in späteren Wirtschaftsjahren entfällt, ist in den Fällen der Gewinnermittlung nach § 4 Absatz 1 oder nach § 5 eine entsprechende Zuschreibung vorzunehmen.

(2)[1] ¹Bei beweglichen Wirtschaftsgütern des Anlagevermögens, die nach dem 31. Dezember 2008 und vor dem 1. Januar 2011 angeschafft oder hergestellt worden sind, kann der Steuerpflichtige statt der Absetzung für Abnutzung in gleichen Jahresbeträgen die Absetzung für Abnutzung in fallenden Jahresbeträgen bemessen. ²Die Absetzung für Abnutzung in fallenden Jahresbeträgen kann nach einem unveränderlichen Prozentsatz vom jeweiligen Buchwert (Restwert) vorgenommen werden; der dabei anzuwendende Prozentsatz darf höchstens das Zweieinhalbfache des bei der Absetzung für Abnutzung in gleichen Jahresbeträgen in Betracht kommenden Prozentsatzes betragen und 25 Prozent nicht übersteigen. ³Absatz 1 Satz 4 und § 7a Absatz 8 gelten entsprechend. ⁴Bei Wirtschaftsgütern, bei denen die Absetzung für Abnutzung in fallenden Jahresbeträgen bemessen wird, sind Absetzungen für außergewöhnliche technische oder wirtschaftliche Abnutzung nicht zulässig.

(3) ¹Der Übergang von der Absetzung für Abnutzung in fallenden Jahresbeträgen zur Absetzung für Abnutzung in gleichen Jahresbeträgen ist zulässig. ²In diesem Fall bemisst sich die Absetzung für Abnutzung vom Zeitpunkt des Übergangs an nach dem dann noch vorhandenen Restwert und der Restnutzungsdauer des einzelnen Wirtschaftsguts. ³Der Übergang von der Absetzung für Abnutzung in gleichen Jahresbeträgen zur Absetzung für Abnutzung in fallenden Jahresbeträgen ist nicht zulässig.

(4)[2] ¹Bei Gebäuden sind abweichend von Absatz 1 als Absetzung für Abnutzung die folgenden Beträge bis zur vollen Absetzung abzuziehen:
1. bei Gebäuden, soweit sie zu einem Betriebsvermögen gehören und nicht Wohnzwecken dienen und für die der Bauantrag nach dem 31. März 1985 gestellt worden ist, jährlich 3 Prozent,
2. bei Gebäuden, soweit sie die Voraussetzungen der Nummer 1 nicht erfüllen und die
    a) nach dem 31. Dezember 1924 fertiggestellt worden sind, jährlich 2 Prozent,
    b) vor dem 1. Januar 1925 fertiggestellt worden sind, jährlich 2,5 Prozent

der Anschaffungs- oder Herstellungskosten; Absatz 1 Satz 5 gilt entsprechend. ²Beträgt die tatsächliche Nutzungsdauer eines Gebäudes in den Fällen des Satzes 1 Nummer 1 weniger als 33 Jahre, in den Fällen des Satzes 1 Nummer 2 Buchstabe a weniger als 50 Jahre, in den Fällen des Satzes 1 Nummer 2 Buchstabe b weniger als 40 Jahre, so können anstelle der Absetzungen nach Satz 1 die der tatsächlichen Nutzungsdauer entsprechenden Absetzungen für Abnutzung vorgenommen werden. ³Absatz 1 letzter Satz bleibt unberührt. ⁴Bei Gebäuden im Sinne der Nummer 2 rechtfertigt die für Gebäude im Sinne der Nummer 1 geltende Regelung weder die Anwendung des Absatzes 1 letzter Satz noch den Ansatz des niedrigeren Teilwerts (§ 6 Absatz 1 Nummer 1 Satz 2).

(5)[3] ¹Bei Gebäuden, die in einem Mitgliedstaat der Europäischen Union oder einem anderen Staat belegen sind, auf den das Abkommen über den Europäischen Wirtschaftsraum (EWR-Abkommen) angewendet wird, und die vom Steuerpflichtigen hergestellt oder bis zum Ende des Jahres der Fertigstellung angeschafft worden sind, können abweichend von Absatz 4 als Absetzung für Abnutzung die folgenden Beträge abgezogen werden:
1. bei Gebäuden im Sinne des Absatzes 4 Satz 1 Nummer 1, die vom Steuerpflichtigen auf Grund eines vor dem 1. Januar 1994 gestellten Bauantrags hergestellt oder auf Grund eines

---

1) **Anm. d. Red.:** Zur Anwendung des § 7 Abs. 2 siehe § 52 Abs. 15 Satz 1.
2) **Anm. d. Red.:** Zur Anwendung des § 7 Abs. 4 siehe § 52 Abs. 15 Sätze 2 und 3.
3) **Anm. d. Red.:** Zur Anwendung des § 7 Abs. 5 siehe § 56.

vor diesem Zeitpunkt rechtswirksam abgeschlossenen obligatorischen Vertrags angeschafft worden sind,

- im Jahr der Fertigstellung
  und in den folgenden 3 Jahren                    jeweils 10    Prozent,
- in den darauf folgenden 3 Jahren                 jeweils  5    Prozent,
- in den darauf folgenden 18 Jahren                jeweils  2,5  Prozent,

2. bei Gebäuden im Sinne des Absatzes 4 Satz 1 Nummer 2, die vom Steuerpflichtigen auf Grund eines vor dem 1. Januar 1995 gestellten Bauantrags hergestellt oder auf Grund eines vor diesem Zeitpunkt rechtswirksam abgeschlossenen obligatorischen Vertrags angeschafft worden sind,

- im Jahr der Fertigstellung
  und in den folgenden 7 Jahren                    jeweils  5    Prozent,
- in den darauf folgenden 6 Jahren                 jeweils  2,5  Prozent,
- in den darauf folgenden 36 Jahren                jeweils  1,25 Prozent,

3. bei Gebäuden im Sinne des Absatzes 4 Satz 1 Nummer 2, soweit sie Wohnzwecken dienen, die vom Steuerpflichtigen

   a) auf Grund eines nach dem 28. Februar 1989 und vor dem 1. Januar 1996 gestellten Bauantrags hergestellt oder nach dem 28. Februar 1989 auf Grund eines nach dem 28. Februar 1989 und vor dem 1. Januar 1996 rechtswirksam abgeschlossenen obligatorischen Vertrags angeschafft worden sind,

   - im Jahr der Fertigstellung
     und in den folgenden 3 Jahren                 jeweils  7    Prozent,
   - in den darauf folgenden 6 Jahren              jeweils  5    Prozent,
   - in den darauf folgenden 6 Jahren              jeweils  2    Prozent,
   - in den darauf folgenden 24 Jahren             jeweils  1,25 Prozent,

   b) auf Grund eines nach dem 31. Dezember 1995 und vor dem 1. Januar 2004 gestellten Bauantrags hergestellt oder auf Grund eines nach dem 31. Dezember 1995 und vor dem 1. Januar 2004 rechtswirksam abgeschlossenen obligatorischen Vertrags angeschafft worden sind,

   - im Jahr der Fertigstellung
     und in den folgenden 7 Jahren                 jeweils  5    Prozent,
   - in den darauf folgenden 6 Jahren              jeweils  2,5  Prozent,
   - in den darauf folgenden 36 Jahren             jeweils  1,25 Prozent,

   c) auf Grund eines nach dem 31. Dezember 2003 und vor dem 1. Januar 2006 gestellten Bauantrags hergestellt oder auf Grund eines nach dem 31. Dezember 2003 und vor dem 1. Januar 2006 rechtswirksam abgeschlossenen obligatorischen Vertrags angeschafft worden sind,

   - im Jahr der Fertigstellung
     und in den folgenden 9 Jahren                 jeweils  4    Prozent,
   - in den darauf folgenden 8 Jahren              jeweils  2,5  Prozent,
   - in den darauf folgenden 32 Jahren             jeweils  1,25 Prozent

der Anschaffungs- oder Herstellungskosten. ²Im Fall der Anschaffung kann Satz 1 nur angewendet werden, wenn der Hersteller für das veräußerte Gebäude weder Absetzungen für Abnutzung nach Satz 1 vorgenommen noch erhöhte Absetzungen oder Sonderabschreibungen in Anspruch genommen hat. ³Absatz 1 Satz 4 gilt nicht.

(5a) Die Absätze 4 und 5 sind auf Gebäudeteile, die selbständige unbewegliche Wirtschaftsgüter sind, sowie auf Eigentumswohnungen und auf im Teileigentum stehende Räume entsprechend anzuwenden.

(6) Bei Bergbauunternehmen, Steinbrüchen und anderen Betrieben, die einen Verbrauch der Substanz mit sich bringen, ist Absatz 1 entsprechend anzuwenden; dabei sind Absetzungen nach Maßgabe des Substanzverzehrs zulässig (Absetzung für Substanzverringerung).

## § 7a Gemeinsame Vorschriften für erhöhte Absetzungen und Sonderabschreibungen

(1) ¹Werden in dem Zeitraum, in dem bei einem Wirtschaftsgut erhöhte Absetzungen oder Sonderabschreibungen in Anspruch genommen werden können (Begünstigungszeitraum), nachträgliche Herstellungskosten aufgewendet, so bemessen sich vom Jahr der Entstehung der nachträglichen Herstellungskosten an bis zum Ende des Begünstigungszeitraums die Absetzungen für Abnutzung, erhöhten Absetzungen und Sonderabschreibungen nach den um die nachträglichen Herstellungskosten erhöhten Anschaffungs- oder Herstellungskosten. ²Entsprechendes gilt für nachträgliche Anschaffungskosten. ³Werden im Begünstigungszeitraum die Anschaffungs- oder Herstellungskosten eines Wirtschaftsguts nachträglich gemindert, so bemessen sich vom Jahr der Minderung an bis zum Ende des Begünstigungszeitraums die Absetzungen für Abnutzung, erhöhten Absetzungen und Sonderabschreibungen nach den geminderten Anschaffungs- oder Herstellungskosten.

(2) ¹Können bei einem Wirtschaftsgut erhöhte Absetzungen oder Sonderabschreibungen bereits für Anzahlungen auf Anschaffungskosten oder für Teilherstellungskosten in Anspruch genommen werden, so sind die Vorschriften über erhöhte Absetzungen und Sonderabschreibungen mit der Maßgabe anzuwenden, dass an die Stelle der Anschaffungs- oder Herstellungskosten die Anzahlungen auf Anschaffungskosten oder die Teilherstellungskosten und an die Stelle des Jahres der Anschaffung oder Herstellung das Jahr der Anzahlung oder Teilherstellung treten. ²Nach Anschaffung oder Herstellung des Wirtschaftsguts sind erhöhte Absetzungen oder Sonderabschreibungen nur zulässig, soweit sie nicht bereits für Anzahlungen auf Anschaffungskosten oder für Teilherstellungskosten in Anspruch genommen worden sind. ³Anzahlungen auf Anschaffungskosten sind im Zeitpunkt der tatsächlichen Zahlung aufgewendet. ⁴Werden Anzahlungen auf Anschaffungskosten durch Hingabe eines Wechsels geleistet, so sind sie in dem Zeitpunkt aufgewendet, in dem dem Lieferanten durch Diskontierung oder Einlösung des Wechsels das Geld tatsächlich zufließt. ⁵Entsprechendes gilt, wenn anstelle von Geld ein Scheck hingegeben wird.

(3) Bei Wirtschaftsgütern, bei denen erhöhte Absetzungen in Anspruch genommen werden, müssen in jedem Jahr des Begünstigungszeitraums mindestens Absetzungen in Höhe der Absetzungen für Abnutzung nach § 7 Absatz 1 oder 4 berücksichtigt werden.

(4) Bei Wirtschaftsgütern, bei denen Sonderabschreibungen in Anspruch genommen werden, sind die Absetzungen für Abnutzung nach § 7 Absatz 1 oder 4 vorzunehmen.

(5) Liegen bei einem Wirtschaftsgut die Voraussetzungen für die Inanspruchnahme von erhöhten Absetzungen oder Sonderabschreibungen auf Grund mehrerer Vorschriften vor, so dürfen erhöhte Absetzungen oder Sonderabschreibungen nur auf Grund einer dieser Vorschriften in Anspruch genommen werden.

(6) Erhöhte Absetzungen oder Sonderabschreibungen sind bei der Prüfung, ob die in § 141 Absatz 1 Nummer 4 und 5 der Abgabenordnung bezeichneten Buchführungsgrenzen überschritten sind, nicht zu berücksichtigen.

(7) ¹Ist ein Wirtschaftsgut mehreren Beteiligten zuzurechnen und sind die Voraussetzungen für erhöhte Absetzungen oder Sonderabschreibungen nur bei einzelnen Beteiligten erfüllt, so dürfen die erhöhten Absetzungen und Sonderabschreibungen nur anteilig für diese Beteiligten vorgenommen werden. ²Die erhöhten Absetzungen oder Sonderabschreibungen dürfen von den Beteiligten, bei denen die Voraussetzungen dafür erfüllt sind, nur einheitlich vorgenommen werden.

(8) ¹Erhöhte Absetzungen oder Sonderabschreibungen sind bei Wirtschaftsgütern, die zu einem Betriebsvermögen gehören, nur zulässig, wenn sie in ein besonderes, laufend zu führendes Verzeichnis aufgenommen werden, das den Tag der Anschaffung oder Herstellung, die Anschaffungs- oder Herstellungskosten, die betriebsgewöhnliche Nutzungsdauer und die Höhe der jährlichen Absetzungen für Abnutzung, erhöhten Absetzungen und Sonderabschreibungen enthält. ²Das Verzeichnis braucht nicht geführt zu werden, wenn diese Angaben aus der Buchführung ersichtlich sind.

(9) Sind für ein Wirtschaftsgut Sonderabschreibungen vorgenommen worden, so bemessen sich nach Ablauf des maßgebenden Begünstigungszeitraums die Absetzungen für Abnutzung bei Gebäuden und bei Wirtschaftsgütern im Sinne des § 7 Absatz 5a nach dem Restwert und dem nach § 7 Absatz 4 unter Berücksichtigung der Restnutzungsdauer maßgebenden Prozentsatz, bei anderen Wirtschaftsgütern nach dem Restwert und der Restnutzungsdauer.

## §§ 7b bis 7f (weggefallen)[1]

## § 7g Investitionsabzugsbeträge und Sonderabschreibungen zur Förderung kleiner und mittlerer Betriebe[2)3]

(1) ¹Steuerpflichtige können für die künftige Anschaffung oder Herstellung von abnutzbaren beweglichen Wirtschaftsgütern des Anlagevermögens, die mindestens bis zum Ende des dem Wirtschaftsjahr der Anschaffung oder Herstellung folgenden Wirtschaftsjahres in einer inländischen Betriebsstätte des Betriebes ausschließlich oder fast ausschließlich betrieblich genutzt werden, bis zu 40 Prozent der voraussichtlichen Anschaffungs- oder Herstellungskosten gewinnmindernd abziehen (Investitionsabzugsbeträge). ²Investitionsabzugsbeträge können nur in Anspruch genommen werden, wenn

1. der Betrieb am Schluss des Wirtschaftsjahres, in dem die Abzüge vorgenommen werden, die folgenden Größenmerkmale nicht überschreitet:
   a) bei Gewerbebetrieben oder der selbständigen Arbeit dienenden Betrieben, die ihren Gewinn nach § 4 Absatz 1 oder § 5 ermitteln, ein Betriebsvermögen von 235 000 Euro;
   b) bei Betrieben der Land- und Forstwirtschaft einen Wirtschaftswert oder einen Ersatzwirtschaftswert von 125 000 Euro oder
   c) bei Betrieben im Sinne der Buchstaben a und b, die ihren Gewinn nach § 4 Absatz 3 ermitteln, ohne Berücksichtigung der Investitionsabzugsbeträge einen Gewinn von 100 000 Euro;
2. der Steuerpflichtige die Summen der Abzugsbeträge und der nach den Absätzen 2 bis 4 hinzuzurechnenden oder rückgängig zu machenden Beträge nach amtlich vorgeschriebenen Datensätzen durch Datenfernübertragung übermittelt. ²Auf Antrag kann die Finanzbehörde zur Vermeidung unbilliger Härten auf eine elektronische Übermittlung verzichten; § 150 Absatz 8 der Abgabenordnung gilt entsprechend. ³In den Fällen des Satzes 2 müssen sich die Summen der Abzugsbeträge und der nach den Absätzen 2 bis 4 hinzuzurechnenden oder rückgängig zu machenden Beträge aus den beim Finanzamt einzureichenden Unterlagen ergeben.

³Abzugsbeträge können auch dann in Anspruch genommen werden, wenn dadurch ein Verlust entsteht oder sich erhöht. ⁴Die Summe der Beträge, die im Wirtschaftsjahr des Abzugs und in den drei vorangegangenen Wirtschaftsjahren nach Satz 1 insgesamt abgezogen und nicht nach Absatz 2 hinzugerechnet oder nach den Absätzen 3 oder 4 rückgängig gemacht wurden, darf je Betrieb 200 000 Euro nicht übersteigen.

---

1) **Anm. d. Red.:** §§ 7b, 7c, 7d, 7f weggefallen gem. Gesetz v. 22.12.2014 (BGBl I S. 2417) mit Wirkung v. 1.1.2015.

2) **Anm. d. Red.:** § 7g Abs. 1 bis 4 i. d. F. des Gesetzes v. 2.11.2015 (BGBl I S. 1834) mit Wirkung v. 1.1.2016.

3) **Anm. d. Red.:** Zur Anwendung des § 7g siehe § 52 Abs. 16 und § 57 Abs. 1.

(2) ¹Im Wirtschaftsjahr der Anschaffung oder Herstellung eines begünstigten Wirtschaftsguts können bis zu 40 Prozent der Anschaffungs- oder Herstellungskosten gewinnerhöhend hinzugerechnet werden; die Hinzurechnung darf die Summe der nach Absatz 1 abgezogenen und noch nicht nach den Absätzen 2 bis 4 hinzugerechneten oder rückgängig gemachten Abzugsbeträge nicht übersteigen. ²Die Anschaffungs- oder Herstellungskosten des Wirtschaftsguts können in dem in Satz 1 genannten Wirtschaftsjahr um bis zu 40 Prozent, höchstens jedoch um die Hinzurechnung nach Satz 1, gewinnmindernd herabgesetzt werden; die Bemessungsgrundlage für die Absetzungen für Abnutzung, erhöhten Absetzungen und Sonderabschreibungen sowie die Anschaffungs- oder Herstellungskosten im Sinne von § 6 Absatz 2 und 2a verringern sich entsprechend.

(3) ¹Soweit in Anspruch genommene Investitionsabzugsbeträge nicht bis zum Ende des dritten auf das Wirtschaftsjahr des jeweiligen Abzugs folgenden Wirtschaftsjahres nach Absatz 2 Satz 1 hinzugerechnet wurden, sind die Abzüge nach Absatz 1 rückgängig zu machen; die vorzeitige Rückgängigmachung von Investitionsabzugsbeträgen vor Ablauf der Investitionsfrist ist zulässig. ²Wurde der Gewinn des maßgebenden Wirtschaftsjahres bereits einer Steuerfestsetzung oder einer gesonderten Feststellung zugrunde gelegt, ist der entsprechende Steuer- oder Feststellungsbescheid insoweit zu ändern. ³Das gilt auch dann, wenn der Steuer- oder Feststellungsbescheid bestandskräftig geworden ist; die Festsetzungsfrist endet insoweit nicht, bevor die Festsetzungsfrist für den Veranlagungszeitraum abgelaufen ist, in dem das dritte auf das Wirtschaftsjahr des Abzugs folgende Wirtschaftsjahr endet. ⁴§ 233a Absatz 2a der Abgabenordnung ist nicht anzuwenden.

(4) ¹Wird in den Fällen des Absatzes 2 ein begünstigtes Wirtschaftsgut nicht bis zum Ende des dem Wirtschaftsjahr der Anschaffung oder Herstellung folgenden Wirtschaftsjahres in einer inländischen Betriebsstätte des Betriebes ausschließlich oder fast ausschließlich betrieblich genutzt, sind die Herabsetzung der Anschaffungs- oder Herstellungskosten, die Verringerung der Bemessungsgrundlage und die Hinzurechnung nach Absatz 2 rückgängig zu machen. ²Wurden die Gewinne der maßgebenden Wirtschaftsjahre bereits Steuerfestsetzungen oder gesonderten Feststellungen zugrunde gelegt, sind die entsprechenden Steuer- oder Feststellungsbescheide insoweit zu ändern. ³Das gilt auch dann, wenn die Steuer- oder Feststellungsbescheide bestandskräftig geworden sind; die Festsetzungsfristen enden insoweit nicht, bevor die Festsetzungsfrist für den Veranlagungszeitraum abgelaufen ist, in dem die Voraussetzungen des Absatzes 1 Satz 1 erstmals nicht mehr vorliegen. ⁴§ 233a Absatz 2a der Abgabenordnung ist nicht anzuwenden.

(5) Bei abnutzbaren beweglichen Wirtschaftsgütern des Anlagevermögens können unter den Voraussetzungen des Absatzes 6 im Jahr der Anschaffung oder Herstellung und in den vier folgenden Jahren neben den Absetzungen für Abnutzung nach § 7 Absatz 1 oder Absatz 2 Sonderabschreibungen bis zu insgesamt 20 Prozent der Anschaffungs- oder Herstellungskosten in Anspruch genommen werden.

(6) Die Sonderabschreibungen nach Absatz 5 können nur in Anspruch genommen werden, wenn

1. der Betrieb zum Schluss des Wirtschaftsjahres, das der Anschaffung oder Herstellung vorangeht, die Größenmerkmale des Absatzes 1 Satz 2 Nummer 1 nicht überschreitet, und

2. das Wirtschaftsgut im Jahr der Anschaffung oder Herstellung und im darauf folgenden Wirtschaftsjahr in einer inländischen Betriebsstätte des Betriebs des Steuerpflichtigen ausschließlich oder fast ausschließlich betrieblich genutzt wird; Absatz 4 gilt entsprechend.

(7) Bei Personengesellschaften und Gemeinschaften sind die Absätze 1 bis 6 mit der Maßgabe anzuwenden, dass an die Stelle des Steuerpflichtigen die Gesellschaft oder die Gemeinschaft tritt.

## § 7h Erhöhte Absetzungen bei Gebäuden in Sanierungsgebieten und städtebaulichen Entwicklungsbereichen[1]

(1) ¹Bei einem im Inland belegenen Gebäude in einem förmlich festgelegten Sanierungsgebiet oder städtebaulichen Entwicklungsbereich kann der Steuerpflichtige abweichend von § 7 Absatz 4 und 5 im Jahr der Herstellung und in den folgenden sieben Jahren jeweils bis zu 9 Prozent und in den folgenden vier Jahren jeweils bis zu 7 Prozent der Herstellungskosten für Modernisierungs- und Instandsetzungsmaßnahmen im Sinne des § 177 des Baugesetzbuchs absetzen. ²Satz 1 ist entsprechend anzuwenden auf Herstellungskosten für Maßnahmen, die der Erhaltung, Erneuerung und funktionsgerechten Verwendung eines Gebäudes im Sinne des Satzes 1 dienen, das wegen seiner geschichtlichen, künstlerischen oder städtebaulichen Bedeutung erhalten bleiben soll, und zu deren Durchführung sich der Eigentümer neben bestimmten Modernisierungsmaßnahmen gegenüber der Gemeinde verpflichtet hat. ³Der Steuerpflichtige kann die erhöhten Absetzungen im Jahr des Abschlusses der Maßnahme und in den folgenden elf Jahren auch für Anschaffungskosten in Anspruch nehmen, die auf Maßnahmen im Sinne der Sätze 1 und 2 entfallen, soweit diese nach dem rechtswirksamen Abschluss eines obligatorischen Erwerbsvertrags oder eines gleichstehenden Rechtsakts durchgeführt worden sind. ⁴Die erhöhten Absetzungen können nur in Anspruch genommen werden, soweit die Herstellungs- oder Anschaffungskosten durch Zuschüsse aus Sanierungs- oder Entwicklungsförderungsmitteln nicht gedeckt sind. ⁵Nach Ablauf des Begünstigungszeitraums ist ein Restwert den Herstellungs- oder Anschaffungskosten des Gebäudes oder dem an deren Stelle tretenden Wert hinzuzurechnen; die weiteren Absetzungen für Abnutzung sind einheitlich für das gesamte Gebäude nach dem sich hiernach ergebenden Betrag und dem für das Gebäude maßgebenden Prozentsatz zu bemessen.

(2) ¹Der Steuerpflichtige kann die erhöhten Absetzungen nur in Anspruch nehmen, wenn er durch eine Bescheinigung der zuständigen Gemeindebehörde die Voraussetzungen des Absatzes 1 für das Gebäude und die Maßnahmen nachweist. ²Sind ihm Zuschüsse aus Sanierungs- oder Entwicklungsförderungsmitteln gewährt worden, so hat die Bescheinigung auch deren Höhe zu enthalten; werden ihm solche Zuschüsse nach Ausstellung der Bescheinigung gewährt, so ist diese entsprechend zu ändern.

(3) Die Absätze 1 und 2 sind auf Gebäudeteile, die selbständige unbewegliche Wirtschaftsgüter sind, sowie auf Eigentumswohnungen und auf im Teileigentum stehende Räume entsprechend anzuwenden.

## § 7i Erhöhte Absetzungen bei Baudenkmalen[2]

(1) ¹Bei einem im Inland belegenen Gebäude, das nach den jeweiligen landesrechtlichen Vorschriften ein Baudenkmal ist, kann der Steuerpflichtige abweichend von § 7 Absatz 4 und 5 im Jahr der Herstellung und in den folgenden sieben Jahren jeweils bis zu 9 Prozent und in den folgenden vier Jahren jeweils bis zu 7 Prozent der Herstellungskosten für Baumaßnahmen, die nach Art und Umfang zur Erhaltung des Gebäudes als Baudenkmal oder zu seiner sinnvollen Nutzung erforderlich sind, absetzen. ²Eine sinnvolle Nutzung ist nur anzunehmen, wenn das Gebäude in der Weise genutzt wird, dass die Erhaltung der schützenswerten Substanz des Gebäudes auf die Dauer gewährleistet ist. ³Bei einem im Inland belegenen Gebäudeteil, das nach den jeweiligen landesrechtlichen Vorschriften ein Baudenkmal ist, sind die Sätze 1 und 2 entsprechend anzuwenden. ⁴Bei einem im Inland belegenen Gebäude oder Gebäudeteil, das für sich allein nicht die Voraussetzungen für ein Baudenkmal erfüllt, aber Teil einer Gebäudegruppe oder Gesamtanlage ist, die nach den jeweiligen landesrechtlichen Vorschriften als Einheit geschützt ist, kann der Steuerpflichtige die erhöhten Absetzungen von den Herstellungskosten für Baumaßnahmen vornehmen, die nach Art und Umfang zur Erhaltung des schützenswerten äußeren Erscheinungsbildes der Gebäudegruppe oder Gesamtanlage erforderlich sind. ⁵Der Steuer-

---

1) **Anm. d. Red.:** § 7h Abs. 1 i. d. F. des Gesetzes v. 5. 4. 2011 (BGBl I S. 554) mit Wirkung v. 12. 4. 2011.
2) **Anm. d. Red.:** § 7i Abs. 1 i. d. F. des Gesetzes v. 5. 4. 2011 (BGBl I S. 554) mit Wirkung v. 12. 4. 2011.

pflichtige kann die erhöhten Absetzungen im Jahr des Abschlusses der Baumaßnahme und in den folgenden elf Jahren auch für Anschaffungskosten in Anspruch nehmen, die auf Baumaßnahmen im Sinne der Sätze 1 bis 4 entfallen, soweit diese nach dem rechtswirksamen Abschluss eines obligatorischen Erwerbsvertrags oder eines gleichstehenden Rechtsakts durchgeführt worden sind. ⁶Die Baumaßnahmen müssen in Abstimmung mit der in Absatz 2 bezeichneten Stelle durchgeführt worden sein. ⁷Die erhöhten Absetzungen können nur in Anspruch genommen werden, soweit die Herstellungs- oder Anschaffungskosten nicht durch Zuschüsse aus öffentlichen Kassen gedeckt sind. ⁸§ 7h Absatz 1 Satz 5 ist entsprechend anzuwenden.

(2) ¹Der Steuerpflichtige kann die erhöhten Absetzungen nur in Anspruch nehmen, wenn er durch eine Bescheinigung der nach Landesrecht zuständigen oder von der Landesregierung bestimmten Stelle die Voraussetzungen des Absatzes 1 für das Gebäude oder Gebäudeteil und für die Erforderlichkeit der Aufwendungen nachweist. ²Hat eine der für Denkmalschutz oder Denkmalpflege zuständigen Behörden ihm Zuschüsse gewährt, so hat die Bescheinigung auch deren Höhe zu enthalten; werden ihm solche Zuschüsse nach Ausstellung der Bescheinigung gewährt, so ist diese entsprechend zu ändern.

(3) § 7h Absatz 3 ist entsprechend anzuwenden.

## § 7k (weggefallen)[1]

## 4. Überschuss der Einnahmen über die Werbungskosten

### § 8 Einnahmen[2]

(1) Einnahmen sind alle Güter, die in Geld oder Geldeswert bestehen und dem Steuerpflichtigen im Rahmen einer der Einkunftsarten des § 2 Absatz 1 Satz 1 Nummer 4 bis 7 zufließen.

(2) ¹Einnahmen, die nicht in Geld bestehen (Wohnung, Kost, Waren, Dienstleistungen und sonstige Sachbezüge), sind mit den um übliche Preisnachlässe geminderten üblichen Endpreisen am Abgabeort anzusetzen. ²Für die private Nutzung eines betrieblichen Kraftfahrzeugs zu privaten Fahrten gilt § 6 Absatz 1 Nummer 4 Satz 2 entsprechend. ³Kann das Kraftfahrzeug auch für Fahrten zwischen Wohnung und erster Tätigkeitsstätte sowie Fahrten nach § 9 Absatz 1 Satz 3 Nummer 4a Satz 3 genutzt werden, erhöht sich der Wert in Satz 2 für jeden Kalendermonat um 0,03 Prozent des Listenpreises im Sinne des § 6 Absatz 1 Nummer 4 Satz 2 für jeden Kilometer der Entfernung zwischen Wohnung und erster Tätigkeitsstätte sowie der Fahrten nach § 9 Absatz 1 Satz 3 Nummer 4a Satz 3. ⁴Der Wert nach den Sätzen 2 und 3 kann mit dem auf die private Nutzung und die Nutzung zu Fahrten zwischen Wohnung und erster Tätigkeitsstätte sowie Fahrten nach § 9 Absatz 1 Satz 3 Nummer 4a Satz 3 entfallenden Teil der gesamten Kraftfahrzeugaufwendungen angesetzt werden, wenn die durch das Kraftfahrzeug insgesamt entstehenden Aufwendungen durch Belege und das Verhältnis der privaten Fahrten und der Fahrten zwischen Wohnung und erster Tätigkeitsstätte sowie Fahrten nach § 9 Absatz 1 Satz 3 Nummer 4a Satz 3 zu den übrigen Fahrten durch ein ordnungsgemäßes Fahrtenbuch nachgewiesen werden; § 6 Absatz 1 Nummer 4 Satz 3 zweiter Halbsatz gilt entsprechend. ⁵Die Nutzung des Kraftfahrzeugs zu einer Familienheimfahrt im Rahmen einer doppelten Haushaltsführung ist mit 0,002 Prozent des Listenpreises im Sinne des § 6 Absatz 1 Nummer 4 Satz 2 für jeden Kilometer der Entfernung zwischen dem Ort des eigenen Hausstands und dem Beschäftigungsort anzusetzen; dies gilt nicht, wenn für diese Fahrt ein Abzug von Werbungskosten nach § 9 Absatz 1 Satz 3 Nummer 5 Satz 5 und 6 in Betracht käme; Satz 4 ist sinngemäß anzuwenden. ⁶Bei Arbeitnehmern, für deren Sachbezüge durch Rechtsverordnung nach § 17 Absatz 1 Satz 1 Nummer 4 des Vierten Buches Sozialgesetzbuch Werte bestimmt worden sind, sind diese Werte maßgebend. ⁷Die Werte nach Satz 6 sind auch bei Steuerpflichtigen anzusetzen, die nicht der

---

1) **Anm. d. Red.:** § 7k weggefallen gem. Gesetz v. 22.12.2014 (BGBl I S. 2417) mit Wirkung v. 1.1.2015.

2) **Anm. d. Red.:** § 8 Abs. 2 i. d. F. des Gesetzes v. 25.7.2014 (BGBl I S. 1266) mit Wirkung v. 31.7.2014; Abs. 3 i. d. F. des Gesetzes v. 5.4.2011 (BGBl I S. 554) mit Wirkung v. 12.4.2011.

gesetzlichen Rentenversicherungspflicht unterliegen. ⁸Wird dem Arbeitnehmer während einer beruflichen Tätigkeit außerhalb seiner Wohnung und ersten Tätigkeitsstätte oder im Rahmen einer beruflich veranlassten doppelten Haushaltsführung vom Arbeitgeber oder auf dessen Veranlassung von einem Dritten eine Mahlzeit zur Verfügung gestellt, ist diese Mahlzeit mit dem Wert nach Satz 6 (maßgebender amtlicher Sachbezugswert nach der Sozialversicherungsentgeltverordnung) anzusetzen, wenn der Preis für die Mahlzeit 60 Euro nicht übersteigt. ⁹Der Ansatz einer nach Satz 8 bewerteten Mahlzeit unterbleibt, wenn beim Arbeitnehmer für ihm entstehende Mehraufwendungen für Verpflegung ein Werbungskostenabzug nach § 9 Absatz 4a Satz 1 bis 7 in Betracht käme. ¹⁰Die oberste Finanzbehörde eines Landes kann mit Zustimmung des Bundesministeriums der Finanzen für weitere Sachbezüge der Arbeitnehmer Durchschnittswerte festsetzen. ¹¹Sachbezüge, die nach Satz 1 zu bewerten sind, bleiben außer Ansatz, wenn die sich nach Anrechnung der vom Steuerpflichtigen gezahlten Entgelte ergebenden Vorteile insgesamt 44 Euro im Kalendermonat nicht übersteigen.

(3) ¹Erhält ein Arbeitnehmer auf Grund seines Dienstverhältnisses Waren oder Dienstleistungen, die vom Arbeitgeber nicht überwiegend für den Bedarf seiner Arbeitnehmer hergestellt, vertrieben oder erbracht werden und deren Bezug nicht nach § 40 pauschal versteuert wird, so gelten als deren Werte abweichend von Absatz 2 die um 4 Prozent geminderten Endpreise, zu denen der Arbeitgeber oder der dem Abgabeort nächstansässige Abnehmer die Waren oder Dienstleistungen fremden Letztverbrauchern im allgemeinen Geschäftsverkehr anbietet. ²Die sich nach Abzug der vom Arbeitnehmer gezahlten Entgelte ergebenden Vorteile sind steuerfrei, soweit sie aus dem Dienstverhältnis insgesamt 1 080 Euro im Kalenderjahr nicht übersteigen.

## § 9 Werbungskosten[1)]

(1) ¹Werbungskosten sind Aufwendungen zur Erwerbung, Sicherung und Erhaltung der Einnahmen. ²Sie sind bei der Einkunftsart abzuziehen, bei der sie erwachsen sind. ³Werbungskosten sind auch

1. Schuldzinsen und auf besonderen Verpflichtungsgründen beruhende Renten und dauernde Lasten, soweit sie mit einer Einkunftsart in wirtschaftlichem Zusammenhang stehen. ²Bei Leibrenten kann nur der Anteil abgezogen werden, der sich nach § 22 Nummer 1 Satz 3 Buchstabe a Doppelbuchstabe bb ergibt;
2. Steuern vom Grundbesitz, sonstige öffentliche Abgaben und Versicherungsbeiträge, soweit solche Ausgaben sich auf Gebäude oder auf Gegenstände beziehen, die dem Steuerpflichtigen zur Einnahmeerzielung dienen;
3. Beiträge zu Berufsständen und sonstigen Berufsverbänden, deren Zweck nicht auf einen wirtschaftlichen Geschäftsbetrieb gerichtet ist;
4. Aufwendungen des Arbeitnehmers für die Wege zwischen Wohnung und erster Tätigkeitsstätte im Sinne des Absatzes 4. ²Zur Abgeltung dieser Aufwendungen ist für jeden Arbeitstag, an dem der Arbeitnehmer die erste Tätigkeitsstätte aufsucht, eine Entfernungspauschale für jeden vollen Kilometer der Entfernung zwischen Wohnung und erster Tätigkeitsstätte von 0,30 Euro anzusetzen, höchstens jedoch 4 500 Euro im Kalenderjahr; ein höherer Betrag als 4 500 Euro ist anzusetzen, soweit der Arbeitnehmer einen eigenen oder ihm zur Nutzung überlassenen Kraftwagen benutzt. ³Die Entfernungspauschale gilt nicht für Flugstrecken und Strecken mit steuerfreier Sammelbeförderung nach § 3 Nummer 32. ⁴Für die Bestimmung der Entfernung ist die kürzeste Straßenverbindung zwischen Wohnung und erster Tätigkeitsstätte maßgebend; eine andere als die kürzeste Straßenverbindung kann zugrunde gelegt werden, wenn diese offensichtlich verkehrsgünstiger ist und vom Arbeitnehmer regelmäßig für die Wege zwischen Wohnung und erster Tätigkeitsstätte benutzt wird. ⁵Nach § 8 Absatz 2 Satz 11 oder Absatz 3 steuerfreie Sachbezüge für Fahrten zwischen

---

1) **Anm. d. Red.:** § 9 Abs. 1, 2, 3 und 5 i. d. F. des Gesetzes v. 20. 2. 2013 (BGBl I S. 285) mit Wirkung v. 1. 1. 2014; Abs. 4 und 4a i. d. F. des Gesetzes v. 25. 7. 2014 (BGBl I S. 1266) mit Wirkung v. 31. 7. 2014; Abs. 6 i. d. F. des Gesetzes v. 22. 12. 2014 (BGBl I S. 2417) mit Wirkung v. 1. 1. 2015.

Wohnung und erster Tätigkeitsstätte mindern den nach Satz 2 abziehbaren Betrag; ist der Arbeitgeber selbst der Verkehrsträger, ist der Preis anzusetzen, den ein dritter Arbeitgeber an den Verkehrsträger zu entrichten hätte. ⁶Hat ein Arbeitnehmer mehrere Wohnungen, so sind die Wege von einer Wohnung, die nicht der ersten Tätigkeitsstätte am nächsten liegt, nur zu berücksichtigen, wenn sie den Mittelpunkt der Lebensinteressen des Arbeitnehmers bildet und nicht nur gelegentlich aufgesucht wird;

4a. Aufwendungen des Arbeitnehmers für beruflich veranlasste Fahrten, die nicht Fahrten zwischen Wohnung und erster Tätigkeitsstätte im Sinne des Absatzes 4 sowie keine Familienheimfahrten sind. ²Anstelle der tatsächlichen Aufwendungen, die dem Arbeitnehmer durch die persönliche Benutzung eines Beförderungsmittels entstehen, können die Fahrtkosten mit den pauschalen Kilometersätzen angesetzt werden, die für das jeweils benutzte Beförderungsmittel (Fahrzeug) als höchste Wegstreckenentschädigung nach dem Bundesreisekostengesetz festgesetzt sind. ³Hat ein Arbeitnehmer keine erste Tätigkeitsstätte (§ 9 Absatz 4) und hat er nach den dienst- oder arbeitsrechtlichen Festlegungen sowie den diese ausfüllenden Absprachen und Weisungen zur Aufnahme seiner beruflichen Tätigkeit dauerhaft denselben Ort oder dasselbe weiträumige Tätigkeitsgebiet typischerweise arbeitstäglich aufzusuchen, gilt Absatz 1 Satz 3 Nummer 4 und Absatz 2 für die Fahrten von der Wohnung zu diesem Ort oder dem zur Wohnung nächstgelegenen Zugang zum Tätigkeitsgebiet entsprechend. ⁴Für die Fahrten innerhalb des weiträumigen Tätigkeitsgebietes gelten die Sätze 1 und 2 entsprechend;

5. notwendige Mehraufwendungen, die einem Arbeitnehmer wegen einer beruflich veranlassten doppelten Haushaltsführung entstehen. ²Eine doppelte Haushaltsführung liegt nur vor, wenn der Arbeitnehmer außerhalb des Ortes seiner ersten Tätigkeitsstätte einen eigenen Hausstand unterhält und auch am Ort der ersten Tätigkeitsstätte wohnt. ³Das Vorliegen eines eigenen Hausstandes setzt das Innehaben einer Wohnung sowie eine finanzielle Beteiligung an den Kosten der Lebensführung voraus. ⁴Als Unterkunftskosten für eine doppelte Haushaltsführung können im Inland die tatsächlichen Aufwendungen für die Nutzung der Unterkunft angesetzt werden, höchstens 1 000 Euro im Monat. ⁵Aufwendungen für die Wege vom Ort der ersten Tätigkeitsstätte zum Ort des eigenen Hausstandes und zurück (Familienheimfahrt) können jeweils nur für eine Familienheimfahrt wöchentlich abgezogen werden. ⁶Zur Abgeltung der Aufwendungen für eine Familienheimfahrt ist eine Entfernungspauschale von 0,30 Euro für jeden vollen Kilometer der Entfernung zwischen dem Ort des eigenen Hausstandes und dem Ort der ersten Tätigkeitsstätte anzusetzen. ⁷Nummer 4 Satz 3 bis 5 ist entsprechend anzuwenden. ⁸Aufwendungen für Familienheimfahrten mit einem dem Steuerpflichtigen im Rahmen einer Einkunftsart überlassenen Kraftfahrzeug werden nicht berücksichtigt;

5a. notwendige Mehraufwendungen eines Arbeitnehmers für beruflich veranlasste Übernachtungen an einer Tätigkeitsstätte, die nicht erste Tätigkeitsstätte ist. ²Übernachtungskosten sind die tatsächlichen Aufwendungen für die persönliche Inanspruchnahme einer Unterkunft zur Übernachtung. ³Soweit höhere Übernachtungskosten anfallen, weil der Arbeitnehmer eine Unterkunft gemeinsam mit Personen nutzt, die in keinem Dienstverhältnis zum selben Arbeitgeber stehen, sind nur diejenigen Aufwendungen anzusetzen, die bei alleiniger Nutzung durch den Arbeitnehmer angefallen wären. ⁴Nach Ablauf von 48 Monaten einer längerfristigen beruflichen Tätigkeit an derselben Tätigkeitsstätte, die nicht erste Tätigkeitsstätte ist, können Unterkunftskosten nur noch bis zur Höhe des Betrags nach Nummer 5 angesetzt werden. ⁵Eine Unterbrechung dieser beruflichen Tätigkeit an derselben Tätigkeitsstätte führt zu einem Neubeginn, wenn die Unterbrechung mindestens sechs Monate dauert;

6. Aufwendungen für Arbeitsmittel, zum Beispiel für Werkzeuge und typische Berufskleidung. ²Nummer 7 bleibt unberührt;

7. Absetzungen für Abnutzung und für Substanzverringerung und erhöhte Absetzungen. ²§ 6 Absatz 2 Satz 1 bis 3 ist in Fällen der Anschaffung oder Herstellung von Wirtschaftsgütern entsprechend anzuwenden.

(2) ¹Durch die Entfernungspauschalen sind sämtliche Aufwendungen abgegolten, die durch die Wege zwischen Wohnung und erster Tätigkeitsstätte im Sinne des Absatzes 4 und durch die Familienheimfahrten veranlasst sind. ²Aufwendungen für die Benutzung öffentlicher Verkehrsmittel können angesetzt werden, soweit sie den im Kalenderjahr insgesamt als Entfernungspauschale abziehbaren Betrag übersteigen. ³Behinderte Menschen,
1. deren Grad der Behinderung mindestens 70 beträgt,
2. deren Grad der Behinderung weniger als 70, aber mindestens 50 beträgt und die in ihrer Bewegungsfähigkeit im Straßenverkehr erheblich beeinträchtigt sind,

können anstelle der Entfernungspauschalen die tatsächlichen Aufwendungen für die Wege zwischen Wohnung und erster Tätigkeitsstätte und für Familienheimfahrten ansetzen. ⁴Die Voraussetzungen der Nummern 1 und 2 sind durch amtliche Unterlagen nachzuweisen.

(3) Absatz 1 Satz 3 Nummer 4 bis 5a sowie die Absätze 2 und 4a gelten bei den Einkunftsarten im Sinne des § 2 Absatz 1 Satz 1 Nummer 5 bis 7 entsprechend.

(4) ¹Erste Tätigkeitsstätte ist die ortsfeste betriebliche Einrichtung des Arbeitgebers, eines verbundenen Unternehmens (§ 15 des Aktiengesetzes) oder eines vom Arbeitgeber bestimmten Dritten, der der Arbeitnehmer dauerhaft zugeordnet ist. ²Die Zuordnung im Sinne des Satzes 1 wird durch die dienst- oder arbeitsrechtlichen Festlegungen sowie die diese ausfüllenden Absprachen und Weisungen bestimmt. ³Von einer dauerhaften Zuordnung ist insbesondere auszugehen, wenn der Arbeitnehmer unbefristet, für die Dauer des Dienstverhältnisses oder über einen Zeitraum von 48 Monaten hinaus an einer solchen Tätigkeitsstätte tätig werden soll. ⁴Fehlt eine solche dienst- oder arbeitsrechtliche Festlegung auf eine Tätigkeitsstätte oder ist sie nicht eindeutig, ist erste Tätigkeitsstätte die betriebliche Einrichtung, an der der Arbeitnehmer dauerhaft
1. typischerweise arbeitstäglich tätig werden soll oder
2. je Arbeitswoche zwei volle Arbeitstage oder mindestens ein Drittel seiner vereinbarten regelmäßigen Arbeitszeit tätig werden soll.

⁵Je Dienstverhältnis hat der Arbeitnehmer höchstens eine erste Tätigkeitsstätte. ⁶Liegen die Voraussetzungen der Sätze 1 bis 4 für mehrere Tätigkeitsstätten vor, ist diejenige Tätigkeitsstätte erste Tätigkeitsstätte, die der Arbeitgeber bestimmt. ⁷Fehlt es an dieser Bestimmung oder ist sie nicht eindeutig, ist die der Wohnung örtlich am nächsten liegende Tätigkeitsstätte die erste Tätigkeitsstätte. ⁸Als erste Tätigkeitsstätte gilt auch eine Bildungseinrichtung, die außerhalb eines Dienstverhältnisses zum Zwecke eines Vollzeitstudiums oder einer vollzeitigen Bildungsmaßnahme aufgesucht wird; die Regelungen für Arbeitnehmer nach Absatz 1 Satz 3 Nummer 4 und 5 sowie Absatz 4a sind entsprechend anzuwenden.

(4a) ¹Mehraufwendungen des Arbeitnehmers für die Verpflegung sind nur nach Maßgabe der folgenden Sätze als Werbungskosten abziehbar. ²Wird der Arbeitnehmer außerhalb seiner Wohnung und ersten Tätigkeitsstätte beruflich tätig (auswärtige berufliche Tätigkeit), ist zur Abgeltung der ihm tatsächlich entstandenen, beruflich veranlassten Mehraufwendungen eine Verpflegungspauschale anzusetzen. ³Diese beträgt
1. 24 Euro für jeden Kalendertag, an dem der Arbeitnehmer 24 Stunden von seiner Wohnung und ersten Tätigkeitsstätte abwesend ist,
2. jeweils 12 Euro für den An- und Abreisetag, wenn der Arbeitnehmer an diesem, einem anschließenden oder vorhergehenden Tag außerhalb seiner Wohnung übernachtet,
3. 12 Euro für den Kalendertag, an dem der Arbeitnehmer ohne Übernachtung außerhalb seiner Wohnung mehr als 8 Stunden von seiner Wohnung und der ersten Tätigkeitsstätte abwesend ist; beginnt die auswärtige berufliche Tätigkeit an einem Kalendertag und endet am nachfolgenden Kalendertag ohne Übernachtung, werden 12 Euro für den Kalendertag gewährt, an dem der Arbeitnehmer den überwiegenden Teil der insgesamt mehr als 8 Stunden von seiner Wohnung und der ersten Tätigkeitsstätte abwesend ist.

⁴Hat der Arbeitnehmer keine erste Tätigkeitsstätte, gelten die Sätze 2 und 3 entsprechend; Wohnung im Sinne der Sätze 2 und 3 ist der Hausstand, der den Mittelpunkt der Lebensinteres-

sen des Arbeitnehmers bildet sowie eine Unterkunft am Ort der ersten Tätigkeitsstätte im Rahmen der doppelten Haushaltsführung. [5]Bei einer Tätigkeit im Ausland treten an die Stelle der Pauschbeträge nach Satz 3 länderweise unterschiedliche Pauschbeträge, die für die Fälle der Nummer 1 mit 120 sowie der Nummern 2 und 3 mit 80 Prozent der Auslandstagegelder nach dem Bundesreisekostengesetz vom Bundesministerium der Finanzen im Einvernehmen mit den obersten Finanzbehörden der Länder aufgerundet auf volle Euro festgesetzt werden; dabei bestimmt sich der Pauschbetrag nach dem Ort, den der Arbeitnehmer vor 24 Uhr Ortszeit zuletzt erreicht, oder, wenn dieser Ort im Inland liegt, nach dem letzten Tätigkeitsort im Ausland. [6]Der Abzug der Verpflegungspauschale ist auf die ersten drei Monate einer längerfristigen beruflichen Tätigkeit an derselben Tätigkeitsstätte beschränkt. [7]Eine Unterbrechung der beruflichen Tätigkeit an derselben Tätigkeitsstätte führt zu einem Neubeginn, wenn sie mindestens vier Wochen dauert. [8]Wird dem Arbeitnehmer anlässlich oder während einer Tätigkeit außerhalb seiner ersten Tätigkeitsstätte vom Arbeitgeber oder auf dessen Veranlassung von einem Dritten eine Mahlzeit zur Verfügung gestellt, sind die nach den Sätzen 3 und 5 ermittelten Verpflegungspauschalen zu kürzen:

1. für Frühstück um 20 Prozent,

2. für Mittag- und Abendessen um jeweils 40 Prozent,

der nach Satz 3 Nummer 1 gegebenenfalls in Verbindung mit Satz 5 maßgebenden Verpflegungspauschale für einen vollen Kalendertag; die Kürzung darf die ermittelte Verpflegungspauschale nicht übersteigen. [9]Satz 8 gilt auch, wenn Reisekostenvergütungen wegen der zur Verfügung gestellten Mahlzeiten einbehalten oder gekürzt werden oder die Mahlzeiten nach § 40 Absatz 2 Satz 1 Nummer 1a pauschal besteuert werden. [10]Hat der Arbeitnehmer für die Mahlzeit ein Entgelt gezahlt, mindert dieser Betrag den Kürzungsbetrag nach Satz 8. [11]Erhält der Arbeitnehmer steuerfreie Erstattungen für Verpflegung, ist ein Werbungskostenabzug insoweit ausgeschlossen. [12]Die Verpflegungspauschalen nach den Sätzen 3 und 5, die Dreimonatsfrist nach den Sätzen 6 und 7 sowie die Kürzungsregelungen nach den Sätzen 8 bis 10 gelten entsprechend auch für den Abzug von Mehraufwendungen für Verpflegung, die bei einer beruflich veranlassten doppelten Haushaltsführung entstehen, soweit der Arbeitnehmer vom eigenen Hausstand im Sinne des § 9 Absatz 1 Satz 3 Nummer 5 abwesend ist; dabei ist für jeden Kalendertag innerhalb der Dreimonatsfrist, an dem gleichzeitig eine Tätigkeit im Sinne des Satzes 2 oder des Satzes 4 ausgeübt wird, nur der jeweils höchste in Betracht kommende Pauschbetrag abziehbar. [13]Die Dauer einer Tätigkeit im Sinne des Satzes 2 an dem Tätigkeitsort, an dem die doppelte Haushaltsführung begründet wurde, ist auf die Dreimonatsfrist anzurechnen, wenn sie ihr unmittelbar vorausgegangen ist.

(5) [1]§ 4 Absatz 5 Satz 1 Nummer 1 bis 4, 6b bis 8a, 10, 12 und Absatz 6 gilt sinngemäß. [2]§ 6 Absatz 1 Nummer 1a gilt entsprechend.

(6) [1]Aufwendungen des Steuerpflichtigen für seine Berufsausbildung oder für sein Studium sind nur dann Werbungskosten, wenn der Steuerpflichtige zuvor bereits eine Erstausbildung (Berufsausbildung oder Studium) abgeschlossen hat oder wenn die Berufsausbildung oder das Studium im Rahmen eines Dienstverhältnisses stattfindet. [2]Eine Berufsausbildung als Erstausbildung nach Satz 1 liegt vor, wenn eine geordnete Ausbildung mit einer Mindestdauer von 12 Monaten bei vollzeitiger Ausbildung und mit einer Abschlussprüfung durchgeführt wird. [3]Eine geordnete Ausbildung liegt vor, wenn sie auf der Grundlage von Rechts- oder Verwaltungsvorschriften oder internen Vorschriften eines Bildungsträgers durchgeführt wird. [4]Ist eine Abschlussprüfung nach dem Ausbildungsplan nicht vorgesehen, gilt die Ausbildung mit der tatsächlichen planmäßigen Beendigung als abgeschlossen. [5]Eine Berufsausbildung als Erstausbildung hat auch abgeschlossen, wer die Abschlussprüfung einer durch Rechts- oder Verwaltungsvorschriften geregelten Berufsausbildung mit einer Mindestdauer von 12 Monaten bestanden hat, ohne dass er zuvor die entsprechende Berufsausbildung durchlaufen hat.

## § 9a Pauschbeträge für Werbungskosten[1]

¹Für Werbungskosten sind bei der Ermittlung der Einkünfte die folgenden Pauschbeträge abzuziehen, wenn nicht höhere Werbungskosten nachgewiesen werden:
1. a) von den Einnahmen aus nichtselbständiger Arbeit vorbehaltlich Buchstabe b:
   ein Arbeitnehmer-Pauschbetrag von 1 000 Euro;
   b) von den Einnahmen aus nichtselbständiger Arbeit, soweit es sich um Versorgungsbezüge im Sinne des § 19 Absatz 2 handelt:
   ein Pauschbetrag von 102 Euro;
2. (weggefallen)
3. von den Einnahmen im Sinne des § 22 Nummer 1, 1a und 5:
   ein Pauschbetrag von insgesamt 102 Euro.

²Der Pauschbetrag nach Satz 1 Nummer 1 Buchstabe b darf nur bis zur Höhe der um den Versorgungsfreibetrag einschließlich des Zuschlags zum Versorgungsfreibetrag (§ 19 Absatz 2) geminderten Einnahmen, die Pauschbeträge nach Satz 1 Nummer 1 Buchstabe a und Nummer 3 dürfen nur bis zur Höhe der Einnahmen abgezogen werden.

## 4a. Umsatzsteuerrechtlicher Vorsteuerabzug

### § 9b[2]

(1) Der Vorsteuerbetrag nach § 15 des Umsatzsteuergesetzes gehört, soweit er bei der Umsatzsteuer abgezogen werden kann, nicht zu den Anschaffungs- oder Herstellungskosten des Wirtschaftsguts, auf dessen Anschaffung oder Herstellung er entfällt.

(2)[3] ¹Wird der Vorsteuerabzug nach § 15a des Umsatzsteuergesetzes berichtigt, so sind die Mehrbeträge als Betriebseinnahmen oder Einnahmen zu behandeln, wenn sie im Rahmen einer der Einkunftsarten des § 2 Absatz 1 Satz 1 bezogen werden; die Minderbeträge sind als Betriebsausgaben oder Werbungskosten zu behandeln, wenn sie durch den Betrieb veranlasst sind oder der Erwerbung, Sicherung und Erhaltung von Einnahmen dienen. ²Die Anschaffungs- oder Herstellungskosten bleiben in den Fällen des Satzes 1 unberührt.

## 4b. Kinderbetreuungskosten[4]

### § 9c (weggefallen)[4]

## 5. Sonderausgaben

### § 10[5]

(1) Sonderausgaben sind die folgenden Aufwendungen, wenn sie weder Betriebsausgaben noch Werbungskosten sind oder wie Betriebsausgaben oder Werbungskosten behandelt werden:

---

1) **Anm. d. Red.:** § 9a i. d. F. des Gesetzes v. 22.12.2014 (BGBl I S. 2417) mit Wirkung v. 1.1.2015.

2) **Anm. d. Red.:** § 9b Abs. 2 i. d. F. des Gesetzes v. 18.12.2013 (BGBl I S. 4318) mit Wirkung v. 24.12.2013.

3) **Anm. d. Red.:** Zur Anwendung des § 9b Abs. 2 siehe § 52 Abs. 17.

4) **Anm. d. Red.:** Unterabschnitt 4b (§ 9c) weggefallen gem. Gesetz v. 1.11.2011 (BGBl I S. 2131) mit Wirkung v. 1.1.2012.

5) **Anm. d. Red.:** § 10 Abs. 1 i. d. F. des Gesetzes v. 1.4.2015 (BGBl I S. 434) mit Wirkung v. 1.1.2016; Abs. 1a i. d. F. des Gesetzes v. 2.11.2015 (BGBl I S. 1834) mit Wirkung v. 1.1.2016; Abs. 2, 2a und 6 i. d. F. des Gesetzes v. 25.7.2014 (BGBl I S. 1266) mit Wirkung v. 31.7.2014; Abs. 3 i. d. F. des Gesetzes v. 22.12.2014 (BGBl I S. 2417) mit Wirkung v. 1.1.2015; Abs. 4a i. d. F. des Gesetzes v. 24.6.2013 (BGBl I S. 1667) mit Wirkung v. 1.7.2013; Abs. 4b i. d. F. des Gesetzes v. 26.6.2013 (BGBl I S. 1809) mit Wirkung v. 30.6.2013.

1., 1a. und 1b. (weggefallen)
2. a) Beiträge zu den gesetzlichen Rentenversicherungen oder zur landwirtschaftlichen Alterskasse sowie zu berufsständischen Versorgungseinrichtungen, die den gesetzlichen Rentenversicherungen vergleichbare Leistungen erbringen;
   b) Beiträge des Steuerpflichtigen
      aa) zum Aufbau einer eigenen kapitalgedeckten Altersversorgung, wenn der Vertrag nur die Zahlung einer monatlichen, auf das Leben des Steuerpflichtigen bezogenen lebenslangen Leibrente nicht vor Vollendung des 62. Lebensjahres oder zusätzlich die ergänzende Absicherung des Eintritts der Berufsunfähigkeit (Berufsunfähigkeitsrente), der verminderten Erwerbsfähigkeit (Erwerbsminderungsrente) oder von Hinterbliebenen (Hinterbliebenenrente) vorsieht. ²Hinterbliebene in diesem Sinne sind der Ehegatte des Steuerpflichtigen und die Kinder, für die er Anspruch auf Kindergeld oder auf einen Freibetrag nach § 32 Absatz 6 hat. ³Der Anspruch auf Waisenrente darf längstens für den Zeitraum bestehen, in dem der Rentenberechtigte die Voraussetzungen für die Berücksichtigung als Kind im Sinne des § 32 erfüllt;
      bb) für seine Absicherung gegen den Eintritt der Berufsunfähigkeit oder der verminderten Erwerbsfähigkeit (Versicherungsfall), wenn der Vertrag nur die Zahlung einer monatlichen, auf das Leben des Steuerpflichtigen bezogenen lebenslangen Leibrente für einen Versicherungsfall vorsieht, der bis zur Vollendung des 67. Lebensjahres eingetreten ist. ²Der Vertrag kann die Beendigung der Rentenzahlung wegen eines medizinisch begründeten Wegfalls der Berufsunfähigkeit oder der verminderten Erwerbsfähigkeit vorsehen. ³Die Höhe der zugesagten Rente kann vom Alter des Steuerpflichtigen bei Eintritt des Versicherungsfalls abhängig gemacht werden, wenn der Steuerpflichtige das 55. Lebensjahr vollendet hat.

²Die Ansprüche nach Buchstabe b dürfen nicht vererblich, nicht übertragbar, nicht beleihbar, nicht veräußerbar und nicht kapitalisierbar sein. ³Anbieter und Steuerpflichtiger können vereinbaren, dass bis zu zwölf Monatsleistungen in einer Auszahlung zusammengefasst werden oder eine Kleinbetragsrente im Sinne von § 93 Absatz 3 Satz 2 abgefunden wird. ⁴Bei der Berechnung der Kleinbetragsrente sind alle bei einem Anbieter bestehenden Verträge des Steuerpflichtigen jeweils nach Buchstabe b Doppelbuchstabe aa oder Doppelbuchstabe bb zusammenzurechnen. ⁵Neben den genannten Auszahlungsformen darf kein weiterer Anspruch auf Auszahlungen bestehen. ⁶Zu den Beiträgen nach den Buchstaben a und b ist der nach § 3 Nummer 62 steuerfreie Arbeitgeberanteil zur gesetzlichen Rentenversicherung und ein diesem gleichgestellter steuerfreier Zuschuss des Arbeitgebers hinzuzurechnen. ⁷Beiträge nach § 168 Absatz 1 Nummer 1b oder 1c oder nach § 172 Absatz 3 oder 3a des Sechsten Buches Sozialgesetzbuch werden abweichend von Satz 2 nur auf Antrag des Steuerpflichtigen hinzugerechnet;

3. Beiträge zu
   a) Krankenversicherungen, soweit diese zur Erlangung eines durch das Zwölfte Buch Sozialgesetzbuch bestimmten sozialhilfegleichen Versorgungsniveaus erforderlich sind und sofern auf die Leistungen ein Anspruch besteht. ²Für Beiträge zur gesetzlichen Krankenversicherung sind dies die nach dem Dritten Titel des Ersten Abschnitts des Achten Kapitels des Fünften Buches Sozialgesetzbuch oder die nach dem Sechsten Abschnitt des Zweiten Gesetzes über die Krankenversicherung der Landwirte festgesetzten Beiträge. ³Für Beiträge zu einer privaten Krankenversicherung sind dies die Beitragsanteile, die auf Vertragsleistungen entfallen, die, mit Ausnahme der auf das Krankengeld entfallenden Beitragsanteile, in Art, Umfang und Höhe den Leistungen nach dem Dritten Kapitel des Fünften Buches Sozialgesetzbuch vergleichbar sind; § 158 Absatz 2 des Versicherungsaufsichtsgesetzes gilt entsprechend. ⁴Wenn sich aus den Krankenversicherungsbeiträgen nach Satz 2 ein Anspruch auf Krankengeld oder ein Anspruch auf eine Leistung, die anstelle von Krankengeld gewährt wird, ergeben kann, ist der jeweilige Beitrag um 4 Prozent zu vermindern;

b) gesetzlichen Pflegeversicherungen (soziale Pflegeversicherung und private Pflege-Pflichtversicherung).

²Als eigene Beiträge des Steuerpflichtigen werden auch die vom Steuerpflichtigen im Rahmen der Unterhaltsverpflichtung getragenen eigenen Beiträge im Sinne des Buchstaben a oder des Buchstaben b eines Kindes behandelt, für das ein Anspruch auf einen Freibetrag nach § 32 Absatz 6 oder auf Kindergeld besteht. ³Hat der Steuerpflichtige in den Fällen des Absatzes 1a Nummer 1 eigene Beiträge im Sinne des Buchstaben a oder des Buchstaben b zum Erwerb einer Krankenversicherung oder gesetzlichen Pflegeversicherung für einen geschiedenen oder dauernd getrennt lebenden unbeschränkt einkommensteuerpflichtigen Ehegatten geleistet, dann werden diese abweichend von Satz 1 als eigene Beiträge des geschiedenen oder dauernd getrennt lebenden unbeschränkt einkommensteuerpflichtigen Ehegatten behandelt. ⁴Beiträge, die für nach Ablauf des Veranlagungszeitraums beginnende Beitragsjahre geleistet werden und in der Summe das Zweieinhalbfache der auf den Veranlagungszeitraum entfallenden Beiträge überschreiten, sind in dem Veranlagungszeitraum anzusetzen, für den sie geleistet wurden; dies gilt nicht für Beiträge, soweit sie der unbefristeten Beitragsminderung nach Vollendung des 62. Lebensjahrs dienen;

3a. Beiträge zu Kranken- und Pflegeversicherungen, soweit diese nicht nach Nummer 3 zu berücksichtigen sind; Beiträge zu Versicherungen gegen Arbeitslosigkeit, zu Erwerbs- und Berufsunfähigkeitsversicherungen, die nicht unter Nummer 2 Satz 1 Buchstabe b fallen, zu Unfall- und Haftpflichtversicherungen sowie zu Risikoversicherungen, die nur für den Todesfall eine Leistung vorsehen; Beiträge zu Versicherungen im Sinne des § 10 Absatz 1 Nummer 2 Buchstabe b Doppelbuchstabe bb bis dd in der am 31. Dezember 2004 geltenden Fassung, wenn die Laufzeit dieser Versicherungen vor dem 1. Januar 2005 begonnen hat und ein Versicherungsbeitrag bis zum 31. Dezember 2004 entrichtet wurde; § 10 Absatz 1 Nummer 2 Satz 2 bis 6 und Absatz 2 Satz 2 in der am 31. Dezember 2004 geltenden Fassung ist in diesen Fällen weiter anzuwenden;

4. gezahlte Kirchensteuer; dies gilt nicht, soweit die Kirchensteuer als Zuschlag zur Kapitalertragsteuer oder als Zuschlag auf die nach dem gesonderten Tarif des § 32d Absatz 1 ermittelte Einkommensteuer gezahlt wurde;

5.[1] zwei Drittel der Aufwendungen, höchstens 4 000 Euro je Kind, für Dienstleistungen zur Betreuung eines zum Haushalt des Steuerpflichtigen gehörenden Kindes im Sinne des § 32 Absatz 1, welches das 14. Lebensjahr noch nicht vollendet hat oder wegen einer vor Vollendung des 25. Lebensjahres eingetretenen körperlichen, geistigen oder seelischen Behinderung außerstande ist, sich selbst zu unterhalten. ²Dies gilt nicht für Aufwendungen für Unterricht, die Vermittlung besonderer Fähigkeiten sowie für sportliche und andere Freizeitbetätigungen. ³Ist das zu betreuende Kind nicht nach § 1 Absatz 1 oder Absatz 2 unbeschränkt einkommensteuerpflichtig, ist der in Satz 1 genannte Betrag zu kürzen, soweit es nach den Verhältnissen im Wohnsitzstaat des Kindes notwendig und angemessen ist. ⁴Voraussetzung für den Abzug der Aufwendungen nach Satz 1 ist, dass der Steuerpflichtige für die Aufwendungen eine Rechnung erhalten hat und die Zahlung auf das Konto des Erbringers der Leistung erfolgt ist;

6. (weggefallen)

7. Aufwendungen für die eigene Berufsausbildung bis zu 6 000 Euro im Kalenderjahr. ²Bei Ehegatten, die die Voraussetzungen des § 26 Absatz 1 Satz 1 erfüllen, gilt Satz 1 für jeden Ehegatten. ³Zu den Aufwendungen im Sinne des Satzes 1 gehören auch Aufwendungen für eine auswärtige Unterbringung. ⁴§ 4 Absatz 5 Satz 1 Nummer 6b sowie § 9 Absatz 1 Satz 3 Nummer 4 und 5, Absatz 2, 4 Satz 8 und Absatz 4a sind bei der Ermittlung der Aufwendungen anzuwenden;

8. (weggefallen)

---

1) **Anm. d. Red.:** Zur Anwendung des § 10 Abs. 1 Nr. 5 siehe § 52 Abs. 18 Satz 3.

9. 30 Prozent des Entgelts, höchstens 5 000 Euro, das der Steuerpflichtige für ein Kind, für das er Anspruch auf einen Freibetrag nach § 32 Absatz 6 oder auf Kindergeld hat, für dessen Besuch einer Schule in freier Trägerschaft oder einer überwiegend privat finanzierten Schule entrichtet, mit Ausnahme des Entgelts für Beherbergung, Betreuung und Verpflegung. ²Voraussetzung ist, dass die Schule in einem Mitgliedstaat der Europäischen Union oder in einem Staat belegen ist, auf den das Abkommen über den Europäischen Wirtschaftsraum Anwendung findet, und die Schule zu einem von dem zuständigen inländischen Ministerium eines Landes, von der Kultusministerkonferenz der Länder oder von einer inländischen Zeugnisanerkennungsstelle anerkannten oder einem inländischen Abschluss an einer öffentlichen Schule als gleichwertig anerkannten allgemein bildenden oder berufsbildenden Schul-, Jahrgangs- oder Berufsabschluss führt. ³Der Besuch einer anderen Einrichtung, die auf einen Schul-, Jahrgangs- oder Berufsabschluss im Sinne des Satzes 2 ordnungsgemäß vorbereitet, steht einem Schulbesuch im Sinne des Satzes 1 gleich. ⁴Der Besuch einer Deutschen Schule im Ausland steht dem Besuch einer solchen Schule gleich, unabhängig von ihrer Belegenheit. ⁵Der Höchstbetrag nach Satz 1 wird für jedes Kind, bei dem die Voraussetzungen vorliegen, je Elternpaar nur einmal gewährt.

(1a) Sonderausgaben sind auch die folgenden Aufwendungen:

1. Unterhaltsleistungen an den geschiedenen oder dauernd getrennt lebenden unbeschränkt einkommensteuerpflichtigen Ehegatten, wenn der Geber dies mit Zustimmung des Empfängers beantragt, bis zu 13 805 Euro im Kalenderjahr. ²Der Höchstbetrag nach Satz 1 erhöht sich um den Betrag der im jeweiligen Veranlagungszeitraum nach Absatz 1 Nummer 3 für die Absicherung des geschiedenen oder dauernd getrennt lebenden unbeschränkt einkommensteuerpflichtigen Ehegatten aufgewandten Beiträge. ³Der Antrag kann jeweils nur für ein Kalenderjahr gestellt und nicht zurückgenommen werden. ⁴Die Zustimmung ist mit Ausnahme der nach § 894 der Zivilprozessordnung als erteilt geltenden bis auf Widerruf wirksam. ⁵Der Widerruf ist vor Beginn des Kalenderjahres, für das die Zustimmung erstmals nicht gelten soll, gegenüber dem Finanzamt zu erklären. ⁶Die Sätze 1 bis 5 gelten für Fälle der Nichtigkeit oder der Aufhebung der Ehe entsprechend. ⁷Voraussetzung für den Abzug der Aufwendungen ist die Angabe der erteilten Identifikationsnummer (§ 139b der Abgabenordnung) der unterhaltenen Person in der Steuererklärung des Unterhaltsleistenden, wenn die unterhaltene Person der unbeschränkten oder beschränkten Steuerpflicht unterliegt. ⁸Die unterhaltene Person ist für diese Zwecke verpflichtet, dem Unterhaltsleistenden ihre erteilte Identifikationsnummer (§ 139b der Abgabenordnung) mitzuteilen. ⁹Kommt die unterhaltene Person dieser Verpflichtung nicht nach, ist der Unterhaltsleistende berechtigt, bei der für ihn zuständigen Finanzbehörde die Identifikationsnummer der unterhaltenen Person zu erfragen;

2.¹⁾ auf besonderen Verpflichtungsgründen beruhende, lebenslange und wiederkehrende Versorgungsleistungen, die nicht mit Einkünften in wirtschaftlichem Zusammenhang stehen, die bei der Veranlagung außer Betracht bleiben, wenn der Empfänger unbeschränkt einkommensteuerpflichtig ist. ²Dies gilt nur für

   a) Versorgungsleistungen im Zusammenhang mit der Übertragung eines Mitunternehmeranteils an einer Personengesellschaft, die eine Tätigkeit im Sinne der §§ 13, 15 Absatz 1 Satz 1 Nummer 1 oder des § 18 Absatz 1 ausübt,

   b) Versorgungsleistungen im Zusammenhang mit der Übertragung eines Betriebs oder Teilbetriebs, sowie

   c) Versorgungsleistungen im Zusammenhang mit der Übertragung eines mindestens 50 Prozent betragenden Anteils an einer Gesellschaft mit beschränkter Haftung, wenn der Übergeber als Geschäftsführer tätig war und der Übernehmer diese Tätigkeit nach der Übertragung übernimmt.

---

1) **Anm. d. Red.:** Zur Anwendung des § 10 Abs. 1a Nr. 2 siehe § 52 Abs. 18 Satz 1.

³Satz 2 gilt auch für den Teil der Versorgungsleistungen, der auf den Wohnteil eines Betriebs der Land- und Forstwirtschaft entfällt;
3. Ausgleichsleistungen zur Vermeidung eines Versorgungsausgleichs nach § 6 Absatz 1 Satz 2 Nummer 2 und § 23 des Versorgungsausgleichsgesetzes sowie § 1408 Absatz 2 und § 1587 des Bürgerlichen Gesetzbuchs, soweit der Verpflichtete dies mit Zustimmung des Berechtigten beantragt. ²Nummer 1 Satz 3 bis 5 gilt entsprechend;
4. Ausgleichszahlungen im Rahmen des Versorgungsausgleichs nach den §§ 20 bis 22 und 26 des Versorgungsausgleichsgesetzes und nach den §§ 1587f, 1587g und 1587i des Bürgerlichen Gesetzbuchs in der bis zum 31. August 2009 geltenden Fassung sowie nach § 3a des Gesetzes zur Regelung von Härten im Versorgungsausgleich, soweit die ihnen zu Grunde liegenden Einnahmen bei der ausgleichspflichtigen Person der Besteuerung unterliegen, wenn die ausgleichsberechtigte Person unbeschränkt einkommensteuerpflichtig ist.

(2) ¹Voraussetzung für den Abzug der in Absatz 1 Nummern 2, 3 und 3a bezeichneten Beträge (Vorsorgeaufwendungen) ist, dass sie
1. nicht in unmittelbarem wirtschaftlichen Zusammenhang mit steuerfreien Einnahmen stehen; steuerfreie Zuschüsse zu einer Kranken- oder Pflegeversicherung stehen insgesamt in unmittelbarem wirtschaftlichen Zusammenhang mit den Vorsorgeaufwendungen im Sinne des Absatzes 1 Nummer 3,
2. geleistet werden an
   a) Versicherungsunternehmen,
      aa) die ihren Sitz oder ihre Geschäftsleitung in einem Mitgliedstaat der Europäischen Union oder einem Vertragsstaat des Abkommens über den Europäischen Wirtschaftsraum haben und das Versicherungsgeschäft im Inland betreiben dürfen, oder
      bb) denen die Erlaubnis zum Geschäftsbetrieb im Inland erteilt ist.
      
      ²Darüber hinaus werden Beiträge nur berücksichtigt, wenn es sich um Beträge im Sinne des Absatzes 1 Nummer 3 Satz 1 Buchstabe a an eine Einrichtung handelt, die eine anderweitige Absicherung im Krankheitsfall im Sinne des § 5 Absatz 1 Nummer 13 des Fünften Buches Sozialgesetzbuch oder eine der Beihilfe oder freien Heilfürsorge vergleichbare Absicherung im Sinne des § 193 Absatz 3 Satz 2 Nummer 2 des Versicherungsvertragsgesetzes gewährt. ³Dies gilt entsprechend, wenn ein Steuerpflichtiger, der weder seinen Wohnsitz noch seinen gewöhnlichen Aufenthalt im Inland hat, mit den Beiträgen einen Versicherungsschutz im Sinne des Absatzes 1 Nummer 3 Satz 1 erwirbt,
   b) berufsständische Versorgungseinrichtungen,
   c) einen Sozialversicherungsträger oder
   d) einen Anbieter im Sinne des § 80.

²Vorsorgeaufwendungen nach Absatz 1 Nummer 2 Buchstabe b werden nur berücksichtigt, wenn
1. die Beiträge zugunsten eines Vertrags geleistet wurden, der nach § 5a des Altersvorsorgeverträge-Zertifizierungsgesetzes zertifiziert ist, wobei die Zertifizierung Grundlagenbescheid im Sinne des § 171 Absatz 10 der Abgabenordnung ist, und
2. der Steuerpflichtige gegenüber dem Anbieter in die Datenübermittlung nach Absatz 2a eingewilligt hat.

³Vorsorgeaufwendungen nach Absatz 1 Nummer 3 werden nur berücksichtigt, wenn der Steuerpflichtige gegenüber dem Versicherungsunternehmen, dem Träger der gesetzlichen Kranken- und Pflegeversicherung, der Künstlersozialkasse oder einer Einrichtung im Sinne des Satzes 1 Nummer 2 Buchstabe a Satz 2 in die Datenübermittlung nach Absatz 2a eingewilligt hat; die Einwilligung gilt für alle sich aus dem Versicherungsverhältnis ergebenden Zahlungsverpflichtungen als erteilt, wenn die Beiträge mit der elektronischen Lohnsteuerbescheinigung (§ 41b Absatz 1 Satz 2) oder der Rentenbezugsmitteilung (§ 22a Absatz 1 Satz 1 Nummer 5) übermittelt werden.

(2a) ¹Der Steuerpflichtige hat in die Datenübermittlung nach Absatz 2 gegenüber der übermittelnden Stelle schriftlich einzuwilligen, spätestens bis zum Ablauf des zweiten Kalenderjahres, das auf das Beitragsjahr (Kalenderjahr, in dem die Beiträge geleistet worden sind) folgt; übermittelnde Stelle ist bei Vorsorgeaufwendungen nach Absatz 1 Nummer 2 Buchstabe b der Anbieter, bei Vorsorgeaufwendungen nach Absatz 1 Nummer 3 das Versicherungsunternehmen, der Träger der gesetzlichen Kranken- und Pflegeversicherung, die Künstlersozialkasse oder eine Einrichtung im Sinne des Absatzes 2 Satz 1 Nummer 2 Buchstabe a Satz 2. ²Die Einwilligung gilt auch für die folgenden Beitragsjahre, es sei denn, der Steuerpflichtige widerruft diese schriftlich gegenüber der übermittelnden Stelle. ³Der Widerruf muss vor Beginn des Beitragsjahres, für das die Einwilligung erstmals nicht mehr gelten soll, der übermittelnden Stelle vorliegen. ⁴Die übermittelnde Stelle hat bei Vorliegen einer Einwilligung

1. nach Absatz 2 Satz 2 Nummer 2 die Höhe der im jeweiligen Beitragsjahr geleisteten Beiträge nach Absatz 1 Nummer 2 Buchstabe b und die Zertifizierungsnummer,
2. nach Absatz 2 Satz 3 die Höhe der im jeweiligen Beitragsjahr geleisteten und erstatteten Beiträge nach Absatz 1 Nummer 3, soweit diese nicht mit der elektronischen Lohnsteuerbescheinigung oder der Rentenbezugsmitteilung zu übermitteln sind,

unter Angabe der Vertrags- oder Versicherungsdaten, des Datums der Einwilligung und der Identifikationsnummer (§ 139b der Abgabenordnung) nach amtlich vorgeschriebenem Datensatz durch Datenfernübertragung an die zentrale Stelle (§ 81) bis zum 28. Februar des dem Beitragsjahr folgenden Kalenderjahres zu übermitteln; sind Versicherungsnehmer und versicherte Person nicht identisch, sind zusätzlich die Identifikationsnummer und das Geburtsdatum des Versicherungsnehmers anzugeben. ⁵§ 22a Absatz 2 gilt entsprechend. ⁶Wird die Einwilligung nach Ablauf des Beitragsjahres, jedoch innerhalb der in Satz 1 genannten Frist abgegeben, sind die Daten bis zum Ende des folgenden Kalendervierteljahres zu übermitteln. ⁷Stellt die übermittelnde Stelle fest, dass

1. die an die zentrale Stelle übermittelten Daten unzutreffend sind oder
2. der zentralen Stelle ein Datensatz übermittelt wurde, obwohl die Voraussetzungen hierfür nicht vorlagen,

ist dies unverzüglich durch Übermittlung eines Datensatzes an die zentrale Stelle zu korrigieren oder zu stornieren. ⁸Ein Steuerbescheid ist zu ändern, soweit

1. Daten nach den Sätzen 4, 6 oder Satz 7 vorliegen oder
2. eine Einwilligung in die Datenübermittlung nach Absatz 2 Satz 2 Nummer 2 oder nach Absatz 2 Satz 3 nicht vorliegt

und sich hierdurch eine Änderung der festgesetzten Steuer ergibt. ⁹Die übermittelnde Stelle hat den Steuerpflichtigen über die Höhe der nach den Sätzen 4, 6 oder Satz 7 übermittelten Beiträge für das Beitragsjahr zu unterrichten. ¹⁰§ 150 Absatz 6 der Abgabenordnung gilt entsprechend. ¹¹Das Bundeszentralamt für Steuern kann die bei Vorliegen der Einwilligung nach Absatz 2 Satz 3 zu übermittelnden Daten prüfen; die §§ 193 bis 203 der Abgabenordnung sind sinngemäß anzuwenden. ¹²Wer vorsätzlich oder grob fahrlässig eine unzutreffende Höhe der Beiträge im Sinne des Absatzes 1 Nummer 3 übermittelt, haftet für die entgangene Steuer. ¹³Diese ist mit 30 Prozent des zu hoch ausgewiesenen Betrags anzusetzen.

(3) ¹Vorsorgeaufwendungen nach Absatz 1 Nummer 2 sind bis zu dem Höchstbeitrag zur knappschaftlichen Rentenversicherung, aufgerundet auf einen vollen Betrag in Euro, zu berücksichtigen. ²Bei zusammenveranlagten Ehegatten verdoppelt sich der Höchstbetrag. ³Der Höchstbetrag nach Satz 1 oder 2 ist bei Steuerpflichtigen, die

1. Arbeitnehmer sind und die während des ganzen oder eines Teils des Kalenderjahres
   a) in der gesetzlichen Rentenversicherung versicherungsfrei oder auf Antrag des Arbeitgebers von der Versicherungspflicht befreit waren und denen für den Fall ihres Ausscheidens aus der Beschäftigung auf Grund des Beschäftigungsverhältnisses eine lebenslängliche Versorgung oder an deren Stelle eine Abfindung zusteht oder die in der gesetzlichen Rentenversicherung nachzuversichern sind oder

b) nicht der gesetzlichen Rentenversicherungspflicht unterliegen, eine Berufstätigkeit ausgeübt und im Zusammenhang damit auf Grund vertraglicher Vereinbarungen Anwartschaftsrechte auf eine Altersversorgung erworben haben, oder

2. Einkünfte im Sinne des § 22 Nummer 4 erzielen und die ganz oder teilweise ohne eigene Beitragsleistung einen Anspruch auf Altersversorgung erwerben,

um den Betrag zu kürzen, der, bezogen auf die Einnahmen aus der Tätigkeit, die die Zugehörigkeit zum genannten Personenkreis begründen, dem Gesamtbeitrag (Arbeitgeber- und Arbeitnehmeranteil) zur allgemeinen Rentenversicherung entspricht. [4]Im Kalenderjahr 2013 sind 76 Prozent der nach den Sätzen 1 bis 3 ermittelten Vorsorgeaufwendungen anzusetzen. [5]Der sich danach ergebende Betrag, vermindert um den nach § 3 Nummer 62 steuerfreien Arbeitgeberanteil zur gesetzlichen Rentenversicherung und einen diesem gleichgestellten steuerfreien Zuschuss des Arbeitgebers, ist als Sonderausgabe abziehbar. [6]Der Prozentsatz in Satz 4 erhöht sich in den folgenden Kalenderjahren bis zum Kalenderjahr 2025 um je 2 Prozentpunkte je Kalenderjahr. [7]Beiträge nach § 168 Absatz 1 Nummer 1b oder 1c oder nach § 172 Absatz 3 oder 3a des Sechsten Buches Sozialgesetzbuch vermindern den abziehbaren Betrag nach Satz 5 nur, wenn der Steuerpflichtige die Hinzurechnung dieser Beiträge zu den Vorsorgeaufwendungen nach Absatz 1 Nummer 2 Satz 7 beantragt hat.

(4) [1]Vorsorgeaufwendungen im Sinne des Absatzes 1 Nummer 3 und 3a können je Kalenderjahr insgesamt bis 2 800 Euro abgezogen werden. [2]Der Höchstbetrag beträgt 1 900 Euro bei Steuerpflichtigen, die ganz oder teilweise ohne eigene Aufwendungen einen Anspruch auf vollständige oder teilweise Erstattung oder Übernahme von Krankheitskosten haben oder für deren Krankenversicherung Leistungen im Sinne des § 3 Nummer 9, 14, 57 oder 62 erbracht werden. [3]Bei zusammen veranlagten Ehegatten bestimmt sich der gemeinsame Höchstbetrag aus der Summe der jedem Ehegatten unter den Voraussetzungen von Satz 1 und 2 zustehenden Höchstbeträge. [4]Übersteigen die Vorsorgeaufwendungen im Sinne des Absatzes 1 Nummer 3 die nach den Sätzen 1 bis 3 zu berücksichtigenden Vorsorgeaufwendungen, sind diese abzuziehen und ein Abzug von Vorsorgeaufwendungen im Sinne des Absatzes 1 Nummer 3a scheidet aus.

(4a) [1]Ist in den Kalenderjahren 2013 bis 2019 der Abzug der Vorsorgeaufwendungen nach Absatz 1 Nummer 2 Buchstabe a, Absatz 1 Nummer 3 und Nummer 3a in der für das Kalenderjahr 2004 geltenden Fassung des § 10 Absatz 3[1)] mit folgenden Höchstbeträgen für den Vorwegabzug

---

1) **Anm. d. Red.:** § 10 Abs. 3 in der für das Kalenderjahr 2004 geltenden Fassung lautet:
(3) Für Vorsorgeaufwendungen gelten je Kalenderjahr folgende Höchstbeträge:
1. ein Grundhöchstbetrag von 1 334 Euro,
im Fall der Zusammenveranlagung von Ehegatten von 2 668 Euro;
2. ein Vorwegabzug von 3 068 Euro,
im Fall der Zusammenveranlagung von Ehegatten von 6 136 Euro.
[2]Diese Beträge sind zu kürzen um 16 Prozent der Summe der Einnahmen
a) aus nichtselbständiger Arbeit im Sinne des § 19 ohne Versorgungsbezüge im Sinne des § 19 Absatz 2, wenn für die Zukunftssicherung des Steuerpflichtigen Leistungen im Sinne des § 3 Nummer 62 erbracht werden oder der Steuerpflichtige zum Personenkreis des § 10c Absatz 3 Nummer 1 oder 2 gehört, und
b) aus der Ausübung eines Mandats im Sinne des § 22 Nummer 4;
3. für Beiträge nach Absatz 1 Nummer 2 Buchstabe c ein zusätzlicher Höchstbetrag von 184 Euro für Steuerpflichtige, die nach dem 31. Dezember 1957 geboren sind;
4. Vorsorgeaufwendungen, die die nach den Nummern 1 bis 3 abziehbaren Beträge übersteigen, können zur Hälfte, höchstens bis zu 50 Prozent des Grundhöchstbetrags abgezogen werden (hälftiger Höchstbetrag).

## VII. Einkommensteuergesetz § 10

| Kalenderjahr | Vorwegabzug für den Steuerpflichtigen | Vorwegabzug im Fall der Zusammenveranlagung von Ehegatten |
|---|---|---|
| 2013 | 2 100 | 4 200 |
| 2014 | 1 800 | 3 600 |
| 2015 | 1 500 | 3 000 |
| 2016 | 1 200 | 2 400 |
| 2017 | 900 | 1 800 |
| 2018 | 600 | 1 200 |
| 2019 | 300 | 600 |

zuzüglich des Erhöhungsbetrags nach Satz 3 günstiger, ist der sich danach ergebende Betrag anstelle des Abzugs nach Absatz 3 und 4 anzusetzen. ²Mindestens ist bei Anwendung des Satzes 1 der Betrag anzusetzen, der sich ergeben würde, wenn zusätzlich noch die Vorsorgeaufwendungen nach Absatz 1 Nummer 2 Buchstabe b in die Günstigerprüfung einbezogen werden würden; der Erhöhungsbetrag nach Satz 3 ist nicht hinzuzurechnen. ³Erhöhungsbetrag sind die Beiträge nach Absatz 1 Nummer 2 Buchstabe b, soweit sie nicht den um die Beiträge nach Absatz 1 Nummer 2 Buchstabe a und den nach § 3 Nummer 62 steuerfreien Arbeitgeberanteil zur gesetzlichen Rentenversicherung und einen diesem gleichgestellten steuerfreien Zuschuss verminderten Höchstbetrag nach Absatz 3 Satz 1 bis 3 überschreiten; Absatz 3 Satz 4 und 6 gilt entsprechend.

(4b)[1]) ¹Erhält der Steuerpflichtige für die von ihm für einen anderen Veranlagungszeitraum geleisteten Aufwendungen im Sinne des Satzes 2 einen steuerfreien Zuschuss, ist dieser den erstatteten Aufwendungen gleichzustellen. ²Übersteigen bei den Sonderausgaben nach Absatz 1 Nummer 2 bis 3a die im Veranlagungszeitraum erstatteten Aufwendungen die geleisteten Aufwendungen (Erstattungsüberhang), ist der Erstattungsüberhang mit anderen im Rahmen der jeweiligen Nummer anzusetzenden Aufwendungen zu verrechnen. ³Ein verbleibender Betrag des sich bei den Aufwendungen nach Absatz 1 Nummer 3 und 4 ergebenden Erstattungsüberhangs ist dem Gesamtbetrag der Einkünfte hinzuzurechnen. ⁴Behörden im Sinne des § 6 Absatz 1 der Abgabenordnung und andere öffentliche Stellen, die einem Steuerpflichtigen für die von ihm geleisteten Beiträge im Sinne des Absatzes 1 Nummer 2, 3 und 3a steuerfreie Zuschüsse gewähren oder Vorsorgeaufwendungen im Sinne dieser Vorschrift erstatten (übermittelnde Stelle), haben der zentralen Stelle jährlich die zur Gewährung und Prüfung des Sonderausgabenabzugs nach § 10 erforderlichen Daten nach amtlich vorgeschriebenem Datensatz durch Datenfernübertragung zu übermitteln. ⁵Ein Steuerbescheid ist zu ändern, soweit Daten nach Satz 4 vorliegen und sich hierdurch oder durch eine Korrektur oder Stornierung der entsprechenden Daten eine Änderung der festgesetzten Steuer ergibt. ⁶§ 22a Absatz 2 sowie § 150 Absatz 6 der Abgabenordnung gelten entsprechend.

(5)[2]) Durch Rechtsverordnung wird bezogen auf den Versicherungstarif bestimmt, wie der nicht abziehbare Teil der Beiträge zum Erwerb eines Krankenversicherungsschutzes im Sinne des Absatzes 1 Nummer 3 Buchstabe a Satz 3 durch einheitliche prozentuale Abschläge auf die zugunsten des jeweiligen Tarifs gezahlte Prämie zu ermitteln ist, soweit der nicht abziehbare Beitragsteil nicht bereits als gesonderter Tarif oder Tarifbaustein ausgewiesen wird.

(6) ¹Absatz 1 Nummer 2 Buchstabe b Doppelbuchstabe aa ist für Vertragsabschlüsse vor dem 1. Januar 2012 mit der Maßgabe anzuwenden, dass der Vertrag die Zahlung der Leibrente nicht vor der Vollendung des 60. Lebensjahres vorsehen darf. ²Für Verträge im Sinne des Absatzes 1 Nummer 2 Buchstabe b, die vor dem 1. Januar 2011 abgeschlossen wurden, und bei Kranken- und Pflegeversicherungen im Sinne des Absatzes 1 Nummer 3, bei denen das Versicherungsver-

---

1) **Anm. d. Red.:** Zur Anwendung des § 10 Abs. 4b siehe § 52 Abs. 18 Satz 4.
2) **Anm. d. Red.:** Zur Anwendung des § 10 Abs. 5 siehe § 52 Abs. 18 Satz 5.

hältnis vor dem 1. Januar 2011 bestanden hat, ist Absatz 2 Satz 2 Nummer 2 und Satz 3 mit der Maßgabe anzuwenden, dass die erforderliche Einwilligung zur Datenübermittlung als erteilt gilt, wenn

1. die übermittelnde Stelle den Steuerpflichtigen schriftlich darüber informiert, dass sie
   a) von einer Einwilligung ausgeht und
   b) die Daten an die zentrale Stelle übermittelt und
2. der Steuerpflichtige dem nicht innerhalb einer Frist von vier Wochen nach Erhalt der Information nach Nummer 1 schriftlich widerspricht.

### § 10a Zusätzliche Altersvorsorge[1]

(1) ¹In der inländischen gesetzlichen Rentenversicherung Pflichtversicherte können Altersvorsorgebeiträge (§ 82) zuzüglich der dafür nach Abschnitt XI zustehenden Zulage jährlich bis zu 2 100 Euro als Sonderausgaben abziehen; das Gleiche gilt für

1. Empfänger von inländischer Besoldung nach dem Bundesbesoldungsgesetz oder einem Landesbesoldungsgesetz,
2. Empfänger von Amtsbezügen aus einem inländischen Amtsverhältnis, deren Versorgungsrecht die entsprechende Anwendung des § 69e Absatz 3 und 4 des Beamtenversorgungsgesetzes vorsieht,
3. die nach § 5 Absatz 1 Satz 1 Nummer 2 und 3 des Sechsten Buches Sozialgesetzbuch versicherungsfrei Beschäftigten, die nach § 6 Absatz 1 Satz 1 Nummer 2 oder nach § 230 Absatz 2 Satz 2 des Sechsten Buches Sozialgesetzbuch von der Versicherungspflicht befreiten Beschäftigten, deren Versorgungsrecht die entsprechende Anwendung des § 69e Absatz 3 und 4 des Beamtenversorgungsgesetzes vorsieht,
4. Beamte, Richter, Berufssoldaten und Soldaten auf Zeit, die ohne Besoldung beurlaubt sind, für die Zeit einer Beschäftigung, wenn während der Beurlaubung die Gewährleistung einer Versorgungsanwartschaft unter den Voraussetzungen des § 5 Absatz 1 Satz 1 des Sechsten Buches Sozialgesetzbuch auf diese Beschäftigung erstreckt wird, und
5. Steuerpflichtige im Sinne der Nummern 1 bis 4, die beurlaubt sind und deshalb keine Besoldung, Amtsbezüge oder Entgelt erhalten, sofern sie eine Anrechnung von Kindererziehungszeiten nach § 56 des Sechsten Buches Sozialgesetzbuch in Anspruch nehmen könnten, wenn die Versicherungsfreiheit in der inländischen gesetzlichen Rentenversicherung nicht bestehen würde,

wenn sie spätestens bis zum Ablauf des zweiten Kalenderjahres, das auf das Beitragsjahr (§ 88) folgt, gegenüber der zuständigen Stelle (§ 81a) schriftlich eingewilligt haben, dass diese der zentralen Stelle (§ 81) jährlich mitteilt, dass der Steuerpflichtige zum begünstigten Personenkreis gehört, dass die zuständige Stelle der zentralen Stelle die für die Ermittlung des Mindesteigenbeitrags (§ 86) und die Gewährung der Kinderzulage (§ 85) erforderlichen Daten übermittelt und die zentrale Stelle diese Daten für das Zulageverfahren verwenden darf. ²Bei der Erteilung der Einwilligung ist der Steuerpflichtige darauf hinzuweisen, dass er die Einwilligung vor Beginn des Kalenderjahres, für das sie erstmals nicht mehr gelten soll, gegenüber der zuständigen Stelle widerrufen kann. ³Versicherungspflichtige nach dem Gesetz über die Alterssicherung der Landwirte stehen Pflichtversicherten gleich; dies gilt auch für Personen, die

1. eine Anrechnungszeit nach § 58 Absatz 1 Nummer 3 oder Nummer 6 des Sechsten Buches Sozialgesetzbuch in der gesetzlichen Rentenversicherung erhalten und

---

1) **Anm. d. Red.:** § 10a Abs. 1 und 2a i. d. F. des Gesetzes v. 24. 6. 2013 (BGBl I S. 1667) mit Wirkung v. 1. 7. 2013; Abs. 3 i. d. F. des Gesetzes v. 7. 12. 2011 (BGBl I S. 2592) mit Wirkung v. 1. 1. 2012; Abs. 5 i. d. F. des Gesetzes v. 8. 12. 2010 (BGBl I S. 1768) mit Wirkung v. 14. 12. 2010; Abs. 6 i. d. F. des Gesetzes v. 25. 7. 2014 (BGBl I S. 1266) mit Wirkung v. 31. 7. 2014.

VII. Einkommensteuergesetz § 10a

2. unmittelbar vor einer Anrechnungszeit nach § 58 Absatz 1 Nummer 3 oder Nummer 6 des Sechsten Buches Sozialgesetzbuch einer der im ersten Halbsatz, in Satz 1 oder in Satz 4 genannten begünstigten Personengruppen angehörten.

⁴Die Sätze 1 und 2 gelten entsprechend für Steuerpflichtige, die nicht zum begünstigten Personenkreis nach Satz 1 oder 3 gehören und eine Rente wegen voller Erwerbsminderung oder Erwerbsunfähigkeit oder eine Versorgung wegen Dienstunfähigkeit aus einem der in Satz 1 oder 3 genannten Alterssicherungssysteme beziehen, wenn unmittelbar vor dem Bezug der entsprechenden Leistungen der Leistungsbezieher einer der in Satz 1 oder 3 genannten begünstigten Personengruppen angehörte; dies gilt nicht, wenn der Steuerpflichtige das 67. Lebensjahr vollendet hat. ⁵Bei der Ermittlung der dem Steuerpflichtigen zustehenden Zulage nach Satz 1 bleibt die Erhöhung der Grundzulage nach § 84 Satz 2 außer Betracht.

(1a) ¹Sofern eine Zulagenummer (§ 90 Absatz 1 Satz 2) durch die zentrale Stelle oder eine Versicherungsnummer nach § 147 des Sechsten Buches Sozialgesetzbuch noch nicht vergeben ist, haben die in Absatz 1 Satz 1 Nummer 1 bis 5 genannten Steuerpflichtigen über die zuständige Stelle eine Zulagenummer bei der zentralen Stelle zu beantragen. ²Für Empfänger einer Versorgung im Sinne des Absatzes 1 Satz 4 gilt Satz 1 entsprechend.

(2) ¹Ist der Sonderausgabenabzug nach Absatz 1 für den Steuerpflichtigen günstiger als der Anspruch auf die Zulage nach Abschnitt XI, erhöht sich die unter Berücksichtigung des Sonderausgabenabzugs ermittelte tarifliche Einkommensteuer um den Anspruch auf Zulage. ²In den anderen Fällen scheidet der Sonderausgabenabzug aus. ³Die Günstigerprüfung wird von Amts wegen vorgenommen.

(2a) ¹Der Sonderausgabenabzug setzt voraus, dass der Steuerpflichtige gegenüber dem Anbieter (übermittelnde Stelle) in die Datenübermittlung nach Absatz 5 Satz 1 eingewilligt hat. ²§ 10 Absatz 2a Satz 1 bis Satz 3 gilt entsprechend. ³In den Fällen des Absatzes 3 Satz 2 und 5 ist die Einwilligung nach Satz 1 von beiden Ehegatten abzugeben. ⁴Hat der Zulageberechtigte den Anbieter nach § 89 Absatz 1a bevollmächtigt oder liegt dem Anbieter ein Zulageantrag nach § 89 Absatz 1 vor, gilt die Einwilligung nach Satz 1 für das jeweilige Beitragsjahr als erteilt.

(3) ¹Der Abzugsbetrag nach Absatz 1 steht im Fall der Veranlagung von Ehegatten nach § 26 Absatz 1 jedem Ehegatten unter den Voraussetzungen des Absatzes 1 gesondert zu. ²Gehört nur ein Ehegatte zu dem nach Absatz 1 begünstigten Personenkreis und ist der andere Ehegatte nach § 79 Satz 2 zulageberechtigt, sind bei dem nach Absatz 1 abzugsberechtigten Ehegatten die von beiden Ehegatten geleisteten Altersvorsorgebeiträge und die dafür zustehenden Zulagen bei der Anwendung der Absätze 1 und 2 zu berücksichtigen. ³Der Höchstbetrag nach Absatz 1 Satz 1 erhöht sich in den Fällen des Satzes 2 um 60 Euro. ⁴Dabei sind die von dem Ehegatten, der zu dem nach Absatz 1 begünstigten Personenkreis gehört, geleisteten Altersvorsorgebeiträge vorrangig zu berücksichtigen, jedoch mindestens 60 Euro der von dem anderen Ehegatten geleisteten Altersvorsorgebeiträge. ⁵Gehören beide Ehegatten zu dem nach Absatz 1 begünstigten Personenkreis und liegt ein Fall der Veranlagung nach § 26 Absatz 1 vor, ist bei der Günstigerprüfung nach Absatz 2 der Anspruch auf Zulage beider Ehegatten anzusetzen.

(4) ¹Im Fall des Absatzes 2 Satz 1 stellt das Finanzamt die über den Zulageanspruch nach Abschnitt XI hinausgehende Steuerermäßigung gesondert fest und teilt diese der zentralen Stelle (§ 81) mit; § 10d Absatz 4 Satz 3 bis 5 gilt entsprechend. ²Sind Altersvorsorgebeiträge zugunsten von mehreren Verträgen geleistet worden, erfolgt die Zurechnung im Verhältnis der nach Absatz 1 berücksichtigten Altersvorsorgebeiträge. ³Ehegatten ist der nach Satz 1 festzustellende Betrag auch im Fall der Zusammenveranlagung jeweils getrennt zuzurechnen; die Zurechnung erfolgt im Verhältnis der nach Absatz 1 berücksichtigten Altersvorsorgebeiträge. ⁴Werden Altersvorsorgebeiträge nach Absatz 3 Satz 2 berücksichtigt, die der nach § 79 Satz 2 zulageberechtigte Ehegatte zugunsten eines auf seinen Namen lautenden Vertrages geleistet hat, ist die hierauf entfallende Steuerermäßigung dem Vertrag zuzurechnen, zu dessen Gunsten die Altersvorsorgebeiträge geleistet wurden. ⁵Die Übermittlung an die zentrale Stelle erfolgt unter Angabe der Vertragsnummer und der Identifikationsnummer (§ 139b der Abgabenordnung) sowie der Zulage- oder Versicherungsnummer nach § 147 des Sechsten Buches Sozialgesetzbuch.

## § 10b VII. Einkommensteuergesetz

(5) ¹Die übermittelnde Stelle hat bei Vorliegen einer Einwilligung nach Absatz 2a die Höhe der im jeweiligen Beitragsjahr zu berücksichtigenden Altersvorsorgebeiträge unter Angabe der Vertragsdaten, des Datums der Einwilligung nach Absatz 2a, der Identifikationsnummer (§ 139b der Abgabenordnung) sowie der Zulage- oder der Versicherungsnummer nach § 147 des Sechsten Buches Sozialgesetzbuch nach amtlich vorgeschriebenem Datensatz durch Datenfernübertragung an die zentrale Stelle bis zum 28. Februar des dem Beitragsjahr folgenden Kalenderjahres zu übermitteln. ²§ 10 Absatz 2a Satz 6 bis 8 und § 22a Absatz 2 gelten entsprechend. ³Die Übermittlung erfolgt auch dann, wenn im Fall der mittelbaren Zulageberechtigung keine Altersvorsorgebeiträge geleistet worden sind. ⁴Die übrigen Voraussetzungen für den Sonderausgabenabzug nach den Absätzen 1 bis 3 werden im Wege der Datenerhebung und des automatisierten Datenabgleichs nach § 91 überprüft. ⁵Erfolgt eine Datenübermittlung nach Satz 1 und wurde noch keine Zulagenummer (§ 90 Absatz 1 Satz 2) durch die zentrale Stelle oder keine Versicherungsnummer nach § 147 des Sechsten Buches Sozialgesetzbuch vergeben, gilt § 90 Absatz 1 Satz 2 und 3 entsprechend.

(6) ¹Für die Anwendung der Absätze 1 bis 5 stehen den in der inländischen gesetzlichen Rentenversicherung Pflichtversicherten nach Absatz 1 Satz 1 die Pflichtmitglieder in einem ausländischen gesetzlichen Alterssicherungssystem gleich, wenn diese Pflichtmitgliedschaft

1. mit einer Pflichtmitgliedschaft in einem inländischen Alterssicherungssystem nach Absatz 1 Satz 1 oder 3 vergleichbar ist und
2. vor dem 1. Januar 2010 begründet wurde.

²Für die Anwendung der Absätze 1 bis 5 stehen den Steuerpflichtigen nach Absatz 1 Satz 4 die Personen gleich,

1. die aus einem ausländischen gesetzlichen Alterssicherungssystem eine Leistung erhalten, die den in Absatz 1 Satz 4 genannten Leistungen vergleichbar ist,
2. die unmittelbar vor dem Bezug der entsprechenden Leistung nach Satz 1 oder Absatz 1 Satz 1 oder 3 begünstigt waren und
3. die noch nicht das 67. Lebensjahr vollendet haben.

³Als Altersvorsorgebeiträge (§ 82) sind bei den in Satz 1 oder 2 genannten Personen nur diejenigen Beiträge zu berücksichtigen, die vom Abzugsberechtigten zugunsten seines vor dem 1. Januar 2010 abgeschlossenen Vertrags geleistet wurden. ⁴Endet die unbeschränkte Steuerpflicht eines Zulageberechtigten im Sinne des Satzes 1 oder 2 durch Aufgabe des inländischen Wohnsitzes oder gewöhnlichen Aufenthalts und wird die Person nicht nach § 1 Absatz 3 als unbeschränkt einkommensteuerpflichtig behandelt, so gelten die §§ 93 und 94 entsprechend; § 95 Absatz 2 und 3 und § 99 Absatz 1 in der am 31. Dezember 2008 geltenden Fassung sind anzuwenden.

### § 10b Steuerbegünstigte Zwecke[1)]

(1) ¹Zuwendungen (Spenden und Mitgliedsbeiträge) zur Förderung steuerbegünstigter Zwecke im Sinne der §§ 52 bis 54 der Abgabenordnung können insgesamt bis zu

1. 20 Prozent des Gesamtbetrags der Einkünfte oder
2. 4 Promille der Summe der gesamten Umsätze und der im Kalenderjahr aufgewendeten Löhne und Gehälter

als Sonderausgaben abgezogen werden. ²Voraussetzung für den Abzug ist, dass diese Zuwendungen

1. an eine juristische Person des öffentlichen Rechts oder an eine öffentliche Dienststelle, die in einem Mitgliedstaat der Europäischen Union oder in einem Staat belegen ist, auf den

---

1) **Anm. d. Red.:** § 10b Abs. 1 i. d. F. des Gesetzes v. 26. 6. 2013 (BGBl I S. 1809) mit Wirkung v. 1. 1. 2013; Abs. 1a, 3 und 4 i. d. F. des Gesetzes v. 21. 3. 2013 (BGBl I S. 556) mit Wirkung v. 1. 1. 2013.

das Abkommen über den Europäischen Wirtschaftsraum (EWR-Abkommen) Anwendung findet, oder

2. an eine nach § 5 Absatz 1 Nummer 9 des Körperschaftsteuergesetzes steuerbefreite Körperschaft, Personenvereinigung oder Vermögensmasse oder

3. an eine Körperschaft, Personenvereinigung oder Vermögensmasse, die in einem Mitgliedstaat der Europäischen Union oder in einem Staat belegen ist, auf den das Abkommen über den Europäischen Wirtschaftsraum (EWR-Abkommen) Anwendung findet, und die nach § 5 Absatz 1 Nummer 9 des Körperschaftsteuergesetzes in Verbindung mit § 5 Absatz 2 Nummer 2 zweiter Halbsatz des Körperschaftsteuergesetzes steuerbefreit wäre, wenn sie inländische Einkünfte erzielen würde,

geleistet werden. ³Für nicht im Inland ansässige Zuwendungsempfänger nach Satz 2 ist weitere Voraussetzung, dass durch diese Staaten Amtshilfe und Unterstützung bei der Beitreibung geleistet werden. ⁴Amtshilfe ist der Auskunftsaustausch im Sinne oder entsprechend der Amtshilferichtlinie gemäß § 2 Absatz 2 des EU-Amtshilfegesetzes. ⁵Beitreibung ist die gegenseitige Unterstützung bei der Beitreibung von Forderungen im Sinne oder entsprechend der Beitreibungsrichtlinie einschließlich der in diesem Zusammenhang anzuwendenden Durchführungsbestimmungen in den für den jeweiligen Veranlagungszeitraum geltenden Fassungen oder eines entsprechenden Nachfolgerechtsaktes. ⁶Werden die steuerbegünstigten Zwecke des Zuwendungsempfängers im Sinne von Satz 2 Nummer 1 nur im Ausland verwirklicht, ist für den Sonderausgabenabzug Voraussetzung, dass natürliche Personen, die ihren Wohnsitz oder ihren gewöhnlichen Aufenthalt im Geltungsbereich dieses Gesetzes haben, gefördert werden oder dass die Tätigkeit dieses Zuwendungsempfängers neben der Verwirklichung der steuerbegünstigten Zwecke auch zum Ansehen der Bundesrepublik Deutschland beitragen kann. ⁷Abziehbar sind auch Mitgliedsbeiträge an Körperschaften, die Kunst und Kultur gemäß § 52 Absatz 2 Satz 1 Nummer 5 der Abgabenordnung fördern, soweit es sich nicht um Mitgliedsbeiträge nach Satz 8 Nummer 2 handelt, auch wenn den Mitgliedern Vergünstigungen gewährt werden. ⁸Nicht abziehbar sind Mitgliedsbeiträge an Körperschaften, die

1. den Sport (§ 52 Absatz 2 Satz 1 Nummer 21 der Abgabenordnung),

2. kulturelle Betätigungen, die in erster Linie der Freizeitgestaltung dienen,

3. die Heimatpflege und Heimatkunde (§ 52 Absatz 2 Satz 1 Nummer 22 der Abgabenordnung) oder

4. Zwecke im Sinne des § 52 Absatz 2 Satz 1 Nummer 23 der Abgabenordnung

fördern. ⁹Abziehbare Zuwendungen, die die Höchstbeträge nach Satz 1 überschreiten oder die den um die Beträge nach § 10 Absatz 3 und 4, § 10c und § 10d verminderten Gesamtbetrag der Einkünfte übersteigen, sind im Rahmen der Höchstbeträge in den folgenden Veranlagungszeiträumen als Sonderausgaben abzuziehen. ¹⁰§ 10d Absatz 4 gilt entsprechend.

(1a) ¹Spenden zur Förderung steuerbegünstigter Zwecke im Sinne der §§ 52 bis 54 der Abgabenordnung in das zu erhaltende Vermögen (Vermögensstock) einer Stiftung, welche die Voraussetzungen des Absatzes 1 Satz 2 bis 6 erfüllt, können auf Antrag des Steuerpflichtigen im Veranlagungszeitraum der Zuwendung und in den folgenden neun Veranlagungszeiträumen bis zu einem Gesamtbetrag von 1 Million Euro, bei Ehegatten, die nach den §§ 26, 26b zusammen veranlagt werden, bis zu einem Gesamtbetrag von 2 Millionen Euro, zusätzlich zu den Höchstbeträgen nach Absatz 1 Satz 1 abgezogen werden. ²Nicht abzugsfähig nach Satz 1 sind Spenden in das verbrauchbare Vermögen einer Stiftung. ³Der besondere Abzugsbetrag nach Satz 1 bezieht sich auf den gesamten Zehnjahreszeitraum und kann der Höhe nach innerhalb dieses Zeitraums nur einmal in Anspruch genommen werden. ⁴§ 10d Absatz 4 gilt entsprechend.

(2) ¹Zuwendungen an politische Parteien im Sinne des § 2 des Parteiengesetzes sind bis zur Höhe von insgesamt 1 650 Euro und im Fall der Zusammenveranlagung von Ehegatten bis zur Höhe von insgesamt 3 300 Euro im Kalenderjahr abzugsfähig. ²Sie können nur insoweit als Son-

derausgaben abgezogen werden, als für sie nicht eine Steuerermäßigung nach § 34g gewährt worden ist.

(3) ¹Als Zuwendung im Sinne dieser Vorschrift gilt auch die Zuwendung von Wirtschaftsgütern mit Ausnahme von Nutzungen und Leistungen. ²Ist das Wirtschaftsgut unmittelbar vor seiner Zuwendung einem Betriebsvermögen entnommen worden, so bemisst sich die Zuwendungshöhe nach dem Wert, der bei der Entnahme angesetzt wurde und nach der Umsatzsteuer, die auf die Entnahme entfällt. ³Ansonsten bestimmt sich die Höhe der Zuwendung nach dem gemeinen Wert des zugewendeten Wirtschaftsguts, wenn dessen Veräußerung im Zeitpunkt der Zuwendung keinen Besteuerungstatbestand erfüllen würde. ⁴In allen übrigen Fällen dürfen bei der Ermittlung der Zuwendungshöhe die fortgeführten Anschaffungs- oder Herstellungskosten nur überschritten werden, soweit eine Gewinnrealisierung stattgefunden hat. ⁵Aufwendungen zugunsten einer Körperschaft, die zum Empfang steuerlich abziehbarer Zuwendungen berechtigt ist, können nur abgezogen werden, wenn ein Anspruch auf die Erstattung der Aufwendungen durch Vertrag oder Satzung eingeräumt und auf die Erstattung verzichtet worden ist. ⁶Der Anspruch darf nicht unter der Bedingung des Verzichts eingeräumt worden sein.

(4) ¹Der Steuerpflichtige darf auf die Richtigkeit der Bestätigung über Spenden und Mitgliedsbeiträge vertrauen, es sei denn, dass er die Bestätigung durch unlautere Mittel oder falsche Angaben erwirkt hat oder dass ihm die Unrichtigkeit der Bestätigung bekannt oder infolge grober Fahrlässigkeit nicht bekannt war. ²Wer vorsätzlich oder grob fahrlässig eine unrichtige Bestätigung ausstellt oder veranlasst, dass Zuwendungen nicht zu den in der Bestätigung angegebenen steuerbegünstigten Zwecken verwendet werden, haftet für die entgangene Steuer. ³Diese ist mit 30 Prozent des zugewendeten Betrags anzusetzen. ⁴In den Fällen des Satzes 2 zweite Alternative (Veranlasserhaftung) ist vorrangig der Zuwendungsempfänger in Anspruch zu nehmen; die in diesen Fällen für den Zuwendungsempfänger handelnden natürlichen Personen sind nur in Anspruch zu nehmen, wenn die entgangene Steuer nicht nach § 47 der Abgabenordnung erloschen ist und Vollstreckungsmaßnahmen gegen den Zuwendungsempfänger nicht erfolgreich sind. ⁵Die Festsetzungsfrist für Haftungsansprüche nach Satz 2 läuft nicht ab, solange die Festsetzungsfrist für von dem Empfänger der Zuwendung geschuldete Körperschaftsteuer für den Veranlagungszeitraum nicht abgelaufen ist, in dem die unrichtige Bestätigung ausgestellt worden ist oder veranlasst wurde, dass die Zuwendung nicht zu den in der Bestätigung angegebenen steuerbegünstigten Zwecken verwendet worden ist; § 191 Absatz 5 der Abgabenordnung ist nicht anzuwenden.

### § 10c Sonderausgaben-Pauschbetrag[1)]

¹Für Sonderausgaben nach § 10 Absatz 1 Nummer 4, 5, 7 und 9 sowie Absatz 1a und nach § 10b wird ein Pauschbetrag von 36 Euro abgezogen (Sonderausgaben-Pauschbetrag), wenn der Steuerpflichtige nicht höhere Aufwendungen nachweist. ²Im Fall der Zusammenveranlagung von Ehegatten verdoppelt sich der Sonderausgaben-Pauschbetrag.

### § 10d Verlustabzug[2)3)]

(1) ¹Negative Einkünfte, die bei der Ermittlung des Gesamtbetrags der Einkünfte nicht ausgeglichen werden, sind bis zu einem Betrag von 1 000 000 Euro, bei Ehegatten, die nach den §§ 26, 26b zusammenveranlagt werden, bis zu einem Betrag von 2 000 000 Euro vom Gesamtbetrag der Einkünfte des unmittelbar vorangegangenen Veranlagungszeitraums vorrangig vor Sonderausgaben, außergewöhnlichen Belastungen und sonstigen Abzugsbeträgen abzuziehen (Verlustrücktrag). ²Dabei wird der Gesamtbetrag der Einkünfte des unmittelbar vorangegangenen Veranlagungszeitraums um die Begünstigungsbeträge nach § 34a Absatz 3 Satz 1 gemin-

---

1) **Anm. d. Red.:** § 10c i. d. F. des Gesetzes v. 22. 12. 2014 (BGBl I S. 2417) mit Wirkung v. 1. 1. 2015.

2) **Anm. d. Red.:** § 10d Abs. 1 i. d. F. des Gesetzes v. 20. 2. 2013 (BGBl I S. 285) mit Wirkung v. 26. 2. 2013; Abs. 4 i. d. F. des Gesetzes v. 8. 12. 2010 (BGBl I S. 1768) mit Wirkung v. 14. 12. 2010.

3) **Anm. d. Red.:** Zur Anwendung des § 10d siehe § 57 Abs. 4.

dert. ³Ist für den unmittelbar vorangegangenen Veranlagungszeitraum bereits ein Steuerbescheid erlassen worden, so ist er insoweit zu ändern, als der Verlustrücktrag zu gewähren oder zu berichtigen ist. ⁴Das gilt auch dann, wenn der Steuerbescheid unanfechtbar geworden ist; die Festsetzungsfrist endet insoweit nicht, bevor die Festsetzungsfrist für den Veranlagungszeitraum abgelaufen ist, in dem die negativen Einkünfte nicht ausgeglichen werden. ⁵Auf Antrag des Steuerpflichtigen ist ganz oder teilweise von der Anwendung des Satzes 1 abzusehen. ⁶Im Antrag ist die Höhe des Verlustrücktrags anzugeben.

(2) ¹Nicht ausgeglichene negative Einkünfte, die nicht nach Absatz 1 abgezogen worden sind, sind in den folgenden Veranlagungszeiträumen bis zu einem Gesamtbetrag der Einkünfte von 1 Million Euro unbeschränkt, darüber hinaus bis zu 60 Prozent des 1 Million Euro übersteigenden Gesamtbetrags der Einkünfte vorrangig vor Sonderausgaben, außergewöhnlichen Belastungen und sonstigen Abzugsbeträgen abzuziehen (Verlustvortrag). ²Bei Ehegatten, die nach §§ 26, 26b zusammenveranlagt werden, tritt an die Stelle des Betrags von 1 Million Euro ein Betrag von 2 Millionen Euro. ³Der Abzug ist nur insoweit zulässig, als die Verluste nicht nach Absatz 1 abgezogen worden sind und in den vorangegangenen Veranlagungszeiträumen nicht nach Satz 1 und 2 abgezogen werden konnten.

(3) (weggefallen)

(4) ¹Der am Schluss eines Veranlagungszeitraums verbleibende Verlustvortrag ist gesondert festzustellen. ²Verbleibender Verlustvortrag sind die bei der Ermittlung des Gesamtbetrags der Einkünfte nicht ausgeglichenen negativen Einkünfte, vermindert um die nach Absatz 1 abgezogenen und die nach Absatz 2 abziehbaren Beträge und vermehrt um den auf den Schluss des vorangegangenen Veranlagungszeitraums festgestellten verbleibenden Verlustvortrag. ³Zuständig für die Feststellung ist das für die Besteuerung zuständige Finanzamt. ⁴Bei der Feststellung des verbleibenden Verlustvortrags sind die Besteuerungsgrundlagen so zu berücksichtigen, wie sie den Steuerfestsetzungen des Veranlagungszeitraums, auf dessen Schluss der verbleibende Verlustvortrag festgestellt wird, und des Veranlagungszeitraums, in dem ein Verlustrücktrag vorgenommen werden kann, zu Grunde gelegt worden sind; § 171 Absatz 10, § 175 Absatz 1 Satz 1 Nummer 1 und § 351 Absatz 2 der Abgabenordnung sowie § 42 der Finanzgerichtsordnung gelten entsprechend. ⁵Die Besteuerungsgrundlagen dürfen bei der Feststellung nur insoweit abweichend von Satz 4 berücksichtigt werden, wie die Aufhebung, Änderung oder Berichtigung der Steuerbescheide ausschließlich mangels Auswirkung auf die Höhe der festzusetzenden Steuer unterbleibt. ⁶Die Feststellungsfrist endet nicht, bevor die Festsetzungsfrist für den Veranlagungszeitraum abgelaufen ist, auf dessen Schluss der verbleibende Verlustvortrag gesondert festzustellen ist; § 181 Absatz 5 der Abgabenordnung ist nur anzuwenden, wenn die zuständige Finanzbehörde die Feststellung des Verlustvortrags pflichtwidrig unterlassen hat.

## § 10e Steuerbegünstigung der zu eigenen Wohnzwecken genutzten Wohnung im eigenen Haus[1]

(1) ¹Der Steuerpflichtige kann von den Herstellungskosten einer Wohnung in einem im Inland belegenen eigenen Haus oder einer im Inland belegenen eigenen Eigentumswohnung zuzüglich der Hälfte der Anschaffungskosten für den dazugehörenden Grund und Boden (Bemessungsgrundlage) im Jahr der Fertigstellung und in den drei folgenden Jahren jeweils bis zu 6 Prozent, höchstens jeweils 10 124 Euro, und in den vier darauffolgenden Jahren jeweils bis zu 5 Prozent, höchstens jeweils 8 437 Euro, wie Sonderausgaben abziehen. ²Voraussetzung ist, dass der Steuerpflichtige die Wohnung hergestellt und in dem jeweiligen Jahr des Zeitraums nach Satz 1 (Abzugszeitraum) zu eigenen Wohnzwecken genutzt hat und die Wohnung keine Ferienwohnung oder Wochenendwohnung ist. ³Eine Nutzung zu eigenen Wohnzwecken liegt auch vor, wenn Teile einer zu eigenen Wohnzwecken genutzten Wohnung unentgeltlich zu Wohnzwecken überlassen werden. ⁴Hat der Steuerpflichtige die Wohnung angeschafft, so sind die Sätze 1 bis 3 mit der Maßgabe anzuwenden, dass an die Stelle des Jahres der Fertigstellung das Jahr der Anschaf-

---

1) **Anm. d. Red.:** Zur Anwendung des § 10e siehe § 52 Abs. 19 und § 57 Abs. 1.

## § 10e VII. Einkommensteuergesetz

fung und an die Stelle der Herstellungskosten die Anschaffungskosten treten; hat der Steuerpflichtige die Wohnung nicht bis zum Ende des zweiten auf das Jahr der Fertigstellung folgenden Jahres angeschafft, kann er von der Bemessungsgrundlage im Jahr der Anschaffung und in den drei folgenden Jahren höchstens jeweils 4 602 Euro und in den vier darauffolgenden Jahren höchstens jeweils 3 835 Euro abziehen. [5]§ 6b Absatz 6 gilt sinngemäß. [6]Bei einem Anteil an der zu eigenen Wohnzwecken genutzten Wohnung kann der Steuerpflichtige den entsprechenden Teil der Abzugsbeträge nach Satz 1 wie Sonderausgaben abziehen. [7]Werden Teile der Wohnung nicht zu eigenen Wohnzwecken genutzt, ist die Bemessungsgrundlage um den auf den nicht zu eigenen Wohnzwecken entfallenden Teil zu kürzen. [8]Satz 4 ist nicht anzuwenden, wenn der Steuerpflichtige die Wohnung oder einen Anteil daran von seinem Ehegatten anschafft und bei den Ehegatten die Voraussetzungen des § 26 Absatz 1 vorliegen.

(2) Absatz 1 gilt entsprechend für Herstellungskosten zu eigenen Wohnzwecken genutzter Ausbauten und Erweiterungen an einer im Inland belegenen, zu eigenen Wohnzwecken genutzten Wohnung.

(3) [1]Der Steuerpflichtige kann die Abzugsbeträge nach den Absätzen 1 und 2, die er in einem Jahr des Abzugszeitraums nicht ausgenutzt hat, bis zum Ende des Abzugszeitraums abziehen. [2]Nachträgliche Herstellungskosten oder Anschaffungskosten, die bis zum Ende des Abzugszeitraums entstehen, können vom Jahr ihrer Entstehung an für die Veranlagungszeiträume, in denen der Steuerpflichtige Abzugsbeträge nach den Absätzen 1 und 2 hätte abziehen können, so behandelt werden, als wären sie zu Beginn des Abzugszeitraums entstanden.

(4) [1]Die Abzugsbeträge nach den Absätzen 1 und 2 kann der Steuerpflichtige nur für eine Wohnung oder für einen Ausbau oder eine Erweiterung abziehen. [2]Ehegatten, bei denen die Voraussetzungen des § 26 Absatz 1 vorliegen, können die Abzugsbeträge nach den Absätzen 1 und 2 für insgesamt zwei der in Satz 1 bezeichneten Objekte abziehen, jedoch nicht gleichzeitig für zwei in räumlichem Zusammenhang belegene Objekte, wenn bei den Ehegatten im Zeitpunkt der Herstellung oder Anschaffung der Objekte die Voraussetzungen des § 26 Absatz 1 vorliegen. [3]Den Abzugsbeträgen stehen die erhöhten Absetzungen nach § 7b in der jeweiligen Fassung ab Inkrafttreten des Gesetzes vom 16. Juni 1964 (BGBl I S. 353) und nach § 15 Absatz 1 bis 4 des Berlinförderungsgesetzes in der jeweiligen Fassung ab Inkrafttreten des Gesetzes vom 11. Juli 1977 (BGBl I S. 1213) gleich. [4]Nutzt der Steuerpflichtige die Wohnung im eigenen Haus oder die Eigentumswohnung (Erstobjekt) nicht bis zum Ablauf des Abzugszeitraums zu eigenen Wohnzwecken und kann er deshalb die Abzugsbeträge nach den Absätzen 1 und 2 nicht mehr in Anspruch nehmen, so kann er die Abzugsbeträge nach Absatz 1 bei einer weiteren Wohnung im Sinne des Absatzes 1 Satz 1 (Folgeobjekt) in Anspruch nehmen, wenn er das Folgeobjekt innerhalb von zwei Jahren vor und drei Jahren nach Ablauf des Veranlagungszeitraums, in dem er das Erstobjekt letztmals zu eigenen Wohnzwecken genutzt hat, anschafft oder herstellt; Entsprechendes gilt bei einem Ausbau oder einer Erweiterung einer Wohnung. [5]Im Fall des Satzes 4 ist der Abzugszeitraum für das Folgeobjekt um die Anzahl der Veranlagungszeiträume zu kürzen, in denen der Steuerpflichtige für das Erstobjekt die Abzugsbeträge nach den Absätzen 1 und 2 hätte abziehen können; hat der Steuerpflichtige das Folgeobjekt in einem Veranlagungszeitraum, in dem er das Erstobjekt noch zu eigenen Wohnzwecken genutzt hat, hergestellt oder angeschafft oder ausgebaut oder erweitert, so beginnt der Abzugszeitraum für das Folgeobjekt mit Ablauf des Veranlagungszeitraums, in dem der Steuerpflichtige das Erstobjekt letztmals zu eigenen Wohnzwecken genutzt hat. [6]Für das Folgeobjekt sind die Prozentsätze der vom Erstobjekt verbliebenen Jahre maßgebend. [7]Dem Erstobjekt im Sinne des Satzes 4 steht ein Erstobjekt im Sinne des § 7b Absatz 5 Satz 4 sowie des § 15 Absatz 1 und des § 15b Absatz 1 des Berlinförderungsgesetzes gleich. [8]Ist für den Steuerpflichtigen Objektverbrauch nach den Sätzen 1 bis 3 eingetreten, kann er die Abzugsbeträge nach den Absätzen 1 und 2 für ein weiteres, in dem in Artikel 3 des Einigungsvertrages genannten Gebiet belegenes Objekt abziehen, wenn der Steuerpflichtige oder dessen Ehegatte, bei denen die Voraussetzungen des § 26 Absatz 1 vorliegen, in dem in Artikel 3 des Einigungsvertrages genannten Gebiet zugezogen ist und

1. seinen ausschließlichen Wohnsitz in diesem Gebiet zu Beginn des Veranlagungszeitraums hat oder ihn im Laufe des Veranlagungszeitraums begründet oder

2. bei mehrfachem Wohnsitz einen Wohnsitz in diesem Gebiet hat und sich dort überwiegend aufhält.

⁹Voraussetzung für die Anwendung des Satzes 8 ist, dass die Wohnung im eigenen Haus oder die Eigentumswohnung vor dem 1. Januar 1995 hergestellt oder angeschafft oder der Ausbau oder die Erweiterung vor diesem Zeitpunkt fertig gestellt worden ist. ¹⁰Die Sätze 2 und 4 bis 6 sind für im Satz 8 bezeichnete Objekte sinngemäß anzuwenden.

(5) ¹Sind mehrere Steuerpflichtige Eigentümer einer zu eigenen Wohnzwecken genutzten Wohnung, so ist Absatz 4 mit der Maßgabe anzuwenden, dass der Anteil des Steuerpflichtigen an der Wohnung einer Wohnung gleichsteht; Entsprechendes gilt bei dem Ausbau oder bei der Erweiterung einer zu eigenen Wohnzwecken genutzten Wohnung. ²Satz 1 ist nicht anzuwenden, wenn Eigentümer der Wohnung der Steuerpflichtige und sein Ehegatte sind und bei den Ehegatten die Voraussetzungen des § 26 Absatz 1 vorliegen. ³Erwirbt im Fall des Satzes 2 ein Ehegatte infolge Erbfalls einen Miteigentumsanteil an der Wohnung hinzu, so kann er die auf diesen Anteil entfallenden Abzugsbeträge nach den Absätzen 2 und 4 weiter in der bisherigen Höhe abziehen; Entsprechendes gilt, wenn im Fall des Satzes 2 während des Abzugszeitraums die Voraussetzungen des § 26 Absatz 1 wegfallen und ein Ehegatte den Anteil des anderen Ehegatten an der Wohnung erwirbt.

(5a) ¹Die Abzugsbeträge nach den Absätzen 1 und 2 können nur für die Veranlagungszeiträume in Anspruch genommen werden, in denen der Gesamtbetrag der Einkünfte 61 355 Euro, bei nach § 26b zusammenveranlagten Ehegatten 122 710 Euro nicht übersteigt. ²Eine Nachholung von Abzugsbeträgen nach Absatz 3 Satz 1 ist nur für Veranlagungszeiträume möglich, in denen die in Satz 1 genannten Voraussetzungen vorgelegen haben; Entsprechendes gilt für nachträgliche Herstellungskosten oder Anschaffungskosten im Sinne des Absatzes 3 Satz 2.

(6) ¹Aufwendungen des Steuerpflichtigen, die bis zum Beginn der erstmaligen Nutzung einer Wohnung im Sinne des Absatzes 1 zu eigenen Wohnzwecken entstehen, unmittelbar mit der Herstellung oder Anschaffung des Gebäudes oder der Eigentumswohnung oder der Anschaffung des dazugehörenden Grund und Bodens zusammenhängen, nicht zu den Herstellungskosten oder Anschaffungskosten der Wohnung oder zu den Anschaffungskosten des Grund und Bodens gehören und die im Fall der Vermietung oder Verpachtung der Wohnung als Werbungskosten abgezogen werden könnten, können wie Sonderausgaben abgezogen werden. ²Wird eine Wohnung bis zum Beginn der erstmaligen Nutzung zu eigenen Wohnzwecken vermietet oder zu eigenen beruflichen oder eigenen betrieblichen Zwecken genutzt und sind die Aufwendungen Werbungskosten oder Betriebsausgaben, können sie nicht wie Sonderausgaben abgezogen werden. ³Aufwendungen nach Satz 1, die Erhaltungsaufwand sind und im Zusammenhang mit der Anschaffung des Gebäudes oder der Eigentumswohnung stehen, können insgesamt nur bis zu 15 Prozent der Anschaffungskosten des Gebäudes oder der Eigentumswohnung, höchstens bis zu 15 Prozent von 76 694 Euro, abgezogen werden. ⁴Die Sätze 1 und 2 gelten entsprechend bei Ausbauten und Erweiterungen an einer zu Wohnzwecken genutzten Wohnung.

(6a) ¹Nimmt der Steuerpflichtige Abzugsbeträge für ein Objekt nach den Absätzen 1 oder 2 in Anspruch oder ist er auf Grund des Absatzes 5a zur Inanspruchnahme von Abzugsbeträgen für ein solches Objekt nicht berechtigt, so kann er die mit diesem Objekt in wirtschaftlichem Zusammenhang stehenden Schuldzinsen, die für die Zeit der Nutzung zu eigenen Wohnzwecken entstehen, im Jahr der Herstellung oder Anschaffung und den beiden folgenden Kalenderjahren bis zur Höhe von jeweils 12 000 Deutsche Mark wie Sonderausgaben abziehen, wenn er das Objekt vor dem 1. Januar 1995 fertiggestellt oder vor diesem Zeitpunkt bis zum Ende des Jahres der Fertigstellung angeschafft hat. ²Soweit der Schuldzinsenabzug nach Satz 1 nicht in vollem Umfang im Jahr der Herstellung oder Anschaffung in Anspruch genommen werden kann, kann er in dem dritten auf das Jahr der Herstellung oder Anschaffung folgenden Kalenderjahr nachgeholt werden. ³Absatz 1 Satz 6 gilt sinngemäß.

(7) ¹Sind mehrere Steuerpflichtige Eigentümer einer zu eigenen Wohnzwecken genutzten Wohnung, so können die Abzugsbeträge nach den Absätzen 1 und 2 und die Aufwendungen

nach den Absätzen 6 und 6a gesondert und einheitlich festgestellt werden. ²Die für die gesonderte Feststellung von Einkünften nach § 180 Absatz 1 Nummer 2 Buchstabe a der Abgabenordnung geltenden Vorschriften sind entsprechend anzuwenden.

## § 10f Steuerbegünstigung für zu eigenen Wohnzwecken genutzte Baudenkmale und Gebäude in Sanierungsgebieten und städtebaulichen Entwicklungsbereichen[1)]

(1) ¹Der Steuerpflichtige kann Aufwendungen an einem eigenen Gebäude im Kalenderjahr des Abschlusses der Baumaßnahme und in den neun folgenden Kalenderjahren jeweils bis zu 9 Prozent wie Sonderausgaben abziehen, wenn die Voraussetzungen des § 7h oder des § 7i vorliegen. ²Dies gilt nur, soweit er das Gebäude in dem jeweiligen Kalenderjahr zu eigenen Wohnzwecken nutzt und die Aufwendungen nicht in die Bemessungsgrundlage nach § 10e oder dem Eigenheimzulagengesetz einbezogen hat. ³Für Zeiträume, für die der Steuerpflichtige erhöhte Absetzungen von Aufwendungen nach § 7h oder § 7i abgezogen hat, kann er für diese Aufwendungen keine Abzugsbeträge nach Satz 1 in Anspruch nehmen. ⁴Eine Nutzung zu eigenen Wohnzwecken liegt auch vor, wenn Teile einer zu eigenen Wohnzwecken genutzten Wohnung unentgeltlich zu Wohnzwecken überlassen werden.

(2) ¹Der Steuerpflichtige kann Erhaltungsaufwand, der an einem eigenen Gebäude entsteht und nicht zu den Betriebsausgaben oder Werbungskosten gehört, im Kalenderjahr des Abschlusses der Maßnahme und in den neun folgenden Kalenderjahren jeweils bis zu 9 Prozent wie Sonderausgaben abziehen, wenn die Voraussetzungen des § 11a Absatz 1 in Verbindung mit § 7h Absatz 2 oder des § 11b Satz 1 oder 2 in Verbindung mit § 7i Absatz 1 Satz 2 und Absatz 2 vorliegen. ²Dies gilt nur, soweit der Steuerpflichtige das Gebäude in dem jeweiligen Kalenderjahr zu eigenen Wohnzwecken nutzt und diese Aufwendungen nicht nach § 10e Absatz 6 oder § 10i abgezogen hat. ³Soweit der Steuerpflichtige das Gebäude während des Verteilungszeitraums zur Einkunftserzielung nutzt, ist der noch nicht berücksichtigte Teil des Erhaltungsaufwands im Jahr des Übergangs zur Einkunftserzielung wie Sonderausgaben abzuziehen. ⁴Absatz 1 Satz 4 ist entsprechend anzuwenden.

(3) ¹Die Abzugsbeträge nach den Absätzen 1 und 2 kann der Steuerpflichtige nur bei einem Gebäude in Anspruch nehmen. ²Ehegatten, bei denen die Voraussetzungen des § 26 Absatz 1 vorliegen, können die Abzugsbeträge nach den Absätzen 1 und 2 bei insgesamt zwei Gebäuden abziehen. ³Gebäuden im Sinne der Absätze 1 und 2 stehen Gebäude gleich, für die Abzugsbeträge nach § 52 Absatz 21 Satz 6 in Verbindung mit § 51 Absatz 1 Nummer 2 Buchstabe x oder Buchstabe y des Einkommensteuergesetzes 1987 in der Fassung der Bekanntmachung vom 27. Februar 1987 (BGBl I S. 657) in Anspruch genommen worden sind; Entsprechendes gilt für Abzugsbeträge nach § 52 Absatz 21 Satz 7.

(4) ¹Sind mehrere Steuerpflichtige Eigentümer eines Gebäudes, so ist Absatz 3 mit der Maßgabe anzuwenden, dass der Anteil des Steuerpflichtigen an einem solchen Gebäude dem Gebäude gleichsteht. ²Erwirbt ein Miteigentümer, der für seinen Anteil bereits Abzugsbeträge nach Absatz 1 oder Absatz 2 abgezogen hat, einen Anteil an demselben Gebäude hinzu, kann er für danach von ihm durchgeführte Maßnahmen im Sinne der Absätze 1 oder 2 auch die Abzugsbeträge nach den Absätzen 1 und 2 in Anspruch nehmen, die auf den hinzuerworbenen Anteil entfallen. ³§ 10e Absatz 5 Satz 2 und 3 sowie Absatz 7 ist sinngemäß anzuwenden.

(5) Die Absätze 1 bis 4 sind auf Gebäudeteile, die selbständige unbewegliche Wirtschaftsgüter sind, und auf Eigentumswohnungen entsprechend anzuwenden.

---

1) **Anm. d. Red.:** § 10f Abs. 1 und 2 i. d. F. des Gesetzes v. 5. 4. 2011 (BGBl I S. 554) mit Wirkung v. 12. 4. 2011.

## § 10g Steuerbegünstigung für schutzwürdige Kulturgüter, die weder zur Einkunftserzielung noch zu eigenen Wohnzwecken genutzt werden[1)]

(1) ¹Der Steuerpflichtige kann Aufwendungen für Herstellungs- und Erhaltungsmaßnahmen an eigenen schutzwürdigen Kulturgütern im Inland, soweit sie öffentliche oder private Zuwendungen oder etwaige aus diesen Kulturgütern erzielte Einnahmen übersteigen, im Kalenderjahr des Abschlusses der Maßnahme und in den neun folgenden Kalenderjahren jeweils bis zu 9 Prozent wie Sonderausgaben abziehen. ²Kulturgüter im Sinne des Satzes 1 sind

1. Gebäude oder Gebäudeteile, die nach den jeweiligen landesrechtlichen Vorschriften ein Baudenkmal sind,
2. Gebäude oder Gebäudeteile, die für sich allein nicht die Voraussetzungen für ein Baudenkmal erfüllen, aber Teil einer nach den jeweiligen landesrechtlichen Vorschriften als Einheit geschützten Gebäudegruppe oder Gesamtanlage sind,
3. gärtnerische, bauliche und sonstige Anlagen, die keine Gebäude oder Gebäudeteile und nach den jeweiligen landesrechtlichen Vorschriften unter Schutz gestellt sind,
4. Mobiliar, Kunstgegenstände, Kunstsammlungen, wissenschaftliche Sammlungen, Bibliotheken oder Archive, die sich seit mindestens 20 Jahren im Besitz der Familie des Steuerpflichtigen befinden oder in das Verzeichnis national wertvollen Kulturgutes oder das Verzeichnis national wertvoller Archive eingetragen sind und deren Erhaltung wegen ihrer Bedeutung für Kunst, Geschichte oder Wissenschaft im öffentlichen Interesse liegt,

wenn sie in einem den Verhältnissen entsprechenden Umfang der wissenschaftlichen Forschung oder der Öffentlichkeit zugänglich gemacht werden, es sei denn, dem Zugang stehen zwingende Gründe des Denkmal- oder Archivschutzes entgegen. ³Die Maßnahmen müssen nach Maßgabe der geltenden Bestimmungen der Denkmal- und Archivpflege erforderlich und in Abstimmung mit der in Absatz 3 genannten Stelle durchgeführt worden sein; bei Aufwendungen für Herstellungs- und Erhaltungsmaßnahmen an Kulturgütern im Sinne des Satzes 2 Nummer 1 und 2 ist § 7i Absatz 1 Satz 1 bis 4 sinngemäß anzuwenden.

(2) ¹Die Abzugsbeträge nach Absatz 1 Satz 1 kann der Steuerpflichtige nur in Anspruch nehmen, soweit er die schutzwürdigen Kulturgüter im jeweiligen Kalenderjahr weder zur Erzielung von Einkünften im Sinne des § 2 noch Gebäude oder Gebäudeteile zu eigenen Wohnzwecken nutzt und die Aufwendungen nicht nach § 10e Absatz 6, § 10h Satz 3 oder § 10i abgezogen hat. ²Für Zeiträume, für die der Steuerpflichtige von Aufwendungen Absetzungen für Abnutzung, erhöhte Absetzungen, Sonderabschreibungen oder Beträge nach § 10e Absatz 1 bis 5, den §§ 10f, 10h, § 15b des Berlinförderungsgesetzes oder § 7 des Fördergebietsgesetzes abgezogen hat, kann er für diese Aufwendungen keine Abzugsbeträge nach Absatz 1 Satz 1 in Anspruch nehmen; Entsprechendes gilt, wenn der Steuerpflichtige für Aufwendungen die Eigenheimzulage nach dem Eigenheimzulagengesetz in Anspruch genommen hat. ³Soweit die Kulturgüter während des Zeitraums nach Absatz 1 Satz 1 zur Einkunftserzielung genutzt werden, ist der noch nicht berücksichtigte Teil der Aufwendungen, die auf Erhaltungsarbeiten entfallen, im Jahr des Übergangs zur Einkunftserzielung wie Sonderausgaben abzuziehen.

(3) ¹Der Steuerpflichtige kann den Abzug vornehmen, wenn er durch eine Bescheinigung der nach Landesrecht zuständigen oder von der Landesregierung bestimmten Stelle die Voraussetzungen des Absatzes 1 für das Kulturgut und für die Erforderlichkeit der Aufwendungen nachweist. ²Hat eine der für Denkmal- oder Archivpflege zuständigen Behörden ihm Zuschüsse gewährt, so hat die Bescheinigung auch deren Höhe zu enthalten; werden ihm solche Zuschüsse nach Ausstellung der Bescheinigung gewährt, so ist diese entsprechend zu ändern.

(4) ¹Die Absätze 1 bis 3 sind auf Gebäudeteile, die selbständige unbewegliche Wirtschaftsgüter sind, sowie auf Eigentumswohnungen und im Teileigentum stehende Räume entsprechend anzuwenden. ²§ 10e Absatz 7 gilt sinngemäß.

---

1) **Anm. d. Red.:** § 10g Abs. 1 i. d. F. des Gesetzes v. 5. 4. 2011 (BGBl I S. 554) mit Wirkung v. 12. 4. 2011.

## § 10h Steuerbegünstigung der unentgeltlich zu Wohnzwecken überlassenen Wohnung im eigenen Haus[1]

¹Der Steuerpflichtige kann von den Aufwendungen, die ihm durch Baumaßnahmen zur Herstellung einer Wohnung entstanden sind, im Jahr der Fertigstellung und in den drei folgenden Jahren jeweils bis zu 6 Prozent, höchstens jeweils 10 124 Euro, und in den vier darauffolgenden Jahren jeweils bis zu 5 Prozent, höchstens jeweils 8 437 Euro, wie Sonderausgaben abziehen. ²Voraussetzung ist, dass

1. der Steuerpflichtige nach dem 30. September 1991 den Bauantrag gestellt oder mit der Herstellung begonnen hat,
2. die Baumaßnahmen an einem Gebäude im Inland durchgeführt worden sind, in dem der Steuerpflichtige im jeweiligen Jahr des Zeitraums nach Satz 1 eine eigene Wohnung zu eigenen Wohnzwecken nutzt,
3. die Wohnung keine Ferienwohnung oder Wochenendwohnung ist,
4. der Steuerpflichtige die Wohnung insgesamt im jeweiligen Jahr des Zeitraums nach Satz 1 voll unentgeltlich an einen Angehörigen im Sinne des § 15 Absatz 1 Nummer 3 und 4 der Abgabenordnung auf Dauer zu Wohnzwecken überlassen hat und
5. der Steuerpflichtige die Aufwendungen nicht in die Bemessungsgrundlage nach den §§ 10e, 10f Absatz 1, §§ 10g, 52 Absatz 21 Satz 6 oder nach § 7 des Fördergebietsgesetzes einbezogen hat.

³§ 10e Absatz 1 Satz 5 und 6, Absatz 3, 5a, 6 und 7 gilt sinngemäß.

## § 10i Vorkostenabzug bei einer nach dem Eigenheimzulagengesetz begünstigten Wohnung[2]

(1) ¹Der Steuerpflichtige kann nachstehende Vorkosten wie Sonderausgaben abziehen:
1. eine Pauschale von 1 790 Euro im Jahr der Fertigstellung oder Anschaffung, wenn er für die Wohnung im Jahr der Herstellung oder Anschaffung oder in einem der zwei folgenden Jahre eine Eigenheimzulage nach dem Eigenheimzulagengesetz in Anspruch nimmt, und
2. Erhaltungsaufwendungen bis zu 11 504 Euro, die
   a) bis zum Beginn der erstmaligen Nutzung einer Wohnung zu eigenen Wohnzwecken entstanden sind oder
   b) bis zum Ablauf des auf das Jahr der Anschaffung folgenden Kalenderjahres entstanden sind, wenn der Steuerpflichtige eine von ihm bisher als Mieter genutzte Wohnung anschafft.

²Die Erhaltungsaufwendungen nach Satz 1 Nummer 2 müssen unmittelbar mit der Herstellung oder Anschaffung des Gebäudes oder der Eigentumswohnung zusammenhängen, dürfen nicht zu den Herstellungskosten oder Anschaffungskosten der Wohnung oder zu den Anschaffungskosten des Grund und Bodens gehören und müssten im Fall der Vermietung und Verpachtung der Wohnung als Werbungskosten abgezogen werden können. ³Wird eine Wohnung bis zum Beginn der erstmaligen Nutzung zu eigenen Wohnzwecken vermietet oder zu eigenen beruflichen oder eigenen betrieblichen Zwecken genutzt und sind die Erhaltungsaufwendungen Werbungskosten oder Betriebsausgaben, können sie nicht wie Sonderausgaben abgezogen werden. ⁴Bei einem Anteil an der zu eigenen Wohnzwecken genutzten Wohnung kann der Steuerpflichtige den entsprechenden Teil der Abzugsbeträge nach Satz 1 wie Sonderausgaben abziehen. ⁵Die vorstehenden Sätze gelten entsprechend bei Ausbauten und Erweiterungen an einer zu eigenen Wohnzwecken genutzten Wohnung.

---

1) **Anm. d. Red.:** Zur Anwendung des § 10h siehe § 52 Abs. 20.
2) **Anm. d. Red.:** Zur Anwendung des § 10i siehe § 52 Abs. 21.

(2) ¹Sind mehrere Steuerpflichtige Eigentümer einer zu eigenen Wohnzwecken genutzten Wohnung, können die Aufwendungen nach Absatz 1 gesondert und einheitlich festgestellt werden. ²Die für die gesonderte Feststellung von Einkünften nach § 180 Absatz 1 Nummer 2 Buchstabe a der Abgabenordnung geltenden Vorschriften sind entsprechend anzuwenden.

## 6. Vereinnahmung und Verausgabung

### § 11

(1) ¹Einnahmen sind innerhalb des Kalenderjahres bezogen, in dem sie dem Steuerpflichtigen zugeflossen sind. ²Regelmäßig wiederkehrende Einnahmen, die dem Steuerpflichtigen kurze Zeit vor Beginn oder kurze Zeit nach Beendigung des Kalenderjahres, zu dem sie wirtschaftlich gehören, zugeflossen sind, gelten als in diesem Kalenderjahr bezogen. ³Der Steuerpflichtige kann Einnahmen, die auf einer Nutzungsüberlassung im Sinne des Absatzes 2 Satz 3 beruhen, insgesamt auf den Zeitraum gleichmäßig verteilen, für den die Vorauszahlung geleistet wird. ⁴Für Einnahmen aus nichtselbständiger Arbeit gilt § 38a Absatz 1 Satz 2 und 3 und § 40 Absatz 3 Satz 2. ⁵Die Vorschriften über die Gewinnermittlung (§ 4 Absatz 1, § 5) bleiben unberührt.

(2) ¹Ausgaben sind für das Kalenderjahr abzusetzen, in dem sie geleistet worden sind. ²Für regelmäßig wiederkehrende Ausgaben gilt Absatz 1 Satz 2 entsprechend. ³Werden Ausgaben für eine Nutzungsüberlassung von mehr als fünf Jahren im Voraus geleistet, sind sie insgesamt auf den Zeitraum gleichmäßig zu verteilen, für den die Vorauszahlung geleistet wird. ⁴Satz 3 ist auf ein Damnum oder Disagio nicht anzuwenden, soweit dieses marktüblich ist. ⁵§ 42 der Abgabenordnung bleibt unberührt. ⁶Die Vorschriften über die Gewinnermittlung (§ 4 Absatz 1, § 5) bleiben unberührt.

### § 11a Sonderbehandlung von Erhaltungsaufwand bei Gebäuden in Sanierungsgebieten und städtebaulichen Entwicklungsbereichen

(1) ¹Der Steuerpflichtige kann durch Zuschüsse aus Sanierungs- oder Entwicklungsförderungsmitteln nicht gedeckten Erhaltungsaufwand für Maßnahmen im Sinne des § 177 des Baugesetzbuchs an einem im Inland belegenen Gebäude in einem förmlich festgelegten Sanierungsgebiet oder städtebaulichen Entwicklungsbereich auf zwei bis fünf Jahre gleichmäßig verteilen. ²Satz 1 ist entsprechend anzuwenden auf durch Zuschüsse aus Sanierungs- oder Entwicklungsförderungsmitteln nicht gedeckten Erhaltungsaufwand für Maßnahmen, die der Erhaltung, Erneuerung und funktionsgerechten Verwendung eines Gebäudes im Sinne des Satzes 1 dienen, das wegen seiner geschichtlichen, künstlerischen oder städtebaulichen Bedeutung erhalten bleiben soll, und zu deren Durchführung sich der Eigentümer neben bestimmten Modernisierungsmaßnahmen gegenüber der Gemeinde verpflichtet hat.

(2) ¹Wird das Gebäude während des Verteilungszeitraums veräußert, ist der noch nicht berücksichtigte Teil des Erhaltungsaufwands im Jahr der Veräußerung als Betriebsausgaben oder Werbungskosten abzusetzen. ²Das Gleiche gilt, wenn ein nicht zu einem Betriebsvermögen gehörendes Gebäude in ein Betriebsvermögen eingebracht oder wenn ein Gebäude aus dem Betriebsvermögen entnommen oder wenn ein Gebäude nicht mehr zur Einkunftserzielung genutzt wird.

(3) Steht das Gebäude im Eigentum mehrerer Personen, ist der in Absatz 1 bezeichnete Erhaltungsaufwand von allen Eigentümern auf den gleichen Zeitraum zu verteilen.

(4) § 7h Absatz 2 und 3 ist entsprechend anzuwenden.

### § 11b Sonderbehandlung von Erhaltungsaufwand bei Baudenkmalen

¹Der Steuerpflichtige kann durch Zuschüsse aus öffentlichen Kassen nicht gedeckten Erhaltungsaufwand für ein im Inland belegenes Gebäude oder Gebäudeteil, das nach den jeweiligen landesrechtlichen Vorschriften ein Baudenkmal ist, auf zwei bis fünf Jahre gleichmäßig verteilen, soweit die Aufwendungen nach Art und Umfang zur Erhaltung des Gebäudes oder Gebäudeteils als Baudenkmal oder zu seiner sinnvollen Nutzung erforderlich und die Maßnahmen in

Abstimmung mit der in § 7i Absatz 2 bezeichneten Stelle vorgenommen worden sind. ²Durch Zuschüsse aus öffentlichen Kassen nicht gedeckten Erhaltungsaufwand für ein im Inland belegenes Gebäude oder Gebäudeteil, das für sich allein nicht die Voraussetzungen für ein Baudenkmal erfüllt, aber Teil einer Gebäudegruppe oder Gesamtanlage ist, die nach den jeweiligen landesrechtlichen Vorschriften als Einheit geschützt ist, kann der Steuerpflichtige auf zwei bis fünf Jahre gleichmäßig verteilen, soweit die Aufwendungen nach Art und Umfang zur Erhaltung des schützenswerten äußeren Erscheinungsbildes der Gebäudegruppe oder Gesamtanlage erforderlich und die Maßnahmen in Abstimmung mit der in § 7i Absatz 2 bezeichneten Stelle vorgenommen worden sind. ³§ 7h Absatz 3 und § 7i Absatz 1 Satz 2 und Absatz 2 sowie § 11a Absatz 2 und 3 sind entsprechend anzuwenden.

## 7. Nicht abzugsfähige Ausgaben

### § 12[1]

Soweit in § 10 Absatz 1 Nummer 2 bis 5, 7 und 9 sowie Absatz 1a Nummer 1, den §§ 10a, 10b und den §§ 33 bis 33b nichts anderes bestimmt ist, dürfen weder bei den einzelnen Einkunftsarten noch vom Gesamtbetrag der Einkünfte abgezogen werden

1. die für den Haushalt des Steuerpflichtigen und für den Unterhalt seiner Familienangehörigen aufgewendeten Beträge. ²Dazu gehören auch die Aufwendungen für die Lebensführung, die die wirtschaftliche oder gesellschaftliche Stellung des Steuerpflichtigen mit sich bringt, auch wenn sie zur Förderung des Berufs oder der Tätigkeit des Steuerpflichtigen erfolgen;
2. freiwillige Zuwendungen, Zuwendungen auf Grund einer freiwillig begründeten Rechtspflicht und Zuwendungen an eine gegenüber dem Steuerpflichtigen oder seinem Ehegatten gesetzlich unterhaltsberechtigte Person oder deren Ehegatten, auch wenn diese Zuwendungen auf einer besonderen Vereinbarung beruhen;
3. die Steuern vom Einkommen und sonstige Personensteuern sowie die Umsatzsteuer für Umsätze, die Entnahmen sind, und die Vorsteuerbeträge auf Aufwendungen, für die das Abzugsverbot der Nummer 1 oder des § 4 Absatz 5 Satz 1 Nummer 1 bis 5, 7 oder Absatz 7 gilt; das gilt auch für die auf diese Steuern entfallenden Nebenleistungen;
4. in einem Strafverfahren festgesetzte Geldstrafen, sonstige Rechtsfolgen vermögensrechtlicher Art, bei denen der Strafcharakter überwiegt, und Leistungen zur Erfüllung von Auflagen oder Weisungen, soweit die Auflagen oder Weisungen nicht lediglich der Wiedergutmachung des durch die Tat verursachten Schadens dienen.
5. (weggefallen)

## 8. Die einzelnen Einkunftsarten

### a) Land- und Forstwirtschaft (§ 2 Absatz 1 Satz 1 Nummer 1)

### § 13 Einkünfte aus Land- und Forstwirtschaft[2]

(1) Einkünfte aus Land- und Forstwirtschaft sind
1. Einkünfte aus dem Betrieb von Landwirtschaft, Forstwirtschaft, Weinbau, Gartenbau und aus allen Betrieben, die Pflanzen und Pflanzenteile mit Hilfe der Naturkräfte gewinnen. ²Zu diesen Einkünften gehören auch die Einkünfte aus der Tierzucht und Tierhaltung, wenn im Wirtschaftsjahr

| | | |
|---|---|---|
| für die ersten 20 Hektar | nicht mehr als 10 | Vieheinheiten, |
| für die nächsten 10 Hektar | nicht mehr als 7 | Vieheinheiten, |

---

1) **Anm. d. Red.:** § 12 i. d. F. des Gesetzes v. 22. 12. 2014 (BGBl I S. 2417) mit Wirkung v. 1. 1. 2015.
2) **Anm. d. Red.:** § 13 Abs. 3 i. d. F. des Gesetzes v. 22. 12. 2014 (BGBl I S. 2417) mit Wirkung v. 1. 1. 2015.

| | | |
|---|---|---|
| für die nächsten 20 Hektar | nicht mehr als 6 | Vieheinheiten, |
| für die nächsten 50 Hektar | nicht mehr als 3 | Vieheinheiten |
| und für die weitere Fläche | nicht mehr als 1,5 | Vieheinheiten |

je Hektar der vom Inhaber des Betriebs regelmäßig landwirtschaftlich genutzten Flächen erzeugt oder gehalten werden. ³Die Tierbestände sind nach dem Futterbedarf in Vieheinheiten umzurechnen. ⁴§ 51 Absatz 2 bis 5 des Bewertungsgesetzes ist anzuwenden. ⁵Die Einkünfte aus Tierzucht und Tierhaltung einer Gesellschaft, bei der die Gesellschafter als Unternehmer (Mitunternehmer) anzusehen sind, gehören zu den Einkünften im Sinne des Satzes 1, wenn die Voraussetzungen des § 51a des Bewertungsgesetzes erfüllt sind und andere Einkünfte der Gesellschafter aus dieser Gesellschaft zu den Einkünften aus Land- und Forstwirtschaft gehören;

2. Einkünfte aus sonstiger land- und forstwirtschaftlicher Nutzung (§ 62 Bewertungsgesetz);
3. Einkünfte aus Jagd, wenn diese mit dem Betrieb einer Landwirtschaft oder einer Forstwirtschaft im Zusammenhang steht;
4. Einkünfte von Hauberg-, Wald-, Forst- und Laubgenossenschaften und ähnlichen Realgemeinden im Sinne des § 3 Absatz 2 des Körperschaftsteuergesetzes.

(2) Zu den Einkünften im Sinne des Absatzes 1 gehören auch

1. Einkünfte aus einem land- und forstwirtschaftlichen Nebenbetrieb. ²Als Nebenbetrieb gilt ein Betrieb, der dem land- und forstwirtschaftlichen Hauptbetrieb zu dienen bestimmt ist;
2. der Nutzungswert der Wohnung des Steuerpflichtigen, wenn die Wohnung die bei Betrieben gleicher Art übliche Größe nicht überschreitet und das Gebäude oder der Gebäudeteil nach den jeweiligen landesrechtlichen Vorschriften ein Baudenkmal ist;
3. die Produktionsaufgaberente nach dem Gesetz zur Förderung der Einstellung der landwirtschaftlichen Erwerbstätigkeit.

(3) ¹Die Einkünfte aus Land- und Forstwirtschaft werden bei der Ermittlung des Gesamtbetrags der Einkünfte nur berücksichtigt, soweit sie den Betrag von 900 Euro übersteigen. ²Satz 1 ist nur anzuwenden, wenn die Summe der Einkünfte 30 700 Euro nicht übersteigt. ³Im Fall der Zusammenveranlagung von Ehegatten verdoppeln sich die Beträge der Sätze 1 und 2.

(4) ¹Absatz 2 Nummer 2 findet nur Anwendung, sofern im Veranlagungszeitraum 1986 bei einem Steuerpflichtigen für die von ihm zu eigenen Wohnzwecken oder zu Wohnzwecken des Altenteilers genutzte Wohnung die Voraussetzungen für die Anwendung des § 13 Absatz 2 Nummer 2 des Einkommensteuergesetzes in der Fassung der Bekanntmachung vom 16. April 1997 (BGBl I S. 821) vorlagen. ²Der Steuerpflichtige kann für einen Veranlagungszeitraum nach dem Veranlagungszeitraum 1998 unwiderruflich beantragen, dass Absatz 2 Nummer 2 ab diesem Veranlagungszeitraum nicht mehr angewendet wird. ³§ 52 Absatz 21 Satz 4 und 6 des Einkommensteuergesetzes in der Fassung der Bekanntmachung vom 16. April 1997 (BGBl I S. 821) ist entsprechend anzuwenden. ⁴Im Fall des Satzes 2 gelten die Wohnung des Steuerpflichtigen und die Altenteilerwohnung sowie der dazugehörende Grund und Boden zu dem Zeitpunkt als entnommen, bis zu dem Absatz 2 Nummer 2 letztmals angewendet wird. ⁵Der Entnahmegewinn bleibt außer Ansatz. ⁶Werden

1. die Wohnung und der dazugehörende Grund und Boden entnommen oder veräußert, bevor sie nach Satz 4 als entnommen gelten, oder
2. eine vor dem 1. Januar 1987 einem Dritten entgeltlich zur Nutzung überlassene Wohnung und der dazugehörende Grund und Boden für eigene Wohnzwecke oder für Wohnzwecke eines Altenteilers entnommen,

bleibt der Entnahme- oder Veräußerungsgewinn ebenfalls außer Ansatz; Nummer 2 ist nur anzuwenden, soweit nicht Wohnungen vorhanden sind, die Wohnzwecken des Eigentümers des Betriebs oder Wohnzwecken eines Altenteilers dienen und die unter Satz 4 oder unter Nummer 1 fallen.

## § 13a VII. Einkommensteuergesetz

(5) Wird Grund und Boden dadurch entnommen, dass auf diesem Grund und Boden die Wohnung des Steuerpflichtigen oder eine Altenteilerwohnung errichtet wird, bleibt der Entnahmegewinn außer Ansatz; der Steuerpflichtige kann die Regelung nur für eine zu eigenen Wohnzwecken genutzte Wohnung und für eine Altenteilerwohnung in Anspruch nehmen.

(6) ¹Werden einzelne Wirtschaftsgüter eines land- und forstwirtschaftlichen Betriebs auf einen der gemeinschaftlichen Tierhaltung dienenden Betrieb im Sinne des § 34 Absatz 6a des Bewertungsgesetzes einer Erwerbs- und Wirtschaftsgenossenschaft oder eines Vereins gegen Gewährung von Mitgliedsrechten übertragen, so ist die auf den dabei entstehenden Gewinn entfallende Einkommensteuer auf Antrag in jährlichen Teilbeträgen zu entrichten. ²Der einzelne Teilbetrag muss mindestens ein Fünftel dieser Steuer betragen.

(7)¹⁾ § 15 Absatz 1 Satz 1 Nummer 2, Absatz 1a, Absatz 2 Satz 2 und 3, §§ 15a und 15b sind entsprechend anzuwenden.

### § 13a Ermittlung des Gewinns aus Land- und Forstwirtschaft nach Durchschnittssätzen²⁾³⁾

(1) ¹Der Gewinn eines Betriebs der Land- und Forstwirtschaft ist nach den Absätzen 3 bis 7 zu ermitteln, wenn

1. der Steuerpflichtige nicht auf Grund gesetzlicher Vorschriften verpflichtet ist, für den Betrieb Bücher zu führen und regelmäßig Abschlüsse zu machen und
2. in diesem Betrieb am 15. Mai innerhalb des Wirtschaftsjahres Flächen der landwirtschaftlichen Nutzung (§ 160 Absatz 2 Satz 1 Nummer 1 Buchstabe a des Bewertungsgesetzes) selbst bewirtschaftet werden und diese Flächen 20 Hektar ohne Sondernutzungen nicht überschreiten und
3. die Tierbestände insgesamt 50 Vieheinheiten (§ 13 Absatz 1 Nummer 1) nicht übersteigen und
4. die selbst bewirtschafteten Flächen der forstwirtschaftlichen Nutzung (§ 160 Absatz 2 Satz 1 Nummer 1 Buchstabe b des Bewertungsgesetzes) 50 Hektar nicht überschreiten und
5. die selbst bewirtschafteten Flächen der Sondernutzungen (Absatz 6) die in Anlage 1a Nummer 2 Spalte 2 genannten Grenzen nicht überschreiten.

²Satz 1 ist auch anzuwenden, wenn nur Sondernutzungen bewirtschaftet werden und die in Anlage 1a Nummer 2 Spalte 2 genannten Grenzen nicht überschritten werden. ³Die Sätze 1 und 2 gelten nicht, wenn der Betrieb im laufenden Wirtschaftsjahr im Ganzen zur Bewirtschaftung als Eigentümer, Miteigentümer, Nutzungsberechtigter oder durch Umwandlung übergegangen ist und der Gewinn bisher nach § 4 Absatz 1 oder 3 ermittelt wurde. ⁴Der Gewinn ist letztmalig für das Wirtschaftsjahr nach Durchschnittssätzen zu ermitteln, das nach Bekanntgabe der Mitteilung endet, durch die die Finanzbehörde auf den Beginn der Buchführungspflicht (§ 141 Absatz 2 der Abgabenordnung) oder auf den Wegfall einer anderen Voraussetzung des Satzes 1 hingewiesen hat. ⁵Der Gewinn ist erneut nach Durchschnittssätzen zu ermitteln, wenn die Voraussetzungen des Satzes 1 wieder vorliegen und ein Antrag nach Absatz 2 nicht gestellt wird.

(2) ¹Auf Antrag des Steuerpflichtigen ist für einen Betrieb im Sinne des Absatzes 1 der Gewinn für vier aufeinander folgende Wirtschaftsjahre nicht nach den Absätzen 3 bis 7 zu ermitteln. ²Wird der Gewinn eines dieser Wirtschaftsjahre durch den Steuerpflichtigen nicht nach § 4 Absatz 1 oder 3 ermittelt, ist der Gewinn für den gesamten Zeitraum von vier Wirtschaftsjahren nach den Absätzen 3 bis 7 zu ermitteln. ³Der Antrag ist bis zur Abgabe der Steuererklärung, jedoch spätestens zwölf Monate nach Ablauf des ersten Wirtschaftsjahres, auf das er sich bezieht, schriftlich zu stellen. ⁴Er kann innerhalb dieser Frist zurückgenommen werden.

---

1) **Anm. d. Red.:** Zur Anwendung des § 13 Abs. 7 siehe § 52 Abs. 22.
2) **Anm. d. Red.:** § 13a i. d. F. des Gesetzes v. 22. 12. 2014 (BGBl I S. 2417) mit Wirkung v. 1. 1. 2015.
3) **Anm. d. Red.:** Zur Anwendung des § 13a siehe § 52 Abs. 22a.

(3) ¹Durchschnittssatzgewinn ist die Summe aus
1. dem Gewinn der landwirtschaftlichen Nutzung,
2. dem Gewinn der forstwirtschaftlichen Nutzung,
3. dem Gewinn der Sondernutzungen,
4. den Sondergewinnen,
5. den Einnahmen aus Vermietung und Verpachtung von Wirtschaftsgütern des land- und forstwirtschaftlichen Betriebsvermögens,
6. den Einnahmen aus Kapitalvermögen, soweit sie zu den Einkünften aus Land- und Forstwirtschaft gehören (§ 20 Absatz 8).

²Die Vorschriften von § 4 Absatz 4a, § 6 Absatz 2 und 2a sowie zum Investitionsabzugsbetrag und zu Sonderabschreibungen finden keine Anwendung. ³Bei abnutzbaren Wirtschaftsgütern des Anlagevermögens gilt die Absetzung für Abnutzung in gleichen Jahresbeträgen nach § 7 Absatz 1 Satz 1 bis 5 als in Anspruch genommen. ⁴Die Gewinnermittlung ist nach amtlich vorgeschriebenem Datensatz durch Datenfernübertragung spätestens mit der Steuererklärung zu übermitteln. ⁵Auf Antrag kann die Finanzbehörde zur Vermeidung unbilliger Härten auf eine elektronische Übermittlung verzichten; in diesem Fall ist der Steuererklärung eine Gewinnermittlung nach amtlich vorgeschriebenem Vordruck beizufügen. ⁶§ 150 Absatz 7 und 8 der Abgabenordnung gilt entsprechend.

(4) ¹Der Gewinn aus der landwirtschaftlichen Nutzung ist die nach den Grundsätzen des § 4 Absatz 1 ermittelte Summe aus dem Grundbetrag für die selbst bewirtschafteten Flächen und den Zuschlägen für Tierzucht und Tierhaltung. ²Als Grundbetrag je Hektar der landwirtschaftlichen Nutzung (§ 160 Absatz 2 Satz 1 Nummer 1 Buchstabe a des Bewertungsgesetzes) ist der sich aus Anlage 1a ergebende Betrag vervielfältigt mit der selbst bewirtschafteten Fläche anzusetzen. ³Als Zuschlag für Tierzucht und Tierhaltung ist im Wirtschaftsjahr je Vieheinheit der sich aus Anlage 1a jeweils ergebende Betrag vervielfältigt mit den Vieheinheiten anzusetzen.

(5) Der Gewinn aus der forstwirtschaftlichen Nutzung (§ 160 Absatz 2 Satz 1 Nummer 1 Buchstabe b des Bewertungsgesetzes) ist nach § 51 der Einkommensteuer-Durchführungsverordnung zu ermitteln.

(6) ¹Als Sondernutzungen gelten die in § 160 Absatz 2 Satz 1 Nummer 1 Buchstabe c bis e des Bewertungsgesetzes in Verbindung mit Anlage 1a Nummer 2 genannten Nutzungen. ²Bei Sondernutzungen, die die in Anlage 1a Nummer 2 Spalte 3 genannten Grenzen überschreiten, ist ein Gewinn von 1 000 Euro je Sondernutzung anzusetzen. ³Für die in Anlage 1a Nummer 2 nicht genannten Sondernutzungen ist der Gewinn nach § 4 Absatz 3 zu ermitteln.

(7) ¹Nach § 4 Absatz 3 zu ermittelnde Sondergewinne sind
1. Gewinne
   a) aus der Veräußerung oder Entnahme von Grund und Boden und dem dazugehörigen Aufwuchs, den Gebäuden, den immateriellen Wirtschaftsgütern und den Beteiligungen; § 55 ist anzuwenden;
   b) aus der Veräußerung oder Entnahme der übrigen Wirtschaftsgüter des Anlagevermögens und von Tieren, wenn der Veräußerungspreis oder der an dessen Stelle tretende Wert für das jeweilige Wirtschaftsgut mehr als 15 000 Euro betragen hat;
   c) aus Entschädigungen, die gewährt worden sind für den Verlust, den Untergang oder die Wertminderung der in den Buchstaben a und b genannten Wirtschaftsgüter;
   d) aus der Auflösung von Rücklagen;
2. Betriebseinnahmen oder Betriebsausgaben nach § 9b Absatz 2;
3. Einnahmen aus dem Grunde nach gewerblichen Tätigkeiten, die dem Bereich der Land- und Forstwirtschaft zugerechnet werden, abzüglich der pauschalen Betriebsausgaben nach Anlage 1a Nummer 3;

4. Rückvergütungen nach § 22 des Körperschaftsteuergesetzes aus Hilfs- und Nebengeschäften.

²Die Anschaffungs- oder Herstellungskosten bei Wirtschaftsgütern des abnutzbaren Anlagevermögens mindern sich für die Dauer der Durchschnittssatzgewinnermittlung mit dem Ansatz der Gewinne nach den Absätzen 4 bis 6 um die Absetzung für Abnutzung in gleichen Jahresbeträgen. ³Die Wirtschaftsgüter im Sinne des Satzes 1 Nummer 1 Buchstabe a sind unter Angabe des Tages der Anschaffung oder Herstellung und der Anschaffungs- oder Herstellungskosten oder des an deren Stelle getretenen Werts in besondere, laufend zu führende Verzeichnisse aufzunehmen. ⁴Absatz 3 Satz 4 bis 6 gilt entsprechend.

(8) Das Bundesministerium der Finanzen wird ermächtigt, durch Rechtsverordnung mit Zustimmung des Bundesrates die Anlage 1a dadurch zu ändern, dass es die darin aufgeführten Werte turnusmäßig an die Ergebnisse der Erhebungen nach § 2 des Landwirtschaftsgesetzes und im Übrigen an Erhebungen der Finanzverwaltung anpassen kann.

### § 14 Veräußerung des Betriebs

¹Zu den Einkünften aus Land- und Forstwirtschaft gehören auch Gewinne, die bei der Veräußerung eines land- oder forstwirtschaftlichen Betriebs oder Teilbetriebs oder eines Anteils an einem land- und forstwirtschaftlichen Betriebsvermögen erzielt werden. ²§ 16 gilt entsprechend mit der Maßgabe, dass der Freibetrag nach § 16 Absatz 4 nicht zu gewähren ist, wenn der Freibetrag nach § 14a Absatz 1 gewährt wird.

### § 14a Vergünstigungen bei der Veräußerung bestimmter land- und forstwirtschaftlicher Betriebe[1)]

(1) ¹Veräußert ein Steuerpflichtiger nach dem 30. Juni 1970 und vor dem 1. Januar 2001 seinen land- und forstwirtschaftlichen Betrieb im Ganzen, so wird auf Antrag der Veräußerungsgewinn (§ 16 Absatz 2) nur insoweit zur Einkommensteuer herangezogen, als er den Betrag von 150 000 Deutsche Mark übersteigt, wenn

1. der für den Zeitpunkt der Veräußerung maßgebende Wirtschaftswert (§ 46 des Bewertungsgesetzes) des Betriebs 40 000 Deutsche Mark nicht übersteigt,

2. die Einkünfte des Steuerpflichtigen im Sinne des § 2 Absatz 1 Satz 1 Nummer 2 bis 7 in den dem Veranlagungszeitraum der Veräußerung vorangegangenen beiden Veranlagungszeiträumen jeweils den Betrag von 35 000 Deutsche Mark nicht überstiegen haben. ²Bei Ehegatten, die nicht dauernd getrennt leben, gilt Satz 1 mit der Maßgabe, dass die Einkünfte beider Ehegatten zusammen jeweils 70 000 Deutsche Mark nicht überstiegen haben.

²Ist im Zeitpunkt der Veräußerung ein nach Nummer 1 maßgebender Wirtschaftswert nicht festgestellt oder sind bis zu diesem Zeitpunkt die Voraussetzungen für eine Wertfortschreibung erfüllt, so ist der Wert maßgebend, der sich für den Zeitpunkt der Veräußerung als Wirtschaftswert ergeben würde.

(2) ¹Der Anwendung des Absatzes 1 und des § 34 Absatz 1 steht nicht entgegen, wenn die zum land- und forstwirtschaftlichen Vermögen gehörenden Gebäude mit dem dazugehörigen Grund und Boden nicht mitveräußert werden. ²In diesem Fall gelten die Gebäude mit dem dazugehörigen Grund und Boden als entnommen. ³Der Freibetrag kommt auch dann in Betracht, wenn zum Betrieb ein forstwirtschaftlicher Teilbetrieb gehört und dieser nicht mitveräußert, sondern als eigenständiger Betrieb vom Steuerpflichtigen fortgeführt wird. ⁴In diesem Fall ermäßigt sich der Freibetrag auf den Teil, der dem Verhältnis des tatsächlich entstandenen Veräußerungsgewinns zu dem bei einer Veräußerung des ganzen land- und forstwirtschaftlichen Betriebs erzielbaren Veräußerungsgewinn entspricht.

(3) ¹Als Veräußerung gilt auch die Aufgabe des Betriebs, wenn

1. die Voraussetzungen des Absatzes 1 erfüllt sind und

---

1) **Anm. d. Red.:** Zur Anwendung des § 14a siehe § 57 Abs. 3.

2. der Steuerpflichtige seinen land- und forstwirtschaftlichen Betrieb zum Zweck der Strukturverbesserung abgegeben hat und dies durch eine Bescheinigung der nach Landesrecht zuständigen Stelle nachweist.

²§ 16 Absatz 3 Satz 4 und 5 gilt entsprechend.

(4) ¹Veräußert oder entnimmt ein Steuerpflichtiger nach dem 31. Dezember 1979 und vor dem 1. Januar 2006 Teile des zu einem land- und forstwirtschaftlichen Betrieb gehörenden Grund und Bodens, so wird der bei der Veräußerung oder der Entnahme entstehende Gewinn auf Antrag nur insoweit zur Einkommensteuer herangezogen, als er den Betrag von 61 800 Euro übersteigt. ²Satz 1 ist nur anzuwenden, wenn

1. der Veräußerungspreis nach Abzug der Veräußerungskosten oder der Grund und Boden innerhalb von zwölf Monaten nach der Veräußerung oder Entnahme in sachlichem Zusammenhang mit der Hoferbfolge oder Hofübernahme zur Abfindung weichender Erben verwendet wird und

2. das Einkommen des Steuerpflichtigen ohne Berücksichtigung des Gewinns aus der Veräußerung oder Entnahme und des Freibetrags in dem dem Veranlagungszeitraum der Veräußerung oder Entnahme vorangegangenen Veranlagungszeitraum den Betrag von 18 000 Euro nicht überstiegen hat; bei Ehegatten, die nach den §§ 26, 26b zusammen veranlagt werden, erhöht sich der Betrag von 18 000 Euro auf 36 000 Euro.

³Übersteigt das Einkommen den Betrag von 18 000 Euro, so vermindert sich der Betrag von 61 800 Euro nach Satz 1 je angefangene 250 Euro des übersteigenden Einkommens um 10 300 Euro; bei Ehegatten, die nach den §§ 26, 26b zusammen veranlagt werden und deren Einkommen den Betrag von 36 000 Euro übersteigt, vermindert sich der Betrag von 61 800 Euro nach Satz 1 je angefangene 500 Euro des übersteigenden Einkommens um 10 300 Euro. ⁴Werden mehrere weichende Erben abgefunden, so kann der Freibetrag mehrmals, jedoch insgesamt nur einmal je weichender Erbe geltend gemacht werden, auch wenn die Abfindung in mehreren Schritten oder durch mehrere Inhaber des Betriebs vorgenommen wird. ⁵Weichender Erbe ist, wer gesetzlicher Erbe eines Inhabers eines land- und forstwirtschaftlichen Betriebs ist oder bei gesetzlicher Erbfolge wäre, aber nicht zur Übernahme des Betriebs berufen ist; eine Stellung als Mitunternehmer des Betriebs bis zur Auseinandersetzung steht einer Behandlung als weichender Erbe nicht entgegen, wenn sich die Erben innerhalb von zwei Jahren nach dem Erbfall auseinandersetzen. ⁶Ist ein zur Übernahme des Betriebs berufener Miterbe noch minderjährig, beginnt die Frist von zwei Jahren mit Eintritt der Volljährigkeit.

(5) ¹Veräußert ein Steuerpflichtiger nach dem 31. Dezember 1985 und vor dem 1. Januar 2001 Teile des zu einem land- und forstwirtschaftlichen Betrieb gehörenden Grund und Bodens, so wird der bei der Veräußerung entstehende Gewinn auf Antrag nur insoweit zur Einkommensteuer herangezogen, als er den Betrag von 90 000 Deutsche Mark übersteigt, wenn

1. der Steuerpflichtige den Veräußerungspreis nach Abzug der Veräußerungskosten zur Tilgung von Schulden verwendet, die zu dem land- und forstwirtschaftlichen Betrieb gehören und vor dem 1. Juli 1985 bestanden haben, und

2. die Voraussetzungen des Absatzes 4 Satz 2 Nummer 2 erfüllt sind.

²Übersteigt das Einkommen den Betrag von 35 000 Deutsche Mark, so vermindert sich der Betrag von 90 000 Deutsche Mark nach Satz 1 für jede angefangenen 500 Deutsche Mark des übersteigenden Einkommens um 15 000 Deutsche Mark; bei Ehegatten, die nach den §§ 26, 26b zusammen veranlagt werden und bei denen das Einkommen den Betrag von 70 000 Deutsche Mark übersteigt, vermindert sich der Betrag von 90 000 Deutsche Mark nach Satz 1 für jede angefangenen 1 000 Deutsche Mark des übersteigenden Einkommens um 15 000 Deutsche Mark. ³Der Freibetrag von höchstens 90 000 Deutsche Mark wird für alle Veräußerungen im Sinne des Satzes 1 insgesamt nur einmal gewährt.

(6) Verwendet der Steuerpflichtige den Veräußerungspreis oder entnimmt er den Grund und Boden nur zum Teil zu den in den Absätzen 4 und 5 angegebenen Zwecken, so ist nur der entsprechende Teil des Gewinns aus der Veräußerung oder Entnahme steuerfrei.

(7) Auf die Freibeträge nach Absatz 4 in dieser Fassung sind die Freibeträge, die nach Absatz 4 in den vor dem 1. Januar 1986 geltenden Fassungen gewährt worden sind, anzurechnen.

## b) Gewerbebetrieb (§ 2 Absatz 1 Satz 1 Nummer 2)

### § 15 Einkünfte aus Gewerbebetrieb[1)]

(1) ¹Einkünfte aus Gewerbebetrieb sind
1. Einkünfte aus gewerblichen Unternehmen. ²Dazu gehören auch Einkünfte aus gewerblicher Bodenbewirtschaftung, z. B. aus Bergbauunternehmen und aus Betrieben zur Gewinnung von Torf, Steinen und Erden, soweit sie nicht land- oder forstwirtschaftliche Nebenbetriebe sind;
2. die Gewinnanteile der Gesellschafter einer Offenen Handelsgesellschaft, einer Kommanditgesellschaft und einer anderen Gesellschaft, bei der der Gesellschafter als Unternehmer (Mitunternehmer) des Betriebs anzusehen ist, und die Vergütungen, die der Gesellschafter von der Gesellschaft für seine Tätigkeit im Dienst der Gesellschaft oder für die Hingabe von Darlehen oder für die Überlassung von Wirtschaftsgütern bezogen hat. ²Der mittelbar über eine oder mehrere Personengesellschaften beteiligte Gesellschafter steht dem unmittelbar beteiligten Gesellschafter gleich; er ist als Mitunternehmer des Betriebs der Personengesellschaft anzusehen, an der er mittelbar beteiligt ist, wenn er und die Personengesellschaften, die seine Beteiligung vermitteln, jeweils als Mitunternehmer der Betriebe der Personengesellschaften anzusehen sind, an denen sie unmittelbar beteiligt sind;
3. die Gewinnanteile der persönlich haftenden Gesellschafter einer Kommanditgesellschaft auf Aktien, soweit sie nicht auf Anteile am Grundkapital entfallen, und die Vergütungen, die der persönlich haftende Gesellschafter von der Gesellschaft für seine Tätigkeit im Dienst der Gesellschaft oder für die Hingabe von Darlehen oder für die Überlassung von Wirtschaftsgütern bezogen hat.

²Satz 1 Nummer 2 und 3 gilt auch für Vergütungen, die als nachträgliche Einkünfte (§ 24 Nummer 2) bezogen werden. ³§ 13 Absatz 5 gilt entsprechend, sofern das Grundstück im Veranlagungszeitraum 1986 zu einem gewerblichen Betriebsvermögen gehört hat.

(1a) ¹In den Fällen des § 4 Absatz 1 Satz 5 ist der Gewinn aus einer späteren Veräußerung der Anteile ungeachtet der Bestimmungen eines Abkommens zur Vermeidung der Doppelbesteuerung in der gleichen Art und Weise zu besteuern, wie die Veräußerung dieser Anteile an der Europäischen Gesellschaft oder Europäischen Genossenschaft zu besteuern gewesen wäre, wenn keine Sitzverlegung stattgefunden hätte. ²Dies gilt auch, wenn später die Anteile verdeckt in eine Kapitalgesellschaft eingelegt werden, die Europäische Gesellschaft oder Europäische Genossenschaft aufgelöst wird oder wenn ihr Kapital herabgesetzt und zurückgezahlt wird oder wenn Beträge aus dem steuerlichen Einlagekonto im Sinne des § 27 des Körperschaftsteuergesetzes ausgeschüttet oder zurückgezahlt werden.

(2) ¹Eine selbständige nachhaltige Betätigung, die mit der Absicht, Gewinn zu erzielen, unternommen wird und sich als Beteiligung am allgemeinen wirtschaftlichen Verkehr darstellt, ist Gewerbebetrieb, wenn die Betätigung weder als Ausübung von Land- und Forstwirtschaft noch als Ausübung eines freien Berufs noch als eine andere selbständige Arbeit anzusehen ist. ²Eine durch die Betätigung verursachte Minderung der Steuern vom Einkommen ist kein Gewinn im Sinne des Satzes 1. ³Ein Gewerbebetrieb liegt, wenn seine Voraussetzungen im Übrigen gegeben sind, auch dann vor, wenn die Gewinnerzielungsabsicht nur ein Nebenzweck ist.

(3) Als Gewerbebetrieb gilt in vollem Umfang die mit Einkünfteerzielungsabsicht unternommene Tätigkeit

---

1) **Anm. d. Red.:** § 15 Abs. 1a i. d. F. des Gesetzes v. 8. 12. 2010 (BGBl I S. 1768) mit Wirkung v. 14. 12. 2010; Abs. 4 i. d. F. des Gesetzes v. 26. 6. 2013 (BGBl I S. 1809) mit Wirkung v. 30. 6. 2013.

1. einer offenen Handelsgesellschaft, einer Kommanditgesellschaft oder einer anderen Personengesellschaft, wenn die Gesellschaft auch eine Tätigkeit im Sinne des Absatzes 1 Nummer 1[1)] ausübt oder gewerbliche Einkünfte im Sinne des Absatzes 1 Satz 1 Nummer 2 bezieht,
2. einer Personengesellschaft, die keine Tätigkeit im Sinne des Absatzes 1 Satz 1 Nummer 1 ausübt und bei der ausschließlich eine oder mehrere Kapitalgesellschaften persönlich haftende Gesellschafter sind und nur diese oder Personen, die nicht Gesellschafter sind, zur Geschäftsführung befugt sind (gewerblich geprägte Personengesellschaft). [2]Ist eine gewerblich geprägte Personengesellschaft als persönlich haftender Gesellschafter an einer anderen Personengesellschaft beteiligt, so steht für die Beurteilung, ob die Tätigkeit dieser Personengesellschaft als Gewerbebetrieb gilt, die gewerblich geprägte Personengesellschaft einer Kapitalgesellschaft gleich.

(4)[2)] [1]Verluste aus gewerblicher Tierzucht oder gewerblicher Tierhaltung dürfen weder mit anderen Einkünften aus Gewerbebetrieb noch mit Einkünften aus anderen Einkunftsarten ausgeglichen werden; sie dürfen auch nicht nach § 10d abgezogen werden. [2]Die Verluste mindern jedoch nach Maßgabe des § 10d die Gewinne, die der Steuerpflichtige in dem unmittelbar vorangegangenen und in den folgenden Wirtschaftsjahren aus gewerblicher Tierzucht oder gewerblicher Tierhaltung erzielt hat oder erzielt; § 10d Absatz 4 gilt entsprechend. [3]Die Sätze 1 und 2 gelten entsprechend für Verluste aus Termingeschäften, durch die der Steuerpflichtige einen Differenzausgleich oder einen durch den Wert einer veränderlichen Bezugsgröße bestimmten Geldbetrag oder Vorteil erlangt. [4]Satz 3 gilt nicht für die Geschäfte, die zum gewöhnlichen Geschäftsbetrieb bei Kreditinstituten, Finanzdienstleistungsinstituten und Finanzunternehmen im Sinne des Gesetzes über das Kreditwesen gehören oder die der Absicherung von Geschäften des gewöhnlichen Geschäftsbetriebs dienen. [5]Satz 4 gilt nicht, wenn es sich um Geschäfte handelt, die der Absicherung von Aktiengeschäften dienen, bei denen der Veräußerungsgewinn nach § 3 Nummer 40 Satz 1 Buchstabe a und b in Verbindung mit § 3c Absatz 2 teilweise steuerfrei ist, oder die nach § 8b Absatz 2 des Körperschaftsteuergesetzes bei der Ermittlung des Einkommens außer Ansatz bleiben. [6]Verluste aus stillen Gesellschaften, Unterbeteiligungen oder sonstigen Innengesellschaften an Kapitalgesellschaften, bei denen der Gesellschafter oder Beteiligte als Mitunternehmer anzusehen ist, dürfen weder mit Einkünften aus Gewerbebetrieb noch aus anderen Einkunftsarten ausgeglichen werden; sie dürfen auch nicht nach § 10d abgezogen werden. [7]Die Verluste mindern jedoch nach Maßgabe des § 10d die Gewinne, die der Gesellschafter oder Beteiligte in dem unmittelbar vorangegangenen Wirtschaftsjahr oder in den folgenden Wirtschaftsjahren aus derselben stillen Gesellschaft, Unterbeteiligung oder sonstigen Innengesellschaft bezieht; § 10d Absatz 4 gilt entsprechend. [8]Die Sätze 6 und 7 gelten nicht, soweit der Verlust auf eine natürliche Person als unmittelbar oder mittelbar beteiligter Mitunternehmer entfällt.

### § 15a Verluste bei beschränkter Haftung[3)]

(1) [1]Der einem Kommanditisten zuzurechnende Anteil am Verlust der Kommanditgesellschaft darf weder mit anderen Einkünften aus Gewerbebetrieb noch mit Einkünften aus anderen Einkunftsarten ausgeglichen werden, soweit ein negatives Kapitalkonto des Kommanditisten entsteht oder sich erhöht; er darf insoweit auch nicht nach § 10d abgezogen werden. [2]Haftet der Kommanditist am Bilanzstichtag den Gläubigern der Gesellschaft auf Grund des § 171 Absatz 1 des Handelsgesetzbuchs, so können abweichend von Satz 1 Verluste des Kommanditisten bis zur Höhe des Betrags, um den die im Handelsregister eingetragene Einlage des Kommanditisten seine geleistete Einlage übersteigt, auch ausgeglichen oder abgezogen werden, soweit durch

---

1) **Anm. d. Red.:** Offensichtlich redaktioneller Verweisfehler des Gesetzgebers, statt „Absatzes 1 Nummer 1" richtig „Absatzes 1 Satz 1 Nummer 1".

2) **Anm. d. Red.:** Zur Anwendung des § 15 Abs. 4 siehe § 52 Abs. 23.

3) **Anm. d. Red.:** Zur Anwendung des § 15a siehe § 52 Abs. 24.

## § 15a VII. Einkommensteuergesetz

den Verlust ein negatives Kapitalkonto entsteht oder sich erhöht. ³Satz 2 ist nur anzuwenden, wenn derjenige, dem der Anteil zuzurechnen ist, im Handelsregister eingetragen ist, das Bestehen der Haftung nachgewiesen wird und eine Vermögensminderung auf Grund der Haftung nicht durch Vertrag ausgeschlossen oder nach Art und Weise des Geschäftsbetriebs unwahrscheinlich ist.

(1a) ¹Nachträgliche Einlagen führen weder zu einer nachträglichen Ausgleichs- oder Abzugsfähigkeit eines vorhandenen verrechenbaren Verlustes noch zu einer Ausgleichs- oder Abzugsfähigkeit des dem Kommanditisten zuzurechnenden Anteils am Verlust eines zukünftigen Wirtschaftsjahres, soweit durch den Verlust ein negatives Kapitalkonto des Kommanditisten entsteht oder sich erhöht. ²Nachträgliche Einlagen im Sinne des Satzes 1 sind Einlagen, die nach Ablauf eines Wirtschaftsjahres geleistet werden, in dem ein nicht ausgleichs- oder abzugsfähiger Verlust im Sinne des Absatzes 1 entstanden oder ein Gewinn im Sinne des Absatzes 3 Satz 1 zugerechnet worden ist.

(2) ¹Soweit der Verlust nach den Absätzen 1 und 1a nicht ausgeglichen oder abgezogen werden darf, mindert er die Gewinne, die dem Kommanditisten in späteren Wirtschaftsjahren aus seiner Beteiligung an der Kommanditgesellschaft zuzurechnen sind. ²Der verrechenbare Verlust, der nach Abzug von einem Veräußerungs- oder Aufgabegewinn verbleibt, ist im Zeitpunkt der Veräußerung oder Aufgabe des gesamten Mitunternehmeranteils oder der Betriebsveräußerung oder -aufgabe bis zur Höhe der nachträglichen Einlagen im Sinne des Absatzes 1a ausgleichs- oder abzugsfähig.

(3) ¹Soweit ein negatives Kapitalkonto des Kommanditisten durch Entnahmen entsteht oder sich erhöht (Einlageminderung) und soweit nicht auf Grund der Entnahmen eine nach Absatz 1 Satz 2 zu berücksichtigende Haftung besteht oder entsteht, ist dem Kommanditisten der Betrag der Einlageminderung als Gewinn zuzurechnen. ²Der nach Satz 1 zuzurechnende Betrag darf den Betrag der Anteile am Verlust der Kommanditgesellschaft nicht übersteigen, der im Wirtschaftsjahr der Einlageminderung und in den zehn vorangegangenen Wirtschaftsjahren ausgleichs- oder abzugsfähig gewesen ist. ³Wird der Haftungsbetrag im Sinne des Absatzes 1 Satz 2 gemindert (Haftungsminderung) und sind im Wirtschaftsjahr der Haftungsminderung und den zehn vorangegangenen Wirtschaftsjahren Verluste nach Absatz 1 Satz 2 ausgleichs- oder abzugsfähig gewesen, so ist dem Kommanditisten der Betrag der Haftungsminderung, vermindert um auf Grund der Haftung tatsächlich geleistete Beträge, als Gewinn zuzurechnen; Satz 2 gilt sinngemäß. ⁴Die nach den Sätzen 1 bis 3 zuzurechnenden Beträge mindern die Gewinne, die dem Kommanditisten im Wirtschaftsjahr der Zurechnung oder in späteren Wirtschaftsjahren aus seiner Beteiligung an der Kommanditgesellschaft zuzurechnen sind.

(4) ¹Der nach Absatz 1 nicht ausgleichs- oder abzugsfähige Verlust eines Kommanditisten, vermindert um die nach Absatz 2 abzuziehenden und vermehrt um die nach Absatz 3 hinzuzurechnenden Beträge (verrechenbarer Verlust), ist jährlich gesondert festzustellen. ²Dabei ist von dem verrechenbaren Verlust des vorangegangenen Wirtschaftsjahres auszugehen. ³Zuständig für den Erlass des Feststellungsbescheids ist das für die gesonderte Feststellung des Gewinns und Verlustes der Gesellschaft zuständige Finanzamt. ⁴Der Feststellungsbescheid kann nur insoweit angegriffen werden, als der verrechenbare Verlust gegenüber dem verrechenbaren Verlust des vorangegangenen Wirtschaftsjahres sich verändert hat. ⁵Die gesonderten Feststellungen nach Satz 1 können mit der gesonderten und einheitlichen Feststellung der einkommensteuerpflichtigen und körperschaftsteuerpflichtigen Einkünfte verbunden werden. ⁶In diesen Fällen sind die gesonderten Feststellungen des verrechenbaren Verlustes einheitlich durchzuführen.

(5) Absatz 1 Satz 1, Absatz 1a, 2 und 3 Satz 1, 2 und 4 sowie Absatz 4 gelten sinngemäß für andere Unternehmer, soweit deren Haftung der eines Kommanditisten vergleichbar ist, insbesondere für

1. stille Gesellschafter einer stillen Gesellschaft im Sinne des § 230 des Handelsgesetzbuchs, bei der der stille Gesellschafter als Unternehmer (Mitunternehmer) anzusehen ist,

2. Gesellschafter einer Gesellschaft im Sinne des Bürgerlichen Gesetzbuchs, bei der der Gesellschafter als Unternehmer (Mitunternehmer) anzusehen ist, soweit die Inanspruchnahme des Gesellschafters für Schulden in Zusammenhang mit dem Betrieb durch Vertrag ausgeschlossen oder nach Art und Weise des Geschäftsbetriebs unwahrscheinlich ist,
3. Gesellschafter einer ausländischen Personengesellschaft, bei der der Gesellschafter als Unternehmer (Mitunternehmer) anzusehen ist, soweit die Haftung des Gesellschafters für Schulden in Zusammenhang mit dem Betrieb der eines Kommanditisten oder eines stillen Gesellschafters entspricht oder soweit die Inanspruchnahme des Gesellschafters für Schulden in Zusammenhang mit dem Betrieb durch Vertrag ausgeschlossen oder nach Art und Weise des Geschäftsbetriebs unwahrscheinlich ist,
4. Unternehmer, soweit Verbindlichkeiten nur in Abhängigkeit von Erlösen oder Gewinnen aus der Nutzung, Veräußerung oder sonstigen Verwertung von Wirtschaftsgütern zu tilgen sind,
5. Mitreeder einer Reederei im Sinne des § 489 des Handelsgesetzbuchs, bei der der Mitreeder als Unternehmer (Mitunternehmer) anzusehen ist, wenn die persönliche Haftung des Mitreeders für die Verbindlichkeiten der Reederei ganz oder teilweise ausgeschlossen oder soweit die Inanspruchnahme des Mitreeders für Verbindlichkeiten der Reederei nach Art und Weise des Geschäftsbetriebs unwahrscheinlich ist.

## § 15b Verluste im Zusammenhang mit Steuerstundungsmodellen[1)2)]

(1) ¹Verluste im Zusammenhang mit einem Steuerstundungsmodell dürfen weder mit Einkünften aus Gewerbebetrieb noch mit Einkünften aus anderen Einkunftsarten ausgeglichen werden; sie dürfen auch nicht nach § 10d abgezogen werden. ²Die Verluste mindern jedoch die Einkünfte, die der Steuerpflichtige in den folgenden Wirtschaftsjahren aus derselben Einkunftsquelle erzielt. ³§ 15a ist insoweit nicht anzuwenden.

(2) ¹Ein Steuerstundungsmodell im Sinne des Absatzes 1 liegt vor, wenn auf Grund einer modellhaften Gestaltung steuerliche Vorteile in Form negativer Einkünfte erzielt werden sollen. ²Dies ist der Fall, wenn dem Steuerpflichtigen auf Grund eines vorgefertigten Konzepts die Möglichkeit geboten werden soll, zumindest in der Anfangsphase der Investition Verluste mit übrigen Einkünften zu verrechnen. ³Dabei ist es ohne Belang, auf welchen Vorschriften die negativen Einkünfte beruhen.

(3) Absatz 1 ist nur anzuwenden, wenn innerhalb der Anfangsphase das Verhältnis der Summe der prognostizierten Verluste zur Höhe des gezeichneten und nach dem Konzept auch aufzubringenden Kapitals oder bei Einzelinvestoren des eingesetzten Eigenkapitals 10 Prozent übersteigt.

(3a) Unabhängig von den Voraussetzungen nach den Absätzen 2 und 3 liegt ein Steuerstundungsmodell im Sinne des Absatzes 1 insbesondere vor, wenn ein Verlust aus Gewerbebetrieb entsteht oder sich erhöht, indem ein Steuerpflichtiger, der nicht auf Grund gesetzlicher Vorschriften verpflichtet ist, Bücher zu führen und regelmäßig Abschlüsse zu machen, auf Grund des Erwerbs von Wirtschaftsgütern des Umlaufvermögens sofort abziehbare Betriebsausgaben tätigt, wenn deren Übereignung ohne körperliche Übergabe durch Besitzkonstitut nach § 930 des Bürgerlichen Gesetzbuchs oder durch Abtretung des Herausgabeanspruchs nach § 931 des Bürgerlichen Gesetzbuchs erfolgt.

(4) ¹Der nach Absatz 1 nicht ausgleichsfähige Verlust ist jährlich gesondert festzustellen. ²Dabei ist von dem verrechenbaren Verlust des Vorjahres auszugehen. ³Der Feststellungsbescheid kann nur insoweit angegriffen werden, als der verrechenbare Verlust gegenüber dem verrechenbaren Verlust des Vorjahres sich verändert hat. ⁴Handelt es sich bei dem Steuerstundungs-

---

1) **Anm. d. Red.:** § 15b Abs. 3a eingefügt gem. Gesetz v. 18.12.2013 (BGBl I S. 4318) mit Wirkung v. 24.12.2013.

2) **Anm. d. Red.:** Zur Anwendung des § 15b siehe § 52 Abs. 25.

modell um eine Gesellschaft oder Gemeinschaft im Sinne des § 180 Absatz 1 Nummer 2 Buchstabe a der Abgabenordnung, ist das für die gesonderte und einheitliche Feststellung der einkommensteuerpflichtigen und körperschaftsteuerpflichtigen Einkünfte aus dem Steuerstundungsmodell zuständige Finanzamt für den Erlass des Feststellungsbescheids nach Satz 1 zuständig; anderenfalls ist das Betriebsfinanzamt (§ 18 Absatz 1 Nummer 2 der Abgabenordnung) zuständig. ⁵Handelt es sich bei dem Steuerstundungsmodell um eine Gesellschaft oder Gemeinschaft im Sinne des § 180 Absatz 1 Nummer 2 Buchstabe a der Abgabenordnung, können die gesonderten Feststellungen nach Satz 1 mit der gesonderten und einheitlichen Feststellung der einkommensteuerpflichtigen und körperschaftsteuerpflichtigen Einkünfte aus dem Steuerstundungsmodell verbunden werden; in diesen Fällen sind die gesonderten Feststellungen nach Satz 1 einheitlich durchzuführen.

### § 16 Veräußerung des Betriebs[1]

(1) ¹Zu den Einkünften aus Gewerbebetrieb gehören auch Gewinne, die erzielt werden bei der Veräußerung

1. des ganzen Gewerbebetriebs oder eines Teilbetriebs. ²Als Teilbetrieb gilt auch die das gesamte Nennkapital umfassende Beteiligung an einer Kapitalgesellschaft; im Fall der Auflösung der Kapitalgesellschaft ist § 17 Absatz 4 Satz 3 sinngemäß anzuwenden;
2. des gesamten Anteils eines Gesellschafters, der als Unternehmer (Mitunternehmer) des Betriebs anzusehen ist (§ 15 Absatz 1 Satz 1 Nummer 2);
3. des gesamten Anteils eines persönlich haftenden Gesellschafters einer Kommanditgesellschaft auf Aktien (§ 15 Absatz 1 Satz 1 Nummer 3).

²Gewinne, die bei der Veräußerung eines Teils eines Anteils im Sinne von Satz 1 Nummer 2 oder 3 erzielt werden, sind laufende Gewinne.

(2) ¹Veräußerungsgewinn im Sinne des Absatzes 1 ist der Betrag, um den der Veräußerungspreis nach Abzug der Veräußerungskosten den Wert des Betriebsvermögens (Absatz 1 Satz 1 Nummer 1) oder den Wert des Anteils am Betriebsvermögen (Absatz 1 Satz 1 Nummer 2 und 3) übersteigt. ²Der Wert des Betriebsvermögens oder des Anteils ist für den Zeitpunkt der Veräußerung nach § 4 Absatz 1 oder nach § 5 zu ermitteln. ³Soweit auf der Seite des Veräußerers und auf der Seite des Erwerbers dieselben Personen Unternehmer oder Mitunternehmer sind, gilt der Gewinn insoweit jedoch als laufender Gewinn.

(3) ¹Als Veräußerung gilt auch die Aufgabe des Gewerbebetriebs sowie eines Anteils im Sinne des Absatzes 1 Satz 1 Nummer 2 oder Nummer 3. ²Werden im Zuge der Realteilung einer Mitunternehmerschaft Teilbetriebe, Mitunternehmeranteile oder einzelne Wirtschaftsgüter in das jeweilige Betriebsvermögen der einzelnen Mitunternehmer übertragen, so sind bei der Ermittlung des Gewinns der Mitunternehmerschaft die Wirtschaftsgüter mit den Werten anzusetzen, die sich nach den Vorschriften über die Gewinnermittlung ergeben, sofern die Besteuerung der stillen Reserven sichergestellt ist; der übernehmende Mitunternehmer ist an diese Werte gebunden; § 4 Absatz 1 Satz 4 ist entsprechend anzuwenden. ³Dagegen ist für den jeweiligen Übertragungsvorgang rückwirkend der gemeine Wert anzusetzen, soweit bei einer Realteilung, bei der einzelne Wirtschaftsgüter übertragen worden sind, zum Buchwert übertragener Grund und Boden, übertragene Gebäude oder andere übertragene wesentliche Betriebsgrundlagen innerhalb einer Sperrfrist nach der Übertragung veräußert oder entnommen werden; diese Sperrfrist endet drei Jahre nach Abgabe der Steuererklärung der Mitunternehmerschaft für den Veranlagungszeitraum der Realteilung. ⁴Satz 2 ist bei einer Realteilung, bei der einzelne Wirtschaftsgüter übertragen werden, nicht anzuwenden, soweit die Wirtschaftsgüter unmittelbar oder mittelbar auf eine Körperschaft, Personenvereinigung oder Vermögensmasse übertragen werden; in diesem Fall ist bei der Übertragung der gemeine Wert anzusetzen. ⁵Soweit einzelne

---

1) **Anm. d. Red.:** § 16 Abs. 3 und 3a i. d. F. des Gesetzes v. 8.12.2010 (BGBl I S.1768) mit Wirkung v. 14.12.2010; Abs. 3b i. d. F. des Gesetzes v. 1.11.2011 (BGBl I S.2131) mit Wirkung v. 5.11.2011; Abs. 4 i. d. F. des Gesetzes v. 5.4.2011 (BGBl I S. 554) mit Wirkung v. 12.4.2011.

dem Betrieb gewidmete Wirtschaftsgüter im Rahmen der Aufgabe des Betriebs veräußert werden und soweit auf der Seite des Veräußerers und auf der Seite des Erwerbers dieselben Personen Unternehmer oder Mitunternehmer sind, gilt der Gewinn aus der Aufgabe des Gewerbebetriebs als laufender Gewinn. [6]Werden die einzelnen dem Betrieb gewidmeten Wirtschaftsgüter im Rahmen der Aufgabe des Betriebs veräußert, so sind die Veräußerungspreise anzusetzen. [7]Werden die Wirtschaftsgüter nicht veräußert, so ist der gemeine Wert im Zeitpunkt der Aufgabe anzusetzen. [8]Bei Aufgabe eines Gewerbebetriebs, an dem mehrere Personen beteiligt waren, ist für jeden einzelnen Beteiligten der gemeine Wert der Wirtschaftsgüter anzusetzen, die er bei der Auseinandersetzung erhalten hat.

(3a) Einer Aufgabe des Gewerbebetriebs steht der Ausschluss oder die Beschränkung des Besteuerungsrechts der Bundesrepublik Deutschland hinsichtlich des Gewinns aus der Veräußerung sämtlicher Wirtschaftsgüter des Betriebs oder eines Teilbetriebs gleich; § 4 Absatz 1 Satz 4 gilt entsprechend.

(3b) [1]In den Fällen der Betriebsunterbrechung und der Betriebsverpachtung im Ganzen gilt ein Gewerbebetrieb sowie ein Anteil im Sinne des Absatzes 1 Satz 1 Nummer 2 oder Nummer 3 nicht als aufgegeben, bis

1. der Steuerpflichtige die Aufgabe im Sinne des Absatzes 3 Satz 1 ausdrücklich gegenüber dem Finanzamt erklärt oder
2. dem Finanzamt Tatsachen bekannt werden, aus denen sich ergibt, dass die Voraussetzungen für eine Aufgabe im Sinne des Absatzes 3 Satz 1 erfüllt sind.

[2]Die Aufgabe des Gewerbebetriebs oder Anteils im Sinne des Absatzes 1 Satz 1 Nummer 2 oder Nummer 3 ist in den Fällen des Satzes 1 Nummer 1 rückwirkend für den vom Steuerpflichtigen gewählten Zeitpunkt anzuerkennen, wenn die Aufgabeerklärung spätestens drei Monate nach diesem Zeitpunkt abgegeben wird. [3]Wird die Aufgabeerklärung nicht spätestens drei Monate nach dem vom Steuerpflichtigen gewählten Zeitpunkt abgegeben, gilt der Gewerbebetrieb oder Anteil im Sinne des Absatzes 1 Satz 1 Nummer 2 oder Nummer 3 erst in dem Zeitpunkt als aufgegeben, in dem die Aufgabeerklärung beim Finanzamt eingeht.

(4) [1]Hat der Steuerpflichtige das 55. Lebensjahr vollendet oder ist er im sozialversicherungsrechtlichen Sinne dauernd berufsunfähig, so wird der Veräußerungsgewinn auf Antrag zur Einkommensteuer nur herangezogen, soweit er 45 000 Euro übersteigt. [2]Der Freibetrag ist dem Steuerpflichtigen nur einmal zu gewähren. [3]Er ermäßigt sich um den Betrag, um den der Veräußerungsgewinn 136 000 Euro übersteigt.

(5) Werden bei einer Realteilung, bei der Teilbetriebe auf einzelne Mitunternehmer übertragen werden, Anteile an einer Körperschaft, Personenvereinigung oder Vermögensmasse unmittelbar oder mittelbar von einem nicht von § 8b Absatz 2 des Körperschaftsteuergesetzes begünstigten Steuerpflichtigen auf einen § 8b Absatz 2 des Körperschaftsteuergesetzes begünstigten Mitunternehmer übertragen, ist abweichend von Absatz 3 Satz 2 rückwirkend auf den Zeitpunkt der Realteilung der gemeine Wert anzusetzen, wenn der übernehmende Mitunternehmer die Anteile innerhalb eines Zeitraums von sieben Jahren nach der Realteilung unmittelbar oder mittelbar veräußert oder durch einen Vorgang nach § 22 Absatz 1 Satz 6 Nummer 1 bis 5 des Umwandlungssteuergesetzes weiter überträgt; § 22 Absatz 2 Satz 3 des Umwandlungssteuergesetzes gilt entsprechend.

### § 17 Veräußerung von Anteilen an Kapitalgesellschaften[1)]

(1) [1]Zu den Einkünften aus Gewerbebetrieb gehört auch der Gewinn aus der Veräußerung von Anteilen an einer Kapitalgesellschaft, wenn der Veräußerer innerhalb der letzten fünf Jahre am Kapital der Gesellschaft unmittelbar oder mittelbar zu mindestens 1 Prozent beteiligt war. [2]Die verdeckte Einlage von Anteilen an einer Kapitalgesellschaft in eine Kapitalgesellschaft steht der Veräußerung der Anteile gleich. [3]Anteile an einer Kapitalgesellschaft sind Aktien, Anteile an

---

1) **Anm. d. Red.:** § 17 Abs. 3 i. d. F. des Gesetzes v. 5. 4. 2011 (BGBl I S. 554) mit Wirkung v. 12. 4. 2011.

einer Gesellschaft mit beschränkter Haftung, Genussscheine oder ähnliche Beteiligungen und Anwartschaften auf solche Beteiligungen. ⁴Hat der Veräußerer den veräußerten Anteil innerhalb der letzten fünf Jahre vor der Veräußerung unentgeltlich erworben, so gilt Satz 1 entsprechend, wenn der Veräußerer zwar nicht selbst, aber der Rechtsvorgänger oder, sofern der Anteil nacheinander unentgeltlich übertragen worden ist, einer der Rechtsvorgänger innerhalb der letzten fünf Jahre im Sinne von Satz 1 beteiligt war.

(2) ¹Veräußerungsgewinn im Sinne des Absatzes 1 ist der Betrag, um den der Veräußerungspreis nach Abzug der Veräußerungskosten die Anschaffungskosten übersteigt. ²In den Fällen des Absatzes 1 Satz 2 tritt an die Stelle des Veräußerungspreises der Anteile ihr gemeiner Wert. ³Weist der Veräußerer nach, dass ihm die Anteile bereits im Zeitpunkt der Begründung der unbeschränkten Steuerpflicht nach § 1 Absatz 1 zuzurechnen waren und dass der bis zu diesem Zeitpunkt entstandene Vermögenszuwachs auf Grund gesetzlicher Bestimmungen des Wegzugsstaats im Wegzugsstaat einer der Steuer nach § 6 des Außensteuergesetzes vergleichbaren Steuer unterlegen hat, tritt an die Stelle der Anschaffungskosten der Wert, den der Wegzugsstaat bei der Berechnung der der Steuer nach § 6 des Außensteuergesetzes vergleichbaren Steuer angesetzt hat, höchstens jedoch der gemeine Wert. ⁴Satz 3 ist in den Fällen des § 6 Absatz 3 des Außensteuergesetzes nicht anzuwenden. ⁵Hat der Veräußerer den veräußerten Anteil unentgeltlich erworben, so sind als Anschaffungskosten des Anteils die Anschaffungskosten des Rechtsvorgängers maßgebend, der den Anteil zuletzt entgeltlich erworben hat. ⁶Ein Veräußerungsverlust ist nicht zu berücksichtigen, soweit er auf Anteile entfällt,

a) die der Steuerpflichtige innerhalb der letzten fünf Jahre unentgeltlich erworben hatte. ²Dies gilt nicht, soweit der Rechtsvorgänger anstelle des Steuerpflichtigen den Veräußerungsverlust hätte geltend machen können;

b) die entgeltlich erworben worden sind und nicht innerhalb der gesamten letzten fünf Jahre zu einer Beteiligung des Steuerpflichtigen im Sinne von Absatz 1 Satz 1 gehört haben. ²Dies gilt nicht für innerhalb der letzten fünf Jahre erworbene Anteile, deren Erwerb zur Begründung einer Beteiligung des Steuerpflichtigen im Sinne von Absatz 1 Satz 1 geführt hat oder die nach Begründung der Beteiligung im Sinne von Absatz 1 Satz 1 erworben worden sind.

(3) ¹Der Veräußerungsgewinn wird zur Einkommensteuer nur herangezogen, soweit er den Teil von 9 060 Euro übersteigt, der dem veräußerten Anteil an der Kapitalgesellschaft entspricht. ²Der Freibetrag ermäßigt sich um den Betrag, um den der Veräußerungsgewinn den Teil von 36 100 Euro übersteigt, der dem veräußerten Anteil an der Kapitalgesellschaft entspricht.

(4) ¹Als Veräußerung im Sinne des Absatzes 1 gilt auch die Auflösung einer Kapitalgesellschaft, die Kapitalherabsetzung, wenn das Kapital zurückgezahlt wird, und die Ausschüttung oder Zurückzahlung von Beträgen aus dem steuerlichen Einlagekonto im Sinne des § 27 des Körperschaftsteuergesetzes. ²In diesen Fällen ist als Veräußerungspreis der gemeine Wert des dem Steuerpflichtigen zugeteilten oder zurückgezahlten Vermögens der Kapitalgesellschaft anzusehen. ³Satz 1 gilt nicht, soweit die Bezüge nach § 20 Absatz 1 Nummer 1 oder 2 zu den Einnahmen aus Kapitalvermögen gehören.

(5) ¹Die Beschränkung oder der Ausschluss des Besteuerungsrechts der Bundesrepublik Deutschland hinsichtlich des Gewinns aus der Veräußerung der Anteile an einer Kapitalgesellschaft im Fall der Verlegung des Sitzes oder des Orts der Geschäftsleitung der Kapitalgesellschaft in einen anderen Staat stehen der Veräußerung der Anteile zum gemeinen Wert gleich. ²Dies gilt nicht in den Fällen der Sitzverlegung einer Europäischen Gesellschaft nach Artikel 8 der Verordnung (EG) Nr. 2157/2001 und der Sitzverlegung einer anderen Kapitalgesellschaft in einen anderen Mitgliedstaat der Europäischen Union. ³In diesen Fällen ist der Gewinn aus einer späteren Veräußerung der Anteile ungeachtet der Bestimmungen eines Abkommens zur Vermeidung der Doppelbesteuerung in der gleichen Art und Weise zu besteuern, wie die Veräußerung dieser Anteile zu besteuern gewesen wäre, wenn keine Sitzverlegung stattgefunden hätte. ⁴§ 15 Absatz 1a Satz 2 ist entsprechend anzuwenden.

(6) Als Anteile im Sinne des Absatzes 1 Satz 1 gelten auch Anteile an Kapitalgesellschaften, an denen der Veräußerer innerhalb der letzten fünf Jahre am Kapital der Gesellschaft nicht unmittelbar oder mittelbar zu mindestens 1 Prozent beteiligt war, wenn
1. die Anteile auf Grund eines Einbringungsvorgangs im Sinne des Umwandlungssteuergesetzes, bei dem nicht der gemeine Wert zum Ansatz kam, erworben wurden und
2. zum Einbringungszeitpunkt für die eingebrachten Anteile die Voraussetzungen von Absatz 1 Satz 1 erfüllt waren oder die Anteile auf einer Sacheinlage im Sinne von § 20 Absatz 1 des Umwandlungssteuergesetzes vom 7. Dezember 2006 (BGBl I S. 2782, 2791) in der jeweils geltenden Fassung beruhen.

(7) Als Anteile im Sinne des Absatzes 1 Satz 1 gelten auch Anteile an einer Genossenschaft einschließlich der Europäischen Genossenschaft.

## c) Selbständige Arbeit (§ 2 Absatz 1 Satz 1 Nummer 3)

### § 18

(1) Einkünfte aus selbständiger Arbeit sind
1. Einkünfte aus freiberuflicher Tätigkeit. ²Zu der freiberuflichen Tätigkeit gehören die selbständig ausgeübte wissenschaftliche, künstlerische, schriftstellerische, unterrichtende oder erzieherische Tätigkeit, die selbständige Berufstätigkeit der Ärzte, Zahnärzte, Tierärzte, Rechtsanwälte, Notare, Patentanwälte, Vermessungsingenieure, Ingenieure, Architekten, Handelschemiker, Wirtschaftsprüfer, Steuerberater, beratenden Volks- und Betriebswirte, vereidigten Buchprüfer, Steuerbevollmächtigten, Heilpraktiker, Dentisten, Krankengymnasten, Journalisten, Bildberichterstatter, Dolmetscher, Übersetzer, Lotsen und ähnlichen Berufe. ³Ein Angehöriger eines freien Berufs im Sinne der Sätze 1 und 2 ist auch dann freiberuflich tätig, wenn er sich der Mithilfe fachlich vorgebildeter Arbeitskräfte bedient; Voraussetzung ist, dass er auf Grund eigener Fachkenntnisse leitend und eigenverantwortlich tätig wird. ⁴Eine Vertretung im Fall vorübergehender Verhinderung steht der Annahme einer leitenden und eigenverantwortlichen Tätigkeit nicht entgegen;
2. Einkünfte der Einnehmer einer staatlichen Lotterie, wenn sie nicht Einkünfte aus Gewerbebetrieb sind;
3. Einkünfte aus sonstiger selbständiger Arbeit, z. B. Vergütungen für die Vollstreckung von Testamenten, für Vermögensverwaltung und für die Tätigkeit als Aufsichtsratsmitglied;
4. Einkünfte, die ein Beteiligter an einer vermögensverwaltenden Gesellschaft oder Gemeinschaft, deren Zweck im Erwerb, Halten und in der Veräußerung von Anteilen an Kapitalgesellschaft besteht, als Vergütung für Leistungen zur Förderung des Gesellschafts- oder Gemeinschaftszwecks erzielt, wenn der Anspruch auf die Vergütung unter der Voraussetzung eingeräumt worden ist, dass die Gesellschafter oder Gemeinschafter ihr eingezahltes Kapital vollständig zurückerhalten haben; § 15 Absatz 3 ist nicht anzuwenden.

(2) Einkünfte nach Absatz 1 sind auch dann steuerpflichtig, wenn es sich nur um eine vorübergehende Tätigkeit handelt.

(3) ¹Zu den Einkünften aus selbständiger Arbeit gehört auch der Gewinn, der bei der Veräußerung des Vermögens oder eines selbständigen Teils des Vermögens oder eines Anteils am Vermögen erzielt wird, das der selbständigen Arbeit dient. ²§ 16 Absatz 1 Satz 1 Nummer 1 und 2 und Absatz 1 Satz 2 sowie Absatz 2 bis 4 gilt entsprechend.

(4)[1] ¹§ 13 Absatz 5 gilt entsprechend, sofern das Grundstück im Veranlagungszeitraum 1986 zu einem der selbständigen Arbeit dienenden Betriebsvermögen gehört hat. ²§ 15 Absatz 1 Satz 1 Nummer 2, Absatz 1a, Absatz 2 Satz 2 und 3, §§ 15a und 15b sind entsprechend anzuwenden.

---

1) **Anm. d. Red.:** Zur Anwendung des § 18 Abs. 4 siehe § 52 Abs. 26.

## d) Nichtselbständige Arbeit (§ 2 Absatz 1 Satz 1 Nummer 4)

### § 19[1]

(1) ¹Zu den Einkünften aus nichtselbständiger Arbeit gehören

1. Gehälter, Löhne, Gratifikationen, Tantiemen und andere Bezüge und Vorteile für eine Beschäftigung im öffentlichen oder privaten Dienst;

1a. Zuwendungen des Arbeitgebers an seinen Arbeitnehmer und dessen Begleitpersonen anlässlich von Veranstaltungen auf betrieblicher Ebene mit gesellschaftlichem Charakter (Betriebsveranstaltung). ²Zuwendungen im Sinne des Satzes 1 sind alle Aufwendungen des Arbeitgebers einschließlich Umsatzsteuer unabhängig davon, ob sie einzelnen Arbeitnehmern individuell zurechenbar sind oder ob es sich um einen rechnerischen Anteil an den Kosten der Betriebsveranstaltung handelt, die der Arbeitgeber gegenüber Dritten für den äußeren Rahmen der Betriebsveranstaltung aufwendet. ³Soweit solche Zuwendungen den Betrag von 110 Euro je Betriebsveranstaltung und teilnehmenden Arbeitnehmer nicht übersteigen, gehören sie nicht zu den Einkünften aus nichtselbständiger Arbeit, wenn die Teilnahme an der Betriebsveranstaltung allen Angehörigen des Betriebs oder eines Betriebsteils offensteht. ⁴Satz 3 gilt für bis zu zwei Betriebsveranstaltungen jährlich. ⁵Die Zuwendungen im Sinne des Satzes 1 sind abweichend von § 8 Absatz 2 mit den anteilig auf den Arbeitnehmer und dessen Begleitpersonen entfallenden Aufwendungen des Arbeitgebers im Sinne des Satzes 2 anzusetzen;

2.[2] Wartegelder, Ruhegelder, Witwen- und Waisengelder und andere Bezüge und Vorteile aus früheren Dienstleistungen, auch soweit sie von Arbeitgebern ausgleichspflichtiger Personen an ausgleichsberechtigte Personen infolge einer nach § 10 oder § 14 des Versorgungsausgleichsgesetzes durchgeführten Teilung geleistet werden;

3.[3] laufende Beiträge und laufende Zuwendungen des Arbeitgebers aus einem bestehenden Dienstverhältnis an einen Pensionsfonds, eine Pensionskasse oder für eine Direktversicherung für eine betriebliche Altersversorgung. ²Zu den Einkünften aus nichtselbständiger Arbeit gehören auch Sonderzahlungen, die der Arbeitgeber neben den laufenden Beiträgen und Zuwendungen an eine solche Versorgungseinrichtung leistet, mit Ausnahme der Zahlungen des Arbeitgebers

    a) zur erstmaligen Bereitstellung der Kapitalausstattung zur Erfüllung der Solvabilitätskapitalanforderung nach den §§ 89, 213, auch in Verbindung mit den §§ 234 und 238 des Versicherungsaufsichtsgesetzes,

    b) zur Wiederherstellung einer angemessenen Kapitalausstattung nach unvorhersehbaren Verlusten oder zur Finanzierung der Verstärkung der Rechnungsgrundlagen auf Grund einer unvorhersehbaren und nicht nur vorübergehenden Änderung der Verhältnisse, wobei die Sonderzahlungen nicht zu einer Absenkung des laufenden Beitrags führen oder durch die Absenkung des laufenden Beitrags Sonderzahlungen ausgelöst werden dürfen,

    c) in der Rentenbezugszeit nach § 236 Absatz 2 des Versicherungsaufsichtsgesetzes oder

    d) in Form von Sanierungsgeldern;

Sonderzahlungen des Arbeitgebers sind insbesondere Zahlungen an eine Pensionskasse anlässlich

    a) seines Ausscheidens aus einer nicht im Wege der Kapitaldeckung finanzierten betrieblichen Altersversorgung oder

    b) des Wechsels von einer nicht im Wege der Kapitaldeckung zu einer anderen nicht im Wege der Kapitaldeckung finanzierten betrieblichen Altersversorgung.

---

1) **Anm. d. Red.:** § 19 Abs. 1 i. d. F. des Gesetzes v. 1.4.2015 (BGBl I S. 434), geändert durch Art. 13 Nr. 1 Gesetz v. 2.11.2015 (BGBl I S. 1834), mit Wirkung v. 1.1.2016.

2) **Anm. d. Red.:** Zur Anwendung des § 19 Abs. 1 Satz 1 Nr. 2 siehe § 52 Abs. 28 Satz 9.

3) **Anm. d. Red.:** Zur Anwendung des § 19 Abs. 1 Satz 1 Nr. 3 siehe § 52 Abs. 26a.

³Von Sonderzahlungen im Sinne des Satzes 2 zweiter Halbsatz Buchstabe b ist bei laufenden und wiederkehrenden Zahlungen entsprechend dem periodischen Bedarf nur auszugehen, soweit die Bemessung der Zahlungsverpflichtungen des Arbeitgebers in das Versorgungssystem nach dem Wechsel die Bemessung der Zahlungsverpflichtung zum Zeitpunkt des Wechsels übersteigt. ⁴Sanierungsgelder sind Sonderzahlungen des Arbeitgebers an eine Pensionskasse anlässlich der Systemumstellung einer nicht im Wege der Kapitaldeckung finanzierten betrieblichen Altersversorgung auf der Finanzierungs- oder Leistungsseite, die der Finanzierung der zum Zeitpunkt der Umstellung bestehenden Versorgungsverpflichtungen oder Versorgungsanwartschaften dienen; bei laufenden und wiederkehrenden Zahlungen entsprechend dem periodischen Bedarf ist nur von Sanierungsgeldern auszugehen, soweit die Bemessung der Zahlungsverpflichtungen des Arbeitgebers in das Versorgungssystem nach der Systemumstellung die Bemessung der Zahlungsverpflichtung zum Zeitpunkt der Systemumstellung übersteigt.

²Es ist gleichgültig, ob es sich um laufende oder um einmalige Bezüge handelt und ob ein Rechtsanspruch auf sie besteht.

(2) ¹Von Versorgungsbezügen bleiben ein nach einem Prozentsatz ermittelter, auf einen Höchstbetrag begrenzter Betrag (Versorgungsfreibetrag) und ein Zuschlag zum Versorgungsfreibetrag steuerfrei. ²Versorgungsbezüge sind
1. das Ruhegehalt, Witwen- oder Waisengeld, der Unterhaltsbeitrag oder ein gleichartiger Bezug
   a) auf Grund beamtenrechtlicher oder entsprechender gesetzlicher Vorschriften,
   b) nach beamtenrechtlichen Grundsätzen von Körperschaften, Anstalten oder Stiftungen des öffentlichen Rechts oder öffentlich-rechtlichen Verbänden von Körperschaften
   oder
2. in anderen Fällen Bezüge und Vorteile aus früheren Dienstleistungen wegen Erreichens einer Altersgrenze, verminderter Erwerbsfähigkeit oder Hinterbliebenenbezüge; Bezüge wegen Erreichens einer Altersgrenze gelten erst dann als Versorgungsbezüge, wenn der Steuerpflichtige das 63. Lebensjahr oder, wenn er schwerbehindert ist, das 60. Lebensjahr vollendet hat.

³Der maßgebende Prozentsatz, der Höchstbetrag des Versorgungsfreibetrags und der Zuschlag zum Versorgungsfreibetrag sind der nachstehenden Tabelle zu entnehmen:

| Jahr des Versorgungsbeginns | | Versorgungsfreibetrag | | Zuschlag zum Versorgungsfreibetrag in Euro |
|---|---|---|---|---|
| | | in % der Versorgungsbezüge | Höchstbetrag in Euro | |
| bis | 2005 | 40,0 | 3 000 | 900 |
| ab | 2006 | 38,4 | 2 880 | 864 |
| | 2007 | 36,8 | 2 760 | 828 |
| | 2008 | 35,2 | 2 640 | 792 |
| | 2009 | 33,6 | 2 520 | 756 |
| | 2010 | 32,0 | 2 400 | 720 |
| | 2011 | 30,4 | 2 280 | 684 |
| | 2012 | 28,8 | 2 160 | 648 |
| | 2013 | 27,2 | 2 040 | 612 |
| | 2014 | 25,6 | 1 920 | 576 |
| | 2015 | 24,0 | 1 800 | 540 |
| | 2016 | 22,4 | 1 680 | 504 |
| | 2017 | 20,8 | 1 560 | 468 |

## § 19 VII. Einkommensteuergesetz

| Jahr des Versorgungsbeginns | Versorgungsfreibetrag | | Zuschlag zum Versorgungsfreibetrag in Euro |
|---|---|---|---|
| | in % der Versorgungsbezüge | Höchstbetrag in Euro | |
| 2018 | 19,2 | 1 440 | 432 |
| 2019 | 17,6 | 1 320 | 396 |
| 2020 | 16,0 | 1 200 | 360 |
| 2021 | 15,2 | 1 140 | 342 |
| 2022 | 14,4 | 1 080 | 324 |
| 2023 | 13,6 | 1 020 | 306 |
| 2024 | 12,8 | 960 | 288 |
| 2025 | 12,0 | 900 | 270 |
| 2026 | 11,2 | 840 | 252 |
| 2027 | 10,4 | 780 | 234 |
| 2028 | 9,6 | 720 | 216 |
| 2029 | 8,8 | 660 | 198 |
| 2030 | 8,0 | 600 | 180 |
| 2031 | 7,2 | 540 | 162 |
| 2032 | 6,4 | 480 | 144 |
| 2033 | 5,6 | 420 | 126 |
| 2034 | 4,8 | 360 | 108 |
| 2035 | 4,0 | 300 | 90 |
| 2036 | 3,2 | 240 | 72 |
| 2037 | 2,4 | 180 | 54 |
| 2038 | 1,6 | 120 | 36 |
| 2039 | 0,8 | 60 | 18 |
| 2040 | 0,0 | 0 | 0 |

[4]Bemessungsgrundlage für den Versorgungsfreibetrag ist
a) bei Versorgungsbeginn vor 2005
   das Zwölffache des Versorgungsbezugs für Januar 2005,
b) bei Versorgungsbeginn ab 2005
   das Zwölffache des Versorgungsbezugs für den ersten vollen Monat,
jeweils zuzüglich voraussichtlicher Sonderzahlungen im Kalenderjahr, auf die zu diesem Zeitpunkt ein Rechtsanspruch besteht. [5]Der Zuschlag zum Versorgungsfreibetrag darf nur bis zur Höhe der um den Versorgungsfreibetrag geminderten Bemessungsgrundlage berücksichtigt werden. [6]Bei mehreren Versorgungsbezügen mit unterschiedlichem Bezugsbeginn bestimmen sich der insgesamt berücksichtigungsfähige Höchstbetrag des Versorgungsfreibetrags und der Zuschlag zum Versorgungsfreibetrag nach dem Jahr des Beginns des ersten Versorgungsbezugs. [7]Folgt ein Hinterbliebenenbezug einem Versorgungsbezug, bestimmen sich der Prozentsatz, der Höchstbetrag des Versorgungsfreibetrags und der Zuschlag zum Versorgungsfreibetrag für den Hinterbliebenenbezug nach dem Jahr des Beginns des Versorgungsbezugs. [8]Der nach den Sätzen 3 bis 7 berechnete Versorgungsfreibetrag und Zuschlag zum Versorgungsfreibetrag gelten für die gesamte Laufzeit des Versorgungsbezugs. [9]Regelmäßige Anpassungen des Versorgungsbezugs führen nicht zu einer Neuberechnung. [10]Abweichend hiervon sind der Versorgungsfreibetrag und der Zuschlag zum Versorgungsfreibetrag neu zu berechnen, wenn sich der Versorgungsbezug wegen Anwendung von Anrechnungs-, Ruhens-, Erhöhungs- oder Kürzungsregelun-

gen erhöht oder vermindert. ¹¹In diesen Fällen sind die Sätze 3 bis 7 mit dem geänderten Versorgungsbezug als Bemessungsgrundlage im Sinne des Satzes 4 anzuwenden; im Kalenderjahr der Änderung sind der höchste Versorgungsfreibetrag und Zuschlag zum Versorgungsfreibetrag maßgebend. ¹²Für jeden vollen Kalendermonat, für den keine Versorgungsbezüge gezahlt werden, ermäßigen sich der Versorgungsfreibetrag und der Zuschlag zum Versorgungsfreibetrag in diesem Kalenderjahr um je ein Zwölftel.

### e) Kapitalvermögen (§ 2 Absatz 1 Satz 1 Nummer 5)

**§ 20**[1)]

(1) Zu den Einkünften aus Kapitalvermögen gehören
1. Gewinnanteile (Dividenden), Ausbeuten und sonstige Bezüge aus Aktien, Genussrechten, mit denen das Recht am Gewinn und Liquidationserlös einer Kapitalgesellschaft verbunden ist, aus Anteilen an Gesellschaften mit beschränkter Haftung, an Erwerbs- und Wirtschaftsgenossenschaften sowie an bergbautreibenden Vereinigungen, die die Rechte einer juristischen Person haben. ²Zu den sonstigen Bezügen gehören auch verdeckte Gewinnausschüttungen. ³Die Bezüge gehören nicht zu den Einnahmen, soweit sie aus Ausschüttungen einer Körperschaft stammen, für die Beträge aus dem steuerlichen Einlagekonto im Sinne des § 27 des Körperschaftsteuergesetzes als verwendet gelten. ⁴Als sonstige Bezüge gelten auch Einnahmen, die anstelle der Bezüge im Sinne des Satzes 1 von einem anderen als dem Anteilseigner nach Absatz 5 bezogen werden, wenn die Aktien mit Dividendenberechtigung erworben, aber ohne Dividendenanspruch geliefert werden;
2. Bezüge, die nach der Auflösung einer Körperschaft oder Personenvereinigung im Sinne der Nummer 1 anfallen und die nicht in der Rückzahlung von Nennkapital bestehen; Nummer 1 Satz 3 gilt entsprechend. ²Gleiches gilt für Bezüge, die auf Grund einer Kapitalherabsetzung oder nach der Auflösung einer unbeschränkt steuerpflichtigen Körperschaft oder Personenvereinigung im Sinne der Nummer 1 anfallen und die als Gewinnausschüttung im Sinne des § 28 Absatz 2 Satz 2 und 4 des Körperschaftsteuergesetzes gelten;
3. (weggefallen)
4.[2)] Einnahmen aus der Beteiligung an einem Handelsgewerbe als stiller Gesellschafter und aus partiarischen Darlehen, es sei denn, dass der Gesellschafter oder Darlehensgeber als Mitunternehmer anzusehen ist. ²Auf Anteile des stillen Gesellschafters am Verlust des Betriebes sind § 15 Absatz 4 Satz 6 bis 8 und § 15a sinngemäß anzuwenden;
5. Zinsen aus Hypotheken und Grundschulden und Renten aus Rentenschulden. ²Bei Tilgungshypotheken und Tilgungsgrundschulden ist nur der Teil der Zahlungen anzusetzen, der als Zins auf den jeweiligen Kapitalrest entfällt;
6.[3)] der Unterschiedsbetrag zwischen der Versicherungsleistung und der Summe der auf sie entrichteten Beiträge (Erträge) im Erlebensfall oder bei Rückkauf des Vertrags bei Rentenversicherungen mit Kapitalwahlrecht, soweit nicht die lebenslange Rentenzahlung gewählt und erbracht wird, und bei Kapitalversicherungen mit Sparanteil, wenn der Vertrag nach dem 31. Dezember 2004 abgeschlossen worden ist. ²Wird die Versicherungsleistung nach Vollendung des 60. Lebensjahres des Steuerpflichtigen und nach Ablauf von zwölf Jahren seit dem Vertragsabschluss ausgezahlt, ist die Hälfte des Unterschiedsbetrags anzusetzen. ³Bei entgeltlichem Erwerb des Anspruchs auf die Versicherungsleistung treten die Anschaffungskosten an die Stelle der vor dem Erwerb entrichteten Beiträge. ⁴Die Sätze 1 bis 3 sind auf Erträge aus fondsgebundenen Lebensversicherungen, auf Erträge im Erlebensfall bei

---

1) **Anm. d. Red.:** § 20 Abs. 1, 2 und 6 i. d. F. des Gesetzes v. 25. 7. 2014 (BGBl I S. 1266) mit Wirkung v. 31. 7. 2014; Abs. 3a i. d. F. des Gesetzes v. 8. 12. 2010 (BGBl I S. 1768) mit Wirkung v. 14. 12. 2010; Abs. 4a i. d. F. des Gesetzes v. 26. 6. 2013 (BGBl I S. 1809) mit Wirkung v. 30. 6. 2013.

2) **Anm. d. Red.:** Zur Anwendung des § 20 Abs. 1 Nr. 4 siehe § 52 Abs. 28 Sätze 1 und 2.

3) **Anm. d. Red.:** Zur Anwendung des § 20 Abs. 1 Nr. 6 siehe § 52 Abs. 28 Sätze 3 bis 10.

Rentenversicherungen ohne Kapitalwahlrecht, soweit keine lebenslange Rentenzahlung vereinbart und erbracht wird, und auf Erträge bei Rückkauf des Vertrages bei Rentenversicherungen ohne Kapitalwahlrecht entsprechend anzuwenden. ⁵Ist in einem Versicherungsvertrag eine gesonderte Verwaltung von speziell für diesen Vertrag zusammengestellten Kapitalanlagen vereinbart, die nicht auf öffentlich vertriebene Investmentfondsanteile oder Anlagen, die die Entwicklung eines veröffentlichten Indexes abbilden, beschränkt ist, und kann der wirtschaftlich Berechtigte unmittelbar oder mittelbar über die Veräußerung der Vermögensgegenstände und die Wiederanlage der Erlöse bestimmen (vermögensverwaltender Versicherungsvertrag), sind die dem Versicherungsunternehmen zufließenden Erträge dem wirtschaftlich Berechtigten aus dem Versicherungsvertrag zuzurechnen; Sätze 1 bis 4 sind nicht anzuwenden. ⁶Satz 2 ist nicht anzuwenden, wenn

   a) in einem Kapitallebensversicherungsvertrag mit vereinbarter laufender Beitragszahlung in mindestens gleichbleibender Höhe bis zum Zeitpunkt des Erlebensfalls die vereinbarte Leistung bei Eintritt des versicherten Risikos weniger als 50 Prozent der Summe der für die gesamte Vertragsdauer zu zahlenden Beiträge beträgt und

   b) bei einem Kapitallebensversicherungsvertrag die vereinbarte Leistung bei Eintritt des versicherten Risikos das Deckungskapital oder den Zeitwert der Versicherung spätestens fünf Jahre nach Vertragsabschluss nicht um mindestens 10 Prozent des Deckungskapitals, des Zeitwerts oder der Summe der gezahlten Beiträge übersteigt. ²Dieser Prozentsatz darf bis zum Ende der Vertragslaufzeit in jährlich gleichen Schritten auf Null sinken.

   ⁷Hat der Steuerpflichtige Ansprüche aus einem von einer anderen Person abgeschlossenen Vertrag entgeltlich erworben, gehört zu den Einkünften aus Kapitalvermögen auch der Unterschiedsbetrag zwischen der Versicherungsleistung bei Eintritt eines versicherten Risikos und den Aufwendungen für den Erwerb und Erhalt des Versicherungsanspruches; insoweit findet Satz 2 keine Anwendung. ⁸Satz 7 gilt nicht, wenn die versicherte Person den Versicherungsanspruch von einem Dritten erwirbt oder aus anderen Rechtsverhältnissen entstandene Abfindungs- und Ausgleichsansprüche arbeitsrechtlicher, erbrechtlicher oder familienrechtlicher Art durch Übertragung von Ansprüchen aus Versicherungsverträgen erfüllt werden;

7. Erträge aus sonstigen Kapitalforderungen jeder Art, wenn die Rückzahlung des Kapitalvermögens oder ein Entgelt für die Überlassung des Kapitalvermögens zur Nutzung zugesagt oder geleistet worden ist, auch wenn die Höhe der Rückzahlung oder des Entgelts von einem ungewissen Ereignis abhängt. ²Dies gilt unabhängig von der Bezeichnung und der zivilrechtlichen Ausgestaltung der Kapitalanlage. ³Erstattungszinsen im Sinne des § 233a der Abgabenordnung sind Erträge im Sinne des Satzes 1;

8. Diskontbeträge von Wechseln und Anweisungen einschließlich der Schatzwechsel;

9. Einnahmen aus Leistungen einer nicht von der Körperschaftsteuer befreiten Körperschaft, Personenvereinigung oder Vermögensmasse im Sinne des § 1 Absatz 1 Nummer 3 bis 5 des Körperschaftsteuergesetzes, die Gewinnausschüttungen im Sinne der Nummer 1 wirtschaftlich vergleichbar sind, soweit sie nicht bereits zu den Einnahmen im Sinne der Nummer 1 gehören; Nummer 1 Satz 2, 3 und Nummer 2 gelten entsprechend. ²Satz 1 ist auf Leistungen von vergleichbaren Körperschaften, Personenvereinigungen oder Vermögensmassen, die weder Sitz noch Geschäftsleitung im Inland haben, entsprechend anzuwenden;

10. a) Leistungen eines nicht von der Körperschaftsteuer befreiten Betriebs gewerblicher Art im Sinne des § 4 des Körperschaftsteuergesetzes mit eigener Rechtspersönlichkeit, die zu mit Gewinnausschüttungen im Sinne der Nummer 1 Satz 1 wirtschaftlich vergleichbaren Einnahmen führen; Nummer 1 Satz 2, 3 und Nummer 2 gelten entsprechend;

   b) der nicht den Rücklagen zugeführte Gewinn und verdeckte Gewinnausschüttungen eines nicht von der Körperschaftsteuer befreiten Betriebs gewerblicher Art im Sinne des § 4 des Körperschaftsteuergesetzes ohne eigene Rechtspersönlichkeit, der den Gewinn durch Betriebsvermögensvergleich ermittelt oder Umsätze einschließlich der steuerfreien Umsätze, ausgenommen die Umsätze nach § 4 Nummer 8 bis 10 des Umsatzsteuergesetzes, von mehr als 350 000 Euro im Kalenderjahr oder einen Gewinn von mehr als 30 000 Euro im Wirtschaftsjahr hat, sowie der Gewinn im Sinne des § 22 Absatz 4 des Umwandlungssteuergesetzes. ²Die Auflösung der Rücklagen zu Zwecken außerhalb des Betriebs gewerblicher Art führt zu einem Gewinn im Sinne des Satzes 1; in Fällen der Einbringung nach dem Sechsten und des Formwechsels nach dem Achten Teil des Umwandlungssteuergesetzes gelten die Rücklagen als aufgelöst. ³Bei dem Geschäft der Veranstaltung von Werbesendungen der inländischen öffentlich-rechtlichen Rundfunkanstalten gelten drei Viertel des Einkommens im Sinne des § 8 Absatz 1 Satz 3 des Körperschaftsteuergesetzes als Gewinn im Sinne des Satzes 1. ⁴Die Sätze 1 und 2 sind bei wirtschaftlichen Geschäftsbetrieben der von der Körperschaftsteuer befreiten Körperschaften, Personenvereinigungen oder Vermögensmassen entsprechend anzuwenden. ⁵Nummer 1 Satz 3 gilt entsprechend. ⁶Satz 1 in der am 12. Dezember 2006 geltenden Fassung ist für Anteile, die einbringungsgeboren im Sinne des § 21 des Umwandlungssteuergesetzes in der am 12. Dezember 2006 geltenden Fassung sind, weiter anzuwenden;

11. Stillhalterprämien, die für die Einräumung von Optionen vereinnahmt werden; schließt der Stillhalter ein Glattstellungsgeschäft ab, mindern sich die Einnahmen aus den Stillhalterprämien um die im Glattstellungsgeschäft gezahlten Prämien.

(2)¹⁾ ¹Zu den Einkünften aus Kapitalvermögen gehören auch

1. der Gewinn aus der Veräußerung von Anteilen an einer Körperschaft im Sinne des Absatzes 1 Nummer 1. ²Anteile an einer Körperschaft sind auch Genussrechte im Sinne des Absatzes 1 Nummer 1, den Anteilen im Sinne des Absatzes 1 Nummer 1 ähnliche Beteiligungen und Anwartschaften auf Anteile im Sinne des Absatzes 1 Nummer 1;

2. der Gewinn aus der Veräußerung

   a) von Dividendenscheinen und sonstigen Ansprüchen durch den Inhaber des Stammrechts, wenn die dazugehörigen Aktien oder sonstigen Anteile nicht mitveräußert werden. ²Soweit eine Besteuerung nach Satz 1 erfolgt ist, tritt diese insoweit an die Stelle der Besteuerung nach Absatz 1;

   b) von Zinsscheinen und Zinsforderungen durch den Inhaber oder ehemaligen Inhaber der Schuldverschreibung, wenn die dazugehörigen Schuldverschreibungen nicht mitveräußert werden. ²Entsprechendes gilt für die Einlösung von Zinsscheinen und Zinsforderungen durch den ehemaligen Inhaber der Schuldverschreibung.

   ²Satz 1 gilt sinngemäß für die Einnahmen aus der Abtretung von Dividenden- oder Zinsansprüchen oder sonstigen Ansprüchen im Sinne des Satzes 1, wenn die dazugehörigen Anteilsrechte oder Schuldverschreibungen nicht in einzelnen Wertpapieren verbrieft sind. ³Satz 2 gilt auch bei der Abtretung von Zinsansprüchen aus Schuldbuchforderungen, die in ein öffentliches Schuldbuch eingetragen sind;

3. der Gewinn

   a) bei Termingeschäften, durch die der Steuerpflichtige einen Differenzausgleich oder einen durch den Wert einer veränderlichen Bezugsgröße bestimmten Geldbetrag oder Vorteil erlangt;

   b) aus der Veräußerung eines als Termingeschäft ausgestalteten Finanzinstruments;

4. der Gewinn aus der Veräußerung von Wirtschaftsgütern, die Erträge im Sinne des Absatzes 1 Nummer 4 erzielen;

5. der Gewinn aus der Übertragung von Rechten im Sinne des Absatzes 1 Nummer 5;

6. der Gewinn aus der Veräußerung von Ansprüchen auf eine Versicherungsleistung im Sinne des Absatzes 1 Nummer 6. ²Das Versicherungsunternehmen hat nach Kenntniserlangung von einer Veräußerung unverzüglich Mitteilung an das für den Steuerpflichtigen zuständige

---

1) **Anm. d. Red.:** Zur Anwendung des § 20 Abs. 2 siehe § 52 Abs. 28 Sätze 11 bis 17.

Finanzamt zu machen und auf Verlangen des Steuerpflichtigen eine Bescheinigung über die Höhe der entrichteten Beiträge im Zeitpunkt der Veräußerung zu erteilen;

7. der Gewinn aus der Veräußerung von sonstigen Kapitalforderungen jeder Art im Sinne des Absatzes 1 Nummer 7;
8. der Gewinn aus der Übertragung oder Aufgabe einer die Einnahmen im Sinne des Absatzes 1 Nummer 9 vermittelnden Rechtsposition.

²Als Veräußerung im Sinne des Satzes 1 gilt auch die Einlösung, Rückzahlung, Abtretung oder verdeckte Einlage in eine Kapitalgesellschaft; in den Fällen von Satz 1 Nummer 4 gilt auch die Vereinnahmung eines Auseinandersetzungsguthabens als Veräußerung. ³Die Anschaffung oder Veräußerung einer unmittelbaren oder mittelbaren Beteiligung an einer Personengesellschaft gilt als Anschaffung oder Veräußerung der anteiligen Wirtschaftsgüter.

(3) Zu den Einkünften aus Kapitalvermögen gehören auch besondere Entgelte oder Vorteile, die neben den in den Absätzen 1 und 2 bezeichneten Einnahmen oder an deren Stelle gewährt werden.

(3a) ¹Korrekturen im Sinne des § 43a Absatz 3 Satz 7 sind erst zu dem dort genannten Zeitpunkt zu berücksichtigen. ²Weist der Steuerpflichtige durch eine Bescheinigung der auszahlenden Stelle nach, dass sie die Korrektur nicht vorgenommen hat und auch nicht vornehmen wird, kann der Steuerpflichtige die Korrektur nach § 32d Absatz 4 und 6 geltend machen.

(4) ¹Gewinn im Sinne des Absatzes 2 ist der Unterschied zwischen den Einnahmen aus der Veräußerung nach Abzug der Aufwendungen, die im unmittelbaren sachlichen Zusammenhang mit dem Veräußerungsgeschäft stehen, und den Anschaffungskosten; bei nicht in Euro getätigten Geschäften sind die Einnahmen im Zeitpunkt der Veräußerung und die Anschaffungskosten im Zeitpunkt der Anschaffung in Euro umzurechnen. ²In den Fällen der verdeckten Einlage tritt an die Stelle der Einnahmen aus der Veräußerung der Wirtschaftsgüter ihr gemeiner Wert; der Gewinn ist für das Kalenderjahr der verdeckten Einlage anzusetzen. ³Ist ein Wirtschaftsgut im Sinne des Absatzes 2 in das Privatvermögen durch Entnahme oder Betriebsaufgabe überführt worden, tritt an die Stelle der Anschaffungskosten der nach § 6 Absatz 1 Nummer 4 oder § 16 Absatz 3 angesetzte Wert. ⁴In den Fällen des Absatzes 2 Satz 1 Nummer 6 gelten die entrichteten Beiträge im Sinne des Absatzes 1 Nummer 6 Satz 1 als Anschaffungskosten; ist ein entgeltlicher Erwerb vorausgegangen, gelten auch die nach dem Erwerb entrichteten Beiträge als Anschaffungskosten. ⁵Gewinn bei einem Termingeschäft ist der Differenzausgleich oder der durch den Wert einer veränderlichen Bezugsgröße bestimmte Geldbetrag oder Vorteil abzüglich der Aufwendungen, die im unmittelbaren sachlichen Zusammenhang mit dem Termingeschäft stehen. ⁶Bei unentgeltlichem Erwerb sind dem Einzelrechtsnachfolger für Zwecke dieser Vorschrift die Anschaffung, die Überführung des Wirtschaftsguts in das Privatvermögen, der Erwerb eines Rechts aus Termingeschäften oder die Beiträge im Sinne des Absatzes 1 Nummer 6 Satz 1 durch den Rechtsvorgänger zuzurechnen. ⁷Bei vertretbaren Wertpapieren, die einem Verwahrer zur Sammelverwahrung im Sinne des § 5 des Depotgesetzes in der Fassung der Bekanntmachung vom 11. Januar 1995 (BGBl I S. 34), das zuletzt durch Artikel 4 des Gesetzes vom 5. April 2004 (BGBl I S. 502) geändert worden ist, in der jeweils geltenden Fassung anvertraut worden sind, ist zu unterstellen, dass die zuerst angeschafften Wertpapiere zuerst veräußert wurden.

(4a)[1] ¹Werden Anteile an einer Körperschaft, Vermögensmasse oder Personenvereinigung gegen Anteile an einer anderen Körperschaft, Vermögensmasse oder Personenvereinigung getauscht und wird der Tausch auf Grund gesellschaftsrechtlicher Maßnahmen vollzogen, die von den beteiligten Unternehmen ausgehen, treten abweichend von Absatz 2 Satz 1 und den §§ 13 und 21 des Umwandlungssteuergesetzes die übernommenen Anteile steuerlich an die Stelle der bisherigen Anteile, wenn das Recht der Bundesrepublik Deutschland hinsichtlich der Besteuerung des Gewinns aus der Veräußerung der erhaltenen Anteile nicht ausgeschlossen oder beschränkt ist oder die Mitgliedstaaten der Europäischen Union bei einer Verschmelzung Artikel 8 der Richtlinie 90/434/EWG anzuwenden haben; in diesem Fall ist der Gewinn aus einer

---

1) **Anm. d. Red.:** Zur Anwendung des § 20 Abs. 4a siehe § 52 Abs. 28 Satz 18.

späteren Veräußerung der erworbenen Anteile ungeachtet der Bestimmungen eines Abkommens zur Vermeidung der Doppelbesteuerung in der gleichen Art und Weise zu besteuern, wie die Veräußerung der Anteile an der übertragenden Körperschaft zu besteuern wäre, und § 15 Absatz 1a Satz 2 entsprechend anzuwenden. ²Erhält der Steuerpflichtige in den Fällen des Satzes 1 zusätzlich zu den Anteilen eine Gegenleistung, gilt diese als Ertrag im Sinne des Absatzes 1 Nummer 1. ³Besitzt bei sonstigen Kapitalforderungen im Sinne des Absatzes 1 Nummer 7 der Inhaber das Recht, bei Fälligkeit anstelle der Zahlung eines Geldbetrags vom Emittenten die Lieferung von Wertpapieren zu verlangen oder besitzt der Emittent das Recht, bei Fälligkeit dem Inhaber anstelle der Zahlung eines Geldbetrags Wertpapiere anzudienen und machen der Inhaber der Forderung oder der Emittent von diesem Recht Gebrauch, ist abweichend von Absatz 4 Satz 1 das Entgelt für den Erwerb der Forderung als Veräußerungspreis der Forderung und als Anschaffungskosten der erhaltenen Wertpapiere anzusetzen; Satz 2 gilt entsprechend. ⁴Werden Bezugsrechte veräußert oder ausgeübt, die nach § 186 des Aktiengesetzes, § 55 des Gesetzes betreffend die Gesellschaften mit beschränkter Haftung oder eines vergleichbaren ausländischen Rechts einen Anspruch auf Abschluss eines Zeichnungsvertrags begründen, wird der Teil der Anschaffungskosten der Altanteile, der auf das Bezugsrecht entfällt, bei der Ermittlung des Gewinns nach Absatz 4 Satz 1 mit 0 Euro angesetzt. ⁵Werden einem Steuerpflichtigen Anteile im Sinne des Absatzes 2 Satz 1 Nummer 1 zugeteilt, ohne dass dieser eine gesonderte Gegenleistung zu entrichten hat, werden der Ertrag und die Anschaffungskosten dieser Anteile mit 0 Euro angesetzt, wenn die Voraussetzungen der Sätze 3 und 4 nicht vorliegen und die Ermittlung der Höhe des Kapitalertrags nicht möglich ist. ⁶Soweit es auf die steuerliche Wirksamkeit einer Kapitalmaßnahme im Sinne der vorstehenden Sätze 1 bis 5 ankommt, ist auf den Zeitpunkt der Einbuchung in das Depot des Steuerpflichtigen abzustellen. ⁷Geht Vermögen einer Körperschaft durch Abspaltung auf andere Körperschaften über, gelten abweichend von Satz 5 und § 15 des Umwandlungssteuergesetzes die Sätze 1 und 2 entsprechend.

(5) ¹Einkünfte aus Kapitalvermögen im Sinne des Absatzes 1 Nummer 1 und 2 erzielt der Anteilseigner. ²Anteilseigner ist derjenige, dem nach § 39 der Abgabenordnung die Anteile an dem Kapitalvermögen im Sinne des Absatzes 1 Nummer 1 im Zeitpunkt des Gewinnverteilungsbeschlusses zuzurechnen sind. ³Sind einem Nießbraucher oder Pfandgläubiger die Einnahmen im Sinne des Absatzes 1 Nummer 1 oder 2 zuzurechnen, gilt er als Anteilseigner.

(6) ¹Verluste aus Kapitalvermögen dürfen nicht mit Einkünften aus anderen Einkunftsarten ausgeglichen werden; sie dürfen auch nicht nach § 10d abgezogen werden. ²Die Verluste mindern jedoch die Einkünfte, die der Steuerpflichtige in den folgenden Veranlagungszeiträumen aus Kapitalvermögen erzielt. ³§ 10d Absatz 4 ist sinngemäß anzuwenden. ⁴Verluste aus Kapitalvermögen im Sinne des Absatzes 2 Satz 1 Nummer 1 Satz 1, die aus der Veräußerung von Aktien entstehen, dürfen nur mit Gewinnen aus Kapitalvermögen im Sinne des Absatzes 2 Satz 1 Nummer 1 Satz 1, die aus der Veräußerung von Aktien entstehen, ausgeglichen werden; die Sätze 2 und 3 gelten sinngemäß. ⁵Verluste aus Kapitalvermögen, die der Kapitalertragsteuer unterliegen, dürfen nur verrechnet werden oder mindern die Einkünfte, die der Steuerpflichtige in den folgenden Veranlagungszeiträumen aus Kapitalvermögen erzielt, wenn eine Bescheinigung im Sinne des § 43a Absatz 3 Satz 4 vorliegt.

(7) ¹§ 15b ist sinngemäß anzuwenden. ²Ein vorgefertigtes Konzept im Sinne des § 15b Absatz 2 Satz 2 liegt auch vor, wenn die positiven Einkünfte nicht der tariflichen Einkommensteuer unterliegen.

(8) ¹Soweit Einkünfte der in den Absätzen 1, 2 und 3 bezeichneten Art zu den Einkünften aus Land- und Forstwirtschaft, aus Gewerbebetrieb, aus selbständiger Arbeit oder aus Vermietung und Verpachtung gehören, sind sie diesen Einkünften zuzurechnen. ²Absatz 4a findet insoweit keine Anwendung.

(9) ¹Bei der Ermittlung der Einkünfte aus Kapitalvermögen ist als Werbungskosten ein Betrag von 801 Euro abzuziehen (Sparer-Pauschbetrag); der Abzug der tatsächlichen Werbungskosten ist ausgeschlossen. ²Ehegatten, die zusammen veranlagt werden, wird ein gemeinsamer Sparer-Pauschbetrag von 1 602 Euro gewährt. ³Der gemeinsame Sparer-Pauschbetrag ist bei der Einkunftsermittlung bei jedem Ehegatten je zur Hälfte abzuziehen; sind die Kapitalerträge eines

Ehegatten niedriger als 801 Euro, so ist der anteilige Sparer-Pauschbetrag insoweit, als er die Kapitalerträge dieses Ehegatten übersteigt, bei dem anderen Ehegatten abzuziehen. ⁴Der Sparer-Pauschbetrag und der gemeinsame Sparer-Pauschbetrag dürfen nicht höher sein als die nach Maßgabe des Absatzes 6 verrechneten Kapitalerträge.

### f) Vermietung und Verpachtung (§ 2 Absatz 1 Satz 1 Nummer 6)

#### § 21[1)]

(1)[2)] ¹Einkünfte aus Vermietung und Verpachtung sind
1. Einkünfte aus Vermietung und Verpachtung von unbeweglichem Vermögen, insbesondere von Grundstücken, Gebäuden, Gebäudeteilen, Schiffen, die in ein Schiffsregister eingetragen sind, und Rechten, die den Vorschriften des bürgerlichen Rechts über Grundstücke unterliegen (z. B. Erbbaurecht, Mineralgewinnungsrecht);
2. Einkünfte aus Vermietung und Verpachtung von Sachinbegriffen, insbesondere von beweglichem Betriebsvermögen;
3. Einkünfte aus zeitlich begrenzter Überlassung von Rechten, insbesondere von schriftstellerischen, künstlerischen und gewerblichen Urheberrechten, von gewerblichen Erfahrungen und von Gerechtigkeiten und Gefällen;
4. Einkünfte aus der Veräußerung von Miet- und Pachtzinsforderungen, auch dann, wenn die Einkünfte im Veräußerungspreis von Grundstücken enthalten sind und die Miet- oder Pachtzinsen sich auf einen Zeitraum beziehen, in dem der Veräußerer noch Besitzer war.

²§§ 15a und 15b sind sinngemäß anzuwenden.

(2) ¹Beträgt das Entgelt für die Überlassung einer Wohnung zu Wohnzwecken weniger als 66 Prozent der ortsüblichen Marktmiete, so ist die Nutzungsüberlassung in einen entgeltlichen und einen unentgeltlichen Teil aufzuteilen. ²Beträgt das Entgelt bei auf Dauer angelegter Wohnungsvermietung mindestens 66 Prozent der ortsüblichen Miete, gilt die Wohnungsvermietung als entgeltlich.

(3) Einkünfte der in den Absätzen 1 und 2 bezeichneten Art sind Einkünften aus anderen Einkunftsarten zuzurechnen, soweit sie zu diesen gehören.

### g) Sonstige Einkünfte (§ 2 Absatz 1 Satz 1 Nummer 7)

#### § 22 Arten der sonstigen Einkünfte[3)]

Sonstige Einkünfte sind
1.[4)] Einkünfte aus wiederkehrenden Bezügen, soweit sie nicht zu den in § 2 Absatz 1 Nummer 1 bis 6 bezeichneten Einkunftsarten gehören; § 15b ist sinngemäß anzuwenden. ²Werden die Bezüge freiwillig oder auf Grund einer freiwillig begründeten Rechtspflicht oder einer gesetzlich unterhaltsberechtigten Person gewährt, so sind sie nicht dem Empfänger zuzurechnen; dem Empfänger sind dagegen zuzurechnen
   a) Bezüge, die von einer Körperschaft, Personenvereinigung oder Vermögensmasse außerhalb der Erfüllung steuerbegünstigter Zwecke im Sinne der §§ 52 bis 54 der Abgabenordnung gewährt werden, und
   b) Bezüge im Sinne des § 1 der Verordnung über die Steuerbegünstigung von Stiftungen, die an die Stelle von Familienfideikommissen getreten sind, in der im Bundesgesetzblatt Teil III, Gliederungsnummer 611-4-3, veröffentlichten bereinigten Fassung.

---

1) **Anm. d. Red.:** § 21 Abs. 2 i. d. F. des Gesetzes v. 1. 11. 2011 (BGBl I S. 2131) mit Wirkung v. 1. 1. 2012.
2) **Anm. d. Red.:** Zur Anwendung des § 21 Abs. 1 siehe § 52 Abs. 29.
3) **Anm. d. Red.:** § 22 i. d. F. des Gesetzes v. 22. 12. 2014 (BGBl I S. 2417) mit Wirkung v. 1. 1. 2015.
4) **Anm. d. Red.:** Zur Anwendung des § 22 Nr. 1 siehe § 52 Abs. 30.

³Zu den in Satz 1 bezeichneten Einkünften gehören auch
a) Leibrenten und andere Leistungen,
   aa) die aus den gesetzlichen Rentenversicherungen, der landwirtschaftlichen Alterskasse, den berufsständischen Versorgungseinrichtungen und aus Rentenversicherungen im Sinne des § 10 Absatz 1 Nummer 2 Buchstabe b erbracht werden, soweit sie jeweils der Besteuerung unterliegen. ²Bemessungsgrundlage für den der Besteuerung unterliegenden Anteil ist der Jahresbetrag der Rente. ³Der der Besteuerung unterliegende Anteil ist nach dem Jahr des Rentenbeginns und dem in diesem Jahr maßgebenden Prozentsatz aus der nachstehenden Tabelle zu entnehmen:

| Jahr des Rentenbeginns | Besteuerungsanteil in % | Jahr des Rentenbeginns | Besteuerungsanteil in % |
|---|---|---|---|
| bis 2005 | 50 | 2023 | 83 |
| ab 2006 | 52 | 2024 | 84 |
| 2007 | 54 | 2025 | 85 |
| 2008 | 56 | 2026 | 86 |
| 2009 | 58 | 2027 | 87 |
| 2010 | 60 | 2028 | 88 |
| 2011 | 62 | 2029 | 89 |
| 2012 | 64 | 2030 | 90 |
| 2013 | 66 | 2031 | 91 |
| 2014 | 68 | 2032 | 92 |
| 2015 | 70 | 2033 | 93 |
| 2016 | 72 | 2034 | 94 |
| 2017 | 74 | 2035 | 95 |
| 2018 | 76 | 2036 | 96 |
| 2019 | 78 | 2037 | 97 |
| 2020 | 80 | 2038 | 98 |
| 2021 | 81 | 2039 | 99 |
| 2022 | 82 | 2040 | 100 |

⁴Der Unterschiedsbetrag zwischen dem Jahresbetrag der Rente und dem der Besteuerung unterliegenden Anteil der Rente ist der steuerfreie Teil der Rente. ⁵Dieser gilt ab dem Jahr, das dem Jahr des Rentenbeginns folgt, für die gesamte Laufzeit des Rentenbezugs. ⁶Abweichend hiervon ist der steuerfreie Teil der Rente bei einer Veränderung des Jahresbetrags der Rente in dem Verhältnis anzupassen, in dem der veränderte Jahresbetrag der Rente zum Jahresbetrag der Rente steht, der der Ermittlung des steuerfreien Teils der Rente zugrunde liegt. ⁷Regelmäßige Anpassungen des Jahresbetrags der Rente führen nicht zu einer Neuberechnung und bleiben bei einer Neuberechnung außer Betracht. ⁸Folgen nach dem 31. Dezember 2004 Renten aus derselben Versicherung einander nach, gilt für die spätere Rente Satz 3 mit der Maßgabe, dass sich der Prozentsatz nach dem Jahr richtet, das sich ergibt, wenn die Laufzeit der vorhergehenden Renten von dem Jahr des Beginns der späteren Rente abgezogen wird; der Prozentsatz kann jedoch nicht niedriger bemessen werden als der für das Jahr 2005;
   bb) die nicht solche im Sinne des Doppelbuchstaben aa sind und bei denen in den einzelnen Bezügen Einkünfte aus Erträgen des Rentenrechts enthalten sind. ²Dies gilt auf Antrag auch für Leibrenten und andere Leistungen, soweit diese auf bis zum 31. Dezember 2004 geleisteten Beiträgen beruhen, welche oberhalb des Betrags des Höchstbetrags zur gesetzlichen Rentenversicherung gezahlt wurden; der Steuer-

pflichtige muss nachweisen, dass der Betrag des Höchstbetrags mindestens zehn Jahre überschritten wurde; soweit hiervon im Versorgungsausgleich übertragene Rentenanwartschaften betroffen sind, gilt § 4 Absatz 1 und 2 des Versorgungsausgleichsgesetzes entsprechend. ³Als Ertrag des Rentenrechts gilt für die gesamte Dauer des Rentenbezugs der Unterschiedsbetrag zwischen dem Jahresbetrag der Rente und dem Betrag, der sich bei gleichmäßiger Verteilung des Kapitalwerts der Rente auf ihre voraussichtliche Laufzeit ergibt; dabei ist der Kapitalwert nach dieser Laufzeit zu berechnen. ⁴Der Ertrag des Rentenrechts (Ertragsanteil) ist aus der nachstehenden Tabelle zu entnehmen:

| Bei Beginn der Rente vollendetes Lebensjahr des Rentenberechtigten | Ertragsanteil in % | Bei Beginn der Rente vollendetes Lebensjahr des Rentenberechtigten | Ertragsanteil in % |
|---|---|---|---|
| 0 bis 1 | 59 | 51 bis 52 | 29 |
| 2 bis 3 | 58 | 53 | 28 |
| 4 bis 5 | 57 | 54 | 27 |
| 6 bis 8 | 56 | 55 bis 56 | 26 |
| 9 bis 10 | 55 | 57 | 25 |
| 11 bis 12 | 54 | 58 | 24 |
| 13 bis 14 | 53 | 59 | 23 |
| 15 bis 16 | 52 | 60 bis 61 | 22 |
| 17 bis 18 | 51 | 62 | 21 |
| 19 bis 20 | 50 | 63 | 20 |
| 21 bis 22 | 49 | 64 | 19 |
| 23 bis 24 | 48 | 65 bis 66 | 18 |
| 25 bis 26 | 47 | 67 | 17 |
| 27 | 46 | 68 | 16 |
| 28 bis 29 | 45 | 69 bis 70 | 15 |
| 30 bis 31 | 44 | 71 | 14 |
| 32 | 43 | 72 bis 73 | 13 |
| 33 bis 34 | 42 | 74 | 12 |
| 35 | 41 | 75 | 11 |
| 36 bis 37 | 40 | 76 bis 77 | 10 |
| 38 | 39 | 78 bis 79 | 9 |
| 39 bis 40 | 38 | 80 | 8 |
| 41 | 37 | 81 bis 82 | 7 |
| 42 | 36 | 83 bis 84 | 6 |
| 43 bis 44 | 35 | 85 bis 87 | 5 |
| 45 | 34 | 88 bis 91 | 4 |
| 46 bis 47 | 33 | 92 bis 93 | 3 |
| 48 | 32 | 94 bis 96 | 2 |
| 49 | 31 | ab 97 | 1 |
| 50 | 30 | | |

⁵Die Ermittlung des Ertrags aus Leibrenten, die vor dem 1. Januar 1955 zu laufen begonnen haben, und aus Renten, deren Dauer von der Lebenszeit mehrerer Personen oder einer anderen Person als des Rentenberechtigten abhängt, sowie aus Leibren-

ten, die auf eine bestimmte Zeit beschränkt sind, wird durch eine Rechtsverordnung bestimmt;
b) Einkünfte aus Zuschüssen und sonstigen Vorteilen, die als wiederkehrende Bezüge gewährt werden;

1a. Einkünfte aus Leistungen und Zahlungen nach § 10 Absatz 1a, soweit für diese die Voraussetzungen für den Sonderausgabenabzug beim Leistungs- oder Zahlungsverpflichteten nach § 10 Absatz 1a erfüllt sind;

1b. und 1c. (weggefallen)

2. Einkünfte aus privaten Veräußerungsgeschäften im Sinne des § 23;

3. Einkünfte aus Leistungen, soweit sie weder zu anderen Einkunftsarten (§ 2 Absatz 1 Satz 1 Nummer 1 bis 6) noch zu den Einkünften im Sinne der Nummern 1, 1a, 2 oder 4 gehören, z. B. Einkünfte aus gelegentlichen Vermittlungen und aus der Vermietung beweglicher Gegenstände. ²Solche Einkünfte sind nicht einkommensteuerpflichtig, wenn sie weniger als 256 Euro im Kalenderjahr betragen haben. ³Übersteigen die Werbungskosten die Einnahmen, so darf der übersteigende Betrag bei Ermittlung des Einkommens nicht ausgeglichen werden; er darf auch nicht nach § 10d abgezogen werden. ⁴Die Verluste mindern jedoch nach Maßgabe des § 10d die Einkünfte, die der Steuerpflichtige in dem unmittelbar vorangegangenen Veranlagungszeitraum oder in den folgenden Veranlagungszeiträumen aus Leistungen im Sinne des Satzes 1 erzielt hat oder erzielt; § 10d Absatz 4 gilt entsprechend;

4.[1] Entschädigungen, Amtszulagen, Zuschüsse zu Kranken- und Pflegeversicherungsbeiträgen, Übergangsgelder, Überbrückungsgelder, Sterbegelder, Versorgungsabfindungen, Versorgungsbezüge, die auf Grund des Abgeordnetengesetzes oder des Europaabgeordnetengesetzes, sowie vergleichbare Bezüge, die auf Grund der entsprechenden Gesetze der Länder gezahlt werden, und die Entschädigungen, das Übergangsgeld, das Ruhegehalt und die Hinterbliebenenversorgung, die auf Grund des Abgeordnetenstatuts des Europäischen Parlaments von der Europäischen Union gezahlt werden. ²Werden zur Abgeltung des durch das Mandat veranlassten Aufwandes Aufwandsentschädigungen gezahlt, so dürfen die durch das Mandat veranlassten Aufwendungen nicht als Werbungskosten abgezogen werden. ³Wahlkampfkosten zur Erlangung eines Mandats im Bundestag, im Europäischen Parlament oder im Parlament eines Landes dürfen nicht als Werbungskosten abgezogen werden. ⁴Es gelten entsprechend

a) für Nachversicherungsbeiträge auf Grund gesetzlicher Verpflichtung nach den Abgeordnetengesetzen im Sinne des Satzes 1 und für Zuschüsse zu Kranken- und Pflegeversicherungsbeiträgen § 3 Nummer 62,

b) für Versorgungsbezüge § 19 Absatz 2 nur bezüglich des Versorgungsfreibetrags; beim Zusammentreffen mit Versorgungsbezügen im Sinne des § 19 Absatz 2 Satz 2 bleibt jedoch insgesamt höchstens ein Betrag in Höhe des Versorgungsfreibetrags nach § 19 Absatz 2 Satz 3 im Veranlagungszeitraum steuerfrei,

c) für das Übergangsgeld, das in einer Summe gezahlt wird, und für die Versorgungsabfindung § 34 Absatz 1,

d) für die Gemeinschaftssteuer, die auf die Entschädigungen, das Übergangsgeld, das Ruhegehalt und die Hinterbliebenenversorgung auf Grund des Abgeordnetenstatuts des Europäischen Parlaments von der Europäischen Union erhoben wird, § 34c Absatz 1; dabei sind die im ersten Halbsatz genannten Einkünfte für die entsprechende Anwendung des § 34c Absatz 1 wie ausländische Einkünfte und die Gemeinschaftssteuer wie eine der deutschen Einkommensteuer entsprechende ausländische Steuer zu behandeln;

5. Leistungen aus Altersvorsorgeverträgen, Pensionsfonds, Pensionskassen und Direktversicherungen. ²Soweit die Leistungen nicht auf Beiträgen, auf die § 3 Nummer 63, § 10a oder Abschnitt XI angewendet wurde, nicht auf Zulagen im Sinne des Abschnitts XI, nicht auf Zah-

---

1) **Anm. d. Red.:** Zur Anwendung des § 22 Nr. 4 siehe § 57 Abs. 5.

lungen im Sinne des § 92a Absatz 2 Satz 4 Nummer 1 und des § 92a Absatz 3 Satz 9 Nummer 2, nicht auf steuerfreien Leistungen nach § 3 Nummer 66 und nicht auf Ansprüchen beruhen, die durch steuerfreie Zuwendungen nach § 3 Nummer 56 oder die durch die nach § 3 Nummer 55b Satz 1 oder § 3 Nummer 55c steuerfreie Leistung aus einem neu begründeten Anrecht erworben wurden,

a) ist bei lebenslangen Renten sowie bei Berufsunfähigkeits-, Erwerbsminderungs- und Hinterbliebenenrenten Nummer 1 Satz 3 Buchstabe a entsprechend anzuwenden,

b) ist bei Leistungen aus Versicherungsverträgen, Pensionsfonds, Pensionskassen und Direktversicherungen, die nicht solche nach Buchstabe a sind, § 20 Absatz 1 Nummer 6 in der jeweils für den Vertrag geltenden Fassung entsprechend anzuwenden,

c) unterliegt bei anderen Leistungen der Unterschiedsbetrag zwischen der Leistung und der Summe der auf sie entrichteten Beiträge der Besteuerung; § 20 Absatz 1 Nummer 6 Satz 2 gilt entsprechend.

[3]In den Fällen des § 93 Absatz 1 Satz 1 und 2 gilt das ausgezahlte geförderte Altersvorsorgevermögen nach Abzug der Zulagen im Sinne des Abschnitts XI als Leistung im Sinne des Satzes 2. [4]Als Leistung im Sinne des Satzes 1 gilt auch der Verminderungsbetrag nach § 92a Absatz 2 Satz 5 und der Auflösungsbetrag nach § 92a Absatz 3 Satz 5. [5]Der Auflösungsbetrag nach § 92a Absatz 2 Satz 6 wird zu 70 Prozent als Leistung nach Satz 1 erfasst. [6]Tritt nach dem Beginn der Auszahlungsphase zu Lebzeiten des Zulageberechtigten der Fall des § 92a Absatz 3 Satz 1 ein, dann ist

a) innerhalb eines Zeitraums bis zum zehnten Jahr nach dem Beginn der Auszahlungsphase das Eineinhalbfache,

b) innerhalb eines Zeitraums zwischen dem zehnten und 20. Jahr nach dem Beginn der Auszahlungsphase das Einfache

des nach Satz 5 noch nicht erfassten Auflösungsbetrags als Leistung nach Satz 1 zu erfassen; § 92a Absatz 3 Satz 9 gilt entsprechend mit der Maßgabe, dass als noch nicht zurückgeführter Betrag im Wohnförderkonto der noch nicht erfasste Auflösungsbetrag gilt. [7]Bei erstmaligem Bezug von Leistungen, in den Fällen des § 93 Absatz 1 sowie bei Änderung der im Kalenderjahr auszuzahlenden Leistung hat der Anbieter (§ 80) nach Ablauf des Kalenderjahres dem Steuerpflichtigen nach amtlich vorgeschriebenem Muster den Betrag der im abgelaufenen Kalenderjahr zugeflossenen Leistungen im Sinne der Sätze 1 bis 3 je gesondert mitzuteilen. [8]Werden dem Steuerpflichtigen Abschluss- und Vertriebskosten eines Altersvorsorgevertrages erstattet, gilt der Erstattungsbetrag als Leistung im Sinne des Satzes 1. [9]In den Fällen des § 3 Nummer 55a richtet sich die Zuordnung zu Satz 1 oder Satz 2 bei der ausgleichsberechtigten Person danach, wie eine nur auf die Ehezeit bezogene Zuordnung der sich aus dem übertragenen Anrecht ergebenden Leistung zu Satz 1 oder Satz 2 bei der ausgleichspflichtigen Person im Zeitpunkt der Übertragung ohne die Teilung vorzunehmen gewesen wäre. [10]Dies gilt sinngemäß in den Fällen des § 3 Nummer 55 und 55e. [11]Wird eine Versorgungsverpflichtung nach § 3 Nummer 66 auf einen Pensionsfonds übertragen und hat der Steuerpflichtige bereits vor dieser Übertragung Leistungen auf Grund dieser Versorgungsverpflichtung erhalten, so sind insoweit auf die Leistungen aus dem Pensionsfonds im Sinne des Satzes 1 die Beträge nach § 9a Satz 1 Nummer 1 und § 19 Absatz 2 entsprechend anzuwenden; § 9a Satz 1 Nummer 3 ist nicht anzuwenden. [12]Wird auf Grund einer internen Teilung nach § 10 des Versorgungsausgleichsgesetzes oder einer externen Teilung nach § 14 des Versorgungsausgleichsgesetzes ein Anrecht zugunsten der ausgleichsberechtigten Person begründet, so gilt dieser Vertrag insoweit zu dem gleichen Zeitpunkt als abgeschlossen wie der Vertrag der ausgleichspflichtigen Person, wenn die aus dem Vertrag der ausgleichspflichtigen Person ausgezahlten Leistungen zu einer Besteuerung nach Satz 2 führen.

## § 22a Rentenbezugsmitteilungen an die zentrale Stelle[1]

(1) ¹Die Träger der gesetzlichen Rentenversicherung, die landwirtschaftliche Alterskasse, die berufsständischen Versorgungseinrichtungen, die Pensionskassen, die Pensionsfonds, die Versicherungsunternehmen, die Unternehmen, die Verträge im Sinne des § 10 Absatz 1 Nummer 2 Buchstabe b anbieten, und die Anbieter im Sinne des § 80 (Mitteilungspflichtige) haben der zentralen Stelle (§ 81) bis zum 1. März des Jahres, das auf das Jahr folgt, in dem eine Leibrente oder andere Leistung nach § 22 Nummer 1 Satz 3 Buchstabe a und § 22 Nummer 5 einem Leistungsempfänger zugeflossen ist, unter Beachtung der im Bundessteuerblatt veröffentlichten Auslegungsvorschriften der Finanzverwaltung folgende Daten zu übermitteln (Rentenbezugsmitteilung):

1. Identifikationsnummer (§ 139b der Abgabenordnung), Familienname, Vorname und Geburtsdatum des Leistungsempfängers. ²Ist dem Mitteilungspflichtigen eine ausländische Anschrift des Leistungsempfängers bekannt, ist diese anzugeben. ³In diesen Fällen ist auch die Staatsangehörigkeit des Leistungsempfängers, soweit bekannt, mitzuteilen;
2. je gesondert den Betrag der Leibrenten und anderen Leistungen im Sinne des § 22 Nummer 1 Satz 3 Buchstabe a Doppelbuchstabe aa, bb Satz 4 und Doppelbuchstabe bb Satz 5 in Verbindung mit § 55 Absatz 2 der Einkommensteuer-Durchführungsverordnung sowie im Sinne des § 22 Nummer 5 Satz 1 bis 3. ²Der im Betrag der Rente enthaltene Teil, der ausschließlich auf einer Anpassung der Rente beruht, ist gesondert mitzuteilen;
3. Zeitpunkt des Beginns und des Endes des jeweiligen Leistungsbezugs; folgen nach dem 31. Dezember 2004 Renten aus derselben Versicherung einander nach, ist auch die Laufzeit der vorhergehenden Renten mitzuteilen;
4. Bezeichnung und Anschrift des Mitteilungspflichtigen;
5. die Beiträge im Sinne des § 10 Absatz 1 Nummer 3 Buchstabe a Satz 1 und 2 und Buchstabe b, soweit diese vom Mitteilungspflichtigen an die Träger der gesetzlichen Kranken- und Pflegeversicherung abgeführt werden;
6. die dem Leistungsempfänger zustehenden Beitragszuschüsse nach § 106 des Sechsten Buches Sozialgesetzbuch;
7. ab dem 1. Januar 2017 ein gesondertes Merkmal für Verträge, auf denen gefördertes Altersvorsorgevermögen gebildet wurde; die zentrale Stelle ist in diesen Fällen berechtigt, die Daten dieser Rentenbezugsmitteilung im Zulagekonto zu speichern und zu verarbeiten.

²Die Datenübermittlung hat nach amtlich vorgeschriebenem Datensatz durch Datenfernübertragung zu erfolgen. ³Im Übrigen ist § 150 Absatz 6 der Abgabenordnung entsprechend anzuwenden.

(2) ¹Der Leistungsempfänger hat dem Mitteilungspflichtigen seine Identifikationsnummer mitzuteilen. ²Teilt der Leistungsempfänger die Identifikationsnummer dem Mitteilungspflichtigen trotz Aufforderung nicht mit, übermittelt das Bundeszentralamt für Steuern dem Mitteilungspflichtigen auf dessen Anfrage die Identifikationsnummer des Leistungsempfängers; weitere Daten dürfen nicht übermittelt werden. ³In der Anfrage dürfen nur die in § 139b Absatz 3 der Abgabenordnung genannten Daten des Leistungsempfängers angegeben werden, soweit sie dem Mitteilungspflichtigen bekannt sind. ⁴Die Anfrage des Mitteilungspflichtigen und die Antwort des Bundeszentralamtes für Steuern sind über die zentrale Stelle zu übermitteln. ⁵Die zentrale Stelle führt eine ausschließlich automatisierte Prüfung der ihr übermittelten Daten daraufhin durch, ob sie vollständig und schlüssig sind und das vorgeschriebene Datenformat verwendet worden ist. ⁶Sie speichert die Daten des Leistungsempfängers nur für Zwecke dieser Prüfung bis zur Übermittlung an das Bundeszentralamt für Steuern oder an den Mitteilungspflichtigen. ⁷Die Daten sind für die Übermittlung zwischen der zentralen Stelle und dem Bundeszentralamt für Steuern zu verschlüsseln. ⁸Für die Anfrage gilt Absatz 1 Satz 2 und 3 entspre-

---

[1] **Anm. d. Red.:** § 22a Abs. 1 i. d. F. des Gesetzes v. 25. 7. 2014 (BGBl I S. 1266) mit Wirkung v. 31. 7. 2014; Abs. 4 und 5 i. d. F. des Gesetzes v. 8. 12. 2010 (BGBl I S. 1768) mit Wirkung v. 14. 12. 2010.

chend. ⁹Der Mitteilungspflichtige darf die Identifikationsnummer nur verwenden, soweit dies für die Erfüllung der Mitteilungspflicht nach Absatz 1 Satz 1 erforderlich ist.

(3) Der Mitteilungspflichtige hat den Leistungsempfänger jeweils darüber zu unterrichten, dass die Leistung der zentralen Stelle mitgeteilt wird.

(4) ¹Die zentrale Stelle (§ 81) kann bei den Mitteilungspflichtigen ermitteln, ob sie ihre Pflichten nach Absatz 1 erfüllt haben. ²Die §§ 193 bis 203 der Abgabenordnung gelten sinngemäß. ³Auf Verlangen der zentralen Stelle haben die Mitteilungspflichtigen ihre Unterlagen, soweit sie im Ausland geführt und aufbewahrt werden, verfügbar zu machen.

(5) ¹Wird eine Rentenbezugsmitteilung nicht innerhalb der in Absatz 1 Satz 1 genannten Frist übermittelt, so ist für jeden angefangenen Monat, in dem die Rentenbezugsmitteilung noch aussteht, ein Betrag in Höhe von 10 Euro für jede ausstehende Rentenbezugsmitteilung an die zentrale Stelle zu entrichten (Verspätungsgeld). ²Die Erhebung erfolgt durch die zentrale Stelle im Rahmen ihrer Prüfung nach Absatz 4. ³Von der Erhebung ist abzusehen, soweit die Fristüberschreitung auf Gründen beruht, die der Mitteilungspflichtige nicht zu vertreten hat. ⁴Das Handeln eines gesetzlichen Vertreters oder eines Erfüllungsgehilfen steht dem eigenen Handeln gleich. ⁵Das von einem Mitteilungspflichtigen zu entrichtende Verspätungsgeld darf 50 000 Euro für alle für einen Veranlagungszeitraum zu übermittelnden Rentenbezugsmitteilungen nicht übersteigen.

### § 23 Private Veräußerungsgeschäfte[1)2)]

(1) ¹Private Veräußerungsgeschäfte (§ 22 Nummer 2) sind
1. Veräußerungsgeschäfte bei Grundstücken und Rechten, die den Vorschriften des bürgerlichen Rechts über Grundstücke unterliegen (z. B. Erbbaurecht, Mineralgewinnungsrecht), bei denen der Zeitraum zwischen Anschaffung und Veräußerung nicht mehr als zehn Jahre beträgt. ²Gebäude und Außenanlagen sind einzubeziehen, soweit sie innerhalb dieses Zeitraums errichtet, ausgebaut oder erweitert werden; dies gilt entsprechend für Gebäudeteile, die selbständige unbewegliche Wirtschaftsgüter sind, sowie für Eigentumswohnungen und im Teileigentum stehende Räume. ³Ausgenommen sind Wirtschaftsgüter, die im Zeitraum zwischen Anschaffung oder Fertigstellung und Veräußerung ausschließlich zu eigenen Wohnzwecken oder im Jahr der Veräußerung und in den beiden vorangegangenen Jahren zu eigenen Wohnzwecken genutzt wurden;
2. Veräußerungsgeschäfte bei anderen Wirtschaftsgütern, bei denen der Zeitraum zwischen Anschaffung und Veräußerung nicht mehr als ein Jahr beträgt. ²Ausgenommen sind Veräußerungen von Gegenständen des täglichen Gebrauchs. ³Bei Anschaffung und Veräußerung mehrerer gleichartiger Fremdwährungsbeträge ist zu unterstellen, dass die zuerst angeschafften Beträge zuerst veräußert wurden. ⁴Bei Wirtschaftsgütern im Sinne von Satz 1, aus deren Nutzung als Einkunftsquelle zumindest in einem Kalenderjahr Einkünfte erzielt werden, erhöht sich der Zeitraum auf zehn Jahre.

²Als Anschaffung gilt auch die Überführung eines Wirtschaftsguts in das Privatvermögen des Steuerpflichtigen durch Entnahme oder Betriebsaufgabe. ³Bei unentgeltlichem Erwerb ist dem Einzelrechtsnachfolger für Zwecke dieser Vorschrift die Anschaffung oder die Überführung des Wirtschaftsguts in das Privatvermögen durch den Rechtsvorgänger zuzurechnen. ⁴Die Anschaffung oder Veräußerung einer unmittelbaren oder mittelbaren Beteiligung an einer Personengesellschaft gilt als Anschaffung oder Veräußerung der anteiligen Wirtschaftsgüter. ⁵Als Veräußerung im Sinne des Satzes 1 Nummer 1 gilt auch
1. die Einlage eines Wirtschaftsguts in das Betriebsvermögen, wenn die Veräußerung aus dem Betriebsvermögen innerhalb eines Zeitraums von zehn Jahren seit Anschaffung des Wirtschaftsguts erfolgt, und

---

1) **Anm. d. Red.:** § 23 Abs. 1 und 3 i. d. F. des Gesetzes v. 25. 7. 2014 (BGBl I S. 1266) mit Wirkung v. 31. 7. 2014.

2) **Anm. d. Red.:** Zur Anwendung des § 23 siehe § 52 Abs. 31.

2. die verdeckte Einlage in eine Kapitalgesellschaft.

(2) Einkünfte aus privaten Veräußerungsgeschäften der in Absatz 1 bezeichneten Art sind den Einkünften aus anderen Einkunftsarten zuzurechnen, soweit sie zu diesen gehören.

(3) ¹Gewinn oder Verlust aus Veräußerungsgeschäften nach Absatz 1 ist der Unterschied zwischen Veräußerungspreis einerseits und den Anschaffungs- oder Herstellungskosten und den Werbungskosten andererseits. ²In den Fällen des Absatzes 1 Satz 5 Nummer 1 tritt an die Stelle des Veräußerungspreises der für den Zeitpunkt der Einlage nach § 6 Absatz 1 Nummer 5 angesetzte Wert, in den Fällen des Absatzes 1 Satz 5 Nummer 2 der gemeine Wert. ³In den Fällen des Absatzes 1 Satz 2 tritt an die Stelle der Anschaffungs- oder Herstellungskosten der nach § 6 Absatz 1 Nummer 4 oder § 16 Absatz 3 angesetzte Wert. ⁴Die Anschaffungs- oder Herstellungskosten mindern sich um Absetzungen für Abnutzung, erhöhte Absetzungen und Sonderabschreibungen, soweit sie bei der Ermittlung der Einkünfte im Sinne des § 2 Absatz 1 Satz 1 Nummer 4 bis 7 abgezogen worden sind. ⁵Gewinne bleiben steuerfrei, wenn der aus den privaten Veräußerungsgeschäften erzielte Gesamtgewinn im Kalenderjahr weniger als 600 Euro betragen hat. ⁶In den Fällen des Absatzes 1 Satz 5 Nummer 1 sind Gewinne oder Verluste für das Kalenderjahr, in dem der Preis für die Veräußerung aus dem Betriebsvermögen zugeflossen ist, in den Fällen des Absatzes 1 Satz 5 Nummer 2 für das Kalenderjahr der verdeckten Einlage anzusetzen. ⁷Verluste dürfen nur bis zur Höhe des Gewinns, den der Steuerpflichtige im gleichen Kalenderjahr aus privaten Veräußerungsgeschäften erzielt hat, ausgeglichen werden; sie dürfen nicht nach § 10d abgezogen werden. ⁸Die Verluste mindern jedoch nach Maßgabe des § 10d die Einkünfte, die der Steuerpflichtige in dem unmittelbar vorangegangenen Veranlagungszeitraum oder in den folgenden Veranlagungszeiträumen aus privaten Veräußerungsgeschäften nach Absatz 1 erzielt hat oder erzielt; § 10d Absatz 4 gilt entsprechend.

## h) Gemeinsame Vorschriften

### § 24

Zu den Einkünften im Sinne des § 2 Absatz 1 gehören auch
1. Entschädigungen, die gewährt worden sind
   a) als Ersatz für entgangene oder entgehende Einnahmen oder
   b) für die Aufgabe oder Nichtausübung einer Tätigkeit, für die Aufgabe einer Gewinnbeteiligung oder einer Anwartschaft auf eine solche;
   c) als Ausgleichszahlungen an Handelsvertreter nach § 89b des Handelsgesetzbuchs;
2. Einkünfte aus einer ehemaligen Tätigkeit im Sinne des § 2 Absatz 1 Satz 1 Nummer 1 bis 4 oder aus einem früheren Rechtsverhältnis im Sinne des § 2 Absatz 1 Satz 1 Nummer 5 bis 7, und zwar auch dann, wenn sie dem Steuerpflichtigen als Rechtsnachfolger zufließen;
3. Nutzungsvergütungen für die Inanspruchnahme von Grundstücken für öffentliche Zwecke sowie Zinsen auf solche Nutzungsvergütungen und auf Entschädigungen, die mit der Inanspruchnahme von Grundstücken für öffentliche Zwecke zusammenhängen.

### § 24a Altersentlastungsbetrag[1)]

¹Der Altersentlastungsbetrag ist bis zu einem Höchstbetrag im Kalenderjahr ein nach einem Prozentsatz ermittelter Betrag des Arbeitslohns und der positiven Summe der Einkünfte, die nicht solche aus nichtselbständiger Arbeit sind. ²Bei der Bemessung des Betrags bleiben außer Betracht:
1. Versorgungsbezüge im Sinne des § 19 Absatz 2;
2. Einkünfte aus Leibrenten im Sinne des § 22 Nummer 1 Satz 3 Buchstabe a;
3. Einkünfte im Sinne des § 22 Nummer 4 Satz 4 Buchstabe b;

---

1) **Anm. d. Red.:** § 24a i. d. F. des Gesetzes v. 25. 7. 2014 (BGBl I S. 1266) mit Wirkung v. 31. 7. 2014.

## § 24a  VII. Einkommensteuergesetz

4. Einkünfte im Sinne des § 22 Nummer 5 Satz 1, soweit § 22 Nummer 5 Satz 11 anzuwenden ist;
5. Einkünfte im Sinne des § 22 Nummer 5 Satz 2 Buchstabe a.

³Der Altersentlastungsbetrag wird einem Steuerpflichtigen gewährt, der vor dem Beginn des Kalenderjahres, in dem er sein Einkommen bezogen hat, das 64. Lebensjahr vollendet hatte. ⁴Im Fall der Zusammenveranlagung von Ehegatten zur Einkommensteuer sind die Sätze 1 bis 3 für jeden Ehegatten gesondert anzuwenden. ⁵Der maßgebende Prozentsatz und der Höchstbetrag des Altersentlastungsbetrags sind der nachstehenden Tabelle zu entnehmen:

| Das auf die Vollendung des 64. Lebensjahres folgende Kalenderjahr | Altersentlastungsbetrag | |
|---|---|---|
| | in % der Einkünfte | Höchstbetrag in Euro |
| 2005 | 40,0 | 1 900 |
| 2006 | 38,4 | 1 824 |
| 2007 | 36,8 | 1 748 |
| 2008 | 35,2 | 1 672 |
| 2009 | 33,6 | 1 596 |
| 2010 | 32,0 | 1 520 |
| 2011 | 30,4 | 1 444 |
| 2012 | 28,8 | 1 368 |
| 2013 | 27,2 | 1 292 |
| 2014 | 25,6 | 1 216 |
| 2015 | 24,0 | 1 140 |
| 2016 | 22,4 | 1 064 |
| 2017 | 20,8 | 988 |
| 2018 | 19,2 | 912 |
| 2019 | 17,6 | 836 |
| 2020 | 16,0 | 760 |
| 2021 | 15,2 | 722 |
| 2022 | 14,4 | 684 |
| 2023 | 13,6 | 646 |
| 2024 | 12,8 | 608 |
| 2025 | 12,0 | 570 |
| 2026 | 11,2 | 532 |
| 2027 | 10,4 | 494 |
| 2028 | 9,6 | 456 |
| 2029 | 8,8 | 418 |
| 2030 | 8,0 | 380 |
| 2031 | 7,2 | 342 |
| 2032 | 6,4 | 304 |
| 2033 | 5,6 | 266 |
| 2034 | 4,8 | 228 |
| 2035 | 4,0 | 190 |
| 2036 | 3,2 | 152 |
| 2037 | 2,4 | 114 |
| 2038 | 1,6 | 76 |
| 2039 | 0,8 | 38 |
| 2040 | 0,0 | 0 |

## § 24b Entlastungsbetrag für Alleinerziehende[1)2)]

(1) [1]Allein stehende Steuerpflichtige können einen Entlastungsbetrag von der Summe der Einkünfte abziehen, wenn zu ihrem Haushalt mindestens ein Kind gehört, für das ihnen ein Freibetrag nach § 32 Absatz 6 oder Kindergeld zusteht. [2]Die Zugehörigkeit zum Haushalt ist anzunehmen, wenn das Kind in der Wohnung des allein stehenden Steuerpflichtigen gemeldet ist. [3]Ist das Kind bei mehreren Steuerpflichtigen gemeldet, steht der Entlastungsbetrag nach Satz 1 demjenigen Alleinstehenden zu, der die Voraussetzungen auf Auszahlung des Kindergeldes nach § 64 Absatz 2 Satz 1 erfüllt oder erfüllen würde in Fällen, in denen nur ein Anspruch auf einen Freibetrag nach § 32 Absatz 6 besteht. [4]Voraussetzung für die Berücksichtigung ist die Identifizierung des Kindes durch die an dieses Kind vergebene Identifikationsnummer (§ 139b der Abgabenordnung). [5]Ist das Kind nicht nach einem Steuergesetz steuerpflichtig (§ 139a Absatz 2 der Abgabenordnung), ist es in anderer geeigneter Weise zu identifizieren. [6]Die nachträgliche Vergabe der Identifikationsnummer wirkt auf Monate zurück, in denen die Voraussetzungen der Sätze 1 bis 3 vorliegen.

(2) [1]Gehört zum Haushalt des allein stehenden Steuerpflichtigen ein Kind im Sinne des Absatzes 1, beträgt der Entlastungsbetrag im Kalenderjahr 1 908 Euro. [2]Für jedes weitere Kind im Sinne des Absatzes 1 erhöht sich der Betrag nach Satz 1 um 240 Euro je weiterem Kind.

(3) [1]Allein stehend im Sinne des Absatzes 1 sind Steuerpflichtige, die nicht die Voraussetzungen für die Anwendung des Splitting-Verfahrens (§ 26 Absatz 1) erfüllen oder verwitwet sind und keine Haushaltsgemeinschaft mit einer anderen volljährigen Person bilden, es sei denn, für diese steht ihnen ein Freibetrag nach § 32 Absatz 6 oder Kindergeld zu oder es handelt sich um ein Kind im Sinne des § 63 Absatz 1 Satz 1, das einen Dienst nach § 32 Absatz 5 Satz 1 Nummer 1 und 2 leistet oder eine Tätigkeit nach § 32 Absatz 5 Satz 1 Nummer 3 ausübt. [2]Ist die andere Person mit Haupt- oder Nebenwohnsitz in der Wohnung des Steuerpflichtigen gemeldet, wird vermutet, dass sie mit dem Steuerpflichtigen gemeinsam wirtschaftet (Haushaltsgemeinschaft). [3]Diese Vermutung ist widerlegbar, es sei denn, der Steuerpflichtige und die andere Person leben in einer eheähnlichen oder lebenspartnerschaftsähnlichen Gemeinschaft.

(4) Für jeden vollen Kalendermonat, in dem die Voraussetzungen des Absatzes 1 nicht vorgelegen haben, ermäßigt sich der Entlastungsbetrag nach Absatz 2 um ein Zwölftel.

## III. Veranlagung

### § 25 Veranlagungszeitraum, Steuererklärungspflicht[3)]

(1) Die Einkommensteuer wird nach Ablauf des Kalenderjahres (Veranlagungszeitraum) nach dem Einkommen veranlagt, das der Steuerpflichtige in diesem Veranlagungszeitraum bezogen hat, soweit nicht nach § 43 Absatz 5 und § 46 eine Veranlagung unterbleibt.

(2) (weggefallen)

(3) [1]Die steuerpflichtige Person hat für den Veranlagungszeitraum eine eigenhändig unterschriebene Einkommensteuererklärung abzugeben. [2]Wählen Ehegatten die Zusammenveranlagung (§ 26b), haben sie eine gemeinsame Steuererklärung abzugeben, die von beiden eigenhändig zu unterschreiben ist.

(4) [1]Die Erklärung nach Absatz 3 ist nach amtlich vorgeschriebenem Datensatz durch Datenfernübertragung zu übermitteln, wenn Einkünfte nach § 2 Absatz 1 Satz 1 Nummer 1 bis 3 erzielt werden und es sich nicht um einen der Veranlagungsfälle gemäß § 46 Absatz 2 Nummer 2 bis 8 handelt. [2]Auf Antrag kann die Finanzbehörde zur Vermeidung unbilliger Härten auf eine Übermittlung durch Datenfernübertragung verzichten.

---

1) **Anm. d. Red.:** § 24b i. d. F. des Gesetzes v. 16. 7. 2015 (BGBl I S. 1202) mit Wirkung v. 23. 7. 2015.
2) **Anm. d. Red.:** Zur Anwendung des § 24b siehe § 52 Abs. 37b Satz 4
3) **Anm. d. Red.:** § 25 Abs. 3 i. d. F. des Gesetzes v. 1. 11. 2011 (BGBl I S. 2131) mit Wirkung v. 1. 1. 2012.

## § 26 Veranlagung von Ehegatten[1]

(1) ¹Ehegatten können zwischen der Einzelveranlagung (§ 26a) und der Zusammenveranlagung (§ 26b) wählen, wenn

1. beide unbeschränkt einkommensteuerpflichtig im Sinne des § 1 Absatz 1 oder 2 oder des § 1a sind,
2. sie nicht dauernd getrennt leben und
3. bei ihnen die Voraussetzungen aus den Nummern 1 und 2 zu Beginn des Veranlagungszeitraums vorgelegen haben oder im Laufe des Veranlagungszeitraums eingetreten sind.

²Hat ein Ehegatte in dem Veranlagungszeitraum, in dem seine zuvor bestehende Ehe aufgelöst worden ist, eine neue Ehe geschlossen und liegen bei ihm und dem neuen Ehegatten die Voraussetzungen des Satzes 1 vor, bleibt die zuvor bestehende Ehe für die Anwendung des Satzes 1 unberücksichtigt.

(2) ¹Ehegatten werden einzeln veranlagt, wenn einer der Ehegatten die Einzelveranlagung wählt. ²Ehegatten werden zusammen veranlagt, wenn beide Ehegatten die Zusammenveranlagung wählen. ³Die Wahl wird für den betreffenden Veranlagungszeitraum durch Angabe in der Steuererklärung getroffen. ⁴Die Wahl der Veranlagungsart innerhalb eines Veranlagungszeitraums kann nach Eintritt der Unanfechtbarkeit des Steuerbescheids nur noch geändert werden, wenn

1. ein Steuerbescheid, der die Ehegatten betrifft, aufgehoben, geändert oder berichtigt wird und
2. die Änderung der Wahl der Veranlagungsart der zuständigen Finanzbehörde bis zum Eintritt der Unanfechtbarkeit des Änderungs- oder Berichtigungsbescheids schriftlich oder elektronisch mitgeteilt oder zur Niederschrift erklärt worden ist und
3. der Unterschiedsbetrag aus der Differenz der festgesetzten Einkommensteuer entsprechend der bisher gewählten Veranlagungsart und der festzusetzenden Einkommensteuer, die sich bei einer geänderten Ausübung der Wahl der Veranlagungsarten ergeben würde, positiv ist. ²Die Einkommensteuer der einzeln veranlagten Ehegatten ist hierbei zusammenzurechnen.

(3) Wird von dem Wahlrecht nach Absatz 2 nicht oder nicht wirksam Gebrauch gemacht, so ist eine Zusammenveranlagung durchzuführen.

## § 26a Einzelveranlagung von Ehegatten[2]

(1) ¹Bei der Einzelveranlagung von Ehegatten sind jedem Ehegatten die von ihm bezogenen Einkünfte zuzurechnen. ²Einkünfte eines Ehegatten sind nicht allein deshalb zum Teil dem anderen Ehegatten zuzurechnen, weil dieser bei der Erzielung der Einkünfte mitgewirkt hat.

(2) ¹Sonderausgaben, außergewöhnliche Belastungen und die Steuerermäßigung nach § 35a werden demjenigen Ehegatten zugerechnet, der die Aufwendungen wirtschaftlich getragen hat. ²Auf übereinstimmenden Antrag der Ehegatten werden sie jeweils zur Hälfte abgezogen. ³Der Antrag des Ehegatten, der die Aufwendungen wirtschaftlich getragen hat, ist in begründeten Einzelfällen ausreichend. ⁴§ 26 Absatz 2 Satz 3 gilt entsprechend.

(3) Die Anwendung des § 10d für den Fall des Übergangs von der Einzelveranlagung zur Zusammenveranlagung und von der Zusammenveranlagung zur Einzelveranlagung zwischen zwei Veranlagungszeiträumen, wenn bei beiden Ehegatten nicht ausgeglichene Verluste vorliegen, wird durch Rechtsverordnung der Bundesregierung mit Zustimmung des Bundesrates geregelt.

---

1) **Anm. d. Red.:** § 26 i. d. F. des Gesetzes v. 1. 11. 2011 (BGBl I S. 2131) mit Wirkung v. 1. 1. 2012.
2) **Anm. d. Red.:** § 26a i. d. F. des Gesetzes v. 1. 11. 2011 (BGBl I S. 2131) mit Wirkung v. 1. 1. 2012.

## § 26b Zusammenveranlagung von Ehegatten

Bei der Zusammenveranlagung von Ehegatten werden die Einkünfte, die die Ehegatten erzielt haben, zusammengerechnet, den Ehegatten gemeinsam zugerechnet und, soweit nichts anderes vorgeschrieben ist, die Ehegatten sodann gemeinsam als Steuerpflichtiger behandelt.

## §§ 26c und 27 (weggefallen)[1)]

## § 28 Besteuerung bei fortgesetzter Gütergemeinschaft

Bei fortgesetzter Gütergemeinschaft gelten Einkünfte, die in das Gesamtgut fallen, als Einkünfte des überlebenden Ehegatten, wenn dieser unbeschränkt steuerpflichtig ist.

## §§ 29 und 30 (weggefallen)

## IV. Tarif

### § 31 Familienleistungsausgleich

[1]Die steuerliche Freistellung eines Einkommensbetrags in Höhe des Existenzminimums eines Kindes einschließlich der Bedarfe für Betreuung und Erziehung oder Ausbildung wird im gesamten Veranlagungszeitraum entweder durch die Freibeträge nach § 32 Absatz 6 oder durch Kindergeld nach Abschnitt X bewirkt. [2]Soweit das Kindergeld dafür nicht erforderlich ist, dient es der Förderung der Familie. [3]Im laufenden Kalenderjahr wird Kindergeld als Steuervergütung monatlich gezahlt. [4]Bewirkt der Anspruch auf Kindergeld für den gesamten Veranlagungszeitraum die nach Satz 1 gebotene steuerliche Freistellung nicht vollständig und werden deshalb bei der Veranlagung zur Einkommensteuer die Freibeträge nach § 32 Absatz 6 vom Einkommen abgezogen, erhöht sich die unter Abzug dieser Freibeträge ermittelte tarifliche Einkommensteuer um den Anspruch auf Kindergeld für den gesamten Veranlagungszeitraum; bei nicht zusammenveranlagten Eltern wird der Kindergeldanspruch im Umfang des Kinderfreibetrags angesetzt. [5]Satz 4 gilt entsprechend für mit dem Kindergeld vergleichbare Leistungen nach § 65. [6]Besteht nach ausländischem Recht Anspruch auf Leistungen für Kinder, wird dieser insoweit nicht berücksichtigt, als er das inländische Kindergeld übersteigt.

### § 32 Kinder, Freibeträge für Kinder[2)]

(1) Kinder sind
1. im ersten Grad mit dem Steuerpflichtigen verwandte Kinder,
2. Pflegekinder (Personen, mit denen der Steuerpflichtige durch ein familienähnliches, auf längere Dauer berechnetes Band verbunden ist, sofern er sie nicht zu Erwerbszwecken in seinen Haushalt aufgenommen hat und das Obhuts- und Pflegeverhältnis zu den Eltern nicht mehr besteht).

(2) [1]Besteht bei einem angenommenen Kind das Kindschaftsverhältnis zu den leiblichen Eltern weiter, ist es vorrangig als angenommenes Kind zu berücksichtigen. [2]Ist ein im ersten Grad mit dem Steuerpflichtigen verwandtes Kind zugleich ein Pflegekind, ist es vorrangig als Pflegekind zu berücksichtigen.

---

1) **Anm. d. Red.:** § 26c weggefallen gem. Gesetz v. 1.11.2011 (BGBl I S. 2131) mit Wirkung v. 1.1.2012.

2) **Anm. d. Red.:** § 32 Abs. 4 i. d. F. des Gesetzes v. 22.12.2014 (BGBl I S. 2417) mit Wirkung v. 1.1.2015; Abs. 5 i. d. F. des Gesetzes v. 1.11.2011 (BGBl I S. 2131) mit Wirkung v. 1.1.2012; Abs. 6 i. d. F. des Gesetzes v. 16.7.2015 (BGBl I S. 1202) mit Wirkung v. 1.1.2016.

## § 32

(3) Ein Kind wird in dem Kalendermonat, in dem es lebend geboren wurde, und in jedem folgenden Kalendermonat, zu dessen Beginn es das 18. Lebensjahr noch nicht vollendet hat, berücksichtigt.

(4) ¹Ein Kind, das das 18. Lebensjahr vollendet hat, wird berücksichtigt, wenn es

1. noch nicht das 21. Lebensjahr vollendet hat, nicht in einem Beschäftigungsverhältnis steht und bei einer Agentur für Arbeit im Inland als Arbeitsuchender gemeldet ist oder
2. noch nicht das 25. Lebensjahr vollendet hat und

   a) für einen Beruf ausgebildet wird oder

   b) sich in einer Übergangszeit von höchstens vier Monaten befindet, die zwischen zwei Ausbildungsabschnitten oder zwischen einem Ausbildungsabschnitt und der Ableistung des gesetzlichen Wehr- oder Zivildienstes, einer vom Wehr- oder Zivildienst befreienden Tätigkeit als Entwicklungshelfer oder als Dienstleistender im Ausland nach § 14b des Zivildienstgesetzes oder der Ableistung des freiwilligen Wehrdienstes nach § 58b des Soldatengesetzes oder der Ableistung eines freiwilligen Dienstes im Sinne des Buchstaben d liegt, oder

   c) eine Berufsausbildung mangels Ausbildungsplatzes nicht beginnen oder fortsetzen kann oder

   d) ein freiwilliges soziales Jahr oder ein freiwilliges ökologisches Jahr im Sinne des Jugendfreiwilligendienstegesetzes oder einen Freiwilligendienst im Sinne der Verordnung (EU) Nr. 1288/2013 des Europäischen Parlaments und des Rates vom 11. Dezember 2013 zur Einrichtung von „Erasmus+", dem Programm der Union für allgemeine und berufliche Bildung, Jugend und Sport, und zur Aufhebung der Beschlüsse Nr. 1719/2006/EG, Nr. 1720/2006/EG und Nr. 1298/2008/EG (ABl L 347 vom 20.12.2013, S. 50) oder einen anderen Dienst im Ausland im Sinne von § 5 des Bundesfreiwilligendienstgesetzes oder einen entwicklungspolitischen Freiwilligendienst „weltwärts" im Sinne der Richtlinie des Bundesministeriums für wirtschaftliche Zusammenarbeit und Entwicklung vom 1. August 2007 (BAnz 2008 S. 1297) oder einen Freiwilligendienst aller Generationen im Sinne von § 2 Absatz 1a des Siebten Buches Sozialgesetzbuch oder einen Internationalen Jugendfreiwilligendienst im Sinne der Richtlinie des Bundesministeriums für Familie, Senioren, Frauen und Jugend vom 20. Dezember 2010 (GMBl S. 1778) oder einen Bundesfreiwilligendienst im Sinne des Bundesfreiwilligendienstgesetzes leistet oder

3.[1)] wegen körperlicher, geistiger oder seelischer Behinderung außerstande ist, sich selbst zu unterhalten; Voraussetzung ist, dass die Behinderung vor Vollendung des 25. Lebensjahres eingetreten ist.

²Nach Abschluss einer erstmaligen Berufsausbildung oder eines Erststudiums wird ein Kind in den Fällen des Satzes 1 Nummer 2 nur berücksichtigt, wenn das Kind keiner Erwerbstätigkeit nachgeht. ³Eine Erwerbstätigkeit mit bis zu 20 Stunden regelmäßiger wöchentlicher Arbeitszeit, ein Ausbildungsdienstverhältnis oder ein geringfügiges Beschäftigungsverhältnis im Sinne der §§ 8 und 8a des Vierten Buches Sozialgesetzbuch sind unschädlich.

(5)[2)] ¹In den Fällen des Absatzes 4 Satz 1 Nummer 1 oder Nummer 2 Buchstabe a und b wird ein Kind, das

1. den gesetzlichen Grundwehrdienst oder Zivildienst geleistet hat, oder
2. sich anstelle des gesetzlichen Grundwehrdienstes freiwillig für die Dauer von nicht mehr als drei Jahren zum Wehrdienst verpflichtet hat, oder

---

1) **Anm. d. Red.:** Zur Anwendung des § 32 Abs. 4 Satz 1 Nr. 3 siehe § 52 Abs. 32 Satz 1.
2) **Anm. d. Red.:** Zur Anwendung des § 32 Abs. 5 siehe § 52 Abs. 32 Satz 2.

3. eine vom gesetzlichen Grundwehrdienst oder Zivildienst befreiende Tätigkeit als Entwicklungshelfer im Sinne des § 1 Absatz 1 des Entwicklungshelfer-Gesetzes ausgeübt hat,

für einen der Dauer dieser Dienste oder der Tätigkeit entsprechenden Zeitraum, höchstens für die Dauer des inländischen gesetzlichen Grundwehrdienstes oder bei anerkannten Kriegsdienstverweigerern für die Dauer des inländischen gesetzlichen Zivildienstes über das 21. oder 25. Lebensjahr hinaus berücksichtigt. ²Wird der gesetzliche Grundwehrdienst oder Zivildienst in einem Mitgliedstaat der Europäischen Union oder einem Staat, auf den das Abkommen über den Europäischen Wirtschaftsraum Anwendung findet, geleistet, so ist die Dauer dieses Dienstes maßgebend. ³Absatz 4 Satz 2 und 3 gilt entsprechend.

(6) ¹Bei der Veranlagung zur Einkommensteuer wird für jedes zu berücksichtigende Kind des Steuerpflichtigen ein Freibetrag von 2 304 Euro für das sächliche Existenzminimum des Kindes (Kinderfreibetrag) sowie ein Freibetrag von 1 320 Euro für den Betreuungs- und Erziehungs- oder Ausbildungsbedarf des Kindes vom Einkommen abgezogen. ²Bei Ehegatten, die nach den §§ 26, 26b zusammen zur Einkommensteuer veranlagt werden, verdoppeln sich die Beträge nach Satz 1, wenn das Kind zu beiden Ehegatten in einem Kindschaftsverhältnis steht. ³Die Beträge nach Satz 2 stehen dem Steuerpflichtigen auch dann zu, wenn

1. der andere Elternteil verstorben oder nicht unbeschränkt einkommensteuerpflichtig ist oder
2. der Steuerpflichtige allein das Kind angenommen hat oder das Kind nur zu ihm in einem Pflegekindschaftsverhältnis steht.

⁴Für ein nicht nach § 1 Absatz 1 oder 2 unbeschränkt einkommensteuerpflichtiges Kind können die Beträge nach den Sätzen 1 bis 3 nur abgezogen werden, soweit sie nach den Verhältnissen seines Wohnsitzstaates notwendig und angemessen sind. ⁵Für jeden Kalendermonat, in dem die Voraussetzungen für einen Freibetrag nach den Sätzen 1 bis 4 nicht vorliegen, ermäßigen sich die dort genannten Beträge um ein Zwölftel. ⁶Abweichend von Satz 1 wird bei einem unbeschränkt einkommensteuerpflichtigen Elternpaar, bei dem die Voraussetzungen des § 26 Absatz 1 Satz 1 nicht vorliegen, auf Antrag eines Elternteils der dem anderen Elternteil zustehende Kinderfreibetrag auf ihn übertragen, wenn er, nicht jedoch der andere Elternteil, seiner Unterhaltspflicht gegenüber dem Kind für das Kalenderjahr im Wesentlichen nachkommt oder der andere Elternteil mangels Leistungsfähigkeit nicht unterhaltspflichtig ist. ⁷Eine Übertragung nach Satz 6 scheidet für Zeiträume aus, für die Unterhaltsleistungen nach dem Unterhaltsvorschussgesetz gezahlt werden. ⁸Bei minderjährigen Kindern wird der dem Elternteil, in dessen Wohnung das Kind nicht gemeldet ist, zustehende Freibetrag für den Betreuungs- und Erziehungs- oder Ausbildungsbedarf auf Antrag des anderen Elternteils auf diesen übertragen, wenn bei dem Elternpaar die Voraussetzungen des § 26 Absatz 1 Satz 1 nicht vorliegen. ⁹Eine Übertragung nach Satz 8 scheidet aus, wenn der Übertragung widersprochen wird, weil der Elternteil, bei dem das Kind nicht gemeldet ist, Kinderbetreuungskosten trägt oder das Kind regelmäßig in einem nicht unwesentlichen Umfang betreut. ¹⁰Die den Eltern nach den Sätzen 1 bis 9 zustehenden Freibeträge können auf Antrag auch auf einen Stiefelternteil oder Großelternteil übertragen werden, wenn dieser das Kind in seinen Haushalt aufgenommen hat oder dieser einer Unterhaltspflicht gegenüber dem Kind unterliegt. ¹¹Die Übertragung nach Satz 10 kann auch mit Zustimmung des berechtigten Elternteils erfolgen, die nur für künftige Kalenderjahre widerrufen werden kann.

## § 32a Einkommensteuertarif[1)]

(1)[2)3)] ¹Die tarifliche Einkommensteuer in den Veranlagungszeiträumen ab 2016 bemisst sich nach dem zu versteuernden Einkommen. ²Sie beträgt vorbehaltlich der §§ 32b, 32d, 34, 34a, 34b und 34c jeweils in Euro für zu versteuernde Einkommen
1. bis 8 652 Euro (Grundfreibetrag):
   0;
2. von 8 653 Euro bis 13 669 Euro:
   $(993{,}62 \cdot y + 1\,400) \cdot y$;
3. von 13 670 Euro bis 53 665 Euro:
   $(225{,}40 \cdot z + 2\,397) \cdot z + 952{,}48$;
4. von 53 666 Euro bis 254 446 Euro:
   $0{,}42 \cdot x - 8\,394{,}14$;
5. von 254 447 Euro an:
   $0{,}45 \cdot x - 16\,027{,}52$.

³Die Größe „y" ist ein Zehntausendstel des den Grundfreibetrag übersteigenden Teils des auf einen vollen Euro-Betrag abgerundeten zu versteuernden Einkommens. ⁴Die Größe „z" ist ein Zehntausendstel des 13 669 Euro übersteigenden Teils des auf einen vollen Euro-Betrag abgerundeten zu versteuernden Einkommens. ⁵Die Größe „x" ist das auf einen vollen Euro-Betrag abgerundete zu versteuernde Einkommen. ⁶Der sich ergebende Steuerbetrag ist auf den nächsten vollen Euro-Betrag abzurunden.

(2) bis (4) (weggefallen)

(5) Bei Ehegatten, die nach den §§ 26, 26b zusammen zur Einkommensteuer veranlagt werden, beträgt die tarifliche Einkommensteuer vorbehaltlich der §§ 32b, 32d, 34, 34a, 34b und 34c das Zweifache des Steuerbetrags, der sich für die Hälfte ihres gemeinsam zu versteuernden Einkommens nach Absatz 1 ergibt (Splitting-Verfahren).

(6) ¹Das Verfahren nach Absatz 5 ist auch anzuwenden zur Berechnung der tariflichen Einkommensteuer für das zu versteuernde Einkommen
1. bei einem verwitweten Steuerpflichtigen für den Veranlagungszeitraum, der dem Kalenderjahr folgt, in dem der Ehegatte verstorben ist, wenn der Steuerpflichtige und sein verstorbe-

---

1) **Anm. d. Red.:** § 32a Abs. 1 i. d. F. des Gesetzes v. 16. 7. 2015 (BGBl I S. 1202) mit Wirkung v. 1. 1. 2016; Abs. 6 i. d. F. des Gesetzes v. 1. 11. 2011 (BGBl I S. 2131) mit Wirkung v. 1. 1. 2012.

2) **Anm. d. Red.:** § 32a Abs. 1 i. d. F. für Veranlagungszeitraum 2015 lautete:
„(1) ¹Die tarifliche Einkommensteuer im Veranlagungszeitraum 2015 bemisst sich nach dem zu versteuernden Einkommen. ²Sie beträgt vorbehaltlich der §§ 32b, 32d, 34, 34a, 34b und 34c jeweils in Euro für zu versteuernde Einkommen
1. bis 8 472 Euro (Grundfreibetrag):
   0;
2. von 8 473 Euro bis 13 469 Euro:
   $(997{,}6 \cdot y + 1\,400) \cdot y$;
3. von 13 470 Euro bis 52 881 Euro:
   $(228{,}74 \cdot z + 2\,397) \cdot z + 948{,}68$;
4. von 52 882 Euro bis 250 730 Euro:
   $0{,}42 \cdot x - 8\,261{,}29$;
5. von 250 731 Euro an:
   $0{,}45 \cdot x - 15\,783{,}19$.

³Die Größe „y" ist ein Zehntausendstel des den Grundfreibetrag übersteigenden Teils des auf einen vollen Euro-Betrag abgerundeten zu versteuernden Einkommens. ⁴Die Größe „z" ist ein Zehntausendstel des 13 469 Euro übersteigenden Teils des auf einen vollen Euro-Betrag abgerundeten zu versteuernden Einkommens. ⁵Die Größe „x" ist das auf einen vollen Euro-Betrag abgerundete zu versteuernde Einkommen. ⁶Der sich ergebende Steuerbetrag ist auf den nächsten vollen Euro-Betrag abzurunden."

3) **Anm. d. Red.:** Zur Anwendung des § 32a Abs. 1 siehe § 52 Abs. 32a.

ner Ehegatte im Zeitpunkt seines Todes die Voraussetzungen des § 26 Absatz 1 Satz 1 erfüllt haben,
2. bei einem Steuerpflichtigen, dessen Ehe in dem Kalenderjahr, in dem er sein Einkommen bezogen hat, aufgelöst worden ist, wenn in diesem Kalenderjahr
    a) der Steuerpflichtige und sein bisheriger Ehegatte die Voraussetzungen des § 26 Absatz 1 Satz 1 erfüllt haben,
    b) der bisherige Ehegatte wieder geheiratet hat und
    c) der bisherige Ehegatte und dessen neuer Ehegatte ebenfalls die Voraussetzungen des § 26 Absatz 1 Satz 1 erfüllen.

²Voraussetzung für die Anwendung des Satzes 1 ist, dass der Steuerpflichtige nicht nach den §§ 26, 26a einzeln zur Einkommensteuer veranlagt wird.

## § 32b Progressionsvorbehalt[1)2)]

(1) ¹Hat ein zeitweise oder während des gesamten Veranlagungszeitraums unbeschränkt Steuerpflichtiger oder ein beschränkt Steuerpflichtiger, auf den § 50 Absatz 2 Satz 2 Nummer 4 Anwendung findet,

1. a) Arbeitslosengeld, Teilarbeitslosengeld, Zuschüsse zum Arbeitsentgelt, Kurzarbeitergeld, Insolvenzgeld, Übergangsgeld nach dem Dritten Buch Sozialgesetzbuch; Insolvenzgeld, das nach § 170 Absatz 1 des Dritten Buches Sozialgesetzbuch einem Dritten zusteht, ist dem Arbeitnehmer zuzurechnen,
    b) Krankengeld, Mutterschaftsgeld, Verletztengeld, Übergangsgeld oder vergleichbare Lohnersatzleistungen nach dem Fünften, Sechsten oder Siebten Buch Sozialgesetzbuch, der Reichsversicherungsordnung, dem Gesetz über die Krankenversicherung der Landwirte oder dem Zweiten Gesetz über die Krankenversicherung der Landwirte,
    c) Mutterschaftsgeld, Zuschuss zum Mutterschaftsgeld, die Sonderunterstützung nach dem Mutterschutzgesetz sowie den Zuschuss bei Beschäftigungsverboten für die Zeit vor oder nach einer Entbindung sowie für den Entbindungstag während einer Elternzeit nach beamtenrechtlichen Vorschriften,
    d) Arbeitslosenbeihilfe nach dem Soldatenversorgungsgesetz,
    e) Entschädigungen für Verdienstausfall nach dem Infektionsschutzgesetz vom 20. Juli 2000 (BGBl I S. 1045),
    f) Versorgungskrankengeld oder Übergangsgeld nach dem Bundesversorgungsgesetz,
    g) nach § 3 Nummer 28 steuerfreie Aufstockungsbeträge oder Zuschläge,
    h) Leistungen an Nichtselbständige nach § 6 des Unterhaltssicherungsgesetzes,
    i) (weggefallen)
    j) Elterngeld nach dem Bundeselterngeld- und Elternzeitgesetz,
    k) nach § 3 Nummer 2 Buchstabe e steuerfreie Leistungen, wenn vergleichbare Leistungen inländischer öffentlicher Kassen nach den Buchstaben a bis j dem Progressionsvorbehalt unterfallen, oder
2. ausländische Einkünfte, die im Veranlagungszeitraum nicht der deutschen Einkommensteuer unterlegen haben; dies gilt nur für Fälle der zeitweisen unbeschränkten Steuerpflicht einschließlich der in § 2 Absatz 7 Satz 3 geregelten Fälle; ausgenommen sind Einkünfte, die nach einem sonstigen zwischenstaatlichen Übereinkommen im Sinne der Nummer 4 steuerfrei sind und die nach diesem Übereinkommen nicht unter dem Vorbehalt der Einbeziehung bei der Berechnung der Einkommensteuer stehen,

---

1) **Anm. d. Red.:** § 32b Abs. 1 i. d. F. des Gesetzes v. 29. 6. 2015 (BGBl I S. 1061) mit Wirkung v. 1. 11. 2015; Abs. 2 i. d. F. des Gesetzes v. 25. 7. 2014 (BGBl I S. 1266) mit Wirkung v. 31. 7. 2014.

2) **Anm. d. Red.:** Zur Anwendung des § 32b siehe § 52 Abs. 33.

# § 32b VII. Einkommensteuergesetz

3. Einkünfte, die nach einem Abkommen zur Vermeidung der Doppelbesteuerung steuerfrei sind,
4. Einkünfte, die nach einem sonstigen zwischenstaatlichen Übereinkommen unter dem Vorbehalt der Einbeziehung bei der Berechnung der Einkommensteuer steuerfrei sind,
5. Einkünfte, die bei Anwendung von § 1 Absatz 3 oder § 1a oder § 50 Absatz 2 Satz 2 Nummer 4 im Veranlagungszeitraum bei der Ermittlung des zu versteuernden Einkommens unberücksichtigt bleiben, weil sie nicht der deutschen Einkommensteuer oder einem Steuerabzug unterliegen; ausgenommen sind Einkünfte, die nach einem sonstigen zwischenstaatlichen Übereinkommen im Sinne der Nummer 4 steuerfrei sind und die nach diesem Übereinkommen nicht unter dem Vorbehalt der Einbeziehung bei der Berechnung der Einkommensteuer stehen,

bezogen, so ist auf das nach § 32a Absatz 1 zu versteuernde Einkommen ein besonderer Steuersatz anzuwenden. ²Satz 1 Nummer 3 gilt nicht für Einkünfte

1. aus einer anderen als in einem Drittstaat belegenen land- und forstwirtschaftlichen Betriebsstätte,
2. aus einer anderen als in einem Drittstaat belegenen gewerblichen Betriebsstätte, die nicht die Voraussetzungen des § 2a Absatz 2 Satz 1 erfüllt,
3. aus der Vermietung oder der Verpachtung von unbeweglichem Vermögen oder von Sachinbegriffen, wenn diese in einem anderen Staat als in einem Drittstaat belegen sind, oder
4. aus der entgeltlichen Überlassung von Schiffen, sofern diese ausschließlich oder fast ausschließlich in einem anderen als einem Drittstaat eingesetzt worden sind, es sei denn, es handelt sich um Handelsschiffe, die
    a) von einem Vercharterer ausgerüstet überlassen oder
    b) an in einem anderen als in einem Drittstaat ansässige Ausrüster, die die Voraussetzungen des § 510 Absatz 1 des Handelsgesetzbuchs erfüllen, überlassen oder
    c) insgesamt nur vorübergehend an in einem Drittstaat ansässige Ausrüster, die die Voraussetzungen des § 510 Absatz 1 des Handelsgesetzbuchs erfüllen, überlassen
    worden sind, oder
5. aus dem Ansatz des niedrigeren Teilwerts oder der Übertragung eines zu einem Betriebsvermögen gehörenden Wirtschaftsguts im Sinne der Nummern 3 und 4.

³§ 2a Absatz 2a und § 15b sind sinngemäß anzuwenden.

(1a) Als unmittelbar von einem unbeschränkt Steuerpflichtigen bezogene ausländische Einkünfte im Sinne des Absatzes 1 Nummer 3 gelten auch die ausländischen Einkünfte, die eine Organgesellschaft im Sinne des § 14 oder des § 17 des Körperschaftsteuergesetzes bezogen hat und die nach einem Abkommen zur Vermeidung der Doppelbesteuerung steuerfrei sind, in dem Verhältnis, in dem dem unbeschränkt Steuerpflichtigen das Einkommen der Organgesellschaft bezogen auf das gesamte Einkommen der Organgesellschaft im Veranlagungszeitraum zugerechnet wird.

(2) Der besondere Steuersatz nach Absatz 1 ist der Steuersatz, der sich ergibt, wenn bei der Berechnung der Einkommensteuer das nach § 32a Absatz 1 zu versteuernde Einkommen vermehrt oder vermindert wird um

1. im Fall des Absatzes 1 Nummer 1 die Summe der Leistungen nach Abzug des Arbeitnehmer-Pauschbetrags (§ 9a Satz 1 Nummer 1), soweit er nicht bei der Ermittlung der Einkünfte aus nichtselbständiger Arbeit abziehbar ist;
2. im Fall des Absatzes 1 Nummer 2 bis 5 die dort bezeichneten Einkünfte, wobei die darin enthaltenen außerordentlichen Einkünfte mit einem Fünftel zu berücksichtigen sind. ²Bei der Ermittlung der Einkünfte im Fall des Absatzes 1 Nummer 2 bis 5
    a) ist der Arbeitnehmer-Pauschbetrag (§ 9a Satz 1 Nummer 1 Buchstabe a) abzuziehen, soweit er nicht bei der Ermittlung der Einkünfte aus nichtselbständiger Arbeit abziehbar ist;

b) sind Werbungskosten nur insoweit abzuziehen, als sie zusammen mit den bei der Ermittlung der Einkünfte aus nichtselbständiger Arbeit abziehbaren Werbungskosten den Arbeitnehmer-Pauschbetrag (§ 9a Satz 1 Nummer 1 Buchstabe a) übersteigen;
c) sind bei Gewinnermittlung nach § 4 Absatz 3 die Anschaffungs- oder Herstellungskosten für Wirtschaftsgüter des Umlaufvermögens im Zeitpunkt des Zuflusses des Veräußerungserlöses oder bei Entnahme im Zeitpunkt der Entnahme als Betriebsausgaben zu berücksichtigen. ²§ 4 Absatz 3 Satz 5 gilt entsprechend.

(3) ¹Die Träger der Sozialleistungen im Sinne des Absatzes 1 Nummer 1 haben die Daten über die im Kalenderjahr gewährten Leistungen sowie die Dauer des Leistungszeitraums für jeden Empfänger bis zum 28. Februar des Folgejahres nach amtlich vorgeschriebenem Datensatz durch amtlich bestimmte Datenfernübertragung zu übermitteln, soweit die Leistungen nicht auf der Lohnsteuerbescheinigung (§ 41b Absatz 1 Satz 2 Nummer 5) auszuweisen sind; § 41b Absatz 2 und § 22a Absatz 2 gelten entsprechend. ²Der Empfänger der Leistungen ist entsprechend zu informieren und auf die steuerliche Behandlung dieser Leistungen und seine Steuererklärungspflicht hinzuweisen. ³In den Fällen des § 170 Absatz 1 des Dritten Buches Sozialgesetzbuch ist Empfänger des an Dritte ausgezahlten Insolvenzgeldes der Arbeitnehmer, der seinen Arbeitsentgeltanspruch übertragen hat.

### § 32c (weggefallen)[1)]

### § 32d Gesonderter Steuertarif für Einkünfte aus Kapitalvermögen[2)]

(1) ¹Die Einkommensteuer für Einkünfte aus Kapitalvermögen, die nicht unter § 20 Absatz 8 fallen, beträgt 25 Prozent. ²Die Steuer nach Satz 1 vermindert sich um die nach Maßgabe des Absatzes 5 anrechenbaren ausländischen Steuern. ³Im Fall der Kirchensteuerpflicht ermäßigt sich die Steuer nach den Sätzen 1 und 2 um 25 Prozent der auf die Kapitalerträge entfallenden Kirchensteuer. ⁴Die Einkommensteuer beträgt damit

$$\frac{e - 4q}{4 + k}$$

⁵Dabei sind „e" die nach den Vorschriften des § 20 ermittelten Einkünfte, „q" die nach Maßgabe des Absatzes 5 anrechenbare ausländische Steuer und „k" der für die Kirchensteuer erhebende Religionsgesellschaft (Religionsgemeinschaft) geltende Kirchensteuersatz.

(2) Absatz 1 gilt nicht
1. für Kapitalerträge im Sinne des § 20 Absatz 1 Nummer 4 und 7 sowie Absatz 2 Satz 1 Nummer 4 und 7,
    a) wenn Gläubiger und Schuldner einander nahe stehende Personen sind, soweit die den Kapitalerträgen entsprechenden Aufwendungen beim Schuldner Betriebsausgaben oder Werbungskosten im Zusammenhang mit Einkünften sind, die der inländischen Besteuerung unterliegen und § 20 Absatz 9 Satz 1 zweiter Halbsatz keine Anwendung findet,
    b) wenn sie von einer Kapitalgesellschaft oder Genossenschaft an einen Anteilseigner gezahlt werden, der zu mindestens 10 Prozent an der Gesellschaft oder Genossenschaft beteiligt ist. ²Dies gilt auch, wenn der Gläubiger der Kapitalerträge eine dem Anteilseigner nahe stehende Person ist, oder
    c) soweit ein Dritter die Kapitalerträge schuldet und diese Kapitalanlage im Zusammenhang mit einer Kapitalüberlassung an einen Betrieb des Gläubigers steht. ²Dies gilt entsprechend, wenn Kapital überlassen wird
        aa) an eine dem Gläubiger der Kapitalerträge nahestehende Person oder
        bb) an eine Personengesellschaft, bei der der Gläubiger der Kapitalerträge oder eine diesem nahestehende Person als Mitunternehmer beteiligt ist oder

---

1) **Anm. d. Red.:** § 32c weggefallen gem. Gesetz v. 25. 7. 2014 (BGBl I S. 1266) mit Wirkung v. 31. 7. 2014.

2) **Anm. d. Red.:** § 32d Abs. 2 i. d. F. des Gesetzes v. 26. 6. 2013 (BGBl I S. 1809) mit Wirkung v. 30. 6. 2013; Abs. 6 i. d. F. des Gesetzes v. 8. 12. 2010 (BGBl I S. 1768) mit Wirkung v. 14. 12. 2010.

cc) an eine Kapitalgesellschaft oder Genossenschaft, an der der Gläubiger der Kapitalerträge oder eine diesem nahestehende Person zu mindestens 10 Prozent beteiligt ist,

sofern der Dritte auf den Gläubiger oder eine diesem nahestehende Person zurückgreifen kann. ³Ein Zusammenhang ist anzunehmen, wenn die Kapitalanlage und die Kapitalüberlassung auf einem einheitlichen Plan beruhen. ⁴Hiervon ist insbesondere dann auszugehen, wenn die Kapitalüberlassung in engem zeitlichen Zusammenhang mit einer Kapitalanlage steht oder die jeweiligen Zinsvereinbarungen miteinander verknüpft sind. ⁵Von einem Zusammenhang ist jedoch nicht auszugehen, wenn die Zinsvereinbarungen marktüblich sind oder die Anwendung des Absatzes 1 beim Steuerpflichtigen zu keinem Belastungsvorteil führt. ⁶Die Sätze 1 bis 5 gelten sinngemäß, wenn das überlassene Kapital vom Gläubiger der Kapitalerträge für die Erzielung von Einkünften im Sinne des § 2 Absatz 1 Satz 1 Nummer 4, 6 und 7 eingesetzt wird.

²Insoweit findet § 20 Absatz 6 und 9 keine Anwendung;

2. für Kapitalerträge im Sinne des § 20 Absatz 1 Nummer 6 Satz 2. ²Insoweit findet § 20 Absatz 6 keine Anwendung;

3. auf Antrag für Kapitalerträge im Sinne des § 20 Absatz 1 Nummer 1 und 2 aus einer Beteiligung an einer Kapitalgesellschaft, wenn der Steuerpflichtige im Veranlagungszeitraum, für den der Antrag erstmals gestellt wird, unmittelbar oder mittelbar

   a) zu mindestens 25 Prozent an der Kapitalgesellschaft beteiligt ist oder

   b) zu mindestens 1 Prozent an der Kapitalgesellschaft beteiligt und beruflich für diese tätig ist.

   ²Insoweit finden § 3 Nummer 40 Satz 2 und § 20 Absatz 6 und 9 keine Anwendung. ³Der Antrag gilt für die jeweilige Beteiligung erstmals für den Veranlagungszeitraum, für den er gestellt worden ist. ⁴Er ist spätestens zusammen mit der Einkommensteuererklärung für den jeweiligen Veranlagungszeitraum zu stellen und gilt, solange er nicht widerrufen wird, auch für die folgenden vier Veranlagungszeiträume, ohne dass die Antragsvoraussetzungen erneut zu belegen sind. ⁵Die Widerrufserklärung muss dem Finanzamt spätestens mit der Steuererklärung für den Veranlagungszeitraum zugehen, für den die Sätze 1 bis 4 erstmals nicht mehr angewandt werden sollen. ⁶Nach einem Widerruf ist ein erneuter Antrag des Steuerpflichtigen für diese Beteiligung an der Kapitalgesellschaft nicht mehr zulässig;

4. für Bezüge im Sinne des § 20 Absatz 1 Nummer 1 und für Einnahmen im Sinne des § 20 Absatz 1 Nummer 9, soweit sie das Einkommen der leistenden Körperschaft gemindert haben; dies gilt nicht, soweit eine verdeckte Gewinnausschüttung das Einkommen einer dem Steuerpflichtigen nahe stehenden Person erhöht hat und § 32a des Körperschaftsteuergesetzes auf die Veranlagung dieser nahe stehenden Person keine Anwendung findet.

(3) ¹Steuerpflichtige Kapitalerträge, die nicht der Kapitalertragsteuer unterlegen haben, hat der Steuerpflichtige in seiner Einkommensteuererklärung anzugeben. ²Für diese Kapitalerträge erhöht sich die tarifliche Einkommensteuer um den nach Absatz 1 ermittelten Betrag.

(4) Der Steuerpflichtige kann mit der Einkommensteuererklärung für Kapitalerträge, die der Kapitalertragsteuer unterlegen haben, eine Steuerfestsetzung entsprechend Absatz 3 Satz 2 insbesondere in Fällen eines nicht vollständig ausgeschöpften Sparer-Pauschbetrags, einer Anwendung der Ersatzbemessungsgrundlage nach § 43a Absatz 2 Satz 7, eines noch nicht im Rahmen des § 43a Absatz 3 berücksichtigten Verlusts, eines Verlustvortrags nach § 20 Absatz 6 und noch nicht berücksichtigter ausländischer Steuern, zur Überprüfung des Steuereinbehalts dem Grund oder der Höhe nach oder zur Anwendung von Absatz 1 Satz 3 beantragen.

(5) ¹In den Fällen der Absätze 3 und 4 ist bei unbeschränkt Steuerpflichtigen, die mit ausländischen Kapitalerträgen in dem Staat, aus dem die Kapitalerträge stammen, zu einer der deutschen Einkommensteuer entsprechenden Steuer herangezogen werden, die auf ausländische Kapitalerträge festgesetzte und gezahlte und um einen entstandenen Ermäßigungsanspruch gekürzte ausländische Steuer, jedoch höchstens 25 Prozent ausländische Steuer auf den einzelnen Kapitalertrag, auf die deutsche Steuer anzurechnen. ²Soweit in einem Abkommen zur Ver-

meidung der Doppelbesteuerung die Anrechnung einer ausländischen Steuer einschließlich einer als gezahlt geltenden Steuer auf die deutsche Steuer vorgesehen ist, gilt Satz 1 entsprechend. ³Die ausländischen Steuern sind nur bis zur Höhe der auf die im jeweiligen Veranlagungszeitraum bezogenen Kapitalerträge im Sinne des Satzes 1 entfallenden deutschen Steuer anzurechnen.

(6) ¹Auf Antrag des Steuerpflichtigen werden anstelle der Anwendung der Absätze 1, 3 und 4 die nach § 20 ermittelten Kapitaleinkünfte den Einkünften im Sinne des § 2 hinzugerechnet und der tariflichen Einkommensteuer unterworfen, wenn dies zu einer niedrigeren Einkommensteuer einschließlich Zuschlagsteuern führt (Günstigerprüfung). ²Absatz 5 ist mit der Maßgabe anzuwenden, dass die nach dieser Vorschrift ermittelten ausländischen Steuern auf die zusätzliche tarifliche Einkommensteuer anzurechnen sind, die auf die hinzugerechneten Kapitaleinkünfte entfällt. ³Der Antrag kann für den jeweiligen Veranlagungszeitraum nur einheitlich für sämtliche Kapitalerträge gestellt werden. ⁴Bei zusammenveranlagten Ehegatten kann der Antrag nur für sämtliche Kapitalerträge beider Ehegatten gestellt werden.

## § 33 Außergewöhnliche Belastungen[1)]

(1) Erwachsen einem Steuerpflichtigen zwangsläufig größere Aufwendungen als der überwiegenden Mehrzahl der Steuerpflichtigen gleicher Einkommensverhältnisse, gleicher Vermögensverhältnisse und gleichen Familienstands (außergewöhnliche Belastung), so wird auf Antrag die Einkommensteuer dadurch ermäßigt, dass der Teil der Aufwendungen, der die dem Steuerpflichtigen zumutbare Belastung (Absatz 3) übersteigt, vom Gesamtbetrag der Einkünfte abgezogen wird.

(2) ¹Aufwendungen erwachsen dem Steuerpflichtigen zwangsläufig, wenn er sich ihnen aus rechtlichen, tatsächlichen oder sittlichen Gründen nicht entziehen kann und soweit die Aufwendungen den Umständen nach notwendig sind und einen angemessenen Betrag nicht übersteigen. ²Aufwendungen, die zu den Betriebsausgaben, Werbungskosten oder Sonderausgaben gehören, bleiben dabei außer Betracht; das gilt für Aufwendungen im Sinne des § 10 Absatz 1 Nummer 7 und 9 nur insoweit, als sie als Sonderausgaben abgezogen werden können. ³Aufwendungen, die durch Diätverpflegung entstehen, können nicht als außergewöhnliche Belastung berücksichtigt werden. ⁴Aufwendungen für die Führung eines Rechtsstreits (Prozesskosten) sind vom Abzug ausgeschlossen, es sei denn, es handelt sich um Aufwendungen ohne die der Steuerpflichtige Gefahr liefe, seine Existenzgrundlage zu verlieren und seine lebensnotwendigen Bedürfnisse in dem üblichen Rahmen nicht mehr befriedigen zu können.

(3) ¹Die zumutbare Belastung beträgt

| bei einem Gesamtbetrag der Einkünfte | bis 15 340 EUR | über 15 340 EUR bis 51 130 EUR | über 51 130 EUR |
|---|---|---|---|
| 1. bei Steuerpflichtigen, die keine Kinder haben und bei denen die Einkommensteuer | | | |
| a) nach § 32a Absatz 1, | 5 | 6 | 7 |
| b) nach § 32a Absatz 5 oder 6 (Splitting-Verfahren) | 4 | 5 | 6 |
| zu berechnen ist; | | | |
| 2. bei Steuerpflichtigen mit | | | |
| a) einem Kind oder zwei Kindern, | 2 | 3 | 4 |
| b) drei oder mehr Kindern | 1 | 1 | 2 |
| | Prozent des Gesamtbetrags der Einkünfte. | | |

---

1) **Anm. d. Red.:** § 33 Abs. 2 i. d. F. des Gesetzes v. 26. 6. 2013 (BGBl I S. 1809) mit Wirkung v. 30. 6. 2013; Abs. 4 i. d. F. des Gesetzes v. 1. 11. 2011 (BGBl I S. 2131) mit Wirkung v. 5. 11. 2011.

²Als Kinder des Steuerpflichtigen zählen die, für die er Anspruch auf einen Freibetrag nach § 32 Absatz 6 oder auf Kindergeld hat.

(4) Die Bundesregierung wird ermächtigt, durch Rechtsverordnung mit Zustimmung des Bundesrates die Einzelheiten des Nachweises von Aufwendungen nach Absatz 1 zu bestimmen.

## § 33a Außergewöhnliche Belastung in besonderen Fällen[1)]

(1) ¹Erwachsen einem Steuerpflichtigen Aufwendungen für den Unterhalt und eine etwaige Berufsausbildung einer dem Steuerpflichtigen oder seinem Ehegatten gegenüber gesetzlich unterhaltsberechtigten Person, so wird auf Antrag die Einkommensteuer dadurch ermäßigt, dass die Aufwendungen bis zu 8 652 Euro im Kalenderjahr vom Gesamtbetrag der Einkünfte abgezogen werden. ²Der Höchstbetrag nach Satz 1 erhöht sich um den Betrag der im jeweiligen Veranlagungszeitraum nach § 10 Absatz 1 Nummer 3 für die Absicherung der unterhaltsberechtigten Person aufgewandten Beiträge; dies gilt nicht für Kranken- und Pflegeversicherungsbeiträge, die bereits nach § 10 Absatz 1 Nummer 3 Satz 1 anzusetzen sind. ³Der gesetzlich unterhaltsberechtigten Person gleichgestellt ist eine Person, wenn bei ihr zum Unterhalt bestimmte inländische öffentliche Mittel mit Rücksicht auf die Unterhaltsleistungen des Steuerpflichtigen gekürzt werden. ⁴Voraussetzung ist, dass weder der Steuerpflichtige noch eine andere Person Anspruch auf einen Freibetrag nach § 32 Absatz 6 oder auf Kindergeld für die unterhaltene Person hat und die unterhaltene Person kein oder nur ein geringes Vermögen besitzt; ein angemessenes Hausgrundstück im Sinne von § 90 Absatz 2 Nummer 8 des Zwölften Buches Sozialgesetzbuch bleibt unberücksichtigt. ⁵Hat die unterhaltene Person andere Einkünfte oder Bezüge, so vermindert sich die Summe der nach Satz 1 und Satz 2 ermittelten Beträge um den Betrag, um den diese Einkünfte und Bezüge den Betrag von 624 Euro im Kalenderjahr übersteigen, sowie um die von der unterhaltenen Person als Ausbildungshilfe aus öffentlichen Mitteln oder von Förderungseinrichtungen, die hierfür öffentliche Mittel erhalten, bezogenen Zuschüsse; zu den Bezügen gehören auch steuerfreie Gewinne nach den §§ 14, 16 Absatz 4, § 17 Absatz 3 und § 18 Absatz 3, die nach § 19 Absatz 2 steuerfrei bleibenden Einkünfte sowie Sonderabschreibungen und erhöhte Absetzungen, soweit sie die höchstmöglichen Absetzungen für Abnutzung nach § 7 übersteigen. ⁶Ist die unterhaltene Person nicht unbeschränkt einkommensteuerpflichtig, so können die Aufwendungen nur abgezogen werden, soweit sie nach den Verhältnissen des Wohnsitzstaates der unterhaltenen Person notwendig und angemessen sind, höchstens jedoch der Betrag, der sich nach den Sätzen 1 bis 5 ergibt; ob der Steuerpflichtige zum Unterhalt gesetzlich verpflichtet ist, ist nach inländischen Maßstäben zu beurteilen. ⁷Werden die Aufwendungen für eine unterhaltene Person von mehreren Steuerpflichtigen getragen, so wird bei jedem der Teil des sich hiernach ergebenden Betrags abgezogen, der seinem Anteil am Gesamtbetrag der Leistungen entspricht. ⁸Nicht auf Euro lautende Beträge sind entsprechend dem für Ende September des Jahres vor dem Veranlagungszeitraum von der Europäischen Zentralbank bekannt gegebenen Referenzkurs umzurechnen. ⁹Voraussetzung für den Abzug der Aufwendungen ist die Angabe der erteilten Identifikationsnummer (§ 139b der Abgabenordnung) der unterhaltenen Person in der Steuererklärung des Unterhaltsleistenden, wenn die unterhaltene Person der unbeschränkten oder beschränkten Steuerpflicht unterliegt. ¹⁰Die unterhaltene Person ist für diese Zwecke verpflichtet, dem Unterhaltsleistenden ihre erteilte Identifikationsnummer (§ 139b der Abgabenordnung) mitzuteilen. ¹¹Kommt die unterhaltene Person dieser Verpflichtung nicht nach, ist der Unterhaltsleistende berechtigt, bei der für ihn zuständigen Finanzbehörde die Identifikationsnummer der unterhaltenen Person zu erfragen.

(2) ¹Zur Abgeltung des Sonderbedarfs eines sich in Berufsausbildung befindenden, auswärtig untergebrachten, volljährigen Kindes, für das Anspruch auf einen Freibetrag nach § 32 Absatz 6 oder Kindergeld besteht, kann der Steuerpflichtige einen Freibetrag in Höhe von 924 Euro je Kalenderjahr vom Gesamtbetrag der Einkünfte abziehen. ²Für ein nicht unbeschränkt einkommen-

---

1) **Anm. d. Red.:** § 33a Abs. 1 i. d. F. des Gesetzes v. 16. 7. 2015 (BGBl I S. 1202) mit Wirkung v. 1. 1. 2016; Abs. 2 i. d. F. des Gesetzes v. 1. 11. 2011 (BGBl I S. 2131) mit Wirkung v. 1. 1. 2012; Abs. 3 i. d. F. des Gesetzes v. 25. 7. 2014 (BGBl I S. 1266) mit Wirkung v. 31. 7. 2014.

steuerpflichtiges Kind mindert sich der vorstehende Betrag nach Maßgabe des Absatzes 1 Satz 6. ³Erfüllen mehrere Steuerpflichtige für dasselbe Kind die Voraussetzungen nach Satz 1, so kann der Freibetrag insgesamt nur einmal abgezogen werden. ⁴Jedem Elternteil steht grundsätzlich die Hälfte des Abzugsbetrags nach den Sätzen 1 und 2 zu. ⁵Auf gemeinsamen Antrag der Eltern ist eine andere Aufteilung möglich.

(3) ¹Für jeden vollen Kalendermonat, in dem die in den Absätzen 1 und 2 bezeichneten Voraussetzungen nicht vorgelegen haben, ermäßigen sich die dort bezeichneten Beträge um je ein Zwölftel. ²Eigene Einkünfte und Bezüge der nach Absatz 1 unterhaltenen Person, die auf diese Kalendermonate entfallen, vermindern den nach Satz 1 ermäßigten Höchstbetrag nicht. ³Als Ausbildungshilfe bezogene Zuschüsse der nach Absatz 1 unterhaltenen Person mindern nur den zeitanteiligen Höchstbetrag der Kalendermonate, für die sie bestimmt sind.

(4) In den Fällen der Absätze 1 und 2 kann wegen der in diesen Vorschriften bezeichneten Aufwendungen der Steuerpflichtige eine Steuerermäßigung nach § 33 nicht in Anspruch nehmen.

## § 33b Pauschbeträge für behinderte Menschen, Hinterbliebene und Pflegepersonen¹⁾

(1) ¹Wegen der Aufwendungen für die Hilfe bei den gewöhnlichen und regelmäßig wiederkehrenden Verrichtungen des täglichen Lebens, für die Pflege sowie für einen erhöhten Wäschebedarf können behinderte Menschen unter den Voraussetzungen des Absatzes 2 anstelle einer Steuerermäßigung nach § 33 einen Pauschbetrag nach Absatz 3 geltend machen (Behinderten-Pauschbetrag). ²Das Wahlrecht kann für die genannten Aufwendungen im jeweiligen Veranlagungszeitraum nur einheitlich ausgeübt werden.

(2) Die Pauschbeträge erhalten
1. behinderte Menschen, deren Grad der Behinderung auf mindestens 50 festgestellt ist;
2. behinderte Menschen, deren Grad der Behinderung auf weniger als 50, aber mindestens auf 25 festgestellt ist, wenn
    a) dem behinderten Menschen wegen seiner Behinderung nach gesetzlichen Vorschriften Renten oder andere laufende Bezüge zustehen, und zwar auch dann, wenn das Recht auf die Bezüge ruht oder der Anspruch auf die Bezüge durch Zahlung eines Kapitals abgefunden worden ist, oder
    b) die Behinderung zu einer dauernden Einbuße der körperlichen Beweglichkeit geführt hat oder auf einer typischen Berufskrankheit beruht.

(3) ¹Die Höhe des Pauschbetrags richtet sich nach dem dauernden Grad der Behinderung. ²Als Pauschbeträge werden gewährt bei einem Grad der Behinderung

| von 25 | und | 30  | 310 Euro,   |
| von 35 | und | 40  | 430 Euro,   |
| von 45 | und | 50  | 570 Euro,   |
| von 55 | und | 60  | 720 Euro,   |
| von 65 | und | 70  | 890 Euro,   |
| von 75 | und | 80  | 1 060 Euro, |
| von 85 | und | 90  | 1 230 Euro, |
| von 95 | und | 100 | 1 420 Euro. |

³Für behinderte Menschen, die hilflos im Sinne des Absatzes 6 sind, und für Blinde erhöht sich der Pauschbetrag auf 3 700 Euro.

(4) ¹Personen, denen laufende Hinterbliebenenbezüge bewilligt worden sind, erhalten auf Antrag einen Pauschbetrag von 370 Euro (Hinterbliebenen-Pauschbetrag), wenn die Hinterbliebenenbezüge geleistet werden

---

1) **Anm. d. Red.:** § 33b Abs. 5 i. d. F. des Gesetzes v. 1.11.2011 (BGBl I S.2131) mit Wirkung v. 1.1.2012; Abs. 6 i. d. F. des Gesetzes v. 26.6.2013 (BGBl I S. 1809) mit Wirkung v. 30.6.2013.

1. nach dem Bundesversorgungsgesetz oder einem anderen Gesetz, das die Vorschriften des Bundesversorgungsgesetzes über Hinterbliebenenbezüge für entsprechend anwendbar erklärt, oder
2. nach den Vorschriften über die gesetzliche Unfallversicherung oder
3. nach den beamtenrechtlichen Vorschriften an Hinterbliebene eines an den Folgen eines Dienstunfalls verstorbenen Beamten oder
4. nach den Vorschriften des Bundesentschädigungsgesetzes über die Entschädigung für Schäden an Leben, Körper oder Gesundheit.

²Der Pauschbetrag wird auch dann gewährt, wenn das Recht auf die Bezüge ruht oder der Anspruch auf die Bezüge durch Zahlung eines Kapitals abgefunden worden ist.

(5) ¹Steht der Behinderten-Pauschbetrag oder der Hinterbliebenen-Pauschbetrag einem Kind zu, für das der Steuerpflichtige Anspruch auf einen Freibetrag nach § 32 Absatz 6 oder auf Kindergeld hat, so wird der Pauschbetrag auf Antrag auf den Steuerpflichtigen übertragen, wenn ihn das Kind nicht in Anspruch nimmt. ²Dabei ist der Pauschbetrag grundsätzlich auf beide Elternteile je zur Hälfte aufzuteilen, es sei denn, der Kinderfreibetrag wurde auf den anderen Elternteil übertragen. ³Auf gemeinsamen Antrag der Eltern ist eine andere Aufteilung möglich. ⁴In diesen Fällen besteht für Aufwendungen, für die der Behinderten-Pauschbetrag gilt, kein Anspruch auf eine Steuerermäßigung nach § 33.

(6) ¹Wegen der außergewöhnlichen Belastungen, die einem Steuerpflichtigen durch die Pflege einer Person erwachsen, die nicht nur vorübergehend hilflos ist, kann er anstelle einer Steuerermäßigung nach § 33 einen Pauschbetrag von 924 Euro im Kalenderjahr geltend machen (Pflege-Pauschbetrag), wenn er dafür keine Einnahmen erhält. ²Zu diesen Einnahmen zählt unabhängig von der Verwendung nicht das von den Eltern eines behinderten Kindes für dieses Kind empfangene Pflegegeld. ³Hilflos im Sinne des Satzes 1 ist eine Person, wenn sie für eine Reihe von häufig und regelmäßig wiederkehrenden Verrichtungen zur Sicherung ihrer persönlichen Existenz im Ablauf eines jeden Tages fremder Hilfe dauernd bedarf. ⁴Diese Voraussetzungen sind auch erfüllt, wenn die Hilfe in Form einer Überwachung oder einer Anleitung zu den in Satz 3 genannten Verrichtungen erforderlich ist oder wenn die Hilfe zwar nicht dauernd geleistet werden muss, jedoch eine ständige Bereitschaft zur Hilfeleistung erforderlich ist. ⁵Voraussetzung ist, dass der Steuerpflichtige die Pflege entweder in seiner Wohnung oder in der Wohnung des Pflegebedürftigen persönlich durchführt und diese Wohnung in einem Mitgliedstaat der Europäischen Union oder in einem Staat belegen ist, auf den das Abkommen über den Europäischen Wirtschaftsraum anzuwenden ist. ⁶Wird ein Pflegebedürftiger von mehreren Steuerpflichtigen im Veranlagungszeitraum gepflegt, wird der Pauschbetrag nach der Zahl der Pflegepersonen, bei denen die Voraussetzungen der Sätze 1 bis 5 vorliegen, geteilt.

(7) Die Bundesregierung wird ermächtigt, durch Rechtsverordnung mit Zustimmung des Bundesrates zu bestimmen, wie nachzuweisen ist, dass die Voraussetzungen für die Inanspruchnahme der Pauschbeträge vorliegen.

### § 34 Außerordentliche Einkünfte[1)]

(1) ¹Sind in dem zu versteuernden Einkommen außerordentliche Einkünfte enthalten, so ist die auf alle im Veranlagungszeitraum bezogenen außerordentlichen Einkünfte entfallende Einkommensteuer nach den Sätzen 2 bis 4 zu berechnen. ²Die für die außerordentlichen Einkünfte anzusetzende Einkommensteuer beträgt das Fünffache des Unterschiedsbetrags zwischen der Einkommensteuer für das um diese Einkünfte verminderte zu versteuernde Einkommen (verbleibendes zu versteuerndes Einkommen) und der Einkommensteuer für das verbleibende zu versteuernde Einkommen zuzüglich eines Fünftels dieser Einkünfte. ³Ist das verbleibende zu versteuernde Einkommen negativ und das zu versteuernde Einkommen positiv, so beträgt die Ein-

---

1) **Anm. d. Red.:** § 34 Abs. 2 i. d. F. des Gesetzes v. 1.11.2011 (BGBl I S. 2131) mit Wirkung v. 1.1.2012; Abs. 3 i. d. F. des Gesetzes v. 8.12.2010 (BGBl I S. 1768) mit Wirkung v. 14.12.2010.

kommensteuer das Fünffache der auf ein Fünftel des zu versteuernden Einkommens entfallenden Einkommensteuer. ⁴Die Sätze 1 bis 3 gelten nicht für außerordentliche Einkünfte im Sinne des Absatzes 2 Nummer 1, wenn der Steuerpflichtige auf diese Einkünfte ganz oder teilweise § 6b oder § 6c anwendet.

(2) Als außerordentliche Einkünfte kommen nur in Betracht:
1. Veräußerungsgewinne im Sinne der §§ 14, 14a Absatz 1, der §§ 16 und 18 Absatz 3 mit Ausnahme des steuerpflichtigen Teils der Veräußerungsgewinne, die nach § 3 Nummer 40 Buchstabe b in Verbindung mit § 3c Absatz 2 teilweise steuerbefreit sind;
2. Entschädigungen im Sinne des § 24 Nummer 1;
3. Nutzungsvergütungen und Zinsen im Sinne des § 24 Nummer 3, soweit sie für einen Zeitraum von mehr als drei Jahren nachgezahlt werden;
4. Vergütungen für mehrjährige Tätigkeiten; mehrjährig ist eine Tätigkeit, soweit sie sich über mindestens zwei Veranlagungszeiträume erstreckt und einen Zeitraum von mehr als zwölf Monaten umfasst.
5. (weggefallen)

(3) ¹Sind in dem zu versteuernden Einkommen außerordentliche Einkünfte im Sinne des Absatzes 2 Nummer 1 enthalten, so kann auf Antrag abweichend von Absatz 1 die auf den Teil dieser außerordentlichen Einkünfte, der den Betrag von insgesamt 5 Millionen Euro nicht übersteigt, entfallende Einkommensteuer nach einem ermäßigten Steuersatz bemessen werden, wenn der Steuerpflichtige das 55. Lebensjahr vollendet hat oder wenn er im sozialversicherungsrechtlichen Sinne dauernd berufsunfähig ist. ²Der ermäßigte Steuersatz beträgt 56 Prozent des durchschnittlichen Steuersatzes, der sich ergäbe, wenn die tarifliche Einkommensteuer nach dem gesamten zu versteuernden Einkommen zuzüglich der dem Progressionsvorbehalt unterliegenden Einkünfte zu bemessen wäre, mindestens jedoch 14 Prozent. ³Auf das um die in Satz 1 genannten Einkünfte verminderte zu versteuernde Einkommen (verbleibendes zu versteuerndes Einkommen) sind vorbehaltlich des Absatzes 1 die allgemeinen Tarifvorschriften anzuwenden. ⁴Die Ermäßigung nach den Sätzen 1 bis 3 kann der Steuerpflichtige nur einmal im Leben in Anspruch nehmen. ⁵Erzielt der Steuerpflichtige in einem Veranlagungszeitraum mehr als einen Veräußerungs- oder Aufgabegewinn im Sinne des Satzes 1, kann er die Ermäßigung nach den Sätzen 1 bis 3 nur für einen Veräußerungs- oder Aufgabegewinn beantragen. ⁶Absatz 1 Satz 4 ist entsprechend anzuwenden.

## § 34a Begünstigung der nicht entnommenen Gewinne[1]

(1) ¹Sind in dem zu versteuernden Einkommen nicht entnommene Gewinne aus Land- und Forstwirtschaft, Gewerbebetrieb oder selbständiger Arbeit (§ 2 Absatz 1 Satz 1 Nummer 1 bis 3) im Sinne des Absatzes 2 enthalten, ist die Einkommensteuer für diese Gewinne auf Antrag des Steuerpflichtigen ganz oder teilweise mit einem Steuersatz von 28,25 Prozent zu berechnen; dies gilt nicht, soweit für die Gewinne der Freibetrag nach § 16 Absatz 4 oder die Steuerermäßigung nach § 34 Absatz 3 in Anspruch genommen wird oder es sich um Gewinne im Sinne des § 18 Absatz 1 Nummer 4 handelt. ²Der Antrag nach Satz 1 ist für jeden Betrieb oder Mitunternehmeranteil für jeden Veranlagungszeitraum gesondert bei dem für die Einkommensbesteuerung zuständigen Finanzamt zu stellen. ³Bei Mitunternehmeranteilen kann der Steuerpflichtige den Antrag nur stellen, wenn sein Anteil am nach § 4 Absatz 1 Satz 1 oder § 5 ermittelten Gewinn mehr als 10 Prozent beträgt oder 10 000 Euro übersteigt. ⁴Der Antrag kann bis zur Unanfechtbarkeit des Einkommensteuerbescheids für den nächsten Veranlagungszeitraum vom Steuerpflichtigen ganz oder teilweise zurückgenommen werden; der Einkommensteuerbescheid ist entsprechend zu ändern. ⁵Die Festsetzungsfrist endet insoweit nicht, bevor die Festsetzungsfrist für den nächsten Veranlagungszeitraum abgelaufen ist.

---

[1] **Anm. d. Red.:** Zur Anwendung des § 34a siehe § 52 Abs. 34.

(2) Der nicht entnommene Gewinn des Betriebs oder Mitunternehmeranteils ist der nach § 4 Absatz 1 Satz 1 oder § 5 ermittelte Gewinn vermindert um den positiven Saldo der Entnahmen und Einlagen des Wirtschaftsjahres.

(3) ¹Der Begünstigungsbetrag ist der im Veranlagungszeitraum nach Absatz 1 Satz 1 auf Antrag begünstigte Gewinn. ²Der Begünstigungsbetrag des Veranlagungszeitraums, vermindert um die darauf entfallende Steuerbelastung nach Absatz 1 und den darauf entfallenden Solidaritätszuschlag, vermehrt um den nachversteuerungspflichtigen Betrag des Vorjahres und den auf diesen Betrieb oder Mitunternehmeranteil nach Absatz 5 übertragenen nachversteuerungspflichtigen Betrag, vermindert um den Nachversteuerungsbetrag im Sinne des Absatzes 4 und den auf einen anderen Betrieb oder Mitunternehmeranteil nach Absatz 5 übertragenen nachversteuerungspflichtigen Betrag, ist der nachversteuerungspflichtige Betrag des Betriebs oder Mitunternehmeranteils zum Ende des Veranlagungszeitraums. ³Dieser ist für jeden Betrieb oder Mitunternehmeranteil jährlich gesondert festzustellen.

(4) ¹Übersteigt der positive Saldo der Entnahmen und Einlagen des Wirtschaftsjahres bei einem Betrieb oder Mitunternehmeranteil den nach § 4 Absatz 1 Satz 1 oder § 5 ermittelten Gewinn (Nachversteuerungsbetrag), ist vorbehaltlich Absatz 5 eine Nachversteuerung durchzuführen, soweit zum Ende des vorangegangenen Veranlagungszeitraums ein nachversteuerungspflichtiger Betrag nach Absatz 3 festgestellt wurde. ²Die Einkommensteuer auf den Nachversteuerungsbetrag beträgt 25 Prozent. ³Der Nachversteuerungsbetrag ist um die Beträge, die für die Erbschaftsteuer (Schenkungsteuer) anlässlich der Übertragung des Betriebs oder Mitunternehmeranteils entnommen wurden, zu vermindern.

(5) ¹Die Übertragung oder Überführung eines Wirtschaftsguts nach § 6 Absatz 5 Satz 1 bis 3 führt unter den Voraussetzungen des Absatzes 4 zur Nachversteuerung. ²Eine Nachversteuerung findet nicht statt, wenn der Steuerpflichtige beantragt, den nachversteuerungspflichtigen Betrag in Höhe des Buchwerts des übertragenen oder überführten Wirtschaftsguts, höchstens jedoch in Höhe des Nachversteuerungsbetrags, den die Übertragung oder Überführung des Wirtschaftsguts ausgelöst hätte, auf den anderen Betrieb oder Mitunternehmeranteil zu übertragen.

(6) ¹Eine Nachversteuerung des nachversteuerungspflichtigen Betrags nach Absatz 4 ist durchzuführen

1. in den Fällen der Betriebsveräußerung oder -aufgabe im Sinne der §§ 14, 16 Absatz 1 und 3 sowie des § 18 Absatz 3,
2. in den Fällen der Einbringung eines Betriebs oder Mitunternehmeranteils in eine Kapitalgesellschaft oder eine Genossenschaft sowie in den Fällen des Formwechsels einer Personengesellschaft in eine Kapitalgesellschaft oder Genossenschaft,
3. wenn der Gewinn nicht mehr nach § 4 Absatz 1 Satz 1 oder § 5 ermittelt wird oder
4. wenn der Steuerpflichtige dies beantragt.

²In den Fällen der Nummern 1 und 2 ist die nach Absatz 4 geschuldete Einkommensteuer auf Antrag des Steuerpflichtigen oder seines Rechtsnachfolgers in regelmäßigen Teilbeträgen für einen Zeitraum von höchstens zehn Jahren seit Eintritt der ersten Fälligkeit zinslos zu stunden, wenn ihre alsbaldige Einziehung mit erheblichen Härten für den Steuerpflichtigen verbunden wäre.

(7) ¹In den Fällen der unentgeltlichen Übertragung eines Betriebs oder Mitunternehmeranteils nach § 6 Absatz 3 hat der Rechtsnachfolger den nachversteuerungspflichtigen Betrag fortzuführen. ²In den Fällen der Einbringung eines Betriebs oder Mitunternehmeranteils zu Buchwerten nach § 24 des Umwandlungssteuergesetzes geht der für den eingebrachten Betrieb oder Mitunternehmeranteil festgestellte nachversteuerungspflichtige Betrag auf den neuen Mitunternehmeranteil über.

(8) Negative Einkünfte dürfen nicht mit ermäßigt besteuerten Gewinnen im Sinne von Absatz 1 Satz 1 ausgeglichen werden; sie dürfen insoweit auch nicht nach § 10d abgezogen werden.

(9) ¹Zuständig für den Erlass der Feststellungsbescheide über den nachversteuerungspflichtigen Betrag ist das für die Einkommensbesteuerung zuständige Finanzamt. ²Die Feststellungsbescheide können nur insoweit angegriffen werden, als sich der nachversteuerungspflichtige Betrag gegenüber dem nachversteuerungspflichtigen Betrag des Vorjahres verändert hat. ³Die gesonderten Feststellungen nach Satz 1 können mit dem Einkommensteuerbescheid verbunden werden.

(10) ¹Sind Einkünfte aus Land- und Forstwirtschaft, Gewerbebetrieb oder selbständiger Arbeit nach § 180 Absatz 1 Nummer 2 Buchstabe a oder b der Abgabenordnung gesondert festzustellen, können auch die Höhe der Entnahmen und Einlagen sowie weitere für die Tarifermittlung nach den Absätzen 1 bis 7 erforderliche Besteuerungsgrundlagen gesondert festgestellt werden. ²Zuständig für die gesonderten Feststellungen nach Satz 1 ist das Finanzamt, das für die gesonderte Feststellung nach § 180 Absatz 1 Nummer 2 der Abgabenordnung zuständig ist. ³Die gesonderten Feststellungen nach Satz 1 können mit der Feststellung nach § 180 Absatz 1 Nummer 2 der Abgabenordnung verbunden werden. ⁴Die Feststellungsfrist für die gesonderte Feststellung nach Satz 1 endet nicht vor Ablauf der Feststellungsfrist für die Feststellung nach § 180 Absatz 1 Nummer 2 der Abgabenordnung.

(11) ¹Der Bescheid über die gesonderte Feststellung des nachversteuerungspflichtigen Betrags ist zu erlassen, aufzuheben oder zu ändern, soweit der Steuerpflichtige einen Antrag nach Absatz 1 stellt oder diesen ganz oder teilweise zurücknimmt und sich die Besteuerungsgrundlagen im Einkommensteuerbescheid ändern. ²Dies gilt entsprechend, wenn der Erlass, die Aufhebung oder Änderung des Einkommensteuerbescheids mangels steuerlicher Auswirkung unterbleibt. ³Die Feststellungsfrist endet nicht, bevor die Festsetzungsfrist für den Veranlagungszeitraum abgelaufen ist, auf dessen Schluss der nachversteuerungspflichtige Betrag des Betriebs oder Mitunternehmeranteils gesondert festzustellen ist.

## § 34b Steuersätze bei Einkünften aus außerordentlichen Holznutzungen[1]

(1) Außerordentliche Holznutzungen sind
1. Holznutzungen, die aus volks- oder staatswirtschaftlichen Gründen erfolgt sind. ²Sie liegen nur insoweit vor, als sie durch gesetzlichen oder behördlichen Zwang veranlasst sind;
2. Holznutzungen infolge höherer Gewalt (Kalamitätsnutzungen). ²Sie sind durch Eis-, Schnee-, Windbruch oder Windwurf, Erdbeben, Bergrutsch, Insektenfraß, Brand oder durch Naturereignisse mit vergleichbaren Folgen verursacht. ³Hierzu gehören nicht die Schäden, die in der Forstwirtschaft regelmäßig entstehen.

(2) ¹Zur Ermittlung der Einkünfte aus außerordentlichen Holznutzungen sind von den Einnahmen sämtlicher Holznutzungen die damit in sachlichem Zusammenhang stehenden Betriebsausgaben abzuziehen. ²Das nach Satz 1 ermittelte Ergebnis ist auf die ordentlichen und außerordentlichen Holznutzungsarten aufzuteilen, in dem die außerordentlichen Holznutzungen zur gesamten Holznutzung ins Verhältnis gesetzt wird. ³Bei einer Gewinnermittlung durch Betriebsvermögensvergleich sind die im Wirtschaftsjahr veräußerten Holzmengen maßgebend. ⁴Bei einer Gewinnermittlung nach den Grundsätzen des § 4 Absatz 3 ist von den Holzmengen auszugehen, die den im Wirtschaftsjahr zugeflossenen Einnahmen zugrunde liegen. ⁵Die Sätze 1 bis 4 gelten für entnommenes Holz entsprechend.

(3) Die Einkommensteuer bemisst sich für die Einkünfte aus außerordentlichen Holznutzungen im Sinne des Absatzes 1
1. nach der Hälfte des durchschnittlichen Steuersatzes, der sich ergäbe, wenn die tarifliche Einkommensteuer nach dem gesamten zu versteuernden Einkommen zuzüglich der dem Progressionsvorbehalt unterliegenden Einkünfte zu bemessen wäre;
2. nach dem halben Steuersatz der Nummer 1, soweit sie den Nutzungssatz (§ 68 der Einkommensteuer-Durchführungsverordnung) übersteigen.

---

[1] **Anm. d. Red.:** § 34b i. d. F. des Gesetzes v. 1. 11. 2011 (BGBl I S. 2131) mit Wirkung v. 1. 1. 2012.

(4) Einkünfte aus außerordentlichen Holznutzungen sind nur anzuerkennen, wenn
1. das im Wirtschaftsjahr veräußerte oder entnommene Holz mengenmäßig getrennt nach ordentlichen und außerordentlichen Holznutzungen nachgewiesen wird und
2. Schäden infolge höherer Gewalt unverzüglich nach Feststellung des Schadensfalls der zuständigen Finanzbehörde mitgeteilt und nach der Aufarbeitung mengenmäßig nachgewiesen werden.

(5) Die Bundesregierung wird ermächtigt, durch Rechtsverordnung mit Zustimmung des Bundesrates
1. die Steuersätze abweichend von Absatz 3 für ein Wirtschaftsjahr aus sachlichen Billigkeitsgründen zu regeln,
2. die Anwendung des § 4a des Forstschäden-Ausgleichsgesetzes für ein Wirtschaftsjahr aus sachlichen Billigkeitsgründen zu regeln,

wenn besondere Schadensereignisse nach Absatz 1 Nummer 2 vorliegen und eine Einschlagsbeschränkung (§ 1 Absatz 1 des Forstschäden-Ausgleichsgesetzes) nicht angeordnet wurde.

## V. Steuerermäßigungen

## 1. Steuerermäßigung bei ausländischen Einkünften

### § 34c[1)]

(1)[2)] ¹Bei unbeschränkt Steuerpflichtigen, die mit ausländischen Einkünften in dem Staat, aus dem die Einkünfte stammen, zu einer der deutschen Einkommensteuer entsprechenden Steuer herangezogen werden, ist die festgesetzte und gezahlte und um einen entstandenen Ermäßigungsanspruch gekürzte ausländische Steuer auf die deutsche Einkommensteuer anzurechnen, die auf die Einkünfte aus diesem Staat entfällt; das gilt nicht für Einkünfte aus Kapitalvermögen, auf die § 32d Absatz 1 und 3 bis 6 anzuwenden ist. ²Die auf die ausländischen Einkünfte nach Satz 1 erster Halbsatz entfallende deutsche Einkommensteuer ist in der Weise zu ermitteln, dass der sich bei der Veranlagung des zu versteuernden Einkommens, einschließlich der ausländischen Einkünfte, nach den §§ 32a, 32b, 34, 34a und 34b ergebende durchschnittliche Steuersatz auf die ausländischen Einkünfte anzuwenden ist. ³Bei der Ermittlung des zu versteuernden Einkommens und der ausländischen Einkünfte sind die Einkünfte nach Satz 1 zweiter Halbsatz nicht zu berücksichtigen; bei der Ermittlung der ausländischen Einkünfte sind die ausländischen Einkünfte nicht zu berücksichtigen, die in dem Staat, aus dem sie stammen, nach dessen Recht nicht besteuert werden. ⁴Gehören ausländische Einkünfte der in § 34d Nummer 3, 4, 6, 7 und 8 Buchstabe c genannten Art zum Gewinn eines inländischen Betriebes, sind bei ihrer Ermittlung Betriebsausgaben und Betriebsvermögensminderungen abzuziehen, die mit den diesen Einkünften zugrunde liegenden Einnahmen in wirtschaftlichem Zusammenhang stehen. ⁵Die ausländischen Steuern sind nur insoweit anzurechnen, als sie auf die im Veranlagungszeitraum bezogenen Einkünfte entfallen.

(2) Statt der Anrechnung (Absatz 1) ist die ausländische Steuer auf Antrag bei der Ermittlung der Einkünfte abzuziehen, soweit sie auf ausländische Einkünfte entfällt, die nicht steuerfrei sind.

(3) Bei unbeschränkt Steuerpflichtigen, bei denen eine ausländische Steuer vom Einkommen nach Absatz 1 nicht angerechnet werden kann, weil die Steuer nicht der deutschen Einkommensteuer entspricht oder nicht in dem Staat erhoben wird, aus dem die Einkünfte stammen, oder weil keine ausländischen Einkünfte vorliegen, ist die festgesetzte und gezahlte und um einen entstandenen Ermäßigungsanspruch gekürzte ausländische Steuer bei der Ermittlung der Ein-

---

1) **Anm. d. Red.:** § 34c Abs. 1 i. d. F. des Gesetzes v. 22. 12. 2014 (BGBl I S. 2417) mit Wirkung v. 1. 1. 2015.
2) **Anm. d. Red.:** Zur Anwendung des § 34c Abs. 1 siehe § 52 Abs. 34a.

künfte abzuziehen, soweit sie auf Einkünfte entfällt, die der deutschen Einkommensteuer unterliegen.

(4) (weggefallen)

(5) Die obersten Finanzbehörden der Länder oder die von ihnen beauftragten Finanzbehörden können mit Zustimmung des Bundesministeriums der Finanzen die auf ausländische Einkünfte entfallende deutsche Einkommensteuer ganz oder zum Teil erlassen oder in einem Pauschbetrag festsetzen, wenn es aus volkswirtschaftlichen Gründen zweckmäßig ist oder die Anwendung des Absatzes 1 besonders schwierig ist.

(6) ¹Die Absätze 1 bis 3 sind vorbehaltlich der Sätze 2 bis 6 nicht anzuwenden, wenn die Einkünfte aus einem ausländischen Staat stammen, mit dem ein Abkommen zur Vermeidung der Doppelbesteuerung besteht. ²Soweit in einem Abkommen zur Vermeidung der Doppelbesteuerung die Anrechnung einer ausländischen Steuer auf die deutsche Einkommensteuer vorgesehen ist, sind Absatz 1 Satz 2 bis 5 und Absatz 2 entsprechend auf die nach dem Abkommen anzurechnende ausländische Steuer anzuwenden; das gilt nicht für Einkünfte, auf die § 32d Absatz 1 und 3 bis 6 anzuwenden ist; bei nach dem Abkommen als gezahlt geltenden ausländischen Steuerbeträgen sind Absatz 1 Satz 3 und Absatz 2 nicht anzuwenden. ³Absatz 1 Satz 3 gilt auch dann entsprechend, wenn die Einkünfte in dem ausländischen Staat nach dem Abkommen zur Vermeidung der Doppelbesteuerung mit diesem Staat nicht besteuert werden können. ⁴Bezieht sich ein Abkommen zur Vermeidung der Doppelbesteuerung nicht auf eine Steuer vom Einkommen dieses Staates, so sind die Absätze 1 und 2 entsprechend anzuwenden. ⁵In den Fällen des § 50d Absatz 9 sind die Absätze 1 bis 3 und Satz 6 entsprechend anzuwenden. ⁶Absatz 3 ist anzuwenden, wenn der Staat, mit dem ein Abkommen zur Vermeidung der Doppelbesteuerung besteht, Einkünfte besteuert, die nicht aus diesem Staat stammen, es sei denn, die Besteuerung hat ihre Ursache in einer Gestaltung, für die wirtschaftliche oder sonst beachtliche Gründe fehlen, oder das Abkommen gestattet dem Staat die Besteuerung dieser Einkünfte.

(7) Durch Rechtsverordnung können Vorschriften erlassen werden über

1. die Anrechnung ausländischer Steuern, wenn die ausländischen Einkünfte aus mehreren fremden Staaten stammen,
2. den Nachweis über die Höhe der festgesetzten und gezahlten ausländischen Steuern,
3. die Berücksichtigung ausländischer Steuern, die nachträglich erhoben oder zurückgezahlt werden.

## § 34d Ausländische Einkünfte

Ausländische Einkünfte im Sinne des § 34c Absatz 1 bis 5 sind

1. Einkünfte aus einer in einem ausländischen Staat betriebenen Land- und Forstwirtschaft (§§ 13 und 14) und Einkünfte der in den Nummern 3, 4, 6, 7 und 8 Buchstabe c genannten Art, soweit sie zu den Einkünften aus Land- und Forstwirtschaft gehören;
2. Einkünfte aus Gewerbebetrieb (§§ 15 und 16),
    a) die durch eine in einem ausländischen Staat belegene Betriebsstätte oder durch einen in einem ausländischen Staat tätigen ständigen Vertreter erzielt werden, und Einkünfte der in den Nummern 3, 4, 6, 7 und 8 Buchstabe c genannten Art, soweit sie zu den Einkünften aus Gewerbebetrieb gehören,
    b) die aus Bürgschafts- und Avalprovisionen erzielt werden, wenn der Schuldner Wohnsitz, Geschäftsleitung oder Sitz in einem ausländischen Staat hat, oder
    c) die durch den Betrieb eigener oder gecharterter Seeschiffe oder Luftfahrzeuge aus Beförderungen zwischen ausländischen oder von ausländischen zu inländischen Häfen erzielt werden, einschließlich der Einkünfte aus anderen mit solchen Beförderungen zusammenhängenden, sich auf das Ausland erstreckenden Beförderungsleistungen;

3. Einkünfte aus selbständiger Arbeit (§ 18), die in einem ausländischen Staat ausgeübt oder verwertet wird oder worden ist, und Einkünfte der in den Nummern 4, 6, 7 und 8 Buchstabe c genannten Art, soweit sie zu den Einkünften aus selbständiger Arbeit gehören;
4. Einkünfte aus der Veräußerung von
   a) Wirtschaftsgütern, die zum Anlagevermögen eines Betriebs gehören, wenn die Wirtschaftsgüter in einem ausländischen Staat belegen sind,
   b) Anteilen an Kapitalgesellschaften, wenn die Gesellschaft Geschäftsleitung oder Sitz in einem ausländischen Staat hat;
5. Einkünfte aus nichtselbständiger Arbeit (§ 19), die in einem ausländischen Staat ausgeübt oder, ohne im Inland ausgeübt zu werden oder worden zu sein, in einem ausländischen Staat verwertet wird oder worden ist, und Einkünfte, die von ausländischen öffentlichen Kassen mit Rücksicht auf ein gegenwärtiges oder früheres Dienstverhältnis gewährt werden. ²Einkünfte, die von inländischen öffentlichen Kassen einschließlich der Kassen der Deutschen Bundesbahn und der Deutschen Bundesbank mit Rücksicht auf ein gegenwärtiges oder früheres Dienstverhältnis gewährt werden, gelten auch dann als inländische Einkünfte, wenn die Tätigkeit in einem ausländischen Staat ausgeübt wird oder worden ist;
6. Einkünfte aus Kapitalvermögen (§ 20), wenn der Schuldner Wohnsitz, Geschäftsleitung oder Sitz in einem ausländischen Staat hat oder das Kapitalvermögen durch ausländischen Grundbesitz gesichert ist;
7. Einkünfte aus Vermietung und Verpachtung (§ 21), soweit das unbewegliche Vermögen oder die Sachinbegriffe in einem ausländischen Staat belegen oder die Rechte zur Nutzung in einem ausländischen Staat überlassen worden sind;
8. sonstige Einkünfte im Sinne des § 22, wenn
   a) der zur Leistung der wiederkehrenden Bezüge Verpflichtete Wohnsitz, Geschäftsleitung oder Sitz in einem ausländischen Staat hat,
   b) bei privaten Veräußerungsgeschäften die veräußerten Wirtschaftsgüter in einem ausländischen Staat belegen sind,
   c) bei Einkünften aus Leistungen einschließlich der Einkünfte aus Leistungen im Sinne des § 49 Absatz 1 Nummer 9 der zur Vergütung der Leistung Verpflichtete Wohnsitz, Geschäftsleitung oder Sitz in einem ausländischen Staat hat.

## 2. Steuerermäßigung bei Einkünften aus Land- und Forstwirtschaft

### § 34e (weggefallen)[1]

## 2a. Steuerermäßigung für Steuerpflichtige mit Kindern bei Inanspruchnahme erhöhter Absetzungen für Wohngebäude oder der Steuerbegünstigungen für eigengenutztes Wohneigentum

### § 34f

(1) ¹Bei Steuerpflichtigen, die erhöhte Absetzungen nach § 7b oder nach § 15 des Berlinförderungsgesetzes in Anspruch nehmen, ermäßigt sich die tarifliche Einkommensteuer, vermindert um die sonstigen Steuerermäßigungen mit Ausnahme der §§ 34g und 35, auf Antrag um je 600 Deutsche Mark für das zweite und jedes weitere Kind des Steuerpflichtigen oder seines Ehegatten. ²Voraussetzung ist,
1. dass der Steuerpflichtige das Objekt, bei einem Zweifamilienhaus mindestens eine Wohnung, zu eigenen Wohnzwecken nutzt oder wegen des Wechsels des Arbeitsortes nicht zu eigenen Wohnzwecken nutzen kann und

---

[1] **Anm. d. Red.:** § 34e weggefallen gem. Gesetz v. 25. 7. 2014 (BGBl I S. 1266) mit Wirkung v. 31. 7. 2014.

2. dass es sich einschließlich des ersten Kindes um Kinder im Sinne des § 32 Absatz 1 bis 5 oder 6 Satz 7 handelt, die zum Haushalt des Steuerpflichtigen gehören oder in dem für die erhöhten Absetzungen maßgebenden Begünstigungszeitraum gehört haben, wenn diese Zugehörigkeit auf Dauer angelegt ist oder war.

(2) [1]Bei Steuerpflichtigen, die die Steuerbegünstigung nach § 10e Absatz 1 bis 5 oder nach § 15b des Berlinförderungsgesetzes in Anspruch nehmen, ermäßigt sich die tarifliche Einkommensteuer, vermindert um die sonstigen Steuerermäßigungen mit Ausnahme des § 34g, auf Antrag um je 512 Euro für jedes Kind des Steuerpflichtigen oder seines Ehegatten im Sinne des § 32 Absatz 1 bis 5 oder 6 Satz 7. [2]Voraussetzung ist, dass das Kind zum Haushalt des Steuerpflichtigen gehört oder in dem für die Steuerbegünstigung maßgebenden Zeitraum gehört hat, wenn diese Zugehörigkeit auf Dauer angelegt ist oder war.

(3)[1]) [1]Bei Steuerpflichtigen, die die Steuerbegünstigung nach § 10e Absatz 1, 2, 4 und 5 in Anspruch nehmen, ermäßigt sich die tarifliche Einkommensteuer, vermindert um die sonstigen Steuerermäßigungen, auf Antrag um je 512 Euro für jedes Kind des Steuerpflichtigen oder seines Ehegatten im Sinne des § 32 Absatz 1 bis 5 oder 6 Satz 7. [2]Voraussetzung ist, dass das Kind zum Haushalt des Steuerpflichtigen gehört oder in dem für die Steuerbegünstigung maßgebenden Zeitraum gehört hat, wenn diese Zugehörigkeit auf Dauer angelegt ist oder war. [3]Soweit sich der Betrag der Steuerermäßigung nach Satz 1 bei der Ermittlung der festzusetzenden Einkommensteuer nicht steuerentlastend auswirkt, ist er von der tariflichen Einkommensteuer der zwei vorangegangenen Veranlagungszeiträume abzuziehen. [4]Steuerermäßigungen, die nach den Sätzen 1 und 3 nicht berücksichtigt werden können, können bis zum Ende des Abzugszeitraums im Sinne des § 10e und in den zwei folgenden Veranlagungszeiträumen abgezogen werden. [5]Ist für einen Veranlagungszeitraum bereits ein Steuerbescheid erlassen worden, so ist er insoweit zu ändern, als die Steuerermäßigung nach den Sätzen 3 und 4 zu gewähren oder zu berichtigen ist; die Verjährungsfristen enden insoweit nicht, bevor die Verjährungsfrist für den Veranlagungszeitraum abgelaufen ist, für den die Steuerermäßigung nach Satz 1 beantragt worden ist.

(4)[2]) [1]Die Steuerermäßigungen nach den Absätzen 2 oder 3 kann der Steuerpflichtige insgesamt nur bis zur Höhe der Bemessungsgrundlage der Abzugsbeträge nach § 10e Absatz 1 oder 2 in Anspruch nehmen. [2]Die Steuerermäßigung nach den Absätzen 1, 2 und 3 Satz 1 kann der Steuerpflichtige im Kalenderjahr nur für ein Objekt in Anspruch nehmen.

## 2b. Steuerermäßigung bei Zuwendungen an politische Parteien und an unabhängige Wählervereinigungen

### § 34g

[1]Die tarifliche Einkommensteuer, vermindert um die sonstigen Steuerermäßigungen mit Ausnahme des § 34f Absatz 3, ermäßigt sich bei Zuwendungen an
1. politische Parteien im Sinne des § 2 des Parteiengesetzes und
2. Vereine ohne Parteicharakter, wenn
   a) der Zweck des Vereins ausschließlich darauf gerichtet ist, durch Teilnahme mit eigenen Wahlvorschlägen an Wahlen auf Bundes-, Landes- oder Kommunalebene bei der politischen Willensbildung mitzuwirken, und
   b) der Verein auf Bundes-, Landes- oder Kommunalebene bei der jeweils letzten Wahl wenigstens ein Mandat errungen oder der zuständigen Wahlbehörde oder dem zuständigen Wahlorgan angezeigt hat, dass er mit eigenen Wahlvorschlägen auf Bundes-, Landes- oder Kommunalebene an der jeweils nächsten Wahl teilnehmen will.

---

1) **Anm. d. Red.:** Zur Anwendung des § 34f Abs. 3 siehe § 52 Abs. 35 Satz 1 und § 57 Abs. 6.
2) **Anm. d. Red.:** Zur Anwendung des § 34f Abs. 4 siehe § 52 Abs. 35.

²Nimmt der Verein an der jeweils nächsten Wahl nicht teil, wird die Ermäßigung nur für die bis zum Wahltag an ihn geleisteten Beiträge und Spenden gewährt. ³Die Ermäßigung für Beiträge und Spenden an den Verein wird erst wieder gewährt, wenn er sich mit eigenen Wahlvorschlägen an einer Wahl beteiligt hat. ⁴Die Ermäßigung wird in diesem Fall nur für Beiträge und Spenden gewährt, die nach Beginn des Jahres, in dem die Wahl stattfindet, geleistet werden.

²Die Ermäßigung beträgt 50 Prozent der Ausgaben, höchstens jeweils 825 Euro für Ausgaben nach den Nummern 1 und 2, im Fall der Zusammenveranlagung von Ehegatten höchstens jeweils 1 650 Euro. ³§ 10b Absatz 3 und 4 gilt entsprechend.

### 3. Steuerermäßigung bei Einkünften aus Gewerbebetrieb

**§ 35**[1)]

(1) ¹Die tarifliche Einkommensteuer, vermindert um die sonstigen Steuerermäßigungen mit Ausnahme der §§ 34f, 34g und 35a, ermäßigt sich, soweit sie anteilig auf im zu versteuernden Einkommen enthaltene gewerbliche Einkünfte entfällt (Ermäßigungshöchstbetrag),

1. bei Einkünften aus gewerblichen Unternehmen im Sinne des § 15 Absatz 1 Satz 1 Nummer 1

   um das 3,8-fache des jeweils für den dem Veranlagungszeitraum entsprechenden Erhebungszeitraum nach § 14 des Gewerbesteuergesetzes für das Unternehmen festgesetzten Steuermessbetrags (Gewerbesteuer-Messbetrag); Absatz 2 Satz 5 ist entsprechend anzuwenden;

2. bei Einkünften aus Gewerbebetrieb als Mitunternehmer im Sinne des § 15 Absatz 1 Satz 1 Nummer 2 oder als persönlich haftender Gesellschafter einer Kommanditgesellschaft auf Aktien im Sinne des § 15 Absatz 1 Satz 1 Nummer 3

   um das 3,8-fache des jeweils für den dem Veranlagungszeitraum entsprechenden Erhebungszeitraum festgesetzten anteiligen Gewerbesteuer-Messbetrags.

²Der Ermäßigungshöchstbetrag ist wie folgt zu ermitteln:

$$\frac{\text{Summe der positiven gewerblichen Einkünfte}}{\text{Summe aller positiven Einkünfte}} \cdot \text{geminderte tarifliche Steuer}.$$

³Gewerbliche Einkünfte im Sinne der Sätze 1 und 2 sind die der Gewerbesteuer unterliegenden Gewinne und Gewinnanteile, soweit sie nicht nach anderen Vorschriften von der Steuerermäßigung nach § 35 ausgenommen sind. ⁴Geminderte tarifliche Steuer ist die tarifliche Steuer nach Abzug von Beträgen auf Grund der Anwendung zwischenstaatlicher Abkommen und nach Anrechnung der ausländischen Steuern nach § 32d Absatz 6 Satz 2, § 34c Absatz 1 und 6 dieses Gesetzes und § 12 des Außensteuergesetzes. ⁵Der Abzug des Steuerermäßigungsbetrags ist auf die tatsächlich zu zahlende Gewerbesteuer beschränkt.

(2) ¹Bei Mitunternehmerschaften im Sinne des § 15 Absatz 1 Satz 1 Nummer 2 oder bei Kommanditgesellschaften auf Aktien im Sinne des § 15 Absatz 1 Satz 1 Nummer 3 ist der Betrag des Gewerbesteuer-Messbetrags, die tatsächlich zu zahlende Gewerbesteuer und der auf die einzelnen Mitunternehmer oder auf die persönlich haftenden Gesellschafter entfallende Anteil gesondert und einheitlich festzustellen. ²Der Anteil eines Mitunternehmers am Gewerbesteuer-Messbetrag richtet sich nach seinem Anteil am Gewinn der Mitunternehmerschaft nach Maßgabe des allgemeinen Gewinnverteilungsschlüssels; Vorabgewinnanteile sind nicht zu berücksichtigen. ³Wenn auf Grund der Bestimmungen in einem Abkommen zur Vermeidung der Doppelbesteuerung bei der Festsetzung des Gewerbesteuer-Messbetrags für eine Mitunternehmerschaft nur der auf einen Teil der Mitunternehmer entfallende anteilige Gewerbeertrag berücksichtigt wird, ist der Gewerbesteuer-Messbetrag nach Maßgabe des allgemeinen Gewinnvertei-

---

1) **Anm. d. Red.:** § 35 Abs. 1 i. d. F. des Gesetzes v. 26. 6. 2013 (BGBl I S. 1809) mit Wirkung v. 30. 6. 2013.

lungsschlüssels in voller Höhe auf diese Mitunternehmer entsprechend ihrer Anteile am Gewerbeertrag der Mitunternehmerschaft aufzuteilen. ⁴Der anteilige Gewerbesteuer-Messbetrag ist als Prozentsatz mit zwei Nachkommastellen gerundet zu ermitteln. ⁵Bei der Feststellung nach Satz 1 sind anteilige Gewerbesteuer-Messbeträge, die aus einer Beteiligung an einer Mitunternehmerschaft stammen, einzubeziehen.

(3) ¹Zuständig für die gesonderte Feststellung nach Absatz 2 ist das für die gesonderte Feststellung der Einkünfte zuständige Finanzamt. ²Für die Ermittlung der Steuerermäßigung nach Absatz 1 sind die Festsetzung des Gewerbesteuer-Messbetrags, die Feststellung des Anteils an dem festzusetzenden Gewerbesteuer-Messbetrag nach Absatz 2 Satz 1 und die Festsetzung der Gewerbesteuer Grundlagenbescheide. ³Für die Ermittlung des anteiligen Gewerbesteuer-Messbetrags nach Absatz 2 sind die Festsetzung des Gewerbesteuer-Messbetrags und die Festsetzung des anteiligen Gewerbesteuer-Messbetrags aus der Beteiligung an einer Mitunternehmerschaft Grundlagenbescheide.

(4) Für die Aufteilung und die Feststellung der tatsächlich zu zahlenden Gewerbesteuer bei Mitunternehmerschaften im Sinne des § 15 Absatz 1 Satz 1 Nummer 2 und bei Kommanditgesellschaften auf Aktien im Sinne des § 15 Absatz 1 Satz 1 Nummer 3 gelten die Absätze 2 und 3 entsprechend.

## 4. Steuerermäßigung bei Aufwendungen für haushaltsnahe Beschäftigungsverhältnisse und für die Inanspruchnahme haushaltsnaher Dienstleistungen

### § 35a Steuerermäßigung bei Aufwendungen für haushaltsnahe Beschäftigungsverhältnisse, haushaltsnahe Dienstleistungen und Handwerkerleistungen[1)]

(1) Für haushaltsnahe Beschäftigungsverhältnisse, bei denen es sich um eine geringfügige Beschäftigung im Sinne des § 8a des Vierten Buches Sozialgesetzbuch handelt, ermäßigt sich die tarifliche Einkommensteuer, vermindert um die sonstigen Steuerermäßigungen, auf Antrag um 20 Prozent, höchstens 510 Euro, der Aufwendungen des Steuerpflichtigen.

(2) ¹Für andere als in Absatz 1 aufgeführte haushaltsnahe Beschäftigungsverhältnisse oder für die Inanspruchnahme von haushaltsnahen Dienstleistungen, die nicht Dienstleistungen nach Absatz 3 sind, ermäßigt sich die tarifliche Einkommensteuer, vermindert um die sonstigen Steuerermäßigungen, auf Antrag um 20 Prozent, höchstens 4 000 Euro, der Aufwendungen des Steuerpflichtigen. ²Die Steuerermäßigung kann auch in Anspruch genommen werden für die Inanspruchnahme von Pflege- und Betreuungsleistungen sowie für Aufwendungen, die einem Steuerpflichtigen wegen der Unterbringung in einem Heim oder zur dauernden Pflege erwachsen, soweit darin Kosten für Dienstleistungen enthalten sind, die mit denen einer Hilfe im Haushalt vergleichbar sind.

(3) ¹Für die Inanspruchnahme von Handwerkerleistungen für Renovierungs-, Erhaltungs- und Modernisierungsmaßnahmen ermäßigt sich die tarifliche Einkommensteuer, vermindert um die sonstigen Steuerermäßigungen, auf Antrag um 20 Prozent der Aufwendungen des Steuerpflichtigen, höchstens jedoch um 1 200 Euro. ²Dies gilt nicht für öffentlich geförderte Maßnahmen, für die zinsverbilligte Darlehen oder steuerfreie Zuschüsse in Anspruch genommen werden.

(4) ¹Die Steuerermäßigung nach den Absätzen 1 bis 3 kann nur in Anspruch genommen werden, wenn das Beschäftigungsverhältnis, die Dienstleistung oder die Handwerkerleistung in einem in der Europäischen Union oder dem Europäischen Wirtschaftsraum liegenden Haushalt des Steuerpflichtigen oder – bei Pflege- und Betreuungsleistungen – der gepflegten oder betreuten Person ausgeübt oder erbracht wird. ²In den Fällen des Absatzes 2 Satz 2 zweiter Halbsatz

---

1) **Anm. d. Red.:** § 35a Abs. 3 i. d. F. des Gesetzes v. 8.12.2010 (BGBl I S.1768) mit Wirkung v. 14.12.2010; Abs. 5 i. d. F. des Gesetzes v. 1.11.2011 (BGBl I S. 2131) mit Wirkung v. 1.1.2012.

ist Voraussetzung, dass das Heim oder der Ort der dauernden Pflege in der Europäischen Union oder dem Europäischen Wirtschaftsraum liegt.

(5) ¹Die Steuerermäßigungen nach den Absätzen 1 bis 3 können nur in Anspruch genommen werden, soweit die Aufwendungen nicht Betriebsausgaben oder Werbungskosten darstellen und soweit sie nicht als Sonderausgaben oder außergewöhnliche Belastungen berücksichtigt worden sind; für Aufwendungen, die dem Grunde nach unter § 10 Absatz 1 Nummer 5 fallen, ist eine Inanspruchnahme ebenfalls ausgeschlossen. ²Der Abzug von der tariflichen Einkommensteuer nach den Absätzen 2 und 3 gilt nur für Arbeitskosten. ³Voraussetzung für die Inanspruchnahme der Steuerermäßigung für haushaltsnahe Dienstleistungen nach Absatz 2 oder für Handwerkerleistungen nach Absatz 3 ist, dass der Steuerpflichtige für die Aufwendungen eine Rechnung erhalten hat und die Zahlung auf das Konto des Erbringers der Leistung erfolgt ist. ⁴Leben zwei Alleinstehende in einem Haushalt zusammen, können sie die Höchstbeträge nach den Absätzen 1 bis 3 insgesamt jeweils nur einmal in Anspruch nehmen.

## 5. Steuerermäßigung bei Belastung mit Erbschaftsteuer

### § 35b Steuerermäßigung bei Belastung mit Erbschaftsteuer[1)]

¹Sind bei der Ermittlung des Einkommens Einkünfte berücksichtigt worden, die im Veranlagungszeitraum oder in den vorangegangenen vier Veranlagungszeiträumen als Erwerb von Todes wegen der Erbschaftsteuer unterlegen haben, so wird auf Antrag die um sonstige Steuerermäßigungen gekürzte tarifliche Einkommensteuer, die auf diese Einkünfte entfällt, um den in Satz 2 bestimmten Prozentsatz ermäßigt. ²Der Prozentsatz bestimmt sich nach dem Verhältnis, in dem die festgesetzte Erbschaftsteuer zu dem Betrag steht, der sich ergibt, wenn dem steuerpflichtigen Erwerb (§ 10 Absatz 1 des Erbschaftsteuer- und Schenkungsteuergesetzes) die Freibeträge nach den §§ 16 und 17 und der steuerfreie Betrag nach § 5 des Erbschaftsteuer- und Schenkungsteuergesetzes hinzugerechnet werden.

## VI. Steuererhebung

## 1. Erhebung der Einkommensteuer

### § 36 Entstehung und Tilgung der Einkommensteuer[2)]

(1) Die Einkommensteuer entsteht, soweit in diesem Gesetz nichts anderes bestimmt ist, mit Ablauf des Veranlagungszeitraums.

(2) Auf die Einkommensteuer werden angerechnet:

1. die für den Veranlagungszeitraum entrichteten Einkommensteuer-Vorauszahlungen (§ 37);
2. die durch Steuerabzug erhobene Einkommensteuer, soweit sie auf die bei der Veranlagung erfassten Einkünfte oder auf die nach § 3 Nummer 40 dieses Gesetzes oder nach § 8b Absatz 1 und 6 Satz 2 des Körperschaftsteuergesetzes bei der Ermittlung des Einkommens außer Ansatz bleibenden Bezüge entfällt und nicht die Erstattung beantragt oder durchgeführt worden ist. ²Die durch Steuerabzug erhobene Einkommensteuer wird nicht angerechnet, wenn die in § 45a Absatz 2 oder Absatz 3 bezeichnete Bescheinigung nicht vorgelegt worden ist. ³In den Fällen des § 8b Absatz 6 Satz 2 des Körperschaftsteuergesetzes ist es für die Anrechnung ausreichend, wenn die Bescheinigung nach § 45a Absatz 2 und 3 vorgelegt wird, die dem Gläubiger der Kapitalerträge ausgestellt worden ist.

(3) ¹Die Steuerbeträge nach Absatz 2 Nummer 2 sind auf volle Euro aufzurunden. ²Bei den durch Steuerabzug erhobenen Steuern ist jeweils die Summe der Beträge einer einzelnen Abzugsteuer aufzurunden.

---

1) **Anm. d. Red.:** § 35b i. d. F. des Gesetzes v. 22.12.2014 (BGBl I S. 2417) mit Wirkung v. 1.1.2015.
2) **Anm. d. Red.:** § 36 Abs. 5 i. d. F. des Gesetzes v. 26.6.2013 (BGBl I S. 1809) mit Wirkung v. 1.1.2013.

(4) ¹Wenn sich nach der Abrechnung ein Überschuss zuungunsten des Steuerpflichtigen ergibt, hat der Steuerpflichtige (Steuerschuldner) diesen Betrag, soweit er den fällig gewordenen, aber nicht entrichteten Einkommensteuer-Vorauszahlungen entspricht, sofort, im Übrigen innerhalb eines Monats nach Bekanntgabe des Steuerbescheids zu entrichten (Abschlusszahlung). ²Wenn sich nach der Abrechnung ein Überschuss zugunsten des Steuerpflichtigen ergibt, wird dieser dem Steuerpflichtigen nach Bekanntgabe des Steuerbescheids ausgezahlt. ³Bei Ehegatten, die nach den §§ 26, 26b zusammen zur Einkommensteuer veranlagt worden sind, wirkt die Auszahlung an einen Ehegatten auch für und gegen den anderen Ehegatten.

(5) ¹In den Fällen des § 16 Absatz 3a kann auf Antrag des Steuerpflichtigen die festgesetzte Steuer, die auf den Aufgabegewinn und den durch den Wechsel der Gewinnermittlungsart erzielten Gewinn entfällt, in fünf gleichen Jahresraten entrichtet werden, wenn die Wirtschaftsgüter einem Betriebsvermögen des Steuerpflichtigen in einem anderen Mitgliedstaat der Europäischen Union oder des Europäischen Wirtschaftsraums zuzuordnen sind, sofern durch diese Staaten Amtshilfe entsprechend oder im Sinne der Amtshilferichtlinie gemäß § 2 Absatz 2 des EU-Amtshilfegesetzes und gegenseitige Unterstützung bei der Beitreibung im Sinne der Beitreibungsrichtlinie einschließlich der in diesem Zusammenhang anzuwendenden Durchführungsbestimmungen in den für den jeweiligen Veranlagungszeitraum geltenden Fassungen oder eines entsprechenden Nachfolgerechtsakts geleistet werden. ²Die erste Jahresrate ist innerhalb eines Monats nach Bekanntgabe des Steuerbescheids zu entrichten; die übrigen Jahresraten sind jeweils am 31. Mai der Folgejahre fällig. ³Die Jahresraten sind nicht zu verzinsen. ⁴Wird der Betrieb oder Teilbetrieb während dieses Zeitraums eingestellt, veräußert oder in andere als die in Satz 1 genannten Staaten verlegt, wird die noch nicht entrichtete Steuer innerhalb eines Monats nach diesem Zeitpunkt fällig; Satz 2 bleibt unberührt. ⁵Ändert sich die festgesetzte Steuer, sind die Jahresraten entsprechend anzupassen.

### § 37 Einkommensteuer-Vorauszahlung[1)]

(1) ¹Der Steuerpflichtige hat am 10. März, 10. Juni, 10. September und 10. Dezember Vorauszahlungen auf die Einkommensteuer zu entrichten, die er für den laufenden Veranlagungszeitraum voraussichtlich schulden wird. ²Die Einkommensteuer-Vorauszahlung entsteht jeweils mit Beginn des Kalendervierteljahres, in dem die Vorauszahlungen zu entrichten sind, oder, wenn die Steuerpflicht erst im Laufe des Kalendervierteljahres begründet wird, mit Begründung der Steuerpflicht.

(2) (weggefallen)

(3) ¹Das Finanzamt setzt die Vorauszahlungen durch Vorauszahlungsbescheid fest. ²Die Vorauszahlungen bemessen sich grundsätzlich nach der Einkommensteuer, die sich nach Anrechnung der Steuerabzugsbeträge (§ 36 Absatz 2 Nummer 2) bei der letzten Veranlagung ergeben hat. ³Das Finanzamt kann bis zum Ablauf des auf den Veranlagungszeitraum folgenden 15. Kalendermonats die Vorauszahlungen an die Einkommensteuer anpassen, die sich für den Veranlagungszeitraum voraussichtlich ergeben wird; dieser Zeitraum verlängert sich auf 23 Monate, wenn die Einkünfte aus Land- und Forstwirtschaft bei der erstmaligen Steuerfestsetzung die anderen Einkünfte voraussichtlich überwiegen werden. ⁴Bei der Anwendung der Sätze 2 und 3 bleiben Aufwendungen im Sinne des § 10 Absatz 1 Nummer 4, 5, 7 und 9 sowie Absatz 1a, der §§ 10b und 33 sowie die abziehbaren Beträge nach § 33a, wenn die Aufwendungen und abziehbaren Beträge insgesamt 600 Euro nicht übersteigen, außer Ansatz. ⁵Die Steuerermäßigung nach § 34a bleibt außer Ansatz. ⁶Bei der Anwendung der Sätze 2 und 3 bleibt der Sonderausgabenabzug nach § 10a Absatz 1 außer Ansatz. ⁷Außer Ansatz bleiben bis zur Anschaffung oder Fertigstellung der Objekte im Sinne des § 10e Absatz 1 und 2 und § 10h auch die Aufwendungen, die nach § 10e Absatz 6 und § 10h Satz 3 wie Sonderausgaben abgezogen werden; Entsprechendes gilt auch für Aufwendungen, die nach § 10i für nach dem Eigenheimzulagengesetz be-

---

1) **Anm. d. Red.:** § 37 Abs. 3 i. d. F. des Gesetzes v. 22.12.2014 (BGBl I S. 2417) mit Wirkung v. 1.1.2015; Abs. 6 i. d. F. des Gesetzes v. 25.7.2014 (BGBl I S. 1266) mit Wirkung v. 31.7.2014.

günstigte Objekte wie Sonderausgaben abgezogen werden. ⁸Negative Einkünfte aus der Vermietung oder Verpachtung eines Gebäudes im Sinne des § 21 Absatz 1 Satz 1 Nummer 1 werden bei der Festsetzung der Vorauszahlungen nur für Kalenderjahre berücksichtigt, die nach der Anschaffung oder Fertigstellung dieses Gebäudes beginnen. ⁹Wird ein Gebäude vor dem Kalenderjahr seiner Fertigstellung angeschafft, tritt an die Stelle der Anschaffung die Fertigstellung. ¹⁰Satz 8 gilt nicht für negative Einkünfte aus der Vermietung oder Verpachtung eines Gebäudes, für das erhöhte Absetzungen nach den §§ 14a, 14c oder 14d des Berlinförderungsgesetzes oder Sonderabschreibungen nach § 4 des Fördergebietsgesetzes in Anspruch genommen werden. ¹¹Satz 8 gilt für negative Einkünfte aus der Vermietung oder Verpachtung eines anderen Vermögensgegenstands im Sinne des § 21 Absatz 1 Satz 1 Nummer 1 bis 3 entsprechend mit der Maßgabe, dass an die Stelle der Anschaffung oder Fertigstellung die Aufnahme der Nutzung durch den Steuerpflichtigen tritt. ¹²In den Fällen des § 31, in denen die gebotene steuerliche Freistellung eines Einkommensbetrags in Höhe des Existenzminimums eines Kindes durch das Kindergeld nicht in vollem Umfang bewirkt wird, bleiben bei der Anwendung der Sätze 2 und 3 Freibeträge nach § 32 Absatz 6 und zu verrechnendes Kindergeld außer Ansatz.

(4) ¹Bei einer nachträglichen Erhöhung der Vorauszahlungen ist die letzte Vorauszahlung für den Veranlagungszeitraum anzupassen. ²Der Erhöhungsbetrag ist innerhalb eines Monats nach Bekanntgabe des Vorauszahlungsbescheids zu entrichten.

(5) ¹Vorauszahlungen sind nur festzusetzen, wenn sie mindestens 400 Euro im Kalenderjahr und mindestens 100 Euro für einen Vorauszahlungszeitpunkt betragen. ²Festgesetzte Vorauszahlungen sind nur zu erhöhen, wenn sich der Erhöhungsbetrag im Fall des Absatzes 3 Satz 2 bis 5 für einen Vorauszahlungszeitpunkt auf mindestens 100 Euro, im Fall des Absatzes 4 auf mindestens 5 000 Euro beläuft.

(6) ¹Absatz 3 ist, soweit die erforderlichen Daten nach § 10 Absatz 2 Satz 3 noch nicht nach § 10 Absatz 2a übermittelt wurden, mit der Maßgabe anzuwenden, dass
1. als Beiträge im Sinne des § 10 Absatz 1 Nummer 3 Buchstabe a die für den letzten Veranlagungszeitraum geleisteten
   a) Beiträge zugunsten einer privaten Krankenversicherung vermindert um 20 Prozent oder
   b) Beiträge zur gesetzlichen Krankenversicherung vermindert um 4 Prozent,
2. als Beiträge im Sinne des § 10 Absatz 1 Nummer 3 Buchstabe b die bei der letzten Veranlagung berücksichtigten Beiträge zugunsten einer gesetzlichen Pflegeversicherung

anzusetzen sind; mindestens jedoch 1 500 Euro. ²Bei zusammen veranlagten Ehegatten ist der in Satz 1 genannte Betrag von 1 500 Euro zu verdoppeln.

### § 37a Pauschalierung der Einkommensteuer durch Dritte[1]

(1) ¹Das Finanzamt kann auf Antrag zulassen, dass das Unternehmen, das Sachprämien im Sinne des § 3 Nummer 38 gewährt, die Einkommensteuer für den Teil der Prämien, der nicht steuerfrei ist, pauschal erhebt. ²Bemessungsgrundlage der pauschalen Einkommensteuer ist der gesamte Wert der Prämien, die den im Inland ansässigen Steuerpflichtigen zufließen. ³Der Pauschsteuersatz beträgt 2,25 Prozent.

(2) ¹Auf die pauschale Einkommensteuer ist § 40 Absatz 3 sinngemäß anzuwenden. ²Das Unternehmen hat die Prämienempfänger von der Steuerübernahme zu unterrichten.

(3) ¹Über den Antrag entscheidet das Betriebsstättenfinanzamt des Unternehmens (§ 41a Absatz 1 Satz 1 Nummer 1). ²Hat das Unternehmen mehrere Betriebsstättenfinanzämter, so ist das Finanzamt der Betriebsstätte zuständig, in der die für die pauschale Besteuerung maßgebenden Prämien ermittelt werden. ³Die Genehmigung zur Pauschalierung wird mit Wirkung für die Zukunft erteilt und kann zeitlich befristet werden; sie erstreckt sich auf alle im Geltungszeitraum ausgeschütteten Prämien.

---

1) **Anm. d. Red.:** § 37a Abs. 1 i. d. F. des Gesetzes v. 5. 4. 2011 (BGBl I S. 554) mit Wirkung v. 12. 4. 2011.

(4) Die pauschale Einkommensteuer gilt als Lohnsteuer und ist von dem Unternehmen in der Lohnsteuer-Anmeldung der Betriebsstätte im Sinne des Absatzes 3 anzumelden und spätestens am zehnten Tag nach Ablauf des für die Betriebsstätte maßgebenden Lohnsteuer-Anmeldungszeitraums an das Betriebsstättenfinanzamt abzuführen.

### § 37b Pauschalierung der Einkommensteuer bei Sachzuwendungen[1)]

(1) ¹Steuerpflichtige können die Einkommensteuer einheitlich für alle innerhalb eines Wirtschaftsjahres gewährten

1. betrieblich veranlassten Zuwendungen, die zusätzlich zur ohnehin vereinbarten Leistung oder Gegenleistung erbracht werden, und
2. Geschenke im Sinne des § 4 Absatz 5 Satz 1 Nummer 1,

die nicht in Geld bestehen, mit einem Pauschsteuersatz von 30 Prozent erheben. ²Bemessungsgrundlage der pauschalen Einkommensteuer sind die Aufwendungen des Steuerpflichtigen einschließlich Umsatzsteuer; bei Zuwendungen an Arbeitnehmer verbundener Unternehmen ist Bemessungsgrundlage mindestens der sich nach § 8 Absatz 3 Satz 1 ergebende Wert. ³Die Pauschalierung ist ausgeschlossen,

1. soweit die Aufwendungen je Empfänger und Wirtschaftsjahr oder
2. wenn die Aufwendungen für die einzelne Zuwendung

den Betrag von 10 000 Euro übersteigen.

(2) ¹Absatz 1 gilt auch für betrieblich veranlasste Zuwendungen an Arbeitnehmer des Steuerpflichtigen, soweit sie nicht in Geld bestehen und zusätzlich zum ohnehin geschuldeten Arbeitslohn erbracht werden. ²In den Fällen des § 8 Absatz 2 Satz 2 bis 10, Absatz 3, § 40 Absatz 2 sowie in Fällen, in denen Vermögensbeteiligungen überlassen werden, ist Absatz 1 nicht anzuwenden; Entsprechendes gilt, soweit die Zuwendungen nach § 40 Absatz 1 pauschaliert worden sind. ³§ 37a Absatz 1 bleibt unberührt.

(3) ¹Die pauschal besteuerten Sachzuwendungen bleiben bei der Ermittlung der Einkünfte des Empfängers außer Ansatz. ²Auf die pauschale Einkommensteuer ist § 40 Absatz 3 sinngemäß anzuwenden. ³Der Steuerpflichtige hat den Empfänger von der Steuerübernahme zu unterrichten.

(4) ¹Die pauschale Einkommensteuer gilt als Lohnsteuer und ist von dem die Sachzuwendung gewährenden Steuerpflichtigen in der Lohnsteuer-Anmeldung der Betriebsstätte nach § 41 Absatz 2 anzumelden und spätestens am zehnten Tag nach Ablauf des für die Betriebsstätte maßgebenden Lohnsteuer-Anmeldungszeitraums an das Betriebsstättenfinanzamt abzuführen. ²Hat der Steuerpflichtige mehrere Betriebsstätten im Sinne des Satzes 1, so ist das Finanzamt der Betriebsstätte zuständig, in der die für die pauschale Besteuerung maßgebenden Sachbezüge ermittelt werden.

## 2. Steuerabzug vom Arbeitslohn (Lohnsteuer)

### § 38 Erhebung der Lohnsteuer

(1) ¹Bei Einkünften aus nichtselbständiger Arbeit wird die Einkommensteuer durch Abzug vom Arbeitslohn erhoben (Lohnsteuer), soweit der Arbeitslohn von einem Arbeitgeber gezahlt wird, der

1. im Inland einen Wohnsitz, seinen gewöhnlichen Aufenthalt, seine Geschäftsleitung, seinen Sitz, eine Betriebsstätte oder einen ständigen Vertreter im Sinne der §§ 8 bis 13 der Abgabenordnung hat (inländischer Arbeitgeber) oder
2. einem Dritten (Entleiher) Arbeitnehmer gewerbsmäßig zur Arbeitsleistung im Inland überlässt, ohne inländischer Arbeitgeber zu sein (ausländischer Verleiher).

---

1) **Anm. d. Red.:** § 37b Abs. 2 i. d. F. des Gesetzes v. 20. 2. 2013 (BGBl I S. 285) mit Wirkung v. 1. 1. 2014.

## § 38 VII. Einkommensteuergesetz

²Inländischer Arbeitgeber im Sinne des Satzes 1 ist in den Fällen der Arbeitnehmerentsendung auch das in Deutschland ansässige aufnehmende Unternehmen, das den Arbeitslohn für die ihm geleistete Arbeit wirtschaftlich trägt; Voraussetzung hierfür ist nicht, dass das Unternehmen dem Arbeitnehmer den Arbeitslohn im eigenen Namen und für eigene Rechnung auszahlt. ³Der Lohnsteuer unterliegt auch der im Rahmen des Dienstverhältnisses von einem Dritten gewährte Arbeitslohn, wenn der Arbeitgeber weiß oder erkennen kann, dass derartige Vergütungen erbracht werden; dies ist insbesondere anzunehmen, wenn Arbeitgeber und Dritter verbundene Unternehmen im Sinne von § 15 des Aktiengesetzes sind.

(2) ¹Der Arbeitnehmer ist Schuldner der Lohnsteuer. ²Die Lohnsteuer entsteht in dem Zeitpunkt, in dem der Arbeitslohn dem Arbeitnehmer zufließt.

(3) ¹Der Arbeitgeber hat die Lohnsteuer für Rechnung des Arbeitnehmers bei jeder Lohnzahlung vom Arbeitslohn einzubehalten. ²Bei juristischen Personen des öffentlichen Rechts hat die öffentliche Kasse, die den Arbeitslohn zahlt, die Pflichten des Arbeitgebers. ³In den Fällen der nach § 7f Absatz 1 Satz 1 Nummer 2 des Vierten Buches Sozialgesetzbuch an die Deutsche Rentenversicherung Bund übertragenen Wertguthaben hat die Deutsche Rentenversicherung Bund bei Inanspruchnahme des Wertguthabens die Pflichten des Arbeitgebers.

(3a) ¹Soweit sich aus einem Dienstverhältnis oder einem früheren Dienstverhältnis tarifvertragliche Ansprüche des Arbeitnehmers auf Arbeitslohn unmittelbar gegen einen Dritten mit Wohnsitz, Geschäftsleitung oder Sitz im Inland richten und von diesem durch die Zahlung von Geld erfüllt werden, hat der Dritte die Pflichten des Arbeitgebers. ²In anderen Fällen kann das Finanzamt zulassen, dass ein Dritter mit Wohnsitz, Geschäftsleitung oder Sitz im Inland die Pflichten des Arbeitgebers im eigenen Namen erfüllt. ³Voraussetzung ist, dass der Dritte

1. sich hierzu gegenüber dem Arbeitgeber verpflichtet hat,
2. den Lohn auszahlt oder er nur Arbeitgeberpflichten für von ihm vermittelte Arbeitnehmer übernimmt und
3. die Steuererhebung nicht beeinträchtigt wird.

⁴Die Zustimmung erteilt das Betriebsstättenfinanzamt des Dritten auf dessen Antrag im Einvernehmen mit dem Betriebsstättenfinanzamt des Arbeitgebers; sie darf mit Nebenbestimmungen versehen werden, die die ordnungsgemäße Steuererhebung sicherstellen und die Überprüfung des Lohnsteuerabzugs nach § 42f erleichtern sollen. ⁵Die Zustimmung kann mit Wirkung für die Zukunft widerrufen werden. ⁶In den Fällen der Sätze 1 und 2 sind die das Lohnsteuerverfahren betreffenden Vorschriften mit der Maßgabe anzuwenden, dass an die Stelle des Arbeitgebers der Dritte tritt; der Arbeitgeber ist von seinen Pflichten befreit, soweit der Dritte diese Pflichten erfüllt hat. ⁷Erfüllt der Dritte die Pflichten des Arbeitgebers, kann er den Arbeitslohn, der einem Arbeitnehmer in demselben Lohnabrechnungszeitraum aus mehreren Dienstverhältnissen zufließt, für die Lohnsteuerermittlung und in der Lohnsteuerbescheinigung zusammenrechnen.

(4) ¹Wenn der vom Arbeitgeber geschuldete Barlohn zur Deckung der Lohnsteuer nicht ausreicht, hat der Arbeitnehmer dem Arbeitgeber den Fehlbetrag zur Verfügung zu stellen oder der Arbeitgeber einen entsprechenden Teil der anderen Bezüge des Arbeitnehmers zurückzubehalten. ²Soweit der Arbeitnehmer seiner Verpflichtung nicht nachkommt und der Arbeitgeber den Fehlbetrag nicht durch Zurückbehaltung von anderen Bezügen des Arbeitnehmers aufbringen kann, hat der Arbeitgeber dies dem Betriebsstättenfinanzamt (§ 41a Absatz 1 Satz 1 Nummer 1) anzuzeigen. ³Der Arbeitnehmer hat dem Arbeitgeber die von einem Dritten gewährten Bezüge (Absatz 1 Satz 3) am Ende des jeweiligen Lohnzahlungszeitraums anzugeben; wenn der Arbeitnehmer keine Angabe oder eine erkennbar unrichtige Angabe macht, hat der Arbeitgeber dies dem Betriebsstättenfinanzamt anzuzeigen. ⁴Das Finanzamt hat die zu wenig erhobene Lohnsteuer vom Arbeitnehmer nachzufordern.

## § 38a Höhe der Lohnsteuer[1]

(1) ¹Die Jahreslohnsteuer bemisst sich nach dem Arbeitslohn, den der Arbeitnehmer im Kalenderjahr bezieht (Jahresarbeitslohn). ²Laufender Arbeitslohn gilt in dem Kalenderjahr als bezogen, in dem der Lohnzahlungszeitraum endet; in den Fällen des § 39b Absatz 5 Satz 1 tritt der Lohnabrechnungszeitraum an die Stelle des Lohnzahlungszeitraums. ³Arbeitslohn, der nicht als laufender Arbeitslohn gezahlt wird (sonstige Bezüge), wird in dem Kalenderjahr bezogen, in dem er dem Arbeitnehmer zufließt.

(2) Die Jahreslohnsteuer wird nach dem Jahresarbeitslohn so bemessen, dass sie der Einkommensteuer entspricht, die der Arbeitnehmer schuldet, wenn er ausschließlich Einkünfte aus nichtselbständiger Arbeit erzielt.

(3) ¹Vom laufenden Arbeitslohn wird die Lohnsteuer jeweils mit dem auf den Lohnzahlungszeitraum fallenden Teilbetrag der Jahreslohnsteuer erhoben, die sich bei Umrechnung des laufenden Arbeitslohns auf einen Jahresarbeitslohn ergibt. ²Von sonstigen Bezügen wird die Lohnsteuer mit dem Betrag erhoben, der zusammen mit der Lohnsteuer für den laufenden Arbeitslohn des Kalenderjahres und für etwa im Kalenderjahr bereits gezahlte sonstige Bezüge die voraussichtliche Jahreslohnsteuer ergibt.

(4) Bei der Ermittlung der Lohnsteuer werden die Besteuerungsgrundlagen des Einzelfalls durch die Einreihung der Arbeitnehmer in Steuerklassen (§ 38b), Feststellung von Freibeträgen und Hinzurechnungsbeträgen (§ 39a) sowie Bereitstellung von elektronischen Lohnsteuerabzugsmerkmalen (§ 39e) oder Ausstellung von entsprechenden Bescheinigungen für den Lohnsteuerabzug (§ 39 Absatz 3 und § 39e Absatz 7 und 8) berücksichtigt.

## § 38b Lohnsteuerklassen, Zahl der Kinderfreibeträge[2]

(1) ¹Für die Durchführung des Lohnsteuerabzugs werden Arbeitnehmer in Steuerklassen eingereiht. ²Dabei gilt Folgendes:
1. In die Steuerklasse I gehören Arbeitnehmer, die
    a) unbeschränkt einkommensteuerpflichtig und
        aa) ledig sind,
        bb) verheiratet, verwitwet oder geschieden sind und bei denen die Voraussetzungen für die Steuerklasse III oder IV nicht erfüllt sind; oder
    b) beschränkt einkommensteuerpflichtig sind;
2. in die Steuerklasse II gehören die unter Nummer 1 Buchstabe a bezeichneten Arbeitnehmer, wenn bei ihnen der Entlastungsbetrag für Alleinerziehende (§ 24b) zu berücksichtigen ist;
3. in die Steuerklasse III gehören Arbeitnehmer,
    a) die verheiratet sind, wenn beide Ehegatten unbeschränkt einkommensteuerpflichtig sind und nicht dauernd getrennt leben und
        aa) der Ehegatte des Arbeitnehmers keinen Arbeitslohn bezieht oder
        bb) der Ehegatte des Arbeitnehmers auf Antrag beider Ehegatten in die Steuerklasse V eingereiht wird,
    b) die verwitwet sind, wenn sie und ihr verstorbener Ehegatte im Zeitpunkt seines Todes unbeschränkt einkommensteuerpflichtig waren und in diesem Zeitpunkt nicht dauernd getrennt gelebt haben, für das Kalenderjahr, das dem Kalenderjahr folgt, in dem der Ehegatte verstorben ist,
    c) deren Ehe aufgelöst worden ist, wenn
        aa) im Kalenderjahr der Auflösung der Ehe beide Ehegatten unbeschränkt einkommensteuerpflichtig waren und nicht dauernd getrennt gelebt haben und

---
1) **Anm. d. Red.:** § 38a Abs. 4 i. d. F. des Gesetzes v. 7. 12. 2011 (BGBl I S. 2592) mit Wirkung v. 1. 1. 2012.
2) **Anm. d. Red.:** § 38b i. d. F. des Gesetzes v. 7. 12. 2011 (BGBl I S. 2592) mit Wirkung v. 1. 1. 2012.

bb) der andere Ehegatte wieder geheiratet hat, von seinem neuen Ehegatten nicht dauernd getrennt lebt und er und sein neuer Ehegatte unbeschränkt einkommensteuerpflichtig sind,

für das Kalenderjahr, in dem die Ehe aufgelöst worden ist;

4. in die Steuerklasse IV gehören Arbeitnehmer, die verheiratet sind, wenn beide Ehegatten unbeschränkt einkommensteuerpflichtig sind und nicht dauernd getrennt leben und der Ehegatte des Arbeitnehmers ebenfalls Arbeitslohn bezieht;
5. in die Steuerklasse V gehören die unter Nummer 4 bezeichneten Arbeitnehmer, wenn der Ehegatte des Arbeitnehmers auf Antrag beider Ehegatten in die Steuerklasse III eingereiht wird;
6. die Steuerklasse VI gilt bei Arbeitnehmern, die nebeneinander von mehreren Arbeitgebern Arbeitslohn beziehen, für die Einbehaltung der Lohnsteuer vom Arbeitslohn aus dem zweiten und einem weiteren Dienstverhältnis sowie in den Fällen des § 39c.

³Als unbeschränkt einkommensteuerpflichtig im Sinne der Nummern 3 und 4 gelten nur Personen, die die Voraussetzungen des § 1 Absatz 1 oder 2 oder des § 1a erfüllen.

(2) ¹Für ein minderjähriges und nach § 1 Absatz 1 unbeschränkt einkommensteuerpflichtiges Kind im Sinne des § 32 Absatz 1 Nummer 1 und Absatz 3 werden bei der Anwendung der Steuerklassen I bis IV die Kinderfreibeträge als Lohnsteuerabzugsmerkmal nach § 39 Absatz 1 wie folgt berücksichtigt:

1. mit Zähler 0,5, wenn dem Arbeitnehmer der Kinderfreibetrag nach § 32 Absatz 6 Satz 1 zusteht, oder
2. mit Zähler 1, wenn dem Arbeitnehmer der Kinderfreibetrag zusteht, weil
   a) die Voraussetzungen des § 32 Absatz 6 Satz 2 vorliegen oder
   b) der andere Elternteil vor dem Beginn des Kalenderjahres verstorben ist oder
   c) der Arbeitnehmer allein das Kind angenommen hat.

²Soweit dem Arbeitnehmer Kinderfreibeträge nach § 32 Absatz 1 bis 6 zustehen, die nicht nach Satz 1 berücksichtigt werden, ist die Zahl der Kinderfreibeträge auf Antrag vorbehaltlich des § 39a Absatz 1 Nummer 6 zu Grunde zu legen. ³In den Fällen des Satzes 2 können die Kinderfreibeträge für mehrere Jahre gelten, wenn nach den tatsächlichen Verhältnissen zu erwarten ist, dass die Voraussetzungen bestehen bleiben. ⁴Bei Anwendung der Steuerklassen III und IV sind auch Kinder des Ehegatten bei der Zahl der Kinderfreibeträge zu berücksichtigen. ⁵Der Antrag kann nur nach amtlich vorgeschriebenem Vordruck gestellt werden.

(3) ¹Auf Antrag des Arbeitnehmers kann abweichend von Absatz 1 oder 2 eine für ihn ungünstigere Steuerklasse oder geringere Zahl der Kinderfreibeträge als Lohnsteuerabzugsmerkmal gebildet werden. ²Dieser Antrag ist nach amtlich vorgeschriebenem Vordruck zu stellen und vom Arbeitnehmer eigenhändig zu unterschreiben.

### § 39 Lohnsteuerabzugsmerkmale[1)2)]

(1) ¹Für die Durchführung des Lohnsteuerabzugs werden auf Veranlassung des Arbeitnehmers Lohnsteuerabzugsmerkmale gebildet (§ 39a Absatz 1 und 4, § 39e Absatz 1 in Verbindung mit § 39e Absatz 4 Satz 1 und nach § 39e Absatz 8). ²Soweit Lohnsteuerabzugsmerkmale nicht nach § 39e Absatz 1 Satz 1 automatisiert gebildet werden oder davon abweichend zu bilden sind, ist das Finanzamt für die Bildung der Lohnsteuerabzugsmerkmale nach den §§ 38b und 39a und die Bestimmung ihrer Geltungsdauer zuständig. ³Für die Bildung der Lohnsteuerabzugsmerkmale sind die von den Meldebehörden nach § 39e Absatz 2 Satz 2 mitgeteilten Daten vorbehaltlich einer nach Satz 2 abweichenden Bildung durch das Finanzamt bindend. ⁴Die Bildung der Lohn-

---

1) **Anm. d. Red.:** § 39 Abs. 1 bis 8 i. d. F. des Gesetzes v. 7.12.2011 (BGBl I S. 2592) mit Wirkung v. 1.1.2012; Abs. 9 i. d. F. des Gesetzes v. 26.6.2013 (BGBl I S. 1809) mit Wirkung v. 1.1.2013.

2) **Anm. d. Red.:** Zur Anwendung des § 39 siehe § 52 Abs. 36.

steuerabzugsmerkmale ist eine gesonderte Feststellung von Besteuerungsgrundlagen im Sinne des § 179 Absatz 1 der Abgabenordnung, die unter dem Vorbehalt der Nachprüfung steht. [5]Die Bildung und die Änderung der Lohnsteuerabzugsmerkmale sind dem Arbeitnehmer bekannt zu geben. [6]Die Bekanntgabe richtet sich nach § 119 Absatz 2 der Abgabenordnung und § 39e Absatz 6. [7]Der Bekanntgabe braucht keine Belehrung über den zulässigen Rechtsbehelf beigefügt zu werden. [8]Ein schriftlicher Bescheid mit einer Belehrung über den zulässigen Rechtsbehelf ist jedoch zu erteilen, wenn einem Antrag des Arbeitnehmers auf Bildung oder Änderung der Lohnsteuerabzugsmerkmale nicht oder nicht in vollem Umfang entsprochen wird oder der Arbeitnehmer die Erteilung eines Bescheids beantragt. [9]Vorbehaltlich des Absatzes 5 ist § 153 Absatz 2 der Abgabenordnung nicht anzuwenden.

(2) [1]Für die Bildung und die Änderung der Lohnsteuerabzugsmerkmale nach Absatz 1 Satz 2 des nach § 1 Absatz 1 unbeschränkt einkommensteuerpflichtigen Arbeitnehmers ist das Wohnsitzfinanzamt im Sinne des § 19 Absatz 1 Satz 1 und 2 der Abgabenordnung und in den Fällen des Absatzes 4 Nummer 5 das Betriebsstättenfinanzamt nach § 41a Absatz 1 Satz 1 Nummer 1 zuständig. [2]Ist der Arbeitnehmer nach § 1 Absatz 2 unbeschränkt einkommensteuerpflichtig, nach § 1 Absatz 3 als unbeschränkt einkommensteuerpflichtig zu behandeln oder beschränkt einkommensteuerpflichtig, ist das Betriebsstättenfinanzamt für die Bildung und die Änderung der Lohnsteuerabzugsmerkmale zuständig. [3]Ist der nach § 1 Absatz 3 als unbeschränkt einkommensteuerpflichtig zu behandelnde Arbeitnehmer gleichzeitig bei mehreren inländischen Arbeitgebern tätig, ist für die Bildung der weiteren Lohnsteuerabzugsmerkmale das Betriebsstättenfinanzamt zuständig, das erstmals Lohnsteuerabzugsmerkmale gebildet hat. [4]Bei Ehegatten, die beide Arbeitslohn von inländischen Arbeitgebern beziehen, ist das Betriebsstättenfinanzamt des älteren Ehegatten zuständig.

(3) [1]Wurde einem Arbeitnehmer in den Fällen des Absatzes 2 Satz 2 keine Identifikationsnummer zugeteilt, hat ihm das Betriebsstättenfinanzamt auf seinen Antrag hin eine Bescheinigung für den Lohnsteuerabzug auszustellen. [2]In diesem Fall tritt an die Stelle der Identifikationsnummer das vom Finanzamt gebildete lohnsteuerliche Ordnungsmerkmal nach § 41b Absatz 2 Satz 1 und 2. [3]Die Bescheinigung der Steuerklasse I kann auch der Arbeitgeber beantragen, wenn dieser den Antrag nach Satz 1 im Namen des Arbeitnehmers stellt. [4]Diese Bescheinigung ist als Beleg zum Lohnkonto zu nehmen und während des Dienstverhältnisses, längstens bis zum Ablauf des jeweiligen Kalenderjahres, aufzubewahren.

(4) Lohnsteuerabzugsmerkmale sind
1. Steuerklasse (§ 38b Absatz 1) und Faktor (§ 39f),
2. Zahl der Kinderfreibeträge bei den Steuerklassen I bis IV (§ 38b Absatz 2),
3. Freibetrag und Hinzurechnungsbetrag (§ 39a),
4. Höhe der Beiträge für eine private Krankenversicherung und für eine private Pflege-Pflichtversicherung (§ 39b Absatz 2 Satz 5 Nummer 3 Buchstabe d) für die Dauer von zwölf Monaten, wenn der Arbeitnehmer dies beantragt,
5. Mitteilung, dass der von einem Arbeitgeber gezahlte Arbeitslohn nach einem Abkommen zur Vermeidung der Doppelbesteuerung von der Lohnsteuer freizustellen ist, wenn der Arbeitnehmer oder der Arbeitgeber dies beantragt.

(5) [1]Treten bei einem Arbeitnehmer die Voraussetzungen für eine für ihn ungünstigere Steuerklasse oder geringere Zahl der Kinderfreibeträge ein, ist der Arbeitnehmer verpflichtet, dem Finanzamt dies mitzuteilen und die Steuerklasse und die Zahl der Kinderfreibeträge umgehend ändern zu lassen. [2]Dies gilt insbesondere, wenn die Voraussetzungen für die Berücksichtigung des Entlastungsbetrags für Alleinerziehende, für die die Steuerklasse II zur Anwendung kommt, entfallen. [3]Eine Mitteilung ist nicht erforderlich, wenn die Abweichung einen Sachverhalt betrifft, der zu einer Änderung der Daten führt, die nach § 39e Absatz 2 Satz 2 von den Meldebehörden zu übermitteln sind. [4]Kommt der Arbeitnehmer seiner Verpflichtung nicht nach, ändert das Finanzamt die Steuerklasse und die Zahl der Kinderfreibeträge von Amts wegen. [5]Unterbleibt die Änderung der Lohnsteuerabzugsmerkmale, hat das Finanzamt zu wenig erhobene Lohnsteuer vom Arbeitnehmer nachzufordern, wenn diese 10 Euro übersteigt.

(6) ¹Ändern sich die Voraussetzungen für die Steuerklasse oder für die Zahl der Kinderfreibeträge zu Gunsten des Arbeitnehmers, kann dieser beim Finanzamt die Änderung der Lohnsteuerabzugsmerkmale beantragen. ²Die Änderung ist mit Wirkung von dem ersten Tag des Monats an vorzunehmen, in dem erstmals die Voraussetzungen für die Änderung vorlagen. ³Ehegatten, die beide in einem Dienstverhältnis stehen, können einmalig im Laufe des Kalenderjahres beim Finanzamt die Änderung der Steuerklassen beantragen. ⁴Dies gilt unabhängig von der automatisierten Bildung der Steuerklassen nach § 39e Absatz 3 Satz 3 sowie einer von den Ehegatten gewünschten Änderung dieser automatisierten Bildung. ⁵Das Finanzamt hat eine Änderung nach Satz 3 mit Wirkung vom Beginn des Kalendermonats vorzunehmen, der auf die Antragstellung folgt. ⁶Für eine Berücksichtigung der Änderung im laufenden Kalenderjahr ist der Antrag nach Satz 1 oder 3 spätestens bis zum 30. November zu stellen.

(7) ¹Wird ein unbeschränkt einkommensteuerpflichtiger Arbeitnehmer beschränkt einkommensteuerpflichtig, hat er dies dem Finanzamt unverzüglich mitzuteilen. ²Das Finanzamt hat die Lohnsteuerabzugsmerkmale vom Zeitpunkt des Eintritts der beschränkten Einkommensteuerpflicht an zu ändern. ³Absatz 1 Satz 5 bis 8 gilt entsprechend. ⁴Unterbleibt die Mitteilung, hat das Finanzamt zu wenig erhobene Lohnsteuer vom Arbeitnehmer nachzufordern, wenn diese 10 Euro übersteigt.

(8) ¹Der Arbeitgeber darf die Lohnsteuerabzugsmerkmale nur für die Einbehaltung der Lohn- und Kirchensteuer verwenden. ²Er darf sie ohne Zustimmung des Arbeitnehmers nur offenbaren, soweit dies gesetzlich zugelassen ist.

(9) ¹Ordnungswidrig handelt, wer vorsätzlich oder leichtfertig entgegen Absatz 8 ein Lohnsteuerabzugsmerkmal verwendet. ²Die Ordnungswidrigkeit kann mit einer Geldbuße bis zu zehntausend Euro geahndet werden.

## § 39a Freibetrag und Hinzurechnungsbetrag[1)2)]

(1) ¹Auf Antrag des unbeschränkt einkommensteuerpflichtigen Arbeitnehmers ermittelt das Finanzamt die Höhe eines vom Arbeitslohn insgesamt abzuziehenden Freibetrags aus der Summe der folgenden Beträge:
1. Werbungskosten, die bei den Einkünften aus nichtselbständiger Arbeit anfallen, soweit sie den Arbeitnehmer-Pauschbetrag (§ 9a Satz 1 Nummer 1 Buchstabe a) oder bei Versorgungsbezügen den Pauschbetrag (§ 9a Satz 1 Nummer 1 Buchstabe b) übersteigen,
2. Sonderausgaben im Sinne des § 10 Absatz 1 Nummer 4, 5, 7 und 9 sowie Absatz 1a und des § 10b, soweit sie den Sonderausgaben-Pauschbetrag von 36 Euro übersteigen,
3. der Betrag, der nach den §§ 33, 33a und 33b Absatz 6 wegen außergewöhnlicher Belastungen zu gewähren ist,
4. die Pauschbeträge für behinderte Menschen und Hinterbliebene (§ 33b Absatz 1 bis 5),
4a. der Erhöhungsbetrag nach § 24b Absatz 2 Satz 2,
5. die folgenden Beträge, wie sie nach § 37 Absatz 3 bei der Festsetzung von Einkommensteuer-Vorauszahlungen zu berücksichtigen sind:
    a) die Beträge, die nach § 10d Absatz 2, §§ 10e, 10f, 10g, 10h, 10i, nach § 15b des Berlinförderungsgesetzes oder nach § 7 des Fördergebietsgesetzes abgezogen werden können,
    b) die negative Summe der Einkünfte im Sinne des § 2 Absatz 1 Satz 1 Nummer 1 bis 3, 6 und 7 und der negativen Einkünfte im Sinne des § 2 Absatz 1 Satz 1 Nummer 5,
    c) das Vierfache der Steuerermäßigung nach den §§ 34f und 35a,

---

1) **Anm. d. Red.:** § 39a Abs. 1 i. d. F. des Gesetzes v. 28. 7. 2015 (BGBl I S. 1400) mit Wirkung v. 1. 8. 2015; Abs. 2 i. d. F. des Gesetzes v. 22. 12. 2014 (BGBl I S. 2417) mit Wirkung v. 1. 1. 2015; Abs. 3 i. d. F. des Gesetzes v. 16. 7. 2015 (BGBl I S. 1202) mit Wirkung v. 23. 7. 2015; Abs. 4 und 5 i. d. F. des Gesetzes v. 7. 12. 2011 (BGBl I S. 2592) mit Wirkung v. 1. 1. 2012.

2) **Anm. d. Red.:** Zur Anwendung des § 39a siehe § 52 Abs. 37.

6. die Freibeträge nach § 32 Absatz 6 für jedes Kind im Sinne des § 32 Absatz 1 bis 4, für das kein Anspruch auf Kindergeld besteht. ²Soweit für diese Kinder Kinderfreibeträge nach § 38b Absatz 2 berücksichtigt worden sind, ist die Zahl der Kinderfreibeträge entsprechend zu vermindern. ³Der Arbeitnehmer ist verpflichtet, den nach Satz 1 ermittelten Freibetrag ändern zu lassen, wenn für das Kind ein Kinderfreibetrag nach § 38b Absatz 2 berücksichtigt wird,

7. ein Betrag für ein zweites oder ein weiteres Dienstverhältnis insgesamt bis zur Höhe des auf volle Euro abgerundeten zu versteuernden Jahresbetrags nach § 39b Absatz 2 Satz 5, bis zu dem nach der Steuerklasse des Arbeitnehmers, die für den Lohnsteuerabzug vom Arbeitslohn aus dem ersten Dienstverhältnis anzuwenden ist, Lohnsteuer nicht zu erheben ist. ²Voraussetzung ist, dass

   a) der Jahresarbeitslohn aus dem ersten Dienstverhältnis geringer ist als der nach Satz 1 maßgebenden Eingangsbetrag und

   b) in Höhe des Betrags für ein zweites oder ein weiteres Dienstverhältnis zugleich für das erste Dienstverhältnis ein Betrag ermittelt wird, der dem Arbeitslohn hinzuzurechnen ist (Hinzurechnungsbetrag).

   ³Soll für das erste Dienstverhältnis auch ein Freibetrag nach den Nummern 1 bis 6 und 8 ermittelt werden, ist nur der diesen Freibetrag übersteigende Betrag als Hinzurechnungsbetrag zu berücksichtigen. ⁴Ist der Freibetrag höher als der Hinzurechnungsbetrag, ist nur der den Hinzurechnungsbetrag übersteigende Freibetrag zu berücksichtigen,

8. der Entlastungsbetrag für Alleinerziehende (§ 24b) bei Verwitweten, die nicht in Steuerklasse II gehören.

²Der insgesamt abzuziehende Freibetrag und der Hinzurechnungsbetrag gelten mit Ausnahme von Satz 1 Nummer 4 und vorbehaltlich der Sätze 3 bis 5 für die gesamte Dauer eines Kalenderjahres. ³Die Summe der nach Satz 1 Nummer 1 bis 3 sowie 4a bis 8 ermittelten Beträge wird längstens für einen Zeitraum von zwei Kalenderjahren ab Beginn des Kalenderjahres, für das der Freibetrag erstmals gilt oder geändert wird, berücksichtigt. ⁴Der Arbeitnehmer kann eine Änderung des Freibetrags innerhalb dieses Zeitraums beantragen, wenn sich die Verhältnisse zu seinen Gunsten ändern. ⁵Ändern sich die Verhältnisse zu seinen Ungunsten, ist er verpflichtet, dies dem Finanzamt umgehend anzuzeigen.

(2) ¹Der Antrag nach Absatz 1 ist nach amtlich vorgeschriebenem Vordruck zu stellen und vom Arbeitnehmer eigenhändig zu unterschreiben. ²Die Frist für die Antragstellung beginnt am 1. Oktober des Vorjahres, für das der Freibetrag gelten soll. ³Sie endet am 30. November des Kalenderjahres, in dem der Freibetrag gilt. ⁴Der Antrag ist hinsichtlich eines Freibetrags aus der Summe der nach Absatz 1 Satz 1 Nummer 1 bis 3 und 8 in Betracht kommenden Aufwendungen und Beträge unzulässig, wenn die Aufwendungen im Sinne des § 9, soweit sie den Arbeitnehmer-Pauschbetrag übersteigen, die Aufwendungen im Sinne des § 10 Absatz 1 Nummer 4, 5, 7 und 9 sowie Absatz 1a, der §§ 10b und 33 sowie die abziehbaren Beträge nach den §§ 24b, 33a und 33b Absatz 6 insgesamt 600 Euro nicht übersteigen. ⁵Das Finanzamt kann auf nähere Angaben des Arbeitnehmers verzichten, wenn er

1. höchstens den Freibetrag beantragt, der für das vorangegangene Kalenderjahr ermittelt wurde, und

2. versichert, dass sich die maßgebenden Verhältnisse nicht wesentlich geändert haben.

⁶Das Finanzamt hat den Freibetrag durch Aufteilung in Monatsfreibeträge, falls erforderlich in Wochen- und Tagesfreibeträge, jeweils auf die der Antragstellung folgenden Monate des Kalenderjahres gleichmäßig zu verteilen. ⁷Abweichend hiervon darf ein Freibetrag, der im Monat Januar eines Kalenderjahres beantragt wird, mit Wirkung vom 1. Januar dieses Kalenderjahres an berücksichtigt werden. ⁸Ist der Arbeitnehmer beschränkt einkommensteuerpflichtig, hat das Finanzamt den nach Absatz 4 ermittelten Freibetrag durch Aufteilung in Monatsbeträge, falls erforderlich in Wochen- und Tagesbeträge, jeweils auf die voraussichtliche Dauer des Dienstver-

hältnisses im Kalenderjahr gleichmäßig zu verteilen. ⁹Die Sätze 5 bis 8 gelten für den Hinzurechnungsbetrag nach Absatz 1 Satz 1 Nummer 7 entsprechend.

(3) ¹Für Ehegatten, die beide unbeschränkt einkommensteuerpflichtig sind und nicht dauernd getrennt leben, ist jeweils die Summe der nach Absatz 1 Satz 1 Nummer 2 bis 4 und 5 in Betracht kommenden Beträge gemeinsam zu ermitteln; der in Absatz 1 Satz 1 Nummer 2 genannte Betrag ist zu verdoppeln. ²Für die Anwendung des Absatzes 2 Satz 4 ist die Summe der für beide Ehegatten in Betracht kommenden Aufwendungen im Sinne des § 9, soweit sie jeweils den Arbeitnehmer-Pauschbetrag übersteigen, und der Aufwendungen im Sinne des § 10 Absatz 1 Nummer 4, 5, 7 und 9 sowie Absatz 1a, der §§ 10b und 33 sowie der abziehbaren Beträge nach den §§ 24b, 33a und 33b Absatz 6 maßgebend. ³Die nach Satz 1 ermittelte Summe ist je zur Hälfte auf die Ehegatten aufzuteilen, wenn für jeden Ehegatten Lohnsteuerabzugsmerkmale gebildet werden und die Ehegatten keine andere Aufteilung beantragen. ⁴Für eine andere Aufteilung gilt Absatz 1 Satz 2 entsprechend. ⁵Für einen Arbeitnehmer, dessen Ehe in dem Kalenderjahr, für das der Freibetrag gilt, aufgelöst worden ist und dessen bisheriger Ehegatte in demselben Kalenderjahr wieder geheiratet hat, sind die nach Absatz 1 in Betracht kommenden Beträge ausschließlich auf Grund der in seiner Person erfüllten Voraussetzungen zu ermitteln. ⁶Satz 1 zweiter Halbsatz ist auch anzuwenden, wenn die tarifliche Einkommensteuer nach § 32a Absatz 6 zu ermitteln ist.

(4) ¹Für einen beschränkt einkommensteuerpflichtigen Arbeitnehmer, für den § 50 Absatz 1 Satz 4 anzuwenden ist, ermittelt das Finanzamt auf Antrag einen Freibetrag, der vom Arbeitslohn insgesamt abzuziehen ist, aus der Summe der folgenden Beträge:

1. Werbungskosten, die bei den Einkünften aus nichtselbständiger Arbeit anfallen, soweit sie den Arbeitnehmer-Pauschbetrag (§ 9a Satz 1 Nummer 1 Buchstabe a) oder bei Versorgungsbezügen den Pauschbetrag (§ 9a Satz 1 Nummer 1 Buchstabe b) übersteigen,
2. Sonderausgaben im Sinne des § 10b, soweit sie den Sonderausgaben-Pauschbetrag (§ 10c) übersteigen, und die wie Sonderausgaben abziehbaren Beträge nach § 10e oder § 10i, jedoch erst nach Fertigstellung oder Anschaffung des begünstigten Objekts oder nach Fertigstellung der begünstigten Maßnahme.
3. den Freibetrag oder den Hinzurechnungsbetrag nach Absatz 1 Satz 1 Nummer 7.

²Der Antrag kann nur nach amtlich vorgeschriebenem Vordruck bis zum Ablauf des Kalenderjahres gestellt werden, für das die Lohnsteuerabzugsmerkmale gelten.

(5) Ist zuwenig Lohnsteuer erhoben worden, weil ein Freibetrag unzutreffend als Lohnsteuerabzugsmerkmal ermittelt worden ist, hat das Finanzamt den Fehlbetrag vom Arbeitnehmer nachzufordern, wenn er 10 Euro übersteigt.

### § 39b  Einbehaltung der Lohnsteuer[1)]

(1) Bei unbeschränkt und beschränkt einkommensteuerpflichtigen Arbeitnehmern hat der Arbeitgeber den Lohnsteuerabzug nach Maßgabe der Absätze 2 bis 6 durchzuführen.

(2)[2)] ¹Für die Einbehaltung der Lohnsteuer vom laufenden Arbeitslohn hat der Arbeitgeber die Höhe des laufenden Arbeitslohns im Lohnzahlungszeitraum festzustellen und auf einen Jahresarbeitslohn hochzurechnen. ²Der Arbeitslohn eines monatlichen Lohnzahlungszeitraums ist mit zwölf, der Arbeitslohn eines wöchentlichen Lohnzahlungszeitraums mit $360/7$ und der Arbeitslohn eines täglichen Lohnzahlungszeitraums mit 360 zu vervielfältigen. ³Von dem hochgerechneten Jahresarbeitslohn sind ein etwaiger Versorgungsfreibetrag (§ 19 Absatz 2) und Altersentlastungsbetrag (§ 24a) abzuziehen. ⁴Außerdem ist der hochgerechnete Jahresarbeitslohn um einen etwaigen als Lohnsteuerabzugsmerkmal für den Lohnzahlungszeitraum mitgeteilten Frei-

---

1) **Anm. d. Red.:** § 39b Überschrift und Abs. 1 i.d.F. des Gesetzes v. 7.12.2011 (BGBl I S. 2592) mit Wirkung v. 1.1.2012; Abs. 2 i.d.F. des Gesetzes v. 16.7.2015 (BGBl I S. 1202) mit Wirkung v. 1.1.2016; Abs. 3 und 6 i.d.F. des Gesetzes v. 25.7.2014 (BGBl I S. 1266) mit Wirkung v. 31.7.2014.

2) **Anm. d. Red.:** Zur Anwendung des § 39b Abs. 2 siehe § 52 Abs. 37b.

betrag (§ 39a Absatz 1) oder Hinzurechnungsbetrag (§ 39a Absatz 1 Satz 1 Nummer 7), vervielfältigt unter sinngemäßer Anwendung von Satz 2, zu vermindern oder zu erhöhen. ⁵Der so verminderte oder erhöhte hochgerechnete Jahresarbeitslohn, vermindert um

1. den Arbeitnehmer-Pauschbetrag (§ 9a Satz 1 Nummer 1 Buchstabe a) oder bei Versorgungsbezügen den Pauschbetrag (§ 9a Satz 1 Nummer 1 Buchstabe b) und den Zuschlag zum Versorgungsfreibetrag (§ 19 Absatz 2) in den Steuerklassen I bis V,
2. den Sonderausgaben-Pauschbetrag (§ 10c Satz 1) in den Steuerklassen I bis V,
3. eine Vorsorgepauschale aus den Teilbeträgen
    a) für die Rentenversicherung bei Arbeitnehmern, die in der gesetzlichen Rentenversicherung pflichtversichert oder von der gesetzlichen Rentenversicherung nach § 6 Absatz 1 Nummer 1 des Sechsten Buches Sozialgesetzbuch befreit sind, in den Steuerklassen I bis VI in Höhe des Betrags, der bezogen auf den Arbeitslohn 50 Prozent des Beitrags in der allgemeinen Rentenversicherung unter Berücksichtigung der jeweiligen Beitragsbemessungsgrenzen entspricht,
    b) für die Krankenversicherung bei Arbeitnehmern, die in der gesetzlichen Krankenversicherung versichert sind, in den Steuerklassen I bis VI in Höhe des Betrags, der bezogen auf den Arbeitslohn unter Berücksichtigung der Beitragsbemessungsgrenze, den ermäßigten Beitragssatz (§ 243 des Fünften Buches Sozialgesetzbuch) und den Zusatzbeitragssatz der Krankenkasse (§ 242 des Fünften Buches Sozialgesetzbuch) dem Arbeitnehmeranteil eines pflichtversicherten Arbeitnehmers entspricht,
    c) für die Pflegeversicherung bei Arbeitnehmern, die in der sozialen Pflegeversicherung versichert sind, in den Steuerklassen I bis VI in Höhe des Betrags, der bezogen auf den Arbeitslohn unter Berücksichtigung der Beitragsbemessungsgrenze und den bundeseinheitlichen Beitragssatz dem Arbeitnehmeranteil eines pflichtversicherten Arbeitnehmers entspricht, erhöht um den Beitragszuschlag des Arbeitnehmers nach § 55 Absatz 3 des Elften Buches Sozialgesetzbuch, wenn die Voraussetzungen dafür vorliegen,
    d) für die Krankenversicherung und für die private Pflege-Pflichtversicherung bei Arbeitnehmern, die nicht unter Buchstabe b und c fallen, in den Steuerklassen I bis V in Höhe der dem Arbeitgeber mitgeteilten Beiträge im Sinne des § 10 Absatz 1 Nummer 3, etwaig vervielfältigt unter sinngemäßer Anwendung von Satz 2 auf einen Jahresbetrag, vermindert um den Betrag, der bezogen auf den Arbeitslohn unter Berücksichtigung der Beitragsbemessungsgrenze und den ermäßigten Beitragssatz in der gesetzlichen Krankenversicherung sowie den bundeseinheitlichen Beitragssatz in der sozialen Pflegeversicherung dem Arbeitgeberanteil für einen pflichtversicherten Arbeitnehmer entspricht, wenn der Arbeitgeber gesetzlich verpflichtet ist, Zuschüsse zu den Kranken- und Pflegeversicherungsbeiträgen des Arbeitnehmers zu leisten;
    ²Entschädigungen im Sinne des § 24 Nummer 1 sind bei Anwendung der Buchstaben a bis c nicht zu berücksichtigen; mindestens ist für die Summe der Teilbeträge nach den Buchstaben b und c oder für den Teilbetrag nach Buchstabe d ein Betrag in Höhe von 12 Prozent des Arbeitslohns, höchstens 1 900 Euro in den Steuerklassen I, II, IV, V, VI und höchstens 3 000 Euro in der Steuerklasse III anzusetzen,
4. den Entlastungsbetrag für Alleinerziehende für ein Kind (§ 24b Absatz 2 Satz 1) in der Steuerklasse II,

ergibt den zu versteuernden Jahresbetrag. ⁶Für den zu versteuernden Jahresbetrag ist die Jahreslohnsteuer in den Steuerklassen I, II und IV nach § 32a Absatz 1 sowie in der Steuerklasse III nach § 32a Absatz 5 zu berechnen. ⁷In den Steuerklassen V und VI ist die Jahreslohnsteuer zu berechnen, die sich aus dem Zweifachen des Unterschiedsbetrags zwischen dem Steuerbetrag für das Eineinviertelfache und dem Steuerbetrag für das Dreiviertelfache des zu versteuernden Jahresbetrags nach § 32a Absatz 1 ergibt; die Jahreslohnsteuer beträgt jedoch mindestens 14 Prozent des zu versteuernden Jahresbetrags, für den 10 070 Euro übersteigenden Teil des zu versteuernden Jahresbetrags höchstens 42 Prozent, für den 26 832 Euro übersteigenden Teil des zu versteuernden Jahresbetrags 42 Prozent und für den 203 557 Euro übersteigenden Teil des zu versteuernden Jahresbetrags 45 Prozent. [8]Für die Lohnsteuerberechnung ist die als Lohnsteuerabzugsmerkmal mitgeteilte Steuerklasse maßgebend. [9]Die monatliche Lohnsteuer ist $1/12$, die wöchentliche Lohnsteuer sind $7/360$ und die tägliche Lohnsteuer ist $1/360$ der Jahreslohnsteuer. [10]Bruchteile eines Cents, die sich bei der Berechnung nach den Sätzen 2 und 9 ergeben, bleiben jeweils außer Ansatz. [11]Die auf den Lohnzahlungszeitraum entfallende Lohnsteuer ist vom Arbeitslohn einzubehalten. [12]Das Betriebsstättenfinanzamt kann allgemein oder auf Antrag zulassen, dass die Lohnsteuer unter den Voraussetzungen des § 42b Absatz 1 nach dem voraussichtlichen Jahresarbeitslohn ermittelt wird, wenn gewährleistet ist, dass die zutreffende Jahreslohnsteuer (§ 38a Absatz 2) nicht unterschritten wird.

(3) [1]Für die Einbehaltung der Lohnsteuer von einem sonstigen Bezug hat der Arbeitgeber den voraussichtlichen Jahresarbeitslohn ohne den sonstigen Bezug festzustellen. [2]Hat der Arbeitnehmer Lohnsteuerbescheinigungen aus früheren Dienstverhältnissen des Kalenderjahres nicht vorgelegt, so ist bei der Ermittlung des voraussichtlichen Jahresarbeitslohns der Arbeitslohn für Beschäftigungszeiten bei früheren Arbeitgebern mit dem Betrag anzusetzen, der sich ergibt, wenn der laufende Arbeitslohn im Monat der Zahlung des sonstigen Bezugs entsprechend der Beschäftigungsdauer bei früheren Arbeitgebern hochgerechnet wird. [3]Der voraussichtliche Jahresarbeitslohn ist um den Versorgungsfreibetrag (§ 19 Absatz 2) und den Altersentlastungsbetrag (§ 24a), wenn die Voraussetzungen für den Abzug dieser Beträge jeweils erfüllt sind, sowie um einen etwaigen als Lohnsteuerabzugsmerkmal mitgeteilten Jahresfreibetrag zu vermindern und um einen etwaigen Jahreshinzurechnungsbetrag zu erhöhen. [4]Für den so ermittelten Jahresarbeitslohn (maßgebender Jahresarbeitslohn) ist die Lohnsteuer nach Maßgabe des Absatzes 2 Satz 5 bis 7 zu ermitteln. [5]Außerdem ist die Jahreslohnsteuer für den maßgebenden Jahresarbeitslohn unter Einbeziehung des sonstigen Bezugs zu ermitteln. [6]Dabei ist der sonstige Bezug um den Versorgungsfreibetrag und den Altersentlastungsbetrag zu vermindern, wenn die Voraussetzungen für den Abzug dieser Beträge jeweils erfüllt sind und soweit sie nicht bei der Steuerberechnung für den maßgebenden Jahresarbeitslohn berücksichtigt worden sind. [7]Für die Lohnsteuerberechnung ist die als Lohnsteuerabzugsmerkmal mitgeteilte Steuerklasse maßgebend. [8]Der Unterschiedsbetrag zwischen den ermittelten Jahreslohnsteuerbeträgen ist die Lohnsteuer, die vom sonstigen Bezug einzubehalten ist. [9]Die Lohnsteuer ist bei einem sonstigen Bezug im Sinne des § 34 Absatz 1 und 2 Nummer 2 und 4 in der Weise zu ermäßigen, dass der sonstige Bezug bei der Anwendung des Satzes 5 mit einem Fünftel anzusetzen und der Unterschiedsbetrag im Sinne des Satzes 8 zu verfünffachen ist; § 34 Absatz 1 Satz 3 ist sinngemäß anzuwenden. [10]Ein sonstiger Bezug im Sinne des § 34 Absatz 1 und 2 Nummer 4 ist bei der Anwendung des Satzes 4 in die Bemessungsgrundlage für die Vorsorgepauschale nach Absatz 2 Satz 5 Nummer 3 einzubeziehen.

(4) In den Kalenderjahren 2010 bis 2024 ist Absatz 2 Satz 5 Nummer 3 Buchstabe a mit der Maßgabe anzuwenden, dass im Kalenderjahr 2010 der ermittelte Betrag auf 40 Prozent begrenzt und dieser Prozentsatz in jedem folgenden Kalenderjahr um je 4 Prozentpunkte erhöht wird.

(5) [1]Wenn der Arbeitgeber für den Lohnzahlungszeitraum lediglich Abschlagszahlungen leistet und eine Lohnabrechnung für einen längeren Zeitraum (Lohnabrechnungszeitraum) vornimmt, kann er den Lohnabrechnungszeitraum als Lohnzahlungszeitraum behandeln und die Lohnsteuer abweichend von § 38 Absatz 3 bei der Lohnabrechnung einbehalten. [2]Satz 1 gilt nicht, wenn der Lohnabrechnungszeitraum fünf Wochen übersteigt oder die Lohnabrechnung nicht innerhalb von drei Wochen nach dessen Ablauf erfolgt. [3]Das Betriebsstättenfinanzamt kann anordnen, dass die Lohnsteuer von den Abschlagszahlungen einzubehalten ist, wenn die Erhebung der Lohnsteuer sonst nicht gesichert erscheint. [4]Wenn wegen einer besonderen Entlohnungsart weder ein Lohnzahlungszeitraum noch ein Lohnabrechnungszeitraum festgestellt werden kann, gilt als Lohnzahlungszeitraum die Summe der tatsächlichen Arbeitstage oder Arbeitswochen.

(6) [1]Das Bundesministerium der Finanzen hat im Einvernehmen mit den obersten Finanzbehörden der Länder auf der Grundlage der Absätze 2 und 3 einen Programmablaufplan für die

maschinelle Berechnung der Lohnsteuer aufzustellen und bekannt zu machen. ²Im Programmablaufplan kann von den Regelungen in den Absätzen 2 und 3 abgewichen werden, wenn sich das Ergebnis der maschinellen Berechnung der Lohnsteuer an das Ergebnis einer Veranlagung zur Einkommensteuer anlehnt.

(7) und (8) (weggefallen)

### § 39c Einbehaltung der Lohnsteuer ohne Lohnsteuerabzugsmerkmale[1)]

(1) ¹Solange der Arbeitnehmer dem Arbeitgeber zum Zweck des Abrufs der elektronischen Lohnsteuerabzugsmerkmale (§ 39e Absatz 4 Satz 1) die ihm zugeteilte Identifikationsnummer sowie den Tag der Geburt schuldhaft nicht mitteilt oder das Bundeszentralamt für Steuern die Mitteilung elektronischer Lohnsteuerabzugsmerkmale ablehnt, hat der Arbeitgeber die Lohnsteuer nach der Steuerklasse VI zu ermitteln. ²Kann der Arbeitgeber die elektronischen Lohnsteuerabzugsmerkmale wegen technischer Störungen nicht abrufen oder hat der Arbeitnehmer die fehlende Mitteilung der ihm zuzuteilenden Identifikationsnummer nicht zu vertreten, hat der Arbeitgeber für die Lohnsteuerberechnung die voraussichtlichen Lohnsteuerabzugsmerkmale im Sinne des § 38b längstens für die Dauer von drei Kalendermonaten zu Grunde zu legen. ³Hat nach Ablauf der drei Kalendermonate der Arbeitnehmer die Identifikationsnummer sowie den Tag der Geburt nicht mitgeteilt, ist rückwirkend Satz 1 anzuwenden. ⁴Sobald dem Arbeitgeber in den Fällen des Satzes 2 die elektronischen Lohnsteuerabzugsmerkmale vorliegen, sind die Lohnsteuerermittlungen für die vorangegangenen Monate zu überprüfen und, falls erforderlich, zu ändern. ⁵Die zu wenig oder zu viel einbehaltene Lohnsteuer ist jeweils bei der nächsten Lohnabrechnung auszugleichen.

(2) ¹Ist ein Antrag nach § 39 Absatz 3 Satz 1 oder § 39e Absatz 8 nicht gestellt, hat der Arbeitgeber die Lohnsteuer nach Steuerklasse VI zu ermitteln. ²Legt der Arbeitnehmer binnen sechs Wochen nach Eintritt in das Dienstverhältnis oder nach Beginn des Kalenderjahres eine Bescheinigung für den Lohnsteuerabzug vor, ist Absatz 1 Satz 4 und 5 sinngemäß anzuwenden.

(3) ¹In den Fällen des § 38 Absatz 3a Satz 1 kann der Dritte die Lohnsteuer für einen sonstigen Bezug mit 20 Prozent unabhängig von den Lohnsteuerabzugsmerkmalen des Arbeitnehmers ermitteln, wenn der maßgebende Jahresarbeitslohn nach § 39b Absatz 3 zuzüglich des sonstigen Bezugs 10 000 Euro nicht übersteigt. ²Bei der Feststellung des maßgebenden Jahresarbeitslohns sind nur die Lohnzahlungen des Dritten zu berücksichtigen.

### § 39d (weggefallen)[2)]

### § 39e Verfahren zur Bildung und Anwendung der elektronischen Lohnsteuerabzugsmerkmale[3)4)]

(1) ¹Das Bundeszentralamt für Steuern bildet für jeden Arbeitnehmer grundsätzlich automatisiert die Steuerklasse und für die bei den Steuerklassen I bis IV zu berücksichtigenden Kinder die Zahl der Kinderfreibeträge nach § 38b Absatz 2 Satz 1 als Lohnsteuerabzugsmerkmale (§ 39 Absatz 4 Satz 1 Nummer 1 und 2); für Änderungen gilt § 39 Absatz 2 entsprechend. ²Soweit das Finanzamt Lohnsteuerabzugsmerkmale nach § 39 bildet, teilt es sie dem Bundeszentralamt für Steuern zum Zweck der Bereitstellung für den automatisierten Abruf durch den Arbeitgeber mit. ³Lohnsteuerabzugsmerkmale sind frühestens bereitzustellen mit Wirkung von Beginn des Kalenderjahres an, für das sie anzuwenden sind, jedoch nicht für einen Zeitpunkt vor Beginn des Dienstverhältnisses.

---

1) **Anm. d. Red.:** § 39c i. d. F. des Gesetzes v. 7. 12. 2011 (BGBl I S. 2592) mit Wirkung v. 1. 1. 2012.
2) **Anm. d. Red.:** § 39d weggefallen gem. Gesetz v. 7. 12. 2011 (BGBl I S. 2592) mit Wirkung v. 1. 1. 2012.
3) **Anm. d. Red.:** § 39e Abs. 1, 3 bis 10 i. d. F. des Gesetzes v. 7. 12. 2011 (BGBl I S. 2592) mit Wirkung v. 1. 1. 2012; Abs. 2 i. d. F. des Gesetzes v. 2. 11. 2015 (BGBl I S. 1834) mit Wirkung v. 1. 11. 2015
4) **Anm. d. Red.:** Zur Anwendung des § 39e siehe § 52 Abs. 39.

## § 39e VII. Einkommensteuergesetz

(2) ¹Das Bundeszentralamt für Steuern speichert zum Zweck der Bereitstellung automatisiert abrufbarer Lohnsteuerabzugsmerkmale für den Arbeitgeber die Lohnsteuerabzugsmerkmale unter Angabe der Identifikationsnummer sowie für jeden Steuerpflichtigen folgende Daten zu den in § 139b Absatz 3 der Abgabenordnung genannten Daten hinzu:
1. rechtliche Zugehörigkeit zu einer steuererhebenden Religionsgemeinschaft sowie Datum des Eintritts und Austritts,
2. melderechtlichen Familienstand sowie den Tag der Begründung oder Auflösung des Familienstands und bei Verheirateten die Identifikationsnummer des Ehegatten,
3. Kinder mit ihrer Identifikationsnummer.

²Die nach Landesrecht für das Meldewesen zuständigen Behörden (Meldebehörden) haben dem Bundeszentralamt für Steuern unter Angabe der Identifikationsnummer und des Tages der Geburt die in Satz 1 Nummer 1 bis 3 bezeichneten Daten und deren Änderungen im Melderegister mitzuteilen. ³In den Fällen des Satzes 1 Nummer 3 besteht die Mitteilungspflicht nur, wenn das Kind mit Hauptwohnsitz oder alleinigem Wohnsitz im Zuständigkeitsbereich der Meldebehörde gemeldet ist und solange das Kind das 18. Lebensjahr noch nicht vollendet hat. ⁴Sofern die Identifikationsnummer noch nicht zugeteilt wurde, teilt die Meldebehörde die Daten unter Angabe des Vorläufigen Bearbeitungsmerkmals nach § 139b Absatz 6 Satz 2 der Abgabenordnung mit. ⁵Für die Datenübermittlung gelten die §§ 2 und die Zweiten Bundesmeldedatenübermittlungsverordnung vom 1. Dezember 2014 (BGBl I S. 1950) in der jeweils geltenden Fassung entsprechend.

(3) ¹Das Bundeszentralamt für Steuern hält die Identifikationsnummer, den Tag der Geburt, Merkmale für den Kirchensteuerabzug und die Lohnsteuerabzugsmerkmale des Arbeitnehmers nach § 39 Absatz 4 zum unentgeltlichen automatisierten Abruf durch den Arbeitgeber nach amtlich vorgeschriebenem Datensatz bereit (elektronische Lohnsteuerabzugsmerkmale). ²Bezieht ein Arbeitnehmer nebeneinander von mehreren Arbeitgebern Arbeitslohn, sind für jedes weitere Dienstverhältnis elektronische Lohnsteuerabzugsmerkmale zu bilden. ³Haben Arbeitnehmer im Laufe des Kalenderjahres geheiratet, gilt für die automatisierte Bildung der Steuerklassen Folgendes:
1. Steuerklasse III ist zu bilden, wenn die Voraussetzungen des § 38b Absatz 1 Satz 2 Nummer 3 Buchstabe a Doppelbuchstabe aa vorliegen;
2. für beide Ehegatten ist Steuerklasse IV zu bilden, wenn die Voraussetzungen des § 38b Absatz 1 Satz 2 Nummer 4 vorliegen.

⁴Das Bundeszentralamt für Steuern führt die elektronischen Lohnsteuerabzugsmerkmale des Arbeitnehmers zum Zweck ihrer Bereitstellung nach Satz 1 mit der Wirtschafts-Identifikationsnummer (§ 139c der Abgabenordnung) des Arbeitgebers zusammen.

(4) ¹Der Arbeitnehmer hat jedem seiner Arbeitgeber bei Eintritt in das Dienstverhältnis zum Zweck des Abrufs der Lohnsteuerabzugsmerkmale mitzuteilen,
1. wie die Identifikationsnummer sowie der Tag der Geburt lauten,
2. ob es sich um das erste oder ein weiteres Dienstverhältnis handelt (§ 38b Absatz 1 Satz 2 Nummer 6) und
3. ob und in welcher Höhe ein nach § 39a Absatz 1 Satz 1 Nummer 7 festgestellter Freibetrag abgerufen werden soll.

²Der Arbeitgeber hat bei Beginn des Dienstverhältnisses die elektronischen Lohnsteuerabzugsmerkmale für den Arbeitnehmer beim Bundeszentralamt für Steuern durch Datenfernübertragung abzurufen und sie in das Lohnkonto für den Arbeitnehmer zu übernehmen. ³Für den Abruf der elektronischen Lohnsteuerabzugsmerkmale hat sich der Arbeitgeber zu authentifizieren und seine Wirtschafts-Identifikationsnummer, die Daten des Arbeitnehmers nach Satz 1 Nummer 1 und 2, den Tag des Beginns des Dienstverhältnisses und etwaige Angaben nach Satz 1 Nummer 3 mitzuteilen. ⁴Zur Plausibilitätsprüfung der Identifikationsnummer hält das Bundeszentralamt für Steuern für den Arbeitgeber entsprechende Regeln bereit. ⁵Der Arbeitgeber hat den Tag der Beendigung des Dienstverhältnisses unverzüglich dem Bundeszentralamt für Steu-

ern durch Datenfernübertragung mitzuteilen. ⁶Beauftragt der Arbeitgeber einen Dritten mit der Durchführung des Lohnsteuerabzugs, hat sich der Dritte für den Datenabruf zu authentifizieren und zusätzlich seine Wirtschafts-Identifikationsnummer mitzuteilen. ⁷Für die Verwendung der elektronischen Lohnsteuerabzugsmerkmale gelten die Schutzvorschriften des § 39 Absatz 8 und 9 sinngemäß.

(5) ¹Die abgerufenen elektronischen Lohnsteuerabzugsmerkmale sind vom Arbeitgeber für die Durchführung des Lohnsteuerabzugs des Arbeitnehmers anzuwenden, bis
1. ihm das Bundeszentralamt für Steuern geänderte elektronische Lohnsteuerabzugsmerkmale zum Abruf bereitstellt oder
2. der Arbeitgeber dem Bundeszentralamt für Steuern die Beendigung des Dienstverhältnisses mitteilt.

²Sie sind in der üblichen Lohnabrechnung anzugeben. ³Der Arbeitgeber ist verpflichtet, die vom Bundeszentralamt für Steuern bereitgestellten Mitteilungen und elektronischen Lohnsteuerabzugsmerkmale monatlich anzufragen und abzurufen.

(6) ¹Gegenüber dem Arbeitgeber gelten die Lohnsteuerabzugsmerkmale (§ 39 Absatz 4) mit dem Abruf der elektronischen Lohnsteuerabzugsmerkmale als bekannt gegeben. ²Einer Rechtsbehelfsbelehrung bedarf es nicht. ³Die Lohnsteuerabzugsmerkmale gelten gegenüber dem Arbeitnehmer als bekannt gegeben, sobald der Arbeitgeber dem Arbeitnehmer den Ausdruck der Lohnabrechnung mit den nach Absatz 5 Satz 2 darin ausgewiesenen elektronischen Lohnsteuerabzugsmerkmalen ausgehändigt oder elektronisch bereitgestellt hat. ⁴Die elektronischen Lohnsteuerabzugsmerkmale sind dem Steuerpflichtigen auf Antrag vom zuständigen Finanzamt mitzuteilen oder elektronisch bereitzustellen. ⁵Wird dem Arbeitnehmer bekannt, dass die elektronischen Lohnsteuerabzugsmerkmale zu seinen Gunsten von den nach § 39 zu bildenden Lohnsteuerabzugsmerkmalen abweichen, ist er verpflichtet, dies dem Finanzamt unverzüglich mitzuteilen. ⁶Der Steuerpflichtige kann beim zuständigen Finanzamt
1. den Arbeitgeber benennen, der zum Abruf von elektronischen Lohnsteuerabzugsmerkmalen berechtigt ist (Positivliste) oder nicht berechtigt ist (Negativliste). ²Hierfür hat der Arbeitgeber dem Arbeitnehmer seine Wirtschafts-Identifikationsnummer mitzuteilen. ³Für die Verwendung der Wirtschafts-Identifikationsnummer gelten die Schutzvorschriften des § 39 Absatz 8 und 9 sinngemäß; oder
2. die Bildung oder die Bereitstellung der elektronischen Lohnsteuerabzugsmerkmale allgemein sperren oder allgemein freischalten lassen.

⁷Macht der Steuerpflichtige von seinem Recht nach Satz 6 Gebrauch, hat er die Positivliste, die Negativliste, die allgemeine Sperrung oder die allgemeine Freischaltung in einem bereitgestellten elektronischen Verfahren oder nach amtlich vorgeschriebenem Vordruck dem Finanzamt zu übermitteln. ⁸Werden wegen einer Sperrung nach Satz 6 einem Arbeitgeber, der Daten abrufen möchte, keine elektronischen Lohnsteuerabzugsmerkmale bereitgestellt, wird dem Arbeitgeber die Sperrung mitgeteilt und dieser hat die Lohnsteuer nach Steuerklasse VI zu ermitteln.

(7) ¹Auf Antrag des Arbeitgebers kann das Betriebsstättenfinanzamt zur Vermeidung unbilliger Härten zulassen, dass er nicht am Abrufverfahren teilnimmt. ²Dem Antrag eines Arbeitgebers ohne maschinelle Lohnabrechnung, der ausschließlich Arbeitnehmer im Rahmen einer geringfügigen Beschäftigung in seinem Privathaushalt im Sinne des § 8a des Vierten Buches Sozialgesetzbuch beschäftigt, ist stattzugeben. ³Der Arbeitgeber hat dem Antrag unter Angabe seiner Wirtschafts-Identifikationsnummer ein Verzeichnis der beschäftigten Arbeitnehmer mit Angabe der jeweiligen Identifikationsnummer und des Tages der Geburt des Arbeitnehmers beizufügen. ⁴Der Antrag ist nach amtlich vorgeschriebenem Vordruck jährlich zu stellen und vom Arbeitgeber zu unterschreiben. ⁵Das Betriebsstättenfinanzamt übermittelt dem Arbeitgeber für die Durchführung des Lohnsteuerabzugs für ein Kalenderjahr eine arbeitgeberbezogene Bescheinigung mit den Lohnsteuerabzugsmerkmalen des Arbeitnehmers (Bescheinigung für den Lohnsteuerabzug) sowie etwaige Änderungen. ⁶Diese Bescheinigung sowie die Änderungsmitteilungen sind als Belege zum Lohnkonto zu nehmen und bis zum Ablauf des Kalenderjahres aufzubewahren. ⁷Absatz 5 Satz 1 und 2 sowie Absatz 6 Satz 3 gelten entsprechend. ⁸Der Arbeit-

geber hat den Tag der Beendigung des Dienstverhältnisses unverzüglich dem Betriebsstättenfinanzamt mitzuteilen.

(8) ¹Ist einem nach § 1 Absatz 1 unbeschränkt einkommensteuerpflichtigen Arbeitnehmer keine Identifikationsnummer zugeteilt, hat das Wohnsitzfinanzamt auf Antrag eine Bescheinigung für den Lohnsteuerabzug für die Dauer eines Kalenderjahres auszustellen. ²Diese Bescheinigung ersetzt die Verpflichtung und Berechtigung des Arbeitgebers zum Abruf der elektronischen Lohnsteuerabzugsmerkmale (Absätze 4 und 6). ³In diesem Fall tritt an die Stelle der Identifikationsnummer das lohnsteuerliche Ordnungsmerkmal nach § 41b Absatz 2 Satz 1 und 2. ⁴Für die Durchführung des Lohnsteuerabzugs hat der Arbeitnehmer seinem Arbeitgeber vor Beginn des Kalenderjahres oder bei Eintritt in das Dienstverhältnis die nach Satz 1 ausgestellte Bescheinigung für den Lohnsteuerabzug vorzulegen. ⁵ § 39c Absatz 1 Satz 2 bis 5 ist sinngemäß anzuwenden. ⁶Der Arbeitgeber hat die Bescheinigung für den Lohnsteuerabzug entgegenzunehmen und während des Dienstverhältnisses, längstens bis zum Ablauf des jeweiligen Kalenderjahres, aufzubewahren.

(9) Ist die Wirtschafts-Identifikationsnummer noch nicht oder nicht vollständig eingeführt, tritt an ihre Stelle die Steuernummer der Betriebsstätte oder des Teils des Betriebs des Arbeitgebers, in dem der für den Lohnsteuerabzug maßgebende Arbeitslohn des Arbeitnehmers ermittelt wird (§ 41 Absatz 2).

(10) Die beim Bundeszentralamt für Steuern nach Absatz 2 Satz 1 gespeicherten Daten können auch zur Prüfung und Durchführung der Einkommensbesteuerung (§ 2) des Steuerpflichtigen für Veranlagungszeiträume ab 2005 verwendet werden.

### § 39f Faktorverfahren anstelle Steuerklassenkombination III/V[1)]

(1)[2)] ¹Bei Ehegatten, die in die Steuerklasse IV gehören (§ 38b Absatz 1 Satz 2 Nummer 4), hat das Finanzamt auf Antrag beider Ehegatten nach § 39a anstelle der Steuerklassenkombination III/V (§ 38b Absatz 1 Satz 2 Nummer 5) als Lohnsteuerabzugsmerkmal jeweils die Steuerklasse IV in Verbindung mit einem Faktor zur Ermittlung der Lohnsteuer zu bilden, wenn der Faktor kleiner als 1 ist. ²Der Faktor ist Y: X und vom Finanzamt mit drei Nachkommastellen ohne Rundung zu berechnen. ³„Y" ist die voraussichtliche Einkommensteuer für beide Ehegatten nach dem Splittingverfahren (§ 32a Absatz 5) unter Berücksichtigung der in § 39b Absatz 2 genannten Abzugsbeträge. ⁴„X" ist die Summe der voraussichtlichen Lohnsteuer bei Anwendung der Steuerklasse IV für jeden Ehegatten. ⁵Maßgeblich sind die Steuerbeträge des Kalenderjahres, für das der Faktor erstmals gelten soll. ⁶In die Bemessungsgrundlage für Y werden jeweils neben den Jahresarbeitslöhnen der ersten Dienstverhältnisse zusätzlich nur Beträge einbezogen, die nach § 39a Absatz 1 Satz 1 Nummer 1 bis 6 als Freibetrag ermittelt und als Lohnsteuerabzugsmerkmal gebildet werden könnten; Freibeträge werden neben dem Faktor nicht als Lohnsteuerabzugsmerkmal gebildet. ⁷In den Fällen des § 39a Absatz 1 Satz 1 Nummer 7 sind bei der Ermittlung von Y und X die Hinzurechnungsbeträge zu berücksichtigen; die Hinzurechnungsbeträge sind zusätzlich als Lohnsteuerabzugsmerkmal für das erste Dienstverhältnis zu bilden. ⁸Arbeitslöhne aus zweiten und weiteren Dienstverhältnissen (Steuerklasse VI) sind im Faktorverfahren nicht zu berücksichtigen. ⁹Der nach Satz 1 gebildete Faktor gilt bis zum Ablauf des Kalenderjahres, das auf das Kalenderjahr folgt, in dem der Faktor erstmals gilt oder zuletzt geändert worden ist. ¹⁰Die Ehegatten können eine Änderung des Faktors beantragen, wenn sich die für die Ermittlung des Faktors maßgeblichen Jahresarbeitslöhne im Sinne des Satzes 6 ändern. ¹¹Besteht eine Anzeigepflicht nach § 39a Absatz 1 Satz 5 oder wird eine Änderung des Freibetrags nach § 39a Absatz 1

---

1) **Anm. d. Red.:** § 39f Abs. 1 und 3 i. d. F. des Gesetzes v. 28.7.2015 (BGBl I S. 1400) mit Wirkung v. 1.8.2015; Abs. 4 i. d. F. des Gesetzes v. 7.12.2011 (BGBl I S. 2592) mit Wirkung v. 1.1.2012.

2) **Anm. d. Red.:** Zur Anwendung des § 39f Abs. 1 siehe § 52 Abs. 37a.

*Satz 4 beantragt, gilt die Anzeige oder der Antrag auf Änderung des Freibetrags zugleich als Antrag auf Anpassung des Faktors.*[1]

(2) Für die Einbehaltung der Lohnsteuer vom Arbeitslohn hat der Arbeitgeber Steuerklasse IV und den Faktor anzuwenden.

(3)[2] ¹*§ 39 Absatz 6 Satz 3 und 5 gilt mit der Maßgabe, dass die Änderungen nach Absatz 1 Satz 10 und 11 keine Änderungen im Sinne des § 39 Absatz 6 Satz 3 sind.*[3] ²§ 39a ist anzuwenden mit der Maßgabe, dass ein Antrag nach amtlich vorgeschriebenem Vordruck (§ 39a Absatz 2) nur erforderlich ist, wenn bei der Faktorermittlung zugleich Beträge nach § 39a Absatz 1 Satz 1 Nummer 1 bis 6 berücksichtigt werden sollen.

(4) Das Faktorverfahren ist im Programmablaufplan für die maschinelle Berechnung der Lohnsteuer (§ 39b Absatz 6) zu berücksichtigen.

## § 40 Pauschalierung der Lohnsteuer in besonderen Fällen[4]

(1) ¹Das Betriebsstättenfinanzamt (§ 41a Absatz 1 Satz 1 Nummer 1) kann auf Antrag des Arbeitgebers zulassen, dass die Lohnsteuer mit einem unter Berücksichtigung der Vorschriften des § 38a zu ermittelnden Pauschsteuersatz erhoben wird, soweit

1. von dem Arbeitgeber sonstige Bezüge in einer größeren Zahl von Fällen gewährt werden oder
2. in einer größeren Zahl von Fällen Lohnsteuer nachzuerheben ist, weil der Arbeitgeber die Lohnsteuer nicht vorschriftsmäßig einbehalten hat.

²Bei der Ermittlung des Pauschsteuersatzes ist zu berücksichtigen, dass die in Absatz 3 vorgeschriebene Übernahme der pauschalen Lohnsteuer durch den Arbeitgeber für den Arbeitnehmer eine in Geldeswert bestehende Einnahme im Sinne des § 8 Absatz 1 darstellt (Nettosteuersatz). ³Die Pauschalierung ist in den Fällen des Satzes 1 Nummer 1 ausgeschlossen, soweit der Arbeitgeber einem Arbeitnehmer sonstige Bezüge von mehr als 1 000 Euro im Kalenderjahr gewährt. ⁴Der Arbeitgeber hat dem Antrag eine Berechnung beizufügen, aus der sich der durchschnittliche Steuersatz unter Zugrundelegung der durchschnittlichen Jahresarbeitslöhne und der durchschnittlichen Jahreslohnsteuer in jeder Steuerklasse für diejenigen Arbeitnehmer ergibt, denen die Bezüge gewährt werden sollen oder gewährt worden sind.

(2) ¹Abweichend von Absatz 1 kann der Arbeitgeber die Lohnsteuer mit einem Pauschsteuersatz von 25 Prozent erheben, soweit er

1. arbeitstäglich Mahlzeiten im Betrieb an die Arbeitnehmer unentgeltlich oder verbilligt abgibt oder Barzuschüsse an ein anderes Unternehmen leistet, das arbeitstäglich Mahlzeiten an die Arbeitnehmer unentgeltlich oder verbilligt abgibt. ²Voraussetzung ist, dass die Mahlzeiten nicht als Lohnbestandteile vereinbart sind,
1a. oder auf seine Veranlassung ein Dritter den Arbeitnehmern anlässlich einer beruflichen Tätigkeit außerhalb seiner Wohnung und ersten Tätigkeitsstätte Mahlzeiten zur Verfügung stellt, die nach § 8 Absatz 2 Satz 8 und 9 mit dem Sachbezugswert anzusetzen sind,
2. Arbeitslohn aus Anlass von Betriebsveranstaltungen zahlt,

---

1) **Anm. d. Red.:** Abs. 1 kursive Sätze 9 bis 11 ist gem. § 52 Abs. 37a erstmals für den Veranlagungszeitraum anzuwenden, der auf den Veranlagungszeitraum folgt, in dem die für die Anwendung des Abs. 1 Sätze 9 bis 11 erforderlichen Programmierarbeiten im Verfahren zur Bildung und Anwendung der elektronischen Lohnsteuerabzugsmerkmale (§ 39e) abgeschlossen sind.

2) **Anm. d. Red.:** Zur Anwendung des § 39f Abs. 3 siehe § 52 Abs. 37a.

3) **Anm. d. Red.:** Abs. 3 kursiver Satz 1 ist gem. § 52 Abs. 37a erstmals für den Veranlagungszeitraum anzuwenden, der auf den Veranlagungszeitraum folgt, in dem die für die Anwendung des Abs. 3 Satz 1 erforderlichen Programmierarbeiten im Verfahren zur Bildung und Anwendung der elektronischen Lohnsteuerabzugsmerkmale (§ 39e) abgeschlossen sind. Abs. 3 Satz 1 der Vorfassung lautet: „§ 39 Absatz 6 Satz 3 und 5 gilt sinngemäß."

4) **Anm. d. Red.:** § 40 Abs. 2 i. d. F. des Gesetzes v. 22. 12. 2014 (BGBl I S. 2417) mit Wirkung v. 1. 1. 2015.

3. Erholungsbeihilfen gewährt, wenn diese zusammen mit Erholungsbeihilfen, die in demselben Kalenderjahr früher gewährt worden sind, 156 Euro für den Arbeitnehmer, 104 Euro für dessen Ehegatten und 52 Euro für jedes Kind nicht übersteigen und der Arbeitgeber sicherstellt, dass die Beihilfen zu Erholungszwecken verwendet werden,
4. Vergütungen für Verpflegungsmehraufwendungen anlässlich einer Tätigkeit im Sinne des § 9 Absatz 4a Satz 2 oder Satz 4 zahlt, soweit die Vergütungen die nach § 9 Absatz 4a Satz 3, 5 und 6 zustehenden Pauschalen um nicht mehr als 100 Prozent übersteigen,
5. den Arbeitnehmern zusätzlich zum ohnehin geschuldeten Arbeitslohn unentgeltlich oder verbilligt Datenverarbeitungsgeräte übereignet; das gilt auch für Zubehör und Internetzugang. ²Das Gleiche gilt für Zuschüsse des Arbeitgebers, die zusätzlich zum ohnehin geschuldeten Arbeitslohn zu den Aufwendungen des Arbeitnehmers für die Internetnutzung gezahlt werden.

²Der Arbeitgeber kann die Lohnsteuer mit einem Pauschsteuersatz von 15 Prozent für Sachbezüge in Form der unentgeltlichen oder verbilligten Beförderung eines Arbeitnehmers zwischen Wohnung und erster Tätigkeitsstätte sowie Fahrten nach § 9 Absatz 1 Satz 3 Nummer 4a Satz 3 und für zusätzlich zum ohnehin geschuldeten Arbeitslohn geleistete Zuschüsse zu den Aufwendungen des Arbeitnehmers für Fahrten zwischen Wohnung und erster Tätigkeitsstätte sowie Fahrten nach § 9 Absatz 1 Satz 3 Nummer 4a Satz 3 erheben, soweit diese Bezüge den Betrag nicht übersteigen, den der Arbeitnehmer nach § 9 Absatz 1 Satz 3 Nummer 4 und Absatz 2 als Werbungskosten geltend machen könnte, wenn die Bezüge nicht pauschal besteuert würden. ³Die nach Satz 2 pauschal besteuerten Bezüge mindern die nach § 9 Absatz 1 Satz 3 Nummer 4 und Absatz 2 abziehbaren Werbungskosten; sie bleiben bei der Anwendung des § 40a Absatz 1 bis 4 außer Ansatz.

(3) ¹Der Arbeitgeber hat die pauschale Lohnsteuer zu übernehmen. ²Er ist Schuldner der pauschalen Lohnsteuer; auf den Arbeitnehmer abgewälzte pauschale Lohnsteuer gilt als zugeflossener Arbeitslohn und mindert nicht die Bemessungsgrundlage. ³Der pauschal besteuerte Arbeitslohn und die pauschale Lohnsteuer bleiben bei einer Veranlagung zur Einkommensteuer und beim Lohnsteuer-Jahresausgleich außer Ansatz. ⁴Die pauschale Lohnsteuer ist weder auf die Einkommensteuer noch auf die Jahreslohnsteuer anzurechnen.

## § 40a Pauschalierung der Lohnsteuer für Teilzeitbeschäftigte und geringfügig Beschäftigte[1)]

(1) ¹Der Arbeitgeber kann unter Verzicht auf den Abruf von elektronischen Lohnsteuerabzugsmerkmalen (§ 39e Absatz 4 Satz 2) oder die Vorlage einer Bescheinigung für den Lohnsteuerabzug (§ 39 Absatz 3 oder § 39e Absatz 7 oder Absatz 8) bei Arbeitnehmern, die nur kurzfristig beschäftigt werden, die Lohnsteuer mit einem Pauschsteuersatz von 25 Prozent des Arbeitslohns erheben. ²Eine kurzfristige Beschäftigung liegt vor, wenn der Arbeitnehmer bei dem Arbeitgeber gelegentlich, nicht regelmäßig wiederkehrend beschäftigt wird, die Dauer der Beschäftigung 18 zusammenhängende Arbeitstage nicht übersteigt und

1. der Arbeitslohn während der Beschäftigungsdauer 68 Euro durchschnittlich je Arbeitstag nicht übersteigt oder
2. die Beschäftigung zu einem unvorhersehbaren Zeitpunkt sofort erforderlich wird.

(2)[2)] Der Arbeitgeber kann unter Verzicht auf den Abruf von elektronischen Lohnsteuerabzugsmerkmalen (§ 39e Absatz 4 Satz 2) oder die Vorlage einer Bescheinigung für den Lohnsteuerabzug (§ 39 Absatz 3 oder § 39e Absatz 7 oder Absatz 8) die Lohnsteuer einschließlich Solidaritätszuschlag und Kirchensteuern (einheitliche Pauschsteuer) für das Arbeitsentgelt aus ge-

---

1) **Anm. d. Red.:** § 40a Abs. 1 i. d. F. des Gesetzes v. 28. 7. 2015 (BGBl I S. 1400) mit Wirkung v. 1. 8. 2015; Abs. 2, 2a und 6 i. d. F. des Gesetzes v. 25. 7. 2014 (BGBl I S. 1266) mit Wirkung v. 31. 7. 2014; Abs. 3, 4 und 5 i. d. F. des Gesetzes v. 7. 12. 2011 (BGBl I S. 2592) mit Wirkung v. 1. 1. 2012.

2) **Anm. d. Red.:** Zur Anwendung des § 40a Abs. 2 siehe § 52 Abs. 38.

ringfügigen Beschäftigungen im Sinne des § 8 Absatz 1 Nummer 1 oder des § 8a des Vierten Buches Sozialgesetzbuch, für das er Beiträge nach § 168 Absatz 1 Nummer 1b oder 1c (geringfügig versicherungspflichtig Beschäftigte) oder nach § 172 Absatz 3 oder 3a (versicherungsfrei oder von der Versicherungspflicht befreite geringfügig Beschäftigte) oder nach § 276a Absatz 1 (versicherungsfrei geringfügig Beschäftigte) des Sechsten Buches Sozialgesetzbuch zu entrichten hat, mit einem einheitlichen Pauschsteuersatz in Höhe von insgesamt 2 Prozent des Arbeitsentgelts erheben.

(2a)[1] Hat der Arbeitgeber in den Fällen des Absatzes 2 keine Beiträge nach § 168 Absatz 1 Nummer 1b oder 1c oder nach § 172 Absatz 3 oder 3a oder nach § 276a Absatz 1 des Sechsten Buches Sozialgesetzbuch zu entrichten, kann er unter Verzicht auf den Abruf von elektronischen Lohnsteuerabzugsmerkmalen (§ 39e Absatz 4 Satz 2) oder die Vorlage einer Bescheinigung für den Lohnsteuerabzug (§ 39 Absatz 3 oder § 39e Absatz 7 oder Absatz 8) die Lohnsteuer mit einem Pauschsteuersatz in Höhe von 20 Prozent des Arbeitsentgelts erheben.

(3) ¹Abweichend von den Absätzen 1 und 2a kann der Arbeitgeber unter Verzicht auf den Abruf von elektronischen Lohnsteuerabzugsmerkmalen (§ 39e Absatz 4 Satz 2) oder die Vorlage einer Bescheinigung für den Lohnsteuerabzug (§ 39 Absatz 3 oder § 39e Absatz 7 oder Absatz 8) bei Aushilfskräften, die in Betrieben der Land- und Forstwirtschaft im Sinne des § 13 Absatz 1 Nummer 1 bis 4 ausschließlich mit typisch land- oder forstwirtschaftlichen Arbeiten beschäftigt werden, die Lohnsteuer mit einem Pauschsteuersatz von 5 Prozent des Arbeitslohns erheben. ²Aushilfskräfte im Sinne dieser Vorschrift sind Personen, die für die Ausführung und für die Dauer von Arbeiten, die nicht ganzjährig anfallen, beschäftigt werden; eine Beschäftigung mit anderen land- und forstwirtschaftlichen Arbeiten ist unschädlich, wenn deren Dauer 25 Prozent der Gesamtbeschäftigungsdauer nicht überschreitet. ³Aushilfskräfte sind nicht Arbeitnehmer, die zu den land- und forstwirtschaftlichen Fachkräften gehören oder die der Arbeitgeber mehr als 180 Tage im Kalenderjahr beschäftigt.

(4) Die Pauschalierungen nach den Absätzen 1 und 3 sind unzulässig

1. bei Arbeitnehmern, deren Arbeitslohn während der Beschäftigungsdauer durchschnittlich je Arbeitsstunde 12 Euro übersteigt,
2. bei Arbeitnehmern, die für eine andere Beschäftigung von demselben Arbeitgeber Arbeitslohn beziehen, der nach § 39b oder § 39c dem Lohnsteuerabzug unterworfen wird.

(5) Auf die Pauschalierungen nach den Absätzen 1 bis 3 ist § 40 Absatz 3 anzuwenden.

(6)[2] ¹Für die Erhebung der einheitlichen Pauschsteuer nach Absatz 2 ist die Deutsche Rentenversicherung Knappschaft-Bahn-See zuständig. ²Die Regelungen zum Steuerabzug vom Arbeitslohn sind entsprechend anzuwenden. ³Für die Anmeldung, Abführung und Vollstreckung der einheitlichen Pauschsteuer sowie die Erhebung eines Säumniszuschlags und das Mahnverfahren für die einheitliche Pauschsteuer gelten dabei die Regelungen für die Beiträge nach § 168 Absatz 1 Nummer 1b oder 1c oder nach § 172 Absatz 3 oder 3a oder nach § 276a Absatz 1 des Sechsten Buches Sozialgesetzbuch. ⁴Die Deutsche Rentenversicherung Knappschaft-Bahn-See hat die einheitliche Pauschsteuer auf die erhebungsberechtigten Körperschaften aufzuteilen; dabei entfallen aus Vereinfachungsgründen 90 Prozent der einheitlichen Pauschsteuer auf die Lohnsteuer, 5 Prozent auf den Solidaritätszuschlag und 5 Prozent auf die Kirchensteuern. ⁵Die erhebungsberechtigten Kirchen haben sich auf eine Aufteilung des Kirchensteueranteils zu verständigen und diesen der Deutschen Rentenversicherung Knappschaft-Bahn-See mitzuteilen. ⁶Die Deutsche Rentenversicherung Knappschaft-Bahn-See ist berechtigt, die einheitliche Pauschsteuer nach Absatz 2 zusammen mit den Sozialversicherungsbeiträgen beim Arbeitgeber einzuziehen.

---

1) **Anm. d. Red.:** Zur Anwendung des § 40a Abs. 2a siehe § 52 Abs. 38.
2) **Anm. d. Red.:** Zur Anwendung des § 40a Abs. 6 siehe § 52 Abs. 38.

## § 40b Pauschalierung der Lohnsteuer bei bestimmten Zukunftssicherungsleistungen

(1)[1] Der Arbeitgeber kann die Lohnsteuer von den Zuwendungen zum Aufbau einer nicht kapitalgedeckten betrieblichen Altersversorgung an eine Pensionskasse mit einem Pauschsteuersatz von 20 Prozent der Zuwendungen erheben.

(2)[2] ¹Absatz 1 gilt nicht, soweit die zu besteuernden Zuwendungen des Arbeitgebers für den Arbeitnehmer 1 752 Euro im Kalenderjahr übersteigen oder nicht aus seinem ersten Dienstverhältnis bezogen werden. ²Sind mehrere Arbeitnehmer gemeinsam in der Pensionskasse versichert, so gilt als Zuwendung für den einzelnen Arbeitnehmer der Teilbetrag, der sich bei einer Aufteilung der gesamten Zuwendungen durch die Zahl der begünstigten Arbeitnehmer ergibt, wenn dieser Teilbetrag 1 752 Euro nicht übersteigt; hierbei sind Arbeitnehmer, für die Zuwendungen von mehr als 2 148 Euro im Kalenderjahr geleistet werden, nicht einzubeziehen. ³Für Zuwendungen, die der Arbeitgeber für den Arbeitnehmer aus Anlass der Beendigung des Dienstverhältnisses erbracht hat, vervielfältigt sich der Betrag von 1 752 Euro mit der Anzahl der Kalenderjahre, in denen das Dienstverhältnis des Arbeitnehmers zu dem Arbeitgeber bestanden hat; in diesem Fall ist Satz 2 nicht anzuwenden. ⁴Der vervielfältigte Betrag vermindert sich um die nach Absatz 1 pauschal besteuerten Zuwendungen, die der Arbeitgeber in dem Kalenderjahr, in dem das Dienstverhältnis beendet wird, und in den sechs vorangegangenen Kalenderjahren erbracht hat.

(3) Von den Beiträgen für eine Unfallversicherung des Arbeitnehmers kann der Arbeitgeber die Lohnsteuer mit einem Pauschsteuersatz von 20 Prozent der Beiträge erheben, wenn mehrere Arbeitnehmer gemeinsam in einem Unfallversicherungsvertrag versichert sind und der Teilbetrag, der sich bei einer Aufteilung der gesamten Beiträge nach Abzug der Versicherungsteuer durch die Zahl der begünstigten Arbeitnehmer ergibt, 62 Euro im Kalenderjahr nicht übersteigt.

(4) In den Fällen des § 19 Absatz 1 Satz 1 Nummer 3 Satz 2 hat der Arbeitgeber die Lohnsteuer mit einem Pauschsteuersatz in Höhe von 15 Prozent der Sonderzahlungen zu erheben.

(5) ¹§ 40 Absatz 3 ist anzuwenden. ²Die Anwendung des § 40 Absatz 1 Satz 1 Nummer 1 auf Bezüge im Sinne des Absatzes 1, des Absatzes 3 und des Absatzes 4 ist ausgeschlossen.

## § 41 Aufzeichnungspflichten beim Lohnsteuerabzug[3]

(1) ¹Der Arbeitgeber hat am Ort der Betriebsstätte (Absatz 2) für jeden Arbeitnehmer und jedes Kalenderjahr ein Lohnkonto zu führen. ²In das Lohnkonto sind die nach § 39e Absatz 4 Satz 2 und Absatz 5 Satz 3 abgerufenen elektronischen Lohnsteuerabzugsmerkmale sowie die für den Lohnsteuerabzug erforderlichen Merkmale aus der vom Finanzamt ausgestellten Bescheinigung für den Lohnsteuerabzug (§ 39 Absatz 3 oder § 39e Absatz 7 oder Absatz 8) zu übernehmen. ³Bei jeder Lohnzahlung für das Kalenderjahr, für das das Lohnkonto gilt, sind im Lohnkonto die Art und Höhe des gezahlten Arbeitslohns einschließlich der steuerfreien Bezüge sowie die einbehaltene oder übernommene Lohnsteuer einzutragen; an die Stelle der Lohnzahlung tritt in den Fällen des § 39b Absatz 5 Satz 1 die Lohnabrechnung. ⁴Ferner sind das Kurzarbeitergeld, das Schlechtwettergeld, das Winterausfallgeld, der Zuschuss zum Mutterschaftsgeld nach dem Mutterschutzgesetz, der Zuschuss bei Beschäftigungsverboten für die Zeit vor oder nach einer Entbindung sowie für den Entbindungstag während einer Elternzeit nach beamtenrechtlichen Vorschriften, die Entschädigungen für Verdienstausfall nach dem Infektionsschutzgesetz vom 20. Juli 2000 (BGBl I S. 1045) sowie die nach § 3 Nummer 28 steuerfreien Aufstockungsbeträge oder Zuschläge einzutragen. ⁵Ist während der Dauer des Dienstverhältnisses in anderen Fällen als in denen des Satzes 4 der Anspruch auf Arbeitslohn für mindestens fünf aufeinander folgen-

---

1) **Anm. d. Red.:** Zur Anwendung des § 40b Abs. 1 siehe § 52 Abs. 40.
2) **Anm. d. Red.:** Zur Anwendung des § 40b Abs. 2 siehe § 52 Abs. 40.
3) **Anm. d. Red.:** § 41 Abs. 1 i. d. F. des Gesetzes v. 7. 12. 2011 (BGBl I S. 2592) mit Wirkung v. 1. 1. 2012.

de Arbeitstage im Wesentlichen weggefallen, so ist dies jeweils durch Eintragung des Großbuchstabens U zu vermerken. [6]Hat der Arbeitgeber die Lohnsteuer von einem sonstigen Bezug im ersten Dienstverhältnis berechnet und ist dabei der Arbeitslohn aus früheren Dienstverhältnissen des Kalenderjahres außer Betracht geblieben, so ist dies durch Eintragung des Großbuchstabens S zu vermerken. [7]Die Bundesregierung wird ermächtigt, durch Rechtsverordnung mit Zustimmung des Bundesrates vorzuschreiben, welche Einzelangaben im Lohnkonto aufzuzeichnen sind. [8]Dabei können für Arbeitnehmer mit geringem Arbeitslohn und für die Fälle der §§ 40 bis 40b Aufzeichnungserleichterungen sowie für steuerfreie Bezüge Aufzeichnungen außerhalb des Lohnkontos zugelassen werden. [9]Die Lohnkonten sind bis zum Ablauf des sechsten Kalenderjahres, das auf die zuletzt eingetragene Lohnzahlung folgt, aufzubewahren.

(2) [1]Betriebsstätte ist der Betrieb oder Teil des Betriebs des Arbeitgebers, in dem der für die Durchführung des Lohnsteuerabzugs maßgebende Arbeitslohn ermittelt wird. [2]Wird der maßgebende Arbeitslohn nicht in dem Betrieb oder einem Teil des Betriebs des Arbeitgebers oder nicht im Inland ermittelt, so gilt als Betriebsstätte der Mittelpunkt der geschäftlichen Leitung des Arbeitgebers im Inland; im Fall des § 38 Absatz 1 Satz 1 Nummer 2 gilt als Betriebsstätte der Ort im Inland, an dem die Arbeitsleistung ganz oder vorwiegend stattfindet. [3]Als Betriebsstätte gilt auch der inländische Heimathafen deutscher Handelsschiffe, wenn die Reederei im Inland keine Niederlassung hat.

### § 41a Anmeldung und Abführung der Lohnsteuer[1)]

(1) [1]Der Arbeitgeber hat spätestens am zehnten Tag nach Ablauf eines jeden Lohnsteuer-Anmeldungszeitraums

1. dem Finanzamt, in dessen Bezirk sich die Betriebsstätte (§ 41 Absatz 2) befindet (Betriebsstättenfinanzamt), eine Steuererklärung einzureichen, in der er die Summen der im Lohnsteuer-Anmeldungszeitraum einzubehaltenden und zu übernehmenden Lohnsteuer angibt (Lohnsteuer-Anmeldung),
2. die im Lohnsteuer-Anmeldungszeitraum insgesamt einbehaltene und übernommene Lohnsteuer an das Betriebsstättenfinanzamt abzuführen.

[2]Die Lohnsteuer-Anmeldung ist nach amtlich vorgeschriebenem Datensatz durch Datenfernübertragung nach Maßgabe der Steuerdaten-Übermittlungsverordnung zu übermitteln. [3]Auf Antrag kann das Finanzamt zur Vermeidung unbilliger Härten auf eine elektronische Übermittlung verzichten; in diesem Fall ist die Lohnsteuer-Anmeldung nach amtlich vorgeschriebenem Vordruck abzugeben und vom Arbeitgeber oder von einer zu seiner Vertretung berechtigten Person zu unterschreiben. [4]Der Arbeitgeber wird von der Verpflichtung zur Abgabe weiterer Lohnsteuer-Anmeldungen befreit, wenn er Arbeitnehmer, für die er Lohnsteuer einzubehalten oder zu übernehmen hat, nicht mehr beschäftigt und das dem Finanzamt mitteilt.

(2) [1]Lohnsteuer-Anmeldungszeitraum ist grundsätzlich der Kalendermonat. [2]Lohnsteuer-Anmeldungszeitraum ist das Kalendervierteljahr, wenn die abzuführende Lohnsteuer für das vorangegangene Kalenderjahr mehr als 1 080 Euro, aber nicht mehr als 4 000 Euro betragen hat; Lohnsteuer-Anmeldungszeitraum ist das Kalenderjahr, wenn die abzuführende Lohnsteuer für das vorangegangene Kalenderjahr nicht mehr als 1 080 Euro betragen hat. [3]Hat die Betriebsstätte nicht während des ganzen vorangegangenen Kalenderjahres bestanden, so ist die für das vorangegangene Kalenderjahr abzuführende Lohnsteuer für die Feststellung des Lohnsteuer-Anmeldungszeitraums auf einen Jahresbetrag umzurechnen. [4]Wenn die Betriebsstätte im vorangegangenen Kalenderjahr noch nicht bestanden hat, ist die auf einen Jahresbetrag umgerechnete für den ersten vollen Kalendermonat nach der Eröffnung der Betriebsstätte abzuführende Lohnsteuer maßgebend.

(3) [1]Die oberste Finanzbehörde des Landes kann bestimmen, dass die Lohnsteuer nicht dem Betriebsstättenfinanzamt, sondern einer anderen öffentlichen Kasse anzumelden und an diese abzuführen ist; die Kasse erhält insoweit die Stellung einer Landesfinanzbehörde. [2]Das Betriebs-

---

1) **Anm. d. Red.:** § 41a Abs. 2 i. d. F. des Gesetzes v. 25. 7. 2014 (BGBl I S. 1266) mit Wirkung v. 1. 1. 2015.

stättenfinanzamt oder die zuständige andere öffentliche Kasse können anordnen, dass die Lohnsteuer abweichend von dem nach Absatz 1 maßgebenden Zeitpunkt anzumelden und abzuführen ist, wenn die Abführung der Lohnsteuer nicht gesichert erscheint.

(4) ¹Arbeitgeber, die eigene oder gecharterte Handelsschiffe betreiben, dürfen vom Gesamtbetrag der anzumeldenden und abzuführenden Lohnsteuer einen Betrag von 40 Prozent der Lohnsteuer der auf solchen Schiffen in einem zusammenhängenden Arbeitsverhältnis von mehr als 183 Tagen beschäftigten Besatzungsmitglieder abziehen und einbehalten. ²Die Handelsschiffe müssen in einem inländischen Seeschiffsregister eingetragen sein, die deutsche Flagge führen und zur Beförderung von Personen oder Gütern im Verkehr mit oder zwischen ausländischen Häfen, innerhalb eines ausländischen Hafens oder zwischen einem ausländischen Hafen und der Hohen See betrieben werden. ³Die Sätze 1 und 2 sind entsprechend anzuwenden, wenn Seeschiffe im Wirtschaftsjahr überwiegend außerhalb der deutschen Hoheitsgewässer zum Schleppen, Bergen oder zur Aufsuchung von Bodenschätzen oder zur Vermessung von Energielagerstätten unter dem Meeresboden eingesetzt werden. ⁴Ist für den Lohnsteuerabzug die Lohnsteuer nach der Steuerklasse V oder VI zu ermitteln, so bemisst sich der Betrag nach Satz 1 nach der Lohnsteuer der Steuerklasse I.

### § 41b Abschluss des Lohnsteuerabzugs[1)]

(1) ¹Bei Beendigung eines Dienstverhältnisses oder am Ende des Kalenderjahres hat der Arbeitgeber das Lohnkonto des Arbeitnehmers abzuschließen. ²Auf Grund der Eintragungen im Lohnkonto hat der Arbeitgeber spätestens bis zum 28. Februar des Folgejahres nach amtlich vorgeschriebenem Datensatz auf elektronischem Weg nach Maßgabe der Steuerdaten-Übermittlungsverordnung vom 28. Januar 2003 (BGBl I S. 139), zuletzt geändert durch Artikel 1 der Verordnung vom 26. Juni 2007 (BGBl I S. 1185), in der jeweils geltenden Fassung, insbesondere folgende Angaben zu übermitteln (elektronische Lohnsteuerbescheinigung):

1. Name, Vorname, Tag der Geburt und Anschrift des Arbeitnehmers, die abgerufenen elektronischen Lohnsteuerabzugsmerkmale oder die auf der entsprechenden Bescheinigung für den Lohnsteuerabzug eingetragenen Lohnsteuerabzugsmerkmale, die Bezeichnung und die Nummer des Finanzamts, an das die Lohnsteuer abgeführt worden ist, sowie die Steuernummer des Arbeitgebers,
2. die Dauer des Dienstverhältnisses während des Kalenderjahres sowie die Anzahl der nach § 41 Absatz 1 Satz 6[2)] vermerkten Großbuchstaben U,
3. die Art und Höhe des gezahlten Arbeitslohns sowie den nach § 41 Absatz 1 Satz 6 vermerkten Großbuchstaben S,
4. die einbehaltene Lohnsteuer, den Solidaritätszuschlag und die Kirchensteuer,
5. das Kurzarbeitergeld, das Schlechtwettergeld, das Winterausfallgeld, den Zuschuss zum Mutterschaftsgeld nach dem Mutterschutzgesetz, die Entschädigungen für Verdienstausfall nach dem Infektionsschutzgesetz vom 20. Juli 2000 (BGBl I S. 1045), zuletzt geändert durch Artikel 11 § 3 des Gesetzes vom 6. August 2002 (BGBl I S. 3082), in der jeweils geltenden Fassung, sowie die nach § 3 Nummer 28 steuerfreien Aufstockungsbeträge oder Zuschläge,
6. die auf die Entfernungspauschale anzurechnenden steuerfreien Arbeitgeberleistungen für Fahrten zwischen Wohnung und erster Tätigkeitsstätte sowie Fahrten nach § 9 Absatz 1 Satz 3 Nummer 4a Satz 3,
7. die pauschal besteuerten Arbeitgeberleistungen für Fahrten zwischen Wohnung und erster Tätigkeitsstätte sowie Fahrten nach § 9 Absatz 1 Satz 3 Nummer 4a Satz 3,
8. für die dem Arbeitnehmer zur Verfügung gestellten Mahlzeiten nach § 8 Absatz 2 Satz 8 den Großbuchstaben M,

---

1) **Anm. d. Red.:** § 41b Abs. 1, 2 und 2a i. d. F. des Gesetzes v. 25. 7. 2014 (BGBl I S. 1266) mit Wirkung v. 31. 7. 2014; Abs. 3 i. d. F. des Gesetzes v. 7. 12. 2011 (BGBl I S. 2592) mit Wirkung v. 1. 1. 2012.

2) **Anm. d. Red.:** Redaktioneller Fehler des Gesetzgebers: müsste „Satz 5" lauten.

9. für die steuerfreie Sammelbeförderung nach § 3 Nummer 32 den Großbuchstaben F,
10. die nach § 3 Nummer 13 und 16 steuerfrei gezahlten Verpflegungszuschüsse und Vergütungen bei doppelter Haushaltsführung,
11. Beiträge zu den gesetzlichen Rentenversicherungen und an berufsständische Versorgungseinrichtungen, getrennt nach Arbeitgeber- und Arbeitnehmeranteil,
12. die nach § 3 Nummer 62 gezahlten Zuschüsse zur Kranken- und Pflegeversicherung,
13. die Beiträge des Arbeitnehmers zur gesetzlichen Krankenversicherung und zur sozialen Pflegeversicherung,
14. die Beiträge des Arbeitnehmers zur Arbeitslosenversicherung,
15. den nach § 39b Absatz 2 Satz 5 Nummer 3 Buchstabe d berücksichtigten Teilbetrag der Vorsorgepauschale.

³Der Arbeitgeber hat dem Arbeitnehmer einen nach amtlich vorgeschriebenem Muster gefertigten Ausdruck der elektronischen Lohnsteuerbescheinigung mit Angabe der Identifikationsnummer (§ 139b der Abgabenordnung) oder des lohnsteuerlichen Ordnungsmerkmals (Absatz 2) auszuhändigen oder elektronisch bereitzustellen. ⁴Soweit der Arbeitgeber nicht zur elektronischen Übermittlung nach Absatz 1 Satz 2 verpflichtet ist, hat er nach Ablauf des Kalenderjahres oder wenn das Dienstverhältnis vor Ablauf des Kalenderjahres beendet wird, eine Lohnsteuerbescheinigung nach amtlich vorgeschriebenem Muster auszustellen. ⁵Er hat dem Arbeitnehmer diese Bescheinigung auszuhändigen. ⁶Nicht ausgehändigte Bescheinigungen für den Lohnsteuerabzug mit Lohnsteuerbescheinigungen hat der Arbeitgeber dem Betriebsstättenfinanzamt einzureichen.

(2) ¹Ist dem Arbeitgeber die Identifikationsnummer (§ 139b der Abgabenordnung) des Arbeitnehmers nicht bekannt, hat er für die Datenübermittlung nach Absatz 1 Satz 2 aus dem Namen, Vornamen und Geburtsdatum des Arbeitnehmers ein Ordnungsmerkmal nach amtlich festgelegter Regel für den Arbeitnehmer zu bilden und das Ordnungsmerkmal zu verwenden. ²Er darf das lohnsteuerliche Ordnungsmerkmal nur für die Zuordnung der elektronischen Lohnsteuerbescheinigung oder sonstiger für das Besteuerungsverfahren erforderlicher Daten zu einem bestimmten Steuerpflichtigen und für Zwecke des Besteuerungsverfahrens erheben, bilden, verarbeiten oder verwenden.

(2a) ¹Ordnungswidrig handelt, wer vorsätzlich oder leichtfertig entgegen Absatz 2 Satz 2 das Ordnungsmerkmal verwendet. ²Die Ordnungswidrigkeit kann mit einer Geldbuße bis zu zehntausend Euro geahndet werden.

(3) ¹Ein Arbeitgeber ohne maschinelle Lohnabrechnung, der ausschließlich Arbeitnehmer im Rahmen einer geringfügigen Beschäftigung in seinem Privathaushalt im Sinne des § 8a des Vierten Buches Sozialgesetzbuch beschäftigt und keine elektronische Lohnsteuerbescheinigung erteilt, hat anstelle der elektronischen Lohnsteuerbescheinigung eine entsprechende Lohnsteuerbescheinigung nach amtlich vorgeschriebenem Muster auszustellen. ²Der Arbeitgeber hat dem Arbeitnehmer die Lohnsteuerbescheinigung auszuhändigen. ³In den übrigen Fällen hat der Arbeitgeber die Lohnsteuerbescheinigung dem Betriebsstättenfinanzamt einzureichen.

(4) Die Absätze 1 bis 3 gelten nicht für Arbeitnehmer, soweit sie Arbeitslohn bezogen haben, der nach den §§ 40 bis 40b pauschal besteuert worden ist.

## § 41c Änderung des Lohnsteuerabzugs[1]

(1) ¹Der Arbeitgeber ist berechtigt, bei der jeweils nächstfolgenden Lohnzahlung bisher erhobene Lohnsteuer zu erstatten oder noch nicht erhobene Lohnsteuer nachträglich einzubehalten,
1. wenn ihm elektronische Lohnsteuerabzugsmerkmale zum Abruf zur Verfügung gestellt werden oder ihm der Arbeitnehmer eine Bescheinigung für den Lohnsteuerabzug mit Ein-

---

1) **Anm. d. Red.:** § 41c Abs. 1 und 4 i. d. F. des Gesetzes v. 7.12.2011 (BGBl I S. 2592) mit Wirkung v. 1.1.2012; Abs. 3 i. d. F. des Gesetzes v. 25.7.2014 (BGBl I S. 1266) mit Wirkung v. 31.7.2014.

tragungen vorlegt, die auf einen Zeitpunkt vor Abruf der Lohnsteuerabzugsmerkmale oder vor Vorlage der Bescheinigung für den Lohnsteuerabzug zurückwirken, oder

2. wenn er erkennt, dass er die Lohnsteuer bisher nicht vorschriftsmäßig einbehalten hat; dies gilt auch bei rückwirkender Gesetzesänderung.

²In den Fällen des Satzes 1 Nummer 2 ist der Arbeitgeber jedoch verpflichtet, wenn ihm dies wirtschaftlich zumutbar ist.

(2) ¹Die zu erstattende Lohnsteuer ist dem Betrag zu entnehmen, den der Arbeitgeber für seine Arbeitnehmer insgesamt an Lohnsteuer einbehalten oder übernommen hat. ²Wenn die zu erstattende Lohnsteuer aus dem Betrag nicht gedeckt werden kann, der insgesamt an Lohnsteuer einzubehalten oder zu übernehmen ist, wird der Fehlbetrag dem Arbeitgeber auf Antrag vom Betriebsstättenfinanzamt ersetzt.

(3) ¹Nach Ablauf des Kalenderjahres oder, wenn das Dienstverhältnis vor Ablauf des Kalenderjahres endet, nach Beendigung des Dienstverhältnisses, ist die Änderung des Lohnsteuerabzugs nur bis zur Übermittlung oder Ausschreibung der Lohnsteuerbescheinigung zulässig. ²Bei Änderung des Lohnsteuerabzugs nach Ablauf des Kalenderjahres ist die nachträglich einzubehaltende Lohnsteuer nach dem Jahresarbeitslohn zu ermitteln. ³Eine Erstattung von Lohnsteuer ist nach Ablauf des Kalenderjahres nur im Wege des Lohnsteuer-Jahresausgleichs nach § 42b zulässig. ⁴Eine Minderung der einzubehaltenden und zu übernehmenden Lohnsteuer (§ 41a Absatz 1 Satz 1 Nummer 1) nach § 164 Absatz 2 Satz 1 der Abgabenordnung ist nach der Übermittlung oder Ausschreibung der Lohnsteuerbescheinigung nur dann zulässig, wenn sich der Arbeitnehmer ohne vertraglichen Anspruch und gegen den Willen des Arbeitgebers Beträge verschafft hat, für die Lohnsteuer einbehalten wurde. ⁵In diesem Fall hat der Arbeitgeber die bereits übermittelte oder ausgestellte Lohnsteuerbescheinigung zu berichtigen und sie als geändert gekennzeichnet an die Finanzverwaltung zu übermitteln; § 41b Absatz 1 gilt entsprechend. ⁶Der Arbeitgeber hat seinen Antrag zu begründen und die Lohnsteuer-Anmeldung (§ 41a Absatz 1 Satz 1) zu berichtigen.

(4) ¹Der Arbeitgeber hat die Fälle, in denen er die Lohnsteuer nach Absatz 1 nicht nachträglich einbehält oder die Lohnsteuer nicht nachträglich einbehalten kann, weil

1. der Arbeitnehmer vom Arbeitgeber Arbeitslohn nicht mehr bezieht oder
2. der Arbeitgeber nach Ablauf des Kalenderjahres bereits die Lohnsteuerbescheinigung übermittelt oder ausgeschrieben hat,

dem Betriebsstättenfinanzamt unverzüglich anzuzeigen. ²Das Finanzamt hat die zu wenig erhobene Lohnsteuer vom Arbeitnehmer nachzufordern, wenn der nachzufordernde Betrag 10 Euro übersteigt. ³§ 42d bleibt unberührt.

## §§ 42 und 42a (weggefallen)

## § 42b Lohnsteuer-Jahresausgleich durch den Arbeitgeber[1]

(1) ¹Der Arbeitgeber ist berechtigt, seinen unbeschränkt einkommensteuerpflichtigen Arbeitnehmern, die während des abgelaufenen Kalenderjahres (Ausgleichsjahr) ständig in einem zu ihm bestehenden Dienstverhältnis gestanden haben, die für das Ausgleichsjahr einbehaltene Lohnsteuer insoweit zu erstatten, als sie die auf den Jahresarbeitslohn entfallende Jahreslohnsteuer übersteigt (Lohnsteuer-Jahresausgleich). ²Er ist zur Durchführung des Lohnsteuer-Jahresausgleichs verpflichtet, wenn er am 31. Dezember des Ausgleichsjahres mindestens zehn Arbeitnehmer beschäftigt. ³Der Arbeitgeber darf den Lohnsteuer-Jahresausgleich nicht durchführen, wenn

---

1) **Anm. d. Red.:** § 42b Abs. 1 i. d. F. des Gesetzes v. 25. 7. 2014 (BGBl I S. 1266) mit Wirkung v. 1. 1. 2015; Abs. 2 und 4 i. d. F. des Gesetzes v. 7. 12. 2011 (BGBl I S. 2592) mit Wirkung v. 1. 1. 2012.

1. der Arbeitnehmer es beantragt oder
2. der Arbeitnehmer für das Ausgleichsjahr oder für einen Teil des Ausgleichsjahres nach den Steuerklassen V oder VI zu besteuern war oder
3. der Arbeitnehmer für einen Teil des Ausgleichsjahres nach den Steuerklassen II, III oder IV zu besteuern war oder
3a. bei der Lohnsteuerberechnung ein Freibetrag oder Hinzurechnungsbetrag zu berücksichtigen war oder
3b. das Faktorverfahren angewandt wurde oder
4. der Arbeitnehmer im Ausgleichsjahr Kurzarbeitergeld, Schlechtwettergeld, Winterausfallgeld, Zuschuss zum Mutterschaftsgeld nach dem Mutterschutzgesetz, Zuschuss bei Beschäftigungsverboten für die Zeit vor oder nach einer Entbindung sowie für den Entbindungstag während einer Elternzeit nach beamtenrechtlichen Vorschriften, Entschädigungen für Verdienstausfall nach dem Infektionsschutzgesetz vom 20. Juli 2000 (BGBl I S. 1045) oder nach § 3 Nummer 28 steuerfreie Aufstockungsbeträge oder Zuschläge bezogen hat oder
4a. die Anzahl der im Lohnkonto oder in der Lohnsteuerbescheinigung eingetragenen Großbuchstaben U mindestens eins beträgt oder
5. für den Arbeitnehmer im Ausgleichsjahr im Rahmen der Vorsorgepauschale jeweils nur zeitweise Beträge nach § 39b Absatz 2 Satz 5 Nummer 3 Buchstabe a bis d oder der Beitragszuschlag nach § 39b Absatz 2 Satz 5 Nummer 3 Buchstabe c berücksichtigt wurden oder sich im Ausgleichsjahr der Zusatzbeitragssatz (§ 39b Absatz 2 Satz 5 Nummer 3 Buchstabe b) geändert hat oder
6. der Arbeitnehmer im Ausgleichsjahr ausländische Einkünfte aus nichtselbständiger Arbeit bezogen hat, die nach einem Abkommen zur Vermeidung der Doppelbesteuerung oder unter Progressionsvorbehalt nach § 34c Absatz 5 von der Lohnsteuer freigestellt waren.

(2) ¹Für den Lohnsteuer-Jahresausgleich hat der Arbeitgeber den Jahresarbeitslohn aus dem zu ihm bestehenden Dienstverhältnis festzustellen. ²Dabei bleiben Bezüge im Sinne des § 34 Absatz 1 und 2 Nummer 2 und 4 außer Ansatz, wenn der Arbeitnehmer nicht jeweils die Einbeziehung in den Lohnsteuer-Jahresausgleich beantragt. ³Vom Jahresarbeitslohn sind der etwa in Betracht kommende Versorgungsfreibetrag und Zuschlag zum Versorgungsfreibetrag und der etwa in Betracht kommende Altersentlastungsbetrag abzuziehen. ⁴Für den so geminderten Jahresarbeitslohn ist die Jahreslohnsteuer nach § 39b Absatz 2 Satz 6 und 7 zu ermitteln nach Maßgabe der Steuerklasse, die für den letzten Lohnzahlungszeitraum des Ausgleichsjahres als elektronisches Lohnsteuerabzugsmerkmal abgerufen oder auf der Bescheinigung für den Lohnsteuerabzug oder etwaigen Mitteilungen über Änderungen zuletzt eingetragen wurde. ⁵Den Betrag, um den die sich hiernach ergebende Jahreslohnsteuer die Lohnsteuer unterschreitet, die von dem zugrunde gelegten Jahresarbeitslohn insgesamt erhoben worden ist, hat der Arbeitgeber dem Arbeitnehmer zu erstatten. ⁶Bei der Ermittlung der insgesamt erhobenen Lohnsteuer ist die Lohnsteuer auszuscheiden, die von den nach Satz 2 außer Ansatz gebliebenen Bezügen einbehalten worden ist.

(3) ¹Der Arbeitgeber darf den Lohnsteuer-Jahresausgleich frühestens bei der Lohnabrechnung für den letzten im Ausgleichsjahr endenden Lohnzahlungszeitraum, spätestens bei der Lohnabrechnung für den letzten Lohnzahlungszeitraum, der im Monat März des dem Ausgleichsjahr folgenden Kalenderjahres endet, durchführen. ²Die zu erstattende Lohnsteuer ist dem Betrag zu entnehmen, den der Arbeitgeber für seine Arbeitnehmer für den Lohnzahlungszeitraum insgesamt an Lohnsteuer erhoben hat. ³§ 41c Absatz 2 Satz 2 ist anzuwenden.

(4) ¹Im Lohnkonto für das Ausgleichsjahr ist die im Lohnsteuer-Jahresausgleich erstattete Lohnsteuer gesondert einzutragen. ²In der Lohnsteuerbescheinigung für das Ausgleichsjahr ist der sich nach Verrechnung der erhobenen Lohnsteuer mit der erstatteten Lohnsteuer ergebende Betrag als erhobene Lohnsteuer einzutragen.

## § 42c (weggefallen)

## § 42d Haftung des Arbeitgebers und Haftung bei Arbeitnehmerüberlassung[1)]

(1) Der Arbeitgeber haftet
1. für die Lohnsteuer, die er einzubehalten und abzuführen hat,
2. für die Lohnsteuer, die er beim Lohnsteuer-Jahresausgleich zu Unrecht erstattet hat,
3. für die Einkommensteuer (Lohnsteuer), die auf Grund fehlerhafter Angaben im Lohnkonto oder in der Lohnsteuerbescheinigung verkürzt wird,
4. für die Lohnsteuer, die in den Fällen des § 38 Absatz 3a der Dritte zu übernehmen hat.

(2) Der Arbeitgeber haftet nicht, soweit Lohnsteuer nach § 39 Absatz 5 oder § 39a Absatz 5 nachzufordern ist und in den vom Arbeitgeber angezeigten Fällen des § 38 Absatz 4 Satz 2 und 3 und des § 41c Absatz 4.

(3) ¹Soweit die Haftung des Arbeitgebers reicht, sind der Arbeitgeber und der Arbeitnehmer Gesamtschuldner. ²Das Betriebsstättenfinanzamt kann die Steuerschuld oder Haftungsschuld nach pflichtgemäßem Ermessen gegenüber jedem Gesamtschuldner geltend machen. ³Der Arbeitgeber kann auch dann in Anspruch genommen werden, wenn der Arbeitnehmer zur Einkommensteuer veranlagt wird. ⁴Der Arbeitnehmer kann im Rahmen der Gesamtschuldnerschaft nur in Anspruch genommen werden,
1. wenn der Arbeitgeber die Lohnsteuer nicht vorschriftsmäßig vom Arbeitslohn einbehalten hat,
2. wenn der Arbeitnehmer weiß, dass der Arbeitgeber die einbehaltene Lohnsteuer nicht vorschriftsmäßig angemeldet hat. ²Dies gilt nicht, wenn der Arbeitnehmer den Sachverhalt dem Finanzamt unverzüglich mitgeteilt hat.

(4) ¹Für die Inanspruchnahme des Arbeitgebers bedarf es keines Haftungsbescheids und keines Leistungsgebots, soweit der Arbeitgeber
1. die einzubehaltende Lohnsteuer angemeldet hat oder
2. nach Abschluss einer Lohnsteuer-Außenprüfung seine Zahlungsverpflichtung schriftlich anerkennt.

²Satz 1 gilt entsprechend für die Nachforderung zu übernehmender pauschaler Lohnsteuer.

(5) Von der Geltendmachung der Steuernachforderung oder Haftungsforderung ist abzusehen, wenn diese insgesamt 10 Euro nicht übersteigt.

(6) ¹Soweit einem Dritten (Entleiher) Arbeitnehmer im Sinne des § 1 Absatz 1 Satz 1 des Arbeitnehmerüberlassungsgesetzes in der Fassung der Bekanntmachung vom 3. Februar 1995 (BGBl I S. 158), das zuletzt durch Artikel 26 des Gesetzes vom 20. Dezember 2011 (BGBl I S. 2854) geändert worden ist, zur Arbeitsleistung überlassen werden, haftet er mit Ausnahme der Fälle, in denen eine Arbeitnehmerüberlassung nach § 1 Absatz 3 des Arbeitnehmerüberlassungsgesetzes vorliegt, neben dem Arbeitgeber. ²Der Entleiher haftet nicht, wenn der Überlassung eine Erlaubnis nach § 1 des Arbeitnehmerüberlassungsgesetzes in der jeweils geltenden Fassung zugrunde liegt und soweit er nachweist, dass er den nach § 51 Absatz 1 Nummer 2 Buchstabe d vorgesehenen Mitwirkungspflichten nachgekommen ist. ³Der Entleiher haftet ferner nicht, wenn er über das Vorliegen einer Arbeitnehmerüberlassung ohne Verschulden irrte. ⁴Die Haftung beschränkt sich auf die Lohnsteuer für die Zeit, für die ihm der Arbeitnehmer überlassen worden ist. ⁵Soweit die Haftung des Entleihers reicht, sind der Arbeitgeber, der Entleiher und der Arbeitnehmer Gesamtschuldner. ⁶Der Entleiher darf auf Zahlung nur in Anspruch genommen werden, soweit die Vollstreckung in das inländische bewegliche Vermögen des Arbeitgebers fehlgeschlagen ist oder keinen Erfolg verspricht; § 219 Satz 2 der Abgabenordnung ist entsprechend anzuwenden. ⁷Ist durch die Umstände der Arbeitnehmerüberlassung die Lohn-

---

1) **Anm. d. Red.:** § 42d Abs. 2 i. d. F. des Gesetzes v. 7.12.2011 (BGBl I S. 2592) mit Wirkung v. 1.1.2012; Abs. 6 i. d. F. des Gesetzes v. 26.6.2013 (BGBl I S. 1809) mit Wirkung v. 30.6.2013.

steuer schwer zu ermitteln, so ist die Haftungsschuld mit 15 Prozent des zwischen Verleiher und Entleiher vereinbarten Entgelts ohne Umsatzsteuer anzunehmen, solange der Entleiher nicht glaubhaft macht, dass die Lohnsteuer, für die er haftet, niedriger ist. [8]Die Absätze 1 bis 5 sind entsprechend anzuwenden. [9]Die Zuständigkeit des Finanzamts richtet sich nach dem Ort der Betriebsstätte des Verleihers.

(7) Soweit der Entleiher Arbeitgeber ist, haftet der Verleiher wie ein Entleiher nach Absatz 6.

(8) [1]Das Finanzamt kann hinsichtlich der Lohnsteuer der Leiharbeitnehmer anordnen, dass der Entleiher einen bestimmten Teil des mit dem Verleiher vereinbarten Entgelts einzubehalten und abzuführen hat, wenn dies zur Sicherung des Steueranspruchs notwendig ist; Absatz 6 Satz 4 ist anzuwenden. [2]Der Verwaltungsakt kann auch mündlich erlassen werden. [3]Die Höhe des einzubehaltenden und abzuführenden Teils des Entgelts bedarf keiner Begründung, wenn der in Absatz 6 Satz 7 genannte Prozentsatz nicht überschritten wird.

(9) [1]Der Arbeitgeber haftet auch dann, wenn ein Dritter nach § 38 Absatz 3a dessen Pflichten trägt. [2]In diesen Fällen haftet der Dritte neben dem Arbeitgeber. [3]Soweit die Haftung des Dritten reicht, sind der Arbeitgeber, der Dritte und der Arbeitnehmer Gesamtschuldner. [4]Absatz 3 Satz 2 bis 4 ist anzuwenden; Absatz 4 gilt auch für die Inanspruchnahme des Dritten. [5]Im Fall des § 38 Absatz 3a Satz 2 beschränkt sich die Haftung des Dritten auf die Lohnsteuer, die für die Zeit zu erheben ist, für die er sich gegenüber dem Arbeitgeber zur Vornahme des Lohnsteuerabzugs verpflichtet hat; der maßgebende Zeitraum endet nicht, bevor der Dritte seinem Betriebsstättenfinanzamt die Beendigung seiner Verpflichtung gegenüber dem Arbeitgeber angezeigt hat. [6]In den Fällen des § 38 Absatz 3a Satz 7 ist als Haftungsschuld der Betrag zu ermitteln, um den die Lohnsteuer, die für den gesamten Arbeitslohn des Lohnzahlungszeitraums zu berechnen und einzubehalten ist, die insgesamt tatsächlich einbehaltene Lohnsteuer übersteigt. [7]Betrifft die Haftungsschuld mehrere Arbeitgeber, so ist sie bei fehlerhafter Lohnsteuerberechnung nach dem Verhältnis der Arbeitslöhne und für nachträglich zu erfassende Arbeitslohnbeträge nach dem Verhältnis dieser Beträge auf die Arbeitgeber aufzuteilen. [8]In den Fällen des § 38 Absatz 3a ist das Betriebsstättenfinanzamt des Dritten für die Geltendmachung der Steuer- oder Haftungsschuld zuständig.

## § 42e Anrufungsauskunft

[1]Das Betriebsstättenfinanzamt hat auf Anfrage eines Beteiligten darüber Auskunft zu geben, ob und inwieweit im einzelnen Fall die Vorschriften über die Lohnsteuer anzuwenden sind. [2]Sind für einen Arbeitgeber mehrere Betriebsstättenfinanzämter zuständig, so erteilt das Finanzamt die Auskunft, in dessen Bezirk sich die Geschäftsleitung (§ 10 der Abgabenordnung) des Arbeitgebers im Inland befindet. [3]Ist dieses Finanzamt kein Betriebsstättenfinanzamt, so ist das Finanzamt zuständig, in dessen Bezirk sich die Betriebsstätte mit den meisten Arbeitnehmern befindet. [4]In den Fällen der Sätze 2 und 3 hat der Arbeitgeber sämtliche Betriebsstättenfinanzämter, das Finanzamt der Geschäftsleitung und erforderlichenfalls die Betriebsstätte mit den meisten Arbeitnehmern anzugeben sowie zu erklären, für welche Betriebsstätten die Auskunft von Bedeutung ist.

## § 42f Lohnsteuer-Außenprüfung[1)]

(1) Für die Außenprüfung der Einbehaltung oder Übernahme und Abführung der Lohnsteuer ist das Betriebsstättenfinanzamt zuständig.

(2) [1]Für die Mitwirkungspflicht des Arbeitgebers bei der Außenprüfung gilt § 200 der Abgabenordnung. [2]Darüber hinaus haben die Arbeitnehmer des Arbeitgebers dem mit der Prüfung Beauftragten jede gewünschte Auskunft über Art und Höhe ihrer Einnahmen zu geben und auf Verlangen die etwa in ihrem Besitz befindlichen Bescheinigungen für den Lohnsteuerabzug so-

---

1) **Anm. d. Red.:** § 42f Abs. 2 i. d. F. des Gesetzes v. 7.12.2011 (BGBl I S. 2592) mit Wirkung v. 1.1.2012; Abs. 4 angefügt gem. der amtlichen Anmerkung zu § 42f der EStG-Neufassung v. 8.10.2009 (BGBl I S. 3369, ber. I S. 3862) mit Wirkung v. 1.1.2010.

wie die Belege über bereits entrichtete Lohnsteuer vorzulegen. ³Dies gilt auch für Personen, bei denen es streitig ist, ob sie Arbeitnehmer des Arbeitgebers sind oder waren.

(3) ¹In den Fällen des § 38 Absatz 3a ist für die Außenprüfung das Betriebsstättenfinanzamt des Dritten zuständig; § 195 Satz 2 der Abgabenordnung bleibt unberührt. ²Die Außenprüfung ist auch beim Arbeitgeber zulässig; dessen Mitwirkungspflichten bleiben neben den Pflichten des Dritten bestehen.

(4) Auf Verlangen des Arbeitgebers können die Außenprüfung und die Prüfung durch die Träger der Rentenversicherung (§ 28p des Vierten Buches Sozialgesetzbuch) zur gleichen Zeit durchgeführt werden.

### § 42g Lohnsteuer-Nachschau[1]

(1) ¹Die Lohnsteuer-Nachschau dient der Sicherstellung einer ordnungsgemäßen Einbehaltung und Abführung der Lohnsteuer. ²Sie ist ein besonderes Verfahren zur zeitnahen Aufklärung steuererheblicher Sachverhalte.

(2) ¹Eine Lohnsteuer-Nachschau findet während der üblichen Geschäfts- und Arbeitszeiten statt. ²Dazu können die mit der Nachschau Beauftragten ohne vorherige Ankündigung und außerhalb einer Lohnsteuer-Außenprüfung Grundstücke und Räume von Personen, die eine gewerbliche oder berufliche Tätigkeit ausüben, betreten. ³Wohnräume dürfen gegen den Willen des Inhabers nur zur Verhütung dringender Gefahren für die öffentliche Sicherheit und Ordnung betreten werden.

(3) ¹Die von der Lohnsteuer-Nachschau betroffenen Personen haben dem mit der Nachschau Beauftragten auf Verlangen Lohn- und Gehaltsunterlagen, Aufzeichnungen, Bücher, Geschäftspapiere und andere Urkunden über die der Lohnsteuer-Nachschau unterliegenden Sachverhalte vorzulegen und Auskünfte zu erteilen, soweit dies zur Feststellung einer steuerlichen Erheblichkeit zweckdienlich ist. ² § 42f Absatz 2 Satz 2 und 3 gilt sinngemäß.

(4) ¹Wenn die bei der Lohnsteuer-Nachschau getroffenen Feststellungen hierzu Anlass geben, kann ohne vorherige Prüfungsanordnung (§ 196 der Abgabenordnung) zu einer Lohnsteuer-Außenprüfung nach § 42f übergegangen werden. ²Auf den Übergang zur Außenprüfung wird schriftlich hingewiesen.

(5) Werden anlässlich einer Lohnsteuer-Nachschau Verhältnisse festgestellt, die für die Festsetzung und Erhebung anderer Steuern erheblich sein können, so ist die Auswertung der Feststellungen insoweit zulässig, als ihre Kenntnis für die Besteuerung der in Absatz 2 genannten Personen oder anderer Personen von Bedeutung sein kann.

## 3. Steuerabzug vom Kapitalertrag (Kapitalertragsteuer)

### § 43 Kapitalerträge mit Steuerabzug[2]

(1)[3] ¹Bei den folgenden inländischen und in den Fällen der Nummern 6, 7 Buchstabe a und Nummern 8 bis 12 sowie Satz 2 auch ausländischen Kapitalerträgen wird die Einkommensteuer durch Abzug vom Kapitalertrag (Kapitalertragsteuer) erhoben:
1. Kapitalerträgen im Sinne des § 20 Absatz 1 Nummer 1, soweit diese nicht nachfolgend in Nummer 1a gesondert genannt sind, und Kapitalerträgen im Sinne des § 20 Absatz 1 Nummer 2. ²Entsprechendes gilt für Kapitalerträge im Sinne des § 20 Absatz 2 Satz 1 Nummer 2 Buchstabe a und Nummer 2 Satz 2;

---

1) **Anm. d. Red.:** § 42g eingefügt gem. Gesetz v. 26. 6. 2013 (BGBl I S. 1809) mit Wirkung v. 30. 6. 2013.

2) **Anm. d. Red.:** § 43 Abs. 1 i. d. F. des Gesetzes v. 25. 7. 2014 (BGBl I S. 1266) mit Wirkung v. 31. 7. 2014; Abs. 1a weggefallen, Abs. 5 i. d. F. des Gesetzes v. 8. 12. 2010 (BGBl I S. 1768) mit Wirkung v. 14. 12. 2010; Abs. 2 i. d. F. des Gesetzes v. 18. 12. 2013 (BGBl I S. 4318) mit Wirkung v. 24. 12. 2013; Abs. 3 i. d. F. des Gesetzes v. 1. 4. 2015 (BGBl I S. 434) mit Wirkung v. 1. 1. 2016.

3) **Anm. d. Red.:** Zur Anwendung des § 43 Abs. 1 siehe § 52 Abs. 42.

1a. Kapitalerträgen im Sinne des § 20 Absatz 1 Nummer 1 aus Aktien und Genussscheinen, die entweder gemäß § 5 des Depotgesetzes zur Sammelverwahrung durch eine Wertpapiersammelbank zugelassen sind und dieser zur Sammelverwahrung im Inland anvertraut wurden, bei denen eine Sonderverwahrung gemäß § 2 Satz 1 des Depotgesetzes erfolgt oder bei denen die Erträge gegen Aushändigung der Dividendenscheine oder sonstigen Erträgnisscheine ausgezahlt oder gutgeschrieben werden;

2. Zinsen aus Teilschuldverschreibungen, bei denen neben der festen Verzinsung ein Recht auf Umtausch in Gesellschaftsanteile (Wandelanleihen) oder eine Zusatzverzinsung, die sich nach der Höhe der Gewinnausschüttungen des Schuldners richtet (Gewinnobligationen), eingeräumt ist, und Zinsen aus Genussrechten, die nicht in § 20 Absatz 1 Nummer 1 genannt sind. ²Zu den Gewinnobligationen gehören nicht solche Teilschuldverschreibungen, bei denen der Zinsfuß nur vorübergehend herabgesetzt und gleichzeitig eine von dem jeweiligen Gewinnergebnis des Unternehmens abhängige Zusatzverzinsung bis zur Höhe des ursprünglichen Zinsfußes festgelegt worden ist. ³Zu den Kapitalerträgen im Sinne des Satzes 1 gehören nicht die Bundesbankgenussrechte im Sinne des § 3 Absatz 1 des Gesetzes über die Liquidation der Deutschen Reichsbank und der Deutschen Golddiskontbank in der im Bundesgesetzblatt Teil III, Gliederungsnummer 7620-6, veröffentlichten bereinigten Fassung, das zuletzt durch das Gesetz vom 17. Dezember 1975 (BGBl I S. 3123) geändert worden ist. ⁴Beim Steuerabzug auf Kapitalerträge sind die für den Steuerabzug nach Nummer 1a geltenden Vorschriften entsprechend anzuwenden, wenn

a) die Teilschuldverschreibungen und Genussrechte gemäß § 5 des Depotgesetzes zur Sammelverwahrung durch eine Wertpapiersammelbank zugelassen sind und dieser zur Sammelverwahrung im Inland anvertraut wurden,

b) die Teilschuldverschreibungen und Genussrechte gemäß § 2 Satz 1 des Depotgesetzes gesondert aufbewahrt werden oder

c) die Erträge der Teilschuldverschreibungen und Genussrechte gegen Aushändigung der Erträgnisscheine ausgezahlt oder gutgeschrieben werden;

3. Kapitalerträgen im Sinne des § 20 Absatz 1 Nummer 4;

4. Kapitalerträgen im Sinne des § 20 Absatz 1 Nummer 6 Satz 1 bis 6; § 20 Absatz 1 Nummer 6 Satz 2 und 3 in der am 1. Januar 2008 anzuwendenden Fassung bleiben für Zwecke der Kapitalertragsteuer unberücksichtigt. ²Der Steuerabzug vom Kapitalertrag ist in den Fällen des § 20 Absatz 1 Nummer 6 Satz 4 in der am 31. Dezember 2004 geltenden Fassung nur vorzunehmen, wenn das Versicherungsunternehmen auf Grund einer Mitteilung des Finanzamts weiß oder infolge der Verletzung eigener Anzeigeverpflichtungen nicht weiß, dass die Kapitalerträge nach dieser Vorschrift zu den Einkünften aus Kapitalvermögen gehören;

5. (weggefallen)

6. ausländischen Kapitalerträgen im Sinne der Nummern 1 und 1a;

7. Kapitalerträgen im Sinne des § 20 Absatz 1 Nummer 7, außer bei Kapitalerträgen im Sinne der Nummer 2, wenn

a) es sich um Zinsen aus Anleihen und Forderungen handelt, die in ein öffentliches Schuldbuch oder in ein ausländisches Register eingetragen oder über die Sammelurkunden im Sinne des § 9a des Depotgesetzes oder Teilschuldverschreibungen ausgegeben sind;

b) der Schuldner der nicht in Buchstabe a genannten Kapitalerträge ein inländisches Kreditinstitut oder ein inländisches Finanzdienstleistungsinstitut im Sinne des Gesetzes über das Kreditwesen ist. ²Kreditinstitut in diesem Sinne ist auch die Kreditanstalt für Wiederaufbau, eine Bausparkasse, ein Versicherungsunternehmen für Erträge aus Kapitalanlagen, die mit Einlagegeschäften bei Kreditinstituten vergleichbar sind, die Deutsche Postbank AG, die Deutsche Bundesbank bei Geschäften mit jedermann einschließlich ihrer Betriebsangehörigen im Sinne der §§ 22 und 25 des Gesetzes über die Deutsche Bundesbank und eine inländische Zweigstelle oder Zweigniederlassung eines ausländischen Unternehmens im Sinne der §§ 53 und 53b des Gesetzes über das Kreditwesen, nicht aber eine ausländische Zweigstelle eines inländischen Kreditinstituts oder eines inländischen Finanzdienstleistungsinstituts. ³Die inländische Zweigstelle oder Zweigniederlassung gilt anstelle des ausländischen Unternehmens als Schuldner der Kapitalerträge;

7a. Kapitalerträgen im Sinne des § 20 Absatz 1 Nummer 9;

7b. Kapitalerträgen im Sinne des § 20 Absatz 1 Nummer 10 Buchstabe a;

7c. Kapitalerträgen im Sinne des § 20 Absatz 1 Nummer 10 Buchstabe b;

8. Kapitalerträgen im Sinne des § 20 Absatz 1 Nummer 11;

9. Kapitalerträgen im Sinne des § 20 Absatz 2 Satz 1 Nummer 1 Satz 1 und 2;

10. Kapitalerträgen im Sinne des § 20 Absatz 2 Satz 1 Nummer 2 Buchstabe b und Nummer 7;

11. Kapitalerträgen im Sinne des § 20 Absatz 2 Satz 1 Nummer 3;

12. Kapitalerträgen im Sinne des § 20 Absatz 2 Satz 1 Nummer 8.

²Dem Steuerabzug unterliegen auch Kapitalerträge im Sinne des § 20 Absatz 3, die neben den in den Nummern 1 bis 12 bezeichneten Kapitalerträgen oder an deren Stelle gewährt werden. ³Der Steuerabzug ist ungeachtet des § 3 Nummer 40 und des § 8b des Körperschaftsteuergesetzes vorzunehmen. ⁴Für Zwecke des Kapitalertragsteuerabzugs gilt die Übertragung eines von einer auszahlenden Stelle verwahrten oder verwalteten Wirtschaftsguts im Sinne des § 20 Absatz 2 auf einen anderen Gläubiger als Veräußerung des Wirtschaftsguts. ⁵Satz 4 gilt nicht, wenn der Steuerpflichtige der auszahlenden Stelle unter Benennung der in Satz 6 Nummer 4 bis 6 bezeichneten Daten mitteilt, dass es sich um eine unentgeltliche Übertragung handelt. ⁶Die auszahlende Stelle hat in den Fällen des Satzes 5 folgende Daten dem für sie zuständigen Betriebsstättenfinanzamt bis zum 31. Mai des jeweiligen Folgejahres nach amtlich vorgeschriebenem Datensatz auf elektronischem Weg nach Maßgabe der Steuerdaten-Übermittlungsverordnung in der jeweils geltenden Fassung mitzuteilen:

1. Bezeichnung der auszahlenden Stelle,

2. das zuständige Betriebsstättenfinanzamt,

3. das übertragene Wirtschaftsgut, den Übertragungszeitpunkt, den Wert zum Übertragungszeitpunkt und die Anschaffungskosten des Wirtschaftsguts,

4. Name, Geburtsdatum, Anschrift und Identifikationsnummer des Übertragenden,

5. Name, Geburtsdatum, Anschrift und Identifikationsnummer des Empfängers, sowie die Bezeichnung des Kreditinstituts, der Nummer des Depots, des Kontos oder des Schuldbuchkontos,

6. soweit bekannt, das persönliche Verhältnis (Verwandtschaftsverhältnis, Ehe, Lebenspartnerschaft) zwischen Übertragendem und Empfänger.

(1a) (weggefallen)

(2) ¹Der Steuerabzug ist außer in den Fällen des Absatzes 1 Satz 1 Nummer 1a und 7c nicht vorzunehmen, wenn Gläubiger und Schuldner der Kapitalerträge (Schuldner) oder die auszahlende Stelle im Zeitpunkt des Zufließens dieselbe Person sind. ²Der Steuerabzug ist außerdem nicht vorzunehmen, wenn in den Fällen des Absatzes 1 Satz 1 Nummer 6, 7 und 8 bis 12 Gläubiger der Kapitalerträge ein inländisches Kreditinstitut oder inländisches Finanzdienstleistungsinstitut nach Absatz 1 Satz 1 Nummer 7 Buchstabe b oder eine inländische Kapitalverwaltungsgesellschaft ist. ³Bei Kapitalerträgen im Sinne des Absatzes 1 Satz 1 Nummer 6 und 8 bis 12 ist ebenfalls kein Steuerabzug vorzunehmen, wenn

1. eine unbeschränkt steuerpflichtige Körperschaft, Personenvereinigung oder Vermögensmasse, die nicht unter Satz 2 oder § 44a Absatz 4 Satz 1 fällt, Gläubigerin der Kapitalerträge ist, oder

2. die Kapitalerträge Betriebseinnahmen eines inländischen Betriebs sind und der Gläubiger der Kapitalerträge dies gegenüber der auszahlenden Stelle nach amtlich vorgeschriebenem Muster erklärt; dies gilt entsprechend für Kapitalerträge aus Options- und Termingeschäf-

ten im Sinne des Absatzes 1 Satz 1 Nummer 8 und 11, wenn sie zu den Einkünften aus Vermietung und Verpachtung gehören. ⁴Im Fall des § 1 Absatz 1 Nummer 4 und 5 des Körperschaftsteuergesetzes ist Satz 3 Nummer 1 nur anzuwenden, wenn die Körperschaft, Personenvereinigung oder Vermögensmasse durch eine Bescheinigung des für sie zuständigen Finanzamts ihre Zugehörigkeit zu dieser Gruppe von Steuerpflichtigen nachweist. ⁵Die Bescheinigung ist unter dem Vorbehalt des Widerrufs auszustellen. ⁶Die Fälle des Satzes 3 Nummer 2 hat die auszahlende Stelle gesondert aufzuzeichnen und die Erklärung der Zugehörigkeit der Kapitalerträge zu den Betriebseinnahmen oder zu den Einnahmen aus Vermietung und Verpachtung sechs Jahre aufzubewahren; die Frist beginnt mit dem Schluss des Kalenderjahres, in dem die Freistellung letztmalig berücksichtigt wird. ⁷Die auszahlende Stelle hat in den Fällen des Satzes 3 Nummer 2 daneben die Konto- oder Depotbezeichnung oder die sonstige Kennzeichnung des Geschäftsvorgangs, Vor- und Zunamen des Gläubigers sowie die Identifikationsnummer nach § 139b der Abgabenordnung bzw. bei Personenmehrheit den Firmennamen und die zugehörige Steuernummer nach amtlich vorgeschriebenem Datensatz zu speichern und durch Datenfernübertragung zu übermitteln. ⁸Das Bundesministerium der Finanzen wird den Empfänger der Datenlieferungen sowie den Zeitpunkt der erstmaligen Übermittlung durch ein im Bundessteuerblatt zu veröffentlichendes Schreiben mitteilen.

(3) ¹Kapitalerträge im Sinne des Absatzes 1 Satz 1 Nummer 1 Satz 1 sowie Nummer 1a bis 4 sind inländische, wenn der Schuldner Wohnsitz, Geschäftsleitung oder Sitz im Inland hat; Kapitalerträge im Sinne des Absatzes 1 Satz 1 Nummer 4 sind auch dann inländische, wenn der Schuldner eine Niederlassung im Sinne der §§ 61, 65 oder des § 68 des Versicherungsaufsichtsgesetzes im Inland hat. ²Kapitalerträge im Sinne des Absatzes 1 Satz 1 Nummer 1 Satz 2 sind inländische, wenn der Schuldner der veräußerten Ansprüche die Voraussetzungen des Satzes 1 erfüllt. ³Kapitalerträge im Sinne des § 20 Absatz 1 Nummer 1 Satz 4 sind inländische, wenn der Emittent der Aktien Geschäftsleitung oder Sitz im Inland hat. ⁴Kapitalerträge im Sinne des Absatzes 1 Satz 1 Nummer 6 sind ausländische, wenn weder die Voraussetzungen nach Satz 1 noch nach Satz 2 vorliegen.

(4) Der Steuerabzug ist auch dann vorzunehmen, wenn die Kapitalerträge beim Gläubiger zu den Einkünften aus Land- und Forstwirtschaft, aus Gewerbebetrieb, aus selbständiger Arbeit oder aus Vermietung und Verpachtung gehören.

(5) ¹Für Kapitalerträge im Sinne des § 20, soweit sie der Kapitalertragsteuer unterlegen haben, ist die Einkommensteuer mit dem Steuerabzug abgegolten; die Abgeltungswirkung des Steuerabzugs tritt nicht ein, wenn der Gläubiger nach § 44 Absatz 1 Satz 8 und 9 und Absatz 5 in Anspruch genommen werden kann. ²Dies gilt nicht in Fällen des § 32d Absatz 2 und für Kapitalerträge, die zu den Einkünften aus Land- und Forstwirtschaft, aus Gewerbebetrieb, aus selbständiger Arbeit oder aus Vermietung und Verpachtung gehören. ³Auf Antrag des Gläubigers werden Kapitalerträge im Sinne des Satzes 1 in die besondere Besteuerung von Kapitalerträgen nach § 32d einbezogen. ⁴Eine vorläufige Festsetzung der Einkommensteuer im Sinne des § 165 Absatz 1 Satz 2 Nummer 2 bis 4 der Abgabenordnung umfasst auch Einkünfte im Sinne des Satzes 1, für die der Antrag nach Satz 3 nicht gestellt worden ist.

## § 43a Bemessung der Kapitalertragsteuer[1)]

(1) ¹Die Kapitalertragsteuer beträgt
1. in den Fällen des § 43 Absatz 1 Satz 1 Nummer 1 bis 4, 6 bis 7a und 8 bis 12 sowie Satz 2:
   25 Prozent des Kapitalertrags;
2. in den Fällen des § 43 Absatz 1 Satz 1 Nummer 7b und 7c:
   15 Prozent des Kapitalertrags.

---

1) **Anm. d. Red.:** § 43a Abs. 2 i. d. F. des Gesetzes v. 26. 6. 2013 (BGBl I S. 1809) mit Wirkung v. 30. 6. 2013; Abs. 3 i. d. F. des Gesetzes v. 25. 7. 2014 (BGBl I S. 1266) mit Wirkung v. 31. 7. 2014.

## § 43a      VII. Einkommensteuergesetz

[2]Im Fall einer Kirchensteuerpflicht ermäßigt sich die Kapitalertragsteuer um 25 Prozent der auf die Kapitalerträge entfallenden Kirchensteuer. [3]§ 32d Absatz 1 Satz 4 und 5 gilt entsprechend.

(2) [1]Dem Steuerabzug unterliegen die vollen Kapitalerträge ohne jeden Abzug. [2]In den Fällen des § 43 Absatz 1 Satz 1 Nummer 9 bis 12 bemisst sich der Steuerabzug nach § 20 Absatz 4 und 4a, wenn die Wirtschaftsgüter von der die Kapitalerträge auszahlenden Stelle erworben oder veräußert und seitdem verwahrt oder verwaltet worden sind. [3]Überträgt der Steuerpflichtige die Wirtschaftsgüter auf ein anderes Depot, hat die abgebende inländische auszahlende Stelle der übernehmenden inländischen auszahlenden Stelle die Anschaffungsdaten mitzuteilen. [4]Satz 3 gilt in den Fällen des § 43 Absatz 1 Satz 5 entsprechend. [5]Handelt es sich bei der abgebenden auszahlenden Stelle um ein Kreditinstitut oder Finanzdienstleistungsinstitut mit Sitz in einem anderen Mitgliedstaat der Europäischen Union, in einem anderen Vertragsstaat des EWR-Abkommens vom 3. Januar 1994 (ABl EG Nr. L 1 S. 3) in der jeweils geltenden Fassung oder in einem anderen Vertragsstaat nach Artikel 17 Absatz 2 Ziffer i der Richtlinie 2003/48/EG vom 3. Juni 2003 im Bereich der Besteuerung von Zinserträgen (ABl EU Nr. L 157 S. 38), kann der Steuerpflichtige den Nachweis nur durch eine Bescheinigung des ausländischen Instituts führen; dies gilt entsprechend für eine in diesem Gebiet belegene Zweigstelle eines inländischen Kreditinstituts oder Finanzdienstleistungsinstituts. [6]In allen anderen Fällen ist ein Nachweis der Anschaffungsdaten nicht zulässig. [7]Sind die Anschaffungsdaten nicht nachgewiesen, bemisst sich der Steuerabzug nach 30 Prozent der Einnahmen aus der Veräußerung oder Einlösung der Wirtschaftsgüter. [8]In den Fällen des § 43 Absatz 1 Satz 4 gelten der Börsenpreis zum Zeitpunkt der Übertragung zuzüglich Stückzinsen als Einnahmen aus der Veräußerung und die mit dem Depotübertrag verbundenen Kosten als Veräußerungskosten im Sinne des § 20 Absatz 4 Satz 1. [9]Zur Ermittlung des Börsenpreises ist der niedrigste am Vortag der Übertragung im regulierten Markt notierte Kurs anzusetzen; liegt am Vortag eine Notierung nicht vor, so werden die Wirtschaftsgüter mit dem letzten innerhalb von 30 Tagen vor dem Übertragungstag im regulierten Markt notierten Kurs angesetzt; Entsprechendes gilt für Wertpapiere, die im Inland in den Freiverkehr einbezogen sind oder in einem anderen Staat des Europäischen Wirtschaftsraums zum Handel an einem geregelten Markt im Sinne des Artikels 1 Nummer 13 der Richtlinie 93/22/EWG des Rates vom 10. Mai 1993 über Wertpapierdienstleistungen (ABl EG Nr. L 141 S. 27) zugelassen sind. [10]Liegt ein Börsenpreis nicht vor, bemisst sich die Steuer nach 30 Prozent der Anschaffungskosten. [11]Die übernehmende auszahlende Stelle hat als Anschaffungskosten den von der abgebenden Stelle angesetzten Börsenpreis anzusetzen und die bei der Übertragung als Einnahmen aus der Veräußerung angesetzten Stückzinsen nach Absatz 3 zu berücksichtigen. [12]Satz 9 gilt entsprechend. [13]Liegt ein Börsenpreis nicht vor, bemisst sich der Steuerabzug nach 30 Prozent der Einnahmen aus der Veräußerung oder Einlösung der Wirtschaftsgüter. [14]Hat die auszahlende Stelle die Wirtschaftsgüter vor dem 1. Januar 1994 erworben oder veräußert und seitdem verwahrt oder verwaltet, kann sie den Steuerabzug nach 30 Prozent der Einnahmen aus der Veräußerung oder Einlösung der Wertpapiere und Kapitalforderungen bemessen. [15]Abweichend von den Sätzen 2 bis 14 bemisst sich der Steuerabzug bei Kapitalerträgen aus nicht für einen marktmäßigen Handel bestimmten schuldbuchfähigen Wertpapieren des Bundes und der Länder oder bei Kapitalerträgen im Sinne des § 43 Absatz 1 Satz 1 Nummer 7 Buchstabe b aus in Inhaber- oder Orderschuldverschreibungen verbrieften Kapitalforderungen nach dem vollen Kapitalertrag ohne jeden Abzug.

(3) [1]Die auszahlende Stelle hat ausländische Steuern auf Kapitalerträge nach Maßgabe des § 32d Absatz 5 zu berücksichtigen. [2]Sie hat unter Berücksichtigung des § 20 Absatz 6 Satz 4 im Kalenderjahr negative Kapitalerträge einschließlich gezahlter Stückzinsen bis zur Höhe der positiven Kapitalerträge auszugleichen; liegt ein gemeinsamer Freistellungsauftrag im Sinne des § 44a Absatz 2 Satz 1 Nummer 1 in Verbindung mit § 20 Absatz 9 Satz 2 vor, erfolgt ein gemeinsamer Ausgleich. [3]Der nicht ausgeglichene Verlust ist auf das nächste Kalenderjahr zu übertragen. [4]Auf Verlangen des Gläubigers der Kapitalerträge hat sie über die Höhe eines nicht ausgeglichenen Verlusts eine Bescheinigung nach amtlich vorgeschriebenem Muster zu erteilen; der Verlustübertrag entfällt in diesem Fall. [5]Der unwiderrufliche Antrag auf Erteilung der Bescheinigung muss bis zum 15. Dezember des laufenden Jahres der auszahlenden Stelle zugehen. [6]Überträgt der Gläubiger der Kapitalerträge seine im Depot befindlichen Wirtschaftsgüter voll-

ständig auf ein anderes Depot, hat die abgebende auszahlende Stelle der übernehmenden auszahlenden Stelle auf Verlangen des Gläubigers der Kapitalerträge die Höhe des nicht ausgeglichenen Verlusts mitzuteilen; eine Bescheinigung nach Satz 4 darf in diesem Fall nicht erteilt werden. ⁷Erfährt die auszahlende Stelle nach Ablauf des Kalenderjahres von der Veränderung einer Bemessungsgrundlage oder einer zu erhebenden Kapitalertragsteuer, hat sie die entsprechende Korrektur erst zum Zeitpunkt ihrer Kenntnisnahme vorzunehmen; § 44 Absatz 5 bleibt unberührt. ⁸Die vorstehenden Sätze gelten nicht in den Fällen des § 20 Absatz 8 und des § 44 Absatz 1 Satz 4 Nummer 1 Buchstabe a Doppelbuchstabe bb sowie bei Körperschaften, Personenvereinigungen oder Vermögensmassen.

(4) ¹Die Absätze 2 und 3 gelten entsprechend für die das Bundesschuldbuch führende Stelle oder eine Landesschuldenverwaltung als auszahlende Stelle. ²Werden die Wertpapiere oder Forderungen von einem Kreditinstitut oder einem Finanzdienstleistungsinstitut mit der Maßgabe der Verwahrung und Verwaltung durch die das Bundesschuldbuch führende Stelle oder eine Landesschuldenverwaltung erworben, hat das Kreditinstitut oder das Finanzdienstleistungsinstitut der das Bundesschuldbuch führenden Stelle oder einer Landesschuldenverwaltung zusammen mit den im Schuldbuch einzutragenden Wertpapieren und Forderungen den Erwerbszeitpunkt und die Anschaffungsdaten sowie in Fällen des Absatzes 2 den Erwerbspreis der für einen marktmäßigen Handel bestimmten schuldbuchfähigen Wertpapiere des Bundes oder der Länder und außerdem mitzuteilen, dass es diese Wertpapiere und Forderungen erworben oder veräußert und seitdem verwahrt oder verwaltet hat.

## § 43b Bemessung der Kapitalertragsteuer bei bestimmten Gesellschaften[1)2)]

(1) ¹Auf Antrag wird die Kapitalertragsteuer für Kapitalerträge im Sinne des § 20 Absatz 1 Nummer 1, die einer Muttergesellschaft, die weder ihren Sitz noch ihre Geschäftsleitung im Inland hat, oder einer in einem anderen Mitgliedstaat der Europäischen Union gelegenen Betriebsstätte dieser Muttergesellschaft, aus Ausschüttungen einer Tochtergesellschaft zufließen, nicht erhoben. ²Satz 1 gilt auch für Ausschüttungen einer Tochtergesellschaft, die einer in einem anderen Mitgliedstaat der Europäischen Union gelegenen Betriebsstätte einer unbeschränkt steuerpflichtigen Muttergesellschaft zufließen. ³Ein Zufluss an die Betriebsstätte liegt nur vor, wenn die Beteiligung an der Tochtergesellschaft tatsächlich zu dem Betriebsvermögen der Betriebsstätte gehört. ⁴Die Sätze 1 bis 3 gelten nicht für Kapitalerträge im Sinne des § 20 Absatz 1 Nummer 1, die anlässlich der Liquidation oder Umwandlung einer Tochtergesellschaft zufließen.

(2) ¹Muttergesellschaft im Sinne des Absatzes 1 ist jede Gesellschaft, die
1. die in der Anlage 2 zu diesem Gesetz bezeichneten Voraussetzungen erfüllt und
2. nach Artikel 3 Absatz 1 Buchstabe a der Richtlinie 2011/96/EU des Rates vom 30. November 2011 über das gemeinsame Steuersystem der Mutter- und Tochtergesellschaften verschiedener Mitgliedstaaten (ABl L 345 vom 29.12.2011, S. 8), die zuletzt durch die Richtlinie 2014/86/EU (ABl L 219 vom 25.7.2014, S. 40) geändert worden ist, zum Zeitpunkt der Entstehung der Kapitalertragsteuer gemäß § 44 Absatz 1 Satz 2 nachweislich mindestens zu 10 Prozent unmittelbar am Kapital der Tochtergesellschaft beteiligt ist (Mindestbeteiligung).

²Ist die Mindestbeteiligung zu diesem Zeitpunkt nicht erfüllt, ist der Zeitpunkt des Gewinnverteilungsbeschlusses maßgeblich. ³Tochtergesellschaft im Sinne des Absatzes 1 sowie des Satzes 1 ist jede unbeschränkt steuerpflichtige Gesellschaft, die die in der Anlage 2 zu diesem Gesetz und in Artikel 3 Absatz 1 Buchstabe b der Richtlinie 2011/96/EU bezeichneten Voraussetzungen erfüllt. ⁴Weitere Voraussetzung ist, dass die Beteiligung nachweislich ununterbrochen zwölf Monate besteht. ⁵Wird dieser Beteiligungszeitraum nach dem Zeitpunkt der Entstehung der Ka-

---

1) **Anm. d. Red.:** § 43b Abs. 2 i. d. F. des Gesetzes v. 2.11.2015 (BGBl I S. 1834) mit Wirkung v. 1.1.2016; Abs. 3 i. d. F. des Gesetzes v. 26.6.2013 (BGBl I S. 1809) mit Wirkung v. 1.1.2012.

2) **Anm. d. Red.:** Zur Anwendung des § 43b siehe § 52 Abs. 42a.

pitalertragsteuer gemäß § 44 Absatz 1 Satz 2 vollendet, ist die einbehaltene und abgeführte Kapitalertragsteuer nach § 50d Absatz 1 zu erstatten; das Freistellungsverfahren nach § 50d Absatz 2 ist ausgeschlossen.

(2a) Betriebsstätte im Sinne der Absätze 1 und 2 ist eine feste Geschäftseinrichtung in einem anderen Mitgliedstaat der Europäischen Union, durch die die Tätigkeit der Muttergesellschaft ganz oder teilweise ausgeübt wird, wenn das Besteuerungsrecht für die Gewinne dieser Geschäftseinrichtung nach dem jeweils geltenden Abkommen zur Vermeidung der Doppelbesteuerung dem Staat, in dem sie gelegen ist, zugewiesen wird und diese Gewinne in diesem Staat der Besteuerung unterliegen.

(3) (weggefallen)

### § 44 Entrichtung der Kapitalertragsteuer[1]

(1) ¹Schuldner der Kapitalertragsteuer ist in den Fällen des § 43 Absatz 1 Satz 1 Nummer 1 bis 7b und 8 bis 12 sowie Satz 2 der Gläubiger der Kapitalerträge. ²Die Kapitalertragsteuer entsteht in dem Zeitpunkt, in dem die Kapitalerträge dem Gläubiger zufließen. ³In diesem Zeitpunkt haben in den Fällen des § 43 Absatz 1 Satz 1 Nummer 1, 2 bis 4 sowie 7a und 7b der Schuldner der Kapitalerträge, jedoch in den Fällen des § 43 Absatz 1 Satz 1 Nummer 1 Satz 2 die für den Verkäufer der Wertpapiere den Verkaufsauftrag ausführende Stelle im Sinne des Satzes 4 Nummer 1, und in den Fällen des § 43 Absatz 1 Satz 1 Nummer 1a, 6, 7 und 8 bis 12 sowie Satz 2 die die Kapitalerträge auszahlende Stelle den Steuerabzug unter Beachtung der im Bundessteuerblatt veröffentlichten Auslegungsvorschriften der Finanzverwaltung für Rechnung des Gläubigers der Kapitalerträge vorzunehmen. ⁴Die die Kapitalerträge auszahlende Stelle ist

1. in den Fällen des § 43 Absatz 1 Satz 1 Nummer 6, 7 Buchstabe a und Nummer 8 bis 12 sowie Satz 2

    a) das inländische Kreditinstitut oder das inländische Finanzdienstleistungsinstitut im Sinne des § 43 Absatz 1 Satz 1 Nummer 7 Buchstabe b, das inländische Wertpapierhandelsunternehmen oder die inländische Wertpapierhandelsbank,

    aa) das die Teilschuldverschreibungen, die Anteile an einer Sammelschuldbuchforderung, die Wertrechte, die Zinsscheine oder sonstigen Wirtschaftsgüter verwahrt oder verwaltet oder deren Veräußerung durchführt und die Kapitalerträge auszahlt oder gutschreibt oder in den Fällen des § 43 Absatz 1 Satz 1 Nummer 8 und 11 die Kapitalerträge auszahlt oder gutschreibt,

    bb) das die Kapitalerträge gegen Aushändigung der Zinsscheine oder der Teilschuldverschreibungen einem anderen als einem ausländischen Kreditinstitut oder einem ausländischen Finanzdienstleistungsinstitut auszahlt oder gutschreibt;

    b) der Schuldner der Kapitalerträge in den Fällen des § 43 Absatz 1 Satz 1 Nummer 7 Buchstabe a und Nummer 10 unter den Voraussetzungen des Buchstabens a, wenn kein inländisches Kreditinstitut oder kein inländisches Finanzdienstleistungsinstitut die die Kapitalerträge auszahlende Stelle ist;

2. in den Fällen des § 43 Absatz 1 Satz 1 Nummer 7 Buchstabe b das inländische Kreditinstitut oder das inländische Finanzdienstleistungsinstitut, das die Kapitalerträge als Schuldner auszahlt oder gutschreibt;

3. in den Fällen des § 43 Absatz 1 Satz 1 Nummer 1a

    a) das inländische Kredit- oder Finanzdienstleistungsinstitut im Sinne des § 43 Absatz 1 Satz 1 Nummer 7 Buchstabe b, das inländische Wertpapierhandelsunternehmen oder die inländische Wertpapierhandelsbank, welche die Anteile verwahrt oder verwaltet und die Kapitalerträge auszahlt oder gutschreibt oder die Kapitalerträge gegen Aushändigung

---

1) Anm. d. Red.: § 44 Abs. 1 und 2 i. d. F. des Gesetzes v. 2.11.2015 (BGBl I S. 1834) mit Wirkung v. 1.1.2016; Abs. 1a i. d. F. des Gesetzes v. 26.6.2013 (BGBl I S. 1809) mit Wirkung v. 30.6.2013.

der Dividendenscheine auszahlt oder gutschreibt oder die Kapitalerträge an eine ausländische Stelle auszahlt,

b) die Wertpapiersammelbank, der die Anteile zur Sammelverwahrung anvertraut wurden, wenn sie die Kapitalerträge an eine ausländische Stelle auszahlt,

c) der Schuldner der Kapitalerträge, soweit die Wertpapiersammelbank, der die Anteile zur Sammelverwahrung anvertraut wurden, keine Dividendenregulierung vornimmt; die Wertpapiersammelbank hat dem Schuldner der Kapitalerträge den Umfang der Bestände ohne Dividendenregulierung mitzuteilen.

⁵Die innerhalb eines Kalendermonats einbehaltene Steuer ist jeweils bis zum zehnten des folgenden Monats an das Finanzamt abzuführen, das für die Besteuerung

1. des Schuldners der Kapitalerträge,
2. der den Verkaufsauftrag ausführenden Stelle oder
3. der die Kapitalerträge auszahlenden Stelle

nach dem Einkommen zuständig ist; bei Kapitalerträgen im Sinne des § 43 Absatz 1 Satz 1 Nummer 1 ist die einbehaltene Steuer in dem Zeitpunkt abzuführen, in dem die Kapitalerträge dem Gläubiger zufließen. ⁶Dabei ist die Kapitalertragsteuer, die zu demselben Zeitpunkt abzuführen ist, jeweils auf den nächsten vollen Eurobetrag abzurunden. ⁷Wenn Kapitalerträge ganz oder teilweise nicht in Geld bestehen (§ 8 Absatz 2) und der in Geld geleistete Kapitalertrag nicht zur Deckung der Kapitalertragsteuer ausreicht, hat der Gläubiger der Kapitalerträge dem zum Steuerabzug Verpflichteten den Fehlbetrag zur Verfügung zu stellen. ⁸Soweit der Gläubiger seiner Verpflichtung nicht nachkommt, hat der zum Steuerabzug Verpflichtete dies dem für ihn zuständigen Betriebsstättenfinanzamt anzuzeigen. ⁹Das Finanzamt hat die zu wenig erhobene Kapitalertragsteuer vom Gläubiger der Kapitalerträge nachzufordern.

(1a) ¹Werden inländische Aktien über eine ausländische Stelle mit Dividendenberechtigung erworben, aber ohne Dividendenanspruch geliefert und leitet die ausländische Stelle auf die Erträge im Sinne des § 20 Absatz 1 Nummer 1 Satz 4 einen einbehaltenen Steuerbetrag im Sinne des § 43a Absatz 1 Satz 1 Nummer 1 an eine inländische Wertpapiersammelbank weiter, ist diese zur Abführung der einbehaltenen Steuer verpflichtet. ²Bei Kapitalerträgen im Sinne des § 43 Absatz 1 Satz 1 Nummer 1 und 2 gilt Satz 1 entsprechend.

(2) ¹Gewinnanteile (Dividenden) und andere Kapitalerträge im Sinne des § 43 Absatz 1 Satz 1 Nummer 1, deren Ausschüttung von einer Körperschaft beschlossen wird, fließen dem Gläubiger der Kapitalerträge an dem Tag zu (Absatz 1), der im Beschluss als Tag der Auszahlung bestimmt worden ist. ²Ist die Ausschüttung nur festgesetzt, ohne dass über den Zeitpunkt der Auszahlung ein Beschluss gefasst worden ist, so gilt als Zeitpunkt des Zufließens der Tag nach der Beschlussfassung; ist durch Gesetz eine abweichende Fälligkeit des Auszahlungsanspruchs bestimmt oder lässt das Gesetz eine abweichende Bestimmung der Fälligkeit durch Satzungsregelung zu, gilt als Zeitpunkt des Zufließens der Tag der Fälligkeit. ³Für Kapitalerträge im Sinne des § 20 Absatz 1 Nummer 1 Satz 4 gelten diese Zuflusszeitpunkte entsprechend.

(3) ¹Ist bei Einnahmen aus der Beteiligung an einem Handelsgewerbe als stiller Gesellschafter in dem Beteiligungsvertrag über den Zeitpunkt der Ausschüttung keine Vereinbarung getroffen, so gilt der Kapitalertrag am Tag nach der Aufstellung der Bilanz oder einer sonstigen Feststellung des Gewinnanteils des stillen Gesellschafters, spätestens jedoch sechs Monate nach Ablauf des Wirtschaftsjahres, für das der Kapitalertrag ausgeschüttet oder gutgeschrieben werden soll, als zugeflossen. ²Bei Zinsen aus partiarischen Darlehen gilt Satz 1 entsprechend.

(4) Haben Gläubiger und Schuldner der Kapitalerträge vor dem Zufließen ausdrücklich Stundung des Kapitalertrags vereinbart, weil der Schuldner vorübergehend zur Zahlung nicht in der Lage ist, so ist der Steuerabzug erst mit Ablauf der Stundungsfrist vorzunehmen.

(5) ¹Die Schuldner der Kapitalerträge, die den Verkaufsauftrag ausführenden Stellen oder die die Kapitalerträge auszahlenden Stellen haften für die Kapitalertragsteuer, die sie einzubehalten und abzuführen haben, es sei denn, sie weisen nach, dass sie die ihnen auferlegten Pflichten

§ 44a VII. Einkommensteuergesetz

weder vorsätzlich noch grob fahrlässig verletzt haben. ²Der Gläubiger der Kapitalerträge wird nur in Anspruch genommen, wenn
1. der Schuldner, die den Verkaufsauftrag ausführende Stelle oder die die Kapitalerträge auszahlende Stelle die Kapitalerträge nicht vorschriftsmäßig gekürzt hat,
2. der Gläubiger weiß, dass der Schuldner, die den Verkaufsauftrag ausführende Stelle oder die die Kapitalerträge auszahlende Stelle die einbehaltene Kapitalertragsteuer nicht vorschriftsmäßig abgeführt hat, und dies dem Finanzamt nicht unverzüglich mitteilt oder
3. das die Kapitalerträge auszahlende inländische Kreditinstitut oder das inländische Finanzdienstleistungsinstitut die Kapitalerträge zu Unrecht ohne Abzug der Kapitalertragsteuer ausgezahlt hat.

³Für die Inanspruchnahme des Schuldners der Kapitalerträge, der den Verkaufsauftrag ausführenden Stelle und der die Kapitalerträge auszahlenden Stelle bedarf es keines Haftungsbescheids, soweit der Schuldner, die den Verkaufsauftrag ausführende Stelle oder die die Kapitalerträge auszahlende Stelle die einbehaltene Kapitalertragsteuer richtig angemeldet hat oder soweit sie ihre Zahlungsverpflichtungen gegenüber dem Finanzamt oder dem Prüfungsbeamten des Finanzamts schriftlich anerkennen.

(6)[1] ¹In den Fällen des § 43 Absatz 1 Satz 1 Nummer 7c gilt die juristische Person des öffentlichen Rechts und die von der Körperschaftsteuer befreite Körperschaft, Personenvereinigung oder Vermögensmasse als Gläubiger und der Betrieb gewerblicher Art und der wirtschaftliche Geschäftsbetrieb als Schuldner der Kapitalerträge. ²Die Kapitalertragsteuer entsteht, auch soweit sie auf verdeckte Gewinnausschüttungen entfällt, die im abgelaufenen Wirtschaftsjahr vorgenommen worden sind, im Zeitpunkt der Bilanzerstellung; sie entsteht spätestens acht Monate nach Ablauf des Wirtschaftsjahres; in den Fällen des § 20 Absatz 1 Nummer 10 Buchstabe b Satz 2 am Tag nach der Beschlussfassung über die Verwendung und in den Fällen des § 22 Absatz 4 des Umwandlungssteuergesetzes am Tag nach der Veräußerung. ³Die Kapitalertragsteuer entsteht in den Fällen des § 20 Absatz 1 Nummer 10 Buchstabe b Satz 3 zum Ende des Wirtschaftsjahres. ⁴Die Absätze 1 bis 4 und 5 Satz 2 sind entsprechend anzuwenden. ⁵Der Schuldner der Kapitalerträge haftet für die Kapitalertragsteuer, soweit sie auf verdeckte Gewinnausschüttungen und auf Veräußerungen im Sinne des § 22 Absatz 4 des Umwandlungssteuergesetzes entfällt.

(7) ¹In den Fällen des § 14 Absatz 3 des Körperschaftsteuergesetzes entsteht die Kapitalertragsteuer in dem Zeitpunkt der Feststellung der Handelsbilanz der Organgesellschaft; sie entsteht spätestens acht Monate nach Ablauf des Wirtschaftsjahres der Organgesellschaft. ²Die entstandene Kapitalertragsteuer ist an dem auf den Entstehungszeitpunkt nachfolgenden Werktag an das Finanzamt abzuführen, das für die Besteuerung der Organgesellschaft nach dem Einkommen zuständig ist. ³Im Übrigen sind die Absätze 1 bis 4 entsprechend anzuwenden.

### § 44a Abstandnahme vom Steuerabzug[2)3)]

(1) ¹Soweit die Kapitalerträge, die einem unbeschränkt einkommensteuerpflichtigen Gläubiger zufließen, zusammen mit den Kapitalerträgen, für die die Kapitalertragsteuer nach § 44b zu erstatten ist oder nach Absatz 10 kein Steuerabzug vorzunehmen ist, den Sparer-Pauschbetrag nach § 20 Absatz 9 nicht übersteigen, ist ein Steuerabzug nicht vorzunehmen bei Kapitalerträgen im Sinne des

---

1) **Anm. d. Red.:** Zur Anwendung des § 44 Abs. 6 siehe § 52 Abs. 44.

2) **Anm. d. Red.:** § 44a Abs. 1 i. d. F. des Gesetzes v. 2.11.2015 (BGBl I S. 1834) mit Wirkung v. 1.1.2016; Abs. 2, 5, 7, 8, 9 und 10 i. d. F. des Gesetzes v. 26.6.2013 (BGBl I S. 1809) mit Wirkung v. 30.6.2013; Abs. 2a i. d. F. des Gesetzes v. 25.7.2014 (BGBl I S. 1266) mit Wirkung v. 31.7.2014; Abs. 4 und 4a i. d. F. des Gesetzes v. 8.12.2010 (BGBl I S. 1768) mit Wirkung v. 14.12.2010; Abs. 4b und 6 i. d. F. des Gesetzes v. 1.11.2011 (BGBl I S. 2131) mit Wirkung v. 5.11.2011; Abs. 8a i. d. F. des Gesetzes v. 7.12.2011 (BGBl I S. 2592) mit Wirkung v. 1.1.2012.

3) **Anm. d. Red.:** Zur Anwendung des § 44a siehe § 52 Abs. 43.

VII. Einkommensteuergesetz § 44a

1. § 43 Absatz 1 Satz 1 Nummer 1 und 2 aus Genussrechten oder
2. § 43 Absatz 1 Satz 1 Nummer 1 und 2 aus Anteilen, die von einer Kapitalgesellschaft ihren Arbeitnehmern überlassen worden sind und von ihr, einem von der Kapitalgesellschaft bestellten Treuhänder, einem inländischen Kreditinstitut oder einer inländischen Zweigniederlassung einer der in § 53b Absatz 1 oder 7 des Kreditwesengesetzes genannten Unternehmen verwahrt werden, und
3. § 43 Absatz 1 Satz 1 Nummer 3 bis 7 und 8 bis 12 sowie Satz 2.

²Den Arbeitnehmern im Sinne des Satzes 1 stehen Arbeitnehmer eines mit der Kapitalgesellschaft verbundenen Unternehmens nach § 15 des Aktiengesetzes sowie frühere Arbeitnehmer der Kapitalgesellschaft oder eines mit ihr verbundenen Unternehmens gleich. ³Den von der Kapitalgesellschaft überlassenen Anteilen stehen Aktien gleich, die den Arbeitnehmern bei einer Kapitalerhöhung auf Grund ihres Bezugsrechts aus den von der Kapitalgesellschaft überlassenen Aktien zugeteilt worden sind oder die den Arbeitnehmern auf Grund einer Kapitalerhöhung aus Gesellschaftsmitteln gehören. ⁴Bei Kapitalerträgen im Sinne des § 43 Absatz 1 Satz 1 Nummer 1, 2 bis 7 und 8 bis 12 sowie Satz 2, die einem unbeschränkt einkommensteuerpflichtigen Gläubiger zufließen, ist der Steuerabzug nicht vorzunehmen, wenn anzunehmen ist, dass auch für Fälle der Günstigerprüfung nach § 32d Absatz 6 keine Steuer entsteht.

(2) ¹Voraussetzung für die Abstandnahme vom Steuerabzug nach Absatz 1 ist, dass dem nach § 44 Absatz 1 zum Steuerabzug Verpflichteten in den Fällen

1. des Absatzes 1 Satz 1 ein Freistellungsauftrag des Gläubigers der Kapitalerträge nach amtlich vorgeschriebenem Muster oder
2. des Absatzes 1 Satz 4 eine Nichtveranlagungs-Bescheinigung des für den Gläubiger zuständigen Wohnsitzfinanzamts

vorliegt. ²In den Fällen des Satzes 1 Nummer 2 ist die Bescheinigung unter dem Vorbehalt des Widerrufs auszustellen. ³Ihre Geltungsdauer darf höchstens drei Jahre betragen und muss am Schluss eines Kalenderjahres enden. ⁴Fordert das Finanzamt die Bescheinigung zurück oder erkennt der Gläubiger, dass die Voraussetzungen für ihre Erteilung weggefallen sind, so hat er dem Finanzamt die Bescheinigung zurückzugeben.

(2a) ¹Ein Freistellungsauftrag kann nur erteilt werden, wenn der Gläubiger der Kapitalerträge seine Identifikationsnummer (§ 139b der Abgabenordnung) und bei gemeinsamen Freistellungsaufträgen auch die Identifikationsnummer des Ehegatten mitteilt. ²Ein Freistellungsauftrag ist ab dem 1. Januar 2016 unwirksam, wenn der Meldestelle im Sinne des § 45d Absatz 1 Satz 1 keine Identifikationsnummer des Gläubigers der Kapitalerträge und bei gemeinsamen Freistellungsaufträgen auch keine des Ehegatten vorliegen. ³Sofern der Meldestelle im Sinne des § 45d Absatz 1 Satz 1 die Identifikationsnummer nicht bereits bekannt ist, kann sie diese beim Bundeszentralamt für Steuern abfragen. ⁴In der Anfrage dürfen nur die in § 139b Absatz 3 der Abgabenordnung genannten Daten des Gläubigers der Kapitalerträge und bei gemeinsamen Freistellungsaufträgen die des Ehegatten angegeben werden, soweit sie der Meldestelle bekannt sind. ⁵Die Anfrage hat nach amtlich vorgeschriebenem Datensatz durch Datenfernübertragung zu erfolgen. ⁶Im Übrigen ist § 150 Absatz 6 der Abgabenordnung entsprechend anzuwenden. ⁷Das Bundeszentralamt für Steuern teilt der Meldestelle die Identifikationsnummer mit, sofern die übermittelten Daten mit den nach § 139b Absatz 3 der Abgabenordnung beim Bundeszentralamt für Steuern gespeicherten Daten übereinstimmen. ⁸Die Meldestelle darf die Identifikationsnummer nur verwenden, soweit dies zur Erfüllung von steuerlichen Pflichten erforderlich ist.

(3) Der nach § 44 Absatz 1 zum Steuerabzug Verpflichtete hat in seinen Unterlagen das Finanzamt, das die Bescheinigung erteilt hat, den Tag der Ausstellung der Bescheinigung und die in der Bescheinigung angegebene Steuer- und Listennummer zu vermerken sowie die Freistellungsaufträge aufzubewahren.

(4) ¹Ist der Gläubiger

1. eine von der Körperschaftsteuer befreite inländische Körperschaft, Personenvereinigung oder Vermögensmasse oder
2. eine inländische juristische Person des öffentlichen Rechts,

so ist der Steuerabzug bei Kapitalerträgen im Sinne des § 43 Absatz 1 Satz 1 Nummer 4, 6, 7 und 8 bis 12 sowie Satz 2 nicht vorzunehmen. ²Dies gilt auch, wenn es sich bei den Kapitalerträgen um Bezüge im Sinne des § 20 Absatz 1 Nummer 1 und 2 handelt, die der Gläubiger von einer von der Körperschaftsteuer befreiten Körperschaft bezieht. ³Voraussetzung ist, dass der Gläubiger dem Schuldner oder dem die Kapitalerträge auszahlenden inländischen Kreditinstitut oder inländischen Finanzdienstleistungsinstitut durch eine Bescheinigung des für seine Geschäftsleitung oder seinen Sitz zuständigen Finanzamts nachweist, dass er eine Körperschaft, Personenvereinigung oder Vermögensmasse im Sinne des Satzes 1 Nummer 1 oder 2 ist. ⁴Absatz 2 Satz 2 bis 4 und Absatz 3 gelten entsprechend. ⁵Die in Satz 3 bezeichnete Bescheinigung wird nicht erteilt, wenn die Kapitalerträge in den Fällen des Satzes 1 Nummer 1 in einem wirtschaftlichen Geschäftsbetrieb anfallen, für den die Befreiung von der Körperschaftsteuer ausgeschlossen ist, oder wenn sie in den Fällen des Satzes 1 Nummer 2 in einem nicht von der Körperschaftsteuer befreiten Betrieb gewerblicher Art anfallen. ⁶Ein Steuerabzug ist auch nicht vorzunehmen bei Kapitalerträgen im Sinne des § 49 Absatz 1 Nummer 5 Buchstabe c und d, die einem Anleger zufließen, der eine nach den Rechtsvorschriften eines Mitgliedstaates der Europäischen Union oder des Europäischen Wirtschaftsraums gegründete Gesellschaft im Sinne des Artikels 54 des Vertrags über die Arbeitsweise der Europäischen Union oder des Artikels 34 des Abkommens über den Europäischen Wirtschaftsraum mit Sitz und Ort der Geschäftsleitung innerhalb des Hoheitsgebietes eines dieser Staaten ist, und der einer Körperschaft im Sinne des § 5 Absatz 1 Nummer 3 des Körperschaftsteuergesetzes vergleichbar ist; soweit es sich um eine nach den Rechtsvorschriften eines Mitgliedstaates des Europäischen Wirtschaftsraums gegründete Gesellschaft oder eine Gesellschaft mit Ort und Geschäftsleitung in diesem Staat handelt, ist zusätzlich Voraussetzung, dass mit diesem Staat ein Amtshilfeabkommen besteht.

(4a) ¹Absatz 4 ist entsprechend auf Personengesellschaften im Sinne des § 212 Absatz 1 des Fünften Buches Sozialgesetzbuch anzuwenden. ²Dabei tritt die Personengesellschaft an die Stelle des Gläubigers der Kapitalerträge.

(4b) ¹Werden Kapitalerträge im Sinne des § 43 Absatz 1 Satz 1 Nummer 1 von einer Genossenschaft an ihre Mitglieder gezahlt, hat sie den Steuerabzug nicht vorzunehmen, wenn ihr für das jeweilige Mitglied

1. eine Nichtveranlagungs-Bescheinigung nach Absatz 2 Satz 1 Nummer 2,
2. eine Bescheinigung nach Absatz 5 Satz 4,
3. eine Bescheinigung nach Absatz 7 Satz 4 oder
4. eine Bescheinigung nach Absatz 8 Satz 3 vorliegt; in diesen Fällen ist ein Steuereinbehalt in Höhe von drei Fünfteln vorzunehmen.

²Eine Genossenschaft hat keinen Steuerabzug vorzunehmen, wenn ihr ein Freistellungsauftrag erteilt wurde, der auch Kapitalerträge im Sinne des Satzes 1 erfasst, soweit die Kapitalerträge zusammen mit den Kapitalerträgen, für die nach Absatz 1 kein Steuerabzug vorzunehmen ist oder für die die Kapitalertragsteuer nach § 44b zu erstatten ist, den mit dem Freistellungsauftrag beantragten Freibetrag nicht übersteigen. ³Dies gilt auch, wenn die Genossenschaft einen Verlustausgleich nach § 43a Absatz 3 Satz 2 unter Einbeziehung von Kapitalerträgen im Sinne des Satzes 1 durchgeführt hat.

(5) ¹Bei Kapitalerträgen im Sinne des § 43 Absatz 1 Satz 1 Nummer 1, 2, 6, 7 und 8 bis 12 sowie Satz 2, die einem unbeschränkt oder beschränkt einkommensteuerpflichtigen Gläubiger zufließen, ist der Steuerabzug nicht vorzunehmen, wenn die Kapitalerträge Betriebseinnahmen des Gläubigers sind und die Kapitalertragsteuer bei ihm auf Grund der Art seiner Geschäfte auf Dauer höher wäre als die gesamte festzusetzende Einkommensteuer oder Körperschaftsteuer. ²Ist der Gläubiger ein Lebens- oder Krankenversicherungsunternehmen als Organgesellschaft,

ist für die Anwendung des Satzes 1 eine bestehende Organschaft im Sinne des § 14 des Körperschaftsteuergesetzes nicht zu berücksichtigen, wenn die beim Organträger anzurechnende Kapitalertragsteuer, einschließlich der Kapitalertragsteuer des Lebens- oder Krankenversicherungsunternehmens, die auf Grund von § 19 Absatz 5 des Körperschaftsteuergesetzes anzurechnen wäre, höher wäre, als die gesamte festzusetzende Körperschaftsteuer. ³Für die Prüfung der Voraussetzung des Satzes 2 ist auf die Verhältnisse der dem Antrag auf Erteilung einer Bescheinigung im Sinne des Satzes 4 vorangehenden drei Veranlagungszeiträume abzustellen. ⁴Die Voraussetzung des Satzes 1 ist durch eine Bescheinigung des für den Gläubiger zuständigen Finanzamts nachzuweisen. ⁵Die Bescheinigung ist unter dem Vorbehalt des Widerrufs auszustellen. ⁶Die Voraussetzung des Satzes 2 ist gegenüber dem für den Gläubiger zuständigen Finanzamt durch eine Bescheinigung des für den Organträger zuständigen Finanzamts nachzuweisen.

(6) ¹Voraussetzung für die Abstandnahme vom Steuerabzug nach den Absätzen 1, 4 und 5 bei Kapitalerträgen im Sinne des § 43 Absatz 1 Satz 1 Nummer 6, 7 und 8 bis 12 sowie Satz 2 ist, dass die Teilschuldverschreibungen, die Anteile an der Sammelschuldbuchforderung, die Wertrechte, die Einlagen und Guthaben oder sonstigen Wirtschaftsgüter im Zeitpunkt des Zufließens der Einnahmen unter dem Namen des Gläubigers der Kapitalerträge bei der die Kapitalerträge auszahlenden Stelle verwahrt oder verwaltet werden. ²Ist dies nicht der Fall, ist die Bescheinigung nach § 45a Absatz 2 durch einen entsprechenden Hinweis zu kennzeichnen. ³Wird bei einem inländischen Kredit- oder Finanzdienstleistungsinstitut im Sinne des § 43 Absatz 1 Satz 1 Nummer 7 Buchstabe b ein Konto oder Depot für eine gemäß § 5 Absatz 1 Nummer 9 des Körperschaftsteuergesetzes befreite Stiftung im Sinne des § 1 Absatz 1 Nummer 5 des Körperschaftsteuergesetzes auf den Namen eines anderen Berechtigten geführt und ist das Konto oder Depot durch einen Zusatz zur Bezeichnung eindeutig sowohl vom übrigen Vermögen des anderen Berechtigten zu unterscheiden als auch steuerlich der Stiftung zuzuordnen, so gilt es für die Anwendung des Absatzes 4, des Absatzes 7, des Absatzes 10 Satz 1 Nummer 3 und des § 44b Absatz 6 in Verbindung mit Absatz 7 als im Namen der Stiftung geführt.

(7) ¹Ist der Gläubiger eine inländische

1. Körperschaft, Personenvereinigung oder Vermögensmasse im Sinne des § 5 Absatz 1 Nummer 9 des Körperschaftsteuergesetzes oder
2. Stiftung des öffentlichen Rechts, die ausschließlich und unmittelbar gemeinnützigen oder mildtätigen Zwecken dient, oder
3. juristische Person des öffentlichen Rechts, die ausschließlich und unmittelbar kirchlichen Zwecken dient,

so ist der Steuerabzug bei Kapitalerträgen im Sinne des § 43 Absatz 1 Satz 1 Nummer 1, 2, 3 und 7a bis 7c nicht vorzunehmen. ²Voraussetzung für die Anwendung des Satzes 1 ist, dass der Gläubiger durch eine Bescheinigung des für seine Geschäftsleitung oder seinen Sitz zuständigen Finanzamts nachweist, dass er eine Körperschaft, Personenvereinigung oder Vermögensmasse nach Satz 1 ist. ³Absatz 4 gilt entsprechend.

(8) ¹Ist der Gläubiger

1. eine nach § 5 Absatz 1 mit Ausnahme der Nummer 9 des Körperschaftsteuergesetzes oder nach anderen Gesetzen von der Körperschaftsteuer befreite Körperschaft, Personenvereinigung oder Vermögensmasse oder
2. eine inländische juristische Person des öffentlichen Rechts, die nicht in Absatz 7 bezeichnet ist,

so ist der Steuerabzug bei Kapitalerträgen im Sinne des § 43 Absatz 1 Satz 1 Nummer 1, 2, 3 und 7a nur in Höhe von drei Fünfteln vorzunehmen. ²Voraussetzung für die Anwendung des Satzes 1 ist, dass der Gläubiger durch eine Bescheinigung des für seine Geschäftsleitung oder seinen Sitz zuständigen Finanzamts nachweist, dass er eine Körperschaft, Personenvereinigung oder Vermögensmasse im Sinne des Satzes 1 ist. ³Absatz 4 gilt entsprechend.

(8a) ¹Absatz 8 ist entsprechend auf Personengesellschaften im Sinne des § 212 Absatz 1 des Fünften Buches Sozialgesetzbuch anzuwenden. ²Dabei tritt die Personengesellschaft an die Stelle des Gläubigers der Kapitalerträge.

(9) ¹Ist der Gläubiger der Kapitalerträge im Sinne des § 43 Absatz 1 eine beschränkt steuerpflichtige Körperschaft im Sinne des § 2 Nummer 1 des Körperschaftsteuergesetzes, so werden zwei Fünftel der einbehaltenen und abgeführten Kapitalertragsteuer erstattet. ²§ 50d Absatz 1 Satz 3 bis 12, Absatz 3 und 4 ist entsprechend anzuwenden. ³Der Anspruch auf eine weitergehende Freistellung und Erstattung nach § 50d Absatz 1 in Verbindung mit § 43b oder § 50g oder nach einem Abkommen zur Vermeidung der Doppelbesteuerung bleibt unberührt. ⁴Verfahren nach den vorstehenden Sätzen und nach § 50d Absatz 1 soll das Bundeszentralamt für Steuern verbinden.

(10) ¹Werden Kapitalerträge im Sinne des § 43 Absatz 1 Satz 1 Nummer 1a gezahlt, hat die auszahlende Stelle keinen Steuerabzug vorzunehmen, wenn

1. der auszahlenden Stelle eine Nichtveranlagungs-Bescheinigung nach Absatz 2 Satz 1 Nummer 2 für den Gläubiger vorgelegt wird,
2. der auszahlenden Stelle eine Bescheinigung nach Absatz 5 für den Gläubiger vorgelegt wird,
3. der auszahlenden Stelle eine Bescheinigung nach Absatz 7 Satz 2 für den Gläubiger vorgelegt wird oder
4. der auszahlenden Stelle eine Bescheinigung nach Absatz 8 Satz 2 für den Gläubiger vorgelegt wird; in diesen Fällen ist ein Steuereinbehalt in Höhe von drei Fünfteln vorzunehmen.

²Wird der auszahlenden Stelle ein Freistellungsauftrag erteilt, der auch Kapitalerträge im Sinne des Satzes 1 erfasst, oder führt diese einen Verlustausgleich nach § 43a Absatz 3 Satz 2 unter Einbeziehung von Kapitalerträgen im Sinne des Satzes 1 durch, so hat sie den Steuerabzug nicht vorzunehmen, soweit die Kapitalerträge zusammen mit den Kapitalerträgen, für die nach Absatz 1 kein Steuerabzug vorzunehmen ist oder die Kapitalertragsteuer nach § 44b zu erstatten ist, den mit dem Freistellungsauftrag beantragten Freistellungsbetrag nicht übersteigen. ³Absatz 6 ist entsprechend anzuwenden. ⁴Werden Kapitalerträge im Sinne des § 43 Absatz 1 Satz 1 Nummer 1a von einer auszahlenden Stelle im Sinne des § 44 Absatz 1 Satz 4 Nummer 3 an eine ausländische Stelle ausgezahlt, hat diese auszahlende Stelle über den von ihr vor der Zahlung in das Ausland von diesen Kapitalerträgen vorgenommenen Steuerabzug der letzten inländischen auszahlenden Stelle in der Wertpapierverwahrkette, welche die Kapitalerträge auszahlt oder gutschreibt, auf deren Antrag eine Sammel-Steuerbescheinigung für die Summe der eigenen und der für Kunden verwahrten Aktien nach amtlich vorgeschriebenem Muster auszustellen. ⁵Der Antrag darf nur für Aktien gestellt werden, die mit Dividendenberechtigung erworben und mit Dividendenanspruch geliefert wurden. ⁶Wird eine solche Sammel-Steuerbescheinigung beantragt, ist die Ausstellung von Einzel-Steuerbescheinigungen oder die Weiterleitung eines Antrags auf Ausstellung einer Einzel-Steuerbescheinigung über den Steuerabzug von denselben Kapitalerträgen ausgeschlossen; die Sammel-Steuerbescheinigung ist als solche zu kennzeichnen. ⁷Auf die ihr ausgestellte Sammel-Steuerbescheinigung wendet die letzte inländische auszahlende Stelle § 44b Absatz 6 mit der Maßgabe an, dass sie von den ihr nach dieser Vorschrift eingeräumten Möglichkeiten Gebrauch zu machen hat.

### § 44b Erstattung der Kapitalertragsteuer[1)]

(1) bis (4) (weggefallen)

(5) ¹Ist Kapitalertragsteuer einbehalten oder abgeführt worden, obwohl eine Verpflichtung hierzu nicht bestand, oder hat der Gläubiger dem nach § 44 Absatz 1 zum Steuerabzug Ver-

---

1) **Anm. d. Red.:** § 44b Abs. 1 bis 4 weggefallen, Abs. 6 und 7 i. d. F. des Gesetzes v. 26. 6. 2013 (BGBl I S. 1809) mit Wirkung v. 30. 6. 2013; Abs. 5 i. d. F. des Gesetzes v. 22. 12. 2014 (BGBl I S. 2417) mit Wirkung v. 1. 1. 2015.

pflichteten die Bescheinigung nach § 43 Absatz 2 Satz 4, den Freistellungsauftrag, die Nichtveranlagungs-Bescheinigung oder die Bescheinigungen nach § 44a Absatz 4 oder Absatz 5 erst zu einem Zeitpunkt vorgelegt, zu dem die Kapitalertragsteuer bereits abgeführt war, oder nach diesem Zeitpunkt erst die Erklärung nach § 43 Absatz 2 Satz 3 Nummer 2 abgegeben, ist auf Antrag des nach § 44 Absatz 1 zum Steuerabzug Verpflichteten die Steueranmeldung (§ 45a Absatz 1) insoweit zu ändern; stattdessen kann der zum Steuerabzug Verpflichtete bei der folgenden Steueranmeldung die abzuführende Kapitalertragsteuer entsprechend kürzen. ²Erstattungsberechtigt ist der Antragsteller. ³Solange noch keine Steuerbescheinigung nach § 45a erteilt ist, hat der zum Steuerabzug Verpflichtete das Verfahren nach Satz 1 zu betreiben. ⁴Die vorstehenden Sätze sind in den Fällen des Absatzes 6 nicht anzuwenden.

(6) ¹Werden Kapitalerträge im Sinne des § 43 Absatz 1 Satz 1 Nummer 1 und 2 durch ein inländisches Kredit- oder Finanzdienstleistungsinstitut im Sinne des § 43 Absatz 1 Satz 1 Nummer 7 Buchstabe b, das die Wertpapiere, Wertrechte oder sonstigen Wirtschaftsgüter unter dem Namen des Gläubigers verwahrt oder verwaltet, als Schuldner der Kapitalerträge oder für Rechnung des Schuldners gezahlt, kann das Kredit- oder Finanzdienstleistungsinstitut die einbehaltene und abgeführte Kapitalertragsteuer dem Gläubiger der Kapitalerträge bis zur Ausstellung einer Steuerbescheinigung, längstens bis zum 31. März des auf den Zufluss der Kapitalerträge folgenden Kalenderjahres, unter den folgenden Voraussetzungen erstatten:

1. dem Kredit- oder Finanzdienstleistungsinstitut wird eine Nichtveranlagungs-Bescheinigung nach § 44a Absatz 2 Satz 1 Nummer 2 für den Gläubiger vorgelegt,
2. dem Kredit- oder Finanzdienstleistungsinstitut wird eine Bescheinigung nach § 44a Absatz 5 für den Gläubiger vorgelegt,
3. dem Kredit- oder Finanzdienstleistungsinstitut wird eine Bescheinigung nach § 44a Absatz 7 Satz 2 für den Gläubiger vorgelegt und eine Abstandnahme war nicht möglich oder
4. dem Kredit- oder Finanzdienstleistungsinstitut wird eine Bescheinigung nach § 44a Absatz 8 Satz 2 für den Gläubiger vorgelegt und die teilweise Abstandnahme war nicht möglich; in diesen Fällen darf die Kapitalertragsteuer nur in Höhe von zwei Fünfteln erstattet werden.

²Das erstattende Kredit- oder Finanzdienstleistungsinstitut haftet in sinngemäßer Anwendung des § 44 Absatz 5 für zu Unrecht vorgenommene Erstattungen; für die Zahlungsaufforderung gilt § 219 Satz 2 der Abgabenordnung entsprechend. ³Das Kredit- oder Finanzdienstleistungsinstitut hat die Summe der Erstattungsbeträge in der Steueranmeldung gesondert anzugeben und von der von ihm abzuführenden Kapitalertragsteuer abzusetzen. ⁴Wird dem Kredit- oder Finanzdienstleistungsinstitut ein Freistellungsauftrag erteilt, der auch Kapitalerträge im Sinne des Satzes 1 erfasst, oder führt das Institut einen Verlustausgleich nach § 43a Absatz 3 Satz 2 unter Einbeziehung von Kapitalerträgen im Sinne des Satzes 1 aus, so hat es bis zur Ausstellung der Steuerbescheinigung, längstens bis zum 31. März des auf den Zufluss der Kapitalerträge folgenden Kalenderjahres, die einbehaltene und abgeführte Kapitalertragsteuer auf diese Kapitalerträge zu erstatten; Satz 2 ist entsprechend anzuwenden.

(7) ¹Eine Gesamthandsgemeinschaft kann für ihre Mitglieder im Sinne des § 44a Absatz 7 oder Absatz 8 eine Erstattung der Kapitalertragsteuer bei dem für die gesonderte Feststellung ihrer Einkünfte zuständigen Finanzamt beantragen. ²Die Erstattung ist unter den Voraussetzungen des § 44a Absatz 4, 7 oder Absatz 8 und in dem dort bestimmten Umfang zu gewähren.

### § 45 Ausschluss der Erstattung von Kapitalertragsteuer[1]

¹In den Fällen, in denen die Dividende an einen anderen als an den Anteilseigner ausgezahlt wird, ist die Erstattung von Kapitalertragsteuer an den Zahlungsempfänger ausgeschlossen. ²Satz 1 gilt nicht für den Erwerber eines Dividendenscheines oder sonstigen Anspruches in den Fällen des § 20 Absatz 2 Satz 1 Nummer 2 Buchstabe a Satz 2. ³In den Fällen des § 20 Absatz 2

---

1) **Anm. d. Red.:** § 45 i. d. F. des Gesetzes v. 25. 7. 2014 (BGBl I S. 1266) mit Wirkung v. 31. 7. 2014.

Satz 1 Nummer 2 Buchstabe b ist die Erstattung von Kapitalertragsteuer an den Erwerber von Zinsscheinen nach § 37 Absatz 2 der Abgabenordnung ausgeschlossen.

## § 45a Anmeldung und Bescheinigung der Kapitalertragsteuer[1)]

(1) ¹Die Anmeldung der einbehaltenen Kapitalertragsteuer ist dem Finanzamt innerhalb der in § 44 Absatz 1 oder Absatz 7 bestimmten Frist nach amtlich vorgeschriebenem Vordruck auf elektronischem Weg nach Maßgabe der Steuerdaten-Übermittlungsverordnung zu übermitteln; die auszahlende Stelle hat die Kapitalertragsteuer auf die Erträge im Sinne des § 43 Absatz 1 Satz 1 Nummer 1a jeweils gesondert für das Land, in dem sich der Ort der Geschäftsleitung des Schuldners der Kapitalerträge befindet, anzugeben. ²Satz 1 gilt entsprechend, wenn ein Steuerabzug nicht oder nicht in voller Höhe vorzunehmen ist. ³Der Grund für die Nichtabführung ist anzugeben. ⁴Auf Antrag kann das Finanzamt zur Vermeidung unbilliger Härten auf eine elektronische Übermittlung verzichten; in diesem Fall ist die Kapitalertragsteuer-Anmeldung von dem Schuldner, der den Verkaufsauftrag ausführenden Stelle, der auszahlenden Stelle oder einer vertretungsberechtigten Person zu unterschreiben.

(2) ¹Folgende Stellen sind verpflichtet, dem Gläubiger der Kapitalerträge auf Verlangen eine Bescheinigung nach amtlich vorgeschriebenem Muster auszustellen, die die nach § 32d erforderlichen Angaben enthält; bei Vorliegen der Voraussetzungen des

1. § 43 Absatz 1 Satz 1 Nummer 1, 2 bis 4, 7a und 7b der Schuldner der Kapitalerträge,
2. § 43 Absatz 1 Satz 1 Nummer 1a, 6, 7 und 8 bis 12 sowie Satz 2 die die Kapitalerträge auszahlende Stelle vorbehaltlich des Absatzes 3 und
3. § 44 Absatz 1a die zur Abführung der Steuer verpflichtete Stelle.

²Die Bescheinigung braucht nicht unterschrieben zu werden, wenn sie in einem maschinellen Verfahren ausgedruckt worden ist und den Aussteller erkennen lässt. ³§ 44a Absatz 6 gilt sinngemäß; über die zu kennzeichnenden Bescheinigungen haben die genannten Institute und Unternehmen Aufzeichnungen zu führen. ⁴Diese müssen einen Hinweis auf den Buchungsbeleg über die Auszahlung an den Empfänger der Bescheinigung enthalten.

(3) ¹Werden Kapitalerträge für Rechnung des Schuldners durch ein inländisches Kreditinstitut oder ein inländisches Finanzdienstleistungsinstitut gezahlt, so hat anstelle des Schuldners das Kreditinstitut oder das Finanzdienstleistungsinstitut die Bescheinigung zu erteilen, sofern nicht die Voraussetzungen des Absatzes 2 Satz 1 erfüllt sind. ²Satz 1 gilt in den Fällen des § 20 Absatz 1 Nummer 1 Satz 4 entsprechend; der Emittent der Aktien gilt insoweit als Schuldner der Kapitalerträge.

(4) ¹Eine Bescheinigung nach Absatz 2 oder Absatz 3 ist auch zu erteilen, wenn in Vertretung des Gläubigers ein Antrag auf Erstattung der Kapitalertragsteuer nach § 44b gestellt worden ist oder gestellt wird. ²Satz 1 gilt entsprechend, wenn nach § 44a Absatz 8 Satz 1 der Steuerabzug nur nicht in voller Höhe vorgenommen worden ist.

(5) ¹Eine Ersatzbescheinigung darf nur ausgestellt werden, wenn die Urschrift nach den Angaben des Gläubigers abhanden gekommen oder vernichtet ist. ²Die Ersatzbescheinigung muss als solche gekennzeichnet sein. ³Über die Ausstellung von Ersatzbescheinigungen hat der Aussteller Aufzeichnungen zu führen.

(6) ¹Eine Bescheinigung, die den Absätzen 2 bis 5 nicht entspricht, hat der Aussteller zurückzufordern und durch eine berichtigte Bescheinigung zu ersetzen. ²Die berichtigte Bescheinigung ist als solche zu kennzeichnen. ³Wird die zurückgeforderte Bescheinigung nicht innerhalb eines Monats nach Zusendung der berichtigten Bescheinigung an den Aussteller zurückgegeben, hat der Aussteller das nach seinen Unterlagen für den Empfänger zuständige Finanzamt schriftlich zu benachrichtigen.

---

1) **Anm. d. Red.:** § 45a Abs. 1 und 3 i. d. F. des Gesetzes v. 22. 6. 2011 (BGBl I S. 1126) mit Wirkung v. 26. 6. 2011; Abs. 2 i. d. F. des Gesetzes v. 26. 6. 2013 (BGBl I S. 1809) mit Wirkung v. 30. 6. 2013.

(7) ¹Der Aussteller einer Bescheinigung, die den Absätzen 2 bis 5 nicht entspricht, haftet für die auf Grund der Bescheinigung verkürzten Steuern oder zu Unrecht gewährten Steuervorteile. ²Ist die Bescheinigung nach Absatz 3 durch ein inländisches Kreditinstitut oder ein inländisches Finanzdienstleistungsinstitut auszustellen, so haftet der Schuldner auch, wenn er zum Zweck der Bescheinigung unrichtige Angaben macht. ³Der Aussteller haftet nicht
1. in den Fällen des Satzes 2,
2. wenn er die ihm nach Absatz 6 obliegenden Verpflichtungen erfüllt hat.

## §§ 45b und 45c (weggefallen)[1)]

## § 45d Mitteilungen an das Bundeszentralamt für Steuern[2)]

(1)[3)] ¹Wer nach § 44 Absatz 1 dieses Gesetzes und § 7 des Investmentsteuergesetzes zum Steuerabzug verpflichtet ist (Meldestelle), hat dem Bundeszentralamt für Steuern bis zum 1. März des Jahres, das auf das Jahr folgt, in dem die Kapitalerträge den Gläubigern zufließen, folgende Daten zu übermitteln:
1. Vor- und Zuname, Identifikationsnummer (§ 139b der Abgabenordnung) sowie das Geburtsdatum des Gläubigers der Kapitalerträge; bei einem gemeinsamen Freistellungsauftrag sind die Daten beider Ehegatten zu übermitteln,
2. Anschrift des Gläubigers der Kapitalerträge,
3. bei den Kapitalerträgen, für die ein Freistellungsauftrag erteilt worden ist,
    a) die Kapitalerträge, bei denen vom Steuerabzug Abstand genommen worden ist oder bei denen auf Grund des Freistellungsauftrags gemäß § 44b Absatz 6 Satz 4 dieses Gesetzes oder gemäß § 7 Absatz 5 Satz 1 des Investmentsteuergesetzes Kapitalertragsteuer erstattet wurde,
    b) die Kapitalerträge, bei denen die Erstattung von Kapitalertragsteuer beim Bundeszentralamt für Steuern beantragt worden ist,
4. die Kapitalerträge, bei denen auf Grund einer Nichtveranlagungs-Bescheinigung einer natürlichen Person nach § 44a Absatz 2 Satz 1 Nummer 2 vom Steuerabzug Abstand genommen oder eine Erstattung vorgenommen wurde,
5. Name und Anschrift der Meldestelle.

²Die Daten sind nach amtlich vorgeschriebenem Datensatz durch Datenfernübertragung zu übermitteln; im Übrigen ist § 150 Absatz 6 der Abgabenordnung entsprechend anzuwenden.

(2) ¹Das Bundeszentralamt für Steuern darf den Sozialleistungsträgern die Daten nach Absatz 1 mitteilen, soweit dies zur Überprüfung des bei der Sozialleistung zu berücksichtigenden Einkommens oder Vermögens erforderlich ist oder der Betroffene zustimmt. ²Für Zwecke des Satzes 1 ist das Bundeszentralamt für Steuern berechtigt, die ihm von den Sozialleistungsträgern übermittelten Daten mit den vorhandenen Daten nach Absatz 1 im Wege des automatisierten Datenabgleichs zu überprüfen und das Ergebnis den Sozialleistungsträgern mitzuteilen.

(3) ¹Ein inländischer Versicherungsvermittler im Sinne des § 59 Absatz 1 des Versicherungsvertragsgesetzes hat bis zum 30. März des Folgejahres das Zustandekommen eines Vertrages im Sinne des § 20 Absatz 1 Nummer 6 zwischen einer im Inland ansässigen Person und einem Versicherungsunternehmen mit Sitz und Geschäftsleitung im Ausland gegenüber dem Bundeszentralamt für Steuern mitzuteilen; dies gilt nicht, wenn das Versicherungsunternehmen eine Niederlassung im Inland hat oder das Versicherungsunternehmen dem Bundeszentralamt für

---

1) **Anm. d. Red.:** § 45b weggefallen gem. Gesetz v. 26. 6. 2013 (BGBl I S. 1809) mit Wirkung v. 30. 6. 2013.

2) **Anm. d. Red.:** § 45d Abs. 1 i. d. F. des Gesetzes v. 26. 6. 2013 (BGBl I S. 1809) mit Wirkung v. 30. 6. 2013; Abs. 3 i. d. F. des Gesetzes v. 8. 12. 2010 (BGBl I S. 1768) mit Wirkung v. 14. 12. 2010.

3) **Anm. d. Red.:** Zur Anwendung des § 45d Abs. 1 siehe § 52 Abs. 45.

Steuern bis zu diesem Zeitpunkt das Zustandekommen eines Vertrages angezeigt und den Versicherungsvermittler hierüber in Kenntnis gesetzt hat. ²Folgende Daten sind zu übermitteln:
1. Vor- und Zuname sowie Geburtsdatum, Anschrift und Identifikationsnummer des Versicherungsnehmers,
2. Name und Anschrift des Versicherungsunternehmens sowie Vertragsnummer oder sonstige Kennzeichnung des Vertrages,
3. Name und Anschrift des Versicherungsvermittlers, wenn die Mitteilung nicht vom Versicherungsunternehmen übernommen wurde,
4. Laufzeit und garantierte Versicherungssumme oder Beitragssumme für die gesamte Laufzeit,
5. Angabe, ob es sich um einen konventionellen, einen fondsgebundenen oder einen vermögensverwaltenden Versicherungsvertrag handelt.

³Die Daten sind nach amtlich vorgeschriebenem Datensatz durch Datenfernübertragung zu übermitteln; im Übrigen ist § 150 Absatz 6 der Abgabenordnung entsprechend anzuwenden.

### § 45e Ermächtigung für Zinsinformationsverordnung[1]

¹Die Bundesregierung wird ermächtigt, durch Rechtsverordnung mit Zustimmung des Bundesrates die Richtlinie 2003/48/EG des Rates vom 3. Juni 2003 (ABl EU Nr. L 157 S. 38) in der jeweils geltenden Fassung im Bereich der Besteuerung von Zinserträgen umzusetzen. ²§ 45d Absatz 1 Satz 2 und Absatz 2 ist entsprechend anzuwenden.

## 4. Veranlagung von Steuerpflichtigen mit steuerabzugspflichtigen Einkünften

### § 46 Veranlagung bei Bezug von Einkünften aus nichtselbständiger Arbeit[2]

(1) (weggefallen)

(2) Besteht das Einkommen ganz oder teilweise aus Einkünften aus nichtselbständiger Arbeit, von denen ein Steuerabzug vorgenommen worden ist, so wird eine Veranlagung nur durchgeführt,
1. wenn die positive Summe der einkommensteuerpflichtigen Einkünfte, die nicht dem Steuerabzug vom Arbeitslohn zu unterwerfen waren, vermindert um die darauf entfallenden Beträge nach § 13 Absatz 3 und § 24a, oder die positive Summe der Einkünfte und Leistungen, die dem Progressionsvorbehalt unterliegen, jeweils mehr als 410 Euro beträgt;
2. wenn der Steuerpflichtige nebeneinander von mehreren Arbeitgebern Arbeitslohn bezogen hat; das gilt nicht, soweit nach § 38 Absatz 3a Satz 7 Arbeitslohn von mehreren Arbeitgebern für den Lohnsteuerabzug zusammengerechnet worden ist;
3. wenn bei einem Steuerpflichtigen die Summe der beim Steuerabzug vom Arbeitslohn nach § 39b Absatz 2 Satz 5 Nummer 3 Buchstabe b bis d berücksichtigten Teilbeträge der Vorsorgepauschale größer ist als die abziehbaren Vorsorgeaufwendungen nach § 10 Absatz 1 Nummer 3 und Nummer 3a in Verbindung mit Absatz 4 und der im Kalenderjahr insgesamt erzielte Arbeitslohn 11 000 Euro übersteigt, oder bei Ehegatten, die die Voraussetzungen des § 26 Absatz 1 erfüllen, der im Kalenderjahr von den Ehegatten insgesamt erzielte Arbeitslohn 20 900 Euro übersteigt;
3a. wenn von Ehegatten, die nach den §§ 26, 26b zusammen zur Einkommensteuer zu veranlagen sind, beide Arbeitslohn bezogen haben und einer für den Veranlagungszeitraum oder

---

1) **Anm. d. Red.:** § 45e i. d. F. des Gesetzes v. 25. 7. 2014 (BGBl I S. 1266) mit Wirkung v. 31. 7. 2014.

2) **Anm. d. Red.:** § 46 Abs. 2 i. d. F. des Gesetzes v. 16. 7. 2015 (BGBl I S. 1202) mit Wirkung v. 1. 1. 2016; Abs. 3 und 5 i. d. F. des Gesetzes v. 25. 7. 2014 (BGBl I S. 1266) mit Wirkung v. 31. 7. 2014.

einen Teil davon nach der Steuerklasse V oder VI besteuert oder bei Steuerklasse IV der Faktor (§ 39f) eingetragen worden ist;

4. wenn für einen Steuerpflichtigen ein Freibetrag im Sinne des § 39a Absatz 1 Satz 1 Nummer 1 bis 3, 5 oder Nummer 6 ermittelt worden ist und der im Kalenderjahr insgesamt erzielte Arbeitslohn 11 000 Euro übersteigt oder bei Ehegatten, die die Voraussetzungen des § 26 Absatz 1 erfüllen, der im Kalenderjahr von den Ehegatten insgesamt erzielte Arbeitslohn 20 900 Euro übersteigt; dasselbe gilt für einen Steuerpflichtigen, der zum Personenkreis des § 1 Absatz 2 gehört oder für einen beschränkt einkommensteuerpflichtigen Arbeitnehmer, wenn diese Eintragungen auf einer Bescheinigung für den Lohnsteuerabzug (§ 39 Absatz 3 Satz 1) erfolgt sind;

4a. wenn bei einem Elternpaar, bei dem die Voraussetzungen des § 26 Absatz 1 Satz 1 nicht vorliegen,

   a) bis c) (weggefallen)

   d) im Fall des § 33a Absatz 2 Satz 5 das Elternpaar gemeinsam eine Aufteilung des Abzugsbetrags in einem anderen Verhältnis als je zur Hälfte beantragt oder

   e) im Fall des § 33b Absatz 5 Satz 3 das Elternpaar gemeinsam eine Aufteilung des Pauschbetrags für behinderte Menschen oder des Pauschbetrags für Hinterbliebene in einem anderen Verhältnis als je zur Hälfte beantragt.

   ²Die Veranlagungspflicht besteht für jeden Elternteil, der Einkünfte aus nichtselbständiger Arbeit bezogen hat;

5. wenn bei einem Steuerpflichtigen die Lohnsteuer für einen sonstigen Bezug im Sinne des § 34 Absatz 1 und 2 Nummer 2 und 4 nach § 39b Absatz 3 Satz 9 oder für einen sonstigen Bezug nach § 39c Absatz 3 ermittelt wurde;

5a. wenn der Arbeitgeber die Lohnsteuer von einem sonstigen Bezug berechnet hat und dabei der Arbeitslohn aus früheren Dienstverhältnissen des Kalenderjahres außer Betracht geblieben ist (§ 39b Absatz 3 Satz 2, § 41 Absatz 1 Satz 6, Großbuchstabe S);

6. wenn die Ehe des Arbeitnehmers im Veranlagungszeitraum durch Tod, Scheidung oder Aufhebung aufgelöst worden ist und er oder sein Ehegatte der aufgelösten Ehe im Veranlagungszeitraum wieder geheiratet hat;

7. wenn

   a) für einen unbeschränkt Steuerpflichtigen im Sinne des § 1 Absatz 1 bei der Bildung der Lohnsteuerabzugsmerkmale (§ 39) ein Ehegatte im Sinne des § 1a Absatz 1 Nummer 2 berücksichtigt worden ist oder

   b) für einen Steuerpflichtigen, der zum Personenkreis des § 1 Absatz 3 oder des § 1a gehört, Lohnsteuerabzugsmerkmale nach § 39 Absatz 2 gebildet worden sind; das nach § 39 Absatz 2 Satz 2 bis 4 zuständige Betriebsstättenfinanzamt ist dann auch für die Veranlagung zuständig;

8. wenn die Veranlagung beantragt wird, insbesondere zur Anrechnung von Lohnsteuer auf die Einkommensteuer. ²Der Antrag ist durch Abgabe einer Einkommensteuererklärung zu stellen.

(3) ¹In den Fällen des Absatzes 2 ist ein Betrag in Höhe der einkommensteuerpflichtigen Einkünfte, von denen der Steuerabzug vom Arbeitslohn nicht vorgenommen worden ist und die nicht nach § 32d Absatz 6 der tariflichen Einkommensteuer unterworfen wurden, vom Einkommen abzuziehen, wenn diese Einkünfte insgesamt nicht mehr als 410 Euro betragen. ²Der Betrag nach Satz 1 vermindert sich um den Altersentlastungsbetrag, soweit dieser den unter Verwendung des nach § 24a Satz 5 maßgebenden Prozentsatzes zu ermittelnden Anteil des Arbeitslohns mit Ausnahme der Versorgungsbezüge im Sinne des § 19 Absatz 2 übersteigt, und um den nach § 13 Absatz 3 zu berücksichtigenden Betrag.

(4) ¹Kommt nach Absatz 2 eine Veranlagung zur Einkommensteuer nicht in Betracht, so gilt die Einkommensteuer, die auf die Einkünfte aus nichtselbständiger Arbeit entfällt, für den Steu-

erpflichtigen durch den Lohnsteuerabzug als abgegolten, soweit er nicht für zu wenig erhobene Lohnsteuer in Anspruch genommen werden kann. ²§ 42b bleibt unberührt.

(5) Durch Rechtsverordnung kann in den Fällen des Absatzes 2 Nummer 1, in denen die einkommensteuerpflichtigen Einkünfte, von denen der Steuerabzug vom Arbeitslohn nicht vorgenommen worden ist und die nicht nach § 32d Absatz 6 der tariflichen Einkommensteuer unterworfen wurden, den Betrag von 410 Euro übersteigen, die Besteuerung so gemildert werden, dass auf die volle Besteuerung dieser Einkünfte stufenweise übergeleitet wird.

## § 47 (weggefallen)

## VII. Steuerabzug bei Bauleistungen

### § 48 Steuerabzug

(1) ¹Erbringt jemand im Inland eine Bauleistung (Leistender) an einen Unternehmer im Sinne des § 2 des Umsatzsteuergesetzes oder an eine juristische Person des öffentlichen Rechts (Leistungsempfänger), ist der Leistungsempfänger verpflichtet, von der Gegenleistung einen Steuerabzug in Höhe von 15 Prozent für Rechnung des Leistenden vorzunehmen. ²Vermietet der Leistungsempfänger Wohnungen, so ist Satz 1 nicht auf Bauleistungen für diese Wohnungen anzuwenden, wenn er nicht mehr als zwei Wohnungen vermietet. ³Bauleistungen sind alle Leistungen, die der Herstellung, Instandsetzung, Instandhaltung, Änderung oder Beseitigung von Bauwerken dienen. ⁴Als Leistender gilt auch derjenige, der über eine Leistung abrechnet, ohne sie erbracht zu haben.

(2) ¹Der Steuerabzug muss nicht vorgenommen werden, wenn der Leistende dem Leistungsempfänger eine im Zeitpunkt der Gegenleistung gültige Freistellungsbescheinigung nach § 48b Absatz 1 Satz 1 vorlegt oder die Gegenleistung im laufenden Kalenderjahr den folgenden Betrag voraussichtlich nicht übersteigen wird:
1. 15 000 Euro, wenn der Leistungsempfänger ausschließlich steuerfreie Umsätze nach § 4 Nummer 12 Satz 1 des Umsatzsteuergesetzes ausführt,
2. 5 000 Euro in den übrigen Fällen.

²Für die Ermittlung des Betrags sind die für denselben Leistungsempfänger erbrachten und voraussichtlich zu erbringenden Bauleistungen zusammenzurechnen.

(3) Gegenleistung im Sinne des Absatzes 1 ist das Entgelt zuzüglich Umsatzsteuer.

(4) Wenn der Leistungsempfänger den Steuerabzugsbetrag angemeldet und abgeführt hat,
1. ist § 160 Absatz 1 Satz 1 der Abgabenordnung nicht anzuwenden,
2. sind § 42d Absatz 6 und 8 und § 50a Absatz 7 nicht anzuwenden.

### § 48a Verfahren

(1) ¹Der Leistungsempfänger hat bis zum zehnten Tag nach Ablauf des Monats, in dem die Gegenleistung im Sinne des § 48 erbracht wird, eine Anmeldung nach amtlich vorgeschriebenem Vordruck abzugeben, in der er den Steuerabzug für den Anmeldungszeitraum selbst zu berechnen hat. ²Der Abzugsbetrag ist am zehnten Tag nach Ablauf des Anmeldungszeitraums fällig und an das für den Leistenden zuständige Finanzamt für Rechnung des Leistenden abzuführen. ³Die Anmeldung des Abzugsbetrags steht einer Steueranmeldung gleich.

(2) Der Leistungsempfänger hat mit dem Leistenden unter Angabe
1. des Namens und der Anschrift des Leistenden,
2. des Rechnungsbetrags, des Rechnungsdatums und des Zahlungstags,
3. der Höhe des Steuerabzugs und
4. des Finanzamts, bei dem der Abzugsbetrag angemeldet worden ist,

über den Steuerabzug abzurechnen.

(3) ¹Der Leistungsempfänger haftet für einen nicht oder zu niedrig abgeführten Abzugsbetrag. ²Der Leistungsempfänger haftet nicht, wenn ihm im Zeitpunkt der Gegenleistung eine Freistellungsbescheinigung (§ 48b) vorgelegen hat, auf deren Rechtmäßigkeit er vertrauen konnte. ³Er darf insbesondere dann nicht auf eine Freistellungsbescheinigung vertrauen, wenn diese durch unlautere Mittel oder durch falsche Angaben erwirkt wurde und ihm dies bekannt oder infolge grober Fahrlässigkeit nicht bekannt war. ⁴Den Haftungsbescheid erlässt das für den Leistenden zuständige Finanzamt.

(4) § 50b gilt entsprechend.

## § 48b Freistellungsbescheinigung

(1) ¹Auf Antrag des Leistenden hat das für ihn zuständige Finanzamt, wenn der zu sichernde Steueranspruch nicht gefährdet erscheint und ein inländischer Empfangsbevollmächtigter bestellt ist, eine Bescheinigung nach amtlich vorgeschriebenem Vordruck zu erteilen, die den Leistungsempfänger von der Pflicht zum Steuerabzug befreit. ²Eine Gefährdung kommt insbesondere dann in Betracht, wenn der Leistende

1. Anzeigepflichten nach § 138 der Abgabenordnung nicht erfüllt,
2. seiner Auskunfts- und Mitwirkungspflicht nach § 90 der Abgabenordnung nicht nachkommt,
3. den Nachweis der steuerlichen Ansässigkeit durch Bescheinigung der zuständigen ausländischen Steuerbehörde nicht erbringt.

(2) Eine Bescheinigung soll erteilt werden, wenn der Leistende glaubhaft macht, dass keine zu sichernden Steueransprüche bestehen.

(3) In der Bescheinigung sind anzugeben:
1. Name, Anschrift und Steuernummer des Leistenden,
2. Geltungsdauer der Bescheinigung,
3. Umfang der Freistellung sowie der Leistungsempfänger, wenn sie nur für bestimmte Bauleistungen gilt,
4. das ausstellende Finanzamt.

(4) Wird eine Freistellungsbescheinigung aufgehoben, die nur für bestimmte Bauleistungen gilt, ist dies den betroffenen Leistungsempfängern mitzuteilen.

(5) Wenn eine Freistellungsbescheinigung vorliegt, gilt § 48 Absatz 4 entsprechend.

(6) ¹Das Bundeszentralamt für Steuern erteilt dem Leistungsempfänger im Sinne des § 48 Absatz 1 Satz 1 im Wege einer elektronischen Abfrage Auskunft über die beim Bundeszentralamt für Steuern gespeicherten Freistellungsbescheinigungen. ²Mit dem Antrag auf die Erteilung einer Freistellungsbescheinigung stimmt der Antragsteller zu, dass seine Daten nach § 48b Absatz 3 beim Bundeszentralamt für Steuern gespeichert werden und dass über die gespeicherten Daten an die Leistungsempfänger Auskunft gegeben wird.

## § 48c Anrechnung

(1) ¹Soweit der Abzugsbetrag einbehalten und angemeldet worden ist, wird er auf vom Leistenden zu entrichtende Steuern nacheinander wie folgt angerechnet:
1. die nach § 41a Absatz 1 einbehaltene und angemeldete Lohnsteuer,
2. die Vorauszahlungen auf die Einkommen- oder Körperschaftsteuer,
3. die Einkommen- oder Körperschaftsteuer des Besteuerungs- oder Veranlagungszeitraums, in dem die Leistung erbracht worden ist, und
4. die vom Leistenden im Sinne der §§ 48, 48a anzumeldenden und abzuführenden Abzugsbeträge.

²Die Anrechnung nach Satz 1 Nummer 2 kann nur für Vorauszahlungszeiträume innerhalb des Besteuerungs- oder Veranlagungszeitraums erfolgen, in dem die Leistung erbracht worden ist. ³Die Anrechnung nach Satz 1 Nummer 2 darf nicht zu einer Erstattung führen.

(2) ¹Auf Antrag des Leistenden erstattet das nach § 20a Absatz 1 der Abgabenordnung zuständige Finanzamt den Abzugsbetrag. ²Die Erstattung setzt voraus, dass der Leistende nicht zur Abgabe von Lohnsteueranmeldungen verpflichtet ist und eine Veranlagung zur Einkommen- oder Körperschaftsteuer nicht in Betracht kommt oder der Leistende glaubhaft macht, dass im Veranlagungszeitraum keine zu sichernden Steueransprüche entstehen werden. ³Der Antrag ist nach amtlich vorgeschriebenem Muster bis zum Ablauf des zweiten Kalenderjahres zu stellen, das auf das Jahr folgt, in dem der Abzugsbetrag angemeldet worden ist; weitergehende Fristen nach einem Abkommen zur Vermeidung der Doppelbesteuerung bleiben unberührt.

(3) Das Finanzamt kann die Anrechnung ablehnen, soweit der angemeldete Abzugsbetrag nicht abgeführt worden ist und Anlass zu der Annahme besteht, dass ein Missbrauch vorliegt.

### § 48d Besonderheiten im Fall von Doppelbesteuerungsabkommen

(1) ¹Können Einkünfte, die dem Steuerabzug nach § 48 unterliegen, nach einem Abkommen zur Vermeidung der Doppelbesteuerung nicht besteuert werden, so sind die Vorschriften über die Einbehaltung, Abführung und Anmeldung der Steuer durch den Schuldner der Gegenleistung ungeachtet des Abkommens anzuwenden. ²Unberührt bleibt der Anspruch des Gläubigers der Gegenleistung auf Erstattung der einbehaltenen und abgeführten Steuer. ³Der Anspruch ist durch Antrag nach § 48c Absatz 2 geltend zu machen. ⁴Der Gläubiger der Gegenleistung hat durch eine Bestätigung der für ihn zuständigen Steuerbehörde des anderen Staates nachzuweisen, dass er dort ansässig ist. ⁵§ 48b gilt entsprechend. ⁶Der Leistungsempfänger kann sich im Haftungsverfahren nicht auf die Rechte des Gläubigers aus dem Abkommen berufen.

(2) Unbeschadet des § 5 Absatz 1 Nummer 2 des Finanzverwaltungsgesetzes liegt die Zuständigkeit für Entlastungsmaßnahmen nach Absatz 1 bei dem nach § 20a der Abgabenordnung zuständigen Finanzamt.

## VIII. Besteuerung beschränkt Steuerpflichtiger

### § 49 Beschränkt steuerpflichtige Einkünfte[1]

(1) Inländische Einkünfte im Sinne der beschränkten Einkommensteuerpflicht (§ 1 Absatz 4) sind
1. Einkünfte aus einer im Inland betriebenen Land- und Forstwirtschaft (§§ 13, 14);
2. Einkünfte aus Gewerbebetrieb (§§ 15 bis 17),
    a) für den im Inland eine Betriebsstätte unterhalten wird oder ein ständiger Vertreter bestellt ist,
    b) die durch den Betrieb eigener oder gecharterter Seeschiffe oder Luftfahrzeuge aus Beförderungen zwischen inländischen und von inländischen zu ausländischen Häfen erzielt werden, einschließlich der Einkünfte aus anderen mit solchen Beförderungen zusammenhängenden, sich auf das Inland erstreckenden Beförderungsleistungen,
    c) die von einem Unternehmen im Rahmen einer internationalen Betriebsgemeinschaft oder eines Pool-Abkommens, bei denen ein Unternehmen mit Sitz oder Geschäftsleitung im Inland die Beförderung durchführt, aus Beförderungen und Beförderungsleistungen nach Buchstabe b erzielt werden,
    d) die, soweit sie nicht zu den Einkünften im Sinne der Nummern 3 und 4 gehören, durch im Inland ausgeübte oder verwertete künstlerische, sportliche, artistische, unterhaltende oder ähnliche Darbietungen erzielt werden, einschließlich der Einkünfte aus anderen mit

---

1) **Anm. d. Red.:** § 49 Abs. 1 i. d. F. des Gesetzes v. 12. 4. 2012 (BGBl I S. 579) mit Wirkung v. 1. 1. 2013; Abs. 4 i. d. F. der VO v. 31. 8. 2015 (BGBl I S. 1474) mit Wirkung v. 8. 9. 2015.

diesen Leistungen zusammenhängenden Leistungen, unabhängig davon, wem die Einnahmen zufließen,

e) die unter den Voraussetzungen des § 17 erzielt werden, wenn es sich um Anteile an einer Kapitalgesellschaft handelt,

   aa) die ihren Sitz oder ihre Geschäftsleitung im Inland hat oder

   bb) bei deren Erwerb auf Grund eines Antrags nach § 13 Absatz 2 oder § 21 Absatz 2 Satz 3 Nummer 2 des Umwandlungssteuergesetzes nicht der gemeine Wert der eingebrachten Anteile angesetzt worden ist oder auf die § 17 Absatz 5 Satz 2 anzuwenden war,

f) die, soweit sie nicht zu den Einkünften im Sinne des Buchstaben a gehören, durch

   aa) Vermietung und Verpachtung oder

   bb) Veräußerung

von inländischem unbeweglichem Vermögen, von Sachinbegriffen oder Rechten, die im Inland belegen oder in ein inländisches öffentliches Buch oder Register eingetragen sind oder deren Verwertung in einer inländischen Betriebsstätte oder anderen Einrichtung erfolgt, erzielt werden. ²Als Einkünfte aus Gewerbebetrieb gelten auch die Einkünfte aus Tätigkeiten im Sinne dieses Buchstabens, die von einer Körperschaft im Sinne des § 2 Nummer 1 des Körperschaftsteuergesetzes erzielt werden, die mit einer Kapitalgesellschaft oder sonstigen juristischen Person im Sinne des § 1 Absatz 1 Nummer 1 bis 3 des Körperschaftsteuergesetzes vergleichbar ist, oder

g) die aus der Verschaffung der Gelegenheit erzielt werden, einen Berufssportler als solchen im Inland vertraglich zu verpflichten; dies gilt nur, wenn die Gesamteinnahmen 10 000 Euro übersteigen;

3. Einkünfte aus selbständiger Arbeit (§ 18), die im Inland ausgeübt oder verwertet wird oder worden ist, oder für die im Inland eine feste Einrichtung oder eine Betriebsstätte unterhalten wird;

4. Einkünfte aus nichtselbständiger Arbeit (§ 19), die

a) im Inland ausgeübt oder verwertet wird oder worden ist,

b) aus inländischen öffentlichen Kassen einschließlich der Kassen des Bundeseisenbahnvermögens und der Deutschen Bundesbank mit Rücksicht auf ein gegenwärtiges oder früheres Dienstverhältnis gewährt werden, ohne dass ein Zahlungsanspruch gegenüber der inländischen öffentlichen Kasse bestehen muss,

c) als Vergütung für eine Tätigkeit als Geschäftsführer, Prokurist oder Vorstandsmitglied einer Gesellschaft mit Geschäftsleitung im Inland bezogen werden,

d) als Entschädigung im Sinne des § 24 Nummer 1 für die Auflösung eines Dienstverhältnisses gezahlt werden, soweit die für die zuvor ausgeübte Tätigkeit bezogenen Einkünfte der inländischen Besteuerung unterlegen haben,

e) an Bord eines im internationalen Luftverkehr eingesetzten Luftfahrzeugs ausgeübt wird, das von einem Unternehmen mit Geschäftsleitung im Inland betrieben wird;

5. Einkünfte aus Kapitalvermögen im Sinne des

a) § 20 Absatz 1 Nummer 1 mit Ausnahme der Erträge aus Investmentanteilen im Sinne des § 2 des Investmentsteuergesetzes, Nummer 2, 4, 6, und 9, wenn der Schuldner Wohnsitz, Geschäftsleitung oder Sitz im Inland hat oder wenn es sich um Fälle des § 44 Absatz 1 Satz 4 Nummer 1 Buchstabe a Doppelbuchstabe bb dieses Gesetzes handelt; dies gilt auch für Erträge aus Wandelanleihen und Gewinnobligationen,

b) § 20 Absatz 1 Nummer 1 in Verbindung mit den §§ 2 und 7 des Investmentsteuergesetzes

   aa) bei Erträgen im Sinne des § 7 Absatz 3 des Investmentsteuergesetzes, bb) bei Erträgen im Sinne des § 7 Absatz 1, 2 und 4 des Investmentsteuergesetzes, wenn es sich um Fälle des § 44 Absatz 1 Satz 4 Nummer 1 Buchstabe a Doppelbuchstabe bb dieses Gesetzes handelt,

  c) § 20 Absatz 1 Nummer 5 und 7, wenn

      aa) das Kapitalvermögen durch inländischen Grundbesitz, durch inländische Rechte, die den Vorschriften des bürgerlichen Rechts über Grundstücke unterliegen, oder durch Schiffe, die in ein inländisches Schiffsregister eingetragen sind, unmittelbar oder mittelbar gesichert ist. ²Ausgenommen sind Zinsen aus Anleihen und Forderungen, die in ein öffentliches Schuldbuch eingetragen oder über die Sammelurkunden im Sinne des § 9a des Depotgesetzes oder Teilschuldverschreibungen ausgegeben sind, oder

      bb) das Kapitalvermögen aus Genussrechten besteht, die nicht in § 20 Absatz 1 Nummer 1 genannt sind,

  d) § 43 Absatz 1 Satz 1 Nummer 7 Buchstabe a, Nummer 9 und 10 sowie Satz 2, wenn sie von einem Schuldner oder von einem inländischen Kreditinstitut oder einem inländischen Finanzdienstleistungsinstitut im Sinne des § 43 Absatz 1 Satz 1 Nummer 7 Buchstabe b einem anderen als einem ausländischen Kreditinstitut oder einem ausländischen Finanzdienstleistungsinstitut

      aa) gegen Aushändigung der Zinsscheine ausgezahlt oder gutgeschrieben werden und die Teilschuldverschreibungen nicht von dem Schuldner, dem inländischen Kreditinstitut oder dem inländischen Finanzdienstleistungsinstitut verwahrt werden oder

      bb) gegen Übergabe der Wertpapiere ausgezahlt oder gutgeschrieben werden und diese vom Kreditinstitut weder verwahrt noch verwaltet werden.

²§ 20 Absatz 3 gilt entsprechend;

6. Einkünfte aus Vermietung und Verpachtung (§ 21), soweit sie nicht zu den Einkünften im Sinne der Nummern 1 bis 5 gehören, wenn das unbewegliche Vermögen, die Sachinbegriffe oder Rechte im Inland belegen oder in ein inländisches öffentliches Buch oder Register eingetragen sind oder in einer inländischen Betriebsstätte oder in einer anderen Einrichtung verwertet werden;

7. sonstige Einkünfte im Sinne des § 22 Nummer 1 Satz 3 Buchstabe a, die von den inländischen gesetzlichen Rentenversicherungsträgern, der inländischen landwirtschaftlichen Alterskasse, den inländischen berufsständischen Versorgungseinrichtungen, den inländischen Versicherungsunternehmen oder sonstigen inländischen Zahlstellen gewährt werden; dies gilt entsprechend für Leibrenten und andere Leistungen ausländischer Zahlstellen, wenn die Beiträge, die den Leistungen zugrunde liegen, nach § 10 Absatz 1 Nummer 2 ganz oder teilweise bei der Ermittlung der Sonderausgaben berücksichtigt wurden;

8. sonstige Einkünfte im Sinne des § 22 Nummer 2, soweit es sich um private Veräußerungsgeschäfte handelt, mit

  a) inländischen Grundstücken oder

  b) inländischen Rechten, die den Vorschriften des bürgerlichen Rechts über Grundstücke unterliegen;

8a. sonstige Einkünfte im Sinne des § 22 Nummer 4;

9. sonstige Einkünfte im Sinne des § 22 Nummer 3, auch wenn sie bei Anwendung dieser Vorschrift einer anderen Einkunftsart zuzurechnen wären, soweit es sich um Einkünfte aus inländischen unterhaltenden Darbietungen, aus der Nutzung beweglicher Sachen im Inland oder aus der Überlassung der Nutzung oder des Rechts auf Nutzung von gewerblichen, technischen, wissenschaftlichen und ähnlichen Erfahrungen, Kenntnissen und Fertigkeiten, zum Beispiel Plänen, Mustern und Verfahren, handelt, die im Inland genutzt werden oder worden sind; dies gilt nicht, soweit es sich um steuerpflichtige Einkünfte im Sinne der Nummern 1 bis 8 handelt;

10. sonstige Einkünfte im Sinne des § 22 Nummer 5; dies gilt auch für Leistungen ausländischer Zahlstellen, soweit die Leistungen bei einem unbeschränkt Steuerpflichtigen zu Einkünften nach § 22 Nummer 5 Satz 1 führen würden oder wenn die Beiträge, die den Leistungen zugrunde liegen, nach § 10 Absatz 1 Nummer 2 ganz oder teilweise bei der Ermittlung der Sonderausgaben berücksichtigt wurden.

(2) Im Ausland gegebene Besteuerungsmerkmale bleiben außer Betracht, soweit bei ihrer Berücksichtigung inländische Einkünfte im Sinne des Absatzes 1 nicht angenommen werden könnten.

(3) ¹Bei Schifffahrt- und Luftfahrtunternehmen sind die Einkünfte im Sinne des Absatzes 1 Nummer 2 Buchstabe b mit 5 Prozent der für diese Beförderungsleistungen vereinbarten Entgelte anzusetzen. ²Das gilt auch, wenn solche Einkünfte durch eine inländische Betriebsstätte oder einen inländischen ständigen Vertreter erzielt werden (Absatz 1 Nummer 2 Buchstabe a). ³Das gilt nicht in den Fällen des Absatzes 1 Nummer 2 Buchstabe c oder soweit das deutsche Besteuerungsrecht nach einem Abkommen zur Vermeidung der Doppelbesteuerung ohne Begrenzung des Steuersatzes aufrechterhalten bleibt.

(4) ¹Abweichend von Absatz 1 Nummer 2 sind Einkünfte steuerfrei, die ein beschränkt Steuerpflichtiger mit Wohnsitz oder gewöhnlichem Aufenthalt in einem ausländischen Staat durch den Betrieb eigener oder gecharterter Schiffe oder Luftfahrzeuge aus einem Unternehmen bezieht, dessen Geschäftsleitung sich in dem ausländischen Staat befindet. ²Voraussetzung für die Steuerbefreiung ist, dass dieser ausländische Staat Steuerpflichtigen mit Wohnsitz oder gewöhnlichem Aufenthalt im Geltungsbereich dieses Gesetzes eine entsprechende Steuerbefreiung für derartige Einkünfte gewährt und das das Bundesministerium für Verkehr und digitale Infrastruktur die Steuerbefreiung nach Satz 1 für verkehrspolitisch unbedenklich erklärt hat.

### § 50 Sondervorschriften für beschränkt Steuerpflichtige[1)]

(1) ¹Beschränkt Steuerpflichtige dürfen Betriebsausgaben (§ 4 Absatz 4 bis 8) oder Werbungskosten (§ 9) nur insoweit abziehen, als sie mit inländischen Einkünften in wirtschaftlichem Zusammenhang stehen. ²§ 32a Absatz 1 ist mit der Maßgabe anzuwenden, dass das zu versteuernde Einkommen um den Grundfreibetrag des § 32a Absatz 1 Satz 2 Nummer 1 erhöht wird; dies gilt bei Einkünften nach § 49 Absatz 1 Nummer 4 nur in Höhe des diese Einkünfte abzüglich der nach Satz 4 abzuziehenden Aufwendungen übersteigenden Teils des Grundfreibetrags. ³Die §§ 10, 10a, 10c, 16 Absatz 4, die §§ 24b, 32, 32a Absatz 6, die §§ 33, 33a, 33b und 35a sind nicht anzuwenden. ⁴Hiervon abweichend sind bei Arbeitnehmern, die Einkünfte aus nichtselbständiger Arbeit im Sinne des § 49 Absatz 1 Nummer 4 beziehen, § 10 Absatz 1 Nummer 2 Buchstabe a, Nummer 3 und Absatz 3 sowie § 10c anzuwenden, soweit die Aufwendungen auf die Zeit entfallen, in der Einkünfte im Sinne des § 49 Absatz 1 Nummer 4 erzielt wurden und die Einkünfte nach § 49 Absatz 1 Nummer 4 nicht übersteigen. ⁵Die Jahres- und Monatsbeträge der Pauschalen nach § 9a Satz 1 Nummer 1 und § 10c ermäßigen sich zeitanteilig, wenn Einkünfte im Sinne des § 49 Absatz 1 Nummer 4 nicht während eines vollen Kalenderjahres oder Kalendermonats zugeflossen sind.

(2)[2)] ¹Die Einkommensteuer für Einkünfte, die dem Steuerabzug vom Arbeitslohn oder vom Kapitalertrag oder dem Steuerabzug auf Grund des § 50a unterliegen, gilt bei beschränkt Steuerpflichtigen durch den Steuerabzug als abgegolten. ²Satz 1 gilt nicht
1. für Einkünfte eines inländischen Betriebs;
2. wenn nachträglich festgestellt wird, dass die Voraussetzungen der unbeschränkten Einkommensteuerpflicht im Sinne des § 1 Absatz 2 oder Absatz 3 oder des § 1a nicht vorgelegen haben; § 39 Absatz 7 ist sinngemäß anzuwenden;

---

1) **Anm. d. Red.:** § 50 Abs. 1 und 2 i. d. F. des Gesetzes v. 7.12.2011 (BGBl I S. 2592) mit Wirkung v. 14.12.2011 (Abs. 1) und v. 1.1.2012 (Abs. 2); Abs. 4 i. d. F. des Gesetzes v. 2.11.2015 (BGBl I S. 1834) mit Wirkung v. 1.1.2016.

2) **Anm. d. Red.:** Zur Anwendung des § 50 Abs. 2 siehe § 52 Abs. 46 Satz 1.

3. in Fällen des § 2 Absatz 7 Satz 3;
4. für Einkünfte aus nichtselbständiger Arbeit im Sinne des § 49 Absatz 1 Nummer 4,
   a) wenn als Lohnsteuerabzugsmerkmal ein Freibetrag nach § 39a Absatz 4 gebildet worden ist oder
   b) wenn die Veranlagung zur Einkommensteuer beantragt wird (§ 46 Absatz 2 Nummer 8);
5. für Einkünfte im Sinne des § 50a Absatz 1 Nummer 1, 2 und 4, wenn die Veranlagung zur Einkommensteuer beantragt wird.

³In den Fällen des Satzes 2 Nummer 4 erfolgt die Veranlagung durch das Betriebsstättenfinanzamt, das nach § 39 Absatz 2 Satz 2 oder Satz 4 für die Bildung und die Änderung der Lohnsteuerabzugsmerkmale zuständig ist. ⁴Bei mehreren Betriebsstättenfinanzämtern ist das Betriebsstättenfinanzamt zuständig, in dessen Bezirk der Arbeitnehmer zuletzt beschäftigt war. ⁵Bei Arbeitnehmern mit Steuerklasse VI ist das Betriebsstättenfinanzamt zuständig, in dessen Bezirk der Arbeitnehmer zuletzt unter Anwendung der Steuerklasse I beschäftigt war. ⁶Hat der Arbeitgeber für den Arbeitnehmer keine elektronischen Lohnsteuerabzugsmerkmale (§ 39e Absatz 4 Satz 2) abgerufen und wurde keine Bescheinigung für den Lohnsteuerabzug nach § 39 Absatz 3 Satz 1 oder § 39e Absatz 7 Satz 5 ausgestellt, ist das Betriebsstättenfinanzamt zuständig, in dessen Bezirk der Arbeitnehmer zuletzt beschäftigt war. ⁷Satz 2 Nummer 4 Buchstabe b und Nummer 5 gilt nur für Staatsangehörige eines Mitgliedstaats der Europäischen Union oder eines anderen Staates, auf den das Abkommen über den Europäischen Wirtschaftsraum Anwendung findet, die im Hoheitsgebiet eines dieser Staaten ihren Wohnsitz oder gewöhnlichen Aufenthalt haben. ⁸In den Fällen des Satzes 2 Nummer 5 erfolgt die Veranlagung durch das Bundeszentralamt für Steuern.

(3) § 34c Absatz 1 bis 3 ist bei Einkünften aus Land- und Forstwirtschaft, Gewerbebetrieb oder selbständiger Arbeit, für die im Inland ein Betrieb unterhalten wird, entsprechend anzuwenden, soweit darin nicht Einkünfte aus einem ausländischen Staat enthalten sind, mit denen der beschränkt Steuerpflichtige dort in einem der unbeschränkten Steuerpflicht ähnlichen Umfang zu einer Steuer vom Einkommen herangezogen wird.

(4)¹⁾ Die obersten Finanzbehörden der Länder oder die von ihnen beauftragten Finanzbehörden können mit Zustimmung des Bundesministeriums der Finanzen die Einkommensteuer bei beschränkt Steuerpflichtigen ganz oder zum Teil erlassen oder in einem Pauschbetrag festsetzen, wenn dies im besonderen öffentlichen Interesse liegt; ein besonderes öffentliches Interesse besteht
1. an der inländischen Veranstaltung international bedeutsamer kultureller und sportlicher Ereignisse, um deren Ausrichtung ein internationaler Wettbewerb stattfindet, oder
2. am inländischen Auftritt einer ausländischen Kulturvereinigung, wenn ihr Auftritt wesentlich aus öffentlichen Mitteln gefördert wird.

### § 50a Steuerabzug bei beschränkt Steuerpflichtigen²⁾³⁾

(1) Die Einkommensteuer wird bei beschränkt Steuerpflichtigen im Wege des Steuerabzugs erhoben
1. bei Einkünften, die durch im Inland ausgeübte künstlerische, sportliche, artistische, unterhaltende oder ähnliche Darbietungen erzielt werden, einschließlich der Einkünfte aus anderen mit diesen Leistungen zusammenhängenden Leistungen, unabhängig davon, wem die Einkünfte zufließen (§ 49 Absatz 1 Nummer 2 bis 4 und 9), es sei denn, es handelt sich um Einkünfte aus nichtselbständiger Arbeit, die bereits dem Steuerabzug vom Arbeitslohn nach § 38 Absatz 1 Satz 1 Nummer 1 unterliegen,

---

1) **Anm. d. Red.:** Zur Anwendung des § 50 Abs. 4 siehe § 52 Abs. 46 Satz 2.
2) **Anm. d. Red.:** § 50a Abs. 1 i. d. F. des Gesetzes v. 8. 12. 2010 (BGBl I S. 1768) mit Wirkung v. 14. 12. 2010; Abs. 7 i. d. F. des Gesetzes v. 25. 7. 2014 (BGBl I S. 1266) mit Wirkung v. 31. 7. 2014.
3) **Anm. d. Red.:** Zur Anwendung des § 50a siehe § 52 Abs. 47.

2. bei Einkünften aus der inländischen Verwertung von Darbietungen im Sinne der Nummer 1 (§ 49 Absatz 1 Nummer 2 bis 4 und 6),

3. bei Einkünften, die aus Vergütungen für die Überlassung der Nutzung oder des Rechts auf Nutzung von Rechten, insbesondere von Urheberrechten und gewerblichen Schutzrechten, von gewerblichen, technischen, wissenschaftlichen und ähnlichen Erfahrungen, Kenntnissen und Fertigkeiten, zum Beispiel Plänen, Mustern und Verfahren, herrühren, sowie bei Einkünften, die aus der Verschaffung der Gelegenheit erzielt werden, einen Berufssportler über einen begrenzten Zeitraum vertraglich zu verpflichten (§ 49 Absatz 1 Nummer 2, 3, 6 und 9),

4. bei Einkünften, die Mitgliedern des Aufsichtsrats, Verwaltungsrats, Grubenvorstands oder anderen mit der Überwachung der Geschäftsführung von Körperschaften, Personenvereinigungen und Vermögensmassen im Sinne des § 1 des Körperschaftsteuergesetzes beauftragten Personen sowie von anderen inländischen Personenvereinigungen des privaten und öffentlichen Rechts, bei denen die Gesellschafter nicht als Unternehmer (Mitunternehmer) anzusehen sind, für die Überwachung der Geschäftsführung gewährt werden (§ 49 Absatz 1 Nummer 3).

(2) ¹Der Steuerabzug beträgt 15 Prozent, in den Fällen des Absatzes 1 Nummer 4 beträgt er 30 Prozent der gesamten Einnahmen. ²Vom Schuldner der Vergütung ersetzte oder übernommene Reisekosten gehören nur insoweit zu den Einnahmen, als die Fahrt- und Übernachtungsauslagen die tatsächlichen Kosten und die Vergütungen für Verpflegungsmehraufwand die Pauschbeträge nach § 4 Absatz 5 Satz 1 Nummer 5 übersteigen. ³Bei Einkünften im Sinne des Absatzes 1 Nummer 1 wird ein Steuerabzug nicht erhoben, wenn die Einnahmen je Darbietung 250 Euro nicht übersteigen.

(3) ¹Der Schuldner der Vergütung kann von den Einnahmen in den Fällen des Absatzes 1 Nummer 1, 2 und 4 mit ihnen in unmittelbarem wirtschaftlichem Zusammenhang stehende Betriebsausgaben oder Werbungskosten abziehen, die ihm ein beschränkt Steuerpflichtiger in einer für das Bundeszentralamt für Steuern nachprüfbaren Form nachgewiesen hat oder die vom Schuldner der Vergütung übernommen worden sind. ²Das gilt nur, wenn der beschränkt Steuerpflichtige Staatsangehöriger eines Mitgliedstaats der Europäischen Union oder eines anderen Staates ist, auf den das Abkommen über den Europäischen Wirtschaftsraum Anwendung findet, und im Hoheitsgebiet eines dieser Staaten seinen Wohnsitz oder gewöhnlichen Aufenthalt hat. ³Es gilt entsprechend bei einer beschränkt steuerpflichtigen Körperschaft, Personenvereinigung oder Vermögensmasse im Sinne des § 32 Absatz 4 des Körperschaftsteuergesetzes. ⁴In diesen Fällen beträgt der Steuerabzug von den nach Abzug der Betriebsausgaben oder Werbungskosten verbleibenden Einnahmen (Nettoeinnahmen), wenn

1. Gläubiger der Vergütung eine natürliche Person ist, 30 Prozent,

2. Gläubiger der Vergütung eine Körperschaft, Personenvereinigung oder Vermögensmasse ist, 15 Prozent.

(4) ¹Hat der Gläubiger einer Vergütung seinerseits Steuern für Rechnung eines anderen beschränkt steuerpflichtigen Gläubigers einzubehalten (zweite Stufe), kann er vom Steuerabzug absehen, wenn seine Einnahmen bereits dem Steuerabzug nach Absatz 2 unterlegen haben. ²Wenn der Schuldner der Vergütung auf zweiter Stufe Betriebsausgaben oder Werbungskosten nach Absatz 3 geltend macht, die Veranlagung nach § 50 Absatz 2 Satz 2 Nummer 5 beantragt oder die Erstattung der Abzugsteuer nach § 50d Absatz 1 oder einer anderen Vorschrift beantragt, hat er die sich nach Absatz 2 oder Absatz 3 ergebende Steuer zu diesem Zeitpunkt zu entrichten; Absatz 5 gilt entsprechend.

(5) ¹Die Steuer entsteht in dem Zeitpunkt, in dem die Vergütung dem Gläubiger zufließt. ²In diesem Zeitpunkt hat der Schuldner der Vergütung den Steuerabzug für Rechnung des Gläubigers (Steuerschuldner) vorzunehmen. ³Er hat die innerhalb eines Kalendervierteljahres einbehaltene Steuer jeweils bis zum zehnten des dem Kalendervierteljahr folgenden Monats an das Bundeszentralamt für Steuern abzuführen. ⁴Der Schuldner der Vergütung haftet für die Einbehaltung und Abführung der Steuer. ⁵Der Steuerschuldner kann in Anspruch genommen werden,

wenn der Schuldner der Vergütung den Steuerabzug nicht vorschriftsmäßig vorgenommen hat. ⁶Der Schuldner der Vergütung ist verpflichtet, dem Gläubiger auf Verlangen die folgenden Angaben nach amtlich vorgeschriebenem Muster zu bescheinigen:
1. den Namen und die Anschrift des Gläubigers,
2. die Art der Tätigkeit und Höhe der Vergütung in Euro,
3. den Zahlungstag,
4. den Betrag der einbehaltenen und abgeführten Steuer nach Absatz 2 oder Absatz 3.

(6) Die Bundesregierung kann durch Rechtsverordnung mit Zustimmung des Bundesrates bestimmen, dass bei Vergütungen für die Nutzung oder das Recht auf Nutzung von Urheberrechten (Absatz 1 Nummer 3), die nicht unmittelbar an den Gläubiger, sondern an einen Beauftragten geleistet werden, anstelle des Schuldners der Vergütung der Beauftragte die Steuer einzubehalten und abzuführen hat und für die Einbehaltung und Abführung haftet.

(7) ¹Das Finanzamt des Vergütungsgläubigers kann anordnen, dass der Schuldner der Vergütung für Rechnung des Gläubigers (Steuerschuldner) die Einkommensteuer von beschränkt steuerpflichtigen Einkünften, soweit diese nicht bereits dem Steuerabzug unterliegen, im Wege des Steuerabzugs einzubehalten und abzuführen hat, wenn dies zur Sicherung des Steueranspruchs zweckmäßig ist. ²Der Steuerabzug beträgt 25 Prozent der gesamten Einnahmen, bei Körperschaften, Personenvereinigungen oder Vermögensmassen 15 Prozent der gesamten Einnahmen; das Finanzamt kann die Höhe des Steuerabzugs hiervon abweichend an die voraussichtlich geschuldete Steuer anpassen. ³Absatz 5 gilt entsprechend mit der Maßgabe, dass die Steuer bei dem Finanzamt anzumelden und abzuführen ist, das den Steuerabzug angeordnet hat; das Finanzamt kann anordnen, dass die innerhalb eines Monats einbehaltene Steuer jeweils bis zum zehnten des Folgemonats anzumelden und abzuführen ist. ⁴§ 50 Absatz 2 Satz 1 ist nicht anzuwenden.

## IX. Sonstige Vorschriften, Bußgeld-, Ermächtigungs- und Schlussvorschriften

### § 50b Prüfungsrecht

¹Die Finanzbehörden sind berechtigt, Verhältnisse, die für die Anrechnung oder Vergütung von Körperschaftsteuer, für die Anrechnung oder Erstattung von Kapitalertragsteuer, für die Nichtvornahme des Steuerabzugs, für die Ausstellung der Jahresbescheinigung nach § 24c oder für die Mitteilungen an das Bundeszentralamt für Steuern nach § 45e von Bedeutung sind oder der Aufklärung bedürfen, bei den am Verfahren Beteiligten zu prüfen. ²Die §§ 193 bis 203 der Abgabenordnung gelten sinngemäß.

### § 50c (weggefallen)

### § 50d Besonderheiten im Fall von Doppelbesteuerungsabkommen und der §§ 43b und 50g[1)]

(1) ¹Können Einkünfte, die dem Steuerabzug vom Kapitalertrag oder dem Steuerabzug auf Grund des § 50a unterliegen, nach den §§ 43b, 50g oder nach einem Abkommen zur Vermeidung der Doppelbesteuerung nicht oder nur nach einem niedrigeren Steuersatz besteuert werden, so sind die Vorschriften über die Einbehaltung, Abführung und Anmeldung der Steuer ungeachtet der §§ 43b und 50g sowie des Abkommens anzuwenden. ²Unberührt bleibt der Anspruch des Gläubigers der Kapitalerträge oder Vergütungen auf völlige oder teilweise Erstattung der einbehaltenen und abgeführten oder der auf Grund Haftungsbescheid oder Nachforde-

---

1) **Anm. d. Red.:** § 50d Abs. 1, 9 und 10 i. d. F. des Gesetzes v. 26. 6. 2013 (BGBl I S. 1809) mit Wirkung v. 30. 6. 2013; Abs. 3 i. d. F. des Gesetzes v. 7. 12. 2011 (BGBl I S. 2592) mit Wirkung v. 1. 1. 2012; Abs. 11 angefügt gem. Gesetz v. 8. 5. 2012 (BGBl I S. 1030) mit Wirkung v. 1. 1. 2012.

VII. Einkommensteuergesetz **§ 50d**

rungsbescheid entrichteten Steuer. ³Die Erstattung erfolgt auf Antrag des Gläubigers der Kapitalerträge oder Vergütungen auf der Grundlage eines Freistellungsbescheids; der Antrag ist nach amtlich vorgeschriebenem Vordruck bei dem Bundeszentralamt für Steuern zu stellen. ⁴Dem Vordruck ist in den Fällen des § 43 Absatz 1 Satz 1 Nummer 1a eine Bescheinigung nach § 45a Absatz 2 beizufügen. ⁵Der zu erstattende Betrag wird nach Bekanntgabe des Freistellungsbescheids ausgezahlt. ⁶Hat der Gläubiger der Vergütungen im Sinne des § 50a nach § 50a Absatz 5 Steuern für Rechnung beschränkt steuerpflichtiger Gläubiger einzubehalten, kann die Auszahlung des Erstattungsanspruchs davon abhängig gemacht werden, dass er die Zahlung der von ihm einzubehaltenden Steuer nachweist, hierfür Sicherheit leistet oder unwiderruflich die Zustimmung zur Verrechnung seines Erstattungsanspruchs mit seiner Steuerzahlungsschuld erklärt. ⁷Das Bundeszentralamt für Steuern kann zulassen, dass Anträge auf maschinell verwertbaren Datenträgern gestellt werden. ⁸Der Antragsteller hat in den Fällen des § 43 Absatz 1 Satz 1 Nummer 1a zu versichern, dass ihm eine Bescheinigung im Sinne des § 45a Absatz 2 vorliegt oder, soweit er selbst die Kapitalerträge als auszahlende Stelle dem Steuerabzug unterworfen hat, nicht ausgestellt wurde, er hat die Bescheinigung zehn Jahre nach Antragstellung aufzubewahren. ⁹Die Frist für den Antrag auf Erstattung beträgt vier Jahre nach Ablauf des Kalenderjahres, in dem die Kapitalerträge oder Vergütungen bezogen worden sind. ¹⁰Die Frist nach Satz 9 endet nicht vor Ablauf von sechs Monaten nach dem Zeitpunkt der Entrichtung der Steuer. ¹¹Ist der Gläubiger der Kapitalerträge oder Vergütungen eine Person, der die Kapitalerträge oder Vergütungen nach diesem Gesetz oder nach dem Steuerrecht des anderen Vertragsstaats nicht zugerechnet werden, steht der Anspruch auf völlige oder teilweise Erstattung des Steuerabzugs vom Kapitalertrag oder nach § 50a auf Grund eines Abkommens zur Vermeidung der Doppelbesteuerung nur der Person zu, der die Kapitalerträge oder Vergütungen nach den Steuergesetzen des anderen Vertragsstaats als Einkünfte oder Gewinne einer ansässigen Person zugerechnet werden. ¹²Für die Erstattung der Kapitalertragsteuer gilt § 45 entsprechend. ¹³Der Schuldner der Kapitalerträge oder Vergütungen kann sich vorbehaltlich des Absatzes 2 nicht auf die Rechte des Gläubigers aus dem Abkommen berufen.

(1a) ¹Der nach Absatz 1 in Verbindung mit § 50g zu erstattende Betrag ist zu verzinsen. ²Der Zinslauf beginnt zwölf Monate nach Ablauf des Monats, in dem der Antrag auf Erstattung und alle für die Entscheidung erforderlichen Nachweise vorliegen, frühestens am Tag der Entrichtung der Steuer durch den Schuldner der Kapitalerträge oder Vergütungen. ³Er endet mit Ablauf des Tages, an dem der Freistellungsbescheid wirksam wird. ⁴Wird der Freistellungsbescheid aufgehoben, geändert oder nach § 129 der Abgabenordnung berichtigt, ist eine bisherige Zinsfestsetzung zu ändern. ⁵§ 233a Absatz 5 der Abgabenordnung gilt sinngemäß. ⁶Für die Höhe und Berechnung der Zinsen gilt § 238 der Abgabenordnung. ⁷Auf die Festsetzung der Zinsen ist § 239 der Abgabenordnung sinngemäß anzuwenden. ⁸Die Vorschriften dieses Absatzes sind nicht anzuwenden, wenn der Steuerabzug keine abgeltende Wirkung hat (§ 50 Absatz 2).

(2) ¹In den Fällen der §§ 43b, 50a Absatz 1, § 50g kann der Schuldner der Kapitalerträge oder Vergütungen den Steuerabzug nach Maßgabe des § 43b oder § 50g oder des Abkommens unterlassen oder nach einem niedrigeren Steuersatz vornehmen, wenn das Bundeszentralamt für Steuern dem Gläubiger auf Grund eines von ihm nach amtlich vorgeschriebenem Vordruck gestellten Antrags bescheinigt, dass die Voraussetzungen dafür vorliegen (Freistellung im Steuerabzugsverfahren); dies gilt auch bei Kapitalerträgen, die einer nach einem Abkommen zur Vermeidung der Doppelbesteuerung im anderen Vertragsstaat ansässigen Kapitalgesellschaft, die am Nennkapital einer unbeschränkt steuerpflichtigen Kapitalgesellschaft im Sinne des § 1 Absatz 1 Nummer 1 des Körperschaftsteuergesetzes zu mindestens einem Zehntel unmittelbar beteiligt ist und im Staat ihrer Ansässigkeit den Steuern vom Einkommen oder Gewinn unterliegt, ohne davon befreit zu sein, von der unbeschränkt steuerpflichtigen Kapitalgesellschaft zufließen. ²Die Freistellung kann unter dem Vorbehalt des Widerrufs erteilt und von Auflagen oder Bedingungen abhängig gemacht werden. ³Sie kann in den Fällen des § 50a Absatz 1 von der Bedingung abhängig gemacht werden, dass die Erfüllung der Verpflichtungen nach § 50a Absatz 5 nachgewiesen werden, soweit die Vergütungen an andere beschränkt Steuerpflichtige weitergeleitet werden. ⁴Die Geltungsdauer der Bescheinigung nach Satz 1 beginnt frühestens an dem

## § 50d VII. Einkommensteuergesetz

Tag, an dem der Antrag beim Bundeszentralamt für Steuern eingeht; sie beträgt mindestens ein Jahr und darf drei Jahre nicht überschreiten; der Gläubiger der Kapitalerträge oder der Vergütungen ist verpflichtet, den Wegfall der Voraussetzungen für die Freistellung unverzüglich dem Bundeszentralamt für Steuern mitzuteilen. [5]Voraussetzung für die Abstandnahme vom Steuerabzug ist, dass dem Schuldner der Kapitalerträge oder Vergütungen die Bescheinigung nach Satz 1 vorliegt. [6]Über den Antrag ist innerhalb von drei Monaten zu entscheiden. [7]Die Frist beginnt mit der Vorlage aller für die Entscheidung erforderlichen Nachweise. [8]Bestehende Anmeldeverpflichtungen bleiben unberührt.

(3) [1]Eine ausländische Gesellschaft hat keinen Anspruch auf völlige oder teilweise Entlastung nach Absatz 1 oder Absatz 2, soweit Personen an ihr beteiligt sind, denen die Erstattung oder Freistellung nicht zustände, wenn sie die Einkünfte unmittelbar erzielten, und die von der ausländischen Gesellschaft im betreffenden Wirtschaftsjahr erzielten Bruttoerträge nicht aus eigener Wirtschaftstätigkeit stammen, sowie

1. in Bezug auf diese Erträge für die Einschaltung der ausländischen Gesellschaft wirtschaftliche oder sonst beachtliche Gründe fehlen oder
2. die ausländische Gesellschaft nicht mit einem für ihren Geschäftszweck angemessen eingerichteten Geschäftsbetrieb am allgemeinen wirtschaftlichen Verkehr teilnimmt.

[2]Maßgebend sind ausschließlich die Verhältnisse der ausländischen Gesellschaft; organisatorische, wirtschaftliche oder sonst beachtliche Merkmale der Unternehmen, die der ausländischen Gesellschaft nahe stehen (§ 1 Absatz 2 des Außensteuergesetzes), bleiben außer Betracht. [3]An einer eigenen Wirtschaftstätigkeit fehlt es, soweit die ausländische Gesellschaft ihre Bruttoerträge aus der Verwaltung von Wirtschaftsgütern erzielt oder ihre wesentlichen Geschäftstätigkeiten auf Dritte überträgt. [4]Die Feststellungslast für das Vorliegen wirtschaftlicher oder sonst beachtlicher Gründe im Sinne von Satz 1 Nummer 1 sowie des Geschäftsbetriebs im Sinne von Satz 1 Nummer 2 obliegt der ausländischen Gesellschaft. [5]Die Sätze 1 bis 3 sind nicht anzuwenden, wenn mit der Hauptgattung der Aktien der ausländischen Gesellschaft ein wesentlicher und regelmäßiger Handel an einer anerkannten Börse stattfindet oder für die ausländische Gesellschaft die Vorschriften des Investmentsteuergesetzes gelten.

(4) [1]Der Gläubiger der Kapitalerträge oder Vergütungen im Sinne des § 50a hat nach amtlich vorgeschriebenem Vordruck durch eine Bestätigung der für ihn zuständigen Steuerbehörde des anderen Staates nachzuweisen, dass er dort ansässig ist oder die Voraussetzungen des § 50g Absatz 3 Nummer 5 Buchstabe c erfüllt sind. [2]Das Bundesministerium der Finanzen kann im Einvernehmen mit den obersten Finanzbehörden der Länder erleichterte Verfahren oder vereinfachte Nachweise zulassen.

(5) [1]Abweichend von Absatz 2 kann das Bundeszentralamt für Steuern in den Fällen des § 50a Absatz 1 Nummer 3 den Schuldner der Vergütung auf Antrag allgemein ermächtigen, den Steuerabzug zu unterlassen oder nach einem niedrigeren Steuersatz vorzunehmen (Kontrollmeldeverfahren). [2]Die Ermächtigung kann in Fällen geringer steuerlicher Bedeutung erteilt und mit Auflagen verbunden werden. [3]Einer Bestätigung nach Absatz 4 Satz 1 bedarf es im Kontrollmeldeverfahren nicht. [4]Inhalt der Auflage kann die Angabe des Namens, des Wohnortes oder des Ortes des Sitzes oder der Geschäftsleitung des Schuldners und des Gläubigers, der Art der Vergütung, des Bruttobetrags und des Zeitpunkts der Zahlungen sowie des einbehaltenen Steuerbetrags sein. [5]Mit dem Antrag auf Teilnahme am Kontrollmeldeverfahren gilt die Zustimmung des Gläubigers und des Schuldners zur Weiterleitung der Angaben des Schuldners an den Wohnsitz- oder Sitzstaat des Gläubigers als erteilt. [6]Die Ermächtigung ist als Beleg aufzubewahren. [7]Absatz 2 Satz 8 gilt entsprechend.

(6) Soweit Absatz 2 nicht anwendbar ist, gilt Absatz 5 auch für Kapitalerträge im Sinne des § 43 Absatz 1 Satz 1 Nummer 1 und 4, wenn sich im Zeitpunkt der Zahlung des Kapitalertrags der Anspruch auf Besteuerung nach einem niedrigeren Steuersatz ohne nähere Ermittlung feststellen lässt.

(7) Werden Einkünfte im Sinne des § 49 Absatz 1 Nummer 4 aus einer Kasse einer juristischen Person des öffentlichen Rechts im Sinne der Vorschrift eines Abkommens zur Vermeidung der

Doppelbesteuerung über den öffentlichen Dienst gewährt, so ist diese Vorschrift bei Bestehen eines Dienstverhältnisses mit einer anderen Person in der Weise auszulegen, dass die Vergütungen für der erstgenannten Person geleistete Dienste gezahlt werden, wenn sie ganz oder im Wesentlichen aus öffentlichen Mitteln aufgebracht werden.

(8) ¹Sind Einkünfte eines unbeschränkt Steuerpflichtigen aus nichtselbständiger Arbeit (§ 19) nach einem Abkommen zur Vermeidung der Doppelbesteuerung von der Bemessungsgrundlage der deutschen Steuer auszunehmen, wird die Freistellung bei der Veranlagung ungeachtet des Abkommens nur gewährt, soweit der Steuerpflichtige nachweist, dass der Staat, dem nach dem Abkommen das Besteuerungsrecht zusteht, auf dieses Besteuerungsrecht verzichtet hat oder dass die in diesem Staat auf die Einkünfte festgesetzten Steuern entrichtet wurden. ²Wird ein solcher Nachweis erst geführt, nachdem die Einkünfte in eine Veranlagung zur Einkommensteuer einbezogen wurden, ist der Steuerbescheid insoweit zu ändern. ³§ 175 Absatz 1 Satz 2 der Abgabenordnung ist entsprechend anzuwenden.

(9) ¹Sind Einkünfte eines unbeschränkt Steuerpflichtigen nach einem Abkommen zur Vermeidung der Doppelbesteuerung von der Bemessungsgrundlage der deutschen Steuer auszunehmen, so wird die Freistellung der Einkünfte ungeachtet des Abkommens nicht gewährt, wenn

1. der andere Staat die Bestimmungen des Abkommens so anwendet, dass die Einkünfte in diesem Staat von der Besteuerung auszunehmen sind oder nur zu einem durch das Abkommen begrenzten Steuersatz besteuert werden können, oder

2. die Einkünfte in dem anderen Staat nur deshalb nicht steuerpflichtig sind, weil sie von einer Person bezogen werden, die in diesem Staat nicht auf Grund ihres Wohnsitzes, ständigen Aufenthalts, des Ortes ihrer Geschäftsleitung, des Sitzes oder eines ähnlichen Merkmals unbeschränkt steuerpflichtig ist.

²Nummer 2 gilt nicht für Dividenden, die nach einem Abkommen zur Vermeidung der Doppelbesteuerung von der Bemessungsgrundlage der deutschen Steuer auszunehmen sind, es sei denn, die Dividenden sind bei der Ermittlung des Gewinns der ausschüttenden Gesellschaft abgezogen worden. ³Bestimmungen eines Abkommens zur Vermeidung der Doppelbesteuerung sowie Absatz 8 und § 20 Absatz 2 des Außensteuergesetzes bleiben unberührt, soweit sie jeweils die Freistellung von Einkünften in einem weitergehenden Umfang einschränken.

(10) ¹Sind auf eine Vergütung im Sinne des § 15 Absatz 1 Satz 1 Nummer 2 Satz 1 zweiter Halbsatz und Nummer 3 zweiter Halbsatz die Vorschriften eines Abkommens zur Vermeidung der Doppelbesteuerung anzuwenden und enthält das Abkommen keine solche Vergütungen betreffende ausdrückliche Regelung, gilt die Vergütung für Zwecke der Anwendung des Abkommens zur Vermeidung der Doppelbesteuerung ausschließlich als Teil des Unternehmensgewinns des vergütungsberechtigten Gesellschafters. ²Satz 1 gilt auch für die durch das Sonderbetriebsvermögen veranlassten Erträge und Aufwendungen. ³Die Vergütung des Gesellschafters ist ungeachtet der Vorschriften eines Abkommens zur Vermeidung der Doppelbesteuerung über die Zuordnung von Vermögenswerten zu einer Betriebsstätte derjenigen Betriebsstätte der Gesellschaft zuzurechnen, der der Aufwand für die der Vergütung zugrunde liegende Leistung zuzuordnen ist; die in Satz 2 genannten Erträge und Aufwendungen sind der Betriebsstätte zuzurechnen, der die Vergütung zuzuordnen ist. ⁴Die Sätze 1 bis 3 gelten auch in den Fällen des § 15 Absatz 1 Satz 1 Nummer 2 Satz 2 sowie in den Fällen des § 15 Absatz 1 Satz 2 entsprechend. ⁵Sind Einkünfte im Sinne der Sätze 1 bis 4 einer Person zuzurechnen, die nach einem Abkommen zur Vermeidung der Doppelbesteuerung als im anderen Staat ansässig gilt, und weist der Steuerpflichtige nach, dass der andere Staat die Einkünfte besteuert, ohne die darauf entfallende deutsche Steuer anzurechnen, ist die in diesem Staat nachweislich auf diese Einkünfte festgesetzte und gezahlte und um einen entstandenen Ermäßigungsanspruch gekürzte, der deutschen Einkommensteuer entsprechende, anteilige ausländische Steuer bis zur Höhe der anteilig auf diese Einkünfte entfallenden deutschen Einkommensteuer anzurechnen. ⁶Satz 5 gilt nicht, wenn das Abkommen zur Vermeidung der Doppelbesteuerung eine ausdrückliche Regelung für solche Einkünfte enthält. ⁷Die Sätze 1 bis 6

1. sind nicht auf Gesellschaften im Sinne des § 15 Absatz 3 Nummer 2 anzuwenden;

2. gelten entsprechend, wenn die Einkünfte zu den Einkünften aus selbständiger Arbeit im Sinne des § 18 gehören; dabei tritt der Artikel über die selbständige Arbeit an die Stelle des Artikels über die Unternehmenseinkünfte, wenn das Abkommen zur Vermeidung der Doppelbesteuerung einen solchen Artikel enthält.
⁸Absatz 9 Satz 1 Nummer 1 bleibt unberührt.

(11) ¹Sind Dividenden beim Zahlungsempfänger nach einem Abkommen zur Vermeidung der Doppelbesteuerung von der Bemessungsgrundlage der deutschen Steuer auszunehmen, wird die Freistellung ungeachtet des Abkommens nur insoweit gewährt, als die Dividenden nach deutschem Steuerrecht nicht einer anderen Person zuzurechnen sind. ²Soweit die Dividenden nach deutschem Steuerrecht einer anderen Person zuzurechnen sind, werden sie bei dieser Person freigestellt, wenn sie bei ihr als Zahlungsempfänger nach Maßgabe des Abkommens freigestellt würden.

## § 50e Bußgeldvorschriften; Nichtverfolgung von Steuerstraftaten bei geringfügiger Beschäftigung in Privathaushalten[1)]

(1) ¹Ordnungswidrig handelt, wer vorsätzlich oder leichtfertig entgegen § 45d Absatz 1 Satz 1, § 45d Absatz 3 Satz 1, der nach § 45e erlassenen Rechtsverordnung oder den unmittelbar geltenden Verträgen mit den in Artikel 17 der Richtlinie 2003/48/EG genannten Staaten und Gebieten eine Mitteilung nicht, nicht richtig, nicht vollständig oder nicht rechtzeitig abgibt. ²Die Ordnungswidrigkeit kann mit einer Geldbuße bis zu fünftausend Euro geahndet werden.

(1a) Verwaltungsbehörde im Sinne des § 36 Absatz 1 Nummer 1 des Gesetzes über Ordnungswidrigkeiten ist in den Fällen des Absatzes 1 Satz 1 das Bundeszentralamt für Steuern.

(2) ¹Liegen die Voraussetzungen des § 40a Absatz 2 vor, werden Steuerstraftaten (§§ 369 bis 376 der Abgabenordnung) als solche nicht verfolgt, wenn der Arbeitgeber in den Fällen des § 8a des Vierten Buches Sozialgesetzbuch entgegen § 41a Absatz 1 Nummer 1, auch in Verbindung mit Absatz 2 und 3 und § 51a, und § 40a Absatz 6 Satz 3 dieses Gesetzes in Verbindung mit § 28a Absatz 7 Satz 1 des Vierten Buches Sozialgesetzbuch für das Arbeitsentgelt die Lohnsteuer-Anmeldung und die Anmeldung der einheitlichen Pauschsteuer nicht oder nicht rechtzeitig durchführt und dadurch Steuern verkürzt oder für sich oder einen anderen nicht gerechtfertigte Steuervorteile erlangt. ²Die Freistellung von der Verfolgung nach Satz 1 gilt auch für den Arbeitnehmer einer in Satz 1 genannten Beschäftigung, der die Finanzbehörde pflichtwidrig über steuerlich erhebliche Tatsachen aus dieser Beschäftigung in Unkenntnis lässt. ³Die Bußgeldvorschriften der §§ 377 bis 384 der Abgabenordnung bleiben mit der Maßgabe anwendbar, dass § 378 der Abgabenordnung auch bei vorsätzlichem Handeln anwendbar ist.

## § 50f Bußgeldvorschriften[2)]

(1) Ordnungswidrig handelt, wer vorsätzlich oder leichtfertig
1. entgegen § 22a Absatz 1 Satz 1 und 2 dort genannte Daten nicht, nicht richtig, nicht vollständig oder nicht rechtzeitig übermittelt oder eine Mitteilung nicht, nicht richtig, nicht vollständig oder nicht rechtzeitig macht oder
2. entgegen § 22a Absatz 2 Satz 9 die Identifikationsnummer für andere als die dort genannten Zwecke verwendet.

(2) Die Ordnungswidrigkeit kann in den Fällen des Absatzes 1 Nummer 1 mit einer Geldbuße bis zu fünfzigtausend Euro und in den übrigen Fällen mit einer Geldbuße bis zu zehntausend Euro geahndet werden.

(3) Verwaltungsbehörde im Sinne des § 36 Absatz 1 Nummer 1 des Gesetzes über Ordnungswidrigkeiten ist die zentrale Stelle nach § 81.

---

1) **Anm. d. Red.:** § 50e Abs. 1a eingefügt gem. Gesetz v. 25. 7. 2014 (BGBl I S. 1266) mit Wirkung v. 31. 7. 2014.

2) **Anm. d. Red.:** § 50f i. d. F. des Gesetzes v. 8. 12. 2010 (BGBl I S. 1768) mit Wirkung v. 14. 12. 2010.

**§ 50g Entlastung vom Steuerabzug bei Zahlungen von Zinsen und Lizenzgebühren zwischen verbundenen Unternehmen verschiedener Mitgliedstaaten der Europäischen Union**[1)]

(1) ¹Auf Antrag werden die Kapitalertragsteuer für Zinsen und die Steuer auf Grund des § 50a für Lizenzgebühren, die von einem Unternehmen der Bundesrepublik Deutschland oder einer dort gelegenen Betriebsstätte eines Unternehmens eines anderen Mitgliedstaates der Europäischen Union als Schuldner an ein Unternehmen eines anderen Mitgliedstaates der Europäischen Union oder an eine in einem anderen Mitgliedstaat der Europäischen Union gelegene Betriebsstätte eines Unternehmens eines Mitgliedstaates der Europäischen Union als Gläubiger gezahlt werden, nicht erhoben. ²Erfolgt die Besteuerung durch Veranlagung, werden die Zinsen und Lizenzgebühren bei der Ermittlung der Einkünfte nicht erfasst. ³Voraussetzung für die Anwendung der Sätze 1 und 2 ist, dass der Gläubiger der Zinsen oder Lizenzgebühren ein mit dem Schuldner verbundenes Unternehmen oder dessen Betriebsstätte ist. ⁴Die Sätze 1 bis 3 sind nicht anzuwenden, wenn die Zinsen oder Lizenzgebühren an eine Betriebsstätte eines Unternehmens eines Mitgliedstaates der Europäischen Union als Gläubiger gezahlt werden, die in einem Staat außerhalb der Europäischen Union oder im Inland gelegen ist und in der die Tätigkeit des Unternehmens ganz oder teilweise ausgeübt wird.

(2) Absatz 1 ist nicht anzuwenden auf die Zahlung von

1. Zinsen,

  a) die nach deutschem Recht als Gewinnausschüttung behandelt werden (§ 20 Absatz 1 Nummer 1 Satz 2) oder

  b) die auf Forderungen beruhen, die einen Anspruch auf Beteiligung am Gewinn des Schuldners begründen;

2. Zinsen oder Lizenzgebühren, die den Betrag übersteigen, den der Schuldner und der Gläubiger ohne besondere Beziehungen, die zwischen den beiden oder einem von ihnen und einem Dritten auf Grund von Absatz 3 Nummer 5 Buchstabe b bestehen, vereinbart hätten.

(3) Für die Anwendung der Absätze 1 und 2 gelten die folgenden Begriffsbestimmungen und Beschränkungen:

1. ¹Der Gläubiger muss der Nutzungsberechtigte sein. ²Nutzungsberechtigter ist

  a) ein Unternehmen, wenn es die Einkünfte im Sinne von § 2 Absatz 1 erzielt;

  b) eine Betriebsstätte, wenn

   aa) die Forderung, das Recht oder der Gebrauch von Informationen, auf Grund derer/dessen Zahlungen von Zinsen oder Lizenzgebühren geleistet werden, tatsächlich zu der Betriebsstätte gehört und

   bb) die Zahlungen der Zinsen oder Lizenzgebühren Einkünfte darstellen, auf Grund derer die Gewinne der Betriebsstätte in dem Mitgliedstaat der Europäischen Union, in dem sie gelegen ist, zu einer der in Nummer 5 Satz 1 Buchstabe a Doppelbuchstabe cc genannten Steuern beziehungsweise im Fall Belgiens dem „impôt des non-résidents/belasting der nietverblijfhouders" beziehungsweise im Fall Spaniens dem „Impuesto sobre la Renta de no Residentes" oder zu einer mit diesen Steuern identischen oder weitgehend ähnlichen Steuer herangezogen werden, die nach dem jeweiligen Zeitpunkt des Inkrafttretens der Richtlinie 2003/49/EG des Rates vom 3. Juni 2003 über eine gemeinsame Steuerregelung für Zahlungen von Zinsen und Lizenzgebühren zwischen verbundenen Unternehmen verschiedener Mitgliedstaaten (ABl L 157 vom 26. 6. 2003, S. 49), die zuletzt durch die Richtlinie 2013/13/EU (ABl L 141 vom 28. 5. 2013, S. 30) geändert worden ist, anstelle der bestehenden Steuern oder ergänzend zu ihnen eingeführt wird.

---

[1)] **Anm. d. Red.:** § 50g Abs. 3 i. d. F. des Gesetzes v. 25. 7. 2014 (BGBl I S. 1266) mit Wirkung v. 1. 7. 2013.

# § 50g       VII. Einkommensteuergesetz

2. Eine Betriebsstätte gilt nur dann als Schuldner der Zinsen oder Lizenzgebühren, wenn die Zahlung bei der Ermittlung des Gewinns der Betriebsstätte eine steuerlich abzugsfähige Betriebsausgabe ist.
3. Gilt eine Betriebsstätte eines Unternehmens eines Mitgliedstaates der Europäischen Union als Schuldner oder Gläubiger von Zinsen oder Lizenzgebühren, so wird kein anderer Teil des Unternehmens als Schuldner oder Gläubiger der Zinsen oder Lizenzgebühren angesehen.
4. Im Sinne des Absatzes 1 sind
   a) „Zinsen" Einkünfte aus Forderungen jeder Art, auch wenn die Forderungen durch Pfandrechte an Grundstücken gesichert sind, insbesondere Einkünfte aus öffentlichen Anleihen und aus Obligationen einschließlich der damit verbundenen Aufgelder und der Gewinne aus Losanleihen; Zuschläge für verspätete Zahlung und die Rückzahlung von Kapital gelten nicht als Zinsen;
   b) „Lizenzgebühren" Vergütungen jeder Art, die für die Nutzung oder für das Recht auf Nutzung von Urheberrechten an literarischen, künstlerischen oder wissenschaftlichen Werken, einschließlich kinematografischer Filme und Software, von Patenten, Marken, Mustern oder Modellen, Plänen, geheimen Formeln oder Verfahren oder für die Mitteilung gewerblicher, kaufmännischer oder wissenschaftlicher Erfahrungen gezahlt werden; Zahlungen für die Nutzung oder das Recht auf Nutzung gewerblicher, kaufmännischer oder wissenschaftlicher Ausrüstungen gelten als Lizenzgebühren.
5. Die Ausdrücke „Unternehmen eines Mitgliedstaates der Europäischen Union", „verbundenes Unternehmen" und „Betriebsstätte" bedeuten:
   a) „Unternehmen eines Mitgliedstaates der Europäischen Union" jedes Unternehmen, das
      aa) eine der in Anlage 3 Nummer 1 zu diesem Gesetz aufgeführten Rechtsformen aufweist und
      bb) nach dem Steuerrecht eines Mitgliedstaates in diesem Mitgliedstaat ansässig ist und nicht nach einem zwischen dem betreffenden Staat und einem Staat außerhalb der Europäischen Union geschlossenen Abkommen zur Vermeidung der Doppelbesteuerung von Einkünften für steuerliche Zwecke als außerhalb der Gemeinschaft ansässig gilt und
      cc) einer der in Anlage 3 Nummer 2 zu diesem Gesetz aufgeführten Steuern unterliegt und nicht von ihr befreit ist. ²Entsprechendes gilt für eine mit diesen Steuern identische oder weitgehend ähnliche Steuer, die nach dem jeweiligen Zeitpunkt des Inkrafttretens der Richtlinie 2003/49/EG des Rates vom 3. Juni 2003 (ABl L 157 vom 26.6.2003, S. 49), zuletzt geändert durch die Richtlinie 2013/13/EU (ABl L 141 vom 28.5.2013, S. 30) anstelle der bestehenden Steuern oder ergänzend zu ihnen eingeführt wird.

      ²Ein Unternehmen ist im Sinne von Doppelbuchstabe bb in einem Mitgliedstaat der Europäischen Union ansässig, wenn es der unbeschränkten Steuerpflicht im Inland oder einer vergleichbaren Besteuerung in einem anderen Mitgliedstaat der Europäischen Union nach dessen Rechtsvorschriften unterliegt.
   b) „Verbundenes Unternehmen" jedes Unternehmen, das dadurch mit einem zweiten Unternehmen verbunden ist, dass
      aa) das erste Unternehmen unmittelbar mindestens zu 25 Prozent an dem Kapital des zweiten Unternehmens beteiligt ist oder
      bb) das zweite Unternehmen unmittelbar mindestens zu 25 Prozent an dem Kapital des ersten Unternehmens beteiligt ist oder
      cc) ein drittes Unternehmen unmittelbar mindestens zu 25 Prozent an dem Kapital des ersten Unternehmens und dem Kapital des zweiten Unternehmens beteiligt ist.

      ²Die Beteiligungen dürfen nur zwischen Unternehmen bestehen, die in einem Mitgliedstaat der Europäischen Union ansässig sind.

c) „Betriebsstätte" eine feste Geschäftseinrichtung in einem Mitgliedstaat der Europäischen Union, in der die Tätigkeit eines Unternehmens eines anderen Mitgliedstaates der Europäischen Union ganz oder teilweise ausgeübt wird.

(4) ¹Die Entlastung nach Absatz 1 ist zu versagen oder zu entziehen, wenn der hauptsächliche Beweggrund oder einer der hauptsächlichen Beweggründe für Geschäftsvorfälle die Steuervermeidung oder der Missbrauch sind. ²§ 50d Absatz 3 bleibt unberührt.

(5) Entlastungen von der Kapitalertragsteuer für Zinsen und der Steuer auf Grund des § 50a nach einem Abkommen zur Vermeidung der Doppelbesteuerung, die weiter gehen als die nach Absatz 1 gewährten, werden durch Absatz 1 nicht eingeschränkt.

(6) ¹Ist im Fall des Absatzes 1 Satz 1 eines der Unternehmen ein Unternehmen der Schweizerischen Eidgenossenschaft oder ist eine in der Schweizerischen Eidgenossenschaft gelegene Betriebsstätte eines Unternehmens eines anderen Mitgliedstaats der Europäischen Union Gläubiger der Zinsen oder Lizenzgebühren, gelten die Absätze 1 bis 5 entsprechend mit der Maßgabe, dass die Schweizerische Eidgenossenschaft insoweit einem Mitgliedstaat der Europäischen Union gleichgestellt ist. ²Absatz 3 Nummer 5 Buchstabe a gilt entsprechend mit der Maßgabe, dass ein Unternehmen der Schweizerischen Eidgenossenschaft jedes Unternehmen ist, das

1. eine der folgenden Rechtsformen aufweist:
   – Aktiengesellschaft/société anonyme/società anonima;
   – Gesellschaft mit beschränkter Haftung/société à responsabilité limitée/società a responsabilità limitata;
   – Kommanditaktiengesellschaft/société en commandite par actions/società in accomandita per azioni, und
2. nach dem Steuerrecht der Schweizerischen Eidgenossenschaft dort ansässig ist und nicht nach einem zwischen der Schweizerischen Eidgenossenschaft und einem Staat außerhalb der Europäischen Union geschlossenen Abkommen zur Vermeidung der Doppelbesteuerung von Einkünften für steuerliche Zwecke als außerhalb der Gemeinschaft oder der Schweizerischen Eidgenossenschaft ansässig gilt, und
3. unbeschränkt der schweizerischen Körperschaftsteuer unterliegt, ohne von ihr befreit zu sein.

## § 50h Bestätigung für Zwecke der Entlastung von Quellensteuern in einem anderen Mitgliedstaat der Europäischen Union oder der Schweizerischen Eidgenossenschaft

Auf Antrag hat das Finanzamt, das für die Besteuerung eines Unternehmens der Bundesrepublik Deutschland oder einer dort gelegenen Betriebsstätte eines Unternehmens eines anderen Mitgliedstaats der Europäischen Union im Sinne des § 50g Absatz 3 Nummer 5 oder eines Unternehmens der Schweizerischen Eidgenossenschaft im Sinne des § 50g Absatz 6 Satz 2 zuständig ist, für die Entlastung von der Quellensteuer dieses Staats auf Zinsen oder Lizenzgebühren im Sinne des § 50g zu bescheinigen, dass das empfangende Unternehmen steuerlich im Inland ansässig ist oder die Betriebsstätte im Inland gelegen ist.

## § 50i Besteuerung bestimmter Einkünfte und Anwendung von Doppelbesteuerungsabkommen[1)2)]

(1) ¹Sind Wirtschaftsgüter des Betriebsvermögens oder sind Anteile im Sinne des § 17 vor dem 29. Juni 2013 in das Betriebsvermögen einer Personengesellschaft im Sinne des § 15 Absatz 3 übertragen oder überführt worden, und ist eine Besteuerung der stillen Reserven im Zeitpunkt der Übertragung oder Überführung unterblieben, so ist der Gewinn, den ein Steuerpflich-

---

1) **Anm. d. Red.:** § 50i i. d. F. des Gesetzes v. 25. 7. 2014 (BGBl I S. 1266) mit Wirkung v. 31. 7. 2014.
2) **Anm. d. Red.:** Zur Anwendung des § 50i siehe § 52 Abs. 48.

tiger, der im Sinne eines Abkommens zur Vermeidung der Doppelbesteuerung im anderen Vertragsstaat ansässig ist, aus der späteren Veräußerung oder Entnahme dieser Wirtschaftsgüter oder Anteile erzielt, ungeachtet entgegenstehender Bestimmungen des Abkommens zur Vermeidung der Doppelbesteuerung zu versteuern. ²Als Übertragung oder Überführung von Anteilen im Sinne des § 17 in das Betriebsvermögen einer Personengesellschaft gilt auch die Gewährung neuer Anteile an eine Personengesellschaft, die bisher auch eine Tätigkeit im Sinne des § 15 Absatz 1 Satz 1 Nummer 1 ausgeübt hat oder gewerbliche Einkünfte im Sinne des 15 Absatz 1 Satz 1 Nummer 2 bezogen hat, im Rahmen der Einbringung eines Betriebs oder Teilbetriebs oder eines Mitunternehmeranteils dieser Personengesellschaft in eine Körperschaft nach § 20 des Umwandlungssteuergesetzes, wenn der Einbringungszeitpunkt vor dem 29. Juni 2013 liegt und die Personengesellschaft nach der Einbringung als Personengesellschaft im Sinne des § 15 Absatz 3 fortbesteht. ³Auch die laufenden Einkünfte aus der Beteiligung an der Personengesellschaft, auf die die in Satz 1 genannten Wirtschaftsgüter oder Anteile übertragen oder überführt oder der im Sinne des Satzes 2 neue Anteile gewährt wurden, sind ungeachtet entgegenstehender Bestimmungen des Abkommens zur Vermeidung der Doppelbesteuerung zu versteuern. ⁴Die Sätze 1 und 3 gelten sinngemäß, wenn Wirtschaftsgüter vor dem 29. Juni 2013 Betriebsvermögen eines Einzelunternehmens oder einer Personengesellschaft geworden sind, die deswegen Einkünfte aus Gewerbebetrieb erzielen, weil der Steuerpflichtige sowohl im überlassenden Betrieb als auch im nutzenden Betrieb allein oder zusammen mit anderen Gesellschaftern einen einheitlichen geschäftlichen Betätigungswillen durchsetzen kann und dem nutzenden Betrieb eine wesentliche Betriebsgrundlage zur Nutzung überlässt.

(2) ¹Im Rahmen von Umwandlungen und Einbringungen im Sinne des § 1 des Umwandlungssteuergesetzes sind Sachgesamtheiten, die Wirtschaftsgüter und Anteile im Sinne des Absatzes 1 enthalten, abweichend von den Bestimmungen des Umwandlungssteuergesetzes, stets mit dem gemeinen Wert anzusetzen. ²Ungeachtet des § 6 Absatz 3 und 5 gilt Satz 1 für die Überführung oder Übertragung

1. der Wirtschaftsgüter und Anteile im Sinne des Absatzes 1 aus dem Gesamthandsvermögen der Personengesellschaft im Sinne des Absatzes 1 oder aus dem Sonderbetriebsvermögen eines Mitunternehmers dieser Personengesellschaft oder
2. eines Mitunternehmeranteils an dieser Personengesellschaft

entsprechend. ³Werden die Wirtschaftsgüter oder Anteile im Sinne des Absatzes 1 von der Personengesellschaft für eine Betätigung im Sinne des § 15 Absatz 2 genutzt (Strukturwandel), gilt Satz 1 entsprechend. ⁴Absatz 1 Satz 4 bleibt unberührt.

### § 51 Ermächtigungen[1)]

(1) Die Bundesregierung wird ermächtigt, mit Zustimmung des Bundesrates
1. zur Durchführung dieses Gesetzes Rechtsverordnungen zu erlassen, soweit dies zur Wahrung der Gleichmäßigkeit bei der Besteuerung, zur Beseitigung von Unbilligkeiten in Härtefällen, zur Steuerfreistellung des Existenzminimums oder zur Vereinfachung des Besteuerungsverfahrens erforderlich ist, und zwar:
    a) über die Abgrenzung der Steuerpflicht, die Beschränkung der Steuererklärungspflicht auf die Fälle, in denen eine Veranlagung in Betracht kommt, über die den Einkommensteuererklärungen beizufügenden Unterlagen und über die Beistandspflichten Dritter;
    b) über die Ermittlung der Einkünfte und die Feststellung des Einkommens einschließlich der abzugsfähigen Beträge;
    c) über die Höhe von besonderen Betriebsausgaben-Pauschbeträgen für Gruppen von Betrieben, bei denen hinsichtlich der Besteuerungsgrundlagen annähernd gleiche Verhältnisse vorliegen, wenn der Steuerpflichtige Einkünfte aus Gewerbebetrieb (§ 15) oder

---

1) **Anm. d. Red.:** § 51 Abs. 1 i. d. F. der VO v. 31. 8. 2015 (BGBl I S. 1474) mit Wirkung v. 8. 9. 2015; Abs. 4 i. d. F. des Gesetzes v. 7. 12. 2011 (BGBl I S. 2592) mit Wirkung v. 1. 1. 2012.

selbständiger Arbeit (§ 18) erzielt, in Höhe eines Prozentsatzes der Umsätze im Sinne des § 1 Absatz 1 Nummer 1 des Umsatzsteuergesetzes; Umsätze aus der Veräußerung von Wirtschaftsgütern des Anlagevermögens sind nicht zu berücksichtigen. ²Einen besonderen Betriebsausgaben-Pauschbetrag dürfen nur Steuerpflichtige in Anspruch nehmen, die ihren Gewinn durch Einnahme-Überschussrechnung nach § 4 Absatz 3 ermitteln. ³Bei der Festlegung der Höhe des besonderen Betriebsausgaben-Pauschbetrags ist der Zuordnung der Betriebe entsprechend der Klassifikation der Wirtschaftszweige, Fassung für Steuerstatistiken, Rechnung zu tragen. ⁴Bei der Ermittlung der besonderen Betriebsausgaben-Pauschbeträge sind alle Betriebsausgaben mit Ausnahme der an das Finanzamt gezahlten Umsatzsteuer zu berücksichtigen. ⁵Bei der Veräußerung oder Entnahme von Wirtschaftsgütern des Anlagevermögens sind die Anschaffungs- oder Herstellungskosten, vermindert um die Absetzungen für Abnutzung nach § 7 Absatz 1 oder 4 sowie die Veräußerungskosten neben dem besonderen Betriebsausgaben-Pauschbetrag abzugsfähig. ⁶Der Steuerpflichtige kann im folgenden Veranlagungszeitraum zur Ermittlung der tatsächlichen Betriebsausgaben übergehen. ⁷Wechselt der Steuerpflichtige zur Ermittlung der tatsächlichen Betriebsausgaben, sind die abnutzbaren Wirtschaftsgüter des Anlagevermögens mit ihren Anschaffungs- oder Herstellungskosten, vermindert um die Absetzungen für Abnutzung nach § 7 Absatz 1 oder 4, in ein laufend zu führendes Verzeichnis aufzunehmen. ⁸§ 4 Absatz 3 Satz 5 bleibt unberührt. ⁹Nach dem Wechsel zur Ermittlung der tatsächlichen Betriebsausgaben ist eine erneute Inanspruchnahme des besonderen Betriebsausgaben-Pauschbetrags erst nach Ablauf der folgenden vier Veranlagungszeiträume zulässig; die §§ 140 und 141 der Abgabenordnung bleiben unberührt;

d) über die Veranlagung, die Anwendung der Tarifvorschriften und die Regelung der Steuerentrichtung einschließlich der Steuerabzüge;

e) über die Besteuerung der beschränkt Steuerpflichtigen einschließlich eines Steuerabzugs;

f) in Fällen, in denen ein Sachverhalt zu ermitteln und steuerrechtlich zu beurteilen ist, der sich auf Vorgänge außerhalb des Geltungsbereichs dieses Gesetzes bezieht, und außerhalb des Geltungsbereichs dieses Gesetzes ansässige Beteiligte oder andere Personen nicht wie bei Vorgängen innerhalb des Geltungsbereichs dieses Gesetzes zur Mitwirkung bei der Ermittlung des Sachverhalts herangezogen werden können, zu bestimmen,

aa) in welchem Umfang Aufwendungen im Sinne des § 4 Absatz 4 oder des § 9 den Gewinn oder den Überschuss der Einnahmen über die Werbungskosten nur unter Erfüllung besonderer Mitwirkungs- und Nachweispflichten mindern dürfen. ²Die besonderen Mitwirkungs- und Nachweispflichten können sich erstrecken auf

aaa) die Angemessenheit der zwischen nahestehenden Personen im Sinne des § 1 Absatz 2 des Außensteuergesetzes in ihren Geschäftsbeziehungen vereinbarten Bedingungen,

bbb) die Angemessenheit der Gewinnabgrenzung zwischen unselbständigen Unternehmensteilen,

ccc) die Pflicht zur Einhaltung von für nahestehende Personen geltenden Dokumentations- und Nachweispflichten auch bei Geschäftsbeziehungen zwischen nicht nahestehenden Personen,

ddd) die Bevollmächtigung der Finanzbehörde durch den Steuerpflichtigen, in seinem Namen mögliche Auskunftsansprüche gegenüber den von der Finanzbehörde benannten Kreditinstituten außergerichtlich und gerichtlich geltend zu machen;

bb) dass eine ausländische Gesellschaft ungeachtet des § 50d Absatz 3 nur dann einen Anspruch auf völlige oder teilweise Entlastung vom Steuerabzug nach § 50d Absatz 1 und 2 oder § 44a Absatz 9 hat, soweit sie die Ansässigkeit der an ihr unmittelbar oder mittelbar beteiligten natürlichen Personen, deren Anteil unmittelbar oder mittelbar 10 Prozent übersteigt, darlegt und nachweisen kann;

cc) dass § 2 Absatz 5b Satz 1, § 32d Absatz 1 und § 43 Absatz 5 in Bezug auf Einkünfte im Sinne des § 20 Absatz 1 Nummer 1 und die steuerfreien Einnahmen nach § 3 Nummer 40 Satz 1 und 2 nur dann anzuwenden sind, wenn die Finanzbehörde bevollmächtigt wird, im Namen des Steuerpflichtigen mögliche Auskunftsansprüche gegenüber den von der Finanzbehörde benannten Kreditinstituten außergerichtlich und gerichtlich geltend zu machen.

²Die besonderen Nachweis- und Mitwirkungspflichten auf Grund dieses Buchstabens gelten nicht, wenn die außerhalb des Geltungsbereichs dieses Gesetzes ansässigen Beteiligten oder andere Personen in einem Staat oder Gebiet ansässig sind, mit dem ein Abkommen besteht, das die Erteilung von Auskünften entsprechend Artikel 26 des Musterabkommens der OECD zur Vermeidung der Doppelbesteuerung auf dem Gebiet der Steuern vom Einkommen und vom Vermögen in der Fassung von 2005 vorsieht oder der Staat oder das Gebiet Auskünfte in einem vergleichbaren Umfang erteilt oder die Bereitschaft zu einer entsprechenden Auskunftserteilung besteht;

2. Vorschriften durch Rechtsverordnung zu erlassen

a) über die sich aus der Aufhebung oder Änderung von Vorschriften dieses Gesetzes ergebenden Rechtsfolgen, soweit dies zur Wahrung der Gleichmäßigkeit bei der Besteuerung oder zur Beseitigung von Unbilligkeiten in Härtefällen erforderlich ist;

b) (weggefallen)

c) über den Nachweis von Zuwendungen im Sinne des § 10b einschließlich erleichterter Nachweisanforderungen;

d) über Verfahren, die in den Fällen des § 38 Absatz 1 Nummer 2 den Steueranspruch der Bundesrepublik Deutschland sichern oder die sicherstellen, dass bei Befreiungen im Ausland ansässiger Leiharbeitnehmer von der Steuer der Bundesrepublik Deutschland auf Grund von Abkommen zur Vermeidung der Doppelbesteuerung die ordnungsgemäße Besteuerung im Ausland gewährleistet ist. ²Hierzu kann nach Maßgabe zwischenstaatlicher Regelungen bestimmt werden, dass

aa) der Entleiher in dem hierzu notwendigen Umfang an derartigen Verfahren mitwirkt,

bb) er sich im Haftungsverfahren nicht auf die Freistellungsbestimmungen des Abkommens berufen kann, wenn er seine Mitwirkungspflichten verletzt;

e) bis m) (weggefallen)

n) über Sonderabschreibungen

aa) im Tiefbaubetrieb des Steinkohlen-, Pechkohlen-, Braunkohlen- und Erzbergbaues bei Wirtschaftsgütern des Anlagevermögens unter Tage und bei bestimmten mit dem Grubenbetrieb unter Tage in unmittelbarem Zusammenhang stehenden, der Förderung, Seilfahrt, Wasserhaltung und Wetterführung sowie der Aufbereitung des Minerals dienenden Wirtschaftsgütern des Anlagevermögens über Tage, soweit die Wirtschaftsgüter

für die Errichtung von neuen Förderschachtanlagen, auch in Form von Anschlussschachtanlagen,

für die Errichtung neuer Schächte sowie die Erweiterung des Grubengebäudes und den durch Wasserzuflüsse aus stillliegenden Anlagen bedingten Ausbau der Wasserhaltung bestehender Schachtanlagen,

für Rationalisierungsmaßnahmen in der Hauptschacht-, Blindschacht-, Strecken- und Abbauförderung, im Streckenvortrieb, in der Gewinnung, Versatzwirtschaft, Seilfahrt, Wetterführung und Wasserhaltung sowie in der Aufbereitung,

für die Zusammenfassung von mehreren Förderschachtanlagen zu einer einheitlichen Förderschachtanlage und für den Wiederaufschluss stillliegender Grubenfelder und Feldesteile,

bb) im Tagebaubetrieb des Braunkohlen- und Erzbergbaues bei bestimmten Wirtschaftsgütern des beweglichen Anlagevermögens (Grubenaufschluss, Entwässerungsanlagen, Großgeräte sowie Einrichtungen des Grubenrettungswesens und der ersten Hilfe und im Erzbergbau auch Aufbereitungsanlagen), die

für die Erschließung neuer Tagebaue, auch in Form von Anschlusstagebauen, für Rationalisierungsmaßnahmen bei laufenden Tagebauen,

beim Übergang zum Tieftagebau für die Freilegung und Gewinnung der Lagerstätte und

für die Wiederinbetriebnahme stillgelegter Tagebaue

von Steuerpflichtigen, die den Gewinn nach § 5 ermitteln, vor dem 1. Januar 1990 angeschafft oder hergestellt werden. ²Die Sonderabschreibungen können bereits für Anzahlungen auf Anschaffungskosten und für Teilherstellungskosten zugelassen werden. ³Hat der Steuerpflichtige vor dem 1. Januar 1990 die Wirtschaftsgüter bestellt oder mit ihrer Herstellung begonnen, so können die Sonderabschreibungen auch für nach dem 31. Dezember 1989 und vor dem 1. Januar 1991 angeschaffte oder hergestellte Wirtschaftsgüter sowie für vor dem 1. Januar 1991 geleistete Anzahlungen auf Anschaffungskosten und entstandene Teilherstellungskosten in Anspruch genommen werden. ⁴Voraussetzung für die Inanspruchnahme der Sonderabschreibungen ist, dass die Förderungswürdigkeit der bezeichneten Vorhaben von der obersten Landesbehörde für Wirtschaft im Einvernehmen mit dem Bundesministerium für Wirtschaft und Energie bescheinigt worden ist. ⁵Die Sonderabschreibungen können im Wirtschaftsjahr der Anschaffung oder Herstellung und in den vier folgenden Wirtschaftsjahren in Anspruch genommen werden, und zwar bei beweglichen Wirtschaftsgütern des Anlagevermögens bis zu insgesamt 50 Prozent, bei unbeweglichen Wirtschaftsgütern des Anlagevermögens bis zu insgesamt 30 Prozent der Anschaffungs- oder Herstellungskosten. ⁶Bei den begünstigten Vorhaben im Tagebaubetrieb des Braunkohlen- und Erzbergbaues kann außerdem zugelassen werden, dass die vor dem 1. Januar 1991 aufgewendeten Kosten für den Vorabraum bis zu 50 Prozent als sofort abzugsfähige Betriebsausgaben behandelt werden;

o) (weggefallen)

p) über die Bemessung der Absetzungen für Abnutzung oder Substanzverringerung bei nicht zu einem Betriebsvermögen gehörenden Wirtschaftsgütern, die vor dem 21. Juni 1948 angeschafft oder hergestellt oder die unentgeltlich erworben sind. ²Hierbei kann bestimmt werden, dass die Absetzungen für Abnutzung oder Substanzverringerung nicht nach den Anschaffungs- oder Herstellungskosten, sondern nach Hilfswerten (am 21. Juni 1948 maßgebender Einheitswert, Anschaffungs- oder Herstellungskosten des Rechtsvorgängers abzüglich der von ihm vorgenommenen Absetzungen, fiktive Anschaffungskosten an einem noch zu bestimmenden Stichtag) zu bemessen sind. ³Zur Vermeidung von Härten kann zugelassen werden, dass anstelle der Absetzungen für Abnutzung, die nach dem am 21. Juni 1948 maßgebenden Einheitswert zu bemessen sind, der Betrag abgezogen wird, der für das Wirtschaftsgut in dem Veranlagungszeitraum 1947 als Absetzung für Abnutzung geltend gemacht werden konnte. ⁴Für das Land Berlin tritt in den Sätzen 1 bis 3 an die Stelle des 21. Juni 1948 jeweils der 1. April 1949;

q) über erhöhte Absetzungen bei Herstellungskosten

aa) für Maßnahmen, die für den Anschluss eines im Inland belegenen Gebäudes an eine Fernwärmeversorgung einschließlich der Anbindung an das Heizsystem erforderlich sind, wenn die Fernwärmeversorgung überwiegend aus Anlagen der Kraft-Wärme-Kopplung, zur Verbrennung von Müll oder zur Verwertung von Abwärme gespeist wird, bb) für den Einbau von Wärmepumpenanlagen, Solaranlagen und Anlagen zur Wärmerückgewinnung in einem im Inland belegenen Gebäude einschließlich der Anbindung an das Heizsystem,

cc) für die Errichtung von Windkraftanlagen, wenn die mit diesen Anlagen erzeugte Energie überwiegend entweder unmittelbar oder durch Verrechnung mit Elektrizitätsbezügen des Steuerpflichtigen von einem Elektrizitätsversorgungsunternehmen zur Versorgung eines im Inland belegenen Gebäudes des Steuerpflichtigen verwendet wird, einschließlich der Anbindung an das Versorgungssystem des Gebäudes,

dd) für die Errichtung von Anlagen zur Gewinnung von Gas, das aus pflanzlichen oder tierischen Abfallstoffen durch Gärung unter Sauerstoffabschluss entsteht, wenn dieses Gas zur Beheizung eines im Inland belegenen Gebäudes des Steuerpflichtigen oder zur Warmwasserbereitung in einem solchen Gebäude des Steuerpflichtigen verwendet wird, einschließlich der Anbindung an das Versorgungssystem des Gebäudes,

ee) für den Einbau einer Warmwasseranlage zur Versorgung von mehr als einer Zapfstelle und einer zentralen Heizungsanlage oder bei einer zentralen Heizungs- und Warmwasseranlage für den Einbau eines Heizkessels, eines Brenners, einer zentralen Steuerungseinrichtung, einer Wärmeabgabeeinrichtung und eine Änderung der Abgasanlage in einem im Inland belegenen Gebäude oder in einer im Inland belegenen Eigentumswohnung, wenn mit dem Einbau nicht vor Ablauf von zehn Jahren seit Fertigstellung dieses Gebäudes begonnen worden ist und der Einbau nach dem 30. Juni 1985 fertiggestellt worden ist; Entsprechendes gilt bei Anschaffungskosten für neue Einzelöfen, wenn keine Zentralheizung vorhanden ist.

²Voraussetzung für die Gewährung der erhöhten Absetzungen ist, dass die Maßnahmen vor dem 1. Januar 1992 fertiggestellt worden sind; in den Fällen des Satzes 1 Doppelbuchstabe aa müssen die Gebäude vor dem 1. Juli 1983 fertiggestellt worden sein, es sei denn, dass der Anschluss nicht schon im Zusammenhang mit der Errichtung des Gebäudes möglich war. ³Die erhöhten Absetzungen dürfen jährlich 10 Prozent der Aufwendungen nicht übersteigen. ⁴Sie dürfen nicht gewährt werden, wenn für dieselbe Maßnahme eine Investitionszulage in Anspruch genommen wird. ⁵Sind die Aufwendungen Erhaltungsaufwand und entstehen sie bei einer zu eigenen Wohnzwecken genutzten Wohnung im eigenen Haus, für die der Nutzungswert nicht mehr besteuert wird, und liegen in den Fällen des Satzes 1 Doppelbuchstabe aa die Voraussetzungen des Satzes 2 zweiter Halbsatz vor, so kann der Abzug dieser Aufwendungen wie Sonderausgaben mit gleichmäßiger Verteilung auf das Kalenderjahr, in dem die Arbeiten abgeschlossen worden sind, und die neun folgenden Kalenderjahre zugelassen werden, wenn die Maßnahme vor dem 1. Januar 1992 abgeschlossen worden ist;

r) nach denen Steuerpflichtige größere Aufwendungen

aa) für die Erhaltung von nicht zu einem Betriebsvermögen gehörenden Gebäuden, die überwiegend Wohnzwecken dienen,

bb) zur Erhaltung eines Gebäudes in einem förmlich festgelegten Sanierungsgebiet oder städtebaulichen Entwicklungsbereich, die für Maßnahmen im Sinne des § 177 des Baugesetzbuchs sowie für bestimmte Maßnahmen, die der Erhaltung, Erneuerung und funktionsgerechten Verwendung eines Gebäudes dienen, das wegen seiner geschichtlichen, künstlerischen oder städtebaulichen Bedeutung erhalten bleiben soll, und zu deren Durchführung sich der Eigentümer neben bestimmten Modernisierungsmaßnahmen gegenüber der Gemeinde verpflichtet hat, aufgewendet worden sind,

cc) zur Erhaltung von Gebäuden, die nach den jeweiligen landesrechtlichen Vorschriften Baudenkmale sind, soweit die Aufwendungen nach Art und Umfang zur Erhaltung des Gebäudes als Baudenkmal und zu seiner sinnvollen Nutzung erforderlich sind,

## VII. Einkommensteuergesetz § 51

auf zwei bis fünf Jahre gleichmäßig verteilen können. ²In den Fällen der Doppelbuchstaben bb und cc ist Voraussetzung, dass der Erhaltungsaufwand vor dem 1. Januar 1990 entstanden ist. ³In den Fällen von Doppelbuchstabe cc sind die Denkmaleigenschaft des Gebäudes und die Voraussetzung, dass die Aufwendungen nach Art und Umfang zur Erhaltung des Gebäudes als Baudenkmal und zu seiner sinnvollen Nutzung erforderlich sind, durch eine Bescheinigung der nach Landesrecht zuständigen oder von der Landesregierung bestimmten Stelle nachzuweisen;

s) nach denen bei Anschaffung oder Herstellung von abnutzbaren beweglichen und bei Herstellung von abnutzbaren unbeweglichen Wirtschaftsgütern des Anlagevermögens auf Antrag ein Abzug von der Einkommensteuer für den Veranlagungszeitraum der Anschaffung oder Herstellung bis zur Höhe von 7,5 Prozent der Anschaffungs- oder Herstellungskosten dieser Wirtschaftsgüter vorgenommen werden kann, wenn eine Störung des gesamtwirtschaftlichen Gleichgewichts eingetreten ist oder sich abzeichnet, die eine nachhaltige Verringerung der Umsätze oder der Beschäftigung zur Folge hatte oder erwarten lässt, insbesondere bei einem erheblichen Rückgang der Nachfrage nach Investitionsgütern oder Bauleistungen. ²Bei der Bemessung des von der Einkommensteuer abzugsfähigen Betrags dürfen nur berücksichtigt werden

   aa) die Anschaffungs- oder Herstellungskosten von beweglichen Wirtschaftsgütern, die innerhalb eines jeweils festzusetzenden Zeitraums, der ein Jahr nicht übersteigen darf (Begünstigungszeitraum), angeschafft oder hergestellt werden,

   bb) die Anschaffungskosten von beweglichen Wirtschaftsgütern, die innerhalb des Begünstigungszeitraums bestellt und angezahlt werden oder mit deren Herstellung innerhalb des Begünstigungszeitraums begonnen wird, wenn sie innerhalb eines Jahres, bei Schiffen innerhalb zweier Jahre nach Ablauf des Begünstigungszeitraums geliefert oder fertiggestellt werden. ²Soweit bewegliche Wirtschaftsgüter im Sinne des Satzes 1 mit Ausnahme von Schiffen nach Ablauf eines Jahres, aber vor Ablauf zweier Jahre nach dem Ende des Begünstigungszeitraums geliefert oder fertiggestellt werden, dürfen bei Bemessung des Abzugs von der Einkommensteuer die bis zum Ablauf eines Jahres nach dem Ende des Begünstigungszeitraums aufgewendeten Anzahlungen und Teilherstellungskosten berücksichtigt werden,

   cc) die Herstellungskosten von Gebäuden, bei denen innerhalb des Begünstigungszeitraums der Antrag auf Baugenehmigung gestellt wird, wenn sie bis zum Ablauf von zwei Jahren nach dem Ende des Begünstigungszeitraums fertiggestellt werden;

   dabei scheiden geringwertige Wirtschaftsgüter im Sinne des § 6 Absatz 2 und Wirtschaftsgüter, die in gebrauchtem Zustand erworben werden, aus. ³Von der Begünstigung können außerdem Wirtschaftsgüter ausgeschlossen werden, für die Sonderabschreibungen, erhöhte Absetzungen oder die Investitionszulage nach § 19 des Berlinförderungsgesetzes in Anspruch genommen werden. ⁴In den Fällen des Satzes 2 Doppelbuchstabe bb und cc können bei Bemessung des von der Einkommensteuer abzugsfähigen Betrags bereits die im Begünstigungszeitraum, im Fall des Satzes 2 Doppelbuchstabe bb Satz 2 auch die bis zum Ablauf eines Jahres nach dem Ende des Begünstigungszeitraums aufgewendeten Anzahlungen und Teilherstellungskosten berücksichtigt werden; der Abzug von der Einkommensteuer kann insoweit schon für den Veranlagungszeitraum vorgenommen werden, in dem die Anzahlungen oder Teilherstellungskosten aufgewendet worden sind. ⁵Übersteigt der von der Einkommensteuer abzugsfähige Betrag die für den Veranlagungszeitraum der Anschaffung oder Herstellung geschuldete Einkommensteuer, so kann der übersteigende Betrag von der Einkommensteuer für den darauf folgenden Veranlagungszeitraum abgezogen werden. ⁶Entsprechendes gilt, wenn in den Fällen des Satzes 2 Doppelbuchstabe bb und cc der Abzug von der Einkommensteuer bereits für Anzahlungen oder Teilherstellungskosten geltend gemacht wird. ⁷Der Abzug von der Einkommensteuer darf jedoch die für den Veranlagungszeitraum der Anschaffung oder Herstellung und den folgenden Veranlagungszeitraum insgesamt zu entrichtende Einkommensteuer nicht übersteigen. ⁸In den Fällen des Satzes 2 Doppelbuchstabe bb Satz 2 gilt dies mit der Maßgabe, dass an die Stelle des Veranlagungszeitraums der Anschaffung oder Herstellung der Veranlagungszeitraum tritt, in dem zuletzt Anzahlungen oder Teilherstellungskosten aufgewendet worden sind. ⁹Werden begünstigte Wirtschaftsgüter von Gesellschaften im Sinne des § 15 Absatz 1 Satz 1 Nummer 2 und 3 angeschafft oder hergestellt, so ist der abzugsfähige Betrag nach dem Verhältnis der Gewinnanteile einschließlich der Vergütungen aufzuteilen. ¹⁰Die Anschaffungs- oder Herstellungskosten der Wirtschaftsgüter, die bei Bemessung des von der Einkommensteuer abzugsfähigen Betrags berücksichtigt worden sind, werden durch den Abzug von der Einkommensteuer nicht gemindert. ¹¹Rechtsverordnungen auf Grund dieser Ermächtigung bedürfen der Zustimmung des Bundestages. ¹²Die Zustimmung gilt als erteilt, wenn der Bundestag nicht binnen vier Wochen nach Eingang der Vorlage der Bundesregierung die Zustimmung verweigert hat;

t) (weggefallen)

u) über Sonderabschreibungen bei abnutzbaren Wirtschaftsgütern des Anlagevermögens, die der Forschung oder Entwicklung dienen und nach dem 18. Mai 1983 und vor dem 1. Januar 1990 angeschafft oder hergestellt werden. ²Voraussetzung für die Inanspruchnahme der Sonderabschreibungen ist, dass die beweglichen Wirtschaftsgüter ausschließlich und die unbeweglichen Wirtschaftsgüter zu mehr als 33$^{1}/_{3}$ Prozent der Forschung oder Entwicklung dienen. ³Die Sonderabschreibungen können auch für Ausbauten und Erweiterungen an bestehenden Gebäuden, Gebäudeteilen, Eigentumswohnungen oder im Teileigentum stehenden Räumen zugelassen werden, wenn die ausgebauten oder neu hergestellten Gebäudeteile zu mehr als 33$^{1}/_{3}$ Prozent der Forschung oder Entwicklung dienen. ⁴Die Wirtschaftsgüter dienen der Forschung oder Entwicklung, wenn sie verwendet werden

aa) zur Gewinnung von neuen wissenschaftlichen oder technischen Erkenntnissen und Erfahrungen allgemeiner Art (Grundlagenforschung) oder

bb) zur Neuentwicklung von Erzeugnissen oder Herstellungsverfahren oder

cc) zur Weiterentwicklung von Erzeugnissen oder Herstellungsverfahren, soweit wesentliche Änderungen dieser Erzeugnisse oder Verfahren entwickelt werden.

⁵Die Sonderabschreibungen können im Wirtschaftsjahr der Anschaffung oder Herstellung und in den vier folgenden Wirtschaftsjahren in Anspruch genommen werden, und zwar

aa) bei beweglichen Wirtschaftsgütern des Anlagevermögens bis zu insgesamt 40 Prozent,

bb) bei unbeweglichen Wirtschaftsgütern des Anlagevermögens, die zu mehr als 66$^{2}/_{3}$ Prozent der Forschung oder Entwicklung dienen, bis zu insgesamt 15 Prozent, die nicht zu mehr als 66$^{2}/_{3}$ Prozent, aber zu mehr als 33$^{1}/_{3}$ Prozent der Forschung oder Entwicklung dienen, bis zu insgesamt 10 Prozent,

cc) bei Ausbauten und Erweiterungen an bestehenden Gebäuden, Gebäudeteilen, Eigentumswohnungen oder im Teileigentum stehenden Räumen, wenn die ausgebauten oder neu hergestellten Gebäudeteile zu mehr als 66$^{2}/_{3}$ Prozent der Forschung oder Entwicklung dienen, bis zu insgesamt 15 Prozent, zu nicht mehr als 66$^{2}/_{3}$ Prozent, aber zu mehr als 33$^{1}/_{3}$ Prozent der Forschung oder Entwicklung dienen, bis zu insgesamt 10 Prozent

der Anschaffungs- oder Herstellungskosten. ⁶Sie können bereits für Anzahlungen auf Anschaffungskosten und für Teilherstellungskosten zugelassen werden. ⁷Die Sonderabschreibungen sind nur unter der Bedingung zuzulassen, dass die Wirtschaftsgüter und die ausgebauten oder neu hergestellten Gebäudeteile mindestens drei Jahre nach ihrer Anschaffung oder Herstellung in dem erforderlichen Umfang der Forschung oder Entwicklung in einer inländischen Betriebsstätte des Steuerpflichtigen dienen;

v) (weggefallen)

w) über Sonderabschreibungen bei Handelsschiffen, die auf Grund eines vor dem 25. April 1996 abgeschlossenen Schiffbauvertrags hergestellt, in einem inländischen Seeschiffsregister eingetragen und vor dem 1. Januar 1999 von Steuerpflichtigen angeschafft oder hergestellt worden sind, die den Gewinn nach § 5 ermitteln. ²Im Fall der Anschaffung eines Handelsschiffes ist weitere Voraussetzung, dass das Schiff vor dem 1. Januar 1996 in ungebrauchtem Zustand vom Hersteller oder nach dem 31. Dezember 1995 auf Grund eines vor dem 25. April 1996 abgeschlossenen Kaufvertrags bis zum Ablauf des vierten auf das Jahr der Fertigstellung folgenden Jahres erworben worden ist. ³Bei Steuerpflichtigen, die in eine Gesellschaft im Sinne des § 15 Absatz 1 Satz 1 Nummer 2 und Absatz 3 nach Abschluss des Schiffbauvertrags (Unterzeichnung des Hauptvertrags) eingetreten sind, dürfen Sonderabschreibungen nur zugelassen werden, wenn sie der Gesellschaft vor dem 1. Januar 1999 beitreten. ⁴Die Sonderabschreibungen können im Wirtschaftsjahr der Anschaffung oder Herstellung und in den vier folgenden Wirtschaftsjahren bis zu insgesamt 40 Prozent der Anschaffungs- oder Herstellungskosten in Anspruch genommen werden. ⁵Sie können bereits für Anzahlungen auf Anschaffungskosten und für Teilherstellungskosten zugelassen werden. ⁶Die Sonderabschreibungen sind nur unter der Bedingung zuzulassen, dass die Handelsschiffe innerhalb eines Zeitraums von acht Jahren nach ihrer Anschaffung oder Herstellung nicht veräußert werden; für Anteile an einem Handelsschiff gilt dies entsprechend. ⁷Die Sätze 1 bis 6 gelten für Schiffe, die der Seefischerei dienen, entsprechend. ⁸Für Luftfahrzeuge, die vom Steuerpflichtigen hergestellt oder in ungebrauchtem Zustand vom Hersteller erworben worden sind und die zur gewerbsmäßigen Beförderung von Personen oder Sachen im internationalen Luftverkehr oder zur Verwendung zu sonstigen gewerblichen Zwecken im Ausland bestimmt sind, gelten die Sätze 1 bis 4 und 6 mit der Maßgabe entsprechend, dass an die Stelle der Eintragung in ein inländisches Seeschiffsregister die Eintragung in die deutsche Luftfahrzeugrolle, an die Stelle des Höchstsatzes von 40 Prozent ein Höchstsatz von 30 Prozent und bei der Vorschrift des Satzes 6 an die Stelle des Zeitraums von acht Jahren ein Zeitraum von sechs Jahren treten;

x) über erhöhte Absetzungen bei Herstellungskosten für Modernisierungs- und Instandsetzungsmaßnahmen im Sinne des § 177 des Baugesetzbuchs sowie für bestimmte Maßnahmen, die der Erhaltung, Erneuerung und funktionsgerechten Verwendung eines Gebäudes dienen, das wegen seiner geschichtlichen, künstlerischen oder städtebaulichen Bedeutung erhalten bleiben soll, und zu deren Durchführung sich der Eigentümer neben bestimmten Modernisierungsmaßnahmen gegenüber der Gemeinde verpflichtet hat, die für Gebäude in einem förmlich festgelegten Sanierungsgebiet oder städtebaulichen Entwicklungsbereich aufgewendet worden sind; Voraussetzung ist, dass die Maßnahmen vor dem 1. Januar 1991 abgeschlossen worden sind. ²Die erhöhten Absetzungen dürfen jährlich 10 Prozent der Aufwendungen nicht übersteigen;

y) über erhöhte Absetzungen für Herstellungskosten an Gebäuden, die nach den jeweiligen landesrechtlichen Vorschriften Baudenkmale sind, soweit die Aufwendungen nach Art und Umfang zur Erhaltung des Gebäudes als Baudenkmal und zu seiner sinnvollen Nutzung erforderlich sind; Voraussetzung ist, dass die Maßnahmen vor dem 1. Januar 1991 abgeschlossen worden sind. ²Die Denkmaleigenschaft des Gebäudes und die Voraussetzung, dass die Aufwendungen nach Art und Umfang zur Erhaltung des Gebäudes als Baudenkmal und zu seiner sinnvollen Nutzung erforderlich sind, sind durch eine Bescheinigung der nach Landesrecht zuständigen oder von der Landesregierung bestimmten Stelle nachzuweisen. ³Die erhöhten Absetzungen dürfen jährlich 10 Prozent der Aufwendungen nicht übersteigen;

3. die in § 4a Absatz 1 Satz 2 Nummer 1, § 10 Absatz 5, § 22 Nummer 1 Satz 3 Buchstabe a, § 26a Absatz 3, § 34c Absatz 7, § 46 Absatz 5 und § 50a Absatz 6 vorgesehenen Rechtsverordnungen zu erlassen.

## § 51   VII. Einkommensteuergesetz

(2) ¹Die Bundesregierung wird ermächtigt, durch Rechtsverordnung Vorschriften zu erlassen, nach denen die Inanspruchnahme von Sonderabschreibungen und erhöhten Absetzungen sowie die Bemessung der Absetzung für Abnutzung in fallenden Jahresbeträgen ganz oder teilweise ausgeschlossen werden können, wenn eine Störung des gesamtwirtschaftlichen Gleichgewichts eingetreten ist oder sich abzeichnet, die erhebliche Preissteigerungen mit sich gebracht hat oder erwarten lässt, insbesondere, wenn die Inlandsnachfrage nach Investitionsgütern oder Bauleistungen das Angebot wesentlich übersteigt. ²Die Inanspruchnahme von Sonderabschreibungen und erhöhten Absetzungen sowie die Bemessung der Absetzung für Abnutzung in fallenden Jahresbeträgen darf nur ausgeschlossen werden

1. für bewegliche Wirtschaftsgüter, die innerhalb eines jeweils festzusetzenden Zeitraums, der frühestens mit dem Tage beginnt, an dem die Bundesregierung ihren Beschluss über die Verordnung bekannt gibt, und der ein Jahr nicht übersteigen darf, angeschafft oder hergestellt werden. ²Für bewegliche Wirtschaftsgüter, die vor Beginn dieses Zeitraums bestellt und angezahlt worden sind oder mit deren Herstellung vor Beginn dieses Zeitraums angefangen worden ist, darf jedoch die Inanspruchnahme von Sonderabschreibungen und erhöhten Absetzungen sowie die Bemessung der Absetzung für Abnutzung in fallenden Jahresbeträgen nicht ausgeschlossen werden;
2. für bewegliche Wirtschaftsgüter und für Gebäude, die in dem in Nummer 1 bezeichneten Zeitraum bestellt werden oder mit deren Herstellung in diesem Zeitraum begonnen wird. ²Als Beginn der Herstellung gilt bei Gebäuden der Zeitpunkt, in dem der Antrag auf Baugenehmigung gestellt wird.

³Rechtsverordnungen auf Grund dieser Ermächtigung bedürfen der Zustimmung des Bundestages und des Bundesrates. ⁴Die Zustimmung gilt als erteilt, wenn der Bundesrat nicht binnen drei Wochen, der Bundestag nicht binnen vier Wochen nach Eingang der Vorlage der Bundesregierung die Zustimmung verweigert hat.

(3) ¹Die Bundesregierung wird ermächtigt, durch Rechtsverordnung mit Zustimmung des Bundesrates Vorschriften zu erlassen, nach denen die Einkommensteuer einschließlich des Steuerabzugs vom Arbeitslohn, des Steuerabzugs vom Kapitalertrag und des Steuerabzugs bei beschränkt Steuerpflichtigen

1. um höchstens 10 Prozent herabgesetzt werden kann. ²Der Zeitraum, für den die Herabsetzung gilt, darf ein Jahr nicht übersteigen; er soll sich mit dem Kalenderjahr decken. ³Voraussetzung ist, dass eine Störung des gesamtwirtschaftlichen Gleichgewichts eingetreten ist oder sich abzeichnet, die eine nachhaltige Verringerung der Umsätze oder der Beschäftigung zur Folge hatte oder erwarten lässt, insbesondere bei einem erheblichen Rückgang der Nachfrage nach Investitionsgütern und Bauleistungen oder Verbrauchsgütern;
2. um höchstens 10 Prozent erhöht werden kann. ²Der Zeitraum, für den die Erhöhung gilt, darf ein Jahr nicht übersteigen; er soll sich mit dem Kalenderjahr decken. ³Voraussetzung ist, dass eine Störung des gesamtwirtschaftlichen Gleichgewichts eingetreten ist oder sich abzeichnet, die erhebliche Preissteigerungen mit sich gebracht hat oder erwarten lässt, insbesondere, wenn die Nachfrage nach Investitionsgütern und Bauleistungen oder Verbrauchsgütern das Angebot wesentlich übersteigt.

²Rechtsverordnungen auf Grund dieser Ermächtigung bedürfen der Zustimmung des Bundestages.

(4) Das Bundesministerium der Finanzen wird ermächtigt,

1. im Einvernehmen mit den obersten Finanzbehörden der Länder die Vordrucke für
    a) (weggefallen)
    b) die Erklärungen zur Einkommensbesteuerung,
    c) die Anträge nach § 38b Absatz 2, nach § 39a Absatz 2, in dessen Vordrucke der Antrag nach § 39f einzubeziehen ist, die Anträge nach § 39a Absatz 4 sowie die Anträge zu den elektronischen Lohnsteuerabzugsmerkmalen (§ 38b Absatz 3 und § 39e Absatz 6 Satz 7),
    d) die Lohnsteuer-Anmeldung (§ 41a Absatz 1),

e) die Anmeldung der Kapitalertragsteuer (§ 45a Absatz 1) und den Freistellungsauftrag nach § 44a Absatz 2 Satz 1 Nummer 1,
f) die Anmeldung des Abzugsbetrags (§ 48a),
g) die Erteilung der Freistellungsbescheinigung (§ 48b),
h) die Anmeldung der Abzugsteuer (§ 50a),
i) die Entlastung von der Kapitalertragsteuer und vom Steuerabzug nach § 50a auf Grund von Abkommen zur Vermeidung der Doppelbesteuerung

und die Muster der Bescheinigungen für den Lohnsteuerabzug nach § 39 Absatz 3 Satz 1 und § 39e Absatz 7 Satz 5, des Ausdrucks der elektronischen Lohnsteuerbescheinigung (§ 41b Absatz 1), das Muster der Lohnsteuerbescheinigung nach § 41b Absatz 3 Satz 1, der Anträge auf Erteilung einer Bescheinigung für den Lohnsteuerabzug nach § 39 Absatz 3 Satz 1 und § 39e Absatz 7 Satz 1 sowie der in § 45a Absatz 2 und 3 und § 50a Absatz 5 Satz 6 vorgesehenen Bescheinigungen zu bestimmen;

1a. im Einvernehmen mit den obersten Finanzbehörden der Länder auf der Basis der §§ 32a und 39b einen Programmablaufplan für die Herstellung von Lohnsteuertabellen zur manuellen Berechnung der Lohnsteuer aufzustellen und bekannt zu machen. ²Der Lohnstufenabstand beträgt bei den Jahrestabellen 36. ³Die in den Tabellenstufen auszuweisende Lohnsteuer ist aus der Obergrenze der Tabellenstufen zu berechnen und muss an der Obergrenze mit der maschinell berechneten Lohnsteuer übereinstimmen. ⁴Die Monats-, Wochen- und Tagestabellen sind aus den Jahrestabellen abzuleiten;

1b. im Einvernehmen mit den obersten Finanzbehörden der Länder den Mindestumfang der nach § 5b elektronisch zu übermittelnden Bilanz und Gewinn- und Verlustrechnung zu bestimmen;

1c. durch Rechtsverordnung zur Durchführung dieses Gesetzes mit Zustimmung des Bundesrates Vorschriften über einen von dem vorgesehenen erstmaligen Anwendungszeitpunkt gemäß § 52 Absatz 15a in der Fassung des Artikels 1 des Gesetzes vom 20. Dezember 2008 (BGBl I S. 2850) abweichenden späteren Anwendungszeitpunkt zu erlassen, wenn bis zum 31. Dezember 2010 erkennbar ist, dass die technischen oder organisatorischen Voraussetzungen für eine Umsetzung der in § 5b Absatz 1 in der Fassung des Artikels 1 des Gesetzes vom 20. Dezember 2008 (BGBl I S. 2850) vorgesehenen Verpflichtung nicht ausreichen;

2. den Wortlaut dieses Gesetzes und der zu diesem Gesetz erlassenen Rechtsverordnungen in der jeweils geltenden Fassung satzweise nummeriert mit neuem Datum und in neuer Paragraphenfolge bekannt zu machen und dabei Unstimmigkeiten im Wortlaut zu beseitigen.

### § 51a Festsetzung und Erhebung von Zuschlagsteuern[1)]

(1) Auf die Festsetzung und Erhebung von Steuern, die nach der Einkommensteuer bemessen werden (Zuschlagsteuern), sind die Vorschriften dieses Gesetzes entsprechend anzuwenden.

(2) ¹Bemessungsgrundlage ist die Einkommensteuer, die abweichend von § 2 Absatz 6 unter Berücksichtigung von Freibeträgen nach § 32 Absatz 6 in allen Fällen des § 32 festzusetzen wäre. ²Zur Ermittlung der Einkommensteuer im Sinne des Satzes 1 ist das zu versteuernde Einkommen um die nach § 3 Nummer 40 steuerfreien Beträge zu erhöhen und um die nach § 3c Absatz 2 nicht abziehbaren Beträge zu mindern. ³§ 35 ist bei der Ermittlung der festzusetzenden Einkommensteuer nach Satz 1 nicht anzuwenden.

(2a)[2)] ¹Vorbehaltlich des § 40a Absatz 2 ist beim Steuerabzug vom Arbeitslohn Bemessungsgrundlage die Lohnsteuer; beim Steuerabzug vom laufenden Arbeitslohn und beim Jahresausgleich ist die Lohnsteuer maßgebend, die sich ergibt, wenn der nach § 39b Absatz 2 Satz 5 zu

---

1) **Anm. d. Red.:** § 51a Abs. 2a i. d. F. des Gesetzes v. 16. 7. 2015 (BGBl I S. 1202) mit Wirkung v. 1. 1. 2016; Abs. 2c i. d. F. des Gesetzes v. 28. 7. 2015 (BGBl I S. 1400) mit Wirkung v. 1. 8. 2015; Abs. 2e i. d. F. des Gesetzes v. 26. 6. 2013 (BGBl I S. 1809) mit Wirkung v. 30. 6. 2013.

2) **Anm. d. Red.:** Zur Anwendung des § 51a Abs. 2a siehe § 52 Abs. 32a.

## § 51a VII. Einkommensteuergesetz

versteuernde Jahresbetrag für die Steuerklassen I, II und III um den Kinderfreibetrag von 4 608 Euro sowie den Freibetrag für den Betreuungs- und Erziehungs- oder Ausbildungsbedarf von 2 640 Euro und für die Steuerklasse IV um den Kinderfreibetrag von 2 304 Euro sowie den Freibetrag für den Betreuungs- und Erziehungs- oder Ausbildungsbedarf von 1 320 Euro für jedes Kind vermindert wird, für das eine Kürzung der Freibeträge für Kinder nach § 32 Absatz 6 Satz 4 nicht in Betracht kommt. ²Bei der Anwendung des § 39b für die Ermittlung der Zuschlagsteuern ist die als Lohnsteuerabzugsmerkmal gebildete Zahl der Kinderfreibeträge maßgebend. ³Bei Anwendung des § 39f ist beim Steuerabzug vom laufenden Arbeitslohn die Lohnsteuer maßgebend, die sich bei Anwendung des nach § 39f Absatz 1 ermittelten Faktors auf den nach den Sätzen 1 und 2 ermittelten Betrag ergibt.

(2b) Wird die Einkommensteuer nach § 43 Absatz 1 durch Abzug vom Kapitalertrag (Kapitalertragsteuer) erhoben, wird die darauf entfallende Kirchensteuer nach dem Kirchensteuersatz der Religionsgemeinschaft, der der Kirchensteuerpflichtige angehört, als Zuschlag zur Kapitalertragsteuer erhoben.

(2c)[1] ¹Der zur Vornahme des Steuerabzugs vom Kapitalertrag Verpflichtete (Kirchensteuerabzugsverpflichteter) hat die auf die Kapitalertragsteuer nach Absatz 2b entfallende Kirchensteuer nach folgenden Maßgaben einzubehalten:

1. ¹Das Bundeszentralamt für Steuern speichert unabhängig von und zusätzlich zu den in § 139b Absatz 3 der Abgabenordnung genannten und nach § 39e gespeicherten Daten des Steuerpflichtigen den Kirchensteuersatz der steuererhebenden Religionsgemeinschaft des Kirchensteuerpflichtigen sowie die ortsbezogenen Daten, mit deren Hilfe der Kirchensteuerpflichtige seiner Religionsgemeinschaft zugeordnet werden kann. ²Die Daten werden als automatisiert abrufbares Merkmal für den Kirchensteuerabzug bereitgestellt;

2. sofern dem Kirchensteuerabzugsverpflichteten die Identifikationsnummer des Schuldners der Kapitalertragsteuer nicht bereits bekannt ist, kann er sie beim Bundeszentralamt für Steuern anfragen. ²In der Anfrage dürfen nur die in § 139b Absatz 3 der Abgabenordnung genannten Daten des Schuldners der Kapitalertragsteuer angegeben werden, soweit sie dem Kirchensteuerabzugsverpflichteten bekannt sind. ³Die Anfrage hat nach amtlich vorgeschriebenem Datensatz durch Datenfernübertragung zu erfolgen. ⁴Im Übrigen ist die Steuerdaten-Übermittlungsverordnung entsprechend anzuwenden. ⁵Das Bundeszentralamt für Steuern teilt dem Kirchensteuerabzugsverpflichteten die Identifikationsnummer mit, sofern die übermittelten Daten mit den nach § 139b Absatz 3 der Abgabenordnung beim Bundeszentralamt für Steuern gespeicherten Daten übereinstimmen;

3. der Kirchensteuerabzugsverpflichtete hat unter Angabe der Identifikationsnummer und des Geburtsdatums des Schuldners der Kapitalertragsteuer einmal jährlich im Zeitraum vom 1. September bis 31. Oktober beim Bundeszentralamt für Steuern anzufragen, ob der Schuldner der Kapitalertragsteuer am 31. August des betreffenden Jahres (Stichtag) kirchensteuerpflichtig ist (Regelabfrage). ²Für Kapitalerträge im Sinne des § 43 Absatz 1 Nummer 4 aus Versicherungsverträgen hat der Kirchensteuerabzugsverpflichtete eine auf den Zuflusszeitpunkt der Kapitalerträge bezogene Abfrage (Anlassabfrage) an das Bundeszentralamt für Steuern zu richten. ³Im Übrigen kann der Kirchensteuerabzugsverpflichtete eine Anlassabfrage bei Begründung einer Geschäftsbeziehung oder auf Veranlassung des Kunden an das Bundeszentralamt für Steuern richten. ⁴Auf die Anfrage hin teilt das Bundeszentralamt für Steuern dem Kirchensteuerabzugsverpflichteten die rechtliche Zugehörigkeit zu einer steuererhebenden Religionsgemeinschaft und den für die Religionsgemeinschaft geltenden Kirchensteuersatz zum Zeitpunkt der Anfrage als automatisiert abrufbares Merkmal nach Nummer 1 mit. ⁵Während der Dauer der rechtlichen Verbindung ist der Schuldner der Kapitalertragssteuer zumindest einmal vom Kirchensteuerabzugsverpflichteten auf die Datenabfrage sowie das gegenüber dem Bundeszentralamt für Steuern bestehende Widerspruchsrecht, das sich auf die Übermittlung von Daten zur Religionszugehörigkeit bezieht

---

1) **Anm. d. Red.:** Zur Anwendung des § 51a Abs. 2c siehe § 52 Abs. 49.

(Absatz 2e Satz 1), schriftlich oder in geeigneter Form hinzuweisen. ⁶Anträge auf das Setzen der Sperrvermerke, die im aktuellen Kalenderjahr für eine Regelabfrage berücksichtigt werden sollen, müssen bis zum 30. Juni beim Bundeszentralamt für Steuern eingegangen sein. ⁷Alle übrigen Sperrvermerke können nur berücksichtigt werden, wenn sie spätestens zwei Monate vor der Abfrage des Kirchensteuerabzugsverpflichteten eingegangen sind. ⁸Dies gilt für den Widerruf entsprechend. ⁹Der Hinweis nach Satz 5 hat rechtzeitig vor der Regel- oder Anlassabfrage zu erfolgen. ¹⁰Gehört der Schuldner der Kapitalertragsteuer keiner steuererhebenden Religionsgemeinschaft an oder hat er dem Abruf von Daten zur Religionszugehörigkeit widersprochen (Sperrvermerk), so teilt das Bundeszentralamt für Steuern dem Kirchensteuerabzugsverpflichteten zur Religionszugehörigkeit einen neutralen Wert (Nullwert) mit. ¹¹Der Kirchensteuerabzugsverpflichtete hat die vorhandenen Daten zur Religionszugehörigkeit unverzüglich zu löschen, wenn ein Nullwert übermittelt wurde;

4. im Falle einer am Stichtag oder im Zuflusszeitpunkt bestehenden Kirchensteuerpflicht hat der Kirchensteuerabzugsverpflichtete den Kirchensteuerabzug für die steuererhebende Religionsgemeinschaft durchzuführen und den Kirchensteuerbetrag an das für ihn zuständige Finanzamt abzuführen. ²§ 45a Absatz 1 gilt entsprechend; in der Steueranmeldung sind die nach Satz 1 einbehaltenen Kirchensteuerbeträge für jede steuererhebende Religionsgemeinschaft jeweils als Summe anzumelden. ³Die auf Grund der Regelabfrage vom Bundeszentralamt für Steuern bestätigte Kirchensteuerpflicht hat der Kirchensteuerabzugsverpflichtete dem Kirchensteuerabzug des am Stichtag folgenden Kalenderjahres zu Grunde zu legen. ⁴Das Ergebnis einer Anlassabfrage wirkt anlassbezogen.

²Die Daten gemäß Nummer 3 sind nach amtlich vorgeschriebenem Datensatz durch Datenfernübertragung zu übermitteln. ³Die Verbindung der Anfrage nach Nummer 2 mit der Anfrage nach Nummer 3 zu einer Anfrage ist zulässig. ⁴Auf Antrag kann das Bundeszentralamt für Steuern zur Vermeidung unbilliger Härten auf eine elektronische Übermittlung verzichten. ⁵§ 44 Absatz 5 ist mit der Maßgabe anzuwenden, dass der Haftungsbescheid von dem für den Kirchensteuerabzugsverpflichteten zuständigen Finanzamt erlassen wird. ⁶§ 45a Absatz 2 ist mit der Maßgabe anzuwenden, dass die steuererhebende Religionsgemeinschaft angegeben wird. ⁷Sind an den Kapitalerträgen ausschließlich Ehegatten beteiligt, wird der Anteil an der Kapitalertragsteuer hälftig ermittelt. ⁸Der Kirchensteuerabzugsverpflichtete darf die von ihm für die Durchführung des Kirchensteuerabzugs erhobenen Daten ausschließlich für diesen Zweck verwenden. ⁹Er hat organisatorisch dafür Sorge zu tragen, dass ein Zugriff auf diese Daten für andere Zwecke gesperrt ist. ¹⁰Für andere Zwecke dürfen der Kirchensteuerabzugsverpflichtete und die beteiligte Finanzbehörde die Daten nur verwenden, soweit der Kirchensteuerpflichtige zustimmt oder dies gesetzlich zugelassen ist.

(2d) ¹Wird die nach Absatz 2b zu erhebende Kirchensteuer nicht nach Absatz 2c als Kirchensteuerabzug vom Kirchensteuerabzugsverpflichteten einbehalten, wird sie nach Ablauf des Kalenderjahres nach dem Kapitalertragsteuerbetrag veranlagt, der sich ergibt, wenn die Steuer auf Kapitalerträge nach § 32d Absatz 1 Satz 4 und 5 errechnet wird; wenn Kirchensteuer als Kirchensteuerabzug nach Absatz 2c erhoben wurde, wird eine Veranlagung auf Antrag des Steuerpflichtigen durchgeführt. ²Der Abzugsverpflichtete hat dem Kirchensteuerpflichtigen auf dessen Verlangen hin eine Bescheinigung über die einbehaltene Kapitalertragsteuer zu erteilen. ³Der Kirchensteuerpflichtige hat die erhobene Kapitalertragsteuer zu erklären und die Bescheinigung nach Satz 2 oder nach § 45a Abs. 2 oder 3 vorzulegen.

(2e)[1)] ¹Der Schuldner der Kapitalertragsteuer kann unter Angabe seiner Identifikationsnummer nach amtlich vorgeschriebenem Vordruck schriftlich beim Bundeszentralamt für Steuern beantragen, dass der automatisierte Datenabruf seiner rechtlichen Zugehörigkeit zu einer steuererhebenden Religionsgemeinschaft bis auf schriftlichen Widerruf unterbleibt (Sperrvermerk). ²Das Bundeszentralamt für Steuern kann für die Abgabe der Erklärungen nach Satz 1 ein anderes sicheres Verfahren zur Verfügung stellen. ³Der Sperrvermerk verpflichtet den Kirchensteuer-

---

1) **Anm. d. Red.:** Zur Anwendung des § 51a Abs. 2e siehe § 52 Abs. 49.

pflichtigen für jeden Veranlagungszeitraum, in dem Kapitalertragsteuer einbehalten worden ist, zur Abgabe einer Steuererklärung zum Zwecke der Veranlagung nach Absatz 2d Satz 1. ⁴Das Bundeszentralamt für Steuern übermittelt für jeden Veranlagungszeitraum, in dem der Sperrvermerk abgerufen worden ist, an das Wohnsitzfinanzamt Name und Anschrift des Kirchensteuerabzugsverpflichteten, an den im Fall des Absatzes 2c Nummer 3 auf Grund des Sperrvermerks ein Nullwert im Sinne des Absatzes 2c Satz 1 Nummer 3 Satz 6 mitgeteilt worden ist. ⁵Das Wohnsitzfinanzamt fordert den Kirchensteuerpflichtigen zur Abgabe einer Steuererklärung nach § 149 Absatz 1 Satz 1 und 2 der Abgabenordnung auf.

(3) Ist die Einkommensteuer für Einkünfte, die dem Steuerabzug unterliegen, durch den Steuerabzug abgegolten oder werden solche Einkünfte bei der Veranlagung zur Einkommensteuer oder beim Lohnsteuer-Jahresausgleich nicht erfasst, gilt dies für die Zuschlagsteuer entsprechend.

(4) ¹Die Vorauszahlungen auf Zuschlagsteuern sind gleichzeitig mit den festgesetzten Vorauszahlungen auf die Einkommensteuer zu entrichten; § 37 Absatz 5 ist nicht anzuwenden. ²Solange ein Bescheid über die Vorauszahlungen auf Zuschlagsteuern nicht erteilt worden ist, sind die Vorauszahlungen ohne besondere Aufforderung nach Maßgabe der für die Zuschlagsteuern geltenden Vorschriften zu entrichten. ³§ 240 Absatz 1 Satz 3 der Abgabenordnung ist insoweit nicht anzuwenden; § 254 Absatz 2 der Abgabenordnung gilt insoweit sinngemäß.

(5) ¹Mit einem Rechtsbehelf gegen die Zuschlagsteuer kann weder die Bemessungsgrundlage noch die Höhe des zu versteuernden Einkommens angegriffen werden. ²Wird die Bemessungsgrundlage geändert, ändert sich die Zuschlagsteuer entsprechend.

(6) Die Absätze 1 bis 5 gelten für die Kirchensteuern nach Maßgabe landesrechtlicher Vorschriften.

### § 52 Anwendungsvorschriften[1)2)]

(1) ¹Diese Fassung des Gesetzes ist, soweit in den folgenden Absätzen nichts anderes bestimmt ist, erstmals für den Veranlagungszeitraum 2016 anzuwenden. ²Beim Steuerabzug vom Arbeitslohn gilt Satz 1 mit der Maßgabe, dass diese Fassung erstmals auf den laufenden Arbeitslohn anzuwenden ist, der für einen nach dem 31. Dezember 2015 endenden Lohnzahlungszeitraum gezahlt wird, und auf sonstige Bezüge, die nach dem 31. Dezember 2015 zufließen. ³Beim Steuerabzug vom Kapitalertrag gilt Satz 1 mit der Maßgabe, dass diese Fassung des Gesetzes erstmals auf Kapitalerträge anzuwenden ist, die dem Gläubiger nach dem 31. Dezember 2015 zufließen.

(2) ¹§ 2a Absatz 1 Satz 1 Nummer 6 Buchstabe b in der am 1. Januar 2000 geltenden Fassung ist erstmals auf negative Einkünfte eines Steuerpflichtigen anzuwenden, die er aus einer entgeltlichen Überlassung von Schiffen auf Grund eines nach dem 31. Dezember 1999 rechtswirksam abgeschlossenen obligatorischen Vertrags oder gleichstehenden Rechtsakts erzielt. ²Für negative Einkünfte im Sinne des § 2a Absatz 1 und 2 in der am 24. Dezember 2008 geltenden Fassung, die vor dem 25. Dezember 2008 nach § 2a Absatz 1 Satz 5 bestandskräftig gesondert festgestellt wurden, ist § 2a Absatz 1 Satz 3 bis 5 in der am 24. Dezember 2008 geltenden Fassung weiter anzuwenden. ³§ 2a Absatz 3 Satz 3, 5 und 6 in der am 29. April 1997 geltenden Fassung ist für Veranlagungszeiträume ab 1999 weiter anzuwenden, soweit sich ein positiver Betrag im Sinne des § 2a Absatz 3 Satz 3 in der am 29. April 1997 geltenden Fassung ergibt oder soweit eine in einem ausländischen Staat belegene Betriebsstätte im Sinne des § 2a Absatz 4 in der Fassung des § 52 Absatz 3 Satz 8 in der am 30. Juli 2014 geltenden Fassung in eine Kapitalgesellschaft umgewandelt, übertragen oder aufgegeben wird. ⁴Insoweit ist in § 2a Absatz 3 Satz 5 letzter Halbsatz in der am 29. April 1997 geltenden Fassung die Angabe „§ 10d Absatz 3" durch die Angabe „§ 10d Absatz 4" zu ersetzen.

---

1) **Anm. d. Red.:** § 52 i. d. F. des Gesetzes v. 2.11.2015 (BGBl I S.1834) mit Wirkung v. 1.1.2016.

2) **Anm. d. Red.:** Gem. Art. 2 Nr. 3 i.V. mit Art. 4 Satz 1 Gesetz v. 21.12.2015 (BGBl I S.2553) werden in § 52 mit Wirkung v. 1.1.2018 die Absätze 7 und 13 aufgehoben.

(3) § 2b in der Fassung der Bekanntmachung vom 19. Oktober 2002 (BGBl I S. 4210; 2003 I S. 179) ist weiterhin für Einkünfte aus einer Einkunftsquelle im Sinne des § 2b anzuwenden, die der Steuerpflichtige nach dem 4. März 1999 und vor dem 11. November 2005 rechtswirksam erworben oder begründet hat.

(4) ¹§ 3 Nummer 5 in der am 30. Juni 2013 geltenden Fassung ist vorbehaltlich des Satzes 2 erstmals für den Veranlagungszeitraum 2013 anzuwenden. ²§ 3 Nummer 5 in der am 29. Juni 2013 geltenden Fassung ist weiterhin anzuwenden für freiwillig Wehrdienst Leistende, die das Dienstverhältnis vor dem 1. Januar 2014 begonnen haben. ³§ 3 Nummer 10 in der am 31. Dezember 2005 geltenden Fassung ist weiter anzuwenden für ausgezahlte Übergangsbeihilfen an Soldatinnen auf Zeit und Soldaten auf Zeit, wenn das Dienstverhältnis vor dem 1. Januar 2006 begründet worden ist. ⁴Auf fortlaufende Leistungen nach dem Gesetz über die Heimkehrerstiftung vom 21. Dezember 1992 (BGBl I S. 2094, 2101), das zuletzt durch Artikel 2 des Gesetzes vom 10. Dezember 2007 (BGBl I S. 2830) geändert worden ist, in der jeweils geltenden Fassung ist § 3 Nummer 19 in der am 31. Dezember 2010 geltenden Fassung weiter anzuwenden. ⁵§ 3 Nummer 40 ist erstmals anzuwenden für

1. Gewinnausschüttungen, auf die bei der ausschüttenden Körperschaft der nach Artikel 3 des Gesetzes vom 23. Oktober 2000 (BGBl I S. 1433) aufgehobene Vierte Teil des Körperschaftsteuergesetzes nicht mehr anzuwenden ist; für die übrigen in § 3 Nummer 40 genannten Erträge im Sinne des § 20 gilt Entsprechendes;

2. Erträge im Sinne des § 3 Nummer 40 Satz 1 Buchstabe a, b, c und j nach Ablauf des ersten Wirtschaftsjahres der Gesellschaft, an der die Anteile bestehen, für das das Körperschaftsteuergesetz in der Fassung des Artikels 3 des Gesetzes vom 23. Oktober 2000 (BGBl I S. 1433) erstmals anzuwenden ist.

⁶§ 3 Nummer 40 Satz 3 und 4 in der am 12. Dezember 2006 geltenden Fassung ist für Anteile, die einbringungsgeboren im Sinne des § 21 des Umwandlungssteuergesetzes in der am 12. Dezember 2006 geltenden Fassung sind, weiter anzuwenden. ⁷Bei vom Kalenderjahr abweichenden Wirtschaftsjahren ist § 3 Nummer 40 Buchstabe d Satz 2 in der am 30. Juni 2013 geltenden Fassung erstmals für den Veranlagungszeitraum anzuwenden, in dem das Wirtschaftsjahr endet, das nach dem 31. Dezember 2013 begonnen hat. ⁸§ 3 Nummer 40a in der am 6. August 2004 geltenden Fassung ist auf Vergütungen im Sinne des § 18 Absatz 1 Nummer 4 anzuwenden, wenn die vermögensverwaltende Gesellschaft oder Gemeinschaft nach dem 31. März 2002 und vor dem 1. Januar 2009 gegründet worden ist oder soweit die Vergütungen in Zusammenhang mit der Veräußerung von Anteilen an Kapitalgesellschaften stehen, die nach dem 7. November 2003 und vor dem 1. Januar 2009 erworben worden sind. ⁹§ 3 Nummer 40a in der am 19. August 2008 geltenden Fassung ist erstmals auf Vergütungen im Sinne des § 18 Absatz 1 Nummer 4 anzuwenden, wenn die vermögensverwaltende Gesellschaft oder Gemeinschaft nach dem 31. Dezember 2008 gegründet worden ist. ¹⁰§ 3 Nummer 63 ist bei Beiträgen für eine Direktversicherung nicht anzuwenden, wenn die entsprechende Versorgungszusage vor dem 1. Januar 2005 erteilt wurde und der Arbeitnehmer gegenüber dem Arbeitgeber für diese Beiträge auf die Anwendung des § 3 Nummer 63 verzichtet hat. ¹¹Der Verzicht gilt für die Dauer des Dienstverhältnisses; er ist bis zum 30. Juni 2005 oder bei einem späteren Arbeitgeberwechsel bis zur ersten Beitragsleistung zu erklären. ¹²§ 3 Nummer 63 Satz 3 und 4 ist nicht anzuwenden, wenn § 40b Absatz 1 und 2 in der am 31. Dezember 2004 geltenden Fassung angewendet wird. ¹³§ 3 Nummer 71 in der am 31. Dezember 2014 geltenden Fassung ist erstmals für den Veranlagungszeitraum 2013 anzuwenden.

(5) ¹§ 3c Absatz 2 Satz 3 und 4 in der am 12. Dezember 2006 geltenden Fassung ist für Anteile, die einbringungsgeboren im Sinne des § 21 des Umwandlungssteuergesetzes in der am 12. Dezember 2006 geltenden Fassung sind, weiter anzuwenden. ²§ 3c Absatz 2 in der am 31. Dezember 2014 geltenden Fassung ist erstmals für Wirtschaftsjahre anzuwenden, die nach dem 31. Dezember 2014 beginnen.

(6) ¹§ 4 Absatz 1 Satz 4 in der Fassung des Artikels 1 des Gesetzes vom 8. Dezember 2010 (BGBl I S. 1768) gilt in allen Fällen, in denen § 4 Absatz 1 Satz 3 anzuwenden ist. ²§ 4 Absatz 3

## § 52

Satz 4 ist nicht anzuwenden, soweit die Anschaffungs- oder Herstellungskosten vor dem 1. Januar 1971 als Betriebsausgaben abgesetzt worden sind. [3]§ 4 Absatz 3 Satz 4 und 5 in der Fassung des Artikels 1 des Gesetzes vom 28. April 2006 (BGBl I S. 1095) ist erstmals für Wirtschaftsgüter anzuwenden, die nach dem 5. Mai 2006 angeschafft, hergestellt oder in das Betriebsvermögen eingelegt werden. [4]Die Anschaffungs- oder Herstellungskosten für nicht abnutzbare Wirtschaftsgüter des Anlagevermögens, die vor dem 5. Mai 2006 angeschafft, hergestellt oder in das Betriebsvermögen eingelegt wurden, sind erst im Zeitpunkt des Zuflusses des Veräußerungserlöses oder im Zeitpunkt der Entnahme als Betriebsausgaben zu berücksichtigen. [5]§ 4 Absatz 4a in der Fassung des Gesetzes vom 22. Dezember 1999 (BGBl I S. 2601) ist erstmals für das Wirtschaftsjahr anzuwenden, das nach dem 31. Dezember 1998 endet. [6]Über- und Unterentnahmen vorangegangener Wirtschaftsjahre bleiben unberücksichtigt. [7]Bei vor dem 1. Januar 1999 eröffneten Betrieben sind im Fall der Betriebsaufgabe bei der Überführung von Wirtschaftsgütern aus dem Betriebsvermögen in das Privatvermögen die Buchwerte nicht als Entnahme anzusetzen; im Fall der Betriebsveräußerung ist nur der Veräußerungsgewinn als Entnahme anzusetzen. [8]§ 4 Absatz 5 Satz 1 Nummer 5 in der Fassung des Artikels 1 des Gesetzes vom 20. Februar 2013 (BGBl I S. 285) ist erstmals ab dem 1. Januar 2014 anzuwenden. [9]§ 4 Absatz 5 Satz 1 Nummer 6a in der Fassung des Artikels 1 des Gesetzes vom 20. Februar 2013 (BGBl I S. 285) ist erstmals ab dem 1. Januar 2014 anzuwenden.

(7) § 4d Absatz 1 Satz 1 Nummer 1 Satz 1 in der Fassung des Artikels 5 Nummer 1 des Gesetzes vom 10. Dezember 2007 (BGBl I S. 2838) ist erstmals bei nach dem 31. Dezember 2008 zugesagten Leistungen der betrieblichen Altersversorgung anzuwenden.

(8) § 4f in der Fassung des Gesetzes vom 18. Dezember 2013 (BGBl I S. 4318) ist erstmals für Wirtschaftsjahre anzuwenden, die nach dem 28. November 2013 enden.

(9) [1]§ 5 Absatz 7 in der Fassung des Gesetzes vom 18. Dezember 2013 (BGBl I S. 4318) ist erstmals für Wirtschaftsjahre anzuwenden, die nach dem 28. November 2013 enden. [2]Auf Antrag kann § 5 Absatz 7 auch für frühere Wirtschaftsjahre angewendet werden. [3]Bei Schuldübertragungen, Schuldbeitritten und Erfüllungsübernahmen, die vor dem 14. Dezember 2011 vereinbart wurden, ist § 5 Absatz 7 Satz 5 mit der Maßgabe anzuwenden, dass für einen Gewinn, der sich aus der Anwendung von § 5 Absatz 7 Satz 1 bis 3 ergibt, jeweils in Höhe von 19 Zwanzigsteln eine gewinnmindernde Rücklage gebildet werden kann, die in den folgenden 19 Wirtschaftsjahren jeweils mit mindestens einem Neunzehntel gewinnerhöhend aufzulösen ist.

(10) [1]§ 5a Absatz 3 in der Fassung des Artikels 9 des Gesetzes vom 29. Dezember 2003 (BGBl I S. 3076) ist erstmals für das Wirtschaftsjahr anzuwenden, das nach dem 31. Dezember 2005 endet. [2]§ 5a Absatz 3 Satz 1 in der am 31. Dezember 2003 geltenden Fassung ist weiterhin anzuwenden, wenn der Steuerpflichtige im Fall der Anschaffung das Handelsschiff auf Grund eines vor dem 1. Januar 2006 rechtswirksam abgeschlossenen schuldrechtlichen Vertrags oder gleichgestellten Rechtsakts angeschafft oder im Fall der Herstellung mit der Herstellung des Handelsschiffs vor dem 1. Januar 2006 begonnen hat. [3]In Fällen des Satzes 2 muss der Antrag auf Anwendung des § 5a Absatz 1 spätestens bis zum Ablauf des Wirtschaftsjahres gestellt werden, das vor dem 1. Januar 2008 endet. [4]Soweit Ansparabschreibungen im Sinne des § 7g Absatz 3 in der am 17. August 2007 geltenden Fassung zum Zeitpunkt des Übergangs zur Gewinnermittlung nach § 5a Absatz 1 noch nicht gewinnerhöhend aufgelöst worden sind, ist § 5a Absatz 5 Satz 3 in der am 17. August 2007 geltenden Fassung weiter anzuwenden.

(11) § 5b in der Fassung des Artikels 1 des Gesetzes vom 20. Dezember 2008 (BGBl I S. 2850) ist erstmals für Wirtschaftsjahre anzuwenden, die nach dem 31. Dezember 2010[1]) beginnen.

(12) [1]§ 6 Absatz 1 Nummer 4 Satz 2 und 3 in der am 1. Januar 2016 geltenden Fassung ist für Fahrzeuge mit Antrieb ausschließlich durch Elektromotoren, die ganz oder überwiegend aus mechanischen oder elektrochemischen Energiespeichern oder aus emissionsfrei betriebenen Energiewandlern gespeist werden (Elektrofahrzeuge), oder für extern aufladbare Hybridelektrofahr-

---

1) **Anm. d. Red.:** Gem. § 1 AnwZpvV v. 20.12.2010 (BGBl I S. 2135) erstmals anzuwenden für Wirtschaftsjahre, die nach dem 31.12.2011 beginnen.

zeuge anzuwenden, die vor dem 1. Januar 2023 angeschafft werden. ²§ 6 Absatz 5 Satz 1 zweiter Halbsatz in der am 14. Dezember 2010 geltenden Fassung gilt in allen Fällen, in denen § 4 Absatz 1 Satz 3 anzuwenden ist.

(13) ¹§ 6a Absatz 2 Nummer 1 erste Alternative und Absatz 3 Satz 2 Nummer 1 Satz 6 erster Halbsatz in der am 1. Januar 2001 geltenden Fassung ist bei Pensionsverpflichtungen gegenüber Berechtigten anzuwenden, denen der Pensionsverpflichtete erstmals eine Pensionszusage nach dem 31. Dezember 2000 erteilt hat; § 6a Absatz 2 Nummer 1 zweite Alternative sowie § 6a Absatz 3 Satz 2 Nummer 1 Satz 1 und § 6a Absatz 3 Satz 2 Nummer 1 Satz 6 zweiter Halbsatz sind bei Pensionsverpflichtungen anzuwenden, die auf einer nach dem 31. Dezember 2000 vereinbarten Entgeltumwandlung im Sinne von § 1 Absatz 2 des Betriebsrentengesetzes beruhen. ²§ 6a Absatz 2 Nummer 1 und Absatz 3 Satz 2 Nummer 1 Satz 6 in der am 1. September 2009 geltenden Fassung ist erstmals bei nach dem 31. Dezember 2008 erteilten Pensionszusagen anzuwenden.

(14) ¹§ 6b Absatz 2a in der am 6. November 2015 geltenden Fassung ist auch auf Gewinne im Sinne des § 6b Absatz 2 anzuwenden, die vor dem 6. November 2015 entstanden sind. ²§ 6b Absatz 10 Satz 11 in der am 12. Dezember 2006 geltenden Fassung ist für Anteile, die einbringungsgeboren im Sinne des § 21 des Umwandlungssteuergesetzes in der am 12. Dezember 2006 geltenden Fassung sind, weiter anzuwenden.

(15) ¹Bei Wirtschaftsgütern, die vor dem 1. Januar 2001 angeschafft oder hergestellt worden sind, ist § 7 Absatz 2 Satz 2 in der Fassung des Gesetzes vom 22. Dezember 1999 (BGBl I S. 2601) weiter anzuwenden. ²Bei Gebäuden, soweit sie zu einem Betriebsvermögen gehören und nicht Wohnzwecken dienen, ist § 7 Absatz 4 Satz 1 und 2 in der am 31. Dezember 2000 geltenden Fassung weiter anzuwenden, wenn der Steuerpflichtige im Fall der Herstellung vor dem 1. Januar 2001 mit der Herstellung des Gebäudes begonnen hat oder im Fall der Anschaffung das Objekt auf Grund eines vor dem 1. Januar 2001 rechtswirksam abgeschlossenen obligatorischen Vertrags oder gleichstehenden Rechtsakts angeschafft hat. ³Als Beginn der Herstellung gilt bei Gebäuden, für die eine Baugenehmigung erforderlich ist, der Zeitpunkt, in dem der Bauantrag gestellt wird; bei baugenehmigungsfreien Gebäuden, für die Bauunterlagen einzureichen sind, der Zeitpunkt, in dem die Bauunterlagen eingereicht werden.

(16) ¹§ 7g Absatz 1 bis 4 in der am 1. Januar 2016 geltenden Fassung ist erstmals für Investitionsabzugsbeträge anzuwenden, die in nach dem 31. Dezember 2015 endenden Wirtschaftsjahren in Anspruch genommen werden. ²Bei Investitionsabzugsbeträgen, die in vor dem 1. Januar 2016 endenden Wirtschaftsjahren in Anspruch genommen wurden, ist § 7g Absatz 1 bis 4 in der am 31. Dezember 2015 geltenden Fassung weiter anzuwenden. ³Soweit vor dem 1. Januar 2016 beanspruchte Investitionsabzugsbeträge noch nicht hinzugerechnet oder rückgängig gemacht worden sind, vermindert sich der Höchstbetrag von 200 000 Euro nach § 7g Absatz 1 Satz 4 in der am 1. Januar 2016 geltenden Fassung entsprechend. ⁴In Wirtschaftsjahren, die nach dem 31. Dezember 2008 und vor dem 1. Januar 2011 enden, ist § 7g Absatz 1 Satz 2 Nummer 1 mit der Maßgabe anzuwenden, dass bei Gewerbebetrieben oder der selbständigen Arbeit dienenden Betrieben, die ihren Gewinn nach § 4 Absatz 1 oder § 5 ermitteln, ein Betriebsvermögen von 335 000 Euro, bei Betrieben der Land- und Forstwirtschaft ein Wirtschaftswert oder Ersatzwirtschaftswert von 175 000 Euro und bei Betrieben, die ihren Gewinn nach § 4 Absatz 3 ermitteln, ohne Berücksichtigung von Investitionsabzugsbeträgen ein Gewinn von 200 000 Euro nicht überschritten wird. ⁵Bei Wirtschaftsgütern, die nach dem 31. Dezember 2008 und vor dem 1. Januar 2011 angeschafft oder hergestellt worden sind, ist § 7g Absatz 6 Nummer 1 mit der Maßgabe anzuwenden, dass der Betrieb zum Schluss des Wirtschaftsjahres, das der Anschaffung oder Herstellung vorangeht, die Größenmerkmale des Satzes 1[1]) nicht überschreitet.

(17) § 9b Absatz 2 in der Fassung des Artikels 11 des Gesetzes vom 18. Dezember 2013 (BGBl I S. 4318) ist auf Mehr- und Minderbeträge infolge von Änderungen der Verhältnisse im Sinne

---

1) **Anm. d. Red.:** Redaktioneller Fehler des Gesetzgebers: müsste „Satz 4" lauten.

## § 52 VII. Einkommensteuergesetz

von § 15a des Umsatzsteuergesetzes anzuwenden, die nach dem 28. November 2013 eingetreten sind.

(18) ¹§ 10 Absatz 1a Nummer 2 in der am 1. Januar 2015 geltenden Fassung ist auf alle Versorgungsleistungen anzuwenden, die auf Vermögensübertragungen beruhen, die nach dem 31. Dezember 2007 vereinbart worden sind. ²Für Versorgungsleistungen, die auf Vermögensübertragungen beruhen, die vor dem 1. Januar 2008 vereinbart worden sind, gilt dies nur, wenn das übertragene Vermögen nur deshalb einen ausreichenden Ertrag bringt, weil ersparte Aufwendungen, mit Ausnahme des Nutzungsvorteils eines vom Vermögensübernehmer zu eigenen Zwecken genutzten Grundstücks, zu den Erträgen des Vermögens gerechnet werden. ³§ 10 Absatz 1 Nummer 5 in der am 1. Januar 2012 geltenden Fassung gilt auch für Kinder, die wegen einer vor dem 1. Januar 2007 in der Zeit ab Vollendung des 25. Lebensjahres und vor Vollendung des 27. Lebensjahres eingetretenen körperlichen, geistigen oder seelischen Behinderung außerstande sind, sich selbst zu unterhalten. ⁴§ 10 Absatz 4b Satz 4 bis 6 in der am 30. Juni 2013 geltenden Fassung ist erstmals für die Übermittlung der Daten des Veranlagungszeitraums 2016 anzuwenden. ⁵§ 10 Absatz 5 in der am 31. Dezember 2009 geltenden Fassung ist auf Beiträge zu Versicherungen im Sinne des § 10 Absatz 1 Nummer 2 Buchstabe b Doppelbuchstabe bb bis dd in der am 31. Dezember 2004 geltenden Fassung weiterhin anzuwenden, wenn die Laufzeit dieser Versicherungen vor dem 1. Januar 2005 begonnen hat und ein Versicherungsbeitrag bis zum 31. Dezember 2004 entrichtet wurde.

(19) ¹Für nach dem 31. Dezember 1986 und vor dem 1. Januar 1991 hergestellte oder angeschaffte Wohnungen im eigenen Haus oder Eigentumswohnungen sowie in diesem Zeitraum fertiggestellte Ausbauten oder Erweiterungen ist § 10e in der am 30. Dezember 1989 geltenden Fassung weiter anzuwenden. ²Für nach dem 31. Dezember 1990 hergestellte oder angeschaffte Wohnungen im eigenen Haus oder Eigentumswohnungen sowie in diesem Zeitraum fertiggestellte Ausbauten oder Erweiterungen ist § 10e in der am 28. Juni 1991 geltenden Fassung weiter anzuwenden. ³Abweichend von Satz 2 ist § 10e Absatz 1 bis 5 und 6 bis 7 in der am 28. Juni 1991 geltenden Fassung erstmals für den Veranlagungszeitraum 1991 bei Objekten im Sinne des § 10e Absatz 1 und 2 anzuwenden, wenn im Fall der Herstellung der Steuerpflichtige nach dem 30. September 1991 den Bauantrag gestellt oder mit der Herstellung des Objekts begonnen hat oder im Fall der Anschaffung der Steuerpflichtige das Objekt nach dem 30. September 1991 auf Grund eines nach diesem Zeitpunkt rechtswirksam abgeschlossenen obligatorischen Vertrags oder gleichstehenden Rechtsakts angeschafft hat oder mit der Herstellung des Objekts nach dem 30. September 1991 begonnen worden ist. ⁴§ 10e Absatz 5a ist erstmals bei den in § 10e Absatz 1 und 2 bezeichneten Objekten anzuwenden, wenn im Fall der Herstellung der Steuerpflichtige den Bauantrag nach dem 31. Dezember 1991 gestellt oder, falls ein solcher nicht erforderlich ist, mit der Herstellung nach diesem Zeitpunkt begonnen hat, oder im Fall der Anschaffung der Steuerpflichtige das Objekt auf Grund eines nach dem 31. Dezember 1991 rechtswirksam abgeschlossenen obligatorischen Vertrags oder gleichstehenden Rechtsakts angeschafft hat. ⁵§ 10e Absatz 1 Satz 4 in der am 27. Juni 1993 geltenden Fassung und § 10e Absatz 6 Satz 3 in der am 30. Dezember 1993 geltenden Fassung sind erstmals anzuwenden, wenn der Steuerpflichtige das Objekt auf Grund eines nach dem 31. Dezember 1993 rechtswirksam abgeschlossenen obligatorischen Vertrags oder gleichstehenden Rechtsakts angeschafft hat. ⁶§ 10e ist letztmals anzuwenden, wenn der Steuerpflichtige im Fall der Herstellung vor dem 1. Januar 1996 mit der Herstellung des Objekts begonnen hat oder im Fall der Anschaffung das Objekt auf Grund eines vor dem 1. Januar 1996 rechtswirksam abgeschlossenen obligatorischen Vertrags oder gleichstehenden Rechtsakts angeschafft hat. ⁷Als Beginn der Herstellung gilt bei Objekten, für die eine Baugenehmigung erforderlich ist, der Zeitpunkt, in dem der Bauantrag gestellt wird; bei baugenehmigungsfreien Objekten, für die Bauunterlagen einzureichen sind, gilt als Beginn der Herstellung der Zeitpunkt, in dem die Bauunterlagen eingereicht werden.

(20) ¹§ 10h ist letztmals anzuwenden, wenn der Steuerpflichtige vor dem 1. Januar 1996 mit der Herstellung begonnen hat. ²Als Beginn der Herstellung gilt bei Baumaßnahmen, für die eine Baugenehmigung erforderlich ist, der Zeitpunkt, in dem der Bauantrag gestellt wird; bei bau-

genehmigungsfreien Baumaßnahmen, für die Bauunterlagen einzureichen sind, gilt als Beginn der Herstellung der Zeitpunkt, in dem die Bauunterlagen eingereicht werden.

(21) ¹§ 10i in der am 1. Januar 1996 geltenden Fassung ist letztmals anzuwenden, wenn der Steuerpflichtige im Fall der Herstellung vor dem 1. Januar 1999 mit der Herstellung des Objekts begonnen hat oder im Fall der Anschaffung das Objekt auf Grund eines vor dem 1. Januar 1999 rechtswirksam abgeschlossenen obligatorischen Vertrags oder gleichstehenden Rechtsakts angeschafft hat. ²Als Beginn der Herstellung gilt bei Objekten, für die eine Baugenehmigung erforderlich ist, der Zeitpunkt, in dem der Bauantrag gestellt wird; bei baugenehmigungsfreien Objekten, für die Bauunterlagen einzureichen sind, gilt als Beginn der Herstellung der Zeitpunkt, in dem die Bauunterlagen eingereicht werden.

(22) Für die Anwendung des § 13 Absatz 7 in der am 31. Dezember 2005 geltenden Fassung gilt Absatz 25 entsprechend.

(22a) ¹§ 13a in der am 31. Dezember 2014 geltenden Fassung ist letztmals für das Wirtschaftsjahr anzuwenden, das vor dem 31. Dezember 2015 endet. ²§ 13a in der am 1. Januar 2015 geltenden Fassung ist erstmals für das Wirtschaftsjahr anzuwenden, das nach dem 30. Dezember 2015 endet. ³Die Bindungsfrist auf Grund des § 13a Absatz 2 Satz 1 in der am 31. Dezember 2014 geltenden Fassung bleibt bestehen.

(23) § 15 Absatz 4 Satz 2 und 7 in der am 30. Juni 2013 geltenden Fassung ist in allen Fällen anzuwenden, in denen am 30. Juni 2013 die Feststellungsfrist noch nicht abgelaufen ist.

(24) ¹§ 15a ist nicht auf Verluste anzuwenden, soweit sie
1. durch Sonderabschreibungen nach § 82f der Einkommensteuer-Durchführungsverordnung,
2. durch Absetzungen für Abnutzung in fallenden Jahresbeträgen nach § 7 Absatz 2 von den Herstellungskosten oder von den Anschaffungskosten von in ungebrauchtem Zustand vom Hersteller erworbenen Seeschiffen, die in einem inländischen Seeschiffsregister eingetragen sind,

entstehen; Nummer 1 gilt nur bei Schiffen, deren Anschaffungs- oder Herstellungskosten zu mindestens 30 Prozent durch Mittel finanziert werden, die weder unmittelbar noch mittelbar in wirtschaftlichem Zusammenhang mit der Aufnahme von Krediten durch den Gewerbebetrieb stehen, zu dessen Betriebsvermögen das Schiff gehört. ²§ 15a ist in diesen Fällen erstmals anzuwenden auf Verluste, die in nach dem 31. Dezember 1999 beginnenden Wirtschaftsjahren entstehen, wenn der Schiffbauvertrag vor dem 25. April 1996 abgeschlossen worden ist und der Gesellschafter der Gesellschaft vor dem 1. Januar 1999 beigetreten ist; soweit Verluste, die in dem Betrieb der Gesellschaft entstehen und nach Satz 1 oder nach § 15a Absatz 1 Satz 1 ausgleichsfähig oder abzugsfähig sind, zusammen das Einseinviertelfache der insgesamt geleisteten Einlage übersteigen, ist § 15a auf Verluste anzuwenden, die in nach dem 31. Dezember 1994 beginnenden Wirtschaftsjahren entstehen. ³Scheidet ein Kommanditist oder ein anderer Mitunternehmer, dessen Haftung der eines Kommanditisten vergleichbar ist und dessen Kapitalkonto in der Steuerbilanz der Gesellschaft auf Grund von ausgleichs- oder abzugsfähigen Verlusten negativ geworden ist, aus der Gesellschaft aus oder wird in einem solchen Fall die Gesellschaft aufgelöst, so gilt der Betrag, den der Mitunternehmer nicht ausgleichen muss, als Veräußerungsgewinn im Sinne des § 16. ⁴In Höhe der nach Satz 3 als Gewinn zuzurechnenden Beträge sind bei den anderen Mitunternehmern unter Berücksichtigung der für die Zurechnung von Verlusten geltenden Grundsätze Verlustanteile anzusetzen. ⁵Bei der Anwendung des § 15a Absatz 3 sind nur Verluste zu berücksichtigen, auf die § 15a Absatz 1 anzuwenden ist.

(25) ¹§ 15b in der Fassung des Artikels 1 des Gesetzes vom 22. Dezember 2005 (BGBl I S. 3683) ist nur auf Verluste der dort bezeichneten Steuerstundungsmodelle anzuwenden, denen der Steuerpflichtige nach dem 10. November 2005 beigetreten ist oder für die nach dem 10. November 2005 mit dem Außenvertrieb begonnen wurde. ²Der Außenvertrieb beginnt in dem Zeitpunkt, in dem die Voraussetzungen für die Veräußerung der konkret bestimmbaren Fondsanteile erfüllt sind und die Gesellschaft selbst oder über ein Vertriebsunternehmen mit Außenwirkung an den Markt herangetreten ist. ³Dem Beginn des Außenvertriebs stehen der Beschluss von Kapitalerhöhungen und die Reinvestition von Erlösen in neue Projekte gleich. ⁴Besteht das

§ 52 VII. Einkommensteuergesetz

Steuerstundungsmodell nicht im Erwerb eines Anteils an einem geschlossenen Fonds, ist § 15b in der Fassung des Artikels 1 des Gesetzes vom 22. Dezember 2005 (BGBl I S. 3683) anzuwenden, wenn die Investition nach dem 10. November 2005 rechtsverbindlich getätigt wurde. ⁵§ 15b Absatz 3a ist erstmals auf Verluste der dort bezeichneten Steuerstundungsmodelle anzuwenden, bei denen Wirtschaftsgüter des Umlaufvermögens nach dem 28. November 2013 angeschafft, hergestellt oder in das Betriebsvermögen eingelegt werden.

(26) Für die Anwendung des § 18 Absatz 4 Satz 2 in der Fassung des Artikels 1 des Gesetzes vom 22. Dezember 2005 (BGBl I S. 3683) gilt Absatz 25 entsprechend.

(26a) § 19 Absatz 1 Satz 1 Nummer 3 Satz 2 und 3 in der am 31. Dezember 2014 geltenden Fassung gilt für alle Zahlungen des Arbeitgebers nach dem 30. Dezember 2014.

(27) § 19a in der am 31. Dezember 2008 geltenden Fassung ist weiter anzuwenden, wenn

1. die Vermögensbeteiligung vor dem 1. April 2009 überlassen wird oder
2. auf Grund einer am 31. März 2009 bestehenden Vereinbarung ein Anspruch auf die unentgeltliche oder verbilligte Überlassung einer Vermögensbeteiligung besteht sowie die Vermögensbeteiligung vor dem 1. Januar 2016 überlassen wird

und der Arbeitgeber bei demselben Arbeitnehmer im Kalenderjahr nicht § 3 Nummer 39 anzuwenden hat.

(28) ¹Für die Anwendung des § 20 Absatz 1 Nummer 4 Satz 2 in der am 31. Dezember 2005 geltenden Fassung gilt Absatz 25 entsprechend. ²Für die Anwendung von § 20 Absatz 1 Nummer 4 Satz 2 und Absatz 2b in der am 1. Januar 2007 geltenden Fassung gilt Absatz 25 entsprechend. ³§ 20 Absatz 1 Nummer 6 in der Fassung des Gesetzes vom 7. September 1990 (BGBl I S. 1898) ist erstmals auf nach dem 31. Dezember 1974 zugeflossene Zinsen aus Versicherungsverträgen anzuwenden, die nach dem 31. Dezember 1973 abgeschlossen worden sind. ⁴§ 20 Absatz 1 Nummer 6 in der Fassung des Gesetzes vom 20. Dezember 1996 (BGBl I S. 2049) ist erstmals auf Zinsen aus Versicherungsverträgen anzuwenden, bei denen die Ansprüche nach dem 31. Dezember 1996 entgeltlich erworben worden sind. ⁵Für Kapitalerträge aus Versicherungsverträgen, die vor dem 1. Januar 2005 abgeschlossen worden sind, ist § 20 Absatz 1 Nummer 6 in der am 31. Dezember 2004 geltenden Fassung mit der Maßgabe weiterhin anzuwenden, dass in Satz 3 die Wörter „§ 10 Absatz 1 Nummer 2 Buchstabe b Satz 5" durch die Wörter „§ 10 Absatz 1 Nummer 2 Buchstabe b Satz 6" ersetzt werden. ⁶§ 20 Absatz 1 Nummer 6 Satz 3 in der Fassung des Artikels 1 des Gesetzes vom 13. Dezember 2006 (BGBl I S. 2878) ist erstmals anzuwenden auf Versicherungsleistungen im Erlebensfall bei Versicherungsverträgen, die nach dem 31. Dezember 2006 abgeschlossen werden, und auf Versicherungsleistungen bei Rückkauf eines Vertrages nach dem 31. Dezember 2006. ⁷§ 20 Absatz 1 Nummer 6 Satz 2 ist für Vertragsabschlüsse nach dem 31. Dezember 2011 mit der Maßgabe anzuwenden, dass die Versicherungsleistung nach Vollendung des 62. Lebensjahres des Steuerpflichtigen ausgezahlt wird. ⁸§ 20 Absatz 1 Nummer 6 Satz 6 in der Fassung des Artikels 1 des Gesetzes vom 19. Dezember 2008 (BGBl I S. 2794) ist für alle Versicherungsverträge anzuwenden, die nach dem 31. März 2009 abgeschlossen werden oder bei denen die erstmalige Beitragsleistung nach dem 31. März 2009 erfolgt. ⁹Wird auf Grund einer internen Teilung nach § 10 des Versorgungsausgleichsgesetzes oder einer externen Teilung nach § 14 des Versorgungsausgleichsgesetzes ein Anrecht in Form eines Versicherungsvertrags zugunsten der ausgleichsberechtigten Person begründet, so gilt dieser Vertrag insoweit zu dem gleichen Zeitpunkt als abgeschlossen wie derjenige der ausgleichspflichtigen Person. ¹⁰§ 20 Absatz 1 Nummer 6 Satz 7 und 8 ist auf Versicherungsleistungen anzuwenden, die auf Grund eines nach dem 31. Dezember 2014 eingetretenen Versicherungsfalles ausgezahlt werden. ¹¹§ 20 Absatz 2 Satz 1 Nummer 1 in der am 1. August 2007 geltenden Fassung ist erstmals auf Gewinne aus der Veräußerung von Anteilen anzuwenden, die nach dem 31. Dezember 2008 erworben wurden. ¹²§ 20 Absatz 2 Satz 1 Nummer 3 in der am 18. August 2007 geltenden Fassung ist erstmals auf Gewinne aus Termingeschäften anzuwenden, bei denen der Rechtserwerb nach dem 31. Dezember 2008 stattgefunden hat. ¹³§ 20 Absatz 2 Satz 1 Nummer 4, 5 und 8 in der am 18. August 2007 geltenden Fassung ist erstmals auf Gewinne anzuwenden, bei denen die zugrunde liegenden Wirtschaftsgüter, Rechte oder Rechtspositionen

## VII. Einkommensteuergesetz § 52

nach dem 31. Dezember 2008 erworben oder geschaffen wurden. [14]§ 20 Absatz 2 Satz 1 Nummer 6 in der am 18. August 2007 geltenden Fassung ist erstmals auf die Veräußerung von Ansprüchen nach dem 31. Dezember 2008 anzuwenden, bei denen der Versicherungsvertrag nach dem 31. Dezember 2004 abgeschlossen wurde; dies gilt auch für Versicherungsverträge, die vor dem 1. Januar 2005 abgeschlossen wurden, sofern bei einem Rückkauf zum Veräußerungszeitpunkt die Erträge nach § 20 Absatz 1 Nummer 6 in der am 31. Dezember 2004 geltenden Fassung steuerpflichtig wären. [15]§ 20 Absatz 2 Satz 1 Nummer 7 in der Fassung des Artikels 1 des Gesetzes vom 14. August 2007 (BGBl I S. 1912) ist erstmals auf nach dem 31. Dezember 2008 zufließende Kapitalerträge aus der Veräußerung sonstiger Kapitalforderungen anzuwenden. [16]Für Kapitalerträge aus Kapitalforderungen, die zum Zeitpunkt des vor dem 1. Januar 2009 erfolgten Erwerbs zwar Kapitalforderungen im Sinne des § 20 Absatz 1 Nummer 7 in der am 31. Dezember 2008 anzuwendenden Fassung, aber nicht Kapitalforderungen im Sinne des § 20 Absatz 2 Satz 1 Nummer 4 in der am 31. Dezember 2008 anzuwendenden Fassung sind, ist § 20 Absatz 2 Satz 1 Nummer 7 nicht anzuwenden; für die bei der Veräußerung in Rechnung gestellten Stückzinsen ist Satz 15 anzuwenden; Kapitalforderungen im Sinne des § 20 Absatz 2 Satz 1 Nummer 4 in der am 31. Dezember 2008 anzuwendenden Fassung liegen auch vor, wenn die Rückzahlung nur teilweise garantiert ist oder wenn eine Trennung zwischen Ertrags- und Vermögensebene möglich erscheint. [17]Bei Kapitalforderungen, die zwar nicht die Voraussetzungen von § 20 Absatz 1 Nummer 7 in der am 31. Dezember 2008 geltenden Fassung, aber die Voraussetzungen von § 20 Absatz 1 Nummer 7 in der am 18. August 2007 geltenden Fassung erfüllen, ist § 20 Absatz 2 Satz 1 Nummer 7 in Verbindung mit § 20 Absatz 1 Nummer 7 vorbehaltlich der Regelung in Absatz 31 Satz 2 und 3 auf alle nach dem 30. Juni 2009 zufließenden Kapitalerträge anzuwenden, es sei denn, die Kapitalforderung wurde vor dem 15. März 2007 angeschafft. [18]§ 20 Absatz 4a Satz 3 in der Fassung des Artikels 1 des Gesetzes vom 8. Dezember 2010 (BGBl I S. 1768) ist erstmals für Wertpapiere anzuwenden, die nach dem 31. Dezember 2009 geliefert wurden, sofern für die Lieferung § 20 Absatz 4 anzuwenden ist.

(29) Für die Anwendung des § 21 Absatz 1 Satz 2 in der am 31. Dezember 2005 geltenden Fassung gilt Absatz 25 entsprechend.

(30) Für die Anwendung des § 22 Nummer 1 Satz 1 zweiter Halbsatz in der am 31. Dezember 2005 geltenden Fassung gilt Absatz 25 entsprechend.

(31) [1]§ 23 Absatz 1 Satz 1 Nummer 2 in der am 18. August 2007 geltenden Fassung ist erstmals auf Veräußerungsgeschäfte anzuwenden, bei denen die Wirtschaftsgüter nach dem 31. Dezember 2008 auf Grund eines nach diesem Zeitpunkt rechtswirksam abgeschlossenen obligatorischen Vertrags oder gleichstehenden Rechtsakts angeschafft wurden; § 23 Absatz 1 Satz 1 Nummer 2 Satz 2 in der am 14. Dezember 2010 geltenden Fassung ist erstmals auf Veräußerungsgeschäfte anzuwenden, bei denen die Gegenstände des täglichen Gebrauchs auf Grund eines nach dem 31. Dezember 2010 rechtskräftig abgeschlossenen Vertrags oder gleichstehenden Rechtsakts angeschafft wurden. [2]§ 23 Absatz 1 Satz 1 Nummer 2 in der am 1. Januar 1999 geltenden Fassung ist letztmals auf Veräußerungsgeschäfte anzuwenden, bei denen die Wirtschaftsgüter vor dem 1. Januar 2009 erworben wurden. [3]§ 23 Absatz 1 Satz 1 Nummer 4 ist auf Termingeschäfte anzuwenden, bei denen der Erwerb des Rechts auf einen Differenzausgleich, Geldbetrag oder Vorteil nach dem 31. Dezember 1998 und vor dem 1. Januar 2009 erfolgt. [4]§ 23 Absatz 3 Satz 4 in der am 1. Januar 2000 geltenden Fassung ist auf Veräußerungsgeschäfte anzuwenden, bei denen der Steuerpflichtige das Wirtschaftsgut nach dem 31. Juli 1995 und vor dem 1. Januar 2009 angeschafft oder nach dem 31. Dezember 1998 und vor dem 1. Januar 2009 fertiggestellt hat; § 23 Absatz 3 Satz 4 in der am 1. Januar 2009 geltenden Fassung ist auf Veräußerungsgeschäfte anzuwenden, bei denen der Steuerpflichtige das Wirtschaftsgut nach dem 31. Dezember 2008 angeschafft oder fertiggestellt hat. [5]§ 23 Absatz 1 Satz 2 und 3 sowie Absatz 3 Satz 3 in der am 12. Dezember 2006 geltenden Fassung sind für Anteile, die einbringungsgeboren im Sinne des § 21 des Umwandlungssteuergesetzes in der am 12. Dezember 2006 geltenden Fassung sind, weiter anzuwenden.

(32) [1]§ 32 Absatz 4 Satz 1 Nummer 3 in der Fassung des Artikels 1 des Gesetzes vom 19. Juli 2006 (BGBl I S. 1652) ist erstmals für Kinder anzuwenden, die im Veranlagungszeitraum 2007

# § 52 VII. Einkommensteuergesetz

wegen einer vor Vollendung des 25. Lebensjahres eingetretenen körperlichen, geistigen oder seelischen Behinderung außerstande sind, sich selbst zu unterhalten; für Kinder, die wegen einer vor dem 1. Januar 2007 in der Zeit ab der Vollendung des 25. Lebensjahres und vor Vollendung des 27. Lebensjahres eingetretenen körperlichen, geistigen oder seelischen Behinderung außerstande sind, sich selbst zu unterhalten, ist § 32 Absatz 4 Satz 1 Nummer 3 weiterhin in der bis zum 31. Dezember 2006 geltenden Fassung anzuwenden. ²§ 32 Absatz 5 ist nur noch anzuwenden, wenn das Kind den Dienst oder die Tätigkeit vor dem 1. Juli 2011 angetreten hat. ³Für die nach § 10 Absatz 1 Nummer 2 Buchstabe b und den §§ 10a, 82 begünstigten Verträge, die vor dem 1. Januar 2007 abgeschlossen wurden, gelten für das Vorliegen einer begünstigten Hinterbliebenenversorgung die Altersgrenzen des § 32 in der am 31. Dezember 2006 geltenden Fassung. ⁴Dies gilt entsprechend für die Anwendung des § 93 Absatz 1 Satz 3 Buchstabe b.

(32a) ¹§ 32a Absatz 1 und § 51a Absatz 2a Satz 1 in der am 23. Juli 2015 geltenden Fassung sind beim Steuerabzug vom Arbeitslohn erstmals anzuwenden auf laufenden Arbeitslohn, der für einen nach dem 30. November 2015 endenden Lohnzahlungszeitraum gezahlt wird, und auf sonstige Bezüge, die nach dem 30. November 2015 zufließen. ²Bei der Lohnsteuerberechnung auf laufenden Arbeitslohn, der für einen nach dem 30. November 2015, aber vor dem 1. Januar 2016 endenden täglichen, wöchentlichen und monatlichen Lohnzahlungszeitraum gezahlt wird, ist zu berücksichtigen, dass § 32a Absatz 1 und § 51a Absatz 2a Satz 1 in der am 23. Juli 2015 geltenden Fassung bis zum 30. November 2015 nicht angewandt wurden (Nachholung). ³Das Bundesministerium der Finanzen hat im Einvernehmen mit den obersten Finanzbehörden der Länder entsprechende Programmablaufpläne aufzustellen und bekannt zu machen (§ 39b Absatz 6 und § 51 Absatz 4 Nummer 1a).

(33) ¹§ 32b Absatz 2 Satz 1 Nummer 2 Satz 2 Buchstabe c ist erstmals auf Wirtschaftsgüter des Umlaufvermögens anzuwenden, die nach dem 28. Februar 2013 angeschafft, hergestellt oder in das Betriebsvermögen eingelegt werden. ²§ 32b Absatz 1 Satz 3 in der Fassung des Artikels 11 des Gesetzes vom 18. Dezember 2013 (BGBl I S. 4318) ist in allen offenen Fällen anzuwenden.

(34) § 34a in der Fassung des Artikels 1 des Gesetzes vom 19. Dezember 2008 (BGBl I S. 2794) ist erstmals für den Veranlagungszeitraum 2008 anzuwenden.

(34a) Für Veranlagungszeiträume bis einschließlich 2014 ist § 34c Absatz 1 Satz 2 in der bis zum 31. Dezember 2014 geltenden Fassung in allen Fällen, in denen die Einkommensteuer noch nicht bestandskräftig festgesetzt ist, mit der Maßgabe anzuwenden, dass an die Stelle der Wörter „Summe der Einkünfte" die Wörter „Summe der Einkünfte abzüglich des Altersentlastungsbetrages (§ 24a), des Entlastungsbetrages für Alleinerziehende (§ 24b), der Sonderausgaben (§§ 10, 10a, 10b, 10c), der außergewöhnlichen Belastungen (§§ 33 bis 33b), der berücksichtigten Freibeträge für Kinder (§§ 31, 32 Absatz 6) und des Grundfreibetrages (§ 32a Absatz 1 Satz 2 Nummer 1)" treten.

(35) ¹§ 34f Absatz 3 und 4 Satz 2 in der Fassung des Gesetzes vom 25. Februar 1992 (BGBl I S. 297) ist erstmals anzuwenden bei Inanspruchnahme der Steuerbegünstigung nach § 10e Absatz 1 bis 5 in der Fassung des Gesetzes vom 25. Februar 1992 (BGBl I S. 297). ²§ 34f Absatz 4 Satz 1 ist erstmals anzuwenden bei Inanspruchnahme der Steuerbegünstigung nach § 10e Absatz 1 bis 5 oder nach § 15b des Berlinförderungsgesetzes für nach dem 31. Dezember 1991 hergestellte oder angeschaffte Objekte.

(36) ¹Das Bundesministerium der Finanzen kann im Einvernehmen mit den obersten Finanzbehörden der Länder in einem Schreiben mitteilen, wann die in § 39 Absatz 4 Nummer 4 und 5 genannten Lohnsteuerabzugsmerkmale erstmals abgerufen werden können (§ 39e Absatz 3 Satz 1). ²Dieses Schreiben ist im Bundessteuerblatt zu veröffentlichen.

(37) ¹Das Bundesministerium der Finanzen kann im Einvernehmen mit den obersten Finanzbehörden der Länder in einem Schreiben mitteilen, ab wann die Regelungen in § 39a Absatz 1

Satz 3 bis 5 erstmals anzuwenden sind. ²Dieses Schreiben ist im Bundessteuerblatt zu veröffentlichen.[1)]

(37a) ¹§ 39f Absatz 1 Satz 9 bis 11 und Absatz 3 Satz 1 ist erstmals für den Veranlagungszeitraum anzuwenden, der auf den Veranlagungszeitraum folgt, in dem die für die Anwendung des § 39f Absatz 1 Satz 9 bis 11 und Absatz 3 Satz 1 erforderlichen Programmierarbeiten im Verfahren zur Bildung und Anwendung der elektronischen Lohnsteuerabzugsmerkmale (§ 39e) abgeschlossen sind. ²Das Bundesministerium der Finanzen gibt im Einvernehmen mit den obersten Finanzbehörden der Länder im Bundesgesetzblatt den Veranlagungszeitraum bekannt, ab dem die Regelung des § 39f Absatz 1 Satz 9 bis 11 und Absatz 3 Satz 1 erstmals anzuwenden ist.

(37b) ¹§ 39b Absatz 2 Satz 5 Nummer 4 in der am 23. Juli 2015 geltenden Fassung ist erstmals anzuwenden auf laufenden Arbeitslohn, der für einen nach dem 30. November 2015 endenden Lohnzahlungszeitraum gezahlt wird, und auf sonstige Bezüge, die nach dem 30. November 2015 zufließen. ²Bei der Lohnsteuerberechnung auf laufenden Arbeitslohn, der für einen nach dem 30. November 2015, aber vor dem 1. Januar 2016 endenden täglichen, wöchentlichen und monatlichen Lohnzahlungszeitraum gezahlt wird, ist zu berücksichtigen, dass § 39b Absatz 2 Satz 5 Nummer 4 in der am 23. Juli 2015 geltenden Fassung bis zum 30. November 2015 nicht angewandt wurde (Nachholung). ³Das Bundesministerium der Finanzen hat dies im Einvernehmen mit den obersten Finanzbehörden der Länder bei der Aufstellung und Bekanntmachung der geänderten Programmablaufpläne für 2015 zu berücksichtigen (§ 39b Absatz 6 und § 51 Absatz 4 Nummer 1a). ⁴In den Fällen des § 24b Absatz 4 ist für das Kalenderjahr 2015 eine Veranlagung durchzuführen, wenn die Nachholung nach Satz 2 durchgeführt wurde.

(38) § 40a Absatz 2, 2a und 6 in der am 31. Juli 2014 geltenden Fassung ist erstmals ab dem Kalenderjahr 2013 anzuwenden.

(39) Haben Arbeitnehmer im Laufe des Kalenderjahres geheiratet, wird längstens bis zum Ablauf des Kalenderjahres 2017 abweichend von § 39e Absatz 3 Satz 3 für jeden Ehegatten automatisiert die Steuerklasse IV gebildet, wenn die Voraussetzungen des § 38b Absatz 1 Satz 2 Nummer 3 oder Nummer 4 vorliegen.

(40) ¹§ 40b Absatz 1 und 2 in der am 31. Dezember 2004 geltenden Fassung ist weiter anzuwenden auf Beiträge für eine Direktversicherung des Arbeitnehmers und Zuwendungen an eine Pensionskasse, die auf Grund einer Versorgungszusage geleistet werden, die vor dem 1. Januar 2005 erteilt wurde. ²Sofern die Beiträge für eine Direktversicherung die Voraussetzungen des § 3 Nummer 63 erfüllen, gilt dies nur, wenn der Arbeitnehmer nach Absatz 4 gegenüber dem Arbeitgeber für diese Beiträge auf die Anwendung des § 3 Nummer 63 verzichtet hat.

(41) Bei der Veräußerung oder Einlösung von Wertpapieren und Kapitalforderungen, die von der das Bundesschuldbuch führenden Stelle oder einer Landesschuldenverwaltung verwahrt oder verwaltet werden können, bemisst sich der Steuerabzug nach den bis zum 31. Dezember 1993 geltenden Vorschriften, wenn die Wertpapier- und Kapitalforderungen vor dem 1. Januar 1994 emittiert worden sind; dies gilt nicht für besonders in Rechnung gestellte Stückzinsen.

(42) § 43 Absatz 1 Satz 1 Nummer 7 Buchstabe b Satz 2 in der Fassung des Artikels 1 des Gesetzes vom 13. Dezember 2006 (BGBl I S. 2878) ist erstmals auf Verträge anzuwenden, die nach dem 31. Dezember 2006 abgeschlossen werden.

(42a) § 43b und Anlage 2 (zu § 43b) in der am 1. Januar 2016 geltenden Fassung sind erstmals auf Ausschüttungen anzuwenden, die nach dem 31. Dezember 2015 zufließen.

(43) ¹Ist ein Freistellungsauftrag im Sinne des § 44a vor dem 1. Januar 2007 unter Beachtung des § 20 Absatz 4 in der bis dahin geltenden Fassung erteilt worden, darf der nach § 44 Absatz 1 zum Steuerabzug Verpflichtete den angegebenen Freistellungsbetrag nur zu 56,37 Prozent berücksichtigen. ²Sind in dem Freistellungsauftrag der gesamte Sparer-Freibetrag nach § 20 Ab-

---

1) **Anm. d. Red.:** Gem. BMF-Schreiben v. 21. 5. 2015 (BStBl I S. 488) können ab 1. 10. 2015 die Arbeitnehmer den Antrag auf Bildung eines Freibetrags nach § 39a EStG für einen Zeitraum von längstens zwei Kalenderjahren mit Wirkung ab dem 1. 1. 2016 bei ihrem Wohnsitzfinanzamt stellen.

satz 4 in der Fassung des Artikels 1 des Gesetzes vom 19. Juli 2006 (BGBl I S. 1652) und der gesamte Werbungskosten-Pauschbetrag nach § 9a Satz 1 Nummer 2 in der Fassung des Artikels 1 des Gesetzes vom 19. Juli 2006 (BGBl I S. 1652) angegeben, ist der Werbungskosten-Pauschbetrag in voller Höhe zu berücksichtigen.

(44) § 44 Absatz 6 Satz 2 und 5 in der am 12. Dezember 2006 geltenden Fassung ist für Anteile, die einbringungsgeboren im Sinne des § 21 des Umwandlungssteuergesetzes in der am 12. Dezember 2006 geltenden Fassung sind, weiter anzuwenden.

(45) § 45d Absatz 1 in der am 14. Dezember 2010 geltenden Fassung ist erstmals für Kapitalerträge anzuwenden, die ab dem 1. Januar 2013 zufließen; eine Übermittlung der Identifikationsnummer hat für Kapitalerträge, die vor dem 1. Januar 2016 zufließen, nur zu erfolgen, wenn die Identifikationsnummer der Meldestelle vorliegt.

(46) [1]Der Zeitpunkt der erstmaligen Anwendung des § 50 Absatz 2 in der am 18. August 2009 geltenden Fassung wird durch eine Rechtsverordnung der Bundesregierung bestimmt, die der Zustimmung des Bundesrates bedarf; dieser Zeitpunkt darf nicht vor dem 31. Dezember 2011 liegen.[1)] [2]§ 50 Absatz 4 in der am 1. Januar 2016 geltenden Fassung ist in allen offenen Fällen anzuwenden.

(47) [1]Der Zeitpunkt der erstmaligen Anwendung des § 50a Absatz 3 und 5 in der am 18. August 2009 geltenden Fassung wird durch eine Rechtsverordnung der Bundesregierung bestimmt, die der Zustimmung des Bundesrates bedarf; dieser Zeitpunkt darf nicht vor dem 31. Dezember 2011 liegen.[2)] [2]§ 50a Absatz 7 in der am 31. Juli 2014 geltenden Fassung ist erstmals auf Vergütungen anzuwenden, für die der Steuerabzug nach dem 31. Dezember 2014 angeordnet worden ist.

(48) [1]§ 50i Absatz 1 Satz 1 und 2 ist auf die Veräußerung oder Entnahme von Wirtschaftsgütern oder Anteilen anzuwenden, die nach dem 29. Juni 2013 stattfindet. [2]Hinsichtlich der laufenden Einkünfte aus der Beteiligung an der Personengesellschaft ist die Vorschrift in allen Fällen anzuwenden, in denen die Einkommensteuer noch nicht bestandskräftig festgesetzt worden ist. [3]§ 50i Absatz 1 Satz 4 in der am 31. Juli 2014 geltenden Fassung ist erstmals auf die Veräußerung oder Entnahme von Wirtschaftsgütern oder Anteilen anzuwenden, die nach dem 31. Dezember 2013 stattfindet. [4]§ 50i Absatz 2 Satz 1 gilt für Umwandlungen und Einbringungen, bei denen der Umwandlungsbeschluss nach dem 31. Dezember 2013 erfolgt ist oder der Einbringungsvertrag nach dem 31. Dezember 2013 geschlossen worden ist. [5]§ 50i Absatz 2 Satz 2 gilt für Übertragungen und Überführungen und § 50i Absatz 2 Satz 3 für einen Strukturwandel nach dem 31. Dezember 2013.

(49) § 51a Absatz 2c und 2e in der am 30. Juni 2013 geltenden Fassung ist erstmals auf nach dem 31. Dezember 2014 zufließende Kapitalerträge anzuwenden.

(49a) [1]Die §§ 62, 63 und 67 in der am 9. Dezember 2014 geltenden Fassung sind für Kindergeldfestsetzungen anzuwenden, die Zeiträume betreffen, die nach dem 31. Dezember 2015 beginnen. [2]Die §§ 62, 63 und 67 in der am 9. Dezember 2014 geltenden Fassung sind auch für Kindergeldfestsetzungen anzuwenden, die Zeiträume betreffen, die vor dem 1. Januar 2016 liegen, der Antrag auf Kindergeld aber erst nach dem 31. Dezember 2015 gestellt wird. [3]§ 66 Absatz 1 in der am 23. Juli 2015 geltenden Fassung ist für Kindergeldfestsetzungen anzuwenden, die Zeiträume betreffen, die nach dem 31. Dezember 2014 beginnen. [4]§ 66 Absatz 1 in der am 1. Ja-

---

1) **Anm. d. Red.:** § 50 Abs. 2 Satz 8 ist gem. § 2 Abs. 1 VO zur Übertragung der Zuständigkeit für das Steuerabzugs- und Veranlagungsverfahren auf das Bundeszentralamt für Steuern und zur Regelung verschiedener Anwendungszeitpunkte v. 24. 6. 2013 (BGBl I S. 1679) erstmals für Vergütungen anzuwenden, die nach dem 31. 12. 2013 zufließen.

2) **Anm. d. Red.:** § 50a Abs. 3 und 5 ist gem. § 2 Abs. 2 VO zur Übertragung der Zuständigkeit für das Steuerabzugs- und Veranlagungsverfahren auf das Bundeszentralamt für Steuern und zur Regelung verschiedener Anwendungszeitpunkte v. 24. 6. 2013 (BGBl I S. 1679) erstmals auf Vergütungen anzuwenden, die nach dem 31. 12. 2013 zufließen.

nuar 2016 geltenden Fassung ist für Kindergeldfestsetzungen anzuwenden, die Zeiträume betreffen, die nach dem 31. Dezember 2015 beginnen.

(50) § 70 Absatz 4 in der am 31. Dezember 2011 geltenden Fassung ist weiter für Kindergeldfestsetzungen anzuwenden, die Zeiträume betreffen, die vor dem 1. Januar 2012 enden.

## § 52a (weggefallen)[1)]

## § 52b Übergangsregelungen bis zur Anwendung der elektronischen Lohnsteuerabzugsmerkmale[2)]

(1) [1]Die Lohnsteuerkarte 2010 und die Bescheinigung für den Lohnsteuerabzug (Absatz 3) gelten mit den eingetragenen Lohnsteuerabzugsmerkmalen auch für den Steuerabzug vom Arbeitslohn ab dem 1. Januar 2011 bis zur erstmaligen Anwendung der elektronischen Lohnsteuerabzugsmerkmale durch den Arbeitgeber (Übergangszeitraum). [2]Voraussetzung ist, dass dem Arbeitgeber entweder die Lohnsteuerkarte 2010 oder die Bescheinigung für den Lohnsteuerabzug vorliegt. [3]In diesem Übergangszeitraum hat der Arbeitgeber die Lohnsteuerkarte 2010 und die Bescheinigung für den Lohnsteuerabzug

1. während des Dienstverhältnisses aufzubewahren, er darf sie nicht vernichten;
2. dem Arbeitnehmer zur Vorlage beim Finanzamt vorübergehend zu überlassen sowie
3. nach Beendigung des Dienstverhältnisses innerhalb einer angemessenen Frist herauszugeben.

[4]Nach Ablauf des auf den Einführungszeitraum (Absatz 5 Satz 2) folgenden Kalenderjahres darf der Arbeitgeber die Lohnsteuerkarte 2010 und die Bescheinigung für den Lohnsteuerabzug vernichten. [5]Ist auf der Lohnsteuerkarte 2010 eine Lohnsteuerbescheinigung erteilt und ist die Lohnsteuerkarte an den Arbeitnehmer herausgegeben worden, kann der Arbeitgeber bei fortbestehendem Dienstverhältnis die Lohnsteuerabzugsmerkmale der Lohnsteuerkarte 2010 im Übergangszeitraum weiter anwenden, wenn der Arbeitnehmer schriftlich erklärt, dass die Lohnsteuerabzugsmerkmale der Lohnsteuerkarte 2010 weiterhin zutreffend sind.

(2) [1]Für Eintragungen auf der Lohnsteuerkarte 2010 und in der Bescheinigung für den Lohnsteuerabzug im Übergangszeitraum ist das Finanzamt zuständig. [2]Der Arbeitnehmer ist verpflichtet, die Eintragung der Steuerklasse und der Zahl der Kinderfreibeträge auf der Lohnsteuerkarte 2010 und in der Bescheinigung für den Lohnsteuerabzug umgehend durch das Finanzamt ändern zu lassen, wenn die Eintragung von den Verhältnissen zu Beginn des jeweiligen Kalenderjahres im Übergangszeitraum zu seinen Gunsten abweicht. [3]Diese Verpflichtung gilt auch in den Fällen, in denen die Steuerklasse II bescheinigt ist und die Voraussetzungen für die Berücksichtigung des Entlastungsbetrags für Alleinerziehende (§ 24b) im Laufe des Kalenderjahres entfallen. [4]Kommt der Arbeitnehmer seiner Verpflichtung nicht nach, so hat das Finanzamt die Eintragung von Amts wegen zu ändern; der Arbeitnehmer hat die Lohnsteuerkarte 2010 und die Bescheinigung für den Lohnsteuerabzug dem Finanzamt auf Verlangen vorzulegen.

(3) [1]Hat die Gemeinde für den Arbeitnehmer keine Lohnsteuerkarte für das Kalenderjahr 2010 ausgestellt oder ist die Lohnsteuerkarte 2010 verloren gegangen, unbrauchbar geworden oder zerstört worden, hat das Finanzamt im Übergangszeitraum auf Antrag des Arbeitnehmers eine Bescheinigung für den Lohnsteuerabzug nach amtlich vorgeschriebenem Muster (Bescheinigung für den Lohnsteuerabzug) auszustellen. [2]Diese Bescheinigung tritt an die Stelle der Lohnsteuerkarte 2010.

(4) [1]Beginnt ein nach § 1 Absatz 1 unbeschränkt einkommensteuerpflichtiger lediger Arbeitnehmer im Übergangszeitraum ein Ausbildungsdienstverhältnis als erstes Dienstverhältnis, kann der Arbeitgeber auf die Vorlage einer Bescheinigung für den Lohnsteuerabzug verzichten. [2]In diesem Fall hat der Arbeitgeber die Lohnsteuer nach der Steuerklasse I zu ermitteln; der Ar-

---

1) **Anm. d. Red.:** § 52a weggefallen gem. Gesetz v. 25. 7. 2014 (BGBl I S. 1266) mit Wirkung v. 31. 7. 2014.
2) **Anm. d. Red.:** § 52b i. d. F. des Gesetzes v. 26. 6. 2013 (BGBl I S. 1809) mit Wirkung v. 1. 1. 2013.

## § 52b VII. Einkommensteuergesetz

beitnehmer hat dem Arbeitgeber seine Identifikationsnummer sowie den Tag der Geburt und die rechtliche Zugehörigkeit zu einer steuererhebenden Religionsgemeinschaft mitzuteilen und schriftlich zu bestätigen, dass es sich um das erste Dienstverhältnis handelt. ³Der Arbeitgeber hat die Erklärung des Arbeitnehmers bis zum Ablauf des Kalenderjahres als Beleg zum Lohnkonto aufzubewahren.

(5) ¹Das Bundesministerium der Finanzen hat im Einvernehmen mit den obersten Finanzbehörden der Länder den Zeitpunkt der erstmaligen Anwendung der ELStAM für die Durchführung des Lohnsteuerabzugs ab dem Kalenderjahr 2013 oder einem späteren Anwendungszeitpunkt sowie den Zeitpunkt des erstmaligen Abrufs der ELStAM durch den Arbeitgeber (Starttermin) in einem Schreiben zu bestimmen, das im Bundessteuerblatt zu veröffentlichen ist. ²Darin ist für die Einführung des Verfahrens der elektronischen Lohnsteuerabzugsmerkmale ein Zeitraum zu bestimmen (Einführungszeitraum). ³Der Arbeitgeber oder sein Vertreter (§ 39e Absatz 4 Satz 6) hat im Einführungszeitraum die nach § 39e gebildeten ELStAM abzurufen und für die auf den Abrufzeitpunkt folgende nächste Lohnabrechnung anzuwenden. ⁴Für den Abruf der ELStAM hat sich der Arbeitgeber oder sein Vertreter zu authentifizieren und die Steuernummer der Betriebsstätte oder des Teils des Betriebs des Arbeitgebers, in dem der für die Durchführung des Lohnsteuerabzugs maßgebende Arbeitslohn des Arbeitnehmers ermittelt wird (§ 41 Absatz 2), die Identifikationsnummer und den Tag der Geburt des Arbeitnehmers sowie, ob es sich um das erste oder ein weiteres Dienstverhältnis handelt, mitzuteilen. ⁵Er hat ein erstes Dienstverhältnis mitzuteilen, wenn auf der Lohnsteuerkarte 2010 oder der Bescheinigung für den Lohnsteuerabzug eine der Steuerklassen I bis V (§ 38b Absatz 1 Satz 2 Nummer 1 bis 5) eingetragen ist oder wenn die Lohnsteuerabzugsmerkmale nach Absatz 4 gebildet worden sind. ⁶Ein weiteres Dienstverhältnis (§ 38b Absatz 1 Satz 2 Nummer 6) ist mitzuteilen, wenn die Voraussetzungen des Satzes 5 nicht vorliegen. ⁷Der Arbeitgeber hat die ELStAM in das Lohnkonto zu übernehmen und gemäß der übermittelten zeitlichen Gültigkeitsangabe anzuwenden.

(5a) ¹Nachdem der Arbeitgeber die ELStAM für die Durchführung des Lohnsteuerabzugs angewandt hat, sind die Übergangsregelungen in Absatz 1 Satz 1 und in den Absätzen 2 bis 5 nicht mehr anzuwenden. ²Die Lohnsteuerabzugsmerkmale der vorliegenden Lohnsteuerkarte 2010 und der Bescheinigung für den Lohnsteuerabzug gelten nicht mehr. ³Wenn die nach § 39e Absatz 1 Satz 1 gebildeten Lohnsteuerabzugsmerkmale den tatsächlichen Verhältnissen des Arbeitnehmers nicht entsprechen, hat das Finanzamt auf dessen Antrag eine besondere Bescheinigung für den Lohnsteuerabzug (Besondere Bescheinigung für den Lohnsteuerabzug) mit den Lohnsteuerabzugsmerkmalen des Arbeitnehmers auszustellen sowie etwaige Änderungen einzutragen (§ 39 Absatz 1 Satz 2) und die Abrufberechtigung des Arbeitgebers auszusetzen. ⁴Die Gültigkeit dieser Bescheinigung ist auf längstens zwei Kalenderjahre zu begrenzen. ⁵§ 39e Absatz 5 Satz 1 und Absatz 7 Satz 6 gilt entsprechend. ⁶Die Lohnsteuerabzugsmerkmale der Besonderen Bescheinigung für den Lohnsteuerabzug sind für die Durchführung des Lohnsteuerabzugs nur dann für den Arbeitgeber maßgebend, wenn ihm gleichzeitig die Lohnsteuerkarte 2010 vorliegt oder unter den Voraussetzungen des Absatzes 1 Satz 5 vorgelegen hat oder eine Bescheinigung für den Lohnsteuerabzug für das erste Dienstverhältnis des Arbeitnehmers vorliegt. ⁷Abweichend von Absatz 5 Satz 3 und 7 kann der Arbeitgeber nach dem erstmaligen Abruf der ELStAM die Lohnsteuer im Einführungszeitraum längstens für die Dauer von sechs Kalendermonaten weiter nach den Lohnsteuerabzugsmerkmalen der Lohnsteuerkarte 2010, der Bescheinigung für den Lohnsteuerabzug oder den nach Absatz 4 maßgebenden Lohnsteuerabzugsmerkmalen erheben, wenn der Arbeitnehmer zustimmt. ⁸Dies gilt auch, wenn der Arbeitgeber die ELStAM im Einführungszeitraum erstmals angewandt hat.

(6) bis (8) (weggefallen)

(9) Ist der unbeschränkt einkommensteuerpflichtige Arbeitnehmer seinen Verpflichtungen nach Absatz 2 Satz 2 und 3 nicht nachgekommen und kommt eine Veranlagung zur Einkommensteuer nach § 46 Absatz 2 Nummer 1 bis 7 nicht in Betracht, kann das Finanzamt den Arbeitnehmer zur Abgabe einer Einkommensteuererklärung auffordern und eine Veranlagung zur Einkommensteuer durchführen.

## § 53 Sondervorschrift zur Steuerfreistellung des Existenzminimums eines Kindes in den Veranlagungszeiträumen 1983 bis 1995

¹In den Veranlagungszeiträumen 1983 bis 1995 sind in Fällen, in denen die Einkommensteuer noch nicht formell bestandskräftig oder hinsichtlich der Höhe der Kinderfreibeträge vorläufig festgesetzt ist, für jedes bei der Festsetzung berücksichtigte Kind folgende Beträge als Existenzminimum des Kindes steuerfrei zu belassen:

|  |  |
|---|---|
| 1983 | 3 732 Deutsche Mark, |
| 1984 | 3 864 Deutsche Mark, |
| 1985 | 3 924 Deutsche Mark, |
| 1986 | 4 296 Deutsche Mark, |
| 1987 | 4 416 Deutsche Mark, |
| 1988 | 4 572 Deutsche Mark, |
| 1989 | 4 752 Deutsche Mark, |
| 1990 | 5 076 Deutsche Mark, |
| 1991 | 5 388 Deutsche Mark, |
| 1992 | 5 676 Deutsche Mark, |
| 1993 | 5 940 Deutsche Mark, |
| 1994 | 6 096 Deutsche Mark, |
| 1995 | 6 168 Deutsche Mark. |

²Im Übrigen ist § 32 in der für den jeweiligen Veranlagungszeitraum geltenden Fassung anzuwenden. ³Für die Prüfung, ob die nach Satz 1 und 2 gebotene Steuerfreistellung bereits erfolgt ist, ist das dem Steuerpflichtigen im jeweiligen Veranlagungszeitraum zustehende Kindergeld mit dem auf das bisherige zu versteuernde Einkommen des Steuerpflichtigen in demselben Veranlagungszeitraum anzuwendenden Grenzsteuersatz in einen Freibetrag umzurechnen; dies gilt auch dann, soweit das Kindergeld dem Steuerpflichtigen im Wege eines zivilrechtlichen Ausgleichs zusteht. ⁴Die Umrechnung des zustehenden Kindergeldes ist entsprechend dem Umfang der bisher abgezogenen Kinderfreibeträge vorzunehmen. ⁵Bei einem unbeschränkt einkommensteuerpflichtigen Elternpaar, bei dem die Voraussetzungen des § 26 Absatz 1 Satz 1 nicht vorliegen, ist eine Änderung der bisherigen Inanspruchnahme des Kinderfreibetrags unzulässig. ⁶Erreicht die Summe aus dem bei der bisherigen Einkommensteuerfestsetzung abgezogenen Kinderfreibetrag und dem nach Satz 3 und 4 berechneten Freibetrag nicht den nach Satz 1 und 2 für den jeweiligen Veranlagungszeitraum maßgeblichen Betrag, ist der Unterschiedsbetrag vom bisherigen zu versteuernden Einkommen abzuziehen und die Einkommensteuer neu festzusetzen. ⁷Im Zweifel hat der Steuerpflichtige die Voraussetzungen durch Vorlage entsprechender Unterlagen nachzuweisen.

## § 54 (weggefallen)

## § 55 Schlussvorschriften (Sondervorschriften für die Gewinnermittlung nach § 4 oder nach Durchschnittssätzen bei vor dem 1. Juli 1970 angeschafftem Grund und Boden)

(1) ¹Bei Steuerpflichtigen, deren Gewinn für das Wirtschaftsjahr, in das der 30. Juni 1970 fällt, nicht nach § 5 zu ermitteln ist, gilt bei Grund und Boden, der mit Ablauf des 30. Juni 1970 zu ihrem Anlagevermögen gehört hat, als Anschaffungs- oder Herstellungskosten (§ 4 Absatz 3 Satz 4 und § 6 Absatz 1 Nummer 2 Satz 1) das Zweifache des nach den Absätzen 2 bis 4 zu ermittelnden Ausgangsbetrags. ²Zum Grund und Boden im Sinne des Satzes 1 gehören nicht die mit ihm in Zusammenhang stehenden Wirtschaftsgüter und Nutzungsbefugnisse.

(2) ¹Bei der Ermittlung des Ausgangsbetrags des zum land- und forstwirtschaftlichen Vermögen (§ 33 Absatz 1 Satz 1 des Bewertungsgesetzes in der Fassung der Bekanntmachung vom

10. Dezember 1965 – BGBl I S. 1861 –, zuletzt geändert durch das Bewertungsänderungsgesetz 1971 vom 27. Juli 1971 – BGBl I S. 1157) gehörenden Grund und Bodens ist seine Zuordnung zu den Nutzungen und Wirtschaftsgütern (§ 34 Absatz 2 des Bewertungsgesetzes) am 1. Juli 1970 maßgebend; dabei sind die Hof- und Gebäudeflächen sowie die Hausgärten im Sinne des § 40 Absatz 3 des Bewertungsgesetzes nicht in die einzelne Nutzung einzubeziehen. ²Es sind anzusetzen:

1. bei Flächen, die nach dem Bodenschätzungsgesetz vom 20. Dezember 2007 (BGBl I S. 3150, 3176) in der jeweils geltenden Fassung zu schätzen sind, für jedes katastermäßig abgegrenzte Flurstück der Betrag in Deutsche Mark, der sich ergibt, wenn die für das Flurstück am 1. Juli 1970 im amtlichen Verzeichnis nach § 2 Absatz 2 der Grundbuchordnung (Liegenschaftskataster) ausgewiesene Ertragsmesszahl vervierfacht wird. ²Abweichend von Satz 1 sind für Flächen der Nutzungsteile

   a) Hopfen, Spargel, Gemüsebau und Obstbau

      2,05 Euro je Quadratmeter,

   b) Blumen- und Zierpflanzenbau sowie Baumschulen

      2,56 Euro je Quadratmeter

   anzusetzen, wenn der Steuerpflichtige dem Finanzamt gegenüber bis zum 30. Juni 1972 eine Erklärung über die Größe, Lage und Nutzung der betreffenden Flächen abgibt,

2. für Flächen der forstwirtschaftlichen Nutzung

   je Quadratmeter 0,51 Euro,

3. für Flächen der weinbaulichen Nutzung der Betrag, der sich unter Berücksichtigung der maßgebenden Lagenvergleichszahl (Vergleichszahl der einzelnen Weinbaulage, § 39 Absatz 1 Satz 3 und § 57 Bewertungsgesetz), die für ausbauende Betriebsweise mit Fassweinerzeugung anzusetzen ist, aus der nachstehenden Tabelle ergibt:

   | Lagenvergleichszahl | Ausgangsbetrag je Quadratmeter in Euro |
   |---|---|
   | bis 20 | 1,28 |
   | 21 bis 30 | 1,79 |
   | 31 bis 40 | 2,56 |
   | 41 bis 50 | 3,58 |
   | 51 bis 60 | 4,09 |
   | 61 bis 70 | 4,60 |
   | 71 bis 100 | 5,11 |
   | über 100 | 6,39 |

4. für Flächen der sonstigen land- und forstwirtschaftlichen Nutzung, auf die Nummer 1 keine Anwendung findet,

   je Quadratmeter 0,51 Euro,

5. für Hofflächen, Gebäudeflächen und Hausgärten im Sinne des § 40 Absatz 3 des Bewertungsgesetzes

   je Quadratmeter 2,56 Euro,

6. für Flächen des Geringstlandes

   je Quadratmeter 0,13 Euro,

7. für Flächen des Abbaulandes

   je Quadratmeter 0,26 Euro,

8. für Flächen des Unlandes

   je Quadratmeter 0,05 Euro.

(3) ¹Lag am 1. Juli 1970 kein Liegenschaftskataster vor, in dem Ertragsmesszahlen ausgewiesen sind, so ist der Ausgangsbetrag in sinngemäßer Anwendung des Absatzes 2 Satz 2 Nummer 1 Satz 1 auf der Grundlage der durchschnittlichen Ertragsmesszahl der landwirtschaftlichen Nutzung eines Betriebs zu ermitteln, die die Grundlage für die Hauptfeststellung des Einheitswerts auf den 1. Januar 1964 bildet. ²Absatz 2 Satz 2 Nummer 1 Satz 2 bleibt unberührt.

(4) Bei nicht zum land- und forstwirtschaftlichen Vermögen gehörenden Grund und Boden ist als Ausgangsbetrag anzusetzen:
1. Für unbebaute Grundstücke der auf den 1. Januar 1964 festgestellte Einheitswert. ²Wird auf den 1. Januar 1964 kein Einheitswert festgestellt oder hat sich der Bestand des Grundstücks nach dem 1. Januar 1964 und vor dem 1. Juli 1970 verändert, so ist der Wert maßgebend, der sich ergeben würde, wenn das Grundstück nach seinem Bestand vom 1. Juli 1970 und nach den Wertverhältnissen vom 1. Januar 1964 zu bewerten wäre;
2. für bebaute Grundstücke der Wert, der sich nach Nummer 1 ergeben würde, wenn das Grundstück unbebaut wäre.

(5) ¹Weist der Steuerpflichtige nach, dass der Teilwert für Grund und Boden im Sinne des Absatzes 1 am 1. Juli 1970 höher ist als das Zweifache des Ausgangsbetrags, so ist auf Antrag des Steuerpflichtigen der Teilwert als Anschaffungs- oder Herstellungskosten anzusetzen. ²Der Antrag ist bis zum 31. Dezember 1975 bei dem Finanzamt zu stellen, das für die Ermittlung des Gewinns aus dem Betrieb zuständig ist. ³Der Teilwert ist gesondert festzustellen. ⁴Vor dem 1. Januar 1974 braucht diese Feststellung nur zu erfolgen, wenn ein berechtigtes Interesse des Steuerpflichtigen gegeben ist. ⁵Die Vorschriften der Abgabenordnung und der Finanzgerichtsordnung über die gesonderte Feststellung von Besteuerungsgrundlagen gelten entsprechend.

(6) ¹Verluste, die bei der Veräußerung oder Entnahme von Grund und Boden im Sinne des Absatzes 1 entstehen, dürfen bei der Ermittlung des Gewinns in Höhe des Betrags nicht berücksichtigt werden, um den der ausschließlich auf den Grund und Boden entfallende Veräußerungspreis oder der an dessen Stelle tretende Wert nach Abzug der Veräußerungskosten unter dem Zweifachen des Ausgangsbetrags liegt. ²Entsprechendes gilt bei Anwendung des § 6 Absatz 1 Nummer 2 Satz 2.

(7) Grund und Boden, der nach § 4 Absatz 1 Satz 5 des Einkommensteuergesetzes 1969 nicht anzusetzen war, ist wie eine Einlage zu behandeln; er ist dabei mit dem nach Absatz 1 oder Absatz 5 maßgebenden Wert anzusetzen.

## § 56 Sondervorschriften für Steuerpflichtige in dem in Artikel 3 des Einigungsvertrages genannten Gebiet

Bei Steuerpflichtigen, die am 31. Dezember 1990 einen Wohnsitz oder ihren gewöhnlichen Aufenthalt in dem in Artikel 3 des Einigungsvertrages genannten Gebiet und im Jahre 1990 keinen Wohnsitz oder gewöhnlichen Aufenthalt im bisherigen Geltungsbereich dieses Gesetzes hatten, gilt Folgendes:
§ 7 Absatz 5 ist auf Gebäude anzuwenden, die in dem in Artikel 3 des Einigungsvertrages genannten Gebiet nach dem 31. Dezember 1990 angeschafft oder hergestellt worden sind.

## § 57 Besondere Anwendungsregeln aus Anlass der Herstellung der Einheit Deutschlands

(1) Die §§ 7c, 7f, 7g, 7k und 10e dieses Gesetzes, die §§ 76, 78, 82a und 82f der Einkommensteuer-Durchführungsverordnung sowie die §§ 7 und 12 Absatz 3 des Schutzbaugesetzes sind auf Tatbestände anzuwenden, die in dem in Artikel 3 des Einigungsvertrages genannten Gebiet nach dem 31. Dezember 1990 verwirklicht worden sind.

(2) Die §§ 7b und 7d dieses Gesetzes sowie die §§ 81, 82d, 82g und 82i der Einkommensteuer-Durchführungsverordnung sind nicht auf Tatbestände anzuwenden, die in dem in Artikel 3 des Einigungsvertrages genannten Gebiet verwirklicht worden sind.

(3) Bei der Anwendung des § 7g Absatz 2 Nummer 1 und des § 14a Absatz 1 ist in dem in Artikel 3 des Einigungsvertrages genannten Gebiet anstatt vom maßgebenden Einheitswert des Betriebs der Land- und Forstwirtschaft und den darin ausgewiesenen Werten vom Ersatzwirtschaftswert nach § 125 des Bewertungsgesetzes auszugehen.

(4) ¹§ 10d Absatz 1 ist mit der Maßgabe anzuwenden, dass der Sonderausgabenabzug erstmals von dem für die zweite Hälfte des Veranlagungszeitraums 1990 ermittelten Gesamtbetrag der Einkünfte vorzunehmen ist. ²§ 10d Absatz 2 und 3 ist auch für Verluste anzuwenden, die in dem in Artikel 3 des Einigungsvertrages genannten Gebiet im Veranlagungszeitraum 1990 entstanden sind.

(5) § 22 Nummer 4 ist auf vergleichbare Bezüge anzuwenden, die auf Grund des Gesetzes über Rechtsverhältnisse der Abgeordneten der Volkskammer der Deutschen Demokratischen Republik vom 31. Mai 1990 (GBl I Nr. 30 S. 274) gezahlt worden sind.

(6) § 34f Absatz 3 Satz 3 ist erstmals auf die in dem in Artikel 3 des Einigungsvertrags genannten Gebiet für die zweite Hälfte des Veranlagungszeitraums 1990 festgesetzte Einkommensteuer anzuwenden.

## § 58 Weitere Anwendung von Rechtsvorschriften, die vor Herstellung der Einheit Deutschlands in dem in Artikel 3 des Einigungsvertrages genannten Gebiet gegolten haben

(1) Die Vorschriften über Sonderabschreibungen nach § 3 Absatz 1 des Steueränderungsgesetzes vom 6. März 1990 (GBl I Nr. 17 S. 136) in Verbindung mit § 7 der Durchführungsbestimmung zum Gesetz zur Änderung der Rechtsvorschriften über die Einkommen-, Körperschaft- und Vermögensteuer – Steueränderungsgesetz – vom 16. März 1990 (GBl I Nr. 21 S. 195) sind auf Wirtschaftsgüter weiter anzuwenden, die nach dem 31. Dezember 1989 und vor dem 1. Januar 1991 in dem in Artikel 3 des Einigungsvertrages genannten Gebiet angeschafft oder hergestellt worden sind.

(2) ¹Rücklagen nach § 3 Absatz 2 des Steueränderungsgesetzes vom 6. März 1990 (GBl I Nr. 17 S. 136) in Verbindung mit § 8 der Durchführungsbestimmung zum Gesetz zur Änderung der Rechtsvorschriften über die Einkommen-, Körperschaft- und Vermögensteuer – Steueränderungsgesetz – vom 16. März 1990 (GBl I Nr. 21 S. 195) dürfen, soweit sie zum 31. Dezember 1990 zulässigerweise gebildet worden sind, auch nach diesem Zeitpunkt fortgeführt werden. ²Sie sind spätestens im Veranlagungszeitraum 1995 gewinn- oder sonst einkünfteerhöhend aufzulösen. ³Sind vor dieser Auflösung begünstigte Wirtschaftsgüter angeschafft oder hergestellt worden, sind die in Rücklage eingestellten Beträge von den Anschaffungs- oder Herstellungskosten abzuziehen; die Rücklage ist in Höhe des abgezogenen Betrags im Veranlagungszeitraum der Anschaffung oder Herstellung gewinn- oder sonst einkünfteerhöhend aufzulösen.

(3) Die Vorschrift über den Steuerabzugsbetrag nach § 9 Absatz 1 der Durchführungsbestimmung zum Gesetz zur Änderung der Rechtsvorschriften über die Einkommen-, Körperschaft- und Vermögensteuer – Steueränderungsgesetz – vom 16. März 1990 (GBl I Nr. 21 S. 195) ist für Steuerpflichtige weiter anzuwenden, die vor dem 1. Januar 1991 in dem in Artikel 3 des Einigungsvertrages genannten Gebiet eine Betriebsstätte begründet haben, wenn sie von dem Tag der Begründung der Betriebsstätte an zwei Jahre lang die Tätigkeit ausüben, die Gegenstand der Betriebsstätte ist.

## §§ 59 bis 61 (weggefallen)

## X. Kindergeld
### § 62 Anspruchsberechtigte[1)2)]
(1) ¹Für Kinder im Sinne des § 63 hat Anspruch auf Kindergeld nach diesem Gesetz, wer
1. im Inland einen Wohnsitz oder seinen gewöhnlichen Aufenthalt hat oder
2. ohne Wohnsitz oder gewöhnlichen Aufenthalt im Inland
   a) nach § 1 Absatz 2 unbeschränkt einkommensteuerpflichtig ist oder
   b) nach § 1 Absatz 3 als unbeschränkt einkommensteuerpflichtig behandelt wird.

²Voraussetzung für den Anspruch nach Satz 1 ist, dass der Berechtigte durch die an ihn vergebene Identifikationsnummer (§ 139b der Abgabenordnung) identifiziert wird. ³Die nachträgliche Vergabe der Identifikationsnummer wirkt auf Monate zurück, in denen die Voraussetzungen des Satzes 1 vorliegen.

(2) Ein nicht freizügigkeitsberechtigter Ausländer erhält Kindergeld nur, wenn er
1. eine Niederlassungserlaubnis besitzt,
2. eine Aufenthaltserlaubnis besitzt, die zur Ausübung einer Erwerbstätigkeit berechtigt oder berechtigt hat, es sei denn, die Aufenthaltserlaubnis wurde
   a) nach § 16 oder § 17 des Aufenthaltsgesetzes erteilt,
   b) nach § 18 Absatz 2 des Aufenthaltsgesetzes erteilt und die Zustimmung der Bundesagentur für Arbeit darf nach der Beschäftigungsverordnung nur für einen bestimmten Höchstzeitraum erteilt werden,
   c) nach § 23 Absatz 1 des Aufenthaltsgesetzes wegen eines Krieges in seinem Heimatland oder nach den §§ 23a, 24, 25 Absatz 3 bis 5 des Aufenthaltsgesetzes erteilt
   oder
3. eine in Nummer 2 Buchstabe c genannte Aufenthaltserlaubnis besitzt und
   a) sich seit mindestens drei Jahren rechtmäßig, gestattet oder geduldet im Bundesgebiet aufhält und
   b) im Bundesgebiet berechtigt erwerbstätig ist, laufende Geldleistungen nach dem Dritten Buch Sozialgesetzbuch bezieht oder Elternzeit in Anspruch nimmt.

### § 63 Kinder[3)4)]
(1) ¹Als Kinder werden berücksichtigt
1. Kinder im Sinne des § 32 Absatz 1,
2. vom Berechtigten in seinen Haushalt aufgenommene Kinder seines Ehegatten,
3. vom Berechtigten in seinen Haushalt aufgenommene Enkel.

²§ 32 Absatz 3 bis 5 gilt entsprechend. ³Voraussetzung für die Berücksichtigung ist die Identifizierung des Kindes durch die an dieses Kind vergebene Identifikationsnummer (§ 139b der Abgabenordnung). ⁴Ist das Kind nicht nach einem Steuergesetz steuerpflichtig (§ 139a Absatz 2 der Abgabenordnung), ist es in anderer geeigneter Weise zu identifizieren. ⁵Die nachträgliche Identifizierung oder nachträgliche Vergabe der Identifikationsnummer wirkt auf Monate zurück, in denen die Voraussetzungen der Sätze 1 bis 4 vorliegen. ⁶Kinder, die weder einen Wohnsitz noch ihren gewöhnlichen Aufenthalt im Inland, in einem Mitgliedstaat der Europäischen Union oder in einem Staat, auf den das Abkommen über den Europäischen Wirtschaftsraum Anwendung findet, haben, werden nicht berücksichtigt, es sei denn, sie leben im Haushalt eines Be-

---
1) **Anm. d. Red.:** § 62 Abs. 1 i. d. F. des Gesetzes v. 2.12.2014 (BGBl I S. 1922) mit Wirkung v. 9.12.2014.
2) **Anm. d. Red.:** Zur Anwendung des § 62 Abs. 1 siehe § 52 Abs. 49a Sätze 1 und 2.
3) **Anm. d. Red.:** § 63 Abs. 1 i. d. F. des Gesetzes v. 2.12.2014 (BGBl I S. 1922) mit Wirkung v. 9.12.2014.
4) **Anm. d. Red.:** Zur Anwendung des § 63 Abs. 1 siehe § 52 Abs. 49a Sätze 1 und 2.

rechtigten im Sinne des § 62 Absatz 1 Satz 1 Nummer 2 Buchstabe a. [7]Kinder im Sinne von § 2 Absatz 4 Satz 2 des Bundeskindergeldgesetzes werden nicht berücksichtigt.

(2) Die Bundesregierung wird ermächtigt, durch Rechtsverordnung, die nicht der Zustimmung des Bundesrates bedarf, zu bestimmen, dass einem Berechtigten, der im Inland erwerbstätig ist oder sonst seine hauptsächlichen Einkünfte erzielt, für seine in Absatz 1 Satz 3 erster Halbsatz bezeichneten Kinder Kindergeld ganz oder teilweise zu leisten ist, soweit dies mit Rücksicht auf die durchschnittlichen Lebenshaltungskosten für Kinder in deren Wohnsitzstaat und auf die dort gewährten dem Kindergeld vergleichbaren Leistungen geboten ist.

### § 64 Zusammentreffen mehrerer Ansprüche

(1) Für jedes Kind wird nur einem Berechtigten Kindergeld gezahlt.

(2) [1]Bei mehreren Berechtigten wird das Kindergeld demjenigen gezahlt, der das Kind in seinen Haushalt aufgenommen hat. [2]Ist ein Kind in den gemeinsamen Haushalt von Eltern, einem Elternteil und dessen Ehegatten, Pflegeeltern oder Großeltern aufgenommen worden, so bestimmen diese untereinander den Berechtigten. [3]Wird eine Bestimmung nicht getroffen, so bestimmt das Familiengericht auf Antrag den Berechtigten. [4]Den Antrag kann stellen, wer ein berechtigtes Interesse an der Zahlung des Kindergeldes hat. [5]Lebt ein Kind im gemeinsamen Haushalt von Eltern und Großeltern, so wird das Kindergeld vorrangig einem Elternteil gezahlt; es wird an einen Großelternteil gezahlt, wenn der Elternteil gegenüber der zuständigen Stelle auf seinen Vorrang schriftlich verzichtet hat.

(3) [1]Ist das Kind nicht in den Haushalt eines Berechtigten aufgenommen, so erhält das Kindergeld derjenige, der dem Kind eine Unterhaltsrente zahlt. [2]Zahlen mehrere Berechtigte dem Kind Unterhaltsrenten, so erhält das Kindergeld derjenige, der dem Kind die höchste Unterhaltsrente zahlt. [3]Werden gleich hohe Unterhaltsrenten gezahlt oder zahlt keiner der Berechtigten dem Kind Unterhalt, so bestimmen die Berechtigten untereinander, wer das Kindergeld erhalten soll. [4]Wird eine Bestimmung nicht getroffen, so gilt Absatz 2 Satz 3 und 4 entsprechend.

### § 65 Andere Leistungen für Kinder[1)]

(1) [1]Kindergeld wird nicht für ein Kind gezahlt, für das eine der folgenden Leistungen zu zahlen ist oder bei entsprechender Antragstellung zu zahlen wäre:

1. Kinderzulagen aus der gesetzlichen Unfallversicherung oder Kinderzuschüsse aus den gesetzlichen Rentenversicherungen,
2. Leistungen für Kinder, die im Ausland gewährt werden und dem Kindergeld oder einer der unter Nummer 1 genannten Leistungen vergleichbar sind,
3. Leistungen für Kinder, die von einer zwischen- oder überstaatlichen Einrichtung gewährt werden und dem Kindergeld vergleichbar sind.

[2]Soweit es für die Anwendung von Vorschriften dieses Gesetzes auf den Erhalt von Kindergeld ankommt, stehen die Leistungen nach Satz 1 dem Kindergeld gleich. [3]Steht ein Berechtigter in einem Versicherungspflichtverhältnis zur Bundesagentur für Arbeit nach § 24 des Dritten Buches Sozialgesetzbuch oder ist er versicherungsfrei nach § 28 Absatz 1 Nummer 1 des Dritten Buches Sozialgesetzbuch oder steht er im Inland in einem öffentlich-rechtlichen Dienst- oder Amtsverhältnis, so wird sein Anspruch auf Kindergeld für ein Kind nicht nach Satz 1 Nummer 3 mit Rücksicht darauf ausgeschlossen, dass sein Ehegatte als Beamter, Ruhestandsbeamter oder sonstiger Bediensteter der Europäischen Union für das Kind Anspruch auf Kinderzulage hat.

(2) Ist in den Fällen des Absatzes 1 Satz 1 Nummer 1 der Bruttobetrag der anderen Leistung niedriger als das Kindergeld nach § 66, wird Kindergeld in Höhe des Unterschiedsbetrags gezahlt, wenn er mindestens 5 Euro beträgt.

---

1) **Anm. d. Red.:** § 65 Abs. 1 i. d. F. des Gesetzes v. 26. 6. 2013 (BGBl I S. 1809) mit Wirkung v. 30. 6. 2013.

## § 66 Höhe des Kindergeldes, Zahlungszeitraum[1]

(1)[2] Das Kindergeld beträgt monatlich für erste und zweite Kinder jeweils 190 Euro, für dritte Kinder 196 Euro und für das vierte und jedes weitere Kind jeweils 221 Euro.

(2) Das Kindergeld wird monatlich vom Beginn des Monats an gezahlt, in dem die Anspruchsvoraussetzungen erfüllt sind, bis zum Ende des Monats, in dem die Anspruchsvoraussetzungen wegfallen.

## § 67 Antrag[3][4]

¹Das Kindergeld ist bei der zuständigen Familienkasse schriftlich zu beantragen. ²Den Antrag kann außer dem Berechtigten auch stellen, wer ein berechtigtes Interesse an der Leistung des Kindergeldes hat. ³In Fällen des Satzes 2 ist § 62 Absatz 1 Satz 2 bis 3 anzuwenden. ⁴Der Berechtigte ist zu diesem Zweck verpflichtet, demjenigen, der ein berechtigtes Interesse an der Leistung des Kindergeldes hat, seine an ihn vergebene Identifikationsnummer (§ 139b der Abgabenordnung) mitzuteilen. ⁵Kommt der Berechtigte dieser Verpflichtung nicht nach, teilt die zuständige Familienkasse demjenigen, der ein berechtigtes Interesse an der Leistung des Kindergeldes hat, auf seine Anfrage die Identifikationsnummer des Berechtigten mit.

## § 68 Besondere Mitwirkungspflichten

(1) ¹Wer Kindergeld beantragt oder erhält, hat Änderungen in den Verhältnissen, die für die Leistung erheblich sind oder über die im Zusammenhang mit der Leistung Erklärungen abgegeben worden sind, unverzüglich der zuständigen Familienkasse mitzuteilen. ²Ein Kind, das das 18. Lebensjahr vollendet hat, ist auf Verlangen der Familienkasse verpflichtet, an der Aufklärung des für die Kindergeldzahlung maßgebenden Sachverhalts mitzuwirken; § 101 der Abgabenordnung findet insoweit keine Anwendung.

(2) (weggefallen)

(3) Auf Antrag des Berechtigten erteilt die das Kindergeld auszahlende Stelle eine Bescheinigung über das für das Kalenderjahr ausgezahlte Kindergeld.

(4) Die Familienkassen dürfen den die Bezüge im öffentlichen Dienst anweisenden Stellen Auskunft über den für die jeweilige Kindergeldzahlung maßgebenden Sachverhalt erteilen.

## § 69 Überprüfung des Fortbestehens von Anspruchsvoraussetzungen durch Meldedaten-Übermittlung[5]

Die Meldebehörden übermitteln in regelmäßigen Abständen den Familienkassen nach Maßgabe einer auf Grund des § 56 Absatz 1 Nummer 2 des Bundesmeldegesetzes zu erlassenden Rechtsverordnung die in § 34 Absatz 1 und 2 des Bundesmeldegesetzes genannten Daten aller Einwohner, zu deren Person im Melderegister Daten von minderjährigen Kindern gespeichert sind, und dieser Kinder, soweit die Daten nach ihrer Art für die Prüfung der Rechtmäßigkeit des Bezuges von Kindergeld geeignet sind.

---

1) **Anm. d. Red.:** § 66 Abs. 1 i. d. F. des Gesetzes v. 16. 7. 2015 (BGBl I S. 1202) mit Wirkung v. 1. 1. 2016.

2) **Anm. d. Red.:** Zur Anwendung des § 66 Abs. 1 siehe § 52 Abs. 49a Sätze 3 und 4.

3) **Anm. d. Red.:** § 67 i. d. F. des Gesetzes v. 2. 12. 2014 (BGBl I S. 1922) mit Wirkung v. 9. 12. 2014.

4) **Anm. d. Red.:** Zur Anwendung des § 67 siehe § 52 Abs. 49a Sätze 1 und 2.

5) **Anm. d. Red.:** § 69 i. d. F. des Gesetzes v. 3. 5. 2013 (BGBl I S. 1084) mit Wirkung v. 1. 11. 2015, geändert durch Art. 1 Nr. 3 Gesetz v. 20. 11. 2014 (BGBl I S. 1738).

## § 70 Festsetzung und Zahlung des Kindergeldes[1]

(1) Das Kindergeld nach § 62 wird von den Familienkassen durch Bescheid festgesetzt und ausgezahlt.

(2) ¹Soweit in den Verhältnissen, die für den Anspruch auf Kindergeld erheblich sind, Änderungen eintreten, ist die Festsetzung des Kindergeldes mit Wirkung vom Zeitpunkt der Änderung der Verhältnisse aufzuheben oder zu ändern. ²Ist die Änderung einer Kindergeldfestsetzung nur wegen einer Anhebung der in § 66 Absatz 1 genannten Kindergeldbeträge erforderlich, kann von der Erteilung eines schriftlichen Änderungsbescheides abgesehen werden.

(3) ¹Materielle Fehler der letzten Festsetzung können durch Aufhebung oder Änderung der Festsetzung mit Wirkung ab dem auf die Bekanntgabe der Aufhebung oder Änderung der Festsetzung folgenden Monat beseitigt werden. ²Bei der Aufhebung oder Änderung der Festsetzung nach Satz 1 ist § 176 der Abgabenordnung entsprechend anzuwenden; dies gilt nicht für Monate, die nach der Verkündung der maßgeblichen Entscheidung eines obersten Bundesgerichts beginnen.

(4) (weggefallen)

## § 71 (weggefallen)

## § 72 Festsetzung und Zahlung des Kindergeldes an Angehörige des öffentlichen Dienstes

(1) ¹Steht Personen, die
1. in einem öffentlich-rechtlichen Dienst-, Amts- oder Ausbildungsverhältnis stehen, mit Ausnahme der Ehrenbeamten, oder
2. Versorgungsbezüge nach beamten- oder soldatenrechtlichen Vorschriften oder Grundsätzen erhalten oder
3. Arbeitnehmer des Bundes, eines Landes, einer Gemeinde, eines Gemeindeverbandes oder einer sonstigen Körperschaft, einer Anstalt oder einer Stiftung des öffentlichen Rechts sind, einschließlich der zu ihrer Berufsausbildung Beschäftigten,

Kindergeld nach Maßgabe dieses Gesetzes zu, wird es von den Körperschaften, Anstalten oder Stiftungen des öffentlichen Rechts festgesetzt und ausgezahlt. ²Die genannten juristischen Personen sind insoweit Familienkasse.

(2) Der Deutschen Post AG, der Deutschen Postbank AG und der Deutschen Telekom AG obliegt die Durchführung dieses Gesetzes für ihre jeweiligen Beamten und Versorgungsempfänger in Anwendung des Absatzes 1.

(3) Absatz 1 gilt nicht für Personen, die ihre Bezüge oder Arbeitsentgelt
1. von einem Dienstherrn oder Arbeitgeber im Bereich der Religionsgesellschaften des öffentlichen Rechts oder
2. von einem Spitzenverband der Freien Wohlfahrtspflege, einem diesem unmittelbar oder mittelbar angeschlossenen Mitgliedsverband oder einer einem solchen Verband angeschlossenen Einrichtung oder Anstalt

erhalten.

(4) Die Absätze 1 und 2 gelten nicht für Personen, die voraussichtlich nicht länger als sechs Monate in den Kreis der in Absatz 1 Satz 1 Nummer 1 bis 3 und Absatz 2 Bezeichneten eintreten.

(5) Obliegt mehreren Rechtsträgern die Zahlung von Bezügen oder Arbeitsentgelt (Absatz 1 Satz 1) gegenüber einem Berechtigten, so ist für die Durchführung dieses Gesetzes zuständig:

---

1) **Anm. d. Red.:** § 70 Abs. 3 i. d. F. des Gesetzes v. 22.12.2014 (BGBl I S. 2417) mit Wirkung v. 1.1.2015; Abs. 4 weggefallen gem. Gesetz v. 1.11.2011 (BGBl I S. 2131) mit Wirkung v. 1.1.2012.

1. bei Zusammentreffen von Versorgungsbezügen mit anderen Bezügen oder Arbeitsentgelt der Rechtsträger, dem die Zahlung der anderen Bezüge oder des Arbeitsentgelts obliegt;
2. bei Zusammentreffen mehrerer Versorgungsbezüge der Rechtsträger, dem die Zahlung der neuen Versorgungsbezüge im Sinne der beamtenrechtlichen Ruhensvorschriften obliegt;
3. bei Zusammentreffen von Arbeitsentgelt (Absatz 1 Satz 1 Nummer 3) mit Bezügen aus einem der in Absatz 1 Satz 1 Nummer 1 bezeichneten Rechtsverhältnisse der Rechtsträger, dem die Zahlung dieser Bezüge obliegt;
4. bei Zusammentreffen mehrerer Arbeitsentgelte (Absatz 1 Satz 1 Nummer 3) der Rechtsträger, dem die Zahlung des höheren Arbeitsentgelts obliegt oder – falls die Arbeitsentgelte gleich hoch sind – der Rechtsträger, zu dem das zuerst begründete Arbeitsverhältnis besteht.

(6) ¹Scheidet ein Berechtigter im Laufe eines Monats aus dem Kreis der in Absatz 1 Satz 1 Nummer 1 bis 3 Bezeichneten aus oder tritt er im Laufe eines Monats in diesen Kreis ein, so wird das Kindergeld für diesen Monat von der Stelle gezahlt, die bis zum Ausscheiden oder Eintritt des Berechtigten zuständig war. ²Dies gilt nicht, soweit die Zahlung von Kindergeld für ein Kind in Betracht kommt, das erst nach dem Ausscheiden oder Eintritt bei dem Berechtigten nach § 63 zu berücksichtigen ist. ³Ist in einem Fall des Satzes 1 das Kindergeld bereits für einen folgenden Monat gezahlt worden, so muss der für diesen Monat Berechtigte die Zahlung gegen sich gelten lassen.

(7) ¹In den Abrechnungen der Bezüge und des Arbeitsentgelts ist das Kindergeld gesondert auszuweisen, wenn es zusammen mit den Bezügen oder dem Arbeitsentgelt ausgezahlt wird. ²Der Rechtsträger hat die Summe des von ihm für alle Berechtigten ausgezahlten Kindergeldes dem Betrag, den er insgesamt an Lohnsteuer einzubehalten hat, zu entnehmen und bei der nächsten Lohnsteuer-Anmeldung gesondert abzusetzen. ³Übersteigt das insgesamt ausgezahlte Kindergeld den Betrag, der insgesamt an Lohnsteuer abzuführen ist, so wird der übersteigende Betrag dem Rechtsträger auf Antrag von dem Finanzamt, an das die Lohnsteuer abzuführen ist, aus den Einnahmen der Lohnsteuer ersetzt.

(8) ¹Abweichend von Absatz 1 Satz 1 werden Kindergeldansprüche auf Grund über- oder zwischenstaatlicher Rechtsvorschriften durch die Familienkassen der Bundesagentur für Arbeit festgesetzt und ausgezahlt. ²Dies gilt auch für Fälle, in denen Kindergeldansprüche sowohl nach Maßgabe dieses Gesetzes als auch auf Grund über- oder zwischenstaatlicher Rechtsvorschriften bestehen.

## § 73 (weggefallen)

## § 74 Zahlung des Kindergeldes in Sonderfällen

(1) ¹Das für ein Kind festgesetzte Kindergeld nach § 66 Absatz 1 kann an das Kind ausgezahlt werden, wenn der Kindergeldberechtigte ihm gegenüber seiner gesetzlichen Unterhaltspflicht nicht nachkommt. ²Kindergeld kann an Kinder, die bei der Festsetzung des Kindergeldes berücksichtigt werden, bis zur Höhe des Betrags, der sich bei entsprechender Anwendung des § 76 ergibt, ausgezahlt werden. ³Dies gilt auch, wenn der Kindergeldberechtigte mangels Leistungsfähigkeit nicht unterhaltspflichtig ist oder nur Unterhalt in Höhe eines Betrags zu leisten braucht, der geringer ist als das für die Auszahlung in Betracht kommende Kindergeld. ⁴Die Auszahlung kann auch an die Person oder Stelle erfolgen, die dem Kind Unterhalt gewährt.

(2) Für Erstattungsansprüche der Träger von Sozialleistungen gegen die Familienkasse gelten die §§ 102 bis 109 und 111 bis 113 des Zehnten Buches Sozialgesetzbuch entsprechend.

## § 75 Aufrechnung[1]

(1) Mit Ansprüchen auf Erstattung von Kindergeld kann die Familienkasse gegen Ansprüche auf Kindergeld bis zu deren Hälfte aufrechnen, wenn der Leistungsberechtigte nicht nachweist, dass er dadurch hilfebedürftig im Sinne der Vorschriften des Zwölften Buches Sozialgesetzbuch über die Hilfe zum Lebensunterhalt oder im Sinne der Vorschriften des Zweiten Buches Sozialgesetzbuch über die Leistungen zur Sicherung des Lebensunterhalts wird.

(2) Absatz 1 gilt für die Aufrechnung eines Anspruchs auf Erstattung von Kindergeld gegen einen späteren Kindergeldanspruch eines mit dem Erstattungspflichtigen in Haushaltsgemeinschaft lebenden Berechtigten entsprechend, soweit es sich um laufendes Kindergeld für ein Kind handelt, das bei beiden berücksichtigt werden kann oder konnte.

## § 76 Pfändung

[1]Der Anspruch auf Kindergeld kann nur wegen gesetzlicher Unterhaltsansprüche eines Kindes, das bei der Festsetzung des Kindergeldes berücksichtigt wird, gepfändet werden. [2]Für die Höhe des pfändbaren Betrags gilt:

1. [1]Gehört das unterhaltsberechtigte Kind zum Kreis der Kinder, für die dem Leistungsberechtigten Kindergeld gezahlt wird, so ist eine Pfändung bis zu dem Betrag möglich, der bei gleichmäßiger Verteilung des Kindergeldes auf jedes dieser Kinder entfällt. [2]Ist das Kindergeld durch die Berücksichtigung eines weiteren Kindes erhöht, für das einer dritten Person Kindergeld oder dieser oder dem Leistungsberechtigten eine andere Geldleistung für Kinder zusteht, so bleibt der Erhöhungsbetrag bei der Bestimmung des pfändbaren Betrags des Kindergeldes nach Satz 1 außer Betracht;
2. der Erhöhungsbetrag nach Nummer 1 Satz 2 ist zugunsten jedes bei der Festsetzung des Kindergeldes berücksichtigten unterhaltsberechtigten Kindes zu dem Anteil pfändbar, der sich bei gleichmäßiger Verteilung auf alle Kinder, die bei der Festsetzung des Kindergeldes zugunsten des Leistungsberechtigten berücksichtigt werden, ergibt.

## § 76a (weggefallen)[2]

## § 77 Erstattung von Kosten im Vorverfahren

(1) [1]Soweit der Einspruch gegen die Kindergeldfestsetzung erfolgreich ist, hat die Familienkasse demjenigen, der den Einspruch erhoben hat, die zur zweckentsprechenden Rechtsverfolgung oder Rechtsverteidigung notwendigen Aufwendungen zu erstatten. [2]Dies gilt auch, wenn der Einspruch nur deshalb keinen Erfolg hat, weil die Verletzung einer Verfahrens- oder Formvorschrift nach § 126 der Abgabenordnung unbeachtlich ist. [3]Aufwendungen, die durch das Verschulden eines Erstattungsberechtigten entstanden sind, hat dieser selbst zu tragen; das Verschulden eines Vertreters ist dem Vertretenen zuzurechnen.

(2) Die Gebühren und Auslagen eines Bevollmächtigten oder Beistandes, der nach den Vorschriften des Steuerberatungsgesetzes zur geschäftsmäßigen Hilfeleistung in Steuersachen befugt ist, sind erstattungsfähig, wenn dessen Zuziehung notwendig war.

(3) [1]Die Familienkasse setzt auf Antrag den Betrag der zu erstattenden Aufwendungen fest. [2]Die Kostenentscheidung bestimmt auch, ob die Zuziehung eines Bevollmächtigten oder Beistandes im Sinne des Absatzes 2 notwendig war.

## § 78 Übergangsregelungen

(1) bis (4) (weggefallen)

---

1) Anm. d. Red.: § 75 Abs. 1 i. d. F. des Gesetzes v. 22.12.2014 (BGBl I S. 2417) mit Wirkung v. 1.1.2015.

2) Anm. d. Red.: § 76a weggefallen gem. der amtlichen Anmerkung zu § 76a der EStG-Neufassung v. 8.10.2009 (BGBl I S. 3369, ber. I S. 3862) mit Wirkung v. 1.1.2012.

(5) ¹Abweichend von § 64 Absatz 2 und 3 steht Berechtigten, die für Dezember 1990 für ihre Kinder Kindergeld in dem in Artikel 3 des Einigungsvertrages genannten Gebiet bezogen haben, das Kindergeld für diese Kinder auch für die folgende Zeit zu, solange sie ihren Wohnsitz oder gewöhnlichen Aufenthalt in diesem Gebiet beibehalten und die Kinder die Voraussetzungen ihrer Berücksichtigung weiterhin erfüllen. ²§ 64 Absatz 2 und 3 ist insoweit erst für die Zeit vom Beginn des Monats an anzuwenden, in dem ein hierauf gerichteter Antrag bei der zuständigen Stelle eingegangen ist; der hiernach Berechtigte muss die nach Satz 1 geleisteten Zahlungen gegen sich gelten lassen.

## XI. Altersvorsorgezulage

### § 79 Zulageberechtigte[1]

¹Die in § 10a Absatz 1 genannten Personen haben Anspruch auf eine Altersvorsorgezulage (Zulage). ²Ist nur ein Ehegatte nach Satz 1 begünstigt, so ist auch der andere Ehegatte zulageberechtigt, wenn

1. beide Ehegatten nicht dauernd getrennt leben (§ 26 Absatz 1),
2. beide Ehegatten ihren Wohnsitz oder gewöhnlichen Aufenthalt in einem Mitgliedstaat der Europäischen Union oder einem Staat haben, auf den das Abkommen über den Europäischen Wirtschaftsraum anwendbar ist,
3. ein auf den Namen des anderen Ehegatten lautender Altersvorsorgevertrag besteht,
4. der andere Ehegatte zugunsten des Altersvorsorgevertrags nach Nummer 3 im jeweiligen Beitragsjahr mindestens 60 Euro geleistet hat und
5. die Auszahlungsphase des Altersvorsorgevertrags nach Nummer 3 noch nicht begonnen hat.

³Satz 1 gilt entsprechend für die in § 10a Absatz 6 Satz 1 und 2 genannten Personen, sofern sie unbeschränkt steuerpflichtig sind oder für das Beitragsjahr nach § 1 Absatz 3 als unbeschränkt steuerpflichtig behandelt werden.

### § 80 Anbieter

Anbieter im Sinne dieses Gesetzes sind Anbieter von Altersvorsorgeverträgen gemäß § 1 Absatz 2 des Altersvorsorgeverträge-Zertifizierungsgesetzes sowie die in § 82 Absatz 2 genannten Versorgungseinrichtungen.

### § 81 Zentrale Stelle

Zentrale Stelle im Sinne dieses Gesetzes ist die Deutsche Rentenversicherung Bund.

### § 81a Zuständige Stelle

¹Zuständige Stelle ist bei einem

1. Empfänger von Besoldung nach dem Bundesbesoldungsgesetz oder einem Landesbesoldungsgesetz die die Besoldung anordnende Stelle,
2. Empfänger von Amtsbezügen im Sinne des § 10a Absatz 1 Satz 1 Nummer 2 die die Amtsbezüge anordnende Stelle,
3. versicherungsfrei Beschäftigten sowie bei einem von der Versicherungspflicht befreiten Beschäftigten im Sinne des § 10a Absatz 1 Satz 1 Nummer 3 der die Versorgung gewährleistende Arbeitgeber der rentenversicherungsfreien Beschäftigung,
4. Beamten, Richter, Berufssoldaten und Soldaten auf Zeit im Sinne des § 10a Absatz 1 Satz 1 Nummer 4 der zur Zahlung des Arbeitsentgelts verpflichtete Arbeitgeber und

---

[1] **Anm. d. Red.:** § 79 i. d. F. des Gesetzes v. 25. 7. 2014 (BGBl I S. 1266) mit Wirkung v. 31. 7. 2014.

5. Empfänger einer Versorgung im Sinne des § 10a Absatz 1 Satz 4 die die Versorgung anordnende Stelle.
²Für die in § 10a Absatz 1 Satz 1 Nummer 5 genannten Steuerpflichtigen gilt Satz 1 entsprechend.

## § 82 Altersvorsorgebeiträge[1)]

(1) ¹Geförderte Altersvorsorgebeiträge sind im Rahmen des in § 10a Absatz 1 Satz 1 genannten Höchstbetrags
1. Beiträge,
2. Tilgungsleistungen,

die der Zulageberechtigte (§ 79) bis zum Beginn der Auszahlungsphase zugunsten eines auf seinen Namen lautenden Vertrags leistet, der nach § 5 des Altersvorsorgeverträge-Zertifizierungsgesetzes zertifiziert ist (Altersvorsorgevertrag). ²Die Zertifizierung ist Grundlagenbescheid im Sinne des § 171 Absatz 10 der Abgabenordnung. ³Als Tilgungsleistungen gelten auch Beiträge, die vom Zulageberechtigten zugunsten eines auf seinen Namen lautenden Altersvorsorgevertrags im Sinne des § 1 Absatz 1a Satz 1 Nummer 3 des Altersvorsorgeverträge-Zertifizierungsgesetzes erbracht wurden und die zur Tilgung eines im Rahmen des Altersvorsorgevertrags abgeschlossenen Darlehens abgetreten wurden. ⁴Im Fall der Übertragung von gefördertem Altersvorsorgevermögen nach § 1 Absatz 1 Satz 1 Nummer 10 Buchstabe b des Altersvorsorgeverträge-Zertifizierungsgesetzes in einen Altersvorsorgevertrag im Sinne des § 1 Absatz 1a Satz 1 Nummer 3 des Altersvorsorgeverträge-Zertifizierungsgesetzes gelten die Beiträge nach Satz 1 Nummer 1 ab dem Zeitpunkt der Übertragung als Tilgungsleistungen nach Satz 3; eine erneute Förderung nach § 10a oder Abschnitt XI erfolgt insoweit nicht. ⁵Tilgungsleistungen nach den Sätzen 1 und 3 werden nur berücksichtigt, wenn das zugrunde liegende Darlehen für eine nach dem 31. Dezember 2007 vorgenommene wohnungswirtschaftliche Verwendung im Sinne des § 92a Absatz 1 Satz 1 eingesetzt wurde. ⁶Bei einer Aufgabe der Selbstnutzung nach § 92a Absatz 3 Satz 1 gelten im Beitragsjahr der Aufgabe der Selbstnutzung auch die nach der Aufgabe der Selbstnutzung geleisteten Beiträge oder Tilgungsleistungen als Altersvorsorgebeiträge nach Satz 1. ⁷Bei einer Reinvestition nach § 92a Absatz 3 Satz 9 Nummer 1 gelten im Beitragsjahr der Reinvestition auch die davor geleisteten Beiträge oder Tilgungsleistungen als Altersvorsorgebeiträge nach Satz 1. ⁸Bei einem beruflich bedingten Umzug nach § 92a Absatz 4 gelten

1. im Beitragsjahr des Wegzugs auch die nach dem Wegzug und
2. im Beitragsjahr des Wiedereinzugs auch die vor dem Wiedereinzug

geleisteten Beiträge und Tilgungsleistungen als Altersvorsorgebeiträge nach Satz 1.

(2) ¹Zu den Altersvorsorgebeiträgen gehören auch
a) die aus dem individuell versteuerten Arbeitslohn des Arbeitnehmers geleisteten Beiträge an einen Pensionsfonds, eine Pensionskasse oder eine Direktversicherung zum Aufbau einer kapitalgedeckten betrieblichen Altersversorgung und
b) Beiträge des Arbeitnehmers und des ausgeschiedenen Arbeitnehmers, die dieser im Fall der zunächst durch Entgeltumwandlung (§ 1a des Betriebsrentengesetzes) finanzierten und nach § 3 Nummer 63 oder § 10a und diesem Abschnitt geförderten kapitalgedeckten betrieblichen Altersversorgung nach Maßgabe des § 1a Absatz 4 und § 1b Absatz 5 Satz 1 Nummer 2 des Betriebsrentengesetzes selbst erbringt,

wenn eine Auszahlung der zugesagten Altersversorgungsleistung in Form einer Rente oder eines Auszahlungsplans (§ 1 Absatz 1 Satz 1 Nummer 4 des Altersvorsorgeverträge-Zertifizierungsgesetzes) vorgesehen ist. ²Die §§ 3 und 4 des Betriebsrentengesetzes stehen dem vorbehaltlich des § 93 nicht entgegen.

---

1) **Anm. d. Red.:** § 82 Abs. 1 und 5 i. d. F. des Gesetzes v. 25. 7. 2014 (BGBl I S. 1266) mit Wirkung v. 31. 7. 2014; Abs. 4 i. d. F. des Gesetzes v. 7. 12. 2011 (BGBl I S. 2592) mit Wirkung v. 14. 12. 2011.

(3) Zu den Altersvorsorgebeiträgen gehören auch die Beitragsanteile, die zur Absicherung der verminderten Erwerbsfähigkeit des Zulageberechtigten und zur Hinterbliebenenversorgung verwendet werden, wenn in der Leistungsphase die Auszahlung in Form einer Rente erfolgt.

(4) Nicht zu den Altersvorsorgebeiträgen zählen
1. Aufwendungen, die vermögenswirksame Leistungen nach dem Fünften Vermögensbildungsgesetz in der jeweils geltenden Fassung darstellen,
2. prämienbegünstigte Aufwendungen nach dem Wohnungsbau-Prämiengesetz in der Fassung der Bekanntmachung vom 30. Oktober 1997 (BGBl I S. 2678), zuletzt geändert durch Artikel 5 des Gesetzes vom 29. Juli 2008 (BGBl I S. 1509), in der jeweils geltenden Fassung,
3. Aufwendungen, die im Rahmen des § 10 als Sonderausgaben geltend gemacht werden,
4. Zahlungen nach § 92a Absatz 2 Satz 4 Nummer 1 und Absatz 3 Satz 9 Nummer 2 oder
5. Übertragungen im Sinne des § 3 Nummer 55 bis 55c.

(5) ¹Der Zulageberechtigte kann für ein abgelaufenes Beitragsjahr bis zum Beitragsjahr 2011 Altersvorsorgebeiträge auf einen auf seinen Namen lautenden Altersvorsorgevertrag leisten, wenn
1. der Anbieter des Altersvorsorgevertrags davon Kenntnis erhält, in welcher Höhe und für welches Beitragsjahr die Altersvorsorgebeiträge berücksichtigt werden sollen,
2. in dem Beitragsjahr, für das die Altersvorsorgebeiträge berücksichtigt werden sollen, ein Altersvorsorgevertrag bestanden hat,
3. im fristgerechten Antrag auf Zulage für dieses Beitragsjahr eine Zulageberechtigung nach § 79 Satz 2 angegeben wurde, aber tatsächlich eine Zulageberechtigung nach § 79 Satz 1 vorliegt,
4. die Zahlung der Altersvorsorgebeiträge für abgelaufene Beitragsjahre bis zum Ablauf von zwei Jahren nach Erteilung der Bescheinigung nach § 92, mit der zuletzt Ermittlungsergebnisse für dieses Beitragsjahr bescheinigt wurden, längstens jedoch bis zum Beginn der Auszahlungsphase des Altersvorsorgevertrages erfolgt und
5. der Zulageberechtigte vom Anbieter in hervorgehobener Weise darüber informiert wurde oder dem Anbieter seine Kenntnis darüber versichert, dass die Leistungen aus diesen Altersvorsorgebeiträgen der vollen nachgelagerten Besteuerung nach § 22 Nummer 5 Satz 1 unterliegen.

²Wurden die Altersvorsorgebeiträge dem Altersvorsorgevertrag gutgeschrieben und sind die Voraussetzungen nach Satz 1 erfüllt, so hat der Anbieter der zentralen Stelle (§ 81) die entsprechenden Daten nach § 89 Absatz 2 Satz 1 für das zurückliegende Beitragsjahr nach einem mit der zentralen Stelle abgestimmten Verfahren mitzuteilen. ³Die Beträge nach Satz 1 gelten für die Ermittlung der zu zahlenden Altersvorsorgezulage nach § 83 als Altersvorsorgebeiträge für das Beitragsjahr, für das sie gezahlt wurden. ⁴Für die Anwendung des § 10a Absatz 1 Satz 1 sowie bei der Ermittlung der dem Steuerpflichtigen zustehenden Zulage im Rahmen des § 2 Absatz 6 und des § 10a sind die nach Satz 1 gezahlten Altersvorsorgebeiträge weder für das Beitragsjahr nach Satz 1 Nummer 2 noch für das Beitragsjahr der Zahlung zu berücksichtigen.

## § 83 Altersvorsorgezulage

In Abhängigkeit von den geleisteten Altersvorsorgebeiträgen wird eine Zulage gezahlt, die sich aus einer Grundzulage (§ 84) und einer Kinderzulage (§ 85) zusammensetzt.

## § 84 Grundzulage

¹Jeder Zulageberechtigte erhält eine Grundzulage; diese beträgt jährlich 154 Euro. ²Für Zulageberechtigte nach § 79 Satz 1, die zu Beginn des Beitragsjahres (§ 88) das 25. Lebensjahr noch nicht vollendet haben, erhöht sich die Grundzulage nach Satz 1 um einmalig 200 Euro. ³Die Erhöhung nach Satz 2 ist für das erste nach dem 31. Dezember 2007 beginnende Beitragsjahr zu gewähren, für das eine Altersvorsorgezulage beantragt wird.

## § 85 Kinderzulage[1]

(1) ¹Die Kinderzulage beträgt für jedes Kind, für das dem Zulageberechtigten Kindergeld ausgezahlt wird, jährlich 185 Euro. ²Für ein nach dem 31. Dezember 2007 geborenes Kind erhöht sich die Kinderzulage nach Satz 1 auf 300 Euro. ³Der Anspruch auf Kinderzulage entfällt für den Veranlagungszeitraum, für den das Kindergeld insgesamt zurückgefordert wird. ⁴Erhalten mehrere Zulageberechtigte für dasselbe Kind Kindergeld, steht die Kinderzulage demjenigen zu, dem für den ersten Anspruchszeitraum (§ 66 Absatz 2) im Kalenderjahr Kindergeld ausgezahlt worden ist.

(2) ¹Bei Eltern, die miteinander verheiratet sind, nicht dauernd getrennt leben (§ 26 Absatz 1) und ihren Wohnsitz oder gewöhnlichen Aufenthalt in einem Mitgliedstaat der Europäischen Union oder einem Staat haben, auf den das Abkommen über den Europäischen Wirtschaftsraum (EWR-Abkommen) anwendbar ist, wird die Kinderzulage der Mutter zugeordnet, auf Antrag beider Eltern dem Vater. ²Bei Eltern, die miteinander eine Lebenspartnerschaft führen, nicht dauernd getrennt leben (§ 26 Absatz 1) und ihren Wohnsitz oder gewöhnlichen Aufenthalt in einem Mitgliedstaat der Europäischen Union oder einem Staat haben, auf den das EWR-Abkommen anwendbar ist, ist die Kinderzulage dem Lebenspartner zuzuordnen, dem das Kindergeld ausgezahlt wird, auf Antrag beider Eltern dem anderen Lebenspartner. ³Der Antrag kann für ein abgelaufenes Beitragsjahr nicht zurückgenommen werden.

## § 86 Mindesteigenbeitrag[2]

(1) ¹Die Zulage nach den §§ 84 und 85 wird gekürzt, wenn der Zulageberechtigte nicht den Mindesteigenbeitrag leistet. ²Dieser beträgt jährlich 4 Prozent der Summe der in dem dem Kalenderjahr vorangegangenen Kalenderjahr

1. erzielten beitragspflichtigen Einnahmen im Sinne des Sechsten Buches Sozialgesetzbuch,
2. bezogenen Besoldung und Amtsbezüge,
3. in den Fällen des § 10a Absatz 1 Satz 1 Nummer 3 und Nummer 4 erzielten Einnahmen, die beitragspflichtig wären, wenn die Versicherungsfreiheit in der gesetzlichen Rentenversicherung nicht bestehen würde und
4. bezogenen Rente wegen voller Erwerbsminderung oder Erwerbsunfähigkeit oder bezogenen Versorgungsbezüge wegen Dienstunfähigkeit in den Fällen des § 10a Absatz 1 Satz 4,

jedoch nicht mehr als der in § 10a Absatz 1 Satz 1 genannte Höchstbetrag, vermindert um die Zulage nach den §§ 84 und 85; gehört der Ehegatte zum Personenkreis nach § 79 Satz 2, berechnet sich der Mindesteigenbeitrag des nach § 79 Satz 1 Begünstigten unter Berücksichtigung der den Ehegatten insgesamt zustehenden Zulagen. ³Auslandsbezogene Bestandteile nach den §§ 52 ff. des Bundesbesoldungsgesetzes oder entsprechender Regelungen eines Landesbesoldungsgesetzes bleiben unberücksichtigt. ⁴Als Sockelbetrag sind ab dem Jahr 2005 jährlich 60 Euro zu leisten. ⁵Ist der Sockelbetrag höher als der Mindesteigenbeitrag nach Satz 2, so ist der Sockelbetrag als Mindesteigenbeitrag zu leisten. ⁶Die Kürzung der Zulage ermittelt sich nach dem Verhältnis der Altersvorsorgebeiträge zum Mindesteigenbeitrag.

(2) ¹Ein nach § 79 Satz 2 begünstigter Ehegatte hat Anspruch auf eine ungekürzte Zulage, wenn der zum begünstigten Personenkreis nach § 79 Satz 1 gehörende Ehegatte seinen geförderten Mindesteigenbeitrag unter Berücksichtigung der den Ehegatten insgesamt zustehenden Zulagen erbracht hat. ²Werden bei einer in der gesetzlichen Rentenversicherung pflichtversicherten Person beitragspflichtige Einnahmen zu Grunde gelegt, die höher sind als das tatsächlich erzielte Entgelt oder die Entgeltersatzleistung, ist das tatsächlich erzielte Entgelt oder der Zahlbetrag der Entgeltersatzleistung für die Berechnung des Mindesteigenbeitrags zu berücksichtigen. ³Für die nicht erwerbsmäßig ausgeübte Pflegetätigkeit einer nach § 3 Satz 1 Num-

---

1) **Anm. d. Red.:** § 85 Abs. 2 i. d. F. des Gesetzes v. 18. 7. 2014 (BGBl I S. 1042) mit Wirkung v. 24. 7. 2014.

2) **Anm. d. Red.:** § 86 Abs. 1 i. d. F. des Gesetzes v. 24. 6. 2013 (BGBl I S. 1667) mit Wirkung v. 1. 7. 2013; Abs. 2 und 5 i. d. F. des Gesetzes v. 25. 7. 2014 (BGBl I S. 1266) mit Wirkung v. 31. 7. 2014.

mer 1a des Sechsten Buches Sozialgesetzbuch rentenversicherungspflichtigen Person ist für die Berechnung des Mindesteigenbeitrags ein tatsächlich erzieltes Entgelt von 0 Euro zu berücksichtigen.

(3) ¹Für Versicherungspflichtige nach dem Gesetz über die Alterssicherung der Landwirte ist Absatz 1 mit der Maßgabe anzuwenden, dass auch die Einkünfte aus Land- und Forstwirtschaft im Sinne des § 13 des zweiten dem Beitragsjahr vorangegangenen Veranlagungszeitraums als beitragspflichtige Einnahmen des vorangegangenen Kalenderjahres gelten. ²Negative Einkünfte im Sinne des Satzes 1 bleiben unberücksichtigt, wenn weitere nach Absatz 1 oder Absatz 2 zu berücksichtigende Einnahmen erzielt werden.

(4) Wird nach Ablauf des Beitragsjahres festgestellt, dass die Voraussetzungen für die Gewährung einer Kinderzulage nicht vorgelegen haben, ändert sich dadurch die Berechnung des Mindesteigenbeitrags für dieses Beitragsjahr nicht.

(5) Bei den in § 10a Absatz 6 Satz 1 und 2 genannten Personen ist der Summe nach Absatz 1 Satz 2 die Summe folgender Einnahmen und Leistungen aus dem dem Kalenderjahr vorangegangenen Kalenderjahr hinzuzurechnen:

1. die erzielten Einnahmen aus der Tätigkeit, die die Zugehörigkeit zum Personenkreis des § 10a Absatz 6 Satz 1 begründet, und

2. die bezogenen Leistungen im Sinne des § 10a Absatz 6 Satz 2 Nummer 1.

### § 87 Zusammentreffen mehrerer Verträge

(1) ¹Zahlt der nach § 79 Satz 1 Zulageberechtigte Altersvorsorgebeiträge zugunsten mehrerer Verträge, so wird die Zulage nur für zwei dieser Verträge gewährt. ²Der insgesamt nach § 86 zu leistende Mindesteigenbeitrag muss zugunsten dieser Verträge geleistet worden sein. ³Die Zulage ist entsprechend dem Verhältnis der auf diese Verträge geleisteten Beiträge zu verteilen.

(2) ¹Der nach § 79 Satz 2 Zulageberechtigte kann die Zulage für das jeweilige Beitragsjahr nicht auf mehrere Altersvorsorgeverträge verteilen. ²Es ist nur der Altersvorsorgevertrag begünstigt, für den zuerst die Zulage beantragt wird.

### § 88 Entstehung des Anspruchs auf Zulage

Der Anspruch auf die Zulage entsteht mit Ablauf des Kalenderjahres, in dem die Altersvorsorgebeiträge geleistet worden sind (Beitragsjahr).

### § 89 Antrag

(1) ¹Der Zulageberechtigte hat den Antrag auf Zulage nach amtlich vorgeschriebenem Vordruck bis zum Ablauf des zweiten Kalenderjahres, das auf das Beitragsjahr (§ 88) folgt, bei dem Anbieter seines Vertrages einzureichen. ²Hat der Zulageberechtigte im Beitragsjahr Altersvorsorgebeiträge für mehrere Verträge gezahlt, so hat er mit dem Zulageantrag zu bestimmen, auf welche Verträge die Zulage überwiesen werden soll. ³Beantragt der Zulageberechtigte die Zulage für mehr als zwei Verträge, so wird die Zulage nur für die zwei Verträge mit den höchsten Altersvorsorgebeiträgen gewährt. ⁴Sofern eine Zulagenummer (§ 90 Absatz 1 Satz 2) durch die zentrale Stelle (§ 81) oder eine Versicherungsnummer nach § 147 des Sechsten Buches Sozialgesetzbuch für den nach § 79 Satz 2 berechtigten Ehegatten noch nicht vergeben ist, hat dieser über seinen Anbieter eine Zulagenummer bei der zentralen Stelle zu beantragen. ⁵Der Antragsteller ist verpflichtet, dem Anbieter unverzüglich eine Änderung der Verhältnisse mitzuteilen, die zu einer Minderung oder zum Wegfall des Zulageanspruchs führt.

(1a) ¹Der Zulageberechtigte kann den Anbieter seines Vertrages schriftlich bevollmächtigen, für ihn abweichend von Absatz 1 die Zulage für jedes Beitragsjahr zu beantragen. ²Absatz 1 Satz 5 gilt mit Ausnahme der Mitteilung geänderter beitragspflichtiger Einnahmen entsprechend. ³Ein Widerruf der Vollmacht ist bis zum Ablauf des Beitragsjahres, für das der Anbieter keinen Antrag auf Zulage stellen soll, gegenüber dem Anbieter zu erklären.

(2) ¹Der Anbieter ist verpflichtet,
a) die Vertragsdaten,
b) die Versicherungsnummer nach § 147 des Sechsten Buches Sozialgesetzbuch, die Zulagenummer des Zulageberechtigten und dessen Ehegatten oder einen Antrag auf Vergabe einer Zulagenummer eines nach § 79 Satz 2 berechtigten Ehegatten,
c) die vom Zulageberechtigten mitgeteilten Angaben zur Ermittlung des Mindesteigenbeitrags (§ 86),
d) die für die Gewährung der Kinderzulage erforderlichen Daten,
e) die Höhe der geleisteten Altersvorsorgebeiträge und
f) das Vorliegen einer nach Absatz 1a erteilten Vollmacht

als die für die Ermittlung und Überprüfung des Zulageanspruchs und Durchführung des Zulageverfahrens erforderlichen Daten zu erfassen. ²Er hat die Daten der bei ihm im Laufe eines Kalendervierteljahres eingegangenen Anträge bis zum Ende des folgenden Monats nach amtlich vorgeschriebenem Datensatz durch amtlich bestimmte Datenfernübertragung an die zentrale Stelle zu übermitteln. ³Dies gilt auch im Fall des Absatzes 1 Satz 5.

(3) ¹Ist der Anbieter nach Absatz 1a Satz 1 bevollmächtigt worden, hat er der zentralen Stelle die nach Absatz 2 Satz 1 erforderlichen Angaben für jedes Kalenderjahr bis zum Ablauf des auf das Beitragsjahr folgenden Kalenderjahres zu übermitteln. ²Liegt die Bevollmächtigung erst nach dem im Satz 1 genannten Meldetermin vor, hat der Anbieter die Angaben bis zum Ende des folgenden Kalendervierteljahres nach der Bevollmächtigung, spätestens jedoch bis zum Ablauf der in Absatz 1 Satz 1 genannten Antragsfrist, zu übermitteln. ³Absatz 2 Satz 2 und 3 gilt sinngemäß.

## § 90 Verfahren[1)]

(1) ¹Die zentrale Stelle ermittelt auf Grund der von ihr erhobenen oder der ihr übermittelten Daten, ob und in welcher Höhe ein Zulageanspruch besteht. ²Soweit der zuständige Träger der Rentenversicherung keine Versicherungsnummer vergeben hat, vergibt die zentrale Stelle zur Erfüllung der ihr nach diesem Abschnitt zugewiesenen Aufgaben eine Zulagenummer. ³Die zentrale Stelle teilt im Fall eines Antrags nach § 10a Absatz 1a der zuständigen Stelle, im Fall eines Antrags nach § 89 Absatz 1 Satz 4 dem Anbieter die Zulagenummer mit; von dort wird sie an den Antragsteller weitergeleitet.

(2) ¹Die zentrale Stelle veranlasst die Auszahlung an den Anbieter zugunsten der Zulageberechtigten durch die zuständige Kasse. ²Ein gesonderter Zulagenbescheid ergeht vorbehaltlich des Absatzes 4 nicht. ³Der Anbieter hat die erhaltenen Zulagen unverzüglich den begünstigten Verträgen gutzuschreiben. ⁴Zulagen, die nach Beginn der Auszahlungsphase für das Altersvorsorgevermögen von der zentralen Stelle an den Anbieter überwiesen werden, können vom Anbieter an den Anleger ausgezahlt werden. ⁵Besteht kein Zulageanspruch, so teilt die zentrale Stelle dies dem Anbieter durch Datensatz mit. ⁶Die zentrale Stelle teilt dem Anbieter die Altersvorsorgebeiträge im Sinne des § 82, auf die § 10a oder dieser Abschnitt angewendet wurde, durch Datensatz mit.

(3) ¹Erkennt die zentrale Stelle nachträglich, dass der Zulageanspruch ganz oder teilweise nicht besteht oder weggefallen ist, so hat sie zu Unrecht gutgeschriebene oder ausgezahlte Zulagen zurückzufordern und dies dem Anbieter durch Datensatz mitzuteilen. ²Bei bestehendem Vertragsverhältnis hat der Anbieter das Konto zu belasten. ³Die ihm im Kalendervierteljahr mitgeteilten Rückforderungsbeträge hat er bis zum zehnten Tag des dem Kalendervierteljahr folgenden Monats in einem Betrag bei der zentralen Stelle anzumelden und an diese abzuführen. ⁴Die Anmeldung nach Satz 3 ist nach amtlich vorgeschriebenem Vordruck abzugeben. ⁵Sie gilt als Steueranmeldung im Sinne der Abgabenordnung.

---

1) **Anm. d. Red.:** § 90 Abs. 4 i. d. F. des Gesetzes v. 24. 6. 2013 (BGBl I S. 1667) mit Wirkung v. 1. 7. 2013.

(4) ¹Eine Festsetzung der Zulage erfolgt nur auf besonderen Antrag des Zulageberechtigten. ²Der Antrag ist schriftlich innerhalb eines Jahres vom Antragsteller an den Anbieter zu richten; die Frist beginnt mit der Erteilung der Bescheinigung nach § 92, die die Ermittlungsergebnisse für das Beitragsjahr enthält, für das eine Festsetzung der Zulage erfolgen soll. ³Der Anbieter leitet den Antrag der zentralen Stelle zur Festsetzung zu. ⁴Er hat dem Antrag eine Stellungnahme und die zur Festsetzung erforderlichen Unterlagen beizufügen. ⁵Die zentrale Stelle teilt die Festsetzung auch dem Anbieter mit. ⁶Im Übrigen gilt Absatz 3 entsprechend.

## § 91 Datenerhebung und Datenabgleich[1)]

(1) ¹Für die Berechnung und Überprüfung der Zulage sowie die Überprüfung des Vorliegens der Voraussetzungen des Sonderausgabenabzugs nach § 10a übermitteln die Träger der gesetzlichen Rentenversicherung, die landwirtschaftliche Alterskasse, die Bundesagentur für Arbeit, die Meldebehörden, die Familienkassen und die Finanzämter der zentralen Stelle auf Anforderung die bei ihnen vorhandenen Daten nach § 89 Absatz 2 durch Datenfernübertragung; für Zwecke der Berechnung des Mindesteigenbeitrags für ein Beitragsjahr darf die zentrale Stelle bei den Trägern der gesetzlichen Rentenversicherung und der landwirtschaftlichen Alterskasse die bei ihnen vorhandenen Daten zu den beitragspflichtigen Einnahmen sowie in den Fällen des § 10a Absatz 1 Satz 4 zur Höhe der bezogenen Rente wegen voller Erwerbsminderung oder Erwerbsunfähigkeit erheben, sofern diese nicht vom Anbieter nach § 89 übermittelt worden sind. ²Für Zwecke der Überprüfung nach Satz 1 darf die zentrale Stelle die ihr übermittelten Daten mit den ihr nach § 89 Absatz 2 übermittelten Daten automatisiert abgleichen. ³Führt die Überprüfung zu einer Änderung der ermittelten oder festgesetzten Zulage, ist dies dem Anbieter mitzuteilen. ⁴Ergibt die Überprüfung eine Abweichung von dem in der Steuerfestsetzung berücksichtigten Sonderausgabenabzug nach § 10a oder der gesonderten Feststellung nach § 10a Absatz 4, ist dies dem Finanzamt mitzuteilen; die Steuerfestsetzung oder die gesonderte Feststellung ist insoweit zu ändern.

(2) ¹Die zuständige Stelle hat der zentralen Stelle die Daten nach § 10a Absatz 1 Satz 1 zweiter Halbsatz bis zum 31. März des dem Beitragsjahr folgenden Kalenderjahres durch Datenfernübertragung zu übermitteln. ²Liegt die Einwilligung nach § 10a Absatz 1 Satz 1 zweiter Halbsatz erst nach dem in Satz 1 genannten Meldetermin vor, hat die zuständige Stelle die Daten spätestens bis zum Ende des folgenden Kalendervierteljahres nach Erteilung der Einwilligung nach Maßgabe von Satz 1 zu übermitteln.

## § 92 Bescheinigung[2)]

¹Der Anbieter hat dem Zulageberechtigten jährlich eine Bescheinigung nach amtlich vorgeschriebenem Muster zu erteilen über

1. die Höhe der im abgelaufenen Beitragsjahr geleisteten Altersvorsorgebeiträge (Beiträge und Tilgungsleistungen),
2. die im abgelaufenen Beitragsjahr getroffenen, aufgehobenen oder geänderten Ermittlungsergebnisse (§ 90),
3. die Summe der bis zum Ende des abgelaufenen Beitragsjahres dem Vertrag gutgeschriebenen Zulagen,
4. die Summe der bis zum Ende des abgelaufenen Beitragsjahres geleisteten Altersvorsorgebeiträge (Beiträge und Tilgungsleistungen),
5. den Stand des Altersvorsorgevermögens,
6. den Stand des Wohnförderkontos (§ 92a Absatz 2 Satz 1), sofern er diesen von der zentralen Stelle mitgeteilt bekommen hat, und

---

1) **Anm. d. Red.:** § 91 Abs. 1 i. d. F. des Gesetzes v. 12. 4. 2012 (BGBl I S. 579) mit Wirkung v. 1. 1. 2013.
2) **Anm. d. Red.:** § 92 i. d. F. des Gesetzes v. 25. 7. 2014 (BGBl I S. 1266) mit Wirkung v. 31. 7. 2014.

7. die Bestätigung der durch den Anbieter erfolgten Datenübermittlung an die zentrale Stelle im Fall des § 10a Absatz 5 Satz 1.

²Einer jährlichen Bescheinigung bedarf es nicht, wenn zu Satz 1 Nummer 1, 2, 6 und 7 keine Angaben erforderlich sind und sich zu Satz 1 Nummer 3 bis 5 keine Änderungen gegenüber der zuletzt erteilten Bescheinigung ergeben. ³Liegen die Voraussetzungen des Satzes 2 nur hinsichtlich der Angabe nach Satz 1 Nummer 6 nicht vor und wurde die Geschäftsbeziehung im Hinblick auf den jeweiligen Altersvorsorgevertrag zwischen Zulageberechtigtem und Anbieter beendet, weil

1. das angesparte Kapital vollständig aus dem Altersvorsorgevertrag entnommen wurde oder
2. das gewährte Darlehen vollständig getilgt wurde,

bedarf es keiner jährlichen Bescheinigung, wenn der Anbieter dem Zulageberechtigten in einer Bescheinigung im Sinne dieser Vorschrift Folgendes mitteilt: „Das Wohnförderkonto erhöht sich bis zum Beginn der Auszahlungsphase jährlich um 2 Prozent, solange Sie keine Zahlungen zur Minderung des Wohnförderkontos leisten." ⁴Der Anbieter kann dem Zulageberechtigten mit dessen Einverständnis die Bescheinigung auch elektronisch bereitstellen.

### § 92a Verwendung für eine selbst genutzte Wohnung[1]

(1) ¹Der Zulageberechtigte kann das in einem Altersvorsorgevertrag gebildete und nach § 10a oder nach diesem Abschnitt geförderte Kapital in vollem Umfang oder, wenn das verbleibende geförderte Restkapital mindestens 3 000 Euro beträgt, teilweise wie folgt verwenden (Altersvorsorge-Eigenheimbetrag):

1. bis zum Beginn der Auszahlungsphase unmittelbar für die Anschaffung oder Herstellung einer Wohnung oder zur Tilgung eines zu diesem Zweck aufgenommenen Darlehens, wenn das dafür entnommene Kapital mindestens 3 000 Euro beträgt, oder
2. bis zum Beginn der Auszahlungsphase unmittelbar für den Erwerb von Pflicht-Geschäftsanteilen an einer eingetragenen Genossenschaft für die Selbstnutzung einer Genossenschaftswohnung oder zur Tilgung eines zu diesem Zweck aufgenommenen Darlehens, wenn das dafür entnommene Kapital mindestens 3 000 Euro beträgt, oder
3. bis zum Beginn der Auszahlungsphase unmittelbar für die Finanzierung eines Umbaus einer Wohnung, wenn

    a) das dafür entnommene Kapital

      aa) mindestens 6 000 Euro beträgt und für einen innerhalb eines Zeitraums von drei Jahren nach der Anschaffung oder Herstellung der Wohnung vorgenommenen Umbau verwendet wird oder

      bb) mindestens 20 000 Euro beträgt,

    b) das dafür entnommene Kapital zu mindestens 50 Prozent auf Maßnahmen entfällt, die die Vorgaben der DIN 18040 Teil 2, Ausgabe September 2011, soweit baustrukturell möglich, erfüllen, und der verbleibende Teil der Kosten der Reduzierung von Barrieren in oder an der Wohnung dient; die zweckgerechte Verwendung ist durch einen Sachverständigen zu bestätigen; und

    c) der Zulageberechtigte oder ein Mitnutzer der Wohnung für die Umbaukosten weder eine Förderung durch Zuschüsse noch eine Steuerermäßigung nach § 35a in Anspruch nimmt oder nehmen wird noch eine Berücksichtigung als außergewöhnliche Belastung nach § 33 beantragt hat oder beantragen wird und dies schriftlich bestätigt. ²Diese Bestätigung ist bei der Antragstellung nach § 92b Absatz 1 Satz 1 gegenüber der zentralen Stelle abzugeben. ³Bei der Inanspruchnahme eines Darlehens im Rahmen eines Alters-

---

1) **Anm. d. Red.:** § 92a Abs. 1 i. d. F. der VO v. 31. 8. 2015 (BGBl I S. 1474) mit Wirkung v. 8. 9. 2015; Abs. 2 und 2a i. d. F. des Gesetzes v. 24. 6. 2013 (BGBl I S. 1667) mit Wirkung v. 1. 7. 2013; Abs. 3 und 4 i. d. F. des Gesetzes v. 25. 7. 2014 (BGBl I S. 1266) mit Wirkung v. 31. 7. 2014.

vorsorgevertrags nach § 1 Absatz 1a des Altersvorsorgeverträge-Zertifizierungsgesetzes hat der Zulageberechtigte die Bestätigung gegenüber seinem Anbieter abzugeben. ²Die DIN 18040 ist im Beuth-Verlag GmbH, Berlin und Köln, erschienen und beim Deutschen Patent- und Markenamt in München archivmäßig gesichert niedergelegt. ³Die technischen Mindestanforderungen für die Reduzierung von Barrieren in oder an der Wohnung nach Satz 1 Nummer 3 Buchstabe b werden durch das Bundesministerium für Umwelt, Naturschutz, Bau und Reaktorsicherheit im Einvernehmen mit dem Bundesministerium der Finanzen festgelegt und im Bundesbaublatt veröffentlicht. ⁴Sachverständige im Sinne dieser Vorschrift sind nach Landesrecht Bauvorlageberechtigte sowie nach § 91 Absatz 1 Nummer 8 der Handwerksordnung öffentlich bestellte und vereidigte Sachverständige, die für ein Sachgebiet bestellt sind, das die Barrierefreiheit und Barrierereduzierung in Wohngebäuden umfasst, und die eine besondere Sachkunde oder ergänzende Fortbildung auf diesem Gebiet nachweisen. ⁵Eine nach Satz 1 begünstigte Wohnung ist

1. eine Wohnung in einem eigenen Haus oder
2. eine eigene Eigentumswohnung oder
3. eine Genossenschaftswohnung einer eingetragenen Genossenschaft,

wenn diese Wohnung in einem Mitgliedstaat der Europäischen Union oder in einem Staat, auf den das Abkommen über den Europäischen Wirtschaftsraum (EWR-Abkommen) anwendbar ist, belegen ist und die Hauptwohnung oder den Mittelpunkt der Lebensinteressen des Zulageberechtigten darstellt. ⁶Einer Wohnung im Sinne des Satzes 5 steht ein eigentumsähnliches oder lebenslanges Dauerwohnrecht nach § 33 des Wohnungseigentumsgesetzes gleich, soweit Vereinbarungen nach § 39 des Wohnungseigentumsgesetzes getroffen werden. ⁷Bei der Ermittlung des Restkapitals nach Satz 1 ist auf den Stand des geförderten Altersvorsorgevermögens zum Ablauf des Tages abzustellen, an dem die zentrale Stelle den Bescheid nach § 92b ausgestellt hat. ⁸Der Altersvorsorge-Eigenheimbetrag gilt nicht als Leistung aus einem Altersvorsorgevertrag, die dem Zulageberechtigten im Zeitpunkt der Auszahlung zufließt.

(2) ¹Der Altersvorsorge-Eigenheimbetrag, die Tilgungsleistungen im Sinne des § 82 Absatz 1 Satz 1 Nummer 2 und die hierfür gewährten Zulagen sind durch die zentrale Stelle in Bezug auf den zugrunde liegenden Altersvorsorgevertrag gesondert zu erfassen (Wohnförderkonto); die zentrale Stelle teilt für jeden Altersvorsorgevertrag, für den sie ein Wohnförderkonto (Altersvorsorgevertrag mit Wohnförderkonto) führt, dem Anbieter jährlich den Stand des Wohnförderkontos nach amtlich vorgeschriebenem Datensatz durch Datenfernübertragung mit. ²Beiträge, die nach § 82 Absatz 1 Satz 3 wie Tilgungsleistungen behandelt wurden, sind im Zeitpunkt der unmittelbaren Darlehenstilgung einschließlich der zur Tilgung eingesetzten Zulagen und Erträge in das Wohnförderkonto aufzunehmen; zur Tilgung eingesetzte ungeförderte Beiträge einschließlich der darauf entfallenden Erträge fließen dem Zulageberechtigten in diesem Zeitpunkt zu. ³Nach Ablauf eines Beitragsjahres, letztmals für das Beitragsjahr des Beginns der Auszahlungsphase, ist der sich aus dem Wohnförderkonto ergebende Gesamtbetrag um 2 Prozent zu erhöhen. ⁴Das Wohnförderkonto ist zu vermindern um

1. Zahlungen des Zulageberechtigten auf einen auf seinen Namen lautenden zertifizierten Altersvorsorgevertrag nach § 1 Absatz 1 des Altersvorsorgeverträge-Zertifizierungsgesetzes bis zum Beginn der Auszahlungsphase zur Minderung der in das Wohnförderkonto eingestellten Beträge; der Anbieter, bei dem die Einzahlung erfolgt, hat die Einzahlung der zentralen Stelle nach amtlich vorgeschriebenem Datensatz durch Datenfernübertragung mitzuteilen; erfolgt die Einzahlung nicht auf den Altersvorsorgevertrag mit Wohnförderkonto, hat der Zulageberechtigte dem Anbieter, bei dem die Einzahlung erfolgt, die Vertragsdaten des Altersvorsorgevertrags mit Wohnförderkonto mitzuteilen; diese hat der Anbieter der zentralen Stelle zusätzlich mitzuteilen;
2. den Verminderungsbetrag nach Satz 5.

⁵Verminderungsbetrag ist der sich mit Ablauf des Kalenderjahres des Beginns der Auszahlungsphase ergebende Stand des Wohnförderkontos dividiert durch die Anzahl der Jahre bis zur Vollendung des 85. Lebensjahres des Zulageberechtigten; als Beginn der Auszahlungsphase gilt der

## § 92a      VII. Einkommensteuergesetz

vom Zulageberechtigten und Anbieter vereinbarte Zeitpunkt, der zwischen der Vollendung des 60. Lebensjahres und des 68. Lebensjahres des Zulageberechtigten liegen muss; ist ein Auszahlungszeitpunkt nicht vereinbart, so gilt die Vollendung des 67. Lebensjahres als Beginn der Auszahlungsphase. [6]Anstelle einer Verminderung nach Satz 5 kann der Zulageberechtigte jederzeit in der Auszahlungsphase von der zentralen Stelle die Auflösung des Wohnförderkontos verlangen (Auflösungsbetrag). [7]Der Anbieter hat im Zeitpunkt der unmittelbaren Darlehenstilgung die Beträge nach Satz 2 erster Halbsatz und der Anbieter eines Altersvorsorgevertrags mit Wohnförderkonto hat zu Beginn der Auszahlungsphase den Zeitpunkt des Beginns der Auszahlungsphase der zentralen Stelle nach amtlich vorgeschriebenem Datensatz durch Datenfernübertragung mitzuteilen. [8]Wird gefördertes Altersvorsorgevermögen nach § 93 Absatz 2 Satz 1 von einem Anbieter auf einen anderen auf den Namen des Zulageberechtigten lautenden Altersvorsorgevertrag vollständig übertragen und hat die zentrale Stelle für den bisherigen Altersvorsorgevertrag ein Wohnförderkonto geführt, so schließt sie das Wohnförderkonto des bisherigen Vertrags und führt es zu dem neuen Altersvorsorgevertrag fort. [9]Erfolgt eine Zahlung nach Satz 4 Nummer 1 oder nach Absatz 3 Satz 9 Nummer 2 auf einen anderen Altersvorsorgevertrag als auf den Altersvorsorgevertrag mit Wohnförderkonto, schließt die zentrale Stelle das Wohnförderkonto des bisherigen Vertrags und führt es ab dem Zeitpunkt der Einzahlung für den Altersvorsorgevertrag fort, auf den die Einzahlung erfolgt ist. [10]Die zentrale Stelle teilt die Schließung des Wohnförderkontos dem Anbieter des bisherigen Altersvorsorgevertrags mit Wohnförderkonto mit.

(2a) [1]Geht im Rahmen der Regelung von Scheidungsfolgen der Eigentumsanteil des Zulageberechtigten an der Wohnung im Sinne des Absatzes 1 Satz 5 ganz oder teilweise auf den anderen Ehegatten über, geht das Wohnförderkonto in Höhe des Anteils, der dem Verhältnis des übergegangenen Eigentumsanteils zum verbleibenden Eigentumsanteil entspricht, mit allen Rechten und Pflichten auf den anderen Ehegatten über; dabei ist auf das Lebensalter des anderen Ehegatten abzustellen. [2]Hat der andere Ehegatte das Lebensalter für den vertraglich vereinbarten Beginn der Auszahlungsphase oder, soweit kein Beginn der Auszahlungsphase vereinbart wurde, das 67. Lebensjahr im Zeitpunkt des Übergangs des Wohnförderkontos bereits überschritten, so gilt als Beginn der Auszahlungsphase der Zeitpunkt des Übergangs des Wohnförderkontos. [3]Der Zulageberechtigte hat den Übergang des Eigentumsanteils der zentralen Stelle nachzuweisen. [4]Dazu hat er die für die Anlage eines Wohnförderkontos erforderlichen Daten des anderen Ehegatten mitzuteilen. [5]Die Sätze 1 bis 4 gelten entsprechend für Ehegatten, die im Zeitpunkt des Todes des Zulageberechtigten

1. nicht dauernd getrennt gelebt haben (§ 26 Absatz 1) und
2. ihren Wohnsitz oder gewöhnlichen Aufenthalt in einem Mitgliedstaat der Europäischen Union oder einem Staat hatten, auf den das Abkommen über den Europäischen Wirtschaftsraum anwendbar ist.

(3) [1]Nutzt der Zulageberechtigte die Wohnung im Sinne des Absatzes 1 Satz 5, für die ein Altersvorsorge-Eigenheimbetrag verwendet oder für die eine Tilgungsförderung im Sinne des § 82 Absatz 1 in Anspruch genommen worden ist, nicht nur vorübergehend nicht mehr zu eigenen Wohnzwecken, hat er dies dem Anbieter, in der Auszahlungsphase der zentralen Stelle, unter Angabe des Zeitpunkts der Aufgabe der Selbstnutzung mitzuteilen. [2]Eine Aufgabe der Selbstnutzung liegt auch vor, soweit der Zulageberechtigte das Eigentum an der Wohnung aufgibt. [3]Die Mitteilungspflicht gilt entsprechend für den Rechtsnachfolger der begünstigten Wohnung, wenn der Zulageberechtigte stirbt. [4]Die Anzeigepflicht entfällt, wenn das Wohnförderkonto vollständig zurückgeführt worden ist, es sei denn, es liegt ein Fall des § 22 Nummer 5 Satz 6 vor. [5]Im Fall des Satzes 1 gelten die im Wohnförderkonto erfassten Beträge als Leistungen aus einem Altersvorsorgevertrag, die dem Zulageberechtigten nach letztmaliger Erhöhung des Wohnförderkontos nach Absatz 2 Satz 3 zum Ende des Veranlagungszeitraums, in dem die Selbstnutzung aufgegeben wurde, zufließen; das Wohnförderkonto ist aufzulösen (Auflösungsbetrag). [6]Verstirbt der Zulageberechtigte, ist der Auflösungsbetrag ihm noch zuzurechnen. [7]Der Anbieter hat der zentralen Stelle den Zeitpunkt der Aufgabe nach amtlich vorgeschriebenem Datensatz durch Datenfernübertragung mitzuteilen. [8]Wurde im Fall des Satzes 1 eine Tilgungsförderung

nach § 82 Absatz 1 Satz 3 in Anspruch genommen und erfolgte keine Einstellung in das Wohnförderkonto nach Absatz 2 Satz 2, sind die Beiträge, die nach § 82 Absatz 1 Satz 3 wie Tilgungsleistungen behandelt wurden, sowie die darauf entfallenden Zulagen und Erträge in ein Wohnförderkonto aufzunehmen und anschließend die weiteren Regelungen dieses Absatzes anzuwenden; Absatz 2 Satz 2 zweiter Halbsatz und Satz 7 gilt entsprechend. [9]Die Sätze 5 bis 7 sowie § 20 sind nicht anzuwenden, wenn

1. der Zulageberechtigte einen Betrag in Höhe des noch nicht zurückgeführten Betrags im Wohnförderkonto innerhalb von zwei Jahren vor dem Veranlagungszeitraum und von fünf Jahren nach Ablauf des Veranlagungszeitraums, in dem er die Wohnung letztmals zu eigenen Wohnzwecken genutzt hat, für eine weitere Wohnung im Sinne des Absatzes 1 Satz 5 verwendet,
2. der Zulageberechtigte einen Betrag in Höhe des noch nicht zurückgeführten Betrags im Wohnförderkonto innerhalb eines Jahres nach Ablauf des Veranlagungszeitraums, in dem er die Wohnung letztmals zu eigenen Wohnzwecken genutzt hat, auf einen auf seinen Namen lautenden zertifizierten Altersvorsorgevertrag zahlt; Absatz 2 Satz 4 Nummer 1 ist entsprechend anzuwenden,
3. die Ehewohnung auf Grund einer richterlichen Entscheidung nach § 1361b des Bürgerlichen Gesetzbuchs oder nach der Verordnung über die Behandlung der Ehewohnung und des Hausrats dem anderen Ehegatten zugewiesen wird oder
4. der Zulageberechtigte krankheits- oder pflegebedingt die Wohnung nicht mehr bewohnt, sofern er Eigentümer dieser Wohnung bleibt, sie ihm weiterhin zur Selbstnutzung zur Verfügung steht und sie nicht von Dritten, mit Ausnahme seines Ehegatten, genutzt wird.

[10]Der Zulageberechtigte hat dem Anbieter, in der Auszahlungsphase der zentralen Stelle, die Reinvestitionsabsicht und den Zeitpunkt der Reinvestition im Rahmen der Mitteilung nach Satz 1 oder die Aufgabe der Reinvestitionsabsicht mitzuteilen; in den Fällen des Absatzes 2a und des Satzes 9 Nummer 3 gelten die Sätze 1 bis 9 entsprechend für den anderen, geschiedenen oder überlebenden Ehegatten, wenn er die Wohnung nicht nur vorübergehend nicht mehr zu eigenen Wohnzwecken nutzt. [11]Satz 5 ist mit der Maßgabe anzuwenden, dass der Eingang der Mitteilung der aufgegebenen Reinvestitionsabsicht, spätestens jedoch der 1. Januar

1. des sechsten Jahres nach dem Jahr der Aufgabe der Selbstnutzung bei einer Reinvestitionsabsicht nach Satz 9 Nummer 1 oder
2. des zweiten Jahres nach dem Jahr der Aufgabe der Selbstnutzung bei einer Reinvestitionsabsicht nach Satz 9 Nummer 2

als Zeitpunkt der Aufgabe gilt.

(4) [1]Absatz 3 sowie § 20 sind auf Antrag des Steuerpflichtigen nicht anzuwenden, wenn er

1. die Wohnung im Sinne des Absatzes 1 Satz 5 auf Grund eines beruflich bedingten Umzugs für die Dauer der beruflich bedingten Abwesenheit nicht selbst nutzt; wird während dieser Zeit mit einer anderen Person ein Nutzungsrecht für diese Wohnung vereinbart, ist diese Vereinbarung von vorneherein entsprechend zu befristen,
2. beabsichtigt, die Selbstnutzung wieder aufzunehmen und
3. die Selbstnutzung spätestens mit der Vollendung seines 67. Lebensjahres aufnimmt.

[2]Der Steuerpflichtige hat den Antrag bei der zentralen Stelle zu stellen und dabei die notwendigen Nachweise zu erbringen. [3]Die zentrale Stelle erteilt dem Steuerpflichtigen einen Bescheid über die Bewilligung des Antrags und informiert den Anbieter des Altersvorsorgevertrags mit Wohnförderkonto des Zulageberechtigten über die Bewilligung, eine Wiederaufnahme der Selbstnutzung nach einem beruflich bedingten Umzug und den Wegfall der Voraussetzungen nach diesem Absatz; die Information hat nach amtlich vorgeschriebenem Datensatz durch Datenfernübertragung zu erfolgen. [4]Entfällt eine der in Satz 1 genannten Voraussetzungen, ist Absatz 3 mit der Maßgabe anzuwenden, dass bei einem Wegfall der Voraussetzung nach Satz 1 Nummer 1 als Zeitpunkt der Aufgabe der Zeitpunkt des Wegfalls der Voraussetzung und bei einem Wegfall der Voraussetzung nach Satz 1 Nummer 2 oder Nummer 3 der Eingang der Mittei-

lung des Steuerpflichtigen nach Absatz 3 als Zeitpunkt der Aufgabe gilt, spätestens jedoch die Vollendung des 67. Lebensjahres des Steuerpflichtigen.

### § 92b Verfahren bei Verwendung für eine selbst genutzte Wohnung[1)]

(1) [1]Der Zulageberechtigte hat die Verwendung des Kapitals nach § 92a Absatz 1 Satz 1 spätestens zehn Monate vor dem Beginn der Auszahlungsphase des Altersvorsorgevertrags im Sinne des § 1 Absatz 1 Nummer 2 des Altersvorsorgeverträge-Zertifizierungsgesetzes bei der zentralen Stelle zu beantragen und dabei die notwendigen Nachweise zu erbringen. [2]Er hat zu bestimmen, aus welchen Altersvorsorgeverträgen der Altersvorsorge-Eigenheimbetrag ausgezahlt werden soll. [3]Die zentrale Stelle teilt dem Zulageberechtigten durch Bescheid und den Anbietern der in Satz 2 genannten Altersvorsorgeverträge nach amtlich vorgeschriebenem Datensatz durch Datenfernübertragung mit, bis zu welcher Höhe eine wohnungswirtschaftliche Verwendung im Sinne des § 92a Absatz 1 Satz 1 vorliegen kann.

(2) [1]Die Anbieter der in Absatz 1 Satz 2 genannten Altersvorsorgeverträge dürfen den Altersvorsorge-Eigenheimbetrag auszahlen, sobald sie die Mitteilung nach Absatz 1 Satz 3 erhalten haben. [2]Sie haben der zentralen Stelle nach amtlich vorgeschriebenem Datensatz durch Datenfernübertragung Folgendes anzuzeigen:

1. den Auszahlungszeitpunkt und den Auszahlungsbetrag,
2. die Summe der bis zum Auszahlungszeitpunkt dem Altersvorsorgevertrag gutgeschriebenen Zulagen,
3. die Summe der bis zum Auszahlungszeitpunkt geleisteten Altersvorsorgebeiträge und
4. den Stand des geförderten Altersvorsorgevermögens im Zeitpunkt der Auszahlung.

(3) [1]Die zentrale Stelle stellt zu Beginn der Auszahlungsphase und in den Fällen des § 92a Absatz 2a und 3 Satz 5 den Stand des Wohnförderkontos, soweit für die Besteuerung erforderlich, den Verminderungsbetrag und den Auflösungsbetrag von Amts wegen gesondert fest. [2]Die zentrale Stelle teilt die Feststellung dem Zulageberechtigten, in den Fällen des § 92a Absatz 2a Satz 1 auch dem anderen Ehegatten, durch Bescheid und dem Anbieter nach amtlich vorgeschriebenem Datensatz durch Datenfernübertragung mit. [3]Der Anbieter hat auf Anforderung der zentralen Stelle die zur Feststellung erforderlichen Unterlagen vorzulegen. [4]Auf Antrag des Zulageberechtigten stellt die zentrale Stelle den Stand des Wohnförderkontos gesondert fest. [5]§ 90 Absatz 4 Satz 2 bis 5 gilt entsprechend.

### § 93 Schädliche Verwendung[2)]

(1) [1]Wird gefördertes Altersvorsorgevermögen nicht unter den in § 1 Absatz 1 Satz 1 Nummer 4 und 10 Buchstabe c des Altersvorsorgeverträge-Zertifizierungsgesetzes oder § 1 Absatz 1 Satz 1 Nummer 4, 5 und 10 Buchstabe c des Altersvorsorgeverträge-Zertifizierungsgesetzes in der bis zum 31. Dezember 2004 geltenden Fassung genannten Voraussetzungen an den Zulageberechtigten ausgezahlt (schädliche Verwendung), sind die auf das ausgezahlte geförderte Altersvorsorgevermögen entfallenden Zulagen und die nach § 10a Absatz 4 gesondert festgestellten Beträge (Rückzahlungsbetrag) zurückzuzahlen. [2]Dies gilt auch bei einer Auszahlung nach Beginn der Auszahlungsphase (§ 1 Absatz 1 Satz 1 Nummer 2 des Altersvorsorgeverträge-Zertifizierungsgesetzes) und bei Auszahlungen im Fall des Todes des Zulageberechtigten. [3]Hat der Zulageberechtigte Zahlungen im Sinne des § 92a Absatz 2 Satz 4 Nummer 1 oder § 92a Absatz 3 Satz 9 Nummer 2 geleistet, dann handelt es sich bei dem hierauf beruhenden Altersvorsorgevermögen um gefördertes Altersvorsorgevermögen im Sinne des Satzes 1; der Rückzahlungsbetrag bestimmt sich insoweit nach der für die in das Wohnförderkonto eingestellten Beträge gewähr-

---

1) **Anm. d. Red.:** § 92b Abs. 1 und 3 i. d. F. des Gesetzes v. 24. 6. 2013 (BGBl I S. 1667) mit Wirkung v. 1. 7. 2013.

2) **Anm. d. Red.:** § 93 Abs. 1 i. d. F. des Gesetzes v. 8. 4. 2010 (BGBl I S. 386) mit Wirkung v. 15. 4. 2010; Abs. 1a i. d. F. des Gesetzes v. 18. 7. 2014 (BGBl I S. 1042) mit Wirkung v. 24. 7. 2014; Abs. 4 i. d. F. des Gesetzes v. 24. 6. 2013 (BGBl I S. 1667) mit Wirkung v. 1. 7. 2013.

## VII. Einkommensteuergesetz § 93

ten Förderung. ⁴Eine Rückzahlungsverpflichtung besteht nicht für den Teil der Zulagen und der Steuerermäßigung,

a) der auf nach § 1 Absatz 1 Satz 1 Nummer 2 des Altersvorsorgeverträge-Zertifizierungsgesetzes angespartes gefördertes Altersvorsorgevermögen entfällt, wenn es in Form einer Hinterbliebenenrente an die dort genannten Hinterbliebenen ausgezahlt wird; dies gilt auch für Leistungen im Sinne des § 82 Absatz 3 an Hinterbliebene des Steuerpflichtigen;

b) der den Beitragsanteilen zuzuordnen ist, die für die zusätzliche Absicherung der verminderten Erwerbsfähigkeit und eine zusätzliche Hinterbliebenenabsicherung ohne Kapitalbildung verwendet worden sind;

c) der auf gefördertes Altersvorsorgevermögen entfällt, das im Fall des Todes des Zulageberechtigten auf einen auf den Namen des Ehegatten lautenden Altersvorsorgevertrag übertragen wird, wenn die Ehegatten im Zeitpunkt des Todes des Zulageberechtigten nicht dauernd getrennt gelebt haben (§ 26 Absatz 1) und ihren Wohnsitz oder gewöhnlichen Aufenthalt in einem Mitgliedstaat der Europäischen Union oder einem Staat hatten, auf den das Abkommen über den Europäischen Wirtschaftsraum (EWR-Abkommen) anwendbar ist;

d) der auf den Altersvorsorge-Eigenheimbetrag entfällt.

(1a) ¹Eine schädliche Verwendung liegt nicht vor, wenn gefördertes Altersvorsorgevermögen auf Grund einer internen Teilung nach § 10 des Versorgungsausgleichsgesetzes oder auf Grund einer externen Teilung nach § 14 des Versorgungsausgleichsgesetzes auf einen zertifizierten Altersvorsorgevertrag oder eine nach § 82 Absatz 2 begünstigte betriebliche Altersversorgung übertragen wird; die auf das übertragene Anrecht entfallende steuerliche Förderung geht mit allen Rechten und Pflichten auf die ausgleichsberechtigte Person über. ²Eine schädliche Verwendung liegt ebenfalls nicht vor, wenn gefördertes Altersvorsorgevermögen auf Grund einer externen Teilung nach § 14 des Versorgungsausgleichsgesetzes auf die Versorgungsausgleichskasse oder die gesetzliche Rentenversicherung übertragen wird; die Rechte und Pflichten der ausgleichspflichtigen Person aus der steuerlichen Förderung des übertragenen Anteils entfallen. ³In den Fällen der Sätze 1 und 2 teilt die zentrale Stelle der ausgleichspflichtigen Person die Höhe der auf die Ehezeit im Sinne des § 3 Absatz 1 des Versorgungsausgleichsgesetzes oder die Lebenspartnerschaftszeit im Sinne des § 20 Absatz 2 des Lebenspartnerschaftsgesetzes entfallenden gesondert festgestellten Beträge nach § 10a Absatz 4 und die ermittelten Zulagen mit. ⁴Die entsprechenden Beträge sind monatsweise zuzuordnen. ⁵Die zentrale Stelle teilt die geänderte Zuordnung der gesondert festgestellten Beträge nach § 10a Absatz 4 sowie der ermittelten Zulagen der ausgleichspflichtigen und in den Fällen des Satzes 1 auch der ausgleichsberechtigten Person durch Feststellungsbescheid mit. ⁶Nach Eintritt der Unanfechtbarkeit dieses Feststellungsbescheids informiert die zentrale Stelle den Anbieter durch einen Datensatz über die geänderte Zuordnung.

(2) ¹Die Übertragung von gefördertem Altersvorsorgevermögen auf einen anderen auf den Namen des Zulageberechtigten lautenden Altersvorsorgevertrag (§ 1 Absatz 1 Satz 1 Nummer 10 Buchstabe b des Altersvorsorgeverträge-Zertifizierungsgesetzes) stellt keine schädliche Verwendung dar. ²Dies gilt sinngemäß in den Fällen des § 4 Absatz 2 und 3 des Betriebsrentengesetzes, wenn das geförderte Altersvorsorgevermögen auf eine der in § 82 Absatz 2 Buchstabe a genannten Einrichtungen der betrieblichen Altersversorgung zum Aufbau einer kapitalgedeckten betrieblichen Altersversorgung übertragen und eine lebenslange Altersversorgung im Sinne des § 1 Absatz 1 Satz 1 Nummer 4 des Altersvorsorgeverträge-Zertifizierungsgesetzes oder § 1 Absatz 1 Satz 1 Nummer 4 und 5 des Altersvorsorgeverträge-Zertifizierungsgesetzes in der bis zum 31. Dezember 2004 geltenden Fassung vorgesehen wird. ³In den übrigen Fällen der Abfindung von Anwartschaften der betrieblichen Altersversorgung gilt dies, soweit das geförderte Altersvorsorgevermögen zugunsten eines auf den Namen des Zulageberechtigten lautenden Altersvorsorgevertrages geleistet wird.

(3) ¹Auszahlungen zur Abfindung einer Kleinbetragsrente zu Beginn der Auszahlungsphase gelten nicht als schädliche Verwendung. ²Eine Kleinbetragsrente ist eine Rente, die bei gleichmäßiger Verrentung des gesamten zu Beginn der Auszahlungsphase zur Verfügung stehenden

Kapitals eine monatliche Rente ergibt, die 1 Prozent der monatlichen Bezugsgröße nach § 18 des Vierten Buches Sozialgesetzbuch nicht übersteigt. ³Bei der Berechnung dieses Betrags sind alle bei einem Anbieter bestehenden Verträge des Zulageberechtigten insgesamt zu berücksichtigen, auf die nach diesem Abschnitt geförderte Altersvorsorgebeiträge geleistet wurden.

(4) ¹Wird bei einem einheitlichen Vertrag nach § 1 Absatz 1a Satz 1 Nummer 2 zweiter Halbsatz des Altersvorsorgeverträge-Zertifizierungsgesetzes das Darlehen nicht wohnungswirtschaftlich im Sinne des § 92a Absatz 1 Satz 1 verwendet, liegt zum Zeitpunkt der Darlehensauszahlung eine schädliche Verwendung des geförderten Altersvorsorgevermögens vor, es sei denn, das geförderte Altersvorsorgevermögen wird innerhalb eines Jahres nach Ablauf des Veranlagungszeitraums, in dem das Darlehen ausgezahlt wurde, auf einen anderen zertifizierten Altersvorsorgevertrag übertragen, der auf den Namen des Zulageberechtigten lautet. ²Der Zulageberechtigte hat dem Anbieter die Absicht zur Kapitalübertragung, den Zeitpunkt der Kapitalübertragung bis zum Zeitpunkt der Darlehensauszahlung und die Aufgabe der Absicht zur Kapitalübertragung mitzuteilen. ³Wird die Absicht zur Kapitalübertragung aufgegeben, tritt die schädliche Verwendung zu dem Zeitpunkt ein, zu dem die Mitteilung des Zulageberechtigten hierzu beim Anbieter eingeht, spätestens aber am 1. Januar des zweiten Jahres nach dem Jahr, in dem das Darlehen ausgezahlt wurde.

### § 94 Verfahren bei schädlicher Verwendung[1)]

(1) ¹In den Fällen des § 93 Absatz 1 hat der Anbieter der zentralen Stelle vor der Auszahlung des geförderten Altersvorsorgevermögens die schädliche Verwendung nach amtlich vorgeschriebenem Datensatz durch amtlich bestimmte Datenfernübertragung anzuzeigen. ²Die zentrale Stelle ermittelt den Rückzahlungsbetrag und teilt diesen dem Anbieter durch Datensatz mit. ³Der Anbieter hat den Rückzahlungsbetrag einzubehalten, mit der nächsten Anmeldung nach § 90 Absatz 3 anzumelden und an die zentrale Stelle abzuführen. ⁴Der Anbieter hat die einbehaltenen und abgeführten Beträge der zentralen Stelle nach amtlich vorgeschriebenem Datensatz durch amtlich bestimmte Datenfernübertragung mitzuteilen und diese Beträge dem Zulageberechtigten zu bescheinigen. ⁵In den Fällen des § 93 Absatz 3 gilt Satz 1 entsprechend.

(2) ¹Eine Festsetzung des Rückzahlungsbetrags erfolgt durch die zentrale Stelle auf besonderen Antrag des Zulageberechtigten oder sofern die Rückzahlung nach Absatz 1 ganz oder teilweise nicht möglich oder nicht erfolgt ist. ²§ 90 Absatz 4 Satz 2 bis 6 gilt entsprechend; § 90 Absatz 4 Satz 5 gilt nicht, wenn die Geschäftsbeziehung im Hinblick auf den jeweiligen Altersvorsorgevertrag zwischen dem Zulageberechtigten und dem Anbieter beendet wurde. ³Im Rückforderungsbescheid sind auf den Rückzahlungsbetrag die vom Anbieter bereits einbehaltenen und abgeführten Beträge nach Maßgabe der Bescheinigung nach Absatz 1 Satz 4 anzurechnen. ⁴Der Zulageberechtigte hat den verbleibenden Rückzahlungsbetrag innerhalb eines Monats nach Bekanntgabe des Rückforderungsbescheids an die zuständige Kasse zu entrichten. ⁵Die Frist für die Festsetzung des Rückzahlungsbetrags beträgt vier Jahre und beginnt mit Ablauf des Kalenderjahres, in dem die Auszahlung im Sinne des § 93 Absatz 1 erfolgt ist.

### § 95 Sonderfälle der Rückzahlung[2)]

(1) Die §§ 93 und 94 gelten entsprechend, wenn

1. sich der Wohnsitz oder gewöhnliche Aufenthalt des Zulageberechtigten außerhalb der Mitgliedstaaten der Europäischen Union und der Staaten befindet, auf die das Abkommen über den Europäischen Wirtschaftsraum (EWR-Abkommen) anwendbar ist, oder wenn der Zulageberechtigte ungeachtet eines Wohnsitzes oder gewöhnlichen Aufenthaltes in einem

---

1) **Anm. d. Red.:** § 94 Abs. 1 i. d. F. des Gesetzes v. 24. 6. 2013 (BGBl I S. 1667) mit Wirkung v. 1. 7. 2013; Abs. 2 i. d. F. des Gesetzes v. 8. 12. 2010 (BGBl I S. 1768) mit Wirkung v. 14. 12. 2010.

2) **Anm. d. Red.:** § 95 Abs. 1 und 2 i. d. F. des Gesetzes v. 24. 6. 2013 (BGBl I S. 1667) mit Wirkung v. 1. 7. 2013; Abs. 3 i. d. F. des Gesetzes v. 8. 4. 2010 (BGBl I S. 386) mit Wirkung v. 15. 4. 2010.

dieser Staaten nach einem Abkommen zur Vermeidung der Doppelbesteuerung mit einem dritten Staat als außerhalb des Hoheitsgebiets dieser Staaten ansässig gilt und

2. entweder keine Zulageberechtigung besteht oder der Vertrag in der Auszahlungsphase ist.

(2) ¹Auf Antrag des Zulageberechtigten ist der Rückzahlungsbetrag im Sinne des § 93 Absatz 1 Satz 1 zunächst bis zum Beginn der Auszahlung zu stunden. ²Die Stundung ist zu verlängern, wenn der Rückzahlungsbetrag mit mindestens 15 Prozent der Leistungen aus dem Vertrag getilgt wird. ³Die Stundung endet, wenn das geförderte Altersvorsorgevermögen nicht unter den in § 1 Absatz 1 Satz 1 Nummer 4 des Altersvorsorgeverträge-Zertifizierungsgesetzes genannten Voraussetzungen an den Zulageberechtigten ausgezahlt wird. ⁴Der Stundungsantrag ist über den Anbieter an die zentrale Stelle zu richten. ⁵Die zentrale Stelle teilt ihre Entscheidung auch dem Anbieter mit.

(3) Wurde der Rückzahlungsbetrag nach Absatz 2 gestundet und

1. verlegt der ehemals Zulageberechtigte seinen ausschließlichen Wohnsitz oder gewöhnlichen Aufenthalt in einen Mitgliedstaat der Europäischen Union oder einen Staat, auf den das Abkommen über den Europäischen Wirtschaftsraum (EWR-Abkommen) anwendbar ist, oder

2. wird der ehemals Zulageberechtigte erneut zulageberechtigt,

sind der Rückzahlungsbetrag und die bereits entstandenen Stundungszinsen von der zentralen Stelle zu erlassen.

## § 96 Anwendung der Abgabenordnung, allgemeine Vorschriften

(1) ¹Auf die Zulagen und die Rückzahlungsbeträge sind die für Steuervergütungen geltenden Vorschriften der Abgabenordnung entsprechend anzuwenden. ²Dies gilt nicht für § 163 der Abgabenordnung.

(2) ¹Der Anbieter haftet als Gesamtschuldner neben dem Zulageempfänger für die Zulagen und die nach § 10a Absatz 4 gesondert festgestellten Beträge, die wegen seiner vorsätzlichen oder grob fahrlässigen Pflichtverletzung zu Unrecht gezahlt, nicht einbehalten oder nicht zurückgezahlt worden sind. ²Für die Inanspruchnahme des Anbieters ist die zentrale Stelle zuständig.

(3) Die zentrale Stelle hat auf Anfrage des Anbieters Auskunft über die Anwendung des Abschnitts XI zu geben.

(4) ¹Die zentrale Stelle kann beim Anbieter ermitteln, ob er seine Pflichten erfüllt hat. ²Die §§ 193 bis 203 der Abgabenordnung gelten sinngemäß. ³Auf Verlangen der zentralen Stelle hat der Anbieter ihr Unterlagen, soweit sie im Ausland geführt und aufbewahrt werden, verfügbar zu machen.

(5) Der Anbieter erhält vom Bund oder den Ländern keinen Ersatz für die ihm aus diesem Verfahren entstehenden Kosten.

(6) ¹Der Anbieter darf die im Zulageverfahren bekannt gewordenen Verhältnisse der Beteiligten nur für das Verfahren verwerten. ²Er darf sie ohne Zustimmung der Beteiligten nur offenbaren, soweit dies gesetzlich zugelassen ist.

(7) ¹Für die Zulage gelten die Strafvorschriften des § 370 Absatz 1 bis 4, der §§ 371, 375 Absatz 1 und des § 376 sowie die Bußgeldvorschriften der §§ 378, 379 Absatz 1 und 4 und der §§ 383 und 384 der Abgabenordnung entsprechend. ²Für das Strafverfahren wegen einer Straftat nach Satz 1 sowie der Begünstigung einer Person, die eine solche Tat begangen hat, gelten die §§ 385 bis 408, für das Bußgeldverfahren wegen einer Ordnungswidrigkeit nach Satz 1 die §§ 409 bis 412 der Abgabenordnung entsprechend.

## § 97 Übertragbarkeit

¹Das nach § 10a oder Abschnitt XI geförderte Altersvorsorgevermögen einschließlich seiner Erträge, die geförderten laufenden Altersvorsorgebeiträge und der Anspruch auf die Zulage sind nicht übertragbar. ²§ 93 Absatz 1a und § 4 des Betriebsrentengesetzes bleiben unberührt.

## § 98 Rechtsweg

In öffentlich-rechtlichen Streitigkeiten über die auf Grund des Abschnitts XI ergehenden Verwaltungsakte ist der Finanzrechtsweg gegeben.

## § 99 Ermächtigung[1)]

(1) Das Bundesministerium der Finanzen wird ermächtigt, die Vordrucke für die Anträge nach § 89, für die Anmeldung nach § 90 Absatz 3 und für die in den §§ 92 und 94 Absatz 1 Satz 4 vorgesehenen Bescheinigungen und im Einvernehmen mit den obersten Finanzbehörden der Länder den Vordruck für die nach § 22 Nummer 5 Satz 7 vorgesehene Bescheinigung und den Inhalt und Aufbau der für die Durchführung des Zulageverfahrens zu übermittelnden Datensätze zu bestimmen.

(2) ¹Das Bundesministerium der Finanzen wird ermächtigt, im Einvernehmen mit dem Bundesministerium für Arbeit und Soziales und dem Bundesministerium des Innern durch Rechtsverordnung mit Zustimmung des Bundesrates Vorschriften zur Durchführung dieses Gesetzes über das Verfahren für die Ermittlung, Festsetzung, Auszahlung, Rückzahlung und Rückforderung der Zulage sowie die Rückzahlung und Rückforderung der nach § 10a Absatz 4 festgestellten Beträge zu erlassen. ²Hierzu gehören insbesondere

1. Vorschriften über Aufzeichnungs-, Aufbewahrungs-, Bescheinigungs- und Anzeigepflichten des Anbieters,
2. Grundsätze des vorgesehenen Datenaustausches zwischen den Anbietern, der zentralen Stelle, den Trägern der gesetzlichen Rentenversicherung, der Bundesagentur für Arbeit, den Meldebehörden, den Familienkassen, den zuständigen Stellen und den Finanzämtern und
3. Vorschriften über Mitteilungspflichten, die für die Erteilung der Bescheinigungen nach § 22 Nummer 5 Satz 7 und § 92 erforderlich sind.

## Anlage 1 (zu § 4d Absatz 1)

**Tabelle für die Errechnung des Deckungskapitals für lebenslänglich laufende Leistungen von Unterstützungskassen**

| Erreichtes Alter des Leistungsempfängers (Jahre) | | Die Jahresbeiträge der laufenden Leistungen sind zu vervielfachen bei Leistungen | |
|---|---|---|---|
| | | an männliche Leistungsempfänger mit | an weibliche Leistungsempfänger mit |
| 1 | | 2 | 3 |
| bis | 26 | 11 | 17 |
| 27 bis | 29 | 12 | 17 |
| 30 | | 13 | 17 |
| 31 bis | 35 | 13 | 16 |
| 36 bis | 39 | 14 | 16 |

---

1) **Anm. d. Red.:** § 99 Abs. 1 i. d. F. des Gesetzes v. 8. 12. 2010 (BGBl I S. 1768) mit Wirkung v. 14. 12. 2010.

VII. Einkommensteuergesetz **Anlage 1a**

| Erreichtes Alter des Leistungs-empfängers (Jahre) | Die Jahresbeiträge der laufenden Leistungen sind zu vervielfachen bei Leistungen | |
|---|---|---|
| | an männliche Leistungs-empfänger mit | an weibliche Leistungs-empfänger mit |
| 1 | 2 | 3 |
| 40 bis 46 | 14 | 15 |
| 47 und 48 | 14 | 14 |
| 49 bis 52 | 13 | 14 |
| 53 bis 56 | 13 | 13 |
| 57 und 58 | 13 | 12 |
| 59 und 60 | 12 | 12 |
| 61 bis 63 | 12 | 11 |
| 64 | 11 | 11 |
| 65 bis 67 | 11 | 10 |
| 68 bis 71 | 10 | 9 |
| 72 bis 74 | 9 | 8 |
| 75 bis 77 | 8 | 7 |
| 78 | 8 | 6 |
| 79 bis 81 | 7 | 6 |
| 82 bis 84 | 6 | 5 |
| 85 bis 87 | 5 | 4 |
| 88 | 4 | 4 |
| 89 und 90 | 4 | 3 |
| 91 bis 93 | 3 | 3 |
| 94 | 3 | 2 |
| 95 und älter | 2 | 2 |

## Anlage 1a (zu § 13a)[1)]
### Ermittlung des Gewinns aus Land- und Forstwirtschaft nach Durchschnittssätzen

Für ein Wirtschaftsjahr betragen
1. der Grundbetrag und die Zuschläge für Tierzucht und Tierhaltung der landwirtschaftlichen Nutzung (§ 13a Absatz 4):

| | |
|---|---|
| Gewinn pro Hektar selbst bewirtschafteter Fläche | 350 EUR |
| bei Tierbeständen für die ersten 25 Vieheinheiten | 0 EUR/Vieheinheit |
| bei Tierbeständen für alle weiteren Vieheinheiten | 300 EUR/Vieheinheit |

[2)]Angefangene Hektar und Vieheinheiten sind anteilig zu berücksichtigen.

1) **Anm. d. Red.:** Anlage 1a eingefügt gem. Gesetz v. 22.12.2014 (BGBl I S. 2417) mit Wirkung v. 1.1.2015.

# Anlage 2

VII. Einkommensteuergesetz

2. die Grenzen und Gewinne der Sondernutzungen (§ 13a Absatz 6):

| Nutzung | Grenze | Grenze |
|---|---|---|
| 1 | 2 | 3 |
| Weinbauliche Nutzung | 0,66 ha | 0,16 ha |
| Nutzungsteil Obstbau | 1,37 ha | 0,34 ha |
| Nutzungsteil Gemüsebau<br>Freilandgemüse<br>Unterglas Gemüse | 0,67 ha<br>0,06 ha | 0,17 ha<br>0,015 ha |
| Nutzungsteil Blumen/Zierpflanzenbau<br>Freiland Zierpflanzen<br>Unterglas Zierpflanzen | 0,23 ha<br>0,04 ha | 0,05 ha<br>0,01 ha |
| Nutzungsteil Baumschulen | 0,15 ha | 0,04 ha |
| Sondernutzung Spargel | 0,42 ha | 0,1 ha |
| Sondernutzung Hopfen | 0,78 ha | 0,19 ha |
| Binnenfischerei | 2 000 kg Jahresfang | 500 kg Jahresfang |
| Teichwirtschaft | 1,6 ha | 0,4 ha |
| Fischzucht | 0,2 ha | 0,05 ha |
| Imkerei | 70 Völker | 30 Völker |
| Wanderschäfereien | 120 Mutterschafe | 30 Mutterschafe |
| Weihnachtsbaumkulturen | 0,4 ha | 0,1 ha |

3. in den Fällen des § 13a Absatz 7 Satz 1 Nummer 3 die Betriebsausgaben 60 Prozent der Betriebseinnahmen.

## Anlage 2 (zu § 43b)[1)2)]
### Gesellschaften im Sinne der Richtlinie Nr. 2011/96/EU

Gesellschaft im Sinne der genannten Richtlinie ist jede Gesellschaft, die
1. eine der folgenden Formen aufweist:
    a) eine Gesellschaft, die gemäß der Verordnung (EG) Nr. 2157/2001 des Rates vom 8. Oktober 2001 über das Statut der Europäischen Gesellschaft (SE) und der Richtlinie 2001/86/EG des Rates vom 8. Oktober 2001 zur Ergänzung des Statuts der Europäischen Gesellschaft hinsichtlich der Beteiligung der Arbeitnehmer gegründet wurde, sowie eine Genossenschaft, die gemäß der Verordnung (EG) Nr. 1435/2003 des Rates vom 22. Juli 2003 über das Statut der Europäischen Genossenschaft (SCE) und gemäß der Richtlinie 2003/72/EG des Rates vom 22. Juli 2003 zur Ergänzung des Statuts der Europäischen Genossenschaft hinsichtlich der Beteiligung der Arbeitnehmer gegründet wurde,
    b) Gesellschaften belgischen Rechts mit der Bezeichnung „société anonyme"/„naamloze vennootschap", „société en commandite par actions"/„commanditaire vennootschap op aandelen", „société privée à responsabilité limitée"/„besloten vennootschap met beperkte aansprakelijkheid", „société coopérative à responsabilité limitée"/„coöperatieve vennootschap met beperkte aansprakelijkheid", „société coopérative à responsabilité illimitée"/„coöperatieve vennootschap met onbeperkte aansprakelijkheid", „société en

---

1) **Anm. d. Red.:** Anlage 2 i. d. F. des Gesetzes v. 2. 11. 2015 (BGBl I S. 1834) mit Wirkung v. 1. 1. 2016.
2) **Anm. d. Red.:** Zur Anwendung der Anlage 2 siehe § 52 Abs. 42a.

nom collectif"/„vennootschap onder firma" oder „société en commandite simple"/„gewone commanditaire vennootschap", öffentliche Unternehmen, die eine der genannten Rechtsformen angenommen haben, und andere nach belgischem Recht gegründete Gesellschaften, die der belgischen Körperschaftsteuer unterliegen,

c) Gesellschaften bulgarischen Rechts mit der Bezeichnung „събирателно дружество", „командитно дружество", „дружество с ограничена отговорност", „акционерно дружество", „командитно дружество с акции", „неперсонифицирано дружество", „кооперации", „кооперативни съюзи" oder „държавни предприятия", die nach bulgarischem Recht gegründet wurden und gewerbliche Tätigkeiten ausüben,

d) Gesellschaften tschechischen Rechts mit der Bezeichnung „akciová společnost" oder „společnost s ručením omezeným",

e) Gesellschaften dänischen Rechts mit der Bezeichnung „aktieselskab" oder „anpartsselskab" und weitere nach dem Körperschaftsteuergesetz steuerpflichtige Gesellschaften, soweit ihr steuerbarer Gewinn nach den allgemeinen steuerrechtlichen Bestimmungen für die „aktieselskaber" ermittelt und besteuert wird,

f) Gesellschaften deutschen Rechts mit der Bezeichnung „Aktiengesellschaft", „Kommanditgesellschaft auf Aktien", „Gesellschaft mit beschränkter Haftung", „Versicherungsverein auf Gegenseitigkeit", „Erwerbs- und Wirtschaftsgenossenschaft" oder „Betrieb gewerblicher Art von juristischen Personen des öffentlichen Rechts" und andere nach deutschem Recht gegründete Gesellschaften, die der deutschen Körperschaftsteuer unterliegen,

g) Gesellschaften estnischen Rechts mit der Bezeichnung „täisühing", „usaldusühing", „osaühing", „aktsiaselts" oder „tulundusühistu",

h) nach irischem Recht gegründete oder eingetragene Gesellschaften, gemäß dem Industrial and Provident Societies Act eingetragene Körperschaften, gemäß dem Building Societies Act gegründete „building societies" und „trustee savings banks" im Sinne des Trustee Savings Banks Act von 1989,

i) Gesellschaften griechischen Rechts mit der Bezeichnung „ανώνυμη εταιρεία" oder „εταιρεία περιωρισμένησ ευθύνησ (Ε.Π.Ε.)" und andere nach griechischem Recht gegründete Gesellschaften, die der griechischen Körperschaftsteuer unterliegen,

j) Gesellschaften spanischen Rechts mit der Bezeichnung „sociedad anónima", „sociedad comanditaria por acciones" oder „sociedad de responsabilidad limitada" und die öffentlich-rechtlichen Körperschaften, deren Tätigkeit unter das Privatrecht fällt sowie andere nach spanischem Recht gegründete Körperschaften, die der spanischen Körperschaftsteuer („impuesto sobre sociedades") unterliegen,

k) Gesellschaften französischen Rechts mit der Bezeichnung „société anonyme", „société en commandite par actions", „société à responsabilité limitée", „sociétés par actions simplifiées", „sociétés d'assurances mutuelles", „caisses d'épargne et de prévoyance", „sociétés civiles", die automatisch der Körperschaftsteuer unterliegen, „coopératives", „unions de coopératives", die öffentlichen Industrie- und Handelsbetriebe, die öffentlichen Industrie- und Handelsunternehmen und andere nach französischem Recht gegründete Gesellschaften, die der französischen Körperschaftsteuer unterliegen,

l) Gesellschaften kroatischen Rechts mit der Bezeichnung „dioničko društvo" oder „društvo s ograničenom odgovornošću" und andere nach kroatischem Recht gegründete Gesellschaften, die der kroatischen Gewinnsteuer unterliegen,

m) Gesellschaften italienischen Rechts mit der Bezeichnung „società per azioni", „società in accomandita per azioni", „società a responsabilità limitata", „società cooperative" oder „società di mutua assicurazione" sowie öffentliche und private Körperschaften, deren Tätigkeit ganz oder überwiegend handelsgewerblicher Art ist,

n) Gesellschaften zyprischen Rechts mit der Bezeichnung: „εταιρείσ" im Sinne der Einkommensteuergesetze,

o) Gesellschaften lettischen Rechts mit der Bezeichnung: „akciju sabiedrība" oder „sabiedrība ar ierobežotu atbildību",

p) Gesellschaften litauischen Rechts,

q) Gesellschaften luxemburgischen Rechts mit der Bezeichnung „société anonyme", „société en commandite par actions", „société à responsabilité limitée", „société coopérative", „société coopérative organisée comme une société anonyme", „association d'assurances mutuelles", „association d'épargne-pension" oder „entreprise de nature commerciale, industrielle ou minière de l'Etat, des communes, des syndicats de communes, des établissements publics et des autres personnes morales de droit public" sowie andere nach luxemburgischem Recht gegründete Gesellschaften, die der luxemburgischen Körperschaftsteuer unterliegen,

r) Gesellschaften ungarischen Rechts mit der Bezeichnung: „közkereseti társaság", „betéti társaság", „közös vállalat", „korlátolt felelősségű társaság", „részvénytársaság", „egyesülés" oder „szövetkezet",

s) Gesellschaften maltesischen Rechts mit der Bezeichnung: „Kumpaniji ta' Responsabilta' Limitata" oder „Soċjetajiet en commandite li l-kapital tagħhom maqsum f'azzjonijiet",

t) Gesellschaften niederländischen Rechts mit der Bezeichnung „naamloze vennootschap", „besloten vennootschap met beperkte aansprakelijkheid", „open commanditaire vennootschap", „coöperatie", „onderlinge waarborgmaatschappij", „fonds voor gemene rekening", „vereniging op coöperatieve grondslag" oder „vereniging welke op onderlinge grondslag als verzekeraar of kredietinstelling optreedt" und andere nach niederländischem Recht gegründete Gesellschaften, die der niederländischen Körperschaftsteuer unterliegen,

u) Gesellschaften österreichischen Rechts mit der Bezeichnung „Aktiengesellschaft", „Gesellschaft mit beschränkter Haftung", „Versicherungsvereine auf Gegenseitigkeit", „Erwerbs- und Wirtschaftsgenossenschaften", „Betriebe gewerblicher Art von Körperschaften des öffentlichen Rechts" oder „Sparkassen" sowie andere nach österreichischem Recht gegründete Gesellschaften, die der österreichischen Körperschaftsteuer unterliegen,

v) Gesellschaften polnischen Rechts mit der Bezeichnung „spółka akcyjna", „spółka z ograniczoną odpowiedzialnością" oder „spółka komandytowo-akcyjna",

w) Gesellschaften portugiesischen Rechts in Form von Handelsgesellschaften oder zivilrechtlichen Handelsgesellschaften sowie Genossenschaften und öffentliche Unternehmen,

x) Gesellschaften rumänischen Rechts mit der Bezeichnung „societăţi pe acţiuni", „societăţi în comandită pe acţiuni", „societăţi cu răspundere limitată", „societăţi în nume colectiv" oder „societăţi în comandită simplă",

y) Gesellschaften slowenischen Rechts mit der Bezeichnung: „delniška družba", „komanditna družba" oder „družba z omejeno odgovornostjo",

z) Gesellschaften slowakischen Rechts mit der Bezeichnung: „akciová spoločnosť", „spoločnosť s ručením obmedzeným" oder „komanditná spoločnosť",

aa) Gesellschaften finnischen Rechts mit der Bezeichnung „osakeyhtiö"/„aktiebolag", „osuuskunta"/„andelslag", „säästöpankki"/„sparbank" oder „vakuutusyhtiö"/„försäkringsbolag",

bb) Gesellschaften schwedischen Rechts mit der Bezeichnung „aktiebolag", „försäkringsaktiebolag", „ekonomiska föreningar", „sparbanker", „ömsesidiga försäkringsbolag" oder „försäkringsföreningar",

cc) nach dem Recht des Vereinigten Königreichs gegründeten Gesellschaften;

2. nach dem Steuerrecht eines Mitgliedstaates in Bezug auf den steuerlichen Wohnsitz als in diesem Staat ansässig betrachtet wird und auf Grund eines mit einem dritten Staat geschlossenen Doppelbesteuerungsabkommens in Bezug auf den steuerlichen Wohnsitz nicht als außerhalb der Gemeinschaft ansässig betrachtet wird und
3. ohne Wahlmöglichkeit einer der folgenden Steuern oder irgendeiner Steuer, die eine dieser Steuern ersetzt, unterliegt, ohne davon befreit zu sein:
   - vennootschapsbelasting/impôt des sociétés in Belgien,
   - корпоративен данък in Bulgarien,
   - daň z příjmů právnických osob in der Tschechischen Republik,
   - selskabsskat in Dänemark,
   - Körperschaftsteuer in Deutschland,
   - tulumaks in Estland,
   - corporation tax in Irland,
   - φόροσ εισοδήματοσ νομικών προσώπων κερδοσκοπικού χαρακτήρα in Griechenland,
   - impuesto sobre sociedades in Spanien,
   - impôt sur les sociétés in Frankreich,
   - porez na dobit in Kroatien,
   - imposta sul reddito delle persone giuridiche in Italien,
   - φόροσ εισοδήματοσ in Zypern,
   - uzņēmumu ienākuma nodoklis in Lettland,
   - pelno mokestis in Litauen,
   - impôt sur le revenu des collectivités in Luxemburg,
   - társasági adó, osztalékadó in Ungarn,
   - taxxa fuq l-income in Malta,
   - vennootschapsbelasting in den Niederlanden,
   - Körperschaftsteuer in Österreich,
   - podatek dochodowy od osób prawnych in Polen,
   - imposto sobre o rendimento das pessoas colectivas in Portugal,
   - impozit pe profit in Rumänien,
   - davek od dobička pravnih oseb in Slowenien,
   - daň z príjmov právnických osôb in der Slowakei,
   - yhteisöjen tulovero/inkomstskatten för samfund in Finnland,
   - statlig inkomstskatt in Schweden,
   - corporation tax im Vereinigten Königreich.

## Anlage 3 (zu § 50g)[1)]

1. Unternehmen im Sinne von § 50g Absatz 3 Nummer 5 Buchstabe a Doppelbuchstabe aa sind:
   a) Gesellschaften belgischen Rechts mit der Bezeichnung „naamloze vennootschap"/„société anonyme", „commanditaire vennootschap op aandelen"/„société en commandite par actions" oder „besloten vennootschap met beperkte aansprakelijkheid"/„société privée à responsabilité limitée" sowie öffentlich-rechtliche Körperschaften, deren Tätigkeit unter das Privatrecht fällt;

---

1) **Anm. d. Red.:** Anlage 3 i. d. F. des Gesetzes v. 25. 7. 2014 (BGBl I S. 1266) mit Wirkung v. 1. 7. 2013.

# Anlage 3
## VII. Einkommensteuergesetz

b) Gesellschaften dänischen Rechts mit der Bezeichnung „aktieselskab" und „anpartsselskab";

c) Gesellschaften deutschen Rechts mit der Bezeichnung „Aktiengesellschaft", „Kommanditgesellschaft auf Aktien" oder „Gesellschaft mit beschränkter Haftung";

d) Gesellschaften griechischen Rechts mit der Bezeichnung „ανώνυμη εταιρία";

e) Gesellschaften spanischen Rechts mit der Bezeichnung „sociedad anónima", „sociedad comanditaria por acciones" oder „sociedad de responsabilidad limitada" sowie öffentlich-rechtliche Körperschaften, deren Tätigkeit unter das Privatrecht fällt;

f) Gesellschaften französischen Rechts mit der Bezeichnung „société anonyme", „société en commandite par actions" oder „société à responsabilité limitée" sowie die staatlichen Industrie- und Handelsbetriebe und Unternehmen;

g) Gesellschaften irischen Rechts mit der Bezeichnung „public companies limited by shares or by guarantee", „private companies limited by shares or by guarantee", gemäß den „Industrial and Provident Societies Acts" eingetragene Einrichtungen oder gemäß den „Building Societies Acts" eingetragene „building societies";

h) Gesellschaften italienischen Rechts mit der Bezeichnung „società per azioni", „società in accomandita per azioni" oder „società a responsabilità limitata" sowie staatliche und private Industrie- und Handelsunternehmen;

i) Gesellschaften luxemburgischen Rechts mit der Bezeichnung „société anonyme", „société en commandite par actions" oder „société à responsabilité limitée";

j) Gesellschaften niederländischen Rechts mit der Bezeichnung „naamloze vennootschap" oder „besloten vennootschap met beperkte aansprakelijkheid";

k) Gesellschaften österreichischen Rechts mit der Bezeichnung „Aktiengesellschaft" oder „Gesellschaft mit beschränkter Haftung";

l) Gesellschaften portugiesischen Rechts in Form von Handelsgesellschaften oder zivilrechtlichen Handelsgesellschaften sowie Genossenschaften und öffentliche Unternehmen;

m) Gesellschaften finnischen Rechts mit der Bezeichnung „osakeyhtiö/aktiebolag", „osuuskunta/andelslag", „säästöpankki/sparbank" oder „vakuutusyhtiö/försäkringsbolag";

n) Gesellschaften schwedischen Rechts mit der Bezeichnung „aktiebolag" oder „försäkringsaktiebolag";

o) nach dem Recht des Vereinigten Königreichs gegründete Gesellschaften;

p) Gesellschaften tschechischen Rechts mit der Bezeichnung „akciová společnost", „společnost s ručením omezeným", „veřejná obchodní společnost", „komanditní společnost" oder „družstvo";

q) Gesellschaften estnischen Rechts mit der Bezeichnung „täisühing", „usaldusühing", „osaühing", „aktsiaselts" oder „tulundusühistu";

r) Gesellschaften zyprischen Rechts, die nach dem Gesellschaftsrecht als Gesellschaften bezeichnet werden, Körperschaften des öffentlichen Rechts und sonstige Körperschaften, die als Gesellschaft im Sinne der Einkommensteuergesetze gelten;

s) Gesellschaften lettischen Rechts mit der Bezeichnung „akciju sabiedrība" oder „sabiedrība ar ierobežotu atbildību";

t) nach dem Recht Litauens gegründete Gesellschaften;

u) Gesellschaften ungarischen Rechts mit der Bezeichnung „közkereseti társaság", „betéti társaság", „közös vállalat", „korlátolt felelősségű társaság", „részvénytársaság", „egyesülés", „közhasznú társaság" oder „szövetkezet";

v) Gesellschaften maltesischen Rechts mit der Bezeichnung „Kumpaniji ta' Responsabilita' Limitata" oder „Socjetajiet in akkomandita li l-kapital taghhom maqsum f'azzjonijiet";

w) Gesellschaften polnischen Rechts mit der Bezeichnung „spółka akcyjna" oder „spółka z ograniczoną odpowiedzialnością";
x) Gesellschaften slowenischen Rechts mit der Bezeichnung „delniška družba", „komanditna delniška družba", „komanditna družba", „družba z omejeno odgovornostjo" oder „družba z neomejeno odgovornostjo";
y) Gesellschaften slowakischen Rechts mit der Bezeichnung „akciová spoločnos", „spoločnost' s ručením obmedzeným", „komanditná spoločnos", „verejná obchodná spoločnos" oder „družstvo";
aa) Gesellschaften bulgarischen Rechts mit der Bezeichnung „събирателното дружество", „командитното дружество", „дружеството с ограничена отговорност", „акционерното дружество", „командитното дружество с акции", „кооперации", „кооперативни съюзи" oder „държавни предприятия", die nach bulgarischem Recht gegründet wurden und gewerbliche Tätigkeiten ausüben;
bb) Gesellschaften rumänischen Rechts mit der Bezeichnung „societăți pe acțiuni", „societăți în comandită pe acțiuni" oder „societăți cu răspundere limitată";
cc) Gesellschaften kroatischen Rechts mit der Bezeichnung „dioničko društvo" oder „društvo s ograničenom odgovornošću" und andere nach kroatischem Recht gegründete Gesellschaften, die der kroatischen Gewinnsteuer unterliegen.

2. Steuern im Sinne von § 50g Absatz 3 Nummer 5 Buchstabe a Doppelbuchstabe cc sind:
   – impôt des sociétés/vennootschapsbelasting in Belgien,
   – selskabsskat in Dänemark,
   – Körperschaftsteuer in Deutschland,
   – Φόροσ εισοδήματοσ νομικών προσώπων in Griechenland,
   – impuesto sobre sociedades in Spanien,
   – impôt sur les sociétés in Frankreich,
   – corporation tax in Irland,
   – imposta sul reddito delle persone giuridiche in Italien,
   – impôt sur le revenu des collectivités in Luxemburg,
   – vennootschapsbelasting in den Niederlanden,
   – Körperschaftsteuer in Österreich,
   – imposto sobre o rendimento da pessoas colectivas in Portugal,
   – yhteisöjen tulovero/inkomstskatten för samfund in Finnland,
   – statlig inkomstskatt in Schweden,
   – corporation tax im Vereinigten Königreich,
   – Daň z příjmů právnických osob in der Tschechischen Republik,
   – Tulumaks in Estland,
   – φόροσ εισοδήματοσ in Zypern,
   – Uzņēmumu ienākuma nodoklis in Lettland,
   – Pelno mokestis in Litauen,
   – Társasági adó in Ungarn,
   – Taxxa fuq l-income in Malta,
   – Podatek dochodowy od osób prawnych in Polen,
   – Davek od dobička pravnih oseb in Slowenien,
   – Daň z príjmov právnických osôb in der Slowakei,
   – корпоративен данък in Bulgarien,

# Anlage 3
## VII. Einkommensteuergesetz

- impozit pe profit, impozitul pe veniturile obținute din România de nerezidenți in Rumänien,
- porez na dobit in Kroatien.

## VIII. (1) Einkommensteuer-Grundtabelle 2015

Seit dem Jahr 2004 wird die Einkommensteuer nach dem auf den nächsten vollen Euro-Betrag abgerundeten zu versteuernden Einkommen berechnet. Der stufenlose Steuertarif hat zur Folge, dass einerseits Einkommensteuertabellen im herkömmlichen Sinn mit Tabellenstufen von 36 Euro, die vom Bundesfinanzministerium zuletzt für die Jahre 2002/2003 erstellt und veröffentlicht worden sind, nicht mehr zur Verfügung stehen, andererseits jeden Einzelwert einbeziehende Einkommensteuertabellen aus Umfangsgründen nicht mehr möglich sind.

Die nichtamtliche, ohne Gewähr wiedergegebene Einkommensteuer-Grundtabelle 2015, gültig für den Veranlagungszeitraum 2015, wurde auf Basis der vorgegebenen Berechnungsgrundlagen in § 32a Abs. 1 EStG i. d. F. des Art. 1 Nr. 3 des Gesetzes zur Anhebung des Grundfreibetrags, des Kinderfreibetrags, des Kindergeldes und des Kinderzuschlags v. 16. 7. 2015 (BGBl I S. 1202) erstellt und gibt für die ausgewiesenen zu versteuernden Einkommen die entsprechende Einkommensteuer an. Für Werte, die zwischen bzw. über den ausgewiesenen zu versteuernden Einkommen liegen, kann die Einkommensteuer annäherungsweise geschätzt bzw. elektronisch, z. B. mit Hilfe der CD-ROM Kompakt-Rechner LSt & ESt 2016 (Verlags-Nr. 69186), berechnet werden. Dieses Programm berücksichtigt die für den Veranlagungszeitraum 2015 geltende Rechtslage und bietet neben allen Tabellen zur Lohn- und Einkommensteuer (seit 2002) u. v. a. die Möglichkeit der Nettolohn-Berechnung. Die Einkommensteuer-Splittingtabelle 2015 ist wiedergegeben auf S. 592 ff.

| Zu versteuerndes Einkommen in € | Einkommensteuer in € | Zu versteuerndes Einkommen in € | Einkommensteuer in € | Zu versteuerndes Einkommen in € | Einkommensteuer in € | Zu versteuerndes Einkommen in € | Einkommensteuer in € |
|---|---|---|---|---|---|---|---|
| 8 472 | 0 | 9 840 | 210 | 11 172 | 450 | 12 504 | 726 |
| 8 508 | 5 | 9 876 | 216 | 11 208 | 457 | 12 540 | 734 |
| 8 544 | 10 |  |  | 11 244 | 464 | 12 576 | 742 |
| 8 580 | 15 | 9 912 | 222 | 11 280 | 471 | 12 612 | 750 |
| 8 616 | 20 | 9 948 | 228 | 11 316 | 478 | 12 648 | 758 |
| 8 652 | 25 | 9 984 | 234 |  |  | 12 684 | 766 |
| 8 688 | 30 | 10 020 | 240 | 11 352 | 485 | 12 720 | 774 |
| 8 724 | 35 | 10 056 | 246 | 11 388 | 493 | 12 756 | 782 |
| 8 760 | 41 | 10 092 | 252 | 11 424 | 500 |  |  |
| 8 796 | 46 | 10 128 | 259 | 11 460 | 507 | 12 792 | 790 |
|  |  | 10 164 | 265 | 11 496 | 514 | 12 828 | 799 |
| 8 832 | 51 | 10 200 | 271 | 11 532 | 521 | 12 864 | 807 |
| 8 868 | 57 | 10 236 | 278 | 11 568 | 529 | 12 900 | 815 |
| 8 904 | 62 |  |  | 11 604 | 536 | 12 936 | 823 |
| 8 940 | 67 | 10 272 | 284 | 11 640 | 543 | 12 972 | 832 |
| 8 976 | 73 | 10 308 | 290 | 11 676 | 550 | 13 008 | 840 |
| 9 012 | 78 | 10 344 | 297 |  |  | 13 044 | 848 |
| 9 048 | 83 | 10 380 | 303 | 11 712 | 558 | 13 080 | 856 |
| 9 084 | 89 | 10 416 | 309 | 11 748 | 565 | 13 116 | 865 |
| 9 120 | 94 | 10 452 | 316 | 11 784 | 573 |  |  |
| 9 156 | 100 | 10 488 | 322 | 11 820 | 580 | 13 152 | 873 |
|  |  | 10 524 | 329 | 11 856 | 587 | 13 188 | 882 |
| 9 192 | 105 | 10 560 | 335 | 11 892 | 595 | 13 224 | 890 |
| 9 228 | 111 | 10 596 | 342 | 11 928 | 602 | 13 260 | 899 |
| 9 264 | 117 |  |  | 11 964 | 610 | 13 296 | 907 |
| 9 300 | 122 | 10 632 | 348 | 12 000 | 618 | 13 332 | 916 |
| 9 336 | 128 | 10 668 | 355 | 12 036 | 625 | 13 368 | 924 |
| 9 372 | 134 | 10 704 | 362 |  |  | 13 404 | 933 |
| 9 408 | 139 | 10 740 | 368 | 12 072 | 633 | 13 440 | 941 |
| 9 444 | 145 | 10 776 | 375 | 12 108 | 640 | 13 476 | 950 |
| 9 480 | 151 | 10 812 | 382 | 12 144 | 648 |  |  |
| 9 516 | 157 | 10 848 | 388 | 12 180 | 656 | 13 512 | 958 |
|  |  | 10 884 | 395 | 12 216 | 663 | 13 548 | 967 |
| 9 552 | 162 | 10 920 | 402 | 12 252 | 671 | 13 584 | 976 |
| 9 588 | 168 | 10 956 | 409 | 12 288 | 679 | 13 620 | 984 |
| 9 624 | 174 |  |  | 12 324 | 687 | 13 656 | 993 |
| 9 660 | 180 | 10 992 | 416 | 12 360 | 695 | 13 692 | 1 002 |
| 9 696 | 186 | 11 028 | 423 | 12 396 | 702 | 13 728 | 1 010 |
| 9 732 | 192 | 11 064 | 429 |  |  | 13 764 | 1 019 |
| 9 768 | 198 | 11 100 | 436 | 12 432 | 710 | 13 800 | 1 028 |
| 9 804 | 204 | 11 136 | 443 | 12 468 | 718 | 13 836 | 1 036 |

## VIII. (1) Einkommensteuer-Grundtabelle 2015

| Zu versteuern-des Einkommen in € | Einkommensteuer in € | Zu versteuern-des Einkommen in € | Einkommensteuer in € | Zu versteuern-des Einkommen in € | Einkommensteuer in € | Zu versteuern-des Einkommen in € | Einkommensteuer in € |
|---|---|---|---|---|---|---|---|
| 13 872 | 1 045 | 15 996 | 1 569 | 18 084 | 2 103 | 20 172 | 2 658 |
| 13 908 | 1 054 |  |  | 18 120 | 2 113 | 20 208 | 2 667 |
| 13 944 | 1 063 | 16 032 | 1 578 | 18 156 | 2 122 | 20 244 | 2 677 |
| 13 980 | 1 071 | 16 068 | 1 587 |  |  | 20 280 | 2 687 |
| 14 016 | 1 080 | 16 104 | 1 596 | 18 192 | 2 131 | 20 316 | 2 697 |
| 14 052 | 1 089 | 16 140 | 1 605 | 18 228 | 2 141 |  |  |
| 14 088 | 1 097 | 16 176 | 1 614 | 18 264 | 2 150 | 20 352 | 2 706 |
| 14 124 | 1 106 | 16 212 | 1 623 | 18 300 | 2 160 | 20 388 | 2 716 |
| 14 160 | 1 115 | 16 248 | 1 632 | 18 336 | 2 169 | 20 424 | 2 726 |
| 14 196 | 1 124 | 16 284 | 1 641 | 18 372 | 2 178 | 20 460 | 2 736 |
|  |  | 16 320 | 1 650 | 18 408 | 2 188 | 20 496 | 2 746 |
| 14 232 | 1 132 | 16 356 | 1 659 | 18 444 | 2 197 | 20 532 | 2 755 |
| 14 268 | 1 141 |  |  | 18 480 | 2 207 | 20 568 | 2 765 |
| 14 304 | 1 150 | 16 392 | 1 668 | 18 516 | 2 216 | 20 604 | 2 775 |
| 14 340 | 1 159 | 16 428 | 1 677 |  |  | 20 640 | 2 785 |
| 14 376 | 1 167 | 16 464 | 1 687 | 18 552 | 2 226 | 20 676 | 2 795 |
| 14 412 | 1 176 | 16 500 | 1 696 | 18 588 | 2 235 |  |  |
| 14 448 | 1 185 | 16 536 | 1 705 | 18 624 | 2 245 | 20 712 | 2 804 |
| 14 484 | 1 194 | 16 572 | 1 714 | 18 660 | 2 254 | 20 748 | 2 814 |
| 14 520 | 1 203 | 16 608 | 1 723 | 18 696 | 2 264 | 20 784 | 2 824 |
| 14 556 | 1 211 | 16 644 | 1 732 | 18 732 | 2 273 | 20 820 | 2 834 |
|  |  | 16 680 | 1 741 | 18 768 | 2 283 | 20 856 | 2 844 |
| 14 592 | 1 220 | 16 716 | 1 751 | 18 804 | 2 292 | 20 892 | 2 854 |
| 14 628 | 1 229 |  |  | 18 840 | 2 302 | 20 928 | 2 863 |
| 14 664 | 1 238 | 16 752 | 1 760 | 18 876 | 2 311 | 20 964 | 2 873 |
| 14 700 | 1 247 | 16 788 | 1 769 |  |  | 21 000 | 2 883 |
| 14 736 | 1 256 | 16 824 | 1 778 | 18 912 | 2 321 | 21 036 | 2 893 |
| 14 772 | 1 264 | 16 860 | 1 787 | 18 948 | 2 330 |  |  |
| 14 808 | 1 273 | 16 896 | 1 796 | 18 984 | 2 340 | 21 072 | 2 903 |
| 14 844 | 1 282 | 16 932 | 1 806 | 19 020 | 2 349 | 21 108 | 2 913 |
| 14 880 | 1 291 | 16 968 | 1 815 | 19 056 | 2 359 | 21 144 | 2 923 |
| 14 916 | 1 300 | 17 004 | 1 824 | 19 092 | 2 368 | 21 180 | 2 933 |
|  |  | 17 040 | 1 833 | 19 128 | 2 378 | 21 216 | 2 942 |
| 14 952 | 1 309 | 17 076 | 1 843 | 19 164 | 2 387 | 21 252 | 2 952 |
| 14 988 | 1 318 |  |  | 19 200 | 2 397 | 21 288 | 2 962 |
| 15 024 | 1 326 | 17 112 | 1 852 | 19 236 | 2 407 | 21 324 | 2 972 |
| 15 060 | 1 335 | 17 148 | 1 861 |  |  | 21 360 | 2 982 |
| 15 096 | 1 344 | 17 184 | 1 870 | 19 272 | 2 416 | 21 396 | 2 992 |
| 15 132 | 1 353 | 17 220 | 1 879 | 19 308 | 2 426 |  |  |
| 15 168 | 1 362 | 17 256 | 1 889 | 19 344 | 2 435 | 21 432 | 3 002 |
| 15 204 | 1 371 | 17 292 | 1 898 | 19 380 | 2 445 | 21 468 | 3 012 |
| 15 240 | 1 380 | 17 328 | 1 907 | 19 416 | 2 455 | 21 504 | 3 022 |
| 15 276 | 1 389 | 17 364 | 1 917 | 19 452 | 2 464 | 21 540 | 3 032 |
|  |  | 17 400 | 1 926 | 19 488 | 2 474 | 21 576 | 3 042 |
| 15 312 | 1 398 | 17 436 | 1 935 | 19 524 | 2 483 | 21 612 | 3 052 |
| 15 348 | 1 407 |  |  | 19 560 | 2 493 | 21 648 | 3 062 |
| 15 384 | 1 416 | 17 472 | 1 944 | 19 596 | 2 503 | 21 684 | 3 072 |
| 15 420 | 1 425 | 17 508 | 1 954 |  |  | 21 720 | 3 082 |
| 15 456 | 1 433 | 17 544 | 1 963 | 19 632 | 2 512 | 21 756 | 3 092 |
| 15 492 | 1 442 | 17 580 | 1 972 | 19 668 | 2 522 |  |  |
| 15 528 | 1 451 | 17 616 | 1 982 | 19 704 | 2 532 | 21 792 | 3 102 |
| 15 564 | 1 460 | 17 652 | 1 991 | 19 740 | 2 541 | 21 828 | 3 112 |
| 15 600 | 1 469 | 17 688 | 2 000 | 19 776 | 2 551 | 21 864 | 3 122 |
| 15 636 | 1 478 | 17 724 | 2 010 | 19 812 | 2 561 | 21 900 | 3 132 |
|  |  | 17 760 | 2 019 | 19 848 | 2 570 | 21 936 | 3 142 |
| 15 672 | 1 487 | 17 796 | 2 028 | 19 884 | 2 580 | 21 972 | 3 152 |
| 15 708 | 1 496 |  |  | 19 920 | 2 590 | 22 008 | 3 162 |
| 15 744 | 1 505 | 17 832 | 2 038 | 19 956 | 2 599 | 22 044 | 3 172 |
| 15 780 | 1 514 | 17 868 | 2 047 |  |  | 22 080 | 3 182 |
| 15 816 | 1 523 | 17 904 | 2 056 | 19 992 | 2 609 | 22 116 | 3 192 |
| 15 852 | 1 532 | 17 940 | 2 066 | 20 028 | 2 619 |  |  |
| 15 888 | 1 541 | 17 976 | 2 075 | 20 064 | 2 628 | 22 152 | 3 202 |
| 15 924 | 1 550 | 18 012 | 2 084 | 20 100 | 2 638 | 22 188 | 3 212 |
| 15 960 | 1 559 | 18 048 | 2 094 | 20 136 | 2 648 | 22 224 | 3 222 |

## VIII. (1) Einkommensteuer-Grundtabelle 2015

| Zu versteuerndes Einkommen in € | Einkommensteuer in € | Zu versteuerndes Einkommen in € | Einkommensteuer in € | Zu versteuerndes Einkommen in € | Einkommensteuer in € | Zu versteuerndes Einkommen in € | Einkommensteuer in € |
|---|---|---|---|---|---|---|---|
| 22 260 | 3 232 | 24 348 | 3 827 | 26 472 | 4 452 | 28 596 | 5 098 |
| 22 296 | 3 242 | 24 384 | 3 837 | 26 508 | 4 463 | | |
| 22 332 | 3 252 | 24 420 | 3 847 | 26 544 | 4 473 | 28 632 | 5 109 |
| 22 368 | 3 262 | 24 456 | 3 858 | 26 580 | 4 484 | 28 668 | 5 120 |
| 22 404 | 3 273 | 24 492 | 3 868 | 26 616 | 4 495 | 28 704 | 5 131 |
| 22 440 | 3 283 | 24 528 | 3 879 | 26 652 | 4 506 | 28 740 | 5 142 |
| 22 476 | 3 293 | 24 564 | 3 889 | 26 688 | 4 516 | 28 776 | 5 153 |
| | | 24 600 | 3 900 | 26 724 | 4 527 | 28 812 | 5 164 |
| 22 512 | 3 303 | 24 636 | 3 910 | 26 760 | 4 538 | 28 848 | 5 176 |
| 22 548 | 3 313 | | | 26 796 | 4 549 | 28 884 | 5 187 |
| 22 584 | 3 323 | 24 672 | 3 921 | | | 28 920 | 5 198 |
| 22 620 | 3 333 | 24 708 | 3 931 | 26 832 | 4 560 | 28 956 | 5 209 |
| 22 656 | 3 343 | 24 744 | 3 942 | 26 868 | 4 571 | | |
| 22 692 | 3 354 | 24 780 | 3 952 | 26 904 | 4 581 | 28 992 | 5 220 |
| 22 728 | 3 364 | 24 816 | 3 963 | 26 940 | 4 592 | 29 028 | 5 231 |
| 22 764 | 3 374 | 24 852 | 3 973 | 26 976 | 4 603 | 29 064 | 5 243 |
| 22 800 | 3 384 | 24 888 | 3 984 | 27 012 | 4 614 | 29 100 | 5 254 |
| 22 836 | 3 394 | 24 924 | 3 994 | 27 048 | 4 625 | 29 136 | 5 265 |
| | | 24 960 | 4 005 | 27 084 | 4 636 | 29 172 | 5 276 |
| 22 872 | 3 404 | 24 996 | 4 015 | 27 120 | 4 647 | 29 208 | 5 287 |
| 22 908 | 3 415 | | | 27 156 | 4 657 | 29 244 | 5 299 |
| 22 944 | 3 425 | 25 032 | 4 026 | | | 29 280 | 5 310 |
| 22 980 | 3 435 | 25 068 | 4 036 | 27 192 | 4 668 | 29 316 | 5 321 |
| 23 016 | 3 445 | 25 104 | 4 047 | 27 228 | 4 679 | | |
| 23 052 | 3 455 | 25 140 | 4 057 | 27 264 | 4 690 | 29 352 | 5 332 |
| 23 088 | 3 465 | 25 176 | 4 068 | 27 300 | 4 701 | 29 388 | 5 344 |
| 23 124 | 3 476 | 25 212 | 4 078 | 27 336 | 4 712 | 29 424 | 5 355 |
| 23 160 | 3 486 | 25 248 | 4 089 | 27 372 | 4 723 | 29 460 | 5 366 |
| 23 196 | 3 496 | 25 284 | 4 100 | 27 408 | 4 734 | 29 496 | 5 377 |
| | | 25 320 | 4 110 | 27 444 | 4 745 | 29 532 | 5 389 |
| 23 232 | 3 506 | 25 356 | 4 121 | 27 480 | 4 756 | 29 568 | 5 400 |
| 23 268 | 3 517 | | | 27 516 | 4 767 | 29 604 | 5 411 |
| 23 304 | 3 527 | 25 392 | 4 131 | | | 29 640 | 5 423 |
| 23 340 | 3 537 | 25 428 | 4 142 | 27 552 | 4 778 | 29 676 | 5 434 |
| 23 376 | 3 547 | 25 464 | 4 152 | 27 588 | 4 788 | | |
| 23 412 | 3 558 | 25 500 | 4 163 | 27 624 | 4 799 | 29 712 | 5 445 |
| 23 448 | 3 568 | 25 536 | 4 174 | 27 660 | 4 810 | 29 748 | 5 456 |
| 23 484 | 3 578 | 25 572 | 4 184 | 27 696 | 4 821 | 29 784 | 5 468 |
| 23 520 | 3 588 | 25 608 | 4 195 | 27 732 | 4 832 | 29 820 | 5 479 |
| 23 556 | 3 599 | 25 644 | 4 206 | 27 768 | 4 843 | 29 856 | 5 490 |
| | | 25 680 | 4 216 | 27 804 | 4 854 | 29 892 | 5 502 |
| 23 592 | 3 609 | 25 716 | 4 227 | 27 840 | 4 865 | 29 928 | 5 513 |
| 23 628 | 3 619 | | | 27 876 | 4 876 | 29 964 | 5 524 |
| 23 664 | 3 630 | 25 752 | 4 238 | | | 30 000 | 5 536 |
| 23 700 | 3 640 | 25 788 | 4 248 | 27 912 | 4 887 | 30 036 | 5 547 |
| 23 736 | 3 650 | 25 824 | 4 259 | 27 948 | 4 898 | | |
| 23 772 | 3 661 | 25 860 | 4 270 | 27 984 | 4 909 | 30 072 | 5 558 |
| 23 808 | 3 671 | 25 896 | 4 280 | 28 020 | 4 920 | 30 108 | 5 570 |
| 23 844 | 3 681 | 25 932 | 4 291 | 28 056 | 4 931 | 30 144 | 5 581 |
| 23 880 | 3 692 | 25 968 | 4 302 | 28 092 | 4 942 | 30 180 | 5 593 |
| 23 916 | 3 702 | 26 004 | 4 312 | 28 128 | 4 953 | 30 216 | 5 604 |
| | | 26 040 | 4 323 | 28 164 | 4 965 | 30 252 | 5 615 |
| 23 952 | 3 712 | 26 076 | 4 334 | 28 200 | 4 976 | 30 288 | 5 627 |
| 23 988 | 3 723 | | | 28 236 | 4 987 | 30 324 | 5 638 |
| 24 024 | 3 733 | 26 112 | 4 344 | | | 30 360 | 5 650 |
| 24 060 | 3 743 | 26 148 | 4 355 | 28 272 | 4 998 | 30 396 | 5 661 |
| 24 096 | 3 754 | 26 184 | 4 366 | 28 308 | 5 009 | | |
| 24 132 | 3 764 | 26 220 | 4 376 | 28 344 | 5 020 | 30 432 | 5 672 |
| 24 168 | 3 775 | 26 256 | 4 387 | 28 380 | 5 031 | 30 468 | 5 684 |
| 24 204 | 3 785 | 26 292 | 4 398 | 28 416 | 5 042 | 30 504 | 5 695 |
| 24 240 | 3 795 | 26 328 | 4 409 | 28 452 | 5 053 | 30 540 | 5 707 |
| 24 276 | 3 806 | 26 364 | 4 419 | 28 488 | 5 064 | 30 576 | 5 718 |
| | | 26 400 | 4 430 | 28 524 | 5 075 | 30 612 | 5 730 |
| 24 312 | 3 816 | 26 436 | 4 441 | 28 560 | 5 086 | 30 648 | 5 741 |

## VIII. (1) Einkommensteuer-Grundtabelle 2015

| Zu versteuern-des Einkommen in € | Einkommensteuer in € | Zu versteuern-des Einkommen in € | Einkommensteuer in € | Zu versteuern-des Einkommen in € | Einkommensteuer in € | Zu versteuern-des Einkommen in € | Einkommensteuer in € |
|---|---|---|---|---|---|---|---|
| 30 684 | 5 753 | 32 772 | 6 427 | 34 860 | 7 122 | 36 948 | 7 837 |
| 30 720 | 5 764 | 32 808 | 6 439 | 34 896 | 7 134 | 36 984 | 7 850 |
| 30 756 | 5 775 | 32 844 | 6 451 | 34 932 | 7 147 | 37 020 | 7 862 |
|  |  | 32 880 | 6 463 | 34 968 | 7 159 | 37 056 | 7 875 |
| 30 792 | 5 787 | 32 916 | 6 475 | 35 004 | 7 171 | 37 092 | 7 887 |
| 30 828 | 5 798 |  |  | 35 040 | 7 183 | 37 128 | 7 900 |
| 30 864 | 5 810 | 32 952 | 6 487 | 35 076 | 7 195 | 37 164 | 7 912 |
| 30 900 | 5 821 | 32 988 | 6 498 |  |  | 37 200 | 7 925 |
| 30 936 | 5 833 | 33 024 | 6 510 | 35 112 | 7 207 | 37 236 | 7 937 |
| 30 972 | 5 844 | 33 060 | 6 522 | 35 148 | 7 220 |  |  |
| 31 008 | 5 856 | 33 096 | 6 534 | 35 184 | 7 232 | 37 272 | 7 950 |
| 31 044 | 5 867 | 33 132 | 6 546 | 35 220 | 7 244 | 37 308 | 7 962 |
| 31 080 | 5 879 | 33 168 | 6 558 | 35 256 | 7 256 | 37 344 | 7 975 |
| 31 116 | 5 891 | 33 204 | 6 570 | 35 292 | 7 269 | 37 380 | 7 987 |
|  |  | 33 240 | 6 581 | 35 328 | 7 281 | 37 416 | 8 000 |
| 31 152 | 5 902 | 33 276 | 6 593 | 35 364 | 7 293 | 37 452 | 8 013 |
| 31 188 | 5 914 |  |  | 35 400 | 7 305 | 37 488 | 8 025 |
| 31 224 | 5 925 | 33 312 | 6 605 | 35 436 | 7 317 | 37 524 | 8 038 |
| 31 260 | 5 937 | 33 348 | 6 617 |  |  | 37 560 | 8 050 |
| 31 296 | 5 948 | 33 384 | 6 629 | 35 472 | 7 330 | 37 596 | 8 063 |
| 31 332 | 5 960 | 33 420 | 6 641 | 35 508 | 7 342 |  |  |
| 31 368 | 5 971 | 33 456 | 6 653 | 35 544 | 7 354 | 37 632 | 8 076 |
| 31 404 | 5 983 | 33 492 | 6 665 | 35 580 | 7 366 | 37 668 | 8 088 |
| 31 440 | 5 995 | 33 528 | 6 677 | 35 616 | 7 379 | 37 704 | 8 101 |
| 31 476 | 6 006 | 33 564 | 6 689 | 35 652 | 7 391 | 37 740 | 8 113 |
|  |  | 33 600 | 6 701 | 35 688 | 7 403 | 37 776 | 8 126 |
| 31 512 | 6 018 | 33 636 | 6 713 | 35 724 | 7 416 | 37 812 | 8 139 |
| 31 548 | 6 029 |  |  | 35 760 | 7 428 | 37 848 | 8 151 |
| 31 584 | 6 041 | 33 672 | 6 724 | 35 796 | 7 440 | 37 884 | 8 164 |
| 31 620 | 6 053 | 33 708 | 6 736 |  |  | 37 920 | 8 177 |
| 31 656 | 6 064 | 33 744 | 6 748 | 35 832 | 7 453 | 37 956 | 8 189 |
| 31 692 | 6 076 | 33 780 | 6 760 | 35 868 | 7 465 |  |  |
| 31 728 | 6 087 | 33 816 | 6 772 | 35 904 | 7 477 | 37 992 | 8 202 |
| 31 764 | 6 099 | 33 852 | 6 784 | 35 940 | 7 489 | 38 028 | 8 215 |
| 31 800 | 6 111 | 33 888 | 6 796 | 35 976 | 7 502 | 38 064 | 8 227 |
| 31 836 | 6 122 | 33 924 | 6 808 | 36 012 | 7 514 | 38 100 | 8 240 |
|  |  | 33 960 | 6 820 | 36 048 | 7 527 | 38 136 | 8 253 |
| 31 872 | 6 134 | 33 996 | 6 832 | 36 084 | 7 539 | 38 172 | 8 265 |
| 31 908 | 6 146 |  |  | 36 120 | 7 551 | 38 208 | 8 278 |
| 31 944 | 6 157 | 34 032 | 6 844 | 36 156 | 7 564 | 38 244 | 8 291 |
| 31 980 | 6 169 | 34 068 | 6 856 |  |  | 38 280 | 8 303 |
| 32 016 | 6 181 | 34 104 | 6 868 | 36 192 | 7 576 | 38 316 | 8 316 |
| 32 052 | 6 192 | 34 140 | 6 880 | 36 228 | 7 588 |  |  |
| 32 088 | 6 204 | 34 176 | 6 892 | 36 264 | 7 601 | 38 352 | 8 329 |
| 32 124 | 6 216 | 34 212 | 6 904 | 36 300 | 7 613 | 38 388 | 8 342 |
| 32 160 | 6 228 | 34 248 | 6 917 | 36 336 | 7 625 | 38 424 | 8 354 |
| 32 196 | 6 239 | 34 284 | 6 929 | 36 372 | 7 638 | 38 460 | 8 367 |
|  |  | 34 320 | 6 941 | 36 408 | 7 650 | 38 496 | 8 380 |
| 32 232 | 6 251 | 34 356 | 6 953 | 36 444 | 7 663 | 38 532 | 8 393 |
| 32 268 | 6 263 |  |  | 36 480 | 7 675 | 38 568 | 8 405 |
| 32 304 | 6 274 | 34 392 | 6 965 | 36 516 | 7 688 | 38 604 | 8 418 |
| 32 340 | 6 286 | 34 428 | 6 977 |  |  | 38 640 | 8 431 |
| 32 376 | 6 298 | 34 464 | 6 989 | 36 552 | 7 700 | 38 676 | 8 444 |
| 32 412 | 6 310 | 34 500 | 7 001 | 36 588 | 7 712 |  |  |
| 32 448 | 6 321 | 34 536 | 7 013 | 36 624 | 7 725 | 38 712 | 8 456 |
| 32 484 | 6 333 | 34 572 | 7 025 | 36 660 | 7 737 | 38 748 | 8 469 |
| 32 520 | 6 345 | 34 608 | 7 037 | 36 696 | 7 750 | 38 784 | 8 482 |
| 32 556 | 6 357 | 34 644 | 7 049 | 36 732 | 7 762 | 38 820 | 8 495 |
|  |  | 34 680 | 7 062 | 36 768 | 7 775 | 38 856 | 8 508 |
| 32 592 | 6 368 | 34 716 | 7 074 | 36 804 | 7 787 | 38 892 | 8 520 |
| 32 628 | 6 380 |  |  | 36 840 | 7 800 | 38 928 | 8 533 |
| 32 664 | 6 392 | 34 752 | 7 086 | 36 876 | 7 812 | 38 964 | 8 546 |
| 32 700 | 6 404 | 34 788 | 7 098 |  |  | 39 000 | 8 559 |
| 32 736 | 6 416 | 34 824 | 7 110 | 36 912 | 7 825 | 39 036 | 8 572 |

## VIII. (1) Einkommensteuer-Grundtabelle 2015

| Zu versteuerndes Einkommen in € | Einkommensteuer in € | Zu versteuerndes Einkommen in € | Einkommensteuer in € | Zu versteuerndes Einkommen in € | Einkommensteuer in € | Zu versteuerndes Einkommen in € | Einkommensteuer in € |
|---|---|---|---|---|---|---|---|
| 39 072 | 8 585 | 41 196 | 9 353 | 43 284 | 10 128 | 45 372 | 10 923 |
| 39 108 | 8 597 | | | 43 320 | 10 142 | 45 408 | 10 937 |
| 39 144 | 8 610 | 41 232 | 9 366 | 43 356 | 10 155 | 45 444 | 10 951 |
| 39 180 | 8 623 | 41 268 | 9 379 | | | 45 480 | 10 965 |
| 39 216 | 8 636 | 41 304 | 9 392 | 43 392 | 10 169 | 45 516 | 10 979 |
| 39 252 | 8 649 | 41 340 | 9 406 | 43 428 | 10 182 | | |
| 39 288 | 8 662 | 41 376 | 9 419 | 43 464 | 10 196 | 45 552 | 10 993 |
| 39 324 | 8 675 | 41 412 | 9 432 | 43 500 | 10 210 | 45 588 | 11 007 |
| 39 360 | 8 688 | 41 448 | 9 445 | 43 536 | 10 223 | 45 624 | 11 021 |
| 39 396 | 8 700 | 41 484 | 9 459 | 43 572 | 10 237 | 45 660 | 11 035 |
| | | 41 520 | 9 472 | 43 608 | 10 250 | 45 696 | 11 049 |
| 39 432 | 8 713 | 41 556 | 9 485 | 43 644 | 10 264 | 45 732 | 11 063 |
| 39 468 | 8 726 | | | 43 680 | 10 277 | 45 768 | 11 077 |
| 39 504 | 8 739 | 41 592 | 9 498 | 43 716 | 10 291 | 45 804 | 11 090 |
| 39 540 | 8 752 | 41 628 | 9 512 | | | 45 840 | 11 104 |
| 39 576 | 8 765 | 41 664 | 9 525 | 43 752 | 10 305 | 45 876 | 11 118 |
| 39 612 | 8 778 | 41 700 | 9 538 | 43 788 | 10 318 | | |
| 39 648 | 8 791 | 41 736 | 9 551 | 43 824 | 10 332 | 45 912 | 11 132 |
| 39 684 | 8 804 | 41 772 | 9 565 | 43 860 | 10 346 | 45 948 | 11 146 |
| 39 720 | 8 817 | 41 808 | 9 578 | 43 896 | 10 359 | 45 984 | 11 160 |
| 39 756 | 8 830 | 41 844 | 9 591 | 43 932 | 10 373 | 46 020 | 11 174 |
| | | 41 880 | 9 605 | 43 968 | 10 387 | 46 056 | 11 188 |
| 39 792 | 8 843 | 41 916 | 9 618 | 44 004 | 10 400 | 46 092 | 11 202 |
| 39 828 | 8 856 | | | 44 040 | 10 414 | 46 128 | 11 216 |
| 39 864 | 8 869 | 41 952 | 9 631 | 44 076 | 10 427 | 46 164 | 11 230 |
| 39 900 | 8 882 | 41 988 | 9 645 | | | 46 200 | 11 244 |
| 39 936 | 8 895 | 42 024 | 9 658 | 44 112 | 10 441 | 46 236 | 11 258 |
| 39 972 | 8 908 | 42 060 | 9 671 | 44 148 | 10 455 | | |
| 40 008 | 8 921 | 42 096 | 9 685 | 44 184 | 10 469 | 46 272 | 11 272 |
| 40 044 | 8 934 | 42 132 | 9 698 | 44 220 | 10 482 | 46 308 | 11 286 |
| 40 080 | 8 947 | 42 168 | 9 711 | 44 256 | 10 496 | 46 344 | 11 300 |
| 40 116 | 8 960 | 42 204 | 9 725 | 44 292 | 10 510 | 46 380 | 11 315 |
| | | 42 240 | 9 738 | 44 328 | 10 523 | 46 416 | 11 329 |
| 40 152 | 8 973 | 42 276 | 9 751 | 44 364 | 10 537 | 46 452 | 11 343 |
| 40 188 | 8 986 | | | 44 400 | 10 551 | 46 488 | 11 357 |
| 40 224 | 8 999 | 42 312 | 9 765 | 44 436 | 10 564 | 46 524 | 11 371 |
| 40 260 | 9 012 | 42 348 | 9 778 | | | 46 560 | 11 385 |
| 40 296 | 9 025 | 42 384 | 9 792 | 44 472 | 10 578 | 46 596 | 11 399 |
| 40 332 | 9 038 | 42 420 | 9 805 | 44 508 | 10 592 | | |
| 40 368 | 9 051 | 42 456 | 9 818 | 44 544 | 10 606 | 46 632 | 11 413 |
| 40 404 | 9 064 | 42 492 | 9 832 | 44 580 | 10 619 | 46 668 | 11 427 |
| 40 440 | 9 077 | 42 528 | 9 845 | 44 616 | 10 633 | 46 704 | 11 441 |
| 40 476 | 9 090 | 42 564 | 9 859 | 44 652 | 10 647 | 46 740 | 11 455 |
| | | 42 600 | 9 872 | 44 688 | 10 661 | 46 776 | 11 469 |
| 40 512 | 9 103 | 42 636 | 9 885 | 44 724 | 10 675 | 46 812 | 11 484 |
| 40 548 | 9 116 | | | 44 760 | 10 688 | 46 848 | 11 498 |
| 40 584 | 9 129 | 42 672 | 9 899 | 44 796 | 10 702 | 46 884 | 11 512 |
| 40 620 | 9 142 | 42 708 | 9 912 | | | 46 920 | 11 526 |
| 40 656 | 9 156 | 42 744 | 9 926 | 44 832 | 10 716 | 46 956 | 11 540 |
| 40 692 | 9 169 | 42 780 | 9 939 | 44 868 | 10 730 | | |
| 40 728 | 9 182 | 42 816 | 9 953 | 44 904 | 10 743 | 46 992 | 11 554 |
| 40 764 | 9 195 | 42 852 | 9 966 | 44 940 | 10 757 | 47 028 | 11 568 |
| 40 800 | 9 208 | 42 888 | 9 980 | 44 976 | 10 771 | 47 064 | 11 583 |
| 40 836 | 9 221 | 42 924 | 9 993 | 45 012 | 10 785 | 47 100 | 11 597 |
| | | 42 960 | 10 007 | 45 048 | 10 799 | 47 136 | 11 611 |
| 40 872 | 9 234 | 42 996 | 10 020 | 45 084 | 10 813 | 47 172 | 11 625 |
| 40 908 | 9 247 | | | 45 120 | 10 826 | 47 208 | 11 639 |
| 40 944 | 9 261 | 43 032 | 10 034 | 45 156 | 10 840 | 47 244 | 11 653 |
| 40 980 | 9 274 | 43 068 | 10 047 | | | 47 280 | 11 668 |
| 41 016 | 9 287 | 43 104 | 10 061 | 45 192 | 10 854 | 47 316 | 11 682 |
| 41 052 | 9 300 | 43 140 | 10 074 | 45 228 | 10 868 | | |
| 41 088 | 9 313 | 43 176 | 10 088 | 45 264 | 10 882 | 47 352 | 11 696 |
| 41 124 | 9 326 | 43 212 | 10 101 | 45 300 | 10 896 | 47 388 | 11 710 |
| 41 160 | 9 340 | 43 248 | 10 115 | 45 336 | 10 910 | 47 424 | 11 724 |

## VIII. (1) Einkommensteuer-Grundtabelle 2015

| Zu versteuerndes Einkommen in € | Einkommensteuer in € | Zu versteuerndes Einkommen in € | Einkommensteuer in € | Zu versteuerndes Einkommen in € | Einkommensteuer in € | Zu versteuerndes Einkommen in € | Einkommensteuer in € |
|---|---|---|---|---|---|---|---|
| 47 460 | 11 739 | 49 548 | 12 574 | 51 672 | 13 444 | 53 796 | 14 333 |
| 47 496 | 11 753 | 49 584 | 12 588 | 51 708 | 13 459 |  |  |
| 47 532 | 11 767 | 49 620 | 12 603 | 51 744 | 13 474 | 53 832 | 14 348 |
| 47 568 | 11 781 | 49 656 | 12 618 | 51 780 | 13 489 | 53 868 | 14 363 |
| 47 604 | 11 796 | 49 692 | 12 632 | 51 816 | 13 504 | 53 904 | 14 378 |
| 47 640 | 11 810 | 49 728 | 12 647 | 51 852 | 13 519 | 53 940 | 14 393 |
| 47 676 | 11 824 | 49 764 | 12 661 | 51 888 | 13 533 | 53 976 | 14 408 |
|  |  | 49 800 | 12 676 | 51 924 | 13 548 | 54 012 | 14 423 |
| 47 712 | 11 838 | 49 836 | 12 691 | 51 960 | 13 563 | 54 048 | 14 438 |
| 47 748 | 11 853 |  |  | 51 996 | 13 578 | 54 084 | 14 453 |
| 47 784 | 11 867 |  |  |  |  | 54 120 | 14 469 |
| 47 820 | 11 881 | 49 872 | 12 705 |  |  | 54 156 | 14 484 |
| 47 856 | 11 896 | 49 908 | 12 720 | 52 032 | 13 593 |  |  |
| 47 892 | 11 910 | 49 944 | 12 734 | 52 068 | 13 608 |  |  |
| 47 928 | 11 924 | 49 980 | 12 749 | 52 104 | 13 623 | 54 192 | 14 499 |
| 47 964 | 11 938 | 50 016 | 12 764 | 52 140 | 13 638 | 54 228 | 14 514 |
| 48 000 | 11 953 | 50 052 | 12 778 | 52 176 | 13 653 | 54 264 | 14 529 |
| 48 036 | 11 967 | 50 088 | 12 793 | 52 212 | 13 668 | 54 300 | 14 544 |
|  |  | 50 124 | 12 808 | 52 248 | 13 683 | 54 336 | 14 559 |
|  |  | 50 160 | 12 822 | 52 284 | 13 698 | 54 372 | 14 574 |
| 48 072 | 11 981 | 50 196 | 12 837 | 52 320 | 13 713 | 54 408 | 14 590 |
| 48 108 | 11 996 |  |  | 52 356 | 13 728 | 54 444 | 14 605 |
| 48 144 | 12 010 | 50 232 | 12 852 |  |  | 54 480 | 14 620 |
| 48 180 | 12 024 | 50 268 | 12 866 | 52 392 | 13 743 | 54 516 | 14 635 |
| 48 216 | 12 039 | 50 304 | 12 881 | 52 428 | 13 758 |  |  |
| 48 252 | 12 053 | 50 340 | 12 896 | 52 464 | 13 774 | 54 552 | 14 650 |
| 48 288 | 12 067 | 50 376 | 12 911 | 52 500 | 13 789 | 54 588 | 14 665 |
| 48 324 | 12 082 | 50 412 | 12 925 | 52 536 | 13 804 | 54 624 | 14 680 |
| 48 360 | 12 096 | 50 448 | 12 940 | 52 572 | 13 819 | 54 660 | 14 695 |
| 48 396 | 12 111 | 50 484 | 12 955 | 52 608 | 13 834 | 54 696 | 14 711 |
|  |  | 50 520 | 12 969 | 52 644 | 13 849 | 54 732 | 14 726 |
| 48 432 | 12 125 | 50 556 | 12 984 | 52 680 | 13 864 | 54 768 | 14 741 |
| 48 468 | 12 139 |  |  | 52 716 | 13 879 | 54 804 | 14 756 |
| 48 504 | 12 154 |  |  |  |  | 54 840 | 14 771 |
| 48 540 | 12 168 | 50 592 | 12 999 |  |  | 54 876 | 14 786 |
| 48 576 | 12 183 | 50 628 | 13 014 | 52 752 | 13 894 |  |  |
| 48 612 | 12 197 | 50 664 | 13 028 | 52 788 | 13 909 |  |  |
| 48 648 | 12 211 | 50 700 | 13 043 | 52 824 | 13 924 | 54 912 | 14 801 |
| 48 684 | 12 226 | 50 736 | 13 058 | 52 860 | 13 939 | 54 948 | 14 816 |
| 48 720 | 12 240 | 50 772 | 13 073 | 52 896 | 13 955 | 54 984 | 14 831 |
| 48 756 | 12 255 | 50 808 | 13 087 | 52 932 | 13 970 | 55 020 | 14 847 |
|  |  | 50 844 | 13 102 | 52 968 | 13 985 | 55 056 | 14 862 |
|  |  | 50 880 | 13 117 | 53 004 | 14 000 | 55 092 | 14 877 |
| 48 792 | 12 269 | 50 916 | 13 132 | 53 040 | 14 015 | 55 128 | 14 892 |
| 48 828 | 12 284 |  |  | 53 076 | 14 030 | 55 164 | 14 907 |
| 48 864 | 12 298 | 50 952 | 13 147 |  |  | 55 200 | 14 922 |
| 48 900 | 12 312 | 50 988 | 13 161 | 53 112 | 14 045 | 55 236 | 14 937 |
| 48 936 | 12 327 | 51 024 | 13 176 | 53 148 | 14 060 |  |  |
| 48 972 | 12 341 | 51 060 | 13 191 | 53 184 | 14 075 | 55 272 | 14 952 |
| 49 008 | 12 356 | 51 096 | 13 206 | 53 220 | 14 091 | 55 308 | 14 968 |
| 49 044 | 12 370 | 51 132 | 13 221 | 53 256 | 14 106 | 55 344 | 14 983 |
| 49 080 | 12 385 | 51 168 | 13 236 | 53 292 | 14 121 | 55 380 | 14 998 |
| 49 116 | 12 399 | 51 204 | 13 250 | 53 328 | 14 136 | 55 416 | 15 013 |
|  |  | 51 240 | 13 265 | 53 364 | 14 151 | 55 452 | 15 028 |
| 49 152 | 12 414 | 51 276 | 13 280 | 53 400 | 14 166 | 55 488 | 15 043 |
| 49 188 | 12 428 |  |  | 53 436 | 14 181 | 55 524 | 15 058 |
| 49 224 | 12 443 |  |  |  |  | 55 560 | 15 073 |
| 49 260 | 12 457 | 51 312 | 13 295 |  |  | 55 596 | 15 089 |
| 49 296 | 12 472 | 51 348 | 13 310 | 53 472 | 14 196 |  |  |
| 49 332 | 12 486 | 51 384 | 13 325 | 53 508 | 14 212 |  |  |
| 49 368 | 12 501 | 51 420 | 13 340 | 53 544 | 14 227 | 55 632 | 15 104 |
| 49 404 | 12 516 | 51 456 | 13 354 | 53 580 | 14 242 | 55 668 | 15 119 |
| 49 440 | 12 530 | 51 492 | 13 369 | 53 616 | 14 257 | 55 704 | 15 134 |
| 49 476 | 12 545 | 51 528 | 13 384 | 53 652 | 14 272 | 55 740 | 15 149 |
|  |  | 51 564 | 13 399 | 53 688 | 14 287 | 55 776 | 15 164 |
|  |  | 51 600 | 13 414 | 53 724 | 14 302 | 55 812 | 15 179 |
| 49 512 | 12 559 | 51 636 | 13 429 | 53 760 | 14 317 | 55 848 | 15 194 |

## VIII. (1) Einkommensteuer-Grundtabelle 2015

| Zu versteuerndes Einkommen in € | Einkommensteuer in € | Zu versteuerndes Einkommen in € | Einkommensteuer in € | Zu versteuerndes Einkommen in € | Einkommensteuer in € | Zu versteuerndes Einkommen in € | Einkommensteuer in € |
|---|---|---|---|---|---|---|---|
| 55 884 | 15 209 | 57 972 | 16 086 | 60 060 | 16 963 | 62 148 | 17 840 |
| 55 920 | 15 225 | 58 008 | 16 102 | 60 096 | 16 979 | 62 184 | 17 855 |
| 55 956 | 15 240 | 58 044 | 16 117 | 60 132 | 16 994 | 62 220 | 17 871 |
|  |  | 58 080 | 16 132 | 60 168 | 17 009 | 62 256 | 17 886 |
| 55 992 | 15 255 | 58 116 | 16 147 | 60 204 | 17 024 | 62 292 | 17 901 |
| 56 028 | 15 270 |  |  | 60 240 | 17 039 | 62 328 | 17 916 |
| 56 064 | 15 285 | 58 152 | 16 162 | 60 276 | 17 054 | 62 364 | 17 931 |
| 56 100 | 15 300 | 58 188 | 16 177 |  |  | 62 400 | 17 946 |
| 56 136 | 15 315 | 58 224 | 16 192 | 60 312 | 17 069 | 62 436 | 17 961 |
| 56 172 | 15 330 | 58 260 | 16 207 | 60 348 | 17 084 |  |  |
| 56 208 | 15 346 | 58 296 | 16 223 | 60 384 | 17 099 | 62 472 | 17 976 |
| 56 244 | 15 361 | 58 332 | 16 238 | 60 420 | 17 115 | 62 508 | 17 992 |
| 56 280 | 15 376 | 58 368 | 16 253 | 60 456 | 17 130 | 62 544 | 18 007 |
| 56 316 | 15 391 | 58 404 | 16 268 | 60 492 | 17 145 | 62 580 | 18 022 |
|  |  | 58 440 | 16 283 | 60 528 | 17 160 | 62 616 | 18 037 |
| 56 352 | 15 406 | 58 476 | 16 298 | 60 564 | 17 175 | 62 652 | 18 052 |
| 56 388 | 15 421 |  |  | 60 600 | 17 190 | 62 688 | 18 067 |
| 56 424 | 15 436 | 58 512 | 16 313 | 60 636 | 17 205 | 62 724 | 18 082 |
| 56 460 | 15 451 | 58 548 | 16 328 |  |  | 62 760 | 18 097 |
| 56 496 | 15 467 | 58 584 | 16 343 | 60 672 | 17 220 | 62 796 | 18 113 |
| 56 532 | 15 482 | 58 620 | 16 359 | 60 708 | 17 236 |  |  |
| 56 568 | 15 497 | 58 656 | 16 374 | 60 744 | 17 251 | 62 832 | 18 128 |
| 56 604 | 15 512 | 58 692 | 16 389 | 60 780 | 17 266 | 62 868 | 18 143 |
| 56 640 | 15 527 | 58 728 | 16 404 | 60 816 | 17 281 | 62 904 | 18 158 |
| 56 676 | 15 542 | 58 764 | 16 419 | 60 852 | 17 296 | 62 940 | 18 173 |
|  |  | 58 800 | 16 434 | 60 888 | 17 311 | 62 976 | 18 188 |
| 56 712 | 15 557 | 58 836 | 16 449 | 60 924 | 17 326 | 63 012 | 18 203 |
| 56 748 | 15 572 |  |  | 60 960 | 17 341 | 63 048 | 18 218 |
| 56 784 | 15 587 | 58 872 | 16 464 | 60 996 | 17 357 | 63 084 | 18 233 |
| 56 820 | 15 603 | 58 908 | 16 480 |  |  | 63 120 | 18 249 |
| 56 856 | 15 618 | 58 944 | 16 495 | 61 032 | 17 372 | 63 156 | 18 264 |
| 56 892 | 15 633 | 58 980 | 16 510 | 61 068 | 17 387 |  |  |
| 56 928 | 15 648 | 59 016 | 16 525 | 61 104 | 17 402 | 63 192 | 18 279 |
| 56 964 | 15 663 | 59 052 | 16 540 | 61 140 | 17 417 | 63 228 | 18 294 |
| 57 000 | 15 678 | 59 088 | 16 555 | 61 176 | 17 432 | 63 264 | 18 309 |
| 57 036 | 15 693 | 59 124 | 16 570 | 61 212 | 17 447 | 63 300 | 18 324 |
|  |  | 59 160 | 16 585 | 61 248 | 17 462 | 63 336 | 18 339 |
| 57 072 | 15 708 | 59 196 | 16 601 | 61 284 | 17 477 | 63 372 | 18 354 |
| 57 108 | 15 724 |  |  | 61 320 | 17 493 | 63 408 | 18 370 |
| 57 144 | 15 739 | 59 232 | 16 616 | 61 356 | 17 508 | 63 444 | 18 385 |
| 57 180 | 15 754 | 59 268 | 16 631 |  |  | 63 480 | 18 400 |
| 57 216 | 15 769 | 59 304 | 16 646 | 61 392 | 17 523 | 63 516 | 18 415 |
| 57 252 | 15 784 | 59 340 | 16 661 | 61 428 | 17 538 |  |  |
| 57 288 | 15 799 | 59 376 | 16 676 | 61 464 | 17 553 | 63 552 | 18 430 |
| 57 324 | 15 814 | 59 412 | 16 691 | 61 500 | 17 568 | 63 588 | 18 445 |
| 57 360 | 15 829 | 59 448 | 16 706 | 61 536 | 17 583 | 63 624 | 18 460 |
| 57 396 | 15 845 | 59 484 | 16 721 | 61 572 | 17 598 | 63 660 | 18 475 |
|  |  | 59 520 | 16 737 | 61 608 | 17 614 | 63 696 | 18 491 |
| 57 432 | 15 860 | 59 556 | 16 752 | 61 644 | 17 629 | 63 732 | 18 506 |
| 57 468 | 15 875 |  |  | 61 680 | 17 644 | 63 768 | 18 521 |
| 57 504 | 15 890 | 59 592 | 16 767 | 61 716 | 17 659 | 63 804 | 18 536 |
| 57 540 | 15 905 | 59 628 | 16 782 |  |  | 63 840 | 18 551 |
| 57 576 | 15 920 | 59 664 | 16 797 | 61 752 | 17 674 | 63 876 | 18 566 |
| 57 612 | 15 935 | 59 700 | 16 812 | 61 788 | 17 689 |  |  |
| 57 648 | 15 950 | 59 736 | 16 827 | 61 824 | 17 704 | 63 912 | 18 581 |
| 57 684 | 15 965 | 59 772 | 16 842 | 61 860 | 17 719 | 63 948 | 18 596 |
| 57 720 | 15 981 | 59 808 | 16 858 | 61 896 | 17 735 | 63 984 | 18 611 |
| 57 756 | 15 996 | 59 844 | 16 873 | 61 932 | 17 750 | 64 020 | 18 627 |
|  |  | 59 880 | 16 888 | 61 968 | 17 765 | 64 056 | 18 642 |
| 57 792 | 16 011 | 59 916 | 16 903 | 62 004 | 17 780 | 64 092 | 18 657 |
| 57 828 | 16 026 |  |  | 62 040 | 17 795 | 64 128 | 18 672 |
| 57 864 | 16 041 | 59 952 | 16 918 | 62 076 | 17 810 | 64 164 | 18 687 |
| 57 900 | 16 056 | 59 988 | 16 933 |  |  | 64 200 | 18 702 |
| 57 936 | 16 071 | 60 024 | 16 948 | 62 112 | 17 825 | 64 236 | 18 717 |

VIII. (1) Einkommensteuer-Grundtabelle 2015

| Zu versteuerndes Einkommen in € | Einkommensteuer in € | Zu versteuerndes Einkommen in € | Einkommensteuer in € | Zu versteuerndes Einkommen in € | Einkommensteuer in € | Zu versteuerndes Einkommen in € | Einkommensteuer in € |
|---|---|---|---|---|---|---|---|
| 64 272 | 18 732 | 66 072 | 19 488 | 67 872 | 20 244 | 69 672 | 21 000 |
| 64 308 | 18 748 | 66 108 | 19 504 | 67 908 | 20 260 | 69 708 | 21 016 |
| 64 344 | 18 763 | 66 144 | 19 519 | 67 944 | 20 275 | 69 744 | 21 031 |
| 64 380 | 18 778 | 66 180 | 19 534 | 67 980 | 20 290 | 69 780 | 21 046 |
| 64 416 | 18 793 | 66 216 | 19 549 | 68 016 | 20 305 | 69 816 | 21 061 |
| 64 452 | 18 808 | 66 252 | 19 564 | 68 052 | 20 320 | 69 852 | 21 076 |
| 64 488 | 18 823 | 66 288 | 19 579 | 68 088 | 20 335 | 69 888 | 21 091 |
| 64 524 | 18 838 | 66 324 | 19 594 | 68 124 | 20 350 | 69 924 | 21 106 |
| 64 560 | 18 853 | 66 360 | 19 609 | 68 160 | 20 365 | 69 960 | 21 121 |
| 64 596 | 18 869 | 66 396 | 19 625 | 68 196 | 20 381 | 69 996 | 21 137 |
| 64 632 | 18 884 | 66 432 | 19 640 | 68 232 | 20 396 | 70 032 | 21 152 |
| 64 668 | 18 899 | 66 468 | 19 655 | 68 268 | 20 411 | 70 068 | 21 167 |
| 64 704 | 18 914 | 66 504 | 19 670 | 68 304 | 20 426 | 70 104 | 21 182 |
| 64 740 | 18 929 | 66 540 | 19 685 | 68 340 | 20 441 | 70 140 | 21 197 |
| 64 776 | 18 944 | 66 576 | 19 700 | 68 376 | 20 456 | 70 176 | 21 212 |
| 64 812 | 18 959 | 66 612 | 19 715 | 68 412 | 20 471 | 70 212 | 21 227 |
| 64 848 | 18 974 | 66 648 | 19 730 | 68 448 | 20 486 | 70 248 | 21 242 |
| 64 884 | 18 989 | 66 684 | 19 745 | 68 484 | 20 501 | 70 284 | 21 257 |
| 64 920 | 19 005 | 66 720 | 19 761 | 68 520 | 20 517 | 70 320 | 21 273 |
| 64 956 | 19 020 | 66 756 | 19 776 | 68 556 | 20 532 | 70 356 | 21 288 |
| 64 992 | 19 035 | 66 792 | 19 791 | 68 592 | 20 547 | 70 392 | 21 303 |
| 65 028 | 19 050 | 66 828 | 19 806 | 68 628 | 20 562 | 70 428 | 21 318 |
| 65 064 | 19 065 | 66 864 | 19 821 | 68 664 | 20 577 | 70 464 | 21 333 |
| 65 100 | 19 080 | 66 900 | 19 836 | 68 700 | 20 592 | 70 500 | 21 348 |
| 65 136 | 19 095 | 66 936 | 19 851 | 68 736 | 20 607 | 70 536 | 21 363 |
| 65 172 | 19 110 | 66 972 | 19 866 | 68 772 | 20 622 | 70 572 | 21 378 |
| 65 208 | 19 126 | 67 008 | 19 882 | 68 808 | 20 638 | 70 608 | 21 394 |
| 65 244 | 19 141 | 67 044 | 19 897 | 68 844 | 20 653 | 70 644 | 21 409 |
| 65 280 | 19 156 | 67 080 | 19 912 | 68 880 | 20 668 | 70 680 | 21 424 |
| 65 316 | 19 171 | 67 116 | 19 927 | 68 916 | 20 683 | 70 716 | 21 439 |
| 65 352 | 19 186 | 67 152 | 19 942 | 68 952 | 20 698 | 70 752 | 21 454 |
| 65 388 | 19 201 | 67 188 | 19 957 | 68 988 | 20 713 | 70 788 | 21 469 |
| 65 424 | 19 216 | 67 224 | 19 972 | 69 024 | 20 728 | 70 824 | 21 484 |
| 65 460 | 19 231 | 67 260 | 19 987 | 69 060 | 20 743 | 70 860 | 21 499 |
| 65 496 | 19 247 | 67 296 | 20 003 | 69 096 | 20 759 | 70 896 | 21 515 |
| 65 532 | 19 262 | 67 332 | 20 018 | 69 132 | 20 774 | 70 932 | 21 530 |
| 65 568 | 19 277 | 67 368 | 20 033 | 69 168 | 20 789 | 70 968 | 21 545 |
| 65 604 | 19 292 | 67 404 | 20 048 | 69 204 | 20 804 | 71 004 | 21 560 |
| 65 640 | 19 307 | 67 440 | 20 063 | 69 240 | 20 819 | 71 040 | 21 575 |
| 65 676 | 19 322 | 67 476 | 20 078 | 69 276 | 20 834 | 71 076 | 21 590 |
| 65 712 | 19 337 | 67 512 | 20 093 | 69 312 | 20 849 | 71 112 | 21 605 |
| 65 748 | 19 352 | 67 548 | 20 108 | 69 348 | 20 864 | 71 148 | 21 620 |
| 65 784 | 19 367 | 67 584 | 20 123 | 69 384 | 20 879 | 71 184 | 21 635 |
| 65 820 | 19 383 | 67 620 | 20 139 | 69 420 | 20 895 | 71 220 | 21 651 |
| 65 856 | 19 398 | 67 656 | 20 154 | 69 456 | 20 910 | 71 256 | 21 666 |
| 65 892 | 19 413 | 67 692 | 20 169 | 69 492 | 20 925 | 71 292 | 21 681 |
| 65 928 | 19 428 | 67 728 | 20 184 | 69 528 | 20 940 | 71 328 | 21 696 |
| 65 964 | 19 443 | 67 764 | 20 199 | 69 564 | 20 955 | 71 364 | 21 711 |
| 66 000 | 19 458 | 67 800 | 20 214 | 69 600 | 20 970 | 71 400 | 21 726 |
| 66 036 | 19 473 | 67 836 | 20 229 | 69 636 | 20 985 | 71 436 | 21 741 |

**Anmerkung der Redaktion:**
Für zu versteuernde Einkommensbeträge zwischen 71 437 € und 250 730 €, die nach der Grundtabelle zu versteuern sind, beläuft sich die Einkommensteuer auf den um 8 261,29 € verminderten Betrag von 42 % des abgerundeten zu versteuernden Einkommensbetrags. Vgl. § 32a Abs. 1 EStG i. d. F. des Art. 1 Nr. 3 des Gesetzes zur Anhebung des Grundfreibetrags, des Kinderfreibetrags, des Kindergeldes und des Kinderzuschlags v. 16. 7. 2015 (BGBl I S. 1202).

## VIII. (1) Einkommensteuer-Grundtabelle 2015

Für zu versteuernde Einkommensbeträge von 250 731 € an, die nach der Grundtabelle zu versteuern sind, beläuft sich die Einkommensteuer nach einer weiteren, ab 2007 eingeführten Tarifstufe (hier nur auszugsweise Werte bis 257 895 €) auf den um 15 783,19 € verminderten Betrag von 45 % des abgerundeten zu versteuernden Einkommensbetrags. Vgl. § 32a Abs. 1 Satz 2 Nr. 5 EStG i. d. F. des Art. 1 Nr. 3 des Gesetzes zur Anhebung des Grundfreibetrags, des Kinderfreibetrags, des Kindergeldes und des Kinderzuschlags v. 16. 7. 2015 (BGBl I S. 1202).

| Zu versteuerndes Einkommen in € | Einkommensteuer in € | Zu versteuerndes Einkommen in € | Einkommensteuer in € | Zu versteuerndes Einkommen in € | Einkommensteuer in € | Zu versteuerndes Einkommen in € | Einkommensteuer in € |
|---|---|---|---|---|---|---|---|
| 250 731 | 97 045 | 252 531 | 97 855 | 254 331 | 98 665 | 256 131 | 99 475 |
| 250 767 | 97 061 | 252 567 | 97 871 | 254 367 | 98 681 | 256 167 | 99 491 |
| 250 803 | 97 078 | 252 603 | 97 888 | 254 403 | 98 698 | 256 203 | 99 508 |
| 250 839 | 97 094 | 252 639 | 97 904 | 254 439 | 98 714 | 256 239 | 99 524 |
| 250 875 | 97 110 | 252 675 | 97 920 | 254 475 | 98 730 | 256 275 | 99 540 |
| 250 911 | 97 126 | 252 711 | 97 936 | 254 511 | 98 746 | 256 311 | 99 556 |
| 250 947 | 97 142 | 252 747 | 97 952 | 254 547 | 98 762 | 256 347 | 99 572 |
| 250 983 | 97 159 | 252 783 | 97 969 | 254 583 | 98 779 | 256 383 | 99 589 |
| 251 019 | 97 175 | 252 819 | 97 985 | 254 619 | 98 795 | 256 419 | 99 605 |
| 251 055 | 97 191 | 252 855 | 98 001 | 254 655 | 98 811 | 256 455 | 99 621 |
| 251 091 | 97 207 | 252 891 | 98 017 | 254 691 | 98 827 | 256 491 | 99 637 |
| 251 127 | 97 223 | 252 927 | 98 033 | 254 727 | 98 843 | 256 527 | 99 653 |
| 251 163 | 97 240 | 252 963 | 98 050 | 254 763 | 98 860 | 256 563 | 99 670 |
| 251 199 | 97 256 | 252 999 | 98 066 | 254 799 | 98 876 | 256 599 | 99 686 |
| 251 235 | 97 272 | 253 035 | 98 082 | 254 835 | 98 892 | 256 635 | 99 702 |
| 251 271 | 97 288 | 253 071 | 98 098 | 254 871 | 98 908 | 256 671 | 99 718 |
| 251 307 | 97 304 | 253 107 | 98 114 | 254 907 | 98 924 | 256 707 | 99 734 |
| 251 343 | 97 321 | 253 143 | 98 131 | 254 943 | 98 941 | 256 743 | 99 751 |
| 251 379 | 97 337 | 253 179 | 98 147 | 254 979 | 98 957 | 256 779 | 99 767 |
| 251 415 | 97 353 | 253 215 | 98 163 | 255 015 | 98 973 | 256 815 | 99 783 |
| 251 451 | 97 369 | 253 251 | 98 179 | 255 051 | 98 989 | 256 851 | 99 799 |
| 251 487 | 97 385 | 253 287 | 98 195 | 255 087 | 99 005 | 256 887 | 99 815 |
| 251 523 | 97 402 | 253 323 | 98 212 | 255 123 | 99 022 | 256 923 | 99 832 |
| 251 559 | 97 418 | 253 359 | 98 228 | 255 159 | 99 038 | 256 959 | 99 848 |
| 251 595 | 97 434 | 253 395 | 98 244 | 255 195 | 99 054 | 256 995 | 99 864 |
| 251 631 | 97 450 | 253 431 | 98 260 | 255 231 | 99 070 | 257 031 | 99 880 |
| 251 667 | 97 466 | 253 467 | 98 276 | 255 267 | 99 086 | 257 067 | 99 896 |
| 251 703 | 97 483 | 253 503 | 98 293 | 255 303 | 99 103 | 257 103 | 99 913 |
| 251 739 | 97 499 | 253 539 | 98 309 | 255 339 | 99 119 | 257 139 | 99 929 |
| 251 775 | 97 515 | 253 575 | 98 325 | 255 375 | 99 135 | 257 175 | 99 945 |
| 251 811 | 97 531 | 253 611 | 98 341 | 255 411 | 99 151 | 257 211 | 99 961 |
| 251 847 | 97 547 | 253 647 | 98 357 | 255 447 | 99 167 | 257 247 | 99 977 |
| 251 883 | 97 564 | 253 683 | 98 374 | 255 483 | 99 184 | 257 283 | 99 994 |
| 251 919 | 97 580 | 253 719 | 98 390 | 255 519 | 99 200 | 257 319 | 100 010 |
| 251 955 | 97 596 | 253 755 | 98 406 | 255 555 | 99 216 | 257 355 | 100 026 |
| 251 991 | 97 612 | 253 791 | 98 422 | 255 591 | 99 232 | 257 391 | 100 042 |
| 252 027 | 97 628 | 253 827 | 98 438 | 255 627 | 99 248 | 257 427 | 100 058 |
| 252 063 | 97 645 | 253 863 | 98 455 | 255 663 | 99 265 | 257 463 | 100 075 |
| 252 099 | 97 661 | 253 899 | 98 471 | 255 699 | 99 281 | 257 499 | 100 091 |
| 252 135 | 97 677 | 253 935 | 98 487 | 255 735 | 99 297 | 257 535 | 100 107 |
| 252 171 | 97 693 | 253 971 | 98 503 | 255 771 | 99 313 | 257 571 | 100 123 |
| 252 207 | 97 709 | 254 007 | 98 519 | 255 807 | 99 329 | 257 607 | 100 139 |
| 252 243 | 97 726 | 254 043 | 98 536 | 255 843 | 99 346 | 257 643 | 100 156 |
| 252 279 | 97 742 | 254 079 | 98 552 | 255 879 | 99 362 | 257 679 | 100 172 |
| 252 315 | 97 758 | 254 115 | 98 568 | 255 915 | 99 378 | 257 715 | 100 188 |
| 252 351 | 97 774 | 254 151 | 98 584 | 255 951 | 99 394 | 257 751 | 100 204 |
| 252 387 | 97 790 | 254 187 | 98 600 | 255 987 | 99 410 | 257 787 | 100 220 |
| 252 423 | 97 807 | 254 223 | 98 617 | 256 023 | 99 427 | 257 823 | 100 237 |
| 252 459 | 97 823 | 254 259 | 98 633 | 256 059 | 99 443 | 257 859 | 100 253 |
| 252 495 | 97 839 | 254 295 | 98 649 | 256 095 | 99 459 | 257 895 | 100 269 |

## VIII. (2) Einkommensteuer-Splittingtabelle 2015

Seit dem Jahr 2004 wird die Einkommensteuer nach dem auf den nächsten vollen Euro-Betrag abgerundeten zu versteuernden Einkommen berechnet. Der stufenlose Steuertarif hat zur Folge, dass einerseits Einkommensteuertabellen im herkömmlichen Sinn mit Tabellenstufen von 72 Euro, die vom Bundesfinanzministerium zuletzt für die Jahre 2002/2003 erstellt und veröffentlicht worden sind, nicht mehr zur Verfügung stehen, andererseits jeden Einzelwert einbeziehende Einkommensteuertabellen aus Umfangsgründen nicht mehr möglich sind.

Die nichtamtliche, ohne Gewähr wiedergegebene Einkommensteuer-Splittingtabelle 2015, gültig für den Veranlagungszeitraum 2015, wurde auf Basis der vorgegebenen Berechnungsgrundlagen in § 32a Abs. 1, 5 EStG i. d. F. des Art. 1 Nr. 3 des Gesetzes zur Anhebung des Grundfreibetrags, des Kinderfreibetrags, des Kindergeldes und des Kinderzuschlags v. 16. 7. 2015 (BGBl I S. 1202) erstellt und gibt für die ausgewiesenen zu versteuernden Einkommen die entsprechende Einkommensteuer an. Für Werte, die zwischen bzw. über den ausgewiesenen zu versteuernden Einkommen liegen, kann die Einkommensteuer annäherungsweise geschätzt bzw. elektronisch, z. B. mit Hilfe der CD-ROM Kompakt-Rechner LSt & ESt 2016 (Verlags-Nr. 69186), berechnet werden. Dieses Programm berücksichtigt die für den Veranlagungszeitraum 2015 geltende Rechtslage und bietet neben allen Tabellen zur Lohn- und Einkommensteuer (seit 2002) u. v. a. die Möglichkeit der Nettolohn-Berechnung. Die Einkommensteuer-Grundtabelle 2015 ist wiedergegeben auf S. 583 ff.

| Zu versteuerndes Einkommen in € | Einkommensteuer in € | Zu versteuerndes Einkommen in € | Einkommensteuer in € | Zu versteuerndes Einkommen in € | Einkommensteuer in € | Zu versteuerndes Einkommen in € | Einkommensteuer in € |
|---|---|---|---|---|---|---|---|
| 16 945 | 0 | 19 681 | 420 | 22 345 | 900 | 25 009 | 1 452 |
| 17 017 | 10 | 19 753 | 432 | 22 417 | 914 | 25 081 | 1 468 |
| 17 089 | 20 | | | 22 489 | 928 | 25 153 | 1 484 |
| 17 161 | 30 | 19 825 | 444 | 22 561 | 942 | 25 225 | 1 500 |
| 17 233 | 40 | 19 897 | 456 | 22 633 | 956 | 25 297 | 1 516 |
| 17 305 | 50 | 19 969 | 468 | | | 25 369 | 1 532 |
| 17 377 | 60 | 20 041 | 480 | 22 705 | 972 | 25 441 | 1 548 |
| 17 449 | 70 | 20 113 | 492 | 22 777 | 986 | 25 513 | 1 564 |
| 17 521 | 82 | 20 185 | 506 | 22 849 | 1 000 | | |
| 17 593 | 92 | 20 257 | 518 | 22 921 | 1 014 | 25 585 | 1 582 |
| | | 20 329 | 530 | 22 993 | 1 028 | 25 657 | 1 598 |
| 17 665 | 102 | 20 401 | 542 | 23 065 | 1 042 | 25 729 | 1 614 |
| 17 737 | 114 | 20 473 | 556 | 23 137 | 1 058 | 25 801 | 1 630 |
| 17 809 | 124 | | | 23 209 | 1 072 | 25 873 | 1 646 |
| 17 881 | 134 | 20 545 | 568 | 23 281 | 1 086 | 25 945 | 1 664 |
| 17 953 | 146 | 20 617 | 580 | 23 353 | 1 102 | 26 017 | 1 680 |
| 18 025 | 156 | 20 689 | 594 | | | 26 089 | 1 696 |
| 18 097 | 168 | 20 761 | 606 | 23 425 | 1 116 | 26 161 | 1 714 |
| 18 169 | 178 | 20 833 | 618 | 23 497 | 1 130 | 26 233 | 1 730 |
| 18 241 | 188 | 20 905 | 632 | 23 569 | 1 146 | | |
| 18 313 | 200 | 20 977 | 644 | 23 641 | 1 160 | 26 305 | 1 746 |
| | | 21 049 | 658 | 23 713 | 1 176 | 26 377 | 1 764 |
| 18 385 | 212 | 21 121 | 670 | 23 785 | 1 190 | 26 449 | 1 780 |
| 18 457 | 222 | 21 193 | 684 | 23 857 | 1 206 | 26 521 | 1 798 |
| 18 529 | 234 | | | 23 929 | 1 220 | 26 593 | 1 814 |
| 18 601 | 244 | 21 265 | 698 | 24 001 | 1 236 | 26 665 | 1 832 |
| 18 673 | 256 | 21 337 | 710 | 24 073 | 1 250 | 26 737 | 1 848 |
| 18 745 | 268 | 21 409 | 724 | | | 26 809 | 1 866 |
| 18 817 | 278 | 21 481 | 736 | 24 145 | 1 266 | 26 881 | 1 882 |
| 18 889 | 290 | 21 553 | 750 | 24 217 | 1 282 | 26 953 | 1 900 |
| 18 961 | 302 | 21 625 | 764 | 24 289 | 1 296 | | |
| 19 033 | 314 | 21 697 | 778 | 24 361 | 1 312 | 27 025 | 1 918 |
| | | 21 769 | 790 | 24 433 | 1 328 | 27 097 | 1 934 |
| 19 105 | 324 | 21 841 | 804 | 24 505 | 1 342 | 27 169 | 1 952 |
| 19 177 | 336 | 21 913 | 818 | 24 577 | 1 358 | 27 241 | 1 970 |
| 19 249 | 348 | | | 24 649 | 1 374 | 27 313 | 1 986 |
| 19 321 | 360 | 21 985 | 832 | 24 721 | 1 390 | 27 385 | 2 004 |
| 19 393 | 372 | 22 057 | 846 | 24 793 | 1 406 | 27 457 | 2 022 |
| 19 465 | 384 | 22 129 | 858 | | | 27 529 | 2 038 |
| 19 537 | 396 | 22 201 | 872 | 24 865 | 1 420 | 27 601 | 2 056 |
| 19 609 | 408 | 22 273 | 886 | 24 937 | 1 436 | 27 673 | 2 074 |

## VIII. (2) Einkommensteuer-Splittingtabelle 2015

| Zu versteuerndes Einkommen in € | Einkommensteuer in € | Zu versteuerndes Einkommen in € | Einkommensteuer in € | Zu versteuerndes Einkommen in € | Einkommensteuer in € | Zu versteuerndes Einkommen in € | Einkommensteuer in € |
|---|---|---|---|---|---|---|---|
| 27 745 | 2 090 | 31 993 | 3 138 | 36 169 | 4 206 | 40 345 | 5 316 |
| 27 817 | 2 108 | | | 36 241 | 4 226 | 40 417 | 5 336 |
| 27 889 | 2 126 | 32 065 | 3 156 | 36 313 | 4 244 | 40 489 | 5 354 |
| 27 961 | 2 142 | 32 137 | 3 174 | | | 40 561 | 5 374 |
| 28 033 | 2 160 | 32 209 | 3 192 | 36 385 | 4 262 | 40 633 | 5 394 |
| 28 105 | 2 178 | 32 281 | 3 210 | 36 457 | 4 282 | | |
| 28 177 | 2 196 | 32 353 | 3 228 | 36 529 | 4 300 | 40 705 | 5 414 |
| 28 249 | 2 212 | 32 425 | 3 246 | 36 601 | 4 320 | 40 777 | 5 432 |
| 28 321 | 2 230 | 32 497 | 3 264 | 36 673 | 4 338 | 40 849 | 5 452 |
| 28 393 | 2 248 | 32 569 | 3 282 | 36 745 | 4 358 | 40 921 | 5 472 |
| | | 32 641 | 3 300 | 36 817 | 4 376 | 40 993 | 5 492 |
| 28 465 | 2 266 | 32 713 | 3 318 | 36 889 | 4 394 | 41 065 | 5 510 |
| 28 537 | 2 282 | | | 36 961 | 4 414 | 41 137 | 5 530 |
| 28 609 | 2 300 | 32 785 | 3 336 | 37 033 | 4 432 | 41 209 | 5 550 |
| 28 681 | 2 318 | 32 857 | 3 356 | | | 41 281 | 5 570 |
| 28 753 | 2 336 | 32 929 | 3 374 | 37 105 | 4 452 | 41 353 | 5 590 |
| 28 825 | 2 352 | 33 001 | 3 392 | 37 177 | 4 470 | | |
| 28 897 | 2 370 | 33 073 | 3 410 | 37 249 | 4 490 | 41 425 | 5 608 |
| 28 969 | 2 388 | 33 145 | 3 428 | 37 321 | 4 508 | 41 497 | 5 628 |
| 29 041 | 2 406 | 33 217 | 3 446 | 37 393 | 4 528 | 41 569 | 5 648 |
| 29 113 | 2 424 | 33 289 | 3 464 | 37 465 | 4 546 | 41 641 | 5 668 |
| | | 33 361 | 3 484 | 37 537 | 4 566 | 41 713 | 5 688 |
| 29 185 | 2 440 | 33 433 | 3 502 | 37 609 | 4 584 | 41 785 | 5 708 |
| 29 257 | 2 458 | | | 37 681 | 4 604 | 41 857 | 5 728 |
| 29 329 | 2 476 | 33 505 | 3 520 | 37 753 | 4 622 | 41 929 | 5 746 |
| 29 401 | 2 494 | 33 577 | 3 538 | | | 42 001 | 5 766 |
| 29 473 | 2 512 | 33 649 | 3 556 | 37 825 | 4 642 | 42 073 | 5 786 |
| 29 545 | 2 530 | 33 721 | 3 574 | 37 897 | 4 660 | | |
| 29 617 | 2 546 | 33 793 | 3 594 | 37 969 | 4 680 | 42 145 | 5 806 |
| 29 689 | 2 564 | 33 865 | 3 612 | 38 041 | 4 698 | 42 217 | 5 826 |
| 29 761 | 2 582 | 33 937 | 3 630 | 38 113 | 4 718 | 42 289 | 5 846 |
| 29 833 | 2 600 | 34 009 | 3 648 | 38 185 | 4 736 | 42 361 | 5 866 |
| | | 34 081 | 3 666 | 38 257 | 4 756 | 42 433 | 5 886 |
| 29 905 | 2 618 | 34 153 | 3 686 | 38 329 | 4 776 | 42 505 | 5 904 |
| 29 977 | 2 636 | | | 38 401 | 4 794 | 42 577 | 5 924 |
| 30 049 | 2 654 | 34 225 | 3 704 | 38 473 | 4 814 | 42 649 | 5 944 |
| 30 121 | 2 670 | 34 297 | 3 722 | | | 42 721 | 5 964 |
| 30 193 | 2 688 | 34 369 | 3 740 | 38 545 | 4 832 | 42 793 | 5 984 |
| 30 265 | 2 706 | 34 441 | 3 760 | 38 617 | 4 852 | | |
| 30 337 | 2 724 | 34 513 | 3 778 | 38 689 | 4 872 | 42 865 | 6 004 |
| 30 409 | 2 742 | 34 585 | 3 796 | 38 761 | 4 890 | 42 937 | 6 024 |
| 30 481 | 2 760 | 34 657 | 3 814 | 38 833 | 4 910 | 43 009 | 6 044 |
| 30 553 | 2 778 | 34 729 | 3 834 | 38 905 | 4 928 | 43 081 | 6 064 |
| | | 34 801 | 3 852 | 38 977 | 4 948 | 43 153 | 6 084 |
| 30 625 | 2 796 | 34 873 | 3 870 | 39 049 | 4 968 | 43 225 | 6 104 |
| 30 697 | 2 814 | | | 39 121 | 4 986 | 43 297 | 6 124 |
| 30 769 | 2 832 | 34 945 | 3 888 | 39 193 | 5 006 | 43 369 | 6 144 |
| 30 841 | 2 850 | 35 017 | 3 908 | | | 43 441 | 6 164 |
| 30 913 | 2 868 | 35 089 | 3 926 | 39 265 | 5 024 | 43 513 | 6 184 |
| 30 985 | 2 886 | 35 161 | 3 944 | 39 337 | 5 044 | | |
| 31 057 | 2 904 | 35 233 | 3 964 | 39 409 | 5 064 | 43 585 | 6 204 |
| 31 129 | 2 922 | 35 305 | 3 982 | 39 481 | 5 082 | 43 657 | 6 224 |
| 31 201 | 2 938 | 35 377 | 4 000 | 39 553 | 5 102 | 43 729 | 6 244 |
| 31 273 | 2 956 | 35 449 | 4 020 | 39 625 | 5 122 | 43 801 | 6 264 |
| | | 35 521 | 4 038 | 39 697 | 5 140 | 43 873 | 6 284 |
| 31 345 | 2 974 | 35 593 | 4 056 | 39 769 | 5 160 | 43 945 | 6 304 |
| 31 417 | 2 992 | | | 39 841 | 5 180 | 44 017 | 6 324 |
| 31 489 | 3 010 | 35 665 | 4 076 | 39 913 | 5 200 | 44 089 | 6 344 |
| 31 561 | 3 028 | 35 737 | 4 094 | | | 44 161 | 6 364 |
| 31 633 | 3 046 | 35 809 | 4 112 | 39 985 | 5 218 | 44 233 | 6 384 |
| 31 705 | 3 064 | 35 881 | 4 132 | 40 057 | 5 238 | | |
| 31 777 | 3 084 | 35 953 | 4 150 | 40 129 | 5 258 | 44 305 | 6 404 |
| 31 849 | 3 102 | 36 025 | 4 168 | 40 201 | 5 276 | 44 377 | 6 424 |
| 31 921 | 3 120 | 36 097 | 4 188 | 40 273 | 5 296 | 44 449 | 6 444 |

## VIII. (2) Einkommensteuer-Splittingtabelle 2015

| Zu versteuerndes Einkommen in € | Einkommensteuer in € | Zu versteuerndes Einkommen in € | Einkommensteuer in € | Zu versteuerndes Einkommen in € | Einkommensteuer in € | Zu versteuerndes Einkommen in € | Einkommensteuer in € |
|---|---|---|---|---|---|---|---|
| 44 521 | 6 464 | 48 697 | 7 654 | 52 945 | 8 904 | 57 193 | 10 196 |
| 44 593 | 6 484 | 48 769 | 7 674 | 53 017 | 8 926 |  |  |
| 44 665 | 6 504 | 48 841 | 7 696 | 53 089 | 8 946 | 57 265 | 10 218 |
| 44 737 | 6 526 | 48 913 | 7 716 | 53 161 | 8 968 | 57 337 | 10 240 |
| 44 809 | 6 546 | 48 985 | 7 736 | 53 233 | 8 990 | 57 409 | 10 262 |
| 44 881 | 6 566 | 49 057 | 7 758 | 53 305 | 9 012 | 57 481 | 10 284 |
| 44 953 | 6 586 | 49 129 | 7 778 | 53 377 | 9 034 | 57 553 | 10 306 |
|  |  | 49 201 | 7 800 | 53 449 | 9 054 | 57 625 | 10 330 |
| 45 025 | 6 606 | 49 273 | 7 820 | 53 521 | 9 076 | 57 697 | 10 352 |
| 45 097 | 6 626 |  |  | 53 593 | 9 098 | 57 769 | 10 374 |
| 45 169 | 6 646 | 49 345 | 7 842 |  |  | 57 841 | 10 396 |
| 45 241 | 6 666 | 49 417 | 7 862 | 53 665 | 9 120 | 57 913 | 10 418 |
| 45 313 | 6 688 | 49 489 | 7 884 | 53 737 | 9 142 |  |  |
| 45 385 | 6 708 | 49 561 | 7 904 | 53 809 | 9 164 | 57 985 | 10 440 |
| 45 457 | 6 728 | 49 633 | 7 926 | 53 881 | 9 184 | 58 057 | 10 464 |
| 45 529 | 6 748 | 49 705 | 7 946 | 53 953 | 9 206 | 58 129 | 10 486 |
| 45 601 | 6 768 | 49 777 | 7 968 | 54 025 | 9 228 | 58 201 | 10 508 |
| 45 673 | 6 788 | 49 849 | 7 988 | 54 097 | 9 250 | 58 273 | 10 530 |
|  |  | 49 921 | 8 010 | 54 169 | 9 272 | 58 345 | 10 552 |
| 45 745 | 6 808 | 49 993 | 8 030 | 54 241 | 9 294 | 58 417 | 10 576 |
| 45 817 | 6 830 |  |  | 54 313 | 9 316 | 58 489 | 10 598 |
| 45 889 | 6 850 | 50 065 | 8 052 |  |  | 58 561 | 10 620 |
| 45 961 | 6 870 | 50 137 | 8 072 | 54 385 | 9 336 | 58 633 | 10 642 |
| 46 033 | 6 890 | 50 209 | 8 094 | 54 457 | 9 358 |  |  |
| 46 105 | 6 910 | 50 281 | 8 114 | 54 529 | 9 380 | 58 705 | 10 666 |
| 46 177 | 6 932 | 50 353 | 8 136 | 54 601 | 9 402 | 58 777 | 10 688 |
| 46 249 | 6 952 | 50 425 | 8 158 | 54 673 | 9 424 | 58 849 | 10 710 |
| 46 321 | 6 972 | 50 497 | 8 178 | 54 745 | 9 446 | 58 921 | 10 732 |
| 46 393 | 6 992 | 50 569 | 8 200 | 54 817 | 9 468 | 58 993 | 10 756 |
|  |  | 50 641 | 8 220 | 54 889 | 9 490 | 59 065 | 10 778 |
| 46 465 | 7 014 | 50 713 | 8 242 | 54 961 | 9 512 | 59 137 | 10 800 |
| 46 537 | 7 034 |  |  | 55 033 | 9 534 | 59 209 | 10 822 |
| 46 609 | 7 054 | 50 785 | 8 262 |  |  | 59 281 | 10 846 |
| 46 681 | 7 074 | 50 857 | 8 284 | 55 105 | 9 556 | 59 353 | 10 868 |
| 46 753 | 7 096 | 50 929 | 8 306 | 55 177 | 9 578 |  |  |
| 46 825 | 7 116 | 51 001 | 8 326 | 55 249 | 9 600 | 59 425 | 10 890 |
| 46 897 | 7 136 | 51 073 | 8 348 | 55 321 | 9 622 | 59 497 | 10 914 |
| 46 969 | 7 156 | 51 145 | 8 368 | 55 393 | 9 644 | 59 569 | 10 936 |
| 47 041 | 7 178 | 51 217 | 8 390 | 55 465 | 9 666 | 59 641 | 10 958 |
| 47 113 | 7 198 | 51 289 | 8 412 | 55 537 | 9 686 | 59 713 | 10 982 |
|  |  | 51 361 | 8 432 | 55 609 | 9 708 | 59 785 | 11 004 |
| 47 185 | 7 218 | 51 433 | 8 454 | 55 681 | 9 730 | 59 857 | 11 026 |
| 47 257 | 7 240 |  |  | 55 753 | 9 752 | 59 929 | 11 050 |
| 47 329 | 7 260 | 51 505 | 8 476 |  |  | 60 001 | 11 072 |
| 47 401 | 7 280 | 51 577 | 8 496 | 55 825 | 9 774 | 60 073 | 11 094 |
| 47 473 | 7 300 | 51 649 | 8 518 | 55 897 | 9 796 |  |  |
| 47 545 | 7 322 | 51 721 | 8 540 | 55 969 | 9 818 | 60 145 | 11 118 |
| 47 617 | 7 342 | 51 793 | 8 560 | 56 041 | 9 842 | 60 217 | 11 140 |
| 47 689 | 7 362 | 51 865 | 8 582 | 56 113 | 9 864 | 60 289 | 11 162 |
| 47 761 | 7 384 | 51 937 | 8 604 | 56 185 | 9 886 | 60 361 | 11 186 |
| 47 833 | 7 404 | 52 009 | 8 624 | 56 257 | 9 908 | 60 433 | 11 208 |
|  |  | 52 081 | 8 646 | 56 329 | 9 930 | 60 505 | 11 232 |
| 47 905 | 7 424 | 52 153 | 8 668 | 56 401 | 9 952 | 60 577 | 11 254 |
| 47 977 | 7 446 |  |  | 56 473 | 9 974 | 60 649 | 11 276 |
| 48 049 | 7 466 | 52 225 | 8 688 |  |  | 60 721 | 11 300 |
| 48 121 | 7 488 | 52 297 | 8 710 | 56 545 | 9 996 | 60 793 | 11 322 |
| 48 193 | 7 508 | 52 369 | 8 732 | 56 617 | 10 018 |  |  |
| 48 265 | 7 528 | 52 441 | 8 754 | 56 689 | 10 040 | 60 865 | 11 346 |
| 48 337 | 7 550 | 52 513 | 8 774 | 56 761 | 10 062 | 60 937 | 11 368 |
| 48 409 | 7 570 | 52 585 | 8 796 | 56 833 | 10 084 | 61 009 | 11 390 |
| 48 481 | 7 592 | 52 657 | 8 818 | 56 905 | 10 106 | 61 081 | 11 414 |
| 48 553 | 7 612 | 52 729 | 8 840 | 56 977 | 10 128 | 61 153 | 11 436 |
|  |  | 52 801 | 8 860 | 57 049 | 10 150 | 61 225 | 11 460 |
| 48 625 | 7 632 | 52 873 | 8 882 | 57 121 | 10 174 | 61 297 | 11 482 |

## VIII. (2) Einkommensteuer-Splittingtabelle 2015

| Zu versteuerndes Einkommen in € | Einkommensteuer in € | Zu versteuerndes Einkommen in € | Einkommensteuer in € | Zu versteuerndes Einkommen in € | Einkommensteuer in € | Zu versteuerndes Einkommen in € | Einkommensteuer in € |
|---|---|---|---|---|---|---|---|
| 61 369 | 11 506 | 65 545 | 12 856 | 69 721 | 14 244 | 73 897 | 15 674 |
| 61 441 | 11 528 | 65 617 | 12 878 | 69 793 | 14 270 | 73 969 | 15 700 |
| 61 513 | 11 552 | 65 689 | 12 902 | 69 865 | 14 294 | 74 041 | 15 724 |
|  |  | 65 761 | 12 926 | 69 937 | 14 318 | 74 113 | 15 750 |
| 61 585 | 11 574 | 65 833 | 12 950 | 70 009 | 14 342 | 74 185 | 15 774 |
| 61 657 | 11 598 |  |  | 70 081 | 14 366 | 74 257 | 15 800 |
| 61 729 | 11 620 | 65 905 | 12 974 | 70 153 | 14 390 | 74 329 | 15 824 |
| 61 801 | 11 644 | 65 977 | 12 998 |  |  | 74 401 | 15 850 |
| 61 873 | 11 666 | 66 049 | 13 020 | 70 225 | 14 416 | 74 473 | 15 874 |
| 61 945 | 11 690 | 66 121 | 13 044 | 70 297 | 14 440 |  |  |
| 62 017 | 11 712 | 66 193 | 13 068 | 70 369 | 14 464 | 74 545 | 15 900 |
| 62 089 | 11 736 | 66 265 | 13 092 | 70 441 | 14 488 | 74 617 | 15 924 |
| 62 161 | 11 758 | 66 337 | 13 116 | 70 513 | 14 512 | 74 689 | 15 950 |
| 62 233 | 11 782 | 66 409 | 13 140 | 70 585 | 14 538 | 74 761 | 15 976 |
|  |  | 66 481 | 13 164 | 70 657 | 14 562 | 74 833 | 16 000 |
| 62 305 | 11 804 | 66 553 | 13 186 | 70 729 | 14 586 | 74 905 | 16 026 |
| 62 377 | 11 828 |  |  | 70 801 | 14 610 | 74 977 | 16 050 |
| 62 449 | 11 850 | 66 625 | 13 210 | 70 873 | 14 636 | 75 049 | 16 076 |
| 62 521 | 11 874 | 66 697 | 13 234 |  |  | 75 121 | 16 102 |
| 62 593 | 11 896 | 66 769 | 13 258 | 70 945 | 14 660 | 75 193 | 16 126 |
| 62 665 | 11 920 | 66 841 | 13 282 | 71 017 | 14 684 |  |  |
| 62 737 | 11 944 | 66 913 | 13 306 | 71 089 | 14 708 | 75 265 | 16 152 |
| 62 809 | 11 966 | 66 985 | 13 330 | 71 161 | 14 734 | 75 337 | 16 176 |
| 62 881 | 11 990 | 67 057 | 13 354 | 71 233 | 14 758 | 75 409 | 16 202 |
| 62 953 | 12 012 | 67 129 | 13 378 | 71 305 | 14 782 | 75 481 | 16 228 |
|  |  | 67 201 | 13 402 | 71 377 | 14 806 | 75 553 | 16 252 |
| 63 025 | 12 036 | 67 273 | 13 426 | 71 449 | 14 832 | 75 625 | 16 278 |
| 63 097 | 12 060 |  |  | 71 521 | 14 856 | 75 697 | 16 302 |
| 63 169 | 12 082 | 67 345 | 13 450 | 71 593 | 14 880 | 75 769 | 16 328 |
| 63 241 | 12 106 | 67 417 | 13 474 |  |  | 75 841 | 16 354 |
| 63 313 | 12 128 | 67 489 | 13 498 | 71 665 | 14 906 | 75 913 | 16 378 |
| 63 385 | 12 152 | 67 561 | 13 522 | 71 737 | 14 930 |  |  |
| 63 457 | 12 176 | 67 633 | 13 546 | 71 809 | 14 954 | 75 985 | 16 404 |
| 63 529 | 12 198 | 67 705 | 13 568 | 71 881 | 14 980 | 76 057 | 16 430 |
| 63 601 | 12 222 | 67 777 | 13 592 | 71 953 | 15 004 | 76 129 | 16 454 |
| 63 673 | 12 246 | 67 849 | 13 616 | 72 025 | 15 028 | 76 201 | 16 480 |
|  |  | 67 921 | 13 640 | 72 097 | 15 054 | 76 273 | 16 506 |
| 63 745 | 12 268 | 67 993 | 13 664 | 72 169 | 15 078 | 76 345 | 16 532 |
| 63 817 | 12 292 |  |  | 72 241 | 15 102 | 76 417 | 16 556 |
| 63 889 | 12 316 | 68 065 | 13 688 | 72 313 | 15 128 | 76 489 | 16 582 |
| 63 961 | 12 338 | 68 137 | 13 714 |  |  | 76 561 | 16 608 |
| 64 033 | 12 362 | 68 209 | 13 738 | 72 385 | 15 152 | 76 633 | 16 632 |
| 64 105 | 12 386 | 68 281 | 13 762 | 72 457 | 15 176 |  |  |
| 64 177 | 12 408 | 68 353 | 13 786 | 72 529 | 15 202 | 76 705 | 16 658 |
| 64 249 | 12 432 | 68 425 | 13 810 | 72 601 | 15 226 | 76 777 | 16 684 |
| 64 321 | 12 456 | 68 497 | 13 834 | 72 673 | 15 252 | 76 849 | 16 710 |
| 64 393 | 12 478 | 68 569 | 13 858 | 72 745 | 15 276 | 76 921 | 16 734 |
|  |  | 68 641 | 13 882 | 72 817 | 15 300 | 76 993 | 16 760 |
| 64 465 | 12 502 | 68 713 | 13 906 | 72 889 | 15 326 | 77 065 | 16 786 |
| 64 537 | 12 526 |  |  | 72 961 | 15 350 | 77 137 | 16 812 |
| 64 609 | 12 550 | 68 785 | 13 930 | 73 033 | 15 376 | 77 209 | 16 836 |
| 64 681 | 12 572 | 68 857 | 13 954 |  |  | 77 281 | 16 862 |
| 64 753 | 12 596 | 68 929 | 13 978 | 73 105 | 15 400 | 77 353 | 16 888 |
| 64 825 | 12 620 | 69 001 | 14 002 | 73 177 | 15 426 |  |  |
| 64 897 | 12 644 | 69 073 | 14 026 | 73 249 | 15 450 | 77 425 | 16 914 |
| 64 969 | 12 666 | 69 145 | 14 050 | 73 321 | 15 474 | 77 497 | 16 938 |
| 65 041 | 12 690 | 69 217 | 14 076 | 73 393 | 15 500 | 77 569 | 16 964 |
| 65 113 | 12 714 | 69 289 | 14 100 | 73 465 | 15 524 | 77 641 | 16 990 |
|  |  | 69 361 | 14 124 | 73 537 | 15 550 | 77 713 | 17 016 |
| 65 185 | 12 738 | 69 433 | 14 148 | 73 609 | 15 574 | 77 785 | 17 042 |
| 65 257 | 12 760 |  |  | 73 681 | 15 600 | 77 857 | 17 066 |
| 65 329 | 12 784 | 69 505 | 14 172 | 73 753 | 15 624 | 77 929 | 17 092 |
| 65 401 | 12 808 | 69 577 | 14 196 |  |  | 78 001 | 17 118 |
| 65 473 | 12 832 | 69 649 | 14 220 | 73 825 | 15 650 | 78 073 | 17 144 |

## VIII. (2) Einkommensteuer-Splittingtabelle 2015

| Zu versteuerndes Einkommen in € | Einkommensteuer in € | Zu versteuerndes Einkommen in € | Einkommensteuer in € | Zu versteuerndes Einkommen in € | Einkommensteuer in € | Zu versteuerndes Einkommen in € | Einkommensteuer in € |
|---|---|---|---|---|---|---|---|
| 78 145 | 17 170 | 82 393 | 18 706 | 86 569 | 20 256 | 90 745 | 21 848 |
| 78 217 | 17 196 |  |  | 86 641 | 20 284 | 90 817 | 21 876 |
| 78 289 | 17 222 | 82 465 | 18 732 | 86 713 | 20 310 | 90 889 | 21 902 |
| 78 361 | 17 246 | 82 537 | 18 758 |  |  | 90 961 | 21 930 |
| 78 433 | 17 272 | 82 609 | 18 786 | 86 785 | 20 338 | 91 033 | 21 958 |
| 78 505 | 17 298 | 82 681 | 18 812 | 86 857 | 20 366 |  |  |
| 78 577 | 17 324 | 82 753 | 18 838 | 86 929 | 20 392 | 91 105 | 21 986 |
| 78 649 | 17 350 | 82 825 | 18 864 | 87 001 | 20 420 | 91 177 | 22 014 |
| 78 721 | 17 376 | 82 897 | 18 892 | 87 073 | 20 446 | 91 249 | 22 042 |
| 78 793 | 17 402 | 82 969 | 18 918 | 87 145 | 20 474 | 91 321 | 22 070 |
|  |  | 83 041 | 18 944 | 87 217 | 20 500 | 91 393 | 22 098 |
| 78 865 | 17 428 | 83 113 | 18 970 | 87 289 | 20 528 | 91 465 | 22 126 |
| 78 937 | 17 452 |  |  | 87 361 | 20 556 | 91 537 | 22 154 |
| 79 009 | 17 478 | 83 185 | 18 998 | 87 433 | 20 582 | 91 609 | 22 182 |
| 79 081 | 17 504 | 83 257 | 19 024 |  |  | 91 681 | 22 210 |
| 79 153 | 17 530 | 83 329 | 19 050 | 87 505 | 20 610 | 91 753 | 22 238 |
| 79 225 | 17 556 | 83 401 | 19 076 | 87 577 | 20 638 |  |  |
| 79 297 | 17 582 | 83 473 | 19 104 | 87 649 | 20 664 | 91 825 | 22 266 |
| 79 369 | 17 608 | 83 545 | 19 130 | 87 721 | 20 692 | 91 897 | 22 294 |
| 79 441 | 17 634 | 83 617 | 19 156 | 87 793 | 20 718 | 91 969 | 22 322 |
| 79 513 | 17 660 | 83 689 | 19 184 | 87 865 | 20 746 | 92 041 | 22 350 |
|  |  | 83 761 | 19 210 | 87 937 | 20 774 | 92 113 | 22 376 |
| 79 585 | 17 686 | 83 833 | 19 236 | 88 009 | 20 800 | 92 185 | 22 404 |
| 79 657 | 17 712 |  |  | 88 081 | 20 828 | 92 257 | 22 434 |
| 79 729 | 17 738 | 83 905 | 19 262 | 88 153 | 20 856 | 92 329 | 22 462 |
| 79 801 | 17 764 | 83 977 | 19 290 |  |  | 92 401 | 22 490 |
| 79 873 | 17 790 | 84 049 | 19 316 | 88 225 | 20 882 | 92 473 | 22 518 |
| 79 945 | 17 816 | 84 121 | 19 342 | 88 297 | 20 910 |  |  |
| 80 017 | 17 842 | 84 193 | 19 370 | 88 369 | 20 938 | 92 545 | 22 546 |
| 80 089 | 17 868 | 84 265 | 19 396 | 88 441 | 20 964 | 92 617 | 22 574 |
| 80 161 | 17 894 | 84 337 | 19 422 | 88 513 | 20 992 | 92 689 | 22 602 |
| 80 233 | 17 920 | 84 409 | 19 450 | 88 585 | 21 020 | 92 761 | 22 630 |
|  |  | 84 481 | 19 476 | 88 657 | 21 048 | 92 833 | 22 658 |
| 80 305 | 17 946 | 84 553 | 19 504 | 88 729 | 21 074 | 92 905 | 22 686 |
| 80 377 | 17 972 |  |  | 88 801 | 21 102 | 92 977 | 22 714 |
| 80 449 | 17 998 | 84 625 | 19 530 | 88 873 | 21 130 | 93 049 | 22 742 |
| 80 521 | 18 024 | 84 697 | 19 556 |  |  | 93 121 | 22 770 |
| 80 593 | 18 050 | 84 769 | 19 584 | 88 945 | 21 156 | 93 193 | 22 798 |
| 80 665 | 18 076 | 84 841 | 19 610 | 89 017 | 21 184 |  |  |
| 80 737 | 18 102 | 84 913 | 19 638 | 89 089 | 21 212 | 93 265 | 22 826 |
| 80 809 | 18 128 | 84 985 | 19 664 | 89 161 | 21 240 | 93 337 | 22 854 |
| 80 881 | 18 154 | 85 057 | 19 690 | 89 233 | 21 266 | 93 409 | 22 882 |
| 80 953 | 18 180 | 85 129 | 19 718 | 89 305 | 21 294 | 93 481 | 22 910 |
|  |  | 85 201 | 19 744 | 89 377 | 21 322 | 93 553 | 22 940 |
| 81 025 | 18 206 | 85 273 | 19 772 | 89 449 | 21 350 | 93 625 | 22 968 |
| 81 097 | 18 232 |  |  | 89 521 | 21 376 | 93 697 | 22 996 |
| 81 169 | 18 260 | 85 345 | 19 798 | 89 593 | 21 404 | 93 769 | 23 024 |
| 81 241 | 18 286 | 85 417 | 19 824 |  |  | 93 841 | 23 052 |
| 81 313 | 18 312 | 85 489 | 19 852 | 89 665 | 21 432 | 93 913 | 23 080 |
| 81 385 | 18 338 | 85 561 | 19 878 | 89 737 | 21 460 |  |  |
| 81 457 | 18 364 | 85 633 | 19 906 | 89 809 | 21 488 | 93 985 | 23 108 |
| 81 529 | 18 390 | 85 705 | 19 932 | 89 881 | 21 514 | 94 057 | 23 138 |
| 81 601 | 18 416 | 85 777 | 19 960 | 89 953 | 21 542 | 94 129 | 23 166 |
| 81 673 | 18 442 | 85 849 | 19 986 | 90 025 | 21 570 | 94 201 | 23 194 |
|  |  | 85 921 | 20 014 | 90 097 | 21 598 | 94 273 | 23 222 |
| 81 745 | 18 470 | 85 993 | 20 040 | 90 169 | 21 626 | 94 345 | 23 250 |
| 81 817 | 18 496 |  |  | 90 241 | 21 654 | 94 417 | 23 278 |
| 81 889 | 18 522 | 86 065 | 20 068 | 90 313 | 21 680 | 94 489 | 23 308 |
| 81 961 | 18 548 | 86 137 | 20 094 |  |  | 94 561 | 23 336 |
| 82 033 | 18 574 | 86 209 | 20 122 | 90 385 | 21 708 | 94 633 | 23 364 |
| 82 105 | 18 600 | 86 281 | 20 148 | 90 457 | 21 736 |  |  |
| 82 177 | 18 626 | 86 353 | 20 176 | 90 529 | 21 764 | 94 705 | 23 392 |
| 82 249 | 18 654 | 86 425 | 20 202 | 90 601 | 21 792 | 94 777 | 23 420 |
| 82 321 | 18 680 | 86 497 | 20 230 | 90 673 | 21 820 | 94 849 | 23 450 |

## VIII. (2) Einkommensteuer-Splittingtabelle 2015

| Zu versteuern-des Einkommen in € | Einkommensteuer in € | Zu versteuern-des Einkommen in € | Einkommensteuer in € | Zu versteuern-des Einkommen in € | Einkommensteuer in € | Zu versteuern-des Einkommen in € | Einkommensteuer in € |
|---|---|---|---|---|---|---|---|
| 94 921 | 23 478 | 99 097 | 25 148 | 103 345 | 26 888 | 107 593 | 28 666 |
| 94 993 | 23 506 | 99 169 | 25 178 | 103 417 | 26 918 | | |
| 95 065 | 23 534 | 99 241 | 25 206 | 103 489 | 26 948 | 107 665 | 28 696 |
| 95 137 | 23 564 | 99 313 | 25 236 | 103 561 | 26 978 | 107 737 | 28 726 |
| 95 209 | 23 592 | 99 385 | 25 264 | 103 633 | 27 008 | 107 809 | 28 756 |
| 95 281 | 23 620 | 99 457 | 25 294 | 103 705 | 27 038 | 107 881 | 28 786 |
| 95 353 | 23 648 | 99 529 | 25 324 | 103 777 | 27 068 | 107 953 | 28 816 |
| | | 99 601 | 25 352 | 103 849 | 27 098 | 108 025 | 28 846 |
| 95 425 | 23 678 | 99 673 | 25 382 | 103 921 | 27 128 | 108 097 | 28 878 |
| 95 497 | 23 706 | | | 103 993 | 27 158 | 108 169 | 28 908 |
| 95 569 | 23 734 | 99 745 | 25 410 | | | 108 241 | 28 938 |
| 95 641 | 23 762 | 99 817 | 25 440 | 104 065 | 27 188 | 108 313 | 28 968 |
| 95 713 | 23 792 | 99 889 | 25 470 | 104 137 | 27 218 | | |
| 95 785 | 23 820 | 99 961 | 25 498 | 104 209 | 27 248 | 108 385 | 28 998 |
| 95 857 | 23 848 | 100 033 | 25 528 | 104 281 | 27 278 | 108 457 | 29 028 |
| 95 929 | 23 878 | 100 105 | 25 558 | 104 353 | 27 308 | 108 529 | 29 058 |
| 96 001 | 23 906 | 100 177 | 25 586 | 104 425 | 27 338 | 108 601 | 29 088 |
| 96 073 | 23 934 | 100 249 | 25 616 | 104 497 | 27 368 | 108 673 | 29 120 |
| | | 100 321 | 25 646 | 104 569 | 27 398 | 108 745 | 29 150 |
| 96 145 | 23 964 | 100 393 | 25 674 | 104 641 | 27 428 | 108 817 | 29 180 |
| 96 217 | 23 992 | | | 104 713 | 27 458 | 108 889 | 29 210 |
| 96 289 | 24 020 | 100 465 | 25 704 | | | 108 961 | 29 240 |
| 96 361 | 24 050 | 100 537 | 25 734 | 104 785 | 27 488 | 109 033 | 29 270 |
| 96 433 | 24 078 | 100 609 | 25 762 | 104 857 | 27 518 | | |
| 96 505 | 24 106 | 100 681 | 25 792 | 104 929 | 27 548 | 109 105 | 29 300 |
| 96 577 | 24 136 | 100 753 | 25 822 | 105 001 | 27 578 | 109 177 | 29 330 |
| 96 649 | 24 164 | 100 825 | 25 850 | 105 073 | 27 608 | 109 249 | 29 362 |
| 96 721 | 24 192 | 100 897 | 25 880 | 105 145 | 27 638 | 109 321 | 29 392 |
| 96 793 | 24 222 | 100 969 | 25 910 | 105 217 | 27 668 | 109 393 | 29 422 |
| | | 101 041 | 25 940 | 105 289 | 27 698 | 109 465 | 29 452 |
| 96 865 | 24 250 | 101 113 | 25 968 | 105 361 | 27 728 | 109 537 | 29 482 |
| 96 937 | 24 280 | | | 105 433 | 27 758 | 109 609 | 29 512 |
| 97 009 | 24 308 | 101 185 | 25 998 | | | 109 681 | 29 542 |
| 97 081 | 24 336 | 101 257 | 26 028 | 105 505 | 27 788 | 109 753 | 29 572 |
| 97 153 | 24 366 | 101 329 | 26 058 | 105 577 | 27 818 | | |
| 97 225 | 24 394 | 101 401 | 26 086 | 105 649 | 27 850 | 109 825 | 29 602 |
| 97 297 | 24 424 | 101 473 | 26 116 | 105 721 | 27 880 | 109 897 | 29 634 |
| 97 369 | 24 452 | 101 545 | 26 146 | 105 793 | 27 910 | 109 969 | 29 664 |
| 97 441 | 24 480 | 101 617 | 26 176 | 105 865 | 27 940 | 110 041 | 29 694 |
| 97 513 | 24 510 | 101 689 | 26 204 | 105 937 | 27 970 | 110 113 | 29 724 |
| | | 101 761 | 26 234 | 106 009 | 28 000 | 110 185 | 29 754 |
| 97 585 | 24 538 | 101 833 | 26 264 | 106 081 | 28 030 | 110 257 | 29 784 |
| 97 657 | 24 568 | | | 106 153 | 28 060 | 110 329 | 29 814 |
| 97 729 | 24 596 | 101 905 | 26 294 | | | 110 401 | 29 844 |
| 97 801 | 24 626 | 101 977 | 26 324 | 106 225 | 28 090 | 110 473 | 29 876 |
| 97 873 | 24 654 | 102 049 | 26 352 | 106 297 | 28 122 | | |
| 97 945 | 24 684 | 102 121 | 26 382 | 106 369 | 28 152 | 110 545 | 29 906 |
| 98 017 | 24 712 | 102 193 | 26 412 | 106 441 | 28 182 | 110 617 | 29 936 |
| 98 089 | 24 742 | 102 265 | 26 442 | 106 513 | 28 212 | 110 689 | 29 966 |
| 98 161 | 24 770 | 102 337 | 26 472 | 106 585 | 28 242 | 110 761 | 29 996 |
| 98 233 | 24 800 | 102 409 | 26 502 | 106 657 | 28 272 | 110 833 | 30 026 |
| | | 102 481 | 26 530 | 106 729 | 28 302 | 110 905 | 30 056 |
| 98 305 | 24 828 | 102 553 | 26 560 | 106 801 | 28 332 | 110 977 | 30 086 |
| 98 377 | 24 858 | | | 106 873 | 28 364 | 111 049 | 30 118 |
| 98 449 | 24 886 | 102 625 | 26 590 | | | 111 121 | 30 148 |
| 98 521 | 24 916 | 102 697 | 26 620 | 106 945 | 28 394 | 111 193 | 30 178 |
| 98 593 | 24 944 | 102 769 | 26 650 | 107 017 | 28 424 | | |
| 98 665 | 24 974 | 102 841 | 26 680 | 107 089 | 28 454 | 111 265 | 30 208 |
| 98 737 | 25 002 | 102 913 | 26 710 | 107 161 | 28 484 | 111 337 | 30 238 |
| 98 809 | 25 032 | 102 985 | 26 740 | 107 233 | 28 514 | 111 409 | 30 268 |
| 98 881 | 25 060 | 103 057 | 26 768 | 107 305 | 28 544 | 111 481 | 30 298 |
| 98 953 | 25 090 | 103 129 | 26 798 | 107 377 | 28 574 | 111 553 | 30 328 |
| | | 103 201 | 26 828 | 107 449 | 28 606 | 111 625 | 30 358 |
| 99 025 | 25 118 | 103 273 | 26 858 | 107 521 | 28 636 | 111 697 | 30 390 |

## VIII. (2) Einkommensteuer-Splittingtabelle 2015

| Zu versteuerndes Einkommen in € | Einkommensteuer in € | Zu versteuerndes Einkommen in € | Einkommensteuer in € | Zu versteuerndes Einkommen in € | Einkommensteuer in € | Zu versteuerndes Einkommen in € | Einkommensteuer in € |
|---|---|---|---|---|---|---|---|
| 111 769 | 30 420 | 115 945 | 32 174 | 120 121 | 33 928 | 124 297 | 35 682 |
| 111 841 | 30 450 | 116 017 | 32 204 | 120 193 | 33 958 | 124 369 | 35 712 |
| 111 913 | 30 480 | 116 089 | 32 234 | 120 265 | 33 988 | 124 441 | 35 742 |
|  |  | 116 161 | 32 264 | 120 337 | 34 018 | 124 513 | 35 772 |
| 111 985 | 30 510 | 116 233 | 32 294 | 120 409 | 34 048 | 124 585 | 35 802 |
| 112 057 | 30 540 |  |  | 120 481 | 34 078 | 124 657 | 35 832 |
| 112 129 | 30 570 | 116 305 | 32 324 | 120 553 | 34 108 | 124 729 | 35 862 |
| 112 201 | 30 600 | 116 377 | 32 354 |  |  | 124 801 | 35 892 |
| 112 273 | 30 632 | 116 449 | 32 386 | 120 625 | 34 138 | 124 873 | 35 924 |
| 112 345 | 30 662 | 116 521 | 32 416 | 120 697 | 34 170 |  |  |
| 112 417 | 30 692 | 116 593 | 32 446 | 120 769 | 34 200 | 124 945 | 35 954 |
| 112 489 | 30 722 | 116 665 | 32 476 | 120 841 | 34 230 | 125 017 | 35 984 |
| 112 561 | 30 752 | 116 737 | 32 506 | 120 913 | 34 260 | 125 089 | 36 014 |
| 112 633 | 30 782 | 116 809 | 32 536 | 120 985 | 34 290 | 125 161 | 36 044 |
|  |  | 116 881 | 32 566 | 121 057 | 34 320 | 125 233 | 36 074 |
| 112 705 | 30 812 | 116 953 | 32 596 | 121 129 | 34 350 | 125 305 | 36 104 |
| 112 777 | 30 842 |  |  | 121 201 | 34 380 | 125 377 | 36 134 |
| 112 849 | 30 874 | 117 025 | 32 626 | 121 273 | 34 412 | 125 449 | 36 166 |
| 112 921 | 30 904 | 117 097 | 32 658 |  |  | 125 521 | 36 196 |
| 112 993 | 30 934 | 117 169 | 32 688 | 121 345 | 34 442 | 125 593 | 36 226 |
| 113 065 | 30 964 | 117 241 | 32 718 | 121 417 | 34 472 |  |  |
| 113 137 | 30 994 | 117 313 | 32 748 | 121 489 | 34 502 | 125 665 | 36 256 |
| 113 209 | 31 024 | 117 385 | 32 778 | 121 561 | 34 532 | 125 737 | 36 286 |
| 113 281 | 31 054 | 117 457 | 32 808 | 121 633 | 34 562 | 125 809 | 36 316 |
| 113 353 | 31 084 | 117 529 | 32 838 | 121 705 | 34 592 | 125 881 | 36 346 |
|  |  | 117 601 | 32 868 | 121 777 | 34 622 | 125 953 | 36 376 |
| 113 425 | 31 114 | 117 673 | 32 900 | 121 849 | 34 654 | 126 025 | 36 406 |
| 113 497 | 31 146 |  |  | 121 921 | 34 684 | 126 097 | 36 438 |
| 113 569 | 31 176 | 117 745 | 32 930 | 121 993 | 34 714 | 126 169 | 36 468 |
| 113 641 | 31 206 | 117 817 | 32 960 |  |  | 126 241 | 36 498 |
| 113 713 | 31 236 | 117 889 | 32 990 | 122 065 | 34 744 | 126 313 | 36 528 |
| 113 785 | 31 266 | 117 961 | 33 020 | 122 137 | 34 774 |  |  |
| 113 857 | 31 296 | 118 033 | 33 050 | 122 209 | 34 804 | 126 385 | 36 558 |
| 113 929 | 31 326 | 118 105 | 33 080 | 122 281 | 34 834 | 126 457 | 36 588 |
| 114 001 | 31 356 | 118 177 | 33 110 | 122 353 | 34 864 | 126 529 | 36 618 |
| 114 073 | 31 388 | 118 249 | 33 142 | 122 425 | 34 894 | 126 601 | 36 648 |
|  |  | 118 321 | 33 172 | 122 497 | 34 926 | 126 673 | 36 680 |
| 114 145 | 31 418 | 118 393 | 33 202 | 122 569 | 34 956 | 126 745 | 36 710 |
| 114 217 | 31 448 |  |  | 122 641 | 34 986 | 126 817 | 36 740 |
| 114 289 | 31 478 | 118 465 | 33 232 | 122 713 | 35 016 | 126 889 | 36 770 |
| 114 361 | 31 508 | 118 537 | 33 262 |  |  | 126 961 | 36 800 |
| 114 433 | 31 538 | 118 609 | 33 292 | 122 785 | 35 046 | 127 033 | 36 830 |
| 114 505 | 31 568 | 118 681 | 33 322 | 122 857 | 35 076 |  |  |
| 114 577 | 31 598 | 118 753 | 33 352 | 122 929 | 35 106 | 127 105 | 36 860 |
| 114 649 | 31 630 | 118 825 | 33 382 | 123 001 | 35 136 | 127 177 | 36 890 |
| 114 721 | 31 660 | 118 897 | 33 414 | 123 073 | 35 168 | 127 249 | 36 922 |
| 114 793 | 31 690 | 118 969 | 33 444 | 123 145 | 35 198 | 127 321 | 36 952 |
|  |  | 119 041 | 33 474 | 123 217 | 35 228 | 127 393 | 36 982 |
| 114 865 | 31 720 | 119 113 | 33 504 | 123 289 | 35 258 | 127 465 | 37 012 |
| 114 937 | 31 750 |  |  | 123 361 | 35 288 | 127 537 | 37 042 |
| 115 009 | 31 780 | 119 185 | 33 534 | 123 433 | 35 318 | 127 609 | 37 072 |
| 115 081 | 31 810 | 119 257 | 33 564 |  |  | 127 681 | 37 102 |
| 115 153 | 31 840 | 119 329 | 33 594 | 123 505 | 35 348 | 127 753 | 37 132 |
| 115 225 | 31 870 | 119 401 | 33 624 | 123 577 | 35 378 |  |  |
| 115 297 | 31 902 | 119 473 | 33 656 | 123 649 | 35 410 | 127 825 | 37 162 |
| 115 369 | 31 932 | 119 545 | 33 686 | 123 721 | 35 440 | 127 897 | 37 194 |
| 115 441 | 31 962 | 119 617 | 33 716 | 123 793 | 35 470 | 127 969 | 37 224 |
| 115 513 | 31 992 | 119 689 | 33 746 | 123 865 | 35 500 | 128 041 | 37 254 |
|  |  | 119 761 | 33 776 | 123 937 | 35 530 | 128 113 | 37 284 |
| 115 585 | 32 022 | 119 833 | 33 806 | 124 009 | 35 560 | 128 185 | 37 314 |
| 115 657 | 32 052 |  |  | 124 081 | 35 590 | 128 257 | 37 344 |
| 115 729 | 32 082 | 119 905 | 33 836 | 124 153 | 35 620 | 128 329 | 37 374 |
| 115 801 | 32 112 | 119 977 | 33 866 |  |  | 128 401 | 37 404 |
| 115 873 | 32 144 | 120 049 | 33 898 | 124 225 | 35 650 | 128 473 | 37 436 |

## VIII. (2) Einkommensteuer-Splittingtabelle 2015

| Zu versteuerndes Einkommen in € | Einkommensteuer in € | Zu versteuerndes Einkommen in € | Einkommensteuer in € | Zu versteuerndes Einkommen in € | Einkommensteuer in € | Zu versteuerndes Einkommen in € | Einkommensteuer in € |
|---|---|---|---|---|---|---|---|
| 128 545 | 37 466 | 132 145 | 38 978 | 135 745 | 40 490 | 139 345 | 42 002 |
| 128 617 | 37 496 | 132 217 | 39 008 | 135 817 | 40 520 | 139 417 | 42 032 |
| 128 689 | 37 526 | 132 289 | 39 038 | 135 889 | 40 550 | 139 489 | 42 062 |
| 128 761 | 37 556 | 132 361 | 39 068 | 135 961 | 40 580 | 139 561 | 42 092 |
| 128 833 | 37 586 | 132 433 | 39 098 | 136 033 | 40 610 | 139 633 | 42 122 |
| 128 905 | 37 616 | 132 505 | 39 128 | 136 105 | 40 640 | 139 705 | 42 152 |
| 128 977 | 37 646 | 132 577 | 39 158 | 136 177 | 40 670 | 139 777 | 42 182 |
| 129 049 | 37 678 | 132 649 | 39 190 | 136 249 | 40 702 | 139 849 | 42 214 |
| 129 121 | 37 708 | 132 721 | 39 220 | 136 321 | 40 732 | 139 921 | 42 244 |
| 129 193 | 37 738 | 132 793 | 39 250 | 136 393 | 40 762 | 139 993 | 42 274 |
| 129 265 | 37 768 | 132 865 | 39 280 | 136 465 | 40 792 | 140 065 | 42 304 |
| 129 337 | 37 798 | 132 937 | 39 310 | 136 537 | 40 822 | 140 137 | 42 334 |
| 129 409 | 37 828 | 133 009 | 39 340 | 136 609 | 40 852 | 140 209 | 42 364 |
| 129 481 | 37 858 | 133 081 | 39 370 | 136 681 | 40 882 | 140 281 | 42 394 |
| 129 553 | 37 888 | 133 153 | 39 400 | 136 753 | 40 912 | 140 353 | 42 424 |
| 129 625 | 37 918 | 133 225 | 39 430 | 136 825 | 40 942 | 140 425 | 42 454 |
| 129 697 | 37 950 | 133 297 | 39 462 | 136 897 | 40 974 | 140 497 | 42 486 |
| 129 769 | 37 980 | 133 369 | 39 492 | 136 969 | 41 004 | 140 569 | 42 516 |
| 129 841 | 38 010 | 133 441 | 39 522 | 137 041 | 41 034 | 140 641 | 42 546 |
| 129 913 | 38 040 | 133 513 | 39 552 | 137 113 | 41 064 | 140 713 | 42 576 |
| 129 985 | 38 070 | 133 585 | 39 582 | 137 185 | 41 094 | 140 785 | 42 606 |
| 130 057 | 38 100 | 133 657 | 39 612 | 137 257 | 41 124 | 140 857 | 42 636 |
| 130 129 | 38 130 | 133 729 | 39 642 | 137 329 | 41 154 | 140 929 | 42 666 |
| 130 201 | 38 160 | 133 801 | 39 672 | 137 401 | 41 184 | 141 001 | 42 696 |
| 130 273 | 38 192 | 133 873 | 39 704 | 137 473 | 41 216 | 141 073 | 42 728 |
| 130 345 | 38 222 | 133 945 | 39 734 | 137 545 | 41 246 | 141 145 | 42 758 |
| 130 417 | 38 252 | 134 017 | 39 764 | 137 617 | 41 276 | 141 217 | 42 788 |
| 130 489 | 38 282 | 134 089 | 39 794 | 137 689 | 41 306 | 141 289 | 42 818 |
| 130 561 | 38 312 | 134 161 | 39 824 | 137 761 | 41 336 | 141 361 | 42 848 |
| 130 633 | 38 342 | 134 233 | 39 854 | 137 833 | 41 366 | 141 433 | 42 878 |
| 130 705 | 38 372 | 134 305 | 39 884 | 137 905 | 41 396 | 141 505 | 42 908 |
| 130 777 | 38 402 | 134 377 | 39 914 | 137 977 | 41 426 | 141 577 | 42 938 |
| 130 849 | 38 434 | 134 449 | 39 946 | 138 049 | 41 458 | 141 649 | 42 970 |
| 130 921 | 38 464 | 134 521 | 39 976 | 138 121 | 41 488 | 141 721 | 43 000 |
| 130 993 | 38 494 | 134 593 | 40 006 | 138 193 | 41 518 | 141 793 | 43 030 |
| 131 065 | 38 524 | 134 665 | 40 036 | 138 265 | 41 548 | 141 865 | 43 060 |
| 131 137 | 38 554 | 134 737 | 40 066 | 138 337 | 41 578 | 141 937 | 43 090 |
| 131 209 | 38 584 | 134 809 | 40 096 | 138 409 | 41 608 | 142 009 | 43 120 |
| 131 281 | 38 614 | 134 881 | 40 126 | 138 481 | 41 638 | 142 081 | 43 150 |
| 131 353 | 38 644 | 134 953 | 40 156 | 138 553 | 41 668 | 142 153 | 43 180 |
| 131 425 | 38 674 | 135 025 | 40 186 | 138 625 | 41 698 | 142 225 | 43 210 |
| 131 497 | 38 706 | 135 097 | 40 218 | 138 697 | 41 730 | 142 297 | 43 242 |
| 131 569 | 38 736 | 135 169 | 40 248 | 138 769 | 41 760 | 142 369 | 43 272 |
| 131 641 | 38 766 | 135 241 | 40 278 | 138 841 | 41 790 | 142 441 | 43 302 |
| 131 713 | 38 796 | 135 313 | 40 308 | 138 913 | 41 820 | 142 513 | 43 332 |
| 131 785 | 38 826 | 135 385 | 40 338 | 138 985 | 41 850 | 142 585 | 43 362 |
| 131 857 | 38 856 | 135 457 | 40 368 | 139 057 | 41 880 | 142 657 | 43 392 |
| 131 929 | 38 886 | 135 529 | 40 398 | 139 129 | 41 910 | 142 729 | 43 422 |
| 132 001 | 38 916 | 135 601 | 40 428 | 139 201 | 41 940 | 142 801 | 43 452 |
| 132 073 | 38 948 | 135 673 | 40 460 | 139 273 | 41 972 | 142 873 | 43 484 |

**Anmerkung der Redaktion:**
Für zu versteuernde Einkommensbeträge zwischen 142 874 € und 501 461 €, die nach der Splittingtabelle zu versteuern sind, beläuft sich die Einkommensteuer auf den um 16 522,58 € verminderten Betrag von 42 % des abgerundeten zu versteuernden Einkommensbetrags. Vgl. § 32a Abs. 1, 5 EStG i. d. F. des Art. 1 Nr. 3 des Gesetzes zur Anhebung des Grundfreibetrags, des Kinderfreibetrags, des Kindergeldes und des Kinderzuschlags v. 16. 7. 2015 (BGBl I S. 1202).

## VIII. (2) Einkommensteuer-Splittingtabelle 2015

Für zu versteuernde Einkommensbeträge von 501 462 € an, die nach der Splittingtabelle zu versteuern sind, beläuft sich die Einkommensteuer nach einer weiteren, ab 2007 eingeführten Tarifstufe (hier nur auszugsweise Werte bis 515 790 €) auf den um 31 566,38 € verminderten Betrag von 45 % des abgerundeten zu versteuernden Einkommensbetrags. Vgl. § 32a Abs. 1 Satz 2 Nr. 5, Abs. 5 EStG i. d. F. des Art. 1 Nr. 3 des Gesetzes zur Anhebung des Grundfreibetrags, des Kinderfreibetrags, des Kindergeldes und des Kinderzuschlags v. 16. 7. 2015 (BGBl I S. 1202).

| Zu versteuerndes Einkommen in € | Einkommensteuer in € | Zu versteuerndes Einkommen in € | Einkommensteuer in € | Zu versteuerndes Einkommen in € | Einkommensteuer in € | Zu versteuerndes Einkommen in € | Einkommensteuer in € |
|---|---|---|---|---|---|---|---|
| 501 462 | 194 090 | 505 062 | 195 710 | 508 662 | 197 330 | 512 262 | 198 950 |
| 501 534 | 194 122 | 505 134 | 195 742 | 508 734 | 197 362 | 512 334 | 198 982 |
| 501 606 | 194 156 | 505 206 | 195 776 | 508 806 | 197 396 | 512 406 | 199 016 |
| 501 678 | 194 188 | 505 278 | 195 808 | 508 878 | 197 428 | 512 478 | 199 048 |
| 501 750 | 194 220 | 505 350 | 195 840 | 508 950 | 197 460 | 512 550 | 199 080 |
| 501 822 | 194 252 | 505 422 | 195 872 | 509 022 | 197 492 | 512 622 | 199 112 |
| 501 894 | 194 284 | 505 494 | 195 904 | 509 094 | 197 524 | 512 694 | 199 144 |
| 501 966 | 194 318 | 505 566 | 195 938 | 509 166 | 197 558 | 512 766 | 199 178 |
| 502 038 | 194 350 | 505 638 | 195 970 | 509 238 | 197 590 | 512 838 | 199 210 |
| 502 110 | 194 382 | 505 710 | 196 002 | 509 310 | 197 622 | 512 910 | 199 242 |
| 502 182 | 194 414 | 505 782 | 196 034 | 509 382 | 197 654 | 512 982 | 199 274 |
| 502 254 | 194 446 | 505 854 | 196 066 | 509 454 | 197 686 | 513 054 | 199 306 |
| 502 326 | 194 480 | 505 926 | 196 100 | 509 526 | 197 720 | 513 126 | 199 340 |
| 502 398 | 194 512 | 505 998 | 196 132 | 509 598 | 197 752 | 513 198 | 199 372 |
| 502 470 | 194 544 | 506 070 | 196 164 | 509 670 | 197 784 | 513 270 | 199 404 |
| 502 542 | 194 576 | 506 142 | 196 196 | 509 742 | 197 816 | 513 342 | 199 436 |
| 502 614 | 194 608 | 506 214 | 196 228 | 509 814 | 197 848 | 513 414 | 199 468 |
| 502 686 | 194 642 | 506 286 | 196 262 | 509 886 | 197 882 | 513 486 | 199 502 |
| 502 758 | 194 674 | 506 358 | 196 294 | 509 958 | 197 914 | 513 558 | 199 534 |
| 502 830 | 194 706 | 506 430 | 196 326 | 510 030 | 197 946 | 513 630 | 199 566 |
| 502 902 | 194 738 | 506 502 | 196 358 | 510 102 | 197 978 | 513 702 | 199 598 |
| 502 974 | 194 770 | 506 574 | 196 390 | 510 174 | 198 010 | 513 774 | 199 630 |
| 503 046 | 194 804 | 506 646 | 196 424 | 510 246 | 198 044 | 513 846 | 199 664 |
| 503 118 | 194 836 | 506 718 | 196 456 | 510 318 | 198 076 | 513 918 | 199 696 |
| 503 190 | 194 868 | 506 790 | 196 488 | 510 390 | 198 108 | 513 990 | 199 728 |
| 503 262 | 194 900 | 506 862 | 196 520 | 510 462 | 198 140 | 514 062 | 199 760 |
| 503 334 | 194 932 | 506 934 | 196 552 | 510 534 | 198 172 | 514 134 | 199 792 |
| 503 406 | 194 966 | 507 006 | 196 586 | 510 606 | 198 206 | 514 206 | 199 826 |
| 503 478 | 194 998 | 507 078 | 196 618 | 510 678 | 198 238 | 514 278 | 199 858 |
| 503 550 | 195 030 | 507 150 | 196 650 | 510 750 | 198 270 | 514 350 | 199 890 |
| 503 622 | 195 062 | 507 222 | 196 682 | 510 822 | 198 302 | 514 422 | 199 922 |
| 503 694 | 195 094 | 507 294 | 196 714 | 510 894 | 198 334 | 514 494 | 199 954 |
| 503 766 | 195 128 | 507 366 | 196 748 | 510 966 | 198 368 | 514 566 | 199 988 |
| 503 838 | 195 160 | 507 438 | 196 780 | 511 038 | 198 400 | 514 638 | 200 020 |
| 503 910 | 195 192 | 507 510 | 196 812 | 511 110 | 198 432 | 514 710 | 200 052 |
| 503 982 | 195 224 | 507 582 | 196 844 | 511 182 | 198 464 | 514 782 | 200 084 |
| 504 054 | 195 256 | 507 654 | 196 876 | 511 254 | 198 496 | 514 854 | 200 116 |
| 504 126 | 195 290 | 507 726 | 196 910 | 511 326 | 198 530 | 514 926 | 200 150 |
| 504 198 | 195 322 | 507 798 | 196 942 | 511 398 | 198 562 | 514 998 | 200 182 |
| 504 270 | 195 354 | 507 870 | 196 974 | 511 470 | 198 594 | 515 070 | 200 214 |
| 504 342 | 195 386 | 507 942 | 197 006 | 511 542 | 198 626 | 515 142 | 200 246 |
| 504 414 | 195 418 | 508 014 | 197 038 | 511 614 | 198 658 | 515 214 | 200 278 |
| 504 486 | 195 452 | 508 086 | 197 072 | 511 686 | 198 692 | 515 286 | 200 312 |
| 504 558 | 195 484 | 508 158 | 197 104 | 511 758 | 198 724 | 515 358 | 200 344 |
| 504 630 | 195 516 | 508 230 | 197 136 | 511 830 | 198 756 | 515 430 | 200 376 |
| 504 702 | 195 548 | 508 302 | 197 168 | 511 902 | 198 788 | 515 502 | 200 408 |
| 504 774 | 195 580 | 508 374 | 197 200 | 511 974 | 198 820 | 515 574 | 200 440 |
| 504 846 | 195 614 | 508 446 | 197 234 | 512 046 | 198 854 | 515 646 | 200 474 |
| 504 918 | 195 646 | 508 518 | 197 266 | 512 118 | 198 886 | 515 718 | 200 506 |
| 504 990 | 195 678 | 508 590 | 197 298 | 512 190 | 198 918 | 515 790 | 200 538 |

# IX. (1) Einkommensteuer-Grundtabelle 2016

Seit dem Jahr 2004 wird die Einkommensteuer nach dem auf den nächsten vollen Euro-Betrag abgerundeten zu versteuernden Einkommen berechnet. Der stufenlose Steuertarif hat zur Folge, dass einerseits Einkommensteuertabellen im herkömmlichen Sinn mit Tabellenstufen von 36 Euro, die vom Bundesfinanzministerium zuletzt für die Jahre 2002/2003 erstellt und veröffentlicht worden sind, nicht mehr zur Verfügung stehen, andererseits jeden Einzelwert einbeziehende Einkommensteuertabellen aus Umfangsgründen nicht mehr möglich sind.

Die nichtamtliche, ohne Gewähr wiedergegebene Einkommensteuer-Grundtabelle 2016, gültig ab 1.1.2016, wurde auf Basis der vorgegebenen Berechnungsgrundlagen in § 32a Abs. 1 EStG i. d. F. des Art. 2 Nr. 2 des Gesetzes zur Anhebung des Grundfreibetrags, des Kinderfreibetrags, des Kindergeldes und des Kinderzuschlags v. 16.7.2015 (BGBl I S.1202) erstellt und gibt für die ausgewiesenen zu versteuernden Einkommen die entsprechende Einkommensteuer an. Für Werte, die zwischen bzw. über den ausgewiesenen zu versteuernden Einkommen liegen, kann die Einkommensteuer annäherungsweise geschätzt bzw. elektronisch, z. B. mit Hilfe der CD-ROM Kompakt-Rechner LSt & ESt 2016 (Verlags-Nr. 69186), berechnet werden. Dieses Programm berücksichtigt die ab 1.1.2016 geltende Rechtslage und bietet neben allen Tabellen zur Lohn- und Einkommensteuer (seit 2002) u. v. a. die Möglichkeit der Nettolohn-Berechnung. Die Einkommensteuer-Splittingtabelle 2016 ist wiedergegeben auf S. 610 ff.

| Zu versteuerndes Einkommen in € | Einkommensteuer in € | Zu versteuerndes Einkommen in € | Einkommensteuer in € | Zu versteuerndes Einkommen in € | Einkommensteuer in € | Zu versteuerndes Einkommen in € | Einkommensteuer in € |
|---|---|---|---|---|---|---|---|
| 8 652 | 0 | 10 020 | 210 | 11 352 | 450 | 12 684 | 726 |
| 8 688 | 5 | 10 056 | 216 | 11 388 | 457 | 12 720 | 733 |
| 8 724 | 10 | | | 11 424 | 464 | 12 756 | 741 |
| 8 760 | 15 | 10 092 | 222 | 11 460 | 471 | 12 792 | 749 |
| 8 796 | 20 | 10 128 | 228 | 11 496 | 478 | 12 828 | 757 |
| 8 832 | 25 | 10 164 | 234 | | | 12 864 | 765 |
| 8 868 | 30 | 10 200 | 240 | 11 532 | 485 | 12 900 | 774 |
| 8 904 | 35 | 10 236 | 246 | 11 568 | 492 | 12 936 | 782 |
| 8 940 | 41 | 10 272 | 252 | 11 604 | 499 | | |
| 8 976 | 46 | 10 308 | 259 | 11 640 | 507 | 12 972 | 790 |
| | | 10 344 | 265 | 11 676 | 514 | 13 008 | 798 |
| 9 012 | 51 | 10 380 | 271 | 11 712 | 521 | 13 044 | 806 |
| 9 048 | 56 | 10 416 | 277 | 11 748 | 528 | 13 080 | 814 |
| 9 084 | 62 | | | 11 784 | 535 | 13 116 | 822 |
| 9 120 | 67 | 10 452 | 284 | 11 820 | 543 | 13 152 | 831 |
| 9 156 | 73 | 10 488 | 290 | 11 856 | 550 | 13 188 | 839 |
| 9 192 | 78 | 10 524 | 296 | | | 13 224 | 847 |
| 9 228 | 83 | 10 560 | 303 | 11 892 | 557 | 13 260 | 856 |
| 9 264 | 89 | 10 596 | 309 | 11 928 | 565 | 13 296 | 864 |
| 9 300 | 94 | 10 632 | 316 | 11 964 | 572 | | |
| 9 336 | 100 | 10 668 | 322 | 12 000 | 580 | 13 332 | 872 |
| | | 10 704 | 329 | 12 036 | 587 | 13 368 | 881 |
| 9 372 | 105 | 10 740 | 335 | 12 072 | 595 | 13 404 | 889 |
| 9 408 | 111 | 10 776 | 342 | 12 108 | 602 | 13 440 | 898 |
| 9 444 | 117 | | | 12 144 | 610 | 13 476 | 906 |
| 9 480 | 122 | 10 812 | 348 | 12 180 | 617 | 13 512 | 915 |
| 9 516 | 128 | 10 848 | 355 | 12 216 | 625 | 13 548 | 923 |
| 9 552 | 134 | 10 884 | 361 | | | 13 584 | 932 |
| 9 588 | 139 | 10 920 | 368 | 12 252 | 632 | 13 620 | 940 |
| 9 624 | 145 | 10 956 | 375 | 12 288 | 640 | 13 656 | 949 |
| 9 660 | 151 | 10 992 | 382 | 12 324 | 648 | | |
| 9 696 | 156 | 11 028 | 388 | 12 360 | 655 | 13 692 | 957 |
| | | 11 064 | 395 | 12 396 | 663 | 13 728 | 966 |
| 9 732 | 162 | 11 100 | 402 | 12 432 | 671 | 13 764 | 975 |
| 9 768 | 168 | 11 136 | 409 | 12 468 | 678 | 13 800 | 983 |
| 9 804 | 174 | | | 12 504 | 686 | 13 836 | 992 |
| 9 840 | 180 | 11 172 | 415 | 12 540 | 694 | 13 872 | 1 001 |
| 9 876 | 186 | 11 208 | 422 | 12 576 | 702 | 13 908 | 1 009 |
| 9 912 | 192 | 11 244 | 429 | | | 13 944 | 1 018 |
| 9 948 | 198 | 11 280 | 436 | 12 612 | 710 | 13 980 | 1 027 |
| 9 984 | 204 | 11 316 | 443 | 12 648 | 718 | 14 016 | 1 035 |

## IX. (1) Einkommensteuer-Grundtabelle 2016

| Zu versteuern-des Einkommen in € | Einkommensteuer in € | Zu versteuern-des Einkommen in € | Einkommensteuer in € | Zu versteuern-des Einkommen in € | Einkommensteuer in € | Zu versteuern-des Einkommen in € | Einkommensteuer in € |
|---|---|---|---|---|---|---|---|
| 14 052 | 1 044 | 16 176 | 1 567 | 18 264 | 2 101 | 20 352 | 2 655 |
| 14 088 | 1 053 |  |  | 18 300 | 2 110 | 20 388 | 2 664 |
| 14 124 | 1 062 | 16 212 | 1 576 | 18 336 | 2 120 | 20 424 | 2 674 |
| 14 160 | 1 070 | 16 248 | 1 585 |  |  | 20 460 | 2 684 |
| 14 196 | 1 079 | 16 284 | 1 594 | 18 372 | 2 129 | 20 496 | 2 693 |
| 14 232 | 1 088 | 16 320 | 1 603 | 18 408 | 2 139 |  |  |
| 14 268 | 1 096 | 16 356 | 1 612 | 18 444 | 2 148 | 20 532 | 2 703 |
| 14 304 | 1 105 | 16 392 | 1 621 | 18 480 | 2 157 | 20 568 | 2 713 |
| 14 340 | 1 114 | 16 428 | 1 630 | 18 516 | 2 167 | 20 604 | 2 723 |
| 14 376 | 1 123 | 16 464 | 1 640 | 18 552 | 2 176 | 20 640 | 2 732 |
|  |  | 16 500 | 1 649 | 18 588 | 2 186 | 20 676 | 2 742 |
| 14 412 | 1 131 | 16 536 | 1 658 | 18 624 | 2 195 | 20 712 | 2 752 |
| 14 448 | 1 140 |  |  | 18 660 | 2 204 | 20 748 | 2 762 |
| 14 484 | 1 149 | 16 572 | 1 667 | 18 696 | 2 214 | 20 784 | 2 772 |
| 14 520 | 1 158 | 16 608 | 1 676 |  |  | 20 820 | 2 781 |
| 14 556 | 1 166 | 16 644 | 1 685 | 18 732 | 2 223 | 20 856 | 2 791 |
| 14 592 | 1 175 | 16 680 | 1 694 | 18 768 | 2 233 |  |  |
| 14 628 | 1 184 | 16 716 | 1 703 | 18 804 | 2 242 | 20 892 | 2 801 |
| 14 664 | 1 193 | 16 752 | 1 712 | 18 840 | 2 252 | 20 928 | 2 811 |
| 14 700 | 1 202 | 16 788 | 1 722 | 18 876 | 2 261 | 20 964 | 2 821 |
| 14 736 | 1 210 | 16 824 | 1 731 | 18 912 | 2 271 | 21 000 | 2 830 |
|  |  | 16 860 | 1 740 | 18 948 | 2 280 | 21 036 | 2 840 |
| 14 772 | 1 219 | 16 896 | 1 749 | 18 984 | 2 290 | 21 072 | 2 850 |
| 14 808 | 1 228 |  |  | 19 020 | 2 299 | 21 108 | 2 860 |
| 14 844 | 1 237 | 16 932 | 1 758 | 19 056 | 2 309 | 21 144 | 2 870 |
| 14 880 | 1 246 | 16 968 | 1 767 |  |  | 21 180 | 2 880 |
| 14 916 | 1 254 | 17 004 | 1 776 | 19 092 | 2 318 | 21 216 | 2 889 |
| 14 952 | 1 263 | 17 040 | 1 786 | 19 128 | 2 328 |  |  |
| 14 988 | 1 272 | 17 076 | 1 795 | 19 164 | 2 337 | 21 252 | 2 899 |
| 15 024 | 1 281 | 17 112 | 1 804 | 19 200 | 2 347 | 21 288 | 2 909 |
| 15 060 | 1 290 | 17 148 | 1 813 | 19 236 | 2 356 | 21 324 | 2 919 |
| 15 096 | 1 299 | 17 184 | 1 822 | 19 272 | 2 366 | 21 360 | 2 929 |
|  |  | 17 220 | 1 832 | 19 308 | 2 375 | 21 396 | 2 939 |
| 15 132 | 1 307 | 17 256 | 1 841 | 19 344 | 2 385 | 21 432 | 2 949 |
| 15 168 | 1 316 |  |  | 19 380 | 2 394 | 21 468 | 2 958 |
| 15 204 | 1 325 | 17 292 | 1 850 | 19 416 | 2 404 | 21 504 | 2 968 |
| 15 240 | 1 334 | 17 328 | 1 859 |  |  | 21 540 | 2 978 |
| 15 276 | 1 343 | 17 364 | 1 868 | 19 452 | 2 414 | 21 576 | 2 988 |
| 15 312 | 1 352 | 17 400 | 1 878 | 19 488 | 2 423 |  |  |
| 15 348 | 1 361 | 17 436 | 1 887 | 19 524 | 2 433 | 21 612 | 2 998 |
| 15 384 | 1 370 | 17 472 | 1 896 | 19 560 | 2 442 | 21 648 | 3 008 |
| 15 420 | 1 379 | 17 508 | 1 905 | 19 596 | 2 452 | 21 684 | 3 018 |
| 15 456 | 1 388 | 17 544 | 1 915 | 19 632 | 2 461 | 21 720 | 3 028 |
|  |  | 17 580 | 1 924 | 19 668 | 2 471 | 21 756 | 3 038 |
| 15 492 | 1 396 | 17 616 | 1 933 | 19 704 | 2 481 | 21 792 | 3 048 |
| 15 528 | 1 405 |  |  | 19 740 | 2 490 | 21 828 | 3 058 |
| 15 564 | 1 414 | 17 652 | 1 942 | 19 776 | 2 500 | 21 864 | 3 068 |
| 15 600 | 1 423 | 17 688 | 1 952 |  |  | 21 900 | 3 078 |
| 15 636 | 1 432 | 17 724 | 1 961 | 19 812 | 2 510 | 21 936 | 3 088 |
| 15 672 | 1 441 | 17 760 | 1 970 | 19 848 | 2 519 |  |  |
| 15 708 | 1 450 | 17 796 | 1 980 | 19 884 | 2 529 | 21 972 | 3 098 |
| 15 744 | 1 459 | 17 832 | 1 989 | 19 920 | 2 538 | 22 008 | 3 108 |
| 15 780 | 1 468 | 17 868 | 1 998 | 19 956 | 2 548 | 22 044 | 3 118 |
| 15 816 | 1 477 | 17 904 | 2 008 | 19 992 | 2 558 | 22 080 | 3 128 |
|  |  | 17 940 | 2 017 | 20 028 | 2 567 | 22 116 | 3 138 |
| 15 852 | 1 486 | 17 976 | 2 026 | 20 064 | 2 577 | 22 152 | 3 148 |
| 15 888 | 1 495 |  |  | 20 100 | 2 587 | 22 188 | 3 158 |
| 15 924 | 1 504 | 18 012 | 2 036 | 20 136 | 2 596 | 22 224 | 3 168 |
| 15 960 | 1 513 | 18 048 | 2 045 |  |  | 22 260 | 3 178 |
| 15 996 | 1 522 | 18 084 | 2 054 | 20 172 | 2 606 | 22 296 | 3 188 |
| 16 032 | 1 531 | 18 120 | 2 064 | 20 208 | 2 616 |  |  |
| 16 068 | 1 540 | 18 156 | 2 073 | 20 244 | 2 625 | 22 332 | 3 198 |
| 16 104 | 1 549 | 18 192 | 2 082 | 20 280 | 2 635 | 22 368 | 3 208 |
| 16 140 | 1 558 | 18 228 | 2 092 | 20 316 | 2 645 | 22 404 | 3 218 |

## IX. (1) Einkommensteuer-Grundtabelle 2016

| Zu versteuerndes Einkommen in € | Einkommensteuer in € | Zu versteuerndes Einkommen in € | Einkommensteuer in € | Zu versteuerndes Einkommen in € | Einkommensteuer in € | Zu versteuerndes Einkommen in € | Einkommensteuer in € |
|---|---|---|---|---|---|---|---|
| 22 440 | 3 228 | 24 528 | 3 821 | 26 652 | 4 444 | 28 776 | 5 088 |
| 22 476 | 3 238 | 24 564 | 3 831 | 26 688 | 4 455 | | |
| 22 512 | 3 248 | 24 600 | 3 841 | 26 724 | 4 465 | 28 812 | 5 099 |
| 22 548 | 3 258 | 24 636 | 3 852 | 26 760 | 4 476 | 28 848 | 5 110 |
| 22 584 | 3 268 | 24 672 | 3 862 | 26 796 | 4 487 | 28 884 | 5 121 |
| 22 620 | 3 278 | 24 708 | 3 873 | 26 832 | 4 498 | 28 920 | 5 132 |
| 22 656 | 3 288 | 24 744 | 3 883 | 26 868 | 4 508 | 28 956 | 5 143 |
| | | 24 780 | 3 894 | 26 904 | 4 519 | 28 992 | 5 154 |
| 22 692 | 3 298 | 24 816 | 3 904 | 26 940 | 4 530 | 29 028 | 5 165 |
| 22 728 | 3 308 | | | 26 976 | 4 541 | 29 064 | 5 176 |
| 22 764 | 3 319 | | | | | 29 100 | 5 188 |
| 22 800 | 3 329 | 24 852 | 3 914 | 27 012 | 4 552 | 29 136 | 5 199 |
| 22 836 | 3 339 | 24 888 | 3 925 | 27 048 | 4 562 | | |
| 22 872 | 3 349 | 24 924 | 3 935 | 27 084 | 4 573 | 29 172 | 5 210 |
| 22 908 | 3 359 | 24 960 | 3 946 | 27 120 | 4 584 | 29 208 | 5 221 |
| 22 944 | 3 369 | 24 996 | 3 956 | 27 156 | 4 595 | 29 244 | 5 232 |
| 22 980 | 3 379 | 25 032 | 3 967 | 27 192 | 4 606 | 29 280 | 5 243 |
| 23 016 | 3 389 | 25 068 | 3 977 | 27 228 | 4 616 | 29 316 | 5 254 |
| | | 25 104 | 3 988 | 27 264 | 4 627 | 29 352 | 5 266 |
| 23 052 | 3 400 | 25 140 | 3 998 | 27 300 | 4 638 | 29 388 | 5 277 |
| 23 088 | 3 410 | 25 176 | 4 009 | 27 336 | 4 649 | 29 424 | 5 288 |
| 23 124 | 3 420 | 25 212 | 4 019 | | | 29 460 | 5 299 |
| 23 160 | 3 430 | 25 248 | 4 030 | 27 372 | 4 660 | 29 496 | 5 310 |
| 23 196 | 3 440 | 25 284 | 4 040 | 27 408 | 4 671 | | |
| 23 232 | 3 450 | 25 320 | 4 051 | 27 444 | 4 682 | 29 532 | 5 322 |
| 23 268 | 3 461 | 25 356 | 4 061 | 27 480 | 4 692 | 29 568 | 5 333 |
| 23 304 | 3 471 | 25 392 | 4 072 | 27 516 | 4 703 | 29 604 | 5 344 |
| 23 340 | 3 481 | 25 428 | 4 082 | 27 552 | 4 714 | 29 640 | 5 355 |
| 23 376 | 3 491 | 25 464 | 4 093 | 27 588 | 4 725 | 29 676 | 5 366 |
| | | 25 500 | 4 103 | 27 624 | 4 736 | 29 712 | 5 378 |
| 23 412 | 3 501 | 25 536 | 4 114 | 27 660 | 4 747 | 29 748 | 5 389 |
| 23 448 | 3 512 | | | 27 696 | 4 758 | 29 784 | 5 400 |
| 23 484 | 3 522 | 25 572 | 4 124 | | | 29 820 | 5 411 |
| 23 520 | 3 532 | 25 608 | 4 135 | 27 732 | 4 769 | 29 856 | 5 423 |
| 23 556 | 3 542 | 25 644 | 4 146 | 27 768 | 4 780 | | |
| 23 592 | 3 552 | 25 680 | 4 156 | 27 804 | 4 790 | 29 892 | 5 434 |
| 23 628 | 3 563 | 25 716 | 4 167 | 27 840 | 4 801 | 29 928 | 5 445 |
| 23 664 | 3 573 | 25 752 | 4 177 | 27 876 | 4 812 | 29 964 | 5 456 |
| 23 700 | 3 583 | 25 788 | 4 188 | 27 912 | 4 823 | 30 000 | 5 468 |
| 23 736 | 3 593 | 25 824 | 4 199 | 27 948 | 4 834 | 30 036 | 5 479 |
| | | 25 860 | 4 209 | 27 984 | 4 845 | 30 072 | 5 490 |
| 23 772 | 3 604 | 25 896 | 4 220 | 28 020 | 4 856 | 30 108 | 5 502 |
| 23 808 | 3 614 | | | 28 056 | 4 867 | 30 144 | 5 513 |
| 23 844 | 3 624 | 25 932 | 4 230 | | | 30 180 | 5 524 |
| 23 880 | 3 635 | 25 968 | 4 241 | 28 092 | 4 878 | 30 216 | 5 535 |
| 23 916 | 3 645 | 26 004 | 4 252 | 28 128 | 4 889 | | |
| 23 952 | 3 655 | 26 040 | 4 262 | 28 164 | 4 900 | 30 252 | 5 547 |
| 23 988 | 3 665 | 26 076 | 4 273 | 28 200 | 4 911 | 30 288 | 5 558 |
| 24 024 | 3 676 | 26 112 | 4 284 | 28 236 | 4 922 | 30 324 | 5 569 |
| 24 060 | 3 686 | 26 148 | 4 294 | 28 272 | 4 933 | 30 360 | 5 581 |
| 24 096 | 3 696 | 26 184 | 4 305 | 28 308 | 4 944 | 30 396 | 5 592 |
| | | 26 220 | 4 316 | 28 344 | 4 955 | 30 432 | 5 603 |
| 24 132 | 3 707 | 26 256 | 4 326 | 28 380 | 4 966 | 30 468 | 5 615 |
| 24 168 | 3 717 | | | 28 416 | 4 977 | 30 504 | 5 626 |
| 24 204 | 3 727 | 26 292 | 4 337 | | | 30 540 | 5 638 |
| 24 240 | 3 738 | 26 328 | 4 348 | 28 452 | 4 988 | 30 576 | 5 649 |
| 24 276 | 3 748 | 26 364 | 4 358 | 28 488 | 4 999 | | |
| 24 312 | 3 758 | 26 400 | 4 369 | 28 524 | 5 010 | 30 612 | 5 660 |
| 24 348 | 3 769 | 26 436 | 4 380 | 28 560 | 5 021 | 30 648 | 5 672 |
| 24 384 | 3 779 | 26 472 | 4 390 | 28 596 | 5 032 | 30 684 | 5 683 |
| 24 420 | 3 790 | 26 508 | 4 401 | 28 632 | 5 043 | 30 720 | 5 694 |
| 24 456 | 3 800 | 26 544 | 4 412 | 28 668 | 5 054 | 30 756 | 5 706 |
| | | 26 580 | 4 422 | 28 704 | 5 065 | 30 792 | 5 717 |
| 24 492 | 3 810 | 26 616 | 4 433 | 28 740 | 5 076 | 30 828 | 5 729 |

## IX. (1) Einkommensteuer-Grundtabelle 2016

| Zu versteuerndes Einkommen in € | Einkommensteuer in € | Zu versteuerndes Einkommen in € | Einkommensteuer in € | Zu versteuerndes Einkommen in € | Einkommensteuer in € | Zu versteuerndes Einkommen in € | Einkommensteuer in € |
|---|---|---|---|---|---|---|---|
| 30 864 | 5 740 | 32 952 | 6 412 | 35 040 | 7 104 | 37 128 | 7 816 |
| 30 900 | 5 751 | 32 988 | 6 424 | 35 076 | 7 116 | 37 164 | 7 828 |
| 30 936 | 5 763 | 33 024 | 6 436 | 35 112 | 7 128 | 37 200 | 7 840 |
|  |  | 33 060 | 6 448 | 35 148 | 7 140 | 37 236 | 7 853 |
| 30 972 | 5 774 | 33 096 | 6 459 | 35 184 | 7 152 | 37 272 | 7 865 |
| 31 008 | 5 786 |  |  | 35 220 | 7 165 | 37 308 | 7 878 |
| 31 044 | 5 797 | 33 132 | 6 471 | 35 256 | 7 177 | 37 344 | 7 890 |
| 31 080 | 5 809 | 33 168 | 6 483 |  |  | 37 380 | 7 903 |
| 31 116 | 5 820 | 33 204 | 6 495 | 35 292 | 7 189 | 37 416 | 7 915 |
| 31 152 | 5 832 | 33 240 | 6 506 | 35 328 | 7 201 |  |  |
| 31 188 | 5 843 | 33 276 | 6 518 | 35 364 | 7 213 | 37 452 | 7 928 |
| 31 224 | 5 855 | 33 312 | 6 530 | 35 400 | 7 225 | 37 488 | 7 940 |
| 31 260 | 5 866 | 33 348 | 6 542 | 35 436 | 7 237 | 37 524 | 7 953 |
| 31 296 | 5 878 | 33 384 | 6 554 | 35 472 | 7 250 | 37 560 | 7 965 |
|  |  | 33 420 | 6 566 | 35 508 | 7 262 | 37 596 | 7 978 |
| 31 332 | 5 889 | 33 456 | 6 577 | 35 544 | 7 274 | 37 632 | 7 990 |
| 31 368 | 5 901 |  |  | 35 580 | 7 286 | 37 668 | 8 003 |
| 31 404 | 5 912 | 33 492 | 6 589 | 35 616 | 7 298 | 37 704 | 8 015 |
| 31 440 | 5 924 | 33 528 | 6 601 |  |  | 37 740 | 8 028 |
| 31 476 | 5 935 | 33 564 | 6 613 | 35 652 | 7 311 | 37 776 | 8 040 |
| 31 512 | 5 947 | 33 600 | 6 625 | 35 688 | 7 323 |  |  |
| 31 548 | 5 958 | 33 636 | 6 637 | 35 724 | 7 335 | 37 812 | 8 053 |
| 31 584 | 5 970 | 33 672 | 6 649 | 35 760 | 7 347 | 37 848 | 8 065 |
| 31 620 | 5 981 | 33 708 | 6 660 | 35 796 | 7 359 | 37 884 | 8 078 |
| 31 656 | 5 993 | 33 744 | 6 672 | 35 832 | 7 372 | 37 920 | 8 091 |
|  |  | 33 780 | 6 684 | 35 868 | 7 384 | 37 956 | 8 103 |
| 31 692 | 6 004 | 33 816 | 6 696 | 35 904 | 7 396 | 37 992 | 8 116 |
| 31 728 | 6 016 |  |  | 35 940 | 7 408 | 38 028 | 8 128 |
| 31 764 | 6 027 | 33 852 | 6 708 | 35 976 | 7 421 | 38 064 | 8 141 |
| 31 800 | 6 039 | 33 888 | 6 720 |  |  | 38 100 | 8 153 |
| 31 836 | 6 051 | 33 924 | 6 732 | 36 012 | 7 433 | 38 136 | 8 166 |
| 31 872 | 6 062 | 33 960 | 6 744 | 36 048 | 7 445 |  |  |
| 31 908 | 6 074 | 33 996 | 6 756 | 36 084 | 7 457 | 38 172 | 8 179 |
| 31 944 | 6 085 | 34 032 | 6 768 | 36 120 | 7 470 | 38 208 | 8 191 |
| 31 980 | 6 097 | 34 068 | 6 780 | 36 156 | 7 482 | 38 244 | 8 204 |
| 32 016 | 6 108 | 34 104 | 6 791 | 36 192 | 7 494 | 38 280 | 8 216 |
|  |  | 34 140 | 6 803 | 36 228 | 7 506 | 38 316 | 8 229 |
| 32 052 | 6 120 | 34 176 | 6 815 | 36 264 | 7 519 | 38 352 | 8 242 |
| 32 088 | 6 132 |  |  | 36 300 | 7 531 | 38 388 | 8 254 |
| 32 124 | 6 143 | 34 212 | 6 827 | 36 336 | 7 543 | 38 424 | 8 267 |
| 32 160 | 6 155 | 34 248 | 6 839 |  |  | 38 460 | 8 280 |
| 32 196 | 6 167 | 34 284 | 6 851 | 36 372 | 7 556 | 38 496 | 8 292 |
| 32 232 | 6 178 | 34 320 | 6 863 | 36 408 | 7 568 |  |  |
| 32 268 | 6 190 | 34 356 | 6 875 | 36 444 | 7 580 | 38 532 | 8 305 |
| 32 304 | 6 202 | 34 392 | 6 887 | 36 480 | 7 593 | 38 568 | 8 318 |
| 32 340 | 6 213 | 34 428 | 6 899 | 36 516 | 7 605 | 38 604 | 8 330 |
| 32 376 | 6 225 | 34 464 | 6 911 | 36 552 | 7 617 | 38 640 | 8 343 |
|  |  | 34 500 | 6 923 | 36 588 | 7 630 | 38 676 | 8 356 |
| 32 412 | 6 237 | 34 536 | 6 935 | 36 624 | 7 642 | 38 712 | 8 368 |
| 32 448 | 6 248 |  |  | 36 660 | 7 654 | 38 748 | 8 381 |
| 32 484 | 6 260 | 34 572 | 6 947 | 36 696 | 7 667 | 38 784 | 8 394 |
| 32 520 | 6 272 | 34 608 | 6 959 |  |  | 38 820 | 8 406 |
| 32 556 | 6 283 | 34 644 | 6 971 | 36 732 | 7 679 | 38 856 | 8 419 |
| 32 592 | 6 295 | 34 680 | 6 983 | 36 768 | 7 691 |  |  |
| 32 628 | 6 307 | 34 716 | 6 995 | 36 804 | 7 704 | 38 892 | 8 432 |
| 32 664 | 6 318 | 34 752 | 7 007 | 36 840 | 7 716 | 38 928 | 8 445 |
| 32 700 | 6 330 | 34 788 | 7 020 | 36 876 | 7 729 | 38 964 | 8 457 |
| 32 736 | 6 342 | 34 824 | 7 032 | 36 912 | 7 741 | 39 000 | 8 470 |
|  |  | 34 860 | 7 044 | 36 948 | 7 753 | 39 036 | 8 483 |
| 32 772 | 6 354 | 34 896 | 7 056 | 36 984 | 7 766 | 39 072 | 8 496 |
| 32 808 | 6 365 |  |  | 37 020 | 7 778 | 39 108 | 8 508 |
| 32 844 | 6 377 | 34 932 | 7 068 | 37 056 | 7 791 | 39 144 | 8 521 |
| 32 880 | 6 389 | 34 968 | 7 080 |  |  | 39 180 | 8 534 |
| 32 916 | 6 400 | 35 004 | 7 092 | 37 092 | 7 803 | 39 216 | 8 547 |

## IX. (1) Einkommensteuer-Grundtabelle 2016

| Zu versteuerndes Einkommen in € | Einkommensteuer in € | Zu versteuerndes Einkommen in € | Einkommensteuer in € | Zu versteuerndes Einkommen in € | Einkommensteuer in € | Zu versteuerndes Einkommen in € | Einkommensteuer in € |
|---|---|---|---|---|---|---|---|
| 39 252 | 8 559 | 41 376 | 9 324 | 43 464 | 10 095 | 45 552 | 10 886 |
| 39 288 | 8 572 |  |  | 43 500 | 10 108 | 45 588 | 10 899 |
| 39 324 | 8 585 | 41 412 | 9 337 | 43 536 | 10 122 | 45 624 | 10 913 |
| 39 360 | 8 598 | 41 448 | 9 350 |  |  | 45 660 | 10 927 |
| 39 396 | 8 611 | 41 484 | 9 363 | 43 572 | 10 135 | 45 696 | 10 941 |
| 39 432 | 8 623 | 41 520 | 9 376 | 43 608 | 10 149 |  |  |
| 39 468 | 8 636 | 41 556 | 9 389 | 43 644 | 10 162 | 45 732 | 10 955 |
| 39 504 | 8 649 | 41 592 | 9 403 | 43 680 | 10 176 | 45 768 | 10 969 |
| 39 540 | 8 662 | 41 628 | 9 416 | 43 716 | 10 189 | 45 804 | 10 982 |
| 39 576 | 8 675 | 41 664 | 9 429 | 43 752 | 10 203 | 45 840 | 10 996 |
|  |  | 41 700 | 9 442 | 43 788 | 10 216 | 45 876 | 11 010 |
| 39 612 | 8 688 | 41 736 | 9 455 | 43 824 | 10 230 | 45 912 | 11 024 |
| 39 648 | 8 700 |  |  | 43 860 | 10 243 | 45 948 | 11 038 |
| 39 684 | 8 713 | 41 772 | 9 468 | 43 896 | 10 257 | 45 984 | 11 052 |
| 39 720 | 8 726 | 41 808 | 9 482 |  |  | 46 020 | 11 066 |
| 39 756 | 8 739 | 41 844 | 9 495 | 43 932 | 10 270 | 46 056 | 11 079 |
| 39 792 | 8 752 | 41 880 | 9 508 | 43 968 | 10 284 |  |  |
| 39 828 | 8 765 | 41 916 | 9 521 | 44 004 | 10 297 | 46 092 | 11 093 |
| 39 864 | 8 778 | 41 952 | 9 534 | 44 040 | 10 311 | 46 128 | 11 107 |
| 39 900 | 8 790 | 41 988 | 9 548 | 44 076 | 10 325 | 46 164 | 11 121 |
| 39 936 | 8 803 | 42 024 | 9 561 | 44 112 | 10 338 | 46 200 | 11 135 |
|  |  | 42 060 | 9 574 | 44 148 | 10 352 | 46 236 | 11 149 |
| 39 972 | 8 816 | 42 096 | 9 587 | 44 184 | 10 365 | 46 272 | 11 163 |
| 40 008 | 8 829 |  |  | 44 220 | 10 379 | 46 308 | 11 177 |
| 40 044 | 8 842 | 42 132 | 9 601 | 44 256 | 10 392 | 46 344 | 11 191 |
| 40 080 | 8 855 | 42 168 | 9 614 |  |  | 46 380 | 11 205 |
| 40 116 | 8 868 | 42 204 | 9 627 | 44 292 | 10 406 | 46 416 | 11 219 |
| 40 152 | 8 881 | 42 240 | 9 640 | 44 328 | 10 420 |  |  |
| 40 188 | 8 894 | 42 276 | 9 654 | 44 364 | 10 433 | 46 452 | 11 232 |
| 40 224 | 8 907 | 42 312 | 9 667 | 44 400 | 10 447 | 46 488 | 11 246 |
| 40 260 | 8 920 | 42 348 | 9 680 | 44 436 | 10 460 | 46 524 | 11 260 |
| 40 296 | 8 933 | 42 384 | 9 694 | 44 472 | 10 474 | 46 560 | 11 274 |
|  |  | 42 420 | 9 707 | 44 508 | 10 488 | 46 596 | 11 288 |
| 40 332 | 8 946 | 42 456 | 9 720 | 44 544 | 10 501 | 46 632 | 11 302 |
| 40 368 | 8 958 |  |  | 44 580 | 10 515 | 46 668 | 11 316 |
| 40 404 | 8 971 | 42 492 | 9 733 | 44 616 | 10 529 | 46 704 | 11 330 |
| 40 440 | 8 984 | 42 528 | 9 747 |  |  | 46 740 | 11 344 |
| 40 476 | 8 997 | 42 564 | 9 760 | 44 652 | 10 542 | 46 776 | 11 358 |
| 40 512 | 9 010 | 42 600 | 9 773 | 44 688 | 10 556 |  |  |
| 40 548 | 9 023 | 42 636 | 9 787 | 44 724 | 10 570 | 46 812 | 11 372 |
| 40 584 | 9 036 | 42 672 | 9 800 | 44 760 | 10 583 | 46 848 | 11 386 |
| 40 620 | 9 049 | 42 708 | 9 813 | 44 796 | 10 597 | 46 884 | 11 400 |
| 40 656 | 9 062 | 42 744 | 9 827 | 44 832 | 10 611 | 46 920 | 11 414 |
|  |  | 42 780 | 9 840 | 44 868 | 10 624 | 46 956 | 11 428 |
| 40 692 | 9 075 | 42 816 | 9 853 | 44 904 | 10 638 | 46 992 | 11 442 |
| 40 728 | 9 088 |  |  | 44 940 | 10 652 | 47 028 | 11 456 |
| 40 764 | 9 101 | 42 852 | 9 867 | 44 976 | 10 665 | 47 064 | 11 470 |
| 40 800 | 9 114 | 42 888 | 9 880 |  |  | 47 100 | 11 485 |
| 40 836 | 9 127 | 42 924 | 9 894 | 45 012 | 10 679 | 47 136 | 11 499 |
| 40 872 | 9 141 | 42 960 | 9 907 | 45 048 | 10 693 |  |  |
| 40 908 | 9 154 | 42 996 | 9 920 | 45 084 | 10 707 | 47 172 | 11 513 |
| 40 944 | 9 167 | 43 032 | 9 934 | 45 120 | 10 720 | 47 208 | 11 527 |
| 40 980 | 9 180 | 43 068 | 9 947 | 45 156 | 10 734 | 47 244 | 11 541 |
| 41 016 | 9 193 | 43 104 | 9 960 | 45 192 | 10 748 | 47 280 | 11 555 |
|  |  | 43 140 | 9 974 | 45 228 | 10 762 | 47 316 | 11 569 |
| 41 052 | 9 206 | 43 176 | 9 987 | 45 264 | 10 775 | 47 352 | 11 583 |
| 41 088 | 9 219 |  |  | 45 300 | 10 789 | 47 388 | 11 597 |
| 41 124 | 9 232 | 43 212 | 10 001 | 45 336 | 10 803 | 47 424 | 11 611 |
| 41 160 | 9 245 | 43 248 | 10 014 |  |  | 47 460 | 11 625 |
| 41 196 | 9 258 | 43 284 | 10 028 | 45 372 | 10 817 | 47 496 | 11 639 |
| 41 232 | 9 271 | 43 320 | 10 041 | 45 408 | 10 830 |  |  |
| 41 268 | 9 284 | 43 356 | 10 054 | 45 444 | 10 844 | 47 532 | 11 654 |
| 41 304 | 9 297 | 43 392 | 10 068 | 45 480 | 10 858 | 47 568 | 11 668 |
| 41 340 | 9 311 | 43 428 | 10 081 | 45 516 | 10 872 | 47 604 | 11 682 |

## IX. (1) Einkommensteuer-Grundtabelle 2016

| Zu versteuerndes Einkommen in € | Einkommensteuer in € | Zu versteuerndes Einkommen in € | Einkommensteuer in € | Zu versteuerndes Einkommen in € | Einkommensteuer in € | Zu versteuerndes Einkommen in € | Einkommensteuer in € |
|---|---|---|---|---|---|---|---|
| 47 640 | 11 696 | 49 728 | 12 526 | 51 852 | 13 391 | 53 976 | 14 275 |
| 47 676 | 11 710 | 49 764 | 12 541 | 51 888 | 13 405 | | |
| 47 712 | 11 724 | 49 800 | 12 555 | 51 924 | 13 420 | 54 012 | 14 290 |
| 47 748 | 11 738 | 49 836 | 12 570 | 51 960 | 13 435 | 54 048 | 14 306 |
| 47 784 | 11 753 | 49 872 | 12 584 | 51 996 | 13 450 | 54 084 | 14 321 |
| 47 820 | 11 767 | 49 908 | 12 599 | 52 032 | 13 465 | 54 120 | 14 336 |
| 47 856 | 11 781 | 49 944 | 12 613 | 52 068 | 13 480 | 54 156 | 14 351 |
| | | 49 980 | 12 628 | 52 104 | 13 495 | 54 192 | 14 366 |
| 47 892 | 11 795 | 50 016 | 12 642 | 52 140 | 13 509 | 54 228 | 14 381 |
| 47 928 | 11 809 | | | 52 176 | 13 524 | 54 264 | 14 396 |
| 47 964 | 11 824 | 50 052 | 12 657 | | | 54 300 | 14 411 |
| 48 000 | 11 838 | 50 088 | 12 671 | 52 212 | 13 539 | 54 336 | 14 426 |
| 48 036 | 11 852 | 50 124 | 12 686 | 52 248 | 13 554 | | |
| 48 072 | 11 866 | 50 160 | 12 700 | 52 284 | 13 569 | 54 372 | 14 442 |
| 48 108 | 11 880 | 50 196 | 12 715 | 52 320 | 13 584 | 54 408 | 14 457 |
| 48 144 | 11 895 | 50 232 | 12 729 | 52 356 | 13 599 | 54 444 | 14 472 |
| 48 180 | 11 909 | 50 268 | 12 744 | 52 392 | 13 614 | 54 480 | 14 487 |
| 48 216 | 11 923 | 50 304 | 12 759 | 52 428 | 13 629 | 54 516 | 14 502 |
| | | 50 340 | 12 773 | 52 464 | 13 644 | 54 552 | 14 517 |
| 48 252 | 11 937 | 50 376 | 12 788 | 52 500 | 13 658 | 54 588 | 14 532 |
| 48 288 | 11 952 | | | 52 536 | 13 673 | 54 624 | 14 547 |
| 48 324 | 11 966 | 50 412 | 12 802 | | | 54 660 | 14 563 |
| 48 360 | 11 980 | 50 448 | 12 817 | 52 572 | 13 688 | 54 696 | 14 578 |
| 48 396 | 11 994 | 50 484 | 12 831 | 52 608 | 13 703 | | |
| 48 432 | 12 009 | 50 520 | 12 846 | 52 644 | 13 718 | 54 732 | 14 593 |
| 48 468 | 12 023 | 50 556 | 12 861 | 52 680 | 13 733 | 54 768 | 14 608 |
| 48 504 | 12 037 | 50 592 | 12 875 | 52 716 | 13 748 | 54 804 | 14 623 |
| 48 540 | 12 051 | 50 628 | 12 890 | 52 752 | 13 763 | 54 840 | 14 638 |
| 48 576 | 12 066 | 50 664 | 12 905 | 52 788 | 13 778 | 54 876 | 14 653 |
| | | 50 700 | 12 919 | 52 824 | 13 793 | 54 912 | 14 668 |
| 48 612 | 12 080 | 50 736 | 12 934 | 52 860 | 13 808 | 54 948 | 14 684 |
| 48 648 | 12 094 | | | 52 896 | 13 823 | 54 984 | 14 699 |
| 48 684 | 12 109 | 50 772 | 12 948 | | | 55 020 | 14 714 |
| 48 720 | 12 123 | 50 808 | 12 963 | 52 932 | 13 838 | 55 056 | 14 729 |
| 48 756 | 12 137 | 50 844 | 12 978 | 52 968 | 13 853 | | |
| 48 792 | 12 152 | 50 880 | 12 992 | 53 004 | 13 868 | 55 092 | 14 744 |
| 48 828 | 12 166 | 50 916 | 13 007 | 53 040 | 13 883 | 55 128 | 14 759 |
| 48 864 | 12 180 | 50 952 | 13 022 | 53 076 | 13 898 | 55 164 | 14 774 |
| 48 900 | 12 195 | 50 988 | 13 037 | 53 112 | 13 913 | 55 200 | 14 789 |
| 48 936 | 12 209 | 51 024 | 13 051 | 53 148 | 13 928 | 55 236 | 14 804 |
| | | 51 060 | 13 066 | 53 184 | 13 943 | 55 272 | 14 820 |
| 48 972 | 12 223 | 51 096 | 13 081 | 53 220 | 13 958 | 55 308 | 14 835 |
| 49 008 | 12 238 | | | 53 256 | 13 973 | 55 344 | 14 850 |
| 49 044 | 12 252 | 51 132 | 13 095 | | | 55 380 | 14 865 |
| 49 080 | 12 266 | 51 168 | 13 110 | 53 292 | 13 988 | 55 416 | 14 880 |
| 49 116 | 12 281 | 51 204 | 13 125 | 53 328 | 14 003 | | |
| 49 152 | 12 295 | 51 240 | 13 139 | 53 364 | 14 018 | 55 452 | 14 895 |
| 49 188 | 12 310 | 51 276 | 13 154 | 53 400 | 14 034 | 55 488 | 14 910 |
| 49 224 | 12 324 | 51 312 | 13 169 | 53 436 | 14 049 | 55 524 | 14 925 |
| 49 260 | 12 338 | 51 348 | 13 184 | 53 472 | 14 064 | 55 560 | 14 941 |
| 49 296 | 12 353 | 51 384 | 13 198 | 53 508 | 14 079 | 55 596 | 14 956 |
| | | 51 420 | 13 213 | 53 544 | 14 094 | 55 632 | 14 971 |
| 49 332 | 12 367 | 51 456 | 13 228 | 53 580 | 14 109 | 55 668 | 14 986 |
| 49 368 | 12 382 | | | 53 616 | 14 124 | 55 704 | 15 001 |
| 49 404 | 12 396 | 51 492 | 13 243 | | | 55 740 | 15 016 |
| 49 440 | 12 410 | 51 528 | 13 257 | 53 652 | 14 139 | 55 776 | 15 031 |
| 49 476 | 12 425 | 51 564 | 13 272 | 53 688 | 14 154 | | |
| 49 512 | 12 439 | 51 600 | 13 287 | 53 724 | 14 169 | 55 812 | 15 046 |
| 49 548 | 12 454 | 51 636 | 13 302 | 53 760 | 14 185 | 55 848 | 15 062 |
| 49 584 | 12 468 | 51 672 | 13 317 | 53 796 | 14 200 | 55 884 | 15 077 |
| 49 620 | 12 483 | 51 708 | 13 331 | 53 832 | 14 215 | 55 920 | 15 092 |
| 49 656 | 12 497 | 51 744 | 13 346 | 53 868 | 14 230 | 55 956 | 15 107 |
| | | 51 780 | 13 361 | 53 904 | 14 245 | 55 992 | 15 122 |
| 49 692 | 12 512 | 51 816 | 13 376 | 53 940 | 14 260 | 56 028 | 15 137 |

## IX. (1) Einkommensteuer-Grundtabelle 2016

| Zu versteuerndes Einkommen in € | Einkommensteuer in € | Zu versteuerndes Einkommen in € | Einkommensteuer in € | Zu versteuerndes Einkommen in € | Einkommensteuer in € | Zu versteuerndes Einkommen in € | Einkommensteuer in € |
|---|---|---|---|---|---|---|---|
| 56 064 | 15 152 | 58 152 | 16 029 | 60 240 | 16 906 | 62 328 | 17 783 |
| 56 100 | 15 167 | 58 188 | 16 044 | 60 276 | 16 921 | 62 364 | 17 798 |
| 56 136 | 15 182 | 58 224 | 16 059 | 60 312 | 16 936 | 62 400 | 17 813 |
|  |  | 58 260 | 16 075 | 60 348 | 16 952 | 62 436 | 17 828 |
| 56 172 | 15 198 | 58 296 | 16 090 | 60 384 | 16 967 | 62 472 | 17 844 |
| 56 208 | 15 213 |  |  | 60 420 | 16 982 | 62 508 | 17 859 |
| 56 244 | 15 228 | 58 332 | 16 105 | 60 456 | 16 997 | 62 544 | 17 874 |
| 56 280 | 15 243 | 58 368 | 16 120 |  |  | 62 580 | 17 889 |
| 56 316 | 15 258 | 58 404 | 16 135 | 60 492 | 17 012 | 62 616 | 17 904 |
| 56 352 | 15 273 | 58 440 | 16 150 | 60 528 | 17 027 |  |  |
| 56 388 | 15 288 | 58 476 | 16 165 | 60 564 | 17 042 | 62 652 | 17 919 |
| 56 424 | 15 303 | 58 512 | 16 180 | 60 600 | 17 057 | 62 688 | 17 934 |
| 56 460 | 15 319 | 58 548 | 16 196 | 60 636 | 17 072 | 62 724 | 17 949 |
| 56 496 | 15 334 | 58 584 | 16 211 | 60 672 | 17 088 | 62 760 | 17 965 |
|  |  | 58 620 | 16 226 | 60 708 | 17 103 | 62 796 | 17 980 |
| 56 532 | 15 349 | 58 656 | 16 241 | 60 744 | 17 118 | 62 832 | 17 995 |
| 56 568 | 15 364 |  |  | 60 780 | 17 133 | 62 868 | 18 010 |
| 56 604 | 15 379 | 58 692 | 16 256 | 60 816 | 17 148 | 62 904 | 18 025 |
| 56 640 | 15 394 | 58 728 | 16 271 |  |  | 62 940 | 18 040 |
| 56 676 | 15 409 | 58 764 | 16 286 | 60 852 | 17 163 | 62 976 | 18 055 |
| 56 712 | 15 424 | 58 800 | 16 301 | 60 888 | 17 178 |  |  |
| 56 748 | 15 440 | 58 836 | 16 316 | 60 924 | 17 193 | 63 012 | 18 070 |
| 56 784 | 15 455 | 58 872 | 16 332 | 60 960 | 17 209 | 63 048 | 18 086 |
| 56 820 | 15 470 | 58 908 | 16 347 | 60 996 | 17 224 | 63 084 | 18 101 |
| 56 856 | 15 485 | 58 944 | 16 362 | 61 032 | 17 239 | 63 120 | 18 116 |
|  |  | 58 980 | 16 377 | 61 068 | 17 254 | 63 156 | 18 131 |
| 56 892 | 15 500 | 59 016 | 16 392 | 61 104 | 17 269 | 63 192 | 18 146 |
| 56 928 | 15 515 |  |  | 61 140 | 17 284 | 63 228 | 18 161 |
| 56 964 | 15 530 | 59 052 | 16 407 | 61 176 | 17 299 | 63 264 | 18 176 |
| 57 000 | 15 545 | 59 088 | 16 422 |  |  | 63 300 | 18 191 |
| 57 036 | 15 560 | 59 124 | 16 437 | 61 212 | 17 314 | 63 336 | 18 206 |
| 57 072 | 15 576 | 59 160 | 16 453 | 61 248 | 17 330 |  |  |
| 57 108 | 15 591 | 59 196 | 16 468 | 61 284 | 17 345 | 63 372 | 18 222 |
| 57 144 | 15 606 | 59 232 | 16 483 | 61 320 | 17 360 | 63 408 | 18 237 |
| 57 180 | 15 621 | 59 268 | 16 498 | 61 356 | 17 375 | 63 444 | 18 252 |
| 57 216 | 15 636 | 59 304 | 16 513 | 61 392 | 17 390 | 63 480 | 18 267 |
|  |  | 59 340 | 16 528 | 61 428 | 17 405 | 63 516 | 18 282 |
| 57 252 | 15 651 | 59 376 | 16 543 | 61 464 | 17 420 | 63 552 | 18 297 |
| 57 288 | 15 666 |  |  | 61 500 | 17 435 | 63 588 | 18 312 |
| 57 324 | 15 681 | 59 412 | 16 558 | 61 536 | 17 450 | 63 624 | 18 327 |
| 57 360 | 15 697 | 59 448 | 16 574 |  |  | 63 660 | 18 343 |
| 57 396 | 15 712 | 59 484 | 16 589 | 61 572 | 17 466 | 63 696 | 18 358 |
| 57 432 | 15 727 | 59 520 | 16 604 | 61 608 | 17 481 |  |  |
| 57 468 | 15 742 | 59 556 | 16 619 | 61 644 | 17 496 | 63 732 | 18 373 |
| 57 504 | 15 757 | 59 592 | 16 634 | 61 680 | 17 511 | 63 768 | 18 388 |
| 57 540 | 15 772 | 59 628 | 16 649 | 61 716 | 17 526 | 63 804 | 18 403 |
| 57 576 | 15 787 | 59 664 | 16 664 | 61 752 | 17 541 | 63 840 | 18 418 |
|  |  | 59 700 | 16 679 | 61 788 | 17 556 | 63 876 | 18 433 |
| 57 612 | 15 802 | 59 736 | 16 694 | 61 824 | 17 571 | 63 912 | 18 448 |
| 57 648 | 15 818 |  |  | 61 860 | 17 587 | 63 948 | 18 464 |
| 57 684 | 15 833 | 59 772 | 16 710 | 61 896 | 17 602 | 63 984 | 18 479 |
| 57 720 | 15 848 | 59 808 | 16 725 |  |  | 64 020 | 18 494 |
| 57 756 | 15 863 | 59 844 | 16 740 | 61 932 | 17 617 | 64 056 | 18 509 |
| 57 792 | 15 878 | 59 880 | 16 755 | 61 968 | 17 632 |  |  |
| 57 828 | 15 893 | 59 916 | 16 770 | 62 004 | 17 647 | 64 092 | 18 524 |
| 57 864 | 15 908 | 59 952 | 16 785 | 62 040 | 17 662 | 64 128 | 18 539 |
| 57 900 | 15 923 | 59 988 | 16 800 | 62 076 | 17 677 | 64 164 | 18 554 |
| 57 936 | 15 938 | 60 024 | 16 815 | 62 112 | 17 692 | 64 200 | 18 569 |
|  |  | 60 060 | 16 831 | 62 148 | 17 708 | 64 236 | 18 584 |
| 57 972 | 15 954 | 60 096 | 16 846 | 62 184 | 17 723 | 64 272 | 18 600 |
| 58 008 | 15 969 |  |  | 62 220 | 17 738 | 64 308 | 18 615 |
| 58 044 | 15 984 | 60 132 | 16 861 | 62 256 | 17 753 | 64 344 | 18 630 |
| 58 080 | 15 999 | 60 168 | 16 876 |  |  | 64 380 | 18 645 |
| 58 116 | 16 014 | 60 204 | 16 891 | 62 292 | 17 768 | 64 416 | 18 660 |

## IX. (1) Einkommensteuer-Grundtabelle 2016

| Zu versteuerndes Einkommen in € | Einkommensteuer in € | Zu versteuerndes Einkommen in € | Einkommensteuer in € | Zu versteuerndes Einkommen in € | Einkommensteuer in € | Zu versteuerndes Einkommen in € | Einkommensteuer in € |
|---|---|---|---|---|---|---|---|
| 64 452 | 18 675 | 66 252 | 19 431 | 68 052 | 20 187 | 69 852 | 20 943 |
| 64 488 | 18 690 | 66 288 | 19 446 | 68 088 | 20 202 | 69 888 | 20 958 |
| 64 524 | 18 705 | 66 324 | 19 461 | 68 124 | 20 217 | 69 924 | 20 973 |
| 64 560 | 18 721 | 66 360 | 19 477 | 68 160 | 20 233 | 69 960 | 20 989 |
| 64 596 | 18 736 | 66 396 | 19 492 | 68 196 | 20 248 | 69 996 | 21 004 |
| 64 632 | 18 751 | 66 432 | 19 507 | 68 232 | 20 263 | 70 032 | 21 019 |
| 64 668 | 18 766 | 66 468 | 19 522 | 68 268 | 20 278 | 70 068 | 21 034 |
| 64 704 | 18 781 | 66 504 | 19 537 | 68 304 | 20 293 | 70 104 | 21 049 |
| 64 740 | 18 796 | 66 540 | 19 552 | 68 340 | 20 308 | 70 140 | 21 064 |
| 64 776 | 18 811 | 66 576 | 19 567 | 68 376 | 20 323 | 70 176 | 21 079 |
| 64 812 | 18 826 | 66 612 | 19 582 | 68 412 | 20 338 | 70 212 | 21 094 |
| 64 848 | 18 842 | 66 648 | 19 598 | 68 448 | 20 354 | 70 248 | 21 110 |
| 64 884 | 18 857 | 66 684 | 19 613 | 68 484 | 20 369 | 70 284 | 21 125 |
| 64 920 | 18 872 | 66 720 | 19 628 | 68 520 | 20 384 | 70 320 | 21 140 |
| 64 956 | 18 887 | 66 756 | 19 643 | 68 556 | 20 399 | 70 356 | 21 155 |
| 64 992 | 18 902 | 66 792 | 19 658 | 68 592 | 20 414 | 70 392 | 21 170 |
| 65 028 | 18 917 | 66 828 | 19 673 | 68 628 | 20 429 | 70 428 | 21 185 |
| 65 064 | 18 932 | 66 864 | 19 688 | 68 664 | 20 444 | 70 464 | 21 200 |
| 65 100 | 18 947 | 66 900 | 19 703 | 68 700 | 20 459 | 70 500 | 21 215 |
| 65 136 | 18 962 | 66 936 | 19 718 | 68 736 | 20 474 | 70 536 | 21 230 |
| 65 172 | 18 978 | 66 972 | 19 734 | 68 772 | 20 490 | 70 572 | 21 246 |
| 65 208 | 18 993 | 67 008 | 19 749 | 68 808 | 20 505 | 70 608 | 21 261 |
| 65 244 | 19 008 | 67 044 | 19 764 | 68 844 | 20 520 | 70 644 | 21 276 |
| 65 280 | 19 023 | 67 080 | 19 779 | 68 880 | 20 535 | 70 680 | 21 291 |
| 65 316 | 19 038 | 67 116 | 19 794 | 68 916 | 20 550 | 70 716 | 21 306 |
| 65 352 | 19 053 | 67 152 | 19 809 | 68 952 | 20 565 | 70 752 | 21 321 |
| 65 388 | 19 068 | 67 188 | 19 824 | 68 988 | 20 580 | 70 788 | 21 336 |
| 65 424 | 19 083 | 67 224 | 19 839 | 69 024 | 20 595 | 70 824 | 21 351 |
| 65 460 | 19 099 | 67 260 | 19 855 | 69 060 | 20 611 | 70 860 | 21 367 |
| 65 496 | 19 114 | 67 296 | 19 870 | 69 096 | 20 626 | 70 896 | 21 382 |
| 65 532 | 19 129 | 67 332 | 19 885 | 69 132 | 20 641 | 70 932 | 21 397 |
| 65 568 | 19 144 | 67 368 | 19 900 | 69 168 | 20 656 | 70 968 | 21 412 |
| 65 604 | 19 159 | 67 404 | 19 915 | 69 204 | 20 671 | 71 004 | 21 427 |
| 65 640 | 19 174 | 67 440 | 19 930 | 69 240 | 20 686 | 71 040 | 21 442 |
| 65 676 | 19 189 | 67 476 | 19 945 | 69 276 | 20 701 | 71 076 | 21 457 |
| 65 712 | 19 204 | 67 512 | 19 960 | 69 312 | 20 716 | 71 112 | 21 472 |
| 65 748 | 19 220 | 67 548 | 19 976 | 69 348 | 20 732 | 71 148 | 21 488 |
| 65 784 | 19 235 | 67 584 | 19 991 | 69 384 | 20 747 | 71 184 | 21 503 |
| 65 820 | 19 250 | 67 620 | 20 006 | 69 420 | 20 762 | 71 220 | 21 518 |
| 65 856 | 19 265 | 67 656 | 20 021 | 69 456 | 20 777 | 71 256 | 21 533 |
| 65 892 | 19 280 | 67 692 | 20 036 | 69 492 | 20 792 | 71 292 | 21 548 |
| 65 928 | 19 295 | 67 728 | 20 051 | 69 528 | 20 807 | 71 328 | 21 563 |
| 65 964 | 19 310 | 67 764 | 20 066 | 69 564 | 20 822 | 71 364 | 21 578 |
| 66 000 | 19 325 | 67 800 | 20 081 | 69 600 | 20 837 | 71 400 | 21 593 |
| 66 036 | 19 340 | 67 836 | 20 096 | 69 636 | 20 852 | 71 436 | 21 608 |
| 66 072 | 19 356 | 67 872 | 20 112 | 69 672 | 20 868 | 71 472 | 21 624 |
| 66 108 | 19 371 | 67 908 | 20 127 | 69 708 | 20 883 | 71 508 | 21 639 |
| 66 144 | 19 386 | 67 944 | 20 142 | 69 744 | 20 898 | 71 544 | 21 654 |
| 66 180 | 19 401 | 67 980 | 20 157 | 69 780 | 20 913 | 71 580 | 21 669 |
| 66 216 | 19 416 | 68 016 | 20 172 | 69 816 | 20 928 | 71 616 | 21 684 |

**Anmerkung der Redaktion:**
Für zu versteuernde Einkommensbeträge zwischen 71 617 € und 254 446 €, die nach der Grundtabelle zu versteuern sind, beläuft sich die Einkommensteuer auf den um 8 394,14 € verminderten Betrag von 42 % des abgerundeten zu versteuernden Einkommensbetrags. Vgl. § 32a Abs. 1 EStG i. d. F. des Art. 2 Nr. 2 des Gesetzes zur Anhebung des Grundfreibetrags, des Kinderfreibetrags, des Kindergeldes und des Kinderzuschlags v. 16. 7. 2015 (BGBl I S. 1202).

## IX. (1) Einkommensteuer-Grundtabelle 2016

Für zu versteuernde Einkommensbeträge von 254 447 € an, die nach der Grundtabelle zu versteuern sind, beläuft sich die Einkommensteuer nach einer weiteren, ab 2007 eingeführten Tarifstufe (hier nur auszugsweise Werte bis 261 611 €) auf den um 16 027,52 € verminderten Betrag von 45 % des abgerundeten zu versteuernden Einkommensbetrags. Vgl. § 32a Abs. 1 Satz 2 Nr. 5 EStG i. d. F. des Art. 2 Nr. 2 des Gesetzes zur Anhebung des Grundfreibetrags, des Kinderfreibetrags, des Kindergeldes und des Kinderzuschlags v. 16. 7. 2015 (BGBl I S. 1202).

| Zu versteuerndes Einkommen in € | Einkommensteuer in € | Zu versteuerndes Einkommen in € | Einkommensteuer in € | Zu versteuerndes Einkommen in € | Einkommensteuer in € | Zu versteuerndes Einkommen in € | Einkommensteuer in € |
|---|---|---|---|---|---|---|---|
| 254 447 | 98 473 | 256 247 | 99 283 | 258 047 | 100 093 | 259 847 | 100 903 |
| 254 483 | 98 489 | 256 283 | 99 299 | 258 083 | 100 109 | 259 883 | 100 919 |
| 254 519 | 98 506 | 256 319 | 99 316 | 258 119 | 100 126 | 259 919 | 100 936 |
| 254 555 | 98 522 | 256 355 | 99 332 | 258 155 | 100 142 | 259 955 | 100 952 |
| 254 591 | 98 538 | 256 391 | 99 348 | 258 191 | 100 158 | 259 991 | 100 968 |
| 254 627 | 98 554 | 256 427 | 99 364 | 258 227 | 100 174 | 260 027 | 100 984 |
| 254 663 | 98 570 | 256 463 | 99 380 | 258 263 | 100 190 | 260 063 | 101 000 |
| 254 699 | 98 587 | 256 499 | 99 397 | 258 299 | 100 207 | 260 099 | 101 017 |
| 254 735 | 98 603 | 256 535 | 99 413 | 258 335 | 100 223 | 260 135 | 101 033 |
| 254 771 | 98 619 | 256 571 | 99 429 | 258 371 | 100 239 | 260 171 | 101 049 |
| 254 807 | 98 635 | 256 607 | 99 445 | 258 407 | 100 255 | 260 207 | 101 065 |
| 254 843 | 98 651 | 256 643 | 99 461 | 258 443 | 100 271 | 260 243 | 101 081 |
| 254 879 | 98 668 | 256 679 | 99 478 | 258 479 | 100 288 | 260 279 | 101 098 |
| 254 915 | 98 684 | 256 715 | 99 494 | 258 515 | 100 304 | 260 315 | 101 114 |
| 254 951 | 98 700 | 256 751 | 99 510 | 258 551 | 100 320 | 260 351 | 101 130 |
| 254 987 | 98 716 | 256 787 | 99 526 | 258 587 | 100 336 | 260 387 | 101 146 |
| 255 023 | 98 732 | 256 823 | 99 542 | 258 623 | 100 352 | 260 423 | 101 162 |
| 255 059 | 98 749 | 256 859 | 99 559 | 258 659 | 100 369 | 260 459 | 101 179 |
| 255 095 | 98 765 | 256 895 | 99 575 | 258 695 | 100 385 | 260 495 | 101 195 |
| 255 131 | 98 781 | 256 931 | 99 591 | 258 731 | 100 401 | 260 531 | 101 211 |
| 255 167 | 98 797 | 256 967 | 99 607 | 258 767 | 100 417 | 260 567 | 101 227 |
| 255 203 | 98 813 | 257 003 | 99 623 | 258 803 | 100 433 | 260 603 | 101 243 |
| 255 239 | 98 830 | 257 039 | 99 640 | 258 839 | 100 450 | 260 639 | 101 260 |
| 255 275 | 98 846 | 257 075 | 99 656 | 258 875 | 100 466 | 260 675 | 101 276 |
| 255 311 | 98 862 | 257 111 | 99 672 | 258 911 | 100 482 | 260 711 | 101 292 |
| 255 347 | 98 878 | 257 147 | 99 688 | 258 947 | 100 498 | 260 747 | 101 308 |
| 255 383 | 98 894 | 257 183 | 99 704 | 258 983 | 100 514 | 260 783 | 101 324 |
| 255 419 | 98 911 | 257 219 | 99 721 | 259 019 | 100 531 | 260 819 | 101 341 |
| 255 455 | 98 927 | 257 255 | 99 737 | 259 055 | 100 547 | 260 855 | 101 357 |
| 255 491 | 98 943 | 257 291 | 99 753 | 259 091 | 100 563 | 260 891 | 101 373 |
| 255 527 | 98 959 | 257 327 | 99 769 | 259 127 | 100 579 | 260 927 | 101 389 |
| 255 563 | 98 975 | 257 363 | 99 785 | 259 163 | 100 595 | 260 963 | 101 405 |
| 255 599 | 98 992 | 257 399 | 99 802 | 259 199 | 100 612 | 260 999 | 101 422 |
| 255 635 | 99 008 | 257 435 | 99 818 | 259 235 | 100 628 | 261 035 | 101 438 |
| 255 671 | 99 024 | 257 471 | 99 834 | 259 271 | 100 644 | 261 071 | 101 454 |
| 255 707 | 99 040 | 257 507 | 99 850 | 259 307 | 100 660 | 261 107 | 101 470 |
| 255 743 | 99 056 | 257 543 | 99 866 | 259 343 | 100 676 | 261 143 | 101 486 |
| 255 779 | 99 073 | 257 579 | 99 883 | 259 379 | 100 693 | 261 179 | 101 503 |
| 255 815 | 99 089 | 257 615 | 99 899 | 259 415 | 100 709 | 261 215 | 101 519 |
| 255 851 | 99 105 | 257 651 | 99 915 | 259 451 | 100 725 | 261 251 | 101 535 |
| 255 887 | 99 121 | 257 687 | 99 931 | 259 487 | 100 741 | 261 287 | 101 551 |
| 255 923 | 99 137 | 257 723 | 99 947 | 259 523 | 100 757 | 261 323 | 101 567 |
| 255 959 | 99 154 | 257 759 | 99 964 | 259 559 | 100 774 | 261 359 | 101 584 |
| 255 995 | 99 170 | 257 795 | 99 980 | 259 595 | 100 790 | 261 395 | 101 600 |
| 256 031 | 99 186 | 257 831 | 99 996 | 259 631 | 100 806 | 261 431 | 101 616 |
| 256 067 | 99 202 | 257 867 | 100 012 | 259 667 | 100 822 | 261 467 | 101 632 |
| 256 103 | 99 218 | 257 903 | 100 028 | 259 703 | 100 838 | 261 503 | 101 648 |
| 256 139 | 99 235 | 257 939 | 100 045 | 259 739 | 100 855 | 261 539 | 101 665 |
| 256 175 | 99 251 | 257 975 | 100 061 | 259 775 | 100 871 | 261 575 | 101 681 |
| 256 211 | 99 267 | 258 011 | 100 077 | 259 811 | 100 887 | 261 611 | 101 697 |

## IX. (2) Einkommensteuer-Splittingtabelle 2016

Seit dem Jahr 2004 wird die Einkommensteuer nach dem auf den nächsten vollen Euro-Betrag abgerundeten zu versteuernden Einkommen berechnet. Der stufenlose Steuertarif hat zur Folge, dass einerseits Einkommensteuertabellen im herkömmlichen Sinn mit Tabellenstufen von 72 Euro, die vom Bundesfinanzministerium zuletzt für die Jahre 2002/2003 erstellt und veröffentlicht worden sind, nicht mehr zur Verfügung stehen, andererseits jeden Einzelwert einbeziehende Einkommensteuertabellen aus Umfangsgründen nicht mehr möglich sind.

Die nichtamtliche, ohne Gewähr wiedergegebene Einkommensteuer-Splittingtabelle 2016, gültig ab 1.1.2016, wurde auf Basis der vorgegebenen Berechnungsgrundlagen in § 32a Abs. 1, 5 EStG i.d.F. des Art. 2 Nr. 2 des Gesetzes zur Anhebung des Grundfreibetrags, des Kinderfreibetrags, des Kindergeldes und des Kinderzuschlags v. 16.7.2015 (BGBl I S. 1202) erstellt und gibt für die ausgewiesenen zu versteuernden Einkommen die entsprechende Einkommensteuer an. Für Werte, die zwischen bzw. über den ausgewiesenen zu versteuernden Einkommen liegen, kann die Einkommensteuer annäherungsweise geschätzt bzw. elektronisch, z.B. mit Hilfe der CD-ROM Kompakt-Rechner LSt & ESt 2016 (Verlags-Nr. 69186), berechnet werden. Dieses Programm berücksichtigt die ab 1.1.2016 geltende Rechtslage und bietet neben allen Tabellen zur Lohn- und Einkommensteuer (seit 2002) u.v.a. die Möglichkeit der Nettolohn-Berechnung. Die Einkommensteuer-Grundtabelle 2016 ist wiedergegeben auf S. 601 ff.

| Zu versteuerndes Einkommen in € | Einkommensteuer in € | Zu versteuerndes Einkommen in € | Einkommensteuer in € | Zu versteuerndes Einkommen in € | Einkommensteuer in € | Zu versteuerndes Einkommen in € | Einkommensteuer in € |
|---|---|---|---|---|---|---|---|
| 17 305 | 0 | 20 041 | 420 | 22 705 | 900 | 25 369 | 1 452 |
| 17 377 | 10 | 20 113 | 432 | 22 777 | 914 | 25 441 | 1 468 |
| 17 449 | 20 | | | 22 849 | 928 | 25 513 | 1 484 |
| 17 521 | 30 | 20 185 | 444 | 22 921 | 942 | 25 585 | 1 500 |
| 17 593 | 40 | 20 257 | 456 | 22 993 | 956 | 25 657 | 1 516 |
| 17 665 | 50 | 20 329 | 468 | | | 25 729 | 1 532 |
| 17 737 | 60 | 20 401 | 480 | 23 065 | 970 | 25 801 | 1 548 |
| 17 809 | 70 | 20 473 | 492 | 23 137 | 984 | 25 873 | 1 564 |
| 17 881 | 82 | 20 545 | 504 | 23 209 | 998 | | |
| 17 953 | 92 | 20 617 | 518 | 23 281 | 1 014 | 25 945 | 1 580 |
| | | 20 689 | 530 | 23 353 | 1 028 | 26 017 | 1 596 |
| 18 025 | 102 | 20 761 | 542 | 23 425 | 1 042 | 26 089 | 1 612 |
| 18 097 | 114 | 20 833 | 554 | 23 497 | 1 056 | 26 161 | 1 628 |
| 18 169 | 124 | | | 23 569 | 1 072 | 26 233 | 1 646 |
| 18 241 | 134 | 20 905 | 568 | 23 641 | 1 086 | 26 305 | 1 662 |
| 18 313 | 146 | 20 977 | 580 | 23 713 | 1 100 | 26 377 | 1 678 |
| 18 385 | 156 | 21 049 | 592 | | | 26 449 | 1 694 |
| 18 457 | 168 | 21 121 | 606 | 23 785 | 1 116 | 26 521 | 1 712 |
| 18 529 | 178 | 21 193 | 618 | 23 857 | 1 130 | 26 593 | 1 728 |
| 18 601 | 188 | 21 265 | 632 | 23 929 | 1 144 | | |
| 18 673 | 200 | 21 337 | 644 | 24 001 | 1 160 | 26 665 | 1 744 |
| | | 21 409 | 658 | 24 073 | 1 174 | 26 737 | 1 762 |
| 18 745 | 212 | 21 481 | 670 | 24 145 | 1 190 | 26 809 | 1 778 |
| 18 817 | 222 | 21 553 | 684 | 24 217 | 1 204 | 26 881 | 1 796 |
| 18 889 | 234 | | | 24 289 | 1 220 | 26 953 | 1 812 |
| 18 961 | 244 | 21 625 | 696 | 24 361 | 1 234 | 27 025 | 1 830 |
| 19 033 | 256 | 21 697 | 710 | 24 433 | 1 250 | 27 097 | 1 846 |
| 19 105 | 268 | 21 769 | 724 | | | 27 169 | 1 864 |
| 19 177 | 278 | 21 841 | 736 | 24 505 | 1 264 | 27 241 | 1 880 |
| 19 249 | 290 | 21 913 | 750 | 24 577 | 1 280 | 27 313 | 1 898 |
| 19 321 | 302 | 21 985 | 764 | 24 649 | 1 296 | | |
| 19 393 | 314 | 22 057 | 776 | 24 721 | 1 310 | 27 385 | 1 916 |
| | | 22 129 | 790 | 24 793 | 1 326 | 27 457 | 1 932 |
| 19 465 | 324 | 22 201 | 804 | 24 865 | 1 342 | 27 529 | 1 950 |
| 19 537 | 336 | 22 273 | 818 | 24 937 | 1 358 | 27 601 | 1 968 |
| 19 609 | 348 | | | 25 009 | 1 372 | 27 673 | 1 984 |
| 19 681 | 360 | 22 345 | 830 | 25 081 | 1 388 | 27 745 | 2 002 |
| 19 753 | 372 | 22 417 | 844 | 25 153 | 1 404 | 27 817 | 2 020 |
| 19 825 | 384 | 22 489 | 858 | | | 27 889 | 2 036 |
| 19 897 | 396 | 22 561 | 872 | 25 225 | 1 420 | 27 961 | 2 054 |
| 19 969 | 408 | 22 633 | 886 | 25 297 | 1 436 | 28 033 | 2 072 |

## IX. (2) Einkommensteuer-Splittingtabelle 2016

| Zu versteuerndes Einkommen in € | Einkommensteuer in € | Zu versteuerndes Einkommen in € | Einkommensteuer in € | Zu versteuerndes Einkommen in € | Einkommensteuer in € | Zu versteuerndes Einkommen in € | Einkommensteuer in € |
|---|---|---|---|---|---|---|---|
| 28 105 | 2 088 | 32 353 | 3 134 | 36 529 | 4 202 | 40 705 | 5 310 |
| 28 177 | 2 106 |  |  | 36 601 | 4 222 | 40 777 | 5 328 |
| 28 249 | 2 124 | 32 425 | 3 152 | 36 673 | 4 240 | 40 849 | 5 348 |
| 28 321 | 2 140 | 32 497 | 3 170 |  |  | 40 921 | 5 368 |
| 28 393 | 2 158 | 32 569 | 3 188 | 36 745 | 4 258 | 40 993 | 5 388 |
| 28 465 | 2 176 | 32 641 | 3 206 | 36 817 | 4 278 |  |  |
| 28 537 | 2 192 | 32 713 | 3 224 | 36 889 | 4 296 | 41 065 | 5 406 |
| 28 609 | 2 210 | 32 785 | 3 244 | 36 961 | 4 314 | 41 137 | 5 426 |
| 28 681 | 2 228 | 32 857 | 3 262 | 37 033 | 4 334 | 41 209 | 5 446 |
| 28 753 | 2 246 | 32 929 | 3 280 | 37 105 | 4 352 | 41 281 | 5 466 |
|  |  | 33 001 | 3 298 | 37 177 | 4 372 | 41 353 | 5 484 |
| 28 825 | 2 262 | 33 073 | 3 316 | 37 249 | 4 390 | 41 425 | 5 504 |
| 28 897 | 2 280 |  |  | 37 321 | 4 410 | 41 497 | 5 524 |
| 28 969 | 2 298 | 33 145 | 3 334 | 37 393 | 4 428 | 41 569 | 5 544 |
| 29 041 | 2 316 | 33 217 | 3 352 |  |  | 41 641 | 5 562 |
| 29 113 | 2 332 | 33 289 | 3 370 | 37 465 | 4 446 | 41 713 | 5 582 |
| 29 185 | 2 350 | 33 361 | 3 388 | 37 537 | 4 466 |  |  |
| 29 257 | 2 368 | 33 433 | 3 406 | 37 609 | 4 484 | 41 785 | 5 602 |
| 29 329 | 2 386 | 33 505 | 3 426 | 37 681 | 4 504 | 41 857 | 5 622 |
| 29 401 | 2 404 | 33 577 | 3 444 | 37 753 | 4 522 | 41 929 | 5 642 |
| 29 473 | 2 420 | 33 649 | 3 462 | 37 825 | 4 542 | 42 001 | 5 660 |
|  |  | 33 721 | 3 480 | 37 897 | 4 560 | 42 073 | 5 680 |
| 29 545 | 2 438 | 33 793 | 3 498 | 37 969 | 4 580 | 42 145 | 5 700 |
| 29 617 | 2 456 |  |  | 38 041 | 4 598 | 42 217 | 5 720 |
| 29 689 | 2 474 | 33 865 | 3 516 | 38 113 | 4 618 | 42 289 | 5 740 |
| 29 761 | 2 492 | 33 937 | 3 534 |  |  | 42 361 | 5 760 |
| 29 833 | 2 510 | 34 009 | 3 554 | 38 185 | 4 636 | 42 433 | 5 780 |
| 29 905 | 2 526 | 34 081 | 3 572 | 38 257 | 4 656 |  |  |
| 29 977 | 2 544 | 34 153 | 3 590 | 38 329 | 4 674 | 42 505 | 5 798 |
| 30 049 | 2 562 | 34 225 | 3 608 | 38 401 | 4 694 | 42 577 | 5 818 |
| 30 121 | 2 580 | 34 297 | 3 626 | 38 473 | 4 712 | 42 649 | 5 838 |
| 30 193 | 2 598 | 34 369 | 3 646 | 38 545 | 4 732 | 42 721 | 5 858 |
|  |  | 34 441 | 3 664 | 38 617 | 4 750 | 42 793 | 5 878 |
| 30 265 | 2 616 | 34 513 | 3 682 | 38 689 | 4 770 | 42 865 | 5 898 |
| 30 337 | 2 632 |  |  | 38 761 | 4 790 | 42 937 | 5 918 |
| 30 409 | 2 650 | 34 585 | 3 700 | 38 833 | 4 808 | 43 009 | 5 938 |
| 30 481 | 2 668 | 34 657 | 3 718 |  |  | 43 081 | 5 956 |
| 30 553 | 2 686 | 34 729 | 3 738 | 38 905 | 4 828 | 43 153 | 5 976 |
| 30 625 | 2 704 | 34 801 | 3 756 | 38 977 | 4 846 |  |  |
| 30 697 | 2 722 | 34 873 | 3 774 | 39 049 | 4 866 | 43 225 | 5 996 |
| 30 769 | 2 740 | 34 945 | 3 792 | 39 121 | 4 884 | 43 297 | 6 016 |
| 30 841 | 2 758 | 35 017 | 3 812 | 39 193 | 4 904 | 43 369 | 6 036 |
| 30 913 | 2 776 | 35 089 | 3 830 | 39 265 | 4 924 | 43 441 | 6 056 |
|  |  | 35 161 | 3 848 | 39 337 | 4 942 | 43 513 | 6 076 |
| 30 985 | 2 794 | 35 233 | 3 866 | 39 409 | 4 962 | 43 585 | 6 096 |
| 31 057 | 2 810 |  |  | 39 481 | 4 980 | 43 657 | 6 116 |
| 31 129 | 2 828 | 35 305 | 3 886 | 39 553 | 5 000 | 43 729 | 6 136 |
| 31 201 | 2 846 | 35 377 | 3 904 |  |  | 43 801 | 6 156 |
| 31 273 | 2 864 | 35 449 | 3 922 | 39 625 | 5 020 | 43 873 | 6 176 |
| 31 345 | 2 882 | 35 521 | 3 940 | 39 697 | 5 038 |  |  |
| 31 417 | 2 900 | 35 593 | 3 960 | 39 769 | 5 058 | 43 945 | 6 196 |
| 31 489 | 2 918 | 35 665 | 3 978 | 39 841 | 5 078 | 44 017 | 6 216 |
| 31 561 | 2 936 | 35 737 | 3 996 | 39 913 | 5 096 | 44 089 | 6 236 |
| 31 633 | 2 954 | 35 809 | 4 016 | 39 985 | 5 116 | 44 161 | 6 256 |
|  |  | 35 881 | 4 034 | 40 057 | 5 136 | 44 233 | 6 276 |
| 31 705 | 2 972 | 35 953 | 4 052 | 40 129 | 5 154 | 44 305 | 6 296 |
| 31 777 | 2 990 |  |  | 40 201 | 5 174 | 44 377 | 6 316 |
| 31 849 | 3 008 | 36 025 | 4 072 | 40 273 | 5 194 | 44 449 | 6 336 |
| 31 921 | 3 026 | 36 097 | 4 090 |  |  | 44 521 | 6 356 |
| 31 993 | 3 044 | 36 169 | 4 108 | 40 345 | 5 212 | 44 593 | 6 376 |
| 32 065 | 3 062 | 36 241 | 4 128 | 40 417 | 5 232 |  |  |
| 32 137 | 3 080 | 36 313 | 4 146 | 40 489 | 5 252 | 44 665 | 6 396 |
| 32 209 | 3 098 | 36 385 | 4 164 | 40 561 | 5 270 | 44 737 | 6 416 |
| 32 281 | 3 116 | 36 457 | 4 184 | 40 633 | 5 290 | 44 809 | 6 436 |

## IX. (2) Einkommensteuer-Splittingtabelle 2016

| Zu versteuerndes Einkommen in € | Einkommensteuer in € | Zu versteuerndes Einkommen in € | Einkommensteuer in € | Zu versteuerndes Einkommen in € | Einkommensteuer in € | Zu versteuerndes Einkommen in € | Einkommensteuer in € |
|---|---|---|---|---|---|---|---|
| 44 881 | 6 456 | 49 057 | 7 642 | 53 305 | 8 888 | 57 553 | 10 176 |
| 44 953 | 6 476 | 49 129 | 7 662 | 53 377 | 8 910 | | |
| 45 025 | 6 496 | 49 201 | 7 684 | 53 449 | 8 932 | 57 625 | 10 198 |
| 45 097 | 6 516 | 49 273 | 7 704 | 53 521 | 8 952 | 57 697 | 10 220 |
| 45 169 | 6 536 | 49 345 | 7 724 | 53 593 | 8 974 | 57 769 | 10 242 |
| 45 241 | 6 556 | 49 417 | 7 746 | 53 665 | 8 996 | 57 841 | 10 264 |
| 45 313 | 6 576 | 49 489 | 7 766 | 53 737 | 9 018 | 57 913 | 10 286 |
| | | 49 561 | 7 788 | 53 809 | 9 038 | 57 985 | 10 308 |
| 45 385 | 6 596 | 49 633 | 7 808 | 53 881 | 9 060 | 58 057 | 10 330 |
| 45 457 | 6 618 | | | 53 953 | 9 082 | 58 129 | 10 354 |
| 45 529 | 6 638 | 49 705 | 7 830 | | | 58 201 | 10 376 |
| 45 601 | 6 658 | 49 777 | 7 850 | 54 025 | 9 104 | 58 273 | 10 398 |
| 45 673 | 6 678 | 49 849 | 7 870 | 54 097 | 9 126 | | |
| 45 745 | 6 698 | 49 921 | 7 892 | 54 169 | 9 146 | 58 345 | 10 420 |
| 45 817 | 6 718 | 49 993 | 7 912 | 54 241 | 9 168 | 58 417 | 10 442 |
| 45 889 | 6 738 | 50 065 | 7 934 | 54 313 | 9 190 | 58 489 | 10 464 |
| 45 961 | 6 758 | 50 137 | 7 954 | 54 385 | 9 212 | 58 561 | 10 486 |
| 46 033 | 6 780 | 50 209 | 7 976 | 54 457 | 9 234 | 58 633 | 10 510 |
| | | 50 281 | 7 996 | 54 529 | 9 254 | 58 705 | 10 532 |
| 46 105 | 6 800 | 50 353 | 8 018 | 54 601 | 9 276 | 58 777 | 10 554 |
| 46 177 | 6 820 | | | 54 673 | 9 298 | 58 849 | 10 576 |
| 46 249 | 6 840 | 50 425 | 8 038 | | | 58 921 | 10 598 |
| 46 321 | 6 860 | 50 497 | 8 060 | 54 745 | 9 320 | 58 993 | 10 620 |
| 46 393 | 6 880 | 50 569 | 8 080 | 54 817 | 9 342 | | |
| 46 465 | 6 902 | 50 641 | 8 102 | 54 889 | 9 364 | 59 065 | 10 644 |
| 46 537 | 6 922 | 50 713 | 8 122 | 54 961 | 9 386 | 59 137 | 10 666 |
| 46 609 | 6 942 | 50 785 | 8 144 | 55 033 | 9 406 | 59 209 | 10 688 |
| 46 681 | 6 962 | 50 857 | 8 164 | 55 105 | 9 428 | 59 281 | 10 710 |
| 46 753 | 6 982 | 50 929 | 8 186 | 55 177 | 9 450 | 59 353 | 10 734 |
| | | 51 001 | 8 208 | 55 249 | 9 472 | 59 425 | 10 756 |
| 46 825 | 7 002 | 51 073 | 8 228 | 55 321 | 9 494 | 59 497 | 10 778 |
| 46 897 | 7 024 | | | 55 393 | 9 516 | 59 569 | 10 800 |
| 46 969 | 7 044 | | | | | 59 641 | 10 822 |
| 47 041 | 7 064 | 51 145 | 8 250 | 55 465 | 9 538 | 59 713 | 10 846 |
| 47 113 | 7 084 | 51 217 | 8 270 | 55 537 | 9 560 | | |
| 47 185 | 7 106 | 51 289 | 8 292 | 55 609 | 9 582 | 59 785 | 10 868 |
| 47 257 | 7 126 | 51 361 | 8 312 | 55 681 | 9 604 | 59 857 | 10 890 |
| 47 329 | 7 146 | 51 433 | 8 334 | 55 753 | 9 624 | 59 929 | 10 914 |
| 47 401 | 7 166 | 51 505 | 8 356 | 55 825 | 9 646 | 60 001 | 10 936 |
| 47 473 | 7 188 | 51 577 | 8 376 | 55 897 | 9 668 | 60 073 | 10 958 |
| | | 51 649 | 8 398 | 55 969 | 9 690 | 60 145 | 10 980 |
| 47 545 | 7 208 | 51 721 | 8 418 | 56 041 | 9 712 | 60 217 | 11 004 |
| 47 617 | 7 228 | 51 793 | 8 440 | 56 113 | 9 734 | 60 289 | 11 026 |
| 47 689 | 7 248 | | | | | 60 361 | 11 048 |
| 47 761 | 7 270 | 51 865 | 8 462 | 56 185 | 9 756 | 60 433 | 11 072 |
| 47 833 | 7 290 | 51 937 | 8 482 | 56 257 | 9 778 | | |
| 47 905 | 7 310 | 52 009 | 8 504 | 56 329 | 9 800 | 60 505 | 11 094 |
| 47 977 | 7 332 | 52 081 | 8 524 | 56 401 | 9 822 | 60 577 | 11 116 |
| 48 049 | 7 352 | 52 153 | 8 546 | 56 473 | 9 844 | 60 649 | 11 140 |
| 48 121 | 7 372 | 52 225 | 8 568 | 56 545 | 9 866 | 60 721 | 11 162 |
| 48 193 | 7 394 | 52 297 | 8 588 | 56 617 | 9 888 | 60 793 | 11 184 |
| | | 52 369 | 8 610 | 56 689 | 9 910 | 60 865 | 11 208 |
| 48 265 | 7 414 | 52 441 | 8 632 | 56 761 | 9 932 | 60 937 | 11 230 |
| 48 337 | 7 434 | 52 513 | 8 652 | 56 833 | 9 954 | 61 009 | 11 252 |
| 48 409 | 7 456 | | | | | 61 081 | 11 276 |
| 48 481 | 7 476 | 52 585 | 8 674 | 56 905 | 9 976 | 61 153 | 11 298 |
| 48 553 | 7 496 | 52 657 | 8 696 | 56 977 | 9 998 | | |
| 48 625 | 7 518 | 52 729 | 8 716 | 57 049 | 10 020 | 61 225 | 11 320 |
| 48 697 | 7 538 | 52 801 | 8 738 | 57 121 | 10 042 | 61 297 | 11 344 |
| 48 769 | 7 558 | 52 873 | 8 760 | 57 193 | 10 064 | 61 369 | 11 366 |
| 48 841 | 7 580 | 52 945 | 8 780 | 57 265 | 10 086 | 61 441 | 11 390 |
| 48 913 | 7 600 | 53 017 | 8 802 | 57 337 | 10 108 | 61 513 | 11 412 |
| | | 53 089 | 8 824 | 57 409 | 10 132 | 61 585 | 11 434 |
| | | 53 161 | 8 846 | 57 481 | 10 154 | 61 657 | 11 458 |
| 48 985 | 7 620 | 53 233 | 8 866 | | | | |

## IX. (2) Einkommensteuer-Splittingtabelle 2016

| Zu versteuerndes Einkommen in € | Einkommensteuer in € | Zu versteuerndes Einkommen in € | Einkommensteuer in € | Zu versteuerndes Einkommen in € | Einkommensteuer in € | Zu versteuerndes Einkommen in € | Einkommensteuer in € |
|---|---|---|---|---|---|---|---|
| 61 729 | 11 480 | 65 905 | 12 824 | 70 081 | 14 208 | 74 257 | 15 632 |
| 61 801 | 11 504 | 65 977 | 12 848 | 70 153 | 14 232 | 74 329 | 15 656 |
| 61 873 | 11 526 | 66 049 | 12 872 | 70 225 | 14 256 | 74 401 | 15 682 |
|  |  | 66 121 | 12 896 | 70 297 | 14 282 | 74 473 | 15 706 |
| 61 945 | 11 550 | 66 193 | 12 918 | 70 369 | 14 306 | 74 545 | 15 730 |
| 62 017 | 11 572 |  |  | 70 441 | 14 330 | 74 617 | 15 756 |
| 62 089 | 11 594 | 66 265 | 12 942 | 70 513 | 14 354 | 74 689 | 15 780 |
| 62 161 | 11 618 | 66 337 | 12 966 |  |  | 74 761 | 15 806 |
| 62 233 | 11 640 | 66 409 | 12 990 | 70 585 | 14 378 | 74 833 | 15 830 |
| 62 305 | 11 664 | 66 481 | 13 014 | 70 657 | 14 402 |  |  |
| 62 377 | 11 686 | 66 553 | 13 036 | 70 729 | 14 426 | 74 905 | 15 856 |
| 62 449 | 11 710 | 66 625 | 13 060 | 70 801 | 14 450 | 74 977 | 15 880 |
| 62 521 | 11 732 | 66 697 | 13 084 | 70 873 | 14 476 | 75 049 | 15 906 |
| 62 593 | 11 756 | 66 769 | 13 108 | 70 945 | 14 500 | 75 121 | 15 930 |
|  |  | 66 841 | 13 132 | 71 017 | 14 524 | 75 193 | 15 956 |
| 62 665 | 11 778 | 66 913 | 13 156 | 71 089 | 14 548 | 75 265 | 15 980 |
| 62 737 | 11 802 |  |  | 71 161 | 14 572 | 75 337 | 16 006 |
| 62 809 | 11 824 | 66 985 | 13 178 | 71 233 | 14 598 | 75 409 | 16 030 |
| 62 881 | 11 848 | 67 057 | 13 202 |  |  | 75 481 | 16 056 |
| 62 953 | 11 870 | 67 129 | 13 226 | 71 305 | 14 622 | 75 553 | 16 082 |
| 63 025 | 11 894 | 67 201 | 13 250 | 71 377 | 14 646 |  |  |
| 63 097 | 11 916 | 67 273 | 13 274 | 71 449 | 14 670 | 75 625 | 16 106 |
| 63 169 | 11 940 | 67 345 | 13 298 | 71 521 | 14 694 | 75 697 | 16 132 |
| 63 241 | 11 962 | 67 417 | 13 322 | 71 593 | 14 720 | 75 769 | 16 156 |
| 63 313 | 11 986 | 67 489 | 13 344 | 71 665 | 14 744 | 75 841 | 16 182 |
|  |  | 67 561 | 13 368 | 71 737 | 14 768 | 75 913 | 16 206 |
| 63 385 | 12 008 | 67 633 | 13 392 | 71 809 | 14 792 | 75 985 | 16 232 |
| 63 457 | 12 032 |  |  | 71 881 | 14 816 | 76 057 | 16 256 |
| 63 529 | 12 056 | 67 705 | 13 416 | 71 953 | 14 842 | 76 129 | 16 282 |
| 63 601 | 12 078 | 67 777 | 13 440 |  |  | 76 201 | 16 308 |
| 63 673 | 12 102 | 67 849 | 13 464 | 72 025 | 14 866 | 76 273 | 16 332 |
| 63 745 | 12 124 | 67 921 | 13 488 | 72 097 | 14 890 |  |  |
| 63 817 | 12 148 | 67 993 | 13 512 | 72 169 | 14 916 | 76 345 | 16 358 |
| 63 889 | 12 170 | 68 065 | 13 536 | 72 241 | 14 940 | 76 417 | 16 382 |
| 63 961 | 12 194 | 68 137 | 13 560 | 72 313 | 14 964 | 76 489 | 16 408 |
| 64 033 | 12 218 | 68 209 | 13 584 | 72 385 | 14 988 | 76 561 | 16 434 |
|  |  | 68 281 | 13 608 | 72 457 | 15 014 | 76 633 | 16 458 |
| 64 105 | 12 240 | 68 353 | 13 632 | 72 529 | 15 038 | 76 705 | 16 484 |
| 64 177 | 12 264 |  |  | 72 601 | 15 062 | 76 777 | 16 510 |
| 64 249 | 12 286 | 68 425 | 13 656 | 72 673 | 15 088 | 76 849 | 16 534 |
| 64 321 | 12 310 | 68 497 | 13 678 |  |  | 76 921 | 16 560 |
| 64 393 | 12 334 | 68 569 | 13 702 | 72 745 | 15 112 | 76 993 | 16 586 |
| 64 465 | 12 356 | 68 641 | 13 726 | 72 817 | 15 136 |  |  |
| 64 537 | 12 380 | 68 713 | 13 750 | 72 889 | 15 160 | 77 065 | 16 610 |
| 64 609 | 12 404 | 68 785 | 13 774 | 72 961 | 15 186 | 77 137 | 16 636 |
| 64 681 | 12 426 | 68 857 | 13 798 | 73 033 | 15 210 | 77 209 | 16 662 |
| 64 753 | 12 450 | 68 929 | 13 822 | 73 105 | 15 234 | 77 281 | 16 686 |
|  |  | 69 001 | 13 846 | 73 177 | 15 260 | 77 353 | 16 712 |
| 64 825 | 12 474 | 69 073 | 13 870 | 73 249 | 15 284 | 77 425 | 16 738 |
| 64 897 | 12 496 |  |  | 73 321 | 15 310 | 77 497 | 16 762 |
| 64 969 | 12 520 | 69 145 | 13 894 | 73 393 | 15 334 | 77 569 | 16 788 |
| 65 041 | 12 544 | 69 217 | 13 918 |  |  | 77 641 | 16 814 |
| 65 113 | 12 566 | 69 289 | 13 944 | 73 465 | 15 358 | 77 713 | 16 838 |
| 65 185 | 12 590 | 69 361 | 13 968 | 73 537 | 15 384 |  |  |
| 65 257 | 12 614 | 69 433 | 13 992 | 73 609 | 15 408 | 77 785 | 16 864 |
| 65 329 | 12 638 | 69 505 | 14 016 | 73 681 | 15 432 | 77 857 | 16 890 |
| 65 401 | 12 660 | 69 577 | 14 040 | 73 753 | 15 458 | 77 929 | 16 916 |
| 65 473 | 12 684 | 69 649 | 14 064 | 73 825 | 15 482 | 78 001 | 16 940 |
|  |  | 69 721 | 14 088 | 73 897 | 15 508 | 78 073 | 16 966 |
| 65 545 | 12 708 | 69 793 | 14 112 | 73 969 | 15 532 | 78 145 | 16 992 |
| 65 617 | 12 730 |  |  | 74 041 | 15 556 | 78 217 | 17 018 |
| 65 689 | 12 754 | 69 865 | 14 136 | 74 113 | 15 582 | 78 289 | 17 042 |
| 65 761 | 12 778 | 69 937 | 14 160 |  |  | 78 361 | 17 068 |
| 65 833 | 12 802 | 70 009 | 14 184 | 74 185 | 15 606 | 78 433 | 17 094 |

## IX. (2) Einkommensteuer-Splittingtabelle 2016

| Zu versteuerndes Einkommen in € | Einkommensteuer in € | Zu versteuerndes Einkommen in € | Einkommensteuer in € | Zu versteuerndes Einkommen in € | Einkommensteuer in € | Zu versteuerndes Einkommen in € | Einkommensteuer in € |
|---|---|---|---|---|---|---|---|
| 78 505 | 17 120 | 82 753 | 18 648 | 86 929 | 20 190 | 91 105 | 21 772 |
| 78 577 | 17 144 |  |  | 87 001 | 20 216 | 91 177 | 21 800 |
| 78 649 | 17 170 | 82 825 | 18 674 | 87 073 | 20 244 | 91 249 | 21 826 |
| 78 721 | 17 196 | 82 897 | 18 700 |  |  | 91 321 | 21 854 |
| 78 793 | 17 222 | 82 969 | 18 726 | 87 145 | 20 270 | 91 393 | 21 882 |
| 78 865 | 17 248 | 83 041 | 18 752 | 87 217 | 20 298 |  |  |
| 78 937 | 17 272 | 83 113 | 18 780 | 87 289 | 20 324 | 91 465 | 21 910 |
| 79 009 | 17 298 | 83 185 | 18 806 | 87 361 | 20 352 | 91 537 | 21 938 |
| 79 081 | 17 324 | 83 257 | 18 832 | 87 433 | 20 378 | 91 609 | 21 966 |
| 79 153 | 17 350 | 83 329 | 18 858 | 87 505 | 20 406 | 91 681 | 21 992 |
|  |  | 83 401 | 18 884 | 87 577 | 20 432 | 91 753 | 22 020 |
| 79 225 | 17 376 | 83 473 | 18 910 | 87 649 | 20 460 | 91 825 | 22 048 |
| 79 297 | 17 402 |  |  | 87 721 | 20 486 | 91 897 | 22 076 |
| 79 369 | 17 426 | 83 545 | 18 938 | 87 793 | 20 514 | 91 969 | 22 104 |
| 79 441 | 17 452 | 83 617 | 18 964 |  |  | 92 041 | 22 132 |
| 79 513 | 17 478 | 83 689 | 18 990 | 87 865 | 20 542 | 92 113 | 22 160 |
| 79 585 | 17 504 | 83 761 | 19 016 | 87 937 | 20 568 |  |  |
| 79 657 | 17 530 | 83 833 | 19 042 | 88 009 | 20 596 | 92 185 | 22 186 |
| 79 729 | 17 556 | 83 905 | 19 070 | 88 081 | 20 622 | 92 257 | 22 214 |
| 79 801 | 17 582 | 83 977 | 19 096 | 88 153 | 20 650 | 92 329 | 22 242 |
| 79 873 | 17 608 | 84 049 | 19 122 | 88 225 | 20 676 | 92 401 | 22 270 |
|  |  | 84 121 | 19 148 | 88 297 | 20 704 | 92 473 | 22 298 |
| 79 945 | 17 632 | 84 193 | 19 176 | 88 369 | 20 730 | 92 545 | 22 326 |
| 80 017 | 17 658 |  |  | 88 441 | 20 758 | 92 617 | 22 354 |
| 80 089 | 17 684 | 84 265 | 19 202 | 88 513 | 20 786 | 92 689 | 22 382 |
| 80 161 | 17 710 | 84 337 | 19 228 |  |  | 92 761 | 22 410 |
| 80 233 | 17 736 | 84 409 | 19 254 | 88 585 | 20 812 | 92 833 | 22 438 |
| 80 305 | 17 762 | 84 481 | 19 282 | 88 657 | 20 840 |  |  |
| 80 377 | 17 788 | 84 553 | 19 308 | 88 729 | 20 866 | 92 905 | 22 466 |
| 80 449 | 17 814 | 84 625 | 19 334 | 88 801 | 20 894 | 92 977 | 22 494 |
| 80 521 | 17 840 | 84 697 | 19 360 | 88 873 | 20 922 | 93 049 | 22 522 |
| 80 593 | 17 866 | 84 769 | 19 388 | 88 945 | 20 948 | 93 121 | 22 550 |
|  |  | 84 841 | 19 414 | 89 017 | 20 976 | 93 193 | 22 578 |
| 80 665 | 17 892 | 84 913 | 19 440 | 89 089 | 21 004 | 93 265 | 22 606 |
| 80 737 | 17 918 |  |  | 89 161 | 21 030 | 93 337 | 22 632 |
| 80 809 | 17 944 | 84 985 | 19 468 | 89 233 | 21 058 | 93 409 | 22 660 |
| 80 881 | 17 970 | 85 057 | 19 494 |  |  | 93 481 | 22 688 |
| 80 953 | 17 996 | 85 129 | 19 520 | 89 305 | 21 086 | 93 553 | 22 716 |
| 81 025 | 18 022 | 85 201 | 19 548 | 89 377 | 21 112 |  |  |
| 81 097 | 18 048 | 85 273 | 19 574 | 89 449 | 21 140 | 93 625 | 22 744 |
| 81 169 | 18 074 | 85 345 | 19 600 | 89 521 | 21 168 | 93 697 | 22 772 |
| 81 241 | 18 100 | 85 417 | 19 628 | 89 593 | 21 194 | 93 769 | 22 802 |
| 81 313 | 18 126 | 85 489 | 19 654 | 89 665 | 21 222 | 93 841 | 22 830 |
|  |  | 85 561 | 19 680 | 89 737 | 21 250 | 93 913 | 22 858 |
| 81 385 | 18 152 | 85 633 | 19 708 | 89 809 | 21 276 | 93 985 | 22 886 |
| 81 457 | 18 178 |  |  | 89 881 | 21 304 | 94 057 | 22 914 |
| 81 529 | 18 204 | 85 705 | 19 734 | 89 953 | 21 332 | 94 129 | 22 942 |
| 81 601 | 18 230 | 85 777 | 19 760 |  |  | 94 201 | 22 970 |
| 81 673 | 18 256 | 85 849 | 19 788 | 90 025 | 21 358 | 94 273 | 22 998 |
| 81 745 | 18 282 | 85 921 | 19 814 | 90 097 | 21 386 |  |  |
| 81 817 | 18 308 | 85 993 | 19 840 | 90 169 | 21 414 | 94 345 | 23 026 |
| 81 889 | 18 334 | 86 065 | 19 868 | 90 241 | 21 442 | 94 417 | 23 054 |
| 81 961 | 18 360 | 86 137 | 19 894 | 90 313 | 21 468 | 94 489 | 23 082 |
| 82 033 | 18 386 | 86 209 | 19 922 | 90 385 | 21 496 | 94 561 | 23 110 |
|  |  | 86 281 | 19 948 | 90 457 | 21 524 | 94 633 | 23 138 |
| 82 105 | 18 412 | 86 353 | 19 974 | 90 529 | 21 552 | 94 705 | 23 166 |
| 82 177 | 18 438 |  |  | 90 601 | 21 578 | 94 777 | 23 194 |
| 82 249 | 18 464 | 86 425 | 20 002 | 90 673 | 21 606 | 94 849 | 23 222 |
| 82 321 | 18 490 | 86 497 | 20 028 |  |  | 94 921 | 23 252 |
| 82 393 | 18 516 | 86 569 | 20 056 | 90 745 | 21 634 | 94 993 | 23 280 |
| 82 465 | 18 542 | 86 641 | 20 082 | 90 817 | 21 662 |  |  |
| 82 537 | 18 570 | 86 713 | 20 110 | 90 889 | 21 688 | 95 065 | 23 308 |
| 82 609 | 18 596 | 86 785 | 20 136 | 90 961 | 21 716 | 95 137 | 23 336 |
| 82 681 | 18 622 | 86 857 | 20 164 | 91 033 | 21 744 | 95 209 | 23 364 |

## IX. (2) Einkommensteuer-Splittingtabelle 2016

| Zu versteuerndes Einkommen in € | Einkommensteuer in € | Zu versteuerndes Einkommen in € | Einkommensteuer in € | Zu versteuerndes Einkommen in € | Einkommensteuer in € | Zu versteuerndes Einkommen in € | Einkommensteuer in € |
|---|---|---|---|---|---|---|---|
| 95 281 | 23 392 | 99 457 | 25 052 | 103 705 | 26 782 | 107 953 | 28 550 |
| 95 353 | 23 420 | 99 529 | 25 082 | 103 777 | 26 812 | | |
| 95 425 | 23 450 | 99 601 | 25 110 | 103 849 | 26 842 | 108 025 | 28 582 |
| 95 497 | 23 478 | 99 673 | 25 140 | 103 921 | 26 870 | 108 097 | 28 612 |
| 95 569 | 23 506 | 99 745 | 25 168 | 103 993 | 26 900 | 108 169 | 28 642 |
| 95 641 | 23 534 | 99 817 | 25 198 | 104 065 | 26 930 | 108 241 | 28 672 |
| 95 713 | 23 562 | 99 889 | 25 226 | 104 137 | 26 960 | 108 313 | 28 702 |
| | | 99 961 | 25 256 | 104 209 | 26 990 | 108 385 | 28 732 |
| 95 785 | 23 590 | 100 033 | 25 284 | 104 281 | 27 020 | 108 457 | 28 762 |
| 95 857 | 23 620 | | | 104 353 | 27 050 | 108 529 | 28 792 |
| 95 929 | 23 648 | 100 105 | 25 314 | | | 108 601 | 28 824 |
| 96 001 | 23 676 | 100 177 | 25 342 | 104 425 | 27 078 | 108 673 | 28 854 |
| 96 073 | 23 704 | 100 249 | 25 372 | 104 497 | 27 108 | | |
| 96 145 | 23 732 | 100 321 | 25 400 | 104 569 | 27 138 | 108 745 | 28 884 |
| 96 217 | 23 762 | 100 393 | 25 430 | 104 641 | 27 168 | 108 817 | 28 914 |
| 96 289 | 23 790 | 100 465 | 25 460 | 104 713 | 27 198 | 108 889 | 28 944 |
| 96 361 | 23 818 | 100 537 | 25 488 | 104 785 | 27 228 | 108 961 | 28 974 |
| 96 433 | 23 846 | 100 609 | 25 518 | 104 857 | 27 258 | 109 033 | 29 004 |
| | | 100 681 | 25 546 | 104 929 | 27 288 | 109 105 | 29 034 |
| 96 505 | 23 874 | 100 753 | 25 576 | 105 001 | 27 318 | 109 177 | 29 066 |
| 96 577 | 23 904 | | | 105 073 | 27 348 | 109 249 | 29 096 |
| 96 649 | 23 932 | 100 825 | 25 604 | | | 109 321 | 29 126 |
| 96 721 | 23 960 | 100 897 | 25 634 | 105 145 | 27 378 | 109 393 | 29 156 |
| 96 793 | 23 988 | 100 969 | 25 664 | 105 217 | 27 406 | | |
| 96 865 | 24 018 | 101 041 | 25 692 | 105 289 | 27 436 | 109 465 | 29 186 |
| 96 937 | 24 046 | 101 113 | 25 722 | 105 361 | 27 466 | 109 537 | 29 216 |
| 97 009 | 24 074 | 101 185 | 25 752 | 105 433 | 27 496 | 109 609 | 29 246 |
| 97 081 | 24 104 | 101 257 | 25 780 | 105 505 | 27 526 | 109 681 | 29 276 |
| 97 153 | 24 132 | 101 329 | 25 810 | 105 577 | 27 556 | 109 753 | 29 306 |
| | | 101 401 | 25 838 | 105 649 | 27 586 | 109 825 | 29 338 |
| 97 225 | 24 160 | 101 473 | 25 868 | 105 721 | 27 616 | 109 897 | 29 368 |
| 97 297 | 24 188 | | | 105 793 | 27 646 | 109 969 | 29 398 |
| 97 369 | 24 218 | | | | | 110 041 | 29 428 |
| 97 441 | 24 246 | 101 617 | 25 926 | 105 865 | 27 676 | 110 113 | 29 458 |
| 97 513 | 24 274 | 101 689 | 25 956 | 105 937 | 27 706 | | |
| 97 585 | 24 304 | 101 761 | 25 986 | 106 009 | 27 736 | 110 185 | 29 488 |
| 97 657 | 24 332 | 101 833 | 26 014 | 106 081 | 27 766 | 110 257 | 29 518 |
| 97 729 | 24 360 | 101 905 | 26 044 | 106 153 | 27 796 | 110 329 | 29 548 |
| 97 801 | 24 390 | 101 977 | 26 074 | 106 225 | 27 826 | 110 401 | 29 580 |
| 97 873 | 24 418 | 102 049 | 26 102 | 106 297 | 27 856 | 110 473 | 29 610 |
| | | 102 121 | 26 132 | 106 369 | 27 886 | 110 545 | 29 640 |
| 97 945 | 24 446 | 102 193 | 26 162 | 106 441 | 27 916 | 110 617 | 29 670 |
| 98 017 | 24 476 | | | 106 513 | 27 948 | 110 689 | 29 700 |
| 98 089 | 24 504 | 102 265 | 26 192 | | | 110 761 | 29 730 |
| 98 161 | 24 534 | 102 337 | 26 220 | 106 585 | 27 978 | 110 833 | 29 760 |
| 98 233 | 24 562 | 102 409 | 26 250 | 106 657 | 28 008 | | |
| 98 305 | 24 590 | 102 481 | 26 280 | 106 729 | 28 038 | 110 905 | 29 790 |
| 98 377 | 24 620 | 102 553 | 26 308 | 106 801 | 28 068 | 110 977 | 29 822 |
| 98 449 | 24 648 | 102 625 | 26 338 | 106 873 | 28 098 | 111 049 | 29 852 |
| 98 521 | 24 678 | 102 697 | 26 368 | 106 945 | 28 128 | 111 121 | 29 882 |
| 98 593 | 24 706 | 102 769 | 26 398 | 107 017 | 28 158 | 111 193 | 29 912 |
| | | 102 841 | 26 426 | 107 089 | 28 188 | 111 265 | 29 942 |
| 98 665 | 24 734 | 102 913 | 26 456 | 107 161 | 28 218 | 111 337 | 29 972 |
| 98 737 | 24 764 | | | 107 233 | 28 248 | 111 409 | 30 002 |
| 98 809 | 24 792 | 102 985 | 26 486 | | | 111 481 | 30 032 |
| 98 881 | 24 822 | 103 057 | 26 516 | 107 305 | 28 278 | 111 553 | 30 062 |
| 98 953 | 24 850 | 103 129 | 26 544 | 107 377 | 28 310 | | |
| 99 025 | 24 880 | 103 201 | 26 574 | 107 449 | 28 340 | 111 625 | 30 094 |
| 99 097 | 24 908 | 103 273 | 26 604 | 107 521 | 28 370 | 111 697 | 30 124 |
| 99 169 | 24 936 | 103 345 | 26 634 | 107 593 | 28 400 | 111 769 | 30 154 |
| 99 241 | 24 966 | 103 417 | 26 664 | 107 665 | 28 430 | 111 841 | 30 184 |
| 99 313 | 24 994 | 103 489 | 26 692 | 107 737 | 28 460 | 111 913 | 30 214 |
| | | 103 561 | 26 722 | 107 809 | 28 490 | 111 985 | 30 244 |
| 99 385 | 25 024 | 103 633 | 26 752 | 107 881 | 28 520 | 112 057 | 30 274 |

## IX. (2) Einkommensteuer-Splittingtabelle 2016

| Zu versteuerndes Einkommen in € | Einkommensteuer in € | Zu versteuerndes Einkommen in € | Einkommensteuer in € | Zu versteuerndes Einkommen in € | Einkommensteuer in € | Zu versteuerndes Einkommen in € | Einkommensteuer in € |
|---|---|---|---|---|---|---|---|
| 112 129 | 30 304 | 116 305 | 32 058 | 120 481 | 33 812 | 124 657 | 35 566 |
| 112 201 | 30 336 | 116 377 | 32 090 | 120 553 | 33 842 | 124 729 | 35 596 |
| 112 273 | 30 366 | 116 449 | 32 120 | 120 625 | 33 874 | 124 801 | 35 628 |
|  |  | 116 521 | 32 150 | 120 697 | 33 904 | 124 873 | 35 658 |
| 112 345 | 30 396 | 116 593 | 32 180 | 120 769 | 33 934 | 124 945 | 35 688 |
| 112 417 | 30 426 |  |  | 120 841 | 33 964 | 125 017 | 35 718 |
| 112 489 | 30 456 | 116 665 | 32 210 | 120 913 | 33 994 | 125 089 | 35 748 |
| 112 561 | 30 486 | 116 737 | 32 240 |  |  | 125 161 | 35 778 |
| 112 633 | 30 516 | 116 809 | 32 270 | 120 985 | 34 024 | 125 233 | 35 808 |
| 112 705 | 30 546 | 116 881 | 32 300 | 121 057 | 34 054 |  |  |
| 112 777 | 30 578 | 116 953 | 32 330 | 121 129 | 34 084 | 125 305 | 35 838 |
| 112 849 | 30 608 | 117 025 | 32 362 | 121 201 | 34 116 | 125 377 | 35 870 |
| 112 921 | 30 638 | 117 097 | 32 392 | 121 273 | 34 146 | 125 449 | 35 900 |
| 112 993 | 30 668 | 117 169 | 32 422 | 121 345 | 34 176 | 125 521 | 35 930 |
|  |  | 117 241 | 32 452 | 121 417 | 34 206 | 125 593 | 35 960 |
| 113 065 | 30 698 | 117 313 | 32 482 | 121 489 | 34 236 | 125 665 | 35 990 |
| 113 137 | 30 728 |  |  | 121 561 | 34 266 | 125 737 | 36 020 |
| 113 209 | 30 758 | 117 385 | 32 512 | 121 633 | 34 296 | 125 809 | 36 050 |
| 113 281 | 30 788 | 117 457 | 32 542 |  |  | 125 881 | 36 080 |
| 113 353 | 30 818 | 117 529 | 32 572 | 121 705 | 34 326 | 125 953 | 36 110 |
| 113 425 | 30 850 | 117 601 | 32 604 | 121 777 | 34 358 |  |  |
| 113 497 | 30 880 | 117 673 | 32 634 | 121 849 | 34 388 | 126 025 | 36 142 |
| 113 569 | 30 910 | 117 745 | 32 664 | 121 921 | 34 418 | 126 097 | 36 172 |
| 113 641 | 30 940 | 117 817 | 32 694 | 121 993 | 34 448 | 126 169 | 36 202 |
| 113 713 | 30 970 | 117 889 | 32 724 | 122 065 | 34 478 | 126 241 | 36 232 |
|  |  | 117 961 | 32 754 | 122 137 | 34 508 | 126 313 | 36 262 |
| 113 785 | 31 000 | 118 033 | 32 784 | 122 209 | 34 538 | 126 385 | 36 292 |
| 113 857 | 31 030 |  |  | 122 281 | 34 568 | 126 457 | 36 322 |
| 113 929 | 31 060 | 118 105 | 32 814 | 122 353 | 34 598 | 126 529 | 36 352 |
| 114 001 | 31 092 | 118 177 | 32 846 |  |  | 126 601 | 36 384 |
| 114 073 | 31 122 | 118 249 | 32 876 | 122 425 | 34 630 | 126 673 | 36 414 |
| 114 145 | 31 152 | 118 321 | 32 906 | 122 497 | 34 660 |  |  |
| 114 217 | 31 182 | 118 393 | 32 936 | 122 569 | 34 690 | 126 745 | 36 444 |
| 114 289 | 31 212 | 118 465 | 32 966 | 122 641 | 34 720 | 126 817 | 36 474 |
| 114 361 | 31 242 | 118 537 | 32 996 | 122 713 | 34 750 | 126 889 | 36 504 |
| 114 433 | 31 272 | 118 609 | 33 026 | 122 785 | 34 780 | 126 961 | 36 534 |
|  |  | 118 681 | 33 056 | 122 857 | 34 810 | 127 033 | 36 564 |
| 114 505 | 31 302 | 118 753 | 33 086 | 122 929 | 34 840 | 127 105 | 36 594 |
| 114 577 | 31 334 |  |  | 123 001 | 34 872 | 127 177 | 36 626 |
| 114 649 | 31 364 | 118 825 | 33 118 | 123 073 | 34 902 | 127 249 | 36 656 |
| 114 721 | 31 394 | 118 897 | 33 148 |  |  | 127 321 | 36 686 |
| 114 793 | 31 424 | 118 969 | 33 178 | 123 145 | 34 932 | 127 393 | 36 716 |
| 114 865 | 31 454 | 119 041 | 33 208 | 123 217 | 34 962 |  |  |
| 114 937 | 31 484 | 119 113 | 33 238 | 123 289 | 34 992 | 127 465 | 36 746 |
| 115 009 | 31 514 | 119 185 | 33 268 | 123 361 | 35 022 | 127 537 | 36 776 |
| 115 081 | 31 544 | 119 257 | 33 298 | 123 433 | 35 052 | 127 609 | 36 806 |
| 115 153 | 31 574 | 119 329 | 33 328 | 123 505 | 35 082 | 127 681 | 36 836 |
|  |  | 119 401 | 33 360 | 123 577 | 35 114 | 127 753 | 36 866 |
| 115 225 | 31 606 | 119 473 | 33 390 | 123 649 | 35 144 | 127 825 | 36 898 |
| 115 297 | 31 636 |  |  | 123 721 | 35 174 | 127 897 | 36 928 |
| 115 369 | 31 666 | 119 545 | 33 420 | 123 793 | 35 204 | 127 969 | 36 958 |
| 115 441 | 31 696 | 119 617 | 33 450 |  |  | 128 041 | 36 988 |
| 115 513 | 31 726 | 119 689 | 33 480 | 123 865 | 35 234 | 128 113 | 37 018 |
| 115 585 | 31 756 | 119 761 | 33 510 | 123 937 | 35 264 |  |  |
| 115 657 | 31 786 | 119 833 | 33 540 | 124 009 | 35 294 | 128 185 | 37 048 |
| 115 729 | 31 816 | 119 905 | 33 570 | 124 081 | 35 324 | 128 257 | 37 078 |
| 115 801 | 31 848 | 119 977 | 33 602 | 124 153 | 35 354 | 128 329 | 37 108 |
| 115 873 | 31 878 | 120 049 | 33 632 | 124 225 | 35 386 | 128 401 | 37 140 |
|  |  | 120 121 | 33 662 | 124 297 | 35 416 | 128 473 | 37 170 |
| 115 945 | 31 908 | 120 193 | 33 692 | 124 369 | 35 446 | 128 545 | 37 200 |
| 116 017 | 31 938 |  |  | 124 441 | 35 476 | 128 617 | 37 230 |
| 116 089 | 31 968 | 120 265 | 33 722 | 124 513 | 35 506 | 128 689 | 37 260 |
| 116 161 | 31 998 | 120 337 | 33 752 |  |  | 128 761 | 37 290 |
| 116 233 | 32 028 | 120 409 | 33 782 | 124 585 | 35 536 | 128 833 | 37 320 |

# IX. (2) Einkommensteuer-Splittingtabelle 2016

| Zu versteuerndes Einkommen in € | Einkommensteuer in € | Zu versteuerndes Einkommen in € | Einkommensteuer in € | Zu versteuerndes Einkommen in € | Einkommensteuer in € | Zu versteuerndes Einkommen in € | Einkommensteuer in € |
|---|---|---|---|---|---|---|---|
| 128 905 | 37 350 | 132 505 | 38 862 | 136 105 | 40 374 | 139 705 | 41 886 |
| 128 977 | 37 382 | 132 577 | 38 894 | 136 177 | 40 406 | 139 777 | 41 918 |
| 129 049 | 37 412 | 132 649 | 38 924 | 136 249 | 40 436 | 139 849 | 41 948 |
| 129 121 | 37 442 | 132 721 | 38 954 | 136 321 | 40 466 | 139 921 | 41 978 |
| 129 193 | 37 472 | 132 793 | 38 984 | 136 393 | 40 496 | 139 993 | 42 008 |
| 129 265 | 37 502 | 132 865 | 39 014 | 136 465 | 40 526 | 140 065 | 42 038 |
| 129 337 | 37 532 | 132 937 | 39 044 | 136 537 | 40 556 | 140 137 | 42 068 |
| 129 409 | 37 562 | 133 009 | 39 074 | 136 609 | 40 586 | 140 209 | 42 098 |
| 129 481 | 37 592 | 133 081 | 39 104 | 136 681 | 40 616 | 140 281 | 42 128 |
| 129 553 | 37 622 | 133 153 | 39 134 | 136 753 | 40 646 | 140 353 | 42 158 |
| 129 625 | 37 654 | 133 225 | 39 166 | 136 825 | 40 678 | 140 425 | 42 190 |
| 129 697 | 37 684 | 133 297 | 39 196 | 136 897 | 40 708 | 140 497 | 42 220 |
| 129 769 | 37 714 | 133 369 | 39 226 | 136 969 | 40 738 | 140 569 | 42 250 |
| 129 841 | 37 744 | 133 441 | 39 256 | 137 041 | 40 768 | 140 641 | 42 280 |
| 129 913 | 37 774 | 133 513 | 39 286 | 137 113 | 40 798 | 140 713 | 42 310 |
| 129 985 | 37 804 | 133 585 | 39 316 | 137 185 | 40 828 | 140 785 | 42 340 |
| 130 057 | 37 834 | 133 657 | 39 346 | 137 257 | 40 858 | 140 857 | 42 370 |
| 130 129 | 37 864 | 133 729 | 39 376 | 137 329 | 40 888 | 140 929 | 42 400 |
| 130 201 | 37 896 | 133 801 | 39 408 | 137 401 | 40 920 | 141 001 | 42 432 |
| 130 273 | 37 926 | 133 873 | 39 438 | 137 473 | 40 950 | 141 073 | 42 462 |
| 130 345 | 37 956 | 133 945 | 39 468 | 137 545 | 40 980 | 141 145 | 42 492 |
| 130 417 | 37 986 | 134 017 | 39 498 | 137 617 | 41 010 | 141 217 | 42 522 |
| 130 489 | 38 016 | 134 089 | 39 528 | 137 689 | 41 040 | 141 289 | 42 552 |
| 130 561 | 38 046 | 134 161 | 39 558 | 137 761 | 41 070 | 141 361 | 42 582 |
| 130 633 | 38 076 | 134 233 | 39 588 | 137 833 | 41 100 | 141 433 | 42 612 |
| 130 705 | 38 106 | 134 305 | 39 618 | 137 905 | 41 130 | 141 505 | 42 642 |
| 130 777 | 38 138 | 134 377 | 39 650 | 137 977 | 41 162 | 141 577 | 42 674 |
| 130 849 | 38 168 | 134 449 | 39 680 | 138 049 | 41 192 | 141 649 | 42 704 |
| 130 921 | 38 198 | 134 521 | 39 710 | 138 121 | 41 222 | 141 721 | 42 734 |
| 130 993 | 38 228 | 134 593 | 39 740 | 138 193 | 41 252 | 141 793 | 42 764 |
| 131 065 | 38 258 | 134 665 | 39 770 | 138 265 | 41 282 | 141 865 | 42 794 |
| 131 137 | 38 288 | 134 737 | 39 800 | 138 337 | 41 312 | 141 937 | 42 824 |
| 131 209 | 38 318 | 134 809 | 39 830 | 138 409 | 41 342 | 142 009 | 42 854 |
| 131 281 | 38 348 | 134 881 | 39 860 | 138 481 | 41 372 | 142 081 | 42 884 |
| 131 353 | 38 378 | 134 953 | 39 890 | 138 553 | 41 402 | 142 153 | 42 914 |
| 131 425 | 38 410 | 135 025 | 39 922 | 138 625 | 41 434 | 142 225 | 42 946 |
| 131 497 | 38 440 | 135 097 | 39 952 | 138 697 | 41 464 | 142 297 | 42 976 |
| 131 569 | 38 470 | 135 169 | 39 982 | 138 769 | 41 494 | 142 369 | 43 006 |
| 131 641 | 38 500 | 135 241 | 40 012 | 138 841 | 41 524 | 142 441 | 43 036 |
| 131 713 | 38 530 | 135 313 | 40 042 | 138 913 | 41 554 | 142 513 | 43 066 |
| 131 785 | 38 560 | 135 385 | 40 072 | 138 985 | 41 584 | 142 585 | 43 096 |
| 131 857 | 38 590 | 135 457 | 40 102 | 139 057 | 41 614 | 142 657 | 43 126 |
| 131 929 | 38 620 | 135 529 | 40 132 | 139 129 | 41 644 | 142 729 | 43 156 |
| 132 001 | 38 652 | 135 601 | 40 164 | 139 201 | 41 676 | 142 801 | 43 188 |
| 132 073 | 38 682 | 135 673 | 40 194 | 139 273 | 41 706 | 142 873 | 43 218 |
| 132 145 | 38 712 | 135 745 | 40 224 | 139 345 | 41 736 | 142 945 | 43 248 |
| 132 217 | 38 742 | 135 817 | 40 254 | 139 417 | 41 766 | 143 017 | 43 278 |
| 132 289 | 38 772 | 135 889 | 40 284 | 139 489 | 41 796 | 143 089 | 43 308 |
| 132 361 | 38 802 | 135 961 | 40 314 | 139 561 | 41 826 | 143 161 | 43 338 |
| 132 433 | 38 832 | 136 033 | 40 344 | 139 633 | 41 856 | 143 233 | 43 368 |

**Anmerkung der Redaktion:**
Für zu versteuernde Einkommensbeträge zwischen 143 234 € und 508 893 €, die nach der Splittingtabelle zu versteuern sind, beläuft sich die Einkommensteuer auf den um 16 788,28 € verminderten Betrag von 42 % des abgerundeten zu versteuernden Einkommensbetrags. Vgl. § 32a Abs. 1, 5 EStG i. d. F. des Art. 2 Nr. 2 des Gesetzes zur Anhebung des Grundfreibetrags, des Kinderfreibetrags, des Kindergeldes und des Kinderzuschlags v. 16. 7. 2015 (BGBl I S. 1202).

# IX. (2) Einkommensteuer-Splittingtabelle 2016

Für zu versteuernde Einkommensbeträge von 508 894 € an, die nach der Splittingtabelle zu versteuern sind, beläuft sich die Einkommensteuer nach einer weiteren, ab 2007 eingeführten Tarifstufe (hier nur auszugsweise Werte bis 523 022 €) auf den um 32 055,04 € verminderten Betrag von 45 % des abgerundeten zu versteuernden Einkommensbetrags. Vgl. § 32a Abs. 1 Satz 2 Nr. 5, Abs. 5 EStG i. d. F. des Art. 2 Nr. 3 des Gesetzes zur Anhebung des Grundfreibetrags, des Kinderfreibetrags, des Kindergeldes und des Kinderzuschlags v. 16. 7. 2015 (BGBl I S. 1202).

| Zu versteuerndes Einkommen in € | Einkommensteuer in € | Zu versteuerndes Einkommen in € | Einkommensteuer in € | Zu versteuerndes Einkommen in € | Einkommensteuer in € | Zu versteuerndes Einkommen in € | Einkommensteuer in € |
|---|---|---|---|---|---|---|---|
| 508 894 | 196 946 | 512 494 | 198 566 | 516 094 | 200 186 | 519 694 | 201 806 |
| 508 966 | 196 978 | 512 566 | 198 598 | 516 166 | 200 218 | 519 766 | 201 838 |
| 509 038 | 197 012 | 512 638 | 198 632 | 516 238 | 200 252 | 519 838 | 201 872 |
| 509 110 | 197 044 | 512 710 | 198 664 | 516 310 | 200 284 | 519 910 | 201 904 |
| 509 182 | 197 076 | 512 782 | 198 696 | 516 382 | 200 316 | 519 982 | 201 936 |
| 509 254 | 197 108 | 512 854 | 198 728 | 516 454 | 200 348 | 520 054 | 201 968 |
| 509 326 | 197 140 | 512 926 | 198 760 | 516 526 | 200 380 | 520 126 | 202 000 |
| 509 398 | 197 174 | 512 998 | 198 794 | 516 598 | 200 414 | 520 198 | 202 034 |
| 509 470 | 197 206 | 513 070 | 198 826 | 516 670 | 200 446 | 520 270 | 202 066 |
| 509 542 | 197 238 | 513 142 | 198 858 | 516 742 | 200 478 | 520 342 | 202 098 |
| 509 614 | 197 270 | 513 214 | 198 890 | 516 814 | 200 510 | 520 414 | 202 130 |
| 509 686 | 197 302 | 513 286 | 198 922 | 516 886 | 200 542 | 520 486 | 202 162 |
| 509 758 | 197 336 | 513 358 | 198 956 | 516 958 | 200 576 | 520 558 | 202 196 |
| 509 830 | 197 368 | 513 430 | 198 988 | 517 030 | 200 608 | 520 630 | 202 228 |
| 509 902 | 197 400 | 513 502 | 199 020 | 517 102 | 200 640 | 520 702 | 202 260 |
| 509 974 | 197 432 | 513 574 | 199 052 | 517 174 | 200 672 | 520 774 | 202 292 |
| 510 046 | 197 464 | 513 646 | 199 084 | 517 246 | 200 704 | 520 846 | 202 324 |
| 510 118 | 197 498 | 513 718 | 199 118 | 517 318 | 200 738 | 520 918 | 202 358 |
| 510 190 | 197 530 | 513 790 | 199 150 | 517 390 | 200 770 | 520 990 | 202 390 |
| 510 262 | 197 562 | 513 862 | 199 182 | 517 462 | 200 802 | 521 062 | 202 422 |
| 510 334 | 197 594 | 513 934 | 199 214 | 517 534 | 200 834 | 521 134 | 202 454 |
| 510 406 | 197 626 | 514 006 | 199 246 | 517 606 | 200 866 | 521 206 | 202 486 |
| 510 478 | 197 660 | 514 078 | 199 280 | 517 678 | 200 900 | 521 278 | 202 520 |
| 510 550 | 197 692 | 514 150 | 199 312 | 517 750 | 200 932 | 521 350 | 202 552 |
| 510 622 | 197 724 | 514 222 | 199 344 | 517 822 | 200 964 | 521 422 | 202 584 |
| 510 694 | 197 756 | 514 294 | 199 376 | 517 894 | 200 996 | 521 494 | 202 616 |
| 510 766 | 197 788 | 514 366 | 199 408 | 517 966 | 201 028 | 521 566 | 202 648 |
| 510 838 | 197 822 | 514 438 | 199 442 | 518 038 | 201 062 | 521 638 | 202 682 |
| 510 910 | 197 854 | 514 510 | 199 474 | 518 110 | 201 094 | 521 710 | 202 714 |
| 510 982 | 197 886 | 514 582 | 199 506 | 518 182 | 201 126 | 521 782 | 202 746 |
| 511 054 | 197 918 | 514 654 | 199 538 | 518 254 | 201 158 | 521 854 | 202 778 |
| 511 126 | 197 950 | 514 726 | 199 570 | 518 326 | 201 190 | 521 926 | 202 810 |
| 511 198 | 197 984 | 514 798 | 199 604 | 518 398 | 201 224 | 521 998 | 202 844 |
| 511 270 | 198 016 | 514 870 | 199 636 | 518 470 | 201 256 | 522 070 | 202 876 |
| 511 342 | 198 048 | 514 942 | 199 668 | 518 542 | 201 288 | 522 142 | 202 908 |
| 511 414 | 198 080 | 515 014 | 199 700 | 518 614 | 201 320 | 522 214 | 202 940 |
| 511 486 | 198 112 | 515 086 | 199 732 | 518 686 | 201 352 | 522 286 | 202 972 |
| 511 558 | 198 146 | 515 158 | 199 766 | 518 758 | 201 386 | 522 358 | 203 006 |
| 511 630 | 198 178 | 515 230 | 199 798 | 518 830 | 201 418 | 522 430 | 203 038 |
| 511 702 | 198 210 | 515 302 | 199 830 | 518 902 | 201 450 | 522 502 | 203 070 |
| 511 774 | 198 242 | 515 374 | 199 862 | 518 974 | 201 482 | 522 574 | 203 102 |
| 511 846 | 198 274 | 515 446 | 199 894 | 519 046 | 201 514 | 522 646 | 203 134 |
| 511 918 | 198 308 | 515 518 | 199 928 | 519 118 | 201 548 | 522 718 | 203 168 |
| 511 990 | 198 340 | 515 590 | 199 960 | 519 190 | 201 580 | 522 790 | 203 200 |
| 512 062 | 198 372 | 515 662 | 199 992 | 519 262 | 201 612 | 522 862 | 203 232 |
| 512 134 | 198 404 | 515 734 | 200 024 | 519 334 | 201 644 | 522 934 | 203 264 |
| 512 206 | 198 436 | 515 806 | 200 056 | 519 406 | 201 676 | 523 006 | 203 296 |
| 512 278 | 198 470 | 515 878 | 200 090 | 519 478 | 201 710 | 523 078 | 203 330 |
| 512 350 | 198 502 | 515 950 | 200 122 | 519 550 | 201 742 | 523 150 | 203 362 |
| 512 422 | 198 534 | 516 022 | 200 154 | 519 622 | 201 774 | 523 222 | 203 394 |

# X. Einkommensteuer-Durchführungsverordnung (EStDV)

## v. 10. 5. 2000 (BGBl I S. 718) mit späteren Änderungen

Die Einkommensteuer-Durchführungsverordnung (EStDV) v. 10.5.2000 (BGBl I S. 718) wurde geändert durch Art. 7 Gesetz zur weiteren steuerlichen Förderung von Stiftungen v. 14.7.2000 (BGBl I S.1034); Art. 2 Steuersenkungsgesetz (StSenkG) v. 23.10.2000 (BGBl I S.1433); Art. 2 Steuer-Euroglättungsgesetz (StEuglG) v. 19.12.2000 (BGBl I S.1790); Art. 30 Sozialgesetzbuch – Neuntes Buch – (SGB IX) Rehabilitation und Teilhabe behinderter Menschen v. 19.6.2001 (BGBl I S.1046); Art. 322 Siebente Zuständigkeitsanpassungs-Verordnung v. 29.10.2001 (BGBl I S.2785, ber. 2002 I S.2972); Art. 2 Steueränderungsgesetz 2001 (StÄndG 2001) v. 20.12.2001 (BGBl I S. 3794); Art. 2 Gesetz zur Änderung steuerrechtlicher Vorschriften und zur Errichtung eines Fonds „Aufbauhilfe" (Flutopfersolidaritätsgesetz) v. 19.9.2002 (BGBl I S. 3651); Art. 2 Gesetz zur Förderung von Kleinunternehmern und zur Verbesserung der Unternehmensfinanzierung (Kleinunternehmerförderungsgesetz) v. 31.7.2003 (BGBl I S.1550); Art. 270 Achte Zuständigkeitsanpassungsverordnung v. 25.11.2003 (BGBl I S. 2304); Art. 2 Gesetz zur Umsetzung der Protokollerklärung der Bundesregierung zur Vermittlungsempfehlung zum Steuervergünstigungsabbaugesetz v. 22.12.2003 (BGBl I S.2840); Art. 49 Gesetz zur Einordnung des Sozialhilferechts in das Sozialgesetzbuch v. 27.12.2003 (BGBl I S.3022); Art. 10 Haushaltsbegleitgesetz 2004 (HBeglG 2004) v. 29.12.2003 (BGBl I S. 3076, ber. 2004 I S. 69); Art. 2 Abs. 18 Gesetz zur Reform des Geschmacksmusterrechts (Geschmacksmusterreformgesetz) v. 12.3.2004 (BGBl I S. 390); Art. 2 Gesetz zur Neuordnung der einkommensteuerrechtlichen Behandlung von Altersvorsorgeaufwendungen und Altersbezügen (Alterseinkünftegesetz – AltEinkG) v. 5.7.2004 (BGBl I S.1427); Art. 2 Gesetz zur Umsetzung von EU-Richtlinien in nationales Steuerrecht und zur Änderung weiterer Vorschriften (Richtlinien-Umsetzungsgesetz – EURLUmsG) v. 9.12.2004 (BGBl I S. 3310, ber. I S. 3843); Art. 1 Dreiundzwanzigste Verordnung zur Änderung der Einkommensteuer-Durchführungsverordnung v. 29.12.2004 (BGBl I S. 3884); Art. 372 Neunte Zuständigkeitsanpassungsverordnung v. 31.10.2006 (BGBl I S.2407, ber. 2007 I S. 2149); Art. 2 Gesetz über steuerliche Begleitmaßnahmen zur Einführung der Europäischen Gesellschaft und zur Änderung weiterer steuerrechtlicher Vorschriften (SEStEG) v. 7.12.2006 (BGBl I S.2782, ber. 2007 I S. 68); Art. 2 Gesetz zur weiteren Stärkung des bürgerschaftlichen Engagements v. 10.10.2007 (BGBl I S.2332); Art.1a Jahressteuergesetz 2008 (JStG 2008) v. 20.12.2007 (BGBl I S.3150); Art. 2 Jahressteuergesetz 2009 (JStG 2009) v. 19.12.2008 (BGBl I S.2794); Art. 2 Gesetz zur Modernisierung und Entbürokratisierung des Steuerverfahrens (Steuerbürokratieabbaugesetz) v. 20.12.2008 (BGBl I S.2850); Art. 2 Gesetz zur Sicherung von Beschäftigung und Stabilität in Deutschland v. 2.3.2009 (BGBl I S. 416); Art. 9 Begleitgesetz zur zweiten Föderalismusreform v. 10.8.2009 (BGBl I S. 2702); Art. 1 Verordnung zur Änderung steuerlicher Verordnungen v. 17.11.2010 (BGBl I S.1544); Art. 63 Gesetz über die weitere Bereinigung von Bundesrecht v. 8.12.2010 (BGBl I S.1864); Art. 2 Steuervereinfachungsgesetz 2011 v. 1.11.2011 (BGBl I S. 2131); Art. 2 Verordnung zum Erlass und zur Änderung steuerlicher Verordnungen v. 11.12.2012 (BGBl I S.2637); Art. 3 Gesetz zur Stärkung des Ehrenamts (Ehrenamtsstärkungsgesetz) v. 21.3.2013 (BGBl I S. 556); Art. 2 Verordnung zur Übertragung der Zuständigkeit für das Steuerabzugs- und Veranlagungsverfahren nach den §§ 50 und 50a des Einkommensteuergesetzes auf das Bundeszentralamt für Steuern und zur Regelung verschiedener Anwendungszeitpunkte und weiterer Vorschriften v. 24.6.2013 (BGBl I S.1679); Art. 2 Gesetz zur Anpassung steuerlicher Regelungen an die Rechtsprechung des Bundesverfassungsgerichts v. 18.7.2014 (BGBl I S. 1042); Art. 24 Gesetz zur Anpassung des nationalen Steuerrechts an den Beitritt Kroatiens zur EU und zur Änderung weiterer steuerlicher Vorschriften v. 25.7.2014 (BGBl I S. 1266); Art. 3 Verordnung zur Änderung steuerlicher Verordnungen und weiterer Vorschriften v. 22.12.2014 (BGBl I S. 2392); Art. 235 Zehnte Zuständigkeitsanpassungsverordnung v. 31.8.2015 (BGBl I S.1474). **– Zur Anwendung siehe § 84 EStDV und § 57 EStG.**

## Nichtamtliche Fassung
### Inhaltsübersicht

§ 1 Anwendung auf Ehegatten und Lebenspartner
§§ 2 und 3 (weggefallen)

**Zu § 3 des Gesetzes**

§ 4 Steuerfreie Einnahmen
§ 5 (weggefallen)

**Zu den §§ 4 bis 7 des Gesetzes**

§ 6 Eröffnung, Erwerb, Aufgabe und Veräußerung eines Betriebs

§ 7 (weggefallen)
§ 8 Eigenbetrieblich genutzte Grundstücke von untergeordnetem Wert
§ 8a (weggefallen)
§ 8b Wirtschaftsjahr
§ 8c Wirtschaftsjahr bei Land- und Forstwirten
§ 9 (weggefallen)
§ 9a Anschaffung, Herstellung
§ 10 Absetzung für Abnutzung im Fall des § 4 Abs. 3 des Gesetzes
§§ 10a bis 11b (weggefallen)

## X. Einkommensteuer-Durchführungsverordnung

§ 11c Absetzung für Abnutzung bei Gebäuden
§ 11d Absetzung für Abnutzung oder Substanzverringerung bei nicht zu einem Betriebsvermögen gehörenden Wirtschaftsgütern, die der Steuerpflichtige unentgeltlich erworben hat
§ 12 (weggefallen)

### Zu den §§ 7e und 10a des Gesetzes
§§ 13 und 14 (weggefallen)

### Zu § 7b des Gesetzes
§ 15 Erhöhte Absetzungen für Einfamilienhäuser, Zweifamilienhäuser und Eigentumswohnungen
§§ 16 bis 21 (weggefallen)

### Zu § 7e des Gesetzes
§§ 22 bis 28 (weggefallen)

### Zu § 10 des Gesetzes
§ 29 Anzeigepflichten bei Versicherungsverträgen
§ 30 Nachversteuerung bei Versicherungsverträgen
§§ 31 bis 44 (weggefallen)

### Zu § 10a des Gesetzes
§§ 45 bis 47 (weggefallen)

### Zu § 10b des Gesetzes
§§ 48 und 49 (weggefallen)
§ 50 Zuwendungsnachweis

### Zu § 13 des Gesetzes
§ 51 Pauschale Ermittlung der Gewinne aus Holznutzungen

### Zu § 13a des Gesetzes
§ 52 (weggefallen)

### Zu § 17 des Gesetzes
§ 53 Anschaffungskosten bestimmter Anteile an Kapitalgesellschaften
§ 54 Übersendung von Urkunden durch die Notare

### Zu § 22 des Gesetzes
§ 55 Ermittlung des Ertrags aus Leibrenten in besonderen Fällen

### Zu § 25 des Gesetzes
§ 56 Steuererklärungspflicht
§§ 57 bis 59 (weggefallen)
§ 60 Unterlagen zur Steuererklärung

### Zu den §§ 26a und 26b des Gesetzes
§ 61 Antrag auf hälftige Verteilung von Abzugsbeträgen im Fall des § 26a des Gesetzes
§§ 62 bis 62c (weggefallen)
§ 62d Anwendung des § 10d des Gesetzes bei der Veranlagung von Ehegatten
§ 63 (weggefallen)

### Zu § 33 des Gesetzes
§ 64 Nachweis von Krankheitskosten

### Zu § 33b des Gesetzes
§ 65 Nachweis der Behinderung
§§ 66 und 67 (weggefallen)

### Zu § 34b des Gesetzes
§ 68 Nutzungssatz, Betriebsgutachten, Betriebswerk

### Zu § 34c des Gesetzes
§ 68a Einkünfte aus mehreren ausländischen Staaten
§ 68b Nachweis über die Höhe der ausländischen Einkünfte und Steuern
§ 69 (weggefallen)

### Zu § 46 des Gesetzes
§ 70 Ausgleich von Härten in bestimmten Fällen
§§ 71 und 72 (weggefallen)

### Zu § 50 des Gesetzes
§ 73 (weggefallen)

### Zu § 50a des Gesetzes
§ 73a Begriffsbestimmungen
§ 73b (weggefallen)
§ 73c Zeitpunkt des Zufließens im Sinne des § 50a Abs. 5 Satz 1 des Gesetzes
§ 73d Aufzeichnungen, Aufbewahrungspflichten, Steueraufsicht
§ 73e Einbehaltung, Abführung und Anmeldung der Steuer von Vergütungen im Sinne des § 50a Abs. 1 und 7 des Gesetzes (§ 50a Abs. 5 des Gesetzes)
§ 73f Steuerabzug in den Fällen des § 50a Abs. 6 des Gesetzes
§ 73g Haftungsbescheid

### Zu § 51 des Gesetzes
§§ 74 bis 80 (weggefallen)
§ 81 Bewertungsfreiheit für bestimmte Wirtschaftsgüter des Anlagevermögens im Kohlen- und Erzbergbau
§ 82 (weggefallen)

§ 82a  Erhöhte Absetzungen von Herstellungskosten und Sonderbehandlung von Erhaltungsaufwand für bestimmte Anlagen und Einrichtungen bei Gebäuden
§ 82b  Behandlung größeren Erhaltungsaufwands bei Wohngebäuden
§§ 82c bis 82e  (weggefallen)
§ 82f  Bewertungsfreiheit für Handelsschiffe, für Schiffe, die der Seefischerei dienen, und für Luftfahrzeuge
§ 82g  Erhöhte Absetzungen von Herstellungskosten für bestimmte Baumaßnahmen
§ 82h  (weggefallen)
§ 82i  Erhöhte Absetzungen von Herstellungskosten bei Baudenkmälern
§ 83  (weggefallen)

**Schlussvorschriften**

§ 84  Anwendungsvorschriften
§ 85  (gegenstandslos)

**Anlagen 1 bis 4** (weggefallen)

**Anlage 5**
Verzeichnis der Wirtschaftsgüter des Anlagevermögens über Tage im Sinne des § 81 Abs. 3 Nr. 1

**Anlage 6**
Verzeichnis der Wirtschaftsgüter des beweglichen Anlagevermögens im Sinne des § 81 Abs. 3 Nr. 2

## § 1 Anwendung auf Ehegatten und Lebenspartner[1)2)]

Die Regelungen dieser Verordnung zu Ehegatten und Ehen sind auch auf Lebenspartner und Lebenspartnerschaften anzuwenden.

## §§ 2 und 3 (weggefallen)

## Zu § 3 des Gesetzes

### § 4 Steuerfreie Einnahmen

Die Vorschriften der Lohnsteuer-Durchführungsverordnung über die Steuerpflicht oder die Steuerfreiheit von Einnahmen aus nichtselbständiger Arbeit sind bei der Veranlagung anzuwenden.

## § 5 (weggefallen)

## Zu den §§ 4 bis 7 des Gesetzes

### § 6 Eröffnung, Erwerb, Aufgabe und Veräußerung eines Betriebs

(1) Wird ein Betrieb eröffnet oder erworben, so tritt bei der Ermittlung des Gewinns an die Stelle des Betriebsvermögens am Schluss des vorangegangenen Wirtschaftsjahrs das Betriebsvermögen im Zeitpunkt der Eröffnung oder des Erwerbs des Betriebs.

(2) Wird ein Betrieb aufgegeben oder veräußert, so tritt bei der Ermittlung des Gewinns an die Stelle des Betriebsvermögens am Schluss des Wirtschaftsjahrs das Betriebsvermögen im Zeitpunkt der Aufgabe oder der Veräußerung des Betriebs.

### § 7 (weggefallen)

### § 8 Eigenbetrieblich genutzte Grundstücke von untergeordnetem Wert[3)]

Eigenbetrieblich genutzte Grundstücksteile brauchen nicht als Betriebsvermögen behandelt zu werden, wenn ihr Wert nicht mehr als ein Fünftel des gemeinen Werts des gesamten Grundstücks und nicht mehr als 20 500 Euro beträgt.

---

1) **Anm. d. Red.:** § 1 eingefügt gem. Gesetz v. 18. 7. 2014 (BGBl I S. 1042) mit Wirkung v. 24. 7. 2014.
2) **Anm. d. Red.:** Zur Anwendung des § 1 siehe § 84 Abs. 1a.
3) **Anm. d. Red.:** § 8 i. d. F. des Gesetzes v. 19. 12. 2000 (BGBl I S. 1790) mit Wirkung v. 1. 1. 2002.

## § 8a (weggefallen)

## § 8b Wirtschaftsjahr

¹Das Wirtschaftsjahr umfasst einen Zeitraum von zwölf Monaten. ²Es darf einen Zeitraum von weniger als zwölf Monaten umfassen, wenn

1. ein Betrieb eröffnet, erworben, aufgegeben oder veräußert wird oder
2. ein Steuerpflichtiger von regelmäßigen Abschlüssen auf einen bestimmten Tag zu regelmäßigen Abschlüssen auf einen anderen bestimmten Tag übergeht. ²Bei Umstellung eines Wirtschaftsjahrs, das mit dem Kalenderjahr übereinstimmt, auf ein vom Kalenderjahr abweichendes Wirtschaftsjahr und bei Umstellung eines vom Kalenderjahr abweichenden Wirtschaftsjahrs auf ein anderes vom Kalenderjahr abweichendes Wirtschaftsjahr gilt dies nur, wenn die Umstellung im Einvernehmen mit dem Finanzamt vorgenommen wird.

## § 8c Wirtschaftsjahr bei Land- und Forstwirten[1)]

(1)[2)] ¹Als Wirtschaftsjahr im Sinne des § 4a Abs. 1 Nr. 1 des Gesetzes können Betriebe mit

1. einem Futterbauanteil von 80 Prozent und mehr der Fläche der landwirtschaftlichen Nutzung den Zeitraum vom 1. Mai bis 30. April,
2. reiner Forstwirtschaft den Zeitraum vom 1. Oktober bis 30. September,
3. reinen Weinbau den Zeitraum vom 1. September bis 31. August

bestimmen. ²Ein Betrieb der in Satz 1 bezeichneten Art liegt auch dann vor, wenn daneben in geringem Umfang noch eine andere land- und forstwirtschaftliche Nutzung vorhanden ist. ³Soweit die Oberfinanzdirektionen vor dem 1. Januar 1955 ein anderes als die in § 4a Abs. 1 Nr. 1 des Gesetzes oder in Satz 1 bezeichneten Wirtschaftsjahre festgesetzt haben, kann dieser andere Zeitraum als Wirtschaftsjahr bestimmt werden; dies gilt nicht für den Weinbau.

(2)[3)] ¹Gartenbaubetriebe und reine Forstbetriebe können auch das Kalenderjahr als Wirtschaftsjahr bestimmen. ²Stellt ein Land- und Forstwirt von einem vom Kalenderjahr abweichenden Wirtschaftsjahr auf ein mit dem Kalenderjahr übereinstimmendes Wirtschaftsjahr um, verlängert sich das letzte vom Kalenderjahr abweichende Wirtschaftsjahr um den Zeitraum bis zum Beginn des ersten mit dem Kalenderjahr übereinstimmenden Wirtschaftsjahrs; ein Rumpfwirtschaftsjahr ist nicht zu bilden. ³Stellt ein Land- und Forstwirt das Wirtschaftsjahr für einen Betrieb mit reinem Weinbau auf ein Wirtschaftsjahr im Sinne des Absatzes 1 Satz 1 Nr. 3 um, gilt Satz 2 entsprechend.

(3) Buchführende Land- und Forstwirte im Sinne des § 4a Absatz 1 Satz 2 Nummer 3 Satz 2 des Gesetzes sind Land- und Forstwirte, die auf Grund einer gesetzlichen Verpflichtung oder ohne eine solche Verpflichtung Bücher führen und regelmäßig Abschlüsse machen.

## § 9 (weggefallen)

## § 9a Anschaffung, Herstellung

Jahr der Anschaffung ist das Jahr der Lieferung, Jahr der Herstellung ist das Jahr der Fertigstellung.

## § 10 Absetzung für Abnutzung im Fall des § 4 Abs. 3 des Gesetzes

(1) ¹Bei nicht in dem in Artikel 3 des Einigungsvertrages genannten Gebiet belegenen Gebäuden, die bereits am 21. Juni 1948 zum Betriebsvermögen gehört haben, sind im Fall des § 4 Abs. 3 des Gesetzes für die Bemessung der Absetzung für Abnutzung als Anschaffungs- oder Herstellungskosten höchstens die Werte zugrunde zu legen, die sich bei sinngemäßer Anwen-

---

1) **Anm. d. Red.:** § 8c Abs. 1 und 3 i. d. F. der VO v. 17. 11. 2010 (BGBl I S. 1544) mit Wirkung v. 23. 11. 2010.
2) **Anm. d. Red.:** Zur Anwendung des § 8c Abs. 1 siehe § 84 Abs. 2 Sätze 1 und 3.
3) **Anm. d. Red.:** Zur Anwendung des § 8c Abs. 2 siehe § 84 Abs. 2.

dung des § 16 Abs. 1 des D-Markbilanzgesetzes in der im Bundesgesetzblatt Teil III, Gliederungsnummer 4140-1, veröffentlichten bereinigten Fassung ergeben würden. ²In dem Teil des Landes Berlin, in dem das Grundgesetz bereits vor dem 3. Oktober 1990 galt, tritt an die Stelle des 21. Juni 1948 der 1. April 1949.

(2) Für Gebäude, die zum Betriebsvermögen eines Betriebs oder einer Betriebsstätte im Saarland gehören, gilt Absatz 1 mit der Maßgabe, dass an die Stelle des 21. Juni 1948 der 6. Juli 1959 sowie an die Stelle des § 16 Abs. 1 des D-Markbilanzgesetzes der § 8 Abs. 1 und der § 11 des D-Markbilanzgesetzes für das Saarland in der im Bundesgesetzblatt Teil III, Gliederungsnummer 4140-2, veröffentlichten bereinigten Fassung treten.

### §§ 10a bis 11b (weggefallen)[1]

### § 11c Absetzung für Abnutzung bei Gebäuden

(1) ¹Nutzungsdauer eines Gebäudes im Sinne des § 7 Abs. 4 Satz 2 des Gesetzes ist der Zeitraum, in dem ein Gebäude voraussichtlich seiner Zweckbestimmung entsprechend genutzt werden kann. ²Der Zeitraum der Nutzungsdauer beginnt

1. bei Gebäuden, die der Steuerpflichtige vor dem 21. Juni 1948 angeschafft oder hergestellt hat, mit dem 21. Juni 1948;
2. bei Gebäuden, die der Steuerpflichtige nach dem 20. Juni 1948 hergestellt hat, mit dem Zeitpunkt der Fertigstellung;
3. bei Gebäuden, die der Steuerpflichtige nach dem 20. Juni 1948 angeschafft hat, mit dem Zeitpunkt der Anschaffung.

³Für im Land Berlin belegene Gebäude treten an die Stelle des 20. Juni 1948 jeweils der 31. März 1949 und an die Stelle des 21. Juni 1948 jeweils der 1. April 1949. ⁴Für im Saarland belegene Gebäude treten an die Stelle des 20. Juni 1948 jeweils der 19. November 1947 und an die Stelle des 21. Juni 1948 jeweils der 20. November 1947; soweit im Saarland belegene Gebäude zu einem Betriebsvermögen gehören, treten an die Stelle des 20. Juni 1948 jeweils der 5. Juli 1959 und an die Stelle des 21. Juni 1948 jeweils der 6. Juli 1959.

(2)[2] ¹Hat der Steuerpflichtige nach § 7 Abs. 4 Satz 3 des Gesetzes bei einem Gebäude eine Absetzung für außergewöhnliche technische oder wirtschaftliche Abnutzung vorgenommen, so bemessen sich die Absetzungen für Abnutzung von dem folgenden Wirtschaftsjahr oder Kalenderjahr an nach den Anschaffungs- oder Herstellungskosten des Gebäudes abzüglich des Betrags der Absetzung für außergewöhnliche technische oder wirtschaftliche Abnutzung. ²Entsprechendes gilt, wenn der Steuerpflichtige ein zu einem Betriebsvermögen gehörendes Gebäude nach § 6 Abs. 1 Nr. 1 Satz 2 des Gesetzes mit dem niedrigeren Teilwert angesetzt hat. ³Im Fall der Zuschreibung nach § 7 Abs. 4 Satz 3 des Gesetzes oder der Wertaufholung nach § 6 Abs. 1 Nr. 1 Satz 4 des Gesetzes erhöht sich die Bemessungsgrundlage für die Absetzungen für Abnutzung von dem folgenden Wirtschaftsjahr oder Kalenderjahr an um den Betrag der Zuschreibung oder Wertaufholung.

### § 11d Absetzung für Abnutzung oder Substanzverringerung bei nicht zu einem Betriebsvermögen gehörenden Wirtschaftsgütern, die der Steuerpflichtige unentgeltlich erworben hat[3]

(1) ¹Bei den nicht zu einem Betriebsvermögen gehörenden Wirtschaftsgütern, die der Steuerpflichtige unentgeltlich erworben hat, bemessen sich die Absetzungen für Abnutzung nach den Anschaffungs- oder Herstellungskosten des Rechtsvorgängers oder dem Wert, der beim Rechtsvorgänger an deren Stelle getreten ist oder treten würde, wenn dieser noch Eigentümer wäre,

---

1) **Anm. d. Red.:** § 10a weggefallen gem. Gesetz v. 8.12.2010 (BGBl I S. 1864) mit Wirkung v. 15.12.2010.
2) **Anm. d. Red.:** Zur Anwendung des § 11c Abs. 2 Satz 3 siehe § 84 Abs. 2a.
3) **Anm. d. Red.:** § 11d Abs. 1 i. d. F. der VO v. 17.11.2010 (BGBl I S. 1544) mit Wirkung v. 23.11.2010.

zuzüglich der vom Rechtsnachfolger aufgewendeten Herstellungskosten und nach dem Prozentsatz, der für den Rechtsvorgänger maßgebend sein würde, wenn er noch Eigentümer des Wirtschaftsguts wäre. ²Absetzungen für Abnutzung durch den Rechtsnachfolger sind nur zulässig, soweit die vom Rechtsvorgänger und vom Rechtsnachfolger zusammen vorgenommenen Absetzungen für Abnutzung, erhöhten Absetzungen und Abschreibungen bei dem Wirtschaftsgut noch nicht zur vollen Absetzung geführt haben. ³Die Sätze 1 und 2 gelten für die Absetzung für Substanzverringerung und für erhöhte Absetzungen entsprechend.

(2) Bei Bodenschätzen, die der Steuerpflichtige auf einem ihm gehörenden Grundstück entdeckt hat, sind Absetzungen für Substanzverringerung nicht zulässig.

## § 12 (weggefallen)

## Zu den §§ 7e und 10a des Gesetzes

## §§ 13 und 14 (weggefallen)

## Zu § 7b des Gesetzes

### § 15 Erhöhte Absetzungen für Einfamilienhäuser, Zweifamilienhäuser und Eigentumswohnungen

(1) Bauherr ist, wer auf eigene Rechnung und Gefahr ein Gebäude baut oder bauen lässt.

(2) In den Fällen des § 7b des Gesetzes in den vor Inkrafttreten des Gesetzes vom 22. Dezember 1981 (BGBl I S. 1523) geltenden Fassungen und des § 54 des Gesetzes in der Fassung der Bekanntmachung vom 24. Januar 1984 (BGBl I S. 113) ist § 15 der Einkommensteuer-Durchführungsverordnung 1979 (BGBl 1980 I S. 1801), geändert durch die Verordnung vom 11. Juni 1981 (BGBl I S. 526), weiter anzuwenden.

## §§ 16 bis 21 (weggefallen)

## Zu § 7e des Gesetzes

## §§ 22 bis 28 (weggefallen)

## Zu § 10 des Gesetzes

### § 29 Anzeigepflichten bei Versicherungsverträgen[1)2)]

¹Bei Versicherungen, deren Laufzeit vor dem 1. Januar 2005 begonnen hat, hat der Sicherungsnehmer nach amtlich vorgeschriebenem Muster dem für die Veranlagung des Versicherungsnehmers nach dem Einkommen zuständigen Finanzamt, bei einem Versicherungsnehmer, der im Inland weder einen Wohnsitz noch seinen gewöhnlichen Aufenthalt hat, dem für die Veranlagung des Sicherungsnehmers zuständigen Finanzamt (§§ 19, 20 der Abgabenordnung) unverzüglich die Fälle anzuzeigen, in denen Ansprüche aus Versicherungsverträgen zur Tilgung oder Sicherung von Darlehen eingesetzt werden. ²Satz 1 gilt entsprechend für die Versicherungsunternehmen, wenn der Sicherungsnehmer Wohnsitz, Sitz oder Geschäftsleitung im Ausland hat. ³Werden Ansprüche aus Versicherungsverträgen von Personen, die im Inland einen Wohnsitz oder ihren gewöhnlichen Aufenthalt haben (§ 1 Abs. 1 des Gesetzes), zur Tilgung oder Sicherung von Darlehen eingesetzt, sind die Sätze 1 und 2 nur anzuwenden, wenn die Darlehen den Betrag von 25 565 Euro übersteigen. ⁴Der Steuerpflichtige hat dem für seine Veranlagung

---

1) **Anm. d. Red.:** § 29 i. d. F. des Gesetzes v. 5. 7. 2004 (BGBl I S. 1427) mit Wirkung v. 1. 1. 2005.
2) **Anm. d. Red.:** Zur Anwendung des § 29 siehe § 84 Abs. 2b und 3.

zuständigen Finanzamt (§ 19 der Abgabenordnung) die Abtretung und die Beleihung unverzüglich anzuzeigen.

## § 30 Nachversteuerung bei Versicherungsverträgen[1)]

¹Eine Nachversteuerung ist durchzuführen, wenn der Sonderausgabenabzug von Beiträgen nach § 10 Abs. 1 Nr. 3 Buchstabe b des Gesetzes zu versagen ist. ²Zu diesem Zweck ist die Steuer zu berechnen, die festzusetzen gewesen wäre, wenn der Steuerpflichtige die Beiträge nicht geleistet hätte. ³Der Unterschied zwischen dieser und der festgesetzten Steuer ist als Nachsteuer zu erheben.

## §§ 31 bis 44 (weggefallen)

## Zu § 10a des Gesetzes

## §§ 45 bis 47 (weggefallen)

## Zu § 10b des Gesetzes

## §§ 48 und 49 (weggefallen)[2)]

## § 50 Zuwendungsnachweis[3)]

(1) ¹Zuwendungen im Sinne der §§ 10b und 34g des Gesetzes dürfen nur abgezogen werden, wenn sie durch eine Zuwendungsbestätigung nachgewiesen werden, die der Empfänger unter Berücksichtigung des § 63 Absatz 5 der Abgabenordnung nach amtlich vorgeschriebenem Vordruck ausgestellt hat. ²Dies gilt nicht für Zuwendungen an nicht im Inland ansässige Zuwendungsempfänger nach § 10b Absatz 1 Satz 2 Nummer 1 und 3 des Gesetzes.

(1a) ¹Der Zuwendende kann den Zuwendungsempfänger bevollmächtigen, die Zuwendungsbestätigung der Finanzbehörde nach amtlich vorgeschriebenem Datensatz durch Datenfernübertragung nach Maßgabe der Steuerdaten-Übermittlungsverordnung zu übermitteln. ²Der Zuwendende hat dem Zuwendungsempfänger zu diesem Zweck seine Identifikationsnummer (§ 139b der Abgabenordnung) mitzuteilen. ³Die Vollmacht kann nur mit Wirkung für die Zukunft widerrufen werden. ⁴Der Datensatz ist bis zum 28. Februar des Jahres, das auf das Jahr folgt, in dem die Zuwendung geleistet worden ist, an die Finanzbehörde zu übermitteln. ⁵Der Zuwendungsempfänger hat dem Zuwendenden die nach Satz 1 übermittelten Daten elektronisch oder auf dessen Wunsch als Ausdruck zur Verfügung zu stellen; in beiden Fällen ist darauf hinzuweisen, dass die Daten der Finanzbehörde übermittelt worden sind.

(2) ¹Als Nachweis genügt der Bareinzahlungsbeleg oder die Buchungsbestätigung eines Kreditinstituts, wenn

1. die Zuwendung zur Hilfe in Katastrophenfällen:
   a) innerhalb eines Zeitraums, den die obersten Finanzbehörden der Länder im Benehmen mit dem Bundesministerium der Finanzen bestimmen, auf ein für den Katastrophenfall eingerichtetes Sonderkonto einer inländischen juristischen Person des öffentlichen Rechts, einer inländischen öffentlichen Dienststelle oder eines inländischen amtlich

---

1) **Anm. d. Red.:** § 30 i. d. F. des Gesetzes v. 5. 7. 2004 (BGBl I S. 1427) mit Wirkung v. 1. 1. 2005.

2) **Anm. d. Red.:** §§ 48 und 49 weggefallen gem. Gesetz v. 10. 10. 2007 (BGBl I S. 2332) mit Wirkung v. 1. 1. 2007.

3) **Anm. d. Red.:** § 50 Abs. 1 i. d. F. des Gesetzes v. 21. 3. 2013 (BGBl I S. 556) mit Wirkung v. 29. 3. 2013; Abs. 1a i. d. F. des Gesetzes v. 20. 12. 2008 (BGBl I S. 2850) mit Wirkung v. 1. 1. 2009; Abs. 2 i. d. F. der VO v. 11. 12. 2012 (BGBl I S. 2637) mit Wirkung v. 1. 1. 2013; Abs. 2a i. d. F. des Gesetzes v. 1. 11. 2011 (BGBl I S. 2131) mit Wirkung v. 5. 11. 2011.

anerkannten Verbandes der freien Wohlfahrtspflege einschließlich seiner Mitgliedsorganisationen eingezahlt worden ist oder

b) bis zur Einrichtung des Sonderkontos auf ein anderes Konto der genannten Zuwendungsempfänger geleistet wird. ²Wird die Zuwendung über ein als Treuhandkonto geführtes Konto eines Dritten auf eines der genannten Sonderkonten geleistet, genügt als Nachweis der Bareinzahlungsbeleg oder die Buchungsbestätigung des Kreditinstituts des Zuwendenden zusammen mit einer Kopie des Barzahlungsbelegs oder der Buchungsbestätigung des Kreditinstituts des Dritten;

2. die Zuwendung 200 Euro nicht übersteigt und

a) der Empfänger eine inländische juristische Person des öffentlichen Rechts oder eine inländische öffentliche Dienststelle ist oder

b) der Empfänger eine Körperschaft, Personenvereinigung oder Vermögensmasse im Sinne des § 5 Abs. 1 Nr. 9 des Körperschaftsteuergesetzes ist, wenn der steuerbegünstigte Zweck, für den die Zuwendung verwendet wird, und die Angaben über die Freistellung des Empfängers von der Körperschaftsteuer auf einem von ihm hergestellten Beleg aufgedruckt sind und darauf angegeben ist, ob es sich bei der Zuwendung um eine Spende oder einen Mitgliedsbeitrag handelt oder

c) der Empfänger eine politische Partei im Sinne des § 2 des Parteiengesetzes ist und bei Spenden der Verwendungszweck auf dem vom Empfänger hergestellten Beleg aufgedruckt ist.

²Aus der Buchungsbestätigung müssen Name und Kontonummer oder ein sonstiges Identifizierungsmerkmal des Auftraggebers und des Empfängers, der Betrag, der Buchungstag sowie die tatsächliche Durchführung der Zahlung ersichtlich sein. ³In den Fällen des Satzes 1 Nummer 2 Buchstabe b hat der Zuwendende zusätzlich den vom Zuwendungsempfänger hergestellten Beleg vorzulegen.

(2a) Bei Zuwendungen zur Hilfe in Katastrophenfällen innerhalb eines Zeitraums, den die obersten Finanzbehörden der Länder im Benehmen mit dem Bundesministerium der Finanzen bestimmen, die über ein Konto eines Dritten an eine inländische juristische Person des öffentlichen Rechts, eine inländische öffentliche Dienststelle oder eine nach § 5 Absatz 1 Nummer 9 des Körperschaftsteuergesetzes steuerbefreite Körperschaft, Personenvereinigung oder Vermögensmasse geleistet werden, genügt als Nachweis die auf den jeweiligen Spender ausgestellte Zuwendungsbestätigung des Zuwendungsempfängers, wenn das Konto des Dritten als Treuhandkonto geführt wurde, die Spenden von dort an den Zuwendungsempfänger weitergeleitet wurden und diesem eine Liste mit den einzelnen Spendern und ihrem jeweiligen Anteil an der Spendensumme übergeben wurde.

(3) Als Nachweis für die Zahlung von Mitgliedsbeiträgen an politische Parteien im Sinne des § 2 des Parteiengesetzes genügt die Vorlage von Bareinzahlungsbelegen, Buchungsbestätigungen oder Beitragsquittungen.

(4) ¹Eine in § 5 Abs. 1 Nr. 9 des Körperschaftsteuergesetzes bezeichnete Körperschaft, Personenvereinigung oder Vermögensmasse hat die Vereinnahmung der Zuwendung und ihre zweckentsprechende Verwendung ordnungsgemäß aufzuzeichnen und ein Doppel der Zuwendungsbestätigung aufzubewahren. ²Bei Sachzuwendungen und beim Verzicht auf die Erstattung von Aufwand müssen sich aus den Aufzeichnungen auch die Grundlagen für den vom Empfänger bestätigten Wert der Zuwendung ergeben.

## Zu § 13 des Gesetzes

### § 51 Pauschale Ermittlung der Gewinne aus Holznutzungen[1)2)]

(1) Steuerpflichtige, die für ihren Betrieb nicht zur Buchführung verpflichtet sind, den Gewinn nicht nach § 4 Absatz 1 des Einkommensteuergesetzes ermitteln und deren forstwirtschaftlich genutzte Fläche 50 Hektar nicht übersteigt, können auf Antrag für ein Wirtschaftsjahr bei der Ermittlung der Gewinne aus Holznutzungen pauschale Betriebsausgaben abziehen.

(2) Die pauschalen Betriebsausgaben betragen 55 Prozent der Einnahmen aus der Verwertung des eingeschlagenen Holzes.

(3) Soweit Holz auf dem Stamm verkauft wird, betragen die pauschalen Betriebsausgaben 20 Prozent der Einnahmen aus der Verwertung des stehenden Holzes.

(4) Mit den pauschalen Betriebsausgaben nach den Absätzen 2 und 3 sind sämtliche Betriebsausgaben mit Ausnahme der Wiederaufforstungskosten und der Minderung des Buchwerts für ein Wirtschaftsgut Baumbestand abgegolten.

(5) Diese Regelung gilt nicht für die Ermittlung des Gewinns aus Waldverkäufen sowie für die übrigen Einnahmen und die damit in unmittelbarem Zusammenhang stehenden Betriebsausgaben.

## Zu § 13a des Gesetzes

### § 52 (weggefallen)

## Zu § 17 des Gesetzes

### § 53 Anschaffungskosten bestimmter Anteile an Kapitalgesellschaften

[1]Bei Anteilen an einer Kapitalgesellschaft, die vor dem 21. Juni 1948 erworben worden sind, sind als Anschaffungskosten im Sinne des § 17 Abs. 2 des Gesetzes die endgültigen Höchstwerte zugrunde zu legen, mit denen die Anteile in eine steuerliche Eröffnungsbilanz in Deutscher Mark auf den 21. Juni 1948 hätten eingestellt werden können; bei Anteilen, die am 21. Juni 1948 als Auslandsvermögen beschlagnahmt waren, ist bei Veräußerung vor der Rückgabe der Veräußerungserlös und bei Veräußerung nach der Rückgabe der Wert im Zeitpunkt' der Rückgabe als Anschaffungskosten maßgebend. [2]Im Land Berlin tritt an die Stelle des 21. Juni 1948 jeweils der 1. April 1949; im Saarland tritt an die Stelle des 21. Juni 1948 für die in § 43 Abs. 1 Ziff. 1 des Gesetzes über die Einführung des deutschen Rechts auf dem Gebiete der Steuern, Zölle und Finanzmonopole im Saarland vom 30. Juni 1959 (BGBl I S. 339) bezeichneten Personen jeweils der 6. Juli 1959.

### § 54 Übersendung von Urkunden durch die Notare[3)]

(1)[4)] [1]Die Notare übersenden dem in § 20 der Abgabenordnung bezeichneten Finanzamt eine beglaubigte Abschrift aller auf Grund gesetzlicher Vorschrift aufgenommenen oder beglaubigten Urkunden, die die Gründung, Kapitalerhöhung oder -herabsetzung, Umwandlung oder Auflösung von Kapitalgesellschaften oder die Verfügung über Anteile an Kapitalgesellschaften zum Gegenstand haben. [2]Gleiches gilt für Dokumente, die im Rahmen einer Anmeldung einer inländischen Zweigniederlassung einer Kapitalgesellschaft mit Sitz im Ausland zur Eintragung in das Handelsregister diesem zu übersenden sind.

---

1) **Anm. d. Red.:** § 51 i. d. F. des Gesetzes v. 1. 11. 2011 (BGBl I S. 2131) mit Wirkung v. 1. 1. 2012.

2) **Anm. d. Red.:** Zur Anwendung des § 51 siehe § 84 Abs. 3a.

3) **Anm. d. Red.:** § 54 Abs. 1 i. d. F. des Gesetzes v. 20. 12. 2007 (BGBl I S. 3150) mit Wirkung v. 29. 12. 2007; Abs. 4 i. d. F. des Gesetzes v. 7. 12. 2006 (BGBl I S. 2782) mit Wirkung v. 13. 12. 2006.

4) **Anm. d. Red.:** Zur Anwendung des § 54 Abs. 1 siehe § 84 Abs. 3b Satz 1.

(2) ¹Die Abschrift ist binnen zwei Wochen, von der Aufnahme oder Beglaubigung der Urkunde ab gerechnet, einzureichen. ²Sie soll mit der Steuernummer gekennzeichnet sein, mit der die Kapitalgesellschaft bei dem Finanzamt geführt wird. ³Die Absendung der Urkunde ist auf der zurückbehaltenen Urschrift der Urkunde beziehungsweise auf einer zurückbehaltenen Abschrift zu vermerken.

(3) Den Beteiligten dürfen die Urschrift, eine Ausfertigung oder beglaubigte Abschrift der Urkunde erst ausgehändigt werden, wenn die Abschrift der Urkunde an das Finanzamt abgesandt ist.

(4)[1] Im Fall der Verfügung über Anteile an Kapitalgesellschaften durch einen Anteilseigner, der nicht nach § 1 Abs. 1 des Gesetzes unbeschränkt steuerpflichtig ist, ist zusätzlich bei dem Finanzamt Anzeige zu erstatten, das bei Beendigung einer zuvor bestehenden unbeschränkten Steuerpflicht des Anteilseigners oder bei unentgeltlichem Erwerb dessen Rechtsvorgängers nach § 19 der Abgabenordnung für die Besteuerung des Anteilseigners zuständig war.

## Zu § 22 des Gesetzes

### § 55 Ermittlung des Ertrags aus Leibrenten in besonderen Fällen[2]

(1) Der Ertrag des Rentenrechts ist in den folgenden Fällen auf Grund der in § 22 Nr. 1 Satz 3 Buchstabe a Doppelbuchstabe bb des Gesetzes aufgeführten Tabelle zu ermitteln:

1. bei Leibrenten, die vor dem 1. Januar 1955 zu laufen begonnen haben. ²Dabei ist das vor dem 1. Januar 1955 vollendete Lebensjahr des Rentenberechtigten maßgebend;
2. bei Leibrenten, deren Dauer von der Lebenszeit einer anderen Person als des Rentenberechtigten abhängt. ²Dabei ist das bei Beginn der Rente, im Fall der Nummer 1 das vor dem 1. Januar 1955 vollendete Lebensjahr dieser Person maßgebend;
3. bei Leibrenten, deren Dauer von der Lebenszeit mehrerer Personen abhängt. ²Dabei ist das bei Beginn der Rente, im Fall der Nummer 1 das vor dem 1. Januar 1955 vollendete Lebensjahr der ältesten Person maßgebend, wenn das Rentenrecht mit dem Tod des zuerst Sterbenden erlischt, und das Lebensjahr der jüngsten Person maßgebend, wenn das Rentenrecht mit dem Tod des zuletzt Sterbenden erlischt.

(2) ¹Der Ertrag der Leibrenten, die auf eine bestimmte Zeit beschränkt sind (abgekürzte Leibrenten), ist nach der Lebenserwartung unter Berücksichtigung der zeitlichen Begrenzung zu ermitteln. ²Der Ertragsanteil ist aus der nachstehenden Tabelle zu entnehmen. ³Absatz 1 ist entsprechend anzuwenden.

| Beschränkung der Laufzeit der Rente auf ... Jahre ab Beginn des Rentenbezugs (ab 1. Januar 1955, falls die Rente vor diesem Zeitpunkt zu laufen begonnen hat) | Der Ertragsanteil beträgt vorbehaltlich der Spalte 3 ... Prozent | Der Ertragsanteil ist der Tabelle in § 22 Nr. 1 Satz 3 Buchstabe a Doppelbuchstabe bb des Gesetzes zu entnehmen, wenn der Rentenberechtigte zu Beginn des Rentenbezugs (vor dem 1. Januar 1955, falls die Rente vor diesem Zeitpunkt zu laufen begonnen hat) das ... te Lebensjahr vollendet hatte |
|---|---|---|
| 1 | 2 | 3 |
| 1 | 0 | entfällt |
| 2 | 1 | entfällt |
| 3 | 2 | 97 |
| 4 | 4 | 92 |

---

1) **Anm. d. Red.:** Zur Anwendung des § 54 Abs. 4 siehe § 84 Abs. 3b Satz 2.

2) **Anm. d. Red.:** § 55 Abs. 1 i. d. F. des Gesetzes v. 5. 7. 2004 (BGBl I S. 1427) mit Wirkung v. 1. 1. 2005; Abs. 2 i. d. F. der VO v. 17. 11. 2010 (BGBl I S. 1544) mit Wirkung v. 23. 11. 2010.

| Beschränkung der Laufzeit der Rente auf ... Jahre ab Beginn des Rentenbezugs (ab 1. Januar 1955, falls die Rente vor diesem Zeitpunkt zu laufen begonnen hat) | Der Ertragsanteil beträgt vorbehaltlich der Spalte 3 ... Prozent | Der Ertragsanteil ist der Tabelle in § 22 Nr. 1 Satz 3 Buchstabe a Doppelbuchstabe bb des Gesetzes zu entnehmen, wenn der Rentenberechtigte zu Beginn des Rentenbezugs (vor dem 1. Januar 1955, falls die Rente vor diesem Zeitpunkt zu laufen begonnen hat) das ... te Lebensjahr vollendet hatte |
|---|---|---|
| 1 | 2 | 3 |
| 5 | 5 | 88 |
| 6 | 7 | 83 |
| 7 | 8 | 81 |
| 8 | 9 | 80 |
| 9 | 10 | 78 |
| 10 | 12 | 75 |
| 11 | 13 | 74 |
| 12 | 14 | 72 |
| 13 | 15 | 71 |
| 14-15 | 16 | 69 |
| 16-17 | 18 | 67 |
| 18 | 19 | 65 |
| 19 | 20 | 64 |
| 20 | 21 | 63 |
| 21 | 22 | 62 |
| 22 | 23 | 60 |
| 23 | 24 | 59 |
| 24 | 25 | 58 |
| 25 | 26 | 57 |
| 26 | 27 | 55 |
| 27 | 28 | 54 |
| 28 | 29 | 53 |
| 29-30 | 30 | 51 |
| 31 | 31 | 50 |
| 32 | 32 | 49 |
| 33 | 33 | 48 |
| 34 | 34 | 46 |
| 35-36 | 35 | 45 |
| 37 | 36 | 43 |
| 38 | 37 | 42 |
| 39 | 38 | 41 |
| 40-41 | 39 | 39 |
| 42 | 40 | 38 |
| 43-44 | 41 | 36 |
| 45 | 42 | 35 |
| 46-47 | 43 | 33 |
| 48 | 44 | 32 |
| 49-50 | 45 | 30 |
| 51-52 | 46 | 28 |

| Beschränkung der Laufzeit der Rente auf … Jahre ab Beginn des Rentenbezugs (ab 1. Januar 1955, falls die Rente vor diesem Zeitpunkt zu laufen begonnen hat) | Der Ertragsanteil beträgt vorbehaltlich der Spalte 3 … Prozent | Der Ertragsanteil ist der Tabelle in § 22 Nr. 1 Satz 3 Buchstabe a Doppelbuchstabe bb des Gesetzes zu entnehmen, wenn der Rentenberechtigte zu Beginn des Rentenbezugs (vor dem 1. Januar 1955, falls die Rente vor diesem Zeitpunkt zu laufen begonnen hat) das … te Lebensjahr vollendet hatte |
|---|---|---|
| 1 | 2 | 3 |
| 53 | 47 | 27 |
| 54-55 | 48 | 25 |
| 56-57 | 49 | 23 |
| 58-59 | 50 | 21 |
| 60-61 | 51 | 19 |
| 62-63 | 52 | 17 |
| 64-65 | 53 | 15 |
| 66-67 | 54 | 13 |
| 68-69 | 55 | 11 |
| 70-71 | 56 | 9 |
| 72-74 | 57 | 6 |
| 75-76 | 58 | 4 |
| 77-79 | 59 | 2 |
| ab 80 | Der Ertragsanteil ist immer der Tabelle in § 22 Nr. 1 Satz 3 Buchstabe a Doppelbuchstabe bb des Gesetzes zu entnehmen. | |

## Zu § 25 des Gesetzes

### § 56 Steuererklärungspflicht[1)2)]

¹Unbeschränkt Steuerpflichtige haben eine jährliche Einkommensteuererklärung für das abgelaufene Kalenderjahr (Veranlagungszeitraum) in den folgenden Fällen abzugeben:
1. Ehegatten, bei denen im Veranlagungszeitraum die Voraussetzungen des § 26 Abs. 1 des Gesetzes vorgelegen haben und von denen keiner die Einzelveranlagung nach § 26a des Gesetzes wählt,
    a) wenn keiner der Ehegatten Einkünfte aus nichtselbständiger Arbeit, von denen ein Steuerabzug vorgenommen worden ist, bezogen und der Gesamtbetrag der Einkünfte mehr als das Zweifache des Grundfreibetrages nach § 32a Absatz 1 Satz 2 Nummer 1 des Gesetzes in der jeweils geltenden Fassung betragen hat,
    b) wenn mindestens einer der Ehegatten Einkünfte aus nichtselbständiger Arbeit, von denen ein Steuerabzug vorgenommen worden ist, bezogen hat und eine Veranlagung nach § 46 Abs. 2 Nr. 1 bis 7 des Gesetzes in Betracht kommt;
    c) (weggefallen)
2. Personen, bei denen im Veranlagungszeitraum die Voraussetzungen des § 26 Abs. 1 des Gesetzes nicht vorgelegen haben,
    a) wenn der Gesamtbetrag der Einkünfte den Grundfreibetrag nach § 32a Absatz 1 Satz 2 Nummer 1 des Gesetzes in der jeweils geltenden Fassung überstiegen hat und darin keine Einkünfte aus nichtselbständiger Arbeit, von denen ein Steuerabzug vorgenommen worden ist, enthalten sind,

---

1) **Anm. d. Red.:** § 56 i. d. F. des Gesetzes v. 1. 11. 2011 (BGBl I S. 2131) mit Wirkung v. 1. 1. 2012.
2) **Anm. d. Red.:** Zur Anwendung des § 56 siehe § 84 Abs. 3c und 11.

b) wenn in dem Gesamtbetrag der Einkünfte Einkünfte aus nichtselbständiger Arbeit, von denen ein Steuerabzug vorgenommen worden ist, enthalten sind und eine Veranlagung nach § 46 Abs. 2 Nr. 1 bis 6 und 7 Buchstabe b des Gesetzes in Betracht kommt.

c) (weggefallen)

²Eine Steuererklärung ist außerdem abzugeben, wenn zum Schluss des vorangegangenen Veranlagungszeitraums ein verbleibender Verlustabzug festgestellt worden ist.

## §§ 57 bis 59 (weggefallen)

### § 60 Unterlagen zur Steuererklärung[1]

(1)[2] ¹Der Steuererklärung ist eine Abschrift der Bilanz, die auf dem Zahlenwerk der Buchführung beruht, im Fall der Eröffnung des Betriebs auch eine Abschrift der Eröffnungsbilanz beizufügen, wenn der Gewinn nach § 4 Abs. 1, § 5 oder § 5a des Gesetzes ermittelt und auf eine elektronische Übermittlung nach § 5b Abs. 2 des Gesetzes verzichtet wird. ²Werden Bücher geführt, die den Grundsätzen der doppelten Buchführung entsprechen, ist eine Gewinn- und Verlustrechnung beizufügen.

(2) ¹Enthält die Bilanz Ansätze oder Beträge, die den steuerlichen Vorschriften nicht entsprechen, so sind diese Ansätze oder Beträge durch Zusätze oder Anmerkungen den steuerlichen Vorschriften anzupassen. ²Der Steuerpflichtige kann auch eine den steuerlichen Vorschriften entsprechende Bilanz (Steuerbilanz) beifügen.

(3) ¹Liegt ein Anhang, ein Lagebericht oder ein Prüfungsbericht vor, so ist eine Abschrift der Steuererklärung beizufügen. ²Bei der Gewinnermittlung nach § 5a des Gesetzes ist das besondere Verzeichnis nach § 5a Abs. 4 des Gesetzes der Steuererklärung beizufügen.

(4)[3] ¹Wird der Gewinn nach § 4 Abs. 3 des Gesetzes durch den Überschuss der Betriebseinnahmen über die Betriebsausgaben ermittelt, ist die Einnahmenüberschussrechnung nach amtlich vorgeschriebenem Datensatz durch Datenfernübertragung zu übermitteln. ²Auf Antrag kann die Finanzbehörde zur Vermeidung unbilliger Härten auf eine elektronische Übermittlung verzichten; in diesem Fall ist der Steuererklärung eine Gewinnermittlung nach amtlich vorgeschriebenem Vordruck beizufügen. ³§ 150 Abs. 7 und 8 der Abgabenordnung gilt entsprechend.

## Zu den §§ 26a und 26b des Gesetzes[4]

### § 61 Antrag auf hälftige Verteilung von Abzugsbeträgen im Fall des § 26a des Gesetzes[5][6]

Können die Ehegatten den Antrag nach § 26a Absatz 2 des Gesetzes nicht gemeinsam stellen, weil einer der Ehegatten dazu aus zwingenden Gründen nicht in der Lage ist, kann das Finanzamt den Antrag des anderen Ehegatten als genügend ansehen.

---

1) **Anm. d. Red.:** § 60 Abs. 1 und 4 i. d. F. des Gesetzes v. 20.12.2008 (BGBl I S. 2850) mit Wirkung v. 1.1.2009.

2) **Anm. d. Red.:** Zur Anwendung des § 60 Abs. 1 siehe § 84 Abs. 3d.

3) **Anm. d. Red.:** Zur Anwendung des § 60 Abs. 4 siehe § 84 Abs. 3d.

4) **Anm. d. Red.:** Zwischenüberschrift i. d. F. des Gesetzes v. 1.11.2011 (BGBl I S. 2131) mit Wirkung v. 1.1.2012.

5) **Anm. d. Red.:** § 61 i. d. F. des Gesetzes v. 1.11.2011 (BGBl I S. 2131) mit Wirkung v. 1.1.2012.

6) **Anm. d. Red.:** Zur Anwendung des § 61 siehe § 84 Abs. 11.

## §§ 62 bis 62c (weggefallen)

## § 62d Anwendung des § 10d des Gesetzes bei der Veranlagung von Ehegatten[1)2)]

(1) ¹Im Fall der Einzelveranlagung von Ehegatten (§ 26a des Gesetzes) kann der Steuerpflichtige den Verlustabzug nach § 10d des Gesetzes auch für Verluste derjenigen Veranlagungszeiträume geltend machen, in denen die Ehegatten nach § 26b des Gesetzes zusammen veranlagt worden sind. ²Der Verlustabzug kann in diesem Fall nur für Verluste geltend gemacht werden, die der einzeln veranlagte Ehegatte erlitten hat.

(2) ¹Im Fall der Zusammenveranlagung von Ehegatten (§ 26b des Gesetzes) kann der Steuerpflichtige den Verlustabzug nach § 10d des Gesetzes auch für Verluste derjenigen Veranlagungszeiträume geltend machen, in denen die Ehegatten nach § 26a des Gesetzes einzeln veranlagt worden sind. ²Im Fall der Zusammenveranlagung von Ehegatten (§ 26b des Gesetzes) in einem Veranlagungszeitraum, in den negative Einkünfte nach § 10d Abs. 1 des Gesetzes zurückgetragen werden, sind nach Anwendung des § 10d Abs. 1 des Gesetzes verbleibende negative Einkünfte für den Verlustvortrag nach § 10d Abs. 2 des Gesetzes in Veranlagungszeiträume, in denen eine Zusammenveranlagung nicht stattfindet, auf die Ehegatten nach dem Verhältnis aufzuteilen, in dem die auf den einzelnen Ehegatten entfallenden Verluste im Veranlagungszeitraum der Verlustentstehung zueinander stehen.

## § 63 (weggefallen)

## Zu § 33 des Gesetzes

### § 64 Nachweis von Krankheitskosten[3)]

(1)[4)] Den Nachweis der Zwangsläufigkeit von Aufwendungen im Krankheitsfall hat der Steuerpflichtige zu erbringen:
1. durch eine Verordnung eines Arztes oder Heilpraktikers für Arznei-, Heil- und Hilfsmittel (§§ 2, 23, 31 bis 33 des Fünften Buches Sozialgesetzbuch);
2. durch ein amtsärztliches Gutachten oder eine ärztliche Bescheinigung eines Medizinischen Dienstes der Krankenversicherung (§ 275 des Fünften Buches Sozialgesetzbuch) für
   a) eine Bade- oder Heilkur; bei einer Vorsorgekur ist auch die Gefahr einer durch die Kur abzuwendenden Krankheit, bei einer Klimakur der medizinisch angezeigte Kurort und die voraussichtliche Kurdauer zu bescheinigen,
   b) eine psychotherapeutische Behandlung; die Fortführung einer Behandlung nach Ablauf der Bezuschussung durch die Krankenversicherung steht einem Behandlungsbeginn gleich,
   c) eine medizinisch erforderliche auswärtige Unterbringung eines an Legasthenie oder einer anderen Behinderung leidenden Kindes des Steuerpflichtigen,
   d) die Notwendigkeit der Betreuung des Steuerpflichtigen durch eine Begleitperson, sofern sich diese nicht bereits aus dem Nachweis der Behinderung nach § 65 Absatz 1 Nummer 1 ergibt,
   e) medizinische Hilfsmittel, die als allgemeine Gebrauchsgegenstände des täglichen Lebens im Sinne von § 33 Absatz 1 des Fünften Buches Sozialgesetzbuch anzusehen sind,
   f) wissenschaftlich nicht anerkannte Behandlungsmethoden, wie z. B. Frisch- und Trockenzellenbehandlungen, Sauerstoff-, Chelat- und Eigenbluttherapie.

---

1) **Anm. d. Red.:** § 62d i. d. F. des Gesetzes v. 1. 11. 2011 (BGBl I S. 2131) mit Wirkung v. 1. 1. 2012.
2) **Anm. d. Red.:** Zur Anwendung des § 62d siehe § 84 Abs. 3e und 11.
3) **Anm. d. Red.:** § 64 i. d. F. des Gesetzes v. 1. 11. 2011 (BGBl I S. 2131) mit Wirkung v. 5. 11. 2011.
4) **Anm. d. Red.:** Zur Anwendung des § 64 Abs. 1 siehe § 84 Abs. 3f.

²Der nach Satz 1 zu erbringende Nachweis muss vor Beginn der Heilmaßnahme oder dem Erwerb des medizinischen Hilfsmittels ausgestellt worden sein;

3. durch eine Bescheinigung des behandelnden Krankenhausarztes für Besuchsfahrten zu einem für längere Zeit in einem Krankenhaus liegenden Ehegatten oder Kind des Steuerpflichtigen, in dem bestätigt wird, dass der Besuch des Steuerpflichtigen zur Heilung oder Linderung einer Krankheit entscheidend beitragen kann.

(2) Die zuständigen Gesundheitsbehörden haben auf Verlangen des Steuerpflichtigen die für steuerliche Zwecke erforderlichen Gesundheitszeugnisse, Gutachten oder Bescheinigungen auszustellen.

## Zu § 33b des Gesetzes

### § 65 Nachweis der Behinderung[1)]

(1) Den Nachweis einer Behinderung hat der Steuerpflichtige zu erbringen:

1. bei einer Behinderung, deren Grad auf mindestens 50 festgestellt ist, durch Vorlage eines Ausweises nach dem Neunten Buch Sozialgesetzbuch oder eines Bescheides der nach § 69 Absatz 1 des Neunten Buches Sozialgesetzbuch zuständigen Behörde,
2. bei einer Behinderung, deren Grad auf weniger als 50, aber mindestens 25 festgestellt ist,
    a) durch eine Bescheinigung der nach § 69 Absatz 1 des Neunten Buches Sozialgesetzbuch zuständigen Behörde auf Grund eines Feststellungsbescheids nach § 69 Absatz 1 des Neunten Buches Sozialgesetzbuch, die eine Äußerung darüber enthält, ob die Behinderung zu einer dauernden Einbuße der körperlichen Beweglichkeit geführt hat oder auf einer typischen Berufskrankheit beruht, oder,
    b) wenn ihm wegen seiner Behinderung nach den gesetzlichen Vorschriften Renten oder andere laufende Bezüge zustehen, durch den Rentenbescheid oder den die anderen laufenden Bezüge nachweisenden Bescheid.

(2) ¹Die gesundheitlichen Merkmale „blind" und „hilflos" hat der Steuerpflichtige durch einen Ausweis nach dem Neunten Buch Sozialgesetzbuch, der mit den Merkzeichen „Bl" oder „H" gekennzeichnet ist, oder durch einen Bescheid der nach § 69 Absatz 1 des Neunten Buches Sozialgesetzbuch zuständigen Behörde, der die entsprechenden Feststellungen enthält, nachzuweisen. ²Dem Merkzeichen „H" steht die Einstufung als Schwerstpflegebedürftiger in Pflegestufe III nach dem Elften Buch Sozialgesetzbuch, dem Zwölften Buch Sozialgesetzbuch oder diesen entsprechenden gesetzlichen Bestimmungen gleich; dies ist durch Vorlage des entsprechenden Bescheides nachzuweisen.

(3) Der Steuerpflichtige hat die Unterlagen nach den Absätzen 1 und 2 zusammen mit seiner Steuererklärung oder seinem Antrag auf Lohnsteuerermäßigung der Finanzbehörde vorzulegen.

(4) ¹Ist der behinderte Mensch verstorben und kann sein Rechtsnachfolger die Unterlagen nach den Absätzen 1 und 2 nicht vorlegen, so genügt zum Nachweis eine gutachtliche Stellungnahme der nach § 69 Absatz 1 des Neunten Buches Sozialgesetzbuch zuständigen Behörde. ²Diese Stellungnahme hat die Finanzbehörde einzuholen.

### §§ 66 und 67 (weggefallen)

---

1) **Anm. d. Red.:** § 65 Abs. 1, 2 und 4 i. d. F. der VO v. 17. 11. 2010 (BGBl I S. 1544) mit Wirkung v. 23. 11. 2010.

## Zu § 34b des Gesetzes

### § 68 Nutzungssatz, Betriebsgutachten, Betriebswerk[1]

(1) ¹Der Nutzungssatz muss periodisch für zehn Jahre durch die Finanzbehörde festgesetzt werden. ²Er muss den Nutzungen entsprechen, die unter Berücksichtigung der vollen Ertragsfähigkeit des Waldes in Kubikmetern (Festmetern) nachhaltig erzielbar sind.

(2) ¹Der Festsetzung des Nutzungssatzes ist ein amtlich anerkanntes Betriebsgutachten oder ein Betriebswerk zugrunde zu legen, das auf den Anfang des Wirtschaftsjahres aufzustellen ist, von dem an die Periode von zehn Jahren beginnt. ²Es soll innerhalb eines Jahres nach diesem Stichtag der Finanzbehörde übermittelt werden. ³Sofern der Zeitraum, für den es aufgestellt wurde, nicht unmittelbar an den vorherigen Zeitraum der Nutzungssatzfeststellung anschließt, muss es spätestens auf den Anfang des Wirtschaftsjahrs des Schadensereignisses aufgestellt sein.

(3) ¹Ein Betriebsgutachten im Sinne des Absatzes 2 ist amtlich anerkannt, wenn die Anerkennung von einer Behörde oder einer Körperschaft des öffentlichen Rechts des Landes, in dem der forstwirtschaftliche Betrieb liegt, ausgesprochen wird. ²Die Länder bestimmen, welche Behörden oder Körperschaften des öffentlichen Rechts diese Anerkennung auszusprechen haben.

## Zu § 34c des Gesetzes

### § 68a Einkünfte aus mehreren ausländischen Staaten[2]

¹Die für die Einkünfte aus einem ausländischen Staat festgesetzte und gezahlte und um einen entstandenen Ermäßigungsanspruch gekürzte ausländische Steuer ist nur bis zur Höhe der deutschen Steuer anzurechnen, die auf die Einkünfte aus diesem ausländischen Staat entfällt. ²Stammen die Einkünfte aus mehreren ausländischen Staaten, so sind die Höchstbeträge der anrechenbaren ausländischen Steuern für jeden einzelnen ausländischen Staat gesondert zu berechnen.

### § 68b Nachweis über die Höhe der ausländischen Einkünfte und Steuern

¹Der Steuerpflichtige hat den Nachweis über die Höhe der ausländischen Einkünfte und über die Festsetzung und Zahlung der ausländischen Steuern durch Vorlage entsprechender Urkunden (z. B. Steuerbescheid, Quittung über die Zahlung) zu führen. ²Sind diese Urkunden in einer fremden Sprache abgefasst, so kann eine beglaubigte Übersetzung in die deutsche Sprache verlangt werden.

### § 69 (weggefallen)

## Zu § 46 des Gesetzes

### § 70 Ausgleich von Härten in bestimmten Fällen[3][4]

¹Betragen in den Fällen des § 46 Absatz 2 Nummer 1 bis 7 des Gesetzes die einkommensteuerpflichtigen Einkünfte, von denen der Steuerabzug vom Arbeitslohn nicht vorgenommen worden ist und die nicht nach § 32d Absatz 6 des Gesetzes der tariflichen Einkommensteuer unterworfen wurden, insgesamt mehr als 410 Euro, so ist vom Einkommen der Betrag abzuziehen, um den die bezeichneten Einkünfte, vermindert um den auf sie entfallenden Altersentlastungsbetrag (§ 24a des Gesetzes) und den nach § 13 Absatz 3 des Gesetzes zu berücksichtigenden Be-

---

1) **Anm. d. Red.:** § 68 i. d. F. des Gesetzes v. 1. 11. 2011 (BGBl I S. 2131) mit Wirkung v. 1. 1. 2012.
2) **Anm. d. Red.:** § 68a i. d. F. der VO v. 17. 11. 2010 (BGBl I S. 1544) mit Wirkung v. 23. 11. 2010.
3) **Anm. d. Red.:** § 70 i. d. F. des Gesetzes v. 25. 7. 2014 (BGBl I S. 1266) mit Wirkung v. 31. 7. 2014.
4) **Anm. d. Red.:** Zur Anwendung des § 70 siehe § 84 Abs. 3g.

trag, niedriger als 820 Euro sind (Härteausgleichsbetrag). ²Der Härteausgleichsbetrag darf nicht höher sein als die nach Satz 1 verminderten Einkünfte.

## §§ 71 und 72 (weggefallen)

## Zu § 50 des Gesetzes

### § 73 (weggefallen)

## Zu § 50a des Gesetzes

### § 73a Begriffsbestimmungen[1)2)]

(1) Inländisch im Sinne des § 50a Abs. 1 Nr. 4 des Gesetzes sind solche Personenvereinigungen, die ihre Geschäftsleitung oder ihren Sitz im Geltungsbereich des Gesetzes haben.

(2) Urheberrechte im Sinne des § 50a Abs. 1 Nr. 3 des Gesetzes sind Rechte, die nach Maßgabe des Urheberrechtsgesetzes vom 9. September 1965 (BGBl I S. 1273), zuletzt geändert durch das Gesetz vom 7. Dezember 2008 (BGBl I S. 2349), in der jeweils geltenden Fassung geschützt sind.

(3) Gewerbliche Schutzrechte im Sinne des § 50a Absatz 1 Nummer 3 des Gesetzes sind Rechte, die nach Maßgabe
1. des Designgesetzes,
2. des Patentgesetzes,
3. des Gebrauchsmustergesetzes oder
4. des Markengesetzes

geschützt sind.

### § 73b (weggefallen)

### § 73c Zeitpunkt des Zufließens im Sinne des § 50a Abs. 5 Satz 1 des Gesetzes[3)4)]

Die Vergütungen im Sinne des § 50a Abs. 1 des Gesetzes fließen dem Gläubiger zu
1. im Fall der Zahlung, Verrechnung oder Gutschrift:
bei Zahlung, Verrechnung oder Gutschrift;
2. im Fall der Hinausschiebung der Zahlung wegen vorübergehender Zahlungsunfähigkeit des Schuldners:
bei Zahlung, Verrechnung oder Gutschrift;
3. im Fall der Gewährung von Vorschüssen:
bei Zahlung, Verrechnung oder Gutschrift der Vorschüsse.

### § 73d Aufzeichnungen, Aufbewahrungspflichten, Steueraufsicht[5)6)]

(1) ¹Der Schuldner der Vergütungen im Sinne des § 50a Abs. 1 des Gesetzes (Schuldner) hat besondere Aufzeichnungen zu führen. ²Aus den Aufzeichnungen müssen ersichtlich sein:

---

1) **Anm. d. Red.:** § 73a Abs. 1 und 2 i. d. F. des Gesetzes v. 19. 12. 2008 (BGBl I S. 2794) mit Wirkung v. 1. 1. 2009; Abs. 3 i. d. F. der VO v. 22. 12. 2014 (BGBl I S. 2392) mit Wirkung v. 1. 1. 2014.
2) **Anm. d. Red.:** Zur Anwendung des § 73a siehe § 84 Abs. 3h Sätze 1 und 6.
3) **Anm. d. Red.:** § 73c i. d. F. des Gesetzes v. 19. 12. 2008 (BGBl I S. 2794) mit Wirkung v. 1. 1. 2009.
4) **Anm. d. Red.:** Zur Anwendung des § 73c siehe § 84 Abs. 3h Satz 1.
5) **Anm. d. Red.:** § 73d Überschrift i. d. F. des Gesetzes v. 19. 12. 2008 (BGBl I S. 2794) mit Wirkung v. 1. 1. 2009; Abs. 1 i. d. F. des Gesetzes v. 10. 8. 2009 (BGBl I S. 2702) mit Wirkung v. 18. 8. 2009.
6) **Anm. d. Red.:** Zur Anwendung des § 73d siehe § 84 Abs. 3h Sätze 1 und 4.

§ 73e       X. Einkommensteuer-Durchführungsverordnung

1. Name und Wohnung des beschränkt steuerpflichtigen Gläubigers (Steuerschuldners),
2. Höhe der Vergütungen in Euro,
3. Höhe und Art der von der Bemessungsgrundlage des Steuerabzugs abgezogenen Betriebsausgaben oder Werbungskosten,
4. Tag, an dem die Vergütungen dem Steuerschuldner zugeflossen sind,
5. Höhe und Zeitpunkt der Abführung der einbehaltenen Steuer.

³Er hat in Fällen des § 50a Abs. 3 des Gesetzes die von der Bemessungsgrundlage des Steuerabzugs abgezogenen Betriebsausgaben oder Werbungskosten und die Staatsangehörigkeit des beschränkt steuerpflichtigen Gläubigers in einer für das Bundeszentralamt für Steuern nachprüfbaren Form zu dokumentieren.

(2) Bei der Veranlagung des Schuldners zur Einkommensteuer (Körperschaftsteuer) und bei Außenprüfungen, die bei dem Schuldner vorgenommen werden, ist auch zu prüfen, ob die Steuern ordnungsmäßig einbehalten und abgeführt worden sind.

## § 73e Einbehaltung, Abführung und Anmeldung der Steuer von Vergütungen im Sinne des § 50a Abs. 1 und 7 des Gesetzes (§ 50a Abs. 5 des Gesetzes)[1)2)]

¹Der Schuldner hat die innerhalb eines Kalendervierteljahrs einbehaltene Steuer von Vergütungen im Sinne des § 50a Absatz 1 des Gesetzes unter der Bezeichnung „Steuerabzug von Vergütungen im Sinne des § 50a Absatz 1 des Einkommensteuergesetzes" jeweils bis zum zehnten des dem Kalendervierteljahr folgenden Monats an das Bundeszentralamt für Steuern abzuführen. ²Bis zum gleichen Zeitpunkt hat der Schuldner dem Bundeszentralamt für Steuern eine Steueranmeldung über den Gläubiger, die Höhe der Vergütungen im Sinne des § 50a Absatz 1 des Gesetzes, die Höhe und Art der von der Bemessungsgrundlage des Steuerabzugs abgezogenen Betriebsausgaben oder Werbungskosten und die Höhe des Steuerabzugs zu übersenden. ³Satz 2 gilt entsprechend, wenn ein Steuerabzug auf Grund der Vorschrift des § 50a Abs. 2 Satz 3 oder Abs. 4 Satz 1 des Gesetzes nicht vorzunehmen ist oder auf Grund eines Abkommens zur Vermeidung der Doppelbesteuerung nicht oder nicht in voller Höhe vorzunehmen ist. ⁴Die Steueranmeldung ist nach amtlich vorgeschriebenem Vordruck auf elektronischem Weg zu übermitteln nach Maßgabe der Steuerdaten-Übermittlungsverordnung vom 28. Januar 2003 (BGBl I S. 139), geändert durch die Verordnung vom 20. Dezember 2006 (BGBl I S. 3380), in der jeweils geltenden Fassung. ⁵Auf Antrag kann das Bundeszentralamt für Steuern zur Vermeidung unbilliger Härten auf eine elektronische Übermittlung verzichten; in diesem Fall ist die Steueranmeldung vom Schuldner oder von einem zu seiner Vertretung Berechtigten zu unterschreiben. ⁶Ist es zweifelhaft, ob der Gläubiger beschränkt oder unbeschränkt steuerpflichtig ist, so darf der Schuldner die Einbehaltung der Steuer nur dann unterlassen, wenn der Gläubiger durch eine Bescheinigung des nach den abgabenrechtlichen Vorschriften für die Besteuerung seines Einkommens zuständigen Finanzamts nachweist, dass er unbeschränkt steuerpflichtig ist. ⁷Die Sätze 1, 2, 4 und 5 gelten entsprechend für die Steuer nach § 50a Absatz 7 des Gesetzes mit der Maßgabe, dass

1. die Steuer an das Finanzamt abzuführen und bei dem Finanzamt anzumelden ist, das den Steuerabzug angeordnet hat, und
2. bei entsprechender Anordnung die innerhalb eines Monats einbehaltene Steuer jeweils bis zum zehnten des Folgemonats anzumelden und abzuführen ist.

---

1) **Anm. d. Red.:** § 73e i. d. F. des Gesetzes v. 25. 7. 2014 (BGBl I S. 1266) mit Wirkung v. 31. 7. 2014.
2) **Anm. d. Red.:** Zur Anwendung des § 73e siehe § 84 Abs. 3h Sätze 1 bis 5.

## § 73f Steuerabzug in den Fällen des § 50a Abs. 6 des Gesetzes[1)2)]

¹Der Schuldner der Vergütungen für die Nutzung oder das Recht auf Nutzung von Urheberrechten im Sinne des § 50a Abs. 1 Nr. 3 des Gesetzes braucht den Steuerabzug nicht vorzunehmen, wenn er diese Vergütungen auf Grund eines Übereinkommens nicht an den beschränkt steuerpflichtigen Gläubiger (Steuerschuldner), sondern an die Gesellschaft für musikalische Aufführungs- und mechanische Vervielfältigungsrechte (Gema) oder an einen anderen Rechtsträger abführt und die obersten Finanzbehörden der Länder mit Zustimmung des Bundesministeriums der Finanzen einwilligen, dass dieser andere Rechtsträger an die Stelle des Schuldners tritt. ²In diesem Fall hat die Gema oder der andere Rechtsträger den Steuerabzug vorzunehmen; § 50a Abs. 5 des Gesetzes sowie die §§ 73d und 73e gelten entsprechend.

## § 73g Haftungsbescheid[3)4)]

(1) Ist die Steuer nicht ordnungsmäßig einbehalten oder abgeführt, so hat das Bundeszentralamt für Steuern oder das zuständige Finanzamt die Steuer von dem Schuldner, in den Fällen des § 73f von dem dort bezeichneten Rechtsträger, durch Haftungsbescheid oder von dem Steuerschuldner durch Steuerbescheid anzufordern.

(2) Der Zustellung des Haftungsbescheids an den Schuldner bedarf es nicht, wenn der Schuldner die einbehaltene Steuer dem Bundeszentralamt für Steuern oder dem Finanzamt ordnungsmäßig angemeldet hat (§ 73e) oder wenn er vor dem Bundeszentralamt für Steuern oder dem Finanzamt oder einem Prüfungsbeamten des Bundeszentralamts für Steuern oder des Finanzamts seine Verpflichtung zur Zahlung der Steuer schriftlich anerkannt hat.

## Zu § 51 des Gesetzes

## §§ 74 bis 80 (weggefallen)

## § 81 Bewertungsfreiheit für bestimmte Wirtschaftsgüter des Anlagevermögens im Kohlen- und Erzbergbau[5)6)]

(1) ¹Steuerpflichtige, die den Gewinn nach § 5 des Gesetzes ermitteln, können bei abnutzbaren Wirtschaftsgütern des Anlagevermögens, bei denen die in den Absätzen 2 und 3 bezeichneten Voraussetzungen vorliegen, im Wirtschaftsjahr der Anschaffung oder Herstellung und in den vier folgenden Wirtschaftsjahren Sonderabschreibungen vornehmen, und zwar
1. bei beweglichen Wirtschaftsgütern des Anlagevermögens
bis zur Höhe von insgesamt 50 Prozent,
2. bei unbeweglichen Wirtschaftsgütern des Anlagevermögens
bis zur Höhe von insgesamt 30 Prozent
der Anschaffungs- oder Herstellungskosten. ²§ 9a gilt entsprechend.

(2) Voraussetzung für die Anwendung des Absatzes 1 ist,
1. dass die Wirtschaftsgüter
   a) im Tiefbaubetrieb des Steinkohlen-, Pechkohlen-, Braunkohlen- und Erzbergbaues
      aa) für die Errichtung von neuen Förderschachtanlagen, auch in der Form von Anschlussschachtanlagen,

---

1) **Anm. d. Red.:** § 73f i. d. F. des Gesetzes v. 19. 12. 2008 (BGBl I S. 2794) mit Wirkung v. 1. 1. 2009.
2) **Anm. d. Red.:** Zur Anwendung des § 73f Satz 1 siehe § 84 Abs. 3h Satz 1.
3) **Anm. d. Red.:** § 73g i. d. F. des Gesetzes v. 10. 8. 2009 (BGBl I S. 2702) mit Wirkung v. 18. 8. 2009.
4) **Anm. d. Red.:** Zur Anwendung des § 73g siehe § 84 Abs. 3h Satz 4.
5) **Anm. d. Red.:** § 81 Abs. 1 und 5 i. d. F. der VO v. 17. 11. 2010 (BGBl I S. 1544) mit Wirkung v. 23. 11. 2010; Abs. 2 i. d. F. der VO v. 31. 8. 2015 (BGBl I S. 1474) mit Wirkung v. 8. 9. 2015.
6) **Anm. d. Red.:** Zur Anwendung des § 81 siehe § 57 Abs. 2 EStG.

bb) für die Errichtung neuer Schächte sowie die Erweiterung des Grubengebäudes und den durch Wasserzuflüsse aus stillliegenden Anlagen bedingten Ausbau der Wasserhaltung bestehender Schachtanlagen,

cc) für Rationalisierungsmaßnahmen in der Hauptschacht-, Blindschacht-, Strecken- und Abbauförderung, im Streckenvortrieb, in der Gewinnung, Versatzwirtschaft, Seilfahrt, Wetterführung und Wasserhaltung sowie in der Aufbereitung,

dd) für die Zusammenfassung von mehreren Förderschachtanlagen zu einer einheitlichen Förderschachtanlage oder

ee) für den Wiederaufschluss stillliegender Grubenfelder und Feldesteile,

b) im Tagebaubetrieb des Braunkohlen- und Erzbergbaues

aa) für die Erschließung neuer Tagebaue, auch in Form von Anschlusstagebauen,

bb) für Rationalisierungsmaßnahmen bei laufenden Tagebauen,

cc) beim Übergang zum Tieftagebau für die Freilegung und Gewinnung der Lagerstätte oder

dd) für die Wiederinbetriebnahme stillgelegter Tagebaue

angeschafft oder hergestellt werden und

2. dass die Förderungswürdigkeit dieser Vorhaben von der obersten Landesbehörde oder der von ihr bestimmten Stelle im Einvernehmen mit dem Bundesministerium für Wirtschaft und Energie bescheinigt worden ist.

(3) Die Abschreibungen nach Absatz 1 können nur in Anspruch genommen werden

1. in den Fällen des Absatzes 2 Nr. 1 Buchstabe a bei Wirtschaftsgütern des Anlagevermögens unter Tage und bei den in der Anlage 5 zu dieser Verordnung bezeichneten Wirtschaftsgütern des Anlagevermögens über Tage,

2. in den Fällen des Absatzes 2 Nr. 1 Buchstabe b bei den in der Anlage 6 zu dieser Verordnung bezeichneten Wirtschaftsgütern des beweglichen Anlagevermögens.

(4) Die Abschreibungen nach Absatz 1 können in Anspruch genommen werden bei im Geltungsbereich dieser Verordnung ausschließlich des in Artikel 3 des Einigungsvertrages genannten Gebiets

1. vor dem 1. Januar 1990 angeschafften oder hergestellten Wirtschaftsgütern,

2. a) nach dem 31. Dezember 1989 und vor dem 1. Januar 1991 angeschafften oder hergestellten Wirtschaftsgütern,

b) vor dem 1. Januar 1991 geleisteten Anzahlungen auf Anschaffungskosten und entstandenen Teilherstellungskosten,

wenn der Steuerpflichtige vor dem 1. Januar 1990 die Wirtschaftsgüter bestellt oder mit ihrer Herstellung begonnen hat.

(5) Bei den in Absatz 2 Nr. 1 Buchstabe b bezeichneten Vorhaben können die vor dem 1. Januar 1990 im Geltungsbereich dieser Verordnung ausschließlich des in Artikel 3 des Einigungsvertrages genannten Gebiets aufgewendeten Kosten für den Vorabraum bis zu 50 Prozent als sofort abzugsfähige Betriebsausgaben behandelt werden.

## § 82 (weggefallen)

## § 82a Erhöhte Absetzungen von Herstellungskosten und Sonderbehandlung von Erhaltungsaufwand für bestimmte Anlagen und Einrichtungen bei Gebäuden[1)2)]

(1) ¹Der Steuerpflichtige kann von den Herstellungskosten

---

1) **Anm. d. Red.:** § 82a Abs. 1 i. d. F. der VO v. 17. 11. 2010 (BGBl I S. 1544) mit Wirkung v. 23. 11. 2010.

2) **Anm. d. Red.:** Zur Anwendung des § 82a siehe § 84 Abs. 4 EStDV sowie § 57 Abs. 1 EStG.

1. für Maßnahmen, die für den Anschluss eines im Inland belegenen Gebäudes an eine Fernwärmeversorgung einschließlich der Anbindung an das Heizsystem erforderlich sind, wenn die Fernwärmeversorgung überwiegend aus Anlagen der Kraft-Wärme-Kopplung, zur Verbrennung von Müll oder zur Verwertung von Abwärme gespeist wird,

2. für den Einbau von Wärmepumpenanlagen, Solaranlagen und Anlagen zur Wärmerückgewinnung in einem im Inland belegenen Gebäude einschließlich der Anbindung an das Heizsystem,

3. für die Errichtung von Windkraftanlagen, wenn die mit diesen Anlagen erzeugte Energie überwiegend entweder unmittelbar oder durch Verrechnung mit Elektrizitätsbezügen des Steuerpflichtigen von einem Elektrizitätsversorgungsunternehmen zur Versorgung eines im Inland belegenen Gebäudes des Steuerpflichtigen verwendet wird, einschließlich der Anbindung an das Versorgungssystem des Gebäudes,

4. für die Errichtung von Anlagen zur Gewinnung von Gas, das aus pflanzlichen oder tierischen Abfallstoffen durch Gärung unter Sauerstoffabschluss entsteht, wenn dieses Gas zur Beheizung eines im Inland belegenen Gebäudes des Steuerpflichtigen oder zur Warmwasserbereitung in einem solchen Gebäude des Steuerpflichtigen verwendet wird, einschließlich der Anbindung an das Versorgungssystem des Gebäudes,

5. für den Einbau einer Warmwasseranlage zur Versorgung von mehr als einer Zapfstelle und einer zentralen Heizungsanlage oder bei einer zentralen Heizungs- und Warmwasseranlage für den Einbau eines Heizkessels, eines Brenners, einer zentralen Steuerungseinrichtung, einer Wärmeabgabeeinrichtung und eine Änderung der Abgasanlage in einem im Inland belegenen Gebäude oder in einer im Inland belegenen Eigentumswohnung, wenn mit der Maßnahme nicht vor Ablauf von zehn Jahren seit Fertigstellung dieses Gebäudes begonnen worden ist,

an Stelle der nach § 7 Abs. 4 oder 5 oder § 7b des Gesetzes zu bemessenden Absetzungen für Abnutzung im Jahr der Herstellung und in den folgenden neun Jahren jeweils bis zu 10 Prozent absetzen. ²Nach Ablauf dieser zehn Jahre ist ein etwa noch vorhandener Restwert den Anschaffungs- oder Herstellungskosten des Gebäudes oder dem an deren Stelle tretenden Wert hinzuzurechnen; die weiteren Absetzungen für Abnutzung sind einheitlich für das gesamte Gebäude nach dem sich hiernach ergebenden Betrag und dem für das Gebäude maßgebenden Hundertsatz zu bemessen. ³Voraussetzung für die Inanspruchnahme der erhöhten Absetzungen ist, dass das Gebäude in den Fällen der Nummer 1 vor dem 1. Juli 1983 fertig gestellt worden ist; die Voraussetzung entfällt, wenn der Anschluss nicht schon im Zusammenhang mit der Errichtung des Gebäudes möglich war.

(2) Die erhöhten Absetzungen können nicht vorgenommen werden, wenn für dieselbe Maßnahme eine Investitionszulage gewährt wird.

(3) ¹Sind die Aufwendungen für eine Maßnahme im Sinne des Absatzes 1 Erhaltungsaufwand und entstehen sie bei einer zu eigenen Wohnzwecken genutzten Wohnung im eigenen Haus, deren Nutzungswert nicht mehr besteuert wird, und liegen in den Fällen des Absatzes 1 Nr. 1 die Voraussetzungen des Absatzes 1 Satz 3 vor, können die Aufwendungen wie Sonderausgaben abgezogen werden; sie sind auf das Jahr, in dem die Arbeiten abgeschlossen worden sind, und die neun folgenden Jahre gleichmäßig zu verteilen. ²Entsprechendes gilt bei Aufwendungen zur Anschaffung neuer Einzelöfen für eine Wohnung, wenn keine zentrale Heizungsanlage vorhanden ist und die Wohnung seit mindestens zehn Jahren fertig gestellt ist. ³§ 82b Abs. 2 und 3 gilt entsprechend.

## § 82b Behandlung größeren Erhaltungsaufwands bei Wohngebäuden[1)2)]

(1) ¹Der Steuerpflichtige kann größere Aufwendungen für die Erhaltung von Gebäuden, die im Zeitpunkt der Leistung des Erhaltungsaufwands nicht zu einem Betriebsvermögen gehören und überwiegend Wohnzwecken dienen, abweichend von § 11 Abs. 2 des Gesetzes auf zwei bis fünf Jahre gleichmäßig verteilen. ²Ein Gebäude dient überwiegend Wohnzwecken, wenn die Grundfläche der Wohnzwecken dienenden Räume des Gebäudes mehr als die Hälfte der gesamten Nutzfläche beträgt. ³Zum Gebäude gehörende Garagen sind ohne Rücksicht auf ihre tatsächliche Nutzung als Wohnzwecken dienend zu behandeln, soweit in ihnen nicht mehr als ein Personenkraftwagen für jede in dem Gebäude befindliche Wohnung untergestellt werden kann. ⁴Räume für die Unterstellung weiterer Kraftwagen sind stets als nicht Wohnzwecken dienend zu behandeln.

(2) ¹Wird das Gebäude während des Verteilungszeitraums veräußert, ist der noch nicht berücksichtigte Teil des Erhaltungsaufwands im Jahr der Veräußerung als Werbungskosten abzusetzen. ²Das Gleiche gilt, wenn ein Gebäude in ein Betriebsvermögen eingebracht oder nicht mehr zur Einkunftserzielung genutzt wird.

(3) Steht das Gebäude im Eigentum mehrerer Personen, so ist der in Absatz 1 bezeichnete Erhaltungsaufwand von allen Eigentümern auf den gleichen Zeitraum zu verteilen.

## §§ 82c bis 82e (weggefallen)

## § 82f Bewertungsfreiheit für Handelsschiffe, für Schiffe, die der Seefischerei dienen, und für Luftfahrzeuge[3)]

(1) ¹Steuerpflichtige, die den Gewinn nach § 5 des Gesetzes ermitteln, können bei Handelsschiffen, die in einem inländischen Seeschiffsregister eingetragen sind, im Wirtschaftsjahr der Anschaffung oder Herstellung und in den vier folgenden Wirtschaftsjahren Sonderabschreibungen bis zu insgesamt 40 Prozent der Anschaffungs- oder Herstellungskosten vornehmen. ²§ 9a gilt entsprechend.

(2) Im Fall der Anschaffung eines Handelsschiffs ist Absatz 1 nur anzuwenden, wenn das Handelsschiff vor dem 1. Januar 1996 in ungebrauchtem Zustand vom Hersteller oder nach dem 31. Dezember 1995 bis zum Ablauf des vierten auf das Jahr der Fertigstellung folgenden Jahres erworben worden ist.

(3) ¹Die Inanspruchnahme der Abschreibungen nach Absatz 1 ist nur unter der Bedingung zulässig, dass die Handelsschiffe innerhalb eines Zeitraums von acht Jahren nach ihrer Anschaffung oder Herstellung nicht veräußert werden. ²Für Anteile an Handelsschiffen gilt dies entsprechend.

(4) Die Abschreibungen nach Absatz 1 können bereits für Anzahlungen auf Anschaffungskosten und für Teilherstellungskosten in Anspruch genommen werden.

(5) ¹Die Abschreibungen nach Absatz 1 können nur in Anspruch genommen werden, wenn das Handelsschiff vor dem 1. Januar 1999 angeschafft oder hergestellt wird und der Kaufvertrag oder Bauvertrag vor dem 25. April 1996 abgeschlossen worden ist. ²Bei Steuerpflichtigen, die in eine Gesellschaft im Sinne des § 15 Absatz 1 Satz 1 Nummer 2 und Absatz 3 des Einkommensteuergesetzes nach Abschluss des Schiffbauvertrags (Unterzeichnung des Hauptvertrags) eintreten, sind Sonderabschreibungen nur zulässig, wenn sie der Gesellschaft vor dem 1. Januar 1999 beitreten.

(6) ¹Die Absätze 1 bis 5 gelten für Schiffe, die der Seefischerei dienen, entsprechend. ²Für Luftfahrzeuge, die vom Steuerpflichtigen hergestellt oder in ungebrauchtem Zustand vom Herstel-

---

1) **Anm. d. Red.:** § 82b eingefügt gem. Gesetz v. 29.12.2003 (BGBl I S. 3076) mit Wirkung v. 1.1.2004.
2) **Anm. d. Red.:** Zur Anwendung des § 82b siehe § 84 Abs. 4a.
3) **Anm. d. Red.:** § 82f Abs. 1, 5 und 6 i.d.F. der VO v. 17.11.2010 (BGBl I S.1544) mit Wirkung v. 23.11.2010.

ler erworben worden sind und die zur gewerbsmäßigen Beförderung von Personen oder Sachen im internationalen Luftverkehr oder zur Verwendung zu sonstigen gewerblichen Zwecken im Ausland bestimmt sind, gelten die Absätze 1 und 3 bis 5 mit der Maßgabe entsprechend, dass an die Stelle der Eintragung in ein inländisches Seeschiffsregister die Eintragung in die deutsche Luftfahrzeugrolle, an die Stelle des Höchstsatzes von 40 Prozent ein Höchstsatz von 30 Prozent und bei der Vorschrift des Absatzes 3 an die Stelle des Zeitraums von acht Jahren ein Zeitraum von sechs Jahren treten.

### § 82g Erhöhte Absetzungen von Herstellungskosten für bestimmte Baumaßnahmen[1)2)]

¹Der Steuerpflichtige kann von den durch Zuschüsse aus Sanierungs- oder Entwicklungsförderungsmitteln nicht gedeckten Herstellungskosten für Modernisierungs- und Instandsetzungsmaßnahmen im Sinne des § 177 des Baugesetzbuchs sowie für Maßnahmen, die der Erhaltung, Erneuerung und funktionsgerechten Verwendung eines Gebäudes dienen, das wegen seiner geschichtlichen, künstlerischen oder städtebaulichen Bedeutung erhalten bleiben soll, und zu deren Durchführung sich der Eigentümer neben bestimmten Modernisierungsmaßnahmen gegenüber der Gemeinde verpflichtet hat, die für Gebäude in einem förmlich festgelegten Sanierungsgebiet oder städtebaulichen Entwicklungsbereich aufgewendet worden sind, an Stelle der nach § 7 Abs. 4 oder 5 oder § 7b des Gesetzes zu bemessenden Absetzungen für Abnutzung im Jahr der Herstellung und in den neun folgenden Jahren jeweils bis zu 10 Prozent absetzen. ²§ 82a Abs. 1 Satz 2 gilt entsprechend. ³Satz 1 ist anzuwenden, wenn der Steuerpflichtige eine Bescheinigung der zuständigen Gemeindebehörde vorlegt, dass er Baumaßnahmen im Sinne des Satzes 1 durchgeführt hat; sind ihm Zuschüsse aus Sanierungs- oder Entwicklungsförderungsmitteln gewährt worden, so hat die Bescheinigung auch deren Höhe zu enthalten.

### § 82h (weggefallen)

### § 82i Erhöhte Absetzungen von Herstellungskosten bei Baudenkmälern[3)4)]

(1) ¹Bei einem Gebäude, das nach den jeweiligen landesrechtlichen Vorschriften ein Baudenkmal ist, kann der Steuerpflichtige von den Herstellungskosten für Baumaßnahmen, die nach Art und Umfang zur Erhaltung des Gebäudes als Baudenkmal und zu seiner sinnvollen Nutzung erforderlich sind und die nach Abstimmung mit der in Absatz 2 bezeichneten Stelle durchgeführt worden sind, an Stelle der nach § 7 Abs. 4 des Gesetzes zu bemessenden Absetzungen für Abnutzung im Jahr der Herstellung und in den neun folgenden Jahren jeweils bis zu 10 Prozent absetzen. ²Eine sinnvolle Nutzung ist nur anzunehmen, wenn das Gebäude in der Weise genutzt wird, dass die Erhaltung der schützenswerten Substanz des Gebäudes auf die Dauer gewährleistet ist. ³Bei einem Gebäudeteil, der nach den jeweiligen landesrechtlichen Vorschriften ein Baudenkmal ist, sind die Sätze 1 und 2 entsprechend anzuwenden. ⁴Bei einem Gebäude, das für sich allein nicht die Voraussetzungen für ein Baudenkmal erfüllt, aber Teil einer Gebäudegruppe oder Gesamtanlage ist, die nach den jeweiligen landesrechtlichen Vorschriften als Einheit geschützt ist, können die erhöhten Absetzungen von den Herstellungskosten der Gebäudeteile und Maßnahmen vorgenommen werden, die nach Art und Umfang zur Erhaltung des schützenswerten Erscheinungsbildes der Gruppe oder Anlage erforderlich sind. ⁵§ 82a Abs. 1 Satz 2 gilt entsprechend.

(2) Die erhöhten Absetzungen können nur in Anspruch genommen werden, wenn der Steuerpflichtige die Voraussetzungen des Absatzes 1 für das Gebäude oder den Gebäudeteil und für

---

1) **Anm. d. Red.:** § 82g i. d. F. der VO v. 17. 11. 2010 (BGBl I S. 1544) mit Wirkung v. 23. 11. 2010.
2) **Anm. d. Red.:** Zur Anwendung des § 82g siehe § 84 Abs. 6 EStDV sowie § 57 Abs. 2 EStG.
3) **Anm. d. Red.:** § 82i Abs. 1 i. d. F. der VO v. 17. 11. 2010 (BGBl I S. 1544) mit Wirkung v. 23. 11. 2010.
4) **Anm. d. Red.:** Zur Anwendung des § 82i siehe § 84 Abs. 8 EStDV sowie § 57 Abs. 2 EStG.

die Erforderlichkeit der Herstellungskosten durch eine Bescheinigung der nach Landesrecht zuständigen oder von der Landesregierung bestimmten Stelle nachweist.

## § 83 (weggefallen)

## Schlussvorschriften

### § 84 Anwendungsvorschriften[1]

(1) Die vorstehende Fassung dieser Verordnung ist, soweit in den folgenden Absätzen nichts anderes bestimmt ist, erstmals für den Veranlagungszeitraum 2012 anzuwenden.

(1a) § 1 in der Fassung des Artikels 2 des Gesetzes vom 18. Juli 2014 (BGBl I S. 1042) ist in allen Fällen anzuwenden, in denen die Einkommensteuer noch nicht bestandskräftig festgesetzt ist.

(1b) § 7 der Einkommensteuer-Durchführungsverordnung 1997 in der Fassung der Bekanntmachung vom 18. Juni 1997 (BGBl I S. 1558) ist letztmals für das Wirtschaftsjahr anzuwenden, das vor dem 1. Januar 1999 endet.

(1c) Die §§ 8 und 8a der Einkommensteuer-Durchführungsverordnung 1986 in der Fassung der Bekanntmachung vom 24. Juli 1986 (BGBl I S. 1239) sind letztmals für das Wirtschaftsjahr anzuwenden, das vor dem 1. Januar 1990 endet.

(2) [1]§ 8c Abs. 1 und 2 Satz 3 in der Fassung dieser Verordnung ist erstmals für Wirtschaftsjahre anzuwenden, die nach dem 31. August 1993 beginnen. [2]§ 8c Abs. 2 Satz 1 und 2 ist erstmals für Wirtschaftsjahre anzuwenden, die nach dem 30. Juni 1990 beginnen. [3]Für Wirtschaftsjahre, die vor dem 1. Mai 1984 begonnen haben, ist § 8c Abs. 1 und 2 der Einkommensteuer-Durchführungsverordnung 1981 in der Fassung der Bekanntmachung vom 23. Juni 1982 (BGBl I S. 700) weiter anzuwenden.

(2a) § 11c Abs. 2 Satz 3 ist erstmals für das nach dem 31. Dezember 1998 endende Wirtschaftsjahr anzuwenden.

(2b) § 29 Abs. 1 ist auch für Veranlagungszeiträume vor 1996 anzuwenden, soweit die Fälle, in denen Ansprüche aus Versicherungsverträgen nach dem 13. Februar 1992 zur Tilgung oder Sicherung von Darlehen eingesetzt wurden, noch nicht angezeigt worden sind.

(3) § 29 Abs. 3 bis 6, §§ 31 und 32 sind in der vor dem 1. Januar 1996 geltenden Fassung für vor diesem Zeitpunkt an Bausparkassen geleistete Beiträge letztmals für den Veranlagungszeitraum 2005 anzuwenden.

(3a) § 51 in der Fassung des Artikels 2 des Gesetzes vom 1. November 2011 (BGBl I S. 2131) ist erstmals für das Wirtschaftsjahr anzuwenden, das nach dem 31. Dezember 2011 beginnt.

(3b) [1]§ 54 Abs. 1 Satz 2 in der Fassung des Artikels 1a des Gesetzes vom 20. Dezember 2007 (BGBl I S. 3150) ist erstmals für Vorgänge nach dem 31. Dezember 2007 anzuwenden. [2]§ 54 Abs. 4 in der Fassung des Artikels 2 des Gesetzes vom 7. Dezember 2006 (BGBl I S. 2782) ist erstmals auf Verfügungen über Anteile an Kapitalgesellschaften anzuwenden, die nach dem 31. Dezember 2006 beurkundet werden.

(3c) § 56 in der Fassung des Artikels 10 des Gesetzes vom 29. Dezember 2003 (BGBl I S. 3076) ist erstmals für den Veranlagungszeitraum 2004 anzuwenden.

(3d) § 60 Abs. 1 und 4 in der Fassung des Artikels 2 des Gesetzes vom 20. Dezember 2008 (BGBl I S. 2850) ist erstmals für Wirtschaftsjahre (Gewinnermittlungszeiträume) anzuwenden, die nach dem 31. Dezember 2010 beginnen.

(3e) § 62d Abs. 2 Satz 2 in der Fassung des Artikels 2 des Gesetzes vom 22. Dezember 2003 (BGBl I S. 2840) ist erstmals auf Verluste anzuwenden, die aus dem Veranlagungszeitraum 2004 in den Veranlagungszeitraum 2003 zurückgetragen werden.

---

1) **Anm. d. Red.:** § 84 i. d. F. der VO v. 22. 12. 2014 (BGBl I S. 2392) mit Wirkung v. 1. 1. 2014.

(3f) § 64 Absatz 1 in der Fassung des Artikels 2 des Gesetzes vom 1. November 2011 (BGBl I S. 2131) ist in allen Fällen anzuwenden, in denen die Einkommensteuer noch nicht bestandskräftig festgesetzt ist.

(3g) § 70 in der Fassung des Artikels 24 des Gesetzes vom 25. Juli 2014 (BGBl I S. 1266) ist erstmals ab dem Veranlagungszeitraum 2014 anzuwenden.

(3h) ¹Die §§ 73a, 73c, 73d Abs. 1 sowie die §§ 73e und 73f Satz 1 in der Fassung des Artikels 2 des Gesetzes vom 19. Dezember 2008 (BGBl I S. 2794) sind erstmals auf Vergütungen anzuwenden, die nach dem 31. Dezember 2008 zufließen. ²Abweichend von Satz 1 ist § 73e Satz 4 und 5 in der Fassung des Artikels 2 des Gesetzes vom 19. Dezember 2008 (BGBl I S. 2794) erstmals auf Vergütungen anzuwenden, die nach dem 31. Dezember 2009 zufließen. ³§ 73e Satz 4 in der Fassung der Bekanntmachung vom 10. Mai 2000 (BGBl I S. 717) ist letztmals auf Vergütungen anzuwenden, die vor dem 1. Januar 2010 zufließen. ⁴§ 73d Absatz 1 Satz 3, § 73e Satz 1, 2 und 5 sowie § 73g Absatz 1 und 2 in der Fassung des Artikels 9 des Gesetzes vom 10. August 2009 (BGBl I S. 2702) sind erstmals auf Vergütungen anzuwenden, die nach dem 31. Dezember 2013 zufließen. ⁵§ 73e Satz 7 in der am 31. Juli 2014 geltenden Fassung ist erstmals auf Vergütungen anzuwenden, für die der Steuerabzug nach dem 31. Dezember 2014 angeordnet worden ist. ⁶§ 73a Absatz 3 in der am 30. Dezember 2014 geltenden Fassung ist erstmals ab dem 1. Januar 2014 anzuwenden.

(3i) § 80 der Einkommensteuer-Durchführungsverordnung 1997 in der Fassung der Bekanntmachung vom 18. Juni 1997 (BGBl I S. 1558) ist letztmals für das Wirtschaftsjahr anzuwenden, das vor dem 1. Januar 1999 endet.

(4) ¹§ 82a ist auf Tatbestände anzuwenden, die in dem in Artikel 3 des Einigungsvertrages genannten Gebiet nach dem 31. Dezember 1990 und vor dem 1. Januar 1992 verwirklicht worden sind. ²Auf Tatbestände, die im Geltungsbereich dieser Verordnung ausschließlich des in Artikel 3 des Einigungsvertrages genannten Gebiets verwirklicht worden sind, ist

1. § 82a Abs. 1 und 2 bei Herstellungskosten für Einbauten von Anlagen und Einrichtungen im Sinne von dessen Absatz 1 Nr. 1 bis 5 anzuwenden, die nach dem 30. Juni 1985 und vor dem 1. Januar 1992 fertig gestellt worden sind,
2. § 82a Abs. 3 Satz 1 ab dem Veranlagungszeitraum 1987 bei Erhaltungsaufwand für Arbeiten anzuwenden, die vor dem 1. Januar 1992 abgeschlossen worden sind,
3. § 82a Abs. 3 Satz 2 ab dem Veranlagungszeitraum 1987 bei Aufwendungen für Einzelöfen anzuwenden, die vor dem 1. Januar 1992 angeschafft worden sind,
4. § 82a Abs. 3 Satz 1 in der Fassung der Bekanntmachung vom 24. Juli 1986 für Veranlagungszeiträume vor 1987 bei Erhaltungsaufwand für Arbeiten anzuwenden, die nach dem 30. Juni 1985 abgeschlossen worden sind,
5. § 82a Abs. 3 Satz 2 in der Fassung der Bekanntmachung vom 24. Juli 1986 für Veranlagungszeiträume vor 1987 bei Aufwendungen für Einzelöfen anzuwenden, die nach dem 30. Juni 1985 angeschafft worden sind,
6. § 82a bei Aufwendungen für vor dem 1. Juli 1985 fertig gestellte Anlagen und Einrichtungen in den vor diesem Zeitpunkt geltenden Fassungen weiter anzuwenden.

(4a) ¹§ 82b der Einkommensteuer-Durchführungsverordnung 1997 in der Fassung der Bekanntmachung vom 18. Juni 1997 (BGBl I S. 1558) ist letztmals auf Erhaltungsaufwand anzuwenden, der vor dem 1. Januar 1999 entstanden ist. ²§ 82b in der Fassung des Artikels 10 des Gesetzes vom 29. Dezember 2003 (BGBl I S. 3076) ist erstmals auf Erhaltungsaufwand anzuwenden, der nach dem 31. Dezember 2003 entstanden ist.

(4b) § 82d der Einkommensteuer-Durchführungsverordnung 1986 ist auf Wirtschaftsgüter sowie auf ausgebaute und neu hergestellte Gebäudeteile anzuwenden, die im Geltungsbereich dieser Verordnung ausschließlich des in Artikel 3 des Einigungsvertrages genannten Gebiets nach dem 18. Mai 1983 und vor dem 1. Januar 1990 hergestellt oder angeschafft worden sind.

(5) § 82f Abs. 5 und 7 Satz 1 der Einkommensteuer-Durchführungsverordnung 1979 in der Fassung der Bekanntmachung vom 24. September 1980 (BGBl I S. 1801) ist letztmals für das

Wirtschaftsjahr anzuwenden, das dem Wirtschaftsjahr vorangeht, für das § 15a des Gesetzes erstmals anzuwenden ist.

(6) ¹§ 82g ist auf Maßnahmen anzuwenden, die nach dem 30. Juni 1987 und vor dem 1. Januar 1991 in dem Geltungsbereich dieser Verordnung ausschließlich des in Artikel 3 des Einigungsvertrages genannten Gebiets abgeschlossen worden sind. ²Auf Maßnahmen, die vor dem 1. Juli 1987 in dem Geltungsbereich dieser Verordnung ausschließlich des in Artikel 3 des Einigungsvertrages genannten Gebiets abgeschlossen worden sind, ist § 82g in der vor diesem Zeitpunkt geltenden Fassung weiter anzuwenden.

(7) ¹§ 82h in der durch die Verordnung vom 19. Dezember 1988 (BGBl I S. 2301) geänderten Fassung ist erstmals auf Maßnahmen, die nach dem 30. Juni 1987 in dem Geltungsbereich dieser Verordnung ausschließlich des in Artikel 3 des Einigungsvertrages genannten Gebiets abgeschlossen worden sind, und letztmals auf Erhaltungsaufwand, der vor dem 1. Januar 1990 in dem Geltungsbereich dieser Verordnung ausschließlich des in Artikel 3 des Einigungsvertrages genannten Gebiets entstanden ist, mit der Maßgabe anzuwenden, dass der noch nicht berücksichtigte Teil des Erhaltungsaufwands in dem Jahr, in dem das Gebäude letztmals zur Einkunftserzielung genutzt wird, als Betriebsausgaben oder Werbungskosten abzusetzen ist. ²Auf Maßnahmen, die vor dem 1. Juli 1987 in dem Geltungsbereich dieser Verordnung ausschließlich des in Artikel 3 des Einigungsvertrages genannten Gebiets abgeschlossen worden sind, ist § 82h in der vor diesem Zeitpunkt geltenden Fassung weiter anzuwenden.

(8) § 82i ist auf Herstellungskosten für Baumaßnahmen anzuwenden, die nach dem 31. Dezember 1977 und vor dem 1. Januar 1991 in dem Geltungsbereich dieser Verordnung ausschließlich des in Artikel 3 des Einigungsvertrages genannten Gebiets abgeschlossen worden sind.

(9) § 82k der Einkommensteuer-Durchführungsverordnung 1986 ist auf Erhaltungsaufwand, der vor dem 1. Januar 1990 in dem Geltungsbereich dieser Verordnung ausschließlich des in Artikel 3 des Einigungsvertrages genannten Gebiets entstanden ist, mit der Maßgabe anzuwenden, dass der noch nicht berücksichtigte Teil des Erhaltungsaufwands in dem Jahr, in dem das Gebäude letztmals zur Einkunftserzielung genutzt wird, als Betriebsausgaben oder Werbungskosten abzusetzen ist.

(10) ¹In Anlage 3 (zu § 80 Abs. 1) ist die Nummer 26 erstmals für das Wirtschaftsjahr anzuwenden, das nach dem 31. Dezember 1990 beginnt. ²Für Wirtschaftsjahre, die vor dem 1. Januar 1991 beginnen, ist die Nummer 26 in Anlage 3 in der vor diesem Zeitpunkt geltenden Fassung anzuwenden.

(11) § 56 Satz 1 Nummer 1, die §§ 61 und 62d in der Fassung des Artikels 2 des Gesetzes vom 1. November 2011 (BGBl I S. 2131) sind erstmals für den Veranlagungszeitraum 2013 anzuwenden.

## § 85 (gegenstandslos)

### Anlagen 1 bis 4 (weggefallen)[1)]

### Anlage 5 (zu § 81 Abs. 3 Nr. 1)

#### Verzeichnis der Wirtschaftsgüter des Anlagevermögens über Tage im Sinne des § 81 Abs. 3 Nr. 1

Die Bewertungsfreiheit des § 81 kann im Tiefbaubetrieb des Steinkohlen-, Pechkohlen-, Braunkohlen- und Erzbergbaues für die Wirtschaftsgüter des Anlagevermögens über Tage in Anspruch genommen werden, die zu den folgenden, mit dem Grubenbetrieb unter Tage in unmittelbarem

---

1) **Anm. d. Red.:** Anlage 1 weggefallen gem. Gesetz v. 10. 10. 2007 (BGBl I S. 2332) mit Wirkung v. 1. 1. 2007.

Zusammenhang stehenden, der Förderung, Seilfahrt, Wasserhaltung und Wetterführung sowie der Aufbereitung des Minerals dienenden Anlagen und Einrichtungen gehören:
1. Förderanlagen und -einrichtungen einschließlich Schachthalle, Hängebank, Wagenumlauf und Verladeeinrichtungen sowie Anlagen der Berge- und Grubenholzwirtschaft,
2. Anlagen und Einrichtungen der Wetterwirtschaft und Wasserhaltung,
3. Waschkauen sowie Einrichtungen der Grubenlampenwirtschaft, des Grubenrettungswesens und der Ersten Hilfe,
4. Sieberei, Wäsche und sonstige Aufbereitungsanlagen; im Erzbergbau alle der Aufbereitung dienenden Anlagen sowie die Anlagen zum Rösten von Eisenerzen, wenn die Anlagen nicht zu einem Hüttenbetrieb gehören.

## Anlage 6 (zu § 81 Abs. 3 Nr. 2)

### Verzeichnis der Wirtschaftsgüter des beweglichen Anlagevermögens im Sinne des § 81 Abs. 3 Nr. 2

Die Bewertungsfreiheit des § 81 kann im Tagebaubetrieb des Braunkohlen- und Erzbergaues für die folgenden Wirtschaftsgüter des beweglichen Anlagevermögens in Anspruch genommen werden:
1. Grubenaufschluss,
2. Entwässerungsanlagen,
3. Großgeräte, die der Lösung, Bewegung und Verkippung der Abraummassen sowie der Förderung und Bewegung des Minerals dienen, soweit sie wegen ihrer besonderen, die Ablagerungs- und Größenverhältnisse des Tagebaubetriebs berücksichtigenden Konstruktion nur für diesen Tagebaubetrieb oder anschließend für andere begünstigte Tagebaubetriebe verwendet werden; hierzu gehören auch Spezialabraum- und -kohlenwagen einschließlich der dafür erforderlichen Lokomotiven sowie Transportbandanlagen mit den Auf- und Übergaben und den dazugehörigen Bunkereinrichtungen mit Ausnahme der Rohkohlenbunker in Kraftwerken, Brikettfabriken oder Versandanlagen, wenn die Wirtschaftsgüter die Voraussetzungen des ersten Halbsatzes erfüllen,
4. Einrichtungen des Grubenrettungswesens und der Ersten Hilfe,
5. Wirtschaftsgüter, die zu den Aufbereitungsanlagen im Erzbergbau gehören, wenn die Aufbereitungsanlagen nicht zu einem Hüttenbetrieb gehören.

## XI. Lohnsteuer-Durchführungsverordnung (LStDV)
### v. 10.10.1989 (BGBl I S. 1849) mit späteren Änderungen

Die Lohnsteuer-Durchführungsverordnung (LStDV) v. 10.10.1989 (BGBl I S. 1849) wurde geändert durch Art. 2 Steueränderungsgesetz 1992 (StÄndG 1992) v. 25.2.1992 (BGBl I S. 297); Art. 11 Jahressteuergesetz 1996 (JStG 1996) v. 11.10.1995 (BGBl I S. 1250, ber. 1996 I S. 714); Art. 3 Steuerentlastungsgesetz 1999/2000/2002 v. 24.3.1999 (BGBl I S. 402); Art. 3 Steuerbereinigungsgesetz 1999 (StBereinG 1999) v. 22.12.1999 (BGBl I S. 2601); Art. 3 Steuer-Euroglättungsgesetz (StEuglG) v. 19.12.2000 (BGBl I S. 1790); Art. 3 Steueränderungsgesetz 2001 (StÄndG 2001) v. 20.12.2001 (BGBl I S. 3794); Art. 2 Zweites Gesetz zur Änderung steuerlicher Vorschriften (Steueränderungsgesetz 2003 – StÄndG 2003) v. 15.12.2003 (BGBl I S. 2645); Art. 3 Gesetz zur Neuordnung der einkommensteuerrechtlichen Behandlung von Altersvorsorgeaufwendungen und Altersbezügen (Alterseinkünftegesetz – AltEinkG) v. 5.7.2004 (BGBl I S. 1427); Art. 2 Jahressteuergesetz 2007 (JStG 2007) v. 13.12.2006 (BGBl I S. 2878); Art. 2 Verordnung zur Änderung steuerlicher Verordnungen v. 17.11.2010 (BGBl I S. 1544); Art. 3 Gesetz zur Umsetzung der Beitreibungsrichtlinie sowie zur Änderung steuerlicher Vorschriften (Beitreibungsrichtlinie-Umsetzungsgesetz – BeitrRLUmsG) v. 7.12.2011 (BGBl I S. 2592); Art. 5 Gesetz zur Änderung und Vereinfachung der Unternehmensbesteuerung und des steuerlichen Reisekostenrechts v. 20.2.2013 (BGBl I S. 285); Art. 27 Gesetz zur Anpassung des nationalen Steuerrechts an den Beitritt Kroatiens zur EU und zur Änderung weiterer steuerlicher Vorschriften v. 25.7.2014 (BGBl I S. 1266). — Zur Anwendung siehe § 8.

### Nichtamtliche Fassung

### § 1 Arbeitnehmer, Arbeitgeber

(1) ¹Arbeitnehmer sind Personen, die in öffentlichem oder privatem Dienst angestellt oder beschäftigt sind oder waren und die aus diesem Dienstverhältnis oder einem früheren Dienstverhältnis Arbeitslohn beziehen. ²Arbeitnehmer sind auch die Rechtsnachfolger dieser Personen, soweit sie Arbeitslohn aus dem früheren Dienstverhältnis ihres Rechtsvorgängers beziehen.

(2) ¹Ein Dienstverhältnis (Absatz 1) liegt vor, wenn der Angestellte (Beschäftigte) dem Arbeitgeber (öffentliche Körperschaft, Unternehmer, Haushaltsvorstand) seine Arbeitskraft schuldet. ²Dies ist der Fall, wenn die tätige Person in der Betätigung ihres geschäftlichen Willens unter der Leitung des Arbeitgebers steht oder im geschäftlichen Organismus des Arbeitgebers dessen Weisungen zu folgen verpflichtet ist.

(3) Arbeitnehmer ist nicht, wer Lieferungen und sonstige Leistungen innerhalb der von ihm selbständig ausgeübten gewerblichen oder beruflichen Tätigkeit im Inland gegen Entgelt ausführt, soweit es sich um die Entgelte für diese Lieferungen und sonstigen Leistungen handelt.

### § 2 Arbeitslohn[1)]

(1) ¹Arbeitslohn sind alle Einnahmen, die dem Arbeitnehmer aus dem Dienstverhältnis zufließen. ²Es ist unerheblich, unter welcher Bezeichnung oder in welcher Form die Einnahmen gewährt werden.

(2) Zum Arbeitslohn gehören auch

1. Einnahmen im Hinblick auf ein künftiges Dienstverhältnis;
2. Einnahmen aus einem früheren Dienstverhältnis, unabhängig davon, ob sie dem zunächst Bezugsberechtigten oder seinem Rechtsnachfolger zufließen. ²Bezüge, die ganz oder teilweise auf früheren Beitragsleistungen des Bezugsberechtigten oder seines Rechtsvorgängers beruhen, gehören nicht zum Arbeitslohn, es sei denn, dass die Beitragsleistungen Werbungskosten gewesen sind;
3. Ausgaben, die ein Arbeitgeber leistet, um einen Arbeitnehmer oder diesem nahe stehende Personen für den Fall der Krankheit, des Unfalls, der Invalidität, des Alters oder des Todes abzusichern (Zukunftssicherung). ²Voraussetzung ist, dass der Arbeitnehmer der Zukunfts-

---

1) **Anm. d. Red.:** § 2 Abs. 2 i. d. F. des Gesetzes v. 22.12.1999 (BGBl I S. 2601) mit Wirkung v. 1.1.2000.

sicherung ausdrücklich oder stillschweigend zustimmt. ³Ist bei einer Zukunftssicherung für mehrere Arbeitnehmer oder diesen nahe stehende Personen in Form einer Gruppenversicherung oder Pauschalversicherung der für den einzelnen Arbeitnehmer geleistete Teil der Ausgaben nicht in anderer Weise zu ermitteln, so sind die Ausgaben nach der Zahl der gesicherten Arbeitnehmer auf diese aufzuteilen. ⁴Nicht zum Arbeitslohn gehören Ausgaben, die nur dazu dienen, dem Arbeitgeber die Mittel zur Leistung einer dem Arbeitnehmer zugesagten Versorgung zu verschaffen;

4. Entschädigungen, die dem Arbeitnehmer oder seinem Rechtsnachfolger als Ersatz für entgangenen oder entgehenden Arbeitslohn oder für die Aufgabe oder Nichtausübung einer Tätigkeit gewährt werden;
5. besondere Zuwendungen, die auf Grund des Dienstverhältnisses oder eines früheren Dienstverhältnisses gewährt werden, zum Beispiel Zuschüsse im Krankheitsfall;
6. besondere Entlohnungen für Dienste, die über die regelmäßige Arbeitszeit hinaus geleistet werden, wie Entlohnung für Überstunden, Überschichten, Sonntagsarbeit;
7. Lohnzuschläge, die wegen der Besonderheit der Arbeit gewährt werden;
8. Entschädigungen für Nebenämter und Nebenbeschäftigungen im Rahmen eines Dienstverhältnisses.

## § 3 (weggefallen)[1)]

## § 4 Lohnkonto[2)]

(1) Der Arbeitgeber hat im Lohnkonto des Arbeitnehmers Folgendes aufzuzeichnen:
1. den Vornamen, den Familiennamen, den Tag der Geburt, den Wohnort, die Wohnung sowie die in einer vom Finanzamt ausgestellten Bescheinigung für den Lohnsteuerabzug eingetragenen allgemeinen Besteuerungsmerkmale. ²Ändern sich im Laufe des Jahres die in einer Bescheinigung für den Lohnsteuerabzug eingetragenen allgemeinen Besteuerungsmerkmale, so ist auch der Zeitpunkt anzugeben, von dem an die Änderungen gelten;
2. den Jahresfreibetrag oder den Jahreshinzurechnungsbetrag sowie den Monatsbetrag, Wochenbetrag oder Tagesbetrag, der in einer vom Finanzamt ausgestellten Bescheinigung für den Lohnsteuerabzug eingetragen ist, und den Zeitraum, für den die Eintragungen gelten;
3. bei einem Arbeitnehmer, der dem Arbeitgeber eine Bescheinigung nach § 39b Abs. 6 des Einkommensteuergesetzes in der am 31. Dezember 2010 geltenden Fassung (Freistellungsbescheinigung) vorgelegt hat, einen Hinweis darauf, dass eine Bescheinigung vorliegt, den Zeitraum, für den die Lohnsteuerbefreiung gilt, das Finanzamt, das die Bescheinigung ausgestellt hat, und den Tag der Ausstellung;
4. in den Fällen des § 19 Abs. 2 des Einkommensteuergesetzes die für die zutreffende Berechnung des Versorgungsfreibetrags und des Zuschlags zum Versorgungsfreibetrag erforderlichen Angaben.

(2) Bei jeder Lohnabrechnung ist im Lohnkonto Folgendes aufzuzeichnen:
1. der Tag der Lohnzahlung und der Lohnzahlungszeitraum;
2. in den Fällen des § 41 Absatz 1 Satz 5 des Einkommensteuergesetzes jeweils der Großbuchstabe U;
3. der Arbeitslohn, getrennt nach Barlohn und Sachbezügen, und die davon einbehaltene Lohnsteuer. ²Dabei sind die Sachbezüge einzeln zu bezeichnen und – unter Angabe des Abgabetags oder bei laufenden Sachbezügen des Abgabezeitraums, des Abgabeorts und des

---

1) **Anm. d. Red.:** § 3 weggefallen gem. Gesetz v. 24. 3. 1999 (BGBl I S. 402) mit Wirkung v. 1. 1. 1999.

2) **Anm. d. Red.:** § 4 Abs. 1 i. d. F. des Gesetzes v. 7. 12. 2011 (BGBl I S. 2592) mit Wirkung v. 1. 1. 2012; Abs. 2 i. d. F. der VO v. 17. 11. 2010 (BGBl I S. 1544) mit Wirkung v. 23. 11. 2010; Abs. 3 i. d. F. des Gesetzes v. 20. 2. 2013 (BGBl I S. 285) mit Wirkung v. 1. 1. 2014; Abs. 4 i. d. F. des Gesetzes v. 15. 12. 2003 (BGBl I S. 2645) mit Wirkung v. 20. 12. 2003.

Entgelts – mit dem nach § 8 Abs. 2 oder 3 des Einkommensteuergesetzes maßgebenden und um das Entgelt geminderten Wert zu erfassen. ³Sachbezüge im Sinne des § 8 Abs. 3 des Einkommensteuergesetzes und Versorgungsbezüge sind jeweils als solche kenntlich zu machen und ohne Kürzung um Freibeträge nach § 8 Abs. 3 oder § 19 Abs. 2 des Einkommensteuergesetzes einzutragen. ⁴Trägt der Arbeitgeber im Falle der Nettolohnzahlung die auf den Arbeitslohn entfallende Steuer selbst, ist in jedem Fall der Bruttoarbeitslohn einzutragen, die nach den Nummern 4 bis 8 gesondert aufzuzeichnenden Beträge sind nicht mitzuzählen;

4. steuerfreie Bezüge mit Ausnahme der Vorteile im Sinne des § 3 Nr. 45 des Einkommensteuergesetzes und der Trinkgelder. ²Das Betriebsstättenfinanzamt kann zulassen, dass auch andere nach § 3 des Einkommensteuergesetzes steuerfreie Bezüge nicht angegeben werden, wenn es sich um Fälle von geringer Bedeutung handelt oder wenn die Möglichkeit zur Nachprüfung in anderer Weise sichergestellt ist;

5. Bezüge, die nach einem Abkommen zur Vermeidung der Doppelbesteuerung oder unter Progressionsvorbehalt nach § 34c Abs. 5 des Einkommensteuergesetzes von der Lohnsteuer freigestellt sind;

6. außerordentliche Einkünfte im Sinne des § 34 Abs. 1 und 2 Nr. 2 und 4 des Einkommensteuergesetzes und die davon nach § 39b Abs. 3 Satz 9 des Einkommensteuergesetzes einbehaltene Lohnsteuer;

7. (weggefallen)

8. Bezüge, die nach den §§ 40 bis 40b des Einkommensteuergesetzes pauschal besteuert worden sind, und die darauf entfallende Lohnsteuer. ²Lassen sich in den Fällen des § 40 Absatz 1 Satz 1 Nummer 2 und Absatz 2 des Einkommensteuergesetzes die auf den einzelnen Arbeitnehmer entfallenden Beträge nicht ohne weiteres ermitteln, so sind sie in einem Sammelkonto anzuschreiben. ³Das Sammelkonto muss die folgenden Angaben enthalten: Tag der Zahlung, Zahl der bedachten Arbeitnehmer, Summe der insgesamt gezahlten Bezüge, Höhe der Lohnsteuer sowie Hinweise auf die als Belege zum Sammelkonto aufzubewahrenden Unterlagen, insbesondere Zahlungsnachweise, Bestätigung des Finanzamts über die Zulassung der Lohnsteuerpauschalierung. ⁴In den Fällen des § 40a des Einkommensteuergesetzes genügt es, wenn der Arbeitgeber Aufzeichnungen führt, aus denen sich für die einzelnen Arbeitnehmer Name und Anschrift, Dauer der Beschäftigung, Tag der Zahlung, Höhe des Arbeitslohns und in den Fällen des § 40a Abs. 3 des Einkommensteuergesetzes auch die Art der Beschäftigung ergeben. ⁵Sind in den Fällen der Sätze 3 und 4 Bezüge nicht mit dem ermäßigten Kirchensteuersatz besteuert worden, so ist zusätzlich der fehlende Kirchensteuerabzug aufzuzeichnen und auf die als Beleg aufzubewahrende Unterlage hinzuweisen, aus der hervorgeht, dass der Arbeitnehmer keiner Religionsgemeinschaft angehört, für die die Kirchensteuer von den Finanzbehörden erhoben wird.

(3) ¹Das Betriebsstättenfinanzamt kann bei Arbeitgebern, die für die Lohnabrechnung ein maschinelles Verfahren anwenden, Ausnahmen von den Vorschriften der Absätze 1 und 2 zulassen, wenn die Möglichkeit zur Nachprüfung in anderer Weise sichergestellt ist. ²Das Betriebsstättenfinanzamt soll zulassen, dass Sachbezüge im Sinne des § 8 Absatz 2 Satz 11 und Absatz 3 des Einkommensteuergesetzes für solche Arbeitnehmer nicht aufzuzeichnen sind, für die durch betriebliche Regelungen und entsprechende Überwachungsmaßnahmen gewährleistet ist, dass die in § 8 Absatz 2 Satz 11 oder Absatz 3 des Einkommensteuergesetzes genannten Beträge nicht überschritten werden.

(4) ¹In den Fällen des § 38 Abs. 3a des Einkommensteuergesetzes ist ein Lohnkonto vom Dritten zu führen. ²In den Fällen des § 38 Abs. 3a Satz 2 ist der Arbeitgeber anzugeben und auch der Arbeitslohn einzutragen, der nicht vom Dritten, sondern vom Arbeitgeber selbst gezahlt wird. ³In den Fällen des § 38 Abs. 3a Satz 7 ist der Arbeitslohn für jedes Dienstverhältnis gesondert aufzuzeichnen.

## § 5 Besondere Aufzeichnungs- und Mitteilungspflichten im Rahmen der betrieblichen Altersversorgung[1]

(1) Der Arbeitgeber hat bei Durchführung einer kapitalgedeckten betrieblichen Altersversorgung über einen Pensionsfonds, eine Pensionskasse oder eine Direktversicherung ergänzend zu den in § 4 Abs. 2 Nr. 4 und 8 angeführten Aufzeichnungspflichten gesondert je Versorgungszusage und Arbeitnehmer Folgendes aufzuzeichnen:

1. bei Inanspruchnahme der Steuerbefreiung nach § 3 Nr. 63 Satz 3 des Einkommensteuergesetzes den Zeitpunkt der Erteilung, den Zeitpunkt der Übertragung nach dem „Abkommen zur Übertragung von Direktversicherungen oder Versicherungen in eine Pensionskasse bei Arbeitgeberwechsel" oder nach vergleichbaren Regelungen zur Übertragung von Versicherungen in Pensionskassen oder Pensionsfonds, bei der Änderung einer vor dem 1. Januar 2005 erteilten Versorgungszusage alle Änderungen der Zusage nach dem 31. Dezember 2004;

2. bei Anwendung des § 40b des Einkommensteuergesetzes in der am 31. Dezember 2004 geltenden Fassung den Inhalt der am 31. Dezember 2004 bestehenden Versorgungszusagen, sowie im Fall des § 52 Absatz 4 Satz 10 des Einkommensteuergesetzes die erforderliche Verzichtserklärung und bei der Übernahme einer Versorgungszusage nach § 4 Abs. 2 Nr. 1 des Betriebsrentengesetzes vom 19. Dezember 1974 (BGBl I S. 3610), das zuletzt durch Artikel 2 des Gesetzes vom 29. August 2005 (BGBl I S. 2546) geändert worden ist, in der jeweils geltenden Fassung oder bei einer Übertragung nach dem „Abkommen zur Übertragung von Direktversicherungen oder Versicherungen in eine Pensionskasse bei Arbeitgeberwechsel" oder nach vergleichbaren Regelungen zur Übertragung von Versicherungen in Pensionskassen oder Pensionsfonds im Falle einer vor dem 1. Januar 2005 erteilten Versorgungszusage zusätzlich die Erklärung des ehemaligen Arbeitgebers, dass diese Versorgungszusage vor dem 1. Januar 2005 erteilt und dass diese bis zur Übernahme nicht als Versorgungszusage im Sinne des § 3 Nr. 63 Satz 3 des Einkommensteuergesetzes behandelt wurde.

(2) ¹Der Arbeitgeber hat der Versorgungseinrichtung (Pensionsfonds, Pensionskasse, Direktversicherung), die für ihn die betriebliche Altersversorgung durchführt, spätestens zwei Monate nach Ablauf des Kalenderjahres oder nach Beendigung des Dienstverhältnisses im Laufe des Kalenderjahres gesondert je Versorgungszusage die für den einzelnen Arbeitnehmer geleisteten und

1. nach § 3 Nr. 56 und 63 des Einkommensteuergesetzes steuerfrei belassenen,
2. nach § 40b des Einkommensteuergesetzes in der am 31. Dezember 2004 geltenden Fassung pauschal besteuerten oder
3. individuell besteuerten

Beiträge mitzuteilen. ²Ferner hat der Arbeitgeber oder die Unterstützungskasse die nach § 3 Nr. 66 des Einkommensteuergesetzes steuerfrei belassenen Leistungen mitzuteilen. ³Die Mitteilungspflicht des Arbeitgebers oder der Unterstützungskasse kann durch einen Auftragnehmer wahrgenommen werden.

(3) ¹Eine Mitteilung nach Absatz 2 kann unterbleiben, wenn die Versorgungseinrichtung die steuerliche Behandlung der für den einzelnen Arbeitnehmer im Kalenderjahr geleisteten Beiträge bereits kennt oder aus den bei ihr vorhandenen Daten feststellen kann, und dieser Umstand dem Arbeitgeber mitgeteilt worden ist. ²Unterbleibt die Mitteilung des Arbeitgebers, ohne dass ihm eine entsprechende Mitteilung der Versorgungseinrichtung vorliegt, so hat die Versorgungseinrichtung davon auszugehen, dass es sich insgesamt bis zu den in § 3 Nr. 56 oder 63 des Einkommensteuergesetzes genannten Höchstbeträgen um steuerbegünstigte Beiträge handelt, die in der Auszahlungsphase als Leistungen im Sinne von § 22 Nr. 5 Satz 1 des Einkommensteuergesetzes zu besteuern sind.

---

1) **Anm. d. Red.:** § 5 Abs. 1 i. d. F. des Gesetzes v. 25. 7. 2014 (BGBl I S. 1266) mit Wirkung v. 31. 7. 2014.

## §§ 6 und 7 (weggefallen)[1]

## § 8 Anwendungszeitraum[2]

(1) Die Vorschriften dieser Verordnung in der Fassung des Artikels 2 des Gesetzes vom 13. Dezember 2006 (BGBl I S. 2878) sind erstmals anzuwenden auf laufenden Arbeitslohn, der für einen nach dem 31. Dezember 2006 endenden Lohnzahlungszeitraum gezahlt wird, und auf sonstige Bezüge, die nach dem 31. Dezember 2006 zufließen.

(2) ¹§ 6 Abs. 3 und 4 sowie § 7 in der am 31. Dezember 2001 geltenden Fassung sind weiter anzuwenden im Falle einer schädlichen Verfügung vor dem 1. Januar 2002. ²Die Nachversteuerung nach § 7 Abs. 1 Satz 1 unterbleibt, wenn der nachzufordernde Betrag 10 Euro nicht übersteigt.

## § 9 (weggefallen)[3]

---

1) **Anm. d. Red.:** §§ 6 und 7 weggefallen gem. Gesetz v. 20.12.2001 (BGBl I S. 3794) mit Wirkung v. 1.1.2002.

2) **Anm. d. Red.:** § 8 i. d. F. des Gesetzes v. 13.12.2006 (BGBl I S. 2878) mit Wirkung v. 1.1.2007.

3) **Anm. d. Red.:** § 9 weggefallen gem. Gesetz v. 25.2.1992 (BGBl I S. 297) mit Wirkung v. 29.2.1992.

## XII. Verordnung über die sozialversicherungsrechtliche Beurteilung von Zuwendungen des Arbeitgebers als Arbeitsentgelt (Sozialversicherungsentgeltverordnung – SvEV)

### v. 21.12.2006 (BGBl I S. 3385) mit späteren Änderungen

Die Verordnung über die sozialversicherungsrechtliche Beurteilung von Zuwendungen des Arbeitgebers als Arbeitsentgelt (Sozialversicherungsentgeltverordnung – SvEV) ist als Art. 1 Verordnung zur Neuordnung der Regelungen über die sozialversicherungsrechtliche Beurteilung von Zuwendungen des Arbeitgebers als Arbeitsentgelt v. 21.12.2006 (BGBl I S. 3385) verkündet worden und am 1.1.2007 in Kraft getreten. — Die hier wiedergegebene (nichtamtliche) Fassung berücksichtigt die Änderungen der SvEV durch Art. 2 Verordnung zur Neuordnung der Regelungen über die sozialversicherungsrechtliche Beurteilung von Zuwendungen des Arbeitgebers als Arbeitsentgelt v. 21.12.2006 (BGBl I S. 3385); Art. 2 Gesetz zur Förderung der zusätzlichen Altersvorsorge und zur Änderung des Dritten Buches Sozialgesetzbuch v. 10.12.2007 (BGBl I S. 2838); Art. 19a Gesetz zur Änderung des Vierten Buches Sozialgesetzbuch und anderer Gesetze v. 19.12.2007 (BGBl I S. 3024); Art. 1 Erste Verordnung zur Änderung der Sozialversicherungsentgeltverordnung v. 18.11.2008 (BGBl I S. 2220); Art. 9i Gesetz zur Änderung des Vierten Buches Sozialgesetzbuch, zur Errichtung einer Versorgungsausgleichskasse und anderer Gesetze v. 15.7.2009 (BGBl I S. 1939); Art. 1 Zweite Verordnung zur Änderung der Sozialversicherungsentgeltverordnung v. 19.10.2009 (BGBl I S. 3667); Art. 1 Dritte Verordnung zur Änderung der Sozialversicherungsentgeltverordnung v. 10.11.2010 (BGBl I S. 1751); Art. 1 Vierte Verordnung zur Änderung der Sozialversicherungsentgeltverordnung v. 2.12.2011 (BGBl I S. 2453); Art. 17 Gesetz zur Umsetzung der Beitreibungsrichtlinie sowie zur Änderung steuerlicher Vorschriften (Beitreibungsrichtlinie-Umsetzungsgesetz – BeitrRLUmsG) v. 7.12.2011 (BGBl I S. 2592); Art. 48 Gesetz zur Verbesserung der Eingliederungschancen am Arbeitsmarkt v. 20.12.2011 (BGBl I S. 2854); Art. 1 Fünfte Verordnung zur Änderung der Sozialversicherungsentgeltverordnung v. 19.12.2012 (BGBl I S. 2714); Art. 1 Sechste Verordnung zur Änderung der Sozialversicherungsentgeltverordnung v. 21.10.2013 (BGBl I S. 3871); Art. 1 Siebte Verordnung zur Änderung der Sozialversicherungsentgeltverordnung v. 24.11.2014 (BGBl I S. 1799); Art. 13 Fünftes Gesetz zur Änderung des Vierten Buches Sozialgesetzbuch und anderer Gesetze (5. SGB IV-ÄndG) v. 15.4.2015 (BGBl I S. 583, ber. I S. 1008); Art. 1 Achte Verordnung zur Änderung der Sozialversicherungsentgeltverordnung v. 18.11.2015 (BGBl I S. 2075).

### Nichtamtliche Fassung

### § 1 Dem sozialversicherungspflichtigen Arbeitsentgelt nicht zuzurechnende Zuwendungen[1)]

(1) ¹Dem Arbeitsentgelt sind nicht zuzurechnen:

1. einmalige Einnahmen, laufende Zulagen, Zuschläge, Zuschüsse sowie ähnliche Einnahmen, die zusätzlich zu Löhnen oder Gehältern gewährt werden, soweit sie lohnsteuerfrei sind; dies gilt nicht für Sonntags-, Feiertags- und Nachtarbeitszuschläge, soweit das Entgelt, auf dem sie berechnet werden, mehr als 25 Euro für jede Stunde beträgt,
2. sonstige Bezüge nach § 40 Abs. 1 Satz 1 Nr. 1 des Einkommensteuergesetzes, die nicht einmalig gezahltes Arbeitsentgelt nach § 23a des Vierten Buches Sozialgesetzbuch sind,
3. Einnahmen nach § 40 Abs. 2 des Einkommensteuergesetzes,
4. Beiträge nach § 40b des Einkommensteuergesetzes in der am 31. Dezember 2004 geltenden Fassung, die zusätzlich zu Löhnen und Gehältern gewährt werden; dies gilt auch für darin enthaltene Beiträge, die aus einer Entgeltumwandlung (§ 1 Abs. 2 Nr. 3 des Betriebsrentengesetzes) stammen,
4a. Zuwendungen nach § 3 Nr. 56 und § 40b des Einkommensteuergesetzes, die zusätzlich zu Löhnen und Gehältern gewährt werden und für die Satz 3 und 4 nichts Abweichendes bestimmen,
5. Beträge nach § 10 des Entgeltfortzahlungsgesetzes,

---

1) **Anm. d. Red.:** § 1 Abs. 1 i. d. F. des Gesetzes v. 15.4.2015 (BGBl I S. 583) mit Wirkung v. 22.4.2015.

6. Zuschüsse zum Mutterschaftsgeld nach § 14 des Mutterschutzgesetzes,
7. in den Fällen des § 3 Abs. 3 der vom Arbeitgeber insoweit übernommene Teil des Gesamtsozialversicherungsbeitrags,
8. Zuschüsse des Arbeitgebers zum Kurzarbeitergeld und Saison-Kurzarbeitergeld, soweit sie zusammen mit dem Kurzarbeitergeld 80 Prozent des Unterschiedsbetrages zwischen dem Sollentgelt und dem Ist-Entgelt nach § 106 des Dritten Buches Sozialgesetzbuch nicht übersteigen,
9. steuerfreie Zuwendungen an Pensionskassen, Pensionsfonds oder Direktversicherungen nach § 3 Nr. 63 Satz 1 und 2 des Einkommensteuergesetzes im Kalenderjahr bis zur Höhe von insgesamt 4 Prozent der Beitragsbemessungsgrenze in der allgemeinen Rentenversicherung; dies gilt auch für darin enthaltene Beträge, die aus einer Entgeltumwandlung (§ 1 Abs. 2 Nr. 3 des Betriebsrentengesetzes) stammen,
10. Leistungen eines Arbeitgebers oder einer Unterstützungskasse an einen Pensionsfonds zur Übernahme bestehender Versorgungsverpflichtungen oder Versorgungsanwartschaften durch den Pensionsfonds, soweit diese nach § 3 Nr. 66 des Einkommensteuergesetzes steuerfrei sind,
11. steuerlich nicht belastete Zuwendungen des Beschäftigten zugunsten von durch Naturkatastrophen im Inland Geschädigten aus Arbeitsentgelt einschließlich Wertguthaben,
12. Sonderzahlungen nach § 19 Absatz 1 Satz 1 Nummer 3 Satz 2 bis 4 des Einkommensteuergesetzes der Arbeitgeber zur Deckung eines finanziellen Fehlbetrages an die Einrichtungen, für die Satz 3 gilt,
13. Sachprämien nach § 37a des Einkommensteuergesetzes,
14. Zuwendungen nach § 37b Abs. 1 des Einkommensteuergesetzes, soweit die Zuwendungen an Arbeitnehmer eines Dritten erbracht werden und diese Arbeitnehmer nicht Arbeitnehmer eines mit dem Zuwendenden verbundenen Unternehmens sind,
15. vom Arbeitgeber getragene oder übernommene Studiengebühren für ein Studium des Beschäftigten, soweit sie steuerrechtlich kein Arbeitslohn sind,
16. steuerfreie Aufwandsentschädigungen und die in § 3 Nummer 26 und 26a des Einkommensteuergesetzes genannten steuerfreien Einnahmen.

²Dem Arbeitsentgelt sind die in Satz 1 Nummer 1 bis 4a, 9 bis 11, 13, 15 und 16 genannten Einnahmen, Zuwendungen und Leistungen nur dann nicht zuzurechnen, soweit diese vom Arbeitgeber oder von einem Dritten mit der Entgeltabrechnung für den jeweiligen Abrechnungszeitraum lohnsteuerfrei belassen oder pauschal besteuert werden. ³Die Summe der in Satz 1 Nr. 4a genannten Zuwendungen nach § 3 Nr. 56 und § 40b des Einkommensteuergesetzes, die vom Arbeitgeber oder von einem Dritten mit der Entgeltabrechnung für den jeweiligen Abrechnungszeitraum lohnsteuerfrei belassen oder pauschal besteuert werden, höchstens jedoch monatlich 100 Euro, sind bis zur Höhe von 2,5 Prozent des für ihre Bemessung maßgebenden Entgelts dem Arbeitsentgelt zuzurechnen, wenn die Versorgungsregelung mindestens bis zum 31. Dezember 2000 vor der Anwendung etwaiger Nettobegrenzungsregelungen eine allgemein erreichbare Gesamtversorgung von mindestens 75 Prozent des gesamtversorgungsfähigen Entgelts und nach dem Eintritt des Versorgungsfalles eine Anpassung nach Maßgabe der Entwicklung der Arbeitsentgelte im Bereich der entsprechenden Versorgungsregelung oder gesetzlicher Versorgungsbezüge vorsieht; die dem Arbeitsentgelt zuzurechnenden Beiträge und Zuwendungen vermindern sich um monatlich 13,30 Euro. ⁴Satz 3 gilt mit der Maßgabe, dass die Zuwendungen nach § 3 Nr. 56 und § 40b des Einkommensteuergesetzes dem Arbeitsentgelt insoweit zugerechnet werden, als sie in der Summe monatlich 100 Euro übersteigen.

(2) In der gesetzlichen Unfallversicherung und in der Seefahrt sind auch lohnsteuerfreie Zuschläge für Sonntags-, Feiertags- und Nachtarbeit dem Arbeitsentgelt zuzurechnen; dies gilt in der Unfallversicherung nicht für Erwerbseinkommen, das bei einer Hinterbliebenenrente zu berücksichtigen ist.

## § 2 Verpflegung, Unterkunft und Wohnung als Sachbezug[1]

(1) ¹Der Wert der als Sachbezug zur Verfügung gestellten Verpflegung wird auf monatlich 236 Euro festgesetzt. ²Dieser Wert setzt sich zusammen aus dem Wert für

1. Frühstück von 50 Euro,
2. Mittagessen von 93 Euro und
3. Abendessen von 93 Euro.

(2) ¹Für Verpflegung, die nicht nur dem Beschäftigten, sondern auch seinen nicht bei demselben Arbeitgeber beschäftigten Familienangehörigen zur Verfügung gestellt wird, erhöhen sich die nach Absatz 1 anzusetzenden Werte je Familienangehörigen,

1. der das 18. Lebensjahr vollendet hat, um 100 Prozent,
2. der das 14., aber noch nicht das 18. Lebensjahr vollendet hat, um 80 Prozent,
3. der das 7., aber noch nicht das 14. Lebensjahr vollendet hat, um 40 Prozent und
4. der das 7. Lebensjahr noch nicht vollendet hat, um 30 Prozent.

²Bei der Berechnung des Wertes ist das Lebensalter des Familienangehörigen im ersten Entgeltabrechnungszeitraum des Kalenderjahres maßgebend. ³Sind Ehegatten bei demselben Arbeitgeber beschäftigt, sind die Erhöhungswerte nach Satz 1 für Verpflegung der Kinder beiden Ehegatten je zur Hälfte zuzurechnen.

(3) ¹Der Wert einer als Sachbezug zur Verfügung gestellten Unterkunft wird auf monatlich 223 Euro festgesetzt. ²Der Wert der Unterkunft nach Satz 1 vermindert sich

1. bei Aufnahme des Beschäftigten in den Haushalt des Arbeitgebers oder bei Unterbringung in einer Gemeinschaftsunterkunft um 15 Prozent,
2. für Jugendliche bis zur Vollendung des 18. Lebensjahres und Auszubildende um 15 Prozent und
3. bei der Belegung
   a) mit zwei Beschäftigten um 40 Prozent,
   b) mit drei Beschäftigten um 50 Prozent und
   c) mit mehr als drei Beschäftigten um 60 Prozent.

³Ist es nach Lage des einzelnen Falles unbillig, den Wert einer Unterkunft nach Satz 1 zu bestimmen, kann die Unterkunft mit dem ortsüblichen Mietpreis bewertet werden; Absatz 4 Satz 2 gilt entsprechend.

(4) ¹Für eine als Sachbezug zur Verfügung gestellte Wohnung ist als Wert der ortsübliche Mietpreis unter Berücksichtigung der sich aus der Lage der Wohnung zum Betrieb ergebenden Beeinträchtigungen anzusetzen. ²Ist im Einzelfall die Feststellung des ortsüblichen Mietpreises mit außergewöhnlichen Schwierigkeiten verbunden, kann die Wohnung mit 3,92 Euro je Quadratmeter monatlich, bei einfacher Ausstattung (ohne Sammelheizung oder ohne Bad oder Dusche) mit 3,20 Euro je Quadratmeter monatlich bewertet werden. ³Bestehen gesetzliche Mietpreisbeschränkungen, sind die durch diese Beschränkungen festgelegten Mietpreise als Werte anzusetzen. ⁴Dies gilt auch für die vertraglichen Mietpreisbeschränkungen im sozialen Wohnungsbau, die nach den jeweiligen Förderrichtlinien des Landes für den betreffenden Förderjahrgang sowie für die mit Wohnungsfürsorgemitteln aus öffentlichen Haushalten geförderten Wohnungen vorgesehen sind. ⁵Für Energie, Wasser und sonstige Nebenkosten ist der übliche Preis am Abgabeort anzusetzen.

(5) Werden Verpflegung, Unterkunft oder Wohnung verbilligt als Sachbezug zur Verfügung gestellt, ist der Unterschiedsbetrag zwischen dem vereinbarten Preis und dem Wert, der sich bei freiem Bezug nach den Absätzen 1 bis 4 ergeben würde, dem Arbeitsentgelt zuzurechnen.

---

1) **Anm. d. Red.:** § 2 Abs. 1 i. d. F. der VO v. 18. 11. 2015 (BGBl I S. 2075) mit Wirkung v. 1. 1. 2016; Abs. 3 und 4 i. d. F. der VO v. 24. 11. 2014 (BGBl I S. 1799) mit Wirkung v. 1. 1. 2015.

(6) ¹Bei der Berechnung des Wertes für kürzere Zeiträume als einen Monat ist für jeden Tag ein Dreißigstel der Werte nach den Absätzen 1 bis 5 zugrunde zu legen. ²Die Prozentsätze der Absätze 2 und 3 sind auf den Tageswert nach Satz 1 anzuwenden. ³Die Berechnungen werden jeweils auf 2 Dezimalstellen durchgeführt; die zweite Dezimalstelle wird um 1 erhöht, wenn sich in der dritten Dezimalstelle eine der Zahlen 5 bis 9 ergibt.

## § 3 Sonstige Sachbezüge[1]

(1) ¹Werden Sachbezüge, die nicht von § 2 erfasst werden, unentgeltlich zur Verfügung gestellt, ist als Wert für diese Sachbezüge der um übliche Preisnachlässe geminderte übliche Endpreis am Abgabeort anzusetzen. ²Sind auf Grund des § 8 Absatz 2 Satz 10 des Einkommensteuergesetzes Durchschnittswerte festgesetzt worden, sind diese Werte maßgebend. ³Findet § 8 Abs. 2 Satz 2, 3, 4 oder 5 oder Abs. 3 Satz 1 des Einkommensteuergesetzes Anwendung, sind die dort genannten Werte maßgebend. ⁴§ 8 Absatz 2 Satz 11 des Einkommensteuergesetzes gilt entsprechend.

(2) Werden Sachbezüge, die nicht von § 2 erfasst werden, verbilligt zur Verfügung gestellt, ist als Wert für diese Sachbezüge der Unterschiedsbetrag zwischen dem vereinbarten Preis und dem Wert, der sich bei freiem Bezug nach Absatz 1 ergeben würde, dem Arbeitsentgelt zuzurechnen.

(3) ¹Waren und Dienstleistungen, die vom Arbeitgeber nicht überwiegend für den Bedarf seiner Arbeitnehmer hergestellt, vertrieben oder erbracht werden und die nach § 40 Abs. 1 Satz 1 Nr. 1 des Einkommensteuergesetzes pauschal versteuert werden, können mit dem Durchschnittsbetrag der pauschal versteuerten Waren und Dienstleistungen angesetzt werden; dabei kann der Durchschnittsbetrag des Vorjahres angesetzt werden. ²Besteht das Beschäftigungsverhältnis nur während eines Teils des Kalenderjahres, ist für jeden Tag des Beschäftigungsverhältnisses der dreihundertsechzigste Teil des Durchschnittswertes nach Satz 1 anzusetzen. ³Satz 1 gilt nur, wenn der Arbeitgeber den von dem Beschäftigten zu tragenden Teil des Gesamtsozialversicherungsbeitrags übernimmt. ⁴Die Sätze 1 bis 3 gelten entsprechend für Sachzuwendungen im Wert von nicht mehr als 80 Euro, die der Arbeitnehmer für Verbesserungsvorschläge sowie für Leistungen in der Unfallverhütung und im Arbeitsschutz erhält. ⁵Die mit einem Durchschnittswert angesetzten Sachbezüge, die in einem Kalenderjahr gewährt werden, sind insgesamt dem letzten Entgeltabrechnungszeitraum in diesem Kalenderjahr zuzuordnen.

## § 4 (weggefallen)[2]

---

1) **Anm. d. Red.:** § 3 Abs. 1 i. d. F. der VO v. 21. 10. 2013 (BGBl I S. 3871) mit Wirkung v. 1. 1. 2014.
2) **Anm. d. Red.:** § 4 weggefallen gem. VO v. 21. 12. 2006 (BGBl I S. 3385) mit Wirkung v. 1. 1. 2009.

# XIII. Solidaritätszuschlaggesetz (SolZG)
### v. 15.10.2002 (BGBl I S. 4131) mit späteren Änderungen

Das Solidaritätszuschlaggesetz (SolZG) v. 15.10.2002 (BGBl I S. 4131) wurde geändert durch Art. 8b Zweites Gesetz für moderne Dienstleistungen am Arbeitsmarkt v. 23.12.2002 (BGBl I S. 4621); Art. 14 Jahressteuergesetz 2007 (JStG 2007) v. 13.12.2006 (BGBl I S. 2878); Art. 7 Jahressteuergesetz 2008 (JStG 2008) v. 20.12.2007 (BGBl I S. 3150); Art. 24 Jahressteuergesetz 2009 (JStG 2009) v. 19.12.2008 (BGBl I S. 2794); Art. 5 Gesetz zur Förderung von Familien und haushaltsnahen Dienstleistungen (Familienleistungsgesetz – FamLeistG) v. 22.12.2008 (BGBl I S. 2955); Art. 9 Gesetz zur Beschleunigung des Wirtschaftswachstums (Wachstumsbeschleunigungsgesetz) v. 22.12.2009 (BGBl I S. 3950); Art. 31 Jahressteuergesetz 2010 (JStG 2010) v. 8.12.2010 (BGBl I S. 1768); Art. 6 Gesetz zur Umsetzung der Beitreibungsrichtlinie sowie zur Änderung steuerlicher Vorschriften (Beitreibungsrichtlinie-Umsetzungsgesetz – BeitrRLUmsG) v. 7.12.2011 (BGBl I S. 2592); Art. 3 und 4 Gesetz zur Anhebung des Grundfreibetrags, des Kinderfreibetrags, des Kindergeldes und des Kinderzuschlags v. 16.7.2015 (BGBl I S. 1202). **– Zur Anwendung siehe § 6.**

## Nichtamtliche Fassung

### § 1 Erhebung eines Solidaritätszuschlags

(1) Zur Einkommensteuer und zur Körperschaftsteuer wird ein Solidaritätszuschlag als Ergänzungsabgabe erhoben.

(2) Auf die Festsetzung und Erhebung des Solidaritätszuschlags sind die Vorschriften des Einkommensteuergesetzes und des Körperschaftsteuergesetzes entsprechend anzuwenden.

(3) Ist die Einkommen- oder Körperschaftsteuer für Einkünfte, die dem Steuerabzug unterliegen, durch den Steuerabzug abgegolten oder werden solche Einkünfte bei der Veranlagung zur Einkommen- oder Körperschaftsteuer oder beim Lohnsteuer-Jahresausgleich nicht erfasst, gilt dies für den Solidaritätszuschlag entsprechend.

(4) [1]Die Vorauszahlungen auf den Solidaritätszuschlag sind gleichzeitig mit den festgesetzten Vorauszahlungen auf die Einkommensteuer oder Körperschaftsteuer zu entrichten; § 37 Abs. 5 des Einkommensteuergesetzes ist nicht anzuwenden. [2]Solange ein Bescheid über die Vorauszahlungen auf den Solidaritätszuschlag nicht erteilt worden ist, sind die Vorauszahlungen ohne besondere Aufforderung nach Maßgabe der für den Solidaritätszuschlag geltenden Vorschriften zu entrichten. [3]§ 240 Abs. 1 Satz 3 der Abgabenordnung ist insoweit nicht anzuwenden; § 254 Abs. 2 der Abgabenordnung gilt insoweit sinngemäß.

(5) [1]Mit einem Rechtsbehelf gegen den Solidaritätszuschlag kann weder die Bemessungsgrundlage noch die Höhe des zu versteuernden Einkommens angegriffen werden. [2]Wird die Bemessungsgrundlage geändert, ändert sich der Solidaritätszuschlag entsprechend.

### § 2 Abgabepflicht[1]

Abgabepflichtig sind
1. natürliche Personen, die nach § 1 des Einkommensteuergesetzes einkommensteuerpflichtig sind,
2. natürliche Personen, die nach § 2 des Außensteuergesetzes erweitert beschränkt steuerpflichtig sind,
3. Körperschaften, Personenvereinigungen und Vermögensmassen, die nach § 1 oder § 2 des Körperschaftsteuergesetzes körperschaftsteuerpflichtig sind.

---

1) **Anm. d. Red.:** Zur Anwendung des § 2 siehe § 6 Abs. 1.

## § 3 Bemessungsgrundlage und zeitliche Anwendung[1)2)]

(1) Der Solidaritätszuschlag bemisst sich vorbehaltlich der Absätze 2 bis 5,
1. soweit eine Veranlagung zur Einkommensteuer oder Körperschaftsteuer vorzunehmen ist:
   nach der nach Absatz 2 berechneten Einkommensteuer oder der festgesetzten Körperschaftsteuer für Veranlagungszeiträume ab 1998, vermindert um die anzurechnende oder vergütete Körperschaftsteuer, wenn ein positiver Betrag verbleibt;
2. soweit Vorauszahlungen zur Einkommensteuer oder Körperschaftsteuer zu leisten sind:
   nach den Vorauszahlungen auf die Steuer für Veranlagungszeiträume ab 2002;
3. soweit Lohnsteuer zu erheben ist:
   nach der nach Absatz 2a berechneten Lohnsteuer für
   a) laufenden Arbeitslohn, der für einen nach dem 31. Dezember 1997 endenden Lohnzahlungszeitraum gezahlt wird,
   b) sonstige Bezüge, die nach dem 31. Dezember 1997 zufließen;
4. soweit ein Lohnsteuer-Jahresausgleich durchzuführen ist, nach der nach Absatz 2a sich ergebenden Jahreslohnsteuer für Ausgleichsjahre ab 1998;
5. soweit Kapitalertragsteuer oder Zinsabschlag zu erheben ist außer in den Fällen des § 43b des Einkommensteuergesetzes:
   nach der ab 1. Januar 1998 zu erhebenden Kapitalertragsteuer oder dem ab diesem Zeitpunkt zu erhebenden Zinsabschlag;
6. soweit bei beschränkt Steuerpflichtigen ein Steuerabzugsbetrag nach § 50a des Einkommensteuergesetzes zu erheben ist:
   nach dem ab 1. Januar 1998 zu erhebenden Steuerabzugsbetrag.

(2) Bei der Veranlagung zur Einkommensteuer ist Bemessungsgrundlage für den Solidaritätszuschlag die Einkommensteuer, die abweichend von § 2 Abs. 6 des Einkommensteuergesetzes unter Berücksichtigung von Freibeträgen nach § 32 Abs. 6 des Einkommensteuergesetzes in allen Fällen des § 32 des Einkommensteuergesetzes festzusetzen wäre.

(2a) [1]Vorbehaltlich des § 40a Absatz 2 des Einkommensteuergesetzes ist beim Steuerabzug vom Arbeitslohn Bemessungsgrundlage die Lohnsteuer; beim Steuerabzug vom laufenden Arbeitslohn und beim Jahresausgleich ist die Lohnsteuer maßgebend, die sich ergibt, wenn der nach § 39b Absatz 2 Satz 5 des Einkommensteuergesetzes zu versteuernde Jahresbetrag für die Steuerklassen I, II und III im Sinne des § 38b des Einkommensteuergesetzes um den Kinderfreibetrag von 4 608 Euro sowie den Freibetrag für den Betreuungs- und Erziehungs- oder Ausbildungsbedarf von 2 640 Euro und für die Steuerklasse IV im Sinne des § 38b des Einkommensteuergesetzes um den Kinderfreibetrag von 2 304 Euro sowie den Freibetrag für den Betreuungs- und Erziehungs- oder Ausbildungsbedarf von 1 320 Euro für jedes Kind vermindert wird, für das eine Kürzung der Freibeträge für Kinder nach § 32 Absatz 6 Satz 4 des Einkommensteuergesetzes nicht in Betracht kommt. [2]Bei der Anwendung des § 39b des Einkommensteuergesetzes für die Ermittlung des Solidaritätszuschlages ist die als Lohnsteuerabzugsmerkmal gebildete Zahl der Kinderfreibeträge maßgebend. [3]Bei Anwendung des § 39f des Einkommensteuergesetzes ist beim Steuerabzug vom laufenden Arbeitslohn die Lohnsteuer maßgebend, die sich bei Anwendung des nach § 39f Abs. 1 des Einkommensteuergesetzes ermittelten Faktors auf den nach den Sätzen 1 und 2 ermittelten Betrag ergibt.

(3) [1]Der Solidaritätszuschlag ist von einkommensteuerpflichtigen Personen nur zu erheben, wenn die Bemessungsgrundlage nach Absatz 1 Nummer 1 und 2, vermindert um die Einkommensteuer nach § 32d Absatz 3 und 4 des Einkommensteuergesetzes,

---

1) **Anm. d. Red.:** § 3 Abs. 2a i. d. F. des Gesetzes v. 16. 7. 2015 (BGBl I S. 1202) mit Wirkung v. 1. 1. 2016; Abs. 3 i. d. F. des Gesetzes v. 8. 12. 2010 (BGBl I S. 1768) mit Wirkung v. 14. 12. 2010.

2) **Anm. d. Red.:** Zur Anwendung des § 3 siehe § 6 Abs. 8 bis 15.

1. in den Fällen des § 32a Absatz 5 und 6 des Einkommensteuergesetzes 1 944 Euro,
2. in anderen Fällen 972 Euro

übersteigt. ²Auf die Einkommensteuer nach § 32d Absatz 3 und 4 des Einkommensteuergesetzes ist der Solidaritätszuschlag ungeachtet des Satzes 1 zu erheben.

(4) ¹Beim Abzug vom laufenden Arbeitslohn ist der Solidaritätszuschlag nur zu erheben, wenn die Bemessungsgrundlage im jeweiligen Lohnzahlungszeitraum

1. bei monatlicher Lohnzahlung
   a) in der Steuerklasse III mehr als 162 Euro und
   b) in den Steuerklassen I, II, IV bis VI mehr als 81 Euro,
2. bei wöchentlicher Lohnzahlung
   a) in der Steuerklasse III mehr als 37,80 Euro und
   b) in den Steuerklassen I, II, IV bis VI mehr als 18,90 Euro,
3. bei täglicher Lohnzahlung
   a) in der Steuerklasse III mehr als 5,40 Euro und
   b) in den Steuerklassen I, II, IV bis VI mehr als 2,70 Euro

beträgt. ²§ 39b Abs. 4 des Einkommensteuergesetzes ist sinngemäß anzuwenden.

(5) Beim Lohnsteuer-Jahresausgleich ist der Solidaritätszuschlag nur zu ermitteln, wenn die Bemessungsgrundlage in Steuerklasse III mehr als 1 944 Euro und in den Steuerklassen I, II oder IV mehr als 972 Euro beträgt.

## § 4 Zuschlagsatz[1)2)]

¹Der Solidaritätszuschlag beträgt 5,5 Prozent der Bemessungsgrundlage. ²Er beträgt nicht mehr als 20 Prozent des Unterschiedsbetrages zwischen der Bemessungsgrundlage, vermindert um die Einkommensteuer nach § 32d Absatz 3 und 4 des Einkommensteuergesetzes, und der nach § 3 Absatz 3 bis 5 jeweils maßgebenden Freigrenze. ³Bruchteile eines Cents bleiben außer Ansatz. ⁴Der Solidaritätszuschlag auf die Einkommensteuer nach § 32d Absatz 3 und 4 des Einkommensteuergesetzes beträgt ungeachtet des Satzes 2 5,5 Prozent.

## § 5 Doppelbesteuerungsabkommen

Werden auf Grund eines Abkommens zur Vermeidung der Doppelbesteuerung im Geltungsbereich dieses Gesetzes erhobene Steuern vom Einkommen ermäßigt, so ist diese Ermäßigung zuerst auf den Solidaritätszuschlag zu beziehen.

## § 6 Anwendungsvorschrift[3)]

(1) § 2 in der Fassung des Gesetzes vom 18. Dezember 1995 (BGBl I S. 1959) ist ab dem Veranlagungszeitraum 1995 anzuwenden.

(2) Das Gesetz in der Fassung des Gesetzes vom 11. Oktober 1995 (BGBl I S. 1250) ist erstmals für den Veranlagungszeitraum 1996 anzuwenden.

(3) Das Gesetz in der Fassung des Gesetzes vom 21. November 1997 (BGBl I S. 2743) ist erstmals für den Veranlagungszeitraum 1998 anzuwenden.

(4) Das Gesetz in der Fassung des Gesetzes vom 23. Oktober 2000 (BGBl I S. 1433) ist erstmals für den Veranlagungszeitraum 2001 anzuwenden.

(5) Das Gesetz in der Fassung des Gesetzes vom 21. Dezember 2000 (BGBl I S. 1978) ist erstmals für den Veranlagungszeitraum 2001 anzuwenden.

---

1) **Anm. d. Red.:** § 4 i. d. F. des Gesetzes v. 8. 12. 2010 (BGBl I S. 1768) mit Wirkung v. 14. 12. 2010.
2) **Anm. d. Red.:** Zur Anwendung des § 4 siehe § 6 Abs. 12.
3) **Anm. d. Red.:** § 6 i. d. F. des Gesetzes v. 16. 7. 2015 (BGBl I S. 1202) mit Wirkung v. 1. 1. 2016.

## § 6 XIII. Solidaritätszuschlaggesetz

(6) Das Solidaritätszuschlaggesetz 1995 in der Fassung des Artikels 6 des Gesetzes vom 19. Dezember 2000 (BGBl I S. 1790) ist erstmals für den Veranlagungszeitraum 2002 anzuwenden.

(7) § 1 Abs. 2a in der Fassung des Gesetzes zur Regelung der Bemessungsgrundlage für Zuschlagsteuern vom 21. Dezember 2000 (BGBl I S. 1978, 1979) ist letztmals für den Veranlagungszeitraum 2001 anzuwenden.

(8)[1)] § 3 Abs. 2a in der Fassung des Gesetzes zur Regelung der Bemessungsgrundlage für Zuschlagsteuern vom 21. Dezember 2000 (BGBl I S. 1978, 1979) ist erstmals für den Veranlagungszeitraum 2002 anzuwenden.

(9) § 3 in der Fassung des Artikels 7 des Gesetzes vom 20. Dezember 2007 (BGBl I S. 3150) ist erstmals für den Veranlagungszeitraum 2008 anzuwenden.

(10) § 3 in der Fassung des Artikels 5 des Gesetzes vom 22. Dezember 2008 (BGBl I S. 2955) ist erstmals für den Veranlagungszeitraum 2009 anzuwenden.

(11) § 3 in der Fassung des Artikels 9 des Gesetzes vom 22. Dezember 2009 (BGBl I S. 3950) ist erstmals für den Veranlagungszeitraum 2010 anzuwenden.

(12) [1]§ 3 Absatz 3 und § 4 in der Fassung des Artikels 31 des Gesetzes vom 8. Dezember 2010 (BGBl I S. 1768) sind erstmals für den Veranlagungszeitraum 2011 anzuwenden. [2]Abweichend von Satz 1 sind § 3 Absatz 3 und § 4 in der Fassung des Artikels 31 des Gesetzes vom 8. Dezember 2010 (BGBl I S. 1768) auch für die Veranlagungszeiträume 2009 und 2010 anzuwenden, soweit sich dies zu Gunsten des Steuerpflichtigen auswirkt.

(13) § 3 Absatz 2a Satz 2 in der Fassung des Artikels 6 des Gesetzes vom 7. Dezember 2011 (BGBl I S. 2592) ist erstmals für den Veranlagungszeitraum 2012 anzuwenden.

(14) [1]§ 3 Absatz 2a Satz 1 in der am 23. Juli 2015 geltenden Fassung ist erstmals anzuwenden auf laufenden Arbeitslohn, der für einen nach dem 30. November 2015 endenden Lohnzahlungszeitraum gezahlt wird, und auf sonstige Bezüge, die nach dem 30. November 2015 zufließen. [2]Bei der Lohnsteuerberechnung auf laufenden Arbeitslohn, der für einen nach dem 30. November 2015, aber vor dem 1. Januar 2016 endenden täglichen, wöchentlichen und monatlichen Lohnzahlungszeitraum gezahlt wird, ist zu berücksichtigen, dass § 3 Absatz 2a Satz 1 in der am 23. Juli 2015 geltenden Fassung bis zum 30. November 2015 nicht angewandt wurde (Nachholung). [3]Das Bundesministerium der Finanzen hat dies im Einvernehmen mit den obersten Finanzbehörden der Länder bei der Aufstellung und Bekanntmachung der entsprechenden Programmablaufpläne zu berücksichtigen (§ 52 Absatz 32a Satz 3 des Einkommensteuergesetzes).

(15) § 3 Absatz 2a in der am 1. Januar 2016 geltenden Fassung ist erstmals auf den laufenden Arbeitslohn anzuwenden, der für einen nach dem 31. Dezember 2015 endenden Lohnzahlungszeitraum gezahlt wird, und auf sonstige Bezüge, die nach dem 31. Dezember 2015 zufließen.

---

1) **Anm. d. Red.:** Aufgrund eines redaktionellen Versehens des Gesetzgebers wurden offensichtlich in Abs. 8 die Änderungen des § 3 Abs. 2a SolZG durch das Zweite Gesetz zur Regelung der Familienförderung v. 16. 8. 2001 (BGBl I S. 2074), das StÄndG 2001 v. 20. 12. 2001 (BGBl I S. 3794) und das Fünfte Gesetz zur Änderung des Steuerbeamten-Ausbildungsgesetzes und zur Änderung von Steuergesetzen v. 23. 7. 2002 (BGBl I S. 2715) nicht berücksichtigt.

## XIV. Fünftes Gesetz zur Förderung der Vermögensbildung der Arbeitnehmer (Fünftes Vermögensbildungsgesetz – 5. VermBG)

v. 4. 3. 1994 (BGBl I S. 407) mit späteren Änderungen

Das Fünfte Gesetz zur Förderung der Vermögensbildung der Arbeitnehmer (Fünftes Vermögensbildungsgesetz – 5. VermBG) v. 4. 3. 1994 (BGBl I S. 407) wurde geändert durch Art. 7 Drittes Gesetz zur Durchführung versicherungsrechtlicher Richtlinien des Rates der Europäischen Gemeinschaften (Drittes Durchführungsgesetz/EWG zum VAG) v. 21. 7. 1994 (BGBl I S. 1630, ber. I S. 3134); Art. 51 Arbeitsförderungs-Reformgesetz (AFRG) v. 24. 3. 1997 (BGBl I S. 594); Art. 6 Abs. 5 Zivilschutzneuordnungsgesetz (ZSNeuOG) v. 25. 3. 1997 (BGBl I S. 726); Art. 6 Gesetz zur weiteren Fortentwicklung des Finanzplatzes Deutschland (Drittes Finanzmarktförderungsgesetz) v. 24. 3. 1998 (BGBl I S. 529); Art. 1 Gesetz zur Förderung der Beteiligung der Arbeitnehmer am Produktivvermögen und anderer Formen der Vermögensbildung der Arbeitnehmer (Drittes Vermögensbeteiligungsgesetz) v. 7. 9. 1998 (BGBl I S. 2647); Art. 33 Steuer-Euroglättungsgesetz (StEuglG) v. 19. 12. 2000 (BGBl I S. 1790); Art. 25 Altersvermögensgesetz (AVmG) v. 26. 6. 2001 (BGBl I S. 1310); Art. 30 Steueränderungsgesetz 2001 (StÄndG 2001) v. 20. 12. 2001 (BGBl I S. 3794); Art. 14 Gesetz zur Modernisierung des Investmentwesens und zur Besteuerung von Investmentvermögen (Investmentmodernisierungsgesetz) v. 15. 12. 2003 (BGBl I S. 2676); Art. 74 Drittes Gesetz für moderne Dienstleistungen am Arbeitsmarkt v. 23. 12. 2003 (BGBl I S. 2848); Art. 19 Haushaltsbegleitgesetz 2004 (HBeglG 2004) v. 29. 12. 2003 (BGBl I S. 3076, ber. 2004 I S. 69); Art. 17 Gesetz zur Einführung der Europäischen Genossenschaft und zur Änderung des Genossenschaftsrechts v. 14. 8. 2006 (BGBl I S. 1911); Art. 13a Nr. 4 Gesetz zur Umsetzung der Richtlinie über Märkte für Finanzinstrumente und der Durchführungsrichtlinie der Kommission (Finanzmarktrichtlinie-Umsetzungsgesetz) v. 16. 7. 2007 (BGBl I S. 1330); Art. 9 Abs. 15 Gesetz zur Reform des Versicherungsvertragsrechts v. 23. 11. 2007 (BGBl I S. 2631); Art. 18 Gesetz zur Änderung des Investmentgesetzes und zur Anpassung anderer Vorschriften (Investmentänderungsgesetz) v. 21. 12. 2007 (BGBl I S. 3089); Art. 7 Gesetz zur verbesserten Einbeziehung der selbstgenutzten Wohnimmobilie in die geförderte Altersvorsorge (Eigenheimrentengesetz – EigRentG) v. 29. 7. 2008 (BGBl I S. 1509); Art. 1 Gesetz zur Änderung des Fünften Vermögensbildungsgesetzes v. 8. 12. 2008 (BGBl I S. 2373); Art. 5 Gesetz zur Modernisierung und Entbürokratisierung des Steuerverfahrens (Steuerbürokratieabbaugesetz) v. 20. 12. 2008 (BGBl I S. 2850); Art. 2 Gesetz zur steuerlichen Förderung der Mitarbeiterkapitalbeteiligung (Mitarbeiterkapitalbeteiligungsgesetz) v. 7. 3. 2009 (BGBl I S. 451); Art. 12 Gesetz zur verbesserten steuerlichen Berücksichtigung von Vorsorgeaufwendungen (Bürgerentlastungsgesetz Krankenversicherung) v. 16. 7. 2009 (BGBl I S. 1959); Art. 10 Jahressteuergesetz 2010 (JStG 2010) v. 8. 12. 2010 (BGBl I S. 1768); Art. 6 Gesetz zur bestätigenden Regelung verschiedener steuerlicher und verkehrsrechtlicher Vorschriften des Haushaltsbegleitgesetzes 2004 v. 5. 4. 2011 (BGBl I S. 554); Art. 13 Gesetz zur Umsetzung der Beitreibungsrichtlinie sowie zur Änderung steuerlicher Vorschriften (Beitreibungsrichtlinie-Umsetzungsgesetz – BeitrRLUmsG) v. 7. 12. 2011 (BGBl I S. 2592); Art. 18 Gesetz zur Umsetzung der Amtshilferichtlinie sowie zur Änderung steuerlicher Vorschriften (Amtshilferichtlinie-Umsetzungsgesetz – AmtshilfeRLUmsG) v. 26. 6. 2013 (BGBl I S. 1809); Art. 5 Gesetz zur Anpassung des Investmentsteuergesetzes und anderer Gesetze an das AIFM-Umsetzungsgesetz (AIFM-Steuer-Anpassungsgesetz – AIFM-StAnpG) v. 18. 12. 2013 (BGBl I S. 4318). — Zur Anwendung siehe § 17.

### Nichtamtliche Fassung

### § 1 Persönlicher Geltungsbereich[1]

(1) Die Vermögensbildung der Arbeitnehmer durch vereinbarte vermögenswirksame Leistungen der Arbeitgeber wird nach den Vorschriften dieses Gesetzes gefördert.

(2) ¹Arbeitnehmer im Sinne dieses Gesetzes sind Arbeiter und Angestellte einschließlich der zu ihrer Berufsausbildung Beschäftigten. ²Als Arbeitnehmer gelten auch die in Heimarbeit Beschäftigten.

(3) Die Vorschriften dieses Gesetzes gelten nicht
1. für vermögenswirksame Leistungen juristischer Personen an Mitglieder des Organs, das zur gesetzlichen Vertretung der juristischen Person berufen ist,
2. für vermögenswirksame Leistungen von Personengesamtheiten an die durch Gesetz, Satzung oder Gesellschaftsvertrag zur Vertretung der Personengesamtheit berufenen Personen.

---

[1] **Anm. d. Red.:** § 1 Abs. 4 i. d. F. des Gesetzes v. 25. 3. 1997 (BGBl I S. 726) mit Wirkung v. 4. 4. 1997.

(4) Für Beamte, Richter, Berufssoldaten und Soldaten auf Zeit gelten die nachstehenden Vorschriften dieses Gesetzes entsprechend.

## § 2 Vermögenswirksame Leistungen, Anlageformen[1]

(1) Vermögenswirksame Leistungen sind Geldleistungen, die der Arbeitgeber für den Arbeitnehmer anlegt

1.[2] als Sparbeiträge des Arbeitnehmers auf Grund eines Sparvertrags über Wertpapiere oder andere Vermögensbeteiligungen (§ 4)

   a) zum Erwerb von Aktien, die vom Arbeitgeber ausgegeben werden oder an einer deutschen Börse zum regulierten Markt zugelassen oder in den Freiverkehr einbezogen sind,

   b) zum Erwerb von Wandelschuldverschreibungen, die vom Arbeitgeber ausgegeben werden oder an einer deutschen Börse zum regulierten Markt zugelassen oder in den Freiverkehr einbezogen sind, sowie von Gewinnschuldverschreibungen, die vom Arbeitgeber ausgegeben werden, zum Erwerb von Namensschuldverschreibungen des Arbeitgebers jedoch nur dann, wenn auf dessen Kosten die Ansprüche des Arbeitnehmers aus der Schuldverschreibung durch ein Kreditinstitut verbürgt oder durch ein Versicherungsunternehmen privatrechtlich gesichert sind und das Kreditinstitut oder Versicherungsunternehmen im Geltungsbereich dieses Gesetzes zum Geschäftsbetrieb befugt ist,

   c) zum Erwerb von Anteilen an OGAW-Sondervermögen sowie an als Sondervermögen aufgelegten offenen Publikums-AIF nach den §§ 218 und 219 des Kapitalanlagegesetzbuchs sowie von Anteilen an offenen EU-Investmentvermögen und offenen ausländischen AIF, die nach dem Kapitalanlagegesetzbuch vertrieben werden dürfen, wenn nach dem Jahresbericht für das vorletzte Geschäftsjahr, das dem Kalenderjahr des Abschlusses des Vertrags im Sinne des § 4 oder des § 5 vorausgeht, der Wert der Aktien in diesem Investmentvermögen 60 Prozent des Werts dieses Investmentvermögens nicht unterschreitet; für neu aufgelegte Investmentvermögen ist für das erste und zweite Geschäftsjahr der erste Jahresbericht oder der erste Halbjahresbericht nach Auflegung des Investmentvermögens maßgebend,

   d) (weggefallen)

   e) (weggefallen)

   f) zum Erwerb von Genussscheinen, die vom Arbeitgeber als Wertpapiere ausgegeben werden oder an einer deutschen Börse zum regulierten Markt zugelassen oder in den Freiverkehr einbezogen sind und von Unternehmen mit Sitz und Geschäftsleitung im Geltungsbereich dieses Gesetzes, die keine Kreditinstitute sind, ausgegeben werden, wenn mit den Genussscheinen das Recht am Gewinn eines Unternehmens verbunden ist und der Arbeitnehmer nicht als Mitunternehmer im Sinne des § 15 Abs. 1 Satz 1 Nr. 2 des Einkommensteuergesetzes anzusehen ist,

   g) zur Begründung oder zum Erwerb eines Geschäftsguthabens bei einer Genossenschaft mit Sitz und Geschäftsleitung im Geltungsbereich dieses Gesetzes; ist die Genossenschaft nicht der Arbeitgeber, so setzt die Anlage vermögenswirksamer Leistungen voraus, dass die Genossenschaft entweder ein Kreditinstitut oder eine Bau- oder Wohnungsgenossenschaft im Sinne des § 2 Abs. 1 Nr. 2 des Wohnungsbau-Prämiengesetzes ist, die zum Zeitpunkt der Begründung oder des Erwerbs des Geschäftsguthabens seit mindestens drei Jahren im Genossenschaftsregister ohne wesentliche Änderung ihres Unternehmensgegenstandes eingetragen und nicht aufgelöst ist oder Sitz und Ge-

---

1) **Anm. d. Red.:** § 2 Abs. 1 i. d. F. des Gesetzes v. 18. 12. 2013 (BGBl I S. 4318) mit Wirkung v. 24. 12. 2013; Abs. 5 i. d. F. des Gesetzes v. 14. 8. 2006 (BGBl I S. 1911) mit Wirkung v. 18. 8. 2006; Abs. 5a i. d. F. des Gesetzes v. 7. 9. 1998 (BGBl I S. 2647) mit Wirkung v. 1. 1. 1999; Abs. 6 i. d. F. des Gesetzes v. 23. 12. 2003 (BGBl I S. 2848) mit Wirkung v. 1. 1. 2004.

2) **Anm. d. Red.:** Zur Anwendung des § 2 Abs. 1 Nr. 1 siehe § 17 Abs. 15 Satz 1.

schäftsleitung in dem in Artikel 3 des Einigungsvertrages genannten Gebiet hat und dort entweder am 1. Juli 1990 als Arbeiterwohnungsbaugenossenschaft, Gemeinnützige Wohnungsbaugenossenschaft oder sonstige Wohnungsbaugenossenschaft bestanden oder einen nicht unwesentlichen Teil von Wohnungen aus dem Bestand einer solchen Bau- oder Wohnungsgenossenschaft erworben hat,

h) zur Übernahme einer Stammeinlage oder zum Erwerb eines Geschäftsanteils an einer Gesellschaft mit beschränkter Haftung mit Sitz und Geschäftsleitung im Geltungsbereich dieses Gesetzes, wenn die Gesellschaft das Unternehmen des Arbeitgebers ist,

i) zur Begründung oder zum Erwerb einer Beteiligung als stiller Gesellschafter im Sinne des § 230 des Handelsgesetzbuchs am Unternehmen des Arbeitgebers mit Sitz und Geschäftsleitung im Geltungsbereich dieses Gesetzes, wenn der Arbeitnehmer nicht als Mitunternehmer im Sinne des § 15 Abs. 1 Nr. 2 des Einkommensteuergesetzes anzusehen ist,

k) zur Begründung oder zum Erwerb einer Darlehensforderung gegen den Arbeitgeber, wenn auf dessen Kosten die Ansprüche des Arbeitnehmers aus dem Darlehensvertrag durch ein Kreditinstitut verbürgt oder durch ein Versicherungsunternehmen privatrechtlich gesichert sind und das Kreditinstitut oder Versicherungsunternehmen im Geltungsbereich dieses Gesetzes zum Geschäftsbetrieb befugt ist,

l) zur Begründung oder zum Erwerb eines Genussrechts am Unternehmen des Arbeitgebers mit Sitz und Geschäftsleitung im Geltungsbereich dieses Gesetzes, wenn damit das Recht am Gewinn dieses Unternehmens verbunden ist, der Arbeitnehmer nicht als Mitunternehmer im Sinne des § 15 Abs. 1 Nr. 2 des Einkommensteuergesetzes anzusehen ist und über das Genussrecht kein Genussschein im Sinne des Buchstaben f ausgegeben wird,

2. als Aufwendungen des Arbeitnehmers auf Grund eines Wertpapier-Kaufvertrags (§ 5),

3. als Aufwendungen des Arbeitnehmers auf Grund eines Beteiligungs-Vertrags (§ 6) oder eines Beteiligungs-Kaufvertrags (§ 7),

4. als Aufwendungen des Arbeitnehmers nach den Vorschriften des Wohnungsbau-Prämiengesetzes; die Voraussetzungen für die Gewährung einer Prämie nach dem Wohnungsbau-Prämiengesetz brauchen nicht vorzuliegen; die Anlage vermögenswirksamer Leistungen als Aufwendungen nach § 2 Abs. 1 Nr. 2 des Wohnungsbau-Prämiengesetzes für den ersten Erwerb von Anteilen an Bau- und Wohnungsgenossenschaften setzt voraus, dass die Voraussetzungen der Nummer 1 Buchstabe g zweiter Halbsatz erfüllt sind,

5.[1)] als Aufwendungen des Arbeitnehmers

 a) zum Bau, zum Erwerb, zum Ausbau oder zur Erweiterung eines im Inland belegenen Wohngebäudes oder einer im Inland belegenen Eigentumswohnung,

 b) zum Erwerb eines Dauerwohnrechts im Sinne des Wohnungseigentumsgesetzes an einer im Inland belegenen Wohnung,

 c) zum Erwerb eines im Inland belegenen Grundstücks zum Zwecke des Wohnungsbaus oder

 d) zur Erfüllung von Verpflichtungen, die im Zusammenhang mit den in den Buchstaben a bis c bezeichneten Vorhaben eingegangen sind,

sofern der Anlage nicht ein von einem Dritten vorgefertigtes Konzept zu Grunde liegt, bei dem der Arbeitnehmer vermögenswirksame Leistungen zusammen mit mehr als 15 anderen Arbeitnehmern anlegen kann; die Förderung der Aufwendungen nach den Buchstaben a bis c setzt voraus, dass sie unmittelbar für die dort bezeichneten Vorhaben verwendet werden,

6. als Sparbeiträge des Arbeitnehmers auf Grund eines Sparvertrags (§ 8),

---

1) **Anm. d. Red.:** Zur Anwendung des § 2 Abs. 1 Nr. 5 siehe § 17 Abs. 12.

## § 2     XIV. Fünftes Vermögensbildungsgesetz

7. als Beiträge des Arbeitnehmers auf Grund eines Kapitalversicherungsvertrags (§ 9),
8. als Aufwendungen des Arbeitnehmers, der nach § 18 Abs. 2 oder 3 die Mitgliedschaft in einer Genossenschaft oder Gesellschaft mit beschränkter Haftung gekündigt hat, zur Erfüllung von Verpflichtungen aus der Mitgliedschaft, die nach dem 31. Dezember 1994 fortbestehen oder entstehen.

(2) ¹Aktien, Wandelschuldverschreibungen, Gewinnschuldverschreibungen oder Genussscheine eines Unternehmens, das im Sinne des § 18 Abs. 1 des Aktiengesetzes als herrschendes Unternehmen mit dem Unternehmen des Arbeitgebers verbunden ist, stehen Aktien, Wandelschuldverschreibungen, Gewinnschuldverschreibungen oder Genussscheinen im Sinne des Absatzes 1 Nr. 1 Buchstabe a, b oder f gleich, die vom Arbeitgeber ausgegeben werden. ²Ein Geschäftsguthaben bei einer Genossenschaft mit Sitz und Geschäftsleitung im Geltungsbereich dieses Gesetzes, die im Sinne des § 18 Abs. 1 des Aktiengesetzes als herrschendes Unternehmen mit dem Unternehmen des Arbeitgebers verbunden ist, steht einem Geschäftsguthaben im Sinne des Absatzes 1 Nr. 1 Buchstabe g bei einer Genossenschaft, die das Unternehmen des Arbeitgebers ist, gleich. ³Eine Stammeinlage oder ein Geschäftsanteil an einer Gesellschaft mit beschränkter Haftung mit Sitz und Geschäftsleitung im Geltungsbereich dieses Gesetzes, die im Sinne des § 18 Abs. 1 des Aktiengesetzes als herrschendes Unternehmen mit dem Unternehmen des Arbeitgebers verbunden ist, stehen einer Stammeinlage oder einem Geschäftsanteil im Sinne des Absatzes 1 Nr. 1 Buchstabe h an einer Gesellschaft, die das Unternehmen des Arbeitgebers ist, gleich. ⁴Eine Beteiligung als stiller Gesellschafter an einem Unternehmen mit Sitz und Geschäftsleitung im Geltungsbereich dieses Gesetzes, das im Sinne des § 18 Abs. 1 des Aktiengesetzes als herrschendes Unternehmen mit dem Unternehmen des Arbeitgebers verbunden ist oder das auf Grund eines Vertrags mit dem Arbeitgeber an dessen Unternehmen gesellschaftsrechtlich beteiligt ist, steht einer Beteiligung als stiller Gesellschafter im Sinne des Absatzes 1 Nr. 1 Buchstabe i gleich. ⁵Eine Darlehensforderung gegen ein Unternehmen mit Sitz und Geschäftsleitung im Geltungsbereich dieses Gesetzes, das im Sinne des § 18 Abs. 1 des Aktiengesetzes als herrschendes Unternehmen mit dem Unternehmen des Arbeitgebers verbunden ist, oder ein Genussrecht an einem solchen Unternehmen stehen einer Darlehensforderung oder einem Genussrecht im Sinne des Absatzes 1 Nr. 1 Buchstabe k oder l gleich.

(3) Die Anlage vermögenswirksamer Leistungen in Gewinnschuldverschreibungen im Sinne des Absatzes 1 Nr. 1 Buchstabe b und des Absatzes 2 Satz 1, in denen neben der gewinnabhängigen Verzinsung eine gewinnunabhängige Mindestverzinsung zugesagt ist, setzt voraus, dass

1. der Aussteller in der Gewinnschuldverschreibung erklärt, die gewinnunabhängige Mindestverzinsung werde im Regelfall die Hälfte der Gesamtverzinsung nicht überschreiten, oder
2. die gewinnunabhängige Mindestverzinsung zum Zeitpunkt der Ausgabe der Gewinnschuldverschreibung die Hälfte der Emissionsrendite festverzinslicher Wertpapiere nicht überschreitet, die in den Monatsberichten der Deutschen Bundesbank für den viertletzten Kalendermonat ausgewiesen wird, der dem Kalendermonat der Ausgabe vorausgeht.

(4) Die Anlage vermögenswirksamer Leistungen in Genussscheinen und Genussrechten im Sinne des Absatzes 1 Nr. 1 Buchstabe f und l und des Absatzes 2 Satz 1 und 5 setzt voraus, dass eine Rückzahlung zum Nennwert nicht zugesagt ist; ist neben dem Recht am Gewinn eine gewinnunabhängige Mindestverzinsung zugesagt, gilt Absatz 3 entsprechend.

(5) Der Anlage vermögenswirksamer Leistungen nach Absatz 1 Nr. 1 Buchstabe f, i bis l, Absatz 2 Satz 1, 4 und 5 sowie Absatz 4 in einer Genossenschaft mit Sitz und Geschäftsleitung im Geltungsbereich dieses Gesetzes stehen § 19 und eine Festsetzung durch Satzung gemäß § 20 des Genossenschaftsgesetzes nicht entgegen.

(5a) ¹Der Arbeitgeber hat vor der Anlage vermögenswirksamer Leistungen im eigenen Unternehmen in Zusammenarbeit mit dem Arbeitnehmer Vorkehrungen zu treffen, die der Absicherung der angelegten vermögenswirksamen Leistungen bei einer während der Dauer der Sperrfrist eintretenden Zahlungsunfähigkeit des Arbeitgebers dienen. ²Das Bundesministerium für Arbeit und Sozialordnung berichtet den gesetzgebenden Körperschaften bis zum 30. Juni 2002 über die nach Satz 1 getroffenen Vorkehrungen.

(6) ¹Vermögenswirksame Leistungen sind steuerpflichtige Einnahmen im Sinne des Einkommensteuergesetzes und Einkommen, Verdienst oder Entgelt (Arbeitsentgelt) im Sinne der Sozialversicherung und des Dritten Buches Sozialgesetzbuch. ²Reicht der nach Abzug der vermögenswirksamen Leistung verbleibende Arbeitslohn zur Deckung der einzubehaltenden Steuern, Sozialversicherungsbeiträge und Beiträge zur Bundesagentur für Arbeit nicht aus, so hat der Arbeitnehmer dem Arbeitgeber den zur Deckung erforderlichen Betrag zu zahlen.

(7) ¹Vermögenswirksame Leistungen sind arbeitsrechtlich Bestandteil des Lohns oder Gehalts. ²Der Anspruch auf die vermögenswirksame Leistung ist nicht übertragbar.

## § 3 Vermögenswirksame Leistungen für Angehörige, Überweisung durch den Arbeitgeber, Kennzeichnungs-, Bestätigungs- und Mitteilungspflichten[1)]

(1) ¹Vermögenswirksame Leistungen können auch angelegt werden

1.[2)] zugunsten des nicht dauernd getrennt lebenden Ehegatten oder Lebenspartners des Arbeitnehmers,

2. zugunsten der in § 32 Abs. 1 des Einkommensteuergesetzes bezeichneten Kinder, die zu Beginn des maßgebenden Kalenderjahrs das 17. Lebensjahr noch nicht vollendet hatten oder die in diesem Kalenderjahr lebend geboren wurden oder

3. zugunsten der Eltern oder eines Elternteils des Arbeitnehmers, wenn der Arbeitnehmer als Kind die Voraussetzungen der Nummer 2 erfüllt.

²Dies gilt nicht für die Anlage vermögenswirksamer Leistungen auf Grund von Verträgen nach den §§ 5 bis 7.

(2) ¹Der Arbeitgeber hat die vermögenswirksamen Leistungen für den Arbeitnehmer unmittelbar an das Unternehmen oder Institut zu überweisen, bei dem sie angelegt werden sollen. ²Er hat dabei gegenüber dem Unternehmen oder Institut die vermögenswirksamen Leistungen zu kennzeichnen. ³Das Unternehmen oder Institut hat die nach § 2 Abs. 1 Nr. 1 bis 5, Abs. 2 bis 4 angelegten vermögenswirksamen Leistungen und die Art ihrer Anlage zu kennzeichnen. ⁴Kann eine vermögenswirksame Leistung nicht oder nicht mehr die Voraussetzungen des § 2 Abs. 1 bis 4 erfüllen, so hat das Unternehmen oder Institut dies dem Arbeitgeber unverzüglich schriftlich mitzuteilen. ⁵Die Sätze 1 bis 4 gelten nicht für die Anlage vermögenswirksamer Leistungen auf Grund von Verträgen nach den §§ 5, 6 Abs. 1 und § 7 Abs. 1 mit dem Arbeitgeber.

(3) ¹Für eine vom Arbeitnehmer gewählte Anlage nach § 2 Abs. 1 Nr. 1 hat der Arbeitgeber auf Verlangen des Arbeitnehmers die vermögenswirksamen Leistungen an den Arbeitnehmer zu überweisen, wenn dieser dem Arbeitgeber eine schriftliche Bestätigung seines Gläubigers vorgelegt hat, dass die Anlage bei ihm die Voraussetzungen des § 2 Abs. 1 Nr. 5 erfüllt; Absatz 2 gilt in diesem Falle nicht. ²Der Arbeitgeber hat die Richtigkeit der Bestätigung nicht zu prüfen.

## § 4 Sparvertrag über Wertpapiere oder andere Vermögensbeteiligungen[3)]

(1) Ein Sparvertrag über Wertpapiere oder andere Vermögensbeteiligungen im Sinne des § 2 Abs. 1 Nr. 1 ist ein Sparvertrag mit einem Kreditinstitut oder einer Kapitalverwaltungsgesellschaft, in dem sich der Arbeitnehmer verpflichtet, als Sparbeiträge zum Erwerb von Wertpapieren im Sinne des § 2 Abs. 2 Satz 1, Abs. 3 und 4 oder zur Begründung oder zum Erwerb von Rechten im Sinne des § 2 Abs. 1 Nr. 1 Buchstabe g bis l, Abs. 2 Satz 2 bis 5 und Abs. 4 einmalig oder für die Dauer von sechs Jahren seit Vertragsabschluss laufend vermögenswirksame Leistungen einzahlen zu lassen oder andere Beträge einzuzahlen.

(2) ¹Die Förderung der auf Grund eines Vertrags nach Absatz 1 angelegten vermögenswirksamen Leistungen setzt voraus, dass

---

1) **Anm. d. Red.:** § 3 Abs. 1 i. d. F. des Gesetzes v. 26. 6. 2013 (BGBl I S. 1809) mit Wirkung v. 30. 6. 2013.

2) **Anm. d. Red.:** Zur Anwendung des § 3 Abs. 1 Satz 1 Nr. 1 siehe § 17 Abs. 13 Satz 1.

3) **Anm. d. Red.:** § 4 Abs. 1, 2, 4 und 5 i. d. F. des Gesetzes v. 18. 12. 2013 (BGBl I S. 4318) mit Wirkung v. 24. 12. 2013; Abs. 3 i. d. F. des Gesetzes v. 19. 12. 2000 (BGBl I S. 1790) mit Wirkung v. 1. 1. 2002.

1. die Leistungen eines Kalenderjahrs, vorbehaltlich des Absatzes 3, spätestens bis zum Ablauf des folgenden Kalenderjahrs zum Erwerb der Wertpapiere oder zur Begründung oder zum Erwerb der Rechte verwendet und bis zur Verwendung festgelegt werden und
2. die mit den Leistungen erworbenen Wertpapiere unverzüglich nach ihrem Erwerb bis zum Ablauf einer Frist von sieben Jahren (Sperrfrist) festgelegt werden und über die Wertpapiere oder die mit den Leistungen begründeten oder erworbenen Rechte bis zum Ablauf der Sperrfrist nicht durch Rückzahlung, Abtretung, Beleihung oder in anderer Weise verfügt wird.

²Die Sperrfrist gilt für alle auf Grund des Vertrags angelegten vermögenswirksamen Leistungen und beginnt am 1. Januar des Kalenderjahrs, in dem der Vertrag abgeschlossen worden ist. ³Als Zeitpunkt des Vertragsabschlusses gilt der Tag, an dem die vermögenswirksame Leistung, bei Verträgen über laufende Einzahlungen die erste vermögenswirksame Leistung, beim Kreditinstitut oder bei der Kapitalverwaltungsgesellschaft eingeht.

(3) Vermögenswirksame Leistungen, die nicht bis zum Ablauf der Frist nach Absatz 2 Nr. 1 verwendet worden sind, gelten als rechtzeitig verwendet, wenn sie am Ende eines Kalenderjahrs insgesamt 150 Euro nicht übersteigen und bis zum Ablauf der Sperrfrist nach Absatz 2 verwendet oder festgelegt werden.

(4)[1] Eine vorzeitige Verfügung ist abweichend von Absatz 2 unschädlich, wenn

1. der Arbeitnehmer oder sein von ihm nicht dauernd getrennt lebender Ehegatte oder Lebenspartner nach Vertragsabschluss gestorben oder völlig erwerbsunfähig geworden ist,
2. der Arbeitnehmer nach Vertragsabschluss, aber vor der vorzeitigen Verfügung geheiratet oder eine Lebenspartnerschaft begründet hat und im Zeitpunkt der vorzeitigen Verfügung mindestens zwei Jahre seit Beginn der Sperrfrist vergangen sind,
3. der Arbeitnehmer nach Vertragsabschluss arbeitslos geworden ist und die Arbeitslosigkeit mindestens ein Jahr lang ununterbrochen bestanden hat und im Zeitpunkt der vorzeitigen Verfügung noch besteht,
4. der Arbeitnehmer den Erlös innerhalb der folgenden drei Monate unmittelbar für die eigene Weiterbildung oder für die seines von ihm nicht dauernd getrennt lebenden Ehegatten oder Lebenspartners einsetzt und die Maßnahme außerhalb des Betriebes, dem er oder der Ehegatte oder der Lebenspartner angehört, durchgeführt wird und Kenntnisse und Fertigkeiten vermittelt werden, die dem beruflichen Fortkommen dienen und über arbeitsplatzbezogene Anpassungsfortbildungen hinausgehen; für vermögenswirksame Leistungen, die der Arbeitgeber für den Arbeitnehmer nach § 2 Absatz 1 Nummer 1 Buchstabe a, b, f bis l angelegt hat und die Rechte am Unternehmen des Arbeitgebers begründen, gilt dies nur bei Zustimmung des Arbeitgebers; bei nach § 2 Abs. 2 gleichgestellten Anlagen gilt dies nur bei Zustimmung des Unternehmens, das im Sinne des § 18 Abs. 1 des Aktiengesetzes als herrschendes Unternehmen mit dem Unternehmen des Arbeitgebers verbunden ist,
5. der Arbeitnehmer nach Vertragsabschluss unter Aufgabe der nichtselbständigen Arbeit eine Erwerbstätigkeit, die nach § 138 Abs. 1 der Abgabenordnung der Gemeinde mitzuteilen ist, aufgenommen hat oder
6. festgelegte Wertpapiere veräußert werden und der Erlös bis zum Ablauf des Kalendermonats, der dem Kalendermonat der Veräußerung folgt, zum Erwerb von in Absatz 1 bezeichneten Wertpapieren wieder verwendet wird; der bis zum Ablauf des der Veräußerung folgenden Kalendermonats nicht wieder verwendete Erlös gilt als rechtzeitig wieder verwendet, wenn er am Ende eines Kalendermonats insgesamt 150 Euro nicht übersteigt.

(5) Unschädlich ist auch, wenn in die Rechte und Pflichten des Kreditinstituts oder der Kapitalverwaltungsgesellschaft aus dem Sparvertrag an seine Stelle ein anderes Kreditinstitut oder eine andere Kapitalverwaltungsgesellschaft während der Laufzeit des Vertrags durch Rechtsgeschäft eintritt.

---

1) **Anm. d. Red.:** Zur Anwendung des § 4 Abs. 4 siehe § 17 Abs. 9, 13 Satz 2 und Abs. 15 Satz 2.

(6) ¹Werden auf einen Vertrag über laufend einzuzahlende vermögenswirksame Leistungen oder andere Beträge in einem Kalenderjahr, das dem Kalenderjahr des Vertragsabschlusses folgt, weder vermögenswirksame Leistungen noch andere Beträge eingezahlt, so ist der Vertrag unterbrochen und kann nicht fortgeführt werden. ²Das Gleiche gilt, wenn mindestens alle Einzahlungen eines Kalenderjahrs zurückgezahlt oder die Rückzahlungsansprüche aus dem Vertrag abgetreten oder beliehen werden.

## § 5 Wertpapier-Kaufvertrag

(1) Ein Wertpapier-Kaufvertrag im Sinne des § 2 Abs. 1 Nr. 2 ist ein Kaufvertrag zwischen dem Arbeitnehmer und dem Arbeitgeber zum Erwerb von Wertpapieren im Sinne des § 2 Abs. 1 Nr. 1 Buchstabe a bis f, Abs. 2 Satz 1, Abs. 3 und 4 durch den Arbeitnehmer mit der Vereinbarung, den vom Arbeitnehmer geschuldeten Kaufpreis mit vermögenswirksamen Leistungen zu verrechnen oder mit anderen Beträgen zu zahlen.

(2) Die Förderung der auf Grund eines Vertrags nach Absatz 1 angelegten vermögenswirksamen Leistungen setzt voraus, dass

1. mit den Leistungen eines Kalenderjahrs spätestens bis zum Ablauf des folgenden Kalenderjahrs die Wertpapiere erworben werden und
2. die mit den Leistungen erworbenen Wertpapiere unverzüglich nach ihrem Erwerb bis zum Ablauf einer Frist von sechs Jahren (Sperrfrist) festgelegt werden und über die Wertpapiere bis zum Ablauf der Sperrfrist nicht durch Rückzahlung, Abtretung, Beleihung oder in anderer Weise verfügt wird; die Sperrfrist beginnt am 1. Januar des Kalenderjahrs, in dem das Wertpapier erworben worden ist; § 4 Abs. 4 Nr. 1 bis 5 gilt entsprechend.

## § 6 Beteiligungs-Vertrag

(1) Ein Beteiligungs-Vertrag im Sinne des § 2 Abs. 1 Nr. 3 ist ein Vertrag zwischen dem Arbeitnehmer und dem Arbeitgeber über die Begründung von Rechten im Sinne des § 2 Abs. 1 Nr. 1 Buchstabe g bis l und Abs. 4 für den Arbeitnehmer am Unternehmen des Arbeitgebers mit der Vereinbarung, die vom Arbeitnehmer für die Begründung geschuldete Geldsumme mit vermögenswirksamen Leistungen zu verrechnen oder mit anderen Beträgen zu zahlen.

(2) Ein Beteiligungs-Vertrag im Sinne des § 2 Abs. 1 Nr. 3 ist auch ein Vertrag zwischen dem Arbeitnehmer und

1. einem Unternehmen, das nach § 2 Abs. 2 Satz 2 bis 5 mit dem Unternehmen des Arbeitgebers verbunden oder nach § 2 Abs. 2 Satz 4 an diesem Unternehmen beteiligt ist, über die Begründung von Rechten im Sinne des § 2 Abs. 1 Nr. 1 Buchstabe g bis l, Abs. 2 Satz 2 bis 5 und Abs. 4 für den Arbeitnehmer an diesem Unternehmen oder
2. einer Genossenschaft mit Sitz und Geschäftsleitung im Geltungsbereich dieses Gesetzes, die ein Kreditinstitut oder eine Bau- oder Wohnungsgenossenschaft ist, die die Voraussetzungen des § 2 Abs. 1 Nr. 1 Buchstabe g zweiter Halbsatz erfüllt, über die Begründung eines Geschäftsguthabens für den Arbeitnehmer bei dieser Genossenschaft

mit der Vereinbarung, die vom Arbeitnehmer für die Begründung der Rechte oder des Geschäftsguthabens geschuldete Geldsumme mit vermögenswirksamen Leistungen zahlen zu lassen oder mit anderen Beträgen zu zahlen.

(3) Die Förderung der auf Grund eines Vertrags nach Absatz 1 oder 2 angelegten vermögenswirksamen Leistungen setzt voraus, dass

1. mit den Leistungen eines Kalenderjahrs spätestens bis zum Ablauf des folgenden Kalenderjahrs die Rechte begründet werden und
2. über die mit den Leistungen begründeten Rechte bis zum Ablauf einer Frist von sechs Jahren (Sperrfrist) nicht durch Rückzahlung, Abtretung, Beleihung oder in anderer Weise verfügt wird; die Sperrfrist beginnt am 1. Januar des Kalenderjahrs, in dem das Recht begründet worden ist; § 4 Abs. 4 Nr. 1 bis 5 gilt entsprechend.

## § 7 Beteiligungs-Kaufvertrag

(1) Ein Beteiligungs-Kaufvertrag im Sinne des § 2 Abs. 1 Nr. 3 ist ein Kaufvertrag zwischen dem Arbeitnehmer und dem Arbeitgeber zum Erwerb von Rechten im Sinne des § 2 Abs. 1 Nr. 1 Buchstabe g bis I, Abs. 2 Satz 2 bis 5 und Abs. 4 durch den Arbeitnehmer mit der Vereinbarung, den vom Arbeitnehmer geschuldeten Kaufpreis mit vermögenswirksamen Leistungen zu verrechnen oder mit anderen Beträgen zu zahlen.

(2) Ein Beteiligungs-Kaufvertrag im Sinne des § 2 Abs. 1 Nr. 3 ist auch ein Kaufvertrag zwischen dem Arbeitnehmer und einer Gesellschaft mit beschränkter Haftung, die nach § 2 Abs. 2 Satz 3 mit dem Unternehmen des Arbeitgebers verbunden ist, zum Erwerb eines Geschäftsanteils im Sinne des § 2 Abs. 1 Nr. 1 Buchstabe h an dieser Gesellschaft durch den Arbeitnehmer mit der Vereinbarung, den vom Arbeitnehmer geschuldeten Kaufpreis mit vermögenswirksamen Leistungen zahlen zu lassen oder mit anderen Beträgen zu zahlen.

(3) Für die Förderung der auf Grund eines Vertrags nach Absatz 1 oder 2 angelegten vermögenswirksamen Leistungen gilt § 6 Abs. 3 entsprechend.

## § 8 Sparvertrag[1]

(1) Ein Sparvertrag im Sinne des § 2 Abs. 1 Nr. 6 ist ein Sparvertrag zwischen dem Arbeitnehmer und einem Kreditinstitut, in dem die in den Absätzen 2 bis 5 bezeichneten Vereinbarungen, mindestens aber die in den Absätzen 2 und 3 bezeichneten Vereinbarungen, getroffen sind.

(2) ¹Der Arbeitnehmer ist verpflichtet,

1. einmalig oder für die Dauer von sechs Jahren seit Vertragsabschluss laufend, mindestens aber einmal im Kalenderjahr, als Sparbeiträge vermögenswirksame Leistungen einzahlen zu lassen oder andere Beträge einzuzahlen und
2. bis zum Ablauf einer Frist von sieben Jahren (Sperrfrist) die eingezahlten vermögenswirksamen Leistungen bei dem Kreditinstitut festzulegen und die Rückzahlungsansprüche aus dem Vertrag weder abzutreten noch zu beleihen.

²Der Zeitpunkt des Vertragsabschlusses und der Beginn der Sperrfrist bestimmen sich nach den Regelungen des § 4 Abs. 2 Satz 2 und 3.

(3) Der Arbeitnehmer ist abweichend von der in Absatz 2 Satz 1 Nr. 2 bezeichneten Vereinbarung zu vorzeitiger Verfügung berechtigt, wenn eine der in § 4 Abs. 4 Nr. 1 bis 5 bezeichneten Voraussetzungen erfüllt ist.

(4) ¹Der Arbeitnehmer ist abweichend von der in Absatz 2 Satz 1 Nr. 2 bezeichneten Vereinbarung auch berechtigt, vor Ablauf der Sperrfrist mit eingezahlten vermögenswirksamen Leistungen zu erwerben

1. Wertpapiere im Sinne des § 2 Abs. 1 Nr. 1 Buchstabe a bis f, Abs. 2 Satz 1, Abs. 3 und 4,
2. Schuldverschreibungen, die vom Bund, von den Ländern, von den Gemeinden, von anderen Körperschaften des öffentlichen Rechts, vom Arbeitgeber, von einem im Sinne des § 18 Abs. 1 des Aktiengesetzes als herrschendes Unternehmen mit dem Unternehmen des Arbeitgebers verbundenen Unternehmen oder von einem Kreditinstitut mit Sitz und Geschäftsleitung im Geltungsbereich dieses Gesetzes ausgegeben werden, Namensschuldverschreibungen des Arbeitgebers jedoch nur dann, wenn auf dessen Kosten die Ansprüche des Arbeitnehmers aus der Schuldverschreibung durch ein Kreditinstitut verbürgt oder durch ein Versicherungsunternehmen privatrechtlich gesichert sind und das Kreditinstitut oder Versicherungsunternehmen im Geltungsbereich dieses Gesetzes zum Geschäftsbetrieb befugt ist,
3. Genussscheine, die von einem Kreditinstitut mit Sitz und Geschäftsleitung im Geltungsbereich dieses Gesetzes, das nicht der Arbeitgeber ist, als Wertpapiere ausgegeben werden,

---

1) **Anm. d. Red.:** § 8 Abs. 4 i. d. F. des Gesetzes v. 18.12.2013 (BGBl I S. 4318) mit Wirkung v. 24.12.2013; Abs. 5 i. d. F. des Gesetzes v. 26.6.2013 (BGBl I S. 1809) mit Wirkung v. 30.6.2013.

wenn mit den Genussscheinen das Recht am Gewinn des Kreditinstituts verbunden ist, der Arbeitnehmer nicht als Mitunternehmer im Sinne des § 15 Abs. 1 Nr. 2 des Einkommensteuergesetzes anzusehen ist und die Voraussetzungen des § 2 Abs. 4 erfüllt sind,
4. Anleiheforderungen, die in ein Schuldbuch des Bundes oder eines Landes eingetragen werden,
5. Anteile an einem Sondervermögen, die von Kapitalverwaltungsgesellschaften im Sinne des Kapitalanlagegesetzbuchs ausgegeben werden und nicht unter § 2 Abs. 1 Nr. 1 Buchstabe c fallen, oder
6. Anteile an offenen EU-Investmentvermögen und ausländischen AIF, die nach dem Kapitalanlagegesetzbuch vertrieben werden dürfen.

²Der Arbeitnehmer ist verpflichtet, bis zum Ablauf der Sperrfrist die nach Satz 1 erworbenen Wertpapiere bei dem Kreditinstitut, mit dem der Sparvertrag abgeschlossen ist, festzulegen und über die Wertpapiere nicht zu verfügen; diese Verpflichtung besteht nicht, wenn eine der in § 4 Abs. 4 Nr. 1 bis 5 bezeichneten Voraussetzungen erfüllt ist.

(5)[1] ¹Der Arbeitnehmer ist abweichend von der in Absatz 2 Satz 1 Nummer 2 bezeichneten Vereinbarung auch berechtigt, vor Ablauf der Sperrfrist die Überweisung eingezahlter vermögenswirksamer Leistungen auf einen von ihm oder seinem nicht dauernd getrennt lebenden Ehegatten oder Lebenspartner abgeschlossenen Bausparvertrag zu verlangen, wenn weder mit der Auszahlung der Bausparsumme begonnen worden ist noch die überwiesenen Beträge vor Ablauf der Sperrfrist ganz oder zum Teil zurückgezahlt noch Ansprüche aus dem Bausparvertrag abgetreten oder beliehen werden oder wenn eine solche vorzeitige Verfügung nach § 2 Absatz 3 Satz 2 Nummer 1 und 2 des Wohnungsbau-Prämiengesetzes in der Fassung der Bekanntmachung vom 30. Oktober 1997 (BGBl I S. 2678), das zuletzt durch Artikel 7 des Gesetzes vom 5. April 2011 (BGBl I S. 554) geändert worden ist, in der jeweils geltenden Fassung unschädlich ist. ²Satz 1 gilt für vor dem 1. Januar 2009 und nach dem 31. Dezember 2008 abgeschlossene Bausparverträge.

## § 9 Kapitalversicherungsvertrag[2]

(1) Ein Kapitalversicherungsvertrag im Sinne des § 2 Abs. 1 Nr. 7 ist ein Vertrag über eine Kapitalversicherung auf den Erlebens- und Todesfall gegen laufenden Beitrag, der für die Dauer von mindestens zwölf Jahren und mit den in den Absätzen 2 bis 5 bezeichneten Vereinbarungen zwischen dem Arbeitnehmer und einem Versicherungsunternehmen abgeschlossen ist, das im Geltungsbereich dieses Gesetzes zum Geschäftsbetrieb befugt ist.

(2) Der Arbeitnehmer ist verpflichtet, als Versicherungsbeiträge vermögenswirksame Leistungen einzahlen zu lassen oder andere Beträge einzuzahlen.

(3) Die Versicherungsbeiträge enthalten keine Anteile für Zusatzleistungen wie für Unfall, Invalidität oder Krankheit.

(4) Der Versicherungsvertrag sieht vor, dass bereits ab Vertragsbeginn ein nicht kürzbarer Anteil von mindestens 50 Prozent des gezahlten Beitrags als Rückkaufswert (§ 169 des Versicherungsvertragsgesetzes) erstattet oder der Berechnung der prämienfreien Versicherungsleistung (§ 165 des Versicherungsvertragsgesetzes) zugrunde gelegt wird.

(5) Die Gewinnanteile werden verwendet
1. zur Erhöhung der Versicherungsleistung oder
2. auf Verlangen des Arbeitnehmers zur Verrechnung mit fälligen Beiträgen, wenn er nach Vertragsabschluss arbeitslos geworden ist und die Arbeitslosigkeit mindestens ein Jahr lang ununterbrochen bestanden hat und im Zeitpunkt der Verrechnung noch besteht.

---

1) **Anm. d. Red.:** Zur Anwendung des § 8 Abs. 5 siehe § 17 Abs. 8 und 13 Satz 2.
2) **Anm. d. Red.:** § 9 Abs. 4 i. d. F. des Gesetzes v. 7. 3. 2009 (BGBl I S. 451) mit Wirkung v. 1. 4. 2009.

## § 10 Vereinbarung zusätzlicher vermögenswirksamer Leistungen[1)]

(1) Vermögenswirksame Leistungen können in Verträgen mit Arbeitnehmern, in Betriebsvereinbarungen, in Tarifverträgen oder in bindenden Festsetzungen (§ 19 des Heimarbeitsgesetzes) vereinbart werden.

(2) bis (4) (weggefallen)

(5) Der Arbeitgeber kann auf tarifvertraglich vereinbarte vermögenswirksame Leistungen die betrieblichen Sozialleistungen anrechnen, die dem Arbeitnehmer in dem Kalenderjahr bisher schon als vermögenswirksame Leistungen erbracht worden sind.

## § 11 Vermögenswirksame Anlage von Teilen des Arbeitslohns[2)]

(1) Der Arbeitgeber hat auf schriftliches Verlangen des Arbeitnehmers einen Vertrag über die vermögenswirksame Anlage von Teilen des Arbeitslohns abzuschließen.

(2) Auch vermögenswirksam angelegte Teile des Arbeitslohns sind vermögenswirksame Leistungen im Sinne dieses Gesetzes.

(3) ¹Zum Abschluss eines Vertrags nach Absatz 1, wonach die Lohnteile nicht zusammen mit anderen vermögenswirksamen Leistungen für den Arbeitnehmer angelegt und überwiesen werden sollen, ist der Arbeitgeber nur dann verpflichtet, wenn der Arbeitnehmer die Anlage von Teilen des Arbeitslohns in monatlichen der Höhe nach gleich bleibenden Beträgen von mindestens 13 Euro oder in vierteljährlichen der Höhe nach gleich bleibenden Beträgen von mindestens 39 Euro oder einmal im Kalenderjahr in Höhe eines Betrags von mindestens 39 Euro verlangt. ²Der Arbeitnehmer kann bei der Anlage in monatlichen Beträgen während des Kalenderjahrs die Art der vermögenswirksamen Anlage und das Unternehmen oder Institut, bei dem sie erfolgen soll, nur mit Zustimmung des Arbeitgebers wechseln.

(4) ¹Der Arbeitgeber kann einen Termin im Kalenderjahr bestimmen, zu dem die Arbeitnehmer des Betriebs oder Betriebsteils die einmalige Anlage von Teilen des Arbeitslohns nach Absatz 3 verlangen können. ²Die Bestimmung dieses Termins unterliegt der Mitbestimmung des Betriebsrats oder der zuständigen Personalvertretung; das für die Mitbestimmung in sozialen Angelegenheiten vorgeschriebene Verfahren ist einzuhalten. ³Der nach Satz 1 bestimmte Termin ist den Arbeitnehmern in jedem Kalenderjahr erneut in geeigneter Form bekannt zu geben. ⁴Zu einem anderen als dem nach Satz 1 bestimmten Termin kann der Arbeitnehmer eine einmalige Anlage nach Absatz 3 nur verlangen

1. von Teilen des Arbeitslohns, den er im letzten Lohnzahlungszeitraum des Kalenderjahrs erzielt, oder
2. von Teilen besonderer Zuwendungen, die im Zusammenhang mit dem Weihnachtsfest oder Jahresende gezahlt werden.

(5) ¹Der Arbeitnehmer kann jeweils einmal im Kalenderjahr von dem Arbeitgeber schriftlich verlangen, dass der Vertrag über die vermögenswirksame Anlage von Teilen des Arbeitslohns aufgehoben, eingeschränkt oder erweitert wird. ²Im Fall der Aufhebung ist der Arbeitgeber nicht verpflichtet, in demselben Kalenderjahr einen neuen Vertrag über die vermögenswirksame Anlage von Teilen des Arbeitslohns abzuschließen.

(6) In Tarifverträgen oder Betriebsvereinbarungen kann von den Absätzen 3 bis 5 abgewichen werden.

## § 12 Freie Wahl der Anlage[3)]

¹Vermögenswirksame Leistungen werden nur dann nach den Vorschriften dieses Gesetzes gefördert, wenn der Arbeitnehmer die Art der vermögenswirksamen Anlage und das Unterneh-

---

1) **Anm. d. Red.:** § 10 Abs. 2 bis 4 weggefallen, Abs. 5 i. d. F. des Gesetzes v. 26. 6. 2001 (BGBl I S. 1310) mit Wirkung v. 1. 1. 2002.

2) **Anm. d. Red.:** § 11 Abs. 3 i. d. F. des Gesetzes v. 19. 12. 2000 (BGBl I S. 1790) mit Wirkung v. 1. 1. 2002.

3) **Anm. d. Red.:** § 12 i. d. F. des Gesetzes v. 7. 9. 1998 (BGBl I S. 2647) mit Wirkung v. 1. 1. 1999.

men oder Institut, bei dem sie erfolgen soll, frei wählen kann. ²Einer Förderung steht jedoch nicht entgegen, dass durch Tarifvertrag die Anlage auf die Formen des § 2 Abs. 1 Nr. 1 bis 5, Abs. 2 bis 4 beschränkt wird. ³Eine Anlage im Unternehmen des Arbeitgebers nach § 2 Abs. 1 Nr. 1 Buchstabe g bis l und Abs. 4 ist nur mit Zustimmung des Arbeitgebers zulässig.

## § 13 Anspruch auf Arbeitnehmer-Sparzulage[1)2)]

*(1)*[3)] *¹Der Arbeitnehmer hat Anspruch auf eine Arbeitnehmer-Sparzulage nach Absatz 2, wenn er gegenüber dem Unternehmen, dem Institut oder dem in § 3 Absatz 3 genannten Gläubiger in die Datenübermittlung nach Maßgabe des § 15 Absatz 1 Satz 2 und 3 eingewilligt hat und sein Einkommen folgende Grenzen nicht übersteigt:*

1. *bei nach § 2 Abs. 1 Nr. 1 bis 3, Abs. 2 bis 4 angelegten vermögenswirksamen Leistungen die Einkommensgrenze von 20 000 Euro oder bei einer Zusammenveranlagung nach § 26b des Einkommensteuergesetzes von 40 000 Euro oder*
2. *bei nach § 2 Abs. 1 Nr. 4 und 5 angelegten vermögenswirksamen Leistungen die Einkommensgrenze von 17 900 Euro oder bei einer Zusammenveranlagung nach § 26b des Einkommensteuergesetzes von 35 800 Euro.*

²Maßgeblich ist das zu versteuernde Einkommen nach § 2 Absatz 5 des Einkommensteuergesetzes in dem Kalenderjahr, in dem die vermögenswirksamen Leistungen angelegt worden sind.

(2) Die Arbeitnehmer-Sparzulage beträgt 20 Prozent der nach § 2 Absatz 1 Nummer 1 bis 3, Absatz 2 bis 4 angelegten vermögenswirksamen Leistungen, soweit sie 400 Euro im Kalenderjahr nicht übersteigen, und 9 Prozent der nach § 2 Absatz 1 Nummer 4 und 5 angelegten vermögenswirksamen Leistungen, soweit sie 470 Euro im Kalenderjahr nicht übersteigen.

(3) ¹Die Arbeitnehmer-Sparzulage gilt weder als steuerpflichtige Einnahme im Sinne des Einkommensteuergesetzes noch als Einkommen, Verdienst oder Entgelt (Arbeitsentgelt) im Sinne der Sozialversicherung und des Dritten Buches Sozialgesetzbuch; sie gilt arbeitsrechtlich nicht als Bestandteil des Lohns oder Gehalts. ²Der Anspruch auf Arbeitnehmer-Sparzulage ist nicht übertragbar.

(4) Der Anspruch auf Arbeitnehmer-Sparzulage entsteht mit Ablauf des Kalenderjahrs, in dem die vermögenswirksamen Leistungen angelegt worden sind.

(5) ¹Der Anspruch auf Arbeitnehmer-Sparzulage entfällt rückwirkend, soweit die in den §§ 4 bis 7 genannten Fristen oder bei einer Anlage nach § 2 Abs. 1 Nr. 4 die in § 2 Abs. 1 Nr. 3 und 4 und Abs. 3 Satz 1 des Wohnungsbau-Prämiengesetzes vorgesehenen Voraussetzungen nicht eingehalten werden. ²Satz 1 gilt für vor dem 1. Januar 2009 und nach dem 31. Dezember 2008

---

1) **Anm. d. Red.:** § 13 Abs. 1 i. d. F. des Gesetzes v. 26. 6. 2013 (BGBl I S. 1809) mit Wirkung v. 30. 6. 2013; Abs. 2 i. d. F. des Gesetzes v. 5. 4. 2011 (BGBl I S. 554) mit Wirkung v. 12. 4. 2011; Abs. 3 i. d. F. des Gesetzes v. 24. 3. 1997 (BGBl I S. 594) mit Wirkung v. 1. 1. 1998; Abs. 5 i. d. F. des Gesetzes v. 8. 12. 2008 (BGBl I S. 2373) mit Wirkung v. 11. 12. 2008.

2) **Anm. d. Red.:** Zur Anwendung des § 13 siehe § 17 Abs. 7 bis 9, 11 und 14.

3) **Anm. d. Red.:** Der Zeitpunkt der erstmaligen Anwendung des kursiven Abs. 1 i. d. F. des Gesetzes v. 26. 6. 2013 (BGBl I S. 1809) wird gem. § 17 Abs. 14 vom Bundesministerium der Finanzen durch ein im Bundessteuerblatt zu veröffentlichendes Schreiben mitgeteilt. Bis zu diesem Zeitpunkt ist folgender Abs. 1 der Vorfassung anzuwenden:
„(1) ¹Der Arbeitnehmer hat Anspruch auf eine Arbeitnehmer-Sparzulage nach Absatz 2, wenn sein Einkommen folgende Grenzen nicht übersteigt:
1. bei nach § 2 Abs. 1 Nr. 1 bis 3, Abs. 2 bis 4 angelegten vermögenswirksamen Leistungen die Einkommensgrenze von 20 000 Euro oder bei einer Zusammenveranlagung von Ehegatten nach § 26b des Einkommensteuergesetzes von 40 000 Euro oder
2. bei nach § 2 Abs. 1 Nr. 4 und 5 angelegten vermögenswirksamen Leistungen die Einkommensgrenze von 17 900 Euro oder bei einer Zusammenveranlagung von Ehegatten nach § 26b des Einkommensteuergesetzes von 35 800 Euro.
²Maßgeblich ist das zu versteuernde Einkommen nach § 2 Absatz 5 des Einkommensteuergesetzes in dem Kalenderjahr, in dem die vermögenswirksamen Leistungen angelegt worden sind."

abgeschlossene Bausparverträge. ³Der Anspruch entfällt nicht, wenn die Sperrfrist nicht eingehalten wird, weil
1. der Arbeitnehmer das Umtausch- oder Abfindungsangebot eines Wertpapier-Emittenten angenommen hat oder Wertpapiere dem Aussteller nach Auslosung oder Kündigung durch den Aussteller zur Einlösung vorgelegt worden sind,
2. die mit den vermögenswirksamen Leistungen erworbenen oder begründeten Wertpapiere oder Rechte im Sinne des § 2 Abs. 1 Nr. 1, Abs. 2 bis 4 ohne Mitwirkung des Arbeitnehmers wertlos geworden sind oder
3. der Arbeitnehmer über nach § 2 Abs. 1 Nr. 4 angelegte vermögenswirksame Leistungen nach Maßgabe des § 4 Abs. 4 Nr. 4 in Höhe von mindestens 30 Euro verfügt.

## § 14 Festsetzung der Arbeitnehmer-Sparzulage, Anwendung der Abgabenordnung, Verordnungsermächtigung, Rechtsweg[1)]

(1) ¹Die Verwaltung der Arbeitnehmer-Sparzulage obliegt den Finanzämtern. ²Die Arbeitnehmer-Sparzulage wird aus den Einnahmen an Lohnsteuer gezahlt.

(2) ¹Auf die Arbeitnehmer-Sparzulage sind die für Steuervergütungen geltenden Vorschriften der Abgabenordnung entsprechend anzuwenden. ²Dies gilt nicht für § 163 der Abgabenordnung.

(3) ¹Für die Arbeitnehmer-Sparzulage gelten die Strafvorschriften des § 370 Abs. 1 bis 4, der §§ 371, 375 Abs. 1 und des § 376 sowie die Bußgeldvorschriften der §§ 378, 379 Abs. 1 und 4 und der §§ 383 und 384 der Abgabenordnung entsprechend. ²Für das Strafverfahren wegen einer Straftat nach Satz 1 sowie der Begünstigung einer Person, die eine solche Tat begangen hat, gelten die §§ 385 bis 408, für das Bußgeldverfahren wegen einer Ordnungswidrigkeit nach Satz 1 die §§ 409 bis 412 der Abgabenordnung entsprechend.

(4)[2)3)] ¹*Die Arbeitnehmer-Sparzulage wird auf Antrag durch das für die Besteuerung des Arbeitnehmers nach dem Einkommen zuständige Finanzamt festgesetzt.* ²*Der Arbeitnehmer hat den Antrag nach amtlich vorgeschriebenem Vordruck zu stellen.* ³*Die Arbeitnehmer-Sparzulage wird fällig*
   a) *mit Ablauf der für die Anlageform vorgeschriebenen Sperrfrist nach diesem Gesetz,*
   b) *mit Ablauf der im Wohnungsbau-Prämiengesetz oder in der Verordnung zur Durchführung des Wohnungsbau-Prämiengesetzes genannten Sperr- und Rückzahlungsfristen.* ²*Bei Bausparverträgen gelten die in § 2 Abs. 3 Satz 1 des Wohnungsbau-Prämiengesetzes genannten Sperr- und Rückzahlungsfristen und zwar unabhängig davon, ob der Vertrag vor dem 1. Januar 2009 oder nach dem 31. Dezember 2008 abgeschlossen worden ist,*
   c) *mit Zuteilung des Bausparvertrags oder*

---

1) **Anm. d. Red.:** § 14 Abs. 4 bis 6 i. d. F. des Gesetzes v. 26. 6. 2013 (BGBl I S. 1809) mit Wirkung v. 30. 6. 2013; Abs. 7 und 8 i. d. F. des Gesetzes v. 26. 6. 2001 (BGBl I S. 1310) mit Wirkung v. 1. 1. 1998.

2) **Anm. d. Red.:** Der Zeitpunkt der erstmaligen Anwendung des kursiven Abs. 4 i. d. F. des Gesetzes v. 26. 6. 2013 (BGBl I S. 1809) wird gem. § 17 Abs. 14 vom Bundesministerium der Finanzen durch ein im Bundessteuerblatt zu veröffentlichendes Schreiben mitgeteilt. Bis zu diesem Zeitpunkt ist folgender Abs. 4 der Vorfassung anzuwenden:
„(4) ¹Die Arbeitnehmer-Sparzulage wird auf Antrag durch das für die Besteuerung des Arbeitnehmers nach dem Einkommen zuständige Finanzamt festgesetzt. ²Der Arbeitnehmer hat den Antrag nach amtlich vorgeschriebenem Vordruck zu stellen. ³Der Arbeitnehmer hat die vermögenswirksamen Leistungen durch die Bescheinigung nach § 15 Abs. 1 nachzuweisen. ⁴Die Arbeitnehmer-Sparzulage wird fällig
   a) mit Ablauf der für die Anlageform vorgeschriebenen Sperrfrist nach diesem Gesetz,
   b) mit Ablauf der im Wohnungsbau-Prämiengesetz oder in der Verordnung zur Durchführung des Wohnungsbau-Prämiengesetzes genannten Sperr- und Rückzahlungsfristen. ²Bei Bausparverträgen gelten die in § 2 Abs. 3 Satz 1 des Wohnungsbau-Prämiengesetzes genannten Sperr- und Rückzahlungsfristen und zwar unabhängig davon, ob der Vertrag vor dem 1. Januar 2009 oder nach dem 31. Dezember 2008 abgeschlossen worden ist,
   c) mit Zuteilung des Bausparvertrags oder
   d) in den Fällen unschädlicher Verfügung."

3) **Anm. d. Red.:** Zur Anwendung des § 14 Abs. 4 siehe § 17 Abs. 8, 10 und 14.

*d) in den Fällen unschädlicher Verfügung.*

(5) ¹Ein Bescheid über die Ablehnung der Festsetzung einer Arbeitnehmer-Sparzulage ist aufzuheben und die Arbeitnehmer-Sparzulage ist nachträglich festzusetzen, wenn der Einkommensteuerbescheid nach Ergehen des Ablehnungsbescheides geändert wird und dadurch erstmals festgestellt wird, dass die Einkommensgrenzen des § 13 Absatz 1 unterschritten sind. ²Die Frist für die Festsetzung der Arbeitnehmer-Sparzulage endet in diesem Fall nicht vor Ablauf eines Jahres nach Bekanntgabe des geänderten Steuerbescheides. ³Satz 2 gilt entsprechend, wenn der geänderten Einkommensteuerfestsetzung kein Bescheid über die Ablehnung der Festsetzung einer Arbeitnehmer-Sparzulage vorangegangen ist.

(6) Besteht für Aufwendungen, die vermögenswirksame Leistungen darstellen, ein Anspruch auf Arbeitnehmer-Sparzulage und hat der Arbeitnehmer hierfür abweichend von § 1 Satz 2 Nummer 1 des Wohnungsbau-Prämiengesetzes eine Wohnungsbauprämie beantragt, endet die Frist für die Festsetzung der Arbeitnehmer-Sparzulage nicht vor Ablauf eines Jahres nach Bekanntgabe der Mitteilung über die Änderung des Prämienanspruchs.

(7) ¹Die Bundesregierung wird ermächtigt, durch Rechtsverordnung mit Zustimmung des Bundesrates das Verfahren bei der Festsetzung und der Auszahlung der Arbeitnehmer-Sparzulage näher zu regeln, soweit dies zur Vereinfachung des Verfahrens erforderlich ist. ²Dabei kann auch bestimmt werden, dass der Arbeitgeber, das Unternehmen, das Institut oder der in § 3 Abs. 3 genannte Gläubiger bei der Antragstellung mitwirkt und ihnen die Arbeitnehmer-Sparzulage zugunsten des Arbeitnehmers überwiesen wird.

(8) In öffentlich-rechtlichen Streitigkeiten über die auf Grund dieses Gesetzes ergehenden Verwaltungsakte der Finanzbehörden ist der Finanzrechtsweg gegeben.

## § 15 Elektronische Vermögensbildungsbescheinigung, Verordnungsermächtigungen, Haftung, Anrufungsauskunft, Außenprüfung[1)2)3)]

*(1)[3)] ¹Das Unternehmen, das Institut oder der in § 3 Absatz 3 genannte Gläubiger hat spätestens bis zum 28. Februar des der Anlage der vermögenswirksamen Leistungen folgenden Kalenderjahres*

---

1) **Anm. d. Red.:** § 15 Überschrift und Abs. 1 i. d. F. des Gesetzes v. 26. 6. 2013 (BGBl I S. 1809) mit Wirkung v. 30. 6. 2013.

2) **Anm. d. Red.:** Zur Anwendung des § 15 siehe § 17 Abs. 8 und 14.

3) **Anm. d. Red.:** Der Zeitpunkt der erstmaligen Anwendung der kursiven Überschrift und des kursiven Abs. 1 i. d. F. des Gesetzes v. 26. 6. 2013 (BGBl I S. 1809) wird gem. § 17 Abs. 14 vom Bundesministerium der Finanzen durch ein im Bundessteuerblatt zu veröffentlichendes Schreiben mitgeteilt. Bis zu diesem Zeitpunkt sind folgende Überschrift und folgender Abs. 1 der Vorfassung anzuwenden:
„**§ 15 Bescheinigungspflichten, Haftung, Verordnungsermächtigung, Anrufungsauskunft**
(1) ¹Das Unternehmen, das Institut oder der in § 3 Abs. 3 genannte Gläubiger hat dem Arbeitnehmer auf Verlangen eine Bescheinigung auszustellen über
1. den jeweiligen Jahresbetrag der nach § 2 Abs. 1 Nr. 1 bis 5, Abs. 2 bis 4 angelegten vermögenswirksamen Leistungen sowie die Art ihrer Anlage,
2. das Kalenderjahr, dem diese vermögenswirksamen Leistungen zuzuordnen sind und
3. entweder das Ende der für die Anlageform vorgeschriebenen Sperrfrist nach diesem Gesetz oder bei einer Anlage nach § 2 Abs. 1 Nr. 4 das Ende der im Wohnungsbau-Prämiengesetz oder in der Verordnung zur Durchführung des Wohnungsbau-Prämiengesetzes genannten Sperr- und Rückzahlungsfristen. ²Bei Bausparverträgen sind die in § 2 Abs. 3 Satz 1 des Wohnungsbau-Prämiengesetzes genannten Sperr- und Rückzahlungsfristen zu bescheinigen unabhängig davon, ob der Vertrag vor dem 1. Januar 2009 oder nach dem 31. Dezember 2008 abgeschlossen worden ist.
²Das Bundesministerium der Finanzen kann mit Zustimmung des Bundesrates durch Rechtsverordnung bestimmen, dass die Bescheinigung nach Satz 1 nach amtlich vorgeschriebenem Datensatz durch Datenfernübertragung an eine amtlich bestimmte Stelle zu übermitteln ist. ³In der Rechtsverordnung können Ausnahmen zugelassen werden. ⁴In den Fällen des Satzes 2 kann auf das Ausstellen einer Bescheinigung nach Satz 1 verzichtet werden, wenn der Arbeitnehmer entsprechend unterrichtet wird. ⁵Durch die Datenfernübertragung gilt der Nachweis im Sinne des § 14 Abs. 4 Satz 3 als erbracht."

nach amtlich vorgeschriebenem Datensatz durch Datenfernübertragung nach Maßgabe der Steuerdaten-Übermittlungsverordnung im Rahmen einer elektronischen Vermögensbildungsbescheinigung folgende Daten zu übermitteln, wenn der Arbeitnehmer gegenüber dem Mitteilungspflichtigen in die Datenübermittlung eingewilligt hat:

1. Name, Vorname, Geburtsdatum, Anschrift und Identifikationsnummer (§ 139b der Abgabenordnung) des Arbeitnehmers,
2. den jeweiligen Jahresbetrag der nach § 2 Abs. 1 Nr. 1 bis 5, Abs. 2 bis 4 angelegten vermögenswirksamen Leistungen sowie die Art ihrer Anlage,
3. das Kalenderjahr, dem diese vermögenswirksamen Leistungen zuzuordnen sind und
4. entweder das Ende der für die Anlageform vorgeschriebenen Sperrfrist nach diesem Gesetz oder bei einer Anlage nach § 2 Abs. 1 Nr. 4 das Ende der im Wohnungsbau-Prämiengesetz oder in der Verordnung zur Durchführung des Wohnungsbau-Prämiengesetzes genannten Sperr- und Rückzahlungsfristen. ²Bei Bausparverträgen sind die in § 2 Abs. 3 Satz 1 des Wohnungsbau-Prämiengesetzes genannten Sperr- und Rückzahlungsfristen zu bescheinigen unabhängig davon, ob der Vertrag vor dem 1. Januar 2009 oder nach dem 31. Dezember 2008 abgeschlossen worden ist.

²Die Einwilligung nach Satz 1 ist spätestens bis zum Ablauf des zweiten Kalenderjahres, das auf das Kalenderjahr der Anlage der vermögenswirksamen Leistungen folgt, zu erteilen. ³Dabei hat der Arbeitnehmer dem Mitteilungspflichtigen die Identifikationsnummer mitzuteilen. ⁴Die Einwilligung gilt als erteilt, wenn die übermittelnde Stelle den Arbeitnehmer schriftlich darüber informiert, dass vom Vorliegen einer Einwilligung ausgegangen wird und die Daten übermittelt werden, wenn der Arbeitnehmer dem nicht innerhalb einer Frist von vier Wochen nach Erhalt dieser schriftlichen Information schriftlich widerspricht. ⁵Die Einwilligung gilt auch für die folgenden Kalenderjahre, es sei denn, der Arbeitnehmer widerruft diese schriftlich gegenüber der übermittelnden Stelle. ⁶Der Widerruf muss der übermittelnden Stelle vor Beginn des Kalenderjahres, für das die Einwilligung erstmals nicht mehr gelten soll, vorliegen. ⁷Die übermittelnde Stelle hat den Arbeitnehmer über den Inhalt der Datenübermittlung nach Satz 1 zu unterrichten. ⁸Wird die Einwilligung nach Ablauf des Kalenderjahres der Anlage der vermögenswirksamen Leistungen, jedoch innerhalb der in Satz 2 genannten Frist abgegeben, sind die Daten bis zum Ende des folgenden Kalendervierteljahres zu übermitteln.

(2) Die Bundesregierung wird ermächtigt, durch Rechtsverordnung mit Zustimmung des Bundesrates weitere Vorschriften zu erlassen über

1. Aufzeichnungs- und Mitteilungspflichten des Arbeitgebers und des Unternehmens oder Instituts, bei dem die vermögenswirksamen Leistungen angelegt sind, und
2. die Festlegung von Wertpapieren und die Art der Festlegung, soweit dies erforderlich ist, damit nicht die Arbeitnehmer-Sparzulage zu Unrecht gezahlt, versagt, nicht zurückgefordert oder nicht einbehalten wird.

(3) Haben der Arbeitgeber, das Unternehmen, das Institut oder der in § 3 Abs. 3 genannte Gläubiger ihre Pflichten nach diesem Gesetz oder nach einer auf Grund dieses Gesetzes erlassenen Rechtsverordnung verletzt, so haften sie für die Arbeitnehmer-Sparzulage, die wegen ihrer Pflichtverletzung zu Unrecht gezahlt, nicht zurückgefordert oder nicht einbehalten worden ist.

(4) Das Finanzamt, das für die Besteuerung der in Absatz 3 Genannten zuständig ist, hat auf deren Anfrage Auskunft darüber zu erteilen, wie im einzelnen Fall die Vorschriften über vermögenswirksame Leistungen anzuwenden sind, die nach § 2 Abs. 1 Nr. 1 bis 5, Abs. 2 bis 4 angelegt werden.

(5) ¹Das für die Lohnsteuer-Außenprüfung zuständige Finanzamt kann bei den in Absatz 3 Genannten eine Außenprüfung durchführen, um festzustellen, ob sie ihre Pflichten nach diesem Gesetz oder nach einer auf Grund dieses Gesetzes erlassenen Rechtsverordnung, soweit diese mit der Anlage vermögenswirksamer Leistungen nach § 2 Abs. 1 Nr. 1 bis 5, Abs. 2 bis 4 zusammenhängen, erfüllt haben. ²Die §§ 195 bis 202 der Abgabenordnung gelten entsprechend.

## § 16 Berlin-Klausel (gegenstandslos)

## § 17 Anwendungsvorschriften[1]

(1) Die vorstehenden Vorschriften dieses Gesetzes gelten vorbehaltlich der nachfolgenden Absätze für vermögenswirksame Leistungen, die nach dem 31. Dezember 1993 angelegt werden.

(2) Für vermögenswirksame Leistungen, die vor dem 1. Januar 1994 angelegt werden, gilt, soweit Absatz 5 nichts anderes bestimmt, § 17 des Fünften Vermögensbildungsgesetzes in der Fassung der Bekanntmachung vom 19. Januar 1989 (BGBl I S. 137) – Fünftes Vermögensbildungsgesetz 1989 –, unter Berücksichtigung der Änderung durch Artikel 2 Nr. 1 des Gesetzes vom 13. Dezember 1990 (BGBl I S. 2749).

(3) Für vermögenswirksame Leistungen, die im Jahr 1994 angelegt werden auf Grund eines vor dem 1. Januar 1994 abgeschlossenen Vertrags

1. nach § 4 Abs. 1 oder § 5 Abs. 1 des Fünften Vermögensbildungsgesetzes 1989 zum Erwerb von Aktien oder Wandelschuldverschreibungen, die keine Aktien oder Wandelschuldverschreibungen im Sinne des vorstehenden § 2 Abs. 1 Nr. 1 Buchstabe a oder b, Abs. 2 Satz 1 sind, oder

2. nach § 6 Abs. 2 des Fünften Vermögensbildungsgesetzes 1989 über die Begründung eines Geschäftsguthabens bei einer Genossenschaft, die keine Genossenschaft im Sinne des vorstehenden § 2 Abs. 1 Nr. 1 Buchstabe g, Abs. 2 Satz 2 ist, oder

3. nach § 6 Abs. 2 oder § 7 Abs. 2 des Fünften Vermögensbildungsgesetzes 1989 über die Übernahme einer Stammeinlage oder zum Erwerb eines Geschäftsanteils an einer Gesellschaft mit beschränkter Haftung, die keine Gesellschaft im Sinne des vorstehenden § 2 Abs. 1 Nr. 1 Buchstabe h, Abs. 2 Satz 3 ist,

gelten statt der vorstehenden §§ 2, 4, 6 und 7 die §§ 2, 4, 6 und 7 des Fünften Vermögensbildungsgesetzes 1989.

(4) Für vermögenswirksame Leistungen, die nach dem 31. Dezember 1993 auf Grund eines Vertrags im Sinne des § 17 Abs. 5 Satz 1 des Fünften Vermögensbildungsgesetzes 1989 angelegt werden, gilt § 17 Abs. 5 und 6 des Fünften Vermögensbildungsgesetzes 1989.

(5) ¹Für vermögenswirksame Leistungen, die vor dem 1. Januar 1994 auf Grund eines Vertrags im Sinne des Absatzes 3 angelegt worden sind, gelten § 4 Abs. 2 bis 5, § 5 Abs. 2, § 6 Abs. 3 und § 7 Abs. 3 des Fünften Vermögensbildungsgesetzes 1989 über Fristen für die Verwendung vermögenswirksamer Leistungen und über Sperrfristen nach dem 31. Dezember 1993 nicht mehr. ²Für vermögenswirksame Leistungen, die vor dem 1. Januar 1990 auf Grund eines Vertrags im Sinne des § 17 Abs. 2 des Fünften Vermögensbildungsgesetzes 1989 über die Begründung einer oder mehrerer Beteiligungen als stiller Gesellschafter angelegt worden sind, gilt § 7 Abs. 3 des Fünften Vermögensbildungsgesetzes in der Fassung der Bekanntmachung vom 19. Februar 1987 (BGBl I S. 630) über die Sperrfrist nach dem 31. Dezember 1993 nicht mehr.

(6) Für vermögenswirksame Leistungen, die vor dem 1. Januar 1999 angelegt worden sind, gilt § 13 Abs. 1 und 2 dieses Gesetzes in der Fassung der Bekanntmachung vom 4. März 1994 (BGBl I S. 406).

(7) § 13 Abs. 1 Satz 1 und Abs. 2 in der Fassung des Artikels 2 des Gesetzes vom 7. März 2009 (BGBl I S. 451) ist erstmals für vermögenswirksame Leistungen anzuwenden, die nach dem 31. Dezember 2008 angelegt werden.

(8) § 8 Abs. 5, § 13 Abs. 5 Satz 1 und 2, § 14 Abs. 4 Satz 4 Buchstabe b und § 15 Abs. 1 Nr. 3 in der Fassung des Artikels 7 des Gesetzes vom 29. Juli 2008 (BGBl I S. 1509) sind erstmals für vermögenswirksame Leistungen anzuwenden, die nach dem 31. Dezember 2008 angelegt werden.

---

1) **Anm. d. Red.:** § 17 i. d. F. des Gesetzes v. 18. 12. 2013 (BGBl I S. 4318) mit Wirkung v. 24. 12. 2013.

(9) § 4 Abs. 4 Nr. 4 und § 13 Abs. 5 Satz 3 Nr. 3 in der Fassung des Artikels 1 des Gesetzes vom 8. Dezember 2008 (BGBl I S. 2373) ist erstmals bei Verfügungen nach dem 31. Dezember 2008 anzuwenden.

(10) § 14 Absatz 4 Satz 2 in der Fassung des Artikels 12 des Gesetzes vom 16. Juli 2009 (BGBl I S. 1959) ist erstmals für vermögenswirksame Leistungen anzuwenden, die nach dem 31. Dezember 2006 angelegt werden, und in Fällen, in denen am 22. Juli 2009 über einen Antrag auf Arbeitnehmer-Sparzulage noch nicht bestandskräftig entschieden ist.

(11) § 13 Absatz 1 Satz 2 in der Fassung des Artikels 10 des Gesetzes vom 8. Dezember 2010 (BGBl I S. 1768) ist erstmals für vermögenswirksame Leistungen anzuwenden, die nach dem 31. Dezember 2008 angelegt werden.

(12) § 2 Absatz 1 Nummer 5 in der Fassung des Artikels 13 des Gesetzes vom 7. Dezember 2011 (BGBl I S. 2592) ist erstmals für vermögenswirksame Leistungen anzuwenden, die nach dem 31. Dezember 2011 angelegt werden.

(13) [1]§ 3 Absatz 1 Satz 1 Nummer 1 in der Fassung des Artikels 18 des Gesetzes vom 26. Juni 2013 (BGBl I S. 1809) ist erstmals für vermögenswirksame Leistungen anzuwenden, die nach dem 31. Dezember 2012 angelegt werden. [2]§ 4 Absatz 4 Nummer 1, 2 und 4 sowie § 8 Absatz 5 Satz 1 in der Fassung des Artikels 18 des Gesetzes vom 26. Juni 2013 (BGBl I S. 1809) sind erstmals bei Verfügungen nach dem 31. Dezember 2012 anzuwenden.

(14) [1]Das Bundesministerium der Finanzen teilt den Zeitpunkt der erstmaligen Anwendung der §§ 13 und 14 Absatz 4 sowie des § 15 in der Fassung des Artikels 18 des Gesetzes vom 26. Juni 2013 (BGBl I S. 1809) durch ein im Bundessteuerblatt zu veröffentlichendes Schreiben mit. [2]Bis zu diesem Zeitpunkt sind die §§ 13 und 14 Absatz 4 sowie der § 15 in der Fassung des Artikels 13 des Gesetzes vom 7. Dezember 2011 (BGBl I S. 2592) weiter anzuwenden.

(15) [1]§ 2 Absatz 1 Nummer 1 in der Fassung des Artikels 5 des Gesetzes vom 18. Dezember 2013 (BGBl I S. 4318) ist erstmals für vermögenswirksame Leistungen anzuwenden, die nach dem 31. Dezember 2013 angelegt werden. [2]§ 4 Absatz 4 Nummer 4 in der Fassung des Artikels 5 des Gesetzes vom 18. Dezember 2013 (BGBl I S. 4318) ist erstmals bei Verfügungen nach dem 31. Dezember 2013 anzuwenden.

## § 18 Kündigung eines vor 1994 abgeschlossenen Anlagevertrags und der Mitgliedschaft in einer Genossenschaft oder Gesellschaft mit beschränkter Haftung

(1) Hat sich der Arbeitnehmer in einem Vertrag im Sinne des § 17 Abs. 3 verpflichtet, auch nach dem 31. Dezember 1994 vermögenswirksame Leistungen überweisen zu lassen oder andere Beträge zu zahlen, so kann er den Vertrag bis zum 30. September 1994 auf den 31. Dezember 1994 mit der Wirkung schriftlich kündigen, dass auf Grund dieses Vertrags vermögenswirksame Leistungen oder andere Beträge nach dem 31. Dezember 1994 nicht mehr zu zahlen sind.

(2) [1]Ist der Arbeitnehmer im Zusammenhang mit dem Abschluss eines Vertrags im Sinne des § 17 Abs. 3 Nr. 2 Mitglied in einer Genossenschaft geworden, so kann er die Mitgliedschaft bis zum 30. September 1994 auf den 31. Dezember 1994 mit der Wirkung schriftlich kündigen, dass nach diesem Zeitpunkt die Verpflichtung, Einzahlungen auf einen Geschäftsanteil zu leisten und ein Eintrittsgeld zu zahlen, entfällt. [2]Weitergehende Rechte des Arbeitnehmers nach dem Statut der Genossenschaft bleiben unberührt. [3]Der ausgeschiedene Arbeitnehmer kann die Auszahlung des Auseinandersetzungsguthabens, die Genossenschaft kann die Zahlung eines den ausgeschiedenen Arbeitnehmer treffenden Anteils an einem Fehlbetrag zum 1. Januar 1998 verlangen.

(3) [1]Ist der Arbeitnehmer im Zusammenhang mit dem Abschluss eines Vertrags im Sinne des § 17 Abs. 3 Nr. 3 Gesellschafter einer Gesellschaft mit beschränkter Haftung geworden, so kann er die Mitgliedschaft bis zum 30. September 1994 auf den 31. Dezember 1994 schriftlich kündigen. [2]Weitergehende Rechte des Arbeitnehmers nach dem Gesellschaftsvertrag bleiben unberührt. [3]Der zum Austritt berechtigte Arbeitnehmer kann von der Gesellschaft als Abfindung den

Verkehrswert seines Geschäftsanteils verlangen; maßgebend ist der Verkehrswert im Zeitpunkt des Zugangs der Kündigungserklärung. [4]Der Arbeitnehmer kann die Abfindung nur verlangen, wenn die Gesellschaft sie ohne Verstoß gegen § 30 Abs. 1 des Gesetzes betreffend die Gesellschaften mit beschränkter Haftung zahlen kann. [5]Hat die Gesellschaft die Abfindung bezahlt, so stehen dem Arbeitnehmer aus seinem Geschäftsanteil keine Rechte mehr zu. [6]Kann die Gesellschaft bis zum 31. Dezember 1996 die Abfindung nicht gemäß Satz 4 zahlen, so ist sie auf Antrag des zum Austritt berechtigten Arbeitnehmers aufzulösen. [7]§ 61 Abs. 1, Abs. 2 Satz 1 und Abs. 3 des Gesetzes betreffend die Gesellschaften mit beschränkter Haftung gilt im Übrigen entsprechend.

(4) Werden auf Grund der Kündigung nach Absatz 1, 2 oder 3 Leistungen nicht erbracht, so hat der Arbeitnehmer dies nicht zu vertreten.

(5) [1]Hat der Arbeitnehmer nach Absatz 1 einen Vertrag im Sinne des § 17 Abs. 3 Nr. 2 oder nach Absatz 2 die Mitgliedschaft in einer Genossenschaft gekündigt, so gelten beide Kündigungen als erklärt, wenn der Arbeitnehmer dies nicht ausdrücklich ausgeschlossen hat. [2]Entsprechendes gilt, wenn der Arbeitnehmer nach Absatz 1 einen Vertrag im Sinne des § 17 Abs. 3 Nr. 3 oder nach Absatz 3 die Mitgliedschaft in einer Gesellschaft mit beschränkter Haftung gekündigt hat.

(6) Macht der Arbeitnehmer von seinem Kündigungsrecht nach Absatz 1 keinen Gebrauch, so gilt die Verpflichtung, vermögenswirksame Leistungen überweisen zu lassen, nach dem 31. Dezember 1994 als Verpflichtung, andere Beträge in entsprechender Höhe zu zahlen.

# XV. Verordnung zur Durchführung des Fünften Vermögensbildungsgesetzes (Vermögensbildungs-Durchführungsverordnung – VermBDV)

v. 20.12.1994 (BGBl I S. 3904) mit späteren Änderungen

Die Verordnung zur Durchführung des Fünften Vermögensbildungsgesetzes (Vermögensbildungs-Durchführungsverordnung – VermBDV) v. 20.12.1994 (BGBl I S. 3904) wurde geändert durch Art. 34 Steuer-Euroglättungsgesetz (StEuglG) v. 19.12.2000 (BGBl I S. 1790); Art. 19 Gesetz zur Änderung des Investmentgesetzes und zur Anpassung anderer Vorschriften (Investmentänderungsgesetz) v. 21.12.2007 (BGBl I S. 3089); Art. 8 Gesetz zur verbesserten Einbeziehung der selbstgenutzten Wohnimmobilie in die geförderte Altersvorsorge (Eigenheimrentengesetz – EigRentG) v. 29.7.2008 (BGBl I S. 1509); Art. 14 Gesetz zur Modernisierung und Entbürokratisierung des Steuerverfahrens (Steuerbürokratieabbaugesetz) v. 20.12.2008 (BGBl I S. 2850); Art. 19 Gesetz zur Umsetzung der Amtshilferichtlinie sowie zur Änderung steuerlicher Vorschriften (Amtshilferichtlinie-Umsetzungsgesetz – AmtshilfeRLUmsG) v. 26.6.2013 (BGBl I S. 1809); Art. 10 Gesetz zur Anpassung des Investmentsteuergesetzes und anderer Gesetze an das AIFM-Umsetzungsgesetz (AIFM-Steuer-Anpassungsgesetz – AIFM-StAnpG) v. 18.12.2013 (BGBl I S. 4318); Art. 14 Gesetz zur Anpassung steuerlicher Regelungen an die Rechtsprechung des Bundesverfassungsgerichts v. 18.7.2014 (BGBl I S. 1042); Art. 8 Verordnung zur Änderung steuerlicher Verordnungen und weiterer Vorschriften v. 22.12.2014 (BGBl I S. 2392). — **Zur Anwendung siehe §§ 10 und 11.**

## Nichtamtliche Fassung

### § 1 Verfahren

Auf das Verfahren bei der Festsetzung, Auszahlung und Rückzahlung der Arbeitnehmer-Sparzulage sind neben den in § 14 Abs. 2 des Gesetzes bezeichneten Vorschriften die für die Einkommensteuer und Lohnsteuer geltenden Regelungen sinngemäß anzuwenden, soweit sich aus den nachstehenden Vorschriften nichts anderes ergibt.

### § 2 Mitteilungspflichten des Arbeitgebers, des Kreditinstituts oder des Unternehmens[1]

(1) Der Arbeitgeber hat bei Überweisung vermögenswirksamer Leistungen im Dezember und Januar eines Kalenderjahres dem Kreditinstitut oder dem Unternehmen, bei dem die vermögenswirksamen Leistungen angelegt werden, das Kalenderjahr mitzuteilen, dem die vermögenswirksamen Leistungen zuzuordnen sind.

---

1) **Anm. d. Red.:** § 2 Abs. 2 i. d. F. des Gesetzes v. 18.7.2014 (BGBl I S. 1042) mit Wirkung v. 24.7.2014; Abs. 3 und 4 i. d. F. des Gesetzes v. 18.12.2013 (BGBl I S. 4318) mit Wirkung v. 24.12.2013.

## § 2 XV. Vermögensbildungs-Durchführungsverordnung

(2)[1] ¹Werden bei einer Anlage nach § 2 Abs. 1 Nr. 4 des Gesetzes oder § 17 Abs. 5 Satz 1 Nr. 1 des Fünften Vermögensbildungsgesetzes in der Fassung der Bekanntmachung vom 19. Januar 1989 (BGBl I S. 137)
1. Wohnbau-Sparverträge in Baufinanzierungsverträge umgewandelt (§ 12 Abs. 1 Nr. 2 der Verordnung zur Durchführung des Wohnungsbau-Prämiengesetzes in der Fassung der Bekanntmachung vom 29. Juni 1994, BGBl I S. 1446),
2. Baufinanzierungsverträge in Wohnbau-Sparverträge umgewandelt (§ 18 Abs. 1 Nr. 2 der Verordnung zur Durchführung des Wohnungsbau-Prämiengesetzes in der Fassung der Bekanntmachung vom 29. Juni 1994, BGBl I S. 1446) oder
3. Sparbeiträge auf einen von dem Arbeitnehmer oder seinem Ehegatten oder Lebenspartner abgeschlossenen Bausparvertrag überwiesen (§ 4 Abs. 3 Nr. 7 des Fünften Vermögensbildungsgesetzes in der Fassung der Bekanntmachung vom 19. Februar 1987, BGBl I S. 630),

so hat das Kreditinstitut oder Unternehmen, bei dem die vermögenswirksamen Leistungen angelegt worden sind, dem neuen Kreditinstitut oder Unternehmen den Betrag der vermögenswirksamen Leistungen, das Kalenderjahr, dem sie zuzuordnen sind, das Ende der Sperrfrist, seinen Institutsschlüssel gemäß § 5 Absatz 1 und die bisherige Vertragsnummer des Arbeitnehmers unverzüglich schriftlich mitzuteilen. ²Das neue Kreditinstitut oder Unternehmen hat die Angaben aufzuzeichnen.

(3) ¹Das Kreditinstitut oder die Kapitalverwaltungsgesellschaft, bei dem vermögenswirksame Leistungen auf Grund eines Vertrags im Sinne des § 4 des Gesetzes angelegt werden, hat
1. dem Arbeitgeber, der mit den vermögenswirksamen Leistungen erworbene Wertpapiere verwahrt oder an dessen Unternehmen eine nichtverbriefte Vermögensbeteiligung im Sinne des § 2 Abs. 1 Nr. 1 Buchstabe g bis l des Gesetzes mit den vermögenswirksamen Leistungen begründet oder erworben wird, oder
2. dem Unternehmen, an dem eine nichtverbriefte Vermögensbeteiligung im Sinne des § 2 Abs. 1 Nr. 1 Buchstabe g bis l des Gesetzes mit den vermögenswirksamen Leistungen begründet oder erworben wird,

das Ende der für die vermögenswirksamen Leistungen geltenden Sperrfrist unverzüglich schriftlich mitzuteilen. ²Wenn über die verbrieften oder nichtverbrieften Vermögensbeteiligungen vor Ablauf der Sperrfrist verfügt worden ist, hat dies der Arbeitgeber oder das Unternehmen dem Kreditinstitut oder der Kapitalverwaltungsgesellschaft unverzüglich mitzuteilen.

---

1) **Anm. d. Red.:** Der Zeitpunkt der erstmaligen Anwendung des kursiven Abs. 2 i. d. F. des Gesetzes v. 26. 6. 2013 (BGBl I S. 1809), welcher durch Gesetz v. 18. 7. 2014 (BGBl I S. 1042) geändert worden ist, wird gem. § 11 Abs. 1 Sätze 2 und 3 vom Bundesministerium der Finanzen durch ein im Bundessteuerblatt zu veröffentlichendes Schreiben mitgeteilt. Bis zu diesem Zeitpunkt ist folgender Abs. 2 der Vorfassung i. d. F. des Gesetzes v. 18. 7. 2014 (BGBl I S. 1042) anzuwenden:
„(2) ¹Werden bei einer Anlage nach § 2 Abs. 1 Nr. 4 des Gesetzes oder § 17 Abs. 5 Satz 1 Nr. 1 des Fünften Vermögensbildungsgesetzes in der Fassung der Bekanntmachung vom 19. Januar 1989 (BGBl I S. 137)
 1. Wohnbau-Sparverträge in Baufinanzierungsverträge umgewandelt (§ 12 Abs. 1 Nr. 2 der Verordnung zur Durchführung des Wohnungsbau-Prämiengesetzes in der Fassung der Bekanntmachung vom 29. Juni 1994, BGBl I S. 1446),
 2. Baufinanzierungsverträge in Wohnbau-Sparverträge umgewandelt (§ 18 Abs. 1 Nr. 2 der Verordnung zur Durchführung des Wohnungsbau-Prämiengesetzes in der Fassung der Bekanntmachung vom 29. Juni 1994, BGBl I S. 1446) oder
 3. Sparbeiträge auf einen von dem Arbeitnehmer oder seinem Ehegatten oder Lebenspartner abgeschlossenen Bausparvertrag überwiesen (§ 4 Abs. 3 Nr. 7 des Fünften Vermögensbildungsgesetzes in der Fassung der Bekanntmachung vom 19. Februar 1987, BGBl I S. 630),
so hat das Kreditinstitut oder Unternehmen, bei dem die vermögenswirksamen Leistungen angelegt worden sind, dem neuen Kreditinstitut oder Unternehmen den Betrag der vermögenswirksamen Leistungen, das Kalenderjahr, dem sie zuzuordnen sind, das Ende der Sperrfrist, seinen Institutsschlüssel (§ 5 Abs. 2) und die bisherige Vertragsnummer des Arbeitnehmers unverzüglich schriftlich mitzuteilen. ²Das neue Kreditinstitut oder Unternehmen hat die Angaben aufzuzeichnen."

(4) ¹Der Arbeitgeber, bei dem vermögenswirksame Leistungen auf Grund eines Vertrags im Sinne des § 5 des Gesetzes angelegt werden, hat dem vom Arbeitnehmer benannten Kreditinstitut, das die erworbenen Wertpapiere verwahrt, oder der vom Arbeitnehmer benannten Kapitalverwaltungsgesellschaft, die die erworbenen Wertpapiere verwahrt, das Ende der für die vermögenswirksamen Leistungen geltenden Sperrfrist unverzüglich schriftlich mitzuteilen. ²Wenn über die Wertpapiere vor Ablauf der Sperrfrist verfügt worden ist, hat dies das Kreditinstitut oder die Kapitalverwaltungsgesellschaft dem Arbeitgeber unverzüglich mitzuteilen.

### § 3 Aufzeichnungspflichten des Beteiligungsunternehmens

(1) ¹Das Unternehmen, an dem eine nichtverbriefte Vermögensbeteiligung im Sinne des § 2 Abs. 1 Nr. 1 Buchstabe g bis l des Gesetzes auf Grund eines Vertrags im Sinne des § 6 Abs. 2 oder des § 7 Abs. 2 des Gesetzes mit vermögenswirksamen Leistungen begründet oder erworben wird, hat den Betrag der vermögenswirksamen Leistungen und das Kalenderjahr, dem sie zuzuordnen sind, sowie das Ende der Sperrfrist aufzuzeichnen. ²Bei Verträgen im Sinne des § 4 des Gesetzes genügt die Aufzeichnung des Endes der Sperrfrist.

(2) Zu den Aufzeichnungen nach Absatz 1 Satz 1 ist auch der Arbeitgeber verpflichtet, an dessen Unternehmen eine nichtverbriefte Vermögensbeteiligung im Sinne des § 2 Abs. 1 Nr. 1 Buchstabe g bis l des Gesetzes auf Grund eines Vertrags im Sinne des § 6 Abs. 1 oder des § 7 Abs. 1 des Gesetzes mit vermögenswirksamen Leistungen begründet oder erworben wird.

### § 4 Festlegung von Wertpapieren[1)]

(1) Wertpapiere, die auf Grund eines Vertrags im Sinne des § 4 des Gesetzes mit vermögenswirksamen Leistungen erworben werden, sind auf den Namen des Arbeitnehmers dadurch festzulegen, dass sie für die Dauer der Sperrfrist wie folgt in Verwahrung gegeben werden:

1. ¹Erwirbt der Arbeitnehmer Einzelurkunden, so müssen diese in das Depot bei dem Kreditinstitut oder der Kapitalverwaltungsgesellschaft gegeben werden, mit dem er den Sparvertrag abgeschlossen hat. ²Das Kreditinstitut oder die Kapitalverwaltungsgesellschaft muss in den Depotbüchern einen Sperrvermerk für die Dauer der Sperrfrist anbringen. ³Bei Drittverwahrung genügt ein Sperrvermerk im Kundenkonto beim erstverwahrenden Kreditinstitut oder bei der erstverwahrenden Kapitalverwaltungsgesellschaft.
2. Erwirbt der Arbeitnehmer Anteile an einem Sammelbestand von Wertpapieren oder werden Wertpapiere bei einer Wertpapiersammelbank in Sammelverwahrung gegeben, so muss das Kreditinstitut oder die Kapitalverwaltungsgesellschaft einen Sperrvermerk in das Depotkonto eintragen.

(2) ¹Wertpapiere nach Absatz 1 Satz 1,
1. die eine Vermögensbeteiligung an Unternehmen des Arbeitgebers oder eine gleichgestellte Vermögensbeteiligung (§ 2 Abs. 2 Satz 1 des Gesetzes) verbriefen oder
2. die der Arbeitnehmer vom Arbeitgeber erwirbt,

können auch vom Arbeitgeber verwahrt werden. ²Der Arbeitgeber hat die Verwahrung sowie das Ende der Sperrfrist aufzuzeichnen.

(3) ¹Wertpapiere, die auf Grund eines Vertrags im Sinne des § 5 des Gesetzes erworben werden, sind festzulegen durch Verwahrung
1. beim Arbeitgeber oder
2. im Auftrag des Arbeitgebers bei einem Dritten oder
3. bei einem vom Arbeitnehmer benannten inländischen Kreditinstitut oder bei einer vom Arbeitnehmer benannten inländischen Kapitalverwaltungsgesellschaft.

---

1) **Anm. d. Red.:** § 4 Abs. 1, 3 und 4 i. d. F. des Gesetzes v. 18. 12. 2013 (BGBl I S. 4318) mit Wirkung v. 24. 12. 2013.

²In den Fällen der Nummern 1 und 2 hat der Arbeitgeber die Verwahrung, den Betrag der vermögenswirksamen Leistungen, das Kalenderjahr, dem sie zuzuordnen sind, und das Ende der Sperrfrist aufzuzeichnen. ³Im Falle der Nummer 3 hat das Kreditinstitut oder die Kapitalverwaltungsgesellschaft das Ende der Sperrfrist aufzuzeichnen.

(4) Bei einer Verwahrung durch ein Kreditinstitut oder eine Kapitalverwaltungsgesellschaft hat der Arbeitnehmer innerhalb von drei Monaten nach dem Erwerb der Wertpapiere dem Arbeitgeber eine Bescheinigung des Kreditinstituts oder der Kapitalverwaltungsgesellschaft darüber vorzulegen, dass die Wertpapiere entsprechend Absatz 1 in Verwahrung genommen worden sind.

## § 5 Elektronische Vermögensbildungsbescheinigung[1)2)]

*(1) ¹Das Kreditinstitut, das Unternehmen oder der Arbeitgeber, bei dem vermögenswirksame Leistungen nach § 2 Abs. 1 Nr. 1 bis 4, Abs. 2 bis 4 des Gesetzes oder nach § 17 Abs. 5 Satz 1 des Fünften Vermögensbildungsgesetzes in der am 19. Januar 1989 geltenden Fassung (BGBl I S. 137) angelegt werden, hat in der elektronischen Vermögensbildungsbescheinigung seinen Institutsschlüssel und die Vertragsnummer des Arbeitnehmers anzugeben; dies gilt nicht für Anlagen nach § 2 Abs. 1 Nr. 4 des Gesetzes in Verbindung mit § 2 Abs. 1 Nr. 2 des Wohnungsbau-Prämiengesetzes. ²Der Institutsschlüssel ist bei der Zentralstelle der Länder anzufordern. ³Bei der Anforderung sind anzugeben*

1. *Name und Anschrift des anfordernden Kreditinstituts, Unternehmens oder Arbeitgebers,*
2. *Bankverbindung für die Überweisung der Arbeitnehmer-Sparzulagen,*
3. *Lieferanschrift für die Übersendung von Datenträgern.*

*⁴Die Vertragsnummer darf keine Sonderzeichen enthalten.*

*(2) Der Arbeitgeber oder das Unternehmen, bei dem vermögenswirksame Leistungen nach § 2 Abs. 1 Nr. 2 und 3, Abs. 2 bis 4 des Gesetzes angelegt werden, hat in der elektronischen Vermögens-*

---

1) **Anm. d. Red.:** § 5 Überschrift, Abs. 1 und 2 i. d. F. des Gesetzes v. 26. 6. 2013 (BGBl I S. 1809) mit Wirkung v. 30. 6. 2013; Abs. 3 i. d. F. der VO v. 22. 12. 2014 (BGBl I S. 2392) mit Wirkung v. 30. 12. 2014; Abs. 4 i. d. F. des Gesetzes v. 18. 12. 2013 (BGBl I S. 4318) mit Wirkung v. 24. 12. 2013.

2) **Anm. d. Red.:** Der Zeitpunkt der erstmaligen Anwendung des kursiven § 5 i. d. F. des Gesetzes v. 26. 6. 2013 (BGBl I S. 1809) wird gem. § 11 Abs. 1 Sätze 2 und 3 vom Bundesministerium der Finanzen durch ein im Bundessteuerblatt zu veröffentlichendes Schreiben mitgeteilt. Bis zu diesem Zeitpunkt ist folgender § 5 der Vorfassung unter Berücksichtigung der letzten Änderungen in Abs. 4 durch VO v. 22. 12. 2014 (BGBl I S. 2392) und Abs. 5 durch Gesetz v. 18. 12. 2013 (BGBl I S. 4318) anzuwenden:
„**§ 5 Bescheinigung vermögenswirksamer Leistungen**
(1) ¹Die Bescheinigung nach § 15 Abs. 1 des Gesetzes ist nach amtlich vorgeschriebenem Vordruck zu erteilen. ²Vermögenswirksame Leistungen, die nach dem 31. Dezember 1994 angelegt werden, sind nach amtlich vorgeschriebenem datenerfassungsgerechten Vordruck zu bescheinigen.
(2) ¹Das Kreditinstitut, das Unternehmen oder der Arbeitgeber, bei dem vermögenswirksame Leistungen nach § 2 Abs. 1 Nr. 1 bis 4, Abs. 2 bis 4 des Gesetzes oder nach § 17 Abs. 5 Satz 1 des Fünften Vermögensbildungsgesetzes in der am 19. Januar 1989 geltenden Fassung (BGBl I S. 137) angelegt werden, hat in der Bescheinigung seinen Institutsschlüssel und die Vertragsnummer des Arbeitnehmers anzugeben; dies gilt nicht für Anlagen nach § 2 Abs. 1 Nr. 4 des Gesetzes in Verbindung mit § 2 Abs. 1 Nr. 2 des Wohnungsbau-Prämiengesetzes. ²Der Institutsschlüssel ist bei der Zentralstelle der Länder anzufordern. ³Bei der Anforderung sind anzugeben
1. Name und Anschrift des anfordernden Kreditinstituts, Unternehmens oder Arbeitgebers,
2. Bankverbindung für die Überweisung der Arbeitnehmer-Sparzulagen,
3. Lieferanschrift für die Übersendung von Datenträgern.
⁴Die Vertragsnummer darf keine Sonderzeichen enthalten.
(3) Der Arbeitgeber oder das Unternehmen, bei dem vermögenswirksame Leistungen nach § 2 Abs. 1 Nr. 2 und 3, Abs. 2 bis 4 des Gesetzes angelegt werden, hat in der Bescheinigung für vermögenswirksame Leistungen, die noch nicht zum Erwerb von Wertpapieren oder zur Begründung von Rechten verwendet worden sind, als Ende der Sperrfrist den 31. Dezember des sechsten Kalenderjahres nach dem Kalenderjahr anzugeben, dem die vermögenswirksamen Leistungen zuzuordnen sind.
(4) ¹In der Bescheinigung über vermögenswirksame Leistungen, die nach § 2 Abs. 1 Nr. 1 oder 4 des Gesetzes oder nach § 17 Abs. 5 Satz 1 des Fünften Vermögensbildungsgesetzes in der am 19. Januar 1989 geltenden Fas-

bildungsbescheinigung, die noch nicht zum Erwerb von Wertpapieren oder zur Begründung von Rechten verwendet worden sind, als Ende der Sperrfrist den 31. Dezember des sechsten Kalenderjahres nach dem Kalenderjahr anzugeben, dem die vermögenswirksamen Leistungen zuzuordnen sind.

(3) ¹In der elektronischen Vermögensbildungsbescheinigung über vermögenswirksame Leistungen, die nach § 2 Absatz 1 Nummer 1 oder Nummer 4 des Gesetzes oder nach § 17 Absatz 5 Satz 1 des Gesetzes in der am 19. Januar 1989 geltenden Fassung bei Kreditinstituten, Kapitalverwaltungsgesellschaften oder Versicherungsunternehmen angelegt worden sind, ist bei einer unschädlichen vorzeitigen Verfügung als Ende der Sperrfrist der Zeitpunkt dieser Verfügung anzugeben. ²Dies gilt bei Zuteilung eines Bausparvertrags entsprechend.

(4) Bei einer schädlichen vorzeitigen Verfügung über vermögenswirksame Leistungen, die nach § 2 Abs. 1 Nr. 1 oder 4 des Gesetzes oder nach § 17 Abs. 5 Satz 1 des Fünften Vermögensbildungsgesetzes in der am 19. Januar 1989 geltenden Fassung (BGBl I S. 137) bei Kreditinstituten, Kapitalverwaltungsgesellschaften oder Versicherungsunternehmen angelegt worden sind, darf eine elektronische Vermögensbildungsbescheinigung nicht erteilt werden.

### § 6 Festsetzung der Arbeitnehmer-Sparzulage, Mitteilungspflichten der Finanzämter[1)]

(1) ¹Die Festsetzung der Arbeitnehmer-Sparzulage ist regelmäßig mit der Einkommensteuererklärung zu beantragen. ²Die festzusetzende Arbeitnehmer-Sparzulage ist auf den nächsten vollen Euro-Betrag aufzurunden. ³Sind für den Arbeitnehmer die vermögenswirksamen Leistungen eines Kalenderjahres auf mehr als einem der in § 2 Abs. 1 Nr. 1 bis 5 des Gesetzes und der in § 17 Abs. 5 Satz 1 des Fünften Vermögensbildungsgesetzes in der am 19. Januar 1989 geltenden Fassung (BGBl I S. 137) bezeichneten Anlageverträge angelegt worden, so gilt die Aufrundung für jeden Vertrag.

(2) ¹Festgesetzte, noch nicht fällige Arbeitnehmer-Sparzulagen sind der Zentralstelle der Länder zur Aufzeichnung der für ihre Auszahlung notwendigen Daten mitzuteilen. ²Das gilt auch für die Änderung festgesetzter Arbeitnehmer-Sparzulagen sowie in den Fällen, in denen festgesetzte Arbeitnehmer-Sparzulagen nach Auswertung einer Anzeige über die teilweise schädliche vorzeitige Verfügung (§ 8 Abs. 4 Satz 2) unberührt bleiben.

(3) Werden bei einer Anlage nach § 2 Abs. 1 Nr. 1 bis 4, Abs. 2 bis 4 des Gesetzes oder nach § 17 Abs. 5 Satz 1 des Fünften Vermögensbildungsgesetzes in der am 19. Januar 1989 geltenden Fassung (BGBl I S. 137) vor Ablauf der Sperrfrist teilweise Beträge zurückgezahlt, Ansprüche aus dem Vertrag abgetreten oder beliehen, die Bauspar- oder Versicherungssumme ausgezahlt, die Festlegung aufgehoben oder Spitzenbeträge nach § 4 Abs. 3 des Gesetzes oder des § 5 Abs. 3 des Fünften Vermögensbildungsgesetzes in der am 19. Februar 1987 geltenden Fassung (BGBl I S. 630) von mehr als 150 Euro nicht rechtzeitig verwendet, so gelten für die Festsetzung oder Neufestsetzung der Arbeitnehmer-Sparzulage die Beträge in folgender Reihenfolge als zurückgezahlt:

1. Beträge, die keine vermögenswirksamen Leistungen sind,
2. vermögenswirksame Leistungen, für die keine Arbeitnehmer-Sparzulage festgesetzt worden ist,

---

sung (BGBl I S. 137) bei Kreditinstituten, Kapitalverwaltungsgesellschaften oder Versicherungsunternehmen angelegt worden sind, ist bei einer unschädlichen vorzeitigen Verfügung als Ende der Sperrfrist der Zeitpunkt dieser Verfügung anzugeben. ²Dies gilt bei Zuteilung eines Bausparvertrags entsprechend.
(5) Bei einer schädlichen vorzeitigen Verfügung über vermögenswirksame Leistungen, die nach § 2 Abs. 1 Nr. 1 oder 4 des Gesetzes oder nach § 17 Abs. 5 Satz 1 des Fünften Vermögensbildungsgesetzes in der am 19. Januar 1989 geltenden Fassung (BGBl I S. 137) bei Kreditinstituten, Kapitalverwaltungsgesellschaften oder Versicherungsunternehmen angelegt worden sind, darf eine Bescheinigung nicht erteilt werden."

1) **Anm. d. Red.:** § 6 Abs. 1, 3 und 4 i. d. F. des Gesetzes v. 19.12.2000 (BGBl I S. 1790) mit Wirkung v. 1.1.2002.

3. vermögenswirksame Leistungen, für die eine Arbeitnehmer-Sparzulage festgesetzt worden ist.

(4) ¹In den Fällen des § 4 Abs. 4 Nr. 6 des Gesetzes oder des § 5 Abs. 4 des Fünften Vermögensbildungsgesetzes in der am 19. Februar 1987 geltenden Fassung (BGBl I S. 630) gilt für die Festsetzung oder Neufestsetzung der Arbeitnehmer-Sparzulage der nicht wieder verwendete Erlös, wenn er 150 Euro übersteigt, in folgender Reihenfolge als zurückgezahlt:

1. Beträge, die keine vermögenswirksamen Leistungen sind,
2. vermögenswirksame Leistungen, für die keine Arbeitnehmer-Sparzulage festgesetzt worden ist,
3. vermögenswirksame Leistungen, für die eine Arbeitnehmer-Sparzulage festgesetzt worden ist.

²Maßgebend sind die bis zum Ablauf des Kalenderjahres, das dem Kalenderjahr der Veräußerung vorangeht, angelegten Beträge.

## § 7 Auszahlung der Arbeitnehmer-Sparzulage[1)]

(1) Die festgesetzte Arbeitnehmer-Sparzulage ist vom Finanzamt an den Arbeitnehmer auszuzahlen

1. bei einer Anlage nach § 2 Abs. 1 Nr. 4 des Gesetzes in Verbindung mit § 2 Abs. 1 Nr. 2 des Wohnungsbau-Prämiengesetzes sowie bei einer Anlage nach § 2 Abs. 1 Nr. 5 des Gesetzes;
2. bei einer Anlage nach § 2 Abs. 1 Nr. 1 bis 4, Abs. 2 bis 4 des Gesetzes oder nach § 17 Abs. 5 Satz 1 des Gesetzes in der am 1. Januar 1989 geltenden Fassung, wenn im Zeitpunkt der Bekanntgabe des Bescheids über die Festsetzung der Arbeitnehmer-Sparzulage die für die Anlageform vorgeschriebene Sperrfrist oder die im Wohnungsbau-Prämiengesetz oder in der Verordnung zur Durchführung des Wohnungsbau-Prämiengesetzes in der Fassung der Bekanntmachung vom 29. Juni 1994 (BGBl I S. 1446) genannten Sperr- und Rückzahlungsfristen abgelaufen sind. ²Bei Bausparverträgen gelten die in § 2 Abs. 3 Satz 1 des Wohnungsbau-Prämiengesetzes genannten Sperr- und Rückzahlungsfristen unabhängig davon, ob der Vertrag vor dem 1. Januar 2009 oder nach dem 31. Dezember 2008 abgeschlossen worden ist;
3.[2)] *in den Fällen des § 5 Absatz 3;*
4. bei einer Anlage nach § 2 Abs. 1 Nr. 2 und 3 des Gesetzes, wenn eine unschädliche vorzeitige Verfügung vorliegt.

(2) ¹Die bei der Zentralstelle der Länder aufgezeichneten Arbeitnehmer-Sparzulagen für Anlagen nach § 2 Abs. 1 Nr. 1 bis 4, Abs. 2 bis 4 des Gesetzes oder nach § 17 Abs. 5 Satz 1 des Fünften Vermögensbildungsgesetzes in der am 19. Januar 1989 geltenden Fassung (BGBl I S. 137) sind dem Kreditinstitut, dem Unternehmen oder dem Arbeitgeber, bei dem die vermögenswirksamen Leistungen angelegt worden sind, zugunsten des Arbeitnehmers zu überweisen. ²Die Überweisung ist in den Fällen des § 14 Abs. 4 Satz 4 Buchstabe c und d des Gesetzes bis zum Ende des Kalendermonats vorzunehmen, der auf den Kalendermonat folgt, in dem die Zuteilung oder die unschädliche vorzeitige Verfügung angezeigt worden ist.

---

1) **Anm. d. Red.:** § 7 Abs. 1 i. d. F. des Gesetzes v. 26. 6. 2013 (BGBl I S. 1809) mit Wirkung v. 30. 6. 2013.

2) **Anm. d. Red.:** Der Zeitpunkt der erstmaligen Anwendung der kursiven Nr. 3 i. d. F. des Gesetzes v. 26. 6. 2013 (BGBl I S. 1809) wird gem. § 11 Abs. 1 Sätze 2 und 3 vom Bundesministerium der Finanzen durch ein im Bundessteuerblatt zu veröffentlichendes Schreiben mitgeteilt. Bis zu diesem Zeitpunkt ist folgende Nr. 3 der Vorfassung anzuwenden:
„3. in den Fällen des § 5 Abs. 4;".

## § 8 Anzeigepflichten des Kreditinstituts, des Unternehmens oder des Arbeitgebers[1)]

(1) Der Zentralstelle der Länder ist anzuzeigen,

1. von dem Kreditinstitut, der Kapitalverwaltungsgesellschaft oder dem Versicherungsunternehmen, das bei ihm nach § 2 Abs. 1 Nr. 1 oder 4 des Gesetzes oder § 17 Abs. 5 Satz 1 des Fünften Vermögensbildungsgesetzes in der am 19. Januar 1989 geltenden Fassung (BGBl I S. 137) angelegte vermögenswirksame Leistungen nach § 15 Abs. 1 des Gesetzes bescheinigt hat, wenn vor Ablauf der Sperrfrist
   a) vermögenswirksame Leistungen zurückgezahlt werden,
   b) über Ansprüche aus einem Vertrag im Sinne des § 4 des Gesetzes, einem Bausparvertrag oder einem Vertrag nach § 17 Abs. 5 Satz 1 des Fünften Vermögensbildungsgesetzes in der am 19. Januar 1989 geltenden Fassung (BGBl I S. 137) durch Rückzahlung, Abtretung, Beleihung oder in anderer Weise verfügt wird,
   c) die Festlegung erworbener Wertpapiere aufgehoben oder über solche Wertpapiere verfügt wird,
   d) der Bausparvertrag zugeteilt oder die Bausparsumme ausgezahlt wird oder
   e) die Versicherungssumme ausgezahlt oder der Versicherungsvertrag in einen Vertrag umgewandelt wird, der die Voraussetzungen des in § 17 Abs. 5 Satz 1 Nr. 3 des Fünften Vermögensbildungsgesetzes in der am 19. Januar 1989 geltenden Fassung (BGBl I S. 137) bezeichneten Vertrags nicht erfüllt;
2. von dem Kreditinstitut oder der Kapitalverwaltungsgesellschaft, bei dem vermögenswirksame Leistungen nach § 4 des Gesetzes oder § 17 Abs. 5 Satz 1 Nr. 2 des Fünften Vermögensbildungsgesetzes in der am 19. Januar 1989 geltenden Fassung (BGBl I S. 137) angelegt worden sind, wenn Spitzenbeträge nach § 4 Abs. 3 oder Abs. 4 Nr. 6 des Gesetzes oder § 5 Abs. 3 oder 4 des Fünften Vermögensbildungsgesetzes in der am 19. Februar 1987 geltenden Fassung (BGBl I S. 630) von mehr als 150 Euro nicht rechtzeitig verwendet oder wieder verwendet worden sind;
3. von dem Kreditinstitut oder der Kapitalverwaltungsgesellschaft, dem nach § 2 Abs. 3 Satz 2 mitgeteilt worden ist, dass über verbriefte oder nichtverbriefte Vermögensbeteiligungen vor Ablauf der Sperrfrist verfügt worden ist;
4. von dem Unternehmen oder Arbeitgeber, bei dem eine nichtverbriefte Vermögensbeteiligung nach § 2 Abs. 1 Nr. 1 Buchstabe g bis l des Gesetzes auf Grund eines Vertrags nach § 6 oder § 7 des Gesetzes mit vermögenswirksamen Leistungen begründet oder erworben worden ist, wenn vor Ablauf der Sperrfrist über die Vermögensbeteiligung verfügt wird oder wenn der Arbeitnehmer die Vermögensbeteiligung nicht bis zum Ablauf des Kalenderjahres erhalten hat, das auf das Kalenderjahr der vermögenswirksamen Leistungen folgt;
5. von dem Arbeitgeber, der Wertpapiere nach § 4 Abs. 3 Satz 1 Nr. 1 oder 2 verwahrt oder bei einem Dritten verwahren lässt, wenn vor Ablauf der Sperrfrist die Festlegung von Wertpapieren aufgehoben oder über Wertpapiere verfügt wird oder wenn bei einer Verwahrung nach § 4 Abs. 3 Satz 1 Nr. 3 der Arbeitnehmer die Verwahrungsbescheinigung nach § 4 Abs. 4 nicht rechtzeitig vorlegt;
6. von dem Arbeitgeber, bei dem vermögenswirksame Leistungen auf Grund eines Vertrags im Sinne des § 5 des Gesetzes angelegt werden, wenn ihm die Mitteilung des Kreditinstituts oder der Kapitalverwaltungsgesellschaft nach § 2 Abs. 4 Satz 2 zugegangen ist oder wenn der Arbeitnehmer mit den vermögenswirksamen Leistungen eines Kalenderjahres nicht bis zum Ablauf des folgenden Kalenderjahres die Wertpapiere erworben hat.

(2) ¹Das Kreditinstitut, die Kapitalverwaltungsgesellschaft oder das Versicherungsunternehmen hat in den Anzeigen nach Absatz 1 Nr. 1 bis 3 zu kennzeichnen, ob eine unschädliche, voll-

---

1) **Anm. d. Red.:** § 8 Abs. 1 und 2 i. d. F. des Gesetzes v. 18. 12. 2013 (BGBl I S. 4318) mit Wirkung v. 24. 12. 2013; Abs. 3 i. d. F. des Gesetzes v. 20. 12. 2008 (BGBl I S. 2850) mit Wirkung v. 1. 1. 2009.

ständig schädliche oder teilweise schädliche vorzeitige Verfügung vorliegt. ²Der Betrag, über den schädlich vorzeitig verfügt worden ist, sowie die in den einzelnen Kalenderjahren jeweils angelegten vermögenswirksamen Leistungen sind nur in Anzeigen über teilweise schädliche vorzeitige Verfügungen anzugeben.

(3) Die Anzeigen nach Absatz 1 sind nach amtlich vorgeschriebenem Vordruck oder nach amtlich vorgeschriebenem Datensatz durch Datenfernübertragung für die innerhalb eines Kalendermonats bekannt gewordenen vorzeitigen Verfügungen der Zentralstelle der Länder jeweils spätestens bis zum 15. Tag des folgenden Kalendermonats zuzuleiten.

(4) ¹Sind bei der Zentralstelle der Länder Arbeitnehmer-Sparzulagen für Fälle aufgezeichnet,
1. die nach Absatz 1 Nr. 4 bis 6 angezeigt werden oder
2. die nach Absatz 1 Nr. 1 bis 3 angezeigt werden, wenn die Anzeigen als vollständig oder teilweise schädliche vorzeitige Verfügung gekennzeichnet sind,

so hat die Zentralstelle die Auszahlung der aufgezeichneten Arbeitnehmer-Sparzulagen zu sperren. ²Die Zentralstelle hat die Anzeigen um ihre Aufzeichnungen zu ergänzen und zur Auswertung dem Finanzamt zu übermitteln, das nach Kenntnis der Zentralstelle zuletzt eine Arbeitnehmer-Sparzulage für den Arbeitnehmer festgesetzt hat.

### § 9 Rückforderung der Arbeitnehmer-Sparzulage durch das Finanzamt[1]

¹Das für die Besteuerung des Arbeitnehmers nach dem Einkommen zuständige Finanzamt (§ 19 der Abgabenordnung) hat eine zu Unrecht gezahlte Arbeitnehmer-Sparzulage vom Arbeitnehmer zurückzufordern. ²Die Rückforderung unterbleibt, wenn der zurückzufordernde Betrag fünf Euro nicht übersteigt.

### § 10 Anwendungszeitraum

¹§ 8 dieser Verordnung ist auf vermögenswirksame Leistungen, über die nach dem 31. Dezember 1994 vorzeitig verfügt worden ist, anzuwenden. ²Im Übrigen ist diese Verordnung auf vermögenswirksame Leistungen, die nach dem 31. Dezember 1993 angelegt werden, anzuwenden.

### § 11 Inkrafttreten, weiter anzuwendende Vorschriften[2]

(1) ¹Diese Verordnung in der Fassung des Artikels 14 des Gesetzes vom 20. Dezember 2008 (BGBl I S. 2850) ist ab 1. Januar 2009 anzuwenden. ²Das Bundesministerium der Finanzen teilt den Zeitpunkt der erstmaligen Anwendung von § 2 Absatz 2 Satz 1, der §§ 5 und 7 Absatz 1 Nummer 3 in der Fassung des Artikels 19 des Gesetzes vom 26. Juni 2013 (BGBl I S. 1809) durch ein im Bundessteuerblatt zu veröffentlichendes Schreiben mit. ³Bis zu diesem Zeitpunkt sind § 2 Absatz 2 Satz 1, die §§ 5 und 7 Absatz 1 Nummer 3 in der Fassung des Artikels 14 des Gesetzes vom 20. Dezember 2008 (BGBl I S. 2850) weiter anzuwenden.

(2) ¹Die Verordnung zur Durchführung des Fünften Vermögensbildungsgesetzes vom 4. Dezember 1991 (BGBl I S. 1556), geändert durch Artikel 4 des Gesetzes vom 21. Dezember 1993 (BGBl I S. 2310), tritt am Tage nach der Verkündung dieser Verordnung außer Kraft. ²Sie ist auf vermögenswirksame Leistungen, die vor dem 1. Januar 1994 angelegt worden sind, weiter anzuwenden; § 7 ist auch auf vermögenswirksame Leistungen, über die vor dem 1. Januar 1995 vorzeitig verfügt worden ist, weiter anzuwenden. ³Im Übrigen ist die Verordnung zur Durchführung des Fünften Vermögensbildungsgesetzes vom 4. Dezember 1991 auf vermögenswirksame Leistungen, die nach dem 31. Dezember 1993 angelegt worden sind, nicht mehr anzuwenden.

---

1) **Anm. d. Red.:** § 9 i. d. F. des Gesetzes v. 19. 12. 2000 (BGBl I S. 1790) mit Wirkung v. 1. 1. 2002.
2) **Anm. d. Red.:** § 11 i. d. F. des Gesetzes v. 26. 6. 2013 (BGBl I S. 1809) mit Wirkung v. 30. 6. 2013.

# XVI. Wohnungsbau-Prämiengesetz (WoPG)

v. 30.10.1997 (BGBl I S. 2679) mit späteren Änderungen

Das Wohnungsbau-Prämiengesetz (WoPG) v. 30.10.1997 (BGBl I S. 2679) wurde geändert durch Art. 32 Steuer-Euroglättungsgesetz (StEuglG) v. 19.12.2000 (BGBl I S. 1790); Art. 29 Steueränderungsgesetz 2001 (StÄndG 2001) v. 20.12.2001 (BGBl I S. 3794); Art. 13 Fünftes Gesetz zur Änderung des Steuerbeamten-Ausbildungsgesetzes und zur Änderung von Steuergesetzen v. 23.7.2002 (BGBl I S. 2715); Art. 5 Haushaltsbegleitgesetz 2004 (HBeglG 2004) v. 29.12.2003 (BGBl I S. 3076, ber. 2004 I S. 69); Art. 5 Gesetz zur verbesserten Einbeziehung der selbstgenutzten Wohnimmobilie in die geförderte Altersvorsorge (Eigenheimrentengesetz – EigRentG) v. 29.7.2008 (BGBl I S. 1509); Art. 13 Gesetz zur Modernisierung und Entbürokratisierung des Steuerverfahrens (Steuerbürokratieabbaugesetz) v. 20.12.2008 (BGBl I S. 2850); Art. 11 Jahressteuergesetz 2010 (JStG 2010) v. 8.12.2010 (BGBl I S. 1768); Art. 7 Gesetz zur bestätigenden Regelung verschiedener steuerlicher und verkehrsrechtlicher Vorschriften des Haushaltsbegleitgesetzes 2004 v. 5.4.2011 (BGBl I S. 554); Art. 9 Gesetz zur Anpassung steuerlicher Regelungen an die Rechtsprechung des Bundesverfassungsgerichts v. 18.7.2014 (BGBl I S. 1042). — **Zur Anwendung siehe § 10.**

## Nichtamtliche Fassung

### § 1 Prämienberechtigte

¹Unbeschränkt einkommensteuerpflichtige Personen im Sinne des § 1 Abs. 1 oder 2 oder Abs. 3 in Verbindung mit Abs. 2 Satz 1 Nr. 1 und 2 des Einkommensteuergesetzes, die das 16. Lebensjahr vollendet haben oder Vollwaisen sind, können für Aufwendungen zur Förderung des Wohnungsbaus eine Prämie erhalten. ²Voraussetzung ist, dass

1. die Aufwendungen nicht vermögenswirksame Leistungen darstellen, für die Anspruch auf Arbeitnehmer-Sparzulage nach § 13 des Fünften Vermögensbildungsgesetzes besteht, und
2. das maßgebende Einkommen des Prämienberechtigten die Einkommensgrenze (§ 2a) nicht überschritten hat.

### § 2 Prämienbegünstigte Aufwendungen[1)]

(1) Als Aufwendungen zur Förderung des Wohnungsbaus im Sinne des § 1 gelten

1.[2)] Beiträge an Bausparkassen zur Erlangung von Baudarlehen, soweit die an dieselbe Bausparkasse geleisteten Beiträge im Sparjahr (§ 4 Abs. 1) mindestens 50 Euro betragen. ²Voraussetzung ist, dass die Bausparkasse ihren Sitz oder ihre Geschäftsleitung in einem Mitgliedstaat der Europäischen Union hat und ihr die Erlaubnis zum Geschäftsbetrieb im Gebiet der Europäischen Union erteilt ist. ³Bausparkassen sind Kreditinstitute, deren Geschäftsbetrieb darauf gerichtet ist, Bauspareinlagen entgegenzunehmen und aus den angesammelten Beträgen den Bausparern nach einem auf gleichmäßige Zuteilungsfolge gerichteten Verfahren Baudarlehen für wohnungswirtschaftliche Maßnahmen zu gewähren. ⁴Werden Beiträge an Bausparkassen zugunsten eines zertifizierten Altersvorsorgevertrages zur Erlangung eines Bauspardarlehens in einem Sparjahr (§ 4 Abs. 1) vom Anbieter den Altersvorsorgebeiträgen nach § 82 des Einkommensteuergesetzes zugeordnet, handelt es sich bei allen Beiträgen zu diesem Vertrag innerhalb dieses Sparjahres bis zu den in § 10a Abs. 1 des Einkommensteuergesetzes genannten Höchstbeträgen um Altersvorsorgebeiträge und nicht um prämienbegünstigte Aufwendungen im Sinne der Absätze 2 und 3;
2. Aufwendungen für den ersten Erwerb von Anteilen an Bau- und Wohnungsgenossenschaften;
3. Beiträge auf Grund von Sparverträgen, die auf die Dauer von drei bis sechs Jahren als allgemeine Sparverträge oder als Sparverträge mit festgelegten Sparraten mit einem Kredit-

---

1) **Anm. d. Red.:** § 2 i. d. F. des Gesetzes v. 29.7.2008 (BGBl I S. 1509) mit Wirkung v. 1.8.2008.
2) **Anm. d. Red.:** Zur Anwendung des § 2 Abs. 1 Nr. 1 siehe § 10 Abs. 1 Satz 2 und 3.

institut abgeschlossen werden, wenn die eingezahlten Sparbeiträge und die Prämien zum Bau oder Erwerb selbst genutzten Wohneigentums oder zum Erwerb eines eigentumsähnlichen Dauerwohnrechts verwendet werden;

4. Beiträge auf Grund von Verträgen, die mit Wohnungs- und Siedlungsunternehmen nach der Art von Sparverträgen mit festgelegten Sparraten auf die Dauer von drei bis acht Jahren mit dem Zweck einer Kapitalansammlung abgeschlossen werden, wenn die eingezahlten Beiträge und die Prämien zum Bau oder Erwerb selbst genutzten Wohneigentums oder zum Erwerb eines eigentumsähnlichen Dauerwohnrechts verwendet werden. ²Den Verträgen mit Wohnungs- und Siedlungsunternehmen stehen Verträge mit den am 31. Dezember 1989 als Organe der staatlichen Wohnungspolitik anerkannten Unternehmen gleich, soweit sie die Voraussetzungen nach Satz 1 erfüllen.

(2) ¹Für die Prämienbegünstigung der in Absatz 1 Nr. 1 bezeichneten Aufwendungen ist Voraussetzung, dass

1. bei Auszahlung der Bausparsumme oder bei Beleihung der Ansprüche aus dem Vertrag der Bausparer die empfangenen Beträge unverzüglich und unmittelbar zum Wohnungsbau verwendet oder
2. im Fall der Abtretung der Erwerber die Bausparsumme oder die auf Grund einer Beleihung empfangenen Beträge unverzüglich und unmittelbar zum Wohnungsbau für die abtretende Person oder deren Angehörige im Sinne des § 15 der Abgabenordnung verwendet.

²Unschädlich ist jedoch eine Verfügung ohne Verwendung zum Wohnungsbau, die frühestens sieben Jahre nach dem Vertragsabschluss erfolgt, wenn der Bausparer bei Vertragsabschluss das 25. Lebensjahr noch nicht vollendet hatte. ³Die Prämienbegünstigung ist in diesen Fällen auf die Berücksichtigung der in Absatz 1 Nr. 1 bezeichneten Aufwendungen der letzten sieben Sparjahre bis zu der Verfügung beschränkt. ⁴Jeder Bausparer kann nur einmal über einen vor Vollendung des 25. Lebensjahres abgeschlossenen Bausparvertrag ohne wohnungswirtschaftliche Verwendung prämienunschädlich verfügen. ⁵Unschädlich ist auch eine Verfügung ohne Verwendung zum Wohnungsbau, wenn der Bausparer oder sein von ihm nicht dauernd getrennt lebender Ehegatte nach Vertragsabschluss gestorben oder völlig erwerbsunfähig geworden ist oder der Bausparer nach Vertragsabschluss arbeitslos geworden ist und die Arbeitslosigkeit mindestens ein Jahr lang ununterbrochen bestanden hat und im Zeitpunkt der Verfügung noch besteht. ⁶Die Prämienbegünstigung ist in diesen Fällen auf die Berücksichtigung der in Absatz 1 Nr. 1 bezeichneten Aufwendungen der letzten sieben Sparjahre bis zum Eintritt des Ereignisses beschränkt. ⁷Die Vereinbarung über die Erhöhung der Bausparsumme ist als selbständiger Vertrag zu behandeln. ⁸Als Wohnungsbau im Sinne der Nummern 1 und 2 gelten auch bauliche Maßnahmen des Mieters zur Modernisierung seiner Wohnung. ⁹Dies gilt ebenfalls für den ersten Erwerb von Anteilen an Bau- oder Wohnungsgenossenschaften im Sinne des Absatzes 1 Nr. 2 und den Erwerb von Rechten zur dauernden Selbstnutzung von Wohnraum in Alten-, Altenpflege- und Behinderteneinrichtungen oder -anlagen. ¹⁰Die Unschädlichkeit setzt weiter voraus, dass die empfangenen Beträge nicht zum Wohnungsbau im Ausland eingesetzt werden, sofern nichts anderes bestimmt ist.

(3) ¹Für vor dem 1. Januar 2009 abgeschlossene Verträge, für die bis zum 31. Dezember 2008 mindestens ein Beitrag in Höhe der Regelsparrate entrichtet wurde, ist Voraussetzung für die Prämienbegünstigung der in Absatz 1 Nr. 1 bezeichneten Aufwendungen, dass vor Ablauf von sieben Jahren seit Vertragsabschluss weder die Bausparsumme ganz oder zum Teil ausgezahlt noch geleistete Beiträge ganz oder zum Teil zurückgezahlt oder Ansprüche aus dem Bausparvertrag abgetreten oder beliehen werden. ²Unschädlich ist jedoch die vorzeitige Verfügung, wenn

1. die Bausparsumme ausgezahlt oder die Ansprüche aus dem Vertrag beliehen werden und der Bausparer die empfangenen Beträge unverzüglich und unmittelbar zum Wohnungsbau verwendet,
2. im Fall der Abtretung der Erwerber die Bausparsumme oder die auf Grund einer Beleihung empfangenen Beträge unverzüglich und unmittelbar zum Wohnungsbau für die abtretende Person oder deren Angehörige im Sinne des § 15 der Abgabenordnung verwendet,

3. der Bausparer oder sein von ihm nicht dauernd getrennt lebender Ehegatte nach Vertragsabschluss gestorben oder völlig erwerbsunfähig geworden ist oder
4. der Bausparer nach Vertragsabschluss arbeitslos geworden ist und die Arbeitslosigkeit mindestens ein Jahr lang ununterbrochen bestanden hat und im Zeitpunkt der vorzeitigen Verfügung noch besteht.

³Absatz 2 Satz 7 bis 10 gilt sinngemäß.

## § 2a Einkommensgrenze[1]

¹Die Einkommensgrenze beträgt 25 600 Euro, bei Ehegatten (§ 3 Abs. 3) 51 200 Euro. ²Maßgebend ist das zu versteuernde Einkommen (§ 2 Absatz 5 des Einkommensteuergesetzes) des Sparjahrs (§ 4 Abs. 1). ³Bei Ehegatten ist das zu versteuernde Einkommen maßgebend, das sich bei einer Zusammenveranlagung nach § 26b des Einkommensteuergesetzes ergeben hat oder, falls eine Veranlagung nicht durchgeführt worden ist, ergeben würde.

## § 2b (weggefallen)

## § 3 Höhe der Prämie[2]

(1) ¹Die Prämie bemisst sich nach den im Sparjahr (§ 4 Abs. 1) geleisteten prämienbegünstigten Aufwendungen. ²Sie beträgt 8,8 Prozent der Aufwendungen.

(2) ¹Die Aufwendungen des Prämienberechtigten sind je Kalenderjahr bis zu einem Höchstbetrag von 512 Euro, bei Ehegatten (Absatz 3) zusammen bis zu 1 024 Euro prämienbegünstigt. ²Die Höchstbeträge stehen den Prämienberechtigten gemeinsam zu (Höchstbetragsgemeinschaft).

(3) ¹Ehegatten im Sinne dieses Gesetzes sind Personen, welche nach § 26b des Einkommensteuergesetzes zusammen veranlagt werden oder die, falls eine Veranlagung zur Einkommensteuer nicht durchgeführt wird, die Voraussetzungen des § 26 Absatz 1 Satz 1 des Einkommensteuergesetzes erfüllen. ²Die Regelungen dieses Gesetzes zu Ehegatten sind auch auf Lebenspartner anzuwenden, wenn in Verbindung mit § 2 Absatz 8 des Einkommensteuergesetzes die Voraussetzungen des Satzes 1 erfüllt sind.

## § 4 Prämienverfahren allgemein[3]

(1) ¹Der Anspruch auf Prämie entsteht mit Ablauf des Sparjahrs. ²Sparjahr ist das Kalenderjahr, in dem die prämienbegünstigten Aufwendungen geleistet worden sind.

(2) ¹Die Prämie ist nach amtlich vorgeschriebenem Vordruck bis zum Ablauf des zweiten Kalenderjahrs, das auf das Sparjahr (Absatz 1) folgt, bei dem Unternehmen zu beantragen, an das die prämienbegünstigten Aufwendungen geleistet worden sind. ²Der Antragsteller hat zu erklären, für welche Aufwendungen er die Prämie beansprucht, wenn bei mehreren Verträgen die Summe der Aufwendungen den Höchstbetrag (§ 3 Abs. 2) überschreitet; Ehegatten (§ 3 Abs. 3) haben dies einheitlich zu erklären. ³Der Antragsteller ist verpflichtet, dem Unternehmen unverzüglich eine Änderung der Verhältnisse mitzuteilen, die zu einer Minderung oder zum Wegfall des Prämienanspruchs führen.

(3) ¹Überschreiten bei mehreren Verträgen die insgesamt ermittelten oder festgesetzten Prämien die für das Sparjahr höchstens zulässige Prämie (§ 3), ist die Summe der Prämien hierauf zu begrenzen. ²Dabei ist die Prämie vorrangig für Aufwendungen auf Verträge mit dem jeweils

---

1) **Anm. d. Red.:** § 2a i. d. F. des Gesetzes v. 8.12.2010 (BGBl I S. 1768) mit Wirkung v. 14.12.2010.

2) **Anm. d. Red.:** § 3 Abs. 1 i. d. F. des Gesetzes v. 5.4.2011 (BGBl I S. 554) mit Wirkung v. 12.4.2011; Abs. 2 i. d. F. des Gesetzes v. 19.12.2000 (BGBl I S. 1790) mit Wirkung v. 1.1.2002; Abs. 3 i. d. F. des Gesetzes v. 18.7.2014 (BGBl I S. 1042) mit Wirkung v. 24.7.2014.

3) **Anm. d. Red.:** § 4 Abs. 4 i. d. F. des Gesetzes v. 20.12.2001 (BGBl I S. 3794) mit Wirkung v. 23.12.2001.

älteren Vertragsdatum zu belassen. ³Insoweit ist eine abweichende Erklärung des Prämienberechtigten oder seines Ehegatten unbeachtlich.

(4)[1] Ein Rückforderungsanspruch erlischt, wenn er nicht bis zum Ablauf des vierten Kalenderjahrs geltend gemacht worden ist, das auf das Kalenderjahr folgt, in dem der Prämienberechtigte die Prämie verwendet hat (§ 5).

(5) ¹Das Unternehmen darf die im Prämienverfahren bekannt gewordenen Verhältnisse der Beteiligten nur für das Verfahren verwerten. ²Es darf sie ohne Zustimmung der Beteiligten nur offenbaren, soweit dies gesetzlich zugelassen ist.

### § 4a Prämienverfahren im Fall des § 2 Abs. 1 Nr. 1[2]

(1) ¹Bei Aufwendungen im Sinne des § 2 Abs. 1 Nr. 1 hat die Bausparkasse auf Grund des Antrags zu ermitteln, ob und in welcher Höhe ein Prämienanspruch nach Maßgabe dieses Gesetzes oder nach einer auf Grund dieses Gesetzes erlassenen Rechtsverordnung besteht. ²Dabei hat sie alle Verträge mit dem Prämienberechtigten und seinem Ehegatten (§ 3 Abs. 3) zu berücksichtigen. ³Die Bausparkasse hat dem Antragsteller das Ermittlungsergebnis spätestens im nächsten Kontoauszug mitzuteilen.

(2) ¹Die Bausparkasse hat die im Kalendermonat ermittelten Prämien (Absatz 1 Satz 1) im folgenden Kalendermonat in einem Betrag zur Auszahlung anzumelden, wenn die Voraussetzungen für die Prämienbegünstigung nach § 2 Abs. 2 nachgewiesen sind. ²In den Fällen des § 2 Abs. 3 darf die Prämie nicht vor Ablauf des Kalendermonats angemeldet werden, in dem

a) der Bausparvertrag zugeteilt,

b) die in § 2 Abs. 3 Satz 1 genannte Frist überschritten oder

c) unschädlich im Sinne des § 2 Abs. 3 Satz 2 verfügt

worden ist. ³Die Anmeldung ist nach amtlich vorgeschriebenem Vordruck (Wohnungsbauprämien-Anmeldung) bei dem für die Besteuerung der Bausparkasse nach dem Einkommen zuständigen Finanzamt (§ 20 der Abgabenordnung) abzugeben. ⁴Hierbei hat die Bausparkasse zu bestätigen, dass die Voraussetzungen für die Auszahlung des angemeldeten Prämienbetrags vorliegen. ⁵Die Wohnungsbauprämien-Anmeldung gilt als Steueranmeldung im Sinne der Abgabenordnung.⁶Das Finanzamt veranlasst die Auszahlung an die Bausparkasse zugunsten des Prämienberechtigten durch die zuständige Bundeskasse. ⁷Die Bausparkasse hat die erhaltenen Prämien unverzüglich dem Prämienberechtigten gutzuschreiben oder auszuzahlen.

(3)[3] ¹Die Bausparkasse hat die für die Überprüfung des Prämienanspruchs erforderlichen Daten innerhalb von vier Monaten nach Ablauf der Antragsfrist für das Sparjahr (§ 4 Abs. 2 Satz 1) nach amtlich vorgeschriebenem Datensatz durch Datenfernübertragung an die Zentralstelle der Länder zu übermitteln. ²Besteht der Prämienanspruch nicht oder in anderer Höhe, so teilt die Zentralstelle dies der Bausparkasse durch einen Datensatz mit.

(4) ¹Erkennt die Bausparkasse oder wird ihr mitgeteilt, dass der Prämienanspruch ganz oder teilweise nicht besteht oder weggefallen ist, so hat sie das bisherige Ermittlungsergebnis aufzuheben oder zu ändern; zu Unrecht gutgeschriebene oder ausgezahlte Prämien hat sie zurückzufordern. ²Absatz 1 Satz 3 gilt entsprechend. ³Bei fortbestehendem Vertragsverhältnis kann sie das Konto belasten. ⁴Die Bausparkasse hat geleistete Rückforderungsbeträge in der Wohnungsbauprämien-Anmeldung des nachfolgenden Monats abzusetzen. ⁵Kann die Bausparkasse zu Unrecht gutgeschriebene oder ausgezahlte Prämien nicht belasten oder kommt der Prämienempfänger ihrer Zahlungsaufforderung nicht nach, so hat sie hierüber unverzüglich das für die Besteuerung nach dem Einkommen des Prämienberechtigten zuständige Finanzamt (Wohnsitz-

---

1) **Anm. d. Red.:** Zur Anwendung des § 4 Abs. 4 siehe § 10 Abs. 1 Satz 4.

2) **Anm. d. Red.:** § 4a Abs. 2 i. d. F. des Gesetzes v. 29. 7. 2008 (BGBl I S. 1509) mit Wirkung v. 1. 8. 2008; Abs. 3 i. d. F. des Gesetzes v. 20. 12. 2008 (BGBl I S. 2850) mit Wirkung v. 1. 1. 2009.

3) **Anm. d. Red.:** Zur Anwendung des § 4a Abs. 3 siehe § 10 Abs. 1 Satz 5.

finanzamt nach § 19 der Abgabenordnung) zu unterrichten. ⁶In diesen Fällen erlässt das Wohnsitzfinanzamt einen Rückforderungsbescheid.

(5) ¹Eine Festsetzung der Prämie erfolgt nur auf besonderen Antrag des Prämienberechtigten. ²Der Antrag ist schriftlich innerhalb eines Jahres nach Bekanntwerden des Ermittlungsergebnisses der Bausparkasse vom Antragsteller unter Angabe seines Wohnsitzfinanzamts an die Bausparkasse zu richten. ³Die Bausparkasse leitet den Antrag diesem Finanzamt zur Entscheidung zu. ⁴Dem Antrag hat sie eine Stellungnahme und die zur Entscheidung erforderlichen Unterlagen beizufügen. ⁵Das Finanzamt teilt seine Entscheidung auch der Bausparkasse mit.

(6) ¹Die Bausparkasse haftet als Gesamtschuldner neben dem Prämienempfänger für die Prämie, die wegen ihrer Pflichtverletzung zu Unrecht gezahlt, nicht einbehalten oder nicht zurückgefordert wird. ²Die Bausparkasse haftet nicht, wenn sie ohne Verschulden darüber irrte, dass die Prämie zu zahlen war. ³Für die Inanspruchnahme der Bausparkasse ist das in Absatz 2 Satz 3 bestimmte Finanzamt zuständig. ⁴Für die Inanspruchnahme des Prämienempfängers ist das Wohnsitzfinanzamt zuständig.

(7) Das nach Absatz 2 Satz 3 zuständige Finanzamt hat auf Anfrage der Bausparkasse Auskunft über die Anwendung dieses Gesetzes zu geben.

(8) ¹Das nach Absatz 2 Satz 3 zuständige Finanzamt kann bei der Bausparkasse ermitteln, ob sie ihre Pflichten nach diesem Gesetz oder nach einer auf Grund dieses Gesetzes erlassenen Rechtsverordnung erfüllt hat. ²Die §§ 193 bis 203 der Abgabenordnung gelten sinngemäß. ³Die Unterlagen über das Prämienverfahren sind im Geltungsbereich dieses Gesetzes zu führen und aufzubewahren.

(9) Die Bausparkasse erhält vom Bund oder den Ländern keinen Ersatz für die ihr aus dem Prämienverfahren entstehenden Kosten.

## § 4b Prämienverfahren in den Fällen des § 2 Abs. 1 Nr. 2 bis 4

(1) Bei Aufwendungen im Sinne des § 2 Abs. 1 Nr. 2 bis 4 hat das Unternehmen den Antrag an das Wohnsitzfinanzamt des Prämienberechtigten weiterzuleiten.

(2) ¹Wird dem Antrag entsprochen, veranlasst das Finanzamt die Auszahlung der Prämie an das Unternehmen zugunsten des Prämienberechtigten durch die zuständige Bundeskasse. ²Einen Bescheid über die Festsetzung der Prämie erteilt das Finanzamt nur auf besonderen Antrag des Prämienberechtigten. ³Wird nachträglich festgestellt, dass die Voraussetzungen für die Prämie nicht vorliegen oder die Prämie aus anderen Gründen ganz oder teilweise zu Unrecht gezahlt worden ist, so hat das Finanzamt die Prämienfestsetzung aufzuheben oder zu ändern und die Prämie, soweit sie zu Unrecht gezahlt worden ist, zurückzufordern. ⁴Sind zu diesem Zeitpunkt die prämienbegünstigten Aufwendungen durch das Unternehmen noch nicht ausgezahlt, so darf die Auszahlung nicht vorgenommen werden, bevor die Prämien an das Finanzamt zurückgezahlt sind.

## § 5 Verwendung der Prämie[1)]

(1) (weggefallen)

(2) ¹Die Prämien für die in § 2 Abs. 1 Nr. 1, 3 und 4 bezeichneten Aufwendungen sind vorbehaltlich des § 2 Abs. 2 Satz 2 bis 6 sowie Abs. 3 Satz 2 zusammen mit den prämienbegünstigten Aufwendungen zu dem vertragsmäßigen Zweck zu verwenden. ²Geschieht das nicht, so hat das Unternehmen in den Fällen des § 4b dem Finanzamt unverzüglich Mitteilung zu machen.

(3) Über Prämien, die für Aufwendungen nach § 2 Abs. 1 Nr. 2 ausgezahlt werden, kann der Prämienberechtigte verfügen, wenn das Geschäftsguthaben beim Ausscheiden des Prämienberechtigten aus der Genossenschaft ausgezahlt wird.

---

1) **Anm. d. Red.:** § 5 Abs. 2 i. d. F. des Gesetzes v. 29. 7. 2008 (BGBl I S. 1509) mit Wirkung v. 1. 8. 2008.

## § 6 Steuerliche Behandlung der Prämie

Die Prämien gehören nicht zu den Einkünften im Sinne des Einkommensteuergesetzes.

## § 7 Aufbringung der Mittel

Der Bund stellt die Beträge für die Prämien den Ländern in voller Höhe gesondert zur Verfügung.

## § 8 Anwendung der Abgabenordnung und der Finanzgerichtsordnung

(1) [1]Auf die Wohnungsbauprämie sind die für Steuervergütungen geltenden Vorschriften der Abgabenordnung entsprechend anzuwenden. [2]Dies gilt nicht für § 108 Abs. 3 der Abgabenordnung hinsichtlich der in § 2 genannten Fristen sowie für die §§ 109 und 163 der Abgabenordnung.

(2) [1]Für die Wohnungsbauprämie gelten die Strafvorschriften des § 370 Abs. 1 bis 4, der §§ 371, 375 Abs. 1 und des § 376 sowie die Bußgeldvorschriften der §§ 378, 379 Abs. 1, 4 und der §§ 383 und 384 der Abgabenordnung entsprechend. [2]Für das Strafverfahren wegen einer Straftat nach Satz 1 sowie der Begünstigung einer Person, die eine solche Tat begangen hat, gelten die §§ 385 bis 408, für das Bußgeldverfahren wegen einer Ordnungswidrigkeit nach Satz 1 die §§ 409 bis 412 der Abgabenordnung entsprechend.

(3) In öffentlich-rechtlichen Streitigkeiten über die auf Grund dieses Gesetzes ergehenden Verwaltungsakte der Finanzbehörden ist der Finanzrechtsweg gegeben.

(4) Besteuerungsgrundlagen für die Berechnung des nach § 2a maßgebenden Einkommens, die der Veranlagung zur Einkommensteuer zugrunde gelegen haben, können der Höhe nach nicht durch einen Rechtsbehelf gegen die Prämie angegriffen werden.

## § 9 Ermächtigungen[1)]

(1) Die Bundesregierung wird ermächtigt, durch Rechtsverordnung mit Zustimmung des Bundesrates Vorschriften zur Durchführung dieses Gesetzes zu erlassen über

1. (weggefallen)
2. die Bestimmung der Genossenschaften, die zu den Bau- und Wohnungsgenossenschaften gehören (§ 2 Abs. 1 Nr. 2);
3. den Inhalt der in § 2 Abs. 1 Nr. 3 bezeichneten Sparverträge, die Berechnung der Rückzahlungsfristen, die Folgen vorzeitiger Rückzahlung von Sparbeträgen und die Verpflichtungen der Kreditinstitute; die Vorschriften sind den in den §§ 18 bis 29 der Einkommensteuer-Durchführungsverordnung 1953 enthaltenen Vorschriften mit der Maßgabe anzupassen, dass eine Frist bestimmt werden kann, innerhalb der die Prämien zusammen mit den prämienbegünstigten Aufwendungen zu dem vertragsmäßigen Zweck zu verwenden sind;
4. den Inhalt der in § 2 Abs. 1 Nr. 4 bezeichneten Verträge und die Verwendung der auf Grund solcher Verträge angesammelten Beträge; dabei kann der vertragsmäßige Zweck auf den Bau durch das Unternehmen oder auf den Erwerb von dem Unternehmen, mit dem der Vertrag abgeschlossen worden ist, beschränkt und eine Frist von mindestens drei Jahren bestimmt werden, innerhalb der die Prämien zusammen mit den prämienbegünstigten Aufwendungen zu dem vertragsmäßigen Zweck zu verwenden sind. [2]Die Prämienbegünstigung kann auf Verträge über Gebäude beschränkt werden, die nach dem 31. Dezember 1949 fertig gestellt worden sind. [3]Für die Fälle des Erwerbs kann bestimmt werden, dass der angesammelte Betrag und die Prämien nur zur Leistung des in bar zu zahlenden Kaufpreises verwendet werden dürfen;
5. die Ermittlung, Festsetzung, Auszahlung oder Rückzahlung der Prämie, wenn Besteuerungsgrundlagen für die Berechnung des nach § 2a maßgebenden Einkommens, die der Veranla-

---

1) **Anm. d. Red.:** § 9 Abs. 3 i. d. F. des Gesetzes v. 20. 12. 2008 (BGBl I S. 2850) mit Wirkung v. 1. 1. 2009.

gung zur Einkommensteuer zugrunde gelegt haben, geändert werden oder wenn für Aufwendungen, die vermögenswirksame Leistungen darstellen, Arbeitnehmer-Sparzulagen zurückgezahlt oder nachträglich festgesetzt oder ausgezahlt werden;
6. das Verfahren für die Ermittlung, Festsetzung, Auszahlung und Rückforderung der Prämie.
²Hierzu gehören insbesondere Vorschriften über Aufzeichnungs-, Aufbewahrungs-, Bescheinigungs- und Anzeigepflichten des Unternehmens, bei dem die prämienbegünstigten Aufwendungen angelegt worden sind.

(2) Das Bundesministerium der Finanzen wird ermächtigt, den Wortlaut des Wohnungsbau-Prämiengesetzes und der hierzu erlassenen Durchführungsverordnung in der jeweils geltenden Fassung mit neuem Datum, unter neuer Überschrift und in neuer Paragraphenfolge bekannt zu machen und dabei Unstimmigkeiten des Wortlauts zu beseitigen.

(3)[1] Das Bundesministerium der Finanzen wird ermächtigt, im Einvernehmen mit den obersten Finanzbehörden der Länder
a) den in § 4 Abs. 2 Satz 1 und den in § 4a Abs. 2 Satz 3 vorgeschriebenen Vordruck und
b) die in § 4a Abs. 3 vorgeschriebenen Datensätze
zu bestimmen.

## § 10 Schlussvorschriften[2]

(1) ¹Dieses Gesetz in der Fassung des Artikels 11 des Gesetzes vom 8. Dezember 2010 (BGBl I S. 1768) ist vorbehaltlich Satz 2 erstmals für das Sparjahr 2009 anzuwenden. ²§ 2 Abs. 1 Nr. 1 Satz 4 in der Fassung des Artikels 5 des Gesetzes vom 29. Juli 2008 (BGBl I S. 1509) ist erstmals für das Sparjahr 2008 anzuwenden. ³Bei Aufwendungen im Sinne des § 2 Abs. 1 Nr. 1 ist die Prämie für Sparjahre vor 1996 nach § 4 in der Fassung des Artikels 7 des Gesetzes vom 15. Dezember 1995 (BGBl I S. 1783) festzusetzen. ⁴§ 4 Abs. 4 in der Fassung des Artikels 29 des Gesetzes vom 20. Dezember 2001 (BGBl I S. 3794) ist erstmals bei nicht vertragsgemäßer Verwendung nach dem 31. Dezember 1998 anzuwenden. ⁵§ 4a Abs. 3 Satz 1 und § 9 Abs. 3 Buchstabe b in der Fassung des Artikels 13 des Gesetzes vom 20. Dezember 2008 (BGBl I S. 2850) sind erstmals für Datenlieferungen nach dem 31. Dezember 2008 anzuwenden.

(2) ¹Beiträge an Bausparkassen (§ 2 Abs. 1 Nr. 1), für die in den Kalenderjahren 1991 bis 1993 die Zusatzförderung nach § 10 Abs. 6 dieses Gesetzes in der Fassung der Bekanntmachung vom 30. Juli 1992 (BGBl I S. 1405) in Anspruch genommen worden ist, müssen ausdrücklich zur Verwendung für den Wohnungsbau in dem in Artikel 3 des Einigungsvertrages genannten Gebiet bestimmt sein. ²Eine Verfügung, die § 2 Abs. 3 entspricht, nicht aber dem besonderen vertraglichen Zweck, ist hinsichtlich der Zusatzprämie und des zusätzlichen Höchstbetrages schädlich. ³Schädlich ist auch die Verwendung für Ferien- und Wochenendwohnungen, die in einem entsprechend ausgewiesenen Sondergebiet liegen oder die sich auf Grund ihrer Bauweise nicht zum dauernden Bewohnen eignen.

---

1) **Anm. d. Red.:** Zur Anwendung des § 9 Abs. 3 siehe § 10 Abs. 1 Satz 5.
2) **Anm. d. Red.:** § 10 i. d. F. des Gesetzes v. 8.12.2010 (BGBl I S. 1768) mit Wirkung v. 14.12.2010.

# XVII. Verordnung zur Durchführung des Wohnungsbau-Prämiengesetzes (WoPDV)

## v. 30.10.1997 (BGBl I S. 2685) mit späteren Änderungen

Die Verordnung zur Durchführung des Wohnungsbau-Prämiengesetzes (WoPDV) v. 30.10.1997 (BGBl I S. 2685) wurde geändert durch Art. 14 Fünftes Gesetz zur Änderung des Steuerbeamten-Ausbildungsgesetzes und zur Änderung von Steuergesetzen v. 23.7.2002 (BGBl I S. 2715); Art. 6 Gesetz zur verbesserten Einbeziehung der selbstgenutzten Wohnimmobilie in die geförderte Altersvorsorge (Eigenheimrentengesetz – EigRentG) v. 29.7.2008 (BGBl I S. 1509). — **Zur Anwendung siehe § 20.**

### Nichtamtliche Fassung

## 1. Beiträge an Bausparkassen zur Erlangung von Baudarlehen

### § 1 (weggefallen)

### § 1a Aufzeichnungs- und Aufbewahrungspflichten

(1) Die Bausparkasse hat Aufzeichnungen zu führen über

1. den Namen und die Anschrift des Bausparers sowie des Abtretenden und des Abtretungsempfängers der Ansprüche aus einem Bausparvertrag,
2. die Vertragsnummer und das Vertragsdatum des Bausparvertrags,
3. die prämienbegünstigten Aufwendungen je Sparjahr,
4. die ermittelte oder festgesetzte Prämie je Sparjahr,
5. die ausgezahlte Prämie je Sparjahr,
6. den Anlass der Anmeldung in den Fällen des § 4a Abs. 2 Satz 2 des Gesetzes,
7. den nach § 4a Abs. 3 Satz 2 des Gesetzes mitgeteilten Prämienanspruch,
8. das Finanzamt, das im Fall des § 4a Abs. 5 des Gesetzes festgesetzt hat.

(2) Die Bausparkasse hat Unterlagen zu den Aufzeichnungen zu nehmen, aus denen sich der Inhalt des Bausparvertrags und die zweckentsprechende Verwendung oder eine unschädliche Verfügung über die Bausparsumme ergeben.

(3) ¹Der Antrag auf Wohnungsbauprämie und die sonstigen Unterlagen sind geordnet zu sammeln und nach Ende des Sparjahrs zehn Jahre lang aufzubewahren. ²Die Bausparkasse kann die Unterlagen durch Bildträger oder andere Speichermedien ersetzen.

(4) Sonstige Vorschriften über Aufzeichnungspflichten bleiben unberührt.

(5) Die Bausparkasse hat dem Finanzamt auf Anforderung den Inhalt der Aufzeichnungen mitzuteilen und die für die Festsetzung der Prämie erforderlichen Unterlagen auszuhändigen.

### § 1b Übertragung von Bausparverträgen auf eine andere Bausparkasse

¹Werden Bausparverträge auf eine andere Bausparkasse übertragen und verpflichtet sich diese gegenüber dem Bausparer und der Bausparkasse, mit der der Vertrag abgeschlossen worden ist, in die Rechte und Pflichten aus dem Vertrag einzutreten, so gilt die Übertragung nicht als Rückzahlung. ²Das Bausparguthaben muss von der übertragenden Bausparkasse unmittelbar an die übernehmende Bausparkasse überwiesen werden.

### § 2 Wegfall des Prämienanspruchs und Rückzahlung der Prämien[1)]

(1) ¹Der Prämienanspruch entfällt, soweit bei Bausparverträgen
1. prämienschädlich verfügt wird, oder

---

1) **Anm. d. Red.:** § 2 i. d. F. des Gesetzes v. 29.7.2008 (BGBl I S. 1509) mit Wirkung v. 1.8.2008.

2. die für die Zusatzförderung nach § 10 Abs. 2 des Gesetzes erforderlichen Voraussetzungen nicht erfüllt werden.

²Bereits ausgezahlte Prämien sind an die Bausparkasse oder an das zuständige Finanzamt zurückzuzahlen. ³Bei einer Teilrückzahlung von Beiträgen kann der Bausparer bestimmen, welche Beiträge als zurückgezahlt gelten sollen. ⁴Das gilt auch, wenn die Bausparsumme zum Teil ausgezahlt oder die ausgezahlte Bausparsumme teilweise schädlich verwendet wird oder Ansprüche aus dem Vertrag zum Teil abgetreten oder beliehen werden.

(2) ¹Absatz 1 ist nicht anzuwenden, wenn unschädlich nach § 2 Abs. 2 Satz 2 bis 6 sowie Abs. 3 Satz 2 und 3 des Gesetzes verfügt worden ist. ²Beabsichtigt im Fall des § 2 Abs. 2 Satz 1 Nr. 2 oder Abs. 3 Satz 2 Nr. 2 des Gesetzes der Abtretungsempfänger im Zeitpunkt der Abtretung der Ansprüche aus dem Bausparvertrag eine unverzügliche und unmittelbare Verwendung zum Wohnungsbau für den Abtretenden oder dessen Angehörige (§ 15 der Abgabenordnung), so ist die Prämie dem Abtretenden auszuzahlen oder die Rückforderung bereits ausgezahlter Prämien auszusetzen, wenn der Abtretende eine Erklärung des Abtretungsempfängers über die Verwendungsabsicht beibringt.

## 2. Bau- und Wohnungsgenossenschaften

### § 3

Bau- und Wohnungsgenossenschaften im Sinne des § 2 Abs. 1 Nr. 2 des Gesetzes sind Genossenschaften, deren Zweck auf den Bau und die Finanzierung sowie die Verwaltung oder Veräußerung von Wohnungen oder auf die wohnungswirtschaftliche Betreuung gerichtet ist.

## 3. Wohnbau-Sparverträge

### § 4 Allgemeine Sparverträge

(1) ¹Allgemeine Sparverträge im Sinne des § 2 Abs. 1 Nr. 3 des Gesetzes sind Verträge mit
1. einem Kreditinstitut oder
2. einem am 31. Dezember 1989 als gemeinnützig anerkannten Wohnungsunternehmen oder einem am 31. Dezember 1989 als Organ der staatlichen Wohnungspolitik anerkannten Unternehmen, wenn diese Unternehmen eigene Spareinrichtungen unterhalten, auf die die Vorschriften des Gesetzes über das Kreditwesen anzuwenden sind,

in denen der Prämienberechtigte sich verpflichtet, die eingezahlten Sparbeiträge auf drei bis sechs Jahre festzulegen und die eingezahlten Sparbeiträge sowie die Prämien zu dem in § 2 Abs. 1 Nr. 3 des Gesetzes bezeichneten Zweck zu verwenden. ²Die Verträge können zugunsten dritter Personen abgeschlossen werden.

(2) ¹Die Verlängerung der Festlegung um jeweils ein Jahr oder um mehrere Jahre bis zu einer Gesamtdauer der Festlegung von sechs Jahren kann zwischen dem Prämienberechtigten und dem Unternehmen vereinbart werden. ²Die Vereinbarung über die Verlängerung ist vor Ablauf der Festlegungsfrist zu treffen.

### § 5 Rückzahlungsfrist bei allgemeinen Sparverträgen

¹Die Sparbeiträge dürfen erst nach Ablauf der vereinbarten Festlegungsfrist (§ 4) zurückgezahlt werden. ²Die Festlegungsfrist beginnt am 1. Januar, wenn der Vertrag vor dem 1. Juli, und am 1. Juli, wenn der Vertrag nach dem 30. Juni des betreffenden Kalenderjahrs abgeschlossen worden ist.

### § 6 Sparverträge mit festgelegten Sparraten

(1) ¹Sparverträge mit festgelegten Sparraten im Sinne des § 2 Abs. 1 Nr. 3 des Gesetzes sind Verträge mit einem der in § 4 Abs. 1 bezeichneten Unternehmen, in denen sich der Prämienberechtigte verpflichtet, für drei bis sechs Jahre laufend, jedoch mindestens vierteljährlich, der

Höhe nach gleich bleibende Sparraten einzuzahlen und die eingezahlten Sparbeiträge sowie die Prämien zu dem in § 2 Abs. 1 Nr. 3 des Gesetzes bezeichneten Zweck zu verwenden. ²Die Verträge können zugunsten dritter Personen abgeschlossen werden.

(2) ¹Die Verlängerung der Einzahlungsverpflichtung um jeweils ein Jahr oder um mehrere Jahre bis zu einer Gesamtdauer der Einzahlungen von sechs Jahren kann zwischen dem Prämienberechtigten und dem Unternehmen vereinbart werden. ²Die Vereinbarung über die Verlängerung ist spätestens im Zeitpunkt der letzten nach dem Vertrag zu leistenden Einzahlung zu treffen.

(3) Den in Absatz 1 bezeichneten Einzahlungen werden gleichgestellt
1. zusätzliche Einzahlungen, soweit sie in einem Kalenderjahr nicht höher sind als der Jahresbetrag der in Absatz 1 bezeichneten Einzahlungen, sowie
2. zusätzliche Einzahlungen, die vermögenswirksame Leistungen darstellen, bis zur Höhe des nach dem Fünften Vermögensbildungsgesetz geförderten Betrags.

## § 7 Rückzahlungsfrist bei Sparverträgen mit festgelegten Sparraten

Die auf Grund eines Sparvertrags mit festgelegten Sparraten eingezahlten Sparbeiträge dürfen ein Jahr nach dem Tag der letzten Einzahlung, jedoch nicht vor Ablauf eines Jahres nach dem letzten regelmäßigen Fälligkeitstag, zurückgezahlt werden.

## § 8 Unterbrechung von Sparverträgen mit festgelegten Sparraten

(1) ¹Sparraten, die nicht rechtzeitig geleistet worden sind, können innerhalb eines halben Jahres nach ihrer Fälligkeit, spätestens bis zum 15. Januar des folgenden Kalenderjahrs, nachgeholt werden; die im folgenden Kalenderjahr nachgeholten Sparraten gelten als Einzahlungen des Kalenderjahrs der Fälligkeit. ²Innerhalb des letzten halben Jahres vor Ablauf der Festlegungsfrist ist eine Nachholung ausgeschlossen.

(2) ¹Der Vertrag ist in vollem Umfang unterbrochen, wenn eine Sparrate nicht spätestens vor Ablauf der in Absatz 1 bezeichneten Nachholfrist eingezahlt worden ist oder wenn Einzahlungen zurückgezahlt werden; das Gleiche gilt, wenn Ansprüche aus dem Vertrag abgetreten werden, es sei denn, der Abtretungsempfänger ist ein Angehöriger (§ 15 der Abgabenordnung) oder die im Vertrag bezeichnete andere Person. ²Der Vertrag ist teilweise unterbrochen, wenn eine Sparrate in geringerer als der vereinbarten Höhe geleistet wird und der Unterschiedsbetrag nicht innerhalb der in Absatz 1 bezeichneten Frist nachgeholt worden ist.

(3) ¹Ist der Vertrag in vollem Umfang unterbrochen (Absatz 2 Satz 1), so sind spätere Einzahlungen nicht mehr prämienbegünstigt. ²Liegt eine teilweise Unterbrechung (Absatz 2 Satz 2) vor, so sind spätere Einzahlungen nur in Höhe des Teils der Sparraten prämienbegünstigt, der ununterbrochen in gleich bleibender Höhe geleistet worden ist. ³Dieser Betrag ist auch maßgebend für die zusätzlichen Einzahlungen, die nach § 6 Abs. 3 Nr. 1 erbracht werden können.

## § 9 Vorzeitige Rückzahlung

¹Soweit vor Ablauf der in den §§ 5 und 7 bezeichneten Fristen, außer in den Fällen des § 12, Sparbeiträge im Sinne des § 4 oder des § 6 zurückgezahlt werden, werden Prämien nicht ausgezahlt; bereits ausgezahlte Prämien sind an das Finanzamt zurückzuzahlen. ²Das gilt nicht, wenn der Prämienberechtigte oder die im Vertrag bezeichnete andere Person stirbt oder nach Vertragsabschluss völlig erwerbsunfähig wird.

## § 10 Verwendung der Sparbeiträge[1)]

(1) ¹Die auf Grund eines allgemeinen Sparvertrags (§ 4) oder eines Sparvertrags mit festgelegten Sparraten (§ 6) eingezahlten Beträge sind von dem Prämienberechtigten oder der in dem Vertrag bezeichneten anderen Person zusammen mit den Prämien innerhalb eines Jahres nach der Rückzahlung der Sparbeiträge, spätestens aber innerhalb von vier Jahren nach dem Zeit-

---

1) **Anm. d. Red.:** § 10 Abs. 2 i. d. F. des Gesetzes v. 23. 7. 2002 (BGBl I S. 2715) mit Wirkung v. 27. 7. 2002.

punkt, in dem die eingezahlten Sparbeiträge frühestens zurückgezahlt werden dürfen, zu dem in § 2 Abs. 1 Nr. 3 des Gesetzes bezeichneten Zweck zu verwenden. [2]§ 9 Satz 2 findet Anwendung.

(2) Eine Verwendung zu dem in § 2 Abs. 1 Nr. 3 des Gesetzes bezeichneten Zweck ist gegeben, wenn die eingezahlten Beträge verwendet werden

1. zum Bau selbst genutzten Wohneigentums für den Prämienberechtigten, die in dem Vertrag bezeichnete andere Person oder die in § 15 der Abgabenordnung bezeichneten Angehörigen dieser Personen,

2. zum Erwerb selbst genutzten Wohneigentums oder eines eigentumsähnlichen Dauerwohnrechts durch den Prämienberechtigten, die in dem Vertrag bezeichnete andere Person oder die in § 15 der Abgabenordnung bezeichneten Angehörigen dieser Personen.

## § 11 Anzeigepflicht

[1]Die in § 4 Abs. 1 bezeichneten Unternehmen haben, außer im Fall des Todes des Prämienberechtigten oder der in dem Vertrag bezeichneten anderen Person, dem für ihre Veranlagung oder dem für die Veranlagung des Prämienberechtigten zuständigen Finanzamt unverzüglich die Fälle mitzuteilen, in denen

1. Sparbeiträge vor Ablauf der in den §§ 5 und 7 bezeichneten Fristen zurückgezahlt werden,

2. Sparbeiträge und Prämien nicht oder nicht innerhalb der Fristen des § 10 zu dem dort bezeichneten Zweck verwendet werden,

3. Sparverträge auf ein anderes Unternehmen übertragen oder in Verträge mit Wohnungs- und Siedlungsunternehmen oder mit am 31. Dezember 1989 anerkannten Organen der staatlichen Wohnungspolitik umgewandelt werden (§ 12 Abs. 1).

[2]Die Anzeige kann auch von der Niederlassung eines Unternehmens an das Finanzamt gerichtet werden, in dessen Bezirk sich die Niederlassung befindet.

## § 12 Übertragung und Umwandlung von Sparverträgen

(1) Prämien werden auch ausgezahlt und bereits ausgezahlte Prämien werden nicht zurückgefordert, wenn

1. allgemeine Sparverträge (§ 4) und Sparverträge mit festgelegten Sparraten (§ 6) während ihrer Laufzeit unter Übertragung der bisherigen Einzahlungen und der Prämien auf ein anderes Unternehmen übertragen werden und sich dieses gegenüber dem Prämienberechtigten und dem Unternehmen, mit dem der Vertrag abgeschlossen worden ist, verpflichtet, in die Rechte und Pflichten aus dem Vertrag einzutreten,

2. Sparverträge mit festgelegten Sparraten während ihrer Laufzeit unter Übertragung der bisherigen Einzahlungen und der Prämien in Verträge mit Wohnungs- und Siedlungsunternehmen oder mit am 31. Dezember 1989 anerkannten Organen der staatlichen Wohnungspolitik im Sinne des § 13 umgewandelt werden.

(2) [1]In Fällen der Übertragung (Absatz 1 Nr. 1) gelten die §§ 4 bis 11 weiter mit der Maßgabe, dass die bisherigen Einzahlungen als Einzahlungen auf Grund des Vertrags mit dem Unternehmen, auf das der Vertrag übertragen worden ist, behandelt werden. [2]In Fällen der Umwandlung (Absatz 1 Nr. 2) gelten die §§ 15 bis 17 mit der Maßgabe, dass die bisherigen Einzahlungen als Einzahlungen auf Grund des Vertrags mit dem Wohnungs- oder Siedlungsunternehmen oder mit dem am 31. Dezember 1989 anerkannten Organ der staatlichen Wohnungspolitik behandelt werden.

## 4. Verträge mit Wohnungs- und Siedlungsunternehmen und Organen der staatlichen Wohnungspolitik (Baufinanzierungsverträge)

### § 13 Inhalt der Verträge

(1) ¹Verträge im Sinne des § 2 Abs. 1 Nr. 4 des Gesetzes sind Verträge mit einem Wohnungs- oder Siedlungsunternehmen (§ 14) oder einem am 31. Dezember 1989 anerkannten Organ der staatlichen Wohnungspolitik (§ 2 Abs. 1 Nr. 4 Satz 2 des Gesetzes), in denen sich der Prämienberechtigte verpflichtet,

1. einen bestimmten Kapitalbetrag in der Weise anzusammeln, dass er für drei bis acht Jahre laufend, jedoch mindestens vierteljährlich, der Höhe nach gleich bleibende Sparraten bei dem Wohnungs- oder Siedlungsunternehmen oder dem am 31. Dezember 1989 anerkannten Organ der staatlichen Wohnungspolitik einzahlt, und
2. den angesammelten Betrag und die Prämien zu dem in § 2 Abs. 1 Nr. 4 des Gesetzes bezeichneten Zweck zu verwenden (§ 16),

und in denen sich das Wohnungs- oder Siedlungsunternehmen oder das am 31. Dezember 1989 anerkannte Organ der staatlichen Wohnungspolitik verpflichtet, die nach dem Vertrag vorgesehene Leistung (§ 16) zu erbringen. ²§ 6 Abs. 2 gilt entsprechend. ³Die Verträge können zugunsten dritter Personen abgeschlossen werden.

(2) Den in Absatz 1 bezeichneten Einzahlungen werden gleichgestellt

1. zusätzliche Einzahlungen, soweit sie in einem Kalenderjahr nicht höher sind als der Jahresbetrag der in Absatz 1 bezeichneten Einzahlungen, sowie
2. zusätzliche Einzahlungen, die vermögenswirksame Leistungen darstellen, bis zur Höhe des nach dem Fünften Vermögensbildungsgesetz geförderten Betrags.

### § 14 Wohnungs- und Siedlungsunternehmen

Wohnungs- und Siedlungsunternehmen im Sinne des § 13 sind

1. am 31. Dezember 1989 als gemeinnützig anerkannte Wohnungsunternehmen,
2. gemeinnützige Siedlungsunternehmen,
3. Unternehmen, die vor Aufhebung des Reichsheimstättengesetzes zur Ausgabe von Heimstätten zugelassen waren,
4. andere Wohnungs- und Siedlungsunternehmen, wenn sie die folgenden Voraussetzungen erfüllen:
   a) Das Unternehmen muss im Handelsregister oder im Genossenschaftsregister eingetragen sein;
   b) der Zweck des Unternehmens muss ausschließlich oder weit überwiegend auf den Bau und die Verwaltung oder Übereignung von Wohnungen oder die wohnungswirtschaftliche Betreuung gerichtet sein. ²Die tatsächliche Geschäftsführung muss dem entsprechen;
   c) das Unternehmen muss sich einer regelmäßigen und außerordentlichen Überprüfung seiner wirtschaftlichen Lage und seines Geschäftsgebarens, insbesondere der Verwendung der gesparten Beträge, durch einen wohnungswirtschaftlichen Verband, zu dessen satzungsmäßigem Zweck eine solche Prüfung gehört, unterworfen haben. ²Soweit das Unternehmen oder seine Gesellschafter an anderen Unternehmen gleicher Art beteiligt sind, muss sich die Überprüfung zugleich auf diese erstrecken.

### § 15 Unterbrechung und Rückzahlung der Einzahlungen

(1) ¹Sparraten, die nicht rechtzeitig geleistet worden sind, können innerhalb eines halben Jahres nach ihrer Fälligkeit, spätestens bis zum 15. Januar des folgenden Kalenderjahrs, nachgeholt werden; die im folgenden Kalenderjahr nachgeholten Sparraten gelten als Einzahlungen des Ka-

lenderjahrs der Fälligkeit. ²Innerhalb des letzten halben Jahres vor Ablauf der Festlegungsfrist ist eine Nachholung ausgeschlossen.

(2) ¹Der Vertrag ist in vollem Umfang unterbrochen, wenn eine Sparrate nicht spätestens vor Ablauf der in Absatz 1 bezeichneten Nachholfrist eingezahlt worden ist oder wenn Einzahlungen zurückgezahlt werden; das Gleiche gilt, wenn Ansprüche aus dem Vertrag abgetreten werden, es sei denn, der Abtretungsempfänger ist ein Angehöriger (§ 15 der Abgabenordnung) oder die im Vertrag bezeichnete andere Person. ²Der Vertrag ist teilweise unterbrochen, wenn eine Sparrate in geringerer als der vereinbarten Höhe geleistet und der Unterschiedsbetrag nicht innerhalb der in Absatz 1 bezeichneten Frist nachgeholt worden ist.

(3) ¹Ist der Vertrag in vollem Umfang unterbrochen (Absatz 2 Satz 1), so sind spätere Einzahlungen nicht mehr prämienbegünstigt. ²Liegt eine teilweise Unterbrechung (Absatz 2 Satz 2) vor, so sind spätere Einzahlungen nur in Höhe des Teils der Sparraten prämienbegünstigt, der ununterbrochen in gleich bleibender Höhe geleistet worden ist. ³Dieser Betrag ist auch maßgebend für die zusätzlichen Einzahlungen, die nach § 13 Abs. 2 Nr. 1 erbracht werden können.

(4) ¹Soweit eingezahlte Beiträge, außer in den Fällen des § 18, zurückgezahlt werden, werden Prämien nicht ausgezahlt; bereits ausgezahlte Prämien sind an das Finanzamt zurückzuzahlen. ²Das gilt nicht, wenn der Prämienberechtigte oder die im Vertrag bezeichnete andere Person stirbt oder nach Vertragsabschluss völlig erwerbsunfähig wird.

## § 16 Verwendung der angesammelten Beträge[1)]

(1) ¹Der angesammelte Betrag ist zusammen mit den Prämien innerhalb von fünf Jahren nach dem Zeitpunkt, in dem nach dem Vertrag die letzte Zahlung zu leisten ist, von dem Prämienberechtigten oder der im Vertrag bezeichneten anderen Person zu dem in § 2 Abs. 1 Nr. 4 des Gesetzes bezeichneten Zweck zu verwenden. ²§ 15 Abs. 4 Satz 2 findet Anwendung.

(2) Eine Verwendung zu dem in § 2 Abs. 1 Nr. 4 des Gesetzes bezeichneten Zweck ist gegeben, wenn der angesammelte Betrag und die Prämien verwendet werden

1. zum Bau selbst genutzten Wohneigentums für den Prämienberechtigten, die in dem Vertrag bezeichnete andere Person oder die in § 15 der Abgabenordnung bezeichneten Angehörigen dieser Personen durch das Wohnungs- und Siedlungsunternehmen oder das am 31. Dezember 1989 anerkannte Organ der staatlichen Wohnungspolitik oder
2. zum Erwerb selbst genutzten Wohneigentums oder eines eigentumsähnlichen Dauerwohnrechts durch den Prämienberechtigten, die in dem Vertrag bezeichnete andere Person oder die in § 15 der Abgabenordnung bezeichneten Angehörigen dieser Personen; dabei muss es sich um einen Erwerb von dem Wohnungs- und Siedlungsunternehmen oder dem am 31. Dezember 1989 anerkannten Organ der staatlichen Wohnungspolitik und um selbst genutztes Wohneigentum handeln, das nach dem 31. Dezember 1949 errichtet worden ist.

(3) Bei einer Verwendung im Sinne des Absatzes 2 Nr. 2 dürfen der angesammelte Betrag und die Prämien nur zur Leistung des bar zu zahlenden Teils des Kaufpreises verwendet werden.

## § 17 Anzeigepflicht

¹Das Wohnungs- oder Siedlungsunternehmen oder das am 31. Dezember 1989 anerkannte Organ der staatlichen Wohnungspolitik hat, außer im Fall des Todes des Prämienberechtigten oder der in dem Vertrag bezeichneten anderen Person, dem für seine Veranlagung oder dem für die Veranlagung des Prämienberechtigten zuständigen Finanzamt unverzüglich die Fälle mitzuteilen, in denen

1. angesammelte Beträge zurückgezahlt werden (§ 15),
2. angesammelte Beträge und Prämien nicht oder nicht innerhalb der Frist des § 16 zu dem in § 2 Abs. 1 Nr. 4 des Gesetzes bezeichneten Zweck verwendet werden,

---

1) **Anm. d. Red.:** § 16 Abs. 2 i. d. F. des Gesetzes v. 23. 7. 2002 (BGBl I S. 2715) mit Wirkung v. 27. 7. 2002.

3. Verträge auf ein anderes Wohnungs- oder Siedlungsunternehmen oder ein anderes am 31. Dezember 1989 anerkanntes Organ der staatlichen Wohnungspolitik übertragen oder in Sparverträge mit festgelegten Sparraten im Sinne des § 6 umgewandelt werden (§ 18 Abs. 1).

²Die Anzeige kann auch von der Niederlassung eines Wohnungs- oder Siedlungsunternehmens oder eines am 31. Dezember 1989 anerkannten Organs der staatlichen Wohnungspolitik an das Finanzamt gerichtet werden, in dessen Bezirk sich die Niederlassung befindet.

### § 18 Übertragung und Umwandlung von Verträgen mit Wohnungs- und Siedlungsunternehmen und Organen der staatlichen Wohnungspolitik

(1) Prämien werden auch ausgezahlt und bereits ausgezahlte Prämien werden nicht zurückgefordert, wenn Verträge mit Wohnungs- und Siedlungsunternehmen oder am 31. Dezember 1989 anerkannten Organen der staatlichen Wohnungspolitik (§ 13) während ihrer Laufzeit unter Übertragung der bisherigen Einzahlungen und der Prämien

1. auf ein anderes Wohnungs- oder Siedlungsunternehmen oder ein anderes am 31. Dezember 1989 anerkanntes Organ der staatlichen Wohnungspolitik übertragen werden und sich dieses gegenüber dem Prämienberechtigten und dem Unternehmen, mit dem der Vertrag abgeschlossen worden ist, verpflichtet, in die Rechte und Pflichten aus dem Vertrag einzutreten,
2. in einen Sparvertrag mit festgelegten Sparraten im Sinne des § 6 umgewandelt werden.

(2) § 12 Abs. 2 ist entsprechend anzuwenden.

## 5. Änderung der Voraussetzungen für den Prämienanspruch in besonderen Fällen

### § 19 Änderung des zu versteuernden Einkommens

(1) Wird im Besteuerungsverfahren die Entscheidung über die Höhe des zu versteuernden Einkommens nachträglich in der Weise geändert, dass dadurch

1. die Einkommensgrenze (§ 2a des Gesetzes) unterschritten wird, so kann der Prämienberechtigte die Prämie innerhalb eines Jahres nach Bekanntgabe der Änderung erstmalig oder erneut beantragen;
2. die Einkommensgrenze überschritten wird, so ist die Prämie neu zu ermitteln oder festzusetzen; ausgezahlte Prämien sind zurückzufordern.

(2) Besteht oder entsteht für Aufwendungen, die vermögenswirksame Leistungen darstellen,

1. kein Anspruch auf Arbeitnehmer-Sparzulage und liegen dennoch die Voraussetzungen für den Prämienanspruch vor, so kann der Prämienberechtigte die Prämie innerhalb eines Jahres nach Bekanntgabe des Bescheids über die Arbeitnehmer-Sparzulage erstmalig oder erneut beantragen;
2. nachträglich ein Anspruch auf Arbeitnehmer-Sparzulage und entfällt damit der Prämienanspruch, so ist die Prämie neu zu ermitteln oder festzusetzen; ausgezahlte Prämien sind zurückzufordern.

## 6. Anwendungszeitraum

### § 20 Anwendungsvorschrift[1)]

Diese Verordnung in der Fassung des Artikels 6 des Gesetzes vom 29. Juli 2008 (BGBl I S. 1509) ist erstmals für das Sparjahr 2009 anzuwenden.

---

1) **Anm. d. Red.:** § 20 i. d. F. des Gesetzes v. 29. 7. 2008 (BGBl I S. 1509) mit Wirkung v. 1. 8. 2008.

## XVIII. Gesetz über die Besteuerung bei Auslandsbeziehungen (Außensteuergesetz – AStG)

### v. 8. 9. 1972 (BGBl I S. 1713) mit späteren Änderungen

Das Gesetz über die Besteuerung bei Auslandsbeziehungen (Außensteuergesetz – AStG) ist als Art. 1 Gesetz zur Wahrung der steuerlichen Gleichmäßigkeit bei Auslandsbeziehungen und zur Verbesserung der steuerlichen Wettbewerbslage bei Auslandsinvestitionen v. 8. 9. 1972 (BGBl I S. 1713) verkündet worden. — Die hier wiedergegebene (nichtamtliche) Fassung berücksichtigt die Änderungen des AStG durch Art. 4 Gesetz zur Reform des Erbschaftsteuer- und Schenkungsteuerrechts (ErbStRG) v. 17. 4. 1974 (BGBl I S. 933); Art. 11 Einführungsgesetz zum Einkommensteuerreformgesetz (EGEStRG) v. 21. 12. 1974 (BGBl I S. 3656); Art. 6 Einführungsgesetz zum Körperschaftsteuerreformgesetz (EGKStRG) v. 6. 9. 1976 (BGBl I S. 2641); Art. 3 Einführungsgesetz zur Abgabenordnung (EGAO) v. 14. 12. 1976 (BGBl I S. 3341); Art. 8 Gesetz zur Änderung des EStG, des KStG und anderer Gesetze v. 20. 8. 1980 (BGBl I S. 1545); Art. 8 Steuerentlastungsgesetz 1984 (StEntlG 1984) v. 22. 12. 1983 (BGBl I S. 1583); Art. 6 Steuerbereinigungsgesetz v. 14. 12. 1984 (BGBl I S. 1493); Anlage I Kap. IV Sachgebiet B Abschn. II Nr. 23 Einigungsvertragsgesetz v. 23. 9. 1990 (BGBl II S. 885, 978); Art. 17 Steueränderungsgesetz 1992 (StÄndG 1992) v. 25. 2. 1992 (BGBl I S. 297); Art. 7 Standortsicherungsgesetz (StandOG) v. 13. 9. 1993 (BGBl I S. 1569); Art. 12 Missbrauchsbekämpfungs- und Steuerbereinigungsgesetz (StMBG) v. 21. 12. 1993 (BGBl I S. 2310); Art. 4 Gesetz zur Änderung des Umwandlungssteuerrechts v. 28. 10. 1994 (BGBl I S. 3267); Art. 12 Jahressteuergesetz 1997 (JStG 1997) v. 20. 12. 1996 (BGBl I S. 2049, 2073); Art. 12 Steuersenkungsgesetz (StSenkG) v. 23. 10. 2000 (BGBl I S. 1433, 1464); Art. 9 Steuer-Euroglättungsgesetz (StEuglG) v. 19. 12. 2000 (BGBl I S. 1790); Art. 5 Unternehmenssteuerfortentwicklungsgesetz (UntStFG) v. 20. 12. 2001 (BGBl I S. 3858); Art. 11 Gesetz zum Abbau von Steuervergünstigungen und Ausnahmeregelungen (Steuervergünstigungsabbaugesetz – StVergAbG) v. 16. 5. 2003 (BGBl I S. 660); Art. 4 Gesetz zur Modernisierung des Investmentwesens und zur Besteuerung von Investmentvermögen (Investmentmodernisierungsgesetz) v. 15. 12. 2003 (BGBl I S. 2676); Art. 6 Gesetz zur Umsetzung der Protokollerklärung der Bundesregierung zur Vermittlungsempfehlung zum Steuervergünstigungsabbaugesetz v. 22. 12. 2003 (BGBl I S. 2840); Art. 11 Gesetz zur Umsetzung von EU-Richtlinien in nationales Steuerrecht und zur Änderung weiterer Vorschriften (Richtlinien-Umsetzungsgesetz – EURLUmsG) v. 9. 12. 2004 (BGBl I S. 3310, ber. I S. 3843); Art. 7 Gesetz über steuerliche Begleitmaßnahmen zur Einführung der Europäischen Gesellschaft und zur Änderung weiterer steuerrechtlicher Vorschriften (SEStEG) v. 7. 12. 2006 (BGBl I S. 2782, ber. 2007 I S. 68); Art. 3 Gesetz zur Schaffung deutscher Immobilien-Aktiengesellschaften mit börsennotierten Anteilen v. 28. 5. 2007 (BGBl I S. 914); Art. 7 Unternehmensteuerreformgesetz 2008 v. 14. 8. 2007 (BGBl I S. 1912); Art. 24 Jahressteuergesetz 2008 (JStG 2008) v. 20. 12. 2007 (BGBl I S. 3150); Art. 9 Jahressteuergesetz 2009 (JStG 2009) v. 19. 12. 2008 (BGBl I S. 2794); Art. 11 Gesetz zur Umsetzung steuerlicher EU-Vorgaben sowie zur Änderung steuerlicher Vorschriften v. 8. 4. 2010 (BGBl I S. 386); Art. 7 Jahressteuergesetz 2010 (JStG 2010) v. 8. 12. 2010 (BGBl I S. 1768); Art. 6 Gesetz zur Umsetzung der Amtshilferichtlinie sowie zur Änderung steuerlicher Vorschriften (Amtshilferichtlinie-Umsetzungsgesetz – AmtshilfeRLUmsG) v. 26. 6. 2013 (BGBl I S. 1809); Art. 8 Gesetz zur Anpassung der Abgabenordnung an den Zollkodex der Union und zur Änderung weiterer steuerlicher Vorschriften v. 22. 12. 2014 (BGBl I S. 2417). — **Zur Anwendung siehe § 21.**

### Nichtamtliche Fassung

### Erster Teil: Internationale Verflechtungen

#### § 1 Berichtigung von Einkünften[1)2)]

(1) ¹Werden Einkünfte eines Steuerpflichtigen aus einer Geschäftsbeziehung zum Ausland mit einer ihm nahe stehenden Person dadurch gemindert, dass er seiner Einkünfteermittlung andere Bedingungen, insbesondere Preise (Verrechnungspreise), zugrunde legt, als sie voneinander unabhängige Dritte unter gleichen oder vergleichbaren Verhältnissen vereinbart hätten (Fremdvergleichsgrundsatz), sind seine Einkünfte unbeschadet anderer Vorschriften so anzusetzen, wie sie unter den zwischen voneinander unabhängigen Dritten vereinbarten Bedingungen

---

1) **Anm. d. Red.:** § 1 Abs. 1, 3, 5 und 6 i. d. F. des Gesetzes v. 26. 6. 2013 (BGBl I S. 1809) mit Wirkung v. 1. 1. 2013; Abs. 4 i. d. F. des Gesetzes v. 22. 12. 2014 (BGBl I S. 2417) mit Wirkung v. 31. 12. 2014.

2) **Anm. d. Red.:** Zur Anwendung des § 1 siehe § 21 Abs. 4 Satz 2, Abs. 11 Satz 1, Abs. 16, 20 und 22.

angefallen wären. ²Steuerpflichtiger im Sinne dieser Vorschrift ist auch eine Personengesellschaft oder eine Mitunternehmerschaft; eine Personengesellschaft oder Mitunternehmerschaft ist selbst nahestehende Person, wenn sie die Voraussetzungen des Absatzes 2 erfüllt. ³Für die Anwendung des Fremdvergleichsgrundsatzes ist davon auszugehen, dass die voneinander unabhängigen Dritten alle wesentlichen Umstände der Geschäftsbeziehung kennen und nach den Grundsätzen ordentlicher und gewissenhafter Geschäftsleiter handeln. ⁴Führt die Anwendung des Fremdvergleichsgrundsatzes zu weitergehenden Berichtigungen als die anderen Vorschriften, sind die weitergehenden Berichtigungen neben den Rechtsfolgen der anderen Vorschriften durchzuführen.

(2) Dem Steuerpflichtigen ist eine Person nahe stehend, wenn

1. die Person an dem Steuerpflichtigen mindestens zu einem Viertel unmittelbar oder mittelbar beteiligt (wesentlich beteiligt) ist oder auf den Steuerpflichtigen unmittelbar oder mittelbar einen beherrschenden Einfluss ausüben kann oder umgekehrt der Steuerpflichtige an der Person wesentlich beteiligt ist oder auf diese Person unmittelbar oder mittelbar einen beherrschenden Einfluss ausüben kann oder

2. eine dritte Person sowohl an der Person als auch an dem Steuerpflichtigen wesentlich beteiligt ist oder auf beide unmittelbar oder mittelbar einen beherrschenden Einfluss ausüben kann oder

3. die Person oder der Steuerpflichtige imstande ist, bei der Vereinbarung der Bedingungen einer Geschäftsbeziehung auf den Steuerpflichtigen oder die Person einen außerhalb dieser Geschäftsbeziehung begründeten Einfluss auszuüben oder wenn einer von ihnen ein eigenes Interesse an der Erzielung der Einkünfte des anderen hat.

(3) ¹Für eine Geschäftsbeziehung im Sinne des Absatzes 1 Satz 1 ist der Verrechnungspreis vorrangig nach der Preisvergleichsmethode, der Wiederverkaufspreismethode oder der Kostenaufschlagsmethode zu bestimmen, wenn Fremdvergleichswerte ermittelt werden können, die nach Vornahme sachgerechter Anpassungen im Hinblick auf die ausgeübten Funktionen, die eingesetzten Wirtschaftsgüter und die übernommenen Chancen und Risiken (Funktionsanalyse) für diese Methoden uneingeschränkt vergleichbar sind; mehrere solche Werte bilden eine Bandbreite. ²Sind solche Fremdvergleichswerte nicht zu ermitteln, sind eingeschränkt vergleichbare Werte nach Vornahme sachgerechter Anpassungen der Anwendung einer geeigneten Verrechnungspreismethode zugrunde zu legen. ³Sind in den Fällen des Satzes 2 mehrere eingeschränkt vergleichbare Fremdvergleichswerte feststellbar, ist die sich ergebende Bandbreite einzuengen. ⁴Liegt der vom Steuerpflichtigen für seine Einkünfteermittlung verwendete Wert in den Fällen des Satzes 1 außerhalb der Bandbreite oder in den Fällen des Satzes 2 außerhalb der eingeengten Bandbreite, ist der Median maßgeblich. ⁵Können keine eingeschränkt vergleichbaren Fremdvergleichswerte festgestellt werden, hat der Steuerpflichtige für seine Einkünfteermittlung einen hypothetischen Fremdvergleich unter Beachtung des Absatzes 1 Satz 3 durchzuführen. ⁶Dazu hat er auf Grund einer Funktionsanalyse und innerbetrieblicher Planrechnungen den Mindestpreis des Leistenden und den Höchstpreis des Leistungsempfängers unter Berücksichtigung funktions- und risikoadäquater Kapitalisierungszinssätze zu ermitteln (Einigungsbereich); der Einigungsbereich wird von den jeweiligen Gewinnerwartungen (Gewinnpotenzialen) bestimmt. ⁷Es ist der Preis im Einigungsbereich der Einkünfteermittlung zugrunde zu legen, der dem Fremdvergleichsgrundsatz mit der höchsten Wahrscheinlichkeit entspricht; wird kein anderer Wert glaubhaft gemacht, ist der Mittelwert des Einigungsbereichs zugrunde zu legen. ⁸Ist der vom Steuerpflichtigen zugrunde gelegte Einigungsbereich unzutreffend und muss deshalb von einem anderen Einigungsbereich ausgegangen werden, kann auf eine Einkünfteberichtigung verzichtet werden, wenn der vom Steuerpflichtigen zugrunde gelegte Wert innerhalb des anderen Einigungsbereichs liegt. ⁹Wird eine Funktion einschließlich der dazugehörigen Chancen und Risiken und der mit übertragenen oder überlassenen Wirtschaftsgüter und sonstigen Vorteile verlagert (Funktionsverlagerung) und ist auf die verlagerte Funktion Satz 5 anzuwenden, weil für das Transferpaket als Ganzes keine zumindest eingeschränkt vergleichbare Fremdvergleichswerte vorliegen, hat der Steuerpflichtige den Einigungsbereich auf der Grundlage des Transferpakets zu bestimmen. ¹⁰In den Fällen des Satzes 9 ist die Bestimmung von Einzelverrechnungs-

preisen für alle betroffenen Wirtschaftsgüter und Dienstleistungen nach Vornahme sachgerechter Anpassungen anzuerkennen, wenn der Steuerpflichtige glaubhaft macht, dass keine wesentlichen immateriellen Wirtschaftsgüter und Vorteile Gegenstand der Funktionsverlagerung waren, oder dass die Summe der angesetzten Einzelverrechnungspreise, gemessen an der Bewertung des Transferpakets als Ganzes, dem Fremdvergleichsgrundsatz entspricht; macht der Steuerpflichtige glaubhaft, dass zumindest ein wesentliches immaterielles Wirtschaftsgut Gegenstand der Funktionsverlagerung ist, und bezeichnet er es genau, sind Einzelverrechnungspreise für die Bestandteile des Transferpakets anzuerkennen. [11]Sind in den Fällen der Sätze 5 und 9 wesentliche immaterielle Wirtschaftsgüter und Vorteile Gegenstand einer Geschäftsbeziehung und weicht die tatsächliche spätere Gewinnentwicklung erheblich von der Gewinnentwicklung ab, die der Verrechnungspreisbestimmung zugrunde lag, ist widerlegbar zu vermuten, dass zum Zeitpunkt des Geschäftsabschlusses Unsicherheiten im Hinblick auf die Preisvereinbarung bestanden und unabhängige Dritte eine sachgerechte Anpassungsregelung vereinbart hätten. [12]Wurde eine solche Regelung nicht vereinbart und tritt innerhalb der ersten zehn Jahre nach Geschäftsabschluss eine erhebliche Abweichung im Sinne des Satzes 11 ein, ist für eine deshalb vorzunehmende Berichtigung nach Absatz 1 Satz 1 einmalig ein angemessener Anpassungsbetrag auf den ursprünglichen Verrechnungspreis der Besteuerung des Wirtschaftsjahres zugrunde zu legen, das dem Jahr folgt, in dem die Abweichung eingetreten ist.

(4) [1]Geschäftsbeziehungen im Sinne dieser Vorschrift sind

1. einzelne oder mehrere zusammenhängende wirtschaftliche Vorgänge (Geschäftsvorfälle) zwischen einem Steuerpflichtigen und einer ihm nahestehenden Person,

    a) die Teil einer Tätigkeit des Steuerpflichtigen oder der nahestehenden Person sind, auf die die §§ 13, 15, 18 oder 21 des Einkommensteuergesetzes anzuwenden sind oder anzuwenden wären, wenn sich der Geschäftsvorfall im Inland unter Beteiligung eines unbeschränkt Steuerpflichtigen und einer inländischen nahestehenden Person ereignet hätte, und

    b) denen keine gesellschaftsvertragliche Vereinbarung zugrunde liegt; eine gesellschaftsvertragliche Vereinbarung ist eine Vereinbarung, die unmittelbar zu einer rechtlichen Änderung der Gesellschafterstellung führt;

2. Geschäftsvorfälle zwischen einem Unternehmen eines Steuerpflichtigen und seiner in einem anderen Staat gelegenen Betriebsstätte (anzunehmende schuldrechtliche Beziehungen).

[2]Liegt einem Geschäftsvorfall keine schuldrechtliche Vereinbarung zugrunde, ist davon auszugehen, dass voneinander unabhängige ordentliche und gewissenhafte Geschäftsleiter eine schuldrechtliche Vereinbarung getroffen hätten oder eine bestehende Rechtsposition geltend machen würden, die der Besteuerung zugrunde zu legen ist, es sei denn, der Steuerpflichtige macht im Einzelfall etwas anderes glaubhaft.

(5) [1]Die Absätze 1, 3 und 4 sind entsprechend anzuwenden, wenn für eine Geschäftsbeziehung im Sinne des Absatzes 4 Satz 1 Nummer 2 die Bedingungen, insbesondere die Verrechnungspreise, die der Aufteilung der Einkünfte zwischen einem inländischen Unternehmen und seiner ausländischen Betriebsstätte oder der Ermittlung der Einkünfte der inländischen Betriebsstätte eines ausländischen Unternehmens steuerlich zugrunde gelegt werden, nicht dem Fremdvergleichsgrundsatz entsprechen und dadurch die inländischen Einkünfte eines beschränkt Steuerpflichtigen gemindert oder die ausländischen Einkünfte eines unbeschränkt Steuerpflichtigen erhöht werden. [2]Zur Anwendung des Fremdvergleichsgrundsatzes ist eine Betriebsstätte wie ein eigenständiges und unabhängiges Unternehmen zu behandeln, es sei denn, die Zugehörigkeit der Betriebsstätte zum Unternehmen erfordert eine andere Behandlung. [3]Um die Betriebsstätte wie ein eigenständiges und unabhängiges Unternehmen zu behandeln, sind ihr in einem ersten Schritt zuzuordnen:

1. die Funktionen des Unternehmens, die durch ihr Personal ausgeübt werden (Personalfunktionen),

2. die Vermögenswerte des Unternehmens, die sie zur Ausübung der ihr zugeordneten Funktionen benötigt,
3. die Chancen und Risiken des Unternehmens, die sie auf Grund der ausgeübten Funktionen und zugeordneten Vermögenswerte übernimmt, sowie
4. ein angemessenes Eigenkapital (Dotationskapital).

⁴Auf der Grundlage dieser Zuordnung sind in einem zweiten Schritt die Art der Geschäftsbeziehungen zwischen dem Unternehmen und seiner Betriebsstätte und die Verrechnungspreise für diese Geschäftsbeziehungen zu bestimmen. ⁵Die Sätze 1 bis 4 sind entsprechend auf ständige Vertreter anzuwenden. ⁶Die Möglichkeit, einen Ausgleichsposten nach § 4g des Einkommensteuergesetzes zu bilden, wird nicht eingeschränkt. ⁷Auf Geschäftsbeziehungen zwischen einem Gesellschafter und seiner Personengesellschaft oder zwischen einem Mitunternehmer und seiner Mitunternehmerschaft sind die Sätze 1 bis 4 nicht anzuwenden, unabhängig davon, ob die Beteiligung unmittelbar besteht oder ob sie nach § 15 Absatz 1 Satz 1 Nummer 2 Satz 2 des Einkommensteuergesetzes mittelbar besteht; für diese Geschäftsbeziehungen gilt Absatz 1. ⁸Ist ein Abkommen zur Vermeidung der Doppelbesteuerung anzuwenden und macht der Steuerpflichtige geltend, dass dessen Regelungen den Sätzen 1 bis 7 widersprechen, so hat das Abkommen nur Vorrang, soweit der Steuerpflichtige nachweist, dass der andere Staat sein Besteuerungsrecht entsprechend diesem Abkommen ausübt und deshalb die Anwendung der Sätze 1 bis 7 zu einer Doppelbesteuerung führen würde.

(6) Das Bundesministerium der Finanzen wird ermächtigt, mit Zustimmung des Bundesrates durch Rechtsverordnung Einzelheiten des Fremdvergleichsgrundsatzes im Sinne der Absätze 1, 3 und 5 und Einzelheiten zu dessen einheitlicher Anwendung zu regeln sowie Grundsätze zur Bestimmung des Dotationskapitals im Sinne des Absatzes 5 Satz 3 Nummer 4 festzulegen.

## Zweiter Teil: Wohnsitzwechsel in niedrigbesteuernde Gebiete

### § 2 Einkommensteuer[1)2)]

(1) ¹Eine natürliche Person, die in den letzten zehn Jahren vor dem Ende ihrer unbeschränkten Steuerpflicht nach § 1 Abs. 1 Satz 1 des Einkommensteuergesetzes als Deutscher insgesamt mindestens fünf Jahre unbeschränkt einkommensteuerpflichtig war und

1. in einem ausländischen Gebiet ansässig ist, in dem sie mit ihrem Einkommen nur einer niedrigen Besteuerung unterliegt, oder in keinem ausländischen Gebiet ansässig ist und
2. wesentliche wirtschaftliche Interessen im Geltungsbereich dieses Gesetzes hat,

ist bis zum Ablauf von zehn Jahren nach Ende des Jahres, in dem ihre unbeschränkte Steuerpflicht geendet hat, über die beschränkte Steuerpflicht im Sinne des Einkommensteuergesetzes hinaus beschränkt einkommensteuerpflichtig mit allen Einkünften im Sinne des § 2 Abs. 1 Satz 1 erster Halbsatz des Einkommensteuergesetzes, die bei unbeschränkter Einkommensteuerpflicht nicht ausländische Einkünfte im Sinne des § 34d des Einkommensteuergesetzes sind. ²Für Einkünfte der natürlichen Person, die weder durch deren ausländische Betriebsstätte noch durch deren in einem ausländischen Staat tätigen ständigen Vertreter erzielt werden, ist für die Anwendung dieser Vorschrift das Bestehen einer inländischen Geschäftsleitungsbetriebsstätte der natürlichen Person anzunehmen, der solche Einkünfte zuzuordnen sind. ³Satz 1 findet nur Anwendung für Veranlagungszeiträume, in denen die hiernach insgesamt beschränkt steuerpflichtigen Einkünfte mehr als 16 500 Euro betragen.

---

1) **Anm. d. Red.:** § 2 Abs. 1 i. d. F. des Gesetzes v. 19. 12. 2008 (BGBl I S. 2794) mit Wirkung v. 1. 1. 2009; Abs. 2 i. d. F. des Gesetzes v. 19. 12. 2000 (BGBl I S. 1790) mit Wirkung v. 1. 1. 2002; Abs. 3 i. d. F. des Gesetzes v. 22. 12. 2014 (BGBl I S. 2417) mit Wirkung v. 31. 12. 2014; Abs. 5 i. d. F. des Gesetzes v. 26. 6. 2013 (BGBl I S. 1809) mit Wirkung v. 1. 1. 2013.

2) **Anm. d. Red.:** Zur Anwendung des § 2 siehe § 21 Abs. 2, 6, 10 Satz 1, Abs. 18 Satz 1 und Abs. 21 Sätze 1 und 2.

(2) Eine niedrige Besteuerung im Sinne des Absatzes 1 Nr. 1 liegt vor, wenn

1. die Belastung durch die in dem ausländischen Gebiet erhobene Einkommensteuer – nach dem Tarif unter Einbeziehung von tariflichen Freibeträgen – bei einer in diesem Gebiet ansässigen unverheirateten natürlichen Person, die ein steuerpflichtiges Einkommen von 77 000 Euro bezieht, um mehr als ein Drittel geringer ist als die Belastung einer im Geltungsbereich dieses Gesetzes ansässigen natürlichen Person durch die deutsche Einkommensteuer unter sonst gleichen Bedingungen, es sei denn, die Person weist nach, dass die von ihrem Einkommen insgesamt zu entrichtenden Steuern mindestens zwei Drittel der Einkommensteuer betragen, die sie bei unbeschränkter Steuerpflicht nach § 1 Abs. 1 des Einkommensteuergesetzes zu entrichten hätte, oder

2. die Belastung der Person durch die in dem ausländischen Gebiet erhobene Einkommensteuer auf Grund einer gegenüber der allgemeinen Besteuerung eingeräumten Vorzugsbesteuerung erheblich gemindert sein kann, es sei denn, die Person weist nach, dass die von ihrem Einkommen insgesamt zu entrichtenden Steuern mindestens zwei Drittel der Einkommensteuer betragen, die sie bei unbeschränkter Steuerpflicht nach § 1 Abs. 1 des Einkommensteuergesetzes zu entrichten hätte.

(3) Eine Person hat im Sinne des Absatzes 1 Nr. 2 wesentliche wirtschaftliche Interessen im Geltungsbereich dieses Gesetzes, wenn

1. sie zu Beginn des Veranlagungszeitraums Unternehmer oder Mitunternehmer eines im Geltungsbereich dieses Gesetzes belegenen Gewerbebetriebs ist oder, sofern sie Kommanditist ist, mehr als 25 Prozent der Einkünfte im Sinne des § 15 Abs. 1 Satz 1 Nr. 2 des Einkommensteuergesetzes aus der Gesellschaft auf sie entfallen oder ihr eine Beteiligung im Sinne des § 17 Abs. 1 des Einkommensteuergesetzes an einer inländischen Kapitalgesellschaft gehört oder

2. ihre Einkünfte, die bei unbeschränkter Einkommensteuerpflicht nicht ausländische Einkünfte im Sinne des § 34d des Einkommensteuergesetzes sind, im Veranlagungszeitraum mehr als 30 Prozent ihrer sämtlichen Einkünfte betragen oder 62 000 Euro übersteigen oder

3. zu Beginn des Veranlagungszeitraums ihr Vermögen, dessen Erträge bei unbeschränkter Einkommensteuerpflicht nicht ausländische Einkünfte im Sinne des § 34d des Einkommensteuergesetzes wären, mehr als 30 Prozent ihres Gesamtvermögens beträgt oder 154 000 Euro übersteigt.

(4) Bei der Anwendung der Absätze 1 und 3 sind bei einer Person Gewerbebetriebe, Beteiligungen, Einkünfte und Vermögen einer ausländischen Gesellschaft im Sinne des § 5, an der die Person unter den dort genannten Voraussetzungen beteiligt ist, entsprechend ihrer Beteiligung zu berücksichtigen.

(5) ¹Ist Absatz 1 anzuwenden, kommt der Steuersatz zur Anwendung, der sich für sämtliche Einkünfte der Person ergibt; für die Ermittlung des Steuersatzes bleiben Einkünfte aus Kapitalvermögen außer Betracht, die dem gesonderten Steuersatz nach § 32d Absatz 1 des Einkommensteuergesetzes unterliegen. ²Auf Einkünfte, die dem Steuerabzug auf Grund des § 50a des Einkommensteuergesetzes unterliegen, ist § 50 Absatz 2 des Einkommensteuergesetzes nicht anzuwenden. ³§ 43 Absatz 5 des Einkommensteuergesetzes bleibt unberührt.

(6) Weist die Person nach, dass die auf Grund der Absätze 1 und 5 zusätzlich zu entrichtende Steuer insgesamt zu einer höheren inländischen Steuer führt, als sie sie bei unbeschränkter Steuerpflicht und Wohnsitz ausschließlich im Geltungsbereich dieses Gesetzes zu entrichten hätte, so wird der übersteigende Betrag insoweit nicht erhoben, als er die Steuer überschreitet, die sich ohne Anwendung der Absätze 1 und 5 ergäbe.

## § 3 (weggefallen)[1]

## § 4 Erbschaftsteuer[2][3]

(1) War bei einem Erblasser oder Schenker zur Zeit der Entstehung der Steuerschuld § 2 Abs. 1 Satz 1 anzuwenden, so tritt bei Erbschaftsteuerpflicht nach § 2 Abs. 1 Nr. 3 des Erbschaftsteuergesetzes die Steuerpflicht über den dort bezeichneten Umfang hinaus für alle Teile des Erwerbs ein, deren Erträge bei unbeschränkter Einkommensteuerpflicht nicht ausländische Einkünfte im Sinne des § 34d des Einkommensteuergesetzes wären.

(2) Absatz 1 findet keine Anwendung, wenn nachgewiesen wird, dass für die Teile des Erwerbs, die nach dieser Vorschrift über § 2 Abs. 1 Nr. 3 des Erbschaftsteuergesetzes hinaus steuerpflichtig wären, im Ausland eine der deutschen Erbschaftsteuer entsprechende Steuer zu entrichten ist, die mindestens 30 Prozent der deutschen Erbschaftsteuer beträgt, die bei Anwendung des Absatzes 1 auf diese Teile des Erwerbs entfallen würde.

## § 5 Zwischengeschaltete Gesellschaften[4][5]

(1) ¹Sind natürliche Personen, die in den letzten zehn Jahren vor dem Ende ihrer unbeschränkten Steuerpflicht nach § 1 Abs. 1 Satz 1 des Einkommensteuergesetzes als Deutscher insgesamt mindestens fünf Jahre unbeschränkt einkommensteuerpflichtig waren und die Voraussetzungen des § 2 Abs. 1 Satz 1 Nr. 1 erfüllen (Person im Sinne des § 2), allein oder zusammen mit unbeschränkt Steuerpflichtigen an einer ausländischen Gesellschaft im Sinne des § 7 beteiligt, so sind Einkünfte, mit denen diese Personen bei unbeschränkter Steuerpflicht nach den §§ 7, 8 und 14 steuerpflichtig wären und die nicht ausländische Einkünfte im Sinne des § 34d des Einkommensteuergesetzes sind, diesen Personen zuzurechnen. ²Liegen die Voraussetzungen des Satzes 1 vor, so sind die Vermögenswerte der ausländischen Gesellschaft, deren Erträge bei unbeschränkter Steuerpflicht nicht ausländische Einkünfte im Sinne des § 34d des Einkommensteuergesetzes wären, im Fall des § 4 dem Erwerb entsprechend der Beteiligung zuzurechnen.

(2) Das Vermögen, das den nach Absatz 1 einer Person zuzurechnenden Einkünften zugrunde liegt, haftet für die von dieser Person für diese Einkünfte geschuldeten Steuern.

(3) § 18 findet entsprechende Anwendung.

## Dritter Teil: Behandlung einer Beteiligung im Sinne des § 17 des Einkommensteuergesetzes bei Wohnsitzwechsel ins Ausland[6]

## § 6 Besteuerung des Vermögenszuwachses[7][8]

(1) ¹Bei einer natürlichen Person, die insgesamt mindestens zehn Jahre nach § 1 Abs. 1 des Einkommensteuergesetzes unbeschränkt steuerpflichtig war und deren unbeschränkte Steuerpflicht durch Aufgabe des Wohnsitzes oder gewöhnlichen Aufenthalts endet, ist auf Anteile im Sinne des § 17 Abs. 1 Satz 1 des Einkommensteuergesetzes im Zeitpunkt der Beendigung der unbeschränkten Steuerpflicht § 17 des Einkommensteuergesetzes auch ohne Veräußerung anzuwenden, wenn im Übrigen für die Anteile zu diesem Zeitpunkt die Voraussetzungen dieser Vor-

---

1) **Anm. d. Red.:** § 3 weggefallen gem. Gesetz v. 20. 12. 1996 (BGBl I S. 2049) mit Wirkung v. 1. 1. 1997.

2) **Anm. d. Red.:** § 4 Abs. 1 i. d. F. des Gesetzes v. 22. 12. 2014 (BGBl I S. 2417) mit Wirkung v. 31. 12. 2014; Abs. 2 i. d. F. des Gesetzes v. 20. 12. 2007 (BGBl I S. 3150) mit Wirkung v. 29. 12. 2007.

3) **Anm. d. Red.:** Zur Anwendung des § 4 siehe § 21 Abs. 2 und 6.

4) **Anm. d. Red.:** § 5 Abs. 1 i. d. F. des Gesetzes v. 22. 12. 2014 (BGBl I S. 2417) mit Wirkung v. 31. 12. 2014.

5) **Anm. d. Red.:** Zur Anwendung des § 5 siehe § 21 Abs. 2 und 6.

6) **Anm. d. Red.:** Überschrift i. d. F. des Gesetzes v. 23. 10. 2000 (BGBl I S. 1433) mit Wirkung v. 1. 1. 2001.

7) **Anm. d. Red.:** § 6 Abs. 1 bis 4, 6 und 7 i. d. F. des Gesetzes v. 7. 12. 2006 (BGBl I S. 2782) mit Wirkung v. 13. 12. 2006; Abs. 5 i. d. F. des Gesetzes v. 22. 12. 2014 (BGBl I S. 2417) mit Wirkung v. 31. 12. 2014.

8) **Anm. d. Red.:** Zur Anwendung des § 6 siehe § 21 Abs. 6 Satz 1, Abs. 7 Satz 2, Abs. 8, 13 und 23.

schrift erfüllt sind. ²Der Beendigung der unbeschränkten Steuerpflicht im Sinne des Satzes 1 stehen gleich

1. die Übertragung der Anteile durch ganz oder teilweise unentgeltliches Rechtsgeschäft unter Lebenden oder durch Erwerb von Todes wegen auf nicht unbeschränkt steuerpflichtige Personen oder
2. die Begründung eines Wohnsitzes oder gewöhnlichen Aufenthalts oder die Erfüllung eines anderen ähnlichen Merkmals in einem ausländischen Staat, wenn der Steuerpflichtige auf Grund dessen nach einem Abkommen zur Vermeidung der Doppelbesteuerung als in diesem Staat ansässig anzusehen ist, oder
3. die Einlage der Anteile in einen Betrieb oder eine Betriebsstätte des Steuerpflichtigen in einem ausländischen Staat oder
4. der Ausschluss oder die Beschränkung des Besteuerungsrechts der Bundesrepublik Deutschland hinsichtlich des Gewinns aus der Veräußerung der Anteile auf Grund anderer als der in Satz 1 oder der in den Nummern 1 bis 3 genannten Ereignisse.

³§ 17 Abs. 5 des Einkommensteuergesetzes und die Vorschriften des Umwandlungssteuergesetzes bleiben unberührt. ⁴An Stelle des Veräußerungspreises (§ 17 Abs. 2 des Einkommensteuergesetzes) tritt der gemeine Wert der Anteile in dem nach Satz 1 oder 2 maßgebenden Zeitpunkt. ⁵Die §§ 17 und 49 Abs. 1 Nr. 2 Buchstabe e des Einkommensteuergesetzes bleiben mit der Maßgabe unberührt, dass der nach diesen Vorschriften anzusetzende Gewinn aus der Veräußerung dieser Anteile um den nach den vorstehenden Vorschriften besteuerten Vermögenszuwachs zu kürzen ist.

(2) ¹Hat der unbeschränkt Steuerpflichtige die Anteile durch ganz oder teilweise unentgeltliches Rechtsgeschäft erworben, so sind für die Errechnung der nach Absatz 1 maßgebenden Dauer der unbeschränkten Steuerpflicht auch Zeiträume einzubeziehen, in denen der Rechtsvorgänger bis zur Übertragung der Anteile unbeschränkt steuerpflichtig war. ²Sind die Anteile mehrmals nacheinander in dieser Weise übertragen worden, so gilt Satz 1 für jeden der Rechtsvorgänger entsprechend. ³Zeiträume, in denen der Steuerpflichtige oder ein oder mehrere Rechtsvorgänger gleichzeitig unbeschränkt steuerpflichtig waren, werden dabei nur einmal angesetzt.

(3) ¹Beruht die Beendigung der unbeschränkten Steuerpflicht auf vorübergehender Abwesenheit und wird der Steuerpflichtige innerhalb von fünf Jahren seit Beendigung der unbeschränkten Steuerpflicht wieder unbeschränkt steuerpflichtig, so entfällt der Steueranspruch nach Absatz 1, soweit die Anteile in der Zwischenzeit nicht veräußert und die Tatbestände des Absatzes 1 Satz 2 Nr. 1 oder 3 nicht erfüllt worden sind und der Steuerpflichtige im Zeitpunkt der Begründung der unbeschränkten Steuerpflicht nicht nach einem Abkommen zur Vermeidung der Doppelbesteuerung als in einem ausländischen Staat ansässig gilt. ²Das Finanzamt, das in dem nach Absatz 1 Satz 1 oder 2 maßgebenden Zeitpunkt nach § 19 der Abgabenordnung zuständig ist, kann diese Frist um höchstens fünf Jahre verlängern, wenn der Steuerpflichtige glaubhaft macht, dass berufliche Gründe für seine Abwesenheit maßgebend sind und seine Absicht zur Rückkehr unverändert fortbesteht. ³Wird im Fall des Erwerbs von Todes wegen nach Absatz 1 Satz 2 Nr. 1 der Rechtsnachfolger des Steuerpflichtigen innerhalb von fünf Jahren seit Entstehung des Steueranspruchs nach Absatz 1 unbeschränkt steuerpflichtig, gilt Satz 1 entsprechend. ⁴Ist der Steueranspruch nach Absatz 5 gestundet, gilt Satz 1 ohne die darin genannte zeitliche Begrenzung entsprechend, wenn

1. der Steuerpflichtige oder im Fall des Absatzes 1 Satz 2 Nr. 1 sein Rechtsnachfolger unbeschränkt steuerpflichtig werden oder
2. das Besteuerungsrecht der Bundesrepublik Deutschland hinsichtlich des Gewinns aus der Veräußerung der Anteile auf Grund eines anderen Ereignisses wieder begründet wird oder nicht mehr beschränkt ist.

(4) ¹Vorbehaltlich des Absatzes 5 ist die nach Absatz 1 geschuldete Einkommensteuer auf Antrag in regelmäßigen Teilbeträgen für einen Zeitraum von höchstens fünf Jahren seit Eintritt der ersten Fälligkeit gegen Sicherheitsleistung zu stunden, wenn ihre alsbaldige Einziehung mit er-

heblichen Härten für den Steuerpflichtigen verbunden wäre. ²Die Stundung ist zu widerrufen, soweit die Anteile während des Stundungszeitraums veräußert werden oder verdeckt in eine Gesellschaft im Sinne des § 17 Abs. 1 Satz 1 des Einkommensteuergesetzes eingelegt werden oder einer der Tatbestände des § 17 Abs. 4 des Einkommensteuergesetzes verwirklicht wird. ³In Fällen des Absatzes 3 Satz 1 und 2 richtet sich der Stundungszeitraum nach der auf Grund dieser Vorschrift eingeräumten Frist; die Erhebung von Teilbeträgen entfällt; von der Sicherheitsleistung kann nur abgesehen werden, wenn der Steueranspruch nicht gefährdet erscheint.

(5) ¹Ist der Steuerpflichtige im Fall des Absatzes 1 Satz 1 Staatsangehöriger eines Mitgliedstaates der Europäischen Union oder eines anderen Staates, auf den das Abkommen über den Europäischen Wirtschaftsraum vom 3. Januar 1994 (ABl EG Nr. L 1 S. 3), zuletzt geändert durch den Beschluss des Gemeinsamen EWR-Ausschusses Nr. 91/2007 vom 6. Juli 2007 (ABl EU Nr. L 328 S. 40), in der jeweils geltenden Fassung anwendbar ist (Vertragsstaat des EWR-Abkommens), und unterliegt er nach der Beendigung der unbeschränkten Steuerpflicht in einem dieser Staaten (Zuzugsstaat) einer der deutschen unbeschränkten Einkommensteuerpflicht vergleichbaren Steuerpflicht, so ist die nach Absatz 1 geschuldete Steuer zinslos und ohne Sicherheitsleistung zu stunden. ²Voraussetzung ist, dass die Amtshilfe und die gegenseitige Unterstützung bei der Beitreibung der geschuldeten Steuer zwischen der Bundesrepublik Deutschland und diesem Staat gewährleistet sind. ³Die Sätze 1 und 2 gelten entsprechend, wenn

1. im Fall des Absatzes 1 Satz 2 Nr. 1 der Rechtsnachfolger des Steuerpflichtigen einer der deutschen unbeschränkten Einkommensteuerpflicht vergleichbaren Steuerpflicht in einem Mitgliedstaat der Europäischen Union oder einem Vertragsstaat des EWR-Abkommens unterliegt oder

2. im Fall des Absatzes 1 Satz 2 Nr. 2 der Steuerpflichtige einer der deutschen unbeschränkten Einkommensteuerpflicht vergleichbaren Steuerpflicht in einem Mitgliedstaat der Europäischen Union oder einem Vertragsstaat des EWR-Abkommens unterliegt und Staatsangehöriger eines dieser Staaten ist oder

3. im Fall des Absatzes 1 Satz 2 Nr. 3 der Steuerpflichtige die Anteile in einen Betrieb oder eine Betriebsstätte in einem anderen Mitgliedstaat der Europäischen Union oder einem anderen Vertragsstaat des EWR-Abkommens einlegt oder

4. im Fall des Absatzes 1 Satz 2 Nummer 4 der Steuerpflichtige Anteile an einer in einem Mitgliedstaat der Europäischen Union oder in einem Vertragsstaat des EWR-Abkommens ansässigen Gesellschaft hält.

⁴Die Stundung ist zu widerrufen,

1. soweit der Steuerpflichtige oder sein Rechtsnachfolger im Sinne des Satzes 3 Nr. 1 Anteile veräußert oder verdeckt in eine Gesellschaft im Sinne des § 17 Abs. 1 Satz 1 des Einkommensteuergesetzes einlegt oder einer der Tatbestände des § 17 Abs. 4 des Einkommensteuergesetzes erfüllt wird;

2. soweit Anteile auf eine nicht unbeschränkt steuerpflichtige Person übergehen, die nicht in einem Mitgliedstaat der Europäischen Union oder einem Vertragsstaat des EWR-Abkommens einer der deutschen unbeschränkten Einkommensteuerpflicht vergleichbaren Steuerpflicht unterliegt;

3. soweit in Bezug auf die Anteile eine Entnahme oder ein anderer Vorgang verwirklicht wird, der nach inländischem Recht zum Ansatz des Teilwerts oder des gemeinen Werts führt;

4. wenn für den Steuerpflichtigen oder seinen Rechtsnachfolger im Sinne des Satzes 3 Nr. 1 durch Aufgabe des Wohnsitzes oder gewöhnlichen Aufenthalts keine Steuerpflicht nach Satz 1 mehr besteht.

⁵Ein Umwandlungsvorgang, auf den die §§ 11, 15 oder 21 des Umwandlungssteuergesetzes vom 7. Dezember 2006 (BGBl I S. 2782, 2791) in der jeweils geltenden Fassung anzuwenden sind, gilt auf Antrag nicht als Veräußerung im Sinne des Satzes 4 Nr. 1, wenn die erhaltenen Anteile bei einem unbeschränkt steuerpflichtigen Anteilseigner, der die Anteile nicht in einem Betriebsvermögen hält, nach § 13 Abs. 2, § 21 Abs. 2 des Umwandlungssteuergesetzes mit den

Anschaffungskosten der bisherigen Anteile angesetzt werden könnten; für Zwecke der Anwendung des Satzes 4 und der Absätze 3, 6 und 7 treten insoweit die erhaltenen Anteile an die Stelle der Anteile im Sinne des Absatzes 1. ⁶Ist im Fall des Satzes 1 oder Satzes 3 der Gesamtbetrag der Einkünfte ohne Einbeziehung des Vermögenszuwachses nach Absatz 1 negativ, ist dieser Vermögenszuwachs bei Anwendung des § 10d des Einkommensteuergesetzes nicht zu berücksichtigen. ⁷Soweit ein Ereignis im Sinne des Satzes 4 eintritt, ist der Vermögenszuwachs rückwirkend bei der Anwendung des § 10d des Einkommensteuergesetzes zu berücksichtigen und in Anwendung des Satzes 6 ergangene oder geänderte Feststellungsbescheide oder Steuerbescheide sind aufzuheben oder zu ändern; § 175 Abs. 1 Satz 2 der Abgabenordnung gilt entsprechend.

(6) ¹Ist im Fall des Absatzes 5 Satz 4 Nr. 1 der Veräußerungsgewinn im Sinne des § 17 Abs. 2 des Einkommensteuergesetzes im Zeitpunkt der Beendigung der Stundung niedriger als der Vermögenszuwachs nach Absatz 1 und wird die Wertminderung bei der Einkommensbesteuerung durch den Zuzugsstaat nicht berücksichtigt, so ist der Steuerbescheid insoweit aufzuheben oder zu ändern; § 175 Abs. 1 Satz 2 der Abgabenordnung gilt entsprechend. ²Dies gilt nur, soweit der Steuerpflichtige nachweist, dass die Wertminderung betrieblich veranlasst ist und nicht auf eine gesellschaftsrechtliche Maßnahme, insbesondere eine Gewinnausschüttung, zurückzuführen ist. ³Die Wertminderung ist höchstens im Umfang des Vermögenszuwachses nach Absatz 1 zu berücksichtigen. ⁴Ist die Wertminderung auf eine Gewinnausschüttung zurückzuführen und wird sie bei der Einkommensbesteuerung nicht berücksichtigt, ist die auf diese Gewinnausschüttung erhobene und keinem Ermäßigungsanspruch mehr unterliegende inländische Kapitalertragsteuer auf die nach Absatz 1 geschuldete Steuer anzurechnen.

(7) ¹Der Steuerpflichtige oder sein Gesamtrechtsnachfolger hat dem Finanzamt, das in dem in Absatz 1 genannten Zeitpunkt nach § 19 der Abgabenordnung zuständig ist, nach amtlich vorgeschriebenem Vordruck die Verwirklichung eines der Tatbestände des Absatzes 5 Satz 4 mitzuteilen. ²Die Mitteilung ist innerhalb eines Monats nach dem meldepflichtigen Ereignis zu erstatten; sie ist vom Steuerpflichtigen eigenhändig zu unterschreiben. ³In den Fällen des Absatzes 5 Satz 4 Nr. 1 und 2 ist der Mitteilung ein schriftlicher Nachweis über das Rechtsgeschäft beizufügen. ⁴Der Steuerpflichtige hat dem nach Satz 1 zuständigen Finanzamt jährlich bis zum Ablauf des 31. Januar schriftlich seine am 31. Dezember des vorangegangenen Kalenderjahres geltende Anschrift mitzuteilen und zu bestätigen, dass die Anteile ihm oder im Fall der unentgeltlichen Rechtsnachfolge unter Lebenden seinem Rechtsnachfolger weiterhin zuzurechnen sind. ⁵Die Stundung nach Absatz 5 Satz 1 kann widerrufen werden, wenn der Steuerpflichtige seine Mitwirkungspflicht nach Satz 4 nicht erfüllt.

## Vierter Teil: Beteiligung an ausländischen Zwischengesellschaften

### § 7 Steuerpflicht inländischer Gesellschafter[1)2)]

(1) Sind unbeschränkt Steuerpflichtige an einer Körperschaft, Personenvereinigung oder Vermögensmasse im Sinne des Körperschaftsteuergesetzes, die weder Geschäftsleitung noch Sitz im Geltungsbereich dieses Gesetzes hat und die nicht gemäß § 3 Abs. 1 des Körperschaftsteuergesetzes von der Körperschaftsteuerpflicht ausgenommen ist (ausländische Gesellschaft), zu mehr als der Hälfte beteiligt, so sind die Einkünfte, für die diese Gesellschaft Zwischengesellschaft ist, bei jedem von ihnen mit dem Teil steuerpflichtig, der auf die ihm zuzurechnende Beteiligung am Nennkapital der Gesellschaft entfällt.

(2) ¹Unbeschränkt Steuerpflichtige sind im Sinne des Absatzes 1 an einer ausländischen Gesellschaft zu mehr als der Hälfte beteiligt, wenn ihnen allein oder zusammen mit Personen im

---

1) **Anm. d. Red.:** § 7 Abs. 2 und 6 i. d. F. des Gesetzes v. 20.12.2007 (BGBl I S. 3150) mit Wirkung v. 29.12.2007; Abs. 6a i. d. F. des Gesetzes v. 16.5.2003 (BGBl I S. 660) mit Wirkung v. 21.5.2003; Abs. 7 i. d. F. des Gesetzes v. 9.12.2004 (BGBl I S. 3310) mit Wirkung v. 16.12.2004; Abs. 8 i. d. F. des Gesetzes v. 28.5.2007 (BGBl I S. 914) mit Wirkung v. 1.1.2007.

2) **Anm. d. Red.:** Zur Anwendung des § 7 siehe § 21 Abs. 7 Sätze 1, 3 und 4, Abs. 10 Satz 2, Abs. 11 Satz 2, Abs. 12, 15 und 17 Satz 1.

Sinne des § 2 am Ende des Wirtschaftsjahres der Gesellschaft, in dem sie die Einkünfte nach Absatz 1 bezogen hat (maßgebendes Wirtschaftsjahr), mehr als 50 Prozent der Anteile oder der Stimmrechte an der ausländischen Gesellschaft zuzurechnen sind. ²Bei der Anwendung des vorstehenden Satzes sind auch Anteile oder Stimmrechte zu berücksichtigen, die durch eine andere Gesellschaft vermittelt werden, und zwar in dem Verhältnis, das den Anteilen oder Stimmrechten an der vermittelnden Gesellschaft zu den gesamten Anteilen oder Stimmrechten an dieser Gesellschaft entspricht; dies gilt entsprechend bei der Vermittlung von Anteilen oder Stimmrechten durch mehrere Gesellschaften. ³Ist ein Gesellschaftskapital nicht vorhanden und bestehen auch keine Stimmrechte, so kommt es auf das Verhältnis der Beteiligungen am Vermögen der Gesellschaft an.

(3) Sind unbeschränkt Steuerpflichtige unmittelbar oder über Personengesellschaften an einer Personengesellschaft beteiligt, die ihrerseits an einer ausländischen Gesellschaft im Sinne des Absatzes 1 beteiligt ist, so gelten sie als an der ausländischen Gesellschaft beteiligt.

(4) ¹Einem unbeschränkt Steuerpflichtigen sind für die Anwendung der §§ 7 bis 14 auch Anteile oder Stimmrechte zuzurechnen, die eine Person hält, die seinen Weisungen so zu folgen hat oder so folgt, dass ihr kein eigener wesentlicher Entscheidungsspielraum bleibt. ²Diese Voraussetzung ist nicht schon allein dadurch erfüllt, dass der unbeschränkt Steuerpflichtige an der Person beteiligt ist.

(5) Ist für die Gewinnverteilung der ausländischen Gesellschaft nicht die Beteiligung am Nennkapital maßgebend oder hat die Gesellschaft kein Nennkapital, so ist der Aufteilung der Einkünfte nach Absatz 1 der Maßstab für die Gewinnverteilung zugrunde zu legen.

(6) ¹Ist eine ausländische Gesellschaft Zwischengesellschaft für Zwischeneinkünfte mit Kapitalanlagecharakter im Sinne des Absatzes 6a und ist ein unbeschränkt Steuerpflichtiger an der Gesellschaft zu mindestens 1 Prozent beteiligt, sind diese Zwischeneinkünfte bei diesem Steuerpflichtigen in dem in Absatz 1 bestimmten Umfang steuerpflichtig, auch wenn die Voraussetzungen des Absatzes 1 im Übrigen nicht erfüllt sind. ²Satz 1 ist nicht anzuwenden, wenn die den Zwischeneinkünften mit Kapitalanlagecharakter zugrunde liegenden Bruttoerträge nicht mehr als 10 Prozent der den gesamten Zwischeneinkünften zugrunde liegenden Bruttoerträge der ausländischen Zwischengesellschaft betragen und die bei einer Zwischengesellschaft oder bei einem Steuerpflichtigen hiernach außer Ansatz zu lassenden Beträge insgesamt 80 000 Euro nicht übersteigen. ³Satz 1 ist auch anzuwenden bei einer Beteiligung von weniger als 1 Prozent, wenn die ausländische Gesellschaft ausschließlich oder fast ausschließlich Bruttoerträge erzielt, die Zwischeneinkünften mit Kapitalanlagecharakter zugrunde liegen, es sei denn, dass mit der Hauptgattung der Aktien der ausländischen Gesellschaft ein wesentlicher und regelmäßiger Handel an einer anerkannten Börse stattfindet.

(6a) Zwischeneinkünfte mit Kapitalanlagecharakter sind Einkünfte der ausländischen Zwischengesellschaft (§ 8), die aus dem Halten, der Verwaltung, Werterhaltung oder Werterhöhung von Zahlungsmitteln, Forderungen, Wertpapieren, Beteiligungen (mit Ausnahme der in § 8 Abs. 1 Nr. 8 und 9 genannten Einkünfte) oder ähnlichen Vermögenswerten stammen, es sei denn, der Steuerpflichtige weist nach, dass sie aus einer Tätigkeit stammen, die einer unter § 8 Abs. 1 Nr. 1 bis 6 fallenden eigenen Tätigkeit der ausländischen Gesellschaft dient, ausgenommen Tätigkeiten im Sinne des § 1 Abs. 1 Nr. 6 des Kreditwesengesetzes in der Fassung der Bekanntmachung vom 9. September 1998 (BGBl I S. 2776), das zuletzt durch Artikel 3 Abs. 3 des Gesetzes vom 22. August 2002 (BGBl I S. 3387) geändert worden ist, in der jeweils geltenden Fassung.

(7) Die Absätze 1 bis 6a sind nicht anzuwenden, wenn auf die Einkünfte, für die die ausländische Gesellschaft Zwischengesellschaft ist, die Vorschriften des Investmentsteuergesetzes in der jeweils geltenden Fassung anzuwenden sind, es sei denn, Ausschüttungen oder ausschüttungsgleiche Erträge wären nach einem Abkommen zur Vermeidung der Doppelbesteuerung von der inländischen Bemessungsgrundlage auszunehmen.

(8) Sind unbeschränkt Steuerpflichtige an einer ausländischen Gesellschaft beteiligt und ist diese an einer Gesellschaft im Sinne des § 16 des REIT-Gesetzes vom 28. Mai 2007 (BGBl I S. 914)

in der jeweils geltenden Fassung beteiligt, gilt Absatz 1 unbeschadet des Umfangs der jeweiligen Beteiligung an der ausländischen Gesellschaft, es sei denn, dass mit der Hauptgattung der Aktien der ausländischen Gesellschaft ein wesentlicher und regelmäßiger Handel an einer anerkannten Börse stattfindet.

## § 8 Einkünfte von Zwischengesellschaften[1)2)]

(1) Eine ausländische Gesellschaft ist Zwischengesellschaft für Einkünfte, die einer niedrigen Besteuerung unterliegen und nicht stammen aus:

1. der Land- und Forstwirtschaft,

2. der Herstellung, Bearbeitung, Verarbeitung oder Montage von Sachen, der Erzeugung von Energie sowie dem Aufsuchen und der Gewinnung von Bodenschätzen,

3. dem Betrieb von Kreditinstituten oder Versicherungsunternehmen, die für ihre Geschäfte einen in kaufmännischer Weise eingerichteten Betrieb unterhalten, es sei denn, die Geschäfte werden überwiegend mit unbeschränkt Steuerpflichtigen, die nach § 7 an der ausländischen Gesellschaft beteiligt sind, oder solchen Steuerpflichtigen im Sinne des § 1 Abs. 2 nahe stehenden Personen betrieben,

4. dem Handel, soweit nicht

   a) ein unbeschränkt Steuerpflichtiger, der gemäß § 7 an der ausländischen Gesellschaft beteiligt ist, oder eine einem solchen Steuerpflichtigen im Sinne des § 1 Abs. 2 nahe stehende Person, die mit ihren Einkünften hieraus im Geltungsbereich dieses Gesetzes steuerpflichtig ist, der ausländischen Gesellschaft die Verfügungsmacht an den gehandelten Gütern oder Waren verschafft, oder

   b) die ausländische Gesellschaft einem solchen Steuerpflichtigen oder einer solchen nahe stehenden Person die Verfügungsmacht an den Gütern oder Waren verschafft,

   es sei denn, der Steuerpflichtige weist nach, dass die ausländische Gesellschaft einen für derartige Handelsgeschäfte in kaufmännischer Weise eingerichteten Geschäftsbetrieb unter Teilnahme am allgemeinen wirtschaftlichen Verkehr unterhält und die zur Vorbereitung, dem Abschluss und der Ausführung der Geschäfte gehörenden Tätigkeiten ohne Mitwirkung eines solchen Steuerpflichtigen oder einer solchen nahe stehenden Person ausübt,

5. Dienstleistungen, soweit nicht

   a) die ausländische Gesellschaft für die Dienstleistung sich eines unbeschränkt Steuerpflichtigen, der gemäß § 7 an ihr beteiligt ist, oder einer einem solchen Steuerpflichtigen im Sinne des § 1 Abs. 2 nahe stehenden Person bedient, die mit ihren Einkünften aus der von ihr beigetragenen Leistung im Geltungsbereich dieses Gesetzes steuerpflichtig ist, oder

   b) die ausländische Gesellschaft die Dienstleistung einem solchen Steuerpflichtigen oder einer solchen nahe stehenden Person erbringt, es sei denn, der Steuerpflichtige weist nach, dass die ausländische Gesellschaft einen für das Bewirken derartiger Dienstleistungen eingerichteten Geschäftsbetrieb unter Teilnahme am allgemeinen wirtschaftlichen Verkehr unterhält und die zu der Dienstleistung gehörenden Tätigkeiten ohne Mitwirkung eines solchen Steuerpflichtigen oder einer solchen nahe stehenden Person ausübt,

---

1) **Anm. d. Red.:** § 8 Abs. 1 i. d. F. des Gesetzes v. 20. 12. 2007 (BGBl I S. 3150) mit Wirkung v. 29. 12. 2007; Abs. 2 i. d. F. des Gesetzes v. 26. 6. 2013 (BGBl I S. 1809) mit Wirkung v. 1. 1. 2013; Abs. 3 i. d. F. des Gesetzes v. 8. 12. 2010 (BGBl I S. 1768) mit Wirkung v. 14. 12. 2010.

2) **Anm. d. Red.:** Zur Anwendung des § 8 siehe § 21 Abs. 7 Sätze 4 und 6, Abs. 9 Satz 1, Abs. 11 Satz 2, Abs. 14, 15, 17 Sätze 1 und 2, Abs. 19 Satz 1 und Abs. 21 Satz 3.

6. der Vermietung und Verpachtung, ausgenommen
   a) die Überlassung der Nutzung von Rechten, Plänen, Mustern, Verfahren, Erfahrungen und Kenntnissen, es sei denn, der Steuerpflichtige weist nach, dass die ausländische Gesellschaft die Ergebnisse eigener Forschungs- oder Entwicklungsarbeit auswertet, die ohne Mitwirkung eines Steuerpflichtigen, der gemäß § 7 an der Gesellschaft beteiligt ist, oder einer einem solchen Steuerpflichtigen im Sinne des § 1 Abs. 2 nahe stehenden Person unternommen worden ist,
   b) die Vermietung oder Verpachtung von Grundstücken, es sei denn, der Steuerpflichtige weist nach, dass die Einkünfte daraus nach einem Abkommen zur Vermeidung der Doppelbesteuerung steuerbefreit wären, wenn sie von den unbeschränkt Steuerpflichtigen, die gemäß § 7 an der ausländischen Gesellschaft beteiligt sind, unmittelbar bezogen worden wären, und
   c) die Vermietung oder Verpachtung von beweglichen Sachen, es sei denn, der Steuerpflichtige weist nach, dass die ausländische Gesellschaft einen Geschäftsbetrieb gewerbsmäßiger Vermietung oder Verpachtung unter Teilnahme am allgemeinen wirtschaftlichen Verkehr unterhält und alle zu einer solchen gewerbsmäßigen Vermietung oder Verpachtung gehörenden Tätigkeiten ohne Mitwirkung eines unbeschränkt Steuerpflichtigen, der gemäß § 7 an ihr beteiligt ist, oder einer einem solchen Steuerpflichtigen im Sinne des § 1 Abs. 2 nahe stehenden Person ausübt,
7. der Aufnahme und darlehensweisen Vergabe von Kapital, für das der Steuerpflichtige nachweist, dass es ausschließlich auf ausländischen Kapitalmärkten und nicht bei einer ihm oder der ausländischen Gesellschaft nahe stehenden Person im Sinne des § 1 Abs. 2 aufgenommen und außerhalb des Geltungsbereichs dieses Gesetzes gelegenen Betrieben oder Betriebsstätten, die ihre Bruttoerträge ausschließlich oder fast ausschließlich aus unter die Nummern 1 bis 6 fallenden Tätigkeiten beziehen, oder innerhalb des Geltungsbereichs dieses Gesetzes gelegenen Betrieben oder Betriebsstätten zugeführt wird,
8. Gewinnausschüttungen von Kapitalgesellschaften,
9. der Veräußerung eines Anteils an einer anderen Gesellschaft sowie aus deren Auflösung oder der Herabsetzung ihres Kapitals, soweit der Steuerpflichtige nachweist, dass der Veräußerungsgewinn auf Wirtschaftsgüter der anderen Gesellschaft entfällt, die anderen als den in Nummer 6 Buchstabe b, soweit es sich um Einkünfte einer Gesellschaft im Sinne des § 16 des REIT-Gesetzes handelt, oder § 7 Abs. 6a bezeichneten Tätigkeiten dienen; dies gilt entsprechend, soweit der Gewinn auf solche Wirtschaftsgüter einer Gesellschaft entfällt, an der die andere Gesellschaft beteiligt ist; Verluste aus der Veräußerung von Anteilen an der anderen Gesellschaft sowie aus deren Auflösung oder der Herabsetzung ihres Kapitals sind nur insoweit zu berücksichtigen, als der Steuerpflichtige nachweist, dass sie auf Wirtschaftsgüter zurückzuführen sind, die Tätigkeiten im Sinne der Nummer 6 Buchstabe b, soweit es sich um Einkünfte einer Gesellschaft im Sinne des § 16 des REIT-Gesetzes handelt, oder im Sinne des § 7 Abs. 6a dienen,
10. Umwandlungen, die ungeachtet des § 1 Abs. 2 und 4 des Umwandlungssteuergesetzes zu Buchwerten erfolgen könnten; das gilt nicht, soweit eine Umwandlung den Anteil an einer Kapitalgesellschaft erfasst, dessen Veräußerung nicht die Voraussetzungen der Nummer 9 erfüllen würde.

(2) ¹Ungeachtet des Absatzes 1 ist eine Gesellschaft, die ihren Sitz oder ihre Geschäftsleitung in einem Mitgliedstaat der Europäischen Union oder einem Vertragsstaat des EWR-Abkommens hat, nicht Zwischengesellschaft für Einkünfte, für die unbeschränkt Steuerpflichtige, die im Sinne des § 7 Absatz 2 oder Absatz 6 an der Gesellschaft beteiligt sind, nachweisen, dass die Gesellschaft insoweit einer tatsächlichen wirtschaftlichen Tätigkeit in diesem Staat nachgeht. ²Weitere Voraussetzung ist, dass zwischen der Bundesrepublik Deutschland und diesem Staat auf Grund der Amtshilferichtlinie gemäß § 2 Absatz 2 des EU-Amtshilfegesetzes oder einer vergleichbaren zwei- oder mehrseitigen Vereinbarung, Auskünfte erteilt werden, die erforderlich sind, um die Besteuerung durchzuführen. ³Satz 1 gilt nicht für die der Gesellschaft nach § 14

zuzurechnenden Einkünfte einer Untergesellschaft, die weder Sitz noch Geschäftsleitung in einem Mitgliedstaat der Europäischen Union oder einem Vertragsstaat des EWR-Abkommens hat. ⁴Das gilt auch für Zwischeneinkünfte, die einer Betriebsstätte der Gesellschaft außerhalb der Europäischen Union oder der Vertragsstaaten des EWR-Abkommens zuzurechnen sind. ⁵Der tatsächlichen wirtschaftlichen Tätigkeit der Gesellschaft sind nur Einkünfte der Gesellschaft zuzuordnen, die durch diese Tätigkeit erzielt werden und dies nur insoweit, als der Fremdvergleichsgrundsatz (§ 1) beachtet worden ist.

(3) ¹Eine niedrige Besteuerung im Sinne des Absatzes 1 liegt vor, wenn die Einkünfte der ausländischen Gesellschaft einer Belastung durch Ertragsteuern von weniger als 25 Prozent unterliegen, ohne dass dies auf einem Ausgleich mit Einkünften aus anderen Quellen beruht. ²In die Belastungsberechnung sind Ansprüche einzubeziehen, die der Staat oder das Gebiet der ausländischen Gesellschaft im Fall einer Gewinnausschüttung der ausländischen Gesellschaft dem unbeschränkt Steuerpflichtigen oder einer anderen Gesellschaft, an der der Steuerpflichtige direkt oder indirekt beteiligt ist, gewährt. ³Eine niedrige Besteuerung im Sinne des Absatzes 1 liegt auch dann vor, wenn Ertragsteuern von mindestens 25 Prozent zwar rechtlich geschuldet, jedoch nicht tatsächlich erhoben werden.

## § 9 Freigrenze bei gemischten Einkünften[1)2)]

Für die Anwendung des § 7 Abs. 1 sind Einkünfte, für die eine ausländische Gesellschaft Zwischengesellschaft ist, außer Ansatz zu lassen, wenn die ihnen zugrunde liegenden Bruttoerträge nicht mehr als 10 Prozent der gesamten Bruttoerträge der Gesellschaft betragen, vorausgesetzt, dass die bei einer Gesellschaft oder bei einem Steuerpflichtigen hiernach außer Ansatz zu lassenden Beträge insgesamt 80 000 Euro nicht übersteigen.

## § 10 Hinzurechnungsbetrag[3)4)]

(1) ¹Die nach § 7 Abs. 1 steuerpflichtigen Einkünfte sind bei dem unbeschränkt Steuerpflichtigen mit dem Betrag, der sich nach Abzug der Steuern ergibt, die zu Lasten der ausländischen Gesellschaft von diesen Einkünften sowie von dem diesen Einkünften zugrunde liegenden Vermögen erhoben worden sind, anzusetzen (Hinzurechnungsbetrag). ²Soweit die abzuziehenden Steuern zu dem Zeitpunkt, zu dem die Einkünfte nach Absatz 2 als zugeflossen gelten, noch nicht entrichtet sind, sind sie nur in den Jahren, in denen sie entrichtet werden, von den nach § 7 Abs. 1 steuerpflichtigen Einkünften abzusetzen. ³In den Fällen des § 8 Absatz 3 Satz 2 sind die Steuern um die dort bezeichneten Ansprüche des unbeschränkt Steuerpflichtigen oder einer anderen Gesellschaft, an der der Steuerpflichtige direkt oder indirekt beteiligt ist, zu kürzen. ⁴Ergibt sich ein negativer Betrag, so entfällt die Hinzurechnung.

(2) ¹Der Hinzurechnungsbetrag gehört zu den Einkünften im Sinne des § 20 Abs. 1 Nr. 1 des Einkommensteuergesetzes und gilt unmittelbar nach Ablauf des maßgebenden Wirtschaftsjahrs der ausländischen Gesellschaft als zugeflossen. ²Gehören Anteile an der ausländischen Gesellschaft zu einem Betriebsvermögen, so gehört der Hinzurechnungsbetrag zu den Einkünften aus Gewerbebetrieb, aus Land- und Forstwirtschaft oder aus selbständiger Arbeit und erhöht den nach dem Einkommen- oder Körperschaftsteuergesetz ermittelten Gewinn des Betriebs für das Wirtschaftsjahr, das nach dem Ablauf des maßgebenden Wirtschaftsjahrs der ausländischen Gesellschaft endet. ³Auf den Hinzurechnungsbetrag sind § 3 Nr. 40 Satz 1 Buchstabe d, § 32d des Einkommensteuergesetzes und § 8b Abs. 1 des Körperschaftsteuergesetzes nicht anzuwenden. ⁴§ 3c Abs. 2 des Einkommensteuergesetzes gilt entsprechend.

---

1) **Anm. d. Red.:** § 9 i. d. F. des Gesetzes v. 20. 12. 2007 (BGBl I S. 3150) mit Wirkung v. 29. 12. 2007.

2) **Anm. d. Red.:** Zur Anwendung des § 9 siehe § 21 Abs. 7 Satz 4, Abs. 10 Satz 2 und Abs. 17 Satz 1.

3) **Anm. d. Red.:** § 10 Abs. 1 i. d. F. des Gesetzes v. 8. 12. 2010 (BGBl I S. 1768) mit Wirkung v. 14. 12. 2010; Abs. 2 und 3 i. d. F. des Gesetzes v. 20. 12. 2007 (BGBl I S. 3150) mit Wirkung v. 29. 12. 2007; Abs. 5 bis 7 weggefallen gem. Gesetz v. 16. 5. 2003 (BGBl I S. 660) mit Wirkung v. 21. 5. 2003.

4) **Anm. d. Red.:** Zur Anwendung des § 10 siehe § 21 Abs. 3, 7 Sätze 1 und 4, Abs. 9, 10 Satz 2, Abs. 11 Satz 2, Abs. 12, 14, 17 Satz 1 und Abs. 19 Satz 1.

(3) ¹Die dem Hinzurechnungsbetrag zugrunde liegenden Einkünfte sind in entsprechender Anwendung der Vorschriften des deutschen Steuerrechts zu ermitteln; für die Ermittlung der Einkünfte aus Anteilen an einem inländischen oder ausländischen Investmentvermögen sind die Vorschriften des Investmentsteuergesetzes vom 15. Dezember 2003 (BGBl I S. 2676, 2724) in der jeweils geltenden Fassung sinngemäß anzuwenden, sofern dieses Gesetz auf das Investmentvermögen anwendbar ist. ²Eine Gewinnermittlung entsprechend den Grundsätzen des § 4 Abs. 3 des Einkommensteuergesetzes steht einer Gewinnermittlung nach § 4 Abs. 1 oder § 5 des Einkommensteuergesetzes gleich. ³Bei mehreren Beteiligten kann das Wahlrecht für die Gesellschaft nur einheitlich ausgeübt werden. ⁴Steuerliche Vergünstigungen, die an die unbeschränkte Steuerpflicht oder an das Bestehen eines inländischen Betriebs oder einer inländischen Betriebsstätte anknüpfen und die Vorschriften des § 4h des Einkommensteuergesetzes sowie der §§ 8a, 8b Abs. 1 und 2 des Körperschaftsteuergesetzes bleiben unberücksichtigt; dies gilt auch für die Vorschriften des Umwandlungssteuergesetzes, soweit Einkünfte aus einer Umwandlung nach § 8 Abs. 1 Nr. 10 hinzuzurechnen sind. ⁵Verluste, die bei Einkünften entstanden sind, für die die ausländische Gesellschaft Zwischengesellschaft ist, können in entsprechender Anwendung des § 10d des Einkommensteuergesetzes, soweit sie die nach § 9 außer Ansatz zu lassenden Einkünfte übersteigen, abgezogen werden. ⁶Soweit sich durch den Abzug der Steuern nach Absatz 1 ein negativer Betrag ergibt, erhöht sich der Verlust im Sinne des Satzes 5.

(4) Bei der Ermittlung der Einkünfte, für die die ausländische Gesellschaft Zwischengesellschaft ist, dürfen nur solche Betriebsausgaben abgezogen werden, die mit diesen Einkünften in wirtschaftlichem Zusammenhang stehen.

(5) bis (7) (weggefallen)

### § 11 Veräußerungsgewinne[1)2)]

(1) Gewinne, die die ausländische Gesellschaft aus der Veräußerung der Anteile an einer anderen ausländischen Gesellschaft oder einer Gesellschaft im Sinne des § 16 des REIT-Gesetzes sowie aus deren Auflösung oder der Herabsetzung ihres Kapitals erzielt und für die die ausländische Gesellschaft Zwischengesellschaft ist, sind vom Hinzurechnungsbetrag auszunehmen, soweit die Einkünfte der anderen Gesellschaft oder einer dieser Gesellschaft nachgeordneten Gesellschaft aus Tätigkeiten im Sinne des § 7 Abs. 6a für das gleiche Kalenderjahr oder Wirtschaftsjahr oder für die vorangegangenen sieben Kalenderjahre oder Wirtschaftsjahre als Hinzurechnungsbetrag (§ 10 Abs. 2) der Einkommensteuer oder Körperschaftsteuer unterlegen haben, keine Ausschüttung dieser Einkünfte erfolgte und der Steuerpflichtige dies nachweist.

(2) und (3) (weggefallen)

### § 12 Steueranrechnung[3)4)]

(1) ¹Auf Antrag des Steuerpflichtigen werden auf seine Einkommen- oder Körperschaftsteuer, die auf den Hinzurechnungsbetrag entfällt, die Steuern angerechnet, die nach § 10 Abs. 1 abziehbar sind. ²In diesem Fall ist der Hinzurechnungsbetrag um diese Steuern zu erhöhen.

(2) Bei der Anrechnung sind die Vorschriften des § 34c Abs. 1 des Einkommensteuergesetzes und des § 26 Abs. 1 und 6 des Körperschaftsteuergesetzes entsprechend anzuwenden.

(3) ¹Steuern von den nach § 3 Nr. 41 des Einkommensteuergesetzes befreiten Gewinnausschüttungen werden auf Antrag im Veranlagungszeitraum des Anfalls der zugrunde liegenden

---

1) **Anm. d. Red.:** § 11 Überschrift i. d. F., Abs. 2 und 3 weggefallen gem. Gesetz v. 20.12.2001 (BGBl I S. 3858) mit Wirkung v. 25.12.2001; Abs. 1 i. d. F. des Gesetzes v. 19.12.2008 (BGBl I S. 2794) mit Wirkung v. 25.12.2008.

2) **Anm. d. Red.:** Zur Anwendung des § 11 siehe § 21 Abs. 7 Sätze 1, 4, 7, Abs. 11 Satz 2 und Abs. 15.

3) **Anm. d. Red.:** § 12 Abs. 1 i. d. F. des Gesetzes v. 20.12.2001 (BGBl I S. 3858) mit Wirkung v. 25.12.2001; Abs. 2 i. d. F. des Gesetzes v. 23.10.2000 (BGBl I S. 1433) mit Wirkung v. 1.1.2001; Abs. 3 i. d. F. des Gesetzes v. 20.12.2007 (BGBl I S. 3150) mit Wirkung v. 29.12.2007.

4) **Anm. d. Red.:** Zur Anwendung des § 12 siehe § 21 Abs. 7 Sätze 4 und 5 und Abs. 17 Satz 3.

Zwischeneinkünfte als Hinzurechnungsbetrag in entsprechender Anwendung des § 34c Abs. 1 und 2 des Einkommensteuergesetzes und des § 26 Abs. 1 und 6 des Körperschaftsteuergesetzes angerechnet oder abgezogen. ²Dies gilt auch dann, wenn der Steuerbescheid für diesen Veranlagungszeitraum bereits bestandskräftig ist.

## § 13 (weggefallen)[1)]

## § 14 Nachgeschaltete Zwischengesellschaften[2)3)]

(1) ¹Ist eine ausländische Gesellschaft allein oder zusammen mit unbeschränkt Steuerpflichtigen gemäß § 7 an einer anderen ausländischen Gesellschaft (Untergesellschaft) beteiligt, so sind für die Anwendung der §§ 7 bis 12 die Einkünfte der Untergesellschaft, die einer niedrigen Besteuerung unterlegen haben, der ausländischen Gesellschaft zu dem Teil, der auf ihre Beteiligung am Nennkapital der Untergesellschaft entfällt, zuzurechnen, soweit nicht nachgewiesen wird, dass die Untergesellschaft diese Einkünfte aus unter § 8 Abs. 1 Nr. 1 bis 7 fallenden Tätigkeiten oder Gegenständen erzielt hat oder es sich um Einkünfte im Sinne des § 8 Abs. 1 Nr. 8 bis 10 handelt oder dass diese Einkünfte aus Tätigkeiten stammen, die einer unter § 8 Abs. 1 Nr. 1 bis 6 fallenden eigenen Tätigkeit der ausländischen Gesellschaft dienen. ²Tätigkeiten der Untergesellschaft dienen nur dann einer unter § 8 Abs. 1 Nr. 1 bis 6 fallenden eigenen Tätigkeit der ausländischen Gesellschaft, wenn sie in unmittelbarem Zusammenhang mit dieser Tätigkeit stehen und es sich bei den Einkünften nicht um solche im Sinne des § 7 Abs. 6a handelt.

(2) Ist eine ausländische Gesellschaft gemäß § 7 an einer Gesellschaft im Sinne des § 16 des REIT-Gesetzes (Untergesellschaft) beteiligt, gilt Absatz 1, auch bezogen auf § 8 Abs. 3, sinngemäß.

(3) Absatz 1 ist entsprechend anzuwenden, wenn der Untergesellschaft weitere ausländische Gesellschaften nachgeschaltet sind.

(4) (weggefallen)

## Fünfter Teil: Familienstiftungen

## § 15 Steuerpflicht von Stiftern, Bezugsberechtigten und Anfallsberechtigten[4)5)]

(1) ¹Vermögen und Einkünfte einer Familienstiftung, die Geschäftsleitung und Sitz außerhalb des Geltungsbereichs dieses Gesetzes hat (ausländische Familienstiftung), werden dem Stifter, wenn er unbeschränkt steuerpflichtig ist, sonst den unbeschränkt steuerpflichtigen Personen, die bezugsberechtigt oder anfallsberechtigt sind, entsprechend ihrem Anteil zugerechnet. ²Dies gilt nicht für die Erbschaftsteuer.

(2) Familienstiftungen sind Stiftungen, bei denen der Stifter, seine Angehörigen und deren Abkömmlinge zu mehr als der Hälfte bezugsberechtigt oder anfallsberechtigt sind.

(3) Hat ein Unternehmer im Rahmen seines Unternehmens oder als Mitunternehmer oder eine Körperschaft, eine Personenvereinigung oder eine Vermögensmasse eine Stiftung errichtet, die Geschäftsleitung und Sitz außerhalb des Geltungsbereichs dieses Gesetzes hat, so wird die Stiftung wie eine Familienstiftung behandelt, wenn der Stifter, seine Gesellschafter, von ihm

---

1) **Anm. d. Red.:** § 13 weggefallen gem. Gesetz v. 20. 12. 2001 (BGBl I S. 3858) mit Wirkung v. 25. 12. 2001.

2) **Anm. d. Red.:** § 14 Abs. 1 i. d. F. des Gesetzes v. 20. 12. 2007 (BGBl I S. 3150) mit Wirkung v. 29. 12. 2007; Abs. 2 i. d. F. des Gesetzes v. 28. 5. 2007 (BGBl I S. 914) mit Wirkung v. 1. 1. 2007; Abs. 3 i. d. F. des Gesetzes v. 20. 12. 2001 (BGBl I S. 3858) mit Wirkung v. 25. 12. 2001; Abs. 4 weggefallen gem. Gesetz v. 16. 5. 2003 (BGBl I S. 660) mit Wirkung v. 21. 5. 2003.

3) **Anm. d. Red.:** Zur Anwendung des § 14 siehe § 21 Abs. 7 Sätze 1 und 4, Abs. 11 Satz 2, Abs. 15 und 17 Satz 4.

4) **Anm. d. Red.:** § 15 Abs. 1, 5 bis 11 i. d. F. des Gesetzes v. 26. 6. 2013 (BGBl I S. 1809) mit Wirkung v. 1. 1. 2013.

5) **Anm. d. Red.:** Zur Anwendung des § 15 siehe § 21 Abs. 18 und 21 Satz 4.

# § 15 XVIII. Außensteuergesetz

abhängige Gesellschaften, Mitglieder, Vorstandsmitglieder, leitende Angestellte und Angehörige dieser Personen zu mehr als der Hälfte bezugsberechtigt oder anfallsberechtigt sind.

(4) Den Stiftungen stehen sonstige Zweckvermögen, Vermögensmassen und rechtsfähige oder nichtrechtsfähige Personenvereinigungen gleich.

(5) [1]§ 12 Absatz 1 und 2 ist entsprechend anzuwenden. [2]Für Steuern auf die nach Absatz 11 befreiten Zuwendungen gilt § 12 Absatz 3 entsprechend.

(6) Hat eine Familienstiftung Geschäftsleitung oder Sitz in einem Mitgliedstaat der Europäischen Union oder einem Vertragsstaat des EWR-Abkommens, ist Absatz 1 nicht anzuwenden, wenn

1. nachgewiesen wird, dass das Stiftungsvermögen der Verfügungsmacht der in den Absätzen 2 und 3 genannten Personen rechtlich und tatsächlich entzogen ist und
2. zwischen der Bundesrepublik Deutschland und dem Staat, in dem die Familienstiftung Geschäftsleitung oder Sitz hat, auf Grund der Amtshilferichtlinie gemäß § 2 Absatz 2 des EU-Amtshilfegesetzes oder einer vergleichbaren zwei- oder mehrseitigen Vereinbarung, Auskünfte erteilt werden, die erforderlich sind, um die Besteuerung durchzuführen.

(7) [1]Die Einkünfte der Stiftung nach Absatz 1 werden in entsprechender Anwendung der Vorschriften des Körperschaftsteuergesetzes und des Einkommensteuergesetzes ermittelt. [2]Bei der Ermittlung der Einkünfte gilt § 10 Absatz 3 entsprechend. [3]Ergibt sich ein negativer Betrag, entfällt die Zurechnung.

(8) [1]Die nach Absatz 1 dem Stifter oder der bezugs- oder anfallsberechtigten Person zuzurechnenden Einkünfte gehören bei Personen, die ihre Einkünfte nicht nach dem Körperschaftsteuergesetz ermitteln, zu den Einkünften im Sinne des § 20 Absatz 1 Nummer 9 des Einkommensteuergesetzes.[2]§ 20 Absatz 8 des Einkommensteuergesetzes bleibt unberührt; § 3 Nummer 40 Satz 1 Buchstabe d und § 32d des Einkommensteuergesetzes sind nur insoweit anzuwenden, als diese Vorschriften bei unmittelbarem Bezug der zuzurechnenden Einkünfte durch die Personen im Sinne des Absatzes 1 anzuwenden wären. [3]Soweit es sich beim Stifter oder der bezugs- oder anfallsberechtigten Person um Personen handelt, die ihre Einkünfte nach dem Körperschaftsteuergesetz ermitteln, bleibt § 8 Absatz 2 des Körperschaftsteuergesetzes unberührt; § 8b Absatz 1 und 2 des Körperschaftsteuergesetzes ist nur insoweit anzuwenden, als diese Vorschrift bei unmittelbarem Bezug der zuzurechnenden Einkünfte durch die Personen im Sinne des Absatzes 1 anzuwenden wäre.

(9) [1]Ist eine ausländische Familienstiftung oder eine andere ausländische Stiftung im Sinne des Absatzes 10 an einer Körperschaft, Personenvereinigung oder Vermögensmasse im Sinne des Körperschaftsteuergesetzes, die weder Geschäftsleitung noch Sitz im Geltungsbereich dieses Gesetzes hat und die nicht gemäß § 3 Absatz 1 des Körperschaftsteuergesetzes von der Körperschaftsteuerpflicht ausgenommen ist (ausländische Gesellschaft), beteiligt, so gehören die Einkünfte dieser Gesellschaft in entsprechender Anwendung der §§ 7 bis 14 mit dem Teil zu den Einkünften der Familienstiftung, der auf die Beteiligung der Stiftung am Nennkapital der Gesellschaft entfällt. [2]Auf Gewinnausschüttungen der ausländischen Gesellschaft, denen nachweislich bereits nach Satz 1 zugerechnete Beträge zugrunde liegen, ist Absatz 1 nicht anzuwenden.

(10) [1]Einer ausländischen Familienstiftung werden Vermögen und Einkünfte einer anderen ausländischen Stiftung, die nicht die Voraussetzungen des Absatzes 6 Satz 1 erfüllt, entsprechend ihrem Anteil zugerechnet, wenn sie allein oder zusammen mit den in den Absätzen 2 und 3 genannten Personen zu mehr als der Hälfte unmittelbar oder mittelbar bezugsberechtigt oder anfallsberechtigt ist. [2]Auf Zuwendungen der ausländischen Stiftung, denen nachweislich bereits nach Satz 1 zugerechnete Beträge zugrunde liegen, ist Absatz 1 nicht anzuwenden.

(11) Zuwendungen der ausländischen Familienstiftung unterliegen bei Personen im Sinne des Absatzes 1 nicht der Besteuerung, soweit die den Zuwendungen zugrunde liegenden Einkünfte nachweislich bereits nach Absatz 1 zugerechnet worden sind.

## Sechster Teil: Ermittlung und Verfahren

### § 16 Mitwirkungspflicht des Steuerpflichtigen

(1) Beantragt ein Steuerpflichtiger unter Berufung auf Geschäftsbeziehungen mit einer ausländischen Gesellschaft oder einer im Ausland ansässigen Person oder Personengesellschaft, die mit ihren Einkünften, die in Zusammenhang mit den Geschäftsbeziehungen zu dem Steuerpflichtigen stehen, nicht oder nur unwesentlich besteuert wird, die Absetzung von Schulden oder anderen Lasten oder von Betriebsausgaben oder Werbungskosten, so ist im Sinne des § 160 der Abgabenordnung der Gläubiger oder Empfänger erst dann genau bezeichnet, wenn der Steuerpflichtige alle Beziehungen offen legt, die unmittelbar oder mittelbar zwischen ihm und der Gesellschaft, Person oder Personengesellschaft bestehen und bestanden haben.

(2) Der Steuerpflichtige hat über die Richtigkeit und Vollständigkeit seiner Angaben und über die Behauptung, dass ihm Tatsachen nicht bekannt sind, auf Verlangen des Finanzamts gemäß § 95 der Abgabenordnung eine Versicherung an Eides statt abzugeben.

### § 17 Sachverhaltsaufklärung[1)]

(1) ¹Zur Anwendung der Vorschriften der §§ 5 und 7 bis 15 haben Steuerpflichtige für sich selbst und im Zusammenwirken mit anderen die dafür notwendigen Auskünfte zu erteilen. ²Auf Verlangen sind insbesondere

1. die Geschäftsbeziehungen zu offenbaren, die zwischen der Gesellschaft und einem so beteiligten unbeschränkt Steuerpflichtigen oder einer einem solchen im Sinne des § 1 Abs. 2 nahe stehenden Person bestehen,
2. die für die Anwendung der §§ 7 bis 14 sachdienlichen Unterlagen einschließlich der Bilanzen und der Erfolgsrechnungen vorzulegen. ²Auf Verlangen sind diese Unterlagen mit dem im Staat der Geschäftsleitung oder des Sitzes vorgeschriebenen oder üblichen Prüfungsvermerk einer behördlich anerkannten Wirtschaftsprüfungsstelle oder vergleichbaren Stelle vorzulegen.

(2) Ist für die Ermittlung der Einkünfte, für die eine ausländische Gesellschaft Zwischengesellschaft ist, eine Schätzung nach § 162 der Abgabenordnung vorzunehmen, so ist mangels anderer geeigneter Anhaltspunkte bei der Schätzung als Anhaltspunkt von mindestens 20 Prozent des gemeinen Werts der von den unbeschränkt Steuerpflichtigen gehaltenen Anteile auszugehen; Zinsen und Nutzungsentgelte, die die Gesellschaft für überlassene Wirtschaftsgüter an die unbeschränkt Steuerpflichtigen zahlt, sind abzuziehen.

### § 18 Gesonderte Feststellung von Besteuerungsgrundlagen[2)3)]

(1) ¹Die Besteuerungsgrundlagen für die Anwendung der §§ 7 bis 14 und § 3 Nr. 41 des Einkommensteuergesetzes werden gesondert festgestellt. ²Sind an der ausländischen Gesellschaft mehrere unbeschränkt Steuerpflichtige beteiligt, so wird die gesonderte Feststellung ihnen gegenüber einheitlich vorgenommen; dabei ist auch festzustellen, wie sich die Besteuerungsgrundlagen auf die einzelnen Beteiligten verteilen. ³Die Vorschriften der Abgabenordnung, mit Ausnahme des § 180 Abs. 3, und der Finanzgerichtsordnung über die gesonderte Feststellung von Besteuerungsgrundlagen sind entsprechend anzuwenden.

(2) ¹Für die gesonderte Feststellung ist das Finanzamt zuständig, das bei dem unbeschränkt Steuerpflichtigen für die Ermittlung der aus der Beteiligung bezogenen Einkünfte örtlich zuständig ist. ²Ist die gesonderte Feststellung gegenüber mehreren Personen einheitlich vorzunehmen,

---

1) **Anm. d. Red.:** § 17 Abs. 2 i. d. F. des Gesetzes v. 20.12.2007 (BGBl I S. 3150) mit Wirkung v. 29.12.2007.

2) **Anm. d. Red.:** § 18 Abs. 1 i. d. F. des Gesetzes v. 20.12.2001 (BGBl I S. 3858) mit Wirkung v. 25.12.2001; Abs. 3 i. d. F. des Gesetzes v. 20.12.2007 (BGBl I S. 3150) mit Wirkung v. 29.12.2007; Abs. 4 i. d. F. des Gesetzes v. 26.6.2013 (BGBl I S. 1809) mit Wirkung v. 1.1.2013.

3) **Anm. d. Red.:** Zur Anwendung des § 18 siehe § 21 Abs. 5, 7 Satz 5, Abs. 17 Sätze 1 und 5 und Abs. 21 Satz 4.

so ist das Finanzamt zuständig, das nach Satz 1 für den Beteiligten zuständig ist, dem die höchste Beteiligung an der ausländischen Gesellschaft zuzurechnen ist. ³Lässt sich das zuständige Finanzamt nach den Sätzen 1 und 2 nicht feststellen, so ist das Finanzamt zuständig, das zuerst mit der Sache befasst wird.

(3) ¹Jeder der an der ausländischen Gesellschaft beteiligten unbeschränkt Steuerpflichtigen und erweitert beschränkt Steuerpflichtigen hat eine Erklärung zur gesonderten Feststellung abzugeben; dies gilt auch, wenn nach § 8 Abs. 2 geltend gemacht wird, dass eine Hinzurechnung unterbleibt. ²Diese Verpflichtung kann durch die Abgabe einer gemeinsamen Erklärung erfüllt werden. ³Die Erklärung ist von dem Steuerpflichtigen oder von den in § 34 der Abgabenordnung bezeichneten Personen eigenhändig zu unterschreiben.

(4) Die Absätze 1 bis 3 gelten für Einkünfte und Vermögen im Sinne des § 15 entsprechend.

## Siebenter Teil: Schlussvorschriften

### § 19 (weggefallen)[1]

### § 20 Bestimmungen über die Anwendung von Abkommen zur Vermeidung der Doppelbesteuerung[2][3]

(1) Die Vorschriften der §§ 7 bis 18 und der Absätze 2 und 3 werden durch die Abkommen zur Vermeidung der Doppelbesteuerung nicht berührt.

(2) ¹Fallen Einkünfte in der ausländischen Betriebsstätte eines unbeschränkt Steuerpflichtigen an und wären sie ungeachtet des § 8 Abs. 2 als Zwischeneinkünfte steuerpflichtig, falls diese Betriebsstätte eine ausländische Gesellschaft wäre, ist insoweit die Doppelbesteuerung nicht durch Freistellung, sondern durch Anrechnung der auf diese Einkünfte erhobenen ausländischen Steuern zu vermeiden. ²Das gilt nicht, soweit in der ausländischen Betriebsstätte Einkünfte anfallen, die nach § 8 Absatz 1 Nummer 5 Buchstabe a als Zwischeneinkünfte steuerpflichtig wären.

(3) (weggefallen)

### § 21 Anwendungsvorschriften[4]

(1) Die Vorschriften dieses Gesetzes sind, soweit in den folgenden Absätzen nichts anderes bestimmt ist, wie folgt anzuwenden:
1. für die Einkommensteuer und für die Körperschaftsteuer erstmals für den Veranlagungszeitraum 1972;
2. für die Gewerbesteuer erstmals für den Erhebungszeitraum 1972;
3. (weggefallen)
4. für die Erbschaftsteuer auf Erwerbe, bei denen die Steuerschuld nach dem Inkrafttreten dieses Gesetzes entstanden ist.

(2) Die Anwendung der §§ 2 bis 5 wird nicht dadurch berührt, dass die unbeschränkte Steuerpflicht der natürlichen Person bereits vor dem 1. Januar 1972 geendet hat.

(3) Soweit in Anwendung des § 10 Abs. 3 Wirtschaftsgüter erstmals zu bewerten sind, sind sie mit den Werten anzusetzen, die sich ergeben würden, wenn seit Übernahme der Wirtschafts-

---

1) **Anm. d. Red.:** § 19 weggefallen gem. Gesetz v. 20.12.2007 (BGBl I S. 3150) mit Wirkung v. 29.12.2007.

2) **Anm. d. Red.:** § 20 Abs. 1 i. d. F. des Gesetzes v. 25.2.1992 (BGBl I S. 297) mit Wirkung v. 29.2.1992; Abs. 2 i. d. F. des Gesetzes v. 8.12.2010 (BGBl I S. 1768) mit Wirkung v. 14.12.2010; Abs. 3 weggefallen gem. Gesetz v. 20.12.1996 (BGBl I S. 2049) mit Wirkung v. 1.1.1997.

3) **Anm. d. Red.:** Zur Anwendung des § 20 siehe § 21 Abs. 7 Sätze 1 und 4, Abs. 11 Satz 2, Abs. 17 Satz 1 und Abs. 19 Satz 2.

4) **Anm. d. Red.:** § 21 i. d. F. des Gesetzes v. 22.12.2014 (BGBl I S. 2417) mit Wirkung v. 31.12.2014.

XVIII. Außensteuergesetz § 21

güter durch die ausländische Gesellschaft die Vorschriften des deutschen Steuerrechts angewendet worden wären.

(4) [1]§ 13 Abs. 2 Nr. 2 ist erstmals anzuwenden
1. für die Körperschaftsteuer für den Veranlagungszeitraum 1984;
2. für die Gewerbesteuer für den Erhebungszeitraum 1984.
[2]§ 1 Abs. 4, § 13 Abs. 1 Satz 1 Nr. 1 Buchstabe b und Satz 2 in der Fassung des Artikels 17 des Gesetzes vom 25. Februar 1992 (BGBl I S. 297) sind erstmals anzuwenden:
1. für die Einkommensteuer und für die Körperschaftsteuer für den Veranlagungszeitraum 1992;
2. für die Gewerbesteuer für den Erhebungszeitraum 1992.

(5) § 18 Abs. 3 ist auch für Veranlagungszeiträume und Erhebungszeiträume vor 1985 anzuwenden, wenn die Erklärungen noch nicht abgegeben sind.

(6) [1]Bei der Anwendung der §§ 2 bis 6 für die Zeit nach dem 31. Dezember 1990 steht der unbeschränkten Steuerpflicht nach § 1 Abs. 1 Satz 1 des Einkommensteuergesetzes die unbeschränkte Steuerpflicht nach § 1 Abs. 1 des Einkommensteuergesetzes der Deutschen Demokratischen Republik in der Fassung vom 18. September 1970 (Sonderdruck Nr. 670 des Gesetzblattes) gleich. [2]Die Anwendung der §§ 2 bis 5 wird nicht dadurch berührt, dass die unbeschränkte Steuerpflicht der natürlichen Personen bereits vor dem 1. Januar 1991 geendet hat.

(7) [1]§ 7 Abs. 6, § 10 Abs. 6, § 11 Abs. 4 Satz 1, § 14 Abs. 4 Satz 5 und § 20 Abs. 2 in Verbindung mit § 10 Abs. 6 in der Fassung des Artikels 12 des Gesetzes vom 21. Dezember 1993 (BGBl I S. 2310) sind erstmals anzuwenden
1. für die Einkommen- und Körperschaftsteuer für den Veranlagungszeitraum,
2. mit Ausnahme des § 20 Abs. 2 und 3 für die Gewerbesteuer, für die der Teil des Hinzurechnungsbetrags, dem Einkünfte mit Kapitalanlagecharakter im Sinne des § 10 Abs. 6 Satz 3 zugrunde liegen, außer Ansatz bleibt, für den Erhebungszeitraum,

für den Zwischeneinkünfte mit Kapitalanlagecharakter im Sinne des § 10 Abs. 6 Satz 2 und 3 hinzuzurechnen sind, die in einem Wirtschaftsjahr der Zwischengesellschaft oder der Betriebsstätte entstanden sind, das nach dem 31. Dezember 1993 beginnt. [2]§ 6 Abs. 1 in der Fassung des Artikels 5 des Gesetzes vom 20. Dezember 2001 (BGBl I S. 3858) ist erstmals anzuwenden, wenn im Zeitpunkt der Beendigung der unbeschränkten Steuerpflicht auf Veräußerungen im Sinne des § 17 des Einkommensteuergesetzes § 3 Nr. 40 Buchstabe c des Einkommensteuergesetzes anzuwenden wäre. [3]§ 7 Abs. 6 in der Fassung des Artikels 5 des Gesetzes vom 20. Dezember 2001 (BGBl I S. 3858) ist erstmals anzuwenden

1. für die Einkommen- und Körperschaftsteuer für den Veranlagungszeitraum,
2. für die Gewerbesteuer für den Erhebungszeitraum,

für den Zwischeneinkünfte hinzuzurechnen sind, die in einem Wirtschaftsjahr der Zwischengesellschaft entstanden sind, das nach dem 15. August 2001 beginnt. [4]§ 12 Abs. 2 in der Fassung des Artikels 12 des Gesetzes vom 23. Oktober 2000 (BGBl I S. 1433) sowie § 7 Abs. 7, § 8 Abs. 1 Nr. 8 und 9 und Abs. 3, § 9, § 10 Abs. 2, 3, 6, 7, § 11, § 12 Abs. 1, § 14 und § 20 Abs. 2 in der Fassung des Artikels 5 des Gesetzes vom 20. Dezember 2001 (BGBl I S. 3858) sind erstmals anzuwenden

1. für die Einkommen- und Körperschaftsteuer für den Veranlagungszeitraum,
2. für die Gewerbesteuer für den Erhebungszeitraum,

für den Zwischeneinkünfte hinzuzurechnen sind, die in einem Wirtschaftsjahr der Zwischengesellschaft oder der Betriebsstätte entstanden sind, das nach dem 31. Dezember 2000 beginnt. [5]§ 12 Abs. 3, § 18 Abs. 1 in der Fassung des Artikels 5 des Gesetzes vom 20. Dezember 2001 (BGBl I S. 3858) sind erstmals anzuwenden, wenn auf Gewinnausschüttungen § 3 Nr. 41 des Einkommensteuergesetzes in der Fassung des Artikels 1 des Gesetzes vom 20. Dezember 2001 (BGBl I S. 3858) anwendbar ist. [6]§ 8 Abs. 2 in der Fassung des Artikels 6 des Gesetzes vom 6. September

# § 21 XVIII. Außensteuergesetz

1976 (BGBl I S. 2641), § 13 in der Fassung des Artikels 17 des Gesetzes vom 25. Februar 1992 (BGBl I S. 297) sind letztmals anzuwenden

1. für die Einkommen- und Körperschaftsteuer für den Veranlagungszeitraum,
2. für die Gewerbesteuer für den Erhebungszeitraum,

für den Zwischeneinkünfte hinzuzurechnen sind, die in einem Wirtschaftsjahr der Zwischengesellschaft entstanden sind, das vor dem 1. Januar 2001 beginnt. [7]§ 11 in der Fassung des Artikels 12 des Gesetzes vom 21. Dezember 1993 (BGBl I S. 2310) ist auf Gewinnausschüttungen der Zwischengesellschaft oder auf Gewinne aus der Veräußerung der Anteile an der Zwischengesellschaft nicht anzuwenden, wenn auf die Ausschüttungen oder auf die Gewinne aus der Veräußerung § 8b Abs. 1 oder 2 des Körperschaftsteuergesetzes in der Fassung des Artikels 3 des Gesetzes vom 23. Oktober 2000 (BGBl I S. 1433) oder § 3 Nr. 41 des Einkommensteuergesetzes in der Fassung des Artikels 1 des Gesetzes vom 20. Dezember 2001 (BGBl I S. 3858) anwendbar ist.

(8) § 6 Abs. 3 Nr. 4 in der Fassung des Gesetzes vom 21. Dezember 1993 (BGBl I S. 2310) ist erstmals auf Einbringungen anzuwenden, die nach dem 31. Dezember 1991, und letztmals auf Einbringungen anzuwenden, die vor dem 1. Januar 1999 vorgenommen wurden.

(9) [1]§ 8 Abs. 1 Nr. 7 und § 10 Abs. 3 Satz 6 in der Fassung des Artikels 7 des Gesetzes vom 13. September 1993 (BGBl I S. 1569) sind erstmals anzuwenden

1. für die Einkommensteuer und Körperschaftsteuer für den Veranlagungszeitraum,
2. für die Gewerbesteuer für den Erhebungszeitraum,

für den Zwischeneinkünfte hinzuzurechnen sind, die in einem Wirtschaftsjahr der Zwischengesellschaft entstanden sind, das nach dem 31. Dezember 1991 beginnt. [2]§ 10 Abs. 3 Satz 1 in der Fassung dieses Gesetzes ist erstmals anzuwenden

1. für die Einkommensteuer und Körperschaftsteuer für den Veranlagungszeitraum,
2. für die Gewerbesteuer für den Erhebungszeitraum,

für den Zwischeneinkünfte hinzuzurechnen sind, die in einem Wirtschaftsjahr der Zwischengesellschaft entstanden sind, das nach dem 31. Dezember 1993 beginnt.

(10) [1]§ 2 Abs. 1 Satz 2, Abs. 2 Nr. 1 und Abs. 3 Nr. 2 und 3 sind in der Fassung des Artikels 9 des Gesetzes vom 19. Dezember 2000 (BGBl I S. 1790) erstmals für den Veranlagungszeitraum 2002 anzuwenden. [2]§ 7 Abs. 6 Satz 2, § 9 und § 10 Abs. 6 Satz 1 sind in der Fassung des Artikels 9 des Gesetzes vom 19. Dezember 2000 (BGBl I S. 1790) erstmals anzuwenden

1. für die Einkommensteuer und die Körperschaftsteuer für den Veranlagungszeitraum,
2. für die Gewerbesteuer für den Erhebungszeitraum,

für den Zwischeneinkünfte hinzuzurechnen sind, die in einem Wirtschaftsjahr der Zwischengesellschaft entstanden sind, das nach dem 31. Dezember 2001 beginnt.

(11) [1]§ 1 Abs. 4 in der Fassung des Artikels 11 des Gesetzes vom 16. Mai 2003 (BGBl I S. 660) ist erstmals für den Veranlagungszeitraum 2003 anzuwenden. [2]§ 7 Abs. 6 und 6a, § 8 Abs. 1 Nr. 9, §§ 10, 11, 14, 20 Abs. 2 in der Fassung des Artikels 11 des Gesetzes vom 16. Mai 2003 (BGBl I S. 660), § 7 Abs. 7, § 8 Abs. 1 Nr. 4 und § 14 Abs. 1 in der Fassung des Artikels 5 des Gesetzes vom 22. Dezember 2003 (BGBl I S. 2840) sind erstmals anzuwenden

1. für die Einkommen- und Körperschaftsteuer für den Veranlagungszeitraum,
2. für die Gewerbesteuer für den Erhebungszeitraum,

für den Zwischeneinkünfte hinzuzurechnen oder in einer Betriebsstätte angefallen sind, die in einem Wirtschaftsjahr der Zwischengesellschaft oder der Betriebsstätte entstanden sind, das nach dem 31. Dezember 2002 beginnt.

(12) § 10 Abs. 3 in der am 1. Januar 2004 geltenden Fassung, § 7 Abs. 7 in der Fassung des Artikels 11 des Gesetzes vom 9. Dezember 2004 (BGBl I S. 3310) sind erstmals anzuwenden

1. für die Einkommen- und Körperschaftsteuer für den Veranlagungszeitraum,
2. für die Gewerbesteuer für den Erhebungszeitraum,

für den Zwischeneinkünfte hinzuzurechnen oder in einer Betriebsstätte angefallen sind, die in einem Wirtschaftsjahr der Zwischengesellschaft oder der Betriebsstätte entstanden sind, das nach dem 31. Dezember 2003 beginnt.

(13) [1]§ 6 Abs. 1 in der Fassung des Artikels 7 des Gesetzes vom 7. Dezember 2006 (BGBl I S. 2782) ist erstmals für den Veranlagungszeitraum 2007 anzuwenden. [2]§ 6 Abs. 2 bis 7 in der Fassung des Gesetzes vom 7. Dezember 2006 (BGBl I S. 2782) ist in allen Fällen anzuwenden, in denen die Einkommensteuer noch nicht bestandskräftig festgesetzt ist.

(14) § 8 Abs. 1 Nr. 10 und § 10 Abs. 3 Satz 4 in der Fassung des Artikels 7 des Gesetzes vom 7. Dezember 2006 (BGBl I S. 2782) ist erstmals anzuwenden

1. für die Einkommen- und Körperschaftsteuer für den Veranlagungszeitraum,
2. für die Gewerbesteuer für den Erhebungszeitraum,

für den Zwischeneinkünfte hinzuzurechnen oder in einer Betriebsstätte angefallen sind, die in einem Wirtschaftsjahr der Zwischengesellschaft oder der Betriebsstätte entstanden sind, das nach dem 31. Dezember 2005 beginnt.

(15) § 7 Abs. 8, § 8 Abs. 1 Nr. 9, § 11 Abs. 1 und § 14 Abs. 2 in der Fassung des Artikels 3 des Gesetzes vom 28. Mai 2007 (BGBl I S. 914) sind erstmals anzuwenden für

1. die Einkommen- und Körperschaftsteuer für den Veranlagungszeitraum sowie
2. die Gewerbesteuer für den Erhebungszeitraum,

für den Zwischeneinkünfte hinzuzurechnen sind, die in einem Wirtschaftsjahr der Zwischengesellschaft oder der Betriebsstätte entstanden sind, das nach dem 31. Dezember 2006 beginnt.

(16) § 1 Absatz 1, 3 Satz 1 bis 8 und Satz 11 bis 13 und Absatz 4 in der Fassung des Artikels 7 des Gesetzes vom 14. August 2007 (BGBl I S. 1912) und § 1 Absatz 3 Satz 9 und 10 in der Fassung des Artikels 11 des Gesetzes vom 8. April 2010 (BGBl I S. 386) sind erstmals für den Veranlagungszeitraum 2008 anzuwenden.

(17) [1]§ 7 Abs. 6 Satz 2, § 8 Abs. 2 und 3, §§ 9, 10 Abs. 2 Satz 3, § 18 Abs. 3 Satz 1 und § 20 Abs. 2 in der Fassung des Artikels 24 des Gesetzes vom 20. Dezember 2007 (BGBl I S. 3150) sind erstmals anzuwenden

1. für die Einkommen- und Körperschaftsteuer für den Veranlagungszeitraum,
2. für die Gewerbesteuer für den Erhebungszeitraum,

für den Zwischeneinkünfte hinzuzurechnen sind, die in einem Wirtschaftsjahr der Zwischengesellschaft oder der Betriebsstätte entstanden sind, das nach dem 31. Dezember 2007 beginnt. [2]§ 8 Abs. 1 Nr. 9 in der Fassung des Artikels 24 des Gesetzes vom 20. Dezember 2007 (BGBl I S. 3150) ist erstmals anzuwenden

1. für die Einkommen- und Körperschaftsteuer für den Veranlagungszeitraum,
2. für die Gewerbesteuer für den Erhebungszeitraum,

für den Zwischeneinkünfte hinzuzurechnen sind, die in einem Wirtschaftsjahr der Zwischengesellschaft oder der Betriebsstätte entstanden sind, das nach dem 31. Dezember 2006 beginnt. [3]§ 12 Abs. 3 Satz 1 in der Fassung des Artikels 24 des Gesetzes vom 20. Dezember 2007 (BGBl I S. 3150) ist erstmals für Zeiträume anzuwenden, für die § 12 Abs. 3 in der am 25. Dezember 2001 geltenden Fassung erstmals anzuwenden ist. [4]§ 14 Abs. 1 Satz 1 in der Fassung des Artikels 24 des Gesetzes vom 20. Dezember 2007 (BGBl I S. 3150) ist erstmals anzuwenden

1. für die Einkommen- und Körperschaftsteuer für den Veranlagungszeitraum,
2. für die Gewerbesteuer für den Erhebungszeitraum,

für den Zwischeneinkünfte hinzuzurechnen sind, die in einem Wirtschaftsjahr der Zwischengesellschaft oder der Betriebsstätte entstanden sind, das nach dem 31. Dezember 2005 beginnt. [5]§ 18 Abs. 4 in der am 29. Dezember 2007 geltenden Fassung ist für die Einkommen- und Körperschaftsteuer erstmals für den Veranlagungszeitraum 2008 anzuwenden.

(18) [1]§ 2 Abs. 1 und 5 und § 15 Abs. 6 in der Fassung des Artikels 9 des Gesetzes vom 19. Dezember 2008 (BGBl I S. 2794) sind für die Einkommen- und Körperschaftsteuer erstmals für den

Veranlagungszeitraum 2009 anzuwenden. ²§ 15 Abs. 7 in der Fassung des Artikels 9 des Gesetzes vom 19. Dezember 2008 (BGBl I S. 2794) ist in allen Fällen anzuwenden, in denen die Einkommen- und Körperschaftsteuer noch nicht bestandskräftig festgesetzt ist.

(19) ¹§ 8 Absatz 3 und § 10 Absatz 1 Satz 3 in der Fassung des Artikels 7 des Gesetzes vom 8. Dezember 2010 (BGBl I S. 1768) sind erstmals anzuwenden

1. für die Einkommen- und Körperschaftsteuer für den Veranlagungszeitraum,
2. für die Gewerbesteuern für den Erhebungszeitraum,

für den Zwischeneinkünfte hinzuzurechnen sind, die in einem Wirtschaftsjahr der Zwischengesellschaft oder der Betriebsstätte entstanden sind, das nach dem 31. Dezember 2010 beginnt. ²§ 20 Absatz 2 in der Fassung des Artikels 7 des Gesetzes vom 8. Dezember 2010 (BGBl I S. 1768) ist in allen Fällen anzuwenden, in denen die Einkommensteuer noch nicht bestandskräftig festgesetzt ist.

(20) ¹§ 1 Absatz 1 Satz 2 erster Halbsatz und Absatz 3 und 6 in der Fassung des Artikels 6 des Gesetzes vom 26. Juni 2013 (BGBl I S. 1809) ist erstmals für den Veranlagungszeitraum 2013 anzuwenden. ²§ 1 Absatz 1 Satz 2 zweiter Halbsatz in der Fassung des Artikels 6 des Gesetzes vom 26. Juni 2013 (BGBl I S. 1809) gilt für alle noch nicht bestandskräftigen Veranlagungen. ³§ 1 Absatz 4 und 5 in der Fassung des Artikels 6 des Gesetzes vom 26. Juni 2013 (BGBl I S. 1809) ist erstmals für Wirtschaftsjahre anzuwenden, die nach dem 31. Dezember 2012 beginnen.

(21) ¹§ 2 Absatz 5 in der Fassung des Artikels 6 des Gesetzes vom 26. Juni 2013 (BGBl I S. 1809) ist erstmals für den Veranlagungszeitraum 2013 anzuwenden. ²Auf Antrag ist § 2 Absatz 5 Satz 1 und 3 in der Fassung des Artikels 6 des Gesetzes vom 26. Juni 2013 (BGBl I S. 1809) bereits für Veranlagungszeiträume vor 2013 anzuwenden, bereits ergangene Steuerfestsetzungen sind aufzuheben oder zu ändern. ³§ 8 Absatz 2 in der Fassung des Artikels 6 des Gesetzes vom 26. Juni 2013 (BGBl I S. 1809) ist erstmals anzuwenden

1. für die Einkommen- und Körperschaftsteuer für den Veranlagungszeitraum,
2. für die Gewerbesteuer für den Erhebungszeitraum,

für den Zwischeneinkünfte hinzuzurechnen sind, die in einem Wirtschaftsjahr der Zwischengesellschaft oder der Betriebsstätte entstanden sind, das nach dem 31. Dezember 2012 beginnt. ⁴§ 15 Absatz 1, 5 bis 11 sowie § 18 Absatz 4 sind in der Fassung des Artikels 6 des Gesetzes vom 26. Juni 2013 (BGBl I S. 1809) für die Einkommen- und Körperschaftsteuer erstmals anzuwenden für den Veranlagungszeitraum 2013.

(22) § 1 Absatz 4 in der am 31. Dezember 2014 geltenden Fassung ist erstmals für den Veranlagungszeitraum 2015 anzuwenden.

(23) § 6 Absatz 5 Satz 3 in der am 31. Dezember 2014 geltenden Fassung ist in allen Fällen anzuwenden, in denen die geschuldete Steuer noch nicht entrichtet ist.

## § 22 Neufassung des Gesetzes[1)]

Das Bundesministerium der Finanzen kann den Wortlaut dieses Gesetzes in der jeweils geltenden Fassung im Bundesgesetzblatt bekannt machen.

---

1) **Anm. d. Red.:** § 22 i. d. F. des Gesetzes v. 20. 12. 2007 (BGBl I S. 3150) mit Wirkung v. 29. 12. 2007.

## XIX. Verordnung zur Anwendung des Fremdvergleichsgrundsatzes nach § 1 Abs. 1 des Außensteuergesetzes in Fällen grenzüberschreitender Funktionsverlagerungen (Funktionsverlagerungsverordnung – FVerlV)

v. 12. 8. 2008 (BGBl I S. 1680) mit späterer Änderung

Die Verordnung zur Anwendung des Fremdvergleichsgrundsatzes nach § 1 Abs. 1 des Außensteuergesetzes in Fällen grenzüberschreitender Funktionsverlagerungen (Funktionsverlagerungsverordnung – FVerlV) v. 12. 8. 2008 (BGBl I S. 1680) wurde geändert durch Art. 24 Gesetz zur Umsetzung der Amtshilferichtlinie sowie zur Änderung steuerlicher Vorschriften (Amtshilferichtlinie-Umsetzungsgesetz – AmtshilfeRLUmsG) v. 26. 6. 2013 (BGBl I S. 1809). — Zur Anwendung siehe § 12.

### Nichtamtliche Fassung

### Abschnitt 1: Allgemeine Vorschriften

### § 1 Begriffsbestimmungen[1]

(1) ¹Eine Funktion ist eine Geschäftstätigkeit, die aus einer Zusammenfassung gleichartiger betrieblicher Aufgaben besteht, die von bestimmten Stellen oder Abteilungen eines Unternehmens erledigt werden. ²Sie ist ein organischer Teil eines Unternehmens, ohne dass ein Teilbetrieb im steuerlichen Sinn vorliegen muss.

(2) ¹Eine Funktionsverlagerung im Sinne des § 1 Abs. 3 Satz 9 des Außensteuergesetzes liegt vorbehaltlich der Absätze 6 und 7 vor, wenn ein Unternehmen (verlagerndes Unternehmen) einem anderen, nahe stehenden Unternehmen (übernehmendes Unternehmen) Wirtschaftsgüter und sonstige Vorteile sowie die damit verbundenen Chancen und Risiken überträgt oder zur Nutzung überlässt, damit das übernehmende Unternehmen eine Funktion ausüben kann, die bisher von dem verlagernden Unternehmen ausgeübt worden ist, und dadurch die Ausübung der betreffenden Funktion durch das verlagernde Unternehmen eingeschränkt wird. ²Eine Funktionsverlagerung kann auch vorliegen, wenn das übernehmende Unternehmen die Funktion nur zeitweise übernimmt. ³Geschäftsvorfälle, die innerhalb von fünf Wirtschaftsjahren verwirklicht werden, sind zu dem Zeitpunkt, zu dem die Voraussetzungen des Satzes 1 durch ihre gemeinsame Verwirklichung wirtschaftlich erfüllt sind, als einheitliche Funktionsverlagerung zusammenzufassen.

(3) Ein Transferpaket im Sinne des § 1 Abs. 3 Satz 9 des Außensteuergesetzes besteht aus einer Funktion und den mit dieser Funktion zusammenhängenden Chancen und Risiken sowie den Wirtschaftsgütern und Vorteilen, die das verlagernde Unternehmen dem übernehmenden Unternehmen zusammen mit der Funktion überträgt oder zur Nutzung überlässt, und den in diesem Zusammenhang erbrachten Dienstleistungen.

(4) Gewinnpotenziale im Sinne des § 1 Abs. 3 Satz 6 des Außensteuergesetzes sind die aus der verlagerten Funktion jeweils zu erwartenden Reingewinne nach Steuern (Barwert), auf die ein ordentlicher und gewissenhafter Geschäftsleiter im Sinne des § 1 Absatz 1 Satz 3 des Außensteuergesetzes aus der Sicht des verlagernden Unternehmens nicht unentgeltlich verzichten würde und für die ein solcher Geschäftsleiter aus der Sicht des übernehmenden Unternehmens bereit wäre, ein Entgelt zu zahlen.

(5) Immaterielle Wirtschaftsgüter und Vorteile sind in Fällen von Funktionsverlagerungen wesentlich im Sinne des § 1 Abs. 3 Satz 10 erste Alternative des Außensteuergesetzes, wenn sie für

---

[1] **Anm. d. Red.:** § 1 Abs. 4 i. d. F. des Gesetzes v. 26. 6. 2013 (BGBl I S. 1809) mit Wirkung v. 1. 1. 2013.

die verlagerte Funktion erforderlich sind und ihr Fremdvergleichspreis insgesamt mehr als 25 Prozent der Summe der Einzelpreise aller Wirtschaftsgüter und Vorteile des Transferpakets beträgt und dies unter Berücksichtigung der Auswirkungen der Funktionsverlagerung, die aus den Aufzeichnungen im Sinne des § 3 Abs. 2 Satz 2 hervorgehen, glaubhaft ist.

(6) ¹Eine Funktionsverlagerung im Sinne des Absatzes 2 liegt nicht vor, wenn es trotz Vorliegens der übrigen Voraussetzungen des Absatzes 2 Satz 1 innerhalb von fünf Jahren nach Aufnahme der Funktion durch das nahe stehende Unternehmen zu keiner Einschränkung der Ausübung der betreffenden Funktion durch das in Absatz 2 Satz 1 zuerst genannte Unternehmen kommt (Funktionsverdoppelung). ²Kommt es innerhalb dieser Frist zu einer solchen Einschränkung, liegt zum Zeitpunkt, in dem die Einschränkung eintritt, insgesamt eine einheitliche Funktionsverlagerung vor, es sei denn, der Steuerpflichtige macht glaubhaft, dass diese Einschränkung nicht in unmittelbarem wirtschaftlichen Zusammenhang mit der Funktionsverdoppelung steht.

(7) ¹Eine Funktionsverlagerung im Sinne des Absatzes 2 liegt ebenfalls nicht vor, wenn ausschließlich Wirtschaftsgüter veräußert oder zur Nutzung überlassen werden oder wenn nur Dienstleistungen erbracht werden, es sei denn, diese Geschäftsvorfälle sind Teil einer Funktionsverlagerung. ²Entsprechendes gilt, wenn Personal im Konzern entsandt wird, ohne dass eine Funktion mit übergeht, oder wenn der Vorgang zwischen voneinander unabhängigen Dritten nicht als Veräußerung oder Erwerb einer Funktion angesehen würde.

## § 2 Anwendung der Regelungen zum Transferpaket

(1) ¹In Fällen von Funktionsverlagerungen, in denen die Preisbestimmung für das Transferpaket als Ganzes auf Grund uneingeschränkt oder eingeschränkt vergleichbarer Vergleichswerte erfolgen kann, ist vorrangig § 1 Abs. 3 Satz 1 bis 4 des Außensteuergesetzes anzuwenden. ²Anderenfalls ist die Preisbestimmung für das Transferpaket entsprechend dem hypothetischen Fremdvergleich nach § 1 Abs. 3 Satz 5 und 6 des Außensteuergesetzes vorzunehmen. ³§ 1 Abs. 3 Satz 10 erste Alternative des Außensteuergesetzes bleibt unberührt.

(2) ¹Übt das übernehmende Unternehmen die übergehende Funktion ausschließlich gegenüber dem verlagernden Unternehmen aus und ist das Entgelt, das für die Ausübung der Funktion und die Erbringung der entsprechenden Leistungen anzusetzen ist, nach der Kostenaufschlagsmethode zu ermitteln, ist davon auszugehen, dass mit dem übergehenden Transferpaket keine wesentlichen immateriellen Wirtschaftsgüter und Vorteile übertragen werden, so dass § 1 Abs. 3 Satz 10 erste Alternative des Außensteuergesetzes anwendbar ist. ²Erbringt ein übernehmendes Unternehmen im Sinne des Satzes 1 die bisher ausschließlich gegenüber dem verlagernden Unternehmen erbrachten Leistungen eigenständig, ganz oder teilweise, gegenüber anderen Unternehmen zu Preisen, die höher sind als das Entgelt nach der Kostenaufschlagsmethode oder die entsprechend dem Fremdvergleichsgrundsatz höher anzusetzen sind, ist zum Zeitpunkt der erstmaligen Erbringung gegenüber den anderen Unternehmen für bisher unentgeltlich vom verlagernden Unternehmen für die Leistungserbringung zur Verfügung gestellte Wirtschaftsgüter und Vorteile ein Entgelt entsprechend § 3 zu verrechnen; die betreffenden Wirtschaftsgüter und Vorteile gelten als ein Transferpaket, soweit hierfür die sonstigen Voraussetzungen gegeben sind.

(3) ¹In Fällen, in denen nach § 1 Abs. 3 Satz 10 zweite Alternative des Außensteuergesetzes eine Verrechnungspreisermittlung für eine Funktionsverlagerung auf der Grundlage der Summe der Verrechnungspreise für die einzelnen betroffenen Wirtschaftsgüter und Vorteile anzuerkennen ist, sind sowohl der Einigungsbereich als auch der Wert für das Transferpaket als Ganzes nach § 1 Abs. 3 Satz 7 und 9 des Außensteuergesetzes zu ermitteln. ²Die Summe der Einzelverrechnungspreise für die Wirtschaftsgüter und Vorteile, die vollständig zu erfassen sind, darf nur angesetzt werden, wenn sie im Einigungsbereich liegt und der Steuerpflichtige glaubhaft macht, dass sie dem Fremdvergleichsgrundsatz entspricht.

## Abschnitt 2: Wert des Transferpakets und Ansatz der Verrechnungspreise für seine Bestandteile

### § 3 Wert des Transferpakets[1)]

(1) Ist in den Fällen des § 2 Abs. 1 Satz 2 der Wert für ein dem verlagernden Unternehmen zuzurechnendes Transferpaket als Ganzes zu bestimmen, muss dieser Wert, dem Fremdvergleichsgrundsatz im Sinne des § 1 Abs. 1 des Außensteuergesetzes entsprechend, aus der Sicht der beteiligten Unternehmen in Übereinstimmung mit den Gewinnen stehen, die zum Zeitpunkt der Verlagerung aus der Ausübung der Funktion erwartet werden können und der Funktion zuzuordnen sind (Gewinnpotenziale).

(2) ¹Die jeweiligen Gewinnpotenziale sind unter Berücksichtigung aller Umstände des Einzelfalles auf der Grundlage einer Funktionsanalyse vor und nach der Funktionsverlagerung unter Berücksichtigung tatsächlich bestehender Handlungsmöglichkeiten zu ermitteln und beinhalten auch Standortvorteile oder -nachteile und Synergieeffekte. ²Ausgangspunkt für die Berechnungen sind die Unterlagen, die Grundlage für die Unternehmensentscheidung waren, eine Funktionsverlagerung durchzuführen. ³Für die Berechnung der jeweiligen Gewinnpotenziale und des Einigungsbereichs (§ 7) sind die dem Maßstab des § 1 Absatz 3 des Außensteuergesetzes entsprechenden Gewinnerwartungen der beteiligten Unternehmen, angemessene Kapitalisierungszinssätze (§ 5) und ein von den Umständen der Funktionsausübung abhängiger Kapitalisierungszeitraum (§ 6) zu Grunde zu legen.

### § 4 Bestandteile des Transferpakets

(1) Werden für einzelne Teile des Transferpakets unterschiedliche Vereinbarungen getroffen oder sind solche Vereinbarungen dem Fremdvergleichsgrundsatz entsprechend anzunehmen, sind für alle Teile des Transferpakets Verrechnungspreise anzusetzen, die insgesamt dem nach § 3 Abs. 1 bestimmten Wert des Transferpakets als Ganzes entsprechen.

(2) Bestehen Zweifel, ob hinsichtlich des Transferpakets oder einzelner Teile eine Übertragung oder eine Nutzungsüberlassung anzunehmen ist, wird auf Antrag des Steuerpflichtigen von einer Nutzungsüberlassung ausgegangen.

(3) In den Fällen des § 1 Abs. 6, in denen sich nachträglich herausstellt, dass eine Funktionsverlagerung vorliegt, sind die Verrechnungspreise für die Geschäftsvorfälle, die dazu geführt haben, dass eine Funktionsverlagerung vorliegt, dem Fremdvergleichsgrundsatz entsprechend so anzusetzen, dass sie zusammen mit den ursprünglich bestimmten Verrechnungspreisen dem nach § 3 Abs. 1 bestimmten Wert des Transferpakets als Ganzes entsprechen.

### § 5 Kapitalisierungszinssatz

¹Zur Bestimmung des jeweils angemessenen Kapitalisierungszinssatzes ist unter Berücksichtigung der Steuerbelastung vom Zins für eine risikolose Investition auszugehen, auf den ein funktions- und risikoadäquater Zuschlag vorzunehmen ist. ²Die Laufzeit der vergleichbaren risikolosen Investition richtet sich danach, wie lange die übernommene Funktion voraussichtlich ausgeübt wird. ³Der Zuschlag ist so zu bemessen, dass er sowohl für das übernehmende als auch für das verlagernde Unternehmen die in vergleichbaren Fällen jeweils unternehmensübliche Risikobeurteilung berücksichtigt.

### § 6 Kapitalisierungszeitraum

Werden keine Gründe für einen bestimmten, von den Umständen der Funktionsausübung abhängigen Kapitalisierungszeitraum glaubhaft gemacht oder sind solche Gründe nicht ersichtlich, ist ein unbegrenzter Kapitalisierungszeitraum zu Grunde zu legen.

---

1) **Anm. d. Red.:** § 3 Abs. 2 i. d. F. des Gesetzes v. 26. 6. 2013 (BGBl I S. 1809) mit Wirkung v. 1. 1. 2013.

### § 7 Bestimmung des Einigungsbereichs

(1) ¹Für ein verlagerndes Unternehmen, das aus der Funktion Gewinne zu erwarten hat, ergibt sich die Untergrenze des Verhandlungsrahmens (Mindestpreis des Einigungsbereichs) im Sinne des § 1 Abs. 3 Satz 6 des Außensteuergesetzes aus dem Ausgleich für den Wegfall oder die Minderung des Gewinnpotenzials zuzüglich der gegebenenfalls anfallenden Schließungskosten. ²Tatsächlich bestehende Handlungsmöglichkeiten, die das verlagernde Unternehmen als vom übernehmenden Unternehmen unabhängiges Unternehmen hätte, sind zu berücksichtigen, ohne die unternehmerische Dispositionsbefugnis des verlagernden Unternehmens in Frage zu stellen.

(2) In Fällen, in denen das verlagernde Unternehmen aus rechtlichen, tatsächlichen oder wirtschaftlichen Gründen nicht mehr dazu in der Lage ist, die Funktion mit eigenen Mitteln selbst auszuüben, entspricht der Mindestpreis dem Liquidationswert.

(3) ¹Verlagert ein Unternehmen eine Funktion, aus der es dauerhaft Verluste zu erwarten hat, wird der Verhandlungsrahmen für das verlagernde Unternehmen durch die zu erwartenden Verluste oder die gegebenenfalls anfallenden Schließungskosten begrenzt; maßgeblich ist der niedrigere absolute Betrag. ²In solchen Fällen kann es dem Verhalten eines ordentlichen und gewissenhaften Geschäftsleiters entsprechen, zur Begrenzung von Verlusten ein Entgelt für die Funktionsverlagerung zu vereinbaren, das die anfallenden Schließungskosten nur teilweise deckt, oder eine Ausgleichszahlung an das übernehmende Unternehmen für die Übernahme der Verlustquelle zu leisten.

(4) ¹Das Gewinnpotenzial des übernehmenden Unternehmens aus der übernommenen Funktion ist regelmäßig die Obergrenze des Verhandlungsrahmens (Höchstpreis des Einigungsbereichs). ²Tatsächlich bestehende Handlungsmöglichkeiten, die das übernehmende Unternehmen als vom verlagernden Unternehmen unabhängiges Unternehmen hätte, sind zu berücksichtigen, ohne die unternehmerische Dispositionsbefugnis des übernehmenden Unternehmens in Frage zu stellen.

(5) Auch in den Fällen der Absätze 2 und 3, in denen der Mindestpreis des verlagernden Unternehmens bei Null oder darunter liegt, ist nach dem Fremdvergleichsgrundsatz zu prüfen, ob ein unabhängiger Dritter nach § 1 Abs. 3 Satz 9 in Verbindung mit § 1 Abs. 3 Satz 7 des Außensteuergesetzes bereit wäre, einen Preis für die Übernahme der Funktion zu bezahlen.

### § 8 Schadenersatz-, Entschädigungs- und Ausgleichsansprüche

¹Gesetzliche oder vertragliche Schadenersatz-, Entschädigungs- und Ausgleichsansprüche sowie Ansprüche, die voneinander unabhängigen Dritten zustünden, wenn ihre Handlungsmöglichkeiten vertraglich oder tatsächlich ausgeschlossen würden, können der Besteuerung einer Funktionsverlagerung zu Grunde gelegt werden, wenn der Steuerpflichtige glaubhaft macht, dass solche Dritte unter ähnlichen Umständen in vergleichbarer Art und Weise verfahren wären. ²Der Steuerpflichtige muss zusätzlich glaubhaft machen, dass keine wesentlichen immateriellen Wirtschaftsgüter und Vorteile übertragen oder zur Nutzung überlassen worden sind, es sei denn, die Übertragung oder Überlassung ist zwingende Folge von Ansprüchen im Sinne des Satzes 1.

## Abschnitt 3: Einzelheiten in Fällen nachträglicher Anpassungen

### § 9 Anpassungsregelung des Steuerpflichtigen

Eine Anpassungsregelung des Steuerpflichtigen, die nachträgliche Anpassungen im Sinne des § 1 Abs. 3 Satz 11 und 12 des Außensteuergesetzes ausschließt, liegt auch dann vor, wenn im Hinblick auf wesentliche immaterielle Wirtschaftsgüter und Vorteile Lizenzvereinbarungen getroffen werden, die die zu zahlende Lizenz vom Umsatz oder Gewinn des Lizenznehmers abhängig machen oder für die Höhe der Lizenz Umsatz und Gewinn berücksichtigen.

## § 10 Erhebliche Abweichung

[1]In den Fällen des § 1 Abs. 3 Satz 12 des Außensteuergesetzes liegt eine erhebliche Abweichung vor, wenn der unter Zugrundelegung der tatsächlichen Gewinnentwicklung zutreffende Verrechnungspreis außerhalb des ursprünglichen Einigungsbereichs liegt. [2]Der neue Einigungsbereich wird durch den ursprünglichen Mindestpreis und den neu ermittelten Höchstpreis des übernehmenden Unternehmens begrenzt. [3]Eine erhebliche Abweichung liegt auch vor, wenn der neu ermittelte Höchstpreis niedriger ist als der ursprüngliche Mindestpreis des verlagernden Unternehmens.

## § 11 Angemessene Anpassung

Eine Anpassung im Sinne des § 1 Abs. 3 Satz 12 des Außensteuergesetzes ist angemessen, wenn sie in den Fällen des § 10 Satz 1 dem Unterschiedsbetrag zwischen dem ursprünglichen und dem neu ermittelten Verrechnungspreis entspricht, oder wenn sie in den Fällen des § 10 Satz 3 dem Unterschiedsbetrag zwischen dem ursprünglichen Verrechnungspreis und dem Mittelwert zwischen dem neuen Höchstpreis des übernehmenden Unternehmens und dem ursprünglichen Mindestpreis des verlagernden Unternehmens entspricht.

## Abschnitt 4: Schlussvorschriften

### § 12 Anwendungsvorschrift

Diese Verordnung ist erstmals für den Veranlagungszeitraum 2008 anzuwenden.

### § 13 Inkrafttreten

Diese Verordnung tritt mit Wirkung vom 1. Januar 2008 in Kraft.

# XX. Investmentsteuergesetz (InvStG)
## v. 15.12.2003 (BGBl I S. 2676, 2724) mit späteren Änderungen

Das Investmentsteuergesetz (InvStG) ist als Art. 2 Gesetz zur Modernisierung des Investmentwesens und zur Besteuerung von Investmentvermögen (Investmentmodernisierungsgesetz) v. 15.12.2003 (BGBl I S. 2676, 2724) verkündet worden und am 1.1.2004 in Kraft getreten. — Die hier wiedergegebene (nichtamtliche) Fassung berücksichtigt die Änderungen des InvStG durch Art. 12 Gesetz zur Umsetzung von EU-Richtlinien in nationales Steuerrecht und zur Änderung weiterer Vorschriften (Richtlinien-Umsetzungsgesetz – EURLUmsG) v. 9.12.2004 (BGBl I S. 3310, ber. I S. 3843); Art. 4 Abs. 26 Gesetz zur Neuorganisation der Bundesfinanzverwaltung und zur Schaffung eines Refinanzierungsregisters v. 22.9.2005 (BGBl I S. 2809); Art. 13 Jahressteuergesetz 2007 (JStG 2007) v. 13.12.2006 (BGBl I S. 2878); Art. 5 Gesetz zur Schaffung deutscher Immobilien-Aktiengesellschaften mit börsennotierten Anteilen v. 28.5.2007 (BGBl I S. 914); Art. 2a Achtes Gesetz zur Änderung des Versicherungsaufsichtsgesetzes sowie zur Änderung des Finanzdienstleistungsaufsichtsgesetzes und anderer Vorschriften v. 28.5.2007 (BGBl I S. 923); Art. 8 Unternehmensteuerreformgesetz 2008 v. 14.8.2007 (BGBl I S. 1912); Art. 23 Jahressteuergesetz 2008 (JStG 2008) v. 20.12.2007 (BGBl I S. 3150); Art. 14 Jahressteuergesetz 2009 (JStG 2009) v. 19.12.2008 (BGBl I S. 2794); Art. 4 Gesetz zur steuerlichen Förderung der Mitarbeiterkapitalbeteiligung (Mitarbeiterkapitalbeteiligungsgesetz) v. 7.3.2009 (BGBl I S. 451); Art. 9 Gesetz zur verbesserten steuerlichen Berücksichtigung von Vorsorgeaufwendungen (Bürgerentlastungsgesetz Krankenversicherung) v. 16.7.2009 (BGBl I S. 1959); Art. 6 Jahressteuergesetz 2010 (JStG 2010) v. 8.12.2010 (BGBl I S. 1768); Art. 9 Gesetz zur Umsetzung der Richtlinie 2009/65/EG zur Koordinierung der Rechts- und Verwaltungsvorschriften betreffend bestimmte Organismen für gemeinsame Anlagen in Wertpapieren (OGAW-IV-Umsetzungsgesetz – OGAW-IV-UmsG) v. 22.6.2011 (BGBl I S. 1126); Art. 22 Gesetz zur Umsetzung der Beitreibungsrichtlinie sowie zur Änderung steuerlicher Vorschriften (Beitreibungsrichtlinie-Umsetzungsgesetz – BeitrRLUmsG) v. 7.12.2011 (BGBl I S. 2592); Art. 2 Abs. 56 Gesetz zur Änderung von Vorschriften über Verkündung und Bekanntmachungen sowie der Zivilprozessordnung, des Gesetzes betreffend die Einführung der Zivilprozessordnung und der Abgabenordnung v. 22.12.2011 (BGBl I S. 3044); Art. 2 Gesetz zur Umsetzung des EuGH-Urteils vom 20. Oktober 2011 in der Rechtssache C-284/09 v. 21.3.2013 (BGBl I S. 561); Art. 8 Gesetz zur Umsetzung der Amtshilferichtlinie sowie zur Änderung steuerlicher Vorschriften (Amtshilferichtlinie-Umsetzungsgesetz – AmtshilfeRLUmsG) v. 26.6.2013 (BGBl I S. 1809); Art. 1 Gesetz zur Anpassung des Investmentsteuergesetzes und anderer Gesetze an das AIFM-Umsetzungsgesetz (AIFM-Steuer-Anpassungsgesetz – AIFM-StAnpG) v. 18.12.2013 (BGBl I S. 4318); Art. 13 Gesetz zur Anpassung des nationalen Steuerrechts an den Beitritt Kroatiens zur EU und zur Änderung weiterer steuerlicher Vorschriften v. 25.7.2014 (BGBl I S. 1266). — Zur Anwendung siehe §§ 21 bis 23.

## Nichtamtliche Fassung
### Inhaltsübersicht

**Abschnitt 1:**
**Gemeinsame Regelungen für inländische und ausländische Investmentfonds**

§ 1 Anwendungsbereich und Begriffsbestimmungen
§ 2 Erträge aus Investmentanteilen
§ 3 Ermittlung der Erträge
§ 3a Ausschüttungsreihenfolge
§ 4 Ausländische Einkünfte
§ 5 Besteuerungsgrundlagen
§ 6 Besteuerung bei fehlender Bekanntmachung
§ 7 Kapitalertragsteuer
§ 8 Veräußerung von Investmentanteilen; Vermögensminderung
§ 9 Ertragsausgleich
§ 10 Dach-Investmentfonds

**Abschnitt 2:**
**Regelungen nur für inländische Investmentfonds**

§ 11 Steuerbefreiung und Außenprüfung

§ 12 Ausschüttungsbeschluss
§ 13 Gesonderte Feststellung der Besteuerungsgrundlagen
§ 14 Verschmelzung von Investmentfonds und Teilen von Investmentfonds
§ 15 Inländische Spezial-Investmentfonds
§ 15a Offene Investmentkommanditgesellschaft

**Abschnitt 3:**
**Regelungen nur für ausländische Investmentfonds**

§ 16 Ausländische Spezial-Investmentfonds
§ 17 Repräsentant
§ 17a Auswirkungen der Verschmelzung von ausländischen Investmentfonds und Teilen eines solchen Investmentfonds auf einen anderen ausländischen Investmentfonds oder Teile eines solchen Investmentfonds

## § 1 XX. Investmentsteuergesetz

**Abschnitt 4:**
**Gemeinsame Vorschriften für inländische und ausländische Investitionsgesellschaften**
§ 18 Personen-Investitionsgesellschaften
§ 19 Kapital-Investitionsgesellschaften
§ 20 Umwandlung einer Investitionsgesellschaft in einen Investmentfonds

**Abschnitt 5:**
**Anwendungs- und Übergangsvorschriften**
§ 21 Anwendungsvorschriften vor Inkrafttreten des AIFM-Steuer-Anpassungsgesetzes
§ 22 Anwendungsvorschriften zum AIFM-Steuer-Anpassungsgesetz
§ 23 Übergangsvorschriften

## Abschnitt 1: Gemeinsame Regelungen für inländische und ausländische Investmentfonds[1)]

### § 1 Anwendungsbereich und Begriffsbestimmungen[2)3)]

(1) [1]Dieses Gesetz ist anzuwenden auf Organismen für gemeinsame Anlagen in Wertpapieren (OGAW) im Sinne des § 1 Absatz 2 des Kapitalanlagegesetzbuchs und Alternative Investmentfonds (AIF) im Sinne des § 1 Absatz 3 des Kapitalanlagegesetzbuchs sowie auf Anteile an OGAW oder AIF. [2]Teilsondervermögen im Sinne des § 96 Absatz 2 Satz 1 des Kapitalanlagegesetzbuchs, Teilgesellschaftsvermögen im Sinne des § 117 oder des § 132 des Kapitalanlagegesetzbuchs oder vergleichbare rechtlich getrennte Einheiten eines ausländischen OGAW oder AIF (Teilfonds) gelten für die Zwecke dieses Gesetzes selbst als OGAW oder AIF.

(1a) Dieses Gesetz ist nicht anzuwenden auf
1. Gesellschaften, Einrichtungen oder Organisationen, für die nach § 2 Absatz 1 und 2 des Kapitalanlagegesetzbuchs das Kapitalanlagegesetzbuch nicht anwendbar ist,
2. Unternehmensbeteiligungsgesellschaften im Sinne des § 1a Absatz 1 des Gesetzes über Unternehmensbeteiligungsgesellschaften und
3. Kapitalbeteiligungsgesellschaften, die im öffentlichen Interesse mit Eigenmitteln oder mit staatlicher Hilfe Beteiligungen erwerben.

(1b) [1]Die Abschnitte 1 bis 3 und 5 sind auf Investmentfonds und Anteile an Investmentfonds anzuwenden. [2]Ein Investmentfonds ist ein OGAW oder ein AIF, der die folgenden Anlagebestimmungen erfüllt:
1. [1]Der OGAW, der AIF oder der Verwalter des AIF ist in seinem Sitzstaat einer Aufsicht über Vermögen zur gemeinschaftlichen Kapitalanlage unterstellt. [2]Diese Bestimmung gilt in den Fällen des § 2 Absatz 3 des Kapitalanlagegesetzbuchs als erfüllt.
2. [1]Die Anleger können mindestens einmal pro Jahr das Recht zur Rückgabe oder Kündigung ihrer Anteile, Aktien oder Beteiligung ausüben. [2]Dies gilt als erfüllt, wenn der OGAW oder der AIF an einer Börse im Sinne des § 2 Absatz 1 des Börsengesetzes oder einer vergleichbaren ausländischen Börse gehandelt wird.
3. [1]Der objektive Geschäftszweck ist auf die Anlage und Verwaltung seiner Mittel für gemeinschaftliche Rechnung der Anteils- oder Aktieninhaber beschränkt und eine aktive unternehmerische Bewirtschaftung der Vermögensgegenstände ist ausgeschlossen. [2]Eine aktive unternehmerische Bewirtschaftung ist bei Beteiligungen an Immobilien-Gesellschaften im Sinne des § 1 Absatz 19 Nummer 22 des Kapitalanlagegesetzbuchs nicht schädlich.
4. [1]Das Vermögen wird nach dem Grundsatz der Risikomischung angelegt. [2]Eine Risikomischung liegt regelmäßig vor, wenn das Vermögen in mehr als drei Vermögensgegenständen mit unterschiedlichen Anlagerisiken angelegt ist. [3]Der Grundsatz der Risikomischung gilt

---

1) **Anm. d. Red.:** Abschnittsüberschrift i. d. F. des Gesetzes v. 18.12.2013 (BGBl I S. 4318) mit Wirkung v. 24.12.2013.

2) **Anm. d. Red.:** § 1 i. d. F. des Gesetzes v. 18.12.2013 (BGBl I S. 4318) mit Wirkung v. 24.12.2013.

3) **Anm. d. Red.:** Zur Anwendung des § 1 siehe § 21 Abs. 12 Sätze 1 und 2, Abs. 14, 20 Satz 1 und § 22 Abs. 2.

als gewahrt, wenn der OGAW oder der AIF in nicht nur unerheblichem Umfang Anteile an einem oder mehreren anderen Vermögen hält und diese anderen Vermögen unmittelbar oder mittelbar nach dem Grundsatz der Risikomischung angelegt sind.
5. Die Vermögensanlage erfolgt zu mindestens 90 Prozent des Wertes des OGAW oder des AIF in die folgenden Vermögensgegenstände:
   a) Wertpapiere,
   b) Geldmarktinstrumente,
   c) Derivate,
   d) Bankguthaben,
   e) Grundstücke, grundstücksgleiche Rechte und vergleichbare Rechte nach dem Recht anderer Staaten,
   f) Beteiligungen an Immobilien-Gesellschaften im Sinne des § 1 Absatz 19 Nummer 22 des Kapitalanlagegesetzbuchs,
   g) Betriebsvorrichtungen und andere Bewirtschaftungsgegenstände im Sinne des § 231 Absatz 3 des Kapitalanlagegesetzbuchs,
   h) Anteile oder Aktien an inländischen und ausländischen Investmentfonds,
   i) Beteiligungen an ÖPP-Projektgesellschaften im Sinne des § 1 Absatz 19 Nummer 28 des Kapitalanlagegesetzbuchs, wenn der Verkehrswert dieser Beteiligungen ermittelt werden kann und
   j) Edelmetalle, unverbriefte Darlehensforderungen und Beteiligungen an Kapitalgesellschaften, wenn der Verkehrswert dieser Beteiligungen ermittelt werden kann.
6. ¹Höchstens 20 Prozent seines Wertes werden in Beteiligungen an Kapitalgesellschaften investiert, die weder zum Handel an einer Börse zugelassen noch in einem anderen organisierten Markt zugelassen oder in diesen einbezogen sind. ²OGAW oder AIF, die nach ihren Anlagebedingungen das bei ihnen eingelegte Geld in Immobilien anlegen, dürfen bis zu 100 Prozent ihres Wertes in Immobilien-Gesellschaften investieren. ³Innerhalb der Grenzen des Satzes 1 dürfen auch Unternehmensbeteiligungen gehalten werden, die vor dem 28. November 2013 erworben wurden.
7. ¹Die Höhe der Beteiligung an einer Kapitalgesellschaft liegt unter 10 Prozent des Kapitals der Kapitalgesellschaft. ²Dies gilt nicht für Beteiligungen eines OGAW oder eines AIF an
   a) Immobilien-Gesellschaften,
   b) ÖPP-Projektgesellschaften und
   c) Gesellschaften, deren Unternehmensgegenstand auf die Erzeugung erneuerbarer Energien im Sinne des § 3 Nummer 3 des Gesetzes über den Vorrang erneuerbarer Energien gerichtet ist.
8. ¹Ein Kredit darf nur kurzfristig und nur bis zur Höhe von 30 Prozent des Wertes des OGAW oder des AIF aufgenommen werden. ²AIF, die nach den Anlagebedingungen das bei ihnen eingelegte Geld in Immobilien anlegen, dürfen kurzfristige Kredite bis zu einer Höhe von 30 Prozent des Wertes des Investmentfonds und im Übrigen Kredite bis zu einer Höhe von 50 Prozent des Verkehrswertes der im AIF unmittelbar oder mittelbar gehaltenen Immobilien aufnehmen.
9. Die vorstehenden Anlagebestimmungen oder die für OGAW geltenden Anlagebestimmungen des Kapitalanlagegesetzbuchs gehen aus seinen Anlagebedingungen hervor.

(1c) ¹OGAW und AIF, die nicht die Voraussetzungen der Absätze 1b und 1f erfüllen, sind Investitionsgesellschaften. ²Auf Investitionsgesellschaften sind die Absätze 1, 1a und 2 sowie die Abschnitte 4 und 5 anzuwenden.

(1d) ¹Ändert ein Investmentfonds seine Anlagebedingungen in der Weise ab, dass die Anlagebestimmungen des Absatzes 1b nicht mehr erfüllt sind, oder liegt in der Anlagepraxis ein wesentlicher Verstoß gegen die Anlagebestimmungen des Absatzes 1b vor, so hat bei inländischen

Investmentfonds das nach § 13 Absatz 5 zuständige Finanzamt und bei ausländischen Investmentfonds das Bundeszentralamt für Steuern das Fehlen der Anlagebestimmungen festzustellen. ²Die §§ 164, 165 und 172 bis 175a der Abgabenordnung sind auf die Feststellung nicht anzuwenden. ³Nach Ablauf des Geschäftsjahres des Investmentfonds, in dem der Feststellungsbescheid unanfechtbar geworden ist, gilt der Investmentfonds für einen Zeitraum von mindestens drei Jahren als Investitionsgesellschaft. ⁴Unanfechtbare Feststellungsbescheide sind vom zuständigen Finanzamt dem Bundeszentralamt für Steuern mitzuteilen. ⁵Das Bundeszentralamt für Steuern hat die Bezeichnung des Investmentfonds, die Wertpapieridentifikationsnummer ISIN, soweit sie erteilt wurde, und den Zeitpunkt, ab dem der Investmentfonds als Investitionsgesellschaft gilt, im Bundesanzeiger zu veröffentlichen.

(1e) Bei einer Überschreitung der zulässigen Beteiligungshöhe an Kapitalgesellschaften nach Absatz 1b Nummer 7 sind für den Investmentfonds oder für dessen Anleger keine Besteuerungsregelungen anzuwenden, die eine über dieser Grenze liegende Beteiligungshöhe voraussetzen.

(1f) Inländische Investmentfonds können gebildet werden

1. in Form eines Sondervermögens im Sinne des § 1 Absatz 10 des Kapitalanlagegesetzbuchs, das von einer

    a) externen Kapitalverwaltungsgesellschaft im Sinne des § 17 Absatz 2 Nummer 1 des Kapitalanlagegesetzbuchs verwaltet wird,

    b) inländischen Zweigniederlassung einer EU-Verwaltungsgesellschaft im Sinne des § 1 Absatz 17 des Kapitalanlagegesetzbuchs verwaltet wird oder

    c) EU-Verwaltungsgesellschaft im Sinne des § 1 Absatz 17 Nummer 1 des Kapitalanlagegesetzbuchs mittels der grenzüberschreitenden Dienstleistung verwaltet wird,

2. in Form einer Investmentaktiengesellschaft mit veränderlichem Kapital im Sinne des Kapitels 1 Abschnitt 4 Unterabschnitt 3 des Kapitalanlagegesetzbuchs oder

3. in Form einer offenen Investmentkommanditgesellschaft im Sinne des Kapitels 1 Abschnitt 4 Unterabschnitt 4 des Kapitalanlagegesetzbuchs, die nach ihrem Gesellschaftsvertrag nicht mehr als 100 Anleger hat, die nicht natürliche Personen sind und deren Gesellschaftszweck unmittelbar und ausschließlich der Abdeckung von betrieblichen Altersvorsorgeverpflichtungen dient. ²Die Voraussetzungen des Satzes 1 gelten nicht als erfüllt, wenn der Wert der Anteile, die ein Anleger erwirbt, den Wert der betrieblichen Altersvorsorgeverpflichtung übersteigt. ³Die Anleger haben schriftlich nach amtlichem Muster gegenüber der offenen Investmentkommanditgesellschaft zu bestätigen, dass sie ihren Anteil unmittelbar und ausschließlich zur Abdeckung von betrieblichen Altersvorsorgeverpflichtungen halten.

(1g) ¹Für die Anwendung der Abschnitte 1 bis 3 und 5 zählt ein EU-Investmentfonds der Vertragsform, der von einer externen Kapitalverwaltungsgesellschaft im Sinne des § 17 Absatz 2 Nummer 1 des Kapitalanlagegesetzbuchs oder einer inländischen Zweigniederlassung einer EU-Verwaltungsgesellschaft im Sinne des § 1 Absatz 17 des Kapitalanlagegesetzbuchs verwaltet wird, zu den ausländischen Investmentfonds. ²Ist nach dem Recht des Herkunftsstaates eines Investmentfonds nach Satz 1 auf Grund des Sitzes der Kapitalverwaltungsgesellschaft im Inland oder der inländischen Zweigniederlassung der EU-Verwaltungsgesellschaft die Bundesrepublik Deutschland dazu berufen, die Besteuerung des Investmentfonds umfassend zu regeln, so gilt dieser Investmentfonds für die Anwendung dieses Gesetzes abweichend von Satz 1 als inländischer Investmentfonds. ³Anteile an einem Investmentfonds nach Satz 2 gelten als Anteile an einem inländischen Investmentfonds. ⁴Anteile an einem Investmentfonds nach Satz 1 zählen zu den ausländischen Anteilen.

(2) ¹Die Begriffsbestimmungen des Kapitalanlagegesetzbuchs gelten entsprechend, soweit sich keine abweichende Begriffsbestimmung aus diesem Gesetz ergibt. ²Anleger sind die Inhaber von Anteilen an Investmentfonds und Investitionsgesellschaften, unabhängig von deren rechtlicher Ausgestaltung. ³Inländische Investmentfonds oder inländische Investitionsgesellschaften sind OGAW oder AIF, die dem inländischen Aufsichtsrecht unterliegen. ⁴EU-Investmentfonds und EU-Investitionsgesellschaften sind OGAW oder AIF, die dem Aufsichtsrecht eines an-

deren Mitgliedstaates der Europäischen Union oder eines anderen Vertragsstaates des Abkommens über den Europäischen Wirtschaftsraum unterliegen. ⁵Ausländische Investmentfonds und ausländische Investitionsgesellschaften sind EU-Investmentfonds oder EU-Investitionsgesellschaften oder AIF, die dem Recht eines Drittstaates unterliegen. ⁶Als Anlagebedingungen im Sinne dieses Gesetzes gelten auch die Satzung, der Gesellschaftsvertrag oder vergleichbare konstituierende Dokumente eines OGAW oder eines AIF.

(2a) ¹Inländische Investmentfonds sind zugleich inländische Investmentgesellschaften im Sinne dieses Gesetzes. ²Ausländische Investmentfonds sind zugleich ausländische Investmentgesellschaften im Sinne dieses Gesetzes. ³Inländische Investmentfonds werden bei der Geltendmachung von Rechten und der Erfüllung von Pflichten wie folgt vertreten:

1. bei Sondervermögen nach Absatz 1f Nummer 1
   a) Buchstabe a durch die Kapitalverwaltungsgesellschaft,
   b) Buchstabe b durch die inländische Zweigniederlassung der EU-Verwaltungsgesellschaft,
   c) Buchstabe c durch die inländische Verwahrstelle im Sinne des § 68 Absatz 3 des Kapitalanlagegesetzbuchs, wenn es sich um inländische OGAW handelt, oder durch die inländische Verwahrstelle im Sinne des § 80 Absatz 6 des Kapitalanlagegesetzbuchs, wenn es sich um inländische AIF handelt, und
2. bei Gesellschaften nach Absatz 1g durch die Kapitalverwaltungsgesellschaft.

⁴Während der Abwicklung eines inländischen Investmentfonds tritt die inländische Verwahrstelle für die Anwendung des Satzes 2 an die Stelle der Kapitalverwaltungsgesellschaft.

(3) ¹Ausschüttungen sind die dem Anleger tatsächlich gezahlten oder gutgeschriebenen Beträge einschließlich der einbehaltenen Kapitalertragsteuer. ²Ausgeschüttete Erträge sind die von einem Investmentfonds zur Ausschüttung verwendeten Kapitalerträge, Erträge aus der Vermietung und Verpachtung von Grundstücken und grundstücksgleichen Rechten, sonstige Erträge und Gewinne aus Veräußerungsgeschäften. ³Ausschüttungsgleiche Erträge sind die von einem Investmentfonds nach Abzug der abziehbaren Werbungskosten nicht zur Ausschüttung verwendeten

1. Kapitalerträge mit Ausnahme der Erträge aus Stillhalterprämien im Sinne des § 20 Abs. 1 Nr. 11 des Einkommensteuergesetzes, der Gewinne im Sinne des § 20 Abs. 2 Satz 1 Nr. 1 des Einkommensteuergesetzes, der Gewinne im Sinne des § 20 Abs. 2 Satz 1 Nr. 3 des Einkommensteuergesetzes und der Gewinne im Sinne des § 20 Abs. 2 Satz 1 Nr. 7 des Einkommensteuergesetzes, soweit sie nicht auf vereinnahmte Stückzinsen entfallen und wenn es sich um sonstige Kapitalforderungen handelt,
   a) die eine Emissionsrendite haben,
   b) bei denen das Entgelt für die Kapitalüberlassung ausschließlich nach einem festen oder variablen Bruchteil des Kapitals bemessen und die Rückzahlung des Kapitals in derselben Höhe zugesagt oder gewährt wird, in der es überlassen wurde. ²Ein Emissionsdisagio oder Emissionsdiskont zur Feinabstimmung des Zinses bleibt dabei unberücksichtigt,
   c) bei denen weder eine auch nur teilweise Rückzahlung des Kapitalvermögens noch ein gesondertes Entgelt für die Überlassung des Kapitalvermögens zur Nutzung zugesagt oder gewährt wird und die Rückzahlung des Kapitals sich nach der Wertentwicklung einer einzelnen Aktie oder eines veröffentlichten Index für eine Mehrzahl von Aktien richtet und diese Wertentwicklung in gleichem Umfang nachgebildet wird,
   d) die solche im Sinne des Buchstaben b sind, bei denen der Inhaber neben der festen Verzinsung ein Recht auf Umtausch in Gesellschaftsanteile hat, oder bei denen der Inhaber zusätzlich bei Endfälligkeit das Wahlrecht besitzt, vom Emittenten entweder die Kapitalrückzahlung oder die Lieferung einer vorher festgelegten Anzahl von Aktien eines Unternehmens zu verlangen, oder bei denen der Emittent zusätzlich das Recht besitzt, bei Fälligkeit dem Inhaber an Stelle der Rückzahlung des Nominalbetrags eine vorher festgelegte Anzahl von Aktien anzudienen,

e) die Gewinnobligationen oder Genussrechte im Sinne des § 43 Abs. 1 Satz 1 Nr. 2 des Einkommensteuergesetzes sind,

f) bei denen die Anschaffungskosten teilweise auf abtrennbare Optionsscheine und eine separat handelbare Anleihe entfallen,

2. Erträge aus der Vermietung und Verpachtung von Grundstücken und grundstücksgleichen Rechten, sonstige Erträge und Gewinne aus privaten Veräußerungsgeschäften im Sinne des § 23 Abs. 1 Satz 1 Nr. 1, Abs. 2 und 3 des Einkommensteuergesetzes.

⁴Zu den ausgeschütteten und ausschüttungsgleichen Erträgen im Sinne der Sätze 2 und 3 gehören auch nach § 3 Abs. 2 Satz 1 Nr. 2 abgegrenzte Erträge. ⁵Fasst die Investmentgesellschaft nicht spätestens vier Monate nach Ablauf des Geschäftsjahres einen Beschluss über die Verwendung der Erträge des abgelaufenen Geschäftsjahres, gelten diese als nicht zur Ausschüttung verwendet.

(4) Zwischengewinn ist das Entgelt für die dem Anleger noch nicht zugeflossenen oder als zugeflossen geltenden

1. Einnahmen des Investmentfonds im Sinne des § 20 Abs. 1 Nr. 7 und des Abs. 2 Satz 1 Nr. 2 Buchstabe b sowie des § 20 Abs. 2 Satz 1 Nr. 7 des Einkommensteuergesetzes, soweit sie zu den ausschüttungsgleichen Erträgen im Sinne des Absatzes 3 Satz 3 gehören, sowie für die angewachsenen Ansprüche des Investmentfonds auf derartige Einnahmen; die Ansprüche sind auf der Grundlage des § 20 Abs. 2 des Einkommensteuergesetzes zu bewerten;

2. Einnahmen aus Anteilen an anderen Investmentfonds, soweit darin Erträge des anderen Investmentfonds im Sinne des § 20 Abs. 1 Nr. 7 und des Abs. 2 Satz 1 Nr. 2 Buchstabe b sowie des § 20 Abs. 2 Satz 1 Nr. 7 des Einkommensteuergesetzes, soweit sie zu den ausschüttungsgleichen Erträgen im Sinne des Absatzes 3 Satz 3 gehören, enthalten sind;

3. Zwischengewinne des Investmentfonds;

4. zum Zeitpunkt der Rückgabe oder Veräußerung des Investmentanteils veröffentlichte Zwischengewinne oder stattdessen anzusetzende Werte für Anteile an anderen Investmentfonds, die der Investmentfonds hält.

## § 2 Erträge aus Investmentanteilen[1)2)]

(1) ¹Die auf Investmentanteile ausgeschütteten sowie die ausschüttungsgleichen Erträge und der Zwischengewinn gehören zu den Einkünften aus Kapitalvermögen im Sinne des § 20 Abs. 1 Nr. 1 des Einkommensteuergesetzes, wenn sie nicht Betriebseinnahmen des Anlegers, Leistungen nach § 22 Nr. 1 Satz 3 Buchstabe a Doppelbuchstabe aa des Einkommensteuergesetzes in Verbindung mit § 10 Abs. 1 Nr. 2 Buchstabe b des Einkommensteuergesetzes oder Leistungen im Sinne des § 22 Nr. 5 des Einkommensteuergesetzes sind; § 3 Nr. 40 des Einkommensteuergesetzes und § 8b Abs. 1 des Körperschaftsteuergesetzes sind außer in den Fällen des Absatzes 2 nicht anzuwenden. ²Die ausschüttungsgleichen Erträge gelten außer in den Fällen des § 22 Nr. 1 Satz 3 Buchstabe a Doppelbuchstabe aa des Einkommensteuergesetzes oder des § 10 Abs. 1 Nr. 2 Buchstabe b des Einkommensteuergesetzes oder des § 22 Nr. 5 des Einkommensteuergesetzes mit dem Ablauf des Geschäftsjahres, in dem sie vereinnahmt worden sind, als zugeflossen. ³Bei Teilausschüttung der in § 1 Abs. 3 genannten Erträge sind die ausschüttungsgleichen Erträge dem Anleger im Zeitpunkt der Teilausschüttung zuzurechnen. ⁴Reicht im Falle der Teilausschüttung die Ausschüttung nicht aus, um die Kapitalertragsteuer gemäß § 7 Absatz 1 bis 3 einschließlich der bundes- oder landesgesetzlich geregelten Zuschlagsteuern zur Kapitalertragsteuer (Steuerabzugsbeträge) einzubehalten, gilt auch die Teilausschüttung dem Anleger

---

1) **Anm. d. Red.:** § 2 Abs. 1 bis 1c, 2a und 5 i. d. F. des Gesetzes v. 18. 12. 2013 (BGBl I S. 4318) mit Wirkung v. 24. 12. 2013; Abs. 2 i. d. F. des Gesetzes v. 21. 3. 2013 (BGBl I S. 561) mit Wirkung v. 29. 3. 2013; Abs. 3 i. d. F. des Gesetzes v. 14. 8. 2007 (BGBl I S. 1912) mit Wirkung v. 18. 8. 2007.

2) **Anm. d. Red.:** Zur Anwendung des § 2 siehe § 21 Abs. 1 Satz 2, Abs. 5 Satz 1, Abs. 6, 20 Satz 2, Abs. 22 Satz 1 und § 23 Abs. 1 Satz 1.

mit dem Ablauf des Geschäftsjahres, in dem die Erträge gemäß § 3 Absatz 1 vom Investmentfonds erzielt worden sind, als zugeflossen und für den Steuerabzug als ausschüttungsgleicher Ertrag. ⁵Der Zwischengewinn gilt als in den Einnahmen aus der Rückgabe oder Veräußerung des Investmentanteils enthalten.

(1a) ¹Erwirbt ein Anleger einen Anteil an einem ausschüttenden Investmentfonds unter Einschluss des Rechts zum Bezug der Ausschüttung, erhält er ihn aber ohne dieses Recht, so gelten die Einnahmen anstelle der Ausschüttung als vom Investmentfonds an den Anleger ausgeschüttet. ²Hat der Investmentfonds auf den erworbenen Anteil eine Teilausschüttung im Sinne des Absatzes 1 Satz 3 geleistet, sind dem Anleger neben den Einnahmen anstelle der Ausschüttung auch Beträge in Höhe der ausschüttungsgleichen Erträge zuzurechnen. ³Die Bekanntmachungen nach § 5 gelten auch für diese Einnahmen und Beträge. ⁴Für die Anwendung dieses Gesetzes stehen die Einnahmen anstelle der Ausschüttung auf den Investmentanteil und die Beträge nach Satz 2 den ausschüttungsgleichen Erträgen gleich. ⁵Die auszahlende Stelle nach § 7 Absatz 1 oder der Entrichtungspflichtige nach § 7 Absatz 3a und 3c hat die Einnahmen nach Satz 1 vom Veräußerer des Anteils einzuziehen.

(1b) ¹Erwirbt ein Anleger einen Anteil an einem inländischen thesaurierenden Investmentfonds im Laufe des Geschäftsjahres, erhält er ihn aber nach Ablauf des Geschäftsjahres, so gilt dem Anleger ein Betrag zum Ende des Geschäftsjahres als zugeflossen, der in Höhe und Zusammensetzung den ausschüttungsgleichen Erträgen entspricht. ²Leistet der Investmentfonds auf den erworbenen Anteil eine Teilausschüttung im Sinne des Absatzes 1 Satz 4, ist der Betrag nach Satz 1 um diese Teilausschüttung zu erhöhen. ³Die Bekanntmachungen nach § 5 gelten auch für den Betrag nach Satz 1 und Teilausschüttungen. ⁴Für die Anwendung dieses Gesetzes stehen die Beträge nach Satz 1 den ausschüttungsgleichen Erträgen und etwaige Einnahmen anstelle der Teilausschüttung nach Satz 2 der Ausschüttung auf den Investmentanteil gleich. ⁵Der Entrichtungspflichtige nach § 7 Absatz 3b, 3d und 4 hat die Steuerabzugsbeträge und eine etwaige Erhöhung nach Satz 2 vom Veräußerer des Anteils einzuziehen.

(1c) Die Investmentgesellschaft hat in Abstimmung mit der Verwahrstelle dafür Sorge zu tragen, dass durch Anteilsrückgaben, die vor dem Tag verlangt oder vereinbart werden, an dem der Nettoinventarwert des Investmentfonds um die von der auszahlenden Stelle oder dem Entrichtungspflichtigen zu erhebenden Steuerabzugsbeträge vermindert wird, und die nach diesem Tag erfüllt werden, nicht von einem zu niedrigen Umfang des Investmentfonds ausgegangen wird und Ausschüttungen an die Anleger oder als Steuerabzugsbeträge zur Verfügung zu stellende Beträge nur in dem Umfang den Investmentfonds belasten, der den Berechnungen der Investmentgesellschaft entspricht.

(2) ¹Soweit ausgeschüttete und ausschüttungsgleiche inländische und ausländische Erträge solche im Sinne des § 43 Absatz 1 Satz 1 Nummer 1, 1a und 6 sowie Satz 2 des Einkommensteuergesetzes enthalten, sind § 3 Nummer 40 des Einkommensteuergesetzes sowie § 19 des REIT-Gesetzes vom 28. Mai 2007 (BGBl I S. 914) anzuwenden. ²Soweit ausgeschüttete inländische und ausländische Erträge solche im Sinne des § 43 Absatz 1 Satz 1 Nummer 9 sowie Satz 2 des Einkommensteuergesetzes enthalten, sind § 3 Nummer 40 des Einkommensteuergesetzes, § 8b des Körperschaftsteuergesetzes sowie § 19 des REIT-Gesetzes anzuwenden. ³§ 15 Absatz 1a und § 16 Satz 3 bleiben unberührt.

(2a) Ausgeschüttete oder ausschüttungsgleiche Erträge des Investmentfonds, die aus Zinserträgen im Sinne des § 4h Abs. 3 Satz 3 des Einkommensteuergesetzes stammen, sind beim Anleger im Rahmen des § 4h Abs. 1 des Einkommensteuergesetzes als Zinserträge zu berücksichtigen.

(3) Die ausgeschütteten Erträge auf Investmentanteile sind insoweit steuerfrei, als sie Gewinne aus der Veräußerung von Grundstücken und grundstücksgleichen Rechten enthalten, es sei denn, dass es sich um Gewinne aus privaten Veräußerungsgeschäften im Sinne des § 23 Abs. 1 Satz 1 Nr. 1, Abs. 2 und 3 des Einkommensteuergesetzes handelt oder dass die Ausschüttungen Betriebseinnahmen des Steuerpflichtigen sind.

(4) § 3 Nr. 41 Buchstabe a des Einkommensteuergesetzes ist sinngemäß anzuwenden.

(5) Negative Kapitalerträge aus Zwischengewinnen auf Grund des Erwerbs von während des laufenden Geschäftsjahres des Investmentfonds ausgegebenen Anteilen werden nur berücksichtigt, wenn der Investmentfonds einen Ertragsausgleich nach § 9 durchführt.

## § 3 Ermittlung der Erträge[1)2)]

(1) Bei der Ermittlung der Erträge des Investmentfonds ist § 2 Absatz 2 Satz 1 Nummer 2 des Einkommensteuergesetzes sinngemäß anzuwenden.

(1a) [1]Wird ein Zinsschein oder eine Zinsforderung vom Stammrecht abgetrennt, gilt dies als Veräußerung der Schuldverschreibung und als Anschaffung der durch die Trennung entstandenen Wirtschaftsgüter. [2]Eine Trennung gilt als vollzogen, wenn dem Inhaber der Schuldverschreibung die Wertpapierkennnummern für die durch die Trennung entstandenen Wirtschaftsgüter zugehen. [3]Als Veräußerungserlös der Schuldverschreibung gilt deren gemeiner Wert zum Zeitpunkt der Trennung. [4]Für die Ermittlung der Anschaffungskosten der neuen Wirtschaftsgüter ist der Wert nach Satz 3 entsprechend dem gemeinen Wert der neuen Wirtschaftsgüter aufzuteilen. [5]Die Erträge des Stammrechts sind in sinngemäßer Anwendung des Absatzes 2 Satz 1 Nummer 2 periodengerecht abzugrenzen.

(2) [1]§ 11 des Einkommensteuergesetzes ist mit folgenden Maßgaben anzuwenden:
1. Dividenden gelten bereits am Tag des Dividendenabschlags als zugeflossen;
2. [1]Zinsen, angewachsene Ansprüche aus einem Emissions-Agio oder -Disagio mit Ausnahme des Feinabstimmungsabschlags nach § 1 Abs. 3 Satz 3 Nr. 1 Buchstabe b Satz 2 einer sonstigen Kapitalforderung im Sinne des § 20 Abs. 1 Nr. 7 des Einkommensteuergesetzes, die eine Emissionsrendite hat, und Mieten sind periodengerecht abzugrenzen; die angewachsenen Ansprüche sind mit der Emissionsrendite anzusetzen, sofern diese leicht und eindeutig ermittelbar ist; anderenfalls ist der Unterschiedsbetrag zwischen dem Marktwert zum Ende des Geschäftsjahres und dem Marktwert zu Beginn des Geschäftsjahres oder im Falle des Erwerbs innerhalb des Geschäftsjahres der Unterschiedsbetrag zwischen dem Marktwert zum Ende des Geschäftsjahres und den Anschaffungskosten als Zins (Marktrendite) anzusetzen; die abgegrenzten Zinsen und Mieten gelten als zugeflossen. [2]Bei sonstigen Kapitalforderungen im Sinne des § 1 Absatz 3 Satz 3 Nummer 1 Buchstabe f ist Satz 1 nur auf die Zinsen und nicht auch auf angewachsene Ansprüche anzuwenden;
3. periodengerecht abgegrenzte Werbungskosten gelten als abgeflossen, soweit der tatsächliche Abfluss im folgenden Geschäftsjahr erfolgt.

[2]Soweit die Einnahmen schon vor dem Zufluss erfasst werden, ist ein Abzug der ausländischen Steuern gemäß § 4 Abs. 4 bereits in dem Geschäftsjahr zulässig, in dem die Einnahmen zugerechnet werden.

(3) [1]Werbungskosten des Investmentfonds, die in einem unmittelbaren wirtschaftlichen Zusammenhang mit Einnahmen stehen, sind bei den jeweiligen Einnahmen abzuziehen. [2]Zu den unmittelbaren Werbungskosten gehören auch Absetzungen für Abnutzung oder Substanzverringerung, soweit diese die nach § 7 des Einkommensteuergesetzes zulässigen Beträge nicht übersteigen. [3]Die nach Satz 1 verbleibenden, in einem mittelbaren wirtschaftlichen Zusammenhang mit Einnahmen in § 1 Absatz 3 Satz 3 Nummer 1 und 2 genannten Art (laufende Einnahmen) sowie mit sonstigen Gewinnen und Verlusten aus Veräußerungsgeschäften stehenden Werbungskosten sind ausschließlich nach den nachfolgenden Maßgaben abziehbar:
1. [1]Den ausländischen laufenden Einnahmen oder sonstigen ausländischen Gewinnen und Verlusten aus Veräußerungsgeschäften, für die der Bundesrepublik Deutschland auf Grund eines Abkommens zur Vermeidung der Doppelbesteuerung kein Besteuerungsrecht zusteht, sind Werbungskosten im Verhältnis des durchschnittlichen Vermögens des vorangegange-

---

1) **Anm. d. Red.:** § 3 Abs. 1, 1a, 3 bis 5 i. d. F. des Gesetzes v. 18. 12. 2013 (BGBl I S. 4318) mit Wirkung v. 24. 12. 2013; Abs. 2 i. d. F. des Gesetzes v. 16. 7. 2009 (BGBl I S. 1959) mit Wirkung v. 23. 7. 2009.

2) **Anm. d. Red.:** Zur Anwendung des § 3 siehe § 21 Abs. 12 Satz 3 und § 22 Abs. 3.

nen Geschäftsjahres, das Quelle dieser laufenden Einnahmen und dieser sonstigen Gewinne und Verluste aus Veräußerungsgeschäften ist, zu dem durchschnittlichen Gesamtvermögen des vorangegangenen Geschäftsjahres zuzuordnen. ²Zur Berechnung des durchschnittlichen Vermögens sind die monatlichen Endwerte des vorangegangenen Geschäftsjahres zugrunde zu legen.

2. Bei der Ermittlung der Erträge, auf die beim Anleger

   a) § 3 Nummer 40 des Einkommensteuergesetzes anwendbar ist, sind die nach Anwendung der Nummer 1 verbleibenden abziehbaren Werbungskosten den laufenden Einnahmen, die auch § 3 Nummer 40 des Einkommensteuergesetzes unterfallen, sowie den sonstigen Gewinnen im Sinne des § 3 Nummer 40 des Einkommensteuergesetzes und den sonstigen Gewinnminderungen im Sinne des § 3c Absatz 2 des Einkommensteuergesetzes des laufenden Geschäftsjahres im Verhältnis des durchschnittlichen Vermögens des vorangegangenen Geschäftsjahres, das Quelle dieser Einnahmen ist, zu dem durchschnittlichen Gesamtvermögen des vorangegangenen Geschäftsjahres zuzuordnen, das um das Vermögen im Sinne der Nummer 1 vermindert ist. ²Nummer 1 Satz 2 gilt entsprechend;

   b) § 8b Absatz 1 des Körperschaftsteuergesetzes anwendbar ist oder, ungeachtet des § 8b Absatz 4 des Körperschaftsteuergesetzes in Verbindung mit § 15 Absatz 1a dieses Gesetzes, anwendbar wäre, sind die nach Anwendung der Nummer 1 verbleibenden abziehbaren Werbungskosten den laufenden Einnahmen im Sinne des § 15 Absatz 1a dieses Gesetzes in Verbindung mit § 8b Absatz 1 des Körperschaftsteuergesetzes, den laufenden Einnahmen im Sinne des § 2 Absatz 2 Satz 1 dieses Gesetzes sowie den sonstigen Gewinnen und Verlusten aus Veräußerungsgeschäften im Sinne des § 8b Absatz 2 und 3 des Körperschaftsteuergesetzes des laufenden Geschäftsjahres im Verhältnis des vorangegangenen Geschäftsjahres, das Quelle dieser Einnahmen ist, zu dem durchschnittlichen Gesamtvermögen des vorangegangenen Geschäftsjahres zuzuordnen, das um das Vermögen im Sinne der Nummer 1 vermindert ist. ²Nummer 1 Satz 2 gilt entsprechend.

3. Die abziehbaren Werbungskosten, die nach Anwendung der Sätze 1 und 3 Nummer 1 und 2 noch nicht zugeordnet wurden, sind von den verbleibenden laufenden Einnahmen sowie den verbleibenden sonstigen Gewinnen und Verlusten aus Veräußerungsgeschäften des laufenden Geschäftsjahres abzuziehen.

⁴Die nach Satz 3 zuzuordnenden Werbungskosten sind innerhalb der jeweiligen Nummern 1 bis 3 den jeweiligen laufenden Einnahmen oder den sonstigen Gewinnen und Verlusten aus Veräußerungsgeschäften nach dem Verhältnis der positiven Salden der laufenden Einnahmen des vorangegangenen Geschäftsjahres einerseits und der positiven Salden der sonstigen Gewinne und Verluste aus Veräußerungsgeschäften des vorangegangenen Geschäftsjahres andererseits zuzuordnen. ⁵Hierbei bleiben Gewinn- und Verlustvorträge unberücksichtigt. ⁶Nach Zuordnung der Werbungskosten nach den Sätzen 1 bis 5 erfolgt eine weitere Zuordnung der Werbungskosten in dem Verhältnis der positiven laufenden Einnahmen des vorangegangenen Geschäftsjahres zueinander auf die jeweiligen laufenden Einnahmen. ⁷Den laufenden Einnahmen nach Satz 3 Nummer 2 Buchstabe b sind die Werbungskosten nach dem Verhältnis des positiven Saldos der laufenden Einnahmen im Sinne des § 15 Absatz 1a dieses Gesetzes in Verbindung mit § 8b Absatz 1 des Körperschaftsteuergesetzes des vorangegangenen Geschäftsjahres einerseits und des positiven Saldos der laufenden Einnahmen im Sinne des § 2 Absatz 2 Satz 1 dieses Gesetzes des vorangegangenen Geschäftsjahres andererseits zuzuordnen; Satz 6 gilt entsprechend. ⁸Satz 6 ist auf die sonstigen Gewinne und Verluste aus Veräußerungsgeschäften entsprechend anzuwenden. ⁹Bei Fehlen positiver Salden auf beiden Seiten erfolgt die Zuordnung der Werbungskosten jeweils hälftig zu den laufenden Einnahmen sowie zu den sonstigen Gewinnen und Verlusten aus Veräußerungsgeschäften.

(4) ¹Negative Erträge des Investmentfonds sind bis zur Höhe der positiven Erträge gleicher Art mit diesen zu verrechnen. ²Nicht ausgeglichene negative Erträge sind in den folgenden Geschäftsjahren auszugleichen.

(5) Erträge aus Gewinnanteilen des Investmentfonds an einer Personengesellschaft gehören zu den Erträgen des Geschäftsjahres, in dem das Wirtschaftsjahr der Personengesellschaft endet.

## § 3a Ausschüttungsreihenfolge[1)2)]

Für eine Ausschüttung gelten die Substanzbeträge erst nach Ausschüttung sämtlicher Erträge des laufenden und aller vorherigen Geschäftsjahre als verwendet.

## § 4 Ausländische Einkünfte[3)4)]

(1) ¹Die auf Investmentanteile ausgeschütteten sowie die ausschüttungsgleichen Erträge sind bei der Veranlagung der Einkommensteuer oder Körperschaftsteuer insoweit außer Betracht zu lassen, als sie aus einem ausländischen Staat stammende Einkünfte enthalten, für die die Bundesrepublik Deutschland auf Grund eines Abkommens zur Vermeidung der Doppelbesteuerung auf die Ausübung des Besteuerungsrechts verzichtet hat. ²Gehören die ausgeschütteten oder ausschüttungsgleichen Erträge aus einem Investmentanteil nicht zu den Einkünften aus Kapitalvermögen, so ist bei den nach Satz 1 befreiten Einkünften der Steuersatz anzuwenden, der sich ergibt, wenn bei der Berechnung der Einkommensteuer das nach § 32a des Einkommensteuergesetzes zu versteuernde Einkommen um die in Satz 1 genannten Einkünfte vermehrt oder vermindert wird, wobei die darin enthaltenen außerordentlichen Einkünfte mit einem Fünftel zu berücksichtigen sind. ³§ 32b Absatz 1 Satz 2 des Einkommensteuergesetzes gilt entsprechend. ⁴§ 32b Abs. 1a des Einkommensteuergesetzes ist anzuwenden.

(2) ¹Sind in den auf Investmentanteile ausgeschütteten sowie den ausschüttungsgleichen Erträgen aus einem ausländischen Staat stammende Einkünfte enthalten, die in diesem Staat zu einer nach § 34c Abs. 1 des Einkommensteuergesetzes oder § 26 Abs. 1 des Körperschaftsteuergesetzes oder nach einem Abkommen zur Vermeidung der Doppelbesteuerung auf die Einkommensteuer oder Körperschaftsteuer anrechenbaren Steuer herangezogen werden, so ist bei unbeschränkt steuerpflichtigen Anlegern die festgesetzte und gezahlte und keinem Ermäßigungsanspruch mehr unterliegende ausländische Steuer auf den Teil der Einkommensteuer oder Körperschaftsteuer anzurechnen, der auf diese ausländischen um die anteilige ausländische Steuer erhöhten Einkünfte entfällt. ²Dieser Teil ist in der Weise zu ermitteln, dass die sich bei der Veranlagung des zu versteuernden Einkommens – einschließlich der ausländischen Einkünfte – nach den §§ 32a, 32b, 34 und 34b des Einkommensteuergesetzes ergebende Einkommensteuer oder nach § 23 des Körperschaftsteuergesetzes ergebende Körperschaftsteuer im Verhältnis dieser ausländischen Einkünfte zur Summe der Einkünfte aufgeteilt wird. ³Der Höchstbetrag der anrechenbaren ausländischen Steuern ist für die ausgeschütteten sowie ausschüttungsgleichen Erträge aus jedem einzelnen Investmentfonds zusammengefasst zu berechnen. ⁴§ 34c Abs. 1 Satz 3 und 4, Abs. 2, 3, 6 und 7 des Einkommensteuergesetzes ist sinngemäß anzuwenden. ⁵Wird von auf ausländische Investmentanteile ausgeschütteten Erträgen in dem Staat, in dem der ausschüttende ausländische Investmentfonds ansässig ist, eine Abzugsteuer erhoben, gelten die Sätze 1 bis 4 mit der Maßgabe, dass für die Ermittlung des Höchstbetrags der anrechenbaren ausländischen Steuern Satz 3 entsprechend gilt. ⁶Der Anrechnung der ausländischen Steuer nach § 34c Abs. 1 des Einkommensteuergesetzes steht bei ausländischen Investmentanteilen § 34c Abs. 6 Satz 1 des Einkommensteuergesetzes nicht entgegen. ⁷Sind in den auf ausländische Investmentanteile ausgeschütteten sowie den ausschüttungsgleichen Erträgen Einkünfte enthalten, die mit deutscher Ertragsteuer belastet sind, so gelten diese Einkünfte und die darauf entfallende deutsche Steuer für Zwecke der Anrechnung und bei der Anwendung des § 7 Abs. 1

---

1) **Anm. d. Red.:** § 3a eingefügt gem. Gesetz v. 18.12.2013 (BGBl I S. 4318) mit Wirkung v. 24.12.2013.

2) **Anm. d. Red.:** Zur Anwendung des § 3a siehe § 22 Abs. 4.

3) **Anm. d. Red.:** § 4 Abs. 1, 2 und 4 i. d. F. des Gesetzes v. 18.12.2013 (BGBl I S. 4318) mit Wirkung v. 24.12.2013.

4) **Anm. d. Red.:** Zur Anwendung des § 4 siehe § 21 Abs. 13 und 19 Satz 1.

als ausländische Einkünfte und ausländische Steuer im Sinne des Satzes 1. ⁸Abweichend von den Sätzen 1 bis 6 sind bei Erträgen, die Einkünfte im Sinne des § 20 Abs. 1 Satz 1 Nr. 1 des Einkommensteuergesetzes sind, § 32d Abs. 5 und § 43a Abs. 3 Satz 1 des Einkommensteuergesetzes sinngemäß anzuwenden.

(3) Ausländische Steuern, die auf ausgeschüttete sowie ausschüttungsgleiche Erträge entfallen, die nach Absatz 1 oder § 2 Abs. 2 und 3 steuerfrei sind, sind bei der Anrechnung oder dem Abzug nach Absatz 2 oder beim Abzug nach Absatz 4 nicht zu berücksichtigen.

(4) ¹Der Investmentfonds kann die nach Absatz 2 beim Anleger anrechenbaren oder abziehbaren ausländischen Steuern bei der Ermittlung der Erträge (§ 3) als Werbungskosten abziehen. ²In diesem Fall hat der Anleger keinen Anspruch auf Anrechnung oder Abzug dieser Steuern nach Absatz 2.

## § 5 Besteuerungsgrundlagen[1)2)]

(1) ¹Die §§ 2 und 4 sind nur anzuwenden, wenn
1. die Investmentgesellschaft den Anlegern bei jeder Ausschüttung bezogen auf einen Investmentanteil unter Angabe der Wertpapieridentifikationsnummer ISIN des Investmentfonds und des Zeitraums, auf den sich die Angaben beziehen, folgende Besteuerungsgrundlagen in deutscher Sprache bekannt macht:
   a) den Betrag der Ausschüttung (mit mindestens vier Nachkommastellen) sowie
      aa) in der Ausschüttung enthaltene ausschüttungsgleiche Erträge der Vorjahre,
      bb) in der Ausschüttung enthaltene Substanzbeträge,
   b) den Betrag der ausgeschütteten Erträge (mit mindestens vier Nachkommastellen),
   c) die in den ausgeschütteten Erträgen enthaltenen
      aa) Erträge im Sinne des § 2 Absatz 2 Satz 1 dieses Gesetzes in Verbindung mit § 3 Nummer 40 des Einkommensteuergesetzes oder im Fall des § 16 dieses Gesetzes in Verbindung mit § 8b Absatz 1 des Körperschaftsteuergesetzes,
      bb) Veräußerungsgewinne im Sinne des § 2 Absatz 2 Satz 2 dieses Gesetzes in Verbindung mit § 8b Absatz 2 des Körperschaftsteuergesetzes oder § 3 Nummer 40 des Einkommensteuergesetzes,
      cc) Erträge im Sinne des § 2 Absatz 2a,
      dd) steuerfreie Veräußerungsgewinne im Sinne des § 2 Absatz 3 Nummer 1 Satz 1 in der am 31. Dezember 2008 anzuwendenden Fassung,
      ee) Erträge im Sinne des § 2 Absatz 3 Nummer 1 Satz 2 in der am 31. Dezember 2008 anzuwendenden Fassung, soweit die Erträge nicht Kapitalerträge im Sinne des § 20 des Einkommensteuergesetzes sind,
      ff) steuerfreie Veräußerungsgewinne im Sinne des § 2 Absatz 3 in der ab 1. Januar 2009 anzuwendenden Fassung,
      gg) Einkünfte im Sinne des § 4 Absatz 1,
      hh) in Doppelbuchstabe gg enthaltene Einkünfte, die nicht dem Progressionsvorbehalt unterliegen,
      ii) Einkünfte im Sinne des § 4 Absatz 2, für die kein Abzug nach Absatz 4 vorgenommen wurde,
      jj) in Doppelbuchstabe ii enthaltene Einkünfte, auf die § 2 Absatz 2 dieses Gesetzes in Verbindung mit § 8b Absatz 2 des Körperschaftsteuergesetzes oder § 3 Nummer 40

---

1) **Anm. d. Red.:** § 5 Abs. 1 und 3 i. d. F. des Gesetzes v. 18.12.2013 (BGBl I S. 4318) mit Wirkung v. 24.12.2013; Abs. 2 i. d. F. des Gesetzes v. 21.3.2013 (BGBl I S. 561) mit Wirkung v. 29.3.2013.

2) **Anm. d. Red.:** Zur Anwendung des § 5 siehe § 21 Abs. 5 Satz 3, Abs. 6, 14, 19 Sätze 2 bis 6, Abs. 20 Satz 1, Abs. 22 Sätze bis 4, Abs. 24 und § 22 Abs. 5.

§ 5 XX. Investmentsteuergesetz

des Einkommensteuergesetzes oder im Fall des § 16 dieses Gesetzes in Verbindung mit § 8b Absatz 1 des Körperschaftsteuergesetzes anzuwenden ist,

kk) in Doppelbuchstabe ii enthaltene Einkünfte im Sinne des § 4 Absatz 2, die nach einem Abkommen zur Vermeidung der Doppelbesteuerung zur Anrechnung einer als gezahlt geltenden Steuer auf die Einkommensteuer oder Körperschaftsteuer berechtigen,

ll) in Doppelbuchstabe kk enthaltene Einkünfte, auf die § 2 Absatz 2 dieses Gesetzes in Verbindung mit § 8b Absatz 2 des Körperschaftsteuergesetzes oder § 3 Nummer 40 des Einkommensteuergesetzes oder im Fall des § 16 dieses Gesetzes in Verbindung mit § 8b Absatz 1 des Körperschaftsteuergesetzes anzuwenden ist,

mm) (weggefallen)

d) den zur Anrechnung von Kapitalertragsteuer berechtigenden Teil der Ausschüttung

aa) im Sinne des § 7 Absatz 1 und 2,

bb) im Sinne des § 7 Absatz 3,

cc) im Sinne des § 7 Absatz 1 Satz 4, soweit in Doppelbuchstabe aa enthalten,

e) (weggefallen)

f) den Betrag der ausländischen Steuer, der auf die in den ausgeschütteten Erträgen enthaltenen Einkünfte im Sinne des § 4 Absatz 2 entfällt und

aa) der nach § 4 Absatz 2 dieses Gesetzes in Verbindung mit § 32d Absatz 5 oder § 34c Absatz 1 des Einkommensteuergesetzes oder einem Abkommen zur Vermeidung der Doppelbesteuerung anrechenbar ist, wenn kein Abzug nach § 4 Absatz 4 vorgenommen wurde,

bb) in Doppelbuchstabe aa enthalten ist und auf Einkünfte entfällt, auf die § 2 Absatz 2 dieses Gesetzes in Verbindung mit § 8b Absatz 2 des Körperschaftsteuergesetzes oder § 3 Nummer 40 des Einkommensteuergesetzes oder im Fall des § 16 dieses Gesetzes in Verbindung mit § 8b Absatz 1 des Körperschaftsteuergesetzes anzuwenden ist,

cc) der nach § 4 Absatz 2 dieses Gesetzes in Verbindung mit § 34c Absatz 3 des Einkommensteuergesetzes abziehbar ist, wenn kein Abzug nach § 4 Absatz 4 dieses Gesetzes vorgenommen wurde,

dd) in Doppelbuchstabe cc enthalten ist und auf Einkünfte entfällt, auf die § 2 Absatz 2 dieses Gesetzes in Verbindung mit § 8b Absatz 2 des Körperschaftsteuergesetzes oder § 3 Nummer 40 des Einkommensteuergesetzes oder im Fall des § 16 dieses Gesetzes in Verbindung mit § 8b Absatz 1 des Körperschaftsteuergesetzes anzuwenden ist,

ee) der nach einem Abkommen zur Vermeidung der Doppelbesteuerung als gezahlt gilt und nach § 4 Absatz 2 in Verbindung mit diesem Abkommen anrechenbar ist,

ff) in Doppelbuchstabe ee enthalten ist und auf Einkünfte entfällt, auf die § 2 Absatz 2 dieses Gesetzes in Verbindung mit § 8b Absatz 2 des Körperschaftsteuergesetzes oder § 3 Nummer 40 des Einkommensteuergesetzes oder im Fall des § 16 dieses Gesetzes in Verbindung mit § 8b Absatz 1 des Körperschaftsteuergesetzes anzuwenden ist,

g) den Betrag der Absetzungen für Abnutzung oder Substanzverringerung,

h) die im Geschäftsjahr gezahlte Quellensteuer, vermindert um die erstattete Quellensteuer des Geschäftsjahres oder früherer Geschäftsjahre;

i) (weggefallen)

2. die Investmentgesellschaft den Anlegern bei ausschüttungsgleichen Erträgen spätestens vier Monate nach Ablauf des Geschäftsjahres, in dem sie als zugeflossen gelten, die Anga-

ben entsprechend der Nummer 1 mit Ausnahme des Buchstaben a bezogen auf einen Investmentanteil in deutscher Sprache bekannt macht;

3. die Investmentgesellschaft die in den Nummern 1 und 2 genannten Angaben in Verbindung mit dem Jahresbericht im Sinne der §§ 101, 120, 135, 298 Absatz 1 Satz 1 Nummer 1 sowie § 299 Absatz 1 Nummer 3 des Kapitalanlagegesetzbuchs spätestens vier Monate nach Ablauf des Geschäftsjahres im Bundesanzeiger bekannt macht; die Angaben sind mit der Bescheinigung eines zur geschäftsmäßigen Hilfeleistung befugten Berufsträgers im Sinne des § 3 des Steuerberatungsgesetzes, einer behördlich anerkannten Wirtschaftsprüfungsstelle oder einer vergleichbaren Stelle zu versehen, dass die Angaben nach den Regeln des deutschen Steuerrechts ermittelt wurden; die Bescheinigung muss eine Aussage enthalten, ob in die Ermittlung der Angaben Werte aus einem Ertragsausgleich eingegangen sind; § 323 des Handelsgesetzbuchs ist sinngemäß anzuwenden. ²Wird innerhalb von vier Monaten nach Ablauf des Geschäftsjahres ein Ausschüttungsbeschluss für dieses abgelaufene Geschäftsjahr gefasst, sind abweichend von Satz 1 die in den Nummern 1 und 2 genannten Angaben spätestens vier Monate nach dem Tag des Beschlusses bekannt zu machen. ³Wird der Jahresbericht nach den Bestimmungen des Kapitalanlagegesetzbuchs nicht im Bundesanzeiger veröffentlicht, ist auch die Fundstelle bekannt zu machen, in der der Jahresbericht in deutscher Sprache bekannt gemacht ist;

4. die ausländische Investmentgesellschaft oder die einen EU-Investmentfonds der Vertragsform verwaltende Kapitalverwaltungsgesellschaft die Summe der nach dem 31. Dezember 1993 dem Inhaber der ausländischen Investmentanteile als zugeflossen geltenden, noch nicht dem Steuerabzug unterworfenen Erträge ermittelt und mit dem Rücknahmepreis bekannt macht;

5. die ausländische Investmentgesellschaft oder die einen EU-Investmentfonds der Vertragsform verwaltende Kapitalverwaltungsgesellschaft auf Anforderung gegenüber dem Bundeszentralamt für Steuern innerhalb von drei Monaten die Richtigkeit der in den Nummern 1, 2 und 4 genannten Angaben vollständig nachweist. ²Sind die Urkunden in einer fremden Sprache abgefasst, so kann eine beglaubigte Übersetzung in die deutsche Sprache verlangt werden. ³Hat die ausländische Investmentgesellschaft oder die einen EU-Investmentfonds der Vertragsform verwaltende Kapitalverwaltungsgesellschaft Angaben in unzutreffender Höhe bekannt gemacht, so hat sie die Unterschiedsbeträge eigenverantwortlich oder auf Verlangen des Bundeszentralamtes für Steuern in der Bekanntmachung für das laufende Geschäftsjahr zu berücksichtigen.

²Liegen die in Satz 1 Nummer 1 Buchstabe c oder f genannten Angaben nicht vor, werden die Erträge insoweit nach § 2 Abs. 1 Satz 1 besteuert und § 4 findet insoweit keine Anwendung. ³Eine Bekanntmachung zu Satz 1 Nummer 1 Buchstabe c Doppelbuchstabe aa und gg ist nur zulässig, wenn die Veröffentlichung nach § 5 Absatz 2 Satz 4 erfolgt ist.

(2) ¹§ 8 Absatz 1 bis 4 ist nur anzuwenden, wenn die Investmentgesellschaft bewertungstäglich den positiven oder negativen Prozentsatz des Wertes des Investmentanteils, getrennt für natürliche Personen und für Körperschaften, Personenvereinigungen oder Vermögensmassen, ermittelt, der auf die in den Einnahmen aus der Veräußerung enthaltenen Bestandteile im Sinne des § 8 entfällt (Aktiengewinn) und mit dem Rücknahmepreis veröffentlicht. ²Der Aktiengewinn pro Investmentanteil darf sich durch den An- und Verkauf von Investmentanteilen nicht ändern. ³Die Investmentgesellschaft ist an ihre bei der erstmaligen Ausgabe der Anteile getroffene Entscheidung, ob sie den Aktiengewinn ermittelt oder davon absieht, gebunden. ⁴§ 2 Absatz 2 und § 4 Absatz 1 sind jeweils nur anzuwenden, wenn die Investmentgesellschaft die entsprechenden Teile des Aktiengewinns bewertungstäglich veröffentlicht. ⁵Absatz 1 Satz 1 Nr. 5 gilt entsprechend.

(3) ¹Die Investmentgesellschaft hat bewertungstäglich den Zwischengewinn zu ermitteln und mit dem Rücknahmepreis zu veröffentlichen; dabei ist anzugeben, ob bei der Ermittlung des Zwischengewinns nach § 9 Satz 2 verfahren wurde. ²Sind die Voraussetzungen des Satzes 1 nicht erfüllt, sind 6 Prozent des Entgelts für die Rückgabe oder Veräußerung des Investment-

anteils anzusetzen; negative Kapitalerträge aus Zwischengewinnen auf Grund des Erwerbs von während des laufenden Geschäftsjahres des Investmentfonds ausgegebenen Anteilen werden nicht berücksichtigt. ³Absatz 1 Satz 1 Nr. 5 gilt entsprechend. ⁴Die Sätze 1 und 2 finden bei inländischen Investmentfonds im Sinne des § 225 des Kapitalanlagegesetzbuchs und bei ausländischen Investmentfonds, die hinsichtlich ihrer Anlagepolitik vergleichbaren Anforderungen unterliegen, keine Anwendung.

### § 6 Besteuerung bei fehlender Bekanntmachung[1)2)]

¹Sind die Voraussetzungen des § 5 Abs. 1 nicht erfüllt, sind beim Anleger die Ausschüttungen auf Investmentanteile, der Zwischengewinn sowie 70 Prozent des Mehrbetrags anzusetzen, der sich zwischen dem ersten im Kalenderjahr festgesetzten Rücknahmepreis und dem letzten im Kalenderjahr festgesetzten Rücknahmepreis eines Investmentanteils ergibt; mindestens sind 6 Prozent des letzten im Kalenderjahr festgesetzten Rücknahmepreises anzusetzen. ²Wird ein Rücknahmepreis nicht festgesetzt, so tritt an seine Stelle der Börsen- oder Marktpreis. ³Der nach Satz 1 anzusetzende Teil des Mehrbetrags gilt mit Ablauf des jeweiligen Kalenderjahres als ausgeschüttet und zugeflossen.

### § 7 Kapitalertragsteuer[3)4)]

(1) ¹Ein Steuerabzug vom Kapitalertrag wird erhoben von
1. ausgeschütteten Erträgen im Sinne des § 2 Abs. 1, soweit sie nicht enthalten:
   a) inländische Kapitalerträge im Sinne des § 43 Absatz 1 Satz 1 Nummer 1 und 1a sowie Satz 2 des Einkommensteuergesetzes und von inländischen Investmentgesellschaften ausgeschüttete Erträge aus der Vermietung und Verpachtung von im Inland belegenen Grundstücken und grundstücksgleichen Rechten sowie ausgeschüttete Gewinne aus privaten Veräußerungsgeschäften mit im Inland belegenen Grundstücken und grundstücksgleichen Rechten; Absatz 3 bleibt unberührt;
   b) Gewinne aus der Veräußerung von Wertpapieren und Bezugsrechten auf Anteile an Kapitalgesellschaften, aus Termingeschäften im Sinne des § 21 Absatz 1 Satz 2 sowie aus der Veräußerung von Grundstücken und grundstücksgleichen Rechten im Sinne des § 2 Abs. 3 sowie Erträge im Sinne des § 4 Abs. 1,
2. Ausschüttungen im Sinne des § 6,
3. den nach dem 31. Dezember 1993 einem Anleger in ausländische Investmentanteile als zugeflossen geltenden, noch nicht dem Steuerabzug unterworfenen Erträgen einschließlich der ausländischen Erträge im Sinne des § 43 Abs. 1 Satz 1 Nr. 1 des Einkommensteuergesetzes. ²Hat die die Kapitalerträge auszahlende Stelle den Investmentanteil erworben oder veräußert und seitdem verwahrt oder sind der auszahlenden Stelle im Rahmen eines Depotübertrags die Anschaffungsdaten gemäß § 43a Abs. 2 Satz 2 bis 5 des Einkommensteuergesetzes nachgewiesen worden, hat sie den Steuerabzug nur von den in dem Zeitraum der Verwahrung als zugeflossen geltenden, noch nicht dem Steuerabzug unterworfenen Erträgen vorzunehmen,
4. dem Zwischengewinn.

---

1) **Anm. d. Red.:** § 6 i. d. F. des Gesetzes v. 9. 12. 2004 (BGBl I S. 3310) mit Wirkung v. 16. 12. 2004.

2) **Anm. d. Red.:** Zur Anwendung des § 6 siehe § 18 Abs. 11 Satz 2.

3) **Anm. d. Red.:** § 7 Abs. 1, 3, 3a, 3b, 4 und 5 i. d. F. des Gesetzes v. 18. 12. 2013 (BGBl I S. 4318) mit Wirkung v. 24. 12. 2013; Abs. 2 und 6 i. d. F. des Gesetzes v. 22. 6. 2011 (BGBl I S. 1126) mit Wirkung v. 26. 7. 2011; Abs. 3c und 3d i. d. F. des Gesetzes v. 7. 12. 2011 (BGBl I S. 2592) mit Wirkung v. 1. 1. 2012; Abs. 8 i. d. F. des Gesetzes v. 20. 12. 2007 (BGBl I S. 3150) mit Wirkung v. 29. 12. 2007.

4) **Anm. d. Red.:** Zur Anwendung des § 7 siehe § 21 Abs. 2 Satz 1, Abs. 4, 7, 13, 15, 17 Satz 1, Abs. 19 Sätze 7 bis 9 und Abs. 20 Sätze 2 bis 4.

## XX. Investmentsteuergesetz  § 7

²Die für den Steuerabzug von Kapitalerträgen im Sinne des § 43 Abs. 1 Satz 1 Nr. 7 sowie Satz 2 des Einkommensteuergesetzes geltenden Vorschriften des Einkommensteuergesetzes sind entsprechend anzuwenden. ³Die Anrechnung ausländischer Steuern richtet sich nach § 4 Abs. 2 Satz 8. ⁴Soweit die ausgeschütteten Erträge Kapitalerträge im Sinne des § 43 Absatz 1 Satz 1 Nummer 6 und 8 bis 12 des Einkommensteuergesetzes enthalten, hat die inländische auszahlende Stelle § 43 Absatz 2 Satz 3 bis 8 des Einkommensteuergesetzes anzuwenden.

(2) ¹Im Falle einer Teilausschüttung nach § 2 Absatz 1 Satz 3 sind auf die ausgeschütteten und ausschüttungsgleichen Erträge die Absätze 1, 3, 3a und 3c anzuwenden; die zu erhebende Kapitalertragsteuer ist von dem ausgeschütteten Betrag einzubehalten. ²Im Falle einer Teilausschüttung nach § 2 Absatz 1 Satz 4 sind auf die ausgeschütteten und ausschüttungsgleichen Erträge die Absätze 3, 3b, 3d und 4 anzuwenden.

(3) ¹Eine Kapitalertragsteuer wird von den Erträgen aus einem Anteil an einem inländischen Investmentfonds erhoben,

1. soweit in den Erträgen aus dem Investmentanteil inländische Erträge im Sinne des § 43 Absatz 1 Satz 1 Nummer 1 und 1a sowie Satz 2 des Einkommensteuergesetzes enthalten sind,
    a) von den ausgeschütteten Erträgen nach Maßgabe des Absatzes 3a und
    b) von den ausschüttungsgleichen Erträgen nach Maßgabe des Absatzes 3b,
2. soweit in den Erträgen aus dem Investmentanteil Erträge aus der Vermietung und Verpachtung von und Gewinne aus Veräußerungsgeschäften mit im Inland belegenen Grundstücken und grundstücksgleichen Rechten enthalten sind,
    a) von den ausgeschütteten Erträgen nach Maßgabe des Absatzes 3c und
    b) von den ausschüttungsgleichen Erträgen nach Maßgabe des Absatzes 3d.

²Der Steuerabzug obliegt dem Entrichtungspflichtigen. ³Dieser hat die auszuschüttenden Beträge einschließlich der Steuerabzugsbeträge bei der Verwahrstelle einzuziehen, soweit er sie nicht nach § 2 Absatz 1a und 1b vom Veräußerer des Anteils einzuziehen hat. ⁴Der Investmentfonds hat der Verwahrstelle die Beträge für die Ausschüttungen und den Steuerabzug zur Verfügung zu stellen, die sich nach seinen Berechnungen unter Verwendung der von der Verwahrstelle ermittelten Zahl der Investmentanteile ergeben.

(3a) ¹Entrichtungspflichtiger ist bei ausgeschütteten Erträgen im Sinne von Absatz 3 Satz 1 Nummer 1 Buchstabe a als auszahlende Stelle

1. das inländische Kredit- oder Finanzdienstleistungsinstitut im Sinne des § 43 Absatz 1 Satz 1 Nummer 7 Buchstabe b des Einkommensteuergesetzes oder das inländische Wertpapierhandelsunternehmen, welches, oder die inländische Wertpapierhandelsbank, welche
    a) die Anteile an dem Investmentfonds verwahrt oder verwaltet und
        aa) die Erträge im Sinne des Satzes 1 auszahlt oder gutschreibt oder
        bb) die Erträge im Sinne des Satzes 1 an eine ausländische Stelle auszahlt oder
    b) die Anteile an dem Investmentfonds nicht verwahrt oder verwaltet und
        aa) die Erträge im Sinne des Satzes 1 auszahlt oder gutschreibt oder
        bb) die Erträge im Sinne des Satzes 1 an eine ausländische Stelle auszahlt, oder
2. die Wertpapiersammelbank, der die Anteile an dem Investmentfonds zur Sammelverwahrung anvertraut wurden, wenn sie die Erträge im Sinne des Satzes 1 an eine ausländische Stelle auszahlt.

²Ergänzend sind die für den Steuerabzug von Kapitalerträgen im Sinne des § 43 Absatz 1 Satz 1 Nummer 1a des Einkommensteuergesetzes geltenden Vorschriften des Einkommensteuergesetzes entsprechend anzuwenden.

(3b) ¹Entrichtungspflichtiger ist bei ausschüttungsgleichen Erträgen im Sinne des Absatzes 3 Satz 1 Nummer 1 Buchstabe b die inländische Stelle, die im Falle einer Ausschüttung auszahlende Stelle nach Absatz 3a Satz 1 wäre. ²Die Verwahrstelle hat die Steuerabzugsbeträge den inländischen Stellen nach Satz 1 auf deren Anforderung zur Verfügung zu stellen, soweit nicht die inländische Stelle Beträge nach § 2 Absatz 1b einzuziehen hat; nicht angeforderte Steuerabzugsbeträge hat die Verwahrstelle nach Ablauf des zweiten Monats seit dem Ende des Geschäftsjahres des Investmentfonds zum 10. des Folgemonats anzumelden und abzuführen. ³Der Investmentfonds, die Verwahrstelle und die sonstigen inländischen Stellen haben das zur Verfügungstellen und etwaige Rückforderungen der Steuerabzugsbeträge nach denselben Regeln abzuwickeln, die für ausgeschüttete Beträge nach Absatz 3 Satz 1 Nummer 1 Buchstabe a gelten würden. ⁴Die inländische Stelle hat die Kapitalertragsteuer spätestens mit Ablauf des ersten Monats seit dem Ende des Geschäftsjahres des Investmentfonds einzubehalten und zum 10. des Folgemonats anzumelden und abzuführen. ⁵Ergänzend sind die für den Steuerabzug von Kapitalerträgen im Sinne des § 43 Absatz 1 Satz 1 Nummer 1a des Einkommensteuergesetzes geltenden Vorschriften des Einkommensteuergesetzes entsprechend anzuwenden.

(3c) ¹Den Steuerabzug hat bei ausgeschütteten Erträgen im Sinne des Absatzes 3 Satz 1 Nummer 2 Buchstabe a als Entrichtungspflichtiger die auszahlende Stelle im Sinne des Absatzes 3a Satz 1 vorzunehmen. ²Ergänzend sind die für den Steuerabzug von Kapitalerträgen im Sinne des § 43 Absatz 1 Satz 1 Nummer 7 sowie Satz 2 des Einkommensteuergesetzes geltenden Vorschriften des Einkommensteuergesetzes und § 44a Absatz 10 Satz 4 bis 7 des Einkommensteuergesetzes entsprechend anzuwenden.

(3d) ¹Den Steuerabzug nimmt bei ausschüttungsgleichen Erträgen im Sinne des Absatzes 3 Satz 1 Nummer 2 Buchstabe b als Entrichtungspflichtiger die inländische Stelle vor, die im Falle einer Ausschüttung auszahlende Stelle nach Absatz 3c Satz 1 in Verbindung mit Absatz 3a Satz 1 wäre. ²Absatz 3b Satz 2 bis 4 ist entsprechend anzuwenden. ³Ergänzend sind die für den Steuerabzug von Kapitalerträgen im Sinne des § 43 Absatz 1 Satz 1 Nummer 7 sowie Satz 2 des Einkommensteuergesetzes geltenden Vorschriften des Einkommensteuergesetzes und § 44a Absatz 10 Satz 4 bis 7 des Einkommensteuergesetzes entsprechend anzuwenden.

(4) ¹Von den ausschüttungsgleichen Erträgen eines inländischen Investmentfonds mit Ausnahme der in Absatz 3 Satz 1 Nummer 1 Buchstabe b und Nummer 2 Buchstabe b genannten hat als Entrichtungspflichtiger die inländische Stelle einen Steuerabzug vorzunehmen, die bei Erträgen im Sinne des Absatzes 3 Satz 1 Nummer 2 Buchstabe b nach Absatz 3d Satz 1 als auszahlende Stelle hierzu verpflichtet wäre. ²Im Übrigen gilt Absatz 1 entsprechend. ³Absatz 3b Satz 2 bis 4 und § 44a Absatz 10 Satz 4 bis 7 des Einkommensteuergesetzes sind entsprechend anzuwenden.

(5) ¹Wird bei ausschüttungsgleichen Erträgen nach Absatz 3 Satz 1 Nummer 1 Buchstabe b und Nummer 2 Buchstabe b sowie nach Absatz 4 von der inländischen Stelle weder vom Steuerabzug abgesehen noch ganz oder teilweise Abstand genommen, wird auf Antrag die einbehaltene Kapitalertragsteuer unter den Voraussetzungen des § 44a Absatz 4 und 10 Satz 1 des Einkommensteuergesetzes in dem dort vorgesehenen Umfang von der inländischen Investmentgesellschaft erstattet. ²Der Anleger hat der Investmentgesellschaft eine Bescheinigung der inländischen Stelle im Sinne der Absätze 3b, 3d und 4 vorzulegen, aus der hervorgeht, dass diese die Erstattung nicht vorgenommen hat und auch nicht vornehmen wird. ³Im Übrigen sind die für die Anrechnung und Erstattung der Kapitalertragsteuer geltenden Vorschriften des Einkommensteuergesetzes entsprechend anzuwenden. ⁴Die erstattende inländische Investmentgesellschaft haftet in sinngemäßer Anwendung des § 44 Absatz 5 des Einkommensteuergesetzes für zu Unrecht vorgenommene Erstattungen; für die Zahlungsaufforderung gilt § 219 der Abgabenordnung entsprechend. ⁵Für die Überprüfung der Erstattungen sowie für die Geltendmachung der Rückforderung von Erstattungen oder der Haftung ist das Finanzamt zuständig, das für die Besteuerung der inländischen Investmentgesellschaft nach dem Einkommen zuständig ist.

(6) ¹Wird bei einem Gläubiger ausschüttungsgleicher Erträge im Sinne des Absatzes 4, der als Körperschaft weder Sitz noch Geschäftsleitung oder als natürliche Person weder Wohnsitz noch gewöhnlichen Aufenthalt im Inland hat, von der inländischen Stelle nicht vom Steuerabzug abgesehen, hat die inländische Investmentgesellschaft auf Antrag die einbehaltene Kapitalertragsteuer zu erstatten. ²Die inländische Investmentgesellschaft hat sich von dem ausländischen

Kreditinstitut oder Finanzdienstleistungsinstitut versichern zu lassen, dass der Gläubiger der Kapitalerträge nach den Depotunterlagen als Körperschaft weder Sitz noch Geschäftsleitung oder als natürliche Person weder Wohnsitz noch gewöhnlichen Aufenthalt im Inland hat. ³Das Verfahren nach den Sätzen 1 und 2 ist auf den Steuerabzug von Erträgen im Sinne des Absatzes 3 Satz 1 Nummer 2 entsprechend anzuwenden, soweit die Erträge einem Anleger zufließen oder als zugeflossen gelten, der eine nach den Rechtsvorschriften eines Mitgliedstaates der Europäischen Union oder des Europäischen Wirtschaftsraums gegründete Gesellschaft im Sinne des Artikels 54 des Vertrags über die Arbeitsweise der Europäischen Union oder des Artikels 34 des Abkommens über den Europäischen Wirtschaftsraum mit Sitz und Ort der Geschäftsleitung innerhalb des Hoheitsgebietes eines dieser Staaten ist, und der einer Körperschaft im Sinne des § 5 Absatz 1 Nummer 3 des Körperschaftsteuergesetzes vergleichbar ist; soweit es sich um eine nach den Rechtsvorschriften eines Mitgliedstaates des Europäischen Wirtschaftsraums gegründete Gesellschaft oder eine Gesellschaft mit Ort und Geschäftsleitung in diesem Staat handelt, ist zusätzlich Voraussetzung, dass mit diesem Staat ein Amtshilfeabkommen besteht. ⁴Absatz 5 Satz 4 und 5 ist entsprechend anzuwenden.

(7) Für die Anrechnung der einbehaltenen und abgeführten Kapitalertragsteuer nach § 36 Abs. 2 des Einkommensteuergesetzes oder deren Erstattung nach § 50d des Einkommensteuergesetzes gelten die Vorschriften des Einkommensteuergesetzes entsprechend.

(8) ¹Für die ergänzende Anwendung der Vorschriften des Einkommensteuergesetzes zum Kapitalertragsteuerabzug in den Absätzen 3 bis 6 steht die inländische Investmentgesellschaft einem inländischen Kreditinstitut gleich. ²Ferner steht die inländische Kapitalanlagegesellschaft hinsichtlich der ihr erlaubten Verwahrung und Verwaltung von Investmentanteilen für die Anwendung der Vorschriften des Einkommensteuergesetzes zum Kapitalertragsteuerabzug einem inländischen Kreditinstitut gleich.

### § 8 Veräußerung von Investmentanteilen; Vermögensminderung[1)2)]

(1) ¹Auf die Einnahmen aus der Rückgabe, Veräußerung oder Entnahme von Investmentanteilen sind § 3 Nummer 40 des Einkommensteuergesetzes, § 4 Absatz 1 dieses Gesetzes sowie § 19 des REIT-Gesetzes anzuwenden, soweit sie dort genannte, dem Anleger noch nicht zugeflossene oder als zugeflossen geltende Einnahmen enthalten oder auf bereits realisierte oder noch nicht realisierte Gewinne aus der Beteiligung des Investmentfonds an Körperschaften, Personenvereinigungen oder Vermögensmassen entfallen, deren Leistungen beim Empfänger zu den Einnahmen im Sinne des § 20 Absatz 1 Nummer 1 des Einkommensteuergesetzes gehören (positiver Aktiengewinn). ²Auf die Einnahmen aus der Rückgabe, Veräußerung oder Entnahme von Investmentanteilen im Betriebsvermögen sind § 8b des Körperschaftsteuergesetzes sowie § 19 des REIT-Gesetzes anzuwenden, soweit sie auf bereits realisierte oder noch nicht realisierte Gewinne aus der Beteiligung des Investmentfonds an Körperschaften, Personenvereinigungen oder Vermögensmassen entfallen, deren Leistungen beim Empfänger zu den Einnahmen im Sinne des § 20 Absatz 1 Nummer 1 des Einkommensteuergesetzes gehören. ³§ 15 Absatz 1a und § 16 Absatz 3 bleiben unberührt. ⁴Bei Beteiligungen des Investmentfonds sind die Sätze 1 bis 3 entsprechend anzuwenden. ⁵Bei dem Ansatz des in § 6 Absatz 1 Nummer 2 Satz 3 des Einkommensteuergesetzes bezeichneten Wertes sind die Sätze 1 bis 4 entsprechend anzuwenden.

(2) ¹Auf Vermögensminderungen innerhalb des Investmentfonds sind beim Anleger § 3c Abs. 2 des Einkommensteuergesetzes und § 8b des Körperschaftsteuergesetzes anzuwenden, so-

---

1) **Anm. d. Red.:** § 8 Abs. 1 i. d. F. des Gesetzes v. 25. 7. 2014 (BGBl I S. 1266) mit Wirkung v. 31. 7. 2014; Abs. 2 und 5 i. d. F., Abs. 8 angefügt gem. Gesetz v. 18. 12. 2013 (BGBl I S. 4318) mit Wirkung v. 24. 12. 2013; Abs. 3 und 4 i. d. F. des Gesetzes v. 9. 12. 2004 (BGBl I S. 3310) mit Wirkung v. 16. 12. 2004; Abs. 6 i. d. F. des Gesetzes v. 19. 12. 2008 (BGBl I S. 2794) mit Wirkung v. 25. 12. 2008; Abs. 7 i. d. F. des Gesetzes v. 8. 12. 2010 (BGBl I S. 1768) mit Wirkung v. 14. 12. 2010.

2) **Anm. d. Red.:** Zur Anwendung des § 8 siehe § 21 Abs. 2 Satz 2, Abs. 2a, 2b, 5 Satz 2, Abs. 22 Sätze 1 und 5 und § 23 Abs. 1 Satz 2.

weit die Vermögensminderungen auf Beteiligungen des Investmentfonds an Körperschaften, Personenvereinigungen oder Vermögensmassen entfallen, deren Leistungen beim Empfänger zu den Einnahmen im Sinne des § 20 Abs. 1 Nr. 1 des Einkommensteuergesetzes gehören; Vermögensminderungen, die aus Wirtschaftsgütern herrühren, auf deren Erträge § 4 Abs. 1 anzuwenden ist, dürfen das Einkommen nicht mindern (negativer Aktiengewinn). ²Bei Beteiligungen des Investmentfonds an anderen Investmentfonds ist Satz 1 entsprechend anzuwenden. ³Die Sätze 1 und 2 gelten nicht für Beteiligungen des Investmentfonds an inländischen REIT-Aktiengesellschaften oder anderen REIT-Körperschaften, -Personenvereinigungen oder -Vermögensmassen im Sinne des REIT-Gesetzes.

(3) ¹Der nach den Absätzen 1 und 2 zu berücksichtigende Teil der Einnahmen ist, vorbehaltlich einer Berichtigung nach Satz 4, der Unterschied zwischen dem Aktiengewinn auf den Rücknahmepreis zum Zeitpunkt der Veräußerung einerseits und dem Aktiengewinn auf den Rücknahmepreis zum Zeitpunkt der Anschaffung andererseits. ²Bei Ansatz eines niedrigeren Teilwerts ist der zu berücksichtigende Teil nach § 3c Abs. 2 des Einkommensteuergesetzes und § 8b des Körperschaftsteuergesetzes, vorbehaltlich einer Berichtigung nach Satz 4, der Unterschied zwischen dem Aktiengewinn auf den maßgebenden Rücknahmepreis zum Zeitpunkt der Bewertung einerseits und dem Aktiengewinn auf den Rücknahmepreis zum Zeitpunkt der Anschaffung andererseits, soweit dieser Unterschiedsbetrag sich auf den Bilanzansatz ausgewirkt hat. ³Entsprechendes gilt bei Gewinnen aus dem Ansatz des in § 6 Abs. 1 Nr. 2 Satz 3 des Einkommensteuergesetzes bezeichneten Wertes für die Ermittlung des zu berücksichtigenden Teils nach § 3 Nr. 40 des Einkommensteuergesetzes oder § 8b des Körperschaftsteuergesetzes. ⁴Die nach den Sätzen 1, 2 und 3 zu berücksichtigenden Teile sind um einen nach den Sätzen 2 bzw. 3 ermittelten Aktiengewinn auf den maßgebenden Rücknahmepreis zum Schluss des vorangegangenen Wirtschaftsjahres zu berichtigen, soweit er sich auf den Bilanzansatz ausgewirkt hat.

(4) ¹Kommt eine Investmentgesellschaft ihrer Ermittlungs- und Veröffentlichungspflicht nach § 5 Abs. 2 nicht nach, gilt der Investmentanteil bei betrieblichen Anlegern als zum zeitgleich mit dem letzten Aktiengewinn veröffentlichten Rücknahmepreis zurückgegeben und wieder angeschafft. ²Die auf den Veräußerungsgewinn entfallende Einkommen- oder Körperschaftsteuer gilt als zinslos gestundet. ³Bei einer nachfolgenden Rückgabe oder Veräußerung des Investmentanteils endet die Stundung mit der Rückgabe oder Veräußerung. ⁴Auf die als angeschafft geltenden Investmentanteile sind § 3 Nr. 40 des Einkommensteuergesetzes und § 8b des Körperschaftsteuergesetzes nicht anzuwenden.

(5) ¹Gewinne aus der Rückgabe oder Veräußerung von Investmentanteilen, die weder zu einem Betriebsvermögen gehören noch zu den Einkünften nach § 22 Nr. 1 oder Nr. 5 des Einkommensteuergesetzes gehören, gehören zu den Einkünften aus Kapitalvermögen im Sinne des § 20 Abs. 2 Satz 1 Nr. 1 des Einkommensteuergesetzes; § 3 Nr. 40 und § 17 des Einkommensteuergesetzes und § 8b des Körperschaftsteuergesetzes sind nicht anzuwenden. ²Negative Einnahmen gemäß § 2 Abs. 1 Satz 1 sind von den Anschaffungskosten des Investmentanteils, erhaltener Zwischengewinn ist vom Veräußerungserlös des Investmentanteils abzusetzen. ³Der Veräußerungserlös ist ferner um die während der Besitzzeit als zugeflossen geltenden ausschüttungsgleichen Erträge zu mindern sowie um die hierauf entfallende, seitens der Investmentgesellschaft gezahlte und um einen entstandenen Ermäßigungsanspruch gekürzte Steuer im Sinne des § 4 Abs. 2, § 7 Abs. 3 und 4 zu erhöhen. ⁴Sind ausschüttungsgleiche Erträge in einem späteren Geschäftsjahr innerhalb der Besitzzeit ausgeschüttet worden, sind diese dem Veräußerungserlös hinzuzurechnen. ⁵Der Gewinn aus der Veräußerung oder Rückgabe ist um die während der Besitzzeit des Anlegers ausgeschütteten Beträge zu erhöhen, die nach § 21 Absatz 1 Satz 2 in Verbindung mit § 2 Abs. 3 Nr. 1 in der am 31. Dezember 2008 anzuwendenden Fassung des Gesetzes steuerfrei sind. ⁶Des Weiteren ist der Veräußerungsgewinn um die während der Besitzzeit des Anlegers zugeflossene Substanzauskehrung sowie um die Beträge zu erhöhen, die während der Besitzzeit auf Grund der Absetzung für Abnutzung oder Substanzverringerung im Sinne des § 3 Absatz 3 Satz 2 steuerfrei ausgeschüttet wurden. ⁷Ferner bleiben bei der Ermittlung des Gewinns die Anschaffungskosten und der Veräußerungserlös mit dem Pro-

zentsatz unberücksichtigt, den die Investmentgesellschaft für den jeweiligen Stichtag nach § 5 Abs. 2 für die Anwendung des Absatzes 1 in Verbindung mit § 4 Abs. 1 veröffentlicht hat.

(6) ¹Von den Einnahmen aus der Rückgabe oder Veräußerung von Investmentanteilen ist ein Steuerabzug vorzunehmen. ²Bemessungsgrundlage für den Kapitalertragsteuerabzug ist auch bei Investmentanteilen, die zu einem Betriebsvermögen gehören, der Gewinn nach Absatz 5. ³Die für den Steuerabzug von Kapitalerträgen nach § 43 Abs. 1 Satz 1 Nr. 9 sowie Satz 2 des Einkommensteuergesetzes geltenden Vorschriften des Einkommensteuergesetzes sind einschließlich des § 43 Abs. 2 Satz 3 bis 9 und des § 44a Abs. 4 und 5 entsprechend anzuwenden. ⁴Bei der unmittelbaren Rückgabe von Investmentanteilen an eine inländische Kapitalanlagegesellschaft oder Investmentaktiengesellschaft hat die Investmentgesellschaft den Kapitalertragsteuerabzug nach den Sätzen 1 bis 3 vorzunehmen; dieser Steuerabzug tritt an die Stelle des Steuerabzugs durch die auszahlende Stelle.

(7) § 15b des Einkommensteuergesetzes ist auf Verluste aus der Rückgabe, Veräußerung oder Entnahme von Investmentanteilen sowie auf Verluste durch Ansatz des niedrigeren Teilwerts bei Investmentanteilen sinngemäß anzuwenden.

(8) ¹Ein Investmentanteil gilt mit Ablauf des Geschäftsjahres, in dem ein Feststellungsbescheid nach § 1 Absatz 1d Satz 1 unanfechtbar geworden ist, als veräußert. ²Ein Anteil an einer Investitionsgesellschaft gilt zum selben Zeitpunkt als angeschafft. ³Als Veräußerungserlös des Investmentanteils und als Anschaffungskosten des Investitionsgesellschaftsanteils ist der Rücknahmepreis am Ende des Geschäftsjahres anzusetzen, in dem der Feststellungsbescheid unanfechtbar geworden ist. ⁴Wird kein Rücknahmepreis festgesetzt, tritt an seine Stelle der Börsen- oder Marktpreis. ⁵Kapitalertragsteuer ist nicht einzubehalten und abzuführen. ⁶Im Übrigen sind die vorstehenden Absätze anzuwenden. ⁷Die festgesetzte Steuer gilt bis zur tatsächlichen Veräußerung des Anteils als zinslos gestundet.

### § 9 Ertragsausgleich[1)]

¹Den in den ausgeschütteten und ausschüttungsgleichen Erträgen enthaltenen einzelnen Beträgen im Sinne der §§ 2 und 4 sowie der anrechenbaren oder abziehbaren ausländischen Quellensteuer stehen die hierauf entfallenden Teile des Ausgabepreises für ausgegebene Anteile gleich. ²Die Einnahmen und Zwischengewinne im Sinne des § 1 Absatz 4 sind bei Anwendung eines Ertragsausgleichsverfahrens um die hierauf entfallenden Teile des Ausgabepreises für ausgegebene Anteile zu erhöhen.

### § 10 Dach-Investmentfonds[2)3)]

¹Bei Erträgen eines Anlegers aus Investmentanteilen, die aus Erträgen des Investmentfonds aus Anteilen an anderen Investmentfonds stammen, findet § 6 entsprechende Anwendung, soweit die Besteuerungsgrundlagen des Dach-Investmentfonds im Sinne des § 5 Abs. 1 nicht nachgewiesen werden. ²Soweit Ziel-Investmentfonds die Voraussetzungen des § 5 Absatz 1 nicht erfüllen, sind die nach § 6 zu ermittelnden Besteuerungsgrundlagen des Ziel-Investmentfonds den steuerpflichtigen Erträgen des Dach-Investmentfonds zuzurechnen. ³Die vorstehenden Sätze sind auch auf Master-Feeder-Strukturen im Sinne der §§ 171 bis 180 des Kapitalanlagegesetzbuchs anzuwenden.

---

1) **Anm. d. Red.:** § 9 i. d. F. des Gesetzes v. 8. 12. 2010 (BGBl I S. 1768) mit Wirkung v. 14. 12. 2010.
2) **Anm. d. Red.:** § 10 i. d. F. des Gesetzes v. 18. 12. 2013 (BGBl I S. 4318) mit Wirkung v. 24. 12. 2013.
3) **Anm. d. Red.:** Zur Anwendung des § 10 siehe § 21 Abs. 20 Satz 1.

## Abschnitt 2: Regelungen nur für inländische Investmentfonds[1)]

### § 11 Steuerbefreiung und Außenprüfung[2)3)]

(1) ¹Das inländische Sondervermögen gilt als Zweckvermögen im Sinne des § 1 Absatz 1 Nummer 5 des Körperschaftsteuergesetzes und als sonstige juristische Person des privaten Rechts im Sinne des § 2 Absatz 3 des Gewerbesteuergesetzes. ²Ein inländischer Investmentfonds in der Rechtsform eines Sondervermögens oder einer Investmentaktiengesellschaft mit veränderlichem Kapital ist von der Körperschaftsteuer und der Gewerbesteuer befreit. ³Ein inländischer Investmentfonds in der Rechtsform einer offenen Investmentkommanditgesellschaft ist von der Gewerbesteuer befreit. ⁴Satz 2 gilt nicht für

1. Einkünfte, die die Investmentaktiengesellschaft mit veränderlichem Kapital oder deren Teilgesellschaftsvermögen aus der Verwaltung des Vermögens erzielt, oder
2. Einkünfte der Investmentaktiengesellschaft mit veränderlichem Kapital oder deren Teilgesellschaftsvermögen, die auf Unternehmensaktien entfallen, es sei denn, es wurde nach § 109 Absatz 1 Satz 1 des Kapitalanlagegesetzbuchs auf die Begebung von Anlageaktien verzichtet.

⁵Die Sätze 1 und 2 gelten auch für Investmentfonds im Sinne des § 1 Absatz 1g Satz 2.

(2) ¹Die von den Kapitalerträgen des inländischen Investmentfonds einbehaltene und abgeführte Kapitalertragsteuer wird dem Investmentfonds unter Einschaltung der Verwahrstelle erstattet, soweit nicht nach § 44a des Einkommensteuergesetzes vom Steuerabzug Abstand zu nehmen ist; dies gilt auch für den als Zuschlag zur Kapitalertragsteuer einbehaltenen und abgeführten Solidaritätszuschlag. ²Bei Kapitalerträgen im Sinne des § 43 Absatz 1 Satz 1 Nummer 1 und 2 des Einkommensteuergesetzes wendet die Verwahrstelle § 44b Absatz 6 des Einkommensteuergesetzes entsprechend an; bei den übrigen Kapitalerträgen außer Kapitalerträgen im Sinne des § 43 Absatz 1 Satz 1 Nummer 1a des Einkommensteuergesetzes erstattet das Finanzamt, an das die Kapitalertragsteuer abgeführt worden ist, die Kapitalertragsteuer und den Solidaritätszuschlag auf Antrag an die Verwahrstelle. ³Im Übrigen sind die Vorschriften des Einkommensteuergesetzes über die Abstandnahme vom Steuerabzug und über die Erstattung von Kapitalertragsteuer bei unbeschränkt einkommensteuerpflichtigen Gläubigern sinngemäß anzuwenden. ⁴An die Stelle der nach dem Einkommensteuergesetz erforderlichen Nichtveranlagungs-Bescheinigung tritt eine Bescheinigung des für den Investmentfonds zuständigen Finanzamts, in der bestätigt wird, dass ein Zweckvermögen oder eine Investmentaktiengesellschaft im Sinne des Absatzes 1 vorliegt.

(3) Beim inländischen Investmentfonds ist eine Außenprüfung im Sinne der §§ 194 ff. der Abgabenordnung zulässig zur Ermittlung der steuerlichen Verhältnisse des Investmentfonds, zum Zwecke der Prüfung der Berichte nach den §§ 101, 120 und 135 des Kapitalanlagegesetzbuchs und der Besteuerungsgrundlagen nach § 5.

### § 12 Ausschüttungsbeschluss[4)]

¹Die inländische Investmentgesellschaft hat über die Verwendung der zur Ausschüttung zur Verfügung stehenden Beträge zu beschließen und den Beschluss schriftlich zu dokumentieren. ²Der Beschluss hat Angaben zur Zusammensetzung der Ausschüttung zu enthalten. ³Er hat außerdem Angaben zu den noch nicht ausgeschütteten Beträgen, die nicht unter § 23 Absatz 1 fallen, zu enthalten.

---

1) **Anm. d. Red.:** Abschnittsüberschrift i. d. F. des Gesetzes v. 18. 12. 2013 (BGBl I S. 4318) mit Wirkung v. 24. 12. 2013.
2) **Anm. d. Red.:** § 11 i. d. F. des Gesetzes v. 18. 12. 2013 (BGBl I S. 4318) mit Wirkung v. 24. 12. 2013.
3) **Anm. d. Red.:** Zur Anwendung des § 11 siehe § 21 Abs. 17 Satz 2, Abs. 20 Sätze 1 und 2 und Abs. 21.
4) **Anm. d. Red.:** § 12 i. d. F. des Gesetzes v. 18. 12. 2013 (BGBl I S. 4318) mit Wirkung v. 24. 12. 2013.

## § 13 Gesonderte Feststellung der Besteuerungsgrundlagen[1)2)]

(1) Die Besteuerungsgrundlagen im Sinne des § 5 Abs. 1 sind gegenüber der Investmentgesellschaft gesondert festzustellen.

(2) ¹Die Investmentgesellschaft hat spätestens vier Monate nach Ablauf des Geschäftsjahres eine Erklärung zur gesonderten Feststellung der Besteuerungsgrundlagen abzugeben. ²Wird innerhalb von vier Monaten nach Ablauf des Geschäftsjahres ein Beschluss über eine Ausschüttung gefasst, ist die Erklärung nach Satz 1 spätestens vier Monate nach dem Tag des Beschlusses abzugeben. ³Der Feststellungserklärung sind der Jahresbericht, die Bescheinigung nach § 5 Absatz 1 Satz 1 Nummer 3, der Ausschüttungsbeschluss gemäß § 12 und eine Überleitungsrechnung, aus der hervorgeht, wie aus der investmentrechtlichen Rechnungslegung die Besteuerungsgrundlagen ermittelt wurden, beizufügen.

(3) ¹Die Feststellungserklärung steht einer gesonderten Feststellung gleich. ²Die Investmentgesellschaft hat die erklärten Besteuerungsgrundlagen zugleich im Bundesanzeiger bekannt zu machen.

(4) ¹Stellt das Finanzamt materielle Fehler der gesonderten Feststellung nach Absatz 3 Satz 1 fest, sind die Unterschiedsbeträge zwischen den erklärten Besteuerungsgrundlagen und den zutreffenden Besteuerungsgrundlagen gesondert festzustellen. ²Weichen die nach Absatz 3 Satz 2 bekannt gemachten Besteuerungsgrundlagen von der Feststellungserklärung ab, sind die Unterschiedsbeträge zwischen den nach Absatz 3 Satz 2 bekannt gemachten Besteuerungsgrundlagen und den erklärten Besteuerungsgrundlagen gesondert festzustellen. ³Die Investmentgesellschaft hat die Unterschiedsbeträge in der Feststellungserklärung für das Geschäftsjahr zu berücksichtigen, in dem die Feststellung nach den Sätzen 1 und 2 unanfechtbar geworden ist. ⁴Die §§ 129, 164, 165, 172 bis 175a der Abgabenordnung sind auf die gesonderte Feststellung nach Absatz 3 Satz 1 sowie Absatz 4 Satz 1 und 2 nicht anzuwenden. ⁵Eine gesonderte Feststellung nach den Sätzen 1 und 2 ist bis zum Ablauf der für die Feststellung nach Absatz 3 Satz 1 geltenden Feststellungsfrist zulässig.

(5) Örtlich zuständig ist das Finanzamt, in dessen Bezirk sich die Geschäftsleitung der Kapitalverwaltungsgesellschaft des Investmentfonds befindet, oder in den Fällen des § 1 Absatz 2a Satz 3 Nummer 1 Buchstabe b, in dessen Bezirk die Zweigniederlassung besteht, oder in den Fällen des § 1 Absatz 2a Satz 3 Nummer 1 Buchstabe c, in dessen Bezirk sich die Geschäftsleitung der inländischen Verwahrstelle befindet.

## § 14 Verschmelzung von Investmentfonds und Teilen von Investmentfonds[3)4)]

(1) Die folgenden Absätze 2 bis 6 gelten nur für die Verschmelzung im Sinne des § 189 des Kapitalanlagegesetzbuchsunter alleiniger Beteiligung inländischer Sondervermögen.

(2) ¹Das übertragende Sondervermögen hat die zu übertragenden Vermögensgegenstände und Verbindlichkeiten, die Teil des Nettoinventars sind, mit den Anschaffungskosten abzüglich Absetzungen für Abnutzungen oder Substanzverringerung (fortgeführte Anschaffungskosten) zu seinem Geschäftsjahresende (Übertragungsstichtag) anzusetzen. ²Ein nach § 189 Absatz 2 Satz 1 des Kapitalanlagegesetzbuchs bestimmter Übertragungsstichtag gilt als Geschäftsjahresende des übertragenden Sondervermögens.

---

1) **Anm. d. Red.:** § 13 Abs. 2 und 5 i. d. F. des Gesetzes v. 18.12.2013 (BGBl I S. 4318) mit Wirkung v. 24.12.2013; Abs. 3 i. d. F. des Gesetzes v. 22.12.2011 (BGBl I S. 3044) mit Wirkung v. 1.4.2012; Abs. 4 i. d. F. des Gesetzes v. 20.12.2007 (BGBl I S. 3150) mit Wirkung v. 29.12.2007.

2) **Anm. d. Red.:** Zur Anwendung des § 13 siehe § 21 Abs. 8, 14 und 20 Satz 1.

3) **Anm. d. Red.:** § 14 Überschrift, Abs. 1, 2, 4 und 8 i. d. F. des Gesetzes v. 18.12.2013 (BGBl I S. 4318) mit Wirkung v. 24.12.2013; Abs. 3 i. d. F. des Gesetzes v. 22.6.2011 (BGBl I S. 1126) mit Wirkung v. 26.7.2011; Abs. 5 i. d. F. des Gesetzes v. 8.12.2010 (BGBl I S. 1768) mit Wirkung v. 14.12.2010; Abs. 6 i. d. F. des Gesetzes v. 9.12.2004 (BGBl I S. 3310) mit Wirkung v. 16.12.2004; Abs. 7 i. d. F. des Gesetzes v. 25.7.2014 (BGBl I S. 1266) mit Wirkung v. 31.7.2014.

4) **Anm. d. Red.:** Zur Anwendung des § 14 siehe § 21 Abs. 18 und 20 Satz 1.

(3) ¹Das übernehmende Sondervermögen hat zu Beginn des dem Übertragungsstichtag folgenden Tages die übernommenen Vermögensgegenstände und Verbindlichkeiten mit den fortgeführten Anschaffungskosten anzusetzen. ²Das übernehmende Sondervermögen tritt in die steuerliche Rechtsstellung des übertragenden Sondervermögens ein.

(4) ¹Die Ausgabe der Anteile am übernehmenden Sondervermögen an die Anleger des übertragenden Sondervermögens gilt nicht als Tausch. ²Die erworbenen Anteile an dem übernehmenden Sondervermögen treten an die Stelle der Anteile an dem übertragenden Sondervermögen. ³Erhalten die Anleger des übertragenden Sondervermögens eine Barzahlung im Sinne des § 190 des Kapitalanlagegesetzbuchs, gilt diese als Ertrag im Sinne des § 20 Absatz 1 Nummer 1 des Einkommensteuergesetzes, wenn sie nicht Betriebseinnahme des Anlegers, eine Leistung nach § 22 Nummer 1 Satz 3 Buchstabe a Doppelbuchstabe aa des Einkommensteuergesetzes oder eine Leistung nach § 22 Nummer 5 des Einkommensteuergesetzes ist; § 3 Nummer 40 des Einkommensteuergesetzes und § 8b Absatz 1 des Körperschaftsteuergesetzes und § 5 sind nicht anzuwenden. ⁴Die Barzahlung ist als Ausschüttung eines sonstigen Ertrags oder als Teil der Ausschüttung nach § 6 zu behandeln.

(5) ¹Die nicht bereits ausgeschütteten ausschüttungsgleichen Erträge des letzten Geschäftsjahres des übertragenden Sondervermögens gelten den Anlegern dieses Sondervermögens mit Ablauf des Übertragungsstichtags als zugeflossen. ²Dies gilt nicht, wenn die Erträge gemäß § 2 Abs. 1 Satz 1 zu den Einkünften nach § 22 Nr. 1 oder 5 des Einkommensteuergesetzes zählen. ³Als ausschüttungsgleiche Erträge sind auch die nicht bereits zu versteuernden angewachsenen Erträge des übertragenden Sondervermögens zu behandeln.

(6) ¹Ermitteln beide Sondervermögen den Aktiengewinn nach § 5 Abs. 2, so darf sich der Aktiengewinn je Investmentanteil durch die Übertragung nicht verändern. ²Ermittelt nur eines der beiden Sondervermögen den Aktiengewinn, ist auf die Investmentanteile des Sondervermögens, das bisher einen Aktiengewinn ermittelt und veröffentlicht hat, § 8 Abs. 4 anzuwenden.

(7) ¹Die Absätze 2 bis 6 sind entsprechend anzuwenden, wenn bei einer nach dem Kapitalanlagegesetzbuch zulässigen Übertragung von allen Vermögensgegenständen im Wege der Sacheinlage sämtliche Vermögensgegenstände

1. eines Sondervermögens auf eine Investmentaktiengesellschaft mit veränderlichem Kapital oder auf ein Teilgesellschaftsvermögen einer Investmentaktiengesellschaft mit veränderlichem Kapital,
2. eines Teilgesellschaftsvermögens einer Investmentaktiengesellschaft mit veränderlichem Kapital auf ein anderes Teilgesellschaftsvermögen derselben Investmentaktiengesellschaft mit veränderlichem Kapital,
3. eines Teilgesellschaftsvermögens einer Investmentaktiengesellschaft mit veränderlichem Kapital auf ein Teilgesellschaftsvermögen einer anderen Investmentaktiengesellschaft mit veränderlichem Kapital,
4. einer Investmentaktiengesellschaft mit veränderlichem Kapital oder eines Teilgesellschaftsvermögens einer Investmentaktiengesellschaft mit veränderlichem Kapital auf ein Sondervermögen oder
5. einer Investmentaktiengesellschaft mit veränderlichem Kapital auf eine andere Investmentaktiengesellschaft mit veränderlichem Kapital oder ein Teilgesellschaftsvermögen einer anderen Investmentaktiengesellschaft mit veränderlichem Kapital

übertragen werden.

²Satz 1 ist nicht anzuwenden, wenn ein Spezial-Sondervermögen nach § 1 Absatz 6 und 10 des Kapitalanlagegesetzbuchs oder ein Teilinvestmentvermögen eines solchen Sondervermögens oder eine Spezial-Investmentaktiengesellschaft mit veränderlichem Kapital nach § 1 Absatz 6 in Verbindung mit Kapitel 1 Abschnitt 4 Unterabschnitt 3 des Kapitalanlagegesetzbuchs oder ein Teilgesellschaftsvermögen einer solchen Investmentaktiengesellschaft als übertragender oder aufnehmender Investmentfonds beteiligt ist.

(8) Die gleichzeitige Übertragung aller Vermögensgegenstände mehrerer Sondervermögen, Teilgesellschaftsvermögen oder Investmentaktiengesellschaften mit veränderlichem Kapital auf dasselbe Sondervermögen oder Teilgesellschaftsvermögen oder dieselbe Investmentaktiengesellschaft mit veränderlichem Kapital ist zulässig.

## § 15 Inländische Spezial-Investmentfonds[1)2)]

(1) ¹Bei inländischen Sondervermögen oder Investmentaktiengesellschaften mit veränderlichem Kapital, die auf Grund einer schriftlichen Vereinbarung mit der Kapitalverwaltungsgesellschaft oder auf Grund ihrer Satzung nicht mehr als 100 Anleger oder Aktionäre haben, die nicht natürliche Personen sind (Spezial-Investmentfonds), sind § 1 Absatz 1d, § 4 Absatz 4, § 5 Absatz 1 sowie die §§ 6 und 8 Absatz 4 und 8 nicht anzuwenden. ²§ 5 Abs. 2 Satz 1 ist mit der Maßgabe anzuwenden, dass die Investmentgesellschaft verpflichtet ist, den Aktiengewinn für Körperschaften, Personenvereinigungen oder Vermögensmassen bei jeder Bewertung des Investmentfonds zu ermitteln; die Veröffentlichung des Aktiengewinns entfällt. ³Für die Feststellung der Besteuerungsgrundlagen gilt § 180 Abs. 1 Nr. 2 Buchstabe a der Abgabenordnung entsprechend; die Feststellungserklärung steht einer gesonderten und einheitlichen Feststellung unter dem Vorbehalt der Nachprüfung gleich, eine berichtigte Feststellungserklärung gilt als Antrag auf Änderung. ⁴§ 13 Abs. 1, 3 und 4 ist nicht anzuwenden. ⁵Nicht ausgeglichene negative Erträge im Sinne des § 3 Abs. 4 Satz 2 entfallen, soweit ein Anleger seine Investmentanteile veräußert oder zurückgibt. ⁶In den Fällen des § 14 gilt dies auch, soweit sich jeweils die Beteiligungsquote des Anlegers an den beteiligten Sondervermögen reduziert. ⁷§ 32 Abs. 3 des Körperschaftsteuergesetzes gilt entsprechend; die Investmentgesellschaft hat den Kapitalertragsteuerabzug vorzunehmen. ⁸Die Kapitalertragsteuer nach Satz 7 und nach § 7 ist durch die Investmentgesellschaft innerhalb eines Monats nach der Entstehung zu entrichten. ⁹Die Investmentgesellschaft hat bis zu diesem Zeitpunkt eine Steueranmeldung nach amtlich vorgeschriebenem Datensatz auf elektronischem Weg nach Maßgabe der Steuerdaten-Übermittlungsverordnung vom 28. Januar 2003 (BGBl I S. 139), die zuletzt durch Artikel 8 der Verordnung vom 17. November 2010 (BGBl I S. 1544) geändert worden ist, in der jeweils geltenden Fassung zu übermitteln. ¹⁰Im Rahmen der ergänzenden Anwendung der Vorschriften des Einkommensteuergesetzes über den Steuerabzug sind § 44a Absatz 6 und § 45a Absatz 3 des Einkommensteuergesetzes nicht anzuwenden.

(1a) ¹Bei Investmentfonds im Sinne des Absatzes 1 Satz 1 ist abweichend von § 2 Absatz 2 Satz 1 und § 8 Absatz 1 Satz 1 § 8b des Körperschaftsteuergesetzes anzuwenden. ²Voraussetzung für die Anwendung des Satzes 1 auf Erträge des Investmentanteils ist, dass die Beteiligung des Investmentfonds mindestens 10 Prozent des Grund- oder Stammkapitals, des Vermögens oder der Summe der Geschäftsguthaben beträgt und der dem einzelnen Anleger zuzurechnende Anteil an dem Investmentfonds so hoch ist, dass die auf den einzelnen Anleger anteilig entfallende Beteiligung an der Körperschaft, Personenvereinigung oder Vermögensmasse mindestens 10 Prozent des Grund- oder Stammkapitals, des Vermögens oder der Summe der Geschäftsguthaben beträgt. ³Für die Berechnung der Beteiligungsgrenze ist für die Beteiligung des Investmentfonds auf die Höhe der Beteiligung an der Körperschaft, Personenvereinigung oder Vermögensmasse zu dem Zeitpunkt abzustellen, zu dem die auf die Beteiligung entfallenden Erträge dem Investmentfonds zugerechnet werden; für den Anteil des Anlegers an dem Investmentfonds ist auf den Schluss des Geschäftsjahres abzustellen. ⁴Über eine Mitunternehmerschaft gehaltene Investmentanteile sind dem Mitunternehmer anteilig nach dem allgemeinen Gewinnmaßstab zuzurechnen. ⁵Eine einem Anleger über einen direkt gehaltenen Anteil an einem Investmentfonds und über einen von einer Mitunternehmerschaft gehaltenen Anteil an demsel-

---

1) **Anm. d. Red.:** § 15 Überschrift und Abs. 1 i. d. F., Abs. 3 angefügt gem. Gesetz v. 18.12.2013 (BGBl I S. 4318) mit Wirkung v. 24.12.2013; Abs. 1a i. d. F. des Gesetzes v. 25.7.2014 (BGBl I S. 1266) mit Wirkung v. 31.7.2014; Abs. 2 i. d. F. des Gesetzes v. 22.6.2011 (BGBl I S. 1126) mit Wirkung v. 26.7.2011.

2) **Anm. d. Red.:** Zur Anwendung des § 15 siehe § 21 Abs. 2 Satz 3, Abs. 3, 9, 10, 20 Sätze 1 und 2, Abs. 22 Satz 1 und § 22 Abs. 2.

ben Investmentfonds zuzurechnende Beteiligung an derselben Körperschaft, Personenvereinigung oder Vermögensmasse sind zusammenzurechnen. ⁶Eine Zusammenrechnung von Beteiligungen an Körperschaften, Personenvereinigungen oder Vermögensmassen, die dem Anleger über andere Investmentfonds oder ohne Einschaltung eines Investmentfonds zuzurechnen sind, findet bei dem jeweiligen Investmentfonds nicht statt. ⁷Ist der Anleger bereits unmittelbar zu mindestens 10 Prozent an dem Grund- oder Stammkapital einer Körperschaft, Personenvereinigung oder Vermögensmasse beteiligt, gilt die Beteiligungsgrenze auch als überschritten, soweit der Anleger an dieser Körperschaft, Personenvereinigung oder Vermögensmasse auch über einen Investmentfonds beteiligt ist, wenn der Anleger die Höhe der unmittelbaren Beteiligung gegenüber der Investmentgesellschaft nachgewiesen hat; eine mittelbare über eine Mitunternehmerschaft gehaltene Beteiligung gilt hierbei als unmittelbare Beteiligung. ⁸Vom Investmentfonds entliehene Wertpapiere und Investmentanteile sowie vom Anleger entliehene Investmentanteile werden für die Berechnung einer Beteiligung dem Verleiher zugerechnet. ⁹Teilfonds oder Teilgesellschaftsvermögen stehen für die Anwendung der vorstehenden Sätze einem Investmentfonds gleich.

(2) ¹Erträge aus Vermietung und Verpachtung von inländischen Grundstücken und grundstücksgleichen Rechten und Gewinne aus privaten Veräußerungsgeschäften mit inländischen Grundstücken und grundstücksgleichen Rechten sind gesondert auszuweisen. ²Diese Erträge gelten beim beschränkt steuerpflichtigen Anleger als unmittelbar bezogene Einkünfte gemäß § 49 Abs. 1 Nr. 2 Buchstabe f, Nr. 6 oder Nr. 8 des Einkommensteuergesetzes. ³Dies gilt auch für die Anwendung der Regelungen in Doppelbesteuerungsabkommen. ⁴Von den Erträgen ist Kapitalertragsteuer in Höhe von 25 Prozent durch die Investmentgesellschaft einzubehalten; Absatz 1 Satz 8 bis 10 gilt entsprechend. ⁵§ 50 Absatz 2 Satz 1 des Einkommensteuergesetzes findet keine Anwendung.

(3) ¹Ein Investmentanteil an einem Spezial-Investmentfonds gilt mit Ablauf des vorangegangenen Geschäftsjahres des Spezial-Investmentfonds als veräußert, in dem der Spezial-Investmentfonds seine Anlagebedingungen in der Weise abgeändert hat, dass die Voraussetzungen des § 1 Absatz 1b nicht mehr erfüllt sind oder in dem ein wesentlicher Verstoß gegen die Anlagebestimmungen des § 1 Absatz 1b vorliegt. ²Als Veräußerungserlös des Investmentanteils und als Anschaffungskosten des Anteils an der Investitionsgesellschaft ist der Rücknahmepreis anzusetzen. ³Wird kein Rücknahmepreis festgesetzt, tritt an seine Stelle der Börsen- oder Marktpreis. ⁴Kapitalertragsteuer ist nicht einzubehalten und abzuführen. ⁵Der Spezial-Investmentfonds gilt mindestens für einen Zeitraum von drei Jahren als Investitionsgesellschaft.

### § 15a Offene Investmentkommanditgesellschaft[1]

(1) ¹§ 15 gilt für offene Investmentkommanditgesellschaften im Sinne des § 1 Absatz 1f Nummer 3 entsprechend. ²§ 15 Absatz 3 ist entsprechend anzuwenden, wenn die Voraussetzungen des § 1 Absatz 1f Nummer 3 nicht mehr erfüllt sind.

(2) ¹Die für die Ermittlung von Einkünften eines Anlegers eines Spezial-Investmentfonds geltenden Regelungen sind für die Anleger von offenen Investmentkommanditgesellschaften entsprechend anzuwenden. ²Für die Bewertung eines Anteils an einer offenen Investmentkommanditgesellschaft im Sinne des Absatzes 1 gilt § 6 Absatz 1 Nummer 2 des Einkommensteuergesetzes entsprechend.

(3) ¹Die Beteiligung an einer offenen Investmentkommanditgesellschaft im Sinne des Absatzes 1 führt nicht zur Begründung oder anteiligen Zurechnung einer Betriebsstätte des Anteilseigners. ²Die Einkünfte der offenen Investmentkommanditgesellschaft im Sinne des Absatzes 1 gelten als nicht gewerblich. ³§ 9 Nummer 2 des Gewerbesteuergesetzes ist auf Anteile am Gewinn an einer offenen Investmentkommanditgesellschaft im Sinne des Absatzes 1 nicht anzuwenden.

---

1) **Anm. d. Red.:** § 15a eingefügt gem. Gesetz v. 18. 12. 2013 (BGBl I S. 4318) mit Wirkung v. 24. 12. 2013.

(4) Wird ein Wirtschaftsgut aus einem Betriebsvermögen des Anlegers in das Gesellschaftsvermögen einer offenen Investmentkommanditgesellschaft übertragen, ist bei der Übertragung der Teilwert anzusetzen.

## Abschnitt 3: Regelungen nur für ausländische Investmentfonds[1)]

### § 16 Ausländische Spezial-Investmentfonds[2)3)]

¹Bei ausländischen AIF, deren Anteile satzungsgemäß von nicht mehr als 100 Anlegern, die nicht natürliche Personen sind, gehalten werden (ausländische Spezial-Investmentfonds), sind § 1 Absatz 1d, § 4 Absatz 4, § 5 Absatz 1 Satz 1 Nummer 5 Satz 3 sowie die §§ 6 und 8 Absatz 4 und 8 nicht anzuwenden. ²§ 5 Abs. 1 Satz 1 Nr. 3 ist mit der Maßgabe anzuwenden, dass die Investmentgesellschaft von der Bekanntmachung im Bundesanzeiger absehen kann, wenn sie den Anlegern die Daten mitteilt. ³§ 15 Absatz 1 Satz 2 und Absatz 1a gilt entsprechend. ⁴§ 15 Absatz 1 Satz 5 ist entsprechend anzuwenden. ⁵§ 15 Absatz 1 Satz 6 ist in Fällen des § 17a entsprechend anzuwenden. ⁶Für ausländische Spezial-Investmentfonds mit mindestens einem inländischen Anleger hat die ausländische Investmentgesellschaft dem Bundeszentralamt für Steuern innerhalb von vier Monaten nach Ende des Geschäftsjahres eine Bescheinigung eines zur geschäftsmäßigen Hilfeleistung befugten Berufsträgers im Sinne des § 3 des Steuerberatungsgesetzes, einer behördlich anerkannten Wirtschaftsprüfungsstelle oder einer vergleichbaren Stelle vorzulegen, aus der hervorgeht, dass die Angaben nach den Regeln des deutschen Steuerrechts ermittelt wurden. ⁷Fasst der ausländische Spezial-Investmentfonds innerhalb von vier Monaten nach Ende des Geschäftsjahres einen Ausschüttungsbeschluss, beginnt die Frist nach Satz 6 erst mit dem Tage des Ausschüttungsbeschlusses. ⁸§ 15 Absatz 3 gilt entsprechend.

### § 17 Repräsentant[4)]

Der Repräsentant einer ausländischen Investmentgesellschaft im Sinne des § 317 Absatz 1 Nummer 4 und § 319 des Kapitalanlagegesetzbuchs gilt nicht als ständiger Vertreter im Sinne des § 49 Abs. 1 Nr. 2 Buchstabe a des Einkommensteuergesetzes und des § 13 der Abgabenordnung, soweit er die ausländische Investmentgesellschaft gerichtlich oder außergerichtlich vertritt und er hierbei weder über die Anlage des eingelegten Geldes bestimmt noch bei dem Vertrieb der ausländischen Investmentanteile tätig wird.

### § 17a Auswirkungen der Verschmelzung von ausländischen Investmentfonds und Teilen eines solchen Investmentfonds auf einen anderen ausländischen Investmentfonds oder Teile eines solchen Investmentfonds[5)6)]

¹Für den Anleger eines Investmentanteils an einem Investmentfonds, das dem Recht eines anderen Mitgliedstaates der Europäischen Union untersteht, ist für Verschmelzungen von Investmentfonds, die demselben Aufsichtsrecht unterliegen, § 14 Absatz 4 bis 6 und 8 entsprechend anzuwenden, wenn
1. die dem § 189 des Kapitalanlagegesetzbuchs entsprechenden Vorschriften des Sitzstaates der Investmentfonds erfüllt sind und dies durch eine Bestätigung der für die Investmentaufsicht zuständigen Stelle nachgewiesen wird und

---

1) **Anm. d. Red.:** Abschnittsüberschrift i. d. F. des Gesetzes v. 18. 12. 2013 (BGBl I S. 4318) mit Wirkung v. 24. 12. 2013.
2) **Anm. d. Red.:** § 16 i. d. F. des Gesetzes v. 25. 7. 2014 (BGBl I S. 1266) mit Wirkung v. 31. 7. 2014.
3) **Anm. d. Red.:** Zur Anwendung des § 16 siehe § 21 Abs. 10, 19 Satz 1, Abs. 22 Satz 1 und § 22 Abs. 2.
4) **Anm. d. Red.:** § 17 i. d. F. des Gesetzes v. 18. 12. 2013 (BGBl I S. 4318) mit Wirkung v. 24. 12. 2013.
5) **Anm. d. Red.:** § 17a i. d. F. des Gesetzes v. 18. 12. 2013 (BGBl I S. 4318) mit Wirkung v. 24. 12. 2013.
6) **Anm. d. Red.:** Zur Anwendung des § 17a siehe § 21 Abs. 16, 18, 20 Satz 1 und Abs. 23.

2. der übernehmende Investmentfonds die fortgeführten Anschaffungskosten des übertragenden Investmentfonds für die Ermittlung der Investmenterträge fortführt und hierzu eine Bescheinigung eines zur geschäftsmäßigen Hilfeleistung befugten Berufsträgers im Sinne des § 3 des Steuerberatungsgesetzes, einer behördlich anerkannten Wirtschaftsprüfungsgesellschaft oder einer vergleichbaren Stelle vorlegt.

²Den Mitgliedstaaten der Europäischen Union stehen die Staaten gleich, auf die das Abkommen über den Europäischen Wirtschaftsraum anwendbar ist, sofern zwischen der Bundesrepublik Deutschland und dem anderen Staat auf Grund der Amtshilferichtlinie gemäß § 2 Absatz 2 des EU-Amtshilfegesetzes oder einer vergleichbaren zwei- oder mehrseitigen Vereinbarung Auskünfte erteilt werden, die erforderlich sind, um die Besteuerung durchzuführen. ³Die Bescheinigungen nach Satz 1 sind dem Bundeszentralamt für Steuern vorzulegen. ⁴§ 5 Abs. 1 Satz 1 Nr. 5 gilt entsprechend. ⁵Die Sätze 1 bis 4 sind entsprechend anzuwenden, wenn alle Vermögensgegenstände eines nach dem Investmentrecht des Sitzstaates abgegrenzten Teils eines Investmentfonds übertragen werden oder ein solcher Teil eines Investmentfonds alle Vermögensgegenstände eines anderen Investmentfonds oder eines nach dem Investmentrecht des Sitzstaates abgegrenzten Teils eines Investmentfonds übernimmt. ⁶§ 14 Absatz 7 Satz 2 und Absatz 8 gilt entsprechend; dies gilt bei § 14 Absatz 7 Satz 2 nicht für die Übertragung aller Vermögensgegenstände eines Sondervermögens auf ein anderes Sondervermögen.

## Abschnitt 4: Gemeinsame Vorschriften für inländische und ausländische Investitionsgesellschaften[1)]

### § 18 Personen-Investitionsgesellschaften[2)]

¹Personen-Investitionsgesellschaften sind Investitionsgesellschaften in der Rechtsform einer Investmentkommanditgesellschaft oder einer vergleichbaren ausländischen Rechtsform. ²Für diese sind die Einkünfte nach § 180 Absatz 1 Nummer 2 der Abgabenordnung gesondert und einheitlich festzustellen. ³Die Einkünfte sind von den Anlegern nach den allgemeinen steuerrechtlichen Regelungen zu versteuern.

### § 19 Kapital-Investitionsgesellschaften[3)]

(1) ¹Kapital-Investitionsgesellschaften sind alle Investitionsgesellschaften, die keine Personen-Investitionsgesellschaften sind. ²Kapital-Investitionsgesellschaften in der Rechtsform eines Sondervermögens gelten als Zweckvermögen im Sinne des § 1 Absatz 1 Nummer 5 des Körperschaftsteuergesetzes und als sonstige juristische Personen des privaten Rechts im Sinne des § 2 Absatz 3 des Gewerbesteuergesetzes. ³Ausländische Kapital-Investitionsgesellschaften, die keine Kapitalgesellschaften sind, gelten als Vermögensmassen im Sinne des § 2 Nummer 1 des Körperschaftsteuergesetzes und als sonstige juristische Person des privaten Rechts im Sinne des § 2 Absatz 3 des Gewerbesteuergesetzes.

(2) ¹Bei Anlegern, die ihren Investitionsgesellschaftsanteil im Privatvermögen halten, gelten die Ausschüttungen als Einkünfte im Sinne des § 20 Absatz 1 Nummer 1 des Einkommensteuergesetzes. ²§ 8b des Körperschaftsteuergesetzes und § 3 Nummer 40 des Einkommensteuergesetzes sind anzuwenden, wenn der Anleger nachweist, dass die Kapital-Investitionsgesellschaft
   1. in einem Mitgliedstaat der Europäischen Union oder in einem anderen Vertragsstaat des Abkommens über den Europäischen Wirtschaftsraum ansässig ist und dort der Ertragsbesteuerung für Kapitalgesellschaften unterliegt und nicht von ihr befreit ist, oder

---

1) **Anm. d. Red.:** Abschnittsüberschrift i. d. F. des Gesetzes v. 18.12.2013 (BGBl I S. 4318) mit Wirkung v. 24.12.2013.

2) **Anm. d. Red.:** Neuer § 18 eingefügt gem. Gesetz v. 18.12.2013 (BGBl I S. 4318) mit Wirkung v. 24.12.2013.

3) **Anm. d. Red.:** Neuer § 19 eingefügt gem. Gesetz v. 18.12.2013 (BGBl I S. 4318) mit Wirkung v. 24.12.2013.

2. in einem Drittstaat ansässig ist und dort einer Ertragsbesteuerung für Kapitalgesellschaften in Höhe von mindestens 15 Prozent unterliegt, und nicht von ihr befreit ist.
³Die inländische auszahlende Stelle hat von den Ausschüttungen einer Kapital-Investitionsgesellschaft Kapitalertragsteuer einzubehalten und abzuführen. ⁴Die für den Steuerabzug von Kapitalerträgen im Sinne des § 43 Absatz 1 Satz 1 Nummer 1 oder Nummer 1a sowie Satz 2 des Einkommensteuergesetzes geltenden Vorschriften des Einkommensteuergesetzes sind entsprechend anzuwenden. ⁵Bei Ausschüttungen von ausländischen Kapital-Investitionsgesellschaften sind die für den Steuerabzug von Kapitalerträgen im Sinne des § 43 Absatz 1 Satz 1 Nummer 6 des Einkommensteuergesetzes geltenden Vorschriften entsprechend anzuwenden.

(3) ¹Gewinne oder Verluste aus der Rückgabe oder Veräußerung von Kapital-Investitionsgesellschaftsanteilen, die nicht zu einem Betriebsvermögen gehören, sind Einkünfte im Sinne des § 20 Absatz 2 Satz 1 Nummer 1 des Einkommensteuergesetzes. ²Als Veräußerung gilt auch die vollständige oder teilweise Liquidation der Kapital-Investitionsgesellschaft. ³§ 8b des Körperschaftsteuergesetzes und § 3 Nummer 40 des Einkommensteuergesetzes sind unter den Voraussetzungen des Absatzes 2 Satz 2 anzuwenden. ⁴Die Regelungen zum Abzug der Kapitalertragsteuer nach § 8 Absatz 6 sind entsprechend anzuwenden.

(4) ¹Abweichend von § 7 Absatz 7 des Außensteuergesetzes bleiben die §§ 7 bis 14 des Außensteuergesetzes anwendbar. ²Soweit Hinzurechnungsbeträge nach § 10 Absatz 1 Satz 1 des Außensteuergesetzes angesetzt worden sind, ist auf Ausschüttungen und Veräußerungsgewinne § 3 Nummer 41 des Einkommensteuergesetzes anzuwenden. ³Im Übrigen unterliegen die Ausschüttungen und Veräußerungsgewinne der Besteuerung nach den vorstehenden Absätzen.

### § 20 Umwandlung einer Investitionsgesellschaft in einen Investmentfonds[1]

¹Ändert eine Investitionsgesellschaft ihre Anlagebedingungen und das tatsächliche Anlageverhalten dergestalt ab, dass die Voraussetzungen des § 1 Absatz 1b erfüllt sind, hat auf Antrag der Investitionsgesellschaft das für ihre Besteuerung nach dem Einkommen zuständige Finanzamt oder im Übrigen das Bundeszentralamt für Steuern das Vorliegen der Voraussetzungen festzustellen. ²Dabei ist der Mindestzeitraum von drei Jahren nach § 1 Absatz 1d Satz 3 zu beachten. ³§ 1 Absatz 1d Satz 4 und 5 ist entsprechend anzuwenden. ⁴Mit Ablauf des Geschäftsjahres, in dem der Feststellungsbescheid unanfechtbar geworden ist, gilt der Anteil an der Investitionsgesellschaft als veräußert und der Anteil an einem Investmentfonds als angeschafft. ⁵Kapitalertragsteuer ist nicht einzubehalten und abzuführen. ⁶Als Veräußerungserlös des Investitionsgesellschaftsanteils und als Anschaffungskosten des Investmentanteils ist der Rücknahmepreis am Ende des Geschäftsjahres anzusetzen, in dem der Feststellungsbescheid unanfechtbar geworden ist. ⁷Wird kein Rücknahmepreis festgesetzt, tritt an seine Stelle der Börsen- oder Marktpreis. ⁸Die festgesetzte Steuer gilt bis zur tatsächlichen Veräußerung des Anteils als zinslos gestundet.

## Abschnitt 5: Anwendungs- und Übergangsvorschriften[2]

### § 21 Anwendungsvorschriften vor Inkrafttreten des AIFM-Steuer-Anpassungsgesetzes[3]

(1) ¹Diese Fassung des Gesetzes ist vorbehaltlich des Satzes 2 und der nachfolgenden Absätze erstmals auf die Erträge eines Investmentvermögens anzuwenden, die dem Investmentvermögen nach dem 31. Dezember 2008 zufließen. ²Auf ausgeschüttete Gewinne aus der Veräußerung von Wertpapieren, Termingeschäften und Bezugsrechten auf Anteile an Kapitalgesellschaften, bei denen das Investmentvermögen die Wertpapiere oder Bezugsrechte vor dem 1. Januar

---

1) **Anm. d. Red.:** § 20 eingefügt gem. Gesetz v. 18.12.2013 (BGBl I S. 4318) mit Wirkung v. 24.12.2013.

2) **Anm. d. Red.:** Abschnittsüberschrift eingefügt gem. Gesetz v. 18.12.2013 (BGBl I S. 4318) mit Wirkung v. 24.12.2013.

3) **Anm. d. Red.:** § 21 i. d. F. des Gesetzes v. 25.7.2014 (BGBl I S. 1266) mit Wirkung v. 31.7.2014.

2009 angeschafft hat oder das Investmentvermögen das Termingeschäft vor dem 1. Januar 2009 abgeschlossen hat, ist § 2 Abs. 3 Nr. 1 in der am 31. Dezember 2008 anzuwendenden Fassung weiter anzuwenden. ³Die in § 21 verwendeten Begriffe Investmentvermögen, Publikums-Investmentvermögen, Ziel-Investmentvermögen und Dach-Investmentvermögen bestimmen sich weiterhin nach diesem Gesetz und dem Investmentgesetz in der am 21. Juli 2013 geltenden Fassung.

(2) ¹§ 7 Abs. 1, 3 und 4 in der Fassung des Artikels 8 des Gesetzes vom 14. August 2007 (BGBl I S. 1912) ist erstmals auf Kapitalerträge anzuwenden, die dem Anleger nach dem 31. Dezember 2008 zufließen oder als zugeflossen gelten. ²§ 8 Abs. 5 und 6 in der Fassung des Artikels 14 des Gesetzes vom 19. Dezember 2008 (BGBl I S. 2794) ist vorbehaltlich der Absätze 2a und 2b erstmals auf die Rückgabe oder Veräußerung von Investmentanteilen anzuwenden, die nach dem 31. Dezember 2008 erworben werden. ³§ 15 Abs. 2 in der Fassung des Artikels 8 des Gesetzes vom 14. August 2007 (BGBl I S. 1912) ist erstmals auf Erträge anzuwenden, die dem Anleger nach dem 31. Dezember 2008 zufließen oder als zugeflossen gelten.

(2a) ¹Auf die Veräußerung oder Rückgabe von Anteilen an inländischen Spezial-Sondervermögen, inländischen Spezial-Investment-Aktiengesellschaften oder ausländischen Spezial-Investmentvermögen, die nach dem 9. November 2007 und vor dem 1. Januar 2009 erworben werden, ist bereits § 8 Abs. 5 in der in Absatz 2 Satz 2 genannten Fassung mit Ausnahme des Satzes 5 anzuwenden. ²Satz 1 gilt entsprechend für die Rückgabe oder Veräußerung von Anteilen an anderen Investmentvermögen, bei denen durch Gesetz, Satzung, Gesellschaftsvertrag oder Anlagebedingungen die Beteiligung natürlicher Personen von der Sachkunde des Anlegers abhängig oder für die Beteiligung eine Mindestanlagesumme von 100 000 Euro oder mehr vorgeschrieben ist. ³Wann von dieser Sachkunde auszugehen ist, richtet sich nach dem Gesetz, der Satzung, dem Gesellschaftsvertrag oder den Anlagebedingungen. ⁴Als Veräußerungsgewinn wird aber höchstens die Summe der vom Investmentvermögen thesaurierten Veräußerungsgewinne angesetzt, auf die bei Ausschüttung Absatz 1 Satz 2 nicht anzuwenden wäre; der Anleger hat diesen niedrigeren Wert nachzuweisen. ⁵Auf Veräußerungsgewinne im Sinne dieses Absatzes ist § 8 Abs. 6 nicht anzuwenden; § 32d des Einkommensteuergesetzes in der nach dem 31. Dezember 2008 anzuwendenden Fassung gilt entsprechend.

(2b) ¹Auf die Rückgabe oder Veräußerung von Anteilen an Publikums-Investmentvermögen, deren Anlagepolitik auf die Erzielung einer Geldmarktrendite ausgerichtet ist und deren Termingeschäfts- und Wertpapierveräußerungsgewinne nach Verrechnung mit entsprechenden Verlusten vor Aufwandsverrechnung ohne Ertragsausgleich gemäß dem Jahresbericht des letzten vor dem 19. September 2008 endenden Geschäftsjahres die ordentlichen Erträge vor Aufwandsverrechnung ohne Ertragsausgleich übersteigen, ist § 8 Abs. 5 Satz 1 bis 4 und 6 sowie Abs. 6 in der in Absatz 2 Satz 2 genannten Fassung auch für vor dem 1. Januar 2009 angeschaffte Anteile anzuwenden, es sei denn, die Anteile wurden vor dem 19. September 2008 angeschafft; für neu aufgelegte Publikums-Investmentvermögen ist auf das erste nach dem 19. September 2008 endende Geschäftsjahr abzustellen. ²Auf die Veräußerung oder Rückgabe von Anteilen im Sinne des Satzes 1, die vor dem 19. September 2008 angeschafft wurden, ist bei Rückgaben oder Veräußerungen nach dem 10. Januar 2011 die in Absatz 2 Satz 2 genannte Fassung mit der Maßgabe anzuwenden, dass eine Anschaffung des Investmentanteils zum 10. Januar 2011 unterstellt wird.

(3) § 15 Absatz 1 Satz 7 und 8 in der Fassung des Artikels 8 des Gesetzes vom 14. August 2007 (BGBl I S. 1912) ist erstmals auf ausgeschüttete oder ausschüttungsgleiche Erträge anzuwenden, soweit sie Entgelte enthalten, die dem Investmentvermögen nach dem 17. August 2007 zufließen.

(4) ¹§ 7 Abs. 1 Satz 1 Nr. 3 Satz 2 in der Fassung des Artikels 13 des Gesetzes vom 13. Dezember 2006 (BGBl I S. 2878) ist anzuwenden auf die Rückgabe oder Veräußerung von Investmentanteilen, die nach dem 31. Dezember 2006 innerhalb des gleichen Instituts auf das Depot des Anlegers übertragen worden sind. ²Die Neufassung kann auch auf die Rückgabe oder Veräußerung von Investmentanteilen angewandt werden, die vor dem 1. Januar 2007 innerhalb des glei-

chen Instituts auf das Depot des Anlegers übertragen worden sind, wenn die Anschaffungskosten der Investmentanteile sich aus den Unterlagen des Instituts ergeben.

(5) ¹§ 2 in der Fassung des Gesetzes vom 28. Mai 2007 (BGBl I S. 914) ist erstmals auf Dividenden und Veräußerungserlöse anzuwenden, die dem Investmentvermögen nach dem 31. Dezember 2007 zufließen oder als zugeflossen gelten. ²§ 8 in der Fassung des Gesetzes vom 28. Mai 2007 (BGBl I S. 914) ist erstmals bei der Rückgabe oder Veräußerung oder der Bewertung eines Investmentanteils nach dem 31. Dezember 2007 anzuwenden. ³Die Investmentgesellschaft hat für Bewertungstage nach dem 31. Dezember 2007 bei der Ermittlung des Prozentsatzes nach § 5 Abs. 2 die Neufassung des § 8 zu berücksichtigen.

(6) § 2 Abs. 2a und § 5 Abs. 1 Satz 1 Buchstabe c Doppelbuchstabe ll in der Fassung des Artikels 23 des Gesetzes vom 20. Dezember 2007 (BGBl I S. 3150) sind erstmals auf Investmenterträge anzuwenden, die einem Anleger nach dem 25. Mai 2007 zufließen oder als zugeflossen gelten.

(7) § 7 Abs. 8 in der Fassung des Artikels 23 des Gesetzes vom 20. Dezember 2007 (BGBl I S. 3150) ist auf den nach dem 31. Dezember 2007 vorzunehmenden Steuerabzug anzuwenden.

(8) § 13 Abs. 4 in der Fassung des Artikels 23 des Gesetzes vom 20. Dezember 2007 (BGBl I S. 3150) ist für alle Feststellungszeiträume anzuwenden, für die die Feststellungsfrist noch nicht abgelaufen ist.

(9) § 15 Abs. 1 Satz 3 in der Fassung des Artikels 23 des Gesetzes vom 20. Dezember 2007 (BGBl I S. 3150) ist für alle Feststellungszeiträume anzuwenden, für die die Feststellungsfrist noch nicht abgelaufen ist.

(10) § 15 Abs. 1 Satz 1 und § 16 Satz 1 in der Fassung dieses Gesetzes sind erstmals auf das erste nach dem Inkrafttreten¹⁾ des Investmentänderungsgesetzes vom 21. Dezember 2007 (BGBl I S. 3089) endende Geschäftsjahr anzuwenden.

(11) ¹Sind Anteile an ausländischen Vermögen zwar ausländische Investmentanteile gemäß § 2 Abs. 9 des Investmentgesetzes in der bis zum, nicht aber in der seit dem Inkrafttreten des Investmentänderungsgesetzes vom 21. Dezember 2007 (BGBl I S. 3089) geltenden Fassung, so gelten sie für die Anwendung dieses Gesetzes bis zum Ende des letzten Geschäftsjahres, das vor dem 28. Dezember 2007 begonnen hat, weiterhin als ausländische Investmentanteile. ²In den Fällen des § 6 gelten solche Anteile bis zum 31. Dezember 2007 als ausländische Investmentanteile.

(12) ¹§ 1 Abs. 3 Satz 3 und 4 sowie Abs. 4 Nr. 1 und 2 in der Fassung des Artikels 14 des Gesetzes vom 19. Dezember 2008 (BGBl I S. 2794) ist erstmals auf Erträge anzuwenden, die dem Investmentvermögen nach dem 31. Dezember 2008 zufließen oder als zugeflossen gelten. ²Satz 1 gilt nicht für Erträge aus vom Investmentvermögen vor dem 1. Januar 2009 angeschafften sonstigen Kapitalforderungen im Sinne der nach dem 31. Dezember 2008 anzuwendenden Fassung des § 20 Absatz 1 Nummer 7 des Einkommensteuergesetzes, die nicht sonstige Kapitalforderungen im Sinne der vor dem 1. Januar 2009 anzuwendenden Fassung des § 20 Absatz 1 Nummer 7 des Einkommensteuergesetzes sind. ³§ 3 Abs. 2 Satz 1 Nr. 2 in der Fassung des Artikels 14 des Gesetzes vom 19. Dezember 2008 (BGBl I S. 2794) ist erstmals auf Erträge anzuwenden, die dem Investmentvermögen nach dem 31. Dezember 2008 als zugeflossen gelten; für die Anwendung des § 3 Abs. 2 Satz 1 Nr. 2 gelten die sonstigen Kapitalforderungen, die vor dem 1. Januar 2009 angeschafft wurden und bei denen nach § 3 Abs. 2 Satz 1 Nr. 2 in der bis zum 31. Dezember 2008 geltenden Fassung keine Zinsabgrenzung vorzunehmen war, als zum 1. Januar 2009 angeschafft.

(13) § 4 Abs. 2 Satz 8 und § 7 Abs. 1 Satz 1 Nr. 3 und Satz 3 in der Fassung des Artikels 14 des Gesetzes vom 19. Dezember 2008 (BGBl I S. 2794) sind erstmals beim Steuerabzug nach dem 31. Dezember 2008 anzuwenden.

---

1) **Anm. d. Red.:** Tag des Inkrafttretens: 28. 12. 2007.

(14) § 1 Abs. 3 Satz 5, § 5 Abs. 1 und § 13 Abs. 2 in der Fassung des Artikels 14 des Gesetzes vom 19. Dezember 2008 (BGBl I S. 2794) sind erstmals für Geschäftsjahre anzuwenden, die nach dem Inkrafttreten dieses Gesetzes enden.[1]

(15) § 7 Abs. 4 Satz 5 in der Fassung des Artikels 14 des Gesetzes vom 19. Dezember 2008 (BGBl I S. 2794) ist auf alle Steueranmeldungen anzuwenden, die nach dem 31. Dezember 2009 abzugeben sind.

(16) § 17a in der Fassung des Artikels 14 des Gesetzes vom 19. Dezember 2008 (BGBl I S. 2794) ist erstmals auf Übertragungen anzuwenden, bei denen der Vermögensübergang nach dem Inkrafttreten dieses Gesetzes wirksam wird.[1]

(17) [1]§ 7 Absatz 5 in der Fassung des Artikels 9 des Gesetzes vom 16. Juli 2009 (BGBl I S. 1959) ist erstmals auf Kapitalerträge anzuwenden, die dem Anleger nach dem 31. Dezember 2009 als zugeflossen gelten. [2]§ 11 Absatz 2 Satz 1 und 2 in der Fassung des Artikels 9 des Gesetzes vom 16. Juli 2009 (BGBl I S. 1959) ist erstmals auf Kapitalerträge anzuwenden, die dem Investmentvermögen nach dem 31. Dezember 2009 zufließen oder als zugeflossen gelten.

(18) Die §§ 14 und 17a in der Fassung des Artikels 9 des Gesetzes vom 16. Juli 2009 (BGBl I S. 1959) sind erstmals auf Übertragungen anzuwenden, die nach dem 22. Juli 2009 wirksam werden.

(19) [1]§ 4 Absatz 1 und § 16 in der Fassung des Artikels 6 des Gesetzes vom 8. Dezember 2010 (BGBl I S. 1768) sind erstmals für Geschäftsjahre anzuwenden, die nach dem 14. Dezember 2010 enden. [2]§ 5 Absatz 1 mit Ausnahme des Satzes 1 Nummer 3 Satz 1 und Absatz 3 in der Fassung des Artikels 6 des Gesetzes vom 8. Dezember 2010 (BGBl I S. 1768) ist erstmals für Geschäftsjahre anzuwenden, die nach dem 31. Dezember 2010 beginnen. [3]§ 5 Absatz 2 ist erstmals für Erträge anzuwenden, die dem Anleger nach dem 19. Mai 2010 zufließen oder als zugeflossen gelten. [4]Investmentgesellschaften, die bei der erstmaligen Ausgabe von Anteilen entschieden haben, von einer Ermittlung und Veröffentlichung des Aktiengewinns abzusehen, können abweichend von § 5 Absatz 2 Satz 3 hierüber erneut entscheiden. [5]Diese Entscheidung wird für die erstmalige Anwendung des § 5 Absatz 2 Satz 4 in der Fassung des Artikels 6 des Gesetzes vom 8. Dezember 2010 (BGBl I S. 1768) nur berücksichtigt, wenn die erstmalige Veröffentlichung des Aktiengewinns bis spätestens zum 19. Juli 2010 erfolgt. [6]Bei der erstmaligen Veröffentlichung ist von einem Aktiengewinn von Null auszugehen. [7]§ 7 Absatz 1 und 4 bis 6 in der Fassung des Artikels 6 des Gesetzes vom 8. Dezember 2010 (BGBl I S. 1768) ist vorbehaltlich der Sätze 8 und 9 erstmals auf Kapitalerträge anzuwenden, die dem Anleger nach dem 14. Dezember 2010 zufließen oder als zugeflossen gelten. [8]§ 7 Absatz 3 in der Fassung des Artikels 6 des Gesetzes vom 8. Dezember 2010 (BGBl I S. 1768) ist erstmals für Geschäftsjahre des Investmentvermögens anzuwenden, die nach dem 31. Dezember 2010 beginnen. [9]Dies gilt für § 7 Absatz 1 Satz 1 Nummer 1 Buchstabe a entsprechend, soweit dieser inländische Immobilienerträge aus seinem Anwendungsbereich ausnimmt.

(20) [1]§ 1 Absatz 1, 1a und 2, die §§ 5, 10, 11 Absatz 1, § 13 Absatz 5, die §§ 14, 15 Absatz 1 Satz 2 und § 17a in der Fassung des Artikels 9 des Gesetzes vom 22. Juni 2011 (BGBl I S. 1126) sind erstmals auf Geschäftsjahre anzuwenden, die nach dem 30. Juni 2011 beginnen. [2]Die §§ 2, 11 Absatz 2 und § 15 Absatz 1 Satz 1 und 8 bis 10 und Absatz 2 in der Fassung des Artikels 9 des Gesetzes vom 22. Juni 2011 (BGBl I S. 1126) und § 7 in der Fassung des Artikels 22 des Gesetzes vom 7. Dezember 2011 (BGBl I S. 2592) sind erstmals auf Kapitalerträge anzuwenden, die dem Anleger oder in den Fällen des § 11 Absatz 2 dem Investmentvermögen nach dem 31. Dezember 2011 zufließen oder ihm als zugeflossen gelten. [3]Für vor dem 1. Januar 2013 als zugeflossen geltende Erträge hat die inländische Stelle abweichend von § 7 Absatz 3b Satz 4 und Absatz 4 die Kapitalertragsteuer spätestens mit Ablauf des zweiten Monats seit dem Ende des Geschäftsjahres des Investmentvermögens einzubehalten und zum 10. des Folgemonats anzumelden und abzuführen. [4]Steuerabzugsbeträge, die für vor dem 1. Januar 2013 als zugeflossen geltende Erträge von Entrichtungspflichtigen bei der Verwahrstelle nicht eingezogen wurden, hat die Ver-

---

1) **Anm. d. Red.:** Tag des Inkrafttretens: 25. 12. 2008.

wahrstelle abweichend von § 7 Absatz 3b Satz 2 Halbsatz 2 spätestens mit Ablauf des dritten Monats seit dem Ende des Geschäftsjahres des Investmentvermögens einzubehalten und zum 10. des Folgemonats anzumelden und abzuführen.

(21) ¹§ 11 Absatz 2 Satz 2 in der Fassung des Artikels 9 des Gesetzes vom 16. Juli 2009 (BGBl I S. 1959) ist für Kapitalerträge, die dem Investmentvermögen nach dem 31. Dezember 2010 und vor dem 1. Januar 2012 zufließen, mit der Maßgabe anzuwenden, dass bei Kapitalerträgen im Sinne des § 43 Absatz 1 Satz 1 Nummer 1 des Einkommensteuergesetzes eine Erstattung von Kapitalertragsteuer nach § 44b Absatz 6 des Einkommensteuergesetzes nur zulässig ist, wenn die betreffenden Anteile, aus denen die Kapitalerträge stammen, im Zeitpunkt des Gewinnverteilungsbeschlusses neben dem wirtschaftlichen Eigentum auch

1. im zivilrechtlichen Eigentum der Investmentaktiengesellschaft oder
2. bei Sondervermögen im zivilrechtlichen Eigentum der Kapitalanlagegesellschaft oder im zivilrechtlichen Miteigentum der Anleger

stehen. ²Satz 1 gilt nicht bei Kapitalerträgen aus Anteilen, wenn es sich um den Erwerb von Anteilen an einem Ziel-Investmentvermögen handelt und die Anteile an das Dach-Investmentvermögen ausgegeben werden. ³§ 11 Absatz 2 Satz 4 in der Fassung des Artikels 8 des Gesetzes vom 26. Juni 2013 (BGBl I S. 1809) ist erstmals anzuwenden auf Erträge aus Investmentanteilen, die dem Anleger nach dem 31. Dezember 2012 zufließen oder als ihm zugeflossen gelten.

(22) ¹§ 2 Absatz 2, § 8 Absatz 1, § 15 Absatz 1 Satz 2 und Absatz 1a und § 16 Satz 3 in der Fassung des Artikels 2 des Gesetzes vom 21. März 2013 (BGBl I S. 561) sind ab dem 1. März 2013 anzuwenden. ²§ 5 Absatz 1 in der Fassung des Artikels 2 des Gesetzes vom 21. März 2013 (BGBl I S. 561) ist erstmals auf Geschäftsjahre anzuwenden, die nach dem 28. Februar 2013 enden. ³§ 5 Absatz 2 in der Fassung des Artikels 2 des Gesetzes vom 21. März 2013 (BGBl I S. 561) ist erstmals auf Veröffentlichungen anzuwenden, die nach dem 28. Februar 2013 erfolgen. ⁴Soweit ausgeschüttete und ausschüttungsgleiche inländische und ausländische Erträge, die dem Anleger nach dem 28. Februar 2013 zufließen oder als zugeflossen gelten, solche im Sinne des § 43 Absatz 1 Satz 1 Nummer 1, 1a und 6 sowie Satz 2 des Einkommensteuergesetzes enthalten, die dem Investmentfonds vor dem 1. März 2013 zugeflossen sind, sind § 8b des Körperschaftsteuergesetzes mit Ausnahme des Absatzes 4 sowie § 19 des REIT-Gesetzes anzuwenden. ⁵Auf die Einnahmen im Sinne des § 8 Absatz 1 aus einer Rückgabe, Veräußerung oder Entnahme von Investmentanteilen, die nach dem 28. Februar 2013 erfolgt, ist § 8b des Körperschaftsteuergesetzes mit Ausnahme des Absatzes 4 anzuwenden, soweit sie dort genannte, dem Anleger noch nicht zugeflossene oder als zugeflossen geltende Einnahmen enthalten, die dem Investmentfonds vor dem 1. März 2013 zugeflossen sind oder als zugeflossen gelten.

(23) § 17a Satz 2 in der Fassung des Artikels 8 des Gesetzes vom 26. Juni 2013 (BGBl I S. 1809) ist ab dem 1. Januar 2013 anzuwenden.

(24) Sind in den Erträgen eines Investmentvermögens solche im Sinne des § 21 Absatz 22 Satz 4 enthalten und endet das Geschäftsjahr eines Investmentvermögens nach dem 28. November 2013, ist § 5 Absatz 1 Satz 1 Nummer 1 in folgender Fassung anzuwenden:

„1. die Investmentgesellschaft den Anlegern bei jeder Ausschüttung bezogen auf einen Investmentanteil unter Angabe der Wertpapieridentifikationsnummer ISIN des Investmentfonds und des Zeitraums, auf den sich die Angaben beziehen, folgende Besteuerungsgrundlagen in deutscher Sprache bekannt macht:

a) den Betrag der Ausschüttung (mit mindestens vier Nachkommastellen) sowie

   aa) in der Ausschüttung enthaltene ausschüttungsgleiche Erträge der Vorjahre,

   bb) in der Ausschüttung enthaltene Substanzbeträge,

b) den Betrag der ausgeschütteten Erträge (mit mindestens vier Nachkommastellen),

c) die in den ausgeschütteten Erträgen enthaltenen

   aa) Erträge im Sinne des § 2 Absatz 2 Satz 1 dieses Gesetzes in Verbindung mit § 3 Nummer 40 des Einkommensteuergesetzes oder im Fall des § 16 dieses Gesetzes in Verbindung mit § 8b Absatz 1 des Körperschaftsteuergesetzes,

bb) Veräußerungsgewinne im Sinne des § 2 Absatz 2 Satz 2 dieses Gesetzes in Verbindung mit § 8b Absatz 2 des Körperschaftsteuergesetzes oder § 3 Nummer 40 des Einkommensteuergesetzes,
cc) Erträge im Sinne des § 2 Absatz 2a,
dd) steuerfreie Veräußerungsgewinne im Sinne des § 2 Absatz 3 Nummer 1 Satz 1 in der am 31. Dezember 2008 anzuwendenden Fassung,
ee) Erträge im Sinne des § 2 Absatz 3 Nummer 1 Satz 2 in der am 31. Dezember 2008 anzuwendenden Fassung, soweit die Erträge nicht Kapitalerträge im Sinne des § 20 des Einkommensteuergesetzes sind,
ff) steuerfreie Veräußerungsgewinne im Sinne des § 2 Absatz 3 in der ab 1. Januar 2009 anzuwendenden Fassung,
gg) Einkünfte im Sinne des § 4 Absatz 1,
hh) in Doppelbuchstabe gg enthaltene Einkünfte, die nicht dem Progressionsvorbehalt unterliegen,
ii) Einkünfte im Sinne des § 4 Absatz 2, für die kein Abzug nach Absatz 4 vorgenommen wurde,
jj) in Doppelbuchstabe ii enthaltene Einkünfte, auf die § 2 Absatz 2 dieses Gesetzes in Verbindung mit § 8b Absatz 2 des Körperschaftsteuergesetzes oder § 3 Nummer 40 des Einkommensteuergesetzes oder im Fall des § 16 dieses Gesetzes in Verbindung mit § 8b Absatz 1 des Körperschaftsteuergesetzes anzuwenden ist,
kk) in Doppelbuchstabe ii enthaltene Einkünfte im Sinne des § 4 Absatz 2, die nach einem Abkommen zur Vermeidung der Doppelbesteuerung zur Anrechnung einer als gezahlt geltenden Steuer auf die Einkommensteuer oder Körperschaftsteuer berechtigen,
ll) in Doppelbuchstabe kk enthaltene Einkünfte, auf die § 2 Absatz 2 dieses Gesetzes in Verbindung mit § 8b Absatz 2 des Körperschaftsteuergesetzes oder § 3 Nummer 40 des Einkommensteuergesetzes oder im Fall des § 16 dieses Gesetzes in Verbindung mit § 8b Absatz 1 des Körperschaftsteuergesetzes anzuwenden ist,
mm) Erträge im Sinne des § 21 Absatz 22 Satz 4 dieses Gesetzes in Verbindung mit § 8b Absatz 1 des Körperschaftsteuergesetzes,
nn) in Doppelbuchstabe ii enthaltene Einkünfte im Sinne des § 21 Absatz 22 Satz 4 dieses Gesetzes, auf die § 2 Absatz 2 dieses Gesetzes in der am 20. März 2013 geltenden Fassung in Verbindung mit § 8b Absatz 1 des Körperschaftsteuergesetzes anzuwenden ist,
oo) in Doppelbuchstabe kk enthaltene Einkünfte im Sinne des § 21 Absatz 22 Satz 4 dieses Gesetzes, auf die § 2 Absatz 2 dieses Gesetzes in der am 20. März 2013 geltenden Fassung in Verbindung mit § 8b Absatz 1 des Körperschaftsteuergesetzes anzuwenden ist,

d) den zur Anrechnung von Kapitalertragsteuer berechtigenden Teil der Ausschüttung
  aa) im Sinne des § 7 Absatz 1 und 2,
  bb) im Sinne des § 7 Absatz 3,
  cc) im Sinne des § 7 Absatz 1 Satz 4, soweit in Doppelbuchstabe aa enthalten,
e) (weggefallen)
f) den Betrag der ausländischen Steuer, der auf die in den ausgeschütteten Erträgen enthaltenen Einkünfte im Sinne des § 4 Absatz 2 entfällt und
  aa) der nach § 4 Absatz 2 dieses Gesetzes in Verbindung mit § 32d Absatz 5 oder § 34c Absatz 1 des Einkommensteuergesetzes oder einem Abkommen zur Vermeidung der Doppelbesteuerung anrechenbar ist, wenn kein Abzug nach § 4 Absatz 4 vorgenommen wurde,

bb) in Doppelbuchstabe aa enthalten ist und auf Einkünfte entfällt, auf die § 2 Absatz 2 dieses Gesetzes in Verbindung mit § 8b Absatz 2 des Körperschaftsteuergesetzes oder § 3 Nummer 40 des Einkommensteuergesetzes oder im Fall des § 16 dieses Gesetzes in Verbindung mit § 8b Absatz 1 des Körperschaftsteuergesetzes anzuwenden ist,

cc) der nach § 4 Absatz 2 dieses Gesetzes in Verbindung mit § 34c Absatz 3 des Einkommensteuergesetzes abziehbar ist, wenn kein Abzug nach § 4 Absatz 4 dieses Gesetzes vorgenommen wurde,

dd) in Doppelbuchstabe cc enthalten ist und auf Einkünfte entfällt, auf die § 2 Absatz 2 dieses Gesetzes in Verbindung mit § 8b Absatz 2 des Körperschaftsteuergesetzes oder § 3 Nummer 40 des Einkommensteuergesetzes oder im Fall des § 16 dieses Gesetzes in Verbindung mit § 8b Absatz 1 des Körperschaftsteuergesetzes anzuwenden ist,

ee) der nach einem Abkommen zur Vermeidung der Doppelbesteuerung als gezahlt gilt und nach § 4 Absatz 2 in Verbindung mit diesem Abkommen anrechenbar ist,

ff) in Doppelbuchstabe ee enthalten ist und auf Einkünfte entfällt, auf die § 2 Absatz 2 dieses Gesetzes in Verbindung mit § 8b Absatz 2 des Körperschaftsteuergesetzes oder § 3 Nummer 40 des Einkommensteuergesetzes oder im Fall des § 16 dieses Gesetzes in Verbindung mit § 8b Absatz 1 des Körperschaftsteuergesetzes anzuwenden ist,

gg) in Doppelbuchstabe aa enthalten ist und auf Einkünfte im Sinne des § 21 Absatz 22 Satz 4 dieses Gesetzes entfällt, auf die § 2 Absatz 2 dieses Gesetzes in der am 20. März 2013 geltenden Fassung in Verbindung mit § 8b Absatz 1 des Körperschaftsteuergesetzes anzuwenden ist,

hh) in Doppelbuchstabe cc enthalten ist und auf Einkünfte im Sinne des § 21 Absatz 22 Satz 4 dieses Gesetzes entfällt, auf die § 2 Absatz 2 dieses Gesetzes in der am 20. März 2013 geltenden Fassung in Verbindung mit § 8b Absatz 1 des Körperschaftsteuergesetzes anzuwenden ist,

ii) in Doppelbuchstabe ee enthalten ist und auf Einkünfte im Sinne des § 21 Absatz 22 Satz 4 dieses Gesetzes entfällt, auf die § 2 Absatz 2 dieses Gesetzes in der am 20. März 2013 geltenden Fassung in Verbindung mit § 8b Absatz 1 des Körperschaftsteuergesetzes anzuwenden ist,

g) den Betrag der Absetzungen für Abnutzung oder Substanzverringerung,

h) die im Geschäftsjahr gezahlte Quellensteuer, vermindert um die erstattete Quellensteuer des Geschäftsjahres oder früherer Geschäftsjahre;".

## § 22 Anwendungsvorschriften zum AIFM-Steuer-Anpassungsgesetz[1)]

(1) ¹Die Vorschriften dieses Gesetzes in der Fassung des Artikels 1 des Gesetzes vom 18. Dezember 2013 (BGBl I S. 4318) sind ab dem 24. Dezember 2013 anzuwenden, soweit im Folgenden keine abweichenden Bestimmungen getroffen werden. ²Die Vorschriften dieses Gesetzes in der am 21. Juli 2013 geltenden Fassung sind in der Zeit vom 22. Juli 2013 bis zum 23. Dezember 2013 weiterhin anzuwenden.

(2) ¹Investmentvermögen im Sinne dieses Gesetzes in der am 21. Juli 2013 geltenden Fassung gelten bis zum Ende des Geschäftsjahres, das nach dem 22. Juli 2016 endet, als Investmentfonds im Sinne des § 1 Absatz 1b Satz 2. ²Voraussetzung für die Anwendung des Satzes 1 ist, dass die Investmentvermögen weiterhin die Voraussetzungen des § 1 Absatz 1 und 1a in der am 21. Juli 2013 geltenden Fassung sowie die Anlagebestimmungen und Kreditaufnahmegrenzen nach dem Investmentgesetz in der am 21. Juli 2013 geltenden Fassung erfüllen. ³Anteile an Investmentvermögen im Sinne der Sätze 1 und 2 gelten als Anteile an Investmentfonds im Sinne

---

1) **Anm. d. Red.:** § 22 eingefügt gem. Gesetz v. 18. 12. 2013 (BGBl I S. 4318) mit Wirkung v. 24. 12. 2013.

## § 23

des § 1 Absatz 1b Satz 2. ⁴§ 1 Absatz 1d, § 15 Absatz 3 und § 16 Satz 8 in der am 24. Dezember 2013 geltenden Fassung sind bei Investmentvermögen im Sinne des Satzes 1 sinngemäß anzuwenden, sobald das Investmentvermögen gegen die in Satz 2 genannten Voraussetzungen wesentlich verstößt. ⁵Es gilt als wesentlicher Verstoß, wenn ein Investmentvermögen seine Anlagebedingungen nach dem 23. Dezember 2013 in der Weise ändert, dass die für Hedgefonds geltenden Vorschriften nach § 283 des Kapitalanlagegesetzbuchs oder nach § 112 des Investmentgesetzes in der am 21. Juli 2013 geltenden Fassung erstmals anzuwenden sind.

(3) ¹§ 3 Absatz 1a ist erstmals auf Abtrennungen von Zinsscheinen bzw. Zinsforderungen von dem dazugehörigen Stammrecht anzuwenden, die nach dem 28. November 2013 erfolgen. ²§ 3 Absatz 3 in der Fassung des Artikels 1 des Gesetzes vom 18. Dezember 2013 (BGBl I S. 4318) ist erstmals auf Geschäftsjahre anzuwenden, die nach dem 31. Dezember 2013 beginnen.

(4) § 3a ist erstmals bei Ausschüttungen anzuwenden, die nach dem 23. August 2014 abfließen.

(5) § 5 Absatz 3 Satz 4 in der am 21. Juli 2013 geltenden Fassung ist weiterhin anzuwenden bei Investmentvermögen im Sinne des Absatzes 2 Satz 1.

### § 23 Übergangsvorschriften[1)]

(1) ¹§ 2 Abs. 3 Nr. 1 zweiter Halbsatz in der am 1. Januar 2004 geltenden Fassung und § 2 Abs. 2 Satz 2 in der Fassung des Artikels 8 des Gesetzes vom 14. August 2007 (BGBl I S. 1912) sind bei inländischen Investmentfonds auf Veräußerungen von Anteilen an unbeschränkt körperschaftsteuerpflichtigen Kapitalgesellschaften und von Bezugsrechten auf derartige Anteile anzuwenden, die nach Ablauf des ersten Wirtschaftsjahres der Gesellschaft erfolgen, deren Anteile veräußert werden, für die das Körperschaftsteuergesetz in der Fassung des Artikels 3 des Gesetzes vom 23. Oktober 2000 (BGBl I S. 1433) erstmals anzuwenden ist, und auf sonstige Veräußerungen, die nach dem 31. Dezember 2000 erfolgen. ²§ 8 Abs. 1 ist hinsichtlich der in § 3 Nr. 40 des Einkommensteuergesetzes und in § 8b Abs. 2 des Körperschaftsteuergesetzes genannten Einnahmen nur anzuwenden, soweit diese auch im Falle der Ausschüttung nach § 2 Abs. 2 oder Abs. 3 Nr. 1 in der am 1. Januar 2004 geltenden Fassung und § 2 Abs. 2 in der Fassung des Artikels 8 des Gesetzes vom 14. August 2007 (BGBl I S. 1912) begünstigt wären.

(2) ¹Die §§ 37n bis 50d des Gesetzes über Kapitalanlagegesellschaften in der Fassung der Bekanntmachung vom 9. September 1998 (BGBl I S. 2726), das zuletzt durch Artikel 3 des Gesetzes vom 21. Juni 2002 (BGBl I S. 2010) geändert worden ist, sind letztmals auf das Geschäftsjahr des inländischen Investmentfonds anzuwenden, welches vor dem 1. Januar 2004 beginnt, sowie auf Erträge, die in diesem Geschäftsjahr zufließen. ²§ 40a des in Satz 1 genannten Gesetzes ist letztmals auf Einnahmen anzuwenden, die vor dem 1. Januar 2004 zufließen, sowie auf Gewinnminderungen, die vor dem 1. Januar 2004 entstehen. ³Die in dem in Satz 1 genannten Gesetz enthaltenen Bestimmungen zum Zwischengewinn sind letztmals auf Veräußerungen, Erwerbe oder Abtretungen anzuwenden, die vor dem 1. Januar 2004 stattfinden.

(3) ¹Die §§ 17 bis 20 des Auslandinvestment-Gesetzes in der Fassung der Bekanntmachung vom 9. September 1998 (BGBl I S. 2810)[2)], das zuletzt durch Artikel 32 des Gesetzes vom 21. August 2002 (BGBl I S. 3322) geändert worden ist, sind letztmals auf das Geschäftsjahr des ausländischen Investmentfonds anzuwenden, welches vor dem 1. Januar 2004 beginnt, sowie auf Erträge, die in diesem Geschäftsjahr zufließen. ²§ 17 Abs. 2b des in Satz 1 genannten Gesetzes ist letztmals auf Einnahmen anzuwenden, die vor dem 1. Januar 2004 zufließen. ³Die in dem in Satz 1 genannten Gesetz enthaltenen Bestimmungen zum Zwischengewinn sind letztmals auf Veräußerungen, Erwerbe oder Abtretungen anzuwenden, die vor dem 1. Januar 2004 stattfinden.

---

1) **Anm. d. Red.:** Bisheriger § 19 jetzt § 23 i. d. F. des Gesetzes v. 18.12.2013 (BGBl I S. 4318) mit Wirkung v. 24.12.2013.

2) **Anm. d. Red.:** Redaktionelles Versehen des Gesetzgebers; Fundstelle müsste richtig lauten „S. 2820".

# XXI. Umwandlungssteuergesetz (UmwStG)
## v. 7.12.2006 (BGBl I S. 2791) mit späteren Änderungen

Das Umwandlungssteuergesetz (UmwStG) ist als Art. 6 Gesetz über steuerliche Begleitmaßnahmen zur Einführung der Europäischen Gesellschaft und zur Änderung weiterer steuerrechtlicher Vorschriften (SEStEG) v. 7.12.2006 (BGBl I S. 2782, 2791, ber. 2007 I S. 68) verkündet worden und am 13.12.2006 in Kraft getreten. — Die hier wiedergegebene (nichtamtliche) Fassung berücksichtigt die Änderungen des UmwStG durch Art. 5 Unternehmensteuerreformgesetz 2008 v. 14.8.2007 (BGBl I S. 1912); Art. 4 Jahressteuergesetz 2008 (JStG 2008) v. 20.12.2007 (BGBl I S. 3150); Art. 6 Jahressteuergesetz 2009 (JStG 2009) v. 19.12.2008 (BGBl I S. 2794); Art. 4 Gesetz zur Beschleunigung des Wirtschaftswachstums (Wachstumsbeschleunigungsgesetz) v. 22.12.2009 (BGBl I S. 3950); Art. 3 Gesetz zur Umsetzung des EuGH-Urteils vom 20. Oktober 2011 in der Rechtssache C-284/09 v. 21.3.2013 (BGBl I S. 561); Art. 9 Gesetz zur Umsetzung der Amtshilferichtlinie sowie zur Änderung steuerlicher Vorschriften (Amtshilferichtlinie-Umsetzungsgesetz – AmtshilfeRLUmsG) v. 26.6.2013 (BGBl I S. 1809); Art. 6 Gesetz zur Anpassung des nationalen Steuerrechts an den Beitritt Kroatiens zur EU und zur Änderung weiterer steuerlicher Vorschriften v. 25.7.2014 (BGBl I S. 1266); Art. 6 Steueränderungsgesetz 2015 v. 2.11.2015 (BGBl I S. 1834). — **Zur Anwendung siehe § 27.**

## Nichtamtliche Fassung
### Inhaltsübersicht

**Erster Teil:**
**Allgemeine Vorschriften**

Anwendungsbereich und Begriffsbestimmungen .................... § 1
Steuerliche Rückwirkung ................. § 2

**Zweiter Teil:**
**Vermögensübergang bei Verschmelzung auf eine Personengesellschaft oder auf eine natürliche Person und Formwechsel einer Kapitalgesellschaft in eine Personengesellschaft**

Wertansätze in der steuerlichen Schlussbilanz der übertragenden Körperschaft ...... § 3
Auswirkungen auf den Gewinn des übernehmenden Rechtsträgers ..................... § 4
Besteuerung der Anteilseigner der übertragenden Körperschaft ........................ § 5
Gewinnerhöhung durch Vereinigung von Forderungen und Verbindlichkeiten ......... § 6
Besteuerung offener Rücklagen .............. § 7
Vermögensübergang auf einen Rechtsträger ohne Betriebsvermögen ..................... § 8
Formwechsel in eine Personengesellschaft ... § 9
(weggefallen) ................................ § 10

**Dritter Teil:**
**Verschmelzung oder Vermögensübertragung (Vollübertragung) auf eine andere Körperschaft**

Wertansätze in der steuerlichen Schlussbilanz der übertragenden Körperschaft ...... § 11

Auswirkungen auf den Gewinn der übernehmenden Körperschaft ..................... § 12
Besteuerung der Anteilseigner der übertragenden Körperschaft ........................ § 13
(weggefallen) ................................ § 14

**Vierter Teil:**
**Aufspaltung, Abspaltung und Vermögensübertragung (Teilübertragung)**

Aufspaltung, Abspaltung und Teilübertragung auf andere Körperschaften .............. § 15
Aufspaltung oder Abspaltung auf eine Personengesellschaft .......................... § 16

**Fünfter Teil:**
**Gewerbesteuer**

(weggefallen) ................................ § 17
Gewerbesteuer bei Vermögensübergang auf eine Personengesellschaft oder auf eine natürliche Person sowie bei Formwechsel in eine Personengesellschaft .............. § 18
Gewerbesteuer bei Vermögensübergang auf eine andere Körperschaft .................... § 19

**Sechster Teil:**
**Einbringung von Unternehmensteilen in eine Kapitalgesellschaft oder Genossenschaft und Anteilstausch**

Einbringung von Unternehmensteilen in eine Kapitalgesellschaft oder Genossenschaft .... § 20
Bewertung der Anteile beim Anteilstausch .. § 21
Besteuerung des Anteilseigners ............. § 22
Auswirkungen bei der übernehmenden Gesellschaft ................................ § 23

**Siebter Teil:**
**Einbringung eines Betriebs, Teilbetriebs oder Mitunternehmeranteils in eine Personengesellschaft**
Einbringung von Betriebsvermögen in eine Personengesellschaft........................ § 24

**Achter Teil:**
**Formwechsel einer Personengesellschaft in eine Kapitalgesellschaft oder Genossenschaft**
Entsprechende Anwendung des Sechsten Teils........................................ § 25

**Neunter Teil:**
**Verhinderung von Missbräuchen**
(weggefallen)................................ § 26

**Zehnter Teil:**
**Anwendungsvorschriften und Ermächtigung**
Anwendungsvorschriften..................... § 27
Bekanntmachungserlaubnis.................. § 28

## Erster Teil: Allgemeine Vorschriften

### § 1 Anwendungsbereich und Begriffsbestimmungen[1]

(1) ¹Der Zweite bis Fünfte Teil gilt nur für
1. die Verschmelzung, Aufspaltung und Abspaltung im Sinne der §§ 2, 123 Abs. 1 und 2 des Umwandlungsgesetzes von Körperschaften oder vergleichbare ausländische Vorgänge sowie des Artikels 17 der Verordnung (EG) Nr. 2157/2001 und des Artikels 19 der Verordnung (EG) Nr. 1435/2003;
2. den Formwechsel einer Kapitalgesellschaft in eine Personengesellschaft im Sinne des § 190 Abs. 1 des Umwandlungsgesetzes oder vergleichbare ausländische Vorgänge;
3. die Umwandlung im Sinne des § 1 Abs. 2 des Umwandlungsgesetzes, soweit sie einer Umwandlung im Sinne des § 1 Abs. 1 des Umwandlungsgesetzes entspricht sowie
4. die Vermögensübertragung im Sinne des § 174 des Umwandlungsgesetzes vom 28. Oktober 1994 (BGBl I S. 3210, 1995 I S. 428), das zuletzt durch Artikel 10 des Gesetzes vom 9. Dezember 2004 (BGBl I S. 3214) geändert worden ist, in der jeweils geltenden Fassung.

²Diese Teile gelten nicht für die Ausgliederung im Sinne des § 123 Abs. 3 des Umwandlungsgesetzes.

(2) ¹Absatz 1 findet nur Anwendung, wenn
1. beim Formwechsel der umwandelnde Rechtsträger oder bei den anderen Umwandlungen die übertragenden und die übernehmenden Rechtsträger nach den Rechtsvorschriften eines Mitgliedstaats der Europäischen Union oder eines Staates, auf den das Abkommen über den Europäischen Wirtschaftsraum Anwendung findet, gegründete Gesellschaften im Sinne des Artikels 54 des Vertrags über die Arbeitsweise der Europäischen Union oder des Artikels 34 des Abkommens über den Europäischen Wirtschaftsraum sind, deren Sitz und Ort der Geschäftsleitung sich innerhalb des Hoheitsgebiets eines dieser Staaten befinden oder
2. übertragender Rechtsträger eine Gesellschaft im Sinne der Nummer 1 und übernehmender Rechtsträger eine natürliche Person ist, deren Wohnsitz oder gewöhnlicher Aufenthalt sich innerhalb des Hoheitsgebiets eines der Staaten im Sinne der Nummer 1 befindet und die nicht auf Grund eines Abkommens zur Vermeidung der Doppelbesteuerung mit einem dritten Staat als außerhalb des Hoheitsgebiets dieser Staaten ansässig angesehen wird.

²Eine Europäische Gesellschaft im Sinne der Verordnung (EG) Nr. 2157/2001 und eine Europäische Genossenschaft im Sinne der Verordnung (EG) Nr. 1435/2003 gelten für die Anwendung

---

1) **Anm. d. Red.:** § 1 Abs. 2 i. d. F. des Gesetzes v. 26. 6. 2013 (BGBl I S. 1809) mit Wirkung v. 30. 6. 2013; Abs. 5 i. d. F. des Gesetzes v. 25. 7. 2014 (BGBl I S. 1266) mit Wirkung v. 31. 7. 2014.

des Satzes 1 als eine nach den Rechtsvorschriften des Staates gegründete Gesellschaft, in dessen Hoheitsgebiet sich der Sitz der Gesellschaft befindet.

(3) Der Sechste bis Achte Teil gilt nur für
1. die Verschmelzung, Aufspaltung und Abspaltung im Sinne der §§ 2 und 123 Abs. 1 und 2 des Umwandlungsgesetzes von Personenhandelsgesellschaften und Partnerschaftsgesellschaften oder vergleichbare ausländische Vorgänge;
2. die Ausgliederung von Vermögensteilen im Sinne des § 123 Abs. 3 des Umwandlungsgesetzes oder vergleichbare ausländische Vorgänge;
3. den Formwechsel einer Personengesellschaft in eine Kapitalgesellschaft oder Genossenschaft im Sinne des § 190 Abs. 1 des Umwandlungsgesetzes oder vergleichbare ausländische Vorgänge;
4. die Einbringung von Betriebsvermögen durch Einzelrechtsnachfolge in eine Kapitalgesellschaft, eine Genossenschaft oder Personengesellschaft sowie
5. den Austausch von Anteilen.

(4) ¹Absatz 3 gilt nur, wenn
1. der übernehmende Rechtsträger eine Gesellschaft im Sinne von Absatz 2 Satz 1 Nr. 1 ist und
2. in den Fällen des Absatzes 3 Nr. 1 bis 4

a) beim Formwechsel der umwandelnde Rechtsträger, bei der Einbringung durch Einzelrechtsnachfolge der einbringende Rechtsträger oder bei den anderen Umwandlungen der übertragende Rechtsträger

aa) eine Gesellschaft im Sinne von Absatz 2 Satz 1 Nr. 1 ist und, wenn es sich um eine Personengesellschaft handelt, soweit an dieser Körperschaften, Personenvereinigungen, Vermögensmassen oder natürliche Personen unmittelbar oder mittelbar über eine oder mehrere Personengesellschaften beteiligt sind, die die Voraussetzungen im Sinne von Absatz 2 Satz 1 Nr. 1 und 2 erfüllen, oder

bb) eine natürliche Person im Sinne von Absatz 2 Satz 1 Nr. 2 ist

oder

b) das Recht der Bundesrepublik Deutschland hinsichtlich der Besteuerung des Gewinns aus der Veräußerung der erhaltenen Anteile nicht ausgeschlossen oder beschränkt ist.

²Satz 1 ist in den Fällen der Einbringung eines Betriebs, Teilbetriebs oder Mitunternehmeranteils in eine Personengesellschaft nach § 24 nicht anzuwenden.

(5) Soweit dieses Gesetz nichts anderes bestimmt, ist
1. Richtlinie 2009/133/EG

die Richtlinie 2009/133/EG des Rates vom 19. Oktober 2009 über das gemeinsame Steuersystem für Fusionen, Spaltungen, Abspaltungen, die Einbringung von Unternehmensteilen und den Austausch von Anteilen, die Gesellschaften verschiedener Mitgliedstaaten betreffen, sowie für die Verlegung des Sitzes einer Europäischen Gesellschaft oder einer Europäischen Genossenschaft in einen anderen Mitgliedstaat (ABl L 310 vom 25.11.2009, S. 34), die zuletzt durch die Richtlinie 2013/13/EU (ABl L 141 vom 28.5.2013, S. 30) geändert worden ist, in der zum Zeitpunkt des steuerlichen Übertragungsstichtags jeweils geltenden Fassung;

2. Verordnung (EG) Nr. 2157/2001

die Verordnung (EG) Nr. 2157/2001 des Rates vom 8. Oktober 2001 über das Statut der Europäischen Gesellschaft (SE) (ABl EG Nr. L 294 S. 1), zuletzt geändert durch die Verordnung (EG) Nr. 885/2004 des Rates vom 26. April 2004 (ABl EU Nr. L 168 S. 1), in der zum Zeitpunkt des steuerlichen Übertragungsstichtags jeweils geltenden Fassung;

3. Verordnung (EG) Nr. 1435/2003

die Verordnung (EG) Nr. 1435/2003 des Rates vom 22. Juli 2003 über das Statut der Europäischen Genossenschaften (SCE) (ABl EU Nr. L 207 S. 1) in der zum Zeitpunkt des steuerlichen Übertragungsstichtags jeweils geltenden Fassung;

4. Buchwert

der Wert, der sich nach den steuerrechtlichen Vorschriften über die Gewinnermittlung in einer für den steuerlichen Übertragungsstichtag aufzustellenden Steuerbilanz ergibt oder ergäbe.

## § 2 Steuerliche Rückwirkung[1])

(1) ¹Das Einkommen und das Vermögen der übertragenden Körperschaft sowie des übernehmenden Rechtsträgers sind so zu ermitteln, als ob das Vermögen der Körperschaft mit Ablauf des Stichtags der Bilanz, die dem Vermögensübergang zu Grunde liegt (steuerlicher Übertragungsstichtag), ganz oder teilweise auf den übernehmenden Rechtsträger übergegangen wäre. ²Das Gleiche gilt für die Ermittlung der Bemessungsgrundlagen bei der Gewerbesteuer.

(2) Ist die Übernehmerin eine Personengesellschaft, gilt Absatz 1 Satz 1 für das Einkommen und das Vermögen der Gesellschafter.

(3) Die Absätze 1 und 2 sind nicht anzuwenden, soweit Einkünfte auf Grund abweichender Regelungen zur Rückbeziehung eines in § 1 Abs. 1 bezeichneten Vorgangs in einem anderen Staat der Besteuerung entzogen werden.

(4)[2]) ¹Der Ausgleich oder die Verrechnung eines Übertragungsgewinns mit verrechenbaren Verlusten, verbleibenden Verlustvorträgen, nicht ausgeglichenen negativen Einkünften, einem Zinsvortrag nach § 4h Absatz 1 Satz 5 des Einkommensteuergesetzes und einem EBITDA-Vortrag nach § 4h Absatz 1 Satz 3 des Einkommensteuergesetzes (Verlustnutzung) des übertragenden Rechtsträgers ist nur zulässig, wenn dem übertragenden Rechtsträger die Verlustnutzung auch ohne Anwendung der Absätze 1 und 2 möglich gewesen wäre. ²Satz 1 gilt für negative Einkünfte des übertragenden Rechtsträgers im Rückwirkungszeitraum entsprechend. ³Der Ausgleich oder die Verrechnung von positiven Einkünften des übertragenden Rechtsträgers im Rückwirkungszeitraum mit verrechenbaren Verlusten, verbleibenden Verlustvorträgen, nicht ausgeglichenen negativen Einkünften und einem Zinsvortrag nach § 4h Absatz 1 Satz 5 des Einkommensteuergesetzes des übernehmenden Rechtsträgers ist nicht zulässig. ⁴Ist übernehmender Rechtsträger eine Organgesellschaft, gilt Satz 3 auch für einen Ausgleich oder eine Verrechnung beim Organträger entsprechend. ⁵Ist übernehmender Rechtsträger eine Personengesellschaft, gilt Satz 3 auch für einen Ausgleich oder eine Verrechnung bei den Gesellschaftern entsprechend. ⁶Die Sätze 3 bis 5 gelten nicht, wenn übertragender Rechtsträger und übernehmender Rechtsträger vor Ablauf des steuerlichen Übertragungsstichtags verbundene Unternehmen im Sinne des § 271 Absatz 2 des Handelsgesetzbuches sind.

## Zweiter Teil: Vermögensübergang bei Verschmelzung auf eine Personengesellschaft oder auf eine natürliche Person und Formwechsel einer Kapitalgesellschaft in eine Personengesellschaft

### § 3 Wertansätze in der steuerlichen Schlussbilanz der übertragenden Körperschaft[3])

(1) ¹Bei einer Verschmelzung auf eine Personengesellschaft oder natürliche Person sind die übergehenden Wirtschaftsgüter, einschließlich nicht entgeltlich erworbener und selbst geschaf-

---

1) **Anm. d. Red.:** § 2 Abs. 4 i. d. F. des Gesetzes v. 26. 6. 2013 (BGBl I S. 1809) mit Wirkung v. 30. 6. 2013.
2) **Anm. d. Red.:** Zur Anwendung des § 2 Abs. 4 siehe § 27 Abs. 9, 10 und 12.
3) **Anm. d. Red.:** § 3 Abs. 3 i. d. F. des Gesetzes v. 25. 7. 2014 (BGBl I S. 1266) mit Wirkung v. 31. 7. 2014.

fener immaterieller Wirtschaftsgüter, in der steuerlichen Schlussbilanz der übertragenden Körperschaft mit dem gemeinen Wert anzusetzen. ²Für die Bewertung von Pensionsrückstellungen gilt § 6a des Einkommensteuergesetzes.

(2) ¹Auf Antrag können die übergehenden Wirtschaftsgüter abweichend von Absatz 1 einheitlich mit dem Buchwert oder einem höheren Wert, höchstens jedoch mit dem Wert nach Absatz 1, angesetzt werden, soweit

1. sie Betriebsvermögen der übernehmenden Personengesellschaft oder natürlichen Person werden und sichergestellt ist, dass sie später der Besteuerung mit Einkommensteuer oder Körperschaftsteuer unterliegen, und
2. das Recht der Bundesrepublik Deutschland hinsichtlich der Besteuerung des Gewinns aus der Veräußerung der übertragenen Wirtschaftsgüter bei den Gesellschaftern der übernehmenden Personengesellschaft oder bei der natürlichen Person nicht ausgeschlossen oder beschränkt wird und
3. eine Gegenleistung nicht gewährt wird oder in Gesellschaftsrechten besteht.

²Der Antrag ist spätestens bis zur erstmaligen Abgabe der steuerlichen Schlussbilanz bei dem für die Besteuerung der übertragenden Körperschaft zuständigen Finanzamt zu stellen.

(3) ¹Haben die Mitgliedstaaten der Europäischen Union bei Verschmelzung einer unbeschränkt steuerpflichtigen Körperschaft Artikel 10 der Richtlinie 2009/133/EG anzuwenden, ist die Körperschaftsteuer auf den Übertragungsgewinn gemäß § 26 des Körperschaftsteuergesetzes um den Betrag ausländischer Steuer zu ermäßigen, der nach den Rechtsvorschriften eines anderen Mitgliedstaats der Europäischen Union erhoben worden wäre, wenn die übertragenen Wirtschaftsgüter zum gemeinen Wert veräußert worden wären. ²Satz 1 gilt nur, soweit die übertragenen Wirtschaftsgüter einer Betriebsstätte der übertragenden Körperschaft in einem anderen Mitgliedstaat der Europäischen Union zuzurechnen sind und die Bundesrepublik Deutschland die Doppelbesteuerung bei der übertragenden Körperschaft nicht durch Freistellung vermeidet.

## § 4 Auswirkungen auf den Gewinn des übernehmenden Rechtsträgers[1]

(1) ¹Der übernehmende Rechtsträger hat die auf ihn übergegangenen Wirtschaftsgüter mit dem in der steuerlichen Schlussbilanz der übertragenden Körperschaft enthaltenen Wert im Sinne des § 3 zu übernehmen. ²Die Anteile an der übertragenden Körperschaft sind bei dem übernehmenden Rechtsträger zum steuerlichen Übertragungsstichtag mit dem Buchwert, erhöht um Abschreibungen, die in früheren Jahren steuerwirksam vorgenommen worden sind, sowie um Abzüge nach § 6b des Einkommensteuergesetzes und ähnliche Abzüge, höchstens mit dem gemeinen Wert, anzusetzen. ³Auf einen sich daraus ergebenden Gewinn finden § 8b Abs. 2 Satz 4 und 5 des Körperschaftsteuergesetzes sowie § 3 Nr. 40 Satz 1 Buchstabe a Satz 2 und 3 des Einkommensteuergesetzes Anwendung.

(2)[2] ¹Der übernehmende Rechtsträger tritt in die steuerliche Rechtsstellung der übertragenden Körperschaft ein, insbesondere bezüglich der Bewertung der übernommenen Wirtschaftsgüter, der Absetzungen für Abnutzung und der den steuerlichen Gewinn mindernden Rücklagen. ²Verrechenbare Verluste, verbleibende Verlustvorträge, vom übertragenden Rechtsträger nicht ausgeglichene negative Einkünfte, ein Zinsvortrag nach § 4h Absatz 1 Satz 5 des Einkommensteuergesetzes und ein EBITDA-Vortrag nach § 4h Absatz 1 Satz 3 des Einkommensteuergesetzes gehen nicht über. ³Ist die Dauer der Zugehörigkeit eines Wirtschaftsguts zum Betriebsvermögen für die Besteuerung bedeutsam, so ist der Zeitraum seiner Zugehörigkeit zum Betriebsvermögen der übertragenden Körperschaft dem übernehmenden Rechtsträger anzurechnen. ⁴Ist die übertragende Körperschaft eine Unterstützungskasse, erhöht sich der laufende Ge-

---

1) **Anm. d. Red.:** § 4 Abs. 2 i. d. F. des Gesetzes v. 22.12.2009 (BGBl I S. 3950) mit Wirkung v. 31.12.2009; Abs. 6 und 7 i. d. F. des Gesetzes v. 19.12.2008 (BGBl I S. 2794) mit Wirkung v. 25.12.2008.

2) **Anm. d. Red.:** Zur Anwendung des § 4 Abs. 2 siehe § 27 Abs. 5 und 10.

winn des übernehmenden Rechtsträgers in dem Wirtschaftsjahr, in das der Umwandlungsstichtag fällt, um die von ihm, seinen Gesellschaftern oder seinen Rechtsvorgängern an die Unterstützungskasse geleisteten Zuwendungen nach § 4d des Einkommensteuergesetzes; § 15 Abs. 1 Satz 1 Nr. 2 Satz 2 des Einkommensteuergesetzes gilt sinngemäß. ⁵In Höhe der nach Satz 4 hinzugerechneten Zuwendungen erhöht sich der Buchwert der Anteile an der Unterstützungskasse.

(3) Sind die übergegangenen Wirtschaftsgüter in der steuerlichen Schlussbilanz der übertragenden Körperschaft mit einem über dem Buchwert liegenden Wert angesetzt, sind die Absetzungen für Abnutzung bei dem übernehmenden Rechtsträger in den Fällen des § 7 Abs. 4 Satz 1 und Abs. 5 des Einkommensteuergesetzes nach der bisherigen Bemessungsgrundlage, in allen anderen Fällen nach dem Buchwert, jeweils vermehrt um den Unterschiedsbetrag zwischen dem Buchwert der einzelnen Wirtschaftsgüter und dem Wert, mit dem die Körperschaft die Wirtschaftsgüter in der steuerlichen Schlussbilanz angesetzt hat, zu bemessen.

(4) ¹Infolge des Vermögensübergangs ergibt sich ein Übernahmegewinn oder Übernahmeverlust in Höhe des Unterschiedsbetrags zwischen dem Wert, mit dem die übergegangenen Wirtschaftsgüter zu übernehmen sind, abzüglich der Kosten für den Vermögensübergang und dem Wert der Anteile an der übertragenden Körperschaft (Absätze 1 und 2, § 5 Abs. 2 und 3). ²Für die Ermittlung des Übernahmegewinns oder Übernahmeverlusts sind abweichend von Satz 1 die übergegangenen Wirtschaftsgüter der übertragenden Körperschaft mit dem Wert nach § 3 Abs. 1 anzusetzen, soweit an ihnen kein Recht der Bundesrepublik Deutschland zur Besteuerung des Gewinns aus einer Veräußerung bestand. ³Bei der Ermittlung des Übernahmegewinns oder des Übernahmeverlusts bleibt der Wert der übergegangenen Wirtschaftsgüter außer Ansatz, soweit er auf Anteile an der übertragenden Körperschaft entfällt, die am steuerlichen Übertragungsstichtag nicht zum Betriebsvermögen des übernehmenden Rechtsträgers gehören.

(5) ¹Ein Übernahmegewinn erhöht sich und ein Übernahmeverlust verringert sich um einen Sperrbetrag im Sinne des § 50c des Einkommensteuergesetzes, soweit die Anteile an der übertragenden Körperschaft am steuerlichen Übertragungsstichtag zum Betriebsvermögen des übernehmenden Rechtsträgers gehören. ²Ein Übernahmegewinn vermindert sich oder ein Übernahmeverlust erhöht sich um die Bezüge, die nach § 7 zu den Einkünften aus Kapitalvermögen im Sinne des § 20 Abs. 1 Nr. 1 des Einkommensteuergesetzes gehören.

(6)[1)] ¹Ein Übernahmeverlust bleibt außer Ansatz, soweit er auf eine Körperschaft, Personenvereinigung oder Vermögensmasse als Mitunternehmerin der Personengesellschaft entfällt. ²Satz 1 gilt nicht für Anteile an der übergegangenen Gesellschaft, die die Voraussetzungen des § 8b Abs. 7 oder des Abs. 8 Satz 1 des Körperschaftsteuergesetzes erfüllen. ³In den Fällen des Satzes 2 ist der Übernahmeverlust bis zur Höhe der Bezüge im Sinne des § 7 zu berücksichtigen. ⁴In den übrigen Fällen ist er in Höhe von 60 Prozent, höchstens jedoch in Höhe von 60 Prozent der Bezüge im Sinne des § 7 zu berücksichtigen; ein danach verbleibender Übernahmeverlust bleibt außer Ansatz. ⁵Satz 4 gilt nicht für Anteile an der übertragenden Gesellschaft, die die Voraussetzungen des § 3 Nr. 40 Satz 3 und 4 des Einkommensteuergesetzes erfüllen; in diesen Fällen gilt Satz 3 entsprechend. ⁶Ein Übernahmeverlust bleibt abweichend von den Sätzen 2 bis 5 außer Ansatz, soweit bei Veräußerung der Anteile an der übertragenden Körperschaft ein Veräußerungsverlust nach § 17 Abs. 2 Satz 6 des Einkommensteuergesetzes nicht zu berücksichtigen wäre oder soweit die Anteile an der übertragenden Körperschaft innerhalb der letzten fünf Jahre vor dem steuerlichen Übertragungsstichtag entgeltlich erworben wurden.

(7)[2)] ¹Soweit der Übernahmegewinn auf eine Körperschaft, Personenvereinigung oder Vermögensmasse als Mitunternehmerin der Personengesellschaft entfällt, ist § 8b des Körperschaftsteuergesetzes anzuwenden. ²In den übrigen Fällen ist § 3 Nr. 40 sowie § 3c des Einkommensteuergesetzes anzuwenden.

---

1) **Anm. d. Red.:** Zur Anwendung des § 4 Abs. 6 siehe § 27 Abs. 8.
2) **Anm. d. Red.:** Zur Anwendung des § 4 Abs. 7 siehe § 27 Abs. 8.

## § 5 Besteuerung der Anteilseigner der übertragenden Körperschaft

(1) Hat der übernehmende Rechtsträger Anteile an der übertragenden Körperschaft nach dem steuerlichen Übertragungsstichtag angeschafft oder findet er einen Anteilseigner ab, so ist sein Gewinn so zu ermitteln, als hätte er die Anteile an diesem Stichtag angeschafft.

(2) Anteile an der übertragenden Körperschaft im Sinne des § 17 des Einkommensteuergesetzes, die an dem steuerlichen Übertragungsstichtag nicht zu einem Betriebsvermögen eines Gesellschafters der übernehmenden Personengesellschaft oder einer natürlichen Person gehören, gelten für die Ermittlung des Gewinns als an diesem Stichtag in das Betriebsvermögen des übernehmenden Rechtsträgers mit den Anschaffungskosten eingelegt.

(3) ¹Gehören an dem steuerlichen Übertragungsstichtag Anteile an der übertragenden Körperschaft zum Betriebsvermögen eines Anteilseigners, ist der Gewinn so zu ermitteln, als seien die Anteile an diesem Stichtag zum Buchwert, erhöht um Abschreibungen sowie um Abzüge nach § 6b des Einkommensteuergesetzes und ähnliche Abzüge, die in früheren Jahren steuerwirksam vorgenommen worden sind, höchstens mit dem gemeinen Wert, in das Betriebsvermögen des übernehmenden Rechtsträgers überführt worden. ²§ 4 Abs. 1 Satz 3 gilt entsprechend.

## § 6 Gewinnerhöhung durch Vereinigung von Forderungen und Verbindlichkeiten

(1) ¹Erhöht sich der Gewinn des übernehmenden Rechtsträgers dadurch, dass der Vermögensübergang zum Erlöschen von Forderungen und Verbindlichkeiten zwischen der übertragenden Körperschaft und dem übernehmenden Rechtsträger oder zur Auflösung von Rückstellungen führt, so darf der übernehmende Rechtsträger insoweit eine den steuerlichen Gewinn mindernde Rücklage bilden. ²Die Rücklage ist in den auf ihre Bildung folgenden drei Wirtschaftsjahren mit mindestens je einem Drittel gewinnerhöhend aufzulösen.

(2) ¹Absatz 1 gilt entsprechend, wenn sich der Gewinn eines Gesellschafters des übernehmenden Rechtsträgers dadurch erhöht, dass eine Forderung oder Verbindlichkeit der übertragenden Körperschaft auf den übernehmenden Rechtsträger übergeht oder dass infolge des Vermögensübergangs eine Rückstellung aufzulösen ist. ²Satz 1 gilt nur für Gesellschafter, die im Zeitpunkt der Eintragung des Umwandlungsbeschlusses in das öffentliche Register an dem übernehmenden Rechtsträger beteiligt sind.

(3) ¹Die Anwendung der Absätze 1 und 2 entfällt rückwirkend, wenn der übernehmende Rechtsträger den auf ihn übergegangenen Betrieb innerhalb von fünf Jahren nach dem steuerlichen Übertragungsstichtag in eine Kapitalgesellschaft einbringt oder ohne triftigen Grund veräußert oder aufgibt. ²Bereits erteilte Steuerbescheide, Steuermessbescheide, Freistellungsbescheide oder Feststellungsbescheide sind zu ändern, soweit sie auf der Anwendung der Absätze 1 und 2 beruhen.

## § 7 Besteuerung offener Rücklagen

¹Dem Anteilseigner ist der Teil des in der Steuerbilanz ausgewiesenen Eigenkapitals abzüglich des Bestands des steuerlichen Einlagekontos im Sinne des § 27 des Körperschaftsteuergesetzes, der sich nach Anwendung des § 29 Abs. 1 des Körperschaftsteuergesetzes ergibt, in dem Verhältnis der Anteile zum Nennkapital der übertragenden Körperschaft als Einnahmen aus Kapitalvermögen im Sinne des § 20 Abs. 1 Nr. 1 des Einkommensteuergesetzes zuzurechnen. ²Dies gilt unabhängig davon, ob für den Anteilseigner ein Übernahmegewinn oder Übernahmeverlust nach § 4 oder § 5 ermittelt wird.

## § 8 Vermögensübergang auf einen Rechtsträger ohne Betriebsvermögen

(1) ¹Wird das übertragene Vermögen nicht Betriebsvermögen des übernehmenden Rechtsträgers, sind die infolge des Vermögensübergangs entstehenden Einkünfte bei diesem oder den Gesellschaftern des übernehmenden Rechtsträgers zu ermitteln. ²Die §§ 4, 5 und 7 gelten entsprechend.

(2) In den Fällen des Absatzes 1 sind § 17 Abs. 3 und § 22 Nr. 2 des Einkommensteuergesetzes nicht anzuwenden.

### § 9 Formwechsel in eine Personengesellschaft[1)2)]

¹Im Falle des Formwechsels einer Kapitalgesellschaft in eine Personengesellschaft sind die §§ 3 bis 8 und 10 entsprechend anzuwenden. ²Die Kapitalgesellschaft hat für steuerliche Zwecke auf den Zeitpunkt, in dem der Formwechsel wirksam wird, eine Übertragungsbilanz, die Personengesellschaft eine Eröffnungsbilanz aufzustellen. ³Die Bilanzen nach Satz 2 können auch für einen Stichtag aufgestellt werden, der höchstens acht Monate vor der Anmeldung des Formwechsels zur Eintragung in ein öffentliches Register liegt (Übertragungsstichtag); § 2 Absatz 3 und 4 gilt entsprechend.

### § 10 (weggefallen)[3)]

## Dritter Teil: Verschmelzung oder Vermögensübertragung (Vollübertragung) auf eine andere Körperschaft

### § 11 Wertansätze in der steuerlichen Schlussbilanz der übertragenden Körperschaft

(1) ¹Bei einer Verschmelzung oder Vermögensübertragung (Vollübertragung) auf eine andere Körperschaft sind die übergehenden Wirtschaftsgüter, einschließlich nicht entgeltlich erworbener oder selbst geschaffener immaterieller Wirtschaftsgüter, in der steuerlichen Schlussbilanz der übertragenden Körperschaft mit dem gemeinen Wert anzusetzen. ²Für die Bewertung von Pensionsrückstellungen gilt § 6a des Einkommensteuergesetzes.

(2) ¹Auf Antrag können die übergehenden Wirtschaftsgüter abweichend von Absatz 1 einheitlich mit dem Buchwert oder einem höheren Wert, höchstens jedoch mit dem Wert nach Absatz 1, angesetzt werden, soweit

1. sichergestellt ist, dass sie später bei der übernehmenden Körperschaft der Besteuerung mit Körperschaftsteuer unterliegen und
2. das Recht der Bundesrepublik Deutschland hinsichtlich der Besteuerung des Gewinns aus der Veräußerung der übertragenen Wirtschaftsgüter bei der übernehmenden Körperschaft nicht ausgeschlossen oder beschränkt wird und
3. eine Gegenleistung nicht gewährt wird oder in Gesellschaftsrechten besteht.

²Anteile an der übernehmenden Körperschaft sind mindestens mit dem Buchwert, erhöht um Abschreibungen sowie um Abzüge nach § 6b des Einkommensteuergesetzes und ähnliche Abzüge, die in früheren Jahren steuerwirksam vorgenommen worden sind, höchstens mit dem gemeinen Wert, anzusetzen. ³Auf einen sich daraus ergebenden Gewinn findet § 8b Abs. 2 Satz 4 und 5 des Körperschaftsteuergesetzes Anwendung.

(3) § 3 Abs. 2 Satz 2 und Abs. 3 gilt entsprechend.

### § 12 Auswirkungen auf den Gewinn der übernehmenden Körperschaft

(1) ¹Die übernehmende Körperschaft hat die auf sie übergegangenen Wirtschaftsgüter mit dem in der steuerlichen Schlussbilanz der übertragenden Körperschaft enthaltenen Wert im Sinne des § 11 zu übernehmen. ²§ 4 Abs. 1 Satz 2 und 3 gilt entsprechend.

(2) ¹Bei der übernehmenden Körperschaft bleibt ein Gewinn oder ein Verlust in Höhe des Unterschieds zwischen dem Buchwert der Anteile an der übertragenden Körperschaft und dem Wert, mit dem die übergegangenen Wirtschaftsgüter zu übernehmen sind, abzüglich der Kos-

---

1) **Anm. d. Red.:** § 9 i. d. F. des Gesetzes v. 22. 12. 2009 (BGBl I S. 3950) mit Wirkung v. 31. 12. 2009.
2) **Anm. d. Red.:** Zur Anwendung des § 9 siehe § 27 Abs. 10.
3) **Anm. d. Red.:** § 10 weggefallen gem. Gesetz v. 20. 12. 2007 (BGBl I S. 3150) mit Wirkung v. 29. 12. 2007.

ten für den Vermögensübergang, außer Ansatz. ²§ 8b des Körperschaftsteuergesetzes ist anzuwenden, soweit der Gewinn im Sinne des Satzes 1 abzüglich der anteilig darauf entfallenden Kosten für den Vermögensübergang, dem Anteil der übernehmenden Körperschaft an der übertragenden Körperschaft entspricht. ³§ 5 Abs. 1 gilt entsprechend.

(3) Die übernehmende Körperschaft tritt in die steuerliche Rechtsstellung der übertragenden Körperschaft ein; § 4 Abs. 2 und 3 gilt entsprechend.

(4) § 6 gilt sinngemäß für den Teil des Gewinns aus der Vereinigung von Forderungen und Verbindlichkeiten, der der Beteiligung der übernehmenden Körperschaft am Grund- oder Stammkapital der übertragenden Körperschaft entspricht.

(5) Im Falle des Vermögensübergangs in den nicht steuerpflichtigen oder steuerbefreiten Bereich der übernehmenden Körperschaft gilt das in der Steuerbilanz ausgewiesene Eigenkapital abzüglich des Bestands des steuerlichen Einlagekontos im Sinne des § 27 des Körperschaftsteuergesetzes, der sich nach Anwendung des § 29 Abs. 1 des Körperschaftsteuergesetzes ergibt, als Einnahme im Sinne des § 20 Abs. 1 Nr. 1 des Einkommensteuergesetzes.

## § 13 Besteuerung der Anteilseigner der übertragenden Körperschaft[1)]

(1) Die Anteile an der übertragenden Körperschaft gelten als zum gemeinen Wert veräußert und die an ihre Stelle tretenden Anteile an der übernehmenden Körperschaft gelten als mit diesem Wert angeschafft.

(2) ¹Abweichend von Absatz 1 sind auf Antrag die Anteile an der übernehmenden Körperschaft mit dem Buchwert der Anteile an der übertragenden Körperschaft anzusetzen, wenn

1. das Recht der Bundesrepublik Deutschland hinsichtlich der Besteuerung des Gewinns aus der Veräußerung der Anteile an der übernehmenden Körperschaft nicht ausgeschlossen oder beschränkt wird oder

2. die Mitgliedstaaten der Europäischen Union bei einer Verschmelzung Artikel 8 der Richtlinie 2009/133/EG anzuwenden haben; in diesem Fall ist der Gewinn aus einer späteren Veräußerung der erworbenen Anteile ungeachtet der Bestimmungen eines Abkommens zur Vermeidung der Doppelbesteuerung in der gleichen Art und Weise zu besteuern, wie die Veräußerung der Anteile an der übertragenden Körperschaft zu besteuern wäre. ²§ 15 Abs. 1a Satz 2 des Einkommensteuergesetzes ist entsprechend anzuwenden.

²Die Anteile an der übernehmenden Körperschaft treten steuerlich an die Stelle der Anteile an der übertragenden Körperschaft. ³Gehören die Anteile an der übernehmenden Körperschaft nicht zu einem Betriebsvermögen, treten an die Stelle des Buchwerts die Anschaffungskosten.

## § 14 (weggefallen)

## Vierter Teil: Aufspaltung, Abspaltung und Vermögensübertragung (Teilübertragung)

### § 15 Aufspaltung, Abspaltung und Teilübertragung auf andere Körperschaften[2)]

(1) ¹Geht Vermögen einer Körperschaft durch Aufspaltung oder Abspaltung oder durch Teilübertragung auf andere Körperschaften über, gelten die §§ 11 bis 13 vorbehaltlich des Satzes 2 und des § 16 entsprechend. ²§ 11 Abs. 2 und § 13 Abs. 2 sind nur anzuwenden, wenn auf die Übernehmerinnen ein Teilbetrieb übertragen wird und im Falle der Abspaltung oder Teilübertragung bei der übertragenden Körperschaft ein Teilbetrieb verbleibt. ³Als Teilbetrieb gilt auch ein Mitunternehmeranteil oder die Beteiligung an einer Kapitalgesellschaft, die das gesamte Nennkapital der Gesellschaft umfasst.

---

1) **Anm. d. Red.:** § 13 Abs. 2 i. d. F. des Gesetzes v. 25. 7. 2014 (BGBl I S. 1266) mit Wirkung v. 31. 7. 2014.
2) **Anm. d. Red.:** § 15 Abs. 3 i. d. F. des Gesetzes v. 22. 12. 2009 (BGBl I S. 3950) mit Wirkung v. 31. 12. 2009.

(2) ¹§ 11 Abs. 2 ist auf Mitunternehmeranteile und Beteiligungen im Sinne des Absatzes 1 nicht anzuwenden, wenn sie innerhalb eines Zeitraums von drei Jahren vor dem steuerlichen Übertragungsstichtag durch Übertragung von Wirtschaftsgütern, die kein Teilbetrieb sind, erworben oder aufgestockt worden sind. ²§ 11 Abs. 2 ist ebenfalls nicht anzuwenden, wenn durch die Spaltung die Veräußerung an außenstehende Personen vollzogen wird. ³Das Gleiche gilt, wenn durch die Spaltung die Voraussetzungen für eine Veräußerung geschaffen werden. ⁴Davon ist auszugehen, wenn innerhalb von fünf Jahren nach dem steuerlichen Übertragungsstichtag Anteile an einer an der Spaltung beteiligten Körperschaft, die mehr als 20 Prozent der vor Wirksamwerden der Spaltung an der Körperschaft bestehenden Anteile ausmachen, veräußert werden. ⁵Bei der Trennung von Gesellschafterstämmen setzt die Anwendung des § 11 Abs. 2 außerdem voraus, dass die Beteiligungen an der übertragenden Körperschaft mindestens fünf Jahre vor dem steuerlichen Übertragungsstichtag bestanden haben.

(3)¹⁾ Bei einer Abspaltung mindern sich verrechenbare Verluste, verbleibende Verlustvorträge, nicht ausgeglichene negative Einkünfte, ein Zinsvortrag nach § 4h Absatz 1 Satz 5 des Einkommensteuergesetzes und ein EBITDA-Vortrag nach § 4h Absatz 1 Satz 3 des Einkommensteuergesetzes der übertragenden Körperschaft in dem Verhältnis, in dem bei Zugrundelegung des gemeinen Werts das Vermögen auf eine andere Körperschaft übergeht.

### § 16 Aufspaltung oder Abspaltung auf eine Personengesellschaft

¹Soweit Vermögen einer Körperschaft durch Aufspaltung oder Abspaltung auf eine Personengesellschaft übergeht, gelten die §§ 3 bis 8, 10 und 15 entsprechend. ²§ 10 ist für den in § 40 Abs. 2 Satz 3 des Körperschaftsteuergesetzes bezeichneten Teil des Betrags im Sinne des § 38 des Körperschaftsteuergesetzes anzuwenden.

## Fünfter Teil: Gewerbesteuer

### § 17 (weggefallen)

### § 18 Gewerbesteuer bei Vermögensübergang auf eine Personengesellschaft oder auf eine natürliche Person sowie bei Formwechsel in eine Personengesellschaft²⁾

(1) ¹Die §§ 3 bis 9 und 16 gelten bei Vermögensübergang auf eine Personengesellschaft oder auf eine natürliche Person sowie bei Formwechsel in eine Personengesellschaft auch für die Ermittlung des Gewerbeertrags. ²Der maßgebende Gewerbeertrag der übernehmenden Personengesellschaft oder natürlichen Person kann nicht um Fehlbeträge des laufenden Erhebungszeitraums und die vortragsfähigen Fehlbeträge der übertragenden Körperschaft im Sinne des § 10a des Gewerbesteuergesetzes gekürzt werden.

(2) ¹Ein Übernahmegewinn oder Übernahmeverlust ist nicht zu erfassen. ²In Fällen des § 5 Abs. 2 ist ein Gewinn nach § 7 nicht zu erfassen.

(3)³⁾ ¹Wird der Betrieb der Personengesellschaft oder der natürlichen Person innerhalb von fünf Jahren nach der Umwandlung aufgegeben oder veräußert, unterliegt ein Aufgabe- oder Veräußerungsgewinn der Gewerbesteuer, auch soweit er auf das Betriebsvermögen entfällt, das bereits vor der Umwandlung im Betrieb der übernehmenden Personengesellschaft oder der natürlichen Person vorhanden war. ²Satz 1 gilt entsprechend, soweit ein Teilbetrieb oder ein Anteil an der Personengesellschaft aufgegeben oder veräußert wird. ³Der auf den Aufgabe- oder Veräußerungsgewinnen im Sinne der Sätze 1 und 2 beruhende Teil des Gewerbesteuer-Messbetrags ist bei der Ermäßigung der Einkommensteuer nach § 35 des Einkommensteuergesetzes nicht zu berücksichtigen.

---

1) **Anm. d. Red.:** Zur Anwendung des § 15 Abs. 3 siehe § 27 Abs. 5 und 10.
2) **Anm. d. Red.:** § 18 Abs. 3 i. d. F. des Gesetzes v. 20. 12. 2007 (BGBl I S. 3150) mit Wirkung v. 29. 12. 2007.
3) **Anm. d. Red.:** Zur Anwendung des § 18 Abs. 3 siehe § 27 Abs. 7.

## § 19 Gewerbesteuer bei Vermögensübergang auf eine andere Körperschaft

(1) Geht das Vermögen der übertragenden Körperschaft auf eine andere Körperschaft über, gelten die §§ 11 bis 15 auch für die Ermittlung des Gewerbeertrags.

(2) Für die vortragsfähigen Fehlbeträge der übertragenden Körperschaft im Sinne des § 10a des Gewerbesteuergesetzes gelten § 12 Abs. 3 und § 15 Abs. 3 entsprechend.

## Sechster Teil: Einbringung von Unternehmensteilen in eine Kapitalgesellschaft oder Genossenschaft und Anteilstausch

### § 20 Einbringung von Unternehmensteilen in eine Kapitalgesellschaft oder Genossenschaft[1)]

(1) Wird ein Betrieb oder Teilbetrieb oder ein Mitunternehmeranteil in eine Kapitalgesellschaft oder eine Genossenschaft (übernehmende Gesellschaft) eingebracht und erhält der Einbringende dafür neue Anteile an der Gesellschaft (Sacheinlage), gelten für die Bewertung des eingebrachten Betriebsvermögens und der neuen Gesellschaftsanteile die nachfolgenden Absätze.

(2)[2)] ¹Die übernehmende Gesellschaft hat das eingebrachte Betriebsvermögen mit dem gemeinen Wert anzusetzen; für die Bewertung von Pensionsrückstellungen gilt § 6a des Einkommensteuergesetzes. ²Abweichend von Satz 1 kann das übernommene Betriebsvermögen auf Antrag einheitlich mit dem Buchwert oder einem höheren Wert, höchstens jedoch mit dem Wert im Sinne des Satzes 1, angesetzt werden, soweit

1. sichergestellt ist, dass es später bei der übernehmenden Körperschaft der Besteuerung mit Körperschaftsteuer unterliegt,
2. die Passivposten des eingebrachten Betriebsvermögens die Aktivposten nicht übersteigen; dabei ist das Eigenkapital nicht zu berücksichtigen,
3. das Recht der Bundesrepublik Deutschland hinsichtlich der Besteuerung des Gewinns aus der Veräußerung des eingebrachten Betriebsvermögens bei der übernehmenden Gesellschaft nicht ausgeschlossen oder beschränkt wird und
4. der gemeine Wert von sonstigen Gegenleistungen, die neben den neuen Gesellschaftsanteilen gewährt werden, nicht mehr beträgt als

   a) 25 Prozent des Buchwerts des eingebrachten Betriebsvermögens oder
   b) 500 000 Euro, höchstens jedoch den Buchwert des eingebrachten Betriebsvermögens.

³Der Antrag ist spätestens bis zur erstmaligen Abgabe der steuerlichen Schlussbilanz bei dem für die Besteuerung der übernehmenden Gesellschaft zuständigen Finanzamt zu stellen. ⁴Erhält der Einbringende neben den neuen Gesellschaftsanteilen auch sonstige Gegenleistungen, ist das eingebrachte Betriebsvermögen abweichend von Satz 2 mindestens mit dem gemeinen Wert der sonstigen Gegenleistungen anzusetzen, wenn dieser den sich nach Satz 2 ergebenden Wert übersteigt.

(3) ¹Der Wert, mit dem die übernehmende Gesellschaft das eingebrachte Betriebsvermögen ansetzt, gilt für den Einbringenden als Veräußerungspreis und als Anschaffungskosten der Gesellschaftsanteile. ²Ist das Recht der Bundesrepublik Deutschland hinsichtlich der Besteuerung des Gewinns aus der Veräußerung des eingebrachten Betriebsvermögens im Zeitpunkt der Einbringung ausgeschlossen und wird dieses auch nicht durch die Einbringung begründet, gilt für den Einbringenden insoweit der gemeine Wert des Betriebsvermögens im Zeitpunkt der Einbrin-

---

1) **Anm. d. Red.:** § 20 Abs. 2 i. d. F. des Gesetzes v. 2. 11. 2015 (BGBl I S. 1834) mit Wirkung v. 6. 11. 2015; Abs. 6 i. d. F. des Gesetzes v. 19. 12. 2008 (BGBl I S. 2794) mit Wirkung v. 25. 12. 2008; Abs. 8 i. d. F. des Gesetzes v. 25. 7. 2014 (BGBl I S. 1266) mit Wirkung v. 31. 7. 2014; Abs. 9 i. d. F. des Gesetzes v. 22. 12. 2009 (BGBl I S. 3950) mit Wirkung v. 31. 12. 2009.

2) **Anm. d. Red.:** Zur Anwendung des § 20 Abs. 2 siehe § 27 Abs. 14.

gung als Anschaffungskosten der Anteile. ³Soweit neben den Gesellschaftsanteilen auch andere Wirtschaftsgüter gewährt werden, ist deren gemeiner Wert bei der Bemessung der Anschaffungskosten der Gesellschaftsanteile von dem sich nach den Sätzen 1 und 2 ergebenden Wert abzuziehen. ⁴Umfasst das eingebrachte Betriebsvermögen auch einbringungsgeborene Anteile im Sinne von § 21 Abs. 1 in der Fassung der Bekanntmachung vom 15. Oktober 2002 (BGBl I S. 4133, 2003 I S. 738), geändert durch Artikel 3 des Gesetzes vom 16. Mai 2003 (BGBl I S. 660), gelten die erhaltenen Anteile insoweit auch als einbringungsgeboren im Sinne von § 21 Abs. 1 in der Fassung der Bekanntmachung vom 15. Oktober 2002 (BGBl I S. 4133, 2003 I S. 738), geändert durch Artikel 3 des Gesetzes vom 16. Mai 2003 (BGBl I S. 660).

(4) ¹Auf einen bei der Sacheinlage entstehenden Veräußerungsgewinn ist § 16 Abs. 4 des Einkommensteuergesetzes nur anzuwenden, wenn der Einbringende eine natürliche Person ist, es sich nicht um die Einbringung von Teilen eines Mitunternehmeranteils handelt und die übernehmende Gesellschaft das eingebrachte Betriebsvermögen mit dem gemeinen Wert ansetzt. ²In diesen Fällen ist § 34 Abs. 1 und 3 des Einkommensteuergesetzes nur anzuwenden, soweit der Veräußerungsgewinn nicht nach § 3 Nr. 40 Satz 1 in Verbindung mit § 3c Abs. 2 des Einkommensteuergesetzes teilweise steuerbefreit ist.

(5) ¹Das Einkommen und das Vermögen des Einbringenden und der übernehmenden Gesellschaft sind auf Antrag so zu ermitteln, als ob das eingebrachte Betriebsvermögen mit Ablauf des steuerlichen Übertragungsstichtags (Absatz 6) auf die Übernehmerin übergegangen wäre. ²Dies gilt hinsichtlich des Einkommens und des Gewerbeertrags nicht für Entnahmen und Einlagen, die nach dem steuerlichen Übertragungsstichtag erfolgen. ³Die Anschaffungskosten der Anteile (Absatz 3) sind um den Buchwert der Entnahmen zu vermindern und um den sich nach § 6 Abs. 1 Nr. 5 des Einkommensteuergesetzes ergebenden Wert der Einlagen zu erhöhen.

(6)[1] ¹Als steuerlicher Übertragungsstichtag (Einbringungszeitpunkt) darf in den Fällen der Sacheinlage durch Verschmelzung im Sinne des § 2 des Umwandlungsgesetzes der Stichtag angesehen werden, für den die Schlussbilanz jedes der übertragenden Unternehmen im Sinne des § 17 Abs. 2 des Umwandlungsgesetzes aufgestellt ist; dieser Stichtag darf höchstens acht Monate vor der Anmeldung der Verschmelzung zur Eintragung in das Handelsregister liegen. ²Entsprechendes gilt, wenn Vermögen im Wege der Sacheinlage durch Aufspaltung, Abspaltung oder Ausgliederung nach § 123 des Umwandlungsgesetzes auf die übernehmende Gesellschaft übergeht. ³In anderen Fällen der Sacheinlage darf die Einbringung auf einen Tag zurückbezogen werden, der höchstens acht Monate vor dem Tag des Abschlusses des Einbringungsvertrags liegt und höchstens acht Monate vor dem Zeitpunkt liegt, an dem das eingebrachte Betriebsvermögen auf die übernehmende Gesellschaft übergeht. ⁴§ 2 Abs. 3 und 4 gilt entsprechend.

(7) § 3 Abs. 3 ist entsprechend anzuwenden.

(8)[2] Ist eine gebietsfremde einbringende oder erworbene Gesellschaft im Sinne von Artikel 3 der Richtlinie 2009/133/EG als steuerlich transparent anzusehen, ist auf Grund Artikel 11 der Richtlinie 2009/133/EG die ausländische Steuer, die nach den Rechtsvorschriften des anderen Mitgliedstaats der Europäischen Union erhoben worden wäre, wenn die einer in einem anderen Mitgliedstaat belegenen Betriebsstätte zuzurechnenden eingebrachten Wirtschaftsgüter zum gemeinen Wert veräußert worden wären, auf die auf den Einbringungsgewinn entfallende Körperschaftsteuer oder Einkommensteuer unter entsprechender Anwendung von § 26 des Körperschaftsteuergesetzes und von den §§ 34c und 50 Absatz 3 des Einkommensteuergesetzes anzurechnen.

(9)[3] Ein Zinsvortrag nach § 4h Absatz 1 Satz 5 des Einkommensteuergesetzes und ein EBITDA-Vortrag nach § 4h Absatz 1 Satz 3 des Einkommensteuergesetzes des eingebrachten Betriebs gehen nicht auf die übernehmende Gesellschaft über.

---

1) **Anm. d. Red.:** Zur Anwendung des § 20 Abs. 6 siehe § 27 Abs. 9.
2) **Anm. d. Red.:** Zur Anwendung des § 20 Abs. 8 siehe § 27 Abs. 13.
3) **Anm. d. Red.:** Zur Anwendung des § 20 Abs. 9 siehe § 27 Abs. 5 und 10.

## § 21 Bewertung der Anteile beim Anteilstausch[1)]

(1)[2)] ¹Werden Anteile an einer Kapitalgesellschaft oder einer Genossenschaft (erworbene Gesellschaft) in eine Kapitalgesellschaft oder Genossenschaft (übernehmende Gesellschaft) gegen Gewährung neuer Anteile an der übernehmenden Gesellschaft eingebracht (Anteilstausch), hat die übernehmende Gesellschaft die eingebrachten Anteile mit dem gemeinen Wert anzusetzen. ²Abweichend von Satz 1 können die eingebrachten Anteile auf Antrag mit dem Buchwert oder einem höheren Wert, höchstens jedoch mit dem gemeinen Wert, angesetzt werden, wenn

1. die übernehmende Gesellschaft nach der Einbringung auf Grund ihrer Beteiligung einschließlich der eingebrachten Anteile nachweisbar unmittelbar die Mehrheit der Stimmrechte an der erworbenen Gesellschaft hat (qualifizierter Anteilstausch) und soweit
2. der gemeine Wert von sonstigen Gegenleistungen, die neben den neuen Anteilen gewährt werden, nicht mehr beträgt als
    a) 25 Prozent des Buchwerts der eingebrachten Anteile oder
    b) 500 000 Euro, höchstens jedoch den Buchwert der eingebrachten Anteile.

³§ 20 Absatz 2 Satz 3 gilt entsprechend. ⁴Erhält der Einbringende neben den neuen Gesellschaftsanteilen auch sonstige Gegenleistungen, sind die eingebrachten Anteile abweichend von Satz 2 mindestens mit dem gemeinen Wert der sonstigen Gegenleistungen anzusetzen, wenn dieser den sich nach Satz 2 ergebenden Wert übersteigt.

(2) ¹Der Wert, mit dem die übernehmende Gesellschaft die eingebrachten Anteile ansetzt, gilt für den Einbringenden als Veräußerungspreis der eingebrachten Anteile und als Anschaffungskosten der erhaltenen Anteile. ²Abweichend von Satz 1 gilt für den Einbringenden der gemeine Wert der eingebrachten Anteile als Veräußerungspreis und als Anschaffungskosten der erhaltenen Anteile, wenn für die eingebrachten Anteile nach der Einbringung das Recht der Bundesrepublik Deutschland hinsichtlich der Besteuerung des Gewinns aus der Veräußerung dieser Anteile ausgeschlossen oder beschränkt ist; dies gilt auch, wenn das Recht der Bundesrepublik Deutschland hinsichtlich der Besteuerung des Gewinns aus der Veräußerung der erhaltenen Anteile ausgeschlossen oder beschränkt ist. ³Auf Antrag gilt in den Fällen des Satzes 2 unter den Voraussetzungen des Absatzes 1 Satz 2 der Buchwert oder ein höherer Wert, höchstens der gemeine Wert, als Veräußerungspreis der eingebrachten Anteile und als Anschaffungskosten der erhaltenen Anteile, wenn

1. das Recht der Bundesrepublik Deutschland hinsichtlich der Besteuerung des Gewinns aus der Veräußerung der erhaltenen Anteile nicht ausgeschlossen oder beschränkt ist oder
2. der Gewinn aus dem Anteilstausch auf Grund Artikel 8 der Richtlinie 2009/133/EG nicht besteuert werden darf; in diesem Fall ist der Gewinn aus einer späteren Veräußerung der erhaltenen Anteile ungeachtet der Bestimmungen eines Abkommens zur Vermeidung der Doppelbesteuerung in der gleichen Art und Weise zu besteuern, wie die Veräußerung der Anteile an der erworbenen Gesellschaft zu besteuern gewesen wäre; § 15 Abs. 1a Satz 2 des Einkommensteuergesetzes ist entsprechend anzuwenden.

⁴Der Antrag ist spätestens bis zur erstmaligen Abgabe der Steuererklärung bei dem für die Besteuerung des Einbringenden zuständigen Finanzamt zu stellen. ⁵Haben die eingebrachten Anteile beim Einbringenden nicht zu einem Betriebsvermögen gehört, treten an die Stelle des Buchwerts die Anschaffungskosten. ⁶§ 20 Abs. 3 Satz 3 und 4 gilt entsprechend.

(3) ¹Auf den beim Anteilstausch entstehenden Veräußerungsgewinn ist § 17 Abs. 3 des Einkommensteuergesetzes nur anzuwenden, wenn der Einbringende eine natürliche Person ist und die übernehmende Gesellschaft die eingebrachten Anteile nach Absatz 1 Satz 1 oder in den Fällen des Absatzes 2 Satz 2 der Einbringende mit dem gemeinen Wert ansetzt; dies gilt für die Anwendung von § 16 Abs. 4 des Einkommensteuergesetzes unter der Voraussetzung, dass eine

---

1) **Anm. d. Red.:** § 21 Abs. 1 i. d. F. des Gesetzes v. 2.11.2015 (BGBl I S. 1834) mit Wirkung v. 6.11.2015; Abs. 2 i. d. F. des Gesetzes v. 25.7.2014 (BGBl I S. 1266) mit Wirkung v. 31.7.2014.
2) **Anm. d. Red.:** Zur Anwendung des § 21 Abs. 1 siehe § 27 Abs. 14.

## § 22 XXI. Umwandlungssteuergesetz

im Betriebsvermögen gehaltene Beteiligung an einer Kapitalgesellschaft eingebracht wird, die das gesamte Nennkapital der Kapitalgesellschaft umfasst. ²§ 34 Abs. 1 des Einkommensteuergesetzes findet keine Anwendung.

### § 22 Besteuerung des Anteilseigners[1)2)]

(1) ¹Soweit in den Fällen einer Sacheinlage unter dem gemeinen Wert (§ 20 Abs. 2 Satz 2) der Einbringende die erhaltenen Anteile innerhalb eines Zeitraums von sieben Jahren nach dem Einbringungszeitpunkt veräußert, ist der Gewinn aus der Einbringung rückwirkend im Wirtschaftsjahr der Einbringung als Gewinn des Einbringenden im Sinne von § 16 des Einkommensteuergesetzes zu versteuern (Einbringungsgewinn I); § 16 Abs. 4 und § 34 des Einkommensteuergesetzes sind nicht anzuwenden. ²Die Veräußerung der erhaltenen Anteile gilt insoweit als rückwirkendes Ereignis im Sinne von § 175 Abs. 1 Satz 1 Nr. 2 der Abgabenordnung. ³Einbringungsgewinn I ist der Betrag, um den der gemeine Wert des eingebrachten Betriebsvermögens im Einbringungszeitpunkt nach Abzug der Kosten für den Vermögensübergang den Wert, mit dem die übernehmende Gesellschaft dieses eingebrachte Betriebsvermögen angesetzt hat, übersteigt, vermindert um jeweils ein Siebtel für jedes seit dem Einbringungszeitpunkt abgelaufene Zeitjahr. ⁴Der Einbringungsgewinn I gilt als nachträgliche Anschaffungskosten der erhaltenen Anteile. ⁵Umfasst das eingebrachte Betriebsvermögen auch Anteile an Kapitalgesellschaften oder Genossenschaften, ist insoweit § 22 Abs. 2 anzuwenden; ist in diesen Fällen das Recht der Bundesrepublik Deutschland hinsichtlich der Besteuerung des Gewinns aus der Veräußerung der erhaltenen Anteile ausgeschlossen oder beschränkt, sind daneben auch die Sätze 1 bis 4 anzuwenden. ⁶Die Sätze 1 bis 5 gelten entsprechend, wenn

1. der Einbringende die erhaltenen Anteile unmittelbar oder mittelbar unentgeltlich auf eine Kapitalgesellschaft oder eine Genossenschaft überträgt,

2. der Einbringende die erhaltenen Anteile entgeltlich überträgt, es sei denn, er weist nach, dass die Übertragung durch einen Vorgang im Sinne des § 20 Absatz 1 oder § 21 Absatz 1 oder auf Grund vergleichbarer ausländischer Vorgänge zu Buchwerten erfolgte und keine sonstigen Gegenleistungen erbracht wurden, die die Grenze des § 20 Absatz 2 Satz 2 Nummer 4 oder die Grenze des § 21 Absatz 1 Satz 2 Nummer 2 übersteigen,

3. die Kapitalgesellschaft, an der die Anteile bestehen, aufgelöst und abgewickelt wird oder das Kapital dieser Gesellschaft herabgesetzt und an die Anteilseigner zurückgezahlt wird oder Beträge aus dem steuerlichen Einlagekonto im Sinne des § 27 des Körperschaftsteuergesetzes ausgeschüttet oder zurückgezahlt werden,

4. der Einbringende die erhaltenen Anteile durch einen Vorgang im Sinne des § 21 Absatz 1 oder einen Vorgang im Sinne des § 20 Absatz 1 oder auf Grund vergleichbarer ausländischer Vorgänge zum Buchwert in eine Kapitalgesellschaft oder eine Genossenschaft eingebracht hat und diese Anteile anschließend unmittelbar oder mittelbar veräußert oder durch einen Vorgang im Sinne der Nummern 1 oder 2 unmittelbar oder mittelbar übertragen werden, es sei denn, er weist nach, dass diese Anteile zu Buchwerten übertragen wurden und keine sonstigen Gegenleistungen erbracht wurden, die die Grenze des § 20 Absatz 2 Satz 2 Nummer 4 oder die Grenze des § 21 Absatz 1 Satz 2 Nummer 2 übersteigen (Ketteneinbringung),

5. der Einbringende die erhaltenen Anteile in eine Kapitalgesellschaft oder eine Genossenschaft durch einen Vorgang im Sinne des § 20 Absatz 1 oder einen Vorgang im Sinne des § 21 Absatz 1 oder auf Grund vergleichbarer ausländischer Vorgänge zu Buchwerten einbringt und die aus dieser Einbringung erhaltenen Anteile anschließend unmittelbar oder mittelbar veräußert oder durch einen Vorgang im Sinne der Nummern 1 oder 2 unmittelbar oder mittelbar übertragen werden, es sei denn, er weist nach, dass die Einbringung zu Buchwerten erfolgte und keine sonstigen Gegenleistungen erbracht wurden, die die Grenze

---

1) **Anm. d. Red.:** § 22 Abs. 1 i. d. F. des Gesetzes v. 2. 11. 2015 (BGBl I S. 1834) mit Wirkung v. 6. 11. 2015; Abs. 2 i. d. F. des Gesetzes v. 19. 12. 2008 (BGBl I S. 2794) mit Wirkung v. 25. 12. 2008.

2) **Anm. d. Red.:** Zur Anwendung des § 22 siehe § 27 Abs. 4 und 14.

des § 20 Absatz 2 Satz 2 Nummer 4 oder die Grenze des § 21 Absatz 1 Satz 2 Nummer 2 übersteigen, oder

6. für den Einbringenden oder die übernehmende Gesellschaft im Sinne der Nummer 4 die Voraussetzungen im Sinne von § 1 Abs. 4 nicht mehr erfüllt sind.

⁷Satz 4 gilt in den Fällen des Satzes 6 Nr. 4 und 5 auch hinsichtlich der Anschaffungskosten der auf einer Weitereinbringung dieser Anteile (§ 20 Abs. 1 und § 21 Abs. 1 Satz 2) zum Buchwert beruhenden Anteile.

(2) ¹Soweit im Rahmen einer Sacheinlage (§ 20 Abs. 1) oder eines Anteilstausches (§ 21 Abs. 1) unter dem gemeinen Wert eingebrachte Anteile innerhalb eines Zeitraums von sieben Jahren nach dem Einbringungszeitpunkt durch die übernehmende Gesellschaft unmittelbar oder mittelbar veräußert werden und soweit beim Einbringenden der Gewinn aus der Veräußerung dieser Anteile im Einbringungszeitpunkt nicht nach § 8b Abs. 2 des Körperschaftsteuergesetzes steuerfrei gewesen wäre, ist der Gewinn aus der Einbringung im Wirtschaftsjahr der Einbringung rückwirkend als Gewinn des Einbringenden aus der Veräußerung von Anteilen zu versteuern (Einbringungsgewinn II); § 16 Abs. 4 und § 34 des Einkommensteuergesetzes sind nicht anzuwenden. ²Absatz 1 Satz 2 gilt entsprechend. ³Einbringungsgewinn II ist der Betrag, um den der gemeine Wert der eingebrachten Anteile im Einbringungszeitpunkt nach Abzug der Kosten für den Vermögensübergang den Wert, mit dem der Einbringende die erhaltenen Anteile angesetzt hat, übersteigt, vermindert um jeweils ein Siebtel für jedes seit dem Einbringungszeitpunkt abgelaufene Zeitjahr. ⁴Der Einbringungsgewinn II gilt als nachträgliche Anschaffungskosten der erhaltenen Anteile. ⁵Sätze 1 bis 4 sind nicht anzuwenden, soweit der Einbringende die erhaltenen Anteile veräußert hat; dies gilt auch in den Fällen von § 6 des Außensteuergesetzes vom 8. September 1972 (BGBl I S. 1713), das zuletzt durch Artikel 7 des Gesetzes vom 7. Dezember 2006 (BGBl I S. 2782) geändert worden ist, in der jeweils geltenden Fassung, wenn und soweit die Steuer nicht gestundet wird. ⁶Sätze 1 bis 5 gelten entsprechend, wenn die übernehmende Gesellschaft die eingebrachten Anteile ihrerseits durch einen Vorgang nach Absatz 1 Satz 6 Nr. 1 bis 5 weiter überträgt oder für diese die Voraussetzungen nach § 1 Abs. 4 nicht mehr erfüllt sind. ⁷Absatz 1 Satz 7 ist entsprechend anzuwenden.

(3) ¹Der Einbringende hat in den dem Einbringungszeitpunkt folgenden sieben Jahren jährlich spätestens bis zum 31. Mai den Nachweis darüber zu erbringen, wem mit Ablauf des Tages, der dem maßgebenden Einbringungszeitpunkt entspricht,

1. in den Fällen des Absatzes 1 die erhaltenen Anteile und die auf diesen Anteilen beruhenden Anteile und

2. in den Fällen des Absatzes 2 die eingebrachten Anteile und die auf diesen Anteilen beruhenden Anteile

zuzurechnen sind. ²Erbringt er den Nachweis nicht, gelten die Anteile im Sinne des Absatzes 1 oder des Absatzes 2 an dem Tag, der dem Einbringungszeitpunkt folgt oder der in den Folgejahren diesem Kalendertag entspricht, als veräußert.

(4) Ist der Veräußerer von Anteilen nach Absatz 1

1. eine juristische Person des öffentlichen Rechts, gilt in den Fällen des Absatzes 1 der Gewinn aus der Veräußerung der erhaltenen Anteile als in einem Betrieb gewerblicher Art dieser Körperschaft entstanden,

2. von der Körperschaftsteuer befreit, gilt in den Fällen des Absatzes 1 der Gewinn aus der Veräußerung der erhaltenen Anteile als in einem wirtschaftlichen Geschäftsbetrieb dieser Körperschaft entstanden.

(5) Das für den Einbringenden zuständige Finanzamt bescheinigt der übernehmenden Gesellschaft auf deren Antrag die Höhe des zu versteuernden Einbringungsgewinns, die darauf entfallende festgesetzte Steuer und den darauf entrichteten Betrag; nachträgliche Minderungen des versteuerten Einbringungsgewinns sowie die darauf entfallende festgesetzte Steuer und der darauf entrichtete Betrag sind dem für die übernehmende Gesellschaft zuständigen Finanzamt von Amts wegen mitzuteilen.

(6) In den Fällen der unentgeltlichen Rechtsnachfolge gilt der Rechtsnachfolger des Einbringenden als Einbringender im Sinne der Absätze 1 bis 5 und der Rechtsnachfolger der übernehmenden Gesellschaft als übernehmende Gesellschaft im Sinne des Absatzes 2.

(7) Werden in den Fällen einer Sacheinlage (§ 20 Abs. 1) oder eines Anteilstauschs (§ 21 Abs. 1) unter dem gemeinen Wert stille Reserven auf Grund einer Gesellschaftsgründung oder Kapitalerhöhung von den erhaltenen oder eingebrachten Anteilen oder von auf diesen Anteilen beruhenden Anteilen auf andere Anteile verlagert, gelten diese Anteile insoweit auch als erhaltene oder eingebrachte Anteile oder als auf diesen Anteilen beruhende Anteile im Sinne des Absatzes 1 oder 2 (Mitverstrickung von Anteilen).

### § 23 Auswirkungen bei der übernehmenden Gesellschaft[1)2)]

(1) Setzt die übernehmende Gesellschaft das eingebrachte Betriebsvermögen mit einem unter dem gemeinen Wert liegenden Wert (§ 20 Abs. 2 Satz 2, § 21 Abs. 1 Satz 2) an, gelten § 4 Abs. 2 Satz 3 und § 12 Abs. 3 erster Halbsatz entsprechend.

(2) [1]In den Fällen des § 22 Abs. 1 kann die übernehmende Gesellschaft auf Antrag den versteuerten Einbringungsgewinn im Wirtschaftsjahr der Veräußerung der Anteile oder eines gleichgestellten Ereignisses (§ 22 Abs. 1 Satz 1 und Satz 6 Nr. 1 bis 6) als Erhöhungsbetrag ansetzen, soweit der Einbringende die auf den Einbringungsgewinn entfallende Steuer entrichtet hat und dies durch Vorlage einer Bescheinigung der zuständigen Finanzamts im Sinne von § 22 Abs. 5 nachgewiesen wurde; der Ansatz des Erhöhungsbetrags bleibt ohne Auswirkung auf den Gewinn. [2]Satz 1 ist nur anzuwenden, soweit das eingebrachte Betriebsvermögen in den Fällen des § 22 Abs. 1 noch zum Betriebsvermögen der übernehmenden Gesellschaft gehört, es sei denn, dieses wurde zum gemeinen Wert übertragen. [3]Wurden die veräußerten Anteile auf Grund einer Einbringung von Anteilen nach § 20 Abs. 1 oder § 21 Abs. 1 (§ 22 Abs. 2) erworben, erhöhen sich die Anschaffungskosten der eingebrachten Anteile in Höhe des versteuerten Einbringungsgewinns, soweit der Einbringende die auf den Einbringungsgewinn entfallende Steuer entrichtet hat; Satz 1 und § 22 Abs. 1 Satz 7 gelten entsprechend.

(3) [1]Setzt die übernehmende Gesellschaft das eingebrachte Betriebsvermögen mit einem über dem Buchwert, aber unter dem gemeinen Wert liegenden Wert an, gilt § 12 Abs. 3 erster Halbsatz entsprechend mit der folgenden Maßgabe:

1. Die Absetzungen für Abnutzung oder Substanzverringerung nach § 7 Abs. 1, 4, 5 und 6 des Einkommensteuergesetzes sind vom Zeitpunkt der Einbringung an nach den Anschaffungs- oder Herstellungskosten des Einbringenden, vermehrt um den Unterschiedsbetrag zwischen dem Buchwert der einzelnen Wirtschaftsgüter und dem Wert, mit dem die Kapitalgesellschaft die Wirtschaftsgüter ansetzt, zu bemessen.
2. Bei den Absetzungen für Abnutzung nach § 7 Abs. 2 des Einkommensteuergesetzes tritt im Zeitpunkt der Einbringung an die Stelle des Buchwerts der einzelnen Wirtschaftsgüter der Wert, mit dem die Kapitalgesellschaft die Wirtschaftsgüter ansetzt.

[2]Bei einer Erhöhung der Anschaffungskosten oder Herstellungskosten auf Grund rückwirkender Besteuerung des Einbringungsgewinns (Absatz 2) gilt dies mit der Maßgabe, dass an die Stelle des Zeitpunkts der Einbringung der Beginn des Wirtschaftsjahrs tritt, in welches das die Besteuerung des Einbringungsgewinns auslösende Ereignis fällt.

(4) Setzt die übernehmende Gesellschaft das eingebrachte Betriebsvermögen mit dem gemeinen Wert an, gelten die eingebrachten Wirtschaftsgüter als im Zeitpunkt der Einbringung von der Kapitalgesellschaft angeschafft, wenn die Einbringung des Betriebsvermögens im Wege der Einzelrechtsnachfolge erfolgt; erfolgt die Einbringung des Betriebsvermögens im Wege der Gesamtrechtsnachfolge nach den Vorschriften des Umwandlungsgesetzes, gilt Absatz 3 entsprechend.

---

1) **Anm. d. Red.:** § 23 Abs. 1 i. d. F. des Gesetzes v. 19. 12. 2008 (BGBl I S. 2794) mit Wirkung v. 25. 12. 2008.
2) **Anm. d. Red.:** Zur Anwendung des § 23 siehe § 27 Abs. 4.

(5) Der maßgebende Gewerbeertrag der übernehmenden Gesellschaft kann nicht um die vortragsfähigen Fehlbeträge des Einbringenden im Sinne des § 10a des Gewerbesteuergesetzes gekürzt werden.

(6) § 6 Abs. 1 und 3 gilt entsprechend.

## Siebter Teil: Einbringung eines Betriebs, Teilbetriebs oder Mitunternehmeranteils in eine Personengesellschaft

### § 24 Einbringung von Betriebsvermögen in eine Personengesellschaft[1)]

(1) Wird ein Betrieb oder Teilbetrieb oder ein Mitunternehmeranteil in eine Personengesellschaft eingebracht und wird der Einbringende Mitunternehmer der Gesellschaft, gelten für die Bewertung des eingebrachten Betriebsvermögens die Absätze 2 bis 4.

(2)[2)] ¹Die Personengesellschaft hat das eingebrachte Betriebsvermögen in ihrer Bilanz einschließlich der Ergänzungsbilanzen für ihre Gesellschafter mit dem gemeinen Wert anzusetzen; für die Bewertung von Pensionsrückstellungen gilt § 6a des Einkommensteuergesetzes. ²Abweichend von Satz 1 kann das übernommene Betriebsvermögen auf Antrag mit dem Buchwert oder einem höheren Wert, höchstens jedoch mit dem Wert im Sinne des Satzes 1, angesetzt werden, soweit

1. das Recht der Bundesrepublik Deutschland hinsichtlich der Besteuerung des eingebrachten Betriebsvermögens nicht ausgeschlossen oder beschränkt wird und
2. der gemeine Wert von sonstigen Gegenleistungen, die neben den neuen Gesellschaftsanteilen gewährt werden, nicht mehr beträgt als
    a) 25 Prozent des Buchwerts des eingebrachten Betriebsvermögens oder
    b) 500 000 Euro, höchstens jedoch den Buchwert des eingebrachten Betriebsvermögens.

³§ 20 Abs. 2 Satz 3 gilt entsprechend. ⁴Erhält der Einbringende neben den neuen Gesellschaftsanteilen auch sonstige Gegenleistungen, ist das eingebrachte Betriebsvermögen abweichend von Satz 2 mindestens mit dem gemeinen Wert der sonstigen Gegenleistungen anzusetzen, wenn dieser den sich nach Satz 2 ergebenden Wert übersteigt.

(3) ¹Der Wert, mit dem das eingebrachte Betriebsvermögen in der Bilanz der Personengesellschaft einschließlich der Ergänzungsbilanzen für ihre Gesellschafter angesetzt wird, gilt für den Einbringenden als Veräußerungspreis. ²§ 16 Abs. 4 des Einkommensteuergesetzes ist nur anzuwenden, wenn das eingebrachte Betriebsvermögen mit dem gemeinen Wert angesetzt wird und es sich nicht um die Einbringung von Teilen eines Mitunternehmeranteils handelt; in diesen Fällen ist § 34 Abs. 1 und 3 des Einkommensteuergesetzes anzuwenden, soweit der Veräußerungsgewinn nicht nach § 3 Nr. 40 Satz 1 Buchstabe b in Verbindung mit § 3c Abs. 2 des Einkommensteuergesetzes teilweise steuerbefreit ist. ³In den Fällen des Satzes 2 gilt § 16 Abs. 2 Satz 3 des Einkommensteuergesetzes entsprechend.

(4) § 23 Abs. 1, 3, 4 und 6 gilt entsprechend; in den Fällen der Einbringung in eine Personengesellschaft im Wege der Gesamtrechtsnachfolge gilt auch § 20 Abs. 5 und 6 entsprechend.

(5)[3)] ¹Soweit im Rahmen einer Einbringung nach Absatz 1 unter dem gemeinen Wert eingebrachte Anteile an einer Körperschaft, Personenvereinigung oder Vermögensmasse innerhalb eines Zeitraums von sieben Jahren nach dem Einbringungszeitpunkt durch die übernehmende Personengesellschaft veräußert oder durch einen Vorgang nach § 22 Absatz 1 Satz 6 Nummer 1 bis 5 weiter übertragen werden und soweit beim Einbringenden der Gewinn aus der Veräuße-

---

1) **Anm. d. Red.:** § 24 Abs. 2 i. d. F. des Gesetzes v. 2. 11. 2015 (BGBl I S. 1834) mit Wirkung v. 6. 11. 2015; Abs. 5 i. d. F. des Gesetzes v. 21. 3. 2013 (BGBl I S. 561) mit Wirkung v. 29. 3. 2013; Abs. 6 i. d. F. des Gesetzes v. 14. 8. 2007 (BGBl I S. 1912) mit Wirkung v. 18. 8. 2007.

2) **Anm. d. Red.:** Zur Anwendung des § 24 Abs. 2 siehe § 27 Abs. 14.

3) **Anm. d. Red.:** Zur Anwendung des § 24 Abs. 5 siehe § 27 Abs. 4.

rung dieser Anteile im Einbringungszeitpunkt nicht nach § 8b Absatz 2 des Körperschaftsteuergesetzes steuerfrei gewesen wäre, ist § 22 Absatz 2, 3 und 5 bis 7 insoweit entsprechend anzuwenden, als der Gewinn aus der Veräußerung der eingebrachten Anteile auf einen Mitunternehmer entfällt, für den insoweit § 8b Absatz 2 des Körperschaftsteuergesetzes Anwendung findet.

(6)[1] § 20 Abs. 9 gilt entsprechend.

## Achter Teil: Formwechsel einer Personengesellschaft in eine Kapitalgesellschaft oder Genossenschaft

### § 25 Entsprechende Anwendung des Sechsten Teils

[1]In den Fällen des Formwechsels einer Personengesellschaft in eine Kapitalgesellschaft oder Genossenschaft im Sinne des § 190 des Umwandlungsgesetzes vom 28. Oktober 1994 (BGBl I S. 3210, 1995 I S. 428), das zuletzt durch Artikel 10 des Gesetzes vom 9. Dezember 2004 (BGBl I S. 3214) geändert worden ist, in der jeweils geltenden Fassung oder auf Grund vergleichbarer ausländischer Vorgänge gelten §§ 20 bis 23 entsprechend. [2]§ 9 Satz 2 und 3 ist entsprechend anzuwenden.

## Neunter Teil: Verhinderung von Missbräuchen

### § 26 (weggefallen)

## Zehnter Teil: Anwendungsvorschriften und Ermächtigung

### § 27 Anwendungsvorschriften[2]

(1) [1]Diese Fassung des Gesetzes ist erstmals auf Umwandlungen und Einbringungen anzuwenden, bei denen die Anmeldung zur Eintragung in das für die Wirksamkeit des jeweiligen Vorgangs maßgebende öffentliche Register nach dem 12. Dezember 2006 erfolgt ist. [2]Für Einbringungen, deren Wirksamkeit keine Eintragung in ein öffentliches Register voraussetzt, ist diese Fassung des Gesetzes erstmals anzuwenden, wenn das wirtschaftliche Eigentum an den eingebrachten Wirtschaftsgütern nach dem 12. Dezember 2006 übergegangen ist.

(2) [1]Das Umwandlungssteuergesetz in der Fassung der Bekanntmachung vom 15. Oktober 2002 (BGBl I S. 4133, 2003 I S. 738), geändert durch Artikel 3 des Gesetzes vom 16. Mai 2003 (BGBl I S. 660), ist letztmals auf Umwandlungen und Einbringungen anzuwenden, bei denen die Anmeldung zur Eintragung in das für die Wirksamkeit des jeweiligen Vorgangs maßgebende öffentliche Register bis zum 12. Dezember 2006 erfolgt ist. [2]Für Einbringungen, deren Wirksamkeit keine Eintragung in ein öffentliches Register voraussetzt, ist diese Fassung letztmals anzuwenden, wenn das wirtschaftliche Eigentum an den eingebrachten Wirtschaftsgütern bis zum 12. Dezember 2006 übergegangen ist.

(3) Abweichend von Absatz 2 ist

1. § 5 Abs. 4 für einbringungsgeborene Anteile im Sinne von § 21 Abs. 1 mit der Maßgabe weiterhin anzuwenden, dass die Anteile zu dem Wert im Sinne von § 5 Abs. 2 oder Abs. 3 in der Fassung des Absatzes 1 als zum steuerlichen Übertragungsstichtag in das Betriebsvermögen des übernehmenden Rechtsträgers überführt gelten,

2. § 20 Abs. 6 in der am 21. Mai 2003 geltenden Fassung für die Fälle des Ausschlusses des Besteuerungsrechts (§ 20 Abs. 3) weiterhin anwendbar, wenn auf die Einbringung Absatz 2 anzuwenden war,

3. § 21 in der am 21. Mai 2003 geltenden Fassung für einbringungsgeborene Anteile im Sinne von § 21 Abs. 1, die auf einem Einbringungsvorgang beruhen, auf den Absatz 2 anwendbar

---

1) **Anm. d. Red.:** Zur Anwendung des § 24 Abs. 6 siehe § 27 Abs. 5.
2) **Anm. d. Red.:** § 27 i. d. F. des Gesetzes v. 2. 11. 2015 (BGBl I S. 1834) mit Wirkung v. 6. 11. 2015.

war, weiterhin anzuwenden. ²Für § 21 Abs. 2 Satz 1 Nr. 2 in der am 21. Mai 2003 geltenden Fassung gilt dies mit der Maßgabe, dass eine Stundung der Steuer gemäß § 6 Abs. 5 des Außensteuergesetzes in der Fassung des Gesetzes vom 7. Dezember 2006 (BGBl I S. 2782) unter den dort genannten Voraussetzungen erfolgt, wenn die Einkommensteuer noch nicht bestandskräftig festgesetzt ist; § 6 Abs. 6 und 7 des Außensteuergesetzes ist entsprechend anzuwenden.

(4) Abweichend von Absatz 1 sind §§ 22, 23 und 24 Abs. 5 nicht anzuwenden, soweit hinsichtlich des Gewinns aus der Veräußerung der Anteile oder einem gleichgestellten Ereignis im Sinne von § 22 Abs. 1 die Steuerfreistellung nach § 8b Abs. 4 des Körperschaftsteuergesetzes in der am 12. Dezember 2006 geltenden Fassung oder nach § 3 Nr. 40 Satz 3 und 4 des Einkommensteuergesetzes in der am 12. Dezember 2006 geltenden Fassung ausgeschlossen ist.

(5) ¹§ 4 Abs. 2 Satz 2, § 15 Abs. 3, § 20 Abs. 9 und § 24 Abs. 6 in der Fassung des Artikels 5 des Gesetzes vom 14. August 2007 (BGBl I S. 1912) sind erstmals auf Umwandlungen und Einbringungen anzuwenden, bei denen die Anmeldung zur Eintragung in das für die Wirksamkeit des jeweiligen Vorgangs maßgebende öffentliche Register nach dem 31. Dezember 2007 erfolgt ist. ²Für Einbringungen, deren Wirksamkeit keine Eintragung in ein öffentliches Register voraussetzt, ist diese Fassung des Gesetzes erstmals anzuwenden, wenn das wirtschaftliche Eigentum an den eingebrachten Wirtschaftsgütern nach dem 31. Dezember 2007 übergegangen ist.

(6) ¹§ 10 ist letztmals auf Umwandlungen anzuwenden, bei denen der steuerliche Übertragungsstichtag vor dem 1. Januar 2007 liegt. ²§ 10 ist abweichend von Satz 1 weiter anzuwenden in den Fällen, in denen ein Antrag nach § 34 Abs. 16 des Körperschaftsteuergesetzes in der Fassung des Artikels 3 des Gesetzes vom 20. Dezember 2007 (BGBl I S. 3150) gestellt wurde.

(7) § 18 Abs. 3 Satz 1 in der Fassung des Artikels 4 des Gesetzes vom 20. Dezember 2007 (BGBl I S. 3150) ist erstmals auf Umwandlungen anzuwenden, bei denen die Anmeldung zur Eintragung in das für die Wirksamkeit der Umwandlung maßgebende öffentliche Register nach dem 31. Dezember erfolgt ist.

(8) § 4 Abs. 6 Satz 4 bis 6 sowie § 4 Abs. 7 Satz 2 in der Fassung des Artikels 6 des Gesetzes vom 19. Dezember 2008 (BGBl I S. 2794) sind erstmals auf Umwandlungen anzuwenden, bei denen § 3 Nr. 40 des Einkommensteuergesetzes in der durch Artikel 1 Nr. 3 des Gesetzes vom 14. August 2007 (BGBl I S. 1912) geänderten Fassung für die Bezüge im Sinne des § 7 anzuwenden ist.

(9) ¹§ 2 Abs. 4 und § 20 Abs. 6 Satz 4 in der Fassung des Artikels 6 des Gesetzes vom 19. Dezember 2008 (BGBl I S. 2794) sind erstmals auf Umwandlungen und Einbringungen anzuwenden, bei denen der schädliche Beteiligungserwerb oder ein anderes die Verlustnutzung ausschließendes Ereignis nach dem 28. November 2008 eintritt. ²§ 2 Abs. 4 und § 20 Abs. 6 Satz 4 in der Fassung des Artikels 6 des Gesetzes vom 19. Dezember 2008 (BGBl I S. 2794) gelten nicht, wenn sich der Veräußerer und der Erwerber am 28. November 2008 über den später vollzogenen schädlichen Beteiligungserwerb oder ein anderes die Verlustnutzung ausschließendes Ereignis einig sind, der übernehmende Rechtsträger dies anhand schriftlicher Unterlagen nachweist und die Anmeldung zur Eintragung in das für die Wirksamkeit des Vorgangs maßgebende öffentliche Register bzw. bei Einbringungen der Übergang des wirtschaftlichen Eigentums bis zum 31. Dezember 2009 erfolgt.

(10) § 2 Absatz 4 Satz 1, § 4 Absatz 2 Satz 2, § 9 Satz 3, § 15 Absatz 3 und § 20 Absatz 9 in der Fassung des Artikels 4 des Gesetzes vom 22. Dezember 2009 (BGBl I S. 3950) sind erstmals auf Umwandlungen und Einbringungen anzuwenden, deren steuerlicher Übertragungsstichtag in einem Wirtschaftsjahr liegt, für das § 4h Absatz 1, 4 Satz 1 und Absatz 5 Satz 1 und 2 des Einkommensteuergesetzes in der Fassung des Artikels 1 des Gesetzes vom 22. Dezember 2009 (BGBl I S. 3950) erstmals anzuwenden ist.

(11) Für Bezüge im Sinne des § 8b Absatz 1 des Körperschaftsteuergesetzes aufgrund einer Umwandlung ist § 8b Absatz 4 des Körperschaftsteuergesetzes in der Fassung des Artikels 1 des Gesetzes vom 21. März 2013 (BGBl I S. 561) abweichend von § 34 Absatz 7a Satz 2 des Körperschaftsteuergesetzes bereits erstmals vor dem 1. März 2013 anzuwenden, wenn die Anmeldung

zur Eintragung in das für die Wirksamkeit des jeweiligen Vorgangs maßgebende öffentliche Register nach dem 28. Februar 2013 erfolgt.

(12) [1]§ 2 Absatz 4 Satz 3 bis 6 in der Fassung des Artikels 9 des Gesetzes vom 26. Juni 2013 (BGBl I S. 1809) ist erstmals auf Umwandlungen und Einbringungen anzuwenden, bei denen die Anmeldung zur Eintragung in das für die Wirksamkeit des jeweiligen Vorgangs maßgebende öffentliche Register nach dem 6. Juni 2013 erfolgt. [2]Für Einbringungen, deren Wirksamkeit keine Eintragung in ein öffentliches Register voraussetzt, ist § 2 in der Fassung des Artikels 9 des Gesetzes vom 26. Juni 2013 (BGBl I S. 1809) erstmals anzuwenden, wenn das wirtschaftliche Eigentum an den eingebrachten Wirtschaftsgütern nach dem 6. Juni 2013 übergegangen ist.

(13) § 20 Absatz 8 in der am 31. Juli 2014 geltenden Fassung ist erstmals bei steuerlichen Übertragungsstichtagen nach dem 31. Dezember 2013 anzuwenden.

(14) § 20 Absatz 2, § 21 Absatz 1, § 22 Absatz 1 Satz 6 Nummer 2, 4 und 5 sowie § 24 Absatz 2 in der am 6. November 2015 geltenden Fassung sind erstmals auf Einbringungen anzuwenden, wenn in den Fällen der Gesamtrechtsnachfolge der Umwandlungsbeschluss nach dem 31. Dezember 2014 erfolgt ist oder in den anderen Fällen der Einbringungsvertrag nach dem 31. Dezember 2014 geschlossen worden ist.

### § 28 Bekanntmachungserlaubnis

Das Bundesministerium der Finanzen wird ermächtigt, den Wortlaut dieses Gesetzes und der zu diesem Gesetz erlassenen Rechtsverordnungen in der jeweils geltenden Fassung satzweise nummeriert mit neuem Datum und in neuer Paragraphenfolge bekannt zu machen und dabei Unstimmigkeiten im Wortlaut zu beseitigen.

# XXII. Körperschaftsteuergesetz (KStG)
## v. 15.10.2002 (BGBl I S. 4145) mit späteren Änderungen

Das Körperschaftsteuergesetz (KStG) v. 15.10.2002 (BGBl I S.4145) wurde geändert durch Art.2 Gesetz zum Abbau von Steuervergünstigungen und Ausnahmeregelungen (Steuervergünstigungsabbaugesetz – StVergAbG) v. 16.5.2003 (BGBl I S.660); Art.6 Gesetz zur Neustrukturierung der Förderbanken des Bundes (Förderbankenneustrukturierungsgesetz) v. 15.8.2003 (BGBl I S.1657); Art.3 Zweites Gesetz zur Änderung steuerlicher Vorschriften (Steueränderungsgesetz 2003 – StÄndG 2003) v. 15.12.2003 (BGBl I S.2645); Art.3 Gesetz zur Umsetzung der Protokollerklärung der Bundesregierung zur Vermittlungsempfehlung zum Steuervergünstigungsabbaugesetz v. 22.12.2003 (BGBl I S.2840); Art.11 Haushaltsbegleitgesetz 2004 (HBeglG 2004) v. 29.12.2003 (BGBl I S. 3076, ber. 2004 I S. 69); Art.2 Gesetz zur Anpassung der Vorschriften über die Amtshilfe im Bereich der Europäischen Union sowie zur Umsetzung der Richtlinie 2003/49/EG des Rates vom 3.Juni 2003 über eine gemeinsame Steuerregelung für Zahlungen von Zinsen und Lizenzgebühren zwischen verbundenen Unternehmen verschiedener Mitgliedstaaten (EG-Amtshilfe-Anpassungsgesetz) v. 2.12.2004 (BGBl I S.3112); Art.31 Gesetz zur Organisationsreform in der gesetzlichen Rentenversicherung (RVOrgG) v. 9.12.2004 (BGBl I S. 3242); Art.3 Gesetz zur Umsetzung von EU-Richtlinien in nationales Steuerrecht und zur Änderung weiterer Vorschriften (Richtlinien-Umsetzungsgesetz – EURLUmsG) v. 9.12.2004 (BGBl I S. 3310, ber. I S.3843); Art.4 Gesetz zur Änderung des Versicherungsaufsichtsgesetzes und anderer Gesetze v. 15.12.2004 (BGBl I S. 3416); Art.2 Steueränderungsgesetz 2007 (StÄndG 2007) v. 19.7.2006 (BGBl I S.1652); Art.6 Gesetz zur Umsetzung der neu gefassten Bankenrichtlinie und der neu gefassten Kapitaladäquanzrichtlinie v. 17.11.2006 (BGBl I S.2606); Art.3 Gesetz über steuerliche Begleitmaßnahmen zur Einführung der Europäischen Gesellschaft und zur Änderung weiterer steuerrechtlicher Vorschriften (SEStEG) v. 7.12.2006 (BGBl I S. 2782, ber. 2007 I S. 68); Art.4 Jahressteuergesetz 2007 (JStG 2007) v. 13.12.2006 (BGBl I S. 2878); Art.2 Unternehmensteuerreformgesetz 2008 v. 14.8.2007 (BGBl I S.1912); Art.3 Gesetz zur weiteren Stärkung des bürgerschaftlichen Engagements v. 10.10.2007 (BGBl I S. 2332); Art.3 Jahressteuergesetz 2008 (JStG 2008) v. 20.12.2007 (BGBl I S. 3150); Art.4 Gesetz zur Modernisierung der Rahmenbedingungen für Kapitalbeteiligungen (MoRaKG) v. 12.8.2008 (BGBl I S. 1672); Art.3 Jahressteuergesetz 2009 (JStG 2009) v. 19.12.2008 (BGBl I S.2794); Art.6 Gesetz zur Modernisierung und Entbürokratisierung des Steuerverfahrens (Steuerbürokratieabbaugesetz) v. 20.12.2008 (BGBl I S.2850); Art.6 Drittes Gesetz zum Abbau bürokratischer Hemmnisse insbesondere in der mittelständischen Wirtschaft (Drittes Mittelstandsentlastungsgesetz) v. 17.3.2009 (BGBl I S.550); Art.2 Gesetz zur Fortführung der Gesetzeslage 2006 bei der Entfernungspauschale v. 20.4.2009 (BGBl I S. 774); Art. 7 Gesetz zur verbesserten steuerlichen Berücksichtigung von Vorsorgeaufwendungen (Bürgerentlastungsgesetz Krankenversicherung) v. 16.7.2009 (BGBl I S. 1959); Art. 2 Gesetz zur Bekämpfung der Steuerhinterziehung (Steuerhinterziehungsbekämpfungsgesetz) v. 29.7.2009 (BGBl I S. 2302); Art.2 Gesetz zur Beschleunigung des Wirtschaftswachstums (Wachstumsbeschleunigungsgesetz) v. 22.12.2009 (BGBl I S.3950); Art.2 Gesetz zur Umsetzung steuerlicher EU-Vorgaben sowie zur Änderung steuerlicher Vorschriften v. 8.4.2010 (BGBl I S. 386); Art.2 Jahressteuergesetz 2010 (JStG 2010) v. 8.12.2010 (BGBl I S.1768); Art. 8 Gesetz zur Umsetzung der Richtlinie 2009/65/EG zur Koordinierung der Rechts- und Verwaltungsvorschriften betreffend bestimmte Organismen für gemeinsame Anlagen in Wertpapieren (OGAW-IV-Umsetzungsgesetz – OGAW-IV-UmsG) v. 22.6.2011 (BGBl I S.1126); Art.17 Steuervereinfachungsgesetz 2011 v. 1.11.2011 (BGBl I S.2131); Art.4 Gesetz zur Umsetzung der Beitreibungsrichtlinie sowie zur Änderung steuerlicher Vorschriften (Beitreibungsrichtlinie-Umsetzungsgesetz – BeitrRLUmsG) v. 7.12.2011 (BGBl I S.2592); Art.2 Gesetz zur Änderung und Vereinfachung der Unternehmensbesteuerung und des steuerlichen Reisekostenrechts v. 20.2.2013 (BGBl I S. 285); Art.4 Gesetz zur Stärkung des Ehrenamtes (Ehrenamtsstärkungsgesetz) v. 21.3.2013 (BGBl I S. 556); Art.1 Gesetz zur Umsetzung des EuGH-Urteils vom 20.Oktober 2011 in der Rechtssache C-284/09 v. 21.3.2013 (BGBl I S. 561); Art.3 Gesetz zur Umsetzung der Amtshilferichtlinie sowie zur Änderung steuerlicher Vorschriften (Amtshilferichtlinie-Umsetzungsgesetz – AmtshilfeRLUmsG) v. 26.6.2013 (BGBl I S.1809); Art.12 Gesetz zur Anpassung des Investmentsteuergesetzes und anderer Gesetze an das AIFM-Umsetzungsgesetz (AIFM-Steuer-Anpassungsgesetz – AIFM-StAnpG) v. 18.12.2013 (BGBl I S.4318); Art.4 Gesetz zur Anpassung des nationalen Steuerrechts an den Beitritt Kroatiens zur EU und zur Änderung weiterer steuerlicher Vorschriften v. 25.7.2014 (BGBl I S.1266); Art.6 Gesetz zur Anpassung der Abgabenordnung an den Zollkodex der Union und zur Änderung weiterer steuerlicher Vorschriften v. 22.12.2014 (BGBl I S.2417); Art.2 Abs.10 Gesetz zur Modernisierung der Finanzaufsicht über Versicherungen v. 1.4.2015 (BGBl I S.434), i.d.F.des Art.13 Nr.2 Steueränderungsgesetz 2015 v. 2.11.2015 (BGBl I S.1834); Art.4 Steueränderungsgesetz 2015 v. 2.11.2015 (BGBl I S.1834). **— Zur Anwendung siehe §§ 34 und 35.**

## Nichtamtliche Fassung
## Inhaltsübersicht

**Erster Teil:**
**Steuerpflicht**

| | |
|---|---|
| Unbeschränkte Steuerpflicht | § 1 |
| Beschränkte Steuerpflicht | § 2 |
| Abgrenzung der Steuerpflicht bei nichtrechtsfähigen Personenvereinigungen und Vermögensmassen sowie bei Realgemeinden | § 3 |
| Betriebe gewerblicher Art von juristischen Personen des öffentlichen Rechts | § 4 |
| Befreiungen | § 5 |
| Einschränkung der Befreiung von Pensions-, Sterbe-, Kranken- und Unterstützungskassen | § 6 |
| Einkommensermittlung bei voll steuerpflichtigen Unterstützungskassen | § 6a |

**Zweiter Teil:**
**Einkommen**

**Erstes Kapitel:**
**Allgemeine Vorschriften**

| | |
|---|---|
| Grundlagen der Besteuerung | § 7 |
| Ermittlung des Einkommens | § 8 |
| Betriebsausgabenabzug für Zinsaufwendungen bei Körperschaften (Zinsschranke) | § 8a |
| Beteiligung an anderen Körperschaften und Personenvereinigungen | § 8b |
| Verlustabzug bei Körperschaften | § 8c |
| Abziehbare Aufwendungen | § 9 |
| Nichtabziehbare Aufwendungen | § 10 |
| Auflösung und Abwicklung (Liquidation) | § 11 |
| Verlust oder Beschränkung des Besteuerungsrechts der Bundesrepublik Deutschland | § 12 |
| Beginn und Erlöschen einer Steuerbefreiung | § 13 |

**Zweites Kapitel:**
**Sondervorschriften für die Organschaft**

| | |
|---|---|
| Aktiengesellschaft oder Kommanditgesellschaft auf Aktien als Organgesellschaft | § 14 |
| Ermittlung des Einkommens bei Organschaft | § 15 |
| Ausgleichszahlungen | § 16 |
| Andere Kapitalgesellschaften als Organgesellschaft | § 17 |
| (weggefallen) | § 18 |
| Steuerabzug bei dem Organträger | § 19 |

**Drittes Kapitel:**
**Sondervorschriften für Versicherungsunternehmen, Pensionsfonds und Bausparkassen**

| | |
|---|---|
| Schwankungsrückstellungen, Schadenrückstellungen | § 20 |
| Beitragsrückerstattungen | § 21 |
| Deckungsrückstellungen | § 21a |
| Zuteilungsrücklage bei Bausparkassen | § 21b |

**Viertes Kapitel:**
**Sondervorschriften für Genossenschaften**

| | |
|---|---|
| Genossenschaftliche Rückvergütung | § 22 |

**Dritter Teil:**
**Tarif; Besteuerung bei ausländischen Einkunftsteilen**

| | |
|---|---|
| Steuersatz | § 23 |
| Freibetrag für bestimmte Körperschaften | § 24 |
| Freibetrag für Erwerbs- und Wirtschaftsgenossenschaften sowie Vereine, die Land- und Forstwirtschaft betreiben | § 25 |
| Steuerermäßigung bei ausländischen Einkünften | § 26 |

**Vierter Teil:**
**Nicht in das Nennkapital geleistete Einlagen und Entstehung und Veranlagung**

| | |
|---|---|
| Nicht in das Nennkapital geleistete Einlagen | § 27 |
| Umwandlung von Rücklagen in Nennkapital und Herabsetzung des Nennkapitals | § 28 |
| Kapitalveränderungen bei Umwandlungen | § 29 |
| Entstehung der Körperschaftsteuer | § 30 |
| Steuererklärungspflicht, Veranlagung und Erhebung der Körperschaftsteuer | § 31 |
| Sondervorschriften für den Steuerabzug | § 32 |
| Erlass, Aufhebung oder Änderung von Steuerbescheiden bei verdeckter Gewinnausschüttung oder verdeckter Einlage | § 32a |

**Fünfter Teil:**
**Ermächtigungs- und Schlussvorschriften**

| | |
|---|---|
| Ermächtigungen | § 33 |
| Schlussvorschriften | § 34 |
| Sondervorschriften für Körperschaften, Personenvereinigungen oder Vermögensmassen in dem in Artikel 3 des Einigungsvertrages genannten Gebiet | § 35 |

**Sechster Teil:**
**Sondervorschriften für den Übergang vom Anrechnungsverfahren zum Halbeinkünfteverfahren**

| | |
|---|---|
| Endbestände | § 36 |
| Körperschaftsteuerguthaben und Körperschaftsteuerminderung | § 37 |
| Körperschaftsteuererhöhung | § 38 |
| Einlagen der Anteilseigner und Sonderausweis | § 39 |
| (weggefallen) | § 40 |

# Erster Teil: Steuerpflicht

## § 1 Unbeschränkte Steuerpflicht[1)]

(1) Unbeschränkt körperschaftsteuerpflichtig sind die folgenden Körperschaften, Personenvereinigungen und Vermögensmassen, die ihre Geschäftsleitung oder ihren Sitz im Inland haben:
1. Kapitalgesellschaften (insbesondere Europäische Gesellschaften, Aktiengesellschaften, Kommanditgesellschaften auf Aktien, Gesellschaften mit beschränkter Haftung);
2. Genossenschaften einschließlich der Europäischen Genossenschaften;
3. Versicherungs- und Pensionsfondsvereine auf Gegenseitigkeit;
4. sonstige juristische Personen des privaten Rechts;
5. nichtrechtsfähige Vereine, Anstalten, Stiftungen und andere Zweckvermögen des privaten Rechts;
6. Betriebe gewerblicher Art von juristischen Personen des öffentlichen Rechts.

(2) Die unbeschränkte Körperschaftsteuerpflicht erstreckt sich auf sämtliche Einkünfte.

(3) Zum Inland im Sinne dieses Gesetzes gehört auch der der Bundesrepublik Deutschland zustehende Anteil
1. an der ausschließlichen Wirtschaftszone, soweit dort
    a) die lebenden und nicht lebenden natürlichen Ressourcen der Gewässer über dem Meeresboden, des Meeresbodens und seines Untergrunds erforscht, ausgebeutet, erhalten oder bewirtschaftet werden,
    b) andere Tätigkeiten zur wirtschaftlichen Erforschung oder Ausbeutung der ausschließlichen Wirtschaftszone ausgeübt werden, wie beispielsweise die Energieerzeugung aus Wasser, Strömung und Wind oder
    c) künstliche Inseln errichtet oder genutzt werden und Anlagen und Bauwerke für die in den Buchstaben a und b genannten Zwecke errichtet oder genutzt werden, und
2. am Festlandsockel, soweit dort
    a) dessen natürliche Ressourcen erforscht oder ausgebeutet werden; natürliche Ressourcen in diesem Sinne sind die mineralischen und sonstigen nicht lebenden Ressourcen des Meeresbodens und seines Untergrunds sowie die zu den sesshaften Arten gehörenden Lebewesen, die im nutzbaren Stadium entweder unbeweglich auf oder unter dem Meeresboden verbleiben oder sich nur in ständigem körperlichen Kontakt mit dem Meeresboden oder seinem Untergrund fortbewegen können; oder
    b) künstliche Inseln errichtet oder genutzt werden und Anlagen und Bauwerke für die in Buchstabe a genannten Zwecke errichtet oder genutzt werden.

## § 2 Beschränkte Steuerpflicht[2)]

Beschränkt körperschaftsteuerpflichtig sind
1. Körperschaften, Personenvereinigungen und Vermögensmassen, die weder ihre Geschäftsleitung noch ihren Sitz im Inland haben, mit ihren inländischen Einkünften;
2. sonstige Körperschaften, Personenvereinigungen und Vermögensmassen, die nicht unbeschränkt steuerpflichtig sind, mit den inländischen Einkünften, die dem Steuerabzug vollständig oder teilweise unterliegen; inländische Einkünfte sind auch
    a) die Entgelte, die den sonstigen Körperschaften, Personenvereinigungen oder Vermögensmassen dafür gewährt werden, dass sie Anteile an einer Kapitalgesellschaft mit Sitz

---

1) **Anm. d. Red.:** § 1 Abs. 1 i. d. F. des Gesetzes v. 7.12.2006 (BGBl I S. 2782) mit Wirkung v. 13.12.2006; Abs. 3 i. d. F. des Gesetzes v. 2.11.2015 (BGBl I S. 1834) mit Wirkung v. 1.1.2016.
2) **Anm. d. Red.:** § 2 i. d. F. des Gesetzes v. 14.8.2007 (BGBl I S. 1912) mit Wirkung v. 18.8.2007.

oder Geschäftsleitung im Inland einem anderen überlassen und der andere, dem die Anteile zuzurechnen sind, diese Anteile oder gleichartige Anteile zurückzugeben hat,
b) die Entgelte, die den sonstigen Körperschaften, Personenvereinigungen oder Vermögensmassen im Rahmen eines Wertpapierpensionsgeschäfts im Sinne des § 340b Abs. 2 des Handelsgesetzbuchs gewährt werden, soweit Gegenstand des Wertpapierpensionsgeschäfts Anteile an einer Kapitalgesellschaft mit Sitz oder Geschäftsleitung im Inland sind, und
c) die in § 8b Abs. 10 Satz 2 genannten Einnahmen oder Bezüge, die den sonstigen Körperschaften, Personenvereinigungen oder Vermögensmassen als Entgelt für die Überlassung von Anteilen an einer Kapitalgesellschaft mit Sitz oder Geschäftsleitung im Inland gewährt gelten.

## § 3 Abgrenzung der Steuerpflicht bei nichtrechtsfähigen Personenvereinigungen und Vermögensmassen sowie bei Realgemeinden

(1) Nichtrechtsfähige Personenvereinigungen, Anstalten, Stiftungen und andere Zweckvermögen sind körperschaftsteuerpflichtig, wenn ihr Einkommen weder nach diesem Gesetz noch nach dem Einkommensteuergesetz unmittelbar bei einem anderen Steuerpflichtigen zu versteuern ist.

(2) ¹Hauberg-, Wald-, Forst- und Laubgenossenschaften und ähnliche Realgemeinden, die zu den in § 1 bezeichneten Steuerpflichtigen gehören, sind nur insoweit körperschaftsteuerpflichtig, als sie einen Gewerbebetrieb unterhalten oder verpachten, der über den Rahmen eines Nebenbetriebs hinausgeht. ²Im Übrigen sind ihre Einkünfte unmittelbar bei den Beteiligten zu versteuern.

## § 4 Betriebe gewerblicher Art von juristischen Personen des öffentlichen Rechts[1]

(1) ¹Betriebe gewerblicher Art von juristischen Personen des öffentlichen Rechts im Sinne des § 1 Abs. 1 Nr. 6 sind vorbehaltlich des Absatzes 5 alle Einrichtungen, die einer nachhaltigen wirtschaftlichen Tätigkeit zur Erzielung von Einnahmen außerhalb der Land- und Forstwirtschaft dienen und die sich innerhalb der Gesamtbetätigung der juristischen Person wirtschaftlich herausheben. ²Die Absicht, Gewinn zu erzielen, und die Beteiligung am allgemeinen wirtschaftlichen Verkehr sind nicht erforderlich.

(2) Ein Betrieb gewerblicher Art ist auch unbeschränkt steuerpflichtig, wenn er selbst eine juristische Person des öffentlichen Rechts ist.

(3) Zu den Betrieben gewerblicher Art gehören auch Betriebe, die der Versorgung der Bevölkerung mit Wasser, Gas, Elektrizität oder Wärme, dem öffentlichen Verkehr oder dem Hafenbetrieb dienen.

(4) Als Betrieb gewerblicher Art gilt die Verpachtung eines solchen Betriebs.

(5) ¹Zu den Betrieben gewerblicher Art gehören nicht Betriebe, die überwiegend der Ausübung der öffentlichen Gewalt dienen (Hoheitsbetriebe). ²Für die Annahme eines Hoheitsbetriebs reichen Zwangs- oder Monopolrechte nicht aus.

(6) ¹Ein Betrieb gewerblicher Art kann mit einem oder mehreren anderen Betrieben gewerblicher Art zusammengefasst werden, wenn
1. sie gleichartig sind,
2. zwischen ihnen nach dem Gesamtbild der tatsächlichen Verhältnisse objektiv eine enge wechselseitige technisch-wirtschaftliche Verflechtung von einigem Gewicht besteht oder
3. Betriebe gewerblicher Art im Sinne des Absatzes 3 vorliegen.

²Ein Betrieb gewerblicher Art kann nicht mit einem Hoheitsbetrieb zusammengefasst werden.

---

1) **Anm. d. Red.:** § 4 Abs. 6 i. d. F. des Gesetzes v. 19. 12. 2008 (BGBl I S. 2794) mit Wirkung v. 25. 12. 2008.

## § 5 Befreiungen[1)]

(1) Von der Körperschaftsteuer sind befreit

1. das Bundeseisenbahnvermögen, die Monopolverwaltungen des Bundes, die staatlichen Lotterieunternehmen und der Erdölbevorratungsverband nach § 2 Abs. 1 des Erdölbevorratungsgesetzes vom 25. Juli 1978 (BGBl I S. 1073);

2.[2)] die Deutsche Bundesbank, die Kreditanstalt für Wiederaufbau, die Landwirtschaftliche Rentenbank, die Bayerische Landesanstalt für Aufbaufinanzierung, die Niedersächsische Gesellschaft für öffentliche Finanzierung mit beschränkter Haftung, die Bremer Aufbau-Bank GmbH, die Landeskreditbank Baden-Württemberg – Förderbank, die Bayerische Landesbodenkreditanstalt, die Investitionsbank Berlin, die Hamburgische Investitions- und Förderbank, die NRW.Bank, die Investitions- und Förderbank Niedersachsen, die Saarländische Investitionskreditbank Aktiengesellschaft, die Investitionsbank Schleswig-Holstein, die Investitionsbank des Lan-des Brandenburg, die Sächsische Aufbaubank – Förderbank –, die Thüringer Aufbaubank, die Investitionsbank Sachsen-Anhalt – Anstalt der Norddeutschen Landesbank – Girozentrale –, die Investitions- und Strukturbank Rheinland-Pfalz, das Landesförderinstitut Mecklenburg-Vorpommern – Geschäftsbereich der Norddeutschen Landesbank Girozentrale –, die Wirtschafts- und Infrastrukturbank Hessen – rechtlich unselbständige Anstalt in der Landesbank Hessen-Thüringen Girozentrale und die Liquiditäts-Konsortialbank Gesellschaft mit beschränkter Haftung;

2a. die Bundesanstalt für vereinigungsbedingte Sonderaufgaben;

3. rechtsfähige Pensions-, Sterbe- und Krankenkassen, die den Personen, denen die Leistungen der Kasse zugute kommen oder zugute kommen sollen (Leistungsempfängern), einen Rechtsanspruch gewähren, und rechtsfähige Unterstützungskassen, die den Leistungsempfängern keinen Rechtsanspruch gewähren,

   a) wenn sich die Kasse beschränkt

      aa) auf Zugehörige oder frühere Zugehörige einzelner oder mehrerer wirtschaftlicher Geschäftsbetriebe oder

      bb) auf Zugehörige oder frühere Zugehörige der Spitzenverbände der freien Wohlfahrtspflege (Arbeiterwohlfahrt-Bundesverband e.V., Deutscher Caritasverband e.V., Deutscher Paritätischer Wohlfahrtsverband e.V., Deutsches Rotes Kreuz, Diakonisches Werk – Innere Mission und Hilfswerk der Evangelischen Kirche in Deutschland sowie Zentralwohlfahrtsstelle der Juden in Deutschland e.V.) einschließlich ihrer Untergliederungen, Einrichtungen und Anstalten und sonstiger gemeinnütziger Wohlfahrtsverbände oder

      cc) auf Arbeitnehmer sonstiger Körperschaften, Personenvereinigungen und Vermögensmassen im Sinne der §§ 1 und 2; den Arbeitnehmern stehen Personen, die sich in einem arbeitnehmerähnlichen Verhältnis befinden, gleich;

      zu den Zugehörigen oder Arbeitnehmern rechnen jeweils auch deren Angehörige;

   b) wenn sichergestellt ist, dass der Betrieb der Kasse nach dem Geschäftsplan und nach Art und Höhe der Leistungen eine soziale Einrichtung darstellt. ²Diese Voraussetzung ist bei Unterstützungskassen, die Leistungen von Fall zu Fall gewähren, nur gegeben, wenn sich diese Leistungen mit Ausnahme des Sterbegeldes auf Fälle der Not oder Arbeitslosigkeit beschränken;

   c) wenn vorbehaltlich des § 6 die ausschließliche und unmittelbare Verwendung des Vermögens und der Einkünfte der Kasse nach der Satzung und der tatsächlichen Geschäftsführung für die Zwecke der Kasse dauernd gesichert ist;

---

1) **Anm. d. Red.:** § 5 Abs. 1 i. d. F. des Gesetzes v. 2. 11. 2015 (BGBl I S. 1834) mit Wirkung v. 1. 1. 2016; Abs. 2 i. d. F. des Gesetzes v. 26. 6. 2013 (BGBl I S. 1809) mit Wirkung v. 30. 6. 2013.

2) **Anm. d. Red.:** Zur Anwendung des § 5 Abs. 1 Nr. 2 siehe § 34 Abs. 3 Sätze 1 und 2.

d)[1] wenn bei Pensions-, Sterbe- und Krankenkassen am Schluss des Wirtschaftsjahrs, zu dem der Wert der Deckungsrückstellung versicherungsmathematisch zu berechnen ist, das nach den handelsrechtlichen Grundsätzen ordnungsmäßiger Buchführung unter Berücksichtigung des Geschäftsplans sowie der allgemeinen Versicherungsbedingungen und der fachlichen Geschäftsunterlagen im Sinne des § 219 Absatz 3 Nummer 1 des Versicherungsaufsichtsgesetzes auszuweisende Vermögen nicht höher ist als bei einem Versicherungsverein auf Gegenseitigkeit die Verlustrücklage und bei einer Kasse anderer Rechtsform der dieser Rücklage entsprechende Teil des Vermögens. ²Bei der Ermittlung des Vermögens ist eine Rückstellung für Beitragsrückerstattung nur insoweit abziehbar, als den Leistungsempfängern ein Anspruch auf die Überschussbeteiligung zusteht. ³Übersteigt das Vermögen der Kasse den bezeichneten Betrag, so ist die Kasse nach Maßgabe des § 6 Abs. 1 bis 4 steuerpflichtig; und

e) wenn bei Unterstützungskassen am Schluss des Wirtschaftsjahrs das Vermögen ohne Berücksichtigung künftiger Versorgungsleistungen nicht höher ist als das um 25 Prozent erhöhte zulässige Kassenvermögen. ²Für die Ermittlung des tatsächlichen und des zulässigen Kassenvermögens gilt § 4d des Einkommensteuergesetzes. ³Übersteigt das Vermögen der Kasse den in Satz 1 bezeichneten Betrag, so ist die Kasse nach Maßgabe des § 6 Abs. 5 steuerpflichtig;

4.[2] kleinere Versicherungsvereine auf Gegenseitigkeit im Sinne des § 210 des Versicherungsaufsichtsgesetzes, wenn

a) ihre Beitragseinnahmen im Durchschnitt der letzten drei Wirtschaftsjahre einschließlich des im Veranlagungszeitraum endenden Wirtschaftsjahrs die durch Rechtsverordnung festzusetzenden Jahresbeträge nicht überstiegen haben oder

b) sich ihr Geschäftsbetrieb auf die Sterbegeldversicherung beschränkt und die Versicherungsvereine nach dem Geschäftsplan sowie nach Art und Höhe der Leistungen soziale Einrichtungen darstellen;

5. Berufsverbände ohne öffentlich-rechtlichen Charakter sowie kommunale Spitzenverbände auf Bundes- oder Landesebene einschließlich ihrer Zusammenschlüsse, wenn der Zweck dieser Verbände nicht auf einen wirtschaftlichen Geschäftsbetrieb gerichtet ist. ²Die Steuerbefreiung ist ausgeschlossen,

a) soweit die Körperschaften oder Personenvereinigungen einen wirtschaftlichen Geschäftsbetrieb unterhalten oder

b) wenn die Berufsverbände Mittel von mehr als 10 Prozent der Einnahmen für die unmittelbare oder mittelbare Unterstützung oder Förderung politischer Parteien verwenden.

³Die Sätze 1 und 2 gelten auch für Zusammenschlüsse von juristischen Personen des öffentlichen Rechts, die wie die Berufsverbände allgemeine ideelle und wirtschaftliche Interessen ihrer Mitglieder wahrnehmen. ⁴Verwenden Berufsverbände Mittel für die unmittelbare oder mittelbare Unterstützung oder Förderung politischer Parteien, beträgt die Körperschaftsteuer 50 Prozent der Zuwendungen;

6. Körperschaften oder Personenvereinigungen, deren Hauptzweck die Verwaltung des Vermögens für einen nichtrechtsfähigen Berufsverband der in Nummer 5 bezeichneten Art ist, sofern ihre Erträge im Wesentlichen aus dieser Vermögensverwaltung herrühren und ausschließlich dem Berufsverband zufließen;

7. politische Parteien im Sinne des § 2 des Parteiengesetzes und ihre Gebietsverbände sowie kommunale Wählervereinigungen und ihre Dachverbände. ²Wird ein wirtschaftlicher Geschäftsbetrieb unterhalten, so ist die Steuerbefreiung insoweit ausgeschlossen;

8. öffentlich-rechtliche Versicherungs- und Versorgungseinrichtungen von Berufsgruppen, deren Angehörige auf Grund einer durch Gesetz angeordneten oder auf Gesetz beruhenden

---

1) **Anm. d. Red.:** Zur Anwendung des § 5 Abs. 1 Nr. 3 Buchst. d siehe § 34 Abs. 3a.
2) **Anm. d. Red.:** Zur Anwendung des § 5 Abs. 1 Nr. 4 siehe § 34 Abs. 3a.

Verpflichtung Mitglieder dieser Einrichtung sind, wenn die Satzung der Einrichtung die Zahlung keiner höheren jährlichen Beiträge zulässt als das Zwölffache der Beiträge, die sich bei einer Beitragsbemessungsgrundlage in Höhe der doppelten monatlichen Beitragsbemessungsgrenze in der allgemeinen Rentenversicherung ergeben würden. ²Ermöglicht die Satzung der Einrichtung nur Pflichtmitgliedschaften sowie freiwillige Mitgliedschaften, die unmittelbar an eine Pflichtmitgliedschaft anschließen, so steht dies der Steuerbefreiung nicht entgegen, wenn die Satzung die Zahlung keiner höheren jährlichen Beiträge zulässt als das Fünfzehnfache der Beiträge, die sich bei einer Beitragsbemessungsgrundlage in Höhe der doppelten monatlichen Beitragsbemessungsgrenze in der allgemeinen Rentenversicherung ergeben würden;

9. Körperschaften, Personenvereinigungen und Vermögensmassen, die nach der Satzung, dem Stiftungsgeschäft oder der sonstigen Verfassung und nach der tatsächlichen Geschäftsführung ausschließlich und unmittelbar gemeinnützigen, mildtätigen oder kirchlichen Zwecken dienen (§§ 51 bis 68 der Abgabenordnung). ²Wird ein wirtschaftlicher Geschäftsbetrieb unterhalten, ist die Steuerbefreiung insoweit ausgeschlossen. ³Satz 2 gilt nicht für selbst bewirtschaftete Forstbetriebe;

10. Erwerbs- und Wirtschaftsgenossenschaften sowie Vereine, soweit sie

    a) Wohnungen herstellen oder erwerben und sie den Mitgliedern auf Grund eines Mietvertrags oder auf Grund eines genossenschaftlichen Nutzungsvertrags zum Gebrauch überlassen; den Wohnungen stehen Räume in Wohnheimen im Sinne des § 15 des Zweiten Wohnungsbaugesetzes gleich,

    b) im Zusammenhang mit einer Tätigkeit im Sinne des Buchstabens a Gemeinschaftsanlagen oder Folgeeinrichtungen herstellen oder erwerben und sie betreiben, wenn sie überwiegend für Mitglieder bestimmt sind und der Betrieb durch die Genossenschaft oder den Verein notwendig ist.

    ²Die Steuerbefreiung ist ausgeschlossen, wenn die Einnahmen des Unternehmens aus den in Satz 1 nicht bezeichneten Tätigkeiten 10 Prozent der gesamten Einnahmen übersteigen;

11. (weggefallen)

12. die von den zuständigen Landesbehörden begründeten oder anerkannten gemeinnützigen Siedlungsunternehmen im Sinne des Reichssiedlungsgesetzes in der jeweils aktuellen Fassung oder entsprechender Landesgesetze, soweit diese Landesgesetze nicht wesentlich von den Bestimmungen des Reichssiedlungsgesesetzes abweichen, und im Sinne der Bodenreformgesetze der Länder, soweit die Unternehmen im ländlichen Raum Siedlungs-, Agrarstrukturverbesserungs- und Landentwicklungsmaßnahmen mit Ausnahme des Wohnungsbaus durchführen. ²Die Steuerbefreiung ist ausgeschlossen, wenn die Einnahmen des Unternehmens aus den in den Satz 1 nicht bezeichneten Tätigkeiten die Einnahmen aus den in Satz 1 bezeichneten Tätigkeiten übersteigen;

13. (weggefallen)

14. Erwerbs- und Wirtschaftsgenossenschaften sowie Vereine, soweit sich ihr Geschäftsbetrieb beschränkt

    a) auf die gemeinschaftliche Benutzung land- und forstwirtschaftlicher Betriebseinrichtungen oder Betriebsgegenstände,

    b) auf Leistungen im Rahmen von Dienst- oder Werkverträgen für die Produktion land- und forstwirtschaftlicher Erzeugnisse für die Betriebe der Mitglieder, wenn die Leistungen im Bereich der Land- und Forstwirtschaft liegen; dazu gehören auch Leistungen zur Erstellung und Unterhaltung von Betriebsvorrichtungen, Wirtschaftswegen und Bodenverbesserungen,

    c) auf die Bearbeitung oder die Verwertung der von den Mitgliedern selbst gewonnenen land- und forstwirtschaftlichen Erzeugnisse, wenn die Bearbeitung oder die Verwertung im Bereich der Land- und Forstwirtschaft liegt, oder

d) auf die Beratung für die Produktion oder Verwertung land- und forstwirtschaftlicher Erzeugnisse der Betriebe der Mitglieder.

²Die Steuerbefreiung ist ausgeschlossen, wenn die Einnahmen des Unternehmens aus den in Satz 1 nicht bezeichneten Tätigkeiten 10 Prozent der gesamten Einnahmen übersteigen. ³Bei Genossenschaften und Vereinen, deren Geschäftsbetrieb sich überwiegend auf die Durchführung von Milchqualitäts- und Milchleistungsprüfungen oder auf die Tierbesamung beschränkt, bleiben die auf diese Tätigkeiten gerichteten Zweckgeschäfte mit Nichtmitgliedern bei der Berechnung der 10-Prozentgrenze außer Ansatz;

15. der Pensions-Sicherungs-Verein Versicherungsverein auf Gegenseitigkeit,

    a) wenn er mit Erlaubnis der Versicherungsaufsichtsbehörde ausschließlich die Aufgaben des Trägers der Insolvenzsicherung wahrnimmt, die sich aus dem Gesetz zur Verbesserung der betrieblichen Altersversorgung vom 19. Dezember 1974 (BGBl I S. 3610) ergeben, und

    b) wenn seine Leistungen nach dem Kreis der Empfänger sowie nach Art und Höhe den in den §§ 7 bis 9, 17 und 30 des Gesetzes zur Verbesserung der betrieblichen Altersversorgung bezeichneten Rahmen nicht überschreiten;

16.[1] Körperschaften, Personenvereinigungen und Vermögensmassen, soweit sie

    a) als Einlagensicherungssysteme im Sinne des § 2 Absatz 1 des Einlagensicherungsgesetzes sowie als Entschädigungseinrichtungen im Sinne des Anlegerentschädigungsgesetzes ihre gesetzlichen Pflichtaufgaben erfüllen oder

    b) als nicht als Einlagensicherungssysteme anerkannte vertragliche Systeme zum Schutz von Einlagen und institutsbezogene Sicherungssysteme im Sinne des § 61 des Einlagensicherungsgesetzes nach ihrer Satzung oder sonstigen Verfassung ausschließlich den Zweck haben, Einlagen zu sichern oder bei Gefahr für die Erfüllung der Verpflichtungen eines Kreditinstituts im Sinne des § 1 Absatz 1 des Kreditwesengesetzes oder eines Finanzdienstleistungsinstituts im Sinne des § 1 Absatz 1a Satz 2 Nummer 1 bis 4 des Kreditwesengesetzes Hilfe zu leisten oder Einlagensicherungssysteme im Sinne des § 2 Absatz 1 des Einlagensicherungsgesetzes bei deren Pflichtenerfüllung zu unterstützen.

    ²Voraussetzung für die Steuerbefreiung nach Satz 1 ist zusätzlich, dass das Vermögen und etwa erzielte Überschüsse dauernd nur zur Erreichung des gesetzlichen oder satzungsmäßigen Zwecks verwendet werden. ³Die Sätze 1 und 2 gelten entsprechend für Sicherungsfonds im Sinne der §§ 223 und 224 des Versicherungsaufsichtsgesetzes sowie für Einrichtungen zur Sicherung von Einlagen bei Wohnungsgenossenschaften mit Spareinrichtung. ⁴Die Steuerbefreiung ist für wirtschaftliche Geschäftsbetriebe ausgeschlossen, die nicht ausschließlich auf die Erfüllung der begünstigten Aufgaben gerichtet sind;

17. Bürgschaftsbanken (Kreditgarantiegemeinschaften), deren Tätigkeit sich auf die Wahrnehmung von Wirtschaftsförderungsmaßnahmen insbesondere in Form der Übernahme und Verwaltung von staatlichen Bürgschaften und Garantien oder von Bürgschaften und Garantien mit staatlichen Rückbürgschaften oder auf der Grundlage staatlich anerkannter Richtlinien gegenüber Kreditinstituten, Versicherungsunternehmen, Leasinggesellschaften und Beteiligungsgesellschaften für Kredite, Leasingforderungen und Beteiligungen an mittelständischen Unternehmen zu ihrer Gründung und zur Erhaltung und Förderung ihrer Leistungsfähigkeit beschränkt. ²Voraussetzung ist, dass das Vermögen und etwa erzielte Überschüsse nur zur Erreichung des in Satz 1 genannten Zwecks verwendet werden;

18. Wirtschaftsförderungsgesellschaften, deren Tätigkeit sich auf die Verbesserung der sozialen und wirtschaftlichen Struktur einer bestimmten Region durch Förderung der Wirtschaft, insbesondere durch Industrieansiedlung, Beschaffung neuer Arbeitsplätze und der Sanierung von Altlasten beschränkt, wenn an ihnen überwiegend Gebietskörperschaften betei-

---

1) **Anm. d. Red.:** Zur Anwendung des § 5 Abs. 1 Nr. 16 siehe § 34 Abs. 3 Satz 3 und Abs. 3a.

ligt sind. ²Voraussetzung ist, dass das Vermögen und etwa erzielte Überschüsse nur zur Erreichung des in Satz 1 genannten Zwecks verwendet werden;

19. Gesamthafenbetriebe im Sinne des § 1 des Gesetzes über die Schaffung eines besonderen Arbeitgebers für Hafenarbeiter vom 3. August 1950 (BGBl I S. 352), soweit sie Tätigkeiten ausüben, die in § 2 Abs. 1 dieses Gesetzes bestimmt und nach § 2 Abs. 2 dieses Gesetzes genehmigt worden sind. ²Voraussetzung ist, dass das Vermögen und etwa erzielte Überschüsse nur zur Erfüllung der begünstigten Tätigkeiten verwendet werden. ³Wird ein wirtschaftlicher Geschäftsbetrieb unterhalten, dessen Tätigkeit nicht ausschließlich auf die Erfüllung der begünstigten Tätigkeiten gerichtet ist, ist die Steuerbefreiung insoweit ausgeschlossen;

20. Zusammenschlüsse von juristischen Personen des öffentlichen Rechts, von steuerbefreiten Körperschaften oder von steuerbefreiten Personenvereinigungen,

    a) deren Tätigkeit sich auf den Zweck beschränkt, im Wege des Umlageverfahrens die Versorgungslasten auszugleichen, die den Mitgliedern aus Versorgungszusagen gegenüber ihren Arbeitnehmern erwachsen,

    b) wenn am Schluss des Wirtschaftsjahrs das Vermögen nicht höher ist als 60 Prozent der im Wirtschaftsjahr erbrachten Leistungen an die Mitglieder;

21. die nicht in der Rechtsform einer Körperschaft des öffentlichen Rechts errichteten Arbeitsgemeinschaften Medizinischer Dienst der Krankenversicherung im Sinne des § 278 des Fünften Buches Sozialgesetzbuch und der Medizinische Dienst der Spitzenverbände der Krankenkassen im Sinne des § 282 des Fünften Buches Sozialgesetzbuch, soweit sie die ihnen durch Gesetz zugewiesenen Aufgaben wahrnehmen. ²Voraussetzung ist, dass das Vermögen und etwa erzielte Überschüsse nur zur Erreichung der in Satz 1 genannten Zwecke verwendet werden;

22. gemeinsame Einrichtungen der Tarifvertragsparteien im Sinne des § 4 Abs. 2 des Tarifvertragsgesetzes vom 25. August 1969 (BGBl I S. 1323), die satzungsmäßige Beiträge auf der Grundlage des § 186a des Arbeitsförderungsgesetzes vom 25. Juni 1969 (BGBl I S. 582) oder tarifvertraglicher Vereinbarungen erheben und Leistungen ausschließlich an die tarifgebundenen Arbeitnehmer des Gewerbezweigs oder an deren Hinterbliebene erbringen, wenn sie dabei zu nicht steuerbegünstigten Betrieben derselben oder ähnlicher Art nicht in größerem Umfang in Wettbewerb treten, als es bei Erfüllung ihrer begünstigten Aufgaben unvermeidlich ist. ²Wird ein wirtschaftlicher Geschäftsbetrieb unterhalten, dessen Tätigkeit nicht ausschließlich auf die Erfüllung der begünstigten Tätigkeiten gerichtet ist, ist die Steuerbefreiung insoweit ausgeschlossen;

23. die Auftragsforschung öffentlich-rechtlicher Wissenschafts- und Forschungseinrichtungen; ist die Tätigkeit auf die Anwendung gesicherter wissenschaftlicher Erkenntnisse, die Übernahme von Projektträgerschaften sowie wirtschaftliche Tätigkeiten ohne Forschungsbezug gerichtet, ist die Steuerbefreiung insoweit ausgeschlossen;

24.[1] die Global Legal Entity Identifier Stiftung, soweit die Stiftung Tätigkeiten ausübt, die im unmittelbaren Zusammenhang mit der Einführung, dem Unterhalten und der Fortentwicklung eines Systems zur eindeutigen Identifikation von Rechtspersonen mittels eines weltweit anzuwendenden Referenzcodes stehen.

(2) Die Befreiungen nach Absatz 1 und nach anderen Gesetzen als dem Körperschaftsteuergesetz gelten nicht

1. für inländische Einkünfte, die dem Steuerabzug vollständig oder teilweise unterliegen; Entsprechendes gilt für die in § 32 Abs. 3 Satz 1 zweiter Halbsatz genannten Einkünfte,

2. für beschränkt Steuerpflichtige im Sinne des § 2 Nr. 1, es sei denn, es handelt sich um Steuerpflichtige im Sinne des Absatzes 1 Nr. 9, die nach den Rechtsvorschriften eines Mitgliedstaats der Europäischen Union oder nach den Rechtsvorschriften eines Staates, auf den das

---

1) **Anm. d. Red.:** Zur Anwendung des § 5 Abs. 1 Nr. 24 siehe § 34 Abs. 3 Satz 4.

Abkommen über den Europäischen Wirtschaftsraum vom 3. Januar 1994 (ABl EG Nr. L 1 S. 3), zuletzt geändert durch den Beschluss des Gemeinsamen EWR-Ausschusses Nr. 91/2007 vom 6. Juli 2007 (ABl EU Nr. L 328 S. 40), in der jeweiligen Fassung Anwendung findet, gegründete Gesellschaften im Sinne des Artikels 54 des Vertrags über die Arbeitsweise der Europäischen Union oder des Artikels 34 des Abkommens über den Europäischen Wirtschaftsraum sind, deren Sitz und Ort der Geschäftsleitung sich innerhalb des Hoheitsgebiets eines dieser Staaten befindet, und mit diesen Staaten ein Amtshilfeabkommen besteht,

3. soweit § 38 Abs. 2 anzuwenden ist.

## § 6 Einschränkung der Befreiung von Pensions-, Sterbe-, Kranken- und Unterstützungskassen[1)]

(1) Übersteigt am Schluss des Wirtschaftsjahrs, zu dem der Wert der Deckungsrückstellung versicherungsmathematisch zu berechnen ist, das Vermögen einer Pensions-, Sterbe- oder Krankenkasse im Sinne des § 5 Abs. 1 Nr. 3 den in Buchstabe d dieser Vorschrift bezeichneten Betrag, so ist die Kasse steuerpflichtig, soweit ihr Einkommen anteilig auf das übersteigende Vermögen entfällt.

(2) Die Steuerpflicht entfällt mit Wirkung für die Vergangenheit, soweit das übersteigende Vermögen innerhalb von 18 Monaten nach dem Schluss des Wirtschaftsjahrs, für das es festgestellt worden ist, mit Zustimmung der Versicherungsaufsichtsbehörde zur Leistungserhöhung, zur Auszahlung an das Trägerunternehmen, zur Verrechnung mit Zuwendungen des Trägerunternehmens, zur gleichmäßigen Herabsetzung künftiger Zuwendungen des Trägerunternehmens oder zur Verminderung der Beiträge der Leistungsempfänger verwendet wird.

(3) Wird das übersteigende Vermögen nicht in der in Absatz 2 bezeichneten Weise verwendet, so erstreckt sich die Steuerpflicht auch auf die folgenden Kalenderjahre, für die der Wert der Deckungsrückstellung nicht versicherungsmathematisch zu berechnen ist.

(4) [1]Bei der Ermittlung des Einkommens der Kasse sind Beitragsrückerstattungen oder sonstige Vermögensübertragungen an das Trägerunternehmen außer in den Fällen des Absatzes 2 nicht abziehbar. [2]Das Gleiche gilt für Zuführungen zu einer Rückstellung für Beitragsrückerstattung, soweit den Leistungsempfängern ein Anspruch auf die Überschussbeteiligung nicht zusteht.

(5) [1]Übersteigt am Schluss des Wirtschaftsjahrs das Vermögen einer Unterstützungskasse im Sinne des § 5 Abs. 1 Nr. 3 den in Buchstabe e dieser Vorschrift bezeichneten Betrag, so ist die Kasse steuerpflichtig, soweit ihr Einkommen anteilig auf das übersteigende Vermögen entfällt. [2]Bei der Ermittlung des Einkommens sind Zuwendungen des Trägerunternehmens nicht erhöhend und Versorgungsleistungen der Kasse sowie Vermögensübertragungen an das Trägerunternehmen nicht mindernd zu berücksichtigen.

(5a) [1]Unterstützungskassen in der Rechtsform der Kapitalgesellschaft können bis zum 31. Dezember 2016 auf amtlich vorgeschriebenem Vordruck einen positiven Zuwendungsbetrag erklären. [2]Dieser errechnet sich aus den Zuwendungen des Trägerunternehmens in den Veranlagungszeiträumen 2006 bis 2015 abzüglich der Versorgungsleistungen in diesem Zeitraum, soweit diese Zuwendungen und diese Versorgungsleistungen in dem steuerpflichtigen Teil des Einkommens der Kasse nach Absatz 5 Satz 1 enthalten waren. [3]Dabei gelten Versorgungsleistungen in den Veranlagungszeiträumen 2006 bis 2015 als vornehmlich aus Zuwendungen des Trägerunternehmens in diesem Zeitraum erbracht. [4]Ab dem Veranlagungszeitraum 2016 mindert sich das steuerpflichtige Einkommen der Kasse in Höhe des zum Schluss des vorherigen Veranlagungszeitraums festgestellten Betrags nach Satz 6; es mindert sich höchstens um einen Betrag in Höhe der im Wirtschaftsjahr getätigten Versorgungsleistungen. [5]Durch die Minderung darf das Einkommen nicht negativ werden. [6]Gesondert festzustellen sind

---

1) **Anm. d. Red.:** § 6 Abs. 5 und 5a i. d. F. des Gesetzes v. 2. 11. 2015 (BGBl I S. 1834) mit Wirkung v. 1. 1. 2016.

1. der Zuwendungsbetrag auf den 31. Dezember 2015 und
2. der zum 31. Dezember des jeweiligen Folgejahres verbleibende Zuwendungsbetrag, der sich ergibt, wenn vom zum Schluss des Vorjahres festgestellten Betrag der Betrag abgezogen wird, um den sich das steuerpflichtige Einkommen im laufenden Veranlagungszeitraum nach den Sätzen 4 und 5 gemindert hat.

(6) ¹Auf den Teil des Vermögens einer Pensions-, Sterbe-, Kranken- oder Unterstützungskasse, der am Schluss des Wirtschaftsjahrs den in § 5 Abs. 1 Nr. 3 Buchstabe d oder e bezeichneten Betrag übersteigt, ist Buchstabe c dieser Vorschrift nicht anzuwenden. ²Bei Unterstützungskassen gilt dies auch, soweit das Vermögen vor dem Schluss des Wirtschaftsjahrs den in § 5 Abs. 1 Nr. 3 Buchstabe e bezeichneten Betrag übersteigt.

## § 6a Einkommensermittlung bei voll steuerpflichtigen Unterstützungskassen[1)]

Bei Unterstützungskassen, die voll steuerpflichtig sind, ist § 6 Absatz 5 Satz 2 und Absatz 5a entsprechend anzuwenden.

## Zweiter Teil: Einkommen

## Erstes Kapitel: Allgemeine Vorschriften

### § 7 Grundlagen der Besteuerung

(1) Die Körperschaftsteuer bemisst sich nach dem zu versteuernden Einkommen.

(2) Zu versteuerndes Einkommen ist das Einkommen im Sinne des § 8 Abs. 1, vermindert um die Freibeträge der §§ 24 und 25.

(3) ¹Die Körperschaftsteuer ist eine Jahressteuer. ²Die Grundlagen für ihre Festsetzung sind jeweils für ein Kalenderjahr zu ermitteln. ³Besteht die unbeschränkte oder beschränkte Steuerpflicht nicht während eines ganzen Kalenderjahrs, so tritt an die Stelle des Kalenderjahrs der Zeitraum der jeweiligen Steuerpflicht.

(4) ¹Bei Steuerpflichtigen, die verpflichtet sind, Bücher nach den Vorschriften des Handelsgesetzbuchs zu führen, ist der Gewinn nach dem Wirtschaftsjahr zu ermitteln, für das sie regelmäßig Abschlüsse machen. ²Weicht bei diesen Steuerpflichtigen das Wirtschaftsjahr, für das sie regelmäßig Abschlüsse machen, vom Kalenderjahr ab, so gilt der Gewinn aus Gewerbebetrieb als in dem Kalenderjahr bezogen, in dem das Wirtschaftsjahr endet. ³Die Umstellung des Wirtschaftsjahrs auf einen vom Kalenderjahr abweichenden Zeitraum ist steuerlich nur wirksam, wenn sie im Einvernehmen mit dem Finanzamt vorgenommen wird.

### § 8 Ermittlung des Einkommens[2)]

(1) ¹Was als Einkommen gilt und wie das Einkommen zu ermitteln ist, bestimmt sich nach den Vorschriften des Einkommensteuergesetzes und dieses Gesetzes. ²Bei Betrieben gewerblicher Art im Sinne des § 4 sind die Absicht, Gewinn zu erzielen, und die Beteiligung am allgemeinen wirtschaftlichen Verkehr nicht erforderlich. ³Bei den inländischen öffentlich-rechtlichen Rundfunkanstalten beträgt das Einkommen aus dem Geschäft der Veranstaltung von Werbesendungen 16 Prozent der Entgelte (§ 10 Abs. 1 des Umsatzsteuergesetzes) aus Werbesendungen.

(2) Bei unbeschränkt Steuerpflichtigen im Sinne des § 1 Abs. 1 Nr. 1 bis 3 sind alle Einkünfte als Einkünfte aus Gewerbebetrieb zu behandeln.

---

1) **Anm. d. Red.:** § 6a eingefügt gem. Gesetz v. 2.11.2015 (BGBl I S. 1834) mit Wirkung v. 1.1.2016.

2) **Anm. d. Red.:** § 8 Abs. 1, 7 und 8 i.d.F. des Gesetzes v. 19.12.2008 (BGBl I S. 2794) mit Wirkung v. 25.12.2008; Abs. 2 i.d.F. des Gesetzes v. 7.12.2006 (BGBl I S. 2782) mit Wirkung v. 13.12.2006; Abs. 3 i.d.F. des Gesetzes v. 13.12.2006 (BGBl I S. 2878) mit Wirkung v. 19.12.2006; Abs. 4 weggefallen gem. Gesetz v. 14.8.2007 (BGBl I S. 1912) mit Wirkung v. 18.8.2007; Abs. 9 i.d.F. des Gesetzes v. 8.12.2010 (BGBl I S. 1768) mit Wirkung v. 14.12.2010; Abs. 10 i.d.F. des Gesetzes v. 1.11.2011 (BGBl I S. 2131) mit Wirkung v. 1.1.2012.

(3) ¹Für die Ermittlung des Einkommens ist es ohne Bedeutung, ob das Einkommen verteilt wird. ²Auch verdeckte Gewinnausschüttungen sowie Ausschüttungen jeder Art auf Genussrechte, mit denen das Recht auf Beteiligung am Gewinn und am Liquidationserlös der Kapitalgesellschaft verbunden ist, mindern das Einkommen nicht. ³Verdeckte Einlagen erhöhen das Einkommen nicht. ⁴Das Einkommen erhöht sich, soweit eine verdeckte Einlage das Einkommen des Gesellschafters gemindert hat. ⁵Satz 4 gilt auch für eine verdeckte Einlage, die auf einer verdeckten Gewinnausschüttung einer dem Gesellschafter nahe stehenden Person beruht und bei der Besteuerung des Gesellschafters nicht berücksichtigt wurde, es sei denn, die verdeckte Gewinnausschüttung hat bei der leistenden Körperschaft das Einkommen nicht gemindert. ⁶In den Fällen des Satzes 5 erhöht die verdeckte Einlage nicht die Anschaffungskosten der Beteiligung.

(4) (weggefallen)

(5) Bei Personenvereinigungen bleiben für die Ermittlung des Einkommens Beiträge, die auf Grund der Satzung von den Mitgliedern lediglich in ihrer Eigenschaft als Mitglieder erhoben werden, außer Ansatz.

(6) Besteht das Einkommen nur aus Einkünften, von denen lediglich ein Steuerabzug vorzunehmen ist, so ist ein Abzug von Betriebsausgaben oder Werbungskosten nicht zulässig.

(7) ¹Die Rechtsfolgen einer verdeckten Gewinnausschüttung im Sinne des Absatzes 3 Satz 2 sind

1. bei Betrieben gewerblicher Art im Sinne des § 4 nicht bereits deshalb zu ziehen, weil sie ein Dauerverlustgeschäft ausüben;
2. bei Kapitalgesellschaften nicht bereits deshalb zu ziehen, weil sie ein Dauerverlustgeschäft ausüben. ²Satz 1 gilt nur bei Kapitalgesellschaften, bei denen die Mehrheit der Stimmrechte unmittelbar oder mittelbar auf juristische Personen des öffentlichen Rechts entfällt und nachweislich ausschließlich diese Gesellschafter die Verluste aus Dauerverlustgeschäften tragen.

²Ein Dauerverlustgeschäft liegt vor, soweit aus verkehrs-, umwelt-, sozial-, kultur-, bildungs- oder gesundheitspolitischen Gründen eine wirtschaftliche Betätigung ohne kostendeckendes Entgelt unterhalten wird oder in den Fällen von Satz 1 Nr. 2 das Geschäft Ausfluss einer Tätigkeit ist, die bei juristischen Personen des öffentlichen Rechts zu einem Hoheitsbetrieb gehört.

(8) ¹Werden Betriebe gewerblicher Art zusammengefasst, ist § 10d des Einkommensteuergesetzes auf den Betrieb gewerblicher Art anzuwenden, der sich durch die Zusammenfassung ergibt. ²Nicht ausgeglichene negative Einkünfte der einzelnen Betriebe gewerblicher Art aus der Zeit vor der Zusammenfassung können nicht beim zusammengefassten Betrieb gewerblicher Art abgezogen werden. ³Ein Rücktrag von Verlusten des zusammengefassten Betriebs gewerblicher Art auf die einzelnen Betriebe gewerblicher Art vor Zusammenfassung ist unzulässig. ⁴Ein bei einem Betrieb gewerblicher Art vor der Zusammenfassung festgestellter Verlustvortrag kann nach Maßgabe des § 10d des Einkommensteuergesetzes vom Gesamtbetrag der Einkünfte abgezogen werden, den dieser Betrieb gewerblicher Art nach Beendigung der Zusammenfassung erzielt. ⁵Die Einschränkungen der Sätze 2 bis 4 gelten nicht, wenn gleichartige Betriebe gewerblicher Art zusammengefasst oder getrennt werden.

(9) ¹Wenn für Kapitalgesellschaften Absatz 7 Satz 1 Nr. 2 zur Anwendung kommt, sind die einzelnen Tätigkeiten der Gesellschaft nach folgender Maßgabe Sparten zuzuordnen:

1. Tätigkeiten, die als Dauerverlustgeschäfte Ausfluss einer Tätigkeit sind, die bei juristischen Personen des öffentlichen Rechts zu einem Hoheitsbetrieb gehören, sind jeweils gesonderten Sparten zuzuordnen;
2. Tätigkeiten, die nach § 4 Abs. 6 Satz 1 zusammenfassbar sind oder aus den übrigen, nicht in Nummer 1 bezeichneten Dauerverlustgeschäften stammen, sind jeweils gesonderten Sparten zuzuordnen, wobei zusammenfassbare Tätigkeiten jeweils eine einheitliche Sparte bilden;
3. alle übrigen Tätigkeiten sind einer einheitlichen Sparte zuzuordnen.

²Für jede sich hiernach ergebende Sparte ist der Gesamtbetrag der Einkünfte getrennt zu ermitteln. ³Die Aufnahme einer weiteren, nicht gleichartigen Tätigkeit führt zu einer neuen, gesonder-

ten Sparte; Entsprechendes gilt für die Aufgabe einer solchen Tätigkeit. ⁴Ein negativer Gesamtbetrag der Einkünfte einer Sparte darf nicht mit einem positiven Gesamtbetrag der Einkünfte einer anderen Sparte ausgeglichen oder nach Maßgabe des § 10d des Einkommensteuergesetzes abgezogen werden. ⁵Er mindert jedoch nach Maßgabe des § 10d des Einkommensteuergesetzes die positiven Gesamtbeträge der Einkünfte, die sich in dem unmittelbar vorangegangenen und in den folgenden Veranlagungszeiträumen für dieselbe Sparte ergeben. ⁶Liegen die Voraussetzungen des Absatzes 7 Satz 1 Nr. 2 Satz 2 ab einem Zeitpunkt innerhalb eines Veranlagungszeitraums nicht mehr vor, sind die Sätze 1 bis 5 ab diesem Zeitpunkt nicht mehr anzuwenden; hiernach nicht ausgeglichene oder abgezogene negative Beträge sowie verbleibende Verlustvorträge aus den Sparten, in denen Dauerverlusttätigkeiten ausgeübt werden, entfallen. ⁷Liegen die Voraussetzungen des Absatzes 7 Satz 1 Nr. 2 Satz 2 erst ab einem bestimmten Zeitpunkt innerhalb eines Veranlagungszeitraums vor, sind die Sätze 1 bis 5 ab diesem Zeitpunkt anzuwenden; ein bis zum Eintritt der Voraussetzungen entstandener Verlust kann nach Maßgabe des § 10d des Einkommensteuergesetzes abgezogen werden; ein danach verbleibender Verlust ist der Sparte zuzuordnen, in denen keine Dauerverlustgeschäfte ausgeübt werden. ⁸Der am Schluss eines Veranlagungszeitraums verbleibende negative Gesamtbetrag der Einkünfte einer Sparte ist gesondert festzustellen; § 10d Absatz 4 des Einkommensteuergesetzes gilt entsprechend.

(10) ¹Bei Einkünften aus Kapitalvermögen ist § 2 Absatz 5b des Einkommensteuergesetzes nicht anzuwenden. ²§ 32d Abs. 2 Satz 1 Nr. 1 Satz 1 und Nr. 3 Satz 1 und Satz 3 bis 6 des Einkommensteuergesetzes ist entsprechend anzuwenden; in diesen Fällen ist § 20 Abs. 6 und 9 des Einkommensteuergesetzes nicht anzuwenden.

## § 8a Betriebsausgabenabzug für Zinsaufwendungen bei Körperschaften (Zinsschranke)[1)]

(1) ¹§ 4h Abs. 1 Satz 2 des Einkommensteuergesetzes ist mit der Maßgabe anzuwenden, dass anstelle des maßgeblichen Gewinns das maßgebliche Einkommen tritt. ²Maßgebliches Einkommen ist das nach den Vorschriften des Einkommensteuergesetzes und dieses Gesetzes ermittelte Einkommen mit Ausnahme der §§ 4h und 10d des Einkommensteuergesetzes und des § 9 Abs. 1 Nr. 2 dieses Gesetzes. ³§ 8c gilt für den Zinsvortrag nach § 4h Absatz 1 Satz 5 des Einkommensteuergesetzes mit der Maßgabe entsprechend, dass stille Reserven im Sinne des § 8c Absatz 1 Satz 7 nur zu berücksichtigen sind, soweit sie die nach § 8c Absatz 1 Satz 6 abziehbaren nicht genutzten Verluste übersteigen. ⁴Auf Kapitalgesellschaften, die ihre Einkünfte nach § 2 Abs. 2 Nr. 2 des Einkommensteuergesetzes ermitteln, ist § 4h des Einkommensteuergesetzes sinngemäß anzuwenden.

(2)[2)] § 4h Abs. 2 Satz 1 Buchstabe b des Einkommensteuergesetzes ist nur anzuwenden, wenn die Vergütungen für Fremdkapital an einen zu mehr als einem Viertel unmittelbar oder mittelbar am Grund- oder Stammkapital beteiligten Anteilseigner, eine diesem nahe stehende Person (§ 1 Abs. 2 des Außensteuergesetzes vom 8. September 1972 – BGBl I S. 1713 –, das zuletzt durch Artikel 3 des Gesetzes vom 28. Mai 2007 – BGBl I S. 914 – geändert worden ist, in der jeweils geltenden Fassung) oder einen Dritten, der auf den zu mehr als einem Viertel am Grund- oder Stammkapital beteiligten Anteilseigner oder eine diesem nahe stehende Person zurückgreifen kann, nicht mehr als 10 Prozent der die Zinserträge übersteigenden Zinsaufwendungen der Körperschaft im Sinne des § 4h Abs. 3 des Einkommensteuergesetzes betragen und die Körperschaft dies nachweist.

(3)[3)] ¹§ 4h Abs. 2 Satz 1 Buchstabe c des Einkommensteuergesetzes ist nur anzuwenden, wenn die Vergütungen für Fremdkapital der Körperschaft oder eines anderen demselben Konzern zu-

---

1) **Anm. d. Red.:** § 8a Abs. 1 i. d. F. des Gesetzes v. 22.12.2009 (BGBl I S. 3950) mit Wirkung v. 31.12.2009; Abs. 2 und 3 i. d. F. des Gesetzes v. 14.8.2007 (BGBl I S. 1912) mit Wirkung v. 18.8.2007.

2) **Anm. d. Red.:** Zur Anwendung des § 8a Abs. 2 siehe § 34 Abs. 4.

3) **Anm. d. Red.:** Zur Anwendung des § 8a Abs. 3 siehe § 34 Abs. 4.

gehörenden Rechtsträgers an einen zu mehr als einem Viertel unmittelbar oder mittelbar am Kapital beteiligten Gesellschafter einer konzernzugehörigen Gesellschaft, eine diesem nahe stehende Person (§ 1 Abs. 2 des Außensteuergesetzes) oder einen Dritten, der auf den zu mehr als einem Viertel am Kapital beteiligten Gesellschafter oder eine diesem nahe stehende Person zurückgreifen kann, nicht mehr als 10 Prozent der die Zinserträge übersteigenden Zinsaufwendungen des Rechtsträgers im Sinne des § 4h Abs. 3 des Einkommensteuergesetzes betragen und die Körperschaft dies nachweist. ²Satz 1 gilt nur für Zinsaufwendungen aus Verbindlichkeiten, die in dem voll konsolidierten Konzernabschluss nach § 4h Abs. 2 Satz 1 Buchstabe c des Einkommensteuergesetzes ausgewiesen sind und bei Finanzierung durch einen Dritten einen Rückgriff gegen einen nicht zum Konzern gehörenden Gesellschafter oder eine diesem nahe stehende Person auslösen.

## § 8b Beteiligung an anderen Körperschaften und Personenvereinigungen[1]

(1) ¹Bezüge im Sinne des § 20 Abs. 1 Nr. 1, 2, 9 und 10 Buchstabe a des Einkommensteuergesetzes bleiben bei der Ermittlung des Einkommens außer Ansatz. ²Satz 1 gilt nur, soweit die Bezüge das Einkommen der leistenden Körperschaft nicht gemindert haben. ³Sind die Bezüge im Sinne des Satzes 1 nach einem Abkommen zur Vermeidung der Doppelbesteuerung von der Bemessungsgrundlage für die Körperschaftsteuer auszunehmen, gilt Satz 2 ungeachtet des Wortlauts des Abkommens für diese Freistellung entsprechend. ⁴Satz 2 gilt nicht, soweit die verdeckte Gewinnausschüttung das Einkommen einer dem Steuerpflichtigen nahe stehenden Person erhöht hat und § 32a des Körperschaftsteuergesetzes auf die Veranlagung dieser nahe stehenden Person keine Anwendung findet. ⁵Bezüge im Sinne des Satzes 1 sind auch Einnahmen aus der Veräußerung von Dividendenscheinen und sonstigen Ansprüchen im Sinne des § 20 Abs. 2 Satz 1 Nr. 2 Buchstabe a des Einkommensteuergesetzes sowie Einnahmen aus der Abtretung von Dividendenansprüchen oder sonstigen Ansprüchen im Sinne des § 20 Abs. 2 Satz 2 des Einkommensteuergesetzes.

(2) ¹Bei der Ermittlung des Einkommens bleiben Gewinne aus der Veräußerung eines Anteils an einer Körperschaft oder Personenvereinigung, deren Leistungen beim Empfänger zu Einnahmen im Sinne des § 20 Abs. 1 Nr. 1, 2, 9 und 10 Buchstabe a des Einkommensteuergesetzes gehören, oder an einer Organgesellschaft im Sinne des § 14 oder § 17 außer Ansatz. ²Veräußerungsgewinn im Sinne des Satzes 1 ist der Betrag, um den der Veräußerungspreis oder der an dessen Stelle tretende Wert nach Abzug der Veräußerungskosten den Wert übersteigt, der sich nach den Vorschriften über die steuerliche Gewinnermittlung im Zeitpunkt der Veräußerung ergibt (Buchwert). ³Satz 1 gilt entsprechend für Gewinne aus der Auflösung oder der Herabsetzung des Nennkapitals oder aus dem Ansatz des in § 6 Absatz 1 Nummer 2 Satz 3 des Einkommensteuergesetzes bezeichneten Werts. ⁴Die Sätze 1 und 3 gelten nicht, soweit der Anteil in früheren Jahren steuerwirksam auf den niedrigeren Teilwert abgeschrieben und die Gewinnminderung nicht durch den Ansatz eines höheren Werts ausgeglichen worden ist. ⁵Satz 4 gilt außer für Gewinne aus dem Ansatz mit dem Wert, der sich nach § 6 Abs. 1 Nr. 2 Satz 3 des Einkommensteuergesetzes ergibt, auch für steuerwirksam vorgenommene Abzüge nach § 6b des Einkommensteuergesetzes und ähnliche Abzüge. ⁶Veräußerung im vorstehenden Sinne ist auch die verdeckte Einlage.

(3) ¹Von dem jeweiligen Gewinn im Sinne des Absatzes 2 Satz 1, 3 und 6 gelten 5 Prozent als Ausgaben, die nicht als Betriebsausgaben abgezogen werden dürfen. ²§ 3c Abs. 1 des Einkommensteuergesetzes ist nicht anzuwenden. ³Gewinnminderungen, die im Zusammenhang mit

---

1) **Anm. d. Red.:** § 8b Abs. 1, 9 und 10 i. d. F. des Gesetzes v. 26.6.2013 (BGBl I S. 1809) mit Wirkung v. 1.1.2012 (Abs. 9) und 30.6.2013 (Abs. 1 und 10); Abs. 2 und 7 i. d. F. des Gesetzes v. 25.7.2014 (BGBl I S. 1266) mit Wirkung v. 31.7.2014; Abs. 3 i. d. F. des Gesetzes v. 20.12.2007 (BGBl I S. 3150) mit Wirkung v. 29.12.2007; Abs. 4 i. d. F. des Gesetzes v. 21.3.2013 (BGBl I S. 561) mit Wirkung v. 29.3.2013; Abs. 5 i. d. F. des Gesetzes v. 13.12.2006 (BGBl I S. 2878) mit Wirkung v. 1.1.2007; Abs. 8 i. d. F. des Gesetzes v. 22.12.2003 (BGBl I S. 2840) mit Wirkung v. 1.1.2004; Abs. 11 i. d. F. des Gesetzes v. 2.11.2015 (BGBl I S. 1834) mit Wirkung v. 1.1.2016.

dem in Absatz 2 genannten Anteil entstehen, sind bei der Ermittlung des Einkommens nicht zu berücksichtigen. ⁴Zu den Gewinnminderungen im Sinne des Satzes 3 gehören auch Gewinnminderungen im Zusammenhang mit einer Darlehensforderung oder aus der Inanspruchnahme von Sicherheiten, die für ein Darlehen hingegeben wurden, wenn das Darlehen oder die Sicherheit von einem Gesellschafter gewährt wird, der zu mehr als einem Viertel unmittelbar oder mittelbar am Grund- oder Stammkapital der Körperschaft, der das Darlehen gewährt wurde, beteiligt ist oder war. ⁵Dies gilt auch für diesem Gesellschafter nahestehende Personen im Sinne des § 1 Abs. 2 des Außensteuergesetzes oder für Gewinnminderungen aus dem Rückgriff eines Dritten auf den zu mehr als einem Viertel am Grund- oder Stammkapital beteiligten Gesellschafter oder eine diesem nahestehende Person auf Grund eines der Gesellschaft gewährten Darlehens. ⁶Die Sätze 4 und 5 sind nicht anzuwenden, wenn nachgewiesen wird, dass auch ein fremder Dritter das Darlehen bei sonst gleichen Umständen gewährt oder noch nicht zurückgefordert hätte; dabei sind nur die eigenen Sicherungsmittel der Gesellschaft zu berücksichtigen. ⁷Die Sätze 4 bis 6 gelten entsprechend für Forderungen aus Rechtshandlungen, die einer Darlehensgewährung wirtschaftlich vergleichbar sind. ⁸Gewinne aus dem Ansatz einer Darlehensforderung mit dem nach § 6 Abs. 1 Nr. 2 Satz 3 des Einkommensteuergesetzes maßgeblichen Wert bleiben bei der Ermittlung des Einkommens außer Ansatz, soweit auf die vorangegangene Teilwertabschreibung Satz 3 angewendet worden ist.

(4)[1] ¹Bezüge im Sinne des Absatzes 1 sind abweichend von Absatz 1 Satz 1 bei der Ermittlung des Einkommens zu berücksichtigen, wenn die Beteiligung zu Beginn des Kalenderjahres unmittelbar weniger als 10 Prozent des Grund- oder Stammkapitals betragen hat; ist ein Grund- oder Stammkapital nicht vorhanden, ist die Beteiligung an dem Vermögen, bei Genossenschaften die Beteiligung an der Summe der Geschäftsguthaben, maßgebend. ²Für die Bemessung der Höhe der Beteiligung ist § 13 Absatz 2 Satz 2 des Umwandlungssteuergesetzes nicht anzuwenden. ³Überlässt eine Körperschaft Anteile an einen anderen und hat der andere diese oder gleichartige Anteile zurückzugeben, werden die Anteile für die Ermittlung der Beteiligungsgrenze der überlassenden Körperschaft zugerechnet. ⁴Beteiligungen über eine Mitunternehmerschaft sind dem Mitunternehmer anteilig zuzurechnen; § 15 Absatz 1 Satz 1 Nummer 2 Satz 2 des Einkommensteuergesetzes gilt sinngemäß. ⁵Eine dem Mitunternehmer nach Satz 4 zugerechnete Beteiligung gilt für die Anwendung dieses Absatzes als unmittelbare Beteiligung. ⁶Für Zwecke dieses Absatzes gilt der Erwerb einer Beteiligung von mindestens 10 Prozent als zu Beginn des Kalenderjahres erfolgt. ⁷Absatz 5 ist auf Bezüge im Sinne des Satzes 1 nicht anzuwenden. ⁸Beteiligungen von Kreditinstituten im Sinne des § 1 Absatz 1 Satz 1 des Kreditwesengesetzes, die Mitglied einer kreditwirtschaftlichen Verbundgruppe im Sinne des § 1 Absatz 10 Nummer 13 des Zahlungsdiensteaufsichtsgesetzes sind, an anderen Unternehmen und Einrichtungen dieser Verbundgruppe sind zusammenzurechnen.

(5) ¹Von den Bezügen im Sinne des Absatzes 1, die bei der Ermittlung des Einkommens außer Ansatz bleiben, gelten 5 Prozent als Ausgaben, die nicht als Betriebsausgaben abgezogen werden dürfen. ²§ 3c Abs. 1 des Einkommensteuergesetzes ist nicht anzuwenden.

(6) ¹Die Absätze 1 bis 5 gelten auch für die dort genannten Bezüge, Gewinne und Gewinnminderungen, die dem Steuerpflichtigen im Rahmen des Gewinnanteils aus einer Mitunternehmerschaft zugerechnet werden, sowie für Gewinne und Verluste, soweit sie bei der Veräußerung oder Aufgabe eines Mitunternehmeranteils auf Anteile im Sinne des Absatzes 2 entfallen. ²Die Absätze 1 bis 5 gelten für Bezüge und Gewinne, die einem Betrieb gewerblicher Art einer juristischen Person des öffentlichen Rechts über andere juristische Personen des öffentlichen Rechts zufließen, über die sie mittelbar an der leistenden Körperschaft, Personenvereinigung oder Vermögensmasse beteiligt ist und bei denen die Leistungen nicht im Rahmen eines Betriebs gewerblicher Art erfasst werden, und damit in Zusammenhang stehende Gewinnminderungen entsprechend.

---

1) **Anm. d. Red.:** Zur Anwendung des § 8b Abs. 4 siehe § 34 Abs. 5.

## § 8b   XXII. Körperschaftsteuergesetz

(7) ¹Die Absätze 1 bis 6 sind nicht auf Anteile anzuwenden, die bei Kreditinstituten und Finanzdienstleistungsinstituten nach § 1a des Kreditwesengesetzes in Verbindung mit den Artikeln 102 bis 106 der Verordnung (EU) Nr. 575/2013 des Europäischen Parlaments und des Rates vom 26. Juni 2013 über Aufsichtsanforderungen an Kreditinstitute und Wertpapierfirmen und zur Änderung der Verordnung (EU) Nr. 646/2012 (ABl L 176 vom 27. 6. 2013, S. 1) oder unmittelbar nach den Artikeln 102 bis 106 der Verordnung (EU) Nr. 575/2013 dem Handelsbuch zuzurechnen sind. ²Gleiches gilt für Anteile, die von Finanzunternehmen im Sinne des Gesetzes über das Kreditwesen mit dem Ziel der kurzfristigen Erzielung eines Eigenhandelserfolges erworben werden. ³Satz 2 gilt auch für Kreditinstitute, Finanzdienstleistungsinstitute und Finanzunternehmen mit Sitz in einem anderen Mitgliedstaat der Europäischen Union oder in einem anderen Vertragsstaat des EWR-Abkommens.

(8) ¹Die Absätze 1 bis 7 sind nicht anzuwenden auf Anteile, die bei Lebens- und Krankenversicherungsunternehmen den Kapitalanlagen zuzurechnen sind. ²Satz 1 gilt nicht für Gewinne im Sinne des Absatzes 2, soweit eine Teilwertabschreibung in früheren Jahren nach Absatz 3 bei der Ermittlung des Einkommens unberücksichtigt geblieben ist und diese Minderung nicht durch den Ansatz eines höheren Werts ausgeglichen worden ist. ³Gewinnminderungen, die im Zusammenhang mit den Anteilen im Sinne des Satzes 1 stehen, sind bei der Ermittlung des Einkommens nicht zu berücksichtigen, wenn das Lebens- oder Krankenversicherungsunternehmen die Anteile von einem verbundenen Unternehmen (§ 15 des Aktiengesetzes) erworben hat, soweit ein Veräußerungsgewinn für das verbundene Unternehmen nach Absatz 2 in der Fassung des Artikels 3 des Gesetzes vom 23. Oktober 2000 (BGBl I S. 1433) bei der Ermittlung des Einkommens außer Ansatz geblieben ist. ⁴Für die Ermittlung des Einkommens sind die Anteile mit den nach handelsrechtlichen Vorschriften ausgewiesenen Werten anzusetzen, die bei der Ermittlung der nach § 21 abziehbaren Beträge zu Grunde gelegt wurden. ⁵Entsprechendes gilt für Pensionsfonds.

(9) Die Absätze 7 und 8 gelten nicht für Bezüge im Sinne des Absatzes 1, auf die die Mitgliedstaaten der Europäischen Union Artikel 4 Abs. 1 der Richtlinie 2011/96/EU des Rates vom 30. November 2011 über das gemeinsame Steuersystem der Mutter- und Tochtergesellschaften verschiedener Mitgliedstaaten (ABl L 345 vom 29. 12. 2011, S. 8) anzuwenden haben.

(10) ¹Überlässt eine Körperschaft (überlassende Körperschaft) Anteile, auf die bei ihr Absatz 4, 7 oder 8 anzuwenden ist oder auf die bei ihr aus anderen Gründen die Steuerfreistellungen der Absätze 1 und 2 oder vergleichbare ausländische Vorschriften nicht anzuwenden sind, an eine Körperschaft (andere Körperschaft), bei der auf die Anteile Absatz 4, 7 oder 8 nicht anzuwenden ist, und hat die andere Körperschaft, der die Anteile zuzurechnen sind, diese oder gleichartige Anteile zurückzugeben, dürfen die für die Überlassung gewährten Entgelte bei der anderen Körperschaft nicht als Betriebsausgabe abgezogen werden. ²Überlässt die andere Körperschaft für die Überlassung der Anteile Wirtschaftsgüter an die überlassende Körperschaft, aus denen diese Einnahmen oder Bezüge erzielt, gelten diese Einnahmen oder Bezüge als von der anderen Körperschaft bezogen und als Entgelt für die Überlassung an die überlassende Körperschaft gewährt. ³Absatz 3 Satz 1 und 2 sowie Absatz 5 sind nicht anzuwenden. ⁴Die Sätze 1 bis 3 gelten auch für Wertpapierpensionsgeschäfte im Sinne des § 340b Absatz 2 des Handelsgesetzbuchs. ⁵Die Sätze 1 bis 4 gelten nicht, wenn die andere Körperschaft keine Einnahmen oder Bezüge aus den ihr überlassenen Anteilen erzielt. ⁶Zu den Einnahmen und Bezügen aus den überlassenen Anteilen im Sinne des Satzes 5 gehören auch Entgelte, die die andere Körperschaft dafür erhält, dass sie die entliehenen Wertpapiere weiterverleiht. ⁷Die Sätze 1 bis 6 gelten entsprechend, wenn die Anteile an eine Personengesellschaft oder von einer Personengesellschaft überlassen werden, an der die überlassende oder die andere Körperschaft unmittelbar oder mittelbar über eine Personengesellschaft oder mehrere Personengesellschaften beteiligt ist. ⁸In diesen Fällen gelten die Anteile als an die Körperschaft oder von der Körperschaft überlassen. ⁹Die Sätze 1 bis 8 gelten entsprechend, wenn Anteile, die die Voraussetzungen des Absatzes 7 erfüllen, von einer Personengesellschaft überlassen werden. ¹⁰Die Sätze 1 bis 8 gelten nicht, soweit § 2 Nummer 2 zweiter Halbsatz oder § 5 Absatz 2 Nummer 1 zweiter Halbsatz auf die überlassende Körperschaft Anwendung findet. ¹¹Als Anteil im Sinne der Sätze 1 bis 10 gilt auch der Investmentanteil

im Sinne von § 1 Absatz 1 des Investmentsteuergesetzes vom 15. Dezember 2003 (BGBl I S. 2676, 2724), das zuletzt durch Artikel 2 des Gesetzes vom 21. März 2013 (BGBl I S. 561) geändert worden ist, in der jeweils geltenden Fassung, soweit daraus Einnahmen erzielt werden, auf die § 8b anzuwenden ist.

(11) Die Absätze 1 bis 10 sind nicht anzuwenden bei Anteilen an Unterstützungskassen.

## § 8c Verlustabzug bei Körperschaften[1)2)]

(1) ¹Werden innerhalb von fünf Jahren mittelbar oder unmittelbar mehr als 25 Prozent des gezeichneten Kapitals, der Mitgliedschaftsrechte, Beteiligungsrechte oder der Stimmrechte an einer Körperschaft an einen Erwerber oder diesem nahe stehende Personen übertragen oder liegt ein vergleichbarer Sachverhalt vor (schädlicher Beteiligungserwerb), sind insoweit die bis zum schädlichen Beteiligungserwerb nicht ausgeglichenen oder abgezogenen negativen Einkünfte (nicht genutzte Verluste) nicht mehr abziehbar. ²Unabhängig von Satz 1 sind bis zum schädlichen Beteiligungserwerb nicht genutzte Verluste vollständig nicht mehr abziehbar, wenn innerhalb von fünf Jahren mittelbar oder unmittelbar mehr als 50 Prozent des gezeichneten Kapitals, der Mitgliedschaftsrechte, Beteiligungsrechte oder der Stimmrechte an einer Körperschaft an einen Erwerber oder diesem nahe stehende Personen übertragen werden oder ein vergleichbarer Sachverhalt vorliegt. ³Als ein Erwerber im Sinne der Sätze 1 und 2 gilt auch eine Gruppe von Erwerbern mit gleichgerichteten Interessen. ⁴Eine Kapitalerhöhung steht der Übertragung des gezeichneten Kapitals gleich, soweit sie zu einer Veränderung der Beteiligungsquoten am Kapital der Körperschaft führt. ⁵Ein schädlicher Beteiligungserwerb liegt nicht vor, wenn

1. an dem übertragenden Rechtsträger der Erwerber zu 100 Prozent mittelbar oder unmittelbar beteiligt ist und der Erwerber eine natürliche oder juristische Person oder eine Personenhandelsgesellschaft ist,
2. an dem übernehmenden Rechtsträger der Veräußerer zu 100 Prozent mittelbar oder unmittelbar beteiligt ist und der Veräußerer eine natürliche oder juristische Person oder eine Personenhandelsgesellschaft ist oder
3. an dem übertragenden und an dem übernehmenden Rechtsträger dieselbe natürliche oder juristische Person oder dieselbe Personenhandelsgesellschaft zu jeweils 100 Prozent mittelbar oder unmittelbar beteiligt ist.

⁶Ein nicht abziehbarer nicht genutzter Verlust kann abweichend von den Sätzen 1 und 2 abgezogen werden, soweit er bei einem schädlichen Beteiligungserwerb im Sinne des Satzes 1 die anteiligen und bei einem schädlichen Beteiligungserwerb im Sinne des Satzes 2 die gesamten zum Zeitpunkt des schädlichen Beteiligungserwerbs vorhandenen im Inland steuerpflichtigen stillen Reserven des Betriebsvermögens der Körperschaft nicht übersteigt. ⁷Stille Reserven im Sinne des Satzes 6 sind der Unterschiedsbetrag zwischen dem anteiligen oder bei einem schädlichen Beteiligungserwerb im Sinne des Satzes 2 dem gesamten in der steuerlichen Gewinnermittlung ausgewiesenen Eigenkapital und dem auf dieses Eigenkapital jeweils entfallenden gemeinen Wert der Anteile an der Körperschaft, soweit diese im Inland steuerpflichtig sind. ⁸Ist das Eigenkapital der Körperschaft negativ, sind stille Reserven im Sinne des Satzes 6 der Unterschiedsbetrag zwischen dem anteiligen oder bei einem schädlichen Beteiligungserwerb im Sinne des Satzes 2 dem gesamten in der steuerlichen Gewinnermittlung ausgewiesenen Eigenkapital und dem diesem Anteil entsprechenden gemeinen Wert des Betriebsvermögens der Körperschaft. ⁹Bei der Ermittlung der stillen Reserven ist nur das Betriebsvermögen zu berücksichtigen, das der Körperschaft ohne steuerrechtliche Rückwirkung, insbesondere ohne Anwendung des § 2 Absatz 1 des Umwandlungssteuergesetzes, zuzurechnen ist.

---

1) **Anm. d. Red.:** § 8c Abs. 1 i. d. F. des Gesetzes v. 2. 11. 2015 (BGBl I S. 1834) mit Wirkung v. 1. 1. 2016; Abs. 1a i. d. F. des Gesetzes v. 22. 12. 2009 (BGBl I S. 3950) mit Wirkung v. 31. 12. 2009. — § 8c Abs. 2 i. d. F. des Art. 4 Nr. 1 i. V. mit Art. 8 Abs. 2 Gesetz v. 12. 8. 2008 (BGBl I S. 1672) tritt wegen der Negativentscheidung der EU-Kommission v. 30. 9. 2009 – C2/2009 nicht in Kraft; von einer Wiedergabe wurde daher abgesehen.

2) **Anm. d. Red.:** Zur Anwendung des § 8c siehe § 34 Abs. 6.

(1a) ¹Für die Anwendung des Absatzes 1 ist ein Beteiligungserwerb zum Zweck der Sanierung des Geschäftsbetriebs der Körperschaft unbeachtlich. ²Sanierung ist eine Maßnahme, die darauf gerichtet ist, die Zahlungsunfähigkeit oder Überschuldung zu verhindern oder zu beseitigen und zugleich die wesentlichen Betriebsstrukturen zu erhalten.
³Die Erhaltung der wesentlichen Betriebsstrukturen setzt voraus, dass
1. die Körperschaft eine geschlossene Betriebsvereinbarung mit einer Arbeitsplatzregelung befolgt oder
2. die Summe der maßgebenden jährlichen Lohnsummen der Körperschaft innerhalb von fünf Jahren nach dem Beteiligungserwerb 400 Prozent der Ausgangslohnsumme nicht unterschreitet; § 13a Absatz 1 Satz 3 und 4 und Absatz 4 des Erbschaftsteuer- und Schenkungsteuergesetzes gilt sinngemäß; oder
3. der Körperschaft durch Einlagen wesentliches Betriebsvermögen zugeführt wird. ²Eine wesentliche Betriebsvermögenszuführung liegt vor, wenn der Körperschaft innerhalb von zwölf Monaten nach dem Beteiligungserwerb neues Betriebsvermögen zugeführt wird, das mindestens 25 Prozent des in der Steuerbilanz zum Schluss des vorangehenden Wirtschaftsjahrs enthaltenen Aktivvermögens entspricht. ³Wird nur ein Anteil an der Körperschaft erworben, ist nur der entsprechende Anteil des Aktivvermögens zuzuführen. ⁴Der Erlass von Verbindlichkeiten durch den Erwerber oder eine diesem nahestehende Person steht der Zuführung neuen Betriebsvermögens gleich, soweit die Verbindlichkeiten werthaltig sind. ⁵Leistungen der Kapitalgesellschaft, die innerhalb von drei Jahren nach der Zuführung des neuen Betriebsvermögens erfolgen, mindern den Wert des zugeführten Betriebsvermögens. ⁶Wird dadurch die erforderliche Zuführung nicht mehr erreicht, ist Satz 1 nicht mehr anzuwenden.

⁴Keine Sanierung liegt vor, wenn die Körperschaft ihren Geschäftsbetrieb im Zeitpunkt des Beteiligungserwerbs im Wesentlichen eingestellt hat oder nach dem Beteiligungserwerb ein Branchenwechsel innerhalb eines Zeitraums von fünf Jahren erfolgt.

## § 9 Abziehbare Aufwendungen[1)]

(1) Abziehbare Aufwendungen sind auch:
1. bei Kommanditgesellschaften auf Aktien und bei vergleichbaren Kapitalgesellschaften der Teil des Gewinns, der an persönlich haftende Gesellschafter auf ihre nicht auf das Grundkapital gemachten Einlagen oder als Vergütung (Tantieme) für die Geschäftsführung verteilt wird;
2. vorbehaltlich des § 8 Absatz 3 Zuwendungen (Spenden und Mitgliedsbeiträge) zur Förderung steuerbegünstigter Zwecke im Sinne der §§ 52 bis 54 der Abgabenordnung bis zur Höhe von insgesamt
   a) 20 Prozent des Einkommens oder
   b) 4 Promille der Summe der gesamten Umsätze und der im Kalenderjahr aufgewendeten Löhne und Gehälter.

²Voraussetzung für den Abzug ist, dass diese Zuwendungen
   a) an eine juristische Person des öffentlichen Rechts oder an eine öffentliche Dienststelle, die in einem Mitgliedstaat der Europäischen Union oder in einem Staat belegen ist, auf den das Abkommen über den Europäischen Wirtschaftsraum (EWR-Abkommen) Anwendung findet, oder
   b) an eine nach § 5 Absatz 1 Nummer 9 steuerbefreite Körperschaft, Personenvereinigung oder Vermögensmasse oder

---

1) **Anm. d. Red.:** § 9 Abs. 1 i. d. F. des Gesetzes v. 26. 6. 2013 (BGBl I S. 1809) mit Wirkung v. 1. 1. 2013; Abs. 2 i. d. F. des Gesetzes v. 20. 4. 2009 (BGBl I S. 774) mit Wirkung v. 24. 4. 2009; Abs. 3 i. d. F. des Gesetzes v. 21. 3. 2013 (BGBl I S. 556) mit Wirkung v. 1. 1. 2013.

c) an eine Körperschaft, Personenvereinigung oder Vermögensmasse, die in einem Mitgliedstaat der Europäischen Union oder in einem Staat belegen ist, auf den das Abkommen über den Europäischen Wirtschaftsraum (EWR-Abkommen) Anwendung findet, und die nach § 5 Absatz 1 Nummer 9 in Verbindung mit § 5 Absatz 2 Nummer 2 zweiter Halbsatz steuerbefreit wäre, wenn sie inländische Einkünfte erzielen würde,

geleistet werden (Zuwendungsempfänger). ³Für nicht im Inland ansässige Zuwendungsempfänger nach Satz 2 ist weitere Voraussetzung, dass durch diese Staaten Amtshilfe und Unterstützung bei der Beitreibung geleistet werden. ⁴Amtshilfe ist der Auskunftsaustausch im Sinne oder entsprechend der Amtshilferichtlinie gemäß § 2 Absatz 2 des EU-Amtshilfegesetzes. ⁵Beitreibung ist die gegenseitige Unterstützung bei der Beitreibung von Forderungen im Sinne oder entsprechend der Beitreibungsrichtlinie einschließlich der in diesem Zusammenhang anzuwendenden Durchführungsbestimmungen in den für den jeweiligen Veranlagungszeitraum geltenden Fassungen oder eines entsprechenden Nachfolgerechtsaktes. ⁶Werden die steuerbegünstigten Zwecke des Zuwendungsempfängers im Sinne von Satz 2 Buchstabe a nur im Ausland verwirklicht, ist für die Abziehbarkeit der Zuwendungen Voraussetzung, dass natürliche Personen, die ihren Wohnsitz oder ihren gewöhnlichen Aufenthalt im Geltungsbereich dieses Gesetzes haben, gefördert werden oder dass die Tätigkeit dieses Zuwendungsempfängers neben der Verwirklichung der steuerbegünstigten Zwecke auch zum Ansehen der Bundesrepublik Deutschland beitragen kann. ⁷Abziehbar sind auch Mitgliedsbeiträge an Körperschaften, die Kunst und Kultur gemäß § 52 Absatz 2 Nummer 5 der Abgabenordnung fördern, soweit es sich nicht um Mitgliedsbeiträge nach Satz 8 Nummer 2 handelt, auch wenn den Mitgliedern Vergünstigungen gewährt werden. ⁸Nicht abziehbar sind Mitgliedsbeiträge an Körperschaften, die

1. den Sport (§ 52 Abs. 2 Nr. 21 der Abgabenordnung),
2. kulturelle Betätigungen, die in erster Linie der Freizeitgestaltung dienen,
3. die Heimatpflege und Heimatkunde (§ 52 Abs. 2 Nr. 22 der Abgabenordnung) oder
4. Zwecke im Sinne des § 52 Abs. 2 Nr. 23 der Abgabenordnung

fördern.

⁹Abziehbare Zuwendungen, die die Höchstbeträge nach Satz 1 überschreiten, sind im Rahmen der Höchstbeträge in den folgenden Veranlagungszeiträumen abzuziehen. ¹⁰§ 10d Abs. 4 des Einkommensteuergesetzes gilt entsprechend.

(2) ¹Als Einkommen im Sinne dieser Vorschrift gilt das Einkommen vor Abzug der in Absatz 1 Nr. 2 bezeichneten Zuwendungen und vor dem Verlustabzug nach § 10d des Einkommensteuergesetzes. ²Als Zuwendung im Sinne dieser Vorschrift gilt auch die Zuwendung von Wirtschaftsgütern mit Ausnahme von Nutzungen und Leistungen. ³Der Wert der Zuwendung ist nach § 6 Absatz 1 Nummer 4 Satz 1 und 4 des Einkommensteuergesetzes zu ermitteln. ⁴Aufwendungen zugunsten einer Körperschaft, die zum Empfang steuerlich abziehbarer Zuwendungen berechtigt ist, sind nur abziehbar, wenn ein Anspruch auf die Erstattung der Aufwendungen durch Vertrag oder Satzung eingeräumt und auf die Erstattung verzichtet worden ist. ⁵Der Anspruch darf nicht unter der Bedingung des Verzichts eingeräumt worden sein.

(3) ¹Der Steuerpflichtige darf auf die Richtigkeit der Bestätigung über Spenden und Mitgliedsbeiträge vertrauen, es sei denn, dass er die Bestätigung durch unlautere Mittel oder falsche Angaben erwirkt hat oder dass ihm die Unrichtigkeit der Bestätigung bekannt oder infolge grober Fahrlässigkeit nicht bekannt war. ²Wer vorsätzlich oder grob fahrlässig eine unrichtige Bestätigung ausstellt oder veranlasst, dass Zuwendungen nicht zu den in der Bestätigung angegebenen steuerbegünstigten Zwecken verwendet werden (Veranlasserhaftung), haftet für die entgangene Steuer; diese ist mit 30 Prozent des zugewendeten Betrags anzusetzen. ³In den Fällen der Veranlasserhaftung ist vorrangig der Zuwendungsempfänger in Anspruch zu nehmen; die natürlichen Personen, die in diesen Fällen für die Zuwendungsempfänger handeln, sind nur in Anspruch zu nehmen, wenn die entgangene Steuer nicht nach § 47 der Abgabenordnung erloschen ist und Vollstreckungsmaßnahmen gegen den Zuwendungsempfänger nicht erfolgreich sind; § 10b Absatz 4 Satz 5 des Einkommensteuergesetzes gilt entsprechend.

## § 10 Nichtabziehbare Aufwendungen

Nichtabziehbar sind auch:

1. die Aufwendungen für die Erfüllung von Zwecken des Steuerpflichtigen, die durch Stiftungsgeschäft, Satzung oder sonstige Verfassung vorgeschrieben sind. ²§ 9 Abs. 1 Nr. 2 bleibt unberührt,

2. die Steuern vom Einkommen und sonstige Personensteuern sowie die Umsatzsteuer für Umsätze, die Entnahmen oder verdeckte Gewinnausschüttungen sind, und die Vorsteuerbeträge auf Aufwendungen, für die das Abzugsverbot des § 4 Abs. 5 Satz 1 Nr. 1 bis 4 und 7 oder Abs. 7 des Einkommensteuergesetzes gilt; das gilt auch für die auf diese Steuern entfallenden Nebenleistungen,

3. in einem Strafverfahren festgesetzte Geldstrafen, sonstige Rechtsfolgen vermögensrechtlicher Art, bei denen der Strafcharakter überwiegt, und Leistungen zur Erfüllung von Auflagen oder Weisungen, soweit die Auflagen oder Weisungen nicht lediglich der Wiedergutmachung des durch die Tat verursachten Schadens dienen,

4. die Hälfte der Vergütungen jeder Art, die an Mitglieder des Aufsichtsrats, Verwaltungsrats, Grubenvorstands oder andere mit der Überwachung der Geschäftsführung beauftragte Personen gewährt werden.

## § 11 Auflösung und Abwicklung (Liquidation)[1]

(1) ¹Wird ein unbeschränkt Steuerpflichtiger im Sinne des § 1 Abs. 1 Nr. 1 bis 3 nach der Auflösung abgewickelt, so ist der im Zeitraum der Abwicklung erzielte Gewinn der Besteuerung zugrunde zu legen. ²Der Besteuerungszeitraum soll drei Jahre nicht übersteigen.

(2) Zur Ermittlung des Gewinns im Sinne des Absatzes 1 ist das Abwicklungs-Endvermögen dem Abwicklungs-Anfangsvermögen gegenüberzustellen.

(3) Abwicklungs-Endvermögen ist das zur Verteilung kommende Vermögen, vermindert um die steuerfreien Vermögensmehrungen, die dem Steuerpflichtigen in dem Abwicklungszeitraum zugeflossen sind.

(4) ¹Abwicklungs-Anfangsvermögen ist das Betriebsvermögen, das am Schluss des der Auflösung vorangegangenen Wirtschaftsjahrs der Veranlagung zur Körperschaftsteuer zugrunde gelegt worden ist. ²Ist für den vorangegangenen Veranlagungszeitraum eine Veranlagung nicht durchgeführt worden, so ist das Betriebsvermögen anzusetzen, das im Fall einer Veranlagung nach den steuerrechtlichen Vorschriften über die Gewinnermittlung auszuweisen gewesen wäre. ³Das Abwicklungs-Anfangsvermögen ist um den Gewinn eines vorangegangenen Wirtschaftsjahrs zu kürzen, der im Abwicklungszeitraum ausgeschüttet worden ist.

(5) War am Schluss des vorangegangenen Veranlagungszeitraums Betriebsvermögen nicht vorhanden, so gilt als Abwicklungs-Anfangsvermögen die Summe der später geleisteten Einlagen.

(6) Auf die Gewinnermittlung sind im Übrigen die sonst geltenden Vorschriften anzuwenden.

(7) Unterbleibt eine Abwicklung, weil über das Vermögen des unbeschränkt Steuerpflichtigen im Sinne des § 1 Abs. 1 Nr. 1 bis 3 das Insolvenzverfahren eröffnet worden ist, sind die Absätze 1 bis 6 sinngemäß anzuwenden.

---

1) **Anm. d. Red.:** § 11 Abs. 1 und 7 i. d. F. des Gesetzes v. 7. 12. 2006 (BGBl I S. 2782) mit Wirkung v. 13. 12. 2006.

## § 12 Verlust oder Beschränkung des Besteuerungsrechts der Bundesrepublik Deutschland[1)]

(1) ¹Wird bei der Körperschaft, Personenvereinigung oder Vermögensmasse das Besteuerungsrecht der Bundesrepublik Deutschland hinsichtlich des Gewinns aus der Veräußerung oder der Nutzung eines Wirtschaftsguts ausgeschlossen oder beschränkt, gilt dies als Veräußerung oder Überlassung des Wirtschaftsguts zum gemeinen Wert; § 4 Absatz 1 Satz 5, § 4g und § 15 Abs. 1a des Einkommensteuergesetzes gelten entsprechend. ²Ein Ausschluss oder eine Beschränkung des Besteuerungsrechts hinsichtlich des Gewinns aus der Veräußerung eines Wirtschaftsguts liegt insbesondere vor, wenn ein bisher einer inländischen Betriebsstätte einer Körperschaft, Personenvereinigung oder Vermögensmasse zuzuordnendes Wirtschaftsgut einer ausländischen Betriebsstätte dieser Körperschaft, Personenvereinigung oder Vermögensmasse zuzuordnen ist.

(2) ¹Wird das Vermögen einer beschränkt steuerpflichtigen Körperschaft, Personenvereinigung oder Vermögensmasse als Ganzes auf eine andere Körperschaft desselben ausländischen Staates durch einen Vorgang übertragen, der einer Verschmelzung im Sinne des § 2 des Umwandlungsgesetzes vom 28. Oktober 1994 (BGBl I S. 3210, 1995 I S. 428), das zuletzt durch Artikel 10 des Gesetzes vom 9. Dezember 2004 (BGBl I S. 3214) geändert worden ist, in der jeweils geltenden Fassung vergleichbar ist, sind die übergehenden Wirtschaftsgüter abweichend von Absatz 1 mit dem Buchwert anzusetzen, soweit

1. sichergestellt ist, dass sie später bei der übernehmenden Körperschaft der Besteuerung mit Körperschaftsteuer unterliegen,
2. das Recht der Bundesrepublik Deutschland hinsichtlich der Besteuerung der übertragenen Wirtschaftsgüter bei der übernehmenden Körperschaft nicht beschränkt wird,
3. eine Gegenleistung nicht gewährt wird oder in Gesellschaftsrechten besteht und
4. wenn der übernehmende und der übertragende Rechtsträger nicht die Voraussetzungen des § 1 Abs. 2 Satz 1 und 2 des Umwandlungssteuergesetzes vom 7. Dezember 2006 (BGBl I S. 2782, 2791) in der jeweils geltenden Fassung erfüllen.

²Wird das Vermögen einer Körperschaft durch einen Vorgang im Sinne des Satzes 1 auf eine andere Körperschaft übertragen, gilt § 13 des Umwandlungssteuergesetzes für die Besteuerung der Anteilseigner der übertragenden Körperschaft entsprechend.

(3) ¹Verlegt eine Körperschaft, Vermögensmasse oder Personenvereinigung ihre Geschäftsleitung oder ihren Sitz und scheidet sie dadurch aus der unbeschränkten Steuerpflicht in einem Mitgliedstaat der Europäischen Union oder einem Staat aus, auf den das Abkommen über den Europäischen Wirtschaftsraum Anwendung findet, gilt sie als aufgelöst, und § 11 ist entsprechend anzuwenden. ²Gleiches gilt, wenn die Körperschaft, Vermögensmasse oder Personenvereinigung auf Grund eines Abkommens zur Vermeidung der Doppelbesteuerung infolge der Verlegung ihres Sitzes oder ihrer Geschäftsleitung als außerhalb des Hoheitsgebietes der in Satz 1 genannten Staaten ansässig anzusehen ist. ³An die Stelle des zur Verteilung kommenden Vermögens tritt der gemeine Wert des vorhandenen Vermögens.

## § 13 Beginn und Erlöschen einer Steuerbefreiung[2)]

(1) Wird eine steuerpflichtige Körperschaft, Personenvereinigung oder Vermögensmasse von der Körperschaftsteuer befreit, so hat sie auf den Zeitpunkt, in dem die Steuerpflicht endet, eine Schlussbilanz aufzustellen.

(2) Wird eine von der Körperschaftsteuer befreite Körperschaft, Personenvereinigung oder Vermögensmasse steuerpflichtig und ermittelt sie ihren Gewinn durch Betriebsvermögensver-

---

1) **Anm. d. Red.:** § 12 Abs. 1 i. d. F. des Gesetzes v. 8.12.2010 (BGBl I S. 1768) mit Wirkung v. 14.12.2010; Abs. 2 und 3 i. d. F. des Gesetzes v. 7.12.2006 (BGBl I S. 2782) mit Wirkung v. 13.12.2006.
2) **Anm. d. Red.:** § 13 Abs. 3 i. d. F. des Gesetzes v. 8.12.2010 (BGBl I S. 1768) mit Wirkung v. 14.12.2010.

gleich, so hat sie auf den Zeitpunkt, in dem die Steuerpflicht beginnt, eine Anfangsbilanz aufzustellen.

(3) In der Schlussbilanz im Sinne des Absatzes 1 und in der Anfangsbilanz im Sinne des Absatzes 2 sind die Wirtschaftsgüter vorbehaltlich des Absatzes 4 mit den Teilwerten anzusetzen.

(4) ¹Beginnt die Steuerbefreiung auf Grund des § 5 Abs. 1 Nr. 9, sind die Wirtschaftsgüter, die der Förderung steuerbegünstigter Zwecke im Sinne des § 9 Abs. 1 Nr. 2 dienen, in der Schlussbilanz mit den Buchwerten anzusetzen. ²Erlischt die Steuerbefreiung, so ist in der Anfangsbilanz für die in Satz 1 bezeichneten Wirtschaftsgüter der Wert anzusetzen, der sich bei ununterbrochener Steuerpflicht nach den Vorschriften über die steuerliche Gewinnermittlung ergeben würde.

(5) Beginnt oder erlischt die Steuerbefreiung nur teilweise, so gelten die Absätze 1 bis 4 für den entsprechenden Teil des Betriebsvermögens.

(6) ¹Gehören Anteile an einer Kapitalgesellschaft nicht zu dem Betriebsvermögen der Körperschaft, Personenvereinigung oder Vermögensmasse, die von der Körperschaftsteuer befreit wird, so ist § 17 des Einkommensteuergesetzes auch ohne Veräußerung anzuwenden, wenn die übrigen Voraussetzungen dieser Vorschrift in dem Zeitpunkt erfüllt sind, in dem die Steuerpflicht endet. ²Als Veräußerungspreis gilt der gemeine Wert der Anteile. ³Im Falle des Beginns der Steuerpflicht gilt der gemeine Wert der Anteile als Anschaffungskosten der Anteile. ⁴Die Sätze 1 und 2 gelten nicht in den Fällen des Absatzes 4 Satz 1.

## Zweites Kapitel: Sondervorschriften für die Organschaft

### § 14 Aktiengesellschaft oder Kommanditgesellschaft auf Aktien als Organgesellschaft[1])

(1) ¹Verpflichtet sich eine Europäische Gesellschaft, Aktiengesellschaft oder Kommanditgesellschaft auf Aktien mit Geschäftsleitung im Inland und Sitz in einem Mitgliedstaat der Europäischen Union oder in einem Vertragsstaat des EWR-Abkommens (Organgesellschaft) durch einen Gewinnabführungsvertrag im Sinne des § 291 Abs. 1 des Aktiengesetzes, ihren ganzen Gewinn an ein einziges anderes gewerbliches Unternehmen abzuführen, ist das Einkommen der Organgesellschaft, soweit sich aus § 16 nichts anderes ergibt, dem Träger des Unternehmens (Organträger) zuzurechnen, wenn die folgenden Voraussetzungen erfüllt sind:

1. ¹Der Organträger muss an der Organgesellschaft vom Beginn ihres Wirtschaftsjahrs an ununterbrochen in einem solchen Maße beteiligt sein, dass ihm die Mehrheit der Stimmrechte aus den Anteilen an der Organgesellschaft zusteht (finanzielle Eingliederung). ²Mittelbare Beteiligungen sind zu berücksichtigen, wenn die Beteiligung an jeder vermittelnden Gesellschaft die Mehrheit der Stimmrechte gewährt.

2. ¹Organträger muss eine natürliche Person oder eine nicht von der Körperschaftsteuer befreite Körperschaft, Personenvereinigung oder Vermögensmasse sein. ²Organträger kann auch eine Personengesellschaft im Sinne des § 15 Absatz 1 Satz 1 Nummer 2 des Einkommensteuergesetzes sein, wenn sie eine Tätigkeit im Sinne des § 15 Absatz 1 Satz 1 Nummer 1 des Einkommensteuergesetzes ausübt. ³Die Voraussetzung der Nummer 1 muss im Verhältnis zur Personengesellschaft selbst erfüllt sein. ⁴Die Beteiligung im Sinne der Nummer 1 an der Organgesellschaft oder, bei mittelbarer Beteiligung an der Organgesellschaft, die Beteiligung im Sinne der Nummer 1 an der vermittelnden Gesellschaft, muss ununterbrochen während der gesamten Dauer der Organschaft einer inländischen Betriebsstätte im Sinne des § 12 der Abgabenordnung des Organträgers zuzuordnen sein. ⁵Ist der Organträger mittelbar über eine oder mehrere Personengesellschaften an der Organgesellschaft

---

1) **Anm. d. Red.:** § 14 Abs. 1 und 5 i. d. F. des Gesetzes v. 20. 2. 2013 (BGBl I S. 285) mit Wirkung v. 26. 2. 2013; Abs. 2 weggefallen gem. Gesetz v. 19. 12. 2008 (BGBl I S. 2794) mit Wirkung v. 25. 12. 2008; Abs. 3 i. d. F. des Gesetzes v. 9. 12. 2004 (BGBl I S. 3310) mit Wirkung v. 16. 12. 2004; Abs. 4 i. d. F. des Gesetzes v. 20. 12. 2007 (BGBl I S. 3150) mit Wirkung v. 29. 12. 2007.

beteiligt, gilt Satz 4 sinngemäß. ⁶Das Einkommen der Organgesellschaft ist der inländischen Betriebsstätte des Organträgers zuzurechnen, der die Beteiligung im Sinne der Nummer 1 an der Organgesellschaft oder, bei mittelbarer Beteiligung an der Organgesellschaft, die Beteiligung im Sinne der Nummer 1 an der vermittelnden Gesellschaft zuzuordnen ist. ⁷Eine inländische Betriebsstätte im Sinne der vorstehenden Sätze ist nur gegeben, wenn die dieser Betriebsstätte zuzurechnenden Einkünfte sowohl nach innerstaatlichem Steuerrecht als auch nach einem anzuwendenden Abkommen zur Vermeidung der Doppelbesteuerung der inländischen Besteuerung unterliegen.

3. ¹Der Gewinnabführungsvertrag muss auf mindestens fünf Jahre abgeschlossen und während seiner gesamten Geltungsdauer durchgeführt werden. ²Eine vorzeitige Beendigung des Vertrags durch Kündigung ist unschädlich, wenn ein wichtiger Grund die Kündigung rechtfertigt. ³Die Kündigung oder Aufhebung des Gewinnabführungsvertrags auf einen Zeitpunkt während des Wirtschaftsjahrs der Organgesellschaft wirkt auf den Beginn dieses Wirtschaftsjahrs zurück. ⁴Der Gewinnabführungsvertrag gilt auch als durchgeführt, wenn der abgeführte Gewinn oder ausgeglichene Verlust auf einem Jahresabschluss beruht, der fehlerhafte Bilanzansätze enthält, sofern

a) der Jahresabschluss wirksam festgestellt ist,

b) die Fehlerhaftigkeit bei Erstellung des Jahresabschlusses unter Anwendung der Sorgfalt eines ordentlichen Kaufmanns nicht hätte erkannt werden müssen und

c) ein von der Finanzverwaltung beanstandeter Fehler spätestens in dem nächsten nach dem Zeitpunkt der Beanstandung des Fehlers aufzustellenden Jahresabschluss der Organgesellschaft und des Organträgers korrigiert und das Ergebnis entsprechend abgeführt oder ausgeglichen wird, soweit es sich um einen Fehler handelt, der in der Handelsbilanz zu korrigieren ist.

⁵Die Voraussetzung des Satzes 4 Buchstabe b gilt bei Vorliegen eines uneingeschränkten Bestätigungsvermerks nach § 322 Absatz 3 des Handelsgesetzbuchs zum Jahresabschluss, zu einem Konzernabschluss, in den der handelsrechtliche Jahresabschluss einbezogen worden ist, oder über die freiwillige Prüfung des Jahresabschlusses oder der Bescheinigung eines Steuerberaters oder Wirtschaftsprüfers über die Erstellung eines Jahresabschlusses mit umfassenden Beurteilungen als erfüllt.

4. Die Organgesellschaft darf Beträge aus dem Jahresüberschuss nur insoweit in die Gewinnrücklagen (§ 272 Abs. 3 des Handelsgesetzbuchs) mit Ausnahme der gesetzlichen Rücklagen einstellen, als dies bei vernünftiger kaufmännischer Beurteilung wirtschaftlich begründet ist.

5. Negative Einkünfte des Organträgers oder der Organgesellschaft bleiben bei der inländischen Besteuerung unberücksichtigt, soweit sie in einem ausländischen Staat im Rahmen der Besteuerung des Organträgers, der Organgesellschaft oder einer anderen Person berücksichtigt werden.

²Das Einkommen der Organgesellschaft ist dem Organträger erstmals für das Kalenderjahr zuzurechnen, in dem das Wirtschaftsjahr der Organgesellschaft endet, in dem der Gewinnabführungsvertrag wirksam wird.

(2) (weggefallen)

(3) ¹Mehrabführungen, die ihre Ursache in vororganschaftlicher Zeit haben, gelten als Gewinnausschüttungen der Organgesellschaft an den Organträger. ²Minderabführungen, die ihre Ursache in vororganschaftlicher Zeit haben, sind als Einlage durch den Organträger in die Organgesellschaft zu behandeln. ³Mehrabführungen nach Satz 1 und Minderabführungen nach Satz 2 gelten in dem Zeitpunkt als erfolgt, in dem das Wirtschaftsjahr der Organgesellschaft endet. ⁴Der Teilwertansatz nach § 13 Abs. 3 Satz 1 ist der vororganschaftlichen Zeit zuzurechnen.

(4) ¹Für Minder- und Mehrabführungen, die ihre Ursache in organschaftlicher Zeit haben, ist in der Steuerbilanz des Organträgers ein besonderer aktiver oder passiver Ausgleichsposten in Höhe des Betrags zu bilden, der dem Verhältnis der Beteiligung des Organträgers am Nennkapi-

tal der Organgesellschaft entspricht. ²Im Zeitpunkt der Veräußerung der Organbeteiligung sind die besonderen Ausgleichsposten aufzulösen. ³Dadurch erhöht oder verringert sich das Einkommen des Organträgers. ⁴§ 3 Nr. 40, § 3c Abs. 2 des Einkommensteuergesetzes und § 8b dieses Gesetzes sind anzuwenden. ⁵Der Veräußerung gleichgestellt sind insbesondere die Umwandlung der Organgesellschaft auf eine Personengesellschaft oder eine natürliche Person, die verdeckte Einlage der Beteiligung an der Organgesellschaft und die Auflösung der Organgesellschaft. ⁶Minder- oder Mehrabführungen im Sinne des Satzes 1 liegen insbesondere vor, wenn der an den Organträger abgeführte Gewinn von dem Steuerbilanzgewinn der Organgesellschaft abweicht und diese Abweichung in organschaftlicher Zeit verursacht ist.

(5) ¹Das dem Organträger zuzurechnende Einkommen der Organgesellschaft und damit zusammenhängende andere Besteuerungsgrundlagen werden gegenüber dem Organträger und der Organgesellschaft gesondert und einheitlich festgestellt. ²Die Feststellungen nach Satz 1 sind für die Besteuerung des Einkommens des Organträgers und der Organgesellschaft bindend. ³Die Sätze 1 und 2 gelten entsprechend für von der Organgesellschaft geleistete Steuern, die auf die Steuer des Organträgers anzurechnen sind. ⁴Zuständig für diese Feststellungen ist das Finanzamt, das für die Besteuerung nach dem Einkommen der Organgesellschaft zuständig ist. ⁵Die Erklärung zu den gesonderten und einheitlichen Feststellungen nach den Sätzen 1 und 3 soll mit der Körperschaftsteuererklärung der Organgesellschaft verbunden werden.

### § 15 Ermittlung des Einkommens bei Organschaft[1]

¹Bei der Ermittlung des Einkommens bei Organschaft gilt abweichend von den allgemeinen Vorschriften Folgendes:

1. Ein Verlustabzug im Sinne des § 10d des Einkommensteuergesetzes ist bei der Organgesellschaft nicht zulässig.
2. ¹§ 8b Abs. 1 bis 6 dieses Gesetzes sowie § 4 Abs. 6 des Umwandlungssteuergesetzes sind bei der Organgesellschaft nicht anzuwenden. ²Sind in dem dem Organträger zugerechneten Einkommen Bezüge, Gewinne oder Gewinnminderungen im Sinne des § 8b Abs. 1 bis 3 dieses Gesetzes oder mit solchen Beträgen zusammenhängende Ausgaben im Sinne des § 3c Abs. 2 des Einkommensteuergesetzes oder ein Übernahmeverlust im Sinne des § 4 Abs. 6 des Umwandlungssteuergesetzes enthalten, sind § 8b dieses Gesetzes, § 4 Abs. 6 des Umwandlungssteuergesetzes sowie § 3 Nr. 40 und § 3c Abs. 2 des Einkommensteuergesetzes bei der Ermittlung des Einkommens des Organträgers anzuwenden. ³Satz 2 gilt nicht, soweit bei der Organgesellschaft § 8b Abs. 7, 8 oder 10 anzuwenden ist. ⁴Für die Anwendung der Beteiligungsgrenze im Sinne des § 8b Absatz 4 in der Fassung des Artikels 1 des Gesetzes vom 21. März 2013 (BGBl I S. 561) werden Beteiligungen der Organgesellschaft und Beteiligungen des Organträgers getrennt betrachtet.
3. ¹§ 4h des Einkommensteuergesetzes ist bei der Organgesellschaft nicht anzuwenden. ²Organträger und Organgesellschaften gelten als ein Betrieb im Sinne des § 4h des Einkommensteuergesetzes. ³Sind in dem dem Organträger zugerechneten Einkommen der Organgesellschaften Zinsaufwendungen und Zinserträge im Sinne des § 4h Abs. 3 des Einkommensteuergesetzes enthalten, sind diese bei Anwendung des § 4h Abs. 1 des Einkommensteuergesetzes beim Organträger einzubeziehen.
4. ¹§ 8 Abs. 3 Satz 2 und Abs. 7 ist bei der Organgesellschaft auf Dauerverlustgeschäfte im Sinne des § 8 Abs. 7 Satz 2 nicht anzuwenden. ²Sind in dem dem Organträger zugerechneten Einkommen Verluste aus Dauerverlustgeschäften im Sinne des § 8 Abs. 7 Satz 2 enthalten, ist § 8 Abs. 3 Satz 2 und Abs. 7 bei der Ermittlung des Einkommens des Organträgers anzuwenden.
5. ¹§ 8 Abs. 9 ist bei der Organgesellschaft nicht anzuwenden. ²Sind in dem dem Organträger zugerechneten Einkommen Einkommen einer Kapitalgesellschaft enthalten, auf die § 8

---

1) **Anm. d. Red.:** § 15 i. d. F. des Gesetzes v. 21. 3. 2013 (BGBl I S. 561) mit Wirkung v. 29. 3. 2013.

Abs. 7 Satz 1 Nr. 2 anzuwenden ist, ist § 8 Abs. 9 bei der Ermittlung des Einkommens des Organträgers anzuwenden.

²Nummer 2 gilt entsprechend für Gewinnanteile aus der Beteiligung an einer ausländischen Gesellschaft, die nach den Vorschriften eines Abkommens zur Vermeidung der Doppelbesteuerung von der Besteuerung auszunehmen sind.

## § 16 Ausgleichszahlungen[1]

¹Die Organgesellschaft hat ihr Einkommen in Höhe von $^{20}/_{17}$ der geleisteten Ausgleichszahlungen selbst zu versteuern. ²Ist die Verpflichtung zum Ausgleich vom Organträger erfüllt worden, so hat die Organgesellschaft $^{20}/_{17}$ der geleisteten Ausgleichszahlungen anstelle des Organträgers zu versteuern.

## § 17 Andere Kapitalgesellschaften als Organgesellschaft[2]

(1) ¹Die §§ 14 bis 16 gelten entsprechend, wenn eine andere als die in § 14 Absatz 1 Satz 1 bezeichnete Kapitalgesellschaft mit Geschäftsleitung im Inland und Sitz in einem Mitgliedstaat der Europäischen Union oder in einem Vertragsstaat des EWR-Abkommens sich wirksam verpflichtet, ihren ganzen Gewinn an ein anderes Unternehmen im Sinne des § 14 abzuführen. ²Weitere Voraussetzung ist, dass

1. eine Gewinnabführung den in § 301 des Aktiengesetzes genannten Betrag nicht überschreitet und

2. eine Verlustübernahme durch Verweis auf die Vorschriften des § 302 des Aktiengesetzes in seiner jeweils gültigen Fassung vereinbart wird.

(2) Für die Anwendung des Absatzes 1 Satz 2 Nummer 2 gilt § 34 Absatz 10b in der Fassung des Artikels 12 des Gesetzes vom 18. Dezember 2013 (BGBl I S. 4318) entsprechend fort.

## § 18 (weggefallen)[3]

## § 19 Steuerabzug bei dem Organträger[4][5]

(1) Sind bei der Organgesellschaft die Voraussetzungen für die Anwendung besonderer Tarifvorschriften erfüllt, die einen Abzug von der Körperschaftsteuer vorsehen, und unterliegt der Organträger der unbeschränkten Körperschaftsteuerpflicht, sind diese Tarifvorschriften beim Organträger so anzuwenden, als wären die Voraussetzungen für ihre Anwendung bei ihm selbst erfüllt.

(2) Unterliegt der Organträger der unbeschränkten Einkommensteuerpflicht, gilt Absatz 1 entsprechend, soweit für die Einkommensteuer gleichartige Tarifvorschriften wie für die Körperschaftsteuer bestehen.

(3) Unterliegt der Organträger nicht der unbeschränkten Körperschaftsteuer- oder Einkommensteuerpflicht, gelten die Absätze 1 und 2 entsprechend, soweit die besonderen Tarifvorschriften bei beschränkt Steuerpflichtigen anwendbar sind.

(4) ¹Ist der Organträger eine Personengesellschaft, gelten die Absätze 1 bis 3 für die Gesellschafter der Personengesellschaft entsprechend. ²Bei jedem Gesellschafter ist der Teilbetrag abzuziehen, der dem auf den Gesellschafter entfallenden Bruchteil des dem Organträger zuzurechnenden Einkommens der Organgesellschaft entspricht.

---

1) **Anm. d. Red.:** § 16 i. d. F. des Gesetzes v. 14. 8. 2007 (BGBl I S. 1912) mit Wirkung v. 18. 8. 2007.
2) **Anm. d. Red.:** § 17 i. d. F. des Gesetzes v. 25. 7. 2014 (BGBl I S. 1266) mit Wirkung v. 31. 7. 2014.
3) **Anm. d. Red.:** § 18 weggefallen gem. Gesetz v. 20. 2. 2013 (BGBl I S. 285) mit Wirkung v. 26. 2. 2013.
4) **Anm. d. Red.:** § 19 Abs. 1 bis 4 i. d. F. des Gesetzes v. 25. 7. 2014 (BGBl I S. 1266) mit Wirkung v. 31. 7. 2014.
5) **Anm. d. Red.:** Zur Anwendung des § 19 siehe § 34 Abs. 7.

(5) Sind in dem Einkommen der Organgesellschaft Betriebseinnahmen enthalten, die einem Steuerabzug unterlegen haben, so ist die einbehaltene Steuer auf die Körperschaftsteuer oder die Einkommensteuer des Organträgers oder, wenn der Organträger eine Personengesellschaft ist, anteilig auf die Körperschaftsteuer oder die Einkommensteuer der Gesellschafter anzurechnen.

## Drittes Kapitel: Sondervorschriften für Versicherungsunternehmen, Pensionsfonds und Bausparkassen

### § 20 Schwankungsrückstellungen, Schadenrückstellungen[1)2)]

(1) ¹Für die Bildung der Rückstellungen zum Ausgleich des schwankenden Jahresbedarfs sind insbesondere folgende Voraussetzungen erforderlich:
1. Es muss nach den Erfahrungen in dem betreffenden Versicherungszweig mit erheblichen Schwankungen des Jahresbedarfs zu rechnen sein.
2. ¹Die Schwankungen des Jahresbedarfs dürfen nicht durch die Prämien ausgeglichen werden. ²Sie müssen aus den am Bilanzstichtag bestehenden Versicherungsverträgen herrühren und dürfen nicht durch Rückversicherungen gedeckt sein.

²Auf Schwankungsrückstellungen und ähnliche Rückstellungen im Sinne des § 341h des Handelsgesetzbuchs ist § 6 Absatz 1 Nummer 3a Buchstabe e des Einkommensteuergesetzes nicht anzuwenden.

(2) ¹Bei Rückstellungen für noch nicht abgewickelte Versicherungsfälle (§ 341g des Handelsgesetzbuchs) sind die Erfahrungen im Sinne des § 6 Abs. 1 Nr. 3a Buchstabe a des Einkommensteuergesetzes für jeden Versicherungszweig zu berücksichtigen, für den nach aufsichtsrechtlichen Vorschriften eine gesonderte Gewinn- und Verlustrechnung aufzustellen ist. ²Die Summe der einzelbewerteten Schäden des Versicherungszweiges ist um den Betrag zu mindern (Minderungsbetrag), der wahrscheinlich insgesamt nicht zur Befriedigung der Ansprüche für die Schäden benötigt wird. ³Für Zwecke der Sätze 1 und 2 haben die Niederlassungen der Versicherungsunternehmen im Sinne des § 341 Absatz 2 Satz 2 des Handelsgesetzbuchs die auf Grund des § 55a des Versicherungsaufsichtsgesetzes in der am 31. Dezember 2015 geltenden Fassung erlassene Verordnung über die Berichterstattung von Versicherungsunternehmen gegenüber der Bundesanstalt für Finanzdienstleistungsaufsicht entsprechend anzuwenden.

### § 21 Beitragsrückerstattungen[3)]

(1) Beitragsrückerstattungen, die für das selbst abgeschlossene Geschäft auf Grund des Jahresergebnisses oder des versicherungstechnischen Überschusses gewährt werden, sind abziehbar
1. in der Lebens- und Krankenversicherung bis zu dem nach handelsrechtlichen Vorschriften ermittelten Jahresergebnis für das selbst abgeschlossene Geschäft, erhöht um die für Beitragsrückerstattungen aufgewendeten Beträge, soweit die Beträge das Jahresergebnis gemindert haben und die hierfür verwendeten Überschüsse dem Grunde nach steuerpflichtig und nicht steuerbefreit sind, und gekürzt um den Betrag, der sich aus der Auflösung einer Rückstellung nach Absatz 2 Satz 2 ergibt, sowie um den Nettoertrag des nach steuerlichen Vorschriften über die Gewinnermittlung anzusetzenden Betriebsvermögens am Beginn des Wirtschaftsjahrs; für Pensionsfonds gilt Entsprechendes. ²Als Nettoertrag gilt der Ertrag aus langfristiger Kapitalanlage, der anteilig auf das Betriebsvermögen entfällt, nach Abzug der entsprechenden abziehbaren und nichtabziehbaren Betriebsausgaben;

---

1) **Anm. d. Red.:** § 20 Abs. 1 i. d. F. des Gesetzes v. 2.11.2015 (BGBl I S. 1834) mit Wirkung v. 1.1.2016; Abs. 2 i. d. F. des Gesetzes v. 1.4.2015 (BGBl I S. 434) mit Wirkung v. 1.1.2016.
2) **Anm. d. Red.:** Zur Anwendung des § 20 siehe § 34 Abs. 7a.
3) **Anm. d. Red.:** § 21 Abs. 1 i. d. F. des Gesetzes v. 19.12.2008 (BGBl I S. 2794) mit Wirkung v. 25.12.2008.

2. in der Schaden- und Unfallversicherung bis zur Höhe des Überschusses, der sich aus der Beitragseinnahme nach Abzug aller anteiligen abziehbaren und nichtabziehbaren Betriebsausgaben einschließlich der Versicherungsleistungen, Rückstellungen und Rechnungsabgrenzungsposten ergibt. ²Der Berechnung des Überschusses sind die auf das Wirtschaftsjahr entfallenden Beitragseinnahmen und Betriebsausgaben des einzelnen Versicherungszweiges aus dem selbst abgeschlossenen Geschäft für eigene Rechnung zugrunde zu legen.

(2) ¹Zuführungen zu einer Rückstellung für Beitragsrückerstattung sind insoweit abziehbar, als die ausschließliche Verwendung der Rückstellung für diesen Zweck durch die Satzung oder durch geschäftsplanmäßige Erklärung gesichert ist. ²Die Rückstellung ist vorbehaltlich des Satzes 3 aufzulösen, soweit sie höher ist als die Summe der in den folgenden Nummern 1 bis 4 bezeichneten Beträge:

1.¹⁾ die Zuführungen innerhalb des am Bilanzstichtag endenden Wirtschaftsjahrs und der zwei vorangegangenen Wirtschaftsjahre,
2. der Betrag, dessen Ausschüttung als Beitragsrückerstattung vom Versicherungsunternehmen vor dem Bilanzstichtag verbindlich festgelegt worden ist,
3. in der Krankenversicherung der Betrag, dessen Verwendung zur Ermäßigung von Beitragserhöhungen im folgenden Geschäftsjahr vom Versicherungsunternehmen vor dem Bilanzstichtag verbindlich festgelegt worden ist,
4. in der Lebensversicherung der Betrag, der für die Finanzierung der auf die abgelaufenen Versicherungsjahre entfallenden Schlussgewinnanteile erforderlich ist; für Pensionsfonds gilt Entsprechendes.

³Eine Auflösung braucht nicht zu erfolgen, soweit an die Versicherten Kleinbeträge auszuzahlen wären und die Auszahlung dieser Beträge mit einem unverhältnismäßig hohen Verwaltungsaufwand verbunden wäre.

(3) § 6 Abs. 1 Nr. 3a des Einkommensteuergesetzes ist nicht anzuwenden.

## § 21a Deckungsrückstellungen[2)]

(1)[3)] ¹§ 6 Abs. 1 Nr. 3a Buchstabe e des Einkommensteuergesetzes ist von Versicherungsunternehmen und Pensionsfonds mit der Maßgabe anzuwenden, dass Deckungsrückstellungen im Sinne des § 341f des Handelsgesetzbuchs mit dem sich für die zugrunde liegenden Verträge aus der Bestimmung in Verbindung mit § 25 der Verordnung über die Rechnungslegung von Versicherungsunternehmen oder in Verbindung mit der auf Grund des § 240 Satz 1 Nummer 10 des Versicherungsaufsichtsgesetzes erlassenen Rechtsverordnung ergebenden Höchstzinssatz oder einem niedrigeren zulässigerweise verwendeten Zinssatz abgezinst werden können. ²Für die von Schaden- und Unfallversicherungsunternehmen gebildeten Renten-Deckungsrückstellungen kann der Höchstzinssatz, der sich auf Grund der nach § 217 Satz 1 Nummer 7 des Versicherungsaufsichtsgesetzes erlassenen Rechtsverordnung ergibt, oder ein niedrigerer zulässigerweise verwendeter Zinssatz zugrunde gelegt werden.

(2) Soweit die in Absatz 1 genannten versicherungsrechtlichen Bestimmungen auf Versicherungsunternehmen mit Sitz in einem anderen Mitgliedstaat der Europäischen Union oder in ei-

---

1) **Anm. d. Red.:** Für die Veranlagungszeiträume 2016 bis 2017 ist § 21 Abs. 2 Satz 2 Nr. 1 gem. § 34 Abs. 8 in der folgenden Fassung anzuwenden:
„1. die Zuführungen innerhalb des am Bilanzstichtag endenden Wirtschaftsjahrs und der vier vorangegangenen Wirtschaftsjahre. ²Der Betrag nach Satz 1 darf nicht niedriger sein als der Betrag, der sich ergeben würde, wenn das am 13. Dezember 2010 geltende Recht weiter anzuwenden wäre,".

2) **Anm. d. Red.:** § 21a Abs. 1 i. d. F. des Gesetzes v. 1. 4. 2015 (BGBl I S. 434), geändert durch Art. 13 Nr. 2 Gesetz v. 2. 11. 2015 (BGBl I S. 1834), mit Wirkung v. 1. 1. 2016; Abs. 2 i. d. F. des Gesetzes v. 26. 6. 2013 (BGBl I S. 1809) mit Wirkung v. 30. 6. 2013.

3) **Anm. d. Red.:** Zur Anwendung des § 21a Abs. 1 siehe § 34 Abs. 8a.

nem anderen Vertragsstaat des EWR-Abkommens keine Anwendung finden, können diese entsprechend verfahren.

### § 21b Zuteilungsrücklage bei Bausparkassen[1]

[1]Bausparkassen im Sinne des § 1 Abs. 1 des Gesetzes über Bausparkassen können Mehrerträge im Sinne des § 6 Abs. 1 Satz 2 des Gesetzes über Bausparkassen in eine den steuerlichen Gewinn mindernde Zuteilungsrücklage einstellen. [2]Diese Rücklage darf 3 Prozent der Bauspareinlagen nicht übersteigen. [3]Soweit die Voraussetzungen für die Auflösung des Sonderpostens im Sinne des § 6 Abs. 1 Satz 2 des Gesetzes über Bausparkassen nach der Rechtsverordnung erfüllt sind, die auf Grund der Ermächtigungsvorschrift des § 10 Satz 1 Nr. 9 des Gesetzes über Bausparkassen erlassen wird, ist die Rücklage gewinnerhöhend aufzulösen.

## Viertes Kapitel: Sondervorschriften für Genossenschaften

### § 22 Genossenschaftliche Rückvergütung

(1) [1]Rückvergütungen der Erwerbs- und Wirtschaftsgenossenschaften an ihre Mitglieder sind nur insoweit als Betriebsausgaben abziehbar, als die dafür verwendeten Beträge im Mitgliedergeschäft erwirtschaftet worden sind. [2]Zur Feststellung dieser Beträge ist der Überschuss

1. bei Absatz- und Produktionsgenossenschaften im Verhältnis des Wareneinkaufs bei Mitgliedern zum gesamten Wareneinkauf,
2. bei den übrigen Erwerbs- und Wirtschaftsgenossenschaften im Verhältnis des Mitgliederumsatzes zum Gesamtumsatz

aufzuteilen. [3]Der hiernach sich ergebende Gewinn aus dem Mitgliedergeschäft bildet die obere Grenze für den Abzug. [4]Überschuss im Sinne des Satzes 2 ist das um den Gewinn aus Nebengeschäften geminderte Einkommen vor Abzug der genossenschaftlichen Rückvergütungen und des Verlustabzugs.

(2) [1]Voraussetzung für den Abzug nach Absatz 1 ist, dass die genossenschaftliche Rückvergütung unter Bemessung nach der Höhe des Umsatzes zwischen den Mitgliedern und der Genossenschaft bezahlt ist und dass sie

1. auf einem durch die Satzung der Genossenschaft eingeräumten Anspruch des Mitglieds beruht oder
2. durch Beschluss der Verwaltungsorgane der Genossenschaft festgelegt und der Beschluss den Mitgliedern bekannt gegeben worden ist oder
3. in der Generalversammlung beschlossen worden ist, die den Gewinn verteilt.

[2]Nachzahlungen der Genossenschaft für Lieferungen oder Leistungen und Rückzahlungen von Unkostenbeiträgen sind wie genossenschaftliche Rückvergütungen zu behandeln.

## Dritter Teil: Tarif; Besteuerung bei ausländischen Einkunftsteilen

### § 23 Steuersatz[2]

(1) Die Körperschaftsteuer beträgt 15 Prozent des zu versteuernden Einkommens.

(2) Wird die Einkommensteuer auf Grund der Ermächtigung des § 51 Abs. 3 des Einkommensteuergesetzes herabgesetzt oder erhöht, so ermäßigt oder erhöht sich die Körperschaftsteuer entsprechend.

---

1) **Anm. d. Red.:** § 21b i. d. F. des Gesetzes v. 13. 12. 2006 (BGBl I S. 2878) mit Wirkung v. 1. 1. 2007.
2) **Anm. d. Red.:** § 23 Abs. 1 i. d. F. des Gesetzes v. 14. 8. 2007 (BGBl I S. 1912) mit Wirkung v. 18. 8. 2007.

## § 24 Freibetrag für bestimmte Körperschaften[1]

¹Vom Einkommen der steuerpflichtigen Körperschaften, Personenvereinigungen oder Vermögensmassen ist ein Freibetrag von 5 000 Euro, höchstens jedoch in Höhe des Einkommens, abzuziehen. ²Satz 1 gilt nicht
1. für Körperschaften und Personenvereinigungen, deren Leistungen bei den Empfängern zu den Einnahmen im Sinne des § 20 Abs. 1 Nr. 1 oder 2 des Einkommensteuergesetzes gehören,
2. für Vereine im Sinne des § 25.

## § 25 Freibetrag für Erwerbs- und Wirtschaftsgenossenschaften sowie Vereine, die Land- und Forstwirtschaft betreiben[2]

(1) ¹Vom Einkommen der steuerpflichtigen Genossenschaften sowie der steuerpflichtigen Vereine, deren Tätigkeit sich auf den Betrieb der Land- und Forstwirtschaft beschränkt, ist ein Freibetrag in Höhe von 15 000 Euro, höchstens jedoch in Höhe des Einkommens, im Veranlagungszeitraum der Gründung und in den folgenden neun Veranlagungszeiträumen abzuziehen. ²Voraussetzung ist, dass
1. die Mitglieder der Genossenschaft oder dem Verein Flächen zur Nutzung oder für die Bewirtschaftung der Flächen erforderliche Gebäude überlassen und
2. a) bei Genossenschaften das Verhältnis der Summe der Werte der Geschäftsanteile des einzelnen Mitglieds zu der Summe der Werte aller Geschäftsanteile,
    b) bei Vereinen das Verhältnis des Werts des Anteils an dem Vereinsvermögen, der im Fall der Auflösung des Vereins an das einzelne Mitglied fallen würde, zu dem Wert des Vereinsvermögens

nicht wesentlich von dem Verhältnis abweicht, in dem der Wert der von dem einzelnen Mitglied zur Nutzung überlassenen Flächen und Gebäude zu dem Wert der insgesamt zur Nutzung überlassenen Flächen und Gebäude steht.

(2) Absatz 1 Satz 1 gilt auch für steuerpflichtige Genossenschaften sowie für steuerpflichtige Vereine, die eine gemeinschaftliche Tierhaltung im Sinne des § 51a des Bewertungsgesetzes betreiben.

## § 26 Steuerermäßigung bei ausländischen Einkünften[3][4]

(1) ¹Für die Anrechnung einer der deutschen Körperschaftsteuer entsprechenden ausländischen Steuer auf die deutsche Körperschaftsteuer und für die Berücksichtigung anderer Steuerermäßigungen bei ausländischen Einkünften gelten vorbehaltlich des Satzes 2 und des Absatzes 2 die folgenden Bestimmungen entsprechend:
1. bei unbeschränkt Steuerpflichtigen § 34c Absatz 1 bis 3 und 5 bis 7 und § 50d Absatz 10 des Einkommensteuergesetzes sowie
2. bei beschränkt Steuerpflichtigen § 50 Absatz 3 und § 50d Absatz 10 des Einkommensteuergesetzes.

²Dabei ist auf Bezüge im Sinne des § 8b Absatz 1 Satz 1, die auf Grund des § 8b Absatz 1 Satz 2 und 3 bei der Ermittlung des Einkommens nicht außer Ansatz bleiben, vorbehaltlich des Absatzes 2 § 34c Absatz 1 bis 3 und 6 Satz 6 des Einkommensteuergesetzes entsprechend anzuwenden.

---

1) **Anm. d. Red.:** § 24 i. d. F. des Gesetzes v. 17. 3. 2009 (BGBl I S. 550) mit Wirkung v. 1. 1. 2009.
2) **Anm. d. Red.:** § 25 i. d. F. des Gesetzes v. 17. 3. 2009 (BGBl I S. 550) mit Wirkung v. 1. 1. 2009.
3) **Anm. d. Red.:** § 26 i. d. F. des Gesetzes v. 22. 12. 2014 (BGBl I S. 2417) mit Wirkung v. 31. 12. 2014.
4) **Anm. d. Red.:** Zur Anwendung des § 26 siehe § 34 Abs. 9.

(2) ¹Abweichend von § 34c Absatz 1 Satz 2 des Einkommensteuergesetzes ist die auf die ausländischen Einkünfte entfallende deutsche Körperschaftsteuer in der Weise zu ermitteln, dass die sich bei der Veranlagung des zu versteuernden Einkommens, einschließlich der ausländischen Einkünfte, ohne Anwendung der §§ 37 und 38 ergebende deutsche Körperschaftsteuer im Verhältnis dieser ausländischen Einkünfte zur Summe der Einkünfte aufgeteilt wird. ²Bei der entsprechenden Anwendung von § 34c Absatz 2 des Einkommensteuergesetzes ist die ausländische Steuer abzuziehen, soweit sie auf ausländische Einkünfte entfällt, die bei der Ermittlung der Einkünfte nicht außer Ansatz bleiben. ³§ 34c Absatz 6 Satz 3 des Einkommensteuergesetzes ist auch auf Einkünfte entsprechend anzuwenden, die auf Grund einer Verordnung oder Richtlinie der Europäischen Union in einem anderen Mitgliedstaat der Europäischen Union nicht besteuert werden.

## Vierter Teil: Nicht in das Nennkapital geleistete Einlagen und Entstehung und Veranlagung

### § 27 Nicht in das Nennkapital geleistete Einlagen[1)]

(1)[2)] ¹Die unbeschränkt steuerpflichtige Kapitalgesellschaft hat die nicht in das Nennkapital geleisteten Einlagen am Schluss jedes Wirtschaftsjahrs auf einem besonderen Konto (steuerliches Einlagekonto) auszuweisen. ²Das steuerliche Einlagekonto ist ausgehend von dem Bestand am Ende des vorangegangenen Wirtschaftsjahrs um die jeweiligen Zu- und Abgänge des Wirtschaftsjahrs fortzuschreiben. ³Leistungen der Kapitalgesellschaft mit Ausnahme der Rückzahlung von Nennkapital im Sinne des § 28 Abs. 2 Satz 2 und 3 mindern das steuerliche Einlagekonto unabhängig von ihrer handelsrechtlichen Einordnung nur, soweit sie den auf den Schluss des vorangegangenen Wirtschaftsjahrs ermittelten ausschüttbaren Gewinn übersteigen (Einlagenrückgewähr). ⁴Der Bestand des steuerlichen Einlagekontos kann durch Leistungen nicht negativ werden; Absatz 6 bleibt unberührt. ⁵Als ausschüttbarer Gewinn gilt das um das gezeichnete Kapital geminderte in der Steuerbilanz ausgewiesene Eigenkapital abzüglich des Bestands des steuerlichen Einlagekontos.

(2) ¹Der unter Berücksichtigung der Zu- und Abgänge des Wirtschaftsjahrs ermittelte Bestand des steuerlichen Einlagekontos wird gesondert festgestellt. ²Der Bescheid über die gesonderte Feststellung ist Grundlagenbescheid für den Bescheid über die gesonderte Feststellung zum folgenden Feststellungszeitpunkt. ³Bei Eintritt in die unbeschränkte Steuerpflicht ist der zum Zeitpunkt des Eintritts in die Steuerpflicht vorhandene Bestand der nicht in das Nennkapital geleisteten Einlagen gesondert festzustellen; der gesondert festgestellte Bestand gilt als Bestand des steuerlichen Einlagekontos am Ende des vorangegangenen Wirtschaftsjahrs. ⁴Kapitalgesellschaften haben auf den Schluss jedes Wirtschaftsjahrs Erklärungen zur gesonderten Feststellung von Besteuerungsgrundlagen abzugeben. ⁵Die Erklärungen sind von den in § 34 der Abgabenordnung bezeichneten Personen eigenhändig zu unterschreiben.

(3) ¹Erbringt eine Kapitalgesellschaft für eigene Rechnung Leistungen, die nach Absatz 1 Satz 3 als Abgang auf dem steuerlichen Einlagekonto zu berücksichtigen sind, so ist sie verpflichtet, ihren Anteilseignern die folgenden Angaben nach amtlich vorgeschriebenem Muster zu bescheinigen:

1. den Namen und die Anschrift des Anteilseigners,
2. die Höhe der Leistungen, soweit das steuerliche Einlagekonto gemindert wurde,
3. den Zahlungstag.

---

1) **Anm. d. Red.:** § 27 Abs. 1 und 4 i. d. F. des Gesetzes v. 25. 7. 2014 (BGBl I S. 1266) mit Wirkung v. 31. 7. 2014; Abs. 2, 5, 7 und 8 i. d. F. des Gesetzes v. 7. 12. 2006 (BGBl I S. 2782, ber. 2007 I S. 68) mit Wirkung v. 13. 12. 2006; Abs. 6 i. d. F. des Gesetzes v. 20. 12. 2007 (BGBl I S. 3150) mit Wirkung v. 29. 12. 2007.

2) **Anm. d. Red.:** Zur Anwendung des § 27 Abs. 1 siehe § 34 Abs. 10.

²Die Bescheinigung braucht nicht unterschrieben zu werden, wenn sie in einem maschinellen Verfahren ausgedruckt worden ist und den Aussteller erkennen lässt.

(4) ¹Ist die in Absatz 1 bezeichnete Leistung einer Kapitalgesellschaft von der Vorlage eines Dividendenscheins abhängig und wird sie für Rechnung der Kapitalgesellschaft durch ein inländisches Kreditinstitut erbracht, so hat das Institut dem Anteilseigner eine Bescheinigung mit den in Absatz 3 Satz 1 bezeichneten Angaben nach amtlich vorgeschriebenem Muster zu erteilen. ²Aus der Bescheinigung muss ferner hervorgehen, für welche Kapitalgesellschaft die Leistung erbracht wird. ³Die Sätze 1 und 2 gelten entsprechend, wenn anstelle eines inländischen Kreditinstituts eine inländische Zweigniederlassung eines der in § 53b Absatz 1 oder 7 des Kreditwesengesetzes genannten Unternehmen die Leistung erbringt.

(5) ¹Ist für eine Leistung der Kapitalgesellschaft die Minderung des Einlagekontos zu niedrig bescheinigt worden, bleibt die der Bescheinigung zugrunde gelegte Verwendung unverändert. ²Ist für eine Leistung bis zum Tag der Bekanntgabe der erstmaligen Feststellung im Sinne des Absatzes 2 zum Schluss des Wirtschaftsjahrs der Leistung eine Steuerbescheinigung im Sinne des Absatzes 3 nicht erteilt worden, gilt der Betrag der Einlagenrückgewähr als mit 0 Euro bescheinigt. ³In den Fällen der Sätze 1 und 2 ist eine Berichtigung oder erstmalige Erteilung von Steuerbescheinigungen im Sinne des Absatzes 3 nicht zulässig. ⁴In anderen Fällen ist die auf den überhöht ausgewiesenen Betrag der Einlagenrückgewähr entfallende Kapitalertragsteuer durch Haftungsbescheid geltend zu machen; § 44 Abs. 5 Satz 1 zweiter Halbsatz des Einkommensteuergesetzes gilt insoweit nicht. ⁵Die Steuerbescheinigungen können berichtigt werden. ⁶Die Feststellung im Sinne des Absatzes 2 für das Wirtschaftsjahr, in dem die entsprechende Leistung erfolgt ist, ist an die der Kapitalertragsteuerhaftung nach Satz 4 zugrunde gelegte Einlagenrückgewähr anzupassen.

(6) Minderabführungen erhöhen und Mehrabführungen mindern das Einlagekonto einer Organgesellschaft, wenn sie ihre Ursache in organschaftlicher Zeit haben.

(7) Die vorstehenden Absätze gelten sinngemäß für andere unbeschränkt steuerpflichtige Körperschaften und Personenvereinigungen, die Leistungen im Sinne des § 20 Abs. 1 Nr. 1, 9 oder Nr. 10 des Einkommensteuergesetzes gewähren können.

(8) ¹Eine Einlagenrückgewähr können auch Körperschaften oder Personenvereinigungen erbringen, die in einem anderen Mitgliedstaat der Europäischen Union der unbeschränkten Steuerpflicht unterliegen, wenn sie Leistungen im Sinne des § 20 Abs. 1 Nr. 1 oder 9 des Einkommensteuergesetzes gewähren können. ²Die Einlagenrückgewähr ist in entsprechender Anwendung der Absätze 1 bis 6 und der §§ 28 und 29 zu ermitteln. ³Der als Leistung im Sinne des Satzes 1 zu berücksichtigende Betrag wird auf Antrag der Körperschaft oder Personenvereinigung für den jeweiligen Veranlagungszeitraum gesondert festgestellt. ⁴Der Antrag ist nach amtlich vorgeschriebenem Vordruck bis zum Ende des Kalenderjahrs zu stellen, das auf das Kalenderjahr folgt, in dem die Leistung erfolgt ist. ⁵Zuständig für die gesonderte Feststellung ist die Finanzbehörde, die im Zeitpunkt der Abgabe des Antrags nach § 20 der Abgabenordnung für die Besteuerung nach dem Einkommen örtlich zuständig ist. ⁶Bei Körperschaften oder Personenvereinigungen, für die im Zeitpunkt der Antragstellung nach § 20 der Abgabenordnung keine Finanzbehörde zuständig ist, ist abweichend von Satz 5 das Bundeszentralamt für Steuern zuständig. ⁷Im Antrag sind die für die Berechnung der Einlagenrückgewähr erforderlichen Umstände darzulegen. ⁸In die Bescheinigung nach Absatz 3 ist das Aktenzeichen der nach Satz 5 oder 6 zuständigen Behörde aufzunehmen. ⁹Soweit Leistungen nach Satz 1 nicht gesondert festgestellt worden sind, gelten sie als Gewinnausschüttung, die beim Anteilseigner zu Einnahmen im Sinne des § 20 Abs. 1 Nr. 1 oder 9 des Einkommensteuergesetzes führen.

## § 28 Umwandlung von Rücklagen in Nennkapital und Herabsetzung des Nennkapitals[1]

(1) ¹Wird das Nennkapital durch Umwandlung von Rücklagen erhöht, so gilt der positive Bestand des steuerlichen Einlagekontos als vor den sonstigen Rücklagen umgewandelt. ²Maßgeblich ist dabei der sich vor Anwendung des Satzes 1 ergebende Bestand des steuerlichen Einlagekontos zum Schluss des Wirtschaftsjahrs der Rücklagenumwandlung. ³Enthält das Nennkapital auch Beträge, die ihm durch Umwandlung von sonstigen Rücklagen mit Ausnahme von aus Einlagen der Anteilseigner stammenden Beträgen zugeführt worden sind, so sind diese Teile des Nennkapitals getrennt auszuweisen und gesondert festzustellen (Sonderausweis). ⁴§ 27 Abs. 2 gilt entsprechend.

(2) ¹Im Fall der Herabsetzung des Nennkapitals oder der Auflösung der Körperschaft wird zunächst der Sonderausweis zum Schluss des vorangegangenen Wirtschaftsjahrs gemindert; ein übersteigender Betrag ist dem steuerlichen Einlagekonto gutzuschreiben, soweit die Einlage in das Nennkapital geleistet ist. ²Die Rückzahlung des Nennkapitals gilt, soweit der Sonderausweis zu mindern ist, als Gewinnausschüttung, die beim Anteilseigner zu Bezügen im Sinne des § 20 Abs. 1 Nr. 2 des Einkommensteuergesetzes führt. ³Ein den Sonderausweis übersteigender Betrag ist vom positiven Bestand des steuerlichen Einlagekontos abzuziehen. ⁴Soweit der positive Bestand des steuerlichen Einlagekontos für den Abzug nach Satz 3 nicht ausreicht, gilt die Rückzahlung des Nennkapitals ebenfalls als Gewinnausschüttung, die beim Anteilseigner zu Bezügen im Sinne des § 20 Abs. 1 Nr. 2 des Einkommensteuergesetzes führt.

(3) Ein Sonderausweis zum Schluss des Wirtschaftsjahrs vermindert sich um den positiven Bestand des steuerlichen Einlagekontos zu diesem Stichtag; der Bestand des steuerlichen Einlagekontos vermindert sich entsprechend.

## § 29 Kapitalveränderungen bei Umwandlungen[2]

(1) In Umwandlungsfällen im Sinne des § 1 des Umwandlungsgesetzes gilt das Nennkapital der übertragenden Kapitalgesellschaft und bei Anwendung des Absatzes 2 Satz 3 und des Absatzes 3 Satz 3 zusätzlich das Nennkapital der übernehmenden Kapitalgesellschaft als in vollem Umfang nach § 28 Abs. 2 Satz 1 herabgesetzt.

(2) ¹Geht das Vermögen einer Kapitalgesellschaft durch Verschmelzung nach § 2 des Umwandlungsgesetzes auf eine unbeschränkt steuerpflichtige Körperschaft über, so ist der Bestand des steuerlichen Einlagekontos dem steuerlichen Einlagekonto der übernehmenden Körperschaft hinzuzurechnen. ²Eine Hinzurechnung des Bestands des steuerlichen Einlagekontos nach Satz 1 unterbleibt im Verhältnis des Anteils des Übernehmers an dem übertragenden Rechtsträger. ³Der Bestand des Einlagekontos des Übernehmers mindert sich anteilig im Verhältnis des Anteils des übertragenden Rechtsträgers am Übernehmer.

(3) ¹Geht Vermögen einer Kapitalgesellschaft durch Aufspaltung oder Abspaltung im Sinne des § 123 Abs. 1 und 2 des Umwandlungsgesetzes auf eine unbeschränkt steuerpflichtige Körperschaft über, so ist der Bestand des steuerlichen Einlagekontos der übertragenden Kapitalgesellschaft einer übernehmenden Körperschaft im Verhältnis der übergehenden Vermögensteile zu dem bei der übertragenden Kapitalgesellschaft vor dem Übergang bestehenden Vermögen zuzuordnen, wie es in der Regel in den Angaben zum Umtauschverhältnis der Anteile im Spaltungs- und Übernahmevertrag oder im Spaltungsplan (§ 126 Abs. 1 Nr. 3, § 136 des Umwandlungsgesetzes) zum Ausdruck kommt. ²Entspricht das Umtauschverhältnis der Anteile nicht dem Verhältnis der übergehenden Vermögensteile zu dem bei der übertragenden Kapitalgesellschaft vor der Spaltung bestehenden Vermögen, ist das Verhältnis der gemeinen Werte der übergehenden Vermögensteile zu dem vor der Spaltung vorhandenen Vermögen maßgebend. ³Für die Entwicklung des steuerlichen Einlagekontos des Übernehmers gilt Absatz 2 Satz 2 und 3 entsprechend.

---

1) **Anm. d. Red.:** § 28 Abs. 2 i. d. F. des Gesetzes v. 7. 12. 2006 (BGBl I S. 2782) mit Wirkung v. 13. 12. 2006.

2) **Anm. d. Red.:** § 29 Abs. 1 i. d. F. des Gesetzes v. 9. 12. 2004 (BGBl I S. 3310) mit Wirkung v. 16. 12. 2004; Abs. 5 und 6 i. d. F. des Gesetzes v. 7. 12. 2006 (BGBl I S. 2782) mit Wirkung v. 13. 12. 2006.

entsprechend. ⁴Soweit das Vermögen durch Abspaltung auf eine Personengesellschaft übergeht, mindert sich das steuerliche Einlagekonto der übertragenden Kapitalgesellschaft in dem Verhältnis der übergehenden Vermögensteile zu dem vor der Spaltung bestehenden Vermögen.

(4) Nach Anwendung der Absätze 2 und 3 ist für die Anpassung des Nennkapitals der umwandlungsbeteiligten Kapitalgesellschaften § 28 Abs. 1 und 3 anzuwenden.

(5) Die vorstehenden Absätze gelten sinngemäß für andere unbeschränkt steuerpflichtige Körperschaften und Personenvereinigungen, die Leistungen im Sinne des § 20 Abs. 1 Nr. 1, 9 und 10 des Einkommensteuergesetzes gewähren können.

(6) ¹War für die übertragende Körperschaft oder Personenvereinigung ein Einlagekonto bisher nicht festzustellen, tritt für die Anwendung der vorstehenden Absätze an die Stelle des Einlagekontos der Bestand der nicht in das Nennkapital geleisteten Einlagen zum Zeitpunkt des Vermögensübergangs. ²§ 27 Abs. 8 gilt entsprechend.

## § 30 Entstehung der Körperschaftsteuer

Die Körperschaftsteuer entsteht
1. für Steuerabzugsbeträge in dem Zeitpunkt, in dem die steuerpflichtigen Einkünfte zufließen,
2. für Vorauszahlungen mit Beginn des Kalendervierteljahrs, in dem die Vorauszahlungen zu entrichten sind, oder, wenn die Steuerpflicht erst im Laufe des Kalenderjahrs begründet wird, mit Begründung der Steuerpflicht,
3. für die veranlagte Steuer mit Ablauf des Veranlagungszeitraums, soweit nicht die Steuer nach Nummer 1 oder 2 schon früher entstanden ist.

## § 31 Steuererklärungspflicht, Veranlagung und Erhebung der Körperschaftsteuer[1)]

(1) ¹Auf die Durchführung der Besteuerung einschließlich der Anrechnung, Entrichtung und Vergütung der Körperschaftsteuer sowie die Festsetzung und Erhebung von Steuern, die nach der veranlagten Körperschaftsteuer bemessen werden (Zuschlagsteuern), sind die Vorschriften des Einkommensteuergesetzes entsprechend anzuwenden, soweit dieses Gesetz nichts anderes bestimmt. ²Die sich im Zuge der Festsetzung ergebenden einzelnen Körperschaftsteuerbeträge sind jeweils zu Gunsten des Steuerpflichtigen auf volle Euro-Beträge zu runden. ³§ 37b des Einkommensteuergesetzes findet entsprechende Anwendung.

(1a) ¹Die Körperschaftsteuererklärung und die Erklärung zur gesonderten Feststellung von Besteuerungsgrundlagen sind nach amtlich vorgeschriebenem Datensatz durch Datenfernübertragung zu übermitteln. ²Auf Antrag kann die Finanzbehörde zur Vermeidung unbilliger Härten auf eine elektronische Übermittlung verzichten; in diesem Fall sind die Erklärungen nach amtlich vorgeschriebenem Vordruck abzugeben und vom gesetzlichen Vertreter des Steuerpflichtigen eigenhändig zu unterschreiben.

(2) Bei einem vom Kalenderjahr abweichenden Wirtschaftsjahr gilt § 37 Abs. 1 des Einkommensteuergesetzes mit der Maßgabe, dass die Vorauszahlungen auf die Körperschaftsteuer bereits während des Wirtschaftsjahrs zu entrichten sind, das im Veranlagungszeitraum endet.

## § 32 Sondervorschriften für den Steuerabzug[2)]

(1) Die Körperschaftsteuer für Einkünfte, die dem Steuerabzug unterliegen, ist durch den Steuerabzug abgegolten,

---

1) **Anm. d. Red.:** § 31 Abs. 1 i. d. F. des Gesetzes v. 25. 7. 2014 (BGBl I S. 1266) mit Wirkung v. 31. 7. 2014; Abs. 1a i. d. F. des Gesetzes v. 20. 12. 2008 (BGBl I S. 2850) mit Wirkung v. 1. 1. 2009.

2) **Anm. d. Red.:** § 32 Überschrift und Abs. 2 i. d. F. des Gesetzes v. 19. 12. 2008 (BGBl I S. 2794) mit Wirkung v. 25. 12. 2008; Abs. 3 i. d. F. des Gesetzes v. 22. 6. 2011 (BGBl I S. 1126) mit Wirkung v. 26. 6. 2011; Abs. 4 i. d. F. des Gesetzes v. 26. 6. 2013 (BGBl I S. 1809) mit Wirkung v. 30. 6. 2013; Abs. 5 i. d. F. des Gesetzes v. 21. 3. 2013 (BGBl I S. 561) mit Wirkung v. 29. 3. 2013.

§ 32 XXII. Körperschaftsteuergesetz

1. wenn die Einkünfte nach § 5 Abs. 2 Nr. 1 von der Steuerbefreiung ausgenommen sind oder
2. wenn der Bezieher der Einkünfte beschränkt steuerpflichtig ist und die Einkünfte nicht in einem inländischen gewerblichen oder land- oder forstwirtschaftlichen Betrieb angefallen sind.

(2) Die Körperschaftsteuer ist nicht abgegolten,
1. wenn bei dem Steuerpflichtigen während eines Kalenderjahrs sowohl unbeschränkte Steuerpflicht als auch beschränkte Steuerpflicht im Sinne des § 2 Nr. 1 bestanden hat; in diesen Fällen sind die während der beschränkten Steuerpflicht erzielten Einkünfte in eine Veranlagung zur unbeschränkten Körperschaftsteuerpflicht einzubeziehen;
2. für Einkünfte, die dem Steuerabzug nach § 50a Abs. 1 Nr. 1, 2 oder Nr. 4 des Einkommensteuergesetzes unterliegen, wenn der Gläubiger der Vergütungen eine Veranlagung zur Körperschaftsteuer beantragt;
3. soweit der Steuerpflichtige wegen der Steuerabzugsbeträge in Anspruch genommen werden kann oder
4. soweit § 38 Abs. 2 anzuwenden ist.

(3) [1]Von den inländischen Einkünften im Sinne des § 2 Nr. 2 zweiter Halbsatz ist ein Steuerabzug vorzunehmen; Entsprechendes gilt, wenn die inländischen Einkünfte im Sinne des § 2 Nr. 2 zweiter Halbsatz von einer nach § 5 Abs. 1 oder nach anderen Gesetzen als dem Körperschaftsteuergesetz steuerbefreiten Körperschaft, Personenvereinigung oder Vermögensmasse erzielt werden. [2]Der Steuersatz beträgt 15 Prozent des Entgelts. [3]Die für den Steuerabzug von Kapitalerträgen im Sinne des § 43 Abs. 1 Satz 1 Nummer 1 und 1a geltenden Vorschriften des Einkommensteuergesetzes mit Ausnahme des § 44 Abs. 2 und § 44a Abs. 8 des Einkommensteuergesetzes sind entsprechend anzuwenden. [4]Der Steuerabzug ist bei Einnahmen oder Bezügen im Sinne des § 2 Nr. 2 zweiter Halbsatz Buchstabe c von der anderen Körperschaft im Sinne des § 8b Abs. 10 Satz 2 vorzunehmen. [5]In Fällen des Satzes 4 hat die überlassende Körperschaft der anderen Körperschaft den zur Deckung der Kapitalertragsteuer notwendigen Betrag zur Verfügung zu stellen; § 44 Abs. 1 Satz 8 und 9 des Einkommensteuergesetzes gilt entsprechend.

(4) [1]Absatz 2 Nr. 2 gilt nur für beschränkt steuerpflichtige Körperschaften, Personenvereinigungen oder Vermögensmassen im Sinne des § 2 Nr. 1, die nach den Rechtsvorschriften eines Mitgliedstaats der Europäischen Union oder nach den Rechtsvorschriften eines Staates, auf den das Abkommen über den Europäischen Wirtschaftsraum vom 3. Januar 1994 (ABl EG Nr. L 1 S. 3), zuletzt geändert durch den Beschluss des Gemeinsamen EWR-Ausschusses Nr. 91/2007 vom 6. Juli 2007 (ABl EU Nr. L 328 S. 40), in der jeweiligen Fassung Anwendung findet, gegründete Gesellschaften im Sinne des Artikels 54 des Vertrags über die Arbeitsweise der Europäischen Union oder des Artikels 34 des Abkommens über den Europäischen Wirtschaftsraum sind, deren Sitz und Ort der Geschäftsleitung sich innerhalb des Hoheitsgebiets eines dieser Staaten befindet. [2]Europäische Gesellschaften sowie Europäische Genossenschaften gelten für die Anwendung des Satzes 1 als nach den Rechtsvorschriften des Staates gegründete Gesellschaften, in dessen Hoheitsgebiet sich der Sitz der Gesellschaften befindet.

(5) [1]Ist die Körperschaftsteuer des Gläubigers für Kapitalerträge im Sinne des § 20 Absatz 1 Nummer 1 des Einkommensteuergesetzes nach Absatz 1 abgegolten, wird dem Gläubiger der Kapitalerträge auf Antrag die einbehaltene und abgeführte Kapitalertragsteuer nach Maßgabe des § 36 Absatz 2 Nummer 2 des Einkommensteuergesetzes erstattet, wenn
1. der Gläubiger der Kapitalerträge eine nach § 2 Nummer 1 beschränkt steuerpflichtige Gesellschaft ist, die
   a) zugleich eine Gesellschaft im Sinne des Artikels 54 des Vertrags über die Arbeitsweise der Europäischen Union oder des Artikels 34 des Abkommens über den Europäischen Wirtschaftsraum ist,
   b) ihren Sitz und Ort der Geschäftsleitung innerhalb des Hoheitsgebiets eines Mitgliedstaates der Europäischen Union oder eines Staates, auf den das Abkommen über den Europäischen Wirtschaftsraum Anwendung findet, hat,

c) im Staat des Orts ihrer Geschäftsleitung ohne Wahlmöglichkeit einer mit § 1 vergleichbaren unbeschränkten Steuerpflicht unterliegt, ohne von dieser befreit zu sein, und

2. der Gläubiger unmittelbar am Grund- oder Stammkapital der Schuldnerin der Kapitalerträge beteiligt ist und die Mindestbeteiligungsvoraussetzung des § 43b Absatz 2 des Einkommensteuergesetzes nicht erfüllt.

²Satz 1 gilt nur, soweit

1. keine Erstattung der betreffenden Kapitalertragsteuer nach anderen Vorschriften vorgesehen ist,
2. die Kapitalerträge nach § 8b Absatz 1 bei der Einkommensermittlung außer Ansatz bleiben würden,
3. die Kapitalerträge aufgrund ausländischer Vorschriften keiner Person zugerechnet werden, die keinen Anspruch auf Erstattung nach Maßgabe dieses Absatzes hätte, wenn sie die Kapitalerträge unmittelbar erzielte,
4. ein Anspruch auf völlige oder teilweise Erstattung der Kapitalertragsteuer bei entsprechender Anwendung des § 50d Absatz 3 des Einkommensteuergesetzes nicht ausgeschlossen wäre und
5. die Kapitalertragsteuer nicht beim Gläubiger oder einem unmittelbar oder mittelbar am Gläubiger beteiligten Anteilseigner angerechnet oder als Betriebsausgabe oder als Werbungskosten abgezogen werden kann; die Möglichkeit eines Anrechnungsvortrags steht der Anrechnung gleich.

³Der Gläubiger der Kapitalerträge hat die Voraussetzungen für die Erstattung nachzuweisen. ⁴Er hat insbesondere durch eine Bescheinigung der Steuerbehörden seines Ansässigkeitsstaates nachzuweisen, dass er in diesem Staat als steuerlich ansässig betrachtet wird, dort unbeschränkt körperschaftsteuerpflichtig und nicht von der Körperschaftsteuer befreit sowie der tatsächliche Empfänger der Kapitalerträge ist. ⁵Aus der Bescheinigung der ausländischen Steuerverwaltung muss hervorgehen, dass die deutsche Kapitalertragsteuer nicht angerechnet, nicht abgezogen oder nicht vorgetragen werden kann und inwieweit eine Anrechnung, ein Abzug oder Vortrag auch tatsächlich nicht erfolgt ist. ⁶Die Erstattung der Kapitalertragsteuer erfolgt für alle in einem Kalenderjahr bezogenen Kapitalerträge im Sinne des Satzes 1 auf der Grundlage eines Freistellungsbescheids nach § 155 Absatz 1 Satz 3 der Abgabenordnung.

## § 32a Erlass, Aufhebung oder Änderung von Steuerbescheiden bei verdeckter Gewinnausschüttung oder verdeckter Einlage[1)]

(1) ¹Soweit gegenüber einer Körperschaft ein Steuerbescheid hinsichtlich der Berücksichtigung einer verdeckten Gewinnausschüttung erlassen, aufgehoben oder geändert wird, kann ein Steuerbescheid oder ein Feststellungsbescheid gegenüber dem Gesellschafter, dem die verdeckte Gewinnausschüttung zuzurechnen ist, oder einer diesem nahe stehenden Person erlassen, aufgehoben oder geändert werden. ²Die Festsetzungsfrist endet insoweit nicht vor Ablauf eines Jahres nach Unanfechtbarkeit des Steuerbescheides der Körperschaft. ³Die Sätze 1 und 2 gelten auch für verdeckte Gewinnausschüttungen an Empfänger von Bezügen im Sinne des § 20 Abs. 1 Nr. 9 und 10 Buchstabe a des Einkommensteuergesetzes.

(2) ¹Soweit gegenüber dem Gesellschafter ein Steuerbescheid oder ein Feststellungsbescheid hinsichtlich der Berücksichtigung einer verdeckten Einlage erlassen, aufgehoben oder geändert wird, kann ein Steuerbescheid gegenüber der Körperschaft, welcher der Vermögensvorteil zugewendet wurde, aufgehoben, erlassen oder geändert werden. ²Absatz 1 Satz 2 gilt entsprechend.

---

1) **Anm. d. Red.:** § 32a eingefügt gem. Gesetz v. 13.12.2006 (BGBl I S. 2878) mit Wirkung v. 19.12.2006.

## Fünfter Teil: Ermächtigungs- und Schlussvorschriften

### § 33 Ermächtigungen[1)]

(1) Die Bundesregierung wird ermächtigt, zur Durchführung dieses Gesetzes mit Zustimmung des Bundesrates durch Rechtsverordnung

1. zur Wahrung der Gleichmäßigkeit bei der Besteuerung, zur Beseitigung von Unbilligkeiten in Härtefällen und zur Vereinfachung des Besteuerungsverfahrens den Umfang der Steuerbefreiungen nach § 5 Abs. 1 Nr. 3 und 4 näher zu bestimmen. ²Dabei können
   a) zur Durchführung des § 5 Abs. 1 Nr. 3 Vorschriften erlassen werden, nach denen die Steuerbefreiung nur eintritt,
      aa) wenn die Leistungsempfänger nicht überwiegend aus dem Unternehmer oder seinen Angehörigen, bei Gesellschaften aus den Gesellschaftern und ihren Angehörigen bestehen,
      bb) wenn bei Kassen mit Rechtsanspruch der Leistungsempfänger die Rechtsansprüche und bei Kassen ohne Rechtsanspruch der Leistungsempfänger die laufenden Kassenleistungen und das Sterbegeld bestimmte Beträge nicht übersteigen, die dem Wesen der Kasse als soziale Einrichtung entsprechen,
      cc) wenn bei Auflösung der Kasse ihr Vermögen satzungsmäßig nur für soziale Zwecke verwendet werden darf,
      dd) wenn rechtsfähige Pensions-, Sterbe- und Krankenkassen der Versicherungsaufsicht unterliegen,
      ee) wenn bei rechtsfähigen Unterstützungskassen die Leistungsempfänger zu laufenden Beiträgen oder Zuschüssen nicht verpflichtet sind und die Leistungsempfänger oder die Arbeitnehmervertretungen des Betriebs oder der Dienststelle an der Verwaltung der Beträge, die der Kasse zufließen, beratend mitwirken können;
   b) zur Durchführung des § 5 Abs. 1 Nr. 4 Vorschriften erlassen werden
      aa) über die Höhe der für die Inanspruchnahme der Steuerbefreiung zulässigen Beitragseinnahmen,
      bb) nach denen bei Versicherungsvereinen auf Gegenseitigkeit, deren Geschäftsbetrieb sich auf die Sterbegeldversicherung beschränkt, die Steuerbefreiung unabhängig von der Höhe der Beitragseinnahmen auch eintritt, wenn die Höhe des Sterbegeldes insgesamt die Leistung der nach § 5 Abs. 1 Nr. 3 steuerbefreiten Sterbekassen nicht übersteigt und wenn der Verein auch im Übrigen eine soziale Einrichtung darstellt;
2. Vorschriften zu erlassen
   a) über die Kleinbeträge, um die eine Rückstellung für Beitragsrückerstattung nach § 21 Abs. 2 nicht aufgelöst zu werden braucht, wenn die Auszahlung dieser Beträge an die Versicherten mit einem unverhältnismäßig hohen Verwaltungsaufwand verbunden wäre;
   b) über die Herabsetzung oder Erhöhung der Körperschaftsteuer nach § 23 Abs. 2;
   c) nach denen bei Anschaffung oder Herstellung von abnutzbaren beweglichen und bei Herstellung von abnutzbaren unbeweglichen Wirtschaftsgütern des Anlagevermögens auf Antrag ein Abzug von der Körperschaftsteuer für den Veranlagungszeitraum der Anschaffung oder Herstellung bis zur Höhe von 7,5 Prozent der Anschaffungs- oder Herstellungskosten dieser Wirtschaftsgüter vorgenommen werden kann. ²§ 51 Abs. 1 Nr. 2 Buchstabe s des Einkommensteuergesetzes gilt entsprechend;
   d)[2)] nach denen Versicherungsvereine auf Gegenseitigkeit von geringerer wirtschaftlicher Bedeutung, die eine Schwankungsrückstellung nach § 20 Abs. 1 nicht gebildet haben,

---

1) **Anm. d. Red.:** § 33 Abs. 1 i. d. F. des Gesetzes v. 1. 4. 2015 (BGBl I S. 434) mit Wirkung v. 1. 1. 2016.
2) **Anm. d. Red.:** Zur Anwendung des § 33 Abs. 1 Nr. 2 Buchst. d siehe § 34 Abs. 10a.

zum Ausgleich des schwankenden Jahresbedarfs zu Lasten des steuerlichen Gewinns Beträge der nach § 193 des Versicherungsaufsichtsgesetzes zu bildenden Verlustrücklage zuführen können;

e) die die Steuerbefreiung nach § 8b Absatz 1 Satz 1 und Absatz 2 Satz 1 sowie vergleichbare Vorschriften in Abkommen zur Vermeidung der Doppelbesteuerung von der Erfüllung besonderer Nachweis- und Mitwirkungspflichten abhängig machen, wenn außerhalb des Geltungsbereichs dieses Gesetzes ansässige Beteiligte oder andere Personen nicht wie inländische Beteiligte bei Vorgängen innerhalb des Geltungsbereichs dieses Gesetzes zur Mitwirkung bei der Ermittlung des Sachverhalts herangezogen werden können. ²Die besonderen Nachweis- und Mitwirkungspflichten können sich auf die Angemessenheit der zwischen nahestehenden Personen im Sinne des § 1 Absatz 2 des Außensteuergesetzes in ihren Geschäftsbeziehungen vereinbarten Bedingungen und die Bevollmächtigung der Finanzbehörde, im Namen des Steuerpflichtigen mögliche Auskunftsansprüche gegenüber den von der Finanzbehörde benannten Kreditinstituten außergerichtlich und gerichtlich geltend zu machen, erstrecken. ³Die besonderen Nachweis- und Mitwirkungspflichten auf der Grundlage dieses Buchstabens gelten nicht, wenn die außerhalb des Geltungsbereichs dieses Gesetzes ansässigen Beteiligten oder anderen Personen in einem Staat oder Gebiet ansässig sind, mit dem ein Abkommen besteht, das die Erteilung von Auskünften entsprechend Artikel 26 des Musterabkommens der OECD zur Vermeidung der Doppelbesteuerung auf dem Gebiet der Steuern vom Einkommen und vom Vermögen in der Fassung von 2005 vorsieht oder der Staat oder das Gebiet Auskünfte in einem vergleichbaren Umfang erteilt oder die Bereitschaft zu einer entsprechenden Auskunftserteilung besteht.

(2) Das Bundesministerium der Finanzen wird ermächtigt,

1. im Einvernehmen mit den obersten Finanzbehörden der Länder Muster der in den §§ 27 und 37 vorgeschriebenen Bescheinigungen zu bestimmen;
2. den Wortlaut dieses Gesetzes und der zu diesem Gesetz erlassenen Durchführungsverordnungen in der jeweils geltenden Fassung mit neuem Datum, unter neuer Überschrift und in neuer Paragrafenfolge bekannt zu machen und dabei Unstimmigkeiten des Wortlauts zu beseitigen.

### § 34 Schlussvorschriften[1)]

(1) Diese Fassung des Gesetzes gilt, soweit in den folgenden Absätzen nichts anderes bestimmt ist, erstmals für den Veranlagungszeitraum 2016.

(2) ¹Erwerbs- und Wirtschaftsgenossenschaften sowie Vereine können bis zum 31. Dezember 1991, in den Fällen des § 54 Absatz 4 in der Fassung des Artikels 9 des Gesetzes vom 18. Dezember 1989 (BGBl I S. 2212) bis zum 31. Dezember 1992 oder, wenn es sich um Erwerbs- und Wirtschaftsgenossenschaften oder Vereine in dem in Artikel 3 des Einigungsvertrages genannten Gebiet handelt, bis zum 31. Dezember 1993 durch schriftliche Erklärung auf die Steuerbefreiung nach § 5 Absatz 1 Nummer 10 und 14 des Körperschaftsteuergesetzes in der Fassung des Artikels 4 des Gesetzes vom 14. Juli 2000 (BGBl I S. 1034) verzichten, und zwar auch für den Veranlagungszeitraum 1990. ²Die Körperschaft ist mindestens für fünf aufeinander folgende Kalenderjahre an die Erklärung gebunden. ³Die Erklärung kann nur mit Wirkung vom Beginn eines Kalenderjahrs ab widerrufen werden. ⁴Der Widerruf ist spätestens bis zur Unanfechtbarkeit der Steuerfestsetzung des Kalenderjahrs zu erklären, für das er gelten soll.

(3) ¹§ 5 Absatz 1 Nummer 2 ist für die Hamburgische Investitions- und Förderbank erstmals für den Veranlagungszeitraum 2013 anzuwenden. ²Die Steuerbefreiung nach § 5 Absatz 1 Nummer 2 in der bis zum 30. Juli 2014 geltenden Fassung ist für die Hamburgische Wohnungsbaukreditanstalt letztmals für den Veranlagungszeitraum 2013 anzuwenden. ³§ 5 Absatz 1 Nummer 16 Satz 1 und 2 in der am 1. Januar 2016 geltenden Fassung ist erstmals für den Veranla-

---

1) **Anm. d. Red.:** § 34 i. d. F. des Gesetzes v. 2. 11. 2015 (BGBl I S. 1834) mit Wirkung v. 1. 1. 2016.

## § 34

gungszeitraum 2015 anzuwenden. [4]§ 5 Absatz 1 Nummer 24 in der am 31. Dezember 2014 geltenden Fassung ist erstmals für den Veranlagungszeitraum 2014 anzuwenden.

(3a) § 5 Absatz 1 Nummer 3 Buchstabe d, Nummer 4 und 16 Satz 3 in der am 1. Januar 2016 geltenden Fassung ist erstmals für den Veranlagungszeitraum 2016 anzuwenden.

(4) § 8a Absatz 2 und 3 ist nicht anzuwenden, wenn die Rückgriffsmöglichkeit des Dritten allein auf der Gewährträgerhaftung einer Gebietskörperschaft oder einer anderen Einrichtung des öffentlichen Rechts gegenüber den Gläubigern eines Kreditinstituts für Verbindlichkeiten beruht, die bis zum 18. Juli 2001 vereinbart waren; Gleiches gilt für bis zum 18. Juli 2005 vereinbarte Verbindlichkeiten, wenn deren Laufzeit nicht über den 31. Dezember 2015 hinausgeht.

(5) § 8b Absatz 4 in der am 12. Dezember 2006 geltenden Fassung ist für Anteile weiter anzuwenden, die einbringungsgeboren im Sinne des § 21 des Umwandlungssteuergesetzes in der am 12. Dezember 2006 geltenden Fassung sind, und für Anteile im Sinne des § 8b Absatz 4 Satz 1 Nummer 2, die auf einer Übertragung bis zum 12. Dezember 2006 beruhen.

(6) [1]Erfüllt ein nach dem 31. Dezember 2007 erfolgter Beteiligungserwerb die Voraussetzungen des § 8c Absatz 1a, bleibt er bei Anwendung des § 8c Absatz 1 Satz 1 und 2 unberücksichtigt. [2]§ 8c Absatz 1a ist nur anzuwenden, wenn

1. eine rechtskräftige Entscheidung des Gerichts oder des Gerichtshofs der Europäischen Union den Beschluss der Europäischen Kommission K(2011) 275 vom 26. Januar 2011 im Verfahren Staatliche Beihilfe C 7/2010 (ABl L 235 vom 10.9.2011, S. 26) für nichtig erklärt und feststellt, dass es sich bei § 8c Absatz 1a nicht um eine staatliche Beihilfe im Sinne des Artikels 107 Absatz 1 des Vertrags über die Arbeitsweise der Europäischen Union handelt,

2. die Europäische Kommission einen Beschluss zu § 8c Absatz 1a nach Artikel 7 Absatz 2, 3 oder Absatz 4 der Verordnung (EG) Nr. 659/1999 des Rates vom 22. März 1999 über besondere Vorschriften für die Anwendung von Artikel 93 des EG-Vertrags (ABl L 83 vom 27.3.1999, S. 1), die zuletzt durch die Verordnung (EG) Nr. 1791/2006 (ABl L 363 vom 20.12.2006, S. 1) geändert worden ist, fasst und mit dem Beschluss weder die Aufhebung noch die Änderung des § 8c Absatz 1a gefordert wird oder

3. die Voraussetzungen des Artikels 2 des Beschlusses der Europäischen Kommission K(2011) 275 erfüllt sind und die Steuerfestsetzung vor dem 26. Januar 2011 erfolgt ist.

[3]Die Entscheidung oder der Beschluss im Sinne des Satzes 2 Nummer 1 oder Nummer 2 sind vom Bundesministerium der Finanzen im Bundesgesetzblatt bekannt zu machen. [4]§ 8c Absatz 1a ist dann in den Fällen des Satzes 2 Nummer 1 und 2 anzuwenden, soweit Steuerbescheide noch nicht bestandskräftig sind. [5]§ 8c Absatz 1 Satz 5 in der am 1. Januar 2016 geltenden Fassung ist erstmals auf Beteiligungserwerbe anzuwenden, die nach dem 31. Dezember 2009 erfolgen.

(7) § 19 in der am 31. Juli 2014 geltenden Fassung ist erstmals für den Veranlagungszeitraum 2012 anzuwenden.

(7a) [1]§ 20 Absatz 1 in der am 1. Januar 2016 geltenden Fassung ist auch für Veranlagungszeiträume vor 2016 anzuwenden. [2]§ 20 Absatz 2 in der am 1. Januar 2016 geltenden Fassung ist erstmals für den Veranlagungszeitraum 2016 anzuwenden.

(8) § 21 Absatz 2 Satz 2 Nummer 1 ist für die Veranlagungszeiträume 2016 bis 2017 in der folgenden Fassung anzuwenden:

„1. die Zuführungen innerhalb des am Bilanzstichtag endenden Wirtschaftsjahrs und der vier vorangegangenen Wirtschaftsjahre. [2]Der Betrag nach Satz 1 darf nicht niedriger sein als der Betrag, der sich ergeben würde, wenn das am 13. Dezember 2010 geltende Recht weiter anzuwenden wäre,".

(8a) § 21a Absatz 1 in der am 1. Januar 2016 geltenden Fassung ist erstmals für den Veranlagungszeitraum 2016 anzuwenden.

(9) [1]§ 26 in der am 31. Dezember 2014 geltenden Fassung ist erstmals auf Einkünfte und Einkunftsteile anzuwenden, die nach dem 31. Dezember 2013 zufließen. [2]Auf vor dem 1. Januar 2014 zugeflossene Einkünfte und Einkunftsteile ist § 26 Absatz 2 Satz 1 in der am 31. Dezember

2014 geltenden Fassung in allen Fällen anzuwenden, in denen die Körperschaftsteuer noch nicht bestandskräftig festgesetzt ist.

(10) § 27 Absatz 1 Satz 6 in der Fassung des Artikels 3 Nummer 10 des Gesetzes vom 7. Dezember 2006 (BGBl I S. 2782) gilt letztmals für den Veranlagungszeitraum 2005.

(10a) § 33 Absatz 1 Nummer 2 Buchstabe d in der am 1. Januar 2016 geltenden Fassung ist erstmals für den Veranlagungszeitraum 2016 anzuwenden.

(11) § 36 ist in allen Fällen, in denen die Endbestände im Sinne des § 36 Absatz 7 noch nicht bestandskräftig festgestellt sind, in der folgenden Fassung anzuwenden:

„§ 36 Endbestände

(1) Auf den Schluss des letzten Wirtschaftsjahrs, das in dem Veranlagungszeitraum endet, für den das Körperschaftsteuergesetz in der Fassung der Bekanntmachung vom 22. April 1999 (BGBl I S. 817), das durch Artikel 4 des Gesetzes vom 14. Juli 2000 (BGBl I S. 1034) geändert worden ist, letztmals anzuwenden ist, werden die Endbestände der Teilbeträge des verwendbaren Eigenkapitals ausgehend von den gemäß § 47 Absatz 1 Satz 1 Nummer 1 des Körperschaftsteuergesetzes in der Fassung der Bekanntmachung vom 22. April 1999 (BGBl I S. 817), das zuletzt durch Artikel 4 des Gesetzes vom 14. Juli 2000 (BGBl I S. 1034) geändert worden ist, festgestellten Teilbeträgen gemäß den nachfolgenden Absätzen ermittelt.

(2) ¹Die Teilbeträge sind um die Gewinnausschüttungen, die auf einem den gesellschaftsrechtlichen Vorschriften entsprechenden Gewinnverteilungsbeschluss für ein abgelaufenes Wirtschaftsjahr beruhen und die in dem in Absatz 1 genannten Wirtschaftsjahr folgenden Wirtschaftsjahr erfolgen, sowie um andere Ausschüttungen und sonstige Leistungen, die in dem in Absatz 1 genannten Wirtschaftsjahr erfolgen, zu verringern. ²Die Regelungen des Vierten Teils des Körperschaftsteuergesetzes in der Fassung der Bekanntmachung vom 22. April 1999 (BGBl I S. 817), das zuletzt durch Artikel 4 des Gesetzes vom 14. Juli 2000 (BGBl I S. 1034) geändert worden ist, sind anzuwenden. ³Der Teilbetrag im Sinne des § 54 Absatz 11 Satz 1 des Körperschaftsteuergesetzes in der Fassung der Bekanntmachung vom 22. April 1999 (BGBl I S. 817), das zuletzt durch Artikel 4 des Gesetzes vom 14. Juli 2000 (BGBl I S. 1034) geändert worden ist (Teilbetrag, der einer Körperschaftsteuer in Höhe von 45 Prozent unterlegen hat), erhöht sich um die Einkommensteile, die nach § 34 Absatz 12 Satz 2 bis 5 in der am 14. Dezember 2010 geltenden Fassung einer Körperschaftsteuer von 45 Prozent unterlegen haben, und der Teilbetrag, der nach dem 31. Dezember 1998 einer Körperschaftsteuer in Höhe von 40 Prozent ungemildert unterlegen hat, erhöht sich um die Beträge, die nach § 34 Absatz 12 Satz 6 bis 8 in der am 14. Dezember 2010 geltenden Fassung einer Körperschaftsteuer von 40 Prozent unterlegen haben, jeweils nach Abzug der Körperschaftsteuer, der sie unterlegen haben.

(3) (weggefallen)

(4) Ist die Summe der unbelasteten Teilbeträge im Sinne des § 30 Absatz 2 Nummer 1 bis 3 in der Fassung des Artikels 4 des Gesetzes vom 14. Juli 2000 (BGBl I S. 1034) nach Anwendung des Absatzes 2 negativ, sind diese Teilbeträge zunächst untereinander und danach mit den mit Körperschaftsteuer belasteten Teilbeträgen in der Reihenfolge zu verrechnen, in der ihre Belastung zunimmt.

(5) ¹Ist die Summe der unbelasteten Teilbeträge im Sinne des § 30 Absatz 2 Nummer 1 bis 3 in der Fassung des Artikels 4 des Gesetzes vom 14. Juli 2000 (BGBl I S. 1034) nach Anwendung des Absatzes 2 nicht negativ, sind zunächst die Teilbeträge im Sinne des § 30 Absatz 2 Nummer 1 und 3 in der Fassung des Artikels 4 des Gesetzes vom 14. Juli 2000 (BGBl I S. 1034) zusammenzufassen. ²Ein sich aus der Zusammenfassung ergebender Negativbetrag ist vorrangig mit einem positiven Teilbetrag im Sinne des § 30 Absatz 2 Nummer 2 in der Fassung des Artikels 4 des Gesetzes vom 14. Juli 2000 (BGBl I S. 1034) zu verrechnen. ³Ein negativer Teilbetrag im Sinne des § 30 Absatz 2 Nummer 2 in der Fassung des Artikels 4 des Gesetzes vom 14. Juli 2000 (BGBl I S. 1034) ist vorrangig mit dem positiven zusammengefassten Teilbetrag im Sinne des Satzes 1 zu verrechnen.

(6) ¹Ist einer der belasteten Teilbeträge negativ, sind diese Teilbeträge zunächst untereinander in der Reihenfolge zu verrechnen, in der ihre Belastung zunimmt. ²Ein sich danach ergebender Negativbetrag mindert vorrangig den nach Anwendung des Absatzes 5 verbleibenden positiven Teilbetrag im Sinne des § 30 Absatz 2 Nummer 2 in der Fassung des Artikels 4 des Gesetzes vom 14. Juli 2000 (BGBl I S. 1034); ein darüber hinausgehender Negativbetrag mindert den positiven zusammengefassten Teilbetrag nach Absatz 5 Satz 1.

(6a) ¹Ein sich nach Anwendung der Absätze 1 bis 6 ergebender positiver Teilbetrag, der einer Körperschaftsteuer von 45 Prozent unterlegen hat, mindert in Höhe von 5/22 seines Bestands einen nach Anwendung der Absätze 1 bis 6 verbleibenden positiven Bestand des Teilbetrags im Sinne des § 30 Absatz 2 Nummer 2 in der Fassung des Artikels 4 des Gesetzes vom 14. Juli 2000 (BGBl I S. 1034) bis zu dessen Verbrauch. ²Ein sich nach Anwendung der Absätze 1 bis 6 ergebender positiver Teilbetrag, der einer Körperschaftsteuer von 45 Prozent unterlegen hat, erhöht in Höhe von 27/5 des Minderungsbetrags nach Satz 1 den nach Anwendung der Absätze 1 bis 6 verbleibenden Bestand des Teilbetrags, der nach dem 31. Dezember 1998 einer Körperschaftsteuer von 40 Prozent ungemildert unterlegen hat. ³Der nach Satz 1 abgezogene Betrag erhöht und der nach Satz 2 hinzugerechnete Betrag vermindert den nach Anwendung der Absätze 1 bis 6 verbleibenden Bestand des Teilbetrags, der einer Körperschaftsteuer von 45 Prozent unterlegen hat.

(7) Die Endbestände sind getrennt auszuweisen und werden gesondert festgestellt; dabei sind die verbleibenden unbelasteten Teilbeträge im Sinne des § 30 Absatz 2 Nummer 1 und 3 des Körperschaftsteuergesetzes in der Fassung der Bekanntmachung vom 22. April 1999 (BGBl I S. 817), das zuletzt durch Artikel 4 des Gesetzes vom 14. Juli 2000 (BGBl I S. 1034) geändert worden ist, in einer Summe auszuweisen."

(12) § 37 Absatz 1 ist in den Fällen des Absatzes 11 in der folgenden Fassung anzuwenden:
„(1) ¹Auf den Schluss des Wirtschaftsjahrs, das dem in § 36 Absatz 1 genannten Wirtschaftsjahr folgt, wird ein Körperschaftsteuerguthaben ermittelt. ²Das Körperschaftsteuerguthaben beträgt 15/55 des Endbestands des mit einer Körperschaftsteuer von 45 Prozent belasteten Teilbetrags zuzüglich 1/6 des Endbestands des mit einer Körperschaftsteuer von 40 Prozent belasteten Teilbetrags."

(13) ¹§ 38 Absatz 1 in der am 19. Dezember 2006 geltenden Fassung gilt nur für Genossenschaften, die zum Zeitpunkt der erstmaligen Anwendung dieses Gesetzes in der Fassung des Artikels 3 des Gesetzes vom 23. Oktober 2000 (BGBl I S. 1433) bereits bestanden haben. ²Die Regelung ist auch für Veranlagungszeiträume vor 2007 anzuwenden. ³Ist in den Fällen des § 40 Absatz 5 und 6 in der am 13. Dezember 2006 geltenden Fassung die Körperschaftsteuerfestsetzung unter Anwendung des § 38 in der am 27. Dezember 2007 geltenden Fassung vor dem 28. Dezember 2007 erfolgt, sind die §§ 38 und 40 Absatz 5 und 6 weiter anzuwenden. ⁴§ 38 Absatz 4 bis 9 in der am 29. Dezember 2007 geltenden Fassung ist insoweit nicht anzuwenden.

(14) ¹Die §§ 38 und 40 in der am 27. Dezember 2007 geltenden Fassung sowie § 10 des Umwandlungssteuergesetzes vom 7. Dezember 2006 (BGBl I S. 2782, 2791) sind auf Antrag weiter anzuwenden für
1. Körperschaften oder deren Rechtsnachfolger, an denen unmittelbar oder mittelbar zu mindestens 50 Prozent
   a) juristische Personen des öffentlichen Rechts aus Mitgliedstaaten der Europäischen Union oder aus Staaten, auf die das EWR-Abkommen Anwendung findet, oder
   b) Körperschaften, Personenvereinigungen oder Vermögensmassen im Sinne des § 5 Absatz 1 Nummer 9
   alleine oder gemeinsam beteiligt sind, und
2. Erwerbs- und Wirtschaftsgenossenschaften,
die ihre Umsatzerlöse überwiegend durch Verwaltung und Nutzung eigenen zu Wohnzwecken dienenden Grundbesitzes, durch Betreuung von Wohnbauten oder durch die Errichtung und Veräußerung von Eigenheimen, Kleinsiedlungen oder Eigentumswohnungen erzielen, sowie für

steuerbefreite Körperschaften. ²Der Antrag ist unwiderruflich und kann von der Körperschaft bis zum 30. September 2008 bei dem für die Besteuerung zuständigen Finanzamt gestellt werden. ³Die Körperschaften oder deren Rechtsnachfolger müssen die Voraussetzungen nach Satz 1 ab dem 1. Januar 2007 bis zum Ende des Zeitraums im Sinne des § 38 Absatz 2 Satz 3 erfüllen. ⁴Auf den Schluss des Wirtschaftsjahres, in dem die Voraussetzungen des Satzes 1 nach Antragstellung erstmals nicht mehr vorliegen, wird der Endbetrag nach § 38 Absatz 1 letztmals ermittelt und festgestellt. ⁵Die Festsetzung und Erhebung des Körperschaftsteuererhöhungsbetrags richtet sich nach § 38 Absatz 4 bis 9 in der am 29. Dezember 2007 geltenden Fassung mit der Maßgabe, dass als Zahlungszeitraum im Sinne des § 38 Absatz 6 Satz 1 die verbleibenden Wirtschaftsjahre des Zeitraums im Sinne des § 38 Absatz 2 Satz 3 gelten. ⁶Die Sätze 4 und 5 gelten entsprechend, soweit das Vermögen der Körperschaft oder ihres Rechtsnachfolgers durch Verschmelzung nach § 2 des Umwandlungsgesetzes oder Auf- oder Abspaltung im Sinne des § 123 Absatz 1 und 2 des Umwandlungsgesetzes ganz oder teilweise auf eine andere Körperschaft übergeht und diese keinen Antrag nach Satz 2 gestellt hat. ⁷§ 40 Absatz 6 in der am 27. Dezember 2007 geltenden Fassung ist nicht anzuwenden.

## § 35 Sondervorschriften für Körperschaften, Personenvereinigungen oder Vermögensmassen in dem in Artikel 3 des Einigungsvertrages genannten Gebiet

Soweit ein Verlust einer Körperschaft, Personenvereinigung oder Vermögensmasse, die am 31. Dezember 1990 ihre Geschäftsleitung oder ihren Sitz in dem in Artikel 3 des Einigungsvertrages genannten Gebiet und im Jahre 1990 keine Geschäftsleitung und keinen Sitz im bisherigen Geltungsbereich des Körperschaftsteuergesetzes hatte, aus dem Veranlagungszeitraum 1990 auf das Einkommen eines Veranlagungszeitraums, für das das Körperschaftsteuergesetz in der Fassung des Artikels 3 des Gesetzes vom 23. Oktober 2000 (BGBl I S. 1433) erstmals anzuwenden ist, oder eines nachfolgenden Veranlagungszeitraums vorgetragen wird, ist das steuerliche Einlagekonto zu erhöhen.

## Sechster Teil: Sondervorschriften für den Übergang vom Anrechnungsverfahren zum Halbeinkünfteverfahren

### § 36 Endbestände[1)2)]

(1) Auf den Schluss des letzten Wirtschaftsjahrs, das in dem Veranlagungszeitraum endet, für das den Körperschaftsteuergesetz in der Fassung der Bekanntmachung vom 22. April 1999 (BGBl I S. 817), zuletzt geändert durch Artikel 4 des Gesetzes vom 14. Juli 2000 (BGBl I S. 1034) letztmals anzuwenden ist, werden die Endbestände der Teilbeträge des verwendbaren Eigenkapitals ausgehend von den gemäß § 47 Abs. 1 Satz 1 Nr. 1 des Körperschaftsteuergesetzes in der Fassung der Bekanntmachung vom 22. April 1999 (BGBl I S. 817), das zuletzt durch Artikel 4 des Gesetzes vom 14. Juli 2000 (BGBl I S. 1034) geändert worden ist, festgestellten Teilbeträgen gemäß den nachfolgenden Absätzen ermittelt.

(2) ¹Die Teilbeträge sind um die Gewinnausschüttungen, die auf einem den gesellschaftsrechtlichen Vorschriften entsprechenden Gewinnverteilungsbeschluss für ein abgelaufenes Wirtschaftsjahr beruhen und die in dem in Absatz 1 genannten Wirtschaftsjahr folgenden Wirtschaftsjahr erfolgen, sowie um andere Ausschüttungen und sonstige Leistungen, die in dem in Absatz 1 genannten Wirtschaftsjahr erfolgen, zu verringern. ²Die Regelungen des Vierten Teils des Körperschaftsteuergesetzes in der Fassung der Bekanntmachung vom 22. April 1999 (BGBl I S. 817), das zuletzt durch Artikel 4 des Gesetzes vom 14. Juli 2000 (BGBl I S. 1034) geändert worden ist, sind anzuwenden. ³Der Teilbetrag im Sinne des § 54 Abs. 11 Satz 1 des Körperschaftsteu-

---

1) **Anm. d. Red.:** § 36 Abs. 2 und 3 i. d. F. des Gesetzes v. 13.12.2006 (BGBl I S. 2878) mit Wirkung v. 1.1.2007.

2) **Anm. d. Red.:** Zur Anwendung des § 36 siehe § 34 Abs. 11.

ergesetzes in der Fassung der Bekanntmachung vom 22. April 1999 (BGBl I S. 817), das zuletzt durch Artikel 4 des Gesetzes vom 14. Juli 2000 (BGBl I S. 1034) geändert worden ist, erhöht sich um die Einkommensteile, die nach § 34 Abs. 12 Satz 2 bis 5 einer Körperschaftsteuer von 45 Prozent unterlegen haben, und der Teilbetrag, der nach dem 31. Dezember 1998 einer Körperschaftsteuer in Höhe von 40 Prozent ungemildert unterlegen hat, erhöht sich um die Beträge, die nach § 34 Abs. 12 Satz 6 bis 8 einer Körperschaftsteuer von 40 Prozent unterlegen haben, jeweils nach Abzug der Körperschaftsteuer, der sie unterlegen haben.

(3) [1]Ein positiver belasteter Teilbetrag im Sinne des § 54 Abs. 11 Satz 1 des Körperschaftsteuergesetzes in der Fassung der Bekanntmachung vom 22. April 1999 (BGBl I S. 817), das zuletzt durch Artikel 4 des Gesetzes vom 14. Juli 2000 (BGBl I S. 1034) geändert worden ist, ist dem Teilbetrag, der nach dem 31. Dezember 1998 einer Körperschaftsteuer in Höhe von 40 Prozent ungemildert unterlegen hat, in Höhe von $^{27}/_{22}$ seines Bestands hinzuzurechnen. [2]In Höhe von $^{5}/_{22}$ dieses Bestands ist der Teilbetrag im Sinne des § 30 Abs. 2 Nr. 2 des Körperschaftsteuergesetzes in der Fassung der Bekanntmachung vom 22. April 1999 (BGBl I S. 817), das zuletzt durch Artikel 4 des Gesetzes vom 14. Juli 2000 (BGBl I S. 1034) geändert worden ist, zu verringern.

(4) Ist die Summe der unbelasteten Teilbeträge im Sinne des § 30 Abs. 2 Nr. 1 bis 3 in der Fassung des Artikels 4 des Gesetzes vom 14. Juli 2000 (BGBl I S. 1034) nach Anwendung der Absätze 2 und 3 negativ, sind diese Teilbeträge zunächst untereinander und danach mit den mit Körperschaftsteuer belasteten Teilbeträgen in der Reihenfolge zu verrechnen, in der ihre Belastung zunimmt.

(5) [1]Ist die Summe der unbelasteten Teilbeträge im Sinne des § 30 Abs. 2 Nr. 1 bis 3 in der Fassung des Artikels 4 des Gesetzes vom 14. Juli 2000 (BGBl I S. 1034) nach Anwendung der Absätze 2 und 3 nicht negativ, sind zunächst die Teilbeträge im Sinne des § 30 Abs. 2 Nr. 1 und 3 in der Fassung des Artikels 4 des Gesetzes vom 14. Juli 2000 (BGBl I S. 1034) zusammenzufassen. [2]Ein sich aus der Zusammenfassung ergebender Negativbetrag ist vorrangig mit einem positiven Teilbetrag im Sinne des § 30 Abs. 2 Nr. 2 in der Fassung des Artikels 4 des Gesetzes vom 14. Juli 2000 (BGBl I S. 1034) zu verrechnen. [3]Ein negativer Teilbetrag im Sinne des § 30 Abs. 2 Nr. 2 in der Fassung des Artikels 4 des Gesetzes vom 14. Juli 2000 (BGBl I S. 1034) ist vorrangig mit dem positiven zusammengefassten Teilbetrag im Sinne des Satzes 1 zu verrechnen.

(6) [1]Ist einer der belasteten Teilbeträge negativ, sind diese Teilbeträge zunächst untereinander zu verrechnen. [2]Ein sich danach ergebender Negativbetrag mindert vorrangig den nach Anwendung des Absatzes 5 verbleibenden positiven Teilbetrag im Sinne des § 30 Abs. 2 Nr. 2 in der Fassung des Artikels 4 des Gesetzes vom 14. Juli 2000 (BGBl I S. 1034); ein darüber hinausgehender Negativbetrag mindert den positiven zusammengefassten Teilbetrag nach Absatz 5 Satz 1.

(7) Die Endbestände sind getrennt auszuweisen und werden gesondert festgestellt; dabei sind die verbleibenden unbelasteten Teilbeträge im Sinne des § 30 Abs. 2 Nr. 1 und 3 des Körperschaftsteuergesetzes in der Fassung der Bekanntmachung vom 22. April 1999 (BGBl I S. 817), das zuletzt durch Artikel 4 des Gesetzes vom 14. Juli 2000 (BGBl I S. 1034) geändert worden ist, in einer Summe auszuweisen.

### § 37 Körperschaftsteuerguthaben und Körperschaftsteuerminderung[1)]

(1)[2)] [1]Auf den Schluss des Wirtschaftsjahrs, das dem in § 36 Abs. 1 genannten Wirtschaftsjahr folgt, wird ein Körperschaftsteuerguthaben ermittelt. [2]Das Körperschaftsteuerguthaben beträgt $^{1}/_{6}$ des Endbestands des mit einer Körperschaftsteuer von 40 Prozent belasteten Teilbetrags.

---

1) **Anm. d. Red.:** § 37 Abs. 1 und 2a i. d. F. des Gesetzes v. 13. 12. 2006 (BGBl I S. 2878) mit Wirkung v. 1. 1. 2007; Abs. 2 i. d. F. des Gesetzes v. 9. 12. 2004 (BGBl I S. 3310) mit Wirkung v. 16. 12. 2004; Abs. 4 i. d. F. des Gesetzes v. 20. 12. 2007 (BGBl I S. 3150) mit Wirkung v. 29. 12. 2007; Abs. 5 und 6 i. d. F. des Gesetzes v. 20. 12. 2008 (BGBl I S. 2850) mit Wirkung v. 1. 1. 2008; Abs. 7 i. d. F. des Gesetzes v. 7. 12. 2006 (BGBl I S. 2782) mit Wirkung v. 13. 12. 2006.

2) **Anm. d. Red.:** Zur Anwendung des § 37 Abs. 1 siehe § 34 Abs. 12.

(2) ¹Das Körperschaftsteuerguthaben mindert sich vorbehaltlich des Absatzes 2a um jeweils ¹/₆ der Gewinnausschüttungen, die in den folgenden Wirtschaftsjahren erfolgen und die auf einem den gesellschaftsrechtlichen Vorschriften entsprechenden Gewinnverteilungsbeschluss beruhen. ²Satz 1 gilt für Mehrabführungen im Sinne des § 14 Abs. 3 entsprechend. ³Die Körperschaftsteuer des Veranlagungszeitraums, in dem das Wirtschaftsjahr endet, in dem die Gewinnausschüttung erfolgt, mindert sich bis zum Verbrauch des Körperschaftsteuerguthabens um diesen Betrag, letztmalig in dem Veranlagungszeitraum, in dem das 18. Wirtschaftsjahr endet, das auf das Wirtschaftsjahr folgt, auf dessen Schluss nach Absatz 1 das Körperschaftsteuerguthaben ermittelt wird. ⁴Das verbleibende Körperschaftsteuerguthaben ist auf den Schluss der jeweiligen Wirtschaftsjahre, letztmals auf den Schluss des 17. Wirtschaftsjahrs, das auf das Wirtschaftsjahr folgt, auf dessen Schluss nach Absatz 1 das Körperschaftsteuerguthaben ermittelt wird, fortzuschreiben und gesondert festzustellen. ⁵§ 27 Abs. 2 gilt entsprechend.

(2a) Die Minderung ist begrenzt

1. für Gewinnausschüttungen, die nach dem 11. April 2003 und vor dem 1. Januar 2006 erfolgen, jeweils auf 0 Euro;

2. für Gewinnausschüttungen, die nach dem 31. Dezember 2005 erfolgen, auf den Betrag, der auf das Wirtschaftsjahr der Gewinnausschüttung entfällt, wenn das auf den Schluss des vorangegangenen Wirtschaftsjahrs festgestellte Körperschaftsteuerguthaben gleichmäßig auf die einschließlich des Wirtschaftsjahrs der Gewinnausschüttung verbleibenden Wirtschaftsjahre verteilt wird, für die nach Absatz 2 Satz 3 eine Körperschaftsteuerminderung in Betracht kommt.

(3) ¹Erhält eine unbeschränkt steuerpflichtige Körperschaft oder Personenvereinigung, deren Leistungen bei den Empfängern zu den Einnahmen im Sinne des § 20 Abs. 1 Nr. 1 oder 2 des Einkommensteuergesetzes in der Fassung des Artikels 1 des Gesetzes vom 20. Dezember 2001 (BGBl I S. 3858) gehören, Bezüge, die nach § 8b Abs. 1 bei der Einkommensermittlung außer Ansatz bleiben und die bei der leistenden Körperschaft zu einer Minderung der Körperschaftsteuer geführt haben, erhöht sich bei ihr die Körperschaftsteuer und das Körperschaftsteuerguthaben um den Betrag der Minderung der Körperschaftsteuer bei der leistenden Körperschaft. ²Satz 1 gilt auch, wenn der Körperschaft oder Personenvereinigung die entsprechenden Bezüge einer Organgesellschaft zugerechnet werden, weil sie entweder Organträger ist oder an einer Personengesellschaft beteiligt ist, die Organträger ist. ³Im Fall des § 4 des Umwandlungssteuergesetzes sind die Sätze 1 und 2 entsprechend anzuwenden. ⁴Die leistende Körperschaft hat der Empfängerin die folgenden Angaben nach amtlich vorgeschriebenem Muster zu bescheinigen:

1. den Namen und die Anschrift des Anteilseigners,
2. die Höhe des in Anspruch genommenen Körperschaftsteuerminderungsbetrags,
3. den Zahlungstag.

⁵§ 27 Abs. 3 Satz 2, Abs. 4 und 5 gilt entsprechend. ⁶Die Sätze 1 bis 4 gelten nicht für steuerbefreite Körperschaften und Personenvereinigungen im Sinne des § 5 Abs. 1 Nr. 9, soweit die Einnahmen in einem wirtschaftlichen Geschäftsbetrieb anfallen, für den die Steuerbefreiung ausgeschlossen ist.

(4) ¹Das Körperschaftsteuerguthaben wird letztmalig auf den 31. Dezember 2006 ermittelt. ²Geht das Vermögen einer unbeschränkt steuerpflichtigen Körperschaft durch einen der in § 1 Abs. 1 des Umwandlungssteuergesetzes vom 7. Dezember 2006 (BGBl I S. 2782, 2791) in der jeweils geltenden Fassung genannten Vorgänge, bei denen die Anmeldung zur Eintragung in ein öffentliches Register nach dem 12. Dezember 2006 erfolgt, ganz oder teilweise auf einen anderen Rechtsträger über, wird das Körperschaftsteuerguthaben bei der übertragenden Körperschaft letztmalig auf den vor dem 31. Dezember 2006 liegenden steuerlichen Übertragungsstichtag ermittelt. ³Wird das Vermögen einer Körperschaft oder Personenvereinigung im Rahmen einer Liquidation im Sinne des § 11 nach dem 12. Dezember 2006 und vor dem 1. Januar 2007 verteilt, wird das Körperschaftsteuerguthaben letztmalig auf den Stichtag ermittelt, auf den die Liquidationsschlussbilanz erstellt wird. ⁴Die Absätze 1 bis 3 sind letztmals auf Gewinnausschüttungen und als ausgeschüttet geltende Beträge anzuwenden, die vor dem 1. Januar

2007 oder bis zu dem nach Satz 2 maßgebenden Zeitpunkt erfolgt sind. [5]In Fällen der Liquidation sind die Absätze 1 bis 3 auf Abschlagszahlungen anzuwenden, die bis zum Stichtag erfolgt sind, auf den das Körperschaftsteuerguthaben letztmalig ermittelt wird.

(5) [1]Die Körperschaft hat innerhalb eines Auszahlungszeitraums von 2008 bis 2017 einen Anspruch auf Auszahlung des Körperschaftsteuerguthabens in zehn gleichen Jahresbeträgen. [2]Der Anspruch entsteht mit Ablauf des 31. Dezember 2006 oder des nach Absatz 4 Satz 2 oder Satz 3 maßgebenden Tages. [3]Der Anspruch wird für den gesamten Auszahlungszeitraum festgesetzt. [4]Der Anspruch ist jeweils am 30. September auszuzahlen. [5]Für das Jahr der Bekanntgabe des Bescheids und die vorangegangenen Jahre ist der Anspruch innerhalb eines Monats nach Bekanntgabe des Bescheids auszuzahlen, wenn die Bekanntgabe des Bescheids nach dem 31. August 2008 erfolgt. [6]Abweichend von Satz 1 ist der festgesetzte Anspruch in einem Betrag auszuzahlen, wenn das festgesetzte Körperschaftsteuerguthaben nicht mehr als 1 000 Euro beträgt. [7]Der Anspruch ist nicht verzinslich. [8]Die Festsetzungsfrist für die Festsetzung des Anspruchs läuft nicht vor Ablauf des Jahres ab, in dem der letzte Jahresbetrag fällig geworden ist oder ohne Anwendung des Satzes 6 fällig geworden wäre. [9]§ 10d Abs. 4 Satz 4 und 5 des Einkommensteuergesetzes gilt sinngemäß. [10]Auf die Abtretung oder Verpfändung des Anspruchs ist § 46 Abs. 4 der Abgabenordnung nicht anzuwenden.

(6) [1]Wird der Bescheid über die Festsetzung des Anspruchs nach Absatz 5 aufgehoben oder geändert, wird der Betrag, um den der Anspruch, der sich aus dem geänderten Bescheid ergibt, die Summe der Auszahlungen, die bis zur Bekanntgabe des neuen Bescheids geleistet worden sind, übersteigt, auf die verbleibenden Fälligkeitstermine des Auszahlungszeitraums verteilt. [2]Abweichend von Satz 1 ist der übersteigende Betrag in einer Summe auszuzahlen, wenn er nicht mehr als 1 000 Euro beträgt und auf die vorangegangene Festsetzung Absatz 5 Satz 6 oder dieser Satz angewendet worden ist. [3]Ist die Summe der Auszahlungen, die bis zur Bekanntgabe des neuen Bescheids geleistet worden sind, größer als der Auszahlungsanspruch, der sich aus dem geänderten Bescheid ergibt, ist der Unterschiedsbetrag innerhalb eines Monats nach Bekanntgabe des Bescheids zu entrichten.

(7) [1]Erträge und Gewinnminderungen der Körperschaft, die sich aus der Anwendung des Absatzes 5 ergeben, gehören nicht zu den Einkünften im Sinne des Einkommensteuergesetzes. [2]Die Auszahlung ist aus den Einnahmen an Körperschaftsteuer zu leisten.

### § 38 Körperschaftsteuererhöhung[1)2)]

(1) [1]Ein positiver Endbetrag im Sinne des § 36 Abs. 7 aus dem Teilbetrag im Sinne des § 30 Abs. 2 Nr. 2 in der Fassung des Artikels 4 des Gesetzes vom 14. Juli 2000 (BGBl I S. 1034) ist auch zum Schluss der folgenden Wirtschaftsjahre fortzuschreiben und gesondert festzustellen. [2]§ 27 Abs. 2 gilt entsprechend. [3]Der Betrag verringert sich jeweils, soweit er als für Leistungen verwendet gilt. [4]Er gilt als für Leistungen verwendet, soweit die Summe der Leistungen, die die Gesellschaft im Wirtschaftsjahr erbracht hat, den um den Bestand des Satzes 1 verminderten ausschüttbaren Gewinn (§ 27) übersteigt. [5]Maßgeblich sind die Bestände zum Schluss des vorangegangenen Wirtschaftsjahrs. [6]Die Rückzahlung von Geschäftsguthaben an ausscheidende Mitglieder von Genossenschaften stellt, soweit es sich dabei nicht um Nennkapital im Sinne des § 28 Abs. 2 Satz 2 handelt, keine Leistung im Sinne der Sätze 3 und 4 dar. [7]Satz 6 gilt nicht, soweit der unbelastete Teilbetrag im Sinne des Satzes 1 nach § 40 Abs. 1 oder Abs. 2 infolge der Umwandlung einer Körperschaft, die nicht Genossenschaft im Sinne des § 34 Absatz 13 ist, übergegangen ist.

---

1) **Anm. d. Red.:** § 38 Abs. 1 i. d. F. des Gesetzes v. 25. 7. 2014 (BGBl I S. 1266) mit Wirkung v. 31. 7. 2014; Abs. 2 i. d. F. des Gesetzes v. 16. 5. 2003 (BGBl I S. 660) mit Wirkung v. 21. 5. 2003; Abs. 4 bis 6, 8 bis 10 i. d. F. des Gesetzes v. 20. 12. 2007 (BGBl I S. 3150) mit Wirkung v. 29. 12. 2007; Abs. 7 i. d. F. des Gesetzes v. 8. 12. 2010 (BGBl I S. 1768) mit Wirkung v. 14. 12. 2010.

2) **Anm. d. Red.:** Zur Anwendung des § 38 siehe § 34 Abs. 13 und 14.

(2) ¹Die Körperschaftsteuer des Veranlagungszeitraums, in dem das Wirtschaftsjahr endet, in dem die Leistungen erfolgen, erhöht sich um 3/7 des Betrags der Leistungen, für die ein Teilbetrag aus dem Endbetrag im Sinne des Absatzes 1 als verwendet gilt. ²Die Körperschaftsteuererhöhung mindert den Endbetrag im Sinne des Absatzes 1 bis zu dessen Verbrauch. ³Satz 1 ist letztmals für den Veranlagungszeitraum anzuwenden, in dem das 18. Wirtschaftsjahr endet, das auf das Wirtschaftsjahr folgt, auf dessen Schluss nach § 37 Abs. 1 Körperschaftsteuerguthaben ermittelt werden.

(3) ¹Die Körperschaftsteuer wird nicht erhöht, soweit eine von der Körperschaftsteuer befreite Körperschaft Leistungen an einen unbeschränkt steuerpflichtigen, von der Körperschaftsteuer befreiten Anteilseigner oder an eine juristische Person des öffentlichen Rechts vornimmt. ²Der Anteilseigner ist verpflichtet, der ausschüttenden Körperschaft seine Befreiung durch eine Bescheinigung des Finanzamts nachzuweisen, es sei denn, er ist eine juristische Person des öffentlichen Rechts. ³Das gilt nicht, soweit die Leistung auf Anteile entfällt, die in einem wirtschaftlichen Geschäftsbetrieb gehalten werden, für den die Befreiung von der Körperschaftsteuer ausgeschlossen ist, oder in einem nicht von der Körperschaftsteuer befreiten Betrieb gewerblicher Art.

(4) ¹Der Endbetrag nach Absatz 1 wird letztmalig auf den 31. Dezember 2006 ermittelt und festgestellt. ²Wird das Vermögen einer Körperschaft oder Personenvereinigung im Rahmen einer Liquidation im Sinne des § 11 nach dem 31. Dezember 2006 verteilt, wird der Endbetrag im Sinne des Satzes 1 letztmalig auf den Schluss des letzten vor dem 1. Januar 2007 endenden Besteuerungszeitraums festgestellt. ³Bei über den 31. Dezember 2006 hinaus fortdauernden Liquidationen endet der Besteuerungszeitraum nach § 11 auf Antrag der Körperschaft oder Personenvereinigung mit Ablauf des 31. Dezember 2006. ⁴Die Absätze 1 bis 3 sind letztmals auf Leistungen anzuwenden, die vor dem 1. Januar 2007 oder dem nach Satz 2 maßgebenden Zeitpunkt erfolgt sind.

(5) ¹Der Körperschaftsteuererhöhungsbetrag beträgt 3/100 des nach Absatz 4 Satz 1 festgestellten Endbetrags. ²Er ist begrenzt auf den Betrag, der sich nach den Absätzen 1 bis 3 als Körperschaftsteuererhöhung ergeben würde, wenn die Körperschaft oder Personenvereinigung ihr am 31. Dezember 2006 oder an dem nach Absatz 4 Satz 2 maßgebenden Zeitpunkt bestehendes Eigenkapital laut Steuerbilanz für eine Ausschüttung verwenden würde. ³Ein Körperschaftsteuererhöhungsbetrag ist nur festzusetzen, wenn er 1 000 Euro übersteigt.

(6) ¹Die Körperschaft oder deren Rechtsnachfolger hat den sich nach Absatz 5 ergebenden Körperschaftsteuererhöhungsbetrag innerhalb eines Zeitraums von 2008 bis 2017 in zehn gleichen Jahresbeträgen zu entrichten (Zahlungszeitraum). ²Satz 1 gilt nicht für Körperschaften oder Personenvereinigungen, die sich am 31. Dezember 2006 bereits in Liquidation befanden. ³Der Anspruch entsteht am 1. Januar 2007. ⁴Der Körperschaftsteuererhöhungsbetrag wird für den gesamten Zahlungszeitraum festgesetzt. ⁵Der Jahresbetrag ist jeweils am 30. September fällig. ⁶Für das Jahr der Bekanntgabe des Bescheids und die vorangegangenen Jahre ist der Jahresbetrag innerhalb eines Monats nach Bekanntgabe des Bescheids fällig, wenn die Bekanntgabe des Bescheids nach dem 31. August 2008 erfolgt. ⁷In den Fällen des Satzes 2 ist der gesamte Anspruch innerhalb eines Monats nach Bekanntgabe des Bescheids fällig. ⁸Der Anspruch ist nicht verzinslich. ⁹Die Festsetzungsfrist für die Festsetzung des Körperschaftsteuererhöhungsbetrags läuft nicht vor Ablauf des Jahres ab, in dem der letzte Jahresbetrag fällig geworden ist.

(7) ¹Auf Antrag kann die Körperschaft oder deren Rechtsnachfolger abweichend von Absatz 6 Satz 1 den Körperschaftsteuererhöhungsbetrag in einer Summe entrichten. ²Der Antrag kann letztmals zum 30. September 2015 gestellt werden. ³Anstelle des jeweiligen Jahresbetrags ist zu dem Zahlungstermin, der auf den Zeitpunkt der Antragstellung folgt, der zu diesem Termin nach Absatz 6 Satz 4 fällige Jahresbetrag zuzüglich der noch nicht fälligen Jahresbeträge abgezinst mit einem Zinssatz von 5,5 Prozent zu entrichten. ⁴Mit der Zahlung erlischt der gesamte Anspruch. ⁵Die Sätze 3 und 4 sind in den Fällen des Absatzes 6 Satz 7, des Absatzes 8 und des Absatzes 9 Satz 1 und 2 von Amts wegen anzuwenden.

## §§ 39, 40     XXII. Körperschaftsteuergesetz

(8) Bei Liquidationen, die nach dem 31. Dezember 2006 beginnen, werden alle entstandenen und festgesetzten Körperschaftsteuererhöhungsbeträge an dem 30. September fällig, der auf den Zeitpunkt der Erstellung der Liquidationseröffnungsbilanz folgt.

(9) ¹Geht das Vermögen einer unbeschränkt steuerpflichtigen Körperschaft oder Personenvereinigung durch einen der in § 1 Abs. 1 Nr. 1 des Umwandlungssteuergesetzes vom 7. Dezember 2006 (BGBl I S. 2782, 2791) in der jeweils geltenden Fassung genannten Vorgänge ganz oder teilweise auf eine nicht unbeschränkt steuerpflichtige Körperschaft oder Personenvereinigung über oder verlegt eine unbeschränkt steuerpflichtige Körperschaft oder Personenvereinigung ihren Sitz oder Ort der Geschäftsleitung und endet dadurch ihre unbeschränkte Steuerpflicht, werden alle entstandenen und festgesetzten Körperschaftsteuererhöhungsbeträge an dem 30. September fällig, der auf den Zeitpunkt des Vermögensübergangs oder des Wegzugs folgt. ²Ist eine Festsetzung nach Absatz 6 noch nicht erfolgt, ist der gesamte Anspruch innerhalb eines Monats nach Bekanntgabe des Bescheids fällig. ³Satz 1 gilt nicht, wenn der übernehmende Rechtsträger in einem anderen Mitgliedstaat der Europäischen Union unbeschränkt steuerpflichtig ist oder die Körperschaft oder Personenvereinigung in den Fällen des Wegzugs in einem anderen Mitgliedstaat der Europäischen Union unbeschränkt steuerpflichtig wird.

(10) § 37 Abs. 6 und 7 gilt entsprechend.

### § 39 Einlagen der Anteilseigner und Sonderausweis[1)]

(1) Ein sich nach § 36 Abs. 7 ergebender positiver Endbetrag des Teilbetrags im Sinne des § 30 Abs. 2 Nr. 4 des Körperschaftsteuergesetzes in der Fassung der Bekanntmachung vom 22. April 1999 (BGBl I S. 817), das zuletzt durch Artikel 4 des Gesetzes vom 14. Juli 2000 (BGBl I S. 1034) geändert worden ist, wird als Anfangsbestand des steuerlichen Einlagekontos im Sinne des § 27 erfasst.

(2) Der nach § 47 Abs. 1 Satz 1 Nr. 2 in der Fassung des Artikels 4 des Gesetzes vom 14. Juli 2000 (BGBl I S. 1034) zuletzt festgestellte Betrag wird als Anfangsbestand in die Feststellung nach § 28 Abs. 1 Satz 3 einbezogen.

### § 40 (weggefallen)[2)]

---

1) **Anm. d. Red.:** § 39 Abs. 2 i. d. F. des Gesetzes v. 9. 12. 2004 (BGBl I S. 3310) mit Wirkung v. 16. 12. 2004.
2) **Anm. d. Red.:** § 40 weggefallen gem. Gesetz v. 20. 12. 2007 (BGBl I S. 3150) mit Wirkung v. 29. 12. 2007.

# XXIII. Körperschaftsteuer-Durchführungsverordnung (KStDV)
## v. 22. 2. 1996 (BGBl I S. 365) mit späteren Änderungen

Die Körperschaftsteuer-Durchführungsverordnung (KStDV) v. 22. 2. 1996 (BGBl I S. 365) wurde geändert durch Art. 5 Steuer-Euroglättungsgesetz (StEuglG) v. 19. 12. 2000 (BGBl I S. 1790); Art. 3 Verordnung zur Änderung steuerlicher Verordnungen v. 17. 11. 2010 (BGBl I S. 1544); Art. 2 Abs. 11 Gesetz zur Modernisierung der Finanzaufsicht über Versicherungen v. 1. 4. 2015 (BGBl I S. 434). — **Zur Anwendung siehe § 6.**

### Nichtamtliche Fassung

### Zu § 5 Abs. 1 Nr. 3 des Gesetzes

### § 1 Allgemeines

Rechtsfähige Pensions-, Sterbe-, Kranken- und Unterstützungskassen sind nur dann eine soziale Einrichtung im Sinne des § 5 Abs. 1 Nr. 3 Buchstabe b des Gesetzes, wenn sie die folgenden Voraussetzungen erfüllen:

1. Die Leistungsempfänger dürfen sich in der Mehrzahl nicht aus dem Unternehmer oder dessen Angehörigen und bei Gesellschaften in der Mehrzahl nicht aus den Gesellschaftern oder deren Angehörigen zusammensetzen.
2. Bei Auflösung der Kasse darf ihr Vermögen vorbehaltlich der Regelung in § 6 des Gesetzes satzungsmäßig nur den Leistungsempfängern oder deren Angehörigen zugute kommen oder für ausschließlich gemeinnützige oder mildtätige Zwecke verwendet werden.
3. Außerdem müssen bei Kassen mit Rechtsanspruch der Leistungsempfänger die Voraussetzungen des § 2, bei Kassen ohne Rechtsanspruch der Leistungsempfänger die Voraussetzungen des § 3 erfüllt sein.

### § 2 Kassen mit Rechtsanspruch der Leistungsempfänger[1]

(1) Bei rechtsfähigen Pensions- oder Sterbekassen, die den Leistungsempfängern einen Rechtsanspruch gewähren, dürfen die jeweils erreichten Rechtsansprüche der Leistungsempfänger vorbehaltlich des Absatzes 2 die folgenden Beträge nicht übersteigen:

| | |
|---|---|
| als Pension | 25 769 Euro jährlich, |
| als Witwengeld | 17 179 Euro jährlich, |
| als Waisengeld | 5 154 Euro jährlich für jede Halbwaise, |
| | 10 308 Euro jährlich für jede Vollwaise, |
| als Sterbegeld | 7 669 Euro als Gesamtleistung. |

(2) ¹Die jeweils erreichten Rechtsansprüche, mit Ausnahme des Anspruchs auf Sterbegeld, dürfen in nicht mehr als 12 vom Hundert aller Fälle auf höhere als die in Absatz 1 bezeichneten Beträge gerichtet sein. ²Dies gilt in nicht mehr als 4 vom Hundert aller Fälle uneingeschränkt. ³Im Übrigen dürfen die jeweils erreichten Rechtsansprüche die folgenden Beträge nicht übersteigen:

| | |
|---|---|
| als Pension | 38 654 Euro jährlich, |
| als Witwengeld | 25 769 Euro jährlich, |
| als Waisengeld | 7 731 Euro jährlich für jede Halbwaise, |
| | 15 461 Euro jährlich für jede Vollwaise. |

---

1) **Anm. d. Red.:** § 2 i. d. F. des Gesetzes v. 19. 12. 2000 (BGBl I S. 1790) mit Wirkung v. 1. 1. 2002.

## § 3 Kassen ohne Rechtsanspruch der Leistungsempfänger

Rechtsfähige Unterstützungskassen, die den Leistungsempfängern keinen Rechtsanspruch gewähren, müssen die folgenden Voraussetzungen erfüllen:
1. Die Leistungsempfänger dürfen zu laufenden Beiträgen oder zu sonstigen Zuschüssen nicht verpflichtet sein.
2. Den Leistungsempfängern oder den Arbeitnehmervertretungen des Betriebs oder der Dienststelle muss satzungsgemäß und tatsächlich das Recht zustehen, an der Verwaltung sämtlicher Beträge, die der Kasse zufließen, beratend mitzuwirken.
3. Die laufenden Leistungen und das Sterbegeld dürfen die in § 2 bezeichneten Beträge nicht übersteigen.

## Zu § 5 Abs. 1 Nr. 4 des Gesetzes

### § 4 Kleinere Versicherungsvereine[1]

Kleinere Versicherungsvereine auf Gegenseitigkeit im Sinne des § 210 des Versicherungsaufsichtsgesetzes sind von der Körperschaftsteuer befreit, wenn
1. ihre Beitragseinnahmen im Durchschnitt der letzten drei Wirtschaftsjahre einschließlich des im Veranlagungszeitraum endenden Wirtschaftsjahrs die folgenden Jahresbeträge nicht überstiegen haben:
    a) 797 615 Euro bei Versicherungsvereinen, die die Lebensversicherung oder die Krankenversicherung betreiben,
    b) 306 775 Euro bei allen übrigen Versicherungsvereinen oder
2. sich ihr Geschäftsbetrieb auf die Sterbegeldversicherung beschränkt und sie im Übrigen die Voraussetzungen des § 1 erfüllen.

## Zu § 26 Abs. 3 des Gesetzes

### § 5 (weggefallen)[2]

## Schlussvorschrift

### § 6 Anwendungszeitraum[3]

Die Körperschaftsteuer-Durchführungsverordnung in der am 1. Januar 2016 geltenden Fassung ist erstmals für den Veranlagungszeitraum 2016 anzuwenden.

### § 7 (Inkrafttreten)

### Anlage (zu § 5) (weggefallen)[4]

---

1) **Anm. d. Red.:** § 4 i. d. F. des Gesetzes v. 1.4.2015 (BGBl I S. 434) mit Wirkung v. 1.1.2016.
2) **Anm. d. Red.:** § 5 weggefallen gem. VO v. 17.11.2010 (BGBl I S. 1544) mit Wirkung v. 23.11.2010.
3) **Anm. d. Red.:** § 6 i. d. F. des Gesetzes v. 1.4.2015 (BGBl I S. 434). mit Wirkung v. 1.1.2016.
4) **Anm. d. Red.:** Anlage weggefallen gem. VO v. 17.11.2010 (BGBl I S. 1544) mit Wirkung v. 23.11.2010.

# XXIV. Gewerbesteuergesetz (GewStG)
## v. 15.10.2002 (BGBl I S. 4168) mit späteren Änderungen

Das Gewerbesteuergesetz (GewStG) v. 15.10.2002 (BGBl I S. 4168) wurde geändert durch Art. 4 Gesetz zum Abbau von Steuervergünstigungen und Ausnahmeregelungen (Steuervergünstigungsabbaugesetz – StVergAbG) v. 16.5.2003 (BGBl I S. 660); Art. 3 Gesetz zur Förderung von Kleinunternehmern und zur Verbesserung der Unternehmensfinanzierung (Kleinunternehmerförderungsgesetz) v. 31.7.2003 (BGBl I S. 1550); Art. 7 Gesetz zur Neustrukturierung der Förderbanken des Bundes (Förderbankenneustrukturierungsgesetz) v. 15.8.2003 (BGBl I S. 1657); Art. 4 Zweites Gesetz zur Änderung steuerlicher Vorschriften (Steueränderungsgesetz 2003 – StÄndG 2003) v. 15.12.2003 (BGBl I S. 2645); Art. 4 Gesetz zur Umsetzung der Protokollerklärung der Bundesregierung zur Vermittlungsempfehlung zum Steuervergünstigungsabbaugesetz v. 22.12.2003 (BGBl I S. 2840); Art. 2 Gesetz zur Änderung des GewStG und anderer Gesetze v. 23.12.2003 (BGBl I S. 2922); Art. 50 Gesetz zur Einordnung des Sozialhilferechts in das Sozialgesetzbuch v. 27.12.2003 (BGBl I S. 3022); Art. 12 Haushaltsbegleitgesetz 2004 (HBeglG 2004) v. 29.12.2003 (BGBl I S. 3076, ber. 2004 I S. 69); Art. 32 Gesetz zur Organisationsreform in der gesetzlichen Rentenversicherung (RVOrgG) v. 9.12.2004 (BGBl I S. 3242); Art. 4 Gesetz zur Umsetzung von EU-Richtlinien in nationales Steuerrecht und zur Änderung weiterer Vorschriften (Richtlinien-Umsetzungsgesetz – EURLUmsG) v. 9.12.2004 (BGBl I S. 3310, ber. I S. 3843); Art. 4 Gesetz zu dem Dritten Zusatzprotokoll vom 4. Juni 2004 zum Abkommen vom 16. Juni 1959 zwischen der Bundesrepublik Deutschland und dem Königreich der Niederlande zur Vermeidung der Doppelbesteuerung auf dem Gebiete der Steuern vom Einkommen und vom Vermögen sowie verschiedener sonstiger Steuern und zur Regelung anderer Fragen auf steuerlichem Gebiete v. 15.12.2004 (BGBl II S. 1653); Art. 4 Gesetz über steuerliche Begleitmaßnahmen zur Einführung der Europäischen Gesellschaft und zur Änderung weiterer steuerrechtlicher Vorschriften (SEStEG) v. 7.12.2006 (BGBl I S. 2782, ber. 2007 I S. 68); Art. 5 Jahressteuergesetz 2007 (JStG 2007) v. 13.12.2006 (BGBl I S. 2878); Art. 3 Unternehmensteuerreformgesetz 2008 v. 14.8.2007 (BGBl I S. 1912); Art. 4 Gesetz zur weiteren Stärkung des bürgerschaftlichen Engagements v. 10.10.2007 (BGBl I S. 2332); Art. 5 Jahressteuergesetz 2008 (JStG 2008) v. 20.12.2007 (BGBl I S. 3150); Art. 5 Gesetz zur Modernisierung der Rahmenbedingungen für Kapitalbeteiligungen (MoRaKG) v. 12.8.2008 (BGBl I S. 1672); Art. 4 Jahressteuergesetz 2009 (JStG 2009) v. 19.12.2008 (BGBl I S. 2794); Art. 7 Gesetz zur Modernisierung und Entbürokratisierung des Steuerverfahrens (Steuerbürokratieabbaugesetz) v. 20.12.2008 (BGBl I S. 2850); Art. 6a Drittes Gesetz zum Abbau bürokratischer Hemmnisse insbesondere in der mittelständischen Wirtschaft (Drittes Mittelstandsentlastungsgesetz) v. 17.3.2009 (BGBl I S. 550); Art. 3 Gesetz zur Beschleunigung des Wirtschaftswachstums (Wachstumsbeschleunigungsgesetz) v. 22.12.2009 (BGBl I S. 3950); Art. 3 Gesetz zur Umsetzung steuerlicher EU-Vorgaben sowie zur Änderung steuerlicher Vorschriften v. 8.4.2010 (BGBl I S. 386); Art. 3 Jahressteuergesetz 2010 (JStG 2010) v. 8.12.2010 (BGBl I S. 1768); Art. 5 Gesetz zur Umsetzung der Beitreibungsrichtlinie sowie zur Änderung steuerlicher Vorschriften (Beitreibungsrichtlinie-Umsetzungsgesetz – BeitrRLUmsG) v. 7.12.2011 (BGBl I S. 2592); Art. 4 Gesetz zur Änderung und Vereinfachung der Unternehmensbesteuerung und des steuerlichen Reisekostenrechts v. 20.2.2013 (BGBl I S. 285); Art. 5 Gesetz zur Stärkung des Ehrenamtes (Ehrenamtsstärkungsgesetz) v. 21.3.2013 (BGBl I S. 556); Art. 4 Gesetz zur Umsetzung der Amtshilferichtlinie sowie zur Änderung steuerlicher Vorschriften (Amtshilferichtlinie-Umsetzungsgesetz – AmtshilfeRLUmsG) v. 26.6.2013 (BGBl I S. 1809); Art. 5 Gesetz zur Anpassung des nationalen Steuerrechts an den Beitritt Kroatiens zur EU und zur Änderung weiterer steuerlicher Vorschriften v. 25.7.2014 (BGBl I S. 1266); Art. 7 Gesetz zur Anpassung der Abgabenordnung an den Zollkodex der Union und zur Änderung weiterer steuerlicher Vorschriften v. 22.12.2014 (BGBl I S. 2417); Art. 2 Abs. 12 Gesetz zur Modernisierung der Finanzaufsicht über Versicherungen v. 1.4.2015 (BGBl I S. 434); Art. 5 Steueränderungsgesetz 2015 v. 2.11.2015 (BGBl I S. 1834). **— Zur Anwendung siehe § 36.**

## Nichtamtliche Fassung
### Inhaltsübersicht

**Abschnitt I:**
**Allgemeines**

| | |
|---|---|
| Steuerberechtigte | § 1 |
| Steuergegenstand | § 2 |
| Arbeitsgemeinschaften | § 2a |
| Befreiungen | § 3 |
| Hebeberechtigte Gemeinde | § 4 |
| Steuerschuldner | § 5 |
| Besteuerungsgrundlage | § 6 |

**Abschnitt II:**
**Bemessung der Gewerbesteuer**

| | |
|---|---|
| Gewerbeertrag | § 7 |
| Hinzurechnungen | § 8 |
| (weggefallen) | § 8a |
| Kürzungen | § 9 |
| Maßgebender Gewerbeertrag | § 10 |
| Gewerbeverlust | § 10a |
| Steuermesszahl und Steuermessbetrag | § 11 |

**Abschnitt III:**
(weggefallen) .......................... §§ 12 und 13

**Abschnitt IV:**
**Steuermessbetrag**
Festsetzung des Steuermessbetrags ......... § 14
Steuererklärungspflicht ..................... § 14a
Verspätungszuschlag ....................... § 14b
Pauschfestsetzung .......................... § 15

**Abschnitt V:**
**Entstehung, Festsetzung und Erhebung der Steuer**
Hebesatz .................................. § 16
(weggefallen) .............................. § 17
Entstehung der Steuer ..................... § 18
Vorauszahlungen ........................... § 19
Abrechnung über die Vorauszahlungen ..... § 20
Entstehung der Vorauszahlungen .......... § 21
(weggefallen) ........................ §§ 22 bis 27

**Abschnitt VI:**
**Zerlegung**
Allgemeines ............................... § 28
Zerlegungsmaßstab ........................ § 29

Zerlegung bei mehrgemeindlichen Betriebsstätten ........................................ § 30
Begriff der Arbeitslöhne für die Zerlegung ... § 31
(weggefallen) ............................... § 32
Zerlegung in besonderen Fällen ............. § 33
Kleinbeträge ............................... § 34
(weggefallen) ............................... § 35

**Abschnitt VII:**
**Gewerbesteuer der Reisegewerbebetriebe** ...................... § 35a

**Abschnitt VIII:**
**Änderung des Gewerbesteuermessbescheids von Amts wegen** ......... § 35b

**Abschnitt IX:**
**Durchführung**
Ermächtigung .............................. § 35c

**Abschnitt X:**
**Schlussvorschriften**
Zeitlicher Anwendungsbereich .............. § 36
(weggefallen) ............................... § 37

## Abschnitt I: Allgemeines

### § 1 Steuerberechtigte[1)]

Die Gemeinden erheben eine Gewerbesteuer als Gemeindesteuer.

### § 2 Steuergegenstand[2)]

(1) ¹Der Gewerbesteuer unterliegt jeder stehende Gewerbebetrieb, soweit er im Inland betrieben wird. ²Unter Gewerbebetrieb ist ein gewerbliches Unternehmen im Sinne des Einkommensteuergesetzes zu verstehen. ³Im Inland betrieben wird ein Gewerbebetrieb, soweit für ihn im Inland oder auf einem in einem inländischen Schiffsregister eingetragenen Kauffahrteischiff eine Betriebsstätte unterhalten wird.

(2) ¹Als Gewerbebetrieb gilt stets und in vollem Umfang die Tätigkeit der Kapitalgesellschaften (insbesondere Europäische Gesellschaften, Aktiengesellschaften, Kommanditgesellschaften auf Aktien, Gesellschaften mit beschränkter Haftung), Genossenschaften einschließlich Europäischer Genossenschaften sowie der Versicherungs- und Pensionsfondsvereine auf Gegenseitigkeit. ²Ist eine Kapitalgesellschaft Organgesellschaft im Sinne der §§ 14 oder 17 des Körperschaftsteuergesetzes, so gilt sie als Betriebsstätte des Organträgers.

(3) Als Gewerbebetrieb gilt auch die Tätigkeit der sonstigen juristischen Personen des privaten Rechts und der nichtrechtsfähigen Vereine, soweit sie einen wirtschaftlichen Geschäftsbetrieb (ausgenommen Land- und Forstwirtschaft) unterhalten.

---

1) **Anm. d. Red.:** § 1 i. d. F. des Gesetzes v. 23.12.2003 (BGBl I S. 2922) mit Wirkung v. 1.1.2004.

2) **Anm. d. Red.:** § 2 Abs. 2 i. d. F. des Gesetzes v. 20.2.2013 (BGBl I S. 285) mit Wirkung v. 26.2.2013; Abs. 7 i. d. F. des Gesetzes v. 2.11.2015 (BGBl I S. 1834) mit Wirkung v. 1.1.2016.

(4) Vorübergehende Unterbrechungen im Betrieb eines Gewerbes, die durch die Art des Betriebs veranlasst sind, heben die Steuerpflicht für die Zeit bis zur Wiederaufnahme des Betriebs nicht auf.

(5) ¹Geht ein Gewerbebetrieb im Ganzen auf einen anderen Unternehmer über, so gilt der Gewerbebetrieb als durch den bisherigen Unternehmer eingestellt. ²Der Gewerbebetrieb gilt als durch den anderen Unternehmer neu gegründet, wenn er nicht mit einem bereits bestehenden Gewerbebetrieb vereinigt wird.

(6) Inländische Betriebsstätten von Unternehmen, deren Geschäftsleitung sich in einem ausländischen Staat befindet, mit dem kein Abkommen zur Vermeidung der Doppelbesteuerung besteht, unterliegen nicht der Gewerbesteuer, wenn und soweit

1. die Einkünfte aus diesen Betriebsstätten im Rahmen der beschränkten Einkommensteuerpflicht steuerfrei sind und
2. der ausländische Staat Unternehmen, deren Geschäftsleitung sich im Inland befindet, eine entsprechende Befreiung von den der Gewerbesteuer ähnlichen oder ihr entsprechenden Steuern gewährt, oder in dem ausländischen Staat keine der Gewerbesteuer ähnlichen oder ihr entsprechenden Steuern bestehen.

(7) Zum Inland im Sinne dieses Gesetzes gehört auch der der Bundesrepublik Deutschland zustehende Anteil

1. an der ausschließlichen Wirtschaftszone, soweit dort
   a) die lebenden und nicht lebenden natürlichen Ressourcen der Gewässer über dem Meeresboden, des Meeresbodens und seines Untergrunds erforscht, ausgebeutet, erhalten oder bewirtschaftet werden,
   b) andere Tätigkeiten zur wirtschaftlichen Erforschung oder Ausbeutung der ausschließlichen Wirtschaftszone ausgeübt werden, wie beispielsweise die Energieerzeugung aus Wasser, Strömung und Wind oder
   c) künstliche Inseln errichtet oder genutzt werden und Anlagen und Bauwerke für die in den Buchstaben a und b genannten Zwecke errichtet oder genutzt werden, und
2. am Festlandsockel, soweit dort
   a) dessen natürliche Ressourcen erforscht oder ausgebeutet werden; natürliche Ressourcen in diesem Sinne sind die mineralischen und sonstigen nicht lebenden Ressourcen des Meeresbodens und seines Untergrunds sowie die zu den sesshaften Arten gehörenden Lebewesen, die im nutzbaren Stadium entweder unbeweglich auf oder unter dem Meeresboden verbleiben oder sich nur in ständigem körperlichen Kontakt mit dem Meeresboden oder seinem Untergrund fortbewegen können; oder
   b) künstliche Inseln errichtet oder genutzt werden und Anlagen und Bauwerke für die in Buchstabe a genannten Zwecke errichtet oder genutzt werden, und
3. der nicht zur Bundesrepublik Deutschland gehörende Teil eines grenzüberschreitenden Gewerbegebiets, das nach den Vorschriften eines Abkommens zur Vermeidung der Doppelbesteuerung als solches bestimmt ist.

## § 2a Arbeitsgemeinschaften

¹Als Gewerbebetrieb gilt nicht die Tätigkeit der Arbeitsgemeinschaften, deren alleiniger Zweck in der Erfüllung eines einzigen Werkvertrags oder Werklieferungsvertrags besteht. ²Die Betriebsstätten der Arbeitsgemeinschaften gelten insoweit anteilig als Betriebsstätten der Beteiligten.

## § 3 Befreiungen[1)]

Von der Gewerbesteuer sind befreit

---

1) **Anm. d. Red.:** § 3 i. d. F. des Gesetzes v. 22. 12. 2014 (BGBl I S. 2417) mit Wirkung v. 31. 12. 2014.

1. das Bundeseisenbahnvermögen, die Monopolverwaltungen des Bundes, die staatlichen Lotterieunternehmen, die zugelassenen öffentlichen Spielbanken mit ihren der Spielbankabgabe unterliegenden Tätigkeiten und der Erdölbevorratungsverband nach § 2 Abs. 1 des Erdölbevorratungsgesetzes in der Fassung der Bekanntmachung vom 8. Dezember 1987 (BGBl I S. 2509);
2. [1)] die Deutsche Bundesbank, die Kreditanstalt für Wiederaufbau, die Landwirtschaftliche Rentenbank, die Bayerische Landesanstalt für Aufbaufinanzierung, die Niedersächsische Gesellschaft für öffentliche Finanzierungen mit beschränkter Haftung, die Bremer Aufbau-Bank GmbH, die Landeskreditbank Baden-Württemberg – Förderbank, die Bayerische Landesbodenkreditanstalt, die Investitionsbank Berlin, die Hamburgische Investitions- und Förderbank, die NRW.Bank, die Investitions- und Förderbank Niedersachsen, die Saarländische Investitionskreditbank Aktiengesellschaft, die Investitionsbank Schleswig-Holstein, die Investitionsbank des Landes Brandenburg, die Sächsische Aufbaubank – Förderbank –, die Thüringer Aufbaubank, die Investitionsbank Sachsen-Anhalt – Anstalt der Norddeutschen Landesbank – Girozentrale –, die Investitions- und Strukturbank Rheinland-Pfalz, das Landesförderinstitut Mecklenburg-Vorpommern – Geschäftsbereich der Norddeutschen Landesbank Girozentrale –, die Wirtschafts- und Infrastrukturbank Hessen – rechtlich unselbständige Anstalt in der Landesbank Hessen-Thüringen Girozentrale und die Liquiditäts-Konsortialbank Gesellschaft mit beschränkter Haftung;
3. die Bundesanstalt für vereinigungsbedingte Sonderaufgaben;
4. (weggefallen)
5. Hauberg-, Wald-, Forst- und Laubgenossenschaften und ähnliche Realgemeinden. ²Unterhalten sie einen Gewerbebetrieb, der über den Rahmen eines Nebenbetriebs hinausgeht, so sind sie insoweit steuerpflichtig;
6. Körperschaften, Personenvereinigungen und Vermögensmassen, die nach der Satzung, dem Stiftungsgeschäft oder der sonstigen Verfassung und nach der tatsächlichen Geschäftsführung ausschließlich und unmittelbar gemeinnützigen, mildtätigen oder kirchlichen Zwecken dienen (§§ 51 bis 68 der Abgabenordnung). ²Wird ein wirtschaftlicher Geschäftsbetrieb – ausgenommen Land- und Forstwirtschaft – unterhalten, ist die Steuerfreiheit insoweit ausgeschlossen;
7. Hochsee- und Küstenfischerei, wenn sie mit weniger als sieben im Jahresdurchschnitt beschäftigten Arbeitnehmern oder mit Schiffen betrieben wird, die eine eigene Triebkraft von weniger als 100 Pferdekräften haben;
8. Erwerbs- und Wirtschaftsgenossenschaften sowie Vereine im Sinne des § 5 Abs. 1 Nr. 14 des Körperschaftsteuergesetzes, soweit sie von der Körperschaftsteuer befreit sind;
9. rechtsfähige Pensions-, Sterbe-, Kranken- und Unterstützungskassen im Sinne des § 5 Abs. 1 Nr. 3 des Körperschaftsteuergesetzes, soweit sie die für eine Befreiung von der Körperschaftsteuer erforderlichen Voraussetzungen erfüllen;
10. Körperschaften oder Personenvereinigungen, deren Hauptzweck die Verwaltung des Vermögens für einen nichtrechtsfähigen Berufsverband im Sinne des § 5 Abs. 1 Nr. 5 des Körperschaftsteuergesetzes ist, wenn ihre Erträge im Wesentlichen aus dieser Vermögensverwaltung herrühren und ausschließlich dem Berufsverband zufließen;
11. öffentlich-rechtliche Versicherungs- und Versorgungseinrichtungen von Berufsgruppen, deren Angehörige auf Grund einer durch Gesetz angeordneten oder auf Gesetz beruhenden Verpflichtung Mitglieder dieser Einrichtungen sind, wenn die Satzung der Einrichtung die Zahlung keiner höheren jährlichen Beiträge zulässt als das Zwölffache der Beiträge, die sich bei einer Beitragsbemessungsgrundlage in Höhe der doppelten monatlichen Beitragsbemessungsgrenze in der allgemeinen Rentenversicherung ergeben würden. ²Sind nach der Satzung der Einrichtung nur Pflichtmitgliedschaften sowie freiwillige Mitgliedschaften, die

---

1) **Anm. d. Red.:** Zur Anwendung des § 3 Nr. 2 siehe § 36 Abs. 2 Sätze 1 und 2.

unmittelbar an eine Pflichtmitgliedschaft anschließen, möglich, so steht dies der Steuerbefreiung nicht entgegen, wenn die Satzung die Zahlung keiner höheren jährlichen Beiträge zulässt als das Fünfzehnfache der Beiträge, die sich bei einer Beitragsbemessungsgrundlage in Höhe der doppelten monatlichen Beitragsbemessungsgrenze in der allgemeinen Rentenversicherung ergeben würden;

12. Gesellschaften, bei denen die Gesellschafter als Unternehmer (Mitunternehmer) anzusehen sind, sowie Erwerbs- und Wirtschaftsgenossenschaften, soweit die Gesellschaften und die Erwerbs- und Wirtschaftsgenossenschaften eine gemeinschaftliche Tierhaltung im Sinne des § 51a des Bewertungsgesetzes betreiben;

13. private Schulen und andere allgemein bildende oder berufsbildende Einrichtungen, soweit ihre Leistungen nach § 4 Nr. 21 des Umsatzsteuergesetzes von der Umsatzsteuer befreit sind;

14. Erwerbs- und Wirtschaftsgenossenschaften sowie Vereine, deren Tätigkeit sich auf den Betrieb der Land- und Forstwirtschaft beschränkt, wenn die Mitglieder der Genossenschaft oder dem Verein Flächen zur Nutzung oder für die Bewirtschaftung der Flächen erforderliche Gebäude überlassen und

    a) bei Genossenschaften das Verhältnis der Summe der Werte der Geschäftsanteile des einzelnen Mitglieds zu der Summe der Werte aller Geschäftsanteile,

    b) bei Vereinen das Verhältnis des Werts des Anteils an dem Vereinsvermögen, der im Fall der Auflösung des Vereins an das einzelne Mitglied fallen würde, zu dem Wert des Vereinsvermögens

    nicht wesentlich von dem Verhältnis abweicht, in dem der Wert der von dem einzelnen Mitglied zur Nutzung überlassenen Flächen und Gebäude zu dem Wert der insgesamt zur Nutzung überlassenen Flächen und Gebäude steht;

15. Erwerbs- und Wirtschaftsgenossenschaften sowie Vereine im Sinne des § 5 Abs. 1 Nr. 10 des Körperschaftsteuergesetzes, soweit sie von der Körperschaftsteuer befreit sind;

16. (weggefallen)

17. die von den zuständigen Landesbehörden begründeten oder anerkannten gemeinnützigen Siedlungsunternehmen im Sinne des Reichssiedlungsgesetzes in der jeweils aktuellen Fassung oder entsprechender Landesgesetze, soweit diese Landesgesetze nicht wesentlich von den Bestimmungen des Reichssiedlungsgesetzes abweichen, und im Sinne der Bodenreformgesetze der Länder, soweit die Unternehmen im ländlichen Raum Siedlungs-, Agrarstrukturverbesserungs- und Landentwicklungsmaßnahmen mit Ausnahme des Wohnungsbaus durchführen. ²Die Steuerbefreiung ist ausgeschlossen, wenn die Einnahmen des Unternehmens aus den in Satz 1 nicht bezeichneten Tätigkeiten die Einnahmen aus den in Satz 1 bezeichneten Tätigkeiten übersteigen;

18. (weggefallen)

19. der Pensions-Sicherungs-Verein Versicherungsverein auf Gegenseitigkeit, wenn er die für eine Befreiung von der Körperschaftsteuer erforderlichen Voraussetzungen erfüllt;

20. Krankenhäuser, Altenheime, Altenwohnheime, Pflegeheime, Einrichtungen zur vorübergehenden Aufnahme pflegebedürftiger Personen und Einrichtungen zur ambulanten Pflege kranker und pflegebedürftiger Personen sowie Einrichtungen zur ambulanten oder stationären Rehabilitation, wenn

    a) diese Einrichtungen von juristischen Personen des öffentlichen Rechts betrieben werden oder

    b) bei Krankenhäusern im Erhebungszeitraum die in § 67 Abs. 1 oder 2 der Abgabenordnung bezeichneten Voraussetzungen erfüllt worden sind oder

    c) bei Altenheimen, Altenwohnheimen und Pflegeheimen im Erhebungszeitraum mindestens 40 Prozent der Leistungen den in § 61 Abs. 1 des Zwölften Buches Sozialgesetzbuch oder den in § 53 Nr. 2 der Abgabenordnung genannten Personen zugute gekommen sind oder

d) bei Einrichtungen zur vorübergehenden Aufnahme pflegebedürftiger Personen und bei Einrichtungen zur ambulanten Pflege kranker und pflegebedürftiger Personen im Erhebungszeitraum die Pflegekosten in mindestens 40 Prozent der Fälle von den gesetzlichen Trägern der Sozialversicherung oder Sozialhilfe ganz oder zum überwiegenden Teil getragen worden sind oder

e) bei Einrichtungen zur ambulanten oder stationären Rehabilitation die Behandlungskosten in mindestens 40 Prozent der Fälle von den gesetzlichen Trägern der Sozialversicherung oder Sozialhilfe ganz oder zum überwiegenden Teil getragen worden sind. ²Satz 1 ist nur anzuwenden, soweit die Einrichtung Leistungen im Rahmen der verordneten ambulanten oder stationären Rehabilitation im Sinne des Sozialrechts einschließlich der Beihilfevorschriften des Bundes und der Länder erbringt;

21. Entschädigungs- und Sicherungseinrichtungen im Sinne des § 5 Abs. 1 Nr. 16 des Körperschaftsteuergesetzes, soweit sie von der Körperschaftsteuer befreit sind;

22. Bürgschaftsbanken (Kreditgarantiegemeinschaften), wenn sie von der Körperschaftsteuer befreit sind;

23. Unternehmensbeteiligungsgesellschaften, die nach dem Gesetz über Unternehmensbeteiligungsgesellschaften anerkannt sind. ²Für Unternehmensbeteiligungsgesellschaften im Sinne des § 25 Abs. 1 des Gesetzes über Unternehmensbeteiligungsgesellschaften haben der Widerruf der Anerkennung und der Verzicht auf die Anerkennung Wirkung für die Vergangenheit, wenn nicht Aktien der Unternehmensbeteiligungsgesellschaft öffentlich angeboten worden sind; Entsprechendes gilt, wenn eine solche Gesellschaft nach § 25 Abs. 3 des Gesetzes über Unternehmensbeteiligungsgesellschaften die Anerkennung als Unternehmensbeteiligungsgesellschaft verliert. ³Für offene Unternehmensbeteiligungsgesellschaften im Sinne des § 1a Abs. 2 Satz 1 des Gesetzes über Unternehmensbeteiligungsgesellschaften haben der Widerruf der Anerkennung und der Verzicht auf die Anerkennung innerhalb der in § 7 Abs. 1 Satz 1 des Gesetzes über Unternehmensbeteiligungsgesellschaften genannten Frist Wirkung für die Vergangenheit. ⁴Bescheide über die Anerkennung, die Rücknahme oder den Widerruf der Anerkennung und über die Feststellung, ob Aktien der Unternehmensbeteiligungsgesellschaft im Sinne des § 25 Abs. 1 des Gesetzes über Unternehmensbeteiligungsgesellschaften öffentlich angeboten worden sind, sind Grundlagenbescheide im Sinne der Abgabenordnung; die Bekanntmachung der Aberkennung der Eigenschaft als Unternehmensbeteiligungsgesellschaft nach § 25 Abs. 3 des Gesetzes über Unternehmensbeteiligungsgesellschaften steht einem Grundlagenbescheid gleich;

24. die folgenden Kapitalbeteiligungsgesellschaften für die mittelständische Wirtschaft, soweit sich deren Geschäftsbetrieb darauf beschränkt, im öffentlichen Interesse mit Eigenmitteln oder mit staatlicher Hilfe Beteiligungen zu erwerben, wenn der von ihnen erzielte Gewinn ausschließlich und unmittelbar für die satzungsmäßigen Zwecke der Beteiligungsfinanzierung verwendet wird: Mittelständische Beteiligungsgesellschaft Baden-Württemberg GmbH, Kapitalbeteiligungsgesellschaft für die mittelständische Wirtschaft Bayerns mbH, MBG Mittelständische Beteiligungsgesellschaft Hessen GmbH, Mittelständische Beteiligungsgesellschaft Niedersachsen (MBG) mbH, Kapitalbeteiligungsgesellschaft für die mittelständische Wirtschaft in Nordrhein-Westfalen mbH, MBG Mittelständische Beteiligungsgesellschaft Rheinland-Pfalz mbH, Wagnisfinanzierungsgesellschaft für Technologieförderung in Rheinland-Pfalz mbH (WFT), Saarländische Kapitalbeteiligungsgesellschaft mbH, Gesellschaft für Wagniskapital Mittelständische Beteiligungsgesellschaft Schleswig-Holstein Gesellschaft mit beschränkter Haftung – MBG, Technologie-Beteiligungs-Gesellschaft mbH der Deutschen Ausgleichsbank, bgb Beteiligungsgesellschaft Berlin mbH für kleine und mittlere Betriebe, Mittelständische Beteiligungsgesellschaft Berlin-Brandenburg mbH, Mittelständische Beteiligungsgesellschaft Mecklenburg-Vorpommern mbH, Mittelständische Beteiligungsgesellschaft Sachsen mbH, Mittelständische Beteiligungsgesellschaft

Sachsen-Anhalt mbH, Wagnisbeteiligungsgesellschaft Sachsen-Anhalt mbH, IBG Beteiligungsgesellschaft Sachsen-Anhalt mbH, Mittelständische Beteiligungsgesellschaft Thüringen (MBG) mbH;
25. Wirtschaftsförderungsgesellschaften, wenn sie von der Körperschaftsteuer befreit sind;
26. Gesamthafenbetriebe im Sinne des § 1 des Gesetzes über die Schaffung eines besonderen Arbeitgebers für Hafenarbeiter vom 3. August 1950 (BGBl I S. 352), soweit sie von der Körperschaftsteuer befreit sind;
27. Zusammenschlüsse im Sinne des § 5 Abs. 1 Nr. 20 des Körperschaftsteuergesetzes, soweit sie von der Körperschaftsteuer befreit sind;
28. die Arbeitsgemeinschaften Medizinischer Dienst der Krankenversicherung im Sinne des § 278 des Fünften Buches Sozialgesetzbuch und der Medizinische Dienst der Spitzenverbände der Krankenkassen im Sinne des § 282 des Fünften Buches Sozialgesetzbuch, soweit sie von der Körperschaftsteuer befreit sind;
29. gemeinsame Einrichtungen im Sinne des § 5 Abs. 1 Nr. 22 des Körperschaftsteuergesetzes, soweit sie von der Körperschaftsteuer befreit sind;
30. die Auftragsforschung im Sinne des § 5 Abs. 1 Nr. 23 des Körperschaftsteuergesetzes, soweit sie von der Körperschaftsteuer befreit ist;
31.[1)] die Global Legal Entity Identifier Stiftung, soweit sie von der Körperschaftsteuer befreit ist.

## § 4 Hebeberechtigte Gemeinde[2)]

(1) ¹Die stehenden Gewerbebetriebe unterliegen der Gewerbesteuer in der Gemeinde, in der eine Betriebsstätte zur Ausübung des stehenden Gewerbes unterhalten wird. ²Befinden sich Betriebsstätten desselben Gewerbebetriebs in mehreren Gemeinden oder erstreckt sich eine Betriebsstätte über mehrere Gemeinden, so wird die Gewerbesteuer in jeder Gemeinde nach dem Teil des Steuermessbetrags erhoben, der auf sie entfällt.

(2) ¹Für Betriebsstätten in gemeindefreien Gebieten bestimmt die Landesregierung durch Rechtsverordnung, wer die nach diesem Gesetz den Gemeinden zustehenden Befugnisse ausübt. ²Der in § 2 Absatz 7 Nummer 1 bezeichnete Anteil am Festlandsockel und an der ausschließlichen Wirtschaftszone ist gemeindefreies Gebiet. ³In Fällen von Satz 2 bestimmt sich die zuständige Landesregierung im Sinne des Satzes 1 unter entsprechender Anwendung des § 22a der Abgabenordnung.

(3) ¹Für Betriebsstätten im nicht zur Bundesrepublik Deutschland gehörenden Teil eines grenzüberschreitenden Gewerbegebiets im Sinne des § 2 Absatz 7 Nummer 3 ist die Gemeinde hebeberechtigt, in der der zur Bundesrepublik Deutschland gehörende Teil des grenzüberschreitenden Gewerbegebiets liegt. ²Liegt der zur Bundesrepublik Deutschland gehörende Teil in mehreren Gemeinden, gilt Absatz 2 entsprechend.

## § 5 Steuerschuldner[3)]

(1) ¹Steuerschuldner ist der Unternehmer. ²Als Unternehmer gilt der, für dessen Rechnung das Gewerbe betrieben wird. ³Ist die Tätigkeit einer Personengesellschaft Gewerbebetrieb, so ist Steuerschuldner die Gesellschaft. ⁴Wird das Gewerbe in der Rechtsform einer Europäischen wirtschaftlichen Interessenvereinigung mit Sitz im Geltungsbereich der Verordnung (EWG) Nr. 2137/85 des Rates vom 25. Juli 1985 über die Schaffung einer Europäischen wirtschaftlichen Interessenvereinigung (EWIV) (ABl L 199 vom 31. 7. 1985, S. 1) betrieben, sind abweichend von Satz 3 die Mitglieder Gesamtschuldner.

---

1) **Anm. d. Red.:** Zur Anwendung des § 3 Nr. 31 siehe § 36 Abs. 2 Satz 3.

2) **Anm. d. Red.:** § 4 Abs. 2 i. d. F. des Gesetzes v. 25. 7. 2014 (BGBl I S. 1266) mit Wirkung v. 31. 7. 2014; Abs. 3 i. d. F. des Gesetzes v. 2. 11. 2015 (BGBl II S. 1834) mit Wirkung v. 1. 1. 2016.

3) **Anm. d. Red.:** § 5 Abs. 1 i. d. F. des Gesetzes v. 8. 12. 2010 (BGBl I S. 1768) mit Wirkung v. 14. 12. 2010.

(2) ¹Geht ein Gewerbebetrieb im Ganzen auf einen anderen Unternehmer über (§ 2 Abs. 5), so ist der bisherige Unternehmer bis zum Zeitpunkt des Übergangs Steuerschuldner. ²Der andere Unternehmer ist von diesem Zeitpunkt an Steuerschuldner.

## § 6 Besteuerungsgrundlage

Besteuerungsgrundlage für die Gewerbesteuer ist der Gewerbeertrag.

## Abschnitt II: Bemessung der Gewerbesteuer

### § 7 Gewerbeertrag[1)]

¹Gewerbeertrag ist der nach den Vorschriften des Einkommensteuergesetzes oder des Körperschaftsteuergesetzes zu ermittelnde Gewinn aus dem Gewerbebetrieb, der bei der Ermittlung des Einkommens für den dem Erhebungszeitraum (§ 14) entsprechenden Veranlagungszeitraum zu berücksichtigen ist, vermehrt und vermindert um die in den §§ 8 und 9 bezeichneten Beträge. ²Zum Gewerbeertrag gehört auch der Gewinn aus der Veräußerung oder Aufgabe

1. des Betriebs oder eines Teilbetriebs einer Mitunternehmerschaft,
2. des Anteils eines Gesellschafters, der als Unternehmer (Mitunternehmer) des Betriebs einer Mitunternehmerschaft anzusehen ist,
3. des Anteils eines persönlich haftenden Gesellschafters einer Kommanditgesellschaft auf Aktien,

soweit er nicht auf eine natürliche Person als unmittelbar beteiligter Mitunternehmer entfällt. ³Der nach § 5a des Einkommensteuergesetzes ermittelte Gewinn und das nach § 8 Abs. 1 Satz 3 des Körperschaftsteuergesetzes ermittelte Einkommen gelten als Gewerbeertrag nach Satz 1. ⁴§ 3 Nr. 40 und § 3c Abs. 2 des Einkommensteuergesetzes sind bei der Ermittlung des Gewerbeertrags einer Mitunternehmerschaft anzuwenden, soweit an der Mitunternehmerschaft natürliche Personen unmittelbar oder mittelbar über eine oder mehrere Personengesellschaften beteiligt sind; im Übrigen ist § 8b des Körperschaftsteuergesetzes anzuwenden. ⁵Bei der Ermittlung des Gewerbeertrags einer Kapitalgesellschaft, auf die § 8 Abs. 7 Satz 1 Nr. 2 des Körperschaftsteuergesetzes anzuwenden ist, ist § 8 Abs. 9 Satz 1 bis 3 des Körperschaftsteuergesetzes entsprechend anzuwenden; ein sich danach bei der jeweiligen Sparte im Sinne des § 8 Abs. 9 Satz 1 des Körperschaftsteuergesetzes ergebender negativer Gewerbeertrag darf nicht mit einem positiven Gewerbeertrag aus einer anderen Sparte im Sinne des § 8 Abs. 9 Satz 1 des Körperschaftsteuergesetzes ausgeglichen werden. ⁶§ 50d Abs. 10 des Einkommensteuergesetzes ist bei der Ermittlung des Gewerbeertrags entsprechend anzuwenden.

### § 8 Hinzurechnungen[2)]

Dem Gewinn aus Gewerbebetrieb (§ 7) werden folgende Beträge wieder hinzugerechnet, soweit sie bei der Ermittlung des Gewinns abgesetzt worden sind:

1. Ein Viertel der Summe aus
   a) Entgelten für Schulden. ²Als Entgelt gelten auch der Aufwand aus nicht dem gewöhnlichen Geschäftsverkehr entsprechenden gewährten Skonti oder wirtschaftlich vergleichbaren Vorteilen im Zusammenhang mit der Erfüllung von Forderungen aus Lieferungen und Leistungen vor Fälligkeit sowie die Diskontbeträge bei der Veräußerung von Wechsel- und anderen Geldforderungen. ³Soweit Gegenstand der Veräußerung eine Forderung aus einem schwebenden Vertragsverhältnis ist, gilt die Differenz zwischen dem Wert der Forderung aus dem schwebenden Vertragsverhältnis, wie ihn die Vertragsparteien im Zeitpunkt des Vertragsschlusses der Veräußerung zugrunde gelegt haben, und dem vereinbarten Veräußerungserlös als bei der Ermittlung des Gewinns abgesetzt,

---

1) **Anm. d. Red.:** § 7 i. d. F. des Gesetzes v. 19. 12. 2008 (BGBl I S. 2794) mit Wirkung v. 25. 12. 2008.
2) **Anm. d. Red.:** § 8 i. d. F. des Gesetzes v. 22. 12. 2009 (BGBl I S. 3950) mit Wirkung v. 31. 12. 2009.

b) Renten und dauernden Lasten. ²Pensionszahlungen auf Grund einer unmittelbar vom Arbeitgeber erteilten Versorgungszusage gelten nicht als dauernde Last im Sinne des Satzes 1,

c) Gewinnanteilen des stillen Gesellschafters,

d) einem Fünftel der Miet- und Pachtzinsen (einschließlich Leasingraten) für die Benutzung von beweglichen Wirtschaftsgütern des Anlagevermögens, die im Eigentum eines anderen stehen,

e) der Hälfte der Miet- und Pachtzinsen (einschließlich Leasingraten) für die Benutzung der unbeweglichen Wirtschaftsgüter des Anlagevermögens, die im Eigentum eines anderen stehen, und

f) einem Viertel der Aufwendungen für die zeitlich befristete Überlassung von Rechten (insbesondere Konzessionen und Lizenzen, mit Ausnahme von Lizenzen, die ausschließlich dazu berechtigen, daraus abgeleitete Rechte Dritten zu überlassen). ²Eine Hinzurechnung nach Satz 1 ist nicht vorzunehmen auf Aufwendungen, die nach § 25 des Künstlersozialversicherungsgesetzes Bemessungsgrundlage für die Künstlersozialabgabe sind,

soweit die Summe den Betrag von 100 000 Euro übersteigt;

2. und 3. (weggefallen)

4. die Gewinnanteile, die an persönlich haftende Gesellschafter einer Kommanditgesellschaft auf Aktien auf ihre nicht auf das Grundkapital gemachten Einlagen oder als Vergütung (Tantieme) für die Geschäftsführung verteilt worden sind;

5. die nach § 3 Nr. 40 des Einkommensteuergesetzes oder § 8b Abs. 1 des Körperschaftsteuergesetzes außer Ansatz bleibenden Gewinnanteile (Dividenden) und die diesen gleichgestellten Bezüge und erhaltenen Leistungen aus Anteilen an einer Körperschaft, Personenvereinigung oder Vermögensmasse im Sinne des Körperschaftsteuergesetzes, soweit sie nicht die Voraussetzungen des § 9 Nr. 2a oder 7 erfüllen, nach Abzug der mit diesen Einnahmen, Bezügen und erhaltenen Leistungen in wirtschaftlichem Zusammenhang stehenden Betriebsausgaben, soweit sie nach § 3c Abs. 2 des Einkommensteuergesetzes und § 8b Abs. 5 und 10 des Körperschaftsteuergesetzes unberücksichtigt bleiben. ²Dies gilt nicht für Gewinnausschüttungen, die unter § 3 Nr. 41 Buchstabe a des Einkommensteuergesetzes fallen;

6. und 7. (weggefallen)

8. die Anteile am Verlust einer in- oder ausländischen offenen Handelsgesellschaft, einer Kommanditgesellschaft oder einer anderen Gesellschaft, bei der die Gesellschafter als Unternehmer (Mitunternehmer) des Gewerbebetriebs anzusehen sind;

9. die Ausgaben im Sinne des § 9 Abs. 1 Nr. 2 des Körperschaftsteuergesetzes;

10. Gewinnminderungen, die

a) durch Ansatz des niedrigeren Teilwerts des Anteils an einer Körperschaft oder

b) durch Veräußerung oder Entnahme des Anteils an einer Körperschaft oder bei Auflösung oder Herabsetzung des Kapitals der Körperschaft

entstanden sind, soweit der Ansatz des niedrigeren Teilwerts oder die sonstige Gewinnminderung auf Gewinnausschüttungen der Körperschaft, um die der Gewerbeertrag nach § 9 Nr. 2a, 7 oder 8 zu kürzen ist, oder organschaftliche Gewinnabführungen der Körperschaft zurückzuführen ist;

11. (weggefallen)

12. ausländische Steuern, die nach § 34c des Einkommensteuergesetzes oder nach einer Bestimmung, die § 34c des Einkommensteuergesetzes für entsprechend anwendbar erklärt, bei der Ermittlung der Einkünfte abgezogen werden, soweit sie auf Gewinne oder Gewinnanteile entfallen, die bei der Ermittlung des Gewerbeertrags außer Ansatz gelassen oder nach § 9 gekürzt werden.

## § 8a (weggefallen)[1)]

## § 9 Kürzungen[2)]

Die Summe des Gewinns und der Hinzurechnungen wird gekürzt um

1. 1,2 Prozent des Einheitswerts des zum Betriebsvermögen des Unternehmers gehörenden und nicht von der Grundsteuer befreiten Grundbesitzes; maßgebend ist der Einheitswert, der auf den letzten Feststellungszeitpunkt (Hauptfeststellungs-, Fortschreibungs- oder Nachfeststellungszeitpunkt) vor dem Ende des Erhebungszeitraums (§ 14) lautet. ²An Stelle der Kürzung nach Satz 1 tritt auf Antrag bei Unternehmen, die ausschließlich eigenen Grundbesitz oder neben eigenem Grundbesitz eigenes Kapitalvermögen verwalten und nutzen oder daneben Wohnungsbauten betreuen oder Einfamilienhäuser, Zweifamilienhäuser oder Eigentumswohnungen im Sinne des Ersten Teils des Wohnungseigentumsgesetzes in der im Bundesgesetzblatt Teil III, Gliederungsnummer 403-1, veröffentlichten bereinigten Fassung, zuletzt geändert durch Artikel 28 des Gesetzes vom 14. Dezember 1984 (BGBl I S. 1493), errichten und veräußern, die Kürzung um den Teil des Gewerbeertrags, der auf die Verwaltung und Nutzung des eigenen Grundbesitzes entfällt. ³Satz 2 gilt entsprechend, wenn in Verbindung mit der Errichtung und Veräußerung von Eigentumswohnungen Teileigentum im Sinne des Wohnungseigentumsgesetzes errichtet und veräußert wird und das Gebäude zu mehr als 66 ²/₃ Prozent Wohnzwecken dient. ⁴Betreut ein Unternehmen auch Wohnungsbauten oder veräußert es auch Einfamilienhäuser, Zweifamilienhäuser oder Eigentumswohnungen, so ist Voraussetzung für die Anwendung des Satzes 2, dass der Gewinn aus der Verwaltung und Nutzung des eigenen Grundbesitzes gesondert ermittelt wird. ⁵Die Sätze 2 und 3 gelten nicht,
    1. wenn der Grundbesitz ganz oder zum Teil dem Gewerbebetrieb eines Gesellschafters oder Genossen dient,
    1a. soweit der Gewerbeertrag Vergütungen im Sinne des § 15 Absatz 1 Satz 1 Nummer 2 Satz 1 des Einkommensteuergesetzes enthält, die der Gesellschafter von der Gesellschaft für seine Tätigkeit im Dienst der Gesellschaft oder für die Hingabe von Darlehen oder für die Überlassung von Wirtschaftsgütern, mit Ausnahme der Überlassung von Grundbesitz, bezogen hat. ²Satz 1 ist auch auf Vergütungen anzuwenden, die vor dem 19. Juni 2008 erstmals vereinbart worden sind, wenn die Vereinbarung nach diesem Zeitpunkt wesentlich geändert wird, oder
    2. soweit der Gewerbeertrag Gewinne aus der Aufdeckung stiller Reserven aus dem Grundbesitz enthält, die innerhalb von drei Jahren vor der Aufdeckung der stillen Reserven zu einem unter dem Teilwert liegenden Wert in das Betriebsvermögen des aufdeckenden Gewerbebetriebs überführt oder übertragen worden ist, und soweit diese Gewinne auf bis zur Überführung oder Übertragung entstandenen stillen Reserven entfallen.
    ⁶Eine Kürzung nach den Sätzen 2 und 3 ist ausgeschlossen für den Teil des Gewerbeertrags, der auf Veräußerungs- oder Aufgabegewinne im Sinne des § 7 Satz 2 Nr. 2 und 3 entfällt;
2. die Anteile am Gewinn einer in- oder ausländischen offenen Handelsgesellschaft, einer Kommanditgesellschaft oder einer anderen Gesellschaft, bei der die Gesellschafter als Unternehmer (Mitunternehmer) des Gewerbebetriebs anzusehen sind, wenn die Gewinnanteile bei der Ermittlung des Gewinns angesetzt worden sind. ²Satz 1 ist bei Lebens- und Krankenversicherungsunternehmen nicht anzuwenden; für Pensionsfonds gilt Entsprechendes;
2a. die Gewinne aus Anteilen an einer nicht steuerbefreiten inländischen Kapitalgesellschaft im Sinne des § 2 Abs. 2, einer Kredit- oder Versicherungsanstalt des öffentlichen Rechts, einer Erwerbs- und Wirtschaftsgenossenschaft oder einer Unternehmensbeteiligungsgesellschaft im Sinne des § 3 Nr. 23, wenn die Beteiligung zu Beginn des Erhebungszeitraums mindestens 15 Prozent des Grund- oder Stammkapitals beträgt und die Gewinnanteile bei

---

1) **Anm. d. Red.:** § 8a weggefallen gem. Gesetz v. 23. 12. 2003 (BGBl I S. 2922) mit Wirkung v. 1. 1. 2004.
2) **Anm. d. Red.:** § 9 i. d. F. des Gesetzes v. 25. 7. 2014 (BGBl I S. 1266) mit Wirkung v. 31. 7. 2014.

Ermittlung des Gewinns (§ 7) angesetzt worden sind. ²Ist ein Grund- oder Stammkapital nicht vorhanden, so ist die Beteiligung an dem Vermögen, bei Erwerbs- und Wirtschaftsgenossenschaften die Beteiligung an der Summe der Geschäftsguthaben, maßgebend. ³Im unmittelbaren Zusammenhang mit Gewinnanteilen stehende Aufwendungen mindern den Kürzungsbetrag, soweit entsprechende Beteiligungserträge zu berücksichtigen sind; insoweit findet § 8 Nr. 1 keine Anwendung. ⁴Nach § 8b Abs. 5 des Körperschaftsteuergesetzes nicht abziehbare Betriebsausgaben sind keine Gewinne aus Anteilen im Sinne des Satzes 1. ⁵Satz 1 ist bei Lebens- und Krankenversicherungsunternehmen auf Gewinne aus Anteilen, die den Kapitalanlagen zuzurechnen sind, nicht anzuwenden; für Pensionsfonds gilt Entsprechendes;

2b. die nach § 8 Nr. 4 dem Gewerbeertrag einer Kommanditgesellschaft auf Aktien hinzugerechneten Gewinnanteile, wenn sie bei der Ermittlung des Gewinns (§ 7) angesetzt worden sind;

3. den Teil des Gewerbeertrags eines inländischen Unternehmens, der auf eine nicht im Inland belegene Betriebsstätte entfällt. ²Bei Unternehmen, die ausschließlich den Betrieb von eigenen oder gecharterten Handelsschiffen im internationalen Verkehr zum Gegenstand haben, gelten 80 Prozent des Gewerbeertrags als auf eine nicht im Inland belegene Betriebsstätte entfallend. ³Ist Gegenstand eines Betriebs nicht ausschließlich der Betrieb von Handelsschiffen im internationalen Verkehr, so gelten 80 Prozent des Teils des Gewerbeertrags, der auf den Betrieb von Handelsschiffen im internationalen Verkehr entfällt, als auf eine nicht im Inland belegene Betriebsstätte entfallend; in diesem Fall ist Voraussetzung, dass dieser Teil gesondert ermittelt wird. ⁴Handelsschiffe werden im internationalen Verkehr betrieben, wenn eigene oder gecharterte Handelsschiffe im Wirtschaftsjahr überwiegend zur Beförderung von Personen und Gütern im Verkehr mit oder zwischen ausländischen Häfen, innerhalb eines ausländischen Hafens oder zwischen einem ausländischen Hafen und der freien See eingesetzt werden. ⁵Für die Anwendung der Sätze 2 bis 4 gilt § 5a Abs. 2 Satz 2 des Einkommensteuergesetzes entsprechend;

4. (weggefallen)

5. die aus den Mitteln des Gewerbebetriebs geleisteten Zuwendungen (Spenden und Mitgliedsbeiträge) zur Förderung steuerbegünstigter Zwecke im Sinne der §§ 52 bis 54 der Abgabenordnung bis zur Höhe von insgesamt 20 Prozent des um die Hinzurechnungen nach § 8 Nummer 9 erhöhten Gewinns aus Gewerbebetrieb (§ 7) oder 4 Promille der Summe der gesamten Umsätze und der im Wirtschaftsjahr aufgewendeten Löhne und Gehälter. ²Voraussetzung für die Kürzung ist, dass diese Zuwendungen

a) an eine juristische Person des öffentlichen Rechts oder an eine öffentliche Dienststelle, die in einem Mitgliedstaat der Europäischen Union oder in einem Staat belegen ist, auf den das Abkommen über den Europäischen Wirtschaftsraum (EWR-Abkommen) Anwendung findet, oder

b) an eine nach § 5 Absatz 1 Nummer 9 des Körperschaftsteuergesetzes steuerbefreite Körperschaft, Personenvereinigung oder Vermögensmasse oder

c) an eine Körperschaft, Personenvereinigung oder Vermögensmasse, die in einem Mitgliedstaat der Europäischen Union oder in einem Staat belegen ist, auf den das Abkommen über den Europäischen Wirtschaftsraum (EWR-Abkommen) Anwendung findet, und die nach § 5 Absatz 1 Nummer 9 des Körperschaftsteuergesetzes in Verbindung mit § 5 Absatz 2 Nummer 2 zweiter Halbsatz des Körperschaftsteuergesetzes steuerbefreit wäre, wenn sie inländische Einkünfte erzielen würde,

geleistet werden (Zuwendungsempfänger). ³Für nicht im Inland ansässige Zuwendungsempfänger nach Satz 2 ist weitere Voraussetzung, dass durch diese Staaten Amtshilfe und Unterstützung bei der Beitreibung geleistet werden. ⁴Amtshilfe ist der Auskunftsaustausch im Sinne oder entsprechend der Amtshilferichtlinie gemäß § 2 Absatz 2 des EU-Amtshilfegesetzes. ⁵Beitreibung ist die gegenseitige Unterstützung bei der Beitreibung von Forderungen im Sinne oder entsprechend der Beitreibungsrichtlinie einschließlich der in diesem Zusammenhang anzuwendenden Durchführungsbestimmungen in den für den jeweiligen Veranlagungszeitraum geltenden Fassungen oder eines entsprechenden Nachfolgerechtsaktes. [6]Werden die steuerbegünstigten Zwecke des Zuwendungsempfängers im Sinne von Satz 2 Buchstabe a nur im Ausland verwirklicht, ist für eine Kürzung nach Satz 1 Voraussetzung, dass natürliche Personen, die ihren Wohnsitz oder ihren gewöhnlichen Aufenthalt im Geltungsbereich dieses Gesetzes haben, gefördert werden oder dass die Tätigkeit dieses Zuwendungsempfängers neben der Verwirklichung der steuerbegünstigten Zwecke auch zum Ansehen der Bundesrepublik Deutschland beitragen kann. [7]In die Kürzung nach Satz 1 sind auch Mitgliedsbeiträge an Körperschaften einzubeziehen, die Kunst und Kultur gemäß § 52 Absatz 2 Nummer 5 der Abgabenordnung fördern, soweit es sich nicht um Mitgliedsbeiträge nach Satz 11 Nummer 2 handelt, auch wenn den Mitgliedern Vergünstigungen gewährt werden. [8]Überschreiten die geleisteten Zuwendungen die Höchstsätze nach Satz 1, kann die Kürzung im Rahmen der Höchstsätze nach Satz 1 in den folgenden Erhebungszeiträumen vorgenommen werden. [9]Einzelunternehmen und Personengesellschaften können auf Antrag neben der Kürzung nach Satz 1 eine Kürzung um die im Erhebungszeitraum in das zu erhaltende Vermögen (Vermögensstock) einer Stiftung, die die Voraussetzungen der Sätze 2 bis 6 erfüllt, geleisteten Spenden in diesem und in den folgenden neun Erhebungszeiträumen bis zu einem Betrag von 1 Million Euro vornehmen. [10]Nicht abzugsfähig nach Satz 9 sind Spenden in das verbrauchbare Vermögen einer Stiftung. [11]Der besondere Kürzungsbetrag nach Satz 9 kann der Höhe nach innerhalb des Zehnjahreszeitraums nur einmal in Anspruch genommen werden. [12]Eine Kürzung nach den Sätzen 1 bis 10 ist ausgeschlossen, soweit auf die geleisteten Zuwendungen § 8 Abs. 3 des Körperschaftsteuergesetzes anzuwenden ist oder soweit Mitgliedsbeiträge an Körperschaften geleistet werden, die

1. den Sport (§ 52 Abs. 2 Nr. 21 der Abgabenordnung),
2. kulturelle Betätigungen, die in erster Linie der Freizeitgestaltung dienen,
3. die Heimatpflege und Heimatkunde (§ 52 Abs. 2 Nr. 22 der Abgabenordnung) oder
4. Zwecke im Sinne des § 52 Abs. 2 Nr. 23 der Abgabenordnung

fördern. [13]§ 10b Absatz 3 und 4 Satz 1 sowie § 10d Absatz 4 des Einkommensteuergesetzes und § 9 Absatz 2 Satz 2 bis 5 und Absatz 3 Satz 1 des Körperschaftsteuergesetzes, sowie die einkommensteuerrechtlichen Vorschriften zur Abziehbarkeit von Zuwendungen gelten entsprechend. [14]Wer vorsätzlich oder grob fahrlässig eine unrichtige Bestätigung über Spenden und Mitgliedsbeiträge ausstellt oder veranlasst, dass entsprechende Zuwendungen nicht zu den in der Bestätigung angegebenen steuerbegünstigten Zwecken verwendet werden (Veranlasserhaftung), haftet für die entgangene Gewerbesteuer. [15]In den Fällen der Veranlasserhaftung ist vorrangig der Zuwendungsempfänger in Anspruch zu nehmen; die natürlichen Personen, die in diesen Fällen für den Zuwendungsempfänger handeln, sind nur in Anspruch zu nehmen, wenn die entgangene Steuer nicht nach § 47 der Abgabenordnung erloschen ist und Vollstreckungsmaßnahmen gegen den Zuwendungsempfänger nicht erfolgreich sind; § 10b Absatz 4 Satz 5 des Einkommensteuergesetzes gilt entsprechend. [16]Der Haftungsbetrag ist mit 15 Prozent der Zuwendungen anzusetzen und fließt der für den Spendenempfänger zuständigen Gemeinde zu, die durch sinngemäße Anwendung des § 20 der Abgabenordnung bestimmt wird. [17]Der Haftungsbetrag wird durch Haftungsbescheid des Finanzamts festgesetzt; die Befugnis der Gemeinde zur Erhebung der entgangenen Gewerbesteuer bleibt unberührt. [18]§ 184 Abs. 3 der Abgabenordnung gilt sinngemäß;

6. (weggefallen)
7. die Gewinne aus Anteilen an einer Kapitalgesellschaft mit Geschäftsleitung und Sitz außerhalb des Geltungsbereichs dieses Gesetzes, an deren Nennkapital das Unternehmen seit Beginn des Erhebungszeitraums ununterbrochen mindestens zu 15 Prozent beteiligt ist (Tochtergesellschaft) und die ihre Bruttoerträge ausschließlich oder fast ausschließlich aus unter § 8 Abs. 1 Nr. 1 bis 6 des Außensteuergesetzes fallenden Tätigkeiten und aus Beteiligungen an Gesellschaften bezieht, an deren Nennkapital sie mindestens zu einem Viertel unmittelbar beteiligt ist, wenn die Beteiligungen ununterbrochen seit mindestens zwölf Monaten

vor dem für die Ermittlung des Gewinns maßgebenden Abschlussstichtag bestehen und das Unternehmen nachweist, dass

1. diese Gesellschaften Geschäftsleitung und Sitz in demselben Staat wie die Tochtergesellschaft haben und ihre Bruttoerträge ausschließlich oder fast ausschließlich aus den unter § 8 Abs. 1 Nr. 1 bis 6 des Außensteuergesetzes fallenden Tätigkeiten beziehen oder
2. die Tochtergesellschaft die Beteiligungen in wirtschaftlichem Zusammenhang mit eigenen unter Absatz 1 Nr. 1 bis 6 fallenden Tätigkeiten hält und die Gesellschaft, an der die Beteiligung besteht, ihre Bruttoerträge ausschließlich oder fast ausschließlich aus solchen Tätigkeiten bezieht,

wenn die Gewinnanteile bei der Ermittlung des Gewinns (§ 7) angesetzt worden sind; das gilt auch für Gewinne aus Anteilen an einer Gesellschaft, die die in der Anlage 2 zum Einkommensteuergesetz genannten Voraussetzungen des Artikels 2 der Richtlinie 2011/96/EU des Rates vom 30. November 2011 über das gemeinsame Steuersystem der Mutter- und Tochtergesellschaften verschiedener Mitgliedstaaten (ABl L 345 vom 29. 12. 2011, S. 8) erfüllt, weder Geschäftsleitung noch Sitz im Inland hat und an deren Nennkapital das Unternehmen zu Beginn des Erhebungszeitraums mindestens zu einem Zehntel beteiligt ist. [2]§ 9 Nr. 2a Satz 3 gilt entsprechend. [3]§ 9 Nr. 2a Satz 4 gilt entsprechend. [4]Bezieht ein Unternehmen, das über eine Tochtergesellschaft mindestens zu 15 Prozent an einer Kapitalgesellschaft mit Geschäftsleitung und Sitz außerhalb des Geltungsbereichs dieses Gesetzes (Enkelgesellschaft) mittelbar beteiligt ist, in einem Wirtschaftsjahr Gewinne aus Anteilen an der Tochtergesellschaft und schüttet die Enkelgesellschaft zu einem Zeitpunkt, der in dieses Wirtschaftsjahr fällt, Gewinne an die Tochtergesellschaft aus, so gilt auf Antrag des Unternehmens das Gleiche für den Teil der von ihm bezogenen Gewinne, der der nach seiner mittelbaren Beteiligung auf das Unternehmen entfallenden Gewinnausschüttung der Enkelgesellschaft entspricht. [5]Hat die Tochtergesellschaft in dem betreffenden Wirtschaftsjahr neben den Gewinnanteilen einer Enkelgesellschaft noch andere Erträge bezogen, so findet Satz 4 nur Anwendung für den Teil der Ausschüttung der Tochtergesellschaft, der dem Verhältnis dieser Gewinnanteile zu der Summe dieser Gewinnanteile und der übrigen Erträge entspricht, höchstens aber in Höhe des Betrags dieser Gewinnanteile. [6]Die Anwendung des Satzes 4 setzt voraus, dass

1. die Enkelgesellschaft in dem Wirtschaftsjahr, für das sie die Ausschüttung vorgenommen hat, ihre Bruttoerträge ausschließlich oder fast ausschließlich aus unter § 8 Abs. 1 Nr. 1 bis 6 des Außensteuergesetzes fallenden Tätigkeiten oder aus unter Satz 1 Nr. 1 fallenden Beteiligungen bezieht und
2. die Tochtergesellschaft unter den Voraussetzungen des Satzes 1 am Nennkapital der Enkelgesellschaft beteiligt ist.

[7]Die Anwendung der vorstehenden Vorschriften setzt voraus, dass das Unternehmen alle Nachweise erbringt, insbesondere

1. durch Vorlage sachdienlicher Unterlagen nachweist, dass die Tochtergesellschaft ihre Bruttoerträge ausschließlich oder fast ausschließlich aus unter § 8 Abs. 1 Nr. 1 bis 6 des Außensteuergesetzes fallenden Tätigkeiten oder aus unter Satz 1 Nr. 1 und 2 fallenden Beteiligungen bezieht,
2. durch Vorlage sachdienlicher Unterlagen nachweist, dass die Enkelgesellschaft ihre Bruttoerträge ausschließlich oder fast ausschließlich aus unter § 8 Abs. 1 Nr. 1 bis 6 des Außensteuergesetzes fallenden Tätigkeiten oder aus unter Satz 1 Nr. 1 fallenden Beteiligungen bezieht,
3. den ausschüttbaren Gewinn der Tochtergesellschaft oder Enkelgesellschaft durch Vorlage von Bilanzen und Erfolgsrechnungen nachweist; auf Verlangen sind diese Unterlagen mit dem im Staat der Geschäftsleitung oder des Sitzes vorgeschriebenen oder üblichen Prüfungsvermerk einer behördlich anerkannten Wirtschaftsprüfungsstelle oder einer vergleichbaren Stelle vorzulegen.

§§ 10, 10a    XXIV. Gewerbesteuergesetz

⁸Die Sätze 1 bis 7 sind bei Lebens- und Krankenversicherungsunternehmen auf Gewinne aus Anteilen, die den Kapitalanlagen zuzurechnen sind, nicht anzuwenden; für Pensionsfonds gilt Entsprechendes;

8. die Gewinne aus Anteilen an einer ausländischen Gesellschaft, die nach einem Abkommen zur Vermeidung der Doppelbesteuerung unter der Voraussetzung einer Mindestbeteiligung von der Gewerbesteuer befreit sind, wenn die Beteiligung mindestens 15 Prozent beträgt und die Gewinnanteile bei der Ermittlung des Gewinns (§ 7) angesetzt worden sind; ist in einem Abkommen zur Vermeidung der Doppelbesteuerung eine niedrigere Mindestbeteiligungsgrenze vereinbart, ist diese maßgebend. ²§ 9 Nr. 2a Satz 3 gilt entsprechend. ³§ 9 Nr. 2a Satz 4 gilt entsprechend. ⁴Satz 1 ist bei Lebens- und Krankenversicherungsunternehmen auf Gewinne aus Anteilen, die den Kapitalanlagen zuzurechnen sind, nicht anzuwenden; für Pensionsfonds gilt Entsprechendes.

9. und 10. (weggefallen)

### § 10 Maßgebender Gewerbeertrag

(1) Maßgebend ist der Gewerbeertrag, der in dem Erhebungszeitraum bezogen worden ist, für den der Steuermessbetrag (§ 14) festgesetzt wird.

(2) Weicht bei Unternehmen, die Bücher nach den Vorschriften des Handelsgesetzbuchs zu führen verpflichtet sind, das Wirtschaftsjahr, für das sie regelmäßig Abschlüsse machen, vom Kalenderjahr ab, so gilt der Gewerbeertrag als in dem Erhebungszeitraum bezogen, in dem das Wirtschaftsjahr endet.

### § 10a  Gewerbeverlust[1)]

¹Der maßgebende Gewerbeertrag wird bis zu einem Betrag in Höhe von 1 Million Euro um die Fehlbeträge gekürzt, die sich bei der Ermittlung des maßgebenden Gewerbeertrags für die vorangegangenen Erhebungszeiträume nach den Vorschriften der §§ 7 bis 10 ergeben haben, soweit die Fehlbeträge nicht bei der Ermittlung des Gewerbeertrags für die vorangegangenen Erhebungszeiträume berücksichtigt worden sind. ²Der 1 Million Euro übersteigende maßgebende Gewerbeertrag ist bis zu 60 Prozent um nach Satz 1 nicht berücksichtigte Fehlbeträge der vorangegangenen Erhebungszeiträume zu kürzen. ³Im Fall des § 2 Abs. 2 Satz 2 kann die Organgesellschaft den maßgebenden Gewerbeertrag nicht um Fehlbeträge kürzen, die sich vor dem rechtswirksamen Abschluss des Gewinnabführungsvertrags ergeben haben. ⁴Bei einer Mitunternehmerschaft ist der sich für die Mitunternehmerschaft insgesamt ergebende Fehlbetrag den Mitunternehmern entsprechend dem sich aus dem Gesellschaftsvertrag ergebenden allgemeinen Gewinnverteilungsschlüssel zuzurechnen; Vorabgewinnanteile sind nicht zu berücksichtigen. ⁵Für den Abzug der den Mitunternehmern zugerechneten Fehlbeträge nach Maßgabe der Sätze 1 und 2 ist der sich für die Mitunternehmerschaft insgesamt ergebende maßgebende Gewerbeertrag sowie der Höchstbetrag nach Satz 1 den Mitunternehmern entsprechend dem sich aus dem Gesellschaftsvertrag für das Abzugsjahr ergebenden allgemeinen Gewinnverteilungsschlüssel zuzurechnen; Vorabgewinnanteile sind nicht zu berücksichtigen. ⁶Die Höhe der vortragsfähigen Fehlbeträge ist gesondert festzustellen. ⁷Vortragsfähige Fehlbeträge sind die nach der Kürzung des maßgebenden Gewerbeertrags nach Satz 1 und 2 zum Schluss des Erhebungszeitraums verbleibenden Fehlbeträge. ⁸Im Fall des § 2 Abs. 5 kann der andere Unternehmer den maßgebenden Gewerbeertrag nicht um die Fehlbeträge kürzen, die sich bei der Ermittlung des maßgebenden Gewerbeertrags des übergegangenen Unternehmens ergeben haben. ⁹§ 8 Abs. 8 und 9 Satz 5 bis 8 des Körperschaftsteuergesetzes ist entsprechend anzuwenden. ¹⁰Auf die Fehlbeträge ist § 8c des Körperschaftsteuergesetzes entsprechend anzuwenden; dies gilt auch für den Fehlbetrag einer Mitunternehmerschaft, soweit dieser

1. einer Körperschaft unmittelbar oder

---

1) **Anm. d. Red.:** § 10a i. d. F. des Gesetzes v. 8.12.2010 (BGBl I S. 1768) mit Wirkung v. 14.12.2010.

2. einer Mitunternehmerschaft, soweit an dieser eine Körperschaft unmittelbar oder mittelbar über eine oder mehrere Personengesellschaften beteiligt ist,

zuzurechnen ist.

## § 11 Steuermesszahl und Steuermessbetrag[1)]

(1) [1]Bei der Berechnung der Gewerbesteuer ist von einem Steuermessbetrag auszugehen. [2]Dieser ist durch Anwendung eines Prozentsatzes (Steuermesszahl) auf den Gewerbeertrag zu ermitteln. [3]Der Gewerbeertrag ist auf volle 100 Euro nach unten abzurunden und

1. bei natürlichen Personen sowie bei Personengesellschaften um einen Freibetrag in Höhe von 24 500 Euro,
2. bei Unternehmen im Sinne des § 2 Abs. 3 und des § 3 Nr. 5, 6, 8, 9, 15, 17, 21, 26, 27, 28 und 29 sowie bei Unternehmen von juristischen Personen des öffentlichen Rechts um einen Freibetrag in Höhe von 5 000 Euro,

höchstens jedoch in Höhe des abgerundeten Gewerbeertrags, zu kürzen.

(2) Die Steuermesszahl für den Gewerbeertrag beträgt 3,5 Prozent.

(3) [1]Die Steuermesszahl ermäßigt sich auf 56 Prozent bei Hausgewerbetreibenden und ihnen nach § 1 Abs. 2 Buchstabe b und d des Heimarbeitsgesetzes in der im Bundesgesetzblatt Teil III, Gliederungsnummer 804-1, veröffentlichten bereinigten Fassung, zuletzt geändert durch Artikel 4 des Gesetzes vom 13. Juli 1988 (BGBl I S. 1034), gleichgestellten Personen. [2]Das Gleiche gilt für die nach § 1 Abs. 2 Buchstabe c des Heimarbeitsgesetzes gleichgestellten Personen, deren Entgelte (§ 10 Abs. 1 des Umsatzsteuergesetzes) aus der Tätigkeit unmittelbar für den Absatzmarkt im Erhebungszeitraum 25 000 Euro nicht übersteigen.

## Abschnitt III

### §§ 12 und 13 (weggefallen)

## Abschnitt IV: Steuermessbetrag

### § 14 Festsetzung des Steuermessbetrags

[1]Der Steuermessbetrag wird für den Erhebungszeitraum nach dessen Ablauf festgesetzt. [2]Erhebungszeitraum ist das Kalenderjahr. [3]Besteht die Gewerbesteuerpflicht nicht während eines ganzen Kalenderjahrs, so tritt an die Stelle des Kalenderjahrs der Zeitraum der Steuerpflicht (abgekürzter Erhebungszeitraum).

### § 14a Steuererklärungspflicht[2)]

[1]Der Steuerschuldner (§ 5) hat für steuerpflichtige Gewerbebetriebe eine Erklärung zur Festsetzung des Steuermessbetrags und in den Fällen des § 28 außerdem eine Zerlegungserklärung nach amtlich vorgeschriebenem Datensatz durch Datenfernübertragung zu übermitteln. [2]Auf Antrag kann die Finanzbehörde zur Vermeidung unbilliger Härten auf eine elektronische Übermittlung verzichten; in diesem Fall ist die Erklärung nach amtlich vorgeschriebenem Vordruck abzugeben und vom Steuerschuldner oder von den in § 34 der Abgabenordnung bezeichneten Personen eigenhändig zu unterschreiben.

---

1) **Anm. d. Red.:** § 11 Abs. 1 i. d. F. des Gesetzes v. 17. 3. 2009 (BGBl I S. 550) mit Wirkung v. 1. 1. 2009; Abs. 2 i. d. F. des Gesetzes v. 14. 8. 2007 (BGBl I S. 1912) mit Wirkung v. 18. 8. 2007; Abs. 3 i. d. F. des Gesetzes v. 8. 12. 2010 (BGBl I S. 1768) mit Wirkung v. 14. 12. 2010.

2) **Anm. d. Red.:** § 14a i. d. F. des Gesetzes v. 20. 12. 2008 (BGBl I S. 2850) mit Wirkung v. 1. 1. 2009.

## § 14b Verspätungszuschlag

¹Ein nach § 152 der Abgabenordnung zu entrichtender Verspätungszuschlag fließt der Gemeinde zu. ²Sind mehrere Gemeinden an der Gewerbesteuer beteiligt, so fließt der Verspätungszuschlag der Gemeinde zu, in der sich die Geschäftsleitung am Ende des Erhebungszeitraums befindet. ³Befindet sich die Geschäftsleitung im Ausland, so fließt der Verspätungszuschlag der Gemeinde zu, in der sich die wirtschaftlich bedeutendste Betriebsstätte befindet. ⁴Auf den Verspätungszuschlag ist der Hebesatz der Gemeinde nicht anzuwenden.

## § 15 Pauschfestsetzung

Wird die Einkommensteuer oder die Körperschaftsteuer in einem Pauschbetrag festgesetzt, so kann die für die Festsetzung zuständige Behörde im Einvernehmen mit der Landesregierung oder der von ihr bestimmten Behörde auch den Steuermessbetrag in einem Pauschbetrag festsetzen.

## Abschnitt V: Entstehung, Festsetzung und Erhebung der Steuer

### § 16 Hebesatz[1]

(1) Die Steuer wird auf Grund des Steuermessbetrags (§ 14) mit einem Prozentsatz (Hebesatz) festgesetzt und erhoben, der von der hebeberechtigten Gemeinde (§§ 4, 35a) zu bestimmen ist.

(2) Der Hebesatz kann für ein Kalenderjahr oder mehrere Kalenderjahre festgesetzt werden.

(3) ¹Der Beschluss über die Festsetzung oder Änderung des Hebesatzes ist bis zum 30. Juni eines Kalenderjahrs mit Wirkung vom Beginn dieses Kalenderjahrs zu fassen. ²Nach diesem Zeitpunkt kann der Beschluss über die Festsetzung des Hebesatzes gefasst werden, wenn der Hebesatz die Höhe der letzten Festsetzung nicht überschreitet.

(4) ¹Der Hebesatz muss für alle in der Gemeinde vorhandenen Unternehmen der gleiche sein. ²Er beträgt 200 Prozent, wenn die Gemeinde nicht einen höheren Hebesatz bestimmt hat. ³Wird das Gebiet von Gemeinden geändert, so kann die Landesregierung oder die von ihr bestimmte Stelle für die von der Änderung betroffenen Gebietsteile auf eine bestimmte Zeit verschiedene Hebesätze zulassen. ⁴In den Fällen des Satzes 3 sind die §§ 28 bis 34 mit der Maßgabe anzuwenden, dass an die Stelle mehrerer Gemeinden die Gebietsteile der Gemeinde mit verschiedenen Hebesätzen treten.

(5) In welchem Verhältnis die Hebesätze für die Grundsteuer der Betriebe der Land- und Forstwirtschaft, für die Grundsteuer der Grundstücke und für die Gewerbesteuer zueinander stehen müssen, welche Höchstsätze nicht überschritten werden dürfen und inwieweit mit Genehmigung der Gemeindeaufsichtsbehörde Ausnahmen zugelassen werden können, bleibt einer landesrechtlichen Regelung vorbehalten.

### § 17 (weggefallen)

### § 18 Entstehung der Steuer

Die Gewerbesteuer entsteht, soweit es sich nicht um Vorauszahlungen (§ 21) handelt, mit Ablauf des Erhebungszeitraums, für den die Festsetzung vorgenommen wird.

### § 19 Vorauszahlungen[2]

(1) ¹Der Steuerschuldner hat am 15. Februar, 15. Mai, 15. August und 15. November Vorauszahlungen zu entrichten. ²Gewerbetreibende, deren Wirtschaftsjahr vom Kalenderjahr abweicht, haben die Vorauszahlungen während des Wirtschaftsjahrs zu entrichten, das im Erhe-

---

1) **Anm. d. Red.:** § 16 Abs. 1 i. d. F. des Gesetzes v. 13.12.2006 (BGBl I S. 2878) mit Wirkung v. 1.1.2007; Abs. 4 i. d. F. des Gesetzes v. 19.12.2008 (BGBl I S. 2794) mit Wirkung v. 25.12.2008.

2) **Anm. d. Red.:** § 19 Abs. 3 i. d. F. des Gesetzes v. 25.7.2014 (BGBl I S. 1266) mit Wirkung v. 31.7.2014.

bungszeitraum endet. ³Satz 2 gilt nur, wenn der Gewerbebetrieb nach dem 31. Dezember 1985 gegründet worden oder infolge Wegfalls eines Befreiungsgrundes in die Steuerpflicht eingetreten ist oder das Wirtschaftsjahr nach diesem Zeitpunkt auf einen vom Kalenderjahr abweichenden Zeitraum umgestellt worden ist.

(2) Jede Vorauszahlung beträgt grundsätzlich ein Viertel der Steuer, die sich bei der letzten Veranlagung ergeben hat.

(3) ¹Die Gemeinde kann die Vorauszahlungen der Steuer anpassen, die sich für den Erhebungszeitraum (§ 14) voraussichtlich ergeben wird. ²Die Anpassung kann bis zum Ende des 15. auf den Erhebungszeitraum folgenden Kalendermonats vorgenommen werden; bei einer nachträglichen Erhöhung der Vorauszahlungen ist der Erhöhungsbetrag innerhalb eines Monats nach Bekanntgabe des Vorauszahlungsbescheids zu entrichten. ³Das Finanzamt kann bis zum Ende des 15. auf den Erhebungszeitraum folgenden Kalendermonats für Zwecke der Gewerbesteuer-Vorauszahlungen den Steuermessbetrag festsetzen, der sich voraussichtlich ergeben wird. ⁴An diese Festsetzung ist die Gemeinde bei der Anpassung der Vorauszahlungen nach den Sätzen 1 und 2 gebunden.

(4) Wird im Laufe des Erhebungszeitraums ein Gewerbebetrieb neu gegründet oder tritt ein bereits bestehender Gewerbebetrieb infolge Wegfalls des Befreiungsgrundes in die Steuerpflicht ein, so gilt für die erstmalige Festsetzung der Vorauszahlungen Absatz 3 entsprechend.

(5) ¹Die einzelne Vorauszahlung ist auf den nächsten vollen Betrag in Euro nach unten abzurunden. ²Sie wird nur festgesetzt, wenn sie mindestens 50 Euro beträgt.

## § 20 Abrechnung über die Vorauszahlungen

(1) Die für einen Erhebungszeitraum (§ 14) entrichteten Vorauszahlungen werden auf die Steuerschuld für diesen Erhebungszeitraum angerechnet.

(2) Ist die Steuerschuld größer als die Summe der anzurechnenden Vorauszahlungen, so ist der Unterschiedsbetrag, soweit er den im Erhebungszeitraum und nach § 19 Abs. 3 Satz 2 nach Ablauf des Erhebungszeitraums fällig gewordenen, aber nicht entrichteten Vorauszahlungen entspricht, sofort, im Übrigen innerhalb eines Monats nach Bekanntgabe des Steuerbescheids zu entrichten (Abschlusszahlung).

(3) Ist die Steuerschuld kleiner als die Summe der anzurechnenden Vorauszahlungen, so wird der Unterschiedsbetrag nach Bekanntgabe des Steuerbescheids durch Aufrechnung oder Zurückzahlung ausgeglichen.

## § 21 Entstehung der Vorauszahlungen

Die Vorauszahlungen auf die Gewerbesteuer entstehen mit Beginn des Kalendervierteljahrs, in dem die Vorauszahlungen zu entrichten sind, oder, wenn die Steuerpflicht erst im Laufe des Kalendervierteljahrs begründet wird, mit Begründung der Steuerpflicht.

## §§ 22 bis 27 (weggefallen)

## Abschnitt VI: Zerlegung

## § 28 Allgemeines[1)]

(1) ¹Sind im Erhebungszeitraum Betriebsstätten zur Ausübung des Gewerbes in mehreren Gemeinden unterhalten worden, so ist der Steuermessbetrag in die auf die einzelnen Gemeinden entfallenden Anteile (Zerlegungsanteile) zu zerlegen. ²Das gilt auch in den Fällen, in denen eine Betriebsstätte sich über mehrere Gemeinden erstreckt hat oder eine Betriebsstätte innerhalb eines Erhebungszeitraums von einer Gemeinde in eine andere Gemeinde verlegt worden ist.

---

1) **Anm. d. Red.:** § 28 Abs. 2 i. d. F. des Gesetzes v. 23. 12. 2003 (BGBl I S. 2922) mit Wirkung v. 1. 1. 2004.

(2) ¹Bei der Zerlegung sind die Gemeinden nicht zu berücksichtigen, in denen
1. Verkehrsunternehmen lediglich Gleisanlagen unterhalten,
2. sich nur Anlagen befinden, die der Weiterleitung fester, flüssiger oder gasförmiger Stoffe sowie elektrischer Energie dienen, ohne dass diese dort abgegeben werden,
3. Bergbauunternehmen keine oberirdischen Anlagen haben, in welchen eine gewerbliche Tätigkeit entfaltet wird.
4. (weggefallen)

²Dies gilt nicht, wenn dadurch auf keine Gemeinde ein Zerlegungsanteil oder der Steuermessbetrag entfallen würde.

### § 29 Zerlegungsmaßstab[1)]

(1) Zerlegungsmaßstab ist
1. vorbehaltlich der Nummer 2 das Verhältnis, in dem die Summe der Arbeitslöhne, die an die bei allen Betriebsstätten (§ 28) beschäftigten Arbeitnehmer gezahlt worden sind, zu den Arbeitslöhnen steht, die an die bei den Betriebsstätten der einzelnen Gemeinden beschäftigten Arbeitnehmer gezahlt worden sind;
2. bei Betrieben, die ausschließlich Anlagen zur Erzeugung von Strom und anderen Energieträgern sowie Wärme aus Windenergie und solarer Strahlungsenergie betreiben,
    a) vorbehaltlich des Buchstabens b zu drei Zehnteln das in Nummer 1 bezeichnete Verhältnis und zu sieben Zehnteln das Verhältnis, in dem die Summe der steuerlich maßgebenden Ansätze des Sachanlagevermögens mit Ausnahme der Betriebs- und Geschäftsausstattung, der geleisteten Anzahlungen und der Anlagen im Bau in allen Betriebsstätten (§ 28) zu dem Ansatz in den einzelnen Betriebsstätten steht,
    b) für die Erhebungszeiträume 2014 bis 2023 bei Betrieben, die ausschließlich Anlagen zur Erzeugung von Strom und anderen Energieträgern sowie Wärme aus solarer Strahlungsenergie betreiben,
        aa) für den auf Neuanlagen im Sinne von Satz 3 entfallenden Anteil am Steuermessbetrag zu drei Zehnteln das in Nummer 1 bezeichnete Verhältnis und zu sieben Zehnteln das Verhältnis, in dem die Summe der steuerlich maßgebenden Ansätze des Sachanlagevermögens mit Ausnahme der Betriebs- und Geschäftsausstattung, der geleisteten Anzahlungen und der Anlagen im Bau (maßgebendes Sachanlagevermögen) in allen Betriebsstätten (§ 28) zu dem Ansatz in den einzelnen Betriebsstätten steht, und
        bb) für den auf die übrigen Anlagen im Sinne von Satz 4 entfallenden Anteil am Steuermessbetrag das in Nummer 1 bezeichnete Verhältnis.

²Der auf Neuanlagen und auf übrige Anlagen jeweils entfallende Anteil am Steuermessbetrag ermittelt sich aus dem Verhältnis, in dem
    aa) die Summe des maßgebenden Sachanlagevermögens für Neuanlagen und
    bb) die Summe des übrigen maßgebenden Sachanlagevermögens für die übrigen Anlagen

zum gesamten maßgebenden Sachanlagevermögen des Betriebs steht. ³Neuanlagen sind Anlagen, die nach dem 30. Juni 2013 zur Erzeugung von Strom und anderen Energieträgern sowie Wärme aus solarer Strahlungsenergie genehmigt wurden. ⁴Die übrigen Anlagen umfassen das übrige maßgebende Sachanlagevermögen des Betriebs.

(2) Bei der Zerlegung nach Absatz 1 sind die Arbeitslöhne anzusetzen, die in den Betriebsstätten der beteiligten Gemeinden (§ 28) während des Erhebungszeitraums (§ 14) erzielt oder gezahlt worden sind.

---
1) **Anm. d. Red.:** § 29 Abs. 1 i. d. F. des Gesetzes v. 25. 7. 2014 (BGBl I S. 1266) mit Wirkung v. 31. 7. 2014.

(3) Bei Ermittlung der Verhältniszahlen sind die Arbeitslöhne auf volle 1 000 Euro abzurunden.

## § 30 Zerlegung bei mehrgemeindlichen Betriebsstätten

Erstreckt sich die Betriebsstätte auf mehrere Gemeinden, so ist der Steuermessbetrag oder Zerlegungsanteil auf die Gemeinden zu zerlegen, auf die sich die Betriebsstätte erstreckt, und zwar nach der Lage der örtlichen Verhältnisse unter Berücksichtigung der durch das Vorhandensein der Betriebsstätte erwachsenden Gemeindelasten.

## § 31 Begriff der Arbeitslöhne für die Zerlegung

(1) ¹Arbeitslöhne sind vorbehaltlich der Absätze 2 bis 5 die Vergütungen im Sinne des § 19 Abs. 1 Nr. 1 des Einkommensteuergesetzes, soweit sie nicht durch andere Rechtsvorschriften von der Einkommensteuer befreit sind. ²Zuschläge für Mehrarbeit und für Sonntags-, Feiertags- und Nachtarbeit gehören unbeschadet der einkommensteuerlichen Behandlung zu den Arbeitslöhnen.

(2) Zu den Arbeitslöhnen gehören nicht Vergütungen, die an Personen gezahlt worden sind, die zu ihrer Berufsausbildung beschäftigt werden.

(3) In den Fällen des § 3 Nr. 5, 6, 8, 9, 12, 13, 15, 17, 21, 26, 27, 28 und 29 bleiben die Vergütungen an solche Arbeitnehmer außer Ansatz, die nicht ausschließlich oder überwiegend in dem steuerpflichtigen Betrieb oder Teil des Betriebs tätig sind.

(4) ¹Nach dem Gewinn berechnete einmalige Vergütungen (z. B. Tantiemen, Gratifikationen) sind nicht anzusetzen. ²Das Gleiche gilt für sonstige Vergütungen, soweit sie bei dem einzelnen Arbeitnehmer 50 000 Euro übersteigen.

(5) Bei Unternehmen, die nicht von einer juristischen Person betrieben werden, sind für die im Betrieb tätigen Unternehmer (Mitunternehmer) insgesamt 25 000 Euro jährlich anzusetzen.

## § 32 (weggefallen)

## § 33 Zerlegung in besonderen Fällen

(1) ¹Führt die Zerlegung nach den §§ 28 bis 31 zu einem offenbar unbilligen Ergebnis, so ist nach einem Maßstab zu zerlegen, der die tatsächlichen Verhältnisse besser berücksichtigt. ²In dem Zerlegungsbescheid hat das Finanzamt darauf hinzuweisen, dass bei der Zerlegung Satz 1 angewendet worden ist.

(2) Einigen sich die Gemeinden mit dem Steuerschuldner über die Zerlegung, so ist der Steuermessbetrag nach Maßgabe der Einigung zu zerlegen.

## § 34 Kleinbeträge

(1) ¹Übersteigt der Steuermessbetrag nicht den Betrag von 10 Euro, so ist er in voller Höhe der Gemeinde zuzuweisen, in der sich die Geschäftsleitung befindet. ²Befindet sich die Geschäftsleitung im Ausland, so ist der Steuermessbetrag der Gemeinde zuzuweisen, in der sich die wirtschaftlich bedeutendste der zu berücksichtigenden Betriebsstätten befindet.

(2) ¹Übersteigt der Steuermessbetrag zwar den Betrag von 10 Euro, würde aber nach den Zerlegungsvorschriften einer Gemeinde ein Zerlegungsanteil von nicht mehr als 10 Euro zuzuweisen sein, so ist dieser Anteil der Gemeinde zuzuweisen, in der sich die Geschäftsleitung befindet. ²Absatz 1 Satz 2 ist entsprechend anzuwenden.

(3) ¹Wird der Zerlegungsbescheid geändert oder berichtigt, würde sich dabei aber der Zerlegungsanteil einer Gemeinde um nicht mehr als 10 Euro erhöhen oder ermäßigen, so ist der Betrag der Erhöhung oder Ermäßigung bei dem Zerlegungsanteil der Gemeinde zu berücksichtigen, in der sich die Geschäftsleitung befindet. ²Absatz 1 Satz 2 ist entsprechend anzuwenden.

## § 35 (weggefallen)

## Abschnitt VII: Gewerbesteuer der Reisegewerbebetriebe

### § 35a[1)]

(1) Der Gewerbesteuer unterliegen auch die Reisegewerbebetriebe, soweit sie im Inland betrieben werden.

(2) ¹Reisegewerbebetrieb im Sinne dieses Gesetzes ist ein Gewerbebetrieb, dessen Inhaber nach den Vorschriften der Gewerbeordnung und den dazugehörigen Ausführungsbestimmungen einer Reisegewerbekarte bedarf. ²Wird im Rahmen eines einheitlichen Gewerbebetriebs sowohl ein stehendes Gewerbe als auch ein Reisegewerbe betrieben, so ist der Betrieb in vollem Umfang als stehendes Gewerbe zu behandeln.

(3) Hebeberechtigt ist die Gemeinde, in der sich der Mittelpunkt der gewerblichen Tätigkeit befindet.

(4) Ist im Laufe des Erhebungszeitraums der Mittelpunkt der gewerblichen Tätigkeit von einer Gemeinde in eine andere Gemeinde verlegt worden, so hat das Finanzamt den Steuermessbetrag nach den zeitlichen Anteilen (Kalendermonaten) auf die beteiligten Gemeinden zu zerlegen.

## Abschnitt VIII: Änderung des Gewerbesteuermessbescheids von Amts wegen

### § 35b[2)]

(1) ¹Der Gewerbesteuermessbescheid oder Verlustfeststellungsbescheid ist von Amts wegen aufzuheben oder zu ändern, wenn der Einkommensteuerbescheid, der Körperschaftsteuerbescheid oder ein Feststellungsbescheid aufgehoben oder geändert wird und die Aufhebung oder Änderung den Gewinn aus Gewerbebetrieb berührt. ²Die Änderung des Gewinns aus Gewerbebetrieb ist insoweit zu berücksichtigen, als sie die Höhe des Gewerbeertrags oder des vortragsfähigen Gewerbeverlustes beeinflusst. ³§ 171 Abs. 10 der Abgabenordnung gilt sinngemäß.

(2) ¹Zuständig für die Feststellung des vortragsfähigen Gewerbeverlustes ist das für den Erlass des Gewerbesteuermessbescheids zuständige Finanzamt. ²Bei der Feststellung des vortragsfähigen Gewerbeverlustes sind die Besteuerungsgrundlagen so zu berücksichtigen, wie sie der Festsetzung des Steuermessbetrags für den Erhebungszeitraum, auf dessen Schluss der vortragsfähige Gewerbeverlust festgestellt wird, zu Grunde gelegt worden sind; § 171 Absatz 10, § 175 Absatz 1 Satz 1 Nummer 1 und § 351 Absatz 2 der Abgabenordnung sowie § 42 der Finanzgerichtsordnung gelten entsprechend. ³Die Besteuerungsgrundlagen dürfen bei der Feststellung nur insoweit abweichend von Satz 2 berücksichtigt werden, wie die Aufhebung, Änderung oder Berichtigung des Gewerbesteuermessbescheids ausschließlich mangels Auswirkung auf die Höhe des festzusetzenden Steuermessbetrags unterbleibt. ⁴Die Feststellungsfrist endet nicht, bevor die Festsetzungsfrist für den Erhebungszeitraum abgelaufen ist, auf dessen Schluss der vortragsfähige Gewerbeverlust gesondert festzustellen ist; § 181 Abs. 5 der Abgabenordnung ist nur anzuwenden, wenn die zuständige Finanzbehörde die Feststellung des vortragsfähigen Gewerbeverlustes pflichtwidrig unterlassen hat.

---

1) **Anm. d. Red.:** § 35a Abs. 2 i. d. F. des Gesetzes v. 8. 12. 2010 (BGBl I S. 1768) mit Wirkung v. 14. 12. 2010.
2) **Anm. d. Red.:** § 35b Abs. 2 i. d. F. des Gesetzes v. 8. 12. 2010 (BGBl I S. 1768) mit Wirkung v. 14. 12. 2010.

## Abschnitt IX: Durchführung

### § 35c Ermächtigung[1]

(1) Die Bundesregierung wird ermächtigt, mit Zustimmung des Bundesrates
1. zur Durchführung des Gewerbesteuergesetzes Rechtsverordnungen zu erlassen
   a) über die Abgrenzung der Steuerpflicht,
   b) über die Ermittlung des Gewerbeertrags,
   c) über die Festsetzung der Steuermessbeträge, soweit dies zur Wahrung der Gleichmäßigkeit der Besteuerung und zur Vermeidung von Unbilligkeiten in Härtefällen erforderlich ist,
   d) über die Zerlegung des Steuermessbetrags,
   e) über die Abgabe von Steuererklärungen unter Berücksichtigung von Freibeträgen und Freigrenzen;
2. Vorschriften durch Rechtsverordnung zu erlassen
   a) über die sich aus der Aufhebung oder Änderung von Vorschriften dieses Gesetzes ergebenden Rechtsfolgen, soweit dies zur Wahrung der Gleichmäßigkeit bei der Besteuerung oder zur Beseitigung von Unbilligkeiten in Härtefällen erforderlich ist,
   b) (weggefallen)
   c) über die Steuerbefreiung der Einnehmer einer staatlichen Lotterie,
   d) über die Steuerbefreiung bei bestimmten kleineren Versicherungsvereinen auf Gegenseitigkeit im Sinne des § 210 des Versicherungsaufsichtsgesetzes, wenn sie von der Körperschaftsteuer befreit sind,
   e) über die Beschränkung der Hinzurechnung von Entgelten für Schulden und ihnen gleichgestellte Beträge (§ 8 Nr. 1 Buchstabe a) bei Kreditinstituten nach dem Verhältnis des Eigenkapitals zu Teilen der Aktivposten und bei Gewerbebetrieben, die nachweislich ausschließlich unmittelbar oder mittelbar Kredite oder Kreditrisiken, die einem Kreditinstitut oder einem in § 3 Nr. 2 genannten Gewerbebetrieb aus Bankgeschäften entstanden sind, erwerben und Schuldtitel zur Refinanzierung des Kaufpreises für den Erwerb solcher Kredite oder zur Refinanzierung von für die Risikoübernahmen zu stellenden Sicherheiten ausgeben,
   f) über die Beschränkung der Hinzurechnung von Entgelten für Schulden und ihnen gleichgestellte Beträge (§ 8 Nummer 1 Buchstabe a) bei
      aa) Finanzdienstleistungsinstituten, soweit sie Finanzdienstleistungen im Sinne des § 1 Absatz 1a Satz 2 des Kreditwesengesetzes tätigen,
      bb) Zahlungsinstituten, soweit sie Zahlungsdienste im Sinne des § 1 Absatz 2 Nummer 2 Buchstabe c und Nummer 6 des Zahlungsdiensteaufsichtsgesetzes erbringen.
      ²Voraussetzung für die Umsetzung von Satz 1 ist, dass die Umsätze des Finanzdienstleistungsinstituts zu mindestens 50 Prozent auf Finanzdienstleistungen und die Umsätze des Zahlungsinstituts zu mindestens 50 Prozent auf Zahlungsdienste entfallen,
   g) über die Festsetzung abweichender Vorauszahlungstermine.

(2) Das Bundesministerium der Finanzen wird ermächtigt, den Wortlaut dieses Gesetzes und der zu diesem Gesetz erlassenen Rechtsverordnungen in der jeweils geltenden Fassung satzweise nummeriert mit neuem Datum und in neuer Paragrafenfolge bekannt zu machen und dabei Unstimmigkeiten im Wortlaut zu beseitigen.

---

1) **Anm. d. Red.:** § 35c Abs. 1 i. d. F. des Gesetzes v. 1. 4. 2015 (BGBl I S. 434) mit Wirkung v. 1. 1. 2016.

## Abschnitt X: Schlussvorschriften
### § 36 Zeitlicher Anwendungsbereich[1)]

(1) Die vorstehende Fassung dieses Gesetzes ist, soweit in Absatz 2 nichts anderes bestimmt ist, erstmals für den Erhebungszeitraum 2016 anzuwenden.

(2) ¹§ 3 Nummer 2 ist für die Hamburgische Investitions- und Förderbank erstmals für den Erhebungszeitraum 2013 anzuwenden. ²Die Steuerbefreiung nach § 3 Nummer 2 in der bis zum 30. Juli 2014 geltenden Fassung ist für die Hamburgische Wohnungsbaukreditanstalt letztmals für den Erhebungszeitraum 2013 anzuwenden. ³§ 3 Nummer 31 in der am 31. Dezember 2014 geltenden Fassung ist erstmals für den Erhebungszeitraum 2014 anzuwenden.

(3) § 35c Absatz 1 Nummer 2 Buchstabe d in der am 1. Januar 2016 geltenden Fassung ist erstmals für den Erhebungszeitraum 2016 anzuwenden.

### § 37 (weggefallen)

---

1) **Anm. d. Red.:** § 36 i. d. F. des Gesetzes v. 2. 11. 2015 (BGBl I S. 1834) mit Wirkung v. 1. 1. 2016.

# XXV. Gewerbesteuer-Durchführungsverordnung (GewStDV)

## v. 15. 10. 2002 (BGBl I S. 4181) mit späteren Änderungen

Die Gewerbesteuer-Durchführungsverordnung (GewStDV) v. 15.10.2002 (BGBl I S.4181) wurde geändert durch Art. 5 Gesetz zum Abbau von Steuervergünstigungen und Ausnahmeregelungen (Steuervergünstigungsabbaugesetz − StVergAbG) v. 16.5.2003 (BGBl I S. 660); Art. 4 Gesetz zur Förderung von Kleinunternehmern und zur Verbesserung der Unternehmensfinanzierung (Kleinunternehmerförderungsgesetz) v. 31.7.2003 (BGBl I S.1550); Art. 5 Gesetz über steuerliche Begleitmaßnahmen zur Einführung der Europäischen Gesellschaft und zur Änderung weiterer steuerrechtlicher Vorschriften (SEStEG) v. 7.12.2006 (BGBl I S.2782, ber. 2007 I S. 68); Art. 6 Jahressteuergesetz 2007 (JStG 2007) v. 13.12.2006 (BGBl I S.2878); Art. 4 Unternehmensteuerreformgesetz 2008 v. 14.8.2007 (BGBl I S.1912); Art. 6 Jahressteuergesetz 2008 (JStG 2008) v. 20.12.2007 (BGBl I S. 3150); Art. 5 Jahressteuergesetz 2009 (JStG 2009) v. 19.12.2008 (BGBl I S. 2794); Art. 6b Drittes Gesetz zum Abbau bürokratischer Hemmnisse insbesondere in der mittelständischen Wirtschaft (Drittes Mittelstandsentlastungsgesetz) v. 17.3.2009 (BGBl I S. 550); Art. 17 Gesetz zur verbesserten steuerlichen Berücksichtigung von Vorsorgeaufwendungen (Bürgerentlastungsgesetz Krankenversicherung) v. 16.7.2009 (BGBl I S.1959); Art. 4 Gesetz zur Umsetzung steuerlicher EU-Vorgaben sowie zur Änderung steuerlicher Vorschriften v. 8.4.2010 (BGBl I S. 386); Art. 4 Verordnung zur Änderung steuerlicher Verordnungen v. 17.11.2010 (BGBl I S.1544); Art. 5 Gesetz zur Umsetzung der Amtshilferichtlinie sowie zur Änderung steuerlicher Vorschriften (Amtshilferichtlinie-Umsetzungsgesetz − AmtshilfeRLUmsG) v. 26.6.2013 (BGBl I S.1809); Art. 2 Abs. 13 Gesetz zur Modernisierung der Finanzaufsicht über Versicherungen v. 1.4.2015 (BGBl I S. 434). **− Zur Anwendung siehe § 36.**

## Nichtamtliche Fassung

## Zu § 2 des Gesetzes

### § 1 Stehender Gewerbebetrieb

Stehender Gewerbebetrieb ist jeder Gewerbebetrieb, der kein Reisegewerbebetrieb im Sinne des § 35a Abs. 2 des Gesetzes ist.

### § 2 Betriebe der öffentlichen Hand[1)]

(1)[2)] ¹Unternehmen von juristischen Personen des öffentlichen Rechts sind gewerbesteuerpflichtig, wenn sie als stehende Gewerbebetriebe anzusehen sind; für den Umfang des Unternehmens ist § 4 Abs. 6 Satz 1 des Körperschaftsteuergesetzes entsprechend anzuwenden. ²Das gilt auch für Unternehmen, die der Versorgung der Bevölkerung mit Wasser, Gas, Elektrizität oder Wärme, dem öffentlichen Verkehr oder dem Hafenbetrieb dienen.

(2) ¹Unternehmen von juristischen Personen des öffentlichen Rechts, die überwiegend der Ausübung der öffentlichen Gewalt dienen (Hoheitsbetriebe), gehören unbeschadet der Vorschrift des Absatzes 1 Satz 2 nicht zu den Gewerbebetrieben. ²Für die Annahme eines Hoheitsbetriebs reichen Zwangs- oder Monopolrechte nicht aus.

### § 3 (weggefallen)

### § 4 Aufgabe, Auflösung und Insolvenz

(1) Ein Gewerbebetrieb, der aufgegeben oder aufgelöst wird, bleibt Steuergegenstand bis zur Beendigung der Aufgabe oder Abwicklung.

(2) Die Gewerbesteuerpflicht wird durch die Eröffnung des Insolvenzverfahrens über das Vermögen des Unternehmers nicht berührt.

---

1) **Anm. d. Red.:** § 2 Abs. 1 i. d. F. des Gesetzes v. 19.12.2008 (BGBl I S. 2794) mit Wirkung v. 25.12.2008.

2) **Anm. d. Red.:** Zur Anwendung des § 2 Abs. 1 siehe § 36 Abs. 2.

## § 5 Betriebsstätten auf Schiffen

Ein Gewerbebetrieb wird gewerbesteuerlich insoweit nicht im Inland betrieben, als für ihn eine Betriebsstätte auf einem Kauffahrteischiff unterhalten wird, das im so genannten regelmäßigen Liniendienst ausschließlich zwischen ausländischen Häfen verkehrt, auch wenn es in einem inländischen Schiffsregister eingetragen ist.

## § 6 Binnen- und Küstenschifffahrtsbetriebe

Bei Binnen- und Küstenschifffahrtsbetrieben, die feste örtliche Anlagen oder Einrichtungen zur Ausübung des Gewerbes nicht unterhalten, gilt eine Betriebsstätte in dem Ort als vorhanden, der als Heimathafen (Heimatort) im Schiffsregister eingetragen ist.

## § 7 (weggefallen)

## § 8 Zusammenfassung mehrerer wirtschaftlicher Geschäftsbetriebe

Werden von einer sonstigen juristischen Person des privaten Rechts oder einem nichtrechtsfähigen Verein (§ 2 Abs. 3 des Gesetzes) mehrere wirtschaftliche Geschäftsbetriebe unterhalten, so gelten sie als ein einheitlicher Gewerbebetrieb.

## § 9 (weggefallen)

# Zu § 3 des Gesetzes

## §§ 10 bis 12 (weggefallen)

## § 12a Kleinere Versicherungsvereine[1]

Kleinere Versicherungsvereine auf Gegenseitigkeit im Sinne des § 210 des Versicherungsaufsichtsgesetzes sind von der Gewerbesteuer befreit, wenn sie nach § 5 Abs. 1 Nr. 4 des Körperschaftsteuergesetzes von der Körperschaftsteuer befreit sind.

## § 13 Einnehmer einer staatlichen Lotterie

Die Tätigkeit der Einnehmer einer staatlichen Lotterie unterliegt auch dann nicht der Gewerbesteuer, wenn sie im Rahmen eines Gewerbebetriebs ausgeübt wird.

# Zu § 4 des Gesetzes

## § 14 (weggefallen)

## § 15 Hebeberechtigte Gemeinde bei Gewerbebetrieben auf Schiffen und bei Binnen- und Küstenschifffahrtsbetrieben

Hebeberechtigte Gemeinde für die Betriebsstätten auf Kauffahrteischiffen, die in einem inländischen Schiffsregister eingetragen sind und nicht im so genannten regelmäßigen Liniendienst ausschließlich zwischen ausländischen Häfen verkehren, und für die in § 6 bezeichneten Binnen- und Küstenschifffahrtsbetriebe ist die Gemeinde, in der der inländische Heimathafen (Heimatort) des Schiffes liegt.

---

1) **Anm. d. Red.:** § 12a i. d. F. des Gesetzes v. 1. 4. 2015 (BGBl I S. 434) mit Wirkung v. 1. 1. 2016.

## Zu den §§ 7, 8 und 9 des Gesetzes

### § 16 Gewerbeertrag bei Abwicklung und Insolvenz

(1) Der Gewerbeertrag, der bei einem in der Abwicklung befindlichen Gewerbebetrieb im Sinne des § 2 Abs. 2 des Gesetzes im Zeitraum der Abwicklung entstanden ist, ist auf die Jahre des Abwicklungszeitraums zu verteilen.

(2) Das gilt entsprechend für Gewerbebetriebe, wenn über das Vermögen des Unternehmens ein Insolvenzverfahren eröffnet worden ist.

### §§ 17 und 18 (weggefallen)

## Zu § 8 des Gesetzes

### § 19 Schulden bestimmter Unternehmen[1)2)]

(1) ¹Bei Kreditinstituten im Sinne des § 1 Absatz 1 des Kreditwesengesetzes sind nur Entgelte für Schulden und den Entgelten gleichgestellte Beträge anzusetzen, die dem Betrag der Schulden entsprechen, um den der Ansatz der zum Anlagevermögen gehörenden Grundstücke, Gebäude, Betriebs- und Geschäftsausstattung, Schiffe, Anteile an Kreditinstituten und sonstigen Unternehmen sowie der Forderungen aus Vermögenseinlagen als stiller Gesellschafter und aus Genussrechten das Eigenkapital überschreitet; hierunter fallen nicht Gegenstände, über die Leasingverträge abgeschlossen worden sind. ²Dem Anlagevermögen nach Satz 1 sind Forderungen gegen ein Unternehmen hinzuzurechnen, mit dem eine organschaftliche Verbindung nach § 2 Abs. 2 Satz 2 des Gesetzes besteht und das nicht zu den Kreditinstituten oder Unternehmen gehört, auf die Satz 1 und die Absätze 2 bis 4 anzuwenden sind.

(2) ¹Voraussetzung für die Anwendung des Absatzes 1 ist, dass im Durchschnitt aller Monatsausweise des Wirtschaftsjahrs des Kreditinstituts nach § 25 des Kreditwesengesetzes oder entsprechender Statistiken die Aktivposten aus Bankgeschäften und dem Erwerb von Geldforderungen die Aktivposten aus anderen Geschäften überwiegen. ²In den Vergleich sind Aktivposten aus Anlagen nach Absatz 1 nicht einzubeziehen.

(3) Die vorstehenden Bestimmungen gelten entsprechend
1. für Pfandleiher im Sinne der Pfandleiherverordnung in der Fassung der Bekanntmachung vom 1. Juni 1976 (BGBl I S. 1334) in der jeweils geltenden Fassung;
2. für Gewerbebetriebe, die nachweislich ausschließlich unmittelbar oder mittelbar Kredite oder Kreditrisiken aus Bankgeschäften im Sinne des § 1 Abs. 1 Satz 2 Nr. 2, 3 und 8 des Kreditwesengesetzes in der Fassung des Artikels 27 des Gesetzes vom 19. Dezember 2008 (BGBl I S. 2794) von Kreditinstituten im Sinne des § 1 des Kreditwesengesetzes oder von in § 3 Nr. 2 des Gesetzes genannten Gewerbebetrieben erwerben und Schuldtitel zur Refinanzierung des Kaufpreises für den Erwerb solcher Kredite oder zur Refinanzierung von für die Risikoübernahmen zu stellenden Sicherheiten ausgeben; die Refinanzierung durch Aufnahme von Darlehen von Gewerbebetrieben im Sinne der Nummer 3 an der Stelle der Ausgabe von Schuldtiteln ist unschädlich, und
3. für Gewerbebetriebe, die nachweislich ausschließlich Schuldtitel bezogen auf die in Nummer 2 bezeichneten Kredite oder Kreditrisiken ausgeben und an Gewerbebetriebe im Sinne der Nummer 2 Darlehen gewähren.
4. (weggefallen)

---

1) **Anm. d. Red.:** § 19 Abs. 1 und 2 i. d. F. der VO v. 17. 11. 2010 (BGBl I S. 1544) mit Wirkung v. 23. 11. 2010; Abs. 3 i. d. F. des Gesetzes v. 8. 4. 2010 (BGBl I S. 386) mit Wirkung v. 15. 4. 2010; Abs. 4 i. d. F. des Gesetzes v. 26. 6. 2013 (BGBl I S. 1809) mit Wirkung v. 30. 6. 2013.

2) **Anm. d. Red.:** Zur Anwendung des § 19 siehe § 36 Abs. 3.

(4) ¹Bei Finanzdienstleistungsinstituten im Sinne des § 1 Absatz 1a des Kreditwesengesetzes, die mit Ausnahme der Unternehmen im Sinne des § 2 Absatz 6 Nummer 17 des Kreditwesengesetzes nicht der Ausnahmeregelung des § 2 Absatz 6 des Kreditwesengesetzes unterliegen, sowie bei Zahlungsinstituten im Sinne des § 1 Absatz 1 Nummer 5 des Zahlungsdiensteaufsichtsgesetzes unterbleibt eine Hinzurechnung von Entgelten für Schulden und ihnen gleichgestellten Beträgen nach § 8 Nummer 1 Buchstabe a des Gesetzes, soweit die Entgelte und ihnen gleichgestellten Beträge unmittelbar auf Finanzdienstleistungen im Sinne des § 1 Absatz 1a Satz 2 des Kreditwesengesetzes oder Zahlungsdienste im Sinne des § 1 Absatz 2 Nummer 2 Buchstabe c und Nummer 6 des Zahlungsdiensteaufsichtsgesetzes entfallen. ²Satz 1 ist nur anzuwenden, wenn die Umsätze des Finanzdienstleistungsinstituts zu mindestens 50 Prozent auf Finanzdienstleistungen und die Umsätze des Zahlungsinstituts zu mindestens 50 Prozent auf Zahlungsdienste entfallen.

## Zu § 9 des Gesetzes

### § 20 Grundbesitz

(1) ¹Die Frage, ob und inwieweit im Sinne des § 9 Nr. 1 des Gesetzes Grundbesitz zum Betriebsvermögen des Unternehmers gehört, ist nach den Vorschriften des Einkommensteuergesetzes oder des Körperschaftsteuergesetzes zu entscheiden. ²Maßgebend ist dabei der Stand zu Beginn des Kalenderjahrs.

(2) Gehört der Grundbesitz nur zum Teil zum Betriebsvermögen im Sinne des Absatzes 1, so ist der Kürzung nach § 9 Nr. 1 des Gesetzes nur der entsprechende Teil des Einheitswerts zugrunde zu legen.

### § 21 (weggefallen)

## Zu § 11 des Gesetzes

### § 22 Hausgewerbetreibende und ihnen gleichgestellte Personen

¹Betreibt ein Hausgewerbetreibender oder eine ihm gleichgestellte Person noch eine andere gewerbliche Tätigkeit und sind beide Tätigkeiten als eine Einheit anzusehen, so ist § 11 Abs. 3 des Gesetzes nur anzuwenden, wenn die andere Tätigkeit nicht überwiegt. ²Die Vergünstigung gilt in diesem Fall für den gesamten Gewerbeertrag.

### §§ 23 und 24 (weggefallen)

## Zu § 14a des Gesetzes[1)]

### § 25 Gewerbesteuererklärung[2)]

(1) Eine Gewerbesteuererklärung ist abzugeben
1. für alle gewerbesteuerpflichtigen Unternehmen, deren Gewerbeertrag im Erhebungszeitraum den Betrag von 24 500 Euro überstiegen hat;
2. für Kapitalgesellschaften (Aktiengesellschaften, Kommanditgesellschaften auf Aktien, Gesellschaften mit beschränkter Haftung), wenn sie nicht von der Gewerbesteuer befreit sind;
3. für Genossenschaften einschließlich Europäischer Genossenschaften und für Versicherungsvereine auf Gegenseitigkeit, wenn sie nicht von der Gewerbesteuer befreit sind. ²Für sonstige juristische Personen des privaten Rechts und für nichtrechtsfähige Vereine ist eine Ge-

---

1) **Anm. d. Red.:** Zwischenüberschrift i. d. F. des Gesetzes v. 20. 12. 2007 (BGBl I S. 3150) mit Wirkung v. 29. 12. 2007.

2) **Anm. d. Red.:** § 25 Abs. 1 i. d. F. des Gesetzes v. 17. 3. 2009 (BGBl I S. 550) mit Wirkung v. 1. 1. 2009.

werbesteuererklärung nur abzugeben, soweit diese Unternehmen einen wirtschaftlichen Geschäftsbetrieb – ausgenommen Land- und Forstwirtschaft – unterhalten, dessen Gewerbeertrag im Erhebungszeitraum den Betrag von 5 000 Euro überstiegen hat;

4. für Unternehmen von juristischen Personen des öffentlichen Rechts, wenn sie als stehende Gewerbebetriebe anzusehen sind und ihr Gewerbeertrag im Erhebungszeitraum den Betrag von 5 000 Euro überstiegen hat;

5. für Unternehmen im Sinne des § 3 Nr. 5, 6, 8, 9, 15, 17, 21, 26, 27, 28 und 29 des Gesetzes nur, wenn sie neben der von der Gewerbesteuer befreiten Tätigkeit auch eine der Gewerbesteuer unterliegende Tätigkeit ausgeübt haben und ihr steuerpflichtiger Gewerbeertrag im Erhebungszeitraum den Betrag von 5 000 Euro überstiegen hat;

6. für Unternehmen, für die zum Schluss des vorangegangenen Erhebungszeitraums vortragsfähige Fehlbeträge gesondert festgestellt worden sind;

7. für alle gewerbesteuerpflichtigen Unternehmen, für die vom Finanzamt eine Gewerbesteuererklärung besonders verlangt wird.

(2) [1]Die Steuererklärung ist spätestens an dem von den obersten Finanzbehörden der Länder bestimmten Zeitpunkt abzugeben. [2]Für die Erklärung sind die amtlichen Vordrucke zu verwenden. [3]Das Recht des Finanzamts, schon vor diesem Zeitpunkt Angaben zu verlangen, die für die Besteuerung von Bedeutung sind, bleibt unberührt.

## §§ 26 bis 28 (weggefallen)

## Zu § 19 des Gesetzes

### § 29 Anpassung und erstmalige Festsetzung der Vorauszahlungen[1)]

(1) [1]Setzt das Finanzamt nach § 19 Abs. 3 Satz 3 des Gesetzes einen Steuermessbetrag für Zwecke der Gewerbesteuer-Vorauszahlungen fest, so braucht ein Zerlegungsbescheid nicht erteilt zu werden. [2]Die hebeberechtigten Gemeinden können an dem Steuermessbetrag in demselben Verhältnis beteiligt werden, nach dem die Zerlegungsanteile in dem unmittelbar vorangegangenen Zerlegungsbescheid festgesetzt sind. [3]Das Finanzamt hat in diesem Fall gleichzeitig mit der Festsetzung des Steuermessbetrags den hebeberechtigten Gemeinden mitzuteilen

1. den Prozentsatz, um den sich der Steuermessbetrag gegenüber dem in der Mitteilung über die Zerlegung (§ 188 Abs. 1 der Abgabenordnung) angegebenen Steuermessbetrag erhöht oder ermäßigt, oder den Zerlegungsanteil,

2. den Erhebungszeitraum, für den die Änderung erstmals gilt.

(2) [1]In den Fällen des § 19 Abs. 4 des Gesetzes hat das Finanzamt erforderlichenfalls den Steuermessbetrag für Zwecke der Gewerbesteuer-Vorauszahlungen zu zerlegen. [2]Das Gleiche gilt in den Fällen des § 19 Abs. 3 des Gesetzes, wenn an den Vorauszahlungen nicht dieselben Gemeinden beteiligt sind, die nach dem unmittelbar vorangegangenen Zerlegungsbescheid beteiligt waren. [3]Bei der Zerlegung sind die mutmaßlichen Arbeitslöhne des Erhebungszeitraums anzusetzen, für den die Festsetzung der Vorauszahlungen erstmals gilt.

### § 30 Verlegung von Betriebsstätten

[1]Wird eine Betriebsstätte in eine andere Gemeinde verlegt, so sind die Vorauszahlungen in dieser Gemeinde von dem auf die Verlegung folgenden Fälligkeitstag ab zu entrichten. [2]Das gilt nicht, wenn in der Gemeinde, aus der die Betriebsstätte verlegt wird, mindestens eine Betriebsstätte des Unternehmens bestehen bleibt.

## §§ 31 bis 33 (weggefallen)

---

1) **Anm. d. Red.:** § 29 i. d. F. des Gesetzes v. 13. 12. 2006 (BGBl I S. 2878) mit Wirkung v. 19. 12. 2006.

## Zu § 34 des Gesetzes

### § 34 Kleinbeträge bei Verlegung der Geschäftsleitung

Hat das Unternehmen die Geschäftsleitung im Laufe des Erhebungszeitraums in eine andere Gemeinde verlegt, so ist der Kleinbetrag der Gemeinde zuzuweisen, in der sich die Geschäftsleitung am Ende des Erhebungszeitraums befindet.

## Zu § 35a des Gesetzes

### § 35 Reisegewerbebetriebe

(1) ¹Der Mittelpunkt der gewerblichen Tätigkeit befindet sich in der Gemeinde, von der aus die gewerbliche Tätigkeit vorwiegend ausgeübt wird. ²Das ist in der Regel die Gemeinde, in der sich der Wohnsitz des Reisegewerbetreibenden befindet. ³In Ausnahmefällen ist Mittelpunkt eine auswärtige Gemeinde, wenn die gewerbliche Tätigkeit von dieser Gemeinde (z. B. von einem Büro oder Warenlager) aus vorwiegend ausgeübt wird. ⁴Ist der Mittelpunkt der gewerblichen Tätigkeit nicht feststellbar, so ist die Gemeinde hebeberechtigt, in der der Unternehmer polizeilich gemeldet oder meldepflichtig ist.

(2) Eine Zerlegung des Steuermessbetrags auf die Gemeinden, in denen das Gewerbe ausgeübt worden ist, unterbleibt.

(3) ¹Der Steuermessbetrag ist im Fall des § 35a Abs. 4 des Gesetzes nach dem Anteil der Kalendermonate auf die hebeberechtigten Gemeinden zu zerlegen. ²Kalendermonate, in denen die Steuerpflicht nur während eines Teils bestanden hat, sind voll zu rechnen. ³Der Anteil für den Kalendermonat, in dem der Mittelpunkt der gewerblichen Tätigkeit verlegt worden ist, ist der Gemeinde zuzuteilen, in der sich der Mittelpunkt in diesem Kalendermonat die längste Zeit befunden hat.

## Schlussvorschriften

### § 36 Zeitlicher Anwendungsbereich[1]

(1) Die vorstehende Fassung dieser Verordnung ist, soweit in den folgenden Absätzen nichts anderes bestimmt ist, erstmals für den Erhebungszeitraum 2009 anzuwenden.

(2) § 2 Absatz 1 in der Fassung des Artikels 5 des Gesetzes vom 19. Dezember 2008 (BGBl I S. 2794) ist auch für Erhebungszeiträume vor 2009 anzuwenden.

(2a) § 12a in der am 1. Januar 2016 geltenden Fassung ist erstmals für den Erhebungszeitraum 2016 anzuwenden.

(3) ¹§ 19 in der Fassung des Artikels 5 des Gesetzes vom 19. Dezember 2008 (BGBl I S. 2794) ist erstmals für den Erhebungszeitraum 2008 anzuwenden. ²§ 19 Absatz 3 in der Fassung des Artikels 4 des Gesetzes vom 8. April 2010 (BGBl I S. 386) ist erstmals für den Erhebungszeitraum 2008 anzuwenden. ³§ 19 Absatz 1 und 4 Satz 1 in der Fassung des Artikels 4 der Verordnung vom 17. November 2010 (BGBl I S. 1544) ist erstmals für den Erhebungszeitraum 2008 anzuwenden. ⁴§ 19 Absatz 4 Satz 1 in der Fassung des Artikels 5 des Gesetzes vom 26. Juni 2013 (BGBl I S. 1809) ist erstmals für den Erhebungszeitraum 2009 anzuwenden. ⁵§ 19 Absatz 4 Satz 2 in der Fassung des Artikels 5 des Gesetzes vom 26. Juni 2013 (BGBl I S. 1809) ist erstmals für den Erhebungszeitraum 2011 anzuwenden. ⁶Weist das Unternehmen im Sinne des § 64j Absatz 2 des Kreditwesengesetzes nicht spätestens mit der Abgabe der Erklärung zur Festsetzung des Steuermessbetrags für den Erhebungszeitraum 2009 nach, dass die Anzeige nach § 64j Absatz 2 des Kreditwesengesetzes bei der Bundesanstalt für Finanzdienstleistungsaufsicht vorliegt, ist § 19 auf das Unternehmen ab dem Erhebungszeitraum 2008 nicht anzuwenden; das Nichterbringen des Nachweises gilt als rückwirkendes Ereignis im Sinne des § 175 Absatz 1 Satz 1 Nummer 2 der Abgabenordnung.

---

1) **Anm. d. Red.:** § 36 i. d. F. des Gesetzes v. 1. 4. 2015 (BGBl I S. 434) mit Wirkung v. 1. 1. 2016.

# XXVI. Umsatzsteuergesetz (UStG)

v. 21. 2. 2005 (BGBl I S. 388) mit späteren Änderungen

Das Umsatzsteuergesetz (UStG) v. 21.2.2005 (BGBl I S. 388) wurde geändert durch Art. 4 Abs. 31 Gesetz zur Neuorganisation der Bundesfinanzverwaltung und zur Schaffung eines Refinanzierungsregisters v. 22. 9. 2005 (BGBl I S. 2809); Art. 2 Gesetz zur steuerlichen Förderung von Wachstum und Beschäftigung v. 26. 4. 2006 (BGBl I S. 1091); Art. 2 Gesetz zur Eindämmung missbräuchlicher Steuergestaltungen v. 28. 4. 2006 (BGBl I S. 1095); Art. 4 Haushaltsbegleitgesetz 2006 (HBeglG 2006) v. 29. 6. 2006 (BGBl I S. 1402); Art. 8 Erstes Gesetz zum Abbau bürokratischer Hemmnisse insbesondere in der mittelständischen Wirtschaft v. 22. 8. 2006 (BGBl I S. 1970); Art. 7 Jahressteuergesetz 2007 (JStG 2007) v. 13. 12. 2006 (BGBl I S. 2878); Art. 28 Abs. 2 Zweites Gesetz zum Abbau bürokratischer Hemmnisse insbesondere in der mittelständischen Wirtschaft v. 7. 9. 2007 (BGBl I S. 2246); Art. 7 Gesetz zur weiteren Stärkung des bürgerschaftlichen Engagements v. 10. 10. 2007 (BGBl I S. 2332); Art. 8 Jahressteuergesetz 2008 (JStG 2008) v. 20. 12. 2007 (BGBl I S. 3150); Art. 7 Jahressteuergesetz 2009 (JStG 2009) v. 19. 12. 2008 (BGBl I S. 2794); Art. 8 Gesetz zur Modernisierung und Entbürokratisierung des Steuerverfahrens (Steuerbürokratieabbaugesetz) v. 20. 12. 2008 (BGBl I S. 2850); Art. 8 Gesetz zur verbesserten steuerlichen Berücksichtigung von Vorsorgeaufwendungen (Bürgerentlastungsgesetz Krankenversicherung) v. 16. 7. 2009 (BGBl I S. 1959); Art. 5 Gesetz zur Beschleunigung des Wirtschaftswachstums (Wachstumsbeschleunigungsgesetz) v. 22. 12. 2009 (BGBl I S. 3950); Art. 6 Gesetz zur Umsetzung steuerlicher EU-Vorgaben sowie zur Änderung steuerlicher Vorschriften v. 8. 4. 2010 (BGBl I S. 386); Art. 2 Abs. 5 Gesetz zur Weiterentwicklung der Organisation der Grundsicherung für Arbeitsuchende v. 3. 8. 2010 (BGBl I S. 1112); Art. 4 Jahressteuergesetz 2010 (JStG 2010) v. 8. 12. 2010 (BGBl I S. 1768); Art. 11 Gesetz zur Ermittlung von Regelbedarfen und zur Änderung des Zweiten und Zwölften Buches Sozialgesetzbuch v. 24. 3. 2011 (BGBl I S. 453); Art. 2 Gesetz zur bestätigenden Regelung verschiedener steuerlicher und verkehrsrechtlicher Vorschriften des Haushaltsbegleitgesetzes 2004 v. 5. 4. 2011 (BGBl I S. 554); Art. 6 Sechstes Gesetz zur Änderung von Verbrauchsteuergesetzen v. 16. 6. 2011 (BGBl I S. 1090); Art. 13 Gesetz zur Anpassung der Rechtsgrundlagen für die Fortentwicklung des Emissionshandels v. 21. 7. 2011 (BGBl I S. 1475); Art. 5 Steuervereinfachungsgesetz 2011 v. 1. 11. 2011 (BGBl I S. 2131); Art. 1 Drittes Gesetz zur Änderung des Umsatzsteuergesetzes v. 6. 12. 2011 (BGBl I S. 2562); Art. 23 Gesetz zur Umsetzung der Beitreibungsrichtlinie sowie zur Änderung steuerlicher Vorschriften (Beitreibungsrichtlinie-Umsetzungsgesetz – BeitrRLUmsG) v. 7. 12. 2011 (BGBl I S. 2592); Art. 2 Gesetz zur Änderung des Gemeindefinanzreformgesetzes und von steuerlichen Vorschriften v. 8. 5. 2012 (BGBl I S. 1030); Art. 10 Gesetz zur Umsetzung der Amtshilferichtlinie sowie zur Änderung steuerlicher Vorschriften (Amtshilferichtlinie-Umsetzungsgesetz – AmtshilfeRLUmsG) v. 26. 6. 2013 (BGBl I S. 1809) i.V. mit Bekanntmachung v. 26. 7. 2013 (BGBl II S. 1120); Art. 4 Gesetz zur Anpassung des Investmentsteuergesetzes und anderer Gesetze an das AIFM-Umsetzungsgesetz (AIFM-Steuer-Anpassungsgesetz – AIFM-StAnpG) v. 18. 12. 2013 (BGBl I S. 4318); Art. 7 bis 9 Gesetz zur Anpassung der nationalen Steuerrechts an den Beitritt Kroatiens zur EU und zur Änderung weiterer steuerlicher Vorschriften v. 25. 7. 2014 (BGBl I S. 1266); Art. 9 bis 11 Gesetz zur Anpassung der Abgabenordnung an den Zollkodex der Union und zur Änderung weiterer steuerlicher Vorschriften v. 22. 12. 2014 (BGBl I S. 2417); Art. 11, 12 Steueränderungsgesetz 2015 v. 2. 11. 2015 (BGBl I S. 1834). — **Zur Anwendung siehe §§ 27 und 28.**

## Nichtamtliche Fassung
## Inhaltsübersicht

### I. Steuergegenstand und Geltungsbereich

| | |
|---|---|
| § 1 | Steuerbare Umsätze |
| § 1a | Innergemeinschaftlicher Erwerb |
| § 1b | Innergemeinschaftlicher Erwerb neuer Fahrzeuge |
| § 1c | Innergemeinschaftlicher Erwerb durch diplomatische Missionen, zwischenstaatliche Einrichtungen und Streitkräfte der Vertragsparteien des Nordatlantikvertrags |
| § 2 | Unternehmer, Unternehmen |
| § 2a | Fahrzeuglieferer |
| § 2b | Juristische Personen des öffentlichen Rechts |
| § 3 | Lieferung, sonstige Leistung |
| § 3a | Ort der sonstigen Leistung |
| § 3b | Ort der Beförderungsleistungen und der damit zusammenhängenden sonstigen Leistungen |
| § 3c | Ort der Lieferung in besonderen Fällen |
| § 3d | Ort des innergemeinschaftlichen Erwerbs |
| § 3e | Ort der Lieferung während einer Beförderung an Bord eines Schiffs, in einem Luftfahrzeug oder in einer Eisenbahn |
| § 3f | Ort der unentgeltlichen Lieferungen und sonstigen Leistungen |
| § 3g | Ort der Lieferung von Gas, Elektrizität, Wärme oder Kälte |

### II. Steuerbefreiungen und Steuervergütungen

| | |
|---|---|
| § 4 | Steuerbefreiungen bei Lieferungen und sonstigen Leistungen |
| § 4a | Steuervergütung |
| § 4b | Steuerbefreiung beim innergemeinschaftlichen Erwerb von Gegenständen |
| § 5 | Steuerbefreiungen bei der Einfuhr |

| | | | |
|---|---|---|---|
| § 6 | Ausfuhrlieferung | § 22c | Ausstellung von Rechnungen im Fall der Fiskalvertretung |
| § 6a | Innergemeinschaftliche Lieferung | § 22d | Steuernummer und zuständiges Finanzamt |
| § 7 | Lohnveredelung an Gegenständen der Ausfuhr | § 22e | Untersagung der Fiskalvertretung |
| § 8 | Umsätze für die Seeschifffahrt und für die Luftfahrt | | |
| § 9 | Verzicht auf Steuerbefreiungen | | |

## VI. Sonderregelungen

| | |
|---|---|
| § 23 | Allgemeine Durchschnittssätze |
| § 23a | Durchschnittssatz für Körperschaften, Personenvereinigungen und Vermögensmassen im Sinne des § 5 Abs. 1 Nr. 9 des Körperschaftsteuergesetzes |
| § 24 | Durchschnittssätze für land- und forstwirtschaftliche Betriebe |
| § 25 | Besteuerung von Reiseleistungen |
| § 25a | Differenzbesteuerung |
| § 25b | Innergemeinschaftliche Dreiecksgeschäfte |
| § 25c | Besteuerung von Umsätzen mit Anlagegold |
| § 25d | Haftung für die schuldhaft nicht abgeführte Steuer |

## III. Bemessungsgrundlagen

| | |
|---|---|
| § 10 | Bemessungsgrundlage für Lieferungen, sonstige Leistungen und innergemeinschaftliche Erwerbe |
| § 11 | Bemessungsgrundlage für die Einfuhr |

## IV. Steuer und Vorsteuer

| | |
|---|---|
| § 12 | Steuersätze |
| § 13 | Entstehung der Steuer |
| § 13a | Steuerschuldner |
| § 13b | Leistungsempfänger als Steuerschuldner |
| § 13c | Haftung bei Abtretung, Verpfändung oder Pfändung von Forderungen |
| § 13d | (weggefallen) |
| § 14 | Ausstellung von Rechnungen |
| § 14a | Zusätzliche Pflichten bei der Ausstellung von Rechnungen in besonderen Fällen |
| § 14b | Aufbewahrung von Rechnungen |
| § 14c | Unrichtiger oder unberechtigter Steuerausweis |
| § 15 | Vorsteuerabzug |
| § 15a | Berichtigung des Vorsteuerabzugs |

## VII. Durchführung, Bußgeld-, Straf-, Verfahrens-, Übergangs- und Schlussvorschriften

| | |
|---|---|
| § 26 | Durchführung, Erstattung in Sonderfällen |
| § 26a | Bußgeldvorschriften |
| § 26b | Schädigung des Umsatzsteueraufkommens |
| § 26c | Gewerbsmäßige oder bandenmäßige Schädigung des Umsatzsteueraufkommens |
| § 27 | Allgemeine Übergangsvorschriften |
| § 27a | Umsatzsteuer-Identifikationsnummer |
| § 27b | Umsatzsteuer-Nachschau |
| § 28 | Zeitlich begrenzte Fassungen einzelner Gesetzesvorschriften |
| § 29 | Umstellung langfristiger Verträge |

## V. Besteuerung

| | |
|---|---|
| § 16 | Steuerberechnung, Besteuerungszeitraum und Einzelbesteuerung |
| § 17 | Änderung der Bemessungsgrundlage |
| § 18 | Besteuerungsverfahren |
| § 18a | Zusammenfassende Meldung |
| § 18b | Gesonderte Erklärung innergemeinschaftlicher Lieferungen und bestimmter sonstiger Leistungen im Besteuerungsverfahren |
| § 18c | Meldepflicht bei der Lieferung neuer Fahrzeuge |
| § 18d | Vorlage von Urkunden |
| § 18e | Bestätigungsverfahren |
| § 18f | Sicherheitsleistung |
| § 18g | Abgabe des Antrags auf Vergütung von Vorsteuerbeträgen in einem anderen Mitgliedstaat |
| § 18h | Verfahren der Abgabe der Umsatzsteuererklärung für einen anderen Mitgliedstaat |
| § 19 | Besteuerung der Kleinunternehmer |
| § 20 | Berechnung der Steuer nach vereinnahmten Entgelten |
| § 21 | Besondere Vorschriften für die Einfuhrumsatzsteuer |
| § 22 | Aufzeichnungspflichten |
| § 22a | Fiskalvertretung |
| § 22b | Rechte und Pflichten des Fiskalvertreters |

**Anlage 1** (zu § 4 Nr. 4a)

Liste der Gegenstände, die der Umsatzsteuerlagerregelung unterliegen können

**Anlage 2** (zu § 12 Abs. 2 Nr. 1 und 2)

Liste der dem ermäßigten Steuersatz unterliegenden Gegenstände

**Anlage 3** (zu § 13b Absatz 2 Nummer 7)

Liste der Gegenstände im Sinne des § 13b Absatz 2 Nummer 7

**Anlage 4** (zu § 13b Absatz 2 Nummer 11)

Liste der Gegenstände, für deren Lieferung der Leistungsempfänger die Steuer schuldet

# Erster Abschnitt: Steuergegenstand und Geltungsbereich

## § 1 Steuerbare Umsätze[1)]

(1) Der Umsatzsteuer unterliegen die folgenden Umsätze:
1. die Lieferungen und sonstigen Leistungen, die ein Unternehmer im Inland gegen Entgelt im Rahmen seines Unternehmens ausführt. [2]Die Steuerbarkeit entfällt nicht, wenn der Umsatz auf Grund gesetzlicher oder behördlicher Anordnung ausgeführt wird oder nach gesetzlicher Vorschrift als ausgeführt gilt;
2. und 3. (weggefallen)
4. die Einfuhr von Gegenständen im Inland oder in den österreichischen Gebieten Jungholz und Mittelberg (Einfuhrumsatzsteuer);
5. der innergemeinschaftliche Erwerb im Inland gegen Entgelt.

(1a) [1]Die Umsätze im Rahmen einer Geschäftsveräußerung an einen anderen Unternehmer für dessen Unternehmen unterliegen nicht der Umsatzsteuer. [2]Eine Geschäftsveräußerung liegt vor, wenn ein Unternehmen oder ein in der Gliederung eines Unternehmens gesondert geführter Betrieb im Ganzen entgeltlich oder unentgeltlich übereignet oder in eine Gesellschaft eingebracht wird. [3]Der erwerbende Unternehmer tritt an die Stelle des Veräußerers.

(2) [1]Inland im Sinne dieses Gesetzes ist das Gebiet der Bundesrepublik Deutschland mit Ausnahme des Gebiets von Büsingen, der Insel Helgoland, der Freizonen des Kontrolltyps I nach § 1 Abs. 1 Satz 1 des Zollverwaltungsgesetzes (Freihäfen), der Gewässer und Watten zwischen der Hoheitsgrenze und der jeweiligen Strandlinie sowie der deutschen Schiffe und der deutschen Luftfahrzeuge in Gebieten, die zu keinem Zollgebiet gehören. [2]Ausland im Sinne dieses Gesetzes ist das Gebiet, das danach nicht Inland ist. [3]Wird ein Umsatz im Inland ausgeführt, so kommt es für die Besteuerung nicht darauf an, ob der Unternehmer deutscher Staatsangehöriger ist, seinen Wohnsitz oder Sitz im Inland hat, im Inland eine Betriebsstätte unterhält, die Rechnung erteilt oder die Zahlung empfängt.

(2a) [1]Das Gemeinschaftsgebiet im Sinne dieses Gesetzes umfasst das Inland im Sinne des Absatzes 2 Satz 1 und die Gebiete der übrigen Mitgliedstaaten der Europäischen Union, die nach dem Gemeinschaftsrecht als Inland dieser Mitgliedstaaten gelten (übriges Gemeinschaftsgebiet). [2]Das Fürstentum Monaco gilt als Gebiet der Französischen Republik; die Insel Man gilt als Gebiet des Vereinigten Königreichs Großbritannien und Nordirland. [3]Drittlandsgebiet im Sinne dieses Gesetzes ist das Gebiet, das nicht Gemeinschaftsgebiet ist.

(3) [1]Folgende Umsätze, die in den Freihäfen und in den Gewässern und Watten zwischen der Hoheitsgrenze und der jeweiligen Strandlinie bewirkt werden, sind wie Umsätze im Inland zu behandeln:
1. die Lieferungen und die innergemeinschaftlichen Erwerbe von Gegenständen, die zum Gebrauch oder Verbrauch in den bezeichneten Gebieten oder zur Ausrüstung oder Versorgung eines Beförderungsmittels bestimmt sind, wenn die Gegenstände
   a) nicht für das Unternehmen des Abnehmers erworben werden, oder
   b) vom Abnehmer ausschließlich oder zum Teil für eine nach § 4 Nr. 8 bis 27 steuerfreie Tätigkeit verwendet werden;
2. die sonstigen Leistungen, die
   a) nicht für das Unternehmen des Leistungsempfängers ausgeführt werden, oder
   b) vom Leistungsempfänger ausschließlich oder zum Teil für eine nach § 4 Nr. 8 bis 27 steuerfreie Tätigkeit verwendet werden;
3. die Lieferungen im Sinne des § 3 Abs. 1b und die sonstigen Leistungen im Sinne des § 3 Abs. 9a;

---

1) **Anm. d. Red.:** § 1 Abs. 2a i. d. F. des Gesetzes v. 26. 6. 2013 (BGBl I S. 1809) mit Wirkung v. 30. 6. 2013; Abs. 3 i. d. F. des Gesetzes v. 20. 12. 2007 (BGBl I S. 3150) mit Wirkung v. 29. 12. 2007.

4. die Lieferungen von Gegenständen, die sich im Zeitpunkt der Lieferung
   a) in einem zollamtlich bewilligten Freihafen-Veredelungsverkehr oder in einer zollamtlich besonders zugelassenen Freihafenlagerung oder
   b) einfuhrumsatzsteuerrechtlich im freien Verkehr befinden;
5. die sonstigen Leistungen, die im Rahmen eines Veredelungsverkehrs oder einer Lagerung im Sinne der Nummer 4 Buchstabe a ausgeführt werden;
6. (weggefallen)
7. der innergemeinschaftliche Erwerb eines neuen Fahrzeugs durch die in § 1a Abs. 3 und § 1b Abs. 1 genannten Erwerber.

²Lieferungen und sonstige Leistungen an juristische Personen des öffentlichen Rechts sowie deren innergemeinschaftlicher Erwerb in den bezeichneten Gebieten sind als Umsätze im Sinne der Nummern 1 und 2 anzusehen, soweit der Unternehmer nicht anhand von Aufzeichnungen und Belegen das Gegenteil glaubhaft macht.

## § 1a Innergemeinschaftlicher Erwerb[1]

(1) Ein innergemeinschaftlicher Erwerb gegen Entgelt liegt vor, wenn die folgenden Voraussetzungen erfüllt sind:
1. Ein Gegenstand gelangt bei einer Lieferung an den Abnehmer (Erwerber) aus dem Gebiet eines Mitgliedstaates in das Gebiet eines anderen Mitgliedstaates oder aus dem übrigen Gemeinschaftsgebiet in die in § 1 Abs. 3 bezeichneten Gebiete, auch wenn der Lieferer den Gegenstand in das Gemeinschaftsgebiet eingeführt hat,
2. der Erwerber ist
   a) ein Unternehmer, der den Gegenstand für sein Unternehmen erwirbt, oder
   b) eine juristische Person, die nicht Unternehmer ist oder die den Gegenstand nicht für ihr Unternehmen erwirbt,
   und
3. die Lieferung an den Erwerber
   a) wird durch einen Unternehmer gegen Entgelt im Rahmen seines Unternehmens ausgeführt und
   b) ist nach dem Recht des Mitgliedstaates, der für die Besteuerung des Lieferers zuständig ist, nicht auf Grund der Sonderregelung für Kleinunternehmer steuerfrei.

(2) ¹Als innergemeinschaftlicher Erwerb gegen Entgelt gilt das Verbringen eines Gegenstands des Unternehmens aus dem übrigen Gemeinschaftsgebiet in das Inland durch einen Unternehmer zu seiner Verfügung, ausgenommen zu einer nur vorübergehenden Verwendung, auch wenn der Unternehmer den Gegenstand in das Gemeinschaftsgebiet eingeführt hat. ²Der Unternehmer gilt als Erwerber.

(3) Ein innergemeinschaftlicher Erwerb im Sinne der Absätze 1 und 2 liegt nicht vor, wenn die folgenden Voraussetzungen erfüllt sind:
1. Der Erwerber ist
   a) ein Unternehmer, der nur steuerfreie Umsätze ausführt, die zum Ausschluss vom Vorsteuerabzug führen,
   b) ein Unternehmer, für dessen Umsätze Umsatzsteuer nach § 19 Abs. 1 nicht erhoben wird,
   c) ein Unternehmer, der den Gegenstand zur Ausführung von Umsätzen verwendet, für die die Steuer nach den Durchschnittssätzen des § 24 festgesetzt ist, oder

---

[1] **Anm. d. Red.:** § 1a Abs. 4 i. d. F. des Gesetzes v. 8. 12. 2010 (BGBl I S. 1768) mit Wirkung v. 1. 1. 2011.

d) eine juristische Person, die nicht Unternehmer ist oder die den Gegenstand nicht für ihr Unternehmen erwirbt,

und

2. der Gesamtbetrag der Entgelte für Erwerbe im Sinne des Absatzes 1 Nr. 1 und des Absatzes 2 hat den Betrag von 12 500 Euro im vorangegangenen Kalenderjahr nicht überstiegen und wird diesen Betrag im laufenden Kalenderjahr voraussichtlich nicht übersteigen (Erwerbsschwelle).

(4) [1]Der Erwerber kann auf die Anwendung des Absatzes 3 verzichten. [2]Als Verzicht gilt die Verwendung einer dem Erwerber erteilten Umsatzsteuer-Identifikationsnummer gegenüber dem Lieferer. [3]Der Verzicht bindet den Erwerber mindestens für zwei Kalenderjahre.

(5) [1]Absatz 3 gilt nicht für den Erwerb neuer Fahrzeuge und verbrauchsteuerpflichtiger Waren. [2]Verbrauchsteuerpflichtige Waren im Sinne dieses Gesetzes sind Mineralöle, Alkohol und alkoholische Getränke sowie Tabakwaren.

### § 1b Innergemeinschaftlicher Erwerb neuer Fahrzeuge

(1) Der Erwerb eines neuen Fahrzeugs durch einen Erwerber, der nicht zu den in § 1a Abs. 1 Nr. 2 genannten Personen gehört, ist unter den Voraussetzungen des § 1a Abs. 1 Nr. 1 innergemeinschaftlicher Erwerb.

(2) [1]Fahrzeuge im Sinne dieses Gesetzes sind

1. motorbetriebene Landfahrzeuge mit einem Hubraum von mehr als 48 Kubikzentimetern oder einer Leistung von mehr als 7,2 Kilowatt;
2. Wasserfahrzeuge mit einer Länge von mehr als 7,5 Metern;
3. Luftfahrzeuge, deren Starthöchstmasse mehr als 1 550 Kilogramm beträgt.

[2]Satz 1 gilt nicht für die in § 4 Nr. 12 Satz 2 und Nr. 17 Buchstabe b bezeichneten Fahrzeuge.

(3) Ein Fahrzeug gilt als neu, wenn das

1. Landfahrzeug nicht mehr als 6 000 Kilometer zurückgelegt hat oder wenn seine erste Inbetriebnahme im Zeitpunkt des Erwerbs nicht mehr als sechs Monate zurückliegt;
2. Wasserfahrzeug nicht mehr als 100 Betriebsstunden auf dem Wasser zurückgelegt hat oder wenn seine erste Inbetriebnahme im Zeitpunkt des Erwerbs nicht mehr als drei Monate zurückliegt;
3. Luftfahrzeug nicht länger als 40 Betriebsstunden genutzt worden ist oder wenn seine erste Inbetriebnahme im Zeitpunkt des Erwerbs nicht mehr als drei Monate zurückliegt.

### § 1c Innergemeinschaftlicher Erwerb durch diplomatische Missionen, zwischenstaatliche Einrichtungen und Streitkräfte der Vertragsparteien des Nordatlantikvertrags

(1) [1]Ein innergemeinschaftlicher Erwerb im Sinne des § 1a liegt nicht vor, wenn ein Gegenstand bei einer Lieferung aus dem Gebiet eines anderen Mitgliedstaates in das Inland gelangt und die Erwerber folgende Einrichtungen sind, soweit sie nicht Unternehmer sind oder den Gegenstand nicht für ihr Unternehmen erwerben:

1. im Inland ansässige ständige diplomatische Missionen und berufskonsularische Vertretungen,
2. im Inland ansässige zwischenstaatliche Einrichtungen oder
3. im Inland stationierte Streitkräfte anderer Vertragsparteien des Nordatlantikvertrags.

[2]Diese Einrichtungen gelten nicht als Erwerber im Sinne des § 1a Abs. 1 Nr. 2. [3]§ 1b bleibt unberührt.

(2) Als innergemeinschaftlicher Erwerb gegen Entgelt im Sinne des § 1a Abs. 2 gilt das Verbringen eines Gegenstands durch die deutschen Streitkräfte aus dem übrigen Gemeinschaftsgebiet in das Inland für den Gebrauch oder Verbrauch dieser Streitkräfte oder ihres zivilen Be-

gleitpersonals, wenn die Lieferung des Gegenstands an die deutschen Streitkräfte im übrigen Gemeinschaftsgebiet oder die Einfuhr durch diese Streitkräfte nicht der Besteuerung unterlegen hat.

## § 2 Unternehmer, Unternehmen[1)]

(1) [1]Unternehmer ist, wer eine gewerbliche oder berufliche Tätigkeit selbständig ausübt. [2]Das Unternehmen umfasst die gesamte gewerbliche oder berufliche Tätigkeit des Unternehmers. [3]Gewerblich oder beruflich ist jede nachhaltige Tätigkeit zur Erzielung von Einnahmen, auch wenn die Absicht, Gewinn zu erzielen, fehlt oder eine Personenvereinigung nur gegenüber ihren Mitgliedern tätig wird.

(2) Die gewerbliche oder berufliche Tätigkeit wird nicht selbständig ausgeübt,

1. soweit natürliche Personen, einzeln oder zusammengeschlossen, einem Unternehmen so eingegliedert sind, dass sie den Weisungen des Unternehmers zu folgen verpflichtet sind;
2. wenn eine juristische Person nach dem Gesamtbild der tatsächlichen Verhältnisse finanziell, wirtschaftlich und organisatorisch in das Unternehmen des Organträgers eingegliedert ist (Organschaft). [2]Die Wirkungen der Organschaft sind auf Innenleistungen zwischen den im Inland gelegenen Unternehmensteilen beschränkt. [3]Diese Unternehmensteile sind als ein Unternehmen zu behandeln. [4]Hat der Organträger seine Geschäftsleitung im Ausland, gilt der wirtschaftlich bedeutendste Unternehmensteil im Inland als der Unternehmer.

(3) (weggefallen)[2)]

## § 2a Fahrzeuglieferer

[1]Wer im Inland ein neues Fahrzeug liefert, das bei der Lieferung in das übrige Gemeinschaftsgebiet gelangt, wird, wenn er nicht Unternehmer im Sinne des § 2 ist, für diese Lieferung wie ein Unternehmer behandelt. [2]Dasselbe gilt, wenn der Lieferer eines neuen Fahrzeugs Unternehmer im Sinne des § 2 ist und die Lieferung nicht im Rahmen des Unternehmens ausführt.

---

1) **Anm. d. Red.:** § 2 Abs. 3 weggefallen gem. Gesetz v. 2. 11. 2015 (BGBl I S. 1834) mit Wirkung v. 1. 1. 2016.

2) **Anm. d. Red.:** § 2 Abs. 3 in der am 31. 12. 2015 geltenden Fassung ist gem. § 27 Abs. 22 weiterhin anzuwenden auf Umsätze, die nach dem 31. 12. 2015 und vor dem 1. 1. 2017 ausgeführt werden. Die juristische Person des öffentlichen Rechts kann dem Finanzamt gegenüber einmalig erklären, dass sie § 2 Abs. 3 in der am 31. 12. 2015 geltenden Fassung für sämtliche nach dem 31. 12. 2016 und vor dem 1. 1. 2021 ausgeführte Leistungen weiterhin anwendet.
§ 2 Abs. 3 in der am 31. 12. 2015 geltenden Fassung lautete:
„(3) [1]Die juristischen Personen des öffentlichen Rechts sind nur im Rahmen ihrer Betriebe gewerblicher Art (§ 1 Abs. 1 Nr. 6, § 4 des Körperschaftsteuergesetzes) und ihrer land- oder forstwirtschaftlichen Betriebe gewerblich oder beruflich tätig. [2]Auch wenn die Voraussetzungen des Satzes 1 nicht gegeben sind, gelten als gewerbliche oder berufliche Tätigkeit im Sinne dieses Gesetzes
1. (weggefallen)
2. die Tätigkeit der Notare im Landesdienst und der Ratschreiber im Land Baden-Württemberg, soweit Leistungen ausgeführt werden, für die nach der Bundesnotarordnung die Notare zuständig sind;
3. die Abgabe von Brillen und Brillenteilen einschließlich der Reparaturarbeiten durch Selbstabgabestellen der gesetzlichen Träger der Sozialversicherung;
4. die Leistungen der Vermessungs- und Katasterbehörden bei der Wahrnehmung von Aufgaben der Landesvermessung und des Liegenschaftskatasters mit Ausnahme der Amtshilfe;
5. die Tätigkeit der Bundesanstalt für Landwirtschaft und Ernährung, soweit Aufgaben der Marktordnung, der Vorratshaltung und der Nahrungsmittelhilfe wahrgenommen werden."

## § 2b Juristische Personen des öffentlichen Rechts[1)2)]

(1) ¹Vorbehaltlich des Absatzes 4 gelten juristische Personen des öffentlichen Rechts nicht als Unternehmer im Sinne des § 2, soweit sie Tätigkeiten ausüben, die ihnen im Rahmen der öffentlichen Gewalt obliegen, auch wenn sie im Zusammenhang mit diesen Tätigkeiten Zölle, Gebühren, Beiträge oder sonstige Abgaben erheben. ²Satz 1 gilt nicht, sofern eine Behandlung als Nichtunternehmer zu größeren Wettbewerbsverzerrungen führen würde.

(2) Größere Wettbewerbsverzerrungen liegen insbesondere nicht vor, wenn

1. der von einer juristischen Person des öffentlichen Rechts im Kalenderjahr aus gleichartigen Tätigkeiten erzielte Umsatz voraussichtlich 17 500 Euro jeweils nicht übersteigen wird oder

2. vergleichbare, auf privatrechtlicher Grundlage erbrachte Leistungen ohne Recht auf Verzicht (§ 9) einer Steuerbefreiung unterliegen.

(3) Sofern eine Leistung an eine andere juristische Person des öffentlichen Rechts ausgeführt wird, liegen größere Wettbewerbsverzerrungen insbesondere nicht vor, wenn

1. die Leistungen aufgrund gesetzlicher Bestimmungen nur von juristischen Personen des öffentlichen Rechts erbracht werden dürfen oder

2. die Zusammenarbeit durch gemeinsame spezifische öffentliche Interessen bestimmt wird. ²Dies ist regelmäßig der Fall, wenn

   a) die Leistungen auf langfristigen öffentlich-rechtlichen Vereinbarungen beruhen,

   b) die Leistungen dem Erhalt der öffentlichen Infrastruktur und der Wahrnehmung einer allen Beteiligten obliegenden öffentlichen Aufgabe dienen,

   c) die Leistungen ausschließlich gegen Kostenerstattung erbracht werden und

   d) der Leistende gleichartige Leistungen im Wesentlichen an andere juristische Personen des öffentlichen Rechts erbringt.

(4) Auch wenn die Voraussetzungen des Absatzes 1 Satz 1 gegeben sind, gelten juristische Personen des öffentlichen Rechts bei Vorliegen der übrigen Voraussetzungen des § 2 Absatz 1 mit der Ausübung folgender Tätigkeiten stets als Unternehmer:

1. die Tätigkeit der Notare im Landesdienst und der Ratschreiber im Land Baden-Württemberg, soweit Leistungen ausgeführt werden, für die nach der Bundesnotarordnung die Notare zuständig sind;

2. die Abgabe von Brillen und Brillenteilen einschließlich der Reparaturarbeiten durch Selbstabgabestellen der gesetzlichen Träger der Sozialversicherung;

3. die Leistungen der Vermessungs- und Katasterbehörden bei der Wahrnehmung von Aufgaben der Landesvermessung und des Liegenschaftskatasters mit Ausnahme der Amtshilfe;

4. die Tätigkeit der Bundesanstalt für Landwirtschaft und Ernährung, soweit Aufgaben der Marktordnung, der Vorratshaltung und der Nahrungsmittelhilfe wahrgenommen werden;

5. Tätigkeiten, die in Anhang I der Richtlinie 2006/112/EG des Rates vom 28. November 2006 über das gemeinsame Mehrwertsteuersystem (ABl L 347 vom 11.12.2006, S. 1) in der jeweils gültigen Fassung genannt sind, sofern der Umfang dieser Tätigkeiten nicht unbedeutend ist.

---

1) **Anm. d. Red.:** § 2b eingefügt gem. Gesetz v. 2.11.2015 (BGBl I S. 1834) mit Wirkung v. 1.1.2016.

2) **Anm. d. Red.:** § 2b in der am 1.1.2016 geltenden Fassung ist gem. § 27 Abs. 22 auf Umsätze anzuwenden, die nach dem 31.12.2016 ausgeführt werden. Auf Umsätze, die nach dem 31.12.2015 und vor dem 1.1.2017 ausgeführt werden, ist § 2 Abs. 3 in der am 31.12.2015 geltenden Fassung weiterhin anzuwenden; die juristische Person des öffentlichen Rechts kann dem Finanzamt gegenüber einmalig erklären, dass sie § 2 Abs. 3 in der am 31.12.2015 geltenden Fassung für sämtliche nach dem 31.12.2016 und vor dem 1.1.2021 ausgeführte Leistungen weiterhin anwendet; siehe Fußnote zu § 2 Abs. 3.

## § 3 Lieferung, sonstige Leistung[1)]

(1) Lieferungen eines Unternehmers sind Leistungen, durch die er oder in seinem Auftrag ein Dritter den Abnehmer oder in dessen Auftrag einen Dritten befähigt, im eigenen Namen über einen Gegenstand zu verfügen (Verschaffung der Verfügungsmacht).

(1a) [1]Als Lieferung gegen Entgelt gilt das Verbringen eines Gegenstands des Unternehmens aus dem Inland in das übrige Gemeinschaftsgebiet durch einen Unternehmer zu seiner Verfügung, ausgenommen zu einer nur vorübergehenden Verwendung, auch wenn der Unternehmer den Gegenstand in das Inland eingeführt hat. [2]Der Unternehmer gilt als Lieferer.

(1b) [1]Einer Lieferung gegen Entgelt werden gleichgestellt
1. die Entnahme eines Gegenstands durch einen Unternehmer aus seinem Unternehmen für Zwecke, die außerhalb des Unternehmens liegen;
2. die unentgeltliche Zuwendung eines Gegenstands durch einen Unternehmer an sein Personal für dessen privaten Bedarf, sofern keine Aufmerksamkeiten vorliegen;
3. jede andere unentgeltliche Zuwendung eines Gegenstands, ausgenommen Geschenke von geringem Wert und Warenmuster für Zwecke des Unternehmens.

[2]Voraussetzung ist, dass der Gegenstand oder seine Bestandteile zum vollen oder teilweisen Vorsteuerabzug berechtigt haben.

(2) (weggefallen)

(3) [1]Beim Kommissionsgeschäft (§ 383 des Handelsgesetzbuchs) liegt zwischen dem Kommittenten und dem Kommissionär eine Lieferung vor. [2]Bei der Verkaufskommission gilt der Kommissionär, bei der Einkaufskommission der Kommittent als Abnehmer.

(4) [1]Hat der Unternehmer die Bearbeitung oder Verarbeitung eines Gegenstands übernommen und verwendet er hierbei Stoffe, die er selbst beschafft, so ist die Leistung als Lieferung anzusehen (Werklieferung), wenn es sich bei den Stoffen nicht nur um Zutaten oder sonstige Nebensachen handelt. [2]Das gilt auch dann, wenn die Gegenstände mit dem Grund und Boden fest verbunden werden.

(5) [1]Hat ein Abnehmer dem Lieferer die Nebenerzeugnisse oder Abfälle, die bei der Bearbeitung oder Verarbeitung des ihm übergebenen Gegenstands entstehen, zurückzugeben, so beschränkt sich die Lieferung auf den Gehalt des Gegenstands an den Bestandteilen, die dem Abnehmer verbleiben. [2]Das gilt auch dann, wenn der Abnehmer an Stelle der bei der Bearbeitung oder Verarbeitung entstehenden Nebenerzeugnisse oder Abfälle Gegenstände gleicher Art zurückgibt, wie sie in seinem Unternehmen regelmäßig anfallen.

(5a) Der Ort der Lieferung richtet sich vorbehaltlich der §§ 3c, 3e, 3f und 3g nach den Absätzen 6 bis 8.

(6) [1]Wird der Gegenstand der Lieferung durch den Lieferer, den Abnehmer oder einen vom Lieferer oder vom Abnehmer beauftragten Dritten befördert oder versendet, gilt die Lieferung dort als ausgeführt, wo die Beförderung oder Versendung an den Abnehmer oder in dessen Auftrag an einen Dritten beginnt. [2]Befördern ist jede Fortbewegung eines Gegenstands. [3]Versenden liegt vor, wenn jemand die Beförderung durch einen selbständigen Beauftragten ausführen oder besorgen lässt. [4]Die Versendung beginnt mit der Übergabe des Gegenstands an den Beauftragten. [5]Schließen mehrere Unternehmer über denselben Gegenstand Umsatzgeschäfte ab und gelangt dieser Gegenstand bei der Beförderung oder Versendung unmittelbar vom ersten Unternehmer an den letzten Abnehmer, ist die Beförderung oder Versendung des Gegenstands nur einer der Lieferungen zuzuordnen. [6]Wird der Gegenstand der Lieferung dabei durch einen Abnehmer befördert oder versendet, der zugleich Lieferer ist, ist die Beförderung oder Versen-

---

1) Anm. d. Red.: § 3 Abs. 9 i. d. F. des Gesetzes v. 20.12.2007 (BGBl I S. 3150) mit Wirkung v. 29.12.2007; Abs. 9a i. d. F. des Gesetzes v. 8.12.2010 (BGBl I S. 1768) mit Wirkung v. 1.1.2011; Abs. 11a i. d. F. des Gesetzes v. 25.7.2014 (BGBl I S. 1266) mit Wirkung v. 1.1.2015.

dung der Lieferung an ihn zuzuordnen, es sei denn, er weist nach, dass er den Gegenstand als Lieferer befördert oder versendet hat.

(7) ¹Wird der Gegenstand der Lieferung nicht befördert oder versendet, wird die Lieferung dort ausgeführt, wo sich der Gegenstand zur Zeit der Verschaffung der Verfügungsmacht befindet. ²In den Fällen des Absatzes 6 Satz 5 gilt Folgendes:
1. Lieferungen, die der Beförderungs- oder Versendungslieferung vorangehen, gelten dort als ausgeführt, wo die Beförderung oder Versendung des Gegenstands beginnt.
2. Lieferungen, die der Beförderungs- oder Versendungslieferung folgen, gelten dort als ausgeführt, wo die Beförderung oder Versendung des Gegenstands endet.

(8) Gelangt der Gegenstand der Lieferung bei der Beförderung oder Versendung aus dem Drittlandsgebiet in das Inland, gilt der Ort der Lieferung dieses Gegenstands als im Inland gelegen, wenn der Lieferer oder sein Beauftragter Schuldner der Einfuhrumsatzsteuer ist.

(8a) (weggefallen)

(9) ¹Sonstige Leistungen sind Leistungen, die keine Lieferungen sind. ²Sie können auch in einem Unterlassen oder im Dulden einer Handlung oder eines Zustands bestehen. ³In den Fällen der §§ 27 und 54 des Urheberrechtsgesetzes führen die Verwertungsgesellschaften und die Urheber sonstige Leistungen aus.

(9a) Einer sonstigen Leistung gegen Entgelt werden gleichgestellt
1.[1)] die Verwendung eines dem Unternehmen zugeordneten Gegenstands, der zum vollen oder teilweisen Vorsteuerabzug berechtigt hat, durch einen Unternehmer für Zwecke, die außerhalb des Unternehmens liegen, oder für den privaten Bedarf seines Personals, sofern keine Aufmerksamkeiten vorliegen; dies gilt nicht, wenn der Vorsteuerabzug nach § 15 Absatz 1b ausgeschlossen oder wenn eine Vorsteuerberichtigung nach § 15a Absatz 6a durchzuführen ist;
2. die unentgeltliche Erbringung einer anderen sonstigen Leistung durch den Unternehmer für Zwecke, die außerhalb des Unternehmens liegen, oder für den privaten Bedarf seines Personals, sofern keine Aufmerksamkeiten vorliegen.

(10) Überlässt ein Unternehmer einem Auftraggeber, der ihm einen Stoff zur Herstellung eines Gegenstands übergeben hat, an Stelle des herzustellenden Gegenstands einen gleichartigen Gegenstand, wie er ihn in seinem Unternehmen aus solchem Stoff herzustellen pflegt, so gilt die Leistung des Unternehmers als Werkleistung, wenn das Entgelt für die Leistung nach Art eines Werklohns unabhängig vom Unterschied zwischen dem Marktpreis des empfangenen Stoffs und dem des überlassenen Gegenstands berechnet wird.

(11) Wird ein Unternehmer in die Erbringung einer sonstigen Leistung eingeschaltet und handelt er dabei im eigenen Namen, jedoch für fremde Rechnung, gilt diese Leistung als an ihn und von ihm erbracht.

(11a) ¹Wird ein Unternehmer in die Erbringung einer sonstigen Leistung, die über ein Telekommunikationsnetz, eine Schnittstelle oder ein Portal erbracht wird, eingeschaltet, gilt er im Sinne von Absatz 11 als im eigenen Namen und für fremde Rechnung handelnd. ²Dies gilt nicht, wenn der Anbieter dieser sonstigen Leistung von dem Unternehmer als Leistungserbringer ausdrücklich benannt wird und dies in den vertraglichen Vereinbarungen zwischen den Parteien zum Ausdruck kommt. ³Diese Bedingung ist erfüllt, wenn
1. in den von jedem an der Erbringung beteiligten Unternehmen ausgestellten oder verfügbar gemachten Rechnungen die sonstige Leistung im Sinne des Satzes 2 und der Erbringer dieser Leistung angegeben sind;
2. in den dem Leistungsempfänger ausgestellten oder verfügbar gemachten Rechnungen die sonstige Leistung im Sinne des Satzes 2 und der Erbringer dieser Leistung angegeben sind.

---

1) **Anm. d. Red.:** Zur Anwendung des § 3 Abs. 9a Nr. 1 siehe § 27 Abs. 16.

⁴Die Sätze 2 und 3 finden keine Anwendung, wenn der Unternehmer hinsichtlich der Erbringung der sonstigen Leistung im Sinne des Satzes 2
1. die Abrechnung gegenüber dem Leistungsempfänger autorisiert,
2. die Erbringung der sonstigen Leistung genehmigt oder
3. die allgemeinen Bedingungen der Leistungserbringung festlegt.

⁵Die Sätze 1 bis 4 gelten nicht, wenn der Unternehmer lediglich Zahlungen in Bezug auf die erbrachte sonstige Leistung im Sinne des Satzes 2 abwickelt und nicht an der Erbringung dieser sonstigen Leistung beteiligt ist.

(12) ¹Ein Tausch liegt vor, wenn das Entgelt für eine Lieferung in einer Lieferung besteht. ²Ein tauschähnlicher Umsatz liegt vor, wenn das Entgelt für eine sonstige Leistung in einer Lieferung oder sonstigen Leistung besteht.

## § 3a Ort der sonstigen Leistung[1)]

(1) ¹Eine sonstige Leistung wird vorbehaltlich der Absätze 2 bis 8 und der §§ 3b, 3e und 3f an dem Ort ausgeführt, von dem aus der Unternehmer sein Unternehmen betreibt. ²Wird die sonstige Leistung von einer Betriebsstätte ausgeführt, gilt die Betriebsstätte als der Ort der sonstigen Leistung.

(2) ¹Eine sonstige Leistung, die an einen Unternehmer für dessen Unternehmen ausgeführt wird, wird vorbehaltlich der Absätze 3 bis 8 und der §§ 3b, 3e und 3f an dem Ort ausgeführt, von dem aus der Empfänger sein Unternehmen betreibt. ²Wird die sonstige Leistung an die Betriebsstätte eines Unternehmers ausgeführt, ist stattdessen der Ort der Betriebsstätte maßgebend. ³Die Sätze 1 und 2 gelten entsprechend bei einer sonstigen Leistung an eine ausschließlich nicht unternehmerisch tätige juristische Person, der eine Umsatzsteuer-Identifikationsnummer erteilt worden ist, und bei einer sonstigen Leistung an eine juristische Person, die sowohl unternehmerisch als auch nicht unternehmerisch tätig ist; dies gilt nicht für sonstige Leistungen, die ausschließlich für den privaten Bedarf des Personals oder eines Gesellschafters bestimmt sind.

(3) Abweichend von den Absätzen 1 und 2 gilt:
1. ¹Eine sonstige Leistung im Zusammenhang mit einem Grundstück wird dort ausgeführt, wo das Grundstück liegt. ²Als sonstige Leistungen im Zusammenhang mit einem Grundstück sind insbesondere anzusehen:
   a) sonstige Leistungen der in § 4 Nr. 12 bezeichneten Art,
   b) sonstige Leistungen im Zusammenhang mit der Veräußerung oder dem Erwerb von Grundstücken,
   c) sonstige Leistungen, die der Erschließung von Grundstücken oder der Vorbereitung, Koordinierung oder Ausführung von Bauleistungen dienen.
2. ¹Die kurzfristige Vermietung eines Beförderungsmittels wird an dem Ort ausgeführt, an dem dieses Beförderungsmittel dem Empfänger tatsächlich zur Verfügung gestellt wird. ²Als kurzfristig im Sinne des Satzes 1 gilt eine Vermietung über einen ununterbrochenen Zeitraum
   a) von nicht mehr als 90 Tagen bei Wasserfahrzeugen,
   b) von nicht mehr als 30 Tagen bei anderen Beförderungsmitteln.
   ³Die Vermietung eines Beförderungsmittels, die nicht als kurzfristig im Sinne des Satzes 2 anzusehen ist, an einen Empfänger, der weder ein Unternehmer ist, für dessen Unterneh-

---

1) **Anm. d. Red.:** § 3a Abs. 1 i. d. F. des Gesetzes v. 8. 12. 2010 (BGBl I S. 1768) mit Wirkung v. 1. 1. 2011; Abs. 2 und 3 i. d. F. des Gesetzes v. 26. 6. 2013 (BGBl I S. 1809) mit Wirkung v. 30. 6. 2013; Abs. 4 und 6 i. d. F. des Gesetzes v. 22. 12. 2014 (BGBl I S. 2417) mit Wirkung v. 31. 12. 2014 (Abs. 4) und 1. 1. 2015 (Abs. 6); Abs. 5 und 8 i. d. F. des Gesetzes v. 25. 7. 2014 (BGBl I S. 1266) mit Wirkung v. 1. 1. 2015; Abs. 7 i. d. F. des Gesetzes v. 19. 12. 2008 (BGBl I S. 2794) mit Wirkung v. 1. 1. 2010.

men die Leistung bezogen wird, noch eine nicht unternehmerisch tätige juristische Person, der eine Umsatzsteuer-Identifikationsnummer erteilt worden ist, wird an dem Ort erbracht, an dem der Empfänger seinen Wohnsitz oder Sitz hat. [4]Handelt es sich bei dem Beförderungsmittel um ein Sportboot, wird abweichend von Satz 3 die Vermietungsleistung an dem Ort ausgeführt, an dem das Sportboot dem Empfänger tatsächlich zur Verfügung gestellt wird, wenn sich auch der Sitz, die Geschäftsleitung oder eine Betriebsstätte des Unternehmers, von wo aus diese Leistung tatsächlich erbracht wird, an diesem Ort befindet.

3. Die folgenden sonstigen Leistungen werden dort ausgeführt, wo sie vom Unternehmer tatsächlich erbracht werden:

   a) kulturelle, künstlerische, wissenschaftliche, unterrichtende, sportliche, unterhaltende oder ähnliche Leistungen, wie Leistungen im Zusammenhang mit Messen und Ausstellungen, einschließlich der Leistungen der jeweiligen Veranstalter sowie der damit zusammenhängenden Tätigkeiten, die für die Ausübung der Leistungen unerlässlich sind, an einen Empfänger, der weder ein Unternehmer ist, für dessen Unternehmen die Leistung bezogen wird, noch eine nicht unternehmerisch tätige juristische Person, der eine Umsatzsteuer-Identifikationsnummer erteilt worden ist,

   b) die Abgabe von Speisen und Getränken zum Verzehr an Ort und Stelle (Restaurationsleistung), wenn diese Abgabe nicht an Bord eines Schiffs, in einem Luftfahrzeug oder in einer Eisenbahn während einer Beförderung innerhalb des Gemeinschaftsgebiets erfolgt,

   c) Arbeiten an beweglichen körperlichen Gegenständen und die Begutachtung dieser Gegenstände für einen Empfänger, der weder ein Unternehmer ist, für dessen Unternehmen die Leistung ausgeführt wird, noch eine nicht unternehmerisch tätige juristische Person, der eine Umsatzsteuer-Identifikationsnummer erteilt worden ist.

4. Eine Vermittlungsleistung an einen Empfänger, der weder ein Unternehmer ist, für dessen Unternehmen die Leistung bezogen wird, noch eine nicht unternehmerisch tätige juristische Person, der eine Umsatzsteuer-Identifikationsnummer erteilt worden ist, wird an dem Ort erbracht, an dem der vermittelte Umsatz als ausgeführt gilt.

5. Die Einräumung der Eintrittsberechtigung zu kulturellen, künstlerischen, wissenschaftlichen, unterrichtenden, sportlichen, unterhaltenden oder ähnlichen Veranstaltungen, wie Messen und Ausstellungen, sowie die damit zusammenhängenden sonstigen Leistungen an einen Unternehmer für dessen Unternehmen oder an eine nicht unternehmerisch tätige juristische Person, der eine Umsatzsteuer-Identifikationsnummer erteilt worden ist, wird an dem Ort erbracht, an dem die Veranstaltung tatsächlich durchgeführt wird.

(4) [1]Ist der Empfänger einer der in Satz 2 bezeichneten sonstigen Leistungen weder ein Unternehmer, für dessen Unternehmen die Leistung bezogen wird, noch eine nicht unternehmerisch tätige juristische Person, der eine Umsatzsteuer-Identifikationsnummer erteilt worden ist, und hat er seinen Wohnsitz oder Sitz im Drittlandsgebiet, wird die sonstige Leistung an seinem Wohnsitz oder Sitz ausgeführt. [2]Sonstige Leistungen im Sinne des Satzes 1 sind:

1. die Einräumung, Übertragung und Wahrnehmung von Patenten, Urheberrechten, Markenrechten und ähnlichen Rechten;

2. die sonstigen Leistungen, die der Werbung oder der Öffentlichkeitsarbeit dienen, einschließlich der Leistungen der Werbungsmittler und der Werbeagenturen;

3. die sonstigen Leistungen aus der Tätigkeit als Rechtsanwalt, Patentanwalt, Steuerberater, Steuerbevollmächtigter, Wirtschaftsprüfer, vereidigter Buchprüfer, Sachverständiger, Ingenieur, Aufsichtsratsmitglied, Dolmetscher und Übersetzer sowie ähnliche Leistungen anderer Unternehmer, insbesondere die rechtliche, wirtschaftliche und technische Beratung;

4. die Datenverarbeitung;

5. die Überlassung von Informationen einschließlich gewerblicher Verfahren und Erfahrungen;

§ 3a XXVI. Umsatzsteuergesetz

6. a) Bank- und Finanzumsätze, insbesondere der in § 4 Nummer 8 Buchstabe a bis h bezeichneten Art und die Verwaltung von Krediten und Kreditsicherheiten, sowie Versicherungsumsätze der in § 4 Nummer 10 bezeichneten Art,
    b) die sonstigen Leistungen im Geschäft mit Gold, Silber und Platin. ²Das gilt nicht für Münzen und Medaillen aus diesen Edelmetallen;
7. die Gestellung von Personal;
8. der Verzicht auf Ausübung eines der in Nummer 1 bezeichneten Rechte;
9. der Verzicht, ganz oder teilweise eine gewerbliche oder berufliche Tätigkeit auszuüben;
10. die Vermietung beweglicher körperlicher Gegenstände, ausgenommen Beförderungsmittel;
11. bis 13. (weggefallen)
14. die Gewährung des Zugangs zum Erdgasnetz, zum Elektrizitätsnetz oder zu Wärme- oder Kältenetzen und die Fernleitung, die Übertragung oder Verteilung über diese Netze sowie die Erbringung anderer damit unmittelbar zusammenhängender sonstiger Leistungen.

(5) ¹Ist der Empfänger einer der in Satz 2 bezeichneten sonstigen Leistungen
1. kein Unternehmer, für dessen Unternehmen die Leistung bezogen wird,
2. keine ausschließlich nicht unternehmerisch tätige juristische Person, der eine Umsatzsteuer-Identifikationsnummer erteilt worden ist,
3. keine juristische Person, die sowohl unternehmerisch als auch nicht unternehmerisch tätig ist, bei der die Leistung nicht ausschließlich für den privaten Bedarf des Personals oder eines Gesellschafters bestimmt ist,

wird die sonstige Leistung an dem Ort ausgeführt, an dem der Leistungsempfänger seinen Wohnsitz, seinen gewöhnlichen Aufenthaltsort oder seinen Sitz hat. ²Sonstige Leistungen im Sinne des Satzes 1 sind:
1. die sonstigen Leistungen auf dem Gebiet der Telekommunikation;
2. die Rundfunk- und Fernsehdienstleistungen;
3. die auf elektronischem Weg erbrachten sonstigen Leistungen.

(6) ¹Erbringt ein Unternehmer, der sein Unternehmen von einem im Drittlandsgebiet liegenden Ort aus betreibt,
1. eine in Absatz 3 Nr. 2 bezeichnete Leistung oder die langfristige Vermietung eines Beförderungsmittels,
2. eine in Absatz 4 Satz 2 Nummer 1 bis 10 bezeichnete sonstige Leistung an eine im Inland ansässige juristische Person des öffentlichen Rechts oder
3. eine in Absatz 5 Satz 2 Nummer 1 und 2 bezeichnete Leistung,

ist diese Leistung abweichend von Absatz 1, Absatz 3 Nummer 2, Absatz 4 Satz 1 oder Absatz 5 als im Inland ausgeführt zu behandeln, wenn sie dort genutzt oder ausgewertet wird. ²Wird die Leistung von einer Betriebsstätte eines Unternehmers ausgeführt, gilt Satz 1 entsprechend, wenn die Betriebsstätte im Drittlandsgebiet liegt.

(7) ¹Vermietet ein Unternehmer, der sein Unternehmen vom Inland aus betreibt, kurzfristig ein Schienenfahrzeug, einen Kraftomnibus oder ein ausschließlich zur Beförderung von Gegenständen bestimmtes Straßenfahrzeug, ist diese Leistung abweichend von Absatz 3 Nr. 2 als im Drittlandsgebiet ausgeführt zu behandeln, wenn die Leistung an einen im Drittlandsgebiet ansässigen Unternehmer erbracht wird, das Fahrzeug für dessen Unternehmen bestimmt ist und im Drittlandsgebiet genutzt wird. ²Wird die Vermietung des Fahrzeugs von einer Betriebsstätte eines Unternehmers ausgeführt, gilt Satz 1 entsprechend, wenn die Betriebsstätte im Inland liegt.

(8) ¹Erbringt ein Unternehmer eine Güterbeförderungsleistung, ein Beladen, Entladen, Umschlagen oder ähnliche mit der Beförderung eines Gegenstandes im Zusammenhang stehende Leistungen im Sinne des § 3b Absatz 2, eine Arbeit an beweglichen körperlichen Gegenständen oder eine Begutachtung dieser Gegenstände, eine Reisevorleistung im Sinne des § 25 Absatz 1

Satz 5 oder eine Veranstaltungsleistung im Zusammenhang mit Messen und Ausstellungen, ist diese Leistung abweichend von Absatz 2 als im Drittlandsgebiet ausgeführt zu behandeln, wenn die Leistung dort genutzt oder ausgewertet wird. ²Satz 1 gilt nicht, wenn die dort genannten Leistungen in einem der in § 1 Absatz 3 genannten Gebiete tatsächlich ausgeführt werden.

## § 3b Ort der Beförderungsleistungen und der damit zusammenhängenden sonstigen Leistungen[1)]

(1) ¹Eine Beförderung einer Person wird dort ausgeführt, wo die Beförderung bewirkt wird. ²Erstreckt sich eine solche Beförderung nicht nur auf das Inland, fällt nur der Teil der Leistung unter dieses Gesetz, der auf das Inland entfällt. ³Die Sätze 1 und 2 gelten entsprechend für die Beförderung von Gegenständen, die keine innergemeinschaftliche Beförderung eines Gegenstands im Sinne des Absatzes 3 ist, wenn der Empfänger weder ein Unternehmer, für dessen Unternehmen die Leistung bezogen wird, noch eine nicht unternehmerisch tätige juristische Person ist, der eine Umsatzsteuer-Identifikationsnummer erteilt worden ist. ⁴Die Bundesregierung kann mit Zustimmung des Bundesrates durch Rechtsverordnung zur Vereinfachung des Besteuerungsverfahrens bestimmen, dass bei Beförderungen, die sich sowohl auf das Inland als auch auf das Ausland erstrecken (grenzüberschreitende Beförderungen),

1. kurze inländische Beförderungsstrecken als ausländische und kurze ausländische Beförderungsstrecken als inländische angesehen werden;
2. Beförderungen über kurze Beförderungsstrecken in den in § 1 Abs. 3 bezeichneten Gebieten nicht wie Umsätze im Inland behandelt werden.

(2) Das Beladen, Entladen, Umschlagen und ähnliche mit der Beförderung eines Gegenstands im Zusammenhang stehende Leistungen an einen Empfänger, der weder ein Unternehmer ist, für dessen Unternehmen die Leistung bezogen wird, noch eine nicht unternehmerisch tätige juristische Person ist, der eine Umsatzsteuer-Identifikationsnummer erteilt worden ist, werden dort ausgeführt, wo sie vom Unternehmer tatsächlich erbracht werden.

(3) Die Beförderung eines Gegenstands, die in dem Gebiet eines Mitgliedstaates beginnt und in dem Gebiet eines anderen Mitgliedstaates endet (innergemeinschaftliche Beförderung eines Gegenstands), an einen Empfänger, der weder ein Unternehmer ist, für dessen Unternehmen die Leistung bezogen wird, noch eine nicht unternehmerisch tätige juristische Person, der eine Umsatzsteuer-Identifikationsnummer erteilt worden ist, wird an dem Ort ausgeführt, an dem die Beförderung des Gegenstands beginnt.

## § 3c Ort der Lieferung in besonderen Fällen

(1) ¹Wird bei einer Lieferung der Gegenstand durch den Lieferer oder einen von ihm beauftragten Dritten aus dem Gebiet eines Mitgliedstaates in das Gebiet eines anderen Mitgliedstaates oder aus dem übrigen Gemeinschaftsgebiet in die in § 1 Abs. 3 bezeichneten Gebiete befördert oder versendet, so gilt die Lieferung nach Maßgabe der Absätze 2 bis 5 dort als ausgeführt, wo die Beförderung oder Versendung endet. ²Das gilt auch, wenn der Lieferer den Gegenstand in das Gemeinschaftsgebiet eingeführt hat.

(2) Absatz 1 ist anzuwenden, wenn der Abnehmer
1. nicht zu den in § 1a Abs. 1 Nr. 2 genannten Personen gehört oder
2. a) ein Unternehmer ist, der nur steuerfreie Umsätze ausführt, die zum Ausschluss vom Vorsteuerabzug führen, oder
   b) ein Kleinunternehmer ist, der nach dem Recht des für die Besteuerung zuständigen Mitgliedstaates von der Steuer befreit ist oder auf andere Weise von der Besteuerung ausgenommen ist, oder

---

1) **Anm. d. Red.:** § 3b i. d. F. des Gesetzes v. 19. 12. 2008 (BGBl I S. 2794) mit Wirkung v. 1. 1. 2010.

## §§ 3d, 3e XXVI. Umsatzsteuergesetz

c) ein Unternehmer ist, der nach dem Recht des für die Besteuerung zuständigen Mitgliedstaates die Pauschalregelung für landwirtschaftliche Erzeuger anwendet, oder

d) eine juristische Person ist, die nicht Unternehmer ist oder die den Gegenstand nicht für ihr Unternehmen erwirbt,

und als einer der in den Buchstaben a bis d genannten Abnehmer weder die maßgebende Erwerbsschwelle überschreitet noch auf ihre Anwendung verzichtet. ²Im Fall der Beendigung der Beförderung oder Versendung im Gebiet eines anderen Mitgliedstaates ist die von diesem Mitgliedstaat festgesetzte Erwerbsschwelle maßgebend.

(3) ¹Absatz 1 ist nicht anzuwenden, wenn bei dem Lieferer der Gesamtbetrag der Entgelte, der den Lieferungen in einen Mitgliedstaat zuzurechnen ist, die maßgebliche Lieferschwelle im laufenden Kalenderjahr nicht überschreitet und im vorangegangenen Kalenderjahr nicht überschritten hat. ²Maßgebende Lieferschwelle ist

1. im Fall der Beendigung der Beförderung oder Versendung im Inland oder in den in § 1 Abs. 3 bezeichneten Gebieten der Betrag von 100 000 Euro;
2. im Fall der Beendigung der Beförderung oder Versendung im Gebiet eines anderen Mitgliedstaates der von diesem Mitgliedstaat festgesetzte Betrag.

(4) ¹Wird die maßgebende Lieferschwelle nicht überschritten, gilt die Lieferung auch dann am Ort der Beendigung der Beförderung oder Versendung als ausgeführt, wenn der Lieferer auf die Anwendung des Absatzes 3 verzichtet. ²Der Verzicht ist gegenüber der zuständigen Behörde zu erklären. ³Er bindet den Lieferer mindestens für zwei Kalenderjahre.

(5) ¹Die Absätze 1 bis 4 gelten nicht für die Lieferung neuer Fahrzeuge. ²Absatz 2 Nr. 2 und Absatz 3 gelten nicht für die Lieferung verbrauchsteuerpflichtiger Waren.

### § 3d Ort des innergemeinschaftlichen Erwerbs[1]

¹Der innergemeinschaftliche Erwerb wird in dem Gebiet des Mitgliedstaates bewirkt, in dem sich der Gegenstand am Ende der Beförderung oder Versendung befindet. ²Verwendet der Erwerber gegenüber dem Lieferer eine ihm von einem anderen Mitgliedstaat erteilte Umsatzsteuer-Identifikationsnummer, gilt der Erwerb so lange in dem Gebiet dieses Mitgliedstaates als bewirkt, bis der Erwerber nachweist, dass der Erwerb durch den in Satz 1 bezeichneten Mitgliedstaat besteuert worden ist oder nach § 25b Abs. 3 als besteuert gilt, sofern der erste Abnehmer seiner Erklärungspflicht nach § 18a Absatz 7 Satz 1 Nummer 4 nachgekommen ist.

### § 3e Ort der Lieferungen und Restaurationsleistungen während einer Beförderung an Bord eines Schiffs, in einem Luftfahrzeug oder in einer Eisenbahn[2]

(1) Wird ein Gegenstand an Bord eines Schiffs, in einem Luftfahrzeug oder in einer Eisenbahn während einer Beförderung innerhalb des Gemeinschaftsgebiets geliefert oder dort eine sonstige Leistung ausgeführt, die in der Abgabe von Speisen und Getränken zum Verzehr an Ort und Stelle (Restaurationsleistung) besteht, gilt der Abgangsort des jeweiligen Beförderungsmittels im Gemeinschaftsgebiet als Ort der Lieferung oder der sonstigen Leistung.

(2) ¹Als Beförderung innerhalb des Gemeinschaftsgebiets im Sinne des Absatzes 1 gilt die Beförderung oder der Teil der Beförderung zwischen dem Abgangsort und dem Ankunftsort des Beförderungsmittels im Gemeinschaftsgebiet ohne Zwischenaufenthalt außerhalb des Gemeinschaftsgebiets. ²Abgangsort im Sinne des Satzes 1 ist der erste Ort innerhalb des Gemeinschaftsgebiets, an dem Reisende in das Beförderungsmittel einsteigen können. ³Ankunftsort im Sinne des Satzes 1 ist der letzte Ort innerhalb des Gemeinschaftsgebiets, an dem Reisende das Beförderungsmittel verlassen können. ⁴Hin- und Rückfahrt gelten als gesonderte Beförderungen.

---

1) **Anm. d. Red.:** § 3d i. d. F. des Gesetzes v. 8. 4. 2010 (BGBl I S. 386) mit Wirkung v. 1. 7. 2010.
2) **Anm. d. Red.:** § 3e i. d. F. des Gesetzes v. 19. 12. 2008 (BGBl I S. 2794) mit Wirkung v. 1. 1. 2010.

## § 3f Ort der unentgeltlichen Lieferungen und sonstigen Leistungen

¹Lieferungen im Sinne des § 3 Abs. 1b und sonstige Leistungen im Sinne des § 3 Abs. 9a werden an dem Ort ausgeführt, von dem aus der Unternehmer sein Unternehmen betreibt. ²Werden diese Leistungen von einer Betriebsstätte ausgeführt, gilt die Betriebsstätte als Ort der Leistungen.

## § 3g Ort der Lieferung von Gas, Elektrizität, Wärme oder Kälte[1]

(1) ¹Bei einer Lieferung von Gas über das Erdgasnetz, von Elektrizität oder von Wärme oder Kälte über Wärme- oder Kältenetze an einen Unternehmer, dessen Haupttätigkeit in Bezug auf den Erwerb dieser Gegenstände in deren Lieferung besteht und dessen eigener Verbrauch dieser Gegenstände von untergeordneter Bedeutung ist, gilt als Ort dieser Lieferung der Ort, an dem der Abnehmer sein Unternehmen betreibt. ²Wird die Lieferung an die Betriebsstätte eines Unternehmers im Sinne des Satzes 1 ausgeführt, so ist stattdessen der Ort der Betriebsstätte maßgebend.

(2) ¹Bei einer Lieferung von Gas über das Erdgasnetz, von Elektrizität oder von Wärme oder Kälte über Wärme- oder Kältenetze an andere als die in Absatz 1 bezeichneten Abnehmer gilt als Ort der Lieferung der Ort, an dem der Abnehmer die Gegenstände tatsächlich nutzt oder verbraucht. ²Soweit die Gegenstände von diesem Abnehmer nicht tatsächlich genutzt oder verbraucht werden, gelten sie als an dem Ort genutzt oder verbraucht, an dem der Abnehmer seinen Sitz, eine Betriebsstätte, an die die Gegenstände geliefert werden, oder seinen Wohnsitz hat.

(3) Auf Gegenstände, deren Lieferungsort sich nach Absatz 1 oder Absatz 2 bestimmt, sind die Vorschriften des § 1a Abs. 2 und § 3 Abs. 1a nicht anzuwenden.

## Zweiter Abschnitt: Steuerbefreiungen und Steuervergütungen

### § 4 Steuerbefreiungen bei Lieferungen und sonstigen Leistungen[2]

Von den unter § 1 Abs. 1 Nr. 1 fallenden Umsätzen sind steuerfrei:
1. a) die Ausfuhrlieferungen (§ 6) und die Lohnveredelungen an Gegenständen der Ausfuhr (§ 7),
    b) die innergemeinschaftlichen Lieferungen (§ 6a);
2. die Umsätze für die Seeschifffahrt und für die Luftfahrt (§ 8);
3. die folgenden sonstigen Leistungen:
    a) die grenzüberschreitenden Beförderungen von Gegenständen, die Beförderungen im internationalen Eisenbahnfrachtverkehr und andere sonstige Leistungen, wenn sich die Leistungen
        aa) unmittelbar auf Gegenstände der Ausfuhr beziehen oder auf eingeführte Gegenstände beziehen, die im externen Versandverfahren in das Drittlandsgebiet befördert werden, oder
        bb) auf Gegenstände der Einfuhr in das Gebiet eines Mitgliedstaates der Europäischen Union beziehen und die Kosten für die Leistungen in der Bemessungsgrundlage für diese Einfuhr enthalten sind. ²Nicht befreit sind die Beförderungen der in § 1 Abs. 3 Nr. 4 Buchstabe a bezeichneten Gegenstände aus einem Freihafen in das Inland,
    b) die Beförderungen von Gegenständen nach und von den Inseln, die die autonomen Regionen Azoren und Madeira bilden,

---

1) **Anm. d. Red.:** § 3g Überschrift, Abs. 1 und 2 i. d. F. des Gesetzes v. 8. 12. 2010 (BGBl I S. 1768) mit Wirkung v. 1. 1. 2011.

2) **Anm. d. Red.:** § 4 i. d. F. des Gesetzes v. 2. 11. 2015 (BGBl I S. 1834) mit Wirkung v. 1. 1. 2016.

c) sonstige Leistungen, die sich unmittelbar auf eingeführte Gegenstände beziehen, für die zollamtlich eine vorübergehende Verwendung in den in § 1 Abs. 1 Nr. 4 bezeichneten Gebieten bewilligt worden ist, wenn der Leistungsempfänger ein ausländischer Auftraggeber (§ 7 Abs. 2) ist. ²Dies gilt nicht für sonstige Leistungen, die sich auf Beförderungsmittel, Paletten und Container beziehen.

²Die Vorschrift gilt nicht für die in den Nummern 8, 10 und 11 bezeichneten Umsätze und für die Bearbeitung oder Verarbeitung eines Gegenstands einschließlich der Werkleistung im Sinne des § 3 Abs. 10. ³Die Voraussetzungen der Steuerbefreiung müssen vom Unternehmer nachgewiesen sein. ⁴Das Bundesministerium der Finanzen kann mit Zustimmung des Bundesrates durch Rechtsverordnung bestimmen, wie der Unternehmer den Nachweis zu führen hat;

4. die Lieferungen von Gold an Zentralbanken;

4a. die folgenden Umsätze:

a) die Lieferungen der in der Anlage 1 bezeichneten Gegenstände an einen Unternehmer für sein Unternehmen, wenn der Gegenstand der Lieferung im Zusammenhang mit der Lieferung in ein Umsatzsteuerlager eingelagert wird oder sich in einem Umsatzsteuerlager befindet. ²Mit der Auslagerung eines Gegenstands aus einem Umsatzsteuerlager entfällt die Steuerbefreiung für die der Auslagerung vorangegangene Lieferung, den der Auslagerung vorangegangenen innergemeinschaftlichen Erwerb oder die der Auslagerung vorangegangene Einfuhr; dies gilt nicht, wenn der Gegenstand im Zusammenhang mit der Auslagerung in ein anderes Umsatzsteuerlager im Inland eingelagert wird. ³Eine Auslagerung ist die endgültige Herausnahme eines Gegenstands aus einem Umsatzsteuerlager. ⁴Der endgültigen Herausnahme steht gleich der sonstige Wegfall der Voraussetzungen für die Steuerbefreiung sowie die Erbringung einer nicht nach Buchstabe b begünstigten Leistung an den eingelagerten Gegenständen,

b) die Leistungen, die mit der Lagerung, der Erhaltung, der Verbesserung der Aufmachung und Handelsgüte oder der Vorbereitung des Vertriebs oder Weiterverkaufs der eingelagerten Gegenstände unmittelbar zusammenhängen. ²Dies gilt nicht, wenn durch die Leistungen die Gegenstände so aufbereitet werden, dass sie zur Lieferung auf der Einzelhandelsstufe geeignet sind.

²Die Steuerbefreiung gilt nicht für Leistungen an Unternehmer, die diese zur Ausführung von Umsätzen verwenden, für die die Steuer nach den Durchschnittssätzen des § 24 festgesetzt ist. ³Die Voraussetzungen der Steuerbefreiung müssen vom Unternehmer eindeutig und leicht nachprüfbar nachgewiesen sein. ⁴Umsatzsteuerlager kann jedes Grundstück oder Grundstücksteil im Inland sein, das zur Lagerung der in Anlage 1 genannten Gegenstände dienen soll und von einem Lagerhalter betrieben wird. ⁵Es kann mehrere Lagerorte umfassen. ⁶Das Umsatzsteuerlager bedarf der Bewilligung des für den Lagerhalter zuständigen Finanzamts. ⁷Der Antrag ist schriftlich zu stellen. ⁸Die Bewilligung ist zu erteilen, wenn ein wirtschaftliches Bedürfnis für den Betrieb des Umsatzsteuerlagers besteht und der Lagerhalter die Gewähr für dessen ordnungsgemäße Verwaltung bietet;

4b. die einer Einfuhr vorangehende Lieferung von Gegenständen, wenn der Abnehmer oder dessen Beauftragter den Gegenstand der Lieferung einführt. ²Dies gilt entsprechend für Lieferungen, die den in Satz 1 genannten Lieferungen vorausgegangen sind. ³Die Voraussetzungen der Steuerbefreiung müssen vom Unternehmer eindeutig und leicht nachprüfbar nachgewiesen sein;

5. die Vermittlung

a) der unter die Nummer 1 Buchstabe a, Nummern 2 bis 4b und Nummern 6 und 7 fallenden Umsätze,

b) der grenzüberschreitenden Beförderungen von Personen mit Luftfahrzeugen oder Seeschiffen,

c) der Umsätze, die ausschließlich im Drittlandsgebiet bewirkt werden,

d) der Lieferungen, die nach § 3 Abs. 8 als im Inland ausgeführt zu behandeln sind.

²Nicht befreit ist die Vermittlung von Umsätzen durch Reisebüros für Reisende. ³Die Voraussetzungen der Steuerbefreiung müssen vom Unternehmer nachgewiesen sein. ⁴Das Bundesministerium der Finanzen kann mit Zustimmung des Bundesrates durch Rechtsverordnung bestimmen, wie der Unternehmer den Nachweis zu führen hat;

6. a) die Lieferungen und sonstigen Leistungen der Eisenbahnen des Bundes auf Gemeinschaftsbahnhöfen, Betriebswechselbahnhöfen, Grenzbetriebsstrecken und Durchgangsstrecken an Eisenbahnverwaltungen mit Sitz im Ausland,

   b) (weggefallen)

   c) die Lieferungen von eingeführten Gegenständen an im Drittlandsgebiet, ausgenommen Gebiete nach § 1 Abs. 3, ansässige Abnehmer, soweit für die Gegenstände zollamtlich eine vorübergehende Verwendung in den in § 1 Abs. 1 Nr. 4 bezeichneten Gebieten bewilligt worden ist und diese Bewilligung auch nach der Lieferung gilt. ²Nicht befreit sind die Lieferungen von Beförderungsmitteln, Paletten und Containern,

   d) Personenbeförderungen im Passagier- und Fährverkehr mit Wasserfahrzeugen für die Seeschifffahrt, wenn die Personenbeförderungen zwischen inländischen Seehäfen und der Insel Helgoland durchgeführt werden,

   e) die Abgabe von Speisen und Getränken zum Verzehr an Ort und Stelle im Verkehr mit Wasserfahrzeugen für die Seeschifffahrt zwischen einem inländischen und ausländischen Seehafen und zwischen zwei ausländischen Seehäfen. ²Inländische Seehäfen im Sinne des Satzes 1 sind auch die Freihäfen und Häfen auf der Insel Helgoland;

7. die Lieferungen, ausgenommen Lieferungen neuer Fahrzeuge im Sinne des § 1b Abs. 2 und 3, und die sonstigen Leistungen

   a) an andere Vertragsparteien des Nordatlantikvertrags, die nicht unter die in § 26 Abs. 5 bezeichneten Steuerbefreiungen fallen, wenn die Umsätze für den Gebrauch oder Verbrauch durch die Streitkräfte dieser Vertragsparteien, ihr ziviles Begleitpersonal oder für die Versorgung ihrer Kasinos oder Kantinen bestimmt sind und die Streitkräfte der gemeinsamen Verteidigungsanstrengung dienen,

   b) an die in dem Gebiet eines anderen Mitgliedstaates stationierten Streitkräfte der Vertragsparteien des Nordatlantikvertrags, soweit sie nicht an die Streitkräfte dieses Mitgliedstaates ausgeführt werden,

   c) an die in dem Gebiet eines anderen Mitgliedstaates ansässigen ständigen diplomatischen Missionen und berufskonsularischen Vertretungen sowie deren Mitglieder und

   d) an die in dem Gebiet eines anderen Mitgliedstaates ansässigen zwischenstaatlichen Einrichtungen sowie deren Mitglieder.

   ²Der Gegenstand der Lieferung muss in den Fällen des Satzes 1 Buchstabe b bis d in das Gebiet des anderen Mitgliedstaates befördert oder versendet werden. ³Für die Steuerbefreiungen nach Satz 1 Buchstabe b bis d sind die in dem anderen Mitgliedstaat geltenden Voraussetzungen maßgebend. ⁴Die Voraussetzungen der Steuerbefreiungen müssen vom Unternehmer nachgewiesen sein. ⁵Bei den Steuerbefreiungen nach Satz 1 Buchstabe b bis d hat der Unternehmer die in dem anderen Mitgliedstaat geltenden Voraussetzungen dadurch nachzuweisen, dass ihm der Abnehmer eine von der zuständigen Behörde des anderen Mitgliedstaates oder, wenn er hierzu ermächtigt ist, eine selbst ausgestellte Bescheinigung nach amtlich vorgeschriebenem Muster aushändigt. ⁶Das Bundesministerium der Finanzen kann mit Zustimmung des Bundesrates durch Rechtsverordnung bestimmen, wie der Unternehmer die übrigen Voraussetzungen nachzuweisen hat;

8. a) die Gewährung und die Vermittlung von Krediten,

   b) die Umsätze und die Vermittlung der Umsätze von gesetzlichen Zahlungsmitteln. ²Das gilt nicht, wenn die Zahlungsmittel wegen ihres Metallgehalts oder ihres Sammlerwerts umgesetzt werden,

c) die Umsätze im Geschäft mit Forderungen, Schecks und anderen Handelspapieren sowie die Vermittlung dieser Umsätze, ausgenommen die Einziehung von Forderungen,

d) die Umsätze und die Vermittlung der Umsätze im Einlagengeschäft, im Kontokorrentverkehr, im Zahlungs- und Überweisungsverkehr und das Inkasso von Handelspapieren,

e) die Umsätze im Geschäft mit Wertpapieren und die Vermittlung dieser Umsätze, ausgenommen die Verwahrung und die Verwaltung von Wertpapieren,

f) die Umsätze und die Vermittlung der Umsätze von Anteilen an Gesellschaften und anderen Vereinigungen,

g) die Übernahme von Verbindlichkeiten, von Bürgschaften und anderen Sicherheiten sowie die Vermittlung dieser Umsätze,

h) die Verwaltung von Investmentfonds im Sinne des Investmentsteuergesetzes und die Verwaltung von Versorgungseinrichtungen im Sinne des Versicherungsaufsichtsgesetzes,

i) die Umsätze der im Inland gültigen amtlichen Wertzeichen zum aufgedruckten Wert;

j) und k) (weggefallen)

9. a) die Umsätze, die unter das Grunderwerbsteuergesetz fallen,

b) die Umsätze, die unter das Rennwett- und Lotteriegesetz fallen. ²Nicht befreit sind die unter das Rennwett- und Lotteriegesetz fallenden Umsätze, die von der Rennwett- und Lotteriesteuer befreit sind oder von denen diese Steuer allgemein nicht erhoben wird;

10. a) die Leistungen auf Grund eines Versicherungsverhältnisses im Sinne des Versicherungsteuergesetzes. ²Das gilt auch, wenn die Zahlung des Versicherungsentgelts nicht der Versicherungsteuer unterliegt,

b) die Leistungen, die darin bestehen, dass anderen Personen Versicherungsschutz verschafft wird;

11. die Umsätze aus der Tätigkeit als Bausparkassenvertreter, Versicherungsvertreter und Versicherungsmakler;

11a. die folgenden vom 1. Januar 1993 bis zum 31. Dezember 1995 ausgeführten Umsätze der Deutschen Bundespost TELEKOM und der Deutsche Telekom AG:

a) die Überlassung von Anschlüssen des Telefonnetzes und des diensteintegrierenden digitalen Fernmeldenetzes sowie die Bereitstellung der von diesen Anschlüssen ausgehenden Verbindungen innerhalb dieser Netze und zu Mobilfunkeinrichtungen,

b) die Überlassung von Übertragungswegen im Netzmonopol des Bundes,

c) die Ausstrahlung und Übertragung von Rundfunksignalen einschließlich der Überlassung der dazu erforderlichen Sendeanlagen und sonstigen Einrichtungen sowie das Empfangen und Verteilen von Rundfunksignalen in Breitbandverteilnetzen einschließlich der Überlassung von Kabelanschlüssen;

11b. Universaldienstleistungen nach Artikel 3 Absatz 4 der Richtlinie 97/67/EG des Europäischen Parlaments und des Rates vom 15. Dezember 1997 über gemeinsame Vorschriften für die Entwicklung des Binnenmarktes der Postdienste der Gemeinschaft und die Verbesserung der Dienstequalität (ABl L 15 vom 21.1.1998, S. 14, L 23 vom 30.1.1998, S. 39), die zuletzt durch die Richtlinie 2008/6/EG (ABl L 52 vom 27.2.2008, S. 3) geändert worden ist, in der jeweils geltenden Fassung. ²Die Steuerbefreiung setzt voraus, dass der Unternehmer sich entsprechend einer Bescheinigung des Bundeszentralamtes für Steuern gegenüber dieser Behörde verpflichtet hat, flächendeckend im gesamten Gebiet der Bundesrepublik Deutschland die Gesamtheit der Universaldienstleistungen oder einen Teilbereich dieser Leistungen nach Satz 1 anzubieten. ³Die Steuerbefreiung gilt nicht für Leistungen, die der Unternehmer erbringt

a) auf Grund individuell ausgehandelter Vereinbarungen oder

b) auf Grund allgemeiner Geschäftsbedingungen zu abweichenden Qualitätsbedingungen oder zu günstigeren Preisen als den nach den allgemein für jedermann zugänglichen Tarifen oder als den nach § 19 des Postgesetzes vom 22. Dezember 1997 (BGBl I S. 3294), das zuletzt durch Artikel 272 der Verordnung vom 31. Oktober 2006 (BGBl I S. 2407) geändert worden ist, in der jeweils geltenden Fassung, genehmigten Entgelten;

12. a)[1] die Vermietung und die Verpachtung von Grundstücken, von Berechtigungen, für die die Vorschriften des bürgerlichen Rechts über Grundstücke gelten, und von staatlichen Hoheitsrechten, die Nutzungen von Grund und Boden betreffen,

b) die Überlassung von Grundstücken und Grundstücksteilen zur Nutzung auf Grund eines auf Übertragung des Eigentums gerichteten Vertrags oder Vorvertrags,

c) die Bestellung, die Übertragung und die Überlassung der Ausübung von dinglichen Nutzungsrechten an Grundstücken.

²Nicht befreit sind die Vermietung von Wohn- und Schlafräumen, die ein Unternehmer zur kurzfristigen Beherbergung von Fremden bereithält, die Vermietung von Plätzen für das Abstellen von Fahrzeugen, die kurzfristige Vermietung auf Campingplätzen und die Vermietung und die Verpachtung von Maschinen und sonstigen Vorrichtungen aller Art, die zu einer Betriebsanlage gehören (Betriebsvorrichtungen), auch wenn sie wesentliche Bestandteile eines Grundstücks sind;

13. die Leistungen, die die Gemeinschaften der Wohnungseigentümer im Sinne des Wohnungseigentumsgesetzes in der im Bundesgesetzblatt Teil III, Gliederungsnummer 403-1, veröffentlichten bereinigten Fassung, in der jeweils geltenden Fassung an die Wohnungseigentümer und Teileigentümer erbringen, soweit die Leistungen in der Überlassung des gemeinschaftlichen Eigentums zum Gebrauch, seiner Instandhaltung, Instandsetzung und sonstigen Verwaltung sowie der Lieferung von Wärme und ähnlichen Gegenständen bestehen;

14.[2] a) Heilbehandlungen im Bereich der Humanmedizin, die im Rahmen der Ausübung der Tätigkeit als Arzt, Zahnarzt, Heilpraktiker, Physiotherapeut, Hebamme oder einer ähnlichen heilberuflichen Tätigkeit durchgeführt werden. ²Satz 1 gilt nicht für die Lieferung oder Wiederherstellung von Zahnprothesen (aus Unterpositionen 9021 21 und 9021 29 00 des Zolltarifs) und kieferorthopädischen Apparaten (aus Unterposition 9021 10 des Zolltarifs), soweit sie der Unternehmer in seinem Unternehmen hergestellt oder wiederhergestellt hat;

b) Krankenhausbehandlungen und ärztliche Heilbehandlungen einschließlich der Diagnostik, Befunderhebung, Vorsorge, Rehabilitation, Geburtshilfe und Hospizleistungen sowie damit eng verbundene Umsätze, die von Einrichtungen des öffentlichen Rechts erbracht werden. ²Die in Satz 1 bezeichneten Leistungen sind auch steuerfrei, wenn sie von

aa) zugelassenen Krankenhäusern nach § 108 des Fünften Buches Sozialgesetzbuch,

bb) Zentren für ärztliche Heilbehandlung und Diagnostik oder Befunderhebung, die an der vertragsärztlichen Versorgung nach § 95 des Fünften Buches Sozialgesetzbuch teilnehmen oder für die Regelungen nach § 115 des Fünften Buches Sozialgesetzbuch gelten,

cc) Einrichtungen, die von den Trägern der gesetzlichen Unfallversicherung nach § 34 des Siebten Buches Sozialgesetzbuch an der Versorgung beteiligt worden sind,

dd) Einrichtungen, mit denen Versorgungsverträge nach den §§ 111 und 111a des Fünften Buches Sozialgesetzbuch bestehen,

ee) Rehabilitationseinrichtungen, mit denen Verträge nach § 21 des Neunten Buches Sozialgesetzbuch bestehen,

---

1) **Anm. d. Red.:** Zur Anwendung des § 4 Nr. 12 Buchst. a siehe § 27 Abs. 6.
2) **Anm. d. Red.:** Zur Anwendung des § 4 Nr. 14 siehe § 27 Abs. 1a.

ff) Einrichtungen zur Geburtshilfe, für die Verträge nach § 134a des Fünften Buches Sozialgesetzbuch gelten,

gg) Hospizen, mit denen Verträge nach § 39a Abs. 1 des Fünften Buches Sozialgesetzbuch bestehen, oder

hh) Einrichtungen, mit denen Verträge nach § 127 in Verbindung mit § 126 Absatz 3 des Fünften Buches Sozialgesetzbuch über die Erbringung nichtärztlicher Dialyseleistungen bestehen,

erbracht werden und es sich ihrer Art nach um Leistungen handelt, auf die sich die Zulassung, der Vertrag oder die Regelung nach dem Sozialgesetzbuch jeweils bezieht, oder

ii) von Einrichtungen nach § 138 Abs. 1 Satz 1 des Strafvollzugsgesetzes erbracht werden;

c) Leistungen nach den Buchstaben a und b, die von

aa) Einrichtungen, mit denen Verträge zur hausarztzentrierten Versorgung nach § 73b des Fünften Buches Sozialgesetzbuch oder zur besonderen ambulanten ärztlichen Versorgung nach § 73c des Fünften Buches Sozialgesetzbuch bestehen, oder

bb) Einrichtungen nach § 140b Absatz 1 des Fünften Buches Sozialgesetzbuch, mit denen Verträge zur integrierten Versorgung nach § 140a des Fünften Buches Sozialgesetzbuch bestehen,

erbracht werden;

d) sonstige Leistungen von Gemeinschaften, deren Mitglieder Angehörige der in Buchstabe a bezeichneten Berufe oder Einrichtungen im Sinne des Buchstaben b sind, gegenüber ihren Mitgliedern, soweit diese Leistungen für unmittelbare Zwecke der Ausübung der Tätigkeiten nach Buchstabe a oder Buchstabe b verwendet werden und die Gemeinschaft von ihren Mitgliedern lediglich die genaue Erstattung des jeweiligen Anteils an den gemeinsamen Kosten fordert;

e) die zur Verhütung von nosokomialen Infektionen und zur Vermeidung der Weiterverbreitung von Krankheitserregern, insbesondere solcher mit Resistenzen, erbrachten Leistungen eines Arztes oder einer Hygienefachkraft, an in den Buchstaben a, b und d genannte Einrichtungen, die diesen dazu dienen, ihre Heilbehandlungsleistungen ordnungsgemäß unter Beachtung der nach dem Infektionsschutzgesetz und den Rechtsverordnungen der Länder nach § 23 Absatz 8 des Infektionsschutzgesetzes bestehenden Verpflichtungen zu erbringen;

15. die Umsätze der gesetzlichen Träger der Sozialversicherung, der gesetzlichen Träger der Grundsicherung für Arbeitsuchende nach dem Zweiten Buch Sozialgesetzbuch sowie der gemeinsamen Einrichtungen nach § 44b Abs. 1 des Zweiten Buches Sozialgesetzbuch, der örtlichen und überörtlichen Träger der Sozialhilfe sowie der Verwaltungsbehörden und sonstigen Stellen der Kriegsopferversorgung einschließlich der Träger der Kriegsopferfürsorge

a) untereinander,

b) an die Versicherten, die Bezieher von Leistungen nach dem Zweiten Buch Sozialgesetzbuch, die Empfänger von Sozialhilfe oder die Versorgungsberechtigten. ²Das gilt nicht für die Abgabe von Brillen und Brillenteilen einschließlich der Reparaturarbeiten durch Selbstabgabestellen der gesetzlichen Träger der Sozialversicherung;

15a. die auf Gesetz beruhenden Leistungen der Medizinischen Dienste der Krankenversicherung (§ 278 SGB V) und des Medizinischen Dienstes der Spitzenverbände der Krankenkassen (§ 282 SGB V) untereinander und für die gesetzlichen Träger der Sozialversicherung und deren Verbände und für die Träger der Grundsicherung für Arbeitsuchende nach dem Zweiten Buch Sozialgesetzbuch sowie die gemeinsamen Einrichtungen nach § 44b des Zweiten Buches Sozialgesetzbuch;

15b. Eingliederungsleistungen nach dem Zweiten Buch Sozialgesetzbuch, Leistungen der aktiven Arbeitsförderung nach dem Dritten Buch Sozialgesetzbuch und vergleichbare Leistungen, die von Einrichtungen des öffentlichen Rechts oder anderen Einrichtungen mit sozialem Charakter erbracht werden. ²Andere Einrichtungen mit sozialem Charakter im Sinne dieser Vorschrift sind Einrichtungen,

  a) die nach § 178 des Dritten Buches Sozialgesetzbuch zugelassen sind,
  b) die für ihre Leistungen nach Satz 1 Verträge mit den gesetzlichen Trägern der Grundsicherung für Arbeitsuchende nach dem Zweiten Buch Sozialgesetzbuch geschlossen haben oder
  c) die für Leistungen, die denen nach Satz 1 vergleichbar sind, Verträge mit juristischen Personen des öffentlichen Rechts, die diese Leistungen mit dem Ziel der Eingliederung in den Arbeitsmarkt durchführen, geschlossen haben;

16. die mit dem Betrieb von Einrichtungen zur Betreuung oder Pflege körperlich, geistig oder seelisch hilfsbedürftiger Personen eng verbundenen Leistungen, die von

  a) juristischen Personen des öffentlichen Rechts,
  b) Einrichtungen, mit denen ein Vertrag nach § 132 des Fünften Buches Sozialgesetzbuch besteht,
  c) Einrichtungen, mit denen ein Vertrag nach § 132a des Fünften Buches Sozialgesetzbuch, § 72 oder § 77 des Elften Buches Sozialgesetzbuch besteht oder die Leistungen zur häuslichen Pflege oder zur Heimpflege erbringen und die hierzu nach § 26 Abs. 5 in Verbindung mit § 44 des Siebten Buches Sozialgesetzbuch bestimmt sind,
  d) Einrichtungen, die Leistungen der häuslichen Krankenpflege oder Haushaltshilfe erbringen und die hierzu nach § 26 Abs. 5 in Verbindung mit den §§ 32 und 42 des Siebten Buches Sozialgesetzbuch bestimmt sind,
  e) Einrichtungen, mit denen eine Vereinbarung nach § 111 des Neunten Buches Sozialgesetzbuch besteht,
  f) Einrichtungen, die nach § 142 des Neunten Buches Sozialgesetzbuch anerkannt sind,
  g) Einrichtungen, soweit sie Leistungen erbringen, die landesrechtlich als niedrigschwellige Betreuungs- oder Entlastungsangebote nach § 45b des Elften Buches Sozialgesetzbuch anerkannt sind,
  h) Einrichtungen, mit denen eine Vereinbarung nach § 75 des Zwölften Buches Sozialgesetzbuch besteht,
  i) Einrichtungen, mit denen ein Vertrag nach § 8 Absatz 3 des Gesetzes zur Errichtung der Sozialversicherung für Landwirtschaft, Forsten und Gartenbau über die Gewährung von häuslicher Krankenpflege oder Haushaltshilfe nach den §§ 10 und 11 des Zweiten Gesetzes über die Krankenversicherung der Landwirte, § 10 des Gesetzes über die Alterssicherung der Landwirte oder nach § 54 Absatz 2 des Siebten Buches Sozialgesetzbuch besteht,
  j) Einrichtungen, die aufgrund einer Landesrahmenempfehlung nach § 2 der Frühförderungsverordnung als fachlich geeignete interdisziplinäre Frühförderstellen anerkannt sind,
  k) Einrichtungen, die als Betreuer nach § 1896 Absatz 1 des Bürgerlichen Gesetzbuchs bestellt worden sind, sofern es sich nicht um Leistungen handelt, die nach § 1908i Absatz 1 in Verbindung mit § 1835 Absatz 3 des Bürgerlichen Gesetzbuchs vergütet werden, oder
  l) Einrichtungen, bei denen im vorangegangenen Kalenderjahr die Betreuungs- oder Pflegekosten in mindestens 25 Prozent der Fälle von den gesetzlichen Trägern der Sozialversicherung oder der Sozialhilfe oder der für die Durchführung der Kriegopferversorgung zuständigen Versorgungsverwaltung einschließlich der Träger der Kriegsopferfürsorge ganz oder zum überwiegenden Teil vergütet worden sind,

erbracht werden. ²Leistungen im Sinne des Satzes 1, die von Einrichtungen nach den Buchstaben b bis l erbracht werden, sind befreit, soweit es sich ihrer Art nach um Leistungen handelt, auf die sich die Anerkennung, der Vertrag oder die Vereinbarung nach Sozialrecht oder die Vergütung jeweils bezieht;

17. a) die Lieferungen von menschlichen Organen, menschlichem Blut und Frauenmilch,
    b) die Beförderungen von kranken und verletzten Personen mit Fahrzeugen, die hierfür besonders eingerichtet sind;
18. die Leistungen der amtlich anerkannten Verbände der freien Wohlfahrtspflege und der der freien Wohlfahrtspflege dienenden Körperschaften, Personenvereinigungen und Vermögensmassen, die einem Wohlfahrtsverband als Mitglied angeschlossen sind, wenn
    a) diese Unternehmer ausschließlich und unmittelbar gemeinnützigen, mildtätigen oder kirchlichen Zwecken dienen,
    b) die Leistungen unmittelbar dem nach der Satzung, Stiftung oder sonstigen Verfassung begünstigten Personenkreis zugute kommen und
    c) die Entgelte für die in Betracht kommenden Leistungen hinter den durchschnittlich für gleichartige Leistungen von Erwerbsunternehmen verlangten Entgelten zurückbleiben.
    ²Steuerfrei sind auch die Beherbergung, Beköstigung und die üblichen Naturalleistungen, die diese Unternehmer den Personen, die bei den Leistungen nach Satz 1 tätig sind, als Vergütung für die geleisteten Dienste gewähren;
18a. die Leistungen zwischen den selbständigen Gliederungen einer politischen Partei, soweit diese Leistungen im Rahmen der satzungsgemäßen Aufgaben gegen Kostenerstattung ausgeführt werden;
19. a) die Umsätze der Blinden, die nicht mehr als zwei Arbeitnehmer beschäftigen. ²Nicht als Arbeitnehmer gelten der Ehegatte, der eingetragene Lebenspartner, die minderjährigen Abkömmlinge, die Eltern des Blinden und die Lehrlinge. ³Die Blindheit ist nach den für die Besteuerung des Einkommens maßgebenden Vorschriften nachzuweisen. ⁴Die Steuerfreiheit gilt nicht für die Lieferungen von Energieerzeugnissen im Sinne des § 1 Abs. 2 und 3 des Energiesteuergesetzes und Branntweinen, wenn der Blinde für diese Erzeugnisse Energiesteuer oder Branntweinabgaben zu entrichten hat, und für Lieferungen im Sinne der Nummer 4a Satz 1 Buchstabe a Satz 2,
    b) die folgenden Umsätze der nicht unter Buchstabe a fallenden Inhaber von anerkannten Blindenwerkstätten und der anerkannten Zusammenschlüsse von Blindenwerkstätten im Sinne des § 143 des Neunten Buches Sozialgesetzbuch:
       aa) die Lieferungen von Blindenwaren und Zusatzwaren,
       bb) die sonstigen Leistungen, soweit bei ihrer Ausführung ausschließlich Blinde mitgewirkt haben;
20. a) die Umsätze folgender Einrichtungen des Bundes, der Länder, der Gemeinden oder der Gemeindeverbände: Theater, Orchester, Kammermusikensembles, Chöre, Museen, botanische Gärten, zoologische Gärten, Tierparks, Archive, Büchereien sowie Denkmäler der Bau- und Gartenbaukunst. ²Das Gleiche gilt für die Umsätze gleichartiger Einrichtungen anderer Unternehmer, wenn die zuständige Landesbehörde bescheinigt, dass sie die gleichen kulturellen Aufgaben wie die in Satz 1 bezeichneten Einrichtungen erfüllen. ³Steuerfrei sind auch die Umsätze von Bühnenregisseuren und Bühnenchoreographen an Einrichtungen im Sinne der Sätze 1 und 2, wenn die zuständige Landesbehörde bescheinigt, dass deren künstlerische Leistungen diesen Einrichtungen unmittelbar dienen. ⁴Museen im Sinne dieser Vorschrift sind wissenschaftliche Sammlungen und Kunstsammlungen,
    b) die Veranstaltung von Theatervorführungen und Konzerten durch andere Unternehmer, wenn die Darbietungen von den unter Buchstabe a bezeichneten Theatern, Orchestern, Kammermusikensembles oder Chören erbracht werden;

21. a) die unmittelbar dem Schul- und Bildungszweck dienenden Leistungen privater Schulen und anderer allgemein bildender oder berufsbildender Einrichtungen,
   aa) wenn sie als Ersatzschulen gemäß Artikel 7 Abs. 4 des Grundgesetzes staatlich genehmigt oder nach Landesrecht erlaubt sind oder
   bb) wenn die zuständige Landesbehörde bescheinigt, dass sie auf einen Beruf oder eine vor einer juristischen Person des öffentlichen Rechts abzulegende Prüfung ordnungsgemäß vorbereiten,
   b) die unmittelbar dem Schul- und Bildungszweck dienenden Unterrichtsleistungen selbständiger Lehrer
   aa) an Hochschulen im Sinne der §§ 1 und 70 des Hochschulrahmengesetzes und öffentlichen allgemein bildenden oder berufsbildenden Schulen oder
   bb) an privaten Schulen und anderen allgemein bildenden oder berufsbildenden Einrichtungen, soweit diese die Voraussetzungen des Buchstabens a erfüllen;
21a. (weggefallen)
22. a) die Vorträge, Kurse und anderen Veranstaltungen wissenschaftlicher oder belehrender Art, die von juristischen Personen des öffentlichen Rechts, von Verwaltungs- und Wirtschaftsakademien, von Volkshochschulen oder von Einrichtungen, die gemeinnützigen Zwecken oder dem Zweck eines Berufsverbandes dienen, durchgeführt werden, wenn die Einnahmen überwiegend zur Deckung der Kosten verwendet werden,
   b) andere kulturelle und sportliche Veranstaltungen, die von den in Buchstabe a genannten Unternehmern durchgeführt werden, soweit das Entgelt in Teilnehmergebühren besteht;
23. die Gewährung von Beherbergung, Beköstigung und der üblichen Naturalleistungen durch Einrichtungen, wenn sie überwiegend Jugendliche für Erziehungs-, Ausbildungs- oder Fortbildungszwecke oder für Zwecke der Säuglingspflege bei sich aufnehmen, soweit die Leistungen an die Jugendlichen oder an die bei ihrer Erziehung, Ausbildung, Fortbildung oder Pflege tätigen Personen ausgeführt werden. ²Jugendliche im Sinne dieser Vorschrift sind alle Personen vor Vollendung des 27. Lebensjahres. ³Steuerfrei sind auch die Beherbergung, Beköstigung und die üblichen Naturalleistungen, die diese Unternehmer den Personen, die bei den Leistungen nach Satz 1 tätig sind, als Vergütung für die geleisteten Dienste gewähren. ⁴Die Sätze 1 bis 3 gelten nicht, soweit eine Leistung der Jugendhilfe des Achten Buches Sozialgesetzbuch erbracht wird;
24. die Leistungen des Deutschen Jugendherbergswerkes, Hauptverband für Jugendwandern und Jugendherbergen e.V., einschließlich der diesem Verband angeschlossenen Untergliederungen, Einrichtungen und Jugendherbergen, soweit die Leistungen den Satzungszwecken unmittelbar dienen oder Personen, die bei diesen Leistungen tätig sind, Beherbergung, Beköstigung und die üblichen Naturalleistungen als Vergütung für die geleisteten Dienste gewährt werden. ²Das Gleiche gilt für die Leistungen anderer Vereinigungen, die gleiche Aufgaben unter denselben Voraussetzungen erfüllen;
25. Leistungen der Jugendhilfe nach § 2 Abs. 2 des Achten Buches Sozialgesetzbuch und die Inobhutnahme nach § 42 des Achten Buches Sozialgesetzbuch, wenn diese Leistungen von Trägern der öffentlichen Jugendhilfe oder anderen Einrichtungen mit sozialem Charakter erbracht werden. ²Andere Einrichtungen mit sozialem Charakter im Sinne dieser Vorschrift sind
   a) von der zuständigen Jugendbehörde anerkannte Träger der freien Jugendhilfe, die Kirchen und Religionsgemeinschaften des öffentlichen Rechts sowie die amtlich anerkannten Verbände der freien Wohlfahrtspflege,
   b) Einrichtungen, soweit sie
      aa) für ihre Leistungen eine im Achten Buch Sozialgesetzbuch geforderte Erlaubnis besitzen oder nach § 44 oder § 45 Abs. 1 Nr. 1 und 2 des Achten Buches Sozialgesetzbuch einer Erlaubnis nicht bedürfen,

bb) Leistungen erbringen, die im vorangegangenen Kalenderjahr ganz oder zum überwiegenden Teil durch Träger der öffentlichen Jugendhilfe oder Einrichtungen nach Buchstabe a vergütet wurden oder

cc) Leistungen der Kindertagespflege erbringen, für die sie nach § 23 Absatz 3 des Achten Buches Sozialgesetzbuch geeignet sind.

³Steuerfrei sind auch

a) die Durchführung von kulturellen und sportlichen Veranstaltungen, wenn die Darbietungen von den von der Jugendhilfe begünstigten Personen selbst erbracht oder die Einnahmen überwiegend zur Deckung der Kosten verwendet werden und diese Leistungen in engem Zusammenhang mit den in Satz 1 bezeichneten Leistungen stehen,

b) die Beherbergung, Beköstigung und die üblichen Naturalleistungen, die diese Einrichtungen den Empfängern der Jugendhilfeleistungen und Mitarbeitern in der Jugendhilfe sowie den bei den Leistungen nach Satz 1 tätigen Personen als Vergütung für die geleisteten Dienste gewähren,

c) Leistungen, die von Einrichtungen erbracht werden, die als Vormünder nach § 1773 des Bürgerlichen Gesetzbuchs oder als Ergänzungspfleger nach § 1909 des Bürgerlichen Gesetzbuchs bestellt worden sind, sofern es sich nicht um Leistungen handelt, die nach § 1835 Absatz 3 des Bürgerlichen Gesetzbuchs vergütet werden;

26. die ehrenamtliche Tätigkeit,

a) wenn sie für juristische Personen des öffentlichen Rechts ausgeübt wird oder

b) wenn das Entgelt für diese Tätigkeit nur in Auslagenersatz und einer angemessenen Entschädigung für Zeitversäumnis besteht;

27. a) die Gestellung von Personal durch religiöse und weltanschauliche Einrichtungen für die in Nummer 14 Buchstabe b, in den Nummern 16, 18, 21, 22 Buchstabe a sowie in den Nummern 23 und 25 genannten Tätigkeiten und für Zwecke geistigen Beistands,

b) die Gestellung von land- und forstwirtschaftlichen Arbeitskräften durch juristische Personen des privaten oder des öffentlichen Rechts für land- und forstwirtschaftliche Betriebe (§ 24 Abs. 2) mit höchstens drei Vollarbeitskräften zur Überbrückung des Ausfalls des Betriebsinhabers oder dessen voll mitarbeitenden Familienangehörigen wegen Krankheit, Unfalls, Schwangerschaft, eingeschränkter Erwerbsfähigkeit oder Todes sowie die Gestellung von Betriebshelfern an die gesetzlichen Träger der Sozialversicherung;

28. die Lieferungen von Gegenständen, für die der Vorsteuerabzug nach § 15 Abs. 1a ausgeschlossen ist oder wenn der Unternehmer die gelieferten Gegenstände ausschließlich für eine nach den Nummern 8 bis 27 steuerfreie Tätigkeit verwendet hat.

## § 4a Steuervergütung[1]

(1) ¹Körperschaften, die ausschließlich und unmittelbar gemeinnützige, mildtätige oder kirchliche Zwecke verfolgen (§§ 51 bis 68 der Abgabenordnung), und juristischen Personen des öffentlichen Rechts wird auf Antrag eine Steuervergütung zum Ausgleich der Steuer gewährt, die auf der an sie bewirkten Lieferung eines Gegenstands, seiner Einfuhr oder seinem innergemeinschaftlichen Erwerb lastet, wenn die folgenden Voraussetzungen erfüllt sind:

1. Die Lieferung, die Einfuhr oder der innergemeinschaftliche Erwerb des Gegenstands muss steuerpflichtig gewesen sein.

2. Die auf die Lieferung des Gegenstands entfallende Steuer muss in einer nach § 14 ausgestellten Rechnung gesondert ausgewiesen und mit dem Kaufpreis bezahlt worden sein.

3. Die für die Einfuhr oder den innergemeinschaftlichen Erwerb des Gegenstands geschuldete Steuer muss entrichtet worden sein.

---

[1] **Anm. d. Red.:** § 4a Abs. 1 i. d. F. des Gesetzes v. 2. 11. 2015 (BGBl I S. 1834) mit Wirkung v. 1. 1. 2016.

4. Der Gegenstand muss in das Drittlandsgebiet gelangt sein.
5. Der Gegenstand muss im Drittlandsgebiet zu humanitären, karitativen oder erzieherischen Zwecken verwendet werden.
6. Der Erwerb oder die Einfuhr des Gegenstands und seine Ausfuhr dürfen von einer Körperschaft, die steuerbegünstigte Zwecke verfolgt, nicht im Rahmen eines wirtschaftlichen Geschäftsbetriebs und von einer juristischen Person des öffentlichen Rechts nicht im Rahmen ihres Unternehmens vorgenommen worden sein.
7. Die vorstehenden Voraussetzungen müssen nachgewiesen werden.

²Der Antrag ist nach amtlich vorgeschriebenem Vordruck zu stellen, in dem der Antragsteller die zu gewährende Vergütung selbst zu berechnen hat.

(2) Das Bundesministerium der Finanzen kann mit Zustimmung des Bundesrates durch Rechtsverordnung näher bestimmen,
1. wie die Voraussetzungen für den Vergütungsanspruch nach Absatz 1 Satz 1 nachzuweisen sind und
2. in welcher Frist die Vergütung zu beantragen ist.

## § 4b Steuerbefreiung beim innergemeinschaftlichen Erwerb von Gegenständen

Steuerfrei ist der innergemeinschaftliche Erwerb
1. der in § 4 Nr. 8 Buchstabe e und Nr. 17 Buchstabe a sowie der in § 8 Abs. 1 Nr. 1 und 2 bezeichneten Gegenstände;
2. der in § 4 Nr. 4 bis 4b und Nr. 8 Buchstabe b und i sowie der in § 8 Abs. 2 Nr. 1 und 2 bezeichneten Gegenstände unter den in diesen Vorschriften bezeichneten Voraussetzungen;
3. der Gegenstände, deren Einfuhr (§ 1 Abs. 1 Nr. 4) nach den für die Einfuhrumsatzsteuer geltenden Vorschriften steuerfrei wäre;
4. der Gegenstände, die zur Ausführung von Umsätzen verwendet werden, für die der Ausschluss vom Vorsteuerabzug nach § 15 Abs. 3 nicht eintritt.

## § 5 Steuerbefreiungen bei der Einfuhr[1]

(1) Steuerfrei ist die Einfuhr
1. der in § 4 Nr. 8 Buchstabe e und Nr. 17 Buchstabe a sowie der in § 8 Abs. 1 Nr. 1, 2 und 3 bezeichneten Gegenstände;
2. der in § 4 Nr. 4 und Nr. 8 Buchstabe b und i sowie der in § 8 Abs. 2 Nr. 1, 2 und 3 bezeichneten Gegenstände unter den in diesen Vorschriften bezeichneten Voraussetzungen;
3. der Gegenstände, die von einem Schuldner der Einfuhrumsatzsteuer im Anschluss an die Einfuhr unmittelbar zur Ausführung von innergemeinschaftlichen Lieferungen (§ 4 Nummer 1 Buchstabe b, § 6a) verwendet werden; der Schuldner der Einfuhrumsatzsteuer hat zum Zeitpunkt der Einfuhr
    a) seine im Geltungsbereich dieses Gesetzes erteilte Umsatzsteuer-Identifikationsnummer oder die im Geltungsbereich dieses Gesetzes erteilte Umsatzsteuer-Identifikationsnummer seines Fiskalvertreters und
    b) die im anderen Mitgliedstaat erteilte Umsatzsteuer-Identifikationsnummer des Abnehmers mitzuteilen sowie
    c) nachzuweisen, dass die Gegenstände zur Beförderung oder Versendung in das übrige Gemeinschaftsgebiet bestimmt sind;
4. der in der Anlage 1 bezeichneten Gegenstände, die im Anschluss an die Einfuhr zur Ausführung von steuerfreien Umsätzen nach § 4 Nr. 4a Satz 1 Buchstabe a Satz 1 verwendet wer-

---

1) **Anm. d. Red.:** § 5 Abs. 1 i. d. F. des Gesetzes v. 8.12.2010 (BGBl I S. 1768) mit Wirkung v. 1.1.2011; Abs. 2 und 3 i. d. F. des Gesetzes v. 26.6.2013 (BGBl I S. 1809) mit Wirkung v. 30.6.2013.

den sollen; der Schuldner der Einfuhrumsatzsteuer hat die Voraussetzungen der Steuerbefreiung nachzuweisen;

5. der in der Anlage 1 bezeichneten Gegenstände, wenn die Einfuhr im Zusammenhang mit einer Lieferung steht, die zu einer Auslagerung im Sinne des § 4 Nr. 4a Satz 1 Buchstabe a Satz 2 führt, und der Lieferer oder sein Beauftragter Schuldner der Einfuhrumsatzsteuer ist; der Schuldner der Einfuhrumsatzsteuer hat die Voraussetzungen der Steuerbefreiung nachzuweisen;
6. von Erdgas über das Erdgasnetz oder von Erdgas, das von einem Gastanker aus in das Erdgasnetz oder ein vorgelagertes Gasleitungsnetz eingespeist wird, von Elektrizität oder von Wärme oder Kälte über Wärme- oder Kältenetze.

(2) Das Bundesministerium der Finanzen kann durch Rechtsverordnung, die nicht der Zustimmung des Bundesrates bedarf, zur Erleichterung des Warenverkehrs über die Grenze und zur Vereinfachung der Verwaltung Steuerfreiheit oder Steuerermäßigung anordnen

1. für Gegenstände, die nicht oder nicht mehr am Güterumsatz und an der Preisbildung teilnehmen;
2. für Gegenstände in kleinen Mengen oder von geringem Wert;
3. für Gegenstände, die nur vorübergehend ausgeführt worden waren, ohne ihre Zugehörigkeit oder enge Beziehung zur inländischen Wirtschaft verloren zu haben;
4. für Gegenstände, die nach zollamtlich bewilligter Veredelung in Freihäfen eingeführt werden;
5. für Gegenstände, die nur vorübergehend eingeführt und danach unter zollamtlicher Überwachung wieder ausgeführt werden;
6. für Gegenstände, für die nach zwischenstaatlichem Brauch keine Einfuhrumsatzsteuer erhoben wird;
7. für Gegenstände, die an Bord von Verkehrsmitteln als Mundvorrat, als Brenn-, Treib- oder Schmierstoffe, als technische Öle oder als Betriebsmittel eingeführt werden;
8. für Gegenstände, die weder zum Handel noch zur gewerblichen Verwendung bestimmt und insgesamt nicht mehr wert sind, als in Rechtsakten des Rates der Europäischen Union oder der Europäischen Kommission über die Verzollung zum Pauschalsatz festgelegt ist, soweit dadurch schutzwürdige Interessen der inländischen Wirtschaft nicht verletzt werden und keine unangemessenen Steuervorteile entstehen. ²Es hat dabei Rechtsakte des Rates der Europäischen Union oder der Europäischen Kommission zu berücksichtigen.

(3) Das Bundesministerium der Finanzen kann durch Rechtsverordnung, die nicht der Zustimmung des Bundesrates bedarf, anordnen, dass unter den sinngemäß anzuwendenden Voraussetzungen von Rechtsakten des Rates der Europäischen Union oder der Europäischen Kommission über die Erstattung oder den Erlass von Einfuhrabgaben die Einfuhrumsatzsteuer ganz oder teilweise erstattet oder erlassen wird.

## § 6 Ausfuhrlieferung[1)]

(1) ¹Eine Ausfuhrlieferung (§ 4 Nr. 1 Buchstabe a) liegt vor, wenn bei einer Lieferung

1. der Unternehmer den Gegenstand der Lieferung in das Drittlandsgebiet, ausgenommen Gebiete nach § 1 Abs. 3, befördert oder versendet hat oder
2. der Abnehmer den Gegenstand der Lieferung in das Drittlandsgebiet, ausgenommen Gebiete nach § 1 Abs. 3, befördert oder versendet hat und ein ausländischer Abnehmer ist oder
3. der Unternehmer oder der Abnehmer den Gegenstand der Lieferung in die in § 1 Abs. 3 bezeichneten Gebiete befördert oder versendet hat und der Abnehmer

---

1) **Anm. d. Red.:** § 6 Abs. 1 i. d. F. des Gesetzes v. 19. 12. 2008 (BGBl I S. 2794) mit Wirkung v. 25. 12. 2008.

a) ein Unternehmer ist, der den Gegenstand für sein Unternehmen erworben hat und dieser nicht ausschließlich oder nicht zum Teil für eine nach § 4 Nr. 8 bis 27 steuerfreie Tätigkeit verwendet werden soll, oder

b) ein ausländischer Abnehmer, aber kein Unternehmer ist und der Gegenstand in das übrige Drittlandsgebiet gelangt.

²Der Gegenstand der Lieferung kann durch Beauftragte vor der Ausfuhr bearbeitet oder verarbeitet worden sein.

(2) ¹Ausländischer Abnehmer im Sinne des Absatzes 1 Satz 1 Nr. 2 und 3 ist

1. ein Abnehmer, der seinen Wohnort oder Sitz im Ausland, ausgenommen die in § 1 Abs. 3 bezeichneten Gebiete, hat, oder

2. eine Zweigniederlassung eines im Inland oder in den in § 1 Abs. 3 bezeichneten Gebieten ansässigen Unternehmers, die ihren Sitz im Ausland, ausgenommen die bezeichneten Gebiete, hat, wenn sie das Umsatzgeschäft im eigenen Namen abgeschlossen hat.

²Eine Zweigniederlassung im Inland oder in den in § 1 Abs. 3 bezeichneten Gebieten ist kein ausländischer Abnehmer.

(3) Ist in den Fällen des Absatzes 1 Satz 1 Nr. 2 und 3 der Gegenstand der Lieferung zur Ausrüstung oder Versorgung eines Beförderungsmittels bestimmt, so liegt eine Ausfuhrlieferung nur vor, wenn

1. der Abnehmer ein ausländischer Unternehmer ist und

2. das Beförderungsmittel den Zwecken des Unternehmens des Abnehmers dient.

(3a) Wird in den Fällen des Absatzes 1 Satz 1 Nr. 2 und 3 der Gegenstand der Lieferung nicht für unternehmerische Zwecke erworben und durch den Abnehmer im persönlichen Reisegepäck ausgeführt, liegt eine Ausfuhrlieferung nur vor, wenn

1. der Abnehmer seinen Wohnort oder Sitz im Drittlandsgebiet, ausgenommen Gebiete nach § 1 Abs. 3, hat und

2. der Gegenstand der Lieferung vor Ablauf des dritten Kalendermonats, der auf den Monat der Lieferung folgt, ausgeführt wird.

(4) ¹Die Voraussetzungen der Absätze 1, 3 und 3a sowie die Bearbeitung oder Verarbeitung im Sinne des Absatzes 1 Satz 2 müssen vom Unternehmer nachgewiesen sein. ²Das Bundesministerium der Finanzen kann mit Zustimmung des Bundesrates durch Rechtsverordnung bestimmen, wie der Unternehmer die Nachweise zu führen hat.

(5) Die Absätze 1 bis 4 gelten nicht für die Lieferungen im Sinne des § 3 Abs. 1b.

## § 6a Innergemeinschaftliche Lieferung

(1) ¹Eine innergemeinschaftliche Lieferung (§ 4 Nr. 1 Buchstabe b) liegt vor, wenn bei einer Lieferung die folgenden Voraussetzungen erfüllt sind:

1. Der Unternehmer oder der Abnehmer hat den Gegenstand der Lieferung in das übrige Gemeinschaftsgebiet befördert oder versendet;

2. der Abnehmer ist

    a) ein Unternehmer, der den Gegenstand der Lieferung für sein Unternehmen erworben hat,

    b) eine juristische Person, die nicht Unternehmer ist oder die den Gegenstand der Lieferung nicht für ihr Unternehmen erworben hat, oder

    c) bei der Lieferung eines neuen Fahrzeugs auch jeder andere Erwerber

   und

3. der Erwerb des Gegenstands der Lieferung unterliegt beim Abnehmer in einem anderen Mitgliedstaat den Vorschriften der Umsatzbesteuerung.

²Der Gegenstand der Lieferung kann durch Beauftragte vor der Beförderung oder Versendung in das übrige Gemeinschaftsgebiet bearbeitet oder verarbeitet worden sein.

(2) Als innergemeinschaftliche Lieferung gilt auch das einer Lieferung gleichgestellte Verbringen eines Gegenstands (§ 3 Abs. 1a).

(3) ¹Die Voraussetzungen der Absätze 1 und 2 müssen vom Unternehmer nachgewiesen sein. ²Das Bundesministerium der Finanzen kann mit Zustimmung des Bundesrates durch Rechtsverordnung bestimmen, wie der Unternehmer den Nachweis zu führen hat.

(4) ¹Hat der Unternehmer eine Lieferung als steuerfrei behandelt, obwohl die Voraussetzungen nach Absatz 1 nicht vorliegen, so ist die Lieferung gleichwohl als steuerfrei anzusehen, wenn die Inanspruchnahme der Steuerbefreiung auf unrichtigen Angaben des Abnehmers beruht und der Unternehmer die Unrichtigkeit dieser Angaben auch bei Beachtung der Sorgfalt eines ordentlichen Kaufmanns nicht erkennen konnte. ²In diesem Fall schuldet der Abnehmer die entgangene Steuer.

### § 7 Lohnveredelung an Gegenständen der Ausfuhr

(1) ¹Eine Lohnveredelung an einem Gegenstand der Ausfuhr (§ 4 Nr. 1 Buchstabe a) liegt vor, wenn bei einer Bearbeitung oder Verarbeitung eines Gegenstands der Auftraggeber den Gegenstand zum Zweck der Bearbeitung oder Verarbeitung in das Gemeinschaftsgebiet eingeführt oder zu diesem Zweck in diesem Gebiet erworben hat und

1. der Unternehmer den bearbeiteten oder verarbeiteten Gegenstand in das Drittlandsgebiet, ausgenommen Gebiete nach § 1 Abs. 3, befördert oder versendet hat oder
2. der Auftraggeber den bearbeiteten oder verarbeiteten Gegenstand in das Drittlandsgebiet befördert oder versendet hat und ein ausländischer Auftraggeber ist oder
3. der Unternehmer den bearbeiteten oder verarbeiteten Gegenstand in die in § 1 Abs. 3 bezeichneten Gebiete befördert oder versendet hat und der Auftraggeber
   a) ein ausländischer Auftraggeber ist oder
   b) ein Unternehmer ist, der im Inland oder in den bezeichneten Gebieten ansässig ist und den bearbeiteten oder verarbeiteten Gegenstand für Zwecke seines Unternehmens verwendet.

²Der bearbeitete oder verarbeitete Gegenstand kann durch weitere Beauftragte vor der Ausfuhr bearbeitet oder verarbeitet worden sein.

(2) Ausländischer Auftraggeber im Sinne des Absatzes 1 Satz 1 Nr. 2 und 3 ist ein Auftraggeber, der die für den ausländischen Abnehmer geforderten Voraussetzungen (§ 6 Abs. 2) erfüllt.

(3) Bei Werkleistungen im Sinne des § 3 Abs. 10 gilt Absatz 1 entsprechend.

(4) ¹Die Voraussetzungen des Absatzes 1 sowie die Bearbeitung oder Verarbeitung im Sinne des Absatzes 1 Satz 2 müssen vom Unternehmer nachgewiesen sein. ²Das Bundesministerium der Finanzen kann mit Zustimmung des Bundesrates durch Rechtsverordnung bestimmen, wie der Unternehmer die Nachweise zu führen hat.

(5) Die Absätze 1 bis 4 gelten nicht für die sonstigen Leistungen im Sinne des § 3 Abs. 9a Nr. 2.

### § 8 Umsätze für die Seeschifffahrt und für die Luftfahrt[1]

(1) Umsätze für die Seeschifffahrt (§ 4 Nr. 2) sind:
1. die Lieferungen, Umbauten, Instandsetzungen, Wartungen, Vercharterungen und Vermietungen von Wasserfahrzeugen für die Seeschifffahrt, die dem Erwerb durch die Seeschifffahrt oder der Rettung Schiffbrüchiger zu dienen bestimmt sind (aus Positionen 8901 und

---

1) **Anm. d. Red.:** § 8 Abs. 1 i. d. F. des Gesetzes v. 13. 12. 2006 (BGBl I S. 2878) mit Wirkung v. 19. 12. 2006; Abs. 2 i. d. F. des Gesetzes v. 26. 6. 2013 (BGBl I S. 1809) mit Wirkung v. 1. 7. 2013.

8902 00, aus Unterposition 8903 92 10, aus Position 8904 00 und aus Unterposition 8906 90 10 des Zolltarifs);
2. die Lieferungen, Instandsetzungen, Wartungen und Vermietungen von Gegenständen, die zur Ausrüstung der in Nummer 1 bezeichneten Wasserfahrzeuge bestimmt sind;
3. die Lieferungen von Gegenständen, die zur Versorgung der in Nummer 1 bezeichneten Wasserfahrzeuge bestimmt sind. ²Nicht befreit sind die Lieferungen von Bordproviant zur Versorgung von Wasserfahrzeugen der Küstenfischerei;
4. die Lieferungen von Gegenständen, die zur Versorgung von Kriegsschiffen (Unterposition 8906 10 00 des Zolltarifs) auf Fahrten bestimmt sind, bei denen ein Hafen oder ein Ankerplatz im Ausland und außerhalb des Küstengebiets im Sinne des Zollrechts angelaufen werden soll;
5. andere als die in den Nummern 1 und 2 bezeichneten sonstigen Leistungen, die für den unmittelbaren Bedarf der in Nummer 1 bezeichneten Wasserfahrzeuge, einschließlich ihrer Ausrüstungsgegenstände und ihrer Ladungen, bestimmt sind.

(2) Umsätze für die Luftfahrt (§ 4 Nr. 2) sind:
1. die Lieferungen, Umbauten, Instandsetzungen, Wartungen, Vercharterungen und Vermietungen von Luftfahrzeugen, die zur Verwendung durch Unternehmer bestimmt sind, die im entgeltlichen Luftverkehr überwiegend grenzüberschreitende Beförderungen oder Beförderungen auf ausschließlich im Ausland gelegenen Strecken und nur in unbedeutendem Umfang nach § 4 Nummer 17 Buchstabe b steuerfreie, auf das Inland beschränkte Beförderungen durchführen;
2. die Lieferungen, Instandsetzungen, Wartungen und Vermietungen von Gegenständen, die zur Ausrüstung der in Nummer 1 bezeichneten Luftfahrzeuge bestimmt sind;
3. die Lieferungen von Gegenständen, die zur Versorgung der in Nummer 1 bezeichneten Luftfahrzeuge bestimmt sind;
4. andere als die in den Nummern 1 und 2 bezeichneten sonstigen Leistungen, die für den unmittelbaren Bedarf der in Nummer 1 bezeichneten Luftfahrzeuge, einschließlich ihrer Ausrüstungsgegenstände und ihrer Ladungen, bestimmt sind.

(3) ¹Die in den Absätzen 1 und 2 bezeichneten Voraussetzungen müssen vom Unternehmer nachgewiesen sein. ²Das Bundesministerium der Finanzen kann mit Zustimmung des Bundesrates durch Rechtsverordnung bestimmen, wie der Unternehmer den Nachweis zu führen hat.

## § 9 Verzicht auf Steuerbefreiungen[1]

(1) Der Unternehmer kann einen Umsatz, der nach § 4 Nr. 8 Buchstabe a bis g, Nr. 9 Buchstabe a, Nr. 12, 13 oder 19 steuerfrei ist, als steuerpflichtig behandeln, wenn der Umsatz an einen anderen Unternehmer für dessen Unternehmen ausgeführt wird.

(2)[2] ¹Der Verzicht auf Steuerbefreiung nach Absatz 1 ist bei der Bestellung und Übertragung von Erbbaurechten (§ 4 Nr. 9 Buchstabe a), bei der Vermietung oder Verpachtung von Grundstücken (§ 4 Nr. 12 Satz 1 Buchstabe a) und bei den in § 4 Nr. 12 Satz 1 Buchstabe b und c bezeichneten Umsätzen nur zulässig, soweit der Leistungsempfänger das Grundstück ausschließlich für Umsätze verwendet oder zu verwenden beabsichtigt, die den Vorsteuerabzug nicht ausschließen. ²Der Unternehmer hat die Voraussetzungen nachzuweisen.

(3) ¹Der Verzicht auf Steuerbefreiung nach Absatz 1 ist bei Lieferungen von Grundstücken (§ 4 Nr. 9 Buchstabe a) im Zwangsversteigerungsverfahren durch den Vollstreckungsschuldner an den Ersteher bis zur Aufforderung zur Abgabe von Geboten im Versteigerungstermin zulässig. ²Bei anderen Umsätzen im Sinne von § 4 Nummer 9 Buchstabe a kann der Verzicht auf Steuer-

---
1) **Anm. d. Red.:** § 9 Abs. 3 i. d. F. des Gesetzes v. 5. 4. 2011 (BGBl I S. 554) mit Wirkung v. 12. 4. 2011.
2) **Anm. d. Red.:** Zur Anwendung des § 9 Abs. 2 siehe § 27 Abs. 2.

befreiung nach Absatz 1 nur in dem gemäß § 311b Absatz 1 des Bürgerlichen Gesetzbuchs notariell zu beurkundenden Vertrag erklärt werden.

## Dritter Abschnitt: Bemessungsgrundlagen

### § 10 Bemessungsgrundlage für Lieferungen, sonstige Leistungen und innergemeinschaftliche Erwerbe[1)]

(1) ¹Der Umsatz wird bei Lieferungen und sonstigen Leistungen (§ 1 Abs. 1 Nr. 1 Satz 1) und bei dem innergemeinschaftlichen Erwerb (§ 1 Abs. 1 Nr. 5) nach dem Entgelt bemessen. ²Entgelt ist alles, was der Leistungsempfänger aufwendet, um die Leistung zu erhalten, jedoch abzüglich der Umsatzsteuer. ³Zum Entgelt gehört auch, was ein anderer als der Leistungsempfänger dem Unternehmer für die Leistung gewährt. ⁴Bei dem innergemeinschaftlichen Erwerb sind Verbrauchsteuern, die vom Erwerber geschuldet oder entrichtet werden, in die Bemessungsgrundlage einzubeziehen. ⁵Bei Lieferungen und dem innergemeinschaftlichen Erwerb im Sinne des § 4 Nr. 4a Satz 1 Buchstabe a Satz 2 sind die Kosten für die Leistungen im Sinne des § 4 Nr. 4a Satz 1 Buchstabe b, die vom Auslagerer geschuldeten oder entrichteten Verbrauchsteuern in die Bemessungsgrundlage einzubeziehen. ⁶Die Beträge, die der Unternehmer im Namen und für Rechnung eines anderen vereinnahmt und verausgabt (durchlaufende Posten), gehören nicht zum Entgelt.

(2) ¹Werden Rechte übertragen, die mit dem Besitz eines Pfandscheins verbunden sind, so gilt als vereinbartes Entgelt der Preis des Pfandscheins zuzüglich der Pfandsumme. ²Beim Tausch (§ 3 Abs. 12 Satz 1), bei tauschähnlichen Umsätzen (§ 3 Abs. 12 Satz 2) und bei Hingabe an Zahlungs statt gilt der Wert jedes Umsatzes als Entgelt für den anderen Umsatz. ³Die Umsatzsteuer gehört nicht zum Entgelt.

(3) (weggefallen)

(4) ¹Der Umsatz wird bemessen
1. bei dem Verbringen eines Gegenstands im Sinne des § 1a Abs. 2 und des § 3 Abs. 1a sowie bei Lieferungen im Sinne des § 3 Abs. 1b nach dem Einkaufspreis zuzüglich der Nebenkosten für den Gegenstand oder für einen gleichartigen Gegenstand oder mangels eines Einkaufspreises nach den Selbstkosten, jeweils zum Zeitpunkt des Umsatzes;
2. bei sonstigen Leistungen im Sinne des § 3 Abs. 9a Nr. 1 nach den bei der Ausführung dieser Umsätze entstandenen Ausgaben, soweit sie zum vollen oder teilweisen Vorsteuerabzug berechtigt haben. ²Zu diesen Ausgaben gehören auch die Anschaffungs- oder Herstellungskosten eines Wirtschaftsguts, soweit das Wirtschaftsgut dem Unternehmen zugeordnet ist und für die Erbringung der sonstigen Leistung verwendet wird. ³Betragen die Anschaffungs- oder Herstellungskosten mindestens 500 Euro, sind sie gleichmäßig auf einen Zeitraum zu verteilen, der dem für das Wirtschaftsgut maßgeblichen Berichtigungszeitraum nach § 15a entspricht;
3. bei sonstigen Leistungen im Sinne des § 3 Abs. 9a Nr. 2 nach den bei der Ausführung dieser Umsätze entstandenen Ausgaben. ²Satz 1 Nr. 2 Sätze 2 und 3 gilt entsprechend.

²Die Umsatzsteuer gehört nicht zur Bemessungsgrundlage.

(5) ¹Absatz 4 gilt entsprechend für
1. Lieferungen und sonstige Leistungen, die Körperschaften und Personenvereinigungen im Sinne des § 1 Abs. 1 Nr. 1 bis 5 des Körperschaftsteuergesetzes, nichtrechtsfähige Personenvereinigungen sowie Gemeinschaften im Rahmen ihres Unternehmens an ihre Anteilseigner, Gesellschafter, Mitglieder, Teilhaber oder diesen nahe stehende Personen sowie Einzelunternehmer an ihnen nahe stehende Personen ausführen;
2. Lieferungen und sonstige Leistungen, die ein Unternehmer an sein Personal oder dessen Angehörige auf Grund des Dienstverhältnisses ausführt,

---

1) **Anm. d. Red.:** § 10 Abs. 5 i. d. F. des Gesetzes v. 25. 7. 2014 (BGBl I S. 1266) mit Wirkung v. 31. 7. 2014.

wenn die Bemessungsgrundlage nach Absatz 4 das Entgelt nach Absatz 1 übersteigt; der Umsatz ist jedoch höchstens nach dem marktüblichen Entgelt zu bemessen. ²Übersteigt das Entgelt nach Absatz 1 das marktübliche Entgelt, gilt Absatz 1.

(6) ¹Bei Beförderungen von Personen im Gelegenheitsverkehr mit Kraftomnibussen, die nicht im Inland zugelassen sind, tritt in den Fällen der Beförderungseinzelbesteuerung (§ 16 Abs. 5) an die Stelle des vereinbarten Entgelts ein Durchschnittsbeförderungsentgelt. ²Das Durchschnittsbeförderungsentgelt ist nach der Zahl der beförderten Personen und der Zahl der Kilometer der Beförderungsstrecke im Inland (Personenkilometer) zu berechnen. ³Das Bundesministerium der Finanzen kann mit Zustimmung des Bundesrates durch Rechtsverordnung das Durchschnittsbeförderungsentgelt je Personenkilometer festsetzen. ⁴Das Durchschnittsbeförderungsentgelt muss zu einer Steuer führen, die nicht wesentlich von dem Betrag abweicht, der sich nach diesem Gesetz ohne Anwendung des Durchschnittsbeförderungsentgelts ergeben würde.

## § 11 Bemessungsgrundlage für die Einfuhr[1)]

(1) Der Umsatz wird bei der Einfuhr (§ 1 Abs. 1 Nr. 4) nach dem Wert des eingeführten Gegenstands nach den jeweiligen Vorschriften über den Zollwert bemessen.

(2) ¹Ist ein Gegenstand ausgeführt, in einem Drittlandsgebiet für Rechnung des Ausführers veredelt und von diesem oder für ihn wieder eingeführt worden, so wird abweichend von Absatz 1 der Umsatz bei der Einfuhr nach dem für die Veredelung zu zahlenden Entgelt oder, falls ein solches Entgelt nicht gezahlt wird, nach der durch die Veredelung eingetretenen Wertsteigerung bemessen. ²Das gilt auch, wenn die Veredelung in einer Ausbesserung besteht und an Stelle eines ausgebesserten Gegenstands ein Gegenstand eingeführt wird, der ihm nach Menge und Beschaffenheit nachweislich entspricht. ³Ist der eingeführte Gegenstand vor der Einfuhr geliefert worden und hat diese Lieferung nicht der Umsatzsteuer unterlegen, so gilt Absatz 1.

(3) Dem Betrag nach Absatz 1 oder 2 sind hinzuzurechnen, soweit sie darin nicht enthalten sind:

1. die im Ausland für den eingeführten Gegenstand geschuldeten Beträge an Einfuhrabgaben, Steuern und sonstigen Abgaben;
2. die auf Grund der Einfuhr im Zeitpunkt des Entstehens der Einfuhrumsatzsteuer auf den Gegenstand entfallenden Beträge an Einfuhrabgaben im Sinne des Artikels 4 Nr. 10 der Verordnung (EWG) Nr. 2913/92 des Rates zur Festlegung des Zollkodex der Gemeinschaften vom 12. Oktober 1992 (ABl EG Nr. L 302 S. 1) in der jeweils geltenden Fassung und an Verbrauchsteuern außer der Einfuhrumsatzsteuer, soweit die Steuern unbedingt entstanden sind;
3. die auf den Gegenstand entfallenden Kosten für die Vermittlung der Lieferung und die Kosten der Beförderung sowie für andere sonstige Leistungen bis zum ersten Bestimmungsort im Gemeinschaftsgebiet;
4. die in Nummer 3 bezeichneten Kosten bis zu einem weiteren Bestimmungsort im Gemeinschaftsgebiet, sofern dieser im Zeitpunkt des Entstehens der Einfuhrumsatzsteuer bereits feststeht.

(4) Zur Bemessungsgrundlage gehören nicht Preisermäßigungen und Vergütungen, die sich auf den eingeführten Gegenstand beziehen und die im Zeitpunkt des Entstehens der Einfuhrumsatzsteuer feststehen.

(5) Für die Umrechnung von Werten in fremder Währung gelten die entsprechenden Vorschriften über den Zollwert der Waren, die in Rechtsakten des Rates der Europäischen Union oder der Europäischen Kommission festgelegt sind.

---

1) **Anm. d. Red.:** § 11 Abs. 5 i. d. F. des Gesetzes v. 26. 6. 2013 (BGBl I S. 1809) mit Wirkung v. 30. 6. 2013.

## Vierter Abschnitt: Steuer und Vorsteuer

### § 12 Steuersätze[1)]

(1) Die Steuer beträgt für jeden steuerpflichtigen Umsatz 19 Prozent der Bemessungsgrundlage (§§ 10, 11, 25 Abs. 3 und § 25a Abs. 3 und 4).

(2) Die Steuer ermäßigt sich auf 7 Prozent für die folgenden Umsätze:

1. die Lieferungen, die Einfuhr und der innergemeinschaftliche Erwerb der in Anlage 2 bezeichneten Gegenstände mit Ausnahme der in der Nummer 49 Buchstabe f, den Nummern 53 und 54 bezeichneten Gegenstände;
2. die Vermietung der in Anlage 2 bezeichneten Gegenstände mit Ausnahme der in der Nummer 49 Buchstabe f, den Nummern 53 und 54 bezeichneten Gegenstände;
3. die Aufzucht und das Halten von Vieh, die Anzucht von Pflanzen und die Teilnahme an Leistungsprüfungen für Tiere;
4. die Leistungen, die unmittelbar der Vatertierhaltung, der Förderung der Tierzucht, der künstlichen Tierbesamung oder der Leistungs- und Qualitätsprüfung in der Tierzucht und in der Milchwirtschaft dienen;
5. (weggefallen)
6. die Leistungen aus der Tätigkeit als Zahntechniker sowie die in § 4 Nr. 14 Buchstabe a Satz 2 bezeichneten Leistungen der Zahnärzte;
7. a) die Eintrittsberechtigung für Theater, Konzerte und Museen sowie die den Theatervorführungen und Konzerten vergleichbaren Darbietungen ausübender Künstler,
   b) die Überlassung von Filmen zur Auswertung und Vorführung sowie die Filmvorführungen, soweit die Filme nach § 6 Abs. 3 Nr. 1 bis 5 des Gesetzes zum Schutze der Jugend in der Öffentlichkeit oder nach § 14 Abs. 2 Nr. 1 bis 5 des Jugendschutzgesetzes vom 23. Juli 2002 (BGBl I S. 2730, 2003 I S. 476) in der jeweils geltenden Fassung gekennzeichnet sind oder vor dem 1. Januar 1970 erstaufgeführt wurden,
   c) die Einräumung, Übertragung und Wahrnehmung von Rechten, die sich aus dem Urheberrechtsgesetz ergeben,
   d) die Zirkusvorführungen, die Leistungen aus der Tätigkeit als Schausteller sowie die unmittelbar mit dem Betrieb der zoologischen Gärten verbundenen Umsätze;
8. a) die Leistungen der Körperschaften, die ausschließlich und unmittelbar gemeinnützige, mildtätige oder kirchliche Zwecke verfolgen (§§ 51 bis 68 der Abgabenordnung). ²Das gilt nicht für Leistungen, die im Rahmen eines wirtschaftlichen Geschäftsbetriebs ausgeführt werden. ³Für Leistungen, die im Rahmen eines Zweckbetriebs ausgeführt werden, gilt Satz 1 nur, wenn der Zweckbetrieb nicht in erster Linie der Erzielung zusätzlicher Einnahmen durch die Ausführung von Umsätzen dient, die in unmittelbarem Wettbewerb mit dem allgemeinen Steuersatz unterliegenden Leistungen anderer Unternehmer ausgeführt werden, oder wenn die Körperschaft mit diesen Leistungen ihrer in den §§ 66 bis 68 der Abgabenordnung bezeichneten Zweckbetriebe ihre steuerbegünstigten satzungsmäßen Zwecke selbst verwirklicht,
   b) die Leistungen der nichtrechtsfähigen Personenvereinigungen und Gemeinschaften der in Buchstabe a Satz 1 bezeichneten Körperschaften, wenn diese Leistungen, falls die Körperschaften sie anteilig selbst ausführten, insgesamt nach Buchstabe a ermäßigt besteuert würden;
9. die unmittelbar mit dem Betrieb der Schwimmbäder verbundenen Umsätze sowie die Verabreichung von Heilbädern. ²Das Gleiche gilt für die Bereitstellung von Kureinrichtungen, soweit als Entgelt eine Kurtaxe zu entrichten ist;

---

1) **Anm. d. Red.:** § 12 Abs. 1 i. d. F. des Gesetzes v. 29. 6. 2006 (BGBl I S. 1402) mit Wirkung v. 1. 1. 2007; Abs. 2 i. d. F. des Gesetzes v. 26. 6. 2013 (BGBl I S. 1809) mit Wirkung v. 1. 1. 2014.

10. die Beförderungen von Personen im Schienenbahnverkehr, im Verkehr mit Oberleitungsomnibussen, im genehmigten Linienverkehr mit Kraftfahrzeugen, im Verkehr mit Taxen, mit Drahtseilbahnen und sonstigen mechanischen Aufstiegshilfen aller Art und im genehmigten Linienverkehr mit Schiffen sowie die Beförderungen im Fährverkehr
    a) innerhalb einer Gemeinde oder
    b) wenn die Beförderungsstrecke nicht mehr als 50 Kilometer beträgt;*)
11. die Vermietung von Wohn- und Schlafräumen, die ein Unternehmer zur kurzfristigen Beherbergung von Fremden bereithält, sowie die kurzfristige Vermietung von Campingflächen. ²Satz 1 gilt nicht für Leistungen, die nicht unmittelbar der Vermietung dienen, auch wenn diese Leistungen mit dem Entgelt für die Vermietung abgegolten sind;
12. die Einfuhr der in Nummer 49 Buchstabe f, den Nummern 53 und 54 der Anlage 2 bezeichneten Gegenstände;
13. die Lieferungen und der innergemeinschaftliche Erwerb der in Nummer 53 der Anlage 2 bezeichneten Gegenstände, wenn die Lieferungen
    a) vom Urheber der Gegenstände oder dessen Rechtsnachfolger bewirkt werden oder
    b) von einem Unternehmer bewirkt werden, der kein Wiederverkäufer (§ 25a Absatz 1 Nummer 1 Satz 2) ist, und die Gegenstände
        aa) vom Unternehmer in das Gemeinschaftsgebiet eingeführt wurden,
        bb) von ihrem Urheber oder dessen Rechtsnachfolger an den Unternehmer geliefert wurden oder
        cc) den Unternehmer zum vollen Vorsteuerabzug berechtigt haben.

## § 13 Entstehung der Steuer[1)]

(1) Die Steuer entsteht

1. für Lieferungen und sonstige Leistungen
    a) bei der Berechnung der Steuer nach vereinbarten Entgelten (§ 16 Abs. 1 Satz 1) mit Ablauf des Voranmeldungszeitraums, in dem die Leistungen ausgeführt worden sind. ²Das gilt auch für Teilleistungen. ³Sie liegen vor, wenn für bestimmte Teile einer wirtschaftlich teilbaren Leistung das Entgelt gesondert vereinbart wird. ⁴Wird das Entgelt oder ein Teil des Entgelts vereinnahmt, bevor die Leistung oder die Teilleistung ausgeführt worden ist, so entsteht insoweit die Steuer mit Ablauf des Voranmeldungszeitraums, in dem das Entgelt oder das Teilentgelt vereinnahmt worden ist,
    b) bei der Berechnung der Steuer nach vereinnahmten Entgelten (§ 20) mit Ablauf des Voranmeldungszeitraums, in dem die Entgelte vereinnahmt worden sind,
    c) in den Fällen der Beförderungseinzelbesteuerung nach § 16 Abs. 5 in dem Zeitpunkt, in dem der Kraftomnibus in das Inland gelangt,
    d) in den Fällen des § 18 Abs. 4c mit Ablauf des Besteuerungszeitraums nach § 16 Abs. 1a Satz 1, in dem die Leistungen ausgeführt worden sind,
    e) in den Fällen des § 18 Absatz 4e mit Ablauf des Besteuerungszeitraums nach § 16 Absatz 1b Satz 1, in dem die Leistungen ausgeführt worden sind,
2. für Leistungen im Sinne des § 3 Abs. 1b und 9a mit Ablauf des Voranmeldungszeitraums, in dem diese Leistungen ausgeführt worden sind;
3. in den Fällen des § 14c im Zeitpunkt der Ausgabe der Rechnung;
4. (weggefallen)

---

*) **Amtl. Anm.:** Siehe § 28 Abs. 4.
1) **Anm. d. Red.:** § 13 Abs. 1 i. d. F. des Gesetzes v. 2. 11. 2015 (BGBl I S. 1834) mit Wirkung v. 6. 11. 2015.

5. im Fall des § 17 Abs. 1 Satz 6 mit Ablauf des Voranmeldungszeitraums, in dem die Änderung der Bemessungsgrundlage eingetreten ist;
6. für den innergemeinschaftlichen Erwerb im Sinne des § 1a mit Ausstellung der Rechnung, spätestens jedoch mit Ablauf des dem Erwerb folgenden Kalendermonats;
7. für den innergemeinschaftlichen Erwerb von neuen Fahrzeugen im Sinne des § 1b am Tag des Erwerbs;
8. im Fall des § 6a Abs. 4 Satz 2 in dem Zeitpunkt, in dem die Lieferung ausgeführt wird;
9. im Fall des § 4 Nr. 4a Satz 1 Buchstabe a Satz 2 mit Ablauf des Voranmeldungszeitraums, in dem der Gegenstand aus einem Umsatzsteuerlager ausgelagert wird.

(2) Für die Einfuhrumsatzsteuer gilt § 21 Abs. 2.

(3) (weggefallen)

## § 13a Steuerschuldner

(1) Steuerschuldner ist in den Fällen
1. des § 1 Abs. 1 Nr. 1 und des § 14c Abs. 1 der Unternehmer;
2. des § 1 Abs. 1 Nr. 5 der Erwerber;
3. des § 6a Abs. 4 der Abnehmer;
4. des § 14c Abs. 2 der Aussteller der Rechnung;
5. des § 25b Abs. 2 der letzte Abnehmer;
6. des § 4 Nr. 4a Satz 1 Buchstabe a Satz 2 der Unternehmer, dem die Auslagerung zuzurechnen ist (Auslagerer); daneben auch der Lagerhalter als Gesamtschuldner, wenn er entgegen § 22 Abs. 4c Satz 2 die inländische Umsatzsteuer-Identifikationsnummer des Auslagerers oder dessen Fiskalvertreters nicht oder nicht zutreffend aufzeichnet.

(2) Für die Einfuhrumsatzsteuer gilt § 21 Abs. 2.

## § 13b Leistungsempfänger als Steuerschuldner[1)2)]

(1) Für nach § 3a Absatz 2 im Inland steuerpflichtige sonstige Leistungen eines im übrigen Gemeinschaftsgebiet ansässigen Unternehmers entsteht die Steuer mit Ablauf des Voranmeldungszeitraums, in dem die Leistungen ausgeführt worden sind.

(2) Für folgende steuerpflichtige Umsätze entsteht die Steuer mit Ausstellung der Rechnung, spätestens jedoch mit Ablauf des der Ausführung der Leistung folgenden Kalendermonats:
1. Werklieferungen und nicht unter Absatz 1 fallende sonstige Leistungen eines im Ausland ansässigen Unternehmers;
2. Lieferungen sicherungsübereigneter Gegenstände durch den Sicherungsgeber an den Sicherungsnehmer außerhalb des Insolvenzverfahrens;
3. Umsätze, die unter das Grunderwerbsteuergesetz fallen;
4. Bauleistungen, einschließlich Werklieferungen und sonstigen Leistungen im Zusammenhang mit Grundstücken, die der Herstellung, Instandsetzung, Instandhaltung, Änderung oder Beseitigung von Bauwerken dienen, mit Ausnahme von Planungs- und Überwachungsleistungen. ²Als Grundstücke gelten insbesondere auch Sachen, Ausstattungsgegenstände und Maschinen, die auf Dauer in einem Gebäude oder Bauwerk installiert sind und die nicht

---

1) **Anm. d. Red.:** § 13b Abs. 1, 3, 4, 8 und 9 i. d. F. des Gesetzes v. 8. 4. 2010 (BGBl I S. 386) mit Wirkung v. 1. 7. 2010; Abs. 2 und 5 i. d. F. des Gesetzes v. 2. 11. 2015 (BGBl I S. 1834) mit Wirkung v. 6. 11. 2015; Abs. 6 i. d. F. des Gesetzes v. 26. 6. 2013 (BGBl I S. 1809) mit Wirkung v. 1. 10. 2013; Abs. 7 i. d. F. des Gesetzes v. 25. 7. 2014 (BGBl I S. 1266) mit Wirkung v. 31. 7. 2014; Abs. 10 angefügt gem. Gesetz v. 22. 12. 2014 (BGBl I S. 2417) mit Wirkung v. 1. 1. 2015.

2) **Anm. d. Red.:** Zur Anwendung des § 13b siehe § 27 Abs. 4 und 19.

bewegt werden können, ohne das Gebäude oder Bauwerk zu zerstören oder zu verändern. ³Nummer 1 bleibt unberührt;
5. Lieferungen
   a) der in § 3g Absatz 1 Satz 1 genannten Gegenstände eines im Ausland ansässigen Unternehmers unter den Bedingungen des § 3g und
   b) von Gas über das Erdgasnetz und von Elektrizität, die nicht unter Buchstabe a fallen;
6. Übertragung von Berechtigungen nach § 3 Nummer 3 des Treibhausgas-Emissionshandelsgesetzes, Emissionsreduktionseinheiten nach § 2 Nummer 20 des Projekt-Mechanismen-Gesetzes und zertifizierten Emissionsreduktionen nach § 2 Nummer 21 des Projekt-Mechanismen-Gesetzes;
7. Lieferungen der in der Anlage 3 bezeichneten Gegenstände;
8. Reinigen von Gebäuden und Gebäudeteilen. ²Nummer 1 bleibt unberührt;
9. Lieferungen von Gold mit einem Feingehalt von mindestens 325 Tausendstel, in Rohform oder als Halbzeug (aus Position 7108 des Zolltarifs) und von Goldplattierungen mit einem Goldfeingehalt von mindestens 325 Tausendstel (aus Position 7109);
10. Lieferungen von Mobilfunkgeräten, Tablet-Computern und Spielekonsolen sowie von integrierten Schaltkreisen vor Einbau in einen zur Lieferung auf der Einzelhandelsstufe geeigneten Gegenstand, wenn die Summe der für sie in Rechnung zu stellenden Entgelte im Rahmen eines wirtschaftlichen Vorgangs mindestens 5 000 Euro beträgt; nachträgliche Minderungen des Entgelts bleiben dabei unberücksichtigt.
11. Lieferungen der in der Anlage 4 bezeichneten Gegenstände, wenn die Summe der für sie in Rechnung zu stellenden Entgelte im Rahmen eines wirtschaftlichen Vorgangs mindestens 5 000 Euro beträgt; nachträgliche Minderungen des Entgelts bleiben dabei unberücksichtigt.

(3) Abweichend von den Absatz 1 und 2 Nummer 1 entsteht die Steuer für sonstige Leistungen, die dauerhaft über einen Zeitraum von mehr als einem Jahr erbracht werden, spätestens mit Ablauf eines jeden Kalenderjahres, in dem sie tatsächlich erbracht werden.

(4) ¹Bei der Anwendung der Absätze 1 bis 3 gilt § 13 Absatz 1 Nummer 1 Buchstabe a Satz 2 und 3 entsprechend. ²Wird in den in den Absätzen 1 bis 3 sowie in den in Satz 1 genannten Fällen das Entgelt oder ein Teil des Entgelts vereinnahmt, bevor die Leistung oder die Teilleistung ausgeführt worden ist, entsteht insoweit die Steuer mit Ablauf des Voranmeldungszeitraums, in dem das Entgelt oder das Teilentgelt vereinnahmt worden ist.

(5) ¹In den in den Absätzen 1 und 2 Nummer 1 bis 3 genannten Fällen schuldet der Leistungsempfänger die Steuer, wenn er ein Unternehmer oder eine juristische Person ist; in den in Absatz 2 Nummer 5 Buchstabe a, Nummer 6, 7, 9 bis 11 genannten Fällen schuldet der Leistungsempfänger die Steuer, wenn er ein Unternehmer ist. ²In den in Absatz 2 Nummer 4 Satz 1 genannten Fällen schuldet der Leistungsempfänger die Steuer unabhängig davon, ob er sie für eine von ihm erbrachte Leistung im Sinne des Absatzes 2 Nummer 4 Satz 1 verwendet, wenn er ein Unternehmer ist, der nachhaltig entsprechende Leistungen erbringt; davon ist auszugehen, wenn ihm das zuständige Finanzamt eine im Zeitpunkt der Ausführung des Umsatzes gültige auf längstens drei Jahre befristete Bescheinigung, die nur mit Wirkung für die Zukunft widerrufen oder zurückgenommen werden kann, darüber erteilt hat, dass er ein Unternehmer ist, der entsprechende Leistungen erbringt. ³Bei den in Absatz 2 Nummer 5 Buchstabe b genannten Lieferungen von Erdgas schuldet der Leistungsempfänger die Steuer, wenn er ein Wiederverkäufer von Erdgas im Sinne des § 3g ist. ⁴Bei den in Absatz 2 Nummer 5 Buchstabe b genannten Lieferungen von Elektrizität schuldet der Leistungsempfänger in den Fällen die Steuer, in denen der liefernde Unternehmer und der Leistungsempfänger Wiederverkäufer von Elektrizität im Sinne des § 3g sind. ⁵In den in Absatz 2 Nummer 8 Satz 1 genannten Fällen schuldet der Leistungsempfänger die Steuer unabhängig davon, ob er sie für eine von ihm erbrachte Leistung im Sinne des Absatzes 2 Nummer 8 Satz 1 verwendet, wenn er ein Unternehmer ist, der nachhaltig entsprechende Leistungen erbringt; davon ist auszugehen, wenn ihm das zuständige Finanzamt eine

im Zeitpunkt der Ausführung des Umsatzes gültige auf längstens drei Jahre befristete Bescheinigung, die nur mit Wirkung für die Zukunft widerrufen oder zurückgenommen werden kann, darüber erteilt hat, dass er ein Unternehmer ist, der entsprechende Leistungen erbringt. [6]Die Sätze 1 bis 5 gelten vorbehaltlich des Satzes 10 auch, wenn die Leistung für den nichtunternehmerischen Bereich bezogen wird. [7]Sind Leistungsempfänger und leistender Unternehmer in Zweifelsfällen übereinstimmend vom Vorliegen der Voraussetzungen des Absatzes 2 Nummer 4, 5 Buchstabe b, Nummer 7 bis 11 ausgegangen, obwohl dies nach der Art der Umsätze unter Anlegung objektiver Kriterien nicht zutreffend war, gilt der Leistungsempfänger dennoch als Steuerschuldner, sofern dadurch keine Steuerausfälle entstehen. [8]Die Sätze 1 bis 6 gelten nicht, wenn bei dem Unternehmer, der die Umsätze ausführt, die Steuer nach § 19 Absatz 1 nicht erhoben wird. [9]Die Sätze 1 bis 8 gelten nicht, wenn ein in Absatz 2 Nummer 2, 7 oder 9 bis 11 genannter Gegenstand von dem Unternehmer, der die Lieferung bewirkt, unter den Voraussetzungen des § 25a geliefert wird. [10]In den in Absatz 2 Nummer 4, 5 Buchstabe b und Nummer 7 bis 11 genannten Fällen schulden juristische Personen des öffentlichen Rechts die Steuer nicht, wenn sie die Leistung für den nichtunternehmerischen Bereich beziehen.

(6) Die Absätze 1 bis 5 finden keine Anwendung, wenn die Leistung des im Ausland ansässigen Unternehmers besteht

1. in einer Personenbeförderung, die der Beförderungseinzelbesteuerung (§ 16 Absatz 5) unterlegen hat,
2. in einer Personenbeförderung, die mit einem Fahrzeug im Sinne des § 1b Absatz 2 Satz 1 Nummer 1 durchgeführt worden ist,
3. in einer grenzüberschreitenden Personenbeförderung im Luftverkehr,
4. in der Einräumung der Eintrittsberechtigung für Messen, Ausstellungen und Kongresse im Inland,
5. in einer sonstigen Leistung einer Durchführungsgesellschaft an im Ausland ansässige Unternehmer, soweit diese Leistung im Zusammenhang mit der Veranstaltung von Messen und Ausstellungen im Inland steht, oder
6. in der Abgabe von Speisen und Getränken zum Verzehr an Ort und Stelle (Restaurationsleistung), wenn diese Abgabe an Bord eines Schiffs, in einem Luftfahrzeug oder in einer Eisenbahn erfolgt.

(7) [1]Ein im Ausland ansässiger Unternehmer im Sinne des Absatzes 2 Nummer 1 und 5 ist ein Unternehmer, der im Inland, auf der Insel Helgoland und in einem der in § 1 Absatz 3 bezeichneten Gebiete weder einen Wohnsitz, seinen gewöhnlichen Aufenthalt, seinen Sitz, seine Geschäftsleitung noch eine Betriebsstätte hat; dies gilt auch, wenn der Unternehmer ausschließlich einen Wohnsitz oder einen gewöhnlichen Aufenthaltsort im Inland, aber seinen Sitz, den Ort der Geschäftsleitung oder eine Betriebsstätte im Ausland hat. [2]Ein im übrigen Gemeinschaftsgebiet ansässiger Unternehmer ist ein Unternehmer, der in den Gebieten der übrigen Mitgliedstaaten der Europäischen Union, die nach dem Gemeinschaftsrecht als Inland dieser Mitgliedstaaten gelten, einen Wohnsitz, seinen gewöhnlichen Aufenthalt, seinen Sitz, seine Geschäftsleitung oder eine Betriebsstätte hat; dies gilt nicht, wenn der Unternehmer ausschließlich einen Wohnsitz oder einen gewöhnlichen Aufenthaltsort in den Gebieten der übrigen Mitgliedstaaten der Europäischen Union, die nach dem Gemeinschaftsrecht als Inland dieser Mitgliedstaaten gelten, aber seinen Sitz, den Ort der Geschäftsleitung oder eine Betriebsstätte im Drittlandsgebiet hat. [3]Hat der Unternehmer im Inland eine Betriebsstätte und führt er einen Umsatz nach Absatz 1 oder Absatz 2 Nummer 1 oder Nummer 5 aus, gilt er hinsichtlich dieses Umsatzes als im Ausland oder im übrigen Gemeinschaftsgebiet ansässig, wenn die Betriebsstätte an diesem Umsatz nicht beteiligt ist. [4]Maßgebend ist der Zeitpunkt, in dem die Leistung ausgeführt wird. [5]Ist es zweifelhaft, ob der Unternehmer diese Voraussetzungen erfüllt, schuldet der Leistungsempfänger die Steuer nur dann nicht, wenn ihm der Unternehmer durch eine Bescheinigung des nach den abgabenrechtlichen Vorschriften für die Besteuerung seiner Umsätze zuständigen Finanzamts nachweist, dass er kein Unternehmer im Sinne der Sätze 1 und 2 ist.

(8) Bei der Berechnung der Steuer sind die §§ 19 und 24 nicht anzuwenden.

(9) Das Bundesministerium der Finanzen kann mit Zustimmung des Bundesrates durch Rechtsverordnung bestimmen, unter welchen Voraussetzungen zur Vereinfachung des Besteuerungsverfahrens in den Fällen, in denen ein anderer als der Leistungsempfänger ein Entgelt gewährt (§ 10 Absatz 1 Satz 3), der andere an Stelle des Leistungsempfängers Steuerschuldner nach Absatz 5 ist.

(10) ¹Das Bundesministerium der Finanzen kann mit Zustimmung des Bundesrates durch Rechtsverordnung den Anwendungsbereich der Steuerschuldnerschaft des Leistungsempfängers nach den Absätzen 2 und 5 auf weitere Umsätze erweitern, wenn im Zusammenhang mit diesen Umsätzen in vielen Fällen der Verdacht auf Steuerhinterziehung in einem besonders schweren Fall aufgetreten ist, die voraussichtlich zu erheblichen und unwiederbringlichen Steuermindereinnahmen führen. ²Voraussetzungen für eine solche Erweiterung sind, dass

1. die Erweiterung frühestens zu dem Zeitpunkt in Kraft treten darf, zu dem die Europäische Kommission entsprechend Artikel 199b Absatz 3 der Richtlinie 2006/112/EG des Rates vom 28. November 2006 über das gemeinsame Mehrwertsteuersystem (ABl L 347 vom 11.12.2006, S. 1) in der Fassung von Artikel 1 Nummer 1 der Richtlinie 2013/42/EU (ABl L 201 vom 26.7.2013, S. 1) mitgeteilt hat, dass sie keine Einwände gegen die Erweiterung erhebt;

2. die Bundesregierung einen Antrag auf eine Ermächtigung durch den Rat entsprechend Artikel 395 der Richtlinie 2006/112/EG in der Fassung von Artikel 1 Nummer 2 der Richtlinie 2013/42/EG (ABl L 201 vom 26.7.2013, S. 1) gestellt hat, durch die die Bundesrepublik Deutschland ermächtigt werden soll, in Abweichung von Artikel 193 der Richtlinie 2006/112/EG, die zuletzt durch die Richtlinie 2013/61/EU (ABl L 353 vom 28.12.2013, S. 5) geändert worden ist, die Steuerschuldnerschaft des Leistungsempfängers für die von der Erweiterung nach Nummer 1 erfassten Umsätze zur Vermeidung von Steuerhinterziehungen einführen zu dürfen;

3. die Verordnung nach neun Monaten außer Kraft tritt, wenn die Ermächtigung nach Nummer 2 nicht erteilt worden ist; wurde die Ermächtigung nach Nummer 2 erteilt, tritt die Verordnung außer Kraft, sobald die gesetzliche Regelung, mit der die Ermächtigung in nationales Recht umgesetzt wird, in Kraft tritt.

## § 13c Haftung bei Abtretung, Verpfändung oder Pfändung von Forderungen[1]

(1) ¹Soweit der leistende Unternehmer den Anspruch auf die Gegenleistung für einen steuerpflichtigen Umsatz im Sinne des § 1 Abs. 1 Nr. 1 an einen anderen Unternehmer abgetreten und die festgesetzte Steuer, bei deren Berechnung dieser Umsatz berücksichtigt worden ist, bei Fälligkeit nicht oder nicht vollständig entrichtet hat, haftet der Abtretungsempfänger nach Maßgabe des Absatzes 2 für die in der Forderung enthaltene Umsatzsteuer, soweit sie im vereinnahmten Betrag enthalten ist. ²Ist die Vollziehung der Steuerfestsetzung in Bezug auf die in der abgetretenen Forderung enthaltene Umsatzsteuer gegenüber dem leistenden Unternehmer ausgesetzt, gilt die Steuer insoweit als nicht fällig. ³Soweit der Abtretungsempfänger die Forderung an einen Dritten abgetreten hat, gilt sie in voller Höhe als vereinnahmt.

(2) ¹Der Abtretungsempfänger ist ab dem Zeitpunkt in Anspruch zu nehmen, in dem die festgesetzte Steuer fällig wird, frühestens ab dem Zeitpunkt der Vereinnahmung der abgetretenen Forderung. ²Bei der Inanspruchnahme nach Satz 1 besteht abweichend von § 191 der Abgabenordnung kein Ermessen. ³Die Haftung ist der Höhe nach begrenzt auf die im Zeitpunkt der Fälligkeit nicht entrichtete Steuer. ⁴Soweit der Abtretungsempfänger auf die nach Absatz 1 Satz 1 festgesetzte Steuer Zahlungen im Sinne des § 48 der Abgabenordnung geleistet hat, haftet er nicht.

---

1) **Anm. d. Red.:** Zur Anwendung des § 13c siehe § 27 Abs. 7.

(3) ¹Die Absätze 1 und 2 gelten bei der Verpfändung oder der Pfändung von Forderungen entsprechend. ²An die Stelle des Abtretungsempfängers tritt im Fall der Verpfändung der Pfandgläubiger und im Fall der Pfändung der Vollstreckungsgläubiger.

## § 13d (weggefallen)[1]

## § 14 Ausstellung von Rechnungen[2]

(1)[3] ¹Rechnung ist jedes Dokument, mit dem über eine Lieferung oder sonstige Leistung abgerechnet wird, gleichgültig, wie dieses Dokument im Geschäftsverkehr bezeichnet wird. ²Die Echtheit der Herkunft der Rechnung, die Unversehrtheit ihres Inhalts und ihre Lesbarkeit müssen gewährleistet werden. ³Echtheit der Herkunft bedeutet die Sicherheit der Identität des Rechnungsausstellers. ⁴Unversehrtheit des Inhalts bedeutet, dass die nach diesem Gesetz erforderlichen Angaben nicht geändert wurden. ⁵Jeder Unternehmer legt fest, in welcher Weise die Echtheit der Herkunft, die Unversehrtheit des Inhalts und die Lesbarkeit der Rechnung gewährleistet werden. ⁶Dies kann durch jegliche innerbetriebliche Kontrollverfahren erreicht werden, die einen verlässlichen Prüfpfad zwischen Rechnung und Leistung schaffen können. ⁷Rechnungen sind auf Papier oder vorbehaltlich der Zustimmung des Empfängers elektronisch zu übermitteln. ⁸Eine elektronische Rechnung ist eine Rechnung, die in einem elektronischen Format ausgestellt und empfangen wird.

(2)[4] ¹Führt der Unternehmer eine Lieferung oder eine sonstige Leistung nach § 1 Abs. 1 Nr. 1 aus, gilt Folgendes:

1. führt der Unternehmer eine steuerpflichtige Werklieferung (§ 3 Abs. 4 Satz 1) oder sonstige Leistung im Zusammenhang mit einem Grundstück aus, ist er verpflichtet, innerhalb von sechs Monaten nach Ausführung der Leistung eine Rechnung auszustellen;
2. führt der Unternehmer eine andere als die in Nummer 1 genannte Leistung aus, ist er berechtigt, eine Rechnung auszustellen. ²Soweit er einen Umsatz an einen anderen Unternehmer für dessen Unternehmen oder an eine juristische Person, die nicht Unternehmer ist, ausführt, ist er verpflichtet, innerhalb von sechs Monaten nach Ausführung der Leistung eine Rechnung auszustellen. ³Eine Verpflichtung zur Ausstellung einer Rechnung besteht nicht, wenn der Umsatz nach § 4 Nr. 8 bis 28 steuerfrei ist. ⁴§ 14a bleibt unberührt.

²Unbeschadet der Verpflichtungen nach Satz 1 Nr. 1 und 2 Satz 2 kann eine Rechnung von einem in Satz 1 Nr. 2 bezeichneten Leistungsempfänger für eine Lieferung oder sonstige Leistung des Unternehmers ausgestellt werden, sofern dies vorher vereinbart wurde (Gutschrift). ³Die Gutschrift verliert die Wirkung einer Rechnung, sobald der Empfänger der Gutschrift dem ihm übermittelten Dokument widerspricht. ⁴Eine Rechnung kann im Namen und für Rechnung des Unternehmers oder eines in Satz 1 Nr. 2 bezeichneten Leistungsempfängers von einem Dritten ausgestellt werden.

(3)[5] Unbeschadet anderer nach Absatz 1 zulässiger Verfahren gelten bei einer elektronischen Rechnung die Echtheit der Herkunft und die Unversehrtheit des Inhalts als gewährleistet durch
1. eine qualifizierte elektronische Signatur oder eine qualifizierte elektronische Signatur mit Anbieter-Akkreditierung nach dem Signaturgesetz vom 16. Mai 2001 (BGBl I S. 876), das zuletzt durch Artikel 4 des Gesetzes vom 17. Juli 2009 (BGBl I S. 2091) geändert worden ist, in der jeweils geltenden Fassung oder

---

1) **Anm. d. Red.:** § 13d weggefallen gem. Gesetz v. 20.12.2007 (BGBl I S. 3150) mit Wirkung v. 1.1.2008.
2) **Anm. d. Red.:** § 14 Abs. 1 und 3 i. d. F. des Gesetzes v. 1.11.2011 (BGBl I S. 2131) mit Wirkung v. 1.7.2011; Abs. 2 i. d. F. des Gesetzes v. 20.12.2008 (BGBl I S. 2850) mit Wirkung v. 1.1.2009; Abs. 4 und 7 i. d. F. des Gesetzes v. 26.6.2013 (BGBl I S. 1809) mit Wirkung v. 30.6.2013.
3) **Anm. d. Red.:** Zur Anwendung des § 14 Abs. 1 siehe § 27 Abs. 4 Satz 1 und Abs. 18.
4) **Anm. d. Red.:** Zur Anwendung des § 14 Abs. 2 siehe § 27 Abs. 15.
5) **Anm. d. Red.:** Zur Anwendung des § 14 Abs. 3 siehe § 27 Abs. 15 und 18.

2. elektronischen Datenaustausch (EDI) nach Artikel 2 der Empfehlung 94/820/EG der Kommission vom 19. Oktober 1994 über die rechtlichen Aspekte des elektronischen Datenaustausches (ABl L 338 vom 28.12.1994, S. 98), wenn in der Vereinbarung über diesen Datenaustausch der Einsatz von Verfahren vorgesehen ist, die die Echtheit der Herkunft und die Unversehrtheit der Daten gewährleisten.

(4) ¹Eine Rechnung muss folgende Angaben enthalten:
1. den vollständigen Namen und die vollständige Anschrift des leistenden Unternehmers und des Leistungsempfängers,
2. die dem leistenden Unternehmer vom Finanzamt erteilte Steuernummer oder die ihm vom Bundeszentralamt für Steuern erteilte Umsatzsteuer-Identifikationsnummer,
3. das Ausstellungsdatum,
4. eine fortlaufende Nummer mit einer oder mehreren Zahlenreihen, die zur Identifizierung der Rechnung vom Rechnungsaussteller einmalig vergeben wird (Rechnungsnummer),
5. die Menge und die Art (handelsübliche Bezeichnung) der gelieferten Gegenstände oder den Umfang und die Art der sonstigen Leistung,
6. den Zeitpunkt der Lieferung oder sonstigen Leistung; in den Fällen des Absatzes 5 Satz 1 den Zeitpunkt der Vereinnahmung des Entgelts oder eines Teils des Entgelts, sofern der Zeitpunkt der Vereinnahmung feststeht und nicht mit dem Ausstellungsdatum der Rechnung übereinstimmt,
7. das nach Steuersätzen und einzelnen Steuerbefreiungen aufgeschlüsselte Entgelt für die Lieferung oder sonstige Leistung (§ 10) sowie jede im Voraus vereinbarte Minderung des Entgelts, sofern sie nicht bereits im Entgelt berücksichtigt ist,
8. den anzuwendenden Steuersatz sowie den auf das Entgelt entfallenden Steuerbetrag oder im Fall einer Steuerbefreiung einen Hinweis darauf, dass für die Lieferung oder sonstige Leistung eine Steuerbefreiung gilt,
9. in den Fällen des § 14b Abs. 1 Satz 5 einen Hinweis auf die Aufbewahrungspflicht des Leistungsempfängers und
10. in den Fällen der Ausstellung der Rechnung durch den Leistungsempfänger oder durch einen von ihm beauftragten Dritten gemäß Absatz 2 Satz 2 die Angabe „Gutschrift".

²In den Fällen des § 10 Abs. 5 sind die Nummern 7 und 8 mit der Maßgabe anzuwenden, dass die Bemessungsgrundlage für die Leistung (§ 10 Abs. 4) und der darauf entfallende Steuerbetrag anzugeben sind. ³Unternehmer, die § 24 Abs. 1 bis 3 anwenden, sind jedoch auch in diesen Fällen nur zur Angabe des Entgelts und des darauf entfallenden Steuerbetrags berechtigt.

(5) ¹Vereinnahmt der Unternehmer das Entgelt oder einen Teil des Entgelts für eine noch nicht ausgeführte Lieferung oder sonstige Leistung, gelten die Absätze 1 bis 4 sinngemäß. ²Wird eine Endrechnung erteilt, sind in ihr die vor Ausführung der Lieferung oder sonstigen Leistung vereinnahmten Teilentgelte und die auf sie entfallenden Steuerbeträge abzusetzen, wenn über die Teilentgelte Rechnungen im Sinne der Absätze 1 bis 4 ausgestellt worden sind.

(6) Das Bundesministerium der Finanzen kann mit Zustimmung des Bundesrates zur Vereinfachung des Besteuerungsverfahrens durch Rechtsverordnung bestimmen, in welchen Fällen und unter welchen Voraussetzungen
1. Dokumente als Rechnungen anerkannt werden können,
2. die nach Absatz 4 erforderlichen Angaben in mehreren Dokumenten enthalten sein können,
3. Rechnungen bestimmte Angaben nach Absatz 4 nicht enthalten müssen,
4. eine Verpflichtung des Unternehmers zur Ausstellung von Rechnungen mit gesondertem Steuerausweis (Absatz 4) entfällt oder
5. Rechnungen berichtigt werden können.

(7) ¹Führt der Unternehmer einen Umsatz im Inland aus, für den der Leistungsempfänger die Steuer nach § 13b schuldet, und hat der Unternehmer im Inland weder seinen Sitz noch seine

Geschäftsleitung, eine Betriebsstätte, von der aus der Umsatz ausgeführt wird oder die an der Erbringung dieses Umsatzes beteiligt ist, oder in Ermangelung eines Sitzes seinen Wohnsitz oder gewöhnlichen Aufenthalt im Inland, so gelten abweichend von den Absätzen 1 bis 6 für die Rechnungserteilung die Vorschriften des Mitgliedstaats, in dem der Unternehmer seinen Sitz, seine Geschäftsleitung, eine Betriebsstätte, von der aus der Umsatz ausgeführt wird, oder in Ermangelung eines Sitzes seinen Wohnsitz oder gewöhnlichen Aufenthalt hat. ²Satz 1 gilt nicht, wenn eine Gutschrift gemäß Absatz 2 Satz 2 vereinbart worden ist.

### § 14a Zusätzliche Pflichten bei der Ausstellung von Rechnungen in besonderen Fällen[1)]

(1) ¹Hat der Unternehmer seinen Sitz, seine Geschäftsleitung, eine Betriebsstätte, von der aus der Umsatz ausgeführt wird, oder in Ermangelung eines Sitzes seinen Wohnsitz oder gewöhnlichen Aufenthalt im Inland und führt er einen Umsatz in einem anderen Mitgliedstaat aus, an dem eine Betriebsstätte in diesem Mitgliedstaat nicht beteiligt ist, so ist er zur Ausstellung einer Rechnung mit der Angabe „Steuerschuldnerschaft des Leistungsempfängers" verpflichtet, wenn die Steuer in dem anderen Mitgliedstaat von dem Leistungsempfänger geschuldet wird und keine Gutschrift gemäß § 14 Absatz 2 Satz 2 vereinbart worden ist. ²Führt der Unternehmer eine sonstige Leistung im Sinne des § 3a Absatz 2 in einem anderen Mitgliedstaat aus, so ist die Rechnung bis zum fünfzehnten Tag des Monats, der auf den Monat folgt, in dem der Umsatz ausgeführt worden ist, auszustellen. ³In dieser Rechnung sind die Umsatzsteuer-Identifikationsnummer des Unternehmers und die des Leistungsempfängers anzugeben. ⁴Wird eine Abrechnung durch Gutschrift gemäß § 14 Absatz 2 Satz 2 über eine sonstige Leistung im Sinne des § 3a Absatz 2 vereinbart, die im Inland ausgeführt wird und für die der Leistungsempfänger die Steuer nach § 13b Absatz 1 und 5 schuldet, sind die Sätze 2 und 3 und Absatz 5 entsprechend anzuwenden.

(2) Führt der Unternehmer eine Lieferung im Sinne des § 3c im Inland aus, ist er zur Ausstellung einer Rechnung verpflichtet.

(3) ¹Führt der Unternehmer eine innergemeinschaftliche Lieferung aus, ist er zur Ausstellung einer Rechnung bis zum fünfzehnten Tag des Monats, der auf den Monat folgt, in dem der Umsatz ausgeführt worden ist, verpflichtet. ²In der Rechnung sind auch die Umsatzsteuer-Identifikationsnummer des Unternehmers und die des Leistungsempfängers anzugeben. ³Satz 1 gilt auch für Fahrzeuglieferer (§ 2a). ⁴Satz 2 gilt nicht in den Fällen der §§ 1b und 2a.

(4)[2)] ¹Eine Rechnung über die innergemeinschaftliche Lieferung eines neuen Fahrzeugs muss auch die in § 1b Abs. 2 und 3 bezeichneten Merkmale enthalten. ²Das gilt auch in den Fällen des § 2a.

(5)[3)] ¹Führt der Unternehmer eine Leistung im Sinne des § 13b Absatz 2 aus, für die der Leistungsempfänger nach § 13b Absatz 5 die Steuer schuldet, ist er zur Ausstellung einer Rechnung mit der Angabe „Steuerschuldnerschaft des Leistungsempfängers" verpflichtet; Absatz 1 bleibt unberührt. ²Die Vorschrift über den gesonderten Steuerausweis in einer Rechnung nach § 14 Absatz 4 Satz 1 Nummer 8 wird nicht angewendet.

(6) ¹In den Fällen der Besteuerung von Reiseleistungen nach § 25 hat die Rechnung die Angabe „Sonderregelung für Reisebüros" und in den Fällen der Differenzbesteuerung nach § 25a die Angabe „Gebrauchtgegenstände/Sonderregelung", „Kunstgegenstände/Sonderregelung" oder „Sammlungsstücke und Antiquitäten/Sonderregelung" zu enthalten. ²In den Fällen des § 25 Abs. 3 und des § 25a Abs. 3 und 4 findet die Vorschrift über den gesonderten Steuerausweis in einer Rechnung (§ 14 Abs. 4 Satz 1 Nr. 8) keine Anwendung.

---

1) **Anm. d. Red.:** § 14a Abs. 1 i. d. F. des Gesetzes v. 25. 7. 2014 (BGBl I S. 1266) mit Wirkung v. 31. 7. 2014; Abs. 3, 5 und 6 i. d. F. des Gesetzes v. 26. 6. 2013 (BGBl I S. 1809) mit Wirkung v. 30. 6. 2013.

2) **Anm. d. Red.:** Zur Anwendung des § 14a Abs. 4 siehe § 27 Abs. 4 Satz 1.

3) **Anm. d. Red.:** Zur Anwendung des § 14a Abs. 5 siehe § 27 Abs. 4 Satz 1.

(7) ¹Wird in einer Rechnung über eine Lieferung im Sinne des § 25b Abs. 2 abgerechnet, ist auch auf das Vorliegen eines innergemeinschaftlichen Dreiecksgeschäfts und die Steuerschuldnerschaft des letzten Abnehmers hinzuweisen. ²Dabei sind die Umsatzsteuer-Identifikationsnummer des Unternehmers und die des Leistungsempfängers anzugeben. ³Die Vorschrift über den gesonderten Steuerausweis in einer Rechnung (§ 14 Abs. 4 Satz 1 Nr. 8) findet keine Anwendung.

## § 14b Aufbewahrung von Rechnungen[1)]

(1) ¹Der Unternehmer hat ein Doppel der Rechnung, die er selbst oder ein Dritter in seinem Namen und für seine Rechnung ausgestellt hat, sowie alle Rechnungen, die er erhalten oder die ein Leistungsempfänger oder in dessen Namen und für dessen Rechnung ein Dritter ausgestellt hat, zehn Jahre aufzubewahren. ²Die Rechnungen müssen für den gesamten Zeitraum die Anforderungen des § 14 Absatz 1 Satz 2 erfüllen. ³Die Aufbewahrungsfrist beginnt mit dem Schluss des Kalenderjahres, in dem die Rechnung ausgestellt worden ist; § 147 Abs. 3 der Abgabenordnung bleibt unberührt. ⁴Die Sätze 1 bis 3 gelten auch

1. für Fahrzeuglieferer (§ 2a);
2. in den Fällen, in denen der letzte Abnehmer die Steuer nach § 13a Abs. 1 Nr. 5 schuldet, für den letzten Abnehmer;
3. in den Fällen, in denen der Leistungsempfänger die Steuer nach § 13b Absatz 5 schuldet, für den Leistungsempfänger.

⁵In den Fällen des § 14 Abs. 2 Satz 1 Nr. 1 hat der Leistungsempfänger die Rechnung, einen Zahlungsbeleg oder eine andere beweiskräftige Unterlage zwei Jahre gemäß den Sätzen 2 und 3 aufzubewahren, soweit er

1. nicht Unternehmer ist oder
2. Unternehmer ist, aber die Leistung für seinen nichtunternehmerischen Bereich verwendet.

(2) ¹Der im Inland oder in einem der in § 1 Abs. 3 bezeichneten Gebiete ansässige Unternehmer hat alle Rechnungen im Inland oder in einem der in § 1 Abs. 3 bezeichneten Gebiete aufzubewahren. ²Handelt es sich um eine elektronische Aufbewahrung, die eine vollständige Fernabfrage (Online-Zugriff) der betreffenden Daten und deren Herunterladen und Verwendung gewährleistet, darf der Unternehmer die Rechnungen auch im übrigen Gemeinschaftsgebiet, in einem der in § 1 Abs. 3 bezeichneten Gebiete, im Gebiet von Büsingen oder auf der Insel Helgoland aufbewahren. ³Der Unternehmer hat dem Finanzamt den Aufbewahrungsort mitzuteilen, wenn er die Rechnungen nicht im Inland oder in einem der in § 1 Abs. 3 bezeichneten Gebiete aufbewahrt. ⁴Der nicht im Inland oder in einem der in § 1 Abs. 3 bezeichneten Gebiete ansässige Unternehmer hat den Aufbewahrungsort der nach Absatz 1 aufzubewahrenden Rechnungen im Gemeinschaftsgebiet, in den § 1 Abs. 3 bezeichneten Gebieten, im Gebiet von Büsingen oder auf der Insel Helgoland zu bestimmen. ⁵In diesem Fall ist er verpflichtet, dem Finanzamt auf dessen Verlangen alle aufzubewahrenden Rechnungen und Daten oder die an deren Stelle tretenden Bild- und Datenträger unverzüglich zur Verfügung zu stellen. ⁶Kommt er dieser Verpflichtung nicht oder nicht rechtzeitig nach, kann das Finanzamt verlangen, dass er die Rechnungen im Inland oder in einem der in § 1 Abs. 3 bezeichneten Gebiete aufbewahrt.

(3) Ein im Inland oder in einem der in § 1 Abs. 3 bezeichneten Gebiete ansässiger Unternehmer ist ein Unternehmer, der in einem dieser Gebiete einen Wohnsitz, seinen Sitz, seine Geschäftsleitung oder eine Zweigniederlassung hat.

(4) ¹Bewahrt ein Unternehmer die Rechnungen im übrigen Gemeinschaftsgebiet elektronisch auf, können die zuständigen Finanzbehörden die Rechnungen für Zwecke der Umsatzsteuerkontrolle über Online-Zugriff einsehen, herunterladen und verwenden. ²Es muss sichergestellt sein,

---

1) **Anm. d. Red.:** § 14b Abs. 1 i. d. F. des Gesetzes v. 1. 11. 2011 (BGBl I S. 2131) mit Wirkung v. 1. 7. 2011; Abs. 5 i. d. F. des Gesetzes v. 19. 12. 2008 (BGBl I S. 2794) mit Wirkung v. 25. 12. 2008.

dass die zuständigen Finanzbehörden die Rechnungen unverzüglich über Online-Zugriff einsehen, herunterladen und verwenden können.

(5) Will der Unternehmer die Rechnungen außerhalb des Gemeinschaftsgebiets elektronisch aufbewahren, gilt § 146 Abs. 2a der Abgabenordnung.

### § 14c Unrichtiger oder unberechtigter Steuerausweis

(1) [1]Hat der Unternehmer in einer Rechnung für eine Lieferung oder sonstige Leistung einen höheren Steuerbetrag, als er nach diesem Gesetz für den Umsatz schuldet, gesondert ausgewiesen (unrichtiger Steuerausweis), schuldet er auch den Mehrbetrag. [2]Berichtigt er den Steuerbetrag gegenüber dem Leistungsempfänger, ist § 17 Abs. 1 entsprechend anzuwenden. [3]In den Fällen des § 1 Abs. 1a und in den Fällen der Rückgängigmachung des Verzichts auf die Steuerbefreiung nach § 9 gilt Absatz 2 Satz 3 bis 5 entsprechend.

(2) [1]Wer in einer Rechnung einen Steuerbetrag gesondert ausweist, obwohl er zum gesonderten Ausweis der Steuer nicht berechtigt ist (unberechtigter Steuerausweis), schuldet den ausgewiesenen Betrag. [2]Das Gleiche gilt, wenn jemand wie ein leistender Unternehmer abrechnet und einen Steuerbetrag gesondert ausweist, obwohl er nicht Unternehmer ist oder eine Lieferung oder sonstige Leistung nicht ausführt. [3]Der nach den Sätzen 1 und 2 geschuldete Steuerbetrag kann berichtigt werden, soweit die Gefährdung des Steueraufkommens beseitigt worden ist. [4]Die Gefährdung des Steueraufkommens ist beseitigt, wenn ein Vorsteuerabzug beim Empfänger der Rechnung nicht durchgeführt oder die geltend gemachte Vorsteuer an die Finanzbehörde zurückgezahlt worden ist. [5]Die Berichtigung des geschuldeten Steuerbetrags ist beim Finanzamt gesondert schriftlich zu beantragen und nach dessen Zustimmung in entsprechender Anwendung des § 17 Abs. 1 für den Besteuerungszeitraum vorzunehmen, in dem die Voraussetzungen des Satzes 4 eingetreten sind.

### § 15 Vorsteuerabzug[1)]

(1)[2)] [1]Der Unternehmer kann die folgenden Vorsteuerbeträge abziehen:
1. die gesetzlich geschuldete Steuer für Lieferungen und sonstige Leistungen, die von einem anderen Unternehmer für sein Unternehmen ausgeführt worden sind. [2]Die Ausübung des Vorsteuerabzugs setzt voraus, dass der Unternehmer eine nach den §§ 14, 14a ausgestellte Rechnung besitzt. [3]Soweit der gesondert ausgewiesene Steuerbetrag auf eine Zahlung vor Ausführung dieser Umsätze entfällt, ist er bereits abziehbar, wenn die Rechnung vorliegt und die Zahlung geleistet worden ist;
2. die entstandene Einfuhrumsatzsteuer für Gegenstände, die für sein Unternehmen nach § 1 Absatz 1 Nummer 4 eingeführt worden sind;
3. die Steuer für den innergemeinschaftlichen Erwerb von Gegenständen für sein Unternehmen, wenn der innergemeinschaftliche Erwerb nach § 3d Satz 1 im Inland bewirkt wird;
4. die Steuer für Leistungen im Sinne des § 13b Absatz 1 und 2, die für sein Unternehmen ausgeführt worden sind. [2]Soweit die Steuer auf eine Zahlung vor Ausführung dieser Leistungen entfällt, ist sie abziehbar, wenn die Zahlung geleistet worden ist;
5. die nach § 13a Abs. 1 Nr. 6 geschuldete Steuer für Umsätze, die für sein Unternehmen ausgeführt worden sind.

[2]Nicht als für das Unternehmen ausgeführt gilt die Lieferung, die Einfuhr oder der innergemeinschaftliche Erwerb eines Gegenstands, den der Unternehmer zu weniger als 10 Prozent für sein Unternehmen nutzt.

---

1) **Anm. d. Red.:** § 15 Abs. 1 und 3 i. d. F. des Gesetzes v. 26. 6. 2013 (BGBl I S. 1809) mit Wirkung v. 30. 6. 2013; Abs. 1a und 2 i. d. F. des Gesetzes v. 13. 12. 2006 (BGBl I S. 2878) mit Wirkung v. 19. 12. 2006; Abs. 1b und 4 i. d. F. des Gesetzes v. 8. 12. 2010 (BGBl I S. 1768) mit Wirkung v. 1. 1. 2011; Abs. 4b i. d. F. des Gesetzes v. 8. 4. 2010 (BGBl I S. 386) mit Wirkung v. 1. 7. 2010.

2) **Anm. d. Red.:** Zur Anwendung des § 15 Abs. 1 siehe § 27 Abs. 4 Satz 1.

(1a) ¹Nicht abziehbar sind Vorsteuerbeträge, die auf Aufwendungen, für die das Abzugsverbot des § 4 Abs. 5 Satz 1 Nr. 1 bis 4, 7 oder des § 12 Nr. 1 des Einkommensteuergesetzes gilt, entfallen. ²Dies gilt nicht für Bewirtungsaufwendungen, soweit § 4 Abs. 5 Satz 1 Nr. 2 des Einkommensteuergesetzes einen Abzug angemessener und nachgewiesener Aufwendungen ausschließt.

(1b)[1)] ¹Verwendet der Unternehmer ein Grundstück sowohl für Zwecke seines Unternehmens als auch für Zwecke, die außerhalb des Unternehmens liegen, oder für den privaten Bedarf seines Personals, ist die Steuer für die Lieferungen, die Einfuhr und den innergemeinschaftlichen Erwerb sowie für die sonstigen Leistungen im Zusammenhang mit diesem Grundstück vom Vorsteuerabzug ausgeschlossen, soweit sie nicht auf die Verwendung des Grundstücks für Zwecke des Unternehmens entfällt. ²Bei Berechtigungen, für die die Vorschriften des bürgerlichen Rechts über Grundstücke gelten, und bei Gebäuden auf fremdem Grund und Boden ist Satz 1 entsprechend anzuwenden.

(2) ¹Vom Vorsteuerabzug ausgeschlossen ist die Steuer für die Lieferungen, die Einfuhr und den innergemeinschaftlichen Erwerb von Gegenständen sowie für die sonstigen Leistungen, die der Unternehmer zur Ausführung folgender Umsätze verwendet:

1. steuerfreie Umsätze;
2. Umsätze im Ausland, die steuerfrei wären, wenn sie im Inland ausgeführt würden.
3. (weggefallen)

²Gegenstände oder sonstige Leistungen, die der Unternehmer zur Ausführung einer Einfuhr oder eines innergemeinschaftlichen Erwerbs verwendet, sind den Umsätzen zuzurechnen, für die der eingeführte oder innergemeinschaftlich erworbene Gegenstand verwendet wird.

(3) Der Ausschluss vom Vorsteuerabzug nach Absatz 2 tritt nicht ein, wenn die Umsätze
1. in den Fällen des Absatzes 2 Satz 1 Nr. 1
    a) nach § 4 Nr. 1 bis 7, § 25 Abs. 2 oder nach den in § 26 Abs. 5 bezeichneten Vorschriften steuerfrei sind oder
    b) nach § 4 Nummer 8 Buchstabe a bis g, Nummer 10 oder Nummer 11 steuerfrei sind und sich unmittelbar auf Gegenstände beziehen, die in das Drittlandsgebiet ausgeführt werden;
2. in den Fällen des Absatzes 2 Satz 1 Nr. 2
    a) nach § 4 Nr. 1 bis 7, § 25 Abs. 2 oder nach den in § 26 Abs. 5 bezeichneten Vorschriften steuerfrei wären oder
    b) nach § 4 Nummer 8 Buchstabe a bis g, Nummer 10 oder Nummer 11 steuerfrei wären und der Leistungsempfänger im Drittlandsgebiet ansässig ist oder diese Umsätze sich unmittelbar auf Gegenstände beziehen, die in das Drittlandsgebiet ausgeführt werden.

(4) ¹Verwendet der Unternehmer einen für sein Unternehmen gelieferten, eingeführten oder innergemeinschaftlich erworbenen Gegenstand oder eine von ihm in Anspruch genommene sonstige Leistung nur zum Teil zur Ausführung von Umsätzen, die den Vorsteuerabzug ausschließen, so ist der Teil der jeweiligen Vorsteuerbeträge nicht abziehbar, der den zum Ausschluss vom Vorsteuerabzug führenden Umsätzen wirtschaftlich zuzurechnen ist. ²Der Unternehmer kann die nicht abziehbaren Teilbeträge im Wege einer sachgerechten Schätzung ermitteln. ³Eine Ermittlung des nicht abziehbaren Teils der Vorsteuerbeträge nach dem Verhältnis der Umsätze, die den Vorsteuerabzug ausschließen, zu den Umsätzen, die zum Vorsteuerabzug berechtigen, ist nur zulässig, wenn keine andere wirtschaftliche Zurechnung möglich ist. ⁴In den Fällen des Absatzes 1b gelten die Sätze 1 bis 3 entsprechend.

(4a) Für Fahrzeuglieferer (§ 2a) gelten folgende Einschränkungen des Vorsteuerabzugs:
1. Abziehbar ist nur die auf die Lieferung, die Einfuhr oder den innergemeinschaftlichen Erwerb des neuen Fahrzeugs entfallende Steuer.

---

1) **Anm. d. Red.:** Zur Anwendung des § 15 Abs. 1b siehe § 27 Abs. 16.

2. Die Steuer kann nur bis zu dem Betrag abgezogen werden, der für die Lieferung des neuen Fahrzeugs geschuldet würde, wenn die Lieferung nicht steuerfrei wäre.
3. Die Steuer kann erst in dem Zeitpunkt abgezogen werden, in dem der Fahrzeuglieferer die innergemeinschaftliche Lieferung des neuen Fahrzeugs ausführt.

(4b)[1] Für Unternehmer, die nicht im Gemeinschaftsgebiet ansässig sind und die nur Steuer nach § 13b Absatz 5 schulden, gelten die Einschränkungen des § 18 Abs. 9 Sätze 4 und 5 entsprechend.

(5) Das Bundesministerium der Finanzen kann mit Zustimmung des Bundesrates durch Rechtsverordnung nähere Bestimmungen darüber treffen,

1. in welchen Fällen und unter welchen Voraussetzungen zur Vereinfachung des Besteuerungsverfahrens für den Vorsteuerabzug auf eine Rechnung im Sinne des § 14 oder auf einzelne Angaben in der Rechnung verzichtet werden kann,
2. unter welchen Voraussetzungen, für welchen Besteuerungszeitraum und in welchem Umfang zur Vereinfachung oder zur Vermeidung von Härten in den Fällen, in denen ein anderer als der Leistungsempfänger ein Entgelt gewährt (§ 10 Abs. 1 Satz 3), der andere den Vorsteuerabzug in Anspruch nehmen kann, und
3. wann in Fällen von geringer steuerlicher Bedeutung zur Vereinfachung oder zur Vermeidung von Härten bei der Aufteilung der Vorsteuerbeträge (Absatz 4) Umsätze, die den Vorsteuerabzug ausschließen, unberücksichtigt bleiben können oder von der Zurechnung von Vorsteuerbeträgen zu diesen Umsätzen abgesehen werden kann.

### § 15a Berichtigung des Vorsteuerabzugs[2][3]

(1) ¹Ändern sich bei einem Wirtschaftsgut, das nicht nur einmalig zur Ausführung von Umsätzen verwendet wird, innerhalb von fünf Jahren ab dem Zeitpunkt der erstmaligen Verwendung die für den ursprünglichen Vorsteuerabzug maßgebenden Verhältnisse, ist für jedes Kalenderjahr der Änderung ein Ausgleich durch eine Berichtigung des Abzugs der auf die Anschaffungs- oder Herstellungskosten entfallenden Vorsteuerbeträge vorzunehmen. ²Bei Grundstücken einschließlich ihrer wesentlichen Bestandteile, bei Berechtigungen, für die die Vorschriften des bürgerlichen Rechts über Grundstücke gelten, und bei Gebäuden auf fremdem Grund und Boden tritt an die Stelle des Zeitraums von fünf Jahren ein Zeitraum von zehn Jahren.

(2) ¹Ändern sich bei einem Wirtschaftsgut, das nur einmalig zur Ausführung eines Umsatzes verwendet wird, die für den ursprünglichen Vorsteuerabzug maßgebenden Verhältnisse, ist eine Berichtigung des Vorsteuerabzugs vorzunehmen. ²Die Berichtigung ist für den Besteuerungszeitraum vorzunehmen, in dem das Wirtschaftsgut verwendet wird.

(3) ¹Geht in ein Wirtschaftsgut nachträglich ein anderer Gegenstand ein und verliert dieser Gegenstand dabei seine körperliche und wirtschaftliche Eigenart endgültig oder wird an einem Wirtschaftsgut eine sonstige Leistung ausgeführt, gelten im Fall der Änderung der für den ursprünglichen Vorsteuerabzug maßgebenden Verhältnisse die Absätze 1 und 2 entsprechend. ²Soweit im Rahmen einer Maßnahme in ein Wirtschaftsgut mehrere Gegenstände eingehen oder an einem Wirtschaftsgut mehrere sonstige Leistungen ausgeführt werden, sind diese zu einem Berichtigungsobjekt zusammenzufassen. ³Eine Änderung der Verhältnisse liegt dabei auch vor, wenn das Wirtschaftsgut für Zwecke, die außerhalb des Unternehmens liegen, aus dem Unternehmen entnommen wird, ohne dass dabei nach § 3 Abs. 1b eine unentgeltliche Wertabgabe zu besteuern ist.

(4) ¹Die Absätze 1 und 2 sind auf sonstige Leistungen, die nicht unter Absatz 3 Satz 1 fallen, entsprechend anzuwenden. ²Die Berichtigung ist auf solche sonstigen Leistungen zu beschrän-

---

1) **Anm. d. Red.:** Zur Anwendung des § 15 Abs. 4b siehe § 27 Abs. 4 Satz 1.

2) **Anm. d. Red.:** § 15a Abs. 3 und 4 i. d. F. des Gesetzes v. 22. 8. 2006 (BGBl I S. 1970) mit Wirkung v. 1. 1. 2007; Abs. 6a und 8 i. d. F. des Gesetzes v. 8. 12. 2010 (BGBl I S. 1768) mit Wirkung v. 1. 1. 2011.

3) **Anm. d. Red.:** Zur Anwendung des § 15a siehe § 27 Abs. 11, 12 und 16.

ken, für die in der Steuerbilanz ein Aktivierungsgebot bestünde. ³Dies gilt jedoch nicht, soweit es sich um sonstige Leistungen handelt, für die der Leistungsempfänger bereits für einen Zeitraum vor Ausführung der sonstigen Leistung den Vorsteuerabzug vornehmen konnte. ⁴Unerheblich ist, ob der Unternehmer nach den §§ 140, 141 der Abgabenordnung tatsächlich zur Buchführung verpflichtet ist.

(5) ¹Bei der Berichtigung nach Absatz 1 ist für jedes Kalenderjahr der Änderung in den Fällen des Satzes 1 von einem Fünftel und in den Fällen des Satzes 2 von einem Zehntel der auf das Wirtschaftsgut entfallenden Vorsteuerbeträge auszugehen. ²Eine kürzere Verwendungsdauer ist entsprechend zu berücksichtigen. ³Die Verwendungsdauer wird nicht dadurch verkürzt, dass das Wirtschaftsgut in ein anderes einbezogen wird.

(6) Die Absätze 1 bis 5 sind auf Vorsteuerbeträge, die auf nachträgliche Anschaffungs- oder Herstellungskosten entfallen, sinngemäß anzuwenden.

(6a) Eine Änderung der Verhältnisse liegt auch bei einer Änderung der Verwendung im Sinne des § 15 Absatz 1b vor.

(7) Eine Änderung der Verhältnisse im Sinne der Absätze 1 bis 3 ist auch beim Übergang von der allgemeinen Besteuerung zur Nichterhebung der Steuer nach § 19 Abs. 1 und umgekehrt und beim Übergang von der allgemeinen Besteuerung zur Durchschnittssatzbesteuerung nach den §§ 23, 23a oder 24 und umgekehrt gegeben.

(8) ¹Eine Änderung der Verhältnisse liegt auch vor, wenn das noch verwendungsfähige Wirtschaftsgut, das nicht nur einmalig zur Ausführung eines Umsatzes verwendet wird, vor Ablauf des nach den Absätzen 1 und 5 maßgeblichen Berichtigungszeitraums veräußert oder nach § 3 Abs. 1b geliefert wird und dieser Umsatz anders zu beurteilen ist als die für den ursprünglichen Vorsteuerabzug maßgebliche Verwendung. ²Dies gilt auch für Wirtschaftsgüter, für die der Vorsteuerabzug nach § 15 Absatz 1b teilweise ausgeschlossen war.

(9) Die Berichtigung nach Absatz 8 ist so vorzunehmen, als wäre das Wirtschaftsgut in der Zeit von der Veräußerung oder Lieferung im Sinne des § 3 Abs. 1b bis zum Ablauf des maßgeblichen Berichtigungszeitraums unter entsprechend geänderten Verhältnissen weiterhin für das Unternehmen verwendet worden.

(10) ¹Bei einer Geschäftsveräußerung (§ 1 Abs. 1a) wird der nach den Absätzen 1 und 5 maßgebliche Berichtigungszeitraum nicht unterbrochen. ²Der Veräußerer ist verpflichtet, dem Erwerber die für die Durchführung der Berichtigung erforderlichen Angaben zu machen.

(11) Das Bundesministerium der Finanzen kann mit Zustimmung des Bundesrates durch Rechtsverordnung nähere Bestimmungen darüber treffen,

1. wie der Ausgleich nach den Absätzen 1 bis 9 durchzuführen ist und in welchen Fällen zur Vereinfachung des Besteuerungsverfahrens, zur Vermeidung von Härten oder nicht gerechtfertigten Steuervorteilen zu unterbleiben hat;
2. dass zur Vermeidung von Härten oder eines nicht gerechtfertigten Steuervorteils bei einer unentgeltlichen Veräußerung oder Überlassung eines Wirtschaftsguts
   a) eine Berichtigung des Vorsteuerabzugs in entsprechender Anwendung der Absätze 1 bis 9 auch dann durchzuführen ist, wenn eine Änderung der Verhältnisse nicht vorliegt,
   b) der Teil des Vorsteuerbetrags, der bei einer gleichmäßigen Verteilung auf den in Absatz 9 bezeichneten Restzeitraum entfällt, vom Unternehmer geschuldet wird,
   c) der Unternehmer den nach den Absätzen 1 bis 9 oder Buchstabe b geschuldeten Betrag dem Leistungsempfänger wie eine Steuer in Rechnung stellen und dieser den Betrag als Vorsteuer abziehen kann.

## Fünfter Abschnitt: Besteuerung

### § 16 Steuerberechnung, Besteuerungszeitraum und Einzelbesteuerung[1)]

(1) ¹Die Steuer ist, soweit nicht § 20 gilt, nach vereinbarten Entgelten zu berechnen. ²Besteuerungszeitraum ist das Kalenderjahr. ³Bei der Berechnung der Steuer ist von der Summe der Umsätze nach § 1 Abs. 1 Nr. 1 und 5 auszugehen, soweit für sie die Steuer in dem Besteuerungszeitraum entstanden und die Steuerschuldnerschaft gegeben ist. ⁴Der Steuer sind die nach § 6a Abs. 4 Satz 2, nach § 14c sowie nach § 17 Abs. 1 Satz 6 geschuldeten Steuerbeträge hinzuzurechnen.

(1a) ¹Macht ein nicht im Gemeinschaftsgebiet ansässiger Unternehmer von § 18 Abs. 4c Gebrauch, ist Besteuerungszeitraum das Kalendervierteljahr. ²Bei der Berechnung der Steuer ist von der Summe der Umsätze nach § 3a Abs. 5 auszugehen, die im Gemeinschaftsgebiet steuerbar sind, soweit für sie in dem Besteuerungszeitraum die Steuer entstanden und die Steuerschuldnerschaft gegeben ist. ³Absatz 2 ist nicht anzuwenden.

(1b) ¹Macht ein im übrigen Gemeinschaftsgebiet ansässiger Unternehmer (§ 13b Absatz 7 Satz 2) von § 18 Absatz 4e Gebrauch, ist Besteuerungszeitraum das Kalendervierteljahr. ²Bei der Berechnung der Steuer ist von der Summe der Umsätze nach § 3a Absatz 5 auszugehen, die im Inland steuerbar sind, soweit für sie in dem Besteuerungszeitraum die Steuer entstanden und die Steuerschuldnerschaft gegeben ist. ³Absatz 2 ist nicht anzuwenden.

(2) ¹Von der nach Absatz 1 berechneten Steuer sind die in den Besteuerungszeitraum fallenden, nach § 15 abziehbaren Vorsteuerbeträge abzusetzen. ²§ 15a ist zu berücksichtigen.

(3) Hat der Unternehmer seine gewerbliche oder berufliche Tätigkeit nur in einem Teil des Kalenderjahres ausgeübt, so tritt dieser Teil an die Stelle des Kalenderjahres.

(4) Abweichend von den Absätzen 1, 2 und 3 kann das Finanzamt einen kürzeren Besteuerungszeitraum bestimmen, wenn der Eingang der Steuer gefährdet erscheint oder der Unternehmer damit einverstanden ist.

(5) ¹Bei Beförderungen von Personen im Gelegenheitsverkehr mit Kraftomnibussen, die nicht im Inland zugelassen sind, wird die Steuer, abweichend von Absatz 1, für jeden einzelnen steuerpflichtigen Umsatz durch die zuständige Zolldienststelle berechnet (Beförderungseinzelbesteuerung), wenn eine Grenze zum Drittlandsgebiet überschritten wird. ²Zuständige Zolldienststelle ist die Eingangszollstelle oder Ausgangszollstelle, bei der der Kraftomnibus in das Inland gelangt oder das Inland verlässt. ³Die zuständige Zolldienststelle handelt bei der Beförderungseinzelbesteuerung für das Finanzamt, in dessen Bezirk sie liegt (zuständiges Finanzamt). ⁴Absatz 2 und § 19 Abs. 1 sind bei der Beförderungseinzelbesteuerung nicht anzuwenden.

(5a) Beim innergemeinschaftlichen Erwerb neuer Fahrzeuge durch andere Erwerber als die in § 1a Abs. 1 Nr. 2 genannten Personen ist die Steuer abweichend von Absatz 1 für jeden einzelnen steuerpflichtigen Erwerb zu berechnen (Fahrzeugeinzelbesteuerung).

(5b) ¹Auf Antrag des Unternehmers ist nach Ablauf des Besteuerungszeitraums an Stelle der Beförderungseinzelbesteuerung (Absatz 5) die Steuer nach den Absätzen 1 und 2 zu berechnen. ²Die Absätze 3 und 4 gelten entsprechend.

(6) ¹Werte in fremder Währung sind zur Berechnung der Steuer und der abziehbaren Vorsteuerbeträge auf Euro nach den Durchschnittskursen umzurechnen, die das Bundesministerium der Finanzen für den Monat öffentlich bekannt gibt, in dem die Leistung ausgeführt oder das Entgelt oder ein Teil des Entgelts vor Ausführung der Leistung (§ 13 Abs. 1 Nr. 1 Buchstabe a Satz 4) vereinnahmt wird. ²Ist dem leistenden Unternehmer die Berechnung der Steuer nach vereinnahmten Entgelten gestattet (§ 20), so sind die Entgelte nach den Durchschnittskursen des Monats umzurechnen, in dem sie vereinnahmt werden. ³Das Finanzamt kann die Umrech-

---

1) **Anm. d. Red.:** § 16 Abs. 1a i. d. F. des Gesetzes v. 19. 12. 2008 (BGBl I S. 2794) mit Wirkung v. 1. 1. 2010; Abs. 1b und 6 i. d. F. des Gesetzes v. 25. 7. 2014 (BGBl I S. 1266) mit Wirkung v. 1. 1. 2015; Abs. 2 i. d. F. des Gesetzes v. 26. 6. 2013 (BGBl I S. 1809) mit Wirkung v. 30. 6. 2013.

nung nach dem Tageskurs, der durch Bankmitteilung oder Kurszettel nachzuweisen ist, gestatten. ⁴Macht ein nicht im Gemeinschaftsgebiet ansässiger Unternehmer von § 18 Absatz 4c Gebrauch, hat er zur Berechnung der Steuer Werte in fremder Währung nach den Kursen umzurechnen, die für den letzten Tag des Besteuerungszeitraums nach Absatz 1a Satz 1 von der Europäischen Zentralbank festgestellt worden sind; macht ein im übrigen Gemeinschaftsgebiet (§ 13b Absatz 7 Satz 2) ansässiger Unternehmer von § 18 Absatz 4e Gebrauch, hat er zur Berechnung der Steuer Werte in fremder Währung nach den Kursen umzurechnen, die für den letzten Tag des Besteuerungszeitraums nach Absatz 1b Satz 1 von der Europäischen Zentralbank festgestellt worden sind. ⁵Sind für die in Satz 4 genannten Tage keine Umrechnungskurse festgestellt worden, hat der Unternehmer die Steuer nach den für den nächsten Tag nach Ablauf des Besteuerungszeitraums nach Absatz 1a Satz 1 oder Absatz 1b Satz 1 von der Europäischen Zentralbank festgestellten Umrechnungskursen umzurechnen.

(7) Für die Einfuhrumsatzsteuer gelten § 11 Abs. 5 und § 21 Abs. 2.

### § 17 Änderung der Bemessungsgrundlage[1)]

(1)[2)] ¹Hat sich die Bemessungsgrundlage für einen steuerpflichtigen Umsatz im Sinne des § 1 Abs. 1 Nr. 1 geändert, hat der Unternehmer, der diesen Umsatz ausgeführt hat, den dafür geschuldeten Steuerbetrag zu berichtigen. ²Ebenfalls ist der Vorsteuerabzug bei dem Unternehmer, an den dieser Umsatz ausgeführt wurde, zu berichtigen. ³Dies gilt nicht, soweit er durch die Änderung der Bemessungsgrundlage wirtschaftlich nicht begünstigt wird. ⁴Wird in diesen Fällen ein anderer Unternehmer durch die Änderung der Bemessungsgrundlage wirtschaftlich begünstigt, hat dieser Unternehmer seinen Vorsteuerabzug zu berichtigen. ⁵Die Sätze 1 bis 4 gelten in den Fällen des § 1 Abs. 1 Nr. 5 und des § 13b sinngemäß. ⁶Die Berichtigung des Vorsteuerabzugs kann unterbleiben, soweit ein dritter Unternehmer den auf die Minderung des Entgelts entfallenden Steuerbetrag an das Finanzamt entrichtet; in diesem Fall ist der dritte Unternehmer Schuldner der Steuer. ⁷Die Berichtigungen nach den Sätzen 1 und 2 sind für den Besteuerungszeitraum vorzunehmen, in dem die Änderung der Bemessungsgrundlage eingetreten ist. ⁸Die Berichtigung nach Satz 4 ist für den Besteuerungszeitraum vorzunehmen, in dem der andere Unternehmer wirtschaftlich begünstigt wird.

(2) Absatz 1 gilt sinngemäß, wenn
1. das vereinbarte Entgelt für eine steuerpflichtige Lieferung, sonstige Leistung oder einen steuerpflichtigen innergemeinschaftlichen Erwerb uneinbringlich geworden ist. ²Wird das Entgelt nachträglich vereinnahmt, sind Steuerbetrag und Vorsteuerabzug erneut zu berichtigen;
2. für eine vereinbarte Lieferung oder sonstige Leistung ein Entgelt entrichtet, die Lieferung oder sonstige Leistung jedoch nicht ausgeführt worden ist;
3. eine steuerpflichtige Lieferung, sonstige Leistung oder ein steuerpflichtiger innergemeinschaftlicher Erwerb rückgängig gemacht worden ist;
4. der Erwerber den Nachweis im Sinne des § 3d Satz 2 führt;
5. Aufwendungen im Sinne des § 15 Abs. 1a getätigt werden.

(3) ¹Ist Einfuhrumsatzsteuer, die als Vorsteuer abgezogen worden ist, herabgesetzt, erlassen oder erstattet worden, so hat der Unternehmer den Vorsteuerabzug entsprechend zu berichtigen. ²Absatz 1 Satz 7 gilt sinngemäß.

(4) Werden die Entgelte für unterschiedlich besteuerte Lieferungen oder sonstige Leistungen eines bestimmten Zeitabschnitts gemeinsam geändert (z. B. Jahresboni, Jahresrückvergütungen), so hat der Unternehmer dem Leistungsempfänger einen Beleg zu erteilen, aus dem zu ersehen ist, wie sich die Änderung der Entgelte auf die unterschiedlich besteuerten Umsätze verteilt.

---

1) **Anm. d. Red.:** § 17 Abs. 2 i. d. F. des Gesetzes v. 19. 12. 2008 (BGBl I S. 2794) mit Wirkung v. 25. 12. 2008.
2) **Anm. d. Red.:** Zur Anwendung des § 17 Abs. 1 siehe § 27 Abs. 4 Satz 1.

## § 18 Besteuerungsverfahren[1]

(1)[2] ¹Der Unternehmer hat bis zum 10. Tag nach Ablauf jedes Voranmeldungszeitraums eine Voranmeldung nach amtlich vorgeschriebenem Datensatz durch Datenfernübertragung nach Maßgabe der Steuerdaten-Übermittlungsverordnung zu übermitteln, in der er die Steuer für den Voranmeldungszeitraum (Vorauszahlung) selbst zu berechnen hat. ²Auf Antrag kann das Finanzamt zur Vermeidung von unbilligen Härten auf eine elektronische Übermittlung verzichten; in diesem Fall hat der Unternehmer eine Voranmeldung nach amtlich vorgeschriebenem Vordruck abzugeben. ³§ 16 Abs. 1 und 2 und § 17 sind entsprechend anzuwenden. ⁴Die Vorauszahlung ist am 10. Tag nach Ablauf des Voranmeldungszeitraums fällig.

(2)[3] ¹Voranmeldungszeitraum ist das Kalendervierteljahr. ²Beträgt die Steuer für das vorangegangene Kalenderjahr mehr als 7 500 Euro, ist der Kalendermonat Voranmeldungszeitraum. ³Beträgt die Steuer für das vorangegangene Kalenderjahr nicht mehr als 1 000 Euro, kann das Finanzamt den Unternehmer von der Verpflichtung zur Abgabe der Voranmeldungen und Entrichtung der Vorauszahlungen befreien. ⁴Nimmt der Unternehmer seine berufliche oder gewerbliche Tätigkeit auf, ist im laufenden und folgenden Kalenderjahr Voranmeldungszeitraum der Kalendermonat. ⁵Satz 4 gilt entsprechend in folgenden Fällen:

1. bei im Handelsregister eingetragenen, noch nicht gewerblich oder beruflich tätig gewesenen juristischen Personen oder Personengesellschaften, die objektiv belegbar die Absicht haben, eine gewerbliche oder berufliche Tätigkeit selbständig auszuüben (Vorratsgesellschaften), und zwar ab dem Zeitpunkt des Beginns der tatsächlichen Ausübung dieser Tätigkeit, und
2. bei der Übernahme von juristischen Personen oder Personengesellschaften, die bereits gewerblich oder beruflich tätig gewesen sind und zum Zeitpunkt der Übernahme ruhen oder nur geringfügig gewerblich oder beruflich tätig sind (Firmenmantel), und zwar ab dem Zeitpunkt der Übernahme.

(2a) ¹Der Unternehmer kann an Stelle des Kalendervierteljahres den Kalendermonat als Voranmeldungszeitraum wählen, wenn sich für das vorangegangene Kalenderjahr ein Überschuss zu seinen Gunsten von mehr als 7 500 Euro ergibt. ²In diesem Fall hat der Unternehmer bis zum 10. Februar des laufenden Kalenderjahres eine Voranmeldung für den ersten Kalendermonat abzugeben. ³Die Ausübung des Wahlrechts bindet den Unternehmer für dieses Kalenderjahr.

(3)[4] ¹Der Unternehmer hat für das Kalenderjahr oder für den kürzeren Besteuerungszeitraum eine Steuererklärung nach amtlich vorgeschriebenem Datensatz durch Datenfernübertragung nach Maßgabe der Steuerdaten-Übermittlungsverordnung zu übermitteln, in der er die zu entrichtende Steuer oder den Überschuss, der sich zu seinen Gunsten ergibt, nach § 16 Absatz 1 bis 4 und § 17 selbst zu berechnen hat (Steueranmeldung). ²In den Fällen des § 16 Absatz 3 und 4 ist die Steueranmeldung binnen einem Monat nach Ablauf des kürzeren Besteuerungszeitraums zu übermitteln. ³Auf Antrag kann das Finanzamt zur Vermeidung von unbilligen Härten auf eine elektronische Übermittlung verzichten; in diesem Fall hat der Unternehmer eine Steueranmeldung nach amtlich vorgeschriebenem Vordruck abzugeben und eigenhändig zu unterschreiben.

(4) ¹Berechnet der Unternehmer die zu entrichtende Steuer oder den Überschuss in der Steueranmeldung für das Kalenderjahr abweichend von der Summe der Vorauszahlungen, so ist der

---

1) **Anm. d. Red.:** § 18 Abs. 1 und 2a i. d. F. des Gesetzes v. 20.12.2008 (BGBl I S. 2850) mit Wirkung v. 1.1.2009; Abs. 2 i. d. F. des Gesetzes v. 22.12.2014 (BGBl I S. 2417) mit Wirkung v. 1.1.2015; Abs. 3 und 10 i. d. F. des Gesetzes v. 8.12.2010 (BGBl I S. 1768) mit Wirkung v. 14.12.2010 (Abs. 10) und 1.1.2011 (Abs. 3); Abs. 4a i. d. F. des Gesetzes v. 8.4.2010 (BGBl I S. 386) mit Wirkung v. 1.7.2010; Abs. 4c und 9 i. d. F. des Gesetzes v. 19.12.2008 (BGBl I S. 2794) mit Wirkung v. 1.1.2010; Abs. 4d, 4e und 12 i. d. F. des Gesetzes v. 25.7.2014 (BGBl I S. 1266) mit Wirkung v. 31.7.2014 (Abs. 12) und 1.1.2015 (Abs. 4d und 4e).
2) **Anm. d. Red.:** Zur Anwendung des § 18 Abs. 1 siehe § 27 Abs. 9.
3) **Anm. d. Red.:** Zur Anwendung des § 18 Abs. 2 siehe § 27 Abs. 21.
4) **Anm. d. Red.:** Zur Anwendung des § 18 Abs. 3 siehe § 27 Abs. 17.

Unterschiedsbetrag zugunsten des Finanzamts einen Monat nach dem Eingang der Steueranmeldung fällig. ²Setzt das Finanzamt die zu entrichtende Steuer oder den Überschuss abweichend von der Steueranmeldung für das Kalenderjahr fest, so ist der Unterschiedsbetrag zugunsten des Finanzamts einen Monat nach der Bekanntgabe des Steuerbescheids fällig. ³Die Fälligkeit rückständiger Vorauszahlungen (Absatz 1) bleibt von den Sätzen 1 und 2 unberührt.

(4a)[1]) ¹Voranmeldungen (Absätze 1 und 2) und eine Steuererklärung (Absätze 3 und 4) haben auch die Unternehmer und juristischen Personen abzugeben, die ausschließlich Steuer für Umsätze nach § 1 Abs. 1 Nr. 5, § 13b Absatz 5 oder § 25b Abs. 2 zu entrichten haben, sowie Fahrzeuglieferer (§ 2a). ²Voranmeldungen sind nur für die Voranmeldungszeiträume abzugeben, in denen die Steuer für diese Umsätze zu erklären ist. ³Die Anwendung des Absatzes 2a ist ausgeschlossen.

(4b) Für Personen, die keine Unternehmer sind und Steuerbeträge nach § 6a Abs. 4 Satz 2 oder nach § 14c Abs. 2 schulden, gilt Absatz 4a entsprechend.

(4c) ¹Ein nicht im Gemeinschaftsgebiet ansässiger Unternehmer, der als Steuerschuldner ausschließlich Umsätze nach § 3a Abs. 5 im Gemeinschaftsgebiet erbringt und in keinem anderen Mitgliedstaat für Zwecke der Umsatzsteuer erfasst ist, kann abweichend von den Absätzen 1 bis 4 für jeden Besteuerungszeitraum (§ 16 Abs. 1a Satz 1) eine Steuererklärung auf amtlich vorgeschriebenem Vordruck bis zum 20. Tag nach Ablauf jedes Besteuerungszeitraums abgeben, in der er die Steuer selbst zu berechnen hat; die Steuererklärung ist dem Bundeszentralamt für Steuern elektronisch zu übermitteln. ²Die Steuer ist am 20. Tag nach Ablauf des Besteuerungszeitraums fällig. ³Die Ausübung des Wahlrechts hat der Unternehmer auf dem amtlich vorgeschriebenen, elektronisch zu übermittelnden Dokument dem Bundeszentralamt für Steuern anzuzeigen, bevor er Umsätze nach § 3a Abs. 5 im Gemeinschaftsgebiet erbringt. ⁴Das Wahlrecht kann nur mit Wirkung vom Beginn eines Besteuerungszeitraums an widerrufen werden. ⁵Der Widerruf ist vor Beginn des Besteuerungszeitraums, für den er gelten soll, gegenüber dem Bundeszentralamt für Steuern auf elektronischem Weg zu erklären. ⁶Kommt der Unternehmer seinen Verpflichtungen nach den Sätzen 1 bis 3 oder § 22 Abs. 1 wiederholt nicht oder nicht rechtzeitig nach, schließt ihn das Bundeszentralamt für Steuern von dem Besteuerungsverfahren nach Satz 1 aus. ⁷Der Ausschluss gilt ab dem Besteuerungszeitraum, der nach dem Zeitpunkt der Bekanntgabe des Ausschlusses gegenüber dem Unternehmer beginnt.

(4d) Die Absätze 1 bis 4 gelten nicht für nicht im Gemeinschaftsgebiet ansässige Unternehmer, die im Inland im Besteuerungszeitraum (§ 16 Abs. 1 Satz 2) als Steuerschuldner ausschließlich Umsätze nach § 3a Abs. 5 erbringen und diese Umsätze in einem anderen Mitgliedstaat erklären sowie die darauf entfallende Steuer entrichten.

(4e) ¹Ein im übrigen Gemeinschaftsgebiet ansässiger Unternehmer (§ 13b Absatz 7 Satz 2), der als Steuerschuldner Umsätze nach § 3a Absatz 5 im Inland erbringt, kann abweichend von den Absätzen 1 bis 4 für jeden Besteuerungszeitraum (§ 16 Absatz 1b Satz 1) eine Steuererklärung nach amtlich vorgeschriebenem Datensatz durch Datenfernübertragung bis zum 20. Tag nach Ablauf jedes Besteuerungszeitraums übermitteln, in der er die Steuer für die vorgenannten Umsätze selbst zu berechnen hat; dies gilt nur, wenn der Unternehmer im Inland, auf der Insel Helgoland und in einem der in § 1 Absatz 3 bezeichneten Gebiete weder seinen Sitz, seine Geschäftsleitung noch eine Betriebsstätte hat. ²Die Steuererklärung ist der zuständigen Steuerbehörde des Mitgliedstaates der Europäischen Union zu übermitteln, in dem der Unternehmer ansässig ist; diese Steuererklärung ist ab dem Zeitpunkt eine Steueranmeldung im Sinne des § 150 Absatz 1 Satz 3 und des § 168 der Abgabenordnung, zu dem die in ihr enthaltenen Daten von der zuständigen Steuerbehörde des Mitgliedstaates der Europäischen Union, an die der Unternehmer die Steuererklärung übermittelt hat, dem Bundeszentralamt für Steuern übermittelt und dort in bearbeitbarer Weise aufgezeichnet wurden. ³Satz 2 gilt für die Berichtigung einer Steuererklärung entsprechend. ⁴Die Steuer ist am 20. Tag nach Ablauf des Besteuerungszeitraums fällig. ⁵Die Ausübung des Wahlrechts nach Satz 1 hat der Unternehmer in dem amtlich

---

1) **Anm. d. Red.:** Zur Anwendung des § 18 Abs. 4a siehe § 27 Abs. 4 Satz 1.

vorgeschriebenen, elektronisch zu übermittelnden Dokument der Steuerbehörde des Mitgliedstaates der Europäischen Union, in dem der Unternehmer ansässig ist, vor Beginn des Besteuerungszeitraums anzuzeigen, ab dessen Beginn er von dem Wahlrecht Gebrauch macht. [6]Das Wahlrecht kann nur mit Wirkung vom Beginn eines Besteuerungszeitraums an widerrufen werden. [7]Der Widerruf ist vor Beginn des Besteuerungszeitraums, für den er gelten soll, gegenüber der Steuerbehörde des Mitgliedstaates der Europäischen Union, in dem der Unternehmer ansässig ist, auf elektronischem Weg zu erklären. [8]Kommt der Unternehmer seinen Verpflichtungen nach den Sätzen 1 bis 5 oder § 22 Absatz 1 wiederholt nicht oder nicht rechtzeitig nach, schließt ihn die zuständige Steuerbehörde des Mitgliedstaates der Europäischen Union, in dem der Unternehmer ansässig ist, von dem Besteuerungsverfahren nach Satz 1 aus. [9]Der Ausschluss gilt ab dem Besteuerungszeitraum, der nach dem Zeitpunkt der Bekanntgabe des Ausschlusses gegenüber dem Unternehmer beginnt. [10]Die Steuererklärung nach Satz 1 gilt als fristgemäß übermittelt, wenn sie bis zum 20. Tag nach Ablauf des Besteuerungszeitraums (§ 16 Absatz 1b Satz 1) der zuständigen Steuerbehörde des Mitgliedstaates der Europäischen Union übermittelt worden ist, in dem der Unternehmer ansässig ist, und dort in bearbeitbarer Weise aufgezeichnet wurde. [11]Die Entrichtung der Steuer erfolgt entsprechend Satz 4 fristgemäß, wenn die Zahlung bis zum 20. Tag nach Ablauf des Besteuerungszeitraums (§ 16 Absatz 1b Satz 1) bei der zuständigen Steuerbehörde des Mitgliedstaates der Europäischen Union, in dem der Unternehmer ansässig ist, eingegangen ist. [12]§ 240 der Abgabenordnung ist mit der Maßgabe anzuwenden, dass eine Säumnis frühestens mit Ablauf des 10. Tages nach Ablauf des auf den Besteuerungszeitraum (§ 16 Absatz 1b Satz 1) folgenden übernächsten Monats eintritt.

(5) In den Fällen der Beförderungseinzelbesteuerung (§ 16 Abs. 5) ist abweichend von den Absätzen 1 bis 4 wie folgt zu verfahren:

1. Der Beförderer hat für jede einzelne Fahrt eine Steuererklärung nach amtlich vorgeschriebenem Vordruck in zwei Stücken bei der zuständigen Zolldienststelle abzugeben.

2. [1]Die zuständige Zolldienststelle setzt für das zuständige Finanzamt die Steuer auf beiden Stücken der Steuererklärung fest und gibt ein Stück dem Beförderer zurück, der die Steuer gleichzeitig zu entrichten hat. [2]Der Beförderer hat dieses Stück mit der Steuerquittung während der Fahrt mit sich zu führen.

3. [1]Der Beförderer hat bei der zuständigen Zolldienststelle, bei der er die Grenze zum Drittlandsgebiet überschreitet, eine weitere Steuererklärung in zwei Stücken abzugeben, wenn sich die Zahl der Personenkilometer (§ 10 Abs. 6 Satz 2), von der bei der Steuerfestsetzung nach Nummer 2 ausgegangen worden ist, geändert hat. [2]Die Zolldienststelle setzt die Steuer neu fest. [3]Gleichzeitig ist ein Unterschiedsbetrag zugunsten des Finanzamts zu entrichten oder ein Unterschiedsbetrag zugunsten des Beförderers zu erstatten. [4]Die Sätze 2 und 3 sind nicht anzuwenden, wenn der Unterschiedsbetrag weniger als 2,50 Euro beträgt. [5]Die Zolldienststelle kann in diesen Fällen auf eine schriftliche Steuererklärung verzichten.

(5a) [1]In den Fällen der Fahrzeugeinzelbesteuerung (§ 16 Abs. 5a) hat der Erwerber, abweichend von den Absätzen 1 bis 4, spätestens bis zum 10. Tag nach Ablauf des Tages, an dem die Steuer entstanden ist, eine Steuererklärung nach amtlich vorgeschriebenem Vordruck abzugeben, in der er die zu entrichtende Steuer selbst zu berechnen hat (Steueranmeldung). [2]Die Steueranmeldung muss vom Erwerber eigenhändig unterschrieben sein. [3]Gibt der Erwerber die Steueranmeldung nicht ab oder hat er die Steuer nicht richtig berechnet, so kann das Finanzamt die Steuer festsetzen. [4]Die Steuer ist am 10. Tag nach Ablauf des Tages fällig, an dem sie entstanden ist.

(5b) [1]In den Fällen des § 16 Abs. 5b ist das Besteuerungsverfahren nach den Absätzen 3 und 4 durchzuführen. [2]Die bei der Beförderungseinzelbesteuerung (§ 16 Abs. 5) entrichtete Steuer ist auf die nach Absatz 3 Satz 1 zu entrichtende Steuer anzurechnen.

(6) [1]Zur Vermeidung von Härten kann das Bundesministerium der Finanzen mit Zustimmung des Bundesrates durch Rechtsverordnung die Fristen für die Voranmeldungen und Vorauszahlungen um einen Monat verlängern und das Verfahren näher bestimmen. [2]Dabei kann angeord-

net werden, dass der Unternehmer eine Sondervorauszahlung auf die Steuer für das Kalenderjahr zu entrichten hat.

(7) ¹Zur Vereinfachung des Besteuerungsverfahrens kann das Bundesministerium der Finanzen mit Zustimmung des Bundesrates durch Rechtsverordnung bestimmen, dass und unter welchen Voraussetzungen auf die Erhebung der Steuer für Lieferungen von Gold, Silber und Platin sowie sonstige Leistungen im Geschäft mit diesen Edelmetallen zwischen Unternehmern, die an einer Wertpapierbörse im Inland mit dem Recht zur Teilnahme am Handel zugelassen sind, verzichtet werden kann. ²Das gilt nicht für Münzen und Medaillen aus diesen Edelmetallen.

(8) (weggefallen)

(9)[1] ¹Zur Vereinfachung des Besteuerungsverfahrens kann das Bundesministerium der Finanzen mit Zustimmung des Bundesrates durch Rechtsverordnung die Vergütung der Vorsteuerbeträge (§ 15) an im Ausland ansässige Unternehmer, abweichend von § 16 und von den Absätzen 1 bis 4, in einem besonderen Verfahren regeln. ²Dabei kann auch angeordnet werden,

1. dass die Vergütung nur erfolgt, wenn sie eine bestimmte Mindesthöhe erreicht,
2. innerhalb welcher Frist der Vergütungsantrag zu stellen ist,
3. in welchen Fällen der Unternehmer den Antrag eigenhändig zu unterschreiben hat,
4. wie und in welchem Umfang Vorsteuerbeträge durch Vorlage von Rechnungen und Einfuhrbelegen nachzuweisen sind,
5. dass der Bescheid über die Vergütung der Vorsteuerbeträge elektronisch erteilt wird,
6. wie und in welchem Umfang der zu vergütende Betrag zu verzinsen ist.

³Einem Unternehmer, der im Gemeinschaftsgebiet ansässig ist und Umsätze ausführt, die zum Teil den Vorsteuerabzug ausschließen, wird die Vorsteuer höchstens in der Höhe vergütet, in der er in dem Mitgliedstaat, in dem er ansässig ist, bei Anwendung eines Pro-rata-Satzes zum Vorsteuerabzug berechtigt wäre. ⁴Einem Unternehmer, der nicht im Gemeinschaftsgebiet ansässig ist, wird die Vorsteuer nur vergütet, wenn in dem Land, in dem der Unternehmer seinen Sitz hat, keine Umsatzsteuer oder ähnliche Steuer erhoben oder im Fall der Erhebung im Inland ansässigen Unternehmern vergütet wird. ⁵Von der Vergütung ausgeschlossen sind bei Unternehmern, die nicht im Gemeinschaftsgebiet ansässig sind, die Vorsteuerbeträge, die auf den Bezug von Kraftstoffen entfallen. ⁶Die Sätze 4 und 5 gelten nicht für Unternehmer, die nicht im Gemeinschaftsgebiet ansässig sind, soweit sie im Besteuerungszeitraum (§ 16 Abs. 1 Satz 2) als Steuerschuldner ausschließlich elektronische Leistungen nach § 3a Abs. 5 im Gemeinschaftsgebiet erbracht und für diese Umsätze von § 18 Abs. 4c Gebrauch gemacht haben oder diese Umsätze in einem anderen Mitgliedstaat erklärt sowie die darauf entfallende Steuer entrichtet haben; Voraussetzung ist, dass die Vorsteuerbeträge im Zusammenhang mit elektronischen Leistungen nach § 3a Abs. 5 stehen.

(10) Zur Sicherung des Steueranspruchs in Fällen des innergemeinschaftlichen Erwerbs neuer motorbetriebener Landfahrzeuge und neuer Luftfahrzeuge (§ 1b Abs. 2 und 3) gilt Folgendes:
1. Die für die Zulassung oder die Registrierung von Fahrzeugen zuständigen Behörden sind verpflichtet, den für die Besteuerung des innergemeinschaftlichen Erwerbs neuer Fahrzeuge zuständigen Finanzbehörden ohne Ersuchen Folgendes mitzuteilen:

   a) bei neuen motorbetriebenen Landfahrzeugen die erstmalige Ausgabe von Zulassungsbescheinigungen Teil II oder die erstmalige Zuteilung eines amtlichen Kennzeichens bei zulassungsfreien Fahrzeugen. ²Gleichzeitig sind die in Nummer 2 Buchstabe a bezeichneten Daten und das zugeteilte amtliche Kennzeichen oder, wenn dieses noch nicht zugeteilt worden ist, die Nummer der Zulassungsbescheinigung Teil II zu übermitteln,

   b) bei neuen Luftfahrzeugen die erstmalige Registrierung dieser Luftfahrzeuge. ²Gleichzeitig sind die in Nummer 3 Buchstabe a bezeichneten Daten und das zugeteilte amtliche

---

1) **Anm. d. Red.:** Zur Anwendung des § 18 Abs. 9 siehe § 27 Abs. 14.

Kennzeichen zu übermitteln. ³Als Registrierung im Sinne dieser Vorschrift gilt nicht die Eintragung eines Luftfahrzeugs in das Register für Pfandrechte an Luftfahrzeugen.

2. In den Fällen des innergemeinschaftlichen Erwerbs neuer motorbetriebener Landfahrzeuge (§ 1b Absatz 2 Satz 1 Nummer 1 und Absatz 3 Nummer 1) gilt Folgendes:

a) ¹Bei der erstmaligen Ausgabe einer Zulassungsbescheinigung Teil II im Inland oder bei der erstmaligen Zuteilung eines amtlichen Kennzeichens für zulassungsfreie Fahrzeuge im Inland hat der Antragsteller die folgenden Angaben zur Übermittlung an die Finanzbehörden zu machen:

aa) den Namen und die Anschrift des Antragstellers sowie das für ihn zuständige Finanzamt (§ 21 der Abgabenordnung),

bb) den Namen und die Anschrift des Lieferers,

cc) den Tag der Lieferung,

dd) den Tag der ersten Inbetriebnahme,

ee) den Kilometerstand am Tag der Lieferung,

ff) die Fahrzeugart, den Fahrzeughersteller, den Fahrzeugtyp und die Fahrzeug-Identifizierungsnummer,

gg) den Verwendungszweck.

²Der Antragsteller ist zu den Angaben nach den Doppelbuchstaben aa und bb auch dann verpflichtet, wenn er nicht zu den in § 1a Absatz 1 Nummer 2 und § 1b Absatz 1 genannten Personen gehört oder wenn Zweifel daran bestehen, dass die Eigenschaften als neues Fahrzeug im Sinne des § 1b Absatz 3 Nummer 1 vorliegen. ³Die Zulassungsbehörde darf die Zulassungsbescheinigung Teil II oder bei zulassungsfreien Fahrzeugen, die nach § 4 Absatz 2 und 3 der Fahrzeug-Zulassungsverordnung ein amtliches Kennzeichen führen, die Zulassungsbescheinigung Teil I erst aushändigen, wenn der Antragsteller die vorstehenden Angaben gemacht hat.

b) ¹Ist die Steuer für den innergemeinschaftlichen Erwerb nicht entrichtet worden, hat die Zulassungsbehörde auf Antrag des Finanzamts die Zulassungsbescheinigung Teil I für ungültig zu erklären und das amtliche Kennzeichen zu entstempeln. ²Die Zulassungsbehörde trifft die hierzu erforderlichen Anordnungen durch schriftlichen Verwaltungsakt (Abmeldungsbescheid). ³Das Finanzamt kann die Abmeldung von Amts wegen auch selbst durchführen, wenn die Zulassungsbehörde das Verfahren noch nicht eingeleitet hat. ⁴Satz 2 gilt entsprechend. ⁵Das Finanzamt teilt die durchgeführte Abmeldung unverzüglich der Zulassungsbehörde mit und händigt dem Fahrzeughalter die vorgeschriebene Bescheinigung über die Abmeldung aus. ⁶Die Durchführung der Abmeldung von Amts wegen richtet sich nach dem Verwaltungsverfahrensgesetz. ⁷Für Streitigkeiten über Abmeldungen von Amts wegen ist der Verwaltungsrechtsweg gegeben.

3. In den Fällen des innergemeinschaftlichen Erwerbs neuer Luftfahrzeuge (§ 1b Abs. 2 Satz 1 Nr. 3 und Abs. 3 Nr. 3) gilt Folgendes:

a) ¹Bei der erstmaligen Registrierung in der Luftfahrzeugrolle hat der Antragsteller die folgenden Angaben zur Übermittlung an die Finanzbehörden zu machen:

aa) den Namen und die Anschrift des Antragstellers sowie das für ihn zuständige Finanzamt (§ 21 der Abgabenordnung),

bb) den Namen und die Anschrift des Lieferers,

cc) den Tag der Lieferung,

dd) das Entgelt (Kaufpreis),

ee) den Tag der ersten Inbetriebnahme,

ff) die Starthöchstmasse,

gg) die Zahl der bisherigen Betriebsstunden am Tag der Lieferung,

hh) den Flugzeughersteller und den Flugzeugtyp,

ii) den Verwendungszweck.

²Der Antragsteller ist zu den Angaben nach Satz 1 Doppelbuchstabe aa und bb auch dann verpflichtet, wenn er nicht zu den in § 1a Abs. 1 Nr. 2 und § 1b Abs. 1 genannten Personen gehört oder wenn Zweifel daran bestehen, ob die Eigenschaften als neues Fahrzeug im Sinne des § 1b Abs. 3 Nr. 3 vorliegen. ³Das Luftfahrt-Bundesamt darf die Eintragung in der Luftfahrzeugrolle erst vornehmen, wenn der Antragsteller die vorstehenden Angaben gemacht hat.

b) ¹Ist die Steuer für den innergemeinschaftlichen Erwerb nicht entrichtet worden, so hat das Luftfahrt-Bundesamt auf Antrag des Finanzamts die Betriebserlaubnis zu widerrufen. ²Es trifft die hierzu erforderlichen Anordnungen durch schriftlichen Verwaltungsakt (Abmeldungsbescheid). ³Die Durchführung der Abmeldung von Amts wegen richtet sich nach dem Verwaltungsverfahrensgesetz. ⁴Für Streitigkeiten über Abmeldungen von Amts wegen ist der Verwaltungsrechtsweg gegeben.

(11) ¹Die für die Steueraufsicht zuständigen Zolldienststellen wirken an der umsatzsteuerlichen Erfassung von Personenbeförderungen mit nicht im Inland zugelassenen Kraftomnibussen mit. ²Sie sind berechtigt, im Rahmen von zeitlich und örtlich begrenzten Kontrollen die nach ihrer äußeren Erscheinung nicht im Inland zugelassenen Kraftomnibusse anzuhalten und die tatsächlichen und rechtlichen Verhältnisse festzustellen, die für die Umsatzsteuer maßgebend sind, und die festgestellten Daten den zuständigen Finanzbehörden zu übermitteln.

(12) ¹Im Ausland ansässige Unternehmer (§ 13b Absatz 7), die grenzüberschreitende Personenbeförderungen mit nicht im Inland zugelassenen Kraftomnibussen durchführen, haben dies vor der erstmaligen Ausführung derartiger auf das Inland entfallender Umsätze (§ 3b Abs. 1 Satz 2) bei dem für die Umsatzbesteuerung zuständigen Finanzamt anzuzeigen, soweit diese Umsätze nicht der Beförderungseinzelbesteuerung (§ 16 Abs. 5) unterliegen. ²Das Finanzamt erteilt hierüber eine Bescheinigung. ³Die Bescheinigung ist während jeder Fahrt mitzuführen und auf Verlangen den für die Steueraufsicht zuständigen Zolldienststellen vorzulegen. ⁴Bei Nichtvorlage der Bescheinigung können diese Zolldienststellen eine Sicherheitsleistung nach den abgabenrechtlichen Vorschriften in Höhe der für die einzelne Beförderungsleistung voraussichtlich zu entrichtenden Steuer verlangen. ⁵Die entrichtete Sicherheitsleistung ist auf die nach Absatz 3 Satz 1 zu entrichtende Steuer anzurechnen.

## § 18a Zusammenfassende Meldung[1]

(1)[2] ¹Der Unternehmer im Sinne des § 2 hat bis zum 25. Tag nach Ablauf jedes Kalendermonats (Meldezeitraum), in dem er innergemeinschaftliche Warenlieferungen oder Lieferungen im Sinne des § 25b Absatz 2 ausgeführt hat, dem Bundeszentralamt für Steuern eine Meldung (Zusammenfassende Meldung) nach amtlich vorgeschriebenem Datensatz durch Datenfernübertragung nach Maßgabe der Steuerdaten-Übermittlungsverordnung zu übermitteln, in der er die Angaben nach Absatz 7 Satz 1 Nummer 1, 2 und 4 zu machen hat. ²Soweit die Summe der Bemessungsgrundlagen für innergemeinschaftliche Warenlieferungen und für Lieferungen im Sinne des § 25b Absatz 2 weder für das laufende Kalendervierteljahr noch für eines der vier vorangegangenen Kalendervierteljahre jeweils mehr als 50 000 Euro beträgt, kann die Zusammenfassende Meldung bis zum 25. Tag nach Ablauf des Kalendervierteljahres übermittelt werden. ³Übersteigt die Summe der Bemessungsgrundlage für innergemeinschaftliche Warenlieferungen und für Lieferungen im Sinne des § 25b Absatz 2 im Laufe eines Kalendervierteljahres 50 000 Euro, hat der Unternehmer bis zum 25. Tag nach Ablauf des Kalendermonats, in dem dieser Betrag überschritten wird, eine Zusammenfassende Meldung für diesen Kalendermonat und die bereits abgelaufenen Kalendermonate dieses Kalendervierteljahres zu übermitteln. ⁴Nimmt der Unternehmer die in Satz 2 enthaltene Regelung nicht in Anspruch, hat er dies gegenüber dem Bundeszentralamt für Steuern anzuzeigen. ⁵Vom 1. Juli 2010 bis zum 31. Dezember 2011

---

1) **Anm. d. Red.:** § 18a i. d. F. des Gesetzes v. 8. 4. 2010 (BGBl I S. 386) mit Wirkung v. 1. 7. 2010.
2) **Anm. d. Red.:** Zur Anwendung des § 18a Abs. 1 siehe § 27 Abs. 13.

**§ 18a**      XXVI. Umsatzsteuergesetz

gelten die Sätze 2 und 3 mit der Maßgabe, dass an die Stelle des Betrages von 50 000 Euro der Betrag von 100 000 Euro tritt.

(2) ¹Der Unternehmer im Sinne des § 2 hat bis zum 25. Tag nach Ablauf jedes Kalendervierteljahres (Meldezeitraum), in dem er im übrigen Gemeinschaftsgebiet steuerpflichtige sonstige Leistungen im Sinne des § 3a Absatz 2, für die der in einem anderen Mitgliedstaat ansässige Leistungsempfänger die Steuer dort schuldet, ausgeführt hat, dem Bundeszentralamt für Steuern eine Zusammenfassende Meldung nach amtlich vorgeschriebenem Datensatz durch Datenfernübertragung nach Maßgabe der Steuerdaten-Übermittlungsverordnung zu übermitteln, in der er die Angaben nach Absatz 7 Satz 1 Nummer 3 zu machen hat. ²Soweit der Unternehmer bereits nach Absatz 1 zur monatlichen Übermittlung einer Zusammenfassenden Meldung verpflichtet ist, hat er die Angaben im Sinne von Satz 1 in der Zusammenfassenden Meldung für den letzten Monat des Kalendervierteljahres zu machen.

(3) ¹Soweit der Unternehmer im Sinne des § 2 die Zusammenfassende Meldung entsprechend Absatz 1 bis zum 25. Tag nach Ablauf jedes Kalendermonats übermittelt, kann er die nach Absatz 2 vorgesehenen Angaben in die Meldung für den jeweiligen Meldezeitraum aufnehmen. ²Nimmt der Unternehmer die in Satz 1 enthaltene Regelung in Anspruch, hat er dies gegenüber dem Bundeszentralamt für Steuern anzuzeigen.

(4) Die Absätze 1 bis 3 gelten nicht für Unternehmer, die § 19 Absatz 1 anwenden.

(5) ¹Auf Antrag kann das Finanzamt zur Vermeidung unbilliger Härten auf eine elektronische Übermittlung verzichten; in diesem Fall hat der Unternehmer eine Meldung nach amtlich vorgeschriebenem Vordruck abzugeben. ²§ 150 Absatz 8 der Abgabenordnung gilt entsprechend. ³Soweit das Finanzamt nach § 18 Absatz 1 Satz 2 auf eine elektronische Übermittlung der Voranmeldung verzichtet hat, gilt dies auch für die Zusammenfassende Meldung. ⁴Für die Anwendung dieser Vorschrift gelten auch nichtselbständige juristische Personen im Sinne des § 2 Absatz 2 Nummer 2 als Unternehmer. ⁵Die Landesfinanzbehörden übermitteln dem Bundeszentralamt für Steuern die erforderlichen Angaben zur Bestimmung der Unternehmer, die nach den Absätzen 1 und 2 zur Abgabe der Zusammenfassenden Meldung verpflichtet sind. ⁶Diese Angaben dürfen nur zur Sicherstellung der Abgabe der Zusammenfassenden Meldung verwendet werden. ⁷Das Bundeszentralamt für Steuern übermittelt den Landesfinanzbehörden die Angaben aus den Zusammenfassenden Meldungen, soweit diese für steuerliche Kontrollen benötigt werden.

(6) Eine innergemeinschaftliche Warenlieferung im Sinne dieser Vorschrift ist
1. eine innergemeinschaftliche Lieferung im Sinne des § 6a Absatz 1 mit Ausnahme der Lieferungen neuer Fahrzeuge an Abnehmer ohne Umsatzsteuer-Identifikationsnummer;
2. eine innergemeinschaftliche Lieferung im Sinne des § 6a Absatz 2.

(7) ¹Die Zusammenfassende Meldung muss folgende Angaben enthalten:
1. für innergemeinschaftliche Warenlieferungen im Sinne des Absatzes 6 Nummer 1:
    a) die Umsatzsteuer-Identifikationsnummer jedes Erwerbers, die ihm in einem anderen Mitgliedstaat erteilt worden ist und unter der die innergemeinschaftlichen Warenlieferungen an ihn ausgeführt worden sind, und
    b) für jeden Erwerber die Summe der Bemessungsgrundlagen der an ihn ausgeführten innergemeinschaftlichen Warenlieferungen;
2. für innergemeinschaftliche Warenlieferungen im Sinne des Absatzes 6 Nummer 2:
    a) die Umsatzsteuer-Identifikationsnummer des Unternehmers in den Mitgliedstaaten, in die er Gegenstände verbracht hat, und
    b) die darauf entfallende Summe der Bemessungsgrundlagen;
3. für im übrigen Gemeinschaftsgebiet ausgeführte steuerpflichtige sonstige Leistungen im Sinne des § 3a Absatz 2, für die der in einem anderen Mitgliedstaat ansässige Leistungsempfänger die Steuer dort schuldet:

a) die Umsatzsteuer-Identifikationsnummer jedes Leistungsempfängers, die ihm in einem anderen Mitgliedstaat erteilt worden ist und unter der die steuerpflichtigen sonstigen Leistungen an ihn erbracht wurden,
b) für jeden Leistungsempfänger die Summe der Bemessungsgrundlagen der an ihn erbrachten steuerpflichtigen sonstigen Leistungen und
c) einen Hinweis auf das Vorliegen einer im übrigen Gemeinschaftsgebiet ausgeführten steuerpflichtigen sonstigen Leistung im Sinne des § 3a Absatz 2, für die der in einem anderen Mitgliedstaat ansässige Leistungsempfänger die Steuer dort schuldet;
4. für Lieferungen im Sinne des § 25b Absatz 2:
a) die Umsatzsteuer-Identifikationsnummer eines jeden letzten Abnehmers, die diesem in dem Mitgliedstaat erteilt worden ist, in dem die Versendung oder Beförderung beendet worden ist,
b) für jeden letzten Abnehmer die Summe der Bemessungsgrundlagen der an ihn ausgeführten Lieferungen und
c) einen Hinweis auf das Vorliegen eines innergemeinschaftlichen Dreiecksgeschäfts.

²§ 16 Absatz 6 und § 17 sind sinngemäß anzuwenden.

(8) ¹Die Angaben nach Absatz 7 Satz 1 Nummer 1 und 2 sind für den Meldezeitraum zu machen, in dem die Rechnung für die innergemeinschaftliche Warenlieferung ausgestellt wird, spätestens jedoch für den Meldezeitraum, in dem der auf die Ausführung der innergemeinschaftlichen Warenlieferung folgende Monat endet. ²Die Angaben nach Absatz 7 Satz 1 Nummer 3 und 4 sind für den Meldezeitraum zu machen, in dem die im übrigen Gemeinschaftsgebiet steuerpflichtige sonstige Leistung im Sinne des § 3a Absatz 2, für die der in einem anderen Mitgliedstaat ansässige Leistungsempfänger die Steuer dort schuldet, und die Lieferungen nach § 25b Absatz 2 ausgeführt worden sind.

(9) ¹Hat das Finanzamt den Unternehmer von der Verpflichtung zur Abgabe der Voranmeldungen und Entrichtung der Vorauszahlungen befreit (§ 18 Absatz 2 Satz 3), kann er die Zusammenfassende Meldung abweichend von den Absätzen 1 und 2 bis zum 25. Tag nach Ablauf jedes Kalenderjahres abgeben, in dem er innergemeinschaftliche Warenlieferungen ausgeführt hat oder im übrigen Gemeinschaftsgebiet steuerpflichtige sonstige Leistungen im Sinne des § 3a Absatz 2 ausgeführt hat, für die der in einem anderen Mitgliedstaat ansässige Leistungsempfänger die Steuer dort schuldet, wenn
1. die Summe seiner Lieferungen und sonstigen Leistungen im vorangegangenen Kalenderjahr 200 000 Euro nicht überstiegen hat und im laufenden Kalenderjahr voraussichtlich nicht übersteigen wird,
2. die Summe seiner innergemeinschaftlichen Warenlieferungen oder im übrigen Gemeinschaftsgebiet ausgeführten steuerpflichtigen Leistungen im Sinne des § 3a Absatz 2, für die der in einem anderen Mitgliedstaat ansässige Leistungsempfänger die Steuer dort schuldet, im vorangegangenen Kalenderjahr 15 000 Euro nicht überstiegen hat und im laufenden Kalenderjahr voraussichtlich nicht übersteigen wird und
3. es sich bei den in Nummer 2 bezeichneten Warenlieferungen nicht um Lieferungen neuer Fahrzeuge an Abnehmer mit Umsatzsteuer-Identifikationsnummer handelt.

²Absatz 8 gilt entsprechend.

(10) Erkennt der Unternehmer nachträglich, dass eine von ihm abgegebene Zusammenfassende Meldung unrichtig oder unvollständig ist, so ist er verpflichtet, die ursprüngliche Zusammenfassende Meldung innerhalb eines Monats zu berichtigen.

(11) ¹Auf die Zusammenfassende Meldung sind ergänzend die für Steuererklärungen geltenden Vorschriften der Abgabenordnung anzuwenden. ²§ 152 Absatz 2 der Abgabenordnung ist mit der Maßgabe anzuwenden, dass der Verspätungszuschlag 1 Prozent der Summe aller nach Absatz 7 Satz 1 Nummer 1 Buchstabe b, Nummer 2 Buchstabe b und Nummer 3 Buchstabe b zu meldenden Bemessungsgrundlagen für innergemeinschaftliche Warenlieferungen im Sinne des

Absatzes 6 und im übrigen Gemeinschaftsgebiet ausgeführte steuerpflichtige sonstige Leistungen im Sinne des § 3a Absatz 2, für die der in einem anderen Mitgliedstaat ansässige Leistungsempfänger die Steuer dort schuldet, nicht übersteigen und höchstens 2 500 Euro betragen darf.

(12) ¹Zur Erleichterung und Vereinfachung der Abgabe und Verarbeitung der Zusammenfassenden Meldung kann das Bundesministerium der Finanzen durch Rechtsverordnung mit Zustimmung des Bundesrates bestimmen, dass die Zusammenfassende Meldung auf maschinell verwertbaren Datenträgern oder durch Datenfernübertragung übermittelt werden kann. ²Dabei können insbesondere geregelt werden:
1. die Voraussetzungen für die Anwendung des Verfahrens;
2. das Nähere über Form, Inhalt, Verarbeitung und Sicherung der zu übermittelnden Daten;
3. die Art und Weise der Übermittlung der Daten;
4. die Zuständigkeit für die Entgegennahme der zu übermittelnden Daten;
5. die Mitwirkungspflichten Dritter bei der Erhebung, Verarbeitung und Übermittlung der Daten;
6. der Umfang und die Form der für dieses Verfahren erforderlichen besonderen Erklärungspflichten des Unternehmers.

³Zur Regelung der Datenübermittlung kann in der Rechtsverordnung auf Veröffentlichungen sachverständiger Stellen verwiesen werden; hierbei sind das Datum der Veröffentlichung, die Bezugsquelle und eine Stelle zu bezeichnen, bei der die Veröffentlichung archivmäßig gesichert niedergelegt ist.

## § 18b Gesonderte Erklärung innergemeinschaftlicher Lieferungen und bestimmter sonstiger Leistungen im Besteuerungsverfahren[1)]

¹Der Unternehmer im Sinne des § 2 hat für jeden Voranmeldungs- und Besteuerungszeitraum in den amtlich vorgeschriebenen Vordrucken (§ 18 Abs. 1 bis 4) die Bemessungsgrundlagen folgender Umsätze gesondert zu erklären:
1. seiner innergemeinschaftlichen Lieferungen,
2. seiner im übrigen Gemeinschaftsgebiet ausgeführten steuerpflichtigen sonstigen Leistungen im Sinne des § 3a Absatz 2, für die der in einem anderen Mitgliedstaat ansässige Leistungsempfänger die Steuer dort schuldet, und
3. seiner Lieferungen im Sinne des § 25b Abs. 2.

²Die Angaben für einen in Satz 1 Nummer 1 genannten Umsatz sind in dem Voranmeldungszeitraum zu machen, in dem die Rechnung für diesen Umsatz ausgestellt wird, spätestens jedoch in dem Voranmeldungszeitraum, in dem der auf die Ausführung dieses Umsatzes folgende Monat endet. ³Die Angaben für Umsätze im Sinne des Satzes 1 Nummer 2 und 3 sind in dem Voranmeldungszeitraum zu machen, in dem diese Umsätze ausgeführt worden sind. ⁴§ 16 Abs. 6 und § 17 sind sinngemäß anzuwenden. ⁵Erkennt der Unternehmer nachträglich vor Ablauf der Festsetzungsfrist, dass in einer von ihm abgegebenen Voranmeldung (§ 18 Abs. 1) die Angaben zu Umsätzen im Sinne des Satzes 1 unrichtig oder unvollständig sind, ist er verpflichtet, die ursprüngliche Voranmeldung unverzüglich zu berichtigen. ⁶Die Sätze 2 bis 5 gelten für die Steuererklärung (§ 18 Abs. 3 und 4) entsprechend.

## § 18c Meldepflicht bei der Lieferung neuer Fahrzeuge

¹Zur Sicherung des Steueraufkommens durch einen Austausch von Auskünften mit anderen Mitgliedstaaten kann das Bundesministerium der Finanzen mit Zustimmung des Bundesrates durch Rechtsverordnung bestimmen, dass Unternehmer (§ 2) und Fahrzeuglieferer (§ 2a) der Finanzbehörde ihre innergemeinschaftlichen Lieferungen neuer Fahrzeuge an Abnehmer ohne

---

1) **Anm. d. Red.:** § 18b i. d. F. des Gesetzes v. 8. 4. 2010 (BGBl I S. 386) mit Wirkung v. 1. 7. 2010.

Umsatzsteuer-Identifikationsnummer melden müssen. ²Dabei können insbesondere geregelt werden:
1. die Art und Weise der Meldung;
2. der Inhalt der Meldung;
3. die Zuständigkeit der Finanzbehörden;
4. der Abgabezeitpunkt der Meldung.
5. (weggefallen)

### § 18d  Vorlage von Urkunden[1]

¹Die Finanzbehörden sind zur Erfüllung der Auskunftsverpflichtung nach der Verordnung (EU) Nr. 904/2010 des Rates vom 7. Oktober 2010 über die Zusammenarbeit der Verwaltungsbehörden und die Betrugsbekämpfung auf dem Gebiet der Mehrwertsteuer (ABl L 268 vom 12.10.2010, S. 1) berechtigt, von Unternehmern die Vorlage der jeweils erforderlichen Bücher, Aufzeichnungen, Geschäftspapiere und anderen Urkunden zur Einsicht und Prüfung zu verlangen. ²§ 97 Absatz 2 der Abgabenordnung gilt entsprechend. ³Der Unternehmer hat auf Verlangen der Finanzbehörde die in Satz 1 bezeichneten Unterlagen vorzulegen.

### § 18e  Bestätigungsverfahren[2]

Das Bundeszentralamt für Steuern bestätigt auf Anfrage
1. dem Unternehmer im Sinne des § 2 die Gültigkeit einer Umsatzsteuer-Identifikationsnummer sowie den Namen und die Anschrift der Person, der die Umsatzsteuer-Identifikationsnummer von einem anderen Mitgliedstaat erteilt wurde;
2. dem Lagerhalter im Sinne des § 4 Nr. 4a die Gültigkeit der inländischen Umsatzsteuer-Identifikationsnummer sowie den Namen und die Anschrift des Auslagerers oder dessen Fiskalvertreters.

### § 18f  Sicherheitsleistung

¹Bei Steueranmeldungen im Sinne von § 18 Abs. 1 und 3 kann die Zustimmung nach § 168 Satz 2 der Abgabenordnung im Einvernehmen mit dem Unternehmer von einer Sicherheitsleistung abhängig gemacht werden. ²Satz 1 gilt entsprechend für die Festsetzung nach § 167 Abs. 1 Satz 1 der Abgabenordnung, wenn sie zu einer Erstattung führt.

### § 18g  Abgabe des Antrags auf Vergütung von Vorsteuerbeträgen in einem anderen Mitgliedstaat[3][4]

¹Ein im Inland ansässiger Unternehmer, der Anträge auf Vergütung von Vorsteuerbeträgen entsprechend der Richtlinie 2008/9/EG des Rates vom 12. Februar 2008 zur Regelung der Erstattung der Mehrwertsteuer gemäß der Richtlinie 2006/112/EG an nicht im Mitgliedstaat der Erstattung, sondern in einem anderen Mitgliedstaat ansässige Steuerpflichtige (ABl EU Nr. L 44 S. 23) in einem anderen Mitgliedstaat stellen kann, hat diesen Antrag nach amtlich vorgeschriebenem Datensatz durch Datenfernübertragung nach Maßgabe der Steuerdaten-Übermittlungsverordnung dem Bundeszentralamt für Steuern zu übermitteln. ²In diesem hat er die Steuer für den Vergütungszeitraum selbst zu berechnen.

---

1) **Anm. d. Red.:** § 18d i. d. F. des Gesetzes v. 26. 6. 2013 (BGBl I S. 1809) mit Wirkung v. 30. 6. 2013.
2) **Anm. d. Red.:** § 18e i. d. F. des Gesetzes v. 22. 9. 2005 (BGBl I S. 2809) mit Wirkung v. 1. 1. 2006.
3) **Anm. d. Red.:** § 18g eingefügt gem. Gesetz v. 19. 12. 2008 (BGBl I S. 2794) mit Wirkung v. 1. 1. 2010.
4) **Anm. d. Red.:** Zur Anwendung des § 18g siehe § 27 Abs. 14.

## § 18h Verfahren der Abgabe der Umsatzsteuererklärung für einen anderen Mitgliedstaat[1)2)]

(1) ¹Ein im Inland ansässiger Unternehmer, der in einem anderen Mitgliedstaat der Europäischen Union Umsätze nach § 3a Absatz 5 erbringt, für die er dort die Steuer schuldet und Umsatzsteuererklärungen abzugeben hat, hat gegenüber dem Bundeszentralamt für Steuern nach amtlich vorgeschriebenem Datensatz durch Datenfernübertragung nach Maßgabe der Steuerdaten-Übermittlungsverordnung anzuzeigen, wenn er an dem besonderen Besteuerungsverfahren entsprechend Titel XII Kapitel 6 Abschnitt 3 der Richtlinie 2006/112/EG des Rates in der Fassung des Artikels 5 Nummer 15 der Richtlinie 2008/8/EG des Rates vom 12. Februar 2008 zur Änderung der Richtlinie 2006/112/EG bezüglich des Ortes der Dienstleistung (ABl L 44 vom 20. 2. 2008, S. 11) teilnimmt. ²Eine Teilnahme im Sinne des Satzes 1 ist dem Unternehmer nur einheitlich für alle Mitgliedstaaten der Europäischen Union möglich, in denen er weder einen Sitz noch eine Betriebsstätte hat. ³Die Anzeige nach Satz 1 hat vor Beginn des Besteuerungszeitraums zu erfolgen, ab dessen Beginn der Unternehmer von dem besonderen Besteuerungsverfahren Gebrauch macht. ⁴Die Anwendung des besonderen Besteuerungsverfahrens kann nur mit Wirkung vom Beginn eines Besteuerungszeitraums an widerrufen werden. ⁵Der Widerruf ist vor Beginn des Besteuerungszeitraums, für den er gelten soll, gegenüber dem Bundeszentralamt für Steuern nach amtlich vorgeschriebenem Datensatz auf elektronischem Weg zu erklären.

(2) Erfüllt der Unternehmer die Voraussetzungen für die Teilnahme an dem besonderen Besteuerungsverfahren nach Absatz 1 nicht, stellt das Bundeszentralamt für Steuern dies durch Verwaltungsakt gegenüber dem Unternehmer fest.

(3) ¹Ein Unternehmer, der das in Absatz 1 genannte besondere Besteuerungsverfahren anwendet, hat seine hierfür abzugebenden Umsatzsteuererklärungen bis zum 20. Tag nach Ablauf jedes Besteuerungszeitraums nach amtlich vorgeschriebenem Datensatz durch Datenfernübertragung nach Maßgabe der Steuerdaten-Übermittlungsverordnung dem Bundeszentralamt für Steuern zu übermitteln. ²In dieser Erklärung hat er die Steuer für den Besteuerungszeitraum selbst zu berechnen. ³Die berechnete Steuer ist an das Bundeszentralamt für Steuern zu entrichten.

(4) ¹Kommt der Unternehmer seinen Verpflichtungen nach Absatz 3 oder den von ihm in einem anderen Mitgliedstaat der Europäischen Union zu erfüllenden Aufzeichnungspflichten entsprechend Artikel 369k der Richtlinie 2006/112/EG des Rates in der Fassung des Artikels 5 Nummer 15 der Richtlinie 2008/8/EG des Rates vom 12. Februar 2008 zur Änderung der Richtlinie 2006/112/EG bezüglich des Ortes der Dienstleistung (ABl L 44 vom 20. 2. 2008, S. 11) wiederholt nicht oder nicht rechtzeitig nach, schließt ihn das Bundeszentralamt für Steuern von dem besonderen Besteuerungsverfahren nach Absatz 1 durch Verwaltungsakt aus. ²Der Ausschluss gilt ab dem Besteuerungszeitraum, der nach dem Zeitpunkt der Bekanntgabe des Ausschlusses gegenüber dem Unternehmer beginnt.

(5) Ein Unternehmer ist im Inland im Sinne des Absatzes 1 Satz 1 ansässig, wenn er im Inland seinen Sitz oder seine Geschäftsleitung hat oder, für den Fall, dass er im Drittlandsgebiet ansässig ist, im Inland eine Betriebsstätte hat.

(6) Auf das Verfahren sind, soweit es vom Bundeszentralamt für Steuern durchgeführt wird, die §§ 30, 80 und 87a und der Zweite Abschnitt des Dritten Teils und der Siebente Teil der Abgabenordnung sowie die Finanzgerichtsordnung anzuwenden.

---

1) **Anm. d. Red.:** § 18h eingefügt gem. Gesetz v. 25. 7. 2014 (BGBl I S. 1266) mit Wirkung v. 1. 10. 2014.
2) **Anm. d. Red.:** Zur Anwendung des § 18h siehe § 27 Abs. 20.

## § 19 Besteuerung der Kleinunternehmer[1]

(1)[2] ¹Die für Umsätze im Sinne des § 1 Abs. 1 Nr. 1 geschuldete Umsatzsteuer wird von Unternehmern, die im Inland oder in den in § 1 Abs. 3 bezeichneten Gebieten ansässig sind, nicht erhoben, wenn der in Satz 2 bezeichnete Umsatz zuzüglich der darauf entfallenden Steuer im vorangegangenen Kalenderjahr 17 500 Euro nicht überstiegen hat und im laufenden Kalenderjahr 50 000 Euro voraussichtlich nicht übersteigen wird. ²Umsatz im Sinne des Satzes 1 ist der nach vereinnahmten Entgelten bemessene Gesamtumsatz, gekürzt um die darin enthaltenen Umsätze von Wirtschaftsgütern des Anlagevermögens. ³Satz 1 gilt nicht für die nach § 13a Abs. 1 Nr. 6, § 13b Absatz 5, § 14c Abs. 2 und § 25b Abs. 2 geschuldete Steuer. ⁴In den Fällen des Satzes 1 finden die Vorschriften über die Steuerbefreiung innergemeinschaftlicher Lieferungen (§ 4 Nr. 1 Buchstabe b, § 6a), über den Verzicht auf Steuerbefreiungen (§ 9), über den gesonderten Ausweis der Steuer in einer Rechnung (§ 14 Abs. 4), über die Angabe der Umsatzsteuer-Identifikationsnummern in einer Rechnung (§ 14a Abs. 1, 3 und 7) und über den Vorsteuerabzug (§ 15) keine Anwendung.

(2) ¹Der Unternehmer kann dem Finanzamt bis zur Unanfechtbarkeit der Steuerfestsetzung (§ 18 Abs. 3 und 4) erklären, dass er auf die Anwendung des Absatzes 1 verzichtet. ²Nach Eintritt der Unanfechtbarkeit der Steuerfestsetzung bindet die Erklärung den Unternehmer mindestens für fünf Kalenderjahre. ³Sie kann nur mit Wirkung vom Beginn eines Kalenderjahres an widerrufen werden. ⁴Der Widerruf ist spätestens bis zur Unanfechtbarkeit der Steuerfestsetzung des Kalenderjahres, für das er gelten soll, zu erklären.

(3) ¹Gesamtumsatz ist die Summe der vom Unternehmer ausgeführten steuerbaren Umsätze im Sinne des § 1 Abs. 1 Nr. 1 abzüglich folgender Umsätze:
1. der Umsätze, die nach § 4 Nr. 8 Buchstabe i, Nr. 9 Buchstabe b und Nr. 11 bis 28 steuerfrei sind;
2. der Umsätze, die nach § 4 Nr. 8 Buchstabe a bis h, Nr. 9 Buchstabe a und Nr. 10 steuerfrei sind, wenn sie Hilfsumsätze sind.

²Soweit der Unternehmer die Steuer nach vereinnahmten Entgelten berechnet (§ 13 Abs. 1 Nr. 1 Buchstabe a Satz 4 oder § 20), ist auch der Gesamtumsatz nach diesen Entgelten zu berechnen. ³Hat der Unternehmer seine gewerbliche oder berufliche Tätigkeit nur in einem Teil des Kalenderjahres ausgeübt, so ist der tatsächliche Gesamtumsatz in einen Jahresgesamtumsatz umzurechnen. ⁴Angefangene Kalendermonate sind bei der Umrechnung als volle Kalendermonate zu behandeln, es sei denn, dass die Umrechnung nach Tagen zu einem niedrigeren Jahresgesamtumsatz führt.

(4) ¹Absatz 1 gilt nicht für die innergemeinschaftlichen Lieferungen neuer Fahrzeuge. ²§ 15 Abs. 4a ist entsprechend anzuwenden.

## § 20 Berechnung der Steuer nach vereinnahmten Entgelten[3]

¹Das Finanzamt kann auf Antrag gestatten, dass ein Unternehmer,
1. dessen Gesamtumsatz (§ 19 Abs. 3) im vorangegangenen Kalenderjahr nicht mehr als 500 000 Euro betragen hat, oder
2. der von der Verpflichtung, Bücher zu führen und auf Grund jährlicher Bestandsaufnahmen regelmäßig Abschlüsse zu machen, nach § 148 der Abgabenordnung befreit ist, oder
3. soweit er Umsätze aus einer Tätigkeit als Angehöriger eines freien Berufs im Sinne des § 18 Abs. 1 Nr. 1 des Einkommensteuergesetzes ausführt,

die Steuer nicht nach den vereinbarten Entgelten (§ 16 Abs. 1 Satz 1), sondern nach den vereinnahmten Entgelten berechnet. ²Erstreckt sich die Befreiung nach Satz 1 Nr. 2 nur auf einzelne

---

1) **Anm. d. Red.:** § 19 Abs. 1 i. d. F. des Gesetzes v. 8. 4. 2010 (BGBl I S. 386) mit Wirkung v. 1. 7. 2010.
2) **Anm. d. Red.:** Zur Anwendung des § 19 Abs. 1 siehe § 27 Abs. 4 Satz 1.
3) **Anm. d. Red.:** § 20 i. d. F. des Gesetzes v. 6. 12. 2011 (BGBl I S. 2562) mit Wirkung v. 1. 1. 2012.

Betriebe des Unternehmers und liegt die Voraussetzung nach Satz 1 Nr. 1 nicht vor, so ist die Erlaubnis zur Berechnung der Steuer nach den vereinnahmten Entgelten auf diese Betriebe zu beschränken. ³Wechselt der Unternehmer die Art der Steuerberechnung, so dürfen Umsätze nicht doppelt erfasst werden oder unversteuert bleiben.

## § 21 Besondere Vorschriften für die Einfuhrumsatzsteuer

(1) Die Einfuhrumsatzsteuer ist eine Verbrauchsteuer im Sinne der Abgabenordnung.

(2) Für die Einfuhrumsatzsteuer gelten die Vorschriften für Zölle sinngemäß; ausgenommen sind die Vorschriften über den aktiven Veredelungsverkehr nach dem Verfahren der Zollrückvergütung und über den passiven Veredelungsverkehr.

(2a) ¹Abfertigungsplätze im Ausland, auf denen dazu befugte deutsche Zollbedienstete Amtshandlungen nach Absatz 2 vornehmen, gehören insoweit zum Inland. ²Das Gleiche gilt für ihre Verbindungswege mit dem Inland, soweit auf ihnen einzuführende Gegenstände befördert werden.

(3) Die Zahlung der Einfuhrumsatzsteuer kann ohne Sicherheitsleistung aufgeschoben werden, wenn die zu entrichtende Steuer nach § 15 Abs. 1 Satz 1 Nr. 2 in voller Höhe als Vorsteuer abgezogen werden kann.

(4) ¹Entsteht für den eingeführten Gegenstand nach dem Zeitpunkt des Entstehens der Einfuhrumsatzsteuer eine Zollschuld oder eine Verbrauchsteuer oder wird für den eingeführten Gegenstand nach diesem Zeitpunkt eine Verbrauchsteuer unbedingt, so entsteht gleichzeitig eine weitere Einfuhrumsatzsteuer. ²Das gilt auch, wenn der Gegenstand nach dem in Satz 1 bezeichneten Zeitpunkt bearbeitet oder verarbeitet worden ist. ³Bemessungsgrundlage ist die entstandene Zollschuld oder die entstandene oder unbedingt gewordene Verbrauchsteuer. ⁴Steuerschuldner ist, wer den Zoll oder die Verbrauchsteuer zu entrichten hat. ⁵Die Sätze 1 bis 4 gelten nicht, wenn derjenige, der den Zoll oder die Verbrauchsteuer zu entrichten hat, hinsichtlich des eingeführten Gegenstands nach § 15 Abs. 1 Satz 1 Nr. 2 zum Vorsteuerabzug berechtigt ist.

(5) Die Absätze 2 bis 4 gelten entsprechend für Gegenstände, die nicht Waren im Sinne des Zollrechts sind und für die keine Zollvorschriften bestehen.

## § 22 Aufzeichnungspflichten[1]

(1)[2] ¹Der Unternehmer ist verpflichtet, zur Feststellung der Steuer und der Grundlagen ihrer Berechnung Aufzeichnungen zu machen. ²Diese Verpflichtung gilt in den Fällen des § 13a Abs. 1 Nr. 2 und 5, des § 13b Absatz 5 und des § 14c Abs. 2 auch für Personen, die nicht Unternehmer sind. ³Ist ein land- und forstwirtschaftlicher Betrieb nach § 24 Abs. 3 als gesondert geführter Betrieb zu behandeln, so hat der Unternehmer Aufzeichnungspflichten für diesen Betrieb gesondert zu erfüllen. ⁴In den Fällen des § 18 Abs. 4c und 4d sind die erforderlichen Aufzeichnungen auf Anfrage des Bundeszentralamtes für Steuern auf elektronischem Weg zur Verfügung zu stellen; in den Fällen des § 18 Absatz 4e sind die erforderlichen Aufzeichnungen auf Anfrage der für das Besteuerungsverfahren zuständigen Finanzbehörde auf elektronischem Weg zur Verfügung zu stellen.

(2)[3] Aus den Aufzeichnungen müssen zu ersehen sein:
1. die vereinbarten Entgelte für die vom Unternehmer ausgeführten Lieferungen und sonstigen Leistungen. ²Dabei ist ersichtlich zu machen, wie sich die Entgelte auf die steuerpflichtigen Umsätze, getrennt nach Steuersätzen, und auf die steuerfreien Umsätze verteilen. ³Dies gilt entsprechend für die Bemessungsgrundlagen nach § 10 Abs. 4, wenn Lieferun-

---

1) **Anm. d. Red.:** § 22 Abs. 1 und 2 i. d. F. des Gesetzes v. 25. 7. 2014 (BGBl I S. 1266) mit Wirkung v. 31. 7. 2014 (Abs. 2) und 1. 1. 2015 (Abs. 1); Abs. 4b i. d. F. des Gesetzes v. 19. 12. 2008 (BGBl I S. 2794) mit Wirkung v. 1. 1. 2010; Abs. 4e i. d. F. des Gesetzes v. 20. 12. 2007 (BGBl I S. 3150) mit Wirkung v. 1. 1. 2008.

2) **Anm. d. Red.:** Zur Anwendung des § 22 Abs. 1 siehe § 27 Abs. 4 Satz 1.

3) **Anm. d. Red.:** Zur Anwendung des § 22 Abs. 2 siehe § 27 Abs. 4 Satz 1.

gen im Sinne des § 3 Abs. 1b, sonstige Leistungen im Sinne des § 3 Abs. 9a sowie des § 10 Abs. 5 ausgeführt werden. ⁴Aus den Aufzeichnungen muss außerdem hervorgehen, welche Umsätze der Unternehmer nach § 9 als steuerpflichtig behandelt. ⁵Bei der Berechnung der Steuer nach vereinnahmten Entgelten (§ 20) treten an die Stelle der vereinbarten Entgelte die vereinnahmten Entgelte. ⁶Im Fall des § 17 Abs. 1 Satz 6 hat der Unternehmer, der die auf die Minderung des Entgelts entfallende Steuer an das Finanzamt entrichtet, den Betrag der Entgeltsminderung gesondert aufzuzeichnen;

2. die vereinnahmten Entgelte und Teilentgelte für noch nicht ausgeführte Lieferungen und sonstige Leistungen. ²Dabei ist ersichtlich zu machen, wie sich die Entgelte und Teilentgelte auf die steuerpflichtigen Umsätze, getrennt nach Steuersätzen, und auf die steuerfreien Umsätze verteilen. ³Nummer 1 Satz 4 gilt entsprechend;

3. die Bemessungsgrundlage für Lieferungen im Sinne des § 3 Abs. 1b und für sonstige Leistungen im Sinne des § 3 Abs. 9a Nr. 1. ²Nummer 1 Satz 2 gilt entsprechend;

4. die wegen unrichtigen Steuerausweises nach § 14c Abs. 1 und wegen unberechtigten Steuerausweises nach § 14c Abs. 2 geschuldeten Steuerbeträge;

5. die Entgelte für steuerpflichtige Lieferungen und sonstige Leistungen, die an den Unternehmer für sein Unternehmen ausgeführt worden sind, und die vor Ausführung dieser Umsätze gezahlten Entgelte und Teilentgelte, soweit für diese Umsätze nach § 13 Abs. 1 Nr. 1 Buchstabe a Satz 4 die Steuer entsteht, sowie die auf die Entgelte und Teilentgelte entfallenden Steuerbeträge;

6. die Bemessungsgrundlagen für die Einfuhr von Gegenständen (§ 11), die für das Unternehmen des Unternehmers eingeführt worden sind, sowie die dafür entstandene Einfuhrumsatzsteuer;

7. die Bemessungsgrundlagen für den innergemeinschaftlichen Erwerb von Gegenständen sowie die hierauf entfallenden Steuerbeträge;

8. in den Fällen des § 13b Absatz 1 bis 5 beim Leistungsempfänger die Angaben entsprechend den Nummern 1 und 2. ²Der Leistende hat die Angaben nach den Nummern 1 und 2 gesondert aufzuzeichnen;

9. die Bemessungsgrundlage für Umsätze im Sinne des § 4 Nr. 4a Satz 1 Buchstabe a Satz 2 sowie die hierauf entfallenden Steuerbeträge.

(3) ¹Die Aufzeichnungspflichten nach Absatz 2 Nr. 5 und 6 entfallen, wenn der Vorsteuerabzug ausgeschlossen ist (§ 15 Abs. 2 und 3). ²Ist der Unternehmer nur teilweise zum Vorsteuerabzug berechtigt, so müssen aus den Aufzeichnungen die Vorsteuerbeträge eindeutig und leicht nachprüfbar zu ersehen sein, die den zum Vorsteuerabzug berechtigenden Umsätzen ganz oder teilweise zuzurechnen sind. ³Außerdem hat der Unternehmer in diesen Fällen die Bemessungsgrundlagen für die Umsätze, die nach § 15 Abs. 2 und 3 den Vorsteuerabzug ausschließen, getrennt von den Bemessungsgrundlagen der übrigen Umsätze, ausgenommen die Einfuhren und die innergemeinschaftlichen Erwerbe, aufzuzeichnen. ⁴Die Verpflichtung zur Trennung der Bemessungsgrundlagen nach Absatz 2 Nr. 1 Satz 2, Nr. 2 Satz 2 und Nr. 3 Satz 2 bleibt unberührt.

(4) In den Fällen des § 15a hat der Unternehmer die Berechnungsgrundlagen für den Ausgleich aufzuzeichnen, der von ihm in den in Betracht kommenden Kalenderjahren vorzunehmen ist.

(4a) Gegenstände, die der Unternehmer zu seiner Verfügung vom Inland in das übrige Gemeinschaftsgebiet verbringt, müssen aufgezeichnet werden, wenn

1. an den Gegenständen im übrigen Gemeinschaftsgebiet Arbeiten ausgeführt werden,
2. es sich um eine vorübergehende Verwendung handelt, mit den Gegenständen im übrigen Gemeinschaftsgebiet sonstige Leistungen ausgeführt werden und der Unternehmer in dem betreffenden Mitgliedstaat keine Zweigniederlassung hat oder
3. es sich um eine vorübergehende Verwendung im übrigen Gemeinschaftsgebiet handelt und in entsprechenden Fällen die Einfuhr der Gegenstände aus dem Drittlandsgebiet vollständig steuerfrei wäre.

(4b) Gegenstände, die der Unternehmer von einem im übrigen Gemeinschaftsgebiet ansässigen Unternehmer mit Umsatzsteuer-Identifikationsnummer zur Ausführung einer sonstigen Leistung im Sinne des § 3a Abs. 3 Nr. 3 Buchstabe c erhält, müssen aufgezeichnet werden.

(4c) ¹Der Lagerhalter, der ein Umsatzsteuerlager im Sinne des § 4 Nr. 4a betreibt, hat Bestandsaufzeichnungen über die eingelagerten Gegenstände und Aufzeichnungen über Leistungen im Sinne des § 4 Nr. 4a Satz 1 Buchstabe b Satz 1 zu führen. ²Bei der Auslagerung eines Gegenstands aus dem Umsatzsteuerlager muss der Lagerhalter Name, Anschrift und die inländische Umsatzsteuer-Identifikationsnummer des Auslagerers oder dessen Fiskalvertreters aufzeichnen.

(4d) ¹Im Fall der Abtretung eines Anspruchs auf die Gegenleistung für einen steuerpflichtigen Umsatz an einen anderen Unternehmer (§ 13c) hat
1. der leistende Unternehmer den Namen und die Anschrift des Abtretungsempfängers sowie die Höhe des abgetretenen Anspruchs auf die Gegenleistung aufzuzeichnen;
2. der Abtretungsempfänger den Namen und die Anschrift des leistenden Unternehmers, die Höhe des abgetretenen Anspruchs auf die Gegenleistung sowie die Höhe der auf den abgetretenen Anspruch vereinnahmten Beträge aufzuzeichnen. ²Sofern der Abtretungsempfänger die Forderung oder einen Teil der Forderung an einen Dritten abtritt, hat er zusätzlich den Namen und die Anschrift des Dritten aufzuzeichnen.

²Satz 1 gilt entsprechend bei der Verpfändung oder der Pfändung von Forderungen. ³An die Stelle des Abtretungsempfängers tritt im Fall der Verpfändung der Pfandgläubiger und im Fall der Pfändung der Vollstreckungsgläubiger.

(4e) ¹Wer in den Fällen des § 13c Zahlungen nach § 48 der Abgabenordnung leistet, hat Aufzeichnungen über die entrichteten Beträge zu führen. ²Dabei sind auch Name, Anschrift und die Steuernummer des Schuldners der Umsatzsteuer aufzuzeichnen.

(5) Ein Unternehmer, der ohne Begründung einer gewerblichen Niederlassung oder außerhalb einer solchen von Haus zu Haus oder auf öffentlichen Straßen oder an anderen öffentlichen Orten Umsätze ausführt oder Gegenstände erwirbt, hat ein Steuerheft nach amtlich vorgeschriebenem Vordruck zu führen.

(6) Das Bundesministerium der Finanzen kann mit Zustimmung des Bundesrates durch Rechtsverordnung
1. nähere Bestimmungen darüber treffen, wie die Aufzeichnungspflichten zu erfüllen sind und in welchen Fällen Erleichterungen bei der Erfüllung dieser Pflichten gewährt werden können, sowie
2. Unternehmer im Sinne des Absatzes 5 von der Führung des Steuerhefts befreien, sofern sich die Grundlagen der Besteuerung aus anderen Unterlagen ergeben, und diese Befreiung an Auflagen knüpfen.

### § 22a Fiskalvertretung

(1) Ein Unternehmer, der weder im Inland noch in einem der in § 1 Abs. 3 genannten Gebiete seinen Wohnsitz, seinen Sitz, seine Geschäftsleitung oder eine Zweigniederlassung hat und im Inland ausschließlich steuerfreie Umsätze ausführt und keine Vorsteuerbeträge abziehen kann, kann sich im Inland durch einen Fiskalvertreter vertreten lassen.

(2) Zur Fiskalvertretung sind die in § 3 Nr. 1 bis 3 und § 4 Nr. 9 Buchstabe c des Steuerberatungsgesetzes genannten Personen befugt.

(3) Der Fiskalvertreter bedarf der Vollmacht des im Ausland ansässigen Unternehmers.

### § 22b Rechte und Pflichten des Fiskalvertreters

(1) ¹Der Fiskalvertreter hat die Pflichten des im Ausland ansässigen Unternehmers nach diesem Gesetz als eigene zu erfüllen. ²Er hat die gleichen Rechte wie der Vertretene.

(2) ¹Der Fiskalvertreter hat unter der ihm nach § 22d Abs. 1 erteilten Steuernummer eine Steuererklärung (§ 18 Abs. 3 und 4) abzugeben, in der er die Besteuerungsgrundlagen für jeden von ihm vertretenen Unternehmer zusammenfasst. ²Dies gilt für die Zusammenfassende Meldung entsprechend.

(3) ¹Der Fiskalvertreter hat die Aufzeichnungen im Sinne des § 22 für jeden von ihm vertretenen Unternehmer gesondert zu führen. ²Die Aufzeichnungen müssen Namen und Anschrift der von ihm vertretenen Unternehmer enthalten.

### § 22c Ausstellung von Rechnungen im Fall der Fiskalvertretung

Die Rechnung hat folgende Angaben zu enthalten:
1. den Hinweis auf die Fiskalvertretung;
2. den Namen und die Anschrift des Fiskalvertreters;
3. die dem Fiskalvertreter nach § 22d Abs. 1 erteilte Umsatzsteuer-Identifikationsnummer.

### § 22d Steuernummer und zuständiges Finanzamt

(1) Der Fiskalvertreter erhält für seine Tätigkeit eine gesonderte Steuernummer und eine gesonderte Umsatzsteuer-Identifikationsnummer nach § 27a, unter der er für alle von ihm vertretenen im Ausland ansässigen Unternehmen auftritt.

(2) Der Fiskalvertreter wird bei dem Finanzamt geführt, das für seine Umsatzbesteuerung zuständig ist.

### § 22e Untersagung der Fiskalvertretung

(1) Die zuständige Finanzbehörde kann die Fiskalvertretung der in § 22a Abs. 2 mit Ausnahme der in § 3 des Steuerberatungsgesetzes genannten Person untersagen, wenn der Fiskalvertreter wiederholt gegen die ihm auferlegten Pflichten nach § 22b verstößt oder ordnungswidrig im Sinne des § 26a handelt.

(2) Für den vorläufigen Rechtsschutz gegen die Untersagung gelten § 361 Abs. 4 der Abgabenordnung und § 69 Abs. 5 der Finanzgerichtsordnung.

## Sechster Abschnitt: Sonderregelungen

### § 23 Allgemeine Durchschnittssätze

(1) Das Bundesministerium der Finanzen kann mit Zustimmung des Bundesrates zur Vereinfachung des Besteuerungsverfahrens für Gruppen von Unternehmern, bei denen hinsichtlich der Besteuerungsgrundlagen annähernd gleiche Verhältnisse vorliegen und die nicht verpflichtet sind, Bücher zu führen und auf Grund jährlicher Bestandsaufnahmen regelmäßig Abschlüsse zu machen, durch Rechtsverordnung Durchschnittssätze festsetzen für
1. die nach § 15 abziehbaren Vorsteuerbeträge oder die Grundlagen ihrer Berechnung oder
2. die zu entrichtende Steuer oder die Grundlagen ihrer Berechnung.

(2) Die Durchschnittssätze müssen zu einer Steuer führen, die nicht wesentlich von dem Betrag abweicht, der sich nach diesem Gesetz ohne Anwendung der Durchschnittssätze ergeben würde.

(3) ¹Der Unternehmer, bei dem die Voraussetzungen für eine Besteuerung nach Durchschnittssätzen im Sinne des Absatzes 1 gegeben sind, kann beim Finanzamt bis zur Unanfechtbarkeit der Steuerfestsetzung (§ 18 Abs. 3 und 4) beantragen, nach den festgesetzten Durchschnittssätzen besteuert zu werden. ²Der Antrag kann nur mit Wirkung vom Beginn eines Kalenderjahres an widerrufen werden. ³Der Widerruf ist spätestens bis zur Unanfechtbarkeit der Steuerfestsetzung des Kalenderjahres, für das er gelten soll, zu erklären. ⁴Eine erneute Besteuerung nach Durchschnittssätzen ist frühestens nach Ablauf von fünf Kalenderjahren zulässig.

## § 23a Durchschnittssatz für Körperschaften, Personenvereinigungen und Vermögensmassen im Sinne des § 5 Abs. 1 Nr. 9 des Körperschaftsteuergesetzes[1]

(1) ¹Zur Berechnung der abziehbaren Vorsteuerbeträge (§ 15) wird für Körperschaften, Personenvereinigungen und Vermögensmassen im Sinne des § 5 Abs. 1 Nr. 9 des Körperschaftsteuergesetzes, die nicht verpflichtet sind, Bücher zu führen und auf Grund jährlicher Bestandsaufnahmen regelmäßig Abschlüsse zu machen, ein Durchschnittssatz von 7 Prozent des steuerpflichtigen Umsatzes, mit Ausnahme der Einfuhr und des innergemeinschaftlichen Erwerbs, festgesetzt. ²Ein weiterer Vorsteuerabzug ist ausgeschlossen.

(2) Der Unternehmer, dessen steuerpflichtiger Umsatz, mit Ausnahme der Einfuhr und des innergemeinschaftlichen Erwerbs, im vorangegangenen Kalenderjahr 35 000 Euro überstiegen hat, kann den Durchschnittssatz nicht in Anspruch nehmen.

(3) ¹Der Unternehmer, bei dem die Voraussetzungen für die Anwendung des Durchschnittssatzes gegeben sind, kann dem Finanzamt spätestens bis zum 10. Tag nach Ablauf des ersten Voranmeldungszeitraums eines Kalenderjahres erklären, dass er den Durchschnittssatz in Anspruch nehmen will. ²Die Erklärung bindet den Unternehmer mindestens für fünf Kalenderjahre. ³Sie kann nur mit Wirkung vom Beginn eines Kalenderjahres an widerrufen werden. ⁴Der Widerruf ist spätestens bis zum 10. Tag nach Ablauf des ersten Voranmeldungszeitraums dieses Kalenderjahres zu erklären. ⁵Eine erneute Anwendung des Durchschnittssatzes ist frühestens nach Ablauf von fünf Kalenderjahren zulässig.

## § 24 Durchschnittssätze für land- und forstwirtschaftliche Betriebe[2]

(1) ¹Für die im Rahmen eines land- und forstwirtschaftlichen Betriebs ausgeführten Umsätze wird die Steuer vorbehaltlich der Sätze 2 bis 4 wie folgt festgesetzt:
1. für die Lieferungen von forstwirtschaftlichen Erzeugnissen, ausgenommen Sägewerkserzeugnisse, auf 5,5 Prozent,
2. für die Lieferungen der in der Anlage 2 nicht aufgeführten Sägewerkserzeugnisse und Getränke sowie von alkoholischen Flüssigkeiten, ausgenommen die Lieferungen in das Ausland und die im Ausland bewirkten Umsätze, und für sonstige Leistungen, soweit in der Anlage 2 nicht aufgeführte Getränke abgegeben werden, auf 19 Prozent,
3. für die übrigen Umsätze im Sinne des § 1 Abs. 1 Nr. 1 auf 10,7 Prozent

der Bemessungsgrundlage. ²Die Befreiungen nach § 4 mit Ausnahme der Nummern 1 bis 7 bleiben unberührt; § 9 findet keine Anwendung. ³Die Vorsteuerbeträge werden, soweit sie den in Satz 1 Nr. 1 bezeichneten Umsätzen zuzurechnen sind, auf 5,5 Prozent, in den übrigen Fällen des Satzes 1 auf 10,7 Prozent der Bemessungsgrundlage für diese Umsätze festgesetzt. ⁴Ein weiterer Vorsteuerabzug entfällt. ⁵§ 14 ist mit der Maßgabe anzuwenden, dass der für den Umsatz maßgebliche Durchschnittssatz in der Rechnung zusätzlich anzugeben ist.

(2) ¹Als land- und forstwirtschaftlicher Betrieb gelten
1. die Landwirtschaft, die Forstwirtschaft, der Wein-, Garten-, Obst- und Gemüsebau, die Baumschulen, alle Betriebe, die Pflanzen und Pflanzenteile mit Hilfe der Naturkräfte gewinnen, die Binnenfischerei, die Teichwirtschaft, die Fischzucht für die Binnenfischerei und Teichwirtschaft, die Imkerei, die Wanderschäferei sowie die Saatzucht;
2. Tierzucht- und Tierhaltungsbetriebe, soweit ihre Tierbestände nach den §§ 51 und 51a des Bewertungsgesetzes zur landwirtschaftlichen Nutzung gehören.

²Zum land- und forstwirtschaftlichen Betrieb gehören auch die Nebenbetriebe, die dem land- und forstwirtschaftlichen Betrieb zu dienen bestimmt sind. ³Ein Gewerbebetrieb kraft Rechts-

---

1) **Anm. d. Red.:** § 23a Abs. 2 i. d. F. des Gesetzes v. 10.10.2007 (BGBl I S. 2332) mit Wirkung v. 1.1.2008.
2) **Anm. d. Red.:** § 24 Abs. 1 i. d. F. des Gesetzes v. 20.12.2007 (BGBl I S. 3150) mit Wirkung v. 29.12.2007.

form gilt auch dann nicht als land- und forstwirtschaftlicher Betrieb, wenn im Übrigen die Merkmale eines land- und forstwirtschaftlichen Betriebs vorliegen.

(3) Führt der Unternehmer neben den in Absatz 1 bezeichneten Umsätzen auch andere Umsätze aus, so ist der land- und forstwirtschaftliche Betrieb als ein in der Gliederung des Unternehmens gesondert geführter Betrieb zu behandeln.

(4) ¹Der Unternehmer kann spätestens bis zum 10. Tag eines Kalenderjahres gegenüber dem Finanzamt erklären, dass seine Umsätze vom Beginn des vorangegangenen Kalenderjahres an nicht nach den Absätzen 1 bis 3, sondern nach den allgemeinen Vorschriften dieses Gesetzes besteuert werden sollen. ²Die Erklärung bindet den Unternehmer mindestens für fünf Kalenderjahre; im Fall der Geschäftsveräußerung ist der Erwerber an diese Frist gebunden. ³Sie kann mit Wirkung vom Beginn eines Kalenderjahres an widerrufen werden. ⁴Der Widerruf ist spätestens bis zum 10. Tag nach Beginn dieses Kalenderjahres zu erklären. ⁵Die Frist nach Satz 4 kann verlängert werden. ⁶Ist die Frist bereits abgelaufen, so kann sie rückwirkend verlängert werden, wenn es unbillig wäre, die durch den Fristablauf eingetretenen Rechtsfolgen bestehen zu lassen.

## § 25 Besteuerung von Reiseleistungen

(1) ¹Die nachfolgenden Vorschriften gelten für Reiseleistungen eines Unternehmers, die nicht für das Unternehmen des Leistungsempfängers bestimmt sind, soweit der Unternehmer dabei gegenüber dem Leistungsempfänger im eigenen Namen auftritt und Reisevorleistungen in Anspruch nimmt. ²Die Leistung des Unternehmers ist als sonstige Leistung anzusehen. ³Erbringt der Unternehmer an einen Leistungsempfänger im Rahmen einer Reise mehrere Leistungen dieser Art, so gelten sie als eine einheitliche sonstige Leistung. ⁴Der Ort der sonstigen Leistung bestimmt sich nach § 3a Abs. 1. ⁵Reisevorleistungen sind Lieferungen und sonstige Leistungen Dritter, die den Reisenden unmittelbar zugute kommen.

(2) ¹Die sonstige Leistung ist steuerfrei, soweit die ihr zuzurechnenden Reisevorleistungen im Drittlandsgebiet bewirkt werden. ²Die Voraussetzung der Steuerbefreiung muss vom Unternehmer nachgewiesen sein. ³Das Bundesministerium der Finanzen kann mit Zustimmung des Bundesrates durch Rechtsverordnung bestimmen, wie der Unternehmer den Nachweis zu führen hat.

(3) ¹Die sonstige Leistung bemisst sich nach dem Unterschied zwischen dem Betrag, den der Leistungsempfänger aufwendet, um die Leistung zu erhalten, und dem Betrag, den der Unternehmer für die Reisevorleistungen aufwendet. ²Die Umsatzsteuer gehört nicht zur Bemessungsgrundlage. ³Der Unternehmer kann die Bemessungsgrundlage statt für jede einzelne Leistung entweder für Gruppen von Leistungen oder für die gesamten innerhalb des Besteuerungszeitraums erbrachten Leistungen ermitteln.

(4) ¹Abweichend von § 15 Abs. 1 ist der Unternehmer nicht berechtigt, die ihm für die Reisevorleistungen gesondert in Rechnung gestellten sowie die nach § 13b geschuldeten Steuerbeträge als Vorsteuer abzuziehen. ²Im Übrigen bleibt § 15 unberührt.

(5) Für die sonstigen Leistungen gilt § 22 mit der Maßgabe, dass aus den Aufzeichnungen des Unternehmers zu ersehen sein müssen:

1. der Betrag, den der Leistungsempfänger für die Leistung aufwendet,
2. die Beträge, die der Unternehmer für die Reisevorleistungen aufwendet,
3. die Bemessungsgrundlage nach Absatz 3 und
4. wie sich die in den Nummern 1 und 2 bezeichneten Beträge und die Bemessungsgrundlage nach Absatz 3 auf steuerpflichtige und steuerfreie Leistungen verteilen.

## § 25a Differenzbesteuerung[1)]

(1) Für die Lieferungen im Sinne des § 1 Abs. 1 Nr. 1 von beweglichen körperlichen Gegenständen gilt eine Besteuerung nach Maßgabe der nachfolgenden Vorschriften (Differenzbesteuerung), wenn folgende Voraussetzungen erfüllt sind:

1. ¹Der Unternehmer ist ein Wiederverkäufer. ²Als Wiederverkäufer gilt, wer gewerbsmäßig mit beweglichen körperlichen Gegenständen handelt oder solche Gegenstände im eigenen Namen öffentlich versteigert.
2. ¹Die Gegenstände wurden an den Wiederverkäufer im Gemeinschaftsgebiet geliefert. ²Für diese Lieferung wurde
   a) Umsatzsteuer nicht geschuldet oder nach § 19 Abs. 1 nicht erhoben oder
   b) die Differenzbesteuerung vorgenommen.
3. Die Gegenstände sind keine Edelsteine (aus Positionen 7102 und 7103 des Zolltarifs) oder Edelmetalle (aus Positionen 7106, 7108, 7110 und 7112 des Zolltarifs).

(2) ¹Der Wiederverkäufer kann spätestens bei Abgabe der ersten Voranmeldung eines Kalenderjahres gegenüber dem Finanzamt erklären, dass er die Differenzbesteuerung von Beginn dieses Kalenderjahres an auch auf folgende Gegenstände anwendet:

1. Kunstgegenstände (Nummer 53 der Anlage 2), Sammlungsstücke (Nummer 49 Buchstabe f und Nummer 54 der Anlage 2) oder Antiquitäten (Position 9706 00 00 des Zolltarifs), die er selbst eingeführt hat, oder
2. Kunstgegenstände, wenn die Lieferung an ihn steuerpflichtig war und nicht von einem Wiederverkäufer ausgeführt wurde.

²Die Erklärung bindet den Wiederverkäufer für mindestens zwei Kalenderjahre.

(3) ¹Der Umsatz wird nach dem Betrag bemessen, um den der Verkaufspreis den Einkaufspreis für den Gegenstand übersteigt; bei Lieferungen im Sinne des § 3 Abs. 1b und in den Fällen des § 10 Abs. 5 tritt an die Stelle des Verkaufspreises der Wert nach § 10 Abs. 4 Satz 1 Nr. 1. ²Lässt sich der Einkaufspreis eines Kunstgegenstandes (Nummer 53 der Anlage 2) nicht ermitteln oder ist der Einkaufspreis unbedeutend, wird der Betrag, nach dem sich der Umsatz bemisst, mit 30 Prozent des Verkaufspreises angesetzt. ³Die Umsatzsteuer gehört nicht zur Bemessungsgrundlage. ⁴Im Fall des Absatzes 2 Satz 1 Nr. 1 gilt als Einkaufspreis der Wert im Sinne des § 11 Abs. 1 zuzüglich der Einfuhrumsatzsteuer. ⁵Im Fall des Absatzes 2 Satz 1 Nr. 2 schließt der Einkaufspreis die Umsatzsteuer des Lieferers ein.

(4) ¹Der Wiederverkäufer kann die gesamten innerhalb eines Besteuerungszeitraums ausgeführten Umsätze nach dem Gesamtbetrag bemessen, um den die Summe der Verkaufspreise und der Werte nach § 10 Abs. 4 Satz 1 Nr. 1 die Summe der Einkaufspreise dieses Zeitraums übersteigt (Gesamtdifferenz). ²Die Besteuerung nach der Gesamtdifferenz ist nur bei solchen Gegenständen zulässig, deren Einkaufspreis 500 Euro nicht übersteigt. ³Im Übrigen gilt Absatz 3 entsprechend.

(5)[2)] ¹Die Steuer ist mit dem allgemeinen Steuersatz nach § 12 Abs. 1 zu berechnen. ²Die Steuerbefreiungen, ausgenommen die Steuerbefreiung für innergemeinschaftliche Lieferungen (§ 4 Nr. 1 Buchstabe b, § 6a), bleiben unberührt. ³Abweichend von § 15 Abs. 1 ist der Wiederverkäufer in den Fällen des Absatzes 2 nicht berechtigt, die entstandene Einfuhrumsatzsteuer, die gesondert ausgewiesene Steuer oder die nach § 13b Absatz 5 geschuldete Steuer für die an ihn ausgeführte Lieferung als Vorsteuer abzuziehen.

(6) ¹§ 22 gilt mit der Maßgabe, dass aus den Aufzeichnungen des Wiederverkäufers zu ersehen sein müssen

---

1) **Anm. d. Red.:** § 25a Abs. 2 i. d. F. des Gesetzes v. 13. 12. 2006 (BGBl I S. 2878) mit Wirkung v. 19. 12. 2006; Abs. 3 i. d. F. des Gesetzes v. 26. 6. 2013 (BGBl I S. 1809) mit Wirkung v. 1. 1. 2014; Abs. 5 i. d. F. des Gesetzes v. 25. 7. 2014 (BGBl I S. 1266) mit Wirkung v. 31. 7. 2014.

2) **Anm. d. Red.:** Zur Anwendung des § 25a Abs. 5 siehe § 27 Abs. 4 Satz 1.

1. die Verkaufspreise oder die Werte nach § 10 Abs. 4 Satz 1 Nr. 1,
2. die Einkaufspreise und
3. die Bemessungsgrundlagen nach den Absätzen 3 und 4.

²Wendet der Wiederverkäufer neben der Differenzbesteuerung die Besteuerung nach den allgemeinen Vorschriften an, hat er getrennte Aufzeichnungen zu führen.

(7) Es gelten folgende Besonderheiten:
1. Die Differenzbesteuerung findet keine Anwendung
   a) auf die Lieferungen eines Gegenstands, den der Wiederverkäufer innergemeinschaftlich erworben hat, wenn auf die Lieferung des Gegenstands an den Wiederverkäufer die Steuerbefreiung für innergemeinschaftliche Lieferungen im übrigen Gemeinschaftsgebiet angewendet worden ist,
   b) auf die innergemeinschaftliche Lieferung eines neuen Fahrzeugs im Sinne des § 1b Abs. 2 und 3.
2. Der innergemeinschaftliche Erwerb unterliegt nicht der Umsatzsteuer, wenn auf die Lieferung der Gegenstände an den Erwerber im Sinne des § 1a Abs. 1 die Differenzbesteuerung im übrigen Gemeinschaftsgebiet angewendet worden ist.
3. Die Anwendung des § 3c und die Steuerbefreiung für innergemeinschaftliche Lieferungen (§ 4 Nr. 1 Buchstabe b, § 6a) sind bei der Differenzbesteuerung ausgeschlossen.

(8) ¹Der Wiederverkäufer kann bei jeder Lieferung auf die Differenzbesteuerung verzichten, soweit er Absatz 4 nicht anwendet. ²Bezieht sich der Verzicht auf die in Absatz 2 bezeichneten Gegenstände, ist der Vorsteuerabzug frühestens in dem Voranmeldungszeitraum möglich, in dem die Steuer für die Lieferung entsteht.

## § 25b Innergemeinschaftliche Dreiecksgeschäfte

(1) ¹Ein innergemeinschaftliches Dreiecksgeschäft liegt vor, wenn
1. drei Unternehmer über denselben Gegenstand Umsatzgeschäfte abschließen und dieser Gegenstand unmittelbar vom ersten Lieferer an den letzten Abnehmer gelangt,
2. die Unternehmer in jeweils verschiedenen Mitgliedstaaten für Zwecke der Umsatzsteuer erfasst sind,
3. der Gegenstand der Lieferungen aus dem Gebiet eines Mitgliedstaates in das Gebiet eines anderen Mitgliedstaates gelangt und
4. der Gegenstand der Lieferungen durch den ersten Lieferer oder den ersten Abnehmer befördert oder versendet wird.

²Satz 1 gilt entsprechend, wenn der letzte Abnehmer eine juristische Person ist, die nicht Unternehmer ist oder den Gegenstand nicht für ihr Unternehmen erwirbt und die in dem Mitgliedstaat für Zwecke der Umsatzsteuer erfasst ist, in dem sich der Gegenstand am Ende der Beförderung oder Versendung befindet.

(2) Im Fall des Absatzes 1 wird die Steuer für die Lieferung an den letzten Abnehmer von diesem geschuldet, wenn folgende Voraussetzungen erfüllt sind:
1. Der Lieferung ist ein innergemeinschaftlicher Erwerb vorausgegangen,
2. der erste Abnehmer ist in dem Mitgliedstaat, in dem die Beförderung oder Versendung endet, nicht ansässig. ²Er verwendet gegenüber dem ersten Lieferer und dem letzten Abnehmer dieselbe Umsatzsteuer-Identifikationsnummer, die ihm von einem anderen Mitgliedstaat erteilt worden ist als dem, in dem die Beförderung oder Versendung beginnt oder endet,
3. der erste Abnehmer erteilt dem letzten Abnehmer eine Rechnung im Sinne des § 14a Abs. 7, in der die Steuer nicht gesondert ausgewiesen ist, und
4. der letzte Abnehmer verwendet eine Umsatzsteuer-Identifikationsnummer des Mitgliedstaates, in dem die Beförderung oder Versendung endet.

(3) Im Fall des Absatzes 2 gilt der innergemeinschaftliche Erwerb des ersten Abnehmers als besteuert.

(4) Für die Berechnung der nach Absatz 2 geschuldeten Steuer gilt die Gegenleistung als Entgelt.

(5) Der letzte Abnehmer ist unter den übrigen Voraussetzungen des § 15 berechtigt, die nach Absatz 2 geschuldete Steuer als Vorsteuer abzuziehen.

(6) [1]§ 22 gilt mit der Maßgabe, dass aus den Aufzeichnungen zu ersehen sein müssen

1. beim ersten Abnehmer, der eine inländische Umsatzsteuer-Identifikationsnummer verwendet, das vereinbarte Entgelt für die Lieferung im Sinne des Absatzes 2 sowie der Name und die Anschrift des letzten Abnehmers;
2. beim letzten Abnehmer, der eine inländische Umsatzsteuer-Identifikationsnummer verwendet:
    a) die Bemessungsgrundlage der an ihn ausgeführten Lieferung im Sinne des Absatzes 2 sowie die hierauf entfallenden Steuerbeträge,
    b) der Name und die Anschrift des ersten Abnehmers.

[2]Beim ersten Abnehmer, der eine Umsatzsteuer-Identifikationsnummer eines anderen Mitgliedstaates verwendet, entfallen die Aufzeichnungspflichten nach § 22, wenn die Beförderung oder Versendung im Inland endet.

### § 25c  Besteuerung von Umsätzen mit Anlagegold

(1) [1]Die Lieferung, die Einfuhr und der innergemeinschaftliche Erwerb von Anlagegold, einschließlich Anlagegold in Form von Zertifikaten über sammel- oder einzelverwahrtes Gold und über Goldkonten gehandeltes Gold, insbesondere auch Golddarlehen und Goldswaps, durch die ein Eigentumsrecht an Anlagegold oder ein schuldrechtlicher Anspruch auf Anlagegold begründet wird, sowie Terminkontrakte und im Freiverkehr getätigte Terminabschlüsse mit Anlagegold, die zur Übertragung eines Eigentumsrechts an Anlagegold oder eines schuldrechtlichen Anspruchs auf Anlagegold führen, sind steuerfrei. [2]Satz 1 gilt entsprechend für die Vermittlung der Lieferung von Anlagegold.

(2) Anlagegold im Sinne dieses Gesetzes sind:
1. Gold in Barren- oder Plättchenform mit einem von den Goldmärkten akzeptierten Gewicht und einem Feingehalt von mindestens 995 Tausendstel;
2. Goldmünzen, die einen Feingehalt von mindestens 900 Tausendstel aufweisen, nach dem Jahr 1800 geprägt wurden, in ihrem Ursprungsland gesetzliches Zahlungsmittel sind oder waren und üblicherweise zu einem Preis verkauft werden, der den Offenmarktwert ihres Goldgehalts um nicht mehr als 80 Prozent übersteigt.

(3) [1]Der Unternehmer, der Anlagegold herstellt oder Gold in Anlagegold umwandelt, kann eine Lieferung, die nach Absatz 1 Satz 1 steuerfrei ist, als steuerpflichtig behandeln, wenn sie an einen anderen Unternehmer für dessen Unternehmen ausgeführt wird. [2]Der Unternehmer, der üblicherweise Gold zu gewerblichen Zwecken liefert, kann eine Lieferung von Anlagegold im Sinne des Absatzes 2 Nr. 1, die nach Absatz 1 Satz 1 steuerfrei ist, als steuerpflichtig behandeln, wenn sie an einen anderen Unternehmer für dessen Unternehmen ausgeführt wird. [3]Ist eine Lieferung nach den Sätzen 1 oder 2 als steuerpflichtig behandelt worden, kann der Unternehmer, der diesen Umsatz vermittelt hat, die Vermittlungsleistung ebenfalls als steuerpflichtig behandeln.

(4) Bei einem Unternehmer, der steuerfreie Umsätze nach Absatz 1 ausführt, ist die Steuer für folgende an ihn ausgeführte Umsätze abweichend von § 15 Abs. 2 nicht vom Vorsteuerabzug ausgeschlossen:
1. die Lieferungen von Anlagegold durch einen anderen Unternehmer, der diese Lieferungen nach Absatz 3 Satz 1 oder 2 als steuerpflichtig behandelt;

2. die Lieferungen, die Einfuhr und der innergemeinschaftliche Erwerb von Gold, das anschließend von ihm oder für ihn in Anlagegold umgewandelt wird;
3. die sonstigen Leistungen, die in der Veränderung der Form, des Gewichts oder des Feingehalts von Gold, einschließlich Anlagegold, bestehen.

(5) Bei einem Unternehmer, der Anlagegold herstellt oder Gold in Anlagegold umwandelt und anschließend nach Absatz 1 Satz 1 steuerfrei liefert, ist die Steuer für an ihn ausgeführte Umsätze, die in unmittelbarem Zusammenhang mit der Herstellung oder Umwandlung des Goldes stehen, abweichend von § 15 Abs. 2 nicht vom Vorsteuerabzug ausgeschlossen.

(6) Bei Umsätzen mit Anlagegold gelten zusätzlich zu den Aufzeichnungspflichten nach § 22 die Identifizierungs-, Aufzeichnungs- und Aufbewahrungspflichten des Geldwäschegesetzes mit Ausnahme der Identifizierungspflicht in Verdachtsfällen nach § 6 dieses Gesetzes entsprechend.

### § 25d Haftung für die schuldhaft nicht abgeführte Steuer

(1) ¹Der Unternehmer haftet für die Steuer aus einem vorangegangenen Umsatz, soweit diese in einer nach § 14 ausgestellten Rechnung ausgewiesen wurde, der Aussteller der Rechnung entsprechend seiner vorgefassten Absicht die ausgewiesene Steuer nicht entrichtet oder sich vorsätzlich außer Stande gesetzt hat, die ausgewiesene Steuer zu entrichten und der Unternehmer bei Abschluss des Vertrags über seinen Eingangsumsatz davon Kenntnis hatte oder nach der Sorgfalt eines ordentlichen Kaufmanns hätte haben müssen. ²Trifft dies auf mehrere Unternehmer zu, so haften diese als Gesamtschuldner.

(2) ¹Von der Kenntnis oder dem Kennenmüssen ist insbesondere auszugehen, wenn der Unternehmer für seinen Umsatz einen Preis in Rechnung stellt, der zum Zeitpunkt des Umsatzes unter dem marktüblichen Preis liegt. ²Dasselbe gilt, wenn der ihm in Rechnung gestellte Preis unter dem marktüblichen Preis oder unter dem Preis liegt, der seinem Lieferanten oder anderen Lieferanten, die am Erwerb der Ware beteiligt waren, in Rechnung gestellt wurde. ³Weist der Unternehmer nach, dass die Preisgestaltung betriebswirtschaftlich begründet ist, finden die Sätze 1 und 2 keine Anwendung.

(3) ¹Örtlich zuständig für den Erlass des Haftungsbescheides ist das Finanzamt, das für die Besteuerung des Unternehmers zuständig ist. ²Im Fall des Absatzes 1 Satz 2 ist jedes Finanzamt örtlich zuständig, bei dem der Vorsteueranspruch geltend gemacht wird.

(4) ¹Das zuständige Finanzamt hat zu prüfen, ob die Voraussetzungen für den Erlass des Haftungsbescheides vorliegen. ²Bis zum Abschluss dieser Prüfung kann die Erteilung der Zustimmung im Sinne von § 168 Satz 2 der Abgabenordnung versagt werden. ³Satz 2 gilt entsprechend für die Festsetzung nach § 167 Abs. 1 Satz 1 der Abgabenordnung, wenn sie zu einer Erstattung führt.

(5) Für den Erlass des Haftungsbescheides gelten die allgemeinen Grundsätze, mit Ausnahme des § 219 der Abgabenordnung.

## Siebenter Abschnitt: Durchführung, Bußgeld-, Straf-, Verfahrens-, Übergangs- und Schlussvorschriften

### § 26 Durchführung, Erstattung in Sonderfällen[1)]

(1) ¹Die Bundesregierung kann mit Zustimmung des Bundesrates durch Rechtsverordnung zur Wahrung der Gleichmäßigkeit bei der Besteuerung, zur Beseitigung von Unbilligkeiten in Härtefällen oder zur Vereinfachung des Besteuerungsverfahrens den Umfang der in diesem Gesetz enthaltenen Steuerbefreiungen, Steuerermäßigungen und des Vorsteuerabzugs näher bestimmen sowie die zeitlichen Bindungen nach § 19 Abs. 2, § 23 Abs. 3 und § 24 Abs. 4 verkürzen.

---

1) **Anm. d. Red.:** § 26 Überschrift und Abs. 4 i. d. F. des Gesetzes v. 26. 6. 2013 (BGBl I S. 1809) mit Wirkung v. 30. 6. 2013.

²Bei der näheren Bestimmung des Umfangs der Steuerermäßigung nach § 12 Abs. 2 Nr. 1 kann von der zolltariflichen Abgrenzung abgewichen werden.

(2) Das Bundesministerium der Finanzen kann mit Zustimmung des Bundesrates durch Rechtsverordnung den Wortlaut derjenigen Vorschriften des Gesetzes und der auf Grund dieses Gesetzes erlassenen Rechtsverordnungen, in denen auf den Zolltarif hingewiesen wird, dem Wortlaut des Zolltarifs in der jeweils geltenden Fassung anpassen.

(3) ¹Das Bundesministerium der Finanzen kann unbeschadet der Vorschriften der §§ 163 und 227 der Abgabenordnung anordnen, dass die Steuer für grenzüberschreitende Beförderungen von Personen im Luftverkehr niedriger festgesetzt oder ganz oder zum Teil erlassen wird, soweit der Unternehmer keine Rechnungen mit gesondertem Ausweis der Steuer (§ 14 Abs. 4) erteilt hat. ²Bei Beförderungen durch ausländische Unternehmer kann die Anordnung davon abhängig gemacht werden, dass in dem Land, in dem der ausländische Unternehmer seinen Sitz hat, für grenzüberschreitende Beförderungen im Luftverkehr, die von Unternehmern mit Sitz in der Bundesrepublik Deutschland durchgeführt werden, eine Umsatzsteuer oder ähnliche Steuer nicht erhoben wird.

(4) ¹Die Umsatzsteuer wird einem Konsortium, das auf der Grundlage der Verordnung (EG) Nr. 723/2009 des Rates vom 25. Juni 2009 über den gemeinschaftlichen Rechtsrahmen für ein Konsortium für eine europäische Forschungsinfrastruktur (ABl L 206 vom 8. 8. 2009, S. 1) durch einen Beschluss der Kommission gegründet wurde, vom Bundeszentralamt für Steuern vergütet, wenn

1. das Konsortium seinen satzungsgemäßen Sitz im Inland hat,
2. es sich um die gesetzlich geschuldete Umsatzsteuer handelt, die in Rechnung gestellt und gesondert ausgewiesen wurde,
3. es sich um Umsatzsteuer für Lieferungen und sonstige Leistungen handelt, die das Konsortium für seine satzungsgemäße und nichtunternehmerische Tätigkeit in Anspruch genommen hat,
4. der Steuerbetrag je Rechnung insgesamt 25 Euro übersteigt und
5. die Steuer gezahlt wurde.

²Satz 1 gilt entsprechend für die von einem Konsortium nach § 13b Absatz 5 geschuldete und von ihm entrichtete Umsatzsteuer, wenn diese je Rechnung insgesamt 25 Euro übersteigt. ³Die Sätze 1 und 2 sind auf ein Konsortium mit satzungsgemäßem Sitz in einem anderen Mitgliedstaat sinngemäß anzuwenden, wenn die Voraussetzungen für die Vergütung durch die in § 4 Nummer 7 Satz 5 genannte Bescheinigung nachgewiesen wird. ⁴Mindert sich die Bemessungsgrundlage nachträglich, hat das Konsortium das Bundeszentralamt für Steuern davon zu unterrichten und den zu viel vergüteten Steuerbetrag zurückzuzahlen. ⁵Wird ein Gegenstand, den ein Konsortium für seine satzungsgemäße Tätigkeit erworben hat und für dessen Erwerb eine Vergütung der Umsatzsteuer gewährt worden ist, entgeltlich oder unentgeltlich abgegeben, vermietet oder übertragen, ist der Teil der vergüteten Umsatzsteuer, der dem Veräußerungspreis oder bei unentgeltlicher Abgabe oder Übertragung dem Zeitwert des Gegenstands entspricht, an das Bundeszentralamt für Steuern zu entrichten. ⁶Der zu entrichtende Steuerbetrag kann aus Vereinfachungsgründen durch Anwendung des im Zeitpunkt der Abgabe oder Übertragung des Gegenstands geltenden Steuersatzes ermittelt werden.

(5) Das Bundesministerium der Finanzen kann mit Zustimmung des Bundesrates durch Rechtsverordnung näher bestimmen, wie der Nachweis bei den folgenden Steuerbefreiungen zu führen ist:

1. Artikel III Nr. 1 des Abkommens zwischen der Bundesrepublik Deutschland und den Vereinigten Staaten von Amerika über die von der Bundesrepublik zu gewährenden Abgabenvergünstigungen für die von den Vereinigten Staaten im Interesse der gemeinsamen Verteidigung geleisteten Ausgaben (BGBl 1955 II S. 823);

2. Artikel 67 Abs. 3 des Zusatzabkommens zu dem Abkommen zwischen den Parteien des Nordatlantikvertrags über die Rechtsstellung ihrer Truppen hinsichtlich der in der Bundesrepublik Deutschland stationierten ausländischen Truppen (BGBl 1961 II S. 1183, 1218);
3. Artikel 14 Abs. 2 Buchstabe b und d des Abkommens zwischen der Bundesrepublik Deutschland und dem Obersten Hauptquartier der Alliierten Mächte, Europa, über die besonderen Bedingungen für die Einrichtung und den Betrieb internationaler militärischer Hauptquartiere in der Bundesrepublik Deutschland (BGBl 1969 II S. 1997, 2009).

(6) Das Bundesministerium der Finanzen kann dieses Gesetz und die auf Grund dieses Gesetzes erlassenen Rechtsverordnungen in der jeweils geltenden Fassung mit neuem Datum und unter neuer Überschrift im Bundesgesetzblatt bekannt machen.

## § 26a Bußgeldvorschriften[1)]

(1) Ordnungswidrig handelt, wer vorsätzlich oder leichtfertig

1. entgegen § 14 Abs. 2 Satz 1 Nr. 1 oder 2 Satz 2 eine Rechnung nicht oder nicht rechtzeitig ausstellt,
2. entgegen § 14b Abs. 1 Satz 1, auch in Verbindung mit Satz 4, ein dort bezeichnetes Doppel oder eine dort bezeichnete Rechnung nicht oder nicht mindestens zehn Jahre aufbewahrt,
3. entgegen § 14b Abs. 1 Satz 5 eine dort bezeichnete Rechnung, einen Zahlungsbeleg oder eine andere beweiskräftige Unterlage nicht oder nicht mindestens zwei Jahre aufbewahrt,
4. entgegen § 18 Abs. 12 Satz 3 die dort bezeichnete Bescheinigung nicht oder nicht rechtzeitig vorlegt,
5. entgegen § 18a Absatz 1 bis 3 in Verbindung mit Absatz 7 Satz 1, Absatz 8 oder Absatz 9 eine Zusammenfassende Meldung nicht, nicht richtig, nicht vollständig oder nicht rechtzeitig abgibt oder entgegen § 18a Absatz 10 eine Zusammenfassende Meldung nicht oder nicht rechtzeitig berichtigt,
6. einer Rechtsverordnung nach § 18c zuwiderhandelt, soweit sie für einen bestimmten Tatbestand auf die Bußgeldvorschrift verweist, oder
7. entgegen § 18d Satz 3 die dort bezeichneten Unterlagen nicht, nicht vollständig oder nicht rechtzeitig vorlegt.

(2) Die Ordnungswidrigkeit kann in den Fällen des Absatzes 1 Nr. 3 mit einer Geldbuße bis zu fünfhundert Euro, in den übrigen Fällen mit einer Geldbuße bis zu fünftausend Euro geahndet werden.

(3) Verwaltungsbehörde im Sinne des § 36 Absatz 1 Nummer 1 des Gesetzes über Ordnungswidrigkeiten ist in den Fällen des Absatzes 1 Nummer 5 und 6 das Bundeszentralamt für Steuern.

## § 26b Schädigung des Umsatzsteueraufkommens[2)]

(1) Ordnungswidrig handelt, wer die in einer Rechnung im Sinne von § 14 ausgewiesene Umsatzsteuer zu einem in § 18 Absatz 1 Satz 4 oder Abs. 4 Satz 1 oder 2 genannten Fälligkeitszeitpunkt nicht oder nicht vollständig entrichtet.

(2) Die Ordnungswidrigkeit kann mit einer Geldbuße bis zu fünfzigtausend Euro geahndet werden.

---

1) **Anm. d. Red.:** § 26a Abs. 1 i. d. F. des Gesetzes v. 8. 4. 2010 (BGBl I S. 386) mit Wirkung v. 1. 7. 2010; Abs. 3 i. d. F. des Gesetzes v. 25. 7. 2014 (BGBl I S. 1266) mit Wirkung v. 31. 7. 2014.
2) **Anm. d. Red.:** § 26b Abs. 1 i. d. F. des Gesetzes v. 26. 6. 2013 (BGBl I S. 1809) mit Wirkung v. 30. 6. 2013.

## § 26c Gewerbsmäßige oder bandenmäßige Schädigung des Umsatzsteueraufkommens

Mit Freiheitsstrafe bis zu fünf Jahren oder mit Geldstrafe wird bestraft, wer in den Fällen des § 26b gewerbsmäßig oder als Mitglied einer Bande, die sich zur fortgesetzten Begehung solcher Handlungen verbunden hat, handelt.

## § 27 Allgemeine Übergangsvorschriften[1)]

(1) ¹Änderungen dieses Gesetzes sind, soweit nichts anderes bestimmt ist, auf Umsätze im Sinne des § 1 Abs. 1 Nr. 1 und 5 anzuwenden, die ab dem Inkrafttreten der maßgeblichen Änderungsvorschrift ausgeführt werden. ²Das gilt für Lieferungen und sonstige Leistungen auch insoweit, als die Steuer dafür nach § 13 Abs. 1 Nr. 1 Buchstabe a Satz 4, Buchstabe b oder § 13b Absatz 4 Satz 2 vor dem Inkrafttreten der Änderungsvorschrift entstanden ist. ³Die Berechnung dieser Steuer ist für den Voranmeldungszeitraum zu berichtigen, in dem die Lieferung oder sonstige Leistung ausgeführt wird.

(1a) ¹§ 4 Nr. 14 ist auf Antrag auf vor dem 1. Januar 2000 erbrachte Umsätze aus der Tätigkeit als Sprachheilpädagoge entsprechend anzuwenden, soweit der Sprachheilpädagoge gemäß § 124 Abs. 2 des Fünften Buches Sozialgesetzbuch von den zuständigen Stellen der gesetzlichen Krankenkassen umfassend oder für bestimmte Teilgebiete der Sprachtherapie zur Abgabe von sprachtherapeutischen Heilmitteln zugelassen ist und die Voraussetzungen des § 4 Nr. 14 spätestens zum 1. Januar 2000 erfüllt. ²Bestandskräftige Steuerfestsetzungen können insoweit aufgehoben oder geändert werden.

(2) § 9 Abs. 2 ist nicht anzuwenden, wenn das auf dem Grundstück errichtete Gebäude
1. Wohnzwecken dient oder zu dienen bestimmt ist und vor dem 1. April 1985 fertig gestellt worden ist,
2. anderen nichtunternehmerischen Zwecken dient oder zu dienen bestimmt ist und vor dem 1. Januar 1986 fertig gestellt worden ist,
3. anderen als in den Nummern 1 und 2 bezeichneten Zwecken dient oder zu dienen bestimmt ist und vor dem 1. Januar 1998 fertig gestellt worden ist,

und wenn mit der Errichtung des Gebäudes in den Fällen der Nummern 1 und 2 vor dem 1. Juni 1984 und in den Fällen der Nummer 3 vor dem 11. November 1993 begonnen worden ist.

(3) § 14 Abs. 1a in der bis zum 31. Dezember 2003 geltenden Fassung ist auf Rechnungen anzuwenden, die nach dem 30. Juni 2002 ausgestellt werden, sofern die zugrunde liegenden Umsätze bis zum 31. Dezember 2003 ausgeführt wurden.

(4) ¹Die §§ 13b, 14 Abs. 1, § 14a Abs. 4 und 5 Satz 3 Nr. 3, § 15 Abs. 1 Satz 1 Nr. 4 und Abs. 4b, § 17 Abs. 1 Satz 1, § 18 Abs. 4a Satz 1, § 19 Abs. 1 Satz 3, § 22 Abs. 1 Satz 2 und Abs. 2 Nr. 8, § 25a Abs. 5 Satz 3 in der jeweils bis zum 31. Dezember 2003 geltenden Fassung sind auch auf Umsätze anzuwenden, die vor dem 1. Januar 2002 ausgeführt worden sind, soweit das Entgelt für diese Umsätze erst nach dem 31. Dezember 2001 gezahlt worden ist. ²Soweit auf das Entgelt oder Teile des Entgelts für nach dem 31. Dezember 2001 ausgeführte Umsätze vor dem 1. Januar 2002 das Abzugsverfahren nach § 18 Abs. 8 in der bis zum 31. Dezember 2001 geltenden Fassung angewendet worden ist, mindert sich die vom Leistungsempfänger nach § 13b geschuldete Steuer um die bisher im Abzugsverfahren vom leistenden Unternehmer geschuldete Steuer.

(5) ¹§ 3 Abs. 9a Satz 2, § 15 Abs. 1b, § 15a Abs. 3 Nr. 2 und § 15a Abs. 4 Satz 2 in der jeweils bis 31. Dezember 2003 geltenden Fassung sind auf Fahrzeuge anzuwenden, die nach dem 31. März 1999 und vor dem 1. Januar 2004 angeschafft oder hergestellt, eingeführt, innergemeinschaftlich erworben oder gemietet worden sind und für die der Vorsteuerabzug nach § 15 Abs. 1b vorgenommen worden ist. ²Dies gilt nicht für nach dem 1. Januar 2004 anfallende Vorsteuerbeträge, die auf die Miete oder den Betrieb dieser Fahrzeuge entfallen.

---

1) **Anm. d. Red.:** § 27 i. d. F. des Gesetzes v. 2. 11. 2015 (BGBl I S. 1834) mit Wirkung v. 1. 1. 2016.

(6) Umsätze aus der Nutzungsüberlassung von Sportanlagen können bis zum 31. Dezember 2004 in eine steuerfreie Grundstücksüberlassung und in eine steuerpflichtige Überlassung von Betriebsvorrichtungen aufgeteilt werden.

(7) § 13c ist anzuwenden auf Forderungen, die nach dem 7. November 2003 abgetreten, verpfändet oder gepfändet worden sind.

(8) § 15a Abs. 1 Satz 1 und Abs. 4 Satz 1 in der Fassung des Gesetzes vom 20. Dezember 2001 (BGBl I S. 3794) ist auch für Zeiträume vor dem 1. Januar 2002 anzuwenden, wenn der Unternehmer den Vorsteuerabzug im Zeitpunkt des Leistungsbezugs auf Grund der von ihm erklärten Verwendungsabsicht in Anspruch genommen hat und die Nutzung ab dem Zeitpunkt der erstmaligen Verwendung mit den für den Vorsteuerabzug maßgebenden Verhältnissen nicht übereinstimmt.

(9) § 18 Abs. 1 Satz 1 ist erstmals auf Voranmeldungszeiträume anzuwenden, die nach dem 31. Dezember 2004 enden.

(10) § 4 Nr. 21a in der bis 31. Dezember 2003 geltenden Fassung ist auf Antrag auf vor dem 1. Januar 2005 erbrachte Umsätze der staatlichen Hochschulen aus Forschungstätigkeit anzuwenden, wenn die Leistungen auf einem Vertrag beruhen, der vor dem 3. September 2003 abgeschlossen worden ist.

(11) § 15a in der Fassung des Artikels 5 des Gesetzes vom 9. Dezember 2004 (BGBl I S. 3310) ist auf Vorsteuerbeträge anzuwenden, deren zugrunde liegende Umsätze im Sinne des § 1 Abs. 1 nach dem 31. Dezember 2004 ausgeführt werden.

(12) Auf Vorsteuerbeträge, deren zugrunde liegende Umsätze im Sinne des § 1 Abs. 1 nach dem 31. Dezember 2006 ausgeführt werden, ist § 15a Abs. 3 und 4 in der am 1. Januar 2007 geltenden Fassung anzuwenden.

(13) § 18a Abs. 1 Satz 1, 4 und 5 in der Fassung des Artikels 7 des Gesetzes vom 13. Dezember 2006 (BGBl I S. 2878) ist erstmals auf Meldezeiträume anzuwenden, die nach dem 31. Dezember 2006 enden.

(14) § 18 Abs. 9 in der Fassung des Artikels 7 des Gesetzes vom 19. Dezember 2008 (BGBl I S. 2794) und § 18g sind auf Anträge auf Vergütung von Vorsteuerbeträgen anzuwenden, die nach dem 31. Dezember 2009 gestellt werden.

(15) § 14 Abs. 2 Satz 1 Nr. 2 und § 14 Abs. 3 Nr. 2 in der jeweils ab 1. Januar 2009 geltenden Fassung sind auf alle Rechnungen über Umsätze anzuwenden, die nach dem 31. Dezember 2008 ausgeführt werden.

(16) [1]§ 3 Absatz 9a Nummer 1, § 15 Absatz 1b, § 15a Absatz 6a und 8 Satz 2 in der Fassung des Artikels 4 des Gesetzes vom 8. Dezember 2010 (BGBl I S. 1768) sind nicht anzuwenden auf Wirtschaftsgüter im Sinne des § 15 Absatz 1b, die auf Grund eines vor dem 1. Januar 2011 rechtswirksam abgeschlossenen obligatorischen Vertrags oder gleichstehenden Rechtsakts angeschafft worden sind oder mit deren Herstellung vor dem 1. Januar 2011 begonnen worden ist. [2]Als Beginn der Herstellung gilt bei Gebäuden, für die eine Baugenehmigung erforderlich ist, der Zeitpunkt, in dem der Bauantrag gestellt wird; bei baugenehmigungsfreien Gebäuden, für die Bauunterlagen einzureichen sind, der Zeitpunkt, in dem die Bauunterlagen eingereicht werden.

(17) § 18 Absatz 3 in der Fassung des Artikels 4 des Gesetzes vom 8. Dezember 2010 (BGBl I S. 1768) ist erstmals auf Besteuerungszeiträume anzuwenden, die nach dem 31. Dezember 2010 enden.

(18) § 14 Absatz 1 und 3 ist in der ab 1. Juli 2011 geltenden Fassung auf alle Rechnungen über Umsätze anzuwenden, die nach dem 30. Juni 2011 ausgeführt werden.

(19) [1]Sind Unternehmer und Leistungsempfänger davon ausgegangen, dass der Leistungsempfänger die Steuer nach § 13b auf eine vor dem 15. Februar 2014 erbrachte steuerpflichtige Leistung schuldet, und stellt sich diese Annahme als unrichtig heraus, ist die gegen den leistenden Unternehmer wirkende Steuerfestsetzung zu ändern, soweit der Leistungsempfänger die Erstattung der Steuer fordert, die er in der Annahme entrichtet hatte, Steuerschuldner zu sein. [2]§ 176 der Abgabenordnung steht der Änderung nach Satz 1 nicht entgegen. [3]Das für den leis-

tenden Unternehmer zuständige Finanzamt kann auf Antrag zulassen, dass der leistende Unternehmer dem Finanzamt den ihm gegen den Leistungsempfänger zustehenden Anspruch auf Zahlung der gesetzlich entstandenen Umsatzsteuer abtritt, wenn die Annahme der Steuerschuld des Leistungsempfängers im Vertrauen auf eine Verwaltungsanweisung beruhte und der leistende Unternehmer bei der Durchsetzung des abgetretenen Anspruchs mitwirkt. [4]Die Abtretung wirkt an Zahlungs statt, wenn

1. der leistende Unternehmer dem Leistungsempfänger eine erstmalige oder geänderte Rechnung mit offen ausgewiesener Umsatzsteuer ausstellt,
2. die Abtretung an das Finanzamt wirksam bleibt,
3. dem Leistungsempfänger diese Abtretung unverzüglich mit dem Hinweis angezeigt wird, dass eine Zahlung an den leistenden Unternehmer keine schuldbefreiende Wirkung mehr hat, und
4. der leistende Unternehmer seiner Mitwirkungspflicht nachkommt.

(20) § 18h Absatz 3 und 4 in der Fassung des Artikels 8 des Gesetzes vom 25. Juli 2014 (BGBl I S. 1266) ist erstmals auf Besteuerungszeiträume anzuwenden, die nach dem 31. Dezember 2014 enden.

(21) § 18 Absatz 2 in der am 1. Januar 2015 geltenden Fassung ist erstmals auf Voranmeldungszeiträume anzuwenden, die nach dem 31. Dezember 2014 enden.

(22) [1]§ 2 Absatz 3 in der am 31. Dezember 2015 geltenden Fassung ist auf Umsätze, die nach dem 31. Dezember 2015 und vor dem 1. Januar 2017 ausgeführt werden, weiterhin anzuwenden. [2]§ 2b in der am 1. Januar 2016 geltenden Fassung ist auf Umsätze anzuwenden, die nach dem 31. Dezember 2016 ausgeführt werden. [3]Die juristische Person des öffentlichen Rechts kann dem Finanzamt gegenüber einmalig erklären, dass sie § 2 Absatz 3 in der am 31. Dezember 2015 geltenden Fassung für sämtliche nach dem 31. Dezember 2016 und vor dem 1. Januar 2021 ausgeführte Leistungen weiterhin anwendet. [4]Eine Beschränkung der Erklärung auf einzelne Tätigkeitsbereiche oder Leistungen ist nicht zulässig. [5]Die Erklärung ist bis zum 31. Dezember 2016 abzugeben. [6]Sie kann nur mit Wirkung vom Beginn eines auf die Abgabe folgenden Kalenderjahres an widerrufen werden.

### § 27a Umsatzsteuer-Identifikationsnummer[1)]

(1) [1]Das Bundeszentralamt für Steuern erteilt Unternehmern im Sinne des § 2 auf Antrag eine Umsatzsteuer-Identifikationsnummer. [2]Das Bundeszentralamt für Steuern erteilt auch juristischen Personen, die nicht Unternehmer sind oder die Gegenstände nicht für ihr Unternehmen erwerben, eine Umsatzsteuer-Identifikationsnummer, wenn sie diese für innergemeinschaftliche Erwerbe benötigen. [3]Im Fall der Organschaft wird auf Antrag für jede juristische Person eine eigene Umsatzsteuer-Identifikationsnummer erteilt. [4]Der Antrag auf Erteilung einer Umsatzsteuer-Identifikationsnummer nach den Sätzen 1 bis 3 ist schriftlich zu stellen. [5]In dem Antrag sind Name, Anschrift und Steuernummer, unter der der Antragsteller umsatzsteuerlich geführt wird, anzugeben.

(2) [1]Die Landesfinanzbehörden übermitteln dem Bundeszentralamt für Steuern die für die Erteilung der Umsatzsteuer-Identifikationsnummer nach Absatz 1 erforderlichen Angaben über die bei ihnen umsatzsteuerlich geführten natürlichen und juristischen Personen und Personenvereinigungen. [2]Diese Angaben dürfen nur für die Erteilung einer Umsatzsteuer-Identifikationsnummer, für Zwecke der Verordnung (EU) Nr. 904/2010 des Rates vom 7. Oktober 2010 über die Zusammenarbeit der Verwaltungsbehörden und die Betrugsbekämpfung auf dem Gebiet der Mehrwertsteuer (ABl L 268 vom 12.10.2010, S.1), für die Umsatzsteuerkontrolle, für Zwecke der Amtshilfe zwischen den zuständigen Behörden anderer Staaten in Umsatzsteuersachen sowie für Übermittlungen an das Statistische Bundesamt nach § 2a des Statistikregistergesetzes

---

1) Anm. d. Red.: § 27a Abs. 1 i. d. F. des Gesetzes v. 8.4.2010 (BGBl I S. 386) mit Wirkung v. 1.1.2010; Abs. 2 i. d. F. des Gesetzes v. 26.6.2013 (BGBl I S. 1809) mit Wirkung v. 30.6.2013.

verarbeitet oder genutzt werden. ³Das Bundeszentralamt für Steuern übermittelt den Landesfinanzbehörden die erteilten Umsatzsteuer-Identifikationsnummern und die Daten, die sie für die Umsatzsteuerkontrolle benötigen.

## § 27b Umsatzsteuer-Nachschau[1]

(1) ¹Zur Sicherstellung einer gleichmäßigen Festsetzung und Erhebung der Umsatzsteuer können die damit betrauten Amtsträger der Finanzbehörde ohne vorherige Ankündigung und außerhalb einer Außenprüfung Grundstücke und Räume von Personen, die eine gewerbliche oder berufliche Tätigkeit selbständig ausüben, während der Geschäfts- und Arbeitszeiten betreten, um Sachverhalte festzustellen, die für die Besteuerung erheblich sein können (Umsatzsteuer-Nachschau). ²Wohnräume dürfen gegen den Willen des Inhabers nur zur Verhütung dringender Gefahren für die öffentliche Sicherheit und Ordnung betreten werden.

(2) ¹Soweit dies zur Feststellung einer steuerlichen Erheblichkeit zweckdienlich ist, haben die von der Umsatzsteuer-Nachschau betroffenen Personen den damit betrauten Amtsträgern auf Verlangen Aufzeichnungen, Bücher, Geschäftspapiere und andere Urkunden über die der Umsatzsteuer-Nachschau unterliegenden Sachverhalte vorzulegen und Auskünfte zu erteilen. ²Wurden die in Satz 1 genannten Unterlagen mit Hilfe eines Datenverarbeitungssystems erstellt, können die mit der Umsatzsteuer-Nachschau betrauten Amtsträger auf Verlangen die gespeicherten Daten über die der Umsatzsteuer-Nachschau unterliegenden Sachverhalte einsehen und soweit erforderlich hierfür das Datenverarbeitungssystem nutzen. ³Dies gilt auch für elektronische Rechnungen nach § 14 Absatz 1 Satz 8.

(3) ¹Wenn die bei der Umsatzsteuer-Nachschau getroffenen Feststellungen hierzu Anlass geben, kann ohne vorherige Prüfungsanordnung (§ 196 der Abgabenordnung) zu einer Außenprüfung nach § 193 der Abgabenordnung übergegangen werden. ²Auf den Übergang zur Außenprüfung wird schriftlich hingewiesen.

(4) Werden anlässlich der Umsatzsteuer-Nachschau Verhältnisse festgestellt, die für die Festsetzung und Erhebung anderer Steuern als der Umsatzsteuer erheblich sein können, so ist die Auswertung der Feststellungen insoweit zulässig, als ihre Kenntnis für die Besteuerung der in Absatz 1 genannten Personen oder anderer Personen von Bedeutung sein kann.

## § 28 Zeitlich begrenzte Fassungen einzelner Gesetzesvorschriften[2]

(1) bis (3) (weggefallen)

(4) § 12 Abs. 2 Nr. 10 gilt bis zum 31. Dezember 2011 in folgender Fassung:

„10. a) die Beförderungen von Personen mit Schiffen,

b) die Beförderungen von Personen im Schienenbahnverkehr, im Verkehr mit Oberleitungsomnibussen, im genehmigten Linienverkehr mit Kraftfahrzeugen, im Verkehr mit Taxen, mit Drahtseilbahnen und sonstigen mechanischen Aufstiegshilfen aller Art und die Beförderungen im Fährverkehr

aa) innerhalb einer Gemeinde oder

bb) wenn die Beförderungsstrecke nicht mehr als 50 Kilometer beträgt;".

## § 29 Umstellung langfristiger Verträge

(1) ¹Beruht die Leistung auf einem Vertrag, der nicht später als vier Kalendermonate vor dem Inkrafttreten dieses Gesetzes abgeschlossen worden ist, so kann, falls nach diesem Gesetz ein anderer Steuersatz anzuwenden ist, der Umsatz steuerpflichtig, steuerfrei oder nicht steuerbar wird, der eine Vertragsteil von dem anderen einen angemessenen Ausgleich der umsatzsteuerlichen Mehr- oder Minderbelastung verlangen. ²Satz 1 gilt nicht, soweit die Parteien etwas ande-

---

1) **Anm. d. Red.:** § 27b Abs. 2 i. d. F. des Gesetzes v. 1. 11. 2011 (BGBl I S. 2131) mit Wirkung v. 1. 7. 2011.
2) **Anm. d. Red.:** § 28 Abs. 4 i. d. F. des Gesetzes v. 22. 12. 2009 (BGBl I S. 3950) mit Wirkung v. 1. 1. 2010.

## § 29 XXVI. Umsatzsteuergesetz

res vereinbart haben. ³Ist die Höhe der Mehr- oder Minderbelastung streitig, so ist § 287 Abs. 1 der Zivilprozessordnung entsprechend anzuwenden.

(2) Absatz 1 gilt sinngemäß bei einer Änderung dieses Gesetzes.

## Anlage 1 (zu § 4 Nr. 4a)[1]
**Liste der Gegenstände, die der Umsatzsteuerlagerregelung unterliegen können**

| Lfd. Nr. | Warenbezeichnung | Zolltarif (Kapitel, Position, Unterposition) |
|---|---|---|
| 1 | Kartoffeln, frisch oder gekühlt | Position 0701 |
| 2 | Oliven, vorläufig haltbar gemacht (z. B. durch Schwefeldioxid oder in Wasser, dem Salz, Schwefeldioxid oder andere vorläufig konservierend wirkende Stoffe zugesetzt sind), zum unmittelbaren Genuss nicht geeignet | Unterposition 0711 20 |
| 3 | Schalenfrüchte, frisch oder getrocknet, auch ohne Schalen oder enthäutet | Positionen 0801 und 0802 |
| 4 | Kaffee, nicht geröstet, nicht entkoffeiniert, entkoffeiniert | Unterpositionen 0901 11 00 und 0901 12 00 |
| 5 | Tee, auch aromatisiert | Position 0902 |
| 6 | Getreide | Positionen 1001 bis 1005, 1007 00 und 1008 |
| 7 | Rohreis (Paddy-Reis) | Unterposition 1006 10 |
| 8 | Ölsamen und ölhaltige Früchte | Positionen 1201 00 bis 1207 |
| 9 | Pflanzliche Fette und Öle und deren Fraktionen, roh, auch raffiniert, jedoch nicht chemisch modifiziert | Positionen 1507 bis 1515 |
| 10 | Rohzucker | Unterpositionen 1701 11 und 1701 12 |
| 11 | Kakaobohnen und Kakaobohnenbruch, roh oder geröstet | Position 1801 00 00 |
| 12 | Mineralöle (einschließlich Propan und Butan sowie Rohöle aus Erdöl) | Positionen 2709 00, 2710, Unterpositionen 2711 12 und 2711 13 |
| 13 | Erzeugnisse der chemischen Industrie | Kapitel 28 und 29 |
| 14 | Kautschuk, in Primärformen oder in Platten, Blättern oder Streifen | Positionen 4001 und 4002 |
| 15 | Chemische Halbstoffe aus Holz, ausgenommen solche zum Auflösen; Halbstoffe aus Holz, durch Kombination aus mechanischem und chemischem Aufbereitungsverfahren hergestellt | Positionen 4703 bis 4705 00 00 |
| 16 | Wolle, weder gekrempelt noch gekämmt | Position 5101 |
| 17 | Silber, in Rohform oder Pulver | aus Position 7106 |
| 18 | Gold, in Rohform oder als Pulver, zu nicht monetären Zwecken | Unterpositionen 7108 11 00 und 7108 12 00 |

1) **Anm. d. Red.:** Anlage 1 i. d. F. des Gesetzes v. 13. 12. 2006 (BGBl I S. 2878) mit Wirkung v. 19. 12. 2006.

# Anlage 2

XXVI. Umsatzsteuergesetz

| Lfd. Nr. | Warenbezeichnung | Zolltarif (Kapitel, Position, Unterposition) |
|---|---|---|
| 19 | Platin, in Rohform oder als Pulver | aus Position 7110 |
| 20 | Eisen- und Stahlerzeugnisse | Positionen 7207 bis 7212, 7216, 7219, 7220, 7225 und 7226 |
| 21 | Nicht raffiniertes Kupfer und Kupferanoden zum elektrolytischen Raffinieren; raffiniertes Kupfer und Kupferlegierungen, in Rohform; Kupfervorlegierungen; Draht aus Kupfer | Positionen 7402 00 00, 7403, 7405 00 00 und 7408 |
| 22 | Nickel in Rohform | Position 7502 |
| 23 | Aluminium in Rohform | Position 7601 |
| 24 | Blei in Rohform | Position 7801 |
| 25 | Zink in Rohform | Position 7901 |
| 26 | Zinn in Rohform | Position 8001 |
| 27 | Andere unedle Metalle, ausgenommen Waren daraus und Abfälle und Schrott | aus Positionen 8101 bis 8112 |

Die Gegenstände dürfen nicht für die Lieferung auf der Einzelhandelsstufe aufgemacht sein.

## Anlage 2 (zu § 12 Abs. 2 Nr. 1 und 2)[1]
### Liste der dem ermäßigten Steuersatz unterliegenden Gegenstände

| Lfd. Nr. | Warenbezeichnung | Zolltarif (Kapitel, Position, Unterposition) |
|---|---|---|
| 1 | Lebende Tiere, und zwar | |
| | a) (weggefallen) | |
| | b) Maultiere und Maulesel, | aus Position 0101 |
| | c) Hausrinder einschließlich reinrassiger Zuchttiere, | aus Position 0102 |
| | d) Hausschweine einschließlich reinrassiger Zuchttiere, | aus Position 0103 |
| | e) Hausschafe einschließlich reinrassiger Zuchttiere, | aus Position 0104 |
| | f) Hausziegen einschließlich reinrassiger Zuchttiere, | aus Position 0104 |
| | g) Hausgeflügel (Hühner, Enten, Gänse, Truthühner und Perlhühner), | Position 0105 |
| | h) Hauskaninchen, | aus Position 0106 |
| | i) Haustauben, | aus Position 0106 |
| | j) Bienen, | aus Position 0106 |
| | k) ausgebildete Blindenführhunde | aus Position 0106 |
| 2 | Fleisch und genießbare Schlachtnebenerzeugnisse | Kapitel 2 |

1) **Anm. d. Red.:** Anlage 2 i. d. F. des Gesetzes v. 25. 7. 2014 (BGBl I S. 1266) mit Wirkung v. 1. 1. 2015.

| Lfd. Nr. | Warenbezeichnung | Zolltarif (Kapitel, Position, Unterposition) |
|---|---|---|
| 3 | Fische und Krebstiere, Weichtiere und andere wirbellose Wassertiere, ausgenommen Zierfische, Langusten, Hummer, Austern und Schnecken | aus Kapitel 3 |
| 4 | Milch und Milcherzeugnisse; Vogeleier und Eigelb, ausgenommen ungenießbare Eier ohne Schale und ungenießbares Eigelb; natürlicher Honig | aus Kapitel 4 |
| 5 | Andere Waren tierischen Ursprungs, und zwar | |
| | a) Mägen von Hausrindern und Hausgeflügel, | aus Position 0504 00 00 |
| | b) (weggefallen) | |
| | c) rohe Knochen | aus Position 0506 |
| 6 | Bulben, Zwiebeln, Knollen, Wurzelknollen und Wurzelstöcke, ruhend, im Wachstum oder in Blüte; Zichorienpflanzen und -wurzeln | Position 0601 |
| 7 | Andere lebende Pflanzen einschließlich ihrer Wurzeln, Stecklinge und Pfropfreiser; Pilzmyzel | Position 0602 |
| 8 | Blumen und Blüten sowie deren Knospen, geschnitten, zu Binde- oder Zierzwecken, frisch | aus Position 0603 |
| 9 | Blattwerk, Blätter, Zweige und andere Pflanzenteile, ohne Blüten und Blütenknospen, sowie Gräser, Moose und Flechten, zu Binde- oder Zierzwecken, frisch | aus Position 0604 |
| 10 | Gemüse, Pflanzen, Wurzeln und Knollen, die zu Ernährungszwecken verwendet werden, und zwar | |
| | a) Kartoffeln, frisch oder gekühlt, | Position 0701 |
| | b) Tomaten, frisch oder gekühlt, | Position 0702 00 00 |
| | c) Speisezwiebeln, Schalotten, Knoblauch, Porree/Lauch und andere Gemüse der Allium-Arten, frisch oder gekühlt, | Position 0703 |
| | d) Kohl, Blumenkohl/Karfiol, Kohlrabi, Wirsingkohl und ähnliche genießbare Kohlarten der Gattung Brassica, frisch oder gekühlt, | Position 0704 |
| | e) Salate (Lactuca sativa) und Chicorée (Cichorium-Arten), frisch oder gekühlt, | Position 0705 |
| | f) Karotten und Speisemöhren, Speiserüben, Rote Rüben, Schwarzwurzeln, Knollensellerie, Rettiche und ähnliche genießbare Wurzeln, frisch oder gekühlt, | Position 0706 |
| | g) Gurken und Cornichons, frisch oder gekühlt, | Position 0707 00 |
| | h) Hülsenfrüchte, auch ausgelöst, frisch oder gekühlt, | Position 0708 |
| | i) anderes Gemüse, frisch oder gekühlt, | Position 0709 |
| | j) Gemüse, auch in Wasser oder Dampf gekocht, gefroren, | Position 0710 |
| | k) Gemüse, vorläufig haltbar gemacht (z. B. durch Schwefeldioxid oder in Wasser, dem Salz, Schwefeldioxid oder andere vorläufig konservierend wirkende Stoffe zugesetzt sind), zum unmittelbaren Genuss nicht geeignet, | Position 0711 |
| | l) Gemüse, getrocknet, auch in Stücke oder Scheiben geschnitten, als Pulver oder sonst zerkleinert, jedoch nicht weiter zubereitet, | Position 0712 |

# Anlage 2  XXVI. Umsatzsteuergesetz

| Lfd. Nr. | Warenbezeichnung | Zolltarif (Kapitel, Position, Unterposition) |
|---|---|---|
| | m) getrocknete, ausgelöste Hülsenfrüchte, auch geschält oder zerkleinert, | Position 0713 |
| | n) Topinambur | aus Position 0714 |
| 11 | Genießbare Früchte und Nüsse | Positionen 0801 bis 0813 |
| 12 | Kaffee, Tee, Mate und Gewürze | Kapitel 9 |
| 13 | Getreide | Kapitel 10 |
| 14 | Müllereierzeugnisse, und zwar | |
| | a) Mehl von Getreide, | Positionen 1101 00 und 1102 |
| | b) Grobgrieß, Feingrieß und Pellets von Getreide, | Position 1103 |
| | c) Getreidekörner, anders bearbeitet; Getreidekeime, ganz, gequetscht, als Flocken oder gemahlen | Position 1104 |
| 15 | Mehl, Grieß, Pulver, Flocken, Granulat und Pellets von Kartoffeln | Position 1105 |
| 16 | Mehl, Grieß und Pulver von getrockneten Hülsenfrüchten sowie Mehl, Grieß und Pulver von genießbaren Früchten | aus Position 1106 |
| 17 | Stärke | aus Position 1108 |
| 18 | Ölsamen und ölhaltige Früchte sowie Mehl hiervon | Positionen 1201 00 bis 1208 |
| 19 | Samen, Früchte und Sporen, zur Aussaat | Position 1209 |
| 20 | (weggefallen) | |
| 21 | Rosmarin, Beifuß und Basilikum in Aufmachungen für den Küchengebrauch sowie Dost, Minzen, Salbei, Kamillenblüten und Haustee | aus Position 1211 |
| 22 | Johannisbrot und Zuckerrüben, frisch oder getrocknet, auch gemahlen; Steine und Kerne von Früchten sowie andere pflanzliche Waren (einschließlich nichtgerösteter Zichorienwurzeln der Varietät Cichorium intybus sativum) der hauptsächlich zur menschlichen Ernährung verwendeten Art, anderweit weder genannt noch inbegriffen; ausgenommen Algen, Tange und Zuckerrohr | aus Position 1212 |
| 23 | Stroh und Spreu von Getreide sowie verschiedene zur Fütterung verwendete Pflanzen | Positionen 1213 00 00 und 1214 |
| 24 | Pektinstoffe, Pektinate und Pektate | Unterposition 1302 20 |
| 25 | (weggefallen) | |
| 26 | Genießbare tierische und pflanzliche Fette und Öle, auch verarbeitet, und zwar | |
| | a) Schweineschmalz, anderes Schweinefett und Geflügelfett, | aus Position 1501 00 |
| | b) Fett von Rindern, Schafen oder Ziegen, ausgeschmolzen oder mit Lösungsmitteln ausgezogen, | aus Position 1502 00 |

| Lfd. Nr. | Warenbezeichnung | Zolltarif (Kapitel, Position, Unterposition) |
|---|---|---|
| | c) Oleomargarin, | aus Position 1503 00 |
| | d) fette pflanzliche Öle und pflanzliche Fette sowie deren Fraktionen, auch raffiniert, | aus Positionen 1507 bis 1515 |
| | e) tierische und pflanzliche Fette und Öle sowie deren Fraktionen, ganz oder teilweise hydriert, umgeestert, wiederverestert oder elaidiniert, auch raffiniert, jedoch nicht weiterverarbeitet, ausgenommen hydriertes Rizinusöl (sog. Opalwachs), | aus Position 1516 |
| | f) Margarine; genießbare Mischungen und Zubereitungen von tierischen oder pflanzlichen Fetten und Ölen sowie von Fraktionen verschiedener Fette und Öle, ausgenommen Form- und Trennöle | aus Position 1517 |
| 27 | (weggefallen) | |
| 28 | Zubereitungen von Fleisch, Fischen oder von Krebstieren, Weichtieren und anderen wirbellosen Wassertieren, ausgenommen Kaviar sowie zubereitete oder haltbar gemachte Langusten, Hummer, Austern und Schnecken | aus Kapitel 16 |
| 29 | Zucker und Zuckerwaren | Kapitel 17 |
| 30 | Kakaopulver ohne Zusatz von Zucker oder anderen Süßmitteln sowie Schokolade und andere kakaohaltige Lebensmittelzubereitungen | Positionen 1805 00 00 und 1806 |
| 31 | Zubereitungen aus Getreide, Mehl, Stärke oder Milch; Backwaren | Kapitel 19 |
| 32 | Zubereitungen von Gemüse, Früchten, Nüssen oder anderen Pflanzenteilen, ausgenommen Frucht- und Gemüsesäfte | Positionen 2001 bis 2008 |
| 33 | Verschiedene Lebensmittelzubereitungen | Kapitel 21 |
| 34 | Wasser, ausgenommen<br>— Trinkwasser, einschließlich Quellwasser und Tafelwasser, das in zur Abgabe an den Verbraucher bestimmten Fertigpackungen in den Verkehr gebracht wird,<br>— Heilwasser und<br>— Wasserdampf | aus Unterposition 2201 90 00 |
| 35 | Milchmischgetränke mit einem Anteil an Milch oder Milcherzeugnissen (z. B. Molke) von mindestens 75 Prozent des Fertigerzeugnisses | aus Position 2202 |
| 36 | Speiseessig | Position 2209 00 |
| 37 | Rückstände und Abfälle der Lebensmittelindustrie; zubereitetes Futter | Kapitel 23 |
| 38 | (weggefallen) | |
| 39 | Speisesalz, nicht in wässriger Lösung | aus Position 2501 00 |

# Anlage 2

XXVI. Umsatzsteuergesetz

| Lfd. Nr. | Warenbezeichnung | Zolltarif (Kapitel, Position, Unterposition) |
|---|---|---|
| 40 | a) handelsübliches Ammoniumcarbonat und andere Ammoniumcarbonate, | Unterposition 2836 99 17 |
|  | b) Natriumhydrogencarbonat (Natriumbicarbonat) | Unterposition 2836 30 00 |
| 41 | D-Glucitol (Sorbit), auch mit Zusatz von Saccharin oder dessen Salzen | Unterpositionen 2905 44 und 2106 90 |
| 42 | Essigsäure | Unterposition 2915 21 00 |
| 43 | Natriumsalz und Kaliumsalz des Saccharins | aus Unterposition 2925 11 00 |
| 44 | (weggefallen) | |
| 45 | Tierische oder pflanzliche Düngemittel mit Ausnahme von Guano, auch untereinander gemischt, jedoch nicht chemisch behandelt; durch Mischen von tierischen oder pflanzlichen Erzeugnissen gewonnene Düngemittel | aus Position 3101 00 00 |
| 46 | Mischungen von Riechstoffen und Mischungen (einschließlich alkoholischer Lösungen) auf der Grundlage eines oder mehrerer dieser Stoffe, in Aufmachungen für den Küchengebrauch | aus Unterposition 3302 10 |
| 47 | Gelatine | aus Position 3503 00 |
| 48 | Holz, und zwar | |
|  | a) Brennholz in Form von Rundlingen, Scheiten, Zweigen, Reisigbündeln oder ähnlichen Formen, | Unterposition 4401 10 00 |
|  | b) Sägespäne, Holzabfälle und Holzausschuss, auch zu Pellets, Briketts, Scheiten oder ähnlichen Formen zusammengepresst | Unterposition 4401 30 |
| 49 | Bücher, Zeitungen und andere Erzeugnisse des grafischen Gewerbes mit Ausnahme der Erzeugnisse, für die Beschränkungen als jugendgefährdende Trägermedien bzw. Hinweispflichten nach § 15 Abs. 1 bis 3 und 6 des Jugendschutzgesetzes in der jeweils geltenden Fassung bestehen, sowie der Veröffentlichungen, die überwiegend Werbezwecken (einschließlich Reisewerbung) dienen, und zwar | |
|  | a) Bücher, Broschüren und ähnliche Drucke, auch in Teilheften, losen Bogen oder Blättern, zum Broschieren, Kartonieren oder Binden bestimmt, sowie Zeitungen und andere periodische Druckschriften kartoniert, gebunden oder in Sammlungen mit mehr als einer Nummer in gemeinsamem Umschlag (ausgenommen solche, die überwiegend Werbung enthalten), | aus Positionen 4901, 9705 00 00 und 9706 00 00 |

| Lfd. Nr. | Warenbezeichnung | Zolltarif (Kapitel, Position, Unterposition) |
|---|---|---|
| | b) Zeitungen und andere periodische Druckschriften, auch mit Bildern oder Werbung enthaltend (ausgenommen Anzeigenblätter, Annoncen-Zeitungen und dergleichen, die überwiegend Werbung enthalten), | aus Position 4902 |
| | c) Bilderalben, Bilderbücher und Zeichen- oder Malbücher, für Kinder, | aus Position 4903 00 00 |
| | d) Noten, handgeschrieben oder gedruckt, auch mit Bildern, auch gebunden, | aus Position 4904 00 00 |
| | e) kartografische Erzeugnisse aller Art, einschließlich Wandkarten, topografischer Pläne und Globen, gedruckt, | aus Position 4905 |
| | f) Briefmarken und dergleichen (z. B. Ersttagsbriefe, Ganzsachen) als Sammlungsstücke | aus Positionen 4907 00 und 9704 00 00 |
| 50 | Platten, Bänder, nicht flüchtige Halbleiterspeichervorrichtungen, „intelligente Karten (smart cards)" und andere Tonträger oder ähnliche Aufzeichnungsträger, die ausschließlich die Tonaufzeichnung der Lesung eines Buches enthalten, mit Ausnahme der Erzeugnisse, für die Beschränkungen als jugendgefährdende Trägermedien bzw. Hinweispflichten nach § 15 Absatz 1 bis 3 und 6 des Jugendschutzgesetzes in der jeweils geltenden Fassung bestehen | aus Position 8523 |
| 51 | Rollstühle und andere Fahrzeuge für Behinderte, auch mit Motor oder anderer Vorrichtung zur mechanischen Fortbewegung | Position 8713 |
| 52 | Körperersatzstücke, orthopädische Apparate und andere orthopädische Vorrichtungen sowie Vorrichtungen zum Beheben von Funktionsschäden oder Gebrechen, für Menschen, und zwar | |
| | a) künstliche Gelenke, ausgenommen Teile und Zubehör, | aus Unterposition 9021 31 00 |
| | b) orthopädische Apparate und andere orthopädische Vorrichtungen einschließlich Krücken sowie medizinisch-chirurgischer Gürtel und Bandagen, ausgenommen Teile und Zubehör, | aus Unterposition 9021 10 |
| | c) Prothesen, ausgenommen Teile und Zubehör, | aus Unterpositionen 9021 21, 9021 29 00 und 9021 39 |
| | d) Schwerhörigengeräte, Herzschrittmacher und andere Vorrichtungen zum Beheben von Funktionsschäden oder Gebrechen, zum Tragen in der Hand oder am Körper oder zum Einpflanzen in den Organismus, ausgenommen Teile und Zubehör | Unterpositionen 9021 40 00 und 9021 50 00, aus Unterposition 9021 90 |

# Anlage 3

XXVI. Umsatzsteuergesetz

| Lfd. Nr. | Warenbezeichnung | Zolltarif (Kapitel, Position, Unterposition) |
|---|---|---|
| 53 | Kunstgegenstände, und zwar | |
| | a) Gemälde und Zeichnungen, vollständig mit der Hand geschaffen, sowie Collagen und ähnliche dekorative Bildwerke, | Position 9701 |
| | b) Originalstiche, -schnitte und -steindrucke, | Position 9702 00 00 |
| | c) Originalerzeugnisse der Bildhauerkunst, aus Stoffen aller Art | Position 9703 00 00 |
| 54 | Sammlungsstücke, | |
| | a) zoologische, botanische, mineralogische oder anatomische, und Sammlungen dieser Art, | aus Position 9705 00 00 |
| | b) von geschichtlichem, archäologischem, paläontologischem oder völkerkundlichem Wert, | aus Position 9705 00 00 |
| | c) von münzkundlichem Wert, und zwar | |
| | aa) kursungültige Banknoten einschließlich Briefmarkengeld und Papiernotgeld, | aus Position 9705 00 00 |
| | bb) Münzen aus unedlen Metallen, | aus Position 9705 00 00 |
| | cc) Münzen und Medaillen aus Edelmetallen, wenn die Bemessungsgrundlage für die Umsätze dieser Gegenstände mehr als 250 Prozent des unter Zugrundelegung des Feingewichts berechneten Metallwerts ohne Umsatzsteuer beträgt | aus Positionen 7118, 9705 00 00 und 9706 00 00 |

## Anlage 3 (zu § 13b Absatz 2 Nummer 7)[1]
### Liste der Gegenstände im Sinne des § 13b Absatz 2 Nummer 7

| Lfd. Nr. | Warenbezeichnung | Zolltarif (Kapitel, Position, Unterposition) |
|---|---|---|
| 1 | Granulierte Schlacke (Schlackensand) aus der Eisen- und Stahlherstellung | Unterposition 2618 00 00 |
| 2 | Schlacken (ausgenommen granulierte Schlacke), Zunder und andere Abfälle der Eisen- und Stahlherstellung | Unterposition 2619 00 |
| 3 | Schlacken, Aschen und Rückstände (ausgenommen solche der Eisen- und Stahlherstellung), die Metalle, Arsen oder deren Verbindungen enthalten | Position 2620 |

[1] **Anm. d. Red.:** Anlage 3 eingefügt gem. Gesetz v. 8. 12. 2010 (BGBl I S. 1768) mit Wirkung v. 1. 1. 2011.

| Lfd. Nr. | Warenbezeichnung | Zolltarif (Kapitel, Position, Unterposition) |
|---|---|---|
| 4 | Abfälle, Schnitzel und Bruch von Kunststoffen | Position 3915 |
| 5 | Abfälle, Bruch und Schnitzel von Weichkautschuk, auch zu Pulver oder Granulat zerkleinert | Unterposition 4004 00 00 |
| 6 | Bruchglas und andere Abfälle und Scherben von Glas | Unterposition 7001 00 10 |
| 7 | Abfälle und Schrott von Edelmetallen oder Edelmetallplattierungen; andere Abfälle und Schrott, Edelmetalle oder Edelmetallverbindungen enthaltend, von der hauptsächlich zur Wiedergewinnung von Edelmetallen verwendeten Art | Position 7112 |
| 8 | Abfälle und Schrott, aus Eisen oder Stahl; Abfallblöcke aus Eisen oder Stahl | Position 7204 |
| 9 | Abfälle und Schrott, aus Kupfer | Position 7404 |
| 10 | Abfälle und Schrott, aus Nickel | Position 7503 |
| 11 | Abfälle und Schrott, aus Aluminium | Position 7602 |
| 12 | Abfälle und Schrott, aus Blei | Position 7802 |
| 13 | Abfälle und Schrott, aus Zink | Position 7902 |
| 14 | Abfälle und Schrott, aus Zinn | Position 8002 |
| 15 | Abfälle und Schrott, aus anderen unedlen Metallen | aus Positionen 8101 bis 8113 |
| 16 | Abfälle und Schrott, von elektrischen Primärelementen, Primärbatterien und Akkumulatoren; ausgebrauchte elektrische Primärelemente, Primärbatterien und Akkumulatoren | Unterposition 8548 10 |

## Anlage 4 (zu § 13b Absatz 2 Nummer 11)[1]

**Liste der Gegenstände, für deren Lieferung der Leistungsempfänger die Steuer schuldet**

| Lfd. Nr. | Warenbezeichnung | Zolltarif (Kapitel, Position, Unterposition) |
|---|---|---|
| 1 | Silber, in Rohform oder als Halbzeug oder Pulver; Silberplattierungen auf unedlen Metallen, in Rohform oder als Halbzeug | Positionen 7106 und 7107 |
| 2 | Platin, in Rohform oder als Halbzeug oder Pulver; Platinplattierungen auf unedlen Metallen, auf Silber oder auf Gold, in Rohform oder als Halbzeug | Position 7110 und Unterposition 7111 00 00 |

---

1) **Anm. d. Red.:** Anlage 4 i. d. F. des Gesetzes v. 2. 11. 2015 (BGBl I S. 1834) mit Wirkung v. 6. 11. 2015.

# Anlage 4

XXVI. Umsatzsteuergesetz

| Lfd. Nr. | Warenbezeichnung | Zolltarif (Kapitel, Position, Unterposition) |
|---|---|---|
| 3 | Roheisen oder Spiegeleisen, in Masseln, Blöcken oder anderen Rohformen; Körner und Pulver aus Roheisen, Spiegeleisen, Eisen oder Stahl; Rohblöcke und andere Rohformen aus Eisen oder Stahl; Halbzeug aus Eisen oder Stahl | Positionen 7201, 7205 bis 7207, 7218 und 7224 |
| 4 | Nicht raffiniertes Kupfer und Kupferanoden zum elektrolytischen Raffinieren; raffiniertes Kupfer und Kupferlegierungen, in Rohform; Kupfervorlegierungen; Pulver und Flitter aus Kupfer | Positionen 7402, 7403, 7405 und 7406 |
| 5 | Nickelmatte, Nickeloxidsinter und andere Zwischenerzeugnisse der Nickelmetallurgie; Nickel in Rohform; Pulver und Flitter, aus Nickel | Positionen 7501, 7502 und 7504 |
| 6 | Aluminium in Rohform; Pulver und Flitter, aus Aluminium | Positionen 7601 und 7603 |
| 7 | Blei in Rohform; Pulver und Flitter, aus Blei | Position 7801; aus Position 7804 |
| 8 | Zink in Rohform; Staub, Pulver und Flitter, aus Zink | Positionen 7901 und 7903 |
| 9 | Zinn in Rohform | Position 8001 |
| 10 | Andere unedle Metalle in Rohform oder als Pulver | aus Positionen 8101 bis 8112 |
| 11 | Cermets in Rohform | Unterposition 8113 00 20 |

# XXVII. Umsatzsteuer-Durchführungsverordnung (UStDV)
## v. 21. 2. 2005 (BGBl I S. 435) mit späteren Änderungen

Die Umsatzsteuer-Durchführungsverordnung (UStDV) v. 21. 2. 2005 (BGBl I S. 435) wurde geändert durch Art. 4 Abs. 32 Gesetz zur Neuorganisation der Bundesfinanzverwaltung und zur Schaffung eines Refinanzierungsregisters v. 22. 9. 2005 (BGBl I S. 2809); Art. 9 Erstes Gesetz zum Abbau bürokratischer Hemmnisse insbesondere in der mittelständischen Wirtschaft v. 22. 8. 2006 (BGBl I S. 1970); Art. 8 Jahressteuergesetz 2007 (JStG 2007) v. 13. 12. 2006 (BGBl I S. 2878); Art. 9 Jahressteuergesetz 2008 (JStG 2008) v. 20. 12. 2007 (BGBl I S. 3150); Art. 8 Jahressteuergesetz 2009 (JStG 2009) v. 19. 12. 2008 (BGBl I S. 2794); Art. 9 Gesetz zur Modernisierung und Entbürokratisierung des Steuerverfahrens (Steuerbürokratieabbaugesetz) v. 20. 12. 2008 (BGBl I S. 2850); Art. 7 Drittes Gesetz zum Abbau bürokratischer Hemmnisse insbesondere in der mittelständischen Wirtschaft (Drittes Mittelstandsentlastungsgesetz) v. 17. 3. 2009 (BGBl I S. 550); Art. 7 Gesetz zur Umsetzung steuerlicher EU-Vorgaben sowie zur Änderung steuerlicher Vorschriften v. 8. 4. 2010 (BGBl I S. 386); Art. 7 Verordnung zur Änderung steuerlicher Verordnungen v. 17. 11. 2010 (BGBl I S. 1544); Art. 1 Zweite Verordnung zur Änderung steuerlicher Verordnungen v. 2. 12. 2011 (BGBl I S. 2416); Art. 4 Verordnung zum Erlass und zur Änderung steuerlicher Verordnungen v. 11. 12. 2012 (BGBl I S. 2637); Art. 1 Elfte Verordnung zur Änderung der Umsatzsteuer-Durchführungsverordnung v. 25. 3. 2013 (BGBl I S. 602); Art. 10, 11 Gesetz zur Anpassung des nationalen Steuerrechts an den Beitritt Kroatiens zur EU und zur Änderung weiterer steuerlicher Vorschriften v. 25. 7. 2014 (BGBl I S. 1266); Art. 6 Verordnung zur Änderung steuerlicher Verordnungen und weiterer Vorschriften v. 22. 12. 2014 (BGBl I S. 2392). — **Zur Anwendung siehe § 74a.**

## Nichtamtliche Fassung

### Inhaltsübersicht

**Zu § 3a des Gesetzes**
§ 1 (weggefallen)

**Zu § 3b des Gesetzes**
§ 2 Verbindungsstrecken im Inland
§ 3 Verbindungsstrecken im Ausland
§ 4 Anschlussstrecken im Schienenbahnverkehr
§ 5 Kurze Straßenstrecken im Inland
§ 6 Straßenstrecken in den § 1 Abs. 3 des Gesetzes bezeichneten Gebieten
§ 7 Kurze Strecken im grenzüberschreitenden Verkehr mit Wasserfahrzeugen

**Zu § 4 Nr. 1 Buchstabe a und den §§ 6 und 7 des Gesetzes**

**Ausfuhrnachweis und buchmäßiger Nachweis bei Ausfuhrlieferungen und Lohnveredelungen an Gegenständen der Ausfuhr**
§ 8 Grundsätze für den Ausfuhrnachweis bei Ausfuhrlieferungen
§ 9 Ausfuhrnachweis bei Ausfuhrlieferungen in Beförderungsfällen
§ 10 Ausfuhrnachweis bei Ausfuhrlieferungen in Versendungsfällen
§ 11 Ausfuhrnachweis bei Ausfuhrlieferungen in Bearbeitungs- und Verarbeitungsfällen
§ 12 Ausfuhrnachweis bei Lohnveredelungen an Gegenständen der Ausfuhr
§ 13 Buchmäßiger Nachweis bei Ausfuhrlieferungen und Lohnveredelungen an Gegenständen der Ausfuhr

§§ 14 bis 16 (weggefallen)
§ 17 Abnehmernachweis bei Ausfuhrlieferungen im nichtkommerziellen Reiseverkehr

**Zu § 4 Nr. 1 Buchstabe b und § 6a des Gesetzes**
§ 17a Nachweis bei innergemeinschaftlichen Lieferungen in Beförderungs- und Versendungsfällen
§ 17b Nachweis bei innergemeinschaftlichen Lieferungen in Bearbeitungs- oder Verarbeitungsfällen
§ 17c Buchmäßiger Nachweis bei innergemeinschaftlichen Lieferungen

**Zu § 4 Nr. 2 und § 8 des Gesetzes**
§ 18 Buchmäßiger Nachweis bei Umsätzen für die Seeschifffahrt und für die Luftfahrt

**Zu § 4 Nr. 3 des Gesetzes**
§ 19 (weggefallen)
§ 20 Belegmäßiger Nachweis bei steuerfreien Leistungen, die sich auf Gegenstände der Ausfuhr oder Einfuhr beziehen
§ 21 Buchmäßiger Nachweis bei steuerfreien Leistungen, die sich auf Gegenstände der Ausfuhr oder Einfuhr beziehen

**Zu § 4 Nr. 5 des Gesetzes**
§ 22 Buchmäßiger Nachweis bei steuerfreien Vermittlungen

## Zu § 4 Nr. 18 des Gesetzes

§ 23 Amtlich anerkannte Verbände der freien Wohlfahrtspflege

## Zu § 4a des Gesetzes

§ 24 Antragsfrist für die Steuervergütung und Nachweis der Voraussetzungen

## Zu § 10 Abs. 6 des Gesetzes

§ 25 Durchschnittsbeförderungsentgelt

## Zu § 12 Abs. 2 Nr. 1 des Gesetzes

§§ 26 bis 29 (weggefallen)

## Zu § 12 Abs. 2 Nr. 7 Buchstabe d des Gesetzes

§ 30 Schausteller

## Zu § 13b des Gesetzes

§ 30a Steuerschuldnerschaft bei unfreien Versendungen

## Zu § 14 des Gesetzes

§ 31 Angaben in der Rechnung
§ 32 Rechnungen über Umsätze, die verschiedenen Steuersätzen unterliegen
§ 33 Rechnungen über Kleinbeträge
§ 34 Fahrausweise als Rechnungen

## Zu § 15 des Gesetzes

§ 35 Vorsteuerabzug bei Rechnungen über Kleinbeträge und bei Fahrausweisen
§§ 36 bis 39a (weggefallen)
§ 40 Vorsteuerabzug bei unfreien Versendungen
§§ 41 bis 42 (weggefallen)
§ 43 Erleichterungen bei der Aufteilung der Vorsteuern

## Zu § 15a des Gesetzes

§ 44 Vereinfachungen bei der Berichtigung des Vorsteuerabzugs
§ 45 Maßgebliches Ende des Berichtigungszeitraums

## Zu den §§ 16 und 18 des Gesetzes

### Dauerfristverlängerung

§ 46 Fristverlängerung
§ 47 Sondervorauszahlung
§ 48 Verfahren

### Verzicht auf die Steuererhebung

§ 49 Verzicht auf die Steuererhebung im Börsenhandel mit Edelmetallen
§ 50 (weggefallen)

### Besteuerung im Abzugsverfahren

§§ 51 bis 58 (weggefallen)

### Vergütung der Vorsteuerbeträge in einem besonderen Verfahren

§ 59 Vergütungsberechtigte Unternehmer
§ 60 Vergütungszeitraum
§ 61 Vergütungsverfahren für im übrigen Gemeinschaftsgebiet ansässige Unternehmer
§ 61a Vergütungsverfahren für nicht im Gemeinschaftsgebiet ansässige Unternehmer

### Sondervorschriften für die Besteuerung bestimmter Unternehmer

§ 62 Berücksichtigung von Vorsteuerbeträgen, Belegnachweis

## Zu § 22 des Gesetzes

§ 63 Aufzeichnungspflichten
§ 64 Aufzeichnung im Fall der Einfuhr
§ 65 Aufzeichnungspflichten der Kleinunternehmer
§ 66 Aufzeichnungspflichten bei der Anwendung allgemeiner Durchschnittssätze
§ 66a Aufzeichnungspflichten bei der Anwendung des Durchschnittssatzes für Körperschaften, Personenvereinigungen und Vermögensmassen im Sinne des § 5 Abs. 1 Nr. 9 des Körperschaftsteuergesetzes
§ 67 Aufzeichnungspflichten bei der Anwendung der Durchschnittssätze für land- und forstwirtschaftliche Betriebe
§ 68 Befreiung von der Führung des Steuerhefts

## Zu § 23 des Gesetzes

§ 69 Festsetzung allgemeiner Durchschnittssätze
§ 70 Umfang der Durchschnittssätze

## Zu § 24 Abs. 4 des Gesetzes

§ 71 Verkürzung der zeitlichen Bindungen für land- und forstwirtschaftliche Betriebe

## Zu § 25 Abs. 2 des Gesetzes

§ 72 Buchmäßiger Nachweis bei steuerfreien Reiseleistungen

## Zu § 26 Abs. 5 des Gesetzes

§ 73 Nachweis der Voraussetzungen der in bestimmten Abkommen enthaltenen Steuerbefreiungen

### Übergangs- und Schlussvorschriften

§ 74 (Änderungen der §§ 34, 67 und 68)
§ 74a Übergangsvorschriften
§ 75 Berlin-Klausel (weggefallen)
§ 76 (Inkrafttreten)

**Anlage** (zu den §§ 69 und 70)
Abschnitt A: Durchschnittssätze für die Berechnung
sämtlicher Vorsteuerbeträge (§ 70
Abs. 1)
Abschnitt B: Durchschnittssätze für die Berechnung
eines Teils der Vorsteuerbeträge (§ 70
Abs. 2)

## Zu § 3a des Gesetzes

### § 1 (weggefallen)[1)]

## Zu § 3b des Gesetzes

### § 2 Verbindungsstrecken im Inland

[1]Bei grenzüberschreitenden Beförderungen ist die Verbindungsstrecke zwischen zwei Orten im Ausland, die über das Inland führt, als ausländische Beförderungsstrecke anzusehen, wenn diese Verbindungsstrecke den nächsten oder verkehrstechnisch günstigsten Weg darstellt und der inländische Streckenanteil nicht länger als 30 Kilometer ist. [2]Dies gilt nicht für Personenbeförderungen im Linienverkehr mit Kraftfahrzeugen. [3]§ 7 bleibt unberührt.

### § 3 Verbindungsstrecken im Ausland

[1]Bei grenzüberschreitenden Beförderungen ist die Verbindungsstrecke zwischen zwei Orten im Inland, die über das Ausland führt, als inländische Beförderungsstrecke anzusehen, wenn der ausländische Streckenanteil nicht länger als zehn Kilometer ist. [2]Dies gilt nicht für Personenbeförderungen im Linienverkehr mit Kraftfahrzeugen. [3]§ 7 bleibt unberührt.

### § 4 Anschlussstrecken im Schienenbahnverkehr

Bei grenzüberschreitenden Personenbeförderungen mit Schienenbahnen sind anzusehen:
1. als inländische Beförderungsstrecken die Anschlussstrecken im Ausland, die von Eisenbahnverwaltungen mit Sitz im Inland betrieben werden, sowie Schienenbahnstrecken in den in § 1 Abs. 3 des Gesetzes bezeichneten Gebieten;
2. als ausländische Beförderungsstrecken die inländischen Anschlussstrecken, die von Eisenbahnverwaltungen mit Sitz im Ausland betrieben werden.

### § 5 Kurze Straßenstrecken im Inland

[1]Bei grenzüberschreitenden Personenbeförderungen im Gelegenheitsverkehr mit Kraftfahrzeugen sind inländische Streckenanteile, die in einer Fahrtrichtung nicht länger als zehn Kilometer sind, als ausländische Beförderungsstrecken anzusehen. [2]§ 6 bleibt unberührt.

### § 6 Straßenstrecken in den in § 1 Abs. 3 des Gesetzes bezeichneten Gebieten

Bei grenzüberschreitenden Personenbeförderungen mit Kraftfahrzeugen von und zu den in § 1 Abs. 3 des Gesetzes bezeichneten Gebieten sowie zwischen diesen Gebieten sind die Streckenanteile in diesen Gebieten als inländische Beförderungsstrecken anzusehen.

### § 7 Kurze Strecken im grenzüberschreitenden Verkehr mit Wasserfahrzeugen

(1) Bei grenzüberschreitenden Beförderungen im Passagier- und Fährverkehr mit Wasserfahrzeugen, die sich ausschließlich auf das Inland und die in § 1 Abs. 3 des Gesetzes bezeichneten

---

1) **Anm. d. Red.:** § 1 weggefallen gem. Gesetz v. 19.12.2008 (BGBl I S. 2794) mit Wirkung v. 1.1.2010.

Gebiete erstrecken, sind die Streckenanteile in den in § 1 Abs. 3 des Gesetzes bezeichneten Gebieten als inländische Beförderungsstrecken anzusehen.

(2) ¹Bei grenzüberschreitenden Beförderungen im Passagier- und Fährverkehr mit Wasserfahrzeugen, die in inländischen Häfen beginnen und enden, sind
1. ausländische Streckenanteile als inländische Beförderungsstrecken anzusehen, wenn die ausländischen Streckenanteile nicht länger als zehn Kilometer sind, und
2. inländische Streckenanteile als ausländische Beförderungsstrecken anzusehen, wenn
   a) die ausländischen Streckenanteile länger als zehn Kilometer und
   b) die inländischen Streckenanteile nicht länger als 20 Kilometer sind.

²Streckenanteile in den in § 1 Abs. 3 des Gesetzes bezeichneten Gebieten sind in diesen Fällen als inländische Beförderungsstrecken anzusehen.

(3) Bei grenzüberschreitenden Beförderungen im Passagier- und Fährverkehr mit Wasserfahrzeugen für die Seeschifffahrt, die zwischen ausländischen Seehäfen oder zwischen einem inländischen Seehafen und einem ausländischen Seehafen durchgeführt werden, sind inländische Streckenanteile als ausländische Beförderungsstrecken anzusehen und Beförderungen in den in § 1 Abs. 3 des Gesetzes bezeichneten Gebieten nicht wie Umsätze im Inland zu behandeln.

(4) Inländische Häfen im Sinne dieser Vorschrift sind auch Freihäfen und die Insel Helgoland.

(5) Bei grenzüberschreitenden Beförderungen im Fährverkehr über den Rhein, die Donau, die Elbe, die Neiße und die Oder sind die inländischen Streckenanteile als ausländische Beförderungsstrecken anzusehen.

## Zu § 4 Nr. 1 Buchstabe a und den §§ 6 und 7 des Gesetzes

## Ausfuhrnachweis und buchmäßiger Nachweis bei Ausfuhrlieferungen und Lohnveredelungen an Gegenständen der Ausfuhr

### § 8 Grundsätze für den Ausfuhrnachweis bei Ausfuhrlieferungen[1]

(1) ¹Bei Ausfuhrlieferungen (§ 6 des Gesetzes) muss der Unternehmer im Geltungsbereich des Gesetzes durch Belege nachweisen, dass er oder der Abnehmer den Gegenstand der Lieferung in das Drittlandsgebiet befördert oder versendet hat (Ausfuhrnachweis). ²Die Voraussetzung muss sich aus den Belegen eindeutig und leicht nachprüfbar ergeben.

(2) Ist der Gegenstand der Lieferung durch Beauftragte vor der Ausfuhr bearbeitet oder verarbeitet worden (§ 6 Abs. 1 Satz 2 des Gesetzes), so muss sich auch dies aus den Belegen nach Absatz 1 eindeutig und leicht nachprüfbar ergeben.

### § 9 Ausfuhrnachweis bei Ausfuhrlieferungen in Beförderungsfällen[2]

(1) ¹Hat der Unternehmer oder der Abnehmer den Gegenstand der Lieferung in das Drittlandsgebiet befördert, hat der Unternehmer den Ausfuhrnachweis durch folgenden Beleg zu führen:
1. bei Ausfuhranmeldung im elektronischen Ausfuhrverfahren nach Artikel 787 der Durchführungsverordnung zum Zollkodex mit der durch die zuständige Ausfuhrzollstelle auf elektronischem Weg übermittelten Bestätigung, dass der Gegenstand ausgeführt wurde (Ausgangsvermerk);
2. bei allen anderen Ausfuhranmeldungen durch einen Beleg, der folgende Angaben zu enthalten hat:
   a) den Namen und die Anschrift des liefernden Unternehmers,

---

1) **Anm. d. Red.:** § 8 Abs. 1 i. d. F. der VO v. 22. 12. 2014 (BGBl I S. 2392) mit Wirkung v. 30. 12. 2014.
2) **Anm. d. Red.:** § 9 Abs. 1, 3 und 4 i. d. F. der VO v. 2. 12. 2011 (BGBl I S. 2416) mit Wirkung v. 1. 1. 2012; Abs. 2 i. d. F. der VO v. 11. 12. 2012 (BGBl I S. 2637) mit Wirkung v. 20. 12. 2012.

b) die Menge des ausgeführten Gegenstands und die handelsübliche Bezeichnung,

c) den Ort und den Tag der Ausfuhr sowie

d) eine Ausfuhrbestätigung der Grenzzollstelle eines Mitgliedstaates, die den Ausgang des Gegenstands aus dem Gemeinschaftsgebiet überwacht.

²Hat der Unternehmer statt des Ausgangsvermerks eine von der Ausfuhrzollstelle auf elektronischem Weg übermittelte alternative Bestätigung, dass der Gegenstand ausgeführt wurde (Alternativ-Ausgangsvermerk), gilt diese als Ausfuhrnachweis.

(2) ¹Bei der Ausfuhr von Fahrzeugen im Sinne des § 1b Absatz 2 Satz 1 Nummer 1 des Gesetzes, die zum bestimmungsmäßigen Gebrauch im Straßenverkehr einer Zulassung bedürfen, muss

1. der Beleg nach Absatz 1 auch die Fahrzeug-Identifikationsnummer im Sinne des § 6 Absatz 5 Nummer 5 Fahrzeug-Zulassungsverordnung enthalten und

2. der Unternehmer zusätzlich über eine Bescheinigung über die Zulassung, die Verzollung oder die Einfuhrbesteuerung im Drittland verfügen.

²Satz 1 Nummer 2 gilt nicht in den Fällen, in denen das Fahrzeug mit einem Ausfuhrkennzeichen ausgeführt wird, wenn aus dem Beleg nach Satz 1 Nummer 1 die Nummer des Ausfuhrkennzeichens ersichtlich ist, oder in denen das Fahrzeug nicht im Sinne der Fahrzeug-Zulassungsverordnung vom 3. Februar 2011 (BGBl I S. 139), die durch Artikel 3 der Verordnung vom 10. Mai 2012 (BGBl I S. 1086) geändert worden ist, in der jeweils geltenden Fassung auf öffentlichen Straßen in Betrieb gesetzt worden ist und nicht auf eigener Achse in das Drittlandsgebiet ausgeführt wird.

(3) ¹An die Stelle der Ausfuhrbestätigung nach Absatz 1 Satz 1 Nummer 2 Buchstabe d tritt bei einer Ausfuhr im gemeinsamen oder gemeinschaftlichen Versandverfahren oder bei einer Ausfuhr mit Carnets TIR, wenn diese Verfahren nicht bei einer Grenzzollstelle beginnen, eine Ausfuhrbestätigung der Abgangsstelle. ²Diese Ausfuhrbestätigung wird nach Eingang des Beendigungsnachweises für das Versandverfahren erteilt, sofern sich aus ihr die Ausfuhr ergibt.

(4) Im Sinne dieser Verordnung gilt als Durchführungsverordnung zum Zollkodex die Verordnung (EWG) Nr. 2454/93 der Kommission vom 2. Juli 1993 mit Durchführungsvorschriften zu der Verordnung (EWG) Nr. 2913/92 des Rates zur Festlegung des Zollkodex der Gemeinschaften (ABl L 253 vom 11. 10. 1993, S. 1), die zuletzt durch die Verordnung (EU) Nr. 1063/2010 (ABl L 307 vom 23. 11. 2010, S. 1) geändert worden ist, in der jeweils geltenden Fassung.

### § 10 Ausfuhrnachweis bei Ausfuhrlieferungen in Versendungsfällen[1)]

(1) ¹Hat der Unternehmer oder der Abnehmer den Gegenstand der Lieferung in das Drittlandsgebiet versendet, hat der Unternehmer den Ausfuhrnachweis durch folgenden Beleg zu führen:

1. bei Ausfuhranmeldung im elektronischen Ausfuhrverfahren nach Artikel 787 der Durchführungsverordnung zum Zollkodex mit dem Ausgangsvermerk;

2. bei allen anderen Ausfuhranmeldungen:

   a) mit einem Versendungsbeleg, insbesondere durch handelsrechtlichen Frachtbrief, der vom Auftraggeber des Frachtführers unterzeichnet ist, mit einem Konnossement, mit einem Einlieferungsschein für im Postverkehr beförderte Sendungen oder deren Doppelstücke, oder

   b) mit einem anderen handelsüblichen Beleg als den Belegen nach Buchstabe a, insbesondere mit einer Bescheinigung des beauftragten Spediteurs; dieser Beleg hat folgende Angaben zu enthalten:

---

1) **Anm. d. Red.:** § 10 Abs. 1, 3 und 4 i. d. F. der VO v. 2. 12. 2011 (BGBl I S. 2416) mit Wirkung v. 1. 1. 2012; Abs. 2 i. d. F. der VO v. 11. 12. 2012 (BGBl I S. 2637) mit Wirkung v. 20. 12. 2012.

aa) den Namen und die Anschrift des Ausstellers des Belegs sowie das Ausstellungsdatum,

bb) den Namen und die Anschrift des liefernden Unternehmers und des Auftraggebers der Versendung,

cc) die Menge und die Art (handelsübliche Bezeichnung) des ausgeführten Gegenstands,

dd) den Ort und den Tag der Ausfuhr oder den Ort und den Tag der Versendung des ausgeführten Gegenstands in das Drittlandsgebiet,

ee) den Empfänger des ausgeführten Gegenstands und den Bestimmungsort im Drittlandsgebiet,

ff) eine Versicherung des Ausstellers des Belegs darüber, dass die Angaben im Beleg auf der Grundlage von Geschäftsunterlagen gemacht wurden, die im Gemeinschaftsgebiet nachprüfbar sind sowie

gg) die Unterschrift des Ausstellers des Belegs.

²Hat der Unternehmer statt des Ausgangsvermerks einen Alternativ-Ausgangsvermerk, gilt dieser als Ausfuhrnachweis.

(2) ¹Bei der Ausfuhr von Fahrzeugen im Sinne des § 1b Absatz 2 Satz 1 Nummer 1 des Gesetzes, die zum bestimmungsmäßigen Gebrauch im Straßenverkehr einer Zulassung bedürfen, muss

1. der Beleg nach Absatz 1 auch die Fahrzeug-Identifikationsnummer enthalten und
2. der Unternehmer zusätzlich über eine Bescheinigung über die Zulassung, die Verzollung oder die Einfuhrbesteuerung im Drittland verfügen.

²Satz 1 Nummer 2 gilt nicht in den Fällen, in denen das Fahrzeug mit einem Ausfuhrkennzeichen ausgeführt wird, wenn aus dem Beleg nach Satz 1 Nummer 1 die Nummer des Ausfuhrkennzeichens ersichtlich ist, oder in denen das Fahrzeug nicht im Sinne der Fahrzeug-Zulassungsverordnung auf öffentlichen Straßen in Betrieb gesetzt worden ist und nicht auf eigener Achse in das Drittlandsgebiet ausgeführt wird.

(3) ¹Ist eine Ausfuhr elektronisch angemeldet worden und ist es dem Unternehmer nicht möglich oder nicht zumutbar, den Ausfuhrnachweis nach Absatz 1 Satz 1 Nummer 1 zu führen, kann dieser die Ausfuhr mit den in Absatz 1 Satz 1 Nummer 2 genannten Belegen nachweisen. ²In den Fällen nach Satz 1 muss der Beleg zusätzlich zu den Angaben nach Absatz 1 Satz 1 Nummer 2 die Versendungsbezugsnummer der Ausfuhranmeldung nach Artikel 796c Satz 3 der Durchführungsverordnung zum Zollkodex (Movement Reference Number – MRN) enthalten.

(4) Ist es dem Unternehmer nicht möglich oder nicht zumutbar, den Ausfuhrnachweis nach Absatz 1 Satz 1 Nummer 2 zu führen, kann er die Ausfuhr wie in Beförderungsfällen nach § 9 Absatz 1 Satz 1 Nummer 2 nachweisen.

## § 11 Ausfuhrnachweis bei Ausfuhrlieferungen in Bearbeitungs- und Verarbeitungsfällen[1)]

(1) Hat ein Beauftragter den Gegenstand der Lieferung vor der Ausfuhr bearbeitet oder verarbeitet, hat der liefernde Unternehmer den Ausfuhrnachweis durch einen Beleg nach § 9 oder § 10 zu führen, der zusätzlich folgende Angaben zu enthalten hat:

1. den Namen und die Anschrift des Beauftragten,
2. die Menge und die handelsübliche Bezeichnung des Gegenstands, der an den Beauftragten übergeben oder versendet wurde,
3. den Ort und den Tag der Entgegennahme des Gegenstands durch den Beauftragten sowie

---

1) **Anm. d. Red.:** § 11 i. d. F. der VO v. 2. 12. 2011 (BGBl I S. 2416) mit Wirkung v. 1. 1. 2012.

4. die Bezeichnung des Auftrags sowie die Bezeichnung der Bearbeitung oder Verarbeitung, die vom Beauftragten vorgenommen wurde.

(2) Haben mehrere Beauftragte den Gegenstand der Lieferung bearbeitet oder verarbeitet, hat der liefernde Unternehmer die in Absatz 1 genannten Angaben für jeden Beauftragten, der die Bearbeitung oder Verarbeitung vornimmt, zu machen.

## § 12 Ausfuhrnachweis bei Lohnveredelungen an Gegenständen der Ausfuhr

Bei Lohnveredelungen an Gegenständen der Ausfuhr (§ 7 des Gesetzes) sind die Vorschriften über die Führung des Ausfuhrnachweises bei Ausfuhrlieferungen (§§ 8 bis 11) entsprechend anzuwenden.

## § 13 Buchmäßiger Nachweis bei Ausfuhrlieferungen und Lohnveredelungen an Gegenständen der Ausfuhr[1)]

(1) ¹Bei Ausfuhrlieferungen und Lohnveredelungen an Gegenständen der Ausfuhr (§§ 6 und 7 des Gesetzes) hat der Unternehmer im Geltungsbereich des Gesetzes die Voraussetzungen der Steuerbefreiung buchmäßig nachzuweisen. ²Die Voraussetzungen müssen eindeutig und leicht nachprüfbar aus der Buchführung zu ersehen sein.

(2) Der Unternehmer hat regelmäßig Folgendes aufzuzeichnen:
1. die Menge des Gegenstands der Lieferung oder die Art und den Umfang der Lohnveredelung sowie die handelsübliche Bezeichnung einschließlich der Fahrzeug-Identifikationsnummer bei Fahrzeugen im Sinne des § 1b Absatz 2 des Gesetzes,
2. den Namen und die Anschrift des Abnehmers oder Auftraggebers,
3. den Tag der Lieferung oder der Lohnveredelung,
4. das vereinbarte Entgelt oder bei der Besteuerung nach vereinnahmten Entgelten das vereinnahmte Entgelt und den Tag der Vereinnahmung,
5. die Art und den Umfang einer Bearbeitung oder Verarbeitung vor der Ausfuhr (§ 6 Absatz 1 Satz 2, § 7 Absatz 1 Satz 2 des Gesetzes),
6. den Tag der Ausfuhr sowie
7. in den Fällen des § 9 Absatz 1 Satz 1 Nummer 1, des § 10 Absatz 1 Satz 1 Nummer 1 und des § 10 Absatz 3 die Movement Reference Number – MRN.

(3) In den Fällen des § 6 Absatz 1 Satz 1 Nummer 1 des Gesetzes, in denen der Abnehmer kein ausländischer Abnehmer ist, hat der Unternehmer zusätzlich zu den Angaben nach Absatz 2 aufzuzeichnen:
1. die Beförderung oder Versendung durch ihn selbst sowie
2. den Bestimmungsort.

(4) In den Fällen des § 6 Absatz 1 Satz 1 Nummer 3 des Gesetzes hat der Unternehmer zusätzlich zu den Angaben nach Absatz 2 aufzuzeichnen:
1. die Beförderung oder Versendung,
2. den Bestimmungsort sowie
3. in den Fällen, in denen der Abnehmer ein Unternehmer ist, auch den Gewerbezweig oder Beruf des Abnehmers und den Erwerbszweck.

(5) In den Fällen des § 6 Absatz 1 Satz 1 Nummer 2 und 3 des Gesetzes, in denen der Abnehmer ein Unternehmer ist und er oder sein Beauftragter den Gegenstand der Lieferung im persönlichen Reisegepäck ausführt, hat der Unternehmer zusätzlich zu den Angaben nach Absatz 2 auch den Gewerbezweig oder Beruf des Abnehmers und den Erwerbszweck aufzuzeichnen.

---

1) **Anm. d. Red.:** § 13 i. d. F. der VO v. 2. 12. 2011 (BGBl I S. 2416) mit Wirkung v. 1. 1. 2012.

(6) In den Fällen des § 6 Absatz 3 des Gesetzes hat der Unternehmer zusätzlich zu den Angaben nach Absatz 2 Folgendes aufzuzeichnen:
1. den Gewerbezweig oder Beruf des Abnehmers sowie
2. den Verwendungszweck des Beförderungsmittels.

(7) ¹In den Fällen des § 7 Absatz 1 Satz 1 Nummer 1 des Gesetzes, in denen der Auftraggeber kein ausländischer Auftraggeber ist, ist Absatz 3 entsprechend anzuwenden. ²In den Fällen des § 7 Absatz 1 Satz 1 Nummer 3 Buchstabe b des Gesetzes ist Absatz 4 entsprechend anzuwenden.

## §§ 14 bis 16 (weggefallen)

## § 17 Abnehmernachweis bei Ausfuhrlieferungen im nichtkommerziellen Reiseverkehr[1)]

In den Fällen des § 6 Absatz 3a des Gesetzes hat der Beleg nach § 9 zusätzlich folgende Angaben zu enthalten:
1. den Namen und die Anschrift des Abnehmers sowie
2. eine Bestätigung der Grenzzollstelle eines Mitgliedstaates, die den Ausgang des Gegenstands der Lieferung aus dem Gemeinschaftsgebiet überwacht, dass die nach Nummer 1 gemachten Angaben mit den Eintragungen in dem vorgelegten Pass oder sonstigen Grenzübertrittspapier desjenigen übereinstimmen, der den Gegenstand in das Drittlandsgebiet verbringt.

## Zu § 4 Nr. 1 Buchstabe b und § 6a des Gesetzes

### § 17a Nachweis bei innergemeinschaftlichen Lieferungen in Beförderungs- und Versendungsfällen[2)3)]

(1) ¹Bei innergemeinschaftlichen Lieferungen (§ 6a Absatz 1 des Gesetzes) hat der Unternehmer im Geltungsbereich des Gesetzes durch Belege nachzuweisen, dass er oder der Abnehmer den Gegenstand der Lieferung in das übrige Gemeinschaftsgebiet befördert oder versendet hat. ²Die Voraussetzung muss sich aus den Belegen eindeutig und leicht nachprüfbar ergeben.

(2) Als eindeutig und leicht nachprüfbar nach Absatz 1 gilt insbesondere ein Nachweis, der wie folgt geführt wird:
1. durch das Doppel der Rechnung (§§ 14 und 14a des Gesetzes) und
2. durch eine Bestätigung des Abnehmers, dass der Gegenstand der Lieferung in das übrige Gemeinschaftsgebiet gelangt ist (Gelangensbestätigung), die folgende Angaben zu enthalten hat:
    a) den Namen und die Anschrift des Abnehmers,
    b) die Menge des Gegenstands der Lieferung und die handelsübliche Bezeichnung einschließlich der Fahrzeug-Identifikationsnummer bei Fahrzeugen im Sinne des § 1b Absatz 2 des Gesetzes,
    c) im Fall der Beförderung oder Versendung durch den Unternehmer oder im Fall der Versendung durch den Abnehmer den Ort und den Monat des Erhalts des Gegenstands im übrigen Gemeinschaftsgebiet und im Fall der Beförderung des Gegenstands durch den Abnehmer den Ort und den Monat des Endes der Beförderung des Gegenstands im übrigen Gemeinschaftsgebiet,
    d) das Ausstellungsdatum der Bestätigung sowie

---

1) **Anm. d. Red.:** § 17 i. d. F. der VO v. 2. 12. 2011 (BGBl I S. 2416) mit Wirkung v. 1. 1. 2012.

2) **Anm. d. Red.:** § 17a Abs. 1 und 3 i. d. F. der VO v. 22. 12. 2014 (BGBl I S. 2392) mit Wirkung v. 30. 12. 2014; Abs. 2 i. d. F. der VO v. 25. 3. 2013 (BGBl I S. 602) mit Wirkung v. 1. 10. 2013.

3) **Anm. d. Red.:** Zur Anwendung des § 17a siehe § 74a Abs. 3.

e) die Unterschrift des Abnehmers oder eines von ihm zur Abnahme Beauftragten. ²Bei einer elektronischen Übermittlung der Gelangensbestätigung ist eine Unterschrift nicht erforderlich, sofern erkennbar ist, dass die elektronische Übermittlung im Verfügungsbereich des Abnehmers oder des Beauftragten begonnen hat.

²Die Gelangensbestätigung kann als Sammelbestätigung ausgestellt werden. ³In der Sammelbestätigung können Umsätze aus bis zu einem Quartal zusammengefasst werden. ⁴Die Gelangensbestätigung kann in jeder die erforderlichen Angaben enthaltenden Form erbracht werden; sie kann auch aus mehreren Dokumenten bestehen, aus denen sich die geforderten Angaben insgesamt ergeben.

(3) ¹In folgenden Fällen kann der Unternehmer den Nachweis auch durch folgende andere Belege als die in Absatz 2 Nummer 2 genannte Gelangensbestätigung führen:
1. bei der Versendung des Gegenstands der Lieferung durch den Unternehmer oder Abnehmer:
   a) durch einen Versendungsbeleg, insbesondere durch
      aa) einen handelsrechtlichen Frachtbrief, der vom Auftraggeber des Frachtführers unterzeichnet ist und die Unterschrift des Empfängers als Bestätigung des Erhalts des Gegenstands der Lieferung enthält,
      bb) ein Konnossement oder
      cc) Doppelstücke des Frachtbriefs oder Konnossements,
   b) durch einen anderen handelsüblichen Beleg als den Belegen nach Buchstabe a, insbesondere mit einer Bescheinigung des beauftragten Spediteurs, der folgende Angaben zu enthalten hat:
      aa) den Namen und die Anschrift des mit der Beförderung beauftragten Unternehmers sowie das Ausstellungsdatum,
      bb) den Namen und die Anschrift des liefernden Unternehmers sowie des Auftraggebers der Versendung,
      cc) die Menge des Gegenstands der Lieferung und dessen handelsübliche Bezeichnung,
      dd) den Empfänger des Gegenstands der Lieferung und den Bestimmungsort im übrigen Gemeinschaftsgebiet,
      ee) den Monat, in dem die Beförderung des Gegenstands der Lieferung im übrigen Gemeinschaftsgebiet geendet hat,
      ff) eine Versicherung des mit der Beförderung beauftragten Unternehmers, dass die Angaben in dem Beleg auf Grund von Geschäftsunterlagen gemacht wurden, die im Gemeinschaftsgebiet nachprüfbar sind, sowie
      gg) die Unterschrift des mit der Beförderung beauftragten Unternehmers.

      ²Bei einer elektronischen Übermittlung des Belegs an den liefernden Unternehmer ist eine Unterschrift des mit der Beförderung beauftragten Unternehmers nicht erforderlich, sofern erkennbar ist, dass die elektronische Übermittlung im Verfügungsbereich des mit der Beförderung beauftragten Unternehmers begonnen hat,
   c) durch eine schriftliche oder elektronische Auftragserteilung und ein von dem mit der Beförderung Beauftragten erstelltes Protokoll, das den Transport lückenlos bis zur Ablieferung beim Empfänger nachweist, oder
   d) in den Fällen von Postsendungen, in denen eine Belegnachweisführung nach Buchstabe c nicht möglich ist: durch eine Empfangsbescheinigung eines Postdienstleisters über die Entgegennahme der an den Abnehmer adressierten Postsendung und den Nachweis über die Bezahlung der Lieferung;
2. bei der Versendung des Gegenstands der Lieferung durch den Abnehmer durch einen Nachweis über die Entrichtung der Gegenleistung für die Lieferung des Gegenstands von einem

Bankkonto des Abnehmers sowie durch eine Bescheinigung des beauftragten Spediteurs, die folgende Angaben zu enthalten hat:

   a) den Namen und die Anschrift des mit der Beförderung beauftragten Unternehmers sowie das Ausstellungsdatum,

   b) den Namen und die Anschrift des liefernden Unternehmers sowie des Auftraggebers der Versendung,

   c) die Menge des Gegenstands der Lieferung und die handelsübliche Bezeichnung,

   d) den Empfänger des Gegenstands der Lieferung und den Bestimmungsort im übrigen Gemeinschaftsgebiet,

   e) eine Versicherung des mit der Beförderung beauftragten Unternehmers, den Gegenstand der Lieferung an den Bestimmungsort im übrigen Gemeinschaftsgebiet zu befördern, sowie

   f) die Unterschrift des mit der Beförderung beauftragten Unternehmers;

3. bei der Beförderung im gemeinschaftlichen Versandverfahren in das übrige Gemeinschaftsgebiet durch eine Bestätigung der Abgangsstelle über die innergemeinschaftliche Lieferung, die nach Eingang des Beendigungsnachweises für das Versandverfahren erteilt wird, sofern sich daraus die Lieferung in das übrige Gemeinschaftsgebiet ergibt;

4. bei der Lieferung verbrauchsteuerpflichtiger Waren:

   a) bei der Beförderung verbrauchsteuerpflichtiger Waren unter Steueraussetzung und Verwendung des IT-Verfahrens EMCS (Excise Movement and Control System – EDV-gestütztes Beförderungs- und Kontrollsystem für verbrauchsteuerpflichtige Waren) durch die von der zuständigen Behörde des anderen Mitgliedstaates validierte EMCS-Eingangsmeldung,

   b) bei der Beförderung verbrauchsteuerpflichtiger Waren des steuerrechtlich freien Verkehrs durch die dritte Ausfertigung des vereinfachten Begleitdokuments, das dem zuständigen Hauptzollamt für Zwecke der Verbrauchsteuerentlastung vorzulegen ist;

5. bei der Lieferung von Fahrzeugen, die durch den Abnehmer befördert werden und für die eine Zulassung für den Straßenverkehr erforderlich ist, durch einen Nachweis über die Zulassung des Fahrzeugs auf den Erwerber im Bestimmungsmitgliedstaat der Lieferung.

[2]Der Beleg nach Satz 1 muss bei der Lieferung eines Fahrzeugs im Sinne des § 1b Absatz 2 des Gesetzes zusätzlich dessen Fahrzeug-Identifikationsnummer enthalten. [3]In den Fällen von Satz 1 Nummer 1 gilt Absatz 2 Nummer 2 Satz 2 bis 4 entsprechend. [4]Bestehen in den Fällen des Satzes 1 Nummer 2 begründete Zweifel, dass der Liefergegenstand tatsächlich in das übrige Gemeinschaftsgebiet gelangt ist, hat der Unternehmer den Nachweis nach Absatz 1 oder mit den übrigen Belegen nach den Absätzen 2 oder 3 zu führen.

## § 17b Nachweis bei innergemeinschaftlichen Lieferungen in Bearbeitungs- oder Verarbeitungsfällen[1)2)]

[1]Ist der Gegenstand der Lieferung vor der Beförderung oder Versendung in das übrige Gemeinschaftsgebiet durch einen Beauftragten bearbeitet oder verarbeitet worden (§ 6a Absatz 1 Satz 2 des Gesetzes), hat der Unternehmer dies durch Belege eindeutig und leicht nachprüfbar nachzuweisen. [2]Der Nachweis ist durch Belege nach § 17a zu führen, die zusätzlich die in § 11 Absatz 1 Nummer 1 bis 4 bezeichneten Angaben enthalten. [3]Ist der Gegenstand durch mehrere Beauftragte bearbeitet oder verarbeitet worden, ist § 11 Absatz 2 entsprechend anzuwenden.

---

1) **Anm. d. Red.:** § 17b i. d. F. der VO v. 2. 12. 2011 (BGBl I S. 2416) mit Wirkung v. 1. 1. 2012.
2) **Anm. d. Red.:** Zur Anwendung des § 17b siehe § 74a Abs. 3.

## § 17c Buchmäßiger Nachweis bei innergemeinschaftlichen Lieferungen[1)2)]

(1) ¹Bei innergemeinschaftlichen Lieferungen (§ 6a Absatz 1 und 2 des Gesetzes) hat der Unternehmer im Geltungsbereich des Gesetzes die Voraussetzungen der Steuerbefreiung einschließlich der ausländischen Umsatzsteuer-Identifikationsnummer des Abnehmers buchmäßig nachzuweisen. ²Die Voraussetzungen müssen eindeutig und leicht nachprüfbar aus der Buchführung zu ersehen sein.

(2) Der Unternehmer hat Folgendes aufzuzeichnen:
1. den Namen und die Anschrift des Abnehmers,
2. den Namen und die Anschrift des Beauftragten des Abnehmers bei einer Lieferung, die im Einzelhandel oder in einer für den Einzelhandel gebräuchlichen Art und Weise erfolgt,
3. den Gewerbezweig oder Beruf des Abnehmers,
4. die Menge des Gegenstands der Lieferung und dessen handelsübliche Bezeichnung einschließlich der Fahrzeug-Identifikationsnummer bei Fahrzeugen im Sinne des § 1b Absatz 2 des Gesetzes,
5. den Tag der Lieferung,
6. das vereinbarte Entgelt oder bei der Besteuerung nach vereinnahmten Entgelten das vereinnahmte Entgelt und den Tag der Vereinnahmung,
7. die Art und den Umfang einer Bearbeitung oder Verarbeitung vor der Beförderung oder der Versendung in das übrige Gemeinschaftsgebiet (§ 6a Absatz 1 Satz 2 des Gesetzes),
8. die Beförderung oder Versendung in das übrige Gemeinschaftsgebiet sowie
9. den Bestimmungsort im übrigen Gemeinschaftsgebiet.

(3) In den einer Lieferung gleichgestellten Verbringungsfällen (§ 6a Absatz 2 des Gesetzes) hat der Unternehmer Folgendes aufzuzeichnen:
1. die Menge des verbrachten Gegenstands und seine handelsübliche Bezeichnung einschließlich der Fahrzeug-Identifikationsnummer bei Fahrzeugen im Sinne des § 1b Absatz 2 des Gesetzes,
2. die Anschrift und die Umsatzsteuer-Identifikationsnummer des im anderen Mitgliedstaat belegenen Unternehmensteils,
3. den Tag des Verbringens sowie
4. die Bemessungsgrundlage nach § 10 Absatz 4 Satz 1 Nummer 1 des Gesetzes.

(4) Werden neue Fahrzeuge an Abnehmer ohne Umsatzsteuer-Identifikationsnummer in das übrige Gemeinschaftsgebiet geliefert, hat der Unternehmer Folgendes aufzuzeichnen:
1. den Namen und die Anschrift des Erwerbers,
2. die handelsübliche Bezeichnung des gelieferten Fahrzeugs einschließlich der Fahrzeug-Identifikationsnummer,
3. den Tag der Lieferung,
4. das vereinbarte Entgelt oder bei der Besteuerung nach vereinnahmten Entgelten das vereinnahmte Entgelt und den Tag der Vereinnahmung,
5. die in § 1b Absatz 2 und 3 des Gesetzes genannten Merkmale,
6. die Beförderung oder Versendung in das übrige Gemeinschaftsgebiet sowie
7. den Bestimmungsort im übrigen Gemeinschaftsgebiet.

---

1) **Anm. d. Red.:** § 17c i. d. F. der VO v. 2. 12. 2011 (BGBl I S. 2416) mit Wirkung v. 1. 1. 2012.
2) **Anm. d. Red.:** Zur Anwendung des § 17c siehe § 74a Abs. 3.

## Zu § 4 Nr. 2 und § 8 des Gesetzes

### § 18 Buchmäßiger Nachweis bei Umsätzen für die Seeschifffahrt und für die Luftfahrt

¹Bei Umsätzen für die Seeschifffahrt und für die Luftfahrt (§ 8 des Gesetzes) ist § 13 Abs. 1 und 2 Nr. 1 bis 4 entsprechend anzuwenden. ²Zusätzlich soll der Unternehmer aufzeichnen, für welchen Zweck der Gegenstand der Lieferung oder die sonstige Leistung bestimmt ist.

## Zu § 4 Nr. 3 des Gesetzes

### § 19 (weggefallen)

### § 20 Belegmäßiger Nachweis bei steuerfreien Leistungen, die sich auf Gegenstände der Ausfuhr oder Einfuhr beziehen[1]

(1) ¹Bei einer Leistung, die sich unmittelbar auf einen Gegenstand der Ausfuhr bezieht oder auf einen eingeführten Gegenstand bezieht, der im externen Versandverfahren in das Drittlandsgebiet befördert wird (§ 4 Nr. 3 Satz 1 Buchstabe a Doppelbuchstabe aa des Gesetzes), muss der Unternehmer durch Belege die Ausfuhr oder Wiederausfuhr des Gegenstands nachweisen. ²Die Voraussetzung muss sich aus den Belegen eindeutig und leicht nachprüfbar ergeben. ³Die Vorschriften über den Ausfuhrnachweis in den §§ 9 bis 11 sind entsprechend anzuwenden.

(2) Bei einer Leistung, die sich auf einen Gegenstand der Einfuhr in das Gebiet eines Mitgliedstaates der Europäischen Union bezieht (§ 4 Nr. 3 Satz 1 Buchstabe a Doppelbuchstabe bb des Gesetzes), muss der Unternehmer durch Belege nachweisen, dass die Kosten für diese Leistung in der Bemessungsgrundlage für die Einfuhr enthalten sind.

(3) Der Unternehmer muss die Nachweise im Geltungsbereich des Gesetzes führen.

### § 21 Buchmäßiger Nachweis bei steuerfreien Leistungen, die sich auf Gegenstände der Ausfuhr oder Einfuhr beziehen[2]

¹Bei einer Leistung, die sich auf einen Gegenstand der Ausfuhr, auf einen Gegenstand der Einfuhr in das Gebiet eines Mitgliedstaates der Europäischen Union oder auf einen eingeführten Gegenstand bezieht, der im externen Versandverfahren in das Drittlandsgebiet befördert wird (§ 4 Nr. 3 Satz 1 Buchstabe a des Gesetzes), ist § 13 Abs. 1 und Abs. 2 Nr. 1 bis 4 entsprechend anzuwenden. ²Zusätzlich soll der Unternehmer aufzeichnen:
1. bei einer Leistung, die sich auf einen Gegenstand der Ausfuhr bezieht oder auf einen eingeführten Gegenstand bezieht, der im externen Versandverfahren in das Drittlandsgebiet befördert wird, dass der Gegenstand ausgeführt oder wiederausgeführt worden ist;
2. bei einer Leistung, die sich auf einen Gegenstand der Einfuhr in das Gebiet eines Mitgliedstaates der Europäischen Union bezieht, dass die Kosten für die Leistung in der Bemessungsgrundlage für die Einfuhr enthalten sind.

## Zu § 4 Nr. 5 des Gesetzes

### § 22 Buchmäßiger Nachweis bei steuerfreien Vermittlungen

(1) Bei Vermittlungen im Sinne des § 4 Nr. 5 des Gesetzes ist § 13 Abs. 1 entsprechend anzuwenden.

---

1) **Anm. d. Red.:** § 20 Abs. 1 i. d. F. des Gesetzes v. 19. 12. 2008 (BGBl I S. 2794) mit Wirkung v. 25. 12. 2008; Abs. 2 i. d. F. der VO v. 11. 12. 2012 (BGBl I S. 2637) mit Wirkung v. 20. 12. 2012; Abs. 3 i. d. F. der VO v. 22. 12. 2014 (BGBl I S. 2392) mit Wirkung v. 30. 12. 2014.

2) **Anm. d. Red.:** § 21 i. d. F. der VO v. 11. 12. 2012 (BGBl I S. 2637) mit Wirkung v. 20. 12. 2012.

(2) Der Unternehmer soll regelmäßig Folgendes aufzeichnen:
1. die Vermittlung und den vermittelten Umsatz;
2. den Tag der Vermittlung;
3. den Namen und die Anschrift des Unternehmers, der den vermittelten Umsatz ausgeführt hat;
4. das für die Vermittlung vereinbarte Entgelt oder bei der Besteuerung nach vereinnahmten Entgelten das für die Vermittlung vereinnahmte Entgelt und den Tag der Vereinnahmung.

## Zu § 4 Nr. 18 des Gesetzes

### § 23 Amtlich anerkannte Verbände der freien Wohlfahrtspflege[1]

Die nachstehenden Vereinigungen gelten als amtlich anerkannte Verbände der freien Wohlfahrtspflege:
1. Evangelisches Werk für Diakonie und Entwicklung e.V.;
2. Deutscher Caritasverband e.V.;
3. Deutscher Paritätischer Wohlfahrtsverband – Gesamtverband e.V.;
4. Deutsches Rotes Kreuz e.V.;
5. Arbeiterwohlfahrt Bundesverband e.V.;
6. Zentralwohlfahrtsstelle der Juden in Deutschland e.V.;
7. Deutscher Blinden- und Sehbehindertenverband e.V.;
8. Bund der Kriegsblinden Deutschlands e.V.;
9. Verband deutscher Wohltätigkeitsstiftungen e.V.;
10. Bundesarbeitsgemeinschaft Selbsthilfe von Menschen mit Behinderung und chronischer Erkrankung und ihren Angehörigen e.V.;
11. Sozialverband VdK Deutschland e.V.;
12. Arbeiter-Samariter-Bund Deutschland e.V.

## Zu § 4a des Gesetzes

### § 24 Antragsfrist für die Steuervergütung und Nachweis der Voraussetzungen[2]

(1) ¹Die Steuervergütung ist bei dem zuständigen Finanzamt bis zum Ablauf des Kalenderjahres zu beantragen, das auf das Kalenderjahr folgt, in dem der Gegenstand in das Drittlandsgebiet gelangt. ²Ein Antrag kann mehrere Ansprüche auf die Steuervergütung umfassen.

(2) Der Nachweis, dass der Gegenstand in das Drittlandsgebiet gelangt ist, muss in der gleichen Weise wie bei Ausfuhrlieferungen geführt werden (§§ 8 bis 11).

(3) ¹Die Voraussetzungen für die Steuervergütung sind im Geltungsbereich des Gesetzes buchmäßig nachzuweisen. ²Regelmäßig sollen aufgezeichnet werden:
1. die handelsübliche Bezeichnung und die Menge des ausgeführten Gegenstands;
2. der Name und die Anschrift des Lieferers;
3. der Name und die Anschrift des Empfängers;
4. der Verwendungszweck im Drittlandsgebiet;
5. der Tag der Ausfuhr des Gegenstands;
6. die mit dem Kaufpreis für die Lieferung des Gegenstands bezahlte Steuer oder die für die Einfuhr oder den innergemeinschaftlichen Erwerb des Gegenstands entrichtete Steuer.

---

1) **Anm. d. Red.:** § 23 i. d. F. der VO v. 22.12.2014 (BGBl I S. 2392) mit Wirkung v. 30.12.2014.
2) **Anm. d. Red.:** § 24 Abs. 3 i. d. F. der VO v. 22.12.2014 (BGBl I S. 2392) mit Wirkung v. 30.12.2014.

## Zu § 10 Abs. 6 des Gesetzes

### § 25 Durchschnittsbeförderungsentgelt

Das Durchschnittsbeförderungsentgelt wird auf 4,43 Cent je Personenkilometer festgesetzt.

## Zu § 12 Abs. 2 Nr. 1 des Gesetzes

### §§ 26 bis 29 (weggefallen)

## Zu § 12 Abs. 2 Nr. 7 Buchstabe d des Gesetzes

### § 30 Schausteller

Als Leistungen aus der Tätigkeit als Schausteller gelten Schaustellungen, Musikaufführungen, unterhaltende Vorstellungen oder sonstige Lustbarkeiten auf Jahrmärkten, Volksfesten, Schützenfesten oder ähnlichen Veranstaltungen.

## Zu § 13b des Gesetzes

### § 30a Steuerschuldnerschaft bei unfreien Versendungen[1]

¹Lässt ein Absender einen Gegenstand durch einen im Ausland ansässigen Frachtführer oder Verfrachter unfrei zum Empfänger der Frachtsendung befördern oder eine solche Beförderung durch einen im Ausland ansässigen Spediteur unfrei besorgen, ist der Empfänger der Frachtsendung an Stelle des Leistungsempfängers Steuerschuldner nach § 13b Absatz 5 des Gesetzes, wenn

1. er ein Unternehmer oder eine juristische Person des öffentlichen Rechts ist,
2. er die Entrichtung des Entgelts für die Beförderung oder für ihre Besorgung übernommen hat und
3. aus der Rechnung über die Beförderung oder ihre Besorgung auch die in Nummer 2 bezeichnete Voraussetzung zu ersehen ist.

²Dies gilt auch, wenn die Leistung für den nichtunternehmerischen Bereich bezogen wird.

## Zu § 14 des Gesetzes

### § 31 Angaben in der Rechnung

(1) ¹Eine Rechnung kann aus mehreren Dokumenten bestehen, aus denen sich die nach § 14 Abs. 4 des Gesetzes geforderten Angaben insgesamt ergeben. ²In einem dieser Dokumente sind das Entgelt und der darauf entfallende Steuerbetrag jeweils zusammengefasst anzugeben und alle anderen Dokumente zu bezeichnen, aus denen sich die übrigen Angaben nach § 14 Abs. 4 des Gesetzes ergeben. ³Die Angaben müssen leicht und eindeutig nachprüfbar sein.

(2) Den Anforderungen des § 14 Abs. 4 Satz 1 Nr. 1 des Gesetzes ist genügt, wenn sich auf Grund der in die Rechnung aufgenommenen Bezeichnungen der Name und die Anschrift sowohl des leistenden Unternehmers als auch des Leistungsempfängers eindeutig feststellen lassen.

(3) ¹Für die in § 14 Abs. 4 Satz 1 Nr. 1 und 5 des Gesetzes vorgeschriebenen Angaben können Abkürzungen, Buchstaben, Zahlen oder Symbole verwendet werden, wenn ihre Bedeutung in der Rechnung oder in anderen Unterlagen eindeutig festgelegt ist. ²Die erforderlichen anderen Unterlagen müssen sowohl beim Aussteller als auch beim Empfänger der Rechnung vorhanden sein.

---

1) **Anm. d. Red.:** § 30a i. d. F. des Gesetzes v. 8. 4. 2010 (BGBl I S. 386) mit Wirkung v. 1. 7. 2010.

(4) Als Zeitpunkt der Lieferung oder sonstigen Leistung (§ 14 Abs. 4 Satz 1 Nr. 6 des Gesetzes) kann der Kalendermonat angegeben werden, in dem die Leistung ausgeführt wird.

(5) ¹Eine Rechnung kann berichtigt werden, wenn
 a) sie nicht alle Angaben nach § 14 Abs. 4 oder § 14a des Gesetzes enthält oder
 b) Angaben in der Rechnung unzutreffend sind.

²Es müssen nur die fehlenden oder unzutreffenden Angaben durch ein Dokument, das spezifisch und eindeutig auf die Rechnung bezogen ist, übermittelt werden. ³Es gelten die gleichen Anforderungen an Form und Inhalt wie in § 14 des Gesetzes.

### § 32 Rechnungen über Umsätze, die verschiedenen Steuersätzen unterliegen

Wird in einer Rechnung über Lieferungen oder sonstige Leistungen, die verschiedenen Steuersätzen unterliegen, der Steuerbetrag durch Maschinen automatisch ermittelt und durch diese in der Rechnung angegeben, ist der Ausweis des Steuerbetrags in einer Summe zulässig, wenn für die einzelnen Posten der Rechnung der Steuersatz angegeben wird.

### § 33 Rechnungen über Kleinbeträge[1]

¹Eine Rechnung, deren Gesamtbetrag 150 Euro nicht übersteigt, muss mindestens folgende Angaben enthalten:
1. den vollständigen Namen und die vollständige Anschrift des leistenden Unternehmers,
2. das Ausstellungsdatum,
3. die Menge und die Art der gelieferten Gegenstände oder den Umfang und die Art der sonstigen Leistung und
4. das Entgelt und den darauf entfallenden Steuerbetrag für die Lieferung oder sonstige Leistung in einer Summe sowie den anzuwendenden Steuersatz oder im Fall einer Steuerbefreiung einen Hinweis darauf, dass für die Lieferung oder sonstige Leistung eine Steuerbefreiung gilt.

²Die §§ 31 und 32 sind entsprechend anzuwenden. ³Die Sätze 1 und 2 gelten nicht für Rechnungen über Leistungen im Sinne der §§ 3c, 6a und 13b des Gesetzes.

### § 34 Fahrausweise als Rechnungen

(1) ¹Fahrausweise, die für die Beförderung von Personen ausgegeben werden, gelten als Rechnungen im Sinne des § 14 des Gesetzes, wenn sie mindestens die folgenden Angaben enthalten:
1. den vollständigen Namen und die vollständige Anschrift des Unternehmers, der die Beförderungsleistung ausführt. ²§ 31 Abs. 2 ist entsprechend anzuwenden,
2. das Ausstellungsdatum,
3. das Entgelt und den darauf entfallenden Steuerbetrag in einer Summe,
4. den anzuwendenden Steuersatz, wenn die Beförderungsleistung nicht dem ermäßigten Steuersatz nach § 12 Abs. 2 Nr. 10 des Gesetzes unterliegt, und
5. im Fall der Anwendung des § 26 Abs. 3 des Gesetzes einen Hinweis auf die grenzüberschreitende Beförderung von Personen im Luftverkehr.

²Auf Fahrausweisen der Eisenbahnen, die dem öffentlichen Verkehr dienen, kann an Stelle des Steuersatzes die Tarifentfernung angegeben werden.

(2) ¹Fahrausweise für eine grenzüberschreitende Beförderung im Personenverkehr und im internationalen Eisenbahn-Personenverkehr gelten nur dann als Rechnung im Sinne des § 14 des Gesetzes, wenn eine Bescheinigung des Beförderungsunternehmers oder seines Beauftragten darüber vorliegt, welcher Anteil des Beförderungspreises auf die Strecke im Inland entfällt. ²In

---

1) **Anm. d. Red.:** § 33 i. d. F. des Gesetzes v. 22. 8. 2006 (BGBl I S. 1970) mit Wirkung v. 1. 1. 2007.

der Bescheinigung ist der Steuersatz anzugeben, der auf den auf das Inland entfallenden Teil der Beförderungsleistung anzuwenden ist.

(3) Die Absätze 1 und 2 gelten für Belege im Reisegepäckverkehr entsprechend.

## Zu § 15 des Gesetzes

### § 35 Vorsteuerabzug bei Rechnungen über Kleinbeträge und bei Fahrausweisen

(1) Bei Rechnungen im Sinne des § 33 kann der Unternehmer den Vorsteuerabzug in Anspruch nehmen, wenn er den Rechnungsbetrag in Entgelt und Steuerbetrag aufteilt.

(2) ¹Absatz 1 ist für Rechnungen im Sinne des § 34 entsprechend anzuwenden. ²Bei der Aufteilung in Entgelt und Steuerbetrag ist der Steuersatz nach § 12 Abs. 1 des Gesetzes anzuwenden, wenn in der Rechnung

1. dieser Steuersatz oder
2. eine Tarifentfernung von mehr als 50 Kilometern

angegeben ist. ³Bei den übrigen Rechnungen ist der Steuersatz nach § 12 Abs. 2 des Gesetzes anzuwenden. ⁴Bei Fahrausweisen im Luftverkehr kann der Vorsteuerabzug nur in Anspruch genommen werden, wenn der Steuersatz nach § 12 Abs. 1 des Gesetzes im Fahrausweis angegeben ist.

### §§ 36 bis 39a (weggefallen)

### § 40 Vorsteuerabzug bei unfreien Versendungen

(1) ¹Lässt ein Absender einen Gegenstand durch einen Frachtführer oder Verfrachter unfrei zu einem Dritten befördern oder eine solche Beförderung durch einen Spediteur unfrei besorgen, so ist für den Vorsteuerabzug der Empfänger der Frachtsendung als Auftraggeber dieser Leistungen anzusehen. ²Der Absender darf die Steuer für diese Leistungen nicht als Vorsteuer abziehen. ³Der Empfänger der Frachtsendung kann diese Steuer unter folgenden Voraussetzungen abziehen:

1. Er muss im Übrigen hinsichtlich der Beförderung oder ihrer Besorgung zum Abzug der Steuer berechtigt sein (§ 15 Abs. 1 Satz 1 Nr. 1 des Gesetzes).
2. Er muss die Entrichtung des Entgelts zuzüglich der Steuer für die Beförderung oder für ihre Besorgung übernommen haben.
3. ¹Die in Nummer 2 bezeichnete Voraussetzung muss aus der Rechnung über die Beförderung oder ihre Besorgung zu ersehen sein. ²Die Rechnung ist vom Empfänger der Frachtsendung aufzubewahren.

(2) Die Vorschriften des § 22 des Gesetzes sowie des § 35 Abs. 1 und § 63 dieser Verordnung gelten für den Empfänger der Frachtsendung entsprechend.

### §§ 41 bis 42 (weggefallen)

### § 43 Erleichterungen bei der Aufteilung der Vorsteuern[1]

Die den folgenden steuerfreien Umsätzen zuzurechnenden Vorsteuerbeträge sind nur dann vom Vorsteuerabzug ausgeschlossen, wenn sie diesen Umsätzen ausschließlich zuzurechnen sind:

1. Umsätze von Geldforderungen, denen zum Vorsteuerabzug berechtigende Umsätze des Unternehmers zugrunde liegen;
2. Umsätze von Wechseln, die der Unternehmer von einem Leistungsempfänger erhalten hat, weil er den Leistenden als Bürge oder Garantiegeber befriedigt. ²Das gilt nicht, wenn die

---

1) **Anm. d. Red.:** § 43 i. d. F. der VO v. 2. 12. 2011 (BGBl I S. 2416) mit Wirkung v. 1. 1. 2012.

Vorsteuern, die dem Umsatz dieses Leistenden zuzurechnen sind, vom Vorsteuerabzug ausgeschlossen sind;

3. sonstige Leistungen, die im Austausch von gesetzlichen Zahlungsmitteln bestehen, Lieferungen von im Inland gültigen amtlichen Wertzeichen sowie Einlagen bei Kreditinstituten, wenn diese Umsätze als Hilfsumsätze anzusehen sind.

## Zu § 15a des Gesetzes

### § 44 Vereinfachungen bei der Berichtigung des Vorsteuerabzugs[1)2)]

(1) Eine Berichtigung des Vorsteuerabzugs nach § 15a des Gesetzes entfällt, wenn die auf die Anschaffungs- oder Herstellungskosten eines Wirtschaftsguts entfallende Vorsteuer 1 000 Euro nicht übersteigt.

(2) [1]Haben sich bei einem Wirtschaftsgut in einem Kalenderjahr die für den ursprünglichen Vorsteuerabzug maßgebenden Verhältnisse um weniger als 10 Prozentpunkte geändert, entfällt bei diesem Wirtschaftsgut für dieses Kalenderjahr die Berichtigung des Vorsteuerabzugs. [2]Das gilt nicht, wenn der Betrag, um den der Vorsteuerabzug für dieses Kalenderjahr zu berichtigen ist, 1 000 Euro übersteigt.

(3) [1]Übersteigt der Betrag, um den der Vorsteuerabzug bei einem Wirtschaftsgut für das Kalenderjahr zu berichtigen ist, nicht 6 000 Euro, so ist die Berichtigung des Vorsteuerabzugs nach § 15a des Gesetzes abweichend von § 18 Abs. 1 und 2 des Gesetzes erst im Rahmen der Steuerfestsetzung für den Besteuerungszeitraum durchzuführen, in dem sich die für den ursprünglichen Vorsteuerabzug maßgebenden Verhältnisse geändert haben. [2]Wird das Wirtschaftsgut während des maßgeblichen Berichtigungszeitraums veräußert oder nach § 3 Abs. 1b des Gesetzes geliefert, so ist die Berichtigung des Vorsteuerabzugs für das Kalenderjahr der Lieferung und die folgenden Kalenderjahre des Berichtigungszeitraums abweichend von Satz 1 bereits bei der Berechnung der Steuer für den Voranmeldungszeitraum (§ 18 Abs. 1 und 2 des Gesetzes) durchzuführen, in dem die Lieferung stattgefunden hat.

(4) Die Absätze 1 bis 3 sind bei einer Berichtigung der auf nachträgliche Anschaffungs- oder Herstellungskosten und auf die in § 15a Abs. 3 und 4 des Gesetzes bezeichneten Leistungen entfallenden Vorsteuerbeträge entsprechend anzuwenden.

### § 45 Maßgebliches Ende des Berichtigungszeitraums

[1]Endet der Zeitraum, für den eine Berichtigung des Vorsteuerabzugs nach § 15a des Gesetzes durchzuführen ist, vor dem 16. eines Kalendermonats, so bleibt dieser Kalendermonat für die Berichtigung unberücksichtigt. [2]Endet er nach dem 15. eines Kalendermonats, so ist dieser Kalendermonat voll zu berücksichtigen.

## Zu den §§ 16 und 18 des Gesetzes

## Dauerfristverlängerung

### § 46 Fristverlängerung[3)]

[1]Das Finanzamt hat dem Unternehmer auf Antrag die Fristen für die Übermittlung der Voranmeldungen und für die Entrichtung der Vorauszahlungen (§ 18 Abs. 1, 2 und 2a des Gesetzes) um einen Monat zu verlängern. [2]Das Finanzamt hat den Antrag abzulehnen oder eine bereits gewährte Fristverlängerung zu widerrufen, wenn der Steueranspruch gefährdet erscheint.

---

1) **Anm. d. Red.:** § 44 Abs. 3 und 4 i. d. F. der VO v. 2. 12. 2011 (BGBl I S. 2416) mit Wirkung v. 1. 1. 2012.
2) **Anm. d. Red.:** Zur Anwendung des § 44 siehe § 74a Abs. 2.
3) **Anm. d. Red.:** § 46 i. d. F. der VO v. 22. 12. 2014 (BGBl I S. 2392) mit Wirkung v. 30. 12. 2014.

## § 47 Sondervorauszahlung[1]

(1) ¹Die Fristverlängerung ist bei einem Unternehmer, der die Voranmeldungen monatlich zu übermitteln hat, unter der Auflage zu gewähren, dass dieser eine Sondervorauszahlung auf die Steuer eines jeden Kalenderjahres entrichtet. ²Die Sondervorauszahlung beträgt ein Elftel der Summe der Vorauszahlungen für das vorangegangene Kalenderjahr.

(2) ¹Hat der Unternehmer seine gewerbliche oder berufliche Tätigkeit nur in einem Teil des vorangegangenen Kalenderjahres ausgeübt, so ist die Summe der Vorauszahlungen dieses Zeitraums in eine Jahressumme umzurechnen. ²Angefangene Kalendermonate sind hierbei als volle Kalendermonate zu behandeln.

(3) Hat der Unternehmer seine gewerbliche oder berufliche Tätigkeit im laufenden Kalenderjahr begonnen, so ist die Sondervorauszahlung auf der Grundlage der zu erwartenden Vorauszahlungen dieses Kalenderjahres zu berechnen.

## § 48 Verfahren[2]

(1) ¹Der Unternehmer hat die Fristverlängerung für die Übermittlung der Voranmeldungen bis zu dem Zeitpunkt zu beantragen, an dem die Voranmeldung, für die die Fristverlängerung erstmals gelten soll, nach § 18 Abs. 1, 2 und 2a des Gesetzes zu übermitteln ist. ²Der Antrag ist nach amtlich vorgeschriebenem Datensatz durch Datenfernübertragung nach Maßgabe der Steuerdaten-Übermittlungsverordnung zu übermitteln. ³Auf Antrag kann das Finanzamt zur Vermeidung von unbilligen Härten auf eine elektronische Übermittlung verzichten; in diesem Fall hat der Unternehmer einen Antrag nach amtlich vorgeschriebenem Vordruck zu stellen. ⁴In dem Antrag hat der Unternehmer, der die Voranmeldungen monatlich zu übermitteln hat, die Sondervorauszahlung (§ 47) selbst zu berechnen und anzumelden. ⁵Gleichzeitig hat er die angemeldete Sondervorauszahlung zu entrichten.

(2) ¹Während der Geltungsdauer der Fristverlängerung hat der Unternehmer, der die Voranmeldungen monatlich zu übermitteln hat, die Sondervorauszahlung für das jeweilige Kalenderjahr bis zum gesetzlichen Zeitpunkt der Übermittlung der ersten Voranmeldung zu berechnen, anzumelden und zu entrichten. ²Absatz 1 Satz 2 und 3 gilt entsprechend.

(3) Das Finanzamt kann die Sondervorauszahlung festsetzen, wenn sie vom Unternehmer nicht oder nicht richtig berechnet wurde oder wenn die Anmeldung zu einem offensichtlich unzutreffenden Ergebnis führt.

(4) Die festgesetzte Sondervorauszahlung ist bei der Festsetzung der Vorauszahlung für den letzten Voranmeldungszeitraum des Besteuerungszeitraums anzurechnen, für den die Fristverlängerung gilt.

## Verzicht auf die Steuererhebung

### § 49 Verzicht auf die Steuererhebung im Börsenhandel mit Edelmetallen

Auf die Erhebung der Steuer für die Lieferungen von Gold, Silber und Platin sowie für die sonstigen Leistungen im Geschäft mit diesen Edelmetallen wird verzichtet, wenn

1. die Umsätze zwischen Unternehmern ausgeführt werden, die an einer Wertpapierbörse im Inland mit dem Recht zur Teilnahme am Handel zugelassen sind,
2. die bezeichneten Edelmetalle zum Handel an einer Wertpapierbörse im Inland zugelassen sind und
3. keine Rechnungen mit gesondertem Ausweis der Steuer erteilt werden.

---

1) **Anm. d. Red.:** § 47 Abs. 1 i. d. F. der VO v. 22. 12. 2014 (BGBl I S. 2392) mit Wirkung v. 30. 12. 2014.

2) **Anm. d. Red.:** § 48 Abs. 1 und 2 i. d. F. der VO v. 22. 12. 2014 (BGBl I S. 2392) mit Wirkung v. 30. 12. 2014; Abs. 4 i. d. F. des Gesetzes v. 13. 12. 2006 (BGBl I S. 2878) mit Wirkung v. 19. 12. 2006.

## § 50 (weggefallen)

## Besteuerung im Abzugsverfahren
## §§ 51 bis 58 (weggefallen)

## Vergütung der Vorsteuerbeträge in einem besonderen Verfahren

### § 59 Vergütungsberechtigte Unternehmer[1)2)]

¹Die Vergütung der abziehbaren Vorsteuerbeträge (§ 15 des Gesetzes) an im Ausland ansässige Unternehmer ist abweichend von den §§ 16 und 18 Abs. 1 bis 4 des Gesetzes nach den §§ 60 bis 61a durchzuführen, wenn der Unternehmer im Vergütungszeitraum
1. im Inland keine Umsätze im Sinne des § 1 Abs. 1 Nr. 1 und 5 des Gesetzes oder nur steuerfreie Umsätze im Sinne des § 4 Nr. 3 des Gesetzes ausgeführt hat,
2. nur Umsätze ausgeführt hat, für die der Leistungsempfänger die Steuer schuldet (§ 13b des Gesetzes) oder die der Beförderungseinzelbesteuerung (§ 16 Abs. 5 und § 18 Abs. 5 des Gesetzes) unterlegen haben,
3. im Inland nur innergemeinschaftliche Erwerbe und daran anschließende Lieferungen im Sinne des § 25b Abs. 2 des Gesetzes ausgeführt hat,
4. im Inland als Steuerschuldner nur Umsätze im Sinne des § 3a Abs. 5 des Gesetzes erbracht hat und von dem Wahlrecht nach § 18 Abs. 4c des Gesetzes Gebrauch gemacht hat oder diese Umsätze in einem anderen Mitgliedstaat erklärt sowie die darauf entfallende Steuer entrichtet hat oder
5. im Inland als Steuerschuldner nur Umsätze im Sinne des § 3a Absatz 5 des Gesetzes erbracht hat und von dem Wahlrecht nach § 18 Absatz 4e des Gesetzes Gebrauch gemacht hat.

²Ein im Ausland ansässiger Unternehmer im Sinne des Satzes 1 ist ein Unternehmer, der im Inland, auf der Insel Helgoland und in einem der in § 1 Absatz 3 des Gesetzes bezeichneten Gebiete weder einen Wohnsitz, seinen gewöhnlichen Aufenthalt, seinen Sitz, seine Geschäftsleitung noch eine Betriebsstätte hat; ein im Ausland ansässiger Unternehmer ist auch ein Unternehmer, der
1. ausschließlich einen Wohnsitz oder seinen gewöhnlichen Aufenthalt im Inland hat,
2. ausschließlich eine Betriebsstätte im Inland hat, von der aus keine Umsätze ausgeführt werden,

aber im Ausland seinen Sitz, seine Geschäftsleitung oder eine Betriebsstätte hat, von der aus Umsätze ausgeführt werden. ³Maßgebend für die Ansässigkeit ist der jeweilige Vergütungszeitraum im Sinne des § 60, für den der Unternehmer eine Vergütung beantragt.

### § 60 Vergütungszeitraum[3)4)]

¹Vergütungszeitraum ist nach Wahl des Unternehmers ein Zeitraum von mindestens drei Monaten bis zu höchstens einem Kalenderjahr. ²Der Vergütungszeitraum kann weniger als drei Monate umfassen, wenn es sich um den restlichen Zeitraum des Kalenderjahres handelt. ³Hat der Unternehmer einen Vergütungszeitraum von mindestens drei Monaten nach Satz 1 gewählt, kann er daneben noch einen Vergütungsantrag für das Kalenderjahr stellen. ⁴In den An-

---

1) **Anm. d. Red.:** § 59 i. d. F. der VO v. 22.12.2014 (BGBl I S. 2392) mit Wirkung v. 30.12.2014.
2) **Anm. d. Red.:** Zur Anwendung des § 59 siehe § 74a Abs. 1.
3) **Anm. d. Red.:** § 60 i. d. F. der VO v. 22.12.2014 (BGBl I S. 2392) mit Wirkung v. 30.12.2014.
4) **Anm. d. Red.:** Zur Anwendung des § 60 siehe § 74a Abs. 1.

trag für den Zeitraum nach Satz 2 können auch abziehbare Vorsteuerbeträge aufgenommen werden, die in vorangegangene Vergütungszeiträume des betreffenden Jahres fallen.

## § 61 Vergütungsverfahren für im übrigen Gemeinschaftsgebiet ansässige Unternehmer[1)2)]

(1) Der im übrigen Gemeinschaftsgebiet ansässige Unternehmer hat den Vergütungsantrag nach amtlich vorgeschriebenem Datensatz durch Datenfernübertragung nach Maßgabe der Steuerdaten-Übermittlungsverordnung über das in dem Mitgliedstaat, in dem der Unternehmer ansässig ist, eingerichtete elektronische Portal dem Bundeszentralamt für Steuern zu übermitteln.

(2) [1]Die Vergütung ist binnen neun Monaten nach Ablauf des Kalenderjahres, in dem der Vergütungsanspruch entstanden ist, zu beantragen. [2]Der Unternehmer hat die Vergütung selbst zu berechnen. [3]Dem Vergütungsantrag sind auf elektronischem Weg die Rechnungen und Einfuhrbelege als eingescannte Originale beizufügen, wenn das Entgelt für den Umsatz oder die Einfuhr mindestens 1 000 Euro, bei Rechnungen über den Bezug von Kraftstoffen mindestens 250 Euro beträgt. [4]Bei begründeten Zweifeln an dem Recht auf Vorsteuerabzug in der beantragten Höhe kann das Bundeszentralamt für Steuern verlangen, dass die Vorsteuerbeträge durch Vorlage von Rechnungen und Einfuhrbelegen im Original nachgewiesen werden.

(3) [1]Die beantragte Vergütung muss mindestens 400 Euro betragen. [2]Das gilt nicht, wenn der Vergütungszeitraum das Kalenderjahr oder der letzte Zeitraum des Kalenderjahres ist. [3]Für diese Vergütungszeiträume muss die beantragte Vergütung mindestens 50 Euro betragen.

(4) [1]Der Bescheid über die Vergütung von Vorsteuerbeträgen ist in elektronischer Form zu übermitteln. [2]§ 87a Abs. 4 Satz 2 der Abgabenordnung ist nicht anzuwenden.

(5) [1]Der nach § 18 Abs. 9 des Gesetzes zu vergütende Betrag ist zu verzinsen. [2]Der Zinslauf beginnt mit Ablauf von vier Monaten und zehn Werktagen nach Eingang des Vergütungsantrags beim Bundeszentralamt für Steuern. [3]Übermittelt der Antragsteller Rechnungen oder Einfuhrbelege als eingescannte Originale abweichend von Absatz 2 Satz 3 nicht zusammen mit dem Vergütungsantrag, sondern erst zu einem späteren Zeitpunkt, beginnt der Zinslauf erst mit Ablauf von vier Monaten und zehn Tagen nach Eingang dieser eingescannten Originale beim Bundeszentralamt für Steuern. [4]Hat das Bundeszentralamt für Steuern zusätzliche oder weitere zusätzliche Informationen angefordert, beginnt der Zinslauf erst mit Ablauf von zehn Werktagen nach Ablauf der Fristen in Artikel 21 der Richtlinie 2008/9/EG des Rates vom 12. Februar 2008 zur Regelung der Erstattung der Mehrwertsteuer gemäß der Richtlinie 2006/112/EG an nicht im Mitgliedstaat der Erstattung, sondern in einem anderen Mitgliedstaat ansässige Steuerpflichtige (ABl EU Nr. L 44 S. 23). [5]Der Zinslauf endet mit erfolgter Zahlung des zu vergütenden Betrages; die Zahlung gilt als erfolgt mit dem Tag der Fälligkeit, es sei denn, der Unternehmer weist nach, dass er den zu vergütenden Betrag später erhalten hat. [6]Wird die Festsetzung oder Anmeldung der Steuervergütung geändert, ist eine bisherige Zinsfestsetzung zu ändern; § 233a Abs. 5 der Abgabenordnung gilt entsprechend. [7]Für die Höhe und Berechnung der Zinsen gilt § 238 der Abgabenordnung. [8]Auf die Festsetzung der Zinsen ist § 239 der Abgabenordnung entsprechend anzuwenden. [9]Bei der Festsetzung von Prozesszinsen nach § 236 der Abgabenordnung sind Zinsen anzurechnen, die für denselben Zeitraum nach den Sätzen 1 bis 5 festgesetzt wurden.

(6) Ein Anspruch auf Verzinsung nach Absatz 5 besteht nicht, wenn der Unternehmer einer Mitwirkungspflicht nicht innerhalb einer Frist von einem Monat nach Zugang einer entsprechenden Aufforderung des Bundeszentralamtes für Steuern nachkommt.

---

1) **Anm. d. Red.:** § 61 Abs. 1, 3, 4 und 6 i. d. F. des Gesetzes v. 19. 12. 2008 (BGBl I S. 2794) mit Wirkung v. 1. 1. 2010; Abs. 2 und 5 i. d. F. der VO v. 22. 12. 2014 (BGBl I S. 2392) mit Wirkung v. 30. 12. 2014.

2) **Anm. d. Red.:** Zur Anwendung des § 61 siehe § 74a Abs. 1.

## § 61a Vergütungsverfahren für nicht im Gemeinschaftsgebiet ansässige Unternehmer[1)2)]

(1)[3)] ¹Der nicht im Gemeinschaftsgebiet ansässige Unternehmer hat den Vergütungsantrag nach amtlich vorgeschriebenem Datensatz durch Datenfernübertragung nach Maßgabe der Steuerdaten-Übermittlungsverordnung an das Bundeszentralamt für Steuern zu übermitteln. ²Auf Antrag kann das Bundeszentralamt für Steuern zur Vermeidung von unbilligen Härten auf eine elektronische Übermittlung verzichten. ³In diesem Fall hat der nicht im Gemeinschaftsgebiet ansässige Unternehmer die Vergütung nach amtlich vorgeschriebenem Vordruck beim Bundeszentralamt für Steuern zu beantragen und den Vergütungsantrag eigenhändig zu unterschreiben.

(2)[4)] ¹Die Vergütung ist binnen sechs Monaten nach Ablauf des Kalenderjahres, in dem der Vergütungsanspruch entstanden ist, zu beantragen. ²Der Unternehmer hat die Vergütung selbst zu berechnen. ³Die Vorsteuerbeträge sind durch Vorlage von Rechnungen und Einfuhrbelegen im Original nachzuweisen.

(3) ¹Die beantragte Vergütung muss mindestens 1 000 Euro betragen. ²Das gilt nicht, wenn der Vergütungszeitraum das Kalenderjahr oder der letzte Zeitraum des Kalenderjahres ist. ³Für diese Vergütungszeiträume muss die beantragte Vergütung mindestens 500 Euro betragen.

(4) Der Unternehmer muss der zuständigen Finanzbehörde durch behördliche Bescheinigung des Staates, in dem er ansässig ist, nachweisen, dass er als Unternehmer unter einer Steuernummer eingetragen ist.

## Sondervorschriften für die Besteuerung bestimmter Unternehmer

### § 62 Berücksichtigung von Vorsteuerbeträgen, Belegnachweis

(1) Ist bei den in § 59 genannten Unternehmern die Besteuerung nach § 16 und § 18 Abs. 1 bis 4 des Gesetzes durchzuführen, so sind hierbei die Vorsteuerbeträge nicht zu berücksichtigen, die nach § 59 vergütet worden sind.

(2) Die abziehbaren Vorsteuerbeträge sind in den Fällen des Absatzes 1 durch Vorlage der Rechnungen und Einfuhrbelege im Original nachzuweisen.

## Zu § 22 des Gesetzes

### § 63 Aufzeichnungspflichten

(1) Die Aufzeichnungen müssen so beschaffen sein, dass es einem sachverständigen Dritten innerhalb einer angemessenen Zeit möglich ist, einen Überblick über die Umsätze des Unter-

---

1) **Anm. d. Red.:** § 61a Abs. 1 und 2 i. d. F. der VO v. 22. 12. 2014 (BGBl I S. 2392) mit Wirkung v. 30. 12. 2014; Abs. 3 und 4 i. d. F. des Gesetzes v. 19. 12. 2008 (BGBl I S. 2794) mit Wirkung v. 1. 1. 2010.

2) **Anm. d. Red.:** Zur Anwendung des § 61a siehe § 74a Abs. 1 und 4.

3) **Anm. d. Red.:** Der kursive Absatz 1 ist gem. § 74a Abs. 4 auf Anträge auf Vergütung von Vorsteuerbeträgen anzuwenden, die nach dem 30. 6. 2016 gestellt werden. Absatz 1 der Vorfassung lautet:
„(1) ¹Der nicht im Gemeinschaftsgebiet ansässige Unternehmer hat die Vergütung nach amtlich vorgeschriebenem Vordruck bei dem Bundeszentralamt für Steuern zu beantragen. ²Abweichend von Satz 1 kann der Unternehmer den Vergütungsantrag nach amtlich vorgeschriebenem Datensatz durch Datenfernübertragung nach Maßgabe der Steuerdaten-Übermittlungsverordnung dem Bundeszentralamt für Steuern übermitteln."

4) **Anm. d. Red.:** Der kursive Absatz 2 ist gem. § 74a Abs. 4 auf Anträge auf Vergütung von Vorsteuerbeträgen anzuwenden, die nach dem 30. 6. 2016 gestellt werden. Absatz 2 der Vorfassung lautet:
„(2) ¹Die Vergütung ist binnen sechs Monaten nach Ablauf des Kalenderjahres, in dem der Vergütungsanspruch entstanden ist, zu beantragen. ²Der Unternehmer hat die Vergütung selbst zu berechnen. ³Die Vorsteuerbeträge sind durch Vorlage von Rechnungen und Einfuhrbelegen im Original nachzuweisen. ⁴Der Vergütungsantrag ist vom Unternehmer eigenhändig zu unterschreiben."

nehmers und die abziehbaren Vorsteuern zu erhalten und die Grundlagen für die Steuerberechnung festzustellen.

(2) ¹Entgelte, Teilentgelte, Bemessungsgrundlagen nach § 10 Abs. 4 und 5 des Gesetzes, nach § 14c des Gesetzes geschuldete Steuerbeträge sowie Vorsteuerbeträge sind am Schluss jedes Voranmeldungszeitraums zusammenzurechnen. ²Im Fall des § 17 Abs. 1 Satz 6 des Gesetzes sind die Beträge der Entgeltsminderungen am Schluss jedes Voranmeldungszeitraums zusammenzurechnen.

(3) ¹Der Unternehmer kann die Aufzeichnungspflichten nach § 22 Abs. 2 Nr. 1 Satz 1, 3, 5 und 6, Nr. 2 Satz 1 und Nr. 3 Satz 1 des Gesetzes in folgender Weise erfüllen:

1. Das Entgelt oder Teilentgelt und der Steuerbetrag werden in einer Summe statt des Entgelts oder des Teilentgelts aufgezeichnet.
2. Die Bemessungsgrundlage nach § 10 Abs. 4 und 5 des Gesetzes und der darauf entfallende Steuerbetrag werden in einer Summe statt der Bemessungsgrundlage aufgezeichnet.
3. Bei der Anwendung des § 17 Abs. 1 Satz 6 des Gesetzes werden die Entgeltsminderung und die darauf entfallende Minderung des Steuerbetrags in einer Summe statt der Entgeltsminderung aufgezeichnet.

²§ 22 Abs. 2 Nr. 1 Satz 2, Nr. 2 Satz 2 und Nr. 3 Satz 2 des Gesetzes gilt entsprechend. ³Am Schluss jedes Voranmeldungszeitraums hat der Unternehmer die Summe der Entgelte und Teilentgelte, der Bemessungsgrundlagen nach § 10 Abs. 4 und 5 des Gesetzes sowie der Entgeltsminderungen im Fall des § 17 Abs. 1 Satz 6 des Gesetzes zu errechnen und aufzuzeichnen.

(4) ¹Dem Unternehmer, dem wegen der Art und des Umfangs des Geschäfts eine Trennung der Entgelte und Teilentgelte nach Steuersätzen (§ 22 Abs. 2 Nr. 1 Satz 2 und Nr. 2 Satz 2 des Gesetzes) in den Aufzeichnungen nicht zuzumuten ist, kann das Finanzamt auf Antrag gestatten, dass er die Entgelte und Teilentgelte nachträglich auf der Grundlage der Wareneingänge oder, falls diese hierfür nicht verwendet werden können, nach anderen Merkmalen trennt. ²Entsprechendes gilt für die Trennung nach Steuersätzen bei den Bemessungsgrundlagen nach § 10 Abs. 4 und 5 des Gesetzes (§ 22 Abs. 2 Nr. 1 Satz 3 und Nr. 3 Satz 2 des Gesetzes). ³Das Finanzamt darf nur ein Verfahren zulassen, dessen steuerliches Ergebnis nicht wesentlich von dem Ergebnis einer nach Steuersätzen getrennten Aufzeichnung der Entgelte, Teilentgelte und sonstigen Bemessungsgrundlagen abweicht. ⁴Die Anwendung des Verfahrens kann auf einen in der Gliederung des Unternehmens gesondert geführten Betrieb beschränkt werden.

(5) ¹Der Unternehmer kann die Aufzeichnungspflicht nach § 22 Abs. 2 Nr. 5 des Gesetzes in der Weise erfüllen, dass er die Entgelte oder Teilentgelte und die auf sie entfallenden Steuerbeträge (Vorsteuern) jeweils in einer Summe, getrennt nach den in den Eingangsrechnungen angewandten Steuersätzen, aufzeichnet. ²Am Schluss jedes Voranmeldungszeitraums hat der Unternehmer die Summe der Entgelte und Teilentgelte und die Summe der Vorsteuerbeträge zu errechnen und aufzuzeichnen.

### § 64 Aufzeichnung im Fall der Einfuhr[1]

Der Aufzeichnungspflicht nach § 22 Absatz 2 Nummer 6 des Gesetzes ist genügt, wenn die entstandene Einfuhrumsatzsteuer mit einem Hinweis auf einen entsprechenden zollamtlichen Beleg aufgezeichnet wird.

### § 65 Aufzeichnungspflichten der Kleinunternehmer

¹Unternehmer, auf deren Umsätze § 19 Abs. 1 Satz 1 des Gesetzes anzuwenden ist, haben an Stelle der nach § 22 Abs. 2 bis 4 des Gesetzes vorgeschriebenen Angaben Folgendes aufzuzeichnen:

1. die Werte der erhaltenen Gegenleistungen für die von ihnen ausgeführten Lieferungen und sonstigen Leistungen;

---

1) **Anm. d. Red.:** § 64 i. d. F. des Gesetzes v. 25. 7. 2014 (BGBl I S. 1266) mit Wirkung v. 31. 7. 2014.

2. die sonstigen Leistungen im Sinne des § 3 Abs. 9a Nr. 2 des Gesetzes. ²Für ihre Bemessung gilt Nummer 1 entsprechend.

²Die Aufzeichnungspflichten nach § 22 Abs. 2 Nr. 4, 7, 8 und 9 des Gesetzes bleiben unberührt.

### § 66 Aufzeichnungspflichten bei der Anwendung allgemeiner Durchschnittssätze

Der Unternehmer ist von den Aufzeichnungspflichten nach § 22 Abs. 2 Nr. 5 und 6 des Gesetzes befreit, soweit er die abziehbaren Vorsteuerbeträge nach einem Durchschnittssatz (§§ 69 und 70) berechnet.

### § 66a Aufzeichnungspflichten bei der Anwendung des Durchschnittssatzes für Körperschaften, Personenvereinigungen und Vermögensmassen im Sinne des § 5 Abs. 1 Nr. 9 des Körperschaftsteuergesetzes

Der Unternehmer ist von den Aufzeichnungspflichten nach § 22 Abs. 2 Nr. 5 und 6 des Gesetzes befreit, soweit er die abziehbaren Vorsteuerbeträge nach dem in § 23a des Gesetzes festgesetzten Durchschnittssatz berechnet.

### § 67 Aufzeichnungspflichten bei der Anwendung der Durchschnittssätze für land- und forstwirtschaftliche Betriebe

¹Unternehmer, auf deren Umsätze § 24 des Gesetzes anzuwenden ist, sind für den land- und forstwirtschaftlichen Betrieb von den Aufzeichnungspflichten nach § 22 des Gesetzes befreit. ²Ausgenommen hiervon sind die Bemessungsgrundlagen für die Umsätze im Sinne des § 24 Abs. 1 Satz 1 Nr. 2 des Gesetzes. ³Die Aufzeichnungspflichten nach § 22 Abs. 2 Nr. 4, 7 und 8 des Gesetzes bleiben unberührt.

### § 68 Befreiung von der Führung des Steuerhefts[1)]

(1) Unternehmer im Sinne des § 22 Abs. 5 des Gesetzes sind von der Verpflichtung, ein Steuerheft zu führen, befreit,
1. wenn sie im Inland eine gewerbliche Niederlassung besitzen und ordnungsmäßige Aufzeichnungen nach § 22 des Gesetzes in Verbindung mit den §§ 63 bis 66 dieser Verordnung führen;
2. soweit ihre Umsätze nach den Durchschnittssätzen für land- und forstwirtschaftliche Betriebe (§ 24 Abs. 1 Satz 1 Nr. 1 und 3 des Gesetzes) besteuert werden;
3. soweit sie mit Zeitungen und Zeitschriften handeln;
4. soweit sie auf Grund gesetzlicher Vorschriften verpflichtet sind, Bücher zu führen, oder ohne eine solche Verpflichtung Bücher führen.

(2) In den Fällen des Absatzes 1 Nr. 1 stellt das Finanzamt dem Unternehmer eine Bescheinigung über die Befreiung von der Führung des Steuerhefts aus.

## Zu § 23 des Gesetzes

### § 69 Festsetzung allgemeiner Durchschnittssätze

(1) ¹Zur Berechnung der abziehbaren Vorsteuerbeträge nach allgemeinen Durchschnittssätzen (§ 23 des Gesetzes) werden die in der Anlage bezeichneten Prozentsätze des Umsatzes als Durchschnittssätze festgesetzt. ²Die Durchschnittssätze gelten jeweils für die bei ihnen angegebenen Berufs- und Gewerbezweige.

(2) Umsatz im Sinne des Absatzes 1 ist der Umsatz, den der Unternehmer im Rahmen der in der Anlage bezeichneten Berufs- und Gewerbezweige im Inland ausführt, mit Ausnahme der

---

1) **Anm. d. Red.:** § 68 Abs. 1 i. d. F. des Gesetzes v. 17. 3. 2009 (BGBl I S. 550) mit Wirkung v. 25. 3. 2009.

Einfuhr, des innergemeinschaftlichen Erwerbs und der in § 4 Nr. 8, 9 Buchstabe a, Nr. 10 und 21 des Gesetzes bezeichneten Umsätze.

(3) Der Unternehmer, dessen Umsatz (Absatz 2) im vorangegangenen Kalenderjahr 61 356 Euro überstiegen hat, kann die Durchschnittssätze nicht in Anspruch nehmen.

## § 70 Umfang der Durchschnittssätze

(1) [1]Die in Abschnitt A der Anlage bezeichneten Durchschnittssätze gelten für sämtliche Vorsteuerbeträge, die mit der Tätigkeit der Unternehmer in den in der Anlage bezeichneten Berufs- und Gewerbezweigen zusammenhängen. [2]Ein weiterer Vorsteuerabzug ist insoweit ausgeschlossen.

(2) [1]Neben den Vorsteuerbeträgen, die nach den in Abschnitt B der Anlage bezeichneten Durchschnittssätzen berechnet werden, können unter den Voraussetzungen des § 15 des Gesetzes abgezogen werden:
1. die Vorsteuerbeträge für Gegenstände, die der Unternehmer zur Weiterveräußerung erworben oder eingeführt hat, einschließlich der Vorsteuerbeträge für Rohstoffe, Halberzeugnisse, Hilfsstoffe und Zutaten;
2. die Vorsteuerbeträge
    a) für Lieferungen von Gebäuden, Grundstücken und Grundstücksteilen,
    b) für Ausbauten, Einbauten, Umbauten und Instandsetzungen bei den in Buchstabe a bezeichneten Gegenständen,
    c) für Leistungen im Sinne des § 4 Nr. 12 des Gesetzes.

[2]Das gilt nicht für Vorsteuerbeträge, die mit Maschinen und sonstigen Vorrichtungen aller Art in Zusammenhang stehen, die zu einer Betriebsanlage gehören, auch wenn sie wesentliche Bestandteile eines Grundstücks sind.

## Zu § 24 Abs. 4 des Gesetzes

### § 71 Verkürzung der zeitlichen Bindungen für land- und forstwirtschaftliche Betriebe

[1]Der Unternehmer, der eine Erklärung nach § 24 Abs. 4 Satz 1 des Gesetzes abgegeben hat, kann von der Besteuerung des § 19 Abs. 1 des Gesetzes zur Besteuerung nach § 24 Abs. 1 bis 3 des Gesetzes mit Wirkung vom Beginn eines jeden folgenden Kalenderjahres an übergehen. [2]Auf den Widerruf der Erklärung ist § 24 Abs. 4 Satz 4 des Gesetzes anzuwenden.

## Zu § 25 Abs. 2 des Gesetzes

### § 72 Buchmäßiger Nachweis bei steuerfreien Reiseleistungen

(1) Bei Leistungen, die nach § 25 Abs. 2 des Gesetzes ganz oder zum Teil steuerfrei sind, ist § 13 Abs. 1 entsprechend anzuwenden.

(2) Der Unternehmer soll regelmäßig Folgendes aufzeichnen:
1. die Leistung, die ganz oder zum Teil steuerfrei ist;
2. den Tag der Leistung;
3. die der Leistung zuzurechnenden einzelnen Reisevorleistungen im Sinne des § 25 Abs. 2 des Gesetzes und die dafür von dem Unternehmer aufgewendeten Beträge;
4. den vom Leistungsempfänger für die Leistung aufgewendeten Betrag;
5. die Bemessungsgrundlage für die steuerfreie Leistung oder für den steuerfreien Teil der Leistung.

(3) Absatz 2 gilt entsprechend für die Fälle, in denen der Unternehmer die Bemessungsgrundlage nach § 25 Abs. 3 Satz 3 des Gesetzes ermittelt.

## Zu § 26 Abs. 5 des Gesetzes

### § 73 Nachweis der Voraussetzungen der in bestimmten Abkommen enthaltenen Steuerbefreiungen[1]

(1) Der Unternehmer hat die Voraussetzungen der in § 26 Abs. 5 des Gesetzes bezeichneten Steuerbefreiungen wie folgt nachzuweisen:
1. bei Lieferungen und sonstigen Leistungen, die von einer amtlichen Beschaffungsstelle in Auftrag gegeben worden sind, durch eine Bescheinigung der amtlichen Beschaffungsstelle nach amtlich vorgeschriebenem Vordruck (Abwicklungsschein);
2. bei Lieferungen und sonstigen Leistungen, die von einer deutschen Behörde für eine amtliche Beschaffungsstelle in Auftrag gegeben worden sind, durch eine Bescheinigung der deutschen Behörde.

(2) ¹Zusätzlich zu Absatz 1 muss der Unternehmer die Voraussetzungen der Steuerbefreiungen im Geltungsbereich des Gesetzes buchmäßig nachweisen. ²Die Voraussetzungen müssen eindeutig und leicht nachprüfbar aus den Aufzeichnungen zu ersehen sein. ³In den Aufzeichnungen muss auf die in Absatz 1 bezeichneten Belege hingewiesen sein.

(3) Das Finanzamt kann auf die in Absatz 1 Nr. 1 bezeichnete Bescheinigung verzichten, wenn die vorgeschriebenen Angaben aus anderen Belegen und aus den Aufzeichnungen des Unternehmers eindeutig und leicht nachprüfbar zu ersehen sind.

(4) Bei Beschaffungen oder Baumaßnahmen, die von deutschen Behörden durchgeführt und von den Entsendestaaten oder den Hauptquartieren nur zu einem Teil finanziert werden, gelten Absatz 1 Nr. 2 und Absatz 2 hinsichtlich der anteiligen Steuerbefreiung entsprechend.

## Übergangs- und Schlussvorschriften

### § 74 (Änderungen der §§ 34, 67 und 68)

### § 74a Übergangsvorschriften[2]

(1) Die §§ 59 bis 61 in der Fassung des Artikels 8 des Gesetzes vom 19. Dezember 2008 (BGBl I S. 2794) und § 61a sind auf Anträge auf Vergütung von Vorsteuerbeträgen anzuwenden, die nach dem 31. Dezember 2009 gestellt werden.

(2) Für Wirtschaftsgüter, die vor dem 1. Januar 2012 angeschafft oder hergestellt worden sind, ist § 44 Absatz 3 und 4 in der am 31. Dezember 2011 geltenden Fassung weiterhin anzuwenden.

(3) Für bis zum 30. September 2013 ausgeführte innergemeinschaftliche Lieferungen kann der Unternehmer den Nachweis der Steuerbefreiung gemäß den §§ 17a bis 17c in der am 31. Dezember 2011 geltenden Fassung führen.

(4) § 61a Absatz 1 und 2 in der am 30. Dezember 2014 geltenden Fassung ist auf Anträge auf Vergütung von Vorsteuerbeträgen anzuwenden, die nach dem 30. Juni 2016 gestellt werden.

### § 75 Berlin-Klausel (weggefallen)

### § 76 (Inkrafttreten)

---

1) **Anm. d. Red.:** § 73 Abs. 2 i. d. F. der VO v. 22.12.2014 (BGBl I S. 2392) mit Wirkung v. 30.12.2014.
2) **Anm. d. Red.:** § 74a i. d. F. der VO v. 22.12.2014 (BGBl I S. 2392) mit Wirkung v. 30.12.2014.

## Anlage (zu den §§ 69 und 70)

### Abschnitt A: Durchschnittssätze für die Berechnung sämtlicher Vorsteuerbeträge (§ 70 Abs. 1)

#### I. Handwerk

1. **Bäckerei:** 5,4 % des Umsatzes. Handwerksbetriebe, die Frischbrot, Pumpernickel, Knäckebrot, Brötchen, sonstige Frischbackwaren, Semmelbrösel, Paniermehl und Feingebäck, darunter Kuchen, Torten, Tortenböden, herstellen und die Erzeugnisse überwiegend an Endverbraucher absetzen. Die Caféumsätze dürfen 10 Prozent des Umsatzes nicht übersteigen.
2. **Bau- und Möbeltischlerei:** 9,0 % des Umsatzes. Handwerksbetriebe, die Bauelemente und Bauten aus Holz, Parkett, Holzmöbel und sonstige Tischlereierzeugnisse herstellen und reparieren, ohne dass bestimmte Erzeugnisse klar überwiegen.
3. **Beschlag-, Kunst- und Reparaturschmiede:** 7,5 % des Umsatzes. Handwerksbetriebe, die Beschlag- und Kunstschmiedearbeiten einschließlich der Reparaturarbeiten ausführen.
4. **Buchbinderei:** 5,2 % des Umsatzes. Handwerksbetriebe, die Buchbindearbeiten aller Art ausführen.
5. **Druckerei:** 6,4 % des Umsatzes. Handwerksbetriebe, die folgende Arbeiten ausführen:
    1. Hoch-, Flach-, Licht-, Sieb- und Tiefdruck;
    2. Herstellung von Weichpackungen, Bild-, Abreiß- und Monatskalendern, Spielen und Spielkarten, nicht aber von kompletten Gesellschafts- und Unterhaltungsspielen;
    3. Zeichnerische Herstellung von Landkarten, Bauskizzen, Kleidermodellen u. Ä. für Druckzwecke.
6. **Elektroinstallation:** 9,1 % des Umsatzes. Handwerksbetriebe, die die Installation von elektrischen Leitungen sowie damit verbundener Geräte einschließlich der Reparatur- und Unterhaltungsarbeiten ausführen.
7. **Fliesen- und Plattenlegerei, sonstige Fußbodenlegerei und -kleberei:** 8,6 % des Umsatzes. Handwerksbetriebe, die Fliesen, Platten, Mosaik und Fußböden aus Steinholz, Kunststoffen, Terrazzo und ähnlichen Stoffen verlegen, Estricharbeiten ausführen sowie Fußböden mit Linoleum und ähnlichen Stoffen bekleben, einschließlich der Reparatur- und Instandhaltungsarbeiten.
8. **Friseure:** 4,5 % des Umsatzes. Damenfriseure, Herrenfriseure sowie Damen- und Herrenfriseure.
9. **Gewerbliche Gärtnerei:** 5,8 % des Umsatzes. Ausführung gärtnerischer Arbeiten im Auftrage anderer, wie Veredeln, Landschaftsgestaltung, Pflege von Gärten und Friedhöfen, Binden von Kränzen und Blumen, wobei diese Tätigkeiten nicht überwiegend auf der Nutzung von Bodenflächen beruhen.
10. **Glasergewerbe:** 9,2 % des Umsatzes. Handwerksbetriebe, die Glaserarbeiten ausführen, darunter Bau-, Auto-, Bilder- und Möbelarbeiten.
11. **Hoch- und Ingenieurhochbau:** 6,3 % des Umsatzes. Handwerksbetriebe, die Hoch- und Ingenieurhochbauten, aber nicht Brücken- und Spezialbauten, ausführen, einschließlich der Reparatur- und Unterhaltungsarbeiten.
12. **Klempnerei, Gas- und Wasserinstallation:** 8,4 % des Umsatzes. Handwerksbetriebe, die Bauklempnerarbeiten und die Installation von Gas- und Flüssigkeitsleitungen sowie damit verbundener Geräte einschließlich der Reparatur- und Unterhaltungsarbeiten ausführen.
13. **Maler- und Lackierergewerbe, Tapezierer:** 3,7 % des Umsatzes. Handwerksbetriebe, die folgende Arbeiten ausführen:
    1. Maler- und Lackiererarbeiten, einschließlich Schiffsmalerei und Entrostungsarbeiten. Nicht dazu gehört das Lackieren von Straßenfahrzeugen;
    2. Aufkleben von Tapeten, Kunststofffolien und Ähnlichem.

14. **Polsterei- und Dekorateurgewerbe:** 9,5 % des Umsatzes. Handwerksbetriebe, die Polsterer- und Dekorateurarbeiten einschließlich Reparaturarbeiten ausführen. Darunter fallen auch die Herstellung von Möbelpolstern und Matratzen mit fremdbezogenen Vollpolstereinlagen, Federkernen oder Schaumstoff- bzw. Schaumgummikörpern, die Polsterung fremdbezogener Möbelgestelle sowie das Anbringen von Dekorationen, ohne Schaufensterdekorationen.
15. **Putzmacherei:** 12,2 % des Umsatzes. Handwerksbetriebe, die Hüte aus Filz, Stoff und Stroh für Damen, Mädchen und Kinder herstellen und umarbeiten. Nicht dazu gehört die Herstellung und Umarbeitung von Huthalbfabrikaten aus Filz.
16. **Reparatur von Kraftfahrzeugen:** 9,1 % des Umsatzes. Handwerksbetriebe, die Kraftfahrzeuge, ausgenommen Ackerschlepper, reparieren.
17. **Schlosserei und Schweißerei:** 7,9 % des Umsatzes. Handwerksbetriebe, die Schlosser- und Schweißarbeiten einschließlich der Reparaturarbeiten ausführen.
18. **Schneiderei:** 6,0 % des Umsatzes. Handwerksbetriebe, die folgende Arbeiten ausführen:
    1. Maßfertigung von Herren- und Knabenoberbekleidung, von Uniformen und Damen-, Mädchen- und Kinderoberbekleidung, aber nicht Maßkonfektion;
    2. Reparatur- und Hilfsarbeiten an Erzeugnissen des Bekleidungsgewerbes.
19. **Schuhmacherei:** 6,5 % des Umsatzes. Handwerksbetriebe, die Maßschuhe, darunter orthopädisches Schuhwerk, herstellen und Schuhe reparieren.
20. **Steinbildhauerei und Steinmetzerei:** 8,4 % des Umsatzes. Handwerksbetriebe, die Steinbildhauer- und Steinmetzerzeugnisse herstellen, darunter Grabsteine, Denkmäler und Skulpturen einschließlich der Reparaturarbeiten.
21. **Stuckateurgewerbe:** 4,4 % des Umsatzes. Handwerksbetriebe, die Stuckateur-, Gipserei- und Putzarbeiten, darunter Herstellung von Rabitzwänden, ausführen.
22. **Winder und Scherer:** 2,0 % des Umsatzes. In Heimarbeit Beschäftigte, die in eigener Arbeitsstätte mit nicht mehr als zwei Hilfskräften im Auftrag von Gewerbetreibenden Garne in Lohnarbeit umspulen.
23. **Zimmerei:** 8,1 % des Umsatzes. Handwerksbetriebe, die Bauholz zurichten, Dachstühle und Treppen aus Holz herstellen sowie Holzbauten errichten und entsprechende Reparatur- und Unterhaltungsarbeiten ausführen.

## II. Einzelhandel

1. **Blumen und Pflanzen:** 5,7 % des Umsatzes. Einzelhandelsbetriebe, die überwiegend Blumen, Pflanzen, Blattwerk, Wurzelstücke und Zweige vertreiben.
2. **Brennstoffe:** 12,5 % des Umsatzes. Einzelhandelsbetriebe, die überwiegend Brennstoffe vertreiben.
3. **Drogerien:** 10,9 % des Umsatzes. Einzelhandelsbetriebe, die überwiegend vertreiben:
Heilkräuter, pharmazeutische Spezialitäten und Chemikalien, hygienische Artikel, Desinfektionsmittel, Körperpflegemittel, kosmetische Artikel, diätetische Nahrungsmittel, Säuglings- und Krankenpflegebedarf, Reformwaren, Schädlingsbekämpfungsmittel, Fotogeräte und Fotozubehör.
4. **Elektrotechnische Erzeugnisse, Leuchten, Rundfunk-, Fernseh- und Phonogeräte:** 11,7 % des Umsatzes. Einzelhandelsbetriebe, die überwiegend vertreiben:
Elektrotechnische Erzeugnisse, darunter elektrotechnisches Material, Glühbirnen und elektrische Haushalts- und Verbrauchergeräte, Leuchten, Rundfunk-, Fernseh-, Phono-, Tonaufnahme- und -wiedergabegeräte, deren Teile und Zubehör, Schallplatten und Tonbänder.
5. **Fahrräder und Mopeds:** 12,2 % des Umsatzes. Einzelhandelsbetriebe, die überwiegend Fahrräder, deren Teile und Zubehör, Mopeds und Fahrradanhänger vertreiben.

**Anlage** XXVII. Umsatzsteuer-Durchführungsverordnung

6. **Fische und Fischerzeugnisse:** 6,6 % des Umsatzes. Einzelhandelsbetriebe, die überwiegend Fische, Fischerzeugnisse, Krebse, Muscheln und ähnliche Waren vertreiben.
7. **Kartoffeln, Gemüse, Obst und Südfrüchte:** 6,4 % des Umsatzes. Einzelhandelsbetriebe, die überwiegend Speisekartoffeln, Gemüse, Obst, Früchte (auch Konserven) sowie Obst- und Gemüsesäfte vertreiben.
8. **Lacke, Farben und sonstiger Anstrichbedarf:** 11,2 % des Umsatzes. Einzelhandelsbetriebe, die überwiegend Lacke, Farben, sonstigen Anstrichbedarf, darunter Malerwerkzeuge, Tapeten, Linoleum, sonstigen Fußbodenbelag, aber nicht Teppiche, vertreiben.
9. **Milch, Milcherzeugnisse, Fettwaren und Eier:** 6,4 % des Umsatzes. Einzelhandelsbetriebe, die überwiegend Milch, Milcherzeugnisse, Fettwaren und Eier vertreiben.
10. **Nahrungs- und Genussmittel:** 8,3 % des Umsatzes. Einzelhandelsbetriebe, die überwiegend Nahrungs- und Genussmittel aller Art vertreiben, ohne dass bestimmte Warenarten klar überwiegen.
11. **Oberbekleidung:** 12,3 % des Umsatzes. Einzelhandelsbetriebe, die überwiegend vertreiben: Oberbekleidung für Herren, Knaben, Damen, Mädchen und Kinder, auch in sportlichem Zuschnitt, darunter Berufs- und Lederbekleidung, aber nicht gewirkte und gestrickte Oberbekleidung, Sportbekleidung, Blusen, Hausjacken, Morgenröcke und Schürzen.
12. **Reformwaren:** 8,5 % des Umsatzes. Einzelhandelsbetriebe, die überwiegend vertreiben: Reformwaren, darunter Reformnahrungsmittel, diätetische Lebensmittel, Kurmittel, Heilkräuter, pharmazeutische Extrakte und Spezialitäten.
13. **Schuhe und Schuhwaren:** 11,8 % des Umsatzes. Einzelhandelsbetriebe, die überwiegend Schuhe aus verschiedenen Werkstoffen sowie Schuhwaren vertreiben.
14. **Süßwaren:** 6,6 % des Umsatzes. Einzelhandelsbetriebe, die überwiegend Süßwaren vertreiben.
15. **Textilwaren verschiedener Art:** 12,3 % des Umsatzes. Einzelhandelsbetriebe, die überwiegend Textilwaren vertreiben, ohne dass bestimmte Warenarten klar überwiegen.
16. **Tiere und zoologischer Bedarf:** 8,8 % des Umsatzes. Einzelhandelsbetriebe, die überwiegend lebende Haus- und Nutztiere, zoologischen Bedarf, Bedarf für Hunde- und Katzenhaltung und dergleichen vertreiben.
17. **Unterhaltungszeitschriften und Zeitungen:** 6,3 % des Umsatzes. Einzelhandelsbetriebe, die überwiegend Unterhaltungszeitschriften, Zeitungen und Romanhefte vertreiben.
18. **Wild und Geflügel:** 6,4 % des Umsatzes. Einzelhandelsbetriebe, die überwiegend Wild, Geflügel und Wildgeflügel vertreiben.

### III. Sonstige Gewerbebetriebe

1. **Eisdielen:** 5,8 % des Umsatzes. Betriebe, die überwiegend erworbenes oder selbst hergestelltes Speiseeis zum Verzehr auf dem Grundstück des Verkäufers abgeben.
2. **Fremdenheime und Pensionen:** 6,7 % des Umsatzes. Unterkunftsstätten, in denen jedermann beherbergt und häufig auch verpflegt wird.
3. **Gast- und Speisewirtschaften:** 8,7 % des Umsatzes. Gast- und Speisewirtschaften mit Ausschank alkoholischer Getränke (ohne Bahnhofswirtschaften).
4. **Gebäude- und Fensterreinigung:** 1,6 % des Umsatzes. Betriebe für die Reinigung von Gebäuden, Räumen und Inventar, einschließlich Teppichreinigung, Fensterputzen, Schädlingsbekämpfung und Schiffsreinigung. Nicht dazu gehören die Betriebe für Hausfassadenreinigung.
5. **Personenbeförderung mit Personenkraftwagen:** 6,0 % des Umsatzes. Betriebe zur Beförderung von Personen mit Taxis oder Mietwagen.
6. **Wäschereien:** 6,5 % des Umsatzes. Hierzu gehören auch Mietwaschküchen, Wäschedienst, aber nicht Wäscheverleih.

## IV. Freie Berufe

1. a) **Bildhauer:** 7,0 % des Umsatzes,
   b) **Grafiker** (nicht Gebrauchsgrafiker): 5,2 % des Umsatzes,
   c) **Kunstmaler:** 5,2 % des Umsatzes.
2. **Selbständige Mitarbeiter bei Bühne, Film, Funk, Fernsehen und Schallplattenproduzenten:** 3,6 % des Umsatzes. Natürliche Personen, die auf den Gebieten der Bühne, des Films, des Hörfunks, des Fernsehens, der Schallplatten-, Bild- und Tonträgerproduktion selbständig Leistungen in Form von eigenen Darbietungen oder Beiträge zu Leistungen Dritter erbringen.
3. **Hochschullehrer:** 2,9 % des Umsatzes. Umsätze aus freiberuflicher Tätigkeit zur unselbständig ausgeübten wissenschaftlichen Tätigkeit.
4. **Journalisten:** 4,8 % des Umsatzes. Freiberuflich tätige Unternehmer, die in Wort und Bild überwiegend aktuelle politische, kulturelle und wirtschaftliche Ereignisse darstellen.
5. **Schriftsteller:** 2,6 % des Umsatzes. Freiberuflich tätige Unternehmer, die geschriebene Werke mit überwiegend wissenschaftlichem, unterhaltendem oder künstlerischem Inhalt schaffen.

## Abschnitt B: Durchschnittssätze für die Berechnung eines Teils der Vorsteuerbeträge (§ 70 Abs. 2)

1. **Architekten:** 1,9 % des Umsatzes. Architektur-, Bauingenieur- und Vermessungsbüros, darunter Baubüros, statische Büros und Bausachverständige, aber nicht Film- und Bühnenarchitekten.
2. **Hausbandweber:** 3,2 % des Umsatzes. In Heimarbeit Beschäftigte, die in eigener Arbeitsstätte mit nicht mehr als zwei Hilfskräften im Auftrag von Gewerbetreibenden Schmalbänder in Lohnarbeit weben oder wirken.
3. **Patentanwälte:** 1,7 % des Umsatzes. Patentanwaltspraxis, aber nicht die Lizenz- und Patentverwertung.
4. **Rechtsanwälte und Notare:** 1,5 % des Umsatzes. Rechtsanwaltspraxis mit und ohne Notariat sowie das Notariat, nicht aber die Patentanwaltspraxis.
5. **Schornsteinfeger:** 1,6 % des Umsatzes.
6. **Wirtschaftliche Unternehmensberatung, Wirtschaftsprüfung:** 1,7 % des Umsatzes. Wirtschaftsprüfer, vereidigte Buchprüfer, Steuerberater und Steuerbevollmächtigte. Nicht dazu gehören Treuhandgesellschaften für Vermögensverwaltung.

# XXVIII. Bewertungsgesetz (BewG)
### v. 1. 2. 1991 (BGBl I S. 231) mit späteren Änderungen

Das Bewertungsgesetz (BewG) v. 1.2.1991 (BGBl I S. 231) wurde geändert durch Art. 8 Steueränderungsgesetz 1991 (StÄndG 1991) v. 24.6.1991 (BGBl I S. 1322); Art. 13 Steueränderungsgesetz 1992 (StÄndG 1992) v. 25.2.1992 (BGBl I S. 297); Art. 3 Zinsabschlaggesetz v. 9.11.1992 (BGBl I S. 1853); Art. 24 Gesetz zur Umsetzung des Föderalen Konsolidierungsprogramms (FKPG) v. 23.6.1993 (BGBl I S. 944); Art. 9 Standortsicherungsgesetz (StandOG) v. 13.9.1993 (BGBl I S. 1569); Art. 14 Missbrauchsbekämpfungs- und Steuerbereinigungsgesetz (StMBG) v. 21.12.1993 (BGBl I S. 2310); Art. 28 Pflege-Versicherungsgesetz (PflegeVG) v. 26.5.1994 (BGBl I S. 1014, ber. I S. 2797); Art. 26 Agrarsozialreformgesetz 1995 (ASRG 1995) v. 29.7.1994 (BGBl I S. 1890); Art. 12 Abs. 38 Postneuordnungsgesetz (PTNeuOG) v. 14.9.1994 (BGBl I S. 2325, ber. 1996 I S. 103); Art. 6 Entschädigungs- und Ausgleichsleistungsgesetz (EALG) v. 27.9.1994 (BGBl I S. 2624, ber. 1995 I S. 110); Art. 22 Jahressteuergesetz 1996 (JStG 1996) v. 11.10.1995 (BGBl I S. 1250, ber. 1996 I S. 714); Art. 6 Gesetz zur Neuregelung der steuerrechtlichen Wohneigentumsförderung v. 15.12.1995 (BGBl I S. 1783, ber. 1996 I S. 321); Art. 1 Jahressteuergesetz 1997 (JStG 1997) v. 20.12.1996 (BGBl I S. 2049); Art. 6 Gesetz zur Fortsetzung der Unternehmenssteuerreform v. 29.10.1997 (BGBl I S. 2590); Art. 2 Gesetz zur Anpassung steuerlicher Vorschriften der Land- und Forstwirtschaft v. 29.6.1998 (BGBl I S. 1692); Art. 17 Steuer-Euroglättungsgesetz (StEuglG) v. 19.12.2000 (BGBl I S. 1790); Art. 20 Gesetz zur Reform des Wohnungsbaurechts v. 13.9.2001 (BGBl I S. 2376); Art. 105 Siebente Zuständigkeitsanpassungs-Verordnung v. 29.10.2001 (BGBl I S. 2785, ber. 2002 I S. 2972); Art. 1 Gesetz zur Änderung des Bewertungsgesetzes v. 10.12.2001 (BGBl I S. 3435); Art. 14 Steueränderungsgesetz 2001 (StÄndG 2001) v. 20.12.2001 (BGBl I S. 3794); Art. 115 Neunte Zuständigkeitsanpassungsverordnung v. 31.10.2006 (BGBl I S. 2407, ber. 2007 I S. 2149); Art. 8 Gesetz über steuerliche Begleitmaßnahmen zur Einführung der Europäischen Gesellschaft und zur Änderung weiterer steuerrechtlicher Vorschriften (SEStEG) v. 7.12.2006 (BGBl I S. 2782, ber. 2007 I S. 68); Art. 18 Jahressteuergesetz 2007 (JStG 2007) v. 13.12.2006 (BGBl I S. 2878); Art. 13a Nr. 1 Gesetz zur Umsetzung der Richtlinie über Märkte für Finanzinstrumente und der Durchführungsrichtlinie der Kommission (Finanzmarktrichtlinie-Umsetzungsgesetz) v. 16.7.2007 (BGBl I S. 1330); Art. 21 Jahressteuergesetz 2008 (JStG 2008) v. 20.12.2007 (BGBl I S. 3150); Art. 2 Gesetz zur Reform des Erbschaftsteuer- und Bewertungsrechts (Erbschaftsteuerreformgesetz − ErbStRG) v. 24.12.2008 (BGBl I S. 3018); Art. 13 Jahressteuergesetz 2010 (JStG 2010) v. 8.12.2010 (BGBl I S. 1768); Art. 7 Steuervereinfachungsgesetz 2011 v. 1.11.2011 (BGBl I S. 2131); Art. 10 Gesetz zur Umsetzung der Beitreibungsrichtlinie sowie zur Änderung steuerlicher Vorschriften (Beitreibungsrichtlinie-Umsetzungsgesetz − BeitrRLUmsG) v. 7.12.2011 (BGBl I S. 2592); Art. 13 Abs. 3 Gesetz zur Neuordnung der Organisation der landwirtschaftlichen Sozialversicherung (LSV-Neuordnungsgesetz − LSV-NOG) v. 12.4.2012 (BGBl I S. 579); Art. 20 Gesetz zur Umsetzung der Amtshilferichtlinie sowie zur Änderung steuerlicher Vorschriften (Amtshilferichtlinie-Umsetzungsgesetz − AmtshilfeRLUmsG) v. 26.6.2013 (BGBl I S. 1809); Art. 3 Gesetz zur Anpassung des Investmentsteuergesetzes und anderer Gesetze an das AIFM-Umsetzungsgesetz (AIFM-Steuer-Anpassungsgesetz − AIFM-StAnpG) v. 18.12.2013 (BGBl I S. 4318); Art. 6 Gesetz zur Anpassung steuerlicher Regelungen an die Rechtsprechung des Bundesverfassungsgerichts v. 18.7.2014 (BGBl I S. 1042); Art. 231 Zehnte Zuständigkeitsanpassungsverordnung v. 31.8.2015 (BGBl I S. 1474); Art. 9 Steueränderungsgesetz 2015 v. 2.11.2015 (BGBl I S. 1834). — **Zur Anwendung siehe § 205.**

## Nichtamtliche Fassung

### Inhaltsübersicht

**Erster Teil:**
**Allgemeine Bewertungsvorschriften**

§ 1  Geltungsbereich
§ 2  Wirtschaftliche Einheit
§ 3  Wertermittlung bei mehreren Beteiligten
§ 3a  (weggefallen)
§ 4  Aufschiebend bedingter Erwerb
§ 5  Auflösend bedingter Erwerb
§ 6  Aufschiebend bedingte Lasten
§ 7  Auflösend bedingte Lasten
§ 8  Befristung auf einen unbestimmten Zeitpunkt
§ 9  Bewertungsgrundsatz, gemeiner Wert
§ 10  Begriff des Teilwerts
§ 11  Wertpapiere und Anteile

§ 12  Kapitalforderungen und Schulden
§ 13  Kapitalwert von wiederkehrenden Nutzungen und Leistungen
§ 14  Lebenslängliche Nutzungen und Leistungen
§ 15  Jahreswert von Nutzungen und Leistungen
§ 16  Begrenzung des Jahreswerts von Nutzungen

**Zweiter Teil:**
**Besondere Bewertungsvorschriften**

§ 17  Geltungsbereich
§ 18  Vermögensarten

## Erster Abschnitt: Einheitsbewertung

### A. Allgemeines

| § 19 | Feststellung von Einheitswerten |
|---|---|
| § 20 | Ermittlung des Einheitswerts |
| § 21 | Hauptfeststellung |
| § 22 | Fortschreibungen |
| § 23 | Nachfeststellung |
| § 24 | Aufhebung des Einheitswerts |
| § 24a | Änderung von Feststellungsbescheiden |
| § 25 | Nachholung einer Feststellung |
| § 26 | Umfang der wirtschaftlichen Einheit bei Ehegatten oder Lebenspartnern |
| § 27 | Wertverhältnisse bei Fortschreibungen und Nachfeststellungen |
| § 28 | Erklärungspflicht |
| § 29 | Auskünfte, Erhebungen und Mitteilungen |
| § 30 | Abrundung |
| § 31 | Bewertung von ausländischem Sachvermögen |
| § 32 | Bewertung von inländischem Sachvermögen |

### B. Land- und forstwirtschaftliches Vermögen

#### I. Allgemeines

| § 33 | Begriff des land- und forstwirtschaftlichen Vermögens |
|---|---|
| § 34 | Betrieb der Land- und Forstwirtschaft |
| § 35 | Bewertungsstichtag |
| § 36 | Bewertungsgrundsätze |
| § 37 | Ermittlung des Ertragswerts |
| § 38 | Vergleichszahl, Ertragsbedingungen |
| § 39 | Bewertungsstützpunkte |
| § 40 | Ermittlung des Vergleichswerts |
| § 41 | Abschläge und Zuschläge |
| § 42 | Nebenbetriebe |
| § 43 | Abbauland |
| § 44 | Geringstland |
| § 45 | Unland |
| § 46 | Wirtschaftswert |
| § 47 | Wohnungswert |
| § 48 | Zusammensetzung des Einheitswerts |
| § 48a | Einheitswert bestimmter intensiv genutzter Flächen |
| § 49 | (weggefallen) |

#### II. Besondere Vorschriften

##### a) Landwirtschaftliche Nutzung

| § 50 | Ertragsbedingungen |
|---|---|
| § 51 | Tierbestände |
| § 51a | Gemeinschaftliche Tierhaltung |
| § 52 | Sonderkulturen |

##### b) Forstwirtschaftliche Nutzung

| § 53 | Umlaufende Betriebsmittel |
|---|---|
| § 54 | Bewertungsstichtag |
| § 55 | Ermittlung des Vergleichswerts |

##### c) Weinbauliche Nutzung

| § 56 | Umlaufende Betriebsmittel |
|---|---|
| § 57 | Bewertungsstützpunkte |
| § 58 | Innere Verkehrslage |

##### d) Gärtnerische Nutzung

| § 59 | Bewertungsstichtag |
|---|---|
| § 60 | Ertragsbedingungen |
| § 61 | Anwendung des vergleichenden Verfahrens |

##### e) Sonstige land- und forstwirtschaftliche Nutzung

| § 62 | Arten und Bewertung der sonstigen land- und forstwirtschaftlichen Nutzung |
|---|---|

#### III. Bewertungsbeirat, Gutachterausschuss

| § 63 | Bewertungsbeirat |
|---|---|
| § 64 | Mitglieder |
| § 65 | Aufgaben |
| § 66 | Geschäftsführung |
| § 67 | Gutachterausschuss |

### C. Grundvermögen

#### I. Allgemeines

| § 68 | Begriff des Grundvermögens |
|---|---|
| § 69 | Abgrenzung des Grundvermögens vom land- und forstwirtschaftlichen Vermögen |
| § 70 | Grundstück |
| § 71 | Gebäude und Gebäudeteile für den Zivilschutz |

#### II. Unbebaute Grundstücke

| § 72 | Begriff |
|---|---|
| § 73 | Baureife Grundstücke |

#### III. Bebaute Grundstücke

##### a) Begriff und Bewertung

| § 74 | Begriff |
|---|---|
| § 75 | Grundstücksarten |
| § 76 | Bewertung |
| § 77 | Mindestwert |

##### b) Verfahren

###### 1. Ertragswertverfahren

| § 78 | Grundstückswert |
|---|---|
| § 79 | Jahresrohmiete |
| § 80 | Vervielfältiger |
| § 81 | Außergewöhnliche Grundsteuerbelastung |
| § 82 | Ermäßigung und Erhöhung |

###### 2. Sachwertverfahren

| § 83 | Grundstückswert |
|---|---|
| § 84 | Bodenwert |
| § 85 | Gebäudewert |

| | |
|---|---|
| § 86 | Wertminderung wegen Alters |
| § 87 | Wertminderung wegen baulicher Mängel und Schäden |
| § 88 | Ermäßigung und Erhöhung |
| § 89 | Wert der Außenanlagen |
| § 90 | Angleichung an den gemeinen Wert |

### IV. Sondervorschriften

| | |
|---|---|
| § 91 | Grundstücke im Zustand der Bebauung |
| § 92 | Erbbaurecht |
| § 93 | Wohnungseigentum und Teileigentum |
| § 94 | Gebäude auf fremdem Grund und Boden |

### D. Betriebsvermögen

| | |
|---|---|
| § 95 | Begriff des Betriebsvermögens |
| § 96 | Freie Berufe |
| § 97 | Betriebsvermögen von Körperschaften, Personenvereinigungen und Vermögensmassen |
| §§ 98 und 98a | (weggefallen) |
| § 99 | Betriebsgrundstücke |
| §§ 100 bis 102 | (weggefallen) |
| § 103 | Schulden und sonstige Abzüge |
| §§ 103a bis 108 | (weggefallen) |
| § 109 | Bewertung |
| § 109a | (weggefallen) |

### Zweiter Abschnitt:
### Sondervorschriften und Ermächtigungen

| | |
|---|---|
| §§ 110 bis 120 | (weggefallen) |
| § 121 | Inlandsvermögen |
| § 121a | Sondervorschrift für die Anwendung der Einheitswerte 1964 |
| § 121b | (weggefallen) |
| § 122 | Besondere Vorschriften für Berlin (West) |
| § 123 | Ermächtigungen |
| § 124 | (weggefallen) |

### Dritter Abschnitt:
### Vorschriften für die Bewertung von Vermögen in dem in Artikel 3 des Einigungsvertrages genannten Gebiet
### A. Land- und forstwirtschaftliches Vermögen

| | |
|---|---|
| § 125 | Land- und forstwirtschaftliches Vermögen |
| § 126 | Geltung des Ersatzwirtschaftswerts |
| § 127 | Erklärung zum Ersatzwirtschaftswert |
| § 128 | Auskünfte, Erhebungen, Mitteilungen, Abrundung |

### B. Grundvermögen

| | |
|---|---|
| § 129 | Grundvermögen |
| § 129a | Abschläge bei Bewertung mit einem Vielfachen der Jahresrohmiete |
| § 130 | Nachkriegsbauten |
| § 131 | Wohnungseigentum und Teileigentum, Wohnungserbbaurecht und Teilerbbaurecht |
| § 132 | Fortschreibung und Nachfeststellung der Einheitswerte 1935 |
| § 133 | Sondervorschrift für die Anwendung der Einheitswerte 1935 |

### C. Betriebsvermögen

| | |
|---|---|
| §§ 134 bis 136 | (weggefallen) |
| § 137 | Bilanzposten nach dem D-Markbilanzgesetz |

### Vierter Abschnitt:
### Vorschriften für die Bewertung von Grundbesitz für die Grunderwerbsteuer ab 1. Januar 1997
### A. Allgemeines

| | |
|---|---|
| § 138 | Feststellung von Grundbesitzwerten |
| § 139 | Abrundung |

### B. Land- und forstwirtschaftliches Vermögen

| | |
|---|---|
| § 140 | Wirtschaftliche Einheit und Umfang des land- und forstwirtschaftlichen Vermögens |
| § 141 | Umfang des Betriebs der Land- und Forstwirtschaft |
| § 142 | Betriebswert |
| § 143 | Wert der Betriebswohnungen und des Wohnteils |
| § 144 | Zusammensetzung des land- und forstwirtschaftlichen Grundbesitzwerts |

### C. Grundvermögen
### I. Unbebaute Grundstücke

| | |
|---|---|
| § 145 | Unbebaute Grundstücke |

### II. Bebaute Grundstücke

| | |
|---|---|
| § 146 | Bebaute Grundstücke |
| § 147 | Sonderfälle |
| § 148 | Erbbaurecht |
| § 148a | Gebäude auf fremdem Grund und Boden |
| § 149 | Grundstücke im Zustand der Bebauung |
| § 150 | Gebäude und Gebäudeteile für den Zivilschutz |

### Fünfter Abschnitt:
### Gesonderte Feststellungen

| | |
|---|---|
| § 151 | Gesonderte Feststellungen |
| § 152 | Örtliche Zuständigkeit |
| § 153 | Erklärungspflicht, Verfahrensvorschriften für die gesonderte Feststellung, Feststellungsfrist |
| § 154 | Beteiligte am Feststellungsverfahren |
| § 155 | Rechtsbehelfsbefugnis |
| § 156 | Außenprüfung |

### Sechster Abschnitt:
### Vorschriften für die Bewertung von Grundbesitz, von nicht notierten Anteilen an Kapitalgesellschaften und von Betriebsvermögen für die Erbschaftsteuer ab 1. Januar 2009

## A. Allgemeines

§ 157 Feststellung von Grundbesitzwerten, von Anteilswerten und von Betriebsvermögenswerten

## B. Land- und forstwirtschaftliches Vermögen

### I. Allgemeines

§ 158 Begriff des land- und forstwirtschaftlichen Vermögens
§ 159 Abgrenzung land- und forstwirtschaftlich genutzter Flächen zum Grundvermögen
§ 160 Betrieb der Land- und Forstwirtschaft
§ 161 Bewertungsstichtag
§ 162 Bewertung des Wirtschaftsteils
§ 163 Ermittlung der Wirtschaftswerte
§ 164 Mindestwert
§ 165 Bewertung des Wirtschaftsteils mit dem Fortführungswert
§ 166 Bewertung des Wirtschaftsteils mit dem Liquidationswert
§ 167 Bewertung der Betriebswohnungen und des Wohnteils
§ 168 Grundbesitzwert des Betriebs der Land- und Forstwirtschaft

### II. Besonderer Teil

#### a) Landwirtschaftliche Nutzung

§ 169 Tierbestände
§ 170 Umlaufende Betriebsmittel

#### b) Forstwirtschaftliche Nutzung

§ 171 Umlaufende Betriebsmittel
§ 172 Abweichender Bewertungsstichtag

#### c) Weinbauliche Nutzung

§ 173 Umlaufende Betriebsmittel

#### d) Gärtnerische Nutzung

§ 174 Abweichende Bewertungsverhältnisse

#### e) Übrige land- und forstwirtschaftliche Nutzungen

§ 175 Übrige land- und forstwirtschaftliche Nutzungen

## C. Grundvermögen

### I. Allgemeines

§ 176 Grundvermögen
§ 177 Bewertung

### I. Unbebaute Grundstücke

§ 178 Begriff der unbebauten Grundstücke
§ 179 Bewertung der unbebauten Grundstücke

### III. Bebaute Grundstücke

§ 180 Begriff der bebauten Grundstücke
§ 181 Grundstücksarten
§ 182 Bewertung der bebauten Grundstücke
§ 183 Bewertung im Vergleichswertverfahren
§ 184 Bewertung im Ertragswertverfahren
§ 185 Ermittlung des Gebäudeertragswerts
§ 186 Rohertrag des Grundstücks
§ 187 Bewirtschaftungskosten
§ 188 Liegenschaftszinssatz
§ 189 Bewertung im Sachwertverfahren
§ 190 Ermittlung des Gebäudesachwerts
§ 191 Wertzahlen

### IV. Sonderfälle

§ 192 Bewertung in Erbbaurechtsfällen
§ 193 Bewertung des Erbbaurechts
§ 194 Bewertung des Erbbaugrundstücks
§ 195 Gebäude auf fremdem Grund und Boden
§ 196 Grundstücke im Zustand der Bebauung
§ 197 Gebäude und Gebäudeteile für den Zivilschutz

### V. Nachweis des niedrigeren gemeinen Werts

§ 198 Nachweis des niedrigeren gemeinen Werts

## D. Nicht notierte Anteile an Kapitalgesellschaften und Betriebsvermögen

§ 199 Anwendung des vereinfachten Ertragswertverfahrens
§ 200 Vereinfachtes Ertragswertverfahren
§ 201 Ermittlung des Jahresertrags
§ 202 Betriebsergebnis
§ 203 Kapitalisierungsfaktor

## Dritter Teil: Schlussbestimmungen

§ 204 Bekanntmachung
§ 205 Anwendungsvorschriften

## Anlagen

Anlage 1 Umrechnungsschlüssel für Tierbestände in Vieheinheiten nach dem Futterbedarf
Anlage 2 Gruppen der Zweige des Tierbestands nach der Flächenabhängigkeit
Anlage 3 Vervielfältiger für Mietwohngrundstücke
Anlage 4 Vervielfältiger für gemischt genutzte Grundstücke mit einem gewerblichen Anteil an der Jahresrohmiete bis zu 50 v. H.
Anlage 5 Vervielfältiger für gemischt genutzte Grundstücke mit einem gewerblichen Anteil an der Jahresrohmiete von mehr als 50 v. H.
Anlage 6 Vervielfältiger für Geschäftsgrundstücke
Anlage 7 Vervielfältiger für Einfamilienhäuser

| | |
|---|---|
| Anlage 8 | Vervielfältiger für Zweifamilienhäuser |
| Anlage 9 | (weggefallen) |
| Anlage 9a | Kapitalwert einer wiederkehrenden, zeitlich beschränkten Nutzung oder Leistung im Jahresbetrag von einem Euro |
| Anlagen 10 bis 13 | (weggefallen) |
| Anlage 14 | Landwirtschaftliche Nutzung |
| Anlage 15 | Forstwirtschaftliche Nutzung |
| Anlage 15a | Forstwirtschaftliche Nutzung |
| Anlage 16 | Weinbauliche Nutzung |
| Anlage 17 | Gärtnerische Nutzung |
| Anlage 18 | Sondernutzungen |
| Anlage 19 | Umrechnungsschlüssel für Tierbestände in Vieheinheiten nach dem Futterbedarf |
| Anlage 20 | Gruppen der Zweige des Tierbestands nach der Flächenabhängigkeit |
| Anlage 21 | Vervielfältiger |
| Anlage 22 | Wirtschaftliche Gesamtnutzungsdauer |
| Anlage 23 | Pauschalierte Bewirtschaftungskosten für Verwaltung, Instandhaltung und Mietausfallwagnis in Prozent der Jahresmiete oder üblichen Miete (ohne Betriebskosten) |
| Anlage 24 | Ermittlung des Gebäuderegelherstellungswerts |
| Anlage 25 | Wertzahlen für Ein- und Zweifamilienhäuser nach § 181 Absatz 1 Nummer 1 BewG und Wohnungseigentum nach § 181 Absatz 1 Nummer 3 BewG Wertzahlen für Teileigentum, Geschäftsgrundstücke, gemischt genutzte Grundstücke und sonstige bebaute Grundstücke nach § 181 Absatz 1 Nummer 3 bis 6 BewG |
| Anlage 26 | Abzinsungsfaktoren |

## Erster Teil: Allgemeine Bewertungsvorschriften

### § 1 Geltungsbereich

(1) Die allgemeinen Bewertungsvorschriften (§§ 2 bis 16) gelten für alle öffentlich-rechtlichen Abgaben, die durch Bundesrecht geregelt sind, soweit sie durch Bundesfinanzbehörden oder durch Landesfinanzbehörden verwaltet werden.

(2) Die allgemeinen Bewertungsvorschriften gelten nicht, soweit im Zweiten Teil dieses Gesetzes oder in anderen Steuergesetzen besondere Bewertungsvorschriften enthalten sind.

### § 2 Wirtschaftliche Einheit

(1) [1]Jede wirtschaftliche Einheit ist für sich zu bewerten. [2]Ihr Wert ist im Ganzen festzustellen. [3]Was als wirtschaftliche Einheit zu gelten hat, ist nach den Anschauungen des Verkehrs zu entscheiden. [4]Die örtliche Gewohnheit, die tatsächliche Übung, die Zweckbestimmung und die wirtschaftliche Zusammengehörigkeit der einzelnen Wirtschaftsgüter sind zu berücksichtigen.

(2) Mehrere Wirtschaftsgüter kommen als wirtschaftliche Einheit nur insoweit in Betracht, als sie demselben Eigentümer gehören.

(3) Die Vorschriften der Absätze 1 und 2 gelten nicht, soweit eine Bewertung der einzelnen Wirtschaftsgüter vorgeschrieben ist.

### § 3 Wertermittlung bei mehreren Beteiligten

[1]Steht ein Wirtschaftsgut mehreren Personen zu, so ist sein Wert im Ganzen zu ermitteln. [2]Der Wert ist auf die Beteiligten nach dem Verhältnis ihrer Anteile zu verteilen, soweit nicht nach dem maßgebenden Steuergesetz die Gemeinschaft selbständig steuerpflichtig ist.

### § 3a (weggefallen)[1)]

### § 4 Aufschiebend bedingter Erwerb

Wirtschaftsgüter, deren Erwerb vom Eintritt einer aufschiebenden Bedingung abhängt, werden erst berücksichtigt, wenn die Bedingung eingetreten ist.

---

1) **Anm. d. Red.:** § 3a weggefallen gem. Gesetz v. 20.12.1996 (BGBl I S. 2049) mit Wirkung v. 28.12.1996.

## § 5 Auflösend bedingter Erwerb

(1) ¹Wirtschaftsgüter, die unter einer auflösenden Bedingung erworben sind, werden wie unbedingt erworbene behandelt. ²Die Vorschriften über die Berechnung des Kapitalwerts der Nutzungen von unbestimmter Dauer (§ 13 Abs. 2 und 3, § 14, § 15 Abs. 3) bleiben unberührt.

(2) ¹Tritt die Bedingung ein, so ist die Festsetzung der nicht laufend veranlagten Steuern auf Antrag nach dem tatsächlichen Wert des Erwerbs zu berichtigen. ²Der Antrag ist bis zum Ablauf des Jahres zu stellen, das auf den Eintritt der Bedingung folgt.

## § 6 Aufschiebend bedingte Lasten

(1) Lasten, deren Entstehung vom Eintritt einer aufschiebenden Bedingung abhängt, werden nicht berücksichtigt.

(2) Für den Fall des Eintritts der Bedingung gilt § 5 Abs. 2 entsprechend.

## § 7 Auflösend bedingte Lasten

(1) Lasten, deren Fortdauer auflösend bedingt ist, werden, soweit nicht ihr Kapitalwert nach § 13 Abs. 2 und 3, § 14, § 15 Abs. 3 zu berechnen ist, wie unbedingte abgezogen.

(2) Tritt die Bedingung ein, so ist die Festsetzung der nicht laufend veranlagten Steuern entsprechend zu berichtigen.

## § 8 Befristung auf einen unbestimmten Zeitpunkt

Die §§ 4 bis 7 gelten auch, wenn der Erwerb des Wirtschaftsguts oder die Entstehung oder der Wegfall der Last von einem Ereignis abhängt, bei dem nur der Zeitpunkt ungewiss ist.

## § 9 Bewertungsgrundsatz, gemeiner Wert

(1) Bei Bewertungen ist, soweit nichts anderes vorgeschrieben ist, der gemeine Wert zugrunde zu legen.

(2) ¹Der gemeine Wert wird durch den Preis bestimmt, der im gewöhnlichen Geschäftsverkehr nach der Beschaffenheit des Wirtschaftsgutes bei einer Veräußerung zu erzielen wäre. ²Dabei sind alle Umstände, die den Preis beeinflussen, zu berücksichtigen. ³Ungewöhnliche oder persönliche Verhältnisse sind nicht zu berücksichtigen.

(3) ¹Als persönliche Verhältnisse sind auch Verfügungsbeschränkungen anzusehen, die in der Person des Steuerpflichtigen oder eines Rechtsvorgängers begründet sind. ²Das gilt insbesondere für Verfügungsbeschränkungen, die auf letztwilligen Anordnungen beruhen.

## § 10 Begriff des Teilwerts[1]

¹Wirtschaftsgüter, die einem Unternehmen dienen, sind, soweit nichts anderes vorgeschrieben ist, mit dem Teilwert anzusetzen. ²Teilwert ist der Betrag, den ein Erwerber des ganzen Unternehmens im Rahmen des Gesamtkaufpreises für das einzelne Wirtschaftsgut ansetzen würde. ³Dabei ist davon auszugehen, dass der Erwerber das Unternehmen fortführt.

## § 11 Wertpapiere und Anteile[2]

(1) ¹Wertpapiere und Schuldbuchforderungen, die am Stichtag an einer deutschen Börse zum Handel im regulierten Markt zugelassen sind, werden mit dem niedrigsten am Stichtag für sie im regulierten Markt notierten Kurs angesetzt. ²Liegt am Stichtag eine Notierung nicht vor, so

---

1) **Anm. d. Red.:** § 10 i. d. F. des Gesetzes v. 25. 2. 1992 (BGBl I S. 297) mit Wirkung v. 29. 2. 1992.

2) **Anm. d. Red.:** § 11 Abs. 1 i. d. F. des Gesetzes v. 16. 7. 2007 (BGBl I S. 1330) mit Wirkung v. 1. 11. 2007; Abs. 2 i. d. F. des Gesetzes v. 24. 12. 2008 (BGBl I S. 3018) mit Wirkung v. 1. 1. 2009; Abs. 2a weggefallen gem. Gesetz v. 29. 10. 1997 (BGBl I S. 2590) mit Wirkung v. 1. 11. 1997; Abs. 4 i. d. F. des Gesetzes v. 18. 12. 2013 (BGBl I S. 4318) mit Wirkung v. 24. 12. 2013.

ist der letzte innerhalb von 30 Tagen vor dem Stichtag im regulierten Markt notierte Kurs maßgebend. ³Entsprechend sind die Wertpapiere zu bewerten, die in den Freiverkehr einbezogen sind.

(2) ¹Anteile an Kapitalgesellschaften, die nicht unter Absatz 1 fallen, sind mit dem gemeinen Wert anzusetzen. ²Lässt sich der gemeine Wert nicht aus Verkäufen unter fremden Dritten ableiten, die weniger als ein Jahr zurückliegen, so ist er unter Berücksichtigung der Ertragsaussichten der Kapitalgesellschaft oder einer anderen anerkannten, auch im gewöhnlichen Geschäftsverkehr für nichtsteuerliche Zwecke üblichen Methode zu ermitteln; dabei ist die Methode anzuwenden, die ein Erwerber der Bemessung des Kaufpreises zu Grunde legen würde. ³Die Summe der gemeinen Werte der zum Betriebsvermögen gehörenden Wirtschaftsgüter und sonstigen aktiven Ansätze abzüglich der zum Betriebsvermögen gehörenden Schulden und sonstigen Abzüge (Substanzwert) der Gesellschaft darf nicht unterschritten werden; die §§ 99 und 103 sind anzuwenden. ⁴Die §§ 199 bis 203 sind zu berücksichtigen.

(2a) (weggefallen)

(3) Ist der gemeine Wert einer Anzahl von Anteilen an einer Kapitalgesellschaft, die einer Person gehören, infolge besonderer Umstände (z. B. weil die Höhe der Beteiligung die Beherrschung der Kapitalgesellschaft ermöglicht) höher als der Wert, der sich auf Grund der Kurswerte (Absatz 1) oder der gemeinen Werte (Absatz 2) für die einzelnen Anteile insgesamt ergibt, so ist der gemeine Wert der Beteiligung maßgebend.

(4)[1] Anteile oder Aktien, die Rechte an einem Investmentvermögen im Sinne des Kapitalanlagegesetzbuchs verbriefen, sind mit dem Rücknahmepreis anzusetzen.

## § 12 Kapitalforderungen und Schulden[2]

(1) ¹Kapitalforderungen, die nicht in § 11 bezeichnet sind, und Schulden sind mit dem Nennwert anzusetzen, wenn nicht besondere Umstände einen höheren oder geringeren Wert begründen. ²Liegen die besonderen Umstände in einer hohen, niedrigen oder fehlenden Verzinsung, ist bei der Bewertung vom Mittelwert einer jährlich vorschüssigen und jährlich nachschüssigen Zahlungsweise auszugehen.

(2) Forderungen, die uneinbringlich sind, bleiben außer Ansatz.

(3) ¹Der Wert unverzinslicher Forderungen oder Schulden, deren Laufzeit mehr als ein Jahr beträgt und die zu einem bestimmten Zeitpunkt fällig sind, ist der Betrag, der vom Nennwert nach Abzug von Zwischenzinsen unter Berücksichtigung von Zinseszinsen verbleibt. ²Dabei ist von einem Zinssatz von 5,5 Prozent auszugehen.

(4) ¹Noch nicht fällige Ansprüche aus Lebens-, Kapital- oder Rentenversicherungen werden mit dem Rückkaufswert bewertet. ²Rückkaufswert ist der Betrag, den das Versicherungsunternehmen dem Versicherungsnehmer im Falle der vorzeitigen Aufhebung des Vertragsverhältnisses zu erstatten hat. ³Die Berechnung des Werts, insbesondere die Berücksichtigung von ausgeschütteten und gutgeschriebenen Gewinnanteilen kann durch Rechtsverordnung geregelt werden.

## § 13 Kapitalwert von wiederkehrenden Nutzungen und Leistungen[3]

(1) ¹Der Kapitalwert von Nutzungen oder Leistungen, die auf bestimmte Zeit beschränkt sind, ist mit dem aus Anlage 9a zu entnehmenden Vielfachen des Jahreswerts anzusetzen. ²Ist die

---

1) **Anm. d. Red.:** Zur Anwendung des § 11 Abs. 4 siehe § 205 Abs. 5.

2) **Anm. d. Red.:** § 12 Abs. 1 i. d. F. des Gesetzes v. 9.11.1992 (BGBl I S.1853) mit Wirkung v. 13.11.1992; Abs. 3 i. d. F. des Gesetzes v. 13.12.2006 (BGBl I S. 2878) mit Wirkung v. 1.1.2007; Abs. 4 i. d. F. des Gesetzes v. 24.12.2008 (BGBl I S. 3018) mit Wirkung v. 1.1.2009.

3) **Anm. d. Red.:** § 13 Abs. 1 und 2 i. d. F. des Gesetzes v. 9.11.1992 (BGBl I S.1853) mit Wirkung v. 13.11.1992; Abs. 3 i. d. F. des Gesetzes v. 13.12.2006 (BGBl I S. 2878) mit Wirkung v. 1.1.2007.

## § 14 XXVIII. Bewertungsgesetz

Dauer des Rechts außerdem durch das Leben einer oder mehrerer Personen bedingt, darf der nach § 14 zu berechnende Kapitalwert nicht überschritten werden.

(2) Immer währende Nutzungen oder Leistungen sind mit dem 18,6fachen des Jahreswerts, Nutzungen oder Leistungen von unbestimmter Dauer vorbehaltlich des § 14 mit dem 9,3fachen des Jahreswerts zu bewerten.

(3) ¹Ist der gemeine Wert der gesamten Nutzungen oder Leistungen nachweislich geringer oder höher, so ist der nachgewiesene gemeine Wert zugrunde zu legen. ²Der Ansatz eines geringeren oder höheren Werts kann jedoch nicht darauf gestützt werden, dass mit einem anderen Zinssatz als 5,5 Prozent oder mit einer anderen als mittelschüssigen Zahlungsweise zu rechnen ist.

### § 14 Lebenslängliche Nutzungen und Leistungen[1]

(1) ¹Der Kapitalwert von lebenslänglichen Nutzungen und Leistungen ist mit dem Vielfachen des Jahreswerts nach Maßgabe der Sätze 2 bis 4 anzusetzen. ²Die Vervielfältiger sind nach der Sterbetafel des Statistischen Bundesamtes zu ermitteln und ab dem 1. Januar des auf die Veröffentlichung der Sterbetafel durch das Statistische Bundesamt folgenden Kalenderjahres anzuwenden. ³Der Kapitalwert ist unter Berücksichtigung von Zwischenzinsen und Zinseszinsen mit einem Zinssatz von 5,5 Prozent als Mittelwert zwischen dem Kapitalwert für jährlich vorschüssige und jährlich nachschüssige Zahlungsweise zu berechnen. ⁴Das Bundesministerium der Finanzen stellt die Vervielfältiger für den Kapitalwert einer lebenslänglichen Nutzung oder Leistung im Jahresbetrag von einem Euro nach Lebensalter und Geschlecht der Berechtigten in einer Tabelle zusammen und veröffentlicht diese zusammen mit dem Datum der Veröffentlichung der Sterbetafel im Bundessteuerblatt.

(2) ¹Hat eine nach Absatz 1 bewertete Nutzung oder Leistung bei einem Alter

1. bis zu 30 Jahren     nicht mehr als 10 Jahre,
2. von mehr als 30 Jahren bis zu 50 Jahren     nicht mehr als 9 Jahre,
3. von mehr als 50 Jahren bis zu 60 Jahren     nicht mehr als 8 Jahre,
4. von mehr als 60 Jahren bis zu 65 Jahren     nicht mehr als 7 Jahre,
5. von mehr als 65 Jahren bis zu 70 Jahren     nicht mehr als 6 Jahre,
6. von mehr als 70 Jahren bis zu 75 Jahren     nicht mehr als 5 Jahre,
7. von mehr als 75 Jahren bis zu 80 Jahren     nicht mehr als 4 Jahre,
8. von mehr als 80 Jahren bis zu 85 Jahren     nicht mehr als 3 Jahre,
9. von mehr als 85 Jahren bis zu 90 Jahren     nicht mehr als 2 Jahre,
10. von mehr als 90 Jahren     nicht mehr als 1 Jahr

bestanden und beruht der Wegfall auf dem Tod des Berechtigten oder Verpflichteten, so ist die Festsetzung der nicht laufend veranlagten Steuern auf Antrag nach der wirklichen Dauer der Nutzung oder Leistung zu berichtigen. ²§ 5 Abs. 2 Satz 2 gilt entsprechend. ³Ist eine Last weggefallen, so bedarf die Berichtigung keines Antrags.

(3) Hängt die Dauer der Nutzung oder Leistung von der Lebenszeit mehrerer Personen ab und erlischt das Recht mit dem Tod des zuletzt Sterbenden, so ist das Lebensalter und das Geschlecht derjenigen Person maßgebend, für die sich der höchste Vervielfältiger ergibt; erlischt das Recht mit dem Tod des zuerst Sterbenden, so ist das Lebensalter und Geschlecht derjenigen Person maßgebend, für die sich der niedrigste Vervielfältiger ergibt.

(4) ¹Ist der gemeine Wert der gesamten Nutzungen oder Leistungen nachweislich geringer oder höher als der Wert, der sich nach Absatz 1 ergibt, so ist der nachgewiesene gemeine Wert zugrunde zu legen. ²Der Ansatz eines geringeren oder höheren Werts kann jedoch nicht darauf gestützt werden, dass mit einer kürzeren oder längeren Lebensdauer, mit einem anderen Zinssatz als 5,5 Prozent oder mit einer anderen als mittelschüssigen Zahlungsweise zu rechnen ist.

---

1) **Anm. d. Red.:** § 14 Abs. 1 i. d. F. des Gesetzes v. 24.12.2008 (BGBl I S. 3018) mit Wirkung v. 1.1.2009; Abs. 4 i. d. F. des Gesetzes v. 13.12.2006 (BGBl I S. 2878) mit Wirkung v. 1.1.2007.

## § 15 Jahreswert von Nutzungen und Leistungen[1)]

(1) Der einjährige Betrag der Nutzung einer Geldsumme ist, wenn kein anderer Wert feststeht, zu 5,5 Prozent anzunehmen.

(2) Nutzungen oder Leistungen, die nicht in Geld bestehen (Wohnung, Kost, Waren und sonstige Sachbezüge), sind mit den üblichen Mittelpreisen des Verbrauchsorts anzusetzen.

(3) Bei Nutzungen oder Leistungen, die in ihrem Betrag ungewiss sind oder schwanken, ist als Jahreswert der Betrag zugrunde zu legen, der in Zukunft im Durchschnitt der Jahre voraussichtlich erzielt werden wird.

## § 16 Begrenzung des Jahreswerts von Nutzungen[2)]

Bei der Ermittlung des Kapitalwerts der Nutzungen eines Wirtschaftsguts kann der Jahreswert dieser Nutzungen höchstens den Wert betragen, der sich ergibt, wenn der für das genutzte Wirtschaftsgut nach den Vorschriften des Bewertungsgesetzes anzusetzende Wert durch 18,6 geteilt wird.

## Zweiter Teil: Besondere Bewertungsvorschriften

## § 17 Geltungsbereich[3)]

(1) Die besonderen Bewertungsvorschriften sind nach Maßgabe der jeweiligen Einzelsteuergesetze anzuwenden.

(2) Die §§ 18 bis 94, 122 und 125 bis 132 gelten für die Grundsteuer und die §§ 121a und 133 zusätzlich für die Gewerbesteuer.

(3) ¹Soweit sich nicht aus den §§ 19 bis 150 etwas anderes ergibt, finden neben diesen auch die Vorschriften des Ersten Teils des Gesetzes (§§ 1 bis 16) Anwendung. ²§ 16 findet auf die Grunderwerbsteuer keine Anwendung.

## § 18 Vermögensarten[4)]

Das Vermögen, das nach den Vorschriften des Zweiten Teils dieses Gesetzes zu bewerten ist, umfasst die folgenden Vermögensarten:
1. Land- und forstwirtschaftliches Vermögen (§§ 33 bis 67, § 31),
2. Grundvermögen (§§ 68 bis 94, § 31),
3. Betriebsvermögen (§§ 95 bis 109, § 31).
4. (weggefallen)

---

1) **Anm. d. Red.:** § 15 Abs. 1 i. d. F. des Gesetzes v. 13. 12. 2006 (BGBl I S. 2878) mit Wirkung v. 1. 1. 2007.

2) **Anm. d. Red.:** § 16 i. d. F. des Gesetzes v. 9. 11. 1992 (BGBl I S. 1853) mit Wirkung v. 13. 11. 1992.

3) **Anm. d. Red.:** § 17 Abs. 1 und 3 i. d. F. des Gesetzes v. 20. 12. 1996 (BGBl I S. 2049) mit Wirkung v. 28. 12. 1996; Abs. 2 i. d. F. des Gesetzes v. 29. 10. 1997 (BGBl I S. 2590) mit Wirkung v. 1. 11. 1997.

4) **Anm. d. Red.:** § 18 i. d. F. des Gesetzes v. 20. 12. 1996 (BGBl I S. 2049) mit Wirkung v. 28. 12. 1996.

## Erster Abschnitt: Einheitsbewertung

### A. Allgemeines

#### § 19 Feststellung von Einheitswerten[1]

(1) Einheitswerte werden für inländischen Grundbesitz, und zwar für Betriebe der Land- und Forstwirtschaft (§§ 33, 48a und 51a), für Grundstücke (§§ 68 und 70) und für Betriebsgrundstücke (§ 99) festgestellt (§ 180 Abs. 1 Nr. 1 der Abgabenordnung).

(2) (weggefallen)

(3) In dem Feststellungsbescheid (§ 179 der Abgabenordnung) sind auch Feststellungen zu treffen
1. über die Art der wirtschaftlichen Einheit und bei Grundstücken auch über die Grundstücksart (§§ 72, 74 und 75) oder die Grundstückshauptgruppe (§ 32 der weiter anzuwendenden Durchführungsverordnung zum Reichsbewertungsgesetz vom 2. Februar 1935, RGBl I S. 81, zuletzt geändert durch die Verordnung zur Änderung der Durchführungsverordnung zum Vermögensteuergesetz, der Durchführungsverordnung zum Reichsbewertungsgesetz und der Aufbringungsumlage-Verordnung vom 8. Dezember 1944, RGBl I S. 338);
2. über die Zurechnung der wirtschaftlichen Einheit und bei mehreren Beteiligten über die Höhe ihrer Anteile.

(4) Feststellungen nach den Absätzen 1 und 3 erfolgen nur, wenn und soweit sie für die Besteuerung von Bedeutung sind.

#### § 20 Ermittlung des Einheitswerts[2]

¹Die Einheitswerte werden nach den Vorschriften dieses Abschnitts ermittelt. ²Bei der Ermittlung der Einheitswerte ist § 163 der Abgabenordnung nicht anzuwenden; dies gilt nicht für Übergangsregelungen, die die oberste Finanzbehörde eines Landes im Einvernehmen mit den obersten Finanzbehörden der übrigen Länder trifft.

#### § 21 Hauptfeststellung[3]

(1) Die Einheitswerte werden in Zeitabständen von je sechs Jahren allgemein festgestellt (Hauptfeststellung).

(2) ¹Der Hauptfeststellung werden die Verhältnisse zu Beginn des Kalenderjahrs (Hauptfeststellungszeitpunkt) zugrunde gelegt. ²Die Vorschriften in § 35 Abs. 2 und den §§ 54 und 59 über die Zugrundelegung eines anderen Zeitpunkts bleiben unberührt.

#### § 22 Fortschreibungen[4]

(1) Der Einheitswert wird neu festgestellt (Wertfortschreibung), wenn der in Deutscher Mark ermittelte und auf volle hundert Deutsche Mark abgerundete Wert, der sich für den Beginn eines Kalenderjahrs ergibt, von dem entsprechenden Wert des letzten Feststellungszeitpunkts nach oben um mehr als den zehnten Teil, mindestens aber um 5 000 Deutsche Mark, oder um mehr als 100 000 Deutsche Mark, nach unten um mehr als den zehnten Teil, mindestens aber um 500 Deutsche Mark, oder um mehr als 5 000 Deutsche Mark, abweicht.

---

1) **Anm. d. Red.:** § 19 Abs. 1 i. d. F. des Gesetzes v. 29. 10. 1997 (BGBl I S. 2590) mit Wirkung v. 1. 11. 1997; Abs. 2 weggefallen, Abs. 4 i. d. F. des Gesetzes v. 20. 12. 2001 (BGBl I S. 3794) mit Wirkung v. 23. 12. 2001; Abs. 3 i. d. F. des Gesetzes v. 8. 12. 2010 (BGBl I S. 1768) mit Wirkung v. 14. 12. 2010.

2) **Anm. d. Red.:** § 20 i. d. F. des Gesetzes v. 25. 2. 1992 (BGBl I S. 297) mit Wirkung v. 29. 2. 1992.

3) **Anm. d. Red.:** § 21 i. d. F. des Gesetzes v. 29. 10. 1997 (BGBl I S. 2590) mit Wirkung v. 1. 11. 1997.

4) **Anm. d. Red.:** § 22 Abs. 1 i. d. F. des Gesetzes v. 19. 12. 2000 (BGBl I S. 1790) mit Wirkung v. 1. 1. 2002; Abs. 4 i. d. F. des Gesetzes v. 29. 10. 1997 (BGBl I S. 2590) mit Wirkung v. 1. 11. 1997.

(2) Über die Art oder Zurechnung des Gegenstandes (§ 19 Abs. 3 Nr. 1 und 2) wird eine neue Feststellung getroffen (Artfortschreibung oder Zurechnungsfortschreibung), wenn sie von der zuletzt getroffenen Feststellung abweicht und es für die Besteuerung von Bedeutung ist.

(3) ¹Eine Fortschreibung nach Absatz 1 oder Absatz 2 findet auch zur Beseitigung eines Fehlers der letzten Feststellung statt. ²§ 176 der Abgabenordnung ist hierbei entsprechend anzuwenden. ³Dies gilt jedoch nur für die Feststellungszeitpunkte, die vor der Verkündung der maßgeblichen Entscheidung eines obersten Gerichts des Bundes liegen.

(4) ¹Eine Fortschreibung ist vorzunehmen, wenn dem Finanzamt bekannt wird, dass die Voraussetzungen für sie vorliegen. ²Der Fortschreibung werden vorbehaltlich des § 27 die Verhältnisse im Fortschreibungszeitpunkt zugrunde gelegt. ³Fortschreibungszeitpunkt ist

1. bei einer Änderung der tatsächlichen Verhältnisse der Beginn des Kalenderjahrs, das auf die Änderung folgt;
2. in den Fällen des Absatzes 3 der Beginn des Kalenderjahrs, in dem der Fehler dem Finanzamt bekannt wird, bei einer Erhöhung des Einheitswerts jedoch frühestens der Beginn des Kalenderjahrs, in dem der Feststellungsbescheid erteilt wird.

⁴Die Vorschriften in § 35 Abs. 2 und den §§ 54 und 59 über die Zugrundelegung eines anderen Zeitpunkts bleiben unberührt.

## § 23 Nachfeststellung[1]

(1) Für wirtschaftliche Einheiten, für die ein Einheitswert festzustellen ist, wird der Einheitswert nachträglich festgestellt (Nachfeststellung), wenn nach dem Hauptfeststellungszeitpunkt (§ 21 Abs. 2)

1. die wirtschaftliche Einheit neu entsteht;
2. eine bereits bestehende wirtschaftliche Einheit erstmals zu einer Steuer herangezogen werden soll.
3. (weggefallen)

(2) ¹Der Nachfeststellung werden vorbehaltlich des § 27 die Verhältnisse im Nachfeststellungszeitpunkt zugrunde gelegt. ²Nachfeststellungszeitpunkt ist in den Fällen des Absatzes 1 Nr. 1 der Beginn des Kalenderjahrs, das auf die Entstehung der wirtschaftlichen Einheit folgt, und in den Fällen des Absatzes 1 Nr. 2 der Beginn des Kalenderjahrs, in dem der Einheitswert erstmals der Besteuerung zugrunde gelegt wird. ³Die Vorschriften in § 35 Abs. 2 und den §§ 54 und 59 über die Zugrundelegung eines anderen Zeitpunkts bleiben unberührt.

## § 24 Aufhebung des Einheitswerts[2]

(1) Der Einheitswert wird aufgehoben, wenn dem Finanzamt bekannt wird, dass
1. die wirtschaftliche Einheit wegfällt;
2. der Einheitswert der wirtschaftlichen Einheit infolge von Befreiungsgründen der Besteuerung nicht mehr zugrunde gelegt wird.
3. (weggefallen)

(2) Aufhebungszeitpunkt ist in den Fällen des Absatzes 1 Nr. 1 der Beginn des Kalenderjahrs, das auf den Wegfall der wirtschaftlichen Einheit folgt, und in den Fällen des Absatzes 1 Nr. 2 der Beginn des Kalenderjahrs, in dem der Einheitswert erstmals der Besteuerung nicht mehr zugrunde gelegt wird.

---

1) **Anm. d. Red.:** § 23 i. d. F. des Gesetzes v. 29. 10. 1997 (BGBl I S. 2590) mit Wirkung v. 1. 11. 1997.
2) **Anm. d. Red.:** § 24 i. d. F. des Gesetzes v. 29. 10. 1997 (BGBl I S. 2590) mit Wirkung v. 1. 11. 1997.

## § 24a Änderung von Feststellungsbescheiden

¹Bescheide über Fortschreibungen oder Nachfeststellungen von Einheitswerten des Grundbesitzes können schon vor dem maßgebenden Feststellungszeitpunkt erteilt werden. ²Sie sind zu ändern oder aufzuheben, wenn sich bis zu diesem Zeitpunkt Änderungen ergeben, die zu einer abweichenden Feststellung führen.

## § 25 Nachholung einer Feststellung[1]

(1) ¹Ist die Feststellungsfrist (§ 181 der Abgabenordnung) bereits abgelaufen, kann eine Fortschreibung (§ 22) oder Nachfeststellung (§ 23) unter Zugrundelegung der Verhältnisse vom Fortschreibungs- oder Nachfeststellungszeitpunkt mit Wirkung für einen späteren Feststellungszeitpunkt vorgenommen werden, für den diese Frist noch nicht abgelaufen ist. ²§ 181 Abs. 5 der Abgabenordnung bleibt unberührt.

(2) Absatz 1 ist bei der Aufhebung des Einheitswerts (§ 24) entsprechend anzuwenden.

## § 26 Umfang der wirtschaftlichen Einheit bei Ehegatten oder Lebenspartnern[2][3]

Die Zurechnung mehrerer Wirtschaftsgüter zu einer wirtschaftlichen Einheit (§ 2) wird beim Grundbesitz im Sinne der §§ 33 bis 94, 99 und 125 bis 133 nicht dadurch ausgeschlossen, dass die Wirtschaftsgüter zum Teil dem einen, zum Teil dem anderen Ehegatten oder Lebenspartner gehören.

## § 27 Wertverhältnisse bei Fortschreibungen und Nachfeststellungen[4]

Bei Fortschreibungen und bei Nachfeststellungen der Einheitswerte für Grundbesitz sind die Wertverhältnisse im Hauptfeststellungszeitpunkt zugrunde zu legen.

## § 28 Erklärungspflicht[5]

(1) Erklärungen zur Feststellung des Einheitswerts sind auf jeden Hauptfeststellungszeitpunkt abzugeben.

(2) ¹Die Erklärungen sind innerhalb der Frist abzugeben, die das Bundesministerium der Finanzen im Einvernehmen mit den obersten Finanzbehörden der Länder bestimmt. ²Die Frist ist im Bundesanzeiger bekannt zu machen. ³Fordert die Finanzbehörde zur Abgabe einer Erklärung auf einen Hauptfeststellungszeitpunkt oder auf einen anderen Feststellungszeitpunkt besonders auf (§ 149 Abs. 1 Satz 2 der Abgabenordnung), hat sie eine besondere Frist zu bestimmen, die mindestens einen Monat betragen soll.

(3) ¹Erklärungspflichtig ist derjenige, dem Grundbesitz zuzurechnen ist. ²Er hat die Steuererklärung eigenhändig zu unterschreiben.

## § 29 Auskünfte, Erhebungen und Mitteilungen[6]

(1) ¹Die Eigentümer von Grundbesitz haben der Finanzbehörde auf Anforderung alle Angaben zu machen, die sie für die Sammlung der Kauf-, Miet- und Pachtpreise braucht. ²Bei dieser Erklärung ist zu versichern, dass die Angaben nach bestem Wissen und Gewissen gemacht sind.

---

1) **Anm. d. Red.:** § 25 eingefügt gem. Gesetz v. 29.10.1997 (BGBl I S. 2590) mit Wirkung v. 1.11.1997.
2) **Anm. d. Red.:** § 26 i. d. F. des Gesetzes v. 18.7.2014 (BGBl I S. 1042) mit Wirkung v. 24.7.2014.
3) **Anm. d. Red.:** Zur Anwendung des § 26 siehe § 205 Abs. 7.
4) **Anm. d. Red.:** § 27 i. d. F. des Gesetzes v. 9.11.1992 (BGBl I S. 1853) mit Wirkung v. 13.11.1992.
5) **Anm. d. Red.:** § 28 Abs. 1 und 3 i. d. F. des Gesetzes v. 29.10.1997 (BGBl I S. 2590) mit Wirkung v. 1.11.1997; Abs. 2 i. d. F. des Gesetzes v. 21.12.1993 (BGBl I S. 2310) mit Wirkung v. 30.12.1993.
6) **Anm. d. Red.:** § 29 Abs. 1 und 2 i. d. F. des Gesetzes v. 9.11.1992 (BGBl I S. 1853) mit Wirkung v. 13.11.1992; Abs. 3 i. d. F. des Gesetzes v. 20.12.2001 (BGBl I S. 3794) mit Wirkung v. 23.12.2001; Abs. 4 und 5 i. d. F. des Gesetzes v. 11.10.1995 (BGBl I S. 1250) mit Wirkung v. 21.10.1995.

(2) ¹Die Finanzbehörden können zur Vorbereitung einer Hauptfeststellung und zur Durchführung von Feststellungen der Einheitswerte des Grundbesitzes örtliche Erhebungen über die Bewertungsgrundlagen anstellen. ²Das Grundrecht der Unverletzlichkeit der Wohnung (Artikel 13 des Grundgesetzes) wird insoweit eingeschränkt.

(3) ¹Die nach Bundes- oder Landesrecht zuständigen Behörden haben den Finanzbehörden die rechtlichen und tatsächlichen Umstände mitzuteilen, die ihnen im Rahmen ihrer Aufgabenerfüllung bekannt geworden sind und die für die Feststellung von Einheitswerten des Grundbesitzes, für die Feststellung von Grundbesitzwerten oder für die Grundsteuer von Bedeutung sein können; mitzuteilen sind auch diejenigen Umstände, die für die Erbschaftsteuer oder die Grunderwerbsteuer von Bedeutung sein können, sofern die Finanzbehörden dies anordnen. ²Den Behörden stehen die Stellen gleich, die für die Sicherung der Zweckbestimmung der Wohnungen zuständig sind, die auf der Grundlage des Zweiten Wohnungsbaugesetzes, des Wohnungsbaugesetzes für das Saarland oder auf der Grundlage des Wohnraumförderungsgesetzes gefördert worden sind.

(4) ¹Die Grundbuchämter teilen den für die Feststellung des Einheitswerts zuständigen Finanzbehörden für die in Absatz 3 bezeichneten Zwecke mit
1. die Eintragung eines neuen Eigentümers oder Erbbauberechtigten sowie bei einem anderen als rechtsgeschäftlichen Erwerb auch die Anschrift des neuen Eigentümers oder Erbbauberechtigten; dies gilt nicht für die Fälle des Erwerbs nach den Vorschriften des Zuordnungsrechts,
2. die Eintragung der Begründung von Wohnungseigentum oder Teileigentum,
3. die Eintragung der Begründung eines Erbbaurechts, Wohnungserbbaurechts oder Teilerbbaurechts.

²In den Fällen der Nummern 2 und 3 ist gleichzeitig der Tag des Eingangs des Eintragungsantrags beim Grundbuchamt mitzuteilen. ³Bei einer Eintragung aufgrund Erbfolge ist das Jahr anzugeben, in dem der Erblasser verstorben ist. ⁴Die Mitteilungen können der Finanzbehörde über die für die Führung des Liegenschaftskatasters zuständige Behörde oder über eine sonstige Behörde, die das amtliche Verzeichnis der Grundstücke (§ 2 Abs. 2 der Grundbuchordnung) führt, zugeleitet werden.

(5) ¹Die mitteilungspflichtige Stelle hat die Betroffenen vom Inhalt der Mitteilung zu unterrichten. ²Eine Unterrichtung kann unterbleiben, soweit den Finanzbehörden Umstände aus dem Grundbuch, den Grundakten oder aus dem Liegenschaftskataster mitgeteilt werden.

## § 30 Abrundung[1)]

¹Die in Deutscher Mark ermittelten Einheitswerte werden auf volle hundert Deutsche Mark nach unten abgerundet und danach in Euro umgerechnet. ²Der umgerechnete Betrag wird auf volle Euro abgerundet.

## § 31 Bewertung von ausländischem Sachvermögen

(1) ¹Für die Bewertung des ausländischen land- und forstwirtschaftlichen Vermögens, Grundvermögens und Betriebsvermögens gelten die Vorschriften des Ersten Teils dieses Gesetzes, insbesondere § 9 (gemeiner Wert). ²Nach diesen Vorschriften sind auch die ausländischen Teile einer wirtschaftlichen Einheit zu bewerten, die sich sowohl auf das Inland als auch auf das Ausland erstreckt.

(2) ¹Bei der Bewertung von ausländischem Grundbesitz sind Bestandteile und Zubehör zu berücksichtigen. ²Zahlungsmittel, Geldforderungen, Wertpapiere und Geldschulden sind nicht einzubeziehen.

---

1) **Anm. d. Red.:** § 30 i. d. F. des Gesetzes v. 19. 12. 2000 (BGBl I S. 1790) mit Wirkung v. 1. 1. 2002.

## § 32 Bewertung von inländischem Sachvermögen[1)]

¹Für die Bewertung des inländischen land- und forstwirtschaftlichen Vermögens, Grundvermögens und Betriebsvermögens gelten die Vorschriften der §§ 33 bis 109. ²Nach diesen Vorschriften sind auch die inländischen Teile einer wirtschaftlichen Einheit zu bewerten, die sich sowohl auf das Inland als auch auf das Ausland erstreckt.

## B. Land- und forstwirtschaftliches Vermögen

### I. Allgemeines

### § 33 Begriff des land- und forstwirtschaftlichen Vermögens

(1) ¹Zum land- und forstwirtschaftlichen Vermögen gehören alle Wirtschaftsgüter, die einem Betrieb der Land- und Forstwirtschaft dauernd zu dienen bestimmt sind. ²Betrieb der Land- und Forstwirtschaft ist die wirtschaftliche Einheit des land- und forstwirtschaftlichen Vermögens.

(2) Zu den Wirtschaftsgütern, die einem Betrieb der Land- und Forstwirtschaft dauernd zu dienen bestimmt sind, gehören insbesondere der Grund und Boden, die Wohn- und Wirtschaftsgebäude, die stehenden Betriebsmittel und ein normaler Bestand an umlaufenden Betriebsmitteln; als normaler Bestand gilt ein solcher, der zur gesicherten Fortführung des Betriebes erforderlich ist.

(3) Zum land- und forstwirtschaftlichen Vermögen gehören nicht

1. Zahlungsmittel, Geldforderungen, Geschäftsguthaben und Wertpapiere,
2. Geldschulden,
3. über den normalen Bestand hinausgehende Bestände (Überbestände) an umlaufenden Betriebsmitteln,
4. Tierbestände oder Zweige des Tierbestands und die hiermit zusammenhängenden Wirtschaftsgüter (z. B. Gebäude und abgrenzbare Gebäudeteile mit den dazugehörenden Flächen, Betriebsmittel), wenn die Tiere weder nach § 51 oder § 51a zur landwirtschaftlichen Nutzung noch nach § 62 zur sonstigen land- und forstwirtschaftlichen Nutzung gehören. ²Die Zugehörigkeit der landwirtschaftlich genutzten Flächen zum land- und forstwirtschaftlichen Vermögen wird hierdurch nicht berührt.

### § 34 Betrieb der Land- und Forstwirtschaft

(1) Ein Betrieb der Land- und Forstwirtschaft umfasst

1. den Wirtschaftsteil,
2. den Wohnteil.

(2) Der Wirtschaftsteil eines Betriebs der Land- und Forstwirtschaft umfasst

1. die land- und forstwirtschaftlichen Nutzungen:
    a) die landwirtschaftliche Nutzung,
    b) die forstwirtschaftliche Nutzung,
    c) die weinbauliche Nutzung,
    d) die gärtnerische Nutzung,
    e) die sonstige land- und forstwirtschaftliche Nutzung;
2. die folgenden nicht zu einer Nutzung nach Nummer 1 gehörenden Wirtschaftsgüter:
    a) Abbauland (§ 43),
    b) Geringstland (§ 44),
    c) Unland (§ 45);

---

1) **Anm. d. Red.:** § 32 i. d. F. des Gesetzes v. 20. 12. 2001 (BGBl I S. 3794) mit Wirkung v. 23. 12. 2001.

3. die Nebenbetriebe (§ 42).

(3) Der Wohnteil eines Betriebs der Land- und Forstwirtschaft umfasst die Gebäude und Gebäudeteile, soweit sie dem Inhaber des Betriebs, den zu seinem Haushalt gehörenden Familienangehörigen und den Altenteilern zu Wohnzwecken dienen.

(4) In den Betrieb sind auch dem Eigentümer des Grund und Bodens nicht gehörende Gebäude, die auf dem Grund und Boden des Betriebs stehen, und dem Eigentümer des Grund und Bodens nicht gehörende Betriebsmittel, die der Bewirtschaftung des Betriebs dienen, einzubeziehen.

(5) Ein Anteil des Eigentümers eines Betriebs der Land- und Forstwirtschaft an einem Wirtschaftsgut ist in den Betrieb einzubeziehen, wenn es mit dem Betrieb zusammen genutzt wird.

(6) In einen Betrieb der Land- und Forstwirtschaft, der von einer Gesellschaft oder Gemeinschaft des bürgerlichen Rechts betrieben wird, sind auch die Wirtschaftsgüter einzubeziehen, die einem oder mehreren Beteiligten gehören und dem Betrieb zu dienen bestimmt sind.

(6a) Einen Betrieb der Land- und Forstwirtschaft bildet auch die gemeinschaftliche Tierhaltung (§ 51a) einschließlich der hiermit zusammenhängenden Wirtschaftsgüter.

(7) ¹Einen Betrieb der Land- und Forstwirtschaft bilden auch Stückländereien. ²Stückländereien sind einzelne land- und forstwirtschaftlich genutzte Flächen, bei denen die Wirtschaftsgebäude oder die Betriebsmittel oder beide Arten von Wirtschaftsgütern nicht dem Eigentümer des Grund und Bodens gehören.

## § 35 Bewertungsstichtag

(1) Für die Größe des Betriebs sowie für den Umfang und den Zustand der Gebäude und der stehenden Betriebsmittel sind die Verhältnisse im Feststellungszeitpunkt maßgebend.

(2) Für die umlaufenden Betriebsmittel ist der Stand am Ende des Wirtschaftsjahres maßgebend, das dem Feststellungszeitpunkt vorangegangen ist.

## § 36 Bewertungsgrundsätze

(1) Bei der Bewertung ist unbeschadet der Regelung, die in § 47 für den Wohnungswert getroffen ist, der Ertragswert zugrunde zu legen.

(2) ¹Bei der Ermittlung des Ertragswerts ist von der Ertragsfähigkeit auszugehen. ²Ertragsfähigkeit ist der bei ordnungsmäßiger und schuldenfreier Bewirtschaftung mit entlohnten fremden Arbeitskräften gemeinhin und nachhaltig erzielbare Reinertrag. ³Ertragswert ist das Achtzehnfache dieses Reinertrags.

(3) Bei der Beurteilung der Ertragsfähigkeit sind die Ertragsbedingungen zu berücksichtigen, soweit sie nicht unwesentlich sind.

## § 37 Ermittlung des Ertragswerts

(1) ¹Der Ertragswert der Nutzungen wird durch ein vergleichendes Verfahren (§§ 38 bis 41) ermittelt. ²Das vergleichende Verfahren kann auch auf Nutzungsteile angewendet werden.

(2) Kann ein vergleichendes Verfahren nicht durchgeführt werden, so ist der Ertragswert nach der Ertragsfähigkeit der Nutzung unmittelbar zu ermitteln (Einzelertragswertverfahren).

## § 38 Vergleichszahl, Ertragsbedingungen

(1) Die Unterschiede der Ertragsfähigkeit der gleichen Nutzung in den verschiedenen Betrieben werden durch Vergleich der Ertragsbedingungen beurteilt und vorbehaltlich der §§ 55 und 62 durch Zahlen ausgedrückt, die dem Verhältnis der Reinerträge entsprechen (Vergleichszahlen).

(2) Bei dem Vergleich der Ertragsbedingungen sind zugrunde zu legen
1. die tatsächlichen Verhältnisse für:

a) die natürlichen Ertragsbedingungen, insbesondere Bodenbeschaffenheit, Geländegestaltung, klimatische Verhältnisse,
b) die folgenden wirtschaftlichen Ertragsbedingungen:
   aa) innere Verkehrslage (Lage für die Bewirtschaftung der Betriebsfläche),
   bb) äußere Verkehrslage (insbesondere Lage für die Anfuhr der Betriebsmittel und die Abfuhr der Erzeugnisse),
   cc) Betriebsgröße;
2. die in der Gegend als regelmäßig anzusehenden Verhältnisse für die in Nummer 1 Buchstabe b nicht bezeichneten wirtschaftlichen Ertragsbedingungen, insbesondere Preise und Löhne, Betriebsorganisation, Betriebsmittel.

(3) Bei Stückländereien sind die wirtschaftlichen Ertragsbedingungen nach Absatz 2 Nr. 1 Buchstabe b mit den regelmäßigen Verhältnissen der Gegend anzusetzen.

### § 39 Bewertungsstützpunkte

(1) ¹Zur Sicherung der Gleichmäßigkeit der Bewertung werden in einzelnen Betrieben mit gegendüblichen Ertragsbedingungen die Vergleichszahlen von Nutzungen und Nutzungsteilen vorweg ermittelt (Hauptbewertungsstützpunkte). ²Die Vergleichszahlen der Hauptbewertungsstützpunkte werden vom Bewertungsbeirat (§§ 63 bis 66) vorgeschlagen und durch Rechtsverordnung festgesetzt. ³Die Vergleichszahlen der Nutzungen und Nutzungsteile in den übrigen Betrieben werden durch Vergleich mit den Vergleichszahlen der Hauptbewertungsstützpunkte ermittelt. ⁴§ 55 bleibt unberührt.

(2) ¹Die Hauptbewertungsstützpunkte können durch Landes-Bewertungsstützpunkte und Orts-Bewertungsstützpunkte als Bewertungsbeispiele ergänzt werden. ²Die Vergleichszahlen der Landes-Bewertungsstützpunkte werden vom Gutachterausschuss (§ 67), die Vergleichszahlen der Orts-Bewertungsstützpunkte von den Landesfinanzbehörden ermittelt. ³Die Vergleichszahlen der Landes-Bewertungsstützpunkte und Orts-Bewertungsstützpunkte können bekannt gegeben werden.

(3) ¹Zugepachtete Flächen, die zusammen mit einem Bewertungsstützpunkt bewirtschaftet werden, können bei der Ermittlung der Vergleichszahlen mit berücksichtigt werden. ²Bei der Feststellung des Einheitswerts eines Betriebs, der als Bewertungsstützpunkt dient, sind zugepachtete Flächen nicht zu berücksichtigen (§ 2 Abs. 2).

### § 40 Ermittlung des Vergleichswerts[1)2)]

(1) ¹Zum Hauptfeststellungszeitpunkt wird für die landwirtschaftliche, die weinbauliche und die gärtnerische Nutzung oder für deren Teile der 100 Vergleichszahlen entsprechende Ertragswert vorbehaltlich Absatz 2 durch besonderes Gesetz festgestellt. ²Aus diesem Ertragswert wird der Ertragswert für die einzelne Nutzung oder den Nutzungsteil in den Betrieben mit Hilfe der Vergleichszahlen abgeleitet (Vergleichswert). ³Der auf einen Hektar bezogene Vergleichswert ist der Hektarwert.

(2) Für die Hauptfeststellung auf den Beginn des Kalenderjahrs 1964 betragen die 100 Vergleichszahlen entsprechenden Ertragswerte bei

| | |
|---|---:|
| der landwirtschaftlichen Nutzung | |
| ohne Hopfen und Spargel | 37,26 DM |
| Hopfen | 254,00 DM |
| Spargel | 76,50 DM |
| der weinbaulichen Nutzung | 200,00 DM |

---

1) **Anm. d. Red.:** § 40 Abs. 5 i. d. F. des Gesetzes v. 13. 12. 2006 (BGBl I S. 2878) mit Wirkung v. 1. 1. 2007.
2) **Anm. d. Red.:** Zur Anwendung des § 40 siehe § 205 Abs. 2.

den gärtnerischen Nutzungsteilen
  Gemüse-, Blumen- und Zierpflanzenbau 108,00 DM
  Obstbau 72,00 DM
  Baumschulen 221,40 DM.

(3) ¹Die Hoffläche und die Gebäudefläche des Betriebs sind in die einzelne Nutzung einzubeziehen, soweit sie ihr dienen. ²Hausgärten bis zur Größe von 10 Ar sind zur Hof- und Gebäudefläche zu rechnen. ³Wirtschaftswege, Hecken, Gräben, Grenzraine und dergleichen sind in die Nutzung einzubeziehen, zu der sie gehören; dies gilt auch für Wasserflächen, soweit sie nicht Unland sind oder zur sonstigen land- und forstwirtschaftlichen Nutzung (§ 62) gehören.

(4) Das Finanzamt hat bei Vorliegen eines rechtlichen Interesses dem Steuerpflichtigen Bewertungsgrundlagen und Bewertungsergebnisse der Nutzung oder des Nutzungsteils von Bewertungsstützpunkten, die bei der Ermittlung der Vergleichswerte seines Betriebs herangezogen worden sind, anzugeben.

(5) Zur Berücksichtigung der rückläufigen Reinerträge sind die nach Absätzen 1 und 2 ermittelten Vergleichswerte für Hopfen um 80 Prozent, für Spargel um 50 Prozent und für Obstbau um 60 Prozent zu vermindern; es ist jedoch jeweils mindestens ein Hektarwert von 1 200 Deutsche Mark anzusetzen.

### § 41 Abschläge und Zuschläge[1)2)]

(1) Ein Abschlag oder ein Zuschlag am Vergleichswert ist zu machen,
1. soweit die tatsächlichen Verhältnisse bei einer Nutzung oder einem Nutzungsteil von den bei der Bewertung unterstellten regelmäßigen Verhältnissen der Gegend (§ 38 Abs. 2 Nr. 2) um mehr als 20 Prozent abweichen und
2. wenn die Abweichung eine Änderung des Vergleichswerts der Nutzung oder des Nutzungsteils um mehr als den fünften Teil, mindestens aber um 1 000 Deutsche Mark, oder um mehr als 10 000 Deutsche Mark bewirkt.

(2) Der Abschlag oder der Zuschlag ist nach der durch die Abweichung bedingten Minderung oder Steigerung der Ertragsfähigkeit zu bemessen.

(2a) Der Zuschlag wegen Abweichung des tatsächlichen Tierbestands von den unterstellten regelmäßigen Verhältnissen der Gegend ist bei Fortschreibungen (§ 22) oder Nachfeststellungen (§ 23) um 50 Prozent zu vermindern.

(3) Bei Stückländereien sind weder Abschläge für fehlende Betriebsmittel beim Eigentümer des Grund und Bodens noch Zuschläge für Überbestand an diesen Wirtschaftsgütern bei deren Eigentümern zu machen.

### § 42 Nebenbetriebe

(1) Nebenbetriebe sind Betriebe, die dem Hauptbetrieb zu dienen bestimmt sind und nicht einen selbständigen gewerblichen Betrieb darstellen.

(2) Die Nebenbetriebe sind gesondert mit dem Einzelertragswert zu bewerten.

### § 43 Abbauland

(1) Zum Abbauland gehören die Betriebsflächen, die durch Abbau der Bodensubstanz überwiegend für den Betrieb nutzbar gemacht werden (Sand-, Kies-, Lehmgruben, Steinbrüche, Torfstiche und dergleichen).

(2) Das Abbauland ist gesondert mit dem Einzelertragswert zu bewerten.

---

1) **Anm. d. Red.:** § 41 Abs. 1 und 2a i. d. F. des Gesetzes v. 13. 12. 2006 (BGBl I S. 2878) mit Wirkung v. 1. 1. 2007.

2) **Anm. d. Red.:** Zur Anwendung des § 41 siehe § 205 Abs. 2.

## § 44 Geringstland[1)2)]

(1) Zum Geringstland gehören die Betriebsflächen geringster Ertragsfähigkeit, für die nach dem Bodenschätzungsgesetz keine Wertzahlen festzustellen sind.

(2) Geringstland ist mit einem Hektarwert von 50 Deutschen Mark zu bewerten.

## § 45 Unland

(1) Zum Unland gehören die Betriebsflächen, die auch bei geordneter Wirtschaftsweise keinen Ertrag abwerfen können.

(2) Unland wird nicht bewertet.

## § 46 Wirtschaftswert

¹Aus den Vergleichswerten (§ 40 Abs. 1) und den Abschlägen und Zuschlägen (§ 41), aus den Einzelertragswerten sowie aus den Werten der nach den §§ 42 bis 44 gesondert zu bewertenden Wirtschaftsgüter wird der Wert für den Wirtschaftsteil (Wirtschaftswert) gebildet. ²Für seine Ermittlung gelten außer den Bestimmungen in den §§ 35 bis 45 auch die besonderen Vorschriften in den §§ 50 bis 62.

## § 47 Wohnungswert[3)]

¹Der Wert für den Wohnteil (Wohnungswert) wird nach den Vorschriften ermittelt, die beim Grundvermögen für die Bewertung der Mietwohngrundstücke im Ertragswertverfahren (§§ 71, 78 bis 82 und 91) gelten. ²Bei der Schätzung der üblichen Miete (§ 79 Abs. 2) sind die Besonderheiten, die sich aus der Lage der Gebäude oder Gebäudeteile im Betrieb ergeben, zu berücksichtigen. ³Der ermittelte Betrag ist um 15 Prozent zu vermindern.

## § 48 Zusammensetzung des Einheitswerts

Der Wirtschaftswert und der Wohnungswert bilden zusammen den Einheitswert des Betriebs.

## § 48a Einheitswert bestimmter intensiv genutzter Flächen[4)5)]

¹Werden Betriebsflächen durch einen anderen Nutzungsberechtigten als den Eigentümer bewirtschaftet, so ist

1. bei der Sonderkultur Spargel (§ 52),
2. bei den gärtnerischen Nutzungsteilen Gemüse-, Blumen- und Zierpflanzenbau sowie Baumschulen (§ 61),
3. bei der Saatzucht (§ 62 Abs. 1 Nr. 6)

der Unterschiedsbetrag zwischen dem für landwirtschaftliche Nutzung maßgebenden Vergleichswert und dem höheren Vergleichswert, der durch die unter den Nummern 1 bis 3 bezeichneten Nutzungen bedingt ist, bei der Feststellung des Einheitswerts des Eigentümers nicht zu berücksichtigen und für den Nutzungsberechtigten als selbständiger Einheitswert festzustellen. ²Ist ein Einheitswert für land- und forstwirtschaftliches Vermögen des Nutzungsberechtigten festzustellen, so ist der Unterschiedsbetrag in diesen Einheitswert einzubeziehen. ³Die Sätze 1 und 2 gelten nicht, wenn der Eigentümer die Flächen bereits intensiv im Sinne der Nummern 1 bis 3 genutzt hat.

---

1) **Anm. d. Red.:** § 44 Abs. 1 i. d. F. des Gesetzes v. 20.12.1996 (BGBl I S. 2049) mit Wirkung v. 28.12.1996.
2) **Anm. d. Red.:** Zur Anwendung des § 44 siehe § 205 Abs. 2.
3) **Anm. d. Red.:** § 47 i. d. F. des Gesetzes v. 13.12.2006 (BGBl I S. 2878) mit Wirkung v. 1.1.2007.
4) **Anm. d. Red.:** § 48a i. d. F. des Gesetzes v. 26.6.2013 (BGBl I S. 1809) mit Wirkung v. 30.6.2013.
5) **Anm. d. Red.:** Zur Anwendung des § 48a siehe § 205 Abs. 6.

## § 49 (weggefallen)[1)]

## II. Besondere Vorschriften
### a) Landwirtschaftliche Nutzung
### § 50 Ertragsbedingungen

(1) [1]Bei der Beurteilung der natürlichen Ertragsbedingungen (§ 38 Abs. 2 Nr. 1 Buchstabe a) ist von den Ergebnissen der Bodenschätzung nach dem Bodenschätzungsgesetz auszugehen. [2]Dies gilt auch für das Bodenartenverhältnis.

(2) Ist durch die natürlichen Verhältnisse ein anderes als das in der betreffenden Gegend regelmäßige Kulturartenverhältnis bedingt, so ist abweichend von § 38 Abs. 2 Nr. 2 das tatsächliche Kulturartenverhältnis maßgebend.

### § 51 Tierbestände[2)]

(1) (weggefallen)

(1a) [1]Für Feststellungszeitpunkte ab dem 1. Januar 1999 gehören Tierbestände in vollem Umfang zur landwirtschaftlichen Nutzung, wenn im Wirtschaftsjahr

| | | | | |
|---|---|---|---|---|
| für die ersten | 20 Hektar | nicht mehr als | 10 | Vieheinheiten, |
| für die nächsten | 10 Hektar | nicht mehr als | 7 | Vieheinheiten, |
| für die nächsten | 20 Hektar | nicht mehr als | 6 | Vieheinheiten, |
| für die nächsten | 50 Hektar | nicht mehr als | 3 | Vieheinheiten |
| und für die weitere Fläche | | nicht mehr als | 1,5 | Vieheinheiten |

je Hektar der vom Inhaber des Betriebs regelmäßig landwirtschaftlich genutzten Flächen erzeugt oder gehalten werden. [2]Die Tierbestände sind nach dem Futterbedarf in Vieheinheiten umzurechnen. [3]Diese Zuordnung der Tierbestände steht einer Änderung der tatsächlichen Verhältnisse gleich, die im Kalenderjahr 1998 eingetreten ist; § 27 ist insoweit nicht anzuwenden.

(2) [1]Übersteigt die Anzahl der Vieheinheiten nachhaltig die in Absatz 1a bezeichnete Grenze, so gehören nur die Zweige des Tierbestands zur landwirtschaftlichen Nutzung, deren Vieheinheiten zusammen diese Grenze nicht überschreiten. [2]Zunächst sind mehr flächenabhängige Zweige des Tierbestands und danach weniger flächenabhängige Zweige des Tierbestands zur landwirtschaftlichen Nutzung zu rechnen. [3]Innerhalb jeder dieser Gruppen sind zuerst Zweige des Tierbestands mit der geringeren Anzahl von Vieheinheiten und danach Zweige mit der größeren Anzahl von Vieheinheiten zur landwirtschaftlichen Nutzung zu rechnen. [4]Der Tierbestand des einzelnen Zweiges wird nicht aufgeteilt.

(3) [1]Als Zweig des Tierbestands gilt bei jeder Tierart für sich
1. das Zugvieh,
2. das Zuchtvieh,
3. das Mastvieh,
4. das übrige Nutzvieh.

[2]Das Zuchtvieh einer Tierart gilt nur dann als besonderer Zweig des Tierbestands, wenn die erzeugten Jungtiere überwiegend zum Verkauf bestimmt sind. [3]Ist das nicht der Fall, so ist das Zuchtvieh dem Zweig des Tierbestands zuzurechnen, dem es überwiegend dient.

(4) [1]Der Umrechnungsschlüssel für Tierbestände in Vieheinheiten sowie die Gruppen der mehr oder weniger flächenabhängigen Zweige des Tierbestands sind aus den Anlagen 1 und 2

---

1) **Anm. d. Red.:** § 49 weggefallen gem. Gesetz v. 20.12.2001 (BGBl I S. 3794) mit Wirkung v. 23.12.2001.

2) **Anm. d. Red.:** § 51 Abs. 1 weggefallen, Abs. 2 und 5 i. d. F. des Gesetzes v. 20.12.2001 (BGBl I S. 3794) mit Wirkung v. 23.12.2001; Abs. 1a eingefügt gem. Gesetz v. 29.6.1998 (BGBl I S. 1692) mit Wirkung v. 3.7.1998.

zu entnehmen. ²Für die Zeit von einem nach dem 1. Januar 1964 liegenden Hauptfeststellungszeitpunkt an können der Umrechnungsschlüssel für Tierbestände in Vieheinheiten sowie die Gruppen der mehr oder weniger flächenabhängigen Zweige des Tierbestands durch Rechtsverordnung Änderungen der wirtschaftlichen Gegebenheiten, auf denen sie beruhen, angepasst werden.

(5) ¹Die Absätze 1a bis 4 gelten nicht für Pelztiere. ²Pelztiere gehören nur dann zur landwirtschaftlichen Nutzung, wenn die erforderlichen Futtermittel überwiegend von den vom Inhaber des Betriebs landwirtschaftlich genutzten Flächen gewonnen sind.

## § 51a Gemeinschaftliche Tierhaltung[1)]

(1) ¹Zur landwirtschaftlichen Nutzung gehört auch die Tierzucht und Tierhaltung von Erwerbs- und Wirtschaftsgenossenschaften (§ 97 Abs. 1 Nr. 2), von Gesellschaften, bei denen die Gesellschafter als Unternehmer (Mitunternehmer) anzusehen sind (§ 97 Abs. 1 Nr. 5), oder von Vereinen (§ 97 Abs. 2), wenn

1. alle Gesellschafter oder Mitglieder
    a) Inhaber eines Betriebs der Land- und Forstwirtschaft mit selbst bewirtschafteten regelmäßig landwirtschaftlich genutzten Flächen sind,
    b) nach dem Gesamtbild der Verhältnisse hauptberuflich Land- und Forstwirte sind,
    c) Landwirte im Sinne des § 1 Abs. 2 des Gesetzes über die Alterssicherung der Landwirte sind und dies durch eine Bescheinigung der landwirtschaftlichen Alterskasse nachgewiesen wird und
    d) die sich nach § 51 Abs. 1a für sie ergebende Möglichkeit zur landwirtschaftlichen Tiererzeugung oder Tierhaltung in Vieheinheiten ganz oder teilweise auf die Genossenschaft, die Gesellschaft oder den Verein übertragen haben;
2. die Anzahl der von der Genossenschaft, der Gesellschaft oder dem Verein im Wirtschaftsjahr erzeugten oder gehaltenen Vieheinheiten keine der nachfolgenden Grenzen nachhaltig überschreitet:
    a) die Summe der sich nach Nummer 1 Buchstabe d ergebenden Vieheinheiten und
    b) die Summe der Vieheinheiten, die sich nach § 51 Abs. 1a auf der Grundlage der Summe der von den Gesellschaftern oder Mitgliedern regelmäßig landwirtschaftlich genutzten Flächen ergibt;
3. die Betriebe der Gesellschafter oder Mitglieder nicht mehr als 40 km von der Produktionsstätte der Genossenschaft, der Gesellschaft oder des Vereins entfernt liegen.

²Die Voraussetzungen der Nummer 1 Buchstabe d und der Nummer 2 sind durch besondere, laufend zu führende Verzeichnisse nachzuweisen.

(2) Der Anwendung des Absatzes 1 steht es nicht entgegen, wenn die dort bezeichneten Genossenschaften, Gesellschaften oder Vereine die Tiererzeugung oder Tierhaltung ohne regelmäßig landwirtschaftlich genutzte Flächen betreiben.

(3) Von den in Absatz 1 bezeichneten Genossenschaften, Gesellschaften oder Vereinen regelmäßig landwirtschaftlich genutzte Flächen sind bei der Ermittlung der nach Absatz 1 Nr. 2 maßgebenden Grenzen wie Flächen von Gesellschaftern oder Mitgliedern zu behandeln, die die Möglichkeit zur landwirtschaftlichen Tiererzeugung oder Tierhaltung im Sinne des Absatzes 1 Nr. 1 Buchstabe d auf die Genossenschaft, die Gesellschaft oder den Verein übertragen haben.

(4) Bei dem einzelnen Gesellschafter oder Mitglied der in Absatz 1 bezeichneten Genossenschaften, Gesellschaften oder Vereine ist § 51 Abs. 1a mit der Maßgabe anzuwenden, dass die in seinem Betrieb erzeugten oder gehaltenen Vieheinheiten mit den Vieheinheiten zusammen-

---

1) **Anm. d. Red.:** § 51a Abs. 1 i. d. F. des Gesetzes v. 12. 4. 2012 (BGBl I S. 579) mit Wirkung v. 1. 1. 2013; Abs. 4 i. d. F. des Gesetzes v. 20. 12. 2001 (BGBl I S. 3794) mit Wirkung v. 23. 12. 2001.

zurechnen sind, die im Rahmen der nach Absatz 1 Nr. 1 Buchstabe d übertragenen Möglichkeiten erzeugt oder gehalten werden.

(5) Die Vorschriften des § 51 Abs. 2 bis 4 sind entsprechend anzuwenden.

### § 52 Sonderkulturen

Hopfen, Spargel und andere Sonderkulturen sind als landwirtschaftliche Nutzungsteile (§ 37 Abs. 1) zu bewerten.

### b) Forstwirtschaftliche Nutzung

### § 53 Umlaufende Betriebsmittel

Eingeschlagenes Holz gehört zum normalen Bestand an umlaufenden Betriebsmitteln, soweit es den jährlichen Nutzungssatz nicht übersteigt; bei Betrieben, die nicht jährlich einschlagen (aussetzende Betriebe), tritt an die Stelle des jährlichen Nutzungssatzes ein den Betriebsverhältnissen entsprechender mehrjähriger Nutzungssatz.

### § 54 Bewertungsstichtag

Abweichend von § 35 Abs. 1 sind für den Umfang und den Zustand des Bestandes an nicht eingeschlagenem Holz die Verhältnisse am Ende des Wirtschaftsjahres zugrunde zu legen, das dem Feststellungszeitpunkt vorangegangen ist.

### § 55 Ermittlung des Vergleichswerts[1)2)]

(1) Das vergleichende Verfahren ist auf Hochwald als Nutzungsteil (§ 37 Abs. 1) anzuwenden.

(2) Die Ertragsfähigkeit des Hochwaldes wird vorweg für Nachhaltsbetriebe mit regelmäßigem Alters- oder Vorratsklassenverhältnis ermittelt und durch Normalwerte ausgedrückt.

(3) [1]Normalwert ist der für eine Holzart unter Berücksichtigung des Holzertrags auf einen Hektar bezogene Ertragswert eines Nachhaltsbetriebs mit regelmäßigem Alters- oder Vorratsklassenverhältnis. [2]Die Normalwerte werden für Bewertungsgebiete vom Bewertungsbeirat vorgeschlagen und durch Rechtsverordnung festgesetzt. [3]Der Normalwert beträgt für die Hauptfeststellung auf den Beginn des Kalenderjahres 1964 höchstens 3 200 Deutsche Mark (Fichte, Ertragsklasse I A, Bestockungsgrad 1,0).

(4) [1]Die Anteile der einzelnen Alters- oder Vorratsklassen an den Normalwerten werden durch Prozentsätze ausgedrückt. [2]Für jede Alters- oder Vorratsklasse ergibt sich der Prozentsatz aus dem Verhältnis ihres Abtriebswerts zum Abtriebswert des Nachhaltsbetriebs mit regelmäßigem Alters- oder Vorratsklassenverhältnis. [3]Die Prozentsätze werden einheitlich für alle Bewertungsgebiete durch Rechtsverordnung festgesetzt. [4]Sie betragen für die Hauptfeststellung auf den Beginn des Kalenderjahres 1964 höchstens 260 Prozent der Normalwerte.

(5) [1]Ausgehend von den nach Absatz 3 festgesetzten Normalwerten wird für die forstwirtschaftliche Nutzung des einzelnen Betriebs der Ertragswert (Vergleichswert) abgeleitet. [2]Dabei werden die Prozentsätze auf die Alters- oder Vorratsklassen angewendet.

(6) Der Wert der einzelnen Alters- oder Vorratsklasse beträgt mindestens 50 Deutsche Mark je Hektar.

(7) Mittelwald und Niederwald sind mit 50 Deutsche Mark je Hektar anzusetzen.

(8) Zur Förderung der Gleichmäßigkeit der Bewertung wird, ausgehend von den Normalwerten des Bewertungsgebiets nach Absatz 3, durch den Bewertungsbeirat (§§ 63 bis 66) für den forstwirtschaftlichen Nutzungsteil Hochwald in einzelnen Betrieben mit gegendüblichen Er-

---

1) **Anm. d. Red.:** § 55 Abs. 4, 5 und 9 i. d. F. des Gesetzes v. 13. 12. 2006 (BGBl I S. 2878) mit Wirkung v. 1. 1. 2007.

2) **Anm. d. Red.:** Zur Anwendung des § 55 siehe § 205 Abs. 2.

tragsbedingungen (Hauptbewertungsstützpunkte) der Vergleichswert vorgeschlagen und durch Rechtsverordnung festgesetzt.

(9) Zur Berücksichtigung der rückläufigen Reinerträge sind die nach Absatz 5 ermittelten Ertragswerte (Vergleichswerte) um 40 Prozent zu vermindern; die Absätze 6 und 7 bleiben unberührt.

### c) Weinbauliche Nutzung

### § 56 Umlaufende Betriebsmittel[1)]

(1) ¹Bei ausbauenden Betrieben zählen die Vorräte an Weinen aus der letzten und der vorletzten Ernte vor dem Bewertungsstichtag zum normalen Bestand an umlaufenden Betriebsmitteln. ²Für die Weinvorräte aus der vorletzten Ernte vor dem Bewertungsstichtag gilt dies jedoch nur, soweit sie nicht auf Flaschen gefüllt sind.

(2) ¹Für Feststellungszeitpunkte ab dem 1. Januar 1996 zählen bei ausbauenden Betrieben die Vorräte an Weinen aus den Ernten der letzten fünf Jahre vor dem Bewertungsstichtag zum normalen Bestand an umlaufenden Betriebsmitteln. ²Diese Zuordnung der Weinvorräte steht einer Änderung der tatsächlichen Verhältnisse gleich, die im Kalenderjahr 1995 eingetreten ist; § 27 ist insoweit nicht anzuwenden.

(3) Abschläge für Unterbestand an Weinvorräten sind nicht zu machen.

### § 57 Bewertungsstützpunkte

Als Bewertungsstützpunkte dienen Weinbaulagen oder Teile von Weinbaulagen.

### § 58 Innere Verkehrslage

Bei der Berücksichtigung der inneren Verkehrslage sind abweichend von § 38 Abs. 2 Nr. 1 nicht die tatsächlichen Verhältnisse, sondern die in der Weinbaulage regelmäßigen Verhältnisse zugrunde zu legen; § 41 ist entsprechend anzuwenden.

### d) Gärtnerische Nutzung

### § 59 Bewertungsstichtag

(1) Die durch Anbau von Baumschulgewächsen genutzte Betriebsfläche wird abweichend von § 35 Abs. 1 nach den Verhältnissen an dem 15. September bestimmt, der dem Feststellungszeitpunkt vorangegangen ist.

(2) Die durch Anbau von Gemüse, Blumen und Zierpflanzen genutzte Betriebsfläche wird abweichend von § 35 Abs. 1 nach den Verhältnissen an dem 30. Juni bestimmt, der dem Feststellungszeitpunkt vorangegangen ist.

### § 60 Ertragsbedingungen

(1) Bei der Beurteilung der natürlichen Ertragsbedingungen (§ 38 Abs. 2 Nr. 1 Buchstabe a) ist von den Ergebnissen der Bodenschätzung nach dem Bodenschätzungsgesetz auszugehen.

(2) Hinsichtlich der ertragsteigernden Anlagen, insbesondere der überdachten Anbauflächen, sind – abweichend von § 38 Abs. 2 Nr. 2 – die tatsächlichen Verhältnisse des Betriebs zugrunde zu legen.

### § 61 Anwendung des vergleichenden Verfahrens

Das vergleichende Verfahren ist auf Gemüse-, Blumen- und Zierpflanzenbau, auf Obstbau und auf Baumschulen als Nutzungsteile (§ 37 Abs. 1 Satz 2) anzuwenden.

---

1) **Anm. d. Red.:** § 56 i. d. F. des Gesetzes v. 11. 10. 1995 (BGBl I S. 1250) mit Wirkung v. 21. 10. 1995.

## e) Sonstige land- und forstwirtschaftliche Nutzung

### § 62 Arten und Bewertung der sonstigen land- und forstwirtschaftlichen Nutzung

(1) Zur sonstigen land- und forstwirtschaftlichen Nutzung gehören insbesondere
1. die Binnenfischerei,
2. die Teichwirtschaft,
3. die Fischzucht für Binnenfischerei und Teichwirtschaft,
4. die Imkerei,
5. die Wanderschäferei,
6. die Saatzucht.

(2) Für die Arten der sonstigen land- und forstwirtschaftlichen Nutzung werden im vergleichenden Verfahren abweichend von § 38 Abs. 1 keine Vergleichszahlen, sondern unmittelbar Vergleichswerte ermittelt.

## III. Bewertungsbeirat, Gutachterausschuss

### § 63 Bewertungsbeirat[1)]

(1) Beim Bundesministerium der Finanzen wird ein Bewertungsbeirat gebildet.

(2) ¹Der Bewertungsbeirat gliedert sich in eine landwirtschaftliche Abteilung, eine forstwirtschaftliche Abteilung, eine Weinbauabteilung und eine Gartenbauabteilung. ²Die Gartenbauabteilung besteht aus den Unterabteilungen für Gemüse-, Blumen- und Zierpflanzenbau, für Obstbau und für Baumschulen.

(3) (weggefallen)

### § 64 Mitglieder[2)]

(1) Dem Bewertungsbeirat gehören an
1. in jeder Abteilung und Unterabteilung:
   a) ein Beamter des Bundesministeriums der Finanzen als Vorsitzender,
   b) ein Beamter des Bundesministeriums für Ernährung und Landwirtschaft;
2. in der landwirtschaftlichen Abteilung und in der forstwirtschaftlichen Abteilung je zehn Mitglieder;
3. in der Weinbauabteilung acht Mitglieder;
4. in der Gartenbauabteilung vier Mitglieder mit allgemeiner Sachkunde, zu denen für jede Unterabteilung drei weitere Mitglieder mit besonderer Fachkenntnis hinzutreten.

(2) Nach Bedarf können weitere Mitglieder berufen werden.

(3) ¹Die Mitglieder nach Absatz 1 Nr. 2 bis 4 und nach Absatz 2 werden auf Vorschlag der obersten Finanzbehörden der Länder durch das Bundesministerium der Finanzen im Einvernehmen mit dem Bundesministerium für Ernährung und Landwirtschaft berufen. ²Die Berufung kann mit Zustimmung der obersten Finanzbehörden der Länder zurückgenommen werden. ³Scheidet eines der nach Absatz 1 Nr. 2 bis 4 berufenen Mitglieder aus, so ist ein neues Mitglied zu berufen. ⁴Die Mitglieder müssen sachkundig sein.

(4) ¹Die nach Absatz 3 berufenen Mitglieder haben bei den Verhandlungen des Bewertungsbeirats ohne Rücksicht auf Sonderinteressen nach bestem Wissen und Gewissen zu verfahren. ²Sie dürfen den Inhalt der Verhandlungen des Bewertungsbeirats sowie die Verhältnisse der Steuerpflichtigen, die ihnen im Zusammenhang mit ihrer Tätigkeit auf Grund dieses Gesetzes

---

1) **Anm. d. Red.:** § 63 Abs. 2 i. d. F. des Gesetzes v. 21.12.1993 (BGBl I S. 2310) mit Wirkung v. 30.12.1993; Abs. 3 weggefallen gem. Gesetz v. 20.12.2007 (BGBl I S. 3150) mit Wirkung v. 1.1.2008.

2) **Anm. d. Red.:** § 64 Abs. 1 und 3 i. d. F. der VO v. 31.8.2015 (BGBl I S. 1474) mit Wirkung v. 8.9.2015.

bekannt geworden sind, nicht unbefugt offenbaren und Geheimnisse, insbesondere Betriebs- oder Geschäftsgeheimnisse, nicht unbefugt verwerten. ³Sie werden bei Beginn ihrer Tätigkeit von dem Vorsitzenden des Bewertungsbeirats durch Handschlag verpflichtet, diese Obliegenheiten gewissenhaft zu erfüllen. ⁴Über diese Verpflichtung ist eine Niederschrift aufzunehmen, die von dem Verpflichteten mit unterzeichnet wird. ⁵Auf Zuwiderhandlungen sind die Vorschriften über das Steuergeheimnis und die Strafbarkeit seiner Verletzung entsprechend anzuwenden.

## § 65 Aufgaben[1]

Der Bewertungsbeirat hat die Aufgabe, Vorschläge zu machen
1. für die durch besonderes Gesetz festzusetzenden Ertragswerte (§ 40 Abs. 1),
2. für die durch Rechtsverordnung festzusetzenden Vergleichszahlen (§ 39 Abs. 1) und Vergleichswerte (§ 55 Abs. 8) der Hauptbewertungsstützpunkte,
3. für die durch Rechtsverordnung festzusetzenden Normalwerte der forstwirtschaftlichen Nutzung für Bewertungsgebiete (§ 55 Abs. 3).

## § 66 Geschäftsführung[2]

(1) ¹Der Vorsitzende führt die Geschäfte des Bewertungsbeirats und leitet die Verhandlungen. ²Das Bundesministerium der Finanzen kann eine Geschäftsordnung für den Bewertungsbeirat erlassen.

(2) ¹Die einzelnen Abteilungen und Unterabteilungen des Bewertungsbeirats sind beschlussfähig, wenn mindestens zwei Drittel der Mitglieder anwesend sind. ²Bei Abstimmung entscheidet die Stimmenmehrheit, bei Stimmengleichheit die Stimme des Vorsitzenden.

(3) ¹Der Bewertungsbeirat hat seinen Sitz am Sitz des Bundesministeriums der Finanzen. ²Er hat bei Durchführung seiner Aufgaben die Ermittlungsbefugnisse, die den Finanzämtern nach der Abgabenordnung zustehen.

(4) ¹Die Verhandlungen des Bewertungsbeirats sind nicht öffentlich. ²Der Bewertungsbeirat kann nach seinem Ermessen Sachverständige hören; § 64 Abs. 4 gilt entsprechend.

## § 67 Gutachterausschuss

(1) ¹Zur Förderung der Gleichmäßigkeit der Bewertung des land- und forstwirtschaftlichen Vermögens in den Ländern, insbesondere durch Bewertung von Landes-Bewertungsstützpunkten, wird bei jeder Oberfinanzdirektion ein Gutachterausschuss gebildet. ²Bei jedem Gutachterausschuss ist eine landwirtschaftliche Abteilung zu bilden. ³Weitere Abteilungen können nach Bedarf entsprechend der Gliederung des Bewertungsbeirats (§ 63) gebildet werden.

(2) Die landwirtschaftliche Abteilung des Gutachterausschusses übernimmt auch die Befugnisse des Landesschätzungsbeirats nach dem Bodenschätzungsgesetz.

(3) Dem Gutachterausschuss oder jeder seiner Abteilungen gehören an
1. der Oberfinanzpräsident oder ein von ihm beauftragter Angehöriger seiner Behörde als Vorsitzender,
2. ein von der für die Land- und Forstwirtschaft zuständigen obersten Landesbehörde beauftragter Beamter,
3. fünf sachkundige Mitglieder, die durch die für die Finanzverwaltung zuständige oberste Landesbehörde im Einvernehmen mit der für die Land- und Forstwirtschaft zuständigen obersten Landesbehörde berufen werden. ²Die Berufung kann zurückgenommen werden. ³§ 64 Abs. 2 und 4 gilt entsprechend. ⁴Die Landesregierungen werden ermächtigt, durch

---

1) **Anm. d. Red.:** § 65 i. d. F. des Gesetzes v. 21. 12. 1993 (BGBl I S. 2310) mit Wirkung v. 30. 12. 1993.
2) **Anm. d. Red.:** § 66 Abs. 1 i. d. F. des Gesetzes v. 21. 12. 1993 (BGBl I S. 2310) mit Wirkung v. 30. 12. 1993.

Rechtsverordnung die zuständigen Behörden abweichend von Satz 1 zu bestimmen. ⁵Sie können diese Ermächtigung auf oberste Landesbehörden übertragen.

(4) ¹Der Vorsitzende führt die Geschäfte des Gutachterausschusses und leitet die Verhandlungen. ²Die Verhandlungen sind nicht öffentlich. ³Für die Beschlussfähigkeit und die Abstimmung gilt § 66 Abs. 2 entsprechend.

## C. Grundvermögen

### I. Allgemeines

### § 68 Begriff des Grundvermögens[1]

(1) Zum Grundvermögen gehören
1. der Grund und Boden, die Gebäude, die sonstigen Bestandteile und das Zubehör,
2. das Erbbaurecht,
3. das Wohnungseigentum, Teileigentum, Wohnungserbbaurecht und Teilerbbaurecht nach dem Wohnungseigentumsgesetz,

soweit es sich nicht um land- und forstwirtschaftliches Vermögen (§ 33) oder um Betriebsgrundstücke (§ 99) handelt.

(2) ¹In das Grundvermögen sind nicht einzubeziehen
1. Bodenschätze,
2. die Maschinen und sonstigen Vorrichtungen aller Art, die zu einer Betriebsanlage gehören (Betriebsvorrichtungen), auch wenn sie wesentliche Bestandteile sind.

²Einzubeziehen sind jedoch die Verstärkungen von Decken und die nicht ausschließlich zu einer Betriebsanlage gehörenden Stützen und sonstigen Bauteile wie Mauervorlagen und Verstrebungen.

### § 69 Abgrenzung des Grundvermögens vom land- und forstwirtschaftlichen Vermögen

(1) Land- und forstwirtschaftlich genutzte Flächen sind dem Grundvermögen zuzurechnen, wenn nach ihrer Lage, den im Feststellungszeitpunkt bestehenden Verwertungsmöglichkeiten oder den sonstigen Umständen anzunehmen ist, dass sie in absehbarer Zeit anderen als land- und forstwirtschaftlichen Zwecken, insbesondere als Bauland, Industrieland oder Land für Verkehrszwecke, dienen werden.

(2) Bildet ein Betrieb der Land- und Forstwirtschaft die Existenzgrundlage des Betriebsinhabers, so sind dem Betriebsinhaber gehörende Flächen, die von einer Stelle aus ordnungsgemäß nachhaltig bewirtschaftet werden, dem Grundvermögen nur dann zuzurechnen, wenn mit großer Wahrscheinlichkeit anzunehmen ist, dass sie spätestens nach zwei Jahren anderen als land- und forstwirtschaftlichen Zwecken dienen werden.

(3) ¹Flächen sind stets dem Grundvermögen zuzurechnen, wenn sie in einem Bebauungsplan als Bauland festgesetzt sind, ihre sofortige Bebauung möglich ist und die Bebauung innerhalb des Plangebiets in benachbarten Bereichen begonnen hat oder schon durchgeführt ist. ²Satz 1 gilt nicht für die Hofstelle und für andere Flächen in unmittelbarem räumlichen Zusammenhang mit der Hofstelle bis zu einer Größe von insgesamt einem Hektar.

(4) Absatz 2 findet in den Fällen des § 55 Abs. 5 Satz 1 des Einkommensteuergesetzes keine Anwendung.

---

1) **Anm. d. Red.:** § 68 Abs. 2 i. d. F. des Gesetzes v. 9. 11. 1992 (BGBl I S. 1853) mit Wirkung v. 13. 11. 1992.

## § 70 Grundstück

(1) Jede wirtschaftliche Einheit des Grundvermögens bildet ein Grundstück im Sinne dieses Gesetzes.

(2) ¹Ein Anteil des Eigentümers eines Grundstücks an anderem Grundvermögen (z. B. an gemeinschaftlichen Hofflächen oder Garagen) ist in das Grundstück einzubeziehen, wenn alle Anteile an dem gemeinschaftlichen Grundvermögen Eigentümern von Grundstücken gehören, die ihren Anteil jeweils zusammen mit ihrem Grundstück nutzen. ²Das gilt nicht, wenn das gemeinschaftliche Grundvermögen nach den Anschauungen des Verkehrs als selbständige wirtschaftliche Einheit anzusehen ist (§ 2 Abs. 1 Satz 3 und 4).

(3) Als Grundstück im Sinne dieses Gesetzes gilt auch ein Gebäude, das auf fremdem Grund und Boden errichtet oder in sonstigen Fällen einem anderen als dem Eigentümer des Grund und Bodens zuzurechnen ist, selbst wenn es wesentlicher Bestandteil des Grund und Bodens geworden ist.

## § 71 Gebäude und Gebäudeteile für den Zivilschutz[1)]

Gebäude, Teile von Gebäuden und Anlagen, die zum Schutz der Bevölkerung sowie lebens- und verteidigungswichtiger Sachgüter vor der Wirkung von Angriffswaffen geschaffen worden sind, bleiben bei der Ermittlung des Einheitswerts außer Betracht, wenn sie im Frieden nicht oder nur gelegentlich oder geringfügig für andere Zwecke benutzt werden.

### II. Unbebaute Grundstücke

## § 72 Begriff

(1) ¹Unbebaute Grundstücke sind Grundstücke, auf denen sich keine benutzbaren Gebäude befinden. ²Die Benutzbarkeit beginnt im Zeitpunkt der Bezugsfertigkeit. ³Gebäude sind als bezugsfertig anzusehen, wenn den zukünftigen Bewohnern oder sonstigen Benutzern zugemutet werden kann, sie zu benutzen; die Abnahme durch die Bauaufsichtsbehörde ist nicht entscheidend.

(2) Befinden sich auf einem Grundstück Gebäude, deren Zweckbestimmung und Wert gegenüber der Zweckbestimmung und dem Wert des Grund und Bodens von untergeordneter Bedeutung sind, so gilt das Grundstück als unbebaut.

(3) Als unbebautes Grundstück gilt auch ein Grundstück, auf dem infolge der Zerstörung oder des Verfalls der Gebäude auf die Dauer benutzbarer Raum nicht mehr vorhanden ist.

## § 73 Baureife Grundstücke

(1) Innerhalb der unbebauten Grundstücke bilden die baureifen Grundstücke eine besondere Grundstücksart.

(2) ¹Baureife Grundstücke sind unbebaute Grundstücke, wenn sie in einem Bebauungsplan als Bauland festgesetzt sind, ihre sofortige Bebauung möglich ist und die Bebauung innerhalb des Plangebiets in benachbarten Bereichen begonnen hat oder schon durchgeführt ist. ²Zu den baureifen Grundstücken gehören nicht Grundstücke, die für den Gemeinbedarf vorgesehen sind.

---

1) **Anm. d. Red.:** § 71 Überschrift i. d. F. des Gesetzes v. 20.12.2001 (BGBl I S. 3794) mit Wirkung v. 23.12.2001.

## III. Bebaute Grundstücke

### a) Begriff und Bewertung

### § 74 Begriff

¹Bebaute Grundstücke sind Grundstücke, auf denen sich benutzbare Gebäude befinden, mit Ausnahme der in § 72 Abs. 2 und 3 bezeichneten Grundstücke. ²Wird ein Gebäude in Bauabschnitten errichtet, so ist der fertig gestellte und bezugsfertige Teil als benutzbares Gebäude anzusehen.

### § 75 Grundstücksarten[1)]

(1) Bei der Bewertung bebauter Grundstücke sind die folgenden Grundstücksarten zu unterscheiden:
1. Mietwohngrundstücke,
2. Geschäftsgrundstücke,
3. gemischt genutzte Grundstücke,
4. Einfamilienhäuser,
5. Zweifamilienhäuser,
6. sonstige bebaute Grundstücke.

(2) Mietwohngrundstücke sind Grundstücke, die zu mehr als achtzig Prozent, berechnet nach der Jahresrohmiete (§ 79), Wohnzwecken dienen mit Ausnahme der Einfamilienhäuser und Zweifamilienhäuser (Absätze 5 und 6).

(3) Geschäftsgrundstücke sind Grundstücke, die zu mehr als achtzig Prozent, berechnet nach der Jahresrohmiete (§ 79), eigenen oder fremden gewerblichen oder öffentlichen Zwecken dienen.

(4) Gemischt genutzte Grundstücke sind Grundstücke, die teils Wohnzwecken, teils eigenen oder fremden gewerblichen oder öffentlichen Zwecken dienen und nicht Mietwohngrundstücke, Geschäftsgrundstücke, Einfamilienhäuser oder Zweifamilienhäuser sind.

(5) ¹Einfamilienhäuser sind Wohngrundstücke, die nur eine Wohnung enthalten. ²Wohnungen des Hauspersonals (Pförtner, Heizer, Gärtner, Kraftwagenführer, Wächter usw.) sind nicht mitzurechnen. ³Eine zweite Wohnung steht, abgesehen von Satz 2, dem Begriff „Einfamilienhaus" entgegen, auch wenn sie von untergeordneter Bedeutung ist. ⁴Ein Grundstück gilt auch dann als Einfamilienhaus, wenn es zu gewerblichen oder öffentlichen Zwecken mitbenutzt wird und dadurch die Eigenart als Einfamilienhaus nicht wesentlich beeinträchtigt wird.

(6) ¹Zweifamilienhäuser sind Wohngrundstücke, die nur zwei Wohnungen enthalten. ²Die Sätze 2 bis 4 von Absatz 5 sind entsprechend anzuwenden.

(7) Sonstige bebaute Grundstücke sind solche Grundstücke, die nicht unter die Absätze 2 bis 6 fallen.

### § 76 Bewertung

(1) Der Wert des Grundstücks ist vorbehaltlich des Absatzes 3 im Wege des Ertragswertverfahrens (§§ 78 bis 82) zu ermitteln für
1. Mietwohngrundstücke,
2. Geschäftsgrundstücke,
3. gemischt genutzte Grundstücke,
4. Einfamilienhäuser,

---

1) **Anm. d. Red.:** § 75 Abs. 2 und 3 i. d. F. des Gesetzes v. 13.12.2006 (BGBl I S. 2878) mit Wirkung v. 1.1.2007.

5. Zweifamilienhäuser.

(2) Für die sonstigen bebauten Grundstücke ist der Wert im Wege des Sachwertverfahrens (§§ 83 bis 90) zu ermitteln.

(3) Das Sachwertverfahren ist abweichend von Absatz 1 anzuwenden

1. bei Einfamilienhäusern und Zweifamilienhäusern, die sich durch besondere Gestaltung oder Ausstattung wesentlich von den nach Absatz 1 zu bewertenden Einfamilienhäusern und Zweifamilienhäusern unterscheiden;
2. bei solchen Gruppen von Geschäftsgrundstücken und in solchen Einzelfällen bebauter Grundstücke der in § 75 Abs. 1 Nr. 1 bis 3 bezeichneten Grundstücksarten, für die weder eine Jahresrohmiete ermittelt noch die übliche Miete nach § 79 Abs. 2 geschätzt werden kann;
3. bei Grundstücken mit Behelfsbauten und bei Grundstücken mit Gebäuden in einer Bauart oder Bauausführung, für die ein Vervielfältiger (§ 80) in den Anlagen 3 bis 8 nicht bestimmt ist.

## § 77 Mindestwert[*]

¹Der für ein bebautes Grundstück anzusetzende Wert darf nicht geringer sein als der Wert, mit dem der Grund und Boden allein als unbebautes Grundstück zu bewerten wäre. ²Müssen Gebäude oder Gebäudeteile wegen ihres baulichen Zustands abgebrochen werden, so sind die Abbruchkosten zu berücksichtigen.

### b) Verfahren

#### 1. Ertragswertverfahren

## § 78 Grundstückswert

¹Der Grundstückswert umfasst den Bodenwert, den Gebäudewert und den Wert der Außenanlagen. ²Er ergibt sich durch Anwendung eines Vervielfältigers (§ 80) auf die Jahresrohmiete (§ 79) unter Berücksichtigung der §§ 81 und 82.

## § 79 Jahresrohmiete[1]

(1) ¹Jahresrohmiete ist das Gesamtentgelt, das die Mieter (Pächter) für die Benutzung des Grundstücks auf Grund vertraglicher Vereinbarungen nach dem Stand im Feststellungszeitpunkt für ein Jahr zu entrichten haben. ²Umlagen und alle sonstigen Leistungen des Mieters sind einzubeziehen. ³Zur Jahresrohmiete gehören auch Betriebskosten (z. B. Gebühren der Gemeinde), die durch die Gemeinde von den Mietern unmittelbar erhoben werden. ⁴Nicht einzuziehen sind Untermietzuschläge, Kosten des Betriebs der zentralen Heizungs-, Warmwasserversorgungs- und Brennstoffversorgungsanlage sowie des Fahrstuhls, ferner alle Vergütungen für außergewöhnliche Nebenleistungen des Vermieters, die nicht die Raumnutzung betreffen (z. B. Bereitstellung von Wasserkraft, Dampfkraft, Pressluft, Kraftstrom und dergleichen), sowie Nebenleistungen des Vermieters, die nur einzelnen Mietern zugute kommen.

(2) ¹Statt des Betrags nach Absatz 1 gilt die übliche Miete als Jahresrohmiete für solche Grundstücke oder Grundstücksteile,

---

[*] **Amtl. Anm.:** Nach Artikel 7 des Steueränderungsgesetzes 1969 vom 18. August 1969 (BGBl I S. 1211) ist § 77 im Hauptfeststellungszeitraum 1964 in folgender Fassung anzuwenden: „Der für ein bebautes Grundstück anzusetzende Wert darf nicht geringer sein als 50 vom Hundert des Werts, mit dem der Grund und Boden allein als unbebautes Grundstück zu bewerten wäre."

[1] **Anm. d. Red.:** § 79 Abs. 2 i. d. F. des Gesetzes v. 13. 12. 2006 (BGBl I S. 2878) mit Wirkung v. 1. 1. 2007; Abs. 3 und 4 weggefallen gem. Gesetz v. 20. 12. 2001 (BGBl I S. 3794) mit Wirkung v. 23. 12. 2001.

1. die eigengenutzt, ungenutzt, zu vorübergehendem Gebrauch oder unentgeltlich überlassen sind,
2. die der Eigentümer dem Mieter zu einer um mehr als zwanzig Prozent von der üblichen Miete abweichenden tatsächlichen Miete überlassen hat.

²Die übliche Miete ist in Anlehnung an die Jahresrohmiete zu schätzen, die für Räume gleicher oder ähnlicher Art, Lage und Ausstattung regelmäßig gezahlt wird.

(3) und (4) (weggefallen)

(5) Bei Fortschreibungen und Nachfeststellungen gelten für die Höhe der Miete die Wertverhältnisse im Hauptfeststellungszeitpunkt.

## § 80 Vervielfältiger

(1) ¹Die Zahl, mit der die Jahresrohmiete zu vervielfachen ist (Vervielfältiger), ist aus den Anlagen 3 bis 8 zu entnehmen. ²Der Vervielfältiger bestimmt sich nach der Grundstücksart, der Bauart und Bauausführung, dem Baujahr des Gebäudes sowie nach der Einwohnerzahl der Belegenheitsgemeinde im Hauptfeststellungszeitpunkt. ³Erstreckt sich ein Grundstück über mehrere Gemeinden, so ist Belegenheitsgemeinde die Gemeinde, in der der wertvollste Teil des Grundstücks belegen ist. ⁴Bei Umgemeindungen nach dem Hauptfeststellungszeitpunkt sind weiterhin die Einwohnerzahlen zugrunde zu legen, die für die betroffenen Gemeinden oder Gemeindeteile im Hauptfeststellungszeitpunkt maßgebend waren.

(2) Die Landesregierungen werden ermächtigt, durch Rechtsverordnung zu bestimmen, dass Gemeinden oder Gemeindeteile in eine andere Gemeindegrößenklasse eingegliedert werden, als es ihrer Einwohnerzahl entspricht, wenn die Vervielfältiger wegen der besonderen wirtschaftlichen Verhältnisse in diesen Gemeinden oder Gemeindeteilen abweichend festgesetzt werden müssen (z. B. in Kurorten und Randgemeinden).

(3) Ist die Lebensdauer eines Gebäudes gegenüber der nach seiner Bauart und Bauausführung in Betracht kommenden Lebensdauer infolge baulicher Maßnahmen wesentlich verlängert oder infolge nicht behebbarer Baumängel und Bauschäden wesentlich verkürzt, so ist der Vervielfältiger nicht nach dem tatsächlichen Baujahr des Gebäudes, sondern nach dem um die entsprechende Zeit späteren oder früheren Baujahr zu ermitteln.

(4) ¹Befinden sich auf einem Grundstück Gebäude oder Gebäudeteile, die eine verschiedene Bauart oder Bauausführung aufweisen oder die in verschiedenen Jahren bezugsfertig geworden sind, so sind für die einzelnen Gebäude oder Gebäudeteile die nach der Bauart und Bauausführung sowie nach dem Baujahr maßgebenden Vervielfältiger anzuwenden. ²Können die Werte der einzelnen Gebäude oder Gebäudeteile nur schwer ermittelt werden, so kann für das ganze Grundstück ein Vervielfältiger nach einem durchschnittlichen Baujahr angewendet werden.

## § 81 Außergewöhnliche Grundsteuerbelastung[1]

¹Weicht im Hauptfeststellungszeitpunkt die Grundsteuerbelastung in einer Gemeinde erheblich von der in den Vervielfältigern berücksichtigten Grundsteuerbelastung ab, so sind die Grundstückswerte in diesen Gemeinden bis zu 10 Prozent zu ermäßigen oder zu erhöhen. ²Die Prozentsätze werden durch Rechtsverordnung bestimmt.

## § 82 Ermäßigung und Erhöhung[2]

(1) ¹Liegen wertmindernde Umstände vor, die weder in der Höhe der Jahresrohmiete noch in der Höhe des Vervielfältigers berücksichtigt sind, so ist der sich nach den §§ 78 bis 81 ergebende Grundstückswert zu ermäßigen. ²Als solche Umstände kommen z. B. in Betracht
1. ungewöhnlich starke Beeinträchtigungen durch Lärm, Rauch oder Gerüche,

---

1) **Anm. d. Red.:** § 81 i. d. F. des Gesetzes v. 13. 12. 2006 (BGBl I S. 2878) mit Wirkung v. 1. 1. 2007.
2) **Anm. d. Red.:** § 82 Abs. 3 i. d. F. des Gesetzes v. 13. 12. 2006 (BGBl I S. 2878) mit Wirkung v. 1. 1. 2007.

2. behebbare Baumängel und Bauschäden und
3. die Notwendigkeit baldigen Abbruchs.

(2) ¹Liegen werterhöhende Umstände vor, die in der Höhe der Jahresrohmiete nicht berücksichtigt sind, so ist der sich nach den §§ 78 bis 81 ergebende Grundstückswert zu erhöhen. ²Als solche Umstände kommen nur in Betracht

1. die Größe der nicht bebauten Fläche, wenn sich auf dem Grundstück keine Hochhäuser befinden; ein Zuschlag unterbleibt, wenn die gesamte Fläche bei Einfamilienhäusern oder Zweifamilienhäusern nicht mehr als 1 500 qm, bei den übrigen Grundstücksarten nicht mehr als das Fünffache der bebauten Fläche beträgt,
2. die nachhaltige Ausnutzung des Grundstücks für Reklamezwecke gegen Entgelt.

(3) ¹Die Ermäßigung nach Absatz 1 Nr. 1 und 2 oder die Erhöhung nach Absatz 2 darf insgesamt dreißig Prozent des Grundstückswerts (§§ 78 bis 81) nicht übersteigen. ²Treffen die Voraussetzungen für die Ermäßigung nach Absatz 1 Nr. 1 und 2 und für die Erhöhung nach Absatz 2 zusammen, so ist der Höchstsatz nur auf das Ergebnis des Ausgleichs anzuwenden.

## 2. Sachwertverfahren

### § 83 Grundstückswert

¹Bei der Ermittlung des Grundstückswertes ist vom Bodenwert (§ 84), vom Gebäudewert (§§ 85 bis 88) und vom Wert der Außenanlagen (§ 89) auszugehen (Ausgangswert). ²Der Ausgangswert ist an den gemeinen Wert anzugleichen (§ 90).

### § 84 Bodenwert

Der Grund und Boden ist mit dem Wert anzusetzen, der sich ergeben würde, wenn das Grundstück unbebaut wäre.

### § 85 Gebäudewert

¹Bei der Ermittlung des Gebäudewertes ist zunächst ein Wert auf der Grundlage von durchschnittlichen Herstellungskosten nach den Baupreisverhältnissen des Jahres 1958 zu errechnen. ²Dieser Wert ist nach den Baupreisverhältnissen im Hauptfeststellungszeitpunkt umzurechnen (Gebäudenormalherstellungswert). ³Der Gebäudenormalherstellungswert ist wegen des Alters des Gebäudes im Hauptfeststellungszeitpunkt (§ 86) und wegen etwa vorhandener baulicher Mängel und Schäden (§ 87) zu mindern (Gebäudesachwert). ⁴Der Gebäudesachwert kann in besonderen Fällen ermäßigt oder erhöht werden (§ 88).

### § 86 Wertminderung wegen Alters[1]

(1) ¹Die Wertminderung wegen Alters bestimmt sich nach dem Alter des Gebäudes im Hauptfeststellungszeitpunkt und der gewöhnlichen Lebensdauer von Gebäuden gleicher Art und Nutzung. ²Sie ist in einem Prozentsatz des Gebäudenormalherstellungswertes auszudrücken. ³Dabei ist von einer gleich bleibenden jährlichen Wertminderung auszugehen.

(2) Als Alter des Gebäudes gilt die Zeit zwischen dem Beginn des Jahres, in dem das Gebäude bezugsfertig geworden ist, und dem Hauptfeststellungszeitpunkt.

(3) ¹Als Wertminderung darf insgesamt kein höherer Betrag abgesetzt werden, als sich bei einem Alter von siebzig Prozent der Lebensdauer ergibt. ²Dieser Betrag kann nur überschritten werden, wenn eine außergewöhnliche Wertminderung vorliegt.

(4) Ist die restliche Lebensdauer eines Gebäudes infolge baulicher Maßnahmen verlängert, so ist der nach dem tatsächlichen Alter errechnete Prozentsatz entsprechend zu mindern.

---

1) **Anm. d. Red.:** § 86 Abs. 1, 3 und 4 i. d. F. des Gesetzes v. 13. 12. 2006 (BGBl I S. 2878) mit Wirkung v. 1. 1. 2007.

## § 87 Wertminderung wegen baulicher Mängel und Schäden

¹Für bauliche Mängel und Schäden, die weder bei der Ermittlung des Gebäudenormalherstellungswertes noch bei der Wertminderung wegen Alters berücksichtigt worden sind, ist ein Abschlag zu machen. ²Die Höhe des Abschlags richtet sich nach Bedeutung und Ausmaß der Mängel und Schäden.

## § 88 Ermäßigung und Erhöhung

(1) Der Gebäudesachwert kann ermäßigt oder erhöht werden, wenn Umstände tatsächlicher Art vorliegen, die bei seiner Ermittlung nicht berücksichtigt worden sind.

(2) Eine Ermäßigung kann insbesondere in Betracht kommen, wenn Gebäude wegen der Lage des Grundstücks, wegen unorganischen Aufbaus oder wirtschaftlicher Überalterung in ihrem Wert gemindert sind.

(3) Ein besonderer Zuschlag ist zu machen, wenn ein Grundstück nachhaltig gegen Entgelt für Reklamezwecke genutzt wird.

## § 89 Wert der Außenanlagen

¹Der Wert der Außenanlagen (z. B. Umzäunungen, Wege- oder Platzbefestigungen) ist aus durchschnittlichen Herstellungskosten nach den Baupreisverhältnissen des Jahres 1958 zu errechnen und nach den Baupreisverhältnissen im Hauptfeststellungszeitpunkt umzurechnen. ²Dieser Wert ist wegen des Alters der Außenanlagen im Hauptfeststellungszeitpunkt und wegen etwaiger baulicher Mängel und Schäden zu mindern; die Vorschriften der §§ 86 bis 88 gelten sinngemäß.

## § 90 Angleichung an den gemeinen Wert[1]

(1) Der Ausgangswert (§ 83) ist durch Anwendung einer Wertzahl an den gemeinen Wert anzugleichen.

(2) ¹Die Wertzahlen werden durch Rechtsverordnung unter Berücksichtigung der wertbeeinflussenden Umstände, insbesondere der Zweckbestimmung und Verwendbarkeit der Grundstücke innerhalb bestimmter Wirtschaftszweige und der Gemeindegrößen, im Rahmen von 85 bis 50 Prozent des Ausgangswertes festgesetzt. ²Dabei können für einzelne Grundstücksarten oder Grundstücksgruppen oder Untergruppen in bestimmten Gebieten, Gemeinden oder Gemeindeteilen besondere Wertzahlen festgesetzt werden, wenn es die örtlichen Verhältnisse auf dem Grundstücksmarkt erfordern.

## IV. Sondervorschriften

## § 91 Grundstücke im Zustand der Bebauung[2]

(1) Bei Grundstücken, die sich am Feststellungszeitpunkt im Zustand der Bebauung befinden, bleiben die nicht bezugsfertigen Gebäude oder Gebäudeteile (z. B. Anbauten oder Zubauten) bei der Ermittlung des Wertes außer Betracht.

(2) (weggefallen)

## § 92 Erbbaurecht[3]

(1) ¹Ist ein Grundstück mit einem Erbbaurecht belastet, so ist sowohl für die wirtschaftliche Einheit des Erbbaurechts als auch für die wirtschaftliche Einheit des belasteten Grundstücks je-

---

1) **Anm. d. Red.:** § 90 Abs. 2 i. d. F. des Gesetzes v. 13.12.2006 (BGBl I S. 2878) mit Wirkung v. 1.1.2007.

2) **Anm. d. Red.:** § 91 Abs. 2 weggefallen gem. Gesetz v. 20.12.1996 (BGBl I S. 2049) mit Wirkung v. 28.12.1996.

3) **Anm. d. Red.:** § 92 Abs. 3 i. d. F. des Gesetzes v. 13.12.2006 (BGBl I S. 2878) mit Wirkung v. 1.1.2007; Abs. 5 und 7 i. d. F. des Gesetzes v. 20.12.2001 (BGBl I S. 3794) mit Wirkung v. 23.12.2001.

weils ein Einheitswert festzustellen. ²Bei der Ermittlung der Einheitswerte ist von einem Gesamtwert auszugehen, der für den Grund und Boden einschließlich der Gebäude und Außenanlagen festzustellen wäre, wenn die Belastung nicht bestünde. ³Wird der Gesamtwert nach den Vorschriften über die Bewertung der bebauten Grundstücke ermittelt, so gilt jede wirtschaftliche Einheit als bebautes Grundstück der Grundstücksart, von der bei der Ermittlung des Gesamtwerts ausgegangen wird.

(2) Beträgt die Dauer des Erbbaurechts in dem für die Bewertung maßgebenden Zeitpunkt noch 50 Jahre oder mehr, so entfällt der Gesamtwert (Absatz 1) allein auf die wirtschaftliche Einheit des Erbbaurechts.

(3) ¹Beträgt die Dauer des Erbbaurechts in dem für die Bewertung maßgebenden Zeitpunkt weniger als 50 Jahre, so ist der Gesamtwert (Absatz 1) entsprechend der restlichen Dauer des Erbbaurechts zu verteilen. ²Dabei entfallen auf

1. die wirtschaftliche Einheit des Erbbaurechts:

    der Gebäudewert und ein Anteil am Bodenwert;
    dieser beträgt bei einer Dauer des Erbbaurechts

    | | | | |
    |---|---|---|---|
    | unter | 50 bis zu | 40 Jahren | 95 Prozent, |
    | unter | 40 bis zu | 35 Jahren | 90 Prozent, |
    | unter | 35 bis zu | 30 Jahren | 85 Prozent, |
    | unter | 30 bis zu | 25 Jahren | 80 Prozent, |
    | unter | 25 bis zu | 20 Jahren | 70 Prozent, |
    | unter | 20 bis zu | 15 Jahren | 60 Prozent, |
    | unter | 15 bis zu | 10 Jahren | 45 Prozent, |
    | unter | 10 bis zu | 5 Jahren | 25 Prozent, |
    | unter | 5 Jahren | | 0 Prozent; |

2. die wirtschaftliche Einheit des belasteten Grundstücks:

    der Anteil am Bodenwert, der nach Abzug des in Nummer 1 genannten Anteils verbleibt.

³Abweichend von den Nummern 1 und 2 ist in die wirtschaftliche Einheit des belasteten Grundstücks ein Anteil am Gebäudewert einzubeziehen, wenn besondere Vereinbarungen es rechtfertigen. ⁴Das gilt insbesondere, wenn bei Erlöschen des Erbbaurechts durch Zeitablauf der Eigentümer des belasteten Grundstücks keine dem Gebäudewert entsprechende Entschädigung zu leisten hat. ⁵Geht das Eigentum an dem Gebäude bei Erlöschen des Erbbaurechts durch Zeitablauf entschädigungslos auf den Eigentümer des belasteten Grundstücks über, so ist der Gebäudewert entsprechend der in den Nummern 1 und 2 vorgesehenen Verteilung des Bodenwertes zu verteilen. ⁶Beträgt die Entschädigung für das Gebäude beim Übergang nur einen Teil des Gebäudewertes, so ist der dem Eigentümer des belasteten Grundstücks entschädigungslos zufallende Anteil entsprechend zu verteilen. ⁷Eine in der Höhe des Erbbauzinses zum Ausdruck kommende Entschädigung für den Gebäudewert bleibt außer Betracht. ⁸Der Wert der Außenanlagen wird wie der Gebäudewert behandelt.

(4) Hat sich der Erbbauberechtigte durch Vertrag mit dem Eigentümer des belasteten Grundstücks zum Abbruch des Gebäudes bei Beendigung des Erbbaurechts verpflichtet, so ist dieser Umstand durch einen entsprechenden Abschlag zu berücksichtigen; der Abschlag unterbleibt, wenn vorauszusehen ist, dass das Gebäude trotz der Verpflichtung nicht abgebrochen werden wird.

(5) Das Recht auf den Erbbauzins ist nicht als Bestandteil des Grundstücks und die Verpflichtung zur Zahlung des Erbbauzinses nicht bei der Bewertung des Erbbaurechts zu berücksichtigen.

(6) ¹Bei Wohnungserbbaurechten oder Teilerbbaurechten ist der Gesamtwert (Absatz 1) in gleicher Weise zu ermitteln, wie wenn es sich um Wohnungseigentum oder um Teileigentum handeln würde. ²Die Verteilung des Gesamtwertes erfolgt entsprechend Absatz 3.

(7) ¹Wertfortschreibungen für die wirtschaftlichen Einheiten des Erbbaurechts und des belasteten Grundstücks sind abweichend von § 22 Abs. 1 nur vorzunehmen, wenn der Gesamtwert, der sich für den Beginn eines Kalenderjahres ergibt, vom Gesamtwert des letzten Feststellungszeitpunkts um das in § 22 Abs. 1 bezeichnete Ausmaß abweicht. ²§ 30 ist entsprechend anzuwenden. ³Bei einer Änderung der Verteilung des Gesamtwerts nach Absatz 3 sind die Einheitswerte für die wirtschaftlichen Einheiten des Erbbaurechts und des belasteten Grundstücks ohne Beachtung von Wertfortschreibungsgrenzen fortzuschreiben.

### § 93 Wohnungseigentum und Teileigentum[1]

(1) ¹Jedes Wohnungseigentum und Teileigentum bildet eine wirtschaftliche Einheit. ²Für die Bestimmung der Grundstücksart (§ 75) ist die Nutzung des auf das Wohnungseigentum und Teileigentum entfallenden Gebäudeteils maßgebend. ³Die Vorschriften der §§ 76 bis 91 finden Anwendung, soweit sich nicht aus den Absätzen 2 und 3 etwas anderes ergibt.

(2) ¹Das zu mehr als achtzig Prozent Wohnzwecken dienende Wohnungseigentum ist im Wege des Ertragswertverfahrens nach den Vorschriften zu bewerten, die für Mietwohngrundstücke maßgebend sind. ²Wohnungseigentum, das zu nicht mehr als achtzig Prozent, aber zu nicht weniger als zwanzig Prozent Wohnzwecken dient, ist im Wege des Ertragswertverfahrens nach den Vorschriften zu bewerten, die für gemischt genutzte Grundstücke maßgebend sind.

(3) ¹Entsprechen die im Grundbuch eingetragenen Miteigentumsanteile an dem gemeinschaftlichen Eigentum nicht dem Verhältnis der Jahresrohmiete zueinander, so kann dies bei der Feststellung des Wertes entsprechend berücksichtigt werden. ²Sind einzelne Räume, die im gemeinschaftlichen Eigentum stehen, vermietet, so ist ihr Wert nach den im Grundbuch eingetragenen Anteilen zu verteilen und bei den einzelnen wirtschaftlichen Einheiten zu erfassen.

### § 94 Gebäude auf fremdem Grund und Boden

(1) ¹Bei Gebäuden auf fremdem Grund und Boden ist der Bodenwert dem Eigentümer des Grund und Bodens und der Gebäudewert dem wirtschaftlichen Eigentümer des Gebäudes zuzurechnen. ²Außenanlagen (z. B. Umzäunungen, Wegebefestigungen), auf die sich das wirtschaftliche Eigentum am Gebäude erstreckt, sind unbeschadet der Vorschriften in § 68 Abs. 2 in die wirtschaftliche Einheit des Gebäudes einzubeziehen. ³Für die Grundstücksart des Gebäudes ist § 75 maßgebend; der Grund und Boden, auf dem das Gebäude errichtet ist, gilt als bebautes Grundstück derselben Grundstücksart.

(2) Für den Grund und Boden ist der Wert nach den für unbebaute Grundstücke geltenden Grundsätzen zu ermitteln; beeinträchtigt die Nutzungsbehinderung, welche sich aus dem Vorhandensein des Gebäudes ergibt, den Wert, so ist dies zu berücksichtigen.

(3) ¹Die Bewertung der Gebäude erfolgt nach § 76. ²Wird das Gebäude nach dem Ertragswertverfahren bewertet, so ist von dem sich nach den §§ 78 bis 80 ergebenden Wert der auf den Grund und Boden entfallende Anteil abzuziehen. ³Ist vereinbart, dass das Gebäude nach Ablauf der Miet- oder Pachtzeit abzubrechen ist, so ist dieser Umstand durch einen entsprechenden Abschlag zu berücksichtigen; der Abschlag unterbleibt, wenn vorauszusehen ist, dass das Gebäude trotz der Verpflichtung nicht abgebrochen werden wird.

---

1) **Anm. d. Red.:** § 93 Abs. 2 i. d. F. des Gesetzes v. 13. 12. 2006 (BGBl I S. 2878) mit Wirkung v. 1. 1. 2007.

## D. Betriebsvermögen

### § 95 Begriff des Betriebsvermögens[1]

(1) Das Betriebsvermögen umfasst alle Teile eines Gewerbebetriebs im Sinne des § 15 Abs. 1 und 2 des Einkommensteuergesetzes, die bei der steuerlichen Gewinnermittlung zum Betriebsvermögen gehören.

(2) Als Gewerbebetrieb gilt unbeschadet des § 97 nicht die Land- und Forstwirtschaft, wenn sie den Hauptzweck des Unternehmens bildet.

(3) (weggefallen)

### § 96 Freie Berufe[2]

Dem Gewerbebetrieb steht die Ausübung eines freien Berufs im Sinne des § 18 Abs. 1 Nr. 1 des Einkommensteuergesetzes gleich; dies gilt auch für die Tätigkeit als Einnehmer einer staatlichen Lotterie, soweit die Tätigkeit nicht schon im Rahmen eines Gewerbebetriebs ausgeübt wird.

### § 97 Betriebsvermögen von Körperschaften, Personenvereinigungen und Vermögensmassen[3]

(1) ¹Einen Gewerbebetrieb bilden insbesondere alle Wirtschaftsgüter, die den folgenden Körperschaften, Personenvereinigungen und Vermögensmassen gehören, wenn diese ihre Geschäftsleitung oder ihren Sitz im Inland haben:

1. Kapitalgesellschaften (Aktiengesellschaften, Kommanditgesellschaften auf Aktien, Gesellschaften mit beschränkter Haftung, Europäische Gesellschaften);
2. Erwerbs- und Wirtschaftsgenossenschaften;
3. Versicherungsvereinen auf Gegenseitigkeit;
4. Kreditanstalten des öffentlichen Rechts;
5. Gesellschaften im Sinne des § 15 Abs. 1 Nr. 2 und Abs. 3 oder § 18 Abs. 4 Satz 2 des Einkommensteuergesetzes. ²Zum Gewerbebetrieb einer solchen Gesellschaft gehören auch die Wirtschaftsgüter, die im Eigentum eines Gesellschafters, mehrerer oder aller Gesellschafter stehen, und Schulden eines Gesellschafters, mehrerer oder aller Gesellschafter, soweit die Wirtschaftsgüter und Schulden bei der steuerlichen Gewinnermittlung zum Betriebsvermögen der Gesellschaft gehören (§ 95); diese Zurechnung geht anderen Zurechnungen vor.

²§ 34 Abs. 6a und § 51a bleiben unberührt.

(1a) Der gemeine Wert eines Anteils am Betriebsvermögen einer in § 97 Abs. 1 Satz 1 Nr. 5 genannten Personengesellschaft ist wie folgt zu ermitteln und aufzuteilen:

1. Der nach § 109 Abs. 2 ermittelte gemeine Wert des der Personengesellschaft gehörenden Betriebsvermögens (Gesamthandsvermögens) ist wie folgt aufzuteilen:
   a) die Kapitalkonten aus der Gesamthandsbilanz sind dem jeweiligen Gesellschafter vorweg zuzurechnen;

---

1) **Anm. d. Red.:** § 95 Abs. 1 i.d. F. des Gesetzes v. 24.12.2008 (BGBl I S. 3018) mit Wirkung v. 1.1.2009; Abs. 2 i.d. F. des Gesetzes v. 25.2.1992 (BGBl I S. 297) mit Wirkung v. 29.2.1992; Abs. 3 weggefallen gem. Gesetz v. 20.12.2001 (BGBl I S. 3794) mit Wirkung v. 23.12.2001.

2) **Anm. d. Red.:** § 96 i.d. F. des Gesetzes v. 25.2.1992 (BGBl I S. 297) mit Wirkung v. 29.2.1992.

3) **Anm. d. Red.:** § 97 Abs. 1 i.d. F. des Gesetzes v. 7.12.2006 (BGBl I S. 2782) mit Wirkung v. 13.12.2006; Abs. 1a i.d. F., Abs. 3 weggefallen gem. Gesetz v. 24.12.2008 (BGBl I S. 3018) mit Wirkung v. 1.1.2009; Abs. 1b i.d. F. des Gesetzes v. 2.11.2015 (BGBl I S. 1834) mit Wirkung v. 6.11.2015; Abs. 2 i.d. F. des Gesetzes v. 25.2.1992 (BGBl I S. 297) mit Wirkung v. 29.2.1992.

b) der verbleibende Wert ist nach dem für die Gesellschaft maßgebenden Gewinnverteilungsschlüssel auf die Gesellschafter aufzuteilen; Vorabgewinnanteile sind nicht zu berücksichtigen.

2. ¹Für die Wirtschaftsgüter und Schulden des Sonderbetriebsvermögens eines Gesellschafters ist der gemeine Wert zu ermitteln. ²Er ist dem jeweiligen Gesellschafter zuzurechnen.

3. Der Wert des Anteils eines Gesellschafters ergibt sich als Summe aus dem Anteil am Gesamthandsvermögen nach Nummer 1 und dem Wert des Sonderbetriebsvermögens nach Nummer 2.

(1b)[1] ¹Der gemeine Wert eines Anteils an einer in § 97 Abs. 1 Satz 1 Nr. 1 genannten Kapitalgesellschaft bestimmt sich nach dem Verhältnis des Anteils am Nennkapital (Grund- oder Stammkapital) der Gesellschaft zum gemeinen Wert des Betriebsvermögens der Kapitalgesellschaft im Bewertungsstichtag. ²Dies gilt auch, wenn das Nennkapital noch nicht vollständig eingezahlt ist. ³Richtet sich die Beteiligung am Vermögen und am Gewinn der Gesellschaft auf Grund einer ausdrücklichen Vereinbarung der Gesellschafter nach der jeweiligen Höhe des eingezahlten Nennkapitals, bezieht sich der gemeine Wert nur auf das tatsächlich eingezahlte Nennkapital. ⁴Abweichend von Satz 1 sind bei der Wertermittlung des Anteils vorbehaltlich des § 9 Absatz 2 und 3 Regelungen zu berücksichtigen, die sich auf den Wert des Anteils auswirken, wie insbesondere eine vom Verhältnis des Anteils am Nennkapital (Grund- oder Stammkapital) abweichende Gewinnverteilung.

(2) Einen Gewerbebetrieb bilden auch die Wirtschaftsgüter, die den sonstigen juristischen Personen des privaten Rechts, den nichtrechtsfähigen Vereinen, Anstalten, Stiftungen und anderen Zweckvermögen gehören, soweit sie einem wirtschaftlichen Geschäftsbetrieb (ausgenommen Land- und Forstwirtschaft) dienen.

(3) (weggefallen)

## §§ 98 und 98a (weggefallen)[2]

## § 99 Betriebsgrundstücke[3]

(1) Betriebsgrundstück im Sinne dieses Gesetzes ist der zu einem Gewerbebetrieb gehörige Grundbesitz, soweit er, losgelöst von seiner Zugehörigkeit zu dem Gewerbebetrieb,

1. zum Grundvermögen gehören würde oder

2. einen Betrieb der Land- und Forstwirtschaft bilden würde.

(2) (weggefallen)

(3) Betriebsgrundstücke im Sinne des Absatzes 1 Nr. 1 sind wie Grundvermögen, Betriebsgrundstücke im Sinne des Absatzes 1 Nr. 2 wie land- und forstwirtschaftliches Vermögen zu bewerten.

## §§ 100 bis 102 (weggefallen)[4]

---

1) **Anm. d. Red.:** Zur Anwendung des § 97 Abs. 1b siehe § 205 Abs. 8.

2) **Anm. d. Red.:** § 98 weggefallen gem. Gesetz v. 20.12.2001 (BGBl I S. 3794) mit Wirkung v. 23.12.2001; § 98a weggefallen gem. Gesetz v. 24.12.2008 (BGBl I S. 3018) mit Wirkung v. 1.1.2009.

3) **Anm. d. Red.:** § 99 Abs. 1 i. d. F. des Gesetzes v. 25.2.1992 (BGBl I S. 297) mit Wirkung v. 29.2.1992; Abs. 2 weggefallen gem. Gesetz v. 24.12.2008 (BGBl I S. 3018) mit Wirkung v. 1.1.2009.

4) **Anm. d. Red.:** § 100 weggefallen gem. Gesetz v. 9.11.1992 (BGBl I S. 1853) mit Wirkung v. 13.11.1992; §§ 101 und 102 weggefallen gem. Gesetz v. 29.10.1997 (BGBl I S. 2590) mit Wirkung v. 1.11.1997.

## § 103 Schulden und sonstige Abzüge[1]

(1) Schulden und sonstige Abzüge, die nach § 95 Abs. 1 zum Betriebsvermögen gehören, werden vorbehaltlich des Absatzes 3 berücksichtigt, soweit sie mit der Gesamtheit oder einzelnen Teilen des Betriebsvermögens im Sinne dieses Gesetzes in wirtschaftlichem Zusammenhang stehen.

(2) Weist ein Gesellschafter in der Steuerbilanz Gewinnansprüche gegen eine von ihm beherrschte Gesellschaft aus, ist bei dieser ein Schuldposten in entsprechender Höhe abzuziehen.

(3) Rücklagen sind nur insoweit abzugsfähig, als ihr Abzug bei der Bewertung des Betriebsvermögens für Zwecke der Erbschaftsteuer durch Gesetz ausdrücklich zugelassen ist.

## §§ 103a bis 108 (weggefallen)[2]

## § 109 Bewertung[3]

(1) ¹Das Betriebsvermögen von Gewerbebetrieben im Sinne des § 95 und das Betriebsvermögen von freiberuflich Tätigen im Sinne des § 96 ist jeweils mit dem gemeinen Wert anzusetzen. ²Für die Ermittlung des gemeinen Werts gilt § 11 Abs. 2 entsprechend.

(2) ¹Der Wert eines Anteils am Betriebsvermögen einer in § 97 genannten Körperschaft, Personenvereinigung oder Vermögensmasse ist mit dem gemeinen Wert anzusetzen. ²Für die Ermittlung des gemeinen Werts gilt § 11 Abs. 2 entsprechend.

## § 109a (weggefallen)[4]

## Zweiter Abschnitt: Sondervorschriften und Ermächtigungen[5]

## §§ 110 bis 120 (weggefallen)[6]

## § 121 Inlandsvermögen[7]

Zum Inlandsvermögen gehören:
1. das inländische land- und forstwirtschaftliche Vermögen;
2. das inländische Grundvermögen;
3. das inländische Betriebsvermögen. ²Als solches gilt das Vermögen, das einem im Inland betriebenen Gewerbe dient, wenn hierfür im Inland eine Betriebsstätte unterhalten wird oder ein ständiger Vertreter bestellt ist;
4. Anteile an einer Kapitalgesellschaft, wenn die Gesellschaft Sitz oder Geschäftsleitung im Inland hat und der Gesellschafter entweder allein oder zusammen mit anderen ihm nahe stehenden Personen im Sinne des § 1 Abs. 2 des Außensteuergesetzes in der jeweils gelten-

---

1) **Anm. d. Red.:** § 103 Abs. 1 und 2 i. d. F. des Gesetzes v. 13.9.1993 (BGBl I S. 1569) mit Wirkung v. 18.9.1993; Abs. 3 i. d. F. des Gesetzes v. 20.12.2001 (BGBl I S. 3794) mit Wirkung v. 23.12.2001.

2) **Anm. d. Red.:** §§ 103a und 105 weggefallen gem. Gesetz v. 25.2.1992 (BGBl I S. 297) mit Wirkung v. 29.2.1992; § 104 weggefallen gem. Gesetz v. 24.12.2008 (BGBl I S. 3018) mit Wirkung v. 1.1.2009; §§ 106 und 107 weggefallen gem. Gesetz v. 29.10.1997 (BGBl I S. 2590) mit Wirkung v. 1.11.1997.

3) **Anm. d. Red.:** § 109 i. d. F. des Gesetzes v. 24.12.2008 (BGBl I S. 3018) mit Wirkung v. 1.1.2009.

4) **Anm. d. Red.:** § 109a weggefallen gem. Gesetz v. 29.10.1997 (BGBl I S. 2590) mit Wirkung v. 1.11.1997.

5) **Anm. d. Red.:** Überschrift i. d. F. des Gesetzes v. 20.12.1996 (BGBl I S. 2049) mit Wirkung v. 28.12.1996.

6) **Anm. d. Red.:** §§ 110, 111, Überschrift vor § 114, § 114 und §§ 116 bis 120 weggefallen gem. Gesetz v. 20.12.1996 (BGBl I S. 2049) mit Wirkung v. 28.12.1996; §§ 112 bis 113a und § 115 weggefallen gem. Gesetz v. 29.10.1997 (BGBl I S. 2590) mit Wirkung v. 1.11.1997.

7) **Anm. d. Red.:** Überschrift vor § 121 weggefallen gem. Gesetz v. 20.12.1996 (BGBl I S. 2049) mit Wirkung v. 28.12.1996; § 121 i. d. F. des Gesetzes v. 20.12.2001 (BGBl I S. 3794) mit Wirkung v. 23.12.2001.

den Fassung am Grund- oder Stammkapital der Gesellschaft mindestens zu einem Zehntel unmittelbar oder mittelbar beteiligt ist;

5. nicht unter Nummer 3 fallende Erfindungen, Gebrauchsmuster und Topographien, die in ein inländisches Buch oder Register eingetragen sind;
6. Wirtschaftsgüter, die nicht unter die Nummern 1, 2 und 5 fallen und einem inländischen Gewerbebetrieb überlassen, insbesondere an diesen vermietet oder verpachtet sind;
7. Hypotheken, Grundschulden, Rentenschulden und andere Forderungen oder Rechte, wenn sie durch inländischen Grundbesitz, durch inländische grundstücksgleiche Rechte oder durch Schiffe, die in ein inländisches Schiffsregister eingetragen sind, unmittelbar oder mittelbar gesichert sind. ²Ausgenommen sind Anleihen und Forderungen, über die Teilschuldverschreibungen ausgegeben sind;
8. Forderungen aus der Beteiligung an einem Handelsgewerbe als stiller Gesellschafter und aus partiarischen Darlehen, wenn der Schuldner Wohnsitz oder gewöhnlichen Aufenthalt, Sitz oder Geschäftsleitung im Inland hat;
9. Nutzungsrechte an einem der in den Nummern 1 bis 8 genannten Vermögensgegenstände.

## § 121a Sondervorschrift für die Anwendung der Einheitswerte 1964[1]

Während der Geltungsdauer der auf den Wertverhältnissen am 1. Januar 1964 beruhenden Einheitswerte des Grundbesitzes sind Grundstücke (§ 70) und Betriebsgrundstücke im Sinne des § 99 Abs. 1 Nr. 1 für die Gewerbesteuer mit 140 Prozent des Einheitswerts anzusetzen.

## § 121b (weggefallen)[2]

## § 122 Besondere Vorschriften für Berlin (West)[3]

¹§ 50 Abs. 1, § 60 Abs. 1 und § 67 gelten nicht für den Grundbesitz in Berlin (West). ²Bei der Beurteilung der natürlichen Ertragsbedingungen und des Bodenartenverhältnisses ist das Bodenschätzungsgesetz sinngemäß anzuwenden.

## § 123 Ermächtigungen[4]

Die Bundesregierung wird ermächtigt, mit Zustimmung des Bundesrates die in § 12 Abs. 4, § 21 Abs. 1, § 39 Abs. 1, § 51 Abs. 4, § 55 Abs. 3, 4 und 8, den §§ 81 und 90 Abs. 2 vorgesehenen Rechtsverordnungen zu erlassen.

## § 124 (weggefallen)[5]

---

1) **Anm. d. Red.:** Überschrift vor § 121a weggefallen gem. Gesetz v. 20. 12. 1996 (BGBl I S. 2049) mit Wirkung v. 28. 12. 1996; § 121a i. d. F. des Gesetzes v. 13. 12. 2006 (BGBl I S. 2878) mit Wirkung v. 1. 1. 2007. — Redaktionelles Versehen des Gesetzgebers bei der Änderungsanweisung in Art. 18 Nr. 10 JStG 2007 v. 13. 12. 2006 (BGBl I S. 2878): statt einer nicht möglichen Änderung des § 121 sollte offensichtlich § 121a geändert werden.

2) **Anm. d. Red.:** § 121b weggefallen gem. Gesetz v. 20. 12. 1996 (BGBl I S. 2049) mit Wirkung v. 28. 12. 1996.

3) **Anm. d. Red.:** § 122 i. d. F. des Gesetzes v. 20. 12. 1996 (BGBl I S. 2049) mit Wirkung v. 28. 12. 1996.

4) **Anm. d. Red.:** § 123 i. d. F. des Gesetzes v. 20. 12. 2001 (BGBl I S. 3794) mit Wirkung v. 23. 12. 2001.

5) **Anm. d. Red.:** § 124 weggefallen gem. Gesetz v. 20. 12. 1996 (BGBl I S. 2049) mit Wirkung v. 28. 12. 1996.

## Dritter Abschnitt: Vorschriften für die Bewertung von Vermögen in dem in Artikel 3 des Einigungsvertrages genannten Gebiet[1)]

### A. Land- und forstwirtschaftliches Vermögen[2)]

### § 125 Land- und forstwirtschaftliches Vermögen[3)4)]

(1) Einheitswerte, die für Betriebe der Land- und Forstwirtschaft nach den Wertverhältnissen vom 1. Januar 1935 festgestellt worden sind, werden ab dem 1. Januar 1991 nicht mehr angewendet.

(2) [1]Anstelle der Einheitswerte für Betriebe der Land- und Forstwirtschaft werden abweichend von § 19 Abs. 1 Ersatzwirtschaftswerte für das in Absatz 3 bezeichnete Vermögen ermittelt und ab 1. Januar 1991 der Besteuerung zugrunde gelegt. [2]Der Bildung des Ersatzwirtschaftswerts ist abweichend von § 2 und § 34 Abs. 1, 3 bis 6 und 7 eine Nutzungseinheit zugrunde zu legen, in die alle von derselben Person (Nutzer) regelmäßig selbst genutzten Wirtschaftsgüter des land- und forstwirtschaftlichen Vermögens im Sinne des § 33 Abs. 2 einbezogen werden, auch wenn der Nutzer nicht Eigentümer ist. [3]§ 26 ist sinngemäß anzuwenden. [4]Grundbesitz im Sinne des § 3 Abs. 1 Satz 1 Nr. 6 und Satz 2 des Grundsteuergesetzes wird bei der Bildung des Ersatzwirtschaftswerts nicht berücksichtigt.

(3) [1]Zum land- und forstwirtschaftlichen Vermögen gehören abweichend von § 33 Abs. 2 nicht die Wohngebäude einschließlich des dazugehörigen Grund und Bodens. [2]Wohngrundstücke sind dem Grundvermögen zuzurechnen und nach den dafür geltenden Vorschriften zu bewerten.

(4) [1]Der Ersatzwirtschaftswert wird unter sinngemäßer Anwendung der §§ 35, 36, 38, 40, 42 bis 45, 50 bis 54, 56, 59, 60 Abs. 2 und § 62 in einem vereinfachten Verfahren ermittelt. [2]Bei dem Vergleich der Ertragsbedingungen sind abweichend von § 38 Abs. 2 Nr. 1 ausschließlich die in der Gegend als regelmäßig anzusehenden Verhältnisse zugrunde zu legen.

(5) Für die Ermittlung des Ersatzwirtschaftswerts sind die Wertverhältnisse maßgebend, die bei der Hauptfeststellung der Einheitswerte des land- und forstwirtschaftlichen Vermögens in der Bundesrepublik Deutschland auf den 1. Januar 1964 zugrunde gelegt worden sind.

(6) [1]Aus den Vergleichszahlen der Nutzungen und Nutzungsteile, ausgenommen die forstwirtschaftliche Nutzung und die sonstige land- und forstwirtschaftliche Nutzung, werden unter Anwendung der Ertragswerte des § 40 die Ersatzvergleichswerte als Bestandteile des Ersatzwirtschaftswerts ermittelt. [2]Für die Nutzungen und Nutzungsteile gelten die folgenden Vergleichszahlen:

1. Landwirtschaftliche Nutzung
   a) Landwirtschaftliche Nutzung ohne Hopfen und Spargel
      Die landwirtschaftliche Vergleichszahl in 100 je Hektar errechnet sich auf der Grundlage der Ergebnisse der Bodenschätzung unter Berücksichtigung weiterer natürlicher und wirtschaftlicher Ertragsbedingungen.
   b) Hopfen
      Hopfenbau-Vergleichszahl je Ar . . . . . . . . . . .  40
   c) Spargel
      Spargelbau-Vergleichszahl je Ar . . . . . . . . . . .  70

---

1) **Anm. d. Red.:** Überschrift i. d. F. des Gesetzes v. 20. 12. 1996 (BGBl I S. 2049) mit Wirkung v. 28. 12. 1996.

2) **Anm. d. Red.:** Überschrift eingefügt gem. Gesetz v. 29. 10. 1997 (BGBl I S. 2590) mit Wirkung v. 1. 11. 1997.

3) **Anm. d. Red.:** § 125 Abs. 2 und 4 i. d. F. des Gesetzes v. 20. 12. 2001 (BGBl I S. 3794) mit Wirkung v. 23. 12. 2001; Abs. 7 i. d. F. des Gesetzes v. 13. 12. 2006 (BGBl I S. 2878) mit Wirkung v. 1. 1. 2007.

4) **Anm. d. Red.:** Zur Anwendung des § 125 siehe § 205 Abs. 2.

2. Weinbauliche Nutzung
   Weinbau-Vergleichszahlen je Ar:
   a) Traubenerzeugung (Nichtausbau) . . . . . . . . .  22
   b) Fassweinausbau . . . . . . . . . . . . . . . . . . . . .  25
   c) Flaschenweinausbau . . . . . . . . . . . . . . . . . .  30
3. Gärtnerische Nutzung
   Gartenbau-Vergleichszahlen je Ar:
   a) Nutzungsteil Gemüse-, Blumen- und Zierpflanzenbau:
      aa) Gemüsebau . . . . . . . . . . . . . . . . . . . . . .  50
      bb) Blumen- und Zierpflanzenbau . . . . . . . . .  100
   b) Nutzungsteil Obstbau . . . . . . . . . . . . . . . . .  50
   c) Nutzungsteil Baumschulen . . . . . . . . . . . . .  60
   d) Für Nutzungsflächen unter Glas und Kunststoffplatten, ausgenommen Niederglas, erhöhen sich die vorstehenden Vergleichszahlen bei
      aa) Gemüsebau
          nicht heizbar . . . . . . . . . . . . . . . . . . . .  um das 6fache,
          heizbar . . . . . . . . . . . . . . . . . . . . . . . .  um das 8fache,
      bb) Blumen- und Zierpflanzenbau, Baumschulen
          nicht heizbar . . . . . . . . . . . . . . . . . . . .  um das 4fache,
          heizbar . . . . . . . . . . . . . . . . . . . . . . . .  um das 8fache.

(7) Für die folgenden Nutzungen werden unmittelbar Ersatzvergleichswerte angesetzt:
1. Forstwirtschaftliche Nutzung
   Der Ersatzvergleichswert beträgt 125 Deutsche Mark je Hektar.
2. Sonstige land- und forstwirtschaftliche Nutzung
   Der Ersatzvergleichswert beträgt bei
   a) Binnenfischerei . . . . . . . . . . . . . . . . . . . .  2 Deutsche Mark je kg des nachhaltigen Jahresfangs,
   b) Teichwirtschaft
      aa) Forellenteichwirtschaft . . . . . . . . . . . . .  20 000 Deutsche Mark je Hektar,
      bb) übrige Teichwirtschaft . . . . . . . . . . . . .  1 000 Deutsche Mark je Hektar,
   c) Fischzucht für Binnenfischerei und Teichwirtschaft
      aa) für Forellenteichwirtschaft . . . . . . . . . .  30 000 Deutsche Mark je Hektar,
      bb) für übrige Binnenfischerei und Teichwirtschaft . . . . . . . . . . . . . . . . . . . . . . . .  1 500 Deutsche Mark je Hektar,
   d) Imkerei . . . . . . . . . . . . . . . . . . . . . . . . . . .  10 Deutsche Mark je Bienenkasten,
   e) Wanderschäferei . . . . . . . . . . . . . . . . . . . .  20 Deutsche Mark je Mutterschaf,
   f) Saatzucht . . . . . . . . . . . . . . . . . . . . . . . . .  15 Prozent der nachhaltigen Jahreseinnahmen,
   g) Weihnachtsbaumkultur . . . . . . . . . . . . . .  3 000 Deutsche Mark je Hektar,
   h) Pilzanbau . . . . . . . . . . . . . . . . . . . . . . . . .  25 Deutsche Mark je Quadratmeter,
   i) Besamungsstationen . . . . . . . . . . . . . . . . .  20 Prozent der nachhaltigen Jahreseinnahmen.

## § 126 Geltung des Ersatzwirtschaftswerts[1]

(1) ¹Der sich nach § 125 ergebende Ersatzwirtschaftswert gilt für die Grundsteuer; er wird im Steuermessbetragsverfahren ermittelt. ²Für eine Neuveranlagung des Grundsteuermessbetrags wegen Änderung des Ersatzwirtschaftswerts gilt § 22 Abs. 1 sinngemäß.

(2) ¹Für andere Steuern ist bei demjenigen, dem Wirtschaftsgüter des land- und forstwirtschaftlichen Vermögens zuzurechnen sind, der Ersatzwirtschaftswert oder ein entsprechender Anteil an diesem Wert anzusetzen. ²Die Eigentumsverhältnisse und der Anteil am Ersatzwirtschaftswert sind im Festsetzungsverfahren der jeweiligen Steuer zu ermitteln.

## § 127 Erklärung zum Ersatzwirtschaftswert

(1) ¹Der Nutzer des land- und forstwirtschaftlichen Vermögens (§ 125 Abs. 2 Satz 2) hat dem Finanzamt, in dessen Bezirk das genutzte Vermögen oder sein wertvollster Teil liegt, eine Erklärung zum Ersatzwirtschaftswert abzugeben. ²Der Nutzer hat die Steuererklärung eigenhändig zu unterschreiben.

(2) ¹Die Erklärung ist erstmals für das Kalenderjahr 1991 nach den Verhältnissen zum 1. Januar 1991 abzugeben. ²§ 28 Abs. 2 gilt entsprechend.

## § 128 Auskünfte, Erhebungen, Mitteilungen, Abrundung[2]

§ 29 und § 30 gelten bei der Ermittlung des Ersatzwirtschaftswerts sinngemäß.

## B. Grundvermögen[3]

## § 129 Grundvermögen[4]

(1) Für Grundstücke gelten die Einheitswerte, die nach den Wertverhältnissen am 1. Januar 1935 festgestellt sind oder noch festgestellt werden (Einheitswerte 1935).

(2) Vorbehaltlich der §§ 129a bis 131 werden für die Ermittlung der Einheitswerte 1935 statt der §§ 27, 68 bis 94

1. §§ 10, 11 Abs. 1 und 2 und Abs. 3 Satz 2, §§ 50 bis 53 des Bewertungsgesetzes der Deutschen Demokratischen Republik in der Fassung vom 18. September 1970 (Sonderdruck Nr. 674 des Gesetzblattes),

2. § 3a Abs. 1, §§ 32 bis 46 der Durchführungsverordnung zum Reichsbewertungsgesetz vom 2. Februar 1935 (RGBl I S. 81), zuletzt geändert durch die Verordnung zur Änderung der Durchführungsverordnung zum Vermögensteuergesetz, der Durchführungsverordnung zum Reichsbewertungsgesetz und der Aufbringungsumlage-Verordnung vom 8. Dezember 1944 (RGBl I S. 338), und

3. die Rechtsverordnungen der Präsidenten der Landesfinanzämter über die Bewertung bebauter Grundstücke vom 17. Dezember 1934 (Reichsministerialblatt S. 785 ff.), soweit Teile des in Artikel 3 des Einigungsvertrages genannten Gebietes in ihrem Geltungsbereich liegen,

weiter angewandt.

---

1) **Anm. d. Red.:** § 126 Abs. 1 i. d. F. des Gesetzes v. 20. 12. 2001 (BGBl I S. 3794) mit Wirkung v. 23. 12. 2001.
2) **Anm. d. Red.:** § 128 i. d. F. des Gesetzes v. 20. 12. 2001 (BGBl I S. 3794) mit Wirkung v. 23. 12. 2001.
3) **Anm. d. Red.:** Überschrift eingefügt gem. Gesetz v. 29. 10. 1997 (BGBl I S. 2590) mit Wirkung v. 1. 11. 1997.
4) **Anm. d. Red.:** § 129 Abs. 2 i. d. F. des Gesetzes v. 27. 9. 1994 (BGBl I S. 2624) mit Wirkung v. 1. 12. 1994.

## § 129a Abschläge bei Bewertung mit einem Vielfachen der Jahresrohmiete[1]

(1) Ist eine Ermäßigung wegen des baulichen Zustandes des Gebäudes (§ 37 Abs. 1, 3 und 4 der weiter anzuwendenden Durchführungsverordnung zum Reichsbewertungsgesetz) zu gewähren, tritt der Höchstsatz 50 Prozent anstelle des Höchstsatzes von 30 Prozent.

(2) ¹Der Wert eines Grundstücks, der sich aus dem Vielfachen der Jahresrohmiete ergibt, ist ohne Begrenzung auf 30 Prozent (§ 37 Abs. 3 der weiter anzuwendenden Durchführungsverordnung zum Reichsbewertungsgesetz) zu ermäßigen, wenn die Notwendigkeit baldigen Abbruchs besteht. ²Gleiches gilt, wenn derjenige, der ein Gebäude auf fremdem Grund und Boden oder aufgrund eines Erbbaurechts errichtet hat, vertraglich zum vorzeitigen Abbruch verpflichtet ist.

## § 130 Nachkriegsbauten

(1) Nachkriegsbauten sind Grundstücke mit Gebäuden, die nach dem 20. Juni 1948 bezugsfertig geworden sind.

(2) ¹Soweit Nachkriegsbauten mit einem Vielfachen der Jahresrohmiete zu bewerten sind, ist für Wohnraum die ab Bezugsfertigkeit preisrechtlich zulässige Miete als Jahresrohmiete vom 1. Januar 1935 anzusetzen. ²Sind Nachkriegsbauten nach dem 30. Juni 1990 bezugsfertig geworden, ist die Miete anzusetzen, die bei unverändertem Fortbestand der Mietpreisgesetzgebung ab Bezugsfertigkeit preisrechtlich zulässig gewesen wäre. ³Enthält die preisrechtlich zulässige Miete Bestandteile, die nicht zur Jahresrohmiete im Sinne des § 34 der weiter anzuwendenden Durchführungsverordnung zum Reichsbewertungsgesetz gehören, sind sie auszuscheiden.

(3) Für Nachkriegsbauten der Mietwohngrundstücke, der gemischt genutzten Grundstücke und der mit einem Vielfachen der Jahresrohmiete zu bewertenden Geschäftsgrundstücke gilt einheitlich der Vervielfältiger neun.

## § 131 Wohnungseigentum und Teileigentum, Wohnungserbbaurecht und Teilerbbaurecht[2]

(1) ¹Jedes Wohnungseigentum und Teileigentum bildet eine wirtschaftliche Einheit. ²Für die Bestimmung der Grundstückshauptgruppe ist die Nutzung des auf das Wohnungseigentum und Teileigentum entfallenden Gebäudeteils maßgebend. ³Die Vorschriften zur Ermittlung der Einheitswerte 1935 bei bebauten Grundstücken finden Anwendung, soweit sich nicht aus den Absätzen 2 und 3 etwas anderes ergibt.

(2) ¹Das zu mehr als 80 Prozent Wohnzwecken dienende Wohnungseigentum ist mit dem Vielfachen der Jahresrohmiete nach den Vorschriften zu bewerten, die für Mietwohngrundstücke maßgebend sind. ²Wohnungseigentum, das zu nicht mehr als 80 Prozent, aber zu nicht weniger als 20 Prozent Wohnzwecken dient, ist mit dem Vielfachen der Jahresrohmiete nach den Vorschriften zu bewerten, die für gemischt genutzte Grundstücke maßgebend sind.

(3) ¹Entsprechen die im Grundbuch eingetragenen Miteigentumsanteile an dem gemeinschaftlichen Eigentum nicht dem Verhältnis der Jahresrohmiete zueinander, so kann dies bei der Feststellung des Wertes entsprechend berücksichtigt werden. ²Sind einzelne Räume, die im gemeinschaftlichen Eigentum stehen, vermietet, so ist ihr Wert nach den im Grundbuch eingetragenen Anteilen zu verteilen und bei den einzelnen wirtschaftlichen Einheiten zu erfassen.

(4) ¹Bei Wohnungserbbaurechten oder Teilerbbaurechten gilt § 46 der weiter anzuwendenden Durchführungsverordnung zum Reichsbewertungsgesetz sinngemäß. ²Der Gesamtwert ist in gleicher Weise zu ermitteln, wie wenn es sich um Wohnungseigentum oder um Teileigentum handelte. ³Er ist auf den Wohnungserbbauberechtigten und den Bodeneigentümer entsprechend zu verteilen.

---

1) **Anm. d. Red.:** § 129a i. d. F. des Gesetzes v. 13. 12. 2006 (BGBl I S. 2878) mit Wirkung v. 1. 1. 2007.
2) **Anm. d. Red.:** § 131 Abs. 2 i. d. F. des Gesetzes v. 13. 12. 2006 (BGBl I S. 2878) mit Wirkung v. 1. 1. 2007.

## § 132 Fortschreibung und Nachfeststellung der Einheitswerte 1935

(1) Fortschreibungen und Nachfeststellungen der Einheitswerte 1935 werden erstmals auf den 1. Januar 1991 vorgenommen, soweit sich aus den Absätzen 2 bis 4 nichts Abweichendes ergibt.

(2) ¹Für Mietwohngrundstücke und Einfamilienhäuser im Sinne des § 32 der weiter anzuwendenden Durchführungsverordnung zum Reichsbewertungsgesetz unterbleibt eine Feststellung des Einheitswerts auf den 1. Januar 1991, wenn eine ab diesem Zeitpunkt wirksame Feststellung des Einheitswerts für die wirtschaftliche Einheit nicht vorliegt und der Einheitswert nur für die Festsetzung der Grundsteuer erforderlich wäre. ²Der Einheitswert für Mietwohngrundstücke und Einfamilienhäuser wird nachträglich auf einen späteren Feststellungszeitpunkt festgestellt, zu dem der Einheitswert erstmals für die Festsetzung anderer Steuern als der Grundsteuer erforderlich ist.

(3) Wird für Grundstücke im Sinne des Absatzes 2 ein Einheitswert festgestellt, gilt er für die Grundsteuer von dem Kalenderjahr an, das der Bekanntgabe des Feststellungsbescheids folgt.

(4) Änderungen der tatsächlichen Verhältnisse, die sich nur auf den Wert des Grundstücks auswirken, werden erst durch Fortschreibung auf den 1. Januar 1994 berücksichtigt, es sei denn, dass eine Feststellung des Einheitswerts zu einem früheren Zeitpunkt für die Festsetzung anderer Steuern als der Grundsteuer erforderlich ist.

## § 133 Sondervorschrift für die Anwendung der Einheitswerte 1935[1]

¹Die Einheitswerte 1935 der Betriebsgrundstücke sind für die Gewerbesteuer wie folgt anzusetzen:

1. Mietwohngrundstücke mit 100 Prozent des Einheitswerts 1935,
2. Geschäftsgrundstücke mit 400 Prozent des Einheitswerts 1935,
3. gemischt genutzte Grundstücke, Einfamilienhäuser und sonstige bebaute Grundstücke mit 250 Prozent des Einheitswerts 1935,
4. unbebaute Grundstücke mit 600 Prozent des Einheitswerts 1935.

²Bei Grundstücken im Zustand der Bebauung bestimmt sich die Grundstückshauptgruppe für den besonderen Einheitswert im Sinne des § 33a Abs. 3 der weiter anzuwendenden Durchführungsverordnung zum Reichsbewertungsgesetz nach dem tatsächlichen Zustand, der nach Fertigstellung des Gebäudes besteht.

## C. Betriebsvermögen[2]

### §§ 134 bis 136 (weggefallen)[3]

### § 137 Bilanzposten nach dem D-Markbilanzgesetz[4]

Nicht zum Betriebsvermögen gehören folgende Bilanzposten nach dem D-Markbilanzgesetz:
1. das Sonderverlustkonto,
2. das Kapitalentwertungskonto und
3. das Beteiligungsentwertungskonto.

---

1) **Anm. d. Red.:** § 133 i. d. F. des Gesetzes v. 13. 12. 2006 (BGBl I S. 2878) mit Wirkung v. 1. 1. 2007.

2) **Anm. d. Red.:** Überschrift eingefügt gem. Gesetz v. 29.10.1997 (BGBl I S. 2590) mit Wirkung v. 1.11.1997.

3) **Anm. d. Red.:** § 134 weggefallen gem. Gesetz v. 24. 6.1991 (BGBl I S. 1322) mit Wirkung v. 28. 6.1991; § 135 weggefallen gem. Gesetz v. 20. 12. 1996 (BGBl I S. 2049) mit Wirkung v. 28. 12. 1996; § 136 weggefallen gem. Gesetz v. 20. 12. 2001 (BGBl I S. 3794) mit Wirkung v. 23. 12. 2001.

4) **Anm. d. Red.:** § 137 eingefügt gem. Gesetz v. 25. 2. 1992 (BGBl I S. 297) mit Wirkung v. 29. 2. 1992.

# Vierter Abschnitt: Vorschriften für die Bewertung von Grundbesitz für die Grunderwerbsteuer ab 1. Januar 1997[1)]

## A. Allgemeines

### § 138 Feststellung von Grundbesitzwerten[2)]

(1) ¹Grundbesitzwerte werden unter Berücksichtigung der tatsächlichen Verhältnisse und der Wertverhältnisse zum Besteuerungszeitpunkt festgestellt. ²§ 29 Abs. 2 und 3 gilt sinngemäß.

(2) Für die wirtschaftlichen Einheiten des land- und forstwirtschaftlichen Vermögens und für Betriebsgrundstücke im Sinne des § 99 Abs. 1 Nr. 2 sind die Grundbesitzwerte unter Anwendung der §§ 139 bis 144 zu ermitteln.

(3) ¹Für die wirtschaftlichen Einheiten des Grundvermögens und für Betriebsgrundstücke im Sinne des § 99 Abs. 1 Nr. 1 sind die Grundbesitzwerte unter Anwendung der §§ 68, 69 und 99 Abs. 2 und der §§ 139 und 145 bis 150 zu ermitteln. ²§ 70 gilt mit der Maßgabe, dass der Anteil des Eigentümers eines Grundstücks an anderem Grundvermögen (beispielsweise an gemeinschaftlichen Hofflächen oder Garagen) abweichend von Absatz 2 Satz 1 dieser Vorschrift in das Grundstück einzubeziehen ist, wenn der Anteil zusammen mit dem Grundstück genutzt wird. ³§ 20 Satz 2 ist entsprechend anzuwenden.

(4) Weist der Steuerpflichtige nach, dass der gemeine Wert der wirtschaftlichen Einheit im Besteuerungszeitpunkt niedriger ist als der nach den §§ 143, 145 bis 149 ermittelte Wert, ist der gemeine Wert als Grundbesitzwert festzustellen.

### § 139 Abrundung[3)]

Die Grundbesitzwerte werden auf volle fünfhundert Euro nach unten abgerundet.

## B. Land- und forstwirtschaftliches Vermögen

### § 140 Wirtschaftliche Einheit und Umfang des land- und forstwirtschaftlichen Vermögens

(1) ¹Der Begriff der wirtschaftlichen Einheit und der Umfang des land- und forstwirtschaftlichen Vermögens richten sich nach § 33. ²Dazu gehören auch immaterielle Wirtschaftsgüter (zum Beispiel Brennrechte, Milchlieferrechte, Jagdrechte und Zuckerrübenlieferrechte), soweit sie einem Betrieb der Land- und Forstwirtschaft dauernd zu dienen bestimmt sind.

(2) Zu den Geldschulden im Sinne des § 33 Abs. 3 Nr. 2 gehören auch Pensionsverpflichtungen.

### § 141 Umfang des Betriebs der Land- und Forstwirtschaft

(1) Der Betrieb der Land- und Forstwirtschaft umfasst
1. den Betriebsteil,
2. die Betriebswohnungen,
3. den Wohnteil.

(2) ¹Der Betriebsteil umfasst den Wirtschaftsteil eines Betriebs der Land- und Forstwirtschaft (§ 34 Abs. 2), jedoch ohne die Betriebswohnungen (Absatz 3). ²§ 34 Abs. 4 bis 7 ist bei der Ermittlung des Umfangs des Betriebsteils anzuwenden.

---

1) **Anm. d. Red.:** Vierter Abschnitt angefügt gem. Gesetz v. 20.12.1996 (BGBl I S. 2049) mit Wirkung v. 28.12.1996; Abschnittsüberschrift i. d. F. des Gesetzes v. 24.12.2008 (BGBl I S. 3018) mit Wirkung v. 1.1.2009.
2) **Anm. d. Red.:** § 138 i. d. F. des Gesetzes v. 13.12.2006 (BGBl I S. 2878) mit Wirkung v. 1.1.2007.
3) **Anm. d. Red.:** § 139 i. d. F. des Gesetzes v. 20.12.2001 (BGBl I S. 3794) mit Wirkung v. 23.12.2001.

(3) Betriebswohnungen sind Wohnungen einschließlich des dazugehörigen Grund und Bodens, die einem Betrieb der Land- und Forstwirtschaft zu dienen bestimmt, aber nicht dem Wohnteil zuzurechnen sind.

(4) Der Wohnteil umfasst die Gebäude und Gebäudeteile im Sinne des § 34 Abs. 3 und den dazugehörigen Grund und Boden.

## § 142 Betriebswert[1)]

(1) ¹Der Wert des Betriebsteils (Betriebswert) wird unter sinngemäßer Anwendung der §§ 35 und 36 Abs. 1 und 2, der §§ 42, 43 und 44 Abs. 1 und der §§ 45, 48a, 51, 51a, 53, 54, 56, 59 und 62 Abs. 1 ermittelt. ²Abweichend von § 36 Abs. 2 Satz 3 ist der Ertragswert das 18,6fache des Reinertrags.

(2) Der Betriebswert setzt sich zusammen aus den Einzelertragswerten für Nebenbetriebe (§ 42), das Abbauland (§ 43), die gemeinschaftliche Tierhaltung (§ 51a) und die in Nummer 5 nicht genannten Nutzungsteile der sonstigen land- und forstwirtschaftlichen Nutzung sowie den folgenden Ertragswerten:

1. landwirtschaftliche Nutzung:
    a) landwirtschaftliche Nutzung ohne Hopfen und Spargel:
        ²Der Ertragswert ist auf der Grundlage der Ergebnisse der Bodenschätzung nach dem Bodenschätzungsgesetz zu ermitteln. ³Er beträgt 0,35 Euro je Ertragsmesszahl;
    b) Nutzungsteil Hopfen                                                                             57 Euro je Ar;
    c) Nutzungsteil Spargel                                                                            76 Euro je Ar;
2. forstwirtschaftliche Nutzung:
    a) Nutzungsgrößen bis zu 10 Hektar, Nichtwirtschaftswald, Baumartengruppe Kiefer, Baumartengruppe Fichte bis zu 60 Jahren, Baumartengruppe Buche und sonstiges Laubholz bis zu 100 Jahren und Eiche bis zu 140 Jahren     0,26 Euro je Ar;
    b) Baumartengruppe Fichte über 60 Jahren bis zu 80 Jahren und Plenterwald     7,50 Euro je Ar;
    c) Baumartengruppe Fichte über 80 bis zu 100 Jahren                                                15 Euro je Ar;
    d) Baumartengruppe Fichte über 100 Jahre                                                           20 Euro je Ar;
    e) Baumartengruppe Buche und sonstiges Laubholz über 100 Jahre                                      5 Euro je Ar;
    f) Eiche über 140 Jahre                                                                            10 Euro je Ar;
3. weinbauliche Nutzung:
    a) Traubenerzeugung und Fassweinausbau:
        aa) in den Weinbaugebieten Ahr, Franken und Württemberg                                        36 Euro je Ar;
        bb) in den übrigen Weinbaugebieten                                                             18 Euro je Ar;
    b) Flaschenweinausbau:
        aa) in den Weinbaugebieten Ahr, Baden, Franken, Rheingau und Württemberg                       82 Euro je Ar;
        bb) in den übrigen Weinbaugebieten                                                             36 Euro je Ar;
4. gärtnerische Nutzung:
    a) Nutzungsteil Gemüse-, Blumen- und Zierpflanzenbau:
        aa) Gemüsebau:
            – Freilandflächen                                                                          56 Euro je Ar;
            – Flächen unter Glas und Kunststoffen                                                     511 Euro je Ar;

---

1) **Anm. d. Red.:** § 142 i. d. F. des Gesetzes v. 20. 12. 2001 (BGBl I S. 3794) mit Wirkung v. 23. 12. 2001.

bb) Blumen- und Zierpflanzenbau:
- Freilandflächen — 184 Euro je Ar;
- beheizbare Flächen unter Glas und Kunststoffen — 1 841 Euro je Ar;
- nichtbeheizbare Flächen unter Glas und Kunststoffen — 920 Euro je Ar;
  b) Nutzungsteil Obstbau — 20 Euro je Ar;
  c) Nutzungsteil Baumschulen:
- Freilandflächen — 164 Euro je Ar;
- Flächen unter Glas und Kunststoffen — 1 329 Euro je Ar;
5. sonstige land- und forstwirtschaftliche Nutzung:
   a) Nutzungsteil Wanderschäferei — 10 Euro je Mutterschaf;
   b) Nutzungsteil Weihnachtsbaumkultur — 133 Euro je Ar;
6. Geringstland:
   Der Ertragswert für Geringstland beträgt — 0,26 Euro je Ar.

(3) ¹Für die nach § 13a des Erbschaftsteuergesetzes begünstigten Betriebe der Land- und Forstwirtschaft kann beantragt werden, den Betriebswert abweichend von Absatz 2 Nr. 1 bis 6 insgesamt als Einzelertragswert zu ermitteln. ²Der Antrag ist bei Abgabe der Feststellungserklärung schriftlich zu stellen. ³Die dafür notwendigen Bewertungsgrundlagen sind vom Steuerpflichtigen nachzuweisen.

(4) ¹In den Fällen des § 34 Abs. 4 ist der Betriebswert nach § 19 Abs. 3 Nr. 2 zu verteilen. ²Bei der Verteilung wird für einen anderen Beteiligten als den Eigentümer des Grund und Bodens ein Anteil nicht festgestellt, wenn er weniger als 500 Euro beträgt. ³Die Verteilung unterbleibt, wenn die Anteile der anderen Beteiligten zusammen weniger als 500 Euro betragen. ⁴In den Fällen des § 34 Abs. 6 gelten die Sätze 1 bis 3 entsprechend. ⁵Soweit der Betriebswert des Eigentümers des Grund und Bodens unter Berücksichtigung von § 48a festgestellt ist, findet in den Fällen des § 34 Abs. 4 eine Verteilung nicht statt.

## § 143 Wert der Betriebswohnungen und des Wohnteils[1]

(1) Der Wert der Betriebswohnungen (§ 141 Abs. 3) und der Wert des Wohnteils (§ 141 Abs. 4) sind nach den Vorschriften zu ermitteln, die beim Grundvermögen für die Bewertung von Wohngrundstücken gelten (§§ 146 bis 150).

(2) In den Fällen des § 146 Abs. 6 ist für die Betriebswohnungen und für den Wohnteil bei Vorliegen der Voraussetzungen des Absatzes 3 jeweils höchstens das Fünffache der bebauten Fläche zugrunde zu legen.

(3) Zur Berücksichtigung von Besonderheiten, die sich im Falle einer räumlichen Verbindung der Betriebswohnungen und des Wohnteils mit der Hofstelle ergeben, sind deren Werte (§§ 146 bis 149) jeweils um 15 Prozent zu ermäßigen.

## § 144 Zusammensetzung des land- und forstwirtschaftlichen Grundbesitzwerts

Der Betriebswert, der Wert der Betriebswohnungen und der Wert des Wohnteils bilden zusammen den land- und forstwirtschaftlichen Grundbesitzwert.

---

1) **Anm. d. Red.:** § 143 Abs. 3 i. d. F. des Gesetzes v. 13. 12. 2006 (BGBl I S. 2878) mit Wirkung v. 1. 1. 2007.

## C. Grundvermögen

### I. Unbebaute Grundstücke

#### § 145 Unbebaute Grundstücke[1]

(1) ¹Unbebaute Grundstücke sind Grundstücke, auf denen sich keine benutzbaren Gebäude befinden. ²Die Benutzbarkeit beginnt im Zeitpunkt der Bezugsfertigkeit. ³Gebäude sind als bezugsfertig anzusehen, wenn den zukünftigen Bewohnern oder sonstigen Benutzern zugemutet werden kann, sie zu benutzen; die Abnahme durch die Bauaufsichtsbehörde ist nicht entscheidend.

(2) ¹Befinden sich auf dem Grundstück Gebäude, die auf Dauer keiner oder nur einer unbedeutenden Nutzung zugeführt werden können, gilt das Grundstück als unbebaut; als unbedeutend gilt eine Nutzung, wenn die hierfür erzielte Jahresmiete (§ 146 Abs. 2) oder die übliche Miete (§ 146 Abs. 3) weniger als 1 Prozent des nach Absatz 3 anzusetzenden Werts beträgt. ²Als unbebautes Grundstück gilt auch ein Grundstück, auf dem infolge der Zerstörung oder des Verfalls der Gebäude auf Dauer benutzbarer Raum nicht mehr vorhanden ist.

(3)[2] ¹Der Wert eines unbebauten Grundstücks bestimmt sich regelmäßig nach seiner Fläche und dem um 20 Prozent ermäßigten Bodenrichtwert (§ 196 des Baugesetzbuchs in der jeweils geltenden Fassung). ²Die Bodenrichtwerte sind von den Gutachterausschüssen nach dem Baugesetzbuch zu ermitteln und den Finanzämtern mitzuteilen. ³Bei der Wertermittlung ist stets der Bodenrichtwert anzusetzen, der vom Gutachterausschuss zuletzt zu ermitteln war. ⁴Wird von den Gutachterausschüssen kein Bodenrichtwert ermittelt, ist der Bodenwert aus den Werten vergleichbarer Flächen abzuleiten und um 20 Prozent zu ermäßigen.

### II. Bebaute Grundstücke

#### § 146 Bebaute Grundstücke[3]

(1) Grundstücke, auf die die in § 145 Abs. 1 genannten Merkmale nicht zutreffen, sind bebaute Grundstücke.

(2) ¹Der Wert eines bebauten Grundstücks ist das 12,5fache der im Besteuerungszeitpunkt vereinbarten Jahresmiete, vermindert um die Wertminderung wegen des Alters des Gebäudes (Absatz 4). ²Jahresmiete ist das Gesamtentgelt, das die Mieter (Pächter) für die Nutzung der bebauten Grundstücke aufgrund vertraglicher Vereinbarungen für den Zeitraum von zwölf Monaten zu zahlen haben. ³Betriebskosten sind nicht einzubeziehen.

(3) ¹An die Stelle der Jahresmiete tritt die übliche Miete für solche Grundstücke oder Grundstücksteile,

1. die eigengenutzt, ungenutzt, zu vorübergehendem Gebrauch oder unentgeltlich überlassen sind,
2. die der Eigentümer dem Mieter zu einer um mehr als 20 Prozent von der üblichen Miete abweichenden tatsächlichen Miete überlassen hat.

²Die übliche Miete ist die Miete, die für nach Art, Lage, Größe, Ausstattung und Alter vergleichbare, nicht preisgebundene Grundstücke von fremden Mietern bezahlt wird; Betriebskosten (Absatz 2 Satz 3) sind hierbei nicht einzubeziehen. ³Ungewöhnliche oder persönliche Verhältnisse bleiben dabei außer Betracht.

---

1) **Anm. d. Red.:** § 145 Abs. 1 und 2 i. d. F. des Gesetzes v. 13.12.2006 (BGBl I S. 2878) mit Wirkung v. 1.1.2007; Abs. 3 i. d. F. des Gesetzes v. 7.12.2011 (BGBl I S. 2592) mit Wirkung v. 14.12.2011.

2) **Anm. d. Red.:** Zur Anwendung des § 145 Abs. 3 siehe § 205 Abs. 3.

3) **Anm. d. Red.:** § 146 Abs. 2 bis 5 und 7 i. d. F. des Gesetzes v. 13.12.2006 (BGBl I S. 2878) mit Wirkung v. 1.1.2007.

(4) ¹Die Wertminderung wegen Alters des Gebäudes beträgt für jedes Jahr, das seit Bezugsfertigkeit des Gebäudes bis zum Besteuerungszeitpunkt vollendet worden ist, 0,5 Prozent, höchstens jedoch 25 Prozent des Werts nach den Absätzen 2 und 3. ²Sind nach Bezugsfertigkeit des Gebäudes bauliche Maßnahmen durchgeführt worden, die die gewöhnliche Nutzungsdauer des Gebäudes um mindestens 25 Jahre verlängert haben, ist bei der Wertminderung wegen Alters von einer der Verlängerung der gewöhnlichen Nutzungsdauer entsprechenden Bezugsfertigkeit auszugehen.

(5) Enthält ein bebautes Grundstück, das ausschließlich Wohnzwecken dient, nicht mehr als zwei Wohnungen, ist der nach den Absätzen 1 bis 4 ermittelte Wert um 20 Prozent zu erhöhen.

(6) Der für ein bebautes Grundstück nach den Absätzen 2 bis 5 anzusetzende Wert darf nicht geringer sein als der Wert, mit dem der Grund und Boden allein als unbebautes Grundstück nach § 145 Abs. 3 zu bewerten wäre.

(7) Die Vorschriften gelten entsprechend für Wohnungseigentum und Teileigentum.

## § 147 Sonderfälle[1)]

(1) ¹Lässt sich für bebaute Grundstücke die übliche Miete (§ 146 Abs. 3) nicht ermitteln, bestimmt sich der Wert abweichend von § 146 nach der Summe des Werts des Grund und Bodens und des Werts der Gebäude. ²Dies gilt insbesondere, wenn die Gebäude zur Durchführung bestimmter Fertigungsverfahren, zu Spezialnutzungen oder zur Aufnahme bestimmter technischer Einrichtungen errichtet worden sind und nicht oder nur mit erheblichem Aufwand für andere Zwecke nutzbar gemacht werden können.

(2) ¹Der Wert des Grund und Bodens ist gemäß § 145 mit der Maßgabe zu ermitteln, dass an Stelle des in § 145 Abs. 3 vorgesehenen Abschlags von 20 Prozent ein solcher von 30 Prozent tritt. ²Der Wert der Gebäude bestimmt sich nach den ertragsteuerlichen Bewertungsvorschriften; maßgebend ist der Wert im Besteuerungszeitpunkt.

## § 148 Erbbaurecht[2)]

(1) Ist das Grundstück mit einem Erbbaurecht belastet, ist bei der Ermittlung der Grundbesitzwerte für die wirtschaftliche Einheit des belasteten Grundstücks und für die wirtschaftliche Einheit des Erbbaurechts von dem Gesamtwert auszugehen, der sich für den Grund und Boden einschließlich der Gebäude vor Anwendung des § 139 ergäbe, wenn die Belastung nicht bestünde.

(2) Der Wert des Grund und Bodens entfällt auf die wirtschaftliche Einheit des belasteten Grundstücks.

(3) ¹Der Gebäudewert entfällt allein auf die wirtschaftliche Einheit des Erbbaurechts, wenn die Dauer dieses Rechts im Besteuerungszeitpunkt mindestens 40 Jahre beträgt oder der Eigentümer des belasteten Grundstücks bei Erlöschen des Erbbaurechts durch Zeitablauf eine dem Wert des Gebäudes entsprechende Entschädigung zu leisten hat. ²Beträgt die Dauer des Erbbaurechts im Besteuerungszeitpunkt weniger als 40 Jahre und ist eine Entschädigung ausgeschlossen, ist der Gebäudewert zu verteilen. ³Dabei entfallen auf die wirtschaftliche Einheit des Erbbaurechts bei einer Dauer dieses Rechts von

| unter 40 | bis zu | 35 Jahren | 90 Prozent |
| unter 35 | bis zu | 30 Jahren | 85 Prozent |
| unter 30 | bis zu | 25 Jahren | 80 Prozent |
| unter 25 | bis zu | 20 Jahren | 70 Prozent |
| unter 20 | bis zu | 15 Jahren | 60 Prozent |
| unter 15 | bis zu | 10 Jahren | 50 Prozent |
| unter 10 | bis zu | 8 Jahren | 40 Prozent |

---

1) **Anm. d. Red.:** § 147 Abs. 2 i. d. F. des Gesetzes v. 13. 12. 2006 (BGBl I S. 2878) mit Wirkung v. 1. 1. 2007.
2) **Anm. d. Red.:** § 148 i. d. F. des Gesetzes v. 13. 12. 2006 (BGBl I S. 2878) mit Wirkung v. 1. 1. 2007.

| | | | |
|---|---|---|---|
| unter | 8 | bis zu | 7 Jahren | 35 Prozent |
| unter | 7 | bis zu | 6 Jahren | 30 Prozent |
| unter | 6 | bis zu | 5 Jahren | 25 Prozent |
| unter | 5 | bis zu | 4 Jahren | 20 Prozent |
| unter | 4 | bis zu | 3 Jahren | 15 Prozent |
| unter | 3 | bis zu | 2 Jahren | 10 Prozent |
| unter | 2 | Jahren bis zu 1 Jahr | | 5 Prozent |
| unter | 1 | Jahr | | 0 Prozent. |

⁴Auf die wirtschaftliche Einheit des belasteten Grundstücks entfällt der verbleibende Teil des Gebäudewerts. ⁵Beträgt die Entschädigung für das Gebäude beim Übergang nur einen Teil des gemeinen Werts, ist der dem Eigentümer des belasteten Grundstücks entschädigungslos zufallende Anteil entsprechend zu verteilen. ⁶Eine in der Höhe des Erbbauzinses zum Ausdruck kommende Entschädigung für den gemeinen Wert des Gebäudes bleibt außer Betracht.

(4) ¹Bei den nach § 146 zu bewertenden Grundstücken beträgt der Gebäudewert 80 Prozent des nach § 146 Abs. 2 bis 5 ermittelten Werts; der verbleibende Teil des Gesamtwerts entspricht dem Wert des Grund und Bodens. ²Bei bebauten Grundstücken im Sinne des § 147 Abs. 1 ist der Wert des Grund und Bodens nach § 147 Abs. 2 Satz 1 und der Gebäudewert nach § 147 Abs. 2 Satz 2 zu ermitteln.

(5) Für Wohnungserbbaurechte oder Teilerbbaurechte gelten die Absätze 1 bis 4 entsprechend.

(6) Das Recht auf den Erbbauzins wird weder als Bestandteil des Grundstücks noch als gesondertes Recht angesetzt; die Verpflichtung zur Zahlung des Erbbauzinses ist weder bei der Bewertung des Erbbaurechts noch als gesonderte Verpflichtung abzuziehen.

### § 148a Gebäude auf fremdem Grund und Boden[1]

(1) ¹Bei Gebäuden auf fremdem Grund und Boden ist § 148 Abs. 1 entsprechend anzuwenden. ²Der Bodenwert ist dem Eigentümer des Grund und Bodens, der Gebäudewert dem Eigentümer des Gebäudes zuzurechnen.

(2) § 148 Abs. 4 und 6 ist entsprechend anzuwenden.

### § 149 Grundstücke im Zustand der Bebauung[2]

(1) ¹Ein Grundstück im Zustand der Bebauung liegt vor, wenn mit den Bauarbeiten begonnen wurde und Gebäude oder Gebäudeteile noch nicht bezugsfertig sind. ²Der Zustand der Bebauung beginnt mit den Abgrabungen oder der Einbringung von Baustoffen, die zur planmäßigen Errichtung des Gebäudes führen.

(2) ¹Der Wert ist entsprechend § 146 unter Zugrundelegung der üblichen Miete zu ermitteln, die nach Bezugsfertigkeit des Gebäudes zu erzielen wäre. ²Von diesem Wert sind 80 Prozent als Gebäudewert anzusetzen. ³Dem Grundstückswert ohne Berücksichtigung der nicht bezugsfertigen Gebäude oder Gebäudeteile, ermittelt bei unbebauten Grundstücken nach § 145 Abs. 3 und bei bereits bebauten Grundstücken nach § 146, sind die nicht bezugsfertigen Gebäude oder Gebäudeteile mit dem Betrag als Gebäudewert hinzuzurechnen, der dem Verhältnis der bis zum Besteuerungszeitpunkt entstandenen Herstellungskosten zu den gesamten Herstellungskosten entspricht. ⁴Dieser Wert darf den Wert des Grundstücks, der nach Bezugsfertigkeit des Gebäudes anzusetzen wäre, nicht übersteigen.

(3) Ist die übliche Miete nicht zu ermitteln, ist der Wert entsprechend § 147 zu ermitteln.

---

1) **Anm. d. Red.:** § 148a eingefügt gem. Gesetz v. 13.12.2006 (BGBl I S. 2878) mit Wirkung v. 1.1.2007.
2) **Anm. d. Red.:** § 149 i. d. F. des Gesetzes v. 13.12.2006 (BGBl I S. 2878) mit Wirkung v. 1.1.2007.

## § 150 Gebäude und Gebäudeteile für den Zivilschutz

Gebäude, Teile von Gebäuden und Anlagen, die wegen der in § 1 des Zivilschutzgesetzes bezeichneten Zwecke geschaffen worden sind und im Frieden nicht oder nur gelegentlich oder geringfügig für andere Zwecke benutzt werden, bleiben bei der Ermittlung des Grundstückswerts außer Betracht.

## Fünfter Abschnitt: Gesonderte Feststellungen[1)]

### § 151 Gesonderte Feststellungen[2)]

(1) ¹Gesondert festzustellen (§ 179 der Abgabenordnung) sind
1. Grundbesitzwerte (§§ 138, 157),
2. der Wert des Betriebsvermögens oder des Anteils am Betriebsvermögen (§§ 95, 96, 97),
3. der Wert von Anteilen an Kapitalgesellschaften im Sinne des § 11 Abs. 2,
4. der Anteil am Wert von anderen als in den Nummern 1 bis 3 genannten Vermögensgegenständen und von Schulden, die mehreren Personen zustehen,

wenn die Werte für die Erbschaftsteuer oder eine andere Feststellung im Sinne dieser Vorschrift von Bedeutung sind. ²Die Entscheidung über eine Bedeutung für die Besteuerung trifft das für die Festsetzung der Erbschaftsteuer oder die Feststellung nach Satz 1 Nr. 2 bis 4 zuständige Finanzamt.

(2) In dem Feststellungsbescheid für Grundbesitzwerte sind auch Feststellungen zu treffen
1. über die Art der wirtschaftlichen Einheit,
2. über die Zurechnung der wirtschaftlichen Einheit und bei mehreren Beteiligten über die Höhe des Anteils, der für die Besteuerung oder eine andere Feststellung von Bedeutung ist; beim Erwerb durch eine Erbengemeinschaft erfolgt die Zurechnung in Vertretung der Miterben auf die Erbengemeinschaft. ²Entsprechendes gilt für die Feststellungen nach Absatz 1 Satz 1 Nr. 2 bis 4.

(3) ¹Gesondert festgestellte Werte im Sinne des Absatzes 1 Satz 1 Nummer 1 bis 4 sind einer innerhalb einer Jahresfrist folgenden Feststellung für dieselbe wirtschaftliche Einheit unverändert zu Grunde zu legen, wenn sich die für die erste Bewertung maßgeblichen Stichtagsverhältnisse nicht wesentlich geändert haben. ²Der Erklärungspflichtige kann eine von diesem Wert abweichende Feststellung nach den Verhältnissen am Bewertungsstichtag durch Abgabe einer Feststellungserklärung beantragen.

(4) Ausländisches Vermögen unterliegt nicht der gesonderten Feststellung.

(5) ¹Grundbesitzwerte (Absatz 1 Satz 1 Nr. 1) sind auch festzustellen, wenn sie für die Grunderwerbsteuer von Bedeutung sind. ²Absatz 1 Satz 2 gilt entsprechend. ³Absatz 2 ist nicht anzuwenden.

### § 152 Örtliche Zuständigkeit

Für die gesonderten Feststellungen ist örtlich zuständig:
1. in den Fällen des § 151 Abs. 1 Satz 1 Nr. 1 das Finanzamt, in dessen Bezirk das Grundstück, das Betriebsgrundstück oder der Betrieb der Land- und Forstwirtschaft oder, wenn sich das Grundstück, das Betriebsgrundstück oder der Betrieb der Land- und Forstwirtschaft auf die Bezirke mehrerer Finanzämter erstreckt, der wertvollste Teil liegt;

---

1) **Anm. d. Red.:** Fünfter Abschnitt eingefügt gem. Gesetz v. 13.12.2006 (BGBl I S. 2878) mit Wirkung v. 1.1.2007.

2) **Anm. d. Red.:** § 151 Abs. 1 i. d. F. des Gesetzes v. 8.12.2010 (BGBl I S. 1768) mit Wirkung v. 14.12.2010; Abs. 2 i. d. F. des Gesetzes v. 24.12.2008 (BGBl I S. 3018) mit Wirkung v. 1.1.2009; Abs. 3 i. d. F. des Gesetzes v. 1.11.2011 (BGBl I S. 2131) mit Wirkung v. 5.11.2011.

2. in den Fällen des § 151 Abs. 1 Satz 1 Nr. 2 das Finanzamt, in dessen Bezirk sich die Geschäftsleitung des Gewerbebetriebs[1], bei Gewerbebetrieben ohne Geschäftsleitung im Inland das Finanzamt, in dessen Bezirk eine Betriebsstätte – bei mehreren Betriebsstätten die wirtschaftlich bedeutendste – unterhalten wird, und bei freiberuflicher Tätigkeit das Finanzamt, von dessen Bezirk aus die Berufstätigkeit vorwiegend ausgeübt wird;
3. in den Fällen des § 151 Abs. 1 Satz 1 Nr. 3 das Finanzamt, in dessen Bezirk sich die Geschäftsleitung der Kapitalgesellschaft befindet, bei Kapitalgesellschaften ohne Geschäftsleitung im Inland oder, wenn sich der Ort der Geschäftsleitung nicht feststellen lässt, das Finanzamt, in dessen Bezirk die Kapitalgesellschaft ihren Sitz hat;
4. in den Fällen des § 151 Abs. 1 Satz 1 Nr. 4 das Finanzamt, von dessen Bezirk die Verwaltung des Vermögens ausgeht, oder, wenn diese im Inland nicht feststellbar ist, das Finanzamt, in dessen Bezirk sich der wertvollste Teil des Vermögens befindet.

## § 153 Erklärungspflicht, Verfahrensvorschriften für die gesonderte Feststellung, Feststellungsfrist[2]

(1) ¹Das Finanzamt kann von jedem, für dessen Besteuerung eine gesonderte Feststellung von Bedeutung ist, die Abgabe einer Feststellungserklärung verlangen. ²Die Frist zur Abgabe der Feststellungserklärung muss mindestens einen Monat betragen.

(2) ¹Ist der Gegenstand der Feststellung mehreren Personen zuzurechnen oder ist eine Personengesellschaft oder Kapitalgesellschaft dessen Eigentümer, kann das Finanzamt auch von der Gemeinschaft oder Gesellschaft die Abgabe einer Feststellungserklärung verlangen. ²Dies gilt auch, wenn Gegenstand der Feststellung ein Anteil am Betriebsvermögen ist. ³Das Finanzamt kann in Erbbaurechtsfällen die Abgabe einer Feststellungserklärung vom Erbbauberechtigten und vom Erbbauverpflichteten verlangen. ⁴Absatz 4 Satz 2 ist nicht anzuwenden.

(3) In den Fällen des § 151 Abs. 1 Satz 1 Nr. 3 kann das Finanzamt nur von der Kapitalgesellschaft die Abgabe einer Feststellungserklärung verlangen.

(4) ¹Der Erklärungspflichtige hat die Erklärung eigenhändig zu unterschreiben. ²Hat ein Erklärungspflichtiger eine Erklärung zur gesonderten Feststellung abgegeben, sind andere Beteiligte insoweit von der Erklärungspflicht befreit.

(5) § 181 Abs. 1 und 5 der Abgabenordnung ist entsprechend anzuwenden.

## § 154 Beteiligte am Feststellungsverfahren[3]

(1)[4] ¹Am Feststellungsverfahren sind beteiligt
1. diejenigen, denen der Gegenstand der Feststellung zuzurechnen ist;
2. diejenigen, die das Finanzamt zur Abgabe einer Feststellungserklärung aufgefordert hat;
3. diejenigen, die eine Steuer als Schuldner oder Gesamtschuldner schulden und für deren Festsetzung die Feststellung von Bedeutung ist.

²Gegenüber mehreren Beteiligten nach Satz 1 erfolgt eine gesonderte und einheitliche Feststellung (§ 179 Absatz 2 Satz 2 der Abgabenordnung).

(2) In den Fällen des § 151 Abs. 1 Satz 1 Nr. 3 ist der Feststellungsbescheid auch der Kapitalgesellschaft bekannt zu geben.

---

1) **Anm. d. Red.:** Nr. 2 ist offensichtlich aufgrund der redaktionellen Formulierung des Gesetzgebers durch das JStG 2007 v. 13. 12. 2006 (BGBl I S. 2878) unvollständig gefasst worden; an dieser Stelle müsste das Wort „befindet" eingefügt werden.

2) **Anm. d. Red.:** § 153 Abs. 2 i. d. F. des Gesetzes v. 1. 11. 2011 (BGBl I S. 2131) mit Wirkung v. 5. 11. 2011.

3) **Anm. d. Red.:** § 154 Abs. 1 i. d. F. des Gesetzes v. 2. 11. 2015 (BGBl I S. 1834) mit Wirkung v. 6. 11. 2015; Abs. 3 i. d. F. des Gesetzes v. 24. 12. 2008 (BGBl I S. 3018) mit Wirkung v. 1. 1. 2009.

4) **Anm. d. Red.:** Zur Anwendung des § 154 Abs. 1 siehe § 205 Abs. 9.

(3) ¹Soweit der Gegenstand der Feststellung einer Erbengemeinschaft in Vertretung der Miterben zuzurechnen ist, ist § 183 der Abgabenordnung entsprechend anzuwenden. ²Bei der Bekanntgabe des Feststellungsbescheids ist darauf hinzuweisen, dass die Bekanntgabe mit Wirkung für und gegen alle Miterben erfolgt.

### § 155 Rechtsbehelfsbefugnis[1]

¹Zur Einlegung von Rechtsbehelfen gegen den Feststellungsbescheid sind die Beteiligten im Sinne des § 154 Abs. 1 sowie diejenigen befugt, für deren Besteuerung nach dem Grunderwerbsteuergesetz der Feststellungsbescheid von Bedeutung ist. ²Soweit der Gegenstand der Feststellung einer Erbengemeinschaft in Vertretung der Miterben zuzurechnen ist, sind § 352 der Abgabenordnung und § 48 der Finanzgerichtsordnung entsprechend anzuwenden.

### § 156 Außenprüfung

Eine Außenprüfung zur Ermittlung der Besteuerungsgrundlagen ist bei jedem Beteiligten (§ 154 Abs. 1) zulässig.

## Sechster Abschnitt: Vorschriften für die Bewertung von Grundbesitz, von nicht notierten Anteilen an Kapitalgesellschaften und von Betriebsvermögen für die Erbschaftsteuer ab 1. Januar 2009[2]

### A. Allgemeines

### § 157 Feststellung von Grundbesitzwerten, von Anteilswerten und von Betriebsvermögenswerten

(1) ¹Grundbesitzwerte werden unter Berücksichtigung der tatsächlichen Verhältnisse und der Wertverhältnisse zum Bewertungsstichtag festgestellt. ²§ 29 Abs. 2 und 3 gilt sinngemäß.

(2) Für die wirtschaftlichen Einheiten des land- und forstwirtschaftlichen Vermögens und für Betriebsgrundstücke im Sinne des § 99 Abs. 1 Nr. 2 sind die Grundbesitzwerte unter Anwendung der §§ 158 bis 175 zu ermitteln.

(3) ¹Für die wirtschaftlichen Einheiten des Grundvermögens und für Betriebsgrundstücke im Sinne des § 99 Abs. 1 Nr. 1 sind die Grundbesitzwerte unter Anwendung der §§ 159 und 176 bis 198 zu ermitteln. ²§ 70 gilt mit der Maßgabe, dass der Anteil des Eigentümers eines Grundstücks an anderem Grundvermögen (zum Beispiel an gemeinschaftlichen Hofflächen oder Garagen) abweichend von Absatz 2 Satz 1 dieser Vorschrift in das Grundstück einzubeziehen ist, wenn der Anteil zusammen mit dem Grundstück genutzt wird. ³§ 20 Satz 2 ist entsprechend anzuwenden.

(4) ¹Der Wert von Anteilen an Kapitalgesellschaften im Sinne des § 11 Abs. 2 Satz 2 (Anteilswert) wird unter Berücksichtigung der tatsächlichen Verhältnisse und der Wertverhältnisse zum Bewertungsstichtag festgestellt. ²Der Anteilswert ist unter Anwendung des § 11 Abs. 2 zu ermitteln.

(5) ¹Der Wert von Betriebsvermögen oder des Anteils am Betriebsvermögen im Sinne der §§ 95, 96 und 97 (Betriebsvermögenswert) wird unter Berücksichtigung der tatsächlichen Verhältnisse und der Wertverhältnisse zum Bewertungsstichtag festgestellt. ²Der Betriebsvermögenswert ist unter Anwendung des § 109 Abs. 1 und 2 in Verbindung mit § 11 Abs. 2 zu ermitteln.

---

1) **Anm. d. Red.:** § 155 i. d. F. des Gesetzes v. 24. 12. 2008 (BGBl I S. 3018) mit Wirkung v. 1. 1. 2009.

2) **Anm. d. Red.:** Sechster Abschnitt eingefügt gem. Gesetz v. 24. 12. 2008 (BGBl I S. 3018) mit Wirkung v. 1. 1. 2009.

## B. Land- und forstwirtschaftliches Vermögen

### I. Allgemeines

### § 158 Begriff des land- und forstwirtschaftlichen Vermögens

(1) ¹Land- und Forstwirtschaft ist die planmäßige Nutzung der natürlichen Kräfte des Bodens zur Erzeugung von Pflanzen und Tieren sowie die Verwertung der dadurch selbst gewonnenen Erzeugnisse. ²Zum land- und forstwirtschaftlichen Vermögen gehören alle Wirtschaftsgüter, die einem Betrieb der Land- und Forstwirtschaft zu diesem Zweck auf Dauer zu dienen bestimmt sind.

(2) ¹Die wirtschaftliche Einheit des land- und forstwirtschaftlichen Vermögens ist der Betrieb der Land- und Forstwirtschaft. ²Wird ein Betrieb der Land- und Forstwirtschaft in Form einer Personengesellschaft oder Gemeinschaft geführt, sind in die wirtschaftliche Einheit auch die Wirtschaftsgüter einzubeziehen, die einem oder mehreren Beteiligten gehören, wenn sie dem Betrieb der Land- und Forstwirtschaft auf Dauer zu dienen bestimmt sind.

(3) ¹Zu den Wirtschaftsgütern, die der wirtschaftlichen Einheit Betrieb der Land- und Forstwirtschaft zu dienen bestimmt sind, gehören insbesondere

1. der Grund und Boden,
2. die Wirtschaftsgebäude,
3. die stehenden Betriebsmittel,
4. der normale Bestand an umlaufenden Betriebsmitteln,
5. die immateriellen Wirtschaftsgüter,
6. die Wohngebäude und der dazugehörende Grund und Boden.

²Als normaler Bestand an umlaufenden Betriebsmitteln gilt ein solcher, der zur gesicherten Fortführung des Betriebs erforderlich ist.

(4) Zum land- und forstwirtschaftlichen Vermögen gehören nicht

1. Grund und Boden sowie Gebäude und Gebäudeteile, die nicht land- und forstwirtschaftlichen Zwecken dienen,
2. Kleingartenland und Dauerkleingartenland,
3. Geschäftsguthaben, Wertpapiere und Beteiligungen,
4. über den normalen Bestand hinausgehende Bestände an umlaufenden Betriebsmitteln,
5. Tierbestände oder Zweige des Tierbestands und die hiermit zusammenhängenden Wirtschaftsgüter (zum Beispiel Gebäude und abgrenzbare Gebäudeteile mit den dazugehörenden Flächen, Betriebsmittel), wenn die Tiere weder zur landwirtschaftlichen Nutzung noch nach § 175 zu den übrigen land- und forstwirtschaftlichen Nutzungen gehören. ²Die Zugehörigkeit der landwirtschaftlich genutzten Flächen zum land- und forstwirtschaftlichen Vermögen wird hierdurch nicht berührt,
6. Geldforderungen und Zahlungsmittel,
7. Pensionsverpflichtungen.

(5) Verbindlichkeiten gehören zum land- und forstwirtschaftlichen Vermögen, soweit sie nicht im unmittelbaren wirtschaftlichen Zusammenhang mit den in Absatz 4 genannten Wirtschaftsgütern stehen.

### § 159 Abgrenzung land- und forstwirtschaftlich genutzter Flächen zum Grundvermögen

(1) Land- und forstwirtschaftlich genutzte Flächen sind dem Grundvermögen zuzurechnen, wenn nach ihrer Lage, den am Bewertungsstichtag bestehenden Verwertungsmöglichkeiten oder den sonstigen Umständen anzunehmen ist, dass sie in absehbarer Zeit anderen als land-

und forstwirtschaftlichen Zwecken, insbesondere als Bauland, Industrieland oder Land für Verkehrszwecke, dienen werden.

(2) Bildet ein Betrieb der Land- und Forstwirtschaft die Existenzgrundlage des Betriebsinhabers, so sind dem Betriebsinhaber gehörende Flächen, die von einer Stelle aus ordnungsgemäß nachhaltig bewirtschaftet werden, dem Grundvermögen nur dann zuzurechnen, wenn mit großer Wahrscheinlichkeit anzunehmen ist, dass sie spätestens nach zwei Jahren anderen als land- und forstwirtschaftlichen Zwecken dienen werden.

(3) ¹Flächen sind stets dem Grundvermögen zuzurechnen, wenn sie in einem Bebauungsplan als Bauland festgesetzt sind, ihre sofortige Bebauung möglich ist und die Bebauung innerhalb des Plangebiets in benachbarten Bereichen begonnen hat oder schon durchgeführt ist. ²Satz 1 gilt nicht für die Hofstelle und für andere Flächen in unmittelbarem räumlichen Zusammenhang mit der Hofstelle bis zu einer Größe von insgesamt 1 Hektar.

### § 160 Betrieb der Land- und Forstwirtschaft

(1) Ein Betrieb der Land- und Forstwirtschaft umfasst
1. den Wirtschaftsteil,
2. die Betriebswohnungen und
3. den Wohnteil.

(2) ¹Der Wirtschaftsteil eines Betriebs der Land- und Forstwirtschaft umfasst
1. die land- und forstwirtschaftlichen Nutzungen:
   a) die landwirtschaftliche Nutzung,
   b) die forstwirtschaftliche Nutzung,
   c) die weinbauliche Nutzung,
   d) die gärtnerische Nutzung,
   e) die übrigen land- und forstwirtschaftlichen Nutzungen,
2. die Nebenbetriebe,
3. die folgenden nicht zu einer Nutzung nach den Nummern 1 und 2 gehörenden Wirtschaftsgüter:
   a) Abbauland,
   b) Geringstland,
   c) Unland.

²Der Anbau von Hopfen, Tabak und Spargel gehört nur zu den Sondernutzungen, wenn keine landwirtschaftliche Nutzung im Sinne des Satzes 1 Nr. 1 Buchstabe a vorliegt.

(3) Nebenbetriebe sind Betriebe, die dem Hauptbetrieb zu dienen bestimmt sind und nicht einen selbständigen gewerblichen Betrieb darstellen.

(4) Zum Abbauland gehören die Betriebsflächen, die durch Abbau der Bodensubstanz überwiegend für den Betrieb der Land- und Forstwirtschaft nutzbar gemacht werden (Sand-, Kies-, Lehmgruben, Steinbrüche, Torfstiche und dergleichen).

(5) Zum Geringstland gehören die Betriebsflächen geringster Ertragsfähigkeit, für die nach dem Bodenschätzungsgesetz vom 20. Dezember 2007 (BGBl I S. 3150, 3176) keine Wertzahlen festzustellen sind.

(6) Zum Unland gehören die Betriebsflächen, die auch bei geordneter Wirtschaftsweise keinen Ertrag abwerfen können.

(7) ¹Einen Betrieb der Land- und Forstwirtschaft bilden auch Stückländereien, die als gesonderte wirtschaftliche Einheit zu bewerten sind. ²Stückländereien sind einzelne land- und forstwirtschaftlich genutzte Flächen, bei denen die Wirtschaftsgebäude oder die Betriebsmittel oder beide Arten von Wirtschaftsgütern nicht dem Eigentümer des Grund und Bodens gehören, son-

dern am Bewertungsstichtag für mindestens 15 Jahre einem anderen Betrieb der Land- und Forstwirtschaft zu dienen bestimmt sind.

(8) Betriebswohnungen sind Wohnungen, die einem Betrieb der Land- und Forstwirtschaft zu dienen bestimmt, aber nicht dem Wohnteil zuzurechnen sind.

(9) Der Wohnteil eines Betriebs der Land- und Forstwirtschaft umfasst die Gebäude und Gebäudeteile, die dem Inhaber des Betriebs, den zu seinem Haushalt gehörenden Familienangehörigen und den Altenteilern zu Wohnzwecken dienen.

### § 161 Bewertungsstichtag

(1) Für die Größe des Betriebs, für den Umfang und den Zustand der Gebäude sowie für die stehenden Betriebsmittel sind die Verhältnisse am Bewertungsstichtag maßgebend.

(2) Für die umlaufenden Betriebsmittel ist der Stand am Ende des Wirtschaftsjahres maßgebend, das dem Bewertungsstichtag vorangegangen ist.

### § 162 Bewertung des Wirtschaftsteils

(1) $^1$Bei der Bewertung des Wirtschaftsteils ist der gemeine Wert zu Grunde zu legen. $^2$Dabei ist davon auszugehen, dass der Erwerber den Betrieb der Land- und Forstwirtschaft fortführt. $^3$Bei der Ermittlung des gemeinen Werts für den Wirtschaftsteil sind die land- und forstwirtschaftlichen Nutzungen, die Nebenbetriebe, das Abbau-, Geringst- und Unland jeweils gesondert mit ihrem Wirtschaftswert (§ 163) zu bewerten. $^4$Dabei darf ein Mindestwert nicht unterschritten werden (§ 164).

(2) Der Wert des Wirtschaftsteils für einen Betrieb der Land- und Forstwirtschaft im Sinne des § 160 Abs. 7 wird nach § 164 ermittelt.

(3) $^1$Wird ein Betrieb der Land- und Forstwirtschaft oder ein Anteil im Sinne des § 158 Abs. 2 Satz 2 innerhalb eines Zeitraums von 15 Jahren nach dem Bewertungsstichtag veräußert, erfolgt die Bewertung der wirtschaftlichen Einheit abweichend von den §§ 163 und 164 mit dem Liquidationswert nach § 166. $^2$Dies gilt nicht, wenn der Veräußerungserlös innerhalb von sechs Monaten ausschließlich zum Erwerb eines anderen Betriebs der Land- und Forstwirtschaft oder eines Anteils im Sinne des § 158 Abs. 2 Satz 2 verwendet wird.

(4) $^1$Sind wesentliche Wirtschaftsgüter (§ 158 Abs. 3 Satz 1 Nr. 1 bis 3 und 5) dem Betrieb der Land- und Forstwirtschaft innerhalb eines Zeitraumes von 15 Jahren nicht mehr auf Dauer zu dienen bestimmt, erfolgt die Bewertung der Wirtschaftsgüter abweichend von den §§ 163 und 164 mit dem jeweiligen Liquidationswert nach § 166. $^2$Dies gilt nicht, wenn der Veräußerungserlös innerhalb von sechs Monaten ausschließlich im betrieblichen Interesse verwendet wird.

### § 163 Ermittlung der Wirtschaftswerte

(1) $^1$Bei der Ermittlung der jeweiligen Wirtschaftswerte ist von der nachhaltigen Ertragsfähigkeit land- und forstwirtschaftlicher Betriebe auszugehen. $^2$Ertragsfähigkeit ist der bei ordnungsmäßiger Bewirtschaftung gemeinhin und nachhaltig erzielbare Reingewinn. $^3$Dabei sind alle Umstände zu berücksichtigen, die bei einer Selbstbewirtschaftung den Wirtschaftserfolg beeinflussen.

(2) $^1$Der Reingewinn umfasst das ordentliche Ergebnis abzüglich eines angemessenen Lohnansatzes für die Arbeitsleistung des Betriebsinhabers und der nicht entlohnten Arbeitskräfte. $^2$Die im unmittelbaren wirtschaftlichen Zusammenhang mit einem Betrieb der Land- und Forstwirtschaft stehenden Verbindlichkeiten sind durch den Ansatz der Zinsaufwendungen abgegolten. $^3$Zur Berücksichtigung der nachhaltigen Ertragsfähigkeit ist der Durchschnitt der letzten fünf abgelaufenen Wirtschaftsjahre vor dem Bewertungsstichtag zu Grunde zu legen.

(3) $^1$Der Reingewinn für die landwirtschaftliche Nutzung bestimmt sich nach der Region, der maßgeblichen Nutzungsart (Betriebsform) und der Betriebsgröße nach der Europäischen Größeneinheit (EGE). $^2$Zur Ermittlung der maßgeblichen Betriebsform ist das Klassifizierungssystem nach der Entscheidung 85/377/EWG der Kommission vom 7. Juni 1985 zur Errichtung eines ge-

meinschaftlichen Klassifizierungssystems der landwirtschaftlichen Betriebe (ABl EG Nr. L 220 S. 1), zuletzt geändert durch Entscheidung der Kommission vom 16. Mai 2003 (ABl EU Nr. L 127 S. 48), in der jeweils geltenden Fassung heranzuziehen. ³Hierzu sind die Standarddeckungsbeiträge der selbst bewirtschafteten Flächen und der Tiereinheiten der landwirtschaftlichen Nutzung zu ermitteln und daraus die Betriebsform zu bestimmen. ⁴Die Summe der Standarddeckungsbeiträge ist durch 1 200 Euro zu dividieren, so dass sich die Betriebsgröße in EGE ergibt, die einer der folgenden Betriebsgrößenklassen zuzuordnen ist:

1. Kleinbetriebe von 0 bis unter 40 EGE,
2. Mittelbetriebe von 40 bis 100 EGE,
3. Großbetriebe über 100 EGE.

⁵Das Bundesministerium der Finanzen veröffentlicht die maßgeblichen Standarddeckungsbeiträge im Bundessteuerblatt. ⁶Der entsprechende Reingewinn ergibt sich aus der Spalte 4 der Anlage 14 in Euro pro Hektar landwirtschaftlich genutzter Fläche (EUR/ha LF).

(4) ¹Der Reingewinn für die forstwirtschaftliche Nutzung bestimmt sich nach den Flächen der jeweiligen Nutzungsart (Baumartengruppe) und den Ertragsklassen. ²Die jeweilige Nutzungsart umfasst:

1. Die Baumartengruppe Buche, zu der auch sonstiges Laubholz einschließlich der Roteiche gehört,
2. die Baumartengruppe Eiche, zu der auch alle übrigen Eichenarten gehören,
3. die Baumartengruppe Fichte, zu der auch alle übrigen Nadelholzarten mit Ausnahme der Kiefer und der Lärche gehören,
4. die Baumartengruppe Kiefer und Lärchen mit Ausnahme der Weymouthskiefer,
5. die übrige Fläche der forstwirtschaftlichen Nutzung.

³Die Ertragsklassen bestimmen sich für
1. die Baumartengruppe Buche nach der von Schober für mäßige Durchforstung veröffentlichten Ertragstafel,
2. die Baumartengruppe Eiche nach der von Jüttner für mäßige Durchforstung veröffentlichten Ertragstafel,
3. die Baumartengruppe Fichte nach der von Wiedemann für mäßige Durchforstung veröffentlichten Ertragstafel,
4. die Baumartengruppe Kiefer nach der von Wiedemann für mäßige Durchforstung veröffentlichten Ertragstafel.

⁴Der nach den Sätzen 2 und 3 maßgebliche Reingewinn ergibt sich aus der Spalte 4 der Anlage 15 in Euro pro Hektar (EUR/ha).

(5) ¹Der Reingewinn für die weinbauliche Nutzung bestimmt sich nach den Flächen der jeweiligen Nutzungsart (Verwertungsform). ²Er ergibt sich aus der Spalte 3 der Anlage 16.

(6) ¹Der Reingewinn für die gärtnerische Nutzung bestimmt sich nach dem maßgeblichen Nutzungsteil, der Nutzungsart und den Flächen. ²Er ergibt sich aus der Spalte 4 der Anlage 17.

(7) Der Reingewinn für die Sondernutzungen Hopfen, Spargel, Tabak ergibt sich aus der Spalte 3 der Anlage 18.

(8) ¹Der Reingewinn für die sonstigen land- und forstwirtschaftlichen Nutzungen, für Nebenbetriebe sowie für Abbauland ist im Einzelertragswertverfahren zu ermitteln, soweit für die jeweilige Region nicht auf einen durch statistische Erhebungen ermittelten pauschalierten Reingewinn zurückgegriffen werden kann. ²Der Einzelertragswert ermittelt sich aus dem betriebsindividuellen Ergebnis und dem Kapitalisierungszinssatz nach Absatz 11.

(9) Der Reingewinn für das Geringstland wird pauschal mit 5,40 Euro pro Hektar festgelegt.

(10) Der Reingewinn für das Unland beträgt 0 Euro.

(11) ¹Der jeweilige Reingewinn ist zu kapitalisieren. ²Der Kapitalisierungszinssatz beträgt 5,5 Prozent und der Kapitalisierungsfaktor beträgt 18,6.

(12) Der kapitalisierte Reingewinn für die landwirtschaftliche, die forstwirtschaftliche, die weinbauliche, die gärtnerische Nutzung oder für deren Nutzungsteile, die Sondernutzungen und das Geringstland ist mit der jeweiligen Eigentumsfläche des Betriebs zum Bewertungsstichtag zu vervielfältigen, der dieser Nutzung zuzurechnen ist.

(13) ¹Die Hofflächen und die Flächen der Wirtschaftsgebäude sind dabei anteilig in die einzelnen Nutzungen einzubeziehen. ²Wirtschaftswege, Hecken, Gräben, Grenzraine und dergleichen sind in die Nutzung einzubeziehen, zu der sie gehören; dies gilt auch für Wasserflächen, soweit sie nicht Unland sind oder zu den übrigen land- und forstwirtschaftlichen Nutzungen gehören.

(14) Das Bundesministerium der Finanzen wird ermächtigt, durch Rechtsverordnung mit Zustimmung des Bundesrates die Anlagen 14 bis 18 zu diesem Gesetz dadurch zu ändern, dass es die darin aufgeführten Reingewinne turnusmäßig an die Ergebnisse der Erhebungen nach § 2 des Landwirtschaftsgesetzes anpasst.

## § 164 Mindestwert

(1) Der Mindestwert des Wirtschaftsteils setzt sich aus dem Wert für den Grund und Boden sowie dem Wert der übrigen Wirtschaftsgüter zusammen und wird nach den Absätzen 2 bis 4 ermittelt.

(2) ¹Der für den Wert des Grund und Bodens im Sinne des § 158 Abs. 3 Satz 1 Nr. 1 zu ermittelnde Pachtpreis pro Hektar (ha) bestimmt sich nach der Nutzung, dem Nutzungsteil und der Nutzungsart des Grund und Bodens. ²Bei der landwirtschaftlichen Nutzung ist dabei die Betriebsgröße in EGE nach § 163 Abs. 3 Satz 4 Nr. 1 bis 3 zu berücksichtigen. ³Der danach maßgebliche Pachtpreis ergibt sich jeweils aus der Spalte 5 der Anlagen 14, 15 und 17 sowie aus der Spalte 4 der Anlagen 16 und 18 und ist mit den Eigentumsflächen zu vervielfältigen.

(3) Der Kapitalisierungszinssatz des regionalen Pachtpreises beträgt 5,5 Prozent und der Kapitalisierungsfaktor beträgt 18,6.

(4) ¹Der Wert für die übrigen Wirtschaftsgüter im Sinne des § 158 Abs. 3 Satz 1 Nr. 2 bis 5 (Besatzkapital) bestimmt sich nach der Nutzung, dem Nutzungsteil und der Nutzungsart des Grund und Bodens. ²Bei der landwirtschaftlichen Nutzung ist dabei die Betriebsgröße in EGE nach § 163 Abs. 3 Satz 4 Nr. 1 bis 3 zu berücksichtigen. ³Der danach maßgebliche Wert für das Besatzkapital ergibt sich jeweils aus der Spalte 6 der Anlagen 14, 15a und 17 sowie aus der Spalte 5 der Anlagen 16 und 18 und ist mit den selbst bewirtschafteten Flächen zu vervielfältigen.

(5) Der Kapitalisierungszinssatz für die übrigen Wirtschaftsgüter (§ 158 Abs. 3 Satz 1 Nr. 2 bis 5) beträgt 5,5 Prozent und der Kapitalisierungsfaktor beträgt 18,6.

(6) ¹Der kapitalisierte Wert für den Grund und Boden und der kapitalisierte Wert für die übrigen Wirtschaftsgüter sind um die damit in wirtschaftlichem Zusammenhang stehenden Verbindlichkeiten zu mindern. ²Der Mindestwert, der sich hiernach ergibt, darf nicht weniger als 0 Euro betragen.

(7) Das Bundesministerium der Finanzen wird ermächtigt, durch Rechtsverordnung mit Zustimmung des Bundesrates die Anlagen 14 bis 18 zu diesem Gesetz dadurch zu ändern, dass es die darin aufgeführten Pachtpreise und Werte für das Besatzkapital turnusmäßig an die Ergebnisse der Erhebungen nach § 2 des Landwirtschaftsgesetzes anpasst.

## § 165 Bewertung des Wirtschaftsteils mit dem Fortführungswert

(1) Der Wert des Wirtschaftsteils wird aus der Summe der nach § 163 zu ermittelnden Wirtschaftswerte gebildet.

(2) Der für einen Betrieb der Land- und Forstwirtschaft anzusetzende Wert des Wirtschaftsteils darf nicht geringer sein als der nach § 164 ermittelte Mindestwert.

(3) Weist der Steuerpflichtige nach, dass der gemeine Wert des Wirtschaftsteils niedriger ist als der nach den Absätzen 1 und 2 ermittelte Wert, ist dieser Wert anzusetzen; § 166 ist zu beachten.

### § 166 Bewertung des Wirtschaftsteils mit dem Liquidationswert[1)]

(1) Im Falle des § 162 Abs. 3 oder Abs. 4 ist der Liquidationswert nach Absatz 2 zu ermitteln und tritt mit Wirkung für die Vergangenheit an die Stelle des bisherigen Wertansatzes.

(2)[2)] Bei der Ermittlung des jeweiligen Liquidationswerts nach Absatz 1

1. ist der Grund und Boden im Sinne des § 158 Abs. 3 Satz 1 Nr. 1 mit den zuletzt vor dem Bewertungsstichtag ermittelten Bodenrichtwerten zu bewerten. ²§ 179 Satz 2 bis 4 gilt entsprechend. ³Zur Berücksichtigung der Liquidationskosten ist der ermittelte Bodenwert um 10 Prozent zu mindern;
2. sind die übrigen Wirtschaftsgüter im Sinne des § 158 Abs. 3 Satz 1 Nr. 2 bis 5 mit ihrem gemeinen Wert zu bewerten. ²Zur Berücksichtigung der Liquidationskosten sind die ermittelten Werte um 10 Prozent zu mindern.

### § 167 Bewertung der Betriebswohnungen und des Wohnteils

(1) Die Bewertung der Betriebswohnungen und des Wohnteils erfolgt nach den Vorschriften, die für die Bewertung von Wohngrundstücken im Grundvermögen (§§ 182 bis 196) gelten.

(2) Für die Abgrenzung der Betriebswohnungen und des Wohnteils vom Wirtschaftsteil ist höchstens das Fünffache der jeweils bebauten Fläche zu Grunde zu legen.

(3) Zur Berücksichtigung von Besonderheiten, die sich im Falle einer engen räumlichen Verbindung von Wohnraum mit dem Betrieb ergeben, ist der Wert des Wohnteils und der Wert der Betriebswohnungen nach den Absätzen 1 und 2 um 15 Prozent zu ermäßigen.

(4) ¹Weist der Steuerpflichtige nach, dass der gemeine Wert des Wohnteils oder der Betriebswohnungen niedriger ist als der sich nach den Absätzen 1 bis 3 ergebende Wert, ist der gemeine Wert anzusetzen. ²Für den Nachweis des niedrigeren gemeinen Werts gelten grundsätzlich die auf Grund des § 199 Abs. 1 des Baugesetzbuchs erlassenen Vorschriften.

### § 168 Grundbesitzwert des Betriebs der Land- und Forstwirtschaft

(1) Der Grundbesitzwert eines Betriebs der Land- und Forstwirtschaft besteht aus
1. dem Wert des Wirtschaftsteils (§ 160 Abs. 2),
2. dem Wert der Betriebswohnungen (§ 160 Abs. 8) abzüglich der damit im unmittelbaren wirtschaftlichen Zusammenhang stehenden Verbindlichkeiten,
3. dem Wert des Wohnteils (§ 160 Abs. 9) abzüglich der damit im unmittelbaren wirtschaftlichen Zusammenhang stehenden Verbindlichkeiten.

(2) Der Grundbesitzwert für Stückländereien als Betrieb der Land- und Forstwirtschaft (§ 160 Abs. 7) besteht nur aus dem Wert des Wirtschaftsteils.

(3) Der Grundbesitzwert für einen Anteil an einem Betrieb der Land- und Forstwirtschaft im Sinne des § 158 Abs. 2 Satz 2 ist nach den Absätzen 4 bis 6 aufzuteilen.

(4) ¹Der Wert des Wirtschaftsteils ist nach den beim Mindestwert (§ 164) zu Grunde gelegten Verhältnissen aufzuteilen. ²Dabei ist
1. der Wert des Grund und Bodens und der Wirtschaftsgebäude oder ein Anteil daran (§ 158 Abs. 3 Satz 1 Nr. 1 und 2) dem jeweiligen Eigentümer zuzurechnen. ²Im Falle des Gesamthandseigentums ist der Wert des Grund und Bodens nach der Höhe der gesellschaftsrechtlichen Beteiligung aufzuteilen;

---

1) **Anm. d. Red.:** § 166 Abs. 2 i. d. F. des Gesetzes v. 7. 12. 2011 (BGBl I S. 2592) mit Wirkung v. 14. 12. 2011.
2) **Anm. d. Red.:** Zur Anwendung des § 166 Abs. 2 siehe § 205 Abs. 3.

2. der Wert der übrigen Wirtschaftsgüter (§ 158 Abs. 3 Satz 1 Nr. 3 bis 5) nach dem Wertverhältnis der dem Betrieb zur Verfügung gestellten Wirtschaftsgüter aufzuteilen. ²Im Falle des Gesamthandseigentums ist der Wert der übrigen Wirtschaftsgüter nach der Höhe der gesellschaftsrechtlichen Beteiligung aufzuteilen;
3. der Wert der zu berücksichtigenden Verbindlichkeiten (§ 164 Abs. 4) dem jeweiligen Schuldner zuzurechnen. ²Im Falle des Gesamthandseigentums ist der Wert der zu berücksichtigenden Verbindlichkeiten nach der Höhe der gesellschaftsrechtlichen Beteiligung aufzuteilen.

(5) ¹Der Wert für die Betriebswohnungen ist dem jeweiligen Eigentümer zuzurechnen. ²Im Falle des Gesamthandseigentums ist der Wert nach der Höhe der gesellschaftsrechtlichen Beteiligung aufzuteilen.

(6) ¹Der Wert für den Wohnteil ist dem jeweiligen Eigentümer zuzurechnen. ²Im Falle des Gesamthandseigentums ist der Wert nach der Höhe der gesellschaftsrechtlichen Beteiligung aufzuteilen.

## II. Besonderer Teil

### a) Landwirtschaftliche Nutzung

### § 169 Tierbestände

(1) ¹Tierbestände gehören in vollem Umfang zur landwirtschaftlichen Nutzung, wenn im Wirtschaftsjahr

| | | | | |
|---|---|---|---|---|
| für die ersten | 20 Hektar | nicht mehr als | 10 | Vieheinheiten |
| für die nächsten | 10 Hektar | nicht mehr als | 7 | Vieheinheiten |
| für die nächsten | 20 Hektar | nicht mehr als | 6 | Vieheinheiten |
| für die nächsten | 50 Hektar | nicht mehr als | 3 | Vieheinheiten |
| und für die weitere Fläche | | nicht mehr als | 1,5 | Vieheinheiten |

je Hektar der vom Inhaber des Betriebs regelmäßig landwirtschaftlich genutzten Flächen erzeugt oder gehalten werden. ²Die Tierbestände sind nach dem Futterbedarf in Vieheinheiten umzurechnen.

(2) ¹Übersteigt die Anzahl der Vieheinheiten nachhaltig die in Absatz 1 bezeichnete Grenze, so gehören nur die Zweige des Tierbestands zur landwirtschaftlichen Nutzung, deren Vieheinheiten zusammen diese Grenze nicht überschreiten. ²Zunächst sind mehr flächenabhängige Zweige des Tierbestands und danach weniger flächenabhängige Zweige des Tierbestands zur landwirtschaftlichen Nutzung zu rechnen. ³Innerhalb jeder dieser Gruppen sind zuerst Zweige des Tierbestands mit der geringeren Anzahl von Vieheinheiten und dann Zweige mit der größeren Anzahl von Vieheinheiten zur landwirtschaftlichen Nutzung zu rechnen. ⁴Der Tierbestand des einzelnen Zweiges wird nicht aufgeteilt.

(3) ¹Als Zweig des Tierbestands gilt bei jeder Tierart für sich
1. das Zugvieh,
2. das Zuchtvieh,
3. das Mastvieh und
4. das übrige Nutzvieh.

²Das Zuchtvieh einer Tierart gilt nur dann als besonderer Zweig des Tierbestands, wenn die erzeugten Jungtiere überwiegend zum Verkauf bestimmt sind. ³Ist das nicht der Fall, so ist das Zuchtvieh dem Zweig des Tierbestands zuzurechnen, dem es überwiegend dient.

(4) ¹Die Absätze 1 bis 3 gelten nicht für Pelztiere. ²Pelztiere gehören nur dann zur landwirtschaftlichen Nutzung, wenn die erforderlichen Futtermittel überwiegend von den vom Inhaber des Betriebs landwirtschaftlich genutzter Flächen gewonnen werden.

(5) ¹Für die Umrechnung der Tierbestände in Vieheinheiten sowie für die Gruppen der mehr flächenabhängigen oder weniger flächenabhängigen Zweige des Tierbestands sind die in den Anlagen 19 und 20 aufgeführten Werte maßgebend. ²Das Bundesministerium der Finanzen wird ermächtigt, durch Rechtsverordnung mit Zustimmung des Bundesrates die Anlagen 19 und 20 zu diesem Gesetz dadurch zu ändern, dass der darin aufgeführte Umrechnungsschlüssel und die Gruppen der Zweige eines Tierbestands an geänderte wirtschaftliche oder technische Entwicklungen angepasst werden können.

### § 170 Umlaufende Betriebsmittel

Bei landwirtschaftlichen Betrieben zählen die umlaufenden Betriebsmittel nur soweit zum normalen Bestand, als der Durchschnitt der letzten fünf Jahre nicht überschritten wird.

### b) Forstwirtschaftliche Nutzung

### § 171 Umlaufende Betriebsmittel

¹Eingeschlagenes Holz gehört zum normalen Bestand an umlaufenden Betriebsmitteln, soweit es den jährlichen Nutzungssatz nicht übersteigt. ²Bei Betrieben, die nicht jährlich einschlagen (aussetzende Betriebe), tritt an die Stelle des jährlichen Nutzungssatzes ein den Betriebsverhältnissen entsprechender mehrjähriger Nutzungssatz.

### § 172 Abweichender Bewertungsstichtag

Bei der forstwirtschaftlichen Nutzung sind abweichend von § 161 Abs. 1 für den Umfang und den Zustand des Bestands an nicht eingeschlagenem Holz die Verhältnisse am Ende des Wirtschaftsjahres zu Grunde zu legen, das dem Bewertungsstichtag vorangegangen ist.

### c) Weinbauliche Nutzung

### § 173 Umlaufende Betriebsmittel

(1) Bei ausbauenden Betrieben zählen die Vorräte an Weinen aus den Ernten der letzten fünf Jahre vor dem Bewertungsstichtag zum normalen Bestand an umlaufenden Betriebsmitteln.

(2) Abschläge für Unterbestand an Weinvorräten sind nicht zu machen.

### d) Gärtnerische Nutzung

### § 174 Abweichende Bewertungsverhältnisse

(1) ¹Die durch Anbau von Baumschulgewächsen genutzte Betriebsfläche wird nach § 161 Abs. 1 bestimmt. ²Dabei sind die zum 15. September feststellbaren Bewirtschaftungsverhältnisse zu Grunde zu legen, die dem Bewertungsstichtag vorangegangen sind.

(2) ¹Die durch Anbau von Gemüse, Blumen und Zierpflanzen genutzte Betriebsfläche wird nach § 161 Abs. 1 bestimmt. ²Dabei sind die zum 30. Juni feststellbaren Bewirtschaftungsverhältnisse zu Grunde zu legen, die dem Bewertungsstichtag vorangegangen sind.

(3) Sind die Bewirtschaftungsverhältnisse nicht feststellbar, richtet sich die Einordnung der Flächen nach der vorgesehenen Nutzung.

### e) Übrige land- und forstwirtschaftliche Nutzungen

### § 175 Übrige land- und forstwirtschaftliche Nutzungen

(1) Zu den übrigen land- und forstwirtschaftlichen Nutzungen gehören
1. die Sondernutzungen Hopfen, Spargel, Tabak und andere Sonderkulturen,
2. die sonstigen land- und forstwirtschaftlichen Nutzungen.

(2) Zu den sonstigen land- und forstwirtschaftlichen Nutzungen gehören insbesondere
1. die Binnenfischerei,
2. die Teichwirtschaft,
3. die Fischzucht für Binnenfischerei und Teichwirtschaft,
4. die Imkerei,
5. die Wanderschäferei,
6. die Saatzucht,
7. der Pilzanbau,
8. die Produktion von Nützlingen,
9. die Weihnachtsbaumkulturen.

## C. Grundvermögen

### I. Allgemeines

### § 176 Grundvermögen

(1) Zum Grundvermögen gehören
1. der Grund und Boden, die Gebäude, die sonstigen Bestandteile und das Zubehör,
2. das Erbbaurecht,
3. das Wohnungseigentum, Teileigentum, Wohnungserbbaurecht und Teilerbbaurecht nach dem Wohnungseigentumsgesetz,

soweit es sich nicht um land- und forstwirtschaftliches Vermögen (§§ 158 und 159) oder um Betriebsgrundstücke (§ 99) handelt.

(2) In das Grundvermögen sind nicht einzubeziehen
1. Bodenschätze,
2. die Maschinen und sonstigen Vorrichtungen aller Art, die zu einer Betriebsanlage gehören (Betriebsvorrichtungen), auch wenn sie wesentliche Bestandteile sind. ²Einzubeziehen sind jedoch die Verstärkungen von Decken und die nicht ausschließlich zu einer Betriebsanlage gehörenden Stützen und sonstigen Bauteile wie Mauervorlagen und Verstrebungen.

### § 177 Bewertung

Den Bewertungen nach den §§ 179 und 182 bis 196 ist der gemeine Wert (§ 9) zu Grunde zu legen.

### II. Unbebaute Grundstücke

### § 178 Begriff der unbebauten Grundstücke

(1) ¹Unbebaute Grundstücke sind Grundstücke, auf denen sich keine benutzbaren Gebäude befinden. ²Die Benutzbarkeit beginnt im Zeitpunkt der Bezugsfertigkeit. ³Gebäude sind als bezugsfertig anzusehen, wenn den zukünftigen Bewohnern oder sonstigen Benutzern zugemutet werden kann, sie zu benutzen; die Abnahme durch die Bauaufsichtsbehörde ist nicht entscheidend.

(2) ¹Befinden sich auf dem Grundstück Gebäude, die auf Dauer keiner Nutzung zugeführt werden können, gilt das Grundstück als unbebaut. ²Als unbebaut gilt auch ein Grundstück, auf dem infolge von Zerstörung oder Verfall der Gebäude auf Dauer kein benutzbarer Raum mehr vorhanden ist.

## § 179 Bewertung der unbebauten Grundstücke[1)2)]

¹Der Wert unbebauter Grundstücke bestimmt sich regelmäßig nach ihrer Fläche und den Bodenrichtwerten (§ 196 des Baugesetzbuchs). ²Die Bodenrichtwerte sind von den Gutachterausschüssen nach dem Baugesetzbuch zu ermitteln und den Finanzämtern mitzuteilen. ³Bei der Wertermittlung ist stets der Bodenrichtwert anzusetzen, der vom Gutachterausschuss zuletzt zu ermitteln war. ⁴Wird von den Gutachterausschüssen kein Bodenrichtwert ermittelt, ist der Bodenwert aus den Werten vergleichbarer Flächen abzuleiten.

## III. Bebaute Grundstücke

## § 180 Begriff der bebauten Grundstücke

(1) ¹Bebaute Grundstücke sind Grundstücke, auf denen sich benutzbare Gebäude befinden. ²Wird ein Gebäude in Bauabschnitten errichtet, ist der fertiggestellte Teil als benutzbares Gebäude anzusehen.

(2) Als Grundstück im Sinne des Absatzes 1 gilt auch ein Gebäude, das auf fremdem Grund und Boden errichtet oder in sonstigen Fällen einem anderen als dem Eigentümer des Grund und Bodens zuzurechnen ist, selbst wenn es wesentlicher Bestandteil des Grund und Bodens geworden ist.

## § 181 Grundstücksarten

(1) Bei der Bewertung bebauter Grundstücke sind die folgenden Grundstücksarten zu unterscheiden:

1. Ein- und Zweifamilienhäuser,
2. Mietwohngrundstücke,
3. Wohnungs- und Teileigentum,
4. Geschäftsgrundstücke,
5. gemischt genutzte Grundstücke und
6. sonstige bebaute Grundstücke.

(2) ¹Ein- und Zweifamilienhäuser sind Wohngrundstücke, die bis zu zwei Wohnungen enthalten und kein Wohnungseigentum sind. ²Ein Grundstück gilt auch dann als Ein- oder Zweifamilienhaus, wenn es zu weniger als 50 Prozent, berechnet nach der Wohn- oder Nutzfläche, zu anderen als Wohnzwecken mitbenutzt und dadurch die Eigenart als Ein- oder Zweifamilienhaus nicht wesentlich beeinträchtigt wird.

(3) Mietwohngrundstücke sind Grundstücke, die zu mehr als 80 Prozent, berechnet nach der Wohn- oder Nutzfläche, Wohnzwecken dienen, und nicht Ein- und Zweifamilienhäuser oder Wohnungseigentum sind.

(4) Wohnungseigentum ist das Sondereigentum an einer Wohnung in Verbindung mit dem Miteigentumsanteil an dem gemeinschaftlichen Eigentum, zu dem es gehört.

(5) Teileigentum ist das Sondereigentum an nicht zu Wohnzwecken dienenden Räumen eines Gebäudes in Verbindung mit dem Miteigentum an dem gemeinschaftlichen Eigentum, zu dem es gehört.

(6) Geschäftsgrundstücke sind Grundstücke, die zu mehr als 80 Prozent, berechnet nach der Wohn- und Nutzfläche, eigenen oder fremden betrieblichen oder öffentlichen Zwecken dienen und nicht Teileigentum sind.

(7) Gemischt genutzte Grundstücke sind Grundstücke, die teils Wohnzwecken, teils eigenen oder fremden betrieblichen oder öffentlichen Zwecken dienen und nicht Ein- und Zweifamilien-

---

1) **Anm. d. Red.:** § 179 i. d. F. des Gesetzes v. 7.12.2011 (BGBl I S. 2592) mit Wirkung v. 14.12.2011.
2) **Anm. d. Red.:** Zur Anwendung des § 179 siehe § 205 Abs. 3.

häuser, Mietwohngrundstücke, Wohnungseigentum, Teileigentum oder Geschäftsgrundstücke sind.

(8) Sonstige bebaute Grundstücke sind solche Grundstücke, die nicht unter die Absätze 2 bis 7 fallen.

(9) ¹Eine Wohnung ist die Zusammenfassung einer Mehrheit von Räumen, die in ihrer Gesamtheit so beschaffen sein müssen, dass die Führung eines selbständigen Haushalts möglich ist. ²Die Zusammenfassung einer Mehrheit von Räumen muss eine von anderen Wohnungen oder Räumen, insbesondere Wohnräumen, baulich getrennte, in sich abgeschlossene Wohneinheit bilden und einen selbständigen Zugang haben. ³Außerdem ist erforderlich, dass die für die Führung eines selbständigen Haushalts notwendigen Nebenräume (Küche, Bad oder Dusche, Toilette) vorhanden sind. ⁴Die Wohnfläche muss mindestens 23 Quadratmeter (m²) betragen.

### § 182 Bewertung der bebauten Grundstücke

(1) Der Wert der bebauten Grundstücke ist nach dem Vergleichswertverfahren (Absatz 2 und § 183), dem Ertragswertverfahren (Absatz 3 und §§ 184 bis 188) oder dem Sachwertverfahren (Absatz 4 und §§ 189 bis 191) zu ermitteln.

(2) Im Vergleichswertverfahren sind grundsätzlich zu bewerten

1. Wohnungseigentum,
2. Teileigentum,
3. Ein- und Zweifamilienhäuser.

(3) Im Ertragswertverfahren sind zu bewerten

1. Mietwohngrundstücke,
2. Geschäftsgrundstücke und gemischt genutzte Grundstücke, für die sich auf dem örtlichen Grundstücksmarkt eine übliche Miete ermitteln lässt.

(4) Im Sachwertverfahren sind zu bewerten

1. Grundstücke im Sinne des Absatzes 2, wenn kein Vergleichswert vorliegt,
2. Geschäftsgrundstücke und gemischt genutzte Grundstücke mit Ausnahme der in Absatz 3 Nr. 2 genannten Grundstücke,
3. sonstige bebaute Grundstücke.

### § 183 Bewertung im Vergleichswertverfahren

(1) ¹Bei Anwendung des Vergleichswertverfahrens sind Kaufpreise von Grundstücken heranzuziehen, die hinsichtlich der ihren Wert beeinflussenden Merkmale mit dem zu bewertenden Grundstück hinreichend übereinstimmen (Vergleichsgrundstücke). ²Grundlage sind vorrangig die von den Gutachterausschüssen im Sinne der §§ 192 ff. des Baugesetzbuchs mitgeteilten Vergleichspreise.

(2) ¹Anstelle von Preisen für Vergleichsgrundstücke können von den Gutachterausschüssen für geeignete Bezugseinheiten, insbesondere Flächeneinheiten des Gebäudes, ermittelte und mitgeteilte Vergleichsfaktoren herangezogen werden. ²Bei Verwendung von Vergleichsfaktoren, die sich nur auf das Gebäude beziehen, ist der Bodenwert nach § 179 gesondert zu berücksichtigen.

(3) Besonderheiten, insbesondere die den Wert beeinflussenden Belastungen privatrechtlicher und öffentlich-rechtlicher Art, werden im Vergleichswertverfahren nach den Absätzen 1 und 2 nicht berücksichtigt.

### § 184 Bewertung im Ertragswertverfahren

(1) Bei Anwendung des Ertragswertverfahrens ist der Wert der Gebäude (Gebäudeertragswert) getrennt von dem Bodenwert auf der Grundlage des Ertrags nach § 185 zu ermitteln.

(2) Der Bodenwert ist der Wert des unbebauten Grundstücks nach § 179.

(3) ¹Der Bodenwert und der Gebäudeertragswert (§ 185) ergeben den Ertragswert des Grundstücks. ²Es ist mindestens der Bodenwert anzusetzen. ³Sonstige bauliche Anlagen, insbesondere Außenanlagen, sind regelmäßig mit dem Ertragswert des Gebäudes abgegolten.

## § 185 Ermittlung des Gebäudeertragswerts

(1) ¹Bei der Ermittlung des Gebäudeertragswerts ist von dem Reinertrag des Grundstücks auszugehen. ²Dieser ergibt sich aus dem Rohertrag des Grundstücks (§ 186) abzüglich der Bewirtschaftungskosten (§ 187).

(2) ¹Der Reinertrag des Grundstücks ist um den Betrag zu vermindern, der sich durch eine angemessene Verzinsung des Bodenwerts ergibt; dies ergibt den Gebäudereinertrag. ²Der Verzinsung des Bodenwerts ist der Liegenschaftszinssatz (§ 188) zu Grunde zu legen. ³Ist das Grundstück wesentlich größer, als es einer den Gebäuden angemessenen Nutzung entspricht, und ist eine zusätzliche Nutzung oder Verwertung einer Teilfläche zulässig und möglich, ist bei der Berechnung des Verzinsungsbetrags der Bodenwert dieser Teilfläche nicht zu berücksichtigen.

(3) ¹Der Gebäudereinertrag ist mit dem sich aus der Anlage 21 ergebenden Vervielfältiger zu kapitalisieren. ²Maßgebend für den Vervielfältiger sind der Liegenschaftszinssatz und die Restnutzungsdauer des Gebäudes. ³Die Restnutzungsdauer wird grundsätzlich aus dem Unterschiedsbetrag zwischen der wirtschaftlichen Gesamtnutzungsdauer, die sich aus der Anlage 22 ergibt, und dem Alter des Gebäudes am Bewertungsstichtag ermittelt. ⁴Sind nach Bezugsfertigkeit des Gebäudes Veränderungen eingetreten, die die wirtschaftliche Gesamtnutzungsdauer des Gebäudes verlängert oder verkürzt haben, ist von einer der Verlängerung oder Verkürzung entsprechenden Restnutzungsdauer auszugehen. ⁵Die Restnutzungsdauer eines noch nutzbaren Gebäudes beträgt regelmäßig mindestens 30 Prozent der wirtschaftlichen Gesamtnutzungsdauer.

## § 186 Rohertrag des Grundstücks

(1) ¹Rohertrag ist das Entgelt, das für die Benutzung des bebauten Grundstücks nach den am Bewertungsstichtag geltenden vertraglichen Vereinbarungen für den Zeitraum von zwölf Monaten zu zahlen ist. ²Umlagen, die zur Deckung der Betriebskosten gezahlt werden, sind nicht anzusetzen.

(2) ¹Für Grundstücke oder Grundstücksteile,
1. die eigengenutzt, ungenutzt, zu vorübergehendem Gebrauch oder unentgeltlich überlassen sind,
2. die der Eigentümer dem Mieter zu einer um mehr als 20 Prozent von der üblichen Miete abweichenden tatsächlichen Miete überlassen hat,

ist die übliche Miete anzusetzen. ²Die übliche Miete ist in Anlehnung an die Miete zu schätzen, die für Räume gleicher oder ähnlicher Art, Lage und Ausstattung regelmäßig gezahlt wird. ³Betriebskosten sind nicht einzubeziehen.

## § 187 Bewirtschaftungskosten

(1) Bewirtschaftungskosten sind die bei gewöhnlicher Bewirtschaftung nachhaltig entstehenden Verwaltungskosten, Betriebskosten, Instandhaltungskosten und das Mietausfallwagnis; durch Umlagen gedeckte Betriebskosten bleiben unberücksichtigt.

(2) ¹Die Bewirtschaftungskosten sind nach Erfahrungssätzen anzusetzen. ²Soweit von den Gutachterausschüssen im Sinne der §§ 192 ff. des Baugesetzbuchs keine geeigneten Erfahrungssätze zur Verfügung stehen, ist von den pauschalierten Bewirtschaftungskosten nach Anlage 23 auszugehen.

## § 188 Liegenschaftszinssatz

(1) Der Liegenschaftszinssatz ist der Zinssatz, mit dem der Verkehrswert von Grundstücken im Durchschnitt marktüblich verzinst wird.

(2) ¹Anzuwenden sind die von den Gutachterausschüssen im Sinne der §§ 192 ff. des Baugesetzbuchs ermittelten örtlichen Liegenschaftszinssätze. ²Soweit von den Gutachterausschüssen keine geeigneten Liegenschaftszinssätze zur Verfügung stehen, gelten die folgenden Zinssätze:
1. 5 Prozent für Mietwohngrundstücke,
2. 5,5 Prozent für gemischt genutzte Grundstücke mit einem gewerblichen Anteil von bis zu 50 Prozent, berechnet nach der Wohn- und Nutzfläche,
3. 6 Prozent für gemischt genutzte Grundstücke mit einem gewerblichen Anteil von mehr als 50 Prozent, berechnet nach der Wohn- und Nutzfläche, und
4. 6,5 Prozent für Geschäftsgrundstücke.

### § 189 Bewertung im Sachwertverfahren

(1) ¹Bei Anwendung des Sachwertverfahrens ist der Wert der Gebäude (Gebäudesachwert) getrennt vom Bodenwert nach § 190 zu ermitteln. ²Sonstige bauliche Anlagen, insbesondere Außenanlagen, und der Wert der sonstigen Anlagen sind regelmäßig mit dem Gebäudewert und dem Bodenwert abgegolten.

(2) Der Bodenwert ist der Wert des unbebauten Grundstücks nach § 179.

(3) ¹Der Bodenwert und der Gebäudesachwert (§ 190) ergeben den vorläufigen Sachwert des Grundstücks. ²Dieser ist zur Anpassung an den gemeinen Wert mit einer Wertzahl nach § 191 zu multiplizieren.

### § 190 Ermittlung des Gebäudesachwerts[1)2)]

(1) ¹Bei der Ermittlung des Gebäudesachwerts ist von den Regelherstellungskosten des Gebäudes auszugehen. ²Regelherstellungskosten sind die gewöhnlichen Herstellungskosten je Flächeneinheit. ³Durch Multiplikation der jeweiligen nach Absatz 2 an den Bewertungsstichtag angepassten Regelherstellungskosten mit der Brutto-Grundfläche des Gebäudes ergibt sich der Gebäuderegelherstellungswert. ⁴Die Regelherstellungskosten sind in der Anlage 24 enthalten.

(2) ¹Die Anpassung der Regelherstellungskosten erfolgt anhand der vom Statistischen Bundesamt veröffentlichten Baupreisindizes. ²Dabei ist auf die Preisindizes für die Bauwirtschaft abzustellen, die das Statistische Bundesamt für den Neubau in konventioneller Bauart von Wohn- und Nichtwohngebäuden jeweils als Jahresdurchschnitt ermittelt. ³Diese Preisindizes sind für alle Bewertungsstichtage des folgenden Kalenderjahres anzuwenden. ⁴Das Bundesministerium der Finanzen veröffentlicht die maßgebenden Baupreisindizes im Bundessteuerblatt.

(3) Das Bundesministerium der Finanzen wird ermächtigt, durch Rechtsverordnung mit Zustimmung des Bundesrates die Anlage 24 zu diesem Gesetz dadurch zu ändern, dass es die darin aufgeführten Regelherstellungskosten nach Maßgabe marktüblicher gewöhnlicher Herstellungskosten aktualisiert, soweit dies zur Ermittlung des gemeinen Werts erforderlich ist.

(4) ¹Vom Gebäuderegelherstellungswert ist eine Alterswertminderung abzuziehen. ²Diese wird regelmäßig nach dem Verhältnis des Alters des Gebäudes am Bewertungsstichtag zur wirtschaftlichen Gesamtnutzungsdauer nach Anlage 22 bestimmt. ³Sind nach Bezugsfertigkeit des Gebäudes Veränderungen eingetreten, die die wirtschaftliche Gesamtnutzungsdauer des Gebäudes verlängert haben, so ist von einem entsprechenden späteren Baujahr auszugehen. ⁴Bei bestehender Abbruchverpflichtung für das Gebäude ist bei der Ermittlung der Alterswertminderung von der tatsächlichen Gesamtnutzungsdauer des Gebäudes auszugehen. ⁵Der nach Abzug der Alterswertminderung verbleibende Gebäudewert ist regelmäßig mit mindestens 30 Prozent des Gebäuderegelherstellungswerts anzusetzen.

---

1) **Anm. d. Red.:** § 190 i. d. F. des Gesetzes v. 2. 11. 2015 (BGBl I S. 1834) mit Wirkung v. 6. 11. 2015.
2) **Anm. d. Red.:** Zur Anwendung des § 190 siehe § 205 Abs. 10.

## § 191 Wertzahlen

(1) Als Wertzahlen im Sinne des § 189 Abs. 3 sind die Sachwertfaktoren anzuwenden, die von den Gutachterausschüssen im Sinne der §§ 192 ff. des Baugesetzbuchs für das Sachwertverfahren bei der Verkehrswertermittlung abgeleitet wurden.

(2) Soweit von den Gutachterausschüssen keine geeigneten Sachwertfaktoren zur Verfügung stehen, sind die in der Anlage 25 bestimmten Wertzahlen zu verwenden.

## IV. Sonderfälle

### § 192 Bewertung in Erbbaurechtsfällen[1)2)]

¹Ist das Grundstück mit einem Erbbaurecht belastet, sind die Werte für die wirtschaftliche Einheit Erbbaurecht (§ 193) und für die wirtschaftliche Einheit des belasteten Grundstücks (§ 194) gesondert zu ermitteln. ²Mit der Bewertung des Erbbaurechts (§ 193) ist die Verpflichtung zur Zahlung des Erbbauzinses und mit der Bewertung des Erbbaurechtsgrundstücks (§ 194) ist das Recht auf den Erbbauzins abgegolten; die hiernach ermittelten Grundbesitzwerte dürfen nicht weniger als 0 Euro betragen.

### § 193 Bewertung des Erbbaurechts

(1) Der Wert des Erbbaurechts ist im Vergleichswertverfahren nach § 183 zu ermitteln, wenn für das zu bewertende Erbbaurecht Vergleichskaufpreise oder aus Kaufpreisen abgeleitete Vergleichsfaktoren vorliegen.

(2) In allen anderen Fällen setzt sich der Wert des Erbbaurechts zusammen aus einem Bodenwertanteil nach Absatz 3 und einem Gebäudewertanteil nach Absatz 5.

(3) ¹Der Bodenwertanteil ergibt sich aus der Differenz zwischen
1. dem angemessenen Verzinsungsbetrag des Bodenwerts des unbelasteten Grundstücks nach Absatz 4 und
2. dem vertraglich vereinbarten jährlichen Erbbauzins.

²Der so ermittelte Unterschiedsbetrag ist über die Restlaufzeit des Erbbaurechts mit dem sich aus Anlage 21 ergebenden Vervielfältiger zu kapitalisieren.

(4) ¹Der angemessene Verzinsungsbetrag des Bodenwerts des unbelasteten Grundstücks ergibt sich durch Anwendung des Liegenschaftszinssatzes, der von den Gutachterausschüssen im Sinne der §§ 192 ff. des Baugesetzbuchs ermittelt wurde, auf den Bodenwert nach § 179. ²Soweit von den Gutachterausschüssen keine geeigneten Liegenschaftszinssätze zur Verfügung stehen, gelten die folgenden Zinssätze:
1. 3 Prozent für Ein- und Zweifamilienhäuser und Wohnungseigentum, das wie Ein- und Zweifamilienhäuser gestaltet ist,
2. 5 Prozent für Mietwohngrundstücke und Wohnungseigentum, das nicht unter Nummer 1 fällt,
3. 5,5 Prozent für gemischt genutzte Grundstücke mit einem gewerblichen Anteil von bis zu 50 Prozent, berechnet nach der Wohn- und Nutzfläche, sowie sonstige bebaute Grundstücke,
4. 6 Prozent für gemischt genutzte Grundstücke mit einem gewerblichen Anteil von mehr als 50 Prozent, berechnet nach der Wohn- und Nutzfläche, und
5. 6,5 Prozent für Geschäftsgrundstücke und Teileigentum.

(5) ¹Der Gebäudewertanteil ist bei der Bewertung des bebauten Grundstücks im Ertragswertverfahren der Gebäudeertragswert nach § 185, bei der Bewertung im Sachwertverfahren der

---

1) **Anm. d. Red.:** § 192 i. d. F. des Gesetzes v. 7. 12. 2011 (BGBl I S. 2592) mit Wirkung v. 14. 12. 2011.
2) **Anm. d. Red.:** Zur Anwendung des § 192 siehe § 205 Abs. 3.

Gebäudesachwert nach § 190. ²Ist der bei Ablauf des Erbbaurechts verbleibende Gebäudewert nicht oder nur teilweise zu entschädigen, ist der Gebäudewertanteil des Erbbaurechts um den Gebäudewertanteil des Erbbaugrundstücks nach § 194 Abs. 4 zu mindern.

### § 194 Bewertung des Erbbaugrundstücks

(1) Der Wert des Erbbaugrundstücks ist im Vergleichswertverfahren nach § 183 zu ermitteln, wenn für das zu bewertende Grundstück Vergleichskaufpreise oder aus Kaufpreisen abgeleitete Vergleichsfaktoren vorliegen.

(2) ¹In allen anderen Fällen bildet der Bodenwertanteil nach Absatz 3 den Wert des Erbbaugrundstücks. ²Dieser ist um einen Gebäudewertanteil nach Absatz 4 zu erhöhen, wenn der Wert des Gebäudes vom Eigentümer des Erbbaugrundstücks nicht oder nur teilweise zu entschädigen ist.

(3) ¹Der Bodenwertanteil ist die Summe des über die Restlaufzeit des Erbbaurechts abgezinsten Bodenwerts nach § 179 und der über diesen Zeitraum kapitalisierten Erbbauzinsen. ²Der Abzinsungsfaktor für den Bodenwert wird in Abhängigkeit vom Zinssatz nach § 193 Abs. 4 und der Restlaufzeit des Erbbaurechts ermittelt; er ist Anlage 26 zu entnehmen. ³Als Erbbauzinsen sind die am Bewertungsstichtag vereinbarten jährlichen Erbbauzinsen anzusetzen; sie sind mit dem sich aus Anlage 21 ergebenden Vervielfältiger zu kapitalisieren.

(4) Der Gebäudewertanteil des Erbbaugrundstücks entspricht dem Gebäudewert oder dem anteiligen Gebäudewert, der dem Eigentümer des Erbbaugrundstücks bei Beendigung des Erbbaurechts durch Zeitablauf entschädigungslos zufällt; er ist nach Maßgabe der Anlage 26 auf den Bewertungsstichtag abzuzinsen.

### § 195 Gebäude auf fremdem Grund und Boden[1)]

(1) In Fällen von Gebäuden auf fremdem Grund und Boden sind die Werte für die wirtschaftliche Einheit des Gebäudes auf fremdem Grund und Boden (Absatz 2) und die wirtschaftliche Einheit des belasteten Grundstücks (Absatz 3) gesondert zu ermitteln.

(2)[2)] ¹Das Gebäude auf fremdem Grund und Boden wird bei einer Bewertung im Ertragswertverfahren mit dem Gebäudeertragswert nach § 185, bei einer Bewertung im Sachwertverfahren mit dem Gebäudesachwert nach § 190 bewertet. ²Ist der Nutzer verpflichtet, das Gebäude bei Ablauf des Nutzungsrechts zu beseitigen, ist bei der Ermittlung des Gebäudeertragswerts der Vervielfältiger nach Anlage 21 anzuwenden, der sich für die am Bewertungsstichtag verbleibende Nutzungsdauer ergibt. ³§ 185 Abs. 3 Satz 5 ist nicht anzuwenden. ⁴Ist in diesen Fällen der Gebäudesachwert zu ermitteln, bemisst sich die Alterswertminderung im Sinne des § 190 Absatz 4 Satz 1 bis 3 nach dem Alter des Gebäudes am Bewertungsstichtag und der tatsächlichen Gesamtnutzungsdauer. ⁵§ 190 Absatz 4 Satz 5 ist nicht anzuwenden.

(3) ¹Der Wert des belasteten Grundstücks ist der auf den Bewertungsstichtag abgezinste Bodenwert nach § 179 zuzüglich des über die Restlaufzeit des Nutzungsrechts kapitalisierten Entgelts. ²Der Abzinsungsfaktor für den Bodenwert wird in Abhängigkeit vom Zinssatz nach § 193 Abs. 4 und der Restlaufzeit des Nutzungsverhältnisses ermittelt; er ist Anlage 26 zu entnehmen. ³Das über die Restlaufzeit des Nutzungsrechts kapitalisierte Entgelt ergibt sich durch Anwendung des Vervielfältigers nach Anlage 21 auf das zum Bewertungsstichtag vereinbarte jährliche Entgelt.

### § 196 Grundstücke im Zustand der Bebauung

(1) ¹Ein Grundstück im Zustand der Bebauung liegt vor, wenn mit den Bauarbeiten begonnen wurde und Gebäude und Gebäudeteile noch nicht bezugsfertig sind. ²Der Zustand der Bebau-

---

1) **Anm. d. Red.:** § 195 Abs. 2 i. d. F. des Gesetzes v. 2. 11. 2015 (BGBl I S. 1834) mit Wirkung v. 6. 11. 2015.

2) **Anm. d. Red.:** Zur Anwendung des § 195 Abs. 2 siehe § 205 Abs. 10.

ung beginnt mit den Abgrabungen oder der Einbringung von Baustoffen, die zur planmäßigen Errichtung des Gebäudes führen.

(2) Die Gebäude oder Gebäudeteile im Zustand der Bebauung sind mit den bereits am Bewertungsstichtag entstandenen Herstellungskosten dem Wert des bislang unbebauten oder bereits bebauten Grundstücks hinzuzurechnen.

### § 197 Gebäude und Gebäudeteile für den Zivilschutz

Gebäude, Teile von Gebäuden und Anlagen, die wegen der in § 1 des Zivilschutzgesetzes vom 25. März 1997 (BGBl I S. 726), das zuletzt durch Artikel 2 des Gesetzes vom 27. April 2004 (BGBl I S. 630) geändert worden ist, in der jeweils geltenden Fassung bezeichneten Zwecke geschaffen worden sind und im Frieden nicht oder nur gelegentlich oder geringfügig für andere Zwecke benutzt werden, bleiben bei der Ermittlung des Grundbesitzwerts außer Betracht.

## V. Nachweis des niedrigeren gemeinen Werts

### § 198 Nachweis des niedrigeren gemeinen Werts

[1]Weist der Steuerpflichtige nach, dass der gemeine Wert der wirtschaftlichen Einheit am Bewertungsstichtag niedriger ist als der nach den §§ 179, 182 bis 196 ermittelte Wert, so ist dieser Wert anzusetzen. [2]Für den Nachweis des niedrigeren gemeinen Werts gelten grundsätzlich die auf Grund des § 199 Abs. 1 des Baugesetzbuchs erlassenen Vorschriften.

## D. Nicht notierte Anteile an Kapitalgesellschaften und Betriebsvermögen

### § 199 Anwendung des vereinfachten Ertragswertverfahrens

(1) Ist der gemeine Wert von Anteilen an einer Kapitalgesellschaft nach § 11 Abs. 2 Satz 2 unter Berücksichtigung der Ertragsaussichten der Kapitalgesellschaft zu ermitteln, kann das vereinfachte Ertragswertverfahren (§ 200) angewendet werden, wenn dieses nicht zu offensichtlich unzutreffenden Ergebnissen führt.

(2) Ist der gemeine Wert des Betriebsvermögens oder eines Anteils am Betriebsvermögen nach § 109 Abs. 1 und 2 in Verbindung mit § 11 Abs. 2 Satz 2 unter Berücksichtigung der Ertragsaussichten des Gewerbebetriebs oder der Gesellschaft zu ermitteln, kann das vereinfachte Ertragswertverfahren (§ 200) angewendet werden, wenn dieses nicht zu offensichtlich unzutreffenden Ergebnissen führt.

### § 200 Vereinfachtes Ertragswertverfahren

(1) Zur Ermittlung des Ertragswerts ist vorbehaltlich der Absätze 2 bis 4 der zukünftig nachhaltig erzielbare Jahresertrag (§§ 201 und 202) mit dem Kapitalisierungsfaktor (§ 203) zu multiplizieren.

(2) Können Wirtschaftsgüter und mit diesen in wirtschaftlichem Zusammenhang stehende Schulden aus dem zu bewertenden Unternehmen im Sinne des § 199 Abs. 1 oder 2 herausgelöst werden, ohne die eigentliche Unternehmenstätigkeit zu beeinträchtigen (nicht betriebsnotwendiges Vermögen), so werden diese Wirtschaftsgüter und Schulden neben dem Ertragswert mit dem eigenständig zu ermittelnden gemeinen Wert oder Anteil am gemeinen Wert angesetzt.

(3) Hält ein zu bewertendes Unternehmen im Sinne des § 199 Abs. 1 oder 2 Beteiligungen an anderen Gesellschaften, die nicht unter Absatz 2 fallen, so werden diese Beteiligungen neben dem Ertragswert mit dem eigenständig zu ermittelnden gemeinen Wert angesetzt.

(4) Innerhalb von zwei Jahren vor dem Bewertungsstichtag eingelegte Wirtschaftsgüter, die nicht unter die Absätze 2 und 3 fallen, und mit diesen im wirtschaftlichen Zusammenhang stehende Schulden werden neben dem Ertragswert mit dem eigenständig zu ermittelnden gemeinen Wert angesetzt.

## § 201 Ermittlung des Jahresertrags

(1) ¹Die Grundlage für die Bewertung bildet der zukünftig nachhaltig zu erzielende Jahresertrag. ²Für die Ermittlung dieses Jahresertrags bietet der in der Vergangenheit tatsächlich erzielte Durchschnittsertrag eine Beurteilungsgrundlage.

(2) ¹Der Durchschnittsertrag ist regelmäßig aus den Betriebsergebnissen (§ 202) der letzten drei vor dem Bewertungsstichtag abgelaufenen Wirtschaftsjahre herzuleiten. ²Das gesamte Betriebsergebnis ist am Bewertungsstichtag noch nicht abgelaufenen Wirtschaftsjahres ist anstelle des drittletzten abgelaufenen Wirtschaftsjahres einzubeziehen, wenn es für die Herleitung des künftig zu erzielenden Jahresertrags von Bedeutung ist. ³Die Summe der Betriebsergebnisse ist durch drei zu dividieren und ergibt den Durchschnittsertrag. ⁴Das Ergebnis stellt den Jahresertrag dar.

(3) ¹Hat sich im Dreijahreszeitraum der Charakter des Unternehmens nach dem Gesamtbild der Verhältnisse nachhaltig verändert oder ist das Unternehmen neu entstanden, ist von einem entsprechend verkürzten Ermittlungszeitraum auszugehen. ²Bei Unternehmen, die durch Umwandlung, durch Einbringung von Betrieben oder Teilbetrieben oder durch Umstrukturierungen entstanden sind, ist bei der Ermittlung des Durchschnittsertrags von den früheren Betriebsergebnissen des Gewerbebetriebs oder der Gesellschaft auszugehen. ³Soweit sich die Änderung der Rechtsform auf den Jahresertrag auswirkt, sind die früheren Betriebsergebnisse entsprechend zu korrigieren.

## § 202 Betriebsergebnis

(1) ¹Zur Ermittlung des Betriebsergebnisses ist von dem Gewinn im Sinne des § 4 Abs. 1 Satz 1 des Einkommensteuergesetzes auszugehen (Ausgangswert); dabei bleiben bei einem Anteil am Betriebsvermögen Ergebnisse aus den Sonderbilanzen und Ergänzungsbilanzen unberücksichtigt. ²Der Ausgangswert ist noch wie folgt zu korrigieren:

1. Hinzuzurechnen sind
   a) Investitionsabzugsbeträge, Sonderabschreibungen oder erhöhte Absetzungen, Bewertungsabschläge, Zuführungen zu steuerfreien Rücklagen sowie Teilwertabschreibungen. ²Es sind nur die normalen Absetzungen für Abnutzung zu berücksichtigen. ³Diese sind nach den Anschaffungs- oder Herstellungskosten bei gleichmäßiger Verteilung über die gesamte betriebsgewöhnliche Nutzungsdauer zu bemessen. ⁴Die normalen Absetzungen für Abnutzung sind auch dann anzusetzen, wenn für die Absetzungen in der Steuerbilanz vom Restwert auszugehen ist, der nach Inanspruchnahme der Sonderabschreibungen oder erhöhten Absetzungen verblieben ist;
   b) Absetzungen auf den Geschäfts- oder Firmenwert oder auf firmenwertähnliche Wirtschaftsgüter;
   c) einmalige Veräußerungsverluste sowie außerordentliche Aufwendungen;
   d) im Gewinn nicht enthaltene Investitionszulagen, soweit in Zukunft mit weiteren zulagebegünstigten Investitionen in gleichem Umfang gerechnet werden kann;
   e) der Ertragsteueraufwand (Körperschaftsteuer, Zuschlagsteuern und Gewerbesteuer);
   f) Aufwendungen, die im Zusammenhang stehen mit Vermögen im Sinne des § 200 Abs. 2 und 4, und übernommene Verluste aus Beteiligungen im Sinne des § 200 Abs. 2 bis 4;
2. abzuziehen sind
   a) gewinnerhöhende Auflösungsbeträge steuerfreier Rücklagen sowie Gewinne aus der Anwendung des § 6 Abs. 1 Nr. 1 Satz 4 und Nr. 2 Satz 3 des Einkommensteuergesetzes;
   b) einmalige Veräußerungsgewinne sowie außerordentliche Erträge;
   c) im Gewinn enthaltene Investitionszulagen, soweit in Zukunft nicht mit weiteren zulagebegünstigten Investitionen in gleichem Umfang gerechnet werden kann;
   d) ein angemessener Unternehmerlohn, soweit in der bisherigen Ergebnisrechnung kein solcher berücksichtigt worden ist. ²Die Höhe des Unternehmerlohns wird nach der Ver-

gütung bestimmt, die eine nicht beteiligte Geschäftsführung erhalten würde. ³Neben dem Unternehmerlohn kann auch fiktiver Lohnaufwand für bislang unentgeltlich tätige Familienangehörige des Eigentümers berücksichtigt werden;
  e) Erträge aus der Erstattung von Ertragsteuern (Körperschaftsteuer, Zuschlagsteuern und Gewerbesteuer);
  f) Erträge, die im Zusammenhang stehen mit Vermögen im Sinne des § 200 Abs. 2 bis 4;
3. hinzuzurechnen oder abzuziehen sind auch sonstige wirtschaftlich nicht begründete Vermögensminderungen oder -erhöhungen mit Einfluss auf den zukünftig nachhaltig zu erzielenden Jahresertrag und mit gesellschaftsrechtlichem Bezug, soweit sie nicht nach den Nummern 1 und 2 berücksichtigt wurden.

(2) ¹In den Fällen des § 4 Abs. 3 des Einkommensteuergesetzes ist vom Überschuss der Betriebseinnahmen über die Betriebsausgaben auszugehen. ²Absatz 1 Satz 2 Nr. 1 bis 3 gilt entsprechend.

(3) Zur Abgeltung des Ertragsteueraufwands ist ein positives Betriebsergebnis nach Absatz 1 oder Absatz 2 um 30 Prozent zu mindern.

## § 203 Kapitalisierungsfaktor

(1) Der in diesem Verfahren anzuwendende Kapitalisierungszinssatz setzt sich zusammen aus einem Basiszins und einem Zuschlag von 4,5 Prozent.

(2) ¹Der Basiszins ist aus der langfristig erzielbaren Rendite öffentlicher Anleihen abzuleiten. ²Dabei ist auf den Zinssatz abzustellen, den die Deutsche Bundesbank anhand der Zinsstrukturdaten jeweils auf den ersten Börsentag des Jahres errechnet. ³Dieser Zinssatz ist für alle Wertermittlungen auf Bewertungsstichtage in diesem Jahr anzuwenden. ⁴Das Bundesministerium der Finanzen veröffentlicht den maßgebenden Zinssatz im Bundessteuerblatt.

(3) Der Kapitalisierungsfaktor ist der Kehrwert des Kapitalisierungszinssatzes.

# Dritter Teil: Schlussbestimmungen[1)]

## § 204 Bekanntmachung

Das Bundesministerium der Finanzen wird ermächtigt, den Wortlaut dieses Gesetzes und der zu diesem Gesetz erlassenen Rechtsverordnungen in der jeweils geltenden Fassung satzweise nummeriert bekannt zu machen.

## § 205 Anwendungsvorschriften[2)]

(1) Dieses Gesetz in der Fassung des Artikels 7 des Gesetzes vom 1. November 2011 (BGBl I S. 2131) ist auf Bewertungsstichtage nach dem 30. Juni 2011 anzuwenden.

(2) Soweit die §§ 40, 41, 44, 55 und 125 Beträge in Deutscher Mark enthalten, gelten diese nach dem 31. Dezember 2001 als Berechnungsgrößen fort.

(3) § 145 Absatz 3 Satz 1 und 4, § 166 Absatz 2 Nummer 1, § 179 Satz 4 und § 192 Satz 2 in der Fassung des Artikels 10 des Gesetzes vom 7. Dezember 2011 (BGBl I S. 2592) sind auf Bewertungsstichtage nach dem 13. Dezember 2011 anzuwenden.

(4) Anlage 1, Anlage 19 und Teil II der Anlage 24 in der Fassung des Artikels 10 des Gesetzes vom 7. Dezember 2011 (BGBl I S. 2592) sind auf Bewertungsstichtage nach dem 31. Dezember 2011 anzuwenden.

(5) § 11 Absatz 4 in der Fassung des Artikels 3 des Gesetzes vom 18. Dezember 2013 (BGBl I S. 4318) ist auf Bewertungsstichtage ab dem 22. Juli 2013 anzuwenden.

---

1) **Anm. d. Red.:** Dritter Teil i. d. F. des Gesetzes v. 24. 12. 2008 (BGBl I S. 3018) mit Wirkung v. 1. 1. 2009.
2) **Anm. d. Red.:** § 205 i. d. F. des Gesetzes v. 2. 11. 2015 (BGBl I S. 1834) mit Wirkung v. 6. 11. 2015.

## § 205 XXVIII. Bewertungsgesetz

(6) § 48a in der Fassung des Artikels 20 des Gesetzes vom 26. Juni 2013 (BGBl I S. 1809) ist auf Bewertungsstichtage ab dem 1. Januar 2014 anzuwenden.

(7) § 26 in der Fassung des Artikels 6 des Gesetzes vom 18. Juli 2014 (BGBl I S. 1042) ist auf Bewertungsstichtage ab dem 1. August 2001 anzuwenden, soweit Feststellungsbescheide noch nicht bestandskräftig sind.

(8) § 97 Absatz 1b Satz 4 in der am 6. November 2015 geltenden Fassung ist auf Bewertungsstichtage nach dem 31. Dezember 2015 anzuwenden.

(9) § 154 Absatz 1 Satz 1 Nummer 3 und Satz 2 in der am 6. November 2015 geltenden Fassung ist auf Bewertungsstichtage nach dem 31. Dezember 2015 anzuwenden.

(10) Die §§ 190, 195 Absatz 2 Satz 4 und 5 sowie die Anlagen 22, 24 und 25 in der am 6. November 2015 geltenden Fassung sind auf Bewertungsstichtage nach dem 31. Dezember 2015 anzuwenden.

## Anlage 1 (zu § 51)[1)2)]
### Umrechnungsschlüssel für Tierbestände in Vieheinheiten nach dem Futterbedarf

| Tierart | 1 Tier | |
|---|---|---|
| **Alpakas** | 0,08 | VE |
| **Damtiere** | | |
| Damtiere unter 1 Jahr | 0,04 | VE |
| Damtiere 1 Jahr und älter | 0,08 | VE |
| **Geflügel** | | |
| Legehennen (einschließlich einer normalen Aufzucht zur Ergänzung des Bestandes) | 0,02 | VE |
| Legehennen aus zugekauften Junghennen | 0,0183 | VE |
| Zuchtputen, -enten, -gänse | 0,04 | VE |
| **Kaninchen** | | |
| Zucht- und Angorakaninchen | 0,025 | VE |
| **Lamas** | 0,1 | VE |
| **Pferde** | | |
| Pferde unter 3 Jahren und Kleinpferde | 0,7 | VE |
| Pferde 3 Jahre und älter | 1,1 | VE |
| **Rindvieh** | | |
| Kälber und Jungvieh unter 1 Jahr (einschließlich Mastkälber, Starterkälber und Fresser) | 0,3 | VE |
| Jungvieh 1 bis 2 Jahre alt | 0,7 | VE |
| Färsen (älter als 2 Jahre) | 1 | VE |
| Masttiere (Mastdauer weniger als 1 Jahr) | 1 | VE |
| Kühe (einschließlich Mutter- und Ammenkühe mit den dazugehörigen Saugkälbern) | 1 | VE |
| Zuchtbullen, Zugochsen | 1,2 | VE |
| **Schafe** | | |
| Schafe unter 1 Jahr einschließlich Mastlämmer | 0,05 | VE |
| Schafe 1 Jahr und älter | 0,1 | VE |
| **Schweine** | | |
| Zuchtschweine (einschließlich Jungzuchtschweine über etwa 90 kg) | 0,33 | VE |
| **Strauße** | | |
| Zuchttiere 14 Monate und älter | 0,32 | VE |
| Jungtiere/Masttiere unter 14 Monate | 0,25 | VE |

1) **Anm. d. Red.:** Anlage 1 i. d. F. des Gesetzes v. 7. 12. 2011 (BGBl I S. 2592) mit Wirkung v. 1. 1. 2012.
2) **Anm. d. Red.:** Zur Anwendung der Anlage 1 siehe § 205 Abs. 4.

# Anlage 2

XXVIII. Bewertungsgesetz

| | | |
|---|---|---|
| **Ziegen** | 0,08 | VE |
| **Geflügel** | | |
| Jungmasthühner | | |
| (bis zu 6 Durchgänge je Jahr – schwere Tiere) | 0,0017 | VE |
| (mehr als 6 Durchgänge je Jahr – leichte Tiere) | 0,0013 | VE |
| Junghennen | 0,0017 | VE |
| Mastenten | 0,0033 | VE |
| Mastenten in der Aufzuchtphase | 0,0011 | VE |
| Mastenten in der Mastphase | 0,0022 | VE |
| Mastputen aus selbst erzeugten Jungputen | 0,0067 | VE |
| Mastputen aus zugekauften Jungputen | 0,005 | VE |
| Jungputen (bis etwa 8 Wochen) | 0,0017 | VE |
| Mastgänse | 0,0067 | VE |
| **Kaninchen** | | |
| Mastkaninchen | 0,0025 | VE |
| **Rindvieh** | | |
| Masttiere (Mastdauer 1 Jahr und mehr) | 1 | VE |
| **Schweine** | | |
| Leichte Ferkel (bis etwa 12 kg) | 0,01 | VE |
| Ferkel (über etwa 12 bis etwa 20 kg) | 0,02 | VE |
| Schwere Ferkel und leichte Läufer (über etwa 20 bis etwa 30 kg) | 0,04 | VE |
| Läufer (über etwa 30 bis etwa 45 kg) | 0,06 | VE |
| Schwere Läufer (über etwa 45 bis etwa 60 kg) | 0,08 | VE |
| Mastschweine | 0,16 | VE |
| Jungzuchtschweine bis etwa 90 kg | 0,12 | VE |

## Anlage 2
## Gruppen der Zweige des Tierbestands nach der Flächenabhängigkeit

1. Mehr flächenabhängige Zweige des Tierbestands
   Pferdehaltung,              Rindviehzucht,
   Pferdezucht,                Milchviehhaltung,
   Schafzucht,                 Rindviehmast.
   Schafhaltung,

2. Weniger flächenabhängige Zweige des Tierbestands
   Schweinezucht,              Legehennenhaltung,
   Schweinemast,               Junghühnermast,
   Hühnerzucht,                Entenmast,
   Entenzucht,                 Gänsemast,
   Gänsezucht,                 Putenmast.
   Putenzucht,

## Anlage 3

### Mietwohngrundstücke
### Vervielfältiger

A. bei Massivbauten mit Mauerwerk aus Ziegelsteinen, Natursteinen, Kalksandsteinen, Schwemmsteinen oder ähnlichen Steinen sowie bei Stahl- und Stahlbetonskelettbauten außer bei solchen Bauten, die unter B fallen

| | \(<\)Gemeindegrößenklassen\(>\) | | | | | | | |
|---|---|---|---|---|---|---|---|---|
| | bis 2 000 | über 2 000 bis 5 000 | über 5 000 bis 10 000 | über 10 000 bis 50 000 | über 50 000 bis 100 000 | über 100 000 bis 200 000 | über 200 000 bis 500 000 | über 500 000 Einwohner |
| **Altbauten** | | | | | | | | |
| vor 1895 | 7,2 | 6,9 | 5,8 | 5,8 | 5,7 | 5,5 | 5,4 | 5,3 |
| 1895 bis 1899 | 7,4 | 7,1 | 6,0 | 5,9 | 5,8 | 5,7 | 5,5 | 5,4 |
| 1900 bis 1904 | 7,8 | 7,5 | 6,2 | 6,2 | 6,0 | 5,9 | 5,7 | 5,6 |
| 1905 bis 1915 | 8,3 | 7,9 | 6,6 | 6,5 | 6,3 | 6,2 | 6,0 | 5,8 |
| 1916 bis 31.3.1924 | 8,7 | 8,4 | 6,9 | 6,7 | 6,5 | 6,4 | 6,2 | 6,1 |
| **Neubauten** | | | | | | | | |
| 1.4.1924 bis 31.12.1934 | 9,8 | 9,5 | 8,3 | 8,2 | 8,0 | 7,8 | 7,7 | 7,5 |
| 1.1.1935 bis 20.6.1948 | 10,2 | 9,8 | 8,6 | 8,4 | 8,2 | 8,0 | 7,9 | 7,7 |
| **Nachkriegsbauten** | | | | | | | | |
| nach dem 20.6.1948 | 9,8 | 9,7 | 9,5 | 9,2 | 9,0 | 9,0 | 9,0 | 9,1 |

B. bei Holzfachwerkbauten mit Ziegelsteinausmauerung, Gebäuden aus großformatigen Bimsbetonplatten oder ähnlichen Platten sowie bei anderen eingeschossigen massiven Gebäuden in leichter Bauausführung

| | | | | | | | | |
|---|---|---|---|---|---|---|---|---|
| **Altbauten** | | | | | | | | |
| vor 1908 | 6,6 | 6,3 | 5,3 | 5,4 | 5,3 | 5,2 | 5,1 | 5,0 |
| 1908 bis 1915 | 6,9 | 6,6 | 5,6 | 5,6 | 5,5 | 5,4 | 5,3 | 5,1 |
| 1916 bis 31.3.1924 | 7,7 | 7,4 | 6,1 | 6,1 | 6,0 | 5,8 | 5,7 | 5,5 |
| **Neubauten** | | | | | | | | |
| 1.4.1924 bis 31.12.1934 | 9,0 | 8,7 | 7,7 | 7,6 | 7,5 | 7,3 | 7,2 | 7,0 |
| 1.1.1935 bis 20.6.1948 | 9,6 | 9,3 | 8,2 | 8,0 | 7,8 | 7,7 | 7,5 | 7,4 |
| **Nachkriegsbauten** | | | | | | | | |
| nach dem 20.6.1948 | 9,5 | 9,4 | 9,2 | 8,9 | 8,7 | 8,7 | 8,7 | 8,8 |

C. bei Holzfachwerkbauten mit Lehmausfachung und besonders haltbaren Holzbauten mit massiven Fundamenten

| | | | | | | | | |
|---|---|---|---|---|---|---|---|---|
| **Altbauten** | | | | | | | | |
| vor dem 1.4.1924 | 5,7 | 5,5 | 4,7 | 4,9 | 4,8 | 4,7 | 4,6 | 4,5 |
| **Neubauten** | | | | | | | | |
| 1.4.1924 bis 31.12.1934 | 7,3 | 7,0 | 6,4 | 6,4 | 6,3 | 6,2 | 6,1 | 6,0 |
| 1.1.1935 bis 20.6.1948 | 8,5 | 8,2 | 7,3 | 7,2 | 7,1 | 7,0 | 6,8 | 6,7 |
| **Nachkriegsbauten** | | | | | | | | |
| nach dem 20.6.1948 | 8,9 | 8,7 | 8,6 | 8,3 | 8,1 | 8,1 | 8,1 | 8,3 |

## Anlage 4
### Gemischt genutzte Grundstücke mit einem gewerblichen Anteil an der Jahresrohmiete bis zu 50 v. H.
### Vervielfältiger

A. bei Massivbauten mit Mauerwerk aus Ziegelsteinen, Natursteinen, Kalksandsteinen, Schwemmsteinen oder ähnlichen Steinen sowie bei Stahl- und Stahlbetonskelettbauten außer bei solchen Bauten, die unter B fallen

|  | Gemeindegrößenklassen | | | | | | |
|---|---|---|---|---|---|---|---|
|  | bis 2 000 | über 2 000 bis 5 000 | über 5 000 bis 10 000 | über 10 000 bis 50 000 | über 50 000 bis 100 000 | über 100 000 bis 200 000 | über 200 000 bis 500 000 | über 500 000 Einwohner |
| Altbauten | | | | | | | | |
| vor 1895 ................ | 7,6 | 7,3 | 6,4 | 6,4 | 6,1 | 6,0 | 5,9 | 6,1 |
| 1895 bis 1899 ............ | 7,8 | 7,6 | 6,6 | 6,5 | 6,3 | 6,2 | 6,0 | 6,3 |
| 1900 bis 1904 ............ | 8,2 | 7,9 | 6,9 | 6,8 | 6,5 | 6,4 | 6,3 | 6,4 |
| 1905 bis 1915 ............ | 8,7 | 8,4 | 7,2 | 7,1 | 6,8 | 6,7 | 6,5 | 6,7 |
| 1916 bis 31.3.1924 ........ | 9,1 | 8,8 | 7,6 | 7,4 | 7,1 | 6,9 | 6,8 | 6,9 |
| Neubauten | | | | | | | | |
| 1.4.1924 bis 31.12.1934 ..... | 10,2 | 9,6 | 8,4 | 8,1 | 8,0 | 7,8 | 7,7 | 7,8 |
| 1.1.1935 bis 20.6.1948 ...... | 10,5 | 9,8 | 8,6 | 8,3 | 8,2 | 8,0 | 7,9 | 7,9 |
| Nachkriegsbauten | | | | | | | | |
| nach dem 20.6.1948 ......... | 9,9 | 9,6 | 9,2 | 9,1 | 9,0 | 9,0 | 9,0 | 9,0 |

B. bei Holzfachwerkbauten mit Ziegelsteinausmauerung, Gebäuden aus großformatigen Bimsbetonplatten oder ähnlichen Platten sowie bei anderen eingeschossigen massiven Gebäuden in leichter Bauausführung

| Altbauten | | | | | | | | |
|---|---|---|---|---|---|---|---|---|
| vor 1908 ................ | 7,0 | 6,7 | 5,9 | 6,0 | 5,7 | 5,6 | 5,5 | 5,8 |
| 1908 bis 1915 ............ | 7,3 | 7,0 | 6,2 | 6,2 | 5,9 | 5,8 | 5,7 | 6,0 |
| 1916 bis 31.3.1924 ........ | 8,1 | 7,8 | 6,8 | 6,7 | 6,4 | 6,3 | 6,2 | 6,4 |
| Neubauten | | | | | | | | |
| 1.4.1924 bis 31.12.1934 ..... | 9,3 | 8,8 | 7,7 | 7,6 | 7,5 | 7,3 | 7,2 | 7,3 |
| 1.1.1935 bis 20.6.1948 ...... | 9,9 | 9,3 | 8,2 | 8,0 | 7,8 | 7,7 | 7,5 | 7,6 |
| Nachkriegsbauten | | | | | | | | |
| nach dem 20.6.1948 ......... | 9,6 | 9,3 | 9,0 | 8,9 | 8,7 | 8,7 | 8,7 | 8,8 |

C. bei Holzfachwerkbauten mit Lehmausfachung und besonders haltbaren Holzbauten mit massiven Fundamenten

| Altbauten | | | | | | | | |
|---|---|---|---|---|---|---|---|---|
| vor dem 1.4.1924 ............ | 6,1 | 5,9 | 5,2 | 5,4 | 5,2 | 5,1 | 5,0 | 5,4 |
| Neubauten | | | | | | | | |
| 1.4.1924 bis 31.12.1934 ..... | 7,7 | 7,2 | 6,4 | 6,5 | 6,4 | 6,3 | 6,1 | 6,4 |
| 1.1.1935 bis 20.6.1948 ...... | 8,8 | 8,3 | 7,3 | 7,3 | 7,1 | 7,0 | 6,9 | 7,1 |
| Nachkriegsbauten | | | | | | | | |
| nach dem 20.6.1948 ......... | 9,0 | 8,7 | 8,4 | 8,4 | 8,2 | 8,2 | 8,2 | 8,4 |

## Anlage 5

### Gemischt genutzte Grundstücke
### mit einem gewerblichen Anteil an der Jahresrohmiete von mehr als 50 v. H.
### Vervielfältiger

A. bei Massivbauten mit Mauerwerk aus Ziegelsteinen, Natursteinen, Kalksandsteinen, Schwemmsteinen oder ähnlichen Steinen sowie bei Stahl- und Stahlbetonskelettbauten außer bei solchen Bauten, die unter B fallen

|  | \multicolumn{7}{c}{Gemeindegrößenklassen} |||||||
|---|---|---|---|---|---|---|---|
|  | bis 2 000 | über 2 000 bis 5 000 | über 5 000 bis 10 000 | über 10 000 bis 50 000 | über 50 000 bis 100 000 | über 100 000 bis 200 000 | über 200 000 bis 500 000 | über 500 000 Einwohner |
| Altbauten |  |  |  |  |  |  |  |  |
| vor 1895 | 7,6 | 7,2 | 6,4 | 6,6 | 6,4 | 6,4 | 6,4 | 6,4 |
| 1895 bis 1899 | 7,8 | 7,4 | 6,6 | 6,8 | 6,5 | 6,5 | 6,5 | 6,5 |
| 1900 bis 1904 | 8,2 | 7,8 | 6,8 | 7,0 | 6,7 | 6,7 | 6,7 | 6,7 |
| 1905 bis 1915 | 8,6 | 8,2 | 7,1 | 7,2 | 7,0 | 7,0 | 7,0 | 7,0 |
| 1916 bis 31.3.1924 | 9,0 | 8,6 | 7,4 | 7,5 | 7,2 | 7,2 | 7,2 | 7,2 |
| Neubauten |  |  |  |  |  |  |  |  |
| 1.4.1924 bis 31.12.1934 | 9,7 | 9,1 | 8,0 | 8,1 | 7,9 | 7,9 | 7,9 | 7,9 |
| 1.1.1935 bis 20.6.1948 | 10,0 | 9,4 | 8,2 | 8,3 | 8,1 | 8,1 | 8,1 | 8,1 |
| Nachkriegsbauten |  |  |  |  |  |  |  |  |
| nach dem 20.6.1948 | 9,6 | 9,3 | 8,9 | 8,9 | 8,7 | 8,8 | 8,8 | 8,8 |

B. bei Holzfachwerkbauten mit Ziegelsteinausmauerung, Gebäuden aus großformatigen Bimsbetonplatten oder ähnlichen Platten sowie bei anderen eingeschossigen massiven Gebäuden in leichter Bauausführung

| Altbauten |  |  |  |  |  |  |  |  |
|---|---|---|---|---|---|---|---|---|
| vor 1908 | 7,0 | 6,7 | 6,0 | 6,3 | 6,1 | 6,1 | 6,1 | 6,1 |
| 1908 bis 1915 | 7,3 | 7,0 | 6,2 | 6,5 | 6,2 | 6,2 | 6,2 | 6,2 |
| 1916 bis 31.3.1924 | 8,1 | 7,7 | 6,7 | 6,9 | 6,7 | 6,7 | 6,7 | 6,7 |
| Neubauten |  |  |  |  |  |  |  |  |
| 1.4.1924 bis 31.12.1934 | 9,0 | 8,4 | 7,5 | 7,6 | 7,5 | 7,5 | 7,5 | 7,5 |
| 1.1.1935 bis 20.6.1948 | 9,5 | 8,9 | 7,8 | 7,9 | 7,8 | 7,8 | 7,8 | 7,8 |
| Nachkriegsbauten |  |  |  |  |  |  |  |  |
| nach dem 20.6.1948 | 9,3 | 9,0 | 8,6 | 8,7 | 8,5 | 8,6 | 8,6 | 8,6 |

C. bei Holzfachwerkbauten mit Lehmausfachung und besonders haltbaren Holzbauten mit massiven Fundamenten

| Altbauten |  |  |  |  |  |  |  |  |
|---|---|---|---|---|---|---|---|---|
| vor dem 1.4.1924 | 6,2 | 5,9 | 5,5 | 5,8 | 5,6 | 5,6 | 5,6 | 5,6 |
| Neubauten |  |  |  |  |  |  |  |  |
| 1.4.1924 bis 31.12.1934 | 7,4 | 7,0 | 6,4 | 6,7 | 6,5 | 6,5 | 6,5 | 6,5 |
| 1.1.1935 bis 20.6.1948 | 8,5 | 8,0 | 7,2 | 7,3 | 7,2 | 7,2 | 7,2 | 7,2 |
| Nachkriegsbauten |  |  |  |  |  |  |  |  |
| nach dem 20.6.1948 | 8,8 | 8,5 | 8,1 | 8,2 | 8,1 | 8,2 | 8,2 | 8,2 |

# Anlage 6

## Geschäftsgrundstücke
## Vervielfältiger

A. bei Massivbauten mit Mauerwerk aus Ziegelsteinen, Natursteinen, Kalksandsteinen, Schwemmsteinen oder ähnlichen Steinen sowie bei Stahl- und Stahlbetonskelettbauten außer bei solchen Bauten, die unter B fallen

|  | Gemeindegrößenklassen | | | | | | |
|---|---|---|---|---|---|---|---|
|  | bis 2 000 | über 2 000 bis 5 000 | über 5 000 bis 10 000 | über 10 000 bis 50 000 | über 50 000 bis 100 000 | über 100 000 bis 200 000 | über 200 000 bis 500 000 | über 500 000 Einwohner |
| **Altbauten** | | | | | | | |
| vor 1895 | 7,8 | 7,5 | 6,7 | 6,9 | 6,8 | 6,8 | 6,8 | 6,8 |
| 1895 bis 1899 | 8,0 | 7,7 | 6,9 | 7,0 | 7,0 | 7,0 | 7,0 | 7,0 |
| 1900 bis 1904 | 8,3 | 7,9 | 7,1 | 7,2 | 7,1 | 7,1 | 7,1 | 7,1 |
| 1905 bis 1915 | 8,7 | 8,3 | 7,4 | 7,5 | 7,4 | 7,4 | 7,4 | 7,4 |
| 1916 bis 31. 3. 1924 | 9,0 | 8,6 | 7,7 | 7,8 | 7,6 | 7,6 | 7,6 | 7,6 |
| **Neubauten** | | | | | | | |
| 1. 4. 1924 bis 31. 12. 1934 | 9,4 | 9,0 | 8,0 | 8,0 | 8,0 | 8,0 | 8,0 | 8,0 |
| 1. 1. 1935 bis 20. 6. 1948 | 9,6 | 9,2 | 8,1 | 8,2 | 8,1 | 8,1 | 8,1 | 8,1 |
| **Nachkriegsbauten** | | | | | | | |
| nach dem 20. 6. 1948 | 9,4 | 9,2 | 9,0 | 9,0 | 8,9 | 8,9 | 8,9 | 8,9 |

B. bei Holzfachwerkbauten mit Ziegelsteinausmauerung, Gebäuden aus großformatigen Bimsbetonplatten oder ähnlichen Platten sowie bei anderen eingeschossigen massiven Gebäuden in leichter Bauausführung

| | | | | | | | | |
|---|---|---|---|---|---|---|---|---|
| **Altbauten** | | | | | | | | |
| vor 1908 | 7,3 | 7,0 | 6,3 | 6,5 | 6,5 | 6,5 | 6,5 | 6,5 |
| 1908 bis 1915 | 7,6 | 7,2 | 6,5 | 6,7 | 6,7 | 6,7 | 6,7 | 6,7 |
| 1916 bis 31. 3. 1924 | 8,2 | 7,8 | 7,0 | 7,2 | 7,1 | 7,1 | 7,1 | 7,1 |
| **Neubauten** | | | | | | | | |
| 1. 4. 1924 bis 31. 12. 1934 | 8,8 | 8,4 | 7,5 | 7,6 | 7,6 | 7,6 | 7,6 | 7,6 |
| 1. 1. 1935 bis 20. 6. 1948 | 9,2 | 8,8 | 7,8 | 7,9 | 7,8 | 7,8 | 7,8 | 7,8 |
| **Nachkriegsbauten** | | | | | | | | |
| nach dem 20. 6. 1948 | 9,1 | 9,0 | 8,7 | 8,8 | 8,7 | 8,7 | 8,7 | 8,7 |

C. bei Holzfachwerkbauten mit Lehmausfachung und besonders haltbaren Holzbauten mit massiven Fundamenten

| | | | | | | | | |
|---|---|---|---|---|---|---|---|---|
| **Altbauten** | | | | | | | | |
| vor dem 1. 4. 1924 | 6,6 | 6,3 | 5,7 | 6,0 | 6,1 | 6,1 | 6,1 | 6,1 |
| **Neubauten** | | | | | | | | |
| 1. 4. 1924 bis 31. 12. 1934 | 7,5 | 7,2 | 6,5 | 6,7 | 6,8 | 6,8 | 6,8 | 6,8 |
| 1. 1. 1935 bis 20. 6. 1948 | 8,4 | 8,0 | 7,2 | 7,3 | 7,3 | 7,3 | 7,3 | 7,3 |
| **Nachkriegsbauten** | | | | | | | | |
| nach dem 20. 6. 1948 | 8,7 | 8,6 | 8,3 | 8,4 | 8,3 | 8,3 | 8,4 | 8,4 |

# Anlage 7

## Einfamilienhäuser
## Vervielfältiger

A. bei Massivbauten mit Mauerwerk aus Ziegelsteinen, Natursteinen, Kalksandsteinen, Schwemmsteinen oder ähnlichen Steinen sowie bei Stahl- und Stahlbetonskelettbauten außer bei solchen Bauten, die unter B fallen

|  | Gemeindegrößenklassen | | | | | | |
|---|---|---|---|---|---|---|---|
|  | bis 2 000 | über 2 000 bis 5 000 | über 5 000 bis 10 000 | über 10 000 bis 50 000 | über 50 000 bis 100 000 | über 100 000 bis 200 000 | über 200 000 bis 500 000 | über 500 000 Einwohner |
| **Altbauten** | | | | | | | | |
| vor 1895 | 9,5 | 9,0 | 7,7 | 7,4 | 7,8 | 7,8 | 7,8 | 7,8 |
| 1895 bis 1899 | 9,8 | 9,3 | 7,9 | 7,6 | 8,0 | 8,0 | 8,0 | 8,0 |
| 1900 bis 1904 | 10,3 | 9,8 | 8,3 | 7,9 | 8,2 | 8,2 | 8,2 | 8,2 |
| 1905 bis 1915 | 11,0 | 10,4 | 8,7 | 8,4 | 8,6 | 8,6 | 8,6 | 8,6 |
| 1916 bis 31.3.1924 | 11,6 | 11,0 | 9,1 | 8,8 | 8,9 | 8,9 | 8,9 | 8,9 |
| **Neubauten** | | | | | | | | |
| 1.4.1924 bis 31.12.1934 | 13,1 | 12,4 | 10,6 | 10,2 | 10,2 | 10,2 | 10,2 | 10,2 |
| 1.1.1935 bis 20.6.1948 | 13,5 | 12,9 | 10,9 | 10,5 | 10,4 | 10,4 | 10,4 | 10,4 |
| **Nachkriegsbauten** | | | | | | | | |
| nach dem 20.6.1948 | 13,0 | 12,4 | 12,0 | 11,8 | 11,8 | 11,8 | 11,8 | 11,9 |

B. bei Holzfachwerkbauten mit Ziegelsteinausmauerung, Gebäuden aus großformatigen Bimsbetonplatten oder ähnlichen Platten sowie bei anderen eingeschossigen massiven Gebäuden in leichter Bauausführung

| | | | | | | | | |
|---|---|---|---|---|---|---|---|---|
| **Altbauten** | | | | | | | | |
| vor 1908 | 8,7 | 8,3 | 7,1 | 6,8 | 7,3 | 7,3 | 7,3 | 7,3 |
| 1908 bis 1915 | 9,1 | 8,7 | 7,4 | 7,1 | 7,6 | 7,6 | 7,6 | 7,6 |
| 1916 bis 31.3.1924 | 10,2 | 9,6 | 8,1 | 7,8 | 8,1 | 8,1 | 8,1 | 8,1 |
| **Neubauten** | | | | | | | | |
| 1.4.1924 bis 31.12.1934 | 11,9 | 11,3 | 9,7 | 9,4 | 9,4 | 9,4 | 9,4 | 9,4 |
| 1.1.1935 bis 20.6.1948 | 12,7 | 12,1 | 10,3 | 9,9 | 9,9 | 9,9 | 9,9 | 9,9 |
| **Nachkriegsbauten** | | | | | | | | |
| nach dem 20.6.1948 | 12,5 | 11,9 | 11,5 | 11,4 | 11,4 | 11,4 | 11,4 | 11,5 |

C. bei Holzfachwerkbauten mit Lehmausfachung und besonders haltbaren Holzbauten mit massiven Fundamenten

| | | | | | | | | |
|---|---|---|---|---|---|---|---|---|
| **Altbauten** | | | | | | | | |
| vor dem 1.4.1924 | 7,7 | 7,3 | 6,3 | 6,1 | 6,7 | 6,7 | 6,7 | 6,7 |
| **Neubauten** | | | | | | | | |
| 1.4.1924 bis 31.12.1934 | 9,6 | 9,1 | 8,0 | 7,7 | 8,0 | 8,0 | 8,0 | 8,0 |
| 1.1.1935 bis 20.6.1948 | 11,1 | 10,6 | 9,2 | 8,9 | 9,0 | 9,0 | 9,0 | 9,0 |
| **Nachkriegsbauten** | | | | | | | | |
| nach dem 20.6.1948 | 11,5 | 10,9 | 10,6 | 10,6 | 10,6 | 10,6 | 10,6 | 10,8 |

## Anlage 8
### Zweifamilienhäuser
### Vervielfältiger

A. bei Massivbauten mit Mauerwerk aus Ziegelsteinen, Natursteinen, Kalksandsteinen, Schwemmsteinen oder ähnlichen Steinen sowie bei Stahl- und Stahlbetonskelettbauten außer bei solchen Bauten, die unter B fallen

|  | Gemeindegrößenklassen | | | | | | |
|---|---|---|---|---|---|---|---|
|  | bis 2 000 | über 2 000 bis 5 000 | über 5 000 bis 10 000 | über 10 000 bis 50 000 | über 50 000 bis 100 000 | über 100 000 bis 200 000 | über 200 000 bis 500 000 | über 500 000 Einwohner |
| **Altbauten** | | | | | | | | |
| vor 1895 | 8,6 | 8,1 | 6,9 | 6,7 | 7,0 | 6,8 | 6,8 | 6,8 |
| 1895 bis 1899 | 8,8 | 8,4 | 7,1 | 6,9 | 7,1 | 7,0 | 7,0 | 7,0 |
| 1900 bis 1904 | 9,3 | 8,8 | 7,4 | 7,1 | 7,4 | 7,2 | 7,2 | 7,2 |
| 1905 bis 1915 | 9,8 | 9,3 | 7,8 | 7,5 | 7,7 | 7,5 | 7,5 | 7,5 |
| 1916 bis 31.3.1924 | 10,3 | 9,7 | 8,2 | 7,8 | 8,0 | 7,8 | 7,8 | 7,8 |
| **Neubauten** | | | | | | | | |
| 1.4.1924 bis 31.12.1934 | 11,6 | 11,0 | 9,5 | 9,1 | 9,0 | 9,0 | 9,0 | 9,0 |
| 1.1.1935 bis 20.6.1948 | 11,9 | 11,3 | 9,7 | 9,3 | 9,2 | 9,2 | 9,2 | 9,2 |
| **Nachkriegsbauten** | | | | | | | | |
| nach dem 20.6.1948 | 11,4 | 11,0 | 10,6 | 10,5 | 10,5 | 10,5 | 10,5 | 10,5 |

B. bei Holzfachwerkbauten mit Ziegelsteinausmauerung, Gebäuden aus großformatigen Bimsbetonplatten oder ähnlichen Platten sowie bei anderen eingeschossigen massiven Gebäuden in leichter Bauausführung

| | | | | | | | | |
|---|---|---|---|---|---|---|---|---|
| **Altbauten** | | | | | | | | |
| vor 1908 | 7,9 | 7,5 | 6,4 | 6,2 | 6,6 | 6,5 | 6,5 | 6,5 |
| 1908 bis 1915 | 8,3 | 7,8 | 6,7 | 6,4 | 6,8 | 6,7 | 6,7 | 6,7 |
| 1916 bis 31.3.1924 | 9,1 | 8,6 | 7,3 | 7,0 | 7,3 | 7,1 | 7,1 | 7,1 |
| **Neubauten** | | | | | | | | |
| 1.4.1924 bis 31.12.1934 | 10,6 | 10,1 | 8,7 | 8,4 | 8,5 | 8,5 | 8,5 | 8,5 |
| 1.1.1935 bis 20.6.1948 | 11,2 | 10,7 | 9,2 | 8,9 | 8,8 | 8,8 | 8,8 | 8,8 |
| **Nachkriegsbauten** | | | | | | | | |
| nach dem 20.6.1948 | 11,0 | 10,6 | 10,2 | 10,1 | 10,1 | 10,1 | 10,1 | 10,2 |

C. bei Holzfachwerkbauten mit Lehmausfachung und besonders haltbaren Holzbauten mit massiven Fundamenten

| | | | | | | | | |
|---|---|---|---|---|---|---|---|---|
| **Altbauten** | | | | | | | | |
| vor dem 1.4.1924 | 7,0 | 6,7 | 5,8 | 5,6 | 6,1 | 6,0 | 6,0 | 6,0 |
| **Neubauten** | | | | | | | | |
| 1.4.1924 bis 31.12.1934 | 8,7 | 8,3 | 7,3 | 7,0 | 7,3 | 7,3 | 7,3 | 7,3 |
| 1.1.1935 bis 20.6.1948 | 10,0 | 9,5 | 8,3 | 8,0 | 8,1 | 8,1 | 8,1 | 8,1 |
| **Nachkriegsbauten** | | | | | | | | |
| nach dem 20.6.1948 | 10,2 | 9,8 | 9,5 | 9,5 | 9,5 | 9,5 | 9,5 | 9,7 |

## Anlage 9 (weggefallen)[1]
## Anlage 9a (zu § 13)[2]

### Kapitalwert einer wiederkehrenden, zeitlich beschränkten Nutzung oder Leistung im Jahresbetrag von einem Euro

Der Kapitalwert ist unter Berücksichtigung von Zwischenzinsen und Zinseszinsen mit 5,5 Prozent errechnet worden. Er ist der Mittelwert zwischen dem Kapitalwert für jährlich vorschüssige und jährlich nachschüssige Zahlungsweise.

| Laufzeit in Jahren | Kapitalwert | Laufzeit in Jahren | Kapitalwert | Laufzeit in Jahren | Kapitalwert |
|---|---|---|---|---|---|
| 1 | 0,974 | 26 | 14,038 | 51 | 17,464 |
| 2 | 1,897 | 27 | 14,280 | 52 | 17,528 |
| 3 | 2,772 | 28 | 14,510 | 53 | 17,588 |
| 4 | 3,602 | 29 | 14,727 | 54 | 17,645 |
| 5 | 4,388 | 30 | 14,933 | 55 | 17,699 |
| 6 | 5,133 | 31 | 15,129 | 56 | 17,750 |
| 7 | 5,839 | 32 | 15,314 | 57 | 17,799 |
| 8 | 6,509 | 33 | 15,490 | 58 | 17,845 |
| 9 | 7,143 | 34 | 15,656 | 59 | 17,888 |
| 10 | 7,745 | 35 | 15,814 | 60 | 17,930 |
| 11 | 8,315 | 36 | 15,963 | 61 | 17,969 |
| 12 | 8,856 | 37 | 16,105 | 62 | 18,006 |
| 13 | 9,368 | 38 | 16,239 | 63 | 18,041 |
| 14 | 9,853 | 39 | 16,367 | 64 | 18,075 |
| 15 | 10,314 | 40 | 16,487 | 65 | 18,106 |
| 16 | 10,750 | 41 | 16,602 | 66 | 18,136 |
| 17 | 11,163 | 42 | 16,710 | 67 | 18,165 |
| 18 | 11,555 | 43 | 16,813 | 68 | 18,192 |
| 19 | 11,927 | 44 | 16,910 | 69 | 18,217 |
| 20 | 12,279 | 45 | 17,003 | 70 | 18,242 |
| 21 | 12,613 | 46 | 17,090 | 71 | 18,264 |
| 22 | 12,929 | 47 | 17,173 | 72 | 18,286 |
| 23 | 13,229 | 48 | 17,252 | 73 | 18,307 |
| 24 | 13,513 | 49 | 17,326 | 74 | 18,326 |
| 25 | 13,783 | 50 | 17,397 | 75 | 18,345 |

1) **Anm. d. Red.:** Anlage 9 weggefallen gem. Gesetz v. 24.12.2008 (BGBl I S. 3018) mit Wirkung v. 1.1.2009.
2) **Anm. d. Red.:** Anlage 9a i. d. F. des Gesetzes v. 13.12.2006 (BGBl I S. 2878) mit Wirkung v. 1.1.2007.

# Anlagen 10 – 13  XXVIII. Bewertungsgesetz

| Laufzeit in Jahren | Kapitalwert | Laufzeit in Jahren | Kapitalwert | Laufzeit in Jahren | Kapitalwert |
|---|---|---|---|---|---|
| 76 | 18,362 | 86 | 18,495 | 96 | 18,572 |
| 77 | 18,379 | 87 | 18,505 | 97 | 18,578 |
| 78 | 18,395 | 88 | 18,514 | 98 | 18,583 |
| 79 | 18,410 | 89 | 18,523 | 99 | 18,589 |
| 80 | 18,424 | 90 | 18,531 | 100 | 18,593 |
| 81 | 18,437 | 91 | 18,539 | 101 | 18,598 |
| 82 | 18,450 | 92 | 18,546 | mehr als 101 | 18,600 |
| 83 | 18,462 | 93 | 18,553 | | |
| 84 | 18,474 | 94 | 18,560 | | |
| 85 | 18,485 | 95 | 18,566 | | |

**Anlagen 10 bis 13 (weggefallen)**[1]

---

[1] **Anm. d. Red.:** Anlagen 10 bis 13 weggefallen gem. Gesetz v. 8.12.2010 (BGBl I S.1768) mit Wirkung v. 14.12.2010.

## Anlage 14 (zu § 163 Abs. 3, § 164 Abs. 2 und 4)[1)]
### Landwirtschaftliche Nutzung

| 1 | 2 | 3 | 4 | 5 | 6 |
|---|---|---|---|---|---|
| Region Land/ Reg.bezirk | Nutzungsart Betriebsform | Betriebsgröße | Rein- gewinn EUR/ ha LF | Pacht- preis EUR/ ha LF | Wert für das Besatz- kapital EUR/ ha LF |
| Schleswig-Holstein | Ackerbau | Kleinbetriebe 0 bis unter 40 EGE | −428 | 240 | 129 |
| | | Mittelbetriebe 40 bis 100 EGE | −19 | 286 | 90 |
| | | Großbetriebe über 100 EGE | 124 | 338 | 78 |
| | Milchvieh | Kleinbetriebe 0 bis unter 40 EGE | −572 | 161 | 241 |
| | | Mittelbetriebe 40 bis 100 EGE | −98 | 201 | 238 |
| | | Großbetriebe über 100 EGE | 143 | 235 | 203 |
| | Sonstiger Futterbau | Kleinbetriebe 0 bis unter 40 EGE | −535 | 122 | 160 |
| | | Mittelbetriebe 40 bis 100 EGE | −143 | 162 | 142 |
| | | Großbetriebe über 100 EGE | 73 | 250 | 152 |
| | Veredlung | Kleinbetriebe 0 bis unter 40 EGE | −917 | 338 | 343 |
| | | Mittelbetriebe 40 bis 100 EGE | −124 | 388 | 358 |
| | | Großbetriebe über 100 EGE | 224 | 389 | 313 |
| | Pflanzenbau-Verbund | Kleinbetriebe 0 bis unter 40 EGE | −586 | 201 | 161 |
| | | Mittelbetriebe 40 bis 100 EGE | −169 | 245 | 150 |
| | | Großbetriebe über 100 EGE | 77 | 301 | 148 |
| | Vieh-Verbund | Kleinbetriebe 0 bis unter 40 EGE | −833 | 214 | 188 |
| | | Mittelbetriebe 40 bis 100 EGE | −253 | 263 | 222 |
| | | Großbetriebe über 100 EGE | 66 | 348 | 238 |
| | Pflanzen- und Viehverbund | Kleinbetriebe 0 bis unter 40 EGE | −648 | 202 | 169 |
| | | Mittelbetriebe 40 bis 100 EGE | −136 | 243 | 172 |
| | | Großbetriebe über 100 EGE | 68 | 302 | 153 |
| Braunschweig | Ackerbau | Kleinbetriebe 0 bis unter 40 EGE | −456 | 226 | 121 |
| | | Mittelbetriebe 40 bis 100 EGE | −20 | 270 | 84 |
| | | Großbetriebe über 100 EGE | 116 | 318 | 72 |
| | Milchvieh | Kleinbetriebe 0 bis unter 40 EGE | −564 | 164 | 244 |
| | | Mittelbetriebe 40 bis 100 EGE | −96 | 203 | 241 |
| | | Großbetriebe über 100 EGE | 144 | 238 | 205 |
| | Sonstiger Futterbau | Kleinbetriebe 0 bis unter 40 EGE | −532 | 122 | 161 |
| | | Mittelbetriebe 40 bis 100 EGE | −143 | 162 | 143 |
| | | Großbetriebe über 100 EGE | 73 | 250 | 152 |

---

1) **Anm. d. Red.:** Anlage 14 eingefügt gem. Gesetz v. 24. 12. 2008 (BGBl I S. 3018) mit Wirkung v. 1. 1. 2009.

# Anlage 14

XXVIII. Bewertungsgesetz

| 1 | 2 | 3 | 4 | 5 | 6 |
|---|---|---|---|---|---|
| Region Land/ Reg.bezirk | Nutzungsart Betriebsform | Betriebsgröße | Rein- gewinn EUR/ ha LF | Pacht- preis EUR/ ha LF | Wert für das Besatz- kapital EUR/ ha LF |
| | Veredlung | Kleinbetriebe 0 bis unter 40 EGE | −1 001 | 312 | 315 |
| | | Mittelbetriebe 40 bis 100 EGE | −136 | 354 | 326 |
| | | Großbetriebe über 100 EGE | 206 | 359 | 287 |
| | Pflanzenbau-Verbund | Kleinbetriebe 0 bis unter 40 EGE | −617 | 190 | 153 |
| | | Mittelbetriebe 40 bis 100 EGE | −176 | 234 | 144 |
| | | Großbetriebe über 100 EGE | 74 | 288 | 141 |
| | Vieh-Verbund | Kleinbetriebe 0 bis unter 40 EGE | −868 | 205 | 180 |
| | | Mittelbetriebe 40 bis 100 EGE | −268 | 249 | 209 |
| | | Großbetriebe über 100 EGE | 62 | 330 | 224 |
| | Pflanzen- und Viehverbund | Kleinbetriebe 0 bis unter 40 EGE | −687 | 190 | 160 |
| | | Mittelbetriebe 40 bis 100 EGE | −146 | 227 | 160 |
| | | Großbetriebe über 100 EGE | 64 | 281 | 142 |
| Hannover | Ackerbau | Kleinbetriebe 0 bis unter 40 EGE | −461 | 224 | 119 |
| | | Mittelbetriebe 40 bis 100 EGE | −21 | 268 | 83 |
| | | Großbetriebe über 100 EGE | 114 | 315 | 71 |
| | Milchvieh | Kleinbetriebe 0 bis unter 40 EGE | −565 | 163 | 244 |
| | | Mittelbetriebe 40 bis 100 EGE | −97 | 203 | 240 |
| | | Großbetriebe über 100 EGE | 144 | 237 | 205 |
| | Sonstiger Futterbau | Kleinbetriebe 0 bis unter 40 EGE | −534 | 122 | 160 |
| | | Mittelbetriebe 40 bis 100 EGE | −143 | 161 | 142 |
| | | Großbetriebe über 100 EGE | 73 | 249 | 152 |
| | Veredlung | Kleinbetriebe 0 bis unter 40 EGE | −1 006 | 310 | 313 |
| | | Mittelbetriebe 40 bis 100 EGE | −137 | 352 | 325 |
| | | Großbetriebe über 100 EGE | 205 | 357 | 286 |
| | Pflanzenbau-Verbund | Kleinbetriebe 0 bis unter 40 EGE | −622 | 189 | 152 |
| | | Mittelbetriebe 40 bis 100 EGE | −178 | 234 | 143 |
| | | Großbetriebe über 100 EGE | 73 | 286 | 140 |
| | Vieh-Verbund | Kleinbetriebe 0 bis unter 40 EGE | −872 | 204 | 179 |
| | | Mittelbetriebe 40 bis 100 EGE | −269 | 248 | 208 |
| | | Großbetriebe über 100 EGE | 62 | 328 | 223 |
| | Pflanzen- und Viehverbund | Kleinbetriebe 0 bis unter 40 EGE | −691 | 189 | 159 |
| | | Mittelbetriebe 40 bis 100 EGE | −147 | 226 | 159 |
| | | Großbetriebe über 100 EGE | 63 | 279 | 141 |
| Lüneburg | Ackerbau | Kleinbetriebe 0 bis unter 40 EGE | −478 | 216 | 115 |
| | | Mittelbetriebe 40 bis 100 EGE | −21 | 258 | 80 |
| | | Großbetriebe über 100 EGE | 110 | 304 | 69 |

## XXVIII. Bewertungsgesetz — Anlage 14

| 1 | 2 | 3 | 4 | 5 | 6 |
|---|---|---|---|---|---|
| Region Land/ Reg.bezirk | Nutzungsart Betriebsform | Betriebsgröße | Rein- gewinn EUR/ ha LF | Pacht- preis EUR/ ha LF | Wert für das Besatz- kapital EUR/ ha LF |
| | Milchvieh | Kleinbetriebe 0 bis unter 40 EGE | −578 | 160 | 238 |
| | | Mittelbetriebe 40 bis 100 EGE | −99 | 198 | 234 |
| | | Großbetriebe über 100 EGE | 140 | 231 | 199 |
| | Sonstiger Futterbau | Kleinbetriebe 0 bis unter 40 EGE | −536 | 121 | 160 |
| | | Mittelbetriebe 40 bis 100 EGE | −145 | 160 | 141 |
| | | Großbetriebe über 100 EGE | 72 | 245 | 150 |
| | Veredlung | Kleinbetriebe 0 bis unter 40 EGE | −1 011 | 309 | 311 |
| | | Mittelbetriebe 40 bis 100 EGE | −138 | 350 | 323 |
| | | Großbetriebe über 100 EGE | 204 | 355 | 284 |
| | Pflanzenbau- Verbund | Kleinbetriebe 0 bis unter 40 EGE | −632 | 186 | 149 |
| | | Mittelbetriebe 40 bis 100 EGE | −181 | 230 | 140 |
| | | Großbetriebe über 100 EGE | 72 | 281 | 138 |
| | Vieh-Verbund | Kleinbetriebe 0 bis unter 40 EGE | −880 | 202 | 178 |
| | | Mittelbetriebe 40 bis 100 EGE | −272 | 246 | 206 |
| | | Großbetriebe über 100 EGE | 61 | 325 | 221 |
| | Pflanzen- und Viehverbund | Kleinbetriebe 0 bis unter 40 EGE | −699 | 187 | 157 |
| | | Mittelbetriebe 40 bis 100 EGE | −149 | 222 | 156 |
| | | Großbetriebe über 100 EGE | 62 | 275 | 139 |
| Weser-Ems | Ackerbau | Kleinbetriebe 0 bis unter 40 EGE | −476 | 217 | 116 |
| | | Mittelbetriebe 40 bis 100 EGE | −21 | 261 | 81 |
| | | Großbetriebe über 100 EGE | 113 | 315 | 71 |
| | Milchvieh | Kleinbetriebe 0 bis unter 40 EGE | −577 | 160 | 239 |
| | | Mittelbetriebe 40 bis 100 EGE | −99 | 198 | 235 |
| | | Großbetriebe über 100 EGE | 140 | 232 | 200 |
| | Sonstiger Futterbau | Kleinbetriebe 0 bis unter 40 EGE | −540 | 120 | 158 |
| | | Mittelbetriebe 40 bis 100 EGE | −145 | 159 | 140 |
| | | Großbetriebe über 100 EGE | 72 | 245 | 149 |
| | Veredlung | Kleinbetriebe 0 bis unter 40 EGE | −966 | 323 | 326 |
| | | Mittelbetriebe 40 bis 100 EGE | −131 | 367 | 339 |
| | | Großbetriebe über 100 EGE | 213 | 372 | 298 |
| | Pflanzenbau- Verbund | Kleinbetriebe 0 bis unter 40 EGE | −622 | 190 | 152 |
| | | Mittelbetriebe 40 bis 100 EGE | −178 | 233 | 143 |
| | | Großbetriebe über 100 EGE | 74 | 288 | 142 |
| | Vieh-Verbund | Kleinbetriebe 0 bis unter 40 EGE | −862 | 207 | 181 |
| | | Mittelbetriebe 40 bis 100 EGE | −264 | 253 | 213 |
| | | Großbetriebe über 100 EGE | 63 | 335 | 228 |

# Anlage 14　　　　　　　XXVIII. Bewertungsgesetz

| 1 | 2 | 3 | 4 | 5 | 6 |
|---|---|---|---|---|---|
| Region Land/ Reg.bezirk | Nutzungsart Betriebsform | Betriebsgröße | Rein- gewinn EUR/ ha LF | Pacht- preis EUR/ ha LF | Wert für das Besatz- kapital EUR/ ha LF |
| | Pflanzen- und Viehverbund | Kleinbetriebe 0 bis unter 40 EGE | −684 | 192 | 160 |
| | | Mittelbetriebe 40 bis 100 EGE | −144 | 230 | 162 |
| | | Großbetriebe über 100 EGE | 64 | 286 | 144 |
| Düsseldorf | Ackerbau | Kleinbetriebe 0 bis unter 40 EGE | −443 | 233 | 124 |
| | | Mittelbetriebe 40 bis 100 EGE | −20 | 281 | 87 |
| | | Großbetriebe über 100 EGE | 123 | 338 | 77 |
| | Milchvieh | Kleinbetriebe 0 bis unter 40 EGE | −548 | 169 | 251 |
| | | Mittelbetriebe 40 bis 100 EGE | −94 | 209 | 247 |
| | | Großbetriebe über 100 EGE | 147 | 244 | 210 |
| | Sonstiger Futterbau | Kleinbetriebe 0 bis unter 40 EGE | −492 | 132 | 174 |
| | | Mittelbetriebe 40 bis 100 EGE | −131 | 176 | 155 |
| | | Großbetriebe über 100 EGE | 79 | 268 | 165 |
| | Veredlung | Kleinbetriebe 0 bis unter 40 EGE | −964 | 323 | 327 |
| | | Mittelbetriebe 40 bis 100 EGE | −131 | 368 | 340 |
| | | Großbetriebe über 100 EGE | 214 | 373 | 299 |
| | Pflanzenbau- Verbund | Kleinbetriebe 0 bis unter 40 EGE | −593 | 198 | 159 |
| | | Mittelbetriebe 40 bis 100 EGE | −171 | 242 | 148 |
| | | Großbetriebe über 100 EGE | 77 | 301 | 149 |
| | Vieh-Verbund | Kleinbetriebe 0 bis unter 40 EGE | −824 | 215 | 190 |
| | | Mittelbetriebe 40 bis 100 EGE | −256 | 261 | 219 |
| | | Großbetriebe über 100 EGE | 65 | 345 | 235 |
| | Pflanzen- und Viehverbund | Kleinbetriebe 0 bis unter 40 EGE | −658 | 199 | 167 |
| | | Mittelbetriebe 40 bis 100 EGE | −140 | 237 | 167 |
| | | Großbetriebe über 100 EGE | 66 | 294 | 149 |
| Köln | Ackerbau | Kleinbetriebe 0 bis unter 40 EGE | −432 | 239 | 127 |
| | | Mittelbetriebe 40 bis 100 EGE | −19 | 288 | 90 |
| | | Großbetriebe über 100 EGE | 127 | 348 | 80 |
| | Milchvieh | Kleinbetriebe 0 bis unter 40 EGE | −566 | 163 | 243 |
| | | Mittelbetriebe 40 bis 100 EGE | −97 | 202 | 239 |
| | | Großbetriebe über 100 EGE | 142 | 235 | 203 |
| | Sonstiger Futterbau | Kleinbetriebe 0 bis unter 40 EGE | −493 | 132 | 174 |
| | | Mittelbetriebe 40 bis 100 EGE | −132 | 174 | 154 |
| | | Großbetriebe über 100 EGE | 78 | 264 | 163 |
| | Veredlung | Kleinbetriebe 0 bis unter 40 EGE | −962 | 324 | 327 |
| | | Mittelbetriebe 40 bis 100 EGE | −131 | 369 | 340 |
| | | Großbetriebe über 100 EGE | 215 | 374 | 300 |

| 1 | 2 | 3 | 4 | 5 | 6 |
|---|---|---|---|---|---|
| Region Land/ Reg.bezirk | Nutzungsart Betriebsform | Betriebsgröße | Rein- gewinn EUR/ ha LF | Pacht- preis EUR/ ha LF | Wert für das Besatz- kapital EUR/ ha LF |
| | Pflanzenbau- Verbund | Kleinbetriebe 0 bis unter 40 EGE | −586 | 200 | 161 |
| | | Mittelbetriebe 40 bis 100 EGE | −169 | 244 | 150 |
| | | Großbetriebe über 100 EGE | 79 | 305 | 151 |
| | Vieh-Verbund | Kleinbetriebe 0 bis unter 40 EGE | −829 | 214 | 189 |
| | | Mittelbetriebe 40 bis 100 EGE | −257 | 259 | 218 |
| | | Großbetriebe über 100 EGE | 65 | 343 | 234 |
| | Pflanzen- und Viehverbund | Kleinbetriebe 0 bis unter 40 EGE | −655 | 200 | 167 |
| | | Mittelbetriebe 40 bis 100 EGE | −139 | 238 | 168 |
| | | Großbetriebe über 100 EGE | 67 | 296 | 149 |
| Münster | Ackerbau | Kleinbetriebe 0 bis unter 40 EGE | −460 | 223 | 120 |
| | | Mittelbetriebe 40 bis 100 EGE | −21 | 264 | 83 |
| | | Großbetriebe über 100 EGE | 113 | 309 | 70 |
| | Milchvieh | Kleinbetriebe 0 bis unter 40 EGE | −554 | 167 | 249 |
| | | Mittelbetriebe 40 bis 100 EGE | −95 | 206 | 244 |
| | | Großbetriebe über 100 EGE | 145 | 240 | 207 |
| | Sonstiger Futterbau | Kleinbetriebe 0 bis unter 40 EGE | −493 | 132 | 174 |
| | | Mittelbetriebe 40 bis 100 EGE | −132 | 174 | 154 |
| | | Großbetriebe über 100 EGE | 79 | 265 | 163 |
| | Veredlung | Kleinbetriebe 0 bis unter 40 EGE | −1 014 | 308 | 310 |
| | | Mittelbetriebe 40 bis 100 EGE | −138 | 349 | 322 |
| | | Großbetriebe über 100 EGE | 203 | 354 | 284 |
| | Pflanzenbau- Verbund | Kleinbetriebe 0 bis unter 40 EGE | −613 | 191 | 154 |
| | | Mittelbetriebe 40 bis 100 EGE | −177 | 234 | 143 |
| | | Großbetriebe über 100 EGE | 73 | 285 | 139 |
| | Vieh-Verbund | Kleinbetriebe 0 bis unter 40 EGE | −848 | 208 | 184 |
| | | Mittelbetriebe 40 bis 100 EGE | −266 | 251 | 211 |
| | | Großbetriebe über 100 EGE | 62 | 332 | 226 |
| | Pflanzen- und Viehverbund | Kleinbetriebe 0 bis unter 40 EGE | −680 | 192 | 161 |
| | | Mittelbetriebe 40 bis 100 EGE | −147 | 225 | 159 |
| | | Großbetriebe über 100 EGE | 63 | 278 | 141 |
| Detmold | Ackerbau | Kleinbetriebe 0 bis unter 40 EGE | −450 | 229 | 122 |
| | | Mittelbetriebe 40 bis 100 EGE | −20 | 274 | 85 |
| | | Großbetriebe über 100 EGE | 117 | 321 | 73 |
| | Milchvieh | Kleinbetriebe 0 bis unter 40 EGE | −552 | 167 | 250 |
| | | Mittelbetriebe 40 bis 100 EGE | −95 | 207 | 245 |
| | | Großbetriebe über 100 EGE | 146 | 241 | 208 |

# Anlage 14

XXVIII. Bewertungsgesetz

| 1 | 2 | 3 | 4 | 5 | 6 |
|---|---|---|---|---|---|
| Region Land/ Reg.bezirk | Nutzungsart Betriebsform | Betriebsgröße | Reingewinn EUR/ ha LF | Pachtpreis EUR/ ha LF | Wert für das Besatzkapital EUR/ ha LF |
| | Sonstiger Futterbau | Kleinbetriebe 0 bis unter 40 EGE | −493 | 132 | 174 |
| | | Mittelbetriebe 40 bis 100 EGE | −132 | 174 | 154 |
| | | Großbetriebe über 100 EGE | 79 | 265 | 164 |
| | Veredlung | Kleinbetriebe 0 bis unter 40 EGE | −1014 | 308 | 311 |
| | | Mittelbetriebe 40 bis 100 EGE | −138 | 349 | 322 |
| | | Großbetriebe über 100 EGE | 204 | 355 | 284 |
| | Pflanzenbau-Verbund | Kleinbetriebe 0 bis unter 40 EGE | −607 | 192 | 155 |
| | | Mittelbetriebe 40 bis 100 EGE | −175 | 237 | 145 |
| | | Großbetriebe über 100 EGE | 74 | 290 | 142 |
| | Vieh-Verbund | Kleinbetriebe 0 bis unter 40 EGE | −847 | 209 | 185 |
| | | Mittelbetriebe 40 bis 100 EGE | −265 | 252 | 211 |
| | | Großbetriebe über 100 EGE | 62 | 333 | 226 |
| | Pflanzen- und Viehverbund | Kleinbetriebe 0 bis unter 40 EGE | −677 | 193 | 162 |
| | | Mittelbetriebe 40 bis 100 EGE | −146 | 227 | 160 |
| | | Großbetriebe über 100 EGE | 64 | 281 | 143 |
| Arnsberg | Ackerbau | Kleinbetriebe 0 bis unter 40 EGE | −439 | 235 | 126 |
| | | Mittelbetriebe 40 bis 100 EGE | −20 | 282 | 88 |
| | | Großbetriebe über 100 EGE | 121 | 332 | 76 |
| | Milchvieh | Kleinbetriebe 0 bis unter 40 EGE | −564 | 164 | 244 |
| | | Mittelbetriebe 40 bis 100 EGE | −97 | 202 | 240 |
| | | Großbetriebe über 100 EGE | 143 | 235 | 204 |
| | Sonstiger Futterbau | Kleinbetriebe 0 bis unter 40 EGE | −493 | 132 | 174 |
| | | Mittelbetriebe 40 bis 100 EGE | −132 | 174 | 154 |
| | | Großbetriebe über 100 EGE | 78 | 263 | 163 |
| | Veredlung | Kleinbetriebe 0 bis unter 40 EGE | −1013 | 308 | 311 |
| | | Mittelbetriebe 40 bis 100 EGE | −138 | 349 | 322 |
| | | Großbetriebe über 100 EGE | 204 | 355 | 284 |
| | Pflanzenbau-Verbund | Kleinbetriebe 0 bis unter 40 EGE | −601 | 194 | 157 |
| | | Mittelbetriebe 40 bis 100 EGE | −173 | 239 | 147 |
| | | Großbetriebe über 100 EGE | 75 | 294 | 144 |
| | Vieh-Verbund | Kleinbetriebe 0 bis unter 40 EGE | −850 | 208 | 184 |
| | | Mittelbetriebe 40 bis 100 EGE | −266 | 251 | 210 |
| | | Großbetriebe über 100 EGE | 62 | 331 | 226 |
| | Pflanzen- und Viehverbund | Kleinbetriebe 0 bis unter 40 EGE | −674 | 194 | 163 |
| | | Mittelbetriebe 40 bis 100 EGE | −145 | 228 | 161 |
| | | Großbetriebe über 100 EGE | 64 | 283 | 143 |

# XXVIII. Bewertungsgesetz — Anlage 14

| 1 | 2 | 3 | 4 | 5 | 6 |
|---|---|---|---|---|---|
| Region Land/ Reg.bezirk | Nutzungsart Betriebsform | Betriebsgröße | Rein- gewinn EUR/ ha LF | Pacht- preis EUR/ ha LF | Wert für das Besatz- kapital EUR/ ha LF |
| Darmstadt | Ackerbau | Kleinbetriebe 0 bis unter 40 EGE | −485 | 215 | 114 |
| | | Mittelbetriebe 40 bis 100 EGE | −21 | 261 | 80 |
| | | Großbetriebe über 100 EGE | 113 | 318 | 71 |
| | Milchvieh | Kleinbetriebe 0 bis unter 40 EGE | −607 | 152 | 227 |
| | | Mittelbetriebe 40 bis 100 EGE | −105 | 187 | 222 |
| | | Großbetriebe über 100 EGE | 132 | 218 | 188 |
| | Sonstiger Futterbau | Kleinbetriebe 0 bis unter 40 EGE | −537 | 121 | 159 |
| | | Mittelbetriebe 40 bis 100 EGE | −146 | 158 | 139 |
| | | Großbetriebe über 100 EGE | 71 | 242 | 148 |
| | Veredlung | Kleinbetriebe 0 bis unter 40 EGE | −926 | 336 | 340 |
| | | Mittelbetriebe 40 bis 100 EGE | −125 | 385 | 355 |
| | | Großbetriebe über 100 EGE | 223 | 387 | 310 |
| | Pflanzenbau- Verbund | Kleinbetriebe 0 bis unter 40 EGE | −617 | 193 | 153 |
| | | Mittelbetriebe 40 bis 100 EGE | −177 | 236 | 144 |
| | | Großbetriebe über 100 EGE | 75 | 292 | 144 |
| | Vieh-Verbund | Kleinbetriebe 0 bis unter 40 EGE | −850 | 210 | 184 |
| | | Mittelbetriebe 40 bis 100 EGE | −257 | 258 | 218 |
| | | Großbetriebe über 100 EGE | 64 | 342 | 233 |
| | Pflanzen- und Viehverbund | Kleinbetriebe 0 bis unter 40 EGE | −672 | 196 | 163 |
| | | Mittelbetriebe 40 bis 100 EGE | −141 | 236 | 166 |
| | | Großbetriebe über 100 EGE | 65 | 293 | 146 |
| Gießen | Ackerbau | Kleinbetriebe 0 bis unter 40 EGE | −492 | 212 | 112 |
| | | Mittelbetriebe 40 bis 100 EGE | −22 | 256 | 78 |
| | | Großbetriebe über 100 EGE | 106 | 301 | 66 |
| | Milchvieh | Kleinbetriebe 0 bis unter 40 EGE | −591 | 156 | 233 |
| | | Mittelbetriebe 40 bis 100 EGE | −102 | 193 | 228 |
| | | Großbetriebe über 100 EGE | 136 | 225 | 194 |
| | Sonstiger Futterbau | Kleinbetriebe 0 bis unter 40 EGE | −535 | 122 | 160 |
| | | Mittelbetriebe 40 bis 100 EGE | −145 | 159 | 141 |
| | | Großbetriebe über 100 EGE | 72 | 245 | 150 |
| | Veredlung | Kleinbetriebe 0 bis unter 40 EGE | −929 | 335 | 339 |
| | | Mittelbetriebe 40 bis 100 EGE | −125 | 384 | 354 |
| | | Großbetriebe über 100 EGE | 221 | 384 | 309 |
| | Pflanzenbau- Verbund | Kleinbetriebe 0 bis unter 40 EGE | −624 | 191 | 151 |
| | | Mittelbetriebe 40 bis 100 EGE | −179 | 234 | 142 |
| | | Großbetriebe über 100 EGE | 72 | 286 | 138 |

# Anlage 14

XXVIII. Bewertungsgesetz

| 1 | 2 | 3 | 4 | 5 | 6 |
|---|---|---|---|---|---|
| Region Land/ Reg.bezirk | Nutzungsart Betriebsform | Betriebsgröße | Rein- gewinn EUR/ ha LF | Pacht- preis EUR/ ha LF | Wert für das Besatz- kapital EUR/ ha LF |
| Kassel | Vieh-Verbund | Kleinbetriebe 0 bis unter 40 EGE | −846 | 211 | 185 |
| | | Mittelbetriebe 40 bis 100 EGE | −256 | 260 | 219 |
| | | Großbetriebe über 100 EGE | 64 | 343 | 234 |
| | Pflanzen- und Viehverbund | Kleinbetriebe 0 bis unter 40 EGE | −673 | 196 | 163 |
| | | Mittelbetriebe 40 bis 100 EGE | −142 | 235 | 165 |
| | | Großbetriebe über 100 EGE | 65 | 290 | 145 |
| | Ackerbau | Kleinbetriebe 0 bis unter 40 EGE | −488 | 213 | 113 |
| | | Mittelbetriebe 40 bis 100 EGE | −22 | 256 | 79 |
| | | Großbetriebe über 100 EGE | 108 | 304 | 67 |
| | Milchvieh | Kleinbetriebe 0 bis unter 40 EGE | −584 | 158 | 236 |
| | | Mittelbetriebe 40 bis 100 EGE | −100 | 195 | 231 |
| | | Großbetriebe über 100 EGE | 138 | 228 | 197 |
| | Sonstiger Futterbau | Kleinbetriebe 0 bis unter 40 EGE | −534 | 122 | 160 |
| | | Mittelbetriebe 40 bis 100 EGE | −144 | 160 | 141 |
| | | Großbetriebe über 100 EGE | 72 | 247 | 151 |
| | Veredlung | Kleinbetriebe 0 bis unter 40 EGE | −928 | 335 | 339 |
| | | Mittelbetriebe 40 bis 100 EGE | −125 | 385 | 355 |
| | | Großbetriebe über 100 EGE | 222 | 385 | 309 |
| | Pflanzenbau- Verbund | Kleinbetriebe 0 bis unter 40 EGE | −621 | 192 | 152 |
| | | Mittelbetriebe 40 bis 100 EGE | −178 | 235 | 142 |
| | | Großbetriebe über 100 EGE | 73 | 287 | 139 |
| Rheinland- Pfalz | Vieh-Verbund | Kleinbetriebe 0 bis unter 40 EGE | −843 | 212 | 185 |
| | | Mittelbetriebe 40 bis 100 EGE | −255 | 260 | 219 |
| | | Großbetriebe über 100 EGE | 65 | 344 | 235 |
| | Pflanzen- und Viehverbund | Kleinbetriebe 0 bis unter 40 EGE | −671 | 196 | 163 |
| | | Mittelbetriebe 40 bis 100 EGE | −141 | 236 | 165 |
| | | Großbetriebe über 100 EGE | 65 | 291 | 146 |
| | Ackerbau | Kleinbetriebe 0 bis unter 40 EGE | −501 | 208 | 110 |
| | | Mittelbetriebe 40 bis 100 EGE | −22 | 253 | 77 |
| | | Großbetriebe über 100 EGE | 109 | 306 | 68 |
| | Milchvieh | Kleinbetriebe 0 bis unter 40 EGE | −588 | 157 | 234 |
| | | Mittelbetriebe 40 bis 100 EGE | −101 | 194 | 229 |
| | | Großbetriebe über 100 EGE | 136 | 226 | 195 |
| | Sonstiger Futterbau | Kleinbetriebe 0 bis unter 40 EGE | −535 | 122 | 160 |
| | | Mittelbetriebe 40 bis 100 EGE | −145 | 159 | 141 |
| | | Großbetriebe über 100 EGE | 72 | 244 | 149 |

XXVIII. Bewertungsgesetz  Anlage 14

| 1 | 2 | 3 | 4 | 5 | 6 |
|---|---|---|---|---|---|
| Region Land/ Reg.bezirk | Nutzungsart Betriebsform | Betriebsgröße | Rein- gewinn EUR/ ha LF | Pacht- preis EUR/ ha LF | Wert für das Besatz- kapital EUR/ ha LF |
| | Veredlung | Kleinbetriebe 0 bis unter 40 EGE | −1 003 | 311 | 314 |
| | | Mittelbetriebe 40 bis 100 EGE | −136 | 356 | 328 |
| | | Großbetriebe über 100 EGE | 206 | 357 | 287 |
| | Pflanzenbau- Verbund | Kleinbetriebe 0 bis unter 40 EGE | −641 | 185 | 147 |
| | | Mittelbetriebe 40 bis 100 EGE | −182 | 229 | 139 |
| | | Großbetriebe über 100 EGE | 72 | 282 | 138 |
| | Vieh-Verbund | Kleinbetriebe 0 bis unter 40 EGE | −879 | 203 | 178 |
| | | Mittelbetriebe 40 bis 100 EGE | −269 | 247 | 208 |
| | | Großbetriebe über 100 EGE | 61 | 326 | 222 |
| | Pflanzen- und Viehverbund | Kleinbetriebe 0 bis unter 40 EGE | −703 | 187 | 156 |
| | | Mittelbetriebe 40 bis 100 EGE | −148 | 224 | 157 |
| | | Großbetriebe über 100 EGE | 62 | 277 | 139 |
| Stuttgart | Ackerbau | Kleinbetriebe 0 bis unter 40 EGE | −481 | 216 | 115 |
| | | Mittelbetriebe 40 bis 100 EGE | −21 | 261 | 80 |
| | | Großbetriebe über 100 EGE | 107 | 302 | 67 |
| | Milchvieh | Kleinbetriebe 0 bis unter 40 EGE | −567 | 163 | 243 |
| | | Mittelbetriebe 40 bis 100 EGE | −98 | 201 | 238 |
| | | Großbetriebe über 100 EGE | 141 | 233 | 202 |
| | Sonstiger Futterbau | Kleinbetriebe 0 bis unter 40 EGE | −501 | 130 | 171 |
| | | Mittelbetriebe 40 bis 100 EGE | −135 | 171 | 151 |
| | | Großbetriebe über 100 EGE | 77 | 259 | 160 |
| | Veredlung | Kleinbetriebe 0 bis unter 40 EGE | −1 017 | 306 | 309 |
| | | Mittelbetriebe 40 bis 100 EGE | −138 | 350 | 323 |
| | | Großbetriebe über 100 EGE | 203 | 352 | 282 |
| | Pflanzenbau- Verbund | Kleinbetriebe 0 bis unter 40 EGE | −628 | 187 | 150 |
| | | Mittelbetriebe 40 bis 100 EGE | −180 | 232 | 141 |
| | | Großbetriebe über 100 EGE | 71 | 282 | 136 |
| | Vieh-Verbund | Kleinbetriebe 0 bis unter 40 EGE | −858 | 206 | 182 |
| | | Mittelbetriebe 40 bis 100 EGE | −267 | 250 | 210 |
| | | Großbetriebe über 100 EGE | 62 | 329 | 224 |
| | Pflanzen- und Viehverbund | Kleinbetriebe 0 bis unter 40 EGE | −690 | 190 | 159 |
| | | Mittelbetriebe 40 bis 100 EGE | −148 | 224 | 158 |
| | | Großbetriebe über 100 EGE | 62 | 276 | 139 |
| Karlsruhe | Ackerbau | Kleinbetriebe 0 bis unter 40 EGE | −500 | 208 | 110 |
| | | Mittelbetriebe 40 bis 100 EGE | −22 | 250 | 77 |
| | | Großbetriebe über 100 EGE | 103 | 290 | 64 |

# Anlage 14

XXVIII. Bewertungsgesetz

| 1 | 2 | 3 | 4 | 5 | 6 |
|---|---|---|---|---|---|
| Region Land/ Reg.bezirk | Nutzungsart Betriebsform | Betriebsgröße | Reingewinn EUR/ ha LF | Pachtpreis EUR/ ha LF | Wert für das Besatzkapital EUR/ ha LF |
| | Milchvieh | Kleinbetriebe 0 bis unter 40 EGE | −577 | 160 | 239 |
| | | Mittelbetriebe 40 bis 100 EGE | −100 | 197 | 233 |
| | | Großbetriebe über 100 EGE | 138 | 229 | 197 |
| | Sonstiger Futterbau | Kleinbetriebe 0 bis unter 40 EGE | −503 | 129 | 170 |
| | | Mittelbetriebe 40 bis 100 EGE | −136 | 169 | 150 |
| | | Großbetriebe über 100 EGE | 76 | 256 | 158 |
| | Veredlung | Kleinbetriebe 0 bis unter 40 EGE | −1 020 | 306 | 309 |
| | | Mittelbetriebe 40 bis 100 EGE | −138 | 349 | 322 |
| | | Großbetriebe über 100 EGE | 202 | 351 | 282 |
| | Pflanzenbau-Verbund | Kleinbetriebe 0 bis unter 40 EGE | −638 | 185 | 148 |
| | | Mittelbetriebe 40 bis 100 EGE | −183 | 228 | 138 |
| | | Großbetriebe über 100 EGE | 69 | 276 | 133 |
| | Vieh-Verbund | Kleinbetriebe 0 bis unter 40 EGE | −864 | 205 | 181 |
| | | Mittelbetriebe 40 bis 100 EGE | −268 | 248 | 209 |
| | | Großbetriebe über 100 EGE | 61 | 326 | 222 |
| | Pflanzen- und Viehverbund | Kleinbetriebe 0 bis unter 40 EGE | −697 | 188 | 157 |
| | | Mittelbetriebe 40 bis 100 EGE | −150 | 222 | 156 |
| | | Großbetriebe über 100 EGE | 61 | 272 | 137 |
| Freiburg | Ackerbau | Kleinbetriebe 0 bis unter 40 EGE | −499 | 208 | 110 |
| | | Mittelbetriebe 40 bis 100 EGE | −22 | 251 | 77 |
| | | Großbetriebe über 100 EGE | 105 | 295 | 65 |
| | Milchvieh | Kleinbetriebe 0 bis unter 40 EGE | −586 | 157 | 235 |
| | | Mittelbetriebe 40 bis 100 EGE | −101 | 193 | 229 |
| | | Großbetriebe über 100 EGE | 136 | 224 | 193 |
| | Sonstiger Futterbau | Kleinbetriebe 0 bis unter 40 EGE | −503 | 129 | 170 |
| | | Mittelbetriebe 40 bis 100 EGE | −136 | 168 | 149 |
| | | Großbetriebe über 100 EGE | 76 | 255 | 157 |
| | Veredlung | Kleinbetriebe 0 bis unter 40 EGE | −1 020 | 306 | 309 |
| | | Mittelbetriebe 40 bis 100 EGE | −138 | 349 | 322 |
| | | Großbetriebe über 100 EGE | 202 | 351 | 282 |
| | Pflanzenbau-Verbund | Kleinbetriebe 0 bis unter 40 EGE | −637 | 185 | 148 |
| | | Mittelbetriebe 40 bis 100 EGE | −183 | 229 | 138 |
| | | Großbetriebe über 100 EGE | 70 | 278 | 135 |
| | Vieh-Verbund | Kleinbetriebe 0 bis unter 40 EGE | −867 | 204 | 180 |
| | | Mittelbetriebe 40 bis 100 EGE | −269 | 247 | 208 |
| | | Großbetriebe über 100 EGE | 61 | 325 | 222 |

XXVIII. Bewertungsgesetz  **Anlage 14**

| 1 | 2 | 3 | 4 | 5 | 6 |
|---|---|---|---|---|---|
| Region Land/ Reg.bezirk | Nutzungsart Betriebsform | Betriebsgröße | Rein- gewinn EUR/ ha LF | Pacht- preis EUR/ ha LF | Wert für das Besatz- kapital EUR/ ha LF |
| | Pflanzen- und Viehverbund | Kleinbetriebe 0 bis unter 40 EGE | −698 | 188 | 157 |
| | | Mittelbetriebe 40 bis 100 EGE | −150 | 222 | 155 |
| | | Großbetriebe über 100 EGE | 61 | 273 | 137 |
| Tübingen | Ackerbau | Kleinbetriebe 0 bis unter 40 EGE | −484 | 215 | 114 |
| | | Mittelbetriebe 40 bis 100 EGE | −22 | 258 | 79 |
| | | Großbetriebe über 100 EGE | 106 | 298 | 66 |
| | Milchvieh | Kleinbetriebe 0 bis unter 40 EGE | −559 | 165 | 246 |
| | | Mittelbetriebe 40 bis 100 EGE | −96 | 204 | 241 |
| | | Großbetriebe über 100 EGE | 144 | 237 | 205 |
| | Sonstiger Futterbau | Kleinbetriebe 0 bis unter 40 EGE | −499 | 130 | 172 |
| | | Mittelbetriebe 40 bis 100 EGE | −134 | 172 | 152 |
| | | Großbetriebe über 100 EGE | 77 | 261 | 161 |
| | Veredlung | Kleinbetriebe 0 bis unter 40 EGE | −1 018 | 306 | 309 |
| | | Mittelbetriebe 40 bis 100 EGE | −138 | 350 | 323 |
| | | Großbetriebe über 100 EGE | 202 | 352 | 282 |
| | Pflanzenbau- Verbund | Kleinbetriebe 0 bis unter 40 EGE | −630 | 187 | 150 |
| | | Mittelbetriebe 40 bis 100 EGE | −181 | 232 | 140 |
| | | Großbetriebe über 100 EGE | 70 | 280 | 135 |
| | Vieh-Verbund | Kleinbetriebe 0 bis unter 40 EGE | −855 | 207 | 183 |
| | | Mittelbetriebe 40 bis 100 EGE | −266 | 251 | 211 |
| | | Großbetriebe über 100 EGE | 62 | 330 | 225 |
| | Pflanzen- und Viehverbund | Kleinbetriebe 0 bis unter 40 EGE | −690 | 190 | 159 |
| | | Mittelbetriebe 40 bis 100 EGE | −148 | 224 | 157 |
| | | Großbetriebe über 100 EGE | 62 | 276 | 139 |
| Oberbayern | Ackerbau | Kleinbetriebe 0 bis unter 40 EGE | −476 | 220 | 116 |
| | | Mittelbetriebe 40 bis 100 EGE | −21 | 268 | 81 |
| | | Großbetriebe über 100 EGE | 109 | 312 | 68 |
| | Milchvieh | Kleinbetriebe 0 bis unter 40 EGE | −556 | 166 | 248 |
| | | Mittelbetriebe 40 bis 100 EGE | −96 | 205 | 243 |
| | | Großbetriebe über 100 EGE | 144 | 239 | 206 |
| | Sonstiger Futterbau | Kleinbetriebe 0 bis unter 40 EGE | −493 | 132 | 174 |
| | | Mittelbetriebe 40 bis 100 EGE | −132 | 174 | 154 |
| | | Großbetriebe über 100 EGE | 79 | 266 | 164 |
| | Veredlung | Kleinbetriebe 0 bis unter 40 EGE | −942 | 330 | 334 |
| | | Mittelbetriebe 40 bis 100 EGE | −127 | 379 | 350 |
| | | Großbetriebe über 100 EGE | 219 | 380 | 305 |

# Anlage 14

XXVIII. Bewertungsgesetz

| 1 | 2 | 3 | 4 | 5 | 6 |
|---|---|---|---|---|---|
| Region Land/ Reg.bezirk | Nutzungsart Betriebsform | Betriebsgröße | Rein- gewinn EUR/ ha LF | Pacht- preis EUR/ ha LF | Wert für das Besatz- kapital EUR/ ha LF |
| | Pflanzenbau-Verbund | Kleinbetriebe 0 bis unter 40 EGE | −610 | 194 | 155 |
| | | Mittelbetriebe 40 bis 100 EGE | −176 | 240 | 144 |
| | | Großbetriebe über 100 EGE | 73 | 292 | 140 |
| | Vieh-Verbund | Kleinbetriebe 0 bis unter 40 EGE | −819 | 217 | 191 |
| | | Mittelbetriebe 40 bis 100 EGE | −251 | 265 | 223 |
| | | Großbetriebe über 100 EGE | 66 | 349 | 238 |
| | Pflanzen- und Viehverbund | Kleinbetriebe 0 bis unter 40 EGE | −660 | 200 | 166 |
| | | Mittelbetriebe 40 bis 100 EGE | −140 | 238 | 167 |
| | | Großbetriebe über 100 EGE | 66 | 293 | 147 |
| Niederbayern | Ackerbau | Kleinbetriebe 0 bis unter 40 EGE | −468 | 224 | 118 |
| | | Mittelbetriebe 40 bis 100 EGE | −21 | 273 | 83 |
| | | Großbetriebe über 100 EGE | 112 | 320 | 70 |
| | Milchvieh | Kleinbetriebe 0 bis unter 40 EGE | −564 | 163 | 244 |
| | | Mittelbetriebe 40 bis 100 EGE | −97 | 202 | 239 |
| | | Großbetriebe über 100 EGE | 142 | 235 | 203 |
| | Sonstiger Futterbau | Kleinbetriebe 0 bis unter 40 EGE | −493 | 132 | 174 |
| | | Mittelbetriebe 40 bis 100 EGE | −132 | 174 | 154 |
| | | Großbetriebe über 100 EGE | 78 | 265 | 163 |
| | Veredlung | Kleinbetriebe 0 bis unter 40 EGE | −941 | 330 | 334 |
| | | Mittelbetriebe 40 bis 100 EGE | −127 | 380 | 350 |
| | | Großbetriebe über 100 EGE | 219 | 380 | 305 |
| | Pflanzenbau-Verbund | Kleinbetriebe 0 bis unter 40 EGE | −606 | 195 | 156 |
| | | Mittelbetriebe 40 bis 100 EGE | −174 | 241 | 146 |
| | | Großbetriebe über 100 EGE | 74 | 295 | 142 |
| | Vieh-Verbund | Kleinbetriebe 0 bis unter 40 EGE | −821 | 216 | 191 |
| | | Mittelbetriebe 40 bis 100 EGE | −252 | 264 | 223 |
| | | Großbetriebe über 100 EGE | 65 | 348 | 237 |
| | Pflanzen- und Viehverbund | Kleinbetriebe 0 bis unter 40 EGE | −658 | 200 | 167 |
| | | Mittelbetriebe 40 bis 100 EGE | −139 | 239 | 168 |
| | | Großbetriebe über 100 EGE | 66 | 295 | 148 |
| Oberpfalz | Ackerbau | Kleinbetriebe 0 bis unter 40 EGE | −484 | 217 | 114 |
| | | Mittelbetriebe 40 bis 100 EGE | −21 | 265 | 80 |
| | | Großbetriebe über 100 EGE | 108 | 309 | 67 |
| | Milchvieh | Kleinbetriebe 0 bis unter 40 EGE | −563 | 164 | 245 |
| | | Mittelbetriebe 40 bis 100 EGE | −97 | 202 | 239 |
| | | Großbetriebe über 100 EGE | 142 | 235 | 203 |

| 1 | 2 | 3 | 4 | 5 | 6 |
|---|---|---|---|---|---|
| Region Land/ Reg.bezirk | Nutzungsart Betriebsform | Betriebsgröße | Rein- gewinn EUR/ ha LF | Pacht- preis EUR/ ha LF | Wert für das Besatz- kapital EUR/ ha LF |
| | Sonstiger Futterbau | Kleinbetriebe 0 bis unter 40 EGE | −495 | 131 | 173 |
| | | Mittelbetriebe 40 bis 100 EGE | −133 | 173 | 153 |
| | | Großbetriebe über 100 EGE | 78 | 264 | 163 |
| | Veredlung | Kleinbetriebe 0 bis unter 40 EGE | −944 | 330 | 334 |
| | | Mittelbetriebe 40 bis 100 EGE | −127 | 379 | 349 |
| | | Großbetriebe über 100 EGE | 218 | 379 | 304 |
| | Pflanzenbau- Verbund | Kleinbetriebe 0 bis unter 40 EGE | −615 | 193 | 153 |
| | | Mittelbetriebe 40 bis 100 EGE | −177 | 238 | 143 |
| | | Großbetriebe über 100 EGE | 73 | 291 | 140 |
| | Vieh-Verbund | Kleinbetriebe 0 bis unter 40 EGE | −823 | 216 | 190 |
| | | Mittelbetriebe 40 bis 100 EGE | −252 | 264 | 222 |
| | | Großbetriebe über 100 EGE | 65 | 347 | 237 |
| | Pflanzen- und Viehverbund | Kleinbetriebe 0 bis unter 40 EGE | −664 | 199 | 165 |
| | | Mittelbetriebe 40 bis 100 EGE | −141 | 237 | 166 |
| | | Großbetriebe über 100 EGE | 65 | 292 | 146 |
| Oberfranken | Ackerbau | Kleinbetriebe 0 bis unter 40 EGE | −519 | 201 | 106 |
| | | Mittelbetriebe 40 bis 100 EGE | −23 | 242 | 74 |
| | | Großbetriebe über 100 EGE | 100 | 286 | 63 |
| | Milchvieh | Kleinbetriebe 0 bis unter 40 EGE | −556 | 166 | 248 |
| | | Mittelbetriebe 40 bis 100 EGE | −96 | 205 | 242 |
| | | Großbetriebe über 100 EGE | 144 | 238 | 205 |
| | Sonstiger Futterbau | Kleinbetriebe 0 bis unter 40 EGE | −496 | 131 | 172 |
| | | Mittelbetriebe 40 bis 100 EGE | −133 | 173 | 153 |
| | | Großbetriebe über 100 EGE | 78 | 264 | 162 |
| | Veredlung | Kleinbetriebe 0 bis unter 40 EGE | −947 | 329 | 332 |
| | | Mittelbetriebe 40 bis 100 EGE | −128 | 377 | 348 |
| | | Großbetriebe über 100 EGE | 217 | 377 | 303 |
| | Pflanzenbau- Verbund | Kleinbetriebe 0 bis unter 40 EGE | −631 | 188 | 150 |
| | | Mittelbetriebe 40 bis 100 EGE | −182 | 231 | 139 |
| | | Großbetriebe über 100 EGE | 70 | 280 | 135 |
| | Vieh-Verbund | Kleinbetriebe 0 bis unter 40 EGE | −824 | 215 | 190 |
| | | Mittelbetriebe 40 bis 100 EGE | −253 | 263 | 222 |
| | | Großbetriebe über 100 EGE | 65 | 347 | 236 |
| | Pflanzen- und Viehverbund | Kleinbetriebe 0 bis unter 40 EGE | −674 | 196 | 163 |
| | | Mittelbetriebe 40 bis 100 EGE | −143 | 233 | 163 |
| | | Großbetriebe über 100 EGE | 64 | 286 | 144 |

# Anlage 14

XXVIII. Bewertungsgesetz

| 1 | 2 | 3 | 4 | 5 | 6 |
|---|---|---|---|---|---|
| Region Land/ Reg.bezirk | Nutzungsart Betriebsform | Betriebsgröße | Rein- gewinn EUR/ ha LF | Pacht- preis EUR/ ha LF | Wert für das Besatz- kapital EUR/ ha LF |
| Mittelfranken | Ackerbau | Kleinbetriebe 0 bis unter 40 EGE | −507 | 207 | 109 |
| | | Mittelbetriebe 40 bis 100 EGE | −23 | 251 | 76 |
| | | Großbetriebe über 100 EGE | 101 | 292 | 63 |
| | Milchvieh | Kleinbetriebe 0 bis unter 40 EGE | −552 | 167 | 250 |
| | | Mittelbetriebe 40 bis 100 EGE | −95 | 207 | 244 |
| | | Großbetriebe über 100 EGE | 145 | 241 | 207 |
| | Sonstiger Futterbau | Kleinbetriebe 0 bis unter 40 EGE | −495 | 131 | 173 |
| | | Mittelbetriebe 40 bis 100 EGE | −133 | 173 | 153 |
| | | Großbetriebe über 100 EGE | 78 | 265 | 163 |
| | Veredlung | Kleinbetriebe 0 bis unter 40 EGE | −946 | 329 | 333 |
| | | Mittelbetriebe 40 bis 100 EGE | −128 | 378 | 348 |
| | | Großbetriebe über 100 EGE | 218 | 378 | 304 |
| | Pflanzenbau- Verbund | Kleinbetriebe 0 bis unter 40 EGE | −626 | 190 | 151 |
| | | Mittelbetriebe 40 bis 100 EGE | −180 | 234 | 141 |
| | | Großbetriebe über 100 EGE | 71 | 283 | 136 |
| | Vieh-Verbund | Kleinbetriebe 0 bis unter 40 EGE | −822 | 216 | 190 |
| | | Mittelbetriebe 40 bis 100 EGE | −252 | 264 | 222 |
| | | Großbetriebe über 100 EGE | 65 | 348 | 237 |
| | Pflanzen- und Viehverbund | Kleinbetriebe 0 bis unter 40 EGE | −671 | 197 | 163 |
| | | Mittelbetriebe 40 bis 100 EGE | −142 | 235 | 164 |
| | | Großbetriebe über 100 EGE | 65 | 288 | 145 |
| Unterfranken | Ackerbau | Kleinbetriebe 0 bis unter 40 EGE | −488 | 214 | 113 |
| | | Mittelbetriebe 40 bis 100 EGE | −22 | 258 | 79 |
| | | Großbetriebe über 100 EGE | 105 | 300 | 66 |
| | Milchvieh | Kleinbetriebe 0 bis unter 40 EGE | −549 | 168 | 251 |
| | | Mittelbetriebe 40 bis 100 EGE | −94 | 208 | 246 |
| | | Großbetriebe über 100 EGE | 146 | 242 | 209 |
| | Sonstiger Futterbau | Kleinbetriebe 0 bis unter 40 EGE | −494 | 132 | 173 |
| | | Mittelbetriebe 40 bis 100 EGE | −132 | 174 | 154 |
| | | Großbetriebe über 100 EGE | 79 | 267 | 164 |
| | Veredlung | Kleinbetriebe 0 bis unter 40 EGE | −943 | 330 | 334 |
| | | Mittelbetriebe 40 bis 100 EGE | −127 | 379 | 349 |
| | | Großbetriebe über 100 EGE | 218 | 379 | 304 |
| | Pflanzenbau- Verbund | Kleinbetriebe 0 bis unter 40 EGE | −616 | 192 | 153 |
| | | Mittelbetriebe 40 bis 100 EGE | −178 | 236 | 143 |
| | | Großbetriebe über 100 EGE | 72 | 287 | 138 |

XXVIII. Bewertungsgesetz  Anlage 14

| 1 | 2 | 3 | 4 | 5 | 6 |
|---|---|---|---|---|---|
| Region Land/ Reg.bezirk | Nutzungsart Betriebsform | Betriebsgröße | Rein-gewinn EUR/ ha LF | Pacht-preis EUR/ ha LF | Wert für das Besatz-kapital EUR/ ha LF |
| Schwaben | Vieh-Verbund | Kleinbetriebe 0 bis unter 40 EGE | −818 | 217 | 191 |
| | | Mittelbetriebe 40 bis 100 EGE | −251 | 265 | 223 |
| | | Großbetriebe über 100 EGE | 66 | 349 | 238 |
| | Pflanzen- und Viehverbund | Kleinbetriebe 0 bis unter 40 EGE | −664 | 198 | 165 |
| | | Mittelbetriebe 40 bis 100 EGE | −141 | 237 | 166 |
| | | Großbetriebe über 100 EGE | 65 | 291 | 146 |
| | Ackerbau | Kleinbetriebe 0 bis unter 40 EGE | −466 | 224 | 118 |
| | | Mittelbetriebe 40 bis 100 EGE | −21 | 273 | 83 |
| | | Großbetriebe über 100 EGE | 113 | 320 | 71 |
| | Milchvieh | Kleinbetriebe 0 bis unter 40 EGE | −546 | 169 | 252 |
| | | Mittelbetriebe 40 bis 100 EGE | −94 | 210 | 248 |
| | | Großbetriebe über 100 EGE | 148 | 244 | 211 |
| | Sonstiger Futterbau | Kleinbetriebe 0 bis unter 40 EGE | −491 | 133 | 174 |
| | | Mittelbetriebe 40 bis 100 EGE | −131 | 176 | 156 |
| | | Großbetriebe über 100 EGE | 79 | 269 | 165 |
| | Veredlung | Kleinbetriebe 0 bis unter 40 EGE | −941 | 330 | 335 |
| | | Mittelbetriebe 40 bis 100 EGE | −127 | 380 | 350 |
| | | Großbetriebe über 100 EGE | 219 | 380 | 305 |
| | Pflanzenbau-Verbund | Kleinbetriebe 0 bis unter 40 EGE | −604 | 196 | 156 |
| | | Mittelbetriebe 40 bis 100 EGE | −174 | 242 | 146 |
| | | Großbetriebe über 100 EGE | 74 | 296 | 143 |
| | Vieh-Verbund | Kleinbetriebe 0 bis unter 40 EGE | −814 | 218 | 192 |
| | | Mittelbetriebe 40 bis 100 EGE | −250 | 266 | 224 |
| | | Großbetriebe über 100 EGE | 66 | 351 | 239 |
| | Pflanzen- und Viehverbund | Kleinbetriebe 0 bis unter 40 EGE | −656 | 201 | 167 |
| | | Mittelbetriebe 40 bis 100 EGE | −139 | 240 | 168 |
| | | Großbetriebe über 100 EGE | 67 | 296 | 149 |
| Saarland | Ackerbau | Kleinbetriebe 0 bis unter 40 EGE | −531 | 198 | 104 |
| | | Mittelbetriebe 40 bis 100 EGE | −24 | 240 | 73 |
| | | Großbetriebe über 100 EGE | 98 | 284 | 61 |
| | Milchvieh | Kleinbetriebe 0 bis unter 40 EGE | −589 | 157 | 234 |
| | | Mittelbetriebe 40 bis 100 EGE | −101 | 193 | 229 |
| | | Großbetriebe über 100 EGE | 136 | 225 | 194 |
| | Sonstiger Futterbau | Kleinbetriebe 0 bis unter 40 EGE | −538 | 121 | 159 |
| | | Mittelbetriebe 40 bis 100 EGE | −146 | 158 | 139 |
| | | Großbetriebe über 100 EGE | 71 | 243 | 149 |

# Anlage 14

XXVIII. Bewertungsgesetz

| 1 | 2 | 3 | 4 | 5 | 6 |
|---|---|---|---|---|---|
| Region Land/ Reg.bezirk | Nutzungsart Betriebsform | Betriebsgröße | Reingewinn EUR/ ha LF | Pachtpreis EUR/ ha LF | Wert für das Besatzkapital EUR/ ha LF |
| | Veredlung | Kleinbetriebe 0 bis unter 40 EGE | −953 | 327 | 330 |
| | | Mittelbetriebe 40 bis 100 EGE | −129 | 375 | 345 |
| | | Großbetriebe über 100 EGE | 216 | 375 | 301 |
| | Pflanzenbau-Verbund | Kleinbetriebe 0 bis unter 40 EGE | −648 | 185 | 146 |
| | | Mittelbetriebe 40 bis 100 EGE | −185 | 228 | 137 |
| | | Großbetriebe über 100 EGE | 69 | 277 | 133 |
| | Vieh-Verbund | Kleinbetriebe 0 bis unter 40 EGE | −860 | 208 | 182 |
| | | Mittelbetriebe 40 bis 100 EGE | −261 | 255 | 215 |
| | | Großbetriebe über 100 EGE | 63 | 337 | 229 |
| | Pflanzen- und Viehverbund | Kleinbetriebe 0 bis unter 40 EGE | −694 | 190 | 158 |
| | | Mittelbetriebe 40 bis 100 EGE | −146 | 229 | 160 |
| | | Großbetriebe über 100 EGE | 63 | 281 | 141 |
| Brandenburg | Ackerbau | Kleinbetriebe 0 bis unter 40 EGE | −566 | 88 | 97 |
| | | Mittelbetriebe 40 bis 100 EGE | −25 | 97 | 68 |
| | | Großbetriebe über 100 EGE | 92 | 126 | 57 |
| | Milchvieh | Kleinbetriebe 0 bis unter 40 EGE | −605 | 63 | 228 |
| | | Mittelbetriebe 40 bis 100 EGE | −104 | 74 | 223 |
| | | Großbetriebe über 100 EGE | 133 | 97 | 190 |
| | Sonstiger Futterbau | Kleinbetriebe 0 bis unter 40 EGE | −584 | 54 | 147 |
| | | Mittelbetriebe 40 bis 100 EGE | −160 | 44 | 127 |
| | | Großbetriebe über 100 EGE | 66 | 51 | 137 |
| | Veredlung | Kleinbetriebe 0 bis unter 40 EGE | −926 | 92 | 340 |
| | | Mittelbetriebe 40 bis 100 EGE | −125 | 92 | 355 |
| | | Großbetriebe über 100 EGE | 222 | 92 | 310 |
| | Pflanzenbau-Verbund | Kleinbetriebe 0 bis unter 40 EGE | −666 | 97 | 142 |
| | | Mittelbetriebe 40 bis 100 EGE | −189 | 81 | 134 |
| | | Großbetriebe über 100 EGE | 68 | 104 | 131 |
| | Vieh-Verbund | Kleinbetriebe 0 bis unter 40 EGE | −875 | 90 | 179 |
| | | Mittelbetriebe 40 bis 100 EGE | −261 | 34 | 214 |
| | | Großbetriebe über 100 EGE | 63 | 86 | 230 |
| | Pflanzen- und Viehverbund | Kleinbetriebe 0 bis unter 40 EGE | −704 | 59 | 156 |
| | | Mittelbetriebe 40 bis 100 EGE | −147 | 70 | 159 |
| | | Großbetriebe über 100 EGE | 63 | 102 | 140 |
| Mecklenburg-Vorpommern | Ackerbau | Kleinbetriebe 0 bis unter 40 EGE | −506 | 99 | 109 |
| | | Mittelbetriebe 40 bis 100 EGE | −23 | 111 | 76 |
| | | Großbetriebe über 100 EGE | 102 | 146 | 64 |

| 1 | 2 | 3 | 4 | 5 | 6 |
|---|---|---|---|---|---|
| Region Land/ Reg.bezirk | Nutzungsart Betriebsform | Betriebsgröße | Rein-gewinn EUR/ ha LF | Pacht-preis EUR/ ha LF | Wert für das Besatz-kapital EUR/ ha LF |
| | Milchvieh | Kleinbetriebe 0 bis unter 40 EGE | −601 | 64 | 229 |
| | | Mittelbetriebe 40 bis 100 EGE | −103 | 75 | 225 |
| | | Großbetriebe über 100 EGE | 135 | 98 | 192 |
| | Sonstiger Futterbau | Kleinbetriebe 0 bis unter 40 EGE | −569 | 54 | 150 |
| | | Mittelbetriebe 40 bis 100 EGE | −155 | 45 | 132 |
| | | Großbetriebe über 100 EGE | 68 | 53 | 141 |
| | Veredlung | Kleinbetriebe 0 bis unter 40 EGE | −919 | 91 | 342 |
| | | Mittelbetriebe 40 bis 100 EGE | −124 | 91 | 358 |
| | | Großbetriebe über 100 EGE | 223 | 91 | 312 |
| | Pflanzenbau-Verbund | Kleinbetriebe 0 bis unter 40 EGE | −635 | 100 | 148 |
| | | Mittelbetriebe 40 bis 100 EGE | −182 | 84 | 140 |
| | | Großbetriebe über 100 EGE | 71 | 111 | 136 |
| | Vieh-Verbund | Kleinbetriebe 0 bis unter 40 EGE | −862 | 91 | 181 |
| | | Mittelbetriebe 40 bis 100 EGE | −258 | 34 | 217 |
| | | Großbetriebe über 100 EGE | 64 | 87 | 232 |
| | Pflanzen- und Viehverbund | Kleinbetriebe 0 bis unter 40 EGE | −682 | 62 | 161 |
| | | Mittelbetriebe 40 bis 100 EGE | −143 | 74 | 164 |
| | | Großbetriebe über 100 EGE | 65 | 108 | 144 |
| Chemnitz | Ackerbau | Kleinbetriebe 0 bis unter 40 EGE | −475 | 105 | 116 |
| | | Mittelbetriebe 40 bis 100 EGE | −21 | 118 | 81 |
| | | Großbetriebe über 100 EGE | 113 | 157 | 71 |
| | Milchvieh | Kleinbetriebe 0 bis unter 40 EGE | −584 | 65 | 236 |
| | | Mittelbetriebe 40 bis 100 EGE | −100 | 76 | 232 |
| | | Großbetriebe über 100 EGE | 138 | 100 | 197 |
| | Sonstiger Futterbau | Kleinbetriebe 0 bis unter 40 EGE | −538 | 56 | 159 |
| | | Mittelbetriebe 40 bis 100 EGE | −145 | 47 | 141 |
| | | Großbetriebe über 100 EGE | 72 | 56 | 150 |
| | Veredlung | Kleinbetriebe 0 bis unter 40 EGE | −887 | 96 | 355 |
| | | Mittelbetriebe 40 bis 100 EGE | −120 | 96 | 370 |
| | | Großbetriebe über 100 EGE | 232 | 96 | 324 |
| | Pflanzenbau-Verbund | Kleinbetriebe 0 bis unter 40 EGE | −605 | 103 | 156 |
| | | Mittelbetriebe 40 bis 100 EGE | −174 | 86 | 146 |
| | | Großbetriebe über 100 EGE | 76 | 116 | 145 |
| | Vieh-Verbund | Kleinbetriebe 0 bis unter 40 EGE | −825 | 98 | 189 |
| | | Mittelbetriebe 40 bis 100 EGE | −249 | 35 | 225 |
| | | Großbetriebe über 100 EGE | 67 | 90 | 242 |

# Anlage 14

XXVIII. Bewertungsgesetz

| 1 | 2 | 3 | 4 | 5 | 6 |
|---|---|---|---|---|---|
| Region Land/ Reg.bezirk | Nutzungsart Betriebsform | Betriebsgröße | Rein- gewinn EUR/ ha LF | Pacht- preis EUR/ ha LF | Wert für das Besatz- kapital EUR/ ha LF |
| | Pflanzen- und Viehverbund | Kleinbetriebe 0 bis unter 40 EGE | −654 | 66 | 168 |
| | | Mittelbetriebe 40 bis 100 EGE | −136 | 78 | 171 |
| | | Großbetriebe über 100 EGE | 68 | 112 | 152 |
| Dresden | Ackerbau | Kleinbetriebe 0 bis unter 40 EGE | −497 | 100 | 111 |
| | | Mittelbetriebe 40 bis 100 EGE | −22 | 112 | 78 |
| | | Großbetriebe über 100 EGE | 107 | 148 | 67 |
| | Milchvieh | Kleinbetriebe 0 bis unter 40 EGE | −583 | 65 | 236 |
| | | Mittelbetriebe 40 bis 100 EGE | −100 | 77 | 232 |
| | | Großbetriebe über 100 EGE | 139 | 101 | 198 |
| | Sonstiger Futterbau | Kleinbetriebe 0 bis unter 40 EGE | −543 | 56 | 158 |
| | | Mittelbetriebe 40 bis 100 EGE | −146 | 47 | 139 |
| | | Großbetriebe über 100 EGE | 71 | 55 | 149 |
| | Veredlung | Kleinbetriebe 0 bis unter 40 EGE | −890 | 95 | 354 |
| | | Mittelbetriebe 40 bis 100 EGE | −121 | 95 | 369 |
| | | Großbetriebe über 100 EGE | 231 | 95 | 323 |
| | Pflanzenbau- Verbund | Kleinbetriebe 0 bis unter 40 EGE | −618 | 101 | 153 |
| | | Mittelbetriebe 40 bis 100 EGE | −177 | 85 | 143 |
| | | Großbetriebe über 100 EGE | 74 | 113 | 142 |
| | Vieh-Verbund | Kleinbetriebe 0 bis unter 40 EGE | −830 | 96 | 188 |
| | | Mittelbetriebe 40 bis 100 EGE | −250 | 35 | 225 |
| | | Großbetriebe über 100 EGE | 66 | 89 | 241 |
| | Pflanzen- und Viehverbund | Kleinbetriebe 0 bis unter 40 EGE | −662 | 64 | 165 |
| | | Mittelbetriebe 40 bis 100 EGE | −138 | 76 | 169 |
| | | Großbetriebe über 100 EGE | 67 | 110 | 150 |
| Leipzig | Ackerbau | Kleinbetriebe 0 bis unter 40 EGE | −488 | 102 | 113 |
| | | Mittelbetriebe 40 bis 100 EGE | −22 | 115 | 79 |
| | | Großbetriebe über 100 EGE | 109 | 151 | 68 |
| | Milchvieh | Kleinbetriebe 0 bis unter 40 EGE | −566 | 68 | 243 |
| | | Mittelbetriebe 40 bis 100 EGE | −97 | 80 | 240 |
| | | Großbetriebe über 100 EGE | 144 | 104 | 205 |
| | Sonstiger Futterbau | Kleinbetriebe 0 bis unter 40 EGE | −540 | 56 | 158 |
| | | Mittelbetriebe 40 bis 100 EGE | −145 | 47 | 140 |
| | | Großbetriebe über 100 EGE | 73 | 56 | 151 |
| | Veredlung | Kleinbetriebe 0 bis unter 40 EGE | −889 | 95 | 354 |
| | | Mittelbetriebe 40 bis 100 EGE | −120 | 95 | 369 |
| | | Großbetriebe über 100 EGE | 232 | 95 | 323 |

## Anlage 14

XXVIII. Bewertungsgesetz

| 1 | 2 | 3 | 4 | 5 | 6 |
|---|---|---|---|---|---|
| Region Land/ Reg.bezirk | Nutzungsart Betriebsform | Betriebsgröße | Rein- gewinn EUR/ ha LF | Pacht- preis EUR/ ha LF | Wert für das Besatz- kapital EUR/ ha LF |
| | Pflanzenbau- Verbund | Kleinbetriebe 0 bis unter 40 EGE | −613 | 102 | 154 |
| | | Mittelbetriebe 40 bis 100 EGE | −176 | 86 | 144 |
| | | Großbetriebe über 100 EGE | 74 | 114 | 143 |
| | Vieh-Verbund | Kleinbetriebe 0 bis unter 40 EGE | −823 | 97 | 190 |
| | | Mittelbetriebe 40 bis 100 EGE | −248 | 36 | 226 |
| | | Großbetriebe über 100 EGE | 67 | 91 | 243 |
| | Pflanzen- und Viehverbund | Kleinbetriebe 0 bis unter 40 EGE | −658 | 65 | 166 |
| | | Mittelbetriebe 40 bis 100 EGE | −137 | 78 | 171 |
| | | Großbetriebe über 100 EGE | 68 | 113 | 151 |
| Dessau | Ackerbau | Kleinbetriebe 0 bis unter 40 EGE | −506 | 99 | 109 |
| | | Mittelbetriebe 40 bis 100 EGE | −23 | 111 | 76 |
| | | Großbetriebe über 100 EGE | 104 | 146 | 65 |
| | Milchvieh | Kleinbetriebe 0 bis unter 40 EGE | −595 | 65 | 232 |
| | | Mittelbetriebe 40 bis 100 EGE | −102 | 76 | 228 |
| | | Großbetriebe über 100 EGE | 136 | 100 | 195 |
| | Sonstiger Futterbau | Kleinbetriebe 0 bis unter 40 EGE | −573 | 54 | 149 |
| | | Mittelbetriebe 40 bis 100 EGE | −155 | 44 | 131 |
| | | Großbetriebe über 100 EGE | 68 | 53 | 141 |
| | Veredlung | Kleinbetriebe 0 bis unter 40 EGE | −876 | 95 | 359 |
| | | Mittelbetriebe 40 bis 100 EGE | −118 | 95 | 376 |
| | | Großbetriebe über 100 EGE | 234 | 95 | 327 |
| | Pflanzenbau- Verbund | Kleinbetriebe 0 bis unter 40 EGE | −625 | 102 | 151 |
| | | Mittelbetriebe 40 bis 100 EGE | −179 | 85 | 142 |
| | | Großbetriebe über 100 EGE | 72 | 112 | 139 |
| | Vieh-Verbund | Kleinbetriebe 0 bis unter 40 EGE | −840 | 95 | 186 |
| | | Mittelbetriebe 40 bis 100 EGE | −249 | 35 | 225 |
| | | Großbetriebe über 100 EGE | 66 | 90 | 241 |
| | Pflanzen- und Viehverbund | Kleinbetriebe 0 bis unter 40 EGE | −665 | 63 | 165 |
| | | Mittelbetriebe 40 bis 100 EGE | −138 | 75 | 170 |
| | | Großbetriebe über 100 EGE | 67 | 109 | 150 |
| Halle | Ackerbau | Kleinbetriebe 0 bis unter 40 EGE | −477 | 105 | 115 |
| | | Mittelbetriebe 40 bis 100 EGE | −21 | 118 | 81 |
| | | Großbetriebe über 100 EGE | 112 | 156 | 70 |
| | Milchvieh | Kleinbetriebe 0 bis unter 40 EGE | −598 | 64 | 230 |
| | | Mittelbetriebe 40 bis 100 EGE | −102 | 75 | 226 |
| | | Großbetriebe über 100 EGE | 136 | 99 | 193 |

# Anlage 14

XXVIII. Bewertungsgesetz

| 1 | 2 | 3 | 4 | 5 | 6 |
|---|---|---|---|---|---|
| Region Land/ Reg.bezirk | Nutzungsart Betriebsform | Betriebsgröße | Rein- gewinn EUR/ ha LF | Pacht- preis EUR/ ha LF | Wert für das Besatz- kapital EUR/ ha LF |
| | Sonstiger Futterbau | Kleinbetriebe 0 bis unter 40 EGE | −564 | 55 | 152 |
| | | Mittelbetriebe 40 bis 100 EGE | −152 | 45 | 134 |
| | | Großbetriebe über 100 EGE | 69 | 54 | 143 |
| | Veredlung | Kleinbetriebe 0 bis unter 40 EGE | −873 | 95 | 360 |
| | | Mittelbetriebe 40 bis 100 EGE | −118 | 95 | 377 |
| | | Großbetriebe über 100 EGE | 235 | 95 | 328 |
| | Pflanzenbau- Verbund | Kleinbetriebe 0 bis unter 40 EGE | −609 | 103 | 155 |
| | | Mittelbetriebe 40 bis 100 EGE | −175 | 86 | 145 |
| | | Großbetriebe über 100 EGE | 75 | 116 | 144 |
| | Vieh-Verbund | Kleinbetriebe 0 bis unter 40 EGE | −835 | 97 | 187 |
| | | Mittelbetriebe 40 bis 100 EGE | −248 | 35 | 226 |
| | | Großbetriebe über 100 EGE | 67 | 90 | 242 |
| | Pflanzen- und Viehverbund | Kleinbetriebe 0 bis unter 40 EGE | −654 | 64 | 167 |
| | | Mittelbetriebe 40 bis 100 EGE | −135 | 77 | 172 |
| | | Großbetriebe über 100 EGE | 68 | 111 | 152 |
| Magdeburg | Ackerbau | Kleinbetriebe 0 bis unter 40 EGE | −500 | 100 | 110 |
| | | Mittelbetriebe 40 bis 100 EGE | −22 | 112 | 77 |
| | | Großbetriebe über 100 EGE | 107 | 147 | 67 |
| | Milchvieh | Kleinbetriebe 0 bis unter 40 EGE | −611 | 62 | 225 |
| | | Mittelbetriebe 40 bis 100 EGE | −105 | 73 | 221 |
| | | Großbetriebe über 100 EGE | 132 | 96 | 189 |
| | Sonstiger Futterbau | Kleinbetriebe 0 bis unter 40 EGE | −572 | 54 | 150 |
| | | Mittelbetriebe 40 bis 100 EGE | −155 | 45 | 131 |
| | | Großbetriebe über 100 EGE | 67 | 52 | 140 |
| | Veredlung | Kleinbetriebe 0 bis unter 40 EGE | −876 | 95 | 359 |
| | | Mittelbetriebe 40 bis 100 EGE | −118 | 95 | 376 |
| | | Großbetriebe über 100 EGE | 235 | 95 | 327 |
| | Pflanzenbau- Verbund | Kleinbetriebe 0 bis unter 40 EGE | −622 | 102 | 152 |
| | | Mittelbetriebe 40 bis 100 EGE | −178 | 85 | 142 |
| | | Großbetriebe über 100 EGE | 73 | 112 | 141 |
| | Vieh-Verbund | Kleinbetriebe 0 bis unter 40 EGE | −844 | 96 | 185 |
| | | Mittelbetriebe 40 bis 100 EGE | −250 | 34 | 224 |
| | | Großbetriebe über 100 EGE | 66 | 89 | 240 |
| | Pflanzen- und Viehverbund | Kleinbetriebe 0 bis unter 40 EGE | −664 | 63 | 165 |
| | | Mittelbetriebe 40 bis 100 EGE | −137 | 74 | 170 |
| | | Großbetriebe über 100 EGE | 67 | 107 | 150 |

XXVIII. Bewertungsgesetz **Anlage 14**

| 1 | 2 | 3 | 4 | 5 | 6 |
|---|---|---|---|---|---|
| Region Land/ Reg.bezirk | Nutzungsart Betriebsform | Betriebsgröße | Reingewinn EUR/ ha LF | Pachtpreis EUR/ ha LF | Wert für das Besatzkapital EUR/ ha LF |
| Thüringen | Ackerbau | Kleinbetriebe 0 bis unter 40 EGE | −469 | 106 | 117 |
| | | Mittelbetriebe 40 bis 100 EGE | −21 | 119 | 82 |
| | | Großbetriebe über 100 EGE | 114 | 158 | 72 |
| | Milchvieh | Kleinbetriebe 0 bis unter 40 EGE | −587 | 65 | 235 |
| | | Mittelbetriebe 40 bis 100 EGE | −101 | 76 | 230 |
| | | Großbetriebe über 100 EGE | 138 | 100 | 197 |
| | Sonstiger Futterbau | Kleinbetriebe 0 bis unter 40 EGE | −537 | 56 | 159 |
| | | Mittelbetriebe 40 bis 100 EGE | −144 | 47 | 141 |
| | | Großbetriebe über 100 EGE | 72 | 56 | 151 |
| | Veredlung | Kleinbetriebe 0 bis unter 40 EGE | −839 | 99 | 375 |
| | | Mittelbetriebe 40 bis 100 EGE | −113 | 99 | 393 |
| | | Großbetriebe über 100 EGE | 245 | 99 | 342 |
| | Pflanzenbau-Verbund | Kleinbetriebe 0 bis unter 40 EGE | −591 | 105 | 160 |
| | | Mittelbetriebe 40 bis 100 EGE | −171 | 88 | 148 |
| | | Großbetriebe über 100 EGE | 77 | 117 | 148 |
| | Vieh-Verbund | Kleinbetriebe 0 bis unter 40 EGE | −801 | 101 | 195 |
| | | Mittelbetriebe 40 bis 100 EGE | −239 | 36 | 235 |
| | | Großbetriebe über 100 EGE | 69 | 93 | 252 |
| | Pflanzen- und Viehverbund | Kleinbetriebe 0 bis unter 40 EGE | −632 | 66 | 173 |
| | | Mittelbetriebe 40 bis 100 EGE | −131 | 79 | 179 |
| | | Großbetriebe über 100 EGE | 70 | 112 | 157 |
| Stadtstaaten | Ackerbau | Kleinbetriebe 0 bis unter 40 EGE | −487 | 213 | 113 |
| | | Mittelbetriebe 40 bis 100 EGE | −22 | 256 | 79 |
| | | Großbetriebe über 100 EGE | 110 | 307 | 69 |
| | Milchvieh | Kleinbetriebe 0 bis unter 40 EGE | −593 | 155 | 232 |
| | | Mittelbetriebe 40 bis 100 EGE | −102 | 192 | 228 |
| | | Großbetriebe über 100 EGE | 136 | 225 | 194 |
| | Sonstiger Futterbau | Kleinbetriebe 0 bis unter 40 EGE | −554 | 117 | 155 |
| | | Mittelbetriebe 40 bis 100 EGE | −150 | 154 | 136 |
| | | Großbetriebe über 100 EGE | 70 | 238 | 145 |
| | Veredlung | Kleinbetriebe 0 bis unter 40 EGE | −965 | 323 | 326 |
| | | Mittelbetriebe 40 bis 100 EGE | −131 | 368 | 340 |
| | | Großbetriebe über 100 EGE | 214 | 372 | 298 |
| | Pflanzenbau-Verbund | Kleinbetriebe 0 bis unter 40 EGE | −630 | 188 | 150 |
| | | Mittelbetriebe 40 bis 100 EGE | −180 | 231 | 141 |
| | | Großbetriebe über 100 EGE | 73 | 284 | 140 |

# Anlage 14

XXVIII. Bewertungsgesetz

| 1 | 2 | 3 | 4 | 5 | 6 |
|---|---|---|---|---|---|
| Region Land/ Reg.bezirk | Nutzungsart Betriebsform | Betriebsgröße | Rein-gewinn EUR/ ha LF | Pacht-preis EUR/ ha LF | Wert für das Besatz-kapital EUR/ ha LF |
| | Vieh-Verbund | Kleinbetriebe 0 bis unter 40 EGE | −874 | 205 | 179 |
| | | Mittelbetriebe 40 bis 100 EGE | −266 | 251 | 211 |
| | | Großbetriebe über 100 EGE | 62 | 332 | 226 |
| | Pflanzen- und Viehverbund | Kleinbetriebe 0 bis unter 40 EGE | −691 | 190 | 159 |
| | | Mittelbetriebe 40 bis 100 EGE | −145 | 228 | 161 |
| | | Großbetriebe über 100 EGE | 64 | 283 | 142 |

## Anlage 15 (zu § 163 Abs. 4 und § 164 Abs. 2)[1]
### Forstwirtschaftliche Nutzung

| 1 | 2 | 3 | 4 | 5 | 6 |
|---|---|---|---|---|---|
| Land | Nutzungsart Baumartengruppe | Ertragsklasse | Reingewinn EUR/ha | Pachtpreis EUR/ha | Wert für das Besatzkapital EUR/ha |
| Deutschland | Baumartengruppe Buche | I. Ertragsklasse und besser | 78 | 5,40 | Anlage 15a |
| | | II. Ertragsklasse | 51 | | |
| | | III. Ertragsklasse und schlechter | 25 | | |
| | Baumartengruppe Eiche | I. Ertragsklasse und besser | 90 | 5,40 | Anlage 15a |
| | | II. Ertragsklasse | 58 | | |
| | | III. Ertragsklasse und schlechter | 17 | | |
| | Baumartengruppe Fichte | I. Ertragsklasse und besser | 105 | 5,40 | Anlage 15a |
| | | II. Ertragsklasse | 75 | | |
| | | III. Ertragsklasse und schlechter | 49 | | |
| | Baumartengruppe Kiefer | I. Ertragsklasse und besser | 26 | 5,40 | Anlage 15a |
| | | II. Ertragsklasse | 11 | | |
| | | III. Ertragsklasse und schlechter | 11 | | |
| | übrige Fläche der forstwirtschaftlichen Nutzung | | 11 | 5,40 | Anlage 15a |

## Anlage 15a (zu § 164 Abs. 4)[2]
### Forstwirtschaftliche Nutzung

| | | 6 | | | | | | | | | |
|---|---|---|---|---|---|---|---|---|---|---|---|
| | | Werte für das Besatzkapital nach Altersklassen in EUR/ha | | | | | | | | | |
| Altersklasse | | I. | II. | III. | IV. | V. | VI. | VII. | VIII. | IX. | X. |
| Jahre | | 1–20 | 21–40 | 41–60 | 61–80 | 81–100 | 101–120 | 121–140 | 141–160 | 161–180 | >180 |
| Buche | I. EKL. und besser | 32,30 | 32,30 | 39,70 | 61,90 | 99,70 | 147,60 | 179,00 | 167,30 | 167,30 | 167,30 |
| Buche | II. EKL. | 19,30 | 19,30 | 22,20 | 34,60 | 54,80 | 83,30 | 104,20 | 99,60 | 99,60 | 99,60 |
| Buche | III. EKL. und schlechter | 6,70 | 6,70 | 7,00 | 12,20 | 21,30 | 33,70 | 45,10 | 44,60 | 44,60 | 44,60 |
| Eiche | I. EKL. und besser | 38,30 | 38,50 | 45,90 | 60,90 | 80,20 | 102,50 | 129,70 | 155,70 | 177,70 | 200,40 |
| Eiche | II. EKL. | 22,80 | 22,80 | 25,60 | 33,80 | 45,50 | 58,90 | 76,30 | 93,80 | 107,30 | 120,90 |
| Eiche | III. EKL. und schlechter | 5,40 | 5,40 | 5,50 | 8,00 | 12,00 | 17,20 | 23,00 | 29,90 | 37,50 | 44,20 |
| Fichte | I. EKL. und besser | 45,20 | 61,50 | 112,50 | 158,50 | 186,20 | 186,20 | 186,20 | 186,20 | 186,20 | 186,20 |
| Fichte | II. EKL. | 30,70 | 35,90 | 68,30 | 102,60 | 123,80 | 133,60 | 133,60 | 133,60 | 133,60 | 133,60 |
| Fichte | III. EKL. und schlechter | 18,40 | 18,90 | 34,90 | 59,20 | 77,70 | 88,40 | 88,40 | 88,40 | 88,40 | 88,40 |
| Kiefer | I. EKL. und besser | 7,10 | 7,70 | 15,20 | 23,10 | 29,10 | 34,40 | 37,60 | 37,60 | 37,60 | 37,60 |
| Kiefer | II. EKL. | 0,00 | 0,10 | 2,40 | 6,10 | 9,00 | 11,30 | 12,70 | 12,70 | 12,70 | 12,70 |
| Kiefer | III. EKL. und schlechter | 0,00 | 0,00 | 1,10 | 5,20 | 8,80 | 11,20 | 12,70 | 12,70 | 12,70 | 12,70 |

1) **Anm. d. Red.:** Anlage 15 i. d. F. des Gesetzes v. 8.12.2010 (BGBl I S. 1768) mit Wirkung v. 14.12.2010.
2) **Anm. d. Red.:** Anlage 15a eingefügt gem. Gesetz v. 24.12.2008 (BGBl I S. 3018) mit Wirkung v. 1.1.2009.

# Anlagen 16 – 18

## Anlage 16 (zu § 163 Abs. 5 und § 164 Abs. 2 und 4)[1)]

### Weinbauliche Nutzung

| 1 | 2 | 3 | 4 | 5 |
|---|---|---|---|---|
| Land | Nutzungsart Verwertungsform | Reingewinn EUR/ha LF | Pachtpreis EUR/ha LF | Wert für das Besatzkapital EUR/ha LF |
| Deutschland | Flaschenweinerzeuger | −193 | 970 | 1 522 |
| | Fassweinerzeuger | −759 | 589 | 588 |
| | Traubenerzeuger | −1 252 | 859 | 509 |

## Anlage 17 (zu § 163 Abs. 6 und § 164 Abs. 2 und 4)[2)]

### Gärtnerische Nutzung

| 1 | 2 | 3 | 4 | 5 | 6 |
|---|---|---|---|---|---|
| Land | Nutzungsteil | Nutzungsart | Reingewinn EUR/ha LF | Pachtpreis EUR/ha LF | Wert für das Besatzkapital EUR/ha LF |
| Deutschland | Gemüsebau | Freilandflächen | −1 365 | 657 | 484 |
| | | Flächen unter Glas und Kunststoffen | 6 098 | 2 414 | 2 750 |
| | Blumen- und Zierpflanzenbau | Freilandflächen | −108 | 1 044 | 1 393 |
| | | Flächen unter Glas und Kunststoffen | −6 640 | 5 516 | 6 895 |
| | Baumschulen | | 894 | 223 | 2 359 |
| | Obstbau | | −379 | 325 | 426 |

## Anlage 18 (zu § 163 Abs. 7 und § 164 Abs. 2 und 4)[3)]

### Sondernutzungen

| 1 | 2 | 3 | 4 | 5 |
|---|---|---|---|---|
| Land | Nutzungen | Reingewinn EUR/ha LF | Pachtpreis EUR/ha LF | Wert für das Besatzkapital EUR/ha LF |
| Deutschland | Hopfen | −414 | 492 | 348 |
| | Spargel | −1 365 | 657 | 612 |
| | Tabak | −820 | 492 | 129 |

---

1) **Anm. d. Red.:** Anlage 16 eingefügt gem. Gesetz v. 24. 12. 2008 (BGBl I S. 3018) mit Wirkung v. 1. 1. 2009.
2) **Anm. d. Red.:** Anlage 17 eingefügt gem. Gesetz v. 24. 12. 2008 (BGBl I S. 3018) mit Wirkung v. 1. 1. 2009.
3) **Anm. d. Red.:** Anlage 18 eingefügt gem. Gesetz v. 24. 12. 2008 (BGBl I S. 3018) mit Wirkung v. 1. 1. 2009.

# Anlage 19 (zu § 169)[1)2)]

## Umrechnungsschlüssel für Tierbestände in Vieheinheiten nach dem Futterbedarf

| Tierart | 1 Tier | |
|---|---|---|
| **Alpakas** | 0,08 | VE |
| **Damtiere** | | |
| Damtiere unter 1 Jahr | 0,04 | VE |
| Damtiere 1 Jahr und älter | 0,08 | VE |
| **Geflügel** | | |
| Legehennen (einschließlich einer normalen Aufzucht zur Ergänzung des Bestandes) | 0,02 | VE |
| Legehennen aus zugekauften Junghennen | 0,0183 | VE |
| Zuchtputen, -enten, -gänse | 0,04 | VE |
| **Kaninchen** | | |
| Zucht- und Angorakaninchen | 0,025 | VE |
| **Lamas** | 0,1 | VE |
| **Pferde** | | |
| Pferde unter 3 Jahren und Kleinpferde | 0,7 | VE |
| Pferde 3 Jahre und älter | 1,1 | VE |
| **Rindvieh** | | |
| Kälber und Jungvieh unter 1 Jahr (einschließlich Mastkälber, Starterkälber und Fresser) | 0,3 | VE |
| Jungvieh 1 bis 2 Jahre alt | 0,7 | VE |
| Färsen (älter als 2 Jahre) | 1 | VE |
| Masttiere (Mastdauer weniger als 1 Jahr) | 1 | VE |
| Kühe (einschließlich Mutter- und Ammenkühe mit den dazugehörigen Saugkälbern) | 1 | VE |
| Zuchtbullen, Zugochsen | 1,2 | VE |
| **Schafe** | | |
| Schafe unter 1 Jahr einschließlich Mastlämmer | 0,05 | VE |
| Schafe 1 Jahr und älter | 0,1 | VE |
| **Schweine** | | |
| Zuchtschweine (einschließlich Jungzuchtschweine über etwa 90 kg) | 0,33 | VE |

---

1) **Anm. d. Red.:** Anlage 19 i. d. F. des Gesetzes v. 7. 12. 2011 (BGBl I S. 2592) mit Wirkung v. 1. 1. 2012.
2) **Anm. d. Red.:** Zur Anwendung der Anlage 19 siehe § 205 Abs. 4.

## Anlage 20 — XXVIII. Bewertungsgesetz

**Strauße**
| | | |
|---|---|---|
| Zuchttiere 14 Monate und älter | 0,32 | VE |
| Jungtiere/Masttiere unter 14 Monate | 0,25 | VE |

**Ziegen**
| | | |
|---|---|---|
| | 0,08 | VE |

**Geflügel**
| | | |
|---|---|---|
| Jungmasthühner | | |
| (bis zu 6 Durchgänge je Jahr – schwere Tiere) | 0,0017 | VE |
| (mehr als 6 Durchgänge je Jahr – leichte Tiere) | 0,0013 | VE |
| Junghennen | 0,0017 | VE |
| Mastenten | 0,0033 | VE |
| Mastenten in der Aufzuchtphase | 0,0011 | VE |
| Mastenten in der Mastphase | 0,0022 | VE |
| Mastputen aus selbst erzeugten Jungputen | 0,0067 | VE |
| Mastputen aus zugekauften Jungputen | 0,005 | VE |
| Jungputen (bis etwa 8 Wochen) | 0,0017 | VE |
| Mastgänse | 0,0067 | VE |

**Kaninchen**
| | | |
|---|---|---|
| Mastkaninchen | 0,0025 | VE |

**Rindvieh**
| | | |
|---|---|---|
| Masttiere (Mastdauer 1 Jahr und mehr) | 1 | VE |

**Schweine**
| | | |
|---|---|---|
| Leichte Ferkel (bis etwa 12 kg) | 0,01 | VE |
| Ferkel (über etwa 12 bis etwa 20 kg) | 0,02 | VE |
| Schwere Ferkel und leichte Läufer (über etwa 20 bis etwa 30 kg) | 0,04 | VE |
| Läufer (über etwa 30 bis etwa 45 kg) | 0,06 | VE |
| Schwere Läufer (über etwa 45 bis etwa 60 kg) | 0,08 | VE |
| Mastschweine | 0,16 | VE |
| Jungzuchtschweine bis etwa 90 kg | 0,12 | VE |

### Anlage 20 (zu § 169 Abs. 5)[1]

#### Gruppen der Zweige des Tierbestands nach der Flächenabhängigkeit

1. Mehr flächenabhängige Zweige des Tierbestands
   Pferdehaltung,         Rindviehzucht,
   Pferdezucht,           Milchviehhaltung,
   Schafzucht,            Rindviehmast.
   Schafhaltung,

[1] **Anm. d. Red.:** Anlage 20 eingefügt gem. Gesetz v. 24. 12. 2008 (BGBl I S. 3018) mit Wirkung v. 1. 1. 2009.

2. Weniger flächenabhängige Zweige des Tierbestands
   Schweinezucht,
   Schweinemast,
   Hühnerzucht,
   Entenzucht,
   Gänsezucht,
   Putenzucht,

   Legehennenhaltung,
   Junghühnermast,
   Entenmast,
   Gänsemast,
   Putenmast.

## Anlage 21 (zu § 185 Abs. 3 Satz 1, § 193 Abs. 3 Satz 2, § 194 Abs. 3 Satz 3 und § 195 Abs. 2 Satz 2 und Abs. 3 Satz 3)[1]

### Vervielfältiger

| Restnutzungsdauer; Restlaufzeit des Erbbaurechts bzw. des Nutzungsrechts (in Jahren) | Zinssatz | | | | | | | | | | |
|---|---|---|---|---|---|---|---|---|---|---|---|
| | 3% | 3,5% | 4% | 4,5% | 5% | 5,5% | 6% | 6,5% | 7% | 7,5% | 8% |
| 1 | 0,97 | 0,97 | 0,96 | 0,96 | 0,95 | 0,95 | 0,94 | 0,94 | 0,93 | 0,93 | 0,93 |
| 2 | 1,91 | 1,90 | 1,89 | 1,87 | 1,86 | 1,85 | 1,83 | 1,82 | 1,81 | 1,80 | 1,78 |
| 3 | 2,83 | 2,80 | 2,78 | 2,75 | 2,72 | 2,70 | 2,67 | 2,65 | 2,62 | 2,60 | 2,58 |
| 4 | 3,72 | 3,67 | 3,63 | 3,59 | 3,55 | 3,51 | 3,47 | 3,43 | 3,39 | 3,35 | 3,31 |
| 5 | 4,58 | 4,52 | 4,45 | 4,39 | 4,33 | 4,27 | 4,21 | 4,16 | 4,10 | 4,05 | 3,99 |
| 6 | 5,42 | 5,33 | 5,24 | 5,16 | 5,08 | 5,00 | 4,92 | 4,84 | 4,77 | 4,69 | 4,62 |
| 7 | 6,23 | 6,11 | 6,00 | 5,89 | 5,79 | 5,68 | 5,58 | 5,48 | 5,39 | 5,30 | 5,21 |
| 8 | 7,02 | 6,87 | 6,73 | 6,60 | 6,46 | 6,33 | 6,21 | 6,09 | 5,97 | 5,86 | 5,75 |
| 9 | 7,79 | 7,61 | 7,44 | 7,27 | 7,11 | 6,95 | 6,80 | 6,66 | 6,52 | 6,38 | 6,25 |
| 10 | 8,53 | 8,32 | 8,11 | 7,91 | 7,72 | 7,54 | 7,36 | 7,19 | 7,02 | 6,86 | 6,71 |
| 11 | 9,25 | 9,00 | 8,76 | 8,53 | 8,31 | 8,09 | 7,89 | 7,69 | 7,50 | 7,32 | 7,14 |
| 12 | 9,95 | 9,66 | 9,39 | 9,12 | 8,86 | 8,62 | 8,38 | 8,16 | 7,94 | 7,74 | 7,54 |
| 13 | 10,63 | 10,30 | 9,99 | 9,68 | 9,39 | 9,12 | 8,85 | 8,60 | 8,36 | 8,13 | 7,90 |
| 14 | 11,30 | 10,92 | 10,56 | 10,22 | 9,90 | 9,59 | 9,29 | 9,01 | 8,75 | 8,49 | 8,24 |
| 15 | 11,94 | 11,52 | 11,12 | 10,74 | 10,38 | 10,04 | 9,71 | 9,40 | 9,11 | 8,83 | 8,56 |
| 16 | 12,56 | 12,09 | 11,65 | 11,23 | 10,84 | 10,46 | 10,11 | 9,77 | 9,45 | 9,14 | 8,85 |
| 17 | 13,17 | 12,65 | 12,17 | 11,71 | 11,27 | 10,86 | 10,48 | 10,11 | 9,76 | 9,43 | 9,12 |
| 18 | 13,75 | 13,19 | 12,66 | 12,16 | 11,69 | 11,25 | 10,83 | 10,43 | 10,06 | 9,71 | 9,37 |
| 19 | 14,32 | 13,71 | 13,13 | 12,59 | 12,09 | 11,61 | 11,16 | 10,73 | 10,34 | 9,96 | 9,60 |
| 20 | 14,88 | 14,21 | 13,59 | 13,01 | 12,46 | 11,95 | 11,47 | 11,02 | 10,59 | 10,19 | 9,82 |
| 21 | 15,42 | 14,70 | 14,03 | 13,40 | 12,82 | 12,28 | 11,76 | 11,28 | 10,84 | 10,41 | 10,02 |
| 22 | 15,94 | 15,17 | 14,45 | 13,78 | 13,16 | 12,58 | 12,04 | 11,54 | 11,06 | 10,62 | 10,20 |
| 23 | 16,44 | 15,62 | 14,86 | 14,15 | 13,49 | 12,88 | 12,30 | 11,77 | 11,27 | 10,81 | 10,37 |
| 24 | 16,94 | 16,06 | 15,25 | 14,50 | 13,80 | 13,15 | 12,55 | 11,99 | 11,47 | 10,98 | 10,53 |
| 25 | 17,41 | 16,48 | 15,62 | 14,83 | 14,09 | 13,41 | 12,78 | 12,20 | 11,65 | 11,15 | 10,67 |
| 26 | 17,88 | 16,89 | 15,98 | 15,15 | 14,38 | 13,66 | 13,00 | 12,39 | 11,83 | 11,30 | 10,81 |
| 27 | 18,33 | 17,29 | 16,33 | 15,45 | 14,64 | 13,90 | 13,21 | 12,57 | 11,99 | 11,44 | 10,94 |
| 28 | 18,76 | 17,67 | 16,66 | 15,74 | 14,90 | 14,12 | 13,41 | 12,75 | 12,14 | 11,57 | 11,05 |
| 29 | 19,19 | 18,04 | 16,98 | 16,02 | 15,14 | 14,33 | 13,59 | 12,91 | 12,28 | 11,70 | 11,16 |
| 30 | 19,60 | 18,39 | 17,29 | 16,29 | 15,37 | 14,53 | 13,76 | 13,06 | 12,41 | 11,81 | 11,26 |
| 31 | 20,00 | 18,74 | 17,59 | 16,54 | 15,59 | 14,72 | 13,93 | 13,20 | 12,53 | 11,92 | 11,35 |
| 32 | 20,39 | 19,07 | 17,87 | 16,79 | 15,80 | 14,90 | 14,08 | 13,33 | 12,65 | 12,02 | 11,43 |
| 33 | 20,77 | 19,39 | 18,15 | 17,02 | 16,00 | 15,08 | 14,23 | 13,46 | 12,75 | 12,11 | 11,51 |
| 34 | 21,13 | 19,70 | 18,41 | 17,25 | 16,19 | 15,24 | 14,37 | 13,58 | 12,85 | 12,19 | 11,59 |
| 35 | 21,49 | 20,00 | 18,66 | 17,46 | 16,37 | 15,39 | 14,50 | 13,69 | 12,95 | 12,27 | 11,65 |
| 36 | 21,83 | 20,29 | 18,91 | 17,67 | 16,55 | 15,54 | 14,62 | 13,79 | 13,04 | 12,35 | 11,72 |

1) **Anm. d. Red.:** Anlage 21 eingefügt gem. Gesetz v. 24.12.2008 (BGBl I S. 3018) mit Wirkung v. 1.1.2009.

# Anlage 21 — XXVIII. Bewertungsgesetz

| Restnutzungsdauer; Restlaufzeit des Erbbaurechts bzw. des Nutzungsrechts (in Jahren) | Zinssatz | | | | | | | | | |
|---|---|---|---|---|---|---|---|---|---|---|
| | 3 % | 3,5 % | 4 % | 4,5 % | 5 % | 5,5 % | 6 % | 6,5 % | 7 % | 7,5 % | 8 % |
| 37 | 22,17 | 20,57 | 19,14 | 17,86 | 16,71 | 15,67 | 14,74 | 13,89 | 13,12 | 12,42 | 11,78 |
| 38 | 22,49 | 20,84 | 19,37 | 18,05 | 16,87 | 15,80 | 14,85 | 13,98 | 13,19 | 12,48 | 11,83 |
| 39 | 22,81 | 21,10 | 19,58 | 18,23 | 17,02 | 15,93 | 14,95 | 14,06 | 13,26 | 12,54 | 11,88 |
| 40 | 23,11 | 21,36 | 19,79 | 18,40 | 17,16 | 16,05 | 15,05 | 14,15 | 13,33 | 12,59 | 11,92 |
| 41 | 23,41 | 21,60 | 19,99 | 18,57 | 17,29 | 16,16 | 15,14 | 14,22 | 13,39 | 12,65 | 11,97 |
| 42 | 23,70 | 21,83 | 20,19 | 18,72 | 17,42 | 16,26 | 15,22 | 14,29 | 13,45 | 12,69 | 12,01 |
| 43 | 23,98 | 22,06 | 20,37 | 18,87 | 17,55 | 16,36 | 15,31 | 14,36 | 13,51 | 12,74 | 12,04 |
| 44 | 24,25 | 22,28 | 20,55 | 19,02 | 17,66 | 16,46 | 15,38 | 14,42 | 13,56 | 12,78 | 12,08 |
| 45 | 24,52 | 22,50 | 20,72 | 19,16 | 17,77 | 16,55 | 15,46 | 14,48 | 13,61 | 12,82 | 12,11 |
| 46 | 24,78 | 22,70 | 20,88 | 19,29 | 17,88 | 16,63 | 15,52 | 14,54 | 13,65 | 12,85 | 12,14 |
| 47 | 25,02 | 22,90 | 21,04 | 19,41 | 17,98 | 16,71 | 15,59 | 14,59 | 13,69 | 12,89 | 12,16 |
| 48 | 25,27 | 23,09 | 21,20 | 19,54 | 18,08 | 16,79 | 15,65 | 14,64 | 13,73 | 12,92 | 12,19 |
| 49 | 25,50 | 23,28 | 21,34 | 19,65 | 18,17 | 16,86 | 15,71 | 14,68 | 13,77 | 12,95 | 12,21 |
| 50 | 25,73 | 23,46 | 21,48 | 19,76 | 18,26 | 16,93 | 15,76 | 14,72 | 13,80 | 12,97 | 12,23 |
| 51 | 25,95 | 23,63 | 21,62 | 19,87 | 18,34 | 17,00 | 15,81 | 14,76 | 13,83 | 13,00 | 12,25 |
| 52 | 26,17 | 23,80 | 21,75 | 19,97 | 18,42 | 17,06 | 15,86 | 14,80 | 13,86 | 13,02 | 12,27 |
| 53 | 26,37 | 23,96 | 21,87 | 20,07 | 18,49 | 17,12 | 15,91 | 14,84 | 13,89 | 13,04 | 12,29 |
| 54 | 26,58 | 24,11 | 21,99 | 20,16 | 18,57 | 17,17 | 15,95 | 14,87 | 13,92 | 13,06 | 12,30 |
| 55 | 26,77 | 24,26 | 22,11 | 20,25 | 18,63 | 17,23 | 15,99 | 14,90 | 13,94 | 13,08 | 12,32 |
| 56 | 26,97 | 24,41 | 22,22 | 20,33 | 18,70 | 17,28 | 16,03 | 14,93 | 13,96 | 13,10 | 12,33 |
| 57 | 27,15 | 24,55 | 22,33 | 20,41 | 18,76 | 17,32 | 16,06 | 14,96 | 13,98 | 13,12 | 12,34 |
| 58 | 27,33 | 24,69 | 22,43 | 20,49 | 18,82 | 17,37 | 16,10 | 14,99 | 14,00 | 13,13 | 12,36 |
| 59 | 27,51 | 24,82 | 22,53 | 20,57 | 18,88 | 17,41 | 16,13 | 15,01 | 14,02 | 13,15 | 12,37 |
| 60 | 27,68 | 24,94 | 22,62 | 20,64 | 18,93 | 17,45 | 16,16 | 15,03 | 14,04 | 13,16 | 12,38 |
| 61 | 27,84 | 25,07 | 22,71 | 20,71 | 18,98 | 17,49 | 16,19 | 15,05 | 14,06 | 13,17 | 12,39 |
| 62 | 28,00 | 25,19 | 22,80 | 20,77 | 19,03 | 17,52 | 16,22 | 15,07 | 14,07 | 13,18 | 12,39 |
| 63 | 28,16 | 25,30 | 22,89 | 20,83 | 19,08 | 17,56 | 16,24 | 15,09 | 14,08 | 13,19 | 12,40 |
| 64 | 28,31 | 25,41 | 22,97 | 20,89 | 19,12 | 17,59 | 16,27 | 15,11 | 14,10 | 13,20 | 12,41 |
| 65 | 28,45 | 25,52 | 23,05 | 20,95 | 19,16 | 17,62 | 16,29 | 15,13 | 14,11 | 13,21 | 12,42 |
| 66 | 28,60 | 25,62 | 23,12 | 21,01 | 19,20 | 17,65 | 16,31 | 15,14 | 14,12 | 13,22 | 12,42 |
| 67 | 28,73 | 25,72 | 23,19 | 21,06 | 19,24 | 17,68 | 16,33 | 15,16 | 14,13 | 13,23 | 12,43 |
| 68 | 28,87 | 25,82 | 23,26 | 21,11 | 19,28 | 17,70 | 16,35 | 15,17 | 14,14 | 13,24 | 12,43 |
| 69 | 29,00 | 25,91 | 23,33 | 21,16 | 19,31 | 17,73 | 16,37 | 15,19 | 14,15 | 13,24 | 12,44 |
| 70 | 29,12 | 26,00 | 23,39 | 21,20 | 19,34 | 17,75 | 16,38 | 15,20 | 14,16 | 13,25 | 12,44 |
| 71 | 29,25 | 26,09 | 23,46 | 21,25 | 19,37 | 17,78 | 16,40 | 15,21 | 14,17 | 13,25 | 12,45 |
| 72 | 29,37 | 26,17 | 23,52 | 21,29 | 19,40 | 17,80 | 16,42 | 15,22 | 14,18 | 13,26 | 12,45 |
| 73 | 29,48 | 26,25 | 23,57 | 21,33 | 19,43 | 17,82 | 16,43 | 15,23 | 14,18 | 13,27 | 12,45 |
| 74 | 29,59 | 26,33 | 23,63 | 21,37 | 19,46 | 17,84 | 16,44 | 15,24 | 14,19 | 13,27 | 12,46 |
| 75 | 29,70 | 26,41 | 23,68 | 21,40 | 19,48 | 17,85 | 16,46 | 15,25 | 14,20 | 13,27 | 12,46 |
| 76 | 29,81 | 26,48 | 23,73 | 21,44 | 19,51 | 17,87 | 16,47 | 15,26 | 14,20 | 13,28 | 12,46 |
| 77 | 29,91 | 26,55 | 23,78 | 21,47 | 19,53 | 17,89 | 16,48 | 15,26 | 14,21 | 13,28 | 12,47 |
| 78 | 30,01 | 26,62 | 23,83 | 21,50 | 19,56 | 17,90 | 16,49 | 15,27 | 14,21 | 13,29 | 12,47 |
| 79 | 30,11 | 26,68 | 23,87 | 21,54 | 19,58 | 17,92 | 16,50 | 15,28 | 14,22 | 13,29 | 12,47 |
| 80 | 30,20 | 26,75 | 23,92 | 21,57 | 19,60 | 17,93 | 16,51 | 15,28 | 14,22 | 13,29 | 12,47 |
| 81 | 30,29 | 26,81 | 23,96 | 21,59 | 19,62 | 17,94 | 16,52 | 15,29 | 14,23 | 13,30 | 12,48 |
| 82 | 30,38 | 26,87 | 24,00 | 21,62 | 19,63 | 17,96 | 16,53 | 15,30 | 14,23 | 13,30 | 12,48 |
| 83 | 30,47 | 26,93 | 24,04 | 21,65 | 19,65 | 17,97 | 16,53 | 15,30 | 14,23 | 13,30 | 12,48 |
| 84 | 30,55 | 26,98 | 24,07 | 21,67 | 19,67 | 17,98 | 16,54 | 15,31 | 14,24 | 13,30 | 12,48 |
| 85 | 30,63 | 27,04 | 24,11 | 21,70 | 19,68 | 17,99 | 16,55 | 15,31 | 14,24 | 13,30 | 12,48 |
| 86 | 30,71 | 27,09 | 24,14 | 21,72 | 19,70 | 18,00 | 16,56 | 15,32 | 14,24 | 13,31 | 12,48 |
| 87 | 30,79 | 27,14 | 24,18 | 21,74 | 19,71 | 18,01 | 16,56 | 15,32 | 14,25 | 13,31 | 12,48 |
| 88 | 30,86 | 27,19 | 24,21 | 21,76 | 19,73 | 18,02 | 16,57 | 15,32 | 14,25 | 13,31 | 12,49 |
| 89 | 30,93 | 27,23 | 24,24 | 21,78 | 19,74 | 18,03 | 16,57 | 15,33 | 14,25 | 13,31 | 12,49 |
| 90 | 31,00 | 27,28 | 24,27 | 21,80 | 19,75 | 18,03 | 16,58 | 15,33 | 14,25 | 13,31 | 12,49 |
| 91 | 31,07 | 27,32 | 24,30 | 21,82 | 19,76 | 18,04 | 16,58 | 15,33 | 14,26 | 13,31 | 12,49 |
| 92 | 31,14 | 27,37 | 24,32 | 21,83 | 19,78 | 18,05 | 16,59 | 15,34 | 14,26 | 13,32 | 12,49 |
| 93 | 31,20 | 27,41 | 24,35 | 21,85 | 19,79 | 18,06 | 16,59 | 15,34 | 14,26 | 13,32 | 12,49 |

XXVIII. Bewertungsgesetz　　　　　　　　**Anlage 22**

| Restnutzungsdauer; Restlaufzeit des Erbbaurechts bzw. des Nutzungsrechts (in Jahren) | Zinssatz | | | | | | | | | |
|---|---|---|---|---|---|---|---|---|---|---|
| | 3% | 3,5% | 4% | 4,5% | 5% | 5,5% | 6% | 6,5% | 7% | 7,5% | 8% |
| 94 | 31,26 | 27,45 | 24,37 | 21,87 | 19,80 | 18,06 | 16,60 | 15,34 | 14,26 | 13,32 | 12,49 |
| 95 | 31,32 | 27,48 | 24,40 | 21,88 | 19,81 | 18,07 | 16,60 | 15,35 | 14,26 | 13,32 | 12,49 |
| 96 | 31,38 | 27,52 | 24,42 | 21,90 | 19,82 | 18,08 | 16,60 | 15,35 | 14,26 | 13,32 | 12,49 |
| 97 | 31,44 | 27,56 | 24,44 | 21,91 | 19,82 | 18,08 | 16,61 | 15,35 | 14,27 | 13,32 | 12,49 |
| 98 | 31,49 | 27,59 | 24,46 | 21,92 | 19,83 | 18,09 | 16,61 | 15,35 | 14,27 | 13,32 | 12,49 |
| 99 | 31,55 | 27,62 | 24,49 | 21,94 | 19,84 | 18,09 | 16,61 | 15,35 | 14,27 | 13,32 | 12,49 |
| 100 | 31,60 | 27,66 | 24,50 | 21,95 | 19,85 | 18,10 | 16,62 | 15,36 | 14,27 | 13,32 | 12,49 |

In den Fällen anderer Zinssätze der Gutachterausschüsse ist der Vervielfältiger nach folgender Formel zu bilden:

$$V \text{ (Vervielfältiger)} = \frac{1}{q^n} \times \frac{q^n - 1}{q - 1} \qquad \begin{aligned} q &= \text{Zinsfaktor} = 1 + p : 100 \\ p &= \text{Zinssatz} \\ n &= \text{Restnutzungsdauer/Restlaufzeit} \end{aligned}$$

## Anlage 22 (zu § 185 Absatz 3 Satz 3, § 190 Absatz 4 Satz 2)[1)2)]

### Wirtschaftliche Gesamtnutzungsdauer

| | |
|---|---|
| **Ein- und Zweifamilienhäuser** | 70 Jahre |
| **Mietwohngrundstücke, Mehrfamilienhäuser** | 70 Jahre |
| **Wohnungseigentum** | 70 Jahre |
| **Geschäftsgrundstücke, gemischt genutzte Grundstücke und sonstige bebaute Grundstücke:** | |
| Gemischt genutzte Grundstücke (Wohnhäuser mit Mischnutzung) | 70 Jahre |
| Museen, Theater, Sakralbauten, Friedhofsgebäude | 70 Jahre |
| Bürogebäude/Verwaltungsgebäude | 60 Jahre |
| Banken und ähnliche Geschäftshäuser | 60 Jahre |
| Einzelgaragen/Mehrfachgaragen | 60 Jahre |
| Kindergärten (Kindertagesstätten), Allgemeinbildende und Berufsbildende Schulen, Hochschulen, Sonderschulen | 50 Jahre |
| Wohnheime/Internate, Alten-/Pflegeheime | 50 Jahre |
| Kauf-/Warenhäuser | 50 Jahre |
| Krankenhäuser, Tageskliniken, Ärztehäuser | 40 Jahre |
| Gemeindezentren, Saalbauten/Veranstaltungsgebäude, Vereinsheime | 40 Jahre |
| Beherbergungsstätten, Hotels, Verpflegungseinrichtungen | 40 Jahre |
| Sport-/Tennishallen, Freizeitbäder/Kur- und Heilbäder | 40 Jahre |
| Tief-, Hoch- und Nutzfahrzeuggaragen als Einzelbauwerke, Carports | 40 Jahre |

1) **Anm. d. Red.:** Anlage 22 i. d. F. des Gesetzes v. 2. 11. 2015 (BGBl I S. 1834) mit Wirkung v. 6. 11. 2015.
2) **Anm. d. Red.:** Zur Anwendung der Anlage 22 siehe § 205 Abs. 10.

# Anlage 23 XXVIII. Bewertungsgesetz

| | |
|---|---|
| Betriebs-/Werkstätten, Industrie-/Produktionsgebäude | 40 Jahre |
| Lager-/Versandgebäude | 40 Jahre |
| Verbrauchermärkte, Autohäuser | 30 Jahre |
| Reithallen, ehemalige landwirtschaftliche Mehrzweckhallen, u. Ä. | 30 Jahre |

**Teileigentum** ist in Abhängigkeit von der baulichen Gestaltung den vorstehenden Gebäudearten zuzuordnen.

## Anlage 23 (zu § 187 Abs. 2 Satz 2)[1]

### Pauschalierte Bewirtschaftungskosten
### für Verwaltung, Instandhaltung und Mietausfallwagnis
### in Prozent der Jahresmiete oder üblichen Miete (ohne Betriebskosten)

| Restnutzungs-dauer | Grundstücksart | | | |
|---|---|---|---|---|
| | 1 | 2 | 3 | 4 |
| | Mietwohngrundstück | gemischt genutztes Grundstück mit einem gewerblichen Anteil von bis zu 50 % (berechnet nach der Wohn- bzw. Nutzfläche) | gemischt genutztes Grundstück mit einem gewerblichen Anteil von mehr als 50 % (berechnet nach der Wohn- bzw. Nutzfläche) | Geschäftsgrundstück |
| ≥ 60 Jahre | 21 | 21 | | 18 |
| 40 bis 59 Jahre | 23 | 22 | | 20 |
| 20 bis 39 Jahre | 27 | 24 | | 22 |
| < 20 Jahre | 29 | 26 | | 23 |

---

1) **Anm. d. Red.:** Anlage 23 eingefügt gem. Gesetz v. 24. 12. 2008 (BGBl I S. 3018) mit Wirkung v. 1. 1. 2009.

## Anlage 24 (zu § 190 Absatz 1 Satz 4 und Absatz 3)[1)2)]

### Ermittlung des Gebäuderegelherstellungswerts

### I. Begriff der Brutto-Grundfläche (BGF)

1. Die BGF ist die Summe der bezogen auf die jeweilige Gebäudeart marktüblich nutzbaren Grundflächen aller Grundrissebenen eines Bauwerks. In Anlehnung an die DIN 277-1:2005-02 sind bei den Grundflächen folgende Bereiche zu unterscheiden:

   Bereich a: überdeckt und allseitig in voller Höhe umschlossen,

   Bereich b: überdeckt, jedoch nicht allseitig in voller Höhe umschlossen,

   Bereich c: nicht überdeckt.

   Für die Anwendung der Regelherstellungskosten (RHK) sind im Rahmen der Ermittlung der BGF nur die Grundflächen der Bereiche a und b zugrunde zu legen. Balkone, auch wenn sie überdeckt sind, sind dem Bereich c zuzuordnen.

   Für die Ermittlung der BGF sind die äußeren Maße der Bauteile einschließlich Bekleidung, z. B. Putz und Außenschalen mehrschaliger Wandkonstruktionen, in Höhe der Bodenbelagsoberkanten anzusetzen.

2. Nicht zur BGF gehören z. B. Flächen von Spitzböden und Kriechkellern, Flächen, die ausschließlich der Wartung, Inspektion und Instandsetzung von Baukonstruktionen und technischen Anlagen dienen sowie Flächen unter konstruktiven Hohlräumen, z. B. über abgehängten Decken.

### II. Regelherstellungskosten (RHK)

**Regelherstellungskosten**
auf Grundlage der Normalherstellungskosten 2010 (NHK 2010) in Euro/m² BGF einschließlich Baunebenkosten und Umsatzsteuer für die jeweilige Gebäudeart (Kostenstand 2010)

| 1-3 | | Ein- und Zweifamilienhäuser | | | | | |
|---|---|---|---|---|---|---|---|
| | | | | Standardstufe | | | |
| Keller- und Erdgeschoss | | | 1 | 2 | 3 | 4 | 5 |
| | | Dachgeschoss ausgebaut | | | | | |
| | 1.01 | freistehende Einfamilienhäuser | 655 | 725 | 835 | 1 005 | 1 260 |
| | 1.011 | freistehende Zweifamilienhäuser[3)] | 688 | 761 | 877 | 1 055 | 1 323 |
| | 2.01 | Doppel- und Reihenendhäuser | 615 | 685 | 785 | 945 | 1 180 |
| | 3.01 | Reihenmittelhäuser | 575 | 640 | 735 | 885 | 1 105 |
| | | Dachgeschoss nicht ausgebaut | | | | | |
| | 1.02 | freistehende Einfamilienhäuser | 545 | 605 | 695 | 840 | 1 050 |
| | 1.021 | freistehende Zweifamilienhäuser[3)] | 572 | 635 | 730 | 882 | 1 103 |
| | 2.02 | Doppel- und Reihenendhäuser | 515 | 570 | 655 | 790 | 985 |
| | 3.02 | Reihenmittelhäuser | 480 | 535 | 615 | 740 | 925 |

---

1) **Anm. d. Red.:** Anlage 24 i. d. F. des Gesetzes v. 2. 11. 2015 (BGBl I S. 1834) mit Wirkung v. 6. 11. 2015.

2) **Anm. d. Red.:** Zur Anwendung der Anlage 24 siehe § 205 Abs. 4 und 10.

3) **Amt. Anm.:** ermittelt mit Korrekturfaktor 1,05 bezogen auf die Regelherstellungskosten für freistehende Einfamilienhäuser.

# Anlage 24 — XXVIII. Bewertungsgesetz

| | | 1 | 2 | 3 | 4 | 5 |
|---|---|---|---|---|---|---|
| Flachdach oder flach geneigtes Dach | | | | | | |
| 1.03 | freistehende Einfamilienhäuser | 705 | 785 | 900 | 1 085 | 1 360 |
| 1.031 | freistehende Zweifamilienhäuser[1] | 740 | 824 | 945 | 1 139 | 1 428 |
| 2.03 | Doppel- und Reihenendhäuser | 665 | 735 | 845 | 1 020 | 1 275 |
| 3.03 | Reihenmittelhäuser | 620 | 690 | 795 | 955 | 1 195 |

| Keller-, Erd- und Obergeschoss | | Standardstufe | | | | |
|---|---|---|---|---|---|---|
| | | 1 | 2 | 3 | 4 | 5 |
| Dachgeschoss ausgebaut | | | | | | |
| 1.11 | freistehende Einfamilienhäuser | 655 | 725 | 835 | 1 005 | 1 260 |
| 1.111 | freistehende Zweifamilienhäuser[1] | 688 | 761 | 877 | 1 055 | 1 323 |
| 2.11 | Doppel- und Reihenendhäuser | 615 | 685 | 785 | 945 | 1 180 |
| 3.11 | Reihenmittelhäuser | 575 | 640 | 735 | 885 | 1 105 |
| Dachgeschoss nicht ausgebaut | | | | | | |
| 1.12 | freistehende Einfamilienhäuser | 570 | 635 | 730 | 880 | 1 100 |
| 1.121 | freistehende Zweifamilienhäuser[1] | 599 | 667 | 767 | 924 | 1 155 |
| 2.12 | Doppel- und Reihenendhäuser | 535 | 595 | 685 | 825 | 1 035 |
| 3.12 | Reihenmittelhäuser | 505 | 560 | 640 | 775 | 965 |
| Flachdach oder flach geneigtes Dach | | | | | | |
| 1.13 | freistehende Einfamilienhäuser | 665 | 740 | 850 | 1 025 | 1 285 |
| 1.131 | freistehende Zweifamilienhäuser[1] | 698 | 777 | 893 | 1 076 | 1 349 |
| 2.13 | Doppel- und Reihenendhäuser | 625 | 695 | 800 | 965 | 1 205 |
| 3.13 | Reihenmittelhäuser | 585 | 650 | 750 | 905 | 1 130 |

| Erdgeschoss, nicht unterkellert | | Standardstufe | | | | |
|---|---|---|---|---|---|---|
| | | 1 | 2 | 3 | 4 | 5 |
| Dachgeschoss ausgebaut | | | | | | |
| 1.21 | freistehende Einfamilienhäuser | 790 | 875 | 1 005 | 1 215 | 1 515 |
| 1.211 | freistehende Zweifamilienhäuser[1] | 830 | 919 | 1 055 | 1 276 | 1 591 |
| 2.21 | Doppel- und Reihenendhäuser | 740 | 825 | 945 | 1 140 | 1 425 |
| 3.21 | Reihenmittelhäuser | 695 | 770 | 885 | 1 065 | 1 335 |
| Dachgeschoss nicht ausgebaut | | | | | | |
| 1.22 | freistehende Einfamilienhäuser | 585 | 650 | 745 | 900 | 1 125 |
| 1.221 | freistehende Zweifamilienhäuser[1] | 614 | 683 | 782 | 945 | 1 181 |
| 2.22 | Doppel- und Reihenendhäuser | 550 | 610 | 700 | 845 | 1 055 |
| 3.22 | Reihenmittelhäuser | 515 | 570 | 655 | 790 | 990 |
| Flachdach oder flach geneigtes Dach | | | | | | |
| 1.23 | freistehende Einfamilienhäuser | 920 | 1 025 | 1 180 | 1 420 | 1 775 |
| 1.231 | freistehende Zweifamilienhäuser[1] | 966 | 1 076 | 1 239 | 1 491 | 1 864 |
| 2.23 | Doppel- und Reihenendhäuser | 865 | 965 | 1 105 | 1 335 | 1 670 |
| 3.23 | Reihenmittelhäuser | 810 | 900 | 1 035 | 1 250 | 1 560 |

1) **Amt. Anm.:** ermittelt mit Korrekturfaktor 1,05 bezogen auf die Regelherstellungskosten für freistehende Einfamilienhäuser.

# Anlage 24

| Erd- und Obergeschoss, nicht unterkellert | | | Standardstufe | | | | |
|---|---|---|---|---|---|---|---|
| | | | 1 | 2 | 3 | 4 | 5 |
| | Dachgeschoss ausgebaut | | | | | | |
| | 1.31 | freistehende Einfamilienhäuser | 720 | 800 | 920 | 1 105 | 1 385 |
| | 1.311 | freistehende Zweifamilienhäuser[1] | 756 | 840 | 966 | 1 160 | 1 454 |
| | 2.31 | Doppel- und Reihenendhäuser | 675 | 750 | 865 | 1 040 | 1 300 |
| | 3.31 | Reihenmittelhäuser | 635 | 705 | 810 | 975 | 1 215 |
| | Dachgeschoss nicht ausgebaut | | | | | | |
| | 1.32 | freistehende Einfamilienhäuser | 620 | 690 | 790 | 955 | 1 190 |
| | 1.321 | freistehende Zweifamilienhäuser[1] | 651 | 725 | 830 | 1 003 | 1 250 |
| | 2.32 | Doppel- und Reihenendhäuser | 580 | 645 | 745 | 895 | 1 120 |
| | 3.32 | Reihenmittelhäuser | 545 | 605 | 695 | 840 | 1 050 |
| | Flachdach oder flach geneigtes Dach | | | | | | |
| | 1.33 | freistehende Einfamilienhäuser | 785 | 870 | 1 000 | 1 205 | 1 510 |
| | 1.331 | freistehende Zweifamilienhäuser[1] | 824 | 914 | 1 050 | 1 265 | 1 586 |
| | 2.33 | Doppel- und Reihenendhäuser | 735 | 820 | 940 | 1 135 | 1 415 |
| | 3.33 | Reihenmittelhäuser | 690 | 765 | 880 | 1 060 | 1 325 |

| 4 | Wohnungseigentum und vergleichbares Teileigentum in Mehrfamilienhäusern (ohne Tiefgaragenplatz)/Mehrfamilienhäuser |
|---|---|
| | Für Wohnungseigentum in Gebäuden, die wie Ein- und Zweifamilienhäuser im Sinne des § 181 Absatz 2 des Bewertungsgesetzes gestaltet sind, werden die Regelherstellungskosten der Ein- und Zweifamilienhäuser zugrunde gelegt. |
| | Umrechnungsfaktor hinsichtlich der Brutto-Grundfläche (BGF) für Wohnungseigentum in Mehrfamilienhäusern: BGF = 1,55 x Wohnfläche |

| | | Standardstufe | | | | |
|---|---|---|---|---|---|---|
| | | 1 | 2 | 3 | 4 | 5 |
| 4.1 | Mehrfamilienhäuser mit bis zu 6 WE | 650 | 720 | 825 | 985 | 1 190 |
| 4.2 | Mehrfamilienhäuser mit 7 bis 20 WE | 600 | 665 | 765 | 915 | 1 105 |
| 4.3 | Mehrfamilienhäuser mit mehr als 20 WE | 590 | 655 | 755 | 900 | 1 090 |

| 5-18 | Gemischt genutzte Grundstücke, Geschäftsgrundstücke und sonstige bebaute Grundstücke |
|---|---|

| | | Standardstufe | | | | |
|---|---|---|---|---|---|---|
| | | 1 | 2 | 3 | 4 | 5 |
| 5.1 | Gemischt genutzte Grundstücke (Wohnhäuser mit Mischnutzung) | 605 | 675 | 860 | 1 085 | 1 375 |
| 5.2 | Banken und ähnliche Geschäftshäuser mit Wohnanteil[2] | 625 | 695 | 890 | 1 375 | 1 720 |
| 5.3 | Banken und ähnliche Geschäftshäuser ohne Wohnanteil | 655 | 730 | 930 | 1 520 | 1 900 |

| | | Standardstufe | | | | |
|---|---|---|---|---|---|---|
| | | 1 | 2 | 3 | 4 | 5 |
| 6.1 | Bürogebäude/Verwaltungsgebäude | 735 | 815 | 1 040 | 1 685 | 1 900 |

1) **Amt. Anm.:** ermittelt mit Korrekturfaktor 1,05 bezogen auf die Regelherstellungskosten für freistehende Einfamilienhäuser.

2) **Amt. Anm.:** Anteil der Wohnfläche bis 20 Prozent.

# Anlage 24 XXVIII. Bewertungsgesetz

|  |  | Standardstufe | | | | |
|---|---|---|---|---|---|---|
|  |  | 1 | 2 | 3 | 4 | 5 |
| 7.1 | Gemeindezentren/Vereinsheime | 795 | 885 | 1 130 | 1 425 | 1 905 |
| 7.2 | Saalbauten/Veranstaltungsgebäude | 955 | 1 060 | 1 355 | 1 595 | 2 085 |

|  |  | Standardstufe | | | | |
|---|---|---|---|---|---|---|
|  |  | 1 | 2 | 3 | 4 | 5 |
| 8.1 | Kindergärten | 915 | 1 020 | 1 300 | 1 495 | 1 900 |
| 8.2 | Allgemeinbildende Schulen, Berufsbildende Schulen, Hochschulen | 1 020 | 1 135 | 1 450 | 1 670 | 2 120 |
| 8.3 | Sonderschulen | 1 115 | 1 240 | 1 585 | 1 820 | 2 315 |

|  |  | Standardstufe | | | | |
|---|---|---|---|---|---|---|
|  |  | 1 | 2 | 3 | 4 | 5 |
| 9.1 | Wohnheime/Internate | 705 | 785 | 1 000 | 1 225 | 1 425 |
| 9.2 | Alten-/Pflegeheime | 825 | 915 | 1 170 | 1 435 | 1 665 |

|  |  | Standardstufe | | | | |
|---|---|---|---|---|---|---|
|  |  | 1 | 2 | 3 | 4 | 5 |
| 10.1 | Krankenhäuser/Kliniken | 1 210 | 1 345 | 1 720 | 2 080 | 2 765 |
| 10.2 | Tageskliniken/Ärztehäuser | 1 115 | 1 240 | 1 585 | 1 945 | 2 255 |

|  |  | Standardstufe | | | | |
|---|---|---|---|---|---|---|
|  |  | 1 | 2 | 3 | 4 | 5 |
| 11.1 | Beherbergungsstätten/Hotels/Verpflegungseinrichtungen | 975 | 1 085 | 1 385 | 1 805 | 2 595 |

|  |  | Standardstufe | | | | |
|---|---|---|---|---|---|---|
|  |  | 1 | 2 | 3 | 4 | 5 |
| 12.1 | Sporthallen (Einfeldhallen) | 930 | 1 035 | 1 320 | 1 670 | 1 955 |
| 12.2 | Sporthallen (Dreifeldhallen/Mehrzweckhallen) | 1 050 | 1 165 | 1 490 | 1 775 | 2 070 |
| 12.3 | Tennishallen | 710 | 790 | 1 010 | 1 190 | 1 555 |
| 12.4 | Freizeitbäder/Kur- und Heilbäder | 1 725 | 1 920 | 2 450 | 2 985 | 3 840 |

|  |  | Standardstufe | | | | |
|---|---|---|---|---|---|---|
|  |  | 1 | 2 | 3 | 4 | 5 |
| 13.1 | Verbrauchermärkte | 510 | 565 | 720 | 870 | 1 020 |
| 13.2 | Kauf-/Warenhäuser | 930 | 1 035 | 1 320 | 1 585 | 1 850 |
| 13.3 | Autohäuser ohne Werkstatt | 665 | 735 | 940 | 1 240 | 1 480 |

|  |  | Standardstufe | | | | |
|---|---|---|---|---|---|---|
|  |  | 1 | 2 | 3 | 4 | 5 |
| 14.1 | Einzelgaragen/Mehrfachgaragen[1] |  | 245 |  | 485 | 780 |
| 14.2 | Hochgaragen[2] |  | 480 |  | 655 | 780 |
| 14.3 | Tiefgaragen[2] |  | 560 |  | 715 | 850 |
| 14.4 | Nutzfahrzeuggaragen |  | 530 |  | 680 | 810 |
| 14.5 | Carports |  |  | 190 |  |  |

1) **Amt. Anm.:** Standardstufe 1-3: Fertiggaragen; Standardstufe 4: Garagen in Massivbauweise; Standardstufe 5: individuelle Garagen in Massivbauweise mit besonderen Ausführungen wie Ziegeldach, Gründach, Bodenbeläge, Fliesen o. ä., Wasser, Abwasser und Heizung.

2) **Amt. Anm.:** Umrechnungsfaktor hinsichtlich der Brutto-Grundfläche (BGF) für Tief- und Hochgaragen: BGF = tatsächliche Stellplatzfläche (Länge x Breite) x 1,55.

## XXVIII. Bewertungsgesetz — Anlage 24

|  |  | Standardstufe | | | | |
|---|---|---|---|---|---|---|
|  |  | 1 | 2 | 3 | 4 | 5 |
| 15.1 | Betriebs-/Werkstätten, eingeschossig | 685 | 760 | 970 | 1 165 | 1 430 |
| 15.2 | Betriebs-/Werkstätten, mehrgeschossig ohne Hallenanteil | 640 | 715 | 910 | 1 090 | 1 340 |
| 15.3 | Betriebs-/Werkstätten, mehrgeschossig, hoher Hallenanteil | 435 | 485 | 620 | 860 | 1 070 |
| 15.4 | Industrielle Produktionsgebäude, Massivbauweise | 670 | 745 | 950 | 1 155 | 1 440 |
| 15.5 | Industrielle Produktionsgebäude, überwiegend Skelettbauweise | 495 | 550 | 700 | 965 | 1 260 |

|  |  | Standardstufe | | | | |
|---|---|---|---|---|---|---|
|  |  | 1 | 2 | 3 | 4 | 5 |
| 16.1 | Lagergebäude ohne Mischnutzung, Kaltlager | 245 | 275 | 350 | 490 | 640 |
| 16.2 | Lagergebäude mit bis zu 25 % Mischnutzung[1] | 390 | 430 | 550 | 690 | 880 |
| 16.3 | Lagergebäude mit mehr als 25 % Mischnutzung[1] | 625 | 695 | 890 | 1 095 | 1 340 |

|  |  | Standardstufe | | | | |
|---|---|---|---|---|---|---|
|  |  | 1 | 2 | 3 | 4 | 5 |
| 17.1 | Museen | 1 325 | 1 475 | 1 880 | 2 295 | 2 670 |
| 17.2 | Theater | 1 460 | 1 620 | 2 070 | 2 625 | 3 680 |
| 17.3 | Sakralbauten | 1 185 | 1 315 | 1 510 | 2 060 | 2 335 |
| 17.4 | Friedhofsgebäude | 1 035 | 1 150 | 1 320 | 1 490 | 1 720 |

|  |  | Standardstufe | | | | |
|---|---|---|---|---|---|---|
|  |  | 1 | 2 | 3 | 4 | 5 |
| 18.1 | Reithallen |  |  | 235 | 260 | 310 |
| 18.2 | ehemalige landwirtschaftliche Mehrzweckhallen, Scheunen, u. Ä. |  |  | 245 | 270 | 350 |

| 19 | **Teileigentum** |
|---|---|
|  | Teileigentum ist in Abhängigkeit von der baulichen Gestaltung den vorstehenden Gebäudearten zuzuordnen. |

| 20 | **Auffangklausel** |
|---|---|
|  | Regelherstellungskosten für nicht aufgeführte Gebäudearten sind aus den Regelherstellungskosten vergleichbarer Gebäudearten abzuleiten. |

1) **Amt. Anm.**: Lagergebäude mit Mischnutzung sind Gebäude mit einem überwiegenden Anteil an Lagernutzung und einem geringeren Anteil an anderen Nutzungen wie Büro, Sozialräume, Ausstellungs- oder Verkaufsflächen etc.

# Anlage 24 — XXVIII. Bewertungsgesetz

## III. Beschreibung der Gebäudestandards

Die Beschreibung der Gebäudestandards ist beispielhaft und dient der Orientierung. Sie kann nicht alle in der Praxis auftretenden Standardmerkmale aufführen. Es müssen nicht alle aufgeführten Merkmale zutreffen. Die in der Tabelle angegebenen Jahreszahlen beziehen sich auf die im jeweiligen Zeitraum gültigen Wärmeschutzanforderungen; in Bezug auf das konkrete Bewertungsobjekt ist zu prüfen, ob von diesen Wärmeschutzanforderungen abgewichen wird. Die Beschreibung der Gebäudestandards basiert auf dem Bezugsjahr der Normalherstellungskosten (2010).

| 1-5.1 | ① 1.01-3.33 | Ein- und Zweifamilienhäuser |
| --- | --- | --- |
| | ② 4.1-5.1 | Wohnungseigentum und vergleichbares Teileigentum in Mehrfamilienhäusern (ohne Tiefgaragenplatz)/ Mehrfamilienhäuser sowie gemischt genutzte Grundstücke (Wohnhäuser mit Mischnutzung) |

| | Standardstufe | | | | | Wägungs-anteil |
| --- | --- | --- | --- | --- | --- | --- |
| | 1 | 2 | 3 | 4 | 5 | |
| | nicht zeitgemäß | | zeitgemäß | | | |
| | einfachst | einfach | Basis | gehoben | aufwendig | |
| Außenwände | Holzfachwerk, Ziegelmauerwerk; Fugenglattstrich, Putz, Verkleidung mit Faserzementplatten, Bitumenschindeln oder einfachen Kunststoffplatten; kein oder deutlich nicht zeitgemäßer Wärmeschutz (vor ca. 1980) | ein-/zweischaliges Mauerwerk, z. B. Gitterziegel oder Hohlblocksteine; verputzt und gestrichen oder Holzverkleidung; nicht zeitgemäßer Wärmeschutz (vor ca. 1995) | ein-/zweischaliges Mauerwerk, z. B. aus Leichtziegeln, Kalksandsteinen, Gasbetonsteinen; Edelputz; Wärmedämmverbundsystem oder Wärmedämmputz (nach ca. 1995) | Verblendmauerwerk, zweischalig, hinterlüftet, Vorhangfassade (z. B. Naturschiefer); Wärmedämmung (nach ca. 2005) | aufwendig gestaltete Fassaden mit konstruktiver Gliederung (Säulenstellungen, Erker etc.), Sichtbeton-Fertigteile, Natursteinfassade, Elemente aus Kupfer-/Eloxalblech, mehrgeschossige Glasfassaden; hochwertigste Dämmung (z. B. Passivhausstandard) | 23 |
| Dach | Dachpappe, Faserzementplatten/Wellplatten; keine bis geringe Dachdämmung | einfache Betondachsteine oder Tondachziegel, Bitumenschindeln; nicht zeitgemäße Dachdämmung (vor ca. 1995) | Faserzement-Schindeln, beschichtete Betondachsteine und Tondachziegel, Folienabdichtung; Dachdämmung (nach ca. 1995); Rinnen und Fallrohre aus Zinkblech | glasierte Tondachziegel, Flachdachausbildung tlw. als Dachterrassen; Konstruktion in Brettschichtholz, schweres Massivflachdach; besondere Dachformen, z. B. Mansarden-, Walmdach; Aufsparrendämmung, überdurchschnittliche Dämmung (nach ca. 2005) | hochwertige Eindeckung, z. B. Schiefer oder Kupfer, Dachbegrünung, befahrbares Flachdach; hochwertigste Dämmung (z. B. Passivhausstandard); Rinnen und Fallrohre aus Kupfer<br><br>① aufwendig gegliederte Dachlandschaft, sichtbare Bogendachkonstruktionen | 15 |
| Fenster und Außentüren | Einfachverglasung; einfache Holztüren | Zweifachverglasung (vor ca. 1995); Haustür mit nicht zeitgemäßem Wärmeschutz (vor ca. 1995) | Zweifachverglasung (nach ca. 1995), Rollläden (manuell); Haustür mit zeitgemäßem Wärmeschutz (nach ca. 1995) | Dreifachverglasung, Sonnenschutzglas, aufwendigere Rahmen, Rollläden (elektr.); höherwertige Türanlage z. B. mit Seitenteil, besonderer Einbruchschutz | große, feststehende Fensterflächen, Spezialverglasung (Schall- und Sonnenschutz); Außentüren in hochwertigen Materialien | 11 |
| Innenwände und -türen | Fachwerkwände, einfache Putze/ Lehmputze, einfache Kalkanstriche; Füllungstüren, gestrichen, mit einfachen Beschlägen ohne Dichtungen | massive tragende Innenwände, nicht tragende Wände in Leichtbauweise (z. B. Holzständerwände mit Gipskarton), Gipsdielen; leichte Türen, Stahlzargen | nicht tragende Innenwände in massiver Ausführung bzw. mit Dämmmaterial gefüllter Ständerkonstruktionen; schwere Türen | Sichtmauerwerk, Massivholztüren, Schiebetürelemente, Glastüren, strukturierte Türblätter; ① Wandvertäfelungen (Holzpaneele) | gestaltete Wandabläufe (z. B. Pfeilervorlagen, abgesetzte oder geschwungene Wandpartien), Brandschutzverkleidung; raumhohe aufwendige Türelemente<br><br>① Vertäfelungen (Edelholz, Metall), Akkustikputz | 11 |
| | | | | ① Holzzargen | | |

# XXVIII. Bewertungsgesetz — Anlage 24

| | Standardstufe | | | | | Wägungs-anteil |
|---|---|---|---|---|---|---|
| | 1 | 2 | 3 | 4 | 5 | |
| | nicht zeitgemäß | | zeitgemäß | | | |
| | einfachst | einfach | Basis | gehoben | aufwendig | |
| **Decken-konstruktion und Treppen** | Holzbalkendecken ohne Füllung, Spalierputz; Weichholztreppen in einfacher Art und Ausführung; kein Trittschallschutz ①Weichholztreppen in einfacher Art und Ausführung; kein Trittschallschutz | Holzbalkendecken mit Füllung, Kappendecken; Stahl- oder Hartholztreppen in einfacher Art und Ausführung ①Stahl- oder Hartholztreppen in einfacher Art und Ausführung | ①Beton- und Holzbalkendecken mit Tritt- und Luftschallschutz (z. B. schwimmender Estrich); geradläufige Treppen aus Stahlbeton oder Stahl, Harfentreppe, Trittschallschutz ②Betondecken mit Tritt- und Luftschallschutz (z. B. schwimmender Estrich); einfacher Putz | ①Decken mit größerer Spannweite, Deckenverkleidung (Holzpaneele/Kassetten); gewendelte Treppen aus Stahlbeton oder Stahl, Hartholztreppenanlage in besserer Art und Ausführung ②zusätzlich Deckenverkleidung | Deckenvertäfelungen (Edelholz, Metall) ①Decken mit großen Spannweiten, gegliedert; breite Stahlbeton-, Metall- oder Hartholztreppenanlage mit hochwertigem Geländer | 11 |
| **Fußböden** | ohne Belag | Linoleum-, Teppich-, Laminat- und PVC-Böden einfacher Art und Ausführung | Linoleum-, Teppich-, Laminat- und PVC-Böden besserer Art und Ausführung, Fliesen, Kunststeinplatten | Natursteinplatten, Fertigparkett, hochwertige Fliesen, Terrazzobelag, hochwertige Massivholzböden auf gedämmter Unterkonstruktion | hochwertiges Parkett, hochwertige Natursteinplatten, hochwertige Edelholzböden auf gedämmter Unterkonstruktion | 5 |
| **Sanitär-einrichtungen** | einfaches Bad mit Stand-WC; Installation auf Putz; Ölfarbenanstrich, einfache PVC-Bodenbeläge | 1 Bad mit WC, Dusche oder Badewanne; einfache Wand- und Bodenfliesen, teilweise gefliest | Wand- und Bodenfliesen, raumhoch gefliest; Dusche und Badewanne ①1 Bad mit WC, Gäste-WC ②1 Bad mit WC je Wohneinheit | 1-2 Bäder (②) je Wohneinheit) mit tlw. zwei Waschbecken, tlw. Bidet/Urinal, Gäste-WC, bodengleiche Dusche; Wand- und Bodenfliesen; jeweils in gehobener Qualität | hochwertige Wand- und Bodenplatten (oberflächenstrukturiert, Einzel- und Flächendekors) ①mehrere großzügige, hochwertige Bäder, Gäste-WC; ②2 und mehr Bäder je Wohneinheit | 9 |
| **Heizung** | Einzelöfen, Schwerkraftheizung | Fern- oder Zentralheizung, einfache Warmluftheizung, einzelne Gasaußenwandthermen, Nachtstromspeicher, Fußbodenheizung (vor ca. 1995) | elektronisch gesteuerte Fern- oder Zentralheizung, Niedertemperatur- oder Brennwertkessel | Fußbodenheizung, Solarkollektoren für Warmwassererzeugung ①zusätzlicher Kaminanschluss | Solarkollektoren für Warmwassererzeugung und Heizung, Blockheizkraftwerk, Wärmepumpe, Hybrid-Systeme ①aufwendige zusätzliche Kaminanlage | 9 |
| **Sonstige technische Ausstattung** | sehr wenige Steckdosen, Schalter und Sicherungen, kein Fehlerstromschutzschalter (FI-Schalter), Leitungen teilweise auf Putz | wenige Steckdosen, Schalter und Sicherungen | zeitgemäße Anzahl an Steckdosen und Lichtauslässen, Zählerschrank (ab ca. 1985) mit Unterverteilung und Kippsicherungen | zahlreiche Steckdosen und Lichtauslässe, hochwertige Abdeckungen, dezentrale Lüftung mit Wärmetauscher, mehrere LAN- und Fernsehanschlüsse ②Personenaufzugsanlagen | Video- und zentrale Alarmanlage, zentrale Lüftung mit Wärmetauscher, Klimaanlage, Bussystem ②aufwendige Personenaufzugsanlagen | 6 |

# Anlage 24  XXVIII. Bewertungsgesetz

| 5.2-17.4 | | |
|---|---|---|
| | ③ 5.2-6.1 | Banken und ähnliche Geschäftshäuser, Bürogebäude/Verwaltungsgebäude |
| | ④ 7.1-8.3 | Gemeindezentren/Vereinsheime, Saalbauten/Veranstaltungsgebäude, Kindergärten, Schulen |
| | ⑤ 9.1-11.1 | Wohnheime, Alten-/Pflegeheime, Krankenhäuser, Tageskliniken, Beherbergungsstätten, Hotels, Verpflegungseinrichtungen |
| | ⑥ 12.1-12.4 | Sporthallen, Tennishallen, Freizeitbäder/Kur- und Heilbäder |
| | ⑦ 13.1-13.3 | Verbrauchermärkte, Kauf-/Warenhäuser, Autohäuser |
| | ⑧ 15.1-16.3 | Betriebs-/Werkstätten, Produktionsgebäude, Lagergebäude |
| | ⑨ 17.1-17.4 | Museen, Theater, Sakralbauten, Friedhofsgebäude |

| | | Standardstufe | | | | |
|---|---|---|---|---|---|---|
| | | 1 | 2 | 3 | 4 | 5 |
| | | nicht zeitgemäß | | | zeitgemäß | |
| | | einfachst | einfach | Basis | gehoben | aufwendig |
| Außenwände | | Mauerwerk mit Putz oder mit Fugenglattstrich und Anstrich; einfache Wände, Holz-, Blech-, Faserzementbekleidung; Bitumenschindeln oder einfache Kunststoffplatten; kein oder deutlich nicht zeitgemäßer Wärmeschutz (vor ca. 1980) | ein-/zweischaliges Mauerwerk, z. B. Gitterziegel oder Hohlblocksteine; verputzt und gestrichen oder Holzverkleidung; einfache Metall-Sandwichelemente; nicht zeitgemäßer Wärmeschutz (vor ca. 1995) | Wärmedämmverbundsystem oder Wärmedämmputz (nach ca. 1995); ein-/zweischalige Konstruktion, z. B. Mauerwerk aus Leichtziegeln, Kalksandsteinen, Gasbetonsteinen; Edelputz; gedämmte Metall-Sandwichelemente | Verblendmauerwerk, zweischalig, hinterlüftet, Vorhangfassade (z. B. Naturschiefer); Wärmedämmung (nach ca. 2005) | Sichtbeton-Fertigteile, Natursteinfassade, Elemente aus Kupfer-/Eloxalblech, mehrgeschossige Glasfassaden; stark überdurchschnittliche Dämmung  ③④⑤⑥⑦ aufwendig gestaltete Fassaden mit konstruktiver Gliederung (Säulenstellungen, Erker etc.)  ③ Vorhangfassade aus Glas |
| Konstruktion ⑧ | | Holzkonstruktion in nicht zeitgemäßer statischer Ausführung | Mauerwerk, Stahl- oder Stahlbetonkonstruktion in nicht zeitgemäßer statischer Ausführung | Stahl- und Betonfertigteile | überwiegend Betonfertigteile; große stützenfreie Spannweiten; hohe Deckenhöhen; hohe Belastbarkeit der Decken und Böden | größere stützenfreie Spannweiten; hohe Deckenhöhen; höhere Belastbarkeit der Decken und Böden |
| Dach | | Dachpappe, Faserzementplatten/Wellplatten, Blecheindeckung; kein Unterdach; keine bis geringe Dachdämmung | einfache Betondachsteine oder Tondachziegel, Bitumenschindeln; nicht zeitgemäße Dachdämmung (vor ca. 1995) | Faserzement-Schindeln, beschichtete Betondachsteine und Tondachziegel, Folienabdichtung; Dachdämmung (nach ca. 1995); Rinnen und Fallrohre aus Zinkblech | besondere Dachformen; überdurchschnittliche Dämmung (nach ca. 2005)  ③④⑤⑥⑦ glasierte Tondachziegel  ③⑧ schweres Massivflachdach  ⑨ Biberschwänze | hochwertige Eindeckung z. B. aus Schiefer oder Kupfer; Dachbegrünung; aufwendig gegliederte Dachlandschaft  ③④⑤ befahrbares Flachdach  ③④ stark überdurchschnittliche Dämmung  ⑤⑥⑦⑧ hochwertigste Dämmung |
| Fenster und Außentüren | | Einfachverglasung; einfache Holztüren | Isolierverglasung, Zweifachverglasung (vor ca. 1995); Eingangstüren mit nicht zeitgemäßem Wärmeschutz (vor ca. 1995) | Zweifachverglasung (nach ca. 1995)  ⑤ nur Wohnheime, Altenheime, Pflegeheime, Krankenhäuser und Tageskliniken: Automatik-Eingangstüren  ⑨ kunstvoll gestaltete farbiges Fensterglas, Ornamentglas | Dreifachverglasung, Sonnenschutzglas, aufwendigere Rahmen  ③④⑥⑦⑧ höherwertige Türanlagen  ⑤ nur Beherbergungsstätten und Verpflegungseinrichtungen: Automatik-Eingangstüren  ⑨ besonders große kunstvoll gestaltete farbige Fensterflächen | große, feststehende Fensterflächen, Spezialverglasung (Schall- und Sonnenschutz)  ③④⑦⑧ Außentüren mit hochwertigen Materialien  ③ Automatiktüren  ⑥ Automatik-Eingangstüren  ⑨ Bleiverglasung mit Schutzglas, farbige Maßfenster |
| Innenwände und -türen | | Fachwerkwände, einfache Putze/Lehmputze, einfache Kalkanstriche; Füllungstüren, gestrichen, mit einfachen Beschlägen ohne Dichtungen | massive tragende Innenwände, nicht tragende Wände in Leichtbauweise z. B. Holzständerwände mit Gipskarton; Gipsdielen; leichte Türen, Kunststoff-/Holztürblätter, Stahlzargen | ④⑤⑥⑦ nicht tragende Innenwände in massiver Ausführung bzw. mit Dämmmaterial gefüllte Ständerkonstruktionen  ⑤⑥⑦ schwere Türen  ③ nicht tragende Innenwände in massiver Ausführung; schwere Türen  ④ schwere und große | ③④⑤⑥⑦ Sichtmauerwerk  ③④ Massivholztüren, Schiebetürelemente, Glastüren  ③ Innenwände für flexible Raumkonzepte (größere statische Spannweiten der Decken)  ⑤ nur Beherbergungsstätten und Verpfle- | ③④⑤⑥⑦ gestaltete Wandabläufe (z. B. Pfeilervorlagen, abgesetzte oder geschwungene Wandpartien)  ④ Vertäfelungen (Edelholz, Metall), Akustikputz  ③ Wände aus großformatigen Glaselementen, Akustikputz, tlw. Automatiktüren, rollstuhlgerechte Bedie- |

|  | Standardstufe | | | | |
|---|---|---|---|---|---|
|  | 1 | 2 | 3 | 4 | 5 |
|  | nicht zeitgemäß | | | zeitgemäß | |
|  | einfachst | einfach | Basis | gehoben | aufwendig |
|  |  |  | Türen ⑤ nur Wohnheime, Altenheime, Pflegeheime, Krankenhäuser und Tageskliniken: Automatik-Flurzwischentüren; rollstuhlgerechte Bedienung ⑧ Anstrich | gungseinrichtungen: Automatik-Flurzwischentüren; rollstuhlgerechte Bedienung ⑥ rollstuhlgerechte Bedienung ⑧ tlw. gefliest, Sichtmauerwerk; Schiebetürelemente, Glastüren ⑨ schmiedeeiserne Türen | nung ④ raumhohe aufwendige Türelemente; tlw. Automatiktüren, rollstuhlgerechte Bedienung ⑤⑥⑦ Akustikputz, raumhohe aufwendige Türelemente ⑦ rollstuhlgerechte Bedienung, Automatiktüren ⑧ überwiegend gefliest; Sichtmauerwerk; gestaltete Wandabläufe |
| Deckenkonstruktion und Treppen | Weichholztreppen in einfacher Art und Ausführung; kein Trittschallschutz ③④⑤ Holzbalkendecken ohne Füllung, Spalierputz | Stahl- oder Hartholztreppen in einfacher Art und Ausführung ③④⑤⑦⑧⑨ Holzbalkendecken mit Füllung, Kappendecken | ③④⑤⑦ Betondecken mit Tritt- und Luftschallschutz; einfacher Putz ③④ abgehängte Decken ⑤⑦ Deckenverkleidung ⑥ Betondecke | ③ höherwertige abgehängte Decken ④⑤⑥⑦ Decken mit großen Spannweiten ④ Deckenverkleidung | hochwertige breite Stahlbeton-/Metalltreppenanlage mit hochwertigem Geländer ③⑦ Deckenvertäfelungen (Edelholz, Metall) ④⑤⑥⑦ Decken mit größeren Spannweiten |
| Fußböden | ohne Belag | Linoleum-, Teppich-, Laminat- und PVC-Böden einfacher Art und Ausführung ⑨ Holzdielen | ③④⑤⑦ Fliesen, Kunststeinplatten ③④ Linoleum- oder Teppich-Böden besserer Art und Ausführung ⑤⑦ Linoleum- oder PVC-Böden besserer Art und Ausführung ⑥ nur Sporthallen: Beton, Asphaltbeton, Estrich oder Gussasphalt auf Beton; Teppichbelag, PVC; nur Freizeitbäder/Heilbäder: Fliesenbelag ⑧ Beton ⑨ Betonwerkstein, Sandstein | ③⑤⑦ Natursteinplatten, hochwertige Fliesen, Terrazzobelag, hochwertige Massivholzböden auf gedämmter Unterkonstruktion ③⑦ Fertigparkett ⑥ nur Sporthallen: hochwertigere flächenstatische Fußbodenkonstruktion, Spezialteppich mit Gummigranulatauflage; hochwertigerer Schwingboden ⑧ Estrich, Gussasphalt | ③④⑤⑦ hochwertiges Parkett, hochwertige Natursteinplatten, hochwertige Edelholzböden auf gedämmter Unterkonstruktion ⑥ nur Sporthallen: hochwertigste flächenstatische Fußbodenkonstruktion, Spezialteppich mit Gummigranulatauflage; hochwertigster Schwingboden; nur Freizeitbäder/Heilbäder: hochwertiger Fliesenbelag und Natursteinboden ⑧ beschichteter Beton oder Estrichboden; Betonwerkstein, Verbundpflaster ⑨ Marmor, Granit |
| Sanitäreinrichtungen | einfache Toilettenanlagen (Stand-WC); Installation auf Putz; Ölfarbenanstrich, einfache PVC-Bodenbeläge, WC und Bäderanlage geschossweise | Toilettenanlagen in einfacher Qualität; Installation unter Putz; WCs und Duschräume je Geschoss; einfache Wand- und Bodenfliesen, tlw. gefliest | Sanitäreinrichtung in Standard-Ausführung ③④ ausreichende Anzahl von Toilettenräumen ⑤ mehrere WCs und Duschbäder je Geschoss; Waschbecken im Raum ⑥ wenige Toilettenräume und Duschräume bzw. Waschräume ⑦⑧ wenige Toilettenräume | Sanitäreinrichtung in besserer Qualität ③④ höhere Anzahl Toilettenräume ⑤ je Raum ein Duschbad mit WC; nur Wohnheime, Altenheime, Pflegeheime, Krankenhäuser und Tageskliniken: behindertengerecht ⑥ ausreichende Anzahl von Toilettenräumen und Duschräumen ⑦⑧ ausreichende Anzahl von Toilettenräumen | Sanitäreinrichtung in gehobener Qualität ③④ großzügige Toilettenanlagen jeweils mit Sanitäreinrichtung in gehobener Qualität ⑤ je Raum ein Duschbad mit WC in guter Ausstattung; nur Wohnheime, Altenheime, Pflegeheime, Krankenhäuser und Tageskliniken: behindertengerecht ⑥ großzügige Toilettenanlagen und Duschräume mit Sanitäreinrichtung in gehobener Qualität ⑦ großzügige Toilettenanlagen mit Sanitäreinrichtung in gehobener Qualität |

# Anlage 24 — XXVIII. Bewertungsgesetz

| | Standardstufe | | | | |
|---|---|---|---|---|---|
| | 1 | 2 | 3 | 4 | 5 |
| | nicht zeitgemäß | | | zeitgemäß | |
| | einfachst | einfach | Basis | gehoben | aufwendig |
| Heizung | Einzelöfen, Schwerkraftheizung, dezentrale Warmwasserversorgung<br><br>⑨ Elektroheizung im Gestühl | Zentralheizung mit Radiatoren (Schwerkraftheizung); einfache Warmluftheizung, mehrere Ausblasöffnungen; Lufterhitzer mit Wärmetauscher mit zentraler Kesselanlage, Fußbodenheizung (vor ca. 1995)<br><br>⑨ einfache Warmluftheizung, eine Ausblasöffnung | elektronisch gesteuerte Fern- oder Zentralheizung, Niedertemperatur- oder Brennwertkessel | Solarkollektoren für Warmwassererzeugung<br><br>③④⑥⑦⑧ Fußbodenheizung<br><br>⑧ zusätzlicher Kaminanschluss | ⑧ großzügige Toilettenanlagen<br><br>Solarkollektoren für Warmwassererzeugung und Heizung, Blockheizkraftwerk, Wärmepumpe, Hybrid-Systeme<br><br>③④⑤⑦ Klimaanlage<br><br>⑧ Kaminanlage |
| Sonstige technische Ausstattung | sehr wenige Steckdosen, Schalter und Sicherungen, kein Fehlerstromschutzschalter (FI-Schalter), Leitungen auf Putz, einfache Leuchten | wenige Steckdosen, Schalter und Sicherungen, Installation unter Putz | ③④⑦ zeitgemäße Anzahl an Steckdosen und Lichtauslässen, Zählerschrank (ab ca. 1985) mit Unterverteilung und Kippsicherungen; Kabelkanäle; Blitzschutz<br><br>⑤⑥⑧ zeitgemäße Anzahl an Steckdosen und Lichtauslässen; Blitzschutz<br><br>⑥⑦ Personenaufzugsanlagen<br><br>⑧ Teeküchen | zahlreiche Steckdosen und Lichtauslässe, hochwertige Abdeckungen,<br><br>③④⑤⑦⑧ dezentrale Lüftung mit Wärmetauscher<br><br>③⑤ mehrere LAN- und Fernsehanschlüsse<br><br>③④⑦ hochwertige Beleuchtung; Doppelboden mit Bodentanks zur Verkabelung; ausreichende Anzahl von LAN-Anschlüssen<br><br>③ Messverfahren von Verbrauch, Regelung von Raumtemperatur und Raumfeuchte<br><br>③④⑦ Sonnenschutzsteuerung<br><br>③④ elektronische Zugangskontrolle; Personenaufzugsanlagen<br><br>④⑦ Messverfahren von Raumtemperatur, Raumfeuchte, Verbrauch, Einzelraumregelung<br><br>⑧ Kabelkanäle; kleinere Einbauküchen mit Kochgelegenheit, Aufenthaltsräume; Aufzugsanlagen | Video- und zentrale Alarmanlage, Klimaanlage, Bussystem<br><br>③④⑤⑦⑧ zentrale Lüftung mit Wärmetauscher<br><br>⑦ Doppelboden mit Bodentanks zur Verkabelung<br><br>③ aufwendige Personenaufzugsanlagen<br><br>⑤⑦⑧ aufwendige Aufzugsanlagen<br><br>⑧ Küchen, Kantinen |

XXVIII. Bewertungsgesetz  **Anlage 24**

| 14.2-14.4 | 14.2-14.4 Hoch-, Tief- und Nutzfahrzeuggaragen | | |
|---|---|---|---|

| | Standardstufe | | |
|---|---|---|---|
| | 1-3 | 4 | 5 |
| | Basis | gehoben | aufwendig |
| Außenwände | offene Konstruktion | Einschalige Konstruktion | aufwendig gestaltete Fassaden mit konstruktiver Gliederung (Säulenstellungen, Erker etc.) |
| Konstruktion | Stahl- und Betonfertigteile | überwiegend Betonfertigteile; große stützenfreie Spannweiten | größere stützenfreie Spannweiten |
| Dach | Flachdach, Folienabdichtung | Flachdachausbildung; Wärmedämmung | befahrbares Flachdach (Parkdeck) |
| Fenster und Außentüren | einfache Metallgitter | begrünte Metallgitter, Glasbausteine | Außentüren in hochwertigen Materialien |
| Fußböden | Beton | Estrich, Gussasphalt | beschichteter Beton oder Estrichboden |
| Sonstige technische Ausstattung | Strom- und Wasseranschluss; Löschwasseranlage; Treppenhaus; Brandmelder | Sprinkleranlage; Rufanlagen; Rauch- und Wärmeabzugsanlagen; mechanische Be- und Entlüftungsanlagen; Parksysteme für zwei PKWs übereinander; Personenaufzugsanlagen | Video- und zentrale Alarmanlage; Beschallung; Parksysteme für drei oder mehr PKWs übereinander; aufwendigere Aufzugsanlagen |

| 18.1-18.2 | ⑩ 18.1 Reithallen | | |
|---|---|---|---|
| | ①① 18.2 Ehemalige landwirtschaftliche Mehrzweckhallen, Scheunen u. Ä. | | |

| | Standardstufe | | |
|---|---|---|---|
| | 1-3 | 4 | 5 |
| | Basis | gehoben | aufwendig |
| Außenwände | Holzfachwerkwand; Holzstützen, Vollholz; Brettschalung oder Profilblech auf Holz-Unterkonstruktion | Kalksandstein- oder Ziegel-Mauerwerk; Metallstützen, Profil; Holz-Blockbohlen zwischen Stützen, Wärmedämmverbundsystem, Putz | Betonwand, Fertigteile, mehrschichtig; Stahlbetonstützen, Fertigteil; Kalksandstein-Vormauerung oder Klinkerverblendung mit Dämmung |
| Dach | Holzkonstruktionen, Nagelbrettbinder; Bitumenwellplatten, Profilblech | Stahlrahmen mit Holzpfetten; Faserzementwellplatten; Hartschaumplatten | Brettschichtholzbinder; Betondachsteine oder Dachziegel; Dämmung mit Profilholz oder Paneelen |
| Fenster und Außentüren bzw. -tore | Lichtplatten aus Kunststoff; ⑩ Holz-Brettertüren; ①① Holztore | Kunststofffenster; ⑩ Windnetze aus Kunststoff, Jalousien mit Motorantrieb; ①① Metall-Sektionaltore | Türen und Tore mehrschichtig mit Wärmedämmung, Holzfenster, hoher Fensteranteil |
| Innenwände | keine | tragende bzw. nicht tragende Innenwände aus Holz; Anstrich | tragende bzw. nicht tragende Innenwände als Mauerwerk; Sperrholz, Gipskarton, Fliesen |
| Deckenkonstruktionen | keine | Holzkonstruktionen über Nebenräumen; Hartschaumplatten | Stahlbetonplatte über Nebenräumen; Dämmung mit Profilholz oder Paneelen |
| Fußböden | ⑩ Tragschicht: Schotter, Trennschicht: Vlies, Tretschicht: Sand; ①① Beton-Verbundsteinpflaster | ⑩ zusätzlich/alternativ: Tragschicht: Schotter, Trennschicht: Kunststoffgewebe, Tretschicht: Sand und Holzspäne; ①① zusätzlich/alternativ: Stahlbetonplatte | Estrich auf Dämmung, Fliesen oder Linoleum in Nebenräumen; zusätzlich/alternativ: Tragschicht: Schotter, Trennschicht: Kunststoffplatten, Tretschicht: Sand und Textilflocken, Betonplatte im Bereich der Nebenräume; ①① zusätzlich/alternativ: Oberfläche maschinell geglättet, Anstrich |
| baukonstruktive Einbauten ⑩ | ⑩ Reithallenbande aus Nadelholz zur Abgrenzung der Reitfläche | ⑩ zusätzlich/alternativ: Vollholztafeln fest eingebaut | ⑩ zusätzlich/alternativ: Vollholztafeln, Fertigteile zum Versetzen |
| Abwasser-, Wasser-, Gasanlagen | Regenwasserableitung | zusätzlich/alternativ: Abwasserleitungen, Sanitärobjekte (einfache Qualität) | zusätzlich/alternativ: Sanitärobjekte (gehobene Qualität), Gasanschluss |
| Wärmeversorgungsanlagen | keine | Raumheizflächen in Nebenräumen, Anschluss an Heizsystem | zusätzlich/alternativ: Heizkessel |
| lufttechnische Anlagen | keine | Firstentlüftung | Be- und Entlüftungsanlage |
| Starkstrom-Anlage | Leitungen, Schalter, Dosen, Langfeldleuchten | zusätzlich/alternativ: Sicherungen und Verteilerschrank | zusätzlich/alternativ: Metall-Dampfleuchten |

BewG

1097

# Anlage 25

XXVIII. Bewertungsgesetz

| | Standardstufe | | | |
|---|---|---|---|---|
| | 1-3 | | 4 | 5 |
| | Basis | | gehoben | aufwendig |
| nutzungsspezifische Anlagen | keine | | ⑩ Reitbodenbewässerung (einfache Ausführung) | ⑩ Reitbodenbewässerung (komfortable Ausführung) |
| | | | ①① Schüttwände aus Holz zwischen Stahlstützen, Trocknungsanlage für Getreide | ①① Schüttwände aus Beton-Fertigteilen |

## Anlage 25 (zu § 191 Absatz 2)[1)2)]

### Wertzahlen für Ein- und Zweifamilienhäuser nach § 181 Absatz 1 Nummer 1 BewG und Wohnungseigentum nach § 181 Absatz 1 Nummer 3 BewG

| Vorläufiger Sachwert § 189 Absatz 3 | | Bodenrichtwert | | | | | | | | | |
|---|---|---|---|---|---|---|---|---|---|---|---|
| | | | | | | bis | | | | | über |
| | | 15 EUR/m² | 30 EUR/m² | 50 EUR/m² | 100 EUR/m² | 150 EUR/m² | 200 EUR/m² | 300 EUR/m² | 400 EUR/m² | 500 EUR/m² | 500 EUR/m² |
| bis | 50 000 EUR | 1,0 | 1,1 | 1,2 | 1,2 | 1,2 | 1,3 | 1,3 | 1,4 | 1,4 | 1,5 |
| | 100 000 EUR | 0,8 | 0,9 | 1,0 | 1,1 | 1,1 | 1,1 | 1,2 | 1,2 | 1,3 | 1,3 |
| | 150 000 EUR | 0,8 | 0,9 | 0,9 | 1,0 | 1,0 | 1,0 | 1,1 | 1,1 | 1,2 | 1,2 |
| | 200 000 EUR | 0,7 | 0,8 | 0,8 | 0,9 | 0,9 | 1,0 | 1,1 | 1,1 | 1,2 | 1,2 |
| | 300 000 EUR | 0,6 | 0,7 | 0,7 | 0,8 | 0,8 | 0,9 | 1,0 | 1,0 | 1,1 | 1,2 |
| | 400 000 EUR | 0,5 | 0,6 | 0,7 | 0,7 | 0,8 | 0,8 | 0,9 | 1,0 | 1,0 | 1,1 |
| | 500 000 EUR | 0,5 | 0,6 | 0,6 | 0,7 | 0,8 | 0,8 | 0,9 | 1,0 | 1,0 | 1,1 |
| über | 500 000 EUR | 0,5 | 0,5 | 0,5 | 0,6 | 0,7 | 0,7 | 0,8 | 0,9 | 0,9 | 1,0 |

### Wertzahlen für Teileigentum, Geschäftsgrundstücke, gemischt genutzte Grundstücke und sonstige bebaute Grundstücke nach § 181 Absatz 1 Nummer 3 bis 6 BewG

| | Vorläufiger Sachwert § 189 Absatz 3 | |
|---|---|---|
| bis | 500 000 EUR | 0,90 |
| | 750 000 EUR | 0,85 |
| | 1 000 000 EUR | 0,80 |
| | 1 500 000 EUR | 0,75 |
| | 2 000 000 EUR | 0,70 |
| | 3 000 000 EUR | 0,65 |
| über | 3 000 000 EUR | 0,60 |

1) **Anm. d. Red.:** Anlage 25 i. d. F. des Gesetzes v. 2. 11. 2015 (BGBl I S. 1834) mit Wirkung v. 6. 11. 2015.
2) **Anm. d. Red.:** Zur Anwendung der Anlage 25 siehe § 205 Abs. 10.

## Anlage 26 (zu § 194 Abs. 3 Satz 2 und Abs. 4 sowie § 195 Abs. 3 Satz 2)[1)]

### Abzinsungsfaktoren

| Restlaufzeit des Erbbaurechts bzw. des Nutzungsrechts (in Jahren) | Zinssatz | | | | | | | | | | |
|---|---|---|---|---|---|---|---|---|---|---|---|
| | 3% | 3,5% | 4% | 4,5% | 5% | 5,5% | 6% | 6,5% | 7% | 7,5% | 8% |
| 1 | 0,9709 | 0,9662 | 0,9615 | 0,9569 | 0,9524 | 0,9479 | 0,9434 | 0,9390 | 0,9346 | 0,9302 | 0,9259 |
| 2 | 0,9426 | 0,9335 | 0,9246 | 0,9157 | 0,9070 | 0,8985 | 0,8900 | 0,8817 | 0,8734 | 0,8653 | 0,8573 |
| 3 | 0,9151 | 0,9019 | 0,8890 | 0,8763 | 0,8638 | 0,8516 | 0,8396 | 0,8278 | 0,8163 | 0,8050 | 0,7938 |
| 4 | 0,8885 | 0,8714 | 0,8548 | 0,8386 | 0,8227 | 0,8072 | 0,7921 | 0,7773 | 0,7629 | 0,7488 | 0,7350 |
| 5 | 0,8626 | 0,8420 | 0,8219 | 0,8025 | 0,7835 | 0,7651 | 0,7473 | 0,7299 | 0,7130 | 0,6966 | 0,6806 |
| 6 | 0,8375 | 0,8135 | 0,7903 | 0,7679 | 0,7462 | 0,7252 | 0,7050 | 0,6853 | 0,6663 | 0,6480 | 0,6302 |
| 7 | 0,8131 | 0,7860 | 0,7599 | 0,7348 | 0,7107 | 0,6874 | 0,6651 | 0,6435 | 0,6227 | 0,6028 | 0,5835 |
| 8 | 0,7894 | 0,7594 | 0,7307 | 0,7032 | 0,6768 | 0,6516 | 0,6274 | 0,6042 | 0,5820 | 0,5607 | 0,5403 |
| 9 | 0,7664 | 0,7337 | 0,7026 | 0,6729 | 0,6446 | 0,6176 | 0,5919 | 0,5674 | 0,5439 | 0,5216 | 0,5002 |
| 10 | 0,7441 | 0,7089 | 0,6756 | 0,6439 | 0,6139 | 0,5854 | 0,5584 | 0,5327 | 0,5083 | 0,4852 | 0,4632 |
| 11 | 0,7224 | 0,6849 | 0,6496 | 0,6162 | 0,5847 | 0,5549 | 0,5268 | 0,5002 | 0,4751 | 0,4513 | 0,4289 |
| 12 | 0,7014 | 0,6618 | 0,6246 | 0,5897 | 0,5568 | 0,5260 | 0,4970 | 0,4697 | 0,4440 | 0,4199 | 0,3971 |
| 13 | 0,6810 | 0,6394 | 0,6006 | 0,5643 | 0,5303 | 0,4986 | 0,4688 | 0,4410 | 0,4150 | 0,3906 | 0,3677 |
| 14 | 0,6611 | 0,6178 | 0,5775 | 0,5400 | 0,5051 | 0,4726 | 0,4423 | 0,4141 | 0,3878 | 0,3633 | 0,3405 |
| 15 | 0,6419 | 0,5969 | 0,5553 | 0,5167 | 0,4810 | 0,4479 | 0,4173 | 0,3888 | 0,3624 | 0,3380 | 0,3152 |
| 16 | 0,6232 | 0,5767 | 0,5339 | 0,4945 | 0,4581 | 0,4246 | 0,3936 | 0,3651 | 0,3387 | 0,3144 | 0,2919 |
| 17 | 0,6050 | 0,5572 | 0,5134 | 0,4732 | 0,4363 | 0,4024 | 0,3714 | 0,3428 | 0,3166 | 0,2925 | 0,2703 |
| 18 | 0,5874 | 0,5384 | 0,4936 | 0,4528 | 0,4155 | 0,3815 | 0,3503 | 0,3219 | 0,2959 | 0,2720 | 0,2502 |
| 19 | 0,5703 | 0,5202 | 0,4746 | 0,4333 | 0,3957 | 0,3616 | 0,3305 | 0,3022 | 0,2765 | 0,2531 | 0,2317 |
| 20 | 0,5537 | 0,5026 | 0,4564 | 0,4146 | 0,3769 | 0,3427 | 0,3118 | 0,2838 | 0,2584 | 0,2354 | 0,2145 |
| 21 | 0,5375 | 0,4856 | 0,4388 | 0,3968 | 0,3589 | 0,3249 | 0,2942 | 0,2665 | 0,2415 | 0,2190 | 0,1987 |
| 22 | 0,5219 | 0,4692 | 0,4220 | 0,3797 | 0,3418 | 0,3079 | 0,2775 | 0,2502 | 0,2257 | 0,2037 | 0,1839 |
| 23 | 0,5067 | 0,4533 | 0,4057 | 0,3634 | 0,3256 | 0,2919 | 0,2618 | 0,2349 | 0,2109 | 0,1895 | 0,1703 |
| 24 | 0,4919 | 0,4380 | 0,3901 | 0,3477 | 0,3101 | 0,2767 | 0,2470 | 0,2206 | 0,1971 | 0,1763 | 0,1577 |
| 25 | 0,4776 | 0,4231 | 0,3751 | 0,3327 | 0,2953 | 0,2622 | 0,2330 | 0,2071 | 0,1842 | 0,1640 | 0,1460 |
| 26 | 0,4637 | 0,4088 | 0,3607 | 0,3184 | 0,2812 | 0,2486 | 0,2198 | 0,1945 | 0,1722 | 0,1525 | 0,1352 |
| 27 | 0,4502 | 0,3950 | 0,3468 | 0,3047 | 0,2678 | 0,2356 | 0,2074 | 0,1826 | 0,1609 | 0,1419 | 0,1252 |
| 28 | 0,4371 | 0,3817 | 0,3335 | 0,2916 | 0,2551 | 0,2233 | 0,1956 | 0,1715 | 0,1504 | 0,1320 | 0,1159 |
| 29 | 0,4243 | 0,3687 | 0,3207 | 0,2790 | 0,2429 | 0,2117 | 0,1846 | 0,1610 | 0,1406 | 0,1228 | 0,1073 |
| 30 | 0,4120 | 0,3563 | 0,3083 | 0,2670 | 0,2314 | 0,2006 | 0,1741 | 0,1512 | 0,1314 | 0,1142 | 0,0994 |
| 31 | 0,4000 | 0,3442 | 0,2965 | 0,2555 | 0,2204 | 0,1902 | 0,1643 | 0,1420 | 0,1228 | 0,1063 | 0,0920 |
| 32 | 0,3883 | 0,3326 | 0,2851 | 0,2445 | 0,2099 | 0,1803 | 0,1550 | 0,1333 | 0,1147 | 0,0988 | 0,0852 |
| 33 | 0,3770 | 0,3213 | 0,2741 | 0,2340 | 0,1999 | 0,1709 | 0,1462 | 0,1252 | 0,1072 | 0,0919 | 0,0789 |
| 34 | 0,3660 | 0,3105 | 0,2636 | 0,2239 | 0,1904 | 0,1620 | 0,1379 | 0,1175 | 0,1002 | 0,0855 | 0,0730 |
| 35 | 0,3554 | 0,3000 | 0,2534 | 0,2143 | 0,1813 | 0,1535 | 0,1301 | 0,1103 | 0,0937 | 0,0796 | 0,0676 |
| 36 | 0,3450 | 0,2898 | 0,2437 | 0,2050 | 0,1727 | 0,1455 | 0,1227 | 0,1036 | 0,0875 | 0,0740 | 0,0626 |
| 37 | 0,3350 | 0,2800 | 0,2343 | 0,1962 | 0,1644 | 0,1379 | 0,1158 | 0,0973 | 0,0818 | 0,0688 | 0,0580 |
| 38 | 0,3252 | 0,2706 | 0,2253 | 0,1878 | 0,1566 | 0,1307 | 0,1092 | 0,0914 | 0,0765 | 0,0640 | 0,0537 |
| 39 | 0,3158 | 0,2614 | 0,2166 | 0,1797 | 0,1491 | 0,1239 | 0,1031 | 0,0858 | 0,0715 | 0,0596 | 0,0497 |
| 40 | 0,3066 | 0,2526 | 0,2083 | 0,1719 | 0,1420 | 0,1175 | 0,0972 | 0,0805 | 0,0668 | 0,0554 | 0,0460 |
| 41 | 0,2976 | 0,2440 | 0,2003 | 0,1645 | 0,1353 | 0,1113 | 0,0917 | 0,0756 | 0,0624 | 0,0516 | 0,0426 |
| 42 | 0,2890 | 0,2358 | 0,1926 | 0,1574 | 0,1288 | 0,1055 | 0,0865 | 0,0710 | 0,0583 | 0,0480 | 0,0395 |
| 43 | 0,2805 | 0,2278 | 0,1852 | 0,1507 | 0,1227 | 0,1000 | 0,0816 | 0,0667 | 0,0545 | 0,0446 | 0,0365 |
| 44 | 0,2724 | 0,2201 | 0,1780 | 0,1442 | 0,1169 | 0,0948 | 0,0770 | 0,0626 | 0,0509 | 0,0415 | 0,0338 |
| 45 | 0,2644 | 0,2127 | 0,1712 | 0,1380 | 0,1113 | 0,0899 | 0,0727 | 0,0588 | 0,0476 | 0,0386 | 0,0313 |
| 46 | 0,2567 | 0,2055 | 0,1646 | 0,1320 | 0,1060 | 0,0852 | 0,0685 | 0,0552 | 0,0445 | 0,0359 | 0,0290 |
| 47 | 0,2493 | 0,1985 | 0,1583 | 0,1263 | 0,1009 | 0,0807 | 0,0647 | 0,0518 | 0,0416 | 0,0334 | 0,0269 |
| 48 | 0,2420 | 0,1918 | 0,1522 | 0,1209 | 0,0961 | 0,0765 | 0,0610 | 0,0487 | 0,0389 | 0,0311 | 0,0249 |
| 49 | 0,2350 | 0,1853 | 0,1463 | 0,1157 | 0,0916 | 0,0725 | 0,0575 | 0,0457 | 0,0363 | 0,0289 | 0,0230 |
| 50 | 0,2281 | 0,1791 | 0,1407 | 0,1107 | 0,0872 | 0,0688 | 0,0543 | 0,0429 | 0,0339 | 0,0269 | 0,0213 |
| 51 | 0,2215 | 0,1730 | 0,1353 | 0,1059 | 0,0831 | 0,0652 | 0,0512 | 0,0403 | 0,0317 | 0,0250 | 0,0197 |

1) **Anm. d. Red.:** Anlage 26 i. d. F. des Gesetzes v. 8. 12. 2010 (BGBl I S. 1768) mit Wirkung v. 14. 12. 2010.

# Anlage 26 XXVIII. Bewertungsgesetz

| Restlaufzeit des Erbbaurechts bzw. des Nutzungsrechts (in Jahren) | Zinssatz | | | | | | | | | | |
|---|---|---|---|---|---|---|---|---|---|---|---|
| | 3 % | 3,5 % | 4 % | 4,5 % | 5 % | 5,5 % | 6 % | 6,5 % | 7 % | 7,5 % | 8 % |
| 52 | 0,2150 | 0,1671 | 0,1301 | 0,1014 | 0,0791 | 0,0618 | 0,0483 | 0,0378 | 0,0297 | 0,0233 | 0,0183 |
| 53 | 0,2088 | 0,1615 | 0,1251 | 0,0970 | 0,0753 | 0,0586 | 0,0456 | 0,0355 | 0,0277 | 0,0216 | 0,0169 |
| 54 | 0,2027 | 0,1560 | 0,1203 | 0,0928 | 0,0717 | 0,0555 | 0,0430 | 0,0334 | 0,0259 | 0,0201 | 0,0157 |
| 55 | 0,1968 | 0,1508 | 0,1157 | 0,0888 | 0,0683 | 0,0526 | 0,0406 | 0,0313 | 0,0242 | 0,0187 | 0,0145 |
| 56 | 0,1910 | 0,1457 | 0,1112 | 0,0850 | 0,0651 | 0,0499 | 0,0383 | 0,0294 | 0,0226 | 0,0174 | 0,0134 |
| 57 | 0,1855 | 0,1407 | 0,1069 | 0,0814 | 0,0620 | 0,0473 | 0,0361 | 0,0276 | 0,0211 | 0,0162 | 0,0124 |
| 58 | 0,1801 | 0,1360 | 0,1028 | 0,0778 | 0,0590 | 0,0448 | 0,0341 | 0,0259 | 0,0198 | 0,0151 | 0,0115 |
| 59 | 0,1748 | 0,1314 | 0,0989 | 0,0745 | 0,0562 | 0,0425 | 0,0321 | 0,0243 | 0,0185 | 0,0140 | 0,0107 |
| 60 | 0,1697 | 0,1269 | 0,0951 | 0,0713 | 0,0535 | 0,0403 | 0,0303 | 0,0229 | 0,0173 | 0,0130 | 0,0099 |
| 61 | 0,1648 | 0,1226 | 0,0914 | 0,0682 | 0,0510 | 0,0382 | 0,0286 | 0,0215 | 0,0161 | 0,0121 | 0,0091 |
| 62 | 0,1600 | 0,1185 | 0,0879 | 0,0653 | 0,0486 | 0,0362 | 0,0270 | 0,0202 | 0,0151 | 0,0113 | 0,0085 |
| 63 | 0,1553 | 0,1145 | 0,0845 | 0,0625 | 0,0462 | 0,0343 | 0,0255 | 0,0189 | 0,0141 | 0,0105 | 0,0078 |
| 64 | 0,1508 | 0,1106 | 0,0813 | 0,0598 | 0,0440 | 0,0325 | 0,0240 | 0,0178 | 0,0132 | 0,0098 | 0,0073 |
| 65 | 0,1464 | 0,1069 | 0,0781 | 0,0572 | 0,0419 | 0,0308 | 0,0227 | 0,0167 | 0,0123 | 0,0091 | 0,0067 |
| 66 | 0,1421 | 0,1033 | 0,0751 | 0,0547 | 0,0399 | 0,0292 | 0,0214 | 0,0157 | 0,0115 | 0,0085 | 0,0062 |
| 67 | 0,1380 | 0,0998 | 0,0722 | 0,0524 | 0,0380 | 0,0277 | 0,0202 | 0,0147 | 0,0107 | 0,0079 | 0,0058 |
| 68 | 0,1340 | 0,0964 | 0,0695 | 0,0501 | 0,0362 | 0,0262 | 0,0190 | 0,0138 | 0,0100 | 0,0073 | 0,0053 |
| 69 | 0,1301 | 0,0931 | 0,0668 | 0,0480 | 0,0345 | 0,0249 | 0,0179 | 0,0130 | 0,0094 | 0,0068 | 0,0049 |
| 70 | 0,1263 | 0,0900 | 0,0642 | 0,0459 | 0,0329 | 0,0236 | 0,0169 | 0,0122 | 0,0088 | 0,0063 | 0,0046 |
| 71 | 0,1226 | 0,0869 | 0,0617 | 0,0439 | 0,0313 | 0,0223 | 0,0160 | 0,0114 | 0,0082 | 0,0059 | 0,0042 |
| 72 | 0,1190 | 0,0840 | 0,0594 | 0,0420 | 0,0298 | 0,0212 | 0,0151 | 0,0107 | 0,0077 | 0,0055 | 0,0039 |
| 73 | 0,1156 | 0,0812 | 0,0571 | 0,0402 | 0,0284 | 0,0201 | 0,0142 | 0,0101 | 0,0072 | 0,0051 | 0,0036 |
| 74 | 0,1122 | 0,0784 | 0,0549 | 0,0385 | 0,0270 | 0,0190 | 0,0134 | 0,0095 | 0,0067 | 0,0047 | 0,0034 |
| 75 | 0,1089 | 0,0758 | 0,0528 | 0,0368 | 0,0258 | 0,0180 | 0,0126 | 0,0089 | 0,0063 | 0,0044 | 0,0031 |
| 76 | 0,1058 | 0,0732 | 0,0508 | 0,0353 | 0,0245 | 0,0171 | 0,0119 | 0,0083 | 0,0058 | 0,0041 | 0,0029 |
| 77 | 0,1027 | 0,0707 | 0,0488 | 0,0337 | 0,0234 | 0,0162 | 0,0113 | 0,0078 | 0,0055 | 0,0038 | 0,0027 |
| 78 | 0,0997 | 0,0683 | 0,0469 | 0,0323 | 0,0222 | 0,0154 | 0,0106 | 0,0074 | 0,0051 | 0,0035 | 0,0025 |
| 79 | 0,0968 | 0,0660 | 0,0451 | 0,0309 | 0,0212 | 0,0146 | 0,0100 | 0,0069 | 0,0048 | 0,0033 | 0,0023 |
| 80 | 0,0940 | 0,0638 | 0,0434 | 0,0296 | 0,0202 | 0,0138 | 0,0095 | 0,0065 | 0,0045 | 0,0031 | 0,0021 |
| 81 | 0,0912 | 0,0616 | 0,0417 | 0,0283 | 0,0192 | 0,0131 | 0,0089 | 0,0061 | 0,0042 | 0,0029 | 0,0020 |
| 82 | 0,0886 | 0,0596 | 0,0401 | 0,0271 | 0,0183 | 0,0124 | 0,0084 | 0,0057 | 0,0039 | 0,0027 | 0,0018 |
| 83 | 0,0860 | 0,0575 | 0,0386 | 0,0259 | 0,0174 | 0,0118 | 0,0079 | 0,0054 | 0,0036 | 0,0025 | 0,0017 |
| 84 | 0,0835 | 0,0556 | 0,0371 | 0,0248 | 0,0166 | 0,0111 | 0,0075 | 0,0050 | 0,0034 | 0,0023 | 0,0016 |
| 85 | 0,0811 | 0,0537 | 0,0357 | 0,0237 | 0,0158 | 0,0106 | 0,0071 | 0,0047 | 0,0032 | 0,0021 | 0,0014 |
| 86 | 0,0787 | 0,0519 | 0,0343 | 0,0227 | 0,0151 | 0,0100 | 0,0067 | 0,0044 | 0,0030 | 0,0020 | 0,0013 |
| 87 | 0,0764 | 0,0501 | 0,0330 | 0,0217 | 0,0143 | 0,0095 | 0,0063 | 0,0042 | 0,0028 | 0,0019 | 0,0012 |
| 88 | 0,0742 | 0,0484 | 0,0317 | 0,0208 | 0,0137 | 0,0090 | 0,0059 | 0,0039 | 0,0026 | 0,0017 | 0,0011 |
| 89 | 0,0720 | 0,0468 | 0,0305 | 0,0199 | 0,0130 | 0,0085 | 0,0056 | 0,0037 | 0,0024 | 0,0016 | 0,0011 |
| 90 | 0,0699 | 0,0452 | 0,0293 | 0,0190 | 0,0124 | 0,0081 | 0,0053 | 0,0035 | 0,0023 | 0,0015 | 0,0010 |
| 91 | 0,0679 | 0,0437 | 0,0282 | 0,0182 | 0,0118 | 0,0077 | 0,0050 | 0,0032 | 0,0021 | 0,0014 | 0,0009 |
| 92 | 0,0659 | 0,0422 | 0,0271 | 0,0174 | 0,0112 | 0,0073 | 0,0047 | 0,0030 | 0,0020 | 0,0013 | 0,0008 |
| 93 | 0,0640 | 0,0408 | 0,0261 | 0,0167 | 0,0107 | 0,0069 | 0,0044 | 0,0029 | 0,0019 | 0,0012 | 0,0008 |
| 94 | 0,0621 | 0,0394 | 0,0251 | 0,0160 | 0,0102 | 0,0065 | 0,0042 | 0,0027 | 0,0017 | 0,0011 | 0,0007 |
| 95 | 0,0603 | 0,0381 | 0,0241 | 0,0153 | 0,0097 | 0,0062 | 0,0039 | 0,0025 | 0,0016 | 0,0010 | 0,0007 |
| 96 | 0,0586 | 0,0368 | 0,0232 | 0,0146 | 0,0092 | 0,0059 | 0,0037 | 0,0024 | 0,0015 | 0,0010 | 0,0006 |
| 97 | 0,0569 | 0,0355 | 0,0223 | 0,0140 | 0,0088 | 0,0056 | 0,0035 | 0,0022 | 0,0014 | 0,0009 | 0,0006 |
| 98 | 0,0552 | 0,0343 | 0,0214 | 0,0134 | 0,0084 | 0,0053 | 0,0033 | 0,0021 | 0,0013 | 0,0008 | 0,0005 |
| 99 | 0,0536 | 0,0332 | 0,0206 | 0,0128 | 0,0080 | 0,0050 | 0,0031 | 0,0020 | 0,0012 | 0,0008 | 0,0005 |
| 100 | 0,0520 | 0,0321 | 0,0198 | 0,0123 | 0,0076 | 0,0047 | 0,0029 | 0,0018 | 0,0012 | 0,0007 | 0,0005 |

In den Fällen anderer Zinssätze der Gutachterausschüsse ist der Abzinsungsfaktor nach folgender Formel zu bilden:

$$\text{Abzinsungsfaktor} = \frac{1}{q^n}$$

q = Zinsfaktor = 1 + p : 100
p = Zinssatz
n = Restlaufzeit

# XXIX. Erbschaftsteuer- und Schenkungsteuergesetz (ErbStG)
## v. 27. 2. 1997 (BGBl I S. 379) mit späteren Änderungen

Das Erbschaftsteuer- und Schenkungsteuergesetz (ErbStG) v. 27. 2. 1997 (BGBl I S. 379) wurde geändert durch Art. 10 Steuerentlastungsgesetz 1999/2000/2002 v. 24. 3. 1999 (BGBl I S. 402); Art. 6 Gesetz zur weiteren steuerlichen Förderung von Stiftungen v. 14. 7. 2000 (BGBl I S. 1034); Art. 19 Steuer-Euroglättungsgesetz (StEuglG) v. 19. 12. 2000 (BGBl I S. 1790); Art. 16 Steueränderungsgesetz 2001 (StÄndG 2001) v. 20. 12. 2001 (BGBl I S. 3794); Art. 2 Gesetz zur Modernisierung des Stiftungsrechts v. 15. 7. 2002 (BGBl I S. 2634); Art. 27 Drittes Gesetz zur Änderung verwaltungsverfahrensrechtlicher Vorschriften v. 21. 8. 2002 (BGBl I S. 3322); Art. 13 Haushaltsbegleitgesetz 2004 (HBeglG 2004) v. 29. 12. 2003 (BGBl I S. 3076, ber. 2004 I S. 69); Art. 8 Gesetz zur weiteren Stärkung des bürgerschaftlichen Engagements v. 10. 10. 2007 (BGBl I S. 2332); Art. 1 Gesetz zur Reform des Erbschaftsteuer- und Bewertungsrechts (Erbschaftsteuerreformgesetz – ErbStRG) v. 24. 12. 2008 (BGBl I S. 3018); Art. 6 Gesetz zur Beschleunigung des Wirtschaftswachstums (Wachstumsbeschleunigungsgesetz) v. 22. 12. 2009 (BGBl I S. 3950); Art. 14 Jahressteuergesetz 2010 (JStG 2010) v. 8. 12. 2010 (BGBl I S. 1768); Art. 8 Steuervereinfachungsgesetz 2011 v. 1. 11. 2011 (BGBl I S. 2131); Art. 11 Gesetz zur Umsetzung der Beitreibungsrichtlinie sowie zur Änderung steuerlicher Vorschriften (Beitreibungsrichtlinie-Umsetzungsgesetz – BeitrRLUmsG) v. 7. 12. 2011 (BGBl I S. 2592); Art. 5 Gesetz zu dem Abkommen vom 4. Februar 2010 zwischen der Bundesrepublik Deutschland und der Französischen Republik über den Güterstand der Wahl-Zugewinngemeinschaft v. 15. 3. 2012 (BGBl II S. 178) i.V. mit Bekanntmachung v. 22. 4. 2013 (BGBl II S. 431); Art. 30 Gesetz zur Umsetzung der Amtshilferichtlinie sowie zur Änderung steuerlicher Vorschriften (Amtshilferichtlinie-Umsetzungsgesetz – AmtshilfeRLUmsG) v. 26. 6. 2013 (BGBl I S. 1809); Art. 17 Gesetz zum Internationalen Erbrecht und zur Änderung von Vorschriften zum Erbschein sowie zur Änderung sonstiger Vorschriften v. 29. 6. 2015 (BGBl I S. 1042); Art. 1 Gesetz zur Änderungsgesetz 2015 v. 2. 11. 2015 (BGBl I S. 1834). — **Zur Anwendung siehe §§ 37 und 37a.** — **§§ 13a, 13b und 19 Abs. 1 wurden für verfassungswidrig erklärt durch BVerfG, Urteil v. 17. 12. 2014 – 1 BvL 21/12 (BGBl 2015 I S. 4). Die Vorschriften sind zunächst weiter anwendbar; der Gesetzgeber muss spätestens bis zum 30. 6. 2016 eine Neuregelung treffen.**

## Nichtamtliche Fassung
### Inhaltsübersicht

**I. Steuerpflicht**

| | |
|---|---|
| § 1 | Steuerpflichtige Vorgänge |
| § 2 | Persönliche Steuerpflicht |
| § 3 | Erwerb von Todes wegen |
| § 4 | Fortgesetzte Gütergemeinschaft |
| § 5 | Zugewinngemeinschaft |
| § 6 | Vor- und Nacherbschaft |
| § 7 | Schenkungen unter Lebenden |
| § 8 | Zweckzuwendungen |
| § 9 | Entstehung der Steuer |

**II. Wertermittlung**

| | |
|---|---|
| § 10 | Steuerpflichtiger Erwerb |
| § 11 | Bewertungsstichtag |
| § 12 | Bewertung |
| § 13 | Steuerbefreiungen |
| § 13a | Steuerbefreiung für Betriebsvermögen, Betriebe der Land- und Forstwirtschaft und Anteile an Kapitalgesellschaften |
| § 13b | Begünstigtes Vermögen |
| § 13c | Steuerbefreiung für zu Wohnzwecken vermietete Grundstücke |

**III. Berechnung der Steuer**

| | |
|---|---|
| § 14 | Berücksichtigung früherer Erwerbe |
| § 15 | Steuerklassen |
| § 16 | Freibeträge |
| § 17 | Besonderer Versorgungsfreibetrag |
| § 18 | Mitgliederbeiträge |
| § 19 | Steuersätze |
| § 19a | Tarifbegrenzung beim Erwerb von Betriebsvermögen, von Betrieben der Land- und Forstwirtschaft und von Anteilen an Kapitalgesellschaften |

**IV. Steuerfestsetzung und Erhebung**

| | |
|---|---|
| § 20 | Steuerschuldner |
| § 21 | Anrechnung ausländischer Erbschaftsteuer |
| § 22 | Kleinbetragsgrenze |
| § 23 | Besteuerung von Renten, Nutzungen und Leistungen |
| § 24 | Verrentung der Steuerschuld in den Fällen des § 1 Abs. 1 Nr. 4 |
| § 25 | (weggefallen) |
| § 26 | Ermäßigung der Steuer bei Aufhebung einer Familienstiftung oder Auflösung eines Vereins |
| § 27 | Mehrfacher Erwerb desselben Vermögens |
| § 28 | Stundung |
| § 29 | Erlöschen der Steuer in besonderen Fällen |
| § 30 | Anzeige des Erwerbs |
| § 31 | Steuererklärung |
| § 32 | Bekanntgabe des Steuerbescheids an Vertreter |

| | | |
|---|---|---|
| § 33 | Anzeigepflicht der Vermögensverwahrer, Vermögensverwalter und Versicherungsunternehmen | |
| § 34 | Anzeigepflicht der Gerichte, Behörden, Beamten und Notare | |
| § 35 | Örtliche Zuständigkeit | |

**V. Ermächtigungs- und Schlussvorschriften**

| | |
|---|---|
| § 36 | Ermächtigungen |
| § 37 | Anwendung des Gesetzes |
| § 37a | Sondervorschriften aus Anlass der Herstellung der Einheit Deutschlands |
| §§ 38 und 39 | (weggefallen) |

## I. Steuerpflicht

### § 1 Steuerpflichtige Vorgänge

(1) Der Erbschaftsteuer (Schenkungsteuer) unterliegen

1. der Erwerb von Todes wegen;
2. die Schenkungen unter Lebenden;
3. die Zweckzuwendungen;
4. das Vermögen einer Stiftung, sofern sie wesentlich im Interesse einer Familie oder bestimmter Familien errichtet ist, und eines Vereins, dessen Zweck wesentlich im Interesse einer Familie oder bestimmter Familien auf die Bindung von Vermögen gerichtet ist, in Zeitabständen von je 30 Jahren seit dem in § 9 Abs. 1 Nr. 4 bestimmten Zeitpunkt.

(2) Soweit nichts anderes bestimmt ist, gelten die Vorschriften dieses Gesetzes über die Erwerbe von Todes wegen auch für Schenkungen und Zweckzuwendungen, die Vorschriften über Schenkungen auch für Zweckzuwendungen unter Lebenden.

### § 2 Persönliche Steuerpflicht[1)2)]

(1) Die Steuerpflicht tritt ein

1. in den Fällen des § 1 Abs. 1 Nr. 1 bis 3, wenn der Erblasser zur Zeit seines Todes, der Schenker zur Zeit der Ausführung der Schenkung oder der Erwerber zur Zeit der Entstehung der Steuer (§ 9) ein Inländer ist, für den gesamten Vermögensanfall (unbeschränkte Steuerpflicht). ²Als Inländer gelten

    a) natürliche Personen, die im Inland einen Wohnsitz oder ihren gewöhnlichen Aufenthalt haben,

    b) deutsche Staatsangehörige, die sich nicht länger als fünf Jahre dauernd im Ausland aufgehalten haben, ohne im Inland einen Wohnsitz zu haben,

    c) unabhängig von der Fünfjahresfrist nach Buchstabe b deutsche Staatsangehörige, die

    aa) im Inland weder einen Wohnsitz noch ihren gewöhnlichen Aufenthalt haben und

    bb) zu einer inländischen juristischen Person des öffentlichen Rechts in einem Dienstverhältnis stehen und dafür Arbeitslohn aus einer inländischen öffentlichen Kasse beziehen,

    sowie zu ihrem Haushalt gehörende Angehörige, die die deutsche Staatsangehörigkeit besitzen. ²Dies gilt nur für Personen, deren Nachlass oder Erwerb in dem Staat, in dem sie ihren Wohnsitz oder ihren gewöhnlichen Aufenthalt haben, lediglich in einem der Steuerpflicht nach Nummer 3 ähnlichen Umfang zu einer Nachlass- oder Erbanfallsteuer herangezogen wird,

    d) Körperschaften, Personenvereinigungen und Vermögensmassen, die ihre Geschäftsleitung oder ihren Sitz im Inland haben;

---

1) **Anm. d. Red.:** § 2 Abs. 1 i. d. F., Abs. 3 angefügt gem. Gesetz v. 7. 12. 2011 (BGBl I S. 2592) mit Wirkung v. 14. 12. 2011.

2) **Anm. d. Red.:** Zur Anwendung des § 2 siehe § 37 Abs. 7.

2. in den Fällen des § 1 Abs. 1 Nr. 4, wenn die Stiftung oder der Verein die Geschäftsleitung oder den Sitz im Inland hat;
3. in allen anderen Fällen, vorbehaltlich des Absatzes 3, für den Vermögensanfall, der in Inlandsvermögen im Sinne des § 121 des Bewertungsgesetzes besteht (beschränkte Steuerpflicht). ²Bei Inlandsvermögen im Sinne des § 121 Nr. 4 des Bewertungsgesetzes ist es ausreichend, wenn der Erblasser zur Zeit seines Todes oder der Schenker zur Zeit der Ausführung der Schenkung entsprechend der Vorschrift am Grund- oder Stammkapital der inländischen Kapitalgesellschaft beteiligt ist. ³Wird nur ein Teil einer solchen Beteiligung durch Schenkung zugewendet, gelten die weiteren Erwerbe aus der Beteiligung, soweit die Voraussetzungen des § 14 erfüllt sind, auch dann als Erwerb von Inlandsvermögen, wenn im Zeitpunkt ihres Erwerbs die Beteiligung des Erblassers oder Schenkers weniger als ein Zehntel des Grund- oder Stammkapitals der Gesellschaft beträgt.

(2) Zum Inland im Sinne dieses Gesetzes gehört auch der der Bundesrepublik Deutschland zustehende Anteil am Festlandsockel, soweit dort Naturschätze des Meeresgrundes und des Meeresuntergrundes erforscht oder ausgebeutet werden.

(3) ¹Auf Antrag des Erwerbers wird ein Vermögensanfall, zu dem Inlandsvermögen im Sinne des § 121 des Bewertungsgesetzes gehört (Absatz 1 Nummer 3), insgesamt als unbeschränkt steuerpflichtig behandelt, wenn der Erblasser zur Zeit seines Todes, der Schenker zur Zeit der Ausführung der Schenkung oder der Erwerber zur Zeit der Entstehung der Steuer (§ 9) seinen Wohnsitz in einem Mitgliedstaat der Europäischen Union oder einem Staat hat, auf den das Abkommen über den Europäischen Wirtschaftsraum anwendbar ist. ²In diesem Fall sind auch mehrere innerhalb von zehn Jahren vor dem Vermögensanfall und innerhalb von zehn Jahren nach dem Vermögensanfall von derselben Person anfallende Erwerbe als unbeschränkt steuerpflichtig zu behandeln und nach Maßgabe des § 14 zusammenzurechnen. ³Die Festsetzungsfrist für die Steuer endet im Fall des Satzes 2 Nummer 1¹⁾ nicht vor Ablauf des vierten Jahres, nachdem die Finanzbehörde von dem Antrag Kenntnis erlangt.

## § 3 Erwerb von Todes wegen²⁾

(1) Als Erwerb von Todes wegen gilt
1. der Erwerb durch Erbanfall (§ 1922 des Bürgerlichen Gesetzbuchs), durch Vermächtnis (§§ 2147 ff. des Bürgerlichen Gesetzbuchs) oder auf Grund eines geltend gemachten Pflichtteilsanspruchs (§§ 2303 ff. des Bürgerlichen Gesetzbuchs);
2. der Erwerb durch Schenkung auf den Todesfall (§ 2301 des Bürgerlichen Gesetzbuchs). ²Als Schenkung auf den Todesfall gilt auch der auf dem Ausscheiden eines Gesellschafters beruhende Übergang des Anteils oder des Teils eines Anteils eines Gesellschafters einer Personengesellschaft oder Kapitalgesellschaft bei dessen Tod auf die anderen Gesellschafter oder die Gesellschaft, soweit der Wert, der sich für seinen Anteil zur Zeit seines Todes nach § 12 ergibt, Abfindungsansprüche Dritter übersteigt. ³Wird auf Grund einer Regelung im Gesellschaftsvertrag einer Gesellschaft mit beschränkter Haftung der Geschäftsanteil eines Gesellschafters bei dessen Tod eingezogen und übersteigt der sich nach § 12 ergebende Wert seines Anteils zur Zeit seines Todes Abfindungsansprüche Dritter, gilt die insoweit bewirkte Werterhöhung der Geschäftsanteile der verbleibenden Gesellschafter als Schenkung auf den Todesfall;
3. die sonstigen Erwerbe, auf die die für Vermächtnisse geltenden Vorschriften des bürgerlichen Rechts Anwendung finden;
4. jeder Vermögensvorteil, der auf Grund eines vom Erblasser geschlossenen Vertrags bei dessen Tode von einem Dritten unmittelbar erworben wird.

---

1) **Anm. d. Red.:** Redaktioneller Fehler des Gesetzgebers; Verweis bezieht sich auf die Alternative „innerhalb von zehn Jahren vor dem Vermögensanfall" in Satz 2.
2) **Anm. d. Red.:** § 3 i. d. F. des Gesetzes v. 24. 12. 2008 (BGBl I S. 3018) mit Wirkung v. 1. 1. 2009.

(2) Als vom Erblasser zugewendet gilt auch
1. der Übergang von Vermögen auf eine vom Erblasser angeordnete Stiftung. ²Dem steht gleich die vom Erblasser angeordnete Bildung oder Ausstattung einer Vermögensmasse ausländischen Rechts, deren Zweck auf die Bindung von Vermögen gerichtet ist;
2. was jemand infolge Vollziehung einer vom Erblasser angeordneten Auflage oder infolge Erfüllung einer vom Erblasser gesetzten Bedingung erwirbt, es sei denn, dass eine einheitliche Zweckzuwendung vorliegt;
3. was jemand dadurch erlangt, dass bei Genehmigung einer Zuwendung des Erblassers Leistungen an andere Personen angeordnet oder zur Erlangung der Genehmigung freiwillig übernommen werden;
4. was als Abfindung für einen Verzicht auf den entstandenen Pflichtteilsanspruch oder für die Ausschlagung einer Erbschaft, eines Erbersatzanspruchs oder eines Vermächtnisses oder für die Zurückweisung eines Rechts aus einem Vertrag des Erblassers zugunsten Dritter auf den Todesfall oder anstelle eines anderen in Absatz 1 genannten Erwerbs gewährt wird;
5. was als Abfindung für ein aufschiebend bedingtes, betagtes oder befristetes Vermächtnis, für das die Ausschlagungsfrist abgelaufen ist, vor dem Zeitpunkt des Eintritts der Bedingung oder des Ereignisses gewährt wird;
6. was als Entgelt für die Übertragung der Anwartschaft eines Nacherben gewährt wird;
7. was der Vertragserbe oder der Schlusserbe eines gemeinschaftlichen Testaments oder der Vermächtnisnehmer wegen beeinträchtigender Schenkungen des Erblassers (§§ 2287, 2288 Abs. 2 des Bürgerlichen Gesetzbuchs) von dem Beschenkten nach den Vorschriften über die ungerechtfertigte Bereicherung erlangt.

## § 4 Fortgesetzte Gütergemeinschaft[1]

(1) Wird die Gütergemeinschaft beim Tod eines Ehegatten oder beim Tod eines Lebenspartners fortgesetzt (§§ 1483 ff. des Bürgerlichen Gesetzbuchs), wird dessen Anteil am Gesamtgut so behandelt, als wäre er ausschließlich den anteilsberechtigten Abkömmlingen angefallen.

(2) ¹Beim Tode eines anteilsberechtigten Abkömmlings gehört dessen Anteil am Gesamtgut zu seinem Nachlass. ²Als Erwerber des Anteils gelten diejenigen, denen der Anteil nach § 1490 Satz 2 und 3 des Bürgerlichen Gesetzbuchs zufällt.

## § 5 Zugewinngemeinschaft[2]

(1) ¹Wird der Güterstand der Zugewinngemeinschaft (§ 1363 des Bürgerlichen Gesetzbuchs, § 6 des Lebenspartnerschaftsgesetzes) durch den Tod eines Ehegatten oder den Tod eines Lebenspartners beendet und der Zugewinn nicht nach § 1371 Abs. 2 des Bürgerlichen Gesetzbuchs ausgeglichen, gilt beim überlebenden Ehegatten oder beim überlebenden Lebenspartner der Betrag, den er nach Maßgabe des § 1371 Abs. 2 des Bürgerlichen Gesetzbuchs als Ausgleichsforderung geltend machen könnte, nicht als Erwerb im Sinne des § 3. ²Bei der Berechnung dieses Betrags bleiben von den Vorschriften der §§ 1373 bis 1383 und 1390 des Bürgerlichen Gesetzbuchs abweichende güterrechtliche Vereinbarungen unberücksichtigt. ³Die Vermutung des § 1377 Abs. 3 des Bürgerlichen Gesetzbuchs findet keine Anwendung. ⁴Wird der Güterstand der Zugewinngemeinschaft durch Ehevertrag oder Lebenspartnerschaftsvertrag vereinbart, gilt als Zeitpunkt des Eintritts des Güterstandes (§ 1374 Abs. 1 des Bürgerlichen Gesetzbuchs) der Tag des Vertragsabschlusses. ⁵Soweit das Endvermögen des Erblassers bei der Ermittlung des Ausgleichsforderung steuerfreien Betrags mit einem höheren Wert als dem nach den steuerli-

---

1) **Anm. d. Red.:** § 4 Abs. 1 i. d. F. des Gesetzes v. 24.12.2008 (BGBl I S. 3018) mit Wirkung v. 1.1.2009.

2) **Anm. d. Red.:** § 5 Abs. 1 und 2 i. d. F. des Gesetzes v. 24.12.2008 (BGBl I S. 3018) mit Wirkung v. 1.1.2009; Abs. 3 angefügt gem. Gesetz v. 15.3.2012 (BGBl II S. 178) i.V. mit Bekanntmachung v. 22.4.2013 (BGBl II S. 431) mit Wirkung v. 1.5.2013.

chen Bewertungsgrundsätzen maßgebenden Wert angesetzt worden ist, gilt höchstens der dem Steuerwert des Endvermögens entsprechende Betrag nicht als Erwerb im Sinne des § 3.

(2) Wird der Güterstand der Zugewinngemeinschaft in anderer Weise als durch den Tod eines Ehegatten oder eines Lebenspartners beendet oder wird der Zugewinn nach § 1371 Abs. 2 des Bürgerlichen Gesetzbuchs ausgeglichen, gehört die Ausgleichsforderung (§ 1378 des Bürgerlichen Gesetzbuchs) nicht zum Erwerb im Sinne der §§ 3 und 7.

(3) Wird der Güterstand der Wahl-Zugewinngemeinschaft (§ 1519 des Bürgerlichen Gesetzbuchs) beendet und der Zugewinn ausgeglichen, so gehört die Ausgleichsforderung (Artikel 12 Absatz 1 des Abkommens vom 4. Februar 2010 zwischen der Bundesrepublik Deutschland und der Französischen Republik über den Güterstand der Wahl-Zugewinngemeinschaft) nicht zum Erwerb im Sinne der §§ 3 und 7.

### § 6 Vor- und Nacherbschaft[1)]

(1) Der Vorerbe gilt als Erbe.

(2) ¹Bei Eintritt der Nacherbfolge haben diejenigen, auf die das Vermögen übergeht, den Erwerb als vom Vorerben stammend zu versteuern. ²Auf Antrag ist der Versteuerung das Verhältnis des Nacherben zum Erblasser zugrunde zu legen. ³Geht in diesem Fall auch eigenes Vermögen des Vorerben auf den Nacherben über, sind beide Vermögensanfälle hinsichtlich der Steuerklasse getrennt zu behandeln. ⁴Für das eigene Vermögen des Vorerben kann ein Freibetrag jedoch nur gewährt werden, soweit der Freibetrag für das der Nacherbfolge unterliegende Vermögen nicht verbraucht ist. ⁵Die Steuer ist für jeden Erwerb jeweils nach dem Steuersatz zu erheben, der für den gesamten Erwerb gelten würde.

(3) ¹Tritt die Nacherbfolge nicht durch den Tod des Vorerben ein, gilt die Vorerbfolge als auflösend bedingter, die Nacherbfolge als aufschiebend bedingter Anfall. ²In diesem Fall ist dem Nacherben die vom Vorerben entrichtete Steuer abzüglich desjenigen Steuerbetrags anzurechnen, welcher der tatsächlichen Bereicherung des Vorerben entspricht.

(4) Nachvermächtnisse und beim Tod des Beschwerten fällige Vermächtnisse oder Auflagen stehen den Nacherbschaften gleich.

### § 7 Schenkungen unter Lebenden[2)3)]

(1) Als Schenkungen unter Lebenden gelten
1. jede freigebige Zuwendung unter Lebenden, soweit der Bedachte durch sie auf Kosten des Zuwendenden bereichert wird;
2. was infolge Vollziehung einer von dem Schenker angeordneten Auflage oder infolge Erfüllung einer einem Rechtsgeschäft unter Lebenden beigefügten Bedingung ohne entsprechende Gegenleistung erlangt wird, es sei denn, dass eine einheitliche Zweckzuwendung vorliegt;
3. was jemand dadurch erlangt, dass bei Genehmigung einer Schenkung Leistungen an andere Personen angeordnet oder zur Erlangung der Genehmigung freiwillig übernommen werden;
4. die Bereicherung, die ein Ehegatte oder ein Lebenspartner bei Vereinbarung der Gütergemeinschaft (§ 1415 des Bürgerlichen Gesetzbuchs) erfährt;
5. was als Abfindung für einen Erbverzicht (§§ 2346 und 2352 des Bürgerlichen Gesetzbuchs) gewährt wird;
6. (weggefallen)

---

1) **Anm. d. Red.:** § 6 Abs. 4 i. d. F. des Gesetzes v. 24. 12. 2008 (BGBl I S. 3018) mit Wirkung v. 1. 1. 2009.

2) **Anm. d. Red.:** § 7 Abs. 1 und 7 i. d. F. des Gesetzes v. 24. 12. 2008 (BGBl I S. 3018) mit Wirkung v. 1. 1. 2009; Abs. 8 angefügt gem. Gesetz v. 7. 12. 2011 (BGBl I S. 2592) mit Wirkung v. 14. 12. 2011.

3) **Anm. d. Red.:** Zur Anwendung des § 7 siehe § 37 Abs. 7.

7. was ein Vorerbe dem Nacherben mit Rücksicht auf die angeordnete Nacherbschaft vor ihrem Eintritt herausgibt;
8. der Übergang von Vermögen auf Grund eines Stiftungsgeschäfts unter Lebenden. ²Dem steht gleich die Bildung oder Ausstattung einer Vermögensmasse ausländischen Rechts, deren Zweck auf die Bindung von Vermögen gerichtet ist;
9. was bei Aufhebung einer Stiftung oder bei Auflösung eines Vereins, dessen Zweck auf die Bindung von Vermögen gerichtet ist, erworben wird. ²Dem steht gleich der Erwerb bei Auflösung einer Vermögensmasse ausländischen Rechts, deren Zweck auf die Bindung von Vermögen gerichtet ist, sowie der Erwerb durch Zwischenberechtigte während des Bestehens der Vermögensmasse. ³Wie eine Auflösung wird auch der Formwechsel eines rechtsfähigen Vereins, dessen Zweck wesentlich im Interesse einer Familie oder bestimmter Familien auf die Bindung von Vermögen gerichtet ist, in eine Kapitalgesellschaft behandelt;
10. was als Abfindung für aufschiebend bedingt, betagt oder befristet erworbene Ansprüche, soweit es sich nicht um einen Fall des § 3 Abs. 2 Nr. 5 handelt, vor dem Zeitpunkt des Eintritts der Bedingung oder des Ereignisses gewährt wird.

(2) ¹Im Fall des Absatzes 1 Nr. 7 ist der Versteuerung auf Antrag das Verhältnis des Nacherben zum Erblasser zugrunde zu legen. ²§ 6 Abs. 2 Satz 3 bis 5 gilt entsprechend.

(3) Gegenleistungen, die nicht in Geld veranschlagt werden können, werden bei der Feststellung, ob eine Bereicherung vorliegt, nicht berücksichtigt.

(4) Die Steuerpflicht einer Schenkung wird nicht dadurch ausgeschlossen, dass sie zur Belohnung oder unter einer Auflage gemacht oder in die Form eines lästigen Vertrags gekleidet wird.

(5) ¹Ist Gegenstand der Schenkung eine Beteiligung an einer Personengesellschaft, in deren Gesellschaftsvertrag bestimmt ist, dass der neue Gesellschafter bei Auflösung der Gesellschaft oder im Fall eines vorherigen Ausscheidens nur den Buchwert seines Kapitalanteils erhält, werden diese Bestimmungen bei der Feststellung der Bereicherung nicht berücksichtigt. ²Soweit die Bereicherung den Buchwert des Kapitalanteils übersteigt, gilt sie als auflösend bedingt erworben.

(6) Wird eine Beteiligung an einer Personengesellschaft mit einer Gewinnbeteiligung ausgestattet, die insbesondere der Kapitaleinlage, der Arbeits- oder der sonstigen Leistung des Gesellschafters für die Gesellschaft nicht entspricht oder die einem fremden Dritten üblicherweise nicht eingeräumt würde, gilt das Übermaß an Gewinnbeteiligung als selbständige Schenkung, die mit dem Kapitalwert anzusetzen ist.

(7) ¹Als Schenkung gilt auch der auf dem Ausscheiden eines Gesellschafters beruhende Übergang des Anteils oder des Teils eines Anteils eines Gesellschafters einer Personengesellschaft oder Kapitalgesellschaft auf die anderen Gesellschafter oder die Gesellschaft, soweit der Wert, der sich für seinen Anteil zur Zeit seines Ausscheidens nach § 12 ergibt, den Abfindungsanspruch übersteigt. ²Wird auf Grund einer Regelung im Gesellschaftsvertrag einer Gesellschaft mit beschränkter Haftung der Geschäftsanteil eines Gesellschafters bei dessen Ausscheiden eingezogen und übersteigt der sich nach § 12 ergebende Wert seines Anteils zur Zeit seines Ausscheidens den Abfindungsanspruch, gilt die insoweit bewirkte Werterhöhung der Anteile der verbleibenden Gesellschafter als Schenkung des ausgeschiedenen Gesellschafters. ³Bei Übertragungen im Sinne des § 10 Abs. 10 gelten die Sätze 1 und 2 sinngemäß.

(8) ¹Als Schenkung gilt auch die Werterhöhung von Anteilen an einer Kapitalgesellschaft, die eine an der Gesellschaft unmittelbar oder mittelbar beteiligte natürliche Person oder Stiftung (Bedachte) durch die Leistung einer anderen Person (Zuwendender) an die Gesellschaft erlangt. ²Freigebig sind auch Zuwendungen zwischen Kapitalgesellschaften, soweit sie in der Absicht getätigt werden, Gesellschafter zu bereichern und soweit an diesen Gesellschaften nicht unmittelbar oder mittelbar dieselben Gesellschafter zu gleichen Anteilen beteiligt sind. ³Die Sätze 1 und 2 gelten außer für Kapitalgesellschaften auch für Genossenschaften.

## § 8 Zweckzuwendungen

Zweckzuwendungen sind Zuwendungen von Todes wegen oder freigebige Zuwendungen unter Lebenden, die mit der Auflage verbunden sind, zugunsten eines bestimmten Zwecks verwendet zu werden, oder die von der Verwendung zugunsten eines bestimmten Zwecks abhängig sind, soweit hierdurch die Bereicherung des Erwerbers gemindert wird.

## § 9 Entstehung der Steuer[1)2)]

(1) Die Steuer entsteht

1. bei Erwerben von Todes wegen mit dem Tode des Erblassers, jedoch

   a) für den Erwerb des unter einer aufschiebenden Bedingung, unter einer Betagung oder Befristung Bedachten sowie für zu einem Erwerb gehörende aufschiebend bedingte, betagte oder befristete Ansprüche mit dem Zeitpunkt des Eintritts der Bedingung oder des Ereignisses,

   b) für den Erwerb eines geltend gemachten Pflichtteilsanspruchs mit dem Zeitpunkt der Geltendmachung,

   c) im Fall des § 3 Abs. 2 Nr. 1 Satz 1 mit dem Zeitpunkt der Anerkennung der Stiftung als rechtsfähig und im Fall des § 3 Abs. 2 Nr. 1 Satz 2 mit dem Zeitpunkt der Bildung oder Ausstattung der Vermögensmasse,

   d) in den Fällen des § 3 Abs. 2 Nr. 2 mit dem Zeitpunkt der Vollziehung der Auflage oder der Erfüllung der Bedingung,

   e) in den Fällen des § 3 Abs. 2 Nr. 3 mit dem Zeitpunkt der Genehmigung,

   f) in den Fällen des § 3 Abs. 2 Nr. 4 mit dem Zeitpunkt des Verzichts oder der Ausschlagung,

   g) im Fall des § 3 Abs. 2 Nr. 5 mit dem Zeitpunkt der Vereinbarung über die Abfindung,

   h) für den Erwerb des Nacherben mit dem Zeitpunkt des Eintritts der Nacherbfolge,

   i) im Fall des § 3 Abs. 2 Nr. 6 mit dem Zeitpunkt der Übertragung der Anwartschaft,

   j) im Fall des § 3 Abs. 2 Nr. 7 mit dem Zeitpunkt der Geltendmachung des Anspruchs;

2. bei Schenkungen unter Lebenden mit dem Zeitpunkt der Ausführung der Zuwendung;

3. bei Zweckzuwendungen mit dem Zeitpunkt des Eintritts der Verpflichtung des Beschwerten;

4. in den Fällen des § 1 Abs. 1 Nr. 4 in Zeitabständen von je 30 Jahren seit dem Zeitpunkt des ersten Übergangs von Vermögen auf die Stiftung oder auf den Verein. ²Fällt bei Stiftungen oder Vereinen der Zeitpunkt des ersten Übergangs von Vermögen auf den 1. Januar 1954 oder auf einen früheren Zeitpunkt, entsteht die Steuer erstmals am 1. Januar 1984. ³Bei Stiftungen und Vereinen, bei denen die Steuer erstmals am 1. Januar 1984 entsteht, richtet sich der Zeitraum von 30 Jahren nach diesem Zeitpunkt.

(2) In den Fällen der Aussetzung der Versteuerung nach § 25 Abs. 1 Buchstabe a gilt die Steuer für den Erwerb des belasteten Vermögens als mit dem Zeitpunkt des Erlöschens der Belastung entstanden.

---

1) **Anm. d. Red.:** § 9 Abs. 1 i. d. F. des Gesetzes v. 24. 12. 2008 (BGBl I S. 3018) mit Wirkung v. 1. 1. 2009.
2) **Anm. d. Red.:** Zur Anwendung des § 9 siehe § 37a Abs. 2.

## II. Wertermittlung

### § 10 Steuerpflichtiger Erwerb[1)]

(1) ¹Als steuerpflichtiger Erwerb gilt die Bereicherung des Erwerbers, soweit sie nicht steuerfrei ist (§§ 5, 13, 13a, 13c, 16, 17 und 18). ²In den Fällen des § 3 gilt unbeschadet Absatz 10 als Bereicherung der Betrag, der sich ergibt, wenn von dem nach § 12 zu ermittelnden Wert des gesamten Vermögensanfalls, soweit er der Besteuerung nach diesem Gesetz unterliegt, die nach den Absätzen 3 bis 9 abzugsfähigen Nachlassverbindlichkeiten mit ihrem nach § 12 zu ermittelnden Wert abgezogen werden. ³Steuererstattungsansprüche des Erblassers sind zu berücksichtigen, wenn sie rechtlich entstanden sind (§ 37 Abs. 2 der Abgabenordnung). ⁴Der unmittelbare oder mittelbare Erwerb einer Beteiligung an einer Personengesellschaft oder einer anderen Gesamthandsgemeinschaft, die nicht unter § 97 Abs. 1 Satz 1 Nr. 5 des Bewertungsgesetzes fällt, gilt als Erwerb der anteiligen Wirtschaftsgüter; die dabei übergehenden Schulden und Lasten der Gesellschaft sind bei der Ermittlung der Bereicherung des Erwerbers wie eine Gegenleistung zu behandeln. ⁵Bei der Zweckzuwendung tritt an die Stelle des Vermögensanfalls die Verpflichtung des Beschwerten. ⁶Der steuerpflichtige Erwerb wird auf volle 100 Euro nach unten abgerundet. ⁷In den Fällen des § 1 Abs. 1 Nr. 4 tritt an die Stelle des Vermögensanfalls das Vermögen der Stiftung oder des Vereins.

(2) Hat der Erblasser die Entrichtung der von dem Erwerber geschuldeten Steuer einem anderen auferlegt oder hat der Schenker die Entrichtung der vom Beschenkten geschuldeten Steuer selbst übernommen oder einem anderen auferlegt, gilt als Erwerb der Betrag, der sich bei einer Zusammenrechnung des Erwerbs nach Absatz 1 mit der aus ihm errechneten Steuer ergibt.

(3) Die infolge des Anfalls durch Vereinigung von Recht und Verbindlichkeit oder von Recht und Belastung erloschenen Rechtsverhältnisse gelten als nicht erloschen.

(4) Die Anwartschaft eines Nacherben gehört nicht zu seinem Nachlass.

(5) Von dem Erwerb sind, soweit sich nicht aus den Absätzen 6 bis 9 etwas anderes ergibt, als Nachlassverbindlichkeiten abzugsfähig

1. die vom Erblasser herrührenden Schulden, soweit sie nicht mit einem zum Erwerb gehörenden Gewerbebetrieb, Anteil an einem Gewerbebetrieb, Betrieb der Land- und Forstwirtschaft oder Anteil an einem Betrieb der Land- und Forstwirtschaft in wirtschaftlichem Zusammenhang stehen und bereits bei der Bewertung der wirtschaftlichen Einheit berücksichtigt worden sind;
2. Verbindlichkeiten aus Vermächtnissen, Auflagen und geltend gemachten Pflichtteilen und Erbersatzansprüchen;
3. die Kosten der Bestattung des Erblassers, die Kosten für ein angemessenes Grabdenkmal, die Kosten für die übliche Grabpflege mit ihrem Kapitalwert für eine unbestimmte Dauer sowie die Kosten, die dem Erwerber unmittelbar im Zusammenhang mit der Abwicklung, Regelung oder Verteilung des Nachlasses oder mit der Erlangung des Erwerbs entstehen. ²Für diese Kosten wird insgesamt ein Betrag von 10 300 Euro ohne Nachweis abgezogen. ³Kosten für die Verwaltung des Nachlasses sind nicht abzugsfähig.

(6) ¹Nicht abzugsfähig sind Schulden und Lasten, soweit sie in wirtschaftlichem Zusammenhang mit Vermögensgegenständen stehen, die nicht der Besteuerung nach diesem Gesetz unterliegen. ²Beschränkt sich die Besteuerung auf einzelne Vermögensgegenstände (§ 2 Abs. 1 Nr. 3, § 19 Abs. 2), sind nur die damit in wirtschaftlichem Zusammenhang stehenden Schulden und Lasten abzugsfähig. ³Schulden und Lasten, die mit teilweise befreiten Vermögensgegenständen in wirtschaftlichem Zusammenhang stehen, sind nur mit dem Betrag abzugsfähig, der dem steuerpflichtigen Teil entspricht. ⁴Schulden und Lasten, die mit nach § 13a befreitem Vermögen in wirtschaftlichem Zusammenhang stehen, sind nur mit dem Betrag abzugsfähig, der

---

1) Anm. d. Red.: § 10 Abs. 1, 5, 6 und 10 i. d. F. des Gesetzes v. 24.12.2008 (BGBl I S. 3018) mit Wirkung v. 1.1.2009.

dem Verhältnis des nach Anwendung des § 13a anzusetzenden Werts dieses Vermögens zu dem Wert vor Anwendung des § 13a entspricht. ⁵Schulden und Lasten, die mit nach § 13c befreitem Vermögen in wirtschaftlichem Zusammenhang stehen, sind nur mit dem Betrag abzugsfähig, der dem Verhältnis des nach Anwendung des § 13c anzusetzenden Werts dieses Vermögens zu dem Wert vor Anwendung des § 13c entspricht. ⁶Haben sich Nutzungsrechte als Grundstücksbelastungen bei der Ermittlung des gemeinen Werts einer wirtschaftlichen Einheit des Grundbesitzes ausgewirkt, ist deren Abzug bei der Erbschaftsteuer ausgeschlossen.

(7) In den Fällen des § 1 Abs. 1 Nr. 4 sind Leistungen an die nach der Stiftungsurkunde oder nach der Vereinssatzung Berechtigten nicht abzugsfähig.

(8) Die von dem Erwerber zu entrichtende eigene Erbschaftsteuer ist nicht abzugsfähig.

(9) Auflagen, die dem Beschwerten selbst zugute kommen, sind nicht abzugsfähig.

(10) ¹Überträgt ein Erbe ein auf ihn von Todes wegen übergegangenes Mitgliedschaftsrecht an einer Personengesellschaft unverzüglich nach dessen Erwerb auf Grund einer im Zeitpunkt des Todes des Erblassers bestehenden Regelung im Gesellschaftsvertrag an die Mitgesellschafter und ist der Wert, der sich für seinen Anteil zur Zeit des Todes des Erblassers nach § 12 ergibt, höher als der gesellschaftsvertraglich festgelegte Abfindungsanspruch, so gehört nur der Abfindungsanspruch zum Vermögensanfall im Sinne des Absatzes 1 Satz 2. ²Überträgt ein Erbe einen auf ihn von Todes wegen übergegangenen Geschäftsanteil an einer Gesellschaft mit beschränkter Haftung unverzüglich nach dessen Erwerb auf Grund einer im Zeitpunkt des Todes des Erblassers bestehenden Regelung im Gesellschaftsvertrag an die Mitgesellschafter oder wird der Geschäftsanteil auf Grund einer im Zeitpunkt des Todes des Erblassers bestehenden Regelung im Gesellschaftsvertrag von der Gesellschaft eingezogen und ist der Wert, der sich für seinen Anteil zur Zeit des Todes des Erblassers nach § 12 ergibt, höher als der gesellschaftsvertraglich festgelegte Abfindungsanspruch, so gehört nur der Abfindungsanspruch zum Vermögensanfall im Sinne des Absatzes 1 Satz 2.

## § 11 Bewertungsstichtag

Für die Wertermittlung ist, soweit in diesem Gesetz nichts anderes bestimmt ist, der Zeitpunkt der Entstehung der Steuer maßgebend.

## § 12 Bewertung[1]

(1) Die Bewertung richtet sich, soweit nicht in den Absätzen 2 bis 7 etwas anderes bestimmt ist, nach den Vorschriften des Ersten Teils des Bewertungsgesetzes (Allgemeine Bewertungsvorschriften) in der Fassung der Bekanntmachung vom 1. Februar 1991 (BGBl I S. 230), zuletzt geändert durch Artikel 2 des Gesetzes vom 24. Dezember 2008 (BGBl I S. 3018), in der jeweils geltenden Fassung.

(2) Anteile an Kapitalgesellschaften, für die ein Wert nach § 151 Abs. 1 Satz 1 Nr. 3 des Bewertungsgesetzes festzustellen ist, sind mit dem auf den Bewertungsstichtag (§ 11) festgestellten Wert anzusetzen.

(3) Grundbesitz (§ 19 Abs. 1 des Bewertungsgesetzes) ist mit dem nach § 151 Abs. 1 Satz 1 Nr. 1 des Bewertungsgesetzes auf den Bewertungsstichtag (§ 11) festgestellten Wert anzusetzen.

(4) Bodenschätze, die nicht zum Betriebsvermögen gehören, werden angesetzt, wenn für sie Absetzungen für Substanzverringerung bei der Einkunftsermittlung vorzunehmen sind; sie werden mit ihren ertragsteuerlichen Werten angesetzt.

(5) Inländisches Betriebsvermögen, für das ein Wert nach § 151 Abs. 1 Satz 1 Nr. 2 des Bewertungsgesetzes festzustellen ist, ist mit dem auf den Bewertungsstichtag (§ 11) festgestellten Wert anzusetzen.

---

1) **Anm. d. Red.:** § 12 i. d. F. des Gesetzes v. 24. 12. 2008 (BGBl I S. 3018) mit Wirkung v. 1. 1. 2009.

(6) Gehört zum Erwerb ein Anteil an Wirtschaftsgütern und Schulden, für die ein Wert nach § 151 Abs. 1 Satz 1 Nr. 4 des Bewertungsgesetzes festzustellen ist, ist der darauf entfallende Teilbetrag des auf den Bewertungsstichtag (§ 11) festgestellten Werts anzusetzen.

(7) Ausländischer Grundbesitz und ausländisches Betriebsvermögen werden nach § 31 des Bewertungsgesetzes bewertet.

## § 13 Steuerbefreiungen[1)2)]

(1) Steuerfrei bleiben

1. a) Hausrat einschließlich Wäsche und Kleidungsstücke beim Erwerb durch Personen der Steuerklasse I, soweit der Wert insgesamt 41 000 Euro nicht übersteigt,

    b) andere bewegliche körperliche Gegenstände, die nicht nach Nummer 2 befreit sind, beim Erwerb durch Personen der Steuerklasse I, soweit der Wert insgesamt 12 000 Euro nicht übersteigt,

    c) Hausrat einschließlich Wäsche und Kleidungsstücke und andere bewegliche körperliche Gegenstände, die nicht nach Nummer 2 befreit sind, beim Erwerb durch Personen der Steuerklassen II und III, soweit der Wert insgesamt 12 000 Euro nicht übersteigt.

    ²Die Befreiung gilt nicht für Gegenstände, die zum land- und forstwirtschaftlichen Vermögen, zum Grundvermögen oder zum Betriebsvermögen gehören, für Zahlungsmittel, Wertpapiere, Münzen, Edelmetalle, Edelsteine und Perlen;

2. Grundbesitz oder Teile von Grundbesitz, Kunstgegenstände, Kunstsammlungen, wissenschaftliche Sammlungen, Bibliotheken und Archive

    a) mit 60 Prozent ihres Werts, jedoch Grundbesitz und Teile von Grundbesitz mit 85 Prozent ihres Werts, wenn die Erhaltung dieser Gegenstände wegen ihrer Bedeutung für Kunst, Geschichte oder Wissenschaft im öffentlichen Interesse liegt, die jährlichen Kosten in der Regel die erzielten Einnahmen übersteigen und die Gegenstände in einem den Verhältnissen entsprechenden Umfang den Zwecken der Forschung oder der Volksbildung nutzbar gemacht sind oder werden,

    b) in vollem Umfang, wenn die Voraussetzungen des Buchstabens a erfüllt sind und ferner

    aa) der Steuerpflichtige bereit ist, die Gegenstände den geltenden Bestimmungen der Denkmalspflege zu unterstellen,

    bb) die Gegenstände sich seit mindestens 20 Jahren im Besitz der Familie befinden oder in dem Verzeichnis national wertvollen Kulturguts oder national wertvoller Archive nach dem Gesetz zum Schutz deutschen Kulturgutes gegen Abwanderung in der Fassung der Bekanntmachung vom 8. Juli 1999 (BGBl I S. 1754), zuletzt geändert durch Artikel 2 des Gesetzes vom 18. Mai 2007 (BGBl I S. 757, 2547), in der jeweils geltenden Fassung eingetragen sind.

    ²Die Steuerbefreiung fällt mit Wirkung für die Vergangenheit weg, wenn die Gegenstände innerhalb von zehn Jahren nach dem Erwerb veräußert werden oder die Voraussetzungen für die Steuerbefreiung innerhalb dieses Zeitraums entfallen;

3. Grundbesitz oder Teile von Grundbesitz, der für Zwecke der Volkswohlfahrt der Allgemeinheit ohne gesetzliche Verpflichtung zur Benutzung zugänglich gemacht ist und dessen Erhaltung im öffentlichen Interesse liegt, wenn die jährlichen Kosten in der Regel die erzielten Einnahmen übersteigen. ²Die Steuerbefreiung fällt mit Wirkung für die Vergangenheit weg, wenn der Grundbesitz oder Teile des Grundbesitzes innerhalb von zehn Jahren nach dem Erwerb veräußert werden oder die Voraussetzungen für die Steuerbefreiung innerhalb dieses Zeitraums entfallen;

---

1) **Anm. d. Red.:** § 13 Abs. 1 i. d. F. des Gesetzes v. 2. 11. 2015 (BGBl I S. 1834) mit Wirkung v. 6. 11. 2015.

2) **Anm. d. Red.:** Zur Anwendung des § 13 siehe § 37 Abs. 4 und 10.

4. ein Erwerb nach § 1969 des Bürgerlichen Gesetzbuchs;

4a. Zuwendungen unter Lebenden, mit denen ein Ehegatte dem anderen Ehegatten Eigentum oder Miteigentum an einem im Inland oder in einem Mitgliedstaat der Europäischen Union oder einem Staat des Europäischen Wirtschaftsraums belegenen bebauten Grundstück im Sinne des § 181 Abs. 1 Nr. 1 bis 5 des Bewertungsgesetzes verschafft, soweit darin eine Wohnung zu eigenen Wohnzwecken genutzt wird (Familienheim), oder den anderen Ehegatten von eingegangenen Verpflichtungen im Zusammenhang mit der Anschaffung oder der Herstellung des Familienheims freistellt. ²Entsprechendes gilt, wenn ein Ehegatte nachträglichen Herstellungs- oder Erhaltungsaufwand für ein Familienheim trägt, das im gemeinsamen Eigentum der Ehegatten oder im Eigentum des anderen Ehegatten steht. ³Die Sätze 1 und 2 gelten für Zuwendungen zwischen Lebenspartnern entsprechend;

4b. der Erwerb von Todes wegen des Eigentums oder Miteigentums an einem im Inland oder in einem Mitgliedstaat der Europäischen Union oder einem Staat des Europäischen Wirtschaftsraums belegenen bebauten Grundstück im Sinne des § 181 Abs. 1 Nr. 1 bis 5 des Bewertungsgesetzes durch den überlebenden Ehegatten oder den überlebenden Lebenspartner, soweit der Erblasser darin bis zum Erbfall eine Wohnung zu eigenen Wohnzwecken genutzt hat oder bei der er aus zwingenden Gründen an einer Selbstnutzung zu eigenen Wohnzwecken gehindert war und die beim Erwerber unverzüglich zur Selbstnutzung zu eigenen Wohnzwecken bestimmt ist (Familienheim). ²Ein Erwerber kann die Steuerbefreiung nicht in Anspruch nehmen, soweit er das begünstigte Vermögen auf Grund einer letztwilligen Verfügung des Erblassers oder einer rechtsgeschäftlichen Verfügung des Erblassers auf einen Dritten übertragen muss. ³Gleiches gilt, wenn ein Erbe im Rahmen der Teilung des Nachlasses begünstigtes Vermögen auf einen Miterben überträgt. ⁴Überträgt ein Erbe erworbenes begünstigtes Vermögen im Rahmen der Teilung des Nachlasses auf einen Dritten und gibt der Dritte dabei diesem Erwerber nicht begünstigtes Vermögen hin, das er vom Erblasser erworben hat, erhöht sich insoweit der Wert des begünstigten Vermögens des Dritten um den Wert des hingegebenen Vermögens, höchstens jedoch um den Wert des übertragenen Vermögens. ⁵Die Steuerbefreiung fällt mit Wirkung für die Vergangenheit weg, wenn der Erwerber das Familienheim innerhalb von zehn Jahren nach dem Erwerb nicht mehr zu Wohnzwecken selbst nutzt, es sei denn, er ist aus zwingenden Gründen an einer Selbstnutzung zu eigenen Wohnzwecken gehindert;

4c. der Erwerb von Todes wegen des Eigentums oder Miteigentums an einem im Inland oder in einem Mitgliedstaat der Europäischen Union oder einem Staat des Europäischen Wirtschaftsraums belegenen bebauten Grundstück im Sinne des § 181 Abs. 1 Nr. 1 bis 5 des Bewertungsgesetzes durch Kinder im Sinne der Steuerklasse I Nr. 2 und der Kinder verstorbener Kinder im Sinne der Steuerklasse I Nr. 2, soweit der Erblasser darin bis zum Erbfall eine Wohnung zu eigenen Wohnzwecken genutzt hat oder bei der er aus zwingenden Gründen an einer Selbstnutzung zu eigenen Wohnzwecken gehindert war, die beim Erwerber unverzüglich zur Selbstnutzung zu eigenen Wohnzwecken bestimmt ist (Familienheim) und soweit die Wohnfläche der Wohnung 200 Quadratmeter nicht übersteigt. ²Ein Erwerber kann die Steuerbefreiung nicht in Anspruch nehmen, soweit er das begünstigte Vermögen auf Grund einer letztwilligen Verfügung des Erblassers oder einer rechtsgeschäftlichen Verfügung des Erblassers auf einen Dritten übertragen muss. ³Gleiches gilt, wenn ein Erbe im Rahmen der Teilung des Nachlasses begünstigtes Vermögen auf einen Miterben überträgt. ⁴Überträgt ein Erbe erworbenes begünstigtes Vermögen im Rahmen der Teilung des Nachlasses auf einen Dritten und gibt der Dritte dabei diesem Erwerber nicht begünstigtes Vermögen hin, das er vom Erblasser erworben hat, erhöht sich insoweit der Wert des begünstigten Vermögens des Dritten um den Wert des hingegebenen Vermögens, höchstens jedoch um den Wert des übertragenen Vermögens. ⁵Die Steuerbefreiung fällt mit Wirkung für die Vergangenheit weg, wenn der Erwerber das Familienheim innerhalb von zehn Jahren nach dem Erwerb nicht mehr zu Wohnzwecken selbst nutzt, es sei denn, er ist aus zwingenden Gründen an einer Selbstnutzung zu eigenen Wohnzwecken gehindert;

5. die Befreiung von einer Schuld gegenüber dem Erblasser, sofern die Schuld durch Gewährung von Mitteln zum Zweck des angemessenen Unterhalts oder zur Ausbildung des Bedachten begründet worden ist oder der Erblasser die Befreiung mit Rücksicht auf die Notlage des Schuldners angeordnet hat und diese auch durch die Zuwendung nicht beseitigt wird. ²Die Steuerbefreiung entfällt, soweit die Steuer aus der Hälfte einer neben der erlassenen Schuld dem Bedachten anfallenden Zuwendung gedeckt werden kann;

6. ein Erwerb, der Eltern, Adoptiveltern, Stiefeltern oder Großeltern des Erblassers anfällt, sofern der Erwerb zusammen mit dem übrigen Vermögen des Erwerbers 41 000 Euro nicht übersteigt und der Erwerber infolge körperlicher oder geistiger Gebrechen und unter Berücksichtigung seiner bisherigen Lebensstellung als erwerbsunfähig anzusehen ist oder durch die Führung eines gemeinsamen Hausstands mit erwerbsunfähigen oder in der Ausbildung befindlichen Abkömmlingen an der Ausübung einer Erwerbstätigkeit gehindert ist. ²Übersteigt der Wert des Erwerbs zusammen mit dem übrigen Vermögen des Erwerbers den Betrag von 41 000 Euro, wird die Steuer nur insoweit erhoben, als sie aus der Hälfte des die Wertgrenze übersteigenden Betrags gedeckt werden kann;

7. Ansprüche nach den folgenden Gesetzen in der jeweils geltenden Fassung:
   a) Lastenausgleichsgesetz,
   b) Flüchtlingshilfegesetz in der Fassung der Bekanntmachung vom 15. Mai 1971 (BGBl I S. 681), zuletzt geändert durch Artikel 6a des Gesetzes vom 21. Juli 2004 (BGBl I S. 1742),
   c) Allgemeines Kriegsfolgengesetz in der im Bundesgesetzblatt Teil III, Gliederungsnummer 653-1, veröffentlichten bereinigten Fassung, zuletzt geändert durch Artikel 127 der Verordnung vom 31. Oktober 2006 (BGBl I S. 2407),
   d) Gesetz zur Regelung der Verbindlichkeiten nationalsozialistischer Einrichtungen und der Rechtsverhältnisse an deren Vermögen vom 17. März 1965 (BGBl I S. 79), zuletzt geändert durch Artikel 2 Abs. 17 des Gesetzes vom 12. August 2005 (BGBl I S. 2354),
   e) Häftlingshilfegesetz, Strafrechtliches Rehabilitierungsgesetz sowie Bundesvertriebenengesetz,
   f) Vertriebenenzuwendungsgesetz vom 27. September 1994 (BGBl I S. 2624, 2635), zuletzt geändert durch Artikel 4 Abs. 43 des Gesetzes vom 22. September 2005 (BGBl I S. 2809),
   g) Verwaltungsrechtliches Rehabilitierungsgesetz in der Fassung der Bekanntmachung vom 1. Juli 1997 (BGBl I S. 1620), zuletzt geändert durch Artikel 2 des Gesetzes vom 21. August 2007 (BGBl I S. 2118), und
   h) Berufliches Rehabilitierungsgesetz in der Fassung der Bekanntmachung vom 1. Juli 1997 (BGBl I S. 1625), zuletzt geändert durch Artikel 3 des Gesetzes vom 21. August 2007 (BGBl I S. 2118);

8. Ansprüche auf Entschädigungsleistungen nach den folgenden Gesetzen in der jeweils geltenden Fassung:
   a) Bundesentschädigungsgesetz in der im Bundesgesetzblatt Teil III, Gliederungsnummer 251-1, veröffentlichten bereinigten Fassung, zuletzt geändert durch Artikel 7 Abs. 4 des Gesetzes vom 26. März 2007 (BGBl I S. 358), sowie
   b) Gesetz über Entschädigungen für Opfer des Nationalsozialismus im Beitrittsgebiet vom 22. April 1992 (BGBl I S. 906);

9. ein steuerpflichtiger Erwerb bis zu 20 000 Euro, der Personen anfällt, die dem Erblasser unentgeltlich oder gegen unzureichendes Entgelt Pflege oder Unterhalt gewährt haben, soweit das Zugewendete als angemessenes Entgelt anzusehen ist;

9a. Geldzuwendungen unter Lebenden, die eine Pflegeperson für Leistungen zur Grundpflege oder hauswirtschaftlichen Versorgung vom Pflegebedürftigen erhält, bis zur Höhe des nach § 37 des Elften Buches Sozialgesetzbuch gewährten Pflegegeldes oder eines entsprechenden Pflegegeldes aus privaten Versicherungsverträgen nach den Vorgaben des Elften Buches Sozialgesetzbuch (private Pflegepflichtversicherung) oder einer Pauschalbeihilfe nach den Beihilfevorschriften für häusliche Pflege;

10. Vermögensgegenstände, die Eltern oder Voreltern ihren Abkömmlingen durch Schenkung oder Übergabevertrag zugewandt hatten und die an diese Personen von Todes wegen zurückfallen;
11. der Verzicht auf die Geltendmachung des Pflichtteilsanspruchs oder des Erbersatzanspruchs;
12. Zuwendungen unter Lebenden zum Zwecke des angemessenen Unterhalts oder zur Ausbildung des Bedachten;
13. Zuwendungen an Pensions- und Unterstützungskassen im Sinne des § 5 Abs. 1 Nr. 3 des Körperschaftsteuergesetzes, wenn sie die für eine Befreiung von der Körperschaftsteuer erforderlichen Voraussetzungen erfüllen. ²Ist eine Kasse nach § 6 des Körperschaftsteuergesetzes teilweise steuerpflichtig, ist auch die Zuwendung im gleichen Verhältnis steuerpflichtig. ³Die Befreiung fällt mit Wirkung für die Vergangenheit weg, wenn die Voraussetzungen des § 5 Abs. 1 Nr. 3 des Körperschaftsteuergesetzes innerhalb von zehn Jahren nach der Zuwendung entfallen;
14. die üblichen Gelegenheitsgeschenke;
15. Anfälle an den Bund, ein Land oder eine inländische Gemeinde (Gemeindeverband) sowie solche Anfälle, die ausschließlich Zwecken des Bundes, eines Landes oder einer inländischen Gemeinde (Gemeindeverband) dienen;
16. Zuwendungen

    a) an inländische Religionsgesellschaften des öffentlichen Rechts oder an inländische jüdische Kultusgemeinden,

    b) an inländische Körperschaften, Personenvereinigungen und Vermögensmassen, die nach der Satzung, dem Stiftungsgeschäft oder der sonstigen Verfassung und nach ihrer tatsächlichen Geschäftsführung ausschließlich und unmittelbar kirchlichen, gemeinnützigen oder mildtätigen Zwecken im Sinne der §§ 52 bis 54 der Abgabenordnung dienen. ²Die Befreiung fällt mit Wirkung für die Vergangenheit weg, wenn die Voraussetzungen für die Anerkennung der Körperschaft, Personenvereinigung oder Vermögensmasse als kirchliche, gemeinnützige oder mildtätige Institution innerhalb von zehn Jahren nach der Zuwendung entfallen und das Vermögen nicht begünstigten Zwecken zugeführt wird,

    c) an ausländische Religionsgesellschaften, Körperschaften, Personenvereinigungen und Vermögensmassen der in den Buchstaben a und b bezeichneten Art, die nach § 5 Absatz 1 Nummer 9 des Körperschaftsteuergesetzes in Verbindung mit § 5 Absatz 2 Nummer 2 zweiter Halbsatz des Körperschaftsteuergesetzes steuerbefreit wären, wenn sie inländische Einkünfte erzielen würden, und wenn durch die Staaten, in denen die Zuwendungsempfänger belegen sind, Amtshilfe und Unterstützung bei der Beitreibung geleistet werden. ²Amtshilfe ist der Auskunftsaustausch im Sinne oder entsprechend der Amtshilferichtlinie gemäß § 2 Absatz 2 des EU-Amtshilfegesetzes. ³Beitreibung ist die gegenseitige Unterstützung bei der Beitreibung von Forderungen im Sinne oder entsprechend der Beitreibungsrichtlinie einschließlich der in diesem Zusammenhang anzuwendenden Durchführungsbestimmungen in den für den jeweiligen Stichtag der Steuerentstehung geltenden Fassungen oder eines entsprechenden Nachfolgerechtsaktes. ⁴Werden die steuerbegünstigten Zwecke des Zuwendungsempfängers im Sinne des Satzes 1 nur im Ausland verwirklicht, ist für die Steuerbefreiung Voraussetzung, dass natürliche Personen, die ihren Wohnsitz oder ihren gewöhnlichen Aufenthalt im Geltungsbereich dieses Gesetzes haben, gefördert werden oder dass die Tätigkeit dieses Zuwendungsempfängers neben der Verwirklichung der steuerbegünstigten Zwecke auch zum Ansehen der Bundesrepublik Deutschland beitragen kann. ⁵Buchstabe b Satz 2 gilt entsprechend;

17. Zuwendungen, die ausschließlich kirchlichen, gemeinnützigen oder mildtätigen Zwecken gewidmet sind, sofern die Verwendung zu dem bestimmten Zweck gesichert ist;
18. Zuwendungen an
    a) politische Parteien im Sinne des § 2 des Parteiengesetzes,
    b) Vereine ohne Parteicharakter, wenn

    aa) der Zweck des Vereins ausschließlich darauf gerichtet ist, durch Teilnahme mit eigenen Wahlvorschlägen an Wahlen auf Bundes-, Landes- oder Kommunalebene bei der politischen Willensbildung mitzuwirken, und

    bb) der Verein auf Bundes-, Landes- oder Kommunalebene bei der jeweils letzten Wahl wenigstens ein Mandat errungen oder der zuständigen Wahlbehörde oder dem zuständigen Wahlorgan angezeigt hat, dass er mit eigenen Wahlvorschlägen auf Bundes-, Landes- oder Kommunalebene an der jeweils nächsten Wahl teilnehmen will.

    ²Die Steuerbefreiung fällt mit Wirkung für die Vergangenheit weg, wenn der Verein an der jeweils nächsten Wahl nach der Zuwendung nicht teilnimmt, es sei denn, dass der Verein sich ernsthaft um eine Teilnahme bemüht hat.

(2) ¹Angemessen im Sinne des Absatzes 1 Nr. 5 und 12 ist eine Zuwendung, die den Vermögensverhältnissen und der Lebensstellung des Bedachten entspricht. ²Eine dieses Maß übersteigende Zuwendung ist in vollem Umfang steuerpflichtig.

(3) ¹Jede Befreiungsvorschrift ist für sich anzuwenden. ²In den Fällen des Absatzes 1 Nr. 2 und 3 kann der Erwerber der Finanzbehörde bis zur Unanfechtbarkeit der Steuerfestsetzung erklären, dass er auf die Steuerbefreiung verzichtet.

## § 13a Steuerbefreiung für Betriebsvermögen, Betriebe der Land- und Forstwirtschaft und Anteile an Kapitalgesellschaften[1)2)3)]

(1) ¹Der Wert von Betriebsvermögen, land- und forstwirtschaftlichem Vermögen und Anteilen an Kapitalgesellschaften im Sinne des § 13b Abs. 4 bleibt insgesamt außer Ansatz (Verschonungsabschlag). ²Voraussetzung ist, dass die Summe der maßgebenden jährlichen Lohnsummen (Absatz 4) des Betriebs, bei Beteiligungen an einer Personengesellschaft oder Anteilen an einer Kapitalgesellschaft des Betriebs der jeweiligen Gesellschaft, innerhalb von fünf Jahren nach dem Erwerb (Lohnsummenfrist) insgesamt 400 Prozent der Ausgangslohnsumme nicht unterschreitet (Mindestlohnsumme). ³Ausgangslohnsumme ist die durchschnittliche Lohnsumme der letzten fünf vor dem Zeitpunkt der Entstehung der Steuer endenden Wirtschaftsjahre. ⁴Satz 2 ist nicht anzuwenden, wenn die Ausgangslohnsumme 0 Euro beträgt oder der Betrieb unter Einbeziehung der in Absatz 4 Satz 5 genannten Beteiligungen und der nach Maßgabe dieser Bestimmung anteilig einzubeziehenden Beschäftigten nicht mehr als 20 Beschäftigte hat. ⁵Unterschreitet die Summe der maßgebenden jährlichen Lohnsummen die Mindestlohnsumme, vermindert sich der nach Satz 1 zu gewährende Verschonungsabschlag mit Wirkung für die Vergangenheit in demselben prozentualen Umfang, wie die Mindestlohnsumme unterschritten wird.

(1a) ¹Das für die Bewertung der wirtschaftlichen Einheit örtlich zuständige Finanzamt im Sinne des § 152 Nummer 1 bis 3 des Bewertungsgesetzes stellt die Ausgangslohnsumme, die Anzahl der Beschäftigten und die Summe der maßgebenden jährlichen Lohnsummen gesondert

---

1) **Anm. d. Red.:** § 13a Abs. 1 und 4 i. d. F. des Gesetzes v. 26. 6. 2013 (BGBl I S. 1809) mit Wirkung v. 30. 6. 2013; Abs. 1a i. d. F. des Gesetzes v. 1. 11. 2011 (BGBl I S. 2131) mit Wirkung v. 5. 11. 2011; Abs. 2, 3, 6, 7 und 9 i. d. F. des Gesetzes v. 24. 12. 2008 (BGBl I S. 3018) mit Wirkung v. 1. 1. 2009; Abs. 5 und 8 i. d. F. des Gesetzes v. 22. 12. 2009 (BGBl I S. 3950) mit Wirkung v. 1. 1. 2010.

2) **Anm. d. Red.:** Zur Anwendung des § 13a siehe § 37 Abs. 3, 6 und 8.

3) **Anm. d. Red.: § 13a wurde für verfassungswidrig erklärt durch BVerfG, Urteil v. 17. 12. 2014 – 1 BvL 21/12 (BGBl 2015 I S. 4). Die Vorschrift ist zunächst weiter anwendbar; der Gesetzgeber muss spätestens bis zum 30. 6. 2016 eine Neuregelung treffen.**

fest, wenn diese Angaben für die Erbschaftsteuer oder eine andere Feststellung im Sinne dieser Vorschrift von Bedeutung sind. ²Die Entscheidung über die Bedeutung trifft das Finanzamt, das für die Festsetzung der Erbschaftsteuer oder die Feststellung nach § 151 Absatz 1 Satz 1 Nummer 1 bis 3 des Bewertungsgesetzes zuständig ist. ³§ 151 Absatz 3 und die §§ 152 bis 156 des Bewertungsgesetzes sind auf die Sätze 1 und 2 entsprechend anzuwenden.

(2) ¹Der nicht unter § 13b Abs. 4 fallende Teil des Vermögens im Sinne des § 13b Abs. 1 bleibt vorbehaltlich des Satzes 3 außer Ansatz, soweit der Wert dieses Vermögens insgesamt 150 000 Euro nicht übersteigt (Abzugsbetrag). ²Der Abzugsbetrag von 150 000 Euro verringert sich, wenn der Wert dieses Vermögens insgesamt die Wertgrenze von 150 000 Euro übersteigt, um 50 Prozent des diese Wertgrenze übersteigenden Betrags. ³Der Abzugsbetrag kann innerhalb von zehn Jahren für von derselben Person anfallende Erwerbe nur einmal berücksichtigt werden.

(3) ¹Ein Erwerber kann den Verschonungsabschlag (Absatz 1) und den Abzugsbetrag (Absatz 2) nicht in Anspruch nehmen, soweit er Vermögen im Sinne des § 13b Abs. 1 auf Grund einer letztwilligen Verfügung des Erblassers oder einer rechtsgeschäftlichen Verfügung des Erblassers oder Schenkers auf einen Dritten übertragen muss. ²Gleiches gilt, wenn ein Erbe im Rahmen der Teilung des Nachlasses Vermögen im Sinne des § 13b Abs. 1 auf einen Miterben überträgt.

(4) ¹Die Lohnsumme umfasst alle Vergütungen (Löhne und Gehälter und andere Bezüge und Vorteile), die im maßgebenden Wirtschaftsjahr an die auf den Lohn- und Gehaltslisten erfassten Beschäftigten gezahlt werden; außer Ansatz bleiben Vergütungen an solche Arbeitnehmer, die nicht ausschließlich oder überwiegend in dem Betrieb tätig sind. ²Zu den Vergütungen zählen alle Geld- oder Sachleistungen für die von den Beschäftigten erbrachte Arbeit, unabhängig davon, wie diese Leistungen bezeichnet werden und ob es sich um regelmäßige oder unregelmäßige Zahlungen handelt. ³Zu den Löhnen und Gehältern gehören auch alle von den Beschäftigten zu entrichtenden Sozialbeiträge, Einkommensteuern und Zuschlagsteuern auch dann, wenn sie vom Arbeitgeber einbehalten und von ihm im Namen des Beschäftigten direkt an den Sozialversicherungsträger und die Steuerbehörde abgeführt werden. ⁴Zu den Löhnen und Gehältern zählen alle vom Beschäftigten empfangenen Sondervergütungen, Prämien, Gratifikationen, Abfindungen, Zuschüsse zu Lebenshaltungskosten, Familienzulagen, Provisionen, Teilnehmergebühren und vergleichbare Vergütungen. ⁵Gehören zum Betriebsvermögen des Betriebs, bei Beteiligungen an einer Personengesellschaft und Anteilen an einer Kapitalgesellschaft des Betriebs der jeweiligen Gesellschaft, unmittelbar oder mittelbar Beteiligungen an Personengesellschaften, die ihren Sitz oder ihre Geschäftsleitung im Inland, einem Mitgliedstaat der Europäischen Union oder in einem Staat des Europäischen Wirtschaftsraums haben, oder Anteile an Kapitalgesellschaften, die ihren Sitz oder ihre Geschäftsleitung im Inland, einem Mitgliedstaat der Europäischen Union oder in einem Staat des Europäischen Wirtschaftsraums haben, wenn die unmittelbare oder mittelbare Beteiligung mehr als 25 Prozent beträgt, sind die Lohnsummen und die Anzahl der Beschäftigten dieser Gesellschaften einzubeziehen zu dem Anteil, zu dem die unmittelbare und mittelbare Beteiligung besteht.

(5) ¹Der Verschonungsabschlag (Absatz 1) und der Abzugsbetrag (Absatz 2) fallen nach Maßgabe des Satzes 2 mit Wirkung für die Vergangenheit weg, soweit der Erwerber innerhalb von fünf Jahren (Behaltensfrist)

1. einen Gewerbebetrieb oder einen Teilbetrieb, einen Anteil an einer Gesellschaft im Sinne des § 15 Abs. 1 Satz 1 Nr. 2 und Abs. 3 oder § 18 Abs. 4 des Einkommensteuergesetzes, einen Anteil eines persönlich haftenden Gesellschafters einer Kommanditgesellschaft auf Aktien oder einen Anteil daran veräußert; als Veräußerung gilt auch die Aufgabe des Gewerbebetriebs. ²Gleiches gilt, wenn wesentliche Betriebsgrundlagen eines Gewerbebetriebs veräußert oder in das Privatvermögen überführt oder anderen betriebsfremden Zwecken zugeführt werden oder wenn Anteile an einer Kapitalgesellschaft veräußert werden, die der Veräußerer durch eine Sacheinlage (§ 20 Abs. 1 des Umwandlungssteuergesetzes vom 7. Dezember 2006 (BGBl I S. 2782, 2791), geändert durch Artikel 5 des Gesetzes vom 14. August 2007 (BGBl I S. 1912), in der jeweils geltenden Fassung) aus dem Betriebsvermögen im Sin-

ne des § 13b erworben hat oder ein Anteil an einer Gesellschaft im Sinne des § 15 Abs. 1 Satz 1 Nr. 2 und Abs. 3 oder § 18 Abs. 4 des Einkommensteuergesetzes oder ein Anteil daran veräußert wird, den der Veräußerer durch eine Einbringung des Betriebsvermögens im Sinne des § 13b in eine Personengesellschaft (§ 24 Abs. 1 des Umwandlungssteuergesetzes) erworben hat;

2. das land- und forstwirtschaftliche Vermögen im Sinne des § 168 Abs. 1 Nr. 1 des Bewertungsgesetzes und selbst bewirtschaftete Grundstücke im Sinne des § 159 des Bewertungsgesetzes veräußert. ²Gleiches gilt, wenn das land- und forstwirtschaftliche Vermögen dem Betrieb der Land- und Forstwirtschaft nicht mehr dauernd zu dienen bestimmt ist oder wenn der bisherige Betrieb innerhalb der Behaltensfrist als Stückländerei zu qualifizieren wäre oder Grundstücke im Sinne des § 159 des Bewertungsgesetzes nicht mehr selbst bewirtschaftet werden;

3. als Inhaber eines Gewerbebetriebs, Gesellschafter einer Gesellschaft im Sinne des § 15 Abs. 1 Nr. 2 und Abs. 3 oder § 18 Abs. 4 des Einkommensteuergesetzes oder persönlich haftender Gesellschafter einer Kommanditgesellschaft auf Aktien bis zum Ende des letzten in die Fünfjahresfrist fallenden Wirtschaftsjahres Entnahmen tätigt, die die Summe seiner Einlagen und der ihm zuzurechnenden Gewinne oder Gewinnanteile seit dem Erwerb um mehr als 150 000 Euro übersteigen; Verluste bleiben unberücksichtigt. ²Gleiches gilt für Inhaber eines begünstigten Betriebs der Land- und Forstwirtschaft oder eines Teilbetriebs oder eines Anteils an einem Betrieb der Land- und Forstwirtschaft. ³Bei Ausschüttungen an Gesellschafter einer Kapitalgesellschaft ist sinngemäß zu verfahren;

4. Anteile an Kapitalgesellschaften im Sinne des § 13b ganz oder teilweise veräußert; eine verdeckte Einlage der Anteile in eine Kapitalgesellschaft steht der Veräußerung der Anteile gleich. ²Gleiches gilt, wenn die Kapitalgesellschaft innerhalb der Frist aufgelöst oder ihr Nennkapital herabgesetzt wird, wenn diese wesentliche Betriebsgrundlagen veräußert und das Vermögen an die Gesellschafter verteilt wird; Satz 1 Nr. 1 Satz 2 gilt entsprechend;

5. im Fall des § 13b Abs. 1 Nr. 3 Satz 2 die Verfügungsbeschränkung oder die Stimmrechtsbündelung aufgehoben wird.

²Der Wegfall des Verschonungsabschlags beschränkt sich in den Fällen des Satzes 1 Nr. 1, 2, 4 und 5 auf den Teil, der dem Verhältnis der im Zeitpunkt der schädlichen Verfügung verbleibenden Behaltensfrist einschließlich des Jahres, in dem die Verfügung erfolgt, zur gesamten Behaltensfrist ergibt. ³In den Fällen des Satzes 1 Nr. 1, 2 und 4 ist von einer Nachversteuerung abzusehen, wenn der Veräußerungserlös innerhalb der nach § 13b Abs. 1 begünstigten Vermögensart verbleibt. ⁴Hiervon ist auszugehen, wenn der Veräußerungserlös innerhalb von sechs Monaten in entsprechendes Vermögen investiert wird, das nicht zum Verwaltungsvermögen im Sinne des § 13b Abs. 2 gehört.

(6) ¹Der Erwerber ist verpflichtet, dem für die Erbschaftsteuer zuständigen Finanzamt innerhalb einer Frist von sechs Monaten nach Ablauf der Lohnsummenfrist das Unterschreiten der Lohnsummengrenze im Sinne des Absatzes 1 Satz 2 anzuzeigen. ²In den Fällen des Absatzes 5 ist der Erwerber verpflichtet, dem für die Erbschaftsteuer zuständigen Finanzamt den entsprechenden Sachverhalt innerhalb einer Frist von einem Monat, nach dem der jeweilige Tatbestand verwirklicht wurde, anzuzeigen. ³Die Festsetzungsfrist für die Steuer endet nicht vor dem Ablauf des vierten Jahres, nachdem die Finanzbehörde vom Unterschreiten der Lohnsummengrenze (Absatz 1 Satz 2) oder dem Verstoß gegen die Behaltensregelungen (Absatz 5) Kenntnis erlangt. ⁴Die Anzeige ist eine Steuererklärung im Sinne der Abgabenordnung. ⁵Sie ist schriftlich abzugeben. ⁶Die Anzeige hat auch dann zu erfolgen, wenn der Vorgang zu keiner Besteuerung führt.

(7) Soweit nicht inländisches Vermögen zum begünstigten Vermögen im Sinne des § 13b gehört, hat der Steuerpflichtige nachzuweisen, dass die Voraussetzungen für die Begünstigung im Zeitpunkt der Entstehung der Steuer und während der gesamten in den Absätzen 2 und 5 genannten Zeiträume bestehen.

(8) Der Erwerber kann unwiderruflich erklären, dass die Steuerbefreiung nach den Absätzen 1 bis 7 in Verbindung mit § 13b nach folgender Maßgabe gewährt wird:
1. In Absatz 1 Satz 2 tritt an die Stelle der Lohnsummenfrist von fünf Jahren eine Lohnsummenfrist von sieben Jahren und an die Stelle der maßgebenden Lohnsumme von 400 Prozent eine maßgebende Lohnsumme von 700 Prozent;
2. in Absatz 5 tritt an die Stelle der Behaltensfrist von fünf Jahren eine Behaltensfrist von sieben Jahren;
3. in § 13b Abs. 2 Satz 1 tritt an die Stelle des Prozentsatzes für das Verwaltungsvermögen von 50 Prozent ein Prozentsatz von 10 Prozent;
4. in § 13b Abs. 4 tritt an die Stelle des Prozentsatzes für die Begünstigung von 85 Prozent ein Prozentsatz von 100 Prozent.

(9) Die Absätze 1 bis 8 gelten in den Fällen des § 1 Abs. 1 Nr. 4 entsprechend.

## § 13b Begünstigtes Vermögen[1)2)3)]

(1) Zum begünstigten Vermögen gehören vorbehaltlich Absatz 2
1. der inländische Wirtschaftsteil des land- und forstwirtschaftlichen Vermögens (§ 168 Abs. 1 Nr. 1 des Bewertungsgesetzes) mit Ausnahme der Stückländereien (§ 168 Abs. 2 des Bewertungsgesetzes) und selbst bewirtschaftete Grundstücke im Sinne des § 159 des Bewertungsgesetzes sowie entsprechendes land- und forstwirtschaftliches Vermögen, das einer Betriebsstätte in einem Mitgliedstaat der Europäischen Union oder in einem Staat des Europäischen Wirtschaftsraums dient;
2. inländisches Betriebsvermögen (§§ 95 bis 97 des Bewertungsgesetzes) beim Erwerb eines ganzen Gewerbebetriebs, eines Teilbetriebs, eines Anteils an einer Gesellschaft im Sinne des § 15 Abs. 1 Satz 1 Nr. 2 und Abs. 3 oder § 18 Abs. 4 des Einkommensteuergesetzes, eines Anteils eines persönlich haftenden Gesellschafters einer Kommanditgesellschaft auf Aktien oder eines Anteils daran und entsprechendes Betriebsvermögen, das einer Betriebsstätte in einem Mitgliedstaat der Europäischen Union oder in einem Staat des Europäischen Wirtschaftsraums dient;
3. Anteile an Kapitalgesellschaften, wenn die Kapitalgesellschaft zur Zeit der Entstehung der Steuer Sitz oder Geschäftsleitung im Inland oder in einem Mitgliedstaat der Europäischen Union oder in einem Staat des Europäischen Wirtschaftsraums hat und der Erblasser oder Schenker am Nennkapital dieser Gesellschaft zu mehr als 25 Prozent unmittelbar beteiligt war (Mindestbeteiligung). ²Ob der Erblasser oder Schenker die Mindestbeteiligung erfüllt, ist nach der Summe der dem Erblasser oder Schenker unmittelbar zuzurechnenden Anteile und der Anteile weiterer Gesellschafter zu bestimmen, wenn der Erblasser oder Schenker und die weiteren Gesellschafter untereinander verpflichtet sind, über die Anteile nur einheitlich zu verfügen oder ausschließlich auf andere derselben Verpflichtung unterliegende Anteilseigner zu übertragen und das Stimmrecht gegenüber nichtgebundenen Gesellschaftern einheitlich auszuüben.

(2) ¹Ausgenommen bleibt Vermögen im Sinne des Absatzes 1, wenn das land- und forstwirtschaftliche Vermögen oder das Betriebsvermögen der Betriebe oder der Gesellschaften zu mehr als 50 Prozent aus Verwaltungsvermögen besteht. ²Zum Verwaltungsvermögen gehören

---

1) **Anm. d. Red.:** § 13b Abs. 1 und 4 i. d. F. des Gesetzes v. 24. 12. 2008 (BGBl I S. 3018) mit Wirkung v. 1. 1. 2009; Abs. 2 i. d. F. des Gesetzes v. 26. 6. 2013 (BGBl I S. 1809) mit Wirkung v. 30. 6. 2013; Abs. 2a i. d. F. des Gesetzes v. 1. 11. 2011 (BGBl I S. 2131) mit Wirkung v. 5. 11. 2011; Abs. 3 i. d. F. des Gesetzes v. 8. 12. 2010 (BGBl I S. 1768) mit Wirkung v. 14. 12. 2010.

2) **Anm. d. Red.:** Zur Anwendung des § 13b siehe § 37 Abs. 4, 6 und 8.

3) **Anm. d. Red.: § 13b wurde für verfassungswidrig erklärt durch BVerfG, Urteil v. 17. 12. 2014 – 1 BvL 21/12 (BGBl 2015 I S. 4). Die Vorschrift ist zunächst weiter anwendbar; der Gesetzgeber muss spätestens bis zum 30. 6. 2016 eine Neuregelung treffen.**

1. Dritten zur Nutzung überlassene Grundstücke, Grundstücksteile, grundstücksgleiche Rechte und Bauten. ²Eine Nutzungsüberlassung an Dritte ist nicht anzunehmen, wenn

   a) der Erblasser oder Schenker sowohl im überlassenden Betrieb als auch im nutzenden Betrieb allein oder zusammen mit anderen Gesellschaftern einen einheitlichen geschäftlichen Betätigungswillen durchsetzen konnte oder als Gesellschafter einer Gesellschaft im Sinne des § 15 Abs. 1 Satz 1 Nr. 2 und Abs. 3 oder § 18 Abs. 4 des Einkommensteuergesetzes den Vermögensgegenstand der Gesellschaft zur Nutzung überlassen hatte, und diese Rechtsstellung auf den Erwerber übergegangen ist, soweit keine Nutzungsüberlassung an einen weiteren Dritten erfolgt;

   b) die Nutzungsüberlassung im Rahmen der Verpachtung eines ganzen Betriebs erfolgt, welche beim Verpächter zu Einkünften nach § 2 Abs. 1 Nr. 2 bis 3 des Einkommensteuergesetzes führt und

      aa) der Verpächter des Betriebs im Zusammenhang mit einer unbefristeten Verpachtung den Pächter durch eine letztwillige Verfügung oder eine rechtsgeschäftliche Verfügung als Erben eingesetzt hat oder

      bb) die Verpachtung an einen Dritten erfolgt, weil der Beschenkte im Zeitpunkt der Steuerentstehung den Betrieb noch nicht führen kann, und die Verpachtung auf höchstens zehn Jahre befristet ist; hat der Beschenkte das 18. Lebensjahr noch nicht vollendet, beginnt die Frist mit der Vollendung des 18. Lebensjahres.

      ²Dies gilt nicht für verpachtete Betriebe, die vor ihrer Verpachtung die Voraussetzungen als begünstigtes Vermögen nach Absatz 1 und Satz 1 nicht erfüllt haben und für verpachtete Betriebe, deren Hauptzweck in der Überlassung von Grundstücken, Grundstücksteilen, grundstücksgleichen Rechten und Bauten an Dritte zur Nutzung besteht, die nicht unter Buchstabe d fallen;

   c) sowohl der überlassende Betrieb als auch der nutzende Betrieb zu einem Konzern im Sinne des § 4h des Einkommensteuergesetzes gehören, soweit keine Nutzungsüberlassung an einen weiteren Dritten erfolgt;

   d) die überlassenen Grundstücke, Grundstücksteile, grundstücksgleiche Rechte und Bauten zum Betriebsvermögen, zum gesamthänderisch gebundenen Betriebsvermögen einer Personengesellschaft oder zum Vermögen einer Kapitalgesellschaft gehören und der Hauptzweck des Betriebs in der Vermietung von Wohnungen im Sinne des § 181 Abs. 9 des Bewertungsgesetzes besteht, dessen Erfüllung einen wirtschaftlichen Geschäftsbetrieb (§ 14 der Abgabenordnung) erfordert;

   e) Grundstücke, Grundstücksteile, grundstücksgleiche Rechte und Bauten an Dritte zur land- und forstwirtschaftlichen Nutzung überlassen werden;

2. Anteile an Kapitalgesellschaften, wenn die unmittelbare Beteiligung am Nennkapital dieser Gesellschaften 25 Prozent oder weniger beträgt und sie nicht dem Hauptzweck des Gewerbebetriebs eines Kreditinstitutes oder eines Finanzdienstleistungsinstitutes im Sinne des § 1 Abs. 1 und 1a des Kreditwesengesetzes in der Fassung der Bekanntmachung vom 9. September 1998 (BGBl I S. 2776), das zuletzt durch Artikel 24 des Gesetzes vom 23. Oktober 2008 (BGBl I S. 2026) geändert worden ist, oder eines Versicherungsunternehmens, das der Aufsicht nach § 1 Abs. 1 Nr. 1 des Versicherungsaufsichtsgesetzes in der Fassung der Bekanntmachung vom 17. Dezember 1992 (BGBl 1993 I S. 2), das zuletzt durch Artikel 6 Abs. 2 des Gesetzes vom 17. Oktober 2008 (BGBl I S. 1982) geändert worden ist, unterliegt, zuzurechnen sind. ²Ob diese Grenze unterschritten wird, ist nach der Summe der dem Betrieb unmittelbar zuzurechnenden Anteile und der Anteile weiterer Gesellschafter zu bestimmen, wenn die Gesellschafter untereinander verpflichtet sind, über die Anteile nur einheitlich zu verfügen oder sie ausschließlich auf andere derselben Verpflichtung unterliegende Anteilseigner zu übertragen und das Stimmrecht gegenüber nichtgebundenen Gesellschaftern nur einheitlich ausüben;

3. Beteiligungen an Gesellschaften im Sinne des § 15 Abs. 1 Satz 1 Nr. 2 und Abs. 3 oder § 18 Abs. 4 des Einkommensteuergesetzes und an entsprechenden Gesellschaften im Ausland sowie Anteile an Kapitalgesellschaften, die nicht unter Nummer 2 fallen, wenn bei diesen Gesellschaften das Verwaltungsvermögen mehr als 50 Prozent beträgt;

4. Wertpapiere sowie vergleichbare Forderungen, wenn sie nicht dem Hauptzweck des Gewerbebetriebs eines Kreditinstitutes oder eines Finanzdienstleistungsinstitutes im Sinne des § 1 Abs. 1 und 1a des Kreditwesengesetzes in der Fassung der Bekanntmachung vom 9. September 1998 (BGBl I S. 2776), das zuletzt durch Artikel 24 des Gesetzes vom 23. Oktober 2008 (BGBl I S. 2026) geändert worden ist, oder eines Versicherungsunternehmens, das der Aufsicht nach § 1 Abs. 1 Nr. 1 des Versicherungsaufsichtsgesetzes in der Fassung der Bekanntmachung vom 17. Dezember 1992 (BGBl 1993 I S. 2), das zuletzt durch Artikel 6 Abs. 2 des Gesetzes vom 17. Oktober 2008 (BGBl I S. 1982) geändert worden ist, unterliegt, zuzurechnen sind;

4a. der gemeine Wert des nach Abzug des gemeinen Werts der Schulden verbleibenden Bestands an Zahlungsmitteln, Geschäftsguthaben, Geldforderungen und anderen Forderungen, soweit er 20 Prozent des anzusetzenden Werts des Betriebsvermögens des Betriebs oder der Gesellschaft übersteigt. ²Satz 1 gilt nicht, wenn die genannten Wirtschaftsgüter dem Hauptzweck des Gewerbebetriebs eines Kreditinstitutes oder eines Finanzdienstleistungsinstitutes im Sinne des § 1 Absatz 1 und 1a des Kreditwesengesetzes in der Fassung der Bekanntmachung vom 9. September 1998 (BGBl I S. 2776), das zuletzt durch Artikel 2 des Gesetzes vom 7. Mai 2013 (BGBl I S. 1162) geändert worden ist, oder eines Versicherungsunternehmens, das der Aufsicht nach § 1 Absatz 1 Nummer 1 des Versicherungsaufsichtsgesetzes in der Fassung der Bekanntmachung vom 17. Dezember 1992 (BGBl 1993 I S. 2), das zuletzt durch Artikel 1 des Gesetzes vom 24. April 2013 (BGBl I S. 932) geändert worden ist, unterliegt, zuzurechnen sind. ³Satz 1 gilt ferner nicht für Gesellschaften, deren Hauptzweck in der Finanzierung einer Tätigkeit im Sinne des § 15 Absatz 1 Nummer 1 des Einkommensteuergesetzes von verbundenen Unternehmen (§ 15 des Aktiengesetzes) besteht;

5. Kunstgegenstände, Kunstsammlungen, wissenschaftliche Sammlungen, Bibliotheken und Archive, Münzen, Edelmetalle und Edelsteine, wenn der Handel mit diesen Gegenständen oder deren Verarbeitung nicht der Hauptzweck des Gewerbebetriebs ist.

³Kommt Satz 1 nicht zur Anwendung, gehört solches Verwaltungsvermögen im Sinne des Satzes 2 Nr. 1 bis 5 nicht zum begünstigten Vermögen im Sinne des Absatzes 1, welches dem Betrieb im Besteuerungszeitpunkt weniger als zwei Jahre zuzurechnen war (junges Verwaltungsvermögen); bei Zahlungsmitteln, Geschäftsguthaben, Geldforderungen und anderen Forderungen (Satz 2 Nummer 4a) ergibt sich die Zurechnung aus dem positiven Saldo der eingelegten und der entnommenen Wirtschaftsgüter. ⁴Der Anteil des Verwaltungsvermögens am gemeinen Wert des Betriebs bestimmt sich nach dem Verhältnis der Summe der gemeinen Werte der Einzelwirtschaftsgüter des Verwaltungsvermögens zum gemeinen Wert des Betriebs; für Grundstücksteile des Verwaltungsvermögens ist der ihnen entsprechende Anteil am gemeinen Wert des Grundstücks anzusetzen. ⁵Bei Betrieben der Land- und Forstwirtschaft ist als Vergleichsmaßstab der Wert des Wirtschaftsteils (§ 168 Abs. 1 Nr. 1 des Bewertungsgesetzes) anzuwenden. ⁶Der Anteil des Verwaltungsvermögens am gemeinen Wert des Betriebs einer Kapitalgesellschaft bestimmt sich nach dem Verhältnis der Summe der gemeinen Werte der Einzelwirtschaftsgüter des Verwaltungsvermögens zum gemeinen Wert des Betriebs; für Grundstücksteile des Verwaltungsvermögens ist der ihnen entsprechende Anteil am gemeinen Wert des Grundstücks anzusetzen. ⁷Soweit zum Vermögen der Kapitalgesellschaft Wirtschaftsgüter gehören, die nach Satz 3 nicht in das begünstigte Vermögen einzubeziehen sind, ist der Teil des Anteilswerts nicht begünstigt, der dem Verhältnis der Summe der Werte dieser Wirtschaftsgüter zum gemeinen Wert des Betriebs der Kapitalgesellschaft entspricht; bei der rechnerischen Ermittlung der Quote des Verwaltungsvermögens erfolgt keine Beschränkung auf den Wert des Anteils.

(2a) ¹Das für die Bewertung der wirtschaftlichen Einheit örtlich zuständige Finanzamt im Sinne des § 152 Nummer 1 bis 3 des Bewertungsgesetzes stellt die Summen der gemeinen Werte der Wirtschaftsgüter des Verwaltungsvermögens im Sinne des Absatzes 2 Satz 2 Nummer 1 bis 5 und des jungen Verwaltungsvermögens im Sinne des Absatzes 2 Satz 3 gesondert fest, wenn diese Werte für die Erbschaftsteuer oder eine andere Feststellung im Sinne dieser Vorschrift von Bedeutung sind. ²Dies gilt entsprechend, wenn nur ein Anteil am Betriebsvermögen im Sinne des Absatzes 1 Nummer 2 übertragen wird. ³Die Entscheidung, ob die Werte von Bedeutung sind, trifft das für die Festsetzung der Erbschaftsteuer oder für die Feststellung nach § 151 Absatz 1 Satz 1 Nummer 1 bis 3 des Bewertungsgesetzes zuständige Finanzamt. ⁴§ 151 Absatz 3 und die §§ 152 bis 156 des Bewertungsgesetzes sind auf die Sätze 1 bis 3 entsprechend anzuwenden.

(3) Überträgt ein Erbe erworbenes begünstigtes Vermögen im Rahmen der Teilung des Nachlasses auf einen Dritten und gibt der Dritte dabei diesem Erwerber nicht begünstigtes Vermögen hin, das er vom Erblasser erworben hat, erhöht sich insoweit der Wert des begünstigten Vermögens des Dritten um den Wert des hingegebenen Vermögens, höchstens jedoch um den Wert des übertragenen Vermögens.

(4) Begünstigt sind 85 Prozent des in Absatz 1 genannten Vermögens.

### § 13c Steuerbefreiung für zu Wohnzwecken vermietete Grundstücke[1]

(1) Grundstücke im Sinne des Absatzes 3 sind mit 90 Prozent ihres Werts anzusetzen.

(2) ¹Ein Erwerber kann den verminderten Wertansatz nicht in Anspruch nehmen, soweit er erworbene Grundstücke auf Grund einer letztwilligen Verfügung des Erblassers oder einer rechtsgeschäftlichen Verfügung des Erblassers oder Schenkers auf einen Dritten übertragen muss. ²Gleiches gilt, wenn ein Erbe im Rahmen der Teilung des Nachlasses Vermögen im Sinne des Absatzes 3 auf einen Miterben überträgt. ³Überträgt ein Erbe erworbenes begünstigtes Vermögen im Rahmen der Teilung des Nachlasses auf einen Dritten und gibt der Dritte dabei diesem Erwerber nicht begünstigtes Vermögen hin, das er vom Erblasser erworben hat, erhöht sich insoweit der Wert des begünstigten Vermögens des Dritten um den Wert des hingegebenen Vermögens, höchstens jedoch um den Wert des übertragenen Vermögens.

(3) Der verminderte Wertansatz gilt für bebaute Grundstücke oder Grundstücksteile, die
1. zu Wohnzwecken vermietet werden,
2. im Inland, in einem Mitgliedstaat der Europäischen Union oder in einem Staat des Europäischen Wirtschaftsraums belegen sind,
3. nicht zum begünstigten Betriebsvermögen oder begünstigten Vermögen eines Betriebs der Land- und Forstwirtschaft im Sinne des § 13a gehören.

(4) Die Absätze 1 bis 3 gelten in den Fällen des § 1 Abs. 1 Nr. 4 entsprechend.

## III. Berechnung der Steuer

### § 14 Berücksichtigung früherer Erwerbe[2][3]

(1) ¹Mehrere innerhalb von zehn Jahren von derselben Person anfallende Vermögensvorteile werden in der Weise zusammengerechnet, dass dem letzten Erwerb die früheren Erwerbe nach ihrem früheren Wert zugerechnet werden. ²Von der Steuer für den Gesamtbetrag wird die Steuer abgezogen, die für die früheren Erwerbe nach den persönlichen Verhältnissen des Erwerbers und auf der Grundlage der geltenden Vorschriften zur Zeit des letzten Erwerbs zu erheben gewesen wäre. ³Anstelle der Steuer nach Satz 2 ist die tatsächlich für die in die Zusammenrechnung einbezogenen früheren Erwerbe zu entrichtende Steuer abzuziehen, wenn diese höher ist.

---

1) **Anm. d. Red.:** § 13c eingefügt gem. Gesetz v. 24. 12. 2008 (BGBl I S. 3018) mit Wirkung v. 1. 1. 2009.
2) **Anm. d. Red.:** § 14 i. d. F. des Gesetzes v. 24. 12. 2008 (BGBl I S. 3018) mit Wirkung v. 1. 1. 2009.
3) **Anm. d. Red.:** Zur Anwendung des § 14 siehe § 37a Abs. 4.

⁴Die Steuer, die sich für den letzten Erwerb ohne Zusammenrechnung mit früheren Erwerben ergibt, darf durch den Abzug der Steuer nach Satz 2 oder Satz 3 nicht unterschritten werden. ⁵Erwerbe, für die sich nach den steuerlichen Bewertungsgrundsätzen kein positiver Wert ergeben hat, bleiben unberücksichtigt.

(2) ¹Führt der Eintritt eines Ereignisses mit Wirkung für die Vergangenheit zu einer Veränderung des Werts eines früheren, in die Zusammenrechnung einzubeziehenden Erwerbs, endet die Festsetzungsfrist für die Änderung des Bescheids über die Steuerfestsetzung für den späteren Erwerb nach § 175 Abs. 1 Satz 1 Nr. 2 der Abgabenordnung nicht vor dem Ende der für eine Änderung des Bescheids für den früheren Erwerb maßgebenden Festsetzungsfrist. ²Dasselbe gilt für den Eintritt eines Ereignisses mit Wirkung für die Vergangenheit, soweit es lediglich zu einer Änderung der anrechenbaren Steuer führt.

(3) Die durch jeden weiteren Erwerb veranlasste Steuer darf nicht mehr betragen als 50 Prozent dieses Erwerbs.

## § 15 Steuerklassen[1)2)]

(1) Nach dem persönlichen Verhältnis des Erwerbers zum Erblasser oder Schenker werden die folgenden drei Steuerklassen unterschieden:

Steuerklasse I:
1. der Ehegatte und der Lebenspartner,
2. die Kinder und Stiefkinder,
3. die Abkömmlinge der in Nummer 2 genannten Kinder und Stiefkinder,
4. die Eltern und Voreltern bei Erwerben von Todes wegen;

Steuerklasse II:
1. die Eltern und Voreltern, soweit sie nicht zur Steuerklasse I gehören,
2. die Geschwister,
3. die Abkömmlinge ersten Grades von Geschwistern,
4. die Stiefeltern,
5. die Schwiegerkinder,
6. die Schwiegereltern,
7. der geschiedene Ehegatte und der Lebenspartner einer aufgehobenen Lebenspartnerschaft;

Steuerklasse III:
alle übrigen Erwerber und die Zweckzuwendungen.

(1a) Die Steuerklassen I und II Nr. 1 bis 3 gelten auch dann, wenn die Verwandtschaft durch Annahme als Kind bürgerlich-rechtlich erloschen ist.

(2) ¹In den Fällen des § 3 Abs. 2 Nr. 1 und des § 7 Abs. 1 Nr. 8 ist der Besteuerung das Verwandtschaftsverhältnis des nach der Stiftungsurkunde entferntest Berechtigten zu dem Erblasser oder Schenker zugrunde zu legen, sofern die Stiftung wesentlich im Interesse einer Familie oder bestimmter Familien im Inland errichtet ist. ²In den Fällen des § 7 Abs. 1 Nr. 9 Satz 1 gilt als Schenker der Stifter oder derjenige, der das Vermögen auf den Verein übertragen hat, und in den Fällen des § 7 Abs. 1 Nr. 9 Satz 2 derjenige, der die Vermögensmasse im Sinne des § 3 Abs. 2 Nr. 1 Satz 2 oder § 7 Abs. 1 Nr. 8 Satz 2 gebildet oder ausgestattet hat. ³In den Fällen des § 1 Abs. 1 Nr. 4 wird der doppelte Freibetrag nach § 16 Abs. 1 Nr. 2 gewährt; die Steuer ist nach dem Prozentsatz der Steuerklasse I zu berechnen, der für die Hälfte des steuerpflichtigen Vermögens gelten würde.

---

1) **Anm. d. Red.:** § 15 Abs. 1 i. d. F. des Gesetzes v. 8. 12. 2010 (BGBl I S. 1768) mit Wirkung v. 14. 12. 2010; Abs. 2 und 3 i. d. F. des Gesetzes v. 24. 12. 2008 (BGBl I S. 3018) mit Wirkung v. 1. 1. 2009; Abs. 4 angefügt gem. Gesetz v. 7. 12. 2011 (BGBl I S. 2592) mit Wirkung v. 14. 12. 2011.

2) **Anm. d. Red.:** Zur Anwendung des § 15 siehe § 37 Abs. 4, 5 und 7.

(3) ¹Im Falle des § 2269 des Bürgerlichen Gesetzbuchs und soweit der überlebende Ehegatte oder der überlebende Lebenspartner an die Verfügung gebunden ist, ist auf Antrag der Versteuerung das Verhältnis des Schlusserben oder Vermächtnisnehmers zum zuerst verstorbenen Ehegatten oder dem zuerst verstorbenen Lebenspartner zugrunde zu legen, soweit sein Vermögen beim Tod des überlebenden Ehegatten oder des überlebenden Lebenspartners noch vorhanden ist. ²§ 6 Abs. 2 Satz 3 bis 5 gilt entsprechend.

(4) ¹Bei einer Schenkung durch eine Kapitalgesellschaft oder Genossenschaft ist der Besteuerung das persönliche Verhältnis des Erwerbers zu derjenigen unmittelbar oder mittelbar beteiligten natürlichen Person oder Stiftung zugrunde zu legen, durch die sie veranlasst ist. ²In diesem Fall gilt die Schenkung bei der Zusammenrechnung früherer Erwerbe (§ 14) als Vermögensvorteil, der dem Bedachten von dieser Person anfällt.

## § 16 Freibeträge[1)2)]

(1) Steuerfrei bleibt in den Fällen der unbeschränkten Steuerpflicht (§ 2 Absatz 1 Nummer 1 und Absatz 3) der Erwerb

1. des Ehegatten und des Lebenspartners in Höhe von 500 000 Euro;
2. der Kinder im Sinne der Steuerklasse I Nr. 2 und der Kinder verstorbener Kinder im Sinne der Steuerklasse I Nr. 2 in Höhe von 400 000 Euro;
3. der Kinder der Kinder im Sinne der Steuerklasse I Nr. 2 in Höhe von 200 000 Euro;
4. der übrigen Personen der Steuerklasse I in Höhe von 100 000 Euro;
5. der Personen der Steuerklasse II in Höhe von 20 000 Euro;
6. (weggefallen)
7. der übrigen Personen der Steuerklasse III in Höhe von 20 000 Euro.

(2) An die Stelle des Freibetrags nach Absatz 1 tritt in den Fällen der beschränkten Steuerpflicht (§ 2 Absatz 1 Nummer 3) ein Freibetrag von 2 000 Euro.

## § 17 Besonderer Versorgungsfreibetrag[3)4)]

(1) ¹Neben dem Freibetrag nach § 16 Abs. 1 Nr. 1 wird dem überlebenden Ehegatten und dem überlebenden Lebenspartner ein besonderer Versorgungsfreibetrag von 256 000 Euro gewährt. ²Der Freibetrag wird bei Ehegatten oder bei Lebenspartnern, denen aus Anlass des Todes des Erblassers nicht der Erbschaftsteuer unterliegende Versorgungsbezüge zustehen, um den nach § 14 des Bewertungsgesetzes zu ermittelnden Kapitalwert dieser Versorgungsbezüge gekürzt.

(2) ¹Neben dem Freibetrag nach § 16 Abs. 1 Nr. 2 wird Kindern im Sinne der Steuerklasse I Nr. 2 (§ 15 Abs. 1) für Erwerbe von Todes wegen ein besonderer Versorgungsfreibetrag in folgender Höhe gewährt:

1. bei einem Alter bis zu 5 Jahren in Höhe von 52 000 Euro;
2. bei einem Alter von mehr als 5 bis zu 10 Jahren in Höhe von 41 000 Euro;
3. bei einem Alter von mehr als 10 bis zu 15 Jahren in Höhe von 30 700 Euro;
4. bei einem Alter von mehr als 15 bis zu 20 Jahren in Höhe von 20 500 Euro;
5. bei einem Alter von mehr als 20 Jahren bis zur Vollendung des 27. Lebensjahrs in Höhe von 10 300 Euro.

²Stehen dem Kind aus Anlass des Todes des Erblassers nicht der Erbschaftsteuer unterliegende Versorgungsbezüge zu, wird der Freibetrag um den nach § 13 Abs. 1 des Bewertungsgesetzes zu

---

1) **Anm. d. Red.:** § 16 i. d. F. des Gesetzes v. 7. 12. 2011 (BGBl I S. 2592) mit Wirkung v. 14. 12. 2011.
2) **Anm. d. Red.:** Zur Anwendung des § 16 siehe § 37 Abs. 4, 5 und 7.
3) **Anm. d. Red.:** § 17 Abs. 1 i. d. F. des Gesetzes v. 8. 12. 2010 (BGBl I S. 1768) mit Wirkung v. 14. 12. 2010; Abs. 2 i. d. F. des Gesetzes v. 19. 12. 2000 (BGBl I S. 1790) mit Wirkung v. 1. 1. 2002.
4) **Anm. d. Red.:** Zur Anwendung des § 17 siehe § 37 Abs. 4 und 5.

ermittelnden Kapitalwert dieser Versorgungsbezüge gekürzt. ³Bei der Berechnung des Kapitalwerts ist von der nach den Verhältnissen am Stichtag (§ 11) voraussichtlichen Dauer der Bezüge auszugehen.

## § 18 Mitgliederbeiträge[1]

¹Beiträge an Personenvereinigungen, die nicht lediglich die Förderung ihrer Mitglieder zum Zweck haben, sind steuerfrei, soweit die von einem Mitglied im Kalenderjahr der Vereinigung geleisteten Beiträge 300 Euro nicht übersteigen. ²§ 13 Abs. 1 Nr. 16 und 18 bleibt unberührt.

## § 19 Steuersätze[2)3]

(1)[4] Die Erbschaftsteuer wird nach folgenden Prozentsätzen erhoben:

| Wert des steuerpflichtigen Erwerbs (§ 10) bis einschließlich ... Euro | Prozentsatz in der Steuerklasse | | |
|---|---|---|---|
| | I | II | III |
| 75 000 | 7 | 15 | 30 |
| 300 000 | 11 | 20 | 30 |
| 600 000 | 15 | 25 | 30 |
| 6 000 000 | 19 | 30 | 30 |
| 13 000 000 | 23 | 35 | 50 |
| 26 000 000 | 27 | 40 | 50 |
| über 26 000 000 | 30 | 43 | 50 |

(2) Ist im Fall des § 2 Absatz 1 Nummer 1 und Absatz 3 ein Teil des Vermögens der inländischen Besteuerung auf Grund eines Abkommens zur Vermeidung der Doppelbesteuerung entzogen, ist die Steuer nach dem Steuersatz zu erheben, der für den ganzen Erwerb gelten würde.

(3) Der Unterschied zwischen der Steuer, die sich bei Anwendung des Absatzes 1 ergibt, und der Steuer, die sich berechnen würde, wenn der Erwerb die letztvorhergehende Wertgrenze nicht überstiegen hätte, wird nur insoweit erhoben, als er
a) bei einem Steuersatz bis zu 30 Prozent aus der Hälfte,
b) bei einem Steuersatz über 30 Prozent aus drei Vierteln
des die Wertgrenze übersteigenden Betrags gedeckt werden kann.

## § 19a Tarifbegrenzung beim Erwerb von Betriebsvermögen, von Betrieben der Land- und Forstwirtschaft und von Anteilen an Kapitalgesellschaften[5)6]

(1) Sind in dem steuerpflichtigen Erwerb einer natürlichen Person der Steuerklasse II oder III Betriebsvermögen, land- und forstwirtschaftliches Vermögen oder Anteile an Kapitalgesellschaften im Sinne des Absatzes 2 enthalten, ist von der tariflichen Erbschaftsteuer ein Entlastungsbetrag nach Absatz 4 abzuziehen.

---

1) **Anm. d. Red.:** § 18 i. d. F. des Gesetzes v. 19. 12. 2000 (BGBl I S. 1790) mit Wirkung v. 1. 1. 2002.

2) **Anm. d. Red.:** § 19 Abs. 1 i. d. F. des Gesetzes v. 22. 12. 2009 (BGBl I S. 3950) mit Wirkung v. 1. 1. 2010; Abs. 2 i. d. F. des Gesetzes v. 7. 12. 2011 (BGBl I S. 2592) mit Wirkung v. 14. 12. 2011; Abs. 3 i. d. F. des Gesetzes v. 24. 12. 2008 (BGBl I S. 3018) mit Wirkung v. 1. 1. 2009.

3) **Anm. d. Red.:** Zur Anwendung des § 19 siehe § 37 Abs. 7.

4) **Anm. d. Red.:** § 19 Abs. 1 wurde für verfassungswidrig erklärt durch BVerfG, Urteil v. 17. 12. 2014 – 1 BvL 21/12 (BGBl 2015 I S. 4). Die Vorschrift ist zunächst weiter anwendbar; der Gesetzgeber muss spätestens bis zum 30. 6. 2016 eine Neuregelung treffen.

5) **Anm. d. Red.:** § 19a Abs. 1, 2 und 4 i. d. F. des Gesetzes v. 24. 12. 2008 (BGBl I S. 3018) mit Wirkung v. 1. 1. 2009; Abs. 3 und 5 i. d. F. des Gesetzes v. 22. 12. 2009 (BGBl I S. 3950) mit Wirkung v. 1. 1. 2010.

6) **Anm. d. Red.:** Zur Anwendung des § 19a siehe § 37 Abs. 3 Satz 1.

(2) ¹Der Entlastungsbetrag gilt für den nicht unter § 13b Abs. 4 fallenden Teil des Vermögens im Sinne des § 13b Abs. 1. ²Ein Erwerber kann den Entlastungsbetrag nicht in Anspruch nehmen, soweit er Vermögen im Sinne des Satzes 1 auf Grund einer letztwilligen Verfügung des Erblassers oder einer rechtsgeschäftlichen Verfügung des Erblassers oder Schenkers auf einen Dritten übertragen muss. ³Gleiches gilt, wenn ein Erbe im Rahmen der Teilung des Nachlasses Vermögen im Sinne des Satzes 1 auf einen Miterben überträgt.

(3) Der auf das Vermögen im Sinne des Absatzes 2 entfallende Anteil an der tariflichen Erbschaftsteuer bemisst sich nach dem Verhältnis des Werts dieses Vermögens nach Anwendung des § 13a und nach Abzug der mit diesem Vermögen in wirtschaftlichem Zusammenhang stehenden abzugsfähigen Schulden und Lasten (§ 10 Absatz 5 und 6) zum Wert des gesamten Vermögensanfalls im Sinne des § 10 Absatz 1 Satz 1 und 2 nach Abzug der mit diesem Vermögen in wirtschaftlichem Zusammenhang stehenden abzugsfähigen Schulden und Lasten (§ 10 Absatz 5 und 6).

(4) ¹Zur Ermittlung des Entlastungsbetrags ist für den steuerpflichtigen Erwerb zunächst die Steuer nach der tatsächlichen Steuerklasse des Erwerbers zu berechnen und nach Maßgabe des Absatzes 3 aufzuteilen. ²Für den steuerpflichtigen Erwerb ist dann die Steuer nach Steuerklasse I zu berechnen und nach Maßgabe des Absatzes 3 aufzuteilen. ³Der Entlastungsbetrag ergibt sich als Unterschiedsbetrag zwischen der auf Vermögen im Sinne des Absatzes 2 entfallenden Steuer nach den Sätzen 1 und 2.

(5) ¹Der Entlastungsbetrag fällt mit Wirkung für die Vergangenheit weg, soweit der Erwerber innerhalb von fünf Jahren gegen die Behaltensregelungen des § 13a verstößt. ²In den Fällen des § 13a Absatz 8 tritt an die Stelle der Frist nach Satz 1 eine Frist von sieben Jahren. ³Die Festsetzungsfrist für die Steuer endet nicht vor dem Ablauf des vierten Jahres, nachdem die Finanzbehörde von dem Verstoß gegen die Behaltensregelungen Kenntnis erlangt. ⁴§ 13a Abs. 6 Satz 4 bis 6 gilt entsprechend.

## IV. Steuerfestsetzung und Erhebung

### § 20 Steuerschuldner[1]

(1) ¹Steuerschuldner ist der Erwerber, bei einer Schenkung auch der Schenker, bei einer Zweckzuwendung der mit der Ausführung der Zuwendung Beschwerte und in den Fällen des § 1 Abs. 1 Nr. 4 die Stiftung oder der Verein. ²In den Fällen des § 3 Abs. 2 Nr. 1 Satz 2 und § 7 Abs. 1 Nr. 8 Satz 2 ist die Vermögensmasse Erwerber und Steuerschuldner, in den Fällen des § 7 Abs. 1 Nr. 8 Satz 2 ist Steuerschuldner auch derjenige, der die Vermögensmasse gebildet oder ausgestattet hat.

(2) Im Falle des § 4 sind die Abkömmlinge im Verhältnis der auf sie entfallenden Anteile, der überlebende Ehegatte oder der überlebende Lebenspartner für den gesamten Steuerbetrag Steuerschuldner.

(3) Der Nachlass haftet bis zur Auseinandersetzung (§ 2042 des Bürgerlichen Gesetzbuchs) für die Steuer der am Erbfall Beteiligten.

(4) Der Vorerbe hat die durch die Vorerbschaft veranlasste Steuer aus den Mitteln der Vorerbschaft zu entrichten.

(5) Hat der Steuerschuldner den Erwerb oder Teile desselben vor Entrichtung der Erbschaftsteuer einem anderen unentgeltlich zugewendet, haftet der andere in Höhe des Werts der Zuwendung persönlich für die Steuer.

(6) ¹Versicherungsunternehmen, die vor Entrichtung oder Sicherstellung der Steuer die von ihnen zu zahlende Versicherungssumme oder Leibrente in ein Gebiet außerhalb des Geltungs-

---

1) **Anm. d. Red.:** § 20 Abs. 1 i. d. F. des Gesetzes v. 24. 3. 1999 (BGBl I S. 402) mit Wirkung v. 1. 1. 1999; Abs. 2 i. d. F. des Gesetzes v. 24. 12. 2008 (BGBl I S. 3018) mit Wirkung v. 1. 1. 2009; Abs. 7 i. d. F. des Gesetzes v. 19. 12. 2000 (BGBl I S. 1790) mit Wirkung v. 1. 1. 2002.

bereichs dieses Gesetzes zahlen oder außerhalb des Geltungsbereichs dieses Gesetzes wohnhaften Berechtigten zur Verfügung stellen, haften in Höhe des ausgezahlten Betrags für die Steuer. ²Das Gleiche gilt für Personen, in deren Gewahrsam sich Vermögen des Erblassers befindet, soweit sie das Vermögen vorsätzlich oder fahrlässig vor Entrichtung oder Sicherstellung der Steuer in ein Gebiet außerhalb des Geltungsbereichs dieses Gesetzes bringen oder außerhalb des Geltungsbereichs dieses Gesetzes wohnhaften Berechtigten zur Verfügung stellen.

(7) Die Haftung nach Absatz 6 ist nicht geltend zu machen, wenn der in einem Steuerfall in ein Gebiet außerhalb des Geltungsbereichs dieses Gesetzes gezahlte oder außerhalb des Geltungsbereichs dieses Gesetzes wohnhaften Berechtigten zur Verfügung gestellte Betrag 600 Euro nicht übersteigt.

### § 21 Anrechnung ausländischer Erbschaftsteuer[1)2)]

(1) ¹Bei Erwerbern, die in einem ausländischen Staat mit ihrem Auslandsvermögen zu einer der deutschen Erbschaftsteuer entsprechenden Steuer – ausländische Steuer – herangezogen werden, ist in den Fällen des § 2 Absatz 1 Nummer 1 und Absatz 3, sofern nicht die Vorschriften eines Abkommens zur Vermeidung der Doppelbesteuerung anzuwenden sind, auf Antrag die festgesetzte, auf den Erwerber entfallende, gezahlte und keinem Ermäßigungsanspruch unterliegende ausländische Steuer insoweit auf die deutsche Erbschaftsteuer anzurechnen, als das Auslandsvermögen auch der deutschen Erbschaftsteuer unterliegt. ²Besteht der Erwerb nur zum Teil aus Auslandsvermögen, ist der darauf entfallende Teilbetrag der deutschen Erbschaftsteuer in der Weise zu ermitteln, dass die für das steuerpflichtige Gesamtvermögen einschließlich des steuerpflichtigen Auslandsvermögens sich ergebende Erbschaftsteuer im Verhältnis des steuerpflichtigen Auslandsvermögens zum steuerpflichtigen Gesamtvermögen aufgeteilt wird. ³Ist das Auslandsvermögen in verschiedenen ausländischen Staaten belegen, ist dieser Teil für jeden einzelnen ausländischen Staat gesondert zu berechnen. ⁴Die ausländische Steuer ist nur anrechenbar, wenn die deutsche Erbschaftsteuer für das Auslandsvermögen innerhalb von fünf Jahren seit dem Zeitpunkt der Entstehung der ausländischen Erbschaftsteuer entstanden ist.

(2) Als Auslandsvermögen im Sinne des Absatzes 1 gelten,
1. wenn der Erblasser zur Zeit seines Todes Inländer war: alle Vermögensgegenstände der in § 121 des Bewertungsgesetzes genannten Art, die auf einen ausländischen Staat entfallen, sowie alle Nutzungsrechte an diesen Vermögensgegenständen;
2. wenn der Erblasser zur Zeit seines Todes kein Inländer war: alle Vermögensgegenstände mit Ausnahme des Inlandsvermögens im Sinne des § 121 des Bewertungsgesetzes sowie alle Nutzungsrechte an diesen Vermögensgegenständen.

(3) ¹Der Erwerber hat den Nachweis über die Höhe des Auslandsvermögens und über die Festsetzung und Zahlung der ausländischen Steuer durch Vorlage entsprechender Urkunden zu führen. ²Sind diese Urkunden in einer fremden Sprache abgefasst, kann eine beglaubigte Übersetzung in die deutsche Sprache verlangt werden.

(4) Ist nach einem Abkommen zur Vermeidung der Doppelbesteuerung die in einem ausländischen Staat erhobene Steuer auf die Erbschaftsteuer anzurechnen, sind die Absätze 1 bis 3 entsprechend anzuwenden.

### § 22 Kleinbetragsgrenze[3)]

Von der Festsetzung der Erbschaftsteuer ist abzusehen, wenn die Steuer, die für den einzelnen Steuerfall festzusetzen ist, den Betrag von 50 Euro nicht übersteigt.

### § 23 Besteuerung von Renten, Nutzungen und Leistungen

(1) ¹Steuern, die von dem Kapitalwert von Renten oder anderen wiederkehrenden Nutzungen oder Leistungen zu entrichten sind, können nach Wahl des Erwerbers statt vom Kapitalwert

---

1) **Anm. d. Red.:** § 21 Abs. 1 i. d. F. des Gesetzes v. 7.12.2011 (BGBl I S. 2592) mit Wirkung v. 14.12.2011.
2) **Anm. d. Red.:** Zur Anwendung des § 21 siehe § 37 Abs. 7.
3) **Anm. d. Red.:** § 22 i. d. F. des Gesetzes v. 19.12.2000 (BGBl I S. 1790) mit Wirkung v. 1.1.2002.

jährlich im Voraus von dem Jahreswert entrichtet werden. ²Die Steuer wird in diesem Fall nach dem Steuersatz erhoben, der sich nach § 19 für den gesamten Erwerb einschließlich des Kapitalwerts der Renten oder anderen wiederkehrenden Nutzungen oder Leistungen ergibt.

(2) ¹Der Erwerber hat das Recht, die Jahressteuer zum jeweils nächsten Fälligkeitstermin mit ihrem Kapitalwert abzulösen. ²Für die Ermittlung des Kapitalwerts im Ablösungszeitpunkt sind die Vorschriften der §§ 13 und 14 des Bewertungsgesetzes anzuwenden. ³Der Antrag auf Ablösung der Jahressteuer ist spätestens bis zum Beginn des Monats zu stellen, der dem Monat vorausgeht, in dem die nächste Jahressteuer fällig wird.

### § 24 Verrentung der Steuerschuld in den Fällen des § 1 Abs. 1 Nr. 4[1)]

¹In den Fällen des § 1 Abs. 1 Nr. 4 kann der Steuerpflichtige verlangen, dass die Steuer in 30 gleichen jährlichen Teilbeträgen (Jahresbeträgen) zu entrichten ist. ²Die Summe der Jahresbeträge umfasst die Tilgung und die Verzinsung der Steuer; dabei ist von einem Zinssatz von 5,5 Prozent auszugehen.

### § 25 (weggefallen)[2)]

### § 26 Ermäßigung der Steuer bei Aufhebung einer Familienstiftung oder Auflösung eines Vereins[3)]

In den Fällen des § 7 Abs. 1 Nr. 9 ist auf die nach § 15 Abs. 2 Satz 2 zu ermittelnde Steuer die nach § 15 Abs. 2 Satz 3 festgesetzte Steuer anteilsmäßig anzurechnen

a) mit 50 Prozent, wenn seit der Entstehung der anrechenbaren Steuer nicht mehr als zwei Jahre,

b) mit 25 Prozent, wenn seit der Entstehung der anrechenbaren Steuer mehr als zwei Jahre, aber nicht mehr als vier Jahre vergangen sind.

### § 27 Mehrfacher Erwerb desselben Vermögens[4)5)]

(1) Fällt Personen der Steuerklasse I von Todes wegen Vermögen an, das in den letzten zehn Jahren vor dem Erwerb bereits von Personen dieser Steuerklasse erworben worden ist und für das nach diesem Gesetz eine Steuer zu erheben war, ermäßigt sich der auf dieses Vermögen entfallende Steuerbetrag vorbehaltlich des Absatzes 3 wie folgt:

| um ... Prozent | wenn zwischen den beiden Zeitpunkten der Entstehung der Steuer liegen | |
|---|---|---|
| 50 | nicht mehr als 1 Jahr | |
| 45 | mehr als 1 Jahr, | aber nicht mehr als 2 Jahre |
| 40 | mehr als 2 Jahre, | aber nicht mehr als 3 Jahre |
| 35 | mehr als 3 Jahre, | aber nicht mehr als 4 Jahre |
| 30 | mehr als 4 Jahre, | aber nicht mehr als 5 Jahre |
| 25 | mehr als 5 Jahre, | aber nicht mehr als 6 Jahre |
| 20 | mehr als 6 Jahre, | aber nicht mehr als 8 Jahre |
| 10 | mehr als 8 Jahre, | aber nicht mehr als 10 Jahre |

1) **Anm. d. Red.:** § 24 i. d. F. des Gesetzes v. 24.12.2008 (BGBl I S. 3018) mit Wirkung v. 1.1.2009.

2) **Anm. d. Red.:** § 25 weggefallen gem. Gesetz v. 24.12.2008 (BGBl I S. 3018) mit Wirkung v. 1.1.2009.

3) **Anm. d. Red.:** § 26 i. d. F. des Gesetzes v. 24.12.2008 (BGBl I S. 3018) mit Wirkung v. 1.1.2009.

4) **Anm. d. Red.:** § 27 Abs. 1 und 3 i. d. F. des Gesetzes v. 24.12.2008 (BGBl I S. 3018) mit Wirkung v. 1.1.2009.

5) **Anm. d. Red.:** Zur Anwendung des § 27 siehe § 37a Abs. 5.

(2) Zur Ermittlung des Steuerbetrags, der auf das begünstigte Vermögen entfällt, ist die Steuer für den Gesamterwerb in dem Verhältnis aufzuteilen, in dem der Wert des begünstigten Vermögens zu dem Wert des steuerpflichtigen Gesamterwerbs ohne Abzug des dem Erwerber zustehenden Freibetrags steht.

(3) Die Ermäßigung nach Absatz 1 darf den Betrag nicht überschreiten, der sich bei Anwendung der in Absatz 1 genannten Prozentsätze auf die Steuer ergibt, die der Vorerwerber für den Erwerb desselben Vermögens entrichtet hat.

## § 28 Stundung[1)2)]

(1) ¹Gehört zum Erwerb Betriebsvermögen oder land- und forstwirtschaftliches Vermögen, ist dem Erwerber die darauf entfallende Erbschaftsteuer auf Antrag bis zu zehn Jahren zu stunden, soweit dies zur Erhaltung des Betriebs notwendig ist. ²Die §§ 234 und 238 der Abgabenordnung sind anzuwenden; bei Erwerben von Todes wegen erfolgt diese Stundung zinslos. ³§ 222 der Abgabenordnung bleibt unberührt.

(2) Absatz 1 findet in den Fällen des § 1 Abs. 1 Nr. 4 entsprechende Anwendung.

(3) ¹Gehört zum Erwerb begünstigtes Vermögen im Sinne des § 13c Abs. 3, ist dem Erwerber die darauf entfallende Erbschaftsteuer auf Antrag bis zu zehn Jahren zu stunden, soweit er die Steuer nur durch Veräußerung dieses Vermögens aufbringen kann. ²Satz 1 gilt entsprechend, wenn zum Erwerb ein Ein- oder Zweifamilienhaus oder Wohneigentum gehört, das der Erwerber nach dem Erwerb zu eigenen Wohnzwecken nutzt, längstens für die Dauer der Selbstnutzung. ³Nach Aufgabe der Selbstnutzung ist die Stundung unter den Voraussetzungen des Satzes 1 weiter zu gewähren. ⁴Die Stundung endet in den Fällen der Sätze 1 bis 3, soweit das erworbene Vermögen Gegenstand einer Schenkung im Sinne des § 7 ist. ⁵Absatz 1 Satz 2 und 3 gilt entsprechend.

## § 29 Erlöschen der Steuer in besonderen Fällen[3)]

(1) Die Steuer erlischt mit Wirkung für die Vergangenheit,
1. soweit ein Geschenk wegen eines Rückforderungsrechts herausgegeben werden musste;
2. soweit die Herausgabe gemäß § 528 Abs. 1 Satz 2 des Bürgerlichen Gesetzbuchs abgewendet worden ist;
3. soweit in den Fällen des § 5 Abs. 2 unentgeltliche Zuwendungen auf die Ausgleichsforderung angerechnet worden sind (§ 1380 Abs. 1 des Bürgerlichen Gesetzbuchs). ²Entsprechendes gilt, wenn unentgeltliche Zuwendungen bei der Berechnung des nach § 5 Abs. 1 steuerfreien Betrags berücksichtigt werden;
4. soweit Vermögensgegenstände, die von Todes wegen (§ 3) oder durch Schenkung unter Lebenden (§ 7) erworben worden sind, innerhalb von 24 Monaten nach dem Zeitpunkt der Entstehung der Steuer (§ 9) dem Bund, einem Land, einer inländischen Gemeinde (Gemeindeverband) oder einer inländischen Stiftung zugewendet werden, die nach der Satzung, dem Stiftungsgeschäft oder der sonstigen Verfassung und nach ihrer tatsächlichen Geschäftsführung ausschließlich und unmittelbar als gemeinnützig anzuerkennenden steuerbegünstigten Zwecken im Sinne der §§ 52 bis 54 der Abgabenordnung mit Ausnahme der Zwecke, die nach § 52 Abs. 2 Nr. 23 der Abgabenordnung gemeinnützig sind, dient. ²Dies gilt nicht, wenn die Stiftung Leistungen im Sinne des § 58 Nr. 5 der Abgabenordnung an den Erwerber oder seine nächsten Angehörigen zu erbringen hat oder soweit für die Zuwendung die Vergünstigung nach § 10b des Einkommensteuergesetzes, § 9 Abs. 1 Nr. 2 des Körperschaftsteuergesetzes oder § 9 Nr. 5 des Gewerbesteuergesetzes in Anspruch genommen wird. ³Für das Jahr der Zuwendung ist bei der Einkommensteuer oder Körperschaft-

---

1) **Anm. d. Red.:** § 28 Abs. 3 i. d. F. des Gesetzes v. 24. 12. 2008 (BGBl I S. 3018) mit Wirkung v. 1. 1. 2009.
2) **Anm. d. Red.:** Zur Anwendung des § 28 siehe § 37a Abs. 6.
3) **Anm. d. Red.:** § 29 Abs. 1 i. d. F. des Gesetzes v. 24. 12. 2008 (BGBl I S. 3018) mit Wirkung v. 1. 1. 2009.

steuer und bei der Gewerbesteuer unwiderruflich zu erklären, in welcher Höhe die Zuwendung als Spende zu berücksichtigen ist. ⁴Die Erklärung ist für die Festsetzung der Erbschaftsteuer oder Schenkungsteuer bindend.

(2) Der Erwerber ist für den Zeitraum, für den ihm die Nutzungen des zugewendeten Vermögens zugestanden haben, wie ein Nießbraucher zu behandeln.

### § 30 Anzeige des Erwerbs[1)2)]

(1) Jeder der Erbschaftsteuer unterliegende Erwerb (§ 1) ist vom Erwerber, bei einer Zweckzuwendung vom Beschwerten binnen einer Frist von drei Monaten nach erlangter Kenntnis von dem Anfall oder von dem Eintritt der Verpflichtung dem für die Verwaltung der Erbschaftsteuer zuständigen Finanzamt schriftlich anzuzeigen.

(2) Erfolgt der steuerpflichtige Erwerb durch ein Rechtsgeschäft unter Lebenden, ist zur Anzeige auch derjenige verpflichtet, aus dessen Vermögen der Erwerb stammt.

(3) ¹Einer Anzeige bedarf es nicht, wenn der Erwerb auf einer von einem deutschen Gericht, einem deutschen Notar oder einem deutschen Konsul eröffneten Verfügung von Todes wegen beruht und sich aus der Verfügung das Verhältnis des Erwerbers zum Erblasser unzweifelhaft ergibt; das gilt nicht, wenn zum Erwerb Grundbesitz, Betriebsvermögen, Anteile an Kapitalgesellschaften, die nicht der Anzeigepflicht nach § 33 unterliegen, oder Auslandsvermögen gehört. ²Einer Anzeige bedarf es auch nicht, wenn eine Schenkung unter Lebenden oder eine Zweckzuwendung gerichtlich oder notariell beurkundet ist.

(4) Die Anzeige soll folgende Angaben enthalten:
1. Vorname und Familienname, Identifikationsnummer (§ 139b der Abgabenordnung), Beruf, Wohnung des Erblassers oder Schenkers und des Erwerbers;
2. Todestag und Sterbeort des Erblassers oder Zeitpunkt der Ausführung der Schenkung;
3. Gegenstand und Wert des Erwerbs;
4. Rechtsgrund des Erwerbs wie gesetzliche Erbfolge, Vermächtnis, Ausstattung;
5. persönliches Verhältnis des Erwerbers zum Erblasser oder zum Schenker wie Verwandtschaft, Schwägerschaft, Dienstverhältnis;
6. frühere Zuwendungen des Erblassers oder Schenkers an den Erwerber nach Art, Wert und Zeitpunkt der einzelnen Zuwendung.

### § 31 Steuererklärung[3)]

(1) ¹Das Finanzamt kann von jedem an einem Erbfall, an einer Schenkung oder an einer Zweckzuwendung Beteiligten ohne Rücksicht darauf, ob er selbst steuerpflichtig ist, die Abgabe einer Erklärung innerhalb einer von ihm zu bestimmenden Frist verlangen. ²Die Frist muss mindestens einen Monat betragen.

(2) Die Erklärung hat ein Verzeichnis der zum Nachlass gehörenden Gegenstände und die sonstigen für die Feststellung des Gegenstands und des Werts des Erwerbs erforderlichen Angaben zu enthalten.

(3) In den Fällen der fortgesetzten Gütergemeinschaft kann das Finanzamt die Steuererklärung allein von dem überlebenden Ehegatten oder dem überlebenden Lebenspartner verlangen.

(4) ¹Sind mehrere Erben vorhanden, sind sie berechtigt, die Steuererklärung gemeinsam abzugeben. ²In diesem Fall ist die Steuererklärung von allen Beteiligten zu unterschreiben. ³Sind an

---

1) **Anm. d. Red.:** § 30 Abs. 1 i. d. F. des Gesetzes v. 21. 8. 2002 (BGBl I S. 3322) mit Wirkung v. 28. 8. 2002; Abs. 3 i. d. F. des Gesetzes v. 24. 12. 2008 (BGBl I S. 3018) mit Wirkung v. 1. 1. 2009; Abs. 4 i. d. F. des Gesetzes v. 2. 11. 2015 (BGBl I S. 1834) mit Wirkung v. 6. 11. 2015.

2) **Anm. d. Red.:** Zur Anwendung des § 30 siehe § 37 Abs. 10.

3) **Anm. d. Red.:** § 31 Abs. 3 i. d. F. des Gesetzes v. 24. 12. 2008 (BGBl I S. 3018) mit Wirkung v. 1. 1. 2009.

dem Erbfall außer den Erben noch weitere Personen beteiligt, können diese im Einverständnis mit den Erben in die gemeinsame Steuererklärung einbezogen werden.

(5) ¹Ist ein Testamentsvollstrecker oder Nachlassverwalter vorhanden, ist die Steuererklärung von diesem abzugeben. ²Das Finanzamt kann verlangen, dass die Steuererklärung auch von einem oder mehreren Erben mitunterschrieben wird.

(6) Ist ein Nachlasspfleger bestellt, ist dieser zur Abgabe der Steuererklärung verpflichtet.

(7) ¹Das Finanzamt kann verlangen, dass eine Steuererklärung auf einem Vordruck nach amtlich bestimmtem Muster abzugeben ist, in der der Steuerschuldner die Steuer selbst zu berechnen hat. ²Der Steuerschuldner hat die selbst berechnete Steuer innerhalb eines Monats nach Abgabe der Steuererklärung zu entrichten.

### § 32 Bekanntgabe des Steuerbescheids an Vertreter

(1) ¹In den Fällen des § 31 Abs. 5 ist der Steuerbescheid abweichend von § 122 Abs. 1 Satz 1 der Abgabenordnung dem Testamentsvollstrecker oder Nachlassverwalter bekannt zu geben. ²Diese Personen haben für die Bezahlung der Erbschaftsteuer zu sorgen. ³Auf Verlangen des Finanzamts ist aus dem Nachlass Sicherheit zu leisten.

(2) ¹In den Fällen des § 31 Abs. 6 ist der Steuerbescheid dem Nachlasspfleger bekannt zu geben. ²Absatz 1 Satz 2 und 3 ist entsprechend anzuwenden.

### § 33 Anzeigepflicht der Vermögensverwahrer, Vermögensverwalter und Versicherungsunternehmen[1]

(1) ¹Wer sich geschäftsmäßig mit der Verwahrung oder Verwaltung fremden Vermögens befasst, hat diejenigen in seinem Gewahrsam befindlichen Vermögensgegenstände und diejenigen gegen ihn gerichteten Forderungen, die beim Tod eines Erblassers zu dessen Vermögen gehörten oder über die dem Erblasser zur Zeit seines Todes die Verfügungsmacht zustand, dem für die Verwaltung der Erbschaftsteuer zuständigen Finanzamt schriftlich anzuzeigen. ²Die Anzeige ist zu erstatten:
1. in der Regel: innerhalb eines Monats, seitdem der Todesfall dem Verwahrer oder Verwalter bekannt geworden ist;
2. wenn der Erblasser zur Zeit seines Todes Angehöriger eines ausländischen Staats war und nach einer Vereinbarung mit diesem Staat der Nachlass einem konsularischen Vertreter auszuhändigen ist: spätestens bei der Aushändigung des Nachlasses.

(2) Wer auf den Namen lautende Aktien oder Schuldverschreibungen ausgegeben hat, hat dem Finanzamt schriftlich von dem Antrag, solche Wertpapiere eines Verstorbenen auf den Namen anderer umzuschreiben, vor der Umschreibung Anzeige zu erstatten.

(3) Versicherungsunternehmen haben, bevor sie Versicherungssummen oder Leibrenten einem anderen als dem Versicherungsnehmer auszahlen oder zur Verfügung stellen, hiervon dem Finanzamt schriftlich Anzeige zu erstatten.

(4) Zuwiderhandlungen gegen diese Pflichten werden als Steuerordnungswidrigkeit mit Geldbuße geahndet.

### § 34 Anzeigepflicht der Gerichte, Behörden, Beamten und Notare[2][3]

(1) Die Gerichte, Behörden, Beamten und Notare haben dem für die Verwaltung der Erbschaftsteuer zuständigen Finanzamt schriftlich Anzeige zu erstatten über diejenigen Beurkun-

---

1) **Anm. d. Red.:** § 33 Abs. 1 bis 3 i. d. F. des Gesetzes v. 21. 8. 2002 (BGBl I S. 3322) mit Wirkung v. 28. 8. 2002.

2) **Anm. d. Red.:** § 34 Abs. 1 i. d. F. des Gesetzes v. 21. 8. 2002 (BGBl I S. 3322) mit Wirkung v. 28. 8. 2002; Abs. 2 i. d. F. des Gesetzes v. 29. 6. 2015 (BGBl I S. 1042) mit Wirkung v. 17. 8. 2015.

3) **Anm. d. Red.:** Zur Anwendung des § 34 siehe § 37 Abs. 9.

dungen, Zeugnisse und Anordnungen, die für die Festsetzung einer Erbschaftsteuer von Bedeutung sein können.

(2) Insbesondere haben anzuzeigen:
1. die Standesämter:

    die Sterbefälle;
2. die Gerichte und die Notare:

    die Erteilung von Erbscheinen, Europäischen Nachlasszeugnissen, Testamentsvollstreckerzeugnissen und Zeugnissen über die Fortsetzung der Gütergemeinschaft, die Beschlüsse über Todeserklärungen sowie die Anordnung von Nachlasspflegschaften und Nachlassverwaltungen;
3. die Gerichte, die Notare und die deutschen Konsuln:

    die eröffneten Verfügungen von Todes wegen, die abgewickelten Erbauseinandersetzungen, die beurkundeten Vereinbarungen der Gütergemeinschaft und die beurkundeten Schenkungen und Zweckzuwendungen.

### § 35 Örtliche Zuständigkeit[1)2)]

(1) ¹Örtlich zuständig für die Steuerfestsetzung ist in den Fällen, in denen der Erblasser zur Zeit seines Todes oder der Schenker zur Zeit der Ausführung der Zuwendung ein Inländer war, das Finanzamt, das sich bei sinngemäßer Anwendung des § 19 Abs. 1 und des § 20 der Abgabenordnung ergibt. ²Im Fall der Steuerpflicht nach § 2 Abs. 1 Nr. 1 Buchstabe b richtet sich die Zuständigkeit nach dem letzten inländischen Wohnsitz oder gewöhnlichen Aufenthalt des Erblassers oder Schenkers.

(2) Die örtliche Zuständigkeit bestimmt sich nach den Verhältnissen des Erwerbers, bei Zweckzuwendungen nach den Verhältnissen des Beschwerten, zur Zeit des Erwerbs, wenn
1. bei einer Schenkung unter Lebenden der Erwerber, bei einer Zweckzuwendung unter Lebenden der Beschwerte, eine Körperschaft, Personenvereinigung oder Vermögensmasse ist oder
2. der Erblasser zur Zeit seines Todes oder der Schenker zur Zeit der Ausführung der Zuwendung kein Inländer war. ²Sind an einem Erbfall mehrere inländische Erwerber mit Wohnsitz oder gewöhnlichem Aufenthalt in verschiedenen Finanzamtsbezirken beteiligt, ist das Finanzamt örtlich zuständig, das zuerst mit der Sache befasst wird.

(3) ¹Bei Schenkungen und Zweckzuwendungen unter Lebenden von einer Erbengemeinschaft ist das Finanzamt zuständig, das für die Bearbeitung des Erbfalls zuständig ist. ²Satz 1 gilt auch, wenn eine Erbengemeinschaft aus zwei Erben besteht und der eine Miterbe bei der Auseinandersetzung eine Schenkung an den anderen Miterben ausführt.

(4) In den Fällen des § 2 Absatz 1 Nummer 3 und Absatz 3 ist das Finanzamt örtlich zuständig, das sich bei sinngemäßer Anwendung des § 19 Absatz 2 der Abgabenordnung ergibt.

## V. Ermächtigungs- und Schlussvorschriften

### § 36 Ermächtigungen

(1) Die Bundesregierung wird ermächtigt, mit Zustimmung des Bundesrates
1. zur Durchführung dieses Gesetzes Rechtsverordnungen zu erlassen, soweit dies zur Wahrung der Gleichmäßigkeit bei der Besteuerung, zur Beseitigung von Unbilligkeiten in Härtefällen oder zur Vereinfachung des Besteuerungsverfahrens erforderlich ist, und zwar über

---

1) **Anm. d. Red.:** § 35 Abs. 3 i. d. F. des Gesetzes v. 24.12.2008 (BGBl I S. 3018) mit Wirkung v. 1.1.2009; Abs. 4 i. d. F. des Gesetzes v. 7.12.2011 (BGBl I S. 2592) mit Wirkung v. 14.12.2011.

2) **Anm. d. Red.:** Zur Anwendung des § 35 siehe § 37 Abs. 7.

a) die Abgrenzung der Steuerpflicht,

b) die Feststellung und die Bewertung des Erwerbs von Todes wegen, der Schenkungen unter Lebenden und der Zweckzuwendungen, auch soweit es sich um den Inhalt von Schließfächern handelt,

c) die Steuerfestsetzung, die Anwendung der Tarifvorschriften und die Steuerentrichtung,

d) die Anzeige- und Erklärungspflicht der Steuerpflichtigen,

e) die Anzeige-, Mitteilungs- und Übersendungspflichten der Gerichte, Behörden, Beamten und Notare, der Versicherungsunternehmen, der Vereine und Berufsverbände, die mit einem Versicherungsunternehmen die Zahlung einer Versicherungssumme für den Fall des Todes ihrer Mitglieder vereinbart haben, der geschäftsmäßigen Verwahrer und Verwalter fremden Vermögens, auch soweit es sich um in ihrem Gewahrsam befindliche Vermögensgegenstände des Erblassers handelt, sowie derjenigen, die auf den Namen lautende Aktien oder Schuldverschreibungen ausgegeben haben;

2. Vorschriften durch Rechtsverordnung zu erlassen über die sich aus der Aufhebung oder Änderung von Vorschriften dieses Gesetzes ergebenden Rechtsfolgen, soweit dies zur Wahrung der Gleichmäßigkeit der Besteuerung oder zur Beseitigung von Unbilligkeiten in Härtefällen erforderlich ist.

(2) Das Bundesministerium der Finanzen wird ermächtigt, den Wortlaut dieses Gesetzes und der zu diesem Gesetz erlassenen Durchführungsverordnung in der jeweils geltenden Fassung satzweise nummeriert mit neuem Datum und neuer Paragraphenfolge bekannt zu machen und dabei Unstimmigkeiten des Wortlauts zu beseitigen.

### § 37 Anwendung des Gesetzes[1)]

(1) Dieses Gesetz in der Fassung des Artikels 6 des Gesetzes vom 22. Dezember 2009 (BGBl I S. 3950) findet auf Erwerbe Anwendung, für die die Steuer nach dem 31. Dezember 2009 entsteht.

(2) [1]In Erbfällen, die vor dem 31. August 1980 eingetreten sind, und für Schenkungen, die vor diesem Zeitpunkt ausgeführt worden sind, ist weiterhin § 25 in der Fassung des Gesetzes vom 17. April 1974 (BGBl I S. 933) anzuwenden, auch wenn die Steuer infolge Aussetzung der Versteuerung nach § 25 Abs. 1 Buchstabe a erst nach dem 30. August 1980 entstanden ist oder entsteht. [2]In Erbfällen, die vor dem 1. Januar 2009 eingetreten sind, und für Schenkungen, die vor diesem Zeitpunkt ausgeführt worden sind, ist weiterhin § 25 Abs. 1 Satz 3 und Abs. 2 in der Fassung der Bekanntmachung vom 27. Februar 1997 (BGBl I S. 378) anzuwenden.

(3) [1]Die §§ 13a und 19a Absatz 5 in der Fassung des Artikels 6 des Gesetzes vom 22. Dezember 2009 (BGBl I S. 3950) finden auf Erwerbe Anwendung, für die die Steuer nach dem 31. Dezember 2008 entsteht. [2]§ 13a in der Fassung des Artikels 6 des Gesetzes vom 22. Dezember 2009 (BGBl I S. 3950) ist nicht anzuwenden, wenn das begünstigte Vermögen vor dem 1. Januar 2011 von Todes wegen oder durch Schenkung unter Lebenden erworben wird, bereits Gegenstand einer vor dem 1. Januar 2007 ausgeführten Schenkung desselben Schenkers an dieselbe Person war und wegen eines vertraglichen Rückforderungsrechts nach dem 11. November 2005 herausgegeben werden musste.

(4) § 13 Absatz 1 Nummer 1, § 13b Absatz 2 Satz 6 und 7 und Absatz 3, § 15 Absatz 1, § 16 Absatz 1 und § 17 Absatz 1 Satz 1 in der Fassung des Artikels 14 des Gesetzes vom 8. Dezember 2010 (BGBl I S. 1768) sind auf Erwerbe anzuwenden, für die die Steuer nach dem 13. Dezember 2010 entsteht.

(5) Soweit Steuerbescheide für Erwerbe von Lebenspartnern noch nicht bestandskräftig sind, ist

---

1) **Anm. d. Red.:** § 37 i. d. F. des Gesetzes v. 2. 11. 2015 (BGBl I S. 1834) mit Wirkung v. 6. 11. 2015.

1. § 15 Absatz 1 in der Fassung des Artikels 14 des Gesetzes vom 8. Dezember 2010 (BGBl I S. 1768) auf Erwerbe, für die die Steuer nach dem 31. Juli 2001 entstanden ist, anzuwenden;
2. § 16 Absatz 1 Nummer 1 in der Fassung des Artikels 14 des Gesetzes vom 8. Dezember 2010 (BGBl I S. 1768) auf Erwerbe, für die die Steuer nach dem 31. Dezember 2001 und vor dem 1. Januar 2009 entstanden ist, mit der Maßgabe anzuwenden, dass an die Stelle des Betrages von 500 000 Euro ein Betrag von 307 000 Euro tritt;
3. § 16 Absatz 1 Nummer 1 in der Fassung des Artikels 14 des Gesetzes vom 8. Dezember 2010 (BGBl I S. 1768) auf Erwerbe, für die die Steuer nach dem 31. Juli 2001 und vor dem 1. Januar 2002 entstanden ist, mit der Maßgabe anzuwenden, dass an die Stelle des Betrages von 500 000 Euro ein Betrag von 600 000 Deutsche Mark tritt;
4. § 17 Absatz 1 in der Fassung des Artikels 14 des Gesetzes vom 8. Dezember 2010 (BGBl I S. 1768) auf Erwerbe, für die die Steuer nach dem 31. Dezember 2001 und vor dem 1. Januar 2009 entstanden ist, anzuwenden;
5. § 17 Absatz 1 in der Fassung des Artikels 14 des Gesetzes vom 8. Dezember 2010 (BGBl I S. 1768) auf Erwerbe, für die die Steuer nach dem 31. Juli 2001 und vor dem 1. Januar 2002 entstanden ist, mit der Maßgabe anzuwenden, dass an die Stelle des Betrages von 256 000 Euro ein Betrag von 500 000 Deutsche Mark tritt.

(6) § 13a Absatz 1a und § 13b Absatz 2 und 2a in der Fassung des Artikels 8 des Gesetzes vom 1. November 2011 (BGBl I S. 2131) sind auf Erwerbe anzuwenden, für die die Steuer nach dem 30. Juni 2011 entsteht.

(7) [1]§ 2 Absatz 1 Nummer 1 und 3 und Absatz 3, § 7 Absatz 8, § 15 Absatz 4, § 16 Absatz 1 und 2, § 19 Absatz 2, § 21 Absatz 1 und § 35 Absatz 4 in der Fassung des Artikels 11 des Gesetzes vom 7. Dezember 2011 (BGBl I S. 2592) finden auf Erwerbe Anwendung, für die die Steuer nach dem 13. Dezember 2011 entsteht. [2]§ 2 Absatz 1 Nummer 1 und 3 und Absatz 3, § 16 Absatz 1 und 2, § 19 Absatz 2, § 21 Absatz 1 und § 35 Absatz 4 in der Fassung des Artikels 11 des Gesetzes vom 7. Dezember 2011 (BGBl I S. 2592) finden auf Antrag auch auf Erwerbe Anwendung, für die die Steuer vor dem 14. Dezember 2011 entsteht, soweit Steuerbescheide noch nicht bestandskräftig sind.

(8) § 13a Absatz 1 Satz 4, Absatz 4 Satz 5 und § 13b Absatz 2 in der Fassung des Artikels 30 des Gesetzes vom 26. Juni 2013 (BGBl I S. 1809) sind auf Erwerbe anzuwenden, für die die Steuer nach dem 6. Juni 2013 entsteht.

(9) § 34 Absatz 2 Nummer 2 in der Fassung des Artikels 17 des Gesetzes vom 29. Juni 2015 (BGBl I S. 1042) ist auf Erwerbe anzuwenden, für die die Steuer nach dem 16. August 2015 entsteht.

(10) [1]§ 13 Absatz 1 Nummer 16 Buchstabe b und c und § 30 Absatz 4 Nummer 1 in der am 6. November 2015 geltenden Fassung sind auf Erwerbe anzuwenden, für die die Steuer nach dem 5. November 2015 entstanden ist. [2]§ 13 Absatz 1 Nummer 16 Buchstabe b und c in der am 6. November 2015 geltenden Fassung ist auch auf Erwerbe anzuwenden, für die die Steuer vor dem 6. November 2015 entsteht, soweit Steuerbescheide noch nicht bestandskräftig sind.

## § 37a Sondervorschriften aus Anlass der Herstellung der Einheit Deutschlands

(1) (weggefallen)

(2) [1]Für den Zeitpunkt der Entstehung der Steuerschuld ist § 9 Abs. 1 Nr. 1 auch dann maßgebend, wenn der Erblasser in dem in Artikel 3 des Einigungsvertrages genannten Gebiet vor dem 1. Januar 1991 verstorben ist, es sei denn, dass die Steuer nach dem Erbschaftsteuergesetz der Deutschen Demokratischen Republik vor dem 1. Januar 1991 entstanden ist. [2]§ 9 Abs. 2 gilt entsprechend, wenn die Versteuerung nach § 34 des Erbschaftsteuergesetzes (ErbStG) der Deutschen Demokratischen Republik in der Fassung vom 18. September 1970 (Sonderdruck Nr. 678 des Gesetzblattes) ausgesetzt wurde.

(3) (weggefallen)

(4) Als frühere Erwerbe im Sinne des § 14 gelten auch solche, die vor dem 1. Januar 1991 dem Erbschaftsteuerrecht der Deutschen Demokratischen Republik unterlegen haben.

(5) Als frühere Erwerbe desselben Vermögens im Sinne des § 27 gelten auch solche, für die eine Steuer nach dem Erbschaftsteuerrecht der Deutschen Demokratischen Republik erhoben wurde, wenn der Erwerb durch Personen im Sinne des § 15 Abs. 1 Steuerklasse I erfolgte.

(6) § 28 ist auch anzuwenden, wenn eine Steuer nach dem Erbschaftsteuerrecht der Deutschen Demokratischen Republik erhoben wird.

(7) ¹Ist in dem in Artikel 3 des Einigungsvertrages genannten Gebiet eine Steuerfestsetzung nach § 33 des Erbschaftsteuergesetzes der Deutschen Demokratischen Republik in der Weise erfolgt, dass die Steuer jährlich im Voraus von dem Jahreswert von Renten, Nutzungen oder Leistungen zu entrichten ist, kann nach Wahl des Erwerbers die Jahressteuer zum jeweils nächsten Fälligkeitstermin mit ihrem Kapitalwert abgelöst werden. ²§ 23 Abs. 2 ist entsprechend anzuwenden.

(8) Wurde in Erbfällen, die vor dem 1. Januar 1991 eingetreten sind, oder für Schenkungen, die vor diesem Zeitpunkt ausgeführt worden sind, die Versteuerung nach § 34 des Erbschaftsteuergesetzes der Deutschen Demokratischen Republik ausgesetzt, ist diese Vorschrift weiterhin anzuwenden, auch wenn die Steuer infolge der Aussetzung der Versteuerung erst nach dem 31. Dezember 1990 entsteht.

## §§ 38 und 39 (weggefallen)

# XXX. Erbschaftsteuer-Durchführungsverordnung (ErbStDV)

## v. 8. 9. 1998 (BGBl I S. 2658) mit späteren Änderungen

Die Erbschaftsteuer-Durchführungsverordnung (ErbStDV) v. 8. 9. 1998 (BGBl I S. 2658) wurde geändert durch Art. 20 Steuer-Euroglättungsgesetz (StEuglG) v. 19. 12. 2000 (BGBl I S. 1790); Art. 3 Gesetz zur Modernisierung des Stiftungsrechts v. 15. 7. 2002 (BGBl I S. 2634); Art. 34 Drittes Gesetz zur Änderung verwaltungsverfahrensrechtlicher Vorschriften v. 21. 8. 2002 (BGBl I S. 3322); Art. 1 Verordnung zur Änderung der Erbschaftsteuer-Durchführungsverordnung v. 2. 11. 2005 (BGBl I S. 3126); Art. 3 Abs. 2 Gesetz zur Reform des Personenstandsrechts (Personenstandsrechtsreformgesetz – PStRG) v. 19. 2. 2007 (BGBl I S. 122); Art. 5 Verordnung zur Änderung steuerlicher Verordnungen v. 17. 11. 2010 (BGBl I S. 1544); Art. 27 Jahressteuergesetz 2010 (JStG 2010) v. 8. 12. 2010 (BGBl I S. 1768); Art. 16 Gesetz zur Anpassung steuerlicher Regelungen an die Rechtsprechung des Bundesverfassungsgerichts v. 18. 7. 2014 (BGBl I S. 1042); Art. 2 Verordnung zur Änderung steuerlicher Verordnungen und weiterer Vorschriften v. 22. 12. 2014 (BGBl I S. 2392); Art. 18 Gesetz zum Internationalen Erbrecht und zur Änderung von Vorschriften zum Erbschein sowie zur Änderung sonstiger Vorschriften v. 29. 6. 2015 (BGBl I S. 1042). — **Zur Anwendung siehe § 12.**

## Nichtamtliche Fassung

### Zu § 33 ErbStG

### § 1 Anzeigepflicht der Vermögensverwahrer und der Vermögensverwalter[1]

(1) ¹Wer zur Anzeige über die Verwahrung oder Verwaltung von Vermögen eines Erblassers verpflichtet ist, hat die Anzeige nach § 33 Abs. 1 des Gesetzes mit einem Vordruck nach Muster 1 zu erstatten. ²Wird die Anzeige in einem maschinellen Verfahren erstellt, kann auf eine Unterschrift verzichtet werden. ³Die Anzeigepflicht bezieht sich auch auf die für das Jahr des Todes bis zum Todestag errechneten Zinsen für Guthaben, Forderungen und Wertpapiere (Stückzinsen). ⁴Die Anzeige ist bei dem für die Verwaltung der Erbschaftsteuer zuständigen Finanzamt (§ 35 des Gesetzes) einzureichen.

(2) Die Anzeigepflicht besteht auch dann, wenn an dem in Verwahrung oder Verwaltung befindlichen Wirtschaftsgut außer dem Erblasser auch noch andere Personen beteiligt sind.

(3) Befinden sich am Todestag des Erblassers bei dem Anzeigepflichtigen Wirtschaftsgüter in Gewahrsam, die vom Erblasser verschlossen oder unter Mitverschluss gehalten wurden (z. B. in Schließfächern), genügt die Mitteilung über das Bestehen eines derartigen Gewahrsams und, soweit er dem Anzeigepflichtigen bekannt ist, die Mitteilung des Versicherungswerts.

(4) Die Anzeige darf nur unterbleiben,
1. wenn es sich um Wirtschaftsgüter handelt, über die der Erblasser nur die Verfügungsmacht hatte, insbesondere als gesetzlicher Vertreter, Betreuer, Liquidator, Verwalter oder Testamentsvollstrecker, oder
2. wenn der Wert der anzuzeigenden Wirtschaftsgüter 5 000 Euro nicht übersteigt.

### § 2 Anzeigepflicht derjenigen, die auf den Namen lautende Aktien oder Schuldverschreibungen ausgegeben haben[2][3]

¹Wer auf den Namen lautende Aktien oder Schuldverschreibungen ausgegeben hat, hat unverzüglich nach dem Eingang eines Antrags auf Umschreibung der Aktien oder Schuldverschreibungen eines Verstorbenen dem für die Verwaltung der Erbschaftsteuer zuständigen Finanzamt (§ 35 des Gesetzes) unter Hinweis auf § 33 Abs. 2 des Gesetzes anzuzeigen:

---

1) **Anm. d. Red.:** § 1 Abs. 1 i. d. F. der VO v. 2. 11. 2005 (BGBl I S. 3126) mit Wirkung v. 9. 11. 2005; Abs. 4 i. d. F. der VO v. 17. 11. 2010 (BGBl I S. 1544) mit Wirkung v. 23. 11. 2010.

2) **Anm. d. Red.:** § 2 i. d. F. der VO v. 22. 12. 2014 (BGBl I S. 2392) mit Wirkung v. 30. 12. 2014.

3) **Anm. d. Red.:** Zur Anwendung des § 2 siehe § 12 Abs. 3.

1. die Wertpapier-Kennnummer, die Stückzahl und den Nennbetrag der Aktien oder Schuldverschreibungen,
2. die letzte Anschrift und die Identifikationsnummer des Erblassers, auf dessen Namen die Wertpapiere lauten,
3. den Todestag des Erblassers und – wenn dem Anzeigepflichtigen bekannt – das Standesamt, bei dem der Sterbefall beurkundet worden ist,
4. den Namen, die Identifikationsnummer, die Anschrift und, soweit dem Anzeigepflichtigen bekannt, das persönliche Verhältnis (Verwandtschaftsverhältnis, Ehegatte oder Lebenspartner) der Person, auf deren Namen die Wertpapiere umgeschrieben werden sollen.

²Die Anzeige darf nur unterbleiben, wenn der Wert der anzuzeigenden Wertpapiere 5 000 Euro nicht übersteigt.

### § 3 Anzeigepflicht der Versicherungsunternehmen[1)]

(1) ¹Zu den Versicherungsunternehmen, die Anzeigen nach § 33 Abs. 3 des Gesetzes zu erstatten haben, gehören auch die Sterbekassen von Berufsverbänden, Vereinen und anderen Anstalten, soweit sie die Lebens-(Sterbegeld-) oder Leibrenten-Versicherung betreiben. ²Die Anzeigepflicht besteht auch für Vereine und Berufsverbände, die mit einem Versicherungsunternehmen die Zahlung einer Versicherungssumme (eines Sterbegeldes) für den Fall des Todes ihrer Mitglieder vereinbart haben, wenn der Versicherungsbetrag an die Hinterbliebenen der Mitglieder weitergeleitet wird. ³Ortskrankenkassen gelten nicht als Versicherungsunternehmen im Sinne der genannten Vorschrift.

(2)[2)] ¹Dem für die Verwaltung der Erbschaftsteuer zuständigen Finanzamt (§ 35 des Gesetzes) sind mit einem Vordruck nach Muster 2 alle Versicherungssummen oder Leibrenten, die einem anderen als dem Versicherungsnehmer auszuzahlen oder zur Verfügung zu stellen sind, und, soweit dem Anzeigepflichtigen bekannt, das persönliche Verhältnis (Verwandtschaftsverhältnis, Ehegatte oder Lebenspartner) der Person, an die die Auszahlung oder Zurverfügungstellung erfolgt, anzuzeigen. ²Zu den Versicherungssummen rechnen insbesondere auch Versicherungsbeträge aus Sterbegeld-, Aussteuer- und ähnlichen Versicherungen. ³Bei einem Wechsel des Versicherungsnehmers vor Eintritt des Versicherungsfalls sind der Rückkaufswert der Versicherung sowie der Name, die Identifikationsnummer, die Anschrift und das Geburtsdatum des neuen Versicherungsnehmers anzuzeigen.

(3) ¹Die Anzeige unterbleibt bei solchen Versicherungssummen, die auf Grund eines von einem Arbeitgeber für seine Arbeitnehmer abgeschlossenen Versicherungsvertrages bereits zu Lebzeiten des Versicherten (Arbeitnehmers) fällig und an diesen ausgezahlt werden. ²Die Anzeige darf bei Kapitalversicherungen unterbleiben, wenn der auszuzahlende Betrag 5 000 Euro nicht übersteigt.

## Zu § 34 ErbStG

### § 4 Anzeigepflicht der Standesämter[3)]

(1) ¹Die Standesämter haben für jeden Kalendermonat die Sterbefälle jeweils durch Übersendung der Sterbeurkunde in zweifacher Ausfertigung binnen zehn Tagen nach Ablauf des Monats dem für die Verwaltung der Erbschaftsteuer zuständigen Finanzamt, in dessen Bezirk sich der Sitz des Standesamtes befindet, anzuzeigen. ²Dabei ist die Ordnungsnummer (§ 5 Abs. 2) anzugeben, die das Finanzamt dem Standesamt zugeteilt hat. ³Die in Satz 1 genannten Urkunden

---

1) **Anm. d. Red.:** § 3 Abs. 2 i. d. F. der VO v. 22. 12. 2014 (BGBl I S. 2392) mit Wirkung v. 30. 12. 2014; Abs. 3 i. d. F. der VO v. 17. 11. 2010 (BGBl I S. 1544) mit Wirkung v. 23. 11. 2010.

2) **Anm. d. Red.:** Zur Anwendung des § 3 Abs. 2 siehe § 12 Abs. 3.

3) **Anm. d. Red.:** § 4 Abs. 1, 2 und 4 i. d. F. des Gesetzes v. 19. 2. 2007 (BGBl I S. 122) mit Wirkung v. 1. 1. 2009.

sind um Angaben zu den in Muster 3 genannten Fragen zu ergänzen, soweit diese Angaben bekannt sind.

(2) Sind in dem vorgeschriebenen Zeitraum Sterbefälle nicht beurkundet oder bekannt geworden, hat das Standesamt innerhalb von zehn Tagen nach Ablauf des Zeitraumes unter Angabe der Nummer der letzten Eintragung in das Sterberegister eine Fehlanzeige mit einem Vordruck nach Muster 4 zu übersenden.

(3) Die Oberfinanzdirektion kann anordnen,

1. dass die Anzeigen von einzelnen Standesämtern für einen längeren oder kürzeren Zeitraum als einen Monat übermittelt werden können,
2. dass die Standesämter die Sterbefälle statt der Anzeigen nach Absatz 1 und 2 durch eine Totenliste (Absatz 4) nach Muster 3 anzeigen können,
3. dass auf die zweite Ausfertigung der Sterbeurkunde verzichtet werden kann.

(4) ¹Totenlisten nach Absatz 3 Nr. 2 sind vorbehaltlich des Absatzes 3 Nr. 1 für jeden Kalendermonat aufzustellen. ²In die Totenlisten sind einzutragen:

1. die Sterbefälle nach der Reihenfolge der Eintragungen in das Sterberegister,
2. die dem Standesamt sonst bekannt gewordenen Sterbefälle von Personen, die im Ausland verstorben sind und bei ihrem Tod einen Wohnsitz oder ihren gewöhnlichen Aufenthalt oder Vermögen im Bezirk des Standesamtes gehabt haben.

³Das Standesamt hat die Totenliste binnen zehn Tagen nach dem Ablauf des Zeitraumes, für den sie aufgestellt ist, nach der in dem Muster 3 vorgeschriebenen Anleitung abzuschließen und dem für die Verwaltung der Erbschaftsteuer zuständigen Finanzamt, in dessen Bezirk sich der Sitz des Standesamtes befindet, einzusenden. ⁴Dabei ist die Ordnungsnummer (§ 5 Abs. 2) anzugeben, die das Finanzamt dem Standesamt zugeteilt hat. ⁵Sind in dem vorgeschriebenen Zeitraum Sterbefälle nicht beurkundet worden oder bekannt geworden, hat das Standesamt innerhalb von zehn Tagen nach Ablauf des Zeitraumes diesem Finanzamt eine Fehlanzeige nach Muster 4 zu übersenden. ⁶In der Fehlanzeige ist auch die Nummer der letzten Eintragung in das Sterberegister anzugeben.

## § 5 Verzeichnis der Standesämter

(1) ¹Die Landesregierungen oder die von ihnen bestimmten Stellen teilen den für ihr Gebiet zuständigen Oberfinanzdirektionen Änderungen des Bestandes oder der Zuständigkeit der Standesämter mit. ²Von diesen Änderungen geben die Oberfinanzdirektionen den in Betracht kommenden Finanzämtern Kenntnis.

(2) Die Finanzämter geben jedem Standesamt ihres Bezirks eine Ordnungsnummer, die sie dem Standesamt mitteilen.

## § 6 Anzeigepflicht der Gerichte bei Todeserklärungen

(1) ¹Die Gerichte haben dem für die Verwaltung der Erbschaftsteuer zuständigen Finanzamt (§ 35 des Gesetzes) eine beglaubigte Abschrift der Beschlüsse über die Todeserklärung Verschollener oder über die Feststellung des Todes und der Todeszeit zu übersenden. ²Wird ein solcher Beschluss angefochten oder eine Aufhebung beantragt, hat das Gericht dies dem Finanzamt anzuzeigen.

(2) Die Übersendung der in Absatz 1 genannten Abschriften kann bei Erbfällen von Kriegsgefangenen und ihnen gleichgestellten Personen sowie bei Erbfällen von Opfern der nationalsozialistischen Verfolgung unterbleiben, wenn der Zeitpunkt des Todes vor dem 1. Januar 1946 liegt.

## § 7 Anzeigepflicht der Gerichte, Notare und sonstigen Urkundspersonen in Erbfällen[1)]

(1)[2)] ¹Die Gerichte haben dem für die Verwaltung der Erbschaftsteuer zuständigen Finanzamt (§ 35 des Gesetzes) beglaubigte Abschriften folgender Verfügungen und Schriftstücke mit einem Vordruck nach Muster 5 zu übersenden:
1. eröffnete Verfügungen von Todes wegen mit einer Mehrausfertigung der Niederschrift über die Eröffnungsverhandlung,
2. Erbscheine,
2a. Europäische Nachlasszeugnisse,
3. Testamentsvollstreckerzeugnisse,
4. Zeugnisse über die Fortsetzung von Gütergemeinschaften,
5. Beschlüsse über die Einleitung oder Aufhebung einer Nachlasspflegschaft oder Nachlassverwaltung,
6. beurkundete Vereinbarungen über die Abwicklung von Erbauseinandersetzungen.

²Eine elektronische Übermittlung der Anzeige ist ausgeschlossen. ³Die Anzeige hat unverzüglich nach dem auslösenden Ereignis zu erfolgen. ⁴Auf der Urschrift der Mitteilung oder Anzeige ist zu vermerken, wann und an welches Finanzamt die Abschrift übersandt worden ist.

(2)[3)] Jede Mitteilung oder Übersendung soll die folgenden Angaben enthalten:
1. den Namen, die Identifikationsnummer, den Geburtstag, die letzte Anschrift, den Todestag und den Sterbeort des Erblassers,
2. das Standesamt, bei dem der Sterbefall beurkundet worden ist, und die Nummer des Sterberegisters.

(3)[4)] Soweit es den Gerichten bekannt ist, haben sie mitzuteilen:
1. den Beruf und den Familienstand des Erblassers,
2. den Güterstand bei verheirateten oder in einer Lebenspartnerschaft lebenden Erblassern,
3. die Anschriften und die Identifikationsnummern der Beteiligten sowie das persönliche Verhältnis (Verwandtschaftsverhältnis, Ehegatte oder Lebenspartner) zum Erblasser,
4. die Höhe und die Zusammensetzung des Nachlasses in Form eines Verzeichnisses,
5. später bekannt gewordene Veränderungen in der Person der Erben oder Vermächtnisnehmer, insbesondere durch Fortfall von vorgesehenen Erben oder Vermächtnisnehmern.

(4) Die Übersendung der in Absatz 1 erwähnten Abschriften und die Erstattung der dort vorgesehenen Anzeigen dürfen unterbleiben,
1. wenn die Annahme berechtigt ist, dass außer Hausrat (einschließlich Wäsche und Kleidungsstücke) im Wert von höchstens 12 000 Euro nur noch anderes Vermögen im reinen Wert von höchstens 20 000 Euro vorhanden ist,
2. bei Erbfällen von Kriegsgefangenen und ihnen gleichgestellten Personen sowie bei Erbfällen von Opfern der nationalsozialistischen Verfolgung, wenn der Zeitpunkt des Todes vor dem 1. Januar 1946 liegt,
3. wenn der Erbschein lediglich zur Geltendmachung von Ansprüchen auf Grund des Lastenausgleichsgesetzes beantragt und dem Ausgleichsamt unmittelbar übersandt worden ist,

---

1) **Anm. d. Red.:** § 7 Abs. 1 i. d. F. des Gesetzes v. 29. 6. 2015 (BGBl I S. 1042) mit Wirkung v. 17. 8. 2015; Abs. 2 und 3 i. d. F. der VO v. 22. 12. 2014 (BGBl I S. 2392) mit Wirkung v. 30. 12. 2014; Abs. 4 i. d. F. der VO v. 17. 11. 2010 (BGBl I S. 1544) mit Wirkung v. 23. 11. 2010.

2) **Anm. d. Red.:** Zur Anwendung des § 7 Abs. 1 siehe § 12 Abs. 4.

3) **Anm. d. Red.:** Zur Anwendung des § 7 Abs. 2 siehe § 12 Abs. 3.

4) **Anm. d. Red.:** Zur Anwendung des § 7 Abs. 3 siehe § 12 Abs. 2 und 3.

4. wenn seit dem Zeitpunkt des Todes des Erblassers mehr als zehn Jahre vergangen sind.
²Das gilt nicht für Anzeigen über die Abwicklung von Erbauseinandersetzungen.

(5) Die vorstehenden Vorschriften gelten entsprechend für Notare (Bezirksnotare) und sonstige Urkundspersonen, soweit ihnen Geschäfte des Nachlassgerichts übertragen sind.

### § 8 Anzeigepflicht der Gerichte, Notare und sonstigen Urkundspersonen bei Schenkungen und Zweckzuwendungen unter Lebenden[1]

(1) ¹Die Gerichte haben dem für die Verwaltung der Erbschaftsteuer zuständigen Finanzamt (§ 35 des Gesetzes) eine beglaubigte Abschrift der Urkunde über eine Schenkung (§ 7 des Gesetzes) oder eine Zweckzuwendung unter Lebenden (§ 8 des Gesetzes) unter Angabe des der Kostenberechnung zugrunde gelegten Werts mit einem Vordruck nach Muster 6 zu übersenden. ²Eine elektronische Übermittlung der Anzeige ist ausgeschlossen. ³Enthält die Urkunde keine Angaben darüber, sind die Beteiligten über

1. das persönliche Verhältnis (Verwandtschaftsverhältnis, Ehegatte oder Lebenspartner) des Erwerbers zum Schenker und
2. den Wert der Zuwendung

zu befragen und die Angaben in der Anzeige mitzuteilen. ⁴Die Anzeige hat unverzüglich nach der Beurkundung zu erfolgen. ⁵Auf der Urschrift der Urkunde ist zu vermerken, wann und an welches Finanzamt die Abschrift übersandt worden ist. ⁶Die Gerichte haben bei der Beurkundung von Schenkungen und Zweckzuwendungen unter Lebenden die Beteiligten auf die mögliche Steuerpflicht hinzuweisen.

(2) Die Verpflichtungen nach Absatz 1 erstrecken sich auch auf Urkunden über Rechtsgeschäfte, die zum Teil oder der Form nach entgeltlich sind, bei denen aber Anhaltspunkte dafür vorliegen, dass eine Schenkung oder Zweckzuwendung unter Lebenden vorliegt.

(3) Die Übersendung einer beglaubigten Abschrift von Schenkungs- und Übergabeverträgen und die Mitteilung der in Absatz 1 vorgesehenen Angaben darf unterbleiben, wenn Gegenstand der Schenkung nur Hausrat (einschließlich Wäsche und Kleidungsstücke) im Wert von höchstens 12 000 Euro und anderes Vermögen im reinen Wert von höchstens 20 000 Euro ist.

(4) Die vorstehenden Vorschriften gelten entsprechend für Notare (Bezirksnotare) und sonstige Urkundspersonen.

### § 9 Anzeigepflicht der Auslandsstellen[2]

¹Die diplomatischen Vertreter und Konsuln des Bundes haben dem Bundeszentralamt für Steuern anzuzeigen:
1. die ihnen bekannt gewordenen Sterbefälle von Deutschen ihres Amtsbezirks,
2. die ihnen bekannt gewordenen Zuwendungen ausländischer Erblasser oder Schenker an Personen, die im Inland einen Wohnsitz oder ihren gewöhnlichen Aufenthalt haben.

²Eine elektronische Übermittlung der Anzeige ist ausgeschlossen.

### § 10 Anzeigepflicht der Genehmigungsbehörden[3][4]

¹Die Behörden, die Stiftungen anerkennen oder Zuwendungen von Todes wegen und unter Lebenden an juristische Personen und dergleichen genehmigen, haben dem für die Verwaltung der Erbschaftsteuer zuständigen Finanzamt (§ 35 des Gesetzes) über solche innerhalb eines Kalendervierteljahres erteilten Anerkennungen oder Genehmigungen unmittelbar nach Ablauf des Vierteljahres eine Nachweisung zu übersenden. ²Eine elektronische Übermittlung der Anzeige

---

1) **Anm. d. Red.:** § 8 Abs. 1 und 3 i. d. F. der VO v. 17. 11. 2010 (BGBl I S. 1544) mit Wirkung v. 23. 11. 2010.
2) **Anm. d. Red.:** § 9 i. d. F. des Gesetzes v. 8. 12. 2010 (BGBl I S. 1768) mit Wirkung v. 14. 12. 2010.
3) **Anm. d. Red.:** § 10 i. d. F. der VO v. 22. 12. 2014 (BGBl I S. 2392) mit Wirkung v. 30. 12. 2014.
4) **Anm. d. Red.:** Zur Anwendung des § 10 siehe § 12 Abs. 3.

ist ausgeschlossen. ³Die Verpflichtung erstreckt sich auch auf Rechtsgeschäfte der in § 8 Abs. 2 bezeichneten Art. ⁴In der Nachweisung sind bei einem Anerkennungs- oder Genehmigungsfall anzugeben:
1. der Tag der Anerkennung oder Genehmigung,
2. die Anschriften und die Identifikationsnummern des Erblassers (Schenkers) und des Erwerbers (bei einer Zweckzuwendung die Anschrift und die Identifikationsnummer des mit der Durchführung der Zweckzuwendung Beschwerten),
3. die Höhe des Erwerbs (der Zweckzuwendung),
4. bei Erwerben von Todes wegen der Todestag und der Sterbeort des Erblassers,
5. bei Anerkennung einer Stiftung als rechtsfähig der Name, der Sitz (der Ort der Geschäftsleitung), der Zweck der Stiftung und der Wert des ihr gewidmeten Vermögens,
6. wenn bei der Anerkennung oder Genehmigung dem Erwerber Leistungen an andere Personen oder zu bestimmten Zwecken auferlegt oder wenn von dem Erwerber solche Leistungen zur Erlangung der Genehmigung freiwillig übernommen werden: Art und Wert der Leistungen, die begünstigten Personen oder Zwecke und das persönliche Verhältnis (Verwandtschaftsverhältnis, Ehegatte oder Lebenspartner) der begünstigten Personen zum Erblasser (Schenker).

⁵Als Nachweisung kann eine beglaubigte Abschrift der der Stiftung zugestellten Urkunde über die Anerkennung als rechtsfähig dienen, wenn aus ihr die genannten Angaben zu ersehen sind.

### § 11 Anzeigen im automatisierten Verfahren

Die oberste Finanzbehörde eines Landes kann anordnen, dass die Anzeigen den Finanzämtern ihres Zuständigkeitsbereichs in einem automatisierten Verfahren erstattet werden können, soweit die Übermittlung der jeweils aufgeführten Angaben gewährleistet und die Richtigkeit der Datenübermittlung sichergestellt ist.

## Schlussvorschriften

### § 12 Anwendung der Verordnung[1]

(1) Diese Verordnung in der Fassung des Artikels 5 der Verordnung vom 17. November 2010 (BGBl I S. 1544) ist auf Erwerbe anzuwenden, für die die Steuer nach dem 31. Dezember 2010 entsteht.

(2) § 7 Absatz 3 Nummer 2 und die Muster 3 und Muster 5 in der Fassung des Artikels 16 des Gesetzes vom 18. Juli 2014 (BGBl I S. 1042) sind auf Erwerbe anzuwenden, für die die Steuer nach dem 23. Juli 2014 entsteht.

(3) § 2 Satz 1 Nummer 2 und 4, § 3 Absatz 2 Satz 3, § 7 Absatz 2 Nummer 1 und Absatz 3 Nummer 3, § 10 Satz 4 Nummer 2 sowie die Muster 1, 2, 5 und 6 in der am 30. Dezember 2014 geltenden Fassung sind auf Erwerbe anzuwenden, für die die Steuer nach dem 29. Dezember 2014 entsteht.

(4) § 7 Absatz 1 Satz 1 Nummer 2a und Muster 5 in der Fassung des Artikels 18 des Gesetzes vom 29. Juni 2015 (BGBl I S. 1042) sind auf Erwerbe anzuwenden, für die die Steuer nach dem 16. August 2015 entsteht.

### § 13 Inkrafttreten, Außerkrafttreten

¹Diese Verordnung tritt am 1. August 1998 in Kraft. ²Gleichzeitig tritt die Erbschaftsteuer-Durchführungsverordnung in der im Bundesgesetzblatt Teil III, Gliederungsnummer 611-8-1, veröffentlichten bereinigten Fassung, zuletzt geändert durch Artikel 3 des Gesetzes vom 20. Dezember 1996 (BGBl I S. 2049), außer Kraft.

---

1) **Anm. d. Red.:** § 12 i. d. F. des Gesetzes v. 29. 6. 2015 (BGBl I S. 1042) mit Wirkung v. 17. 8. 2015.

**Muster 1 (§ 1 ErbStDV)**[1)2)]

..........................................
Firma

**Erbschaftsteuer**

An das
Finanzamt ..............................
– Erbschaftsteuerstelle –

**Anzeige**
über die Verwahrung oder Verwaltung fremden Vermögens
(§ 33 Abs. 1 ErbStG und § 1 ErbStDV)

1. **Erblasser** Name, Vorname,
   Identifikationsnummer ...........................................
   Geburtstag ...........................................
   Anschrift ...........................................
   Todestag ............... Sterbeort ...............
   Standesamt ............... Sterberegister-Nr. ...............

2. **Guthaben und andere Forderungen, auch Gemeinschaftskonten**

| IBAN | Nennbetrag am Todestag ohne Zinsen für das Jahr des Todes (volle EUR) | Aufgelaufene Zinsen bis zum Todestag (volle EUR) | Hat der Kontoinhaber mit dem Kreditinstitut vereinbart, dass die Guthaben oder eines derselben mit seinem Tod auf eine bestimmte Person übergehen? Wenn ja: Name und genaue Anschrift dieser Person |
|---|---|---|---|
| 1 | 2 | 3 | 4 |
| | | | |
| | | | |
| | | | |
| | | | |
| | | | |

Von den Angaben in Spalte 1 entfallen auf unselbständige Zweigniederlassungen im Ausland:
IBAN:

---

1) **Anm. d. Red.:** Muster 1 i. d. F. der VO v. 22. 12. 2014 (BGBl I S. 2392) mit Wirkung v. 30. 12. 2014.
2) **Anm. d. Red.:** Zur Anwendung des Musters 1 siehe § 12 Abs. 3.

**Muster 1** XXX. Erbschaftsteuer-Durchführungsverordnung

3. **Wertpapiere, Anteile, Genussscheine und dergleichen, auch solche in Gemeinschaftsdepots**

| Bezeichnung der Wertpapiere usw. Wertpapierkenn-Nr. | Nennbetrag am Todestag (volle EUR) | Kurswert bzw. Rücknahmepreis am Todestag (volle EUR) | Stückzinsen bis zum Todestag (volle EUR) | Bemerkungen |
|---|---|---|---|---|
| 1 | 2 | 3 | 4 | 5 |
| | | | | |
| | | | | |
| | | | | |
| | | | | |

Von den Angaben in Spalte 1 entfallen auf unselbständige Zweigniederlassungen im Ausland:
Bezeichnung der Wertpapiere usw., Wertpapierkenn-Nr.:

4. Der Verstorbene hatte **kein –
ein Schließfach/ ... Schließfächer**      Versicherungswert .............. EUR

5. **Bemerkungen** (z. B. über Schulden des Erblassers beim Kreditinstitut): ..............
................................................................................
................................................................................

.....................................      .....................................
Ort, Datum      Unterschrift

## Muster 2 (§ 3 ErbStDV)[1)2)]

..................................
Firma

**Erbschaftsteuer**

An das
Finanzamt ..............................
– Erbschaftsteuerstelle –

**Anzeige**
über die Auszahlung oder Zurverfügungstellung von Versicherungssummen oder Leibrenten an einen anderen als den Versicherungsnehmer (§ 33 Abs. 3 ErbStG und § 3 ErbStDV)

1. **Versicherter** | **und Versicherungsnehmer** (wenn er ein anderer ist als der Versicherte)

   a) Name und Vorname, Identifikationsnummer ................... | ...................
   b) Geburtsdatum ................... | ...................
   c) Anschrift ................... | ...................
   d) Todestag ................... | ...................
   e) Sterbeort ................... | ...................
   f) Standesamt und Sterberegister-Nr. ................... | ...................

   Zeitpunkt der Auszahlung beziehungsweise Zurverfügungstellung in Fällen, in denen der Versicherungsnehmer nicht verstorben ist:

2. **Versicherungsschein-Nr.** ....................................

3. a) **Bei Kapitalversicherung**
   Auszuzahlender Versicherungsbetrag (einschließlich Dividenden und dergleichen abzüglich noch geschuldeter Prämien, vor der Fälligkeit der Versicherungssumme gewährter Darlehen, Vorschüsse und dergleichen)
   ................................................................ EUR

   b) **Bei Rentenversicherung**
   Jahresbetrag
   ................................................................ EUR
   Dauer der Rente
   ................................................................

---

1) **Anm. d. Red.:** Muster 2 i. d. F. der VO v. 22. 12. 2014 (BGBl I S. 2392) mit Wirkung v. 30. 12. 2014.
2) **Anm. d. Red.:** Zur Anwendung des Musters 2 siehe § 12 Abs. 3.

**Muster 2**  XXX. Erbschaftsteuer-Durchführungsverordnung

4. **Zahlungsempfänger ist** ............................................
   - ☐ als Inhaber des Versicherungsscheins *
   - ☐ als Bevollmächtigter, gesetzlicher Vertreter des * ..........................
   - ☐ als Begünstigter *
   - ☐ aus einem anderen Grund (Abtretung, Verpfändung, gesetzliches Erbrecht, Testament und dergleichen) und welchem? * .......................................

   * Zutreffendes ist anzukreuzen

5. Nach der **Auszahlungsbestimmung des Versicherungsnehmers**, die als Bestandteil des Versicherungsvertrags anzusehen ist, ist/sind bezugsberechtigt ......................

6. Bei **Wechsel des Versicherungsnehmers**
   Neuer Versicherungsnehmer ist ..............................................
   Rückkaufswert ........................................................ EUR

7. **Bemerkungen** (z. B. persönliches Verhältnis
   – Verwandtschaftsverhältnis, Ehegatte oder
   Lebenspartner – der Beteiligten) ..............................

...................................         ...................................
Ort, Datum                                                      Unterschrift

## Muster 3 (§ 4 ErbStDV)[1)2)]

..........................................
Standesamt und Ordnungsnummer

**Erbschaftsteuer**
**Totenliste**

des Standesamtsbezirks  ..................................................

für den Zeitraum vom  ................. bis ................. einschließlich

Sitz des Standesamts  ..................................................

### Anleitung für die Aufstellung und Einsendung der Totenliste

1. Die Totenliste ist für den Zeitraum eines Monats aufzustellen, sofern nicht die Oberfinanzdirektion die Aufstellung für einen kürzeren oder längeren Zeitraum angeordnet hat. Sie ist **beim Beginn des Zeitraums** anzulegen. Die einzelnen Sterbefälle sind darin **sofort nach ihrer Beurkundung** einzutragen.
2. In die Totenliste sind aufzunehmen
   a) alle beurkundeten Sterbefälle nach der Reihenfolge der Eintragungen im Sterberegister,
   b) die dem Standesbeamten glaubhaft bekanntgewordenen Sterbefälle im Ausland, und zwar von Deutschen und Ausländern, wenn sie beim Tod einen Wohnsitz oder ihren gewöhnlichen Aufenthalt oder Vermögen im Bezirk des Standesamtes hatten.
3. Ausfüllen der Spalten:
   a) Spalte 1 muss **alle Nummern des Sterberegisters** in ununterbrochener Reihenfolge nachweisen. Die Auslassung einzelner Nummern ist in Spalte 7 zu erläutern. Auch der Sterbefall eines Unbekannten ist in der Totenliste anzugeben.
   b) In den Spalten 5 und 6 ist der Antwort stets der Buchstabe der Frage voranzusetzen, auf die sich die Antwort bezieht.
   c) Fragen, über die das Sterberegister keine Auskunft gibt, sind zu beantworten, soweit sie der Standesbeamte aus eigenem Wissen oder nach Befragen des Anmeldenden beantworten kann.
   d) Bezugnahmen auf vorhergehende Angaben durch „desgl." oder durch Strichzeichen (") usw. sind zu vermeiden.
   e) Spalte 8 ist nicht auszufüllen.
4. Einlagebogen sind in den Titelbogen einzuheften.
5. Abschluss der Liste:
   a) Die Totenliste ist hinter der letzten Eintragung mit Orts- und Zeitangabe und der Unterschrift des Standesbeamten abzuschließen.
   b) Sind Sterbefälle der unter Nummer 2 Buchstabe b bezeichneten Art nicht bekanntgeworden, ist folgende Bescheinigung zu unterschreiben:

---

1) **Anm. d. Red.:** Muster 3 i. d. F. des Gesetzes v. 18. 7. 2014 (BGBl I S. 1042) mit Wirkung v. 24. 7. 2014.
2) **Anm. d. Red.:** Zur Anwendung des Musters 3 siehe § 12 Abs. 2.

**Muster 3**  XXX. Erbschaftsteuer-Durchführungsverordnung

Im Ausland eingetretene Sterbefälle von Deutschen und Ausländern, die beim Tod einen Wohnsitz oder ihren gewöhnlichen Aufenthalt oder Vermögen im Bezirk des Standesamtes hatten, sind mir nicht bekanntgeworden.

........................................  ........................................
Ort, Datum                                (Standesbeamter/Standesbeamtin)

   c) Binnen **zehn Tagen** nach Ablauf des Zeitraums, für den die Liste aufzustellen ist, ist sie dem Finanzamt einzureichen. Sind in dem Zeitraum Sterbefälle **nicht** anzugeben, ist dem Finanzamt binnen zehn Tagen nach Ablauf des Zeitraums eine Fehlanzeige nach besonderem Muster zu erstatten.

An das
Finanzamt ................................
– Erbschaftsteuerstelle –

(Seite 2)

| Nummer des Sterberegisters | a) Familienname ggf. auch Geburtsname<br>b) Vornamen<br>c) Beruf<br>d) Anschrift<br>e) Bei minderjährigen Kindern Name, Beruf und Anschrift (soweit von d) abweichend) des Vaters und der Mutter | a) Todestag<br>b) Geburtstag<br>c) Geburtsort | a) Familienstand<br>b) bei Verheirateten oder bei Lebenspartnern Name, Beruf, Geburtstag, ggf. abweichende Anschrift des anderen Ehegatten oder Lebenspartners<br>c) bei Verwitweten oder bei hinterbliebenen Lebenspartnern Beruf des verstorbenen Ehegatten oder Lebenspartners |
|---|---|---|---|
| | | des Verstorbenen | |
| 1 | 2 | 3 | 4 |
| | | | |

XXX. Erbschaftsteuer-Durchführungsverordnung **Muster 3**

(Seite 3)

| Lebten von dem Verstorbenen am Todestag<br>a) Kinder? Wie viele?<br>b) Abkömmlinge von verstorbenen Kindern? Wie viele?<br>c) Eltern oder Geschwister? (Nur angeben, wenn a) und b) verneint wird)<br>d) Sonstige Verwandte oder Verschwägerte? (Nur angeben, wenn a) bis c) verneint wird)<br>e) Wer kann Auskunft geben?<br><br>Zu a) bis e) bitte Name und Anschrift angeben | Worin besteht der Nachlass und welchen Wert hat er? (kurze Angabe)<br>a) Land- und forstw. Vermögen (bitte Lage und Größe der bewirtschafteten Fläche angeben)<br>b) Grundvermögen (bitte Lage angeben)<br>c) Betriebsvermögen (bitte die Firma und Art des Betriebs, z. B. Einzelhandelsgeschäft, Großhandel, Handwerksbetrieb, Fabrik angeben)<br>d) Übriges Vermögen | Bemerkungen | Nummer und Jahrgang der Steuerliste |
|---|---|---|---|
| 5 | 6 | 7 | 8 |
|  |  |  |  |

ErbStDV

**Muster 4**     XXX. Erbschaftsteuer-Durchführungsverordnung

## Muster 4 (§ 4 ErbStDV)[1]

..............................
Standesamt und Ordnungsnummer

**Erbschaftsteuer**

An das
Finanzamt ..............................
– Erbschaftsteuerstelle –

---

**Fehlanzeige**

---

Im Standesamtsbezirk    ..............................................

sind für die Zeit vom    ............... bis ............... einschließlich

Sterbefälle nicht anzugeben.

**Der letzte Sterbefall ist beurkundet im Sterberegister unter Nr.** ....................

Im Ausland eingetretene Sterbefälle von Deutschen und von Ausländern, die beim Tod einen Wohnsitz oder ihren gewöhnlichen Aufenthalt oder Vermögen im Bezirk des Standesamtes hatten, sind mir nicht bekanntgeworden.

**Bemerkungen** ..................................................................
..................................................................


..............................         ..............................
Ort, Datum                                                                     Unterschrift

---

[1] **Anm. d. Red.:** Muster 4 i. d. F. des Gesetzes v. 19. 2. 2007 (BGBl I S. 122) mit Wirkung v. 1. 1. 2009.

XXX. Erbschaftsteuer-Durchführungsverordnung **Muster 5**

**Muster 5 (§ 7 ErbStDV)**[1)2)]

..................................
Amtsgericht/Notariat

**Erbschaftsteuer**

An das
Finanzamt ................................
– Erbschaftsteuerstelle –

Die anliegende ... beglaubigte ... Abschrift ... /Ablichtung ... wird/werden mit folgenden Bemerkungen übersandt:

| | |
|---|---|
| **Erblasser** Name, Vorname, Identifikationsnummer | ................................ |
| Geburtstag | ................................ |
| letzte Anschrift | ................................ |
| Beruf | ................................ |
| Familienstand | ................................ |
| Güterstand (bei Verheirateten oder bei Lebenspartnern) | ................................ |
| Todestag und Sterbeort | ................................ |
| Standesamt und Sterberegister-Nr. | ................................ |
| Testament/Erbvertrag vom | ................................ |
| Tag der Eröffnung | ................................ |

| Die **Gebühr** für die | **Errichtung** | **Verwahrung** | **Erteilung eines Erbscheins** |
|---|---|---|---|
| ist berechnet nach einem Wert von | ........ EUR | ........ EUR | ........ EUR |

**Grund der Übersendung**

Eröffnung einer ☐ Verfügung von Todes wegen *

Erteilung eines ☐ Erbscheins * ☐ Europäischen Nachlasszeugnisses * ☐ Testamentsvollstreckerzeugnisses * ☐ Zeugnisses über die Fortsetzung von Gütergemeinschaften *

---

1) **Anm. d. Red.:** Muster 5 i. d. F. des Gesetzes v. 29. 6. 2015 (BGBl I S. 1042) mit Wirkung v. 17. 8. 2015.
2) **Anm. d. Red.:** Zur Anwendung des Musters 5 siehe § 12 Abs. 2, 3 und 4.

**Muster 5**   XXX. Erbschaftsteuer-Durchführungsverordnung

Beurkundung einer ☐ Erbaus-
einander-
setzung
Beschluss über die ☐ Einleitung   ☐ Einleitung oder
oder Auf-   Aufhebung
hebung ei-   einer Nachlass-
ner Nach-   verwaltung *
lasspfleg-
schaft *

Die Namen und Anschriften der Beteiligten und das persönliche Verhältnis (Verwandtschaftsverhältnis, Ehegatte oder Lebenspartner) zum Erblasser sowie Veränderungen in der Person der Erben, Vermächtnisnehmer, Testamentsvollstrecker usw. (durch Tod, Eintritt eines Ersatzerben, Ausschlagung, Amtsniederlegung des Testamentsvollstreckers und dergleichen) und Änderungen in den Verhältnissen dieser Personen (Namens-, Berufs-, Anschriftenänderungen und dergleichen)
☐ ergeben sich aus der beiliegenden Abschrift der Eröffnungsverhandlung. *
☐ sind auf einem gesonderten Blatt angegeben. *
☐ Zur Höhe und Zusammensetzung des Nachlasses ist dem Gericht/Notariat Folgendes bekanntgeworden: *
................................................................
................................................................
☐ Ein Verzeichnis der Nachlassgegenstände ist beigefügt. *

* Zutreffendes ist anzukreuzen

..........................................   ..........................................
Ort, Datum                                                Unterschrift

XXX. Erbschaftsteuer-Durchführungsverordnung    **Muster 6**

**Muster 6 (§ 8 ErbStDV)**[1)2)]

.........................................
Amtsgericht/Notariat

                        **Schenkungsteuer**

An das
Finanzamt ..............................
– Erbschaftsteuerstelle –

---

Die anliegende beglaubigte Abschrift/Ablichtung wird mit folgenden Bemerkungen übersandt:

1. **Schenker** Name, Vorname,
   Identifikationsnummer   ...........................................
   Geburtstag   ...........................................
   Anschrift   ...........................................

2. **Beschenkter** Name, Vorname,
   Identifikationsnummer   ...........................................
   Geburtstag   ...........................................
   Anschrift   ...........................................

3. **Vertrag** vom ........ Urkundenrolle-Nr. ..............................

4. **Ergänzende Angaben** (§ 34 ErbStG, § 8 ErbStDV)
   Persönliches Verhältnis (Verwandtschaftsverhältnis,
   Ehegatte oder Lebenspartner) des Erwerbers zum
   Schenker (z. B. Kind, Geschwisterkind, Bruder der Mutter,
   nicht verwandt)   ...........................................

| Verkehrswert des über-<br>tragenen Vermögens | Bei Grundbesitz:<br>letzter Einheitswert/<br>Grundbesitzwert<br>(Nichtzutreffendes ist<br>zu streichen) | Wert, der der Kosten-<br>berechnung zugrunde<br>liegt |
|---|---|---|
| ............. EUR | ................ EUR | ................ EUR |

ErbStDV

---

1) **Anm. d. Red.:** Muster 6 i. d. F. der VO v. 22. 12. 2014 (BGBl I S. 2392) mit Wirkung v. 30. 12. 2014.
2) **Anm. d. Red.:** Zur Anwendung des Musters 6 siehe § 12 Abs. 3.

**Muster 6** XXX. Erbschaftsteuer-Durchführungsverordnung

5. **Sonstige Angaben**
Zur Verfahrensvereinfachung und Vermeidung von Rückfragen werden mit Einverständnis der Urkundsparteien folgende Angaben gemacht, soweit sie nicht bereits aus dem Vertrag ersichtlich sind:

| Valutastand der über- nommenen Verbindlich- keiten am Tag der Schenkung | Jahreswert von Gegen- leistungen wie z. B. Nießbrauch | Höhe der Notar- gebühren |
|---|---|---|
| ................ EUR | ................ EUR | ................ EUR |

..........................................          ..........................................
Ort, Datum                                                                      Unterschrift

# XXXI. Grundsteuergesetz (GrStG)
## v. 7. 8. 1973 (BGBl I S. 965) mit späteren Änderungen

Das Grundsteuergesetz (GrStG) ist als Art. 1 Gesetz zur Reform des Grundsteuerrechts v. 7. 8. 1973 (BGBl I S. 965) verkündet worden und am 12. 8. 1973 in Kraft getreten. — Die hier wiedergegebene (nichtamtliche) Fassung berücksichtigt die Änderungen des GrStG durch Art. 15 Einführungsgesetz zur Abgabenordnung (EGAO) v. 14. 12. 1976 (BGBl I S. 3341); Anlage I Kap. IV Sachgebiet B Abschn. II Nr. 30 Einigungsvertragsgesetz v. 23. 9. 1990 (BGBl II S. 885, 986); Art. 12 Standortsicherungsgesetz (StandOG) v. 13. 9. 1993 (BGBl I S. 1569); Art. 6 Abs. 56 Eisenbahnneuordnungsgesetz (ENeuOG) v. 27. 12. 1993 (BGBl I S. 2378, ber. 1994 I S. 2439); Art. 12 Abs. 43 Postneuordnungsgesetz (PTNeuOG) v. 14. 9. 1994 (BGBl I S. 2325, ber. 1996 I S. 103); Art. 9 Gesetz zur Fortsetzung der Unternehmenssteuerreform v. 29. 10. 1997 (BGBl I S. 2590); Art. 9 Nr. 5 Gesetz zur Änderung des Einführungsgesetzes zur Insolvenzordnung und anderer Gesetze (EGInsOÄndG) v. 19. 12. 1998 (BGBl I S. 3836); Art. 11 Steuerbereinigungsgesetz 1999 (StBereinG 1999) v. 22. 12. 1999 (BGBl I S. 2601); Art. 21 Steuer-Euroglättungsgesetz (StEuglG) v. 19. 12. 2000 (BGBl I S. 1790); Art. 29 Gesetz zur Umbenennung des Bundesgrenzschutzes in Bundespolizei v. 21. 6. 2005 (BGBl I S. 1818); Art. 6 Gesetz zur Beschleunigung der Umsetzung von Öffentlich Privaten Partnerschaften und zur Verbesserung gesetzlicher Rahmenbedingungen für Öffentlich Private Partnerschaften v. 1. 9. 2005 (BGBl I S. 2676); Art. 38 Jahressteuergesetz 2009 (JStG 2009) v. 19. 12. 2008 (BGBl I S. 2794). — **Zur Anwendung siehe §§ 38 und 40 bis 46.**

### Nichtamtliche Fassung

## Abschnitt I: Steuerpflicht

### § 1 Heberecht

(1) Die Gemeinde bestimmt, ob von dem in ihrem Gebiet liegenden Grundbesitz Grundsteuer zu erheben ist.

(2) Bestehen in einem Land keine Gemeinden, so stehen das Recht des Absatzes 1 und die in diesem Gesetz bestimmten weiteren Rechte dem Land zu.

(3) Für den in gemeindefreien Gebieten liegenden Grundbesitz bestimmt die Landesregierung durch Rechtsverordnung, wer die nach diesem Gesetz den Gemeinden zustehenden Befugnisse ausübt.

### § 2 Steuergegenstand

Steuergegenstand ist der Grundbesitz im Sinne des Bewertungsgesetzes:

1. die Betriebe der Land- und Forstwirtschaft (§§ 33, 48a und 51a des Bewertungsgesetzes). ²Diesen stehen die in § 99 Abs. 1 Nr. 2 des Bewertungsgesetzes bezeichneten Betriebsgrundstücke gleich;
2. die Grundstücke (§§ 68, 70 des Bewertungsgesetzes). ²Diesen stehen die in § 99 Abs. 1 Nr. 1 des Bewertungsgesetzes bezeichneten Betriebsgrundstücke gleich.

### § 3 Steuerbefreiung für Grundbesitz bestimmter Rechtsträger[1)]

(1) ¹Von der Grundsteuer sind befreit

1. Grundbesitz, der von einer inländischen juristischen Person des öffentlichen Rechts für einen öffentlichen Dienst oder Gebrauch benutzt wird. ²Ausgenommen ist der Grundbesitz, der von Berufsvertretungen und Berufsverbänden sowie von Kassenärztlichen Vereinigungen und Kassenärztlichen Bundesvereinigungen benutzt wird;
1a. (weggefallen)
2. Grundbesitz, der vom Bundeseisenbahnvermögen für Verwaltungszwecke benutzt wird;

---

1) **Anm. d. Red.:** § 3 Abs. 1 i. d. F. des Gesetzes v. 1. 9. 2005 (BGBl I S. 2676) mit Wirkung v. 8. 9. 2005; Abs. 3 i. d. F. des Gesetzes v. 22. 12. 1999 (BGBl I S. 2601) mit Wirkung v. 1. 1. 2000.

3. Grundbesitz, der von
   a) einer inländischen juristischen Person des öffentlichen Rechts,
   b) einer inländischen Körperschaft, Personenvereinigung oder Vermögensmasse, die nach der Satzung, dem Stiftungsgeschäft oder der sonstigen Verfassung und nach ihrer tatsächlichen Geschäftsführung ausschließlich und unmittelbar gemeinnützigen oder mildtätigen Zwecken dient,

   für gemeinnützige oder mildtätige Zwecke benutzt wird;
4. Grundbesitz, der von einer Religionsgesellschaft, die Körperschaft des öffentlichen Rechts ist, einem ihrer Orden, einer ihrer religiösen Genossenschaften oder einem ihrer Verbände für Zwecke der religiösen Unterweisung, der Wissenschaft, des Unterrichts, der Erziehung oder für Zwecke der eigenen Verwaltung benutzt wird. ²Den Religionsgesellschaften stehen die jüdischen Kultusgemeinden gleich, die nicht Körperschaften des öffentlichen Rechts sind;
5. Dienstwohnungen der Geistlichen und Kirchendiener der Religionsgesellschaften, die Körperschaften des öffentlichen Rechts sind, und der jüdischen Kultusgemeinden. ²§ 5 ist insoweit nicht anzuwenden;
6. Grundbesitz der Religionsgesellschaften, die Körperschaften des öffentlichen Rechts sind, und der jüdischen Kultusgemeinden, der am 1. Januar 1987 und im Veranlagungszeitpunkt zu einem nach Kirchenrecht gesonderten Vermögen, insbesondere einem Stellenfonds gehört, dessen Erträge ausschließlich für die Besoldung und Versorgung der Geistlichen und Kirchendiener sowie ihrer Hinterbliebenen bestimmt sind. ²Ist in dem in Artikel 3 des Einigungsvertrages genannten Gebiet die Zugehörigkeit des Grundbesitzes zu einem gesonderten Vermögen im Sinne des Satzes 1 am 1. Januar 1987 nicht gegeben, reicht es insoweit aus, dass der Grundbesitz zu einem Zeitpunkt vor dem 1. Januar 1987 zu einem gesonderten Vermögen im Sinne des Satzes 1 gehörte. ³Die §§ 5 und 6 sind insoweit nicht anzuwenden.

²Der Grundbesitz muss ausschließlich demjenigen, der ihn für die begünstigten Zwecke benutzt, oder einem anderen nach den Nummern 1 bis 6 begünstigten Rechtsträger zuzurechnen sein. ³Satz 2 gilt nicht, wenn der Grundbesitz von einem nicht begünstigten Rechtsträger im Rahmen einer Öffentlich Privaten Partnerschaft einer juristischen Person des öffentlichen Rechts für einen öffentlichen Dienst oder Gebrauch überlassen wird und die Übertragung auf den Nutzer am Ende des Vertragszeitraums vereinbart ist.

(2) ¹Öffentlicher Dienst oder Gebrauch im Sinne dieses Gesetzes ist die hoheitliche Tätigkeit oder der bestimmungsgemäße Gebrauch durch die Allgemeinheit. ²Ein Entgelt für den Gebrauch durch die Allgemeinheit darf nicht in der Absicht, Gewinn zu erzielen, gefordert werden.

(3) Öffentlicher Dienst oder Gebrauch im Sinne dieses Gesetzes ist nicht anzunehmen bei Betrieben gewerblicher Art von juristischen Personen des öffentlichen Rechts im Sinne des Körperschaftsteuergesetzes.

## § 4 Sonstige Steuerbefreiungen[1)]

Soweit sich nicht bereits eine Befreiung nach § 3 ergibt, sind von der Grundsteuer befreit
1. Grundbesitz, der dem Gottesdienst einer Religionsgesellschaft, die Körperschaft des öffentlichen Rechts ist, oder einer jüdischen Kultusgemeinde gewidmet ist;
2. Bestattungsplätze;
3. a) die dem öffentlichen Verkehr dienenden Straßen, Wege, Plätze, Wasserstraßen, Häfen und Schienenwege sowie die Grundflächen mit den diesem Verkehr unmittelbar dienenden Bauwerken und Einrichtungen, zum Beispiel Brücken, Schleuseneinrichtungen, Signalstationen, Stellwerke, Blockstellen;

---

1) **Anm. d. Red.:** § 4 i. d. F. des Gesetzes v. 22. 12. 1999 (BGBl I S. 2601) mit Wirkung v. 1. 1. 2000.

b) auf Verkehrsflughäfen und Verkehrslandeplätzen alle Flächen, die unmittelbar zur Gewährleistung eines ordnungsgemäßen Flugbetriebes notwendig sind und von Hochbauten und sonstigen Luftfahrthindernissen freigehalten werden müssen, die Grundflächen mit den Bauwerken und Einrichtungen, die unmittelbar diesem Betrieb dienen, sowie die Grundflächen ortsfester Flugsicherungsanlagen einschließlich der Flächen, die für einen einwandfreien Betrieb dieser Anlagen erforderlich sind;

c) die fließenden Gewässer und die ihren Abfluss regelnden Sammelbecken, soweit sie nicht unter Buchstabe a fallen;

4. die Grundflächen mit den im Interesse der Ordnung und Verbesserung der Wasser- und Bodenverhältnisse unterhaltenen Einrichtungen der öffentlich-rechtlichen Wasser- und Bodenverbände und die im öffentlichen Interesse staatlich unter Schau gestellten Privatdeiche;

5. Grundbesitz, der für Zwecke der Wissenschaft, des Unterrichts oder der Erziehung benutzt wird, wenn durch die Landesregierung oder die von ihr beauftragte Stelle anerkannt ist, dass der Benutzungszweck im Rahmen der öffentlichen Aufgaben liegt. ²Der Grundbesitz muss ausschließlich demjenigen, der ihn benutzt, oder einer juristischen Person des öffentlichen Rechts zuzurechnen sein;

6. Grundbesitz, der für die Zwecke eines Krankenhauses benutzt wird, wenn das Krankenhaus in dem Kalenderjahr, das dem Veranlagungszeitpunkt (§ 13 Abs. 1) vorangeht, die Voraussetzungen des § 67 Abs. 1 oder 2 der Abgabenordnung erfüllt hat. ²Der Grundbesitz muss ausschließlich demjenigen, der ihn benutzt, oder einer juristischen Person des öffentlichen Rechts zuzurechnen sein.

## § 5 Zu Wohnzwecken benutzter Grundbesitz[1)]

(1) Dient Grundbesitz, der für steuerbegünstigte Zwecke (§§ 3 und 4) benutzt wird, zugleich Wohnzwecken, gilt die Befreiung nur für

1. Gemeinschaftsunterkünfte der Bundeswehr, der ausländischen Streitkräfte, der internationalen militärischen Hauptquartiere, der Bundespolizei, der Polizei und des sonstigen Schutzdienstes des Bundes und der Gebietskörperschaften sowie ihrer Zusammenschlüsse;
2. Wohnräume in Schülerheimen, Ausbildungs- und Erziehungsheimen sowie Prediger- und Priesterseminaren, wenn die Unterbringung in ihnen für die Zwecke des Unterrichts, der Ausbildung oder der Erziehung erforderlich ist. ²Wird das Heim oder Seminar nicht von einem der nach § 3 Abs. 1 Nr. 1, 3 oder 4 begünstigten Rechtsträger unterhalten, so bedarf es einer Anerkennung der Landesregierung oder der von ihr beauftragten Stelle, dass die Unterhaltung des Heims oder Seminars im Rahmen der öffentlichen Aufgaben liegt;
3. Wohnräume, wenn der steuerbegünstigte Zweck im Sinne des § 3 Abs. 1 Nr. 1, 3 oder 4 nur durch ihre Überlassung erreicht werden kann;
4. Räume, in denen sich Personen für die Erfüllung der steuerbegünstigten Zwecke ständig bereithalten müssen (Bereitschaftsräume), wenn sie nicht zugleich die Wohnung des Inhabers darstellen.

(2) Wohnungen sind stets steuerpflichtig, auch wenn die Voraussetzungen des Absatzes 1 vorliegen.

## § 6 Land- und forstwirtschaftlich genutzter Grundbesitz

Wird Grundbesitz, der für steuerbegünstigte Zwecke (§§ 3 und 4) benutzt wird, zugleich land- und forstwirtschaftlich genutzt, so gilt die Befreiung nur für

1. Grundbesitz, der Lehr- oder Versuchszwecken dient;

---

1) **Anm. d. Red.:** § 5 Abs. 1 i. d. F. des Gesetzes v. 21. 6. 2005 (BGBl I S. 1818) mit Wirkung v. 1. 7. 2005.

2. Grundbesitz, der von der Bundeswehr, den ausländischen Streitkräften, den internationalen militärischen Hauptquartieren oder den in § 5 Abs. 1 Nr. 1 bezeichneten Schutzdiensten als Übungsplatz oder Flugplatz benutzt wird;
3. Grundbesitz, der unter § 4 Nr. 1 bis 4 fällt.

### § 7 Unmittelbare Benutzung für einen steuerbegünstigten Zweck

¹Die Befreiung nach den §§ 3 und 4 tritt nur ein, wenn der Steuergegenstand für den steuerbegünstigten Zweck unmittelbar benutzt wird. ²Unmittelbare Benutzung liegt vor, sobald der Steuergegenstand für den steuerbegünstigten Zweck hergerichtet wird.

### § 8 Teilweise Benutzung für einen steuerbegünstigten Zweck

(1) Wird ein räumlich abgegrenzter Teil des Steuergegenstandes für steuerbegünstigte Zwecke (§§ 3 und 4) benutzt, so ist nur dieser Teil des Steuergegenstandes steuerfrei.

(2) Dient der Steuergegenstand oder ein Teil des Steuergegenstandes (Absatz 1) sowohl steuerbegünstigten Zwecken (§§ 3 und 4) als auch anderen Zwecken, ohne dass eine räumliche Abgrenzung für die verschiedenen Zwecke möglich ist, so ist der Steuergegenstand oder der Teil des Steuergegenstandes nur befreit, wenn die steuerbegünstigten Zwecke überwiegen.

### § 9 Stichtag für die Festsetzung der Grundsteuer; Entstehung der Steuer

(1) Die Grundsteuer wird nach den Verhältnissen zu Beginn des Kalenderjahres festgesetzt.

(2) Die Steuer entsteht mit dem Beginn des Kalenderjahres, für das die Steuer festzusetzen ist.

### § 10 Steuerschuldner

(1) Schuldner der Grundsteuer ist derjenige, dem der Steuergegenstand bei der Feststellung des Einheitswerts zugerechnet ist.

(2) Derjenige, dem ein Erbbaurecht, ein Wohnungserbbaurecht oder ein Teilerbbaurecht zugerechnet ist, ist auch Schuldner der Grundsteuer für die wirtschaftliche Einheit des belasteten Grundstücks.

(3) Ist der Steuergegenstand mehreren Personen zugerechnet, so sind sie Gesamtschuldner.

### § 11 Persönliche Haftung[1]

(1) Neben dem Steuerschuldner haften der Nießbraucher des Steuergegenstandes und derjenige, dem ein dem Nießbrauch ähnliches Recht zusteht.

(2) ¹Wird ein Steuergegenstand ganz oder zu einem Teil einer anderen Person übereignet, so haftet der Erwerber neben dem früheren Eigentümer für die auf den Steuergegenstand oder Teil des Steuergegenstandes entfallende Grundsteuer, die für die Zeit seit dem Beginn des letzten vor der Übereignung liegenden Kalenderjahres zu entrichten ist. ²Das gilt nicht für Erwerbe aus einer Insolvenzmasse und für Erwerbe im Vollstreckungsverfahren.

### § 12 Dingliche Haftung

Die Grundsteuer ruht auf dem Steuergegenstand als öffentliche Last.

---

[1] **Anm. d. Red.:** § 11 Abs. 2 i. d. F. des Gesetzes v. 19. 12. 1998 (BGBl I S. 3836) mit Wirkung v. 1. 1. 1999.

## Abschnitt II: Bemessung der Grundsteuer

### § 13 Steuermesszahl und Steuermessbetrag[1]

(1) ¹Bei der Berechnung der Grundsteuer ist von einem Steuermessbetrag auszugehen. ²Dieser ist durch Anwendung eines Tausendsatzes (Steuermesszahl) auf den Einheitswert oder seinen steuerpflichtigen Teil zu ermitteln, der nach dem Bewertungsgesetz im Veranlagungszeitpunkt (§ 16 Abs. 1, § 17 Abs. 3, § 18 Abs. 3) für den Steuergegenstand maßgebend ist.

(2) (weggefallen)

(3) In den Fällen des § 10 Abs. 2 ist der Berechnung des Steuermessbetrags die Summe der beiden Einheitswerte zugrunde zu legen, die nach § 92 des Bewertungsgesetzes festgestellt werden.

### § 14 Steuermesszahl für Betriebe der Land- und Forstwirtschaft

Für Betriebe der Land- und Forstwirtschaft beträgt die Steuermesszahl 6 vom Tausend.

### § 15 Steuermesszahl für Grundstücke[2]

(1) Die Steuermesszahl beträgt 3,5 vom Tausend.

(2) Abweichend von Absatz 1 beträgt die Steuermesszahl
1. für Einfamilienhäuser im Sinne des § 75 Abs. 5 des Bewertungsgesetzes mit Ausnahme des Wohnungseigentums und des Wohnungserbbaurechts einschließlich des damit belasteten Grundstücks 2,6 vom Tausend für die ersten 38 346,89 Euro des Einheitswerts oder seines steuerpflichtigen Teils und 3,5 vom Tausend für den Rest des Einheitswerts oder seines steuerpflichtigen Teils;
2. für Zweifamilienhäuser im Sinne des § 75 Abs. 6 des Bewertungsgesetzes 3,1 vom Tausend.

### § 16 Hauptveranlagung[3]

(1) ¹Die Steuermessbeträge werden auf den Hauptfeststellungszeitpunkt (§ 21 Abs. 2 des Bewertungsgesetzes) allgemein festgesetzt (Hauptveranlagung). ²Dieser Zeitpunkt ist der Hauptveranlagungszeitpunkt.

(2) ¹Der bei der Hauptveranlagung festgesetzte Steuermessbetrag gilt vorbehaltlich der §§ 17 und 20 von dem Kalenderjahr an, das zwei Jahre nach dem Hauptveranlagungszeitpunkt beginnt. ²Dieser Steuermessbetrag bleibt unbeschadet der §§ 17 und 20 bis zu dem Zeitpunkt maßgebend, von dem an die Steuermessbeträge der nächsten Hauptveranlagung wirksam werden. ³Der sich nach den Sätzen 1 und 2 ergebende Zeitraum ist der Hauptveranlagungszeitraum.

(3) Ist die Festsetzungsfrist (§ 169 der Abgabenordnung) bereits abgelaufen, so kann die Hauptveranlagung unter Zugrundelegung der Verhältnisse vom Hauptveranlagungszeitpunkt mit Wirkung für einen späteren Veranlagungszeitpunkt vorgenommen werden, für den diese Frist noch nicht abgelaufen ist.

### § 17 Neuveranlagung[4]

(1) Wird eine Wertfortschreibung (§ 22 Abs. 1 des Bewertungsgesetzes) oder eine Artfortschreibung oder Zurechnungsfortschreibung (§ 22 Abs. 2 des Bewertungsgesetzes) durch-

---

1) **Anm. d. Red.:** § 13 Abs. 2 weggefallen gem. Gesetz v. 27. 12. 1993 (BGBl I S. 2378) mit Wirkung v. 1. 1. 1994.
2) **Anm. d. Red.:** § 15 Abs. 2 i. d. F. des Gesetzes v. 19. 12. 2000 (BGBl I S. 1790) mit Wirkung v. 1. 1. 2002.
3) **Anm. d. Red.:** § 16 Abs. 3 i. d. F. des Gesetzes v. 14. 12. 1976 (BGBl I S. 3341) mit Wirkung v. 1. 1. 1977.
4) **Anm. d. Red.:** § 17 Abs. 2 i. d. F. des Gesetzes v. 14. 12. 1976 (BGBl I S. 3341) mit Wirkung v. 1. 1. 1977.

geführt, so wird der Steuermessbetrag auf den Fortschreibungszeitpunkt neu festgesetzt (Neuveranlagung).

(2) Der Steuermessbetrag wird auch dann neu festgesetzt, wenn dem Finanzamt bekannt wird, dass

1. Gründe, die im Feststellungsverfahren über den Einheitswert nicht zu berücksichtigen sind, zu einem anderen als dem für den letzten Veranlagungszeitpunkt festgesetzten Steuermessbetrag führen oder
2. die letzte Veranlagung fehlerhaft ist; § 176 der Abgabenordnung ist hierbei entsprechend anzuwenden; das gilt jedoch nur für Veranlagungszeitpunkte, die vor der Verkündung der maßgeblichen Entscheidung eines obersten Gerichts des Bundes liegen.

(3) ¹Der Neuveranlagung werden die Verhältnisse im Neuveranlagungszeitpunkt zugrunde gelegt. ²Neuveranlagungszeitpunkt ist

1. in den Fällen des Absatzes 1 der Beginn des Kalenderjahres, auf den die Fortschreibung durchgeführt wird;
2. in den Fällen des Absatzes 2 Nr. 1 der Beginn des Kalenderjahres, auf den sich erstmals ein abweichender Steuermessbetrag ergibt. ²§ 16 Abs. 3 ist entsprechend anzuwenden;
3. in den Fällen des Absatzes 2 Nr. 2 der Beginn des Kalenderjahres, in dem der Fehler dem Finanzamt bekannt wird, bei einer Erhöhung des Steuermessbetrags jedoch frühestens der Beginn des Kalenderjahres, in dem der Steuermessbescheid erteilt wird.

(4) Treten die Voraussetzungen für eine Neuveranlagung während des Zeitraums zwischen dem Hauptveranlagungszeitpunkt und dem Zeitpunkt des Wirksamwerdens der Steuermessbeträge (§ 16 Abs. 2) ein, so wird die Neuveranlagung auf den Zeitpunkt des Wirksamwerdens der Steuermessbeträge vorgenommen.

## § 18 Nachveranlagung

(1) Wird eine Nachfeststellung (§ 23 Abs. 1 des Bewertungsgesetzes) durchgeführt, so wird der Steuermessbetrag auf den Nachfeststellungszeitpunkt nachträglich festgesetzt (Nachveranlagung).

(2) Der Steuermessbetrag wird auch dann nachträglich festgesetzt, wenn der Grund für die Befreiung des Steuergegenstandes von der Grundsteuer wegfällt, der für die Berechnung der Grundsteuer maßgebende Einheitswert (§ 13 Abs. 1) aber bereits festgestellt ist.

(3) ¹Der Nachveranlagung werden die Verhältnisse im Nachveranlagungszeitpunkt zugrunde gelegt. ²Nachveranlagungszeitpunkt ist

1. in den Fällen des Absatzes 1 der Beginn des Kalenderjahres, auf den der Einheitswert nachträglich festgestellt wird;
2. in den Fällen des Absatzes 2 der Beginn des Kalenderjahres, der auf den Wegfall des Befreiungsgrundes folgt. ²§ 16 Abs. 3 ist entsprechend anzuwenden.

(4) Treten die Voraussetzungen für eine Nachveranlagung während des Zeitraums zwischen dem Hauptveranlagungszeitpunkt und dem Zeitpunkt des Wirksamwerdens der Steuermessbeträge (§ 16 Abs. 2) ein, so wird die Nachveranlagung auf den Zeitpunkt des Wirksamwerdens der Steuermessbeträge vorgenommen.

## § 19 Anzeigepflicht

¹Jede Änderung in der Nutzung oder in den Eigentumsverhältnissen eines ganz oder teilweise von der Grundsteuer befreiten Steuergegenstandes hat derjenige anzuzeigen, der nach § 10 als Steuerschuldner in Betracht kommt. ²Die Anzeige ist innerhalb von drei Monaten nach Eintritt der Änderung bei dem Finanzamt zu erstatten, das für die Festsetzung des Steuermessbetrags zuständig ist.

## § 20 Aufhebung des Steuermessbetrags[1)]

(1) Der Steuermessbetrag wird aufgehoben,
1. wenn der Einheitswert aufgehoben wird oder
2. wenn dem Finanzamt bekannt wird, dass
   a) für den ganzen Steuergegenstand ein Befreiungsgrund eingetreten ist oder
   b) der Steuermessbetrag fehlerhaft festgesetzt worden ist.

(2) Der Steuermessbetrag wird aufgehoben
1. in den Fällen des Absatzes 1 Nr. 1 mit Wirkung vom Aufhebungszeitpunkt (§ 24 Abs. 2 des Bewertungsgesetzes) an;
2. in den Fällen des Absatzes 1 Nr. 2 Buchstabe a mit Wirkung vom Beginn des Kalenderjahres an, der auf den Eintritt des Befreiungsgrundes folgt. [2]§ 16 Abs. 3 ist entsprechend anzuwenden;
3. in den Fällen des Absatzes 1 Nr. 2 Buchstabe b mit Wirkung vom Beginn des Kalenderjahres an, in dem der Fehler dem Finanzamt bekannt wird.

(3) Treten die Voraussetzungen für eine Aufhebung während des Zeitraums zwischen dem Hauptveranlagungszeitpunkt und dem Zeitpunkt des Wirksamwerdens der Steuermessbeträge (§ 16 Abs. 2) ein, so wird die Aufhebung auf den Zeitpunkt des Wirksamwerdens der Steuermessbeträge vorgenommen.

## § 21 Änderung von Steuermessbescheiden

[1]Bescheide über die Neuveranlagung oder die Nachveranlagung von Steuermessbeträgen können schon vor dem maßgebenden Veranlagungszeitpunkt erteilt werden. [2]Sie sind zu ändern oder aufzuheben, wenn sich bis zu diesem Zeitpunkt Änderungen ergeben, die zu einer abweichenden Festsetzung führen.

## § 22 Zerlegung des Steuermessbetrags[2)]

(1) [1]Erstreckt sich der Steuergegenstand über mehrere Gemeinden, so ist der Steuermessbetrag vorbehaltlich des § 24 in die auf die einzelnen Gemeinden entfallenden Anteile zu zerlegen (Zerlegungsanteile). [2]Für den Zerlegungsmaßstab gilt Folgendes:
1. [1]Bei Betrieben der Land- und Forstwirtschaft ist der auf den Wohnungswert entfallende Teil des Steuermessbetrags der Gemeinde zuzuweisen, in der sich der Wohnteil oder dessen wertvollster Teil befindet. [2]Der auf den Wirtschaftswert entfallende Teil des Steuermessbetrags ist in dem Verhältnis zu zerlegen, in dem die auf die einzelnen Gemeinden entfallenden Flächengrößen zueinander stehen.
2. [1]Bei Grundstücken ist der Steuermessbetrag in dem Verhältnis zu zerlegen, in dem die auf die einzelnen Gemeinden entfallenden Flächengrößen zueinander stehen. [2]Führt die Zerlegung nach Flächengrößen zu einem offenbar unbilligen Ergebnis, so hat das Finanzamt auf Antrag einer Gemeinde die Zerlegung nach dem Maßstab vorzunehmen, der nach bisherigem Recht zugrunde gelegt wurde. [3]Dies gilt nur so lange, als keine wesentliche Änderung der tatsächlichen Verhältnisse eintritt; im Falle einer wesentlichen Änderung ist nach einem Maßstab zu zerlegen, der den tatsächlichen Verhältnissen besser Rechnung trägt.

[3]Einigen sich die Gemeinden mit dem Steuerschuldner über die Zerlegungsanteile, so sind diese maßgebend.

(2) Entfällt auf eine Gemeinde ein Zerlegungsanteil von weniger als fünfundzwanzig Euro, so ist dieser Anteil der Gemeinde zuzuweisen, der nach Absatz 1 der größte Zerlegungsanteil zusteht.

---

1) **Anm. d. Red.:** § 20 Abs. 1 i. d. F. des Gesetzes v. 14. 12. 1976 (BGBl I S. 3341) mit Wirkung v. 1. 1. 1977.
2) **Anm. d. Red.:** § 22 Abs. 2 i. d. F. des Gesetzes v. 19. 12. 2000 (BGBl I S. 1790) mit Wirkung v. 1. 1. 2002.

### § 23 Zerlegungsstichtag[1]

(1) Der Zerlegung des Steuermessbetrags werden die Verhältnisse in dem Feststellungszeitpunkt zugrunde gelegt, auf den der für die Festsetzung des Steuermessbetrags maßgebende Einheitswert festgestellt worden ist.

(2) Ändern sich die Grundlagen für die Zerlegung, ohne dass der Einheitswert fortgeschrieben oder nachträglich festgestellt wird, so sind die Zerlegungsanteile nach dem Stand vom 1. Januar des folgenden Jahres neu zu ermitteln, wenn wenigstens bei einer Gemeinde der neue Anteil um mehr als ein Zehntel, mindestens aber um zehn Euro von ihrem bisherigen Anteil abweicht.

### § 24 Ersatz der Zerlegung durch Steuerausgleich

¹Die Landesregierung kann durch Rechtsverordnung bestimmen, dass bei Betrieben der Land- und Forstwirtschaft, die sich über mehrere Gemeinden erstrecken, aus Vereinfachungsgründen an Stelle der Zerlegung ein Steuerausgleich stattfindet. ²Beim Steuerausgleich wird der gesamte Steuermessbetrag der Gemeinde zugeteilt, in der der wertvollste Teil des Steuergegenstandes liegt (Sitzgemeinde); an dem Steueraufkommen der Sitzgemeinde werden die übrigen Gemeinden beteiligt. ³Die Beteiligung soll annähernd zu dem Ergebnis führen, das bei einer Zerlegung einträte.

## Abschnitt III: Festsetzung und Entrichtung der Grundsteuer

### § 25 Festsetzung des Hebesatzes

(1) Die Gemeinde bestimmt, mit welchem Hundertsatz des Steuermessbetrags oder des Zerlegungsanteils die Grundsteuer zu erheben ist (Hebesatz).

(2) Der Hebesatz ist für ein oder mehrere Kalenderjahre, höchstens jedoch für den Hauptveranlagungszeitraum der Steuermessbeträge festzusetzen.

(3) ¹Der Beschluss über die Festsetzung oder Änderung des Hebesatzes ist bis zum 30. Juni eines Kalenderjahres mit Wirkung vom Beginn dieses Kalenderjahres zu fassen. ²Nach diesem Zeitpunkt kann der Beschluss über die Festsetzung des Hebesatzes gefasst werden, wenn der Hebesatz die Höhe der letzten Festsetzung nicht überschreitet.

(4) ¹Der Hebesatz muss jeweils einheitlich sein
1. für die in einer Gemeinde liegenden Betriebe der Land- und Forstwirtschaft;
2. für die in einer Gemeinde liegenden Grundstücke.

²Wird das Gebiet von Gemeinden geändert, so kann die Landesregierung oder die von ihr bestimmte Stelle für die von der Änderung betroffenen Gebietsteile auf eine bestimmte Zeit verschiedene Hebesätze zulassen.

### § 26 Koppelungsvorschriften und Höchsthebesätze[2]

In welchem Verhältnis die Hebesätze für die Grundsteuer der Betriebe der Land- und Forstwirtschaft, für die Grundsteuer der Grundstücke und für die Gewerbesteuer zueinander stehen müssen, welche Höchstsätze nicht überschritten werden dürfen und inwieweit mit Genehmigung der Gemeindeaufsichtsbehörde Ausnahmen zugelassen werden können, bleibt einer landesrechtlichen Regelung vorbehalten.

### § 27 Festsetzung der Grundsteuer

(1) ¹Die Grundsteuer wird für das Kalenderjahr festgesetzt. ²Ist der Hebesatz für mehr als ein Kalenderjahr festgesetzt, kann auch die jährlich zu erhebende Grundsteuer für die einzelnen Kalenderjahre dieses Zeitraums festgesetzt werden.

---

1) **Anm. d. Red.:** § 23 Abs. 2 i. d. F. des Gesetzes v. 19. 12. 2000 (BGBl I S. 1790) mit Wirkung v. 1. 1. 2002.
2) **Anm. d. Red.:** § 26 i. d. F. des Gesetzes v. 29. 10. 1997 (BGBl I S. 2590) mit Wirkung v. 1. 11. 1997.

(2) Wird der Hebesatz geändert (§ 25 Abs. 3), so ist die Festsetzung nach Absatz 1 zu ändern.

(3) ¹Für diejenigen Steuerschuldner, die für das Kalenderjahr die gleiche Grundsteuer wie im Vorjahr zu entrichten haben, kann die Grundsteuer durch öffentliche Bekanntmachung festgesetzt werden. ²Für die Steuerschuldner treten mit dem Tage der öffentlichen Bekanntmachung die gleichen Rechtswirkungen ein, wie wenn ihnen an diesem Tage ein schriftlicher Steuerbescheid zugegangen wäre.

## § 28 Fälligkeit[1]

(1) Die Grundsteuer wird zu je einem Viertel ihres Jahresbetrags am 15. Februar, 15. Mai, 15. August und 15. November fällig.

(2) Die Gemeinden können bestimmen, dass Kleinbeträge wie folgt fällig werden:
1. am 15. August mit ihrem Jahresbetrag, wenn dieser fünfzehn Euro nicht übersteigt;
2. am 15. Februar und 15. August zu je einer Hälfte ihres Jahresbetrags, wenn dieser dreißig Euro nicht übersteigt.

(3) ¹Auf Antrag des Steuerschuldners kann die Grundsteuer abweichend vom Absatz 1 oder Absatz 2 Nr. 2 am 1. Juli in einem Jahresbetrag entrichtet werden. ²Der Antrag muss spätestens bis zum 30. September des vorangehenden Kalenderjahres gestellt werden. ³Die beantragte Zahlungsweise bleibt so lange maßgebend, bis ihre Änderung beantragt wird; die Änderung muss spätestens bis zum 30. September des vorangehenden Jahres beantragt werden.

## § 29 Vorauszahlungen

Der Steuerschuldner hat bis zur Bekanntgabe eines neuen Steuerbescheids zu den bisherigen Fälligkeitstagen Vorauszahlungen unter Zugrundelegung der zuletzt festgesetzten Jahressteuer zu entrichten.

## § 30 Abrechnung über die Vorauszahlungen

(1) ¹Ist die Summe der Vorauszahlungen, die bis zur Bekanntgabe des neuen Steuerbescheids zu entrichten waren (§ 29), kleiner als die Steuer, die sich nach dem bekannt gegebenen Steuerbescheid für die vorausgegangenen Fälligkeitstage ergibt (§ 28), so ist der Unterschiedsbetrag innerhalb eines Monats nach Bekanntgabe des Steuerbescheids zu entrichten. ²Die Verpflichtung, rückständige Vorauszahlungen schon früher zu entrichten, bleibt unberührt.

(2) Ist die Summe der Vorauszahlungen, die bis zur Bekanntgabe des neuen Steuerbescheids entrichtet worden sind, größer als die Steuer, die sich nach dem bekannt gegebenen Steuerbescheid für die vorangegangenen Fälligkeitstage ergibt, so wird der Unterschiedsbetrag nach Bekanntgabe des Steuerbescheids durch Aufrechnung oder Zurückzahlung ausgeglichen.

(3) Die Absätze 1 und 2 gelten entsprechend, wenn der Steuerbescheid aufgehoben oder geändert wird.

## § 31 Nachentrichtung der Steuer

Hatte der Steuerschuldner bis zur Bekanntgabe der Jahressteuer keine Vorauszahlungen nach § 29 zu entrichten, so hat er die Steuer, die sich nach dem bekannt gegebenen Steuerbescheid für die vorangegangenen Fälligkeitstage ergibt (§ 28), innerhalb eines Monats nach Bekanntgabe des Steuerbescheids zu entrichten.

## Abschnitt IV: Erlass der Grundsteuer

### § 32 Erlass für Kulturgut und Grünanlagen

(1) Die Grundsteuer ist zu erlassen

---

1) **Anm. d. Red.:** § 28 Abs. 2 i. d. F. des Gesetzes v. 19. 12. 2000 (BGBl I S. 1790) mit Wirkung v. 1. 1. 2002.

1. für Grundbesitz oder Teile von Grundbesitz, dessen Erhaltung wegen seiner Bedeutung für Kunst, Geschichte, Wissenschaft oder Naturschutz im öffentlichen Interesse liegt, wenn die erzielten Einnahmen und die sonstigen Vorteile (Rohertrag) in der Regel unter den jährlichen Kosten liegen. ²Bei Park- und Gartenanlagen von geschichtlichem Wert ist der Erlass von der weiteren Voraussetzung abhängig, dass sie in dem billigerweise zu fordernden Umfang der Öffentlichkeit zugänglich gemacht sind;
2. für öffentliche Grünanlagen, Spiel- und Sportplätze, wenn die jährlichen Kosten in der Regel den Rohertrag übersteigen.

(2) ¹Ist der Rohertrag für Grundbesitz, in dessen Gebäuden Gegenstände von wissenschaftlicher, künstlerischer oder geschichtlicher Bedeutung, insbesondere Sammlungen oder Bibliotheken, dem Zweck der Forschung oder Volksbildung nutzbar gemacht sind, durch die Benutzung zu den genannten Zwecken nachhaltig gemindert, so ist von der Grundsteuer der Hundertsatz zu erlassen, um den der Rohertrag gemindert ist. ²Das gilt nur, wenn die wissenschaftliche, künstlerische oder geschichtliche Bedeutung der untergebrachten Gegenstände durch die Landesregierung oder die von ihr beauftragte Stelle anerkannt ist.

### § 33 Erlass wegen wesentlicher Ertragsminderung[1]

(1) ¹Ist bei Betrieben der Land- und Forstwirtschaft und bei bebauten Grundstücken der normale Rohertrag des Steuergegenstandes um mehr als 50 Prozent gemindert und hat der Steuerschuldner die Minderung des Rohertrags nicht zu vertreten, so wird die Grundsteuer in Höhe von 25 Prozent erlassen. ²Beträgt die Minderung des normalen Rohertrags 100 Prozent, ist die Grundsteuer in Höhe von 50 Prozent zu erlassen. ³Bei Betrieben der Land- und Forstwirtschaft und bei eigengewerblich genutzten bebauten Grundstücken wird der Erlass nur gewährt, wenn die Einziehung der Grundsteuer nach den wirtschaftlichen Verhältnissen des Betriebs unbillig wäre. ⁴Normaler Rohertrag ist

1. bei Betrieben der Land- und Forstwirtschaft der Rohertrag, der nach den Verhältnissen zu Beginn des Erlasszeitraums bei ordnungsmäßiger Bewirtschaftung gemeinhin und nachhaltig erzielbar wäre;
2. bei bebauten Grundstücken die nach den Verhältnissen zu Beginn des Erlasszeitraums geschätzte übliche Jahresrohmiete.

(2) Bei eigengewerblich genutzten bebauten Grundstücken gilt als Minderung des normalen Rohertrags die Minderung der Ausnutzung des Grundstücks.

(3) Umfasst der Wirtschaftsteil eines Betriebs der Land- und Forstwirtschaft nur die forstwirtschaftliche Nutzung, so ist die Ertragsminderung danach zu bestimmen, in welchem Ausmaß eingetretene Schäden den Ertragswert der forstwirtschaftlichen Nutzung bei einer Wertfortschreibung mindern würden.

(4) ¹Wird nur ein Teil des Grundstücks eigengewerblich genutzt, so ist die Ertragsminderung für diesen Teil nach Absatz 2, für den übrigen Teil nach Absatz 1 zu bestimmen. ²Umfasst der Wirtschaftsteil eines Betriebs der Land- und Forstwirtschaft nur zu einem Teil die forstwirtschaftliche Nutzung, so ist die Ertragsminderung für diesen Teil nach Absatz 3, für den übrigen Teil nach Absatz 1 zu bestimmen. ³In den Fällen der Sätze 1 und 2 ist für den ganzen Steuergegenstand ein einheitlicher Hundertsatz der Ertragsminderung nach dem Anteil der einzelnen Teile am Einheitswert des Grundstücks oder am Wert des Wirtschaftsteils des Betriebs der Land- und Forstwirtschaft zu ermitteln.

(5) Eine Ertragsminderung ist kein Erlassgrund, wenn sie für den Erlasszeitraum durch Fortschreibung des Einheitswerts berücksichtigt werden kann oder bei rechtzeitiger Stellung des Antrags auf Fortschreibung hätte berücksichtigt werden können.

---

1) **Anm. d. Red.:** § 33 Abs. 1 i. d. F. des Gesetzes v. 19. 12. 2008 (BGBl I S. 2794) mit Wirkung v. 1. 1. 2008.

## § 34 Verfahren

(1) ¹Der Erlass wird jeweils nach Ablauf eines Kalenderjahres für die Grundsteuer ausgesprochen, die für das Kalenderjahr festgesetzt worden ist (Erlasszeitraum). ²Maßgebend für die Entscheidung über den Erlass sind die Verhältnisse des Erlasszeitraums.

(2) ¹Der Erlass wird nur auf Antrag gewährt. ²Der Antrag ist bis zu dem auf den Erlasszeitraum folgenden 31. März zu stellen.

(3) ¹In den Fällen des § 32 bedarf es keiner jährlichen Wiederholung des Antrags. ²Der Steuerschuldner ist verpflichtet, eine Änderung der maßgeblichen Verhältnisse der Gemeinde binnen drei Monaten nach Eintritt der Änderung anzuzeigen.

## Abschnitt V: Übergangs- und Schlussvorschriften

### § 35 (weggefallen)[1]

### § 36 Steuervergünstigung für abgefundene Kriegsbeschädigte[2]

(1) ¹Der Veranlagung der Steuermessbeträge für Grundbesitz solcher Kriegsbeschädigten, die zum Erwerb oder zur wirtschaftlichen Stärkung ihres Grundbesitzes eine Kapitalabfindung auf Grund des Bundesversorgungsgesetzes in der Fassung der Bekanntmachung vom 22. Januar 1982 (BGBl I S. 21), zuletzt geändert durch die Verordnung vom 15. Juni 1999 (BGBl I S. 1328), erhalten haben, ist der um die Kapitalabfindung verminderte Einheitswert zugrunde zu legen. ²Die Vergünstigung wird nur so lange gewährt, als die Versorgungsgebührnisse wegen der Kapitalabfindung in der gesetzlichen Höhe gekürzt werden.

(2) Die Steuervergünstigung nach Absatz 1 ist auch für ein Grundstück eines gemeinnützigen Wohnungs- oder Siedlungsunternehmens zu gewähren, wenn die folgenden Voraussetzungen sämtlich erfüllt sind:
1. Der Kriegsbeschädigte muss für die Zuweisung des Grundstücks die Kapitalabfindung an das Wohnungs- oder Siedlungsunternehmen bezahlt haben.
2. Er muss entweder mit dem Unternehmen einen Mietvertrag mit Kaufanwartschaft in der Weise abgeschlossen haben, dass er zur Miete wohnt, bis das Eigentum an dem Grundstück von ihm erworben ist, oder seine Rechte als Mieter müssen durch den Mietvertrag derart geregelt sein, dass das Mietverhältnis dem Eigentumserwerb fast gleichkommt.
3. Es muss sichergestellt sein, dass die Steuervergünstigung in vollem Umfang dem Kriegsbeschädigten zugute kommt.

(3) ¹Lagen die Voraussetzungen des Absatzes 1 oder des Absatzes 2 bei einem verstorbenen Kriegsbeschädigten zur Zeit seines Todes vor und hat seine Witwe das Grundstück ganz oder teilweise geerbt, so ist auch der Witwe die Steuervergünstigung zu gewähren, wenn sie in dem Grundstück wohnt. ²Verheiratet sich die Witwe wieder, so fällt die Steuervergünstigung weg.

### § 37 Sondervorschriften für die Hauptveranlagung 1974[3]

(1) Auf den 1. Januar 1974 findet eine Hauptveranlagung der Grundsteuermessbeträge statt (Hauptveranlagung 1974).

(2) ¹Die Hauptveranlagung 1974 gilt mit Wirkung von dem am 1. Januar 1974 beginnenden Kalenderjahr an. ²Der Beginn dieses Kalenderjahres ist der Hauptveranlagungszeitpunkt.

(3) Bei der Hauptveranlagung 1974 gilt Artikel 1 des Bewertungsänderungsgesetzes 1971 vom 27. Juli 1971 (Bundesgesetzbl. I S. 1157).

(4) (weggefallen)

---

1) **Anm. d. Red.:** § 35 weggefallen gem. Gesetz v. 22. 12. 1999 (BGBl I S. 2601) mit Wirkung v. 1. 1. 2000.
2) **Anm. d. Red.:** § 36 Abs. 1 i. d. F. des Gesetzes v. 22. 12. 1999 (BGBl I S. 2601) mit Wirkung v. 1. 1. 2000.
3) **Anm. d. Red.:** § 37 Abs. 1 i. d. F., Abs. 4 weggefallen gem. Gesetz v. 22. 12. 1999 (BGBl I S. 2601) mit Wirkung v. 1. 1. 2000.

## § 38 Anwendung des Gesetzes[1]
Diese Fassung des Gesetzes gilt erstmals für die Grundsteuer des Kalenderjahres 2008.

## § 39 (weggefallen)[2]

## Abschnitt VI: Grundsteuer für Steuergegenstände in dem in Artikel 3 des Einigungsvertrages genannten Gebiet ab dem Kalenderjahr 1991[3]

### § 40 Land- und forstwirtschaftliches Vermögen
¹Anstelle der Betriebe der Land- und Forstwirtschaft im Sinne des § 2 tritt das zu einer Nutzungseinheit zusammengefasste Vermögen im Sinne des § 125 Abs. 3 des Bewertungsgesetzes. ²Schuldner der Grundsteuer ist abweichend von § 10 der Nutzer des land- und forstwirtschaftlichen Vermögens (§ 125 Abs. 2 des Bewertungsgesetzes). ³Mehrere Nutzer des Vermögens sind Gesamtschuldner.

### § 41 Bemessung der Grundsteuer für Grundstücke nach dem Einheitswert
¹Ist ein im Veranlagungszeitpunkt für die Grundsteuer maßgebender Einheitswert 1935 festgestellt oder festzustellen (§ 132 des Bewertungsgesetzes), gelten bei der Festsetzung des Steuermessbetrags abweichend von § 15 die Steuermesszahlen der weiter anwendbaren §§ 29 bis 33 der Grundsteuerdurchführungsverordnung vom 1. Juli 1937 (RGBl I S. 733). ²Die ermäßigten Steuermesszahlen für Einfamilienhäuser gelten nicht für das Wohnungseigentum und das Wohnungserbbaurecht einschließlich des damit belasteten Grundstücks.

### § 42 Bemessung der Grundsteuer für Mietwohngrundstücke und Einfamilienhäuser nach der Ersatzbemessungsgrundlage[4]

(1) Bei Mietwohngrundstücken und Einfamilienhäusern, für die ein im Veranlagungszeitpunkt für die Grundsteuer maßgebender Einheitswert 1935 nicht festgestellt oder festzustellen ist (§ 132 des Bewertungsgesetzes), bemisst sich der Jahresbetrag der Grundsteuer nach der Wohnfläche und bei anderweitiger Nutzung nach der Nutzfläche (Ersatzbemessungsgrundlage).

(2) ¹Bei einem Hebesatz von 300 vom Hundert für Grundstücke beträgt der Jahresbetrag der Grundsteuer für das Grundstück
 a) für Wohnungen, die mit Bad, Innen-WC und Sammelheizung ausgestattet sind,
    1 Euro je m² Wohnfläche,
 b) für andere Wohnungen
    75 Cent je m² Wohnfläche,
 c) je Abstellplatz für Personenkraftwagen in einer Garage
    5 Euro.
²Für Räume, die anderen als Wohnzwecken dienen, ist der Jahresbetrag je m² Nutzfläche anzusetzen, der für die auf dem Grundstück befindlichen Wohnungen maßgebend ist.

(3) ¹Wird der Hebesatz abweichend von Absatz 2 festgesetzt, erhöhen oder vermindern sich die Jahresbeträge des Absatzes 2 in dem Verhältnis, in dem der festgesetzte Hebesatz für

---

1) **Anm. d. Red.:** § 38 i. d. F. des Gesetzes v. 19.12.2008 (BGBl I S. 2794) mit Wirkung v. 1.1.2008.

2) **Anm. d. Red.:** § 39 weggefallen gem. Gesetz v. 22.12.1999 (BGBl I S. 2601) mit Wirkung v. 1.1.2000.

3) **Anm. d. Red.:** Abschn. VI angefügt gem. Gesetz v. 23.9.1990 (BGBl II S. 885, 986) mit Wirkung v. 29.9.1990.

4) **Anm. d. Red.:** § 42 Abs. 2 und 3 i. d. F. des Gesetzes v. 19.12.2000 (BGBl I S. 1790) mit Wirkung v. 1.1.2002.

Grundstücke zu dem Hebesatz von 300 vom Hundert steht. ²Der sich danach ergebende Jahresbetrag je m² Wohn- oder Nutzfläche wird auf volle Cent nach unten abgerundet.

(4) ¹Steuerschuldner ist derjenige, dem das Gebäude bei einer Feststellung des Einheitswerts gemäß § 10 zuzurechnen wäre. ²Das gilt auch dann, wenn der Grund und Boden einem anderen gehört.

### § 43 Steuerfreiheit für neu geschaffene Wohnungen

(1) ¹Für Grundstücke mit neu geschaffenen Wohnungen, die nach dem 31. Dezember 1980 und vor dem 1. Januar 1992 bezugsfertig geworden sind oder bezugsfertig werden, gilt Folgendes:

1. Grundstücke mit Wohnungen, die vor dem 1. Januar 1990 bezugsfertig geworden sind, bleiben für den noch nicht abgelaufenen Teil eines zehnjährigen Befreiungszeitraums steuerfrei, der mit dem 1. Januar des Kalenderjahres beginnt, das auf das Jahr der Bezugsfertigkeit des Gebäudes folgt;
2. Grundstücke mit Wohnungen, die im Kalenderjahr 1990 bezugsfertig geworden sind, sind bis zum 31. Dezember 2000 steuerfrei;
3. Grundstücke mit Wohnungen, die im Kalenderjahr 1991 bezugsfertig werden, sind bis zum 31. Dezember 2001 steuerfrei.

²Dies gilt auch, wenn vor dem 1. Januar 1991 keine Steuerfreiheit gewährt wurde.

(2) Befinden sich auf einem Grundstück nur zum Teil steuerfreie Wohnungen im Sinne des Absatzes 1, gilt Folgendes:

1. ¹Wird die Grundsteuer nach dem Einheitswert bemessen (§ 41), bemisst sich der Steuermessbetrag für den sich aus Absatz 1 ergebenden Befreiungszeitraum nur nach dem Teil des jeweils maßgebenden Einheitswerts, der auf die steuerpflichtigen Wohnungen und Räume einschließlich zugehörigen Grund und Bodens entfällt. ²Der steuerpflichtige Teil des Einheitswerts wird im Steuermessbetragsverfahren ermittelt.
2. Ist die Ersatzbemessungsgrundlage Wohn- oder Nutzfläche maßgebend (§ 42), bleibt während der Dauer des sich aus Absatz 1 ergebenden Befreiungszeitraums die Wohnfläche der befreiten Wohnungen bei Anwendung des § 42 außer Ansatz.

(3) ¹Einer Wohnung stehen An-, Aus- oder Umbauten gleich, die der Vergrößerung oder Verbesserung von Wohnungen dienen. ²Voraussetzung ist, dass die Baumaßnahmen zu einer Wertfortschreibung geführt haben oder führen.

### § 44 Steueranmeldung

(1) Soweit die Grundsteuer nach der Wohn- oder Nutzfläche zu bemessen ist, hat der Steuerschuldner eine Steuererklärung nach amtlich vorgeschriebenem Vordruck abzugeben, in der er die Grundsteuer nach § 42 selbst berechnet (Steueranmeldung).

(2) ¹Der Steuerschuldner hat der Berechnung der Grundsteuer den Hebesatz zugrunde zu legen, den die Gemeinde bis zum Beginn des Kalenderjahres bekannt gemacht hat, für das die Grundsteuer erhoben wird. ²Andernfalls hat er die Grundsteuer nach dem Hebesatz des Vorjahres zu berechnen; für das Kalenderjahr 1991 gilt insoweit ein Hebesatz von 300 vom Hundert.

(3) ¹Die Steueranmeldung ist für jedes Kalenderjahr nach den Verhältnissen zu seinem Beginn bis zu dem Fälligkeitstag abzugeben, zu dem Grundsteuer für das Kalenderjahr nach § 28 erstmals fällig ist. ²Für die Entrichtung der Grundsteuer gilt § 28 entsprechend.

### § 45 Fälligkeit von Kleinbeträgen

Hat der Rat der Stadt oder Gemeinde vor dem 1. Januar 1991 für kleinere Beträge eine Zahlungsweise zugelassen, die von § 28 Abs. 2 und 3 abweicht, bleibt die Regelung bestehen, bis sie aufgehoben wird.

## § 46 Zuständigkeit der Gemeinden
Die Festsetzung und Erhebung der Grundsteuer obliegt bis zu einer anderen landesrechtlichen Regelung den Gemeinden.

## XXXII. Grunderwerbsteuergesetz (GrEStG)
### v. 26. 2. 1997 (BGBl I S. 419, ber. I S. 1804) mit späteren Änderungen

Das Grunderwerbsteuergesetz (GrEStG) v. 26. 2. 1997 (BGBl I S. 419, ber. I S. 1804) wurde geändert durch Art. 15 Steuerentlastungsgesetz 1999/2000/2002 v. 24. 3. 1999 (BGBl I S. 402); Art. 13 Steuer-Euroglättungsgesetz (StEuglG) v. 19. 12. 2000 (BGBl I S. 1790); Art. 13 Steueränderungsgesetz 2001 (StÄndG 2001) v. 20. 12. 2001 (BGBl I S. 3794); Art. 9 Fünftes Gesetz zur Änderung des Steuerbeamten-Ausbildungsgesetzes und zur Änderung von Steuergesetzen v. 23. 7. 2002 (BGBl I S. 2715); Art. 26 Drittes Gesetz zur Änderung verwaltungsverfahrensrechtlicher Vorschriften v. 21. 8. 2002 (BGBl I S. 3322); Art. 18 Gesetz zur Umsetzung von EU-Richtlinien in nationales Steuerrecht und zur Änderung weiterer Vorschriften (Richtlinien-Umsetzungsgesetz – EURLUmsG) v. 9. 12. 2004 (BGBl I S. 3310, ber. I S. 3843); Art. 5 Gesetz zur Beschleunigung der Umsetzung von Öffentlich Privaten Partnerschaften v. 1. 9. 2005 (BGBl I S. 2676); Art. 10 Jahressteuergesetz 2008 (JStG 2008) v. 20. 12. 2007 (BGBl I S. 3150); Art. 13 Jahressteuergesetz 2009 (JStG 2009) v. 19. 12. 2008 (BGBl I S. 2794); Art. 7 Gesetz zur Beschleunigung des Wirtschaftswachstums (Wachstumsbeschleunigungsgesetz) v. 22. 12. 2009 (BGBl I S. 3950); Art. 29 Jahressteuergesetz 2010 (JStG 2010) v. 8. 12. 2010 (BGBl I S. 1768); Art. 12 Gesetz zur Umsetzung der Richtlinie 2009/65/EG zur Koordinierung der Rechts- und Verwaltungsvorschriften betreffend bestimmte Organismen für gemeinsame Anlagen in Wertpapieren (OGAW-IV-Umsetzungsgesetz – OGAW-IV-UmsG) v. 22. 6. 2011 (BGBl I S. 1126); Art. 9 Steuervereinfachungsgesetz 2011 v. 1. 11. 2011 (BGBl I S. 2131); Art. 26 Gesetz zur Umsetzung der Amtshilferichtlinie sowie zur Änderung steuerlicher Vorschriften (Amtshilferichtlinie-Umsetzungsgesetz – AmtshilfeRLUmsG) v. 26. 6. 2013 (BGBl I S. 1809); Art. 14 Gesetz zur Anpassung des nationalen Steuerrechts an den Beitritt Kroatiens zur EU und zur Änderung weiterer steuerlicher Vorschriften v. 25. 7. 2014 (BGBl I S. 1266); Art. 8 Steueränderungsgesetz 2015 v. 2. 11. 2015 (BGBl I S. 1834). – **Zur Anwendung siehe § 23.**

### Nichtamtliche Fassung

## Erster Abschnitt: Gegenstand der Steuer

### § 1 Erwerbsvorgänge[1)]

(1) Der Grunderwerbsteuer unterliegen die folgenden Rechtsvorgänge, soweit sie sich auf inländische Grundstücke beziehen:
1. ein Kaufvertrag oder ein anderes Rechtsgeschäft, das den Anspruch auf Übereignung begründet;
2. die Auflassung, wenn kein Rechtsgeschäft vorausgegangen ist, das den Anspruch auf Übereignung begründet;
3. der Übergang des Eigentums, wenn kein den Anspruch auf Übereignung begründendes Rechtsgeschäft vorausgegangen ist und es auch keiner Auflassung bedarf. ²Ausgenommen sind
    a) der Übergang des Eigentums durch die Abfindung in Land und die unentgeltliche Zuteilung von Land für gemeinschaftliche Anlagen im Flurbereinigungsverfahren sowie durch die entsprechenden Rechtsvorgänge im beschleunigten Zusammenlegungsverfahren und im Landtauschverfahren nach dem Flurbereinigungsgesetz in seiner jeweils geltenden Fassung,
    b) der Übergang des Eigentums im Umlegungsverfahren nach dem Baugesetzbuch in seiner jeweils geltenden Fassung, wenn der neue Eigentümer in diesem Verfahren als Eigentümer eines im Umlegungsgebiet gelegenen Grundstücks Beteiligter ist,
    c) der Übergang des Eigentums im Zwangsversteigerungsverfahren;

---

1) **Anm. d. Red.:** § 1 Abs. 2a i. d. F. des Gesetzes v. 2. 11. 2015 (BGBl I S. 1834) mit Wirkung v. 6. 11. 2015; Abs. 3 i. d. F. des Gesetzes v. 24. 3. 1999 (BGBl I S. 402) mit Wirkung v. 1. 1. 1999; Abs. 3a und 6 i. d. F. des Gesetzes v. 26. 6. 2013 (BGBl I S. 1809) mit Wirkung v. 30. 6. 2013; Abs. 7 weggefallen gem. Gesetz v. 20. 12. 2001 (BGBl I S. 3794) mit Wirkung v. 31. 12. 2001.

4. das Meistgebot im Zwangsversteigerungsverfahren;
5. ein Rechtsgeschäft, das den Anspruch auf Abtretung eines Übereignungsanspruchs oder der Rechte aus einem Meistgebot begründet;
6. ein Rechtsgeschäft, das den Anspruch auf Abtretung der Rechte aus einem Kaufangebot begründet. ²Dem Kaufangebot steht ein Angebot zum Abschluss eines anderen Vertrags gleich, kraft dessen die Übereignung verlangt werden kann;
7. die Abtretung eines der in den Nummern 5 und 6 bezeichneten Rechte, wenn kein Rechtsgeschäft vorausgegangen ist, das den Anspruch auf Abtretung der Rechte begründet.

(2) Der Grunderwerbsteuer unterliegen auch Rechtsvorgänge, die es ohne Begründung eines Anspruchs auf Übereignung einem anderen rechtlich oder wirtschaftlich ermöglichen, ein inländisches Grundstück auf eigene Rechnung zu verwerten.

(2a)[1] ¹Gehört zum Vermögen einer Personengesellschaft ein inländisches Grundstück und ändert sich innerhalb von fünf Jahren der Gesellschafterbestand unmittelbar oder mittelbar dergestalt, dass mindestens 95 vom Hundert der Anteile am Gesellschaftsvermögen auf neue Gesellschafter übergehen, gilt dies als ein auf die Übereignung eines Grundstücks auf eine neue Personengesellschaft gerichtetes Rechtsgeschäft. ²Mittelbare Änderungen im Gesellschafterbestand von den an einer Personengesellschaft beteiligten Personengesellschaften werden durch Multiplikation der Vomhundertsätze der Anteile am Gesellschaftsvermögen anteilig berücksichtigt. ³Ist eine Kapitalgesellschaft an einer Personengesellschaft unmittelbar oder mittelbar beteiligt, gelten die Sätze 4 und 5. ⁴Eine unmittelbar beteiligte Kapitalgesellschaft gilt in vollem Umfang als neue Gesellschafterin, wenn an ihr mindestens 95 vom Hundert der Anteile auf neue Gesellschafter übergehen. ⁵Bei mehrstufigen Beteiligungen gilt Satz 4 auf der Ebene jeder mittelbar beteiligten Kapitalgesellschaft entsprechend. ⁶Bei der Ermittlung des Vomhundertsatzes bleibt der Erwerb von Anteilen von Todes wegen außer Betracht. ⁷Hat die Personengesellschaft vor dem Wechsel des Gesellschafterbestandes ein Grundstück von einem Gesellschafter oder einer anderen Gesamthand erworben, ist auf die nach § 8 Abs. 2 Satz 1 Nr. 3 ermittelte Bemessungsgrundlage die Bemessungsgrundlage für den Erwerbsvorgang, für den auf Grund des § 5 Abs. 3 oder des § 6 Abs. 3 Satz 2 die Steuervergünstigung zu versagen ist, mit dem entsprechenden Betrag anzurechnen.

(3)[2] Gehört zum Vermögen einer Gesellschaft ein inländisches Grundstück, so unterliegen der Steuer, soweit eine Besteuerung nach Absatz 2a nicht in Betracht kommt, außerdem:
1. ein Rechtsgeschäft, das den Anspruch auf Übertragung eines oder mehrerer Anteile der Gesellschaft begründet, wenn durch die Übertragung unmittelbar oder mittelbar mindestens 95 vom Hundert der Anteile der Gesellschaft in der Hand des Erwerbers oder in der Hand von herrschenden und abhängigen Unternehmen oder abhängigen Personen oder in der Hand von abhängigen Unternehmen oder abhängigen Personen allein vereinigt werden würden;
2. die Vereinigung unmittelbar oder mittelbar von mindestens 95 vom Hundert der Anteile der Gesellschaft, wenn kein schuldrechtliches Geschäft im Sinne der Nummer 1 vorausgegangen ist;
3. ein Rechtsgeschäft, das den Anspruch auf Übertragung unmittelbar oder mittelbar von mindestens 95 vom Hundert der Anteile der Gesellschaft begründet;
4. der Übergang unmittelbar oder mittelbar von mindestens 95 vom Hundert der Anteile der Gesellschaft auf einen anderen, wenn kein schuldrechtliches Geschäft im Sinne der Nummer 3 vorausgegangen ist.

---

1) **Anm. d. Red.:** Zur Anwendung des § 1 Abs. 2a siehe § 23 Abs. 3, 6 Satz 2, Abs. 7 Satz 1 und Abs. 13.
2) **Anm. d. Red.:** Zur Anwendung des § 1 Abs. 3 siehe § 23 Abs. 6 Satz 2.

(3a)[1] ¹Soweit eine Besteuerung nach Absatz 2a und Absatz 3 nicht in Betracht kommt, gilt als Rechtsvorgang im Sinne des Absatzes 3 auch ein solcher, aufgrund dessen ein Rechtsträger unmittelbar oder mittelbar oder teils unmittelbar, teils mittelbar eine wirtschaftliche Beteiligung in Höhe von mindestens 95 vom Hundert an einer Gesellschaft, zu deren Vermögen ein inländisches Grundstück gehört, innehat. ²Die wirtschaftliche Beteiligung ergibt sich aus der Summe der unmittelbaren und mittelbaren Beteiligungen am Kapital oder am Vermögen der Gesellschaft. ³Für die Ermittlung der mittelbaren Beteiligungen sind die Vomhundertsätze am Kapital oder am Vermögen der Gesellschaften zu multiplizieren.

(4) Im Sinne des Absatzes 3 gelten

1. als Gesellschaften auch die bergrechtlichen Gewerkschaften und
2. als abhängig

   a) natürliche Personen, soweit sie einzeln oder zusammengeschlossen einem Unternehmen so eingegliedert sind, dass sie den Weisungen des Unternehmers in Bezug auf die Anteile zu folgen verpflichtet sind;

   b) juristische Personen, die nach dem Gesamtbild der tatsächlichen Verhältnisse finanziell, wirtschaftlich und organisatorisch in ein Unternehmen eingegliedert sind.

(5) Bei einem Tauschvertrag, der für beide Vertragsteile den Anspruch auf Übereignung eines Grundstücks begründet, unterliegt der Steuer sowohl die Vereinbarung über die Leistung des einen als auch die Vereinbarung über die Leistung des anderen Vertragsteils.

(6)[2] ¹Ein in Absatz 1, 2, 3 oder Absatz 3a bezeichneter Rechtsvorgang unterliegt der Steuer auch dann, wenn ihm ein in einem anderen dieser Absätze bezeichneter Rechtsvorgang vorausgegangen ist. ²Die Steuer wird jedoch nur insoweit erhoben, als die Bemessungsgrundlage für den späteren Rechtsvorgang den Betrag übersteigt, von dem beim vorausgegangenen Rechtsvorgang die Steuer berechnet worden ist.

(7) (weggefallen)

### § 2 Grundstücke[3]

(1)[4] ¹Unter Grundstücken im Sinne dieses Gesetzes sind Grundstücke im Sinne des bürgerlichen Rechts zu verstehen. ²Jedoch werden nicht zu den Grundstücken gerechnet:
1. Maschinen und sonstige Vorrichtungen aller Art, die zu einer Betriebsanlage gehören,
2. Mineralgewinnungsrechte und sonstige Gewerbeberechtigungen,
3. das Recht des Grundstückseigentümers auf den Erbbauzins.

(2) Den Grundstücken stehen gleich
1. Erbbaurechte,
2. Gebäude auf fremdem Boden,
3. dinglich gesicherte Sondernutzungsrechte im Sinne des § 15 des Wohnungseigentumsgesetzes und des § 1010 des Bürgerlichen Gesetzbuchs.

(3) ¹Bezieht sich ein Rechtsvorgang auf mehrere Grundstücke, die zu einer wirtschaftlichen Einheit gehören, so werden diese Grundstücke als ein Grundstück behandelt. ²Bezieht sich ein Rechtsvorgang auf einen oder mehrere Teile eines Grundstücks, so werden diese Teile als ein Grundstück behandelt.

---

1) **Anm. d. Red.:** Zur Anwendung des § 1 Abs. 3a siehe § 23 Abs. 11.
2) **Anm. d. Red.:** Zur Anwendung des § 1 Abs. 6 siehe § 23 Abs. 6 Satz 1 und Abs. 11.
3) **Anm. d. Red.:** § 2 Abs. 1 i. d. F. des Gesetzes v. 20.12.2001 (BGBl I S. 3794) mit Wirkung v. 31.12.2001.
4) **Anm. d. Red.:** Zur Anwendung des § 2 Abs. 1 siehe § 23 Abs. 7 Satz 1.

## Zweiter Abschnitt: Steuervergünstigungen

### § 3 Allgemeine Ausnahmen von der Besteuerung[1)2)]

Von der Besteuerung sind ausgenommen:
1. der Erwerb eines Grundstücks, wenn der für die Berechnung der Steuer maßgebende Wert (§ 8) 2 500 Euro nicht übersteigt;
2. der Grundstückserwerb von Todes wegen und Grundstücksschenkungen unter Lebenden im Sinne des Erbschaftsteuer- und Schenkungsteuergesetzes. ²Schenkungen unter einer Auflage unterliegen der Besteuerung jedoch hinsichtlich des Werts solcher Auflagen, die bei der Schenkungsteuer abziehbar sind;
3. der Erwerb eines zum Nachlass gehörigen Grundstücks durch Miterben zur Teilung des Nachlasses. ²Den Miterben steht der überlebende Ehegatte oder Lebenspartner gleich, wenn er mit den Erben des verstorbenen Ehegatten oder Lebenspartners gütergemeinschaftliches Vermögen zu teilen hat oder wenn ihm in Anrechnung auf eine Ausgleichsforderung am Zugewinn des verstorbenen Ehegatten oder Lebenspartners ein zum Nachlass gehöriges Grundstück übertragen wird. ³Den Miterben stehen außerdem ihre Ehegatten oder ihre Lebenspartner gleich;
4. der Grundstückserwerb durch den Ehegatten oder den Lebenspartner des Veräußerers;
5. der Grundstückserwerb durch den früheren Ehegatten des Veräußerers im Rahmen der Vermögensauseinandersetzung nach der Scheidung;
5a. der Grundstückserwerb durch den früheren Lebenspartner des Veräußerers im Rahmen der Vermögensauseinandersetzung nach der Aufhebung der Lebenspartnerschaft;
6. der Erwerb eines Grundstücks durch Personen, die mit dem Veräußerer in gerader Linie verwandt sind oder deren Verwandtschaft durch die Annahme als Kind bürgerlich-rechtlich erloschen ist. ²Den Abkömmlingen stehen die Stiefkinder gleich. ³Den in den Sätzen 1 und 2 genannten Personen stehen deren Ehegatten oder deren Lebenspartner gleich;
7. der Erwerb eines zum Gesamtgut gehörigen Grundstücks durch Teilnehmer an einer fortgesetzten Gütergemeinschaft zur Teilung des Gesamtguts. ²Den Teilnehmern an der fortgesetzten Gütergemeinschaft stehen ihre Ehegatten oder ihre Lebenspartner gleich;
8. der Rückerwerb eines Grundstücks durch den Treugeber bei Auflösung des Treuhandverhältnisses. ²Voraussetzung ist, dass für den Rechtsvorgang, durch den der Treuhänder den Anspruch auf Übereignung des Grundstücks oder das Eigentum an dem Grundstück erlangt hatte, die Steuer entrichtet worden ist. ³Die Anwendung der Vorschrift des § 16 Abs. 2 bleibt unberührt.

### § 4 Besondere Ausnahmen von der Besteuerung[3)]

Von der Besteuerung sind ausgenommen:
1.[4)] der Erwerb eines Grundstücks durch eine juristische Person des öffentlichen Rechts, wenn das Grundstück aus Anlass des Übergangs von öffentlich-rechtlichen Aufgaben oder aus Anlass von Grenzänderungen von der einen auf die andere juristische Person übergeht und nicht überwiegend einem Betrieb gewerblicher Art dient;
2. der Erwerb eines Grundstücks durch einen ausländischen Staat, wenn das Grundstück für die Zwecke von Botschaften, Gesandtschaften oder Konsulaten dieses Staates bestimmt ist und Gegenseitigkeit gewährt wird.

---

1) **Anm. d. Red.:** § 3 i. d. F. des Gesetzes v. 8. 12. 2010 (BGBl I S. 1768) mit Wirkung v. 14. 12. 2010.
2) **Anm. d. Red.:** Zur Anwendung des § 3 siehe § 23 Abs. 9.
3) **Anm. d. Red.:** § 4 i. d. F. des Gesetzes v. 26. 6. 2013 (BGBl I S. 1809) mit Wirkung v. 30. 6. 2013.
4) **Anm. d. Red.:** Zur Anwendung des § 4 Nr. 1 siehe § 23 Abs. 5.

3. der Erwerb eines Grundstücks durch einen ausländischen Staat oder eine ausländische kulturelle Einrichtung, wenn das Grundstück für kulturelle Zwecke bestimmt ist und Gegenseitigkeit gewährt wird;

4.[1) ] der Übergang von Grundstücken gemäß § 1 Absatz 1 Nummer 3 und von Gesellschaftsanteilen gemäß § 1 Absatz 3 Nummer 2 und 4 als unmittelbare Rechtsfolge eines Zusammenschlusses kommunaler Gebietskörperschaften, der durch Vereinbarung der beteiligten Gebietskörperschaften mit Zustimmung der nach Landesrecht zuständigen Stelle oder durch Gesetz zustande kommt, sowie Rechtsgeschäfte über Grundstücke gemäß § 1 Absatz 1 Nummer 1 und über Gesellschaftsanteile gemäß § 1 Absatz 3 Nummer 1 und 3 aus Anlass der Aufhebung der Kreisfreiheit einer Gemeinde;

5.[2) ] der Erwerb eines Grundstücks von einer juristischen Person des öffentlichen Rechts sowie der Rückerwerb des Grundstücks durch die juristische Person des öffentlichen Rechts, wenn das Grundstück im Rahmen einer Öffentlich Privaten Partnerschaft für einen öffentlichen Dienst oder Gebrauch im Sinne des § 3 Abs. 2 des Grundsteuergesetzes benutzt wird und zwischen dem Erwerber und der juristischen Person des öffentlichen Rechts die Rückübertragung des Grundstücks am Ende des Vertragszeitraums vereinbart worden ist. ²Die Ausnahme von der Besteuerung entfällt mit Wirkung für die Vergangenheit, wenn die juristische Person des öffentlichen Rechts auf die Rückübertragung des Grundstücks verzichtet oder das Grundstück nicht mehr für einen öffentlichen Dienst oder Gebrauch genutzt wird.

## § 5 Übergang auf eine Gesamthand[3)]

(1) Geht ein Grundstück von mehreren Miteigentümern auf eine Gesamthand (Gemeinschaft zur gesamten Hand) über, so wird die Steuer nicht erhoben, soweit der Anteil des einzelnen am Vermögen der Gesamthand Beteiligten seinem Bruchteil am Grundstück entspricht.

(2) Geht ein Grundstück von einem Alleineigentümer auf eine Gesamthand über, so wird die Steuer in Höhe des Anteils nicht erhoben, zu dem der Veräußerer am Vermögen der Gesamthand beteiligt ist.

(3)[4)] Die Absätze 1 und 2 sind insoweit nicht anzuwenden, als sich der Anteil des Veräußerers am Vermögen der Gesamthand innerhalb von fünf Jahren nach dem Übergang des Grundstücks auf die Gesamthand vermindert.

## § 6 Übergang von einer Gesamthand[5)]

(1) ¹Geht ein Grundstück von einer Gesamthand in das Miteigentum mehrerer an der Gesamthand beteiligter Personen über, so wird die Steuer nicht erhoben, soweit der Bruchteil, den der einzelne Erwerber erhält, dem Anteil entspricht, zu dem er am Vermögen der Gesamthand beteiligt ist. ²Wird ein Grundstück bei der Auflösung der Gesamthand übertragen, so ist die Auseinandersetzungsquote maßgebend, wenn die Beteiligten für den Fall der Auflösung der Gesamthand eine vom Beteiligungsverhältnis abweichende Auseinandersetzungsquote vereinbart haben.

(2) ¹Geht ein Grundstück von einer Gesamthand in das Alleineigentum einer an der Gesamthand beteiligten Person über, so wird die Steuer in Höhe des Anteils nicht erhoben, zu dem der Erwerber am Vermögen der Gesamthand beteiligt ist. ²Geht ein Grundstück bei der Auflösung der Gesamthand in das Alleineigentum eines Gesamthänders über, so gilt Absatz 1 Satz 2 entsprechend.

---

1) **Anm. d. Red.:** Zur Anwendung des § 4 Nr. 4 siehe § 23 Abs. 11.
2) **Anm. d. Red.:** Zur Anwendung des § 4 Nr. 5 siehe § 23 Abs. 11.
3) **Anm. d. Red.:** § 5 Abs. 3 i. d. F. des Gesetzes v. 24. 3. 1999 (BGBl I S. 402) mit Wirkung v. 1. 1. 1999.
4) **Anm. d. Red.:** Zur Anwendung des § 5 Abs. 3 siehe § 23 Abs. 6 Satz 2.
5) **Anm. d. Red.:** § 6 Abs. 3 i. d. F. des Gesetzes v. 20. 12. 2001 (BGBl I S. 3794) mit Wirkung v. 31. 12. 2001.

(3)[1] ¹Die Vorschriften des Absatzes 1 gelten entsprechend beim Übergang eines Grundstücks von einer Gesamthand auf eine andere Gesamthand. ²Absatz 1 ist insoweit nicht entsprechend anzuwenden, als sich der Anteil des Gesamthänders am Vermögen der erwerbenden Gesamthand innerhalb von fünf Jahren nach dem Übergang des Grundstücks von der einen auf die andere Gesamthand vermindert.

(4) ¹Die Vorschriften der Absätze 1 bis 3 gelten insoweit nicht, als ein Gesamthänder – im Fall der Erbfolge sein Rechtsvorgänger – innerhalb von fünf Jahren vor dem Erwerbsvorgang seinen Anteil an der Gesamthand durch Rechtsgeschäft unter Lebenden erworben hat. ²Die Vorschriften der Absätze 1 bis 3 gelten außerdem insoweit nicht, als die vom Beteiligungsverhältnis abweichende Auseinandersetzungsquote innerhalb der letzten fünf Jahre vor der Auflösung der Gesamthand vereinbart worden ist.

### § 6a Steuervergünstigung bei Umstrukturierungen im Konzern[2][3]

¹Für einen nach § 1 Absatz 1 Nummer 3 Satz 1, Absatz 2, 2a, 3 oder Absatz 3a steuerbaren Rechtsvorgang auf Grund einer Umwandlung im Sinne des § 1 Absatz 1 Nummer 1 bis 3 des Umwandlungsgesetzes, einer Einbringung oder eines anderen Erwerbsvorgangs auf gesellschaftsvertraglicher Grundlage wird die Steuer nicht erhoben. ²Satz 1 gilt auch für entsprechende Umwandlungen, Einbringungen sowie andere Erwerbsvorgänge auf gesellschaftsvertraglicher Grundlage auf Grund des Rechts eines Mitgliedstaates der Europäischen Union oder eines Staats, auf den das Abkommen über den Europäischen Wirtschaftsraum Anwendung findet. ³Satz 1 gilt nur, wenn an dem dort genannten Rechtsvorgang ausschließlich ein herrschendes Unternehmen und ein oder mehrere von diesem herrschenden Unternehmen abhängige Gesellschaften oder mehrere von einem herrschenden Unternehmen abhängige Gesellschaften beteiligt sind. ⁴Im Sinne von Satz 3 abhängig ist eine Gesellschaft, an deren Kapital oder Gesellschaftsvermögen das herrschende Unternehmen innerhalb von fünf Jahren vor dem Rechtsvorgang und fünf Jahren nach dem Rechtsvorgang unmittelbar oder mittelbar oder teils unmittelbar, teils mittelbar zu mindestens 95 vom Hundert ununterbrochen beteiligt ist.

### § 7 Umwandlung von gemeinschaftlichem Eigentum in Flächeneigentum

(1) Wird ein Grundstück, das mehreren Miteigentümern gehört, von den Miteigentümern flächenweise geteilt, so wird die Steuer nicht erhoben, soweit der Wert des Teilgrundstücks, das der einzelne Erwerber erhält, dem Bruchteil entspricht, zu dem er am gesamten zu verteilenden Grundstück beteiligt ist.

(2) ¹Wird ein Grundstück, das einer Gesamthand gehört, von den an der Gesamthand beteiligten Personen flächenweise geteilt, so wird die Steuer nicht erhoben, soweit der Wert des Teilgrundstücks, das der einzelne Erwerber erhält, dem Anteil entspricht, zu dem er am Vermögen der Gesamthand beteiligt ist. ²Wird ein Grundstück bei der Auflösung der Gesamthand flächenweise geteilt, so ist die Auseinandersetzungsquote maßgebend, wenn die Beteiligten für den Fall der Auflösung der Gesamthand eine vom Beteiligungsverhältnis abweichende Auseinandersetzungsquote vereinbart haben.

(3) ¹Die Vorschriften des Absatzes 2 gelten insoweit nicht, als ein Gesamthänder – im Fall der Erbfolge sein Rechtsvorgänger – seinen Anteil an der Gesamthand innerhalb von fünf Jahren vor der Umwandlung durch Rechtsgeschäft unter Lebenden erworben hat. ²Die Vorschrift des Absatzes 2 Satz 2 gilt außerdem insoweit nicht, als die vom Beteiligungsverhältnis abweichende Auseinandersetzungsquote innerhalb der letzten fünf Jahre vor der Auflösung der Gesamthand vereinbart worden ist.

---

1) **Anm. d. Red.:** Zur Anwendung des § 6 Abs. 3 siehe § 23 Abs. 7 Satz 1.
2) **Anm. d. Red.:** § 6a i. d. F. des Gesetzes v. 25. 7. 2014 (BGBl I S. 1266) mit Wirkung v. 31. 7. 2014.
3) **Anm. d. Red.:** Zur Anwendung des § 6a siehe § 23 Abs. 8, 10, 11 und 12.

## Dritter Abschnitt: Bemessungsgrundlage
### § 8 Grundsatz[1]
(1) Die Steuer bemisst sich nach dem Wert der Gegenleistung.

(2)[2] ¹Die Steuer wird nach den Grundbesitzwerten im Sinne des § 151 Absatz 1 Satz 1 Nummer 1 in Verbindung mit § 157 Absatz 1 bis 3 des Bewertungsgesetzes bemessen:
1. wenn eine Gegenleistung nicht vorhanden oder nicht zu ermitteln ist;
2. bei Umwandlungen auf Grund eines Bundes- oder Landesgesetzes, bei Einbringungen sowie bei anderen Erwerbsvorgängen auf gesellschaftsvertraglicher Grundlage;
3. in den Fällen des § 1 Absatz 2a, 3 und 3a.

²Erstreckt sich der Erwerbsvorgang auf ein noch zu errichtendes Gebäude oder beruht die Änderung des Gesellschafterbestandes im Sinne des § 1 Abs. 2a auf einem vorgefassten Plan zur Bebauung eines Grundstücks, ist der Wert des Grundstücks abweichend von § 157 Absatz 1 Satz 1 des Bewertungsgesetzes nach den tatsächlichen Verhältnissen im Zeitpunkt der Fertigstellung des Gebäudes maßgebend.

### § 9 Gegenleistung[3]
(1)[4] Als Gegenleistung gelten
1. bei einem Kauf:
der Kaufpreis einschließlich der vom Käufer übernommenen sonstigen Leistungen und der dem Verkäufer vorbehaltenen Nutzungen;
2. bei einem Tausch:
die Tauschleistung des anderen Vertragsteils einschließlich einer vereinbarten zusätzlichen Leistung;
3. bei einer Leistung an Erfüllungs statt:
der Wert, zu dem die Leistung an Erfüllungs statt angenommen wird;
4. beim Meistgebot im Zwangsversteigerungsverfahren:
das Meistgebot einschließlich der Rechte, die nach den Versteigerungsbedingungen bestehen bleiben;
5. bei Abtretung der Rechte aus dem Meistgebot:
die Übernahme der Verpflichtung aus dem Meistgebot. ²Zusätzliche Leistungen, zu denen sich der Erwerber gegenüber dem Meistbietenden verpflichtet, sind dem Meistgebot hinzuzurechnen. ³Leistungen, die der Meistbietende dem Erwerber gegenüber übernimmt, sind abzusetzen;
6. bei der Abtretung des Übereignungsanspruchs:
die Übernahme der Verpflichtung aus dem Rechtsgeschäft, das den Übereignungsanspruch begründet hat, einschließlich der besonderen Leistungen, zu denen sich der Übernehmer dem Abtretenden gegenüber verpflichtet. ²Leistungen, die der Abtretende dem Übernehmer gegenüber übernimmt, sind abzusetzen;
7. bei der Enteignung:
die Entschädigung. ²Wird ein Grundstück enteignet, das zusammen mit anderen Grundstücken eine wirtschaftliche Einheit bildet, so gehört die besondere Entschädigung für eine Wertminderung der nicht enteigneten Grundstücke nicht zur Gegenleistung; dies gilt auch dann, wenn ein Grundstück zur Vermeidung der Enteignung freiwillig veräußert wird.
8. (weggefallen)

---

1) **Anm. d. Red.:** § 8 Abs. 2 i. d. F. des Gesetzes v. 2.11.2015 (BGBl I S. 1834) mit Wirkung v. 6.11.2015.
2) **Anm. d. Red.:** Zur Anwendung des § 8 Abs. 2 siehe § 23 Abs. 4 Satz 1, Abs. 6 Satz 1, Abs. 11 und 14.
3) **Anm. d. Red.:** § 9 Abs. 1 i. d. F. des Gesetzes v. 24.3.1999 (BGBl I S. 402) mit Wirkung v. 1.1.1999.
4) **Anm. d. Red.:** Zur Anwendung des § 9 Abs. 1 siehe § 23 Abs. 6 Satz 1.

(2) Zur Gegenleistung gehören auch
1. Leistungen, die der Erwerber des Grundstücks dem Veräußerer neben der beim Erwerbsvorgang vereinbarten Gegenleistung zusätzlich gewährt;
2. die Belastungen, die auf dem Grundstück ruhen, soweit sie auf den Erwerber kraft Gesetzes übergehen. ²Zur Gegenleistung gehören jedoch nicht die auf dem Grundstück ruhenden dauernden Lasten. ³Der Erbbauzins gilt nicht als dauernde Last;
3. Leistungen, die der Erwerber des Grundstücks anderen Personen als dem Veräußerer als Gegenleistung dafür gewährt, dass sie auf den Erwerb des Grundstücks verzichten;
4. Leistungen, die ein anderer als der Erwerber des Grundstücks dem Veräußerer als Gegenleistung dafür gewährt, dass der Veräußerer dem Erwerber das Grundstück überlässt.

(3) Die Grunderwerbsteuer, die für den zu besteuernden Erwerbsvorgang zu entrichten ist, wird der Gegenleistung weder hinzugerechnet noch von ihr abgezogen.

## § 10 (weggefallen)

## Vierter Abschnitt: Steuerberechnung

### § 11 Steuersatz, Abrundung[1)]

(1)[2)] Die Steuer beträgt 3,5[3)] vom Hundert.
(2) Die Steuer ist auf volle Euro nach unten abzurunden.

### § 12 Pauschbesteuerung

Das Finanzamt kann im Einvernehmen mit dem Steuerpflichtigen von der genauen Ermittlung des Steuerbetrags absehen und die Steuer in einem Pauschbetrag festsetzen, wenn dadurch die Besteuerung vereinfacht und das steuerliche Ergebnis nicht wesentlich geändert wird.

## Fünfter Abschnitt: Steuerschuld

### § 13 Steuerschuldner[4)]

Steuerschuldner sind
1. regelmäßig:
   die an einem Erwerbsvorgang als Vertragsteile beteiligten Personen;
2. beim Erwerb kraft Gesetzes:
   der bisherige Eigentümer und der Erwerber;
3. beim Erwerb im Enteignungsverfahren:
   der Erwerber;
4. beim Meistgebot im Zwangsversteigerungsverfahren:
   der Meistbietende;
5.[5)] bei der Vereinigung von mindestens 95 vom Hundert der Anteile an einer Gesellschaft in der Hand
   a) des Erwerbers:
      der Erwerber;

---

1) Anm. d. Red.: § 11 Abs. 2 i. d. F. des Gesetzes v. 19. 12. 2000 (BGBl I S. 1790) mit Wirkung v. 1. 1. 2002.
2) Anm. d. Red.: Zur Anwendung des § 11 Abs. 1 siehe § 23 Abs. 4 Satz 1.
3) Anm. d. Red.: Ab dem 1. 9. 2006 haben die Bundesländer gem. Art. 105 Abs. 2a Satz 2 GG die Befugnis erhalten, die Höhe des Steuersatzes selbst zu bestimmen.
4) Anm. d. Red.: § 13 i. d. F. des Gesetzes v. 26. 6. 2013 (BGBl I S. 1809) mit Wirkung v. 30. 6. 2013.
5) Anm. d. Red.: Zur Anwendung des § 13 Nr. 5 siehe § 23 Abs. 6 Satz 2.

b) mehrerer Unternehmen oder Personen:
 diese Beteiligten;
6.[1)] bei Änderung des Gesellschafterbestandes einer Personengesellschaft:
 die Personengesellschaft;
7.[2)] bei der wirtschaftlichen Beteiligung von mindestens 95 vom Hundert an einer Gesellschaft:
 der Rechtsträger, der die wirtschaftliche Beteiligung innehat.

## § 14 Entstehung der Steuer in besonderen Fällen

Die Steuer entsteht,
1. wenn die Wirksamkeit eines Erwerbsvorgangs von dem Eintritt einer Bedingung abhängig ist, mit dem Eintritt der Bedingung;
2. wenn ein Erwerbsvorgang einer Genehmigung bedarf, mit der Genehmigung.

## § 15 Fälligkeit der Steuer

[1]Die Steuer wird einen Monat nach der Bekanntgabe des Steuerbescheids fällig. [2]Das Finanzamt darf eine längere Zahlungsfrist setzen.

## Sechster Abschnitt: Nichtfestsetzung der Steuer, Aufhebung oder Änderung der Steuerfestsetzung

## § 16[3)]

(1) Wird ein Erwerbsvorgang rückgängig gemacht, bevor das Eigentum am Grundstück auf den Erwerber übergegangen ist, so wird auf Antrag die Steuer nicht festgesetzt oder die Steuerfestsetzung aufgehoben,
1. wenn die Rückgängigmachung durch Vereinbarung, durch Ausübung eines vorbehaltenen Rücktrittsrechts oder eines Wiederkaufsrechts innerhalb von zwei Jahren seit der Entstehung der Steuer stattfindet;
2. wenn die Vertragsbedingungen nicht erfüllt werden und der Erwerbsvorgang deshalb auf Grund eines Rechtsanspruchs rückgängig gemacht wird.

(2) Erwirbt der Veräußerer das Eigentum an dem veräußerten Grundstück zurück, so wird auf Antrag sowohl für den Rückerwerb als auch für den vorausgegangenen Erwerbsvorgang die Steuer nicht festgesetzt oder die Steuerfestsetzung aufgehoben,
1. wenn der Rückerwerb innerhalb von zwei Jahren seit der Entstehung der Steuer für den vorausgegangenen Erwerbsvorgang stattfindet. [2]Ist für den Rückerwerb eine Eintragung in das Grundbuch erforderlich, so muss innerhalb der Frist die Auflassung erklärt und die Eintragung im Grundbuch beantragt werden;
2. wenn das dem Erwerbsvorgang zugrunde liegende Rechtsgeschäft nichtig oder infolge einer Anfechtung als von Anfang an nichtig anzusehen ist;
3. wenn die Vertragsbedingungen des Rechtsgeschäfts, das den Anspruch auf Übereignung begründet hat, nicht erfüllt werden und das Rechtsgeschäft deshalb auf Grund eines Rechtsanspruchs rückgängig gemacht wird.

(3) Wird die Gegenleistung für das Grundstück herabgesetzt, so wird auf Antrag die Steuer entsprechend niedriger festgesetzt oder die Steuerfestsetzung geändert,

---

1) **Anm. d. Red.:** Zur Anwendung des § 13 Nr. 6 siehe § 23 Abs. 3 und 6 Satz 2.
2) **Anm. d. Red.:** Zur Anwendung des § 13 Nr. 7 siehe § 23 Abs. 11.
3) **Anm. d. Red.:** § 16 Abs. 3 i. d. F. des Gesetzes v. 23. 7. 2002 (BGBl I S. 2715) mit Wirkung v. 27. 7. 2002; Abs. 4 i. d. F. des Gesetzes v. 20. 12. 2001 (BGBl I S. 3794) mit Wirkung v. 31. 12. 2001; Abs. 5 i. d. F. des Gesetzes v. 25. 7. 2014 (BGBl I S. 1266) mit Wirkung v. 31. 7. 2014.

1. wenn die Herabsetzung innerhalb von zwei Jahren seit der Entstehung der Steuer stattfindet;
2. wenn die Herabsetzung (Minderung) auf Grund des § 437 des Bürgerlichen Gesetzbuchs vollzogen wird.

(4)[1] Tritt ein Ereignis ein, das nach den Absätzen 1 bis 3 die Aufhebung oder Änderung einer Steuerfestsetzung begründet, endet die Festsetzungsfrist (§§ 169 bis 171 der Abgabenordnung) insoweit nicht vor Ablauf eines Jahres nach dem Eintritt des Ereignisses.

(5)[2] Die Vorschriften der Absätze 1 bis 4 gelten nicht, wenn einer der in § 1 Absatz 2 bis 3a bezeichneten Erwerbsvorgänge rückgängig gemacht wird, der nicht fristgerecht und in allen Teilen vollständig angezeigt (§§ 18 bis 20) war.

## Siebenter Abschnitt: Örtliche Zuständigkeit, Feststellung von Besteuerungsgrundlagen, Anzeigepflichten und Erteilung der Unbedenklichkeitsbescheinigung

### § 17 Örtliche Zuständigkeit, Feststellung von Besteuerungsgrundlagen[3]

(1) ¹Für die Besteuerung ist vorbehaltlich des Satzes 2 das Finanzamt örtlich zuständig, in dessen Bezirk das Grundstück oder der wertvollste Teil des Grundstücks liegt. ²Liegt das Grundstück in den Bezirken von Finanzämtern verschiedener Länder, so ist jedes dieser Finanzämter für die Besteuerung des Erwerbs insoweit zuständig, als der Grundstücksteil in seinem Bezirk liegt.

(2) In den Fällen des Absatzes 1 Satz 2 sowie in Fällen, in denen sich ein Rechtsvorgang auf mehrere Grundstücke bezieht, die in den Bezirken verschiedener Finanzämter liegen, stellt das Finanzamt, in dessen Bezirk der wertvollste Grundstücksteil oder das wertvollste Grundstück oder der wertvollste Bestand an Grundstücksteilen oder Grundstücken liegt, die Besteuerungsgrundlagen gesondert fest.

(3)[4] ¹Die Besteuerungsgrundlagen werden
1. bei Grundstückserwerben durch Umwandlungen auf Grund eines Bundes- oder Landesgesetzes durch das Finanzamt, in dessen Bezirk sich die Geschäftsleitung des Erwerbers befindet, und
2. in den Fällen des § 1 Absatz 2a, 3 und 3a durch das Finanzamt, in dessen Bezirk sich die Geschäftsleitung der Gesellschaft befindet,

gesondert festgestellt, wenn ein außerhalb des Bezirks dieser Finanzämter liegendes Grundstück oder ein auf das Gebiet eines anderen Landes sich erstreckender Teil eines im Bezirk dieser Finanzämter liegenden Grundstücks betroffen wird. ²Befindet sich die Geschäftsleitung nicht im Geltungsbereich des Gesetzes und werden in verschiedenen Finanzbezirken liegende Grundstücke oder in verschiedenen Ländern liegende Grundstücksteile betroffen, so stellt das nach Absatz 2 zuständige Finanzamt die Besteuerungsgrundlagen gesondert fest.

(3a)[5] In die gesonderte Feststellung nach Absatz 2 und 3 sind nicht die Grundbesitzwerte im Sinne des § 151 Absatz 1 Satz 1 Nummer 1 in Verbindung mit § 157 Absatz 1 bis 3 des Bewertungsgesetzes aufzunehmen, wenn die Steuer nach § 8 Abs. 2 zu bemessen ist.

(4) ¹Von der gesonderten Feststellung kann abgesehen werden, wenn
1. der Erwerb steuerfrei ist oder

---

1) **Anm. d. Red.:** Zur Anwendung des § 16 Abs. 4 siehe § 23 Abs. 6 Satz 2 und Abs. 7 Satz 1.
2) **Anm. d. Red.:** Zur Anwendung des § 16 Abs. 5 siehe § 23 Abs. 3, 11 und 12.
3) **Anm. d. Red.:** § 17 Abs. 3 i. d. F. des Gesetzes v. 26. 6. 2013 (BGBl I S. 1809) mit Wirkung v. 30. 6. 2013; Abs. 3a i. d. F. des Gesetzes v. 2. 11. 2015 (BGBl I S. 1834) mit Wirkung v. 6. 11. 2015; Abs. 4 i. d. F. des Gesetzes v. 19. 12. 2000 (BGBl I S. 1790) mit Wirkung v. 1. 1. 2002.
4) **Anm. d. Red.:** Zur Anwendung des § 17 Abs. 3 siehe § 23 Abs. 3, 6 Satz 1 und Abs. 11.
5) **Anm. d. Red.:** Zur Anwendung des § 17 Abs. 3a siehe § 23 Abs. 14.

2. die anteilige Besteuerungsgrundlage für den Erwerb des in einem anderen Land liegenden Grundstücksteils 2 500 Euro nicht übersteigt.

²Wird von der gesonderten Feststellung abgesehen, so ist in den Fällen der Nummer 2 die anteilige Besteuerungsgrundlage denen der anderen für die Besteuerung zuständigen Finanzämter nach dem Verhältnis ihrer Anteile hinzuzurechnen.

### § 18 Anzeigepflicht der Gerichte, Behörden und Notare[1)]

(1) ¹Gerichte, Behörden und Notare haben dem zuständigen Finanzamt schriftlich Anzeige nach amtlich vorgeschriebenem Vordruck zu erstatten über

1. Rechtsvorgänge, die sie beurkundet oder über die sie eine Urkunde entworfen und darauf eine Unterschrift beglaubigt haben, wenn die Rechtsvorgänge ein Grundstück im Geltungsbereich dieses Gesetzes betreffen;
2. Anträge auf Berichtigung des Grundbuchs, die sie beurkundet oder über die sie eine Urkunde entworfen und darauf eine Unterschrift beglaubigt haben, wenn der Antrag darauf gestützt wird, dass der Grundstückseigentümer gewechselt hat;
3. Zuschlagsbeschlüsse im Zwangsversteigerungsverfahren, Enteignungsbeschlüsse und andere Entscheidungen, durch die ein Wechsel im Grundstückseigentum bewirkt wird. ²Die Anzeigepflicht der Gerichte besteht auch beim Wechsel im Grundstückseigentum auf Grund einer Eintragung im Handels-, Genossenschafts- oder Vereinsregister;
4. nachträgliche Änderungen oder Berichtigungen eines der unter den Nummern 1 bis 3 aufgeführten Vorgänge.

²Der Anzeige ist eine Abschrift der Urkunde über den Rechtsvorgang, den Antrag, den Beschluss oder die Entscheidung beizufügen.

(2) ¹Die Anzeigepflicht bezieht sich auch auf Vorgänge, die ein Erbbaurecht oder ein Gebäude auf fremdem Boden betreffen. ²Sie gilt außerdem für Vorgänge, die die Übertragung von Anteilen an einer Kapitalgesellschaft, einer bergrechtlichen Gewerkschaft, einer Personenhandelsgesellschaft oder einer Gesellschaft des bürgerlichen Rechts betreffen, wenn zum Vermögen der Gesellschaft ein im Geltungsbereich dieses Gesetzes liegendes Grundstück gehört.

(3) ¹Die Anzeigen sind innerhalb von zwei Wochen nach der Beurkundung oder der Unterschriftsbeglaubigung oder der Bekanntgabe der Entscheidung zu erstatten, und zwar auch dann, wenn die Wirksamkeit des Rechtsvorgangs vom Eintritt einer Bedingung, vom Ablauf einer Frist oder von einer Genehmigung abhängig ist. ²Sie sind auch dann zu erstatten, wenn der Rechtsvorgang von der Besteuerung ausgenommen ist.

(4) Die Absendung der Anzeige ist auf der Urschrift der Urkunde, in den Fällen, in denen eine Urkunde entworfen und darauf eine Unterschrift beglaubigt worden ist, auf der zurückbehaltenen beglaubigten Abschrift zu vermerken.

(5) Die Anzeigen sind an das für die Besteuerung, in den Fällen des § 17 Abs. 2 und 3 an das für die gesonderte Feststellung zuständige Finanzamt zu richten.

### § 19 Anzeigepflicht der Beteiligten[2)]

(1)[3)] ¹Steuerschuldner müssen Anzeige erstatten über

1. Rechtsvorgänge, die es ohne Begründung eines Anspruchs auf Übereignung einem anderen rechtlich oder wirtschaftlich ermöglichen, ein Grundstück auf eigene Rechnung zu verwerten;

---

1) **Anm. d. Red.:** § 18 Abs. 1 i. d. F. des Gesetzes v. 1. 11. 2011 (BGBl I S. 2131) mit Wirkung v. 5. 11. 2011.
2) **Anm. d. Red.:** § 19 Abs. 1 und 2 i. d. F. des Gesetzes v. 26. 6. 2013 (BGBl I S. 1809) mit Wirkung v. 30. 6. 2013; Abs. 5 i. d. F. des Gesetzes v. 21. 8. 2002 (BGBl I S. 3322) mit Wirkung v. 28. 8. 2002.
3) **Anm. d. Red.:** Zur Anwendung des § 19 Abs. 1 siehe § 23 Abs. 3, 6 Satz 2, Abs. 7 Satz 1 und Abs. 11.

2. formungültige Verträge über die Übereignung eines Grundstücks, die die Beteiligten unter sich gelten lassen und wirtschaftlich erfüllen;
3. den Erwerb von Gebäuden auf fremdem Boden;
3a. unmittelbare und mittelbare Änderungen des Gesellschafterbestandes einer Personengesellschaft, die innerhalb von fünf Jahren zum Übergang von 95 vom Hundert der Anteile am Gesellschaftsvermögen auf neue Gesellschafter geführt haben, wenn zum Vermögen der Personengesellschaft ein inländisches Grundstück gehört (§ 1 Abs. 2a);
4. schuldrechtliche Geschäfte, die auf die Vereinigung von mindestens 95 vom Hundert der Anteile einer Gesellschaft gerichtet sind, wenn zum Vermögen der Gesellschaft ein Grundstück gehört (§ 1 Abs. 3 Nr. 1);
5. die Vereinigung von mindestens 95 vom Hundert der Anteile einer Gesellschaft, zu deren Vermögen ein Grundstück gehört (§ 1 Abs. 3 Nr. 2);
6. Rechtsgeschäfte, die den Anspruch auf Übertragung von mindestens 95 vom Hundert der Anteile einer Gesellschaft begründen, wenn zum Vermögen der Gesellschaft ein Grundstück gehört (§ 1 Abs. 3 Nr. 3);
7. die Übertragung von mindestens 95 vom Hundert der Anteile einer Gesellschaft auf einen anderen, wenn zum Vermögen der Gesellschaft ein Grundstück gehört (§ 1 Abs. 3 Nr. 4);
7a. Rechtsvorgänge, aufgrund derer ein Rechtsträger unmittelbar oder mittelbar oder teils unmittelbar, teils mittelbar eine wirtschaftliche Beteiligung in Höhe von mindestens 95 vom Hundert an einer Gesellschaft, zu deren Vermögen ein inländisches Grundstück gehört, innehat (§ 1 Absatz 3a);
8. Entscheidungen im Sinne von § 18 Abs. 1 Satz 1 Nr. 3. ²Die Anzeigepflicht besteht auch beim Wechsel im Grundstückseigentum auf Grund einer Eintragung im Handels-, Genossenschafts- oder Vereinsregister.

²Sie haben auch alle Erwerbsvorgänge anzuzeigen, über die ein Gericht, eine Behörde oder ein Notar eine Anzeige nach § 18 nicht zu erstatten hat.

(2)[1)] Die in Absatz 1 bezeichneten Personen haben außerdem in allen Fällen Anzeige zu erstatten über

1. jede Erhöhung der Gegenleistung des Erwerbers durch Gewährung von zusätzlichen Leistungen neben der beim Erwerbsvorgang vereinbarten Gegenleistung;
2. Leistungen, die der Erwerber des Grundstücks anderen Personen als dem Veräußerer als Gegenleistung dafür gewährt, dass sie auf den Erwerb des Grundstücks verzichten;
3. Leistungen, die ein anderer als der Erwerber des Grundstücks dem Veräußerer als Gegenleistung dafür gewährt, dass der Veräußerer dem Erwerber das Grundstück überlässt;
4. Änderungen im Gesellschafterbestand einer Gesamthand bei Gewährung der Steuervergünstigung nach § 5 Abs. 1 und 2 oder § 6 Abs. 3 in Verbindung mit § 6 Abs. 1;
4a. Änderungen von Beherrschungsverhältnissen im Sinne des § 6a Satz 4;
5. Änderungen in der Nutzung oder den Verzicht auf Rückübertragung, wenn der Grundstückserwerb nach § 4 Nummer 5 von der Besteuerung ausgenommen war.

(3) Die Anzeigepflichtigen haben innerhalb von zwei Wochen, nachdem sie von dem anzeigepflichtigen Vorgang Kenntnis erhalten haben, den Vorgang anzuzeigen, und zwar auch dann, wenn der Vorgang von der Besteuerung ausgenommen ist.

(4) ¹Die Anzeigen sind an das für die Besteuerung, in den Fällen des § 17 Abs. 2 und 3 an das für die gesonderte Feststellung zuständige Finanzamt zu richten. ²Ist über den anzeigepflichtigen Vorgang eine privatschriftliche Urkunde aufgenommen worden, so ist der Anzeige eine Abschrift der Urkunde beizufügen.

---

1) **Anm. d. Red.:** Zur Anwendung des § 19 Abs. 2 siehe § 23 Abs. 6 Satz 2, Abs. 7 Satz 1, Abs. 8 Satz 1 und Abs. 11.

(5) ¹Die Anzeigen sind Steuererklärungen im Sinne der Abgabenordnung. ²Sie sind schriftlich abzugeben. ³Sie können gemäß § 87a der Abgabenordnung in elektronischer Form übermittelt werden.

## § 20 Inhalt der Anzeigen[1]

(1) Die Anzeigen müssen enthalten:
1. Vorname, Zuname, Anschrift sowie die steuerliche Identifikationsnummer gemäß § 139b der Abgabenordnung oder die Wirtschafts-Identifikationsnummer gemäß § 139c der Abgabenordnung des Veräußerers und des Erwerbers, gegebenenfalls auch, ob und um welche begünstigte Person im Sinne des § 3 Nummer 3 bis 7 es sich bei dem Erwerber handelt;
2. die Bezeichnung des Grundstücks nach Grundbuch, Kataster, Straße und Hausnummer;
3. die Größe des Grundstücks und bei bebauten Grundstücken die Art der Bebauung;
4. die Bezeichnung des anzeigepflichtigen Vorgangs und den Tag der Beurkundung, bei einem Vorgang, der einer Genehmigung bedarf, auch die Bezeichnung desjenigen, dessen Genehmigung erforderlich ist;
5. den Kaufpreis oder die sonstige Gegenleistung (§ 9);
6. den Namen der Urkundsperson.

(2)[2] Die Anzeigen, die sich auf Anteile an einer Gesellschaft beziehen, müssen außerdem enthalten:
1. die Firma, den Ort der Geschäftsführung sowie die Wirtschafts-Identifikationsnummer der Gesellschaft gemäß § 139c der Abgabenordnung;
2. die Bezeichnung des oder der Gesellschaftsanteile;
3. bei mehreren beteiligten Rechtsträgern eine Beteiligungsübersicht.

## § 21 Urkundenaushändigung[3][4]

Die Gerichte, Behörden und Notare dürfen Urkunden, die einen anzeigepflichtigen Vorgang betreffen, den Beteiligten erst aushändigen und Ausfertigungen oder beglaubigte Abschriften den Beteiligten erst erteilen, wenn sie die Anzeigen in allen Teilen vollständig (§§ 18 und 20) an das Finanzamt abgesandt haben.

## § 22 Unbedenklichkeitsbescheinigung[5]

(1) ¹Der Erwerber eines Grundstücks darf in das Grundbuch erst dann eingetragen werden, wenn eine Bescheinigung des für die Besteuerung zuständigen Finanzamts vorgelegt wird (§ 17 Abs. 1 Satz 1) oder Bescheinigungen der für die Besteuerung zuständigen Finanzämter (§ 17 Abs. 1 Satz 2) vorgelegt werden, dass der Eintragung steuerliche Bedenken nicht entgegenstehen. ²Die obersten Finanzbehörden der Länder können im Einvernehmen mit den Landesjustizverwaltungen Ausnahmen hiervon vorsehen.

(2) ¹Das Finanzamt hat die Bescheinigung zu erteilen, wenn die Grunderwerbsteuer entrichtet, sichergestellt oder gestundet worden ist oder wenn Steuerfreiheit gegeben ist. ²Es darf die Bescheinigung auch in anderen Fällen erteilen, wenn nach seinem Ermessen die Steuerforderung nicht gefährdet ist. ³Das Finanzamt hat die Bescheinigung schriftlich zu erteilen. ⁴Eine elektronische Übermittlung der Bescheinigung ist ausgeschlossen.

---

1) **Anm. d. Red.:** § 20 Abs. 1 i. d. F. des Gesetzes v. 8.12.2010 (BGBl I S.1768) mit Wirkung v. 14.12.2010; Abs. 2 i. d. F. des Gesetzes v. 26.6.2013 (BGBl I S.1809) mit Wirkung v. 30.6.2013.
2) **Anm. d. Red.:** Zur Anwendung des § 20 Abs. 2 siehe § 23 Abs. 11.
3) **Anm. d. Red.:** § 21 i. d. F. des Gesetzes v. 2.11.2015 (BGBl I S.1834) mit Wirkung v. 6.11.2015.
4) **Anm. d. Red.:** Zur Anwendung des § 21 siehe § 23 Abs. 13.
5) **Anm. d. Red.:** § 22 Abs. 1 i. d. F. des Gesetzes v. 24.3.1999 (BGBl I S. 402) mit Wirkung v. 1.1.1999; Abs. 2 i. d. F. des Gesetzes v. 21.8.2002 (BGBl I S. 3322) mit Wirkung v. 28.8.2002.

## Achter Abschnitt: Durchführung[1]

### § 22a Ermächtigung[2]

¹Zur Vereinfachung des Besteuerungsverfahrens wird das Bundesministerium der Finanzen ermächtigt, im Benehmen mit dem Bundesministerium des Innern und mit Zustimmung des Bundesrates durch Rechtsverordnung ein Verfahren zur elektronischen Übermittlung der Anzeige und der Abschrift der Urkunde im Sinne des § 18 näher zu bestimmen. ²Die Authentifizierung des Datenübermittlers sowie die Vertraulichkeit und Integrität des übermittelten elektronischen Dokuments sind sicherzustellen. ³Soweit von dieser Ermächtigung nicht Gebrauch gemacht wurde, ist die elektronische Übermittlung der Anzeige und der Abschrift der Urkunde im Sinne des § 18 ausgeschlossen.

## Neunter Abschnitt: Übergangs- und Schlussvorschriften[3]

### § 23 Anwendungsbereich[4]

(1) ¹Dieses Gesetz ist auf Erwerbsvorgänge anzuwenden, die nach dem 31. Dezember 1982 verwirklicht werden. ²Es ist auf Antrag auch auf Erwerbsvorgänge anzuwenden, die vor dem 1. Januar 1983, jedoch nach dem Tag der Verkündung des Gesetzes, 22. Dezember 1982, verwirklicht werden.

(2) ¹Auf vor dem 1. Januar 1983 verwirklichte Erwerbsvorgänge sind vorbehaltlich des Absatzes 1 Satz 2 die bis zum Inkrafttreten dieses Gesetzes geltenden Vorschriften anzuwenden. ²Dies gilt insbesondere, wenn für einen vor dem 1. Januar 1983 verwirklichten Erwerbsvorgang Steuerbefreiung in Anspruch genommen und nach dem 31. Dezember 1982 ein Nacherhebungstatbestand verwirklicht wurde.

(3) § 1 Abs. 2a, § 9 Abs. 1 Nr. 8, § 13 Nr. 6, § 16 Abs. 5, § 17 Abs. 3 Nr. 2 und § 19 Abs. 1 Nr. 3a in der Fassung des Gesetzes vom 20. Dezember 1996 (BGBl I S. 2049) sind erstmals auf Rechtsgeschäfte anzuwenden, die die Voraussetzungen des § 1 Abs. 2a in der Fassung des Gesetzes vom 20. Dezember 1996 (BGBl I S. 2049) nach dem 31. Dezember 1996 erfüllen.

(4) ¹§ 8 Abs. 2 und § 11 Abs. 1 in der Fassung des Gesetzes vom 20. Dezember 1996 (BGBl I S. 2049) sind erstmals auf Erwerbsvorgänge anzuwenden, die nach dem 31. Dezember 1996 verwirklicht werden. ²§ 10 ist letztmals auf Erwerbsvorgänge anzuwenden, die vor dem 1. Januar 1997 verwirklicht werden.

(5) § 4 Nr. 1 in der Fassung des Gesetzes vom 24. März 1999 (BGBl I S. 402) ist erstmals auf Erwerbsvorgänge anzuwenden, die nach dem 31. Dezember 1997 verwirklicht werden.

(6) ¹§ 1 Abs. 6, § 8 Abs. 2, § 9 Abs. 1 und § 17 Abs. 3 Satz 1 Nr. 1 in der Fassung des Gesetzes vom 24. März 1999 (BGBl I S. 402) sind erstmals auf Erwerbsvorgänge anzuwenden, die nach dem Tage der Verkündung des Gesetzes verwirklicht werden[5]. ²§ 1 Abs. 2a und 3, § 5 Abs. 3, § 13 Nr. 5 und 6, § 16 Abs. 4 und § 19 Abs. 1 Satz 1 Nr. 3a bis 7 und Abs. 2 Nr. 4 in der Fassung des Gesetzes vom 24. März 1999 (BGBl I S. 402) sind erstmals auf Erwerbsvorgänge anzuwenden, die nach dem 31. Dezember 1999 verwirklicht werden.

(7) ¹§ 1 Abs. 2a Satz 3, § 2 Abs. 1 Satz 2 Nr. 3, § 6 Abs. 3 Satz 2, § 7 Abs. 4, § 19 Abs. 1 Satz 1 Nr. 8 und § 19 Abs. 2 Nr. 4 in der Fassung des Gesetzes vom 20. Dezember 2001 (BGBl I S. 3794) sind erstmals auf Erwerbsvorgänge anzuwenden, die nach dem 31. Dezember 2001 verwirklicht

---

1) **Anm. d. Red.:** Achter Abschnitt (§ 22a) eingefügt gem. Gesetz v. 1. 11. 2011 (BGBl I S. 2131) mit Wirkung v. 5. 11. 2011.

2) **Anm. d. Red.:** § 22a eingefügt gem. Gesetz v. 1. 11. 2011 (BGBl I S. 2131) mit Wirkung v. 5. 11. 2011.

3) **Anm. d. Red.:** Bisheriger Achter Abschnitt jetzt Neunter Abschnitt gem. Gesetz v. 1. 11. 2011 (BGBl I S. 2131) mit Wirkung v. 5. 11. 2011.

4) **Anm. d. Red.:** § 23 i. d. F. des Gesetzes v. 2. 11. 2015 (BGBl I S. 1834) mit Wirkung v. 6. 11. 2015.

5) **Anm. d. Red.:** Tag der Verkündung: 31. 3. 1999.

werden. ²§ 1 Abs. 7 ist letztmals auf Erwerbsvorgänge anzuwenden, die bis zum 31. Dezember 2001 verwirklicht werden.

(8) ¹Die §§ 6a und 19 Absatz 2 Nummer 4a in der Fassung des Artikels 7 des Gesetzes vom 22. Dezember 2009 (BGBl I S. 3950) sind erstmals auf Erwerbsvorgänge anzuwenden, die nach dem 31. Dezember 2009 verwirklicht werden. ²§ 6a ist nicht anzuwenden, wenn ein im Zeitraum vom 1. Januar 2008 bis 31. Dezember 2009 verwirklichter Erwerbsvorgang rückgängig gemacht wird und deshalb nach § 16 Absatz 1 oder 2 die Steuer nicht zu erheben oder eine Steuerfestsetzung aufzuheben oder zu ändern ist.

(9) Soweit Steuerbescheide für Erwerbsvorgänge von Lebenspartnern noch nicht bestandskräftig sind, ist § 3 Nummer 3 bis 7 in der Fassung des Artikels 29 des Gesetzes vom 8. Dezember 2010 (BGBl I S. 1768) erstmals auf Erwerbsvorgänge anzuwenden, die nach dem 31. Juli 2001 verwirklicht werden.

(10) § 6a Satz 4 in der Fassung des Artikels 12 des Gesetzes vom 22. Juni 2011 (BGBl I S. 1126) ist erstmals auf Erwerbsvorgänge anzuwenden, die nach dem 31. Dezember 2009 verwirklicht werden.

(11) § 1 Absatz 3a und 6 Satz 1, § 4 Nummer 4 und 5, § 6a Satz 1, § 8 Absatz 2 Satz 1 Nummer 3, § 13 Nummer 7, § 16 Absatz 5, § 17 Absatz 3 Satz 1 Nummer 2, § 19 Absatz 1 Satz 1 Nummer 7a und Absatz 2 Nummer 5, § 20 Absatz 2 Nummer 3 in der Fassung des Artikels 26 des Gesetzes vom 26. Juni 2013 (BGBl I S. 1809) sind erstmals auf Erwerbsvorgänge anzuwenden, die nach dem 6. Juni 2013 verwirklicht werden.

(12) § 6a Satz 1 bis 3 sowie § 16 Absatz 5 in der am 31. Juli 2014 geltenden Fassung sind auf Erwerbsvorgänge anzuwenden, die nach dem 6. Juni 2013 verwirklicht werden.

(13) § 1 Absatz 2a und § 21 in der am 6. November 2015 geltenden Fassung sind auf Erwerbsvorgänge anzuwenden, die nach dem 5. November 2015 verwirklicht werden.

(14) ¹§ 8 Absatz 2 und § 17 Absatz 3a in der am 6. November 2015 geltenden Fassung sind auf Erwerbsvorgänge anzuwenden, die nach dem 31. Dezember 2008 verwirklicht werden. ²Soweit Steuer- und Feststellungsbescheide, die vor dem 6. November 2015 für Erwerbsvorgänge nach dem 31. Dezember 2008 ergangen sind, wegen § 176 Absatz 1 Satz 1 Nummer 1 der Abgabenordnung nicht geändert werden können, ist die festgesetzte Steuer vollstreckbar.

## §§ 24 bis 27 (weggefallen)

## § 28 (Inkrafttreten)

# Stichwortverzeichnis

Die Zahlen verweisen auf die Paragraphen bzw. Artikel des jeweiligen Gesetzes oder der entsprechenden Verordnung.

## A

| | | |
|---|---|---|
| Abbauland, Bewertung | BewG | 43 |
| Abgekürzte Außenprüfung | AO | 203 |
| Ablaufhemmung | AO | 171 |
| Ablehnung, Ausschussmitglied | AO | 84 |
| Abschreibung | EStG | 7 |
| – lineare | EStG | 7 |
| Absetzung für Abnutzung | EStG | 7 |
| – Bemessungsgrundlage | EStDV | 10 |
| | | 11c |
| – Gebäude | EStDV | 11c |
| – unentgeltlicher Erwerb | EStDV | 11d |
| Absetzung für außergewöhnliche Abnutzung | EStG | 7 |
| Absetzung für Substanzverringerung | EStG | 7 |
| Abtretung, Erstattungsanspruch | AO | 46 |
| AIF, InvSt | InvStG | 1 |
| Akteneinsicht, Strafverfahren | AO | 395 |
| Aktie, Anzeigepflicht, ErbSt | ErbStDV | 2 |
| Aktiengesellschaft, Jahresabschluss | HGB | 264 |
| Alleinerziehender, Entlastungsbetrag, ESt | EStG | 24b |
| Allgemeinverfügung | AO | 118 |
| Altersentlastungsbetrag | EStG | 24a |
| Altersversorgung, Aufzeichnungspflicht | LStDV | 5 |
| – Mitteilungspflicht | LStDV | 5 |
| – sonstige Einkünfte | EStG | 22 |
| Altersvorsorge, Sonderausgabe | EStG | 10a |
| – Zulage, ESt | EStG | 79 ff. |
| Amtshilfe, Durchführung | AO | 114 |
| – Kosten | AO | 115 |
| – Pflicht | AO | 111 ff. |
| Amtssprache | AO | 87 |
| Amtsträger | AO | 7 |
| Anfechtungsklage | FGO | 40 |
| – Frist | FGO | 47 |
| Angehöriger | AO | 15 |
| Angleichung, der indirekten Steuern, in der Europäischen Union | AEUV | 113 |
| Anhang, Bilanz | HGB | 284 |
| Anhörung, Beteiligter | AO | 91 |
| – Rüge | FGO | 133a |
| Anlageform, vwL | 5. VermBG | 2 |
| Anlagegold, Besteuerung | UStG | 25c |
| Anlagevermögen, Bewertung | EStG | 6 |
| Anmeldepflicht, Kommanditgesellschaft | HGB | 162 |
| – OHG | HGB | 106 |
| Annahmewert, Sicherheitsleistung | AO | 246 |
| Anrechnung, Bauleistung-Steuerabzug | EStG | 48c |
| Anrechnungs-/Halbeinkünfteverfahren, Übergang, KSt | KStG | 36 ff. |
| Anrufungsauskunft | EStG | 42e |
| Anschaffungskosten, Begriff | HGB | 255 |
| – Vorsteuerbetrag | EStG | 9b |
| Anschlusspfändung | AO | 307 |
| Anteil, Bewertung | BewG | 11 |
| – gesonderte Feststellung | BewG | 151 ff. |
| Anteil an Kapitalgesellschaft, Anschaffungskosten | EStDV | 53 |
| Anzeigepflicht, ErbSt | ErbStDV | 1 ff. |
| | ErbStG | 30 |
| | | 33 f. |
| – GrESt | GrEStG | 18 ff. |
| – GrSt | GrStG | 19 |
| – Steuerpflichtiger | AO | 137 ff. |
| Arbeitnehmer, Begriff | LStDV | 1 |
| – Veranlagung | EStG | 46 |
| – Vermögensbildung | 5. VermBG | 1 ff. |
| Arbeitnehmerfreizügigkeit | AEUV | 45 |
| – System sozialer Sicherheit | AEUV | 47 |
| Arbeitnehmersparzulage | 5. VermBG | 13 f. |
| – FA, Mitteilungspflicht | VermBDV | 6 |
| – Festsetzung | VermBDV | 6 |
| – Rückforderung | VermBDV | 9 |
| Arbeitnehmerüberlassung, Haftung, ESt | EStG | 42d |
| Arbeitsentgelt, Zuwendung | SvEV | 1 |
| Arbeitsgemeinschaft, GewSt | GewStG | 2a |
| Arbeitslohn, Begriff | LStDV | 2 |
| – vwL | 5. VermBG | 11 |
| Arbeitsmittel, Werbungskosten | EStG | 9 |
| Arrest | AO | 324 ff. |
| Asylrecht | GG | 16a |
| Aufbewahrung, Unterlagen | AO | 147 f. |
| Aufbewahrungsfrist, Handelsbuch | HGB | 257 |
| Aufbewahrungspflicht, Handelsbuch | HGB | 257 |
| Auflösend bedingte Last | BewG | 7 |
| Auflösend bedingter Erwerb | BewG | 5 |
| Auflösung, Stille Gesellschaft | HGB | 235 |
| Aufrechnung, Steuerschuld | AO | 226 |
| Aufschiebend bedingte Last | BewG | 6 |
| Aufschiebend bedingter Erwerb | BewG | 4 |
| Aufsichtsratsvergütung, Haftungsbescheid | EStDV | 73g |
| Aufteilungsbescheid, Gesamtschuld | AO | 279 |
| Aufwendung, Abzugsverbot, ESt | EStG | 3c |
| Aufwendungsersatz, Handelsvertreter | HGB | 87d |
| – OHG-Gesellschafter | HGB | 110 |
| Aufzeichnung, allgemeine Anforderung | AO | 145 |

1183

| | | |
|---|---|---|
| **Aufzeichnungspflicht** | AO | 140 ff. |
| – Altersversorgung | LStDV | 5 |
| – USt | UStDV | 63 ff. |
| | UStG | 22 |
| – vwL | VermBDV | 3 |
| **Augenschein** | AO | 98 |
| **Ausbildungsfreibetrag** | EStG | 33a |
| **Auseinandersetzung**, Stille Gesellschaft | HGB | 235 |
| **Ausfuhrabgabe**, zuständiges Hauptzollamt | AO | 23 |
| **Ausfuhrlieferung**, Begriff | UStG | 6 |
| – Nachweis | UStDV | 8 ff. |
| **Ausgleichsanspruch**, Handelsvertreter | HGB | 89b |
| **Auskunft** | AO | 89 |
| **Auskunftspflicht**, Beteiligter | AO | 93 |
| – Einschränkung | AO | 106 |
| **Auskunftsrecht**, Länder/Gemeinden | FVG | 21 |
| **Auskunftsverweigerungsrecht** | AO | 101 ff. |
| **Ausländische Einkünfte**, InvSt | InvStG | 4 |
| – Mitwirkungspflicht | AStG | 16 |
| – Nachweis | EStDV | 68b |
| – Sachverhaltsaufklärung | AStG | 17 |
| – Steueranrechnung | AStG | 12 |
| – Steuerermäßigung | EStG | 34c |
| – Umfang | EStG | 34d |
| **Ausländische Erbschaftsteuer**, Anrechnung | ErbStG | 21 |
| **Ausländische Investitionsgesellschaft**, InvSt | InvStG | 18 ff. |
| **Ausländische Steuer**, Anrechnung, KSt | KStG | 26 |
| **Ausländischer Investmentfonds**, InvSt | InvStG | 1 ff. |
| | | 16 ff. |
| **Ausländisches Sachvermögen**, Bewertung | BewG | 31 |
| **Auslage**, Vollstreckung | AO | 344 |
| **Auslieferung** | GG | 16 |
| **Ausscheiden**, OHG-Gesellschafter | HGB | 131 |
| **Ausschließlichkeit**, Steuerbegünstigung | AO | 56 |
| **Außenanlage**, Bewertung | BewG | 89 |
| **Außenprüfung**, abgekürzte | AO | 203 |
| – Ausweispflicht | AO | 198 |
| – gesonderte Feststellung | BewG | 156 |
| – InvSt | InvStG | 11 |
| – Mitwirkungspflicht | AO | 200 |
| – Prüfungsanordnung | AO | 196 |
| – Prüfungsbericht | AO | 202 |
| – Prüfungsgrundsatz | AO | 199 |
| – sachlicher Umfang | AO | 194 |
| – Schlussbesprechung | AO | 201 |
| – verbindliche Zusage | AO | 204 ff. |
| – Zulässigkeit | AO | 193 |
| – Zuständigkeit | AO | 195 |
| **Außensteuer**, Besteuerungsgrundlage, gesonderte Feststellung | AStG | 18 |
| – DBA-Anwendung | AStG | 20 |
| – Einkünfte von Zwischengesellschaften | AStG | 8 |
| – ErbSt | AStG | 4 |
| – erweitert beschränkte Steuerpflicht | AStG | 2 |
| – Familienstiftung | AStG | 15 |
| – Funktionsverlagerung | FVerlV | 1 ff. |
| – Hinzurechnungsbetrag | AStG | 10 |
| – internationale Verflechtung | AStG | 1 |
| | FVerlV | 1 ff. |
| – Mitwirkungspflicht | AStG | 16 |
| – nachgeschaltete Zwischengesellschaft | AStG | 14 |
| – niedrige Besteuerung | AStG | 2 |
| – Sachverhaltsaufklärung | AStG | 17 |
| – Steueranrechnung | AStG | 12 |
| – Steuerpflicht inländischer Gesellschafter | AStG | 7 |
| – Transferpaket | FVerlV | 1 ff. |
| – Wohnsitzwechsel | AStG | 6 |
| **Außergerichtlicher Rechtsbehelf**, Verfahren | AO | 347 f. |
| | | 350 |
| **Außergewöhnliche Belastung** | EStDV | 64 |
| | EStG | 33 ff. |
| – Ehegatten-Einzelveranlagung | EStDV | 61 |
| **Außerordentliche Einkünfte**, Steuersatz | EStG | 34 |
| **Aussetzung**, der Vollziehung | AO | 361 |
| – Steuerfestsetzung | AO | 165 |
| – Strafverfahren | AO | 396 |
| **Aussetzungszins** | AO | 237 |
| **Auszahlung**, Arbeitnehmersparzulage | VermBDV | 7 |
| **Automatisiertes Verfahren**, Anzeigepflicht, ErbSt | ErbStDV | 11 |

**B**

| | | |
|---|---|---|
| **Bankgeheimnis** | AO | 30a |
| **Bannbruch** | AO | 372 |
| **Bau- und Wohnungsgenossenschaft**, Begriff | WoPDV | 3 |
| **Bauaufgabe**, Organleihe | FVG | 5b |
| **Baudenkmal**, Erhaltungsaufwand | EStDV | 82i |
| | EStG | 11b |
| – erhöhte Absetzung | EStDV | 82i |
| | EStG | 7i |
| | | 10f |
| **Baufinanzierungsvertrag** | WoPDV | 13 ff. |
| **Baukindergeld** | EStG | 34f |
| **Bauleistung**, Steuerabzug | EStG | 48a f. |
| – zuständiges FA | AO | 20a |
| **Baureifes Grundstück**, Begriff | BewG | 73 |
| **Bausparkassenvertreter** | HGB | 92 |

1184

## Stichwortverzeichnis

| | | |
|---|---|---|
| Bebautes Grundstück, Begriff...... | BewG | 74 |
| | | 146 |
| | | 180 |
| – Bewertung..................... | BewG | 146 |
| | | 181 ff. |
| – – Sonderfall.................... | BewG | 147 |
| – Ertragswertverfahren ........... | BewG | 182 |
| | | 184 ff. |
| – Gebäuderegelherstellungswert .. | BewG | Anl. 24 |
| – pauschalierte Bewirtschaftungskosten......................... | BewG | Anl. 23 |
| – Sachwertverfahren.............. | BewG | 182 |
| | | 189 ff. |
| – Vergleichswertverfahren ........ | BewG | 182 f. |
| – Vervielfältiger................... | BewG | Anl. 21 |
| – Wertzahl....................... | BewG | Anl. 25 |
| – wirtschaftliche Gesamtnutzungsdauer....................... | BewG | Anl. 22 |
| **Bedingte Steuerschuld** ............ | AO | 50 |
| **Befangenheit** ..................... | AO | 83 |
| **Befristung,** unbestimmter Zeitpunkt.......................... | BewG | 8 |
| **Behinderten-Pauschbetrag** ........ | EStG | 33b |
| – Nachweis der Behinderung ...... | EStDV | 65 |
| **Behinderungsnachweis,** Behinderten-Pauschbetrag ............... | EStDV | 65 |
| **Beihilfe,** Aufsicht.................. | AEUV | 108 |
| – Verbot.......................... | AEUV | 107 |
| **Beiladung**........................ | FGO | 60 f. |
| **Beistand** ......................... | AO | 80 |
| | FGO | 62 |
| – Pflicht, Ortsbehörde............. | FVG | 13 |
| **Beitrittsgebiet,** Sondervorschriften, KSt ........................... | KStG | 35 |
| **Bemessungsgrundlage,** USt........ | UStG | 10 f. |
| **Benennung,** Gläubiger ............ | AO | 160 |
| **Beratung** ........................ | AO | 89 |
| **Berichtigung,** Erklärungen......... | AO | 153 |
| – Rechtsfehler .................... | AO | 177 |
| **Berlin,** Bewertungsrecht, Besonderheiten ......................... | BewG | 122 |
| **Berufsgeheimnis** ................. | AO | 102 |
| **Beschäftigungspolitik** ............ | AEUV | 5 |
| **Beschäftigungsverhältnis,** haushaltsnahes, Steuerermäßigung... | EStG | 35a |
| **Beschränkte Steuerpflicht,** ESt..... | EStG | 50 f. |
| | | 50d |
| – EU-Unternehmen, Lizenzgebühr . | EStG | 50g |
| – KSt ............................ | KStG | 2 |
| – Schweizer Unternehmen, Lizenzgebühr ........................ | EStG | 50g |
| **Beschwer,** Einspruch .............. | AO | 350 |
| **Beschwerde**...................... | FGO | 128 ff. |
| **Bestandsaufnahme,** Fehlmenge ... | AO | 161 |
| **Besteuerung,** Durchführung....... | AO | 134 ff. |
| **Besteuerungsgrundlage,** Feststellung ........................... | AO | 179 |
| – – gesonderte.................... | AO | 180 |
| | InvStG | 13 |
| – – – bei Auslandsbeziehungen.... | AStG | 18 |
| – InvSt .......................... | InvStG | 5 f. |
| – Mitteilung...................... | AO | 31 |
| – Schätzung ...................... | AO | 162 |
| **Besteuerungsgrundsatz** .......... | AO | 85 ff. |
| **Besteuerungsverfahren,** Identifikationsmerkmal ..................... | AO | 139a |
| – – zweckwidrige Verwendung .... | AO | 383a |
| – Identifikationsnummer.......... | AO | 139b |
| – USt............................ | UStG | 18 |
| – Wirtschafts-Identifikationsnummer | AO | 139c |
| **Beteiligter am Verfahren**.......... | AO | 78 |
| | FGO | 57 |
| **Beteiligung,** Jahresabschluss ...... | HGB | 271 |
| – Körperschaft.................... | KStG | 8b |
| – Personenvereinigung............ | KStG | 8b |
| **Beteiligungs-Kaufvertrag,** vwL..... | 5. VermBG | 7 |
| **Beteiligungs-Vertrag,** vwL......... | 5. VermBG | 6 |
| **Betreuungsfreibetrag,** ESt......... | EStG | 32 |
| **Betreuungsleistung,** Steuerermäßigung............................ | EStG | 35a |
| **Betrieb gewerblicher Art,** KSt...... | KStG | 4 |
| **Betriebsaufgabe,** Veräußerungsgewinn ........................ | EStG | 16 |
| **Betriebsaufnahme** ................ | AO | 134 |
| – Mitwirkungspflicht ............. | AO | 135 |
| **Betriebsausgabe,** Abzugsfähigkeit . | EStG | 4 |
| – Begriff ......................... | EStG | 4 |
| – Schuldübernahme .............. | EStG | 4f |
| – Zinsaufwand ................... | EStG | 4h |
| | KStG | 8a |
| **Betriebseinbringung,** Personengesellschaft ........................ | UmwStG | 24 |
| – Umwandlung................... | UmwStG | 20 ff. |
| **Betriebseröffnung,** Anmeldung.... | AO | 139 |
| – Gewinnermittlung .............. | EStDV | 6 |
| **Betriebsfinanzamt** ................ | AO | 18 |
| **Betriebsgrundstück,** Bewertung ... | BewG | 99 |
| **Betriebsschulden,** Abzugsfähigkeit | BewG | 103 |
| **Betriebstätte** ..................... | AO | 12 |
| **Betriebsteil,** Begriff ............... | BewG | 141 |
| **Betriebsübernehmer,** Haftung..... | AO | 75 |
| **Betriebsübertragung,** unentgeltliche ............................ | EStG | 6 |
| **Betriebsveräußerung,** Gewinnermittlung ......................... | EStDV | 6 |
| – Land- und Forstwirtschaft....... | EStG | 14 |
| – Veräußerungsgewinn ........... | EStG | 16 |
| **Betriebsvermögen,** Begriff......... | BewG | 95 |
| – Bewertung...................... | BewG | 109 |
| | | 157 |
| | | 199 ff. |
| – eigenbetrieblich genutztes Grundstück .......................... | EStDV | 8 |

1185

## Stichwortverzeichnis

| | | |
|---|---|---|
| – Einheitsbewertung | BewG | 95 ff. |
| – ErbSt | ErbStG | 13a |
| – – Entlastungsbetrag | ErbStG | 19a |
| – freie Berufe | BewG | 96 |
| – gesonderte Feststellung | BewG | 151 ff. |
| – Körperschaft | BewG | 97 |
| – Personenvereinigung | BewG | 97 |
| – Schulden | BewG | 103 |
| – vereinfachtes Ertragswertverfahren | BewG | 199 ff. |
| – Vermögensmasse | BewG | 97 |
| Betriebsvermögensvergleich | EStG | 4 |
| Betriebswertermittlung, Land- und Forstwirtschaft | BewG | 142 |
| Betriebswohnung, Begriff | BewG | 141 |
| – Bewertung | BewG | 143 167 |
| Bevollmächtigter | AO | 80 |
| | FGO | 62 |
| Beweismittel | AO | 92 |
| – neues | AO | 173 |
| Bewertung | HGB | 252 |
| – Außenanlage | BewG | 89 |
| – Betriebsvermögen, ErbSt | BewG | 157 |
| – Grundbesitz, ErbSt | BewG | 157 ff. |
| – – GrESt | BewG | 138 ff. |
| – Grundstücksarten | BewG | 75 f. 181 |
| – Kapitalgesellschaftsanteil, ErbSt | BewG | 157 |
| – niedrigerer gemeiner Wert | BewG | 198 |
| Bewertungsbeirat | BewG | 63 ff. |
| Bewertungseinheit | HGB | 254 |
| Bewertungsstichtag, Forstwirtschaft | BewG | 54 172 |
| – Gartenbau | BewG | 59 174 |
| – Land- und Forstwirtschaft | BewG | 35 161 |
| Bewertungsstützpunkt, Weinbau | BewG | 57 |
| Bewertungsvereinfachungsverfahren, Bilanz | HGB | 256 |
| Bewertungsvorschrift | EStG | 6 |
| – Bilanz | HGB | 252 |
| Bewirtungskosten, Abzugsfähigkeit | EStG | 4 |
| Bilanz | HGB | 267a |
| – Anhang | HGB | 284 |
| – elektronische Übermittlung | EStG | 5b |
| – größenabhängige Erleichterungen | HGB | 274a |
| – Inhalt | HGB | 247 |
| Bilanzaufstellung, Kaufmann | HGB | 242 |
| Bilanzgliederung, Kapitalgesellschaft | HGB | 266 |
| Bilanzierungsverbot | HGB | 248 |
| Bilanzierungswahlrecht | HGB | 248 |
| Billigkeitsgrund, abweichende Steuerfestsetzung | AO | 163 |
| Bindungswirkung, Verwaltungsakt | AO | 351 |
| – Zusage, Besteuerung | AO | 206 |
| Binnenmarkt | AEUV | 26 f. |
| Bodenwert, Sachwertverfahren | BewG | 84 |
| Briefgeheimnis | GG | 10 |
| Buchführung, allgemeine Anforderung | AO | 145 |
| – Beweiskraft | AO | 158 |
| – Ordnungsvorschriften | AO | 146 |
| Buchführungspflicht | AO | 140 ff. |
| | HGB | 238 |
| – Erleichterung | AO | 148 |
| Bundesarbeitsgericht | GG | 95 |
| Bundesfinanz-/Landesfinanzbehörde | FVG | 1 ff. |
| – allgemeine Verfahrensgrundsätze | FVG | 21a |
| – Zusammenwirken | FVG | 18 ff. |
| Bundesfinanzhof | GG | 95 |
| Bundesgerichtshof | GG | 95 |
| Bundesoberbehörde, Sitz/Aufgaben | FVG | 4 |
| Bundesrichter, Berufung | GG | 95 |
| Bundessozialgericht | GG | 95 |
| Bundesverfassungsgericht, Organisation | GG | 94 |
| – Zuständigkeit | GG | 93 |
| Bundesverwaltungsgericht | GG | 95 |
| Bundeszentralamt für Steuern, Aufgaben | FVG | 5 |
| – Mitwirkung an Außenprüfung | FVG | 19 |
| Bußgeldverfahren | AO | 409 ff. |
| Bußgeldvorschrift | AO | 377 ff. |
| | EStG | 50e f. |

## D

| | | |
|---|---|---|
| Dach-Investmentfonds, InvSt | InvStG | 10 |
| Daten, Sammlung geschützter | AO | 88a |
| – Übermittlung, Kontoinformation | AO | 93b |
| Datenschutz | AEUV | 16 |
| Datenübermittlung, internationaler Sachverhalt | AO | 117c |
| Dauernde Last, Sonderausgabe | EStG | 10 |
| Deckungsrückstellung, Pensionsfonds, KSt | KStG | 21a |
| – Versicherungsunternehmen, KSt | KStG | 21a |
| Degressive Abschreibung | EStG | 7 |
| Delkredereprovision, Handelsvertreter | HGB | 86b |
| Dienstleistung, haushaltsnahe, Steuerermäßigung | EStG | 35a |
| Dienstleistungsfreiheit | AEUV | 56 |
| – Dienstleistungsbegriff | AEUV | 57 |
| Dienstverhältnis, Begriff | LStDV | 1 |
| Differenzbesteuerung, USt | UStG | 25a |
| Dinglicher Arrest | AO | 324 |
| Diplomat, Anzeigepflicht | ErbStDV | 9 |
| Direktversicherung, ESt | EStG | 4b |
| Diskriminierung, Antidiskriminierungsmaßnahme | AEUV | 19 |
| – Bekämpfung | AEUV | 10 |
| – Verbot wegen Staatsangehörigkeit | AEUV | 18 |

| | | |
|---|---|---|
| **Diskriminierungsverbot**, aus Gründen der Staatsangehörigkeit | AEUV | 18 |
| – bei Kapitalbeteiligung | AEUV | 55 |
| – bei Warenbesteuerung | AEUV | 110 |
| **Doppelbesteuerung**, Besonderheiten, Bauleistung-Steuerabzug | EStG | 48d |
| – – beschränkt Steuerpflichtiger | EStG | 50d |
| – – KESt | EStG | 50d |
| – bestimmte Einkünfte | EStG | 50i |
| – stille Reserve | EStG | 50i |
| **Doppelbestrafung** | GG | 103 |
| **Doppelte Haushaltsführung** | EStG | 9 |
| **Drittschuldner**, Erklärungspflicht | AO | 316 |
| **Drittstaat**, negative Einkünfte | EStG | 2a |
| **Drittwiderspruchsklage** | AO | 262 |
| **Drittwirkung**, Steuerfestsetzung | AO | 166 |
| **Duldungsbescheid** | AO | 191 |
| **Duldungspflicht**, Vollstreckung | AO | 77 |
| **Durchschnittsbeförderungsentgelt**, USt | UStDV | 25 |
| **Durchschnittssatzgewinnermittlung**, Land- und Forstwirtschaft | EStG | 13a |

### E

| | | |
|---|---|---|
| **Ehegatte**, wirtschaftliche Einheit | BewG | 26 |
| **Ehegatten-Veranlagung** | EStG | 26 |
| – einzeln | EStG | 26a |
| – – außergewöhnliche Belastung | EStDV | 61 |
| – zusammen | EStG | 26b |
| **Ehrenamtlicher Richter** | FGO | 16 ff. |
| **Eidesstattliche Versicherung** | AO | 284 |
| **Eidliche Vernehmung** | AO | 94 |
| **Eigenbetrieblich genutztes Grundstück**, untergeordneter Wert | EStDV | 8 |
| **Eigenkapital**, Kapitalgesellschaft | HGB | 272 |
| **Eigentum**, Garantie | GG | 14 |
| – gemeinschaftliches, Umwandlung in Flächeneigentum | GrEStG | 7 |
| **Einfamilienhaus**, Vervielfältiger | BewG | Anl. 7 |
| **Einfuhrabgabe**, zuständiges Hauptzollamt | AO | 23 |
| **Einfuhrumsatzsteuer** | UStG | 21 |
| **Einheitswert**, Abrundung | BewG | 30 |
| – Aufhebung | BewG | 24 |
| – Ermittlung | BewG | 20 |
| – Feststellung | BewG | 19 |
| – – Nachholung | BewG | 25 |
| – Hauptfeststellung | BewG | 21 |
| – landwirtschaftlicher Betrieb | BewG | 48 f. |
| – Nachfeststellung | BewG | 23 |
| **Einheitswertfeststellung**, Erklärungspflicht | BewG | 28 |
| **Einkommen**, KSt | KStG | 7 f. |
| **Einkommensteuer**, Altersentlastungsbetrag | EStG | 24a |
| – Anrechnung ausländischer Steuer | EStDV | 68a |
| – Anwendungsvorschriften | EStG | 52 |
| – Aufwendung für Berufsausbildung | EStG | 10 |
| – Ausbildungsfreibetrag | EStG | 33a |
| – ausländische Einkünfte | EStDV | 68b |
| | EStG | 34d |
| – – Hinzurechnungsbetrag | AStG | 10 |
| – – Steuerermäßigung | EStG | 34c |
| – außergewöhnliche Belastung | EStDV | 64 |
| | EStG | 33 |
| – außerordentliche Einkünfte, Steuersatz | EStG | 34 |
| – Baukindergeld | EStG | 34f |
| – Behinderten-Pauschbetrag | EStG | 33b |
| – Berücksichtigung von Kindern | EStG | 32 |
| | | 63 |
| – beschränkt steuerpflichtige Einkünfte | EStG | 49 |
| – beschränkt Steuerpflichtiger, Sondervorschriften | EStG | 50 |
| – – Steuerabzug | EStG | 50a |
| | | 50d |
| – Besteuerungsumfang | EStG | 2 |
| – Betreuungsfreibetrag | EStG | 32 |
| – Betriebsgutachten | EStDV | 68 |
| – Doppelbesteuerung | EStG | 50d |
| – doppelte Haushaltsführung | EStG | 9 |
| – Ehegatten-Veranlagung | EStG | 26 |
| – – einzeln | EStG | 26a |
| – – zusammen | EStG | 26b |
| – eigene Wohnzwecke, Steuerbegünstigung | EStG | 10e |
| – EigZulG, Vorkostenabzug | EStG | 10i |
| – Einkommensermittlung | EStG | 2 |
| – Einkünfte, aus Gewerbebetrieb | EStG | 15 |
| – – aus Kapitalvermögen | EStG | 20 |
| – – aus nichtselbständiger Arbeit | EStG | 19 |
| – – aus privaten Veräußerungsgeschäften | EStG | 23 |
| – – aus selbständiger Arbeit | EStG | 18 |
| – – aus Vermietung und Verpachtung | EStG | 21 |
| – – bei forstwirtschaftlichem Betrieb | EStDV | 51 |
| – Entlastungsbetrag, Alleinerziehender | EStG | 24b |
| – Entschädigung | EStG | 24 |
| – ErbSt | ErbSt | 35b |
| – erweitert beschränkte Steuerpflicht | AStG | 2 |
| – Erziehungsfreibetrag | EStG | 32 |
| – Familienleistungsausgleich | EStG | 31 |
| – Gewinnermittlungszeitraum | EStG | 4a |
| – Härteausgleich | EStDV | 70 |
| – Hinterbliebenen-Pauschbetrag | EStG | 33b |
| – Investitionsabzugsbetrag | EStG | 7g |
| – Kapitalbeteiligung, Veräußerung | EStG | 17 |
| – KESt | EStG | 43 ff. |
| – Kinder | EStG | 32 |
| – – Betreuungskosten | EStG | 10 |
| – – Freibetrag | EStG | 32 |
| – Kindergeld | EStG | 62 ff. |
| – Lizenzgebühr, EU-Unternehmen | EStG | 50g |
| – – Schweizer Unternehmen | EStG | 50g |

## Stichwortverzeichnis

| | | |
|---|---|---|
| – Nutzungsvergütung | EStG | 24 |
| – Pauschalierung | EStG | 37a f. |
| – Progressionsvorbehalt | EStG | 32b |
| – Realsplitting | EStG | 10 |
| – Rentenbezugsmitteilung | EStG | 22a |
| – Renteneinkünfte | EStG | 22 |
| – Sonderabschreibung | EStG | 7g |
| – Sonderausgabe | EStG | 10 |
| – – Pauschbetrag | EStG | 10c |
| – sonstige Einkünfte | EStG | 22 |
| – Spende | EStG | 10b |
| – steuerbegünstigter Zweck | EStG | 10b |
| – Steuerentstehung | EStG | 36 |
| – Steuererklärung, Form | EStDV | 60 |
| – – Pflicht | EStDV | 56 |
| – steuerfreie Einnahme | EStG | 3 |
| – Steuerpflicht | EStG | 1 f. |
| – Steuertilgung | EStG | 36 |
| – Unterhaltsaufwendung | EStG | 33a |
| – Veranlagung | EStG | 46 |
| – – Zeitraum | EStG | 25 |
| – Verausgabung | EStG | 11 |
| – Vereinnahmung | EStG | 11 |
| – Vergütung | EStDV | 73c |
| – Verlustabzug | EStDV | 62d |
| – Verlustbeschränkung | EStG | 15a |
| – Versicherungsbeitrag | EStG | 10 |
| – Versorgungsleistung | EStG | 10 |
| – Vorsorgeaufwand | EStG | 10 |
| – Vorsorgepauschale | EStG | 39b |
| – Vorsorgepauschbetrag | EStG | 39b |
| – Zins, EU-Unternehmen | EStG | 50g |
| – – Schweizer Unternehmen | EStG | 50g |
| – Zinsschranke | EStG | 4h |
| **Einkommensteuer-Vorauszahlung** | EStG | 37 |
| **Einkommensteuertarif** | EStG | 32a |
| **Einkünfte**, Begriff | EStG | 2 |
| **Einkünfte aus Gewerbebetrieb** | EStG | 15 |
| – Steuerermäßigung | EStG | 35 |
| – Veräußerungsgewinn | EStG | 16 |
| **Einkünfte aus Kapitalvermögen** | EStG | 20 |
| – gesonderter Steuertarif | EStG | 32d |
| **Einkünfte aus Land- und Forstwirtschaft** | EStG | 13 |
| – Veräußerungsgewinn | EStG | 14a |
| **Einkünfte aus nichtselbständiger Arbeit** | EStG | 19 |
| – Durchführung des LSt-Abzugs | EStG | 39b |
| – Lohnsteuer-Einbehaltung, fehlendes Lohnsteuerabzugsmerkmal | EStG | 39c |
| – Sachbezug | SvEV | 2 f. |
| – Veranlagung | EStG | 46 |
| – Versorgungsfreibetrag | EStG | 19 |
| **Einkünfte aus privatem Veräußerungsgeschäft** | EStG | 23 |
| **Einkünfte aus Rente**, Ertragsanteil | EStDV | 55 |
| **Einkünfte aus selbständiger Arbeit** | EStG | 18 |
| **Einkünfte aus Vermietung und Verpachtung** | EStG | 21 |
| **Einkünfte von Zwischengesellschaft** | AStG | 8 |
| – Freigrenze | AStG | 9 |
| – Hinzurechnungsbetrag | AStG | 10 |
| – Sachverhaltsaufklärung | AStG | 17 |
| **Einkunftsart** | EStG | 2 |
| **Einlage**, Anteilseigner, KSt | KStG | 39 |
| – Begriff | EStG | 4 |
| – Bewertung | EStG | 6 |
| **Einlagekonto**, KSt | KStG | 27 |
| **Einnahme**, Begriff | EStG | 8 |
| **Einnahmenüberschussrechnung** | EStG | 4 |
| **Einspruch**, Ausschluss | AO | 348 |
| – Aussetzung der Vollziehung | AO | 361 |
| – Aussetzung und Ruhen des Verfahrens | AO | 363 |
| – Einlegung | AO | 357 |
| – Entscheidung | AO | 367 |
| – Frist | AO | 355 |
| – Fristsetzung | AO | 364b |
| – Rechtsbehelf | AO | 347 |
| – – Belehrung | AO | 356 |
| – Rücknahme | AO | 362 |
| – Statthaftigkeit | AO | 347 |
| – Verzicht | AO | 354 |
| **Einspruchsbefugnis**, einheitliche Feststellung | AO | 352 |
| **Einspruchsentscheidung**, Bekanntgabe | AO | 366 |
| – Form | AO | 366 |
| – Inhalt | AO | 366 |
| **Einspruchsverfahren**, Beteiligter | AO | 359 |
| **Einziehungsverfügung**, Pfändung | AO | 314 f. |
| **Elektrizität**, Ort der Lieferung, USt | UStG | 3g |
| **Elektronische Akte** | FGO | 52b |
| **Elektronisches Dokument** | FGO | 52a 52d |
| **Elektronisches Formular** | FGO | 52c |
| **Empfangsbevollmächtigter**, Bestellung | AO | 123 |
| – einheitliche Feststellung | AO | 183 |
| **Endbestand**, verwendbares Eigenkapital, KSt | KStG | 36 |
| **Enteignung** | GG | 14 |
| **Entfernungspauschale**, Fahrt zwischen Wohnung und erster Tätigkeitsstätte | EStG | 9 |
| **Entlastungsbetrag**, Alleinerziehender, ESt | EStG | 24b |
| **Entnahme**, Ausgleichsposten | EStG | 4g |
| – Begriff | EStG | 4 |
| – Bewertung | EStG | 6 |
| **Entnahmerecht**, OHG-Gesellschafter | HGB | 122 |
| **Entschädigung**, Auskunftspflichtiger | AO | 107 |
| – ESt | EStG | 24 |
| – Sachverständiger | AO | 107 |
| **Entscheidung** | FGO | 95 ff. |

1188

## Stichwortverzeichnis

**Erbbaurecht,** Abzinsungsfaktor .... BewG Anl. 26
– Bewertung ..................... BewG 92
    148
    192 ff.
– Ertragswertverfahren ........... BewG 193
– Sachwertverfahren ............. BewG 193
– Vergleichswertverfahren ........ BewG 193 f.
– Vervielfältiger ................... BewG Anl. 21
**Erbeneintritt,** OHG ............... HGB 139
**Erbrechtsgarantie** ................ GG 14
**Erbschaftsteuer,** Anzeigepflicht .... ErbStG 30
    33 f.
– ausländische, Anrechnung ....... ErbStG 21
– Betriebsvermögen ............... ErbStG 13a
– – Entlastungsbetrag ............. ErbStG 19a
– Bewertung ..................... ErbStG 12
– – Stichtag ...................... ErbStG 11
– Entstehung .................... ErbStG 9
– Erbverzicht, Abfindung .......... ErbStG 7
– Erlöschen ...................... ErbStG 29
– Erwerb von Todes wegen ........ ErbStG 3
– Erwerbsanzeige ................. ErbStG 30
– ESt ........................... EStG 35b
– Familienstiftung/Verein, Ermäßigung ........................... ErbStG 26
– fortgesetzte Gütergemeinschaft . ErbStG 4
– Freibetrag ..................... ErbStG 16
– freigebige Zuwendung .......... ErbStG 7
– früherer Erwerb ................ ErbStG 14
– Grundbesitzbewertung .......... BewG 157 ff.
– Grundbesitzwert, gesonderte Feststellung .................... BewG 151 ff.
– Grundstück .................... ErbStG 13c
– Kapitalgesellschaft .............. ErbStG 13a
– – Entlastungsbetrag ............. ErbStG 19a
– Kleinbetragsgrenze ............. ErbStG 22
– land- und forstwirtschaftliches Vermögen ...................... ErbStG 13a
– – Entlastungsbetrag ............. ErbStG 19a
– mehrfacher Erwerb desselben Vermögens ....................... ErbStG 27
– Mitgliederbeitrag ............... ErbStG 18
– Nacherbschaft .................. ErbStG 6
– Nutzungen/Leistungen .......... ErbStG 23
– örtliche Zuständigkeit .......... ErbStG 35
– persönliche Steuerpflicht ........ ErbStG 2
– Rente ......................... ErbStG 23
– Schenkung unter Lebenden ..... ErbStG 7
– Steuerbefreiung ................. ErbStG 13 ff.
– Steuerberechnung .............. ErbStG 14 ff.
– Steuererklärung ................. ErbStG 31
– Steuerklasse ................... ErbStG 15
– Steuerpflicht ................... ErbStG 1 ff.
– steuerpflichtiger Erwerb ......... ErbStG 10
– steuerpflichtiger Vorgang ....... ErbStG 1
– Steuersatz ..................... ErbStG 19
– Steuerschuld, Verrentung ........ ErbStG 24
– Steuerschuldner ................. ErbStG 20
– Stiftungsgeschäft ............... ErbStG 7
– Stundung ...................... ErbStG 28
– Vermögen ..................... ErbStG 13b

– Versorgungsfreibetrag .......... ErbStG 17
– Vorerbschaft .................... ErbStG 6
– Wertermittlung ................. ErbStG 10 ff.
– Zugewinngemeinschaft ......... ErbStG 5
– Zweckzuwendung ............... ErbStG 8
**Erbschaftsteuer-Durchführungsverordnung** ....................... ErbStDV 1 ff.
**Erbverzicht,** ErbSt ................ ErbStG 7
**Erhebungsverfahren** ............... AO 218 ff.
**Erhöhte Absetzung** ................ EStG 7a
– Einfamilienhaus ................ EStDV 15
**Erhöhung,** KSt .................... KStG 38
**Erklärungspflichtige Person** ....... AO 149
**Erlass,** Steuerschuld ............... AO 227
**Ermessen** ......................... AO 5
**Ermittlungsverfahren,** Einleitung .. AO 397
– Einstellung, besonderer Fall ..... AO 398a
– – Geringfügigkeit ............... AO 398
**Eröffnungsbilanz** .................. HGB 242
– Personengesellschaft ............ UmwStG 9
**Ersatzvornahme** .................. AO 330
**Ersatzzuständigkeit** ............... AO 24
**Ersatzzwangshaft** ................. AO 334
**Erschließungsbeitrag** .............. GG 74
**Erstattungsanspruch,** Erwerb ...... AO 46
**Erstattungsbetrag** ................. AO 236
**Ertragsbedingung,** Gartenbau ..... BewG 60
– Landwirtschaft ................. BewG 50
**Ertragsminderung,** GrSt .......... GrStG 33
**Ertragswertermittlung,** Land- und Forstwirtschaft .................. BewG 37
**Ertragswertverfahren,** bebautes Grundstück ..................... BewG 182
    184 ff.
– Erbbaurecht .................... BewG 193
– Gebäude auf fremdem Grund und Boden ......................... BewG 195
– Grundstückswert ............... BewG 78
**Erwerb,** auflösend bedingter ...... BewG 5
– aufschiebend bedingter ......... BewG 4
**Erwerb von Todes wegen,** ErbSt ... ErbStG 3
**Erwerbstätigkeit,** Anzeige ......... AO 138
**Erwerbsvorgang,** GrESt .......... GrEStG 1
**Erziehungsfreibetrag,** ESt ........ EStG 32
**Erzwingung,** Sicherheit ........... AO 336
**EU-Mitgliedstaat,** personenbezogene Daten, Übermittlung ......... AO 117a
– – Verwendung .................. AO 117b
**EU-Unternehmen,** Lizenzgebühr ... EStG 50g
– – Quellensteuer ................. EStG 50h
– Zins ........................... EStG 50g
– – Quellensteuer ................. EStG 50h
**Europäische Union,** Antidiskriminierungsmaßnahme ................ AEUV 19
– Arbeitnehmerfreizügigkeit ...... AEUV 45
– Beihilfeaufsicht ................. AEUV 108
– Beihilfenverbot ................. AEUV 107
– Beschäftigungspolitik ........... AEUV 5
– Binnenmarkt ................... AEUV 26 f.

1189

## Stichwortverzeichnis

| | | |
|---|---|---|
| – Datenschutz | AEUV | 16 |
| – Dienstleistungsfreiheit | AEUV | 56 |
| – diplomatischer und konsularischer Schutz | AEUV | 23 |
| – Diskriminierungsbekämpfung | AEUV | 10 |
| – Diskriminierungsverbot aus Gründen der Staatsangehörigkeit | AEUV | 18 |
| – Freiheit des Kapital- und Zahlungsverkehrs | AEUV | 63 |
| – Freizügigkeit | AEUV | 21 |
| – gegenseitige Anerkennung von Diplomen | AEUV | 53 |
| – gemeinsamer Zolltarif | AEUV | 31 |
| – Gleichstellung | AEUV | 8 |
| – Harmonisierung der indirekten Steuern | AEUV | 113 |
| – Kohärenzprinzip | AEUV | 7 |
| – Koordinierung der Politik | AEUV | 5 |
| – Niederlassungsfreiheit | AEUV | 49 |
| | | 54 |
| – Offenheitsgrundsatz | AEUV | 15 |
| – Petitionsrecht | AEUV | 24 |
| – Rechtsakte | AEUV | 288 |
| – religiöse und weltanschauliche Gemeinschaft | AEUV | 17 |
| – sozialer Schutz | AEUV | 9 |
| – Sozialpolitik | AEUV | 5 |
| – staatliches Handelsmonopol | AEUV | 37 |
| – System sozialer Sicherheit für Arbeitnehmer | AEUV | 47 |
| – Tierschutz | AEUV | 13 |
| – Umweltschutz | AEUV | 11 |
| – Unionsbürgerschaft | AEUV | 20 |
| – Unterstützungsmaßnahme | AEUV | 6 |
| – Verbot, von Ausfuhrbeschränkung | AEUV | 35 f. |
| – – von Diskriminierung und Protektionismus bei Warenbesteuerung | AEUV | 110 |
| – – von Einfuhrbeschränkung | AEUV | 34 |
| | | 36 |
| – – von Zoll | AEUV | 30 |
| – Verbraucherschutz | AEUV | 12 |
| – Wahlrecht der Unionsbürger | AEUV | 22 |
| – Wirtschaftspolitik | AEUV | 5 |
| – Zollunion | AEUV | 28 |
| – Zusammenarbeit im Zollwesen | AEUV | 33 |
| – Zuständigkeit, Art | AEUV | 2 |
| – – ausschließliche | AEUV | 3 |
| – – geteilte | AEUV | 4 |
| **Euroumrechnungsrücklage** | EStG | 6d |

### F

| | | |
|---|---|---|
| **Fahrt zwischen Wohnung und erster Tätigkeitsstätte**, Entfernungspauschale | EStG | 9 |
| **Fehlmenge**, Bestandsaufnahme | AO | 161 |
| **Festlandsockel**, zuständige Finanzbehörde | AO | 22a |
| **Festsetzung**, Frist | AO | 169 |
| – – Beginn | AO | 170 |

| | | |
|---|---|---|
| – Verfahren | AO | 155 ff. |
| – Verjährung | AO | 169 |
| | | 171 |
| | | 179 |
| **Feststellung**, Bescheid, Änderung | BewG | 24a |
| – Klage | FGO | 41 |
| **Fiktivkaufmann** | HGB | 5 |
| **Finanzamt**, Aufgaben | FVG | 17 |
| – Bezirk/Sitz | FVG | 17 |
| **Finanzausgleich** | GG | 107 |
| **Finanzbehörde**, Aufbau | AO | 6 |
| – Prüfungsrecht, KSt-Vergütung | EStG | 50b |
| **Finanzhilfe**, Bund | GG | 104a |
| **Finanzielle Eigenverantwortung**, Kommune | GG | 28 |
| **Finanzmonopol**, Gesetzgebung | GG | 105 |
| **Finanzrechtsweg** | FGO | 33 |
| | | 35 |
| – örtliche Zuständigkeit | FGO | 38 f. |
| – sachliche Zuständigkeit | FGO | 35 f. |
| **Finanzverwaltung** | GG | 108 |
| – Leitung | FVG | 3 |
| **Finanzwesen** | GG | 104a |
| **Firmenwert**, Bilanz | HGB | 255 |
| **Fiskalvertretung** | UStG | 22a ff. |
| **Folgebescheid**, Aussetzung der Vollziehung | FGO | 69 |
| – Klage beim FG | FGO | 69 |
| **Folgebewertung** | HGB | 253 |
| **Forderung**, Unpfändbarkeit | AO | 319 |
| **Forstwirt** | AO | 142 |
| **Forstwirtschaft**, Bewertungsstichtag | BewG | 54 |
| | | 172 |
| – umlaufende Betriebsmittel | BewG | 53 |
| | | 171 |
| – Vergleichswertermittlung | BewG | 55 |
| **Fortgesetzte Gütergemeinschaft**, Besteuerung | EStG | 28 |
| – ErbSt | ErbStG | 4 |
| **Fortschreibung** | BewG | 22 |
| – Wertverhältnis | BewG | 27 |
| **Freibetrag**, ErbSt | ErbStG | 16 |
| – KSt | KStG | 24 f. |
| – LSt | EStG | 39a |
| **Freier Beruf**, Betriebsvermögen | BewG | 96 |
| **Freigebige Zuwendung**, ErbSt | ErbStG | 7 |
| **Freiheit des Kapital- und Zahlungsverkehrs** | AEUV | 63 |
| **Freistellungsbescheinigung**, Bauleistung-Steuerabzug | EStG | 48b |
| **Freizügigkeit** | AEUV | 21 |
| **Frist** | AO | 108 ff. |
| | FGO | 54 ff. |
| – Anfechtungsklage | FGO | 47 |
| – Verlängerung | AO | 109 |
| **Funktionsverlagerung**, Außensteuer | FVerlV | 1 ff. |

## G

| | | |
|---|---|---|
| **Gartenbau,** Bewertungsstichtag... | BewG | 59 |
| | | 174 |
| – Ertragsbedingung.............. | BewG | 60 |
| **Gas,** Ort der Lieferung, USt....... | UStG | 3g |
| **Gebäude auf fremdem Grund und Boden,** Abzinsungsfaktor....... | BewG | Anl. 26 |
| – Bewertung..................... | BewG | 94 |
| | | 148a |
| | | 195 |
| – – Ertragswertverfahren......... | BewG | 195 |
| – – Sachwertverfahren........... | BewG | 195 |
| – Vervielfältiger.................. | BewG | Anl. 21 |
| **Gebäudewert,** Sachwertverfahren. | BewG | 85 |
| – Wertminderung, wegen Alters... | BewG | 86 |
| – – wegen baulicher Mängel/Schäden........................... | BewG | 87 |
| **Gefährdung,** Abzugsteuer........ | AO | 380 |
| – Einfuhr-/Ausfuhrabgabe......... | AO | 382 |
| **Gefahr im Verzug,** Zuständigkeit.. | AO | 29 |
| **Gegenleistung,** GrESt.............. | GrEStG | 9 |
| **Geldwäsche,** Bekämpfung......... | AO | 31b |
| **Gemeiner Wert,** Begriff............ | BewG | 9 |
| **Gemeinnütziger Zweck**........... | AO | 52 |
| – Zuwendungsnachweis........... | EStDV | 50 |
| **Gemischt genutztes Grundstück,** Vervielfältiger................... | BewG | Anl. 4 |
| | | Anl. 5 |
| **Genehmigungsbehörde,** Anzeigepflicht, ErbSt.................... | ErbStDV | 10 |
| **Generalzolldirektion,** Aufgaben/ Gliederung...................... | FVG | 5a |
| **Genossenschaft,** KSt.............. | KStG | 22 |
| **Gericht**........................... | FGO | 1 ff. |
| – Anzeigepflicht, ErbSt............ | ErbStDV | 6 ff. |
| **Gerichtsbescheid**................. | FGO | 90a |
| | | 106 |
| **Gerichtshof der Europäischen Union,** Nichtigkeitsklage............ | AEUV | 263 |
| – Untätigkeitsklage............... | AEUV | 265 |
| – Vorabentscheidungsverfahren... | AEUV | 267 |
| – Zuständigkeit des Gerichts...... | AEUV | 256 |
| **Gerichtsverfassung**............... | FGO | 1 ff. |
| **Gerichtsverwaltung**............... | FGO | 31 f. |
| **Geringfügige Beschäftigung,** LSt-Pauschalierung................... | EStG | 40a |
| | | 50e |
| **Geringstland,** Bewertung......... | BewG | 44 |
| **Gesamtrechtsnachfolge**.......... | AO | 45 |
| **Gesamtschuld,** allgemeiner Aufteilungsmaßstab................... | AO | 270 |
| – Aufteilung..................... | AO | 268 ff. |
| – – Antrag...................... | AO | 269 |
| – Vollstreckung.................. | AO | 277 |
| **Gesamtschuldner**................. | AO | 44 |
| **Gesamtvertretung,** OHG.......... | HGB | 125 |
| **Geschäftsbrief,** Angaben, OHG.... | HGB | 125a |
| **Geschäftsführung,** Anforderung... | AO | 63 |
| – OHG........................... | HGB | 114 |

| | | |
|---|---|---|
| **Geschäftsführungsbefugnis,** Beschränkungen, Kommanditgesellschaft.......................... | HGB | 164 |
| – – OHG-Gesellschafter........... | HGB | 115 |
| **Geschäftsgrundstück,** Vervielfältiger............................. | BewG | Anl. 6 |
| **Geschäftsleitung**.................. | AO | 10 |
| **Geschäftswert,** Bilanz............. | HGB | 255 |
| **Gesellschafter,** Rechtsverhältnisse. | HGB | 109 |
| – – untereinander................. | HGB | 109 |
| – – zu Dritten..................... | HGB | 123 |
| **Gesellschafterbeschluss,** OHG..... | HGB | 119 |
| **Gesellschaftsauflösung,** OHG...... | HGB | 131 |
| | | 133 |
| **Gesellschaftsvertrag,** OHG........ | HGB | 109 |
| **Gesellschaftszweck,** OHG......... | HGB | 105 |
| **Gesetz,** Definition.................. | AO | 4 |
| **Gesetzlicher Vertreter,** Steuerschuld | AO | 34 |
| **Gesetzwidriges Handeln**.......... | AO | 40 |
| **Gesonderte Feststellung**.......... | AO | 179 ff. |
| – Anteil.......................... | BewG | 151 ff. |
| – Außenprüfung.................. | BewG | 156 |
| – Besteuerungsgrundlage......... | InvStG | 13 |
| – Beteiligte....................... | BewG | 154 |
| – Betriebsvermögen............... | BewG | 151 ff. |
| – Feststellungserklärung.......... | BewG | 153 |
| – Feststellungsfrist................ | BewG | 153 |
| – Grundbesitzwert................ | BewG | 151 ff. |
| – Rechtsbehelfsbefugnis.......... | BewG | 155 |
| – Zuständigkeit................... | AO | 18 |
| | BewG | 152 |
| **Gestaltungsmissbrauch**........... | AO | 42 |
| **Gewerbebetrieb,** Begriff........... | GewStDV | 1 |
| | GewStG | 2 |
| – Kaufmann...................... | HGB | 1 |
| **Gewerbeertrag,** Begriff............ | GewStG | 7 |
| – Insolvenz...................... | GewStDV | 16 |
| **Gewerbeertragsteuer,** Steuermessbetrag........................... | GewStG | 11 |
| – Steuermesszahl................. | GewStG | 11 |
| **Gewerbesteuer,** Anpassung der Vorauszahlung..................... | GewStDV | 29 |
| – Arbeitsgemeinschaft............ | GewStG | 2a |
| – Befreiung...................... | GewStG | 3 |
| – Besteuerungsgrundlage......... | GewStG | 6 |
| – Betrieb der öffentlichen Hand... | GewStDV | 2 |
| – Betriebsaufgabe................ | GewStDV | 4 |
| – Betriebstätte auf Schiff......... | GewStDV | 5 |
| – Gewerbeertrag.................. | GewStG | 7 |
| – Gewerbeverlust................. | GewStG | 10a |
| – Grundbesitz, Kürzung........... | GewStDV | 20 |
| – Hausgewerbetreibender........ | GewStDV | 22 |
| – heberechtigte Gemeinde........ | GewStG | 4 |
| – Hebesatz...................... | GewStG | 16 |
| – Hinzurechnung................. | GewStG | 8 |
| – Insolvenz...................... | GewStDV | 4 |
| – Kleinbetrag..................... | GewStG | 34 |
| – Kürzung....................... | GewStG | 9 |
| – maßgebender Gewerbeertrag... | GewStG | 10 |
| – Messbescheidänderung......... | GewStG | 35b |

1191

| | | |
|---|---|---|
| – Pauschfestsetzung............... | GewStG | 15 |
| – Reisegewerbebetrieb............ | GewStDV | 35 |
| | GewStG | 35a |
| – Schifffahrt...................... | GewStDV | 5 f. |
| – Schulden....................... | GewStDV | 19 |
| – Steuerberechtigter.............. | GewStG | 1 |
| – Steuerentstehung............... | GewStG | 18 |
| – Steuererklärung................. | GewStDV | 25 |
| – – Pflicht....................... | GewStG | 14a |
| – Steuergegenstand............... | GewStG | 2 |
| – Steuermessbetrag............... | GewStG | 14 |
| – Steuerschuldner................. | GewStG | 5 |
| – Umwandlung................... | UmwStG | 18 f. |
| – Verlegung, Geschäftsleitung..... | GewStDV | 34 |
| – Vorauszahlung.................. | GewStG | 19 |
| – – Entstehung................... | GewStG | 21 |
| – Zerlegung...................... | GewStG | 28 ff. |
| – – Maßstab..................... | GewStG | 29 |
| **Gewerbesteuervorauszahlung**, Abrechnung............... | GewStG | 20 |
| – Anpassung..................... | GewStDV | 29 |
| – Betriebsstättenverlegung......... | GewStDV | 30 |
| – Festsetzung.................... | GewStDV | 29 |
| **Gewerbliches Schutzrecht**, Begriff.. | EStDV | 73a |
| **Gewinn**, Begriff.................... | EStG | 4 |
| – Thesaurierung.................. | EStG | 34a |
| **Gewinn- und Verlustrechnung**, elektronische Übermittlung......... | EStG | 5b |
| – Kapitalgesellschaft............... | HGB | 275 |
| – Kaufmann...................... | HGB | 242 |
| – Kommanditgesellschaft.......... | HGB | 167 |
| – OHG........................... | HGB | 120 |
| – Stille Gesellschaft............... | HGB | 232 |
| **Gewinnermittlung**, ESt............ | EStG | 4 ff. |
| – Handelsschiff, internationaler Verkehr............... | EStG | 5a |
| **Gewinnermittlungszeitraum**, ESt .. | EStG | 4a |
| **Gewinnverteilung**, Kommanditgesellschaft..................... | HGB | 168 |
| – OHG........................... | HGB | 121 |
| – Stille Gesellschaft............... | HGB | 231 |
| **Gewöhnlicher Aufenthalt**........ | AO | 9 |
| **Gleichstellung**, von Mann und Frau | AEUV | 8 |
| **GmbH**, Jahresabschluss............ | HGB | 264 |
| **Größenabhängige Erleichterung**, Jahresabschluss ................ | HGB | 288 |
| **Größenklasse**, Kapitalgesellschaft.. | HGB | 267 |
| **Große Kapitalgesellschaft** ........ | HGB | 267 |
| **Grünanlage**, GrSt................. | GrStG | 32 |
| **Grundbesitzwert**, Feststellung..... | BewG | 138 |
| | | 157 |
| – – gesondert .................... | BewG | 151 ff. |
| – Land- und Forstwirtschaft....... | BewG | 144 |
| | | 168 |
| **Grunderwerbsteuer**, Änderung..... | GrEStG | 16 |
| – Aufhebung..................... | GrEStG | 16 |
| – Ausnahme von der Besteuerung . | GrEStG | 3 f. |
| – Bemessungsgrundlage.......... | GrEStG | 8 f. |
| – Besteuerungsgrundlage, Feststellung........................ | GrEStG | 17 |
| – Entstehung .................... | GrEStG | 14 |
| – Erwerbsvorgang................. | GrEStG | 1 |
| – Fälligkeit........................ | GrEStG | 15 |
| – Gegenleistung .................. | GrEStG | 9 |
| – Gesamthandübergang........... | GrEStG | 5 f. |
| – Grundbesitzbewertung.......... | BewG | 138 ff. |
| – Grundbesitzwert, gesonderte Feststellung..................... | BewG | 151 ff. |
| – Nichtfestsetzung................ | GrEStG | 16 |
| – örtliche Zuständigkeit........... | GrEStG | 17 |
| – Pauschbesteuerung ............. | GrEStG | 12 |
| – Steuerberechnung............... | GrEStG | 11 f. |
| – Steuergegenstand............... | GrEStG | 1 f. |
| – Steuersatz ..................... | GrEStG | 11 |
| – Steuerschuldner................. | GrEStG | 13 |
| – Steuervergünstigung ............ | GrEStG | 3 ff. |
| – Umstrukturierungen im Konzern. | GrEStG | 6a |
| – Umwandlung gemeinschaftlichen Eigentums in Flächeneigentum .. | GrEStG | 7 |
| – Unbedenklichkeitsbescheinigung | GrEStG | 22 |
| – Urkundenaushändigung......... | GrEStG | 21 |
| **Grundgesetz**, akustische Überwachung, Wohnung............. | GG | 13 |
| – Behinderung ................... | GG | 3 |
| – Berufsfreiheit ................... | GG | 12 |
| – Briefgeheimnis.................. | GG | 10 |
| – Ehe............................ | GG | 6 |
| – Familie......................... | GG | 6 |
| – Fernmeldegeheimnis ............ | GG | 10 |
| – Freizügigkeit.................... | GG | 11 |
| – Gewissensfreiheit ............... | GG | 4 |
| – Glaubensfreiheit ................ | GG | 4 |
| – Gleichberechtigung ............. | GG | 3 |
| – Gleichheitssatz.................. | GG | 3 |
| – Grundrechte ................... | GG | 1 |
| – Handlungsfreiheit............... | GG | 3 |
| – Koalitionsfreiheit................ | GG | 9 |
| – Lauschangriff, Wohnung......... | GG | 13 |
| – Meinungsfreiheit................ | GG | 5 |
| – Menschenwürde ................ | GG | 1 |
| – nicht eheliches Kind ............ | GG | 6 |
| – Postgeheimnis .................. | GG | 10 |
| – Privatschule..................... | GG | 7 |
| – Religionsunterricht .............. | GG | 7 |
| – Schulwesen .................... | GG | 7 |
| – Vereinigungsfreiheit............. | GG | 9 |
| – Versammlungsfreiheit........... | GG | 8 |
| – Wehrpflicht..................... | GG | 12a |
| – Wohnungsdurchsuchung........ | GG | 13 |
| – Zivildienst...................... | GG | 12a |
| **Grundrecht**, Einschränkung......... | AO | 413 |
| | GG | 19 |
| – Verwirkung ..................... | GG | 18 |
| **Grundsatz ordnungsmäßiger Buchführung**....................... | HGB | 238 |
| **Grundsteuer**, Erlass................ | GrStG | 32 ff. |
| – Fälligkeit........................ | GrStG | 28 |
| – Festsetzung .................... | GrStG | 27 |
| – – Stichtag...................... | GrStG | 9 |
| – Haftung ....................... | GrStG | 11 f. |
| – Hauptveranlagung .............. | GrStG | 16 |

## Stichwortverzeichnis

| | | |
|---|---|---|
| – Heberecht | GrStG | 1 |
| – Hebesatzfestsetzung | GrStG | 25 |
| – Höchsthebesatz, Koppelungsvorschriften | GrStG | 26 |
| – Nachentrichtung | GrStG | 31 |
| – Nachveranlagung | GrStG | 18 |
| – Neuveranlagung | GrStG | 17 |
| – Steuerausgleich | GrStG | 24 |
| – Steuerbefreiung | GrStG | 3 ff. |
| – Steuerentstehung | GrStG | 9 |
| – Steuergegenstand | GrStG | 2 |
| – Steuermesszahl/Steuermessbetrag | GrStG | 13 ff. |
| – Steuerpflicht | GrStG | 1 ff. |
| – Steuerschuldner | GrStG | 10 |
| – Vorauszahlung | GrStG | 29 f. |
| – Zerlegungsstichtag | GrStG | 23 |
| **Grundsteuerbelastung,** außergewöhnliche | BewG | 81 |
| **Grundstück,** Begriff | GrEStG | 2 |
| – Betretung | AO | 99 |
| – ErbSt | ErbStG | 13c |
| – Grundvermögen | BewG | 70 |
| **Grundstück im Zustand der Bebauung,** Bewertung | BewG | 91 |
| | | 149 |
| | | 196 |
| **Grundstücksart,** Bewertung | BewG | 75 f. |
| | | 181 |
| **Grundstückswert,** Ertragswertverfahren | BewG | 78 |
| – Sachwertverfahren | BewG | 83 |
| **Grundvermögen,** Abgrenzung | BewG | 69 |
| – Begriff | BewG | 68 |
| | | 176 |
| – Bewertung | BewG | 177 |
| – – Einheitsbewertung | BewG | 68 ff. |
| – Grundbesitzbewertung | BewG | 138 |
| | | 145 ff. |
| | | 157 |
| – Grundstück | BewG | 70 |
| **Gutachtenerstattung,** Verweigerung | AO | 104 |
| **Gutachterausschuss** | BewG | 67 |
| **Guthaben,** KSt | KStG | 37 |

### H

| | | |
|---|---|---|
| **Häusliches Arbeitszimmer,** Abzugsfähigkeit | EStG | 4 |
| **Haftung,** Arbeitnehmerüberlassung, ESt | EStG | 42d |
| – Betriebsübernehmer | AO | 75 |
| – Dritter | AO | 48 |
| – Eigentümer von Gegenständen | AO | 74 |
| – GrSt | GrStG | 11 f. |
| – Kommanditisten | HGB | 171 |
| – OHG-Beitritt | HGB | 130 |
| – OHG-Gesellschafter | HGB | 128 |
| – Organschaft | AO | 73 |
| – Pflichtverletzung, Kontenwahrheit | AO | 72 |

| | | |
|---|---|---|
| – Steuerhinterzieher | AO | 71 |
| – Vertretener | AO | 70 |
| – Vertreter | AO | 69 |
| **Haftungsbescheid** | AO | 191 |
| – Zahlungsaufforderung | AO | 219 |
| **Haftungsbeschränkung,** Amtsträger | AO | 32 |
| **Haftungsverhältnis,** Bilanz | HGB | 251 |
| **Handelsbrief,** Aufbewahrungspflicht | HGB | 257 |
| **Handelsbuch** | HGB | 238 |
| – Aufbewahrungspflicht | HGB | 257 |
| – Einrichtung | HGB | 239 |
| – Vorlage im Prozess | HGB | 258 |
| **Handelsgesellschaft,** Kaufmann | HGB | 6 |
| | | 105 |
| **Handelsgewerbe,** Kaufmann | HGB | 1 |
| **Handelsmonopol,** staatliches | AEUV | 37 |
| **Handelsregister,** Eintragung, Kaufmann | HGB | 2 |
| **Handelsschiff,** Bewertungsfreiheit | EStDV | 82f |
| – Gewinnermittlung | EStG | 5a |
| **Handelsvertreter** | HGB | 84 |
| – ausländischer | HGB | 92c |
| **Handlungsfähigkeit** | AO | 79 |
| **Handwerkerleistung,** Steuerermäßigung | EStG | 35a |
| **Hauptfeststellung,** Auskunft/Erhebung | BewG | 29 |
| – Einheitswert | BewG | 21 |
| **Hauptveranlagung,** GrSt | GrStG | 16 |
| **Hauptzollamt,** Aufgaben | FVG | 12 |
| – Bezirk/Sitz | FVG | 12 |
| **Haushaltsplan,** Bund | GG | 110 |
| **Haushaltswirtschaft,** Bund/Länder | GG | 109 |
| **Heilung,** Verfahrensfehler | AO | 126 |
| **Heimunterbringung,** Steuerermäßigung | EStG | 35a |
| **Herstellungskosten,** Begriff | HGB | 255 |
| – Vorsteuerbetrag | EStG | 9b |
| **Hinterbliebenen-Pauschbetrag** | EStG | 33b |
| **Hinterlegung,** Zahlungsmittel | AO | 242 |
| **Hinterziehungszins** | AO | 235 |
| **Hinzurechnungsbetrag,** LSt | EStG | 39a |
| **Holznutzung,** außerordentliche, Steuersatz | EStG | 34b |

### I

| | | |
|---|---|---|
| **Identifikationsmerkmal,** Besteuerungsverfahren | AO | 139a |
| – – zweckwidrige Verwendung | AO | 383a |
| **Identifikationsnummer,** Besteuerungsverfahren | AO | 139b |
| – Bußgeld | EStG | 50f |
| **Illegale Beschäftigung,** Bekämpfung | AO | 31a |
| **Immaterielles Wirtschaftsgut,** Bilanzierung | EStG | 5 |
| **Inländische Investitionsgesellschaft,** InvSt | InvStG | 18 ff. |

1193

| | | | |
|---|---|---|---|
| **Inländischer Investmentfonds,** InvSt | InvStG | 1 ff. 11 ff. | |
| **Inländisches Sachvermögen,** Bewertung | BewG | 32 | |
| **Inlandsvermögen,** Umfang | BewG | 121 | |
| **Innergemeinschaftliche Lieferung,** Nachweis | UStDV | 17a ff. | |
| **Innergemeinschaftlicher Erwerb** | UStG | 1a ff. | |
| **Innergemeinschaftliches Dreiecksgeschäft,** USt | UStG | 25b | |
| **Insolvenz,** KG | HGB | 171 | |
| – OHG | HGB | 131 | |
| – Stille Gesellschaft | HGB | 236 | |
| **Insolvenzantrag,** OHG | HGB | 130a | |
| **Inventar,** Kaufmann | HGB | 240 | |
| **Inventurvereinfachungsverfahren** | HGB | 241 | |
| **Investitionsabzugsbetrag,** ESt | EStG | 7g | |
| **Investitionsgesellschaft,** ausländische, InvSt | InvStG | 18 ff. | |
| – inländische, InvSt | InvStG | 18 ff. | |
| – Umwandlung in Investmentfonds | InvStG | 20 | |
| **Investmentanteil,** Ertrag, InvSt | InvStG | 2 ff. | |
| – Veräußerung, InvSt | InvStG | 8 | |
| **Investmentfonds,** ausländischer, InvSt | InvStG | 1 ff. 16 ff. | |
| – inländischer, InvSt | InvStG | 1 ff. 11 ff. | |
| – umgewandelte Investitionsgesellschaft | InvStG | 20 | |
| – Verschmelzung, InvSt | InvStG | 14 | |
| **Investmentkommanditgesellschaft,** offene, InvSt | InvStG | 15a | |
| **Investmentsteuer,** Anteilsveräußerung | InvStG | 8 | |
| – ausländische Einkünfte | InvStG | 4 | |
| – ausländische Investitionsgesellschaft | InvStG | 18 ff. | |
| – ausländischer Investmentfonds | InvStG | 1 ff. 16 ff. | |
| – ausländischer Spezial-Investmentfonds | InvStG | 16 | |
| – Außenprüfung | InvStG | 11 | |
| – Besteuerungsgrundlage | InvStG | 5 f. | |
| – Dach-Investmentfonds | InvStG | 10 | |
| – inländische Investitionsgesellschaft | InvStG | 18 ff. | |
| – inländischer Investmentfonds | InvStG | 1 ff. 11 ff. | |
| – inländischer Spezial-Investmentfonds | InvStG | 15 | |
| – Investmentanteil, Ertrag | InvStG | 2 ff. | |
| – Investmentfonds, Verschmelzung | InvStG | 14 | |
| – KapESt | InvStG | 7 | |
| – Kapital-Investitionsgesellschaft | InvStG | 19 | |
| – offene Investmentkommanditgesellschaft | InvStG | 15a | |
| – Personen-Investitionsgesellschaft | InvStG | 18 | |
| – Sondervermögen, Verschmelzung | InvStG | 17a | |

## J

| | | |
|---|---|---|
| **Jahresabschluss,** Frist | HGB | 243 |
| – Kapitalgesellschaft | HGB | 264 |
| – Kaufmann | HGB | 242 |
| – KG | HGB | 167 |
| – OHG | HGB | 120 |
| – Stille Gesellschaft | HGB | 232 |
| **Jahresgewinn,** OHG | HGB | 120 |
| **Jahresrohmiete,** Ermäßigung/Erhöhung | BewG | 82 |
| – Ermittlung | BewG | 79 |
| – GrSt-Belastung | BewG | 81 |
| – Vervielfältiger | BewG | 80 |
| **Jahresverlust,** OHG | HGB | 120 |
| **Jahreswert,** Begrenzung | BewG | 16 |
| – lebenslängliche Nutzungen und Leistungen | BewG | 15 |
| **Juristische Person des öffentlichen Rechts,** USt | UStG | 2b |

## K

| | | |
|---|---|---|
| **Kälte,** Ort der Lieferung, USt | UStG | 3g |
| **Kapital-Investitionsgesellschaft,** InvSt | InvStG | 19 |
| **Kapitaleinkünfte** | EStG | 20 |
| **Kapitalertragsteuer** | EStG | 43 ff. |
| – Anmeldung | EStG | 45a |
| – Bemessung | EStG | 43a f. |
| – Bescheinigung | EStG | 45a |
| – Bundeszentralamt für Steuern | EStG | 45d |
| – Bußgeld | EStG | 50e |
| – Doppelbesteuerung | EStG | 50d |
| – Entrichtung | EStG | 44 |
| – Erstattung | EStG | 44b |
| – – Ausschluss | EStG | 45 |
| – InvSt | InvStG | 7 |
| – Steuerabzug-Abstandnahme | EStG | 44a |
| – Zins, EU-Unternehmen | EStG | 50g |
| – – Schweizer Unternehmen | EStG | 50g |
| **Kapitalforderung,** Bewertung | BewG | 12 |
| **Kapitalgesellschaft,** als Organgesellschaft | KStG | 17 |
| – Betriebseinbringung | UmwStG | 20 ff. |
| – ErbSt | ErbStG | 13a |
| – – Entlastungsbetrag | ErbStG | 19a |
| – Gewinn- und Verlustrechnung | HGB | 275 |
| – Größenklasse | HGB | 267 |
| – Jahresabschluss | HGB | 264 |
| – Übertragungsbilanz | UmwStG | 9 |
| **Kapitalgesellschaftsanteil,** Bewertung | BewG | 11 157 199 ff. |
| – vereinfachtes Ertragswertverfahren | BewG | 199 ff. |
| **Kapitalveränderung,** Umwandlung, KSt | KStG | 29 |
| **Kapitalversicherungsvertrag,** vwL | 5. VermBG | 9 |

| | | | |
|---|---|---|---|
| **Kapitalwert,** lebenslängliche Nutzungen und Leistungen.......... | BewG | 14 | |
| – wiederkehrende Nutzungen und Leistungen...................... | BewG | 13 Anl. 9a | |
| **Kaufmann** ....................... | HGB | 1 | |
| **Kind,** ESt......................... | EStG | 32 | |
| **Kinder-Existenzminimum,** Steuerfreistellung, VZ 1983-1995....... | EStG | 53 | |
| **Kinderbetreuungskosten,** Sonderausgabe ..................... | EStG | 10 | |
| **Kinderfreibetrag,** ESt.............. | EStG | 32 | |
| **Kindergeld,** Anspruchsberechtigte | EStG | 62 | |
| – Antrag........................... | EStG | 67 | |
| – Aufrechnung..................... | EStG | 75 | |
| – Berücksichtigung von Kindern ... | EStG | 63 | |
| – Festsetzung..................... | EStG | 70 | |
| –– bei Angehörigen des öffentlichen Dienstes................. | EStG | 72 | |
| – Höhe ........................... | EStG | 66 | |
| – mehrere Anspruchsberechtigte .. | EStG | 64 | |
| – Meldedaten-Übermittlung ...... | EStG | 69 | |
| – Mitwirkungspflicht............... | EStG | 68 | |
| – Pfändung........................ | EStG | 76 | |
| – Zahlung ........................ | EStG | 70 | |
| –– bei Angehörigen des öffentlichen Dienstes................. | EStG | 72 | |
| –– Sonderfall..................... | EStG | 74 | |
| – Zahlungsausschluss ............. | EStG | 65 | |
| – Zahlungszeitraum................ | EStG | 66 | |
| **Kirchlicher Zweck** ................ | AO | 54 | |
| **Klageart** ......................... | FGO | 40 ff. | |
| **Klagebefugnis** ................... | FGO | 48 | |
| **Klagerücknahme**.................. | FGO | 72 | |
| **Klageschrift,** Zustellung ........... | FGO | 71 | |
| **Klageverzicht** ..................... | FGO | 50 | |
| **Klagevoraussetzung**............... | FGO | 40 ff. | |
| **Kleinbetragsgrenze,** ErbSt ........ | ErbStG | 22 | |
| **Kleine Kapitalgesellschaft** ........ | HGB | 267 | |
| **Kleinstkapitalgesellschaft,** Bilanz .. | HGB | 267a | |
| **Kleinunternehmer,** Besteuerung ... | UStG | 19 | |
| **Körperschaft,** Betriebsvermögen... | BewG | 97 | |
| – Rücklage........................ | AO | 62 | |
| – Spaltung......................... | UmwStG | 15 f. | |
| – steuerbegünstigte................ | AO | 51 | |
| – steuerliche Erfassung............ | AO | 137 | |
| – Verlustabzug..................... | KStG | 8c | |
| – Vermögensbildung............... | AO | 62 | |
| – zuständiges FA.................. | AO | 20 | |
| **Körperschaftsteuer,** abziehbare Aufwendung ..................... | KStG | 9 | |
| – ausländische Steuer, Anrechnung | KStG | 26 | |
| – Befreiung....................... | KStG | 5 | |
| – beschränkte Steuerpflicht ....... | KStG | 2 | |
| – Besteuerungsgrundlage ......... | KStG | 7 | |
| – Besteuerungsrecht, Beschränkung/Verlust....... | KStG | 12 | |
| – Einkommensermittlung ......... | KStG | 8 | |
| – Einlage, Anteilseigner ........... | KStG | 39 | |
| – Einlagekonto..................... | KStG | 27 | |
| – Endbestand, verwendbares Eigenkapital...................... | KStG | 36 | |
| – Entstehung...................... | KStG | 30 | |
| – Erhebung........................ | KStG | 31 | |
| – Erklärungspflicht................ | KStG | 31 | |
| – Freibetrag ...................... | KStG | 24 f. | |
| – Genossenschaft................. | KStG | 22 | |
| – Geschäftsleitung, Verlegung..... | KStG | 12 | |
| – Körperschaft-Beteiligung........ | KStG | 8b | |
| – Liquidation ..................... | KStG | 11 | |
| – Nennkapital, Herabsetzung ..... | KStG | 28 | |
| –– Rücklagenumwandlung........ | KStG | 28 | |
| – nichtabziehbare Aufwendung ... | KStG | 10 | |
| – Organschaft .................... | KStG | 14 ff. | |
| – Personenvereinigung-Beteiligung | KStG | 8b | |
| – Schlussvorschriften ............. | KStG | 34 | |
| – Sondervorschriften, Beitrittsgebiet ....................... | KStG | 35 | |
| –– Steuerabzug .................. | KStG | 32 | |
| – Steuerbefreiung, Beginn/Erlöschen............................. | KStG | 13 | |
| – Steuersatz ...................... | KStG | 23 | |
| – Tarif ............................ | KStG | 23 | |
| – Übergang Anrechnungs-/Halbeinkünfteverfahren ............... | KStG | 36 ff. | |
| – unbeschränkte Steuerpflicht .... | KStG | 1 | |
| – Veranlagung..................... | KStG | 31 | |
| – Zinsschranke.................... | KStG | 8a | |
| **Körperschaftsteuererhöhung,** Übergang Anrechnungs-/Halbeinkünfteverfahren................. | KStG | 38 | |
| **Körperschaftsteuerguthaben,** Übergang Anrechnungs-/Halbeinkünfteverfahren................. | KStG | 37 | |
| **Körperschaftsteuerminderung,** Übergang Anrechnungs-/Halbeinkünfteverfahren................. | KStG | 37 | |
| **Körperschaftverschmelzung,** Gewinnauswirkung................. | UmwStG | 12 | |
| – Schlussbilanz ................... | UmwStG | 11 | |
| **Kohärenzprinzip** .................. | AEUV | 7 | |
| **Kommanditgesellschaft,** Anmeldung .......................... | HGB | 162 | |
| – Begriff.......................... | HGB | 161 | |
| – Gewinnverteilung................ | HGB | 168 | |
| – GuV-Rechnung.................. | HGB | 167 | |
| – Haftung der Kommanditisten ... | HGB | 171 | |
| **Kommanditgesellschaft auf Aktien,** Jahresabschluss................. | HGB | 264 | |
| **Kommanditist,** Wettbewerbsverbot | HGB | 165 | |
| **Kommission,** Beihilfeaufsicht...... | AEUV | 108 | |
| **Kommunale Selbstverwaltung** .... | GG | 28 | |
| **Kommunikation,** elektronisch ..... | AO | 87a | |
| **Konkurrierende Gesetzgebung,** Bund ........................... | GG | 72 | |
| **Konsul,** Anzeigepflicht, ErbSt ...... | ErbStDV | 9 | |
| **Kontenwahrheit** .................. | AO | 154 | |
| **Kontoinformation,** Datenübermittlung ............................. | AO | 93b | |
| **Kontrollrecht,** Kommandist ....... | HGB | 166 | |

1195

| | | | | | | |
|---|---|---|---|---|---|---|
| **Kosten** | FGO | 135 ff. | – Grundbesitzbewertung | BewG | 138 |
| – Inanspruchnahme, der Finanzbehörde | AO | 178a | | | 140 ff. |
| – – der Zollbehörde | AO | 178 | – Umfang | BewG | 157 ff. 140 |
| **Kostenentscheidung**, Vollstreckung | AO | 337 ff. | | | 158 ff. |
| **Krankenhaus** | AO | 67 | **Landeskasse** | FVG | 10a |
| **Krankenkasse**, KSt | KStDV | 1 ff. | **Landesoberbehörde**, Sitz/Aufgabe | FVG | 6 |
| | KStG | 6 | **Landesverfassung** | GG | 28 |
| **Kreditbeschaffung**, Bund | GG | 115 | **Landwirt** | AO | 142 |
| **Kriegsbeschädigter**, abgefundener, GrSt | GrStG | 36 | **Landwirtschaft**, umlaufendes Betriebsmittel | BewG | 170 |
| **Kündigung**, außerordentliche, Handelsvertreter | HGB | 89a | **Last**, auflösend bedingte | BewG | 7 |
| – OHG-Gesellschafter | HGB | 132 | – aufschiebend bedingte | BewG | 6 |
| – ordentliche, Handelsvertreter | HGB | 89 | **Lebenslängliche Nutzung und Leistung**, Jahreswert | BewG | 15 |
| – Stille Gesellschaft | HGB | 234 | – Kapitalwert | BewG | 14 |
| **Kulturgut**, GrSt | GrStG | 32 | **Lebenspartner**, wirtschaftliche Einheit | BewG | 26 |
| – Steuerbegünstigung | EStG | 10g | **Leichtfertige Steuerverkürzung** | AO | 378 |
| | | | **Leistung durch Dritte** | AO | 48 |
| **L** | | | **Leistungsort**, Steuerschuld | AO | 224 |
| **Lagebericht**, Jahresabschluss | HGB | 289 | **Liquidation**, KSt | KStG | 11 |
| **Lagefinanzamt** | AO | 18 | – OHG | HGB | 145 |
| **Land- und Forstwirtschaft**, Betrieb | BewG | 34 | **Lizenzgebühr**, EU-Unternehmen, beschränkte Steuerpflicht | EStG | 50g |
| | | 160 | – – Quellensteuer | EStG | 50h |
| – Betriebsteil | BewG | 141 | – Schweizer Unternehmen, beschränkte Steuerpflicht | EStG | 50g |
| – Betriebswertermittlung | BewG | 142 | – – Quellensteuer | EStG | 50h |
| – Betriebswohnung | BewG | 141 | **Lohnkonto**, Aufzeichnung | LStDV | 4 |
| – – Bewertung | BewG | 143 | – LSt | EStG | 41 |
| | | 167 | **Lohnsteuer**, Abführung | EStG | 41a |
| – Bewertungsgrundsatz | BewG | 36 | – Abzugsmerkmal | EStG | 39e |
| – Bewertungsstichtag | BewG | 35 | | | 52b |
| | | 161 | – Anmeldung | EStG | 41a |
| – Bewertungsstützpunkt | BewG | 39 | – Arbeitgeberhaftung | EStG | 42d |
| – Durchschnittssatz | UStG | 24 | – Aufzeichnungspflicht | EStG | 41 |
| – Ertragsbedingung | BewG | 38 | – Erhebung | EStG | 38 |
| – Ertragswertermittlung | BewG | 37 | – Faktorverfahren | EStG | 39f |
| – Gewinn nach Durchschnittssätzen | EStG | 13a | – Pauschalierung | EStG | 40 |
| – Grundbesitzwert | BewG | 144 | – Steuerhöhe | EStG | 38a |
| | | 168 | – Steuerklasse | EStG | 38b |
| – Kaufmann | HGB | 3 | **Lohnsteuer-Außenprüfung** | EStG | 42f |
| – Nebenbetrieb | BewG | 42 | **Lohnsteuer-Jahresausgleich** | EStG | 42b |
| – sonstige Nutzung | BewG | 62 | **Lohnsteuer-Nachschau** | EStG | 42g |
| – übrige Nutzung | BewG | 175 | **Lohnsteuerabzug**, Änderung | EStG | 41c |
| – Vergleichswert, Abschlag/Zuschlag | BewG | 41 | – Merkmal | EStG | 39 |
| – – Ermittlung | BewG | 40 | | | 39e |
| – Vergleichszahl | BewG | 38 | | | 52b |
| – Wirtschaftsteil, Bewertung | BewG | 162 ff. | **Lohnsteuerbescheinigung** | EStG | 41b |
| | | Anl. 14 ff. | **Lohnveredelung**, Begriff | UStG | 7 |
| – Wohnteil | BewG | 141 | **Lotterieeinnehmer**, GewSt-Freiheit | GewStDV | 13 |
| – – Bewertung | BewG | 143 | **Luftfahrzeug**, Bewertungsfreiheit | EStDV | 82f |
| | | 167 | – Vollstreckung | AO | 306 |
| **Land- und forstwirtschaftliches Vermögen**, Begriff | BewG | 33 | | | |
| | | 158 | **M** | | |
| – Einheitsbewertung | BewG | 33 ff. | **Mehrfache Pfändung** | AO | 308 |
| | | 158 ff. | **Mehrfache Zuständigkeit** | AO | 25 |
| – ErbSt | ErbStG | 13a | | | |
| – – Entlastungsbetrag | ErbStG | 19a | | | |

1196

## Stichwortverzeichnis

| | | |
|---|---|---|
| **Mehrfacher Erwerb desselben Vermögens,** ErbSt. | ErbStG | 27 |
| **Meinungsfreiheit** | GG | 5 |
| **Mietwohngrundstück,** Vervielfältiger. | BewG | Anl. 3 |
| **Mildtätiger Zweck** | AO | 53 |
| **Minderung,** KSt | KStG | 37 |
| **Mindestwert,** bebautes Grundstück | BewG | 77 |
| **Mitgliedsbeitrag,** ErbSt | ErbStG | 18 |
| **Mitteilung,** Besteuerungsgrundlage | AO | 31 |
| **Mitteilungspflicht,** Altersversorgung. | LStDV | 5 |
| – AO. | AO | 93a |
| **Mittelgroße Kapitalgesellschaft** | HGB | 267 |
| **Mitunternehmerschaft,** gewerbliche Einkünfte | EStG | 15 |
| **Mitwirkungspflicht** | AO | 90 140 ff. |
| **Modernisierungsmaßnahme,** Erhaltungsaufwand | EStDV | 82a |

### N

| | | |
|---|---|---|
| **Nacherbschaft,** ErbSt | ErbStG | 6 |
| **Nachfeststellung,** Einheitswert | BewG | 23 |
| – Wertverhältnis | BewG | 27 |
| **Nachfolgeklausel,** OHG. | HGB | 139 |
| **Nachhaftung,** OHG-Gesellschafter. | HGB | 159 |
| **Nachschau** | AO | 210 |
| | UStG | 27b |
| **Nachschusspflicht,** Sicherheitsleistung | AO | 248 |
| **Nachtarbeit,** Zuschlag, LSt | EStG | 3b |
| **Nachveranlagung,** GrSt | GrStG | 18 |
| **Namenspapier,** Pfändung | AO | 303 |
| **Natürliche Person,** zuständiges FA | AO | 19 |
| **Nebenleistung,** steuerliche | AO | 3 |
| **Negative Einkünfte,** Drittstaat | EStG | 2a |
| **Negatives Kapitalkonto** | EStG | 15a |
| **Nennkapital,** Herabsetzung, KSt | KStG | 28 |
| – Rücklagenumwandlung, KSt | KStG | 28 |
| **Neue Länder,** Sondervorschriften, Bewertungsrecht | BewG | 125 ff. |
| – – ErbSt | ErbStG | 37a |
| – – GrSt | GrStG | 40 ff. |
| **Neuveranlagung,** GrSt. | GrStG | 17 |
| **Nicht abzugsfähige Ausgabe** | EStG | 12 |
| **Nicht rechtsfähige Personenvereinigung,** KSt | KStG | 3 |
| **Nichtigkeit,** Verwaltungsakt | AO | 125 |
| **Nichtigkeitsklage** | AEUV | 263 |
| **Niederlassungsfreiheit** | AEUV | 49 54 |
| **Niederschlagung** | AO | 261 |
| **Niedrigerer gemeiner Wert,** Bewertung | BewG | 198 |
| **Notar,** Anzeigepflicht. | ErbStDV | 7 f. |
| **Nutzung und Leistung,** ErbSt | ErbStG | 23 |
| **Nutzungsvergütung,** ESt | EStG | 24 |

### O

| | | |
|---|---|---|
| **Oberfinanzdirektion,** Aufgaben/Gliederung | FVG | 8a |
| – Kosten | FVG | 23 |
| – Leitung | FVG | 9a |
| **Oberfinanzpräsident,** Besoldung | FVG | 22 |
| **Öffentlicher Personennahverkehr,** Finanzausgleich | GG | 106a |
| **Öffentliches Recht,** kaufmännische Eigenschaft | HGB | 7 |
| **Örtliche Zuständigkeit,** Finanzbehörde | AO | 17 |
| **Offenbare Unrichtigkeit,** Verwaltungsakt | AO | 129 |
| **Offene Handelsgesellschaft** | HGB | 105 |
| – Anmeldung | HGB | 106 |
| – Auflösung | HGB | 131 133 |
| – Entnahmerecht | HGB | 122 |
| – Geschäftsführung | HGB | 114 |
| – Gesellschafter-Kündigung | HGB | 132 |
| – Gesellschaftsvertrag | HGB | 109 |
| – Haftung der Gesellschafter | HGB | 128 |
| – Jahresgewinn/-verlust | HGB | 120 |
| – Kündigung | HGB | 132 |
| – – Privatgläubiger | HGB | 135 |
| – Liquidation | HGB | 145 |
| **Offenheitsgrundsatz** | AEUV | 15 |
| **OGAW,** InvSt | InvStG | 1 |
| **OHG-Gesellschafter,** Nachhaftung | HGB | 160 |
| **Ordnungsmäßige Buchführung** | HGB | 243 |
| **Organleihe,** Bauaufgabe | FVG | 5b |
| **Organschaft,** Ausgleichszahlung | KStG | 16 |
| – Einkommensermittlung | KStG | 15 |
| – KSt | KStG | 14 ff. |
| – Steuerabzug | KStG | 19 |
| **Organträger,** Steuerabzug | KStG | 19 |
| **Organtransplantation,** Gesetzgebung | GG | 74 |
| **Ortsbehörde,** Beistandspflicht | FVG | 13 |
| **Ostdeutschland,** Sondervorschriften, Bewertungsrecht | BewG | 125 ff. |
| – – ErbSt | ErbStG | 37a |
| – – ESt | EStG | 56 ff. |
| – – GrSt | GrStG | 40 ff. |

### P

| | | |
|---|---|---|
| **Parteifähigkeit,** OHG | HGB | 124 |
| **Pauschalierung,** ESt | EStG | 37a f. |
| **Pensionsfonds,** Beitrag, Abzugsfähigkeit | EStG | 4e |
| – – Rückerstattung, KSt | KStG | 21 |
| **Pensionskasse,** KSt | KStDV | 1 ff. |
| | KStG | 6 |
| – Zuwendung, Abzugsfähigkeit | EStG | 4c |
| **Pensionsrückstellung** | EStG | 6a |
| – Bilanz | HGB | 249 |
| **Persönlicher Sicherheitsarrest** | AO | 326 |

1197

| | | |
|---|---|---|
| Personen-Investitionsgesellschaft, InvSt | InvStG | 18 |
| Personenbezogene Daten, Übermittlung, EU-Mitgliedstaat | AO | 117a |
| – Verwendung, EU-Mitgliedstaat... | AO | 117b |
| Personengesellschaft, Betriebseinbringung | UmwStG | 24 |
| – Eröffnungsbilanz | UmwStG | 9 |
| – Formwechsel | UmwStG | 25 |
| Personenstandsaufnahme, Änderungsmitteilung | AO | 136 |
| – Mitwirkungspflicht | AO | 135 |
| Personenvereinigung, Betriebsvermögen | BewG | 97 |
| – zuständiges FA | AO | 20 |
| Petitionsrecht | GG | 17 |
| – Unionsbürger | AEUV | 24 |
| Pfändung, Abwendung | AO | 292 |
| – Anspruch auf Herausgabe | AO | 318 |
| – fortlaufende Bezüge | AO | 313 |
| – Gebühr | AO | 339 |
| – Geldforderung | AO | 309 |
| – gesicherte Forderung | AO | 311 |
| – Gewährleistungsanspruch | AO | 283 |
| – Hypothekenbrief | AO | 310 |
| – indossables Papier | AO | 312 |
| – Vollstreckung | AO | 281 |
| Pfandrecht Dritter | AO | 293 |
| Pflege-Pauschbetrag | EStG | 33b |
| Pflegeleistung, Steuerermäßigung | EStG | 35a |
| Pflicht zur Kontenwahrheit | AO | 72 |
| Pflichtangabe, Anhang | HGB | 285 |
| Postgeheimnis | GG | 10 |
| Progressionsvorbehalt | EStG | 32b |
| Provisionsabrechnung, Handelsvertreter | HGB | 87c |
| Provisionsanspruch, Voraussetzung | HGB | 87a |
| Provisionshöhe, Handelsvertreter | HGB | 87b |
| Provisionspflichtiges Geschäft, Handelsvertreter | HGB | 87 |
| Prozessfähigkeit | FGO | 58 |
| – OHG | HGB | 124 |
| Prozesszins | AO | 236 |
| Prüfungsanordnung, Bekanntgabe, Außenprüfung | AO | 197 |

## Q

| | | |
|---|---|---|
| Quellensteuer, EU-Unternehmen | EStG | 50h |
| – Schweizer Unternehmen | EStG | 50h |

## R

| | | |
|---|---|---|
| Realsplitting, Sonderausgabe | EStG | 10 |
| Realsteuer, zuständiges FA | AO | 22 |
| Rechenfehler | AO | 129 |
| Rechnung, Aufbewahrung | UStG | 14b |
| – Ausstellung | UStG | 14 f. |
| – Inhalt | UStDV | 31 ff. |

| | | |
|---|---|---|
| Rechnungsabgrenzungsposten, Bilanz | HGB | 250 |
| – Bilanzierung | EStG | 5 |
| Rechtliches Gehör | GG | 103 |
| Rechtsakte, Europäische Union | AEUV | 288 |
| Rechtsbehelf, außergerichtlicher | FGO | 44 |
| – Einspruch | AO | 347 |
| Rechtsbehelfsverfahren, Aufhebung/Änderung | AO | 132 |
| – außergerichtliches | AO | 347 f. 350 |
| – Widerruf/Rücknahme | AO | 132 |
| Rechtseinheit | GG | 72 |
| Rechtsfehler, Berichtigung | AO | 177 |
| Rechtshilfe, zwischenstaatliche | AO | 117 |
| Rechtsmittel | FGO | 115 f. 118 ff. |
| Rechtsnachfolger, Einspruchsbefugnis | AO | 353 |
| Rechtsprechung | GG | 92 |
| Rechtsverordnung, Erlass | GG | 80 |
| Rechtsweggarantie | GG | 19 |
| Reinvestitionsrücklage | EStG | 6b |
| Reisegewerbebetrieb, GewSt | GewStDV | 35 |
| | GewStG | 35a |
| Reisekosten, Vollstreckung | AO | 345 |
| Reiseleistung, USt | UStG | 25 |
| Religionsunterricht | GG | 7 |
| Rente, ErbSt | ErbStG | 23 |
| – Sonderausgabe | EStG | 10 |
| Rentenbesteuerung | EStG | 22 |
| Rentenbezugsmitteilung, ESt | EStG | 22a |
| Renteneinkünfte, Ertragsanteil | EStDV | 55 |
| | EStG | 22 |
| Revision | FGO | 115 f. 118 ff. |
| Richter | FGO | 14 f. |
| Rücklage, Körperschaft | AO | 62 |
| Rückständige Steuer, Vollstreckungseinleitung, Gesamtschuld | AO | 276 |
| Rückstellung, Bilanz | HGB | 249 |
| – Bilanzierung | EStG | 5 |

## S

| | | |
|---|---|---|
| Sachbezug, Bewertung | SvEV | 2 f. |
| – sonstiger | SvEV | 3 |
| – Unterkunft | SvEV | 2 |
| – Verpflegung | SvEV | 2 |
| – Wohnung | SvEV | 2 |
| Sachhaftung | AO | 76 |
| Sachliche Zuständigkeit, Finanzbehörde | AO | 16 |
| Sachvermögen, ausländisches, Bewertung | BewG | 31 |
| – inländisches, Bewertung | BewG | 32 |
| Sachverständiger | AO | 96 |
| – Entschädigung | AO | 405 |

## Stichwortverzeichnis

| | | |
|---|---|---|
| **Sachwertverfahren**, bebautes Grundstück | BewG | 182, 189 ff. |
| – Bodenwert | BewG | 84 |
| – Erbbaurecht | BewG | 193 |
| – Gebäude, auf fremdem Grund und Boden | BewG | 195 |
| – – Ermäßigung/Erhöhung | BewG | 88 |
| – Gebäudewert | BewG | 85 |
| – Grundstückswert | BewG | 83 |
| **Säumniszuschlag** | AO | 240 |
| **Sanierungsmaßnahme**, Erhaltungsaufwand | EStG | 11a |
| – erhöhte Absetzung | EStDV | 82g |
| | EStG | 7h |
| **Satzung**, steuerbegünstigte Körperschaft | AO | 59 ff., 61 |
| **Schadenrückstellung**, Versicherungsunternehmen, KSt | KStG | 20 |
| **Schadensersatz wegen Nichterfüllung**, Wettbewerbsverbot, OHG | HGB | 113 |
| **Schätzung**, Besteuerungsgrundlage | AO | 162 |
| **Schenkung unter Lebenden**, ErbSt | ErbStG | 7 |
| **Schifffahrtsvertreter** | HGB | 92c |
| **Schlussbesprechung**, Außenprüfung | AO | 201 |
| **Schlussbilanz**, Spaltung | UmwStG | 15 f. |
| – steuerliche Rückwirkung | UmwStG | 2 |
| – Vermögensübergang auf Personengesellschaft | UmwStG | 8 |
| – Wertansatz | UmwStG | 3 |
| **Schmuggel** | AO | 373 |
| **Schreibfehler** | AO | 129 |
| **Schriftsatz** | FGO | 77 |
| **Schulden**, Bewertung | BewG | 12 |
| **Schuldnermehrheit**, Vollstreckungsgebühr | AO | 342 |
| **Schuldübernahme**, Betriebsausgabe | EStG | 4f |
| **Schuldverschreibung**, Anzeigepflicht, ErbSt | ErbStDV | 2 |
| **Schuldzins**, Abzugsfähigkeit | EStG | 4 |
| – Werbungskosten | EStG | 9 |
| **Schulgeld**, Sonderausgabe | EStG | 10 |
| **Schwankungsrückstellung**, Versicherungsunternehmen, KSt | KStG | 20 |
| **Schwebendes Geschäft**, Rückstellung | HGB | 249 |
| **Schweigepflicht**, Handelsvertreter | HGB | 90 |
| – öffentliche Stelle | AO | 105 |
| **Schweizer Unternehmen**, Lizenzgebühr | EStG | 50g |
| – – Quellensteuer | EStG | 50h |
| – Zins | EStG | 50g |
| – – Quellensteuer | EStG | 50h |
| **Selbst genutztes Wohneigentum**, Steuerbegünstigung | EStG | 10e |
| – unentgeltliche Überlassung | EStG | 10h |
| **Selbstanzeige**, Steuerhinterziehung | AO | 371 |
| **Selbstlosigkeit** | AO | 55 |

| | | |
|---|---|---|
| **Sicherheitsleistung** | AO | 241 ff. |
| | UStG | 18f |
| – Austausch | AO | 247 |
| **Sicherstellung**, Eigentumsüberführung | AO | 216 |
| – im Aufsichtsweg | AO | 215 |
| **Sittenwidriges Handeln** | AO | 40 |
| **Sitz** | AO | 11 |
| **Sofortabschreibung** | EStG | 6 |
| **Solidaritätszuschlag**, Abgabepflicht | SolZG | 2 |
| – Bemessungsgrundlage | SolZG | 3 |
| – Erhebung | SolZG | 1 |
| – Zuschlagsatz | SolZG | 4 |
| **Sonderabschreibung** | EStG | 7a |
| – ESt | EStG | 7g |
| – Kohlen- und Erzbergbau | EStDV | 81 |
| **Sonderausgabe**, ESt | EStG | 10 |
| – – Pauschale | EStG | 10c |
| **Sonderkultur**, Bewertung | BewG | 52 |
| **Sondervermögen**, Verschmelzung, InvSt | InvStG | 17a |
| **Sonntagsarbeit**, Zuschlag, LSt | EStG | 3b |
| **Sonstige Einkünfte** | EStG | 22 |
| **Sozialer Schutz** | AEUV | 9 |
| **Sozialpolitik** | AEUV | 5 |
| **Spaltung**, Körperschaft | UmwStG | 15 f. |
| **Sparerpauschbetrag**, ESt | EStG | 20 |
| **Sparvertrag**, vwL | 5. VermBG | 4, 8 |
| – – über Wertpapiere | 5. VermBG | 5 |
| **Spende**, politische Partei, Steuerermäßigung | EStG | 34g |
| – Steuerbegünstigung | EStG | 10b |
| **Spezial-Investmentfonds**, ausländischer, InvSt | InvStG | 16 |
| – inländischer, InvSt | InvStG | 15 |
| **Sportliche Veranstaltung** | AO | 67a |
| **Sprungklage** | FGO | 45 |
| **Staatsangehörigkeit** | GG | 16 |
| **Staatshaftung**, Gesetzgebung | GG | 74 |
| **Ständiger Vertreter** | AO | 13 |
| **Standesamt**, Anzeigepflicht, ErbSt | ErbStDV | 4 f. |
| **Sterbekasse**, KSt | KStDV | 1 ff. |
| | KStG | 6 |
| **Steuer**, Begriff | AO | 3 |
| – Harmonisierung der indirekten Steuern | AEUV | 113 |
| – Verbot, der Privilegierung für Rückvergütungen | AEUV | 111 |
| – – von Diskriminierung und Protektionismus | AEUV | 110 |
| **Steuerabzug**, Sondervorschriften, KSt | KStG | 32 |
| **Steueranmeldung** | AO | 167 |
| – Wirkung | AO | 168 |
| **Steueraufkommen**, Verteilung | GG | 106 |
| **Steueraufsicht**, Beauftragter | AO | 214 |
| – Befugnis der Finanzbehörde | AO | 210 |
| – besonderer Fall | AO | 209 ff. |

1199

## Stichwortverzeichnis

| | | |
|---|---|---|
| – Durchführungsvorschriften | AO | 212 |
| – Mitwirkungspflicht | AO | 211 |
| **Steuerausgleich,** GrSt | GrStG | 24 |
| **Steuerausweis,** USt | UStG | 14c |
| **Steuerbefreiung,** ErbSt. | ErbStG | 13 ff. |
| – innergemeinschaftlicher Erwerb | UStG | 4b |
| – KSt | KStG | 5 |
| – USt | UStG | 4 |
| **Steuerbegünstigter Zweck** | AO | 51 ff. |
| **Steuerbescheid,** Aufhebung/Änderung | AO | 172 f. |
| – – sonstiger Fall | AO | 175 |
| – Form | AO | 157 |
| – Inhalt | AO | 157 |
| – verdeckte Einlage | KStG | 32a |
| – verdeckte Gewinnausschüttung | KStG | 32a |
| **Steuerbürge,** tauglicher | AO | 244 |
| **Steuerehrlichkeit,** internationaler Sachverhalt, Datenübermittlung | AO | 117c |
| **Steuerentstehung,** KSt | KStG | 30 |
| **Steuererhebung,** KSt | KStG | 31 |
| **Steuererklärung,** Aufnahme an Amtsstelle | AO | 151 |
| – Berichtigung | AO | 153 |
| – Form | AO | 150 |
| **Steuererklärungspflicht,** ESt | EStG | 25 ff. |
| – KSt | KStG | 31 |
| **Steuerfahndung** | AO | 208 |
| | | 404 |
| **Steuerfestsetzung** | AO | 155 |
| – Absehen | AO | 156 |
| – Aussetzung | AO | 165 |
| – automatische Einrichtung | FVG | 20 |
| – Drittwirkung | AO | 166 |
| – Vorbehalt der Nachprüfung | AO | 164 |
| – widerstreitende | AO | 174 |
| **Steuerfreie Einnahme,** ESt | EStG | 3 |
| **Steuerfreie Rücklage** | EStG | 6b ff. |
| **Steuerfreistellung,** Kinder-Existenzminimum, VZ 1983-1995 | EStG | 53 |
| **Steuergefährdung** | AO | 379 |
| **Steuergeheimnis** | AO | 30 |
| **Steuerhaftung** | UStG | 25d |
| **Steuerhehlerei** | AO | 374 |
| **Steuerhilfsperson** | AO | 217 |
| **Steuerhinterziehung** | AO | 370 |
| – Selbstanzeige | AO | 371 |
| **Steuerklasse,** ErbSt | ErbStG | 15 |
| – LSt | EStG | 38b |
| **Steuermessbescheid,** Änderung, GrSt | GrStG | 21 |
| **Steuermessbetrag,** Aufhebung, GrSt | AO | 184 |
| – Festsetzung | AO | 184 |
| – GrSt | GrStG | 13 ff. |
| – Zerlegung, GrSt | GrStG | 22 |
| **Steuermesszahl,** GrSt | GrStG | 13 ff. |
| **Steuerordnungswidrigkeit** | AO | 377 |
| **Steuerpflicht,** ESt | EStG | 1 f. |
| **Steuerpflichtiger** | AO | 33 |

| | | |
|---|---|---|
| **Steuersatz,** ErbSt | ErbStG | 19 |
| – GrESt | GrEStG | 11 |
| – KSt | KStG | 23 |
| **Steuerschuld,** Aufrechnung | AO | 226 |
| – Erlass | AO | 227 |
| – Erlöschen | AO | 47 |
| – Fälligkeit | AO | 220 f. |
| – Hingabe von Kunstgegenstand | AO | 224a |
| **Steuerschuldner** | AO | 43 |
| – unfreie Versendung | UStDV | 30a |
| **Steuerschuldverhältnis** | AO | 37 f. |
| – Fälligkeit | AO | 218 ff. |
| **Steuerstempler** | AO | 167 |
| **Steuerstraftat** | AO | 369 |
| – Anzeige | AO | 116 |
| – Eigentumsübergang | AO | 394 |
| – Nebenfolge | AO | 375 |
| – Rechte der Finanzbehörde | AO | 399 |
| – Verteidigung | AO | 392 |
| – zuständiges Gericht | AO | 391 |
| – Zuständigkeit der Finanzbehörde | AO | 386 ff. |
| **Steuerstundungsmodell,** Verlustausgleich | EStG | 15b |
| **Steuervergünstigung,** Umfang | AO | 64 |
| – unschädliche Betätigung | AO | 58 |
| – Voraussetzung | AO | 59 |
| **Steuervergütung,** USt | UStG | 4a |
| **Steuerverkürzung** | AO | 378 |
| **Steuerzeichen** | AO | 167 |
| **Stiftungsgeschäft,** ErbSt | ErbStG | 7 |
| **Stille Gesellschaft** | HGB | 230 |
| – GuV-Rechnung | HGB | 232 |
| – Insolvenz | HGB | 236 |
| – Kündigung | HGB | 234 |
| **Stille Reserve,** Doppelbesteuerung | EStG | 50i |
| **Stiller Gesellschafter,** Einsichts-/Kontrollrechte | HGB | 233 |
| – Rechtsstellung | HGB | 230 |
| **Strafbefehl,** Finanzbehörde | AO | 400 |
| **Straftatverfolgung,** Auskunftsverweigerung | AO | 103 |
| **Strafverfahren** | AO | 385 ff. |
| – Aussetzung des Verfahrens | AO | 396 |
| – Besteuerungsverfahren | AO | 393 |
| – Verfahrenskosten | AO | 408 |
| **Strafvorschrift** | AO | 369 f. |
| **Streitgenossenschaft** | FGO | 59 |
| **Stundung** | AO | 222 |
| **Stundungszins** | AO | 234 |

## T

| | | |
|---|---|---|
| **Teileigentum,** Bewertung | BewG | 93 |
| **Teilnahmerecht,** Länder/Gemeinden | FVG | 21 |
| **Teilwert,** Begriff | BewG | 10 |
| | EStG | 6 |
| **Teilzeitbeschäftigung,** LSt-Pauschalierung | EStG | 40a |
| **Termin** | AO | 108 |

## Stichwortverzeichnis

| | | |
|---|---|---|
| **Thesaurierung,** Gewinn ........... | EStG | 34a |
| **Tierbestand,** Bewertung ........... | BewG | 51 |
| | | 169 |
| – Flächenabhängigkeit ............ | BewG | Anl. 2 |
| | | Anl. 20 |
| – Umrechnungsschlüssel in Vieheinheiten ......................... | BewG | Anl. 1 |
| | | Anl. 19 |
| **Tierhaltung,** gemeinschaftliche.... | BewG | 51a |
| **Tierschutz** ........................ | AEUV | 13 |
| **Tilgung,** Reihenfolge ............. | AO | 225 |
| **Tod,** Kommanditist ................ | HGB | 177 |
| – Stiller Gesellschafter ............ | HGB | 234 |
| **Treuhänderschaft,** Nachweis....... | AO | 159 |

## U

| | | |
|---|---|---|
| **Überschuldung,** OHG.............. | HGB | 130a |
| | | 177a |
| **Übertragungsbilanz,** Kapitalgesellschaft........................... | UmwStG | 9 |
| **Umdeutung,** Verwaltungsakt...... | AO | 128 |
| **Umsatzsteuer,** allgemeiner Durchschnittssatz.................... | UStDV | 69 f. |
| | | Anl. |
| | UStG | 23 |
| – Anlagegold ..................... | UStG | 25c |
| – Aufzeichnungspflicht............ | UStDV | 63 ff. |
| | UStG | 22 |
| – Ausfuhrlieferung................ | UStG | 6 |
| – – Nachweis ..................... | UStDV | 8 ff. |
| – Bemessungsgrundlage .......... | UStG | 10 f. |
| – – Änderung .................... | UStG | 17 |
| – Besteuerungsverfahren.......... | UStG | 18 |
| – Besteuerungszeitraum .......... | UStG | 16 |
| – Bußgeldvorschriften............. | UStG | 26a f. |
| – Differenzbesteuerung ........... | UStG | 25a |
| – Durchführungsvorschriften...... | UStG | 26 |
| – Durchschnittsbeförderungsentgelt........................... | UStDV | 25 |
| – Durchschnittssatz............... | UStG | 23 f. |
| | | 24 |
| – – Land- und Forstwirtschaft...... | UStDV | 71 |
| | UStG | 24 |
| – Einfuhr ........................ | UStG | 5 |
| – Einzelbesteuerung .............. | UStG | 16 |
| – Erklärungsabgabe für einen anderen Mitgliedstaat ............. | UStG | 18h |
| – EUSt-Vorschriften ............... | UStG | 21 |
| – Fahrausweis als Rechnung....... | UStDV | 34 |
| – Forderung, Abtretung .......... | UStG | 13c |
| – Fristverlängerung ............... | UStDV | 46 |
| – – Verfahren .................... | UStDV | 48 |
| – Geltungsbereich ................ | UStG | 1 ff. |
| – grenzüberschreitende Beförderung......................... | UStDV | 2 ff. |
| – Identifikationsnummer.......... | UStG | 27a |
| – – Bestätigungsverfahren......... | UStG | 18e |
| – innergemeinschaftliche Lieferung | UStG | 6a |
| – – gesonderte Erklärung.......... | UStG | 18b |

| | | |
|---|---|---|
| – innergemeinschaftlicher Erwerb.. | UStG | 1a |
| – – diplomatische Mission......... | UStG | 1c |
| – – neues Fahrzeug ............... | UStG | 1b |
| – innergemeinschaftliches Dreiecksgeschäft........................ | UStG | 25b |
| – Istbesteuerung.................. | UStG | 20 |
| – juristische Person des öffentlichen Rechts.......................... | UStG | 2b |
| – Kleinbetragsrechnung........... | UStDV | 33 |
| – – Vorsteuerabzug ............... | UStDV | 35 |
| – Kleinunternehmer .............. | UStG | 19 |
| – Land- und Forstwirtschaft....... | UStG | 24 |
| – Lieferung ...................... | UStG | 3 |
| – – neues Fahrzeug ............... | UStG | 2a |
| – – – Meldepflicht................ | UStG | 18c |
| – Lohnveredelung................. | UStG | 7 |
| – Luftfahrtumsatz ................ | UStG | 8 |
| – Nachschau..................... | UStG | 27b |
| – Nachweis innergemeinschaftlicher Lieferung ................. | UStDV | 17a ff. |
| – Ort der Beförderungsleistung.... | UStG | 3b |
| – Ort der Lieferung, Beförderung, Sonderfall ..................... | UStG | 3c |
| – – Elektrizität ................... | UStG | 3g |
| – – Gas ......................... | UStG | 3g |
| – – Kälte........................ | UStG | 3g |
| – – Schiff/Flugzeug/Eisenbahn .... | UStG | 3e |
| – – Wärme ...................... | UStG | 3g |
| – Ort der sonstigen Leistung ...... | UStG | 3a |
| | | 3f |
| – Ort der unentgeltlichen Lieferung | UStG | 3f |
| – Ort des innergemeinschaftlichen Erwerbs ...................... | UStG | 3d |
| – Rechnung, Aufbewahrung....... | UStG | 14b |
| – – Ausstellung .................. | UStG | 14 f. |
| – – Inhalt........................ | UStDV | 31 ff. |
| – Reiseleistung ................... | UStG | 25 |
| – – Buchnachweis................. | UStDV | 72 |
| – Schausteller .................... | UStDV | 30 |
| – Seeschifffahrtsumsatz .......... | UStG | 8 |
| – – Nachweis .................... | UStG | 18 |
| – Sicherheitsleistung.............. | UStG | 18f |
| – Sonderregelungen .............. | UStG | 23 f. |
| | | 24 |
| – Sondervorauszahlung ........... | UStDV | 47 |
| – sonstige Leistung ............... | UStG | 3 |
| – Steuerabzugsbetrag............. | UStG | 19 |
| – Steuerausweis .................. | UStG | 14c |
| – steuerbarer Umsatz............. | UStG | 1 |
| – Steuerbefreiung ................ | UStG | 4 |
| – – Einfuhr....................... | UStG | 5 |
| – – innergemeinschaftlicher Erwerb | UStG | 4b |
| – – Verzicht...................... | UStG | 9 |
| – Steuerberechnung .............. | UStG | 16 |
| – Steuerentstehung............... | UStG | 13 |
| – Steuererhebung, Verzicht ....... | UStDV | 49 |
| – steuerfreie Leistung, Nachweis .. | UStG | 20 f. |
| – steuerfreie Vermittlung, Nachweis.......................... | UStDV | 22 |
| – Steuergegenstand .............. | UStG | 1 ff. |
| – Steuerhaftung .................. | UStG | 25d |

1201

## Stichwortverzeichnis

| | | |
|---|---|---|
| – Steuersatz | UStG | 12 |
| – Steuerschuldner | UStG | 13a |
| – – Leistungsempfänger | UStG | 13b |
| – – unfreie Versendung | UStDV | 30a |
| – Steuervergütung | UStG | 4a |
| – – Antragsfrist | UStDV | 24 |
| – – Nachweis der Voraussetzung | UStDV | 24 |
| – Strafvorschriften | UStG | 26c |
| – Unternehmerbegriff | UStG | 2 |
| – Urkundenvorlage | UStG | 18d |
| – vereinnahmte Entgelte, Steuerberechnung | UStG | 20 |
| – Vergütungsverfahren | UStDV | 59 ff. |
| – – Vergütungszeitraum | UStDV | 60 |
| – Verwaltung | FVG | 18 |
| – Vorsteuerabzug | UStDV | 35 |
| | | 40 |
| | UStG | 15 |
| – – Berichtigung | UStDV | 44 |
| – Vorsteuerberichtigung | UStG | 15a |
| – Vorsteuervergütung, Vergütungsverfahren | UStDV | 61 f. |
| – Vorsteuervergütungsantrag | UStG | 18g |
| – Zusammenfassende Meldung | UStG | 18a |
| – zuständiges FA | AO | 21 |
| **Umwandlung,** Betriebseinbringung | UmwStG | 20 ff. |
| – Formwechsel | UmwStG | 25 |
| – Gewinnauswirkung | UmwStG | 4 ff. |
| – Gewinnerhöhung | UmwStG | 6 |
| – GewSt | UmwStG | 18 f. |
| – Kapitalgesellschaft | UmwStG | 9 |
| – Kapitalveränderung | KStG | 29 |
| – offene Rücklage | UmwStG | 7 |
| – Personengesellschaft | UmwStG | 3 ff. |
| **Umwandlungssteuergesetz,** Anwendungsbereich | UmwStG | 1 |
| **Umweltschutz** | AEUV | 11 |
| **Unbebautes Grundstück,** Begriff | BewG | 72 |
| | | 145 |
| | | 178 |
| – Bewertung | BewG | 145 |
| | | 179 |
| **Unbedenklichkeitsbescheinigung,** GrESt | GrEStG | 22 |
| **Unbeschränkte Steuerpflicht,** KSt | KStG | 1 |
| **Unentgeltlicher Erwerb,** Absetzung für Abnutzung | EStDV | 11d |
| **Unfreie Versendung,** Steuerschuldner | UStDV | 30a |
| – Vorsteuerabzug | UStDV | 40 |
| **Ungetrennte Frucht** | AO | 294 |
| **Unionsbürgerschaft** | AEUV | 20 |
| **Unland,** Bewertung | BewG | 45 |
| **Unmittelbarer Zwang** | AO | 331 |
| **Unmittelbarkeit,** Steuerbegünstigung | AO | 57 |
| **Unpfändbarkeit,** Sache | AO | 295 |
| **Unrichtige Sachbehandlung,** Kosten | AO | 346 |
| **Unschädliche Betätigung,** Steuervergünstigung | AO | 58 |

| | | |
|---|---|---|
| **Untätigkeitsklage** | AEUV | 265 |
| | FGO | 46 |
| **Unterhaltshöchstbetrag** | EStG | 33a |
| **Unternehmensumwandlung,** steuerliche Rückwirkung | UmwStG | 2 |
| **Unternehmer,** Begriff | UStG | 2 |
| – USt | UStG | 2 |
| **Unterstützungskasse,** KSt | KStDV | 1 ff. |
| | KStG | 6 f. |
| – Zuwendung, Abzugsfähigkeit | EStG | 4d |
| **Untersuchungsgrundsatz** | AO | 88 |
| **Unwirksames Rechtsgeschäft** | AO | 41 |
| **Urheberrecht,** Begriff | EStG | 73a |
| **Urkunde** | AO | 97 |
| – Rückgabe | AO | 133 |
| – Übersendung durch Notar | EStG | 54 |
| **Urkundsperson,** Anzeigepflicht, ErbSt | ErbStDV | 7 f. |
| **Urteil** | FGO | 95 ff. |

### V

| | | |
|---|---|---|
| **Veräußerungsgewinn** | AStG | 11 |
| – Anlagegut | EStG | 6b |
| – Betriebsveräußerung | EStG | 16 |
| – Land- und Forstwirtschaft | EStG | 14a |
| **Veranlagung,** KSt | KStG | 31 |
| **Verantwortlichkeit,** Jahresabschluss | HGB | 271 |
| **Verband der freien Wohlfahrtspflege,** USt | UStDV | 23 |
| **Verbindliche Zusage,** Außenprüfung | AO | 204 ff. |
| **Verbindlichkeit,** Bewertung | EStG | 6 |
| **Verbot,** der Diskriminierung aus Gründen der Staatsangehörigkeit | AEUV | 18 |
| – der Privilegierung für Rückvergütungen | AEUV | 111 |
| – diskriminierender und protektionistischer Steuer | AEUV | 110 |
| – von Ausfuhrbeschränkung | AEUV | 35 f. |
| – von Einfuhrbeschränkung | AEUV | 34 |
| | | 36 |
| – von staatlicher Beihilfe | AEUV | 107 |
| – von Zoll | AEUV | 30 |
| **Verbraucherschutz** | AEUV | 12 |
| **Verbrauchsteuer,** zuständiges Hauptzollamt | AO | 23 |
| **Verbrauchsteuergefährdung** | AO | 381 |
| **Verdeckte Einlage,** Steuerbescheid | KStG | 32a |
| **Verdeckte Gewinnausschüttung,** Steuerbescheid | KStG | 32a |
| **Vereinfachtes Ertragswertverfahren,** Betriebsvermögen | BewG | 199 ff. |
| – Kapitalgesellschaftsanteil | BewG | 199 ff. |
| **Verfahren,** Beginn | AO | 86 |
| – Beteiligter | AO | 78 |
| | FGO | 57 |
| – Beteiligung Dritter | AO | 360 |
| – im ersten Rechtszug | FGO | 63 ff. |
| **Verfahrensaussetzung,** verfassungswidriges Gesetz | GG | 100 |

1202

# Stichwortverzeichnis

| | | |
|---|---|---|
| Verfahrensfehler, Heilung | AO | 126 |
| Verfahrensgrundsatz | AO | 78 ff. |
| Verfahrensvorschrift, allgemeine | FGO | 51 ff. |
| Verfassungswidriges Gesetz | GG | 100 |
| Verfolgungsverjährung, Steuerordnungswidrigkeit | AO | 384 |
| – Steuerstraftat | AO | 376 |
| Verfügungsberechtigter, Steuerschuld | AO | 35 |
| Vergesellschaftung | GG | 15 |
| Vergleichswertermittlung, Forstwirtschaft | BewG | 55 |
| Vergleichswertverfahren, bebautes Grundstück | BewG | 182 f. |
| – Erbbaurecht | BewG | 193 f. |
| Vergütung, Aufzeichnungspflicht | EStDV | 73d |
| – Steuerabzug | EStDV | 73e |
| – Zuflusszeitpunkt | EStDV | 73c |
| Vergütungsanspruch, Erwerb | AO | 46, 383 |
| Verhandlung, mündliche | FGO | 90 |
| – – Videokonferenz | FGO | 91a |
| Verjährung | AO | 228 |
| – Hemmung | AO | 230 |
| – OHG-Anspruch | HGB | 159 |
| – Unterbrechung | AO | 231 |
| Verlustabzug | EStG | 10d |
| – Ehegatten-Veranlagung | EStDV | 62d |
| – Körperschaft | KStG | 8c |
| Verlustausgleich, Steuerstundungsmodell | EStG | 15b |
| Verlustbeteiligung, Kommanditist | HGB | 167 |
| Vermietungseinkünfte | EStG | 21 |
| Vermögen, ErbSt | ErbStG | 13b |
| Vermögensart | BewG | 18 |
| Vermögensbeteiligung, Sparvertrag über Wertpapiere | 5. VermBG | 5 |
| Vermögensbildung, Körperschaft | AO | 62 |
| Vermögensbildungsgesetz | 5. VermBG | 1 ff. |
| Vermögensmasse, Betriebsvermögen | BewG | 97 |
| – KSt | KStG | 3 |
| – zuständiges FA | AO | 20 |
| Vermögensverwahrer/-verwalter, Anzeigepflicht, ErbSt | ErbStDV | 1 |
| – Steuerschuld | AO | 34 |
| Vermögensverzeichnis | AO | 284 |
| Vermögenswirksame Leistung | 5. VermBG | 2 ff. |
| | VermBDV | 1 ff. |
| – Anlageform | 5. VermBG | 2 |
| – Anzeigepflicht | VermBDV | 8 |
| – Arbeitgeberverpflichtung | 5. VermBG | 3 |
| – Arbeitnehmer | 5. VermBG | 1 |
| – – Sparzulage | 5. VermBG | 13 f. |
| – Begriff | 5. VermBG | 2 |
| – freie Wahl der Anlage | 5. VermBG | 12 |
| – Mitteilungspflicht | VermBDV | 2 |

| | | |
|---|---|---|
| – Vermögensbildungsbescheinigung | 5. VermBG | 15 |
| | VermBDV | 5 |
| – Vertragskündigung | 5. VermBG | 18 |
| – zusätzliche | 5. VermBG | 10 |
| Verpfändung | AO | 46 |
| – Wertpapier | AO | 243 |
| Verpflegungsmehraufwand, Abzugsfähigkeit | EStG | 4 |
| Verpflichtungsklage | FGO | 40 |
| Versammlungsfreiheit | GG | 8 |
| Verschmelzung, Anteilseignerbesteuerung | UmwStG | 13 |
| – Gewinnauswirkung | UmwStG | 12 |
| – Schlussbilanz | UmwStG | 11 |
| Verschollenheit | AO | 49 |
| Versicherung an Eides statt | AO | 95 |
| Versicherungsbeitrag, ESt | EStG | 10 |
| Versicherungsunternehmen, Anzeigepflicht, ErbSt | ErbStDV | 3 |
| – Beitragsrückerstattung, KSt | KStG | 21 |
| Versicherungsverein, GewSt-Befreiung | GewStDV | 12a |
| – KSt-Befreiung | KStDV | 4 |
| Versicherungsvertrag, Anzeigepflicht | EStDV | 29 |
| – Nachversteuerung | EStDV | 30 |
| Versicherungsvertreter | HGB | 92 f. |
| Versorgungsbezug | EStG | 19 |
| Versorgungsfreibetrag | EStG | 19 |
| – ErbSt | ErbStG | 17 |
| Versorgungsleistung, Sonderausgabe | EStG | 10 |
| Verspätungszuschlag | AO | 152 |
| – GewSt | GewStDV | 14b |
| Verständigungsvereinbarung, Umsetzung | AO | 175a |
| Versteigerung, Einstellung | AO | 301 |
| – Mindestgebot | AO | 300 |
| – Pfändung | AO | 298 ff. |
| Vertragliche Haftung | AO | 192 |
| Vertrauensschutz | AO | 176 |
| Vertreter, von Amts wegen | AO | 81 |
| Vertreterhaftung | AO | 69 |
| Vertretung, OHG | HGB | 125 |
| Vertretungsbefugnis, Kommanditist | HGB | 170 |
| Vertretungsmacht, Erlöschen | AO | 36 |
| – OHG-Gesellschafter | HGB | 126 |
| Verwaltungsakt, Begriff | AO | 118 |
| – Begründung | AO | 121 |
| – Bekanntgabe | AO | 122 |
| – Form | AO | 119 |
| – Nebenbestimmung | AO | 120 |
| – Nichtigkeit | AO | 125 |
| – Rücknahme | AO | 130 |
| – Umdeutung | AO | 128 |
| – Vollstreckung | AO | 251 |
| – Widerruf | AO | 131 |
| – Wirksamkeit | AO | 124 |

| | | | |
|---|---|---|---|
| Verwaltungsverfahren, Ausschluss von Personen | AO | 82 | |
| Verwendbares Eigenkapital, Endbestand, KSt | KStG | 36 | |
| Verwertung, Pfändung | AO | 296 f. | |
| – Sicherheit | AO | 327 | |
| Verwertungsgebühr | AO | 341 | |
| Verzinsung | AO | 233 f. 234 | |
| Videokonferenz, mündliche Verhandlung | FGO | 91a | |
| – Zeugenvernehmung | FGO | 91a | |
| Völkerrechtliche Vereinbarung | AO | 2 | |
| Vollmacht, Handelsvertreter | HGB | 91 | |
| Vollstreckbarer Verwaltungsakt | AO | 251 | |
| Vollstreckung | AO FGO | 249 ff. 150 ff. | |
| – Aufteilungsbescheid, Änderung | AO | 280 | |
| – Aufwandsentschädigung | AO | 345 | |
| – Auslage | AO | 344 | |
| – Beginn | AO | 254 | |
| – Beschränkung | AO | 257 278 | |
| – bewegliches Vermögen | AO | 281 ff. | |
| – Ehegatte/Lebenspartner | AO | 263 | |
| – Einstellung | AO | 257 | |
| – Einwendung | AO | 256 | |
| – Erbe | AO | 265 | |
| – Forderung | AO | 309 f. | |
| – Geldforderung | AO | 259 ff. | |
| – Kosten | AO | 337 | |
| – Mahnung | AO | 259 | |
| – Nicht rechtsfähige Personenvereinigung | AO | 267 | |
| – Nießbraucher | AO | 264 | |
| – Pfändung | AO | 281 | |
| – Rechtsnachfolger | AO | 323 | |
| – Reisekosten | AO | 345 | |
| – Sache | AO | 285 ff. | |
| – unbewegliches Vermögen | AO | 322 | |
| Vollstreckungsbehörde | AO | 249 | |
| Vollstreckungsersuchen | AO | 250 | |
| Vollstreckungsgläubiger | AO | 252 | |
| Vollstreckungsschuldner | AO | 253 | |
| Vollziehungsaussetzung | FGO | 69 | |
| Vorabentscheidungsverfahren | AEUV | 267 | |
| Vorbehalt der Nachprüfung, Steuerfestsetzung | AO | 164 | |
| Vorerbschaft, ErbSt | ErbStG | 6 | |
| Vorkostenabzug, selbst genutzte Wohnung | EStG | 10i | |
| Vorläufige Steuerfestsetzung | AO | 165 | |
| Vorsorgeaufwand, Sonderausgabe | EStG | 10 | |
| Vorsorgepauschale | EStG | 39b | |
| Vorsteuer, Aufteilung | UStDV | 43 | |
| Vorsteuer-Vergütungsverfahren | UStDV | 59 ff. | |
| Vorsteuerabzug | UStDV | 35 40 | |
| | UStG | 15 | |
| – Belegnachweis | UStDV | 62 | |
| Vorsteuerberichtigung | UStDV | 44 f. | |
| | UStG | 15a | |
| Vorzugsrecht Dritter | AO | 293 | |

## W

| | | | |
|---|---|---|---|
| Währungsumrechnung | HGB | 256a | |
| Wärme, Ort der Lieferung, USt | UStG | 3g | |
| Wahlrecht, Unionsbürger | AEUV | 22 | |
| Warenausgang, Aufzeichnung | AO | 144 | |
| Wareneingang, Aufzeichnung | AO | 143 | |
| Wegnahmegebühr | AO | 340 | |
| Weinbau, Bewertungsstützpunkt | BewG | 57 | |
| – umlaufende Betriebsmittel | BewG | 56 173 | |
| Werbeaufwand, Abzugsfähigkeit | EStG | 4 | |
| Werbungskosten, Begriff | EStG | 9 | |
| – Pauschbetrag | EStG | 9a | |
| Wertermittlung, mehrere Beteiligte | BewG | 3 | |
| Wertfortschreibung | BewG | 22 | |
| Wertminderung, Gebäudewert | BewG | 86 f. | |
| Wertpapier, Bewertung | BewG | 11 | |
| – Pfändung | AO | 302 | |
| – vwL, Festlegung | VermBDV | 4 | |
| Wertpapier-Kaufvertrag, vwL | 5. VermBG | 5 | |
| Wertsache, Vorlage | AO | 100 | |
| Wesentliche Beteiligung, Anteilsveräußerung | EStG | 17 | |
| Wettbewerbsabrede, Handelsvertreter | HGB | 90a | |
| Wettbewerbsverbot, Kommanditist | HGB | 165 | |
| – OHG-Gesellschafter | HGB | 112 | |
| Widerruf, Verwaltungsakt | AO | 131 | |
| Widerstandsrecht | GG | 20 | |
| Widerstreitende Steuerfestsetzung | AO | 174 | |
| Wiederaufnahme des Verfahrens | FGO | 134 | |
| Wiedereinsetzung in den vorigen Stand | AO FGO | 110 56 | |
| Wiederkehrende Nutzung und Leistung, Kapitalwert | BewG | 13 Anl. 9a | |
| Wirtschaftliche Einheit | BewG | 2 | |
| Wirtschaftlicher Geschäftsbetrieb | AO | 14 64 | |
| Wirtschafts-Identifikationsnummer, Besteuerungsverfahren | AO | 139c | |
| Wirtschaftseinheit | GG | 72 | |
| Wirtschaftsgut, Ausgleichsposten | EStG | 4g | |
| – Zurechnung | AO | 39 | |
| Wirtschaftsjahr | EStDV | 8b | |
| – ESt | EStG | 4a | |
| – Land- und Forstwirt | EStDV | 8c | |
| Wirtschaftspolitik | AEUV | 5 | |
| Wirtschaftsteil, Bewertung | BewG | 162 ff. | |

| | | |
|---|---|---|
| **Wirtschaftswert**, Ermittlung | BewG | 46 |
| **Wirtschaftszone**, ausschließliche, zuständige Finanzbehörde | AO | 22a |
| **Wohlfahrtspflege** | AO | 66 |
| **Wohnbausparvertrag** | WoPDV | 4 ff. |
| **Wohngebäude**, Erhaltungsaufwand | EStDV | 82b |
| **Wohnsitz** | AO | 8 |
| – Finanzamt | AO | 19 |
| **Wohnteil**, Begriff | BewG | 141 |
| – Bewertung | BewG | 143, 167 |
| **Wohnungs- und Siedlungsunternehmen**, Begriff | WoPDV | 14 |
| **Wohnungsbauprämie**, Änderung der Anspruchsvoraussetzungen | WoPDV | 19 |
| – Aufbewahrungspflicht | WoPDV | 1a |
| – Aufzeichnungspflicht | WoPDV | 1a |
| – Einkommensgrenze | WoPG | 2a |
| – Prämienanspruchwegfall | WoPDV | 2 |
| – prämienbegünstigte Aufwendung | WoPG | 2 |
| – Prämienberechtigte | WoPG | 1 |
| – Prämienhöhe | WoPG | 3 |
| – Prämienrückzahlung | WoPDV | 2 |
| – Prämienverfahren | WoPG | 4 ff. |
| – Prämienverwendung | WoPG | 5 |
| – steuerliche Behandlung | WoPG | 6 |
| **Wohnungseigentum**, Bewertung | BewG | 93 |
| **Wohnungswert**, Ermittlung | BewG | 47 |

## Z

| | | |
|---|---|---|
| **Zahlungsunfähigkeit**, KG | HGB | 177a |
| – OHG | HGB | 130a |
| **Zahlungsverjährung** | AO | 228 ff. |
| **Zerlegung**, Änderung | AO | 189 |
| – Steuermessbetrag | AO | 185 |
| **Zerlegungsbescheid** | AO | 188 |
| **Zerlegungsstichtag**, GrSt | GrStG | 23 |
| **Zerlegungsverfahren**, Akteneinsicht | AO | 187 |
| – Beteiligter | AO | 186 |
| **Zeuge**, Entschädigung | AO | 405 |
| – Vernehmung, Videokonferenz | FGO | 91a |
| **Zeugnisverweigerungsrecht** | FGO | 84 |
| **Zins**, Berechnung | AO | 238 |
| – EU-Unternehmen, KESt | EStG | 50g |
| – – Quellensteuer | EStG | 50h |
| – Festsetzung | AO | 239 |
| – Höhe | AO | 238 |
| – Schweizer Unternehmen, KESt | EStG | 50g |
| – – Quellensteuer | EStG | 50h |
| **Zinsaufwand**, Betriebsausgabe | EStG | 4h |
| | KStG | 8a |
| **Zinsschranke**, ESt | EStG | 4h |
| – KSt | KStG | 8a |

| | | |
|---|---|---|
| **Zinszahlung**, OHG-Gesellschafter | HGB | 111 |
| **Zivildienst** | GG | 12a |
| **Zivilschutz**, Gebäude/Gebäudeteil | BewG | 71, 150, 197 |
| **Zoll**, Gesetzgebung | GG | 105 |
| **Zollfahndung** | AO | 208, 404 |
| **Zollfahndungsamt**, Bezirk/Sitz | FVG | 12 |
| **Zollkriminalamt**, Sitz | FVG | 7 |
| **Zollstraftat** | AO | 369 |
| **Zollunion** | AEUV | 28 |
| **Zu versteuerndes Einkommen**, Begriff | EStG | 2 |
| **Zugangsbewertung** | HGB | 253 |
| **Zugewinngemeinschaft**, ErbSt | ErbStG | 5 |
| **Zukunftssicherungsleistung**, LSt-Pauschalierung | EStG | 40b |
| **Zurückbehaltungsrecht**, Handelsvertreter | HGB | 88a |
| **Zusage**, Bindungswirkung | AO | 206 |
| **Zusammenfassende Meldung** | UStG | 18a |
| **Zusammenhängende Strafsache** | AO | 389 |
| **Zuschlagsteuer**, Festsetzung und Erhebung | EStG | 51a |
| **Zuständigkeit**, der Europäischen Union, Art | AEUV | 2 |
| – – ausschließliche | AEUV | 3 |
| – – geteilte | AEUV | 4 |
| – Finanzbehörde | AO | 16 |
| **Zuständigkeitsstreit** | AO | 28 |
| **Zuständigkeitsvereinbarung** | AO | 27 |
| **Zuständigkeitswechsel** | AO | 26 |
| **Zustellung** | FGO | 53 |
| – Klageschrift | FGO | 71 |
| **Zuteilungsrücklage**, Bausparkasse, KSt | KStG | 21b |
| **Zuteilungsverfahren** | AO | 190 |
| **Zuwendungsnachweis**, gemeinnütziger Zweck | EStDV | 50 |
| **Zwangsgeld** | AO | 329 |
| **Zwangsmittel** | AO | 328 ff. |
| **Zwangsvollstreckung**, OHG | HGB | 124, 129 |
| **Zweckbetrieb** | AO | 65, 68 |
| **Zweckzuwendung**, ErbSt | ErbStG | 8 |
| **Zweifamilienhaus**, Vervielfältiger | BewG | Anl. 8 |
| **Zwischengeschaltete Gesellschaft** | AStG | 5 |
| **Zwischengesellschaft** | AStG | 7 ff. |